DIRECTION OF TRADE STATISTICS YEARBOOK

© 2017 International Monetary Fund

Cataloging-in-Publication Data
Joint Bank-Fund Library

Names: International Monetary Fund | International Monetary Fund. Statistics Department.
Title: Direction of trade statistics yearbook.
Other titles: DOTSY
Description: Washington, DC : International Monetary Fund. | Prepared by the IMF Statistics Department. | Annual | Began with 1981.
Identifiers: ISSN 0252-3019.
Subjects: LCSH: Commercial statistics—Periodicals. | International finance—Statistics—Periodicals.
Classification: LCC HF1016 .I653

ISBN 978-1-47559-382-2 (paper)
        978-1-47559-383-9 (PDF)
ISSN 0252-3019 (serial)

For information related to this publication, please:
    fax the Statistics Department at (202) 623-6460,
    or write Statistics Department
            International Monetary Fund
            Washington, D.C. 20431
    or refer to the **IMF Data Help** page at http://datahelp.imf.org for further assistance
For copyright inquiries, please fax the Editorial Division at (202) 623-6579.
For purchases only, please contact Publication Services (see information below).

The yearbook and quarterly issues of the *Direction of Trade* publication provide tables with current reported data (or estimates) on the value of merchandise trade statistics (exports and imports) by partner country for all IMF member states and other non-member countries. Summary tables are also presented for the world and major areas.

Last update of data: September 25, 2017

Please send orders to:
International Monetary Fund, Publications Services
P.O. Box 92780, Washington, DC 20090, U.S.A.
Tel.: (202) 623-7430 Fax: (202) 623-7201
E-mail: publications@imf.org
www.bookstore.imf.org
www.elibrary.imf.org

YEARBOOK 2017

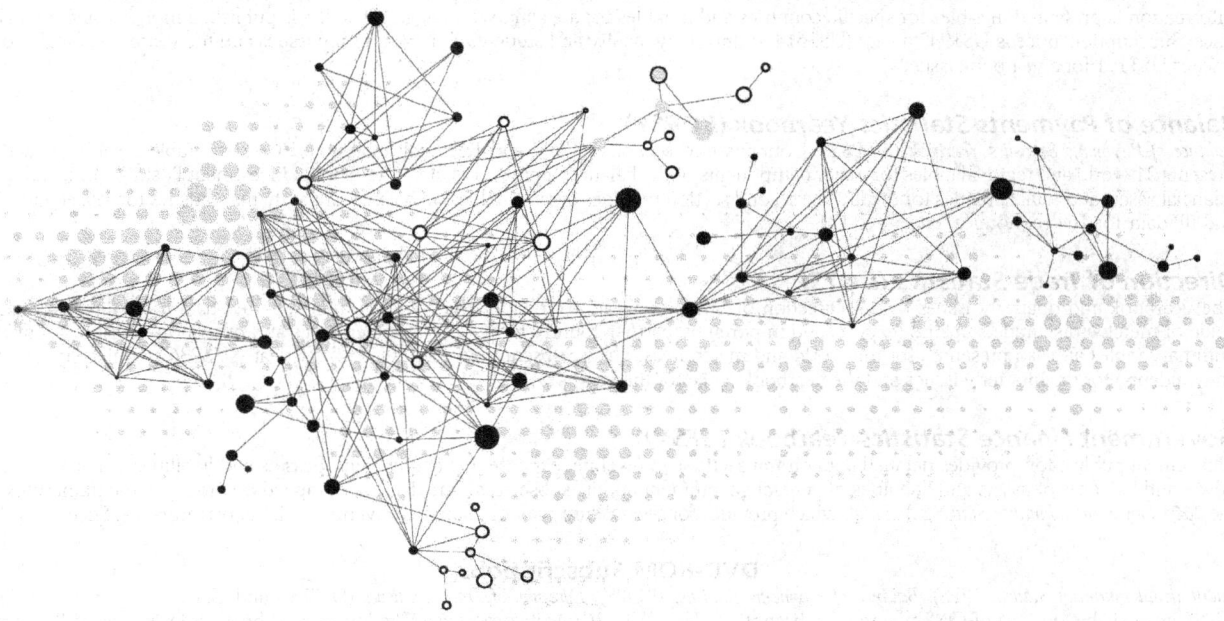

DIRECTION OF
TRADE STATISTICS

INTERNATIONAL MONETARY FUND

Selection of Statistical Publications

International Financial Statistics (IFS)
Acknowledged as a standard source of statistics on all aspects of international and domestic finance, IFS publishes, for most countries of the world, current data on exchange rates, international liquidity, international banking, money and banking, interest rates, prices, production, international transactions (including balance of payments and international investment position), government finance, and national accounts. Information is presented in tables for specific countries and in tables for area and world aggregates. IFS is published monthly and annually. Price: Subscription price is US$945 a year (US$614 to university faculty and students) for 12 monthly issues and the yearbook. Single copy price is US$191 for a yearbook issue.

Balance of Payments Statistics Yearbook (BOPSY)
Balance of Payments Statistics Yearbook (BOPSY): Contains two sections: World and Regional Tables, and Country Tables. The first section presents 21 world and regional tables for major components of the balance of payments, net International Investment Position (IIP), and total financial assets and total liabilities for the IIP. The second section provides detailed tables on balance of payments statistics for 192 economies and IIP data for 164 economies. Price: US$171.

Direction of Trade Statistics (DOTS)
The yearbook and quarterly issues of the Direction of Trade publication provide tables with current reported data (or estimates) on the value of merchandise trade statistics (exports and imports) by partner country for all IMF member states and other non-member countries. Summary tables are also presented for the world and major areas. Price: Subscription price is US$276 a year (US$236 to university faculty and students) for the quarterly issues and the yearbook. Price for the yearbook is US$122.

Government Finance Statistics Yearbook (GFSY)
This annual publication provides detailed data on transactions in revenue, expense, net acquisition of assets and liabilities, other economic flows, and balances of assets and liabilities of general government and its subsectors. The data are compiled according to the framework of the *2001 Government Finance Statistics Manual*, which provides for several summary measures of government fiscal performance. Price: US$119.

DVD-ROM Subscriptions
International Financial Statistics (IFS), *Balance of Payments Statistics* (BOPS), *Direction of Trade Statistics* (DOTS), and *Government Finance Statistics* (GFS) are available on DVD-ROM by annual subscription. The DVD-ROMs incorporate a Windows-based browser facility, as well as a flat file of the database in scientific notation. Price of each subscription: US$250 a year for single-user PC license (US$125 for university faculty and students). Network and redistribution licenses are negotiated on a case-by-case basis. Please visit www.bookstore.imf.org/pricing for information.

Subscription Packages

Combined Subscription Package
The combined subscription package includes all issues of IFS, DOTS, GFS, and BOPSY. Combined subscription price: US$1,505 a year (US$1,204 for university faculty and students). Expedited delivery available at additional cost; please inquire.

Combined Statistical Yearbook Subscription
This subscription comprises BOPSY, IFSY, GFSY, and DOTSY at a combined rate of US$597. Because of different publication dates of the four yearbooks, it may take up to one year to service an order. Expedited delivery available at additional cost; please inquire.

IFS, BOPS, DOTS, GFS on the Internet
The Statistics Department of the Fund is pleased to make available to users the International Financial Statistics (IFS), Balance of Payments Statistics (BOPS), Direction of Trade Statistics (DOTS), and Government Finance Statistics (GFS) databases through the data.IMF.org online service. New features include Data Portals, which provide quick access to predefined tables, maps, graphs, and charts aimed at visualizing many common data searches. Data.IMF.org lets you create a basic custom-built data query using the Query tool, which offers great flexibility to create larger and more complex queries. Once you have defined your query, you can structure the table the way you want it, and then convert your data into a chart or download it. A number of personalization options are available in the "My data" section such as accessing your favorites and saved queries. Free registration for My data can be obtained by clicking on the Sign In or Register link on the data.IMF.org home page.

Address orders to
Publication Services, International Monetary Fund, PO Box 92780, Washington, DC 20090, USA
Telephone: (202) 623-7430 Fax: (202) 623-7201 E-mail: publications@imf.org
Internet: http://www.bookstore.imf.org

Note: Prices include the cost of delivery by surface mail. Expedited delivery is available for an additional charge.

Contents

Introduction	xi
World And Area Tables	1
World (001)	2
Advanced Economies (110)	6
Emerging and Developing Economies (200)	10
Emerging and Developing Asia (505)	14
Europe (170)	18
Sub-Saharan Africa (603)	22
Middle East, North Africa, and Pakistan (440)	25
Western Hemisphere (205)	29
European Union (998)	32
Country Tables	37
Afghanistan, Islamic Republic of (512)	38
Albania (914)	41
Algeria (612)	44
American Samoa (859)	48
Angola (614)	50
Anguilla (312)	54
Antigua and Barbuda (311)	56
Argentina (213)	59
Armenia, Republic of (911)	63
Aruba (314)	66
Australia (193)	69
Austria (122)	73
Azerbaijan, Republic of (912)	77
Bahamas, The (313)	80
Bahrain, Kingdom of (419)	83
Bangladesh (513)	87
Barbados (316)	90
Belarus (913)	93
Belgium (124)	97
Belize (339)	101
Benin (638)	104
Bermuda (319)	107
Bhutan (514)	109
Bolivia (218)	111
Bosnia and Herzegovina (963)	114
Botswana (616)	117
Brazil (223)	120
Brunei Darussalam (516)	124
Bulgaria (918)	126
Burkina Faso (748)	130
Burundi (618)	133
Cabo Verde (624)	136
Cambodia (522)	139
Cameroon (622)	142
Canada (156)	145
Central African Republic (626)	149
Chad (628)	152
Chile (228)	155
China, P.R.: Mainland (924)	159
China, P.R.: Hong Kong (532)	163
China, P.R.: Macao (546)	167
Colombia (233)	170
Comoros (632)	174
Congo, Democratic Republic of (636)	176
Congo, Republic of (634)	179
Costa Rica (238)	182
Cote d'Ivoire (662)	186
Croatia (960)	190
Cuba (928)	194
Curaçao (354)	197
Cyprus (423)	199
Czech Republic (935)	203
Denmark (128)	207
Djibouti (611)	211
Dominica (321)	214
Dominican Republic (243)	216
Ecuador (248)	220
Egypt (469)	224
El Salvador (253)	228
Equatorial Guinea (642)	231
Eritrea (643)	233
Estonia (939)	235
Ethiopia (644)	239
Falkland Islands (323)	243
Faroe Islands (816)	245
Fiji (819)	248
Finland (172)	251
France (132)	255
French Territories: French Polynesia (887)	259
French Territories: New Caledonia (839)	262
Gabon (646)	265
Gambia, The (648)	268
Georgia (915)	270
Germany (134)	273
Ghana (652)	277
Gibraltar (823)	281
Greece (174)	284
Greenland (326)	288
Grenada (328)	290
Guam (829)	292
Guatemala (258)	294
Guinea (656)	298
Guinea-Bissau (654)	301
Guyana (336)	303
Haiti (263)	306
Honduras (268)	309
Hungary (944)	312
Iceland (176)	316
India (534)	319
Indonesia (536)	323
Iran, Islamic Republic of (429)	327
Iraq (433)	331
Ireland (178)	334
Israel (436)	338
Italy (136)	342
Jamaica (343)	346
Japan (158)	349
Jordan (439)	353
Kazakhstan (916)	356
Kenya (664)	360
Kiribati (826)	364
Korea, Democratic People's Rep. of (954)	366
Korea, Republic of (542)	369
Kosovo, Republic of (967)	373
Kuwait (443)	376
Kyrgyz Republic (917)	380
Lao People's Democratic Republic (544)	383
Latvia (941)	385
Lebanon (446)	389
Lesotho (666)	393
Liberia (668)	395
Libya (672)	398
Lithuania (946)	401
Luxembourg (137)	405
Macedonia, FYR (962)	409
Madagascar (674)	412
Malawi (676)	415
Malaysia (548)	418
Maldives (556)	422
Mali (678)	425
Malta (181)	428
Marshall Islands, Republic of (867)	432
Mauritania (682)	434
Mauritius (684)	437
Mexico (273)	441
Micronesia, Federated States of (868)	443
Moldova (921)	445
Mongolia (948)	448
Montenegro (943)	451
Montserrat (351)	454
Morocco (686)	456
Mozambique (688)	460
Myanmar (518)	464
Namibia (728)	468
Nauru (836)	472
Nepal (558)	474
Netherlands (138)	477
New Zealand (196)	481

"Country" in this publication does not always refer to a territorial entity that is a state as understood by international law and practice; the term also covers the euro area, the Eastern Caribbean Currency Union, and some nonsovereign territorial entities, for which statistical data are provided internationally on a separate basis.

Nicaragua (278) ... 485	Seychelles (718) ... 567	Timor-Leste, Dem. Rep. of (537) ... 639
Niger (692) ... 488	Sierra Leone (724) ... 570	Togo (742) ... 641
Nigeria (694) ... 491	Singapore (576) ... 573	Tonga (866) ... 644
Norway (142) ... 495	Sint Maarten (352) ... 577	Trinidad and Tobago (369) ... 646
Oman (449) ... 499	Slovak Republic (936) ... 578	Tunisia (744) ... 650
Pakistan (564) ... 503	Slovenia (961) ... 582	Turkey (186) ... 654
Palau (565) ... 507	Solomon Islands (813) ... 586	Turkmenistan (925) ... 658
Panama (283) ... 508	Somalia (726) ... 588	Tuvalu (869) ... 660
Papua New Guinea (853) ... 511	South Africa (199) ... 590	Uganda (746) ... 661
Paraguay (288) ... 514	South Sudan (733) ... 594	Ukraine (926) ... 664
Peru (293) ... 518	Spain (184) ... 596	United Arab Emirates (466) ... 668
Philippines (566) ... 522	Sri Lanka (524) ... 600	United Kingdom (112) ... 672
Poland (964) ... 526	St. Kitts and Nevis (361) ... 604	United States (111) ... 676
Portugal (182) ... 530	St. Lucia (362) ... 606	Uruguay (298) ... 680
Qatar (453) ... 534	St. Vincent and the Grenadines (364) ... 608	Uzbekistan (927) ... 684
Romania (968) ... 538	Sudan (732) ... 610	Vanuatu (846) ... 687
Russian Federation (922) ... 542	Suriname (366) ... 612	Vatican (187) ... 689
Rwanda (714) ... 546	Swaziland (734) ... 615	Venezuela, Republica Bolivariana de (299) ... 690
Samoa (862) ... 549	Sweden (144) ... 618	Vietnam (582) ... 693
San Marino (135) ... 551	Switzerland (146) ... 622	West Bank and Gaza (487) ... 696
Sao Tome and Principe (716) ... 553	Syrian Arab Republic (463) ... 626	Yemen, Republic of (474) ... 699
Saudi Arabia (456) ... 555	Tajikistan (923) ... 629	Zambia (754) ... 702
Senegal (722) ... 559	Tanzania (738) ... 631	Zimbabwe (698) ... 705
Serbia, Republic of (942) ... 563	Thailand (578) ... 635	Notes ... 709

"Country" in this publication does not always refer to a territorial entity that is a state as understood by international law and practice; the term also covers the euro area, the Eastern Caribbean Currency Union, and some nonsovereign territorial entities, for which statistical data are provided internationally on a separate basis.

Country and Area Codes

001	**World**		576	Singapore
110	**Advanced Economies**		144	Sweden[1]
163	Euro Area		146	Switzerland
122	Austria[1]		112	United Kingdom[1]
124	Belgium[1]		111	United States
423	Cyprus[1]		187	Vatican
939	Estonia[1]		**200**	**Emerging and Developing Economies**
172	Finland[1]		**505**	**Emerging and Developing Asia**
132	France[1, 3]		859	American Samoa
134	Germany[1]		513	Bangladesh
174	Greece[1]		514	Bhutan
178	Ireland[1]		516	Brunei Darussalam[2]
136	Italy[1]		522	Cambodia
941	Latvia[1]		924	China, P.R.: Mainland
946	Lithuania[1]		819	Fiji
137	Luxembourg[1]		887	French Territories: French Polynesia
181	Malta[1]		839	French Territories: New Caledonia
138	Netherlands[1]		829	Guam
182	Portugal[1]		534	India
936	Slovak Republic[1]		536	Indonesia
961	Slovenia[1]		826	Kiribati
184	Spain[1]		544	Lao People's Democratic Republic
193	Australia		548	Malaysia
156	Canada		556	Maldives
532	China, P.R.: Hong Kong SAR		867	Marshall Islands, Republic of
546	China, P.R.: Macao SAR		868	Micronesia, Federated States of
935	Czech Republic[1]		948	Mongolia
128	Denmark[1]		518	Myanmar
176	Iceland		836	Nauru
436	Israel		558	Nepal
158	Japan		565	Palau
542	Korea, Republic of		853	Papua New Guinea
196	New Zealand		566	Philippines
142	Norway		862	Samoa
135	San Marino		813	Solomon Islands

[1] The data for the European Union (EU) for all periods cover Austria, Belgium, Belgium-Luxembourg, Bulgaria, Croatia, Cyprus, Czech Republic, Denmark, Estonia, Finland, France, Germany, Greece, Hungary, Ireland, Italy, Latvia, Lithuania, Luxembourg, Malta, Netherlands, Poland, Portugal, Romania, Slovak Republic, Slovenia, Spain, Sweden, and the United Kingdom.

[2] The Export Earnings: Fuel Countries are Algeria, Angola, the Republic of Azerbaijan, the Kingdom of Bahrain, Bolivia, Brunei Darussalam, Chad, Colombia, the Republic of Congo, Ecuador, Equatorial Guinea, Gabon, the Islamic Republic of Iran, Iraq, Kazakhstan, Kuwait, Libya, Nigeria, Oman, Qatar, Russian Federation, Saudi Arabia, the Republic of South Sudan, Timor-Leste, Trinidad and Tobago, Turkmenistan, United Arab Emirates, the República Bolivariana de Venezuela, and the Republic of Yemen.

[3] Beginning in 1997, data for France include trade of French Guiana, Guadeloupe, Martinique, and Reunion. French trade data includes trade of Mayotte.

2017, International Monetary Fund: *Direction of Trade Statistics Yearbook*

Country and Area Codes

Code	Country/Area
524	Sri Lanka
578	Thailand
537	Timor-Leste[2]
866	Tonga
869	Tuvalu
846	Vanuatu
582	Vietnam
598	Asia not specified
170	**Europe**
903	**Emerging and Developing Europe**
914	Albania
963	Bosnia and Herzegovina
918	Bulgaria[1]
960	Croatia[1]
816	Faroe Islands
823	Gibraltar
944	Hungary[1]
967	Kosovo
962	Macedonia, FYR
943	Montenegro
964	Poland[1]
968	Romania[1]
942	Serbia, Republic of
186	Turkey
901	**CIS**
911	Armenia
912	Azerbaijan, Republic of[2]
913	Belarus
915	Georgia
916	Kazakhstan[2]
917	Kyrgyz Republic
921	Moldova
922	Russian Federation[2]
923	Tajikistan
925	Turkmenistan[2]

Code	Country/Area
926	Ukraine
927	Uzbekistan
884	Europe not specified
440	**Middle East, North Africa, and Pakistan**
512	Afghanistan, Islamic Republic of
612	Algeria[2]
419	Bahrain, Kingdom of[2]
611	Djibouti
469	Egypt
429	Iran, Islamic Republic of[2]
433	Iraq[2]
439	Jordan
443	Kuwait[2]
446	Lebanon
672	Libya[2]
682	Mauritania
686	Morocco
449	Oman[2]
564	Pakistan
453	Qatar[2]
456	Saudi Arabia[2]
726	Somalia
732	Sudan
463	Syrian Arab Republic
744	Tunisia
466	United Arab Emirates[2]
487	West Bank and Gaza
474	Yemen, Republic of[2]
489	Middle East not specified
603	**Sub-Saharan Africa**
614	Angola[2]
638	Benin
616	Botswana
748	Burkina Faso
618	Burundi

[1] The data for the European Union (EU) for all periods cover Austria, Belgium, Belgium-Luxembourg, Bulgaria, Croatia, Cyprus, Czech Republic, Denmark, Estonia, Finland, France, Germany, Greece, Hungary, Ireland, Italy, Latvia, Lithuania, Luxembourg, Malta, Netherlands, Poland, Portugal, Romania, Slovak Republic, Slovenia, Spain, Sweden, and the United Kingdom.

[2] The Export Earnings: Fuel Countries are Algeria, Angola, the Republic of Azerbaijan, the Kingdom of Bahrain, Bolivia, Brunei Darussalam, Chad, Colombia, the Republic of Congo, Ecuador, Equatorial Guinea, Gabon, the Islamic Republic of Iran, Iraq, Kazakhstan, Kuwait, Libya, Nigeria, Oman, Qatar, Russian Federation, Saudi Arabia, the Republic of South Sudan, Timor-Leste, Trinidad and Tobago, Turkmenistan, United Arab Emirates, the República Bolivariana de Venezuela, and the Republic of Yemen.

[3] Beginning in 1997, data for France include trade of French Guiana, Guadeloupe, Martinique, and Reunion. French trade data includes trade of Mayotte.

Country and Area Codes

624	Cabo Verde		734	Swaziland
622	Cameroon		738	Tanzania
626	Central African Republic		742	Togo
628	Chad[2]		746	Uganda
632	Comoros		754	Zambia
636	Congo, Democratic Republic of		698	Zimbabwe
634	Congo, Republic of[2]		799	Africa not specified
662	Côte d'Ivoire		**205**	**Western Hemisphere**
642	Equatorial Guinea[2]		312	Anguilla
643	Eritrea		311	Antigua and Barbuda
644	Ethiopia		213	Argentina
646	Gabon[2]		314	Aruba
648	Gambia, The		313	Bahamas, The
652	Ghana		316	Barbados
656	Guinea		339	Belize
654	Guinea-Bissau		319	Bermuda
664	Kenya		218	Bolivia[2]
666	Lesotho		223	Brazil
668	Liberia		228	Chile
674	Madagascar		233	Colombia[2]
676	Malawi		238	Costa Rica
678	Mali		354	Curaçao
684	Mauritius		321	Dominica
688	Mozambique		243	Dominican Republic
728	Namibia		248	Ecuador[2]
692	Niger		253	El Salvador
694	Nigeria[2]		323	Falkland Islands
696	Reunion[3]		326	Greenland
714	Rwanda		328	Grenada
716	São Tomé & Príncipe		258	Guatemala
722	Senegal		336	Guyana
718	Seychelles		263	Haiti
724	Sierra Leone		268	Honduras
199	South Africa		343	Jamaica
733	South Sudan, Republic of[2]		273	Mexico

[1] The data for the European Union (EU) for all periods cover Austria, Belgium, Belgium-Luxembourg, Bulgaria, Croatia, Cyprus, Czech Republic, Denmark, Estonia, Finland, France, Germany, Greece, Hungary, Ireland, Italy, Latvia, Lithuania, Luxembourg, Malta, Netherlands, Poland, Portugal, Romania, Slovak Republic, Slovenia, Spain, Sweden, and the United Kingdom.

[2] The Export Earnings: Fuel Countries are Algeria, Angola, the Republic of Azerbaijan, the Kingdom of Bahrain, Bolivia, Brunei Darussalam, Chad, Colombia, the Republic of Congo, Ecuador, Equatorial Guinea, Gabon, the Islamic Republic of Iran, Iraq, Kazakhstan, Kuwait, Libya, Nigeria, Oman, Qatar, Russian Federation, Saudi Arabia, the Republic of South Sudan, Timor-Leste, Trinidad and Tobago, Turkmenistan, United Arab Emirates, the República Bolivariana de Venezuela, and the Republic of Yemen.

[3] Beginning in 1997, data for France include trade of French Guiana, Guadeloupe, Martinique, and Reunion. French trade data includes trade of Mayotte.

Country and Area Codes

351	Montserrat	299	Venezuela, República Bolivariana de [2]
353	Netherlands Antilles	399	Western Hemisphere not specified
278	Nicaragua	**898**	**Countries and Areas not specified**
283	Panama	**899**	**Special Categories**
288	Paraguay	**910**	**Other Countries not included elsewhere**
293	Peru	928	Cuba
352	Sint Maarten	954	Korea, Democratic People's Republic of
361	St. Kitts and Nevis	**Memorandum Items**	
362	St. Lucia	605	Africa
364	St. Vincent and the Grenadines	405	Middle East
366	Suriname	998	European Union[1]
369	Trinidad and Tobago[2]	080	Export earnings: fuel[2]
298	Uruguay	092	Export earnings: nonfuel

[1] The data for the European Union (EU) for all periods cover Austria, Belgium, Belgium-Luxembourg, Bulgaria, Croatia, Cyprus, Czech Republic, Denmark, Estonia, Finland, France, Germany, Greece, Hungary, Ireland, Italy, Latvia, Lithuania, Luxembourg, Malta, Netherlands, Poland, Portugal, Romania, Slovak Republic, Slovenia, Spain, Sweden, and the United Kingdom.

[2] The Export Earnings: Fuel Countries are Algeria, Angola, the Republic of Azerbaijan, the Kingdom of Bahrain, Bolivia, Brunei Darussalam, Chad, Colombia, the Republic of Congo, Ecuador, Equatorial Guinea, Gabon, the Islamic Republic of Iran, Iraq, Kazakhstan, Kuwait, Libya, Nigeria, Oman, Qatar, Russian Federation, Saudi Arabia, the Republic of South Sudan, Timor-Leste, Trinidad and Tobago, Turkmenistan, United Arab Emirates, the República Bolivariana de Venezuela, and the Republic of Yemen.

[3] Beginning in 1997, data for France include trade of French Guiana, Guadeloupe, Martinique, and Reunion. French trade data includes trade of Mayotte.

Introduction

The quarterly issues, yearbook, DVD-ROM, and online portal of the *Direction of Trade Statistics* (DOTS) present, for all member countries of the International Monetary Fund (the Fund) and other non-member countries, the value of merchandise exports and imports by partner country. DOTS republish monthly, quarterly, and annual trade statistics as submitted by countries to the Fund. Furthermore, reported data are supplemented by estimates whenever such data are not current or are not available on a monthly basis. Monthly estimates are consistent with quarterly and annual reported data, when available.

Data reported to DOTS follow the concepts and definitions of the United Nations' *International Merchandise Trade Statistics* (IMTS 2010), which provides the conceptual framework and guidance for recording physical movements of goods between countries and areas. The term "merchandise" has the same meaning as the term "goods."

The quarterly issues (DOTSQ) and the yearbook (DOTSY) present figures for the most recent quarters and years, respectively. The DVD-ROM presents information from 1980 onwards for monthly, quarterly, and annual data. The online portal, accessible from the IMF data page (http://data.imf.org/), presents monthly and quarterly series starting 1960, and annual data starting 1941. Area and world aggregates showing trade flows between major areas of the world are also presented.

World and area tables present (1) world aggregates comprising all countries, including countries that do not report to the Fund and are estimated based on trade partner data; (2) advanced economies aggregates derived from the figures for the countries classified as advanced economies with a subgroup of the Euro Area; (3) emerging and developing countries aggregates and subgroups, namely, Developing Asia, Europe with a sub-group of Commonwealth of Independent States (CIS), Middle East North Africa and Pakistan, Sub-Saharan Africa, and Western Hemisphere, and (4) Africa, Middle East, and European Union aggregates. Aggregates for the World table are calculated as the sum of aggregates from the tables for the Advanced Economies and Emerging and Developing Economies. It also includes trade of countries comprising the group "other countries n.i.e." and data for a country or area not specified and for "special categories."

The term "country," as used in this publication, does not in all cases refer to a territorial entity that is a state as understood by international law and practice; the term also covers some nonsovereign territorial entities, for which statistical data are maintained and provided internationally on a separate and independent basis. The information on exports and imports by trading partners that countries report to the Fund varies in terms of frequency and timeliness. Monthly data are made available on a regular and current basis (i.e., with a delay of four months or less from the current month) by all of the advanced countries plus developing and emerging economies with large shares of world trade. Together, these countries have represented more than 90 percent of the value of recorded world exports and imports in recent years (Table 1). Other countries may report monthly data that are less current, or the information may be compiled and made available in quarterly or annual frequency.

Coverage of DOTS is augmented by using trade statistics available from other international organizations. Monthly data for all European Union member countries are sourced from the COMEXT database maintained by EUROSTAT. Annual data reported to the United Nations COMTRADE database are incorporated in DOTS for countries that do not report to the Fund. Furthermore, the availability of partner data makes it possible to calculate estimates of countries for which data are not obtainable from other sources.

Estimation procedure

The estimation procedure is described in the IMF working paper "*New Estimates for Direction of Trade Statistics*" (IMF, forthcoming).[1] Reported data at the monthly, quarterly, and annual frequencies are the basis of all estimates in DOTS. When monthly data are unavailable, the DOTS database is supplemented with estimates. Briefly, the estimation procedure proceeds as follows:

Estimation occurs if a reporting country does not report trade with its partners for a specific period. Data are estimated for all partners. In the absence of some or all of the monthly DOTS, quarterly or annual reported DOTS are used. Annual reported data to the UN COMTRADE database are treated as reported to the Fund. When only annual or quarterly data are available, the monthly trade between country A and B

---

[1] The current methodology is used to estimate periods starting January 2000. Estimates from January 1981 to December 1999 are based on the previous methodology, described in *A Guide to Direction of Trade Statistics* (1993) and available from the Fund's Publications Section (www.imf.org/external/pubs/cat/longres.cfm?sk=154.0). Estimates prior to January 2000 will be recalculated using the current methodology in the coming months.

is distributed over the relevant months using the following information (in order of priority): (1) the monthly value of the partner trade reported by country B; (2) the monthly total value of imports and exports reported in the Fund's *International Financial Statistics* (IFS) by country A; or (3) the monthly value of trade that all other partner countries have reported with country A for the specific month. The monthly distribution is done through a time-series procedure that reproduces at the best the month-to-month changes of the information available at the monthly level and, simultaneously, produces estimates that are consistent with quarterly or annual data reported by countries. Estimates are computed for months, and then quarterly and annual totals are obtained by summation.

The sum of the DOTS may not coincide with the IFS totals. This happens, for example, when countries do not report all their trade by geographic destination due to confidentiality reasons. Official reported data to DOTS are not adjusted to comply with the IFS totals. The IFS totals are used in the validation checks to verify the quality of trade statistics by partner countries in DOTS. Furthermore, IFS totals are also used in the estimation of bilateral trade when no information is available on the bilateral trade. For comparison purposes, total exports and total imports are shown in the lines IFS World Total and DOTS World Total for each country.

Only for countries that have never reported data by trade partners to the Fund or to the United Nations COMTRADE, estimates are obtained by using directly the corresponding bilateral flow reported by counterpart countries. For example, if country B has never reported trade statistics with a geographical breakdown, but country A has reported imports from country B, then A's data for imports are used to estimate B's exports. Because imports are valued on a cost, insurance, and freight (CIF) basis and exports on a free on board (FOB) basis, the data are adjusted for the cost of freight and insurance. A CIF/FOB factor of 1.06 is currently used. Reported imports CIF are divided by 1.06 (i.e., the CIF/FOB factor) to give partner country estimates of exports FOB. Similarly, reported exports FOB are multiplied by 1.06 to give partner country imports CIF. Given the absence of timely data on cost, insurance, and freight, the 6 percent CIF/FOB factor represents a simplified estimate of these costs, which vary widely across countries and transactions. Further details on the choice of the CIF/FOB factor are provided in IMF (2017).

Overall, only a small portion of world trade is omitted from DOTS; this portion may comprise (1) unreported trade among developing countries; (2) unreported trade between developing countries and the countries comprising the group "other countries n.i.e."; and (3) unreported trade among "other countries n.i.e.".

No estimates, however, are compiled for periods prior to 1981 or based on benchmark data referring to 1980 or earlier. Moreover, data reported from countries' own records, even with longer delays, continually broaden the base of reported data, thereby replacing previously estimated figures. Area and world totals are compiled from reported data and estimates. The share of estimates in world and area totals increases over time due to the increased recourse to estimation for countries that report their trade statistics with delay (see Table 1).

Symbols

Figures shown without symbols are data reported from the respective country's own records.

Figures followed by the letter "r" indicate that data are estimated on a monthly basis, but reconciled with official monthly, quarterly, and/or annual information available by the reporting country.

Figures followed by the letter "e" indicate that data are estimated using counterpart information only.

The following symbols are used throughout DOTS as well:

All figures are rounded to one decimal place.
An ellipse (...) indicates a lack of data.
A "0" indicates that a figure is zero or less than half a significant digit.

Table 1. DATA COVERAGE FOR RECENT PERIODS

Period	World Trade			
	Data Reported		Data Estimated	
	Number of Countries[1]	Percent of World Trade	Number of Countries	Percent of World Trade
2011	164	96.6	46	3.4
2012	160	96.0	50	4.0
2013	158	95.5	52	4.5
2014	157	95.8	53	4.2
2015	151	96.0	59	4.0
2016	145	96.2	65	3.8

Composition of country, world, and area pages

Country pages are shown for all countries with both reported and estimated data. Estimated figures—which are clearly indicated in the tables—should be intended as IMF staff estimates and not as data officially reported by countries. Both reported and estimated trade are included in the calculation of world and area totals.

Country pages include lines for all partner countries that have been reported or estimated. Where relevant, these pages also include lines for country or area data not specified and for "special categories." Trade included under "special categories" may cover military trade, transactions in free zones, or transactions in aircraft or ships. These data have not been designated to a partner country by the trade statistics compilers, nor have they been included by item in the reported data as an area not specified.

Country pages also include memorandum item lines for Africa, Middle East, the European Union (EU), Export Earnings: Fuel, and Export Earnings: Non-Fuel Countries. Data in these memorandum lines show trade by all members of the group with the respective country. Similarly, these memorandum lines appear on the area and world pages. The memorandum line represents trade by all individual members of the group. For example, the EU line on the world page represents trade by all EU members with the world, including trade among members. It does not present the EU data as if the EU was a single country. Users interested in such statistics would need to subtract intra-EU trade.

Summary tables for the world and areas are calculated from the data shown on the country page. They show the trade by a group of countries to and from the individual countries listed in the table. This is analogous to stacking all the pages for the individual countries in an area and adding vertically to yield an aggregate table on the top of the stack.

Currency

All data are expressed in terms of U.S. dollars. As most of the countries report in their national currency, U.S. dollar equivalents are obtained by converting data at period average exchange rates published in lines rf or rh on the country pages in IFS. Data are generally converted at their highest available frequency and are subsequently aggregated to longer periods: for example, monthly data are converted at monthly exchange rates and the resulting U.S. dollar equivalents are aggregated to quarterly and annual values.

Consistency between partner country data

It is sometimes assumed that corresponding export and import data between partner countries should be consistent. That is, the exports from Country A to B should be equal to the imports of Country B from A, after taking into account the insurance and freight costs under the generally observed case that Country B imports are valued on a CIF basis. The DOTS estimation system uses this assumption in the few cases where one partner has never reported data.

However, in addition to the inclusion of insurance and freight in imports CIF, it should be noted that there are several complications that can cause inconsistency between exports to a partner and the partner's recorded imports FOB, or between imports FOB from a partner and the partner's recorded exports. The principal reasons for inconsistent statistics on destination and origin for a given shipment are differences in (1) classification concepts and detail, (2) time of recording, (3) valuation, and (4) coverage, as well as 5) processing errors.

Classification concepts and detail

Destination/origin classification concepts in the presence of transshipment: Much trade is consigned via other countries, for example, a substantial volume of German trade passes through the Netherlands. An inconsistency in reported trade data can arise when the trade of the originating country is classified as going to either a first or proximate destination that is a transshipment point, whereas the ultimate destination country classifies the same trade according to its ultimate source. Sometimes, the final destination country is unknown at the point of exports.

Alternatively, the originating country may classify the shipment as going to the ultimate destination country, whereas the ultimate destination country classifies the same trade according to a proximate source that is a transshipment point. The lack of uniformity in the classification may also result from the application of different national customs instructions used in determining origin, transshipment, and destination countries.

Lack of destination/source country detail in published statistics: These conditions cause immediate problems in identifying trade counterparty information from published data. Destination/origin country for military and other confidential items and government goods may not be published or may be published only by regional aggregates. A destination can also be indeterminate and thus not be published, because the transshipment dispatcher may lack knowledge about the ultimate destination at the time of consignment. Regional aggregates without country detail may also be published when the trade of individual partners in a region is below a threshold level.

Time of recording

A lag occurs between shipment of an export and receipt of an import, especially for goods that are shipped over long distances. To avoid timing inconsistencies, international national accounts and balance of payments accounting standards recommend a change of ownership principle to assign a date to transactions. Under this principle, an exported good changes ownership at shipment from the exporting country, at which time the exporting country records an export and the destination country records an import (FOB). However, for practical reasons in accordance with *IMTS 2010*, the customs authorities of the importing country record the receipt of these goods later, when they arrive at the receiving country's frontier. This can cause a timing inconsistency. The result is that the same shipment can appear in an importing country's statistics for a month, quarter, and/or year that is later than the period that appears in the exporting country's statistics.

Valuation

Apart from the CIF and FOB valuations, possible reasons for inconsistent valuation of a given shipment between source and destination include inconsistent currency conversion, evasion, anti-evasion procedures, values not known at the time of consignment, and differences in treatment of particular costs or procedures for assessment.

Coverage

Shipments to and from free-trade zones and bonded warehouses, exclusion of military and other confidential items and government goods, value thresholds for customs registration of shipments, returned goods, and other goods missed by customs (or surveys) are examples of coverage differences that can result in inconsistencies.

Processing errors

As a result of reporting and processing lags, trade data for a given period are often released before all customs documents for the period have been processed. These data are sometimes not revised, or, if data are revised, errors are nevertheless made in assigning the date on which goods are shipped or received and the late data are assigned to the wrong month, quarter, and/or year. Errors can also be made in assigning a destination to exports and an origin to imports during customs clearances, or in cases when the ultimate destination is changed after the initial consignment during transshipment, the change is not incorporated into published statistics via the release of revised data.

These issues should be considered in interpreting the data. International cooperation in harmonizing and reconciling customs procedures and definitions may assist in reducing differences, and, in a few cases, countries have reconciled data or have used partner data to make their own estimates.

Suppression of Partner Country Data Lines

A partner country is not shown in a table if for all periods present in the publication figures for the partner country are less than 50,000 in tables expressed in millions of US dollars, or less than 50,000,000 in tables expressed in billions of US dollars. Please note that all data is available online at http://data.imf.org/dot.

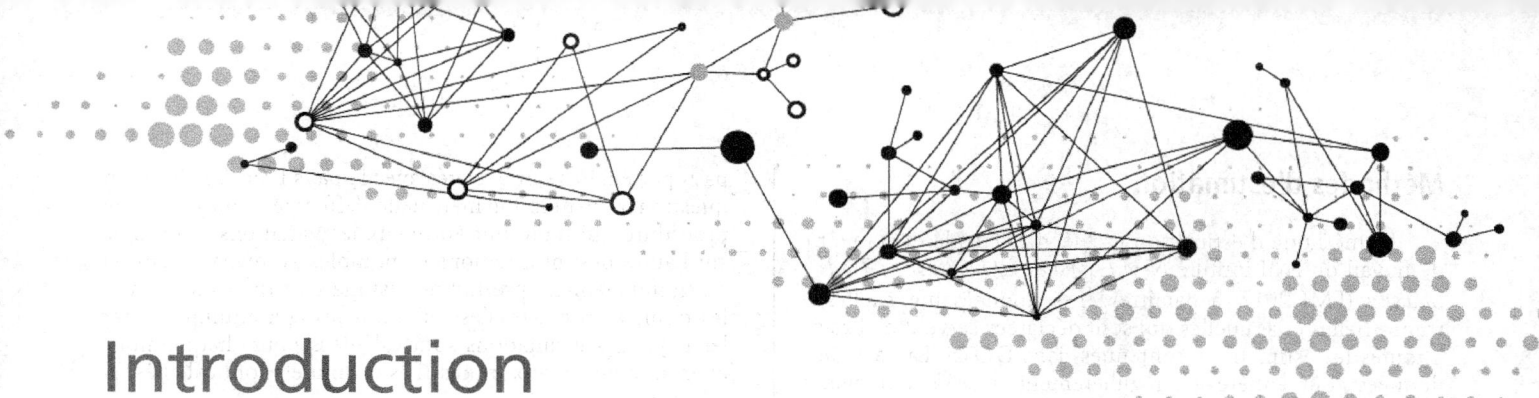

Introduction

Les numéros trimestriels, l'annuaire, le disque optique compact (CD-ROM) et le portail en ligne des statistiques sur la répartition géographique des échanges (*Direction of Trade Statistics* — DOTS) présentent pour l'ensemble des pays membres du Fonds monétaire international (FMI) et pour d'autres pays non membres, la valeur des marchandises qu'ils ont exportées et importées ventilée par pays partenaire. DOTS republie les statistiques sur les échanges communiquées par les pays au FMI sur une base mensuelle, trimestrielle ou annuelle. En outre, lorsque les données ne sont pas actualisées ou disponibles tous les mois, elles sont complétées par des estimations. Les estimations mensuelles cadrent avec les données trimestrielles et les données annuelles, lorsqu'elles sont disponibles.

Les données sont communiquées à DOTS suivant les concepts et les définitions des *International Merchandise Trade Statistics* (IMTS 2010 —traduction française à paraître) des Nations Unies. Ce manuel propose un cadre conceptuel et des orientations pour l'enregistrement des déplacements physiques de marchandises d'un pays et d'une région à l'autre. Les termes « marchandise » et « bien » ont la même signification.

Les numéros trimestriels (DOTSQ) et l'annuaire (DOTSY) présentent, respectivement, les chiffres disponibles pour les trimestres et années les plus récentes. Le CD-ROM présente des informations sur les données mensuelles, trimestrielles et annuelles à partir de 1980. Le portail en ligne, accessible sur le site Web du FMI (http://data.imf.org/), propose des séries mensuelles et annuelles à partir de 1960 et des données annuelles à partir de 1941. Des agrégats mondiaux et régionaux des flux commerciaux entre les principales régions du monde sont aussi présentés.

Les tableaux établis pour le monde et les régions présentent 1) les agrégats mondiaux couvrant l'ensemble des pays, y compris des pays qui ne communiquent pas de données au FMI, pour lesquels des estimations sont établies à partir des données des partenaires commerciaux ; 2) les agrégats des économies avancées dérivés des données transmises par les pays faisant partie de cette catégorie, avec un sous-groupe pour la zone euro; 3) les agrégats et sous-groupes des pays émergents ou en développement, à savoir : Afrique subsaharienne, Europe (avec le sous-groupe de la Communauté des États indépendants (CEI), Hémisphère occidental, Moyen-Orient, Afrique du Nord et Pakistan et pays d'Asie en développement , — et 4) les agrégats de l'Afrique, du Moyen-Orient et de l'Union européenne. Les agrégats du tableau mondial correspondent à la somme des agrégats des tableaux des économies avancées et des pays émergents ou en développement. Le tableau présente également les données sur les échanges d'un ensemble de pays regroupés sous la rubrique « Other countries n.i.e. » (Autres pays n.i.a.), ainsi que les données de pays ou de régions non identifiées et celles appartenant aux « Catégories spéciales ».

Dans la présente publication, le terme « pays » ne recouvre pas toujours une entité territoriale constituant un État tel qu'il est défini selon la pratique et le droit internationaux. Ce terme recouvre également certaines entités territoriales qui ne sont pas des États souverains, mais sur lesquelles des données statistiques sont tenues à jour et fournies, séparément et indépendamment, au niveau international. Les données que les pays communiquent au FMI sur leurs exportations et importations ventilées par partenaires commerciaux ne sont pas toutes communiquées avec la même fréquence et n'ont pas toutes le même degré d'actualité. Toutes les économies avancées et les pays émergents ou en développement qui représentent une part importante des échanges mondiaux, transmettent des données mensuelles sur une base régulière et pour la période en cours (c'est-à-dire, dans un délai de quatre mois ou moins). Ces dernières années, les échanges commerciaux de ces pays ont représenté ensemble plus de 90 % de la valeur des exportations et importations mondiales enregistrées (tableau 1). D'autres pays communiquent des données mensuelles moins récentes, ou n'établissent et ne transmettent des données que sur une base trimestrielle ou annuelle.

La couverture DOTS est amplifiée grâce aux statistiques sur les échanges recueillies par d'autres organisations internationales. Des données mensuelles pour tous les pays membres de l'Union européenne sont tirées de la base de données COMEXT, qui est gérée par EUROSTAT. Les données communiquées à COMTRADE (base de données des Nations Unies) sont ajoutées à DOTS dans le cas des pays qui ne communiquent pas de données au FMI. Par ailleurs, les renseignements communiqués par les partenaires commerciaux permettent d'établir des estimations pour les pays dont on ne dispose pas de statistiques d'autres sources.

2017, International Monetary Fund: *Direction of Trade Statistics Yearbook*

Méthodes d'estimation

La méthode d'estimation est décrite dans le document de travail du FMI intitulé *New Estimates for Direction of Trade Statistics* (FMI 2017, à paraître).[1] Les données mensuelles, trimestrielles et annuelles qui sont déclarées servent de base à toutes les estimations contenues dans DOTS. La base de données tout entière est régulièrement mise à jour avec de nouvelles estimations. La méthode d'estimation est la suivante :

On procède à une estimation lorsqu'un pays déclarant n'indique pas le montant de ses échanges avec un de ses partenaires commerciaux pour une période donnée. Les chiffres sont estimés pour tous les partenaires. Lorsque les statistiques mensuelles de DOTS font partiellement ou entièrement défaut, ce sont les statistiques trimestrielles ou annuelles communiquées pour DOTS qui sont utilisées. Les données annuelles communiquées à la base de données COMTRADE des Nations Unies sont considérées comme étant communiquées au FMI. Lorsque seules des données annuelles ou trimestrielles sont disponibles, les échanges mensuels entre les pays A et B sont ventilés entre les mois respectifs en utilisant les informations suivantes (en ordre de priorité) : 1) la valeur mensuelle des échanges des partenaires communiqués par le pays B, 2) la valeur mensuelle totale des importations et des exportations déclarées dans les Statistiques financières internationales (SFI) du FMI par le pays A ou 3) la valeur mensuelle des échanges que tous les pays partenaires ont déclarés avec le pays B pour le mois en question. La ventilation mensuelle s'effectue au moyen d'une procédure qui reproduit au mieux les variations d'un mois sur l'autre des informations disponibles au niveau mensuel et, simultanément, produit des estimations qui cadrent avec les données trimestrielles ou annuelles communiquées par les pays. Les estimations sont calculées pour chaque mois, et ensuite des totaux trimestriels et annuels sont calculés.

La somme dans DOTS ne coïncide peut-être pas avec les totaux des SFI. C'est le cas, par exemple, lorsque les pays ne déclarent pas tous leurs échanges par destination géographique pour des raisons de confidentialité. Les données officielles qui sont communiquées à DOTS ne sont pas ajustées pour correspondre aux totaux des SFI. Ces derniers sont utilisés pour vérifier la qualité des statistiques commerciales des pays partenaires dans DOTS. Ils sont aussi utilisés dans l'estimation des échanges bilatéraux lorsqu'aucune information n'est disponible à ce sujet. À des fins de comparaison, les exportations totales et les importations totales figurent dans les lignes IFS World Total et DOTS World Total pour chaque pays.

Uniquement pour les pays qui n'ont jamais communiqué de données par partenaires commerciaux au FMI ou à la base de données COMTRADE des Nations Unies, on obtient des estimations en utilisant directement les flux bilatéraux correspondants qui sont communiqués par les pays de contrepartie. Par exemple, si le pays B n'a jamais communiqué de statistiques commerciales avec une ventilation géographique, mais que le pays A a déclaré des importations en provenance du pays B, les données du pays A pour les importations sont utilisées pour estimer les exportations du pays B. Comme les importations sont évaluées en base coût, assurance et fret (c.a.f.) et les exportations en base franco à bord (f.à.b.), les données sont ajustées de manière à tenir compte du coût du fret et de l'assurance. Un coefficient c.a.f./f.à.b. de 1,06 est utilisé actuellement. Les importations c.a.f. sont divisées par 1,06

---

[1] La méthodologie actuelle est utilisée afin de produire des estimations pour les périodes à partir de janvier 2000. Les estimations pour les périodes à partir de janvier 1981 jusqu'à décembre 1999 sont basées sur la méthodologie précédente, décrite dans le Guide pour l'établissement des statistiques sur la répartition géographique des échanges (A Guide to Direction of Trade Statistics, 1993), disponible à la Section des publications du FMI (www.imf.org/external/pubs/cat/ longres.cfm?sk=154.0). Dans les mois à venir, les estimations pour les périodes avant janvier 2000 seront recalculées selon la méthodologie actuelle.

TABLEAU 1 : COUVERTURE DES DONNEES DE PERIODES RECENTES

	Commerce mondial			
	Données communiquées		Données estimées	
Période	Nombre de pays	Part du commerce mondial, en pourcentage	Nombre de pays	Part du commerce mondial, en pourcentage
2011	164	96.6	46	3.4
2012	160	96.0	50	4.0
2013	158	95.5	52	4.5
2014	157	95.8	53	4.2
2015	151	96.0	59	4.0
2016	145	96.2	65	3.8

(c'est-à-dire le coefficient c.a.f./f.à.b.) pour donner des estimations des exportations f.à.b. pour le pays partenaire. De la même manière, les exportations f.à.b. sont multipliées par 1,06 pour donner des estimations des importations c.a.f. pour le pays partenaire. En l'absence de données à jour sur le coût, assurance et fret, le coefficient c.a.f./f.à.b. de 6 % représente une estimation simplifiée de ces coûts, qui varie fortement d'un pays à l'autre et d'une opération à l'autre. Des détails supplémentaires sur le choix de ce coefficient sont fournis dans FMI (2017).

Globalement, seule une faible part des échanges mondiaux est omise dans DOTS; il peut s'agir des éléments suivants : 1) échanges non déclarés entre pays en développement; 2) échanges non déclarés entre pays en développement et pays du groupe « Autres pays n.i.a. » et 3) échanges non déclarés entre « Autres pays n.i.a. ».

Toutefois, aucune estimation n'a été établie pour les périodes antérieures à 1981, et aucune n'est fondée sur des données de référence correspondant à 1980 où aux années antérieures. De plus, les données tirées des documents des pays, même si elles couvrent des périodes plus longues, enrichissent continuellement la base de données communiquées et viennent remplacer les estimations antérieures. Les totaux régionaux et mondiaux sont calculés à partir des données communiquées et des estimations. La part des estimations dans les totaux mondiaux et régionaux augmente au fil du temps en raison du recours accru aux estimations pour les pays qui déclarent leurs statistiques commerciales avec retard (voir Tableau 1).

Symboles

Les chiffres qui ne sont pas suivis d'un symbole sont des données tirées des documents des pays en question.

La lettre « r » indique que les données sont estimées sur une base mensuelle, mais sont rapprochées avec les données officielles trimestrielles et annuelles qui sont communiqués par le pays déclarant.

La lettre « e » indique que les données sont estimées à l'aide d'informations soumises par le pays de contrepartie uniquement.

Les symboles ci-après sont utilisés aussi dans DOTS :

Tous les chiffres sont arrondis à une décimale près.
Une ellipse (. . . .) indique l'absence de données.
Un « 0 » indique une valeur égale à zéro ou inférieure à la moitié d'un chiffre significatif..

Composition des pages consacrées aux pays, aux régions et au monde entier

Il existe des pages pour tous les pays ayant des données déclarées ou estimées. Les chiffres estimés, qui sont clairement indiqués dans les tableaux, doivent être considérés comme des estimations des services du FMI et non comme des données officiellement déclarées par les pays. Tant les échanges déclarés et que les échanges estimés sont inclus dans le calcul des totaux mondiaux et régionaux.

Les pages consacrées aux pays comportent pour chacun des partenaires commerciaux du pays concerné des lignes de données communiquées directement ou obtenues par estimation. Le cas échéant, on ajoute une ligne se rapportant aux pays ou groupes de pays non spécifiés (Country/area not specified) ou pour des catégories spéciales (Special categories). Les échanges classés dans cette dernière catégorie peuvent recouvrir les opérations à caractère militaire, celles des zones franches ou celles qui concernent les aéronefs ou les navires. Ces données ne sont pas attribuées à un partenaire commercial déterminé par les statisticiens du commerce extérieur, et elles ne sont pas ventilées non plus sous un poste spécifique dans les données transmises pour la catégorie des groupes de pays non spécifiés.

Les pages consacrées aux pays comportent aussi des lignes de postes pour mémoire pour l'Afrique, le Moyen-Orient et l'Union européenne (UE), les pays exportateurs de combustibles et les autres pays. Les chiffres qui y figurent couvrent les échanges de l'ensemble des membres du groupe avec le pays concerné. Des postes pour mémoire similaires figurent aux pages des tableaux régionaux et mondiaux. Les chiffres inscrits à ces postes représentent la somme des échanges de tous les pays appartenant au groupe. Par exemple, le poste pour mémoire du tableau « World » qui se rapporte à l'UE recouvre les échanges de l'ensemble des pays membres de l'UE avec le reste du monde, y compris les échanges entre ces mêmes pays. Les données de l'UE n'y sont pas traitées comme s'il s'agissait d'un pays unique. Les utilisateurs intéressés par ces statistiques doivent donc soustraire du total les chiffres se rapportant aux échanges intra-UE.

Des tableaux récapitulatifs sont établis pour le monde et les régions à partir des données figurant sur les pages consacrées aux pays. Ils indiquent la répartition des échan-ges globaux d'un groupe de pays à destination et en provenance de chacun des pays figurant dans le tableau. Le calcul s'apparente à empiler les pages de tous les pays d'une région et à ajouter verticalement tous les chiffres de façon à obtenir un tableau global au sommet de la pile.

Monnaie

Toutes les données sont exprimées en dollars EU. Comme la plupart des pays communiquent leurs données en monnaie nationale, il convient d'obtenir leurs équivalents en dollars EU en utilisant les moyennes périodiques des taux de change des séries **rf** ou **rh** publiées aux pages consacrées aux pays dans SFI. Les données sont généralement converties à leur fréquence la plus élevée, et sont ensuite agrégées sur des périodes plus longues : ainsi, les données mensuelles sont converties à l'aide des valeurs mensuelles du taux de change, et les équivalents en dollars EU qui en découlent sont ensuite agrégés en valeurs trimestrielles et annuelles.

Cohérence des données entre pays partenaires

On présume parfois que les chiffres d'exportations et d'importations correspondants entre pays partenaires sont censés concorder. C'est-à-dire que le chiffre des exportations du pays A à destination du pays B devrait être égal à celui des importations du pays B en provenance du pays A, après ajustement pour coûts de fret et d'assurance, étant entendu que les importations du pays B sont généralement évaluées sur la base c.a.f. Le système d'estimation de DOTS se fonde sur cette hypothèse dans les quelques cas où l'un des partenaires n'a jamais communiqué de données.

Il convient toutefois de noter que, outre l'inclusion des coûts d'assurance et de fret dans les importations c.a.f., diverses autres difficultés peuvent provoquer une incohérence entre les chiffres des exportations à destination d'un pays partenaire et ceux des importations f.à.b. recensées par ledit partenaire, ou entre les chiffres des importations f.à.b. en provenance d'un pays partenaire et les exportations recensées par ledit partenaire. Le manque de concordance des statistiques entre le point d'origine et celui de destination d'une expédition donnée tient essentiellement à des différences dans 1) les critères et le niveau de détail de la classification; 2) les dates d'enregistrement; 3) les méthodes d'évaluation; 4) le champ couvert par les données; et 5) des erreurs de traitement..

Critères et niveaux de classification

Critères de classification en fonction de la destination ou de l'origine en cas de réexpédition : De nombreuses marchandises sont expédiées par l'intermédiaire d'autres pays (par exemple, un volume substantiel du commerce extérieur de l'Allemagne transite par les Pays-Bas). Une asymétrie peut se faire jour dans les chiffres recensés si l'opération commerciale du pays d'origine est classée en tant qu'expédition vers une première destination, ou destination la plus proche, qui constitue un point de réexpédition, alors que le pays de destination finale classe cette même opération sur la base de l'origine. Parfois, le pays de destination finale est inconnu au point de l'exportation.

À l'inverse, le pays d'origine peut classer l'opération en tant qu'expédition vers le pays de destination finale, tandis que ce dernier l'enregistre sur la base de la provenance la plus proche qui constitue un point de réexpédition. Ce manque d'uniformité dans les méthodes de classement s'explique par les règles diverses qu'appliquent les administrations douanières nationales pour déterminer le pays d'origine, de réexpédition et de destination.

Absence de ventilation par pays de destination ou d'origine (ou de provenance) dans les statistiques publiées : Cette situation crée d'emblée des difficultés lorsqu'il s'agit d'identifier les informations sur les échanges entre pays partenaires à partir des données publiées. La ventilation, par pays de destination ou d'origine, des biens militaires et autres articles à caractère confidentiel et biens des administrations publiques peut ne pas être publiée, ou bien ne l'être qu'au niveau des agrégats régionaux. Il est possible aussi que la destination soit indéterminée, et donc non publiée, parce que le réexpéditeur ne connaît pas nécessairement la destination finale au moment de l'expédition. Enfin, les agrégats régionaux peuvent être publiés sans ventilation par pays lorsque les transactions commerciales de certains partenaires n'atteignent pas une valeur minimale donnée..

Date d'enregistrement

Un délai s'écoule entre la date d'expédition d'une exportation et celle de la réception de l'importation, surtout lorsque les marchandises parcourent de grandes distances. Pour éviter les décalages entre les dates d'enregistrement des transactions, les normes internationales en matière de comptabilité nationale et de balance des paiements recommandent de dater les transactions sur la base du critère de changement de propriété. En vertu de ce principe, la marchandise exportée change de propriétaire au moment où elle est expédiée par le pays exportateur, date à laquelle celui-ci la comptabilise en tant qu'exportation et le pays destinataire, en tant qu'importation (f.à.b.).

Or, pour des raisons pratiques, les autorités douanières du pays importateur n'enregistrent la réception desdites marchandises qu'à une date ultérieure, lors de leur arrivée à la frontière du pays concerné, ce qui crée une asymétrie dans les dates d'enregistrement. La même expédition se trouve par conséquent enregistrée dans les statistiques du pays importateur au titre d'une période (mois, trimestre ou année) postérieure à celle où elle est recensée dans les statistiques du pays exportateur.

Évaluation

Outres les évaluations c.a.f. et f.à.b., les causes possibles du manque d'homogénéité entre l'évaluation d'une expédition donnée à son point d'origine et celui de destination sont notamment les suivantes : application de conversions différentes du taux de change, fraude et manque de cohérence des dispositifs de lutte contre la fraude, valeur non encore connue au moment de la réexpédition et manières diverses de traiter certains coûts spécifiques ou de calculer la valeur.

Champ couvert par les données

Les expéditions à destination et en provenance de zones franches et d'entrepôts sous douane, l'exclusion des biens militaires et autres articles à caractère confidentiel et biens des administrations publiques, l'application de valeurs minimales pour l'immatriculation des expéditions en douane, les marchandises renvoyées et autres biens échappant à l'administration douanière (ou aux enquêtes) sont autant d'exemples de différences du champ couvert qui peuvent conduire à des anomalies.

Erreurs de traitement

En raison des décalages de communication et de traitement, les données du commerce extérieur d'une période donnée sont souvent diffusées avant que la documentation douanière de la période considérée n'ait été entièrement traitée. De telles données ne sont parfois pas révisées, ou, même si elles se sont, des erreurs se produisent néanmoins lorsqu'il s'agit de déterminer la date de l'expédition des biens ou celle de leur livraison, et les données tardives sont attribuées à un mois, trimestre ou année erronés. D'autres erreurs sont commises lorsqu'il convient d'attribuer une destination aux exportations ou une origine aux importations à l'occasion du dédouanement, ou encore lorsque la destination finale est modifiée postérieurement à la date d'expédition initiale, en cours de réexpédition, auquel cas le changement n'est pas diffusé sous forme de révision et n'est donc pas pris en considération dans les statistiques publiées.

Ces difficultés doivent donc être prises en compte pour l'interprétation des données. Un effort concerté d'harmonisation et d'alignement des réglementations et définitions douanières à l'échelon international peut aider à combler ces lacunes; dans quelques cas, les pays ont en outre procédé à un rapprochement des données ou se sont inspiré des statistiques des pays partenaires pour établir leurs propres estimations.

Suppression des lignes de données des partenaires commerciaux

Un partenaire commercial n'est pas représenté dans un tableau si, pour toutes les périodes présentes les chiffres publiés pour le partenaire commercial, représentent moins de 50.000 dans les tableaux exprimés en millions de dollars américains ou moins de 50.000.000 dans des tableaux exprimés en milliards de dollars américains. Veuillez noter que toutes les données sont disponibles en ligne à http://data.imf.org/dot.

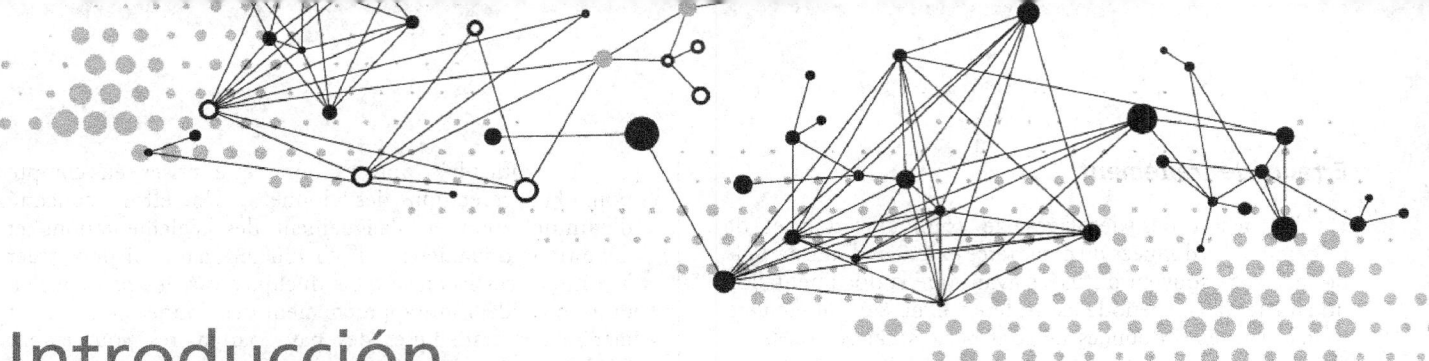

Introducción

En los números trimestrales, el anuario, el CD-ROM y el portal en línea de *Direction of Trade Statistics* (DOTS) se presentan, para todos los países miembros del Fondo Monetario Internacional (el Fondo) y otros países que no son miembros, el valor de las exportaciones e importaciones de mercancías por país con que se comercia. DOTS vuelve a publicar estadísticas de comercio mensuales, trimestrales y anuales conforme los países las suministran al Fondo. Además, cuando los datos suministrados están desactualizados o no están disponibles mensualmente, se complementan con estimaciones. Las estimaciones mensuales son coherentes con los datos suministrados trimestral y anualmente, cuando estos están disponibles.

Los datos suministrados a DOTS siguen los conceptos y las definiciones de *Estadísticas del comercio internacional de mercancías* (ECIM 2010), documento que aporta el marco conceptual y las directrices para el registro de los movimientos físicos de bienes entre países y regiones. El término "mercancías" tiene el mismo significado que el término "bienes".

En los números trimestrales (DOTSQ) y en el anuario (DOTSY) se presentan cifras de los trimestres y años más recientes, respectivamente. En el CD-ROM se presenta información de 1980 en adelante, correspondiente a datos mensuales, trimestrales y anuales. En el portal en línea, al que se puede acceder a través de la página de datos del Fondo (http://data.imf.org/), se presentan series mensuales y trimestrales de 1960 en adelante, y datos anuales de 1941 en adelante. También se presentan los agregados mundiales y regionales que muestras los flujos comerciales entre las principales regiones del mundo.

En los cuadros mundiales y regionales se presentan: 1) agregados mundiales que abarcan todos los países, incluidos países que suministran información al Fondo y cuyos agregados se estiman a partir de datos de sus socios comerciales; 2) agregados sobre las economías avanzadas, derivados de las cifras correspondientes a los países clasificados como tales, con un subgrupo correspondiente a la zona del euro; 3) agregados de los países emergentes y en desarrollo y de una serie de subgrupos, a saber: África subsahariana, América, Europa con un subgrupo de la Comunidad de Estados Independientes (CEI), los Países en desarrollo de Asia y Oriente Medio Norte de África y Pakistán, y 4) agregados de África, Oriente Medio y la Unión Europea. Los agregados correspondientes al cuadro mundial se calculan como la suma de los agregados de los cuadros sobre las economías avanzadas y las economías emergentes y en desarrollo. También se incluye el comercio de los países comprendidos en el grupo de "otros países no incluidos separadamente", así como datos sobre países o regiones no especificados y algunas "categorías especiales".

En esta publicación, el término "país" no siempre se refiere a una entidad territorial que sea un Estado, conforme al Derecho y a la práctica internacionales; dicho término abarca asimismo algunas entidades territoriales que no son Estados soberanos, sobre las cuales se declaran y mantienen estadísticas internacionales por separado y de forma independiente. La información que los países suministran al Fondo en relación con sus exportaciones e importaciones, clasificada por países con que comercian, varía en cuanto a su frecuencia y puntualidad. Todos los países avanzados y las economías emergentes y en desarrollo que representan proporciones importantes del comercio mundial facilitan datos mensuales de forma periódica y con carácter actualizado (es decir, en un plazo no superior a cuatro meses a partir del mes al que se refieren). En los últimos años estos países, en conjunto, han representado más del 90% del valor de las exportaciones e importaciones registradas a escala mundial (cuadro 1). Otros países declaran datos mensuales menos actualizados, o compilan y suministran información de forma trimestral o anual.

Para ampliar la cobertura de DOTS se utilizan estadísticas de comercio de otras organizaciones internacionales. Los datos mensuales de todos los Estados miembros de la Unión Europea provienen de la base de datos COMEXT, gestionada por EUROSTAT. En el caso de países que no suministran datos al Fondo, se incorporan a DOTS los datos anuales declarados a la base de datos COMTRADE de las Naciones Unidas. Además, la información disponible sobre los países con que se comercia permite preparar estimaciones sobre los países cuyos datos no pueden obtenerse de otras fuentes.

Procedimiento de estimación

El procedimiento de estimación se describe en un documento de trabajo del Fondo acerca de las nuevas estimaciones de las estadísticas sobre distribución geográfica del comercio, *New Estimates for Direction of Trade Statistics* (FMI (2017), de próxima publicación).[1] Todas las estimaciones que aparecen en DOTS se basan en datos declarados con frecuencia mensual, trimestral y anual. Cuando no se dispone de datos mensuales, la base de datos de DOTS se complementa con estimaciones. La manera en se llevan a cabo los procedimientos de estimación puede resumirse del modo siguiente:

Cuando un país no declara cifras sobre el comercio con alguno de sus socios comerciales en determinado período, se realiza una estimación. Los datos estimados corresponden a la totalidad de los socios comerciales. Si no se dispone de todos o de algunos datos mensuales de DOTS, se utilizan los datos trimestrales o anuales declarados de DOTS. Los datos anuales declarados a la base de datos COMTRADE de las Naciones Unidas se consideran como si fueran declarados al Fondo. Si solo se dispone de datos anuales o trimestrales, el comercio mensual entre los países A y B se distribuye entre los meses pertinentes utilizando la siguiente información (en orden de prioridad): 1) el valor mensual del comercio realizado con el socio, declarado por el país B; 2) el valor mensual total de las importaciones y exportaciones declaradas por el país A en *International Financial Statistics* (IFS) del Fondo; o 3) el valor mensual del comercio que todos los otros países socios declararon haber realizado con el país A en el mes en cuestión. La distribución mensual se realiza mediante un procedimiento de series temporales que reproduce de la mejor manera posible las variaciones ocurridas de un mes a otro en la información disponible a nivel mensual, y que simultáneamente genera estimaciones que son coherentes con los datos trimestrales o anuales declarados por los países. Se calculan las estimaciones correspondientes a los meses, y luego se suman los datos mensuales para obtener totales trimestrales y anuales.

Es posible que la suma de DOTS no coincida con los totales de IFS. Esto ocurre, por ejemplo, cuando un país no declara todo su comercio por destino geográfico por motivos de confidencialidad. Los datos oficiales declarados a DOTS no se modifican para que coincidan con los totales de IFS. Los totales de IFS se emplean en los controles de validación para verificar la calidad de las estadísticas de comercio de los países socios en DOTS. Además, los totales de IFS también se utilizan para estimar el comercio bilateral cuando no se dispone de información al respecto. Para fines de comparación, las exportaciones e importaciones totales aparecen en las líneas de total mundial de IFS y total mundial de DOTS correspondientes a cada país.

Solo en el caso de países que nunca han declarado datos por socios comerciales al Fondo o a la base de datos COMTRADE de las Naciones Unidas, las estimaciones se obtienen utilizando directamente el flujo bilateral correspondiente declarado por los países de contraparte. Por ejemplo, si el país B nunca ha declarado estadísticas de comercio desglosadas geográficamente, pero el país A ha declarado importaciones del país B, entonces los datos de A correspondientes a importaciones se utilizan para estimar las exportaciones de B. Dado que las importaciones se valoran según el criterio costo, seguro y flete (c.i.f.) y las exportaciones se valoran según el criterio franco a bordo (f.o.b.), los datos se ajustan en función de costo del flete y seguro. En la actualidad se utiliza un factor c.i.f./f.o.b. de 1,06. Los datos declarados con respecto a las importaciones c.i.f. se dividen por 1,06 (es

---

[1] La metodología actual se usa para estimar períodos desde enero de 2000. Las estimaciones correspondientes a períodos entre enero de 1981 y diciembre de 1999 se basan en la metodología anterior, descrita en la *Guía de las estadísticas sobre la distribución geográfica del comercio* (1993), que puede solicitarse a la Sección de Publicación del Fondo (www.imf.org/external/pubs/cat/longres.cfm?sk=154.0). Las estimaciones previas a enero de 2000 se volverán a calcular empleando la metodología actual en los próximos meses.

CUADRO 1: COBERTURA DE LOS DATOS DE PERÍODOS RECIENTES

| Período | Comercio mundial ||||
| | Datos declarados || Datos estimados ||
	Número de países	Porcentaje del comercio mundial	Número de países	Porcentaje del comercio mundial
2011	164	96.6	46	3.4
2012	160	96.0	50	4.0
2013	158	95.5	52	4.5
2014	157	95.8	53	4.2
2015	151	96.0	59	4.0
2016	145	96.2	65	3.8

decir, el factor c.i.f./f.o.b.) para obtener las estimaciones de las exportaciones f.o.b. del país con que se comercia. Análogamente, los datos declarados con respecto a las exportaciones f.o.b. se multiplican por 1,06 para obtener las importaciones c.i.f. Dado que no se dispone de datos puntuales con respecto al costo, seguro y flete, el factor c.i.f./f.o.b. de 6% constituye una estimación simplificada de estos costos, que varían mucho de un país a otro y según el tipo de transacción. En FMI (2017) se proporcionan más detalles sobre la manera de decidir el factor c.i.f./f.o.b.

En general, solo una pequeña proporción del comercio mundial no queda incluida en DOTS; la misma que puede comprender 1) el comercio no declarado entre los países en desarrollo; 2) el comercio no declarado entre los países en desarrollo y los países pertenecientes al grupo "otro países no incluidos separadamente"; y 3) el comercio no declarado entre los países que componen este último grupo.

No obstante, no se han elaborado estimaciones para los períodos anteriores a 1981 o basadas en datos de referencia correspondientes a 1980 o años anteriores. Por otra parte, los datos provenientes de los registros propios de los países, aun los declarados después de un plazo prolongado, amplían continuamente la base de los datos declarados, sustituyendo las cifras de las estimaciones previas. Los totales mundiales y regionales se compilan tomando como base los datos declarados y las estimaciones. La proporción de estimaciones en los totales mundiales y regionales aumenta con el transcurso del tiempo debido a que se recurre a las estimaciones en el caso de países que declaran su estadísticas de comercio con retraso (véase el cuadro 1).

Símbolos

Las cifras que aparecen sin símbolos se refieren a datos provenientes de los registros propios de los países respectivos.

Las cifras seguidas de la letra 'r' corresponden a datos estimados con frecuencia mensual, pero conciliados con información oficial trimestral y anual disponible por parte del país declarante.

Las cifras seguidas de la letra 'e' corresponden a datos estimados utilizando solo información de la contraparte.

En DOTS se utilizan asimismo las siguientes convenciones y los siguientes símbolos:

Todas las cifras se redondean a un decimal.
Los puntos suspensivos (...) indican que no se dispone de datos.
Un "0" indica que la cifra es cero o inferior a la mitad de un dígito significativo.

Composición de las páginas de países, del mundo y de las regiones

Se presentan páginas de países relativas a todos los países, con datos tanto declarados como estimados. Las cifras estimadas—indicadas claramente en los cuadros—deben considerarse estimaciones del personal técnico del Fondo y no datos declarados oficialmente por los países. Los cálculos de los totales mundiales y regionales incluyen comercio tanto declarado como estimado.

En las páginas de países figuran líneas relativas a todos los países con los que se comercia que se hayan declarado o estimado. En los casos en que sea pertinente, se incluyen asimismo las líneas correspondientes a los datos de países o regiones no especificados y a "categorías especiales". El comercio incluido en estas últimas puede abarcar el comercio militar, las transacciones en las zonas francas o las transacciones de aeronaves o buques. Los compiladores de las estadísticas sobre el comercio no han asignado estos datos a ningún país con que se comercia, ni se han incluido por partidas en los datos declarados como región no especificada.

Las páginas de países también incluyen partidas informativas correspondientes a África, Oriente Medio y la Unión Europea (UE), los países exportadores de combustibles y los otros países. Los datos que figuran en esas partidas presentan el comercio exterior de todos los países miembros del grupo con el país respectivo. De igual forma, esas partidas aparecen en las páginas de las regiones y del mundo. La partida informativa representa el comercio exterior de cada uno de los países miembros del grupo. Por ejemplo, la línea UE de la página del mundo representa el comercio exterior de todos los países de la UE con el mundo, incluidos los intercambios entre los países miembros de la Unión. En esta línea no se presentan los datos de la UE como si ésta fuera un solo país. Los usuarios que deseen obtener estas estadísticas deberán restar el comercio interior entre los países de la UE.

Los cuadros resumidos del mundo y las regiones se calculan a partir de los datos que figuran en las páginas de países. En esos cuadros se registra el comercio de un grupo de países con cada uno de los países enumerados en el cuadro. Esto equivale a colocar una sobre otra todas las páginas de los distintos países de una región y sumar todas las cifras verticalmente en una página superior que viene a ser un cuadro agregado.

Moneda

Todos los datos se presentan en dólares de EE.UU. Puesto que la mayoría de los países declaran datos en su moneda nacional, los equivalentes en dólares de EE.UU. se obtienen convirtiendo los datos a los tipos de cambio medios del período publicados en las líneas rf o rh de las páginas de países de in IFS. Por lo general, las conversiones se basan en los datos disponibles correspondientes al período más corto y luego son agregados para obtener datos con res- pecto a períodos más largos: por ejemplo, los datos mensuales se convierten usando los tipos de cambio mensuales y los equivalentes en dólares de EE.UU. se agregan para obtener los valores trimestrales y anuales.

Coherencia de los datos que proporcionan los países que comercian entre sí

Se da por supuesto a veces que los datos de exportación e importación correspondientes de los países que comercian entre sí deberán ser coherentes. Es decir, el monto de las exportaciones del país A al país B deberá ser igual al de las importaciones del país B provenientes del país A, tras los ajustes por concepto de los costos de flete y del seguro conforme al criterio de que las importaciones del país B se valoran generalmente sobre la base c.i.f.. El sistema de estimación de DOTS se basa en este supuesto en los pocos casos en que uno de los dos países nunca ha declarado datos.

Sin embargo, cabe señalar que, además de la inclusión de los costos del flete y del seguro en las importaciones c.i.f., existen otras dificultades de diversa índole que pueden dar lugar a incoherencias entre las exportaciones con destino a un país con que se comercia y las importaciones f.o.b. registradas por ese país, o entre las importaciones f.o.b. provenientes del país con que se comercia y las exportaciones registradas por dichos país. La falta de coherencia de las estadísticas entre el punto de origen y el de destino de un envío determinado se debe principalmente a las diferencias en 1) los criterios y desglose de la clasificación, 2) el momento de registro, 3) la valoración y 4) la cobertura, así como 5) a los errores de procesamiento.

Criterios y desglose de la clasificación

Criterios de clasificación en función del origen o del destino en caso de reexpedición: Muchas mercancías se envían a través de otros países, por ejemplo, un gran volumen del comercio de Alemania se envía a través de los Países Bajos. Es posible que los datos declarados no sean coherentes si el comercio del país de origen se clasifica como comercio hacia un primer destino o a un destino más próximo que constituye el punto de reexpedición, mientras que el país de destino final clasifica el mismo comercio de acuerdo con el país de origen. A veces, el país de destino final no es conocido en el punto de exportación.

Por otra parte, el país de origen puede clasificar la operación como un envío hacia el país de destino final, mientras que este último clasifica dicha operación de acuerdo con el origen más próximo, que constituye un punto de reexpedición. La falta de uniformidad en lo que respecta a la clasificación también puede ser el resultado de las diferentes normas que aplican las administraciones aduaneras nacionales para determinar el país de origen, de reexpedición y de destino.

Falta de desglose por país de origen o de destino en las estadísticas publicadas: Esta situación crea inmediatamente problemas para identificar la información sobre el comercio entre los países a partir de los datos publicados. Es posible que no se publique información sobre el país de origen y de destino de los bienes militares y otros artículos de carácter confidencial y de los bienes públicos, o que esta información se publique en forma de agregados regionales. También es posible que no se determine el destino y que, por lo tanto, éste no se publique porque la persona encargada de la reexpedición no conoce el destino final en el momento del envío. Además, es posible que se publiquen agregados regionales sin un desglose por países si las transacciones comerciales de algunos países con que se comercia no alcanzan un nivel mínimo.

Momento de registro

Transcurre algún tiempo entre el envío de una exportación y el recibo de una importación, sobre todo si las mercancías se transportan lejos. Para evitar estas incoherencias en el momento de registro, las normas internacionales en materia de contabilidad nacional y de balanza de pagos recomiendan basarse en el criterio del traspaso de propiedad para asignar una fecha a las transacciones. Conforme a este criterio, un bien exportado cambia de propietario en el momento en que el país exportador envía dicho bien, fecha en que el país ex- portador registra dicha transacción como una exportación y el país de destino como una importación (f.o.b.). Sin embargo, por razones prácticas conforme a ECIM 2010, las autoridades aduaneras del país importador contabilizan el recibo de de estos bienes en una fecha posterior, cuando llegan a la frontera del país receptor, lo que puede crear una incoherencia en cuento al momento de registro. Por lo tanto, el mismo envío puede aparecer en las estadísticas del países importador correspondientes a un período (un mes, un trimestre o un año) posterior al período en dicho envío aparece en las estadísticas del país exportador.

Valoración

Aparte de las valoraciones c.i.f. y f.o.b., entre las causas posibles de la falta de coherencia entre la valoración un envío determinado en el punto de origen y en el punto de destino cabe señalar la aplicación de conversiones diferentes del tipo de cambio, el fraude, los procedimientos contra el fraude, los valores desconocidos en el momento del envío y los diferentes tratamientos de algunos costos específicos o procedimientos de evaluación.

Cobertura

Los envíos destinados a las zonas francas y a los alma- cenes bajo control aduanero y provenientes de éstos, salvo los bienes militares u otros artículos de carácter confidencial y los bienes públicos, los valores mínimos para el registro aduanero de los envíos, y los bienes devueltos y otros bienes no registrados por la administración aduanera (ni incluidos en las encuestas) son algunos ejemplos de las diferencias en materia de cobertura que pueden dar lugar a incoherencias.

Errores de procesamiento

Debido a los desfases de declaración y de procesamiento, en muchos casos los datos sobre el comercio exterior correspondientes a un período determinado se divulgan antes de que se hayan procesado todos los documentos aduane- ros correspondientes a dicho período. Estos datos a veces no se revisan o, si se revisan, se cometen errores al asignar la fecha en que se envían o se reciben los bienes y los datos desfasados se incluyen en el mes, el trimestre o el año equivocado. También pueden cometerse errores al asignar el destino de las exportaciones y el origen de las importaciones durante el despacho de aduana, o en los casos en que se modifica el destino final después del envío inicial durante la reexpedición, pero no se revisan los datos y, por lo tanto, el cambio no se incorpora en las estadísticas publicadas.

Estas cuestiones deberán considerar al momento de interpretar los datos. La cooperación internacional en materia de armonización y conciliación de los procedimientos aduaneros y las definiciones podría contribuir a reducir las diferencias; en algunos casos, los países han conciliado los datos o han utilizado los datos de los países con que comercian para preparar sus propias estimaciones.

Supresión de líneas de datos de países socios

Un país socio no está representado en una tabla, si para todos los períodos presentes las cifras publicadas para el país socio, son menos de 50.000 en las tablas expresadas en millones de dólares E.E.U.U, o menos de 50.000.000 en las tablas expresadas en billones de dólares E.E.U.U. Tenga en cuenta que todos los datos están disponibles en línea en http://data.imf.org/dot.

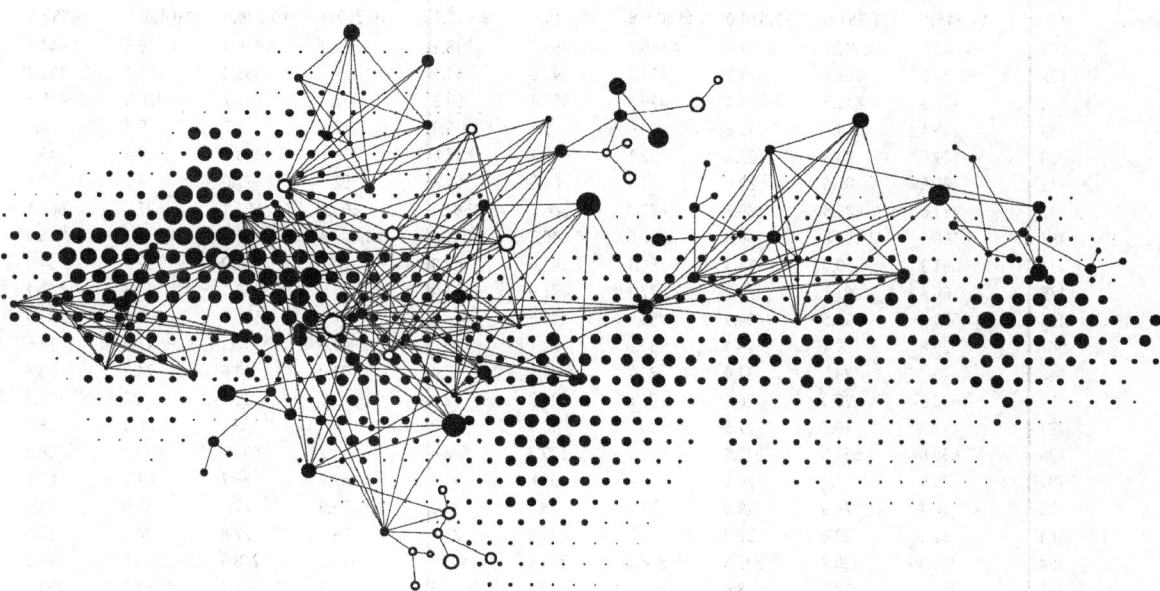

World
and
Area Tables

World (001)

In Billions of U.S. Dollars

		Exports (FOB)						Imports (CIF)					
		2011	2012	2013	2014	2015	2016	2011	2012	2013	2014	2015	2016
IFS World		**18,116.0**	**18,166.6**	**18,545.0**	**18,747.9**	**16,322.8**	**15,928.5**	**18,232.7**	**18,291.9**	**18,580.7**	**18,754.4**	**16,389.1**	**16,006.4**
World	001	**18,122.6**	**18,270.8**	**18,658.3**	**18,756.8**	**16,363.3**	**15,829.0**	**18,328.7**	**18,532.1**	**18,805.2**	**18,879.7**	**16,580.4**	**16,163.7**
Advanced Economies	110	**11,445.1**	**11,357.6**	**11,514.0**	**11,629.8**	**10,236.4**	**9,997.1**	**10,367.1**	**10,304.5**	**10,498.5**	**10,552.5**	**9,386.9**	**9,275.3**
Euro Area	163	4,641.5	4,386.7	4,437.3	4,510.7	3,855.1	3,818.1	4,572.9	4,429.7	4,548.6	4,644.1	4,086.0	4,078.6
Austria	122	177.2	167.8	171.2	171.3	149.0	151.1	177.5	168.4	177.1	182.0	158.7	157.9
Belgium	124	438.3	412.3	421.6	429.5	359.4	354.3	427.4	406.7	420.6	425.2	363.1	362.7
Cyprus	423	15.1	14.6	13.8	12.0	9.3	9.0	5.5	6.2	5.7	4.5	4.5	3.6
Estonia	939	20.6	23.3	22.8	22.1	17.2	17.6	16.1	13.9	14.4	16.4	12.4	13.3
Finland	172	86.8	82.6	82.4	81.1	63.0	62.3	82.9	77.0	78.3	78.4	66.6	64.3
France	132	732.0	682.5	689.7	682.0	584.0	582.4	600.0	584.1	597.7	608.1	531.5	524.9
Germany	134	1,186.1	1,132.8	1,149.3	1,186.0	1,040.5	1,041.0	1,439.8	1,391.7	1,430.2	1,475.6	1,312.8	1,304.0
Greece	174	63.3	59.0	58.3	60.1	47.4	49.0	29.1	29.9	32.3	31.9	25.9	25.4
Ireland	178	69.3	67.5	73.3	77.1	71.6	71.4	159.8	148.1	142.8	147.1	158.5	163.4
Italy	136	553.6	493.5	494.9	497.9	418.6	415.2	507.5	500.5	510.0	521.4	459.0	462.7
Latvia	941	25.8	29.1	29.4	31.8	22.7	20.0	13.0	12.5	13.0	13.6	11.4	11.9
Lithuania	946	28.3	28.5	31.4	30.2	25.0	25.4	23.0	23.6	24.8	24.4	21.0	21.6
Luxembourg	137	30.3	28.0	28.1	28.6	23.7	22.4	22.0	20.1	20.8	21.9	19.8	18.9
Malta	181	17.4	16.7	17.8	19.4	18.0	14.2	6.4	6.5	6.4	6.0	5.4	5.8
Netherlands	138	650.6	650.5	642.8	646.7	529.8	506.6	617.2	598.3	610.7	609.8	511.7	505.2
Portugal	182	82.6	71.4	76.2	77.4	66.8	68.3	57.9	58.7	62.2	63.7	55.0	55.1
Slovak Republic	936	76.7	76.3	79.9	81.0	73.3	72.0	74.9	77.0	80.5	81.5	71.8	75.1
Slovenia	961	32.1	29.6	30.8	32.7	29.6	31.1	29.4	27.8	30.0	32.6	28.4	29.9
Spain	184	355.4	320.7	323.3	343.6	303.8	304.9	283.3	278.3	290.9	299.8	268.4	273.0
Australia	193	216.0	229.9	218.6	213.3	192.0	181.9	277.5	267.7	261.2	252.7	201.5	202.4
Canada	156	436.0	451.9	456.4	460.1	413.5	396.9	452.3	457.6	464.3	475.2	407.9	386.7
China,P.R.: Hong Kong	532	585.8	651.7	757.8	709.4	648.1	606.5	83.3	80.6	77.8	76.0	71.9	92.3
China,P.R.: Macao	546	14.4	9.1	12.7	13.3	13.0	10.8	3.2	3.1	3.7	3.3	3.7	1.5
Czech Republic	935	141.3	133.5	137.8	146.7	132.7	135.8	156.7	152.4	158.3	169.2	152.6	158.9
Denmark	128	97.0	93.3	96.6	101.9	86.8	86.0	108.4	102.2	104.9	104.7	90.6	89.5
Iceland	176	5.8	4.9	4.4	4.7	4.6	5.7	5.4	5.0	5.1	5.2	5.0	4.6
Israel	436	68.6	68.5	68.2	71.8	64.2	67.3	66.9	65.4	68.1	70.2	64.6	60.8
Japan	158	778.5	807.9	779.3	756.0	599.6	558.4	868.7	877.5	800.5	767.1	701.8	710.0
Korea, Republic of	542	500.5	510.4	502.3	509.0	428.6	402.8	556.0	567.8	587.8	600.1	550.6	530.7
New Zealand	196	33.1	33.5	34.8	38.4	32.7	32.0	38.3	38.3	40.2	43.8	36.3	35.4
Norway	142	86.3	83.8	87.5	87.1	74.6	73.3	166.6	163.9	152.6	142.6	109.4	93.3
San Marino	135	0.4	0.3	0.3	0.3	0.3	0.3	0.1	0.1	0.1	0.1	0.1	0.1
Singapore	576	327.6	349.1	354.4	357.6	296.6	275.8	254.6	266.5	259.4	260.1	226.6	212.2
Sweden	144	164.2	152.6	151.4	155.2	133.5	135.4	184.1	175.1	172.4	170.5	145.4	141.8
Switzerland	146	297.8	286.7	318.0	271.6	256.8	259.5	306.6	308.8	342.4	313.4	264.6	311.4
Taiwan Prov.of China	528	266.5	259.2	258.2	263.3	224.8	215.3	369.0	374.4	407.1	413.0	391.3	381.6
United Kingdom	112	674.0	687.3	671.3	693.8	642.6	646.1	461.5	462.6	524.7	481.2	428.6	393.2
United States	111	2,110.0	2,156.9	2,167.0	2,265.5	2,136.2	2,089.2	1,434.7	1,506.0	1,519.3	1,560.0	1,448.4	1,390.5
Vatican	187	0.1	0.1	0.1	0.1	0.0	0.0	0.1	0.0	0.0	0.0	0.0	0.0
Emerg. & Dev. Economies	200	**6,427.1**	**6,751.7**	**6,965.9**	**6,975.8**	**6,012.5**	**5,729.2**	**7,603.0**	**7,922.8**	**7,961.4**	**7,989.1**	**6,832.7**	**6,568.9**
Emerg. & Dev. Asia	505	**2,898.9**	**3,048.8**	**3,160.0**	**3,170.9**	**2,800.2**	**2,696.2**	**3,372.1**	**3,488.6**	**3,595.9**	**3,765.0**	**3,620.7**	**3,566.1**
American Samoa	859	0.2	0.2	0.3	0.2	0.2	0.2	0.1	0.1	0.1	0.1	0.0	0.0
Bangladesh	513	35.6	34.1	37.7	43.5	43.2	44.4	24.1	25.5	28.8	31.1	32.7	34.4
Bhutan	514	0.3	0.4	0.4	0.4	0.5	0.5	0.2	0.2	0.2	0.2	0.3	0.3
Brunei Darussalam	516	5.8	5.9	7.7	6.6	5.5	3.4	12.5	13.0	11.2	10.0	6.4	4.7
Cambodia	522	11.5	14.0	15.5	15.9	16.5	16.8	7.3	8.8	10.1	11.8	13.5	16.2
China,P.R.: Mainland	924	1,525.7	1,555.6	1,642.6	1,640.1	1,438.1	1,382.6	2,063.2	2,150.2	2,232.4	2,359.2	2,306.2	2,228.7
Fiji	819	1.9	2.0	2.4	2.2	2.0	2.0	0.8	0.9	0.9	0.9	0.8	0.7
F.T. French Polynesia	887	1.7	1.6	1.6	1.6	1.3	1.3	0.3	0.3	0.3	0.3	0.3	0.3
F.T. New Caledonia	839	3.1	2.8	2.6	2.8	2.3	2.0	1.9	1.5	1.4	1.6	1.5	1.4
Guam	829	1.1	1.2	0.9	1.2	0.8	0.7	0.1	0.1	0.1	0.1	0.1	0.1
India	534	441.7	483.4	455.7	451.6	379.2	347.1	283.6	276.7	284.3	288.0	254.4	249.6
Indonesia	536	184.6	203.3	198.3	189.3	149.7	140.5	222.3	218.7	210.6	200.5	173.8	166.8
Kiribati	826	0.1	0.2	0.2	0.2	0.2	0.1	0.1	0.1	0.1	0.1	0.1	0.1
Lao People's Dem.Rep	544	4.2	5.8	6.6	7.2	6.8	6.1	3.0	3.2	3.8	4.4	4.0	4.7
Malaysia	548	201.9	216.0	227.6	224.9	189.6	178.4	301.0	299.8	302.7	303.7	273.5	260.4

World (001)

In Billions of U.S. Dollars

			Exports (FOB)							Imports (CIF)				
		2011	2012	2013	2014	2015	2016	2011	2012	2013	2014	2015	2016
Maldives	556	1.4	1.4	1.5	1.7	1.6	1.8	0.2	0.2	0.3	0.2	0.2	0.3
Marshall Islands	867	0.5	0.4	0.6	1.6	1.6	4.4	0.3	0.3	0.4	0.5	0.5	0.4
Micronesia	868	0.0	0.1	0.0	0.0	0.0	0.1	0.0	0.1	0.0	0.0	0.0	0.1
Mongolia	948	6.4	7.1	6.3	5.3	3.9	3.1	4.3	4.5	4.2	5.7	4.5	4.6
Myanmar	518	12.5	15.6	18.6	22.3	22.3	21.8	8.7	8.6	10.9	23.4	13.1	11.6
Nauru	836	0.0	0.0	0.2	0.1	0.1	0.0	0.1	0.1	0.1	0.1	0.0	0.0
Nepal	558	4.9	6.1	6.9	8.1	5.5	6.6	0.9	0.9	0.9	1.0	0.8	0.7
Palau	565	0.0	0.0	0.1	0.1	0.1	0.1	0.0	0.0	0.0	0.0	0.0	0.0
Papua New Guinea	853	6.4	8.1	6.3	5.6	5.0	4.5	8.6	8.1	7.0	10.2	10.0	9.1
Philippines	566	89.6	97.4	101.1	108.6	100.9	110.7	75.0	75.3	73.6	79.9	77.4	76.8
Samoa	862	0.4	0.4	0.4	0.3	0.3	0.3	0.1	0.1	0.1	0.1	0.1	0.1
Solomon Islands	813	0.4	0.5	0.5	0.4	0.4	0.4	0.6	0.7	0.7	0.7	0.7	0.6
Sri Lanka	524	20.3	18.8	19.5	22.5	21.1	18.1	9.9	9.8	10.1	10.8	10.6	10.1
Thailand	578	201.6	225.1	225.8	207.5	189.3	179.7	232.1	239.3	237.3	242.1	233.0	237.2
Timor-Leste	537	0.6	0.7	0.5	0.5	0.6	0.5	0.2	0.6	0.4	0.1	0.3	0.5
Tonga	866	0.2	0.2	0.2	0.2	0.2	0.2	0.0	0.0	0.0	0.0	0.0	0.0
Tuvalu	869	0.1	0.2	0.1	0.1	0.1	0.1	0.0	0.0	0.0	0.0	0.0	0.0
Vanuatu	846	0.5	0.7	1.0	0.7	0.4	0.4	0.8	0.5	0.4	0.3	0.3	0.3
Vietnam	582	117.3	127.4	155.6	180.8	193.8	201.2	96.3	127.4	149.9	166.5	180.5	207.5
Asia n.s.	598	16.0	12.4	14.9	16.5	17.1	16.0	13.8	13.0	12.6	11.6	21.0	38.4
Europe	170	**1,211.3**	**1,251.5**	**1,292.6**	**1,253.3**	**985.0**	**978.9**	**1,309.7**	**1,337.7**	**1,354.4**	**1,331.4**	**1,058.8**	**1,010.0**
Emerg. & Dev. Europe	903	**718.0**	**696.7**	**731.1**	**750.4**	**655.0**	**659.5**	**543.2**	**548.7**	**585.4**	**620.3**	**566.8**	**585.8**
Albania	914	4.6	4.5	4.5	4.7	4.2	4.5	2.0	2.0	2.4	2.5	2.0	2.1
Bosnia and Herzegovina	963	9.1	8.6	8.9	9.5	7.7	7.8	5.7	5.2	5.7	6.0	5.4	5.8
Bulgaria	918	30.6	31.3	30.8	31.9	28.4	29.9	26.3	26.3	28.7	29.4	25.0	25.9
Croatia	960	22.8	20.0	20.9	22.8	21.0	21.6	12.9	11.8	11.8	12.0	11.6	12.5
Faroe Islands	816	0.9	1.0	1.0	1.0	1.0	0.9	1.2	1.1	1.3	1.4	1.3	1.5
Gibraltar	823	15.9	18.4	17.6	13.8	9.2	8.1	0.7	1.3	0.9	1.8	0.4	0.3
Hungary	944	97.0	90.6	96.4	102.3	91.3	93.3	104.1	97.3	102.6	108.5	100.4	102.5
Kosovo	967	1.7	1.6	1.6	1.6	1.5	1.7	0.3	0.3	0.2	0.2	0.2	0.2
Macedonia, FYR	962	5.7	5.6	5.8	6.5	5.9	6.4	4.5	4.0	4.3	5.3	5.1	5.3
Montenegro	943	2.6	2.5	2.6	2.7	2.2	2.4	0.5	0.6	0.6	0.7	0.4	0.4
Poland	964	223.9	208.0	218.1	231.5	207.2	213.9	177.5	175.7	193.1	205.6	190.5	199.6
Romania	968	72.9	68.2	71.6	77.3	69.8	73.3	59.5	55.7	62.6	69.4	60.6	64.1
Serbia, Republic of	942	16.7	16.0	17.2	17.9	16.3	16.7	11.8	11.7	14.7	15.5	14.2	15.4
Turkey	186	213.5	220.3	234.0	226.6	189.5	179.0	136.1	155.7	156.2	162.0	149.4	150.0
CIS	901	**491.1**	**552.6**	**559.1**	**501.0**	**328.4**	**317.6**	**764.9**	**785.9**	**765.0**	**707.3**	**489.7**	**421.7**
Armenia	911	2.5	3.1	3.3	3.4	2.6	2.4	1.1	1.2	1.3	1.5	1.4	1.8
Azerbaijan, Rep. of	912	12.1	14.4	16.3	15.9	11.3	7.7	32.8	29.0	29.9	27.5	17.1	12.4
Belarus	913	27.1	39.9	36.0	34.2	24.4	23.2	23.5	30.9	27.2	25.8	19.9	18.7
Georgia	915	8.1	9.0	9.3	9.4	7.3	7.6	2.8	2.5	2.8	2.8	2.3	2.5
Kazakhstan	916	32.7	45.2	50.5	44.4	31.7	28.7	66.7	71.8	67.8	59.7	36.8	30.7
Kyrgyz Republic	917	8.3	9.2	9.7	9.5	7.2	8.2	1.0	1.4	1.7	1.4	1.2	1.0
Moldova	921	4.7	5.9	6.3	6.4	4.5	4.2	2.3	2.4	2.5	2.7	2.3	2.3
Russian Federation	922	301.5	318.0	321.2	292.4	181.6	178.6	544.5	553.6	542.1	505.4	346.2	296.5
Tajikistan	923	4.2	4.2	4.5	5.6	4.1	3.8	1.2	1.2	1.0	0.9	0.9	0.9
Turkmenistan	925	6.0	7.8	7.6	7.9	5.7	4.9	7.5	10.2	11.6	12.1	10.1	8.0
Ukraine	926	74.4	85.2	81.9	58.8	37.6	38.7	74.8	75.5	68.7	60.2	44.4	39.0
Uzbekistan	927	9.7	10.8	12.6	13.1	10.2	9.5	6.8	6.2	8.4	7.4	6.9	7.9
Europe n.s.	884	2.1	2.2	2.4	2.0	1.6	1.8	1.6	3.1	4.1	3.7	2.3	2.5
Mid East, N Africa, Pak	440	**863.8**	**950.2**	**989.6**	**1,032.5**	**914.8**	**858.4**	**1,289.2**	**1,402.1**	**1,341.8**	**1,260.7**	**833.6**	**742.0**
Afghanistan, I.R. of	512	11.9	9.0	7.8	7.9	7.8	7.0	0.6	0.8	0.8	1.0	0.9	1.1
Algeria	612	44.4	50.1	53.1	56.3	47.6	47.5	72.5	72.0	65.1	60.7	36.4	29.6
Bahrain, Kingdom of	419	18.8	21.5	20.8	20.5	15.6	13.3	10.9	12.8	12.0	13.0	10.1	8.3
Djibouti	611	4.1	4.8	4.6	4.7	5.0	5.2	0.2	0.2	0.2	0.2	0.2	0.2
Egypt	469	68.7	73.8	69.8	82.5	74.3	72.2	36.1	34.7	33.1	31.2	25.4	25.0
Iran, I.R. of	429	77.3	68.8	59.2	75.4	60.0	63.9	118.6	88.1	67.6	68.0	41.7	49.5
Iraq	433	30.9	35.9	40.0	39.9	34.1	28.4	79.0	95.4	90.0	86.9	54.6	49.2
Jordan	439	21.0	23.1	25.0	25.1	20.2	18.0	7.6	7.8	7.5	8.0	7.7	7.3
Kuwait	443	24.4	25.0	28.6	31.0	28.2	26.4	97.3	116.0	111.3	102.1	57.3	44.3

World (001)

In Billions of U.S. Dollars

		Exports (FOB)						Imports (CIF)					
		2011	2012	2013	2014	2015	2016	2011	2012	2013	2014	2015	2016
Lebanon	446	19.0	20.3	20.4	20.2	17.9	17.8	3.7	4.5	4.4	3.7	3.6	3.5
Libya	672	7.4	19.9	24.3	17.3	11.4	9.0	19.2	59.5	42.6	20.9	11.7	9.6
Mauritania	682	3.6	4.1	4.3	4.0	2.8	2.9	3.7	3.3	3.5	3.2	2.3	2.2
Morocco	686	38.2	38.6	39.4	39.8	33.0	36.5	22.9	22.7	23.2	24.7	24.1	24.9
Oman	449	24.8	30.3	34.0	33.1	33.5	31.0	45.0	50.5	54.0	50.5	33.1	28.6
Pakistan	564	47.2	48.1	49.8	52.0	49.4	52.0	25.8	26.0	24.8	25.9	23.4	21.9
Qatar	453	21.9	25.3	27.1	33.4	31.0	28.9	110.0	126.4	129.8	123.8	77.0	55.4
Saudi Arabia	456	121.9	146.0	160.6	166.3	159.2	128.6	358.9	389.6	380.7	359.6	218.2	175.8
Somalia	726	1.4	1.5	1.7	1.9	2.0	2.2	0.5	0.5	0.7	0.6	0.7	0.7
Sudan	732	8.8	9.0	9.9	9.3	9.1	8.4	13.0	7.0	6.3	5.7	4.0	4.1
Syrian Arab Republic	463	16.5	7.9	6.3	7.3	5.4	4.4	10.6	2.6	1.7	1.2	1.0	0.8
Tunisia	744	23.4	23.2	23.7	23.6	19.0	18.4	17.2	16.5	17.2	16.5	13.9	13.7
United Arab Emirates	466	218.2	250.7	263.4	268.6	240.1	228.2	224.9	254.5	253.5	241.5	181.7	182.8
West Bank and Gaza	487	0.4	0.5	0.6	0.7	0.8	0.8	0.1	0.1	0.1	0.1	0.1	0.1
Yemen, Republic of	474	8.6	11.7	14.3	11.7	7.2	7.4	9.9	8.9	9.9	9.4	2.2	1.1
Middle East n.s.	489	1.1	1.0	1.1	0.0	0.0	0.0	1.2	1.7	1.5	2.2	2.3	2.1
Sub-Saharan Africa	**603**	**388.7**	**390.5**	**406.4**	**416.1**	**344.4**	**302.4**	**463.4**	**484.2**	**475.7**	**464.6**	**320.9**	**292.9**
Angola	614	18.3	21.5	24.0	27.8	17.4	11.1	66.4	74.9	72.6	65.8	36.9	28.2
Benin	638	9.9	6.6	8.0	8.7	7.0	5.1	3.2	2.9	2.2	2.6	1.4	1.4
Botswana	616	6.5	7.6	7.7	7.3	6.6	5.6	5.6	5.5	6.7	6.4	4.6	7.3
Burkina Faso	748	2.3	2.5	3.1	2.7	2.5	2.6	0.8	2.1	2.0	2.1	1.8	2.0
Burundi	618	0.4	0.5	0.5	0.5	0.4	0.4	0.1	0.3	0.3	0.3	0.3	0.2
Cabo Verde	624	1.0	0.7	0.8	0.8	0.6	0.7	0.1	0.1	0.1	0.1	0.5	0.3
Cameroon	622	5.5	5.9	6.8	6.8	5.8	5.2	5.8	5.7	5.7	5.9	5.0	4.2
Central African Rep.	626	0.7	0.3	0.4	0.3	0.6	0.2	0.2	0.2	0.1	0.1	0.2	0.1
Chad	628	0.9	0.8	1.2	1.3	0.8	0.6	3.9	3.3	3.2	3.2	2.4	1.7
Comoros	632	0.2	0.2	0.2	0.2	0.4	0.4	0.1	0.1	0.1	0.1	0.0	0.1
Congo, Dem. Rep. of	636	5.2	6.2	7.0	6.7	6.0	4.9	7.3	7.2	8.1	8.4	6.5	6.0
Congo, Republic of	634	4.8	4.3	4.8	5.4	5.2	4.8	12.4	11.9	11.6	11.2	6.8	5.5
Côte d'Ivoire	662	6.9	8.5	10.4	10.2	9.3	8.7	10.3	10.4	10.9	11.3	10.5	10.8
Equatorial Guinea	642	2.5	2.3	3.1	2.5	1.7	1.2	13.5	15.7	14.6	13.2	7.0	4.6
Eritrea	643	0.6	0.5	0.6	0.4	0.5	0.3	0.4	0.6	0.3	0.6	0.5	0.4
Ethiopia	644	5.9	8.2	7.9	10.8	11.7	11.0	2.5	2.7	2.7	3.2	3.3	3.1
Gabon	646	3.7	3.6	4.7	4.2	3.1	2.3	11.7	11.8	11.8	10.7	6.2	5.1
Gambia, The	648	1.1	1.0	1.0	1.1	0.9	0.9	0.2	0.2	0.1	0.1	0.1	0.2
Ghana	652	15.6	19.0	17.9	15.8	15.2	14.9	10.1	11.5	13.2	13.1	11.7	12.3
Guinea	656	3.1	3.4	3.9	3.8	3.5	3.6	2.0	2.1	2.6	2.8	2.0	3.5
Guinea-Bissau	654	0.3	0.3	0.3	0.4	0.3	0.3	0.4	0.2	0.3	0.3	0.3	0.3
Kenya	664	18.0	20.6	20.7	24.5	21.1	17.9	5.9	6.2	6.4	7.0	6.1	5.5
Lesotho	666	1.8	1.9	1.7	1.6	1.4	1.4	1.1	1.0	1.0	1.1	1.0	1.0
Liberia	668	18.1	14.7	13.5	11.8	8.6	10.1	1.1	1.3	1.4	1.5	1.3	1.1
Madagascar	674	3.2	3.4	3.7	3.9	3.3	3.2	1.9	1.8	2.1	2.4	2.5	2.7
Malawi	676	1.4	1.8	1.9	1.7	1.6	1.5	1.3	1.2	1.1	1.1	1.0	1.0
Mali	678	2.7	2.7	2.9	3.1	2.9	3.8	1.0	2.6	3.0	3.3	3.6	2.8
Mauritius	684	5.4	5.2	4.7	5.4	4.6	4.2	2.3	2.4	2.7	2.6	2.9	2.6
Mozambique	688	8.2	8.7	12.1	13.1	10.2	7.8	4.1	4.9	5.3	6.3	4.6	4.5
Namibia	728	6.3	6.7	7.5	8.2	7.1	6.3	4.6	4.5	4.1	4.4	3.9	3.3
Niger	692	1.2	1.2	1.4	1.7	1.3	1.0	0.8	1.0	1.2	0.9	1.0	0.7
Nigeria	694	49.1	44.9	50.1	53.2	41.2	32.1	114.2	113.2	101.9	98.7	54.9	37.9
Rwanda	714	1.1	1.3	1.3	1.4	1.4	1.4	0.4	0.4	0.5	0.5	0.4	0.5
São Tomé & Príncipe	716	0.2	0.2	0.2	0.2	0.1	0.1	0.0	0.0	0.0	0.0	0.0	0.0
Senegal	722	8.3	8.9	8.7	9.0	8.4	8.6	2.6	2.7	2.7	2.8	2.9	3.0
Seychelles	718	1.4	1.0	1.1	1.0	1.1	1.0	0.4	0.4	0.6	0.5	0.5	0.6
Sierra Leone	724	1.6	1.7	1.4	1.3	1.4	1.1	0.4	1.0	1.8	2.3	0.6	0.7
South Africa	199	122.1	121.5	115.8	111.2	91.8	81.9	139.7	145.5	142.6	138.9	102.0	104.8
South Sudan, Rep. of	733	0.0	0.1	0.3	0.2	0.3	0.2	0.3	0.1	2.5	4.3	2.3	1.5
Swaziland	734	1.9	1.8	1.7	1.8	1.6	1.5	1.8	2.1	2.3	2.2	1.8	1.8
Tanzania	738	10.9	11.6	14.5	15.2	12.0	10.7	4.0	5.2	5.4	5.3	5.0	5.4
Togo	742	9.8	9.6	10.1	12.7	9.8	7.8	1.8	2.7	2.8	2.8	2.3	2.2
Uganda	746	3.8	3.9	3.8	3.8	3.6	3.6	1.7	1.9	1.9	1.8	1.9	2.1

World (001)

In Billions of U.S. Dollars

			Exports (FOB)						Imports (CIF)				
		2011	2012	2013	2014	2015	2016	2011	2012	2013	2014	2015	2016
Zambia	754	6.4	7.1	7.7	7.2	5.7	5.8	8.9	9.1	9.7	8.9	7.2	7.0
Zimbabwe	698	4.6	4.6	4.4	4.2	4.0	3.6	2.7	2.8	2.9	2.8	2.5	2.3
Africa n.s.	799	5.5	1.5	0.9	0.8	0.7	1.0	3.6	1.0	0.7	0.6	0.5	0.6
Western Hemisphere	205	**1,064.4**	**1,110.7**	**1,117.3**	**1,103.0**	**968.1**	**893.3**	**1,168.5**	**1,210.2**	**1,193.7**	**1,167.4**	**998.7**	**958.0**
Anguilla	312	0.0	0.0	0.1	0.0	0.0	0.0	0.0	0.0	0.0	0.0	0.0	0.0
Antigua and Barbuda	311	1.9	2.1	1.7	1.4	1.5	1.0	0.3	0.2	0.3	0.3	0.2	0.3
Argentina	213	68.5	62.5	69.1	58.7	54.8	52.5	84.1	84.8	81.1	73.1	62.2	63.6
Aruba	314	3.7	3.1	3.7	4.1	2.8	2.0	4.6	1.8	0.7	0.7	0.3	0.2
Bahamas, The	313	11.9	11.3	9.6	10.8	9.6	7.2	3.1	3.0	3.9	4.1	2.2	1.5
Barbados	316	2.2	1.4	1.8	1.7	1.3	1.2	0.4	0.4	0.5	0.5	0.4	0.3
Belize	339	1.0	1.3	1.2	1.1	1.0	0.9	0.5	0.5	0.6	0.5	0.4	0.4
Bermuda	319	3.7	2.8	2.9	3.4	3.9	3.1	0.6	0.3	0.4	0.1	0.7	0.5
Bolivia	218	7.0	7.1	8.2	8.7	7.3	7.5	7.6	10.4	11.2	12.3	8.6	6.8
Brazil	223	232.6	235.9	240.8	230.1	167.1	143.4	270.8	261.1	247.0	241.6	208.9	200.1
Chile	228	66.7	71.9	70.2	65.4	59.7	56.1	85.9	81.6	81.5	80.0	68.3	62.3
Colombia	233	49.0	52.2	54.1	57.9	48.2	41.6	55.6	62.2	61.5	59.9	42.6	37.4
Costa Rica	238	13.9	14.6	14.9	14.5	13.2	13.5	30.4	35.9	36.3	33.0	13.2	12.8
Curaçao	354	0.2	0.1	0.2	0.6	0.7	0.8	0.1	0.1	0.5	0.5	0.3	0.4
Dominica	321	0.4	0.4	0.4	0.5	0.5	0.5	0.2	0.2	0.2	0.2	0.2	0.2
Dominican Republic	243	15.5	14.8	14.6	15.7	15.0	16.1	6.8	7.5	8.3	9.0	8.5	9.0
Ecuador	248	20.5	21.8	22.9	23.5	18.2	14.3	23.5	26.7	28.0	28.0	20.5	17.9
El Salvador	253	8.7	9.4	8.6	8.5	8.4	8.0	5.6	5.6	5.5	5.3	5.6	5.4
Falkland Islands	323	0.2	0.1	0.1	0.2	0.3	0.1	0.2	0.2	0.2	0.2	0.2	0.3
Greenland	326	1.0	0.8	0.9	0.9	0.7	0.7	0.7	0.7	0.8	0.7	0.8	0.9
Grenada	328	0.2	0.2	0.3	0.3	0.3	0.2	0.1	0.1	0.1	0.1	0.1	0.1
Guatemala	258	14.7	14.5	14.6	14.9	15.1	14.6	11.1	10.7	10.5	11.1	11.2	10.9
Guyana	336	1.5	1.3	1.6	1.5	1.3	1.3	1.4	1.7	1.5	1.5	1.3	1.6
Haiti	263	4.1	3.8	4.1	4.2	3.6	3.4	0.9	0.9	1.0	1.1	1.1	1.1
Honduras	268	11.0	11.3	10.5	11.0	10.5	9.9	8.2	8.6	8.3	8.6	8.5	8.3
Jamaica	343	5.5	6.0	5.9	5.3	4.4	4.3	1.6	1.4	1.3	1.3	1.3	1.0
Mexico	273	309.2	330.9	343.7	368.7	365.6	359.9	371.1	395.9	400.6	413.6	403.3	401.1
Netherlands Antilles	353	12.1	12.0	11.1	9.6	5.4	3.9	4.7	3.8	2.5	2.4	1.5	1.3
Nicaragua	278	5.2	5.8	5.7	5.8	6.0	6.2	4.7	5.1	5.4	5.7	5.6	5.7
Panama	283	64.7	70.2	64.7	53.8	40.6	35.4	9.2	9.3	9.2	7.5	6.9	5.9
Paraguay	288	10.3	9.6	10.2	10.5	8.6	8.5	5.9	5.7	7.7	7.9	6.2	6.6
Peru	293	35.5	38.9	39.4	37.7	35.2	33.1	43.2	47.8	45.3	41.0	35.5	37.2
Sint Maarten	352	0.0	0.0	0.2	0.2	0.2	0.2	0.0	0.0	0.0	0.0	0.0	0.1
St. Kitts and Nevis	361	1.3	0.3	0.5	0.5	0.4	0.4	0.1	0.1	0.1	0.1	0.1	0.1
St. Lucia	362	3.6	2.0	1.1	2.4	1.6	1.1	0.1	0.1	0.1	0.2	0.1	0.1
St. Vincent & Grens.	364	0.6	0.4	0.5	0.5	0.4	0.3	0.1	0.1	0.1	0.1	0.1	0.2
Suriname	366	1.6	1.9	2.1	1.8	1.6	1.1	2.2	2.8	2.5	2.3	1.8	1.5
Trinidad and Tobago	369	7.3	6.6	7.0	6.4	6.4	5.9	19.9	20.0	19.8	19.1	12.6	8.7
Uruguay	298	12.1	13.7	14.5	14.2	12.1	10.6	9.9	11.0	11.2	11.5	10.0	9.3
Venezuela, Rep. Bol.	299	45.6	59.2	47.1	39.3	28.4	15.4	82.0	85.8	79.1	71.1	38.2	29.2
Western Hem. n.s.	399	9.7	8.3	6.6	6.9	6.4	7.1	11.3	16.1	19.0	11.4	9.0	7.6
Other Countries n.i.e	910	**14.1**	**14.6**	**15.5**	**13.4**	**12.0**	**11.2**	**7.9**	**7.1**	**7.6**	**6.8**	**5.4**	**4.9**
Cuba	928	10.3	10.4	11.1	9.3	8.5	7.8	4.0	3.8	4.0	3.4	2.3	1.8
Korea, Dem. People's Rep.	954	3.9	4.3	4.4	4.1	3.5	3.5	3.9	3.3	3.6	3.4	3.1	3.1
Special Categories	899	**44.4**	**61.0**	**59.2**	**52.3**	**44.2**	**34.6**	**138.3**	**161.4**	**176.0**	**164.7**	**167.5**	**143.6**
Countries & Areas n.s.	898	**191.9**	**85.8**	**103.7**	**85.6**	**58.2**	**56.9**	**212.4**	**136.1**	**161.6**	**166.6**	**188.0**	**170.9**
Memorandum Items													
Africa	605	512.6	521.7	542.8	555.5	462.7	423.4	593.0	606.3	589.4	571.9	400.2	366.8
Middle East	405	680.8	761.7	795.3	833.0	738.9	678.2	1,132.9	1,253.1	1,199.9	1,122.2	727.6	643.6
European Union	998	6,165.3	5,871.6	5,932.0	6,074.1	5,268.3	5,253.2	5,863.9	5,688.8	5,907.7	5,994.5	5,291.3	5,266.7
Export earnings: fuel	080	1,165.9	1,301.6	1,356.7	1,351.7	1,082.5	973.2	2,221.0	2,387.8	2,297.5	2,148.5	1,380.0	1,171.0

2017, International Monetary Fund: *Direction of Trade Statistics Yearbook*

Advanced Economies (110)

In Billions of U.S. Dollars

		Exports (FOB) 2011	2012	2013	2014	2015	2016	Imports (CIF) 2011	2012	2013	2014	2015	2016
IFS World		10,771.6	10,539.5	10,689.4	10,836.2	9,613.9	9,537.1	11,543.4	11,338.6	11,361.5	11,527.6	10,109.6	9,994.2
World	001	10,924.0	10,768.6	11,019.3	11,078.1	9,877.6	9,709.8	11,667.8	11,559.7	11,539.0	11,666.9	10,338.1	10,169.7
Advanced Economies	110	7,199.3	6,960.0	7,064.1	7,147.3	6,380.2	6,357.2	6,936.3	6,761.3	6,798.4	6,898.5	6,196.1	6,178.2
Euro Area	163	3,346.4	3,108.8	3,154.3	3,208.3	2,788.5	2,811.4	3,478.9	3,307.4	3,376.3	3,464.2	3,071.3	3,089.3
Austria	122	152.1	141.3	144.3	144.5	126.6	129.0	136.7	127.8	134.1	137.2	120.0	120.9
Belgium	124	355.9	335.6	342.8	345.2	287.9	285.3	358.0	334.9	344.3	348.1	301.8	302.2
Cyprus	423	11.0	9.4	9.4	8.6	6.5	7.1	4.0	4.7	4.0	2.6	2.2	2.1
Estonia	939	13.7	14.9	15.0	14.2	11.6	12.0	12.6	11.0	11.9	12.9	10.1	11.0
Finland	172	61.7	56.7	56.7	57.6	47.3	47.8	57.8	53.7	55.1	56.2	48.6	47.4
France	132	578.3	540.7	549.6	544.6	468.4	472.3	453.2	430.5	440.3	451.8	395.9	392.9
Germany	134	894.0	848.2	856.0	872.9	762.2	764.4	1,031.1	978.3	999.1	1,033.8	929.2	929.2
Greece	174	37.4	31.4	30.6	32.5	26.8	28.3	16.2	14.9	15.5	15.6	14.1	14.0
Ireland	178	62.4	59.4	64.7	67.7	62.8	62.9	143.0	129.7	123.3	127.8	139.2	143.2
Italy	136	337.4	293.5	293.0	299.1	265.5	276.2	348.1	340.5	342.9	356.3	317.7	325.5
Latvia	941	12.2	12.7	13.7	13.4	11.1	11.1	9.8	9.4	9.7	10.3	8.6	9.1
Lithuania	946	15.7	15.3	17.2	17.4	15.4	16.2	17.5	17.7	18.3	18.1	16.1	16.5
Luxembourg	137	27.4	25.2	25.4	25.7	20.4	20.1	19.4	17.7	18.4	19.5	17.4	16.7
Malta	181	10.3	10.1	8.7	10.1	10.0	8.3	4.1	3.9	4.3	3.4	3.1	4.1
Netherlands	138	399.9	384.4	384.9	391.1	332.0	330.3	536.8	517.1	527.1	526.7	438.9	434.7
Portugal	182	63.7	52.5	56.5	59.9	52.3	53.9	44.5	42.1	45.1	46.0	41.5	42.6
Slovak Republic	936	53.7	53.0	55.6	57.6	53.1	52.6	53.6	53.0	55.0	57.1	51.5	54.2
Slovenia	961	23.7	21.5	22.0	23.0	20.4	21.0	20.5	19.0	20.2	21.8	19.1	20.2
Spain	184	236.0	202.9	208.1	223.4	206.0	212.9	212.0	201.3	207.8	218.9	196.2	202.9
Australia	193	135.3	141.7	131.9	125.4	112.8	106.1	139.7	133.3	116.5	112.8	92.7	91.9
Canada	156	351.1	360.8	369.6	378.7	341.8	328.4	389.2	392.5	397.2	411.5	349.9	331.9
China, P.R.: Hong Kong	532	259.2	263.9	305.1	277.6	252.3	249.0	34.8	35.3	33.9	36.3	36.8	47.1
China, P.R.: Macao	546	5.6	6.2	7.7	8.3	7.5	7.3	0.9	1.0	1.3	1.1	1.2	1.2
Czech Republic	935	106.9	100.0	101.1	106.8	96.7	100.0	125.9	118.2	122.0	131.2	120.3	125.9
Denmark	128	76.8	73.8	77.5	80.5	68.2	68.6	89.4	83.3	83.9	82.9	71.6	70.6
Iceland	176	3.7	3.6	3.6	3.9	3.8	5.1	4.7	4.3	4.4	4.5	4.4	4.0
Israel	436	45.3	42.7	42.5	44.1	40.5	43.7	48.5	46.9	48.7	50.3	47.7	44.9
Japan	158	302.7	308.0	291.6	286.8	245.2	243.6	456.6	451.5	415.1	399.1	370.5	379.9
Korea, Republic of	542	224.6	220.8	213.7	216.3	194.6	190.3	220.7	226.4	223.5	230.5	216.3	214.0
New Zealand	196	23.0	22.9	23.0	25.4	21.6	21.4	23.5	22.5	22.0	23.4	20.6	19.7
Norway	142	72.5	71.3	74.0	73.9	63.3	63.4	151.2	147.8	135.0	126.1	94.6	80.7
San Marino	135	0.3	0.3	0.2	0.2	0.2	0.2	0.1	0.1	0.1	0.1	0.1	0.1
Singapore	576	153.1	160.0	160.2	160.5	137.9	131.6	124.5	128.1	117.5	117.2	108.6	107.5
Sweden	144	136.4	125.8	124.9	126.8	109.1	111.5	140.9	132.8	131.6	131.3	112.1	111.0
Switzerland	146	239.4	210.3	263.1	220.3	206.5	192.8	193.3	201.3	193.0	198.6	190.7	216.6
Taiwan Prov. of China	528	158.0	143.8	142.3	141.6	129.1	132.2	175.9	173.0	178.6	190.1	179.4	177.0
United Kingdom	112	515.2	521.7	494.4	519.8	481.0	492.0	365.0	357.8	410.5	370.4	335.2	308.0
United States	111	1,044.1	1,073.5	1,083.1	1,142.1	1,079.5	1,058.7	772.4	797.1	787.3	816.9	772.3	756.8
Vatican	187	0.1	0.1	0.1	0.1	0.0	0.0	0.1	0.0	0.0	0.0	0.0	0.0
Emerg. & Dev. Economies	200	3,650.9	3,727.3	3,862.4	3,852.1	3,440.5	3,303.2	4,671.9	4,737.9	4,676.9	4,709.9	4,097.0	3,952.0
Emerg. & Dev. Asia	505	1,719.3	1,758.7	1,816.2	1,816.7	1,688.1	1,630.4	2,213.6	2,237.1	2,263.4	2,368.0	2,301.7	2,251.1
American Samoa	859	0.2	0.2	0.2	0.2	0.1	0.1	0.0	0.1	0.0	0.0	0.0	0.0
Bangladesh	513	12.0	10.4	11.4	13.2	12.4	12.9	20.3	20.9	23.6	25.6	27.0	28.5
Bhutan	514	0.1	0.1	0.1	0.0	0.1	0.1	0.0	0.0	0.0	0.0	0.1	0.0
Brunei Darussalam	516	3.4	3.6	4.8	3.6	3.1	2.0	9.8	10.3	8.2	7.4	4.6	3.1
Cambodia	522	3.4	3.9	4.1	4.4	4.5	4.4	6.1	7.3	8.0	9.3	10.3	12.4
China, P.R.: Mainland	924	1,048.3	1,050.2	1,115.8	1,128.6	1,057.1	1,017.9	1,482.0	1,501.7	1,529.7	1,607.2	1,585.7	1,528.1
Fiji	819	1.5	1.5	1.7	1.7	1.5	1.3	0.6	0.6	0.6	0.6	0.5	0.5
F.T. French Polynesia	887	1.6	1.5	1.4	1.5	1.2	1.2	0.2	0.2	0.2	0.2	0.2	0.2
F.T. New Caledonia	839	2.7	2.6	2.4	2.5	2.0	1.8	1.7	1.2	1.2	1.2	0.9	0.8
Guam	829	1.0	1.0	0.9	1.1	0.8	0.7	0.0	0.0	0.0	0.0	0.0	0.0
India	534	157.0	166.5	154.7	150.3	147.4	136.8	142.5	137.2	135.2	138.3	125.4	126.5
Indonesia	536	108.0	113.7	106.5	99.7	79.0	72.8	131.0	125.0	117.3	113.2	95.4	89.3
Kiribati	826	0.1	0.1	0.1	0.1	0.1	0.1	0.0	0.0	0.0	0.0	0.0	0.0
Lao People's Dem. Rep	544	0.6	0.7	0.6	0.8	0.7	0.5	0.5	0.5	0.6	0.5	0.5	0.6
Malaysia	548	123.9	126.2	127.1	125.3	103.2	99.4	165.9	166.4	166.6	172.7	152.2	145.9

2017, International Monetary Fund: *Direction of Trade Statistics Yearbook*

Advanced Economies (110)
In Billions of U.S. Dollars

		Exports (FOB)						Imports (CIF)					
		2011	2012	2013	2014	2015	2016	2011	2012	2013	2014	2015	2016
Maldives	556	0.6	0.5	0.5	0.6	0.5	0.5	0.1	0.2	0.1	0.1	0.2	0.1
Marshall Islands	867	0.4	0.2	0.4	1.4	1.1	2.3	0.1	0.0	0.0	0.2	0.2	0.3
Mongolia	948	1.8	2.2	1.8	1.4	1.0	1.0	0.5	0.4	0.6	0.6	0.6	0.9
Myanmar	518	2.9	4.6	5.0	5.7	5.6	5.5	1.3	1.5	1.9	2.4	2.6	3.1
Nauru	836	0.0	0.0	0.1	0.1	0.1	0.0	0.1	0.1	0.1	0.0	0.0	0.0
Nepal	558	0.4	0.5	0.6	0.7	0.8	0.6	0.3	0.2	0.2	0.3	0.3	0.3
Palau	565	0.0	0.0	0.0	0.0	0.0	0.1	0.0	0.0	0.0	0.0	0.0	0.0
Papua New Guinea	853	4.8	6.2	4.6	4.1	3.1	2.9	6.8	6.7	5.4	8.1	7.2	6.6
Philippines	566	51.4	55.9	56.9	59.8	51.8	53.7	45.9	44.3	44.0	47.6	46.4	47.4
Samoa	862	0.3	0.3	0.2	0.2	0.2	0.2	0.1	0.1	0.1	0.0	0.0	0.0
Solomon Islands	813	0.3	0.3	0.3	0.3	0.2	0.2	0.2	0.2	0.2	0.2	0.1	0.1
Sri Lanka	524	6.5	6.0	6.5	6.8	7.3	5.9	6.6	6.7	6.9	7.5	7.2	7.0
Thailand	578	109.8	122.6	117.6	104.2	97.5	92.8	119.1	120.2	116.2	119.9	116.1	118.4
Timor-Leste	537	0.3	0.3	0.1	0.2	0.2	0.1	0.1	0.6	0.4	0.1	0.3	0.0
Tonga	866	0.1	0.1	0.1	0.1	0.1	0.1	0.0	0.0	0.0	0.0	0.0	0.0
Tuvalu	869	0.0	0.1	0.1	0.1	0.0	0.0	0.0	0.0	0.0	0.0	0.0	0.0
Vanuatu	846	0.3	0.4	0.4	0.3	0.2	0.2	0.1	0.1	0.1	0.1	0.1	0.1
Vietnam	582	63.3	67.2	77.1	84.3	93.5	101.4	64.0	80.5	93.0	103.8	117.4	129.8
Asia n.s.	598	12.3	9.1	11.9	13.4	11.8	10.8	7.7	3.5	2.8	0.2	0.2	1.1
Europe	170	**720.3**	**703.2**	**737.5**	**720.3**	**580.2**	**586.1**	**774.4**	**746.4**	**778.3**	**783.9**	**630.4**	**612.4**
Emerg. & Dev. Europe	903	**476.7**	**447.2**	**479.7**	**496.1**	**440.9**	**449.9**	**370.6**	**353.5**	**382.8**	**417.2**	**392.0**	**410.2**
Albania	914	3.1	3.0	2.9	3.1	2.6	2.9	1.3	1.4	1.7	1.7	1.4	1.5
Bosnia and Herzegovina	963	4.4	4.0	4.1	4.4	3.8	4.0	3.3	3.0	3.5	3.7	3.3	3.5
Bulgaria	918	16.3	16.0	17.2	18.7	16.4	16.6	14.8	14.2	16.1	16.8	14.6	15.3
Croatia	960	14.7	12.8	12.8	14.6	13.9	14.7	8.0	7.2	7.4	7.5	7.6	8.4
Faroe Islands	816	0.8	1.0	1.0	1.0	0.7	0.8	0.8	0.8	0.9	1.0	0.8	0.9
Gibraltar	823	14.0	16.4	16.0	11.5	7.2	6.1	0.5	1.2	0.7	1.6	0.4	0.2
Hungary	944	69.3	64.9	69.7	75.9	69.0	70.6	75.6	70.1	73.6	79.7	74.4	76.6
Kosovo	967	0.8	0.7	0.7	0.7	0.6	0.7	0.2	0.2	0.2	0.1	0.1	0.1
Macedonia, FYR	962	3.3	3.5	3.7	4.2	3.7	4.0	2.7	2.5	2.8	3.6	3.4	3.7
Montenegro	943	0.9	0.9	1.0	1.0	0.8	0.9	0.2	0.3	0.3	0.3	0.2	0.1
Poland	964	170.7	155.2	165.4	179.0	162.2	167.4	144.6	139.6	152.5	164.6	155.6	163.9
Romania	968	45.6	42.8	46.4	50.0	45.6	48.6	37.5	34.9	39.4	44.4	40.2	43.0
Serbia, Republic of	942	9.0	8.7	9.5	9.7	9.1	9.6	5.8	5.5	7.7	8.1	7.6	8.2
Turkey	186	123.7	117.2	129.2	122.3	105.2	103.1	75.0	72.7	76.0	84.0	82.5	84.9
CIS	901	**241.9**	**254.5**	**256.2**	**222.4**	**138.0**	**134.7**	**403.7**	**392.7**	**395.3**	**366.6**	**238.3**	**202.0**
Armenia	911	1.0	1.0	1.1	1.1	0.7	0.7	0.6	0.5	0.6	0.6	0.6	0.6
Azerbaijan, Rep. of	912	4.9	5.1	6.1	6.4	5.0	3.2	25.2	21.7	21.4	19.8	12.7	9.2
Belarus	913	8.6	8.5	9.4	8.2	5.3	4.6	5.3	5.4	4.1	4.3	3.7	2.7
Georgia	915	2.6	3.1	3.2	3.2	2.2	2.4	1.0	1.0	0.9	1.1	0.9	0.7
Kazakhstan	916	10.2	11.0	12.8	11.4	8.0	7.2	36.2	35.6	35.2	31.1	18.6	14.9
Kyrgyz Republic	917	0.8	0.9	0.9	0.9	0.4	0.4	0.1	0.4	0.5	0.5	0.5	0.1
Moldova	921	1.5	1.5	1.7	1.6	1.3	1.2	0.8	0.7	0.8	1.0	0.8	0.9
Russian Federation	922	179.4	190.0	187.5	163.7	97.3	94.4	314.3	307.6	312.2	289.1	184.9	157.0
Tajikistan	923	0.4	0.3	0.4	0.5	0.3	0.2	0.3	0.4	0.2	0.2	0.3	0.2
Turkmenistan	925	1.9	2.1	1.8	2.2	1.4	2.1	0.6	0.9	1.2	1.1	0.4	0.6
Ukraine	926	26.6	27.3	27.1	18.6	12.6	15.0	18.6	17.5	16.3	16.1	12.8	12.2
Uzbekistan	927	3.8	3.6	4.2	4.5	3.4	3.2	0.6	1.0	2.0	1.7	2.1	2.7
Europe n.s.	884	1.6	1.6	1.7	1.8	1.3	1.4	0.1	0.1	0.1	0.1	0.1	0.1
Mid East, N Africa, Pak	440	**391.7**	**424.0**	**451.7**	**459.5**	**418.4**	**388.7**	**720.8**	**790.9**	**721.0**	**661.7**	**398.8**	**351.8**
Afghanistan, I.R. of	512	4.4	3.0	2.3	1.5	0.9	1.4	0.1	0.1	0.1	0.1	0.1	0.1
Algeria	612	28.2	30.8	33.3	35.7	28.3	26.9	60.6	59.6	53.8	49.8	29.6	24.0
Bahrain, Kingdom of	419	4.9	5.8	5.2	5.9	5.6	4.8	4.1	4.9	4.3	4.2	3.2	2.5
Djibouti	611	0.5	0.6	0.6	0.5	0.6	0.7	0.0	0.0	0.0	0.0	0.1	0.1
Egypt	469	31.9	31.5	30.8	35.3	32.5	30.8	18.4	17.7	15.1	14.4	10.7	10.1
Iran, I.R. of	429	24.5	18.5	13.6	15.1	13.0	14.6	51.1	26.8	15.0	13.3	7.7	15.7
Iraq	433	10.2	10.8	13.0	11.5	9.4	7.5	47.0	56.4	47.8	44.6	26.1	24.2
Jordan	439	8.4	8.9	9.9	10.0	8.5	8.0	1.9	2.0	2.2	2.4	2.6	2.5
Kuwait	443	12.2	13.5	14.6	15.9	13.7	13.7	57.0	68.3	65.9	58.7	31.6	23.7
Lebanon	446	10.1	10.9	11.3	11.1	9.8	9.7	1.0	1.5	1.2	0.9	0.8	0.8

2017, International Monetary Fund: *Direction of Trade Statistics Yearbook*

Advanced Economies (110)

In Billions of U.S. Dollars

		Exports (FOB)						Imports (CIF)					
		2011	2012	2013	2014	2015	2016	2011	2012	2013	2014	2015	2016
Libya	672	3.5	10.2	12.7	8.6	5.3	4.7	15.5	48.6	36.6	18.5	8.8	6.0
Mauritania	682	1.7	2.0	1.9	1.6	1.0	0.9	1.3	1.3	1.3	1.3	1.0	0.9
Morocco	686	25.4	25.3	26.1	26.9	22.3	25.7	14.5	14.3	15.7	17.1	16.0	17.4
Oman	449	10.4	12.6	12.0	12.6	12.7	10.7	16.7	22.0	18.6	14.7	8.7	7.0
Pakistan	564	13.5	12.2	11.4	12.2	12.5	13.9	13.0	11.4	12.1	13.3	12.2	11.9
Qatar	453	12.5	15.3	16.9	20.5	20.1	19.2	84.1	90.5	92.2	85.6	51.4	33.7
Saudi Arabia	456	70.9	84.3	90.8	92.8	91.0	73.1	210.8	231.6	212.4	202.0	108.6	89.3
Somalia	726	0.1	0.1	0.1	0.1	0.2	0.2	0.0	0.0	0.0	0.0	0.0	0.0
Sudan	732	2.5	2.0	2.1	1.8	1.6	1.9	2.6	0.8	0.9	0.5	0.6	0.6
Syrian Arab Republic	463	5.8	2.2	1.3	1.2	0.8	0.7	5.3	0.3	0.2	0.1	0.1	0.1
Tunisia	744	16.3	15.5	15.9	15.7	12.8	12.5	14.4	13.3	14.0	13.4	11.3	10.9
United Arab Emirates	466	91.3	104.6	121.9	119.0	113.9	105.7	98.3	117.9	108.6	102.8	67.0	70.1
West Bank and Gaza	487	0.2	0.2	0.2	0.2	0.2	0.3	0.0	0.0	0.0	0.0	0.0	0.0
Yemen, Republic of	474	2.1	3.2	3.8	3.6	1.7	1.2	3.4	1.9	2.9	3.8	0.6	0.1
Sub-Saharan Africa	603	**167.0**	**157.4**	**165.6**	**163.8**	**131.9**	**113.9**	**238.7**	**227.4**	**203.4**	**189.8**	**137.8**	**123.7**
Angola	614	9.3	11.2	13.0	14.6	9.4	6.1	31.1	26.7	27.3	23.1	14.0	9.1
Benin	638	4.3	1.9	1.9	2.3	1.8	1.0	0.2	0.1	0.2	0.2	0.1	0.1
Botswana	616	1.1	1.8	1.8	1.2	1.0	0.8	4.8	4.5	5.3	3.7	2.6	3.8
Burkina Faso	748	0.8	1.0	1.1	0.9	0.8	0.8	0.1	1.5	1.5	1.6	1.1	1.5
Burundi	618	0.2	0.2	0.1	0.2	0.1	0.1	0.1	0.1	0.1	0.0	0.1	0.0
Cabo Verde	624	0.8	0.6	0.7	0.6	0.4	0.5	0.1	0.1	0.1	0.1	0.5	0.3
Cameroon	622	2.5	2.6	2.9	2.7	2.3	2.2	3.4	3.1	3.7	3.5	2.3	2.2
Central African Rep.	626	0.6	0.2	0.3	0.2	0.5	0.1	0.1	0.1	0.0	0.0	0.1	0.0
Chad	628	0.5	0.4	0.5	0.7	0.4	0.3	3.5	2.9	2.8	2.8	1.7	1.1
Comoros	632	0.1	0.1	0.1	0.1	0.1	0.1	0.0	0.1	0.0	0.0	0.0	0.0
Congo, Dem. Rep. of	636	1.7	1.7	1.8	1.6	1.6	1.2	1.7	1.2	1.8	1.9	1.3	1.8
Congo, Republic of	634	2.1	2.0	2.2	2.6	2.7	3.1	6.6	5.7	4.0	3.7	2.5	1.9
Côte d'Ivoire	662	2.4	3.1	3.4	3.8	3.6	3.3	6.4	6.0	6.1	6.4	6.4	7.0
Equatorial Guinea	642	1.5	1.3	2.2	1.7	1.1	0.8	10.4	12.9	9.8	7.4	4.3	2.6
Eritrea	643	0.1	0.2	0.1	0.1	0.1	0.1	0.4	0.6	0.2	0.0	0.0	0.0
Ethiopia	644	2.3	3.2	2.6	3.8	3.9	3.5	1.4	1.4	1.4	1.6	1.9	1.5
Gabon	646	2.3	2.3	2.5	2.4	1.5	1.2	7.6	7.7	6.7	5.5	3.4	2.2
Gambia, The	648	0.2	0.2	0.2	0.2	0.2	0.2	0.0	0.0	0.0	0.0	0.0	0.0
Ghana	652	6.5	8.0	6.8	6.2	5.2	4.9	6.1	6.4	7.0	7.2	5.0	5.7
Guinea	656	1.5	1.5	1.8	1.4	1.2	1.3	0.8	1.1	1.1	1.5	0.9	1.0
Guinea-Bissau	654	0.2	0.2	0.1	0.2	0.1	0.1	0.0	0.0	0.0	0.0	0.0	0.0
Kenya	664	4.4	4.8	5.2	6.0	5.1	3.9	2.4	2.3	2.3	2.5	2.4	2.4
Lesotho	666	0.1	0.1	0.1	0.1	0.1	0.1	0.7	0.6	0.6	0.7	0.6	0.5
Liberia	668	11.7	10.1	9.8	9.0	5.7	7.6	0.6	0.4	0.5	0.8	0.5	0.5
Madagascar	674	0.9	0.9	1.0	0.9	0.8	0.8	1.1	1.1	1.5	1.8	1.8	1.9
Malawi	676	0.3	0.4	0.4	0.3	0.3	0.2	0.6	0.5	0.6	0.6	0.4	0.4
Mali	678	1.1	1.1	1.2	1.3	1.2	1.4	0.1	0.5	0.3	0.4	0.5	0.6
Mauritius	684	2.0	1.9	1.8	1.9	1.6	1.7	1.7	1.7	1.9	1.8	1.6	1.5
Mozambique	688	2.0	2.0	2.9	2.6	2.0	1.3	1.9	1.8	2.0	2.1	1.8	1.7
Namibia	728	0.8	1.1	1.2	1.3	0.6	0.8	2.8	2.3	1.8	1.8	1.5	1.5
Niger	692	0.6	0.6	0.6	0.7	0.6	0.4	0.7	0.7	0.9	0.6	0.6	0.4
Nigeria	694	28.1	23.5	26.7	26.2	18.7	14.6	76.7	74.7	60.9	52.5	27.8	19.5
Rwanda	714	0.4	0.4	0.4	0.3	0.3	0.6	0.1	0.1	0.1	0.1	0.1	0.1
São Tomé & Príncipe	716	0.1	0.1	0.1	0.1	0.1	0.1	0.0	0.0	0.0	0.0	0.0	0.0
Senegal	722	4.4	4.7	4.5	4.2	3.2	3.3	0.7	0.9	0.9	0.9	0.9	0.9
Seychelles	718	0.4	0.5	0.5	0.4	0.5	0.4	0.3	0.4	0.5	0.4	0.4	0.4
Sierra Leone	724	0.6	0.6	0.5	0.5	0.4	0.3	0.2	0.4	0.3	0.3	0.3	0.2
South Africa	199	56.4	51.9	51.4	46.8	42.1	36.6	58.1	51.0	44.2	47.5	44.1	44.9
South Sudan, Rep. of	733	0.0	0.0	0.1	0.1	0.1	0.0	0.3	0.1	0.0	0.0	0.0	0.0
Swaziland	734	0.1	0.1	0.1	0.1	0.1	0.1	0.3	0.3	0.4	0.3	0.2	0.2
Tanzania	738	2.6	2.5	2.6	2.7	2.2	1.8	1.2	1.8	1.4	1.4	1.3	1.8
Togo	742	1.7	3.0	5.5	8.1	5.6	4.0	0.5	0.9	0.9	0.4	0.2	0.2
Uganda	746	1.0	0.9	1.1	1.0	0.9	0.9	0.7	0.6	0.7	0.7	0.7	0.6
Zambia	754	0.9	1.0	1.2	1.0	0.8	0.6	1.4	1.2	1.0	1.1	1.1	1.0
Zimbabwe	698	0.5	0.5	0.5	0.4	0.4	0.3	0.8	0.6	0.6	0.8	0.6	0.4

Advanced Economies (110)
In Billions of U.S. Dollars

		Exports (FOB) 2011	2012	2013	2014	2015	2016	Imports (CIF) 2011	2012	2013	2014	2015	2016
Africa n.s.	799	5.0	1.0	0.2	0.2	0.2	0.2	0.1	0.1	0.1	0.1	0.1	0.0
Western Hemisphere	205	**652.6**	**684.0**	**691.4**	**691.9**	**621.8**	**584.1**	**724.5**	**736.1**	**710.8**	**706.6**	**628.3**	**613.1**
Anguilla	312	0.0	0.0	0.1	0.0	0.0	0.0	0.0	0.0	0.0	0.0	0.0	0.0
Antigua and Barbuda	311	0.8	0.9	0.8	0.7	1.1	0.6	0.0	0.0	0.0	0.0	0.0	0.1
Argentina	213	26.0	25.4	28.0	25.9	23.9	21.8	25.0	23.9	22.3	19.2	18.0	18.3
Aruba	314	1.0	1.1	1.4	1.8	1.4	1.0	3.5	1.1	0.2	0.3	0.2	0.1
Bahamas, The	313	7.6	6.9	6.8	7.4	5.6	5.6	1.9	1.7	0.9	1.0	0.7	0.4
Barbados	316	0.8	0.8	0.9	1.0	0.9	0.8	0.1	0.1	0.1	0.1	0.1	0.1
Belize	339	0.5	0.6	0.4	0.5	0.4	0.4	0.4	0.4	0.3	0.3	0.3	0.2
Bermuda	319	3.1	2.6	2.6	3.1	3.5	2.8	0.6	0.2	0.1	0.1	0.6	0.5
Bolivia	218	1.5	1.7	2.4	2.5	2.1	1.7	2.5	3.3	3.0	3.7	2.4	2.5
Brazil	223	124.4	123.5	125.1	116.5	88.3	79.6	119.9	113.8	102.6	100.1	84.6	79.7
Chile	228	34.1	37.3	36.7	32.7	30.5	27.9	45.6	42.8	41.1	39.9	33.6	30.6
Colombia	233	26.4	28.5	30.9	34.0	27.8	22.9	35.6	39.2	35.2	33.0	24.8	22.5
Costa Rica	238	9.4	10.2	10.2	9.7	8.3	8.2	18.5	21.5	21.9	18.6	8.4	8.4
Curaçao	354	....	....	0.1	0.5	0.4	0.5	....	....	0.1	0.1	0.1	0.2
Dominica	321	0.3	0.3	0.3	0.3	0.3	0.4	0.1	0.1	0.1	0.1	0.1	0.1
Dominican Republic	243	9.4	9.3	9.3	10.2	9.6	10.6	5.6	6.0	6.9	7.7	6.8	7.3
Ecuador	248	10.6	11.9	13.0	13.2	9.9	7.3	13.9	14.3	16.5	16.5	11.8	10.1
El Salvador	253	4.5	4.4	4.5	4.5	4.4	4.0	3.3	3.2	3.1	3.0	3.1	3.0
Falkland Islands	323	0.2	0.1	0.1	0.2	0.2	0.1	0.2	0.2	0.2	0.2	0.2	0.2
Greenland	326	1.0	0.8	0.8	0.8	0.6	0.6	0.7	0.6	0.7	0.6	0.6	0.7
Grenada	328	0.1	0.1	0.1	0.1	0.1	0.1	0.0	0.0	0.0	0.0	0.0	0.0
Guatemala	258	8.2	7.8	7.7	8.2	8.1	7.9	6.6	6.2	5.9	6.3	6.2	6.1
Guyana	336	0.7	0.6	0.6	0.6	0.6	0.7	1.1	1.3	1.3	1.1	0.9	1.3
Haiti	263	1.5	1.4	1.6	1.7	1.5	1.5	0.8	0.9	0.9	1.0	1.0	1.0
Honduras	268	7.1	6.6	6.3	7.0	6.2	5.8	6.3	6.4	5.9	6.2	6.4	6.2
Jamaica	343	2.7	2.7	2.7	2.9	2.5	2.5	1.4	0.9	1.0	1.0	0.9	0.8
Mexico	273	265.8	284.0	294.3	313.0	308.6	302.9	324.1	342.6	344.9	361.2	357.2	358.2
Netherlands Antilles	353	3.1	2.6	1.7	1.7	1.4	1.4	2.7	2.3	1.0	0.5	0.4	0.3
Nicaragua	278	1.7	1.9	1.7	1.7	1.9	2.1	3.5	3.7	3.7	4.0	3.9	4.0
Panama	283	42.2	44.7	39.7	33.5	23.7	21.3	1.8	2.3	2.3	1.9	1.9	2.0
Paraguay	288	3.5	3.0	3.4	3.5	2.7	3.0	2.0	1.6	2.1	1.9	1.5	1.5
Peru	293	16.0	17.9	18.8	18.3	16.8	15.6	25.4	29.1	27.0	22.6	19.2	20.0
Sint Maarten	352	....	....	0.1	0.1	0.1	0.1	....	....	0.0	0.0	0.0	0.1
St. Kitts and Nevis	361	0.2	0.2	0.3	0.4	0.3	0.3	0.1	0.1	0.1	0.1	0.1	0.1
St. Lucia	362	0.4	0.5	0.7	0.8	0.6	0.5	0.0	0.0	0.0	0.0	0.0	0.0
St. Vincent & Grens.	364	0.4	0.3	0.4	0.3	0.2	0.2	0.0	0.0	0.0	0.0	0.0	0.2
Suriname	366	1.0	1.1	1.3	1.1	1.0	0.7	1.1	1.4	1.2	1.4	1.0	0.8
Trinidad and Tobago	369	3.7	4.0	4.1	3.9	4.2	3.6	12.4	11.3	10.4	9.3	6.2	4.1
Uruguay	298	4.0	4.5	5.3	4.7	4.3	3.6	2.8	2.7	2.9	2.7	3.1	2.9
Venezuela, Rep. Bol.	299	22.6	29.3	22.4	18.1	13.4	7.9	53.4	49.2	43.5	40.1	21.0	16.3
Western Hem. n.s.	399	6.3	4.3	3.9	4.7	4.2	5.5	1.6	1.5	1.1	0.8	1.1	2.3
Other Countries n.i.e	910	**3.3**	**3.5**	**3.5**	**3.1**	**3.2**	**3.0**	**1.9**	**1.6**	**1.9**	**1.4**	**1.2**	**0.9**
Cuba	928	3.2	3.3	3.4	3.0	3.1	2.9	1.7	1.6	1.7	1.3	1.1	0.9
Korea, Dem. People's Rep.	954	0.1	0.2	0.1	0.1	0.1	0.0	0.2	0.1	0.2	0.1	0.1	0.0
Special Categories	899	**29.5**	**36.8**	**36.6**	**31.6**	**26.2**	**19.4**	**5.0**	**4.8**	**5.0**	**4.8**	**8.4**	**2.2**
Countries & Areas n.s.	898	**41.0**	**41.0**	**52.7**	**44.0**	**27.6**	**27.0**	**52.6**	**54.1**	**56.8**	**52.3**	**35.4**	**36.4**
Memorandum Items													
Africa	605	241.9	233.7	245.4	246.1	198.6	182.5	331.8	316.5	289.2	271.8	196.4	177.7
Middle East	405	299.0	332.5	358.0	363.3	338.2	304.8	614.4	690.1	623.0	566.1	327.9	285.7
European Union	998	4,498.4	4,221.9	4,263.7	4,380.4	3,850.7	3,901.3	4,480.7	4,266.2	4,413.3	4,493.1	4,002.9	4,011.9
Export earnings: fuel	080	579.3	637.8	670.9	648.6	521.3	460.6	1,288.7	1,353.1	1,256.8	1,144.2	684.8	573.0
Export earnings: nonfuel	092	10,344.7	10,130.8	10,348.4	10,429.5	9,356.3	9,249.1	10,379.1	10,206.6	10,282.2	10,522.7	9,653.3	9,596.7

Emerging and Developing Economies (200)

In Billions of U.S. Dollars

		Exports (FOB) 2011	2012	2013	2014	2015	2016	Imports (CIF) 2011	2012	2013	2014	2015	2016
IFS World		7,411.0	7,698.4	7,931.4	7,987.1	6,766.0	6,419.0	6,765.9	7,036.4	7,308.4	7,314.7	6,354.7	6,061.8
World	001	7,193.2	7,497.4	7,633.5	7,673.5	6,481.2	6,114.9	6,649.5	6,960.2	7,253.2	7,201.2	6,230.2	5,982.0
Advanced Economies	110	4,244.9	4,396.8	4,448.6	4,481.9	3,855.7	3,639.4	3,427.1	3,539.6	3,696.0	3,650.4	3,187.2	3,093.8
Euro Area	163	1,294.5	1,277.3	1,282.1	1,301.9	1,066.2	1,006.4	1,091.7	1,119.8	1,169.7	1,177.7	1,012.3	987.0
Austria	122	25.1	26.4	26.9	26.8	22.4	22.1	40.8	40.6	43.1	44.8	38.6	37.0
Belgium	124	82.3	76.6	78.6	84.2	71.4	69.0	69.4	71.7	76.3	76.9	61.2	60.4
Cyprus	423	4.0	5.1	4.3	3.3	2.7	1.8	1.5	1.5	1.8	1.9	2.3	1.5
Estonia	939	6.9	8.4	7.8	7.8	5.6	5.6	3.5	2.9	2.5	3.5	2.3	2.3
Finland	172	25.1	25.9	25.7	23.5	15.6	14.5	25.0	23.2	23.1	22.2	18.0	16.9
France	132	153.8	141.7	140.0	137.5	115.5	110.1	146.3	153.1	156.9	156.0	135.4	131.8
Germany	134	292.0	284.6	293.2	313.1	278.3	276.6	408.4	413.1	430.8	441.6	383.2	374.5
Greece	174	25.9	27.5	27.7	27.6	20.6	20.7	12.9	15.0	16.9	16.3	11.8	11.4
Ireland	178	6.9	8.1	8.6	9.4	8.8	8.5	16.8	18.4	19.5	19.3	19.3	20.2
Italy	136	216.1	199.9	201.9	198.8	153.0	138.9	158.9	159.6	166.7	164.7	140.8	136.8
Latvia	941	13.6	16.4	15.7	18.4	11.6	9.0	3.2	3.1	3.3	3.3	2.8	2.9
Lithuania	946	12.6	13.2	14.1	12.8	9.6	9.2	5.5	5.9	6.4	6.2	4.9	5.2
Luxembourg	137	2.9	2.8	2.7	2.9	3.3	2.3	2.6	2.4	2.5	2.4	2.4	2.2
Malta	181	7.1	6.6	9.0	9.4	8.0	5.9	2.3	2.6	2.2	2.6	2.2	1.7
Netherlands	138	250.6	266.0	257.8	255.6	197.8	176.3	80.4	81.1	83.5	83.1	72.7	70.4
Portugal	182	18.9	18.9	19.7	17.6	14.5	14.4	13.4	16.5	17.0	17.6	13.4	12.4
Slovak Republic	936	23.0	23.3	24.4	23.5	20.3	19.4	21.3	24.0	25.5	24.4	20.3	20.8
Slovenia	961	8.4	8.1	8.7	9.7	9.3	10.1	8.9	8.7	9.8	10.8	9.3	9.6
Spain	184	119.3	117.5	115.0	120.0	97.6	91.9	70.3	76.0	81.9	79.9	71.0	69.1
Australia	193	80.7	88.2	86.7	87.9	79.2	75.7	137.8	134.5	144.6	139.9	108.9	110.5
Canada	156	84.8	91.1	86.8	81.5	71.6	68.5	62.7	64.6	66.7	63.3	57.6	54.5
China, P.R.: Hong Kong	532	326.5	387.8	452.6	431.7	395.8	357.5	48.5	45.2	43.8	39.7	35.0	45.2
China, P.R.: Macao	546	8.8	2.8	5.0	5.0	5.5	3.5	2.3	2.1	2.4	2.2	2.5	0.3
Czech Republic	935	34.4	33.5	36.7	39.9	36.0	35.8	30.6	33.4	36.3	37.9	32.2	33.0
Denmark	128	20.2	19.5	19.0	21.5	18.6	17.4	19.0	18.9	21.0	21.8	19.0	18.9
Iceland	176	2.0	1.4	0.7	0.7	0.8	0.6	0.7	0.8	0.8	0.8	0.6	0.6
Israel	436	23.3	25.8	25.6	27.7	23.8	23.6	18.4	18.4	19.4	19.9	16.8	15.9
Japan	158	476.3	499.9	487.6	469.2	354.5	314.8	412.1	426.0	385.4	368.0	331.2	330.0
Korea, Republic of	542	275.8	289.6	288.5	292.7	234.0	212.4	335.2	341.3	364.2	369.4	334.2	316.6
New Zealand	196	10.1	10.6	11.8	13.1	11.1	10.6	14.7	15.9	18.1	20.3	15.7	15.6
Norway	142	13.7	12.6	13.5	13.2	11.4	9.9	15.5	16.1	17.7	16.5	14.8	12.7
San Marino	135	0.1	0.1	0.1	0.1	0.1	0.1	0.1	0.0	0.0	0.0	0.0	0.1
Singapore	576	174.5	189.2	194.2	197.1	158.6	144.3	130.1	138.4	141.8	142.9	118.0	104.7
Sweden	144	27.8	26.8	26.5	28.5	24.3	23.9	43.2	42.3	40.8	39.2	33.3	30.7
Switzerland	146	58.3	76.3	54.8	51.3	50.3	66.8	113.2	107.4	149.3	114.8	73.9	94.8
Taiwan Prov.of China	528	108.4	115.4	115.8	121.7	95.6	83.1	193.1	201.3	228.5	222.8	211.9	204.6
United Kingdom	112	158.8	165.5	176.7	173.9	161.5	154.1	96.6	104.8	114.1	110.7	93.4	85.1
United States	111	1,065.9	1,083.4	1,083.9	1,123.4	1,056.6	1,030.6	661.8	708.3	731.5	742.7	675.9	633.4
Emerg. & Dev. Economies	200	2,771.6	3,020.4	3,099.3	3,119.2	2,568.1	2,422.1	2,923.4	3,176.6	3,275.6	3,271.2	2,727.1	2,608.3
Emerg. & Dev. Asia	505	1,176.8	1,287.4	1,340.9	1,351.3	1,109.6	1,063.1	1,153.2	1,245.6	1,326.0	1,391.4	1,312.7	1,308.7
American Samoa	859	0.1	0.0	0.1	0.0	0.0	0.1	0.0	0.0	0.0	0.1	0.0	0.0
Bangladesh	513	23.6	23.7	26.3	30.2	30.7	31.5	3.7	4.6	5.1	5.5	5.7	5.9
Bhutan	514	0.3	0.3	0.3	0.3	0.4	0.4	0.2	0.2	0.2	0.2	0.3	0.2
Brunei Darussalam	516	2.5	2.3	2.9	3.0	2.4	1.4	2.7	2.7	3.0	2.7	1.8	1.6
Cambodia	522	8.1	10.1	11.4	11.5	12.0	12.4	1.2	1.5	2.1	2.5	3.2	3.8
China, P.R.: Mainland	924	475.1	503.0	524.0	508.8	378.7	362.1	576.5	643.3	697.1	746.9	714.9	694.9
Fiji	819	0.4	0.4	0.7	0.5	0.5	0.7	0.2	0.3	0.3	0.3	0.2	0.2
F.T. French Polynesia	887	0.1	0.1	0.2	0.1	0.2	0.1	0.1	0.1	0.1	0.1	0.1	0.1
F.T. New Caledonia	839	0.4	0.2	0.2	0.3	0.3	0.2	0.2	0.2	0.2	0.4	0.6	0.6
Guam	829	0.0	0.1	0.1	0.0	0.0	0.0	0.1	0.1	0.1	0.1	0.1	0.1
India	534	284.7	316.7	301.0	301.2	231.7	210.2	140.9	139.2	148.9	149.1	128.8	123.0
Indonesia	536	76.6	89.6	91.8	89.6	70.6	67.6	91.2	93.6	93.2	87.3	78.4	77.5
Kiribati	826	0.0	0.1	0.1	0.1	0.1	0.1	0.0	0.0	0.1	0.1	0.1	0.1
Lao People's Dem.Rep	544	3.5	5.0	6.0	6.5	6.1	5.6	2.5	2.7	3.2	3.8	3.5	4.1
Malaysia	548	78.0	89.8	100.6	99.6	86.4	79.0	135.1	133.4	136.0	131.0	121.2	114.5
Maldives	556	0.8	1.0	1.0	1.2	1.0	1.3	0.1	0.1	0.1	0.1	0.1	0.1

Emerging and Developing Economies (200)

In Billions of U.S. Dollars

		Exports (FOB) 2011	2012	2013	2014	2015	2016	Imports (CIF) 2011	2012	2013	2014	2015	2016
Marshall Islands	867	0.1	0.2	0.2	0.2	0.5	2.1	0.2	0.2	0.4	0.3	0.2	0.1
Micronesia	868	0.0	0.1	0.0	0.0	0.0	0.1	0.0	0.1	0.0	0.0	0.0	0.1
Mongolia	948	4.6	4.9	4.5	4.0	2.9	2.2	3.8	4.0	3.6	5.2	3.8	3.6
Myanmar	518	9.6	10.9	13.5	16.6	16.7	16.3	7.3	7.2	9.0	20.9	10.5	8.4
Nepal	558	4.5	5.7	6.3	7.4	4.7	6.0	0.6	0.7	0.6	0.7	0.6	0.5
Palau	565	0.0	0.0	0.0	0.0	0.0	0.1	0.0	0.0	0.0	0.0	0.0	0.0
Papua New Guinea	853	1.7	1.9	1.6	1.5	1.9	1.6	1.8	1.3	1.6	2.1	2.8	2.5
Philippines	566	38.2	41.5	44.2	48.8	49.1	56.9	29.1	31.0	29.6	32.3	31.0	29.4
Samoa	862	0.1	0.1	0.1	0.1	0.1	0.1	0.0	0.0	0.0	0.0	0.0	0.0
Solomon Islands	813	0.1	0.1	0.1	0.2	0.2	0.2	0.4	0.5	0.5	0.5	0.6	0.5
Sri Lanka	524	13.5	12.8	13.0	15.7	13.8	12.2	3.2	3.2	3.2	3.3	3.4	3.2
Thailand	578	91.7	102.5	108.2	103.3	91.9	86.9	113.0	119.0	121.0	122.1	116.9	118.8
Timor-Leste	537	0.3	0.4	0.3	0.4	0.4	0.4	0.0	0.0	0.0	0.0	0.0	0.0
Tonga	866	0.1	0.1	0.1	0.1	0.1	0.1	0.0	0.0	0.0	0.0	0.0	0.0
Tuvalu	869	0.0	0.2	0.0	0.1	0.0	0.0	0.0	0.0	0.0	0.0	0.0	0.0
Vanuatu	846	0.2	0.2	0.6	0.4	0.2	0.2	0.7	0.4	0.3	0.2	0.2	0.2
Vietnam	582	54.0	60.2	78.5	96.5	100.2	99.8	32.2	46.6	56.7	62.4	62.8	77.4
Asia n.s.	598	3.7	3.3	3.0	3.1	5.3	5.3	6.1	9.4	9.8	11.4	20.7	37.3
Europe	170	**490.8**	**548.0**	**554.9**	**532.4**	**404.2**	**392.4**	**534.9**	**590.9**	**575.5**	**546.9**	**427.9**	**397.1**
Emerg. & Dev. Europe	903	**241.3**	**249.4**	**251.4**	**254.2**	**214.0**	**209.5**	**172.5**	**195.1**	**202.5**	**203.1**	**174.6**	**175.5**
Albania	914	1.5	1.5	1.6	1.6	1.5	1.7	0.7	0.5	0.8	0.8	0.5	0.5
Bosnia and Herzegovina	963	4.6	4.6	4.8	5.1	3.9	3.8	2.5	2.2	2.3	2.3	2.2	2.3
Bulgaria	918	14.4	15.3	13.6	13.2	12.0	13.2	11.5	12.1	12.6	12.7	10.5	10.6
Croatia	960	8.0	7.2	8.0	8.1	7.0	6.9	4.9	4.6	4.4	4.5	4.0	4.2
Faroe Islands	816	0.0	0.0	0.0	0.0	0.2	0.1	0.3	0.3	0.4	0.5	0.5	0.6
Gibraltar	823	1.9	2.0	1.6	2.3	2.0	2.0	0.1	0.1	0.2	0.2	0.1	0.1
Hungary	944	27.7	25.7	26.7	26.5	22.3	22.7	28.5	27.2	29.0	28.7	25.9	26.0
Kosovo	967	0.9	0.8	0.9	0.9	0.8	1.0	0.1	0.1	0.1	0.1	0.1	0.1
Macedonia, FYR	962	2.4	2.1	2.1	2.4	2.2	2.4	1.8	1.5	1.5	1.7	1.7	1.6
Montenegro	943	1.7	1.6	1.6	1.7	1.4	1.5	0.3	0.4	0.3	0.4	0.3	0.3
Poland	964	53.2	52.8	52.8	52.5	45.0	46.4	32.8	36.0	40.6	40.9	34.8	35.7
Romania	968	27.3	25.4	25.2	27.4	24.2	24.7	21.9	20.8	23.2	24.9	20.4	21.1
Serbia, Republic of	942	7.7	7.3	7.7	8.2	7.2	7.1	6.0	6.2	7.0	7.4	6.6	7.1
Turkey	186	89.9	103.0	104.8	104.3	84.2	75.8	61.1	83.0	80.1	77.9	66.9	65.1
CIS	901	**249.0**	**298.0**	**302.8**	**278.0**	**189.9**	**182.5**	**360.9**	**392.8**	**369.0**	**340.2**	**251.0**	**219.3**
Armenia	911	1.5	2.0	2.1	2.3	1.9	1.7	0.5	0.7	0.8	0.9	0.9	1.2
Azerbaijan, Rep. of	912	7.2	9.4	10.1	9.5	6.3	4.5	7.6	7.3	8.4	7.7	4.5	3.2
Belarus	913	18.4	31.4	26.6	26.0	19.0	18.6	18.1	25.5	23.1	21.5	16.1	16.0
Georgia	915	5.4	5.9	6.1	6.2	5.1	5.2	1.8	1.5	1.9	1.7	1.5	1.8
Kazakhstan	916	22.5	34.2	37.8	33.0	23.8	21.4	30.4	36.2	32.6	28.5	18.2	15.7
Kyrgyz Republic	917	7.4	8.3	8.8	8.7	6.8	7.9	0.9	1.0	1.3	0.9	0.7	0.8
Moldova	921	3.1	4.4	4.6	4.7	3.2	3.0	1.6	1.7	1.7	1.8	1.5	1.5
Russian Federation	922	121.9	127.9	133.5	128.1	83.8	83.8	229.9	245.8	229.7	216.0	161.1	139.1
Tajikistan	923	3.8	3.9	4.2	5.1	3.8	3.6	0.9	0.8	0.7	0.6	0.6	0.7
Turkmenistan	925	4.1	5.6	5.8	5.7	4.3	2.8	6.9	9.2	10.5	11.0	9.7	7.4
Ukraine	926	47.8	57.9	54.8	40.2	25.0	23.8	56.1	58.0	52.1	44.0	31.5	26.8
Uzbekistan	927	5.8	7.1	8.3	8.6	6.8	6.3	6.2	5.2	6.3	5.7	4.8	5.1
Europe n.s.	884	0.5	0.6	0.8	0.2	0.3	0.4	1.5	3.0	4.0	3.6	2.2	2.3
Mid East, N Africa, Pak	440	**471.7**	**526.1**	**537.7**	**572.9**	**496.2**	**469.6**	**568.4**	**611.1**	**620.8**	**599.0**	**434.7**	**390.2**
Afghanistan, I.R. of	512	7.5	6.0	5.5	6.4	6.9	5.7	0.6	0.7	0.7	0.8	0.9	1.1
Algeria	612	16.2	19.3	19.8	20.5	19.3	20.6	11.9	12.4	11.3	10.9	6.8	5.6
Bahrain, Kingdom of	419	13.7	15.7	15.6	14.7	10.0	8.5	6.8	7.9	7.8	8.9	6.9	5.8
Djibouti	611	3.5	4.2	4.0	4.2	4.4	4.6	0.2	0.2	0.2	0.2	0.2	0.1
Egypt	469	36.7	42.2	39.0	47.1	41.9	41.3	17.6	17.1	18.0	16.8	14.7	15.0
Iran, I.R. of	429	52.8	50.3	45.6	60.3	47.0	49.3	67.6	61.3	52.5	54.7	34.0	33.9
Iraq	433	20.7	25.1	27.0	28.3	24.7	20.9	32.1	39.0	42.3	42.3	28.5	25.0
Jordan	439	12.6	14.2	15.1	15.0	11.7	10.0	5.7	5.8	5.3	5.6	5.1	4.8
Kuwait	443	12.2	11.5	14.0	15.1	14.4	12.7	40.3	47.7	45.4	43.4	25.7	20.6
Lebanon	446	8.8	9.4	9.1	9.1	8.1	8.0	2.8	3.0	3.2	2.8	2.7	2.7
Libya	672	3.9	9.7	11.5	8.7	6.1	4.3	3.8	10.9	6.0	2.4	2.9	3.7

2017, International Monetary Fund: *Direction of Trade Statistics Yearbook*

Emerging and Developing Economies (200)

In Billions of U.S. Dollars

		Exports (FOB)						Imports (CIF)					
		2011	2012	2013	2014	2015	2016	2011	2012	2013	2014	2015	2016
Mauritania	682	1.9	2.1	2.3	2.4	1.9	2.0	2.4	2.0	2.2	1.9	1.3	1.3
Morocco	686	12.8	13.3	13.3	12.9	10.7	10.8	8.4	8.4	7.5	7.6	8.1	7.4
Oman	449	14.4	17.8	22.0	20.5	20.7	20.3	28.2	28.5	35.4	35.8	24.4	21.5
Pakistan	564	33.7	35.9	38.3	39.7	36.9	38.0	12.8	14.6	12.7	12.6	11.2	9.9
Qatar	453	9.4	10.0	10.1	12.9	11.0	9.7	25.9	35.9	37.6	38.3	25.7	21.8
Saudi Arabia	456	50.9	61.6	69.8	73.5	68.2	55.5	148.1	158.0	168.2	157.5	109.5	86.5
Somalia	726	1.4	1.4	1.6	1.8	1.9	2.1	0.5	0.5	0.7	0.6	0.7	0.7
Sudan	732	6.3	7.0	7.8	7.4	7.5	6.6	10.3	6.3	5.4	5.2	3.4	3.5
Syrian Arab Republic	463	10.7	5.7	4.9	6.0	4.6	3.7	5.3	2.2	1.6	1.1	0.9	0.8
Tunisia	744	7.1	7.7	7.8	8.0	6.2	5.9	2.9	3.2	3.2	3.1	2.6	2.8
United Arab Emirates	466	126.9	146.1	141.4	149.6	126.2	122.4	126.7	136.7	144.9	138.6	114.7	112.8
West Bank and Gaza	487	0.3	0.3	0.4	0.5	0.5	0.5	0.1	0.1	0.1	0.1	0.1	0.1
Yemen, Republic of	474	6.4	8.5	10.5	8.1	5.6	6.1	6.5	7.0	7.0	5.6	1.6	1.0
Middle East n.s.	489	1.1	1.0	1.1	0.0	0.0	0.0	1.2	1.7	1.5	2.2	2.3	2.1
Sub-Saharan Africa	603	**221.6**	**233.0**	**240.7**	**252.1**	**212.3**	**188.4**	**224.6**	**256.8**	**272.1**	**274.8**	**183.1**	**169.2**
Angola	614	9.0	10.3	11.1	13.3	7.9	5.0	35.2	48.2	45.3	42.6	22.9	19.1
Benin	638	5.5	4.6	6.1	6.4	5.1	4.1	3.1	2.8	1.9	2.5	1.3	1.4
Botswana	616	5.4	5.8	5.8	6.1	5.6	4.8	0.8	1.0	1.4	2.7	2.1	3.4
Burkina Faso	748	1.5	1.5	2.0	1.7	1.6	1.8	0.6	0.7	0.6	0.6	0.7	0.5
Burundi	618	0.3	0.3	0.3	0.3	0.3	0.3	0.1	0.2	0.3	0.3	0.2	0.2
Cabo Verde	624	0.1	0.1	0.1	0.1	0.1	0.1	0.0	0.0	0.1	0.0	0.0	0.0
Cameroon	622	3.0	3.4	3.9	4.1	3.5	3.0	2.4	2.7	2.0	2.5	2.7	2.0
Central African Rep.	626	0.1	0.1	0.1	0.1	0.1	0.1	0.1	0.1	0.1	0.1	0.1	0.1
Chad	628	0.4	0.5	0.7	0.6	0.4	0.3	0.4	0.3	0.4	0.3	0.6	0.5
Comoros	632	0.2	0.2	0.1	0.2	0.4	0.4	0.0	0.0	0.0	0.0	0.0	0.0
Congo, Dem. Rep. of	636	3.5	4.5	5.2	5.1	4.4	3.7	5.6	6.0	6.3	6.5	5.1	4.2
Congo, Republic of	634	2.8	2.3	2.7	2.8	2.4	1.7	5.8	6.2	7.5	7.5	4.2	3.6
Côte d'Ivoire	662	4.5	5.3	6.9	6.4	5.6	5.4	3.9	4.4	4.8	4.9	4.0	3.9
Equatorial Guinea	642	0.9	1.0	0.9	0.9	0.6	0.4	3.1	2.8	4.8	5.8	2.6	2.0
Eritrea	643	0.5	0.4	0.4	0.3	0.4	0.2	0.0	0.0	0.1	0.6	0.4	0.3
Ethiopia	644	3.6	4.9	5.3	6.9	7.8	7.5	1.1	1.2	1.3	1.6	1.5	1.6
Gabon	646	1.4	1.4	2.3	1.9	1.6	1.1	4.2	4.0	5.1	5.2	2.8	2.9
Gambia, The	648	0.8	0.7	0.8	0.9	0.7	0.7	0.1	0.1	0.1	0.1	0.1	0.2
Ghana	652	9.1	11.0	11.1	9.6	10.0	9.9	4.1	5.1	6.1	6.0	6.7	6.6
Guinea	656	1.6	1.8	2.1	2.4	2.3	2.3	1.2	0.9	1.5	1.2	1.1	2.5
Guinea-Bissau	654	0.1	0.1	0.2	0.2	0.1	0.2	0.4	0.1	0.3	0.2	0.3	0.3
Kenya	664	13.7	15.8	15.5	18.5	16.0	14.0	3.4	3.9	4.1	4.5	3.7	3.1
Lesotho	666	1.7	1.7	1.6	1.5	1.3	1.3	0.4	0.4	0.4	0.4	0.4	0.4
Liberia	668	6.4	4.6	3.7	2.7	2.8	2.4	0.5	0.8	0.9	0.7	0.8	0.6
Madagascar	674	2.3	2.4	2.7	3.0	2.5	2.4	0.8	0.7	0.6	0.7	0.7	0.8
Malawi	676	1.1	1.4	1.5	1.3	1.4	1.3	0.7	0.7	0.6	0.6	0.6	0.6
Mali	678	1.6	1.6	1.7	1.9	1.6	2.4	0.8	2.1	2.7	2.9	3.1	2.2
Mauritius	684	3.4	3.4	2.9	3.6	3.0	2.5	0.6	0.7	0.7	0.8	1.4	1.2
Mozambique	688	6.3	6.7	9.2	10.5	8.1	6.5	2.2	3.0	3.3	4.2	2.8	2.8
Namibia	728	5.5	5.6	6.3	6.9	6.5	5.5	1.8	2.2	2.3	2.5	2.4	1.8
Niger	692	0.6	0.6	0.8	1.0	0.7	0.6	0.1	0.3	0.2	0.3	0.4	0.4
Nigeria	694	21.0	21.4	23.4	27.0	22.5	17.6	37.5	38.4	41.0	46.2	27.1	18.4
Rwanda	714	0.8	0.9	0.9	1.0	1.0	0.8	0.3	0.3	0.4	0.4	0.3	0.4
São Tomé & Príncipe	716	0.1	0.1	0.1	0.1	0.1	0.1	0.0	0.0	0.0	0.0	0.0	0.0
Senegal	722	3.9	4.2	4.2	4.8	5.2	5.3	1.9	1.8	1.8	1.9	2.1	2.1
Seychelles	718	1.0	0.6	0.5	0.6	0.5	0.6	0.1	0.1	0.1	0.1	0.1	0.2
Sierra Leone	724	1.1	1.1	0.9	0.8	1.0	0.8	0.2	0.6	1.6	2.0	0.4	0.4
South Africa	199	65.8	69.6	64.5	64.4	49.7	45.3	81.6	94.5	98.4	91.4	57.9	59.9
South Sudan, Rep. of	733	0.0	0.0	0.2	0.1	0.2	0.2	....	0.0	2.5	4.3	2.3	1.5
Swaziland	734	1.8	1.7	1.6	1.7	1.4	1.3	1.5	1.9	1.9	1.9	1.6	1.6
Tanzania	738	8.3	9.1	11.8	12.5	9.7	8.9	2.8	3.3	4.0	3.9	3.7	3.6
Togo	742	8.1	6.6	4.5	4.6	4.2	3.7	1.3	1.7	1.8	2.4	2.1	2.0
Uganda	746	2.8	3.0	2.8	2.8	2.7	2.7	1.0	1.3	1.2	1.1	1.2	1.5
Zambia	754	5.5	6.1	6.6	6.3	4.9	5.2	7.5	7.9	8.6	7.8	6.2	6.0
Zimbabwe	698	4.1	4.1	3.9	3.8	3.7	3.3	1.9	2.2	2.2	2.0	2.0	1.9

Emerging and Developing Economies (200)

In Billions of U.S. Dollars

		Exports (FOB) 2011	2012	2013	2014	2015	2016	Imports (CIF) 2011	2012	2013	2014	2015	2016
Africa n.s.	799	0.5	0.5	0.7	0.6	0.5	0.8	3.6	1.0	0.6	0.5	0.4	0.6
Western Hemisphere	**205**	**410.6**	**425.9**	**425.0**	**410.4**	**345.7**	**308.7**	**442.3**	**472.2**	**481.1**	**459.2**	**368.6**	**343.1**
Antigua and Barbuda	311	1.1	1.2	0.9	0.7	0.4	0.5	0.3	0.2	0.3	0.3	0.2	0.2
Argentina	213	42.5	37.0	41.0	32.8	30.9	30.7	58.9	60.8	58.6	53.8	44.0	44.9
Aruba	314	2.7	2.0	2.3	2.3	1.4	1.0	1.0	0.7	0.6	0.3	0.2	0.1
Bahamas, The	313	4.3	4.3	2.8	3.5	4.0	1.6	1.2	1.3	3.0	3.1	1.5	1.1
Barbados	316	1.4	0.6	1.0	0.7	0.4	0.4	0.2	0.3	0.3	0.4	0.2	0.2
Belize	339	0.5	0.7	0.8	0.6	0.5	0.5	0.1	0.1	0.2	0.2	0.2	0.2
Bermuda	319	0.6	0.3	0.2	0.3	0.4	0.3	0.0	0.1	0.3	0.1	0.1	0.0
Bolivia	218	5.5	5.3	5.7	6.1	5.2	5.7	5.1	7.1	8.2	8.6	6.2	4.3
Brazil	223	108.1	112.2	115.6	113.5	78.7	63.7	150.3	146.7	143.8	140.9	123.7	120.0
Chile	228	32.6	34.7	33.5	32.7	29.1	28.2	40.2	38.7	40.3	40.0	34.7	31.7
Colombia	233	22.6	23.7	23.2	23.9	20.4	18.7	19.8	23.0	26.3	26.8	17.8	14.8
Costa Rica	238	4.5	4.5	4.7	4.8	4.9	5.3	11.8	14.4	14.4	14.4	4.8	4.4
Curaçao	354	0.2	0.1	0.1	0.2	0.3	0.3	0.1	0.1	0.4	0.4	0.2	0.2
Dominica	321	0.1	0.1	0.1	0.1	0.1	0.1	0.1	0.1	0.1	0.1	0.1	0.1
Dominican Republic	243	5.8	5.4	5.3	5.4	5.3	5.5	1.1	1.5	1.3	1.3	1.7	1.6
Ecuador	248	10.0	9.8	10.0	10.3	8.3	7.0	9.6	12.3	11.4	11.5	8.7	7.8
El Salvador	253	4.2	5.0	4.1	3.9	4.0	4.0	2.2	2.4	2.4	2.3	2.5	2.4
Greenland	326	0.0	0.0	0.0	0.0	0.0	0.1	0.1	0.1	0.1	0.1	0.2	0.2
Grenada	328	0.1	0.1	0.1	0.1	0.1	0.1	0.1	0.0	0.1	0.1	0.0	0.0
Guatemala	258	6.5	6.7	6.9	6.7	7.0	6.6	4.6	4.5	4.6	4.7	5.0	4.7
Guyana	336	0.8	0.7	0.9	0.9	0.7	0.6	0.3	0.4	0.3	0.4	0.4	0.3
Haiti	263	2.5	2.4	2.5	2.4	2.1	1.8	0.0	0.1	0.1	0.1	0.1	0.1
Honduras	268	3.9	4.6	4.3	4.0	4.3	4.1	1.9	2.1	2.3	2.3	2.2	2.1
Jamaica	343	2.8	3.3	3.2	2.5	2.0	1.8	0.2	0.5	0.3	0.3	0.4	0.3
Mexico	273	43.4	46.9	49.4	55.7	57.0	57.0	46.6	52.9	55.2	51.9	45.8	42.5
Netherlands Antilles	353	9.0	9.4	9.4	7.8	4.0	2.5	2.1	1.5	1.5	2.0	1.1	1.0
Nicaragua	278	3.4	3.9	3.9	4.0	4.1	4.1	1.2	1.4	1.7	1.7	1.7	1.7
Panama	283	22.5	25.5	24.9	20.3	16.9	14.0	7.4	6.9	6.9	5.6	5.0	3.9
Paraguay	288	6.8	6.5	6.8	7.1	5.9	5.5	3.9	4.0	5.5	5.9	4.7	5.1
Peru	293	19.5	20.9	20.6	19.4	18.5	17.4	17.7	18.8	18.3	18.4	16.3	17.2
Sint Maarten	352	0.0	0.0	0.1	0.0	0.0	0.0	0.0	0.0	0.0	0.0	0.0	0.0
St. Kitts and Nevis	361	1.1	0.1	0.1	0.1	0.1	0.1	0.0	0.0	0.0	0.1	0.0	0.0
St. Lucia	362	3.2	1.6	0.4	1.6	1.0	0.6	0.0	0.1	0.1	0.2	0.1	0.1
St. Vincent & Grens.	364	0.2	0.1	0.2	0.3	0.2	0.1	0.1	0.1	0.1	0.1	0.0	0.1
Suriname	366	0.7	0.7	0.8	0.7	0.6	0.4	1.1	1.4	1.2	0.9	0.8	0.7
Trinidad and Tobago	369	3.6	2.6	2.9	2.5	2.2	2.3	7.5	8.5	9.3	9.7	6.3	4.5
Uruguay	298	8.1	9.2	9.2	9.5	7.8	7.0	7.1	8.2	8.3	8.8	6.9	6.3
Venezuela, Rep. Bol.	299	22.5	29.5	24.2	20.9	14.7	7.3	28.4	36.4	35.5	30.4	17.0	12.7
Western Hem. n.s.	399	3.4	4.0	2.7	2.2	2.2	1.6	9.7	14.6	17.9	10.6	7.9	5.3
Other Countries n.i.e	**910**	**10.8**	**11.2**	**11.9**	**10.2**	**8.8**	**8.3**	**6.0**	**5.5**	**5.7**	**5.4**	**4.2**	**4.0**
Cuba	928	7.0	7.1	7.7	6.3	5.4	4.8	2.3	2.2	2.3	2.1	1.2	0.9
Korea, Dem. People's Rep.	954	3.8	4.1	4.2	4.0	3.4	3.4	3.7	3.2	3.4	3.3	3.0	3.1
Special Categories	**899**	**14.9**	**24.2**	**22.6**	**20.7**	**18.0**	**15.2**	**133.2**	**156.6**	**171.0**	**159.9**	**159.1**	**141.4**
Countries & Areas n.s.	**898**	**150.9**	**44.8**	**51.1**	**41.5**	**30.6**	**29.9**	**159.9**	**82.0**	**104.8**	**114.3**	**152.5**	**134.5**
Memorandum Items													
Africa	605	270.7	288.0	297.2	309.2	264.0	240.8	261.2	289.8	300.2	300.0	203.8	189.0
Middle East	405	381.5	429.1	437.3	469.6	400.6	373.3	518.5	562.9	577.0	556.0	399.6	357.9
European Union	998	1,666.1	1,649.0	1,667.2	1,693.3	1,417.1	1,351.6	1,380.7	1,420.0	1,491.5	1,499.0	1,285.7	1,252.2
Export earnings: fuel	080	585.6	663.1	685.1	702.1	560.3	512.0	931.8	1,034.0	1,040.0	1,003.7	694.5	597.2
Export earnings: nonfuel	092	6,607.6	6,834.3	6,948.4	6,971.5	5,920.9	5,603.0	5,717.8	5,926.2	6,213.2	6,197.6	5,535.7	5,384.8

2017, International Monetary Fund: *Direction of Trade Statistics Yearbook*

Emerging and Developing Asia (505)
In Billions of U.S. Dollars

		Exports (FOB) 2011	2012	2013	2014	2015	2016	Imports (CIF) 2011	2012	2013	2014	2015	2016
IFS World		3,109.2	3,297.6	3,492.3	3,674.6	3,491.0	3,334.5	3,098.3	3,272.4	3,396.6	3,415.7	2,992.9	2,871.2
World	001	3,080.8	3,235.5	3,427.0	3,594.2	3,413.4	3,276.3	3,084.4	3,236.2	3,377.3	3,351.0	2,887.9	2,865.5
Advanced Economies	110	1,961.9	2,044.5	2,143.1	2,225.3	2,133.3	2,035.4	1,636.7	1,649.4	1,733.3	1,708.1	1,520.7	1,523.3
Euro Area	163	396.5	364.2	367.7	395.8	371.9	365.3	279.2	283.5	288.6	301.4	264.1	261.4
Austria	122	4.0	4.0	5.0	5.6	5.6	5.7	7.6	7.2	7.6	8.5	7.8	7.9
Belgium	124	33.9	28.4	28.5	30.4	28.3	27.7	24.4	24.2	24.4	24.8	18.8	17.8
Cyprus	423	1.3	1.2	1.1	1.2	0.9	0.7	0.1	0.2	0.1	0.5	0.6	0.3
Estonia	939	1.4	1.5	1.4	1.5	1.2	1.2	0.4	0.5	0.3	0.4	0.5	0.4
Finland	172	8.2	8.9	7.1	6.3	4.4	3.7	8.2	6.8	6.4	6.7	6.1	5.9
France	132	45.2	41.2	41.2	43.4	41.5	40.2	37.6	42.8	41.9	43.6	38.9	37.1
Germany	134	107.5	98.7	98.7	106.5	102.0	99.7	129.7	130.3	133.0	141.9	122.8	120.4
Greece	174	5.4	4.6	4.2	5.4	4.8	5.4	0.7	0.8	0.8	0.7	0.7	0.7
Ireland	178	3.3	3.4	3.9	4.6	4.5	4.5	5.6	6.1	6.7	5.7	6.2	7.6
Italy	136	48.7	38.6	39.8	43.9	41.3	40.4	30.4	29.1	30.3	31.9	28.5	28.8
Latvia	941	1.5	1.6	1.8	1.7	1.4	1.5	0.3	0.2	0.3	0.3	0.3	0.3
Lithuania	946	1.6	2.0	2.0	2.0	1.4	1.5	0.4	0.3	0.3	0.4	0.4	0.6
Luxembourg	137	1.8	2.1	1.9	2.0	2.5	1.4	0.5	0.4	0.5	0.4	0.6	0.5
Malta	181	3.3	2.7	2.8	3.7	3.1	2.1	0.9	1.0	0.9	0.7	0.6	0.6
Netherlands	138	90.5	88.9	89.7	94.3	86.1	84.5	15.4	16.6	18.1	17.8	16.4	16.7
Portugal	182	4.1	3.6	3.8	4.6	4.2	5.4	1.6	2.1	2.1	2.2	1.9	2.0
Slovak Republic	936	3.0	3.0	3.8	3.6	3.4	3.7	3.6	3.8	3.6	3.6	2.5	2.6
Slovenia	961	2.1	2.0	2.3	2.6	2.8	3.1	0.4	0.5	0.5	0.5	0.5	0.7
Spain	184	29.8	27.7	28.6	32.4	32.4	32.8	11.4	10.5	10.7	10.9	10.1	10.7
Australia	193	65.4	71.8	71.3	74.6	69.9	67.2	120.0	116.5	126.1	123.8	94.4	98.4
Canada	156	33.6	36.6	38.1	39.6	38.9	37.5	30.0	31.1	33.3	30.3	27.7	25.9
China,P.R.: Hong Kong	532	314.1	372.0	434.5	415.2	382.4	344.6	41.5	37.9	35.9	30.2	26.0	36.6
China,P.R.: Macao	546	2.4	2.8	3.3	3.7	4.7	3.5	0.2	0.3	0.5	0.3	0.3	0.3
Czech Republic	935	9.8	8.0	8.6	10.0	10.1	10.0	3.7	3.7	4.0	4.2	4.1	4.3
Denmark	128	9.2	8.9	8.1	9.1	8.6	7.9	4.5	4.6	5.1	6.1	5.9	6.1
Iceland	176	0.2	0.1	0.2	0.2	0.2	0.2	0.1	0.1	0.1	0.1	0.1	0.1
Israel	436	11.7	12.1	12.9	12.9	13.1	12.8	6.7	6.4	6.5	6.6	6.7	6.7
Japan	158	263.9	269.5	262.9	261.1	229.6	217.4	311.0	305.8	272.6	260.4	238.1	243.9
Korea, Republic of	542	127.0	131.2	132.1	140.7	136.8	131.1	226.3	233.2	255.3	264.2	247.0	236.9
New Zealand	196	7.0	7.9	8.4	9.4	8.8	8.5	10.3	11.0	13.6	15.1	11.3	11.9
Norway	142	4.7	4.2	3.6	4.2	4.1	3.5	5.5	5.1	5.5	6.6	6.3	5.2
Singapore	576	118.5	123.0	127.9	127.6	119.2	111.4	116.7	117.9	118.2	120.0	101.1	91.1
Sweden	144	9.6	9.5	10.2	10.7	10.5	9.7	12.6	12.2	11.8	11.0	10.6	9.6
Switzerland	146	11.8	11.4	8.1	7.5	9.0	13.2	73.1	65.6	95.2	69.4	39.2	63.3
Taiwan Prov.of China	528	60.8	60.8	63.2	72.9	66.9	60.1	166.1	173.6	200.1	195.3	186.3	181.1
United Kingdom	112	68.0	70.1	76.9	83.9	86.6	84.3	29.1	31.4	34.1	35.7	31.6	29.4
United States	111	447.8	480.5	505.2	546.2	562.0	547.3	200.0	209.5	227.0	227.6	220.0	211.0
Emerg. & Dev. Economies	200	1,092.6	1,175.7	1,260.8	1,354.5	1,266.1	1,226.3	1,298.5	1,413.0	1,452.6	1,458.7	1,201.6	1,191.4
Emerg. & Dev. Asia	505	518.4	552.0	600.3	637.3	617.8	622.5	569.0	593.1	618.5	643.7	642.2	679.1
American Samoa	859	0.1	0.0	0.1	0.0	0.0	0.0	0.0	0.0	0.0	0.0	0.0	0.0
Bangladesh	513	16.6	16.9	19.5	22.7	23.6	24.6	1.2	1.4	1.6	1.6	1.9	2.1
Bhutan	514	0.2	0.3	0.3	0.3	0.4	0.4	0.2	0.2	0.2	0.2	0.3	0.2
Brunei Darussalam	516	2.4	2.3	2.9	3.0	2.4	1.4	2.7	2.7	2.9	2.6	1.8	1.6
Cambodia	522	8.0	10.0	11.2	11.3	11.9	12.3	0.9	1.1	1.5	1.8	2.5	3.0
China,P.R.: Mainland	924	123.3	118.1	121.9	120.2	109.8	118.8	185.8	202.5	220.8	237.1	252.1	261.0
Fiji	819	0.3	0.4	0.7	0.5	0.5	0.6	0.2	0.2	0.3	0.2	0.2	0.2
F.T. French Polynesia	887	0.1	0.1	0.1	0.1	0.2	0.1	0.0	0.0	0.0	0.0	0.0	0.0
F.T. New Caledonia	839	0.3	0.2	0.2	0.3	0.3	0.2	0.1	0.2	0.2	0.4	0.5	0.5
Guam	829	0.0	0.1	0.1	0.0	0.0	0.0	0.1	0.1	0.1	0.1	0.1	0.1
India	534	84.2	83.8	81.6	88.9	90.4	89.5	51.8	47.0	47.7	48.7	43.0	43.9
Indonesia	536	57.0	64.3	67.3	67.2	56.3	55.9	71.9	72.5	71.8	63.8	57.5	58.2
Kiribati	826	0.0	0.1	0.1	0.1	0.1	0.1	0.0	0.0	0.1	0.0	0.1	0.1
Lao People's Dem.Rep	544	3.5	5.0	6.0	6.4	6.1	5.6	2.5	2.6	3.2	3.8	3.5	4.1
Malaysia	548	59.9	70.3	81.7	79.3	72.4	65.7	105.3	104.5	107.3	101.4	94.8	88.8
Maldives	556	0.5	0.4	0.4	0.6	0.6	0.9	0.1	0.1	0.1	0.1	0.1	0.1
Marshall Islands	867	0.0	0.0	0.0	0.0	0.0	1.0	0.0	0.0	0.0	0.0	0.0	0.0

Emerging and Developing Asia (505)

In Billions of U.S. Dollars

		Exports (FOB)						Imports (CIF)					
		2011	2012	2013	2014	2015	2016	2011	2012	2013	2014	2015	2016
Micronesia	868	0.0	0.1	0.0	0.0	0.0	0.1	0.0	0.0	0.0	0.0	0.0	0.1
Mongolia	948	2.8	2.7	2.5	2.3	1.6	1.1	3.7	4.0	3.5	5.1	3.8	3.6
Myanmar	518	9.1	10.6	13.3	16.2	16.2	15.6	7.0	6.8	8.7	20.7	10.3	8.2
Nepal	558	4.0	5.2	5.8	6.8	4.3	5.7	0.6	0.6	0.6	0.7	0.5	0.4
Palau	565	0.0	0.0	0.0	0.0	0.0	0.1	0.0	0.0	0.0	0.0	0.0	0.0
Papua New Guinea	853	1.6	1.9	1.6	1.5	1.9	1.5	1.7	1.2	1.5	1.9	2.7	2.4
Philippines	566	29.0	32.0	35.0	40.8	43.4	51.3	24.6	26.4	24.7	26.9	25.4	24.1
Samoa	862	0.1	0.1	0.1	0.1	0.1	0.1	0.0	0.0	0.0	0.0	0.0	0.0
Solomon Islands	813	0.1	0.1	0.1	0.1	0.2	0.2	0.4	0.5	0.5	0.5	0.6	0.5
Sri Lanka	524	9.5	8.9	9.2	12.0	11.4	9.9	1.4	1.2	1.2	1.2	1.6	1.4
Thailand	578	55.0	63.2	66.5	67.7	69.6	68.1	82.9	84.1	84.5	85.5	84.4	88.4
Timor-Leste	537	0.3	0.4	0.3	0.4	0.4	0.4	0.0	0.0	0.0	0.0	0.0	0.0
Tonga	866	0.1	0.1	0.1	0.1	0.1	0.1	0.0	0.0	0.0	0.0	0.0	0.0
Tuvalu	869	0.0	0.2	0.0	0.1	0.0	0.0	0.0	0.0	0.0	0.0	0.0	0.0
Vanuatu	846	0.2	0.2	0.5	0.2	0.1	0.1	0.2	0.2	0.2	0.1	0.0	0.0
Vietnam	582	47.3	52.3	69.6	86.4	89.4	88.0	23.3	32.0	34.9	38.0	42.6	57.9
Asia n.s.	598	2.4	1.9	1.5	1.6	3.8	3.1	0.4	0.7	0.4	1.2	11.9	28.0
Europe	170	**133.0**	**140.5**	**153.0**	**162.0**	**128.7**	**134.6**	**103.9**	**114.9**	**117.1**	**112.8**	**89.0**	**84.6**
Emerg. & Dev. Europe	903	**55.6**	**54.1**	**58.2**	**65.1**	**62.1**	**62.8**	**15.7**	**17.1**	**19.7**	**20.2**	**18.0**	**19.6**
Albania	914	0.3	0.4	0.4	0.4	0.5	0.6	0.3	0.2	0.4	0.3	0.1	0.1
Bosnia and Herzegovina	963	0.1	0.1	0.1	0.3	0.1	0.1	0.1	0.0	0.1	0.1	0.1	0.0
Bulgaria	918	1.4	1.4	1.5	1.7	1.5	1.5	0.8	1.1	1.4	1.4	1.1	1.2
Croatia	960	1.8	1.5	1.6	1.3	1.2	1.3	0.1	0.2	0.2	0.2	0.3	0.3
Faroe Islands	816	0.0	0.0	0.0	0.0	0.1	0.0	0.0	0.1	0.1	0.1	0.1	0.1
Gibraltar	823	0.3	0.2	0.0	0.6	1.2	1.2	0.0	0.0	0.0	0.0	0.0	0.0
Hungary	944	8.2	6.9	7.0	7.2	6.5	6.9	3.8	3.1	3.4	4.0	3.7	4.3
Macedonia, FYR	962	0.1	0.1	0.1	0.1	0.1	0.1	0.2	0.2	0.1	0.1	0.2	0.1
Montenegro	943	0.1	0.2	0.1	0.2	0.2	0.2	0.0	0.0	0.0	0.1	0.0	0.0
Poland	964	14.0	15.3	15.8	18.1	18.0	18.9	3.4	3.8	4.0	4.6	4.3	4.5
Romania	968	4.3	3.5	3.5	4.1	3.9	4.2	1.6	1.6	1.9	2.1	2.2	3.0
Serbia, Republic of	942	0.4	0.4	0.4	0.4	0.4	0.5	0.1	0.1	0.2	0.1	0.2	0.3
Turkey	186	24.6	24.1	27.5	30.7	28.3	27.3	5.4	6.7	7.8	7.1	5.5	5.7
CIS	901	**77.0**	**86.1**	**94.5**	**96.6**	**66.4**	**71.6**	**88.1**	**97.7**	**97.3**	**92.5**	**70.9**	**64.9**
Armenia	911	0.2	0.2	0.2	0.2	0.2	0.2	0.0	0.0	0.1	0.2	0.2	0.3
Azerbaijan, Rep. of	912	1.0	1.2	1.1	0.9	0.6	0.5	3.2	3.7	4.8	4.3	2.0	1.0
Belarus	913	0.9	1.1	1.0	1.4	0.8	1.2	1.5	1.5	1.4	1.6	1.8	1.0
Georgia	915	1.0	1.0	1.0	1.1	1.0	1.0	0.2	0.2	0.4	0.1	0.2	0.6
Kazakhstan	916	9.9	11.4	12.9	13.1	8.8	8.7	15.5	14.9	16.6	10.7	6.2	5.4
Kyrgyz Republic	917	5.0	5.2	5.2	5.4	4.4	5.9	0.1	0.1	0.1	0.0	0.1	0.1
Moldova	921	0.1	0.1	0.1	0.1	0.1	0.1	0.0	0.0	0.0	0.0	0.1	0.1
Russian Federation	922	45.4	51.1	57.1	61.3	40.7	44.3	54.1	59.9	55.0	56.6	43.7	42.1
Tajikistan	923	2.0	1.8	1.9	2.5	1.8	1.7	0.1	0.2	0.2	0.1	0.1	0.1
Turkmenistan	925	0.9	1.8	1.2	1.1	0.9	0.4	4.9	8.2	9.1	9.8	8.1	5.7
Ukraine	926	9.0	9.3	9.8	6.5	4.5	5.3	7.0	7.3	7.0	6.8	6.6	6.5
Uzbekistan	927	1.5	2.0	2.8	3.0	2.5	2.3	1.4	1.6	2.7	2.3	1.9	2.1
Europe n.s.	884	0.3	0.3	0.3	0.3	0.3	0.3	0.1	0.1	0.1	0.1	0.1	0.1
Mid East, N Africa, Pak	440	**200.4**	**216.3**	**234.5**	**262.1**	**244.2**	**228.4**	**353.0**	**385.9**	**384.3**	**361.1**	**233.4**	**199.4**
Afghanistan, I.R. of	512	1.0	1.2	1.1	1.1	1.1	1.1	0.2	0.2	0.2	0.3	0.3	0.3
Algeria	612	6.2	7.2	8.0	9.3	9.1	9.6	4.3	4.5	4.0	3.3	1.7	1.2
Bahrain, Kingdom of	419	1.8	2.1	2.2	2.1	2.0	1.6	1.5	1.9	1.8	1.3	0.9	0.8
Djibouti	611	1.4	1.7	1.8	1.8	2.6	2.9	0.0	0.0	0.0	0.0	0.0	0.0
Egypt	469	13.6	14.5	14.1	17.2	17.5	15.6	5.1	4.6	4.9	3.5	3.0	2.2
Iran, I.R. of	429	20.6	16.6	21.5	30.5	22.2	20.4	46.2	40.6	35.7	38.9	22.5	23.7
Iraq	433	5.6	7.5	8.8	9.1	9.6	9.2	28.0	31.8	37.8	37.1	24.1	20.7
Jordan	439	3.9	4.6	5.5	5.6	4.6	4.1	2.0	1.8	1.4	1.3	1.5	1.3
Kuwait	443	4.5	4.1	4.6	5.8	6.0	5.4	28.8	34.1	31.9	30.6	17.5	13.3
Lebanon	446	2.0	2.3	3.2	3.3	3.0	2.8	0.2	0.1	0.1	0.1	0.1	0.1
Libya	672	0.9	3.1	3.7	2.7	2.2	1.6	2.5	8.9	3.7	0.9	1.0	0.4
Mauritania	682	0.6	0.7	0.8	1.0	1.0	1.1	1.6	1.5	1.8	1.2	0.8	0.8
Morocco	686	3.8	3.9	4.0	3.6	3.6	4.0	2.3	2.5	1.8	1.8	2.0	1.7

Emerging and Developing Asia (505)

In Billions of U.S. Dollars

		Exports (FOB) 2011	2012	2013	2014	2015	2016	Imports (CIF) 2011	2012	2013	2014	2015	2016
Oman	449	3.3	5.5	6.1	5.6	5.2	5.8	23.2	22.2	27.6	28.1	18.1	13.8
Pakistan	564	14.9	15.5	17.7	20.0	23.1	24.2	4.4	5.5	5.3	4.9	4.5	4.0
Qatar	453	2.5	2.6	3.1	4.5	4.0	2.9	21.4	30.2	31.1	31.8	19.5	15.8
Saudi Arabia	456	25.8	33.7	37.0	40.7	35.3	30.0	98.8	110.3	112.1	103.4	65.6	55.3
Somalia	726	0.3	0.3	0.4	0.7	0.8	1.0	0.0	0.0	0.1	0.1	0.0	0.0
Sudan	732	3.0	3.3	3.6	3.1	3.7	3.2	10.1	2.2	2.5	2.2	0.9	0.7
Syrian Arab Republic	463	3.6	1.9	1.1	1.5	1.4	1.3	0.2	0.2	0.0	0.1	0.0	0.0
Tunisia	744	1.8	2.0	1.8	1.8	1.7	1.9	0.5	0.6	0.5	0.6	0.5	0.5
United Arab Emirates	466	75.9	77.4	79.0	87.1	82.1	76.2	66.3	76.0	74.4	64.9	47.8	42.5
West Bank and Gaza	487	0.0	0.0	0.1	0.1	0.1	0.1	0.0	0.0	0.0	0.0	0.0	0.0
Yemen, Republic of	474	2.2	3.5	4.1	3.9	2.2	2.5	5.4	6.2	5.8	4.9	1.1	0.2
Middle East n.s.	489	1.1	1.0	1.1	0.0	—	—	....	....	....	....	....	....
Sub-Saharan Africa	603	**88.4**	**98.5**	**107.7**	**122.5**	**112.8**	**95.3**	**118.4**	**145.2**	**150.4**	**156.3**	**90.6**	**85.3**
Angola	614	4.0	5.2	5.5	7.7	4.9	2.3	31.0	41.6	38.6	37.2	20.0	16.2
Benin	638	4.1	3.5	4.9	5.2	4.2	3.4	0.5	0.6	0.4	0.6	0.6	0.5
Botswana	616	0.7	0.2	0.2	0.2	0.3	0.3	0.2	0.2	0.4	1.3	0.8	1.1
Burkina Faso	748	0.2	0.2	0.3	0.3	0.3	0.3	0.4	0.3	0.4	0.4	0.6	0.4
Burundi	618	0.1	0.1	0.1	0.1	0.1	0.1	0.0	0.0	0.0	0.0	0.0	0.0
Cabo Verde	624	0.1	0.1	0.1	0.1	0.1	0.1	0.0	0.0	0.0	0.0	0.0	0.0
Cameroon	622	1.3	1.6	2.1	2.5	2.3	2.1	1.2	1.6	0.8	1.6	1.8	1.2
Central African Rep.	626	0.0	0.0	0.0	0.0	0.0	0.0	0.0	0.1	0.1	0.0	0.0	0.0
Chad	628	0.1	0.2	0.4	0.4	0.2	0.1	0.3	0.3	0.3	0.2	0.5	0.3
Comoros	632	0.0	0.0	0.1	0.1	0.1	0.1	0.0	0.0	0.0	0.0	0.0	0.0
Congo, Dem. Rep. of	636	0.8	1.0	1.2	1.6	1.8	1.3	3.2	3.5	2.8	3.1	2.8	2.3
Congo, Republic of	634	1.1	1.0	1.2	1.4	1.4	1.1	5.0	5.5	6.2	6.2	3.3	2.8
Côte d'Ivoire	662	1.4	2.1	2.0	2.2	2.5	2.6	1.2	1.1	1.3	1.5	1.6	1.4
Equatorial Guinea	642	0.3	0.4	0.4	0.4	0.3	0.2	1.7	2.3	3.0	3.9	1.7	1.6
Eritrea	643	0.2	0.1	0.2	0.1	0.2	0.1	0.0	0.0	0.1	0.5	0.4	0.2
Ethiopia	644	1.5	2.3	2.9	3.9	4.4	4.3	0.3	0.4	0.4	0.6	0.5	0.5
Gabon	646	0.4	0.6	0.6	0.6	0.8	0.6	1.6	1.6	1.9	2.5	1.4	1.6
Gambia, The	648	0.4	0.4	0.5	0.6	0.5	0.4	0.1	0.1	0.1	0.1	0.1	0.1
Ghana	652	4.9	6.5	5.8	5.7	6.7	6.4	1.1	1.3	1.2	2.4	4.9	3.1
Guinea	656	0.9	1.0	1.2	1.5	1.7	1.6	0.2	0.2	0.8	0.6	0.6	1.0
Guinea-Bissau	654	0.0	0.0	0.0	0.0	0.0	0.1	0.3	0.1	0.1	0.2	0.2	0.2
Kenya	664	5.1	7.2	7.6	10.6	9.8	8.8	0.3	0.2	0.2	0.2	0.3	0.3
Lesotho	666	0.1	0.1	0.1	0.1	0.1	0.1	0.0	0.0	0.0	0.0	0.0	0.0
Liberia	668	5.1	3.7	2.6	2.2	2.3	2.0	0.1	0.3	0.2	0.4	0.3	0.1
Madagascar	674	0.8	0.9	1.0	1.1	1.2	1.3	0.5	0.3	0.2	0.2	0.3	0.4
Malawi	676	0.3	0.4	0.4	0.4	0.5	0.5	0.1	0.1	0.1	0.1	0.1	0.1
Mali	678	0.4	0.4	0.4	0.4	0.4	0.5	0.3	0.5	0.4	0.3	0.5	0.5
Mauritius	684	2.1	2.3	1.8	2.5	2.1	1.7	0.1	0.1	0.1	0.1	0.2	0.2
Mozambique	688	1.6	2.2	2.9	4.3	3.8	2.7	0.4	0.7	0.8	2.0	0.9	0.9
Namibia	728	0.4	0.5	1.0	0.7	0.6	0.4	0.3	0.3	0.3	0.4	0.3	0.2
Niger	692	0.3	0.3	0.3	0.4	0.3	0.2	0.0	0.1	0.0	0.1	0.1	0.1
Nigeria	694	14.1	13.9	16.2	20.4	17.8	13.5	17.4	18.1	18.4	22.9	13.1	9.7
Rwanda	714	0.1	0.2	0.2	0.3	0.3	0.2	0.2	0.1	0.2	0.2	0.1	0.1
Senegal	722	1.4	1.6	1.8	2.5	3.1	3.1	0.5	0.2	0.2	0.3	0.4	0.5
Seychelles	718	0.1	0.1	0.1	0.1	0.1	0.2	0.0	0.0	0.0	0.0	0.0	0.0
Sierra Leone	724	0.4	0.5	0.4	0.3	0.5	0.4	0.0	0.5	1.4	1.8	0.2	0.3
South Africa	199	24.5	26.7	28.0	26.9	24.4	21.0	45.0	57.2	60.0	53.3	23.8	29.7
South Sudan, Rep. of	733	0.0	0.0	0.1	0.1	0.2	0.0	....	0.0	2.5	4.3	2.3	1.4
Swaziland	734	0.1	0.1	0.1	0.1	0.1	0.1	0.1	0.2	0.2	0.2	0.1	0.1
Tanzania	738	4.0	4.2	6.9	8.0	6.6	6.1	0.9	1.0	1.5	1.5	1.7	1.6
Togo	742	2.6	4.1	3.4	3.6	3.1	2.6	0.3	0.3	0.3	0.4	0.5	0.3
Uganda	746	0.8	1.0	1.0	1.1	1.2	1.4	0.1	0.1	0.1	0.2	0.2	0.2
Zambia	754	0.8	1.0	1.1	1.1	0.9	0.8	3.0	3.1	3.6	3.5	2.6	3.1
Zimbabwe	698	0.6	0.6	0.6	0.6	0.8	0.5	0.6	0.8	0.8	0.9	0.9	0.9
Africa n.s.	799	0.1	0.1	0.1	0.0	0.0	0.1	0.0	0.0	0.1	0.1	0.0	0.0
Western Hemisphere	205	**152.4**	**168.4**	**165.4**	**170.6**	**162.6**	**145.4**	**154.2**	**174.0**	**182.3**	**184.8**	**146.4**	**143.1**
Antigua and Barbuda	311	0.7	0.8	0.3	0.3	0.1	0.2	0.0	0.0	0.0	0.0	0.0	0.0

Emerging and Developing Asia (505)

In Billions of U.S. Dollars

		Exports (FOB)						Imports (CIF)					
		2011	2012	2013	2014	2015	2016	2011	2012	2013	2014	2015	2016
Argentina	213	10.5	10.2	11.2	9.6	11.0	10.0	12.3	13.0	13.6	13.5	13.7	16.2
Aruba	314	0.0	0.0	0.0	0.1	0.1	0.0	0.0	0.0	0.1	0.2	0.0	0.0
Bahamas, The	313	3.0	3.0	1.2	0.9	1.7	0.4	0.1	0.2	0.1	0.7	0.1	0.3
Barbados	316	0.2	0.1	0.1	0.1	0.1	0.1	0.0	0.0	0.0	0.0	0.0	0.0
Belize	339	0.1	0.1	0.2	0.1	0.1	0.1	0.0	0.0	0.0	0.0	0.0	0.0
Bermuda	319	0.4	0.2	0.2	0.2	0.4	0.2	0.0	0.1	0.3	0.0	0.0	0.1
Bolivia	218	0.4	0.5	0.7	0.9	0.7	0.8	0.3	0.3	0.3	0.5	0.7	0.5
Brazil	223	43.2	45.4	48.0	48.2	35.8	29.3	64.6	66.2	66.1	66.8	58.7	59.1
Chile	228	12.4	14.4	15.0	15.3	15.7	15.3	23.8	24.3	25.4	25.4	22.0	20.5
Colombia	233	7.4	7.9	8.5	10.0	9.4	8.4	3.4	5.3	8.4	11.2	4.6	3.1
Costa Rica	238	1.1	1.2	1.2	1.4	1.7	2.0	5.4	6.8	6.9	7.9	1.0	0.8
Curaçao	354	0.1	0.1	0.1	0.1	0.1	0.1	0.0	0.0	0.0	0.0	0.0	0.0
Dominican Republic	243	1.3	1.3	1.3	1.6	2.0	2.1	0.4	0.5	0.4	0.4	0.8	0.8
Ecuador	248	2.8	3.3	3.7	4.1	3.5	2.8	0.8	1.9	1.3	2.2	2.0	1.3
El Salvador	253	0.6	1.6	0.8	0.7	0.9	0.9	0.1	0.0	0.1	0.0	0.1	0.1
Greenland	326	0.0	0.0	0.0	0.0	0.0	0.0	0.1	0.1	0.1	0.1	0.1	0.1
Guatemala	258	1.6	1.7	1.9	2.3	2.6	2.4	0.1	0.1	0.2	0.1	0.3	0.2
Guyana	336	0.2	0.2	0.2	0.2	0.2	0.2	0.0	0.0	0.0	0.1	0.1	0.0
Haiti	263	0.5	0.4	0.5	0.6	0.7	0.7	0.0	0.0	0.0	0.0	0.0	0.0
Honduras	268	0.6	1.3	1.0	1.0	1.2	1.0	0.2	0.3	0.3	0.2	0.1	0.1
Jamaica	343	0.5	0.9	0.7	0.6	0.8	0.7	0.0	0.0	0.0	0.1	0.0	0.0
Mexico	273	30.2	34.1	36.0	41.3	44.0	43.8	13.0	14.4	16.4	16.1	14.6	14.5
Netherlands Antilles	353	0.4	0.4	0.3	0.2	0.2	0.1	0.1	0.0	0.0	0.2	0.0	0.1
Nicaragua	278	0.5	0.6	0.7	0.7	0.9	0.9	0.0	0.1	0.1	0.0	0.0	0.0
Panama	283	15.7	16.4	12.0	10.4	9.6	7.4	0.5	0.7	0.3	0.6	0.6	0.3
Paraguay	288	1.4	1.5	1.5	1.6	1.5	1.4	0.2	0.2	0.3	0.5	0.4	0.5
Peru	293	5.9	6.8	7.8	7.9	8.1	7.8	8.9	9.5	9.5	9.2	9.2	10.7
St. Vincent & Grens.	364	0.1	0.0	0.0	0.0	0.0	0.0	0.0	0.0	0.0	0.0	0.0	0.0
Suriname	366	0.2	0.3	0.2	0.2	0.3	0.2	0.0	0.0	0.0	0.1	0.3	0.1
Trinidad and Tobago	369	0.8	0.5	0.6	0.7	0.8	0.6	0.6	0.2	0.2	0.2	0.1	0.4
Uruguay	298	2.3	2.8	2.6	2.8	2.3	2.1	1.6	2.1	2.7	2.9	2.8	2.3
Venezuela, Rep. Bol.	299	7.1	10.0	6.5	6.0	5.6	2.8	17.7	27.2	28.6	25.4	14.1	10.8
Western Hem. n.s.	399	0.2	0.4	0.1	0.2	0.5	0.3	0.0	0.0	0.4	0.0	0.0	0.1
Other Countries n.i.e	910	**4.8**	**5.0**	**5.4**	**4.9**	**5.2**	**5.2**	**3.8**	**3.4**	**3.6**	**3.4**	**3.0**	**3.1**
Cuba	928	1.4	1.2	1.4	1.1	2.0	1.9	0.9	0.6	0.5	0.4	0.3	0.3
Korea, Dem. People's Rep.	954	3.5	3.8	4.0	3.8	3.2	3.3	2.9	2.8	3.1	3.0	2.7	2.8
Special Categories	899	**3.3**	**3.5**	**4.2**	**4.7**	**5.2**	**6.4**	**124.8**	**145.3**	**159.8**	**147.3**	**148.1**	**132.4**
Countries & Areas n.s.	898	**18.2**	**6.9**	**13.6**	**4.7**	**3.5**	**3.0**	**20.6**	**25.1**	**28.0**	**33.4**	**14.6**	**15.3**
Memorandum Items													
Africa	605	105.5	117.5	128.1	143.8	135.2	119.0	137.2	156.5	158.5	161.2	94.2	88.7
Middle East	405	167.4	180.6	195.3	219.6	197.4	179.5	329.7	368.9	368.2	346.8	222.6	190.3
European Union	998	522.7	489.3	501.0	541.8	518.8	510.1	338.8	345.3	354.4	370.6	327.8	324.1
Export earnings: fuel	080	248.0	274.9	298.1	333.7	279.3	254.1	486.6	560.3	563.6	545.9	345.2	293.4
Export earnings: nonfuel	092	2,832.8	2,960.7	3,129.0	3,260.5	3,134.0	3,022.2	2,597.8	2,675.9	2,813.7	2,805.1	2,542.6	2,572.1

2017, International Monetary Fund: *Direction of Trade Statistics Yearbook*

Europe (170)
In Billions of U.S. Dollars

		Exports (FOB)						Imports (CIF)					
		2011	2012	2013	2014	2015	2016	2011	2012	2013	2014	2015	2016
IFS World		1,461.4	1,475.1	1,488.2	1,485.0	1,161.8	1,094.6	1,414.3	1,410.7	1,454.7	1,407.1	1,108.2	1,110.0
World	001	1,310.4	1,344.0	1,365.3	1,349.6	1,057.7	992.1	1,264.8	1,269.8	1,301.3	1,254.2	998.9	993.2
Advanced Economies	110	733.9	768.8	803.1	818.8	648.3	604.7	654.4	676.2	706.5	691.6	557.6	565.9
Euro Area	163	528.6	551.9	575.1	584.7	453.2	422.4	453.9	455.2	478.8	476.3	392.2	400.0
Austria	122	19.4	21.0	20.4	19.6	15.5	15.1	24.5	24.2	26.2	27.1	21.8	21.0
Belgium	124	16.9	18.0	19.9	23.2	18.3	17.7	21.0	21.8	24.2	24.3	18.3	19.5
Cyprus	423	2.4	3.3	2.8	1.7	1.1	0.8	0.8	0.7	0.8	0.8	0.6	0.4
Estonia	939	4.8	6.0	5.9	5.9	4.0	4.0	1.8	1.6	1.6	2.5	1.3	1.5
Finland	172	14.7	15.0	16.7	15.2	9.9	9.4	10.9	9.9	10.0	9.4	6.6	6.2
France	132	51.4	46.6	46.0	45.4	37.7	36.4	42.6	44.5	45.1	44.0	35.5	38.4
Germany	134	139.8	145.4	157.4	170.9	146.0	147.0	174.8	173.6	183.3	183.7	155.8	159.6
Greece	174	11.0	13.3	14.2	12.5	9.8	9.6	9.6	10.6	11.9	11.3	7.4	6.8
Ireland	178	1.4	1.8	1.9	2.1	2.0	2.1	4.8	5.1	5.3	5.3	5.1	5.4
Italy	136	96.1	91.8	101.8	101.5	72.3	61.8	69.0	66.8	69.4	68.4	56.7	56.0
Latvia	941	11.9	14.5	13.7	16.3	10.0	7.3	1.7	1.8	2.0	2.0	1.5	1.6
Lithuania	946	10.5	10.7	11.7	10.4	7.8	7.4	4.6	4.7	5.2	5.2	3.7	3.7
Luxembourg	137	0.9	0.6	0.6	0.6	0.6	0.6	1.4	1.3	1.4	1.3	1.2	1.1
Malta	181	3.4	3.6	5.5	4.7	4.1	3.5	0.6	0.5	0.3	0.4	0.2	0.3
Netherlands	138	92.3	110.0	102.3	98.6	66.1	52.9	35.5	33.9	33.7	33.8	29.1	30.2
Portugal	182	3.8	4.0	4.4	4.1	3.7	3.8	2.6	2.9	3.2	3.3	2.6	2.7
Slovak Republic	936	19.7	20.1	20.4	19.6	16.7	15.5	16.5	18.9	20.4	19.2	16.1	16.5
Slovenia	961	5.4	5.2	5.6	6.2	5.7	6.3	7.8	7.3	8.4	9.3	8.0	8.2
Spain	184	23.0	21.1	23.9	26.0	22.0	21.2	23.4	25.2	26.4	24.9	20.9	20.9
Australia	193	1.3	1.4	1.4	1.7	1.6	1.7	2.2	2.2	2.8	1.9	1.9	1.7
Canada	156	5.8	6.4	5.9	4.6	3.5	3.5	4.3	4.7	4.6	3.8	2.9	4.5
China,P.R.: Hong Kong	532	1.9	2.8	4.5	2.8	2.1	2.1	0.6	0.6	0.7	0.8	0.7	0.7
Czech Republic	935	23.8	24.7	27.2	28.8	25.1	24.9	22.9	24.8	26.8	27.2	22.1	23.3
Denmark	128	7.8	7.5	7.6	9.3	7.7	7.5	8.3	7.7	8.6	8.2	6.4	6.5
Iceland	176	0.1	0.1	0.1	0.2	0.2	0.3	0.5	0.5	0.5	0.5	0.3	0.4
Israel	436	7.2	9.3	8.9	10.5	7.3	7.4	4.8	4.6	5.5	5.6	3.7	3.2
Japan	158	17.3	19.0	22.9	22.8	17.5	12.0	18.3	26.2	23.8	20.5	15.6	16.6
Korea, Republic of	542	16.4	16.8	17.8	21.6	16.7	12.6	25.4	27.6	26.4	26.8	19.5	19.0
New Zealand	196	0.2	0.2	0.6	0.7	0.7	0.4	0.4	0.4	0.5	0.5	0.3	0.4
Norway	142	6.5	5.7	6.9	6.6	5.0	4.5	6.3	6.1	7.4	5.5	4.3	3.4
San Marino	135	0.1	0.1	0.1	0.1	0.1	0.1	0.0	0.0	0.0	0.0	0.0	0.0
Singapore	576	4.9	3.5	4.1	8.1	4.6	3.4	1.8	2.8	2.7	2.3	2.4	2.1
Sweden	144	14.0	14.4	13.4	14.8	11.5	11.9	14.1	14.5	14.5	14.1	11.0	11.0
Switzerland	146	20.4	22.6	20.2	17.8	17.3	15.8	13.0	12.6	17.6	13.3	8.5	8.8
Taiwan Prov.of China	528	2.8	4.6	5.7	5.0	3.3	3.8	6.9	6.9	6.6	6.3	5.6	5.5
United Kingdom	112	41.7	47.3	51.1	48.8	43.8	42.9	26.2	28.4	30.2	29.4	23.0	22.6
United States	111	33.3	30.5	29.6	29.8	27.1	27.6	44.7	50.4	48.6	48.6	37.2	36.4
Emerg. & Dev. Economies	200	485.5	570.6	557.5	526.4	405.2	383.1	552.1	578.3	577.4	545.5	428.5	417.5
Emerg. & Dev. Asia	505	88.0	102.7	106.0	100.7	76.7	73.3	151.7	160.4	169.9	168.7	141.9	149.2
Bangladesh	513	1.1	1.3	1.5	1.5	2.2	2.2	1.5	1.6	2.1	2.2	2.1	2.2
Cambodia	522	0.0	0.0	0.0	0.0	0.0	0.0	0.1	0.2	0.3	0.3	0.3	0.4
China,P.R.: Mainland	924	64.2	71.9	73.4	70.5	53.9	49.4	115.2	123.9	131.2	128.3	106.4	111.1
F.T. French Polynesia	887	0.0	0.0	0.0	0.0	0.0	0.0	0.1	0.1	0.1	0.1	0.1	0.1
Guam	829	0.0	0.1	0.0	0.0	0.0	0.0	0.0	0.0	0.0	0.0	0.0	0.0
India	534	9.0	14.4	12.3	12.0	9.6	10.3	13.6	13.3	13.8	14.9	12.8	13.5
Indonesia	536	2.8	4.1	5.1	3.8	1.8	1.5	5.1	4.8	5.1	5.0	4.3	4.8
Malaysia	548	1.9	1.5	2.3	2.8	1.6	1.8	4.7	4.4	4.1	4.4	4.4	4.6
Marshall Islands	867	0.1	0.2	0.2	0.2	0.4	1.1	0.2	0.2	0.1	0.2	0.2	0.0
Mongolia	948	1.7	2.2	1.9	1.7	1.3	1.1	0.1	0.1	0.0	0.0	0.0	0.0
Myanmar	518	0.3	0.2	0.1	0.1	0.2	0.3	0.1	0.1	0.0	0.1	0.0	0.0
Nepal	558	0.0	0.0	0.0	0.0	0.1	0.0	0.0	0.0	0.0	0.0	0.0	0.0
Philippines	566	1.4	1.5	1.7	1.5	0.7	0.5	1.0	1.1	1.1	0.9	0.8	0.9
Sri Lanka	524	0.3	0.3	0.5	0.3	0.3	0.3	0.7	0.7	0.7	0.7	0.6	0.6
Thailand	578	3.2	2.6	3.9	3.4	1.7	1.7	5.0	5.2	5.4	5.5	4.3	4.3
Vanuatu	846	0.1	0.0	0.1	0.2	0.0	0.0	0.1	0.0	0.0	0.0	0.0	0.0
Vietnam	582	1.4	2.0	2.4	2.3	2.6	2.6	3.9	4.7	5.7	5.8	5.3	5.9

Europe (170)
In Billions of U.S. Dollars

		Exports (FOB)						Imports (CIF)					
		2011	2012	2013	2014	2015	2016	2011	2012	2013	2014	2015	2016
Asia n.s.	598	0.2	0.2	0.3	0.3	0.2	0.1	0.1	0.1	0.1	0.1	0.1	0.7
Europe	**170**	**306.0**	**354.7**	**347.9**	**319.1**	**236.8**	**220.0**	**339.5**	**357.6**	**344.6**	**317.5**	**238.1**	**219.2**
Emerg. & Dev. Europe	**903**	**146.9**	**154.9**	**152.3**	**150.4**	**122.5**	**118.1**	**106.2**	**106.4**	**114.3**	**115.2**	**95.3**	**96.3**
Albania	914	1.0	1.0	1.0	1.0	0.9	1.0	0.4	0.3	0.3	0.4	0.3	0.4
Bosnia and Herzegovina	963	4.5	4.5	4.6	4.8	3.8	3.7	2.3	2.0	2.1	2.1	1.9	2.1
Bulgaria	918	11.5	12.3	10.5	9.9	9.3	10.7	9.1	9.1	8.8	8.8	7.3	7.5
Croatia	960	5.5	4.9	5.7	6.1	5.1	4.8	3.9	3.8	3.5	3.7	3.2	3.2
Faroe Islands	816	0.0	0.0	0.0	0.0	0.1	0.1	0.1	0.1	0.2	0.2	0.3	0.4
Gibraltar	823	1.4	1.6	1.4	1.5	0.8	0.5	0.0	0.0	0.1	0.1	0.0	0.1
Hungary	944	18.3	17.6	18.4	18.3	14.7	14.9	20.2	18.9	19.8	20.0	17.8	17.5
Kosovo	967	0.9	0.8	0.9	0.9	0.8	1.0	0.1	0.1	0.1	0.1	0.1	0.1
Macedonia, FYR	962	2.2	1.9	2.0	2.2	2.0	2.3	1.6	1.3	1.4	1.5	1.5	1.5
Montenegro	943	1.5	1.4	1.4	1.4	1.2	1.3	0.3	0.3	0.3	0.3	0.2	0.2
Poland	964	35.0	33.3	32.7	29.9	22.3	23.0	24.7	26.2	29.5	28.3	22.6	24.2
Romania	968	21.5	20.8	20.3	21.9	19.1	19.4	15.9	14.3	15.6	16.4	12.6	12.5
Serbia, Republic of	942	7.1	6.8	7.1	7.7	6.6	6.3	5.8	5.8	6.5	7.0	6.1	6.5
Turkey	186	36.3	47.8	46.4	44.8	35.7	29.0	21.9	24.0	26.2	26.2	21.3	19.9
CIS	**901**	**158.1**	**198.9**	**194.5**	**167.5**	**113.2**	**101.0**	**232.9**	**250.9**	**230.1**	**202.2**	**142.6**	**122.7**
Armenia	911	1.0	1.5	1.6	1.7	1.5	1.3	0.3	0.4	0.6	0.6	0.5	0.7
Azerbaijan, Rep. of	912	5.8	7.8	8.5	8.3	5.4	3.7	3.9	2.4	2.2	2.3	1.9	1.9
Belarus	913	16.6	30.2	25.6	24.5	18.1	17.1	14.4	21.5	20.5	18.5	13.3	14.2
Georgia	915	3.8	4.2	4.2	4.3	3.5	3.6	1.1	1.0	1.3	1.4	1.1	1.0
Kazakhstan	916	12.2	22.4	24.4	19.4	14.6	12.4	14.1	20.6	15.6	17.3	11.0	9.4
Kyrgyz Republic	917	2.4	3.1	3.5	3.2	2.4	2.0	0.8	0.9	0.7	0.7	0.5	0.7
Moldova	921	3.0	4.2	4.4	4.5	3.1	2.9	1.5	1.6	1.6	1.6	1.4	1.3
Russian Federation	922	67.0	67.8	66.9	56.6	35.7	32.5	152.7	160.7	148.9	129.0	92.1	75.1
Tajikistan	923	1.5	1.8	1.8	2.1	1.6	1.5	0.5	0.5	0.5	0.4	0.4	0.4
Turkmenistan	925	3.2	3.8	4.5	4.6	3.4	2.4	1.6	1.0	1.3	1.0	0.9	1.3
Ukraine	926	37.3	47.0	43.5	32.6	19.7	17.6	38.2	36.9	33.4	26.2	16.9	14.3
Uzbekistan	927	4.2	5.1	5.4	5.7	4.3	4.0	3.9	3.4	3.5	3.2	2.5	2.5
Europe n.s.	884	1.0	1.0	1.1	1.2	1.0	0.9	0.4	0.2	0.2	0.2	0.1	0.3
Mid East, N Africa, Pak	**440**	**66.7**	**86.8**	**75.6**	**80.7**	**69.6**	**69.9**	**29.3**	**30.7**	**31.4**	**29.7**	**23.0**	**24.5**
Afghanistan, I.R. of	512	2.8	2.0	1.5	1.9	1.9	1.7	0.1	0.1	0.1	0.1	0.1	0.1
Algeria	612	3.4	6.0	4.9	4.9	5.1	6.2	1.3	1.2	1.0	1.0	0.9	0.6
Bahrain, Kingdom of	419	0.2	0.3	0.3	0.3	0.3	0.3	0.1	0.2	0.2	0.3	0.1	0.1
Djibouti	611	0.2	0.2	0.1	0.3	0.3	0.2	0.0	0.0	0.0	0.0	0.0	0.0
Egypt	469	7.6	11.1	10.0	13.1	11.1	10.6	2.4	2.2	2.6	2.7	2.2	2.7
Iran, I.R. of	429	10.3	14.6	7.4	7.6	6.6	9.1	13.8	13.3	11.8	11.2	7.1	6.1
Iraq	433	9.6	13.0	14.0	14.0	11.6	9.3	0.1	0.3	0.5	0.8	1.6	1.8
Jordan	439	1.5	2.0	1.8	2.3	1.7	1.6	0.2	0.3	0.2	0.3	0.3	0.2
Kuwait	443	0.5	0.5	0.5	0.6	1.1	1.1	0.3	0.3	0.3	0.2	0.2	0.1
Lebanon	446	2.9	3.0	2.4	2.7	2.4	2.3	0.4	0.2	0.2	0.2	0.1	0.2
Libya	672	1.0	3.2	4.3	3.1	2.2	1.6	0.2	0.4	0.5	0.5	0.3	0.3
Mauritania	682	0.1	0.2	0.2	0.2	0.2	0.1	0.1	0.0	0.0	0.0	0.0	0.0
Morocco	686	3.4	3.5	3.6	3.9	3.1	3.5	1.4	1.5	1.7	1.7	1.9	2.0
Oman	449	0.4	0.6	0.7	0.8	0.6	0.5	0.1	0.2	0.2	0.2	0.1	0.1
Pakistan	564	1.0	0.9	1.1	1.2	0.7	0.9	1.6	1.2	1.2	1.2	1.0	0.9
Qatar	453	0.3	0.4	0.4	0.6	0.6	0.7	0.6	0.6	0.5	0.6	0.4	0.7
Saudi Arabia	456	5.6	6.9	6.0	6.4	6.5	5.7	2.7	3.1	2.8	3.2	2.8	3.0
Somalia	726	0.0	0.0	0.1	0.1	0.1	0.1	0.0	0.0	0.0	0.0	0.0	0.0
Sudan	732	0.5	0.6	0.5	0.8	0.7	0.8	0.0	0.1	0.1	0.1	0.0	0.1
Syrian Arab Republic	463	4.0	1.9	2.1	2.8	2.1	1.7	0.7	0.2	0.2	0.2	0.1	0.1
Tunisia	744	2.7	2.5	2.4	2.8	2.3	2.2	0.7	0.6	0.7	0.6	0.6	0.7
United Arab Emirates	466	7.9	12.3	10.5	9.4	7.9	8.9	2.6	4.7	6.8	4.5	3.1	4.7
West Bank and Gaza	487	0.1	0.1	0.1	0.1	0.1	0.1	0.0	0.0	0.0	0.0	0.0	0.0
Yemen, Republic of	474	0.5	0.9	0.9	1.0	0.6	0.7	0.0	0.0	0.0	0.0	0.0	0.0
Sub-Saharan Africa	**603**	**9.2**	**9.8**	**10.1**	**9.4**	**8.9**	**8.2**	**7.2**	**6.4**	**6.7**	**6.5**	**6.0**	**5.9**
Angola	614	0.3	0.4	0.5	0.5	0.5	0.8	0.0	0.0	0.0	0.0	0.0	0.0
Benin	638	0.3	0.2	0.2	0.2	0.1	0.1	0.0	0.0	0.0	0.0	0.0	0.0
Burkina Faso	748	0.0	0.0	0.0	0.0	0.1	0.1	0.1	0.2	0.0	0.0	0.0	0.1

Europe (170)

In Billions of U.S. Dollars

		Exports (FOB)						Imports (CIF)					
		2011	2012	2013	2014	2015	2016	2011	2012	2013	2014	2015	2016
Cameroon	622	0.2	0.2	0.2	0.2	0.2	0.2	0.1	0.1	0.1	0.1	0.1	0.1
Congo, Dem. Rep. of	636	0.0	0.1	0.1	0.1	0.1	0.1	0.0	0.1	0.1	0.2	0.1	0.1
Congo, Republic of	634	0.1	0.1	0.2	0.2	0.2	0.2	0.0	0.0	0.0	0.1	0.0	0.0
Côte d'Ivoire	662	0.2	0.2	0.3	0.2	0.3	0.3	0.7	0.6	0.6	0.8	0.7	0.7
Equatorial Guinea	642	0.1	0.1	0.1	0.1	0.1	0.0	0.0	0.0	0.0	0.0	0.0	0.0
Ethiopia	644	0.4	0.7	0.6	0.6	0.7	0.8	0.1	0.1	0.1	0.1	0.1	0.1
Gabon	646	0.1	0.1	0.1	0.1	0.1	0.1	0.1	0.0	0.0	0.0	0.0	0.1
Ghana	652	0.5	0.6	0.4	0.3	0.5	0.6	0.8	0.7	0.5	0.5	0.5	0.5
Guinea	656	0.1	0.1	0.2	0.1	0.1	0.1	0.3	0.2	0.2	0.1	0.1	0.1
Kenya	664	0.5	0.4	0.6	0.6	0.5	0.4	0.2	0.2	0.3	0.3	0.3	0.3
Liberia	668	0.5	0.5	0.5	0.2	0.4	0.3	0.1	0.2	0.4	0.2	0.3	0.2
Madagascar	674	0.1	0.1	0.1	0.1	0.1	0.1	0.0	0.0	0.0	0.0	0.0	0.0
Malawi	676	0.0	0.0	0.0	0.0	0.0	0.0	0.1	0.2	0.1	0.2	0.1	0.1
Mali	678	0.1	0.1	0.1	0.1	0.1	0.1	0.0	0.0	0.0	0.0	0.0	0.0
Mauritius	684	0.1	0.0	0.1	0.1	0.0	0.1	0.0	0.0	0.0	0.0	0.0	0.0
Mozambique	688	0.2	0.1	0.2	0.2	0.2	0.1	0.1	0.3	0.2	0.2	0.2	0.2
Namibia	728	0.2	0.3	0.2	0.2	0.3	0.1	0.1	0.0	0.0	0.0	0.0	0.0
Niger	692	0.0	0.0	0.1	0.1	0.0	0.0	0.1	0.0	0.0	0.0	0.0	0.0
Nigeria	694	1.3	1.3	1.4	1.5	1.1	0.9	0.4	0.3	0.3	0.3	0.3	0.3
Rwanda	714	0.0	0.0	0.0	0.1	0.1	0.0	0.0	0.0	0.0	0.0	0.0	0.0
Senegal	722	0.4	0.4	0.3	0.4	0.3	0.4	0.0	0.0	0.0	0.0	0.0	0.0
Sierra Leone	724	0.0	0.1	0.1	0.1	0.1	0.1	0.1	0.1	0.1	0.1	0.1	0.1
South Africa	199	2.5	2.5	2.6	2.2	1.9	1.7	2.9	2.5	2.8	2.4	2.3	2.3
Swaziland	734	0.0	0.0	0.0	0.0	0.0	0.0	0.0	0.1	0.0	0.1	0.0	0.0
Tanzania	738	0.3	0.3	0.3	0.3	0.3	0.3	0.1	0.1	0.2	0.2	0.2	0.1
Togo	742	0.1	0.5	0.4	0.3	0.2	0.1	0.1	0.1	0.1	0.1	0.1	0.0
Uganda	746	0.3	0.2	0.1	0.2	0.1	0.1	0.1	0.1	0.1	0.1	0.1	0.1
Zambia	754	0.0	0.0	0.0	0.0	0.1	0.0	0.2	0.0	0.0	0.0	0.0	0.0
Zimbabwe	698	0.0	0.0	0.0	0.1	0.0	0.0	0.1	0.2	0.1	0.1	0.1	0.1
Western Hemisphere	205	**15.7**	**16.7**	**17.8**	**16.4**	**13.1**	**11.7**	**24.4**	**23.2**	**24.9**	**23.1**	**19.5**	**18.7**
Antigua and Barbuda	311	0.1	0.1	0.2	0.2	0.1	0.2	0.1	0.1	0.2	0.1	0.1	0.1
Argentina	213	1.3	0.8	0.9	0.6	0.4	0.5	2.7	2.9	2.8	2.7	2.0	2.1
Bahamas, The	313	0.3	0.2	0.3	0.5	0.9	0.3	0.4	0.3	0.5	0.6	0.8	0.3
Barbados	316	0.6	0.0	0.1	0.1	0.0	0.0	0.0	0.0	0.0	0.1	0.0	0.0
Belize	339	0.1	0.3	0.2	0.1	0.1	0.0	0.0	0.0	0.0	0.0	0.0	0.0
Bermuda	319	0.2	0.0	0.0	0.0	0.0	0.0	0.0	0.0	0.0	0.0	0.0	0.0
Brazil	223	5.7	5.7	5.1	5.3	3.9	3.4	10.4	8.6	8.3	8.7	7.1	6.7
Chile	228	0.3	0.4	0.4	0.4	0.5	0.5	1.3	1.2	1.5	1.5	1.2	1.1
Colombia	233	0.6	0.8	0.7	0.8	0.7	0.8	1.1	1.2	1.0	1.1	1.1	1.4
Costa Rica	238	0.1	0.1	0.1	0.2	0.1	0.1	0.3	0.4	0.3	0.3	0.2	0.2
Dominican Republic	243	0.1	0.1	0.1	0.2	0.2	0.1	0.0	0.0	0.1	0.1	0.0	0.0
Ecuador	248	0.2	0.3	0.3	0.4	0.3	0.3	1.8	1.9	2.0	1.9	1.7	1.8
Greenland	326	0.0	0.0	0.0	0.0	0.0	0.1	0.0	0.0	0.0	0.0	0.1	0.1
Guatemala	258	0.2	0.2	0.2	0.1	0.1	0.1	0.1	0.1	0.1	0.2	0.3	0.2
Guyana	336	0.0	0.0	0.0	0.0	0.0	0.0	0.1	0.1	0.1	0.1	0.1	0.0
Honduras	268	0.1	0.1	0.1	0.0	0.0	0.0	0.1	0.0	0.0	0.0	0.0	0.0
Jamaica	343	0.0	0.1	0.0	0.1	0.0	0.0	0.0	0.2	0.1	0.1	0.2	0.1
Mexico	273	2.0	2.1	2.5	3.2	2.9	3.0	2.6	3.4	3.8	2.7	2.4	2.5
Netherlands Antilles	353	0.1	0.0	0.0	0.0	0.0	0.0	0.0	0.0	0.0	0.0	0.0	0.0
Nicaragua	278	0.0	0.1	0.1	0.0	0.0	0.0	0.1	0.0	0.1	0.0	0.0	0.0
Panama	283	0.5	0.3	0.5	0.4	0.4	0.2	0.2	0.1	1.3	0.1	0.1	0.0
Paraguay	288	0.0	0.0	0.1	0.1	0.1	0.0	0.8	1.0	1.4	1.7	1.2	1.1
Peru	293	0.9	0.8	0.8	0.9	0.9	0.4	0.3	0.4	0.3	0.3	0.2	0.2
St. Kitts and Nevis	361	0.0	0.0	0.1	0.0	0.0	0.0	0.0	0.0	0.0	0.0	0.0	0.0
Trinidad and Tobago	369	0.5	0.3	0.8	0.5	0.3	0.8	0.0	0.0	0.0	0.0	0.0	0.0
Uruguay	298	0.1	0.3	0.2	0.2	0.1	0.1	0.6	0.6	0.5	0.4	0.3	0.4
Venezuela, Rep. Bol.	299	0.6	2.6	2.7	1.5	0.5	0.3	1.4	0.6	0.3	0.2	0.2	0.1
Western Hem. n.s.	399	0.9	0.9	1.0	0.5	0.2	0.1	0.0	0.0	0.0	0.0	0.1	0.0
Other Countries n.i.e	910	**0.3**	**0.4**	**0.5**	**0.4**	**0.4**	**0.4**	**0.1**	**0.2**	**0.1**	**0.2**	**0.2**	**0.2**
Cuba	928	0.2	0.3	0.4	0.3	0.2	0.3	0.1	0.2	0.1	0.2	0.2	0.2

Europe (170)
In Billions of U.S. Dollars

			Exports (FOB)						Imports (CIF)				
		2011	2012	2013	2014	2015	2016	2011	2012	2013	2014	2015	2016
Korea, Dem. People's Rep.	954	0.1	0.1	0.1	0.1	0.1	0.1	0.0	0.0	0.0	0.0	0.0	0.0
Special Categories	899	**2.7**	**2.5**	**2.7**	**2.5**	**2.1**	**2.0**	**1.1**	**1.0**	**1.3**	**1.3**	**1.2**	**1.5**
Countries & Areas n.s.	898	**88.0**	**1.7**	**1.4**	**1.4**	**1.8**	**1.9**	**57.1**	**14.1**	**15.9**	**15.6**	**11.3**	**8.1**
Memorandum Items													
Africa	605	19.6	22.9	21.9	22.3	20.5	21.5	10.6	9.7	10.1	10.0	9.4	9.3
Middle East	405	52.5	70.7	61.3	64.8	55.3	54.0	24.2	26.0	26.7	24.8	18.5	20.1
European Union	998	707.6	734.7	761.9	772.5	611.8	582.3	599.1	602.8	636.1	632.5	518.3	528.3
Export earnings: fuel	080	131.9	166.4	161.3	143.2	106.1	99.0	199.2	212.9	196.1	175.9	126.0	108.9
Export earnings: nonfuel	092	1,178.5	1,177.6	1,204.0	1,206.4	951.7	893.1	1,065.7	1,056.9	1,105.1	1,078.3	872.8	884.3

Sub-Saharan Africa (603)

In Billions of U.S. Dollars

		Exports (FOB)						Imports (CIF)					
		2011	2012	2013	2014	2015	2016	2011	2012	2013	2014	2015	2016
IFS World		403.7	398.5	399.2	390.5	304.9	....	331.1	319.8	323.5	328.0	287.5	263.1
World	001	431.7	417.8	408.2	397.2	291.9	251.2	364.9	377.3	396.7	392.4	334.2	293.9
Advanced Economies	110	216.6	193.9	178.7	164.6	121.0	104.5	161.4	161.2	168.1	160.3	128.7	112.5
Euro Area	163	78.2	76.4	75.2	76.1	57.8	46.4	70.0	71.0	74.3	72.9	62.5	56.5
Austria	122	0.2	0.1	0.1	0.1	0.1	0.1	0.9	1.0	0.9	0.9	0.8	0.7
Belgium	124	4.6	4.5	5.0	6.9	5.8	6.0	8.1	9.1	10.0	9.6	7.8	7.7
Cyprus	423	0.0	0.0	0.0	0.3	0.2	0.1	0.1	0.0	0.0	0.1	0.1	0.2
Estonia	939	0.3	0.3	0.3	0.2	0.2	0.3	0.7	0.3	0.1	0.1	0.1	0.1
Finland	172	0.6	0.6	0.6	0.7	0.3	0.3	1.0	1.2	0.9	0.8	0.8	0.8
France	132	16.4	15.1	14.6	13.7	9.6	7.5	13.6	13.2	13.7	13.6	12.6	11.7
Germany	134	11.1	10.2	9.5	9.6	8.6	8.5	17.1	16.6	17.5	17.5	15.6	14.2
Greece	174	0.3	0.2	0.1	0.3	0.2	0.2	0.3	0.4	0.3	0.3	0.4	0.3
Ireland	178	0.6	0.6	0.7	0.6	0.7	0.6	1.3	1.4	1.4	1.3	1.2	1.0
Italy	136	12.1	9.8	9.7	8.4	6.6	5.4	6.7	6.9	7.1	7.2	6.0	5.3
Latvia	941	0.0	0.0	0.0	0.0	0.0	0.0	0.1	0.1	0.1	0.2	0.2	0.2
Lithuania	946	0.1	0.1	0.1	0.0	0.1	0.1	0.2	0.2	0.1	0.1	0.1	0.2
Luxembourg	137	0.1	0.0	0.1	0.1	0.1	0.1	0.2	0.1	0.1	0.1	0.1	0.1
Malta	181	0.0	0.0	0.1	0.1	0.0	0.0	0.1	0.2	0.1	0.1	0.1	0.1
Netherlands	138	15.1	17.6	15.8	17.3	13.0	9.3	10.2	8.2	9.3	8.7	7.3	6.3
Portugal	182	4.2	4.8	5.9	3.6	2.4	1.5	4.8	6.9	6.1	6.5	4.0	3.1
Slovak Republic	936	0.0	0.0	0.0	0.0	0.0	0.0	0.2	0.2	0.2	0.2	0.2	0.2
Slovenia	961	0.2	0.1	0.1	0.1	0.1	0.1	0.1	0.1	0.1	0.1	0.1	0.1
Spain	184	12.1	12.2	12.2	13.9	9.5	6.4	4.2	4.8	5.9	5.3	4.7	4.0
Australia	193	4.1	4.7	4.1	4.1	2.0	1.5	2.8	2.9	3.1	2.3	1.9	1.7
Canada	156	6.3	8.6	6.8	5.8	3.9	3.3	2.0	2.1	2.2	2.6	2.1	1.7
China,P.R.: Hong Kong	532	1.6	1.8	1.9	2.5	2.2	2.4	1.1	1.3	1.2	1.6	1.8	1.6
Czech Republic	935	0.2	0.2	0.2	0.2	0.2	0.2	0.8	0.7	0.8	0.8	0.8	0.8
Denmark	128	0.4	0.3	0.9	0.7	0.4	0.3	0.9	1.1	1.3	1.1	1.1	0.9
Iceland	176	0.1	0.0	0.0	0.0	0.0	0.0	0.1	0.1	0.1	0.1	0.1	0.0
Israel	436	1.7	1.6	1.3	1.6	1.1	1.0	1.0	1.1	0.9	0.9	0.8	0.7
Japan	158	11.3	14.4	12.4	11.5	7.9	5.1	13.4	13.1	12.0	11.0	9.1	8.1
Korea, Republic of	542	3.8	3.9	4.1	5.8	4.2	3.8	18.7	10.2	14.7	10.3	7.4	8.4
New Zealand	196	0.1	0.2	0.2	0.2	0.1	0.1	0.6	0.6	0.6	0.6	0.5	0.4
Norway	142	1.0	1.1	1.7	1.0	0.8	0.6	1.2	1.2	1.7	1.5	1.1	1.8
Singapore	576	0.9	1.4	2.6	4.2	2.6	2.0	3.5	8.4	10.0	9.9	5.8	3.3
Sweden	144	0.6	0.6	0.4	0.4	0.3	0.3	3.4	3.1	2.4	2.2	2.0	1.6
Switzerland	146	11.3	12.2	12.1	11.7	9.8	11.2	3.9	4.1	4.2	3.2	2.4	1.8
Taiwan Prov.of China	528	8.6	7.5	6.1	5.5	2.3	2.2	2.2	2.6	2.7	2.3	1.9	1.5
United Kingdom	112	15.0	16.2	15.8	11.2	8.3	6.4	12.5	13.1	11.3	10.9	8.6	7.5
United States	111	71.5	42.9	33.0	22.4	17.1	17.8	23.5	24.7	24.7	26.1	18.8	14.2
Emerg. & Dev. Economies	200	202.1	212.4	220.5	224.6	163.1	141.3	190.0	207.9	218.8	221.4	196.7	173.0
Emerg. & Dev. Asia	505	98.8	106.4	110.3	114.0	79.9	65.0	73.6	81.3	90.2	96.0	90.4	78.9
Bangladesh	513	0.1	0.1	0.2	0.3	0.3	0.5	0.1	0.1	0.1	0.1	0.2	0.2
China,P.R.: Mainland	924	52.9	59.5	64.1	59.8	36.2	32.2	44.1	47.0	51.0	56.3	57.1	49.1
India	534	37.8	37.9	37.3	44.1	36.2	25.7	15.5	18.2	22.2	22.2	17.8	15.5
Indonesia	536	3.9	4.8	4.9	5.2	3.3	1.9	2.8	3.9	3.9	4.1	3.5	3.1
Malaysia	548	2.8	2.4	1.8	1.9	1.6	1.5	3.2	3.1	3.1	3.4	2.6	2.6
Marshall Islands	867	0.0	0.0	0.0	0.0	0.0	0.0	0.0	0.0	0.3	0.0	0.0	0.0
Myanmar	518	0.0	0.0	0.0	0.0	0.0	0.0	0.1	0.1	0.1	0.1	0.0	0.0
Philippines	566	0.1	0.1	0.1	0.1	0.1	0.1	0.2	0.3	0.3	0.3	0.8	0.3
Sri Lanka	524	0.1	0.1	0.1	0.1	0.1	0.2	0.1	0.1	0.1	0.1	0.1	0.1
Thailand	578	0.7	1.0	0.9	1.6	0.7	0.8	4.8	5.5	5.5	5.8	4.7	4.6
Vanuatu	846	0.0	0.0	0.0	0.0	0.0	0.0	0.0	0.1	0.1	0.1	0.0	0.0
Vietnam	582	0.4	0.5	0.7	0.9	1.3	2.0	1.4	1.6	2.3	2.3	2.6	2.3
Asia n.s.	598	0.0	0.0	0.0	0.0	0.0	0.0	1.0	1.3	1.1	1.0	0.9	0.8
Europe	170	3.3	3.8	3.6	4.0	3.5	3.2	9.0	9.2	10.3	10.8	9.8	9.2
Emerg. & Dev. Europe	903	2.1	2.4	2.3	2.6	2.3	1.9	6.0	5.7	6.1	6.2	6.2	5.8
Bulgaria	918	0.1	0.1	0.1	0.1	0.1	0.1	0.1	0.1	0.2	0.2	0.2	0.3
Croatia	960	0.0	0.1	0.1	0.1	0.0	0.0	0.3	0.1	0.1	0.1	0.1	0.1
Faroe Islands	816	0.0	0.0	0.0	0.0	0.0	0.0	0.2	0.1	0.1	0.1	0.1	0.1

Sub-Saharan Africa (603)
In Billions of U.S. Dollars

		Exports (FOB)						Imports (CIF)					
		2011	2012	2013	2014	2015	2016	2011	2012	2013	2014	2015	2016
Gibraltar	823	0.0	0.1	0.0	0.1	0.0	0.0	0.0	0.0	0.0	0.0	0.0	0.0
Hungary	944	0.1	0.1	0.1	0.1	0.1	0.1	0.9	0.7	0.6	0.5	0.5	0.4
Poland	964	0.7	0.7	0.8	0.6	0.7	0.5	1.0	1.1	1.4	1.3	1.6	1.4
Romania	968	0.1	0.1	0.1	0.2	0.2	0.1	0.6	0.5	0.3	0.5	0.5	0.5
Turkey	186	1.0	1.3	1.1	1.3	1.1	1.0	2.7	3.1	3.3	3.3	3.1	2.9
CIS	**901**	**0.9**	**1.0**	**1.0**	**1.0**	**0.9**	**1.0**	**3.0**	**3.2**	**3.9**	**4.1**	**3.5**	**3.2**
Belarus	913	0.0	0.0	0.0	0.0	0.0	0.2	0.1	0.0	0.1	0.1	0.1	0.1
Georgia	915	0.0	0.1	0.0	0.0	0.0	0.0	0.0	0.0	0.0	0.0	0.0	0.0
Kazakhstan	916	0.1	0.1	0.1	0.1	0.1	0.1	0.0	0.0	0.0	0.0	0.0	0.0
Russian Federation	922	0.5	0.6	0.6	0.6	0.5	0.5	1.9	1.7	2.1	2.4	2.3	2.1
Ukraine	926	0.2	0.2	0.2	0.3	0.3	0.2	1.0	1.5	1.7	1.5	1.1	0.9
Europe n.s.	884	0.3	0.3	0.3	0.4	0.4	0.3	0.1	0.2	0.4	0.5	0.2	0.2
Mid East, N Africa, Pak	**440**	**9.3**	**11.5**	**12.6**	**13.4**	**11.8**	**12.5**	**32.1**	**34.4**	**32.5**	**34.2**	**32.2**	**25.3**
Afghanistan, I.R. of	512	0.2	0.2	0.2	0.1	0.1	0.1	0.0	0.0	0.0	0.0	0.0	0.0
Algeria	612	0.4	0.6	0.6	0.3	0.2	0.2	0.2	0.1	0.1	0.1	0.1	0.1
Bahrain, Kingdom of	419	0.0	0.0	0.1	0.1	0.1	0.1	1.2	2.2	1.9	1.7	1.3	1.0
Djibouti	611	0.1	0.2	0.1	0.2	0.2	0.2	0.0	0.0	0.0	0.0	0.0	0.0
Egypt	469	0.5	0.7	0.4	0.5	0.5	0.5	1.0	1.2	1.1	1.1	1.2	1.2
Iran, I.R. of	429	0.3	0.1	0.1	0.1	0.1	0.1	4.3	1.6	0.2	0.2	0.2	0.2
Iraq	433	0.0	0.0	0.0	0.0	0.0	0.0	0.0	0.0	0.0	0.4	0.1	0.0
Jordan	439	0.1	0.1	0.1	0.1	0.3	0.3	0.2	0.1	0.1	0.2	0.1	0.1
Kuwait	443	0.1	0.1	0.1	0.1	0.1	0.1	1.2	1.8	1.5	1.5	1.7	1.9
Lebanon	446	0.1	0.1	0.1	0.1	0.1	0.1	0.4	0.4	0.5	0.5	0.5	0.3
Libya	672	0.0	0.0	0.1	0.0	0.0	0.0	0.0	0.0	0.0	0.0	0.0	0.0
Mauritania	682	0.2	0.1	0.1	0.1	0.1	0.1	0.7	0.4	0.4	0.6	0.5	0.5
Morocco	686	0.2	0.1	0.2	0.2	0.4	0.2	0.8	0.9	0.9	1.0	1.2	1.1
Oman	449	0.1	0.1	0.1	0.1	0.3	0.1	1.1	0.5	0.6	0.8	0.7	0.6
Pakistan	564	0.6	0.6	0.7	0.8	0.7	0.7	1.3	1.0	1.3	1.3	1.1	1.0
Qatar	453	0.0	0.1	0.1	0.1	0.1	0.1	0.6	0.7	0.5	0.7	0.8	0.6
Saudi Arabia	456	1.0	1.3	1.2	1.7	1.4	1.2	7.3	12.1	12.0	11.3	12.2	6.7
Somalia	726	0.4	0.5	0.5	0.5	0.5	0.5	0.0	0.0	0.0	0.0	0.0	0.0
Sudan	732	0.7	0.7	1.3	1.2	1.1	1.1	0.0	0.2	0.1	0.1	0.1	0.0
Syrian Arab Republic	463	0.0	0.0	0.0	0.0	0.0	0.0	0.1	0.0	0.0	0.0	0.0	0.0
Tunisia	744	0.0	0.1	0.1	0.1	0.0	0.1	0.3	0.3	0.3	0.3	0.2	0.3
United Arab Emirates	466	3.9	5.6	6.5	7.1	5.5	6.8	10.1	9.1	9.3	10.2	7.9	7.4
Yemen, Republic of	474	0.1	0.1	0.2	0.2	0.1	0.1	0.2	0.1	0.2	0.0	0.0	0.0
Middle East n.s.	489	0.0	0.0	0.0	0.0	0.0	0.0	1.2	1.6	1.5	2.2	2.3	2.1
Sub-Saharan Africa	**603**	**75.3**	**76.5**	**77.5**	**76.2**	**59.0**	**56.0**	**64.9**	**70.8**	**74.2**	**69.5**	**56.0**	**50.6**
Angola	614	2.7	2.1	2.5	1.9	1.2	0.9	2.6	4.9	4.1	2.3	1.6	1.5
Benin	638	0.6	0.6	0.6	0.6	0.4	0.4	2.2	1.8	1.2	1.6	0.4	0.4
Botswana	616	4.7	5.5	5.6	5.9	5.3	4.5	0.6	0.7	0.9	0.8	0.8	1.0
Burkina Faso	748	1.1	1.2	1.5	1.4	1.1	1.3	0.1	0.1	0.1	0.1	0.0	0.1
Burundi	618	0.2	0.2	0.2	0.2	0.2	0.2	0.0	0.0	0.0	0.0	0.0	0.0
Cabo Verde	624	0.0	0.0	0.0	0.0	0.0	0.0	0.0	0.0	0.1	0.0	0.0	0.0
Cameroon	622	1.1	1.2	1.2	1.1	0.6	0.5	0.8	0.7	0.6	0.5	0.4	0.4
Central African Rep.	626	0.1	0.1	0.0	0.1	0.1	0.0	0.0	0.0	0.0	0.0	0.0	0.0
Chad	628	0.3	0.2	0.2	0.2	0.2	0.2	0.0	0.0	0.0	0.0	0.0	0.0
Comoros	632	0.0	0.0	0.0	0.0	0.2	0.2	0.0	0.0	0.0	0.0	0.0	0.0
Congo, Dem. Rep. of	636	2.4	3.3	3.8	3.2	2.5	2.2	1.6	1.4	2.2	1.8	1.3	1.2
Congo, Republic of	634	1.0	0.4	0.9	0.7	0.4	0.3	0.4	0.3	0.2	0.2	0.1	0.1
Côte d'Ivoire	662	2.2	2.4	2.7	2.5	2.0	1.9	1.6	2.1	2.6	2.2	1.3	1.4
Equatorial Guinea	642	0.4	0.3	0.2	0.3	0.1	0.1	0.6	0.3	0.8	0.6	0.3	0.2
Ethiopia	644	0.1	0.2	0.2	0.2	0.2	0.1	0.0	0.0	0.0	0.0	0.0	0.0
Gabon	646	0.7	0.5	1.3	0.9	0.5	0.3	1.1	1.0	1.3	0.3	0.1	0.1
Gambia, The	648	0.2	0.1	0.1	0.1	0.1	0.1	0.0	0.0	0.0	0.0	0.0	0.0
Ghana	652	2.5	2.6	3.8	2.5	1.9	2.0	0.8	0.9	2.1	1.5	0.6	0.7
Guinea	656	0.3	0.3	0.3	0.3	0.2	0.2	0.1	0.1	0.2	0.1	0.2	0.1
Guinea-Bissau	654	0.1	0.1	0.1	0.1	0.0	0.1	0.0	0.0	0.1	0.0	0.1	0.0
Kenya	664	1.6	1.6	1.6	1.7	2.1	1.6	1.7	2.1	2.3	2.8	1.9	1.4
Lesotho	666	1.6	1.6	1.4	1.3	1.2	1.2	0.4	0.4	0.3	0.3	0.3	0.4

Sub-Saharan Africa (603)
In Billions of U.S. Dollars

		Exports (FOB) 2011	2012	2013	2014	2015	2016	Imports (CIF) 2011	2012	2013	2014	2015	2016
Liberia	668	0.4	0.2	0.2	0.2	0.1	0.1	0.1	0.1	0.1	0.1	0.1	0.1
Madagascar	674	0.3	0.3	0.3	0.3	0.3	0.3	0.1	0.1	0.2	0.2	0.2	0.2
Malawi	676	0.7	0.8	0.9	0.7	0.6	0.6	0.4	0.3	0.3	0.2	0.2	0.2
Mali	678	1.0	1.1	1.1	1.3	1.1	1.6	0.1	0.1	0.1	0.1	0.1	0.1
Mauritius	684	0.7	0.4	0.4	0.5	0.4	0.4	0.5	0.5	0.5	0.6	1.1	1.0
Mozambique	688	2.8	2.9	3.5	4.0	3.0	2.8	1.5	1.9	2.1	1.8	1.4	1.3
Namibia	728	4.5	4.7	4.9	5.5	5.3	4.7	1.3	1.9	2.0	2.1	2.1	1.4
Niger	692	0.2	0.3	0.3	0.4	0.3	0.3	0.0	0.1	0.2	0.2	0.0	0.1
Nigeria	694	2.2	2.7	2.7	2.2	1.5	1.2	8.9	9.4	9.2	10.1	6.2	4.8
Rwanda	714	0.5	0.6	0.5	0.5	0.5	0.4	0.1	0.1	0.2	0.2	0.1	0.1
São Tomé & Príncipe	716	0.1	0.0	0.0	0.0	0.0	0.0	0.0	0.0	0.0	0.0	0.0	0.0
Senegal	722	1.3	1.5	1.4	1.2	1.1	1.0	1.2	1.3	1.4	1.3	1.5	1.3
Seychelles	718	0.1	0.1	0.1	0.1	0.1	0.1	0.0	0.0	0.1	0.1	0.1	0.1
Sierra Leone	724	0.3	0.2	0.2	0.1	0.1	0.1	0.0	0.0	0.0	0.0	0.0	0.0
South Africa	199	20.2	23.2	20.0	22.0	13.8	14.0	29.0	30.1	30.2	29.5	26.2	23.5
South Sudan, Rep. of	733	....	0.0	0.0	0.0	0.0	0.1	....	0.0	....	0.0	....	....
Swaziland	734	1.6	1.5	1.5	1.6	1.3	1.2	1.2	1.5	1.5	1.5	1.5	1.4
Tanzania	738	1.2	1.6	1.5	1.3	1.2	1.1	0.8	0.8	1.0	1.1	0.8	0.9
Togo	742	4.9	1.2	0.3	0.4	0.5	0.8	0.7	1.2	1.2	1.4	1.0	1.1
Uganda	746	1.2	1.2	1.1	1.0	0.9	0.8	0.6	0.9	0.8	0.7	0.8	0.8
Zambia	754	4.0	4.3	5.0	4.7	3.7	3.5	2.4	2.6	3.2	2.6	2.3	2.3
Zimbabwe	698	3.2	3.2	3.1	2.9	2.6	2.6	0.8	0.7	0.7	0.5	0.7	0.7
Africa n.s.	799	0.0	0.1	0.1	0.0	0.0	0.1	0.2	0.0	0.0	0.0	0.0	0.0
Western Hemisphere	205	**15.5**	**14.3**	**16.5**	**17.1**	**8.8**	**4.5**	**10.4**	**12.3**	**11.6**	**10.8**	**8.2**	**9.0**
Antigua and Barbuda	311	0.2	0.1	0.1	0.1	0.0	0.0	0.1	0.0	0.0	0.1	0.0	0.0
Argentina	213	0.5	0.5	0.5	0.5	0.4	0.3	2.1	2.4	1.5	1.3	1.2	1.6
Bahamas, The	313	0.0	0.0	0.2	0.3	0.0	0.0	0.0	0.1	1.7	1.0	0.2	0.2
Belize	339	0.0	0.0	0.0	0.0	0.0	0.0	0.0	0.0	0.1	0.0	0.1	0.1
Bermuda	319	0.0	0.0	0.0	0.0	0.0	0.1	0.0	0.0	0.0	0.0	0.1	0.0
Brazil	223	11.4	10.3	12.8	13.5	6.4	2.4	5.2	6.2	5.3	4.9	3.9	3.7
Chile	228	0.7	0.3	0.1	0.5	0.2	0.1	0.3	0.4	0.3	0.8	0.3	0.3
Colombia	233	0.1	0.0	0.0	0.1	0.1	0.1	0.3	0.6	0.3	0.5	0.3	0.3
Costa Rica	238	0.0	0.0	0.0	0.0	0.0	0.0	0.1	0.0	0.0	0.0	0.0	0.0
Curaçao	354	0.0	0.0	0.0	0.0	0.1	0.1	0.0	0.0	0.0	0.0	0.0	0.0
Ecuador	248	0.2	0.0	0.0	0.0	0.1	0.0	0.1	0.1	0.1	0.1	0.0	0.0
Guatemala	258	0.0	0.0	0.0	0.0	0.0	0.0	0.0	0.0	0.1	0.1	0.1	0.1
Guyana	336	0.1	0.0	0.2	0.0	0.0	0.0	0.0	0.0	0.0	0.0	0.0	0.0
Mexico	273	0.8	0.7	0.3	0.3	0.2	0.3	0.8	0.9	1.0	0.8	0.9	1.0
Netherlands Antilles	353	0.1	0.0	0.0	0.0	0.0	0.0	0.0	0.0	0.0	0.0	0.0	0.0
Panama	283	0.1	1.0	0.8	0.8	0.5	0.5	0.3	0.2	0.2	0.4	0.3	0.3
Paraguay	288	0.0	0.0	0.0	0.0	0.0	0.0	0.1	0.1	0.1	0.1	0.1	0.1
Peru	293	0.9	0.6	0.4	0.2	0.2	0.2	0.0	0.0	0.1	0.1	0.1	0.1
Trinidad and Tobago	369	0.0	0.0	0.0	0.0	0.0	0.0	0.3	0.1	0.2	0.1	0.1	0.1
Uruguay	298	0.3	0.3	0.9	0.7	0.4	0.3	0.2	0.2	0.2	0.1	0.1	0.1
Venezuela, Rep. Bol.	299	0.1	0.0	0.0	0.0	0.0	0.0	0.0	0.2	0.1	0.0	0.1	0.1
Western Hem. n.s.	399	0.0	0.0	0.0	0.1	0.1	0.1	0.1	0.4	0.0	0.2	0.2	0.7
Other Countries n.i.e	910	**0.1**	**0.0**	**0.1**	**0.0**	**0.0**	**0.0**	**0.1**	**0.1**	**0.1**	**0.2**	**0.2**	**0.1**
Cuba	928	0.0	0.0	0.1	0.0	0.0	0.0	0.0	0.0	0.1	0.1	0.0	0.0
Korea, Dem. People's Rep.	954	0.1	0.0	0.0	0.0	0.0	0.0	0.0	0.1	0.1	0.1	0.1	0.1
Special Categories	899	**0.8**	**9.6**	**7.4**	**5.6**	**6.6**	**4.2**	**0.7**	**0.7**	**0.6**	**0.6**	**0.4**	**0.6**
Countries & Areas n.s.	898	**12.1**	**1.8**	**1.5**	**2.4**	**1.2**	**1.1**	**12.7**	**7.4**	**9.1**	**10.0**	**8.3**	**7.6**
Memorandum Items													
Africa	605	77.4	78.8	80.3	78.7	61.5	58.3	67.0	72.6	75.9	71.6	58.1	52.7
Middle East	405	6.4	8.3	8.9	10.0	8.5	9.4	28.8	31.5	29.4	30.9	29.1	22.2
European Union	998	95.4	94.8	93.5	89.6	68.0	54.4	90.7	91.5	92.7	90.5	77.8	69.9
Export earnings: fuel	080	14.2	15.1	17.6	16.6	12.6	12.3	42.6	46.8	44.6	43.6	36.2	27.9
Export earnings: nonfuel	092	417.5	402.7	390.7	380.6	279.4	238.9	322.3	330.5	352.1	348.8	298.1	265.9

Middle East, North Africa, and Pakistan (440)

In Billions of U.S. Dollars

		Exports (FOB)						Imports (CIF)					
		2011	2012	2013	2014	2015	2016	2011	2012	2013	2014	2015	2016
IFS World		1,382.4	1,456.9	1,473.5	1,390.0	905.4	....	841.8	916.0	967.4	992.9	908.1	....
World	001	1,294.5	1,412.0	1,346.2	1,273.1	817.3	724.4	847.4	939.9	1,010.0	1,045.5	978.4	898.0
Advanced Economies	110	671.1	727.1	672.2	616.4	374.3	332.2	371.2	421.5	445.7	448.1	398.9	360.7
Euro Area	163	176.1	174.8	160.5	147.5	103.7	96.0	168.3	181.9	192.1	195.7	177.0	164.6
Austria	122	1.0	0.9	1.1	1.1	0.7	0.8	4.4	4.4	4.5	4.9	5.0	4.1
Belgium	124	16.7	16.0	15.7	14.4	10.6	9.1	10.3	10.7	11.4	12.5	11.0	10.5
Cyprus	423	0.3	0.4	0.4	0.1	0.2	0.2	0.5	0.5	0.8	0.5	0.9	0.6
Estonia	939	0.2	0.2	0.2	0.2	0.1	0.1	0.3	0.3	0.3	0.4	0.3	0.2
Finland	172	0.2	0.2	0.3	0.2	0.2	0.2	2.5	2.7	3.0	2.9	2.5	2.1
France	132	31.1	30.0	30.2	27.3	19.6	18.9	36.6	35.8	36.8	36.6	32.5	29.9
Germany	134	11.5	10.6	10.7	9.6	7.3	7.3	42.7	48.2	50.7	54.3	49.3	44.6
Greece	174	8.4	8.6	8.4	8.3	5.0	4.8	2.0	2.9	3.4	3.4	2.8	3.0
Ireland	178	0.4	1.2	0.6	1.0	0.5	0.3	2.8	3.2	3.5	3.8	3.7	3.3
Italy	136	43.4	47.1	39.6	33.4	23.5	22.3	34.3	37.0	39.0	37.2	32.5	30.7
Latvia	941	0.0	0.0	0.1	0.1	0.0	0.0	0.7	0.8	0.7	0.5	0.8	0.6
Lithuania	946	0.2	0.1	0.2	0.2	0.1	0.1	0.2	0.5	0.7	0.5	0.5	0.4
Luxembourg	137	0.0	0.0	0.0	0.1	0.0	0.1	0.3	0.3	0.2	0.3	0.3	0.2
Malta	181	0.4	0.2	0.6	0.7	0.7	0.3	0.7	0.8	0.8	1.2	1.3	0.8
Netherlands	138	23.9	21.5	20.3	19.7	13.0	11.1	10.4	11.0	11.3	11.2	10.3	10.0
Portugal	182	3.5	3.9	3.7	3.5	2.5	2.1	2.3	2.4	2.9	2.9	2.8	2.9
Slovak Republic	936	0.2	0.1	0.1	0.1	0.1	0.1	0.5	0.7	0.8	0.9	0.9	1.0
Slovenia	961	0.3	0.3	0.2	0.3	0.2	0.2	0.5	0.7	0.7	0.8	0.6	0.5
Spain	184	34.2	33.3	28.3	27.3	19.5	18.2	16.2	19.0	20.5	21.1	18.9	19.1
Australia	193	6.2	6.4	6.5	4.0	2.8	2.7	8.3	9.4	9.8	9.3	8.1	6.4
Canada	156	14.2	16.1	13.5	9.6	5.0	5.0	6.5	7.3	7.0	6.7	6.6	5.9
China,P.R.: Hong Kong	532	4.8	6.2	5.7	5.3	5.4	4.8	2.4	2.5	3.2	3.9	4.2	4.2
China,P.R.: Macao	546	6.3	0.1	1.7	1.3	0.7	0.0	2.0	1.7	1.9	1.9	2.2	0.0
Czech Republic	935	0.3	0.2	0.3	0.5	0.3	0.3	1.8	2.5	2.7	3.4	3.2	2.5
Denmark	128	0.6	0.8	0.6	0.4	0.3	0.3	2.6	2.8	2.9	3.2	2.7	2.4
Iceland	176	1.4	0.7	0.0	0.0	0.0	0.0	0.0	0.0	0.0	0.0	0.0	0.0
Israel	436	0.8	0.8	0.9	0.9	0.9	0.9	3.5	3.6	3.9	4.1	3.1	3.1
Japan	158	157.8	172.2	165.6	152.6	82.7	63.0	31.8	41.8	40.0	40.6	34.8	29.6
Korea, Republic of	542	114.0	123.0	120.4	110.6	63.5	51.8	29.0	35.9	32.4	34.1	28.7	23.9
New Zealand	196	2.4	1.9	2.3	2.3	1.0	1.1	2.3	2.5	2.3	2.9	2.5	2.0
Norway	142	0.3	0.4	0.3	0.3	0.3	0.3	0.9	1.5	1.3	1.1	0.9	0.9
Singapore	576	41.7	51.2	49.3	47.3	26.5	22.0	4.9	6.1	7.3	7.5	5.9	5.5
Sweden	144	0.7	0.6	0.6	0.7	0.5	0.6	6.9	6.7	6.4	7.1	5.8	5.0
Switzerland	146	2.6	18.7	4.8	4.6	4.8	17.5	16.0	18.0	24.8	21.4	17.1	14.6
Taiwan Prov.of China	528	30.3	36.9	35.2	33.4	19.0	13.4	5.0	5.2	5.7	6.0	5.8	5.0
United Kingdom	112	22.0	20.0	22.8	19.2	14.0	10.5	18.2	20.8	26.7	24.1	20.7	17.7
United States	111	88.7	96.0	81.0	75.8	42.8	42.0	60.8	71.4	75.3	74.9	69.8	67.3
Emerg. & Dev. Economies	200	592.0	651.6	640.7	625.5	421.7	372.6	413.6	484.5	512.9	541.8	459.8	434.0
Emerg. & Dev. Asia	505	342.3	382.7	370.7	355.4	218.4	186.7	163.0	198.9	218.3	243.5	203.2	186.8
Bangladesh	513	4.4	4.1	3.8	4.3	3.1	2.6	0.6	1.1	1.0	1.1	1.1	1.0
Cambodia	522	0.0	0.1	0.1	0.1	0.1	0.1	0.1	0.1	0.2	0.3	0.2	0.3
China,P.R.: Mainland	924	137.2	156.3	158.8	163.4	99.7	83.6	80.2	103.4	114.5	139.9	119.2	110.8
India	534	138.6	152.7	141.0	127.8	77.5	69.2	46.8	46.6	49.6	46.4	40.2	38.3
Indonesia	536	9.2	12.1	10.0	9.3	5.7	4.5	6.5	7.7	7.9	9.4	8.6	7.2
Malaysia	548	9.6	11.4	10.9	11.4	7.1	5.9	11.8	12.6	11.7	11.2	8.3	7.3
Maldives	556	0.3	0.5	0.5	0.5	0.3	0.3	0.0	0.0	0.0	0.0	0.0	0.0
Myanmar	518	0.2	0.2	0.1	0.2	0.2	0.2	0.2	0.2	0.1	0.2	0.2	0.2
Nepal	558	0.5	0.5	0.5	0.5	0.3	0.3	0.0	0.0	0.0	0.0	0.0	0.0
Philippines	566	6.1	6.5	5.7	4.6	3.6	3.3	0.9	1.2	1.2	1.4	1.2	1.2
Sri Lanka	524	3.6	3.4	3.0	3.2	2.0	1.7	0.8	0.8	0.9	0.9	0.8	0.7
Thailand	578	29.4	31.8	33.3	27.2	16.8	12.9	10.8	13.5	14.1	14.0	12.3	9.9
Vanuatu	846	0.0	0.0	0.0	0.0	0.0	0.0	0.0	0.0	0.0	0.0	0.1	0.1
Vietnam	582	2.7	2.8	2.6	2.5	1.7	1.7	1.8	6.2	11.2	12.8	8.0	7.0
Asia n.s.	598	0.5	0.4	0.4	0.4	0.4	0.5	2.5	5.2	5.7	6.0	2.8	2.6

Middle East, North Africa, and Pakistan (440)

In Billions of U.S. Dollars

		Exports (FOB)						Imports (CIF)					
		2011	2012	2013	2014	2015	2016	2011	2012	2013	2014	2015	2016
Europe	170	**30.8**	**33.1**	**33.8**	**31.2**	**22.4**	**21.6**	**65.4**	**91.2**	**84.0**	**86.2**	**74.5**	**68.9**
Emerg. & Dev. Europe	903	**27.5**	**29.7**	**30.0**	**27.7**	**19.6**	**18.9**	**38.6**	**58.4**	**53.3**	**52.3**	**46.8**	**46.1**
Albania	914	0.0	0.0	0.1	0.1	0.1	0.0	0.0	0.0	0.0	0.0	0.0	0.0
Bosnia and Herzegovina	963	0.0	0.0	0.0	0.0	0.0	0.2	0.1	0.1	0.1	0.1	0.1	0.1
Bulgaria	918	0.3	0.3	0.3	0.4	0.4	0.2	1.2	1.5	2.1	2.1	1.6	1.4
Croatia	960	0.4	0.3	0.4	0.4	0.5	0.6	0.4	0.5	0.4	0.4	0.4	0.5
Gibraltar	823	0.0	0.1	0.2	0.1	0.0	0.1	0.1	0.0	0.1	0.0	0.0	0.0
Hungary	944	0.1	0.1	0.3	0.5	0.5	0.3	2.6	3.2	3.4	2.3	2.1	1.8
Poland	964	1.8	2.0	1.8	2.0	2.1	2.1	2.2	3.0	3.3	4.3	3.9	3.6
Romania	968	0.6	0.4	0.6	0.6	0.5	0.6	3.3	3.6	4.3	4.6	4.2	4.2
Serbia, Republic of	942	0.2	0.0	0.0	0.0	0.1	0.2	0.1	0.1	0.2	0.2	0.3	0.3
Turkey	186	24.1	26.3	26.1	23.5	15.6	14.6	28.3	46.2	39.2	38.0	34.1	34.1
CIS	901	**3.3**	**3.5**	**3.8**	**3.5**	**2.8**	**2.7**	**25.8**	**30.4**	**27.4**	**31.2**	**25.8**	**21.0**
Armenia	911	0.3	0.3	0.3	0.3	0.2	0.2	0.2	0.2	0.1	0.1	0.2	0.2
Azerbaijan, Rep. of	912	0.3	0.3	0.4	0.2	0.2	0.3	0.5	1.2	1.4	1.2	0.6	0.3
Belarus	913	0.0	0.0	0.0	0.0	0.1	0.0	0.4	1.3	0.4	0.4	0.3	0.2
Georgia	915	0.3	0.3	0.4	0.4	0.3	0.2	0.4	0.3	0.1	0.1	0.1	0.2
Kazakhstan	916	0.1	0.1	0.2	0.2	0.2	0.1	0.7	0.6	0.3	0.4	0.8	0.9
Kyrgyz Republic	917	0.0	0.0	0.0	0.0	0.0	0.0	0.0	0.0	0.4	0.2	0.1	0.0
Moldova	921	0.0	0.0	0.0	0.0	0.0	0.0	0.0	0.1	0.1	0.1	0.1	0.1
Russian Federation	922	1.3	1.4	1.7	1.5	1.2	1.2	13.5	15.1	15.0	19.3	16.0	13.2
Tajikistan	923	0.2	0.4	0.4	0.5	0.3	0.3	0.3	0.1	0.1	0.1	0.1	0.2
Turkmenistan	925	0.0	0.0	0.0	0.0	0.0	0.0	0.5	0.1	0.1	0.2	0.7	0.4
Ukraine	926	0.6	0.5	0.5	0.4	0.2	0.2	8.4	11.3	9.3	9.0	6.5	4.8
Uzbekistan	927	0.0	0.0	0.0	0.0	0.0	0.0	0.9	0.1	0.1	0.2	0.5	0.5
Europe n.s.	884	0.0	0.0	0.0	0.0	0.0	0.0	1.0	2.4	3.3	2.8	1.8	1.8
Mid East, N Africa, Pak	440	**168.0**	**185.1**	**188.3**	**190.5**	**148.2**	**135.6**	**139.3**	**144.5**	**156.4**	**158.0**	**135.7**	**132.5**
Afghanistan, I.R. of	512	3.4	2.6	2.7	3.3	3.8	2.8	0.3	0.5	0.4	0.4	0.4	0.6
Algeria	612	2.6	2.5	3.1	2.9	2.3	2.1	2.7	3.1	3.1	3.3	2.2	1.8
Bahrain, Kingdom of	419	10.9	12.8	12.6	11.7	7.3	6.3	3.9	3.6	3.8	5.5	4.6	3.8
Djibouti	611	1.8	2.1	1.9	1.9	1.4	1.2	0.1	0.1	0.2	0.1	0.1	0.1
Egypt	469	10.5	11.9	10.8	12.6	9.4	10.9	8.3	8.5	8.8	9.2	8.1	8.6
Iran, I.R. of	429	18.1	15.8	13.8	19.8	15.7	17.1	3.1	5.5	4.9	4.4	4.1	3.8
Iraq	433	4.9	4.1	3.7	4.6	3.0	1.9	2.9	5.9	3.2	2.8	2.2	2.3
Jordan	439	6.7	7.0	7.2	6.5	4.6	3.7	3.3	3.6	3.6	3.7	3.3	3.1
Kuwait	443	6.7	6.4	8.3	8.2	6.7	5.7	9.6	10.5	10.6	9.8	5.9	5.1
Lebanon	446	3.3	3.5	2.9	2.5	2.1	2.3	1.8	2.2	2.4	2.0	2.0	2.1
Libya	672	1.7	2.8	2.8	2.2	1.4	0.8	0.9	1.7	1.6	1.0	1.5	2.9
Mauritania	682	0.8	0.9	1.0	1.0	0.5	0.5	0.1	0.0	0.0	0.0	0.0	0.0
Morocco	686	4.0	4.1	4.3	4.0	2.7	2.1	2.1	1.7	1.2	1.4	1.7	1.4
Oman	449	9.7	10.4	14.0	13.1	13.8	13.3	3.7	5.6	6.9	6.4	5.4	6.8
Pakistan	564	17.0	18.5	18.5	17.1	11.6	11.4	4.9	6.1	4.4	4.6	4.0	3.5
Qatar	453	6.2	6.6	6.1	7.4	5.9	5.6	2.4	3.0	3.8	3.6	3.7	3.8
Saudi Arabia	456	13.8	15.5	20.7	20.5	21.2	15.0	34.8	28.1	37.1	35.1	26.0	19.5
Somalia	726	0.5	0.6	0.7	0.5	0.4	0.4	0.5	0.5	0.6	0.6	0.6	0.6
Sudan	732	1.9	2.2	2.4	2.4	2.0	1.4	0.2	3.8	2.7	2.9	2.3	2.6
Syrian Arab Republic	463	2.2	1.4	1.4	1.3	0.9	0.5	4.4	1.8	1.3	0.8	0.7	0.6
Tunisia	744	1.8	2.4	2.9	2.7	1.7	1.3	1.2	1.6	1.5	1.4	1.2	1.2
United Arab Emirates	466	36.2	47.5	41.7	41.8	27.6	26.8	47.0	46.4	53.5	58.1	55.1	57.4
West Bank and Gaza	487	0.2	0.2	0.2	0.3	0.3	0.3	0.1	0.1	0.1	0.1	0.1	0.1
Yemen, Republic of	474	3.1	3.2	4.6	2.3	2.3	2.2	0.9	0.8	0.6	0.6	0.4	0.8
Middle East n.s.	489	0.0	0.0	....	....	....	0.0	0.0	0.1	0.0	0.0	0.0	0.0
Sub-Saharan Africa	603	**37.7**	**36.5**	**34.1**	**34.7**	**24.3**	**21.7**	**16.8**	**19.3**	**21.4**	**22.5**	**19.9**	**21.8**
Angola	614	0.7	1.1	1.2	1.7	0.6	0.4	0.3	1.2	1.3	1.3	1.1	1.0
Benin	638	0.2	0.1	0.2	0.2	0.2	0.2	0.3	0.5	0.3	0.3	0.3	0.4
Botswana	616	0.0	0.0	0.0	0.0	0.0	0.0	0.0	0.0	0.1	0.6	0.5	1.3
Burkina Faso	748	0.1	0.1	0.1	0.1	0.1	0.1	0.1	0.0	0.1	0.1	0.0	0.0
Burundi	618	0.0	0.0	0.0	0.0	0.0	0.0	0.0	0.2	0.2	0.2	0.2	0.1
Cameroon	622	0.2	0.2	0.2	0.2	0.2	0.2	0.2	0.3	0.5	0.4	0.4	0.4
Chad	628	0.0	0.0	0.0	0.0	0.0	0.0	0.1	0.0	0.1	0.2	0.1	0.2

Middle East, North Africa, and Pakistan (440)

In Billions of U.S. Dollars

		Exports (FOB)						Imports (CIF)					
		2011	2012	2013	2014	2015	2016	2011	2012	2013	2014	2015	2016
Comoros	632	0.1	0.1	0.1	0.1	0.1	0.1	0.0	0.0	0.0	0.0	0.0	0.0
Congo, Dem. Rep. of	636	0.0	0.1	0.1	0.1	0.1	0.0	0.7	1.0	1.2	1.3	0.8	0.6
Congo, Republic of	634	0.2	0.3	0.3	0.3	0.3	0.2	0.3	0.4	1.1	1.0	0.8	0.7
Côte d'Ivoire	662	0.4	0.4	0.5	0.6	0.6	0.5	0.2	0.2	0.2	0.2	0.2	0.2
Equatorial Guinea	642	0.1	0.1	0.1	0.1	0.0	0.0	0.0	0.0	0.0	0.0	0.0	0.0
Eritrea	643	0.2	0.2	0.2	0.2	0.2	0.1	0.0	0.0	0.1	0.0	0.0	0.1
Ethiopia	644	1.6	1.7	1.5	2.3	2.5	2.2	0.7	0.7	0.8	0.9	0.9	0.9
Gabon	646	0.1	0.1	0.2	0.2	0.1	0.1	0.1	0.1	0.1	0.0	0.1	0.1
Gambia, The	648	0.1	0.0	0.1	0.1	0.0	0.0	0.0	0.0	0.0	0.0	0.0	0.0
Ghana	652	0.7	0.8	0.7	0.6	0.6	0.5	1.4	2.1	2.2	1.4	0.6	2.2
Guinea	656	0.2	0.3	0.3	0.3	0.3	0.2	0.1	0.2	0.3	0.4	0.2	1.3
Kenya	664	6.1	6.2	5.4	5.5	3.6	3.2	1.2	1.3	1.3	1.2	1.2	1.2
Liberia	668	0.2	0.1	0.1	0.1	0.1	0.0	0.2	0.3	0.2	0.1	0.1	0.1
Madagascar	674	1.1	1.1	1.3	1.4	0.8	0.6	0.2	0.2	0.2	0.2	0.2	0.2
Malawi	676	0.1	0.1	0.2	0.2	0.3	0.2	0.1	0.1	0.1	0.1	0.1	0.1
Mali	678	0.1	0.1	0.1	0.1	0.1	0.1	0.5	1.5	2.2	2.5	2.5	1.5
Mauritius	684	0.5	0.5	0.5	0.5	0.3	0.3	0.0	0.0	0.1	0.1	0.1	0.0
Mozambique	688	1.4	1.3	2.3	1.8	0.9	0.8	0.0	0.1	0.1	0.2	0.2	0.2
Namibia	728	0.1	0.0	0.0	0.0	0.1	0.1	0.0	0.0	0.0	0.0	0.0	0.1
Niger	692	0.1	0.1	0.1	0.1	0.1	0.1	0.0	0.0	0.1	0.1	0.2	0.2
Nigeria	694	1.6	1.2	1.4	1.4	1.1	1.1	0.7	0.7	0.4	0.6	0.9	1.4
Rwanda	714	0.1	0.2	0.2	0.2	0.1	0.1	0.0	0.0	0.0	0.0	0.1	0.2
Senegal	722	0.4	0.5	0.5	0.4	0.4	0.5	0.2	0.3	0.2	0.2	0.2	0.2
Seychelles	718	0.8	0.4	0.3	0.3	0.3	0.3	0.0	0.0	0.0	0.0	0.0	0.0
Sierra Leone	724	0.3	0.3	0.2	0.2	0.1	0.1	0.0	0.0	0.0	0.1	0.0	0.0
South Africa	199	15.6	13.9	11.1	11.2	7.1	6.2	2.9	3.1	4.0	4.8	4.5	3.7
South Sudan, Rep. of	733	....	0.0	0.1	0.0	0.0	0.0	....	0.0	0.0	0.0	0.0	0.0
Swaziland	734	0.0	0.0	0.0	0.1	0.0	0.0	0.1	0.1	0.1	0.1	0.1	0.1
Tanzania	738	2.7	2.9	3.1	2.7	1.7	1.4	1.1	1.4	1.2	1.1	1.0	1.0
Togo	742	0.2	0.2	0.2	0.2	0.2	0.1	0.2	0.2	0.2	0.5	0.5	0.6
Uganda	746	0.5	0.6	0.5	0.5	0.5	0.4	0.2	0.2	0.2	0.1	0.2	0.5
Zambia	754	0.6	0.8	0.5	0.4	0.3	0.9	2.0	2.2	1.7	1.6	1.2	0.6
Zimbabwe	698	0.2	0.2	0.2	0.2	0.2	0.1	0.4	0.6	0.5	0.5	0.3	0.2
Africa n.s.	799	0.0	0.0	0.2	0.1	0.1	0.2	2.4	0.0	0.0	0.0	0.0	0.1
Western Hemisphere	205	**13.3**	**14.3**	**13.7**	**13.7**	**8.3**	**7.1**	**29.1**	**30.7**	**32.7**	**31.5**	**26.5**	**24.0**
Argentina	213	0.6	0.3	0.6	0.8	0.4	0.6	6.6	6.1	7.5	7.0	5.1	5.3
Aruba	314	0.0	0.0	0.0	0.0	0.0	0.0	0.2	0.2	0.0	0.0	0.0	0.0
Bahamas, The	313	0.0	0.0	0.0	0.0	0.0	0.0	0.0	0.0	0.0	0.1	0.0	0.0
Belize	339	0.0	0.0	0.0	0.0	0.0	0.0	0.0	0.0	0.1	0.0	0.0	0.0
Bolivia	218	0.0	0.0	0.0	0.0	0.0	0.0	0.0	0.0	0.0	0.0	0.0	0.2
Brazil	223	9.7	11.2	10.6	10.4	6.2	5.1	16.7	16.6	15.7	15.6	14.4	12.4
Chile	228	0.4	0.2	0.4	0.2	0.2	0.2	0.6	0.6	0.7	0.7	0.5	0.5
Colombia	233	0.2	0.2	0.2	0.2	0.1	0.1	0.3	0.2	0.2	0.3	0.2	0.3
Costa Rica	238	0.0	0.0	0.0	0.0	0.0	0.0	0.1	0.2	0.3	0.3	0.1	0.1
Curaçao	354	0.0	0.0	0.0	0.0	0.0	0.0	0.0	0.0	0.2	0.1	0.0	0.0
Dominican Republic	243	0.0	0.1	0.0	0.1	0.0	0.0	0.0	0.0	0.0	0.0	0.0	0.0
Ecuador	248	0.1	0.2	0.1	0.1	0.1	0.0	0.3	0.4	0.4	0.4	0.5	0.5
Guatemala	258	0.1	0.1	0.1	0.1	0.1	0.0	0.3	0.3	0.3	0.3	0.3	0.2
Jamaica	343	0.0	0.0	0.0	0.0	0.0	0.0	0.0	0.1	0.0	0.0	0.0	0.0
Mexico	273	0.7	0.7	0.9	0.9	0.5	0.3	2.1	3.5	4.8	4.4	3.4	2.8
Netherlands Antilles	353	0.0	0.0	0.0	0.2	0.0	0.0	0.0	0.0	0.0	0.0	0.0	0.0
Panama	283	0.1	0.3	0.0	0.0	0.0	0.0	0.0	0.0	0.1	0.1	0.0	0.0
Paraguay	288	0.0	0.2	0.0	0.0	0.0	0.0	0.3	0.2	0.4	0.3	0.3	0.2
Peru	293	0.3	0.2	0.2	0.3	0.2	0.2	0.1	0.1	0.1	0.1	0.1	0.5
St. Kitts and Nevis	361	0.6	0.0	0.0	0.0	0.0	0.0	0.0	0.0	0.0	0.0	0.0	0.0
Suriname	366	0.0	0.0	0.0	0.0	0.0	0.0	0.8	1.0	0.9	0.5	0.4	0.4
Trinidad and Tobago	369	0.0	0.0	0.0	0.0	0.0	0.0	0.0	0.0	0.0	0.1	0.1	0.1
Uruguay	298	0.1	0.1	0.2	0.1	0.2	0.1	0.3	0.6	0.6	0.6	0.3	0.2
Venezuela, Rep. Bol.	299	0.1	0.2	0.2	0.2	0.2	0.1	0.1	0.2	0.1	0.2	0.2	0.1
Western Hem. n.s.	399	0.0	0.0	0.0	0.0	0.0	0.0	0.1	0.1	0.2	0.2	0.2	0.1

Middle East, North Africa, and Pakistan (440)
In Billions of U.S. Dollars

		\multicolumn{6}{c}{Exports (FOB)}	\multicolumn{6}{c}{Imports (CIF)}
		2011	2012	2013	2014	2015	2016	2011	2012	2013	2014	2015	2016
Other Countries n.i.e	910	**0.4**	**0.4**	**0.3**	**0.3**	**0.2**	**0.3**	**0.4**	**0.1**	**0.1**	**0.1**	**0.2**	**0.1**
Cuba	928	0.3	0.3	0.3	0.3	0.2	0.3	0.1	0.0	0.0	0.0	0.1	0.1
Korea, Dem. People's Rep.	954	0.0	0.1	0.0	0.0	0.0	0.0	0.3	0.1	0.1	0.1	0.1	0.0
Special Categories	899	**1.7**	**1.8**	**1.8**	**1.7**	**1.3**	**0.7**	**1.1**	**3.6**	**4.1**	**4.8**	**4.3**	**4.4**
Countries & Areas n.s.	898	**29.3**	**31.1**	**31.2**	**29.1**	**19.9**	**18.6**	**61.1**	**30.0**	**47.2**	**50.8**	**115.2**	**98.7**
Memorandum Items													
Africa	605	51.1	51.3	50.2	49.9	35.2	30.7	23.7	30.1	30.7	32.2	28.2	29.5
Middle East	405	134.1	149.1	150.9	154.8	122.0	112.3	127.2	127.1	142.4	143.3	123.1	120.6
European Union	998	202.8	199.7	188.4	172.2	122.7	111.7	207.5	226.5	244.3	247.4	221.5	203.6
Export earnings: fuel	080	118.9	133.0	137.3	140.7	111.1	100.5	129.3	134.2	149.8	155.7	133.1	127.1
Export earnings: nonfuel	092	1,175.7	1,279.0	1,208.8	1,132.4	706.2	623.9	718.1	805.6	860.2	889.8	845.3	770.8

Western Hemisphere (205)

In Billions of U.S. Dollars

		Exports (FOB) 2011	2012	2013	2014	2015	2016	Imports (CIF) 2011	2012	2013	2014	2015	2016
IFS World		1,072.8	1,085.3	1,088.9	1,055.1	896.7	874.7	1,081.1	1,111.9	1,159.4	1,159.6	1,039.6	958.4
World	001	1,075.9	1,088.0	1,086.8	1,059.5	900.8	871.0	1,087.9	1,137.0	1,167.9	1,158.1	1,030.8	931.5
Advanced Economies	110	661.5	662.4	651.5	656.8	578.8	562.6	603.3	631.3	642.3	642.3	581.4	531.3
Euro Area	163	115.2	110.0	103.6	97.9	79.7	76.2	120.4	128.3	136.0	131.4	116.5	104.6
Austria	122	0.6	0.4	0.3	0.4	0.4	0.3	3.3	3.8	3.9	3.4	3.2	3.1
Belgium	124	10.2	9.7	9.4	9.3	8.4	8.5	5.6	5.9	6.3	5.7	5.3	4.9
Cyprus	423	0.1	0.1	0.0	0.1	0.3	0.1	0.0	0.0	0.0	0.0	0.0	0.0
Estonia	939	0.1	0.4	0.1	0.1	0.1	0.1	0.2	0.1	0.1	0.1	0.1	0.1
Finland	172	1.4	1.3	1.0	1.0	0.8	0.9	2.5	2.7	2.8	2.4	2.1	1.9
France	132	9.6	8.8	8.1	7.7	7.2	7.1	16.0	16.9	19.3	18.1	15.9	14.7
Germany	134	22.1	19.7	16.9	16.4	14.3	14.0	44.1	44.3	46.2	44.3	39.6	35.7
Greece	174	0.9	0.8	0.8	1.1	0.8	0.6	0.3	0.3	0.4	0.5	0.4	0.5
Ireland	178	1.1	1.1	1.4	1.1	1.2	1.0	2.4	2.7	2.6	3.2	3.1	2.9
Italy	136	15.7	12.5	11.0	11.5	9.4	9.2	18.5	19.8	20.8	19.9	17.2	16.0
Latvia	941	0.2	0.2	0.2	0.3	0.2	0.1	0.4	0.2	0.1	0.3	0.1	0.1
Lithuania	946	0.2	0.2	0.3	0.2	0.1	0.1	0.2	0.2	0.1	0.1	0.1	0.3
Luxembourg	137	0.1	0.1	0.1	0.2	0.2	0.2	0.2	0.2	0.3	0.3	0.2	0.2
Malta	181	0.1	0.0	0.0	0.1	0.0	0.0	0.1	0.1	0.1	0.2	0.0	0.0
Netherlands	138	28.9	28.1	29.6	25.6	19.6	18.5	8.8	11.4	11.2	11.5	9.7	7.2
Portugal	182	3.4	2.6	1.8	1.8	1.7	1.6	2.0	2.3	2.6	2.7	2.1	1.7
Slovak Republic	936	0.1	0.1	0.1	0.1	0.1	0.1	0.4	0.4	0.5	0.5	0.6	0.6
Slovenia	961	0.4	0.5	0.4	0.5	0.5	0.5	0.2	0.1	0.2	0.2	0.1	0.2
Spain	184	20.1	23.3	22.1	20.5	14.2	13.3	15.1	16.6	18.3	17.8	16.3	14.4
Australia	193	3.6	3.8	3.4	3.5	2.9	2.6	4.4	3.5	2.8	2.6	2.7	2.3
Canada	156	25.1	23.3	22.5	21.9	20.3	19.2	19.9	19.5	19.6	19.9	18.4	16.4
China,P.R.: Hong Kong	532	4.1	5.1	6.0	6.0	3.7	3.7	2.9	2.9	2.7	3.1	2.4	2.1
Czech Republic	935	0.3	0.4	0.4	0.4	0.3	0.4	1.5	1.7	2.0	2.2	2.1	2.1
Denmark	128	2.1	2.0	1.9	1.9	1.5	1.5	2.7	2.7	3.2	3.2	2.9	3.0
Iceland	176	0.3	0.4	0.4	0.4	0.4	0.1	0.0	0.0	0.0	0.0	0.1	0.0
Israel	436	1.9	2.0	1.6	1.7	1.4	1.5	2.3	2.8	2.7	2.8	2.5	2.2
Japan	158	26.0	24.7	23.8	21.1	16.8	17.2	37.6	39.1	37.0	35.5	33.6	31.8
Korea, Republic of	542	14.7	14.9	14.1	13.9	12.9	13.1	35.8	34.5	35.4	34.0	31.7	28.3
New Zealand	196	0.4	0.4	0.4	0.5	0.5	0.5	1.2	1.3	1.1	1.2	1.1	0.9
Norway	142	1.3	1.2	1.0	1.2	1.2	1.0	1.5	2.2	1.8	1.9	2.1	1.4
Singapore	576	8.5	10.1	10.3	10.0	5.8	5.5	3.3	3.3	3.6	3.2	2.9	2.6
Sweden	144	2.9	1.8	1.9	1.9	1.5	1.4	6.1	5.8	5.7	4.8	3.9	3.5
Switzerland	146	12.3	11.5	9.6	9.7	9.3	9.0	7.3	7.2	7.6	7.5	6.8	6.2
Taiwan Prov.of China	528	5.9	5.5	5.5	4.9	4.0	3.7	12.8	13.0	13.4	12.9	12.3	11.4
United Kingdom	112	12.2	11.8	10.1	10.8	8.9	9.9	10.6	11.0	11.8	10.6	9.6	8.0
United States	111	424.7	433.5	435.0	449.1	407.6	396.0	332.9	352.4	356.0	365.5	330.0	304.5
Emerg. & Dev. Economies	200	399.4	410.0	419.8	388.1	311.9	298.8	469.2	492.9	513.9	503.9	440.5	392.3
Emerg. & Dev. Asia	505	129.3	143.7	153.6	143.8	116.6	115.6	195.9	212.0	229.1	239.5	235.0	214.8
Bangladesh	513	1.4	1.2	1.3	1.4	1.5	1.6	0.2	0.3	0.3	0.4	0.4	0.4
Cambodia	522	0.0	0.0	0.0	0.0	0.0	0.0	0.1	0.1	0.1	0.1	0.1	0.1
China,P.R.: Mainland	924	97.4	97.2	105.8	95.0	79.0	78.2	151.2	166.5	179.5	185.4	180.1	162.8
India	534	15.1	27.9	28.7	28.4	18.0	15.5	13.2	14.0	15.5	16.8	15.1	11.8
Indonesia	536	3.7	4.2	4.5	4.0	3.6	3.8	4.9	4.7	4.5	5.0	4.4	4.2
Malaysia	548	3.8	4.2	3.8	4.2	3.7	4.0	10.0	8.9	9.8	10.5	11.0	11.1
Myanmar	518	0.0	0.0	0.0	0.0	0.1	0.2	0.0	0.0	0.0	0.0	0.0	0.0
Papua New Guinea	853	0.0	0.0	0.0	0.0	0.0	0.0	0.1	0.1	0.1	0.1	0.1	0.1
Philippines	566	1.5	1.4	1.7	1.8	1.4	1.7	2.3	2.1	2.3	2.7	2.7	2.9
Sri Lanka	524	0.1	0.1	0.1	0.1	0.1	0.2	0.3	0.3	0.3	0.4	0.4	0.4
Thailand	578	3.4	3.9	3.5	3.5	3.0	3.3	9.5	10.6	11.4	11.3	11.2	11.5
Vanuatu	846	0.0	0.0	0.0	0.0	0.0	0.0	0.3	0.0	0.0	0.0	0.0	0.0
Vietnam	582	2.2	2.6	3.2	4.5	5.3	5.5	1.7	2.1	2.6	3.5	4.3	4.2
Asia n.s.	598	0.6	0.8	0.8	0.8	0.8	1.5	2.1	2.2	2.6	3.2	4.9	5.2
Europe	170	17.8	15.9	16.6	16.1	12.7	12.9	17.1	18.1	19.5	19.5	16.5	15.2
Emerg. & Dev. Europe	903	9.2	8.4	8.6	8.4	7.5	7.9	6.0	7.5	9.2	9.2	8.4	7.7
Albania	914	0.1	0.1	0.1	0.1	0.1	0.1	0.0	0.0	0.0	0.0	0.0	0.0
Bulgaria	918	1.1	1.1	1.2	1.1	0.8	0.6	0.2	0.2	0.2	0.2	0.2	0.2

2017, International Monetary Fund: *Direction of Trade Statistics Yearbook*

Western Hemisphere (205)

In Billions of U.S. Dollars

		Exports (FOB)						Imports (CIF)					
		2011	2012	2013	2014	2015	2016	2011	2012	2013	2014	2015	2016
Croatia	960	0.4	0.4	0.3	0.2	0.3	0.2	0.1	0.1	0.1	0.0	0.1	0.0
Gibraltar	823	0.0	0.0	0.0	0.0	0.0	0.2	0.0	0.0	0.0	0.1	0.0	0.0
Hungary	944	1.0	0.9	0.9	0.4	0.5	0.5	1.0	1.3	1.7	1.9	1.9	2.0
Poland	964	1.6	1.6	1.6	2.0	1.9	1.9	1.4	1.9	2.3	2.4	2.4	2.0
Romania	968	0.7	0.6	0.7	0.6	0.5	0.4	0.5	0.7	1.0	1.3	0.9	1.0
Serbia, Republic of	942	0.0	0.0	0.1	0.0	0.0	0.1	0.0	0.0	0.0	0.0	0.0	0.0
Turkey	186	3.9	3.6	3.6	3.9	3.5	3.9	2.7	3.1	3.7	3.3	2.8	2.5
CIS	901	**9.8**	**8.5**	**9.0**	**9.5**	**6.6**	**6.2**	**11.0**	**10.6**	**10.3**	**10.3**	**8.2**	**7.5**
Azerbaijan, Rep. of	912	0.1	0.0	0.2	0.0	0.0	0.0	0.0	0.0	0.0	0.0	0.0	0.0
Belarus	913	0.8	0.1	0.0	0.1	0.0	0.0	1.8	1.0	0.7	0.9	0.6	0.5
Georgia	915	0.3	0.3	0.4	0.4	0.3	0.3	0.0	0.0	0.0	0.0	0.0	0.0
Kazakhstan	916	0.2	0.2	0.2	0.2	0.2	0.1	0.1	0.1	0.1	0.1	0.2	0.1
Moldova	921	0.0	0.0	0.0	0.1	0.0	0.0	0.0	0.0	0.0	0.0	0.0	0.0
Russian Federation	922	7.6	6.9	7.2	8.1	5.6	5.3	7.6	8.4	8.8	8.6	7.0	6.6
Tajikistan	923	0.0	0.0	0.0	0.0	0.0	0.1	0.0	0.0	0.0	0.0	0.0	0.0
Ukraine	926	0.7	0.9	0.8	0.4	0.3	0.4	1.5	1.1	0.8	0.5	0.4	0.4
Uzbekistan	927	0.0	0.0	0.1	0.0	0.1	0.0	0.0	0.0	0.0	0.0	0.0	0.0
Europe n.s.	884	-1.1	-1.0	-1.0	-1.7	-1.4	-1.2	0.0	0.0	0.0	0.0	0.0	0.0
Mid East, N Africa, Pak	440	**27.4**	**26.4**	**26.6**	**26.2**	**22.2**	**23.2**	**14.7**	**15.7**	**16.2**	**15.9**	**10.3**	**8.4**
Algeria	612	3.5	3.0	3.1	3.2	2.5	2.5	3.4	3.6	3.3	3.2	2.0	1.9
Bahrain, Kingdom of	419	0.7	0.6	0.4	0.5	0.4	0.3	0.1	0.1	0.1	0.1	0.1	0.1
Djibouti	611	0.0	0.1	0.0	0.0	0.0	0.1	0.0	0.0	0.0	0.0	0.0	0.0
Egypt	469	4.5	3.9	3.7	3.7	3.5	3.8	0.8	0.5	0.5	0.3	0.2	0.2
Iran, I.R. of	429	3.6	3.2	2.8	2.4	2.5	2.7	0.2	0.3	0.1	0.0	0.0	0.1
Iraq	433	0.5	0.5	0.5	0.6	0.5	0.6	1.0	1.0	0.7	1.1	0.5	0.1
Jordan	439	0.4	0.5	0.6	0.6	0.5	0.5	0.0	0.0	0.0	0.0	0.0	0.0
Kuwait	443	0.4	0.5	0.5	0.4	0.5	0.4	0.4	1.1	1.1	1.3	0.5	0.3
Lebanon	446	0.5	0.5	0.5	0.5	0.5	0.5	0.0	0.0	0.0	0.0	0.0	0.0
Libya	672	0.2	0.6	0.7	0.6	0.3	0.2	0.0	0.0	0.3	0.0	0.0	0.0
Mauritania	682	0.2	0.3	0.2	0.1	0.2	0.1	0.0	0.0	0.0	0.0	0.0	0.0
Morocco	686	1.4	1.6	1.3	1.2	0.9	1.0	1.8	1.8	1.9	1.8	1.2	1.2
Oman	449	0.9	1.2	1.2	1.0	0.8	0.6	0.1	0.0	0.1	0.3	0.1	0.2
Pakistan	564	0.3	0.3	0.3	0.5	0.8	0.8	0.6	0.6	0.6	0.6	0.6	0.5
Qatar	453	0.4	0.3	0.4	0.4	0.4	0.4	0.9	1.4	1.8	1.6	1.3	0.9
Saudi Arabia	456	4.7	4.3	4.8	4.3	3.8	3.6	4.4	4.5	4.3	4.6	2.9	2.0
Somalia	726	0.0	0.0	0.0	0.0	0.0	0.1	0.0	0.0	0.0	0.0	0.0	0.0
Sudan	732	0.1	0.1	0.1	0.0	0.0	0.1	0.0	0.0	0.0	0.0	0.0	0.0
Syrian Arab Republic	463	0.8	0.4	0.3	0.4	0.2	0.2	0.1	0.0	0.0	0.0	0.0	0.0
Tunisia	744	0.8	0.7	0.7	0.6	0.5	0.4	0.2	0.2	0.2	0.1	0.1	0.1
United Arab Emirates	466	3.0	3.4	3.7	4.2	3.1	3.8	0.7	0.5	0.9	0.8	0.8	0.7
West Bank and Gaza	487	0.0	0.0	0.0	0.0	0.1	0.0	0.0	0.0	0.0	0.0	0.0	0.0
Yemen, Republic of	474	0.5	0.7	0.7	0.7	0.3	0.6	0.1	0.1	0.2	0.0	0.0	0.0
Sub-Saharan Africa	603	**11.1**	**11.7**	**11.3**	**9.4**	**7.5**	**7.1**	**17.3**	**15.2**	**19.5**	**19.9**	**10.6**	**5.6**
Angola	614	1.3	1.4	1.5	1.5	0.7	0.6	1.3	0.5	1.3	1.8	0.2	0.4
Benin	638	0.3	0.2	0.2	0.2	0.1	0.1	0.0	0.0	0.0	0.0	0.0	0.0
Burkina Faso	748	0.1	0.0	0.0	0.0	0.0	0.0	0.0	0.0	0.0	0.0	0.0	0.0
Cameroon	622	0.2	0.2	0.2	0.2	0.2	0.1	0.0	0.0	0.0	0.0	0.0	0.0
Congo, Dem. Rep. of	636	0.1	0.1	0.1	0.1	0.1	0.1	0.1	0.0	0.0	0.0	0.0	0.0
Congo, Republic of	634	0.4	0.4	0.2	0.2	0.1	0.1	0.1	0.0	0.0	0.0	0.0	0.0
Côte d'Ivoire	662	0.3	0.3	1.5	0.8	0.2	0.2	0.2	0.3	0.1	0.2	0.2	0.1
Equatorial Guinea	642	0.1	0.1	0.1	0.1	0.1	0.0	0.7	0.2	1.0	1.2	0.7	0.2
Ethiopia	644	0.0	0.1	0.1	0.0	0.0	0.0	0.0	0.0	0.0	0.0	0.0	0.0
Gabon	646	0.1	0.1	0.1	0.1	0.1	0.1	1.3	1.2	1.9	2.3	1.2	1.0
Gambia, The	648	0.1	0.1	0.1	0.1	0.1	0.1	0.0	0.0	0.0	0.0	0.0	0.0
Ghana	652	0.5	0.5	0.4	0.4	0.3	0.4	0.0	0.1	0.1	0.1	0.0	0.1
Guinea	656	0.1	0.1	0.1	0.1	0.1	0.0	0.6	0.2	0.0	0.0	0.0	0.0
Kenya	664	0.3	0.4	0.3	0.1	0.1	0.1	0.0	0.0	0.0	0.0	0.0	0.0
Liberia	668	0.3	0.1	0.2	0.1	0.1	0.1	0.0	0.0	0.0	0.0	0.0	0.0
Mali	678	0.0	0.0	0.0	0.0	0.0	0.1	0.0	0.0	0.0	0.0	0.0	0.0
Mauritius	684	0.1	0.1	0.1	0.1	0.1	0.1	0.0	0.0	0.0	0.0	0.0	0.0

Western Hemisphere (205)

In Billions of U.S. Dollars

		Exports (FOB) 2011	2012	2013	2014	2015	2016	Imports (CIF) 2011	2012	2013	2014	2015	2016
Mozambique	688	0.2	0.2	0.4	0.2	0.2	0.1	0.0	0.0	0.0	0.0	0.0	0.1
Namibia	728	0.3	0.1	0.1	0.5	0.3	0.3	0.0	0.0	0.0	0.0	0.0	0.0
Nigeria	694	1.8	2.2	1.7	1.5	1.0	0.9	10.0	10.0	12.7	12.3	6.6	2.3
Senegal	722	0.4	0.3	0.2	0.2	0.3	0.3	0.0	0.0	0.0	0.0	0.0	0.0
Sierra Leone	724	0.1	0.1	0.1	0.1	0.1	0.0	0.0	0.0	0.0	0.0	0.0	0.0
South Africa	199	3.0	3.3	2.8	2.2	2.5	2.4	1.7	1.5	1.4	1.3	1.2	0.8
Tanzania	738	0.1	0.2	0.0	0.0	0.0	0.0	0.0	0.0	0.0	0.0	0.0	0.0
Togo	742	0.2	0.6	0.2	0.1	0.1	0.1	0.0	0.0	0.0	0.0	0.0	0.0
Zimbabwe	698	0.0	0.0	0.0	0.0	0.0	0.0	0.0	0.0	0.1	0.0	0.0	0.0
Africa n.s.	799	0.4	0.4	0.4	0.4	0.4	0.5	1.0	0.9	0.5	0.4	0.4	0.4
Western Hemisphere	205	**213.8**	**212.2**	**211.7**	**192.6**	**152.9**	**140.0**	**224.2**	**232.0**	**229.7**	**209.0**	**168.0**	**148.3**
Antigua and Barbuda	311	0.2	0.2	0.4	0.2	0.1	0.1	0.0	0.0	0.1	0.0	0.0	0.0
Argentina	213	29.5	25.2	27.7	21.3	18.8	19.3	35.3	36.4	33.3	29.3	22.0	19.8
Aruba	314	2.7	2.0	2.2	2.3	1.3	0.9	0.7	0.5	0.5	0.1	0.2	0.1
Bahamas, The	313	0.9	1.0	1.0	1.8	1.4	0.8	0.7	0.8	0.7	0.7	0.4	0.3
Barbados	316	0.6	0.4	0.7	0.5	0.3	0.3	0.2	0.2	0.3	0.3	0.2	0.2
Belize	339	0.4	0.4	0.4	0.4	0.4	0.3	0.1	0.1	0.1	0.1	0.1	0.0
Bolivia	218	5.0	4.8	5.0	5.1	4.4	4.9	4.7	6.7	7.8	8.1	5.5	3.6
Brazil	223	38.1	39.6	39.1	36.1	26.4	23.4	53.4	49.0	48.4	44.8	39.7	38.1
Chile	228	18.7	19.4	17.5	16.3	12.6	12.1	14.2	12.2	12.3	11.6	10.7	9.3
Colombia	233	14.3	14.8	13.8	12.8	10.1	9.4	14.7	15.7	16.4	13.7	11.6	9.7
Costa Rica	238	3.2	3.2	3.3	3.1	3.0	3.1	6.0	7.0	6.8	5.9	3.5	3.2
Curaçao	354	0.1	0.0	0.0	0.0	0.0	0.1	0.1	0.1	0.1	0.3	0.2	0.1
Dominica	321	0.1	0.1	0.1	0.1	0.1	0.0	0.0	0.0	0.0	0.1	0.1	0.0
Dominican Republic	243	4.4	4.0	3.9	3.5	3.2	3.3	0.7	0.9	0.8	0.8	0.7	0.7
Ecuador	248	6.7	6.1	5.9	5.7	4.4	3.8	6.6	8.1	7.6	7.0	4.5	4.2
El Salvador	253	3.6	3.3	3.3	3.1	3.1	3.0	2.1	2.3	2.3	2.3	2.4	2.3
Grenada	328	0.1	0.1	0.1	0.1	0.1	0.1	0.0	0.0	0.0	0.0	0.0	0.0
Guatemala	258	4.6	4.7	4.8	4.2	4.2	4.1	4.0	4.0	3.9	4.0	4.1	4.0
Guyana	336	0.4	0.4	0.5	0.6	0.5	0.3	0.2	0.3	0.1	0.3	0.2	0.2
Haiti	263	1.9	1.9	1.9	1.8	1.3	1.1	0.0	0.0	0.0	0.0	0.1	0.1
Honduras	268	3.2	3.2	3.1	3.0	3.1	3.0	1.7	1.8	2.0	2.1	2.1	2.0
Jamaica	343	2.3	2.3	2.4	1.8	1.1	1.1	0.1	0.1	0.1	0.1	0.1	0.1
Mexico	273	9.7	9.3	9.6	10.0	9.4	9.5	28.2	30.6	29.3	28.0	24.5	21.8
Netherlands Antilles	353	8.4	9.0	9.0	7.4	3.8	2.3	1.9	1.4	1.5	1.7	1.0	0.9
Nicaragua	278	2.8	3.1	3.2	3.2	3.2	3.2	1.1	1.3	1.5	1.6	1.6	1.6
Panama	283	6.2	7.4	11.6	8.6	6.3	5.9	6.3	5.8	4.9	4.5	3.9	3.2
Paraguay	288	5.3	4.8	5.2	5.4	4.3	4.0	2.6	2.5	3.3	3.3	2.8	3.2
Peru	293	11.5	12.5	11.4	10.3	9.0	8.8	8.4	8.7	8.2	8.7	6.5	5.6
Sint Maarten	352	0.0	0.0	0.1	0.0	0.0	0.0	0.0	0.0	0.0	0.0	0.0	0.0
St. Kitts and Nevis	361	0.4	0.1	0.1	0.1	0.1	0.1	0.0	0.0	0.0	0.0	0.0	0.0
St. Lucia	362	3.2	1.5	0.4	1.6	1.0	0.6	0.0	0.1	0.1	0.2	0.1	0.1
St. Vincent & Grens.	364	0.1	0.1	0.1	0.2	0.1	0.1	0.0	0.0	0.0	0.0	0.0	0.0
Suriname	366	0.5	0.5	0.6	0.4	0.3	0.2	0.3	0.3	0.3	0.2	0.1	0.2
Trinidad and Tobago	369	2.4	1.7	1.5	1.3	1.0	0.9	6.6	8.1	8.8	9.3	6.0	4.0
Uruguay	298	5.3	5.6	5.4	5.6	4.8	4.4	4.4	4.7	4.3	4.8	3.4	3.3
Venezuela, Rep. Bol.	299	14.5	16.7	14.8	13.1	8.4	4.1	9.1	8.2	6.5	5.1	2.5	1.7
Western Hem. n.s.	399	2.3	2.7	1.7	1.4	1.3	1.1	9.4	13.9	17.3	10.1	7.4	4.3
Other Countries n.i.e	910	**5.3**	**5.4**	**5.6**	**4.6**	**3.1**	**2.4**	**1.5**	**1.6**	**1.7**	**1.5**	**0.7**	**0.5**
Cuba	928	5.1	5.2	5.5	4.6	3.0	2.4	1.2	1.4	1.5	1.4	0.5	0.4
Korea, Dem. People's Rep.	954	0.1	0.1	0.1	0.1	0.1	0.0	0.3	0.2	0.2	0.1	0.1	0.1
Special Categories	899	**6.5**	**6.8**	**6.5**	**6.2**	**2.9**	**1.8**	**5.5**	**5.9**	**5.3**	**6.0**	**5.1**	**2.5**
Countries & Areas n.s.	898	**3.2**	**3.4**	**3.3**	**3.8**	**4.1**	**5.4**	**8.5**	**5.3**	**4.7**	**4.4**	**3.2**	**4.8**
Memorandum Items													
Africa	605	17.1	17.4	16.7	14.7	11.6	11.4	22.7	20.8	25.0	25.0	13.9	8.8
Middle East	405	21.1	20.4	20.8	20.3	17.3	18.1	8.7	9.4	10.1	10.2	6.5	4.7
European Union	998	137.6	130.5	122.5	117.1	95.8	93.1	144.5	153.8	164.0	158.0	140.4	126.3
Export earnings: fuel	080	72.7	73.7	70.9	68.0	51.2	46.1	74.0	79.7	85.8	82.5	53.9	39.9
Export earnings: nonfuel	092	1,003.1	1,014.3	1,016.0	991.6	849.6	824.9	1,013.9	1,057.3	1,082.1	1,075.6	976.8	891.6

2017, International Monetary Fund: *Direction of Trade Statistics Yearbook*

European Union (998)

In Billions of U.S. Dollars

		Exports (FOB) 2011	2012	2013	2014	2015	2016	Imports (CIF) 2011	2012	2013	2014	2015	2016
IFS World		....	....	....	....	....	....	....	....	....	....	....	....
World	001	6,093.1	5,815.3	6,075.7	6,157.8	5,388.7	5,377.1	6,244.3	5,875.9	5,920.5	6,040.5	5,238.5	5,255.3
Advanced Economies	110	4,560.5	4,289.5	4,460.9	4,553.6	4,031.6	4,047.2	4,391.0	4,105.4	4,152.3	4,261.5	3,741.6	3,792.9
Euro Area	163	2,942.8	2,710.6	2,779.2	2,844.8	2,464.6	2,491.8	2,965.9	2,752.3	2,837.3	2,924.5	2,553.5	2,581.1
Austria	122	149.5	137.1	140.9	141.4	122.3	125.4	126.2	117.2	123.3	125.9	108.7	109.3
Belgium	124	300.3	279.6	282.0	281.6	229.4	227.7	324.7	300.7	310.9	314.9	271.9	275.1
Cyprus	423	8.6	7.5	7.6	7.1	5.9	5.7	3.4	2.8	2.6	2.5	2.0	1.8
Estonia	939	13.7	14.8	14.8	14.7	12.1	12.5	10.7	9.4	10.4	11.3	8.8	9.3
Finland	172	51.9	48.1	50.5	51.7	43.9	44.2	45.9	41.4	42.9	44.2	38.5	37.5
France	132	510.7	467.2	477.8	482.2	411.1	413.7	362.9	329.9	340.2	355.4	303.8	300.6
Germany	134	805.6	762.0	777.3	804.5	701.9	707.6	856.0	785.3	809.5	842.6	747.5	763.1
Greece	174	35.6	29.2	30.0	31.5	25.9	26.9	16.6	15.3	16.0	15.8	14.0	14.3
Ireland	178	50.2	48.0	53.5	54.8	49.3	48.7	86.3	79.1	75.4	77.5	79.6	76.3
Italy	136	305.8	263.8	266.6	272.6	242.6	251.5	280.3	259.3	261.8	275.0	238.8	244.8
Latvia	941	11.9	12.7	14.2	14.6	12.0	11.7	9.1	8.5	9.2	9.9	8.1	8.6
Lithuania	946	16.4	16.7	18.6	18.9	16.8	17.5	16.5	16.6	17.0	17.3	14.8	14.9
Luxembourg	137	25.5	22.4	22.7	22.6	18.3	18.0	18.8	17.0	17.3	18.3	16.5	15.9
Malta	181	5.6	5.3	5.6	5.8	5.4	5.1	2.6	2.1	2.2	1.9	1.8	2.1
Netherlands	138	293.9	282.2	288.4	291.4	248.8	248.3	489.8	470.8	486.7	488.9	409.7	406.5
Portugal	182	59.7	49.9	53.7	56.9	49.5	51.1	40.5	37.8	40.5	41.3	36.5	37.6
Slovak Republic	936	60.0	58.7	62.0	64.0	59.1	59.4	62.8	61.7	64.5	66.1	58.8	61.8
Slovenia	961	24.0	22.1	22.9	24.0	21.1	21.9	22.9	21.1	22.9	25.3	22.2	23.0
Spain	184	213.8	183.1	190.1	204.6	189.2	195.0	190.1	176.2	184.0	190.4	171.5	178.6
Australia	193	43.4	43.6	42.6	39.2	34.9	35.9	20.8	18.7	13.5	12.3	10.6	14.5
Canada	156	41.6	40.3	41.9	42.0	38.9	39.0	42.7	39.0	36.2	36.3	31.4	32.2
China,P.R.: Hong Kong	532	42.8	43.3	47.4	46.1	39.1	38.7	15.3	13.5	13.5	14.3	15.8	20.2
China,P.R.: Macao	546	0.5	0.5	0.8	0.7	0.8	0.7	0.1	0.1	0.2	0.1	0.1	0.1
Czech Republic	935	113.5	106.5	110.6	118.2	107.2	110.9	131.1	122.5	126.8	136.8	123.9	130.2
Denmark	128	69.0	65.4	69.6	72.1	62.2	63.9	71.8	65.4	67.2	65.7	55.4	55.0
Iceland	176	2.3	2.4	2.4	2.8	2.8	4.0	4.0	3.5	3.6	3.7	3.6	3.2
Israel	436	23.5	21.9	22.5	22.5	21.0	23.3	17.8	16.4	16.6	17.7	14.9	14.6
Japan	158	68.2	71.5	71.8	70.8	62.7	64.2	98.2	83.6	75.2	75.2	66.4	73.7
Korea, Republic of	542	45.2	48.6	53.1	57.2	53.0	48.8	50.5	48.8	47.6	51.6	47.0	46.1
New Zealand	196	4.8	4.7	5.5	6.0	5.1	5.2	4.5	4.0	4.0	4.5	3.9	3.7
Norway	142	65.1	64.2	66.5	66.6	54.1	53.5	132.6	128.5	118.9	113.1	82.3	69.9
San Marino	135	0.4	0.3	0.3	0.3	0.3	0.3	0.1	0.1	0.1	0.1	0.1	0.1
Singapore	576	37.9	39.1	38.7	37.7	33.1	34.8	26.7	27.7	23.4	22.4	21.0	21.5
Sweden	144	119.9	110.0	112.7	116.1	100.4	103.4	108.9	103.0	103.6	104.6	88.7	87.8
Switzerland	146	199.1	173.4	225.9	188.1	168.3	158.7	131.7	137.4	126.8	129.6	114.6	136.1
Taiwan Prov.of China	528	22.6	20.3	21.9	22.5	20.4	21.0	33.9	29.1	29.4	30.8	28.4	28.7
United Kingdom	112	349.8	345.6	363.5	386.4	350.9	348.3	263.6	242.6	243.8	240.3	203.7	198.3
United States	111	367.9	377.1	384.2	413.3	411.7	400.8	270.6	269.2	264.6	277.9	276.3	275.7
Vatican	187	0.1	0.1	0.1	0.1	0.0	0.0	0.1	0.0	0.0	0.0	0.0	0.0
Emerg. & Dev. Economies	200	1,469.1	1,453.8	1,534.1	1,537.3	1,311.8	1,289.8	1,824.9	1,739.6	1,733.3	1,745.1	1,474.0	1,437.6
Emerg. & Dev. Asia	505	313.2	308.7	322.7	341.9	299.9	299.1	589.4	541.5	546.1	584.3	565.7	560.9
Bangladesh	513	2.4	2.0	2.2	2.6	2.7	2.9	12.6	12.7	14.5	16.5	16.8	18.1
Bhutan	514	0.0	0.1	0.0	0.0	0.1	0.0	0.0	0.0	0.0	0.0	0.1	0.0
Brunei Darussalam	516	0.8	1.4	1.7	0.6	1.0	0.3	0.0	0.0	0.0	0.0	0.0	0.0
Cambodia	522	0.3	0.3	0.3	0.4	0.5	0.7	2.1	2.6	3.3	4.0	4.5	5.1
China,P.R.: Mainland	924	189.8	185.3	196.7	218.4	188.8	187.8	410.5	375.1	372.3	401.0	389.5	381.3
Fiji	819	0.1	0.0	0.4	0.1	0.2	0.1	0.1	0.1	0.1	0.1	0.1	0.1
F.T. French Polynesia	887	0.8	0.7	0.8	0.8	0.7	0.8	0.0	0.0	0.0	0.0	0.0	0.0
F.T. New Caledonia	839	1.4	1.3	1.3	1.3	1.1	1.1	0.6	0.4	0.4	0.3	0.2	0.2
Guam	829	0.1	0.1	0.0	0.0	0.0	0.0	0.0	0.0	0.0	0.0	0.0	0.0
India	534	56.6	49.6	47.7	47.2	42.3	41.8	55.6	48.2	48.9	49.4	43.8	43.5
Indonesia	536	10.3	12.5	12.9	12.6	11.1	11.6	22.8	20.0	19.1	19.2	17.0	16.2
Lao People's Dem.Rep	544	0.3	0.3	0.2	0.2	0.1	0.1	0.3	0.3	0.3	0.3	0.3	0.3
Malaysia	548	16.6	18.7	19.0	18.6	14.8	14.7	27.3	24.1	24.4	26.0	25.2	24.2
Maldives	556	0.1	0.1	0.2	0.2	0.2	0.2	0.1	0.1	0.1	0.1	0.1	0.1
Marshall Islands	867	0.5	0.4	0.6	1.6	1.5	1.8	0.3	0.2	0.1	0.4	0.4	0.3

2017, International Monetary Fund: *Direction of Trade Statistics Yearbook*

European Union (998)
In Billions of U.S. Dollars

		Exports (FOB)						Imports (CIF)					
		2011	2012	2013	2014	2015	2016	2011	2012	2013	2014	2015	2016
Mongolia	948	0.6	0.6	0.7	0.4	0.4	0.3	0.1	0.1	0.1	0.1	0.1	0.1
Myanmar	518	0.2	0.3	0.5	0.7	0.6	0.6	0.2	0.2	0.3	0.5	0.7	1.1
Nepal	558	0.1	0.1	0.1	0.2	0.3	0.2	0.1	0.1	0.1	0.1	0.1	0.1
Papua New Guinea	853	0.3	0.6	0.2	0.2	0.2	0.2	1.3	1.3	1.0	1.1	0.8	0.8
Philippines	566	5.5	6.2	7.7	9.0	6.8	6.8	8.9	6.6	6.8	7.6	7.8	7.4
Solomon Islands	813	0.0	0.0	0.0	0.0	0.0	0.0	0.1	0.1	0.1	0.1	0.1	0.1
Sri Lanka	524	1.9	1.7	1.6	1.7	2.3	1.5	3.4	3.3	3.1	3.4	2.9	2.8
Thailand	578	17.1	19.1	19.9	16.5	14.8	15.0	24.7	21.8	22.6	24.5	21.7	22.4
Timor-Leste	537	0.1	0.2	0.0	0.0	0.0	0.0	0.0	0.0	0.0	0.0	0.0	0.0
Vanuatu	846	0.1	0.1	0.1	0.2	0.0	0.0	0.1	0.0	0.0	0.0	0.0	0.0
Vietnam	582	7.2	6.9	7.7	8.2	9.3	10.3	18.0	23.9	28.2	29.5	33.3	36.6
Asia n.s.	598	0.2	0.2	0.1	0.1	0.1	0.1	0.1	0.1	0.0	0.0	0.0	0.0
Europe	170	**676.3**	**655.3**	**688.2**	**678.4**	**555.5**	**564.1**	**735.7**	**702.3**	**730.1**	**727.3**	**580.5**	**575.5**
Emerg. & Dev. Europe	903	**461.8**	**431.7**	**459.4**	**482.5**	**431.4**	**442.6**	**370.7**	**346.9**	**377.2**	**407.3**	**377.5**	**400.3**
Albania	914	3.2	3.1	3.1	3.3	2.8	3.0	1.3	1.4	1.6	1.7	1.3	1.4
Bosnia and Herzegovina	963	6.6	6.2	6.3	6.7	5.6	5.8	4.1	3.8	4.3	4.4	3.9	4.2
Bulgaria	918	18.8	18.7	20.2	21.7	19.2	19.5	16.5	15.3	17.1	17.6	15.9	17.0
Croatia	960	16.0	14.4	14.1	16.2	15.3	16.1	7.8	7.0	7.2	7.5	7.4	8.3
Faroe Islands	816	0.6	0.6	0.7	0.7	0.6	0.7	0.7	0.7	0.8	0.8	0.6	0.8
Gibraltar	823	11.3	11.9	12.3	9.4	5.0	4.4	0.6	1.1	0.7	1.6	0.4	0.3
Hungary	944	69.9	65.0	70.0	77.5	70.3	72.0	79.5	73.6	77.1	81.8	74.8	77.4
Kosovo	967	1.0	0.9	1.0	1.0	0.8	0.9	0.2	0.2	0.2	0.1	0.1	0.1
Macedonia, FYR	962	4.2	4.3	4.5	5.1	4.6	4.9	3.2	2.7	3.2	4.0	3.7	4.1
Montenegro	943	1.1	1.1	1.2	1.3	1.0	1.1	0.3	0.4	0.2	0.3	0.2	0.2
Poland	964	160.0	145.4	155.2	168.6	153.0	158.4	140.9	134.9	147.5	159.5	150.6	158.5
Romania	968	54.3	50.5	54.7	58.3	53.2	56.6	40.5	36.5	41.2	46.2	41.6	44.6
Serbia, Republic of	942	12.7	12.4	13.2	13.8	12.4	12.9	7.2	6.5	8.8	9.5	8.7	9.7
Turkey	186	102.2	97.0	103.0	99.1	87.5	86.3	68.0	62.8	67.3	72.3	68.4	73.9
CIS	901	**212.9**	**222.2**	**227.4**	**194.4**	**122.8**	**120.2**	**364.9**	**355.4**	**352.9**	**319.9**	**202.9**	**175.2**
Armenia	911	0.9	0.9	1.0	0.9	0.7	0.7	0.4	0.4	0.3	0.4	0.3	0.4
Azerbaijan, Rep. of	912	4.0	3.8	5.0	4.6	3.8	2.1	21.6	18.4	19.1	17.6	11.9	8.4
Belarus	913	10.1	10.1	11.4	9.9	6.3	5.5	6.1	5.9	4.5	4.6	4.1	3.3
Georgia	915	2.2	2.7	2.7	2.5	2.0	2.2	0.9	0.8	0.9	0.9	0.8	0.6
Kazakhstan	916	8.3	8.9	9.9	9.0	6.9	5.6	31.9	31.6	31.7	31.8	18.0	14.1
Kyrgyz Republic	917	0.6	0.5	0.5	0.5	0.3	0.3	0.1	0.1	0.1	0.1	0.1	0.1
Moldova	921	2.6	2.6	3.0	3.1	2.3	2.2	1.2	1.2	1.3	1.5	1.4	1.5
Russian Federation	922	151.2	158.6	158.6	137.4	81.8	80.1	280.3	276.9	274.9	243.3	151.3	131.3
Tajikistan	923	0.2	0.2	0.3	0.3	0.2	0.2	0.1	0.2	0.1	0.1	0.1	0.1
Turkmenistan	925	1.3	1.7	1.4	1.5	1.2	1.3	0.6	0.9	1.2	1.1	0.5	0.7
Ukraine	926	29.6	30.7	31.8	22.6	15.6	18.3	21.1	18.8	18.4	18.3	14.2	14.6
Uzbekistan	927	1.8	1.6	1.9	2.1	1.8	1.8	0.6	0.3	0.3	0.3	0.3	0.2
Europe n.s.	884	1.6	1.4	1.4	1.5	1.2	1.3	0.1	0.1	0.1	0.1	0.1	0.1
Mid East, N Africa, Pak	440	**232.2**	**240.4**	**264.3**	**267.6**	**240.6**	**229.8**	**224.7**	**229.7**	**208.6**	**189.0**	**136.0**	**124.9**
Afghanistan, I.R. of	512	1.2	1.2	0.8	0.6	0.3	0.3	0.1	0.1	0.1	0.1	0.0	0.0
Algeria	612	24.1	27.2	29.7	31.0	24.6	22.5	38.7	42.2	42.4	39.3	23.2	18.2
Bahrain, Kingdom of	419	2.2	2.7	1.9	2.3	1.9	1.9	1.2	2.0	1.7	1.2	0.9	0.7
Djibouti	611	0.3	0.2	0.3	0.3	0.3	0.4	0.0	0.0	0.0	0.0	0.0	0.0
Egypt	469	19.6	20.0	19.8	22.4	22.6	22.8	13.4	11.0	10.6	11.5	8.1	7.4
Iran, I.R. of	429	14.6	9.5	7.2	8.5	7.2	9.1	24.2	7.3	1.0	1.5	1.4	6.1
Iraq	433	5.4	6.0	7.3	6.2	5.0	3.9	13.6	16.3	14.0	15.3	13.4	11.5
Jordan	439	4.5	4.4	4.9	4.9	4.4	4.5	0.4	0.4	0.5	0.4	0.4	0.4
Kuwait	443	5.2	5.8	7.0	6.7	6.6	6.0	6.7	7.5	8.3	7.3	4.7	3.7
Lebanon	446	7.4	8.7	8.9	8.7	7.4	7.4	0.6	0.5	0.4	0.4	0.5	0.5
Libya	672	2.9	8.2	10.4	7.1	4.6	3.8	14.2	42.2	30.6	16.4	8.4	5.4
Mauritania	682	1.4	1.6	1.6	1.4	0.8	0.7	1.1	0.8	0.7	0.7	0.5	0.5
Morocco	686	21.4	21.8	22.9	24.2	20.1	23.0	12.4	12.0	13.3	14.7	13.8	15.3
Oman	449	4.2	4.9	5.1	4.8	5.1	4.6	1.1	0.8	1.4	0.9	0.7	0.4
Pakistan	564	5.2	5.3	5.1	5.4	4.9	5.8	6.5	5.3	6.0	7.3	6.7	7.0
Qatar	453	6.8	7.7	8.2	11.0	11.7	10.6	18.9	13.3	12.2	10.0	8.4	5.9
Saudi Arabia	456	36.7	38.7	44.7	46.6	44.5	37.5	39.6	44.4	40.0	38.2	23.7	21.1

2017, International Monetary Fund: *Direction of Trade Statistics Yearbook*

European Union (998)

In Billions of U.S. Dollars

		Exports (FOB) 2011	2012	2013	2014	2015	2016	Imports (CIF) 2011	2012	2013	2014	2015	2016
Somalia	726	0.1	0.0	0.1	0.1	0.1	0.1	0.0	0.0	0.0	0.0	0.0	0.0
Sudan	732	1.7	1.2	1.2	1.1	1.1	1.0	0.5	0.2	0.2	0.3	0.2	0.2
Syrian Arab Republic	463	4.2	1.5	1.0	0.9	0.6	0.5	4.5	0.4	0.2	0.1	0.1	0.1
Tunisia	744	15.4	14.4	14.8	14.6	11.9	11.7	13.8	12.2	12.4	12.4	10.5	10.3
United Arab Emirates	466	46.3	47.8	59.2	56.6	53.7	50.6	12.5	10.7	12.3	10.9	10.3	10.2
West Bank and Gaza	487	0.1	0.1	0.2	0.2	0.2	0.3	0.0	0.0	0.0	0.0	0.0	0.0
Yemen, Republic of	474	1.2	1.5	2.0	1.9	0.8	0.7	0.6	0.1	0.2	0.1	0.0	0.0
Sub-Saharan Africa	603	**103.0**	**98.0**	**102.1**	**101.3**	**84.1**	**73.2**	**116.6**	**119.6**	**113.1**	**112.7**	**83.0**	**71.8**
Angola	614	6.7	8.0	8.2	8.9	5.4	3.7	9.2	9.1	12.3	12.4	8.8	4.6
Benin	638	3.6	1.3	1.3	1.5	1.1	0.7	0.1	0.0	0.0	0.1	0.1	0.0
Botswana	616	0.9	1.5	1.3	0.4	0.3	0.4	4.1	3.9	4.6	2.4	1.7	2.4
Burkina Faso	748	0.7	0.8	0.9	0.8	0.7	0.7	0.1	0.1	0.1	0.1	0.1	0.1
Burundi	618	0.1	0.1	0.1	0.1	0.1	0.1	0.1	0.1	0.0	0.0	0.0	0.0
Cabo Verde	624	0.8	0.6	0.6	0.6	0.4	0.5	0.1	0.1	0.1	0.1	0.1	0.1
Cameroon	622	2.0	2.1	2.3	2.2	1.8	1.7	3.0	2.7	3.2	2.9	2.0	2.0
Central African Rep.	626	0.2	0.2	0.1	0.1	0.1	0.1	0.1	0.1	0.0	0.0	0.0	0.0
Chad	628	0.4	0.3	0.4	0.6	0.3	0.2	0.3	0.0	0.1	0.0	0.1	0.1
Comoros	632	0.1	0.1	0.1	0.1	0.0	0.1	0.0	0.1	0.0	0.0	0.0	0.0
Congo, Dem. Rep. of	636	1.4	1.4	1.4	1.3	1.2	1.0	0.9	0.9	1.5	1.4	0.8	1.0
Congo, Republic of	634	1.6	1.6	1.8	2.2	1.9	1.3	2.8	3.1	1.8	2.0	2.0	1.2
Côte d'Ivoire	662	2.0	2.6	2.9	3.1	3.0	2.7	4.4	4.2	4.4	4.3	4.7	5.0
Equatorial Guinea	642	1.2	1.0	1.1	1.0	0.9	0.5	5.7	6.8	5.4	4.9	2.5	1.5
Eritrea	643	0.1	0.1	0.1	0.1	0.1	0.1	0.0	0.0	0.0	0.0	0.0	0.0
Ethiopia	644	1.3	1.5	1.6	1.7	2.0	2.3	1.0	0.8	0.7	0.8	0.8	0.8
Gabon	646	1.9	1.8	2.0	1.8	1.2	0.9	1.1	1.4	1.9	1.3	1.8	1.2
Gambia, The	648	0.2	0.2	0.2	0.2	0.2	0.2	0.0	0.0	0.0	0.0	0.0	0.0
Ghana	652	4.1	4.6	4.5	4.1	3.4	3.2	4.9	4.2	4.5	3.8	2.9	2.5
Guinea	656	1.0	1.2	1.6	1.3	1.0	1.0	0.7	0.7	0.6	0.6	0.7	0.6
Guinea-Bissau	654	0.1	0.1	0.1	0.2	0.1	0.1	0.0	0.0	0.0	0.0	0.0	0.0
Kenya	664	2.4	2.4	2.5	2.4	2.4	2.1	1.8	1.6	1.5	1.6	1.5	1.4
Lesotho	666	0.0	0.0	0.0	0.0	0.0	0.0	0.3	0.3	0.2	0.3	0.3	0.2
Liberia	668	1.2	0.7	0.8	0.8	1.1	0.9	0.4	0.4	0.7	0.7	0.7	0.5
Madagascar	674	0.6	0.7	0.7	0.7	0.6	0.6	0.8	0.7	1.0	1.1	1.0	1.1
Malawi	676	0.2	0.2	0.2	0.2	0.1	0.1	0.3	0.3	0.3	0.4	0.4	0.3
Mali	678	1.0	0.9	1.0	1.1	1.1	1.2	0.1	0.0	0.1	0.1	0.0	0.0
Mauritius	684	1.1	1.1	1.1	1.2	1.0	1.0	1.3	1.3	1.4	1.3	1.0	1.0
Mozambique	688	0.8	0.9	1.1	1.2	1.1	0.8	1.8	1.6	1.8	1.8	1.6	1.5
Namibia	728	0.8	1.0	1.0	0.8	0.4	0.4	2.0	1.7	1.2	1.3	1.2	1.2
Niger	692	0.5	0.5	0.5	0.6	0.4	0.3	0.4	0.6	0.8	0.5	0.5	0.2
Nigeria	694	18.0	14.7	15.6	15.3	11.9	9.9	33.9	42.5	38.1	37.5	20.6	12.1
Rwanda	714	0.2	0.3	0.2	0.2	0.2	0.5	0.1	0.1	0.0	0.1	0.1	0.1
São Tomé & Príncipe	716	0.1	0.1	0.1	0.1	0.1	0.1	0.0	0.0	0.0	0.0	0.0	0.0
Senegal	722	3.8	4.3	4.0	3.8	2.6	2.6	0.6	0.4	0.5	0.5	0.5	0.5
Seychelles	718	0.3	0.3	0.4	0.3	0.3	0.3	0.3	0.3	0.4	0.4	0.3	0.3
Sierra Leone	724	0.4	0.4	0.4	0.4	0.3	0.2	0.2	0.3	0.2	0.3	0.3	0.2
South Africa	199	36.5	32.9	32.5	30.9	28.2	25.4	30.4	26.4	20.7	24.7	21.5	25.4
South Sudan, Rep. of	733	....	....	0.1	0.1	0.1	0.0	....	....	0.0	0.0	0.0	0.0
Swaziland	734	0.0	0.0	0.0	0.0	0.0	0.1	0.2	0.2	0.3	0.2	0.2	0.1
Tanzania	738	1.5	1.4	1.2	1.3	1.2	1.1	0.7	0.6	0.7	0.8	0.8	0.7
Togo	742	1.4	2.6	4.3	6.3	4.3	2.9	0.4	0.2	0.2	0.1	0.1	0.1
Uganda	746	0.7	0.6	0.6	0.6	0.5	0.6	0.6	0.5	0.6	0.6	0.5	0.5
Zambia	754	0.6	0.6	0.8	0.6	0.5	0.4	0.7	0.6	0.6	0.5	0.5	0.5
Zimbabwe	698	0.3	0.4	0.3	0.3	0.2	0.2	0.6	0.5	0.5	0.7	0.4	0.4
Africa n.s.	799	0.0	0.0	0.1	0.0	0.0	0.0	0.0	0.0	0.0	0.0	0.0	0.0
Western Hemisphere	205	**144.4**	**151.4**	**156.8**	**148.2**	**131.7**	**123.5**	**158.6**	**146.5**	**135.5**	**131.8**	**108.8**	**104.5**
Anguilla	312	0.0	0.0	0.1	0.0	0.0	0.0	0.0	0.0	0.0	0.0	0.0	0.0
Antigua and Barbuda	311	0.2	0.2	0.4	0.3	0.2	0.3	0.1	0.1	0.2	0.1	0.1	0.2
Argentina	213	11.6	11.0	13.3	11.0	10.1	9.4	14.9	12.8	10.8	10.2	9.0	9.1
Aruba	314	0.3	0.3	0.3	0.2	0.2	0.2	0.1	0.1	0.0	0.1	0.0	0.0
Bahamas, The	313	0.7	0.9	0.8	1.0	1.4	0.9	0.4	0.4	0.5	0.8	0.9	0.4

European Union (998)

In Billions of U.S. Dollars

		Exports (FOB)						Imports (CIF)					
		2011	2012	2013	2014	2015	2016	2011	2012	2013	2014	2015	2016
Barbados	316	0.2	0.2	0.2	0.3	0.2	0.2	0.1	0.0	0.1	0.1	0.0	0.0
Belize	339	0.1	0.3	0.1	0.2	0.1	0.1	0.1	0.2	0.2	0.2	0.2	0.1
Bermuda	319	0.5	0.2	0.1	0.1	0.5	0.2	0.5	0.0	0.0	0.0	0.4	0.3
Bolivia	218	0.5	0.6	1.0	1.0	0.8	0.7	0.5	0.5	0.7	0.7	0.7	0.6
Brazil	223	49.8	51.0	52.9	49.1	38.3	34.2	55.7	48.8	44.3	41.5	34.6	32.7
Chile	228	10.7	10.9	12.3	9.8	9.3	9.5	15.7	12.5	11.9	11.5	9.1	8.1
Colombia	233	6.9	7.1	7.8	8.4	7.2	6.0	9.7	11.1	10.2	10.9	7.5	6.0
Costa Rica	238	1.1	1.0	1.1	1.1	1.1	1.2	5.1	5.5	5.4	5.0	2.5	2.6
Curaçao	354	....	....	0.1	0.5	0.4	0.3	....	....	0.1	0.1	0.1	0.1
Dominican Republic	243	1.5	1.8	1.4	1.5	1.8	2.0	1.0	1.0	1.1	1.0	1.0	1.1
Ecuador	248	2.0	2.9	3.0	2.9	2.2	1.8	3.3	3.2	3.4	3.5	2.9	3.0
El Salvador	253	0.6	0.8	0.7	0.7	0.6	0.5	0.4	0.3	0.3	0.2	0.2	0.2
Falkland Islands	323	0.2	0.1	0.1	0.2	0.2	0.1	0.2	0.2	0.1	0.2	0.2	0.2
Greenland	326	0.9	0.8	0.7	0.7	0.6	0.6	0.5	0.5	0.5	0.5	0.4	0.6
Guatemala	258	1.0	0.9	1.0	1.2	1.1	1.0	0.7	0.8	0.8	0.9	1.0	1.0
Guyana	336	0.2	0.1	0.2	0.1	0.1	0.1	0.2	0.2	0.3	0.3	0.3	0.2
Haiti	263	0.3	0.2	0.2	0.3	0.2	0.2	0.0	0.0	0.0	0.0	0.0	0.0
Honduras	268	0.5	0.5	0.5	0.6	0.5	0.5	1.3	1.3	1.0	1.1	1.1	1.2
Jamaica	343	0.4	0.3	0.3	0.3	0.4	0.4	0.3	0.3	0.4	0.3	0.2	0.2
Mexico	273	33.3	35.9	36.4	37.8	37.2	37.5	23.7	25.1	23.2	23.9	21.6	22.0
Netherlands Antilles	353	0.7	1.0	....	....	....	....	0.3	0.3	....	....	....	....
Nicaragua	278	0.2	0.3	0.2	0.3	0.3	0.3	0.4	0.3	0.4	0.4	0.4	0.4
Panama	283	2.9	3.4	3.8	3.1	2.8	2.4	0.5	0.5	0.9	0.6	0.6	0.7
Paraguay	288	0.7	0.6	0.7	0.8	0.7	0.6	1.7	1.2	1.5	1.5	1.2	1.2
Peru	293	3.9	4.5	4.6	4.3	4.1	4.0	8.9	8.0	7.0	6.6	5.6	5.7
Sint Maarten	352	....	....	0.1	0.1	0.1	0.1	....	....	0.0	0.0	0.0	0.1
St. Kitts and Nevis	361	0.0	0.1	0.1	0.1	0.1	0.1	0.0	0.0	0.0	0.0	0.0	0.0
St. Lucia	362	0.1	0.1	0.0	0.1	0.0	0.1	0.0	0.0	0.0	0.0	0.0	0.0
St. Vincent & Grens.	364	0.1	0.1	0.1	0.1	0.1	0.0	0.0	0.0	0.0	0.0	0.0	0.1
Suriname	366	0.4	0.5	0.7	0.4	0.4	0.3	0.4	0.3	0.3	0.4	0.3	0.3
Trinidad and Tobago	369	0.7	0.8	0.9	0.7	0.7	0.7	2.7	2.0	2.8	2.1	1.4	0.8
Uruguay	298	1.8	2.1	2.3	2.1	2.1	1.8	1.9	1.6	1.8	1.6	1.9	1.9
Venezuela, Rep. Bol.	299	6.8	8.4	6.2	5.1	3.3	1.7	5.8	5.8	4.5	4.8	2.5	1.4
Western Hem. n.s.	399	2.7	1.8	1.8	1.7	2.1	3.4	1.4	1.4	0.9	0.7	1.0	2.0
Other Countries n.i.e	910	**2.2**	**2.3**	**2.5**	**2.2**	**2.4**	**2.3**	**1.0**	**1.0**	**1.3**	**0.6**	**0.6**	**0.5**
Cuba	928	2.1	2.2	2.4	2.2	2.4	2.3	0.8	0.9	1.1	0.6	0.6	0.5
Korea, Dem. People's Rep.	954	0.1	0.1	0.0	0.0	0.0	0.0	0.2	0.0	0.2	0.0	0.0	0.0
Special Categories	899	**27.2**	**34.5**	**34.7**	**29.7**	**22.7**	**18.3**	**0.1**	**0.1**	**0.1**	**0.1**	**1.4**	**1.5**
Countries & Areas n.s.	898	**34.1**	**35.1**	**43.5**	**35.0**	**20.2**	**19.6**	**27.3**	**29.9**	**33.5**	**33.2**	**20.9**	**22.9**
Memorandum Items													
Africa	605	167.3	164.4	172.7	174.0	143.0	132.5	183.1	187.0	182.1	180.2	131.3	116.3
Middle East	405	161.4	167.5	187.8	188.8	176.4	164.2	151.6	156.9	133.5	114.1	80.9	73.4
European Union	998	3,914.0	3,632.2	3,749.7	3,879.9	3,396.4	3,440.8	3,826.7	3,553.1	3,668.8	3,784.5	3,315.5	3,358.1
Export earnings: fuel	080	362.3	381.7	407.3	383.8	296.5	268.3	580.8	600.2	572.2	514.8	327.4	270.4
Export earnings: nonfuel	092	5,730.8	5,433.6	5,668.4	5,774.0	5,092.2	5,108.8	5,663.5	5,275.7	5,348.3	5,525.7	4,911.1	4,985.0

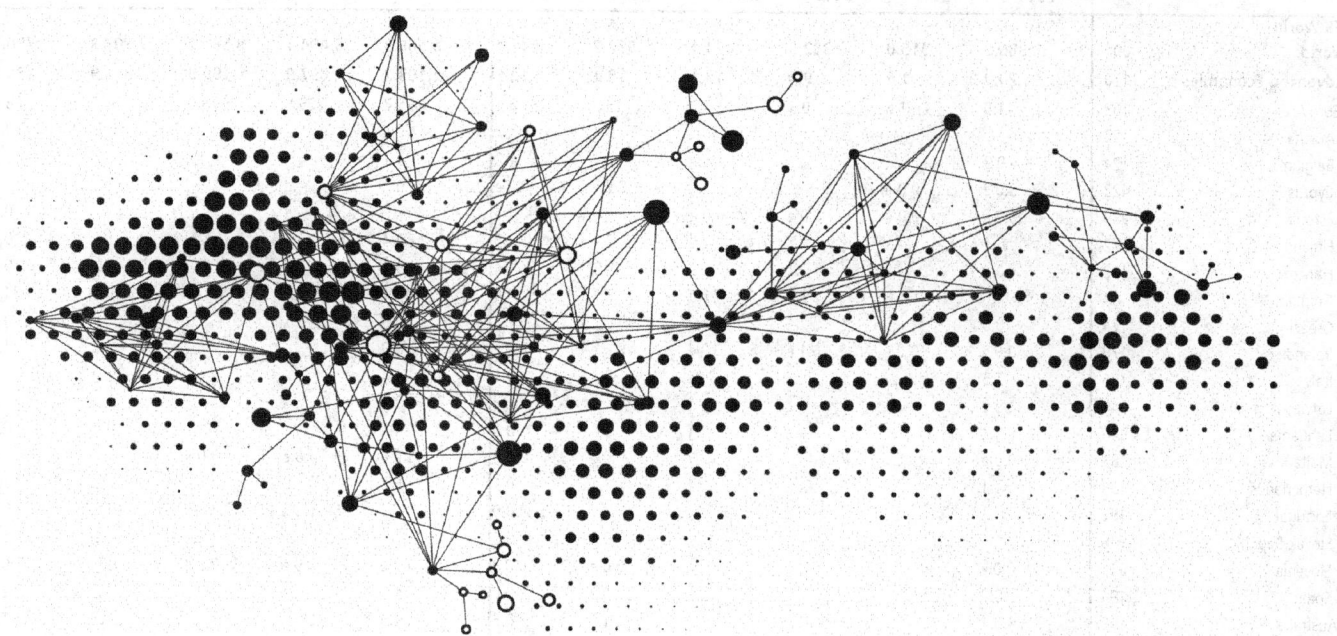

Country Tables

Afghanistan, Islamic Republic of (512)

In Millions of U.S. Dollars

		Exports (FOB) 2011	2012	2013	2014	2015	2016	Imports (CIF) 2011	2012	2013	2014	2015	2016
IFS World		....	....	....	....	....	....	....	....	....	....	....	....
World	001	386.2	315.0	382.5	424.3	577.2	611.4	6,566.3	6,404.1	8,580.2	7,707.3	7,750.7	6,558.9
Advanced Economies	110	20.0	1.6	9.4	17.1	18.4	12.5	1,103.2	897.9	199.9	319.9	735.4	465.6
Euro Area	163	11.5	1.6	9.3	17.1	12.2	8.1	425.2	265.5	173.0	54.2	66.6	63.2
Austria	122	....	....	....	....	0.1	....	1.3	....	....	....	0.1	0.9
Belgium	124	0.9	....	....	....	0.4	1.2	4.1	....	....	....	1.2	1.0
Cyprus	423	0.0 e	0.0 e	....	....	0.0 e	0.0 e	0.1	....	....	....	....	....
Estonia	939	0.0 e	0.0 e	0.0 e	0.0 e	0.0 e	0.1 e	....	....	....	....	0.2	0.1
Finland	172	6.1	....	....	....	2.1	0.5	2.4	....	....	....	0.2	0.2
France	132	0.2	....	....	....	0.3	1.4	3.4	....	....	....	9.8	5.4
Germany	134	1.5	1.6	9.2	17.0	5.7	4.4	244.4	258.0	170.8	53.2	31.0	29.4
Greece	174	0.0	....	....	....	....	....	0.5	....	....	....	0.0	0.0
Ireland	178	0.0 e	0.0 e	0.1 e	0.0 e	0.0 e	0.2 e	3.0	....	....	....	7.5	6.8
Italy	136	1.5	....	....	....	2.4	0.1	4.4	....	....	....	4.8	5.4
Latvia	941	0.2	....	....	....	....	....	149.7	....	....	....	....	....
Lithuania	946	....	....	....	....	0.0	0.0	....	....	....	....	0.5	1.4
Malta	181	0.0 e	....	....	....	0.0 e	0.0 e	1.9 e	4.6 e	0.0 e	....	0.3 e	4.6 e
Netherlands	138	1.1	....	....	....	1.1	0.1	5.2	....	....	....	7.9	5.1
Portugal	182	....	....	....	....	....	0.0	....	....	....	....	0.1	0.3
Slovak Republic	936	....	....	....	....	0.0	0.0	2.1	....	....	....	0.1	0.4
Slovenia	961	0.0 e	....	....	....	0.0 e	0.0 e	1.7 e	2.9 e	2.3 e	1.0 e	0.6 e	0.2 e
Spain	184	0.0	....	....	....	0.3	0.0	1.0	....	....	....	2.4	1.9
Australia	193	0.1	....	....	....	1.3	0.5	1.3	....	....	....	1.3	5.6
Canada	156	0.9	....	....	....	0.8	0.6	23.8	....	....	....	2.6	6.7
China,P.R.: Hong Kong	532	0.9	....	....	....	0.1	....	7.4	....	....	....	3.4	1.3
Czech Republic	935	....	....	....	....	0.0	....	....	....	....	....	0.4	0.2
Denmark	128	0.1	....	....	....	0.1	0.0	0.9	....	....	....	1.0	1.0
Japan	158	0.3	....	....	....	0.0	0.1	411.8	600.5	25.9	258.8	292.1	248.7
Korea, Republic of	542	....	....	....	....	0.0	....	98.7	....	....	....	91.8	41.2
New Zealand	196	....	....	....	....	0.0	0.0	0.2	....	....	....	0.3	0.8
Norway	142	....	....	....	....	....	0.0	0.3	....	....	....	0.2	0.1
Singapore	576	....	....	....	....	0.2	0.1	5.4	....	....	....	4.6	5.6
Sweden	144	0.8	....	....	....	0.3	0.0	4.6	....	....	....	4.8	3.4
Switzerland	146	....	....	....	....	0.1	0.0	8.0	....	....	....	6.1	5.4
Taiwan Prov.of China	528	0.2 e	0.0 e	0.0 e	0.0 e	0.1 e	0.0 e	0.6 e	1.1 e	0.7 e	0.8 e	1.1 e	1.1 e
United Kingdom	112	1.7	....	....	....	0.5	1.7	24.2	30.8	0.3	6.1	7.8	8.0
United States	111	3.5	....	....	....	2.7	1.3	90.6	....	....	....	251.5	73.4
Emerg. & Dev. Economies	200	366.1	313.3	373.1	407.2	558.7	598.9	5,463.1	2,404.0	1,807.2	3,979.2	7,015.3	6,093.4
Emerg. & Dev. Asia	505	76.8	74.8	123.8	175.8	201.2	235.8	842.5	832.5	180.5	1,145.9	1,629.7	1,641.9
Bangladesh	513	....	....	....	....	0.6	0.2	1.2	....	....	....	3.2	2.9
Cambodia	522	0.1 e	0.0 e	....	....	....	....	4.8 e	0.7 e	0.5 e	0.0 e	0.0 e	0.0 e
China,P.R.: Mainland	924	5.9	4.8	20.3	15.5	10.2	4.8	577.2	713.7	136.3	1,038.2	1,044.0	1,092.7
India	534	70.4	69.7	103.0	160.0	188.9	230.0	103.9	118.1	43.7	107.7	130.6	152.9
Indonesia	536	....	....	....	....	....	....	33.9	....	....	....	67.6	36.8
Malaysia	548	....	....	....	....	0.0	0.1	59.9	....	....	....	277.3	264.9
Maldives	556	....	....	....	....	....	0.0 e	....	....	....	....	0.0	0.1
Marshall Islands	867	....	....	....	....	....	....	....	....	....	....	24.0	....
Myanmar	518	....	....	....	....	....	0.0	....	....	....	....	1.2	....
Nepal	558	0.0 e	0.0 e	0.2 e	0.1 e	0.1 e	0.1 e	0.0	....	....	....	0.3	....
Philippines	566	0.3 e	0.2 e	0.3 e	0.3 e	1.1 e	0.1 e	0.0	....	....	....	0.1	0.3
Samoa	862	....	....	....	....	....	0.0 e	....	....	....	....	1.3	7.9
Sri Lanka	524	....	....	....	....	0.0	....	0.6	....	....	....	1.0	2.2
Thailand	578	....	....	....	....	0.0	0.0	36.4	....	....	....	20.2	18.5
Vietnam	582	....	....	....	....	0.3	0.6	18.3	....	....	....	53.4	57.7
Asia n.s.	598	....	....	....	....	....	....	6.4	....	....	....	5.4	5.1
Europe	170	60.5	1.7	1.3	1.9	53.5	33.2	2,829.4	187.9	13.5	5.2	1,798.1	1,714.1
Emerg. & Dev. Europe	903	14.0	0.3	0.2	0.5	17.8	12.3	150.1	13.5	7.4	0.4	89.6	82.5
Albania	914	....	0.0 e	0.0 e	0.0 e	0.0 e	0.0 e	0.1	....	....	....	....	....
Bosnia and Herzegovina	963	0.0 e	0.1 e	0.1 e	0.3 e	0.0 e	0.0 e	....	....	....	....	0.0	....
Bulgaria	918	....	....	....	....	0.0	....	0.0	....	....	....	0.1	0.1

Afghanistan, Islamic Republic of (512)

In Millions of U.S. Dollars

		Exports (FOB)						Imports (CIF)					
		2011	2012	2013	2014	2015	2016	2011	2012	2013	2014	2015	2016
Croatia	960	0.1 e	0.1 e	0.1 e	0.0 e	0.0 e	0.0 e	9.8 e	12.8 e	7.1 e	0.1 e	0.1 e	0.1 e
Hungary	944	....	....	....	....	....	0.0	0.1	....	....	....	0.0	0.5
Macedonia, FYR	962	0.0 e	0.0 e	0.0 e	0.0 e	0.0 e	0.0 e	0.6 e	0.7 e	0.2 e	0.3 e	0.3 e	0.1 e
Montenegro	943	....	0.0 e	0.0 e	....	0.0 e	0.0 e	....	0.1 e	0.1 e	....	....	....
Poland	964	2.4	....	....	....	0.0	0.0	1.0	....	....	....	3.1	3.4
Romania	968	....	....	....	....	0.0	0.1	0.2	....	....	....	0.1	0.0
Serbia, Republic of	942	0.1 e	0.0 e	0.0 e	0.1 e	0.0 e	0.0 e	....	....	....	....	0.0	0.0
Turkey	186	11.5	....	....	....	17.8	12.1	138.2	....	....	....	85.8	78.3
CIS	**901**	**46.5**	**1.4**	**1.1**	**1.5**	**35.7**	**20.9**	**2,679.4**	**174.4**	**6.2**	**4.7**	**1,708.5**	**1,631.6**
Armenia	911	0.0 e	0.0 e	0.0 e	0.0 e	0.0 e	0.1 e	0.0	....	....	....	0.0	....
Azerbaijan, Rep. of	912	....	....	....	....	0.0	....	70.5	....	....	....	36.0	14.7
Belarus	913	2.7 e	1.4 e	1.1 e	1.4 e	0.4 e	10.3 e	148.7 e	165.7 e	5.1 e	4.7 e	17.0 e	16.5 e
Georgia	915	....	....	....	....	0.0	....	0.3	....	....	....	....	0.0
Kazakhstan	916	1.1	....	....	....	10.8	4.0	333.3	....	....	....	426.8	621.6
Kyrgyz Republic	917	0.0	....	....	....	....	....	....	....	....	....	3.0	0.1
Moldova	921	....	....	....	0.1 e	0.0 e	0.0 e	5.8 e	8.7 e	1.0 e	0.0 e	0.0 e	0.0 e
Russian Federation	922	33.0	....	....	....	18.5	3.5	804.2	....	....	....	157.4	138.8
Tajikistan	923	5.3	....	....	....	4.7	0.9	226.9	....	....	....	91.5	79.7
Turkmenistan	925	3.8	....	....	....	0.9	1.8	353.0	....	....	....	632.4	355.4
Ukraine	926	0.3	....	....	....	0.0	0.0	4.3	....	....	....	8.2	5.6
Uzbekistan	927	0.1	....	....	....	0.3	0.4	732.4	....	....	....	336.0	399.1
Mid East, N Africa, Pak	**440**	**221.9**	**229.9**	**242.3**	**222.7**	**300.2**	**326.2**	**1,716.6**	**1,382.9**	**1,605.5**	**2,826.2**	**3,493.0**	**2,678.4**
Bahrain, Kingdom of	419	0.1 e	0.0 e	0.1 e	0.2 e	0.2 e	0.2 e	0.0 e	0.6 e	0.7 e	0.3 e	0.8 e	0.4 e
Egypt	469	1.4	....	....	....	0.1	0.0	3.1	....	....	....	1.2	0.6
Iran, I.R. of	429	19.5	26.6	42.7	33.4	29.2	18.8	581.7	498.6	715.2	1,497.1	1,808.0	1,265.1
Iraq	433	15.4	....	....	....	17.0	11.2	0.0	....	....	....	0.4	....
Jordan	439	....	....	....	....	0.7	1.4	0.0	....	....	....	1.4	0.9
Kuwait	443	0.0 e	0.0 e	0.1 e	0.1 e	0.1 e	0.1 e	....	....	....	....	....	....
Lebanon	446	....	....	....	....	1.0	0.5	2.2	....	....	....	1.8	1.5
Mauritania	682	0.1 e	0.1 e	0.0 e	0.0 e	....	....	....	....	0.4 e	....	....	....
Morocco	686	....	0.0 e	0.1 e	0.0 e	....	....	0.2	....	....	....	....	....
Oman	449	....	....	0.0 e	....	....	....	0.7 e	0.6 e	0.1 e	....	0.2 e	0.0 e
Pakistan	564	180.6	201.4	198.4	188.4	226.6	283.3	877.8	883.0	889.1	1,327.9	1,346.4	1,198.8
Qatar	453	....	....	0.5 e	....	....	....	0.3 e	0.1 e	0.0 e	0.7 e	2.8 e	0.6 e
Saudi Arabia	456	1.3	1.7	0.5	0.5	0.9	1.1	51.0	....	....	....	9.6	9.8
Sudan	732	....	....	....	....	....	....	....	....	....	....	0.0	0.1
Tunisia	744	0.0 e	0.1 e	0.0 e	0.1 e	0.0 e	0.2 e	....	0.0 e	0.1 e	0.1 e	....	0.1 e
United Arab Emirates	466	3.2	....	....	....	24.4	9.4	199.6	....	....	....	320.5	200.4
Yemen, Republic of	474	0.1	....	....	....	....	....	....	....	0.0 e	0.2 e	0.0 e	0.0 e
Sub-Saharan Africa	**603**	**2.0**	**4.8**	**3.7**	**5.9**	**2.6**	**3.0**	**61.2**	**0.2**	**0.6**	**0.2**	**77.9**	**48.2**
Angola	614	0.3 e	1.0 e	0.1 e	0.1 e	0.3 e	0.2 e	....	....	....	....	....	....
Benin	638	0.0 e	0.1 e	0.1 e	0.1 e	0.0 e	0.0 e	....	....	....	....	....	....
Central African Rep.	626	....	....	....	2.5 e	....	....	....	....	....	....	....	....
Côte d'Ivoire	662	0.0 e	....	0.0 e	0.2 e	0.0 e	0.0 e	....	0.0 e	0.0 e	0.0 e	....	....
Kenya	664	0.1 e	0.0 e	0.1 e	0.1 e	0.1 e	0.1 e	60.5	....	....	....	77.1	47.3
Madagascar	674	0.0 e	0.0 e	0.0 e	0.0 e	0.0 e	0.0 e	0.1 e	....	....	....	0.1 e	....
Mali	678	0.0 e	0.0 e	....	....	....	0.1 e	....	0.0 e	....	....	....	....
Mauritius	684	0.0 e	0.0 e	0.0 e	0.0 e	0.0 e	0.0 e	....	....	....	0.0 e	0.0 e	0.1 e
Mozambique	688	0.5 e	1.1 e	1.0 e	0.8 e	1.6 e	1.2 e	0.1 e	....	0.1 e	0.1 e	0.1 e	0.0 e
Nigeria	694	....	0.2 e	0.2 e	0.3 e	0.2 e	0.2 e	....	....	....	....	....	....
Senegal	722	0.8 e	2.4 e	2.2 e	1.6 e	0.3 e	1.0 e	0.0 e	0.0 e	0.1 e	0.1 e	0.0 e	0.0 e
Seychelles	718	0.2 e	0.0 e	0.0 e	0.1 e	0.0 e	0.1 e	....	....	....	....	....	....
South Africa	199	....	....	....	....	0.0	0.1	0.1	....	....	....	0.3	0.7
Tanzania	738	....	0.0 e	0.0 e	0.0 e	0.0 e	0.0 e	....	....	....	....	0.2	0.0
Zimbabwe	698	....	....	....	....	....	....	0.5 e	0.2 e	0.3 e	....	0.0 e	0.0 e
Western Hemisphere	**205**	**5.0**	**2.1**	**1.9**	**0.8**	**1.2**	**0.6**	**13.4**	**0.5**	**7.1**	**1.7**	**16.6**	**10.7**
Argentina	213	0.0 e	0.0 e	0.4 e	0.0 e	0.0 e	0.0 e	0.5	....	....	....	0.1	0.1
Aruba	314	....	....	0.0 e	....	0.0 e	0.0 e	0.1 e	0.1 e	....	....	....	....
Brazil	223	0.5	....	....	....	0.1	....	12.1	....	....	....	10.4	8.4
Chile	228	0.0 e	0.0 e	0.2 e	0.3 e	0.0 e	0.0 e	0.0 e	....	....	....	....	....

Afghanistan, Islamic Republic of (512)

In Millions of U.S. Dollars

		Exports (FOB)						Imports (CIF)					
		2011	2012	2013	2014	2015	2016	2011	2012	2013	2014	2015	2016
Colombia	233	0.1 e	0.3 e	0.2 e	0.1 e	0.0 e	0.1 e	0.0	....	....	....	0.0	0.0
Dominican Republic	243	0.1 e	0.2 e	0.2 e	0.2 e	0.7 e	0.1 e	....	....	0.3 e	0.0 e	....	....
El Salvador	253	....	0.7 e	0.0 e	0.0 e	0.0 e	....	....	....	....	....	....	....
Guatemala	258	0.0 e	0.0 e	0.0 e	0.0 e	0.1 e	0.1 e	0.2	....	....	....	0.3	0.4
Honduras	268	....	....	0.1 e	0.0 e	0.0 e	0.0 e	....	....	....	....	....	....
Jamaica	343	....	....	....	....	....	0.0 e	....	....	....	....	0.1	....
Mexico	273	....	....	....	....	....	....	....	....	....	....	1.1	1.1
Paraguay	288	....	....	....	0.0 e	0.0 e	....	0.3 e	0.2 e	....	....	....	....
Peru	293	0.0 e	0.1 e	0.0 e	0.0 e	0.0 e	0.0 e	0.0 e	0.2 e	0.0 e	1.7 e	3.3 e	....
St. Kitts and Nevis	361	0.1 e	0.1 e	0.1 e	0.1 e	0.1 e	0.2 e	0.0 e	0.0 e	0.0 e	0.0 e	0.0 e	0.0 e
Trinidad and Tobago	369	0.0 e	0.0 e	0.0 e	0.0 e	0.0 e	0.0 e	....	....	6.8 e	....	1.1 e	0.7 e
Uruguay	298	0.0 e	0.0 e	0.0 e	0.0 e	0.0 e	0.0 e	0.1	....	....	....	0.1	0.0
Venezuela, Rep. Bol.	299	4.1 e	0.6 e	0.6 e	0.0 e	....	....	....	....	....	....	....	....
Other Countries n.i.e	910	**0.0**	**0.0**	**0.1**	**0.0**	**0.1**	**0.1**	**0.0**	....	....	....	....	....
Cuba	928	0.0 e	0.0 e	0.1 e	0.0 e	0.1 e	0.1 e	0.0	....	....	....	....	....
Countries & Areas n.s.	898	....	....	....	....	....	....	....	3,102.2	6,573.1	3,408.1	....	....
Memorandum Items													
Africa	605	2.1	5.0	3.7	6.1	2.6	3.3	61.5	0.2	1.0	0.3	77.9	48.4
Middle East	405	41.1	28.4	43.9	34.1	73.6	42.7	838.6	499.8	715.9	1,498.2	2,146.6	1,479.4
European Union	998	16.6	1.7	9.4	17.1	13.2	9.9	466.2	309.1	180.4	60.4	84.0	79.9
Export earnings: fuel	080	82.3	30.5	45.1	34.6	102.6	50.6	2,394.3	499.8	722.7	1,498.2	3,395.9	2,607.6
Export earnings: nonfuel	092	303.9	284.5	337.4	389.7	474.6	560.8	4,172.0	5,904.3	7,857.5	6,209.0	4,354.8	3,951.3

Albania (914)

In Millions of U.S. Dollars

		Exports (FOB)						Imports (CIF)					
		2011	2012	2013	2014	2015	2016	2011	2012	2013	2014	2015	2016
IFS World		1,951.5	1,969.1	2,331.8	2,424.7	1,930.6	1,961.4	5,391.8	4,885.1	4,896.2	5,235.9	4,323.6	4,666.1
World	001	1,951.5	1,968.9	2,440.9	2,550.1	2,015.8	1,961.5	5,318.7	4,884.9	4,931.3	5,284.1	4,364.9	4,666.1
Advanced Economies	110	1,465.5	1,485.3	1,812.7	1,870.4	1,442.9	1,493.4	3,601.0	3,158.9	3,140.7	3,323.5	2,630.9	2,921.9
Euro Area	163	1,375.9	1,446.6	1,730.3	1,819.8	1,379.9	1,419.3	3,049.2	2,678.1	2,741.2	2,778.1	2,299.8	2,577.6
Austria	122	23.2	23.9	11.9	18.6	23.6	9.6	98.9	63.7	58.6	60.7	58.0	51.4
Belgium	124	7.0	5.8	1.8	3.8	2.5	2.7	27.7	19.5	22.7	22.8	23.2	26.4
Cyprus	423	0.1	0.1	0.1	11.0	0.1	0.2	4.1	1.8	2.2	2.9	1.5	2.8
Estonia	939	0.0	....	0.0	0.1	0.1	3.5	0.0	0.2	0.5	0.5	0.2	3.1
Finland	172	0.1	0.1	0.0	0.2	0.2	0.1	25.6	15.0	16.0	13.2	15.7	10.9
France	132	10.7	14.1	49.7	26.2	19.3	20.9	129.8	78.2	126.9	101.2	95.7	92.5
Germany	134	56.9	61.1	89.5	68.5	60.1	66.7	308.9	295.2	284.3	312.5	288.4	442.7
Greece	174	98.9	87.4	73.6	84.1	75.5	89.8	572.8	463.3	433.0	493.0	338.9	367.8
Ireland	178	0.0	0.0	0.0	0.1	0.1	0.2	14.5	13.8	14.6	18.7	15.7	15.9
Italy	136	1,040.7	1,006.1	1,080.2	1,264.5	981.6	1,070.5	1,646.1	1,556.5	1,614.7	1,556.9	1,308.9	1,366.1
Latvia	941	0.2	0.5	0.5	0.2	0.4	0.6	0.5	0.4	0.7	1.3	1.4	1.2
Lithuania	946	0.4	0.5	0.3	0.1	0.6	0.6	1.2	1.6	2.4	3.3	2.3	2.9
Luxembourg	137	4.9	3.9	4.0	3.2	0.1	0.1	0.2	0.2	0.5	0.3	2.5	0.5
Malta	181	46.4	35.4	156.5	151.2	88.9	64.6	1.7	2.6	3.2	2.7	0.2	0.0
Netherlands	138	14.2	19.9	16.1	21.7	16.3	10.7	44.3	22.6	32.0	40.5	28.5	36.8
Portugal	182	0.1	0.1	0.3	0.1	0.2	0.5	4.6	3.2	5.5	7.1	9.1	11.1
Slovak Republic	936	0.6	0.6	1.1	6.0	1.2	2.6	13.0	10.4	12.2	17.2	11.7	13.3
Slovenia	961	2.1	5.1	16.7	1.6	9.1	11.0	41.7	34.1	35.2	32.7	29.0	30.2
Spain	184	69.5	182.0	227.9	158.6	100.0	64.4	113.4	96.0	76.0	90.8	69.1	102.1
Australia	193	0.1	0.1	....	0.1	0.1	0.6	5.0	2.4	1.9	2.2	1.1	0.9
Canada	156	1.0	0.1	0.6	1.0	0.4	1.3	47.1	39.0	30.5	51.0	31.7	14.7
China,P.R.: Hong Kong	532	0.6	0.2	1.6	1.2	7.6	6.7	1.9	1.8	1.3	1.3	1.8	4.0
China,P.R.: Macao	546	....	....	0.0	0.0	0.0	0.0	0.0	0.0	0.0	0.1	0.1	0.0
Czech Republic	935	10.3	5.3	9.0	7.6	6.6	11.7	80.0	51.3	39.0	33.3	31.1	44.8
Denmark	128	0.6	0.6	3.4	1.3	3.5	6.9	5.1	4.0	4.8	10.2	10.3	8.1
Iceland	176	0.8	0.3	....	0.0	0.5	....	0.7	0.4	0.0	0.2	0.0	0.1
Israel	436	0.2	0.3	0.4	0.1	0.2	0.2	49.6	3.5	9.3	20.4	7.1	7.1
Japan	158	0.6	0.3	0.5	1.0	2.7	3.1	28.0	23.8	19.6	21.9	17.8	24.3
Korea, Republic of	542	0.0	0.0	0.3	0.1	0.3	0.1	34.6	19.8	23.0	25.0	21.6	30.7
New Zealand	196	....	....	....	....	0.0	0.0	0.9	0.4	0.6	0.2	0.2	0.6
Norway	142	0.1	0.1	0.1	0.2	0.1	0.1	2.7	2.3	1.9	2.9	2.5	3.2
San Marino	135	....	....	....	....	0.2	....	....	....	0.3	0.5	0.3	0.3
Singapore	576	0.0	0.0	0.0	0.4	0.1	0.7	2.9	1.7	1.8	3.6	1.4	1.4
Sweden	144	1.4	0.7	0.8	1.1	0.9	4.4	15.9	19.0	11.6	14.5	13.8	17.2
Switzerland	146	52.3	18.9	41.3	18.4	19.1	20.7	140.6	142.5	77.5	159.7	65.6	55.0
Taiwan Prov.of China	528	0.0	0.0	....	....	....	0.2	0.1	14.0	18.3	19.5	16.1	10.7
United Kingdom	112	1.6	2.2	13.7	4.2	3.6	4.3	59.2	49.2	39.4	52.1	39.9	33.5
United States	111	19.9	9.6	10.7	13.9	17.0	12.9	77.5	105.9	118.7	126.9	68.7	87.8
Emerg. & Dev. Economies	200	485.9	483.6	628.2	679.7	573.0	468.0	1,717.0	1,719.1	1,774.3	1,955.9	1,724.6	1,736.4
Emerg. & Dev. Asia	505	50.3	65.7	110.5	85.1	55.0	67.7	415.3	367.0	415.0	464.7	465.7	504.1
Bangladesh	513	....	....	0.0	0.0	....	0.0	1.3	1.7	2.4	4.6	5.6	5.9
Cambodia	522	....	0.0	....	....	....	....	0.1	0.1	0.1	0.4	0.9	0.9
China,P.R.: Mainland	924	48.6	53.1	108.4	83.0	52.1	60.0	344.2	310.3	331.4	381.9	369.4	409.3
India	534	1.2	11.1	1.2	1.2	1.4	5.0	34.3	27.2	25.5	32.3	34.0	41.3
Indonesia	536	0.2	0.4	0.5	0.4	0.1	0.0	5.5	5.4	19.1	5.9	15.4	12.9
Malaysia	548	0.3	0.5	0.0	0.0	0.1	0.0	6.5	5.0	5.0	7.0	6.7	6.7
Marshall Islands	867	0.0	....	....	0.2	1.1	2.4	....	....	0.0	....	0.0	0.0
Myanmar	518	....	....	....	0.0	....	....	0.0	0.1	0.0	0.0	0.2	0.1
Philippines	566	0.0	....	0.0	0.0	....	....	0.5	0.2	0.4	0.8	0.9	0.7
Sri Lanka	524	0.0	....	0.0	0.1	0.0	0.1	0.1	0.2	0.3	0.2	0.4	0.4
Thailand	578	0.0	0.5	0.3	0.1	0.1	0.1	15.8	10.9	12.9	13.3	9.3	11.1
Vietnam	582	....	0.0	0.0	....	0.1	0.0	6.9	5.8	8.4	9.9	14.2	14.8
Asia n.s.	598	—	....	....	....	....	....	....	0.0	9.4	8.3	8.6	0.0
Europe	170	417.2	392.1	480.5	540.5	476.0	373.4	1,173.1	1,227.4	1,120.1	1,287.6	1,096.8	1,058.9
Emerg. & Dev. Europe	903	416.7	391.6	473.4	535.3	473.8	370.3	1,003.2	951.7	971.9	1,124.9	972.4	940.3
Bosnia and Herzegovina	963	2.3	2.3	2.9	4.4	5.1	7.4	53.8	34.0	30.9	31.8	25.5	29.2

2017, International Monetary Fund: *Direction of Trade Statistics Yearbook*

Albania (914)

In Millions of U.S. Dollars

		Exports (FOB)						Imports (CIF)					
		2011	2012	2013	2014	2015	2016	2011	2012	2013	2014	2015	2016
Bulgaria	918	24.2	25.5	22.0	26.1	25.1	23.8	68.6	63.2	81.5	73.8	59.3	61.9
Croatia	960	3.1	3.8	3.6	3.3	3.9	7.6	69.3	64.5	55.1	58.2	59.1	35.5
Hungary	944	1.0	0.6	1.2	2.2	14.8	19.4	50.6	38.3	40.9	42.4	38.3	39.7
Kosovo	967	145.3	160.6	104.6	109.0	86.6	133.8	44.7	47.2	32.5	34.6	28.6	46.9
Macedonia, FYR	962	41.1	38.4	41.6	50.4	50.9	51.7	88.0	77.3	81.5	79.0	68.0	62.5
Montenegro	943	16.7	16.6	30.0	33.4	26.8	35.3	13.7	10.0	17.4	21.7	24.3	21.8
Poland	964	0.7	0.8	1.2	8.4	3.6	3.2	65.3	65.7	73.9	75.6	65.9	72.8
Romania	968	3.2	3.4	3.7	8.4	10.6	27.7	55.5	55.1	46.0	57.6	48.3	56.6
Serbia, Republic of	942	35.7	15.2	175.4	193.7	191.4	37.9	194.3	215.6	201.0	280.7	208.1	145.6
Turkey	186	143.6	124.5	87.3	95.9	55.1	22.6	299.3	280.8	311.0	369.4	346.8	367.8
CIS	901	**0.5**	**0.4**	**7.1**	**5.1**	**2.1**	**3.1**	**169.9**	**275.7**	**148.3**	**162.7**	**124.4**	**118.6**
Armenia	911	0.0	0.0	0.0	0.1	0.0	0.0	....	0.0	0.0	0.0	0.0	0.0
Azerbaijan, Rep. of	912	0.0	0.0	0.0	0.0	....	0.1	11.0	15.6	0.0	0.0	....	0.1
Belarus	913	....	....	1.8	0.3	0.1	0.0	0.0	0.0	0.6	0.2	0.1	0.3
Georgia	915	0.0	0.0	0.0	0.0	0.1	0.1	0.0	0.1	0.1	0.0	0.0	0.1
Kazakhstan	916	....	0.0	2.9	....	0.0	....	16.4	7.3	7.5	3.6	0.3	0.1
Kyrgyz Republic	917	....	0.0	....	0.0	0.0	0.0	0.0	0.3	0.4	0.3	0.0	0.1
Moldova	921	....	0.0	0.0	....	0.0	0.2	2.1	0.2	0.2	0.2	0.3	0.6
Russian Federation	922	0.1	0.3	1.9	4.3	0.4	0.5	104.5	124.5	96.1	110.6	95.4	87.7
Tajikistan	923	....	0.0	0.0	....	....	....	0.0	0.5	0.4	0.6	....	....
Turkmenistan	925	....	....	0.1	0.2	0.0	0.7	35.9	74.1	....	11.4	0.0	0.7
Ukraine	926	0.3	0.1	0.3	0.2	1.4	1.6	....	53.1	43.1	35.7	28.2	28.9
Uzbekistan	927	....	0.0	....	....	....	....	....	....	....	....	0.0	0.1
Mid East, N Africa, Pak	440	**6.8**	**18.7**	**22.3**	**38.7**	**30.6**	**19.0**	**43.5**	**40.9**	**147.5**	**102.1**	**77.6**	**84.9**
Algeria	612	....	0.1	0.5	0.2	0.4	0.0	8.1	4.3	8.0	15.6	6.4	9.3
Bahrain, Kingdom of	419	....	....	....	....	....	0.0	0.0	0.0	0.0	....	1.0	0.1
Djibouti	611	....	....	0.4	....	....	0.0	....	....	....	....	....	0.0
Egypt	469	1.4	0.2	2.2	10.6	11.5	3.4	13.4	17.6	24.7	19.4	21.4	30.8
Iran, I.R. of	429	....	0.0	0.0	0.0	0.3	0.1	1.4	2.6	1.4	0.8	1.1	2.5
Iraq	433	0.2	0.1	0.3	1.8	2.7	2.3	....	....	....	....	....	0.5
Jordan	439	0.3	0.3	0.3	0.9	1.0	0.2	0.5	0.2	0.4	0.4	0.3	0.5
Kuwait	443	0.1	....	....	0.1	0.0	0.2	1.0	0.6	0.1	0.0	0.0	0.0
Lebanon	446	0.1	0.1	2.8	2.3	0.3	0.3	0.3	0.1	0.1	1.1	0.0	0.1
Libya	672	3.1	14.1	13.3	15.6	4.2	5.0	0.0	....	89.4	19.3	20.1	10.9
Mauritania	682	....	....	0.0	....	....	....	0.0	0.0	0.2	0.2	0.0	0.0
Morocco	686	0.2	0.1	0.2	0.1	0.6	0.1	1.0	2.8	4.3	5.7	3.9	2.9
Oman	449	....	0.1	....	....	0.0	0.0	0.0	0.1	0.4	0.9	0.7	0.0
Pakistan	564	....	0.2	0.0	0.0	0.1	0.0	1.6	2.6	2.5	3.5	5.4	5.8
Qatar	453	0.0	0.1	0.0	0.1	0.0	0.0	3.7	1.5	3.0	3.1	2.4	2.6
Saudi Arabia	456	0.0	0.0	0.1	3.7	4.4	0.4	5.6	1.8	1.8	4.3	2.3	5.4
Sudan	732	0.0	....	....	....	....	0.0	0.0	....	....	0.0	0.1	0.0
Syrian Arab Republic	463	0.0	0.1	....	0.0	....	0.0	2.0	1.0	1.0	0.3	0.1	0.0
Tunisia	744	0.0	0.5	0.3	1.8	0.5	0.5	1.8	3.1	5.2	23.2	6.9	8.2
United Arab Emirates	466	0.8	2.8	1.6	1.5	4.6	6.3	3.0	2.6	4.9	4.4	5.5	5.4
Yemen, Republic of	474	0.3	0.0	0.1	0.0	0.0	0.0	0.0	....	0.0	0.0	0.0	....
Sub-Saharan Africa	603	**5.0**	**0.5**	**0.9**	**1.2**	**0.7**	**2.1**	**5.9**	**2.8**	**4.1**	**4.3**	**4.1**	**4.6**
Burkina Faso	748	0.1	....	....	....	....	....	0.0	0.0	....	....	0.0	0.0
Cabo Verde	624	....	....	....	....	....	....	....	....	0.2	....	0.0	0.2
Cameroon	622	....	....	....	....	0.0	0.3	0.4	0.6	0.4	0.4	0.3	0.3
Chad	628	....	....	....	0.0	....	0.1	....	....	....	....	0.0	....
Congo, Republic of	634	0.3	0.1	0.0	....	0.1	0.0	0.0	0.0	0.1	0.0	....	0.1
Côte d'Ivoire	662	....	....	0.1	0.3	0.3	0.3	0.5	0.5	0.6	0.8	0.5	0.3
Equatorial Guinea	642	....	....	0.4	0.2	....	0.0	....	0.1	....	....	....	....
Ethiopia	644	....	....	0.1	....	....	0.0	0.2	0.2	0.4	0.3	0.2	0.2
Gabon	646	....	....	0.0	....	....	....	0.3	0.2	0.2	0.4	0.3	0.3
Ghana	652	....	....	....	0.1	0.1	0.0	....	....	0.0	0.1	0.1	0.2
Guinea	656	....	0.0	....	....	....	0.0	0.0	0.1	0.4	0.0	0.0	0.0
Kenya	664	0.0	0.0	....	....	0.1	0.0	0.0	0.0	0.0	0.2	0.1	0.3
Liberia	668	0.0	0.0	....	0.1	0.0	0.0	....	....	....	0.0	0.0	0.0
Madagascar	674	....	....	....	....	....	....	0.0	0.0	0.1	0.0	0.0	0.0

Albania (914)

In Millions of U.S. Dollars

		Exports (FOB) 2011	2012	2013	2014	2015	2016	Imports (CIF) 2011	2012	2013	2014	2015	2016
Mali	678	....	....	....	0.0	0.0	....	0.0	0.0	0.1	....	0.0	0.0
Mauritius	684	....	....	....	0.1	....	0.0	0.0	0.0	0.0	0.0	0.0	0.1
Mozambique	688	0.0	....	....	....	....	....	0.1	0.1	0.0	....	....	....
Namibia	728	....	....	....	....	....	....	0.2	0.0	0.0	0.1	0.0	0.0
Niger	692	....	....	....	....	0.2	....	0.0	0.0	0.0	0.0	0.0	....
Nigeria	694	0.1	0.1	0.0	0.0	0.0	0.1	0.0	....	0.0	0.0	0.0	0.0
Senegal	722	....	0.0	0.1	0.0	0.0	0.0	0.0	....	0.1	0.1	0.1	0.0
Seychelles	718	....	....	0.2	....	....	....	....	0.0	0.0	0.1	0.1	....
Sierra Leone	724	0.0	0.0	0.0	0.0	....	....	0.2	0.0	0.0	0.2	0.0	0.0
South Africa	199	0.0	0.2	0.0	0.1	0.0	1.1	3.8	0.7	0.6	0.9	2.0	2.2
Swaziland	734	4.5	0.0	....	0.1	0.0	0.0	0.2	0.0	0.4	0.1	0.0	0.0
Tanzania	738	0.0	0.0	....	....	....	0.0	....	....	0.0	0.2	0.0	0.1
Uganda	746	....	0.0	....	....	....	0.0	....	0.2	0.3	0.2	0.4	0.2
Western Hemisphere	205	**6.7**	**6.6**	**14.0**	**14.2**	**10.7**	**5.7**	**79.3**	**81.1**	**87.6**	**97.2**	**80.4**	**83.9**
Argentina	213	0.0	0.1	....	0.1	....	0.0	12.3	12.6	16.7	27.0	17.1	7.4
Belize	339	0.0	....	0.0	....	....	....	0.0	0.1	....	0.0	0.0	0.0
Brazil	223	2.0	1.7	1.7	1.2	0.4	0.1	43.6	45.1	40.8	41.0	36.7	45.8
Chile	228	....	0.1	....	....	0.1	0.2	0.3	0.3	0.2	0.4	0.2	0.3
Colombia	233	0.3	....	0.0	0.0	0.0	0.1	1.8	0.5	1.6	0.4	0.5	4.9
Costa Rica	238	....	....	....	....	....	....	0.8	1.0	0.5	0.7	0.5	0.3
Dominican Republic	243	....	....	....	0.1	....	....	0.1	0.2	0.1	0.1	0.2	0.1
Ecuador	248	....	....	0.0	....	....	....	12.9	11.8	15.7	15.3	14.7	16.0
El Salvador	253	....	....	....	....	....	....	....	0.0	0.0	0.0	0.0	0.1
Falkland Islands	323	....	....	....	....	....	....	0.0	0.0	....	0.0	1.0	0.2
Greenland	326	0.0	....	....	....	....	....	....	....	....	....	0.1	1.1
Guatemala	258	....	....	0.0	....	....	....	0.0	0.7	3.0	0.2	0.0	0.4
Haiti	263	....	....	....	....	0.1	....	....	....	....	0.0	....	....
Honduras	268	0.0	....	....	....	....	....	0.1	0.1	0.6	0.5	0.1	0.1
Mexico	273	....	0.0	0.0	0.0	0.0	0.2	5.2	2.6	4.5	9.5	6.3	4.8
Nicaragua	278	....	....	....	....	....	....	0.1	0.0	0.0	0.0	0.0	0.0
Panama	283	0.0	0.3	....	0.0	....	....	0.8	0.8	0.1	0.2	0.6	0.7
Paraguay	288	....	....	....	....	....	....	0.5	0.1	1.0	0.6	0.9	0.3
Peru	293	....	0.0	0.0	....	....	0.1	0.4	0.9	0.8	0.9	0.4	0.7
St. Kitts and Nevis	361	0.1	....	....	....	....	....	....	1.0	....	0.0	....	....
Uruguay	298	....	....	....	....	....	....	0.3	0.1	0.2	0.1	0.2	0.2
Venezuela, Rep. Bol.	299	0.1	....	....	....	....	....	0.0	3.1	1.7	0.1	0.7	0.1
Western Hem. n.s.	399	4.1	4.4	12.2	12.7	10.1	5.0	0.0	0.0	0.1	0.0	0.1	0.0
Other Countries n.i.e	910	**0.2**	....	....	....	....	....	**0.4**	**0.1**	**0.2**	**0.4**	**0.2**	**1.2**
Cuba	928	0.2	....	....	....	....	....	0.2	0.1	0.2	0.2	0.1	1.2
Korea, Dem. People's Rep.	954	....	....	....	....	....	....	0.3	....	0.1	0.1	0.1	0.0
Countries & Areas n.s.	898	....	**0.1**	....	....	....	**0.1**	**0.2**	**6.8**	**16.1**	**4.3**	**9.2**	**6.5**
Memorandum Items													
Africa	605	5.2	1.2	2.3	3.3	2.2	2.8	16.8	13.1	21.8	48.9	21.4	25.0
Middle East	405	6.5	17.9	20.9	36.6	28.9	18.3	31.0	28.0	127.3	54.0	54.9	58.7
European Union	998	1,421.9	1,489.4	1,788.9	1,882.4	1,452.5	1,528.4	3,518.6	3,088.3	3,133.4	3,195.8	2,665.8	2,947.7
Export earnings: fuel	080	5.5	17.8	21.3	27.8	17.2	15.9	205.6	250.7	231.9	190.3	151.3	146.8
Export earnings: nonfuel	092	1,946.0	1,951.1	2,419.6	2,522.3	1,998.6	1,945.6	5,113.1	4,634.2	4,699.4	5,093.8	4,213.6	4,519.3

Algeria (612)

In Millions of U.S. Dollars

		Exports (FOB) 2011	2012	2013	2014	2015	2016	Imports (CIF) 2011	2012	2013	2014	2015	2016
IFS World		....	....	....	....	....	....	....	....	....	....	....	....
World	001	73,496.3	71,867.8	65,953.1	60,132.4	34,564.3	29,308.7	47,258.4	50,407.8	54,892.6	59,764.2	52,626.9	46,723.4
Advanced Economies	110	59,107.5	57,660.9	52,836.0	46,740.7	27,312.9	22,599.6	30,077.1	30,799.3	33,104.8	34,756.7	29,449.5	26,127.0
Euro Area	163	34,130.1	35,842.2	35,574.4	34,123.6	19,914.8	16,375.1	21,680.7	22,893.9	24,755.8	24,585.8	21,413.9	19,262.7
Austria	122	....	0.9	31.7	0.0	0.1	0.4	347.2	352.6	390.5	481.3	395.5	339.3
Belgium	124	2,120.7	1,922.6	2,046.4	1,805.9	998.1	1,029.0	830.6	661.7	757.0	1,070.4	951.5	605.5
Cyprus	423	0.7	0.9	1.2	0.6	21.6	10.8	2.3	3.7	33.3	4.7	1.7	3.4
Estonia	939	....	....	....	....	....	....	9.6	20.4	10.9	37.5	59.1	29.2
Finland	172	....	....	75.3	67.9	....	0.0	280.8	273.2	318.9	346.6	262.7	227.4
France	132	6,538.4	6,124.2	6,777.9	6,458.4	4,243.4	3,358.6	7,119.3	6,433.3	6,250.5	6,363.8	5,434.4	4,751.1
Germany	134	498.5	238.2	21.0	403.9	60.0	55.5	2,559.8	2,594.8	2,863.6	3,633.2	3,254.1	3,009.0
Greece	174	295.5	360.2	395.6	230.8	144.0	172.9	576.6	526.8	528.9	382.5	259.8	240.8
Ireland	178	150.2	766.9	175.2	352.5	86.0	8.8	193.6	155.9	174.7	218.5	173.5	165.8
Italy	136	10,448.4	11,512.6	9,005.9	7,985.7	4,735.3	5,223.6	4,679.3	5,193.6	5,646.1	4,830.6	4,638.6	4,645.5
Latvia	941	0.1	....	....	....	....	....	148.2	235.7	149.0	1.4	137.1	63.9
Lithuania	946	....	....	0.6	0.0	0.0	0.0	16.9	47.1	203.3	59.2	126.5	76.0
Luxembourg	137	....	....	0.1	0.0	0.0	0.0	19.5	15.1	22.0	23.0	26.4	26.5
Malta	181	26.1	31.8	285.3	232.3	239.7	56.5	0.6	62.4	68.7	39.8	15.7	1.0
Netherlands	138	4,919.8	5,256.7	4,817.7	4,663.8	2,082.3	1,572.7	702.0	964.3	1,119.2	1,016.4	875.8	693.4
Portugal	182	1,849.9	1,711.0	1,601.8	1,712.8	1,248.4	896.1	551.6	620.1	775.8	865.1	703.7	612.3
Slovak Republic	936	....	....	....	....	0.0	0.0	23.9	26.6	50.8	40.8	37.3	52.1
Slovenia	961	90.4	106.9	6.9	32.4	32.8	1.0	189.8	363.3	314.3	353.8	281.9	124.0
Spain	184	7,191.3	7,809.4	10,331.8	10,176.5	6,023.0	3,989.2	3,429.0	4,343.3	5,078.3	4,817.4	3,778.5	3,596.4
Australia	193	0.0	32.9	75.7	1.6	2.0	175.4	43.8	18.7	13.0	69.9	17.3	16.5
Canada	156	4,461.8	5,082.1	3,050.9	1,313.9	653.2	1,300.3	258.4	523.6	402.6	435.2	588.2	521.5
China,P.R.: Hong Kong	532	0.4	44.1	1.7	0.6	0.4	0.3	13.0	10.6	5.6	13.3	17.8	10.5
Czech Republic	935	0.2	0.1	0.2	0.3	0.0	0.0	171.1	181.8	239.7	361.1	336.6	190.3
Denmark	128	135.9	190.6	4.3	3.7	40.8	0.8	245.4	234.4	241.6	191.7	180.5	138.7
Iceland	176	1,360.7	641.0	0.0	....	0.0	....	1.6	0.5	0.3	0.6	0.1	0.7
Japan	158	235.9	854.5	1,037.5	1,173.0	548.5	173.9	1,073.5	929.7	1,001.1	867.3	551.8	477.0
Korea, Republic of	542	257.1	357.9	562.5	1,119.8	956.6	237.5	1,616.0	1,291.0	1,123.2	1,600.3	1,175.5	1,036.5
New Zealand	196	....	....	0.0	....	0.0	0.1	364.3	371.4	367.6	425.0	481.8	390.1
Norway	142	59.9	12.4	0.0	26.8	14.3	4.9	22.2	26.9	30.7	42.4	40.1	53.3
Singapore	576	39.5	101.1	0.1	57.2	294.0	189.4	247.8	98.1	75.3	169.1	79.1	57.5
Sweden	144	105.6	12.2	0.1	30.7	4.6	14.7	462.6	533.0	611.6	657.7	518.9	461.7
Switzerland	146	324.6	8.8	0.9	9.8	6.9	0.9	601.1	540.6	591.0	1,082.9	454.8	290.2
Taiwan Prov.of China	528	0.1	34.8	0.0	172.8	171.0	52.8	85.4	92.1	102.9	120.7	123.0	111.9
United Kingdom	112	2,857.5	3,668.1	7,193.5	4,465.9	2,493.4	736.9	1,012.2	1,283.3	1,175.2	1,377.5	868.1	766.1
United States	111	15,138.2	10,778.2	5,334.0	4,240.9	2,212.2	3,336.5	2,178.0	1,769.7	2,367.6	2,756.3	2,602.1	2,341.7
Emerg. & Dev. Economies	200	14,084.8	13,879.3	12,883.2	13,003.2	7,056.0	6,440.7	17,151.8	19,603.4	21,782.8	21,837.3	20,323.0	20,593.6
Emerg. & Dev. Asia	505	4,907.9	4,046.2	3,562.6	3,659.6	1,450.3	1,437.8	6,812.0	7,989.0	9,215.9	10,114.0	9,928.5	10,303.1
Bangladesh	513	....	0.0	0.0	0.1	0.6	0.9	6.9	11.4	13.2	15.1	17.6	18.7
Bhutan	514	....	....	....	....	....	....	0.1	....	0.0	0.0	....	0.0
Brunei Darussalam	516	....	....	....	....	....	....	0.0	0.0	0.2	0.0	....	....
Cambodia	522	....	0.1	0.0	0.1	0.0	0.0	0.6	1.3	3.0	4.5	4.1	5.6
China,P.R.: Mainland	924	2,175.4	2,596.7	2,178.6	2,053.9	654.1	361.1	4,739.9	5,964.8	6,819.6	7,870.7	7,897.4	8,399.2
F.T. French Polynesia	887	....	....	....	....	....	0.2	....	....	....	....	....	....
F.T. New Caledonia	839	....	....	....	....	....	....	0.0	0.0	0.2	....	0.0	....
India	534	2,238.4	1,067.1	815.2	634.2	303.1	480.9	1,093.2	1,107.6	1,305.2	1,146.6	1,073.0	920.0
Indonesia	536	450.3	148.3	345.7	350.0	297.2	305.0	256.8	242.4	293.2	218.6	212.4	189.7
Lao People's Dem.Rep	544	....	....	....	0.0	....	....	0.0	0.0	0.1	0.1	0.0	0.0
Malaysia	548	0.1	0.1	73.2	201.2	189.8	102.3	274.2	198.1	200.3	207.8	179.2	147.0
Maldives	556	....	....	....	0.0	....	0.0	0.2	0.2	0.0	0.1	0.1	0.3
Myanmar	518	....	0.0	....	....	0.0	0.0	0.0	0.2	0.0	0.1	0.2	0.2
Nepal	558	....	0.1	0.4	....	....	....	0.0	....	0.1	0.0	0.0	....
Philippines	566	3.2	0.0	....	0.0	2.5	0.0	17.7	12.7	17.8	19.8	16.9	13.0
Sri Lanka	524	....	....	0.1	0.1	0.0	0.0	2.1	1.5	1.6	1.7	2.1	2.6
Thailand	578	....	233.6	149.2	419.2	2.2	186.7	262.4	240.9	277.6	277.7	192.2	173.1
Vietnam	582	0.0	0.1	0.1	0.8	0.7	0.6	158.0	207.8	283.7	350.9	333.3	433.7
Asia n.s.	598	40.5	....	....	....	....	....	....	....	0.1	0.4	0.0	....

Algeria (612)
In Millions of U.S. Dollars

		Exports (FOB)						Imports (CIF)					
		2011	2012	2013	2014	2015	2016	2011	2012	2013	2014	2015	2016
Europe	170	2,647.6	2,814.9	2,897.5	2,650.7	1,866.8	1,425.3	3,070.1	4,715.2	4,916.1	4,658.2	4,506.4	4,268.7
Emerg. & Dev. Europe	903	2,627.3	2,696.8	2,763.7	2,628.0	1,841.6	1,413.1	2,506.5	3,121.2	3,747.0	3,848.4	3,393.5	3,386.9
Albania	914	0.1	6.9	18.7	12.9	10.3	8.1	0.4	0.6	0.8	0.7	1.1	0.8
Bosnia and Herzegovina	963	....	....	....	....	0.0	0.0	4.4	6.6	4.0	20.6	16.2	4.5
Bulgaria	918	32.4	0.0	1.9	0.1	6.3	2.4	178.9	117.2	177.3	200.9	97.1	136.7
Croatia	960	6.8	7.2	10.4	3.7	3.9	3.8	36.6	33.7	24.2	50.0	47.5	51.0
Gibraltar	823	....	....	....	....	....	84.9	....	....	....	....	....	....
Hungary	944	....	....	0.0	....	0.0	0.0	101.6	114.4	338.7	263.9	179.8	156.2
Macedonia, FYR	962	3.3	....	....	....	....	....	0.1	5.9	1.0	0.2	....	0.7
Montenegro	943	6.4	2.0	36.7	....	....	....	10.7	....	....	....	....	....
Poland	964	42.8	53.5	35.8	43.0	27.1	16.2	409.4	376.9	420.3	625.9	475.1	458.5
Romania	968	2.4	0.5	0.3	0.4	5.6	0.1	354.5	603.6	622.4	612.8	586.7	569.6
Serbia, Republic of	942	....	....	....	....	....	0.0	....	32.0	40.5	17.7	....	74.2
Turkey	186	2,526.7	2,624.6	2,657.6	2,567.0	1,787.4	1,297.7	1,399.2	1,798.3	2,074.8	2,037.8	1,949.0	1,934.7
CIS	901	20.3	118.1	133.8	22.7	25.3	12.1	563.6	1,594.0	1,169.1	809.7	1,112.8	881.7
Armenia	911	....	....	....	....	0.0	0.0	0.0	0.0	0.0	0.0	0.0	0.1
Azerbaijan, Rep. of	912	....	....	....	0.1	....	0.1	....	....	0.0	0.1	14.7	0.1
Belarus	913	....	0.1	....	....	0.0	0.0	3.7	2.8	2.4	1.7	6.1	1.6
Georgia	915	....	....	....	....	0.5	0.7	1.0	28.6	0.3	0.4	2.0	1.2
Kazakhstan	916	0.0	0.0	....	....	0.0	....	0.1	7.9	7.3	25.8	5.6	7.5
Kyrgyz Republic	917	....	....	....	....	0.0	....	2.0	0.0	0.0	5.3	0.1	0.8
Moldova	921	....	....	....	0.0	0.0	....	0.1	0.1	0.1	0.1	0.3	2.2
Russian Federation	922	2.2	3.1	4.9	7.4	8.6	8.0	268.3	1,207.5	1,016.7	501.9	804.7	562.1
Tajikistan	923	0.4	98.4	113.8	0.0	....	0.0	37.0	15.3	29.4	51.6	....	53.2
Ukraine	926	17.7	16.5	15.1	15.2	16.1	3.3	251.4	331.9	113.1	222.8	279.2	252.4
Uzbekistan	927	....	....	....	....	0.0	....	0.0	0.0	0.0	0.0	0.1	0.4
Europe n.s.	884	....	....	....	....	....	....	0.0	0.0	0.0	0.1	0.1	0.1
Mid East, N Africa, Pak	440	2,398.9	3,031.7	3,619.0	3,272.0	2,087.2	1,574.1	2,497.5	2,402.3	3,479.8	2,616.4	2,511.1	2,680.9
Bahrain, Kingdom of	419	0.3	0.0	0.1	0.0	0.0	0.1	65.6	48.1	42.8	30.8	91.5	85.8
Djibouti	611	0.1	0.3	0.1	0.0	0.0	....	0.0	....	....	0.0	0.0	....
Egypt	469	651.4	764.9	641.9	472.2	471.1	284.9	452.2	384.4	486.9	547.9	468.0	481.3
Iran, I.R. of	429	2.9	0.0	0.1	0.0	0.0	0.0	20.8	9.3	9.8	7.0	11.8	22.5
Iraq	433	41.6	78.3	39.2	31.8	3.5	0.4	....	0.1	....	0.2	0.0	0.1
Jordan	439	9.3	5.7	8.2	5.9	30.9	55.7	151.3	156.6	174.0	149.0	131.7	148.6
Kuwait	443	0.6	3.4	7.7	0.0	1.3	0.2	72.2	21.7	24.2	20.8	17.8	17.1
Lebanon	446	12.6	36.0	52.5	35.4	20.1	17.9	67.4	69.5	108.2	74.8	53.6	43.8
Libya	672	11.4	6.5	22.4	36.7	5.4	30.7	7.8	88.5	316.2	3.3	8.0	0.0
Mauritania	682	0.7	54.3	29.2	28.6	4.1	38.4	0.2	0.1	0.7	0.6	0.0	0.2
Morocco	686	922.7	993.3	1,050.6	1,057.7	623.6	488.6	241.9	283.6	217.3	207.5	206.4	269.7
Oman	449	0.8	0.5	0.3	0.0	0.0	0.0	43.5	40.6	47.6	60.2	58.8	74.7
Pakistan	564	0.4	0.9	0.4	0.3	0.2	0.1	25.5	31.1	32.0	32.4	27.8	27.0
Qatar	453	1.7	2.5	4.7	0.6	1.8	1.8	29.2	38.1	49.5	96.1	76.8	79.1
Saudi Arabia	456	20.8	15.2	12.1	5.5	6.8	7.4	448.3	482.6	608.2	608.1	587.1	646.5
Sudan	732	16.9	15.0	26.1	12.0	0.0	19.8	1.5	0.7	1.7	3.4	8.6	7.1
Syrian Arab Republic	463	43.2	28.2	34.8	24.7	12.7	5.5	77.2	44.8	22.8	14.8	16.5	23.1
Tunisia	744	650.8	1,018.7	1,646.9	1,554.2	899.9	602.7	440.7	434.3	488.6	493.7	431.1	427.0
United Arab Emirates	466	10.7	7.8	41.8	6.4	5.6	19.9	345.8	260.4	849.1	265.7	315.5	325.1
West Bank and Gaza	487	....	....	....	....	....	....	....	....	....	....	....	2.0
Yemen, Republic of	474	0.0	0.1	....	0.0	....	....	0.2	0.1	0.2	0.1	0.0	0.0
Middle East n.s.	489	....	....	....	....	....	....	6.1	7.7	....	....	....	....
Sub-Saharan Africa	603	145.5	61.4	66.7	68.4	81.6	52.2	577.8	740.6	594.6	419.7	336.6	238.2
Angola	614	1.1	0.8	0.4	0.8	0.9	6.9	0.0	0.0	0.2	0.1	1.5	0.6
Benin	638	0.1	0.1	2.0	1.4	1.1	1.3	0.0	0.0	0.0	0.0	0.0	0.0
Botswana	616	....	....	....	....	0.0	....	0.1	0.3	0.2	0.2	0.1	0.3
Burkina Faso	748	0.1	0.1	0.2	0.0	0.2	0.0	0.3	1.2	0.3	0.0	0.1	0.2
Burundi	618	....	....	0.0	0.0	0.0	....	0.0	....	0.0	0.0	0.1	0.1
Cabo Verde	624	0.1	0.6	0.7	0.0	0.0	0.3	0.0	0.0	0.0	0.0	0.4	0.2
Cameroon	622	1.1	0.7	0.4	0.4	0.4	0.4	17.9	5.8	5.3	1.6	13.1	9.0
Central African Rep.	626	....	....	....	....	0.0	....	0.2	0.1	0.0	....	....	0.0
Chad	628	0.0	0.1	0.1	0.2	0.2	0.0	0.2	3.0	0.1	0.2	0.0	0.0

2017, International Monetary Fund: Direction of Trade Statistics Yearbook

Algeria (612)

In Millions of U.S. Dollars

		Exports (FOB)						Imports (CIF)					
		2011	2012	2013	2014	2015	2016	2011	2012	2013	2014	2015	2016
Comoros	632	....	....	....	0.1	....	....	0.1	0.1	0.2	0.2	0.0	0.2
Congo, Dem. Rep. of	636	0.1	0.0	0.1	....	....	0.1	....	0.0	0.0	....	....	1.3
Congo, Republic of	634	0.1	0.1	2.0	0.0	0.1	....	1.0	0.9	0.8	1.5	4.1	....
Côte d'Ivoire	662	0.1	0.5	0.3	33.9	23.2	8.0	117.0	145.0	141.6	119.9	105.8	119.6
Equatorial Guinea	642	0.5	0.0	1.7	0.1	0.0	....	0.0	0.0	0.0	0.0	0.0	....
Ethiopia	644	....	....	....	0.0	....	....	0.5	1.5	4.4	2.3	1.3	1.5
Gabon	646	0.1	0.0	1.4	0.0	0.0	0.0	0.2	0.0	....	0.0	0.1	0.0
Gambia, The	648	1.0	1.2	1.1	0.3	....	0.4	....	0.0	....	0.0	....	0.0
Ghana	652	19.1	17.1	12.4	1.4	12.7	2.5	3.7	2.6	3.8	1.6	2.7	0.8
Guinea	656	12.3	15.5	17.5	8.2	2.7	2.3	11.4	6.6	1.8	0.4	0.3	0.4
Kenya	664	0.0	0.0	1.8	0.0	4.0	4.2	0.1	0.2	0.3	6.4	0.3	0.9
Lesotho	666	....	....	....	....	0.0	....	0.0	0.0	0.0	0.0	0.1	0.1
Liberia	668	77.2	2.6	2.9	0.5	0.4	0.2	....	61.8	26.7	0.0	0.0	13.7
Madagascar	674	0.0	0.0	0.0	0.2	0.0	....	2.4	3.5	2.8	3.7	1.0	1.0
Malawi	676	....	....	....	....	....	....	3.7	3.9	1.4	1.1	1.4	1.3
Mali	678	1.0	0.6	0.7	0.7	0.8	1.0	0.1	2.5	0.0	0.0	5.0	0.1
Mauritius	684	....	....	....	0.0	0.0	0.0	0.1	0.1	0.2	0.2	0.4	1.4
Mozambique	688	1.6	0.0	0.0	0.0	7.8	....	....	....	....	....	0.1	0.0
Namibia	728	....	....	....	....	....	....	0.0	0.1	0.1	0.0	0.0	0.3
Niger	692	13.4	14.0	12.2	1.9	2.5	0.2	0.0	0.1	0.0	0.6	9.6	0.0
Nigeria	694	10.8	0.7	1.4	7.5	0.5	8.0	0.6	1.1	0.9	1.6	0.6	1.3
São Tomé & Príncipe	716	0.2	0.1	0.1	0.0	....	....	0.0	....	0.0	0.0	0.0	0.0
Senegal	722	0.8	0.9	1.6	1.0	8.5	7.8	0.6	0.5	0.8	0.9	0.7	0.9
Seychelles	718	0.0	0.1	0.2	....	0.0	0.0	....	0.0	0.0	0.0	0.0	3.0
Sierra Leone	724	2.4	3.7	3.9	1.4	0.5	0.6	1.3	0.1	0.0	0.1	0.0	0.0
South Africa	199	2.0	2.0	1.4	1.8	0.3	0.3	376.3	459.1	383.6	267.8	179.1	62.2
Swaziland	734	0.3	....	....	....	0.0	....	1.1	3.4	1.0	0.1	0.4	1.1
Tanzania	738	....	....	0.1	....	4.4	6.3	10.2	8.6	3.7	2.8	1.9	8.5
Togo	742	....	0.0	0.1	6.5	10.1	1.2	14.0	7.8	7.6	0.1	2.7	0.2
Uganda	746	....	....	....	0.0	0.0	....	4.2	9.2	3.5	2.5	1.1	3.9
Zimbabwe	698	....	0.0	0.0	....	....	....	10.4	11.3	3.1	3.7	2.6	4.0
Africa n.s.	799	....	....	....	....	....	0.1	....	....	....	....	....	0.0
Western Hemisphere	205	3,984.9	3,925.1	2,737.4	3,352.4	1,570.1	1,951.4	4,194.5	3,756.3	3,576.4	4,029.1	3,040.4	3,102.8
Antigua and Barbuda	311	0.0	....	....	....	....	0.0	0.1	0.0	11.6	0.0	0.0	0.2
Argentina	213	0.1	....	....	....	....	43.9	1,783.4	1,802.7	1,736.5	1,853.2	1,220.5	1,333.9
Bahamas, The	313	32.1	....	10.2	0.2	0.0	44.5	0.4	0.5	....	46.3	0.0	0.0
Belize	339	0.1	....	....	....	....	....	0.5	0.0	0.3	0.3	0.0	0.1
Bolivia	218	....	....	0.3	....	....	....	6.4	0.1	0.2	0.9	0.0	0.1
Brazil	223	3,236.3	3,395.5	2,658.1	2,915.4	1,546.6	1,805.6	1,759.8	1,343.8	1,320.6	1,324.6	1,092.5	1,209.2
Chile	228	0.0	....	0.1	0.3	3.2	....	11.3	8.5	7.0	19.2	9.0	7.9
Colombia	233	32.2	0.1	0.0	41.5	....	0.0	18.2	7.7	17.8	13.4	19.1	5.9
Costa Rica	238	....	0.0	0.0	....	....	0.0	12.8	13.4	25.7	30.3	....	1.7
Dominica	321	....	....	....	....	0.0	....	0.0	3.0	0.1	0.1	0.0	....
Dominican Republic	243	....	....	....	....	0.0	....	0.7	0.4	0.6	0.5	0.7	....
Ecuador	248	....	107.7	....	0.0	....	....	170.3	168.0	176.1	175.3	166.0	138.9
El Salvador	253	....	....	....	....	....	....	0.4	0.8	0.7	0.3	0.5	2.0
Falkland Islands	323	....	....	....	....	....	....	....	....	....	....	0.1	....
Grenada	328	0.1	....	....	....	....	....	0.1	0.0	0.0	0.2	0.0	0.0
Guatemala	258	....	0.1	0.1	0.1	0.1	0.1	34.0	34.6	5.4	8.8	0.7	0.3
Haiti	263	0.1	0.0	0.0	....	0.0	....	0.0	0.0	0.7	6.1	1.7	7.0
Honduras	268	0.0	....	0.0	....	0.0	....	0.0	0.1	3.7	1.3	0.2	0.1
Mexico	273	18.4	24.6	44.0	37.4	15.4	49.3	289.2	202.8	122.2	357.4	373.7	271.2
Netherlands Antilles	353	....	....	....	235.7	....	....	0.3	0.0	0.0	....	....	....
Nicaragua	278	....	....	....	....	....	....	0.1	0.0	0.0	0.1	0.0	0.0
Panama	283	38.3	214.0	....	....	....	....	1.2	0.0	0.0	0.1	0.0	0.3
Paraguay	288	....	180.4	....	....	....	....	21.0	39.0	77.0	65.3	42.8	28.3
Peru	293	....	....	....	....	0.0	....	16.0	15.8	19.9	27.2	20.0	16.7
St. Kitts and Nevis	361	621.6	....	0.1	2.7	1.6	2.1	0.2	0.1	0.0	0.0	0.0	0.0
St. Vincent & Grens.	364	....	0.0	....	0.0	....	....	0.0	0.1	0.2	0.0	0.0	0.1
Trinidad and Tobago	369	....	....	0.0	0.1	0.1	0.0	....	0.0	0.0	0.0	0.0	0.0

Algeria (612)
In Millions of U.S. Dollars

		Exports (FOB)						Imports (CIF)					
		2011	2012	2013	2014	2015	2016	2011	2012	2013	2014	2015	2016
Uruguay	298	5.7	2.7	1.3	1.1	3.1	5.8	68.0	114.9	48.7	67.9	90.1	57.8
Venezuela, Rep. Bol.	299	....	....	23.4	117.9	....	0.0	0.0	0.0	0.4	0.0	0.4	21.1
Western Hem. n.s.	399	....	....	0.0	0.0	0.0	....	....	....	0.8	30.3	2.2	....
Other Countries n.i.e	910	**303.6**	**327.6**	**233.9**	**311.7**	**174.2**	**251.7**	**29.5**	**5.1**	**5.0**	**2.8**	**2.1**	**2.1**
Cuba	928	303.6	327.6	233.9	311.7	174.2	251.7	14.1	3.3	2.5	2.8	2.1	2.1
Korea, Dem. People's Rep.	954	....	....	....	....	....	....	15.4	1.8	2.4	....	....	....
Countries & Areas n.s.	898	**0.4**	**....**	**....**	**76.8**	**21.3**	**16.6**	**....**	**....**	**....**	**3,167.4**	**2,852.3**	**0.6**
Memorandum Items													
Africa	605	1,736.6	2,143.0	2,819.4	2,720.8	1,609.4	1,201.7	1,262.2	1,459.4	1,302.9	1,124.8	982.7	942.2
Middle East	405	807.3	949.2	865.8	619.3	559.3	424.5	1,787.6	1,652.5	2,739.5	1,878.8	1,837.2	1,949.8
European Union	998	37,313.6	39,774.4	42,820.9	38,671.4	22,496.6	17,150.1	24,653.0	26,372.3	28,606.7	28,927.3	24,704.2	22,191.6
Export earnings: fuel	080	137.7	227.2	164.1	256.7	34.9	83.6	1,498.8	2,385.9	3,168.4	1,812.9	2,184.3	1,988.7
Export earnings: nonfuel	092	73,358.6	71,640.6	65,789.1	59,875.7	34,529.5	29,225.0	45,759.6	48,021.9	51,724.2	57,951.3	50,442.6	44,734.7

American Samoa (859)

In Millions of U.S. Dollars

		Exports (FOB) 2011	2012	2013	2014	2015	2016	Imports (CIF) 2011	2012	2013	2014	2015	2016
IFS World		....	....	....	....	....	....	....	....	....	....	....	....
World	001	50.3	89.9	51.8	68.2	37.5	47.0	249.0	255.8	272.6	240.8	165.3	200.2
Advanced Economies	110	22.0	52.4	13.2	18.9	16.7	25.2	189.6	209.9	162.4	192.8	120.3	121.3
Euro Area	163	0.2	0.4	0.1	1.0	0.4	5.9	2.5	4.8	4.2	6.0	3.3	2.0
Belgium	124	0.1 e	0.0 e	0.1 e	0.0 e	0.1 e	0.0 e	1.0 e	0.5 e	0.3 e	....	0.0 e	0.1 e
France	132	0.0 e	0.2 e	0.0 e	0.0 e	0.1 e	0.1 e	0.3 e	2.9 e	1.3 e	4.0 e	1.4 e	0.8 e
Germany	134	0.0 e	0.1 e	....	....	0.0 e	....	0.2 e	0.1 e	0.1 e	0.2 e	0.1 e	0.1 e
Greece	174	....	....	....	....	....	....	....	....	....	....	0.0 e	0.1 e
Ireland	178	....	....	0.0 e	0.0 e	0.1 e	0.0 e	....	....	....	....	....	....
Italy	136	0.0 e	0.0 e	0.0 e	0.0 e	0.0 e	0.0 e	0.3 e	0.2 e	1.4 e	0.2 e	0.5 e	0.2 e
Latvia	941	....	....	....	0.0 e	0.0 e	0.0 e	....	0.0 e	....	0.1 e	0.0 e	0.0 e
Luxembourg	137	....	....	....	....	....	....	0.2 e	....	....	0.0 e	....	....
Netherlands	138	0.0 e	0.0 e	0.0 e	0.0 e	0.0 e	5.4 e	0.1 e	0.1 e	0.2 e	0.2 e	0.1 e	0.1 e
Portugal	182	0.0 e	....	....	....	....	0.4 e	0.3 e	0.0 e	....	0.1 e	....	....
Spain	184	0.0 e	0.0 e	0.0 e	0.9 e	0.0 e	0.0 e	0.0 e	0.9 e	0.8 e	1.2 e	1.1 e	0.7 e
Australia	193	8.5 e	13.4 e	7.8 e	13.0 e	10.6 e	10.1 e	5.8 e	8.4 e	5.0 e	6.7 e	8.0 e	8.0 e
Canada	156	0.6 e	0.5 e	0.1 e	0.4 e	0.4 e	0.9 e	1.3 e	1.0 e	1.2 e	1.3 e	4.3 e	1.1 e
China,P.R.: Hong Kong	532	0.0 e	0.0 e	0.0 e	0.0 e	0.2 e	0.0 e	2.0 e	0.2 e	0.6 e	0.7 e	3.1 e	1.7 e
Denmark	128	0.1 e	0.1 e	0.0 e	0.0 e	0.0 e	0.0 e	0.1 e	0.1 e	0.1 e	0.3 e	0.0 e	0.7 e
Japan	158	0.1 e	0.1 e	0.0 e	0.0 e	0.5 e	1.0 e	1.2 e	5.0 e	3.3 e	3.4 e	1.2 e	1.7 e
Korea, Republic of	542	0.1 e	0.0 e	0.1 e	1.6 e	1.8 e	3.7 e	1.8 e	34.2 e	45.2 e	68.7 e	11.9 e	13.0 e
New Zealand	196	2.4 e	2.0 e	1.5 e	1.6 e	0.8 e	1.2 e	47.0 e	22.5 e	21.3 e	23.4 e	25.8 e	33.5 e
Norway	142	....	....	....	....	....	....	0.0 e	....	0.3 e	....	....	....
Singapore	576	0.2 e	32.7 e	1.9 e	0.1 e	0.4 e	0.3 e	117.3 e	117.6 e	68.3 e	65.6 e	42.0 e	39.5 e
Sweden	144	0.0 e	0.0 e	0.0 e	0.0 e	0.0 e	0.0 e	0.1 e	0.0 e	0.0 e	0.0 e	0.0 e	0.0 e
Switzerland	146	7.5 e	0.0 e	0.0 e	....	....	....	0.0 e	0.8 e	0.0 e	0.1 e	2.1 e	0.0 e
Taiwan Prov.of China	528	2.2 e	3.1 e	1.5 e	1.2 e	0.9 e	1.9 e	10.4 e	14.6 e	12.9 e	16.3 e	18.3 e	18.5 e
United Kingdom	112	0.1 e	0.0 e	0.1 e	0.0 e	0.6 e	0.1 e	0.2 e	0.6 e	0.1 e	0.4 e	0.3 e	1.6 e
Emerg. & Dev. Economies	200	28.3	37.5	38.6	49.2	20.7	21.8	59.4	45.9	110.2	47.9	45.0	78.9
Emerg. & Dev. Asia	505	9.5	24.4	6.8	13.3	6.7	8.7	58.1	43.5	108.8	46.2	40.9	48.2
Bangladesh	513	....	0.3 e	0.2 e	....	....	....	....	....	....	....	....	....
Fiji	819	0.1 e	0.2 e	0.0 e	0.3 e	0.2 e	0.0 e	18.9 e	31.2 e	30.0 e	26.4 e	12.9 e	13.3 e
F.T. French Polynesia	887	0.0 e	....	....	....	....	....	0.0 e	0.2 e	0.1 e	0.1 e	0.4 e	0.4 e
F.T. New Caledonia	839	....	0.0 e	....	0.0 e	....	....	0.7 e	0.8 e	0.8 e	0.7 e	0.4 e	0.4 e
India	534	1.3 e	0.5 e	0.4 e	0.6 e	1.1 e	0.0 e	2.1 e	0.3 e	0.2 e	0.0 e	0.3 e	0.0 e
Indonesia	536	7.2 e	22.2 e	4.3 e	11.2 e	4.5 e	2.0 e	29.1 e	4.2 e	42.4 e	3.7 e	2.3 e	1.3 e
Kiribati	826	....	....	....	....	....	....	....	....	0.0 e	0.0 e	0.1 e	0.1 e
Malaysia	548	0.0 e	0.2 e	0.1 e	0.0 e	0.3 e	0.3 e	2.6 e	1.0 e	28.5 e	10.9 e	9.8 e	14.3 e
Myanmar	518	0.3 e	0.0 e	....	0.4 e	....	3.8 e	....	....	....	....	....	....
Nepal	558	0.0 e	0.0 e	0.0 e	....	0.0 e	0.0 e	....	0.0 e	....	....	0.1 e	0.1 e
Philippines	566	0.0 e	....	0.0 e	0.0 e	0.0 e	0.5 e	0.8 e	0.7 e	0.9 e	0.8 e	2.8 e	2.7 e
Samoa	862	0.4 e	0.3 e	0.7 e	0.4 e	0.5 e	0.3 e	3.7 e	4.9 e	5.9 e	3.4 e	11.5 e	15.3 e
Solomon Islands	813	....	....	....	....	....	....	....	....	....	....	0.2 e	0.0 e
Sri Lanka	524	0.0 e	0.6 e	1.0 e	0.3 e	....	1.6 e	0.1 e	0.0 e	....	....	....	0.0 e
Tonga	866	0.1 e	0.0 e	0.0 e	0.1 e	0.1 e	0.1 e	0.1 e	0.3 e	0.1 e	0.2 e	0.2 e	0.3 e
Europe	170	1.3	5.2	0.9	0.2	1.1	0.3	0.1	0.3	0.2	0.2	1.2	1.7
Emerg. & Dev. Europe	903	0.1	0.2	0.3	0.2	1.1	0.1	0.1	0.3	0.2	0.2	0.4	1.7
Poland	964	0.0 e	0.0 e	0.0 e	0.0 e	0.0 e	0.0 e	....	0.0 e	0.0 e	....	0.1 e	0.0 e
Romania	968	....	....	0.0 e	....	....	....	0.0 e	....	....	....	....	0.5 e
Turkey	186	0.1 e	0.2 e	0.3 e	0.1 e	1.1 e	0.1 e	0.1 e	0.2 e	0.2 e	0.2 e	0.3 e	1.2 e
CIS	901	1.2	5.0	0.5	0.0	0.0	0.1	....	....	....	....	0.8	....
Kazakhstan	916	0.1 e	0.2 e	0.0 e	0.0 e	....	0.1 e	....	....	....	....	....	....
Russian Federation	922	0.0 e	0.0 e	0.0 e	0.0 e	0.0 e	0.0 e	....	....	....	....	0.8 e	....
Ukraine	926	1.1 e	4.9 e	0.5 e	0.0 e	....	....	....	....	....	....	....	....
Mid East, N Africa, Pak	440	1.2	1.2	1.5	1.3	0.9	1.4	0.1	0.5	0.0	0.0	0.1	25.2
Bahrain, Kingdom of	419	0.0 e	0.0 e	0.0 e	0.0 e	0.0 e	0.1 e	....	....	....	....	....	....
Egypt	469	0.2 e	....	....	....	....	....	....	0.4 e	....	0.0 e	0.0 e	....
Iran, I.R. of	429	0.7 e	0.7 e	0.5 e	0.8 e	0.6 e	0.7 e	....	....	....	....	....	....
Mauritania	682	0.2 e	0.0 e	0.1 e	0.0 e	0.0 e	0.0 e	....	0.0 e	....	....	....	....
Morocco	686	....	....	....	....	0.0 e	0.1 e	....	....	....	....	....	....

American Samoa (859)

In Millions of U.S. Dollars

		Exports (FOB)						Imports (CIF)					
		2011	2012	2013	2014	2015	2016	2011	2012	2013	2014	2015	2016
Oman	449	....	....	....	....	....	....	....	....	....	....	....	25.1 e
Pakistan	564	0.1 e	0.2 e	0.8 e	0.4 e	0.1 e	0.3 e	....	0.1 e	....	0.0 e	0.0 e	0.2 e
Tunisia	744	....	....	....	0.0 e	0.0 e	0.2 e	....	....	....	....	....	....
Yemen, Republic of	474	....	0.2 e	0.0 e	0.1 e	0.1 e	0.1 e	0.0 e	....	....	0.0 e	0.0 e	0.0 e
Sub-Saharan Africa	603	**16.0**	**4.3**	**24.1**	**13.2**	**9.7**	**9.1**	**0.9**	**1.3**	**0.5**	**1.2**	**2.8**	**1.5**
Angola	614	0.8 e	0.1 e	....	0.0 e	0.9 e	0.6 e	....	....	....	....	....	....
Ghana	652	0.0 e	0.0 e	0.0 e	7.9 e	8.0 e	7.6 e	0.0 e	0.0 e	....	....	....	....
Kenya	664	0.7 e	0.7 e	0.7 e	0.8 e	0.7 e	0.6 e	0.3 e	0.3 e	0.3 e	0.3 e	0.3 e	0.3 e
Mauritius	684	0.0 e	0.0 e	0.0 e	0.0 e	0.0 e	0.0 e	....	....	....	....	....	0.2 e
Mozambique	688	0.0 e	0.5 e	0.2 e	0.1 e	0.0 e	0.0 e	....	0.1 e	....	....	....	....
Namibia	728	....	....	....	....	0.0 e	....	....	0.3 e	0.0 e	0.4 e	0.1 e	....
South Africa	199	0.1 e	2.9 e	0.0 e	0.0 e	0.0 e	0.1 e	0.6 e	0.5 e	0.2 e	0.3 e	0.0 e	....
Tanzania	738	14.2 e	0.1 e	23.0 e	4.3 e	0.1 e	0.2 e	0.0 e	....	....	0.2 e	2.4 e	1.0 e
Togo	742	....	0.1 e	0.0 e	0.0 e	....	....	....	....	....	....	....	....
Zambia	754	0.2 e	0.0 e	0.0 e	0.0 e	0.0 e	0.0 e	0.0 e	0.0 e	....	....	....	....
Western Hemisphere	205	**0.3**	**2.4**	**5.2**	**21.2**	**2.3**	**2.4**	**0.2**	**0.3**	**0.6**	**0.3**	**0.1**	**2.2**
Brazil	223	0.0 e	0.0 e	0.0 e	0.0 e	0.0 e	0.0 e	0.1 e	0.1 e	0.1 e	0.0 e	0.0 e	0.1 e
Colombia	233	....	0.0 e	....	16.0 e	1.6 e	2.2 e	....	....	....	....	....	....
Costa Rica	238	0.0 e	0.1 e	0.0 e	....	0.0 e	0.0 e	....	....	....	....	....	....
Ecuador	248	0.1 e	2.1 e	5.1 e	1.6 e	0.6 e	0.1 e	....	0.0 e	0.5 e	0.1 e	0.0 e	0.4 e
Guatemala	258	....	....	....	3.6 e	....	....	....	....	....	....	....	....
Panama	283	....	....	....	....	....	....	....	....	....	....	....	1.0 e
Peru	293	0.0 e	0.0 e	0.0 e	0.0 e	0.0 e	0.0 e	0.1 e	0.2 e	....	0.2 e	0.0 e	0.8 e
Venezuela, Rep. Bol.	299	0.1 e	0.1 e	0.1 e	0.0 e	....	....	....	....	....	....	....	....
Memorandum Items													
Africa	605	16.3	4.3	24.2	13.3	9.7	9.4	0.9	1.3	0.5	1.2	2.8	1.5
Middle East	405	0.9	0.9	0.7	0.9	0.8	0.9	0.1	0.4	0.0	0.0	0.1	25.1
European Union	998	0.4	0.5	0.3	1.0	1.1	6.1	2.8	5.6	4.3	6.7	3.6	4.9
Export earnings: fuel	080	1.8	3.4	5.8	18.5	3.9	3.8	0.0	0.0	0.5	0.1	0.8	25.5
Export earnings: nonfuel	092	48.4	86.5	46.0	49.7	33.5	43.2	249.0	255.8	272.1	240.6	164.5	174.8

Angola (614)

In Millions of U.S. Dollars

		Exports (FOB)						Imports (CIF)					
		2011	2012	2013	2014	2015	2016	2011	2012	2013	2014	2015	2016
IFS World		65,690.3	70,088.5	67,431.9	59,134.6	32,820.9	....	....	....	....	....	....	....
World	001	66,309.7	70,684.4	67,251.0	59,068.2	32,732.5	23,592.3	20,807.9	29,040.5	26,772.2	28,776.3	16,770.1	11,082.7
Advanced Economies	110	31,402.1	24,093.9	23,866.0	20,651.1	12,422.4	6,842.6	14,115.3	17,993.6	17,595.6	16,981.5	9,422.5	6,473.4
Euro Area	163	8,579.5	7,042.3	9,806.1	11,346.3	7,274.6	3,635.5	7,710.7	9,599.2	7,889.5	8,717.7	4,854.2	3,587.0
Austria	122	0.1 e	0.0 e	0.0 e	0.0 e	18.9 e	26.0 e	14.1	37.8	25.6	11.0	29.7	42.8
Belgium	124	39.3	52.9	123.6	52.4	17.1	26.1	633.4	1,063.5	831.7	1,011.2	668.8	687.9
Cyprus	423	....	....	....	....	....	0.0	17.1	9.3	4.5	30.8	1.5	0.1
Estonia	939	....	....	....	....	0.0 e	....	1.4	1.6	1.0	1.1	0.9	5.8
Finland	172	....	....	....	....	42.6	0.0	4.7	10.0	4.7	7.3	4.2	2.8
France	132	2,187.0	1,176.7	1,374.4	1,929.8	1,567.6	1,033.3	855.2	1,090.9	712.5	1,027.3	516.9	232.8
Germany	134	113.8	....	....	99.3	....	....	298.0	416.1	237.6	344.1	224.4	165.4
Greece	174	1.8 e	....	0.0 e	0.0 e	0.0 e	0.0 e	1.8	6.1	14.5	6.0	5.2	2.3
Ireland	178	....	....	162.3	....	....	....	32.8	58.7	54.5	50.9	24.3	17.6
Italy	136	2,270.2	1,090.1	1,029.4	1,347.8	1,102.9	520.6	235.2	376.0	410.2	493.2	341.1	238.1
Latvia	941	....	....	....	....	....	....	3.3	3.0	7.4	13.6	19.5	14.3
Lithuania	946	28.7 e	....	....	....	0.0 e	0.0 e	1.3	3.8	2.7	2.7	6.3	34.3
Luxembourg	137	....	....	0.0 e	....	0.0 e	0.0 e	1.4	14.0	1.3	1.6	4.3	1.6
Malta	181	0.0 e	....	0.0 e	0.0 e	....	0.4 e	11.1	24.6	12.6	15.2	5.0	1.9
Netherlands	138	1,676.0	1,086.3	1,647.3	2,264.4	1,094.0	306.5	1,816.6	609.7	722.0	475.6	303.3	224.1
Portugal	182	1,612.5	2,008.6	2,987.2	1,926.0	1,190.8	827.8	3,455.5	5,378.2	4,339.2	4,781.9	2,449.5	1,734.2
Slovak Republic	936	0.0 e	....	....	0.0 e	0.0 e	0.0 e	0.4	1.3	0.4	0.6	1.2	3.9
Slovenia	961	....	....	....	....	0.0	0.0	1.8	1.0	2.4	9.5	4.0	1.1
Spain	184	650.1	1,627.7	2,481.8	3,726.5	2,240.6	894.7	325.7	493.5	504.9	434.0	244.0	176.2
Australia	193	....	....	....	45.4	15.7	8.5	14.1	12.4	22.8	22.0	7.8	4.9
Canada	156	....	3,520.0	3,305.0	2,719.7	1,034.6	5.5	229.5	127.4	85.9	124.4	68.1	49.4
China,P.R.: Hong Kong	532	107.4	68.9	103.9	36.2	45.3	3.8	40.9	73.2	80.9	164.9	121.8	100.9
China,P.R.: Macao	546	....	0.4 e	....	....	....	....	0.0	0.0	8.0	3.9	0.5	0.5
Czech Republic	935	0.1 e	0.0 e	0.1 e	0.6 e	0.3 e	1.0 e	6.5	10.9	2.7	1.8	1.7	0.4
Denmark	128	....	....	....	....	35.8	42.2	19.9	39.5	44.9	46.3	21.3	20.8
Iceland	176	....	16.1 e	....	....	0.0 e	....	1.2	1.5	3.5	7.5	2.1	....
Israel	436	390.3	163.4	25.3	28.7	55.1	50.3	22.8	45.6	40.3	55.5	34.6	34.5
Japan	158	1.4	290.5	351.9	322.2	151.4	11.2	396.3	791.6	497.6	611.3	168.6	62.5
Korea, Republic of	542	1.8	35.3	130.1	33.8	63.8	83.0	2,349.7	543.1	4,239.5	572.0	1,433.8	328.9
New Zealand	196	0.0 e	0.0 e	0.0 e	0.0 e	0.0 e	0.0 e	34.6	50.0	48.6	61.2	35.9	12.3
Norway	142	....	....	....	164.9	....	....	169.0	308.1	331.4	427.4	209.5	258.4
San Marino	135	....	....	....	....	....	....	0.1	....	....	....	....	....
Singapore	576	....	....	423.8	97.7	210.6	80.1	354.5	2,212.5	1,402.1	2,515.4	521.9	140.5
Sweden	144	25.5	171.4	....	....	....	....	169.7	323.7	176.2	147.0	20.7	11.4
Switzerland	146	134.1	186.8	218.9	225.0	115.6	102.1	41.8	62.9	74.5	124.8	33.8	8.0
Taiwan Prov.of China	528	5,338.5 e	4,715.9 e	3,643.5 e	2,788.8 e	1,286.4 e	1,158.1 e	16.9 e	317.5 e	16.2 e	22.8 e	12.3 e	9.3 e
United Kingdom	112	348.4	1,288.5	839.0	292.9	923.0	333.1	789.5	1,058.1	952.7	1,062.2	639.6	472.6
United States	111	16,475.0	6,594.5	5,018.4	2,548.8	1,210.2	1,328.2	1,747.7	2,416.2	1,678.2	2,293.7	1,234.0	1,371.0
Emerg. & Dev. Economies	200	34,907.5	46,590.6	43,385.0	38,417.1	20,310.1	16,749.8	6,653.9	11,040.9	9,170.7	11,772.3	7,284.7	4,567.0
Emerg. & Dev. Asia	505	31,620.3	41,173.9	39,019.3	33,143.3	17,669.1	14,525.4	2,913.0	5,152.9	4,229.5	5,419.8	3,997.5	1,981.6
American Samoa	859	....	....	....	....	....	....	0.8	0.1	....	0.0	0.9	0.6
Bangladesh	513	....	....	....	....	....	0.0 e	1.9	3.1	2.4	4.9	3.7	3.4
Bhutan	514	....	....	....	....	....	....	0.0	0.1	....	0.3	....	....
Brunei Darussalam	516	....	....	....	....	....	0.0 e	0.0	0.1	3.7	0.0	0.0	0.0
Cambodia	522	0.0 e	....	....	....	0.0 e	0.0 e	0.1	0.1	0.3	0.2	0.2	0.1
China,P.R.: Mainland	924	24,360.8	33,710.0	31,947.2	27,527.1	14,275.8	12,657.3	1,837.1	3,457.0	2,807.6	3,428.5	2,825.2	1,334.7
F.T. French Polynesia	887	....	0.0 e	....	....	0.0 e	0.0 e	0.3	0.0	0.0	....	....	....
F.T. New Caledonia	839	....	....	....	0.0 e	....	....	0.1	0.1	0.0	....	0.2	0.2
India	534	6,842.0	6,932.1	6,764.2	4,507.4	2,675.6	1,795.5	341.0	721.2	464.6	636.0	369.4	177.3
Indonesia	536	214.8	319.7	106.0	204.7	566.5	2.5	99.6	189.3	133.3	230.1	214.6	59.3
Lao People's Dem.Rep	544	....	....	....	....	....	....	0.0	0.1	0.0	0.3	0.1	0.1
Malaysia	548	202.6	0.5	0.9	88.2	92.0	11.8	313.4	294.0	429.2	654.0	259.2	142.3
Marshall Islands	867	....	....	....	....	10.6	8.2	0.6	0.0	....	2.9	0.1	0.1
Mongolia	948	....	....	....	....	....	....	0.9	0.1	....	....	....	....
Myanmar	518	....	....	....	....	....	....	....	0.5	0.5	....	0.1	0.0
Nauru	836	....	....	....	....	....	....	0.3	0.2	0.1	0.5	0.0	0.0

Angola (614)
In Millions of U.S. Dollars

		Exports (FOB) 2011	2012	2013	2014	2015	2016	Imports (CIF) 2011	2012	2013	2014	2015	2016
Nepal	558	....	0.0 e	....	0.1 e	0.1 e	0.1 e	0.5	0.0	0.0	....	....	....
Papua New Guinea	853	....	....	....	....	....	....	0.1	0.0	0.0	0.0	4.0	2.7
Philippines	566	0.0 e	0.1 e	0.4 e	0.2 e	0.8 e	0.1 e	0.9	0.8	1.6	0.8	0.4	0.0
Samoa	862	....	....	....	....	....	....	....	....	....	0.3	....	....
Solomon Islands	813	....	....	....	....	....	....	....	....	0.2	....	....	....
Sri Lanka	524	....	....	....	0.1 e	0.0 e	....	3.1	6.7	2.5	3.9	2.3	4.5
Thailand	578	....	211.5	200.6	814.5	44.7	47.7	214.5	290.3	237.4	363.0	267.2	215.8
Timor-Leste	537	....	....	....	....	....	....	1.6	0.8	0.1	0.2	0.5	0.4
Vietnam	582	....	....	....	0.9	2.9	2.2	78.6	158.2	125.3	74.3	39.2	32.8
Asia n.s.	598	....	....	....	....	....	....	17.6	30.1	20.5	19.6	10.0	7.3
Europe	170	0.2	0.8	0.3	0.4	45.8	12.0	250.2	400.6	375.2	440.1	329.7	265.1
Emerg. & Dev. Europe	903	0.1	0.1	0.1	0.3	45.7	11.4	221.7	321.5	330.8	360.2	292.8	187.7
Albania	914	....	....	....	....	....	....	0.2	0.3	2.4	1.0	0.3	0.3
Bosnia and Herzegovina	963	....	....	....	....	....	....	0.3	0.0	0.1	1.4	0.0	1.6
Bulgaria	918	0.0 e	....	0.0 e	0.0 e	0.0 e	0.0 e	2.0	5.6	2.3	2.1	2.1	1.7
Croatia	960	0.0 e	0.0 e	0.0 e	....	....	0.0 e	1.3	1.9	3.7	12.6	1.0	1.2
Faroe Islands	816	0.0 e	0.0 e	0.0 e	0.0 e	0.0 e	0.0 e	....	0.0	0.1	....	....	....
Gibraltar	823	....	....	....	....	....	....	0.7	1.7	2.4	8.1	0.5	0.3
Hungary	944	....	0.0 e	....	0.0 e	....	0.0 e	1.8	2.8	6.8	1.6	3.4	3.2
Macedonia, FYR	962	....	....	....	....	....	....	0.0	0.0	0.1	....	....	....
Montenegro	943	....	0.0 e	....	....	0.0 e	....	0.1	....	0.0	0.0	0.2	0.2
Poland	964	....	....	....	0.2	....	....	24.5	22.4	19.4	20.7	16.8	12.2
Romania	968	....	....	....	....	45.3	0.1	37.5	4.1	13.0	4.4	3.9	0.9
Serbia, Republic of	942	0.0 e	0.0 e	0.0 e	0.0 e	0.0 e	....	1.0	2.1	1.9	3.5	0.3	0.1
Turkey	186	....	....	0.1	0.0	0.3	11.3	152.2	280.7	278.7	304.7	264.3	166.9
CIS	901	0.2	0.8	0.2	0.1	0.1	0.6	28.4	79.0	44.1	79.8	37.0	77.4
Armenia	911	....	0.0 e	....	....	0.0 e	0.0 e	0.0	0.3	0.2	0.6	0.0	0.0
Azerbaijan, Rep. of	912	0.0 e	....	0.0 e	0.0 e	....	0.0 e	0.1	0.1	0.0	0.1	0.0	0.2
Belarus	913	....	....	....	0.0 e	0.0 e	....	0.6	1.7	0.7	0.2	0.4	0.5
Georgia	915	....	....	....	....	....	....	3.1	0.6	1.3	1.6	2.9	2.4
Kazakhstan	916	0.0 e	....	....	....	....	0.3 e	0.2	0.3	0.1	0.1	0.1	0.1
Kyrgyz Republic	917	0.0 e	....	....	....	....	....	0.2	0.5	0.6	0.9	0.2	0.2
Moldova	921	....	....	....	....	....	....	....	0.0	0.1	0.1	....	....
Russian Federation	922	....	....	0.1	....	....	....	7.5	47.4	28.3	59.1	30.3	66.1
Tajikistan	923	0.0 e	0.0 e	0.0 e	0.1 e	0.0 e	0.0 e	0.0	0.0	....	....	....	....
Ukraine	926	0.1 e	0.7 e	0.1 e	0.0 e	0.0 e	0.3 e	16.6	28.0	12.9	17.3	3.0	7.9
Uzbekistan	927	....	....	....	....	....	....	....	0.1	....	....	....	....
Europe n.s.	884	....	....	....	....	....	....	0.0	0.0	0.3	0.1	0.0	0.0
Mid East, N Africa, Pak	440	384.1	658.3	794.9	869.1	659.7	466.9	676.5	1,231.5	1,538.6	1,812.1	736.1	514.1
Afghanistan, I.R. of	512	....	....	....	....	....	....	0.3	1.0	0.1	0.1	0.3	0.2
Algeria	612	0.0 e	0.1 e	0.2 e	0.1 e	1.4 e	0.6 e	0.9	1.7	0.6	0.3	1.2	7.9
Bahrain, Kingdom of	419	....	....	....	....	....	....	0.1	0.0	330.2	0.8	0.7	0.4
Djibouti	611	....	....	....	....	....	....	1.5	2.6	1.9	3.2	0.1	0.1
Egypt	469	0.0 e	....	0.5 e	....	0.0 e	....	21.8	33.9	23.6	47.9	40.6	36.1
Iraq	433	....	....	....	....	....	....	0.9	7.1	1.0	0.9	2.3	1.6
Jordan	439	....	....	....	....	....	0.0 e	2.1	0.4	2.1	8.1	2.9	0.6
Kuwait	443	0.0 e	0.0 e	0.0 e	0.0 e	0.2 e	0.2 e	4.5	0.9	2.4	0.2	1.8	1.2
Lebanon	446	....	....	....	....	0.1	1.2	54.3	92.7	117.9	107.5	56.8	22.7
Libya	672	....	....	....	....	....	....	0.7	0.0	0.1	0.6	0.0	0.0
Mauritania	682	0.0 e	....	0.0 e	0.6 e	1.0 e	1.0 e	39.0	34.9	27.1	103.0	78.0	45.2
Morocco	686	....	....	2.9	....	0.0	0.0	33.3	57.4	62.7	69.4	59.0	22.9
Oman	449	....	....	....	....	0.0 e	....	4.1	14.1	20.9	13.7	21.6	28.9
Pakistan	564	0.9 e	1.2 e	0.6 e	0.4 e	0.6 e	2.9 e	22.1	33.0	32.0	45.8	41.2	25.7
Qatar	453	....	....	....	....	....	....	2.4	1.6	3.1	13.8	8.5	4.9
Saudi Arabia	456	0.0 e	....	0.1 e	....	....	0.5 e	17.3	41.7	16.9	21.6	23.8	14.5
Somalia	726	....	....	....	....	....	....	0.3	0.2	....	0.0	....	....
Sudan	732	0.0 e	0.0 e	0.1 e	....	....	....	....	0.1	0.0	0.0	0.7	0.7
Syrian Arab Republic	463	0.0 e	0.0 e	0.0 e	0.0 e	0.0 e	0.0 e	4.4	3.5	0.6	0.6	0.1	0.1
Tunisia	744	0.2 e	0.0 e	0.0 e	0.2 e	0.0 e	0.7 e	45.4	16.8	9.5	10.5	7.2	12.8
United Arab Emirates	466	382.9	656.9	790.5	867.8	656.4	459.9	421.1	887.3	885.6	1,364.1	389.1	287.6

2017, International Monetary Fund: *Direction of Trade Statistics Yearbook*

Angola (614)
In Millions of U.S. Dollars

		Exports (FOB)						Imports (CIF)					
		2011	2012	2013	2014	2015	2016	2011	2012	2013	2014	2015	2016
West Bank and Gaza	487	0.0 e	0.0 e	0.2 e	....	....	....	....	....	....	....	....	....
Yemen, Republic of	474	0.0 e	....	....	....	....	....	0.2	0.5	0.2	....	....	....
Sub-Saharan Africa	603	**1,817.0**	**3,065.9**	**1,812.7**	**2,013.9**	**1,406.4**	**1,274.3**	**1,528.8**	**2,167.1**	**1,527.3**	**1,662.1**	**1,087.2**	**869.1**
Benin	638	1.7	....	....	....	....	....	118.9	36.9	0.8	....	0.7	0.5
Botswana	616	0.1 e	....	0.0 e	....	0.1 e	0.1 e	1.1	0.3	0.5	0.6	0.8	0.5
Burkina Faso	748	2.0 e	2.0 e	3.5 e	1.1 e	0.2 e	0.2 e	0.0	0.0	0.0	0.1	0.0	0.0
Cabo Verde	624	....	....	....	....	....	....	0.1	0.1	0.2	0.4	0.0	0.0
Cameroon	622	....	3.1	....	....	....	....	1.7	1.3	0.5	1.3	0.9	0.5
Chad	628	....	....	....	....	....	....	0.0	0.1	....	0.0	....	....
Congo, Dem. Rep. of	636	....	....	....	....	0.6	0.4	2.5	2.3	5.9	15.6	6.6	4.1
Congo, Republic of	634	....	....	....	....	....	....	82.7	57.5	19.8	9.0	8.2	6.2
Côte d'Ivoire	662	....	....	....	....	....	....	37.7	79.1	7.3	8.8	5.7	3.3
Equatorial Guinea	642	....	....	....	....	....	....	6.7	1.7	0.0	9.5	0.0	0.0
Ethiopia	644	0.0 e	0.0 e	0.0 e	0.0 e	0.0 e	0.0 e	3.1	2.4	1.1	0.6	0.4	0.3
Gabon	646	3.7 e	3.9 e	4.2 e	4.1 e	3.2 e	2.4 e	0.6	2.7	7.9	1.2	2.2	1.5
Gambia, The	648	....	0.0 e	0.0 e	0.0 e	0.0 e	0.0 e	0.0	0.0	0.1	0.1	0.0	0.0
Ghana	652	10.6	....	....	0.6	1.2	0.9	10.8	10.0	7.5	23.8	5.8	3.7
Guinea	656	....	....	....	....	....	....	0.3	3.3	6.8	1.0	0.1	0.0
Guinea-Bissau	654	....	....	....	....	....	....	0.1	0.1	0.2	0.0	2.7	1.8
Kenya	664	0.0 e	3.1 e	1.4 e	1.2 e	1.1 e	1.0 e	5.5	5.1	3.2	18.1	7.4	4.3
Lesotho	666	....	0.0 e	0.0 e	0.0 e	0.0 e	0.0 e	0.4	0.0	0.0	....	....	....
Liberia	668	....	....	....	....	....	....	0.6	0.2	0.3	0.4	1.2	0.7
Madagascar	674	0.0 e	4.4 e	1.4 e	0.4 e	....	....	0.1	0.0	0.0	0.0	0.2	0.1
Malawi	676	0.0 e	0.0 e	0.0 e	0.0 e	0.0 e	0.0 e	0.0	0.1	....	0.0	0.0	0.0
Mali	678	....	0.1 e	....	....	....	0.0 e	0.0	0.6	0.1	1.5	0.2	0.1
Mauritius	684	0.0 e	0.1 e	0.0 e	....	0.1 e	0.1 e	0.6	0.8	0.9	4.1	1.2	0.8
Mozambique	688	11.9 e	3.3 e	3.2 e	1.9 e	1.0 e	0.8 e	5.0	6.7	2.5	2.8	3.1	1.9
Namibia	728	2.3	1.4	2.5	1.6	2.1	1.7	186.6	345.1	225.7	227.2	81.3	54.7
Niger	692	0.1 e	0.0 e	0.1 e	0.0 e	0.0 e	....	0.1	0.2	0.0	0.0	0.0	0.0
Nigeria	694	11.8 e	6.4 e	8.1 e	8.4 e	6.3 e	6.4 e	10.4	14.8	6.2	6.3	1.8	1.2
São Tomé & Príncipe	716	60.3	33.0	33.8	39.4	23.4	16.9	0.1	0.0	0.2	1.8	0.2	0.2
Senegal	722	0.1 e	0.0 e	0.2 e	0.4 e	17.0 e	1.4 e	7.9	5.5	2.5	1.1	1.1	0.3
Seychelles	718	....	....	....	....	0.0	0.0	0.2	0.8	0.4	1.3	0.5	0.3
Sierra Leone	724	....	....	....	....	....	0.0 e	0.0	0.0	0.0	0.1	0.0	0.0
South Africa	199	1,697.6	3,001.3	1,753.6	1,951.2	1,349.6	1,240.5	987.9	1,535.8	1,198.0	1,296.0	909.2	742.4
Swaziland	734	....	....	....	....	....	....	14.9	42.0	14.7	1.2	10.8	7.2
Tanzania	738	0.4 e	1.0 e	0.3 e	3.2 e	0.0 e	0.0 e	2.9	1.6	0.9	2.0	0.1	0.1
Togo	742	14.2	....	....	....	....	....	35.4	0.4	5.6	19.1	30.4	30.4
Uganda	746	....	....	....	....	....	....	0.0	0.0	2.0	0.6	0.1	0.1
Zambia	754	0.0 e	2.7 e	0.4 e	0.2 e	0.4 e	1.4 e	2.3	6.4	4.1	5.6	1.9	0.4
Zimbabwe	698	0.0 e	0.0 e	0.0 e	0.0 e	0.0 e	0.0 e	1.3	2.7	1.2	0.6	2.0	1.2
Africa n.s.	799	....	....	....	....	....	....	0.0	0.1	0.1	0.0	....	....
Western Hemisphere	205	**1,086.0**	**1,691.6**	**1,757.8**	**2,390.5**	**529.1**	**471.2**	**1,285.5**	**2,088.9**	**1,500.1**	**2,438.2**	**1,134.2**	**937.0**
Anguilla	312	0.0 e	0.0 e	0.0 e	0.0 e	0.0 e	0.0 e	0.0	0.0	0.1	....	....	....
Antigua and Barbuda	311	....	....	....	....	....	....	0.1	0.2	0.1	1.0	7.0	4.7
Argentina	213	0.1 e	0.0 e	0.0 e	0.0 e	0.0 e	10.4 e	198.8	370.2	150.8	203.0	119.9	108.5
Aruba	314	....	....	....	....	0.0 e	....	0.0	0.0	0.0	0.1	....	....
Bahamas, The	313	....	....	100.2	53.0	....	....	4.0	1.0	1.8	6.6	0.2	0.1
Barbados	316	....	....	....	0.0 e	0.0 e	0.0 e	0.0	0.0	0.3	....	....	....
Belize	339	....	....	....	....	....	....	2.0	2.3	0.6	1.3	0.0	0.0
Bermuda	319	....	....	....	....	....	....	0.0	....	4.3	0.1	....	....
Bolivia	218	0.0 e	0.0 e	0.0 e	....	0.0 e	0.0 e	0.6	0.1	2.1	0.0	0.2	0.2
Brazil	223	333.3	315.3	428.8	1,032.8	....	....	940.0	1,504.2	1,185.1	1,563.7	755.5	600.2
Chile	228	....	....	....	377.5	54.7	3.0	11.7	11.1	11.4	451.3	2.7	4.1
Colombia	233	....	....	....	....	....	....	7.7	20.0	16.5	17.3	7.6	2.3
Costa Rica	238	0.0 e	7.4 e	0.0 e	0.0 e	0.0 e	0.0 e	0.8	7.3	0.5	0.7	0.0	0.0
Curaçao	354	....	....	....	....	82.6	63.6	0.1	0.1	0.0	0.1	0.1	0.1
Dominican Republic	243	....	....	....	0.0 e	....	1.2 e	0.1	0.1	0.0	0.0	0.1	0.0
Ecuador	248	39.6	....	....	....	....	....	0.9	0.6	0.8	1.4	1.1	1.2
El Salvador	253	....	0.0 e	....	0.1 e	0.0 e	....	0.0	0.1	0.0	0.2	0.0	0.0

Angola (614)

In Millions of U.S. Dollars

		Exports (FOB) 2011	2012	2013	2014	2015	2016	Imports (CIF) 2011	2012	2013	2014	2015	2016
Guatemala	258	0.0 e	....	0.0 e	0.0 e	....	....	0.1	0.0	....	0.0	0.0	0.0
Guyana	336	....	0.0 e	....	....	....	....	0.0	0.3	0.2	0.0	0.4	0.4
Honduras	268	....	....	....	0.0 e	0.9 e	0.0 e	0.4	2.6	0.3	0.7	0.1	0.1
Jamaica	343	....	....	....	....	....	....	0.7	1.0	0.2	....	0.0	0.0
Mexico	273	32.7	....	....	....	....	....	70.0	73.4	68.8	81.7	161.6	149.0
Nicaragua	278	....	....	....	....	....	....	0.1	0.6	0.9	0.0	0.2	0.1
Panama	283	32.7	959.2	714.9	709.4	388.9	388.9	2.1	7.6	5.0	6.9	46.8	46.8
Paraguay	288	....	....	0.1 e	....	....	....	22.4	30.6	20.6	22.5	17.3	11.4
Peru	293	646.1	408.5	202.2	....	0.2	2.7	1.3	1.9	1.1	1.7	1.5	0.3
St. Kitts and Nevis	361	....	....	....	....	....	....	0.1	1.3	0.5	0.8	0.3	0.2
St. Vincent & Grens.	364	....	....	....	....	....	....	0.2	0.2	0.0	0.2	0.1	0.1
Suriname	366	....	....	....	....	....	0.0 e	0.0	0.2	0.0	0.7	0.3	0.2
Trinidad and Tobago	369	0.2 e	0.0 e	0.0 e	0.2 e	1.6 e	1.4 e	0.1	0.3	0.6	6.4	0.0	0.0
Uruguay	298	....	....	311.4	217.5	....	0.0	13.4	38.6	26.0	20.2	6.9	4.1
Venezuela, Rep. Bol.	299	1.4 e	1.2 e	0.3 e	0.0 e	0.1 e	0.0 e	0.1	0.1	0.1	0.1	0.0	0.0
Western Hem. n.s.	399	....	....	....	....	....	....	7.6	12.6	1.6	49.5	4.2	2.8
Other Countries n.i.e	910	**0.0**	**0.0**	**0.0**	**0.0**	**0.0**	**0.0**	**38.1**	**5.6**	**5.8**	**22.0**	**62.8**	**42.2**
Cuba	928	0.0 e	0.0 e	0.0 e	0.0 e	0.0 e	0.0 e	36.8	1.0	3.9	16.5	19.2	12.9
Korea, Dem. People's Rep.	954	....	....	....	....	....	....	1.3	4.6	1.9	5.4	43.6	29.3
Countries & Areas n.s.	898	....	....	....	....	....	....	**0.6**	**0.4**	**0.1**	**0.5**	**0.1**	**0.1**
Memorandum Items													
Africa	605	1,817.2	3,066.1	1,815.9	2,014.8	1,408.8	1,276.5	1,649.1	2,280.7	1,629.1	1,848.4	1,233.5	958.7
Middle East	405	383.0	656.9	791.1	867.8	656.7	461.8	533.8	1,083.9	1,404.7	1,579.9	548.3	398.7
European Union	998	8,953.6	8,502.2	10,645.1	11,640.0	8,279.0	4,011.9	8,763.4	11,068.1	9,111.2	10,016.3	5,564.8	4,110.6
Export earnings: fuel	080	439.6	668.5	803.3	880.6	669.2	471.8	571.4	1,101.4	1,347.3	1,526.7	501.2	426.5
Export earnings: nonfuel	092	65,870.0	70,015.9	66,447.7	58,187.6	32,063.3	23,120.6	20,236.6	27,939.1	25,425.0	27,249.6	16,269.0	10,656.2

Anguilla (312)

In Millions of U.S. Dollars

		Exports (FOB)						Imports (CIF)					
		2011	2012	2013	2014	2015	2016	2011	2012	2013	2014	2015	2016
IFS World		7.0	7.0	2.2	1.9	1.5	....	146.4	146.7	144.9	151.6	152.2	....
World	001	12.0	10.0	8.7	9.5	32.1	50.7	234.0	240.4	281.7	243.7	237.0	280.5
Advanced Economies	110	3.6	3.0	3.3	3.8	2.9	3.5	186.0	192.1	234.6	195.1	188.2	201.0
Euro Area	163	0.2	0.2	0.3	0.6	0.2	0.2	12.1	18.8	59.2	13.6	13.9	13.8
Belgium	124	0.0 e	0.0 e	0.2 e	0.5 e	0.0 e		0.1	0.0	0.1	0.4	0.4	0.4
France	132	0.1	0.1	0.1	0.1	0.1	0.2	8.1	12.7	6.3	7.8	6.1	7.4
Germany	134	....	....	....	....	....		0.0	0.4	3.3	0.0	1.7	0.6
Ireland	178			0.0	....	0.0		....	....	....	....	....	0.1
Italy	136	0.0	0.0	0.0	0.0	0.0	0.0	3.5	4.6	48.6	3.8	3.9	3.6
Netherlands	138	0.0	0.0	0.0	0.0	0.0		0.4	1.0	0.8	1.3	1.8	1.7
Portugal	182	....	....	....	....	....		0.0	0.0	0.1	0.0	0.0	0.0
Slovak Republic	936	....	....	....	0.0 e	....		....	0.0 e	....	0.0 e	0.0 e	0.1 e
Spain	184	0.0	0.0	0.0	....	0.0	0.0	0.0	0.0	0.1	0.1	0.0	0.1
Canada	156	0.1	0.1	0.1	0.1	0.1	0.1	5.7	5.7	5.7	5.7	5.7	6.0
China,P.R.: Hong Kong	532	....	....	....	....	....		0.1	0.1	0.1	0.1	0.1	0.1
Czech Republic	935	....	....	....	....	....		0.0	....	0.0	0.0	0.5	0.0
Denmark	128	0.0 e	0.0 e	0.0 e	0.0 e	0.0 e	0.0 e	0.1	0.1	0.1	0.0	0.1	0.0
Israel	436	0.1	0.1	0.1	0.1	0.1	0.1	0.5	0.5	0.5	0.5	0.5	0.5
Japan	158	0.0	0.0	0.0	0.0	0.0	0.0	4.1	4.1	4.1	4.1	4.1	4.1
Korea, Republic of	542	....	....	....	....	....	0.0	0.3	0.3	0.3	0.3	0.3	0.3
New Zealand	196	....	....	....	....	....	0.1 e	....	....	....	....	....	....
Sweden	144	0.0 e	0.0 e	0.0 e	0.0 e	....	0.0 e	0.6	0.1	0.2	0.2	0.1	0.1
Taiwan Prov. of China	528	....	....	....	....	....	0.1 e	....	....	....	....	....	0.0 e
United Kingdom	112	1.1	0.6	0.8	1.0	0.5	0.3	1.0	1.3	2.8	9.1	1.4	2.9
United States	111	2.0	2.0	2.0	2.0	2.0	2.7	161.5	161.5	161.5	161.5	161.5	173.1
Emerg. & Dev. Economies	200	8.4	7.0	5.4	5.7	29.2	47.2	48.0	48.3	47.1	48.6	48.7	79.5
Emerg. & Dev. Asia	505	0.1	0.0	0.2	0.1	0.2	0.6	1.7	1.7	1.8	1.7	1.8	1.8
Brunei Darussalam	516	....	0.0 e	....	....	....		0.3	0.3	0.3	0.3	0.3	0.3
China,P.R.: Mainland	924	0.0	0.0	0.0	0.0	0.0	0.0	1.1	1.1	1.2	1.2	1.2	1.2
Indonesia	536	0.0	0.0	0.0	0.0	0.0	0.0	0.1	0.1	0.1	0.1	0.1	0.1
Palau	565	0.1 e	....	0.2 e	0.1 e	0.2 e	0.3 e	....	....	....	....	....	....
Sri Lanka	524	....	....	....	....	....	0.3 e	0.0	0.0	0.0	0.0	0.0	0.0
Thailand	578	....	....	....	....	....		0.1	0.0	0.0	0.0	0.0	0.0
Europe	170	0.3	0.4	0.4	0.6	0.5	0.7	0.9	0.9	1.0	0.9	1.0	1.1
Emerg. & Dev. Europe	903	0.0	0.0	0.0	0.0	0.0	0.0	0.9	0.9	1.0	0.9	1.0	1.1
Turkey	186	....	....	....	....	....	0.0	0.9	0.9	0.9	0.9	0.9	1.1
CIS	901	0.3	0.4	0.4	0.6	0.5	0.7	0.0	0.0	0.0	0.0	0.0	0.0
Armenia	911	....	....	....	....	....	0.1 e	....	....	....	....	....	....
Kyrgyz Republic	917	....	0.0 e	0.0 e	....	....	0.1 e	....	....	....	0.0 e	....	....
Tajikistan	923	0.3 e	0.3 e	0.4 e	0.6 e	0.5 e	0.4 e	....	....	....	....	....	....
Mid East, N Africa, Pak	440	1.2	0.0	0.0	0.2	0.3	0.4	0.1	0.8	0.1	0.1	0.1	0.3
Bahrain, Kingdom of	419	....	0.0 e	0.0 e	0.2 e	0.0 e	0.0 e	0.1	0.1	0.1	0.1	0.1	0.1
Lebanon	446	....	....	....	....	....		....	....	....	....	....	0.1
Mauritania	682	....	0.0 e	0.0 e	....	0.2 e	0.2 e	....	0.6 e	....	....	....	0.0 e
Morocco	686	....	....	....	....	....		0.0	0.1	0.0	0.0	0.0	0.0
Pakistan	564	0.1 e	0.0 e	0.0 e	0.0 e	0.0 e		0.0	0.0	0.0	0.0	0.0	0.0
United Arab Emirates	466	1.2 e	0.0 e	0.0 e	0.0 e	0.0 e	0.1 e	....	....	....	....	....	....
Yemen, Republic of	474	....	....	....	....	0.1 e	0.1 e	0.0	0.0	0.0	0.0	0.0	0.0
Sub-Saharan Africa	603	0.3	0.1	0.2	0.2	0.1	0.1	1.3	1.2	1.2	1.2	1.3	1.6
Botswana	616	....	....	....	....	....		0.9	0.9	0.9	0.9	0.9	0.9
Burkina Faso	748	....	....	....	....	....		....	....	....	....	0.1 e	0.1 e
Nigeria	694	0.2 e	....	0.2 e	0.2 e	0.1 e	0.1 e	....	....	....	....	....	....
Africa n.s.	799	....	....	....	....	....		0.3	0.3	0.3	0.4	0.4	0.7
Western Hemisphere	205	6.6	6.5	4.6	4.5	28.1	45.4	43.9	43.6	43.0	44.5	44.6	74.7
Antigua and Barbuda	311	0.0	0.0	0.0	0.0	0.0	0.0	0.2	0.2	0.2	0.2	0.2	0.4
Barbados	316	0.0	0.0	0.0	0.0	0.0	0.0	1.9	1.9	1.9	1.9	1.9	1.9
Belize	339	....	....	....	....	....		0.1	0.1	0.1	0.1	0.1	0.1
Brazil	223	....	....	....	....	....	0.0	0.5	0.5	0.5	0.5	0.5	0.6
Chile	228	....	....	....	....	....		0.1	0.1	0.1	0.1	0.1	0.1
Dominica	321	....	....	....	....	....		0.3	0.3	0.3	0.3	0.3	0.5

Anguilla (312)

In Millions of U.S. Dollars

		Exports (FOB)						Imports (CIF)					
		2011	2012	2013	2014	2015	2016	2011	2012	2013	2014	2015	2016
Dominican Republic	243	0.0	0.0	0.0	0.0	0.0	0.1	2.3	2.3	2.2	2.3	2.3	4.2
El Salvador	253	....	....	....	....	....	....	0.1	0.1	0.1	0.1	0.1	0.1
Guatemala	258	....	....	....	....	....	....	0.1	0.1	0.1	0.1	0.1	0.2
Guyana	336	3.9	3.8	3.8	3.8	3.8	3.7	5.2	5.2	5.2	5.2	5.2	5.2
Jamaica	343	....	....	....	....	....	....	0.6	0.6	0.5	0.6	0.6	1.0
Mexico	273	0.0	0.0	0.0	0.0	0.0	0.0	0.9	0.9	0.9	0.9	0.9	0.9
Montserrat	351	....	....	....	....	....	....	0.2	0.2	0.2	0.2	0.2	0.4
Netherlands Antilles	353	2.6	2.6	0.8	0.7	0.6	23.1	11.0	11.0	10.9	11.4	11.5	21.1
Panama	283	....	....	....	....	....	....	0.2	0.2	0.2	0.2	0.2	0.2
Peru	293	....	....	....	....	....	....	0.0	0.0	0.0	0.0	0.0	0.1
St. Kitts and Nevis	361	0.0	0.0	0.0	0.0	0.0	0.2	0.2	0.2	0.2	0.2	0.2	0.4
St. Vincent & Grens.	364	0.0	0.0	0.0	0.0	0.0	0.0	0.1	0.2	0.2	0.2	0.2	0.3
Trinidad and Tobago	369	0.0	0.0	0.0	0.0	0.0	0.1	19.5	19.2	18.9	19.7	19.7	36.4
Uruguay	298	....	....	....	....	23.8 e	18.1 e	0.0	0.0	0.0	0.0	0.0	0.0
Western Hem. n.s.	399	....	....	....	....	....	....	0.2	0.2	0.2	0.2	0.2	0.4
Memorandum Items													
Africa	605	0.3	0.1	0.2	0.2	0.3	0.3	1.3	2.0	1.3	1.3	1.4	1.7
Middle East	405	1.2	0.0	0.0	0.2	0.1	0.2	0.1	0.1	0.1	0.1	0.1	0.2
European Union	998	1.4	0.8	1.1	1.6	0.7	0.5	13.8	19.8	62.3	22.9	16.0	16.9
Export earnings: fuel	080	1.4	0.0	0.2	0.4	0.3	0.5	20.0	19.7	19.3	20.2	20.2	36.9
Export earnings: nonfuel	092	10.6	10.0	8.6	9.1	31.8	50.2	214.1	220.7	262.3	223.5	216.8	243.6

Antigua and Barbuda (311)

In Millions of U.S. Dollars

		Exports (FOB) 2011	2012	2013	2014	2015	2016	Imports (CIF) 2011	2012	2013	2014	2015	2016
IFS World		29.0	29.0	32.9	23.1	26.3	61.0	471.1	532.4	508.5	551.8	488.4	494.2
World	001	171.5	141.6	216.0	184.6	182.8	248.2	473.0	532.8	508.4	552.0	466.6	490.7
Advanced Economies	110	18.0	16.2	21.6	14.5	31.0	60.3	215.9	236.2	242.7	263.3	272.7	301.0
Euro Area	163	2.1	2.4	1.5	1.4	19.4	15.8	17.5	15.6	20.0	20.3	23.6	22.7
Austria	122	....	0.0	0.0	....	....	....	0.4	0.4	0.3	0.3	0.1	0.1
Belgium	124	....	....	....	....	....	....	0.5	0.6	0.9	0.8	0.9	0.9
Cyprus	423	....	....	....	....	0.0	0.5	0.1	0.1	0.1	0.2	0.3	0.4
Estonia	939	....	....	0.0 e	0.0 e	0.0 e	....	0.1	0.1	0.3	0.1	0.0	0.0
Finland	172	0.0	....	....	....	....	....	2.4	0.1	0.2	0.3	0.1	1.0
France	132	0.9	1.0	0.9	0.5	11.5	0.7	3.9	4.4	5.2	6.6	5.7	3.9
Germany	134	0.1	0.1	0.1	0.1	0.1	13.9	2.4	1.8	3.6	2.2	3.7	2.3
Greece	174	....	0.0	....	....	....	0.1	0.0	0.0	0.0	0.0	0.0	0.1
Ireland	178	0.0	....	....	0.0	4.3	0.0	0.2	0.3	0.2	0.2	0.4	0.1
Italy	136	0.7	0.6	0.0	0.0	0.2	0.0	3.9	2.9	4.1	4.5	4.0	3.8
Luxembourg	137	....	....	....	0.0 e	....	....	0.0	0.2	0.3	0.2	0.3	0.4
Malta	181	0.0	....	....	....	....	....	0.0	0.1	0.2	0.0	1.2	0.0
Netherlands	138	0.3	0.0	0.1	0.1	0.1	0.1	3.0	3.3	3.9	3.8	3.7	3.5
Portugal	182	....	....	0.1	0.2	0.1	0.3	0.0	0.1	0.1	0.1	0.1	0.2
Slovenia	961	0.0 e	0.0 e	....	....	....	....	0.1	0.2	0.0	0.0	0.0	0.0
Spain	184	0.1	0.7	0.3	0.5	3.1	0.1	0.5	1.0	0.7	1.0	3.0	5.6
Australia	193	0.0	0.0	0.0	0.0	0.6	0.3	1.0	0.8	0.7	0.9	0.7	0.9
Canada	156	0.5	0.5	0.2	0.3	0.2	0.1	7.3	7.7	5.7	6.2	6.6	6.8
China,P.R.: Hong Kong	532	0.0	0.0	0.7	0.0	0.0	0.0	0.9	0.8	0.8	0.7	0.6	0.4
Czech Republic	935	0.5 e	0.1 e	0.4 e	1.0 e	1.1 e	....	0.0	0.0	0.0	0.0	0.0	0.0
Denmark	128	0.0	....	0.0	....	....	....	0.9	0.5	0.6	0.7	0.7	0.8
Israel	436	0.0	....	....	....	....	....	0.2	0.7	0.4	0.3	0.4	0.3
Japan	158	0.1	0.0	0.2	....	....	....	7.4	8.5	10.3	14.7	16.0	22.9
Korea, Republic of	542	0.2	0.1	....	0.0	0.3	0.0	1.6	2.3	4.7	6.3	4.5	5.3
New Zealand	196	....	0.6	1.8	0.0	0.0	0.0	1.6	0.4	0.6	0.3	0.9	0.6
Norway	142	0.3	....	....	0.0	0.0	0.0	0.6	0.4	0.4	0.2	0.1	0.0
Singapore	576	0.0	....	....	....	0.0	0.0	0.1	0.1	0.1	0.1	0.1	0.0
Sweden	144	....	0.0	0.0	0.1	0.0	0.0	1.5	2.4	0.6	1.2	0.6	0.3
Switzerland	146	0.1	0.0	0.0	....	....	....	3.9	4.8	3.9	3.3	3.4	3.5
Taiwan Prov.of China	528	0.8 e	0.7 e	1.2 e	0.9 e	0.4 e	0.2 e	0.3 e	0.5 e	0.5 e	0.3 e	0.5 e	0.2 e
United Kingdom	112	2.4	5.4	6.8	6.2	4.9	32.3	16.6	20.7	14.2	16.8	18.9	19.0
United States	111	11.1	6.4	8.9	4.6	4.1	11.6	154.7	170.1	179.3	191.1	195.1	217.3
Emerg. & Dev. Economies	200	153.5	125.3	194.4	170.1	151.8	187.8	89.3	100.5	99.2	124.9	112.6	109.8
Emerg. & Dev. Asia	505	0.2	1.2	1.4	0.5	0.5	0.5	18.2	25.5	25.7	47.9	34.4	33.0
China,P.R.: Mainland	924	0.0	0.1	0.1	0.0	0.0	0.0	13.5	19.2	19.7	37.7	20.5	20.3
Fiji	819	0.0 e	0.2 e	0.0 e	0.0 e	0.0 e	....	0.1	0.1	0.1	0.1	0.1	0.0
F.T. French Polynesia	887	0.0	....	0.4	....	....	....	....	....	....	....	....	....
India	534	0.0	0.0	....	....	....	....	0.8	1.2	1.4	2.4	3.7	3.2
Indonesia	536	0.0	0.1	....	....	....	....	0.5	0.8	0.5	1.0	1.0	1.1
Malaysia	548	0.0	0.1	0.1	0.0	0.1	0.1	0.5	1.0	0.8	2.1	0.9	0.8
Nepal	558	....	....	0.1 e	0.0 e	0.0 e	0.0 e	0.0	0.0	0.0	0.0	0.0	0.0
Philippines	566	....	0.1	0.0	....	0.0	....	0.1	0.1	0.1	0.1	0.1	0.1
Sri Lanka	524	0.1 e	0.0 e	0.0 e	0.0 e	0.0 e	0.0 e	0.0	0.0	0.0	0.0	0.0	0.0
Thailand	578	....	0.5	0.3	0.4	0.4	0.4	2.0	2.2	2.5	3.8	6.8	6.2
Vanuatu	846	....	....	0.3	....	....	....	....	....	....	0.0	....	....
Vietnam	582	0.0	0.1	0.1	....	....	....	0.3	0.3	0.3	0.4	0.7	0.7
Asia n.s.	598	....	....	....	....	....	....	0.3	0.6	0.3	0.2	0.4	0.4
Europe	170	111.0	87.8	142.4	134.1	101.7	135.7	0.8	1.1	0.7	1.3	2.4	4.0
Emerg. & Dev. Europe	903	110.6	87.5	142.2	133.9	101.7	135.7	0.8	1.1	0.7	1.2	1.5	3.9
Croatia	960	0.0 e	....	0.0 e	0.0 e	....	0.0 e	0.1	0.0	0.0	0.0	0.0	0.0
Hungary	944	....	....	....	....	....	....	0.1	0.1	0.1	0.2	0.6	0.8
Poland	964	110.5 e	87.4 e	142.1 e	133.8 e	101.7 e	135.7 e	0.2	0.2	0.0	0.1	0.2	2.5
Romania	968	0.0 e	0.0 e	0.0 e	0.1 e	0.0 e	0.0 e	0.0	0.0	0.0	0.1	0.1	0.0
Turkey	186	....	0.0	....	....	....	....	0.4	0.7	0.4	0.7	0.5	0.6
CIS	901	0.4	0.2	0.2	0.2	0.0	0.0	0.0	0.0	0.0	0.1	1.0	0.0
Moldova	921	0.0 e	0.2 e	0.1 e	0.1 e	0.0 e	0.0 e	....	....	....	....	1.0 e	....

Antigua and Barbuda (311)
In Millions of U.S. Dollars

		Exports (FOB) 2011	2012	2013	2014	2015	2016	Imports (CIF) 2011	2012	2013	2014	2015	2016
Russian Federation	922	....	....	....	....	....	....	0.0	0.0	0.0	0.1	0.0	0.0
Ukraine	926	0.3 e	0.0 e	0.1 e	0.0 e	....	....	0.0	0.0	0.0	0.0	0.0	0.0
Mid East, N Africa, Pak	440	**0.2**	**0.1**	**11.1**	**0.1**	**0.4**	**2.8**	**0.3**	**0.3**	**0.2**	**0.2**	**1.0**	**0.7**
Algeria	612	0.1 e	0.0 e	10.9 e	0.0 e	0.0 e	0.2 e	0.0 e	....	....	....	....	0.0 e
Bahrain, Kingdom of	419	0.0 e	0.0 e	0.0 e	0.0 e	0.1 e	0.0 e	....	....	....	0.0	0.0	0.0
Egypt	469	....	0.0 e	0.0 e	....	....	....	0.0	0.0	0.0	0.0	0.1	0.1
Syrian Arab Republic	463	....	....	....	....	....	....	0.1	0.1	0.0	0.0	0.0	0.1
Tunisia	744	0.1 e	0.0 e	0.0 e	0.0 e	0.3 e	2.5 e	0.1	0.1	0.0	0.0	0.1	0.0
United Arab Emirates	466	0.0	0.0	0.1	0.0	0.0	0.1	0.0	0.1	0.0	0.1	0.7	0.5
Sub-Saharan Africa	603	**31.4**	**26.6**	**29.7**	**28.5**	**21.9**	**19.8**	**1.6**	**0.8**	**1.0**	**2.4**	**1.4**	**1.2**
Angola	614	....	....	....	....	0.0	0.1	....	....	....	....	....	....
Benin	638	....	....	....	0.1 e	1.9 e	0.1 e	....	....	....	....	....	....
Cameroon	622	30.1 e	25.3 e	28.3 e	28.2 e	19.5 e	18.2 e	....	0.0	0.0	....	....	....
Ethiopia	644	0.1 e	0.1 e	0.1 e	0.2 e	....	0.2 e	....	....	0.0	....	....	....
Malawi	676	1.1 e	1.1 e	0.3 e	....	....	....	....	....	....	....	....	....
Mauritius	684	0.0	....	....	....	....	....	0.0	0.1	0.0	0.0	0.0	0.0
Mozambique	688	0.1 e	0.0 e	1.0 e	0.0 e	0.0 e	0.0 e	1.3 e	....	....	....	....	....
Niger	692	....	....	....	....	....	....	0.0	0.0	....	....	0.0	0.1
Nigeria	694	....	0.0	0.0	0.0	0.0	0.0	0.0	0.1	0.0	0.1	0.1	0.1
South Africa	199	....	0.0	....	....	....	....	0.2	0.6	0.9	1.4	0.8	0.9
Swaziland	734	....	....	....	....	....	....	0.0	0.0	0.0	0.8	0.3	0.0
Tanzania	738	0.0 e	0.0 e	....	0.0 e	0.0 e	1.2 e	....	....	....	0.0	....	....
Togo	742	....	....	....	....	0.3 e	0.0 e	....	....	....	....	....	0.0
Western Hemisphere	205	**10.7**	**9.6**	**9.8**	**6.9**	**27.2**	**29.0**	**68.4**	**72.8**	**71.7**	**73.1**	**73.4**	**70.9**
Anguilla	312	0.1	0.0	0.4	0.1	0.1	0.2	0.1	0.0	0.0	0.0	0.0	0.0
Argentina	213	0.0	....	....	....	....	0.0	0.8	0.4	0.7	0.6	0.5	0.2
Bahamas, The	313	0.0	0.0	0.0	0.0	0.0	0.0	0.3	0.1	0.1	0.1	0.1	0.7
Barbados	316	2.2	2.8	0.3	0.5	0.9	2.3	5.4	5.2	5.2	5.0	5.4	4.7
Belize	339	....	0.0	0.0	....	....	0.2	0.1	0.1	0.0	0.1	0.3	0.1
Brazil	223	0.0	....	....	....	....	....	4.7	6.1	6.5	6.0	7.2	6.6
Chile	228	....	....	....	....	....	....	1.8	1.7	1.3	1.4	1.3	1.5
Colombia	233	....	0.0	0.0	....	....	....	2.2	1.6	2.8	4.1	3.4	4.0
Costa Rica	238	0.1	....	....	....	....	....	0.5	0.5	0.6	0.8	0.9	1.0
Curaçao	354	1.2	0.6	2.4	1.5	1.7	3.9	3.2	4.0	5.1	4.8	0.6	0.5
Dominica	321	0.8	0.3	0.6	0.5	0.5	1.1	1.6	2.6	2.6	2.1	1.9	2.1
Dominican Republic	243	0.1	1.4	0.1	0.0	0.0	0.0	3.3	4.5	4.4	4.9	5.4	4.6
Ecuador	248	....	....	....	....	....	0.0	0.1	0.1	0.1	0.2	0.2	0.1
El Salvador	253	....	....	....	....	....	....	0.0	0.1	0.2	0.2	0.1	0.0
Grenada	328	0.0	0.2	0.1	0.0	0.1	0.2	1.4	1.4	1.6	2.1	2.0	1.8
Guatemala	258	....	....	0.0	0.1	0.1	0.1	0.8	0.7	0.8	0.8	0.6	1.0
Guyana	336	0.1	0.3	0.2	0.1	0.1	0.3	3.6	3.5	3.1	3.7	3.5	3.3
Honduras	268	0.0	....	....	....	0.0	0.0	0.6	1.1	1.1	1.1	1.1	1.3
Jamaica	343	1.2	0.1	0.1	0.2	0.2	0.5	5.2	5.7	5.4	5.4	6.2	5.8
Mexico	273	0.0	....	....	....	....	....	4.0	3.7	3.7	3.4	3.9	3.7
Montserrat	351	1.1	0.5	1.0	0.7	0.7	1.7	0.0	0.0	0.1	0.1	0.0	0.1
Nicaragua	278	....	....	....	....	....	....	0.1	0.0	0.0	0.0	0.0	0.0
Panama	283	0.0	0.0	0.5	....	....	....	1.7	2.1	1.9	2.5	2.4	1.9
Peru	293	....	0.0	....	....	....	....	0.9	0.9	0.8	0.8	0.6	0.7
St. Kitts and Nevis	361	0.7	1.0	1.0	1.1	1.2	2.5	1.4	1.2	0.8	0.8	1.0	0.8
St. Lucia	362	0.3	0.5	0.9	0.3	0.4	1.1	0.7	0.5	0.6	0.5	1.0	1.2
St. Vincent & Grens.	364	0.7	0.9	0.7	0.8	0.9	1.9	4.2	5.4	5.8	5.6	6.2	5.0
Suriname	366	0.1	0.0	0.8	....	....	....	0.5	0.5	0.2	0.5	0.6	0.5
Trinidad and Tobago	369	2.0	0.9	0.6	0.8	0.9	2.2	18.8	18.8	15.5	15.0	16.9	16.3
Uruguay	298	....	....	0.0	....	19.3	10.7	0.0	0.0	0.0	0.2	0.1	0.1
Venezuela, Rep. Bol.	299	....	0.0	....	....	....	....	0.2	0.0	0.3	0.0	0.0	0.0
Western Hem. n.s.	399	....	....	....	....	....	....	0.1	0.1	0.1	0.0	0.0	1.4
Other Countries n.i.e	910	**0.0**	**0.1**	**0.0**	**0.0**	**0.0**	**0.0**	**1.5**	**3.0**	**1.1**	**2.4**	**2.8**	**3.5**
Cuba	928	0.0	0.0	0.0	0.0	0.0	0.0	0.0	0.0	0.0	0.0	0.0	0.1
Korea, Dem. People's Rep.	954	....	0.1	....	0.0	0.0	0.0	1.5	3.0	1.1	2.4	2.8	3.4
Special Categories	899	....	....	....	....	....	....	....	....	....	....	**73.8**	**71.2**

Antigua and Barbuda (311)
In Millions of U.S. Dollars

		Exports (FOB)						Imports (CIF)					
		2011	2012	2013	2014	2015	2016	2011	2012	2013	2014	2015	2016
Countries & Areas n.s.	898	....	....	....	....	....	....	166.3	193.1	165.3	161.5	4.6	5.3
Memorandum Items													
Africa	605	31.6	26.6	40.6	28.6	22.1	22.4	1.7	0.9	1.0	2.4	1.5	1.2
Middle East	405	0.0	0.1	0.1	0.1	0.2	0.2	0.1	0.2	0.1	0.2	0.8	0.6
European Union	998	115.5	95.4	150.8	142.4	127.0	183.9	36.9	39.5	35.6	39.4	44.8	46.1
Export earnings: fuel	080	2.1	1.0	11.7	1.0	1.2	2.6	21.4	20.7	18.8	19.6	21.3	21.0
Export earnings: nonfuel	092	169.5	140.5	204.3	183.6	181.6	245.6	451.6	512.0	489.6	532.4	445.3	469.7

Argentina (213)
In Millions of U.S. Dollars

		Exports (FOB)						Imports (CIF)					
		2011	2012	2013	2014	2015	2016	2011	2012	2013	2014	2015	2016
IFS World		84,150.7	81,005.8	82,994.9	71,999.2	56,482.0	57,754.0	74,435.7	68,632.8	74,009.5	65,282.9	59,762.4	55,636.4
World	001	82,131.3	78,591.0	74,297.4	67,424.2	56,787.9	57,733.4	73,437.8	68,514.4	74,002.7	65,249.0	59,756.7	55,578.5
Advanced Economies	110	23,544.4	21,520.8	19,129.0	17,695.2	15,889.0	17,221.7	24,742.4	25,414.2	26,195.7	24,899.4	22,124.5	20,124.6
Euro Area	163	11,739.0	9,276.4	7,728.6	7,221.0	6,253.4	6,642.4	10,119.8	10,692.0	11,927.3	10,122.2	8,501.1	8,332.2
Austria	122	15.2	14.3	14.4	14.1	20.0	12.6	170.1	298.6	230.3	194.0	167.4	168.0
Belgium	124	461.3	432.4	298.0	286.0	332.3	379.0	649.8	437.5	779.1	512.7	286.5	312.5
Cyprus	423	32.6	22.2	15.6	16.3	27.6	30.8	0.3	0.3	0.1	0.1	0.1	0.2
Estonia	939	6.5	9.1	9.4	5.7	5.9	4.0	5.5	3.2	4.1	18.5	66.0	29.4
Finland	172	51.8	47.8	83.9	43.2	10.4	143.5	194.6	212.0	173.7	152.7	140.6	140.8
France	132	584.4	404.9	466.1	317.7	364.9	376.2	1,504.0	1,601.3	2,087.7	1,474.6	1,450.3	1,447.3
Germany	134	2,428.8	1,937.1	1,640.8	1,527.2	1,339.8	1,272.2	3,575.8	3,714.8	3,918.5	3,518.0	3,130.1	3,053.2
Greece	174	128.1	108.5	127.0	134.5	127.8	123.8	18.7	14.4	14.7	37.6	14.0	7.2
Ireland	178	208.7	204.5	252.4	239.5	232.0	231.5	165.4	228.2	230.7	233.8	205.2	192.1
Italy	136	1,983.8	1,134.0	1,076.0	1,023.3	956.5	1,001.8	1,464.7	1,457.7	1,670.7	1,612.4	1,370.1	1,435.8
Latvia	941	135.3	140.4	174.9	249.0	144.5	78.8	212.1	30.0	13.8	193.6	4.1	3.9
Lithuania	946	76.5	166.7	117.1	59.5	41.5	44.7	10.4	50.7	17.3	21.6	8.6	9.4
Luxembourg	137	1.7	1.5	1.7	1.3	0.9	0.7	11.7	12.9	9.6	12.5	10.3	7.7
Malta	181	2.7	1.8	0.7	7.4	7.5	1.1	6.2	7.4	4.4	2.4	2.2	2.6
Netherlands	138	2,574.1	2,158.7	1,858.5	1,558.2	1,212.6	1,171.0	579.7	1,130.0	1,075.3	837.4	452.1	429.1
Portugal	182	118.2	70.6	56.1	55.1	46.2	116.0	80.9	94.9	228.4	101.5	174.4	76.0
Slovak Republic	936	3.7	2.4	1.4	3.5	4.4	23.7	68.3	59.4	72.6	48.0	46.0	75.8
Slovenia	961	18.1	4.0	2.2	2.9	17.0	3.1	15.7	17.5	22.6	24.2	16.4	20.1
Spain	184	2,907.4	2,415.6	1,532.3	1,676.6	1,361.6	1,628.0	1,386.1	1,321.2	1,373.7	1,126.8	957.0	921.0
Australia	193	587.4	566.8	732.5	708.2	609.4	515.4	403.7	282.1	206.1	158.9	268.0	159.7
Canada	156	2,401.9	2,127.0	1,696.2	1,616.8	1,294.9	1,147.8	601.1	511.4	490.5	530.1	461.8	345.3
China,P.R.: Hong Kong	532	322.4	313.6	327.4	329.9	213.7	235.7	164.6	31.8	28.6	107.2	33.4	15.0
China,P.R.: Macao	546	....	0.0	....	0.0	0.1	0.0	0.2	0.1	0.1	0.4	0.3	0.5
Czech Republic	935	52.2	39.6	15.6	48.8	67.3	88.4	138.1	156.9	164.9	152.8	157.6	159.5
Denmark	128	428.3	409.3	274.9	306.9	281.6	235.9	170.4	150.2	161.4	169.6	171.5	168.9
Iceland	176	2.3	29.4	2.0	1.5	1.5	2.0	1.3	0.5	0.5	0.8	1.2	1.2
Israel	436	232.4	222.3	192.6	180.0	182.6	196.5	172.5	132.0	148.8	114.9	120.8	117.8
Japan	158	826.0	1,172.0	1,376.7	744.0	573.1	662.6	1,329.4	1,509.0	1,522.2	1,350.5	1,223.2	953.4
Korea, Republic of	542	936.1	1,354.9	994.5	483.7	583.4	860.3	1,407.7	1,140.1	1,243.4	907.6	1,069.6	885.6
New Zealand	196	87.8	116.8	123.5	138.9	117.2	97.1	15.4	21.4	16.5	21.3	21.4	21.8
Norway	142	41.0	34.3	18.9	15.1	16.8	13.7	50.8	180.9	90.3	161.1	312.4	132.8
Singapore	576	61.4	63.8	109.6	130.2	144.1	52.0	198.3	147.9	123.3	200.6	114.2	157.5
Sweden	144	56.6	69.2	68.1	58.6	56.1	68.3	321.5	287.1	310.9	292.4	239.3	289.0
Switzerland	146	564.3	652.3	566.9	548.6	1,257.9	1,141.1	549.5	553.4	513.2	548.5	688.7	517.1
Taiwan Prov.of China	528	173.2	304.2	380.8	144.4	81.6	81.3	518.7	510.9	545.9	461.4	481.1	411.4
United Kingdom	112	780.2	800.2	634.8	1,127.3	722.1	698.5	685.0	615.9	584.0	535.7	558.5	471.4
United States	111	4,251.9	3,968.6	3,885.5	3,891.3	3,432.3	4,482.8	7,894.2	8,490.2	8,117.8	9,063.3	7,700.5	6,984.6
Emerg. & Dev. Economies	200	56,902.4	55,236.9	53,162.0	47,926.3	39,686.6	39,513.4	45,765.6	42,246.6	47,126.7	39,597.7	37,054.3	35,027.4
Emerg. & Dev. Asia	505	11,565.7	10,868.0	11,793.3	11,642.8	11,909.4	12,888.8	12,606.7	12,562.4	14,310.7	13,070.3	14,408.7	13,370.5
Bangladesh	513	441.7	361.4	303.4	359.0	277.3	489.7	11.5	8.8	9.3	8.5	10.4	13.2
Brunei Darussalam	516	0.1	0.1	3.0	5.7	11.9	7.0	....	0.0	0.0	0.0	....	0.0
Cambodia	522	14.6	14.1	16.3	14.7	9.9	17.1	13.4	12.2	15.4	7.2	13.0	14.8
China,P.R.: Mainland	924	6,023.7	5,001.5	5,496.7	4,443.8	5,173.8	4,425.2	10,138.2	9,954.3	11,362.3	10,583.5	11,742.5	10,467.5
Fiji	819	0.5	0.8	0.7	0.4	0.4	0.4	0.0	0.1	0.0	0.0	0.0	0.0
India	534	970.5	1,184.9	1,090.7	1,812.0	2,003.2	2,208.5	571.9	655.9	778.9	686.4	724.3	700.2
Indonesia	536	1,354.9	1,549.0	1,461.6	1,230.4	1,079.3	1,243.4	352.3	345.3	384.6	292.5	314.3	276.0
Lao People's Dem.Rep	544	0.0	0.0	....	0.0	0.2	0.1	0.0	0.1	0.0	0.0	0.0	0.1
Malaysia	548	961.3	989.7	944.5	939.9	839.4	999.8	437.9	449.7	492.4	395.6	354.4	291.5
Maldives	556	0.2	0.2	0.8	0.2	0.7	0.6	....	0.0	0.0	0.0	....	....
Mongolia	948	3.2	2.0	0.4	1.0	1.2	0.7	0.0	0.0	....	0.0	0.0	0.0
Myanmar	518	0.5	0.8	2.6	5.1	15.7	7.5	10.6	7.6	8.2	6.0	7.5	10.9
Nepal	558	5.5	0.2	2.2	4.4	6.8	6.6	0.2	0.4	0.2	0.3	0.1	0.2
Papua New Guinea	853	0.6	0.1	0.1	0.0	0.0	0.0	0.0	0.0	0.0	0.0	0.0	0.0
Philippines	566	590.4	280.7	418.6	663.4	283.5	357.8	74.4	88.4	105.2	91.6	92.8	102.4
Samoa	862	0.3	....	0.0	....	....	....	....	0.0	0.0	0.0	....	0.0
Solomon Islands	813	0.0	0.1	0.1	0.0	0.1	0.1	....	0.0	....	....	....	....

Argentina (213)
In Millions of U.S. Dollars

		\multicolumn{6}{c	}{Exports (FOB)}	\multicolumn{6}{c}{Imports (CIF)}
		2011	2012	2013	2014	2015	2016	2011	2012	2013	2014	2015	2016
Sri Lanka	524	3.6	3.9	2.7	1.9	2.9	3.8	10.1	9.3	6.5	7.0	7.3	11.1
Thailand	578	517.9	678.2	877.3	618.3	397.4	571.8	684.9	872.0	946.9	796.1	813.5	1,132.2
Vanuatu	846	0.2	0.1	0.0	0.0	....	0.0	0.0	....	....	....	....	....
Vietnam	582	669.1	793.3	1,166.4	1,538.0	1,801.4	2,546.1	183.6	156.3	200.7	195.6	328.5	350.3
Asia n.s.	598	6.8	7.0	5.1	4.8	4.5	2.5	117.8	2.1	0.0	....	....	0.0
Europe	170	**2,294.3**	**1,951.8**	**2,288.8**	**2,297.3**	**1,816.7**	**1,927.3**	**1,486.4**	**1,898.8**	**2,594.4**	**1,840.8**	**1,335.1**	**1,066.9**
Emerg. & Dev. Europe	903	**1,378.0**	**1,071.5**	**1,377.7**	**1,488.4**	**1,219.2**	**1,337.3**	**570.5**	**682.5**	**837.4**	**634.7**	**609.1**	**650.4**
Albania	914	2.4	1.2	6.9	2.4	4.7	5.2	0.3	0.5	0.2	0.3	0.2	0.1
Bosnia and Herzegovina	963	10.6	4.2	4.3	3.8	4.0	3.7	0.2	1.0	1.6	0.6	0.5	0.8
Bulgaria	918	104.4	100.5	152.6	106.0	89.1	38.3	42.3	9.8	18.0	10.0	11.3	15.1
Croatia	960	40.8	37.6	23.0	120.7	129.7	77.7	5.8	2.5	3.5	3.1	3.5	3.8
Hungary	944	12.9	9.7	11.8	8.8	9.6	9.5	104.7	129.7	149.1	99.3	149.6	223.3
Macedonia, FYR	962	5.2	4.6	4.3	5.0	....	5.6	2.9	5.1	2.4	7.9	....	2.2
Montenegro	943	2.3	1.4	1.1	1.2	1.6	1.2	0.0	0.0	0.0	0.0	0.0	0.0
Poland	964	567.1	544.1	601.0	724.1	562.0	633.7	136.5	174.2	222.6	187.1	182.4	147.0
Romania	968	59.7	62.9	121.6	134.1	68.4	60.1	38.6	58.0	57.8	71.4	67.6	80.5
Serbia, Republic of	942	9.4	7.6	5.8	6.6	8.8	16.0	0.7	1.1	1.0	15.5	4.0	4.4
Turkey	186	563.0	297.8	445.5	375.7	334.8	486.4	238.6	300.6	381.4	239.5	186.3	173.2
CIS	901	**916.3**	**880.3**	**911.2**	**808.9**	**587.4**	**589.9**	**915.9**	**1,216.2**	**1,756.9**	**1,205.9**	**725.7**	**416.0**
Armenia	911	4.1	5.8	5.8	3.7	7.5	8.1	0.5	0.5	0.0	0.0	0.0	0.0
Azerbaijan, Rep. of	912	10.7	6.6	5.4	5.9	3.7	1.6	0.0	0.0	0.1	0.0	0.0	....
Belarus	913	6.6	6.7	8.5	9.3	5.4	20.0	57.8	69.9	7.5	11.2	9.1	7.0
Georgia	915	18.1	15.1	32.9	10.8	4.7	2.1	0.3	0.2	0.4	0.4	0.3	0.4
Kazakhstan	916	18.5	35.2	45.9	16.0	13.5	7.6	10.0	0.4	4.5	15.6	7.1	2.9
Kyrgyz Republic	917	1.6	0.2	0.3	0.4	0.3	0.1	0.0	0.0	0.0	0.0	0.0	0.0
Moldova	921	2.5	4.4	2.8	3.0	3.3	3.6	0.8	0.0	0.0	0.0	0.0	0.0
Russian Federation	922	765.0	711.5	715.9	722.9	472.8	490.4	810.1	1,124.1	1,724.5	1,166.4	678.7	393.8
Tajikistan	923	0.4	0.0	0.0	0.4	....	0.0	....	0.0	0.0	0.0	....	0.0
Turkmenistan	925	2.0	8.7	0.2	0.1	0.1	0.5	0.0	0.0	0.0	0.0	....	0.0
Ukraine	926	84.3	80.0	74.4	34.6	29.2	51.9	36.4	20.6	19.0	10.3	28.2	8.8
Uzbekistan	927	2.4	6.0	19.3	1.8	47.0	4.0	0.0	0.6	0.9	2.0	2.4	3.2
Europe n.s.	884	0.0	....	....	....	10.1	0.1	0.0	0.0	0.1	0.2	0.3	0.4
Mid East, N Africa, Pak	440	**7,244.9**	**6,404.5**	**7,160.1**	**6,776.9**	**5,163.7**	**5,850.3**	**713.4**	**822.9**	**1,397.4**	**1,086.8**	**518.0**	**891.6**
Afghanistan, I.R. of	512	2.6	1.3	0.2	1.2	0.2	1.6	0.0	0.0	0.4	0.0	0.0	0.0
Algeria	612	1,654.2	1,467.3	1,545.2	1,596.7	1,148.0	1,162.0	3.5	0.0	0.0	55.5	0.0	49.5
Bahrain, Kingdom of	419	15.8	19.3	4.7	4.2	2.8	4.0	0.0	5.0	6.8	1.0	0.3	0.4
Djibouti	611	10.5	38.3	1.0	0.2	0.2	0.4	....	....	....	....	0.0	0.1
Egypt	469	1,698.7	1,001.4	1,253.2	1,050.8	1,071.9	1,791.7	73.8	49.7	116.7	9.7	6.6	8.2
Iran, I.R. of	429	1,068.1	973.4	1,090.8	905.9	721.1	426.5	15.0	1.4	0.1	6.1	0.8	3.9
Iraq	433	61.4	103.2	109.1	145.1	88.3	98.1	0.0	0.0	0.0	0.0	0.0	0.0
Jordan	439	177.9	207.8	244.1	274.6	213.4	222.4	0.7	0.9	1.8	2.6	0.3	1.3
Kuwait	443	25.3	30.7	53.5	51.8	33.9	22.0	7.2	30.7	0.0	8.1	1.8	14.8
Lebanon	446	81.4	81.6	103.1	127.8	94.4	98.5	0.7	0.5	2.7	0.4	0.2	4.5
Libya	672	60.5	94.8	128.6	175.2	71.1	68.0	....	0.0	11.7	....	....	0.0
Mauritania	682	16.5	37.6	5.9	4.1	0.7	6.1	0.0	0.0	0.0	0.0	....	0.0
Morocco	686	423.6	509.7	470.4	536.5	331.9	368.7	141.4	111.5	44.8	49.3	33.7	107.4
Oman	449	59.0	36.4	34.1	28.6	29.2	43.0	24.2	0.7	1.4	3.9	22.3	45.6
Pakistan	564	40.7	65.4	134.9	281.1	397.9	245.9	63.2	52.5	61.9	55.1	55.8	55.2
Qatar	453	13.2	8.5	5.1	12.2	11.5	8.2	287.9	448.6	1,060.5	782.1	172.6	276.2
Saudi Arabia	456	628.7	785.5	1,151.2	797.0	421.4	664.5	32.4	75.3	19.7	62.6	176.5	245.9
Somalia	726	....	0.0	0.2	....	0.9	0.6	0.1	0.0	0.4	0.0	0.0	0.0
Sudan	732	8.4	20.8	6.9	6.4	4.9	20.1	0.3	0.1	0.2	0.5	0.4	0.3
Syrian Arab Republic	463	385.4	213.0	151.2	202.6	144.3	65.0	2.1	2.9	0.1	0.1	0.0	0.0
Tunisia	744	283.4	175.7	202.8	166.2	70.1	125.3	6.6	10.0	18.5	17.5	6.7	7.3
United Arab Emirates	466	344.9	297.0	256.1	198.9	173.7	240.0	54.1	33.0	49.5	32.2	40.1	70.9
West Bank and Gaza	487	1.6	3.3	3.4	2.5	2.5	....	....	....	0.0	....	....	....
Yemen, Republic of	474	183.1	232.5	204.4	207.2	129.5	167.8	0.2	0.0	0.0	0.1	....	....
Sub-Saharan Africa	603	**2,058.7**	**2,174.1**	**1,344.5**	**1,163.6**	**1,253.7**	**1,272.7**	**420.6**	**316.2**	**525.8**	**845.7**	**1,150.2**	**631.5**
Angola	614	219.4	197.0	127.0	124.7	59.2	36.8	0.1	0.0	0.0	0.0	0.0	11.0
Benin	638	5.1	13.8	3.3	8.6	5.2	2.9	0.0	0.0	0.0	0.0	....	....

Argentina (213)

In Millions of U.S. Dollars

		Exports (FOB) 2011	2012	2013	2014	2015	2016	Imports (CIF) 2011	2012	2013	2014	2015	2016
Botswana	616	0.0	0.2	....	0.1	0.2	0.1	0.0	0.0	0.0	0.0	....	....
Burkina Faso	748	2.0	1.3	0.8	0.5	1.2	0.9	0.0	0.0	0.0	0.0	0.0	0.0
Burundi	618	0.7	....	0.0	....	0.0	0.4	....	0.0	....	0.0	0.0	0.0
Cabo Verde	624	8.5	5.0	3.5	2.5	4.2	2.0	0.0	0.0	0.0	....	0.0	0.0
Cameroon	622	42.6	37.4	47.8	35.0	33.2	25.1	0.4	0.1	0.3	0.3	0.4	0.3
Central African Rep.	626	0.1	....	....	0.2	0.5	0.7	....	....	0.0	....	....	....
Chad	628	1.5	1.0	1.0	0.6	0.1	0.1	0.1	0.1	0.1	0.1	....	0.0
Comoros	632	0.2	1.7	2.1	5.4	3.6	2.1	0.0	0.0	0.0	0.0	0.0	0.0
Congo, Dem. Rep. of	636	39.0	40.1	22.3	19.7	....	11.1	....	0.1	0.0	0.0	....	0.0
Congo, Republic of	634	47.7	48.2	40.9	42.0	43.2	12.8	0.0	0.1	0.0	0.1	0.1	0.0
Côte d'Ivoire	662	23.2	25.9	7.3	36.2	32.9	21.1	1.7	2.0	1.7	1.5	1.8	2.3
Equatorial Guinea	642	18.3	29.4	23.3	24.1	23.3	2.5	0.0	0.3	0.0	....	71.3	13.1
Eritrea	643	....	0.3	0.6	0.6	0.0	0.1	0.0	0.0	....	....	0.0	....
Ethiopia	644	1.0	1.1	1.7	1.7	1.1	1.4	0.1	0.3	0.1	0.2	0.0	0.1
Gabon	646	8.3	9.2	16.4	8.7	8.9	5.5	0.6	1.6	1.7	2.6	1.2	1.0
Gambia, The	648	1.4	0.4	0.7	0.4	0.1	2.7	....	0.0	0.0	0.0	....	0.0
Ghana	652	19.1	32.6	47.5	20.2	27.9	42.8	0.5	0.0	0.1	0.1	0.0	0.0
Guinea	656	1.8	2.0	0.7	0.4	0.2	0.7	0.0	0.0	0.0	0.0	0.0	0.0
Guinea-Bissau	654	0.5	0.0	0.2	0.4	....	....	....	....	....	....	....	....
Kenya	664	45.8	109.2	10.6	8.0	15.1	23.5	0.5	0.1	0.3	0.0	0.1	0.2
Lesotho	666	....	....	....	....	....	1.5	0.0	0.0	0.0	0.0	....	....
Liberia	668	4.0	4.0	3.4	1.7	1.1	1.2	....	0.0	0.0	....	....	....
Madagascar	674	4.3	4.5	11.8	14.0	14.0	13.6	0.4	0.6	0.7	0.5	0.7	1.1
Malawi	676	0.8	1.4	1.1	0.9	....	5.2	2.3	6.4	4.5	3.8	0.7	0.7
Mali	678	13.5	3.8	4.5	3.7	1.9	0.9	0.0	0.0	....	0.0	....	0.0
Mauritius	684	71.8	74.1	55.4	52.7	43.3	49.6	0.2	0.1	0.2	0.3	0.3	0.3
Mozambique	688	102.1	72.8	42.0	46.0	66.9	58.5	2.9	3.6	2.9	6.1	5.0	11.1
Namibia	728	6.3	12.5	3.8	4.7	1.8	6.8	2.3	0.0	8.2	6.1	0.0	0.1
Niger	692	23.5	13.3	10.6	20.0	11.3	4.9	0.2	0.0	0.0	0.0	....	0.0
Nigeria	694	86.5	150.8	106.4	67.4	88.8	38.3	206.7	57.1	258.9	597.8	886.9	405.3
Rwanda	714	1.5	4.2	0.1	0.2	0.2	1.5	....	....	....	....	0.0	0.0
Senegal	722	101.8	117.3	54.0	83.4	66.7	58.8	0.1	0.2	0.1	0.1	0.0	0.1
Seychelles	718	0.1	0.4	0.5	0.3	0.4	0.4	0.0	0.1	0.1	0.0	....	0.0
Sierra Leone	724	3.9	2.7	3.2	6.7	1.5	1.1	0.0	0.0	0.7	0.3	....	0.2
South Africa	199	1,082.3	1,028.5	672.4	511.1	677.5	810.7	198.7	242.2	242.7	222.7	179.1	183.0
Swaziland	734	....	....	....	0.1	0.0	0.0	0.0	0.0	0.0	0.0	....	0.0
Tanzania	738	47.2	92.8	10.0	9.1	5.2	13.7	0.0	0.0	0.2	2.2	1.6	1.0
Togo	742	3.2	4.6	1.6	0.5	0.3	0.2	0.0	0.0	0.0	0.0	....	....
Uganda	746	8.4	17.1	2.8	0.2	2.4	9.9	0.0	0.0	0.0	0.0	0.0	0.0
Zambia	754	0.7	2.1	0.3	0.2	0.4	0.5	0.2	0.0	0.0	0.0	....	0.0
Zimbabwe	698	9.1	9.4	1.5	0.5	0.3	0.1	2.6	1.2	2.2	0.5	0.9	0.6
Africa n.s.	799	1.5	2.1	1.2	0.5	9.4	....	0.0	0.0	0.0	0.0	0.0	....
Western Hemisphere	205	**33,738.7**	**33,838.5**	**30,575.2**	**26,045.7**	**19,543.1**	**17,574.3**	**30,538.4**	**26,646.2**	**28,298.5**	**22,754.0**	**19,642.3**	**19,066.9**
Antigua and Barbuda	311	0.6	0.6	0.5	0.5	0.4	0.3	0.0	0.0	0.0	0.0	....	0.0
Aruba	314	3.9	3.6	2.9	1.4	1.4	1.6	24.1	0.0	....	....	....	....
Bahamas, The	313	1.7	45.9	13.2	180.0	1.4	41.5	70.9	5.5	24.2	4.0	3.1	3.2
Barbados	316	3.5	1.9	1.3	1.5	0.9	0.8	0.0	0.0	0.0	0.0	0.1	0.0
Belize	339	0.4	0.3	0.8	0.8	0.5	0.3	0.0	0.0	0.0	0.0	....	0.0
Bolivia	218	752.6	819.6	768.0	743.4	621.6	559.7	636.4	1,430.5	1,760.8	2,158.0	1,480.3	708.7
Brazil	223	17,250.6	16,332.3	15,827.8	13,848.0	10,099.6	9,028.2	21,822.3	17,908.8	19,288.1	14,385.5	13,100.0	13,674.4
Chile	228	4,636.0	4,994.0	3,758.7	2,803.8	2,403.3	2,298.2	1,211.7	1,011.1	971.7	835.3	717.3	689.5
Colombia	233	1,806.8	2,058.3	1,528.9	855.2	393.9	509.8	240.0	355.6	435.8	233.6	231.4	201.0
Costa Rica	238	136.7	99.7	105.7	51.1	47.5	48.3	41.4	51.4	53.4	39.4	26.9	14.6
Dominica	321	0.4	0.6	0.9	0.2	0.2	0.2	0.0	0.0	0.0	0.1	0.0	0.0
Dominican Republic	243	231.9	244.2	259.2	118.9	112.8	143.7	5.1	3.8	2.7	3.6	3.2	3.4
Ecuador	248	483.8	414.4	337.1	399.1	212.8	241.3	203.0	238.5	277.3	261.1	271.6	274.8
El Salvador	253	14.8	30.5	31.5	15.4	10.2	12.8	0.6	0.3	0.6	0.5	0.5	0.6
Grenada	328	0.6	0.4	0.3	0.3	0.4	0.3	....	0.0	....	....	0.2	0.3
Guatemala	258	99.5	133.6	150.4	55.4	68.1	72.1	12.8	4.0	4.0	3.9	3.0	3.0
Guyana	336	1.8	2.9	1.0	2.4	2.2	2.7	0.0	0.0	0.0	0.0	....	0.1

Argentina (213)

In Millions of U.S. Dollars

		Exports (FOB)						Imports (CIF)					
		2011	2012	2013	2014	2015	2016	2011	2012	2013	2014	2015	2016
Haiti	263	31.4	26.3	18.0	10.7	3.9	6.2	0.1	0.1	0.1	0.1	0.1	0.1
Honduras	268	24.1	33.3	30.4	34.4	13.7	20.8	1.7	0.3	8.7	12.4	14.1	12.5
Jamaica	343	10.2	10.6	15.4	4.2	4.4	4.7	0.7	0.0	0.0	0.0	0.0	0.0
Mexico	273	917.7	871.1	935.1	904.3	820.3	779.5	2,533.3	2,252.0	2,163.4	1,624.9	1,822.2	1,784.9
Netherlands Antilles	353	15.5	10.2	5.3	5.3	109.1	5.1	4.6	154.7	5.0	6.8	4.9	3.6
Nicaragua	278	35.5	25.9	37.6	31.1	23.5	31.4	0.3	0.2	0.4	0.4	0.2	0.4
Panama	283	183.6	189.5	111.7	100.9	68.3	89.5	25.2	0.2	2.1	9.4	0.2	2.0
Paraguay	288	1,356.0	1,340.5	1,263.4	1,201.5	1,055.1	979.7	506.0	460.0	538.7	491.9	407.7	711.3
Peru	293	1,781.2	1,834.7	1,409.2	1,115.2	721.0	820.0	162.0	161.6	134.1	129.0	127.7	124.9
St. Kitts and Nevis	361	0.3	0.2	5.1	0.0	0.0	0.1	0.1	0.0	0.1	0.0	....	....
St. Lucia	362	0.9	121.1	0.7	0.7	0.4	0.7	0.0	0.0	....	0.0	....	0.0
St. Vincent & Grens.	364	0.5	0.4	0.3	0.5	0.1	0.1	....	0.0	....	....	....	....
Suriname	366	11.5	10.0	9.8	7.6	5.8	3.4	0.0	5.6	0.0	....	....	0.0
Trinidad and Tobago	369	26.0	20.7	14.9	12.9	11.5	11.6	1,271.9	1,905.2	1,861.3	1,843.1	967.4	291.4
Uruguay	298	2,054.8	1,972.9	1,819.9	1,572.7	1,240.9	1,153.1	843.1	671.8	705.2	692.6	453.7	494.3
Venezuela, Rep. Bol.	299	1,859.8	2,186.2	2,108.4	1,964.1	1,370.0	706.9	23.4	25.0	54.1	10.0	6.6	67.9
Western Hem. n.s.	399	3.7	2.1	1.8	2.1	118.1	....	897.9	0.1	6.5	8.4	....	....
Other Countries n.i.e	910	**112.2**	**105.3**	**293.4**	**272.7**	**276.2**	**324.2**	**8.8**	**10.9**	**11.3**	**17.2**	**22.1**	**14.2**
Cuba	928	112.2	105.3	293.4	272.7	276.2	324.2	8.8	10.9	11.3	17.2	22.1	14.2
Special Categories	899	**6.6**	**7.0**	**0.3**	**2.2**	**0.6**	**0.1**	**34.2**	**47.1**	**34.8**	**25.8**	....	....
Countries & Areas n.s.	898	**1,565.8**	**1,721.0**	**1,712.6**	**1,527.8**	**935.4**	**674.0**	**2,886.7**	**795.7**	**634.2**	**708.9**	**555.8**	**412.3**
Memorandum Items													
Africa	605	4,455.4	4,423.6	3,576.8	3,473.8	2,810.4	2,955.9	572.6	437.9	589.8	968.6	1,191.0	796.1
Middle East	405	4,805.0	4,088.3	4,792.7	4,184.4	3,209.0	3,919.5	498.4	648.8	1,271.0	908.8	421.4	671.8
European Union	998	13,841.2	11,349.5	9,631.8	9,856.3	8,239.1	8,552.9	11,762.7	12,276.4	13,599.3	11,643.5	10,042.3	9,890.8
Export earnings: fuel	080	10,221.4	10,745.5	10,425.5	9,115.5	6,165.7	5,536.2	3,826.7	5,733.2	7,529.0	7,240.1	5,016.9	3,078.3
Export earnings: nonfuel	092	71,909.8	67,845.4	63,871.9	58,308.7	50,622.2	52,197.2	69,611.0	62,781.3	66,473.7	58,008.9	54,739.8	52,500.3

Armenia, Republic of (911)

In Millions of U.S. Dollars

		Exports (FOB) 2011	2012	2013	2014	2015	2016	Imports (CIF) 2011	2012	2013	2014	2015	2016
IFS World		1,331.5	1,429.6	1,478.2	1,520.5	1,485.5	1,790.3	4,157.5	4,270.5	4,382.6	4,404.8	3,239.9	3,270.5
World	001	1,334.3	1,428.1	1,480.0	1,519.3	1,486.9	1,782.9	4,144.6	4,264.8	4,476.8	4,401.6	3,254.0	3,111.5
Advanced Economies	110	679.8	694.5	585.4	551.7	531.6	609.5	1,352.5	1,390.7	1,504.3	1,549.5	992.2	784.7
Euro Area	163	449.9	417.3	329.7	344.9	304.1	271.2	803.0	795.1	816.2	897.2	609.7	518.5
Austria	122	2.8	1.9	1.2	1.4	2.0	1.6	47.7	39.8	57.4	72.1	16.3	14.7
Belgium	124	70.5	127.2	131.1	62.4	47.6	41.3	64.6	73.8	73.4	89.2	49.5	57.0
Cyprus	423	1.7	8.2	0.0	0.2	0.0	0.0	3.4	2.3	1.6	1.8	1.2	2.0
Estonia	939	0.1	0.1	0.1	0.2	0.2	0.5	1.7	8.8	1.9	1.2	1.7	10.0
Finland	172	0.0	0.0	0.1	0.5	0.0	0.1	14.3	19.7	23.7	28.5	15.8	12.9
France	132	9.6	4.4	6.6	5.1	6.1	4.1	82.5	67.6	64.3	79.8	65.1	40.5
Germany	134	158.0	153.1	85.6	158.5	145.1	135.1	245.6	265.2	280.6	283.5	201.9	160.4
Greece	174	0.1	0.1	0.1	0.1	0.5	0.5	60.8	28.9	22.1	15.5	16.7	21.3
Ireland	178	0.0	0.0	0.0	0.1	0.0	0.0	5.0	6.6	6.6	9.1	7.3	9.2
Italy	136	4.6	7.7	23.2	34.6	49.1	31.5	170.1	169.0	164.6	180.0	148.5	127.4
Latvia	941	1.1	2.2	2.6	3.8	1.8	1.7	2.5	1.9	1.8	3.7	3.9	1.2
Lithuania	946	1.0	1.9	1.5	2.8	2.2	2.5	2.2	1.9	1.9	3.7	4.0	3.9
Luxembourg	137	0.5	0.0	0.5	0.4	0.1	0.7	0.5	0.6	0.5	1.0	0.5	1.1
Malta	181	....	....	....	0.0	0.0	0.0	0.0	0.0	0.0	0.1	0.1	0.4
Netherlands	138	117.2	79.7	66.4	74.3	47.3	51.1	37.2	37.8	36.2	48.9	29.3	24.0
Portugal	182	0.0	0.0	0.5	0.1	0.0	0.0	5.3	6.1	9.1	8.4	8.3	5.9
Slovak Republic	936	0.0	0.2	0.0	0.0	0.0	0.1	10.6	8.1	8.9	9.5	6.4	3.3
Slovenia	961	0.2	0.5	0.3	0.1	0.1	0.0	8.9	8.4	8.3	10.7	6.5	6.9
Spain	184	82.5	30.1	9.7	0.5	1.7	0.2	40.3	48.5	53.3	50.5	26.7	16.4
Australia	193	0.2	0.2	0.1	0.2	0.1	0.2	4.1	4.6	6.3	9.0	4.0	2.0
Canada	156	70.4	85.1	87.4	93.3	112.2	133.1	30.4	18.6	28.4	23.0	14.3	11.9
China, P.R.: Hong Kong	532	3.1	1.4	0.7	1.0	5.2	57.6	3.1	3.2	2.2	1.7	1.1	2.7
Czech Republic	935	1.9	1.5	8.4	1.4	1.7	3.4	24.1	20.4	21.2	19.8	19.9	15.1
Denmark	128	0.0	0.0	0.0	0.0	0.2	0.2	6.2	6.4	5.6	6.2	7.9	5.2
Iceland	176	....	....	....	....	....	....	0.1	0.1	0.2	0.1	0.1	0.3
Israel	436	3.0	2.6	1.9	3.6	4.8	3.7	27.4	57.9	53.9	35.9	7.8	4.4
Japan	158	0.3	0.2	0.1	0.1	3.5	0.4	72.4	98.8	96.3	113.9	57.5	43.3
Korea, Republic of	542	14.8	0.6	0.9	0.8	0.5	1.0	58.0	50.5	53.8	41.0	32.4	13.4
New Zealand	196	0.0	0.0	0.0	0.0	0.0	0.0	11.6	16.6	17.6	18.3	11.9	10.8
Norway	142	0.0	0.0	0.0	0.0	0.0	0.0	1.1	1.5	1.8	1.5	1.7	1.2
Singapore	576	0.2	14.5	1.5	2.8	1.7	2.1	4.3	4.6	3.6	4.0	2.2	0.9
Sweden	144	1.0	9.2	0.6	0.7	0.5	0.2	21.4	29.4	23.3	25.5	23.8	12.9
Switzerland	146	33.7	71.4	24.7	14.0	40.8	95.0	78.4	87.1	172.4	146.1	51.6	39.5
Taiwan Prov. of China	528	0.0	0.0	37.2	0.1	0.0	0.0	10.5	11.1	14.3	16.9	11.1	8.6
United Kingdom	112	0.4	3.0	3.0	1.2	1.6	2.2	48.8	40.7	49.4	55.9	26.6	28.0
United States	111	100.7	87.5	89.0	87.5	54.6	39.2	147.6	144.0	137.9	133.7	108.5	66.1
Emerg. & Dev. Economies	200	630.9	714.3	878.3	949.5	943.7	1,161.7	2,789.4	2,870.6	2,970.4	2,844.9	2,244.0	2,306.3
Emerg. & Dev. Asia	505	23.0	35.9	71.9	193.8	170.4	103.9	563.2	560.6	547.3	593.8	447.1	516.9
Bangladesh	513	0.0	....	....	....	0.0	....	1.1	2.1	5.7	6.5	7.8	15.1
Cambodia	522	0.0	....	....	....	....	....	0.3	0.6	1.3	1.6	2.0	1.7
China, P.R.: Mainland	924	16.3	31.3	68.8	171.0	165.3	101.7	405.1	400.5	386.5	417.5	316.0	363.5
India	534	3.0	1.5	0.2	0.2	0.4	0.9	68.7	69.6	67.4	63.5	52.3	59.8
Indonesia	536	....	....	0.0	....	....	....	30.2	28.0	29.1	26.6	25.8	22.5
Lao People's Dem. Rep	544	....	....	....	....	....	....	0.9	0.0	0.0	0.0	0.0	0.0
Malaysia	548	0.0	0.0	0.1	0.0	3.1	0.2	20.4	16.4	16.7	13.6	12.3	11.2
Mongolia	948	0.0	0.1	0.0	0.1	0.1	0.0	....	....	0.0	....	....	....
Myanmar	518	....	0.0	....	0.0	....	....	0.0	0.5	0.2	0.1	0.1	0.1
Nepal	558	....	....	....	....	0.0	0.0	0.0	0.0	0.1	0.0	0.0	0.1
Papua New Guinea	853	....	....	....	....	....	....	0.0	0.1	0.0	....	....	....
Philippines	566	0.0	0.0	0.1	0.0	0.1	0.0	2.2	2.3	1.9	2.0	1.8	1.4
Sri Lanka	524	....	....	0.0	0.0	....	0.0	2.4	2.9	2.5	2.8	1.9	1.9
Thailand	578	3.6	3.0	2.7	22.4	1.3	1.0	21.6	20.7	21.5	39.6	12.3	10.8
Vietnam	582	0.1	0.0	0.0	0.1	0.1	0.0	10.2	16.9	14.5	19.9	14.8	18.4
Asia n.s.	598	....	....	....	....	....	....	....	....	....	....	....	10.3

2017, International Monetary Fund: *Direction of Trade Statistics Yearbook*

Armenia, Republic of (911)

In Millions of U.S. Dollars

		Exports (FOB)						Imports (CIF)					
		2011	2012	2013	2014	2015	2016	2011	2012	2013	2014	2015	2016
Europe	170	469.8	537.0	637.6	543.0	514.7	745.4	1,775.6	1,837.6	1,912.7	1,773.9	1,408.7	1,438.8
Emerg. & Dev. Europe	903	156.5	133.3	161.9	104.7	135.0	194.8	511.3	452.4	461.5	367.6	231.8	226.5
Albania	914	....	....	....	0.0	....	0.0	0.1	0.1	0.2	0.1	0.2	0.2
Bosnia and Herzegovina	963	0.1	....	....	0.0	....	....	0.1	0.1	0.2	0.1	0.1	0.1
Bulgaria	918	152.2	129.3	152.2	85.6	78.9	156.6	102.2	86.5	68.3	25.5	26.0	35.2
Croatia	960	1.1	0.9	0.1	0.1	0.1	0.1	1.5	2.8	2.7	1.4	2.1	2.2
Faroe Islands	816	....	....	....	....	....	....	....	....	....	....	....	0.1
Hungary	944	0.5	0.9	1.2	0.4	0.8	0.8	24.6	17.6	15.3	18.5	12.3	10.8
Macedonia, FYR	962	....	0.0	0.0	0.0	....	....	0.4	0.4	0.3	0.5	0.4	0.7
Poland	964	0.9	0.6	1.1	3.7	14.6	17.2	35.8	41.8	43.2	47.3	34.0	36.7
Romania	968	0.5	0.6	0.1	0.1	38.4	19.6	105.1	88.1	118.1	39.5	17.6	13.7
Serbia, Republic of	942	0.2	0.1	5.6	13.3	0.7	0.0	1.0	1.4	2.5	2.4	2.1	1.8
Turkey	186	1.0	0.9	1.6	1.5	1.5	0.5	240.5	213.6	210.9	232.4	137.0	125.0
CIS	901	313.2	403.7	475.7	438.4	379.7	550.6	1,264.3	1,385.3	1,451.2	1,406.3	1,176.9	1,212.3
Azerbaijan, Rep. of	912	....	....	....	....	0.0	0.4	0.0	0.0	....	0.0	....	0.4
Belarus	913	6.0	6.7	8.6	9.0	5.5	13.1	29.6	33.6	40.9	31.0	33.8	18.2
Georgia	915	61.9	81.6	86.1	84.0	116.1	141.2	60.2	49.1	65.8	72.0	66.8	95.0
Kazakhstan	916	4.4	4.0	7.3	7.0	4.9	5.9	25.3	8.9	0.7	0.6	0.3	0.7
Kyrgyz Republic	917	0.4	0.2	1.0	0.4	0.3	0.9	0.0	0.1	0.0	0.1	0.1	0.0
Moldova	921	0.4	0.7	0.4	0.5	0.6	0.3	1.7	1.4	1.3	3.6	1.1	0.8
Russian Federation	922	222.3	280.0	334.5	308.4	225.9	373.0	886.4	1,059.1	1,110.9	1,094.3	948.0	990.6
Tajikistan	923	0.6	0.5	1.3	0.7	0.4	0.5	0.1	0.1	0.8	0.3	0.0	....
Turkmenistan	925	4.6	13.8	19.0	14.9	17.3	5.4	25.5	14.2	2.7	1.2	0.5	6.2
Ukraine	926	11.1	14.5	15.2	11.0	6.2	8.2	232.6	216.0	226.6	201.9	124.7	98.9
Uzbekistan	927	1.6	1.7	2.2	2.5	2.5	1.8	2.9	2.8	1.6	1.2	1.6	1.6
Mid East, N Africa, Pak	440	122.4	124.9	158.5	203.9	251.6	309.8	312.6	323.1	316.9	327.3	265.9	243.6
Afghanistan, I.R. of	512	0.1	0.2	0.8	0.3	0.2	....	0.0	0.0	0.0	0.0	0.0	0.1
Algeria	612	0.0	....	....	....	0.2	0.1	0.2	0.2	0.3	0.1	0.0	....
Bahrain, Kingdom of	419	....	0.1	0.0	0.0	0.0	0.0	0.1	0.0	0.0	0.1	0.1	0.0
Egypt	469	0.3	0.0	0.1	0.0	0.1	0.0	6.4	5.2	5.2	6.7	8.2	7.7
Iran, I.R. of	429	106.3	97.8	95.5	84.6	78.0	69.6	217.0	219.9	198.5	206.5	198.3	164.9
Iraq	433	4.9	15.7	48.5	80.7	130.7	138.9	14.9	33.5	28.3	25.5	1.7	0.2
Jordan	439	0.0	....	0.2	3.4	2.0	0.0	0.1	0.1	0.8	3.5	0.1	0.2
Kuwait	443	....	0.3	0.3	1.4	0.2	0.6	0.8	0.2	0.4	0.0	0.0	0.0
Lebanon	446	0.5	0.6	0.3	2.1	1.6	0.2	3.2	2.7	1.8	1.4	1.2	0.9
Libya	672	....	....	....	....	0.2	0.8	....	....	....	....	....	....
Mauritania	682	....	....	....	....	....	....	0.1	0.0	0.0	0.0	0.0	0.0
Morocco	686	....	....	....	....	....	....	1.1	1.2	2.0	2.2	2.8	1.7
Oman	449	0.0	....	....	0.0	0.0	0.3	0.4	0.2	1.1	1.7	0.7	0.2
Pakistan	564	0.3	0.0	0.0	0.1	0.1	0.0	5.0	3.4	3.8	4.3	4.3	3.2
Qatar	453	0.2	0.4	0.3	0.5	0.0	0.0	1.8	0.8	0.6	0.3	0.3	0.3
Saudi Arabia	456	0.1	0.1	0.1	0.2	1.7	2.5	5.1	3.2	3.4	5.3	3.4	5.0
Sudan	732	....	....	....	....	....	0.2	0.0	0.0	0.0	0.0	0.0	0.0
Syrian Arab Republic	463	0.0	0.3	2.9	18.5	25.4	27.6	5.6	2.9	1.1	0.6	0.2	0.6
Tunisia	744	....	0.0	....	0.0	....	0.0	0.8	0.8	1.3	1.0	0.8	0.9
United Arab Emirates	466	9.9	9.4	9.4	12.1	11.1	68.8	50.2	48.8	68.3	68.0	43.6	57.8
Yemen, Republic of	474	....	0.0	0.0	0.0	0.0	0.2	....	....	0.0	....	0.0	0.0
Sub-Saharan Africa	603	1.1	0.7	0.9	0.9	0.5	0.5	19.0	14.8	67.9	26.4	25.6	29.7
Botswana	616	0.1	....	....	....	....	....	....	....	....	0.0	2.2	1.7
Cameroon	622	0.1	....	....	....	....	0.0	0.0	0.0	0.2	0.1	0.1	0.0
Congo, Republic of	634	....	....	....	....	....	0.1	0.0	0.0	0.0	....	0.0	....
Côte d'Ivoire	662	....	....	....	....	....	....	3.5	3.0	2.7	1.8	1.4	1.4
Ethiopia	644	....	....	....	....	....	....	0.5	0.5	0.3	0.4	0.3	0.7
Gabon	646	0.8	0.5	0.9	0.7	0.4	0.2	0.1	0.1	0.0	....	0.0	0.0
Ghana	652	0.0	....	....	....	....	....	0.8	0.4	0.7	1.3	1.0	0.6
Guinea	656	....	....	....	0.1	....	....	0.0	0.0	....	0.1	....	0.0
Kenya	664	0.0	0.0	....	0.0	0.0	0.0	0.1	0.1	2.8	0.0	0.0	0.0
Liberia	668	....	....	....	....	....	....	....	....	....	0.1	0.0	....
Madagascar	674	....	....	....	....	....	....	0.0	0.1	0.1	0.2	0.1	0.1
Malawi	676	....	....	....	....	....	0.0	1.0	3.8	3.1	5.1	2.5	2.8

Armenia, Republic of (911)

In Millions of U.S. Dollars

		Exports (FOB)						Imports (CIF)					
		2011	2012	2013	2014	2015	2016	2011	2012	2013	2014	2015	2016
Mauritius	684	....	....	....	....	....	0.0	0.1	0.2	0.2	0.1	0.1	0.2
Namibia	728	0.0	....	....	0.0	....	0.1	0.0	0.0	0.0	0.6	0.3	0.1
Nigeria	694	....	....	0.0	....	....	0.0	0.7	0.4	0.7	1.3	0.7	0.4
Sierra Leone	724	0.0	0.0	....	....	....	....	0.1	0.1	0.2	0.7	0.0	0.9
South Africa	199	0.1	0.1	0.0	0.0	0.1	0.0	6.7	4.5	45.4	7.6	8.1	13.5
Tanzania	738	0.0	0.0	0.0	0.0	0.0	0.0	0.0	0.0	0.0	0.7	0.0	0.0
Togo	742	....	....	....	....	0.0	....	....	0.0	0.0	0.1	0.8	0.9
Uganda	746	0.0	....	....	....	....	0.0	4.8	1.6	1.9	0.2	0.1	0.0
Zimbabwe	698	0.0	....	....	....	....	....	0.6	0.0	9.5	6.0	7.8	6.3
Western Hemisphere	205	14.6	15.8	9.3	7.9	6.5	2.1	119.0	134.4	125.7	123.5	96.6	77.3
Anguilla	312	....	....	....	....	....	....	....	....	....	....	....	0.1
Argentina	213	0.0	0.0	0.0	0.0	0.0	0.0	5.8	7.6	11.6	7.5	14.3	8.9
Belize	339	10.8	13.9	8.7	6.4	6.5	2.0	0.0	....	....	....	....	....
Bolivia	218	....	....	....	....	....	....	0.0	0.0	0.0	0.0	0.5	0.0
Brazil	223	0.0	0.0	0.6	0.0	0.0	0.0	83.3	93.2	87.4	91.4	61.4	51.1
Chile	228	0.1	0.2	....	0.0	....	....	0.7	1.0	2.0	3.0	2.5	1.8
Colombia	233	1.3	1.0	0.0	....	0.0	....	0.7	0.8	0.5	0.5	0.4	0.1
Costa Rica	238	....	....	....	1.5	....	....	1.0	3.4	3.1	1.5	0.8	0.4
Dominican Republic	243	....	....	....	....	....	....	0.3	0.2	0.1	0.1	0.2	0.1
Ecuador	248	....	....	....	....	0.0	0.0	16.5	15.4	8.3	9.6	8.3	6.4
El Salvador	253	....	....	....	....	....	....	0.2	0.0	0.1	0.1	0.2	0.2
Guatemala	258	....	0.0	....	....	....	....	0.0	0.1	0.0	0.0	0.1	0.0
Honduras	268	....	....	....	....	....	....	0.1	0.2	0.3	0.0	0.2	0.3
Mexico	273	0.0	0.0	0.0	0.0	0.0	0.1	9.9	11.1	9.6	8.1	6.8	7.3
Nicaragua	278	....	....	....	....	....	0.0	0.1	0.0	0.0	0.0	0.0	0.0
Panama	283	2.4	0.6	0.0	....	0.0	....	0.0	1.0	1.8	0.1	0.1	0.0
Paraguay	288	....	....	....	....	....	....	0.0	0.0	0.3	0.9	0.6	0.2
Peru	293	....	....	....	....	....	....	0.1	0.2	0.3	0.5	0.2	0.2
St. Kitts and Nevis	361	....	....	....	....	....	....	0.0	0.0	0.0	0.0	0.1	0.1
Uruguay	298	0.0	0.0	....	0.0	0.0	....	0.2	0.4	0.2	0.0	0.0	0.0
Other Countries n.i.e	910	....	....	....	0.0	0.0	....	0.1	0.3	0.1	0.2	0.2	0.1
Cuba	928	....	....	....	0.0	0.0	....	0.1	0.2	0.1	0.2	0.1	0.1
Korea, Dem. People's Rep.	954	....	....	....	....	....	....	0.0	0.1	0.0	0.0	0.1	0.1
Countries & Areas n.s.	898	23.6	19.3	16.3	18.1	11.5	11.6	2.6	3.2	1.9	7.1	17.6	20.4
Memorandum Items													
Africa	605	1.1	0.7	0.9	0.9	0.7	0.7	21.2	17.0	71.5	29.7	29.2	32.3
Middle East	405	122.1	124.6	157.7	203.6	251.1	309.6	305.4	317.5	309.4	319.6	258.0	237.8
European Union	998	608.5	563.3	496.4	438.1	440.9	471.4	1,172.7	1,128.8	1,163.2	1,136.7	779.9	678.1
Export earnings: fuel	080	354.6	423.1	515.8	510.5	470.7	666.8	1,245.6	1,405.6	1,424.7	1,414.9	1,207.0	1,233.2
Export earnings: nonfuel	092	979.8	1,005.0	964.2	1,008.8	1,016.2	1,116.1	2,899.0	2,859.2	3,052.1	2,986.7	2,047.0	1,878.3

Aruba (314)

In Millions of U.S. Dollars

		Exports (FOB)						Imports (CIF)					
		2011	2012	2013	2014	2015	2016	2011	2012	2013	2014	2015	2016
IFS World		151.3	172.7	167.2	....	....	....	1,283.4	1,257.8	1,303.5	....	....	....
World	001	151.3	173.0	167.8	111.1	80.5	94.1	1,283.0	1,257.4	1,303.0	1,261.7	1,167.2	1,129.9
Advanced Economies	110	26.1	31.7	33.3	25.9	23.1	40.7	956.7	924.1	1,000.1	1,014.4	931.5	896.9
Euro Area	163	7.8	6.8	8.7	8.1	10.7	17.3	222.1	186.2	192.8	190.5	175.6	181.0
Austria	122	0.0	....	0.0	....	0.1	0.1	0.1	0.5	0.5	0.5	0.2	0.3
Belgium	124	0.3	0.2	0.1	0.1	0.0	0.1	0.9	1.0	0.8	1.4	2.8	1.4
Cyprus	423	....	....	....	....	0.0	0.0	0.1	0.0	0.0	0.1	0.1	0.1
Estonia	939	....	....	....	....	....	....	....	....	0.1	0.0	0.1	0.0
Finland	172	0.1	0.0	....	0.0	....	0.0	45.6	0.8	0.3	0.0	0.1	0.2
France	132	0.4	0.5	0.2	0.8	0.2	0.8	16.6	13.9	14.3	8.9	8.7	8.6
Germany	134	0.0	0.0	0.0	0.3	0.1	0.1	5.7	10.5	10.2	7.5	7.0	6.4
Greece	174	0.0	0.0	0.0	0.0	0.0	0.0	0.0	0.0	0.1	0.2	0.2	0.1
Ireland	178	0.0	....	0.0	0.0	....	0.0	0.1	0.1	0.1	0.6	0.5	0.7
Italy	136	0.0	0.1	0.2	0.0	0.1	0.0	5.8	8.1	7.2	10.8	7.3	6.3
Latvia	941	....	....	....	....	....	0.0	....	....	0.2	....	0.0	0.0
Netherlands	138	6.7	5.9	7.6	6.5	8.1	15.9	139.3	144.2	144.7	142.5	131.2	142.8
Portugal	182	....	0.0	....	....	0.0	0.0	0.2	0.1	0.4	1.2	1.6	1.9
Slovak Republic	936	....	0.0	....	....	....	....	0.0	0.0	0.1	0.0	....	0.0
Spain	184	0.3	0.1	0.5	0.4	1.9	0.2	7.8	7.0	13.9	16.8	15.9	12.1
Australia	193	0.0	0.0	0.0	0.0	....	0.0	0.1	1.0	0.5	0.3	0.3	0.3
Canada	156	0.1	0.2	0.0	0.5	0.1	0.0	5.8	8.1	6.8	6.8	6.6	10.5
China,P.R.: Hong Kong	532	0.0	0.0	0.1	0.1	0.0	1.0	5.6	6.1	9.8	9.1	7.5	4.4
China,P.R.: Macao	546	....	....	....	....	....	....	....	....	0.1	0.1	0.1	0.0
Czech Republic	935	....	....	0.0	....	....	....	0.1	0.1	0.0	0.0	....	0.0
Denmark	128	0.0	0.0	0.0	0.0	....	0.0	1.7	1.2	1.4	1.0	0.5	1.1
Iceland	176	0.0	....	....	0.0	....	0.0	0.0	....	0.0	0.8	0.0	0.0
Israel	436	0.0	0.0	0.0	....	....	0.1	1.3	0.2	0.1	1.7	0.1	0.3
Japan	158	0.0	0.0	0.0	0.0	....	0.0	13.5	12.6	10.4	10.0	10.1	10.2
Korea, Republic of	542	0.2	0.3	0.6	0.3	....	0.0	18.8	23.0	22.6	19.7	19.9	18.2
New Zealand	196	....	0.0	0.0	0.0	....	....	0.7	0.8	0.8	0.9	0.9	0.8
Singapore	576	0.3	0.2	0.5	0.0	....	0.1	0.5	0.6	0.2	0.3	0.3	0.2
Sweden	144	0.0	0.0	0.0	0.1	....	0.0	3.9	2.3	1.9	0.9	1.6	1.1
Switzerland	146	0.5	0.1	0.3	0.1	0.3	0.1	13.6	14.3	17.8	21.5	14.9	15.3
Taiwan Prov.of China	528	1.3	1.6	1.6	1.1	0.5	3.5	0.7	0.6	0.6	0.6	0.3	0.8
United Kingdom	112	0.5	0.0	0.0	0.2	0.1	0.1	56.8	68.2	88.2	40.4	46.0	26.1
United States	111	15.4	22.5	21.4	15.5	11.5	18.6	611.7	598.6	646.1	709.8	646.7	626.4
Emerg. & Dev. Economies	200	120.6	137.3	129.0	84.6	55.9	53.0	268.0	261.7	265.5	244.7	235.4	233.0
Emerg. & Dev. Asia	505	0.7	0.7	0.9	1.6	0.8	1.1	29.1	25.5	41.6	42.3	42.5	43.8
China,P.R.: Mainland	924	0.4	0.5	0.1	0.7	0.7	0.9	21.4	19.7	32.3	30.7	26.1	27.2
Guam	829	....	....	....	....	....	....	0.1	0.1	0.0	0.0	....	....
India	534	0.0	0.2	0.1	....	0.1	0.1	1.9	1.6	3.8	3.4	5.3	7.3
Indonesia	536	....	....	....	....	....	....	1.3	1.0	1.0	1.0	2.8	1.0
Malaysia	548	0.0	....	0.6	0.3	....	....	0.5	0.6	0.3	1.2	0.6	0.6
Philippines	566	0.0	0.0	0.0	0.0	0.0	0.0	0.3	0.2	0.2	0.4	0.5	0.2
Thailand	578	....	....	....	0.5	....	....	2.1	1.6	3.0	3.5	4.6	6.1
Vanuatu	846	....	....	....	....	....	....	....	....	0.0	0.0	0.3	0.0
Vietnam	582	0.2	....	0.1	....	....	....	1.5	0.8	0.8	2.1	2.2	1.4
Europe	170	0.5	0.0	0.0	0.0	0.0	0.0	3.2	4.4	1.6	1.1	1.3	2.7
Emerg. & Dev. Europe	903	0.5	0.0	0.0	0.0	0.0	....	3.1	4.0	1.6	1.1	1.2	2.6
Albania	914	....	....	....	....	....	....	0.1	0.3	0.6	0.3	0.0	....
Bulgaria	918	0.5	....	....	....	....	....	0.0	....	0.2	0.1	0.1	0.2
Hungary	944	....	....	....	....	0.0	....	0.4	0.2	0.1	0.0	0.2	0.5
Macedonia, FYR	962	....	....	....	....	....	....	....	....	0.1	....	....	....
Poland	964	....	0.0	0.0	....	....	....	0.1	0.2	0.2	0.1	0.1	0.5
Romania	968	....	....	0.0	....	....	....	0.1	0.0	0.0	0.0	0.0	0.0
Turkey	186	0.0	0.0	....	0.0	....	....	2.4	3.2	0.5	0.5	0.8	1.4
CIS	901	0.0	0.0	0.0	....	0.0	....	0.1	0.4	0.0	0.0	0.0	0.1
Georgia	915	0.0	....	....	....	....	....	0.0	0.3	0.0	0.0	....	0.0
Ukraine	926	0.0	0.0	....	....	0.0	....	0.1	0.1	0.0	0.0	0.0	0.0

Aruba (314)
In Millions of U.S. Dollars

		Exports (FOB)						Imports (CIF)					
		2011	2012	2013	2014	2015	2016	2011	2012	2013	2014	2015	2016
Mid East, N Africa, Pak	440	0.3	0.3	0.0	0.1	0.5	0.0	0.5	1.2	0.4	0.8	1.5	0.9
Afghanistan, I.R. of	512	0.1	0.1	....	....	....	....	....	....	0.0	....	0.0	0.0
Algeria	612	....	....	....	....	....	....	....	....	....	0.1	0.0	0.0
Bahrain, Kingdom of	419	....	....	....	....	....	....	....	0.0	....	0.1	....	....
Egypt	469	....	0.1	0.0	....	....	....	0.0	0.0	0.0	0.0	0.0	....
Lebanon	446	....	....	....	....	....	0.0	0.0	0.1	0.1	0.0	0.1	0.0
Oman	449	....	....	....	....	....	....	....	....	....	0.0	0.4	0.0
Pakistan	564	....	....	0.0	....	....	....	0.0	0.0	0.1	0.0	0.1	0.0
Qatar	453	....	....	....	0.0	....	0.0	0.1	0.0	0.0	0.0	0.0	0.1
Saudi Arabia	456	0.0	0.1	0.0	0.0	0.0	....	0.0	0.0	0.1	0.1	0.0	0.0
United Arab Emirates	466	0.2	0.0	....	0.0	0.5	0.0	0.3	1.0	0.1	0.4	0.8	0.7
Sub-Saharan Africa	603	0.4	0.8	0.8	0.0	0.0	0.1	8.4	4.4	0.6	1.4	1.0	1.1
Central African Rep.	626	....	....	....	....	....	....	....	0.0	....	0.1	....	....
Congo, Republic of	634	....	....	....	....	....	....	0.1	0.0	0.0	....	....	....
Ethiopia	644	....	....	....	....	....	....	....	....	0.0	....	....	0.1
Liberia	668	....	....	....	....	....	....	....	....	....	0.1	....	0.0
Mali	678	....	....	....	0.0	....	....	0.1	0.0	0.0	0.0	0.0	0.0
Mauritius	684	....	....	....	....	....	....	....	....	....	....	0.1	....
Mozambique	688	....	....	....	....	....	....	....	0.1	....	....	....	....
Nigeria	694	0.4	0.7	0.7	....	....	....	0.0	....	0.0	....	....	....
São Tomé & Príncipe	716	0.0	0.1	0.1	0.0	....	....	8.1	3.9	0.0	....	....	0.0
Seychelles	718	....	....	....	....	....	....	....	0.0	0.1	0.0	....	....
South Africa	199	0.0	0.0	0.0	0.0	0.0	0.0	0.2	0.2	0.3	1.0	0.8	0.9
Swaziland	734	....	....	....	....	....	....	0.0	0.0	0.0	0.0	0.1	0.1
Zimbabwe	698	0.0	....	....	0.0	....	....	0.0	0.0	0.1	0.1	....	....
Africa n.s.	799	....	....	....	....	....	....	....	....	0.1	....	....	....
Western Hemisphere	205	118.8	135.5	127.3	82.9	54.5	51.9	226.8	226.2	221.3	199.2	189.2	184.6
Antigua and Barbuda	311	0.0	0.0	0.0	0.0	0.0	0.0	0.4	0.0	0.0	1.8	0.0	0.1
Argentina	213	0.0	0.1	0.0	....	0.0	....	2.3	2.0	1.7	1.5	1.6	1.5
Bahamas, The	313	0.0	0.8	0.0	....	0.0	0.0	4.8	4.3	9.8	2.7	2.6	1.5
Barbados	316	0.0	0.0	0.0	0.0	0.0	0.0	1.5	1.7	1.7	1.9	2.0	1.6
Bermuda	319	....	....	....	....	....	....	0.1	0.0	0.0	0.2	0.2	0.1
Bolivia	218	0.0	0.0	0.0	0.0	....	0.0	0.0	0.0	0.0	0.0	0.0	0.1
Brazil	223	0.0	0.3	0.0	0.1	....	0.0	15.8	15.7	16.5	16.6	19.6	18.9
Chile	228	0.0	0.0	0.0	0.0	0.0	0.1	2.3	2.0	2.4	2.7	2.9	2.5
Colombia	233	60.0	68.3	61.7	35.3	22.7	22.0	30.4	21.4	22.1	30.5	25.2	27.1
Costa Rica	238	0.0	0.1	0.6	0.0	0.1	0.0	5.9	8.0	6.5	7.0	6.3	6.0
Curaçao	354	....	....	....	....	....	8.3	....	....	....	....	....	15.4
Dominica	321	0.0	....	....	0.0	0.0	0.0	0.0	0.2	0.1	0.5	0.0	0.0
Dominican Republic	243	0.2	0.1	0.6	0.2	0.7	0.2	6.1	8.6	9.3	8.8	7.4	9.3
Ecuador	248	0.3	0.0	0.0	0.0	....	0.0	0.6	0.4	0.5	0.3	0.2	0.2
El Salvador	253	0.0	0.0	0.0	....	....	0.0	0.2	0.1	0.1	0.1	0.1	0.2
Guatemala	258	0.0	0.0	0.0	0.0	....	0.0	0.4	0.2	0.4	0.7	0.8	1.0
Guyana	336	0.0	0.0	0.0	0.2	0.0	....	0.1	0.2	0.0	0.0	0.0	0.0
Haiti	263	0.0	0.0	0.1	0.0	0.0	0.2	0.0	0.0	0.0	0.0	0.0	0.0
Honduras	268	....	0.0	....	0.0	0.0	0.0	1.9	1.2	0.6	1.6	0.9	2.7
Jamaica	343	0.0	0.0	0.4	0.0	0.0	0.0	5.5	2.6	2.4	2.2	4.0	2.6
Mexico	273	1.1	0.7	1.3	2.6	5.2	1.2	10.0	15.1	14.9	13.4	12.2	11.4
Netherlands Antilles	353	24.1	7.2	31.7	25.2	14.6	0.8	30.5	26.9	25.0	25.2	21.5	2.0
Nicaragua	278	0.0	0.0	....	0.0	....	0.0	0.1	0.2	0.0	0.2	0.2	0.2
Panama	283	0.1	5.1	6.6	1.8	3.3	3.6	41.2	36.3	38.6	42.7	45.8	35.7
Paraguay	288	0.3	0.0	0.3	0.0	0.1	0.0	23.9	47.6	33.3	9.2	5.2	6.6
Peru	293	0.0	0.0	0.0	0.0	0.0	0.0	3.4	2.8	3.1	3.6	3.7	3.8
St. Kitts and Nevis	361	0.0	0.0	0.0	0.2	0.0	0.1	0.0	0.1	0.1	0.0	0.0	0.0
St. Vincent & Grens.	364	0.0	0.0	0.0	0.0	0.0	0.0	....	0.0	....	....	....	0.1
Suriname	366	1.9	1.6	3.0	2.3	2.3	1.1	0.8	0.9	1.0	1.3	1.8	1.4
Trinidad and Tobago	369	0.0	0.2	0.2	0.0	0.1	0.1	9.9	7.2	9.8	10.4	7.8	8.2
Uruguay	298	0.0	....	0.0	0.4	0.2	1.0	5.8	9.3	7.3	3.7	0.8	1.4
Venezuela, Rep. Bol.	299	30.6	50.8	20.7	14.4	5.1	13.0	22.1	11.2	14.1	10.4	16.1	22.6
Western Hem. n.s.	399	0.0	0.0	0.0	0.0	0.0	0.0	0.6	0.1	0.0	0.1	0.0	0.1

Aruba (314)

In Millions of U.S. Dollars

		Exports (FOB)						Imports (CIF)					
		2011	2012	2013	2014	2015	2016	2011	2012	2013	2014	2015	2016
Other Countries n.i.e	910	0.0	0.0	0.0	0.1	0.5	0.2	0.2	0.3	0.3	0.0	0.0	0.1
Cuba	928	0.0	0.0	0.0	0.1	0.5	0.2	0.2	0.3	0.3	0.0	0.0	0.1
Countries & Areas n.s.	898	4.6	4.0	5.5	0.5	1.1	0.2	58.0	71.5	37.1	2.5	0.3	0.0
Memorandum Items													
Africa	605	0.4	0.8	0.8	0.0	0.0	0.1	8.4	4.4	0.6	1.5	1.0	1.1
Middle East	405	0.2	0.2	0.0	0.1	0.5	0.0	0.5	1.1	0.3	0.7	1.4	0.8
European Union	998	8.9	6.8	8.7	8.3	10.7	17.3	285.1	258.4	284.8	233.1	224.0	210.6
Export earnings: fuel	080	91.5	120.2	83.3	49.9	28.4	35.2	63.6	41.2	46.7	52.4	50.8	59.0
Export earnings: nonfuel	092	59.8	52.8	84.5	61.2	52.1	59.0	1,219.4	1,216.3	1,256.2	1,209.2	1,116.4	1,070.9

Australia (193)

In Millions of U.S. Dollars

		Exports (FOB)						Imports (FOB)					
		2011	2012	2013	2014	2015	2016	2011	2012	2013	2014	2015	2016
IFS World		269,940.1	256,521.8	252,893.5	239,707.8	188,371.9	....	234,045.0	250,374.6	232,449.3	227,497.2	200,365.8	....
World	001	270,811.5	257,501.9	253,553.1	240,644.0	188,468.2	191,276.6	234,524.0	250,707.9	232,783.3	227,761.9	200,893.5	190,244.8
Advanced Economies	110	136,285.7	126,620.3	109,629.0	107,209.0	83,435.0	89,298.8	127,186.6	136,623.5	123,046.1	118,257.4	103,918.5	99,762.1
Euro Area	163	11,661.5	9,923.7	7,882.9	6,590.5	6,081.0	11,867.0	29,881.6	32,081.0	30,283.4	30,052.5	25,097.1	27,038.4
Austria	122	128.9	92.7	86.0	67.3	65.7	315.9	829.0	893.4	877.4	939.8	844.2	1,080.4
Belgium	124	1,479.6	1,736.7	1,159.1	951.3	909.6	908.4	1,704.3	1,708.8	1,633.2	1,575.3	1,242.6	1,278.5
Cyprus	423	8.9	4.8	2.7	2.9	1.4	8.0	11.3	12.9	16.6	18.3	16.8	19.3
Estonia	939	24.7	18.4	8.9	4.9	5.0	19.3	52.5	38.3	44.6	31.8	45.4	53.5
Finland	172	333.8	210.3	66.5	41.5	26.7	178.8	998.5	954.5	799.8	690.0	543.9	569.2
France	132	1,234.0	1,120.2	1,228.6	1,026.2	855.5	1,630.3	3,879.8	3,953.5	3,875.5	3,837.0	3,273.0	3,354.9
Germany	134	2,388.9	2,056.2	1,861.5	1,525.3	1,407.2	3,925.4	10,973.6	11,626.2	11,019.7	10,699.7	9,264.2	10,155.7
Greece	174	29.7	25.4	10.5	11.5	10.1	50.9	153.5	175.1	164.1	184.6	151.0	159.8
Ireland	178	100.7	81.3	66.7	46.1	48.2	684.4	2,191.2	1,643.9	1,467.0	1,418.0	1,561.4	2,018.1
Italy	136	1,301.2	873.2	682.4	578.6	543.9	1,517.5	5,192.3	5,539.9	5,589.1	5,442.0	4,353.3	4,429.4
Latvia	941	8.4	8.2	12.5	7.5	4.6	6.9	5.4	7.3	10.8	15.5	16.0	12.5
Lithuania	946	4.9	6.5	5.8	4.0	6.9	13.2	43.9	53.7	48.7	30.6	33.8	35.1
Luxembourg	137	1.0	1.8	2.4	0.7	9.1	4.6	25.6	29.6	42.5	16.6	18.4	16.6
Malta	181	5.4	6.7	4.3	4.3	2.6	8.0	11.5	12.4	19.5	19.2	17.2	15.8
Netherlands	138	3,612.7	3,004.5	2,199.9	1,777.3	1,714.1	1,779.6	1,567.2	1,988.0	1,678.6	1,755.2	1,596.3	1,695.2
Portugal	182	16.4	9.4	15.9	16.8	12.9	51.3	152.7	161.2	133.8	137.3	142.6	160.2
Slovak Republic	936	1.9	2.7	1.3	2.9	3.5	79.4	168.8	231.5	312.4	360.1	341.7	233.6
Slovenia	961	26.2	8.4	35.9	17.5	26.5	43.3	56.7	63.8	83.3	96.7	97.3	107.6
Spain	184	954.1	656.2	432.0	504.0	427.3	641.8	1,863.6	2,987.0	2,466.9	2,784.9	1,538.2	1,642.9
Canada	156	1,521.1	1,718.8	1,338.4	1,102.0	1,158.9	1,385.2	1,824.6	2,381.0	1,937.0	1,835.8	1,674.5	1,451.2
China,P.R.: Hong Kong	532	3,147.7	2,701.0	2,513.8	2,540.6	2,403.0	3,855.1	1,174.0	1,236.4	1,179.8	1,078.2	918.1	714.1
China,P.R.: Macao	546	41.5	38.1	31.1	29.6	43.8	49.6	9.0	11.8	10.8	15.4	14.9	13.3
Czech Republic	935	117.4	109.6	108.3	108.9	104.5	228.1	383.1	440.3	620.6	552.0	628.1	555.2
Denmark	128	161.9	148.4	189.1	101.7	89.8	280.6	1,019.2	1,176.1	1,049.5	969.4	844.4	901.0
Iceland	176	3.2	3.5	1.5	3.5	1.5	127.0	10.8	11.0	11.5	19.5	16.9	10.3
Israel	436	265.9	242.7	219.5	203.0	226.8	295.8	652.6	697.8	663.0	662.6	598.5	591.2
Japan	158	52,103.4	49,797.0	45,513.6	43,225.7	29,976.3	23,692.9	18,534.9	19,734.6	18,255.2	15,518.3	14,812.9	14,907.8
Korea, Republic of	542	24,075.9	20,674.5	18,632.3	17,862.2	13,369.3	11,724.7	7,357.7	10,226.8	9,807.5	10,618.3	10,992.6	8,239.3
New Zealand	196	7,919.4	7,674.4	7,055.3	7,184.6	6,246.5	6,236.3	7,835.5	7,530.0	7,114.6	7,085.2	5,713.1	5,686.0
Norway	142	137.9	184.2	100.4	177.9	40.4	87.4	514.1	295.7	402.7	398.6	272.8	237.7
Singapore	576	6,588.1	7,404.7	5,426.8	7,616.9	5,161.5	4,509.2	14,655.2	15,012.3	12,642.9	11,415.0	6,990.9	5,205.7
Sweden	144	453.5	358.4	243.6	248.0	205.3	531.8	2,586.1	2,511.5	2,067.3	1,843.3	1,456.5	1,523.4
Switzerland	146	680.5	704.8	801.8	496.9	519.3	1,179.5	3,065.5	2,996.1	2,878.6	2,546.8	2,422.5	2,375.5
Taiwan Prov.of China	528	9,449.7	8,267.6	6,989.6	6,241.8	4,776.5	4,759.8	3,903.2	3,869.7	3,833.8	3,971.8	3,559.1	3,213.7
United Kingdom	112	7,823.3	6,944.0	3,667.9	3,320.5	2,788.4	6,146.2	6,957.4	6,961.0	5,985.6	5,484.9	5,327.3	5,289.2
United States	111	10,133.7	9,724.9	8,913.0	10,154.7	10,242.1	12,342.6	26,822.2	29,450.3	24,302.4	24,189.9	22,578.4	21,809.3
Emerg. & Dev. Economies	200	132,174.6	128,803.8	138,774.2	126,438.4	99,280.7	97,085.4	99,798.8	107,636.6	104,234.2	102,293.2	90,944.7	88,099.3
Emerg. & Dev. Asia	505	115,571.2	112,776.5	122,939.0	111,935.5	86,233.9	85,946.1	80,952.0	87,588.8	85,328.3	86,103.0	79,439.8	77,115.3
American Samoa	859	5.4	7.9	4.8	6.3	7.5	7.6	8.5	13.4	7.8	13.0	10.6	10.1
Bangladesh	513	602.0	506.4	548.9	497.0	520.7	615.9	252.5	388.5	451.3	502.8	636.2	650.7
Bhutan	514	0.0	0.6	0.2	0.1	0.1	0.4	0.1	0.2	0.6	0.2	0.3	0.8
Brunei Darussalam	516	38.0	36.6	47.8	38.1	35.3	103.2	1,308.6	1,085.3	844.3	906.0	297.9	197.3
Cambodia	522	30.4	28.2	26.8	38.6	34.4	86.1	39.3	49.1	77.2	107.6	121.4	134.0
China,P.R.: Mainland	924	74,149.0	75,998.6	91,437.5	81,056.8	60,774.3	58,383.3	43,479.7	46,017.5	45,453.5	46,775.3	46,254.8	44,490.1
Fiji	819	312.2	308.7	291.5	282.8	274.3	265.3	189.8	181.8	156.3	141.8	139.8	142.6
F.T. French Polynesia	887	50.6	53.3	43.4	43.6	36.7	27.3	3.6	2.8	1.7	1.7	2.1	1.3
F.T. New Caledonia	839	369.1	332.1	274.3	279.0	270.2	200.8	226.2	116.8	125.5	182.0	111.9	21.7
Guam	829	14.6	15.9	13.2	10.1	9.3	6.0	0.3	0.2	0.1	0.1	2.5	0.3
India	534	15,776.2	12,688.9	9,235.9	7,983.0	7,954.1	6,673.8	2,292.3	2,678.3	2,311.6	2,787.2	3,581.2	3,270.5
Indonesia	536	5,586.7	4,944.4	4,425.3	4,557.2	3,722.4	4,039.6	6,102.6	6,573.8	5,793.9	5,576.7	4,242.5	3,627.3
Kiribati	826	25.9	21.6	22.2	19.3	20.2	14.1	0.8	0.1	0.2	0.2	0.2	0.2
Lao People's Dem.Rep	544	24.4	37.0	38.2	32.1	19.8	16.6	6.2	45.8	50.9	2.2	2.9	8.0
Malaysia	548	4,645.2	5,253.0	5,060.5	5,385.4	3,421.1	4,165.2	8,838.6	9,986.4	9,133.1	10,123.7	7,428.4	7,020.3
Maldives	556	31.1	26.1	28.2	32.2	26.8	21.1	0.4	1.9	0.9	0.7	0.5	1.1
Marshall Islands	867	....	....	....	....	....	6.6	....	....	....	....	....	0.3
Micronesia	868	....	....	....	....	....	5.1	....	....	....	....	....	0.0

2017, International Monetary Fund: *Direction of Trade Statistics Yearbook*

Australia (193)
In Millions of U.S. Dollars

		Exports (FOB) 2011	2012	2013	2014	2015	2016	Imports (FOB) 2011	2012	2013	2014	2015	2016
Mongolia	948	45.6	35.6	23.5	9.2	6.6	8.5	0.6	0.9	0.4	0.3	6.9	1.3
Myanmar	518	72.2	88.2	111.9	118.7	108.0	98.4	13.2	14.9	20.3	22.5	36.7	24.6
Nauru	836	17.5	26.3	131.1	85.0	49.9	33.8	9.1	8.9	14.6	5.2	10.9	4.7
Nepal	558	11.5	21.0	13.6	15.0	28.4	30.5	4.5	5.1	6.2	6.2	5.3	6.1
Palau	565	0.9	2.1	0.7	1.1	2.5	1.4	....	0.0	0.0	0.0	0.0	0.0
Papua New Guinea	853	2,390.3	2,947.7	2,391.5	1,951.0	1,280.0	1,612.1	3,784.0	3,549.1	2,902.8	3,350.9	2,244.8	2,703.8
Philippines	566	1,587.4	1,883.3	1,340.9	1,460.3	1,171.9	1,148.0	450.6	505.8	704.4	1,066.9	557.2	573.2
Samoa	862	29.8	27.0	24.6	24.1	24.4	23.4	32.7	35.7	34.2	25.6	25.1	23.7
Solomon Islands	813	128.6	132.9	141.5	125.0	117.2	63.0	73.2	118.7	90.3	36.8	6.9	2.4
Sri Lanka	524	252.4	212.4	193.1	216.3	240.8	167.4	122.1	132.6	149.2	163.0	159.3	165.4
Thailand	578	6,994.3	5,044.9	4,788.8	4,648.1	3,274.5	5,041.2	8,719.5	10,534.3	10,997.3	9,819.5	10,172.3	10,681.0
Timor-Leste	537	30.5	26.6	21.4	32.0	20.7	19.4	1.2	1.6	2.3	2.7	1.0	1.4
Tonga	866	6.7	6.8	6.2	9.6	9.7	11.8	0.5	0.8	1.3	1.2	1.1	1.5
Tuvalu	869	1.8	1.6	1.8	1.6	5.1	1.7	0.2	0.3	0.5	0.3	0.4	0.1
Vanuatu	846	67.9	68.8	64.8	67.8	63.3	49.5	1.0	1.8	2.0	1.7	1.9	1.2
Vietnam	582	2,115.2	1,849.6	2,045.5	2,744.8	2,618.7	2,943.2	2,924.9	3,261.8	3,660.4	4,471.6	3,373.5	3,344.5
Asia n.s.	598	158.1	142.3	139.4	164.3	84.6	55.0	2,065.3	2,274.6	2,333.2	7.4	3.2	3.8
Europe	170	**1,859.1**	**1,877.4**	**1,964.1**	**1,550.3**	**1,293.5**	**1,471.3**	**2,636.2**	**2,627.5**	**2,977.5**	**3,301.0**	**2,080.7**	**2,346.5**
Emerg. & Dev. Europe	903	**685.2**	**906.3**	**1,136.9**	**925.8**	**748.7**	**1,114.3**	**1,446.9**	**1,566.8**	**1,632.1**	**1,993.8**	**1,791.3**	**2,135.9**
Albania	914	3.2	1.7	2.3	2.1	2.2	2.0	0.6	0.3	0.6	0.8	0.7	1.9
Bosnia and Herzegovina	963	6.2	1.5	0.9	0.3	0.5	6.5	2.7	2.4	3.5	5.1	7.0	18.7
Bulgaria	918	8.9	114.9	90.8	137.9	75.2	57.1	38.5	43.0	43.8	42.8	43.7	51.3
Croatia	960	2.7	1.3	1.2	2.6	2.6	17.1	25.0	33.7	23.5	21.4	19.0	23.2
Gibraltar	823	21.2	0.9	1.1	0.2	2.1	0.0	3.3	0.1	....	0.3	0.0	0.0
Hungary	944	15.6	15.1	17.4	15.9	19.0	118.6	424.7	334.1	298.2	427.9	409.3	439.6
Macedonia, FYR	962	1.3	0.6	0.5	0.5	0.3	2.3	4.6	5.8	6.0	6.0	6.1	6.7
Montenegro	943	3.6	0.0	0.1	0.0	0.1	0.1	0.3	1.2	0.2	0.3	0.4	0.3
Poland	964	28.9	64.9	125.7	283.2	246.2	372.7	395.3	527.0	548.4	688.9	573.8	660.0
Romania	968	12.1	26.9	26.8	40.7	41.6	55.9	67.9	69.3	77.5	108.0	101.0	190.4
Serbia, Republic of	942	1.4	3.9	1.2	0.7	1.0	5.5	5.8	7.6	10.3	10.8	13.5	16.8
Turkey	186	580.0	674.5	868.8	441.7	357.9	476.6	478.3	542.3	620.1	681.4	616.9	727.0
CIS	901	**1,173.9**	**971.2**	**827.1**	**624.5**	**544.8**	**357.0**	**1,189.3**	**1,060.7**	**1,345.4**	**1,307.2**	**289.4**	**210.5**
Armenia	911	1.4	2.2	5.4	1.2	0.8	0.6	1.2	0.2	0.5	0.2	0.3	0.2
Azerbaijan, Rep. of	912	9.5	17.4	10.5	9.8	5.8	2.5	87.0	86.3	273.9	77.2	0.1	0.6
Belarus	913	0.3	0.3	0.3	0.3	0.2	0.8	3.7	5.9	5.1	3.0	2.8	2.2
Georgia	915	34.5	15.9	27.8	6.9	5.1	2.9	4.4	6.6	2.7	5.3	2.7	3.2
Kazakhstan	916	23.4	38.0	35.4	17.4	14.4	9.0	6.9	5.7	1.5	2.1	2.6	1.5
Kyrgyz Republic	917	2.9	2.8	2.8	3.5	2.0	1.4	0.2	0.2	0.1	0.2	0.0	0.0
Moldova	921	0.1	0.2	1.7	0.3	0.1	0.2	0.8	2.0	1.6	1.3	1.1	0.9
Russian Federation	922	1,016.7	824.6	702.0	477.6	399.5	316.3	1,042.5	897.2	1,013.7	1,185.3	256.5	162.6
Tajikistan	923	0.8	2.1	1.8	2.7	0.0	0.1	4.1	0.3	0.0	0.0	0.0	0.0
Turkmenistan	925	0.4	0.6	0.9	1.2	0.5	0.3	0.0	0.0	....	0.4	1.0	1.6
Ukraine	926	82.4	66.4	33.1	102.0	114.5	22.8	37.2	53.8	44.3	30.5	21.1	37.5
Uzbekistan	927	1.4	0.8	5.5	1.6	1.9	0.1	1.3	2.6	2.0	1.6	1.3	0.0
Mid East, N Africa, Pak	440	**7,954.9**	**8,374.3**	**9,373.8**	**8,858.0**	**7,854.2**	**5,701.8**	**6,708.3**	**6,435.6**	**6,341.7**	**3,973.4**	**3,274.7**	**3,268.2**
Afghanistan, I.R. of	512	17.1	10.6	6.5	6.3	1.7	8.4	0.8	1.7	1.1	2.2	1.0	0.2
Algeria	612	23.4	4.5	3.7	44.3	10.0	57.6	288.6	0.1	77.8	2.0	0.1	241.3
Bahrain, Kingdom of	419	171.3	157.3	637.9	655.7	686.5	430.8	111.8	69.9	74.1	62.7	68.0	46.0
Djibouti	611	4.4	3.8	2.9	2.4	1.5	3.3	0.4	0.5	0.4	0.3	0.8	0.6
Egypt	469	583.0	529.2	462.7	422.2	398.3	250.0	53.4	57.8	25.0	34.7	25.5	25.9
Iran, I.R. of	429	154.7	445.1	280.2	330.4	67.3	55.2	65.7	28.7	25.6	29.9	24.4	73.4
Iraq	433	396.0	170.8	598.5	253.3	29.2	24.1	0.1	0.0	0.0	0.4	0.1	0.0
Jordan	439	205.9	187.9	193.5	195.5	180.2	124.9	9.2	10.3	11.9	23.5	29.1	23.4
Kuwait	443	635.2	529.4	584.4	552.5	549.4	399.1	443.8	480.6	396.8	89.0	8.9	7.5
Lebanon	446	43.1	31.6	40.2	39.0	40.4	27.6	12.1	11.8	12.8	13.2	12.2	13.0
Libya	672	9.7	29.9	11.2	21.2	4.2	1.6	200.1	1,155.8	777.0	0.1	0.0	0.0
Mauritania	682	40.9	19.3	22.3	7.8	4.5	7.0	0.0	0.2	0.0	0.0	0.1	0.1
Morocco	686	15.6	25.3	32.2	41.4	10.3	22.3	95.3	44.5	28.4	80.1	30.7	48.8
Oman	449	430.7	476.8	372.6	333.7	375.2	287.6	65.0	23.3	79.9	36.5	60.4	37.2
Pakistan	564	427.8	718.5	392.5	379.4	478.2	435.3	178.1	190.2	188.0	190.7	209.2	243.1

Australia (193)
In Millions of U.S. Dollars

		Exports (FOB) 2011	2012	2013	2014	2015	2016	Imports (FOB) 2011	2012	2013	2014	2015	2016
Qatar	453	421.8	515.8	487.2	448.8	494.8	376.0	482.8	673.3	708.4	507.6	417.9	237.3
Saudi Arabia	456	1,580.4	1,792.9	2,114.2	2,021.1	1,626.9	974.0	402.9	497.1	263.9	383.5	326.2	323.6
Somalia	726	0.7	0.1	0.4	0.2	0.3	0.4	0.1	0.0	0.1	0.1	0.0	0.4
Sudan	732	208.8	261.9	282.5	171.5	57.6	5.6	1.0	0.1	0.2	0.2	191.5	380.6
Syrian Arab Republic	463	17.4	7.3	1.3	2.9	2.7	1.1	1.5	1.5	1.2	0.8	1.2	1.1
Tunisia	744	3.6	3.7	5.6	6.0	5.9	12.6	16.6	17.9	18.3	20.5	21.9	22.5
United Arab Emirates	466	2,316.9	2,162.9	2,536.0	2,636.0	2,536.7	2,056.0	4,278.9	3,170.1	3,650.7	2,494.9	1,845.1	1,542.0
Yemen, Republic of	474	246.5	289.7	305.2	286.3	292.4	141.6	0.0	0.1	0.0	0.3	0.1	0.0
Sub-Saharan Africa	603	2,864.8	2,729.3	2,607.8	2,111.0	1,887.0	1,587.4	4,805.1	5,861.6	4,717.3	4,486.3	2,048.5	1,400.5
Angola	614	6.9	8.2	8.3	10.4	4.5	2.6	2.3	0.0	31.5	55.8	18.5	10.0
Benin	638	1.5	1.5	1.8	1.5	1.1	0.6	....	....	0.0	0.2	....	0.0
Botswana	616	7.6	7.9	5.7	2.7	6.7	0.7	0.6	0.0	0.6	0.0	0.0	0.6
Burkina Faso	748	9.4	23.9	7.7	6.3	13.8	7.3	0.2	0.0	....	0.0	0.0	0.0
Burundi	618	0.0	0.3	0.1	1.9	0.7	0.1	0.0	0.3	0.2	0.3	0.5	0.4
Cabo Verde	624	....	0.0	0.0	0.0	0.0	0.1	0.8	0.8	0.2	0.1	405.9	158.6
Cameroon	622	3.0	2.5	2.0	1.8	3.9	2.8	3.8	1.0	0.6	0.6	0.7	0.6
Central African Rep.	626	0.1	0.0	0.0	0.6	1.4	2.7	0.0	0.0	0.0	....	0.1	....
Chad	628	0.6	0.7	2.5	1.8	0.7	1.3	0.0	....	....	0.1	0.1	0.0
Comoros	632	....	0.1	0.1	0.3	0.0	0.0	0.0	....	0.2	0.3	0.1	0.0
Congo, Dem. Rep. of	636	4.0	7.3	19.2	11.7	5.3	2.1	0.1	6.1	2.7	0.1	0.2	0.2
Congo, Republic of	634	5.9	5.5	4.4	1.9	3.7	45.3	699.7	932.8	910.1	790.2	97.0	240.0
Côte d'Ivoire	662	7.3	12.3	23.1	6.4	12.4	15.2	22.9	32.0	8.0	18.8	20.6	15.2
Equatorial Guinea	642	1.0	0.7	0.1	1.0	4.3	27.8	0.0	0.0	31.3	32.1	35.7	65.3
Eritrea	643	3.3	1.8	1.3	1.8	6.4	1.4	0.1	0.0	....	0.0	0.2	0.0
Ethiopia	644	3.3	2.0	2.2	3.5	1.6	10.6	12.7	18.0	13.6	22.1	20.0	17.4
Gabon	646	2.7	3.6	3.7	4.4	3.0	137.8	946.0	1,164.0	932.1	1,019.5	453.4	461.2
Gambia, The	648	0.6	0.1	0.0	....	0.1	0.0	0.0	0.0	0.1	0.0	0.0	0.0
Ghana	652	179.0	210.5	120.3	47.4	45.6	63.2	7.3	7.3	5.9	122.8	6.8	8.2
Guinea	656	26.7	19.3	5.4	2.3	3.4	2.5	1.0	0.3	0.4	0.1	0.2	0.1
Guinea-Bissau	654	0.2	....	....	....	....	....	0.0	....	....	0.0	0.0	....
Kenya	664	57.7	52.2	95.9	78.7	56.9	40.6	13.5	15.0	28.3	31.2	32.4	22.8
Lesotho	666	....	0.1	0.0	....	0.0	0.5	2.1	2.2	2.3	2.3	1.7	0.8
Liberia	668	3.3	2.7	4.0	13.1	1.8	0.6	0.0	0.2	0.1	0.3	0.0	0.0
Madagascar	674	15.4	17.5	13.2	14.1	6.8	6.4	1.2	2.4	4.1	4.9	5.3	7.8
Malawi	676	9.9	1.3	30.0	11.9	13.3	9.3	1.3	0.2	0.3	0.1	0.4	0.0
Mali	678	21.9	25.7	35.5	13.3	11.3	6.8	2.3	1.7	1.4	19.9	4.1	3.4
Mauritius	684	103.4	109.1	90.1	99.2	76.1	52.1	13.3	12.9	10.8	14.1	16.3	20.7
Mozambique	688	420.0	339.9	410.0	361.6	338.8	215.3	15.1	9.6	0.7	0.9	1.0	0.8
Namibia	728	8.7	13.3	13.7	18.5	7.6	6.8	5.4	7.5	7.4	6.4	8.2	7.1
Niger	692	0.3	0.6	0.3	0.6	0.2	1.8	2.8	3.0	1.5	2.1	1.3	1.2
Nigeria	694	46.7	77.9	159.2	199.7	187.4	113.5	2,123.9	2,714.8	1,818.9	1,476.1	0.5	0.9
Rwanda	714	2.3	3.7	16.9	2.9	2.1	1.5	0.4	1.0	0.8	0.9	1.3	1.1
São Tomé & Príncipe	716	....	....	0.1	....	....	0.0	0.1	0.0	0.1	0.2	0.1	0.1
Senegal	722	50.8	61.3	53.4	12.3	17.9	12.6	0.5	0.6	0.3	0.4	0.4	1.8
Seychelles	718	12.1	5.4	4.4	6.0	7.7	4.1	3.7	2.4	2.2	2.9	2.1	1.5
Sierra Leone	724	18.9	11.3	7.4	4.8	3.9	1.6	9.3	2.8	17.0	1.6	1.8	1.8
South Africa	199	1,691.3	1,576.7	1,278.8	1,070.3	920.1	742.3	868.9	904.7	871.5	816.3	888.7	331.3
South Sudan, Rep. of	733	....	0.6	0.2	0.1	0.3	0.2	....	0.0	0.0	0.0	0.6	0.1
Swaziland	734	0.2	0.3	0.2	0.2	0.3	0.8	26.0	3.3	3.4	1.9	1.4	2.5
Tanzania	738	100.9	81.7	125.1	52.6	88.8	30.9	6.0	7.2	5.5	29.7	5.3	4.2
Togo	742	7.8	2.4	3.2	1.0	3.2	2.8	0.1	0.0	0.0	7.4	9.8	7.8
Uganda	746	4.3	2.1	34.1	16.9	7.7	4.7	4.0	5.4	2.8	2.3	1.6	2.4
Zambia	754	23.5	26.2	17.4	24.1	14.5	5.9	1.1	0.2	0.1	0.1	2.6	0.4
Zimbabwe	698	1.6	9.1	6.6	1.7	1.2	1.5	6.2	1.1	0.2	0.3	0.8	0.3
Africa n.s.	799	0.5	0.1	0.2	0.2	0.3	0.4	0.3	0.8	0.2	0.6	0.7	1.8
Western Hemisphere	205	3,924.7	3,046.2	1,889.5	1,983.5	2,012.1	2,378.8	4,697.2	5,123.2	4,869.4	4,429.5	4,101.0	3,968.9
Antigua and Barbuda	311	0.7	0.7	1.9	0.3	0.2	0.4	0.6	0.4	0.0	0.1	1.4	0.8
Argentina	213	392.1	283.3	174.0	122.6	257.1	270.9	566.9	627.3	776.3	693.1	619.1	455.7
Bahamas, The	313	1.7	2.4	3.3	3.2	2.8	3.4	2.5	3.3	5.4	5.0	4.1	1.9
Barbados	316	5.9	1.3	1.9	2.5	2.7	2.8	2.0	1.8	3.8	2.0	1.2	1.7

2017, International Monetary Fund: *Direction of Trade Statistics Yearbook*

Australia (193)
In Millions of U.S. Dollars

		Exports (FOB) 2011	2012	2013	2014	2015	2016	Imports (FOB) 2011	2012	2013	2014	2015	2016
Belize	339	0.1	0.2	0.2	0.5	0.1	0.7	3.2	1.5	2.9	2.1	1.5	0.6
Bermuda	319	1.3	0.9	0.4	0.5	0.7	0.5	37.4	88.4	21.5	9.0	1.6	0.3
Bolivia	218	0.7	1.1	2.2	0.6	1.3	3.4	13.6	13.4	22.0	25.9	16.3	10.2
Brazil	223	1,448.3	1,026.8	693.7	934.1	845.5	742.5	852.3	660.8	556.4	540.6	483.7	578.8
Chile	228	497.4	447.6	342.7	231.7	240.0	351.6	966.5	1,233.7	980.4	860.4	673.1	448.8
Colombia	233	42.5	29.3	45.3	29.2	23.1	43.3	48.1	47.0	51.5	62.1	61.1	55.3
Costa Rica	238	14.5	6.9	3.0	2.9	3.6	32.2	134.2	151.4	130.4	122.1	83.5	85.3
Dominica	321	0.3	0.0	0.1	0.1	0.4	0.3	0.5	0.6	0.3	0.3	0.3	0.2
Dominican Republic	243	14.0	10.2	7.7	8.3	7.4	14.2	21.0	25.5	27.5	27.9	26.8	53.6
Ecuador	248	11.4	16.5	13.6	16.9	10.2	16.2	18.1	20.0	19.6	19.5	26.1	28.4
El Salvador	253	31.3	22.3	19.4	21.9	14.3	14.3	6.1	8.8	8.8	18.5	17.9	7.7
Falkland Islands	323	0.2	0.1	0.1	2.1	9.3	0.1	0.0	....	0.0	0.0	0.1	0.0
Grenada	328	0.2	0.3	....	0.0	0.3	0.0	0.0	0.0	0.1	0.1	0.1	0.1
Guatemala	258	24.4	16.4	10.3	6.3	11.6	7.6	12.5	13.0	11.5	13.4	21.8	13.4
Guyana	336	5.1	1.7	1.4	8.7	1.6	1.5	0.7	0.7	0.4	0.4	0.3	0.3
Haiti	263	1.4	0.1	0.5	0.1	0.6	2.1	1.6	2.0	1.7	1.2	1.7	1.8
Honduras	268	2.6	2.8	1.6	1.7	0.7	6.8	21.0	20.9	31.1	55.8	39.1	18.8
Jamaica	343	15.7	10.5	9.1	11.4	28.1	8.4	1.5	1.5	1.0	1.4	1.4	1.4
Mexico	273	1,179.4	912.1	381.7	446.2	393.2	697.9	1,836.9	2,046.1	2,024.0	1,776.6	1,850.1	1,890.0
Netherlands Antilles	353	1.2	1.0	1.0	1.1	0.8	1.3	1.1	1.8	0.7	0.5	0.6	0.1
Nicaragua	278	0.4	2.4	1.1	1.4	2.4	5.8	10.0	13.8	12.9	13.7	12.8	16.5
Panama	283	22.2	36.4	51.5	38.3	40.9	25.7	3.5	5.5	6.5	8.0	6.8	5.2
Paraguay	288	3.2	2.5	2.0	0.6	0.7	1.3	0.4	0.2	0.7	2.0	1.7	3.0
Peru	293	115.4	145.9	75.8	51.6	60.4	95.3	107.4	103.7	134.6	125.8	105.5	259.8
St. Kitts and Nevis	361	0.1	0.2	0.3	0.4	0.5	0.4	0.1	0.1	0.2	0.1	0.1	0.1
St. Lucia	362	1.5	0.8	0.7	0.6	0.8	0.7	0.0	0.1	0.0	0.1	0.0	0.0
St. Vincent & Grens.	364	1.7	0.9	0.3	0.1	0.2	0.1	0.0	0.1	....	....	....	0.0
Suriname	366	3.1	3.2	4.2	2.0	2.4	0.7	0.3	0.4	0.3	0.2	0.3	0.4
Trinidad and Tobago	369	24.9	18.1	15.4	18.5	15.7	11.3	5.6	5.7	9.2	7.6	7.4	6.7
Uruguay	298	10.8	7.9	15.4	8.7	6.7	10.6	15.2	17.5	20.2	24.0	15.6	16.2
Venezuela, Rep. Bol.	299	10.3	15.2	6.1	7.0	23.8	2.2	0.5	1.0	1.5	0.9	1.8	0.7
Western Hem. n.s.	399	38.7	17.9	1.2	1.6	1.9	2.4	5.8	5.2	6.1	9.2	16.2	5.1
Other Countries n.i.e	910	**13.6**	**8.4**	**2.6**	**4.0**	**0.5**	**3.1**	**13.1**	**14.7**	**7.4**	**8.0**	**9.4**	**8.6**
Cuba	928	7.0	8.4	2.6	4.0	0.5	3.1	6.1	6.6	7.4	8.0	9.4	8.6
Korea, Dem. People's Rep.	954	6.6	....	....	....	....	....	7.0	8.1	0.0	....	....	....
Special Categories	899	**2,332.2**	**2,064.3**	**1,656.7**	**1,610.7**	**1,143.1**	**1,035.7**	**698.1**	**987.4**	**1,053.2**	**1,059.2**	**789.0**	**618.5**
Countries & Areas n.s.	898	**5.4**	**5.0**	**3,490.7**	**5,381.8**	**4,609.0**	**3,853.6**	**6,827.3**	**5,445.7**	**4,442.3**	**6,144.1**	**5,231.9**	**1,756.2**
Memorandum Items													
Africa	605	3,162.3	3,047.3	2,957.3	2,384.6	1,976.7	1,695.9	5,207.1	5,924.9	4,842.5	4,589.4	2,293.1	2,094.8
Middle East	405	7,212.5	7,326.6	8,625.1	8,198.7	7,284.2	5,149.4	6,127.5	6,180.3	6,027.5	3,677.2	2,819.3	2,330.5
European Union	998	20,285.8	17,707.2	12,353.9	10,850.0	9,653.6	19,674.9	41,778.9	44,176.9	40,997.7	40,191.1	34,500.1	36,671.6
Export earnings: fuel	080	7,658.5	7,696.1	9,010.1	8,450.8	7,427.1	5,659.1	12,643.9	13,074.1	12,017.7	9,270.6	4,028.7	3,754.4
Export earnings: nonfuel	092	263,153.0	249,805.8	244,543.0	232,193.1	181,041.1	185,617.5	221,880.1	237,633.9	220,765.6	218,491.3	196,864.8	186,492.3

Austria (122)

In Millions of U.S. Dollars

		Exports (FOB) 2011	2012	2013	2014	2015	2016	Imports (CIF) 2011	2012	2013	2014	2015	2016
IFS World		....	....	....	....	....	....	....	....	....	....	....	....
World	001	177,473.7	166,698.1	175,147.0	178,223.1	152,728.1	152,089.8	191,429.1	178,596.1	183,273.1	182,075.6	156,045.8	157,696.8
Advanced Economies	110	135,945.5	126,801.4	133,277.9	135,698.7	117,701.2	118,309.6	156,513.7	143,524.7	147,029.3	146,334.3	126,540.9	128,460.6
Euro Area	163	95,315.7	88,806.2	93,465.9	93,690.3	79,895.4	80,527.3	123,667.1	113,349.0	116,539.2	115,372.3	98,920.0	100,982.3
Belgium	124	2,477.0	2,301.0	2,373.0	2,404.6	1,963.4	1,894.2	3,706.6	3,659.2	3,859.3	4,085.4	3,504.1	3,441.8
Cyprus	423	175.3	134.2	287.4	111.4	74.2	59.1	133.7	44.6	97.9	51.4	50.9	34.4
Estonia	939	145.5	145.2	170.3	160.5	137.5	174.0	66.2	46.3	41.4	44.9	53.0	50.0
Finland	172	671.6	644.0	661.8	643.8	559.6	611.6	608.6	640.5	558.9	543.1	532.4	498.3
France	132	7,249.0	7,506.0	8,100.4	8,512.9	6,653.0	6,049.6	5,399.5	4,755.3	4,996.2	4,840.6	3,994.3	3,921.7
Germany	134	55,480.0	50,621.6	51,882.9	52,069.1	44,929.6	45,503.9	80,888.4	74,116.4	75,540.0	75,204.7	64,827.7	66,991.9
Greece	174	627.7	517.1	520.6	554.7	423.7	475.3	219.8	190.8	202.0	192.3	167.4	169.2
Ireland	178	309.8	522.5	1,163.1	403.1	298.7	291.3	717.0	645.6	1,629.1	506.6	536.6	597.8
Italy	136	13,478.7	11,188.4	11,181.8	11,179.4	9,329.2	9,441.4	12,727.3	11,536.6	11,547.0	11,608.5	9,742.0	9,390.2
Latvia	941	169.0	185.2	207.8	203.0	151.4	148.6	36.0	28.1	37.4	40.0	52.1	37.4
Lithuania	946	225.2	233.8	246.7	233.3	197.2	214.9	78.7	74.5	89.1	96.0	85.3	105.5
Luxembourg	137	220.4	241.2	261.9	224.5	182.6	173.9	569.1	477.7	405.7	462.3	404.6	402.8
Malta	181	44.6	44.6	62.6	57.1	44.4	43.7	17.2	15.9	28.5	21.0	19.7	17.9
Netherlands	138	2,825.7	2,547.6	2,827.4	2,993.1	2,492.1	2,637.0	7,641.5	6,956.3	7,153.1	7,339.6	6,221.1	6,394.3
Portugal	182	445.0	407.7	367.5	402.1	356.9	359.8	372.0	318.2	355.6	366.7	272.2	325.8
Slovak Republic	936	4,691.8	6,077.8	7,130.1	7,218.2	6,463.2	6,729.1	5,730.4	5,377.1	5,209.8	4,876.4	4,028.5	4,016.9
Slovenia	961	3,225.5	3,000.4	3,360.7	3,405.8	3,026.6	3,004.0	2,445.0	2,381.6	2,536.3	2,793.3	2,343.6	2,371.5
Spain	184	2,854.0	2,488.1	2,660.1	2,913.7	2,611.9	2,715.9	2,310.1	2,084.3	2,252.0	2,299.3	2,084.5	2,214.9
Australia	193	961.8	985.9	1,012.4	1,077.5	865.6	1,181.1	91.3	62.9	67.8	94.2	67.6	100.0
Canada	156	1,051.0	1,076.3	1,162.0	1,306.2	1,117.2	1,085.5	412.2	386.6	492.0	406.2	402.3	249.2
China,P.R.: Hong Kong	532	657.2	713.5	681.1	675.4	610.3	534.7	101.6	73.8	78.2	83.3	81.1	112.4
China,P.R.: Macao	546	3.8	4.5	7.9	13.2	20.6	2.3	1.2	1.2	1.1	1.5	0.5	0.3
Czech Republic	935	6,831.7	5,820.7	5,881.9	5,832.6	5,280.1	5,335.2	7,082.1	6,756.8	7,424.7	7,716.2	6,570.8	6,908.3
Denmark	128	901.1	913.5	913.4	945.3	793.5	817.6	786.9	710.3	769.4	808.9	698.9	679.8
Iceland	176	39.7	20.2	29.6	20.4	19.6	26.6	10.6	10.4	5.5	2.9	2.6	2.9
Israel	436	415.5	300.2	357.3	374.7	383.8	373.2	221.0	147.1	114.0	149.4	122.8	100.5
Japan	158	1,636.0	1,541.1	1,634.4	1,655.7	1,438.5	1,469.8	1,462.6	1,163.2	988.6	1,069.4	953.2	1,101.3
Korea, Republic of	542	1,307.4	1,190.6	1,092.4	1,113.3	937.8	964.5	852.2	767.0	805.8	784.4	682.1	687.0
New Zealand	196	112.4	105.9	153.1	199.3	122.5	128.0	67.9	32.0	33.1	21.5	23.2	23.5
Norway	142	578.9	705.3	734.2	621.4	472.4	465.6	673.9	719.9	252.7	153.8	118.8	86.0
San Marino	135	12.1	10.6	11.9	10.1	11.2	10.3	25.4	14.6	14.0	15.4	15.6	16.9
Singapore	576	487.7	471.7	513.3	552.6	413.2	417.0	111.2	79.2	65.3	65.3	50.9	108.3
Sweden	144	2,038.2	1,739.1	1,949.1	1,903.2	1,652.6	1,657.4	1,993.8	1,845.3	1,820.8	1,788.2	1,404.0	1,388.6
Switzerland	146	9,326.9	8,838.8	9,327.4	9,824.6	8,647.5	8,651.7	12,163.1	10,682.0	10,601.3	10,224.3	9,264.4	8,834.1
Taiwan Prov.of China	528	480.1	388.3	456.4	493.6	508.9	456.1	514.3	466.2	491.9	521.6	477.1	516.8
United Kingdom	112	5,232.2	4,638.8	5,010.0	5,456.5	4,817.2	4,695.5	2,883.7	2,749.4	2,704.4	3,138.3	2,711.2	2,933.4
United States	111	8,554.5	8,529.6	8,883.2	9,932.4	9,692.8	9,509.2	3,391.7	3,507.8	3,759.4	3,917.0	3,973.4	3,629.0
Vatican	187	1.7	0.6	0.6	0.5	0.4	0.9	0.1	0.0	0.1	0.1	0.1	0.1
Emerg. & Dev. Economies	200	41,353.8	39,735.3	41,720.9	42,369.8	34,918.0	33,693.6	34,911.9	35,066.0	36,240.1	35,737.2	29,502.7	29,233.7
Emerg. & Dev. Asia	505	6,665.6	6,047.6	6,386.7	6,593.7	5,861.2	6,224.3	7,645.3	8,396.4	10,077.8	10,681.3	9,739.6	9,912.9
Bangladesh	513	38.5	84.6	47.7	55.7	57.9	88.6	49.6	55.2	84.2	134.3	140.4	228.1
Bhutan	514	3.9	8.2	10.8	0.8	0.6	0.4	0.0	0.0	0.0	0.4	0.0	0.0
Brunei Darussalam	516	1.0	1.8	0.5	1.2	3.0	1.2	0.1	0.0	0.0	0.0	0.0	0.0
Cambodia	522	1.6	2.3	4.0	4.0	2.4	9.1	5.4	12.1	20.1	32.2	47.9	76.5
China,P.R.: Mainland	924	3,841.6	3,535.0	3,682.9	3,958.1	3,407.1	3,667.9	5,436.5	5,539.7	5,960.7	6,488.8	5,846.7	5,282.5
Fiji	819	0.2	0.1	0.2	2.3	2.8	1.1	0.1	0.1	0.1	0.1	0.1	0.1
F.T. French Polynesia	887	1.1	0.8	0.9	0.9	1.4	0.7	0.2	0.1	0.2	0.2	0.1	0.1
F.T. New Caledonia	839	8.3	6.3	4.0	6.4	5.9	3.3	0.1	0.0	0.0	0.0	0.0	0.0
Guam	829	6.6	0.0	....	0.0	0.1	0.1	0.0	0.0	....	0.0	0.1	....
India	534	1,155.2	802.4	871.2	821.8	818.5	891.2	534.5	466.5	474.8	524.8	499.2	531.7
Indonesia	536	349.3	347.0	369.4	282.3	232.1	253.5	114.1	99.9	90.9	113.6	83.9	79.2
Kiribati	826	0.0	0.0	0.4	0.0	0.0	0.0	0.0	0.0	....	0.0	....	....
Lao People's Dem.Rep	544	4.9	7.1	7.2	7.9	17.5	9.7	0.1	0.6	0.6	0.4	0.3	0.3
Malaysia	548	541.2	528.1	578.6	628.8	544.8	536.4	285.1	203.9	243.6	245.4	191.3	178.0
Maldives	556	5.5	5.0	8.1	7.5	5.9	8.1	0.0	0.0	0.0	0.0	0.0	0.0
Marshall Islands	867	0.6	0.4	0.2	0.1	0.4	0.3	0.0	....	....	....	0.3	0.0

2017, International Monetary Fund: *Direction of Trade Statistics Yearbook*

Austria (122)

In Millions of U.S. Dollars

		Exports (FOB)						Imports (CIF)					
		2011	2012	2013	2014	2015	2016	2011	2012	2013	2014	2015	2016
Micronesia	868	0.0	0.0	0.3	....	0.0	....	....	....	....	....	....	....
Mongolia	948	20.4	16.4	19.1	13.2	39.1	13.1	3.9	6.6	7.2	2.3	2.9	3.0
Myanmar	518	12.7	11.4	21.4	14.1	14.6	16.3	11.7	8.8	8.8	11.9	18.6	37.9
Nauru	836	0.4	....	0.0	....	0.0	0.0	0.0	0.0	....	....	0.1	....
Nepal	558	2.2	3.0	3.3	8.2	2.5	5.6	3.6	2.6	2.8	2.8	2.1	2.9
Papua New Guinea	853	1.4	5.6	9.4	1.3	1.0	1.9	0.0	0.3	1.4	1.9	0.7	0.8
Philippines	566	125.4	124.0	132.2	155.5	138.9	132.5	151.4	94.7	96.0	97.1	95.3	99.4
Samoa	862	0.0	0.2	0.1	0.1	0.1	0.5	0.0	....	....	0.0	0.0	0.0
Solomon Islands	813	0.2	0.8	0.0	0.0	0.1	0.1	0.0	....	....	0.0	....	....
Sri Lanka	524	39.1	29.7	37.7	51.7	54.8	54.4	29.2	33.7	31.8	38.0	34.1	40.2
Thailand	578	352.9	379.1	377.7	372.8	311.4	310.5	490.1	381.2	428.1	431.4	396.1	447.6
Timor-Leste	537	0.1	0.0	....	0.0	0.0	....	0.0	....	....	....	....	....
Vanuatu	846	0.0	....	0.0	....	0.1	....	....	....	....	0.0	0.0	0.0
Vietnam	582	150.3	147.2	199.0	199.0	197.6	217.4	529.4	1,490.5	2,626.6	2,555.6	2,379.1	2,904.4
Asia n.s.	598	1.0	1.0	0.2	0.1	0.5	0.3	0.1	0.1	....	0.0	0.0	0.1
Europe	170	**26,740.5**	**25,383.6**	**26,809.6**	**27,352.5**	**21,689.5**	**20,543.9**	**22,415.9**	**21,823.9**	**21,397.8**	**20,450.2**	**16,405.7**	**16,709.9**
Emerg. & Dev. Europe	903	**19,713.9**	**17,938.8**	**18,674.7**	**19,816.8**	**17,427.0**	**17,292.3**	**15,119.6**	**14,151.1**	**14,108.7**	**14,096.7**	**12,116.0**	**13,018.5**
Albania	914	101.6	72.4	66.9	66.9	65.4	57.9	37.2	30.6	21.8	17.3	13.6	8.7
Bosnia and Herzegovina	963	462.3	452.3	475.7	467.7	372.6	394.5	568.2	560.9	584.5	639.3	532.1	562.7
Bulgaria	918	903.3	844.3	857.6	891.4	746.7	754.1	506.1	455.8	495.1	481.4	435.3	485.0
Croatia	960	1,597.3	1,443.7	1,484.6	1,566.7	1,529.6	1,425.7	952.4	1,036.5	876.4	620.9	591.5	732.4
Faroe Islands	816	0.6	0.5	0.7	1.1	1.0	1.7	0.0	0.0	0.0	0.0	0.0	0.0
Gibraltar	823	1.4	0.7	1.0	3.4	2.9	1.6	0.6	0.0	0.0	0.0	0.0	0.1
Hungary	944	5,763.1	5,090.6	5,365.2	6,019.2	4,990.6	5,065.6	5,749.2	5,411.9	5,298.3	5,206.8	3,936.6	4,129.3
Kosovo	967	53.0	40.5	40.1	38.4	42.6	51.6	9.5	8.1	9.2	10.9	14.5	8.1
Macedonia, FYR	962	150.5	143.0	163.1	160.5	135.7	125.7	51.4	57.0	60.0	66.1	66.5	70.4
Montenegro	943	72.2	51.8	59.3	51.8	35.7	46.4	10.3	7.1	5.5	2.7	3.4	11.4
Poland	964	5,230.3	4,791.1	5,147.7	5,437.1	4,863.6	4,637.2	3,061.7	2,993.9	3,065.3	3,163.9	3,099.8	3,412.1
Romania	968	2,769.6	2,655.7	2,619.8	2,768.7	2,402.1	2,500.3	1,430.1	1,332.3	1,419.8	1,557.5	1,382.9	1,426.3
Serbia, Republic of	942	789.1	715.1	680.9	675.2	616.6	694.8	533.8	397.2	492.6	507.2	461.7	468.4
Turkey	186	1,819.5	1,637.2	1,712.2	1,668.7	1,622.0	1,535.3	2,209.1	1,859.8	1,780.3	1,822.6	1,578.1	1,703.4
CIS	901	**7,021.9**	**7,439.6**	**8,128.1**	**7,527.5**	**4,256.7**	**3,245.7**	**7,296.1**	**7,672.7**	**7,289.0**	**6,353.5**	**4,289.7**	**3,691.2**
Armenia	911	56.7	67.2	147.5	93.7	23.4	16.4	1.7	1.9	1.6	1.8	2.2	1.9
Azerbaijan, Rep. of	912	138.4	154.1	160.3	158.4	101.6	65.1	83.6	201.4	606.2	494.8	372.8	176.6
Belarus	913	314.3	335.7	389.7	350.4	196.0	128.3	68.4	51.8	57.5	47.2	30.5	31.1
Georgia	915	78.3	90.8	83.9	73.6	79.3	74.9	1.1	2.2	11.7	5.0	2.6	1.4
Kazakhstan	916	304.6	408.9	446.3	421.4	306.3	155.0	1,926.4	1,836.7	1,765.1	2,174.9	954.8	721.5
Kyrgyz Republic	917	13.9	16.1	19.1	16.9	13.3	11.2	0.2	0.2	1.2	0.9	0.2	0.3
Moldova	921	53.5	92.5	96.7	109.8	88.3	83.4	20.1	21.3	23.9	32.4	31.4	34.5
Russian Federation	922	4,950.0	5,210.9	5,716.5	5,298.6	2,889.6	2,159.6	4,284.2	4,815.6	4,082.0	2,883.1	2,406.5	2,228.3
Tajikistan	923	9.5	11.3	12.7	13.8	8.6	5.7	0.1	0.0	0.1	0.0	0.0	0.0
Turkmenistan	925	71.8	57.0	33.8	167.8	57.9	39.9	0.2	0.2	2.0	2.2	4.0	1.6
Ukraine	926	958.2	883.1	929.4	701.1	383.1	461.4	905.8	739.5	735.6	707.9	482.7	493.0
Uzbekistan	927	72.8	112.1	92.2	122.0	109.4	44.8	4.2	1.9	2.1	3.2	1.9	1.1
Europe n.s.	884	4.7	5.2	6.8	8.2	5.8	6.0	0.2	0.1	0.1	0.1	0.0	0.3
Mid East, N Africa, Pak	440	**3,827.9**	**3,791.1**	**4,262.0**	**4,205.4**	**3,803.9**	**3,322.4**	**2,584.2**	**2,805.9**	**2,574.0**	**3,011.6**	**1,983.7**	**1,605.5**
Afghanistan, I.R. of	512	12.9	16.8	14.6	27.2	10.1	8.1	0.1	0.1	0.1	0.1	0.2	0.3
Algeria	612	210.1	291.8	306.3	306.6	271.6	226.2	199.2	266.3	255.0	374.9	358.1	167.9
Bahrain, Kingdom of	419	20.3	34.4	26.7	31.3	30.5	32.5	5.7	16.0	13.1	22.2	30.8	33.4
Djibouti	611	0.8	1.1	2.1	1.1	1.3	0.9	0.1	0.0	0.0	0.0	....	0.0
Egypt	469	282.3	254.7	282.7	282.8	269.9	313.0	38.9	63.1	83.3	91.0	34.2	26.0
Iran, I.R. of	429	403.5	283.6	244.5	294.7	319.9	310.9	19.3	145.2	11.3	19.2	14.1	104.4
Iraq	433	270.1	245.4	203.6	106.0	162.5	107.4	637.8	58.9	292.3	103.8	234.0	231.9
Jordan	439	78.6	74.4	81.0	93.9	74.4	65.4	7.4	7.7	3.4	2.5	4.9	3.4
Kuwait	443	106.0	145.1	386.9	278.0	122.6	133.5	2.0	309.7	302.0	331.2	23.0	0.8
Lebanon	446	80.5	62.6	82.4	83.0	71.4	71.2	1.9	2.1	3.1	5.9	3.7	4.2
Libya	672	37.6	112.2	164.8	120.5	72.8	46.4	405.4	816.1	618.0	797.9	396.7	352.3
Mauritania	682	17.6	17.9	12.3	19.9	35.2	17.0	0.0	0.0	0.0	0.0	0.0	0.0
Morocco	686	137.2	116.1	155.9	141.0	128.3	128.0	68.6	60.9	82.9	88.0	83.5	81.5
Oman	449	81.6	99.2	109.0	132.6	123.1	99.4	8.2	3.9	7.9	2.5	2.0	1.4

Austria (122)
In Millions of U.S. Dollars

		Exports (FOB)						Imports (CIF)					
		2011	2012	2013	2014	2015	2016	2011	2012	2013	2014	2015	2016
Pakistan	564	124.9	110.9	92.5	100.0	128.2	130.8	61.4	48.7	56.6	109.6	73.8	76.6
Qatar	453	131.6	162.8	134.7	132.9	173.8	152.4	5.3	4.1	5.0	32.5	35.6	11.5
Saudi Arabia	456	757.9	758.5	924.4	968.3	785.7	648.1	678.6	677.6	471.6	578.9	277.9	182.2
Somalia	726	0.3	0.4	0.6	0.6	0.9	0.7	0.0	0.0	0.0	0.0	0.0	0.0
Sudan	732	31.1	30.6	26.9	29.7	22.6	14.8	0.1	0.2	0.0	0.0	0.0	0.0
Syrian Arab Republic	463	84.0	26.6	8.4	6.9	8.0	4.7	159.8	5.6	0.7	2.3	0.6	0.9
Tunisia	744	122.8	111.4	111.4	105.8	89.7	89.8	189.0	167.8	163.5	186.8	257.7	137.6
United Arab Emirates	466	820.5	817.0	864.6	919.6	885.7	710.6	94.5	151.5	204.0	230.1	152.3	188.9
West Bank and Gaza	487	1.9	1.1	2.2	2.0	4.7	1.9	0.1	0.2	0.2	0.3	0.6	0.5
Yemen, Republic of	474	13.7	16.5	23.4	20.8	10.9	8.8	0.7	0.1	0.0	32.0	0.2	0.0
Sub-Saharan Africa	603	**1,209.8**	**1,174.5**	**1,175.2**	**1,240.0**	**1,034.2**	**958.1**	**1,509.2**	**1,482.9**	**1,637.4**	**808.0**	**431.7**	**269.4**
Angola	614	22.6	33.4	26.5	19.4	41.1	56.5	0.1	0.0	0.0	0.0	20.0	27.6
Benin	638	10.0	6.6	10.8	17.7	19.0	14.8	0.0	0.0	0.0	0.1	0.0	0.0
Botswana	616	3.4	1.1	2.3	1.8	3.0	1.4	0.0	0.0	0.0	0.1	0.0	0.0
Burkina Faso	748	2.6	5.3	2.2	1.5	3.1	2.4	0.0	0.0	0.0	0.0	0.0	0.0
Burundi	618	0.2	0.2	0.1	0.1	0.2	0.3	2.8	9.2	1.1	0.0	0.0	0.4
Cabo Verde	624	0.6	2.6	0.8	1.4	0.9	1.3	0.0	0.0	0.0	0.0	0.0	0.0
Cameroon	622	10.9	5.0	3.7	11.8	5.8	5.9	1.3	1.7	0.2	0.3	0.1	0.2
Central African Rep.	626	0.1	0.0	0.1	0.1	0.1	0.6	0.0	0.0	0.0	0.0	0.0	0.0
Chad	628	4.9	4.0	3.7	11.6	5.0	5.4	0.0	0.0	0.1	0.2	0.0	0.0
Comoros	632	0.0	0.1	....	0.0	0.1	0.1	0.0	0.0	....	0.0	0.0	....
Congo, Dem. Rep. of	636	7.2	7.7	8.0	6.8	5.7	4.3	0.4	0.0	0.0	0.1	0.1	0.8
Congo, Republic of	634	2.1	6.7	7.7	9.8	8.0	3.1	0.0	0.1	0.1	0.0	88.4	43.2
Côte d'Ivoire	662	9.4	17.9	13.6	22.0	21.4	24.3	0.6	1.0	0.4	0.4	0.3	0.8
Equatorial Guinea	642	1.4	1.3	2.4	1.8	0.2	0.2	....	....	0.3	0.0	0.0	....
Eritrea	643	0.0	0.2	0.2	0.1	1.0	0.1	0.0	0.0	0.0	....	0.0	0.0
Ethiopia	644	16.5	32.8	12.2	10.7	14.6	22.2	0.8	0.5	0.4	0.4	0.6	1.5
Gabon	646	31.0	20.4	18.7	21.1	17.9	4.9	0.0	0.0	0.0	0.0	0.1	0.1
Gambia, The	648	0.7	0.8	0.5	0.4	1.1	0.5	0.0	0.0	0.0	0.0	0.0	0.0
Ghana	652	39.2	24.1	38.0	35.4	25.2	21.0	0.8	0.3	0.4	0.4	0.3	0.6
Guinea	656	0.5	0.5	1.0	0.5	0.9	3.2	0.0	0.0	0.0	0.0	0.0	0.0
Guinea-Bissau	654	0.0	0.0	0.1	0.1	0.0	0.1	....	....	....	....	....	....
Kenya	664	26.9	25.2	21.0	28.6	25.2	18.7	1.3	0.9	0.8	0.9	0.9	1.2
Lesotho	666	0.0	0.1	0.0	0.1	0.0	0.0	0.0	0.0	0.0	0.0	0.0	0.0
Liberia	668	5.7	2.3	2.0	1.9	4.1	3.7	0.0	0.0	0.2	0.0	0.0	0.6
Madagascar	674	1.2	1.5	1.3	1.4	1.1	1.6	1.3	1.0	0.5	0.5	0.6	0.4
Malawi	676	0.2	1.3	1.8	1.1	1.1	2.3	1.3	0.0	0.0	0.0	0.0	0.0
Mali	678	42.4	48.4	44.1	67.5	70.4	88.6	0.0	0.8	3.0	0.0	0.0	0.0
Mauritius	684	14.9	11.3	9.2	12.2	9.1	7.6	14.8	12.8	11.6	11.2	6.4	3.0
Mozambique	688	3.0	5.9	25.9	19.5	3.6	6.0	0.3	5.3	0.1	3.7	7.3	0.3
Namibia	728	17.5	7.3	8.3	13.5	15.5	7.6	0.7	0.9	0.7	0.7	0.6	0.7
Niger	692	0.7	0.6	0.4	1.0	0.5	0.6	0.0	0.1	0.0	0.0	0.0	0.1
Nigeria	694	149.4	149.3	172.9	190.9	115.1	75.5	1,068.8	1,167.3	1,269.7	434.6	53.0	0.9
Rwanda	714	0.5	1.9	0.5	0.2	1.2	1.2	1.4	2.5	0.4	3.0	6.4	6.5
São Tomé & Príncipe	716	0.0	0.0	0.0	0.2	0.1	0.3	....	0.0	0.0	0.0	0.0	....
Senegal	722	21.6	18.2	29.5	29.9	22.3	41.6	0.1	0.0	0.2	0.2	0.4	0.2
Seychelles	718	1.7	0.8	2.4	1.6	2.2	1.0	0.3	0.1	0.0	0.0	0.0	0.0
Sierra Leone	724	0.6	1.0	0.7	4.3	1.8	1.6	0.0	0.0	0.0	0.1	0.0	0.0
South Africa	199	716.2	696.2	654.0	636.7	542.7	492.1	405.9	277.1	345.9	350.2	245.4	178.6
South Sudan, Rep. of	733	....	....	0.6	1.7	1.8	1.9	....	....	....	....	0.0	....
Swaziland	734	0.0	0.0	0.0	0.4	0.1	0.2	0.0	0.0	0.0	0.2	0.0	0.1
Tanzania	738	24.5	15.8	17.8	24.6	16.9	10.4	5.0	0.2	0.4	0.2	0.4	0.9
Togo	742	4.9	3.1	2.7	2.4	1.9	1.6	0.0	0.0	0.1	0.0	0.0	0.0
Uganda	746	5.7	8.1	9.7	10.9	9.0	7.5	0.1	0.6	0.3	0.1	0.1	0.1
Zambia	754	7.6	4.2	15.5	10.4	9.4	11.3	0.1	0.1	0.1	0.1	0.0	0.1
Zimbabwe	698	1.2	1.1	2.0	4.7	1.5	2.5	0.8	0.4	0.2	0.3	0.2	0.4
Africa n.s.	799	....	0.0	0.1	0.1	3.1	0.0	0.0	0.1	....	0.0	....	0.0
Western Hemisphere	205	**2,909.9**	**3,338.4**	**3,087.4**	**2,978.2**	**2,529.2**	**2,644.8**	**757.3**	**556.8**	**553.1**	**786.2**	**942.0**	**735.9**
Anguilla	312	0.1	0.0	0.0	0.0	0.0	0.1	0.0	0.0	....	0.0	0.0	0.0
Antigua and Barbuda	311	0.2	0.2	0.1	0.7	0.3	0.3	0.0	0.0	....	0.0	0.0	0.0

Austria (122)
In Millions of U.S. Dollars

		Exports (FOB)						Imports (CIF)					
		2011	2012	2013	2014	2015	2016	2011	2012	2013	2014	2015	2016
Argentina	213	182.6	249.9	166.5	168.2	137.5	143.3	110.4	116.3	99.7	128.8	126.8	76.9
Aruba	314	0.8	0.9	0.8	0.6	0.7	0.6	0.1	....	0.0	0.0	0.0	0.1
Bahamas, The	313	12.8	12.0	13.8	15.3	8.5	10.1	0.0	0.0	4.4	0.1	0.1	0.0
Barbados	316	1.3	1.5	0.8	0.4	0.7	8.8	0.0	0.0	0.0	0.0	0.2	0.0
Belize	339	4.7	6.4	4.9	4.3	3.9	4.0	0.1	0.1	0.0	0.1	0.2	0.0
Bermuda	319	1.5	0.3	0.2	0.4	0.5	0.7	0.0	0.0	0.0	0.0	0.0	0.0
Bolivia	218	10.2	13.9	35.9	68.5	23.2	41.5	7.1	7.1	6.4	11.2	15.5	7.0
Brazil	223	1,361.5	1,373.3	1,134.9	941.8	719.5	641.7	352.0	175.0	159.4	227.9	180.3	150.7
Chile	228	205.6	197.6	268.5	186.2	177.8	206.7	105.0	86.6	99.8	128.3	78.3	76.2
Colombia	233	151.9	165.6	170.5	160.7	133.8	110.7	12.0	3.5	5.6	4.2	3.5	9.9
Costa Rica	238	18.3	24.8	41.9	56.4	22.3	25.2	2.4	1.3	0.9	0.9	0.7	0.6
Curaçao	354	....	....	1.1	2.4	4.8	1.5	....	....	0.0	0.7	0.0	0.0
Dominica	321	0.1	0.0	0.0	0.1	0.3	0.4	0.0	0.0	0.0	0.0	0.0	0.0
Dominican Republic	243	13.7	9.4	10.9	12.4	11.4	13.0	0.5	0.4	0.7	0.3	0.6	0.7
Ecuador	248	37.3	45.9	48.7	45.6	45.4	36.1	3.4	3.1	2.0	1.5	1.1	0.8
El Salvador	253	6.2	8.1	7.2	5.9	7.2	6.9	1.0	0.4	0.4	0.5	0.8	0.3
Falkland Islands	323	0.0	0.0	0.0	0.0	0.0	0.3	0.0	0.0	0.0	....	....	....
Greenland	326	2.1	0.2	0.2	0.1	0.2	0.4	0.0	0.0	0.0	....	0.0	....
Grenada	328	0.1	0.0	0.1	0.1	0.0	0.1	0.0	0.0	0.0	0.0	....	0.0
Guatemala	258	25.3	20.8	24.7	24.4	23.2	21.6	1.7	1.9	1.0	1.1	1.4	1.0
Guyana	336	0.3	0.6	0.4	0.9	0.8	0.7	0.2	0.0	0.3	0.6	0.6	0.0
Haiti	263	2.5	1.6	1.2	1.7	1.2	1.5	0.1	0.0	0.0	0.0	0.0	0.1
Honduras	268	10.8	15.9	32.5	23.1	7.3	15.1	3.3	3.0	2.6	2.9	3.1	3.1
Jamaica	343	2.9	4.8	4.3	4.7	3.4	2.3	0.1	0.1	0.0	0.0	0.1	0.1
Mexico	273	587.2	678.7	754.6	808.3	858.4	1,067.4	108.0	112.1	121.2	207.0	445.9	285.3
Montserrat	351	0.0	0.0	0.1	....	0.0	0.1	0.0	0.0	....	0.0	0.0	0.0
Netherlands Antilles	353	5.3	3.0	....	....	....	....	0.0	0.0	....	....	....	....
Nicaragua	278	1.9	6.6	1.7	2.5	2.6	6.7	0.8	0.3	0.4	0.4	0.3	1.0
Panama	283	33.4	40.1	23.1	27.5	22.4	53.1	1.8	1.2	2.0	0.0	0.8	1.0
Paraguay	288	12.2	13.4	31.0	26.3	10.4	12.7	1.1	0.5	1.4	1.7	1.6	1.9
Peru	293	73.9	132.7	128.4	123.3	99.4	98.7	10.1	7.9	9.0	15.4	17.3	31.5
Sint Maarten	352	....	....	1.1	1.3	5.4	1.0	....	....	0.0	0.0	0.0	0.0
St. Kitts and Nevis	361	0.2	0.1	0.4	0.1	0.1	0.2	0.0	0.0	....	....	0.0	....
St. Lucia	362	2.0	0.7	0.2	0.7	1.1	0.2	0.0	0.0	0.0	0.0	0.0	0.0
St. Vincent & Grens.	364	0.1	0.0	0.1	0.9	0.5	1.2	11.7	....	....	....	0.0	0.0
Suriname	366	3.2	1.5	6.9	1.7	3.7	1.2	0.0	0.0	0.0	0.0	0.0	0.0
Trinidad and Tobago	369	15.5	16.0	19.6	17.9	10.1	5.5	0.1	0.1	0.0	0.5	0.1	0.6
Uruguay	298	21.0	68.0	26.1	28.7	25.5	17.5	19.3	33.2	35.1	51.3	62.5	77.5
Venezuela, Rep. Bol.	299	98.7	189.1	122.1	201.3	153.5	52.4	5.0	2.3	0.7	0.5	0.4	0.6
Western Hem. n.s.	399	2.3	34.6	1.8	12.9	2.1	33.5	0.0	0.0	0.0	0.1	0.1	9.0
Other Countries n.i.e	910	**12.5**	**9.2**	**17.2**	**9.5**	**11.0**	**11.9**	**3.5**	**5.4**	**3.8**	**4.1**	**2.2**	**2.6**
Cuba	928	11.6	8.4	16.8	8.7	10.9	9.9	3.1	5.3	3.6	4.0	2.1	2.0
Korea, Dem. People's Rep.	954	0.9	0.8	0.5	0.8	0.2	2.1	0.4	0.1	0.2	0.1	0.1	0.6
Special Categories	899	**162.0**	**152.2**	**131.0**	**145.0**	**97.8**	**74.7**	....	....	....	....	....	....
Countries & Areas n.s.	898	....	**0.0**	**0.0**	**0.1**	....	**0.1**	**0.0**	....	....	**0.0**	....	**0.0**
Memorandum Items													
Africa	605	1,729.9	1,744.0	1,790.1	1,842.9	1,582.1	1,433.7	1,966.3	1,978.2	2,138.7	1,457.7	1,130.9	656.4
Middle East	405	3,170.1	3,094.0	3,539.3	3,473.5	3,116.0	2,706.1	2,065.6	2,261.9	2,016.0	2,252.2	1,210.4	1,141.6
European Union	998	126,582.6	116,743.5	122,695.2	124,511.0	106,971.4	107,415.9	148,113.0	136,641.2	140,413.4	139,854.4	119,751.0	123,077.4
Export earnings: fuel	080	8,843.7	9,444.7	10,375.6	10,109.1	6,872.7	5,290.7	9,447.5	10,487.0	9,920.3	8,533.2	5,444.8	4,493.2
Export earnings: nonfuel	092	168,630.0	157,253.4	164,771.4	168,114.0	145,855.4	146,799.2	181,981.6	168,109.1	173,352.9	173,542.4	150,601.0	153,203.7

Azerbaijan, Republic of (912)

In Millions of U.S. Dollars

		Exports (FOB)						Imports (CIF)					
		2011	2012	2013	2014	2015	2016	2011	2012	2013	2014	2015	2016
IFS World		....	....	....	....	....	....	....	....	....	....	....	....
World	001	26,557.7	23,864.0	23,961.6	21,826.0	11,476.6	9,143.1	9,740.1	9,620.7	10,662.8	9,173.3	9,199.7	8,531.7
Advanced Economies	110	19,025.0	14,833.3	13,931.5	14,404.6	8,115.6	5,340.3	4,293.1	4,080.6	4,836.2	4,143.9	4,733.9	3,397.5
Euro Area	163	15,088.2	9,697.6	10,377.7	10,301.0	5,900.9	3,356.6	2,223.8	1,875.2	2,127.5	1,793.9	2,037.8	1,247.6
Austria	122	4.0	140.0	399.5	345.5	407.3	112.7	93.6	124.6	89.3	88.8	118.4	63.1
Belgium	124	2.9	2.7	7.7	1.5	13.0	6.5	56.8	57.5	68.6	96.7	80.1	55.0
Cyprus	423	68.0	23.4	23.2	....	0.0	1.1	2.7	50.3	51.0	8.4	9.8	0.6
Estonia	939	0.7	0.4	0.8	0.2	0.3	0.7	4.1	5.9	7.5	4.4	5.7	2.4
Finland	172	0.1	0.0	0.0	0.0	0.2	0.3	65.9	51.9	63.9	70.9	34.5	12.6
France	132	4,036.7	1,775.6	1,131.1	1,523.5	864.2	493.6	608.9	185.8	425.4	157.4	212.3	150.4
Germany	134	523.4	964.8	1,356.7	1,925.6	1,224.0	610.8	845.3	780.0	823.0	703.6	690.1	399.2
Greece	174	208.1	833.8	810.3	256.0	145.7	0.5	8.9	15.2	4.8	62.8	16.2	15.3
Ireland	178	0.0	27.7	34.6	0.0	52.2	23.4	12.5	18.2	12.0	12.1	11.9	17.6
Italy	136	9,341.0	5,548.0	5,989.7	4,805.6	2,254.3	1,560.0	254.7	264.3	249.6	272.9	588.0	332.2
Latvia	941	14.0	5.7	2.4	0.8	0.8	0.9	12.9	8.5	11.0	9.7	8.3	7.9
Lithuania	946	5.0	2.7	2.2	0.7	0.5	2.4	20.0	21.3	19.6	29.6	26.9	14.9
Luxembourg	137	0.1	0.2	0.2	0.2	0.2	9.6	27.8	14.4	15.0	3.9	8.8	3.4
Malta	181	268.6	51.7	0.0	86.3	141.9	106.3	0.4	0.3	1.1	0.3	0.1	0.1
Netherlands	138	6.8	10.8	18.6	19.1	101.8	38.3	141.2	150.1	181.0	188.8	102.8	75.6
Portugal	182	324.9	243.1	525.8	552.1	368.9	257.1	2.6	2.9	2.4	6.5	26.2	11.0
Slovak Republic	936	0.1	0.0	0.0	0.0	0.1	0.1	19.0	26.3	24.1	19.0	21.6	21.5
Slovenia	961	0.0	0.0	0.0	0.0	9.4	4.2	11.1	6.1	12.2	8.6	14.6	14.1
Spain	184	283.8	66.9	74.9	783.7	316.1	128.2	35.6	91.5	65.9	49.4	61.6	50.7
Australia	193	0.1	31.2	0.2	0.3	0.6	0.2	5.8	7.2	11.6	4.6	9.1	7.8
Canada	156	0.2	8.5	0.1	220.2	223.7	62.2	16.5	32.6	14.5	34.5	16.6	14.0
China,P.R.: Hong Kong	532	....	0.8	2.2	0.2	0.6	0.1	2.2	3.2	0.8	1.9	2.0	1.0
Czech Republic	935	203.9	511.8	215.9	592.0	549.5	214.4	102.7	98.2	89.1	45.9	58.4	101.9
Denmark	128	1.4	2.2	0.3	0.8	0.1	0.1	43.2	20.1	25.5	19.1	16.6	22.2
Iceland	176	....	0.0	0.0	....	0.0	0.0	0.5	0.6	1.1	1.3	1.1	4.1
Israel	436	817.6	1,666.6	1,260.7	1,766.9	801.5	664.1	37.6	61.6	17.6	24.0	24.9	15.6
Japan	158	0.4	1.0	22.6	1.2	0.9	1.7	174.9	243.1	288.4	240.5	558.1	282.7
Korea, Republic of	542	444.2	1.1	34.4	0.0	0.0	0.1	203.8	242.8	229.3	186.3	133.9	72.0
New Zealand	196	0.1	0.1	0.2	0.1	....	0.1	16.6	17.6	15.6	21.0	17.5	40.0
Norway	142	0.3	2.5	0.7	2.0	1.2	3.1	37.5	21.3	38.0	31.9	144.3	275.6
San Marino	135	....	....	....	....	....	....	....	....	....	....	....	0.2
Singapore	576	0.9	250.4	0.3	60.0	0.3	0.9	16.0	19.8	46.4	41.5	103.5	201.5
Sweden	144	0.6	0.1	0.1	0.3	0.1	0.3	85.7	63.7	42.3	49.7	80.1	67.9
Switzerland	146	176.8	82.0	74.4	154.9	96.8	101.7	180.7	133.8	159.6	94.4	99.2	63.1
Taiwan Prov.of China	528	0.0	650.1	467.3	432.1	112.5	796.9	29.5	27.8	18.2	11.6	29.2	13.5
United Kingdom	112	15.9	326.7	484.4	126.5	10.7	57.2	485.7	496.2	1,334.0	978.3	553.3	495.2
United States	111	2,274.5	1,600.8	990.3	745.8	416.3	80.7	630.5	715.8	376.8	563.5	848.2	471.6
Emerg. & Dev. Economies	200	7,531.9	9,029.7	10,029.0	7,420.4	3,360.2	3,802.0	5,447.0	5,534.9	5,826.6	5,029.3	4,465.7	5,134.2
Emerg. & Dev. Asia	505	2,133.1	4,566.2	5,927.5	3,781.3	1,075.8	937.6	762.0	800.7	720.8	840.9	695.8	955.9
Bangladesh	513	....	....	0.0	....	....	0.0	0.3	0.0	0.1	0.8	2.2	8.5
Cambodia	522	....	....	....	0.0	....	....	....	0.0	0.1	0.1	0.2	2.3
China,P.R.: Mainland	924	39.0	183.8	88.6	63.9	53.2	271.5	628.3	631.9	566.3	697.1	511.9	703.9
Fiji	819	....	....	....	....	....	....	....	....	0.1	....	0.0	0.2
India	534	366.8	1,890.7	1,098.4	778.3	270.2	437.2	44.7	69.7	49.6	36.9	34.8	59.8
Indonesia	536	913.2	1,757.3	2,771.8	2,012.3	477.8	77.5	13.2	37.3	28.8	32.8	19.9	46.1
Malaysia	548	664.0	370.7	0.1	11.3	11.2	1.3	37.3	19.0	30.3	21.9	77.8	36.4
Mongolia	948	0.5	0.6	0.5	0.3	0.2	0.1	0.1	0.0	0.0	0.0	....	0.0
Myanmar	518	....	....	....	....	....	....	0.0	0.0	....	0.0	0.0	0.2
Nepal	558	....	....	....	....	0.1	0.0	0.1	0.0	0.0	0.0	....	0.0
Philippines	566	0.6	0.0	0.0	....	0.1	0.0	0.4	0.2	0.3	0.8	0.7	1.4
Sri Lanka	524	....	....	....	....	....	0.0	17.4	12.9	17.5	15.9	14.6	44.2
Thailand	578	135.4	343.7	1,665.5	839.9	259.1	101.1	18.6	26.3	22.0	29.9	23.9	25.4
Vietnam	582	13.6	19.4	302.6	75.4	3.9	48.9	1.4	3.3	5.2	4.4	9.7	27.2
Asia n.s.	598	....	....	....	....	....	....	0.3	0.0	0.4	0.1	0.0	....

Azerbaijan, Republic of (912)

In Millions of U.S. Dollars

		Exports (FOB) 2011	2012	2013	2014	2015	2016	Imports (CIF) 2011	2012	2013	2014	2015	2016
Europe	170	4,716.6	3,370.1	2,976.1	2,479.5	1,542.7	2,462.9	4,148.7	4,141.0	4,251.0	3,671.5	3,382.5	3,687.7
Emerg. & Dev. Europe	903	1,270.1	1,591.3	961.0	1,114.5	677.5	1,455.8	1,521.4	1,665.9	1,614.8	1,507.8	1,373.1	1,474.5
Albania	914	0.0	....	....	....	....	0.0	0.0	0.0	0.0	0.0	0.0	0.2
Bosnia and Herzegovina	963	....	0.0	....	0.4	0.0	....	0.4	0.3	0.2	0.5	0.5	0.3
Bulgaria	918	410.4	597.6	119.1	61.2	0.5	0.4	35.9	26.0	19.6	63.4	12.7	39.4
Croatia	960	347.7	330.6	213.3	311.7	199.2	233.5	8.6	3.4	9.3	11.3	1.4	51.2
Faroe Islands	816	....	....	....	....	....	....	....	....	....	....	....	0.5
Gibraltar	823	....	....	....	64.5	82.7	....	0.1	0.5	0.5	0.0	0.0	0.1
Hungary	944	0.0	0.1	0.0	71.6	0.2	0.9	36.7	23.7	33.1	23.9	27.7	40.1
Macedonia, FYR	962	....	....	....	....	....	0.0	....	....	....	....	....	0.4
Montenegro	943	0.0	0.0	0.0	0.1	0.0	0.0	....	0.0	0.0	0.0	0.0	0.0
Poland	964	3.1	3.5	10.2	16.3	6.5	4.8	119.5	45.3	46.5	62.3	90.7	70.2
Romania	968	53.0	59.6	92.4	86.3	83.9	83.3	14.9	24.0	36.5	55.8	64.7	86.5
Serbia, Republic of	942	....	....	....	....	....	0.0	....	....	....	....	....	4.0
Turkey	186	455.8	600.0	526.0	502.5	304.3	1,132.8	1,302.4	1,520.4	1,463.8	1,286.6	1,171.4	1,181.6
CIS	901	3,446.5	1,778.7	2,015.1	1,365.0	865.2	1,007.0	2,627.3	2,475.1	2,636.2	2,163.7	2,009.4	2,213.2
Belarus	913	666.8	11.7	14.7	15.1	10.0	48.2	64.5	68.0	87.3	83.9	83.6	76.3
Georgia	915	535.3	570.7	519.2	529.5	366.0	343.4	89.5	129.9	131.3	93.9	68.0	51.5
Kazakhstan	916	58.3	52.9	64.2	29.8	18.0	26.3	217.3	340.6	306.8	221.1	98.9	98.1
Kyrgyz Republic	917	21.2	26.7	12.8	25.8	6.6	5.6	0.9	2.2	1.8	1.7	1.6	1.1
Moldova	921	2.5	0.3	0.2	0.1	0.4	0.5	5.6	8.8	4.0	5.4	3.6	4.0
Russian Federation	922	1,187.4	959.8	1,077.8	640.3	416.8	409.3	1,641.1	1,378.4	1,505.2	1,314.5	1,437.9	1,641.8
Tajikistan	923	....	....	....	....	....	12.1	....	....	....	....	....	0.2
Turkmenistan	925	43.9	58.9	39.9	38.0	13.1	113.8	....	....	....	....	....	38.5
Ukraine	926	909.3	86.2	275.6	48.4	23.5	44.4	557.8	539.1	589.1	419.6	309.7	289.8
Uzbekistan	927	21.9	11.5	10.7	37.9	10.9	3.4	50.6	8.0	10.8	23.6	6.2	11.9
Mid East, N Africa, Pak	440	667.8	1,091.7	1,122.7	1,131.1	740.3	389.1	288.1	328.8	343.3	233.7	182.9	254.2
Afghanistan, I.R. of	512	100.2	119.9	205.3	276.0	208.4	44.3	0.0	....	0.1	....	....	0.0
Algeria	612	2.2	2.9	1.0	0.7	0.1	11.2	0.1	0.1	0.0	0.2	0.1	0.4
Bahrain, Kingdom of	419	0.0	0.0	0.0	0.0	0.0	0.1	0.2	0.1	0.3	0.0	0.3	0.1
Djibouti	611	....	....	....	....	....	....	....	....	....	....	....	0.1
Egypt	469	161.1	24.5	58.4	91.5	0.1	11.9	2.6	6.6	3.4	2.5	3.6	4.9
Iran, I.R. of	429	144.8	87.3	73.3	39.4	33.3	49.7	160.5	176.4	207.7	147.2	90.5	161.1
Iraq	433	99.1	418.4	353.6	236.6	187.5	17.8	0.4	0.3	0.5	0.4	0.2	0.0
Jordan	439	0.1	0.0	0.1	0.0	0.0	2.7	3.5	1.3	2.1	1.0	0.7	2.1
Kuwait	443	0.1	0.0	0.0	0.0	0.0	0.2	0.1	0.2	0.1	0.4	3.9	3.5
Lebanon	446	32.3	31.2	0.1	35.1	11.4	42.7	0.8	0.3	1.0	1.5	0.9	0.6
Libya	672	0.0	142.4	166.3	25.8	0.8	....	0.0	0.0	0.9	0.9	0.0	0.1
Mauritania	682	....	....	....	....	....	0.0	0.2	0.0	....	....	....	0.0
Morocco	686	99.2	....	62.4	0.0	0.1	....	2.5	6.7	0.0	0.1	4.6	2.8
Oman	449	4.2	1.7	4.4	0.0	0.0	0.1	0.2	0.2	0.2	0.1	0.1	0.1
Pakistan	564	0.0	0.0	0.0	0.2	0.3	1.4	3.0	1.3	1.1	2.6	1.7	5.9
Qatar	453	0.0	1.5	2.1	0.3	0.5	0.1	12.0	1.3	0.4	0.0	0.0	0.1
Saudi Arabia	456	10.6	0.1	0.1	0.1	0.2	0.5	0.4	23.9	30.3	14.5	9.1	12.1
Sudan	732	....	0.0	0.0	0.1	0.0	....	....	....	....	....	....	0.0
Syrian Arab Republic	463	0.1	0.0	....	....	....	....	1.2	0.5	0.1	0.1	0.1	0.3
Tunisia	744	....	247.2	186.8	420.6	291.7	194.8	5.2	8.2	0.4	1.1	0.5	2.3
United Arab Emirates	466	13.8	14.3	8.6	4.3	5.7	11.6	95.2	101.6	94.8	61.1	66.7	57.8
Yemen, Republic of	474	....	0.1	0.1	0.2	....	....	....	0.0	0.0	....	....	....
Sub-Saharan Africa	603	0.6	0.2	0.1	0.4	1.0	8.7	3.8	13.3	79.4	2.2	4.6	8.7
Angola	614	0.0	0.0	0.0	0.2	0.1	0.2	0.0	....	0.0	0.0	....	0.0
Benin	638	....	....	....	....	....	....	....	....	....	....	....	0.2
Cabo Verde	624	....	....	....	....	....	7.8	....	....	....	....	0.0	....
Cameroon	622	....	....	....	....	0.0	0.0	....	0.0	0.1	0.0	....	0.0
Congo, Republic of	634	0.0	0.0	0.0	0.0	0.6	....	0.0	....	0.0	....	....	0.0
Ethiopia	644	....	....	....	....	....	....	....	....	....	0.0	0.0	0.1
Gabon	646	0.0	0.0	....	0.0	0.1	0.0	0.0	0.1	....	....	....	....
Ghana	652	0.1	0.0	0.0	....	0.2	0.0	....	0.1	0.0	....	....	0.2
Guinea	656	....	....	0.0	....	0.0	....	....	8.0	....	....	....	....
Kenya	664	....	....	....	....	0.0	0.0	0.7	0.0	0.1	0.1	0.0	0.7

Azerbaijan, Republic of (912)
In Millions of U.S. Dollars

		Exports (FOB) 2011	2012	2013	2014	2015	2016	Imports (CIF) 2011	2012	2013	2014	2015	2016
Madagascar	674	....	....	....	....	....	....	0.0	0.0	0.0	0.0	0.1	0.3
Malawi	676	....	....	....	....	....	....	0.3	0.5	0.2	....	0.1	....
Mauritius	684	....	....	....	0.0	....	....	0.0	0.0	....	0.0	0.0	0.1
Mozambique	688	0.3	....	....	....	0.0	0.1	....	0.0	0.0	0.0	0.0	....
Niger	692	....	....	....	....	....	....	0.0	....	....	....	0.0	0.1
Nigeria	694	0.0	0.0	0.0	0.1	0.0	0.0	0.0	....	0.0	0.0	0.0	0.0
Seychelles	718	0.1	0.0	....	....	....	0.0	0.7	0.7	4.0	0.2	0.1	0.0
Sierra Leone	724	0.0	0.1	0.0	0.0	....	0.0	....	....	....	....	0.1	0.0
South Africa	199	....	0.0	0.0	0.1	0.0	0.3	0.9	2.6	74.8	1.7	3.0	6.2
Swaziland	734	....	....	....	....	....	....	....	....	0.0	....	0.5	0.2
Tanzania	738	0.0	0.0	....	0.0	....	0.0	0.3	0.6	....	0.0	0.5	0.3
Zambia	754	....	....	....	....	....	0.2	0.0	0.3	0.1	....	....	0.1
Zimbabwe	698	....	....	0.0	....	....	....	0.8	0.3	0.0	....	....	0.0
Western Hemisphere	205	**13.8**	**1.5**	**2.5**	**28.1**	**0.5**	**3.8**	**244.4**	**251.1**	**432.2**	**281.0**	**200.0**	**227.7**
Argentina	213	13.4	0.0	0.1	0.1	0.0	0.0	23.0	15.0	7.0	11.0	15.2	12.9
Aruba	314	0.1	0.1	0.0	0.0	0.0	0.0	....	....	....	....	....	....
Bahamas, The	313	....	....	....	25.7	....	....	....	....	....	0.0	0.0	0.0
Barbados	316	....	....	....	....	....	....	....	0.0	0.0	0.3	....	0.1
Belize	339	0.0	....	....	....	....	....	4.1	0.3	2.6	2.9	0.1	0.0
Brazil	223	0.1	0.3	0.3	0.3	0.2	2.9	175.9	183.3	371.8	221.4	119.7	162.0
Chile	228	....	....	....	....	....	....	0.7	0.4	1.3	1.2	1.7	3.4
Colombia	233	0.0	0.0	0.0	0.0	0.1	0.1	0.0	0.2	0.8	0.1	0.5	0.2
Costa Rica	238	....	....	....	....	....	0.0	....	....	....	....	....	1.1
Curaçao	354	....	....	....	....	....	....	....	....	....	....	....	0.1
Dominican Republic	243	....	....	....	....	....	....	0.0	0.0	0.0	0.3	0.1	0.1
Ecuador	248	0.0	0.0	....	0.0	0.0	0.0	24.2	16.5	8.7	7.0	18.5	21.1
El Salvador	253	....	....	....	....	....	....	....	....	0.0	....	0.0	0.1
Falkland Islands	323	....	....	....	....	....	....	....	....	....	....	....	0.1
Guatemala	258	....	....	....	....	....	....	....	....	....	....	0.0	0.2
Guyana	336	....	....	....	....	....	....	....	....	....	....	0.1	0.1
Jamaica	343	....	....	....	....	0.0	0.0	....	4.7	6.5	11.3	14.0	2.8
Mexico	273	0.0	0.5	0.0	0.1	0.0	0.3	4.0	4.5	6.2	7.1	22.2	20.8
Panama	283	0.0	0.3	2.0	1.7	0.1	....	9.0	21.7	13.9	0.6	....	0.0
Paraguay	288	....	....	....	....	....	....	0.0	....	....	0.0	0.1	0.6
Peru	293	0.0	0.0	0.0	....	0.0	0.2	0.0	0.1	0.1	0.0	0.0	0.6
St. Kitts and Nevis	361	....	....	....	....	....	....	1.2	1.2	4.7	5.9	0.0	....
Trinidad and Tobago	369	0.0	0.0	0.0	0.1	0.0	0.0	0.1	0.0	0.0	0.1	....	0.1
Uruguay	298	....	....	....	0.0	....	....	1.7	1.0	2.0	5.8	0.2	1.1
Venezuela, Rep. Bol.	299	0.0	0.1	....	0.0	0.1	0.2	....	0.0	5.1	5.0	7.6	....
Western Hem. n.s.	399	0.0	0.0	0.0	0.0	....	....	0.4	2.2	1.6	1.1	0.0	....
Other Countries n.i.e	910	....	....	....	....	0.0	0.0	0.0	5.2	0.0	0.0	0.1	0.1
Cuba	928	....	....	....	....	0.0	0.0	0.0	5.2	0.0	0.0	0.1	0.1
Countries & Areas n.s.	898	**0.7**	**1.0**	**1.1**	**1.0**	**0.8**	**0.9**	....	**0.0**	....	**0.0**	....	....
Memorandum Items													
Africa	605	102.1	250.3	250.4	421.8	293.0	214.7	11.8	28.1	79.8	3.6	9.7	14.3
Middle East	405	466.1	721.7	667.1	433.5	239.6	137.4	277.1	312.6	341.7	229.7	176.0	242.8
European Union	998	16,124.3	11,529.5	11,513.4	11,567.7	6,751.7	3,951.6	3,156.8	2,675.7	3,763.2	3,103.9	2,943.5	2,222.3
Export earnings: fuel	080	1,564.4	1,740.8	1,791.6	1,016.1	677.0	641.3	2,151.8	2,039.8	2,161.5	1,772.6	1,734.1	2,035.0
Export earnings: nonfuel	092	24,993.2	22,123.2	22,170.1	20,809.9	10,799.7	8,501.8	7,588.4	7,580.9	8,501.3	7,400.6	7,465.5	6,496.7

Bahamas, The (313)
In Millions of U.S. Dollars

		Exports (FOB)						Imports (CIF)					
		2011	2012	2013	2014	2015	2016	2011	2012	2013	2014	2015	2016
IFS World		....	....	....	....	....	....	....	....	....	....	....	....
World	001	765.1	892.1	2,448.2	1,612.4	603.7	559.9	3,434.2	3,669.9	3,423.4	3,831.4	3,164.2	2,863.5
Advanced Economies	110	692.7	782.1	780.1	652.5	420.2	292.7	3,131.3	3,269.0	3,148.5	3,450.1	2,811.5	2,525.9
Euro Area	163	56.3	56.7	35.5	59.0	36.7	19.7	21.3	88.0	39.2	87.8	100.0	115.8
Austria	122	....	0.0	0.0	....	0.0	0.0	0.1	0.0	0.0	0.0	0.3	0.4
Belgium	124	8.1	1.2	0.0	0.2	0.0	0.0	1.0	3.2	2.3	9.4	4.7	4.1
Cyprus	423	0.0	0.2	0.0	....	....	0.0	0.1	0.1	0.0	0.1	0.1	0.0
Estonia	939	....	0.0 e	....	....	....	0.0 e	0.3 e	8.3 e	4.1 e	2.1 e	0.9 e	1.6 e
Finland	172	0.2	0.1	0.0	1.3	14.1	0.3	0.1	2.7	0.6	1.2	3.7	9.9
France	132	26.9	26.3	22.3	25.9	19.4	12.7	7.2	22.8	15.8	20.1	32.0	38.3
Germany	134	11.3	28.1	10.3	5.4	0.3	0.3	4.2	12.1	7.0	8.9	12.2	12.0
Greece	174	1.1	0.2	0.3	0.3	0.4	0.4	0.0	0.4	0.2	0.4	0.3	0.4
Ireland	178	3.5	....	....	25.1	0.7	0.3	1.6	1.1	1.3	1.0	2.1	1.9
Italy	136	3.3	0.2	0.3	0.6	0.3	0.1	2.8	7.9	3.5	12.5	7.9	3.1
Lithuania	946	....	....	....	....	....	0.0 e	1.2 e	0.2 e	0.4 e	0.4 e	0.5 e	1.1 e
Luxembourg	137	0.0 e	0.0 e	0.0 e	....	0.3 e	0.0 e	0.0	0.0	0.0	0.9	1.6	0.0
Netherlands	138	1.0	0.1	2.1	0.2	0.1	0.1	1.4	27.8	2.4	18.7	22.4	37.2
Portugal	182	0.0	0.0	0.0	....	0.0	0.0	0.0	0.1	0.0	0.2	4.8	3.5
Slovak Republic	936	....	....	....	0.0 e	....	....	0.0 e	0.0 e	0.0 e	....	0.1 e	0.2 e
Spain	184	0.8	0.2	0.2	0.1	1.1	5.4	1.3	1.0	1.5	11.8	6.2	2.1
Australia	193	2.0	2.0	5.2	2.0	2.0	1.1	1.0	0.8	1.4	2.5	0.5	0.6
Canada	156	21.8	25.1	22.8	14.3	5.5	2.6	15.4	19.7	18.2	20.1	25.4	29.8
China,P.R.: Hong Kong	532	6.7	5.6	4.3	0.9	0.5	0.5	2.9	3.5	1.9	2.9	4.3	4.3
China,P.R.: Macao	546	0.0 e	0.0 e	0.1 e	0.1 e	0.0 e	0.1 e	....	....	....	....	....	....
Czech Republic	935	....	....	....	....	0.0	0.0	0.0	0.0	0.1	0.0	0.1	0.0
Denmark	128	....	0.0	0.0	0.1	0.4	0.2	1.2	3.8	0.8	2.0	0.0	0.0
Iceland	176	....	....	....	....	....	0.0	0.0	0.0	0.2	....	0.0	0.0
Israel	436	....	0.0	0.0	....	....	....	0.4	0.8	0.6	0.1	0.2	0.2
Japan	158	1.1	0.2	0.2	0.3	0.1	0.1	19.5	31.3	42.8	28.7	35.8	41.2
Korea, Republic of	542	0.0	0.0	....	....	....	....	1.7	6.9	5.2	12.3	8.7	13.1
New Zealand	196	0.0	....	....	....	....	....	0.3	0.1	0.2	0.2	0.3	0.2
Norway	142	0.2	0.0	0.1	0.0	0.3	0.0	0.0	0.2	0.0	0.1	2.8	16.6
Singapore	576	0.2	0.0	0.0	....	0.0	0.0	0.1	0.3	1.1	1.8	2.6	2.0
Sweden	144	0.1	2.1	0.7	0.0	0.3	2.4	2.7	1.9	2.2	0.6	0.7	4.9
Switzerland	146	0.1	0.4	0.4	0.0	0.1	0.0	13.3	13.3	13.6	15.8	21.1	7.8
Taiwan Prov.of China	528	3.1 e	1.7 e	1.5 e	0.8 e	0.3 e	0.2 e	0.3 e	0.2 e	0.9 e	0.7 e	0.7 e	0.7 e
United Kingdom	112	31.6	12.3	30.5	5.0	6.1	6.4	18.7	17.5	14.1	23.4	20.6	14.7
United States	111	569.2	675.9	678.6	569.9	367.8	259.3	3,032.5	3,080.8	3,005.7	3,250.9	2,587.8	2,274.0
Emerg. & Dev. Economies	200	71.9	109.7	1,668.1	959.8	183.4	267.2	246.9	301.1	233.0	350.9	258.0	274.5
Emerg. & Dev. Asia	505	20.8	33.1	21.3	1.7	1.0	0.9	7.7	65.5	22.4	36.3	37.1	15.0
China,P.R.: Mainland	924	5.4	3.9	2.1	1.4	0.4	0.5	6.0	60.3	17.6	27.1	25.9	5.9
Fiji	819	....	....	....	....	....	....	....	....	0.5	....	....	....
India	534	0.0	0.0	0.1	0.1	0.0	0.1	0.4	2.0	1.1	1.6	4.1	1.9
Indonesia	536	....	....	....	....	....	....	0.1	0.3	0.6	0.1	0.8	1.3
Malaysia	548	0.0	0.1	....	....	....	....	0.0	0.1	0.0	0.3	0.2	0.0
Maldives	556	15.3 e	29.1 e	19.1 e	0.2 e	0.1 e	0.1 e	....	....	....	....	....	....
Nauru	836	....	....	....	....	....	....	....	....	....	1.1	....	....
Philippines	566	....	....	0.0	0.0	....	....	0.0	0.0	0.0	0.2	0.1	0.1
Sri Lanka	524	0.0	....	....	....	....	0.0	0.0	0.0	....	0.0	0.1	0.0
Thailand	578	0.0	....	....	....	0.0	0.0	0.8	2.5	2.4	5.0	5.3	5.2
Tonga	866	....	....	....	....	....	....	....	0.1	0.0	0.0	0.0	0.0
Vietnam	582	....	....	....	....	0.4	0.2	0.0	....	0.1	0.8	0.6	0.4
Asia n.s.	598	....	....	....	....	....	....	0.2	0.1	0.0	....	....	....
Europe	170	2.2	8.6	0.8	0.6	1.3	3.4	0.6	15.2	1.3	43.8	4.0	2.4
Emerg. & Dev. Europe	903	0.4	7.8	0.4	0.2	0.2	2.6	0.6	9.8	1.2	3.1	3.1	2.4
Bulgaria	918	0.0 e	0.0 e	0.0 e	0.0 e	0.0 e	2.6 e	0.0	0.0	....	0.3	....	....
Croatia	960	0.0 e	7.6 e	0.0 e	0.0 e	0.0 e	0.0 e	0.0 e	8.6 e	0.0 e	0.1 e	0.0 e	0.4 e
Faroe Islands	816	....	....	....	....	....	....	0.2 e	0.2 e	0.2 e	0.2 e	0.2 e	0.2 e
Hungary	944	0.0	....	....	0.0	....	....	0.0	0.0	0.0	0.0	0.1	0.1
Macedonia, FYR	962	0.0 e	0.2 e	0.2 e	....	0.0 e	0.0 e	....	....	0.0	0.0	....	....

Bahamas, The (313)

In Millions of U.S. Dollars

		Exports (FOB)						Imports (CIF)					
		2011	2012	2013	2014	2015	2016	2011	2012	2013	2014	2015	2016
Montenegro	943	0.3 e	0.0 e	0.0 e	0.0 e	0.0 e	0.0 e	0.1 e	0.1 e	0.0 e	0.0 e	....	....
Poland	964	0.0	....	....	....	....	....	0.1	0.4	0.4	0.9	1.4	0.6
Romania	968	....	....	....	....	....	0.0 e	....	....	0.0	0.1	0.0	....
Serbia, Republic of	942	....	....	....	....	....	....	0.0	....	....	....	....	0.1
Turkey	186	0.0	0.1	0.1	0.2	0.1	0.0	0.2	0.5	0.5	1.4	1.3	0.9
CIS	**901**	**1.8**	**0.8**	**0.5**	**0.4**	**1.2**	**0.8**	**0.0**	**5.4**	**0.1**	**40.7**	**1.0**	**0.0**
Azerbaijan, Rep. of	912	....	....	....	0.0 e	0.0 e	0.0 e	....	....	....	27.2 e	....	....
Belarus	913	0.0 e	0.1 e	0.1 e	0.2 e	0.2 e	0.2 e	....	....	....	....	....	....
Kazakhstan	916	0.0 e	0.0 e	0.1 e	0.0 e	0.0 e	0.0 e	....	....	....	....	....	....
Moldova	921	0.1 e	0.1 e	0.1 e	0.1 e	0.1 e	0.1 e	....	....	0.0 e	0.0 e	0.1 e	....
Russian Federation	922	0.0	....	....	....	....	....	0.0	0.0	0.0	0.1	0.8	0.0
Tajikistan	923	....	....	....	....	0.9	0.5	....	....	....	13.4	....	....
Ukraine	926	1.6 e	0.5 e	0.2 e	0.0 e	0.0 e	....	0.0 e	5.4 e	0.1 e	0.1 e	0.1 e	....
Mid East, N Africa, Pak	**440**	**2.0**	**1.4**	**18.5**	**46.4**	**1.3**	**18.6**	**1.6**	**1.4**	**0.7**	**1.3**	**0.5**	**44.9**
Algeria	612	0.4 e	0.5 e	....	43.7 e	0.0 e	0.0 e	....	....	....	....	....	44.5
Bahrain, Kingdom of	419	0.0 e	0.0 e	0.0 e	0.0 e	0.0 e	0.0 e	....	0.1 e	0.0 e	0.0 e	0.1 e	0.0 e
Egypt	469	0.0	....	0.0	....	....	....	1.6	0.0	0.1	0.1	....	....
Iraq	433	....	....	....	0.1	0.0	0.0	....	....	....	....	....	....
Lebanon	446	....	....	0.1	0.0	....	....	....	0.0	....	....	0.0	....
Mauritania	682	....	0.0 e	16.5 e	....	....	....	....	....	....	....	....	....
Morocco	686	....	....	....	0.0	....	....	....	....	....	0.2	0.1	0.0
Pakistan	564	....	....	....	....	....	....	0.0	0.0	0.1	0.0	0.1	0.1
Qatar	453	....	....	....	....	....	....	....	....	....	....	0.1	0.1
Saudi Arabia	456	1.1	....	0.1	....	....	....	....	1.1	0.0	....	0.0	0.0
Syrian Arab Republic	463	0.0 e	0.0 e	0.0 e	0.0 e	0.0 e	0.0 e	0.0	....	....	1.0	0.0	0.0
Tunisia	744	....	....	....	....	....	18.2	....	0.2	0.4	0.0	0.0	0.0
United Arab Emirates	466	0.5 e	0.9 e	1.7 e	2.5 e	1.2 e	0.3 e	....	....	....	....	....	....
Sub-Saharan Africa	**603**	**21.7**	**39.6**	**1,601.6**	**895.3**	**164.9**	**162.6**	**22.4**	**1.6**	**54.6**	**13.8**	**7.4**	**5.3**
Botswana	616	0.1 e	....	0.0 e	....	0.0 e	....	....	....	0.0 e	....	....	0.0 e
Burkina Faso	748	....	....	2.2 e	....	....	....	....	....	....	....	....	....
Comoros	632	0.0 e	0.1 e	....	....	....	....	....	....	....	....	....	....
Congo, Republic of	634	....	0.0 e	....	0.3 e	0.3 e	0.2 e	....	....	....	42.3 e	....	....
Côte d'Ivoire	662	....	0.0 e	1,381.6 e	537.5 e	....	....	20.4 e	0.2 e	1.2 e	9.3 e	0.3 e	0.3 e
Ethiopia	644	....	15.6 e	14.7 e	21.4 e	....	....	....	....	....	....	0.0	0.0
Ghana	652	....	....	....	8.9	0.0	0.0	....	0.0	....	0.0	0.0	0.0
Kenya	664	0.0	13.0	2.9	....	....	....	0.0	0.0	....	0.4	0.0	0.0
Liberia	668	....	....	....	....	....	....	0.0	0.0	0.4	....	....	....
Mauritius	684	....	....	....	0.0	....	....	....	....	....	0.1	....	....
Mozambique	688	20.7 e	9.2 e	200.1 e	42.1 e	3.7 e	2.9 e	1.2 e	....	8.8 e	0.9 e	....	....
Namibia	728	0.8 e	0.7 e	....	279.0 e	157.8 e	152.2 e	....	....	....	0.0	0.0	0.0
Niger	692	....	....	0.0 e	0.1 e	....	....	....	....	....	2.9	....	....
Nigeria	694	0.0	....	....	0.2	....	....	0.7	0.9	1.8	0.0	6.8	4.8
São Tomé & Príncipe	716	....	0.0 e	....	....	....	1.4 e	....	....	....	....	....	....
Seychelles	718	0.0 e	0.1 e	0.1 e	0.1 e	0.1 e	0.1 e	....	....	....	....	....	....
South Africa	199	....	0.0	0.0	5.8	2.8	5.7	0.1	0.3	0.1	0.2	0.2	0.1
Zambia	754	....	0.9 e	....	....	0.2 e	0.0 e	....	0.1	....	....	....	0.0
Western Hemisphere	**205**	**25.2**	**26.9**	**25.9**	**15.8**	**15.0**	**81.7**	**214.6**	**217.3**	**154.0**	**255.6**	**209.0**	**207.1**
Antigua and Barbuda	311	0.0	0.0	....	0.0	1.5	0.8	1.2	7.1	0.9	2.0	0.0	0.0
Argentina	213	4.8	5.5	7.8	6.4	2.0	5.2	0.3	0.4	1.0	0.9	2.0	43.5
Aruba	314	2.3	0.8	0.2	0.1	0.1	0.0	0.0	0.0	0.0	0.0	0.0	0.0
Barbados	316	0.1	0.1	0.0	0.8	2.7	1.2	3.4	3.7	2.3	96.9	13.8	9.6
Belize	339	....	....	....	....	0.0	0.0	0.0	0.2	0.2	....	....	0.0
Bermuda	319	0.1	0.2	0.0	0.0	....	....	0.2	0.2	0.0	0.1	0.0	0.0
Bolivia	218	0.2	0.5	0.2	....	0.0	0.0	0.0	....	....	....	....	0.0
Brazil	223	1.8	3.4	5.0	3.9	2.2	1.9	3.7	6.5	7.5	10.9	27.8	15.7
Chile	228	0.2	0.7	0.9	....	0.0	0.4	0.7	2.6	2.1	1.8	2.1	1.5
Colombia	233	0.5	0.7	0.0	0.1	....	....	1.2	1.5	13.5	3.0	5.8	2.4
Costa Rica	238	0.0	0.0	....	0.0	0.0	8.9	7.5	6.4	4.9	6.7	6.2	6.4
Curaçao	354	0.3	0.2	0.1	....	0.0	0.0	0.2	1.1	0.6	0.5	0.8	0.6
Dominica	321	0.0	....	0.0	0.0	0.0	0.0	....	....	0.3	3.3	47.1	33.0

2017, International Monetary Fund: *Direction of Trade Statistics Yearbook*

Bahamas, The (313)

In Millions of U.S. Dollars

		Exports (FOB)						Imports (CIF)					
		2011	2012	2013	2014	2015	2016	2011	2012	2013	2014	2015	2016
Dominican Republic	243	0.1	0.0	0.0	0.0	1.8	1.0	7.1	8.4	7.9	14.1	21.1	14.8
Ecuador	248	0.1	0.2	0.6	....	....	....	0.2	0.3	0.5	0.5	0.5	0.3
El Salvador	253	0.2	0.2	0.1	....	....	....	....	0.1	0.2	....	....	....
Grenada	328	0.0	0.0	0.0	0.0	0.0	0.0	0.0	0.0	0.0	0.0	0.2	0.1
Guatemala	258	0.3	0.2	0.2	....	....	....	1.0	0.4	0.4	1.2	5.9	3.7
Guyana	336	0.0	0.0	0.0	0.0	0.2	0.2	0.0	0.0	0.0	0.0	0.0	0.0
Haiti	263	0.2	0.2	0.2	0.1	0.2	0.1	0.1	0.7	0.1	0.1	0.3	0.2
Honduras	268	0.3	0.4	0.2	0.2	0.0	0.0	1.4	2.6	1.2	2.4	1.7	1.7
Jamaica	343	1.3	1.2	0.8	0.3	0.3	0.1	2.0	4.7	2.0	2.3	3.4	2.3
Mexico	273	0.5	0.6	0.5	0.1	0.1	0.4	5.6	7.9	8.1	9.8	11.6	40.7
Montserrat	351	....	0.0	0.9	....	....	....	....	0.0	....	0.0	....	....
Nicaragua	278	....	....	0.0	....	....	....	0.0	0.4	0.0	0.1	0.0	0.0
Panama	283	8.4	7.9	4.6	2.3	1.2	14.0	15.0	11.6	10.9	15.8	25.2	0.3
Paraguay	288	0.7	1.5	1.3	0.8	0.6	0.3	0.0	0.1	....	0.0	0.0	0.0
Peru	293	0.5	0.3	0.0	....	....	45.9	3.5	3.9	4.3	5.5	6.4	3.2
Sint Maarten	352	0.2	0.0	....	....	....	....	0.1	0.0	....	....	0.0	0.0
St. Kitts and Nevis	361	0.0	....	0.0	0.0	2.0	1.1	0.0	....	....	....	0.0	0.0
St. Lucia	362	0.1	0.0	....	0.1	0.1	0.1	0.1	0.0	0.0	....	0.3	0.2
Suriname	366	0.0	....	....	....	....	....	....	....	0.1	....	....	....
Trinidad and Tobago	369	0.1	0.1	0.1	0.1	0.0	0.0	159.1	142.8	81.9	57.3	10.9	15.7
Uruguay	298	1.6	2.1	2.0	0.5	0.1	0.0	0.0	0.1	0.1	1.4	0.3	0.0
Venezuela, Rep. Bol.	299	0.0	....	0.0	....	0.0	0.0	0.2	2.2	0.2	0.0	0.9	0.6
Western Hem. n.s.	399	....	....	....	....	....	....	0.7	1.3	2.7	19.2	14.6	10.2
Other Countries n.i.e	910	0.5	0.3	0.1	0.1	0.1	0.1	0.2	3.1	1.4	1.8	0.2	0.1
Cuba	928	0.0	0.0	0.0	0.0	0.0	0.0	0.1	0.1	0.1	0.0	0.0	0.0
Korea, Dem. People's Rep.	954	0.5	0.3	0.1	0.1	0.1	0.1	0.1	3.0	1.3	1.8	0.1	0.1
Countries & Areas n.s.	898	....	....	....	....	....	....	55.8	96.6	40.5	28.6	94.5	62.9
Memorandum Items													
Africa	605	22.0	40.1	1,618.1	939.0	164.9	180.8	22.4	1.8	55.0	14.0	7.5	49.8
Middle East	405	1.6	0.9	1.9	2.7	1.3	0.4	1.6	1.2	0.2	1.1	0.2	0.2
European Union	998	88.1	78.7	66.8	64.2	43.5	31.3	44.0	120.1	56.9	115.2	123.0	136.5
Export earnings: fuel	080	3.0	2.9	2.7	47.1	1.6	0.7	161.4	148.9	140.1	88.0	25.9	68.5
Export earnings: nonfuel	092	762.0	889.2	2,445.5	1,565.3	602.1	559.3	3,272.8	3,520.9	3,283.2	3,743.4	3,138.4	2,795.0

Bahrain, Kingdom of (419)

In Millions of U.S. Dollars

		Exports (FOB)						Imports (CIF)					
		2011	2012	2013	2014	2015	2016	2011	2012	2013	2014	2015	2016
IFS World		....	....	....	....	....	....	....	....	....	....	....	....
World	001	7,369.2	6,960.9	10,480.4	23,326.9	16,512.2	12,765.5	17,694.1	14,321.9	18,691.0	20,149.1	16,446.3	14,811.4
Advanced Economies	110	1,476.8	1,400.7	1,986.0	7,734.6	4,444.3	3,855.0	4,275.2	5,000.8	4,573.6	5,796.7	5,989.0	5,673.8
Euro Area	163	442.2	265.4	315.9	868.3	431.9	394.2	1,561.8	1,490.7	1,405.6	1,659.6	1,596.6	1,566.7
Austria	122	0.1	2.8	2.2	12.8	21.8	8.8	23.1	33.9	24.8	32.7	36.4	42.1
Belgium	124	3.6	3.7	6.4	82.5	41.2	40.2	60.1	52.4	57.6	63.8	63.6	59.0
Cyprus	423	0.4	0.6	0.8	0.9	27.5	0.6	4.5	2.8	4.5	6.3	5.1	7.4
Estonia	939	0.4	....	0.0	0.0	0.3	0.4	0.4	2.8	2.9	6.3	2.2	1.9
Finland	172	10.4	5.2	1.8	1.2	0.9	0.8	12.0	10.4	9.1	17.5	14.0	19.7
France	132	42.5	22.0	30.7	55.6	41.1	45.5	241.9	180.5	222.4	255.7	238.0	264.5
Germany	134	45.8	24.6	21.8	27.7	19.9	17.2	499.9	559.3	508.0	580.0	544.1	464.1
Greece	174	0.4	1.3	2.1	0.2	0.1	0.4	5.6	11.0	10.5	11.5	8.1	9.8
Ireland	178	0.2	0.2	0.2	0.4	1.0	2.0	68.7	53.1	44.7	57.1	61.5	63.8
Italy	136	158.9	43.5	114.0	161.8	45.1	49.6	313.1	321.7	293.4	343.9	318.8	326.8
Latvia	941	0.6	0.0	....	0.3	....	0.0	0.5	0.3	0.4	0.4	2.6	0.5
Lithuania	946	....	....	0.1	1.1	1.6	1.0	0.9	0.6	2.5	12.7	2.6	2.1
Luxembourg	137	0.1	0.7	0.8	0.0	....	0.2	1.2	2.8	2.6	1.1	1.9	3.0
Malta	181	0.1	0.1	0.2	0.5	0.3	0.8	1.5	3.7	1.6	2.0	2.1	1.6
Netherlands	138	141.8	155.3	109.9	512.8	205.9	182.4	132.2	100.7	101.8	136.8	125.6	130.4
Portugal	182	4.1	0.0	6.9	0.0	0.8	0.4	9.7	8.9	8.5	16.4	16.5	17.4
Slovak Republic	936	....	0.0	....	0.0	0.0	0.0	10.3	14.3	14.3	13.7	15.6	17.3
Slovenia	961	0.0	....	0.2	0.0	1.4	2.7	1.3	2.0	3.2	3.6	3.1	3.9
Spain	184	32.8	5.3	17.7	10.5	23.0	41.2	174.7	129.5	92.6	97.9	134.6	131.2
Australia	193	109.4	104.9	108.9	222.8	77.2	92.9	422.0	507.8	453.5	806.5	785.1	567.8
Canada	156	0.7	13.3	67.9	29.2	20.7	15.6	107.3	106.5	68.9	55.9	105.2	49.9
China,P.R.: Hong Kong	532	4.4	4.8	27.8	14.2	21.4	14.3	17.9	14.4	20.5	13.7	12.0	6.5
China,P.R.: Macao	546	0.0	....	0.0	....	0.0	0.1	0.2	0.2	0.3	0.1	0.2	0.3
Czech Republic	935	7.0	0.0	....	0.1	0.3	0.2	14.1	17.2	14.4	26.9	28.4	34.9
Denmark	128	6.2	11.9	26.3	2.3	2.5	2.1	28.0	27.7	22.5	30.5	27.0	32.3
Iceland	176	....	0.0	0.0	....	....	....	0.2	0.3	0.0	0.3	0.5	0.1
Israel	436	....	....	....	....	....	....	0.0	....	....	....	0.2	....
Japan	158	22.8	19.7	33.7	3,260.8	1,968.7	1,116.0	589.2	784.8	785.7	1,035.1	1,119.0	895.9
Korea, Republic of	542	4.1	22.1	80.9	553.2	390.6	78.6	28.2	371.5	243.6	247.8	224.3	229.5
New Zealand	196	33.2	26.3	218.0	319.0	20.4	37.5	56.4	51.3	32.5	57.2	65.1	56.7
Norway	142	10.4	17.7	21.7	5.8	17.4	8.6	16.2	5.8	22.8	35.1	10.7	54.1
San Marino	135	....	....	....	....	....	....	0.0	0.0	0.0	0.0	0.1	0.0
Singapore	576	40.5	84.3	130.8	1,175.0	493.6	298.0	44.4	36.8	39.1	101.5	91.6	76.1
Sweden	144	4.9	12.7	5.0	1.2	0.8	1.0	32.3	33.9	39.4	112.8	31.7	29.6
Switzerland	146	13.9	24.6	10.4	20.7	14.0	8.0	162.5	236.0	243.0	248.6	252.2	255.2
Taiwan Prov.of China	528	434.5 e	262.2 e	203.6 e	307.7 e	148.9 e	170.0 e	49.5 e	71.8 e	72.3 e	74.2 e	67.6 e	62.6 e
United Kingdom	112	41.5	30.7	36.8	42.0	125.4	205.9	308.6	341.2	311.0	339.7	420.2	480.1
United States	111	301.1	499.9	698.3	912.3	710.8	1,412.1	836.4	902.3	798.2	950.6	1,151.5	1,275.1
Vatican	187	....	0.0	....	....	....	....	0.0	0.5	0.1	0.5	0.0	0.4
Emerg. & Dev. Economies	200	5,870.2	5,560.3	8,494.4	15,592.3	12,067.9	8,909.7	13,171.3	5,958.7	14,080.3	14,304.2	10,412.0	5,981.8
Emerg. & Dev. Asia	505	1,095.6	886.2	912.3	2,197.3	1,112.4	1,671.8	2,251.8	2,572.5	2,303.0	2,847.7	2,858.5	2,632.7
American Samoa	859	....	....	....	....	....	....	0.0	0.0	0.0	0.0	0.0	0.1
Bangladesh	513	4.1	3.2	12.0	60.9	20.5	40.8	7.0	10.8	14.9	23.1	37.2	34.8
Brunei Darussalam	516	....	0.0	0.0	0.0	0.0	0.0	....	0.0	0.3	0.2	0.1	0.1
Cambodia	522	....	0.7	0.3	0.0	0.0	0.3	0.3	3.0	1.5	3.3	4.9	7.6
China,P.R.: Mainland	924	397.0	369.3	520.4	1,002.9	315.0	534.6	1,367.0	1,360.0	1,335.9	1,615.9	1,571.4	1,429.7
Fiji	819	0.0	....	....	....	....	....	....	0.0	0.1	0.2	0.1	0.1
F.T. French Polynesia	887	....	....	....	....	....	....	....	0.2	0.2	0.3	0.2	0.4
F.T. New Caledonia	839	0.0 e	0.0 e	0.0 e	....	0.0 e	0.0 e	0.0	....	0.0	0.1	0.1	0.0
Guam	829	....	....	....	....	....	....	....	0.0	0.0	0.0	0.0	0.1
India	534	492.9	324.0	229.2	450.5	237.6	458.8	396.5	622.0	395.5	504.4	507.4	500.6
Indonesia	536	93.5	17.1	17.1	38.3	11.5	54.4	47.8	57.9	63.2	84.3	106.4	73.5
Lao People's Dem.Rep	544	....	....	....	....	....	....	....	0.0	0.1	0.0	0.0	0.0
Malaysia	548	81.7	100.9	12.6	383.0	116.2	264.9	104.4	106.5	92.8	99.0	92.7	92.0
Maldives	556	0.2	0.2	10.2	55.9	11.9	0.0	0.0	0.1	0.0	0.0	0.0	0.0
Marshall Islands	867	....	0.1	0.0	0.1	0.3	0.2	0.0	0.0	0.0	40.1	0.0	0.0

Bahrain, Kingdom of (419)

In Millions of U.S. Dollars

		Exports (FOB) 2011	2012	2013	2014	2015	2016	Imports (CIF) 2011	2012	2013	2014	2015	2016
Mongolia	948	0.3	....	....	....	....	....	0.0	....	0.0	0.0	0.0	0.0
Myanmar	518	0.0	....	....	0.1	0.1	....	2.7	3.8	3.6	3.8	4.4	4.9
Nauru	836	....	....	....	0.0	....	....	0.0	0.0	0.1	0.2	0.0	0.0
Nepal	558	0.0	....	0.0	0.1	0.1	0.1	0.1	0.3	0.0	0.2	0.0	0.2
Papua New Guinea	853	1.3	....	....	....	....	....	....	0.1	0.0	0.0	0.0	0.0
Philippines	566	0.4	0.5	4.2	1.8	108.8	1.9	21.3	26.3	35.0	26.1	28.5	27.2
Samoa	862	....	0.1	....	....	....	0.1	0.0	0.0	0.0	....	....	0.0
Solomon Islands	813	....	....	....	....	....	....	....	....	0.4	0.0	0.0	0.0
Sri Lanka	524	0.2	3.7	1.7	11.8	6.5	3.4	30.1	8.9	7.1	12.6	9.7	11.9
Thailand	578	22.5	54.0	96.4	188.7	279.3	304.1	186.5	185.0	223.5	250.0	251.8	217.1
Vanuatu	846	....	0.3	0.0	0.2	0.2	0.1	0.0	0.0	0.0	0.0	0.0	0.0
Vietnam	582	1.4	12.3	8.0	3.2	4.5	8.0	18.6	87.1	31.5	96.5	154.3	149.6
Asia n.s.	598	....	....	....	....	....	....	69.7	100.2	97.1	87.1	89.1	82.8
Europe	170	50.8	213.9	271.5	294.0	138.8	105.2	381.0	282.4	270.5	375.4	362.3	340.9
Emerg. & Dev. Europe	903	42.6	204.5	257.8	279.2	130.9	95.2	244.3	237.7	238.6	357.2	347.7	323.4
Albania	914	....	....	....	0.0	0.1	....	0.2	0.2	0.4	0.6	0.4	0.3
Bosnia and Herzegovina	963	17.0	....	....	....	....	....	0.1	0.2	0.4	0.6	0.7	0.7
Bulgaria	918	....	0.2	0.0	0.0	....	0.0	1.8	3.0	2.6	4.8	5.2	6.1
Croatia	960	0.1	2.2	1.2	0.9	1.8	1.3	0.6	1.8	0.8	1.9	2.8	1.3
Hungary	944	0.5	0.1	0.1	0.0	0.0	2.5	55.5	32.0	15.2	12.7	33.3	16.1
Kosovo	967	....	....	....	....	....	0.0 e	1.3 e	1.0 e	1.1 e	1.3 e	1.1 e	0.2 e
Macedonia, FYR	962	....	....	....	....	....	....	0.3	0.1	0.7	0.9	0.2	0.2
Montenegro	943	....	....	....	....	....	0.2	....	....	....	....	0.0	0.1
Poland	964	0.3	0.6	3.0	3.2	2.8	7.4	26.0	35.1	27.4	42.6	49.3	46.8
Romania	968	0.4	0.3	0.7	1.4	0.9	0.6	10.9	8.6	10.0	33.7	12.3	13.1
Serbia, Republic of	942	....	....	....	0.3	0.2	0.0	0.2	2.5	3.1	1.6	2.2	1.0
Turkey	186	24.4	201.1	252.8	273.4	125.1	83.2	147.4	153.3	176.9	256.6	240.5	237.4
CIS	901	8.2	9.4	13.8	14.8	7.9	10.0	136.7	44.6	28.4	17.1	12.1	15.8
Armenia	911	....	....	....	....	0.0	....	....	0.1	0.0	0.0	0.0	0.0
Azerbaijan, Rep. of	912	....	....	....	....	....	3.1	0.0	0.0	0.1	0.1	0.0	0.2
Belarus	913	....	....	0.1	....	....	0.0	0.0	0.2	0.2	0.3	0.2	0.3
Georgia	915	....	....	0.0	0.0	0.2	0.5	0.0	0.1	0.5	0.6	0.9	0.3
Kazakhstan	916	0.0	0.2	0.2	0.1	....	0.7	0.0	0.1	0.0	0.1	....	0.0
Kyrgyz Republic	917	0.1 e	0.0 e	0.0 e	....	....	....	....	0.0	0.0	0.0	0.0	0.0
Moldova	921	....	....	0.0	....	....	....	0.1	0.1	0.3	0.2	0.2	0.3
Russian Federation	922	6.3	9.0	13.2	14.6	7.6	1.9	132.4	41.0	11.8	5.5	6.9	8.4
Tajikistan	923	....	....	....	....	....	....	0.0	0.0	0.0	0.1	0.0	0.0
Turkmenistan	925	....	....	....	....	0.0	3.7	0.0	0.3	0.0	0.0	0.0	0.1
Ukraine	926	1.8	0.3	0.3	0.1	....	....	4.1	2.7	15.5	10.2	3.8	6.3
Uzbekistan	927	....	....	....	0.0	....	0.1	0.0	0.0	0.0	0.0	0.1	0.1
Europe n.s.	884	....	....	....	....	....	....	....	0.1	3.5	1.2	2.5	1.6
Mid East, N Africa, Pak	440	4,508.6	4,368.8	7,200.6	11,667.9	10,179.3	6,671.0	9,078.3	2,169.2	10,853.5	10,182.6	6,466.6	2,476.0
Afghanistan, I.R. of	512	0.0	0.5	0.6	0.2	0.7	0.4	0.1	0.0	0.1	0.2	0.2	0.2
Algeria	612	63.3	120.1	78.6	220.8	174.8	127.0	0.1	0.2	0.1	1.0	0.0	0.2
Djibouti	611	0.6	0.2	0.5	0.4	50.7	0.3	0.0	0.8	4.7	0.2	0.2	0.0
Egypt	469	95.0	78.0	121.9	488.3	349.9	218.5	46.4	48.9	59.2	74.0	75.0	78.4
Iran, I.R. of	429	9.6	89.1	5.3	5.8	7.1	1.9	7.9	25.3	15.6	18.3	19.3	18.7
Iraq	433	44.2	30.5	40.6	1,124.3	494.4	43.8	0.1	0.2	0.0	0.1	0.0	0.1
Jordan	439	57.8	59.5	127.2	68.2	39.1	58.7	16.8	20.1	22.1	42.4	41.1	42.8
Kuwait	443	162.2	176.1	242.6	219.5	393.8	380.2	91.0	141.4	119.0	130.2	158.3	130.9
Lebanon	446	7.9	11.5	18.3	95.0	28.5	29.4	14.0	15.5	20.1	32.6	26.8	19.9
Libya	672	16.4	13.8	41.0	12.3	9.7	5.3	0.0	0.0	0.0	....	0.0	0.0
Mauritania	682	0.9	0.0	....	0.0	0.2	0.1	0.0	0.0	0.0	0.0	0.1	0.0
Morocco	686	98.5	120.1	157.4	178.4	131.6	85.0	4.6	5.0	5.3	9.2	10.6	12.6
Oman	449	768.2	309.3	558.8	836.1	896.5	445.7	41.6	74.6	161.3	200.4	89.9	73.9
Pakistan	564	68.4	74.8	18.7	56.1	20.0	23.9	88.5	80.9	102.1	115.6	90.5	77.4
Qatar	453	778.2	660.9	291.6	1,200.8	464.0	611.9	87.9	84.7	93.6	95.4	94.5	97.0
Saudi Arabia	456	1,643.1	1,894.3	3,786.4	3,540.3	4,480.8	2,337.9	8,090.9	730.5	9,168.1	8,367.4	4,706.5	809.4
Somalia	726	0.0	0.0	0.1	0.1	0.4	0.4	1.6	9.8	18.9	4.0	5.0	8.1
Sudan	732	....	10.3	3.9	21.8	3.3	13.5	....	1.1	4.1	7.3	5.5	2.7

Bahrain, Kingdom of (419)

In Millions of U.S. Dollars

		Exports (FOB)						Imports (CIF)					
		2011	2012	2013	2014	2015	2016	2011	2012	2013	2014	2015	2016
Syrian Arab Republic	463	69.1	29.4	0.8	4.4	4.6	0.0	7.5	5.3	3.0	3.0	2.2	2.6
Tunisia	744	14.5	13.3	23.7	20.7	24.2	23.0	1.8	2.3	2.4	3.9	4.0	5.2
United Arab Emirates	466	599.5	656.3	1,654.4	3,496.1	2,585.2	2,233.9	577.1	921.7	1,051.0	1,071.9	1,131.3	1,092.4
West Bank and Gaza	487	0.2	0.4	4.6	6.0	6.0	1.7	0.0	0.0	0.1	0.2	0.4	0.2
Yemen, Republic of	474	10.9	20.4	23.5	72.2	13.7	28.4	0.3	0.8	2.5	5.3	5.1	3.2
Sub-Saharan Africa	603	**83.1**	**27.0**	**58.9**	**1,376.1**	**529.6**	**395.4**	**108.6**	**70.0**	**114.3**	**198.9**	**115.4**	**64.9**
Angola	614	1.2	2.4	0.6	6.5	4.9	0.3	....	....	....	....	....	....
Burkina Faso	748	1.5	....	....	....	....	....	0.0	....	0.8	3.7	2.7	6.4
Cameroon	622	....	0.0	0.0	0.0	....	3.7	0.6	0.0	3.5	4.6	5.4	0.2
Central African Rep.	626	....	....	....	....	....	....	0.0	0.0	0.1	0.3	0.1	0.0
Chad	628	....	0.6	1.0	....	....	....	....	....	0.8	0.0	0.0	2.9
Comoros	632	....	....	....	....	....	....	0.1	0.2	0.1	0.1	0.1	0.5
Congo, Dem. Rep. of	636	0.0	....	0.0	0.1	....	0.1	....	0.2	0.5	0.1	0.0	0.0
Congo, Republic of	634	....	0.0	0.1	0.1	....	....	2.1	1.1	0.0	0.0	0.0	0.1
Côte d'Ivoire	662	....	0.1	1.6	0.1	0.9	0.7	0.9	0.8	1.1	3.3	1.7	0.0
Eritrea	643	1.2	....	....	....	....	....	....	0.0	0.0	0.1	0.0	0.0
Ethiopia	644	0.1	2.4	3.3	23.3	10.2	1.8	2.8	4.2	5.3	1.0	0.7	3.5
Gabon	646	....	0.1	0.0	0.1	0.3	0.6	0.0	0.1	0.3	0.1	0.2	0.1
Gambia, The	648	0.2	0.1	0.0	....	....	0.0	....	0.0	....	0.0	0.0	0.0
Ghana	652	0.1	6.8	0.2	0.1	0.1	0.1	0.1	0.0	0.8	0.1	0.2	0.2
Guinea	656	1.3	....	....	....	....	0.0	0.0	0.0	0.0	0.1	0.0	0.0
Kenya	664	3.7	1.3	6.7	492.9	67.8	85.8	2.4	3.4	2.9	3.5	3.8	4.0
Lesotho	666	....	....	....	....	....	....	0.1	0.1	0.0	0.0	0.0	0.0
Liberia	668	2.1	0.4	1.0	0.5	0.5	0.5	....	0.0	0.0	0.0	0.0	0.0
Madagascar	674	0.0	....	....	169.9	190.8	13.0	1.1	1.0	0.9	0.6	0.7	1.2
Malawi	676	....	....	....	....	....	....	0.4	0.0	0.1	0.1	0.1	0.0
Mali	678	....	....	....	0.0	....	....	0.5	3.0	2.1	89.2	0.9	0.8
Mauritius	684	0.8	0.6	0.6	0.9	1.7	7.3	0.5	1.2	1.1	1.4	1.1	0.9
Mozambique	688	31.1	1.2	3.6	537.0	63.1	57.1	0.6	1.0	0.5	2.5	55.7	1.7
Namibia	728	1.1	0.0	1.6	2.1	1.0	0.0	....	0.2	1.3	0.6	2.1	0.6
Niger	692	....	1.6	0.1	....	....	....	0.1	0.0	0.1	0.2	0.1	0.0
Nigeria	694	1.4	2.4	3.8	1.1	42.9	7.8	0.2	0.2	0.6	1.1	2.4	7.3
Rwanda	714	....	....	2.4	....	....	....	....	0.0	0.0	0.0	0.0	0.0
Senegal	722	0.2	0.2	0.0	0.1	0.7	0.4	0.0	0.9	0.1	0.1	0.0	0.1
Seychelles	718	0.4	0.3	0.1	0.2	0.2	22.3	0.0	0.1	0.1	0.0	0.0	0.1
Sierra Leone	724	....	....	0.1	0.1	0.1	0.0	....	1.1	0.8	0.5	0.4	0.3
South Africa	199	30.1	5.7	11.0	67.7	50.7	57.4	61.1	45.4	48.4	30.7	34.2	32.0
Swaziland	734	1.4	....	3.9	0.5	....	....	24.6	....	36.4	53.3	0.4	....
Tanzania	738	4.7	0.5	16.8	72.2	68.2	135.7	1.2	0.6	0.3	0.8	0.7	0.4
Togo	742	0.4	....	....	0.2	25.3	0.5	....	0.0	0.0	0.0	0.0	0.0
Uganda	746	....	0.1	0.5	0.2	0.0	0.2	6.1	3.0	1.4	0.6	0.6	1.0
Zambia	754	....	....	....	0.3	....	....	2.1	0.1	0.5	0.0	0.0	0.1
Zimbabwe	698	0.1	0.2	....	....	....	....	0.0	1.5	3.1	0.0	0.1	0.0
Africa n.s.	799	....	....	....	....	....	....	0.8	0.4	0.2	0.2	0.9	0.2
Western Hemisphere	205	**132.1**	**64.3**	**51.1**	**56.9**	**107.9**	**66.2**	**1,351.6**	**864.6**	**539.0**	**699.6**	**609.3**	**467.3**
Anguilla	312	....	....	0.8	0.1	0.1	....	....	0.0	0.0	0.2	0.0	0.0
Antigua and Barbuda	311	....	0.1	0.0	0.0	0.0	0.0	0.0	0.0	0.0	0.0	0.1	0.0
Argentina	213	0.5	1.0	0.5	0.9	0.1	0.3	24.9	26.8	12.1	10.7	10.9	9.8
Aruba	314	....	0.0 e	....	0.1 e	....	....	....	0.0	....	0.0	0.0	0.0
Bahamas, The	313	....	0.1	0.0	0.0	0.1	0.0	0.0	0.0	0.0	0.0	0.0	0.0
Belize	339	....	0.0	....	0.0	....	....	0.1	4.9	0.0	0.1	19.2	0.7
Bermuda	319	....	0.0	0.0	0.0	0.0	....	0.0	0.0	0.0	....	0.1	0.0
Bolivia	218	....	....	0.0	....	....	....	0.0	0.0	0.0	0.1	0.2	0.3
Brazil	223	22.8	33.3	26.7	53.8	95.3	56.8	1,258.0	659.9	343.7	463.8	414.3	317.4
Chile	228	0.2	0.1	0.0	0.0	0.2	0.1	6.9	93.2	119.6	170.1	76.1	76.8
Colombia	233	0.5	0.3	8.5	0.5	1.4	1.9	1.4	1.3	1.5	2.6	2.1	2.0
Costa Rica	238	0.3	....	....	0.0	....	0.0	0.3	....	0.5	0.6	0.8	1.0
Curaçao	354	0.2	1.1	....	0.0	0.0	....	0.1	0.4	0.1	0.1	0.0	0.0
Dominica	321	0.1	....	....	....	....	....	0.0	0.1	0.1	0.1	0.0	0.0
Dominican Republic	243	....	....	....	0.1	0.2	0.1	0.2	0.2	0.9	0.6	0.8	0.6

2017, International Monetary Fund: *Direction of Trade Statistics Yearbook*

Bahrain, Kingdom of (419)

In Millions of U.S. Dollars

		Exports (FOB)						Imports (CIF)					
		2011	2012	2013	2014	2015	2016	2011	2012	2013	2014	2015	2016
Ecuador	248	0.1	....	0.0	....	1.4	0.3	0.9	1.2	1.5	1.6	1.7	1.9
El Salvador	253	....	....	....	0.0	6.2	....	0.0	0.1	0.1	0.0	0.0	0.1
Greenland	326	....	....	....	....	....	....	....	....	0.0	0.4	0.0	0.0
Guatemala	258	4.4	9.3	....	0.0	....	....	2.4	1.6	1.5	1.9	1.8	1.9
Guyana	336	....	0.0	0.0	0.1	0.1	0.0	0.0	0.0	0.0	0.0	0.1	0.0
Haiti	263	0.0	....	....	....	....	....	0.0	0.0	0.1	0.1	0.6	0.2
Honduras	268	....	....	....	....	0.0	....	0.1	0.2	0.3	0.3	0.3	0.3
Jamaica	343	....	....	....	0.0	....	....	0.0	0.0	0.1	0.0	0.1	0.0
Mexico	273	0.5	1.3	12.3	1.0	2.3	6.2	43.7	62.4	52.7	39.1	45.1	37.2
Nicaragua	278	....	....	....	....	0.0	....	0.0	0.0	0.0	0.2	0.2	0.1
Panama	283	0.1	0.3	0.5	0.3	0.2	0.1	0.2	0.2	0.4	0.4	27.7	0.1
Paraguay	288	....	....	....	....	0.0	0.1	1.9	0.6	1.6	3.1	3.6	3.2
Peru	293	102.4	17.3	1.5	....	....	0.0	0.9	1.4	1.0	1.7	2.2	1.9
St. Vincent & Grens.	364	....	0.1	0.0	0.0	0.0	0.0	....	0.0	....	....	....	11.0
Suriname	366	....	0.0	....	0.0	....	....	....	0.0	0.1	0.1	0.1	0.1
Trinidad and Tobago	369	....	....	0.0	....	....	0.1	0.0	0.0	0.0	0.0	0.0	0.0
Uruguay	298	....	....	....	....	....	0.0	0.5	0.6	0.2	0.4	0.2	0.6
Venezuela, Rep. Bol.	299	0.0	0.1	0.1	0.0	0.2	0.1	8.8	9.3	0.6	1.1	1.0	0.1
Other Countries n.i.e	910	22.2	....	0.0	....	....	0.8	236.7	0.4	0.6	1.2	1.1	0.5
Cuba	928	....	....	0.0	....	....	0.8	0.3	0.4	0.6	1.2	0.8	0.5
Korea, Dem. People's Rep.	954	22.2	....	....	....	....	....	236.4	....	....	....	0.3	....
Countries & Areas n.s.	898	....	....	....	....	....	....	10.9	3,362.1	36.6	47.0	44.2	3,155.2
Memorandum Items													
Africa	605	260.9	291.0	323.1	1,818.3	914.7	644.8	116.8	89.2	149.9	224.5	140.8	93.8
Middle East	405	4,262.3	4,029.5	6,917.1	11,169.4	9,773.3	6,397.3	8,981.5	2,069.0	10,715.6	10,041.2	6,350.5	2,369.5
European Union	998	503.1	324.1	388.9	919.3	566.3	615.1	2,039.5	1,991.1	1,849.0	2,265.2	2,206.6	2,227.0
Export earnings: fuel	080	4,105.1	3,985.9	6,750.5	10,751.3	9,578.9	6,236.5	9,042.9	2,034.1	10,628.9	9,902.4	6,219.5	2,249.2
Export earnings: nonfuel	092	3,264.1	2,975.0	3,729.9	12,575.6	6,933.3	6,529.0	8,651.2	12,287.8	8,062.1	10,246.8	10,226.8	12,562.2

Bangladesh (513)

In Millions of U.S. Dollars

		Exports (FOB)						Imports (CIF)					
		2011	2012	2013	2014	2015	2016	2011	2012	2013	2014	2015	2016
IFS World		19,801.9	....	....	....	29,924.9	30,187.5	33,974.6	....	....	....	39,488.1	41,251.1
World	001	23,099.9	22,250.8	25,913.0	28,433.8	29,924.6	30,195.3	36,192.7	34,160.4	37,544.1	41,635.1	39,476.0	41,260.5
Advanced Economies	110	16,799.1	15,749.9	18,146.8	19,687.0	20,514.5	20,446.6	10,244.0	9,574.4	10,389.7	11,343.1	11,432.6	12,171.6
Euro Area	163	8,239.7	7,167.0	8,387.2	9,621.6	9,693.9	9,851.6	1,776.8	1,412.9	1,570.9	1,736.4	1,970.0	2,171.5
Austria	122	53.6	49.3	51.5	50.1	45.0	56.2	56.0	49.1	32.3	51.5	73.1	82.0
Belgium	124	595.6	510.0	600.6	759.2	690.2	698.6	148.8	97.0	91.5	167.0	140.5	160.2
Cyprus	423	4.7	3.0	2.3	3.3	4.5	4.2	0.6	2.2	9.3	0.5	1.3	1.3
Estonia	939	1.7	2.4	1.6	1.2	0.7	1.0	0.3	0.3	0.0	....	....	....
Finland	172	39.6	29.2	48.3	41.1	25.6	23.9	177.9	85.6	74.4	103.7	122.2	57.6
France	132	1,450.9	1,164.5	1,354.3	1,466.4	1,504.0	1,549.9	95.6	101.6	182.6	124.0	222.6	197.3
Germany	134	3,251.3	2,970.6	3,440.7	3,878.0	3,857.4	3,837.9	670.5	504.5	579.5	596.4	672.4	823.7
Greece	174	31.7	24.3	21.5	22.4	26.2	31.0	9.2	10.0	17.8	13.1	22.4	18.4
Ireland	178	158.8	181.9	197.0	216.1	206.8	210.8	8.4	12.5	24.4	21.5	16.2	17.3
Italy	136	869.7	758.6	920.3	1,161.7	1,170.9	1,159.3	350.8	269.3	274.8	311.9	413.8	522.0
Latvia	941	....	....	....	....	....	....	2.6	....	1.1	12.0	1.1	3.5
Lithuania	946	....	....	....	....	....	....	3.9	6.0	4.6	....	....	1.5
Luxembourg	137	....	....	....	....	....	....	0.3	3.9	4.1	4.5	4.6	1.1
Malta	181	0.8	0.5	1.1	0.6	2.5	6.0	0.8	2.0	1.9	8.4	10.5	5.8
Netherlands	138	831.9	536.8	612.8	654.0	620.1	608.1	133.3	133.9	160.7	194.3	121.0	154.7
Portugal	182	52.9	38.2	46.3	50.5	44.8	58.4	17.3	13.7	2.8	7.6	6.6	3.3
Slovak Republic	936	52.1	42.0	53.3	54.7	51.6	57.1	3.8	0.4	1.5	7.8	5.0	0.8
Slovenia	961	8.1	10.0	25.3	32.5	31.3	53.7	0.6	1.2	1.3	1.6	14.8	4.7
Spain	184	836.4	845.7	1,010.3	1,229.9	1,412.3	1,495.5	96.0	119.6	106.2	110.4	122.1	116.4
Australia	193	249.6	344.8	408.5	454.8	547.1	533.5	641.6	501.9	651.9	446.4	521.1	611.3
Canada	156	783.3	778.2	853.3	778.3	780.1	770.0	508.2	549.1	653.3	636.0	680.7	713.3
China,P.R.: Hong Kong	532	224.6	243.4	428.9	356.1	347.9	312.8	744.4	556.0	709.1	800.9	824.8	878.6
China,P.R.: Macao	546	....	....	....	....	....	....	11.0	7.2	6.7	18.6	26.3	31.6
Czech Republic	935	26.4	29.0	38.0	45.9	53.0	68.3	20.4	15.1	12.0	17.3	40.6	25.1
Denmark	128	316.2	363.7	413.5	516.3	513.8	554.4	51.9	82.1	73.6	93.3	64.8	80.6
Iceland	176	4.3	5.1	3.7	10.8	4.4	4.5	0.9	2.7	6.0	0.6	0.3	0.3
Israel	436	....	....	....	....	....	....	....	....	....	....	....	0.8 e
Japan	158	290.2	350.0	469.0	536.8	614.2	692.4	1,430.7	1,346.0	1,183.4	1,431.3	1,533.5	1,835.9
Korea, Republic of	542	122.3	101.0	146.5	188.8	168.3	159.6	1,333.7	1,487.8	1,237.7	1,237.3	1,134.7	1,206.0
New Zealand	196	23.6	28.7	41.9	47.7	47.1	53.6	80.9	92.3	98.0	130.1	170.5	136.0
Norway	142	98.4	85.8	104.8	99.1	116.4	118.6	30.3	23.7	104.6	12.2	16.3	31.7
Singapore	576	75.5	154.4	128.9	120.8	117.4	95.0	1,431.4	1,560.1	1,970.1	2,408.4	2,038.0	2,101.5
Sweden	144	372.6	330.8	418.1	417.0	508.5	496.2	57.6	63.2	67.7	105.7	101.9	47.1
Switzerland	146	107.9	103.6	119.8	130.0	122.7	130.4	250.5	181.3	219.9	205.9	273.4	335.9
Taiwan Prov.of China	528	58.1	53.9	43.1	71.8	58.1	54.7	779.3	866.4	780.4	851.0	802.3	782.8
United Kingdom	112	1,982.0	1,908.1	2,193.3	2,238.8	2,656.7	2,588.7	306.7	253.5	394.1	335.1	293.1	320.2
United States	111	3,824.2	3,702.4	3,948.0	4,052.6	4,164.9	3,962.3	787.7	573.1	650.6	876.5	940.2	861.3
Emerg. & Dev. Economies	200	2,918.3	2,926.7	3,488.8	3,899.5	4,116.9	4,360.1	23,544.8	22,204.4	24,261.5	26,863.2	24,707.0	25,824.5
Emerg. & Dev. Asia	505	1,034.1	1,120.2	1,164.7	1,433.3	1,538.5	1,743.1	16,147.8	14,872.8	16,657.6	18,793.0	17,998.3	18,849.6
American Samoa	859	....	....	....	....	....	....	....	0.3	0.2	....	....	....
Bhutan	514	4.2	4.2	1.8	3.4	2.9	2.6	21.1	21.4	24.6	24.0	27.5	23.8
Brunei Darussalam	516	0.5	39.0	0.7	0.8	1.1	1.3	0.2	0.1	0.1	0.3	21.6	0.1
Cambodia	522	2.1	2.6	3.7	3.5	4.2	4.5	0.7	0.2	0.1	0.5	1.6	0.7
China,P.R.: Mainland	924	299.6	314.4	401.9	691.7	675.1	716.1	6,575.2	6,092.1	6,972.5	7,846.1	8,848.8	10,028.8
Fiji	819	....	....	....	....	....	....	0.9	0.1	7.6	0.6	....	0.1
F.T. New Caledonia	839	....	....	....	....	....	....	13.8	16.7	9.0	....	....	....
India	534	523.0	520.0	473.0	432.0	546.8	642.8	4,870.3	4,704.2	5,246.1	6,174.4	5,575.2	5,530.2
Indonesia	536	29.0	32.5	50.1	48.9	33.4	39.5	1,051.3	1,124.8	1,079.7	1,281.3	1,295.8	1,088.9
Kiribati	826	....	....	....	....	....	....	....	0.3	3.3	6.1	0.8	4.6
Lao People's Dem.Rep	544	....	....	....	....	....	....	2.9	1.7	2.5	1.6	1.0	0.1
Malaysia	548	38.0	52.4	72.2	93.9	105.7	137.9	1,766.3	1,711.4	1,975.5	1,762.7	1,000.7	957.2
Maldives	556	....	....	....	....	....	....	0.7	0.7	0.7	0.5	1.0	0.8
Myanmar	518	5.0	8.2	11.5	15.4	15.7	26.5	155.7	74.6	81.8	71.6	28.8	43.4
Nepal	558	17.0	18.2	18.6	20.5	21.3	36.4	28.4	37.1	21.8	19.4	5.8	12.6
Papua New Guinea	853	3.5	2.0	1.7	2.3	1.5	2.7	....	....	0.4	....	....	5.9
Philippines	566	11.0	9.9	15.7	18.3	24.6	29.1	47.4	35.3	11.4	191.6	49.4	13.7

2017, International Monetary Fund: *Direction of Trade Statistics Yearbook*

Bangladesh (513)
In Millions of U.S. Dollars

		Exports (FOB)						Imports (CIF)					
		2011	2012	2013	2014	2015	2016	2011	2012	2013	2014	2015	2016
Sri Lanka	524	18.9	21.3	19.5	22.1	28.3	20.5	28.0	39.5	39.7	68.3	44.2	44.8
Thailand	578	36.6	63.3	61.2	30.7	29.0	29.6	1,139.5	712.9	722.5	698.9	641.6	731.7
Vietnam	582	45.7	32.2	33.3	49.5	49.0	53.5	445.7	299.2	458.0	645.2	454.4	362.4
Europe	170	**984.6**	**924.2**	**1,278.4**	**1,438.1**	**1,401.1**	**1,488.7**	**1,436.5**	**1,452.6**	**1,807.0**	**1,644.4**	**1,598.8**	**1,858.3**
Emerg. & Dev. Europe	903	**849.1**	**781.5**	**1,059.5**	**1,166.1**	**1,146.0**	**1,177.8**	**257.5**	**268.0**	**374.8**	**226.6**	**312.3**	**359.3**
Albania	914	2.2	2.0	4.7	7.2	5.2	1.6	....	....	....	....	....	....
Bosnia and Herzegovina	963	....	....	....	....	....	....	....	3.0	8.1	....	....	....
Bulgaria	918	2.8	2.7	10.3	2.8	1.3	2.2	23.5	30.0	14.6	18.9	24.4	40.7
Croatia	960	3.1	5.7	10.6	15.1	15.4	14.8	10.9	13.0	6.4	4.9	18.3	15.2
Hungary	944	6.8	3.6	6.9	9.6	7.3	5.4	9.8	4.0	5.4	5.0	9.8	7.8
Macedonia, FYR	962	....	....	....	....	....	....	....	....	....	....	....	0.1 e
Montenegro	943	....	....	....	....	....	....	....	....	....	....	....	3.4 e
Poland	964	208.7	287.5	364.8	459.4	511.3	594.0	50.1	55.4	61.3	37.4	31.8	61.3
Romania	968	10.4	12.8	10.7	10.1	11.6	8.9	32.5	29.9	12.4	12.4	31.8	10.0
Serbia, Republic of	942	....	....	....	....	....	....	1.2	10.3	21.0	2.6	22.7	21.1
Turkey	186	615.0	467.2	651.6	662.1	594.0	550.9	129.6	122.3	245.7	145.4	173.4	199.7
CIS	901	**135.6**	**142.7**	**218.9**	**272.0**	**255.1**	**310.9**	**1,179.0**	**1,184.6**	**1,432.2**	**1,417.7**	**1,286.5**	**1,499.0**
Belarus	913	3.4	2.5	2.6	3.6	2.9	1.9	144.3	79.0	133.6	23.1	98.4	78.8
Georgia	915	1.7	2.6	1.8	0.8	1.1	1.5	....	....	....	....	....	....
Kazakhstan	916	0.5	0.5	0.5	0.9	2.3	2.9	12.9	7.8	23.4	14.4	2.3	5.1
Kyrgyz Republic	917	....	....	....	....	....	....	....	....	0.5	....	....	....
Moldova	921	0.5	1.1	1.0	0.7	0.4	0.6	....	0.4	0.2	....	....	....
Russian Federation	922	110.7	120.5	191.6	241.6	226.0	278.1	291.2	324.3	267.7	299.2	222.7	412.0
Tajikistan	923	7.2	1.3	0.7	0.2	0.6	1.1	27.3	59.0	74.4	51.1	31.0	35.1
Turkmenistan	925	....	....	....	....	....	....	143.8	170.0	148.7	261.3	218.2	154.7
Ukraine	926	7.7	8.8	14.1	16.2	11.3	8.7	84.1	54.3	221.8	158.4	219.3	371.8
Uzbekistan	927	3.9	5.4	6.8	8.0	10.5	16.2	475.4	489.9	562.0	610.3	494.6	441.5
Mid East, N Africa, Pak	440	**553.1**	**537.8**	**657.2**	**629.5**	**721.4**	**728.4**	**4,516.9**	**4,106.2**	**3,903.3**	**4,256.8**	**3,160.4**	**2,876.2**
Afghanistan, I.R. of	512	6.7	5.0	3.9	5.9	6.4	8.9	25.5	8.8	2.4	1.2	6.0	10.0
Algeria	612	4.3	5.8	4.9	5.0	6.5	4.2	....	....	....	....	....	1.1
Bahrain, Kingdom of	419	3.7	3.3	3.9	4.9	4.7	4.1	1.4	16.6	24.6	72.4	58.5	24.6
Djibouti	611	3.9	0.6	1.0	2.1	2.5	2.5	....	....	....	....	....	....
Egypt	469	27.7	29.7	37.9	35.9	30.3	30.7	337.7	156.3	228.4	36.9	41.1	44.2
Iran, I.R. of	429	106.9	67.3	83.2	51.5	47.9	39.0	40.1	10.0	2.1	8.0	5.8	0.3
Iraq	433	0.2	0.3	1.1	0.9	0.9	0.6	4.8	4.8	4.1	18.9	5.2	8.4
Jordan	439	4.0	3.5	4.9	5.6	7.8	6.3	12.4	2.5	20.4	4.5	32.6	17.4
Kuwait	443	14.8	15.5	18.3	19.9	20.7	20.9	1,332.3	1,174.2	921.2	1,074.8	730.9	478.3
Lebanon	446	....	....	....	....	....	....	87.4	56.9	13.7	....	....	28.3
Morocco	686	4.0	3.7	5.2	4.3	5.2	6.1	154.9	242.7	103.9	138.3	176.7	128.4
Oman	449	1.3	3.7	9.6	15.4	17.3	19.2	26.4	32.9	31.9	49.8	62.2	82.9
Pakistan	564	78.1	64.9	55.5	48.8	59.4	48.3	699.4	486.8	529.8	483.6	490.7	509.4
Qatar	453	8.8	9.9	10.3	20.8	18.1	18.2	166.0	130.9	158.6	264.9	209.1	119.3
Saudi Arabia	456	84.6	104.8	121.8	148.4	173.5	159.9	709.4	841.6	825.1	969.2	585.1	620.1
Sudan	732	38.8	31.2	38.5	21.0	34.8	20.6	5.3	3.1	4.2	2.5	0.2	1.5
Syrian Arab Republic	463	28.3	20.3	6.8	2.3	1.5	0.3	9.8	0.0	1.1	....	....	....
Tunisia	744	2.8	3.1	4.0	5.3	4.5	4.2	139.2	101.0	135.7	146.6	126.0	115.6
United Arab Emirates	466	132.5	162.7	242.7	228.4	276.5	333.3	764.9	836.3	887.2	983.1	627.9	685.6
Yemen, Republic of	474	1.6	2.5	3.6	2.9	3.0	1.2	....	0.8	9.1	2.0	2.4	0.8
Sub-Saharan Africa	603	**92.8**	**87.8**	**83.7**	**84.8**	**102.6**	**94.0**	**235.8**	**243.6**	**344.1**	**465.3**	**537.5**	**613.0**
Benin	638	1.8	1.2	0.5	1.0	0.3	1.1	0.0	2.2	5.2	31.0	54.3	50.9
Botswana	616	....	....	....	....	....	....	....	0.4	....	....	....	....
Burkina Faso	748	....	....	....	....	....	....	13.0	4.7	23.5	59.3	71.9	40.6
Cameroon	622	1.1	0.9	1.5	1.3	2.3	1.7	19.1	7.8	11.9	36.2	51.8	67.2
Central African Rep.	626	....	....	....	....	....	....	0.6	....	0.1	....	....	....
Chad	628	....	....	....	....	....	....	11.6	11.2	24.4	20.0	27.0	54.5
Côte d'Ivoire	662	7.0	13.4	9.9	7.5	9.9	14.5	1.6	4.1	10.5	46.7	35.7	35.4
Equatorial Guinea	642	....	....	....	....	....	....	....	0.2	0.2	0.2	0.3	0.8
Ethiopia	644	1.8	0.9	2.6	1.9	2.1	2.3	5.8	3.7	1.3	....	....	....
Gabon	646	....	....	....	....	....	....	....	0.5	0.7	....	....	1.5
Ghana	652	3.4	3.3	2.6	2.4	2.0	1.1	2.4	3.7	0.7	3.6	4.8	1.5

Bangladesh (513)
In Millions of U.S. Dollars

		Exports (FOB) 2011	2012	2013	2014	2015	2016	Imports (CIF) 2011	2012	2013	2014	2015	2016
Guinea	656	0.5	0.5	0.8	0.7	0.6	0.8	....	....	....	....	....	0.5 e
Guinea-Bissau	654	1.1	1.1	1.6	1.0	0.9	2.0	....	....	....	....	....	....
Kenya	664	8.5	6.4	6.7	12.6	9.1	9.3	5.7	5.2	3.7	3.7	3.6	2.4
Liberia	668	....	....	....	....	....	....	....	....	3.9	30.2	1.2	10.1
Madagascar	674	0.5	0.6	0.3	0.4	0.5	0.8	0.0	0.4	1.4	2.2	2.4	1.6
Malawi	676	....	....	....	....	....	....	2.7	9.7	6.1	6.9	11.6	7.6
Mali	678	....	....	....	....	....	....	24.1	23.4	40.2	48.8	79.4	113.4
Mauritius	684	....	....	....	....	....	....	0.1	2.7	4.8	12.5	12.8	12.3
Mozambique	688	3.1	0.9	1.1	0.6	0.5	0.3	2.2	1.5	11.1	5.6	4.5	6.5
Niger	692	....	....	....	....	....	....	....	....	....	1.4	....	....
Nigeria	694	12.7	2.6	2.7	2.5	2.6	2.6	19.2	10.4	6.0	1.5	5.2	1.8
Senegal	722	....	....	....	....	....	....	4.5	0.6	0.2	7.1	9.5	11.0
South Africa	199	49.4	51.9	49.8	47.8	65.0	53.3	40.0	38.7	44.7	67.9	105.9	140.1
Swaziland	734	0.6	....	....	....	....	....	0.4	....	....	....	....	....
Tanzania	738	0.4	2.5	1.8	3.2	3.5	1.9	2.0	22.1	11.0	11.0	7.9	7.1
Togo	742	....	....	....	....	....	....	....	1.2	7.1	....	....	....
Uganda	746	1.0	1.6	2.0	2.0	3.2	2.3	22.0	18.5	5.1	4.2	3.3	6.9
Zambia	754	....	....	....	....	....	....	20.9	22.4	51.6	42.8	21.9	21.2
Zimbabwe	698	....	....	....	....	....	....	37.8	48.2	68.8	22.3	22.4	17.9
Western Hemisphere	205	**253.6**	**256.8**	**304.7**	**313.8**	**353.2**	**305.9**	**1,207.8**	**1,529.2**	**1,549.5**	**1,703.8**	**1,412.0**	**1,627.4**
Argentina	213	5.4	4.1	3.4	4.6	2.4	3.1	261.7	279.9	425.6	505.9	306.2	382.1
Belize	339	....	....	....	....	....	....	....	....	2.7	0.3	5.0	0.0
Bolivia	218	....	....	....	....	....	....	....	0.3	....	....	....	....
Brazil	223	120.0	124.1	142.6	156.3	157.7	91.9	883.8	1,098.7	939.3	984.5	909.2	1,081.0
Chile	228	13.7	16.0	26.3	26.3	32.2	42.8	1.3	11.3	3.9	1.7	2.0	8.7
Colombia	233	6.5	5.2	14.6	9.1	9.5	8.7	....	....	....	....	....	0.2 e
Costa Rica	238	....	....	....	....	....	....	....	0.8	0.4	....	....	....
Dominican Republic	243	....	....	....	....	....	....	4.0	1.3	4.0	7.3	5.6	4.5
Ecuador	248	....	....	....	....	....	....	....	....	....	....	....	0.7
El Salvador	253	0.6	1.3	1.0	0.9	1.2	3.1	....	....	....	....	....	0.3 e
Falkland Islands	323	....	....	....	....	....	....	....	....	0.9	0.4	....	....
Guatemala	258	....	....	....	....	....	....	13.5	44.1	9.4	21.3	18.1	18.9
Honduras	268	....	....	....	....	....	....	....	....	....	....	....	2.2
Jamaica	343	....	....	....	....	....	....	....	....	....	5.6	0.6	0.2
Mexico	273	94.2	92.1	101.0	93.6	125.0	121.4	8.3	5.5	3.9	7.0	8.0	6.7
Netherlands Antilles	353	0.1	0.1	0.2	0.1	0.2	0.2	....	....	....	....	....	....
Panama	283	8.3	8.4	9.4	10.6	10.5	8.3	10.9	1.1	....	7.5	....	2.4
Paraguay	288	....	....	....	....	....	....	22.9	57.5	66.1	94.0	83.4	70.9
Peru	293	4.9	5.4	6.2	12.3	14.5	26.4	0.9	5.3	2.8	7.9	5.3	3.1
St. Kitts and Nevis	361	....	....	....	....	....	....	....	6.9	....	5.4	14.0	8.4
Suriname	366	....	....	....	....	....	....	....	....	....	....	....	5.2
Uruguay	298	....	....	....	....	....	....	0.5	10.0	85.4	55.4	54.6	32.0
Western Hem. n.s.	399	....	....	....	....	....	....	....	5.4	5.6	....	....	....
Other Countries n.i.e	910	**23.9**	**16.3**	**21.8**	**12.5**	**12.2**	**12.6**	**44.6**	**21.5**	**29.7**	**45.8**	**24.9**	**3.5**
Cuba	928	....	....	....	....	....	....	....	....	....	....	....	0.1 e
Korea, Dem. People's Rep.	954	23.9	16.3	21.8	12.5	12.2	12.6	44.6	21.5	29.7	45.8	24.9	3.5
Special Categories	899	**3,305.2**	**3,481.6**	**4,177.2**	**4,749.5**	**5,182.8**	**5,277.0**	**2,218.3**	**2,246.9**	**2,636.5**	**3,202.2**	**3,067.0**	**3,025.4**
Countries & Areas n.s.	898	**53.6**	**76.2**	**78.5**	**85.2**	**98.3**	**98.9**	**141.0**	**113.1**	**226.7**	**180.8**	**244.6**	**235.5**
Memorandum Items													
Africa	605	146.7	132.2	137.4	122.6	156.2	131.6	535.2	590.4	588.0	752.6	840.4	859.6
Middle East	405	414.4	423.5	544.1	537.1	602.1	633.7	3,492.7	3,263.8	3,127.3	3,484.7	2,360.8	2,110.2
European Union	998	11,168.9	10,110.9	11,853.5	13,336.4	13,972.7	14,184.5	2,340.0	1,959.2	2,218.2	2,366.5	2,586.6	2,779.4
Export earnings: fuel	080	489.6	543.6	709.5	753.2	810.6	894.3	3,524.1	3,573.0	3,334.7	4,040.0	2,784.4	2,652.9
Export earnings: nonfuel	092	22,610.4	21,707.2	25,203.4	27,680.6	29,114.0	29,300.9	32,668.6	30,587.4	34,209.4	37,595.0	36,691.6	38,607.6

Barbados (316)

In Millions of U.S. Dollars

		Exports (FOB)						Imports (CIF)					
		2011	2012	2013	2014	2015	2016	2011	2012	2013	2014	2015	2016
IFS World		284.2	296.4	262.0	277.3	253.0	....	1,825.6	1,779.6	1,758.9	1,739.1	1,618.1	....
World	001	377.6	430.2	338.7	362.9	406.5	449.5	1,784.4	1,776.6	1,777.5	1,749.1	1,625.9	1,629.3
Advanced Economies	110	147.7	217.6	130.8	135.4	201.9	225.9	968.9	893.7	943.9	969.9	1,006.2	1,033.5
Euro Area	163	11.6	13.0	21.7	20.6	17.5	18.3	116.5	105.1	104.1	110.6	129.7	141.5
Austria	122	0.0	0.0	0.0	0.0	0.0	0.0	1.5	1.3	1.0	1.5	1.4	1.9
Belgium	124	0.0	0.1	0.1	0.2	0.0	0.1	6.9	6.4	6.1	5.9	5.6	5.0
Cyprus	423	0.0	....	0.1	0.1	....	0.0	0.2	0.4	0.2	0.4	0.4	0.3
Estonia	939	0.0	....	....	....	....	....	1.0	0.1	0.1	0.1	0.0	0.6
Finland	172	0.0	0.0	0.0	0.0	....	0.0	0.2	0.2	0.4	0.3	0.2	0.4
France	132	6.1	5.9	6.4	10.3	10.7	11.0	26.4	34.7	34.6	31.0	31.3	31.7
Germany	134	2.4	1.2	2.3	3.1	1.1	2.1	36.2	18.8	22.9	25.0	27.0	33.2
Greece	174	0.1	0.0	0.0	0.2	0.0	0.0	0.1	0.1	0.1	0.1	0.1	0.2
Ireland	178	0.1	0.0	0.0	0.2	0.2	0.1	2.9	3.1	3.2	3.5	13.2	3.7
Italy	136	0.9	1.0	0.7	0.4	1.2	0.4	13.6	14.9	12.8	14.3	14.1	19.4
Latvia	941	0.0	....	....	....	0.0	0.0	0.1	0.0	0.1	0.1	0.1	0.1
Lithuania	946	0.0	....	0.0	....	0.0	0.0	0.3	0.3	0.3	0.2	0.3	0.3
Luxembourg	137	0.1	0.0	....	0.0	....	....	0.0	0.0	0.0	0.0	0.0	0.0
Malta	181	....	....	0.0	....	....	0.0	0.0	0.0	0.0	0.2	0.0	0.0
Netherlands	138	0.7	1.2	2.1	1.6	2.2	3.1	18.9	15.3	13.2	17.2	23.5	30.1
Portugal	182	0.0	0.0	7.4	2.6	0.0	0.0	2.0	1.6	1.4	2.1	2.4	1.2
Slovak Republic	936	0.3	0.2	0.7	0.2	0.1	0.2	0.1	0.1	0.1	0.1	0.1	0.1
Slovenia	961	....	0.0	0.0	....	....	0.0	0.1	0.1	0.1	0.4	0.1	0.1
Spain	184	1.0	3.3	1.9	1.7	2.1	1.2	5.8	7.6	7.5	8.2	9.8	13.1
Australia	193	0.2	0.3	0.5	0.1	0.1	0.0	8.1	1.7	3.8	6.2	4.3	5.2
Canada	156	7.5	10.2	11.9	12.1	8.7	9.1	55.3	46.6	49.6	39.8	38.0	36.6
China,P.R.: Hong Kong	532	0.4	0.5	0.2	0.8	0.2	0.2	4.9	3.3	4.2	6.1	5.3	8.8
China,P.R.: Macao	546	....	....	....	....	....	....	0.0	0.0	0.0	0.1	0.0	0.0
Czech Republic	935	0.3	0.3	0.3	0.4	0.2	0.2	0.2	0.2	0.6	0.3	0.3	0.5
Denmark	128	0.0	0.4	0.1	0.0	0.1	0.2	6.2	6.0	7.1	5.3	7.3	5.9
Iceland	176	....	....	....	0.0	....	0.1	0.0	0.2	0.0	0.0	0.0	0.0
Israel	436	0.0	0.2	0.1	0.8	0.0	0.2	3.7	2.1	0.9	1.6	2.5	1.9
Japan	158	0.0	0.0	0.1	0.1	0.3	0.1	41.3	35.8	34.6	30.6	34.5	43.3
Korea, Republic of	542	0.0	0.1	0.2	0.2	0.3	0.6	12.8	13.7	13.2	14.5	10.9	14.4
New Zealand	196	0.0	0.0	0.0	0.0	0.0	0.0	21.8	21.4	23.8	27.5	18.8	18.1
Norway	142	0.0	0.0	0.0	0.0	0.0	0.0	1.4	1.4	1.4	0.6	0.9	0.7
Singapore	576	0.1	0.0	0.0	0.1	0.0	0.0	1.2	1.0	1.9	1.9	5.3	2.1
Sweden	144	0.3	0.7	0.2	0.6	0.7	0.5	27.0	13.4	15.9	13.1	17.0	12.9
Switzerland	146	0.1	10.1	0.7	0.9	1.1	0.9	22.1	18.1	18.1	25.4	20.3	20.8
Taiwan Prov.of China	528	1.4	1.5	1.3	1.4	1.3	1.4	9.0	8.8	8.7	8.6	8.0	8.0
United Kingdom	112	55.0	31.3	8.5	15.7	13.9	16.2	71.6	66.3	71.6	69.4	68.2	78.0
United States	111	70.5	149.1	85.0	81.6	157.5	178.0	565.8	548.5	584.2	608.3	634.6	634.7
Emerg. & Dev. Economies	200	229.6	212.4	207.9	227.5	204.5	219.5	815.2	882.1	833.2	778.9	619.5	594.4
Emerg. & Dev. Asia	505	7.2	8.8	11.5	11.0	19.5	30.5	112.1	110.3	120.0	147.7	147.4	179.2
Bangladesh	513	0.0	0.0	0.0	0.0	0.0	0.0	0.1	0.1	0.1	0.1	0.1	0.3
Cambodia	522	....	....	0.1	....	....	....	0.0	0.1	0.0	0.0	0.1	0.1
China,P.R.: Mainland	924	5.3	6.5	10.3	10.4	12.6	22.1	72.4	74.4	78.3	92.3	91.4	119.1
Fiji	819	....	0.0	0.0	....	0.0	0.0	0.0	0.1	0.1	0.6	0.2	....
India	534	0.9	0.8	0.1	0.0	5.9	7.4	9.2	8.0	7.3	16.0	16.4	17.5
Indonesia	536	0.3	0.3	0.0	0.0	0.0	0.0	4.1	2.7	3.3	5.9	3.7	3.3
Malaysia	548	0.4	0.2	0.4	0.4	0.2	0.0	4.0	3.1	3.8	3.3	3.0	3.2
Marshall Islands	867	....	....	....	....	0.0	....	....	0.0	0.0	0.1	0.0	....
Myanmar	518	....	....	....	....	....	....	0.0	0.0	0.1	0.1	....	0.0
Philippines	566	0.0	0.0	0.0	0.1	0.0	0.0	0.7	0.6	0.6	0.8	0.6	0.6
Sri Lanka	524	0.0	0.0	....	....	....	0.0	0.5	0.6	0.6	0.6	0.4	0.4
Thailand	578	0.2	0.8	0.5	0.1	0.7	0.4	14.1	13.5	17.1	18.8	22.1	25.5
Vanuatu	846	0.0	....	....	....	0.0	0.2	0.0	0.0	....	0.0	0.0	0.0
Vietnam	582	0.1	0.2	0.0	0.0	0.1	0.4	1.1	1.9	2.5	3.3	3.6	3.9
Asia n.s.	598	....	....	....	....	....	....	5.9	5.3	6.1	5.8	5.6	5.3

Barbados (316)
In Millions of U.S. Dollars

		Exports (FOB) 2011	2012	2013	2014	2015	2016	Imports (CIF) 2011	2012	2013	2014	2015	2016
Europe	170	**0.2**	**0.5**	**1.1**	**0.8**	**0.5**	**0.7**	**7.7**	**5.5**	**3.8**	**9.8**	**8.1**	**12.9**
Emerg. & Dev. Europe	903	**0.1**	**0.5**	**1.0**	**0.8**	**0.4**	**0.7**	**7.6**	**5.2**	**3.7**	**9.5**	**7.5**	**12.4**
Bulgaria	918	0.0	0.0	0.0	0.0	0.0	0.0	0.1	0.0	0.0	0.1	0.1	0.1
Hungary	944	0.0	0.0	0.0	0.0	0.0	....	0.9	0.6	0.8	0.8	0.8	0.6
Poland	964	0.1	0.0	0.0	0.0	0.1	0.1	0.9	0.3	0.3	0.5	1.7	1.8
Romania	968	0.0	....	....	0.0	....	0.0	0.1	0.0	0.0	0.3	0.0	0.3
Turkey	186	0.0	0.4	1.0	0.7	0.3	0.6	5.5	4.2	2.4	7.8	4.9	9.7
CIS	901	**0.0**	**0.0**	**0.0**	**0.0**	**0.1**	**0.0**	**0.1**	**0.3**	**0.1**	**0.2**	**0.6**	**0.4**
Belarus	913	....	....	....	0.0	....	....	....	0.0	0.0	0.0	0.3	0.0
Georgia	915	0.0	0.0	0.0	0.0	0.0	0.0	0.0	0.1	0.0	0.0	0.2	0.1
Russian Federation	922	0.0	0.0	0.0	0.0	....	0.0	0.0	0.1	0.0	0.2	0.1	0.3
Ukraine	926	0.0	0.0	0.0	....	0.0	0.0	0.1	0.0	0.0	0.0	0.0	0.0
Mid East, N Africa, Pak	440	**0.7**	**0.8**	**1.0**	**1.5**	**1.4**	**1.5**	**1.1**	**2.2**	**2.4**	**1.2**	**1.7**	**1.9**
Bahrain, Kingdom of	419	0.0	0.0	0.0	0.0	0.3	....	0.0	0.0	0.0	0.0	0.0	0.0
Egypt	469	0.0	....	....	0.0	....	....	0.1	0.2	0.2	0.2	0.2	0.2
Iran, I.R. of	429	0.0	....	0.0	....	....	0.0	0.0	0.0	0.0	0.1	0.1	0.0
Iraq	433	....	....	....	....	0.1	0.1	....	....	0.0	....	....	....
Lebanon	446	0.0	....	0.0	0.1	0.0	....	0.0	0.0	0.0	0.0	0.0	0.0
Morocco	686	0.0	....	0.0	....	....	....	0.1	0.1	0.0	0.0	0.6	0.0
Oman	449	....	....	....	....	0.0	....	....	....	0.0	0.0	0.0	0.1
Pakistan	564	0.1	0.1	0.1	0.0	0.0	0.0	0.6	0.4	0.7	0.4	0.4	0.4
Saudi Arabia	456	0.0	0.0	0.0	0.0	0.0	0.0	0.2	0.1	0.2	0.2	0.0	0.3
Tunisia	744	0.1	0.0	0.0	0.0	....	....	0.1	0.1	0.1	0.0	0.0	0.0
United Arab Emirates	466	0.4	0.7	0.9	1.3	1.0	1.2	0.1	1.2	1.2	0.2	0.3	0.7
Sub-Saharan Africa	603	**0.3**	**0.3**	**0.3**	**0.1**	**0.2**	**0.1**	**1.9**	**3.0**	**3.1**	**3.8**	**3.2**	**4.0**
Cameroon	622	....	....	....	0.0	....	....	0.0	0.0	0.1	0.1	0.2	0.2
Côte d'Ivoire	662	0.0	0.0	....	0.0	....	....	0.5	0.2	0.3	0.3	0.2	0.3
Gabon	646	0.1	0.0	0.0	0.0	....	0.0	0.0	....	0.0	0.1	0.1	0.1
Ghana	652	0.0	0.0	0.0	0.0	0.0	0.0	0.1	0.0	0.1	0.2	0.0	0.2
Mauritius	684	....	....	0.0	....	....	0.0	0.0	0.0	0.0	0.0	0.1	0.0
Namibia	728	0.0	0.1	0.0	0.0	0.0	0.0	0.1	0.0	0.0	0.0	0.0	0.0
South Africa	199	0.0	0.1	0.1	0.0	0.0	0.0	1.2	2.0	2.2	2.8	2.0	2.3
Swaziland	734	....	....	0.0	....	....	0.0	0.1	0.4	0.0	0.0	0.2	0.8
Uganda	746	0.0	....	....	....	....	....	0.0	0.0	0.0	0.0	0.2	0.0
Zimbabwe	698	0.0	0.0	0.0	....	0.0	0.0	0.0	0.0	0.1	0.0	0.0	0.0
Western Hemisphere	205	**221.3**	**202.0**	**194.0**	**214.0**	**182.9**	**186.6**	**692.3**	**761.2**	**703.9**	**616.4**	**459.0**	**396.4**
Anguilla	312	1.2	1.1	1.2	1.4	1.4	1.7	0.1	0.0	0.0	0.0	0.0	0.0
Antigua and Barbuda	311	8.9	9.3	9.1	11.1	10.5	13.0	0.1	0.1	0.1	0.2	0.2	0.3
Argentina	213	0.0	0.0	0.0	0.0	0.1	0.0	4.2	4.5	2.2	1.9	1.6	1.3
Aruba	314	1.1	1.2	1.0	1.5	1.4	1.2	0.0	0.6	0.0	0.0	0.0	0.0
Bahamas, The	313	3.8	4.5	4.2	4.0	4.3	5.0	0.1	0.3	0.3	5.9	8.7	0.1
Belize	339	1.5	1.5	1.6	1.4	1.6	1.6	3.4	2.3	1.6	1.5	1.9	2.2
Bermuda	319	0.7	2.1	1.0	0.9	0.7	0.6	0.0	0.0	0.2	0.0	0.0	0.0
Bolivia	218	....	0.0	....	0.0	0.0	0.0	0.2	0.0	0.0	0.0	0.0	0.0
Brazil	223	0.4	1.2	0.2	0.1	0.1	0.6	20.6	20.1	21.2	19.0	22.8	22.5
Chile	228	0.1	0.0	0.1	0.0	0.0	0.0	2.7	3.6	4.9	3.4	4.0	4.1
Colombia	233	0.1	0.2	0.1	7.6	0.1	0.1	5.8	6.8	7.0	6.1	4.4	5.3
Costa Rica	238	0.2	0.1	0.1	0.1	0.1	0.1	9.5	9.2	10.0	11.0	8.4	8.2
Curaçao	354	9.3	16.9	10.2	11.5	7.3	3.1	1.0	1.0	1.7	1.0	0.6	1.7
Dominica	321	4.4	3.9	3.9	4.5	4.6	4.5	1.6	1.7	1.2	1.2	0.8	0.4
Dominican Republic	243	2.8	2.0	3.0	1.9	2.3	2.4	9.5	9.8	10.0	9.6	9.6	10.8
Ecuador	248	0.0	0.1	0.0	0.0	....	0.0	0.8	0.5	0.9	1.1	1.3	1.9
El Salvador	253	0.1	0.1	0.1	0.1	0.0	0.2	0.5	0.3	0.4	0.7	0.7	0.8
Grenada	328	9.5	9.0	10.4	11.4	9.5	10.6	1.7	1.5	1.4	1.1	1.2	1.1
Guatemala	258	0.1	0.1	0.2	0.1	0.2	1.1	3.9	3.0	3.3	2.4	3.6	4.3
Guyana	336	14.0	15.3	21.4	25.2	25.7	23.3	16.7	12.9	10.8	13.6	14.4	14.0
Haiti	263	0.7	0.5	0.7	1.1	0.5	0.4	0.1	0.1	0.1	0.1	0.2	0.1
Honduras	268	0.1	0.0	0.1	0.0	0.0	0.0	3.1	3.9	1.9	3.1	2.1	2.6
Jamaica	343	18.6	19.6	20.7	19.4	22.2	21.6	9.3	10.4	11.6	10.0	10.8	13.4
Mexico	273	0.3	1.6	0.5	0.9	0.1	0.1	19.4	24.3	34.9	41.0	38.4	26.8

Barbados (316)

In Millions of U.S. Dollars

		Exports (FOB)						Imports (CIF)					
		2011	2012	2013	2014	2015	2016	2011	2012	2013	2014	2015	2016
Montserrat	351	0.2	0.2	0.3	0.2	0.3	0.4	0.0	....	0.0	0.0	0.0	0.0
Nicaragua	278	0.3	0.6	1.3	1.6	1.1	1.3	0.0	0.0	0.2	0.2	0.1	0.1
Panama	283	1.4	1.1	1.3	1.6	4.1	4.9	7.2	7.0	7.2	5.5	5.5	6.2
Paraguay	288	0.2	0.1	0.1	0.2	0.1	....	0.0	0.0	0.0	0.0	0.2	0.1
Peru	293	0.0	0.0	0.0	0.0	0.0	0.0	0.8	1.6	1.5	1.6	1.3	2.7
Sint Maarten	352	....	0.5	0.2	0.2	0.4	0.3	....	0.0	0.0	0.1	0.0	0.1
St. Kitts and Nevis	361	4.5	4.5	5.7	7.0	7.4	7.7	0.1	0.2	0.0	0.1	0.1	0.1
St. Lucia	362	19.0	19.5	20.1	20.0	17.9	19.4	6.9	5.7	4.9	39.7	40.8	28.8
St. Vincent & Grens.	364	13.3	11.7	11.7	12.8	12.6	13.7	4.9	6.5	9.7	8.6	9.0	8.0
Suriname	366	14.3	3.6	5.7	2.4	3.0	3.8	84.6	109.8	87.1	66.9	6.2	6.8
Trinidad and Tobago	369	86.0	65.0	53.9	59.4	39.8	39.9	470.9	510.9	463.9	357.3	255.4	217.7
Uruguay	298	0.0	0.3	0.0	0.0	0.0	0.0	1.8	2.2	3.5	2.6	4.6	3.6
Venezuela, Rep. Bol.	299	0.3	0.3	0.3	0.2	0.1	0.2	0.3	0.1	0.1	0.0	0.1	0.0
Western Hem. n.s.	399	3.9	4.1	3.6	3.9	3.5	4.0	0.5	0.1	0.1	0.2	0.0	0.3
Other Countries n.i.e	910	**0.3**	**0.1**	**0.0**	**0.0**	**0.0**	**4.1**	**0.2**	**0.8**	**0.3**	**0.3**	**0.2**	**1.4**
Cuba	928	0.3	0.1	0.0	0.0	0.0	4.1	0.1	0.1	0.1	0.1	0.2	0.2
Korea, Dem. People's Rep.	954	....	0.0	0.0	0.0	0.0	0.0	0.1	0.7	0.2	0.2	0.0	1.2
Countries & Areas n.s.	898	....	....	....	....	....	....	**0.1**	**0.0**	**0.0**	**0.0**	**0.0**	**0.0**
Memorandum Items													
Africa	605	0.4	0.4	0.3	0.1	0.2	0.2	2.1	3.1	3.2	3.8	3.9	4.1
Middle East	405	0.5	0.7	0.9	1.4	1.4	1.4	0.4	1.6	1.6	0.8	0.7	1.3
European Union	998	67.4	45.6	30.8	37.4	32.5	35.4	223.4	192.0	200.5	200.4	225.1	241.5
Export earnings: fuel	080	87.1	66.3	55.3	68.7	41.3	41.6	478.3	519.9	473.4	365.3	261.9	226.6
Export earnings: nonfuel	092	290.5	363.8	283.4	294.2	365.1	407.9	1,306.2	1,256.7	1,304.0	1,383.8	1,364.0	1,402.7

Belarus (913)

In Millions of U.S. Dollars

		\multicolumn{6}{c	}{Exports (FOB)}	\multicolumn{6}{c}{Imports (CIF)}
		2011	2012	2013	2014	2015	2016	2011	2012	2013	2014	2015	2016
IFS World		42,736.3	45,949.2	37,168.1	36,073.2	26,567.2	23,487.8	46,381.6	46,374.2	43,059.8	40,689.5	30,347.7	27,552.1
World	001	41,418.7	46,027.5	37,132.3	36,046.5	26,619.0	23,537.4	45,759.1	46,404.4	43,022.6	40,502.3	30,264.3	27,609.9
Advanced Economies	110	14,740.4	16,843.9	9,968.2	10,097.5	8,018.1	5,108.8	8,824.6	9,523.6	10,450.9	9,634.4	5,782.8	5,367.7
Euro Area	163	13,712.2	15,568.4	8,310.1	6,474.2	4,428.3	3,454.1	6,123.9	6,551.6	7,418.7	6,653.2	3,876.7	3,586.7
Austria	122	26.4	20.2	28.8	22.8	19.8	15.5	269.8	271.2	346.7	286.9	164.2	128.8
Belgium	124	181.7	226.1	194.9	162.3	167.8	205.5	311.9	344.1	366.0	313.3	209.3	162.8
Cyprus	423	62.7	35.6	22.6	3.0	0.8	0.5	19.7	28.8	22.5	14.5	1.0	1.5
Estonia	939	578.1	485.9	106.0	97.0	76.1	64.8	72.0	55.3	66.9	56.9	25.1	41.2
Finland	172	69.3	145.4	126.0	44.0	31.0	16.5	139.2	155.1	130.1	123.7	76.9	84.7
France	132	66.0	96.8	92.4	110.6	67.0	43.2	430.6	436.1	495.8	424.2	320.7	243.3
Germany	134	1,826.4	1,737.1	1,753.4	1,654.1	1,086.2	944.3	2,558.2	2,732.1	3,035.5	2,465.3	1,385.5	1,332.6
Greece	174	68.0	0.9	2.7	3.4	3.9	0.7	19.9	26.1	36.3	57.3	27.7	34.3
Ireland	178	2.4	4.3	3.8	13.6	9.7	6.9	24.8	43.9	43.8	40.2	31.1	33.3
Italy	136	552.3	676.7	901.9	1,008.6	129.5	83.9	968.8	956.6	1,112.1	1,166.6	641.1	576.4
Latvia	941	3,151.3	3,269.7	526.7	501.5	598.1	269.9	116.3	145.2	147.4	150.3	77.1	70.1
Lithuania	946	857.2	1,181.2	1,072.6	1,038.5	964.0	767.0	296.8	371.2	466.4	365.4	277.8	265.5
Luxembourg	137	4.0	2.4	4.6	3.6	2.1	2.5	13.9	11.0	29.8	10.5	4.6	6.3
Malta	181	0.1	0.0	48.3	0.0	0.0	0.0	0.6	2.3	1.2	1.3	0.7	0.5
Netherlands	138	6,128.5	7,551.3	3,330.4	1,708.9	1,149.7	926.9	400.5	448.4	443.4	482.6	211.1	209.9
Portugal	182	4.0	1.9	5.4	3.3	0.4	1.5	14.7	17.0	38.2	29.9	25.6	17.5
Slovak Republic	936	103.6	97.4	57.5	66.7	92.4	69.7	167.1	133.7	152.6	134.3	76.5	92.9
Slovenia	961	11.4	12.9	12.5	14.9	8.9	10.1	67.4	82.8	87.0	94.8	71.2	60.1
Spain	184	18.9	22.7	19.4	17.4	20.8	24.6	231.6	290.9	396.8	434.4	249.4	225.0
Australia	193	30.0	32.4	12.0	2.2	2.5	3.0	4.1	3.5	8.5	7.6	8.9	13.2
Canada	156	12.5	34.0	27.3	42.2	11.1	53.8	42.2	35.3	35.9	77.7	19.5	19.5
China,P.R.: Hong Kong	532	10.1	8.8	9.3	7.0	5.3	6.6	3.7	1.4	2.5	4.0	2.6	7.1
China,P.R.: Macao	546	....	....	0.1	0.0	0.0	....	0.0	0.0	0.0	0.0	0.0	0.0
Czech Republic	935	111.0	130.5	95.9	128.7	123.2	84.5	354.1	440.9	495.5	411.6	275.7	192.5
Denmark	128	16.6	13.6	9.2	8.4	12.8	5.8	111.0	171.3	128.0	136.4	82.7	89.0
Iceland	176	4.5	1.2	4.4	7.7	6.3	3.2	50.2	64.6	66.8	60.5	33.2	36.1
Israel	436	20.0	12.1	12.0	21.0	19.3	45.2	62.1	97.2	98.6	105.9	110.3	48.5
Japan	158	12.2	15.2	21.5	12.5	18.1	11.9	245.5	179.7	213.3	232.2	84.4	112.4
Korea, Republic of	542	8.6	37.9	30.2	42.6	41.9	34.1	189.1	150.9	204.8	143.6	113.2	85.4
New Zealand	196	0.2	20.5	13.5	15.9	21.0	18.8	6.8	4.6	3.5	5.8	4.7	2.9
Norway	142	152.0	208.6	169.1	145.4	130.8	106.7	97.6	115.1	177.6	188.9	167.7	161.9
San Marino	135	....	....	....	....	....	0.0	....	....	....	....	....	5.1
Singapore	576	10.7	8.2	6.5	3.7	14.2	18.3	12.6	18.4	30.9	24.1	16.9	18.5
Sweden	144	91.5	88.4	49.9	51.8	45.6	33.1	217.5	205.0	195.6	125.1	81.0	91.1
Switzerland	146	8.0	6.5	9.9	12.4	24.1	5.5	272.6	379.6	262.8	503.2	209.2	150.9
Taiwan Prov.of China	528	49.7	26.3	66.7	64.9	41.8	14.0	117.2	108.8	116.0	118.7	71.0	72.2
United Kingdom	112	404.2	560.4	1,031.6	2,936.8	2,947.5	1,079.7	356.1	358.2	401.3	324.4	176.3	159.4
United States	111	86.4	71.2	89.1	120.0	124.3	130.6	558.2	637.3	590.6	511.6	448.8	515.3
Emerg. & Dev. Economies	200	26,319.6	28,432.5	26,632.3	25,528.1	18,283.3	18,224.2	34,844.3	36,289.8	31,763.5	30,403.4	24,324.0	22,159.0
Emerg. & Dev. Asia	505	1,724.6	1,382.5	1,261.0	1,523.6	1,764.4	1,341.1	2,683.6	2,974.3	3,372.8	2,859.4	2,720.8	2,457.0
Bangladesh	513	121.1	57.0	115.4	59.6	114.2	135.1	13.1	12.8	17.9	24.7	20.3	19.9
Brunei Darussalam	516	0.0	....	0.1	0.2	....	....	0.0	....	0.0	0.0	....	0.0
Cambodia	522	0.1	1.8	5.3	6.9	0.7	0.3	2.1	1.4	1.0	3.0	1.4	1.6
China,P.R.: Mainland	924	636.6	432.6	460.7	640.3	781.0	472.7	2,193.9	2,373.5	2,829.4	2,373.2	2,401.2	2,129.5
Fiji	819	....	....	0.3	0.7	0.4	0.6	....	....	....	0.0	0.0	....
India	534	333.0	266.4	173.2	212.1	316.9	272.5	173.1	232.2	181.5	187.7	128.5	134.1
Indonesia	536	160.9	90.8	91.4	190.9	169.3	175.4	58.3	42.1	38.1	24.2	24.2	20.3
Lao People's Dem.Rep	544	....	11.1	0.4	5.6	1.6	2.5	0.0	0.1	0.0	0.1	0.0	0.0
Malaysia	548	60.7	117.9	60.1	150.5	110.6	105.4	86.0	105.8	103.5	67.2	45.4	55.5
Mongolia	948	77.4	111.4	107.7	21.7	23.1	9.8	0.0	0.0	0.0	0.7	0.0	0.1
Myanmar	518	26.6	1.5	2.1	10.7	35.1	10.5	0.8	0.0	0.2	0.4	0.2	0.2
Papua New Guinea	853	....	....	0.0	0.0	0.0	0.0	0.0	0.1	0.0	....	0.0	0.0
Philippines	566	27.3	23.9	21.4	14.1	14.0	9.6	8.5	16.2	21.4	21.1	13.0	11.7
Sri Lanka	524	43.3	35.1	23.1	27.4	25.9	15.7	10.3	11.0	11.0	11.1	6.1	5.1
Thailand	578	73.2	77.2	54.3	74.6	60.1	54.1	89.8	150.6	119.0	85.1	42.1	34.7
Vietnam	582	164.3	155.8	145.4	108.5	111.4	76.7	47.6	28.5	49.6	60.8	38.3	44.2

2017, International Monetary Fund: *Direction of Trade Statistics Yearbook*

Belarus (913)
In Millions of U.S. Dollars

		Exports (FOB)						Imports (CIF)					
		2011	2012	2013	2014	2015	2016	2011	2012	2013	2014	2015	2016
Asia n.s.	598	....	....	....	....	....	....	0.1	0.0	0.0	0.1	0.0	0.0
Europe	170	22,028.1	25,153.3	24,295.6	22,512.7	15,399.4	15,840.9	30,061.0	32,190.3	27,639.0	26,758.5	20,510.3	18,810.9
Emerg. & Dev. Europe	903	1,619.4	1,424.0	1,258.6	1,381.8	1,300.8	1,135.0	1,937.2	2,014.7	2,388.6	2,530.4	2,145.1	2,221.2
Albania	914	0.0	1.9	0.2	0.1	0.0	0.3	0.2	0.1	2.3	16.0	0.4	0.7
Bosnia and Herzegovina	963	4.2	3.9	9.6	14.4	5.8	7.8	0.6	0.3	0.4	9.4	62.3	1.9
Bulgaria	918	33.7	29.9	23.6	51.6	92.0	52.4	51.7	40.1	56.8	55.6	34.7	30.6
Croatia	960	38.4	39.4	17.0	4.9	3.6	5.5	23.2	11.5	14.9	14.5	27.2	9.1
Faroe Islands	816	....	....	....	....	....	....	2.6	2.3	1.7	1.6	4.2	3.9
Hungary	944	79.6	70.0	66.0	83.2	75.5	51.7	142.0	139.9	162.9	150.5	126.0	104.4
Macedonia, FYR	962	1.2	3.0	7.6	11.1	2.9	2.4	6.5	7.9	11.8	50.3	161.3	32.7
Montenegro	943	....	0.3	0.0	0.1	0.1	0.0	0.4	0.8	0.7	60.8	2.0	0.8
Poland	964	1,124.8	949.7	781.8	843.9	766.3	814.5	1,289.2	1,349.2	1,581.5	1,535.0	1,085.8	1,185.2
Romania	968	122.9	107.6	84.4	92.5	61.8	75.2	42.0	39.1	53.5	43.2	44.6	43.5
Serbia, Republic of	942	85.6	72.9	100.0	114.6	151.1	40.3	59.8	76.3	92.1	130.4	108.6	73.6
Turkey	186	129.0	145.5	168.2	165.6	141.8	84.8	318.9	347.2	410.1	463.2	487.9	734.9
CIS	901	20,408.8	23,729.3	23,037.0	21,130.7	14,098.5	14,705.9	28,123.8	30,175.6	25,250.4	24,228.2	18,365.2	16,561.5
Armenia	911	26.8	38.7	32.4	29.2	27.8	22.0	5.6	7.4	9.0	9.4	7.6	10.1
Azerbaijan, Rep. of	912	200.2	211.1	277.8	318.0	285.7	135.4	825.8	12.2	12.6	8.7	4.8	36.3
Georgia	915	34.3	36.0	21.8	23.1	22.4	58.1	29.2	34.4	41.1	41.0	22.5	15.8
Kazakhstan	916	673.9	806.9	870.4	879.4	525.1	363.9	137.0	119.0	82.4	87.4	49.4	55.4
Kyrgyz Republic	917	218.2	141.8	98.2	88.8	55.4	48.7	9.1	12.5	12.7	6.5	4.0	4.6
Moldova	921	242.1	253.4	265.1	260.9	119.0	117.7	77.7	85.1	91.8	149.6	148.9	109.0
Russian Federation	922	14,508.6	16,308.9	16,837.5	15,181.0	10,398.4	10,948.0	24,930.2	27,550.9	22,905.0	22,190.2	17,143.2	15,306.8
Tajikistan	923	50.8	48.4	29.7	30.6	20.9	17.6	21.9	9.3	4.9	4.4	3.7	2.6
Turkmenistan	925	230.1	231.5	316.2	188.7	91.5	112.8	8.0	6.2	3.8	6.2	2.0	7.8
Ukraine	926	4,159.8	5,557.2	4,195.8	4,063.7	2,514.9	2,845.7	2,035.0	2,309.5	2,053.5	1,688.9	951.5	985.4
Uzbekistan	927	63.8	95.5	92.2	67.1	37.5	35.9	44.3	29.1	33.7	35.9	27.8	27.9
Europe n.s.	884	....	....	....	0.1	....	....	0.0	....	0.0	....	0.0	28.2
Mid East, N Africa, Pak	440	615.1	600.9	263.6	446.0	330.0	341.7	227.5	222.2	189.5	221.0	540.8	232.1
Afghanistan, I.R. of	512	140.3	156.3	4.8	4.4	16.1	15.5	2.8	1.5	1.2	1.4	0.4	10.9
Algeria	612	18.4	11.4	12.2	6.0	1.3	1.9	1.3	10.8	4.9	4.0	6.3	0.0
Bahrain, Kingdom of	419	0.0	0.1	0.2	0.2	0.2	0.1	....	0.0	0.8	0.5	0.0	0.0
Egypt	469	45.2	77.7	36.3	134.0	98.0	43.5	19.0	19.4	25.6	22.4	88.3	14.5
Iran, I.R. of	429	129.8	111.5	46.2	96.9	58.6	48.9	8.9	9.1	9.6	9.8	11.7	5.6
Iraq	433	22.8	22.9	2.1	2.5	31.1	39.7	....	....	....	....	....	....
Jordan	439	38.1	42.7	13.4	13.6	5.2	15.0	0.7	0.9	1.0	0.4	0.3	9.0
Kuwait	443	17.4	9.6	0.1	3.5	4.2	4.7	....	....	0.0	0.0	0.3	1.5
Lebanon	446	39.7	12.1	20.0	2.2	0.6	0.3	2.1	1.7	2.6	2.9	1.5	29.1
Libya	672	0.2	1.4	1.5	7.5	0.9	0.5	0.0	....	....	0.2	0.0	0.0
Mauritania	682	1.2	0.3	1.6	0.0	0.2	0.9	5.8	5.4	0.8	2.5	0.6	2.1
Morocco	686	8.9	8.3	8.9	5.6	3.0	21.0	62.9	40.5	31.1	51.5	300.1	21.0
Oman	449	8.6	10.2	8.7	4.4	0.0	0.5	3.2	2.4	2.5	4.3	0.6	0.2
Pakistan	564	48.8	53.9	42.5	42.6	43.8	50.4	13.4	11.9	15.8	15.6	12.6	13.4
Qatar	453	1.9	0.3	0.1	16.3	0.4	0.7	0.6	2.7	2.5	1.7	1.6	3.8
Saudi Arabia	456	6.2	3.7	5.2	9.7	3.2	1.7	82.5	92.4	70.6	85.5	88.2	75.6
Somalia	726	0.1	0.0	0.0	0.0	0.0	0.1	0.0	....	....	....	0.0	13.7
Sudan	732	15.5	....	....	....	....	34.3	0.0	....	....	....	....	3.9
Syrian Arab Republic	463	11.8	24.4	0.6	32.2	25.3	31.5	18.5	3.7	8.3	1.6	16.6	8.6
Tunisia	744	12.9	30.4	17.9	3.8	13.0	1.0	1.6	1.7	2.7	3.6	3.9	2.6
United Arab Emirates	466	17.1	16.4	41.2	59.3	25.0	29.4	4.0	17.1	8.9	10.4	4.7	8.5
West Bank and Gaza	487	0.2	....	....	....	0.0	....	0.0	0.3	0.5	3.0	3.0	5.7
Yemen, Republic of	474	30.2	7.2	0.1	1.0	0.0	0.2	....	....	....	....	0.0	2.3
Sub-Saharan Africa	603	249.2	127.0	144.2	164.8	157.9	130.2	128.9	108.8	101.0	93.9	187.9	399.5
Angola	614	2.6	0.7	1.1	5.7	31.2	40.3	....	....	....	0.0	0.0	....
Benin	638	0.3	0.1	0.2	4.9	0.1	0.2	0.1	0.0	0.0	0.0	0.0	34.8
Burkina Faso	748	7.4	0.0	0.3	....	0.0	0.2	....	....	0.0	0.0	0.0	27.0
Burundi	618	....	....	....	0.0	....	....	0.0	....	....	....	....	2.6
Cameroon	622	14.3	5.7	3.6	3.4	8.5	2.2	0.7	1.3	2.9	0.4	3.6	28.8
Central African Rep.	626	0.1	0.0	....	0.0	....	....	0.0	0.0	0.1	0.0	0.0	34.7
Chad	628	....	0.2	0.7	0.7	0.2	0.1	....	....	....	....	....	....

Belarus (913)

In Millions of U.S. Dollars

		Exports (FOB)						Imports (CIF)					
		2011	2012	2013	2014	2015	2016	2011	2012	2013	2014	2015	2016
Congo, Dem. Rep. of	636	0.9	1.6	0.6	1.6	0.2	1.2	0.0	0.0	....	....	0.0	1.0
Congo, Republic of	634	0.6	3.1	2.5	1.7	0.6	0.3	0.0	0.1	0.4	0.3	0.0	0.2
Côte d'Ivoire	662	24.2	16.3	20.6	15.8	23.6	15.2	48.1	30.6	17.5	25.7	15.1	55.6
Equatorial Guinea	642	2.8	0.8	4.3	1.0	0.1	0.0	....	....	....	....	....	2.1
Eritrea	643	....	....	....	....	....	....	0.0	0.0	....	0.2	0.0	0.0
Ethiopia	644	4.2	2.0	1.9	3.1	11.7	3.4	0.3	0.3	0.6	0.7	0.8	0.8
Gabon	646	3.8	1.6	1.8	0.1	1.1	0.2	....	....	....	....	....	....
Gambia, The	648	....	0.0	1.6	....	....	....	0.1	0.6	0.1	0.2	....	....
Ghana	652	33.2	18.4	11.3	1.8	2.4	2.4	25.8	21.4	23.1	25.2	24.4	25.1
Guinea	656	1.9	2.7	1.6	0.6	0.4	0.7	1.2	....	0.0	0.0	1.1	40.7
Guinea-Bissau	654	....	....	....	....	....	....	....	....	0.0	0.0	0.0	33.4
Kenya	664	0.0	1.1	1.6	13.8	3.3	1.9	1.5	1.0	1.1	3.2	10.8	20.7
Liberia	668	....	0.0	0.2	0.1	0.5	0.1	10.2	4.7	0.3	....	0.1	18.2
Madagascar	674	0.7	0.2	0.1	0.1	0.9	....	0.0	0.1	1.3	0.1	0.0	2.0
Malawi	676	0.0	0.4	0.4	0.0	....	0.0	2.8	6.2	2.5	1.0	0.9	1.4
Mali	678	16.7	16.0	11.3	6.1	8.4	21.2	0.2	0.0	0.1	0.0	0.0	24.5
Mauritius	684	3.0	2.1	0.4	1.5	0.6	0.0	0.2	0.2	0.4	0.3	0.2	0.2
Mozambique	688	3.8	2.1	8.7	1.7	1.8	0.1	0.9	0.6	0.4	0.1	0.0	0.5
Namibia	728	....	....	....	0.1	0.0	....	0.1	0.1	0.1	0.2	0.2	0.1
Niger	692	0.0	0.3	0.8	0.7	0.3	....	0.6	0.0	0.0	0.0	0.0	0.0
Nigeria	694	74.7	17.6	31.4	20.9	30.5	10.1	22.6	19.3	19.0	6.5	3.2	9.2
Rwanda	714	....	....	0.0	0.0	1.2	0.0	0.0	0.0	....	....	0.0	0.1
Senegal	722	26.2	5.7	5.1	9.4	14.4	7.7	0.0	0.0	0.1	0.4	0.5	0.2
Seychelles	718	0.0	0.3	....	....	....	0.0	....	0.0	0.0	0.0	0.0	0.1
Sierra Leone	724	0.1	0.1	0.0	0.5	1.1	1.9	0.1	0.4	0.2	0.2	0.3	16.4
South Africa	199	14.7	24.5	27.6	40.6	7.0	3.3	6.1	8.1	14.6	17.4	122.7	6.4
Swaziland	734	....	....	....	....	....	....	0.0	0.1	0.5	0.5	0.1	0.1
Tanzania	738	8.1	0.5	0.3	0.2	0.6	0.3	1.6	5.1	6.5	4.2	1.6	6.3
Togo	742	....	0.1	3.1	0.4	0.0	1.4	....	0.0	0.0	....	....	....
Uganda	746	3.2	0.1	0.0	15.9	6.0	12.9	3.2	2.9	5.9	2.3	0.6	2.5
Zambia	754	1.7	2.0	0.3	0.1	0.1	2.6	0.0	....	0.0	0.0	0.0	0.0
Zimbabwe	698	0.1	0.8	0.4	12.4	1.3	0.2	2.3	5.5	3.2	4.8	1.4	3.9
Western Hemisphere	205	**1,702.6**	**1,168.8**	**667.9**	**881.0**	**631.6**	**570.3**	**1,743.3**	**794.1**	**461.3**	**470.6**	**364.2**	**259.4**
Argentina	213	60.2	8.0	1.0	4.8	9.7	13.8	167.1	188.2	221.4	152.7	57.0	57.3
Bahamas, The	313	....	....	....	....	....	....	0.1	0.1	0.1	0.3	0.2	0.2
Barbados	316	0.5	0.5	0.1	0.0	0.2	....	0.0	0.0	0.0	0.0	0.0	0.0
Belize	339	1.9	1.0	0.8	0.1	0.0	0.6	....	0.0	0.0	0.0	....	....
Bolivia	218	0.0	0.3	0.1	....	0.1	0.2	0.4	0.7	0.6	0.6	0.4	0.4
Brazil	223	1,224.1	801.7	518.6	709.5	521.2	441.0	365.2	205.1	128.7	156.2	124.5	82.8
Chile	228	8.0	17.8	4.8	2.0	0.8	0.8	6.9	10.7	20.5	38.6	13.2	10.6
Colombia	233	95.7	29.2	12.0	1.7	16.3	34.0	8.0	7.1	8.2	8.6	12.0	14.1
Costa Rica	238	6.7	3.3	0.1	4.7	3.3	4.3	6.3	10.8	16.7	18.1	15.0	13.2
Dominica	321	....	0.1	....	....	....	0.0	0.1	0.0	0.4	0.2	0.0	0.0
Dominican Republic	243	0.3	0.3	0.9	1.5	1.1	5.4	0.7	1.0	0.7	0.6	0.7	1.0
Ecuador	248	20.8	5.2	5.3	13.5	4.2	18.9	26.3	10.8	19.5	23.1	73.3	43.3
El Salvador	253	6.0	5.5	0.1	0.0	0.3	....	8.9	0.0	0.0	0.0	0.0	0.0
Greenland	326	....	....	....	....	....	....	0.0	....	....	0.0	0.4	0.1
Grenada	328	....	....	....	....	....	....	0.0	0.0	....	0.1	0.0	0.0
Guatemala	258	19.5	0.5	1.4	8.7	9.2	9.9	1.1	4.8	2.3	0.5	1.1	0.8
Guyana	336	0.2	0.6	0.4	1.2	0.3	1.3	0.0	0.0	0.0	0.0	0.0	0.0
Honduras	268	3.1	6.4	3.7	0.0	....	0.3	0.1	0.1	0.1	0.1	0.2	0.0
Jamaica	343	0.0	....	....	....	....	....	0.1	0.1	0.1	0.3	0.2	0.2
Mexico	273	23.5	18.6	13.9	3.1	4.2	3.1	15.6	20.9	29.7	53.7	37.9	23.3
Nicaragua	278	2.5	4.0	1.7	2.4	6.6	3.2	0.0	0.0	0.1	0.0	0.0	0.3
Panama	283	0.2	0.2	0.8	0.6	2.4	3.0	0.3	0.3	2.3	5.7	2.6	2.6
Paraguay	288	....	4.4	1.2	15.6	14.0	9.6	0.2	0.0	0.0	0.4	0.1	0.1
Peru	293	2.8	1.6	1.1	0.1	0.4	5.9	3.0	3.6	5.2	5.1	21.7	4.3
St. Kitts and Nevis	361	....	....	....	....	0.0	....	0.0	....	0.0	0.2	....	0.0
Suriname	366	0.3	....	....	0.0	....	0.1	0.0	0.0	0.1	0.5	0.5	0.5
Trinidad and Tobago	369	0.1	....	....	....	0.7	0.1	0.0	0.1	0.0	0.1	0.1	0.2

Belarus (913)

In Millions of U.S. Dollars

		Exports (FOB)						Imports (CIF)					
		2011	2012	2013	2014	2015	2016	2011	2012	2013	2014	2015	2016
Uruguay	298	27.4	5.4	16.8	11.8	9.3	10.5	3.4	3.4	4.3	4.8	2.7	1.8
Venezuela, Rep. Bol.	299	198.8	254.4	83.0	99.7	27.0	2.0	1,129.8	326.4	0.3	0.0	0.4	0.0
Western Hem. n.s.	399	....	0.0	....	....	....	2.3	0.0	....	....	....	0.0	2.3
Other Countries n.i.e	910	**35.0**	**45.4**	**31.6**	**13.5**	**36.7**	**19.2**	**18.8**	**57.9**	**26.2**	**26.4**	**31.1**	**48.5**
Cuba	928	34.1	44.8	30.6	13.1	36.3	18.8	16.1	57.2	24.4	26.0	31.0	48.3
Korea, Dem. People's Rep.	954	0.9	0.6	1.0	0.4	0.4	0.4	2.7	0.7	1.8	0.4	0.1	0.2
Countries & Areas n.s.	898	**323.6**	**705.8**	**500.2**	**407.4**	**280.9**	**185.2**	**2,071.4**	**533.1**	**781.9**	**438.1**	**126.4**	**34.7**
Memorandum Items													
Africa	605	306.2	177.5	184.8	180.4	175.4	189.3	200.5	167.3	140.6	155.5	498.7	442.8
Middle East	405	369.0	340.2	175.6	383.4	252.7	216.7	139.7	150.3	132.8	142.4	216.8	164.5
European Union	998	15,734.9	17,557.7	10,469.4	10,676.0	8,556.5	5,656.4	8,710.9	9,306.9	10,508.7	9,449.4	5,810.7	5,491.6
Export earnings: fuel	080	16,265.2	18,066.1	18,561.8	16,919.6	11,537.4	11,794.5	27,188.7	28,188.0	23,151.5	22,448.0	17,402.0	15,573.4
Export earnings: nonfuel	092	25,153.5	27,961.5	18,570.5	19,126.9	15,081.6	11,742.8	18,570.4	18,216.4	19,871.1	18,054.3	12,862.3	12,036.5

Belgium (124)

In Millions of U.S. Dollars

		Exports (FOB)						Imports (CIF)					
		2011	2012	2013	2014	2015	2016	2011	2012	2013	2014	2015	2016
IFS World		....	....	....	....	....	....	....	....	....	....	....	....
World	001	475,774.0	446,336.3	468,627.8	472,520.8	396,805.0	397,976.7	466,915.6	439,535.4	451,583.7	454,752.0	375,035.9	372,602.7
Advanced Economies	110	386,156.2	357,640.3	370,096.9	374,808.5	320,553.2	322,964.0	373,188.5	355,410.1	364,762.8	360,844.5	295,163.5	292,450.9
Euro Area	163	283,222.4	256,849.4	267,675.8	267,380.9	225,292.0	225,893.4	265,073.4	251,756.5	253,189.7	249,485.9	196,315.9	197,311.9
Austria	122	4,535.6	4,210.6	4,559.0	4,851.1	3,979.7	4,003.6	2,783.4	2,551.2	2,698.2	2,790.3	2,072.6	2,039.4
Cyprus	423	329.1	281.5	270.7	274.3	217.4	212.0	122.7	155.5	189.6	136.2	93.1	87.6
Estonia	939	374.0	430.5	422.9	385.2	317.1	373.5	179.8	249.3	315.2	382.7	186.9	208.9
Finland	172	2,954.9	2,619.6	2,592.8	2,489.3	2,149.6	2,238.6	2,308.6	2,318.8	2,649.7	2,687.0	2,435.1	2,428.9
France	132	78,188.7	69,311.1	73,398.8	74,251.0	61,513.2	61,299.9	49,302.0	45,998.9	47,823.0	45,335.4	35,627.5	35,280.4
Germany	134	86,220.0	77,825.9	79,236.0	79,025.6	66,467.1	66,350.4	68,838.6	61,885.6	60,965.3	59,607.8	47,964.2	50,642.1
Greece	174	2,231.5	1,678.4	1,664.3	1,836.9	1,624.1	1,783.2	460.4	468.2	419.8	477.4	404.4	461.9
Ireland	178	2,434.8	1,893.9	2,159.9	2,225.8	1,959.0	2,202.9	20,451.9	19,042.0	15,670.3	16,946.1	17,480.6	16,589.8
Italy	136	21,118.8	19,190.3	20,605.5	20,597.2	19,786.7	20,798.2	13,425.7	13,164.3	14,072.8	15,632.4	14,423.4	14,641.2
Latvia	941	297.9	334.0	378.6	372.4	407.4	392.4	114.6	163.2	220.0	162.9	121.4	116.1
Lithuania	946	1,107.5	1,036.5	1,176.1	1,050.0	868.7	864.8	389.9	392.4	420.4	487.1	396.6	351.2
Luxembourg	137	8,555.2	7,744.4	7,956.7	7,422.8	6,068.7	5,852.1	3,188.4	3,069.2	3,068.5	3,326.0	3,122.4	2,980.3
Malta	181	157.4	140.3	187.3	160.4	146.6	140.1	97.5	105.2	67.1	53.6	53.1	74.3
Netherlands	138	57,935.2	55,765.3	57,708.3	56,479.4	45,538.3	44,715.2	90,929.1	90,538.7	92,634.0	90,470.6	62,756.7	59,983.9
Portugal	182	2,355.0	2,096.9	2,176.3	2,284.5	2,112.9	2,198.6	2,081.9	2,082.1	1,914.1	1,671.5	1,204.9	1,310.8
Slovak Republic	936	1,175.3	1,178.5	1,230.5	1,264.1	1,244.0	1,214.4	1,099.8	1,079.5	1,129.3	1,073.1	874.8	946.6
Slovenia	961	688.0	616.5	677.2	673.9	573.5	637.1	255.7	242.2	238.9	282.1	285.0	324.5
Spain	184	12,563.4	10,495.2	11,274.9	11,737.0	10,317.7	10,616.4	9,043.5	8,249.9	8,693.5	7,963.6	6,813.2	8,844.0
Australia	193	2,400.9	2,356.2	2,417.7	2,181.5	1,917.8	2,002.7	1,909.9	2,158.6	1,748.4	1,405.6	1,189.7	693.3
Canada	156	2,592.8	2,562.4	3,154.7	2,506.0	2,126.3	2,194.5	2,649.3	2,240.4	3,412.3	3,605.7	3,181.7	2,807.9
China,P.R.: Hong Kong	532	3,481.9	3,029.8	3,153.5	3,289.1	2,560.8	2,406.5	1,273.9	1,320.6	1,467.3	1,376.3	1,179.6	846.2
China,P.R.: Macao	546	7.6	4.6	5.2	4.5	4.6	3.7	25.0	21.2	37.3	10.7	8.8	6.1
Czech Republic	935	3,955.7	3,464.4	3,594.0	3,895.4	3,371.9	3,467.7	4,018.3	3,876.7	4,167.4	4,297.0	3,621.3	4,110.7
Denmark	128	3,414.0	3,136.5	3,271.5	3,384.9	2,894.3	3,081.0	1,611.5	1,412.0	1,513.8	1,885.1	1,374.5	1,448.9
Iceland	176	94.6	74.0	80.0	98.7	92.7	107.2	84.2	82.7	70.1	66.4	63.5	65.8
Israel	436	3,243.5	2,788.4	2,789.1	2,961.2	2,263.2	2,613.3	2,955.3	2,187.8	2,236.3	2,249.2	1,698.8	1,850.2
Japan	158	4,710.2	4,890.1	4,623.1	4,066.1	3,670.7	3,938.8	10,546.9	9,416.5	9,484.5	9,798.5	8,532.3	9,228.1
Korea, Republic of	542	2,020.1	2,162.7	1,794.6	2,098.8	1,624.7	1,593.0	2,211.6	1,935.4	2,726.7	2,854.0	2,172.4	2,251.4
New Zealand	196	270.6	247.7	277.8	252.3	225.4	242.9	451.8	318.2	360.0	401.0	331.1	324.5
Norway	142	2,627.4	2,213.3	2,451.8	2,276.2	1,868.9	1,815.9	6,344.8	6,706.3	8,279.5	6,377.8	4,909.5	3,739.3
San Marino	135	10.1	10.9	8.5	8.6	15.3	19.5	3.9	2.2	0.5	0.8	0.3	0.8
Singapore	576	1,442.5	1,630.4	1,621.8	1,899.6	1,441.4	1,723.6	4,019.0	5,242.7	5,171.9	5,651.1	6,153.2	6,176.6
Sweden	144	6,746.6	6,222.3	6,527.2	6,693.1	6,250.5	6,732.7	8,974.1	8,770.4	9,185.9	8,619.2	6,948.8	7,518.9
Switzerland	146	7,437.8	7,045.0	6,559.9	6,403.3	5,320.4	5,877.6	5,329.9	5,086.1	5,266.4	5,834.0	4,836.7	4,950.6
Taiwan Prov.of China	528	1,173.4	1,039.8	925.1	880.8	899.5	785.3	1,199.9	1,005.9	1,129.4	1,339.1	1,081.0	1,193.5
United Kingdom	112	33,101.2	31,506.6	35,239.6	39,118.0	34,913.3	35,411.9	27,676.1	23,867.0	23,823.9	22,131.6	19,026.5	17,790.7
United States	111	24,202.6	26,405.6	23,925.4	25,409.6	23,799.4	23,052.7	26,829.7	28,003.0	31,491.7	33,455.5	32,537.8	30,135.4
Vatican	187	0.3	0.1	0.1	0.0	0.0	0.1	0.0	0.0	0.1	0.0	0.0	0.0
Emerg. & Dev. Economies	200	83,632.2	83,092.0	92,281.6	92,062.3	72,597.0	72,688.1	93,644.2	84,037.7	86,641.0	93,778.1	79,582.8	79,653.1
Emerg. & Dev. Asia	505	25,514.7	24,056.7	24,283.9	25,235.7	19,768.6	20,345.5	34,762.6	30,035.3	30,306.3	31,861.0	28,511.3	29,012.9
American Samoa	859	1.0	0.5	0.3	....	0.0	0.1	0.1	0.0	0.1	0.0	0.1	0.0
Bangladesh	513	164.5	172.1	117.6	146.6	181.4	210.1	844.4	850.6	997.5	1,215.1	889.2	1,114.1
Bhutan	514	0.7	0.8	2.9	1.8	1.1	1.5	0.0	0.1	0.0	0.0	0.0	0.8
Brunei Darussalam	516	16.4	16.0	12.5	9.7	10.1	7.3	0.0	0.0	0.1	0.0	0.1	0.0
Cambodia	522	39.1	46.8	37.3	66.7	78.1	72.9	111.7	174.5	190.2	238.3	208.6	341.5
China,P.R.: Mainland	924	10,192.1	9,821.7	9,611.4	9,966.7	7,512.0	7,655.6	20,517.3	17,425.6	17,264.8	18,115.4	16,310.2	16,104.3
Fiji	819	1.7	3.4	4.0	3.5	2.2	2.4	0.0	0.0	0.0	0.0	0.0	0.0
F.T. French Polynesia	887	31.9	21.9	28.8	29.3	20.8	24.3	1.4	1.2	1.1	1.0	1.1	0.9
F.T. New Caledonia	839	36.2	52.2	34.4	34.2	32.3	24.9	99.4	75.3	87.2	86.7	77.9	37.6
Guam	829	2.4	2.2	0.6	0.8	1.3	1.1	0.0	0.0	0.0	0.0	0.0	0.0
India	534	11,141.7	10,238.4	10,478.3	11,404.9	8,661.8	8,994.5	7,480.9	5,454.3	5,522.7	5,458.1	4,586.8	4,846.3
Indonesia	536	627.0	650.5	612.8	609.2	502.6	608.3	1,278.7	1,438.3	1,465.5	1,485.2	1,369.8	1,364.4
Kiribati	826	....	0.1	0.1	0.2	0.1	0.2	....	0.0	0.0	....	....	....
Lao People's Dem.Rep	544	31.1	34.1	29.1	28.6	23.2	26.2	17.9	17.4	35.4	19.1	16.3	18.1
Malaysia	548	601.2	613.8	804.5	693.2	621.3	634.5	833.2	807.3	893.2	1,127.0	1,014.7	1,034.9
Maldives	556	3.1	2.3	3.5	4.7	3.8	7.9	0.3	0.1	0.1	0.2	2.7	0.8

Belgium (124)
In Millions of U.S. Dollars

		Exports (FOB) 2011	2012	2013	2014	2015	2016	Imports (CIF) 2011	2012	2013	2014	2015	2016
Marshall Islands	867	30.3	0.2	0.4	1.8	0.0	0.2	0.2	0.1	0.5	0.0	0.0	0.0
Mongolia	948	49.6	29.0	26.2	12.9	10.1	10.5	4.2	2.5	3.6	5.1	4.7	4.6
Myanmar	518	21.8	8.6	30.7	31.0	35.4	28.2	4.9	11.3	12.9	39.6	44.5	67.9
Nauru	836	0.0	0.0	0.0	0.6	....	....	....	0.0	....	....	....	....
Nepal	558	4.7	6.3	8.1	26.4	25.0	20.0	4.5	3.0	2.8	3.7	2.7	2.9
Palau	565	0.0	0.0	10.4	0.0	....	0.0	....	....	0.0	0.0	....	....
Papua New Guinea	853	20.4	16.1	8.2	24.6	11.1	10.2	40.9	49.9	45.4	52.9	42.1	55.4
Philippines	566	375.4	345.5	354.6	353.2	378.4	396.9	330.3	210.5	177.3	210.4	247.6	217.6
Samoa	862	1.2	1.1	0.3	0.6	0.7	0.3	....	0.0	0.0	0.1	1.1	0.0
Solomon Islands	813	0.2	1.0	2.4	1.0	1.2	0.7	0.0	0.0	0.1	0.3	0.6	0.0
Sri Lanka	524	402.3	359.7	223.7	106.5	81.9	73.0	525.4	560.9	431.5	326.6	313.4	325.2
Thailand	578	1,385.2	1,245.9	1,341.0	1,205.8	1,073.3	1,035.8	1,629.3	1,658.4	1,745.3	1,692.5	1,550.4	1,605.8
Timor-Leste	537	0.2	0.4	1.9	0.3	2.1	0.7	0.3	0.0	0.0	....	0.6	3.0
Tonga	866	0.6	....	0.0	....	0.0	0.1	0.0	....	0.1	1.0	....	0.0
Vanuatu	846	0.2	0.1	0.4	0.6	0.2	0.3	0.0	0.0	0.0	0.1	0.1	0.0
Vietnam	582	323.7	358.5	488.6	460.7	488.4	494.8	1,035.8	1,293.1	1,427.2	1,780.2	1,825.6	1,863.5
Asia n.s.	598	8.8	7.6	8.9	9.3	8.5	2.1	1.2	0.6	1.8	2.2	0.6	3.4
Europe	170	**28,013.6**	**27,718.8**	**30,640.6**	**29,963.6**	**22,831.5**	**23,998.0**	**26,612.0**	**23,944.1**	**27,122.9**	**29,747.7**	**22,536.5**	**21,989.0**
Emerg. & Dev. Europe	903	**19,672.2**	**18,615.6**	**21,620.7**	**22,732.3**	**18,238.2**	**18,920.2**	**13,282.4**	**11,616.5**	**12,575.1**	**14,167.6**	**12,507.9**	**13,035.0**
Albania	914	25.8	20.4	25.1	22.6	27.7	31.1	9.9	8.4	1.9	4.7	7.2	11.9
Bosnia and Herzegovina	963	64.6	57.3	67.7	71.6	61.8	69.5	29.0	28.6	29.1	27.8	30.9	48.2
Bulgaria	918	541.1	576.4	657.0	782.7	759.4	812.5	1,533.0	1,081.6	885.7	1,238.9	1,018.2	725.5
Croatia	960	300.6	295.7	265.2	355.9	356.4	404.0	104.8	99.0	84.1	128.3	132.8	144.2
Faroe Islands	816	5.2	5.4	4.2	11.0	3.5	3.4	0.0	0.0	0.0	0.0	0.0	0.7
Gibraltar	823	470.0	954.5	2,608.5	2,081.9	245.1	147.6	32.5	15.8	9.7	10.5	6.0	27.9
Hungary	944	2,314.5	2,138.5	2,303.7	2,599.0	2,297.4	2,302.0	1,615.1	1,540.9	1,579.2	1,800.2	1,885.9	1,913.7
Kosovo	967	10.1	9.1	10.1	7.9	11.9	10.5	7.4	0.4	9.9	1.1	21.0	1.1
Macedonia, FYR	962	44.8	79.5	60.3	104.2	104.4	120.0	48.6	22.0	34.2	171.2	179.4	226.3
Montenegro	943	9.1	12.0	11.0	12.2	9.0	10.8	7.4	8.2	30.5	34.1	23.4	22.1
Poland	964	7,633.6	6,964.5	7,612.7	8,297.8	7,442.7	7,972.2	4,416.6	3,866.6	4,466.4	4,914.1	4,150.9	4,205.8
Romania	968	1,429.2	1,396.9	1,571.7	1,666.2	1,627.9	1,811.9	924.6	790.7	1,020.1	1,105.3	1,016.8	1,169.2
Serbia, Republic of	942	256.8	251.1	284.6	302.1	264.3	293.3	141.3	144.0	143.2	184.3	145.6	154.3
Turkey	186	6,566.9	5,854.2	6,139.1	6,417.4	5,026.5	4,931.3	4,412.1	4,010.5	4,280.9	4,547.1	3,889.6	4,383.9
CIS	901	**8,330.4**	**9,094.7**	**9,008.8**	**7,219.1**	**4,578.4**	**5,065.9**	**13,329.2**	**12,327.0**	**14,547.4**	**15,579.1**	**10,028.4**	**8,953.6**
Armenia	911	68.5	85.8	95.6	103.9	59.5	72.4	74.9	97.2	116.4	59.8	49.1	42.4
Azerbaijan, Rep. of	912	77.6	82.0	89.1	120.7	69.5	42.8	34.1	4.4	13.2	31.2	28.9	2.3
Belarus	913	331.0	338.2	369.7	276.1	176.7	162.8	170.5	348.6	353.3	231.2	106.0	101.0
Georgia	915	57.1	91.0	125.3	102.4	76.4	110.8	11.5	18.3	25.5	25.9	26.7	28.1
Kazakhstan	916	221.7	271.5	370.6	304.7	227.7	169.5	56.4	400.9	306.7	460.2	219.9	76.9
Kyrgyz Republic	917	20.4	24.9	24.8	24.1	20.5	16.9	2.3	7.7	14.2	5.6	1.3	0.8
Moldova	921	52.6	42.0	46.2	44.5	36.3	32.7	7.9	13.2	19.7	19.4	7.7	10.1
Russian Federation	922	6,538.9	6,963.2	6,782.5	5,452.2	3,369.7	3,766.9	12,407.8	10,948.5	13,244.0	14,191.4	9,215.6	8,327.2
Tajikistan	923	3.0	4.0	6.8	7.4	4.0	3.5	3.4	2.3	1.3	1.5	6.3	7.2
Turkmenistan	925	31.4	30.6	16.2	20.5	15.8	25.6	3.0	10.4	1.3	1.7	1.1	1.3
Ukraine	926	884.7	1,128.1	1,024.2	710.3	474.5	616.4	542.8	465.1	446.3	541.3	357.9	348.9
Uzbekistan	927	43.3	33.2	57.8	52.3	47.8	45.5	14.5	10.5	5.4	10.2	7.9	7.3
Europe n.s.	884	11.0	8.5	11.1	12.1	14.8	11.9	0.4	0.6	0.4	0.9	0.3	0.5
Mid East, N Africa, Pak	440	**13,352.4**	**13,425.5**	**15,267.9**	**15,440.5**	**13,189.6**	**12,794.7**	**13,115.8**	**12,301.4**	**12,180.4**	**11,111.8**	**9,087.4**	**8,915.5**
Afghanistan, I.R. of	512	23.6	32.7	50.0	138.7	46.1	62.0	1.5	2.5	1.4	0.9	2.4	0.3
Algeria	612	1,400.4	1,381.3	1,429.3	1,571.7	1,225.1	1,038.6	2,045.9	2,490.6	2,068.7	2,052.4	1,086.9	1,088.4
Bahrain, Kingdom of	419	131.7	110.8	87.0	98.5	78.1	88.7	47.5	305.2	257.6	116.4	134.0	90.5
Djibouti	611	17.3	17.7	20.7	24.2	35.7	23.2	0.7	0.0	0.3	0.5	1.6	6.2
Egypt	469	1,605.1	1,710.4	1,675.8	1,545.2	1,326.7	1,303.7	632.2	383.6	402.2	323.8	260.7	277.9
Iran, I.R. of	429	748.2	400.8	320.2	436.7	444.0	532.2	523.0	263.1	108.1	107.1	76.8	188.4
Iraq	433	130.2	219.1	298.8	287.3	301.9	250.0	2.7	0.5	0.5	7.4	84.6	62.8
Jordan	439	271.0	238.6	260.5	428.2	363.2	277.5	39.6	18.3	27.7	33.1	44.5	40.4
Kuwait	443	206.8	254.9	218.1	198.5	233.8	258.5	109.3	133.0	197.2	146.8	56.6	46.5
Lebanon	446	397.2	396.1	502.5	506.0	443.6	440.1	140.8	118.5	75.5	47.6	37.3	50.1
Libya	672	120.2	315.1	306.3	235.7	134.3	131.1	95.1	70.2	58.7	15.4	24.3	8.9
Mauritania	682	135.3	167.2	170.1	134.9	99.5	103.1	144.3	42.4	1.0	2.3	0.2	0.7

Belgium (124)

In Millions of U.S. Dollars

		colspan=6	Exports (FOB)					Imports (CIF)				
		2011	2012	2013	2014	2015	2016	2011	2012	2013	2014	2015	2016
Morocco	686	992.3	1,060.7	1,066.4	1,085.9	841.0	921.0	634.8	816.5	1,019.1	814.9	404.3	337.9
Oman	449	188.4	374.4	249.6	193.3	174.0	174.6	79.9	87.3	112.6	80.3	10.7	13.1
Pakistan	564	371.3	384.7	475.2	424.4	386.2	472.4	500.2	391.9	432.5	479.5	423.6	459.3
Qatar	453	225.6	219.5	210.4	274.6	358.2	288.8	2,216.6	1,744.8	1,717.4	1,283.2	1,259.6	748.0
Saudi Arabia	456	2,204.1	2,032.4	2,426.5	2,251.2	2,212.1	1,880.3	1,673.5	1,714.0	1,974.7	1,982.8	1,730.6	2,491.1
Somalia	726	7.0	3.8	1.5	1.3	3.5	6.3	0.0	0.0	0.0	0.0	0.0	....
Sudan	732	81.1	70.3	68.8	57.8	117.4	86.0	11.7	7.1	4.7	5.2	5.5	9.8
Syrian Arab Republic	463	273.1	122.0	67.7	56.5	31.3	28.0	37.2	10.4	5.2	2.6	1.9	1.7
Tunisia	744	532.3	525.9	490.8	439.2	363.1	387.8	576.7	488.5	407.5	397.4	312.8	320.8
United Arab Emirates	466	3,153.1	3,101.9	4,315.8	4,783.3	3,897.6	3,972.6	3,449.9	3,160.8	3,232.4	3,203.6	3,123.2	2,667.5
West Bank and Gaza	487	4.0	5.2	3.0	7.5	6.3	5.5	7.0	9.5	6.9	5.4	3.5	3.0
Yemen, Republic of	474	132.9	280.1	553.0	259.7	67.0	62.9	145.6	42.8	68.6	3.1	2.0	2.1
Sub-Saharan Africa	**603**	**8,798.1**	**9,624.5**	**11,982.8**	**12,422.7**	**9,793.6**	**8,673.7**	**6,983.5**	**7,189.9**	**7,075.7**	**10,087.6**	**8,761.3**	**9,357.7**
Angola	614	362.0	567.1	476.8	490.1	242.6	269.0	250.3	597.6	540.9	732.7	599.0	459.8
Benin	638	398.9	261.1	234.6	348.1	267.1	76.1	2.2	2.5	22.3	3.5	5.4	3.7
Botswana	616	52.8	65.6	128.8	185.1	131.0	141.9	203.3	284.7	796.4	2,272.6	1,576.9	2,122.0
Burkina Faso	748	86.6	83.2	97.5	75.9	79.4	92.9	29.9	46.7	4.9	26.6	5.7	4.9
Burundi	618	43.9	41.2	44.2	64.0	60.9	33.2	11.8	6.3	5.6	5.6	7.4	5.7
Cabo Verde	624	20.1	27.8	44.1	21.3	15.1	20.9	0.1	0.1	0.0	0.0	0.0	0.0
Cameroon	622	296.1	304.0	401.3	355.4	268.7	263.2	231.5	220.4	214.7	295.8	285.9	292.1
Central African Rep.	626	13.1	11.1	9.9	14.3	11.7	17.6	49.9	55.2	25.4	2.4	3.3	6.4
Chad	628	38.9	32.6	66.9	67.1	50.0	26.8	0.0	0.9	0.0	0.2	0.0	0.0
Comoros	632	4.6	6.3	3.6	3.3	2.9	4.1	0.1	0.0	0.1	0.0	....	0.0
Congo, Dem. Rep. of	636	441.0	450.7	449.3	422.9	474.8	384.9	367.3	365.4	287.2	317.8	290.0	303.8
Congo, Republic of	634	151.2	173.1	185.5	207.4	174.4	109.2	60.6	31.7	67.0	27.5	52.2	49.0
Côte d'Ivoire	662	184.1	296.7	296.2	321.2	300.0	323.4	369.6	393.4	506.5	613.8	639.0	758.6
Equatorial Guinea	642	75.5	50.7	66.5	69.6	40.1	28.5	20.1	30.9	0.6	0.1	1.2	0.2
Eritrea	643	8.5	19.8	6.2	6.1	9.3	10.7	0.2	0.0	0.0	0.0	0.0	0.1
Ethiopia	644	180.5	266.0	227.8	266.0	192.5	196.7	185.4	183.4	171.7	193.1	29.3	27.0
Gabon	646	194.9	204.7	246.1	209.0	112.1	125.5	57.2	58.4	51.6	55.6	83.0	80.8
Gambia, The	648	22.7	15.2	13.6	13.7	17.6	18.1	1.8	2.5	2.4	1.4	1.0	1.1
Ghana	652	379.7	366.7	669.4	501.4	272.7	240.6	302.3	229.4	209.5	251.0	213.7	272.6
Guinea	656	104.3	136.9	140.3	124.6	144.3	172.0	48.0	56.8	37.7	23.0	118.2	41.5
Guinea-Bissau	654	5.8	5.9	3.1	8.7	3.2	4.8	0.9	0.2	0.0	....	0.0	0.9
Kenya	664	216.4	190.1	162.6	167.3	162.2	161.9	58.7	54.0	54.1	60.1	48.6	54.7
Lesotho	666	2.2	2.5	1.0	2.8	1.2	3.5	336.0	279.6	244.5	327.4	279.4	226.4
Liberia	668	25.1	19.1	19.6	58.6	37.6	23.6	19.2	9.4	11.0	14.8	13.1	15.0
Madagascar	674	52.2	70.3	105.9	92.5	77.5	81.3	36.9	46.5	95.7	166.5	125.2	84.2
Malawi	676	15.7	30.7	31.9	51.0	37.8	30.1	39.2	27.9	28.3	138.9	160.2	125.1
Mali	678	102.2	81.9	98.0	91.2	103.3	147.0	6.1	4.0	17.2	6.2	1.8	0.6
Mauritius	684	88.7	87.1	109.5	139.9	128.7	102.7	53.8	56.1	66.3	79.3	47.6	43.1
Mozambique	688	31.7	71.6	81.8	79.0	80.9	65.5	587.7	555.9	384.0	339.0	349.9	101.3
Namibia	728	27.1	32.0	19.1	21.8	13.2	15.0	381.3	444.8	358.0	447.9	235.7	351.8
Niger	692	102.6	56.4	92.8	97.3	88.8	58.8	0.1	0.1	0.3	0.2	0.1	0.1
Nigeria	694	2,000.4	1,909.3	2,614.5	2,195.3	1,960.6	2,093.9	118.7	91.0	97.3	308.9	116.3	101.6
Rwanda	714	43.4	56.6	60.1	69.5	53.5	66.6	20.7	19.9	10.8	11.8	13.9	8.9
São Tomé & Príncipe	716	3.3	3.0	2.8	2.4	1.3	2.1	2.8	2.2	1.7	3.8	2.6	2.5
Senegal	722	239.7	511.5	551.3	572.0	335.7	320.6	70.8	43.1	29.3	69.1	52.8	36.3
Seychelles	718	9.3	7.7	10.7	9.8	9.3	8.9	0.1	0.3	2.3	3.0	1.2	3.7
Sierra Leone	724	36.0	71.3	81.2	79.5	43.3	32.6	111.5	180.6	160.1	192.6	150.9	120.1
South Africa	199	2,278.6	2,244.9	1,981.7	1,794.0	1,576.2	1,496.5	2,566.4	2,435.6	2,155.7	2,602.6	2,750.0	2,934.3
South Sudan, Rep. of	733	....	....	2.0	1.6	0.8	2.5	....	....	0.0	0.0	0.0	0.0
Swaziland	734	1.7	2.6	0.8	2.5	1.9	3.7	1.3	1.4	1.3	1.8	0.9	1.0
Tanzania	738	103.6	101.5	103.0	240.6	159.7	122.8	65.2	85.3	82.0	162.0	197.8	269.1
Togo	742	268.1	569.6	1,896.9	2,708.2	1,928.3	1,150.1	63.7	35.9	85.3	18.1	9.1	26.9
Uganda	746	49.2	76.4	61.5	81.0	55.6	57.0	89.8	68.7	86.6	80.2	71.7	59.6
Zambia	754	26.2	33.9	63.2	54.3	38.8	40.9	151.9	142.1	90.2	100.0	162.1	304.3
Zimbabwe	698	9.8	8.2	18.5	35.3	27.0	25.9	9.1	39.0	69.2	130.9	58.8	56.8
Africa n.s.	799	....	....	0.3	0.0	0.0	0.0	0.0	0.0	0.0	0.0	0.0	0.0

2017, International Monetary Fund: *Direction of Trade Statistics Yearbook*

Belgium (124)

In Millions of U.S. Dollars

		Exports (FOB)						Imports (CIF)					
		2011	2012	2013	2014	2015	2016	2011	2012	2013	2014	2015	2016
Western Hemisphere	205	7,953.4	8,266.5	10,106.4	9,000.0	7,013.6	6,876.2	12,170.3	10,567.0	9,955.7	10,970.0	10,686.3	10,378.1
Anguilla	312	0.1	0.0	0.1	0.4	0.4	0.4	0.0	0.0	0.2	0.5	0.0	....
Antigua and Barbuda	311	0.6	1.6	57.3	1.0	0.7	1.0	0.2	0.1	0.0	0.0	0.0	0.7
Argentina	213	621.1	593.2	1,412.2	586.9	620.1	549.0	385.3	488.2	290.0	285.7	347.0	388.2
Aruba	314	2.2	2.5	3.9	3.4	2.4	2.8	1.1	0.4	0.7	0.6	0.0	0.3
Bahamas, The	313	7.7	3.1	53.5	3.7	3.7	3.2	18.3	13.6	12.5	11.6	9.6	19.9
Barbados	316	4.8	3.9	4.0	4.1	3.0	3.5	0.0	0.1	0.9	0.1	0.0	0.0
Belize	339	0.8	1.7	2.7	1.5	2.6	2.1	0.0	0.7	0.3	0.2	0.5	0.2
Bermuda	319	16.4	1.2	1.8	3.7	1.2	1.6	0.5	0.0	0.1	0.1	0.0	0.0
Bolivia	218	41.2	30.3	32.7	34.9	33.6	33.0	156.9	73.5	136.6	166.1	251.2	177.4
Brazil	223	3,533.0	3,453.8	4,418.5	4,381.4	2,856.9	2,809.4	3,760.6	3,248.0	3,146.4	3,196.6	3,087.0	2,901.4
Chile	228	522.3	615.8	624.1	517.9	523.5	463.7	1,369.3	1,173.2	1,048.1	1,040.9	732.0	567.9
Colombia	233	427.4	451.1	498.9	528.2	451.0	423.3	845.1	714.1	640.0	705.9	566.4	519.0
Costa Rica	238	50.7	44.8	54.3	41.4	45.8	65.5	498.1	441.9	449.6	610.9	495.4	587.5
Curaçao	354	....	....	12.1	24.0	9.8	9.5	....	....	66.9	19.6	20.0	13.5
Dominica	321	0.6	1.0	0.7	0.6	0.7	0.9	0.8	0.2	0.0	0.0	0.0	0.0
Dominican Republic	243	56.8	54.5	58.1	72.9	76.0	84.1	201.0	149.9	184.9	176.2	185.2	197.4
Ecuador	248	120.1	118.2	161.8	201.7	126.5	97.1	497.7	417.5	361.2	380.8	298.6	261.5
El Salvador	253	40.5	35.5	31.0	31.4	20.8	20.1	20.6	12.4	10.7	9.4	11.8	10.8
Falkland Islands	323	1.4	2.8	0.2	2.2	1.3	0.0	....	0.0	0.1	....	....	0.0
Greenland	326	1.4	1.6	1.4	1.3	1.1	1.3	0.0	0.0	0.0	0.1	0.0	0.0
Grenada	328	0.7	0.5	0.4	0.7	0.7	0.5	1.1	0.8	0.3	0.2	0.2	0.2
Guatemala	258	56.3	48.6	59.9	58.6	70.0	52.8	48.3	35.4	31.6	45.7	74.7	77.9
Guyana	336	14.9	13.0	9.5	11.4	8.3	7.5	18.6	20.2	48.8	44.8	42.7	37.6
Haiti	263	14.9	12.1	12.5	14.5	17.0	17.5	2.5	5.6	10.4	10.1	6.7	8.5
Honduras	268	31.5	23.6	26.0	29.8	47.9	50.9	251.1	184.8	124.9	126.4	144.4	110.5
Jamaica	343	26.9	35.8	60.9	67.1	42.0	35.7	1.2	2.4	3.5	5.4	7.6	5.9
Mexico	273	1,362.7	1,502.1	1,397.9	1,296.3	1,237.3	1,399.2	1,967.6	1,917.6	1,891.2	2,527.6	3,283.1	3,404.0
Montserrat	351	0.0	0.0	0.0	0.0	0.0	0.2	0.2	0.1	0.0	0.0	0.3	0.5
Netherlands Antilles	353	28.8	26.5	....	....	....	....	94.1	46.5	....	....	....	....
Nicaragua	278	12.1	10.1	14.0	15.8	15.3	19.3	43.7	44.5	40.2	40.9	45.2	46.4
Panama	283	132.6	229.8	145.3	133.5	157.0	142.1	26.4	70.7	81.1	97.2	55.1	8.5
Paraguay	288	36.4	30.0	32.0	40.1	33.9	37.2	23.5	17.2	27.9	22.2	4.7	4.9
Peru	293	281.4	278.0	346.2	319.9	235.5	209.9	735.7	604.0	591.8	558.9	498.0	603.3
Sint Maarten	352	....	....	1.5	2.6	2.3	2.9	....	....	4.4	1.4	16.8	32.5
St. Kitts and Nevis	361	0.3	0.4	0.2	0.4	0.6	0.5	0.4	0.4	10.8	0.2	0.3	0.1
St. Lucia	362	1.8	1.5	1.8	1.6	2.2	1.7	0.0	0.0	0.0	0.0	0.0	0.0
St. Vincent & Grens.	364	0.2	0.1	0.2	0.1	0.2	0.2	0.0	0.0	0.0	0.0	0.0	0.0
Suriname	366	29.9	27.9	37.9	32.6	26.7	21.3	248.4	215.6	206.4	189.0	158.9	156.9
Trinidad and Tobago	369	23.6	25.2	27.8	35.5	38.6	32.1	83.4	47.0	148.7	166.2	169.1	108.4
Uruguay	298	97.9	116.5	136.6	115.7	97.5	139.7	42.9	34.3	28.1	29.6	18.3	15.8
Venezuela, Rep. Bol.	299	343.9	463.6	358.9	355.9	195.2	129.1	825.3	585.3	355.9	498.0	155.2	109.7
Western Hem. n.s.	399	7.6	4.5	7.3	24.9	4.2	4.2	0.2	0.9	0.5	0.5	0.2	0.5
Other Countries n.i.e	910	50.8	59.7	61.7	72.5	75.3	58.8	83.0	87.5	148.3	52.3	53.8	32.8
Cuba	928	50.1	45.8	61.4	71.4	75.0	57.8	81.3	87.5	148.0	52.2	53.7	32.8
Korea, Dem. People's Rep.	954	0.6	13.9	0.2	1.1	0.3	0.9	1.7	0.0	0.2	0.0	0.1	0.0
Special Categories	899	5,934.6	5,544.3	6,187.2	5,576.6	3,579.3	2,264.2	....	....	....	1.5	8.8	14.7
Countries & Areas n.s.	898	0.3	....	0.4	0.9	0.2	1.6	....	....	31.6	75.5	226.9	451.2
Memorandum Items													
Africa	605	11,963.9	12,851.3	15,228.4	15,736.2	12,478.0	11,237.1	10,397.7	11,034.9	10,577.0	13,360.3	10,572.4	11,121.4
Middle East	405	9,791.6	9,781.2	11,495.0	11,562.3	10,072.2	9,694.4	9,199.9	8,062.1	8,245.3	7,358.7	6,850.3	6,692.2
European Union	998	342,658.9	312,551.3	328,718.3	334,173.8	285,205.9	287,889.5	315,947.6	297,061.3	299,916.3	295,605.6	235,491.7	236,339.6
Export earnings: fuel	080	19,307.0	20,080.0	22,426.2	20,895.1	16,246.5	16,061.2	25,806.0	24,024.4	25,761.4	26,725.0	19,347.9	17,685.8
Export earnings: nonfuel	092	456,467.0	426,256.3	446,201.6	451,625.7	380,558.5	381,915.5	441,109.6	415,511.0	425,822.3	428,026.9	355,688.0	354,917.0

Belize (339)

In Millions of U.S. Dollars

		Exports (FOB)						Imports (CIF)					
		2011	2012	2013	2014	2015	2016	2011	2012	2013	2014	2015	2016
IFS World		680.9	678.6	668.6	614.4	535.3	....	1,662.5	1,722.2	1,862.5	2,005.3	2,059.1	....
World	001	392.4	399.2	412.4	356.7	268.2	201.0	838.7	846.4	909.7	966.0	996.3	952.7
Advanced Economies	110	313.1	314.8	298.2	275.2	200.5	155.3	332.9	320.7	364.4	382.9	446.4	445.5
Euro Area	163	8.9	39.2	43.2	35.1	29.9	30.5	21.4	21.9	25.5	24.3	32.7	23.2
Austria	122	0.1	....	0.0	0.1	0.1	....	3.8	3.9	4.1	3.8	3.5	3.7
Belgium	124	....	0.0	0.0	0.0	....	0.0	0.4	0.7	1.2	0.8	1.6	1.2
Cyprus	423	....	....	....	0.1	0.0	....	0.0	0.0	0.0	0.0	0.0	....
Finland	172	....	....	....	0.0	....	....	0.1	0.1	0.0	0.0	0.0	0.0
France	132	0.7	0.4	0.4	0.1	0.2	0.3	0.7	1.3	1.3	0.8	1.0	1.1
Germany	134	0.7	1.1	0.9	1.2	2.9	2.0	2.5	2.8	4.8	4.0	11.1	6.5
Greece	174	....	....	0.0	....	....	....	0.0	0.0	0.0	....	0.0	0.1
Ireland	178	....	9.2	14.5	14.1	14.3	11.3	0.6	0.6	0.5	0.6	0.5	0.7
Italy	136	0.1	0.0	0.2	0.2	0.1	....	0.7	1.4	1.0	1.0	2.0	1.0
Latvia	941	....	....	....	....	....	....	0.1	0.0	0.4	0.0	0.7	0.0
Lithuania	946	....	0.0	0.3	0.1	....	....	0.5	1.1	0.9	0.9	0.8	0.0
Luxembourg	137	....	....	....	....	....	....	....	....	0.1	....	....	....
Malta	181	....	....	0.0	....	....	....	....	0.0	....	0.0	0.1	0.0
Netherlands	138	6.9	25.9	22.9	16.8	8.4	11.5	11.1	8.6	9.6	11.3	6.9	7.0
Portugal	182	0.1	....	0.0	....	0.2	0.2	0.0	0.0	0.0	0.0	0.1	0.0
Slovenia	961	....	....	....	....	....	....	0.1	0.1	0.0	0.0	0.0	0.0
Spain	184	0.4	2.7	4.0	2.5	3.7	5.2	0.8	1.1	1.6	0.9	4.5	1.7
Australia	193	....	0.0	0.1	0.0	0.1	0.3	0.2	0.3	0.2	0.5	0.1	0.3
Canada	156	1.3	1.4	1.2	8.8	1.4	0.5	6.6	6.5	5.6	8.3	8.4	9.1
China,P.R.: Hong Kong	532	0.1	0.1	0.0	0.8	0.4	0.9	5.2	4.5	5.3	8.4	14.1	16.0
China,P.R.: Macao	546	....	....	....	....	....	....	....	0.0	0.0	0.4	0.1	....
Czech Republic	935	....	0.0	0.1	0.0	....	....	0.1	0.1	0.0	0.1	0.1	0.4
Denmark	128	....	0.0	....	0.0	....	....	2.2	2.8	3.2	3.6	3.1	3.2
Israel	436	0.0	....	0.2	0.0	0.1	....	0.4	0.2	0.3	1.3	2.1	0.6
Japan	158	9.0	12.6	3.9	1.9	1.2	1.1	7.5	9.4	6.8	7.3	5.4	6.6
Korea, Republic of	542	1.4	0.5	0.0	0.8	0.0	0.0	5.0	5.0	5.4	5.1	5.0	7.8
New Zealand	196	....	0.0	....	0.0	....	....	0.6	0.5	0.5	0.6	0.4	0.4
Norway	142	....	....	....	1.6	....	....	0.0	....	0.0	0.0	0.0	0.0
Singapore	576	0.1	0.0	....	0.3	0.3	0.2	0.7	0.8	1.1	1.2	1.7	0.8
Sweden	144	0.1	0.0	0.2	0.0	....	....	0.4	0.5	0.3	0.3	0.2	0.4
Switzerland	146	1.5	0.8	0.3	0.5	0.1	0.1	4.4	2.2	1.8	1.4	1.6	2.4
Taiwan Prov.of China	528	....	....	....	....	0.6	1.0	3.2	3.3	3.6	3.9	4.4	5.2
United Kingdom	112	65.9	77.5	89.2	89.8	81.7	69.3	12.0	8.6	9.9	11.1	24.6	12.7
United States	111	224.8	182.7	159.9	135.6	84.5	51.4	263.1	254.1	294.5	305.1	342.2	356.5
Vatican	187	....	....	....	....	....	....	....	0.0	0.1	....	....	....
Emerg. & Dev. Economies	200	79.3	84.3	114.1	81.3	67.6	45.6	504.5	524.4	544.9	581.9	549.8	507.2
Emerg. & Dev. Asia	505	3.5	12.4	39.1	8.4	1.4	1.8	147.7	143.0	146.0	146.8	134.4	139.3
Bangladesh	513	....	....	0.0	....	0.0	....	0.1	0.1	0.0	0.1	0.1	0.3
Brunei Darussalam	516	....	....	....	....	....	....	....	0.1	....	....	....	....
Cambodia	522	....	....	....	....	....	....	0.0	....	....	0.0	0.1	0.1
China,P.R.: Mainland	924	3.5	5.7	14.5	5.7	0.2	....	118.3	109.4	104.9	106.6	100.8	111.6
India	534	0.0	5.3	22.3	1.3	0.0	0.1	14.6	20.5	22.4	22.3	19.0	12.8
Indonesia	536	0.0	0.0	0.0	0.0	....	....	0.5	0.4	1.4	2.0	3.1	2.1
Lao People's Dem.Rep	544	....	....	....	....	....	....	0.0	....	....	....	....	0.2
Malaysia	548	....	....	....	....	....	....	2.5	2.2	3.3	2.1	2.9	3.0
Philippines	566	....	....	....	....	0.0	....	0.1	0.3	0.1	0.0	0.1	1.1
Sri Lanka	524	....	....	....	....	....	0.2	0.1	0.2	0.2	0.2	0.2	0.2
Thailand	578	....	0.5	0.8	0.5	0.3	0.7	3.9	2.5	4.4	4.7	3.1	4.0
Vietnam	582	0.0	0.8	1.4	0.8	0.8	0.8	2.7	3.2	6.0	5.6	5.1	3.8
Asia n.s.	598	....	....	....	....	....	....	4.8	4.0	3.3	3.2	....	....
Europe	170	0.3	0.2	0.5	0.3	....	0.1	2.4	2.6	4.5	2.4	10.2	3.4
Emerg. & Dev. Europe	903	0.3	0.2	0.5	0.3	....	0.1	1.9	1.7	3.7	2.1	10.1	3.3
Albania	914	....	....	....	....	....	....	....	....	....	....	0.4	....
Bulgaria	918	....	....	0.2	....	....	....	1.3	0.9	2.5	0.7	2.4	0.8
Gibraltar	823	....	....	....	....	....	....	0.0	....	0.5	0.0	0.0	0.8
Hungary	944	....	0.0	....	....	....	....	0.0	0.0	0.0	0.0	0.1	0.0

Belize (339)

In Millions of U.S. Dollars

		Exports (FOB)						Imports (CIF)					
		2011	2012	2013	2014	2015	2016	2011	2012	2013	2014	2015	2016
Macedonia, FYR	962	....	....	....	....	....	....	0.1	0.1	0.0	0.1	0.4	....
Poland	964	....	....	0.0	0.0	....	....	0.1	0.3	0.2	0.2	0.1	0.1
Turkey	186	0.3	0.2	0.3	0.3	....	0.1	0.4	0.3	0.4	1.0	6.8	1.5
CIS	**901**	**0.0**	**0.0**	**....**	**0.0**	**....**	**....**	**0.6**	**0.9**	**0.8**	**0.4**	**0.1**	**0.1**
Belarus	913	....	....	....	....	....	....	....	0.0	....	0.1	....	....
Russian Federation	922	....	0.0	....	....	....	....	0.5	0.7	0.8	0.2	0.0	0.1
Ukraine	926	....	....	....	0.0	....	....	0.1	0.2	0.0	0.0	0.1	0.0
Mid East, N Africa, Pak	**440**	**0.9**	**0.1**	**0.7**	**0.1**	**0.5**	**1.8**	**1.1**	**1.1**	**2.3**	**1.6**	**3.6**	**5.8**
Egypt	469	....	....	....	....	....	0.4	0.0	....	0.0	0.0	0.0	....
Kuwait	443	....	....	....	....	0.0	0.1	....	....	....	....	....	....
Morocco	686	....	....	....	....	....	....	0.1	0.1	0.0	0.1	0.1	0.0
Oman	449	....	....	....	....	....	....	....	....	....	0.0	0.1	....
Pakistan	564	0.0	0.0	....	....	0.0	0.5	0.0	0.1	0.1	0.1	0.1	0.1
Saudi Arabia	456	0.2	....	0.3	0.1	0.1	0.2	0.0	0.0	0.0	0.0	0.0	0.0
United Arab Emirates	466	0.7	0.0	0.4	0.0	0.3	0.8	1.0	0.9	2.1	1.4	3.3	5.7
Sub-Saharan Africa	**603**	**0.1**	**0.0**	**0.1**	**0.1**	**....**	**0.0**	**0.4**	**0.5**	**0.6**	**1.7**	**1.6**	**1.4**
Côte d'Ivoire	662	....	....	....	0.1	....	....	0.0	....	....	....	0.1	....
Ghana	652	0.0	....	....	....	....	....	....	....	0.0	0.1	....	0.0
Mozambique	688	....	....	....	....	....	....	....	....	0.0	0.0	0.0	0.1
Namibia	728	....	....	....	....	....	....	0.1	....	....	....	0.0	....
Niger	692	0.0	....	....	....	....	....	0.2	....	....	....	0.0	0.2
Senegal	722	0.0	....	....	....	....	....	0.1	....	....	....	....	....
Seychelles	718	....	....	....	....	....	....	0.0	....	....	....	0.3	....
South Africa	199	0.0	....	0.0	0.1	....	....	0.0	0.5	0.6	1.5	1.0	1.3
Tanzania	738	....	....	0.1	0.0	....	....	....	....	....	....	0.0	....
Western Hemisphere	**205**	**74.5**	**71.7**	**73.7**	**72.3**	**65.7**	**42.0**	**353.0**	**377.3**	**391.5**	**429.4**	**400.0**	**357.3**
Antigua and Barbuda	311	0.1	0.0	....	0.1	0.3	0.1	0.0	0.0	....	0.0	....	0.2
Argentina	213	....	....	0.0	0.0	....	....	0.4	0.6	1.7	1.9	2.0	0.9
Bahamas, The	313	....	0.1	....	....	....	0.0	0.0	0.0	0.0	0.4	0.2	0.0
Barbados	316	2.9	1.6	1.4	1.6	20.1	13.3	0.9	1.1	1.3	1.4	1.3	1.7
Brazil	223	....	....	0.0	0.0	....	....	3.2	4.3	6.5	5.9	5.6	6.1
Chile	228	0.0	0.0	0.1	0.0	....	....	1.4	1.6	2.2	3.0	2.9	3.1
Colombia	233	0.2	0.1	....	....	0.1	....	2.2	1.3	1.9	3.4	2.9	3.0
Costa Rica	238	0.2	0.9	0.0	0.0	0.0	0.0	8.1	11.0	13.7	10.5	11.2	11.9
Curaçao	354	0.0	0.1	0.0	0.0	....	....	122.0	117.6	116.6	124.8	88.5	70.7
Dominica	321	....	0.1	0.0	0.1	0.0	0.0	0.1	0.0	0.8	1.0	0.6	0.6
Dominican Republic	243	11.2	4.4	0.6	0.0	0.1	0.1	0.2	0.1	0.1	0.2	0.6	2.4
Ecuador	248	....	....	....	0.0	....	....	....	0.0	0.1	0.0	0.1	0.2
El Salvador	253	0.4	0.4	0.4	0.2	0.3	0.2	9.0	10.0	11.4	9.9	11.4	9.8
Grenada	328	....	0.1	0.0	0.0	0.0	0.0	....	0.0	0.0	1.3	1.5	1.6
Guatemala	258	27.4	22.8	5.1	5.9	3.7	2.8	56.0	57.4	61.8	75.8	72.4	66.9
Guyana	336	1.4	3.1	6.7	5.2	2.9	1.0	0.2	0.9	1.1	2.2	1.3	0.9
Haiti	263	0.0	0.0	0.0	....	0.1	0.2	....	....	0.0	....	0.0	0.0
Honduras	268	0.3	0.3	0.3	0.2	....	0.1	11.2	17.4	14.3	19.9	22.6	17.1
Jamaica	343	10.5	14.0	19.7	15.1	11.8	13.5	7.5	6.2	7.9	7.6	5.9	7.0
Mexico	273	7.8	5.7	13.8	27.4	11.0	0.3	76.3	91.1	105.3	107.7	107.5	103.3
Netherlands Antilles	353	....	....	....	....	....	....	....	....	....	....	0.7	0.0
Nicaragua	278	0.1	0.0	0.0	0.4	0.0	....	0.1	0.1	0.1	0.1	0.3	0.4
Panama	283	0.4	0.8	1.8	1.0	0.4	0.2	39.2	34.6	25.8	32.6	40.1	31.8
Paraguay	288	....	0.5	1.5	....	....	....	4.2	4.2	3.9	2.2	2.1	1.1
Peru	293	....	0.0	0.0	....	....	0.1	1.3	1.8	1.3	1.1	0.8	0.6
St. Kitts and Nevis	361	....	0.0	....	0.0	0.1	0.1	....	0.4	0.4	0.8	0.5	0.6
St. Lucia	362	0.1	0.1	0.5	0.2	0.2	0.1	0.7	1.0	0.9	1.5	1.1	1.6
St. Vincent & Grens.	364	0.0	0.0	0.0	0.0	....	0.0	0.0	0.0	0.0	1.1	1.8	1.7
Suriname	366	0.3	0.2	1.8	0.8	1.1	0.0	1.1	0.0	....	0.1	0.1	0.0
Trinidad and Tobago	369	10.6	16.2	19.9	13.8	13.5	9.8	7.1	13.5	11.1	11.2	12.0	11.0
Uruguay	298	....	....	....	....	....	....	0.1	0.7	0.9	1.2	1.8	1.1
Venezuela, Rep. Bol.	299	0.4	0.1	0.0	0.2	....	0.0	0.0	0.0	0.0	0.0	0.1	0.0
Western Hem. n.s.	399	....	....	....	....	....	....	0.6	0.2	0.0	0.4	....	....

Belize (339)

In Millions of U.S. Dollars

		Exports (FOB)						Imports (CIF)					
		2011	2012	2013	2014	2015	2016	2011	2012	2013	2014	2015	2016
Other Countries n.i.e	910	0.0	0.0	0.0	0.2	0.0	....	0.2	0.2	0.0	0.3	0.0	0.1
Cuba	928	....	0.0	0.0	0.2	....	....	0.1	0.0	0.0	0.1	0.0	0.1
Korea, Dem. People's Rep.	954	0.0	....	....	....	0.0	....	0.2	0.1	0.0	0.2	0.0	0.0
Countries & Areas n.s.	898	....	....	....	....	0.0	0.0	1.0	1.1	0.4	0.9	0.2	0.0
Memorandum Items													
Africa	605	0.1	0.0	0.1	0.2	....	0.0	0.5	0.6	0.6	1.8	1.7	1.4
Middle East	405	0.9	0.1	0.7	0.1	0.5	1.3	1.0	0.9	2.1	1.5	3.4	5.8
European Union	998	74.9	116.8	132.8	125.0	111.6	99.8	37.5	35.1	42.0	40.3	63.4	40.9
Export earnings: fuel	080	12.1	16.5	20.5	14.1	14.0	10.8	10.8	16.5	16.1	16.4	18.6	20.1
Export earnings: nonfuel	092	380.3	382.7	391.9	342.6	254.2	190.2	828.0	829.9	893.6	949.6	977.8	932.7

Benin (638)

In Millions of U.S. Dollars

		Exports (FOB) 2011	2012	2013	2014	2015	2016	Imports (CIF) 2011	2012	2013	2014	2015	2016
IFS World		....	....	....	....	....	....	....	....	....	....	....	....
World	001	389.8	462.5	597.9	968.2	625.5	441.2	2,069.9	2,316.7	2,958.4	3,654.4	2,475.1	2,630.5
Advanced Economies	110	45.4	38.6	64.5	162.1	119.5	52.5	1,018.8	1,049.3	1,237.3	1,405.6	991.3	890.5
Euro Area	163	27.7	22.0	25.3	85.1	41.0	25.8	704.4	702.9	763.5	830.2	716.9	668.3
Austria	122	....	....	0.1	0.0	0.0	0.0	1.6	1.5	1.8	6.9	1.0	0.5
Belgium	124	1.1	0.8	1.2	15.6	4.6	4.5	95.6	120.1	117.0	141.3	120.9	122.6
Cyprus	423	....	....	....	0.0	....	....	0.1	0.2	0.5	0.0	0.2	0.0
Estonia	939	....	....	....	....	....	....	0.6	14.3	0.7	0.4	0.3	0.1
Finland	172	....	3.5	....	....	....	0.0	1.9	0.9	2.5	10.1	1.9	1.5
France	132	8.4	4.2	3.2	30.2	15.3	8.4	324.6	319.3	345.6	299.5	288.8	264.9
Germany	134	2.6	1.5	1.7	1.8	2.7	1.1	90.1	38.8	44.0	36.1	33.5	52.0
Greece	174	0.8	0.0	0.0	0.0	0.2	0.0	0.0	21.4	11.5	2.8	0.4	2.4
Ireland	178	0.0	....	....	....	....	0.0	5.7	7.9	6.4	6.9	3.5	2.7
Italy	136	4.2	0.4	0.8	2.2	2.6	3.9	31.5	21.7	50.4	51.0	28.9	25.8
Latvia	941	....	....	....	....	....	....	0.0	....	0.1	0.2	0.1	0.1
Lithuania	946	0.0	....	....	....	0.0	0.0	0.5	1.2	1.0	2.5	0.8	2.9
Luxembourg	137	....	....	....	....	....	....	4.3	7.1	4.0	1.8	0.0	0.1
Malta	181	....	0.0	....	....	....	....	....	0.0	....	3.6	....	0.0
Netherlands	138	3.3	2.7	12.9	29.2	9.5	3.5	90.2	102.7	124.9	160.9	79.4	125.3
Portugal	182	2.5	7.7	3.2	4.0	2.7	1.3	16.3	1.6	7.3	4.8	8.9	13.6
Slovak Republic	936	....	0.1	....	....	....	....	0.2	0.1	0.1	0.0	0.5	0.4
Slovenia	961	....	....	0.1	....	0.1	....	0.0	0.0	0.1	0.0	0.1	0.0
Spain	184	4.6	1.1	2.2	2.1	3.4	3.0	41.2	44.2	45.6	101.3	147.8	53.1
Australia	193	0.7	0.0	....	0.0	0.0	0.0	0.4	1.0	2.1	3.2	0.9	0.7
Canada	156	0.1	0.0	0.0	0.3	0.0	0.4	6.7	9.6	14.3	13.1	9.1	6.8
China,P.R.: Hong Kong	532	0.8	1.8	0.0	0.2	0.8	1.3	6.0	22.2	20.6	23.8	11.0	10.0
Czech Republic	935	....	....	....	0.0	....	0.0	6.9	3.9	7.4	7.3	6.9	0.2
Denmark	128	11.6	7.0	11.1	18.5	13.5	8.4	7.2	13.5	11.7	40.4	11.5	7.4
Iceland	176	....	....	....	....	....	....	0.0	0.5	3.3	1.9	2.2	1.6
Israel	436	0.2	....	0.0	0.1	....	....	6.7	0.8	0.8	4.4	0.2	0.1
Japan	158	0.0	0.0	1.5	0.0	0.0	0.1	30.7	17.6	20.7	10.8	3.7	9.8
Korea, Republic of	542	0.1	0.2	1.0	0.7	1.9	2.9	4.2	3.8	6.4	3.5	2.9	16.8
New Zealand	196	....	....	....	....	....	....	0.0	0.1	0.1	0.4	0.4	0.2
Norway	142	....	....	....	0.4	0.0	....	8.7	8.7	5.6	1.3	1.4	10.5
Singapore	576	2.1	2.1	8.9	0.4	49.6	2.7	22.0	39.4	89.4	59.6	55.8	25.0
Sweden	144	0.1	0.1	2.8	0.0	0.1	0.0	30.2	16.2	36.0	25.4	20.4	11.3
Switzerland	146	0.2	2.8	4.5	12.8	7.4	3.5	41.0	62.2	20.7	26.1	15.2	29.5
Taiwan Prov.of China	528	....	0.1	1.7	3.4	0.2	0.3	3.7	1.5	0.8	1.4	0.2	0.3
United Kingdom	112	1.7	0.8	4.4	28.7	0.5	0.1	94.4	104.4	69.0	131.6	51.8	33.5
United States	111	0.3	1.9	3.3	11.3	4.4	7.0	45.7	41.0	164.8	221.1	80.7	58.7
Emerg. & Dev. Economies	200	344.4	423.9	533.4	805.8	503.4	388.7	1,038.2	1,261.6	1,716.2	2,236.4	1,464.1	1,739.9
Emerg. & Dev. Asia	505	157.8	213.5	294.8	340.0	291.5	206.8	406.2	465.8	918.4	1,301.3	773.8	1,023.2
Bangladesh	513	0.5	0.0	17.4	42.9	46.6	41.9	0.1	0.2	0.2	0.1	0.1	0.1
Cambodia	522	....	....	0.0	0.0	0.0	....	0.1	0.0	0.0	0.1	....	....
China,P.R.: Mainland	924	60.4	116.9	119.3	96.7	32.9	27.3	192.3	191.3	296.3	281.0	266.5	221.4
Fiji	819	....	....	....	....	....	....	0.4	0.4	0.0	....	....	....
F.T. New Caledonia	839	....	....	....	....	0.3	0.0	....	....	....	0.0	0.0	....
India	534	39.0	51.2	70.3	83.9	81.1	63.1	25.7	96.7	332.2	475.1	242.7	391.7
Indonesia	536	27.7	2.7	38.5	34.7	23.4	4.5	5.3	5.1	8.6	19.3	7.0	12.2
Malaysia	548	15.5	32.4	23.1	36.7	55.0	54.0	84.5	60.8	75.2	49.5	58.4	66.5
Marshall Islands	867	....	....	....	....	....	....	....	....	....	....	....	0.2
Mongolia	948	....	....	....	....	....	0.0 e	0.1	....	0.0	0.0	....	....
Myanmar	518	....	....	0.0	....	....	0.3	....	....	....	....	....	....
Philippines	566	....	0.1	0.2	0.1	....	....	0.0	0.0	0.4	0.0	0.0	0.0
Sri Lanka	524	....	....	0.0	0.0	0.0	0.3	0.0	0.0	0.0	0.1	0.1	0.5
Thailand	578	8.2	3.3	4.0	4.8	5.5	2.1	91.8	109.4	196.4	450.2	191.4	326.5
Vietnam	582	6.3	6.9	21.8	40.2	46.7	13.2	5.9	1.7	8.5	25.7	6.7	3.0
Asia n.s.	598	0.0	....	....	....	....	....	0.0	0.2	0.5	0.2	0.8	1.2

Benin (638)

In Millions of U.S. Dollars

		Exports (FOB)						Imports (CIF)					
		2011	2012	2013	2014	2015	2016	2011	2012	2013	2014	2015	2016
Europe	170	0.5	0.4	1.9	41.1	9.3	51.3	38.1	81.7	79.5	93.8	73.6	82.9
Emerg. & Dev. Europe	903	0.5	0.4	1.8	41.0	9.2	11.9	31.7	62.0	64.7	75.2	66.6	54.7
Albania	914	....	....	1.3	4.5	4.3	8.9	0.1	0.0	0.1	0.0	0.1	0.1
Bosnia and Herzegovina	963	....	....	....	....	....	....	0.0	0.0	0.0	....	0.0	0.1
Bulgaria	918	....	....	0.4	....	0.0	0.0	0.1	0.2	0.1	0.2	0.1	0.4
Croatia	960	....	....	0.0	....	....	....	0.0	0.0	0.1	0.1	0.0	0.1
Gibraltar	823	....	....	....	....	....	....	0.1	....	....	....	0.2	0.2
Hungary	944	....	....	0.0	....	....	....	0.2	0.4	0.2	0.3	0.4	0.5
Macedonia, FYR	962	....	....	....	....	....	....	....	....	....	....	0.1 e	0.0 e
Poland	964	....	0.0	0.0	0.0	....	0.0	14.3	20.8	22.9	29.4	32.3	18.7
Romania	968	....	....	....	....	....	....	0.1	0.1	0.1	0.2	0.5	0.5
Turkey	186	0.5	0.3	0.1	36.5	4.9	3.0	16.7	40.4	41.2	44.9	32.8	33.9
CIS	901	....	....	....	0.1	0.1	39.3	6.4	19.7	14.7	18.6	6.9	28.3
Armenia	911	....	....	....	....	....	....	....	....	....	....	0.1	0.0
Azerbaijan, Rep. of	912	....	....	....	....	....	0.2 e	....	....	....	....	....	....
Belarus	913	....	....	....	....	0.0 e	32.8 e	....	0.0	0.1	1.0	0.0	....
Georgia	915	....	....	....	....	....	....	0.1	0.0	0.1	0.1	0.1	0.0
Russian Federation	922	....	....	....	0.0	0.1	0.2	4.1	5.9	7.9	3.8	3.9	26.7
Ukraine	926	....	....	....	0.1	0.0	6.1	2.2	13.8	6.6	13.7	2.8	1.5
Europe n.s.	884	....	....	0.1	....	....	....	0.0	....	0.0	0.0	0.1	....
Mid East, N Africa, Pak	440	11.6	6.5	26.0	40.7	40.8	27.9	74.1	88.8	94.7	202.3	118.2	190.8
Afghanistan, I.R. of	512	....	....	....	....	....	....	0.0	0.1	0.1	0.1	0.0	0.0
Algeria	612	0.0	0.1	0.4	1.4	0.1	....	0.0	0.6	0.3	3.0	0.6	2.2
Bahrain, Kingdom of	419	....	....	....	0.4	....	0.0	....	0.0	....	....	2.0	0.1
Djibouti	611	0.0	0.0	....	0.1	0.0	0.0	0.0	0.1	0.0	0.0	0.0	0.5
Egypt	469	1.6	0.9	13.6	29.4	16.5	13.5	1.5	4.0	5.8	6.5	4.8	4.0
Iran, I.R. of	429	....	....	0.0	....	0.0	....	0.1	0.0	0.1	0.4	0.1	1.0
Jordan	439	....	....	....	0.0	....	....	0.0	0.0	0.1	0.1	0.1	0.0
Kuwait	443	....	....	....	0.0	0.0	0.0	0.1	0.3	0.1	0.1	0.3	0.4
Lebanon	446	0.2	1.9	5.5	1.5	0.1	0.3	3.8	3.2	5.2	7.8	7.9	6.2
Libya	672	0.6	0.0	0.1	0.0	0.0	0.0	0.0	0.0	0.1	0.0	0.0	0.2
Mauritania	682	0.2	0.2	0.1	0.0	0.1	0.4	12.4	6.8	7.6	55.5	22.1	35.9
Morocco	686	1.4	0.9	2.0	1.3	2.4	0.2	7.7	6.0	14.2	37.5	28.0	40.0
Oman	449	....	....	....	....	....	....	0.2	0.0	0.2	0.3	0.1	....
Pakistan	564	2.1	1.0	3.2	4.6	17.5	7.1	10.9	5.6	6.4	10.5	11.1	20.4
Qatar	453	....	....	....	....	0.0	....	0.0	0.1	0.5	0.0	0.1	0.2
Saudi Arabia	456	0.0	....	0.0	0.2	0.8	0.5	2.9	0.8	1.5	8.3	0.9	10.7
Sudan	732	....	0.0	0.0	0.0	0.0	0.0	0.1	0.0	0.0	0.0	0.0	0.0
Syrian Arab Republic	463	0.0	....	....	0.0	0.0	0.0	0.3	0.1	0.2	0.1	0.1	....
Tunisia	744	0.6	0.4	0.6	0.8	1.2	0.6	2.5	3.7	9.8	8.6	6.7	4.4
United Arab Emirates	466	5.0	1.0	0.4	0.8	2.2	5.1	31.4	57.1	42.4	63.3	33.3	64.6
Yemen, Republic of	474	....	....	....	....	....	....	0.0	0.0	0.0	....	....	0.1
Sub-Saharan Africa	603	174.0	202.0	209.8	374.6	158.2	100.5	463.4	499.9	538.7	557.4	417.7	371.9
Angola	614	0.1	0.1	0.0	....	0.1	1.2	0.0	0.8	1.7	6.5	7.9	33.2
Botswana	616	....	....	....	....	....	....	....	0.0	0.1	....	....	0.0
Burkina Faso	748	7.1	3.7	6.6	5.4	3.8	4.6	1.3	0.2	0.8	4.8	2.4	1.1
Burundi	618	0.1	0.0	0.0	0.0	....	....	....	....	0.0	0.0	0.1	0.0
Cameroon	622	3.1	2.3	0.8	2.3	1.8	0.7	1.8	1.5	9.7	17.1	1.9	5.3
Central African Rep.	626	....	....	0.3	0.4	0.2	0.4	....	....	....	0.0	0.0	....
Chad	628	40.2	59.7	43.8	26.3	7.9	0.7	....	....	....	0.0	....	0.0
Congo, Dem. Rep. of	636	0.2	0.3	0.4	0.2	0.2	0.1	0.1	0.0	0.0	0.0	0.1	0.4
Congo, Republic of	634	0.2	0.3	0.2	1.0	0.4	0.2	5.3	0.9	1.3	0.2	1.2	2.1
Côte d'Ivoire	662	18.2	29.8	13.2	18.6	10.6	12.1	64.9	99.3	50.0	38.2	48.1	24.9
Equatorial Guinea	642	0.3	0.1	0.3	0.2	0.2	0.1	2.5	2.1	6.9	7.4	1.3	11.6
Ethiopia	644	....	0.0	....	0.0	0.0	0.0	....	0.0	0.0	0.0	0.0	1.6
Gabon	646	2.4	0.9	0.8	145.1	1.1	1.1	0.1	0.1	0.3	58.5	4.4	0.8
Gambia, The	648	0.0	....	0.0	0.0	0.0	0.0	0.0	0.1	0.1	0.0	0.1	0.0
Ghana	652	18.6	22.9	16.7	36.9	9.4	4.9	12.3	14.6	26.6	28.6	20.7	19.8
Guinea	656	0.0	0.3	0.1	2.2	0.3	2.0	0.2	1.2	4.4	0.7	1.3	1.5
Guinea-Bissau	654	0.1	....	....	....	0.0	....	0.0	0.0	1.8	0.5	1.7	0.6

2017, International Monetary Fund: Direction of Trade Statistics Yearbook

Benin (638)

In Millions of U.S. Dollars

		Exports (FOB) 2011	2012	2013	2014	2015	2016	Imports (CIF) 2011	2012	2013	2014	2015	2016
Kenya	664	....	0.1	0.0	0.0	....	1.0	0.4	0.1	0.1	0.1	0.2	0.0
Lesotho	666	....	....	....	....	0.3	....	....	....	....	0.0	....	....
Liberia	668	1.1	0.4	0.4	2.0	0.4	0.0	....	0.0	3.6	0.0	0.0	0.1
Madagascar	674	0.2	0.0	0.0	0.1	0.0	0.0	0.2	0.1	0.6	0.7	1.8	0.2
Mali	678	4.4	0.7	1.1	1.7	0.4	0.6	0.2	0.2	0.4	0.7	0.9	0.9
Mauritius	684	1.1	....	0.1	0.3	0.7	0.7	0.0	0.1	0.0	0.3	0.3	0.0
Mozambique	688	0.0	0.0	....	0.0	0.0	....	0.0	0.0	1.2	....	....	....
Namibia	728	....	0.0	....	0.0	....	0.0	....	4.4	7.2	4.0	4.8	9.2
Niger	692	10.2	23.9	31.5	56.7	59.9	24.7	1.6	0.4	3.3	2.4	1.1	0.7
Nigeria	694	46.4	41.0	70.1	48.7	39.2	27.1	89.9	101.3	72.8	77.6	80.5	39.0
Rwanda	714	0.0	....	....	....	....	....	0.0	0.0	0.0	0.0	....	0.1
Senegal	722	0.2	1.6	1.2	0.4	2.8	0.6	14.4	15.4	13.5	15.7	14.9	11.4
Seychelles	718	....	....	....	....	....	....	....	0.1	0.1	0.0	0.0	0.1
Sierra Leone	724	0.2	0.1	0.0	1.8	0.1	0.3	....	....	....	0.0	0.2	0.1
South Africa	199	10.6	5.4	3.3	5.0	6.4	2.5	20.9	26.2	28.5	28.4	9.7	15.7
Swaziland	734	....	....	....	0.0	....	....	0.2	0.2	0.2	0.2	0.1	0.2
Tanzania	738	0.0	0.0	....	0.1	0.2	0.0	0.0	0.0	0.2	0.0	0.5	0.1
Togo	742	8.9	8.2	18.0	19.1	10.8	14.9	247.0	230.6	303.3	264.5	211.3	191.3
Uganda	746	0.0	0.2	0.0	0.0	0.4	0.0	....	0.0	0.0	0.0	0.0	0.0
Zambia	754	0.0	....	0.8	0.0	....	0.0	0.0	....	0.0	....	....	0.0
Zimbabwe	698	....	....	0.0	....	0.4	0.0	....	....	0.0	0.0	0.0	0.0
Western Hemisphere	205	0.5	1.5	0.9	9.4	3.5	2.3	56.4	125.5	85.0	81.7	80.7	71.1
Antigua and Barbuda	311	....	....	....	....	0.0	....	....	....	....	0.1	2.1	0.1
Argentina	213	....	....	....	....	....	0.0	1.5	1.5	1.3	4.3	3.7	2.4
Bahamas, The	313	....	....	....	....	....	....	....	....	....	0.1	0.0	....
Belize	339	....	....	....	0.0	0.0	....	....	0.6	0.0	0.0	....	....
Brazil	223	....	1.3	0.1	8.2	....	0.0	48.4	82.3	76.8	63.4	69.4	52.1
Chile	228	0.0	0.0	....	....	....	....	0.2	0.4	0.4	0.6	0.8	0.4
Colombia	233	0.0	0.0	0.0	1.0	3.5	2.0	2.5	1.2	0.1	0.1	2.0	7.0
Costa Rica	238	....	....	....	....	0.0	0.0	....	....	0.0	0.8	0.0	....
Dominican Republic	243	....	....	....	....	....	....	....	16.9	0.0	0.0	0.0	0.0
Ecuador	248	0.0	0.0	0.0	0.0	0.0	....	....	0.0	0.0	0.2	0.3	0.0
El Salvador	253	....	....	0.4	0.3	....	....	....	0.0	0.0	0.1	....	....
Grenada	328	....	....	0.1	....	....	....	0.0	0.0	0.1	....	....	....
Guatemala	258	0.4	....	....	....	....	....	....	....	3.7	0.5	0.4	....
Haiti	263	....	....	0.0	0.0	0.0	0.0	....	....	....	....	0.1	0.0
Jamaica	343	....	....	....	....	....	....	0.0	0.1	0.0	0.0	0.0	0.0
Mexico	273	....	....	0.0	....	....	0.0	0.6	0.4	....	0.0	0.0	0.1
Netherlands Antilles	353	....	....	....	....	....	....	0.9	0.1	....	0.0	....	....
Panama	283	....	....	....	....	....	....	0.1	0.1	0.5	0.0	....	0.1
Peru	293	....	....	0.2	....	....	....	0.2	0.0	0.0	....	....	0.5
Suriname	366	....	0.1	0.0	....	....	....	0.0	0.0	....	0.0	0.0	....
Trinidad and Tobago	369	....	....	....	....	....	0.2	0.7	0.3	0.6	....	....	3.6
Uruguay	298	....	....	....	....	....	0.0 e	1.2	1.8	1.1	8.0	1.5	1.8
Venezuela, Rep. Bol.	299	....	....	....	....	....	....	....	19.9	....	3.2	....	2.8
Western Hem. n.s.	399	0.0	0.0	0.0	....	....	....	0.1	0.0	0.0	0.2	0.3	0.1
Other Countries n.i.e	910	....	0.0	....	0.3	2.6	0.0	10.4	3.2	1.0	4.8	11.7	0.1
Cuba	928	....	0.0	....	....	....	....	0.0	0.1	0.0	....	0.0	....
Korea, Dem. People's Rep.	954	....	0.0	....	0.3	2.6	0.0	10.4	3.1	1.0	4.8	11.7	0.1
Countries & Areas n.s.	898	0.0	0.0	0.0	0.0	....	....	2.6	2.6	3.9	7.6	8.0	0.0
Memorandum Items													
Africa	605	176.2	203.6	213.0	378.3	162.0	101.8	486.2	517.2	570.7	662.0	475.1	454.8
Middle East	405	7.4	3.9	19.6	32.4	19.6	19.5	40.4	65.8	56.3	87.0	49.8	87.4
European Union	998	41.1	29.8	44.0	132.3	55.2	34.3	857.8	862.4	910.9	1,065.1	840.8	741.0
Export earnings: fuel	080	95.4	103.3	116.2	225.2	55.6	38.7	140.0	191.5	137.0	233.1	138.9	206.2
Export earnings: nonfuel	092	294.4	359.2	481.7	743.0	569.9	402.5	1,929.9	2,125.3	2,821.4	3,421.4	2,336.2	2,424.3

Bermuda (319)

In Millions of U.S. Dollars

		Exports (FOB)						Imports (FOB)					
		2011	2012	2013	2014	2015	2016	2011	2012	2013	2014	2015	2016
IFS World		....	....	....	....	....	....	....	....	....	....	....	....
World	001	105.5	184.9	334.8	92.7	339.2	52.9	1,325.0	1,059.0	954.4	1,130.2	1,516.2	1,331.3
Advanced Economies	110	67.4	98.8	48.7	25.2	282.5	30.2	1,200.2	979.9	894.8	1,052.7	1,415.1	1,242.0
Euro Area	163	17.9	2.5	2.1	0.4	266.2	18.3	146.1	18.0	28.1	11.6	377.1	17.6
Austria	122	....	....	....	....	....	0.0	1.7	0.3	0.2	0.5	0.6	0.8
Belgium	124	0.1	0.0	0.0	0.0	0.0	0.0	14.7	1.0	1.6	3.3	1.1	1.5
Cyprus	423	....	....	....	0.0 e	252.5 e	....	0.0	0.0	0.0	0.0	0.0	0.0
Finland	172	....	....	....	0.0	....	....	0.7	0.2	0.2	0.1	0.1	1.6
France	132	16.9	0.2	....	....	....	0.0	0.8	2.1	0.3	0.3	0.3	0.5
Germany	134	0.4	0.0	0.0	0.1	0.0	0.0	106.6	4.6	7.1	4.9	369.4	7.1
Greece	174	....	....	....	0.0	....	0.0	0.1	0.0	0.0	0.0	0.3	0.2
Ireland	178	0.2	0.1	....	....	....	....	0.8	0.8	2.0	0.7	0.7	0.6
Italy	136	0.0	0.0	0.0	0.0	0.0	....	0.1	0.1	0.1	0.1	0.1	2.2
Latvia	941	0.0 e	....	0.0 e	0.0 e	....	18.3 e	0.0	0.0	0.1	0.0	0.1	1.1
Lithuania	946	....	....	1.9 e	....	....	0.0 e	0.0	0.0	0.0	0.0	0.0	0.1
Malta	181	0.0 e	1.7 e	....	....	12.7 e	0.0 e	0.0	0.0	0.0	0.0	0.0	0.0
Netherlands	138	0.1	0.0	0.0	0.0	0.0	....	2.3	2.5	0.9	0.7	0.7	0.5
Portugal	182	0.2 e	0.5 e	0.2 e	0.2 e	0.8 e	0.0 e	2.4	0.6	0.7	0.4	0.7	0.8
Spain	184	....	....	....	0.0	0.0	....	15.8	5.7	14.9	0.6	2.9	0.7
Australia	193	37.4 e	88.4 e	21.5 e	9.0 e	1.6 e	0.3 e	0.9	0.7	0.3	0.4	0.5	0.4
Canada	156	0.0	0.0	0.1	0.1	0.2	0.2	93.7	39.9	44.4	38.5	38.2	65.4
China,P.R.: Hong Kong	532	0.0	0.0	0.0	0.0	0.0	....	1.8	1.7	1.7	1.7	1.7	1.7
Czech Republic	935	0.9 e	0.7 e	1.0 e	1.0 e	0.4 e	0.0 e	0.2	0.1	0.1	0.0	0.1	0.0
Denmark	128	0.0	0.0	0.0	0.0	0.1	....	1.2	0.5	0.2	0.9	0.2	0.2
Iceland	176	....	....	....	0.0	0.0	....	0.3	0.2	0.1	0.1	0.2	0.8
Israel	436	....	0.8 e	2.7 e	2.0 e	1.6 e	2.6 e	0.4	0.1	....	....	0.1	0.1
Japan	158	....	....	....	....	0.0	....	4.0	3.4	3.0	2.9	50.7	237.7
Korea, Republic of	542	0.0	....	....	0.0	....	....	196.3	168.5	196.5	250.3	249.6	182.7
New Zealand	196	0.0 e	0.0 e	0.0 e	2.3 e	4.1 e	0.7 e	3.1	27.3	2.4	2.3	3.5	3.8
Norway	142	0.2	0.0	0.0	....	....	0.0	0.4	0.1	0.0	0.0	0.1	0.0
Singapore	576	0.0 e	0.0 e	0.0 e	0.1 e	0.0 e	0.3 e	0.7	0.9	1.1	1.0	0.4	0.2
Sweden	144	0.0	0.0	0.0	0.0	0.0	0.0	69.6	0.7	4.7	6.5	1.3	1.4
Switzerland	146	0.3	0.2	....	....	0.3	....	0.8	0.7	0.5	0.6	3.3	0.8
Taiwan Prov.of China	528	....	....	....	....	0.0 e	....	0.8	0.8	0.8	0.8	2.0	0.8
United Kingdom	112	4.4	0.7	14.8	0.7	1.0	0.4	6.5	21.8	7.4	7.4	8.8	7.6
United States	111	6.3	5.3	6.3	9.4	7.0	7.5	673.4	694.6	603.3	727.8	677.4	720.7
Emerg. & Dev. Economies	200	37.8	85.9	285.9	67.3	56.5	22.4	119.6	75.7	56.8	74.3	96.0	84.8
Emerg. & Dev. Asia	505	3.9	67.8	252.4	36.5	1.5	1.8	26.6	28.5	17.5	17.0	28.4	24.0
Bangladesh	513	....	....	....	....	....	....	0.1	0.1	0.1	0.1	0.1	0.1
China,P.R.: Mainland	924	0.0	0.0	0.0	0.0	0.0	0.0	20.3	11.3	10.2	10.0	19.4	12.1
Fiji	819	....	....	0.0 e	....	....	....	0.1	0.0	0.0	0.0	0.1	0.1
India	534	....	....	....	0.0	0.0	0.1	0.8	1.0	1.5	2.2	1.6	2.8
Indonesia	536	3.9 e	67.8 e	252.4 e	36.4 e	1.4 e	1.7 e	1.6	2.3	3.1	2.2	2.3	4.7
Malaysia	548	....	....	0.0	....	....	....	0.5	11.0	0.4	0.1	1.0	0.0
Myanmar	518	....	0.0 e	....	....	....	....	....	....	....	....	....	0.2 e
Philippines	566	....	....	....	....	0.0	....	0.4	0.5	0.2	0.2	0.1	0.1
Sri Lanka	524	0.0 e	....	....	0.0 e	0.1 e	0.0 e	0.0	0.0	....	0.0	0.0	0.0
Thailand	578	....	....	0.0	0.0	0.0	0.0	1.5	1.4	1.2	1.4	2.4	2.8
Vietnam	582	....	....	....	....	....	....	0.4	0.2	0.2	0.2	0.4	0.3
Asia n.s.	598	....	....	....	....	....	....	0.9	0.6	0.5	0.6	1.0	0.9
Europe	170	13.6	0.5	13.2	0.4	4.0	0.3	1.2	0.6	0.6	5.3	0.9	1.6
Emerg. & Dev. Europe	903	13.1	0.1	12.7	0.1	3.9	0.2	0.8	0.2	0.2	0.1	0.5	1.2
Bosnia and Herzegovina	963	....	....	....	0.0 e	0.1 e	0.0 e	0.0	0.0	0.0	0.0	0.0	0.0
Croatia	960	0.0 e	0.0 e	0.0 e	0.0 e	0.0 e	0.0 e	0.2	....	....	0.0	0.0	0.0
Hungary	944	....	0.0 e	0.0 e	0.0 e	0.1 e	0.1 e	0.5	0.1	0.1	0.1	0.5	1.2
Poland	964	13.0 e	0.0 e	0.0 e	0.0 e	0.0 e	0.0 e	0.1	0.0	0.0	0.0	0.0	0.0
Serbia, Republic of	942	....	....	....	....	....	0.1 e	0.0	0.0	0.0	0.0	0.0	0.0
Turkey	186	....	0.1 e	12.7 e	0.1 e	3.8 e	0.0 e	0.0	0.0	0.0	0.0	0.0	0.0
CIS	901	0.5	0.4	0.6	0.3	0.1	0.1	0.4	0.5	0.4	5.2	0.4	0.4
Georgia	915	....	....	0.1	....	....	....	....	....	....	....	....	....

2017, International Monetary Fund: *Direction of Trade Statistics Yearbook*

Bermuda (319)

In Millions of U.S. Dollars

		Exports (FOB)						Imports (FOB)					
		2011	2012	2013	2014	2015	2016	2011	2012	2013	2014	2015	2016
Kazakhstan	916	0.0 e	0.0 e	0.0 e	0.0 e	0.0 e	0.0 e	....	....	....	4.8 e	....	....
Russian Federation	922	0.4 e	0.4 e	0.4 e	0.2 e	0.1 e	0.1 e	0.0	0.0	0.0	0.0	0.0	0.0
Ukraine	926	....	....	0.0	0.0	0.0	....	0.4	0.4	0.4	0.4	0.4	0.4
Mid East, N Africa, Pak	440	**0.1**	**3.2**	**0.1**	**0.3**	**0.1**	**0.1**	**1.7**	**1.3**	**1.2**	**1.2**	**2.7**	**1.6**
Bahrain, Kingdom of	419	0.0 e	0.0 e	0.0 e	....	0.1 e	0.0 e	0.0	0.0	0.0	0.0	0.0	0.0
Egypt	469	0.0 e	0.0 e	....	....	....	....	0.0	0.0	0.0	0.0	0.1	0.0
Kuwait	443	....	....	....	0.1 e	0.0 e	0.0 e	0.0	0.0	0.0	0.0	0.0	0.0
Lebanon	446	....	0.0 e	....	0.0 e	....	0.0 e	....	....	....	....	0.9	....
Mauritania	682	....	....	0.1 e	0.0 e	....	....	0.0	0.0	0.0	0.0	0.0	0.0
Morocco	686	....	2.8 e	....	....	0.0 e	0.1 e	0.1	0.1	0.1	0.1	0.1	0.1
Pakistan	564	0.1 e	0.1 e	0.0 e	0.0 e	0.0 e	0.0 e	1.3	1.0	0.8	0.9	1.4	1.3
Saudi Arabia	456	....	0.3 e	....	0.1 e	....	....	0.1	0.1	0.1	0.1	0.1	0.1
Tunisia	744	....	....	0.0 e	0.0 e	0.0 e	....	0.1	0.1	0.1	0.1	0.1	0.1
Sub-Saharan Africa	603	**15.6**	**10.8**	**18.7**	**28.3**	**50.0**	**10.6**	**0.5**	**0.1**	**0.1**	**0.6**	**3.7**	**2.8**
Angola	614	0.0 e	....	4.0 e	0.1 e	....	....	....	....	....	....	....	....
Cabo Verde	624	0.1 e	....	....	....	....	....	0.0	0.0	0.0	0.0	0.0	0.0
Ethiopia	644	0.0 e	0.0 e	....	0.0 e	....	0.0 e	0.1	0.0	0.0	0.0	0.1	0.1
Gambia, The	648	....	0.0 e	0.2 e	....	....	....	....	....	....	....	....	....
Mauritius	684	0.0 e	0.0 e	0.0 e	16.7 e	39.6 e	0.0 e	....	....	0.0	....	3.5	2.1
Mozambique	688	0.1 e	0.0 e	....	....	0.0 e	0.0 e	....	....	....	....	....	....
Nigeria	694	12.2 e	6.7 e	8.3 e	8.7 e	6.5 e	6.6 e	0.0	0.0	0.0	0.0	0.0	0.0
Senegal	722	....	0.1 e	....	0.0 e	....	....	0.0	0.0	0.0	0.1	....	....
South Africa	199	0.1 e	0.1 e	2.9 e	0.2 e	1.0 e	0.4 e	0.3	0.0	0.0	0.4	0.0	0.5
Zambia	754	0.4 e	1.2 e	0.6 e	0.2 e	0.5 e	1.3 e	0.0	0.0	0.0	0.0	0.0	0.0
Zimbabwe	698	2.7 e	2.7 e	2.7 e	2.5 e	2.4 e	2.2 e	....	....	....	....	....	....
Western Hemisphere	205	**4.6**	**3.6**	**1.5**	**1.7**	**0.9**	**9.7**	**89.6**	**45.1**	**37.5**	**50.2**	**60.4**	**54.8**
Argentina	213	....	....	....	....	....	....	0.3	0.3	0.3	0.3	0.3	0.3
Aruba	314	0.1 e	0.0 e	0.0 e	0.2 e	0.2 e	0.1 e	....	....	....	....	....	....
Bahamas, The	313	0.2 e	0.2 e	0.0 e	0.1 e	0.0 e	0.0 e	0.1	0.1	0.1	0.1	0.1	0.1
Barbados	316	....	....	....	0.1	0.0	....	0.2	0.2	0.2	0.2	0.2	0.2
Brazil	223	0.0 e	0.0 e	0.0 e	....	0.1 e	0.0 e	0.4	0.5	0.4	11.3	0.8	0.7
Chile	228	....	....	....	....	....	....	0.7	0.7	0.7	0.7	0.7	0.7
Colombia	233	2.6 e	0.0 e	0.2 e	0.5 e	0.0 e	0.0 e	0.3	0.3	0.5	0.5	0.4	0.4
Costa Rica	238	0.0 e	0.0 e	0.0 e	0.0 e	0.0 e	0.0 e	0.6	0.4	0.3	0.4	0.6	1.5
Dominican Republic	243	0.0 e	0.0 e	0.0 e	0.0 e	0.0 e	0.0 e	2.5	1.7	1.4	1.6	2.5	2.3
Ecuador	248	0.7 e	0.0 e	....	....	....	....	0.0	0.0	0.1	0.0	0.0	0.0
Guyana	336	0.1 e	0.1 e	....	0.0 e	....	0.0 e	0.0	0.0	0.0	0.0	0.0	0.0
Honduras	268	....	....	....	....	....	....	32.4	0.0	0.0	0.0	0.0	0.0
Jamaica	343	0.2 e	1.3 e	0.6 e	0.4 e	0.1 e	9.1 e	0.7	0.5	0.4	0.4	0.7	0.6
Mexico	273	....	....	0.0	0.0	0.0	....	2.3	5.0	2.7	1.2	2.2	1.3
Netherlands Antilles	353	0.6 e	0.5 e	0.3 e	0.3 e	0.3 e	0.3 e	0.2	0.1	0.1	0.1	0.2	0.1
Panama	283	....	....	....	....	....	....	4.8	4.8	5.0	4.9	4.8	4.8
Peru	293	....	0.0 e	....	0.0 e	0.0 e	0.0 e	0.1	0.1	0.1	0.1	0.1	0.1
Trinidad and Tobago	369	....	1.3 e	0.1 e	0.0 e	0.1 e	0.1 e	1.6	1.1	0.9	1.0	1.7	1.5
Uruguay	298	0.1 e	....	0.0 e	....	0.0 e	....	0.0	0.0	0.0	....	....	....
Venezuela, Rep. Bol.	299	....	....	0.0 e	0.0 e	....	....	41.4	28.7	23.9	26.9	44.0	39.3
Western Hem. n.s.	399	....	....	....	....	....	....	0.8	0.6	0.5	0.5	0.9	0.8
Other Countries n.i.e	910	**0.2**	**0.3**	**0.3**	**0.2**	**0.3**	**0.3**	**0.2**	**0.2**	**0.1**	**0.2**	**0.3**	**0.2**
Cuba	928	0.2 e	0.3 e	0.3 e	0.2 e	0.3 e	0.3 e	0.2	0.2	0.1	0.2	0.3	0.2
Countries & Areas n.s.	898	....	....	....	....	....	....	**4.9**	**3.3**	**2.7**	**3.0**	**4.8**	**4.3**
Memorandum Items													
Africa	605	15.6	13.6	18.7	28.4	50.0	10.6	0.7	0.3	0.3	0.8	3.9	3.0
Middle East	405	0.0	0.3	0.0	0.3	0.1	0.0	0.2	0.1	0.1	0.1	1.1	0.1
European Union	998	36.3	3.9	17.9	2.1	267.7	18.8	224.5	41.2	40.6	26.4	387.9	28.1
Export earnings: fuel	080	15.9	8.7	13.1	9.9	6.8	6.8	43.5	30.3	25.5	33.4	46.3	41.3
Export earnings: nonfuel	092	89.6	176.2	321.7	82.8	332.5	46.1	1,281.4	1,028.7	928.9	1,096.8	1,469.9	1,290.0

Bhutan (514)

In Millions of U.S. Dollars

		Exports (FOB)						Imports (CIF)					
		2011	2012	2013	2014	2015	2016	2011	2012	2013	2014	2015	2016
IFS World		....	....	....	....	....	....	....	....	....	....	....	....
World	001	453.5	532.0	433.6	453.0	606.7	490.1	1,052.0	993.1	1,233.4	1,243.1	1,735.5	1,688.3
Advanced Economies	110	81.6	8.8	11.2	12.3	31.3	5.6	213.0	133.5	120.4	107.3	179.4	104.3
Euro Area	163	4.5	4.6	8.3	11.0	29.7	3.0	44.8	33.4	32.0	21.9	84.7	21.5
Austria	122	0.0	....	....	....	....	....	7.5	17.6	16.7	6.8	6.5	6.4
Belgium	124	....	....	....	....	....	....	0.9	1.1	4.1	2.6	1.6	2.1
Finland	172	....	0.0	....	....	....	....	5.3	2.0	0.1	0.1	0.2	0.5
France	132	0.0	0.0	0.0	0.0	0.0	0.0	0.7	0.7	0.2	0.1	0.1	0.2
Germany	134	1.8	0.6	2.8	4.4	20.1	0.7	13.8	4.2	3.1	5.2	65.1	5.7
Greece	174	....	....	0.1	....	....	....	....	0.0	....	....	....	0.0
Ireland	178	....	....	....	....	....	....	0.1	0.0	0.0	0.0	0.0	0.0
Italy	136	2.6	2.3	2.2	5.3	2.7	0.1	13.9	5.7	4.5	4.0	7.7	4.7
Luxembourg	137	0.1	0.3	0.3	0.3	0.3	0.3	....	0.0	....	....	....	0.0
Malta	181	....	....	....	....	....	....	0.0 e	1.1 e	....	....	....	....
Netherlands	138	0.1	1.3	2.8	0.8	6.3	1.9	2.6	0.8	3.0	0.8	3.0	0.8
Portugal	182	....	....	....	0.2	0.3	0.0	....	....	0.0	....	0.0	....
Slovak Republic	936	0.0 e	....	....	....	0.0 e	....	....	....	....	0.2 e	0.1 e	0.9 e
Slovenia	961	0.0	0.1	....	....	....	....	....	0.0	0.0	0.0	0.0	0.0
Spain	184	....	....	....	....	0.0	....	0.1	0.2	0.1	2.2	0.4	0.2
Australia	193	0.1	0.0	0.0	0.0	0.0	0.0	0.5	0.7	0.2	0.1	0.1	0.5
Canada	156	0.0	....	....	....	....	....	0.0	1.3	0.2	0.1	0.2	0.1
China,P.R.: Hong Kong	532	73.3	1.5	0.0	0.0	0.0	0.1	2.9	3.1	5.7	3.0	2.7	2.7
Denmark	128	0.0	....	....	....	....	....	1.0	0.9	0.6	0.7	1.5	1.6
Israel	436	0.0	....	....	....	....	....	0.5	0.3	0.3	0.3	0.3	0.3
Japan	158	2.8	2.1	2.1	0.6	0.1	0.9	33.2	23.5	16.2	36.9	28.9	18.9
Korea, Republic of	542	0.0	0.0	0.3	0.0	0.0	0.0	63.0	31.0	13.0	8.9	18.7	13.3
New Zealand	196	....	....	....	....	....	....	0.1	0.1	0.0	0.4	0.2	0.4
Norway	142	....	....	....	....	....	....	1.4	0.4	0.2	0.4	0.3	0.4
Singapore	576	0.3	0.4	0.3	0.5	0.1	0.1	39.8	14.6	27.8	24.0	29.7	32.5
Sweden	144	....	0.0 e	0.0 e	0.0 e	0.0 e	0.0 e	12.6	11.4	8.3	3.2	4.3	6.1
Switzerland	146	0.0	0.0	0.0	0.0	0.0	0.0	7.4	7.3	8.9	1.2	2.9	0.9
Taiwan Prov.of China	528	0.0 e	0.0 e	0.0 e	0.0 e	0.0 e	0.0 e	0.2 e	0.0 e	0.2 e	0.8 e	0.2 e	0.2 e
United Kingdom	112	0.6	0.0	0.0	0.0	0.0	0.0	2.8	1.7	3.7	2.7	2.0	2.8
United States	111	0.1	0.2	0.2	0.1	1.2	1.4	2.7	3.6	3.1	2.7	2.8	2.0
Emerg. & Dev. Economies	200	371.9	523.2	422.4	440.7	575.5	484.5	839.0	851.9	1,108.5	1,132.1	1,548.5	1,581.2
Emerg. & Dev. Asia	505	371.4	522.0	422.0	438.6	574.9	484.0	832.2	843.0	1,101.6	1,125.4	1,537.3	1,574.5
Bangladesh	513	26.4	21.9	20.1	25.0	65.8	12.5	3.7	5.3	2.2	4.0	3.3	2.9
China,P.R.: Mainland	924	0.1	0.0	0.2	0.3	0.5	0.3	19.0	24.8	33.1	19.6	17.0	8.6
F.T. French Polynesia	887	....	....	....	....	....	....	13.0	....	....	....	....	....
India	534	343.0	497.7	397.6	408.2	494.4	468.8	760.2	781.5	1,042.2	1,076.1	1,484.6	1,537.5
Indonesia	536	....	0.0	0.0	0.0	0.0	....	2.6	5.5	0.1	0.3	0.6	0.1
Malaysia	548	0.0	0.2	0.3	0.3	0.3	0.3	1.5	2.1	1.9	1.6	0.8	1.0
Nepal	558	1.6	2.0	3.6	4.6	13.3	1.9	3.0	8.7	6.3	5.1	10.6	3.9
Papua New Guinea	853	....	....	....	....	....	....	1.8	....	....	....	....	....
Philippines	566	0.0	0.0	....	....	0.0	....	....	0.0	0.4	0.2	0.0	0.0
Thailand	578	0.1	0.1	0.1	0.1	0.1	0.1	26.4	13.8	14.7	17.8	19.3	20.0
Vietnam	582	0.0	0.1	0.1	0.2	0.5	0.1	0.4	1.0	0.6	0.5	1.0	0.4
Asia n.s.	598	....	....	....	....	....	....	0.5	0.3	0.2	0.1	0.3	0.1
Europe	170	0.0	0.5	0.1	0.7	0.3	0.0	0.8	2.9	2.7	2.7	2.7	2.8
Emerg. & Dev. Europe	903	0.0	0.3	0.1	0.3	0.2	0.0	0.8	0.4	0.1	0.2	0.1	0.3
Bulgaria	918	....	0.3	....	....	....	....	....	0.1	....	....	....	....
Macedonia, FYR	962	0.0 e	....	....	0.2 e	....	....	....	....	....	....	....	....
Poland	964	....	0.0	0.1	0.0	0.1	0.0	0.4	0.1	0.0	0.0	0.0	0.1
Romania	968	....	....	....	....	0.1	....	....	0.0	0.0	0.0	0.0	0.0
Turkey	186	....	....	....	0.0	0.0	0.0	0.4	0.3	0.1	0.1	0.1	0.1
CIS	901	0.0	0.2	0.0	0.4	0.1	....	....	2.5	2.5	2.5	2.6	2.5
Russian Federation	922	....	....	....	0.0	0.1	....	....	2.2	2.2	2.2	2.3	2.2
Ukraine	926	0.0 e	0.2 e	0.0 e	0.4 e	....	....	....	0.3	0.3	0.3	0.3	0.3
Mid East, N Africa, Pak	440	0.1	0.0	0.0	0.0	0.0	0.1	5.5	5.5	4.1	3.9	6.4	3.6
Algeria	612	0.1 e	....	0.0 e	0.0 e	....	0.0 e	....	....	....	....	....	....

2017, International Monetary Fund: Direction of Trade Statistics Yearbook

Bhutan (514)
In Millions of U.S. Dollars

		Exports (FOB)						Imports (CIF)					
		2011	2012	2013	2014	2015	2016	2011	2012	2013	2014	2015	2016
Lebanon	446	0.0	....	....	....	....	....	....	....	....	....	0.1	....
Morocco	686	....	....	....	....	....	0.1 e	....	....	....	....	....	....
Qatar	453	....	....	....	....	....	....	1.9	2.5	1.5	1.2	2.6	0.9
Saudi Arabia	456	....	....	....	....	....	....	2.5	1.5	1.6	1.8	2.0	2.0
United Arab Emirates	466	....	....	....	....	....	....	1.1	1.5	1.0	0.8	1.7	0.6
Sub-Saharan Africa	603	**0.3**	**0.4**	**0.1**	**0.3**	**0.2**	**0.2**	**0.5**	**0.4**	**0.1**	**0.1**	**2.0**	**0.2**
Angola	614	0.0 e	0.1 e	....	0.3 e	....	....	....	....	....	....	....	....
Malawi	676	....	0.0 e	....	....	....	....	....	0.2 e	0.0 e	0.1 e	....	....
Namibia	728	....	....	....	....	0.0 e	0.0 e	0.0 e	0.0 e	0.0 e	0.0 e	1.9 e	0.2 e
Nigeria	694	0.3 e	0.1 e	....	....	0.1 e	0.1 e	....	....	....	....	....	....
Senegal	722	....	0.0 e	0.1 e	....	....	....	0.0 e	....	....	....	....	....
South Africa	199	....	....	....	....	....	....	0.4	0.2	....	0.0	0.0	0.0
Zambia	754	....	0.0 e	0.0 e	0.0 e	0.0 e	0.1 e	0.0 e	0.0 e	0.1 e	....	....	....
Western Hemisphere	205	**0.1**	**0.2**	**0.2**	**1.0**	**0.0**	**0.1**	....	**0.1**	**0.0**	**0.0**	**0.1**	**0.2**
Brazil	223	....	0.0	0.0	0.0	0.0	0.0	....	0.0	0.0	0.0	0.1	0.2
Colombia	233	0.1 e	0.1 e	0.2 e	0.9 e	0.0 e	0.0 e	....	....	....	....	....	....
Paraguay	288	....	....	....	0.1 e	....	....	....	....	....	....	....	....
Peru	293	....	....	0.0 e	0.0 e	....	0.1 e	....	....	....	....	....	....
Countries & Areas n.s.	898	....	....	....	....	....	....	....	7.6	4.5	3.7	7.6	2.8
Memorandum Items													
Africa	605	0.4	0.4	0.1	0.3	0.2	0.4	0.5	0.4	0.1	0.1	2.0	0.2
Middle East	405	0.0	0.0	0.0	0.0	0.0	0.0	5.5	5.5	4.1	3.9	6.4	3.6
European Union	998	5.1	4.9	8.3	11.0	29.9	3.0	61.6	47.6	44.6	28.6	92.5	32.2
Export earnings: fuel	080	0.5	0.4	0.2	1.2	0.3	0.2	5.5	7.7	6.3	6.1	8.6	5.8
Export earnings: nonfuel	092	453.0	531.6	433.4	451.8	606.5	489.9	1,046.5	985.4	1,227.1	1,237.0	1,726.9	1,682.5

Bolivia (218)

In Millions of U.S. Dollars

		Exports (FOB)						Imports (CIF)					
		2011	2012	2013	2014	2015	2016	2011	2012	2013	2014	2015	2016
IFS World		8,354.8	11,254.0	11,656.7	12,299.7	8,299.1	7,000.0	7,923.3	8,578.3	9,337.7	10,518.8	9,602.2	8,479.3
World	001	9,145.8	11,814.6	12,251.7	12,899.1	8,737.1	7,095.8	7,935.7	8,590.1	9,699.0	10,674.1	9,843.1	8,515.1
Advanced Economies	110	3,274.4	3,769.5	3,428.3	4,342.6	2,834.5	2,847.5	2,371.4	2,465.7	3,416.5	3,658.7	3,104.0	2,453.4
Euro Area	163	641.0	559.0	740.3	652.7	649.6	670.3	465.8	630.9	917.1	1,070.6	950.1	720.7
Austria	122	3.9	4.3	4.6	4.5	7.5	3.1	15.2	17.2	52.5	52.6	37.4	77.4
Belgium	124	377.7	334.6	245.9	231.3	283.6	324.0	31.6	34.1	41.5	50.6	39.5	28.8
Cyprus	423	0.0	....	....	....	....	....	0.0	0.0	0.0	0.0	0.1	0.0
Estonia	939	....	....	0.0	....	....	0.0	0.1	0.1	0.3	1.3	2.3	1.2
Finland	172	0.1	0.1	0.2	13.3	0.1	26.3	5.6	9.6	6.1	7.5	35.4	6.6
France	132	18.7	16.7	47.0	42.2	23.4	23.2	47.7	61.9	97.0	188.6	142.1	161.7
Germany	134	50.4	48.0	55.1	68.0	58.6	62.9	142.9	164.9	238.8	213.2	232.5	180.9
Greece	174	....	0.2	0.0	0.6	0.5	0.2	0.8	0.1	0.8	3.4	2.1	1.7
Ireland	178	0.2	0.3	0.4	2.0	2.7	1.3	2.4	2.7	5.0	4.6	17.5	4.6
Italy	136	39.2	54.9	79.4	79.3	71.6	40.8	93.8	173.8	123.8	191.5	175.9	99.8
Latvia	941	0.1	0.2	0.5	0.3	....	0.2	0.1	0.0	0.5	1.4	0.9	1.0
Lithuania	946	0.2	0.5	2.2	0.9	0.7	1.1	0.1	0.2	0.2	0.7	0.5	0.2
Luxembourg	137	....	....	....	....	....	....	0.1	0.1	0.1	0.1	0.2	0.1
Malta	181	0.0	....	0.0	0.2	....	....	0.0	0.0	0.1	0.0	0.1	0.1
Netherlands	138	54.4	34.0	190.9	111.3	111.7	89.6	19.1	59.7	147.8	85.9	70.0	21.0
Portugal	182	2.1	1.1	7.7	2.2	1.2	1.3	2.9	2.9	6.4	11.3	11.1	5.4
Slovak Republic	936	....	....	....	0.0	....	....	1.1	2.1	2.6	3.5	3.4	3.1
Slovenia	961	0.3	0.2	0.0	0.1	0.0	0.1	0.4	0.5	0.5	0.6	0.7	0.9
Spain	184	93.6	63.8	106.4	96.4	88.1	96.1	101.9	100.9	193.0	253.6	178.5	126.4
Australia	193	125.1	113.2	163.4	125.6	88.6	140.3	3.3	4.2	5.3	6.7	4.2	5.6
Canada	156	194.2	152.3	164.4	200.1	100.9	108.6	36.0	59.5	58.8	94.3	58.2	51.9
China,P.R.: Hong Kong	532	2.9	2.7	3.7	86.8	2.2	6.3	8.1	12.2	10.1	8.0	7.2	13.8
China,P.R.: Macao	546	....	....	....	0.1	0.0	....	0.0	0.0	0.0	0.0	0.0	0.0
Czech Republic	935	0.0	0.0	0.1	0.2	1.0	0.0	5.0	3.9	5.1	9.8	14.5	11.3
Denmark	128	1.4	2.0	5.3	5.4	4.3	3.6	7.1	9.5	20.7	12.9	9.9	11.1
Iceland	176	0.0	....	....	0.0	0.0	0.0	0.0	0.0	0.3	0.1	0.1	0.1
Israel	436	5.0	5.2	5.2	5.2	3.3	3.6	9.1	8.1	9.6	10.3	11.6	7.2
Japan	158	540.0	441.8	417.7	432.3	407.2	417.3	598.9	387.6	491.8	520.0	510.4	413.8
Korea, Republic of	542	419.1	358.0	405.1	496.1	375.1	385.7	67.9	74.5	105.3	175.3	187.8	91.2
New Zealand	196	2.8	2.3	2.0	3.1	3.9	4.3	1.2	0.8	2.0	4.9	1.2	1.6
Norway	142	1.4	1.1	1.1	0.5	0.7	0.8	0.9	3.2	2.1	1.9	3.1	5.4
Singapore	576	0.3	0.4	28.4	100.5	23.2	57.3	4.9	71.0	95.9	120.1	30.2	42.7
Sweden	144	0.9	0.8	1.1	1.5	1.0	0.9	169.3	93.7	215.7	196.0	123.4	82.7
Switzerland	146	306.0	272.5	165.6	96.3	38.6	5.3	21.1	48.8	139.2	59.7	42.0	76.9
Taiwan Prov.of China	528	1.5	1.4	3.4	2.4	0.7	1.7	36.0	45.0	57.4	49.1	42.4	36.7
United Kingdom	112	155.7	106.7	105.5	122.7	79.8	77.0	46.2	72.1	70.4	70.9	67.7	47.7
United States	111	877.0	1,750.2	1,216.2	2,010.9	1,054.3	964.5	890.2	940.6	1,209.7	1,248.4	1,040.0	832.8
Emerg. & Dev. Economies	200	5,866.8	8,041.6	8,819.7	8,555.1	5,901.2	4,246.6	5,552.6	6,115.8	6,278.2	7,008.1	6,731.9	6,054.4
Emerg. & Dev. Asia	505	354.7	328.8	376.6	495.5	717.3	635.5	1,294.3	1,508.4	1,731.3	2,251.0	2,135.3	2,028.2
Bangladesh	513	....	....	....	....	0.2	0.6	0.7	0.7	1.0	1.6	1.8	2.2
Cambodia	522	....	....	....	....	....	....	0.2	0.5	0.6	0.6	1.3	2.2
China,P.R.: Mainland	924	336.6	316.5	322.7	441.8	468.2	478.9	1,112.7	1,293.7	1,459.1	1,884.3	1,780.2	1,695.9
F.T. French Polynesia	887	....	....	....	0.1	....	....	....	0.0	....	0.0	0.0	....
F.T. New Caledonia	839	....	....	....	....	0.1	....	0.0	0.0	0.0	0.0	0.0	0.0
Guam	829	....	....	....	....	....	....	....	0.0	0.0	....	0.0	0.1
India	534	11.3	4.0	3.9	2.5	197.1	122.1	76.3	86.2	111.0	175.6	127.9	114.4
Indonesia	536	0.4	0.1	....	0.1	0.0	0.0	24.9	30.0	36.7	34.8	39.4	30.5
Kiribati	826	....	....	....	....	....	....	0.0	....	0.1	0.1	0.0	0.0
Malaysia	548	3.9	1.9	46.3	48.3	39.2	16.3	11.4	14.2	20.5	22.0	18.3	21.1
Myanmar	518	....	....	....	....	....	2.4	0.0	0.0	0.0	0.0	0.1	0.1
Philippines	566	0.0	....	....	....	0.0	....	1.4	2.8	2.6	2.7	3.9	4.4
Sri Lanka	524	....	....	0.0	0.1	0.2	0.1	0.9	1.4	1.3	1.7	1.7	2.0
Thailand	578	2.1	2.7	1.3	1.4	1.6	1.5	58.6	69.7	86.0	116.1	130.9	128.2
Vietnam	582	0.4	3.6	2.3	1.2	10.7	13.6	7.0	9.3	12.4	11.5	29.7	27.2

2017, International Monetary Fund: *Direction of Trade Statistics Yearbook*

Bolivia (218)

In Millions of U.S. Dollars

		Exports (FOB) 2011	2012	2013	2014	2015	2016	Imports (CIF) 2011	2012	2013	2014	2015	2016
Europe	170	28.7	19.1	14.2	7.9	12.1	25.4	49.7	39.0	53.1	87.1	69.2	75.8
Emerg. & Dev. Europe	903	15.3	6.4	7.2	2.6	7.9	21.3	40.4	21.0	33.4	42.9	51.5	58.5
Albania	914	0.1	....	....	0.1	....	....	0.0	0.0	0.0	0.0	0.1	0.1
Bosnia and Herzegovina	963	....	....	....	0.0	1.5	0.4	0.0	0.0	0.1	0.0	0.1	0.0
Bulgaria	918	8.5	0.3	0.2	0.6	0.5	0.1	0.4	0.6	0.8	1.2	2.0	0.8
Croatia	960	0.2	0.0	....	0.2	1.7	0.6	0.7	0.3	0.3	0.2	0.1	0.6
Gibraltar	823	....	....	....	....	....	....	....	....	....	....	....	0.1
Hungary	944	0.0	0.0	0.0	0.0	0.0	....	23.1	2.7	3.8	4.1	9.9	23.4
Poland	964	5.1	2.1	1.6	0.7	3.5	2.0	3.2	5.2	6.4	10.4	9.9	10.8
Romania	968	0.4	0.9	4.9	0.6	0.3	0.0	2.2	1.6	4.2	7.3	4.6	2.0
Serbia, Republic of	942	0.1	0.3	....	....	0.1	0.2	1.0	0.1	0.1	0.2	0.4	0.4
Turkey	186	0.8	2.7	0.5	0.4	0.3	17.9	9.6	10.4	17.7	19.4	24.5	20.3
CIS	901	13.4	12.7	7.0	5.3	4.2	4.1	9.3	18.0	19.7	44.2	17.7	17.3
Armenia	911	....	....	....	....	....	....	0.0	0.1	0.0	0.0	0.0	0.0
Belarus	913	....	....	0.2	....	....	....	0.0	0.1	0.0	0.1	0.0	0.0
Georgia	915	....	....	....	0.2	....	....	0.0	3.4	3.0	1.4	0.0	0.0
Kazakhstan	916	....	....	....	0.2	....	0.1	0.0	0.0	0.0	....	0.0	0.0
Russian Federation	922	13.2	12.5	6.4	4.7	3.9	3.3	8.7	13.6	12.6	36.7	16.8	16.8
Ukraine	926	0.1	0.3	0.4	0.2	0.3	0.6	0.6	0.9	4.1	6.0	0.8	0.4
Uzbekistan	927	....	....	....	....	....	....	....	0.0	....	....	0.0	0.1
Mid East, N Africa, Pak	440	8.0	2.5	4.6	3.5	61.6	201.0	4.5	16.5	21.5	28.6	21.7	24.2
Algeria	612	6.2	....	0.9	....	....	....	0.0	0.0	0.0	0.0	0.0	0.0
Bahrain, Kingdom of	419	....	....	....	....	0.2	0.1	0.0	0.0	0.2	0.0	0.0	0.0
Egypt	469	0.3	0.6	2.2	0.1	0.4	0.0	0.2	0.4	0.7	0.3	0.3	0.3
Iran, I.R. of	429	0.2	0.0	....	....	....	0.0	0.2	0.9	0.0	1.0	0.1	0.2
Jordan	439	0.3	0.1	0.0	0.1	....	....	0.1	0.1	0.1	0.1	0.4	0.5
Kuwait	443	0.0	....	....	....	0.2	0.1	....	0.0	0.0	0.0	0.3	0.0
Lebanon	446	0.1	0.2	0.2	0.3	0.2	0.2	0.0	0.0	0.1	0.0	0.0	0.0
Libya	672	....	0.1	....	....	....	....	....	....	....	0.0	0.0	0.0
Morocco	686	0.2	0.1	0.3	0.4	0.4	0.2	0.1	0.1	0.2	0.2	0.4	0.4
Oman	449	....	....	....	....	0.0	....	0.2	0.0	0.0	0.0	0.0	0.0
Pakistan	564	....	....	....	0.1	0.2	0.1	0.6	0.7	2.1	1.6	2.5	1.9
Qatar	453	....	....	....	....	0.1	0.0	0.4	0.1	0.4	0.6	0.3	0.1
Saudi Arabia	456	0.1	0.1	....	0.2	0.0	0.2	0.7	0.8	1.4	0.4	0.6	0.5
Syrian Arab Republic	463	0.2	0.0	....	....	....	....	0.2	0.2	....	0.0	....	0.0
Tunisia	744	....	0.1	0.1	0.1	....	0.1	1.2	2.6	2.9	22.3	14.0	18.5
United Arab Emirates	466	0.5	1.1	0.9	2.3	59.9	199.9	0.7	10.5	13.5	1.9	2.7	1.7
Sub-Saharan Africa	603	1.5	1.8	1.8	2.8	5.9	1.6	5.9	8.3	22.4	30.5	26.2	15.3
Angola	614	0.0	....	0.4	0.5	....	....	0.0	0.0	0.0	0.0	0.0	0.0
Benin	638	0.1	0.1	....	....	....	....	....	....	....	....	....	....
Cameroon	622	....	....	....	....	1.3	....	0.0	0.0	0.1	0.1	0.1	0.0
Congo, Dem. Rep. of	636	....	0.0	....	....	0.0	....	0.0	0.0	0.0	0.1	0.0	0.0
Ethiopia	644	0.1	0.1	0.1	0.1	....	....	0.0	0.0	0.0	0.0	0.1	0.0
Mozambique	688	0.0	0.0	....	....	....	....	0.0	0.0	....	0.0	0.0	0.1
Senegal	722	0.0	....	....	....	1.8	0.0	0.0	0.0	0.0	0.0	0.0	0.0
Seychelles	718	....	....	....	....	....	....	0.2	0.0	0.1	0.0	0.0	0.0
South Africa	199	1.2	1.6	1.3	2.2	2.8	1.6	5.3	8.0	12.5	14.3	17.9	14.8
Swaziland	734	0.0	....	....	....	....	....	0.1	0.1	9.6	15.8	7.9	0.0
Western Hemisphere	205	5,473.9	7,689.4	8,422.6	8,045.4	5,104.3	3,383.1	4,198.2	4,543.5	4,450.0	4,610.9	4,479.6	3,910.9
Argentina	213	1,059.1	2,110.5	2,510.4	2,542.8	1,473.7	807.8	966.4	1,066.6	1,022.7	1,153.0	1,157.0	896.1
Bahamas, The	313	0.0	0.1	0.1	0.1	....	0.0	0.0	0.1	0.0	0.0	0.0	0.0
Barbados	316	0.0	0.0	0.0	....	....	....	0.0	0.0	0.1	0.0	0.0	0.0
Brazil	223	3,030.1	3,665.3	4,030.7	3,844.1	2,447.5	1,367.6	1,395.5	1,524.5	1,605.2	1,666.0	1,613.5	1,492.2
Chile	228	149.8	226.0	157.2	106.0	82.7	78.8	308.5	383.6	574.4	436.6	453.2	349.6
Colombia	233	259.3	413.3	649.6	643.4	529.9	620.8	195.0	162.3	183.9	182.5	192.5	195.9
Costa Rica	238	1.0	1.0	1.2	0.8	1.0	1.0	2.1	2.2	2.3	2.5	1.4	1.4
Curaçao	354	....	....	....	....	....	....	....	....	0.0	0.1	0.0	0.0
Dominica	321	....	....	....	....	....	....	0.0	0.1	0.0	0.0	0.0	0.0
Dominican Republic	243	2.0	6.7	4.6	1.1	1.0	2.5	0.7	0.7	1.1	1.5	1.2	0.6
Ecuador	248	89.6	221.2	150.3	102.3	122.3	73.8	27.3	33.6	37.5	45.8	47.7	42.3

Bolivia (218)
In Millions of U.S. Dollars

		Exports (FOB) 2011	2012	2013	2014	2015	2016	Imports (CIF) 2011	2012	2013	2014	2015	2016
El Salvador	253	0.2	0.1	0.2	0.2	0.2	0.3	0.6	0.8	0.6	2.1	0.7	0.8
Guatemala	258	0.3	0.2	2.0	0.2	1.4	0.6	18.1	1.2	2.0	2.5	1.6	1.8
Guyana	336	0.3	....	....	....	0.0	0.4	0.0	....	0.0	....	0.0	....
Haiti	263	0.1	0.0	0.5	0.0	0.0	0.0	0.0	0.0	0.0	0.0	0.0	0.0
Honduras	268	0.3	0.1	0.1	0.2	0.2	0.2	0.5	0.3	0.4	0.2	0.3	0.5
Jamaica	343	....	....	4.2	0.1	0.0	0.0	0.0	0.0	0.0	0.0	0.0	0.0
Mexico	273	52.7	34.9	24.8	41.9	24.6	24.1	188.9	236.4	282.1	303.0	279.3	224.9
Netherlands Antilles	353	0.0	....	....	0.0	0.0	....	0.1	0.1	0.1	0.1	....	....
Nicaragua	278	0.3	2.0	2.5	0.6	0.4	0.3	0.4	0.4	0.5	1.2	1.3	1.2
Panama	283	47.9	39.2	27.6	27.8	6.3	7.2	6.0	4.9	4.0	6.0	4.3	3.5
Paraguay	288	26.3	26.5	39.1	58.1	32.0	36.5	57.7	85.2	78.8	94.3	78.0	60.1
Peru	293	461.0	627.6	651.1	538.5	317.6	341.4	472.3	558.8	601.6	650.7	605.9	589.6
St. Kitts and Nevis	361	....	....	....	....	....	....	....	0.0	0.0	5.7	0.0	0.0
Suriname	366	0.4	....	....	....	....	....	0.1	0.0	0.0	0.0	0.0	0.0
Trinidad and Tobago	369	....	....	....	....	0.1	0.1	4.9	0.8	0.6	0.0	0.0	3.5
Uruguay	298	6.8	5.6	8.1	7.6	6.0	6.7	26.8	36.9	36.2	51.2	38.4	44.3
Venezuela, Rep. Bol.	299	286.4	309.0	158.4	129.7	57.1	12.8	526.2	444.4	15.6	5.9	3.3	2.5
Western Hem. n.s.	399	0.1	0.0	....	0.1	....	....	0.0	0.0	0.0	0.0	0.0	0.0
Other Countries n.i.e	910	**0.4**	**0.6**	**1.3**	**0.5**	**0.4**	**0.3**	**9.7**	**5.1**	**2.4**	**3.6**	**3.4**	**3.7**
Cuba	928	0.4	0.6	1.3	0.5	0.4	0.3	6.9	4.0	1.9	3.2	2.6	2.5
Korea, Dem. People's Rep.	954	0.0	....	....	....	....	0.0	2.8	1.0	0.5	0.4	0.8	1.2
Special Categories	899	**3.3**	**2.6**	**2.2**	**0.9**	**1.1**	**1.4**	**0.7**	**1.8**	**1.8**	**2.3**	**2.2**	**2.0**
Countries & Areas n.s.	898	**0.9**	**0.3**	**0.2**	....	....	....	**1.4**	**1.8**	**0.1**	**1.4**	**1.5**	**1.6**
Memorandum Items													
Africa	605	7.9	2.0	3.1	3.3	6.3	1.9	7.1	11.1	25.5	53.0	40.7	34.2
Middle East	405	1.7	2.2	3.3	2.9	61.0	200.6	2.6	13.1	16.3	4.4	4.7	3.4
European Union	998	813.2	671.8	858.9	784.6	741.8	754.6	723.2	820.4	1,244.6	1,383.3	1,192.1	911.1
Export earnings: fuel	080	655.4	957.4	966.9	883.3	773.8	911.3	764.3	667.1	265.7	274.9	264.3	263.7
Export earnings: nonfuel	092	8,490.3	10,857.2	11,284.8	12,015.8	7,963.3	6,184.5	7,171.5	7,923.0	9,433.4	10,399.2	9,578.7	8,251.4

Bosnia and Herzegovina (963)
In Millions of U.S. Dollars

		Exports (FOB)						Imports (CIF)					
		2011	2012	2013	2014	2015	2016	2011	2012	2013	2014	2015	2016
IFS World		5,841.2	5,162.5	5,689.2	5,890.6	5,096.2	5,325.7	11,027.1	10,020.3	10,298.5	10,988.8	8,988.9	9,127.9
World	001	5,777.1	5,044.4	5,571.8	5,791.9	4,985.1	5,359.4	11,080.9	10,046.5	10,323.4	11,020.5	9,018.6	9,187.6
Advanced Economies	110	3,157.6	2,838.8	3,203.0	3,436.9	2,999.9	3,141.8	5,043.7	4,462.4	4,588.4	4,997.7	4,302.6	4,469.1
Euro Area	163	2,876.8	2,623.9	2,895.3	3,100.3	2,707.7	2,813.8	3,954.8	3,669.9	3,781.1	4,095.2	3,561.4	3,763.0
Austria	122	440.3	430.1	465.3	512.4	421.2	415.9	349.7	330.8	352.1	360.1	317.9	314.6
Belgium	124	23.7	22.1	23.8	29.4	24.5	27.7	65.6	58.7	62.4	68.3	67.8	74.7
Cyprus	423	2.7	17.3	5.4	7.0	1.0	1.3	2.7	2.5	2.4	2.2	2.0	1.8
Estonia	939	0.2	0.3	0.4	0.5	2.6	2.8	2.1	2.5	3.5	2.7	1.9	1.9
Finland	172	0.8	1.3	1.6	1.7	0.4	1.0	11.2	16.1	17.3	15.6	12.0	8.7
France	132	64.7	64.0	73.1	83.3	67.1	90.4	224.9	211.5	198.9	221.1	182.5	202.5
Germany	134	862.6	792.8	889.1	893.2	800.6	842.3	1,173.1	1,133.2	1,177.1	1,268.4	1,085.9	1,131.3
Greece	174	7.8	11.9	18.6	7.3	9.5	6.5	155.4	119.7	111.5	108.6	99.4	103.4
Ireland	178	0.9	0.6	0.1	0.4	0.5	0.1	28.9	29.7	28.2	28.4	21.2	22.8
Italy	136	685.6	616.9	680.9	812.6	689.3	643.9	983.2	938.6	1,005.7	1,121.7	997.2	1,076.4
Latvia	941	0.6	1.0	0.9	0.6	0.3	0.7	2.1	1.2	1.3	4.3	3.9	3.3
Lithuania	946	9.3	1.1	1.0	0.9	0.6	1.1	2.3	3.4	3.4	7.3	5.2	4.5
Luxembourg	137	37.9	30.3	33.8	33.3	31.7	35.6	4.7	5.1	3.9	4.3	4.2	3.5
Malta	181	1.4	2.4	1.4	2.5	0.1	0.4	1.2	0.8	0.9	2.0	1.4	15.3
Netherlands	138	100.1	82.1	75.0	84.0	84.9	116.9	105.9	98.4	109.8	144.7	130.9	134.7
Portugal	182	7.1	3.9	4.9	3.2	1.6	2.3	6.6	8.1	12.2	15.1	19.5	18.9
Slovak Republic	936	78.3	54.1	81.6	79.8	71.9	79.8	82.2	76.1	81.5	84.1	82.7	75.4
Slovenia	961	502.8	429.1	465.9	473.5	424.9	459.5	589.7	527.5	511.9	517.8	438.8	465.6
Spain	184	50.0	62.8	72.7	74.8	75.2	85.8	163.5	106.0	96.9	118.5	87.1	103.6
Australia	193	1.2	1.2	1.3	1.4	1.2	1.3	26.1	9.0	11.9	6.6	1.9	31.1
Canada	156	7.3	7.0	4.3	4.9	6.4	6.8	10.3	7.3	9.1	14.3	7.2	7.1
China,P.R.: Hong Kong	532	3.5	1.3	1.7	0.4	1.3	0.7	2.5	2.0	2.3	2.4	2.4	3.7
Czech Republic	935	73.5	63.4	103.3	100.6	74.4	81.3	232.5	178.4	167.2	162.3	133.1	151.7
Denmark	128	4.1	7.0	8.4	7.3	8.1	8.2	23.8	20.9	26.1	18.2	17.5	16.9
Iceland	176	0.0	0.0	0.1	0.0	0.0	0.0	0.3	0.9	1.0	1.0	0.6	0.8
Israel	436	1.5	0.8	1.2	1.7	0.9	1.4	5.8	6.2	5.9	5.7	5.2	5.5
Japan	158	0.3	0.7	0.6	1.5	0.8	0.7	62.5	58.2	51.7	64.3	60.0	52.8
Korea, Republic of	542	0.2	1.0	0.9	4.4	3.6	3.5	50.1	45.2	47.7	52.3	42.8	30.0
New Zealand	196	0.0	0.0	0.0	0.0	0.0	0.1	0.3	1.0	1.2	0.3	0.7	0.8
Norway	142	8.0	8.2	9.1	9.7	9.1	10.0	3.5	3.4	3.6	5.1	5.4	7.2
San Marino	135	1.2	1.5	1.6	0.5	0.1	0.1	0.7	0.9	0.6	1.0	0.6	0.5
Singapore	576	3.7	1.4	2.7	1.4	2.7	2.3	3.2	2.8	4.8	3.5	2.6	3.7
Sweden	144	38.5	32.2	47.1	47.9	41.2	47.9	61.5	44.5	48.6	57.8	52.8	58.0
Switzerland	146	106.6	51.7	79.0	98.9	79.6	93.7	62.6	55.3	55.1	57.6	53.9	53.8
Taiwan Prov.of China	528	0.2	0.2	0.2	0.2	0.2	0.2	25.2	22.8	23.5	25.0	20.5	24.2
United Kingdom	112	19.0	19.3	29.4	34.0	37.5	29.0	72.2	78.9	86.5	102.7	83.6	78.4
United States	111	12.0	18.0	16.8	21.5	25.0	40.7	445.9	254.8	260.5	322.4	250.3	179.9
Emerg. & Dev. Economies	200	2,514.0	2,112.6	2,266.2	2,248.7	1,893.4	2,104.9	6,031.7	5,577.9	5,721.1	5,987.9	4,688.1	4,671.1
Emerg. & Dev. Asia	505	21.6	34.0	20.1	20.8	20.6	25.5	699.1	678.1	789.9	1,122.8	814.1	827.9
Bangladesh	513	0.0	14.7	5.0	....	0.0	0.1	8.9	11.6	14.1	18.3	19.1	22.4
Brunei Darussalam	516	0.0	....	....	....	....	0.3	0.0	0.0	0.0	0.0	0.0	0.0
Cambodia	522	....	0.0	0.3	....	0.0	....	1.1	1.4	2.3	3.2	3.5	5.1
China,P.R.: Mainland	924	5.8	5.6	7.1	9.2	16.0	14.8	551.5	536.2	620.3	922.5	619.4	621.4
India	534	15.2	11.1	1.1	0.5	1.4	3.2	52.9	47.3	54.4	68.3	59.7	76.1
Indonesia	536	0.1	0.4	0.1	0.3	0.1	0.1	11.4	12.8	15.4	14.5	16.4	23.9
Lao People's Dem.Rep	544	....	....	....	....	....	0.0	0.0	0.1	0.1	0.0	0.0	0.0
Malaysia	548	0.2	0.2	0.0	0.0	0.0	5.4	10.0	9.6	9.8	10.4	8.9	9.0
Mongolia	948	0.0	0.2	0.1	0.1	0.1	0.0	0.0	0.0	0.1	0.0	0.0	0.0
Myanmar	518	0.0	....	0.0	0.0	....	....	0.6	0.7	0.4	0.4	0.4	0.7
Papua New Guinea	853	....	....	0.0	....	....	....	0.0	0.1	....	0.0	0.0	....
Philippines	566	....	0.0	....	1.5	1.5	0.5	1.7	1.9	1.7	2.0	1.4	1.8
Samoa	862	....	....	....	....	....	....	....	0.1	....	....	....	....
Sri Lanka	524	0.2	1.4	5.8	9.2	0.3	0.1	0.7	0.6	0.7	1.0	1.0	1.3
Thailand	578	0.0	0.0	....	0.0	0.1	0.6	27.1	18.2	16.6	21.4	18.4	17.9
Tuvalu	869	....	....	....	....	....	....	0.0	....	0.0	0.0	0.0	0.3
Vietnam	582	0.0	0.4	0.6	0.0	1.1	0.5	17.0	23.4	35.1	38.1	46.7	47.9

Bosnia and Herzegovina (963)

In Millions of U.S. Dollars

		Exports (FOB)						Imports (CIF)					
		2011	2012	2013	2014	2015	2016	2011	2012	2013	2014	2015	2016
Asia n.s.	598	....	....	....	....	....	0.0	16.0	14.1	18.8	22.6	19.0	0.1
Europe	170	2,391.5	1,978.3	2,131.0	2,100.0	1,782.4	1,946.0	4,979.7	4,596.8	4,625.4	4,623.8	3,641.3	3,588.9
Emerg. & Dev. Europe	903	2,341.0	1,923.3	2,074.6	2,016.2	1,714.8	1,872.2	3,752.2	3,525.3	3,543.1	3,691.6	3,092.3	3,159.2
Albania	914	49.6	32.5	29.9	30.5	23.8	25.8	2.9	2.9	3.4	5.3	6.1	9.0
Bulgaria	918	11.2	24.7	50.7	49.6	28.7	49.8	50.5	49.1	51.6	56.4	69.4	78.9
Croatia	960	856.8	765.1	810.5	647.1	524.5	560.9	1,584.6	1,446.7	1,327.5	1,256.4	949.2	915.9
Faroe Islands	816	....	....	....	....	....	....	0.0	....	0.0	0.1	0.0	0.0
Gibraltar	823	....	0.0	0.4	....	....	....	0.1	....	0.0	0.0	0.0	....
Hungary	944	118.0	75.5	93.7	126.6	107.0	110.8	269.9	271.3	299.6	294.2	233.2	230.6
Kosovo	967	68.1	60.0	66.2	68.6	59.3	84.8	5.1	4.6	4.8	5.1	4.1	9.7
Macedonia, FYR	962	91.2	81.5	62.8	63.7	64.7	75.2	99.0	92.2	97.5	96.9	83.5	86.6
Montenegro	943	213.7	163.5	183.6	199.2	149.1	137.0	29.0	36.5	24.6	48.7	32.0	28.9
Poland	964	71.3	64.6	62.0	56.3	48.8	56.7	214.2	273.9	267.0	281.3	256.9	269.7
Romania	968	43.0	74.5	82.1	78.6	74.3	74.7	133.8	113.4	125.1	147.9	113.3	102.3
Serbia, Republic of	942	711.4	465.5	518.6	540.5	435.1	468.2	1,042.8	939.8	1,007.7	1,104.6	979.0	1,036.6
Turkey	186	106.7	115.7	114.0	155.5	199.6	228.1	320.3	295.0	334.4	394.8	365.6	391.0
CIS	901	50.5	55.0	56.4	83.8	67.7	73.8	1,227.5	1,071.5	1,082.2	932.2	549.0	429.7
Armenia	911	0.1	0.0	....	....	0.1	0.0	0.1	0.1	0.0	0.0	0.0	0.0
Azerbaijan, Rep. of	912	0.5	0.4	0.6	0.9	0.3	0.4	0.0	34.1	0.0	0.3	0.1	0.0
Belarus	913	0.0	....	0.0	0.2	0.2	1.1	9.7	4.0	12.4	18.5	12.4	4.7
Georgia	915	0.2	0.1	0.2	0.4	0.4	0.2	0.0	0.0	0.2	0.1	0.0	0.1
Kazakhstan	916	0.1	0.3	0.3	0.1	0.3	0.3	2.7	2.5	3.5	2.7	1.9	1.6
Kyrgyz Republic	917	0.1	0.1	0.0	0.0	0.0	....	0.5	0.9	0.7	0.7	0.4	0.6
Moldova	921	2.0	4.1	2.0	2.1	1.6	2.0	1.7	1.9	2.0	2.1	1.7	2.6
Russian Federation	922	37.8	36.8	38.8	54.0	55.6	62.4	1,163.6	981.1	1,022.0	876.8	516.3	403.9
Tajikistan	923	0.0	....	0.0	0.9	0.0	0.0	0.0	3.9	0.4	0.0	0.0	0.1
Turkmenistan	925	....	....	....	0.0	0.7	....	0.0	0.0	0.0	0.1	0.0	0.0
Ukraine	926	9.7	13.2	14.3	25.1	8.4	7.3	47.7	40.6	37.5	28.6	15.0	16.0
Uzbekistan	927	....	....	0.0	....	....	....	1.4	2.4	3.4	2.3	1.1	0.0
Mid East, N Africa, Pak	440	98.0	92.0	110.2	114.9	80.0	120.1	37.8	41.2	47.8	48.7	51.7	45.5
Afghanistan, I.R. of	512	1.6	2.0	0.5	0.1	0.1	2.7	0.0	0.1	0.1	0.4	0.0	0.0
Algeria	612	1.8	3.3	4.7	27.4	21.4	0.5	1.4	0.7	10.0	1.3	0.5	0.8
Bahrain, Kingdom of	419	0.1	0.2	0.0	0.0	0.1	0.1	0.0	0.0	0.0	0.1	0.1	0.1
Djibouti	611	0.0	0.2	....	....	....	....	....	0.0	0.0	0.0	....	0.0
Egypt	469	16.2	16.4	16.0	28.1	22.9	43.6	7.9	11.2	10.7	10.2	13.7	8.4
Iran, I.R. of	429	32.3	18.6	19.1	2.1	0.9	1.6	2.2	2.4	1.7	2.3	2.4	2.5
Iraq	433	0.2	0.3	7.6	1.5	0.4	0.4	....	0.0	0.0	0.0	0.0	0.0
Jordan	439	0.7	3.1	1.6	1.5	2.8	2.5	0.4	0.9	0.9	0.4	0.5	1.5
Kuwait	443	6.4	4.0	5.2	1.4	1.3	1.1	2.0	2.0	1.9	1.5	0.2	0.5
Lebanon	446	2.0	8.5	1.9	0.4	0.8	1.9	0.1	0.2	0.1	0.0	0.1	0.0
Libya	672	2.9	3.4	3.1	4.8	1.4	1.7	0.1	0.0	0.2	0.0	0.0	0.6
Mauritania	682	0.0	....	0.0	....	0.0	0.0	0.0	0.0	0.0	0.1	0.1	0.0
Morocco	686	29.4	20.3	6.9	7.0	5.7	16.2	2.8	3.9	3.3	4.6	5.0	6.5
Oman	449	0.0	0.1	0.0	0.0	0.4	0.0	0.6	0.0	0.1	0.8	0.9	0.0
Pakistan	564	0.4	0.1	0.1	0.1	0.0	5.3	6.8	6.0	7.3	9.8	9.2	8.9
Qatar	453	0.4	0.1	0.0	0.2	0.3	0.2	0.0	0.6	1.1	3.1	3.8	2.0
Saudi Arabia	456	0.8	3.5	4.1	2.8	3.1	26.8	3.7	6.4	2.0	4.6	4.8	3.4
Sudan	732	....	0.7	0.6	0.8	0.9	0.4	....	0.1	0.2	0.1	0.0	0.1
Syrian Arab Republic	463	0.3	0.1	....	0.2	0.3	0.4	2.5	1.3	0.6	0.2	0.3	0.2
Tunisia	744	0.1	1.2	31.2	20.8	0.7	0.1	3.6	3.3	3.0	3.0	2.9	2.6
United Arab Emirates	466	2.1	5.8	7.3	15.6	16.5	14.4	3.5	2.1	4.6	6.2	7.2	7.3
Yemen, Republic of	474	0.1	0.1	0.3	0.2	0.0	0.1	0.0	....	....	....	....	0.0
Sub-Saharan Africa	603	1.2	2.0	2.5	5.3	5.9	7.5	11.4	11.8	8.7	14.7	13.4	17.1
Angola	614	0.1	....	0.1	2.4	1.0	1.6	....	....	....	....	....	....
Benin	638	....	....	....	....	....	0.0	....	0.0	0.1	0.0	0.0	....
Cameroon	622	0.0	0.0	0.1	....	....	0.4	0.3	0.6	0.5	0.1	0.2	0.2
Congo, Dem. Rep. of	636	0.0	....	0.0	....	0.1	0.0	0.0	0.0	0.0	0.0	0.0	0.0
Congo, Republic of	634	0.0	0.0	0.0	0.0	0.0	0.1	0.0	0.0	0.0	0.0	0.0	0.0
Côte d'Ivoire	662	....	0.0	....	0.0	0.1	0.0	0.3	0.1	0.5	1.2	0.7	0.9
Equatorial Guinea	642	....	....	....	....	0.8	....	....	....	....	....	....	....

Bosnia and Herzegovina (963)

In Millions of U.S. Dollars

		Exports (FOB)						Imports (CIF)					
		2011	2012	2013	2014	2015	2016	2011	2012	2013	2014	2015	2016
Ethiopia	644	0.0	0.0	0.1	0.3	0.3	0.2	0.2	0.2	0.2	0.4	0.3	0.2
Gabon	646	0.0	0.1	....	....	....	....	0.0	0.0	0.0	0.0	0.1	0.0
Ghana	652	0.0	....	0.0	0.0	0.0	0.5	1.6	2.2	1.0	3.1	5.2	5.2
Guinea	656	....	....	....	....	0.0	....	0.0	0.0	0.0	....	0.1	....
Kenya	664	0.0	0.2	0.2	0.1	....	0.0	0.3	0.2	0.3	0.3	0.2	0.3
Liberia	668	0.0	0.2	....	0.1	1.0	0.1	0.0	....	....	3.0	....	....
Madagascar	674	....	....	....	....	....	....	0.2	0.2	0.2	0.1	0.1	0.1
Malawi	676	....	....	....	....	0.0	....	2.3	0.4	0.0	0.1	0.3	0.4
Mauritius	684	....	....	....	....	....	....	0.2	0.2	0.1	0.2	0.2	0.2
Mozambique	688	....	....	0.0	0.0	0.0	....	0.0	0.0	0.0	0.0	0.0	0.1
Namibia	728	....	0.0	....	....	0.0	0.9	0.0	0.0	0.0	0.0	0.0	0.7
Niger	692	....	0.1	....	0.2	0.1	....	....	0.0	0.0	0.0	0.0	0.0
Nigeria	694	0.0	0.5	0.5	0.3	0.1	0.5	0.0	0.0	0.0	0.1	0.1	0.1
Senegal	722	0.0	....	0.4	0.7	0.1	0.3	0.1	0.3	0.2	0.0	0.0	0.0
Seychelles	718	0.1	0.0	0.1	0.1	0.8	2.0	0.0	0.3	0.0	0.0	0.0	0.0
Sierra Leone	724	0.1	0.0	0.1	0.2	0.0	0.1	0.1	0.0	0.0	0.0	0.0	0.1
South Africa	199	0.2	0.3	0.3	0.3	0.9	0.4	3.0	3.7	3.2	4.5	4.2	7.1
Swaziland	734	0.1	0.0	0.0	0.1	0.0	0.3	0.0	0.0	0.0	0.5	0.0	0.1
Tanzania	738	0.3	0.4	0.3	0.4	0.5	0.1	0.1	0.0	0.2	0.0	0.1	0.1
Uganda	746	0.0	....	0.0	0.1	....	0.0	1.0	1.3	1.0	0.8	0.8	0.8
Zambia	754	0.0	....	....	....	0.3	....	....	0.0	0.0	0.1	0.3	0.2
Zimbabwe	698	0.0	....	....	....	0.0	0.0	1.4	1.8	1.0	0.2	0.4	0.2
Africa n.s.	799	....	....	....	....	....	....	0.1	0.0	0.0	0.0	0.0	0.0
Western Hemisphere	205	**1.6**	**6.3**	**2.5**	**7.8**	**4.5**	**5.8**	**303.7**	**250.0**	**249.3**	**177.9**	**167.6**	**191.7**
Argentina	213	0.1	0.4	0.3	0.1	0.0	0.2	15.3	12.2	13.0	10.7	9.3	10.8
Bermuda	319	....	....	....	....	....	....	....	....	....	0.0	0.1	0.0
Bolivia	218	....	....	....	....	....	....	0.1	0.0	0.0	0.1	0.1	0.2
Brazil	223	0.2	1.5	0.7	4.5	0.6	0.8	234.5	177.5	178.1	117.4	110.7	121.1
Chile	228	0.0	0.0	0.1	....	0.0	0.1	0.8	1.1	1.0	0.8	1.0	2.4
Colombia	233	....	0.2	....	....	0.0	0.0	17.7	19.6	18.5	9.8	11.4	16.3
Costa Rica	238	....	0.0	0.0	0.0	0.0	0.0	2.8	4.0	3.5	5.9	5.5	8.1
Dominica	321	....	....	....	0.2	....	....	0.0	0.0	0.0	0.0	....	0.0
Dominican Republic	243	....	0.0	0.0	0.0	0.0	0.2	0.7	0.6	0.4	0.6	0.7	1.9
Ecuador	248	0.0	0.1	0.0	0.0	0.0	0.0	17.1	17.7	18.5	17.9	14.3	13.0
El Salvador	253	0.0	0.3	....	....	....	0.0	0.0	0.0	0.0	0.0	0.0	0.0
Falkland Islands	323	....	....	....	....	....	....	0.5	0.4	0.3	0.8	0.8	0.4
Guatemala	258	0.0	....	....	....	....	....	0.2	1.3	1.4	0.6	0.6	0.6
Haiti	263	....	0.0	0.0	0.0	0.0	0.0	0.0	0.0	0.1	0.1	0.0	0.0
Honduras	268	....	....	....	....	....	....	0.1	0.1	0.5	0.2	0.2	0.1
Mexico	273	1.2	3.4	1.1	2.7	3.4	4.2	9.5	10.2	11.5	11.1	11.5	11.1
Nicaragua	278	0.0	....	....	....	0.0	....	0.0	0.0	0.0	0.1	0.1	0.1
Panama	283	....	....	....	0.0	0.0	0.2	0.1	0.3	0.2	0.1	0.0	0.0
Paraguay	288	....	....	0.0	....	....	....	1.6	2.2	0.5	0.0	0.0	0.4
Peru	293	0.0	0.1	0.0	0.1	0.0	0.0	0.7	0.7	1.1	1.3	1.0	1.3
St. Kitts and Nevis	361	....	0.0	....	....	0.2	0.1	0.1	0.0	0.0	0.0	0.0	0.0
Suriname	366	0.0	0.1	0.2	0.1	0.1	0.0	0.0	0.0	0.0	0.1	0.0	0.0
Uruguay	298	0.0	0.1	....	0.0	....	....	1.8	1.8	0.7	0.1	0.0	3.7
Venezuela, Rep. Bol.	299	....	....	0.0	....	....	....	....	0.2	....	0.0	0.0	0.0
Other Countries n.i.e	910	**0.2**	**0.0**	**0.0**	**0.2**	**....**	**0.0**	**0.2**	**0.4**	**0.4**	**12.8**	**8.5**	**0.2**
Cuba	928	0.2	0.0	....	0.2	....	0.0	0.0	0.0	0.0	12.5	8.2	0.1
Korea, Dem. People's Rep.	954	....	....	....	....	....	....	0.2	0.4	0.4	0.3	0.3	0.1
Countries & Areas n.s.	898	**105.4**	**93.0**	**102.5**	**106.2**	**91.8**	**112.7**	**5.3**	**5.9**	**13.5**	**22.2**	**19.4**	**47.2**
Memorandum Items													
Africa	605	32.5	27.7	45.9	61.3	34.5	24.7	19.3	19.7	25.2	23.8	21.9	27.1
Middle East	405	64.7	64.3	66.2	58.7	51.3	94.8	23.1	27.1	23.9	29.4	34.0	26.5
European Union	998	4,112.2	3,750.4	4,182.4	4,248.4	3,652.2	3,833.1	6,597.8	6,146.9	6,180.3	6,472.3	5,470.4	5,665.3
Export earnings: fuel	080	86.0	77.8	91.8	113.8	104.9	112.4	1,214.7	1,069.6	1,084.3	927.7	564.4	452.6
Export earnings: nonfuel	092	5,691.1	4,966.6	5,480.0	5,678.2	4,880.2	5,247.0	9,866.1	8,976.9	9,239.2	10,092.8	8,454.2	8,735.0

Botswana (616)

In Millions of U.S. Dollars

		Exports (FOB) 2011	2012	2013	2014	2015	2016	Imports (CIF) 2011	2012	2013	2014	2015	2016
IFS World		5,846.7	6,686.2	7,904.8	8,490.2	6,261.9	....	7,285.4	9,083.1	8,420.7	8,065.4	7,223.2	....
World	001	5,892.8	5,983.5	7,587.8	7,931.1	6,330.9	7,335.7	7,319.6	8,084.6	7,488.4	7,883.1	7,673.3	6,143.3
Advanced Economies	110	4,586.4	4,709.4	5,946.7	4,535.3	3,213.8	3,460.3	1,355.6	2,049.9	1,692.7	1,639.1	1,199.0	1,016.6
Euro Area	163	165.8	268.2	1,028.1	2,150.7	1,350.8	1,446.3	209.8	215.4	487.4	434.1	343.5	320.5
Austria	122	0.0	0.0	0.0	0.1	0.0	0.0	0.8	0.3	0.5	0.5	1.1	1.2
Belgium	124	159.8	259.7	974.5	2,041.0	1,252.9	1,383.0	84.7	104.7	378.7	312.4	210.0	156.2
Cyprus	423	0.0	0.0	0.3	....	0.8	0.4	6.2	3.3	4.2	3.4	2.0	4.0
Finland	172	0.6	0.0	16.4	80.2	60.6	29.5	2.4	4.9	18.2	0.6	1.8	1.1
France	132	0.8	0.3	5.3	3.2	2.7	1.8	16.6	14.8	15.5	13.2	17.9	40.0
Germany	134	0.9	3.5	15.0	0.4	0.3	0.9	48.0	57.7	39.2	76.1	87.3	88.1
Greece	174	0.0	0.0	1.2	5.1	5.1	6.2	0.1	0.0	0.3	0.4	0.2	0.6
Ireland	178	0.2	0.0	0.0	0.0	0.0	0.1	4.5	4.3	3.4	4.4	3.8	2.5
Italy	136	2.0	0.5	0.5	1.1	11.8	8.5	23.6	10.1	7.6	4.4	5.3	8.4
Latvia	941	....	0.0	....	....	....	....	0.1	0.0	0.1	0.0	0.0	0.0
Lithuania	946	....	....	....	0.0	....	....	0.0	0.2	0.0	0.0	1.7	0.0
Luxembourg	137	....	....	....	....	....	0.0	0.0	0.0	0.0	0.2	0.8	0.4
Malta	181	....	....	0.0	0.7	0.4	0.6	0.0	0.0	0.0	0.0	0.0	0.0
Netherlands	138	0.8	2.1	12.3	17.9	15.5	15.3	15.9	10.8	16.2	14.0	8.4	13.1
Portugal	182	0.4	0.0	0.0	0.0	0.0	0.0	2.6	0.6	0.7	0.1	0.1	0.3
Slovak Republic	936	0.0	0.0	0.0	0.0	0.0	0.0	0.2	0.1	0.0	0.1	0.0	0.5
Slovenia	961	....	....	....	....	....	0.0	0.0	0.0	0.1	0.1	0.0	0.0
Spain	184	0.4	2.0	2.4	1.1	0.8	0.1	4.1	3.6	2.8	4.3	3.0	4.1
Australia	193	2.0	0.2	5.8	0.2	6.2	0.5	15.6	12.1	17.4	8.6	15.3	6.9
Canada	156	0.2	0.1	27.3	323.2	397.2	365.6	6.1	4.1	224.6	783.7	509.6	343.5
China, P.R.: Hong Kong	532	9.9	19.7	60.6	236.0	117.2	185.9	13.7	12.1	20.0	14.1	26.9	31.2
Czech Republic	935	0.0	0.0	0.0	0.0	0.0	0.2	0.4	0.7	0.4	0.4	0.3	0.2
Denmark	128	0.0	0.0	0.0	0.0	0.0	0.0	2.5	1.6	3.4	2.5	1.9	2.8
Iceland	176	....	....	0.0	0.0	....	....	0.0	....	0.0	0.1	0.0	0.0
Israel	436	304.3	322.6	459.1	662.2	380.5	443.9	100.6	120.6	102.0	118.7	68.8	55.7
Japan	158	0.2	0.2	3.2	11.1	6.3	12.2	61.6	71.8	53.2	40.2	40.4	37.8
Korea, Republic of	542	0.0	0.0	0.0	0.0	0.0	1.4	12.2	8.3	7.5	9.2	12.4	49.6
New Zealand	196	0.0	0.2	0.0	0.0	0.1	0.0	0.1	0.1	0.2	0.1	0.1	0.1
Norway	142	280.4	297.9	337.2	222.3	258.6	144.4	0.2	0.2	0.1	0.0	0.0	1.5
Singapore	576	0.1	0.0	65.5	347.4	210.1	412.8	11.4	12.1	12.0	16.3	13.4	11.6
Sweden	144	0.1	0.1	0.1	0.2	0.0	1.9	23.3	42.3	16.4	15.1	5.7	6.2
Switzerland	146	89.6	101.9	143.7	281.2	273.3	187.3	17.5	39.3	4.7	13.7	15.2	11.0
Taiwan Prov. of China	528	....	....	....	....	....	....	4.7	5.8	5.4	5.2	4.7	4.0
United Kingdom	112	3,671.0	3,625.5	3,713.3	73.1	53.7	91.7	719.3	1,346.1	545.8	64.6	68.0	81.2
United States	111	62.7	72.6	102.7	227.7	159.9	166.0	156.4	157.2	192.3	112.4	72.9	52.8
Emerg. & Dev. Economies	200	1,299.4	1,266.2	1,631.8	3,385.7	3,109.7	3,865.8	5,921.1	5,981.2	5,746.2	6,195.7	5,960.7	5,090.1
Emerg. & Dev. Asia	505	169.1	159.6	359.5	1,313.0	914.8	1,210.6	914.6	347.2	186.2	174.0	177.5	263.2
Cambodia	522	0.0	....	....	....	0.0	0.2	....	....	0.0	0.0	0.0	0.0
China, P.R.: Mainland	924	46.1	46.3	58.7	61.2	38.2	44.8	794.6	223.3	106.9	88.2	104.0	90.0
India	534	75.4	68.3	229.7	1,179.6	784.0	1,107.3	99.2	108.8	65.8	76.4	62.7	159.0
Indonesia	536	....	0.0	0.1	0.0	....	....	1.1	0.2	0.5	0.3	0.2	0.9
Malaysia	548	0.0	0.0	0.0	0.0	0.0	0.1	4.7	6.3	3.5	3.4	4.3	5.2
Philippines	566	0.0	0.0	....	0.0	0.0	0.0	1.7	0.2	0.0	0.2	0.1	0.2
Sri Lanka	524	0.0	0.0	0.0	0.0	0.0	0.0	0.1	0.9	0.1	0.4	0.3	0.4
Thailand	578	47.3	44.8	46.0	42.8	70.1	27.8	3.7	1.7	5.3	1.4	1.4	2.9
Vietnam	582	0.0	....	24.8	29.1	22.2	30.4	0.2	0.1	0.4	0.7	0.4	0.0
Asia n.s.	598	0.1	0.1	0.2	0.2	0.1	0.2	9.2	5.7	3.7	3.1	4.0	4.6
Europe	170	1.5	1.7	1.8	2.5	5.4	2.1	13.1	3.2	25.3	15.7	34.0	30.8
Emerg. & Dev. Europe	903	0.1	0.2	0.1	0.1	0.7	0.4	11.8	2.8	4.5	9.6	4.4	5.4
Albania	914	....	....	....	....	0.2	....	....	....	....	0.0	....	0.0
Bulgaria	918	0.0	0.0	0.0	....	....	0.0	0.0	0.0	0.3	0.0	0.0	0.2
Croatia	960	....	0.0	0.0	....	0.0	....	....	0.0	0.0	0.0	0.1	0.0
Hungary	944	0.1	0.0	0.0	0.0	0.2	0.1	1.2	0.5	0.1	0.1	0.1	0.1
Poland	964	0.0	0.0	0.0	0.0	0.1	0.0	1.3	0.3	1.5	0.8	0.6	2.3
Romania	968	0.0	0.0	....	....	0.1	0.0	0.4	0.3	0.1	0.0	0.0	0.1
Serbia, Republic of	942	0.0	0.0	0.0	0.0	....	0.1	0.8	0.1	0.1	6.3	1.9	1.7

Botswana (616)

In Millions of U.S. Dollars

		Exports (FOB)						Imports (CIF)					
		2011	2012	2013	2014	2015	2016	2011	2012	2013	2014	2015	2016
Turkey	186	....	0.1	0.0	0.1	0.2	0.2	8.2	1.6	2.5	2.4	1.8	1.1
CIS	901	0.1	0.0	0.0	0.6	3.4	0.0	1.3	0.2	20.8	6.0	29.5	25.3
Georgia	915	....	....	....	0.6	....	0.0	0.0	0.0	0.0	0.0	0.0	0.0
Moldova	921	0.1	....	....	....	....	....	0.0	0.1	....	....	....	....
Russian Federation	922	0.0	0.0	0.0	0.0	3.4	0.0	1.3	0.0	20.8	5.9	29.4	23.8
Ukraine	926	....	....	0.0	0.0	0.0	0.0	0.0	0.0	0.0	0.1	0.0	1.5
Europe n.s.	884	1.3	1.4	1.7	1.8	1.3	1.7	0.0	0.2	0.0	0.1	0.1	0.1
Mid East, N Africa, Pak	440	14.7	19.4	83.2	373.4	338.7	709.8	11.0	21.9	23.7	17.7	36.5	23.3
Djibouti	611	....	....	....	....	0.2	....	....	....	....	....	0.0	....
Egypt	469	0.1	1.4	....	....	0.0	0.0	0.0	0.2	0.7	0.1	0.0	0.0
Iran, I.R. of	429	1.9	1.7	....	0.0	0.2	0.4	0.0	0.0	0.0	....	0.0	0.0
Jordan	439	0.1	....	....	0.0	....	....	0.0	0.0	0.0	0.0	0.0	0.0
Kuwait	443	0.0	0.0	....	0.2	....	0.0	0.0	....	0.0	0.0	0.0	0.0
Lebanon	446	....	....	....	....	0.0	0.0	0.0	0.0	0.1	0.0	0.0	0.0
Libya	672	0.0	0.3	....	....	....	....	0.0	....	....	....	....	....
Mauritania	682	0.0	0.1	....	....	0.0	0.4	0.0	....	0.0	0.0	0.0	0.0
Oman	449	0.0	0.2	....	....	....	0.0	0.2	0.6	0.5	0.3	0.1	0.0
Pakistan	564	0.0	0.0	0.0	0.1	0.2	0.0	1.7	2.3	3.0	4.4	2.5	1.5
Qatar	453	....	....	....	0.0	0.0	0.0	0.0	0.0	0.1	0.0	0.3	0.1
Saudi Arabia	456	0.1	0.0	0.1	0.4	0.0	0.2	0.1	0.4	0.1	0.1	0.0	0.4
Sudan	732	....	0.1	0.0	0.0	0.0	0.0	....	....	0.0	0.0	0.0	....
Tunisia	744	0.0	0.0	0.1	....	....	....	0.0	0.2	0.0	0.0	0.0	0.0
United Arab Emirates	466	12.4	15.5	82.9	372.6	338.1	708.8	8.9	18.2	19.1	12.6	33.5	21.2
Sub-Saharan Africa	603	1,113.7	1,085.4	1,186.9	1,696.6	1,850.7	1,942.9	4,979.8	5,607.5	5,508.2	5,984.8	5,706.6	4,767.6
Angola	614	1.5	0.8	2.0	2.0	2.5	2.4	0.1	....	0.0	....	0.1	0.1
Benin	638	0.0	....	0.9	....	....	0.0	0.0	....	0.0	....	....	0.0
Burkina Faso	748	0.0	0.2	....	0.2	0.0	....	0.0	0.0	....	....	....	....
Cameroon	622	0.1	0.0	0.6	0.1	0.0	0.1	0.0	0.0	0.0	0.0	0.0	0.0
Chad	628	....	0.2	....	....	....	....	....	....	....	0.0	....	....
Congo, Dem. Rep. of	636	17.5	6.7	5.1	3.8	3.5	1.9	1.4	0.1	0.2	0.0	0.0	0.0
Congo, Republic of	634	0.1	0.1	0.2	0.2	0.0	0.1	13.6	....	....	0.0	0.0	0.0
Eritrea	643	0.1	....	0.0	0.1	0.1	0.3	....	....	....	....	0.0	....
Ethiopia	644	0.1	0.0	0.4	0.0	0.0	0.0	0.1	0.0	0.0	0.0	0.0	0.0
Ghana	652	0.1	0.0	0.1	0.1	0.0	0.0	0.2	0.0	2.8	0.0	0.1	0.1
Guinea	656	0.0	0.1	0.0	....	....	0.0	0.0	0.0	....	0.0	....	0.0
Kenya	664	0.3	0.4	0.4	0.4	0.2	1.3	1.6	1.2	2.0	1.7	1.1	1.6
Lesotho	666	1.0	1.3	1.5	3.7	0.2	0.3	8.4	12.1	7.8	0.3	0.2	1.1
Liberia	668	....	....	....	....	0.4	....	0.0	....	....	0.0	0.0	0.0
Madagascar	674	....	0.0	....	0.1	0.0	0.0	0.1	0.2	0.1	0.1	0.0	0.0
Malawi	676	2.4	1.7	1.7	2.3	1.6	1.7	1.9	3.3	6.1	2.7	0.9	3.8
Mali	678	0.4	0.1	0.0	0.0	0.1	0.1	0.0	0.1	0.0	0.0	0.0	0.0
Mauritius	684	0.3	0.0	0.0	0.1	0.1	0.2	4.0	4.9	20.6	8.1	3.5	2.6
Mozambique	688	2.3	5.2	4.1	4.4	2.8	3.2	37.9	20.6	3.3	12.8	44.7	117.9
Namibia	728	31.2	111.5	184.6	583.8	745.4	847.7	61.8	453.6	514.6	944.3	1,123.1	641.4
Niger	692	0.8	....	....	....	....	0.9	0.0	....	....	0.3	0.0	0.0
Nigeria	694	0.2	0.1	0.0	0.1	0.1	0.0	0.3	0.2	0.6	0.4	0.3	0.3
Senegal	722	0.1	0.2	0.0	0.1	0.0	0.0	0.0	0.0	0.0	0.0	0.0	0.0
Seychelles	718	0.0	....	0.0	0.1	0.0	0.0	0.0	0.0	0.0	0.0	0.1	0.1
Sierra Leone	724	0.1	0.1	....	0.0	....	....	0.0	0.5	0.0	0.7	0.1	0.0
South Africa	199	794.0	782.0	805.8	932.9	987.5	993.4	4,778.7	5,039.1	4,888.5	4,952.7	4,455.3	3,940.1
Swaziland	734	4.4	1.4	1.1	1.4	1.0	1.0	2.1	5.3	3.9	1.0	7.2	10.4
Tanzania	738	4.1	8.6	1.5	2.8	1.5	2.9	0.3	0.4	0.4	4.4	0.4	0.2
Togo	742	....	....	....	0.2	0.2	0.0	0.0	....	....	....	....	0.0
Uganda	746	0.1	0.1	0.1	0.0	0.1	0.1	0.0	0.5	0.0	0.1	1.6	0.0
Zambia	754	76.8	48.2	46.0	46.3	43.9	31.0	18.9	22.7	19.9	32.0	37.0	26.1
Zimbabwe	698	173.1	113.5	127.4	107.7	56.7	50.6	48.4	42.8	37.6	23.0	31.0	21.6
Africa n.s.	799	2.6	2.9	3.4	3.7	2.7	3.5	0.0	....	0.0	....	....	....
Western Hemisphere	205	0.5	0.1	0.3	0.2	0.1	0.3	2.6	1.5	2.7	3.5	5.9	5.1
Argentina	213	0.0	0.0	....	....	....	0.0	0.0	....	0.4	0.1	0.0	0.3
Bahamas, The	313	....	....	0.0	....	....	0.0	0.1	....	0.0	....	0.0	....

Botswana (616)

In Millions of U.S. Dollars

			Exports (FOB)						Imports (CIF)				
		2011	2012	2013	2014	2015	2016	2011	2012	2013	2014	2015	2016
Barbados	316	0.1	....	....	....	....	....	0.0	0.0	0.0	....	0.0	....
Brazil	223	0.3	0.0	0.0	0.0	0.0	0.1	0.9	0.7	1.8	2.3	4.9	4.3
Costa Rica	238	....	....	....	....	....	0.0	....	....	0.1	0.1	0.1	0.1
Ecuador	248	....	....	....	....	....	....	0.0	....	0.0	0.0	0.1	0.0
Guatemala	258	0.0	....	....	....	....	....	....	0.0	....	....	0.2	....
Guyana	336	0.0	0.0	....	0.0	....	0.0	0.0	....	....	0.0	....	0.1
Honduras	268	0.0	....	0.3	....	....	....	0.0	....	....	....	0.0	....
Mexico	273	0.0	0.0	0.0	0.2	0.1	0.0	1.4	0.2	0.3	0.8	0.2	0.1
Panama	283	....	....	....	....	....	....	0.0	0.1	0.0	0.0	0.1	0.0
Peru	293	....	....	....	....	....	0.2	0.1	....	0.0	0.1	0.0	0.0
St. Vincent & Grens.	364	....	....	....	....	....	....	....	....	....	....	0.1	....
Trinidad and Tobago	369	0.0	....	0.0	0.0	....	....	0.0	0.0	0.0	0.1	0.0	0.0
Uruguay	298	....	....	....	....	....	....	0.0	0.3	0.2	0.1	0.1	0.1
Other Countries n.i.e	910	0.0	0.0	....	....	....	0.0	0.0	....	....	0.8	0.4	0.0
Korea, Dem. People's Rep.	954	....	....	....	....	....	0.0	0.0	....	....	0.8	0.4	....
Special Categories	899	5.8	6.5	7.7	8.3	6.2	7.9	42.9	53.4	49.5	47.5	42.5	36.5
Countries & Areas n.s.	898	1.2	1.4	1.6	1.7	1.3	1.7	....	....	....	....	470.8	....
Memorandum Items													
Africa	605	1,113.8	1,085.6	1,187.1	1,696.6	1,850.9	1,943.3	4,979.8	5,607.7	5,508.2	5,984.8	5,706.7	4,767.6
Middle East	405	14.6	19.2	83.0	373.3	338.3	709.4	9.3	19.5	20.7	13.2	34.0	21.8
European Union	998	3,837.0	3,893.9	4,741.6	2,224.0	1,404.7	1,540.3	958.2	1,607.3	1,055.3	517.6	420.1	413.5
Export earnings: fuel	080	16.2	19.0	85.2	375.6	344.3	711.9	24.5	19.5	41.3	19.4	63.9	45.9
Export earnings: nonfuel	092	5,876.6	5,964.4	7,502.6	7,555.5	5,986.6	6,623.8	7,295.1	8,065.1	7,447.1	7,863.7	7,609.5	6,097.3

Brazil (223)
In Millions of U.S. Dollars

		Exports (FOB)						Imports (FOB)					
		2011	2012	2013	2014	2015	2016	2011	2012	2013	2014	2015	2016
IFS World		255,883.0	243,296.3	242,927.7	224,058.2	191,683.9	184,266.2	....	....	....	....	....	....
World	001	256,037.8	242,137.6	241,690.3	225,099.6	191,134.1	184,557.6	226,211.8	223,107.1	239,609.6	229,060.1	171,456.3	136,973.4
Advanced Economies	110	106,493.8	101,588.7	98,628.2	93,446.3	76,834.9	75,434.4	113,025.7	109,881.2	116,085.9	108,126.4	83,470.8	72,003.9
Euro Area	163	45,447.8	42,158.9	41,342.0	35,952.6	29,031.0	28,664.1	38,548.5	39,567.8	41,872.0	38,756.9	30,326.0	25,367.3
Austria	122	422.5	227.9	138.6	146.9	139.1	74.9	1,474.8	1,523.7	1,388.2	1,126.5	901.0	776.0
Belgium	124	3,959.7	3,741.6	3,593.8	3,286.9	2,989.7	3,233.0	1,850.9	2,074.1	2,010.0	1,849.8	1,622.8	1,509.3
Cyprus	423	18.9	106.6	13.0	42.9	9.3	24.2	0.8	2.4	3.7	2.1	1.1	0.4
Estonia	939	36.2	58.0	41.5	46.3	32.8	57.1	94.5	45.5	48.3	43.4	22.7	25.5
Finland	172	742.4	624.0	451.0	401.2	269.3	281.2	736.5	861.3	891.5	628.0	561.3	593.9
France	132	4,359.3	4,139.4	3,423.4	2,947.6	2,270.2	2,331.9	5,470.6	5,910.9	6,508.5	5,705.1	4,463.5	3,707.2
Germany	134	9,039.1	7,277.1	6,551.7	6,632.7	5,178.9	4,860.9	15,200.8	14,207.0	15,181.1	13,837.2	10,378.9	9,097.7
Greece	174	191.4	159.6	151.4	136.8	117.0	126.2	101.3	42.2	115.1	68.2	48.3	111.5
Ireland	178	303.0	357.7	610.9	332.4	383.4	216.8	645.0	699.4	623.8	612.9	521.9	442.7
Italy	136	5,440.9	4,580.7	4,098.1	4,020.8	3,270.2	3,322.0	6,226.5	6,205.7	6,722.5	6,320.4	4,685.0	3,712.8
Latvia	941	31.3	16.2	21.0	42.3	26.7	20.7	5.0	5.4	6.6	10.2	31.9	8.2
Lithuania	946	53.2	50.5	114.8	42.9	52.1	31.6	9.3	27.2	33.5	34.0	19.9	20.6
Luxembourg	137	83.3	73.0	31.8	17.1	36.4	11.0	52.8	49.7	88.7	73.3	88.8	123.3
Malta	181	18.6	13.8	20.9	62.1	15.4	14.0	49.5	54.7	76.6	56.0	20.4	30.0
Netherlands	138	13,639.7	15,040.7	17,283.1	13,035.6	10,044.5	10,323.0	2,264.0	3,106.3	2,344.5	3,167.9	2,469.0	1,806.8
Portugal	182	2,055.0	1,624.7	854.4	1,060.3	822.2	654.5	835.8	998.9	1,087.4	1,096.3	809.4	640.2
Slovak Republic	936	32.2	32.6	27.2	24.7	21.3	23.3	158.2	138.5	170.7	141.2	118.6	103.3
Slovenia	961	315.5	346.2	339.6	392.2	380.8	428.0	75.7	77.5	86.0	74.2	62.6	56.5
Spain	184	4,705.5	3,688.7	3,576.0	3,280.8	2,971.7	2,629.7	3,296.6	3,537.4	4,485.4	3,910.2	3,499.0	2,601.5
Australia	193	803.8	504.7	450.8	420.7	400.3	419.8	1,957.8	1,288.0	1,163.3	1,091.5	1,052.9	867.3
Canada	156	3,129.5	3,079.9	2,701.7	2,315.6	2,362.5	2,366.1	3,550.5	3,077.1	3,001.5	2,715.0	2,422.2	1,841.4
China,P.R.: Hong Kong	532	2,176.3	2,458.1	3,339.2	3,322.9	2,108.0	2,262.7	999.2	861.0	842.0	887.8	618.0	450.8
China,P.R.: Macao	546	46.3	0.5	6.3	0.5	0.5	0.3	10.9	11.7	10.5	14.7	4.9	2.3
Czech Republic	935	63.4	54.3	60.4	55.7	26.1	41.1	547.1	541.9	596.5	555.1	432.7	465.8
Denmark	128	408.1	446.6	472.0	516.5	321.9	244.6	732.7	722.0	905.5	837.5	667.6	606.0
Iceland	176	270.0	284.4	325.7	259.6	292.9	82.2	10.1	15.4	14.6	18.1	17.1	18.6
Israel	436	498.5	376.1	454.8	409.9	380.8	425.0	903.2	1,143.5	1,113.5	954.1	895.8	683.9
Japan	158	9,473.1	7,955.7	7,964.0	6,718.6	4,845.0	4,604.5	7,872.3	7,734.0	7,081.3	5,902.0	4,877.2	3,522.9
Korea, Republic of	542	4,693.9	4,501.1	4,720.0	3,831.2	3,122.2	2,881.0	10,096.6	9,095.1	9,490.7	8,526.2	5,420.3	5,994.4
New Zealand	196	87.6	62.2	74.1	69.3	64.2	96.8	47.2	63.3	158.0	134.6	55.9	56.8
Norway	142	944.0	865.2	732.1	722.8	679.0	732.6	799.6	870.2	973.8	1,103.3	776.5	559.9
San Marino	135	....	....	....	....	....	....	....	....	....	....	....	1.3
Singapore	576	2,786.5	2,942.6	1,904.4	3,348.2	2,045.4	2,827.6	828.7	861.0	1,093.1	804.0	631.8	430.7
Sweden	144	543.4	479.8	449.1	493.2	503.5	514.5	2,166.9	1,980.6	1,991.8	1,626.1	1,152.4	954.7
Switzerland	146	1,647.2	1,708.0	2,362.3	2,316.7	1,945.0	1,657.0	2,847.9	2,783.0	2,951.8	2,789.1	2,366.9	2,014.4
Taiwan Prov.of China	528	2,301.7	2,341.2	2,306.4	1,687.2	1,574.8	1,445.2	3,508.8	3,168.7	2,937.9	2,853.7	2,193.4	1,620.2
United Kingdom	112	5,229.8	4,519.4	4,101.9	3,860.3	2,916.1	2,868.8	3,375.8	3,503.2	3,612.7	3,257.4	2,799.6	2,383.7
United States	111	25,943.0	26,849.9	24,861.1	27,144.9	24,216.0	23,300.5	34,221.4	32,593.8	36,275.4	35,299.1	26,759.8	24,161.5
Emerg. & Dev. Economies	200	144,150.2	135,103.2	138,348.8	127,084.5	111,356.2	107,067.7	112,298.9	112,721.9	122,653.1	120,370.6	87,240.6	64,693.8
Emerg. & Dev. Asia	505	55,048.8	54,945.8	57,260.0	54,424.8	49,193.6	46,997.7	46,633.2	46,999.3	51,620.6	52,071.2	41,947.9	30,792.2
American Samoa	859	0.1	0.1	0.1	0.0	0.0	0.1	0.0	0.0	0.0	0.0	0.0	0.0
Bangladesh	513	877.4	705.5	856.6	869.1	1,147.4	1,091.4	156.5	186.5	199.1	203.3	211.7	115.3
Bhutan	514	....	....	....	....	0.0	0.1	0.0	0.0	0.1	0.1	0.1	0.0
Brunei Darussalam	516	0.7	1.1	2.2	0.8	1.3	0.6	0.1	0.0	0.4	0.8	0.6	0.2
Cambodia	522	6.1	4.5	3.3	13.6	3.5	5.9	18.0	19.3	38.8	32.1	40.0	22.2
China,P.R.: Mainland	924	44,314.6	41,227.5	46,026.2	40,616.1	35,607.5	35,134.0	32,786.7	34,246.1	37,301.6	37,340.6	30,719.1	23,189.9
Fiji	819	0.6	0.6	1.0	1.0	1.0	1.1	0.0	0.0	....	0.1	0.0	0.1
F.T. French Polynesia	887	1.5	1.2	1.2	0.8	1.0	1.2	0.0	0.1	0.1	0.0	0.0	0.0
F.T. New Caledonia	839	10.3	7.7	6.1	9.5	6.3	5.2	1.1	0.0	0.1	0.6	0.5	0.1
Guam	829	0.0	0.1	0.2	0.1	0.1	0.3	....	....	....	....	....	....
India	534	3,200.7	5,576.9	3,129.2	4,788.7	3,617.4	2,777.2	6,081.1	5,042.8	6,357.1	6,635.3	4,289.5	1,892.6
Indonesia	536	1,718.2	2,002.0	1,999.0	2,246.3	2,180.8	2,204.4	1,919.4	1,735.8	1,604.4	1,795.3	1,374.9	1,204.4
Kiribati	826	0.2	0.1	0.2	0.1	0.0	0.2	0.2	0.0	....	0.0	....	0.0
Lao People's Dem.Rep	544	0.3	0.6	0.4	0.1	0.2	0.7	2.7	1.6	1.2	0.6	0.4	0.6
Malaysia	548	1,618.9	1,573.7	1,372.3	1,548.1	1,829.7	1,843.8	2,286.6	2,083.8	2,211.7	1,900.4	1,537.3	1,182.7
Maldives	556	13.5	12.0	16.9	14.8	12.4	14.3	0.0	0.0	0.0	0.0	0.0	0.0

Brazil (223)
In Millions of U.S. Dollars

		Exports (FOB)						Imports (FOB)					
		2011	2012	2013	2014	2015	2016	2011	2012	2013	2014	2015	2016
Marshall Islands	867	....	....	....	....	....	0.4	....	....	....	....	....	....
Micronesia	868	....	....	....	....	....	0.1	....	....	....	....	....	....
Mongolia	948	5.5	3.8	0.8	1.6	1.2	2.0	0.0	0.3	0.1	0.2	0.1	0.0
Myanmar	518	25.5	17.4	12.8	35.0	40.1	185.2	0.7	0.8	0.6	1.9	2.1	1.6
Nepal	558	0.5	0.3	0.3	0.1	0.8	1.1	0.8	0.9	0.7	0.9	0.6	0.3
Palau	565	....	0.0	0.0	0.1	....	1.1	0.0	0.1	0.0	0.0	0.0	0.0
Papua New Guinea	853	6.3	6.0	7.0	3.5	3.3	2.8	0.0	0.0	0.0	0.0	0.0	0.0
Philippines	566	576.4	779.0	880.4	699.5	728.6	436.3	297.9	309.7	330.2	296.3	254.5	192.5
Samoa	862	1.8	1.4	0.3	0.5	0.4	0.7	2.7	2.1	1.1	1.8	1.9	0.2
Solomon Islands	813	0.3	0.2	0.0	0.1	0.3	0.1	....	....	0.0	....	....	....
Sri Lanka	524	45.8	120.4	90.6	108.9	116.8	160.8	29.9	47.6	47.0	65.0	52.0	49.5
Thailand	578	1,818.1	2,071.3	1,654.1	1,865.3	1,749.3	1,714.8	2,399.2	2,503.9	2,383.9	2,212.9	1,673.2	1,340.8
Timor-Leste	537	0.9	2.6	2.8	4.9	6.2	6.6	0.0	0.0	0.0	....	0.0	0.0
Tonga	866	0.5	0.7	0.6	0.5	0.9	0.9	0.9	0.0	0.0	....	....	....
Tuvalu	869	....	0.0	0.0	0.5	....	0.0	0.0	0.0	0.1	0.0	0.0	0.0
Vanuatu	846	0.2	0.2	0.1	0.0	0.2	0.1	0.0	0.0	0.0	0.0	0.0	0.0
Vietnam	582	794.0	822.6	1,192.3	1,592.9	2,124.3	1,401.0	647.9	817.2	1,140.9	1,580.6	1,788.8	1,584.6
Asia n.s.	598	10.0	6.3	2.7	2.1	12.3	3.1	0.9	0.6	1.4	2.9	0.6	14.5
Europe	170	**8,244.0**	**7,084.1**	**6,567.1**	**7,188.2**	**5,449.6**	**5,338.0**	**7,193.8**	**6,506.7**	**6,555.2**	**6,579.2**	**4,836.8**	**4,062.1**
Emerg. & Dev. Europe	903	**3,134.3**	**2,798.1**	**2,442.7**	**2,645.9**	**2,618.6**	**2,609.9**	**2,024.2**	**2,398.4**	**2,957.9**	**2,620.3**	**1,882.3**	**1,520.5**
Albania	914	64.3	39.5	54.0	41.2	36.6	39.3	2.6	1.7	2.4	1.9	0.7	0.9
Bosnia and Herzegovina	963	3.0	1.7	1.8	1.6	0.9	1.2	5.5	5.2	2.5	6.8	5.8	1.7
Bulgaria	918	202.9	358.8	218.6	205.5	117.9	102.5	79.8	80.1	32.9	37.5	43.1	52.1
Croatia	960	222.9	242.2	180.7	61.5	78.6	98.3	34.3	41.1	35.9	20.6	8.7	6.5
Faroe Islands	816	0.0	0.2	0.1	0.1	0.1	0.0	0.2	1.2	0.5	0.5	0.2	0.0
Gibraltar	823	0.3	0.2	0.0	10.0	0.1	0.2	0.1	0.2	0.0	0.0	0.1	0.0
Hungary	944	134.5	145.6	145.8	164.1	239.1	197.7	282.9	338.7	487.4	487.1	417.3	279.2
Macedonia, FYR	962	26.0	21.8	31.7	23.9	17.7	16.6	2.0	3.5	5.5	7.1	9.7	3.2
Montenegro	943	40.6	25.3	26.7	25.7	21.5	25.7	0.0	0.0	0.4	0.3	0.2	0.1
Poland	964	481.5	390.0	395.9	483.9	495.0	427.7	466.4	626.5	809.0	664.8	529.5	484.0
Romania	968	474.5	338.1	385.1	283.5	242.3	214.6	210.2	301.6	411.5	487.8	283.1	269.0
Serbia, Republic of	942	23.9	27.5	44.8	36.4	33.2	39.9	22.9	34.5	24.9	23.6	17.3	23.0
Turkey	186	1,459.9	1,207.1	957.4	1,308.4	1,335.6	1,446.1	917.4	964.1	1,144.9	882.2	566.8	400.8
CIS	901	**5,109.5**	**4,285.6**	**4,124.3**	**4,542.3**	**2,830.8**	**2,728.0**	**5,167.8**	**4,107.2**	**3,596.0**	**3,958.7**	**2,954.6**	**2,541.5**
Armenia	911	32.1	34.2	35.6	39.2	20.9	38.6	0.2	0.0	0.1	0.5	0.1	0.1
Azerbaijan, Rep. of	912	47.1	34.3	150.8	26.6	25.9	11.1	0.0	0.2	0.3	0.2	0.2	0.1
Belarus	913	18.2	71.1	13.5	74.0	12.0	10.4	1,478.2	837.4	545.0	768.5	514.4	421.0
Georgia	915	210.1	210.6	256.7	276.8	194.4	242.9	0.9	0.3	2.4	4.2	12.7	1.4
Kazakhstan	916	112.8	120.2	109.6	56.1	8.1	2.2	77.1	80.1	61.4	99.3	139.1	44.6
Kyrgyz Republic	917	6.8	4.8	10.3	7.4	2.9	2.3	0.2	0.0	0.0	0.0	0.0	0.1
Moldova	921	13.9	20.7	37.8	56.8	2.1	2.4	2.5	8.5	2.2	1.8	1.3	1.5
Russian Federation	922	4,216.3	3,140.8	2,974.1	3,829.1	2,464.4	2,300.1	2,940.0	2,790.5	2,676.1	2,940.5	2,220.8	2,039.1
Tajikistan	923	11.8	3.2	4.5	3.7	2.7	3.0	0.0	0.0	0.0	0.0	0.1	0.0
Turkmenistan	925	7.2	1.1	1.8	4.4	2.7	0.5	0.3	0.0	0.1	0.0	0.0	0.0
Ukraine	926	425.0	623.9	483.1	151.1	84.6	101.1	665.7	388.2	308.1	142.3	63.4	33.1
Uzbekistan	927	8.4	20.9	46.6	16.9	10.0	13.5	2.5	2.0	0.4	1.2	2.5	0.5
Europe n.s.	884	0.1	0.4	0.0	0.0	0.2	0.1	1.8	1.1	1.3	0.2	0.0	0.1
Mid East, N Africa, Pak	440	**17,635.4**	**17,214.7**	**15,805.0**	**15,018.0**	**14,092.3**	**14,103.6**	**10,098.8**	**11,209.5**	**11,494.0**	**11,525.2**	**7,209.2**	**5,160.6**
Afghanistan, I.R. of	512	10.2	8.4	12.5	11.7	6.7	8.8	0.7	0.1	0.2	0.9	0.3	0.1
Algeria	612	1,493.8	1,169.5	1,199.9	1,152.4	993.0	1,063.3	3,135.3	3,199.2	3,074.8	2,918.1	1,813.1	1,644.3
Bahrain, Kingdom of	419	691.1	414.3	258.4	343.9	309.1	214.6	15.9	32.4	53.5	60.3	73.5	76.4
Djibouti	611	14.4	45.1	8.0	20.7	14.3	90.7	....	....	....	....	0.0	0.0
Egypt	469	2,624.0	2,711.9	2,201.6	2,315.0	2,056.6	1,772.2	344.7	251.4	276.3	146.0	108.2	93.1
Iran, I.R. of	429	2,332.2	2,183.9	1,609.1	1,439.2	1,666.2	2,232.8	35.2	23.7	8.6	5.1	3.3	78.3
Iraq	433	400.4	288.1	280.8	226.5	306.6	455.5	898.2	962.1	691.8	1,041.1	476.8	114.6
Jordan	439	189.4	215.6	291.8	249.6	242.3	184.2	1.5	1.9	6.6	9.6	6.7	6.7
Kuwait	443	357.3	313.6	306.2	226.1	239.5	197.8	387.1	960.4	1,016.3	1,205.4	430.7	267.1
Lebanon	446	303.3	293.0	338.4	317.8	286.8	280.4	2.0	11.9	26.3	14.5	23.8	2.5
Libya	672	101.9	423.2	501.5	392.2	147.9	141.5	0.7	....	229.6	0.0	0.0	26.8
Mauritania	682	160.3	198.0	180.2	106.1	141.7	119.9	0.0	0.0	0.0	0.1	0.1	0.1

2017, International Monetary Fund: *Direction of Trade Statistics Yearbook*

Brazil (223)

In Millions of U.S. Dollars

		Exports (FOB) 2011	2012	2013	2014	2015	2016	Imports (FOB) 2011	2012	2013	2014	2015	2016
Morocco	686	811.2	872.3	689.1	568.3	494.3	488.5	1,195.6	1,275.8	1,434.2	1,249.3	739.8	643.7
Oman	449	831.8	1,129.0	1,106.7	859.2	583.9	492.4	42.2	3.8	64.8	243.1	72.1	92.9
Pakistan	564	177.4	192.9	147.6	163.2	297.9	433.4	79.8	92.3	85.4	92.4	70.8	44.8
Qatar	453	337.0	316.7	334.2	369.5	357.0	378.0	238.4	748.4	581.0	664.3	960.5	465.2
Saudi Arabia	456	3,476.4	3,000.1	2,838.8	2,542.1	2,750.4	2,487.3	3,093.5	3,192.8	3,194.2	3,299.3	1,906.6	1,219.4
Somalia	726	6.5	11.8	21.2	24.6	36.9	81.4	....	3.1	2.1	0.1	0.0	0.0
Sudan	732	97.2	81.8	53.6	16.9	23.4	30.4	0.1	0.1	0.2	0.4	1.5	1.0
Syrian Arab Republic	463	366.2	92.5	52.1	112.4	69.7	105.8	44.6	2.5	1.3	1.2	1.5	1.2
Tunisia	744	376.5	351.4	290.6	237.6	303.0	197.2	104.4	137.4	136.1	72.6	57.9	46.7
United Arab Emirates	466	2,169.2	2,456.8	2,588.8	2,846.6	2,503.7	2,235.3	478.7	309.6	610.5	501.4	461.8	335.5
West Bank and Gaza	487	....	....	12.6	24.4	47.0	27.9	....	0.1	0.0	0.0	0.1	0.1
Yemen, Republic of	474	307.6	425.7	466.8	452.0	214.5	384.4	0.0	0.4	0.0	0.0	0.3	0.1
Middle East n.s.	489	....	19.2	14.4	....	....	....	....	....	....	....	....	....
Sub-Saharan Africa	603	**6,535.4**	**6,323.5**	**5,938.1**	**4,863.3**	**3,987.9**	**3,596.2**	**10,652.6**	**9,394.5**	**12,289.9**	**12,674.2**	**6,043.4**	**2,094.1**
Angola	614	1,073.7	1,144.5	1,271.2	1,261.7	648.0	539.7	438.1	45.9	726.8	1,109.8	31.8	72.0
Benin	638	139.0	156.0	164.5	119.6	109.9	71.1	....	2.9	0.3	0.9	....	0.0
Botswana	616	1.3	0.7	1.0	1.4	3.8	4.0	0.0	0.0	0.0	0.0	0.2	0.0
Burkina Faso	748	48.4	3.0	5.6	3.4	0.9	1.3	....	0.1	0.0	18.2	0.0	....
Burundi	618	0.2	0.3	0.2	0.2	0.1	0.1	0.0	0.1	0.1	0.0	0.0	....
Cabo Verde	624	32.3	26.2	22.1	21.3	21.4	19.7	0.0	0.0	0.4	0.1	0.0	0.1
Cameroon	622	137.8	107.0	106.0	83.5	67.4	42.2	4.1	4.1	6.0	3.9	1.7	1.0
Central African Rep.	626	3.1	1.3	1.9	2.2	1.7	6.2	0.0	0.1	0.0	0.1	0.0	0.2
Chad	628	2.5	16.4	1.4	6.4	1.2	2.0	0.0	0.1	0.0	0.0	0.1	....
Comoros	632	0.3	0.4	1.1	1.7	0.9	1.9	0.0	0.0	0.0	0.0	0.0	0.0
Congo, Dem. Rep. of	636	81.5	45.7	72.6	37.2	42.1	41.5	107.1	15.7	16.9	19.0	40.5	9.9
Congo, Republic of	634	287.0	351.6	86.6	86.2	66.8	31.0	21.4	0.5	0.0	0.4	0.0	0.1
Côte d'Ivoire	662	89.5	93.8	65.0	55.7	47.1	20.9	92.9	174.5	34.4	46.7	63.6	16.2
Equatorial Guinea	642	67.2	90.5	62.7	56.4	25.2	19.6	588.1	188.9	972.1	1,103.7	524.4	163.3
Eritrea	643	10.6	....	9.5	0.1	1.3	22.4	....	0.2	0.0	0.0	0.0	0.0
Ethiopia	644	34.2	55.2	62.7	20.6	22.0	13.6	0.1	0.2	0.1	0.1	0.1	0.0
Gabon	646	39.2	38.1	47.6	49.5	36.5	27.5	0.0	0.1	0.0	0.0	0.0	0.0
Gambia, The	648	100.7	75.9	83.8	96.3	79.0	82.1	0.4	1.1	1.0	0.0	0.0	0.0
Ghana	652	419.3	318.4	296.1	213.3	183.2	213.4	27.6	38.2	63.5	110.3	33.8	135.1
Guinea	656	68.1	63.2	44.5	65.1	53.9	35.5	....	4.3	0.0	0.0	0.1	0.0
Guinea-Bissau	654	8.8	2.8	4.9	2.6	2.9	2.4	12.4	4.9	....	0.1	0.5	1.3
Kenya	664	251.4	289.3	242.5	56.0	60.7	58.9	0.8	1.4	1.3	1.8	1.8	0.7
Lesotho	666	....	0.0	0.1	0.0	0.0	0.5	0.0	0.1	0.0	0.0	0.0	0.0
Liberia	668	34.9	31.4	27.4	24.6	26.4	26.2	2.6	3.4	4.0	2.2	2.7	0.1
Madagascar	674	21.9	33.1	18.2	24.0	22.7	30.4	1.0	2.1	0.9	0.7	2.0	0.7
Malawi	676	2.4	2.4	8.1	4.8	1.2	0.4	2.1	8.4	1.0	2.8	1.3	1.2
Mali	678	10.8	2.1	4.8	5.8	8.0	48.1	0.1	0.3	0.7	5.8	0.1	0.0
Mauritius	684	33.4	19.1	25.2	22.7	39.9	34.7	1.0	1.9	1.4	1.5	1.1	0.4
Mozambique	688	81.2	122.3	123.9	63.9	69.1	50.6	4.1	24.2	24.7	10.2	18.9	23.0
Namibia	728	24.4	26.2	23.9	28.2	7.0	24.0	1.3	0.1	0.0	0.1	0.0	0.2
Niger	692	2.1	1.7	1.2	1.0	0.8	0.5	0.0	0.2	0.1	0.1	0.1	0.0
Nigeria	694	1,192.1	1,066.6	875.9	955.5	688.4	731.4	8,386.1	8,012.2	9,647.5	9,495.4	4,633.1	1,392.1
Rwanda	714	1.7	0.5	0.2	0.3	0.7	0.9	0.0	0.0	0.0	0.0	0.0	0.0
São Tomé & Príncipe	716	1.0	0.5	0.8	0.7	0.9	1.2	0.0	0.0	0.0	0.0	0.0	....
Senegal	722	239.5	124.6	129.2	96.0	131.9	86.4	1.4	0.8	4.7	6.1	6.0	4.4
Seychelles	718	6.3	6.7	18.4	12.1	7.7	9.8	0.5	0.1	0.1	0.5	0.7	0.3
Sierra Leone	724	48.1	56.1	51.7	43.8	45.7	24.3	0.1	0.2	1.1	0.1	0.1	0.2
South Africa	199	1,680.6	1,765.4	1,836.4	1,225.7	1,353.8	1,174.9	911.8	848.6	719.6	731.9	644.6	252.4
South Sudan, Rep. of	733	....	....	....	....	0.4	0.7	....	....	....	....	....	....
Swaziland	734	3.6	0.7	1.4	0.5	0.4	1.7	17.4	3.7	0.5	0.4	0.2	0.6
Tanzania	738	66.1	67.0	24.2	24.9	16.8	18.0	0.0	0.1	0.0	0.1	0.0	0.0
Togo	742	160.5	78.8	80.9	44.0	67.9	59.0	6.8	3.5	0.0	0.0	....	0.0
Uganda	746	8.9	5.4	4.3	4.0	6.0	4.0	0.4	0.3	0.1	0.6	0.0	0.0
Zambia	754	9.0	12.3	17.4	5.6	5.3	8.8	1.8	1.2	0.5	0.5	14.7	0.1
Zimbabwe	698	11.0	20.1	11.2	34.7	11.2	2.6	20.9	0.0	59.6	0.0	18.8	18.4
Africa n.s.	799	....	....	....	0.2	0.0	0.0	0.0	0.0	....	....	0.0	0.0

Brazil (223)
In Millions of U.S. Dollars

		Exports (FOB)						Imports (FOB)					
		2011	2012	2013	2014	2015	2016	2011	2012	2013	2014	2015	2016
Western Hemisphere	205	56,686.5	49,535.1	52,778.5	45,590.2	38,632.9	37,032.3	37,720.6	38,612.0	40,693.5	37,520.9	27,203.2	22,584.9
Anguilla	312	....	....	....	....	....	0.1	....	....	....	....	....	0.0
Antigua and Barbuda	311	4.8	6.3	5.9	6.9	6.0	6.7	0.0	0.3	0.2	0.0	0.0	0.3
Argentina	213	22,709.3	17,997.7	19,615.4	14,282.0	12,800.0	13,418.0	16,905.5	16,443.9	16,463.0	14,143.1	10,284.2	9,016.3
Aruba	314	84.6	15.2	16.7	282.3	30.3	64.7	183.9	80.8	0.0	0.0	0.0	0.0
Bahamas, The	313	79.9	213.1	165.8	613.3	593.5	334.9	45.1	0.3	1.2	4.9	1.8	1.4
Barbados	316	19.2	16.2	16.0	20.5	16.4	13.4	0.7	1.4	0.7	0.5	5.4	18.9
Belize	339	3.9	4.2	4.7	4.6	7.6	5.1	0.2	0.7	0.2	0.3	0.3	0.1
Bermuda	319	1.1	1.2	0.9	27.4	1.9	1.7	0.0	0.0	0.0	....	0.1	0.0
Bolivia	218	1,511.5	1,473.0	1,534.3	1,612.4	1,482.0	1,428.2	2,863.4	3,431.0	3,937.7	3,816.3	2,506.3	1,347.9
Chile	228	5,418.1	4,602.2	4,483.8	4,984.2	3,978.4	4,081.2	4,592.3	4,169.0	4,345.3	4,024.1	3,419.4	2,924.0
Colombia	233	2,577.4	2,834.5	2,703.1	2,384.3	2,115.2	2,234.9	1,383.4	1,266.9	1,462.6	1,715.6	1,189.5	905.6
Costa Rica	238	307.4	448.3	302.3	248.6	267.5	301.7	445.2	504.3	448.5	278.6	52.6	77.3
Curaçao	354	....	....	....	....	....	1.1	....	....	....	....	....	4.5
Dominica	321	2.8	2.9	4.0	3.7	2.7	3.1	0.0	0.0	0.0	0.1	0.0	0.1
Dominican Republic	243	422.0	72.7	....	358.3	523.2	580.3	19.7	7.6	....	21.6	24.9	14.4
Ecuador	248	933.2	898.6	820.2	822.1	665.5	653.8	95.1	133.0	140.9	142.8	117.8	151.3
El Salvador	253	165.9	173.4	130.6	77.4	106.2	87.6	6.4	9.2	9.3	10.7	7.1	6.0
Falkland Islands	323	0.0	....	....	0.0	0.1	....	0.0	0.0	0.0	0.0	0.0	0.0
Grenada	328	8.8	8.2	7.8	8.2	7.7	7.6	....	0.0	....	0.0	0.1	0.0
Guatemala	258	251.2	237.7	245.6	211.6	224.3	194.9	23.8	13.1	20.6	27.5	28.5	35.9
Guyana	336	35.7	33.6	30.0	24.5	21.9	25.8	0.0	0.2	0.0	2.9	7.8	5.9
Haiti	263	93.9	51.9	51.8	37.5	37.8	39.7	0.5	0.7	0.7	1.3	1.2	0.5
Honduras	268	96.6	92.6	83.2	113.4	102.3	101.0	8.2	15.8	14.8	17.8	15.7	11.7
Jamaica	343	174.0	224.3	124.0	54.8	59.3	58.2	1.2	9.3	1.4	1.7	1.9	1.3
Mexico	273	3,959.7	4,003.0	4,230.3	3,670.0	3,588.3	3,840.2	5,129.6	6,074.8	5,795.3	5,363.0	4,377.8	3,542.3
Netherlands Antilles	353	1,072.6	1,334.4	914.0	867.8	532.7	138.6	562.2	630.4	745.6	674.7	110.6	25.0
Nicaragua	278	120.0	96.9	105.0	96.7	94.0	103.5	1.3	2.8	1.3	1.9	3.5	3.1
Panama	283	418.7	397.4	4,423.1	361.9	304.7	308.6	20.2	16.0	11.5	9.4	8.8	8.1
Paraguay	288	2,968.6	2,617.5	2,996.6	3,193.6	2,473.3	2,220.8	715.9	987.7	1,039.6	1,210.1	884.3	1,239.6
Peru	293	2,262.9	2,415.2	2,147.2	1,817.7	1,815.6	1,948.6	1,367.7	1,287.3	1,779.2	1,713.7	1,259.2	1,229.1
St. Kitts and Nevis	361	1.9	2.9	2.7	5.6	4.0	3.6	1.4	0.6	1.5	0.7	1.0	0.4
St. Lucia	362	2,943.3	1,253.5	100.7	1,124.9	672.8	366.8	0.1	0.1	0.0	0.0	0.0	0.1
St. Vincent & Grens.	364	2.4	2.0	4.0	1.9	3.3	2.1	0.1	0.0	....	....	0.0	....
Suriname	366	73.2	61.1	60.6	46.0	38.4	26.7	0.4	1.0	2.4	1.1	1.1	0.0
Trinidad and Tobago	369	727.4	601.5	478.4	534.7	266.6	188.2	321.0	690.5	1,516.8	1,235.3	993.6	258.5
Uruguay	298	2,174.6	2,186.3	2,071.3	2,945.4	2,726.9	2,743.9	1,753.3	1,818.9	1,767.0	1,918.5	1,216.6	1,316.1
Venezuela, Rep. Bol.	299	4,591.8	5,056.0	4,849.8	4,632.1	2,986.6	1,268.8	1,268.0	995.8	1,180.7	1,174.1	679.9	422.0
Western Hem. n.s.	399	468.1	99.6	48.5	113.9	75.7	228.2	4.7	18.3	5.2	8.4	2.3	16.9
Other Countries n.i.e	910	564.4	571.6	544.6	531.1	516.0	323.5	143.0	136.2	165.5	81.3	66.5	60.5
Cuba	928	550.2	568.1	528.2	507.8	513.6	321.4	91.8	93.5	96.6	61.1	50.7	51.7
Korea, Dem. People's Rep.	954	14.2	3.4	16.5	23.3	2.5	2.1	51.3	42.7	68.9	20.2	15.8	8.8
Special Categories	899	4,813.1	4,866.9	4,134.8	4,037.7	2,426.9	1,732.0	....	....	....	481.8	678.4	44.7
Countries & Areas n.s.	898	16.3	7.3	33.9	....	0.0	....	744.2	367.8	705.0	0.0	0.0	170.4
Memorandum Items													
Africa	605	9,495.3	9,053.5	8,380.8	6,989.8	5,994.0	5,666.9	15,088.0	14,010.1	16,937.4	16,914.8	8,655.7	4,430.0
Middle East	405	14,487.9	14,283.5	13,202.3	12,716.6	11,781.1	11,590.0	5,582.9	6,501.4	6,760.9	7,191.3	4,525.8	2,779.8
European Union	998	53,208.8	49,133.8	47,751.5	42,076.8	33,971.5	33,373.9	46,445.2	47,703.3	50,755.5	46,730.9	36,659.8	30,868.3
Export earnings: fuel	080	29,886.6	28,992.3	27,463.9	27,172.9	21,563.0	19,729.7	26,707.5	27,068.5	31,848.7	32,772.5	19,235.8	11,117.5
Export earnings: nonfuel	092	226,151.1	213,145.3	214,226.4	197,926.7	169,571.0	164,828.0	199,504.3	196,038.6	207,760.9	196,287.5	152,220.5	125,855.9

Brunei Darussalam (516)
In Millions of U.S. Dollars

		Exports (FOB)						Imports (CIF)					
		2011	2012	2013	2014	2015	2016	2011	2012	2013	2014	2015	2016
IFS World		....	12,981.1	....	....	....	....	....	3,565.4	....	....	....	....
World	001	12,463.5	12,981.0	11,436.2	10,616.0	6,353.8	5,220.6	3,588.8	3,546.2	3,593.6	3,574.5	3,230.3	2,664.5
Advanced Economies	110	9,391.6	9,798.9	8,258.7	7,793.8	4,602.0	3,510.4	2,299.2	2,048.1	1,960.5	2,106.6	1,828.4	1,454.5
Euro Area	163	16.5	21.3	5.8	12.0	10.9	6.4	199.5	246.3	255.2	314.9	255.8	210.0
Austria	122	0.0	0.0	0.0	....	0.0	0.0	2.8	1.8	0.9	0.5	1.9	1.6
Belgium	124	0.3	0.1	0.0	....	0.1	0.0	6.2	7.6	7.8	4.9	5.8	44.1
Cyprus	423	....	....	....	....	0.0	0.0	0.0	0.1	0.1	0.1	0.0	0.2
Estonia	939	....	....	....	....	....	....	....	....	....	....	....	0.1
Finland	172	0.1	....	....	0.1	....	0.0	4.0	3.0	1.3	1.0	3.2	0.3
France	132	2.4	3.3	0.2	0.4	0.4	1.7	38.8	31.0	17.1	21.7	26.6	30.6
Germany	134	8.8	14.8	2.7	4.3	5.6	3.2	101.0	98.8	124.6	155.4	112.7	76.9
Greece	174	....	....	....	0.0	0.3	0.0	0.1	0.1	0.0	0.2	0.5	0.2
Ireland	178	0.0	....	....	....	0.0	0.0	3.4	3.9	4.9	4.0	4.5	4.6
Italy	136	0.2	0.5	0.1	1.3	0.1	0.3	23.3	61.3	42.7	57.2	63.8	30.3
Luxembourg	137	....	....	....	....	....	....	0.0	0.0	0.7	0.2	0.1	0.0
Malta	181	....	....	....	....	....	....	0.0	0.5	0.0	0.0	0.0	0.6
Netherlands	138	4.6	2.7	2.7	6.0	4.2	0.4	15.3	32.2	46.5	60.7	28.5	14.9
Portugal	182	0.0	....	....	....	0.1	0.0	1.1	0.4	3.0	4.2	3.4	2.7
Slovak Republic	936	....	....	....	....	....	....	....	1.8	1.2	0.9	0.4	0.4
Slovenia	961	....	....	....	....	....	....	1.1	....	0.0	0.0	0.0	0.0
Spain	184	0.0	0.0	0.1	0.0	0.0	0.8	2.4	3.6	4.5	3.7	4.4	2.6
Australia	193	1,236.0	967.2	836.7	826.4	222.7	403.4	48.1	49.8	50.4	49.5	48.3	43.3
Canada	156	3.1	0.9	0.3	246.0	0.7	0.5	8.8	12.3	9.5	34.0	5.3	11.2
China,P.R.: Hong Kong	532	17.0	4.5	4.2	6.3	6.8	3.4	25.6	44.4	39.4	28.5	28.1	22.0
China,P.R.: Macao	546	....	....	....	....	0.7	0.0	0.0	0.0	0.0	0.0	0.0	0.0
Czech Republic	935	....	....	....	....	....	....	0.1	1.0	0.3	0.5	0.6	0.3
Denmark	128	0.3	0.4	0.2	0.2	0.0	0.1	3.3	5.2	6.1	4.3	3.0	5.0
Iceland	176	....	....	0.2	....	....	0.0	0.0	0.1	0.0	0.0	0.0	0.0
Israel	436	0.0	0.0	....	....	....	0.1	0.2	0.0	0.0	0.0	0.0	0.0
Japan	158	5,403.5	5,729.1	4,549.1	4,212.3	2,308.7	1,741.2	208.3	267.9	209.0	145.0	246.1	114.8
Korea, Republic of	542	1,990.8	2,043.7	1,865.3	1,163.7	991.6	677.3	577.1	135.4	124.4	308.2	302.6	96.1
New Zealand	196	447.6	660.4	468.2	372.2	334.4	167.1	15.0	9.1	10.5	11.8	6.1	4.3
Norway	142	0.3	1.4	0.4	0.5	0.5	0.2	11.7	6.4	9.0	6.5	6.5	6.4
Singapore	576	218.7	232.8	500.7	345.9	222.9	334.6	701.8	841.3	689.8	737.4	457.1	510.7
Sweden	144	0.1	0.0	....	0.0	0.0	0.0	2.8	4.0	3.2	4.4	3.2	4.5
Switzerland	146	0.1	0.0	0.1	0.0	0.2	0.0	9.7	10.7	10.1	14.2	12.5	13.1
Taiwan Prov.of China	528	33.7	32.0	8.3	581.5	436.7	134.3	57.1	50.0	38.9	35.7	26.4	17.9
United Kingdom	112	11.3	10.1	10.1	6.9	12.7	31.9	75.9	85.5	73.1	86.2	85.5	86.5
United States	111	12.5	95.0	9.1	19.8	52.6	9.9	354.2	278.6	431.5	325.4	341.5	308.5
Emerg. & Dev. Economies	200	3,071.9	3,182.1	3,177.5	2,822.2	1,751.7	1,710.1	1,287.8	1,497.5	1,632.8	1,467.5	1,401.2	1,209.1
Emerg. & Dev. Asia	505	3,048.4	3,178.1	3,173.5	2,817.0	1,691.3	1,691.2	1,267.9	1,463.0	1,592.1	1,425.6	1,363.6	1,169.0
Bangladesh	513	0.0	0.0	0.0	0.0	0.0	0.0	0.3	0.1	0.3	0.3	0.6	1.3
Cambodia	522	0.0	0.0	0.0	0.0	0.0	0.2	0.0	0.0	0.0	2.8	0.0	12.6
China,P.R.: Mainland	924	529.2	348.4	158.0	102.0	94.9	252.2	329.4	406.6	406.4	347.9	377.0	347.9
India	534	1,006.4	1,156.0	864.9	966.5	577.9	490.7	29.1	34.1	35.2	46.7	37.5	39.6
Indonesia	536	849.4	459.2	536.8	644.5	102.5	85.4	72.1	81.5	153.4	104.4	88.6	83.3
Lao People's Dem.Rep	544	0.1	0.0	0.0	0.0	0.0	0.0	....	0.0	0.0	0.0	0.0	0.0
Malaysia	548	368.9	89.1	447.7	373.3	295.5	277.6	667.2	709.8	792.2	741.4	688.1	562.8
Maldives	556	....	....	....	....	....	....	0.1	0.1	0.0	0.0	0.1	0.1
Myanmar	518	0.0	0.0	0.0	0.1	....	0.1	0.3	0.2	0.9	0.7	0.3	0.3
Nepal	558	0.0	0.0	0.1	0.3	0.1	0.2	0.0	0.1	0.0	0.0	0.0	0.1
Papua New Guinea	853	1.1	0.9	0.9	0.5	1.8	1.5	0.0	0.0	0.0	....	0.0	....
Philippines	566	9.1	60.5	82.6	76.9	24.4	53.5	9.3	10.8	12.3	9.4	8.4	7.9
Sri Lanka	524	0.0	0.1	0.0	0.2	0.1	0.0	0.3	0.2	0.5	0.2	0.1	0.1
Thailand	578	96.1	472.3	480.8	551.6	545.3	465.8	152.1	208.4	180.5	161.6	125.1	102.6
Vietnam	582	187.9	591.4	601.7	100.9	48.7	63.9	7.8	11.2	10.4	10.1	37.8	10.5
Europe	170	1.8	0.0	0.1	0.2	0.2	0.2	2.8	2.9	6.3	9.7	6.7	17.7
Emerg. & Dev. Europe	903	0.0	0.0	0.1	0.1	0.1	0.1	2.8	2.9	6.1	9.2	6.7	17.5
Bosnia and Herzegovina	963	....	....	....	....	....	....	....	....	0.1	....	0.0	....
Bulgaria	918	0.0	....	....	....	....	0.0	0.0	0.0	0.0	0.1	0.1	0.1

Brunei Darussalam (516)
In Millions of U.S. Dollars

		Exports (FOB)						Imports (CIF)					
		2011	2012	2013	2014	2015	2016	2011	2012	2013	2014	2015	2016
Hungary	944	....	....	....	....	....	....	0.9	0.7	0.6	0.3	1.2	6.4
Poland	964	0.0	....	0.0	0.1	....	0.1	0.6	0.5	1.0	0.9	0.7	0.4
Romania	968	....	....	....	....	0.0	0.0	0.3	0.3	0.3	1.2	0.4	0.3
Turkey	186	0.0	0.0	0.0	0.0	0.1	0.0	1.1	1.4	4.1	6.7	4.4	10.3
CIS	901	1.8	0.0	0.0	0.2	0.1	0.1	0.0	0.0	0.2	0.5	0.0	0.2
Russian Federation	922	0.0	0.0	0.0	0.2	0.1	0.1	0.0	....	....	0.2	0.0	0.1
Ukraine	926	1.8	....	....	....	....	....	0.0	0.0	0.2	0.3	0.0	0.1
Mid East, N Africa, Pak	440	1.4	3.5	2.9	4.2	59.8	14.9	10.4	10.5	14.1	13.0	14.0	9.0
Algeria	612	0.0	....	....	....	....	1.3	....	0.0	....	....	....	....
Bahrain, Kingdom of	419	0.1	0.0	0.0	0.1	0.0	0.0	0.0	0.0	0.0	0.0	0.0	0.0
Egypt	469	0.0	0.0	0.1	0.1	0.1	0.1	0.5	0.5	1.2	0.8	0.8	0.9
Iran, I.R. of	429	0.0	0.0	0.0	0.0	0.0	0.0	0.1	0.4	0.1	0.3	0.1	0.1
Jordan	439	0.0	0.2	....	0.0	....	0.0	0.1	0.2	0.0	0.1	0.3	0.4
Kuwait	443	0.0	0.1	0.1	0.0	56.1	0.1	0.0	0.0	0.0	0.0	0.0	0.0
Lebanon	446	0.0	0.0	....	0.0	....	....	0.2	0.2	0.2	0.2	0.2	0.3
Morocco	686	0.0	0.0	0.0	0.0	....	....	0.0	0.1	0.0	0.0	0.0	0.0
Oman	449	1.1	0.6	0.9	1.3	0.7	0.7	1.6	0.5	0.6	1.4	1.4	0.1
Pakistan	564	0.1	0.0	0.1	0.1	0.1	0.1	1.1	0.7	0.5	1.0	0.8	0.9
Qatar	453	0.1	0.8	0.4	0.0	1.0	0.1	0.1	0.0	0.0	0.0	1.6	0.0
Saudi Arabia	456	0.1	0.7	0.3	0.4	0.9	0.2	2.5	1.7	1.7	2.3	2.1	1.7
Syrian Arab Republic	463	....	....	....	0.2	....	....	0.0	0.0	0.0	0.0	0.0	....
Tunisia	744	0.0	....	0.0	0.1	0.0	0.0	0.0	0.0	0.0	0.0	0.0	0.0
United Arab Emirates	466	....	1.0	1.0	1.9	0.7	12.3	4.1	6.3	9.6	6.9	6.5	4.5
Yemen, Republic of	474	....	....	....	....	....	....	....	....	0.1	....	....	0.1
Sub-Saharan Africa	603	0.2	0.5	0.7	0.5	0.3	0.9	2.9	5.3	2.9	7.3	2.4	2.6
Chad	628	....	....	....	....	....	....	0.2	0.1	0.1	0.1	0.1	0.0
Ghana	652	....	....	....	....	0.0	....	0.0	0.0	0.0	0.1	0.0	0.0
Kenya	664	....	0.0	....	0.1	0.0	0.6	0.0	0.0	0.0	0.0	0.0	0.0
Malawi	676	....	....	....	....	....	....	0.1	0.2	0.2	0.1	0.1	0.1
Nigeria	694	0.2	0.5	0.7	0.4	0.1	0.3	0.0	0.0	0.0	0.0	0.0	0.0
South Africa	199	....	....	....	....	....	....	2.4	3.7	2.5	4.0	2.0	2.2
Swaziland	734	....	....	....	....	....	....	0.1	1.2	0.0	2.9	0.1	0.0
Tanzania	738	....	....	....	....	0.1	0.0	0.0	0.0	0.0	0.1	0.0	0.0
Western Hemisphere	205	20.1	0.1	0.3	0.2	0.2	2.9	3.8	15.7	17.5	12.0	14.5	10.8
Argentina	213	0.0	0.0	0.0	0.0	0.0	0.0	0.3	0.3	6.6	3.7	6.7	6.5
Brazil	223	20.0	0.1	0.0	0.2	0.0	0.0	0.7	8.0	2.5	1.1	0.8	0.8
Chile	228	....	....	0.1	0.0	0.0	....	0.3	0.1	0.3	0.1	0.4	0.2
Mexico	273	0.0	0.0	0.0	....	0.0	0.0	1.7	6.4	7.8	6.9	6.1	3.0
Netherlands Antilles	353	0.0	....	....	....	0.0	2.6	....	....	....	....	....	....
Peru	293	0.0	....	....	....	0.0	....	0.0	0.0	0.0	0.0	0.2	0.0
Uruguay	298	....	....	....	....	....	0.1	0.7	0.8	0.2	0.1	0.1	0.2
Venezuela, Rep. Bol.	299	0.0	0.0	0.2	....	0.0	0.0	0.0	....	0.0	0.0	0.0	0.0
Other Countries n.i.e	910	....	....	....	0.0	0.1	0.1	1.8	0.6	0.3	0.3	0.7	0.9
Korea, Dem. People's Rep.	954	....	....	....	0.0	0.1	0.1	1.8	0.6	0.3	0.3	0.7	0.9
Memorandum Items													
Africa	605	0.2	0.5	0.7	0.6	0.3	2.2	2.9	5.4	2.9	7.3	2.4	2.6
Middle East	405	1.4	3.4	2.8	4.0	59.6	13.5	9.3	9.8	13.5	12.0	13.2	8.1
European Union	998	28.2	31.8	16.1	19.2	23.6	38.5	283.4	343.6	339.7	412.8	350.3	313.5
Export earnings: fuel	080	1.6	3.7	3.5	4.2	59.8	15.1	8.7	9.0	12.2	11.2	12.0	6.7
Export earnings: nonfuel	092	12,461.9	12,977.3	11,432.6	10,611.8	6,294.1	5,205.4	3,580.1	3,537.2	3,581.4	3,563.3	3,218.3	2,657.7

Bulgaria (918)
In Millions of U.S. Dollars

		Exports (FOB)						Imports (CIF)					
		2011	2012	2013	2014	2015	2016	2011	2012	2013	2014	2015	2016
IFS World		....	....	....	....	....	....	....	....	....	....	....	....
World	001	28,218.0	26,667.3	29,579.8	29,245.7	25,370.9	25,964.7	32,574.5	32,709.2	34,308.8	34,650.7	29,205.6	28,837.9
Advanced Economies	110	15,093.0	13,999.3	16,086.8	16,593.9	14,551.2	14,907.2	16,733.0	16,333.7	17,327.2	18,026.2	15,786.0	15,833.6
Euro Area	163	12,803.2	11,583.1	13,146.5	13,373.2	11,866.1	12,484.2	14,057.4	13,931.6	14,586.9	15,062.4	13,152.3	13,138.6
Austria	122	540.8	488.2	532.2	504.5	456.0	508.1	1,089.6	1,004.9	944.2	984.6	787.9	799.5
Belgium	124	1,397.0	984.1	854.1	1,200.7	939.9	713.7	554.1	572.5	636.0	714.6	671.8	672.5
Cyprus	423	85.0	107.3	98.9	131.3	171.2	90.7	110.4	101.9	57.3	46.2	45.2	32.7
Estonia	939	17.1	14.4	24.6	28.0	23.1	24.1	7.7	7.4	14.1	24.0	12.9	18.3
Finland	172	51.1	46.9	50.0	101.1	66.6	45.5	85.8	78.7	61.1	64.3	67.1	74.9
France	132	1,191.2	1,066.0	1,275.2	1,260.0	1,083.9	1,177.6	1,056.3	954.1	1,020.4	1,053.8	923.5	911.0
Germany	134	3,283.9	2,734.9	3,640.7	3,527.3	3,211.2	3,557.0	3,530.2	3,639.8	3,711.9	4,250.3	3,765.3	3,787.4
Greece	174	1,978.4	1,920.5	2,052.4	1,964.6	1,675.8	1,825.7	1,829.4	1,983.9	1,905.4	1,770.1	1,405.3	1,391.7
Ireland	178	20.7	39.1	39.9	91.1	33.3	37.6	107.4	108.8	109.0	103.1	90.2	108.6
Italy	136	2,448.3	2,267.9	2,553.1	2,634.3	2,372.3	2,402.7	2,326.0	2,167.6	2,551.3	2,445.7	2,209.4	2,288.2
Latvia	941	32.3	35.1	33.4	34.1	28.3	30.3	17.9	21.7	14.3	16.2	32.0	39.2
Lithuania	946	36.8	45.2	56.4	61.9	55.2	63.2	57.2	60.2	53.9	57.5	48.8	56.3
Luxembourg	137	25.6	4.9	4.5	3.5	6.0	6.8	20.1	26.7	63.0	100.6	88.6	96.5
Malta	181	44.6	14.3	30.2	50.1	57.4	46.2	18.9	56.6	8.8	96.3	11.2	19.0
Netherlands	138	499.3	488.1	638.5	656.9	599.1	706.3	824.7	982.3	908.2	953.0	978.6	1,055.9
Portugal	182	115.0	236.3	190.7	136.6	105.4	113.9	69.0	90.8	67.5	69.6	61.7	52.8
Slovak Republic	936	154.7	162.0	219.6	213.3	187.6	182.2	389.6	422.7	445.5	412.1	419.5	388.4
Slovenia	961	125.7	239.0	165.5	163.3	204.2	219.3	240.6	207.4	225.5	234.3	193.3	224.0
Spain	184	755.8	689.1	686.3	610.4	589.7	733.3	1,722.5	1,443.6	1,789.6	1,666.1	1,339.8	1,121.8
Australia	193	23.6	26.6	29.3	27.2	25.1	21.5	9.8	11.7	194.9	10.4	151.0	37.3
Canada	156	120.4	136.8	100.4	52.5	45.8	38.5	44.1	44.1	21.9	40.6	30.9	52.1
China,P.R.: Hong Kong	532	64.6	64.8	63.7	63.0	61.2	60.2	66.1	74.3	73.4	86.0	84.3	92.2
China,P.R.: Macao	546	0.2	1.0	0.8	1.5	0.0	0.1	0.3	0.3	1.1	0.6	1.1	1.0
Czech Republic	935	302.9	326.7	379.4	423.2	436.9	444.9	562.4	630.1	701.2	779.4	621.0	614.5
Denmark	128	189.0	122.0	135.2	138.9	139.3	160.2	122.7	116.8	123.7	140.6	138.0	132.4
Iceland	176	1.0	0.9	0.9	1.5	1.2	0.8	2.1	0.2	0.3	1.2	1.8	1.7
Israel	436	76.3	107.2	120.6	126.8	106.7	82.2	245.5	74.0	61.0	90.8	41.6	55.0
Japan	158	32.3	31.0	37.7	37.8	43.0	40.3	95.3	81.5	88.1	111.7	93.7	104.9
Korea, Republic of	542	134.9	150.4	158.8	95.5	58.8	77.4	166.8	120.6	114.0	108.4	93.9	123.2
New Zealand	196	5.5	4.8	5.9	15.5	15.1	3.8	4.1	6.1	6.2	6.5	5.2	9.5
Norway	142	43.9	39.4	47.1	47.2	27.0	15.3	15.8	10.2	20.9	22.0	18.4	25.6
San Marino	135	0.1	0.0	0.1	0.0	0.0	0.5	0.4	0.3	0.3	0.7	0.9	0.5
Singapore	576	52.3	59.9	446.7	755.3	376.6	205.0	20.8	19.0	17.3	27.7	31.1	30.8
Sweden	144	146.1	120.9	143.7	185.5	168.5	200.9	204.2	170.2	193.6	198.9	180.4	182.5
Switzerland	146	181.2	207.1	210.8	162.7	99.3	74.1	252.6	267.7	263.2	232.5	214.3	213.9
Taiwan Prov.of China	528	30.1	31.3	31.6	26.3	23.4	18.9	80.9	83.4	89.4	142.9	123.1	123.3
United Kingdom	112	516.3	511.7	624.0	648.6	649.9	656.1	507.1	469.5	507.4	589.8	533.6	665.4
United States	111	369.2	473.7	403.8	411.6	407.2	322.3	274.6	222.1	262.5	373.3	269.3	229.0
Emerg. & Dev. Economies	200	12,581.8	12,266.1	13,111.7	12,088.2	10,090.0	9,869.6	15,688.1	16,220.0	16,815.1	16,454.9	13,142.3	12,686.5
Emerg. & Dev. Asia	505	606.6	954.3	1,131.6	966.1	876.8	799.5	1,175.1	1,252.7	1,413.1	1,516.1	1,445.6	1,496.9
Bangladesh	513	2.5	15.5	3.3	4.1	26.4	15.3	2.5	2.0	8.5	2.4	2.0	2.5
Bhutan	514	....	0.0	....	....	....	....	....	0.3	....	....	....	....
Brunei Darussalam	516	0.0	0.1	0.1	0.0	0.1	0.0	0.0	....	....	....	0.0	0.0
Cambodia	522	0.2	0.5	0.6	0.3	0.8	0.4	2.4	0.3	25.7	9.5	3.1	5.1
China,P.R.: Mainland	924	405.7	763.6	866.8	708.2	596.2	477.5	942.8	974.7	1,019.0	1,147.9	1,076.1	1,146.6
Fiji	819	0.1	0.1	0.2	0.1	0.1	0.1	0.0	....	0.0	....	0.0	....
F.T. New Caledonia	839	0.2	0.1	0.4	0.4	0.0	0.0	0.0	....	0.0	0.0	....	0.0
India	534	89.3	43.7	43.6	64.2	62.3	79.9	85.4	96.3	163.5	151.9	156.6	134.8
Indonesia	536	17.5	23.8	34.6	37.1	55.6	29.1	26.3	33.0	37.7	43.6	40.8	40.1
Kiribati	826	....	....	....	....	0.1	....	....	0.0	....	....	....	....
Lao People's Dem.Rep	544	0.3	0.1	....	0.0	0.1	0.1	....	0.0	....	....	12.1	....
Malaysia	548	18.6	23.3	60.5	33.3	29.2	25.9	42.0	29.5	40.1	43.4	45.9	46.7
Maldives	556	0.0	0.3	0.0	0.1	0.1	0.1	0.1	....	....	0.0	0.0	0.0
Marshall Islands	867	3.8	2.1	2.6	3.0	1.7	0.2	....	0.0	0.0	0.0	0.0	....
Mongolia	948	1.8	3.9	3.6	1.7	1.5	1.1	0.0	0.0	0.1	0.0	0.0	0.0
Myanmar	518	....	0.1	0.1	0.5	0.5	1.6	0.0	0.1	0.0	2.7	5.4	0.6

Bulgaria (918)
In Millions of U.S. Dollars

		Exports (FOB) 2011	2012	2013	2014	2015	2016	Imports (CIF) 2011	2012	2013	2014	2015	2016
Nepal	558	0.3	0.4	0.7	0.2	0.8	1.4	0.1	0.0	0.0	0.1	0.0	0.0
Papua New Guinea	853	....	0.2	....	0.0	0.3	0.0	....	1.4	....	0.0	0.0	....
Philippines	566	15.6	16.8	45.4	47.5	24.0	36.5	23.4	45.7	50.3	17.3	19.7	28.9
Samoa	862	....	....	....	....	....	....	....	0.1	....	....	....	....
Sri Lanka	524	5.5	4.7	4.7	7.1	4.9	3.4	1.9	1.5	2.0	2.0	2.0	2.3
Thailand	578	28.4	31.3	40.8	33.1	31.6	33.5	21.6	27.3	25.5	28.0	31.2	44.5
Tuvalu	869	....	0.0	0.1	....	0.0	0.0	....	0.0	....	....	....	....
Vanuatu	846	0.0	0.1	....	0.0	0.0	....	....	....	0.0	....	....	....
Vietnam	582	16.2	23.3	23.4	24.6	40.3	93.3	26.5	40.5	40.5	67.4	50.5	44.8
Asia n.s.	598	0.4	0.3	0.3	0.4	0.2	0.1	0.1	0.0	0.0	0.0	0.1	0.1
Europe	170	10,176.3	9,394.2	9,481.1	9,022.6	7,392.9	7,336.7	13,707.5	14,113.7	14,727.4	13,762.8	10,827.5	10,214.7
Emerg. & Dev. Europe	903	8,472.0	7,725.8	7,614.1	7,504.3	6,404.0	6,576.8	6,178.3	6,096.6	7,123.3	7,334.5	6,433.3	6,889.3
Albania	914	71.7	64.3	82.2	80.2	63.3	58.7	24.1	24.4	22.7	24.9	21.6	16.9
Bosnia and Herzegovina	963	57.4	45.1	52.1	55.8	67.0	75.8	10.8	20.3	33.7	57.0	33.4	45.7
Croatia	960	117.4	101.3	66.6	123.3	106.1	123.5	38.2	39.0	48.8	59.9	65.9	69.7
Faroe Islands	816	0.2	0.0	0.1	0.0	0.0	....	0.2	0.5	0.0	0.0	0.5	0.9
Gibraltar	823	870.1	944.1	530.6	214.9	27.8	24.6	0.1	0.0	0.2	0.0	0.0	0.1
Hungary	944	356.2	310.1	366.2	395.5	388.4	432.2	984.8	977.3	1,043.6	1,168.9	1,082.1	1,103.2
Kosovo	967	66.3	49.9	54.2	62.5	51.4	61.6	1.6	0.5	1.6	6.3	9.1	14.0
Macedonia, FYR	962	643.0	504.9	467.1	455.6	397.2	397.6	349.3	323.9	358.0	354.5	287.6	270.5
Montenegro	943	16.9	18.3	22.4	17.5	19.6	16.6	0.1	0.8	1.4	3.0	2.0	1.0
Poland	964	502.2	465.9	536.7	601.5	587.2	647.9	622.0	717.7	971.6	946.4	910.2	1,168.4
Romania	968	2,690.3	2,144.0	2,283.7	2,322.1	2,091.6	2,293.8	2,248.8	2,142.1	2,285.8	2,370.4	1,980.5	2,004.0
Serbia, Republic of	942	667.7	568.2	495.2	445.7	412.8	402.9	353.8	324.6	349.6	392.0	386.0	403.5
Turkey	186	2,412.6	2,509.8	2,657.0	2,729.8	2,191.5	2,041.6	1,544.5	1,525.5	2,006.1	1,951.2	1,654.6	1,791.5
CIS	901	1,704.3	1,668.4	1,866.7	1,518.2	988.8	759.8	7,529.2	8,017.0	7,604.1	6,428.2	4,394.1	3,325.4
Armenia	911	26.5	25.4	22.2	24.5	20.9	19.7	0.5	0.6	5.3	0.8	1.7	0.3
Azerbaijan, Rep. of	912	32.9	37.5	40.5	39.9	24.0	11.7	0.2	0.3	0.3	0.5	0.1	0.4
Belarus	913	41.7	34.2	40.3	57.1	30.2	23.1	34.0	30.7	25.6	30.9	35.2	26.1
Georgia	915	320.0	366.3	247.9	245.9	179.3	184.1	273.1	222.3	284.4	285.9	252.6	158.3
Kazakhstan	916	31.2	39.0	44.9	45.6	24.3	16.9	97.6	50.8	59.2	47.9	27.7	18.9
Kyrgyz Republic	917	2.1	2.5	3.2	3.3	3.8	1.6	4.2	4.7	6.8	3.1	4.5	4.2
Moldova	921	75.4	89.6	92.8	101.8	55.9	21.3	20.8	27.9	33.3	40.5	29.3	72.4
Russian Federation	922	755.1	722.2	774.2	699.4	443.3	380.6	5,743.5	6,810.7	6,349.3	5,256.2	3,514.3	2,579.5
Tajikistan	923	0.6	0.9	0.7	1.6	0.8	2.3	3.3	....	4.9	0.1	....	0.1
Turkmenistan	925	3.4	22.0	7.8	25.8	10.7	2.9	42.2	40.1	71.4	49.5	7.0	10.3
Ukraine	926	403.8	312.2	568.5	249.1	177.3	81.6	1,304.9	823.5	761.4	710.9	519.7	453.3
Uzbekistan	927	11.5	16.6	23.8	24.3	18.4	14.1	4.8	5.3	2.2	2.0	1.9	1.5
Europe n.s.	884	0.0	0.0	0.3	0.1	0.0	0.1	0.0	0.0	0.0	0.0	0.0	0.0
Mid East, N Africa, Pak	440	1,186.3	1,290.8	1,915.7	1,769.9	1,475.5	1,454.8	428.0	393.8	323.3	697.5	548.1	662.2
Afghanistan, I.R. of	512	6.5	5.4	4.8	2.7	2.0	1.1	14.9	0.0	0.0	0.0	0.2	0.0
Algeria	612	66.3	73.8	107.7	208.7	71.8	248.7	31.6	0.0	2.3	0.2	15.6	2.1
Bahrain, Kingdom of	419	1.5	2.4	2.3	1.9	1.7	1.9	0.0	0.9	0.6	0.0	0.0	0.1
Djibouti	611	1.6	0.6	0.2	0.1	17.6	0.1	0.1	0.0	0.0	0.0	0.0	0.0
Egypt	469	237.7	221.7	236.8	246.5	418.0	309.2	107.5	73.8	80.2	204.2	113.4	395.6
Iran, I.R. of	429	78.7	22.9	47.8	122.6	138.9	75.2	3.9	5.8	2.4	41.7	15.7	27.6
Iraq	433	123.6	258.8	146.0	50.5	33.3	40.9	0.2	0.1	0.1	0.1	0.1	0.0
Jordan	439	16.1	26.6	35.4	19.5	24.9	25.4	67.2	106.7	59.5	110.4	64.4	21.5
Kuwait	443	2.6	5.5	5.8	5.8	6.5	6.6	1.1	3.1	1.9	1.3	0.2	0.3
Lebanon	446	45.4	89.1	241.3	134.3	89.9	153.3	8.8	12.2	18.2	23.5	29.9	31.6
Libya	672	8.3	41.4	158.9	180.1	86.2	94.2	1.4	0.0	6.5	90.7	91.4	4.1
Mauritania	682	0.9	0.1	0.2	0.1	0.1	5.0	0.0	....	....	0.1	0.1	0.1
Morocco	686	15.1	15.3	78.3	92.3	47.2	67.9	35.1	26.7	20.6	57.7	78.7	101.9
Oman	449	28.2	14.6	25.5	25.2	40.9	6.3	6.1	13.4	13.2	10.3	0.2	3.3
Pakistan	564	8.7	15.7	25.1	14.5	13.7	13.8	18.9	14.8	13.9	20.3	16.1	15.7
Qatar	453	2.9	6.3	9.8	9.1	8.2	7.2	0.5	2.1	4.8	2.3	1.1	1.8
Saudi Arabia	456	306.2	149.1	87.3	68.1	101.9	58.3	16.4	11.5	14.9	26.0	9.8	20.9
Somalia	726	0.1	0.0	0.0	0.0	....	0.9	....	....	....	....	....	....
Sudan	732	2.9	0.9	1.2	1.2	2.4	2.9	0.1	0.0	0.1	0.0	9.5	0.6
Syrian Arab Republic	463	41.1	25.1	96.3	107.5	26.0	19.8	51.9	45.1	25.6	24.3	8.3	1.0

Bulgaria (918)
In Millions of U.S. Dollars

		Exports (FOB) 2011	2012	2013	2014	2015	2016	Imports (CIF) 2011	2012	2013	2014	2015	2016
Tunisia	744	112.0	101.6	255.7	115.5	96.2	63.1	13.0	7.7	4.3	18.2	14.6	9.2
United Arab Emirates	466	78.3	203.8	348.0	358.9	237.0	242.8	49.4	69.9	54.2	66.0	78.8	23.7
West Bank and Gaza	487	0.5	0.5	0.3	0.3	1.2	0.5	....	....	....	....	....	0.0
Yemen, Republic of	474	0.9	9.6	0.9	4.6	9.8	9.5	....	....	....	0.0	....	1.1
Sub-Saharan Africa	603	**455.4**	**504.2**	**475.4**	**229.9**	**232.0**	**188.5**	**58.2**	**68.9**	**198.6**	**286.7**	**182.6**	**147.7**
Angola	614	1.9	1.2	1.3	1.2	1.0	0.9	0.0	....	0.0	0.0	0.0	0.0
Benin	638	32.7	0.4	1.1	1.0	1.0	0.9	....	....	....	....	....	1.0
Botswana	616	0.0	0.0	0.3	0.0	0.1	1.2	0.0	0.0	0.0	0.0	....	0.0
Burkina Faso	748	0.1	0.1	0.1	0.1	0.1	0.7	0.0	....	....	....	....	0.0
Burundi	618	0.0	0.1	0.1	0.2	0.2	0.0	....	....	....	0.0	....	....
Cabo Verde	624	0.1	0.2	0.0	0.6	0.0	0.0	....	....	....	....	....	....
Cameroon	622	1.0	1.0	3.8	1.0	1.3	3.1	0.4	0.3	0.3	0.3	0.2	0.3
Central African Rep.	626	0.1	0.2	0.2	0.2	0.2	0.2	....	....	....	0.0	0.0	0.0
Chad	628	0.0	0.1	0.2	0.3	0.3	0.0	....	....	....	....	....	....
Comoros	632	3.9	1.0	0.3	0.1	0.2	0.0	0.0	....	....	....	....	....
Congo, Dem. Rep. of	636	0.8	0.6	0.5	0.6	0.1	0.3	....	....	....	0.0	0.0	0.1
Congo, Republic of	634	2.5	0.9	0.9	2.5	0.5	0.6	....	0.0	2.4	38.0	7.6	0.1
Côte d'Ivoire	662	0.8	2.6	2.0	2.1	1.7	2.8	4.2	3.3	3.9	14.2	16.0	17.4
Equatorial Guinea	642	0.3	2.8	1.6	0.5	0.1	0.2	....	....	0.0	18.9	0.1	0.5
Eritrea	643	0.0	0.0	0.0	0.0	0.0	0.0	....	0.0	....	6.4	34.9	9.7
Ethiopia	644	19.3	5.0	7.2	6.7	29.8	13.5	2.2	5.8	6.0	9.8	8.3	6.1
Gabon	646	0.3	0.2	0.3	0.8	0.2	0.3	0.0	0.0	0.0	0.0	0.0	0.4
Gambia, The	648	0.0	0.2	0.0	0.0	0.0	0.2	....	....	....	....	....	....
Ghana	652	12.6	3.7	9.9	7.3	9.8	9.7	2.6	1.0	8.2	23.0	45.4	37.1
Guinea	656	1.6	2.2	3.2	0.7	1.1	2.4	0.0	....	....	0.0	0.0	0.1
Kenya	664	2.7	3.4	4.2	5.9	4.3	4.3	3.2	0.5	1.2	0.3	0.7	0.4
Liberia	668	3.7	4.7	3.5	2.3	2.1	2.0	0.1	0.0	0.0	0.0	0.0	0.3
Madagascar	674	0.1	0.1	0.7	1.4	1.1	0.1	0.0	0.0	0.1	0.3	0.3	0.1
Malawi	676	0.5	0.9	1.6	2.6	0.6	0.8	2.9	2.4	2.0	9.3	0.8	1.4
Mali	678	1.0	8.3	3.7	0.5	0.7	1.3	....	....	....	....	0.0	0.0
Mauritius	684	0.3	2.8	0.6	0.4	0.6	1.7	0.7	0.5	1.0	0.9	0.8	3.1
Mozambique	688	1.3	0.9	3.8	0.5	0.3	0.1	0.1	0.0	33.6	45.0	23.2	39.8
Namibia	728	214.5	260.4	181.8	95.5	94.3	53.8	0.1	0.0	0.3	0.0	0.1	0.1
Niger	692	0.3	0.3	0.3	1.0	0.9	0.6	....	....	....	....	....	....
Nigeria	694	40.7	8.2	27.5	5.5	4.1	3.7	0.1	1.7	1.1	13.0	2.1	2.0
Rwanda	714	0.0	0.6	0.7	1.4	2.0	0.7	....	....	0.2	0.7	0.0	0.0
Senegal	722	1.9	1.5	1.7	1.1	0.7	0.8	0.0	0.3	....	0.0	2.1	2.5
Seychelles	718	0.0	0.1	0.3	1.9	3.4	2.2	0.1	0.6	0.1	0.0	0.0	0.0
Sierra Leone	724	0.5	2.8	1.8	0.7	1.1	0.5	....	....	....	0.0	....	0.0
South Africa	199	91.7	151.2	194.2	55.2	62.1	70.8	28.2	43.0	52.4	29.6	13.9	20.2
South Sudan, Rep. of	733	....	....	....	....	0.1	....	....	....	....	....	0.0	0.0
Swaziland	734	....	0.0	....	....	0.0	....	....	1.3	....	0.0	....	....
Tanzania	738	12.7	2.0	5.6	4.0	3.1	5.9	0.3	0.0	70.0	61.7	22.2	2.8
Togo	742	0.3	30.1	0.5	21.8	0.4	0.6	....	....	....	....	0.0	....
Uganda	746	2.1	1.1	8.7	1.3	1.8	0.4	0.7	2.0	2.5	1.5	1.1	1.3
Zambia	754	1.8	0.4	0.4	0.3	0.3	0.2	0.0	0.0	0.5	1.7	0.1	0.0
Zimbabwe	698	1.2	2.1	0.8	0.6	0.5	0.6	12.2	6.1	13.0	12.0	2.9	1.0
Western Hemisphere	205	**157.2**	**122.5**	**107.9**	**99.7**	**112.9**	**90.1**	**319.3**	**390.9**	**152.7**	**191.7**	**138.5**	**164.9**
Antigua and Barbuda	311	3.1	1.1	0.9	0.8	0.5	0.1	0.0	....	0.0	....	....	....
Argentina	213	30.0	6.3	9.6	3.8	3.8	5.2	65.9	13.0	12.3	13.2	17.6	21.9
Aruba	314	0.0	0.0	0.2	0.0	0.3	0.0	0.8	0.1	....	0.0	0.0	0.0
Bahamas, The	313	0.7	0.9	0.3	1.0	1.7	0.1	0.0	0.0	0.0	0.0	0.0	2.7
Barbados	316	0.3	0.1	0.0	0.0	0.1	0.0	0.1	0.1	....	0.0	0.0	0.0
Belize	339	1.8	1.2	3.2	6.5	5.3	0.0	0.6	0.0	0.0	0.3	0.1	0.7
Bolivia	218	0.2	0.2	0.4	1.2	0.7	0.4	0.0	0.0	0.0	0.2	0.2	0.2
Brazil	223	41.6	45.1	18.1	20.1	25.8	25.2	133.3	185.7	67.5	70.7	33.6	28.5
Chile	228	17.0	8.0	5.6	5.0	16.4	6.4	6.7	3.2	3.4	23.5	9.4	5.7
Colombia	233	2.3	4.7	2.8	5.3	4.5	3.9	0.1	0.2	0.9	4.0	2.6	4.8
Costa Rica	238	0.3	0.6	1.5	0.9	1.1	0.8	0.2	0.1	0.1	2.0	1.2	0.5
Curaçao	354	....	....	0.3	0.4	0.3	0.0	....	....	....	....	0.0	0.0

Bulgaria (918)

In Millions of U.S. Dollars

		Exports (FOB) 2011	2012	2013	2014	2015	2016	Imports (CIF) 2011	2012	2013	2014	2015	2016
Dominica	321	0.0	0.0	0.0	0.0	0.0	0.1	0.3	....	....	0.0	....	0.0
Dominican Republic	243	1.9	1.7	1.0	1.6	4.9	2.3	0.3	0.3	18.4	0.4	0.6	0.5
Ecuador	248	1.0	1.3	1.5	1.7	1.3	1.9	5.4	11.8	10.4	15.3	14.4	15.2
El Salvador	253	0.3	0.4	0.9	0.6	0.3	0.3	0.0	0.0	0.0	0.0	0.0	0.0
Falkland Islands	323	....	....	....	....	....	....	....	....	....	....	....	2.7
Greenland	326	....	0.0	....	....	....	....	....	....	....	0.1	....	....
Guatemala	258	1.1	0.8	1.0	1.2	3.1	4.8	1.1	0.2	3.1	0.5	9.4	1.8
Guyana	336	0.0	0.3	0.0	0.5	0.0	0.2	0.0	....	0.0	0.0	0.0	0.0
Haiti	263	0.3	0.0	0.3	0.1	0.1	0.3	....	....	0.0	....	....	....
Honduras	268	0.0	0.1	0.1	0.3	0.3	0.8	5.4	3.5	3.1	8.5	9.6	6.7
Jamaica	343	0.2	0.1	0.3	0.2	0.1	0.1	0.0	18.7	0.0	0.0	0.0	0.0
Mexico	273	35.7	30.8	40.7	34.8	28.8	22.6	3.7	38.3	10.5	10.8	9.7	36.4
Netherlands Antilles	353	0.6	0.8	....	....	....	....	0.8	0.4	....	....	....	....
Nicaragua	278	0.1	0.0	0.1	0.0	0.2	0.6	0.0	0.0	0.0	0.1	0.6	1.3
Panama	283	3.0	3.4	4.4	3.5	3.3	2.6	0.3	0.0	0.1	0.2	0.1	0.2
Paraguay	288	0.2	0.9	0.4	0.2	0.2	1.5	0.0	0.0	0.0	0.0	0.0	0.3
Peru	293	3.2	4.2	8.5	4.9	3.3	6.0	84.3	106.2	12.7	34.1	23.3	25.9
Sint Maarten	352	....	....	0.1	0.1	1.8	0.3	....	....	0.0	0.2	1.0	0.0
St. Kitts and Nevis	361	4.4	0.2	1.0	1.3	0.1	0.0	....	....	0.0	....	....	....
St. Vincent & Grens.	364	1.7	0.6	0.4	0.5	0.1	0.0	0.0	0.0	0.0	0.0	0.0	....
Suriname	366	0.3	1.2	0.8	0.5	0.9	2.1	0.0	0.0	0.0	0.0	0.0	0.0
Trinidad and Tobago	369	0.1	0.1	0.3	0.2	0.5	0.2	0.0	....	0.0	....	0.0	0.0
Uruguay	298	0.2	1.6	1.0	0.9	0.9	0.9	9.5	6.2	9.5	6.9	5.0	8.8
Venezuela, Rep. Bol.	299	1.3	2.2	2.0	1.3	0.8	0.3	0.2	2.5	0.3	0.0	0.0	0.2
Western Hem. n.s.	399	4.1	3.5	0.2	0.2	0.9	0.1	0.2	0.2	0.1	0.5	0.0	0.0
Other Countries n.i.e	910	8.7	9.6	3.0	2.1	2.3	2.9	0.9	6.7	15.1	4.5	8.9	0.9
Cuba	928	8.4	8.8	2.7	1.5	1.3	2.3	0.6	6.7	15.1	4.4	8.9	0.9
Korea, Dem. People's Rep.	954	0.3	0.8	0.3	0.7	1.0	0.6	0.3	0.0	0.0	0.0	0.0	0.0
Special Categories	899	13.6	37.3	42.4	54.9	39.8	162.8	0.0	0.2	0.0	0.0	....	24.8
Countries & Areas n.s.	898	520.9	355.1	336.0	506.7	687.5	1,022.3	152.4	148.7	151.3	165.1	268.3	292.1
Memorandum Items													
Africa	605	654.4	696.5	918.7	647.7	467.1	577.0	138.1	103.4	225.9	363.0	301.1	261.6
Middle East	405	972.1	1,077.4	1,442.5	1,334.9	1,224.6	1,051.4	314.3	344.6	282.1	600.9	413.3	532.5
European Union	998	17,623.5	15,685.6	17,681.9	18,211.8	16,434.1	17,443.8	19,347.5	19,194.3	20,462.6	21,316.7	18,664.0	19,078.7
Export earnings: fuel	080	1,570.9	1,631.0	1,846.3	1,866.6	1,252.9	1,216.2	5,999.9	7,024.9	6,596.2	5,682.2	3,789.1	2,717.4
Export earnings: nonfuel	092	26,647.2	25,036.3	27,733.6	27,379.1	24,118.0	24,748.5	26,574.6	25,684.3	27,712.6	28,968.4	25,416.6	26,120.5

2017, International Monetary Fund: Direction of Trade Statistics Yearbook

Burkina Faso (748)

In Millions of U.S. Dollars

		Exports (FOB) 2011	2012	2013	2014	2015	2016	Imports (CIF) 2011	2012	2013	2014	2015	2016
IFS World		....	....	....	....	....	....	....	....	....	....	....	....
World	001	1,013.9	2,439.4	2,672.4	2,870.3	2,192.8	2,437.1	2,413.1	3,576.8	4,373.5	3,580.5	2,987.1	3,350.7
Advanced Economies	110	192.7	1,786.9	1,732.6	1,904.3	1,493.2	1,857.8	1,043.4	1,609.7	2,126.4	983.6	1,415.5	1,525.8
Euro Area	163	105.6	140.6	111.9	179.7	88.4	97.4	645.5	740.1	1,209.7	724.4	894.9	857.1
Austria	122	0.0	0.0	0.1	0.0	0.0	0.0	1.1	1.4	2.4	3.2	1.8	1.6
Belgium	124	9.7	7.6	6.3	30.2	1.4	2.0	40.8	65.9	125.4	103.9	87.0	104.6
Cyprus	423	....	....	....	....	....	....	0.0	0.0	0.0	0.0	0.1	1.2
Estonia	939	....	0.0 e	....	....	....	....	11.2	....	....	0.0	1.7	0.0
Finland	172	0.1	0.1	0.1	0.0	0.1	0.0	7.9	14.8	33.5	2.3	12.7	23.5
France	132	62.1	84.6	75.9	115.6	59.2	56.9	291.7	299.7	374.4	397.2	269.2	236.0
Germany	134	5.6	3.9	7.8	6.5	6.8	16.7	94.1	120.4	156.4	66.5	85.8	108.8
Greece	174	....	....	0.0	10.2	9.5	0.7	0.1	0.0	0.2	0.4	3.3	8.0
Ireland	178	0.0	0.0	0.0	....	0.0	0.0	4.8	4.4	13.1	6.5	7.9	7.1
Italy	136	5.1	1.6	2.6	3.1	0.7	0.5	32.7	52.1	60.1	39.7	65.5	55.9
Latvia	941	....	....	....	....	0.0	0.2	6.8	....	....	0.0	7.6	10.2
Lithuania	946	....	....	....	0.0 e	....	0.0 e	11.8	....	....	0.1	0.1	0.1
Luxembourg	137	0.0	....	....	....	....	....	0.7	....	....	....	....	....
Malta	181	....	....	....	....	....	....	7.7	5.0	0.5	....	0.0	0.0
Netherlands	138	21.5	42.0	16.2	11.7	10.1	16.4	95.6	107.2	373.6	46.6	227.7	148.3
Portugal	182	1.1	0.1	2.2	0.5	....	....	5.2	11.3	11.1	9.4	9.6	11.3
Slovak Republic	936	....	....	....	0.0	....	....	0.4	....	....	0.2	0.2	0.8
Slovenia	961	....	....	0.0	0.0	0.0	....	0.1	....	....	0.1	0.0	0.3
Spain	184	0.3	0.9	0.6	1.8	0.6	3.9	32.9	57.8	59.1	48.2	114.7	139.4
Australia	193	0.2	0.5	0.6	0.1	0.0	0.0	15.2	50.6	33.5	8.3	16.9	8.9
Canada	156	4.7	6.8	6.0	1.7	12.2	13.6	29.5	44.7	105.1	28.6	24.2	43.4
China,P.R.: Hong Kong	532	0.2	0.7	0.1	5.2	0.1	0.6	1.5	0.9	0.9	3.1	1.2	1.3
Czech Republic	935	....	....	....	0.0	0.0	0.0	3.6	....	....	1.7	6.4	5.7
Denmark	128	10.8	10.8	21.7	16.0	15.2	0.2	3.6	10.5	18.2	17.3	10.7	11.4
Iceland	176	....	....	....	....	....	....	....	0.0	10.9	0.4	0.0	0.0
Israel	436	0.4	0.1	....	0.2	0.3	0.3	12.1	3.1	2.8	8.5	15.6	22.6
Japan	158	2.6	2.0	56.6	27.6	16.2	5.5	58.1	102.3	122.4	23.4	83.3	260.5
Korea, Republic of	542	0.0	0.1	0.1	0.0	8.4	3.6	18.4	37.3	96.7	35.1	55.2	60.3
New Zealand	196	0.0	5.0	0.0	....	0.0	0.0	1.4	6.3	3.3	0.6	1.4	1.8
Norway	142	0.0	0.0	0.0	0.0	0.0	0.0	1.4	2.4	2.4	0.2	3.9	2.7
Singapore	576	....	112.6	136.8	194.3	218.5	106.3	2.2	3.2	15.3	1.2	13.7	8.3
Sweden	144	0.3	0.2	0.3	0.8	0.3	0.0	29.9	45.9	63.0	20.6	31.6	37.9
Switzerland	146	0.2	1,407.8	1,384.4	1,422.3	1,101.6	1,625.2	4.2	21.3	8.9	10.3	4.6	4.1
Taiwan Prov.of China	528	0.1	0.0	0.0	0.1	0.0	0.0	6.7	8.8	8.0	5.4	7.2	8.2
United Kingdom	112	37.5	42.5	9.2	48.8	30.6	3.1	106.0	283.6	154.7	11.4	52.2	69.8
United States	111	30.0	57.0	4.8	7.6	1.4	2.1	104.1	248.8	270.7	83.0	192.4	121.8
Emerg. & Dev. Economies	200	821.2	652.5	939.8	959.5	699.0	578.7	1,369.6	1,966.8	2,239.7	2,596.9	1,534.0	1,789.3
Emerg. & Dev. Asia	505	105.3	89.0	311.1	165.4	315.3	191.0	442.3	707.3	849.4	531.6	546.9	689.2
Bangladesh	513	0.1	0.1	8.4	....	0.0	0.0	0.1	0.4	0.2	0.1	0.1	0.1
Brunei Darussalam	516	....	0.3	....	0.0	....	....	....	....	....	....	0.0	0.0
Cambodia	522	....	....	....	0.2	....	....	0.7	0.3	0.3	0.3	0.1	0.1
China,P.R.: Mainland	924	73.0	67.6	138.7	32.8	64.7	16.2	235.8	316.4	424.3	322.8	330.3	408.1
F.T. New Caledonia	839	....	....	....	....	....	....	0.1	0.0	0.0	....	0.0	0.0
India	534	12.2	7.4	6.5	31.8	224.2	146.6	89.3	123.0	204.0	123.4	97.3	137.5
Indonesia	536	9.9	2.0	53.4	24.6	6.4	9.9	13.1	13.1	11.9	6.7	11.6	21.5
Malaysia	548	0.8	0.7	60.0	37.0	1.9	1.1	12.7	14.1	50.0	9.5	23.6	35.7
Maldives	556	0.7 e	0.7 e	0.8 e	0.9 e	0.9 e	1.0 e	....	....	....	....	....	....
Mongolia	948	....	....	0.0 e	0.0 e	....	0.0 e	....	....	1.1	....	0.1	0.1
Myanmar	518	0.0 e	0.0 e	....	....	....	0.0 e	14.9	37.2	20.9	5.7	3.9	6.0
Philippines	566	0.1	0.2	5.8	0.0	....	....	0.7	1.5	4.3	0.3	0.7	....
Sri Lanka	524	0.0	0.0	....	....	....	....	0.4	0.5	0.7	0.2	0.5	0.4
Thailand	578	0.0	0.0	15.7	22.7	0.1	0.0	37.9	40.2	40.0	49.3	60.9	63.0
Vanuatu	846	....	....	15.3	....	....	....	....	....	81.8	....	....	....
Vietnam	582	....	....	....	8.3	12.7	11.9	23.5	....	....	6.8	5.7	5.4
Asia n.s.	598	8.4	10.0	6.5	7.1	4.5	4.2	13.2	160.7	9.9	6.6	11.9	11.3

Burkina Faso (748)

In Millions of U.S. Dollars

		Exports (FOB)						Imports (CIF)					
		2011	2012	2013	2014	2015	2016	2011	2012	2013	2014	2015	2016
Europe	170	38.5	38.2	22.6	28.5	19.3	19.6	109.0	92.2	81.9	66.6	117.5	194.7
Emerg. & Dev. Europe	903	23.0	19.7	10.1	14.6	9.1	10.0	32.6	53.7	55.4	31.0	43.4	40.2
Albania	914	....	0.0	....	....	....	0.0	0.0	0.0	0.0	0.0	0.1	0.1
Bulgaria	918	7.4	7.4	....	0.2	6.2	6.2	1.0	0.5	0.2	0.1	0.1	0.7
Croatia	960	0.0 e	0.0 e	0.0 e	0.1 e	....	....	0.0	....	....	0.1	0.0	0.4
Gibraltar	823	....	....	....	....	....	....	....	....	0.0	0.0	10.7	10.1
Hungary	944	....	....	....	....	0.0	0.0	1.8	2.8	6.9	3.6	4.6	2.7
Montenegro	943	0.0 e	0.0 e	....	0.0 e	0.0 e	....	....	....	....	....	0.1 e	....
Poland	964	0.0	0.0	0.3	1.0	0.1	0.1	3.7	4.4	13.3	2.7	4.1	0.2
Romania	968	0.2	0.2	0.0	....	0.0	0.0	1.0	2.6	2.7	1.2	1.7	1.0
Serbia, Republic of	942	....	....	....	....	0.2	0.0	....	....	....	0.0	0.0	0.0
Turkey	186	15.4	12.1	9.8	13.3	2.6	3.7	25.0	43.4	32.2	23.3	21.9	25.0
CIS	901	0.2	0.2	0.6	0.9	2.0	2.0	76.4	38.5	26.4	35.5	74.1	154.5
Azerbaijan, Rep. of	912	....	....	....	....	1.8	1.8	....	....	....	....	0.0	0.0
Belarus	913	....	....	....	....	....	0.0	0.6	....	....	....	1.3	0.2
Georgia	915	....	....	....	0.0	0.1	....	0.0	....	....	0.1	0.0	0.0
Kazakhstan	916	0.0 e	....	....	0.0 e	....	....	1.6	....	....	0.2	0.0	0.0
Kyrgyz Republic	917	0.2 e	0.2 e	0.2 e	0.2 e	0.1 e	0.2 e	....	....	....	....	....	....
Moldova	921	....	....	....	0.7	....	....	0.3	....	....	0.0	....	....
Russian Federation	922	....	0.0	0.5	....	0.0	0.0	49.3	38.5	26.4	22.7	60.1	134.5
Ukraine	926	....	....	....	0.0	0.0	0.0	24.7	....	....	12.5	12.7	19.8
Europe n.s.	884	15.4	18.3	11.9	13.0	8.1	7.6	....	0.0	0.1	0.1	0.0	0.0
Mid East, N Africa, Pak	440	17.5	31.1	22.3	10.5	15.4	14.4	78.7	74.8	103.3	101.2	114.3	118.8
Algeria	612	....	1.2	1.4	1.6	0.1	0.2	0.0	1.4	0.4	0.1	9.8	9.8
Bahrain, Kingdom of	419	....	....	0.4	0.0	....	....	....	....	....	....	....	....
Djibouti	611	....	....	....	....	0.0	0.0	0.1	0.0	0.0	0.0	0.0	0.0
Egypt	469	0.1	0.1	5.5	0.0	0.3	0.1	14.6	9.4	13.8	6.8	10.0	10.1
Iran, I.R. of	429	0.0	0.0	0.0	0.0	....	....	1.4	2.2	0.6	0.3	0.5	0.5
Jordan	439	0.0	0.0	0.0	0.1	0.3	0.1	0.2	0.1	0.2	0.0	0.1	0.2
Kuwait	443	0.0	0.0	0.0	....	....	....	8.1	0.0	0.0	0.3	0.3	0.3
Lebanon	446	0.2	1.1	0.3	0.4	0.6	1.4	3.6	2.5	6.8	10.9	3.7	3.7
Libya	672	0.1	0.1	0.0	0.2	0.1	0.0	0.8	0.0	0.0	0.0	6.0	5.7
Mauritania	682	2.4	2.8	1.9	1.8	2.1	1.8	4.2	2.2	0.4	0.6	0.0	0.0
Morocco	686	0.0	4.4	1.9	1.0	0.3	0.8	10.7	23.9	25.9	30.8	55.5	59.1
Oman	449	....	....	0.0	....	....	....	0.0	....	1.2	0.1	....	....
Pakistan	564	....	....	0.0	....	0.1	0.1	17.4	1.9	9.5	12.7	6.9	6.1
Qatar	453	....	....	0.0	....	....	....	0.4	0.7	0.3	0.1	0.1	0.1
Saudi Arabia	456	....	0.3	0.5	1.6	....	....	2.1	3.6	5.8	7.3	2.9	2.9
Somalia	726	0.1	0.1	....	....	....	....	....	....	....	....	....	....
Sudan	732	0.5	0.5	0.1	0.1	0.0	0.0	....	0.0	0.0	0.0	0.0	0.0
Syrian Arab Republic	463	....	....	0.2	0.1	0.1	0.1	0.3	0.3	0.1	0.0	....	....
Tunisia	744	....	1.4	1.3	0.9	0.0	0.0	9.9	16.2	20.4	14.3	8.6	10.0
United Arab Emirates	466	14.1	19.0	8.7	2.8	11.5	9.8	4.9	10.3	17.9	16.9	9.9	10.3
Sub-Saharan Africa	603	659.6	493.7	583.2	753.6	348.6	353.3	687.9	943.3	1,146.4	1,873.0	665.2	668.3
Angola	614	0.1	0.1	....	0.1	0.0	0.0	2.1	2.1	3.7	1.2	0.3	0.2
Benin	638	14.6	8.1	17.5	37.4	6.1	7.0	27.1	10.3	4.0	357.8	2.9	2.7
Botswana	616	....	2.0	....	....	....	....	....	0.5	....	0.1	....	....
Cabo Verde	624	....	....	....	0.1	....	....	0.0	0.0	....	....	0.0	0.0
Cameroon	622	1.7	1.7	3.1	2.4	0.3	0.6	4.2	7.4	14.1	1.0	7.7	7.3
Central African Rep.	626	....	....	....	0.1	0.0	0.0	....	0.0	....	0.0	....	....
Chad	628	1.1	1.4	2.7	0.5	0.4	0.6	0.0	0.0	....	0.0	....	....
Congo, Dem. Rep. of	636	0.2	0.1	0.1	0.2	0.2	0.2	0.2	0.0	0.1	0.2	0.0	0.0
Congo, Republic of	634	0.2	0.2	0.0	0.2	0.3	0.2	14.4	6.3	0.8	0.1	0.7	0.7
Côte d'Ivoire	662	13.3	47.0	60.6	149.2	77.4	56.3	257.0	337.4	387.5	603.6	249.3	272.5
Equatorial Guinea	642	....	....	0.0	0.1	0.0	0.0	3.4	14.5	39.8	0.1	4.7	4.4
Eritrea	643	....	....	....	0.1	0.1	0.1	0.0	0.3	0.0	0.0	0.0	0.0
Ethiopia	644	9.5	11.3	14.7	4.6	0.0	0.0	0.2	0.0	0.2	0.1	0.1	0.1
Gabon	646	3.5	4.2	3.0	0.5	0.0	0.0	0.1	0.0	1.1	0.0	0.0	0.0
Gambia, The	648	0.9	1.1	0.6	0.6	0.0	0.0	0.0	....	....	0.1	0.0	0.0
Ghana	652	52.3	43.5	55.1	71.5	52.1	46.6	65.9	97.6	129.9	206.9	118.8	110.2

2017, International Monetary Fund: *Direction of Trade Statistics Yearbook*

Burkina Faso (748)

In Millions of U.S. Dollars

		Exports (FOB)						Imports (CIF)					
		2011	2012	2013	2014	2015	2016	2011	2012	2013	2014	2015	2016
Guinea	656	....	....	....	....	1.8	1.7	0.3	....	....	....	0.3	0.3
Guinea-Bissau	654	....	....	0.0	0.2	....	....	0.0	....	....	0.0	....	....
Kenya	664	1.3	1.5	2.4	0.1	....	....	0.7	0.4	0.3	0.4	0.1	0.2
Liberia	668	2.1	2.5	0.0	6.5	0.4	0.4	0.2	....	0.0	0.0	0.0	0.0
Madagascar	674	0.0	0.1	0.0	0.0	0.0	0.0	0.0	0.0	0.0	0.1	0.6	0.6
Malawi	676	0.0	0.0	....	....	....	....	....	....	0.2	....	0.0	0.0
Mali	678	115.1	85.1	174.4	251.1	28.2	43.4	51.1	73.5	75.1	38.4	42.6	40.3
Mauritius	684	2.9	....	....	0.0	....	....	0.2	0.0	0.1	0.0	0.1	0.1
Mozambique	688	0.1	0.1	....	0.1	0.0	0.0	....	....	....	0.0	....	....
Niger	692	29.3	22.1	34.3	45.1	29.7	26.9	5.0	16.2	131.7	129.1	20.7	19.6
Nigeria	694	2.3	2.4	1.8	3.7	0.4	0.5	84.1	73.8	25.6	9.7	11.9	12.9
Rwanda	714	0.1	0.1	0.0	0.1	0.0	0.0	0.0	0.2	....	0.0	0.0	0.0
Senegal	722	11.5	12.6	25.6	9.1	5.8	0.4	40.9	48.9	50.0	41.8	29.2	34.4
Seychelles	718	0.3	0.4	....	....	....	....	0.0	....	0.0	....	....	....
Sierra Leone	724	....	....	0.2	2.6	1.8	1.7	....	0.3	0.0	....	0.0	0.0
South Africa	199	342.8	220.5	144.4	115.2	84.9	121.1	37.0	94.1	98.5	48.9	77.0	68.8
Swaziland	734	....	....	....	0.2	0.3	0.3	0.0	0.1	0.0	0.0	0.0	0.0
Tanzania	738	0.0	0.0	0.1	0.4	....	....	0.1	0.0	0.2	0.9	0.0	0.0
Togo	742	38.8	19.0	22.0	46.8	55.3	42.5	93.6	158.7	182.7	432.3	98.1	92.9
Uganda	746	10.1	0.0	15.9	0.1	....	0.0	0.0	0.2	....	0.0	0.0	0.0
Zambia	754	....	0.0	....	0.3	....	....	0.2	0.1	0.7	0.0	0.0	0.0
Zimbabwe	698	....	....	....	0.1	....	....	0.1	0.1	0.0	0.0	....	....
Africa n.s.	799	5.6	6.7	4.3	4.7	3.0	2.8	....	....	....	....	0.0	0.0
Western Hemisphere	205	**0.3**	**0.4**	**0.5**	**1.6**	**0.4**	**0.4**	**51.7**	**149.1**	**58.7**	**24.5**	**90.1**	**118.4**
Anguilla	312	....	....	....	....	0.1	0.1	....	....	....	....	....	....
Argentina	213	....	....	....	....	....	0.0	4.7	2.9	1.0	0.5	3.0	4.0
Bahamas, The	313	....	....	....	....	....	....	....	....	2.3	....	....	....
Brazil	223	....	....	0.1	1.2	0.0	....	35.7	28.7	41.2	14.7	42.6	69.4
Chile	228	0.0	....	....	0.0	0.0	....	0.7	2.2	0.7	0.5	5.2	7.3
Colombia	233	....	0.1	0.0	....	....	....	0.0	66.8	0.1	....	....	....
Costa Rica	238	0.0 e	0.0 e	0.0 e	0.0 e	0.0 e	0.0 e	0.0	0.1	0.1	0.1	0.6	0.7
Curaçao	354	....	....	....	0.0	....	....	0.1	....	....	1.8	0.7	0.6
Dominican Republic	243	....	....	....	....	....	0.0 e	0.2	13.1	0.0	....	0.0	0.0
Ecuador	248	....	....	....	....	0.0	0.0	0.0	0.1	0.0	0.0	0.0	0.0
Guatemala	258	....	....	0.0	0.0	....	....	....	0.0	0.5	3.1	17.6	16.6
Haiti	263	....	....	....	....	0.1	0.1	0.0	0.1	....	....	....	....
Jamaica	343	....	....	....	....	....	....	0.0	0.0	0.0	....	0.1	0.1
Mexico	273	0.0	0.0	....	....	0.1	0.1	1.3	0.9	3.4	2.8	2.5	2.5
Nicaragua	278	....	....	....	....	....	....	....	....	2.9	0.2	....	....
Panama	283	....	....	....	....	....	....	0.0	0.3	....	....	0.0	0.0
Paraguay	288	....	....	....	0.0	....	....	1.1	....	0.9	....	....	....
Peru	293	....	....	....	0.0	0.0	0.0	0.6	1.6	3.3	0.8	0.6	0.9
Trinidad and Tobago	369	0.0	0.0	....	....	....	....	6.7	4.7	2.2	0.0	17.0	16.1
Uruguay	298	....	....	0.1	....	....	0.0	0.5	0.9	0.0	0.0	....	....
Venezuela, Rep. Bol.	299	....	....	....	0.1	....	....	....	26.8	0.0	0.0	0.2	0.2
Western Hem. n.s.	399	0.3	0.4	0.2	0.3	0.2	0.2	0.0	0.0	....	0.0	0.0	0.0
Other Countries n.i.e	910	**0.0**	**0.0**	**0.0**	**6.5**	**0.6**	**0.6**	**0.1**	**0.2**	**7.3**	**0.0**	**35.8**	**33.8**
Cuba	928	....	....	....	....	....	....	....	0.2	0.0	....	0.0	0.0
Korea, Dem. People's Rep.	954	0.0	0.0	0.0	6.5	0.6	0.6	0.1	0.1	7.3	0.0	35.7	33.8
Countries & Areas n.s.	898	....	....	....	....	....	....	....	0.0	0.0	0.0	1.8	1.7
Memorandum Items													
Africa	605	662.6	504.1	589.9	758.9	351.1	356.2	712.8	987.0	1,193.5	1,918.8	739.1	747.1
Middle East	405	14.5	20.7	15.6	5.2	12.8	11.5	36.3	29.2	46.7	42.6	33.6	33.7
European Union	998	161.8	201.6	143.4	246.6	140.8	107.0	796.3	1,090.4	1,468.8	783.1	1,006.4	987.0
Export earnings: fuel	080	21.4	29.3	19.1	11.4	14.5	13.2	179.4	251.9	126.0	59.1	124.4	198.6
Export earnings: nonfuel	092	992.5	2,410.1	2,653.2	2,859.0	2,178.3	2,423.9	2,233.8	3,324.9	4,247.4	3,521.4	2,862.7	3,152.1

Burundi (618)

In Millions of U.S. Dollars

		Exports (FOB)						Imports (CIF)					
		2011	2012	2013	2014	2015	2016	2011	2012	2013	2014	2015	2016
IFS World		122.4	133.2	99.0	123.8	122.6	110.6	755.6	751.5	811.0	768.7	722.6	734.8
World	001	124.0	134.7	210.8	147.6	122.2	83.7	755.6	751.5	722.4	673.4	560.7	557.8
Advanced Economies	110	82.4	74.5	38.7	54.7	40.9	13.4	245.9	228.9	203.0	179.4	162.3	149.2
Euro Area	163	24.8	21.1	12.1	22.6	8.4	6.4	141.9	144.5	128.2	110.3	104.1	78.2
Austria	122	....	....	....	....	....	0.0	....	....	0.1	0.0	0.1	0.1
Belgium	124	17.2	10.0	4.4	5.9	4.3	3.3	68.7	75.7	50.5	41.8	34.5	18.8
Cyprus	423	....	....	....	....	....	....	....	....	0.0	0.0	0.4	0.0
Estonia	939	....	....	0.0 e	....	....	....	....	....	0.6	....	....	....
Finland	172	....	....	0.1 e	0.0 e	0.3 e	0.9 e	....	....	0.2	0.2	0.1	0.0
France	132	1.5	0.4	0.7	0.5	0.7	0.4	32.2	25.5	16.8	36.4	20.1	21.3
Germany	134	3.1	7.0	3.6	12.4	1.3	1.1	23.9	15.2	21.5	9.6	8.2	13.7
Greece	174	....	....	....	....	....	....	0.1	0.2	0.9	0.0	0.1	0.4
Ireland	178	....	....	....	....	....	....	0.0	0.2	0.0	0.1	0.1	0.1
Italy	136	2.0	2.7	2.0	2.6	1.1	0.6	10.0	13.1	12.1	6.7	4.2	6.3
Latvia	941	....	....	....	0.1 e	....	....	....	....	....	....	0.0	0.0
Lithuania	946	....	....	....	0.0	....	0.0	....	....	0.0	1.1	0.0	0.0
Luxembourg	137	....	....	....	....	....	....	....	....	0.1	0.0	....	....
Malta	181	....	....	....	....	....	....	....	....	....	0.3 e	....	....
Netherlands	138	0.8	1.0	1.3	1.1	0.7	0.1	6.0	8.6	24.2	13.4	35.5	17.1
Portugal	182	....	....	....	0.0	....	0.0	0.0	4.3	0.3	....	0.0	0.0
Slovak Republic	936	....	....	....	....	....	....	....	....	0.3	....	0.1	0.0
Spain	184	0.2	....	0.0	0.1	....	....	1.0	1.9	0.8	0.6	0.7	0.3
Australia	193	0.9	0.1	0.1	0.3	0.1	0.1	0.3	0.3	4.1	1.3	1.0	0.1
Canada	156	0.1	0.1	0.1	0.3	0.3	0.2	1.8	4.7	2.3	3.4	2.7	1.1
China,P.R.: Hong Kong	532	....	....	2.8	0.9	1.1	2.4	1.7	1.1	1.3	0.8	7.7	21.8
Czech Republic	935	....	....	....	....	....	....	....	1.2	0.1	0.0	0.0	0.0
Denmark	128	....	....	....	....	0.0	0.0	18.6	8.5	8.8	7.8	14.8	17.1
Israel	436	....	....	....	0.0	....	....	....	....	0.1	0.2	0.0	0.0
Japan	158	....	0.3	0.2	0.3	0.3	0.3	21.0	17.9	16.7	33.0	15.3	9.5
Korea, Republic of	542	....	....	0.1	0.0	0.2	0.4	0.9	0.8	1.2	1.2	2.1	1.6
New Zealand	196	....	....	0.0	....	....	....	3.3	1.8	....	0.0	0.0	0.0
Norway	142	....	....	0.1	0.3	0.1	0.1	....	....	0.2	0.0	0.1	0.2
Singapore	576	1.2	3.0	4.8	4.1	5.3	1.7	....	....	1.8	0.2	0.3	0.0
Sweden	144	0.1	....	0.0	0.2	0.2	0.2	....	....	0.6	0.4	0.1	0.1
Switzerland	146	33.9	32.1	15.3	23.5	22.5	0.0	7.4	10.7	6.1	6.8	1.3	3.8
Taiwan Prov.of China	528	....	....	0.1 e	0.1 e	0.3 e	0.2 e	0.1	0.2	0.3	0.4	0.1	0.1
United Kingdom	112	20.8	17.4	2.2	1.2	0.6	0.4	16.5	6.6	5.5	4.1	4.7	4.1
United States	111	0.6	0.5	0.8	0.8	1.4	1.1	32.5	30.5	25.6	9.6	7.9	11.3
Emerg. & Dev. Economies	200	41.1	59.9	171.8	92.5	81.0	70.0	509.6	522.5	519.1	493.7	398.4	408.6
Emerg. & Dev. Asia	505	4.2	6.7	1.3	1.8	1.3	1.9	159.5	169.0	146.6	170.0	162.3	163.6
Bangladesh	513	....	....	....	....	....	....	0.0	0.0	0.1	0.2	0.2	0.2
Brunei Darussalam	516	....	....	....	....	....	0.0	....	....	0.0	0.1	....	....
China,P.R.: Mainland	924	3.7	6.6	1.2	1.2	0.8	0.8	63.0	68.6	63.1	72.5	70.5	71.1
India	534	0.5	0.1	0.1	0.2	0.1	1.1	41.2	59.7	77.2	75.2	67.1	69.5
Indonesia	536	....	....	....	....	....	....	....	....	1.0	0.6	0.4	....
Malaysia	548	....	....	....	....	....	....	....	....	0.8	1.0	2.0	0.2
Philippines	566	....	....	....	....	0.0 e	....	....	....	0.0	0.1	0.1	....
Sri Lanka	524	....	....	....	....	....	....	....	....	0.1	....	0.0	0.0
Thailand	578	....	....	0.0	....	0.3	0.0	....	....	2.3	3.4	0.8	1.1
Vietnam	582	....	....	0.0	0.4	....	....	....	....	1.8	16.4	21.0	21.3
Asia n.s.	598	....	....	....	....	....	....	55.3	40.7	0.1	0.5	0.1	0.1
Europe	170	1.9	6.5	5.1	5.6	7.5	7.7	11.0	25.4	18.5	23.0	10.6	9.9
Emerg. & Dev. Europe	903	....	....	0.4	0.0	0.3	0.1	0.1	0.1	5.6	4.3	3.2	4.1
Bulgaria	918	....	....	0.3	....	....	....	....	....	0.1	0.1	0.2	0.0
Gibraltar	823	....	....	....	....	0.1	0.1	....	....	....	0.1	....	....
Hungary	944	....	....	....	....	....	....	....	....	....	0.1	0.1	0.0
Montenegro	943	....	....	....	....	0.0 e	0.0 e	....	....	0.4 e	0.1 e	....	....
Poland	964	....	....	....	....	....	....	....	....	0.1	0.2	0.2	0.1
Romania	968	....	....	....	....	0.0	0.0	0.1	0.1	0.1	0.2	0.2	1.4
Serbia, Republic of	942	....	....	0.1 e	0.0 e	0.2 e	0.0 e	....	....	....	....	....	....

Burundi (618)

In Millions of U.S. Dollars

		Exports (FOB)						Imports (CIF)					
		2011	2012	2013	2014	2015	2016	2011	2012	2013	2014	2015	2016
Turkey	186	....	....	....	0.0	....	....	....	....	4.9	3.5	2.5	2.4
CIS	901	....	0.5	0.2	0.0	1.7	2.6	0.3	0.9	12.9	18.6	7.4	5.8
Belarus	913	....	....	....	....	....	2.6	....	....	....	....	....	....
Kazakhstan	916	....	....	0.0 e	0.0 e	1.7 e	0.0 e	....	....	0.1	....	....	....
Russian Federation	922	....	0.5	0.2	0.0	....	....	0.3	0.9	2.8	16.1	5.3	5.8
Ukraine	926	....	....	....	....	....	....	....	....	10.0	2.5	2.1	....
Europe n.s.	884	1.9	6.0	4.5	5.6	5.5	5.0	10.6	24.4	0.1	0.0	....	....
Mid East, N Africa, Pak	440	**18.2**	**19.8**	**123.3**	**28.8**	**19.4**	**15.9**	**115.5**	**89.1**	**142.8**	**122.6**	**73.0**	**77.7**
Algeria	612	....	....	....	....	....	0.1	....	....	....	....	....	....
Bahrain, Kingdom of	419	....	....	0.0 e	0.0 e	0.0 e	0.0 e	....	....	3.1	0.5	0.4	0.9
Djibouti	611	....	....	0.0	0.0	....	....	0.0	0.3	0.3	....	0.0	0.0
Egypt	469	5.3	6.4	....	0.0	....	....	....	....	17.0	16.5	6.4	2.9
Iran, I.R. of	429	....	....	....	....	....	....	3.0	0.7	0.3	0.2	....	....
Jordan	439	....	....	....	....	....	....	....	....	0.1	0.7	0.0	0.0
Kuwait	443	....	....	....	....	0.0 e	0.0 e	....	....	0.3	....	....	....
Lebanon	446	....	....	0.1	0.0	0.0	0.0	....	....	0.5	0.0	0.0	0.0
Mauritania	682	....	....	....	0.1	0.0	0.0	....	....	0.0	....	0.1	0.1
Morocco	686	....	....	....	....	....	0.0	....	....	0.3	0.4	0.1	0.6
Oman	449	2.2	3.5	1.8	1.5	2.7	2.7	....	....	3.1	2.1	0.3	0.3
Pakistan	564	10.6	9.9	....	....	....	....	1.5	3.2	0.4	0.3	2.1	2.1
Saudi Arabia	456	....	0.0	....	....	....	....	111.0	84.9	87.3	73.5	35.5	42.4
Sudan	732	....	....	1.5	2.3	2.2	....	....	....	....	0.1	0.0	....
Tunisia	744	....	....	....	....	....	....	....	....	0.2	0.1	0.1	0.2
United Arab Emirates	466	0.1	0.0	119.9	24.9	14.5	13.1	....	....	29.8	28.3	27.7	28.0
Sub-Saharan Africa	603	**16.8**	**26.8**	**42.1**	**56.3**	**52.7**	**44.5**	**219.3**	**234.5**	**210.1**	**175.6**	**151.8**	**156.1**
Benin	638	....	....	0.0	0.0	0.0	0.0	....	....	0.1	0.0	....	....
Cameroon	622	....	....	0.0	0.8	....	....	....	....	0.0	0.1	0.0	0.0
Congo, Dem. Rep. of	636	4.0	9.9	12.0	28.4	28.3	25.5	5.3	5.1	3.8	3.7	2.8	2.9
Ethiopia	644	....	....	0.0	0.0	0.0	0.0	....	....	0.1	0.7	0.8	0.8
Ghana	652	....	....	0.0	0.0	....	....	....	....	0.0	0.1	0.1	0.1
Guinea	656	....	....	....	0.3	0.0	0.0	....	....	0.0	....	0.0	0.0
Kenya	664	3.9	3.0	13.4	13.0	13.4	12.1	46.0	45.4	58.3	37.4	36.2	40.1
Madagascar	674	....	....	....	0.1	....	....	....	....	0.0	1.6	0.1	0.1
Malawi	676	....	....	0.0	....	....	....	....	....	0.1	0.0	....	....
Mali	678	....	....	0.0	0.1	0.0	0.0	....	....	0.1	0.0	0.0	0.0
Mauritius	684	....	....	....	0.1	0.4	0.0	....	....	1.4	0.7	0.2	0.3
Nigeria	694	....	....	....	0.0	0.1	0.1	....	....	0.0	0.0	0.0	0.0
Rwanda	714	5.0	4.3	8.0	6.4	4.6	3.3	6.0	10.7	10.4	8.5	6.4	7.3
Senegal	722	....	....	0.0	0.0	0.1	....	....	....	0.1	0.1	0.0	0.0
Seychelles	718	....	....	....	....	....	....	....	....	....	....	1.2	1.2
South Africa	199	0.0	0.9	0.1	0.5	0.0	0.1	18.7	29.3	20.3	33.0	24.3	12.3
Swaziland	734	....	....	....	0.1	....	....	....	....	....	0.1	1.4	1.4
Tanzania	738	0.1	1.3	2.6	2.7	2.2	2.0	48.4	48.5	58.8	56.3	44.0	45.9
Uganda	746	3.7	7.5	5.8	3.3	3.1	1.2	41.5	42.7	43.6	23.9	27.5	26.8
Zambia	754	0.0	0.0	0.1	0.2	0.3	0.0	35.4	34.4	12.7	9.0	6.1	16.3
Zimbabwe	698	....	....	0.0	0.0	0.0	0.0	0.2	0.1	0.2	0.2	0.4	0.4
Africa n.s.	799	....	....	....	....	....	....	17.9	18.5	....	....	....	....
Western Hemisphere	205	....	....	**0.1**	**0.0**	**0.0**	**0.0**	**4.2**	**4.4**	**1.0**	**2.5**	**0.8**	**1.3**
Argentina	213	....	....	....	....	0.0 e	0.0 e	....	....	0.0	0.0	....	0.4
Brazil	223	....	....	....	0.0	0.0	....	....	....	0.9	2.1	0.1	0.2
Colombia	233	....	....	0.1	....	....	....	....	....	0.0	0.0	0.0	0.0
Mexico	273	....	....	....	....	....	....	....	....	....	0.2	0.2	0.2
Suriname	366	....	....	....	....	....	....	....	....	....	0.0	0.2	0.2
Venezuela, Rep. Bol.	299	....	....	....	....	....	....	....	....	....	....	0.2	0.2
Western Hem. n.s.	399	....	....	....	....	....	....	4.2	4.4	0.0	0.0	0.1	0.1
Other Countries n.i.e	910	....	....	**0.0**	....	....	....	**0.1**	**0.2**	**0.1**	**0.2**	**0.0**	**0.0**
Korea, Dem. People's Rep.	954	....	....	0.0	....	....	....	0.1	0.2	0.1	0.2	0.0	0.0
Countries & Areas n.s.	898	**0.4**	**0.3**	**0.2**	**0.3**	**0.3**	**0.3**	**0.0**	....	**0.2**	**0.0**	....	....
Memorandum Items													
Africa	605	16.8	26.8	43.6	58.7	55.0	44.7	219.3	234.8	210.9	176.2	152.2	157.1

Burundi (618)
In Millions of U.S. Dollars

		Exports (FOB)						Imports (CIF)					
		2011	2012	2013	2014	2015	2016	2011	2012	2013	2014	2015	2016
Middle East	405	7.6	9.9	121.8	26.4	17.2	15.7	113.9	85.6	141.6	121.7	70.4	74.6
European Union	998	45.7	38.4	14.5	24.0	9.2	7.1	177.1	160.9	143.4	123.2	124.4	101.2
Export earnings: fuel	080	2.2	4.1	121.9	26.5	19.1	16.0	114.3	86.6	127.0	120.7	69.5	77.7
Export earnings: nonfuel	092	121.7	130.6	88.8	121.1	103.1	67.7	641.3	664.9	595.5	552.6	491.2	480.1

Cabo Verde (624)
In Millions of U.S. Dollars

		Exports (FOB)						Imports (CIF)					
		2011	2012	2013	2014	2015	2016	2011	2012	2013	2014	2015	2016
IFS World		....	....	....	....	....	....	....	....	....	....	....	....
World	001	210.7	215.4	233.7	268.9	561.9	221.0	946.6	754.8	726.4	768.7	606.3	672.2
Advanced Economies	110	198.6	188.7	207.8	242.5	536.5	215.6	811.7	640.6	601.6	640.2	481.6	536.3
Euro Area	163	194.6	184.0	204.7	204.2	128.1	56.3	743.9	530.6	555.8	589.6	434.9	501.9
Austria	122	....	....	....	....	....	....	0.7	1.6	0.4	0.5	0.2	0.5
Belgium	124	0.0	1.7	4.7	1.8	0.1	....	21.2	14.2	17.9	28.9	16.4	20.8
Cyprus	423	....	....	....	....	....	....	....	....	....	....	0.2	0.2
Finland	172	0.0	0.1	0.0	....	0.1	....	....	3.0	0.7	35.7	0.8	1.7
France	132	3.0	1.0	2.9	2.4	0.5	....	17.9	12.6	11.6	15.5	16.0	16.6
Germany	134	41.5	0.9	1.6	1.8	0.4	....	27.3	13.5	17.3	13.9	10.0	10.0
Greece	174	0.0	0.0	....	....	0.1	....	0.0	0.0	0.0	0.0	0.1	6.9
Ireland	178	....	....	....	0.0	....	....	0.7	0.1	0.1	0.7	0.2	0.4
Italy	136	0.3	0.1	3.8	5.0	1.4	0.7	32.7	13.8	11.2	10.6	11.1	12.4
Lithuania	946	....	0.0 e	....	....	....	....	0.0	0.0	0.1	0.1	0.1	0.1
Luxembourg	137	....	....	0.0	....	0.0	0.0	0.0	0.1	0.1	0.2	0.2	0.1
Malta	181	....	0.0	0.0	0.0	....	....	30.7	17.3	0.4	2.8	0.7	0.5
Netherlands	138	25.5	33.9	25.3	37.3	18.0	0.2	147.8	94.6	145.5	114.1	70.3	42.9
Portugal	182	64.0	101.5	110.4	94.4	54.5	11.6	369.7	300.8	292.3	300.0	263.9	312.6
Slovak Republic	936	0.0 e	....	0.0 e	....	....	....	0.1	0.5	0.1	1.7	0.5	0.3
Slovenia	961	....	0.0	....	0.0	....	....	0.0	0.6	0.4	0.1	0.1	0.2
Spain	184	60.2	44.9	56.1	61.5	53.0	43.7	95.1	57.9	57.7	64.9	44.2	75.8
Australia	193	0.8 e	0.8 e	0.2 e	0.1 e	405.9 e	158.6 e	0.0	0.0	....	0.0	0.0	0.3
Canada	156	0.9	2.5	0.0	0.1	0.0	....	6.5	1.1	1.5	1.4	2.0	0.6
China,P.R.: Hong Kong	532	0.0	....	....	0.0	....	....	0.1	0.0	0.0	0.1	0.0	0.0
Czech Republic	935	....	0.0	0.0	....	0.0	....	0.7	0.2	0.5	0.2	0.5	0.1
Denmark	128	0.0	0.1	0.2	0.1	....	....	0.7	1.0	0.7	0.8	0.5	0.6
Iceland	176	0.0 e	....	....	....	....	....	0.0	....	0.0	0.1	0.7	0.1
Israel	436	....	....	....	....	0.0	....	0.2	0.0	0.0	0.0	0.1	0.3
Japan	158	0.1	0.0	....	0.0	....	0.0	24.9	17.2	12.0	9.1	7.7	10.1
Korea, Republic of	542	0.1	0.0	0.1	0.2	0.1	....	1.2	1.0	0.5	0.4	9.9	3.1
New Zealand	196	0.0 e	0.0 e	0.0 e	0.1 e	0.1 e	0.0 e	0.0	0.1	0.0	0.0	0.2	0.5
Norway	142	0.0	0.0	0.0	0.0	0.1	....	0.5	0.2	0.3	0.5	0.5	0.1
Singapore	576	0.2	0.0	0.0	0.5	0.0	....	1.2	0.4	0.3	11.2	0.2	0.3
Sweden	144	0.0	0.0	0.0	0.0	....	....	3.3	1.9	1.3	1.3	1.0	0.7
Switzerland	146	0.1	0.0	0.1	....	....	....	1.9	10.7	9.6	5.8	6.7	3.4
Taiwan Prov.of China	528	0.0 e	0.0 e	....	0.1 e	0.0 e	....	0.0	0.0	0.0	0.0	0.0	0.0
United Kingdom	112	1.2	0.2	0.3	2.8	0.6	....	12.5	6.2	7.7	6.7	4.2	3.1
United States	111	0.6	1.0	2.2	34.3	1.7	0.7	14.2	69.9	11.6	13.1	12.4	11.2
Emerg. & Dev. Economies	200	11.0	25.4	24.8	24.2	24.2	3.9	126.1	105.9	115.9	117.1	112.0	120.3
Emerg. & Dev. Asia	505	0.7	7.4	9.7	5.1	4.1	0.0	44.4	35.0	47.5	48.9	53.7	47.8
Bangladesh	513	....	0.0	....	....	....	....	0.0	0.0	0.0	0.0	0.1	0.1
Cambodia	522	....	....	....	....	....	....	....	....	0.2	....	0.0	....
China,P.R.: Mainland	924	0.2	0.2	8.2	2.5	2.0	....	24.4	22.7	22.6	31.4	33.6	32.2
India	534	0.3	6.9	1.0	0.4	0.2	....	0.6	0.6	0.7	1.4	1.4	1.1
Indonesia	536	0.1	0.0	0.0	0.7	0.0	....	0.9	1.0	1.9	1.0	0.8	0.6
Malaysia	548	0.1	0.0	0.0	1.1	0.8	....	0.1	0.1	0.2	0.3	4.0	3.9
Myanmar	518	....	0.0	....	....	....	....	0.1	0.1	....	....	....	....
Sri Lanka	524	....	....	....	....	0.1	....	0.0	0.1	0.0	0.1	0.1	0.1
Thailand	578	0.0	0.2	0.3	0.3	0.0	....	17.3	9.4	20.4	12.8	12.2	8.6
Vietnam	582	0.0	0.0	0.2	0.1	0.9	....	0.9	0.8	1.5	1.7	1.4	1.1
Asia n.s.	598	....	....	....	....	....	....	0.1	0.3	0.0	0.0	0.1	0.1
Europe	170	0.0	0.1	0.0	2.4	5.0	2.5	9.8	8.7	11.4	15.6	10.3	21.2
Emerg. & Dev. Europe	903	0.0	0.1	0.0	2.4	3.6	2.5	8.8	8.5	11.4	15.5	6.6	8.2
Bulgaria	918	....	....	....	....	....	....	0.1	0.1	0.0	0.0	0.0	0.0
Croatia	960	....	0.0	....	....	....	....	1.1	....	....	0.0	0.2	....
Gibraltar	823	....	....	....	0.9	1.2	....	0.9	0.7	0.5	7.3	0.1	3.1
Poland	964	....	0.0	0.0	0.0	....	....	0.5	1.2	0.8	2.1	1.4	0.6
Romania	968	....	0.0	....	....	....	....	0.1	0.0	0.0	0.0	0.2	0.7
Serbia, Republic of	942	....	0.0	....	....	....	....	0.1	1.1	....	....	....	....
Turkey	186	0.0	0.0	0.0	1.4	2.4	2.5	6.0	5.3	10.0	6.0	4.6	3.7

Cabo Verde (624)
In Millions of U.S. Dollars

		Exports (FOB) 2011	2012	2013	2014	2015	2016	Imports (CIF) 2011	2012	2013	2014	2015	2016
CIS	901	0.0	0.0	0.0	0.0	1.4	....	0.9	0.1	0.0	0.0	3.7	13.0
Georgia	915	....	....	....	....	....	....	0.0	0.1	0.0	....	....	5.6
Moldova	921	....	....	....	....	1.4	....	....	....	....	....	0.0	....
Russian Federation	922	....	0.0	....	....	....	....	0.0	0.1	....	0.0	3.6	7.1
Ukraine	926	....	....	....	....	....	....	0.9	0.0	....	0.0	0.1	0.3
Europe n.s.	884	....	....	....	....	....	....	0.0	0.1	0.0	0.0	0.0	....
Mid East, N Africa, Pak	440	0.4	0.5	1.5	7.3	4.4	0.7	7.5	4.9	5.0	7.1	6.5	7.9
Algeria	612	....	0.0	....	....	0.5	....	0.0	0.4	1.0	0.0	0.4	0.7
Egypt	469	....	0.0	0.0	0.0	0.1	....	1.0	1.4	1.1	1.7	1.6	1.9
Jordan	439	....	....	....	....	....	....	....	0.1	....	....	0.0	0.0
Lebanon	446	....	0.0	0.0	0.0	....	0.0	0.5	0.3	0.1	0.3	0.2	0.1
Libya	672	0.2	0.2	0.5	0.4	....	....	....	....	....	....	....	....
Mauritania	682	....	....	....	....	....	....	....	....	....	....	0.1	0.0
Morocco	686	0.0	0.0	0.0	4.7	2.4	0.2	5.3	1.9	2.0	4.3	3.1	3.6
Oman	449	....	....	....	....	0.3	0.4	0.1	....	....	....	....	....
Pakistan	564	....	....	....	....	....	....	0.2	0.1	0.1	0.0	0.4	0.3
Qatar	453	....	....	....	....	....	....	....	0.1	0.1	0.2	0.1	0.2
Saudi Arabia	456	....	0.0	0.0	0.0	0.3	....	0.1	0.2	0.1	0.0	0.1	0.1
Tunisia	744	....	0.1	....	0.7	....	....	0.1	0.3	0.0	0.1	0.1	0.4
United Arab Emirates	466	0.2	0.1	0.9	1.4	0.8	....	0.1	0.3	0.6	0.4	0.5	0.5
Sub-Saharan Africa	603	7.1	2.7	9.7	1.9	8.6	0.3	9.6	11.8	10.5	7.6	8.2	14.8
Angola	614	0.1	0.5	0.2	0.5	0.0	....	0.0	0.2	0.8	0.0	0.0	0.1
Benin	638	....	....	....	0.0 e	....	0.0 e	....	0.3	....	....	....	....
Cameroon	622	....	0.0 e	0.0 e	....	0.0 e	0.0 e	....	0.1	0.1	....	0.0	0.3
Congo, Dem. Rep. of	636	....	....	....	....	....	....	0.5	0.0	0.2	....	0.2	0.2
Congo, Republic of	634	....	....	....	....	....	....	....	0.1	0.0	....	0.0	0.1
Côte d'Ivoire	662	0.1	0.0	0.0	0.0	0.2	0.1	0.5	2.8	0.4	0.5	0.5	0.9
Equatorial Guinea	642	0.0	0.2	0.1	0.1	0.1	....	0.9	0.7	....	1.2	....	0.5
Gabon	646	....	0.0	0.9	0.1	....	....	....	0.0	....	0.0	0.1	....
Gambia, The	648	0.0	0.0	0.0	0.1	0.0	....	0.5	0.0	0.0	....	0.0	....
Ghana	652	5.5	0.0	3.2	0.0	0.0	0.0	1.0	2.6	0.7	1.1	1.2	1.1
Guinea	656	....	....	....	0.0	1.0	....	0.1	0.0	....	....	0.0	....
Guinea-Bissau	654	0.2	0.3	0.1	0.1	0.1	....	0.2	0.2	0.1	0.1	0.1	0.4
Mozambique	688	0.0	0.0	0.4	0.1	0.1	....	0.0	0.1	0.0	....	....	....
Niger	692	....	....	....	....	....	....	0.0	....	0.8	....	....	0.0
Nigeria	694	....	0.0	....	....	0.0	....	....	0.0	0.0	....	0.1	0.0
São Tomé & Príncipe	716	0.4	0.7	1.7	0.0	0.0	0.1	0.2	0.0	0.0	0.0	0.1	0.0
Senegal	722	0.7	1.0	2.5	0.7	2.8	....	4.7	3.2	5.7	3.3	2.5	4.3
Sierra Leone	724	....	....	....	0.0	1.5	....	....	....	....	0.0	0.0	....
South Africa	199	0.0	0.0	0.4	0.0	....	....	0.8	1.5	1.3	1.0	1.0	0.9
Tanzania	738	0.0 e	....	0.0 e	0.0 e	0.0 e	0.1 e	....	....	0.0	....	....	....
Togo	742	....	0.0	....	0.1	2.5	....	....	....	0.1	0.1	2.0	5.6
Uganda	746	....	....	....	....	....	....	....	....	0.1	0.2	0.3	0.3
Zambia	754	....	....	....	....	0.1	....	....	....	....	....	....	....
Western Hemisphere	205	2.7	14.7	4.0	7.5	2.2	0.4	54.9	45.6	41.5	38.0	33.2	28.6
Argentina	213	....	0.0	0.0	0.0	....	....	8.4	8.6	5.4	5.0	5.2	3.3
Bermuda	319	0.0 e	0.0 e	0.0 e	0.0 e	0.0 e	0.0 e	0.1	....	....	....	....	....
Brazil	223	0.1	0.3	0.3	1.7	0.0	....	35.6	30.8	25.5	25.2	23.1	23.1
Chile	228	0.0	0.0	0.0	....	....	....	0.3	0.2	0.2	1.4	1.8	0.4
Colombia	233	....	....	0.6	0.0	....	....	0.1	0.0	0.1	0.1	1.2	0.1
Costa Rica	238	....	....	....	....	0.1	....	0.0	0.0	0.0	0.0	0.0	0.0
Dominican Republic	243	0.1 e	0.0 e	0.0 e	0.0 e	0.0 e	0.0 e	0.0	0.0	0.0	....	....	....
Ecuador	248	....	....	....	0.7	0.1	....	....	0.0	0.2	0.3	0.2	0.4
El Salvador	253	2.4	2.6	2.3	3.7	1.7	....	....	....	....	....	....	....
Guatemala	258	....	....	0.0	....	....	....	....	....	....	....	0.2	0.0
Guyana	336	0.0 e	0.0 e	....	0.0 e	0.0 e	0.3 e	....	....	....	....	....	....
Jamaica	343	....	10.1	....	....	....	....	....	0.0	....	....	....	....
Mexico	273	....	0.0	0.6	....	....	....	0.1	0.0	0.1	0.1	0.0	0.0
Panama	283	....	1.7	....	0.1	0.3	....	0.1	0.8	0.1	0.1	0.0	0.0
Paraguay	288	....	....	....	....	0.0 e	....	0.0	0.0	5.5	3.0	0.4	0.3

Cabo Verde (624)
In Millions of U.S. Dollars

		Exports (FOB)						Imports (CIF)					
		2011	2012	2013	2014	2015	2016	2011	2012	2013	2014	2015	2016
Peru	293	....	0.0	0.0	0.8	0.0	....	1.1	0.2	0.6	0.5	0.6	0.8
Trinidad and Tobago	369	....	0.0 e	0.0 e	0.0 e	0.0 e	0.0 e	1.8	....	0.7	....	....	0.0
Uruguay	298	0.0	0.0	0.0	0.4	....	....	7.3	4.8	3.0	1.9	0.8	0.1
Western Hem. n.s.	399	....	....	....	....	....	....	....	....	....	....	0.0	0.1
Other Countries n.i.e	910	....	0.0	0.0	....	0.0	....	0.1	0.1	0.1	0.1	0.1	0.1
Cuba	928	....	0.0	0.0	....	0.0	....	0.1	0.1	0.1	0.1	0.1	0.1
Special Categories	899	1.1	1.3	1.1	2.3	1.3	1.4	....	....	....	....	....	....
Countries & Areas n.s.	898	....	....	....	....	....	....	8.6	8.1	8.7	11.4	12.6	15.5
Memorandum Items													
Africa	605	7.2	2.9	9.7	7.4	11.5	0.5	15.1	14.4	13.4	12.0	11.8	19.5
Middle East	405	0.4	0.4	1.5	1.8	1.4	0.5	1.8	2.2	2.0	2.6	2.5	2.9
European Union	998	195.8	184.3	205.3	207.2	128.7	56.3	762.9	541.3	566.7	600.6	443.0	507.7
Export earnings: fuel	080	0.5	1.0	3.3	3.2	2.1	0.4	3.3	2.1	3.5	2.3	6.4	9.8
Export earnings: nonfuel	092	210.2	214.4	230.5	265.7	559.8	220.5	943.3	752.7	722.9	766.4	599.9	662.4

Cambodia (522)

In Millions of U.S. Dollars

		Exports (FOB)						Imports (CIF)					
		2011	2012	2013	2014	2015	2016	2011	2012	2013	2014	2015	2016
IFS World		....	....	....	....	....	....	....	....	....	....	....	....
World	001	6,701.7	7,837.6	9,242.9	6,882.1	8,578.0	10,100.4	6,141.1	7,062.2	9,216.5	10,261.6	11,215.1	12,900.2
Advanced Economies	110	5,862.2	6,009.4	7,882.7	5,806.7	6,977.9	8,144.1	2,243.0	2,395.2	3,505.2	3,200.0	3,331.1	3,366.2
Euro Area	163	1,008.6	1,205.0	1,570.7	1,600.2	2,160.5	2,709.2	144.0	185.4	182.1	286.4	298.4	366.2
Austria	122	11.3	20.1	26.7	16.3	22.7	27.2	1.3	1.8	2.3	2.3	7.2	3.9
Belgium	124	134.8	163.3	181.7	190.2	282.5	396.8	14.9	9.1	7.8	19.9	18.8	15.4
Cyprus	423	0.0	0.2	0.1	0.2	0.5	1.1	0.7	0.9	0.8	0.9	1.0	0.9
Estonia	939	....	....	....	0.5	0.9	1.4	....	....	....	0.0	0.1	0.1
Finland	172	1.5	1.8	2.1	2.0	4.2	5.2	0.9	1.1	0.2	2.9	5.8	23.3
France	132	94.7	123.7	163.5	207.3	298.3	362.7	43.6	46.1	52.8	68.2	65.5	64.7
Germany	134	323.9	469.7	614.9	578.8	748.4	903.8	37.6	62.3	51.3	90.7	106.2	163.1
Greece	174	5.8	5.2	13.9	10.1	14.4	13.2	0.1	0.1	0.0	0.2	0.3	1.4
Ireland	178	16.5	18.6	13.9	17.0	30.0	35.9	2.6	3.6	5.6	5.8	6.4	5.6
Italy	136	80.5	110.8	156.5	161.7	197.4	212.3	20.0	33.6	27.7	40.2	35.9	39.7
Latvia	941	1.9	1.0	1.5	1.2	1.9	1.6	....	....	....	0.1	0.0	0.2
Lithuania	946	....	....	....	1.5	1.4	1.8	....	....	....	1.3	0.3	0.2
Luxembourg	137	16.4	11.1	16.5	8.4	16.1	14.7	10.0	8.3	13.3	19.5	14.4	9.9
Malta	181	0.3	0.4	0.4	0.0	0.1	0.5	....	....	....	0.0	0.0	0.0
Netherlands	138	171.3	122.5	168.0	173.8	248.7	300.2	7.8	13.0	15.0	20.4	28.9	20.9
Portugal	182	2.7	3.4	4.6	4.6	6.1	9.4	0.0	0.7	0.7	1.2	0.7	3.8
Slovak Republic	936	5.4	2.9	6.9	7.4	12.2	12.1	0.0	0.0	0.1	1.0	0.4	0.7
Slovenia	961	0.2	0.4	2.2	0.3	1.1	4.3	....	....	....	0.3	0.4	0.7
Spain	184	141.2	149.9	197.5	219.1	273.6	405.1	4.4	4.8	4.4	11.5	6.2	11.6
Australia	193	32.3	36.9	60.0	75.1	88.3	105.5	15.9	24.3	20.2	31.0	31.3	26.5
Canada	156	382.4	417.0	480.3	509.0	551.0	654.8	9.7	5.7	6.2	13.3	30.8	49.8
China,P.R.: Hong Kong	532	1,198.6	1,682.6	1,586.9	167.4	181.9	213.9	479.2	495.4	668.1	832.2	714.3	516.8
China,P.R.: Macao	546	0.3	0.6	0.3	0.0	1.7	0.9	4.1	1.0	9.4	11.8	3.3	0.2
Czech Republic	935	2.5	8.8	18.4	27.8	51.4	71.6	0.1	0.1	20.7	0.1	0.2	0.6
Denmark	128	11.8	24.5	24.7	20.9	32.5	79.7	3.0	5.7	2.8	8.5	35.6	118.5
Iceland	176	0.0	....	....	....	0.3	....	0.0	....	....	0.5	0.1	0.0
Israel	436	2.5	4.3	6.0	7.0	10.5	12.6	1.0	5.0	0.6	8.0	2.0	2.2
Japan	158	153.3	199.2	334.2	344.9	571.6	827.2	248.3	223.0	175.6	264.0	423.0	528.3
Korea, Republic of	542	46.4	78.2	98.2	123.2	137.4	164.0	300.9	404.5	371.2	390.3	459.6	438.7
New Zealand	196	2.3	1.6	3.4	5.2	6.2	8.0	2.2	1.3	2.2	2.5	3.8	2.8
Norway	142	13.5	15.2	16.9	12.8	14.8	17.9	0.0	0.1	0.2	0.6	0.3	0.2
San Marino	135	....	....	....	....	....	....	....	....	....	0.1	0.1	....
Singapore	576	441.7	684.6	793.1	71.2	58.6	62.5	238.0	258.5	348.4	485.5	503.3	564.7
Sweden	144	28.6	32.8	44.5	40.3	48.2	56.5	21.4	4.7	6.0	5.8	8.0	6.9
Switzerland	146	24.4	22.3	25.5	23.3	23.1	21.7	93.1	111.5	8.9	8.3	9.3	6.2
Taiwan Prov.of China	528	15.5	16.5	22.3	26.6	33.9	37.9	512.7	534.0	541.6	559.2	546.2	529.2
United Kingdom	112	391.0	528.0	718.4	751.6	869.0	953.2	24.3	17.3	30.0	31.3	32.2	35.0
United States	111	2,106.4	1,051.5	2,078.7	2,000.2	2,136.8	2,147.1	144.8	117.9	1,111.2	260.9	229.5	173.5
Vatican	187	....	....	....	0.1	....	....	....	....	....	....	0.0	0.0
Emerg. & Dev. Economies	200	831.4	1,818.2	1,334.7	1,046.1	1,566.8	1,918.7	3,879.6	4,625.4	5,689.9	7,061.0	7,838.6	9,525.9
Emerg. & Dev. Asia	505	561.9	515.3	790.7	659.1	1,126.7	1,445.6	3,814.4	4,519.6	5,585.8	6,945.6	7,725.6	9,395.4
Bangladesh	513	0.4	0.7	0.9	1.3	1.4	0.6	2.2	2.7	4.4	6.1	4.7	5.0
Brunei Darussalam	516	0.0	0.0	0.2	3.1	1.9	9.6	0.4	0.0	0.0	....	0.0	0.0
China,P.R.: Mainland	924	154.5	182.9	280.4	356.6	405.5	609.3	1,738.3	2,161.7	3,002.5	3,710.1	3,926.2	4,550.9
Fiji	819	0.0	0.0	0.0	0.0	1.1	0.5	0.0	0.0	0.0	0.0	0.1	0.1
F.T. French Polynesia	887	0.0	....	0.0	0.1	0.0	0.1	0.0	....	....	....	0.0	....
F.T. New Caledonia	839	....	0.0	0.0	0.0	0.1	0.1	....	....	0.0	....	....	....
Guam	829	....	0.1	0.1	0.0	0.1	0.1	....	....	....	0.0	....	....
India	534	12.2	8.9	7.4	8.0	9.8	22.6	74.0	103.2	93.3	149.4	114.1	89.3
Indonesia	536	6.3	8.1	11.3	9.3	14.6	18.2	169.2	215.7	246.9	281.1	335.5	426.3
Lao People's Dem.Rep	544	1.2	2.1	0.6	0.1	5.5	5.7	0.9	4.3	5.4	6.8	20.2	21.5
Malaysia	548	45.2	89.8	129.3	124.1	134.0	100.4	209.6	175.4	140.6	213.9	187.5	247.1
Maldives	556	....	....	....	....	0.1	0.1	....	....	....	....	....	....
Marshall Islands	867	....	....	....	0.0	....	....	....	....	....	....	....	3.3
Mongolia	948	....	....	....	0.0	0.0	0.0	0.6	0.0	0.0	....	0.0	0.0
Myanmar	518	0.1	0.1	0.7	0.8	1.5	1.1	0.1	0.1	0.3	1.7	3.3	4.1

2017, International Monetary Fund: *Direction of Trade Statistics Yearbook*

Cambodia (522)
In Millions of U.S. Dollars

			Exports (FOB)						Imports (CIF)				
		2011	2012	2013	2014	2015	2016	2011	2012	2013	2014	2015	2016
Nauru	836	....	....	....	0.1	....	....	....	....	....	....	....	....
Nepal	558	0.1	0.1	0.3	0.1	0.0	0.0	0.0	0.0	0.0	....	0.0	0.0
Papua New Guinea	853	0.0	0.0	0.1	0.0	....	0.1	0.0	0.0	0.0	0.0	0.1	0.1
Philippines	566	1.4	2.4	14.0	6.9	17.4	21.9	8.2	13.4	7.4	9.1	9.6	16.1
Sri Lanka	524	1.1	0.4	0.8	0.3	0.4	5.4	1.9	3.2	4.0	7.0	5.8	3.8
Thailand	578	190.4	102.3	235.6	50.0	346.2	419.2	726.2	902.4	1,094.3	1,047.4	1,561.5	1,910.0
Timor-Leste	537	....	....	....	0.2	0.0	0.0	....	....	....	....	0.0	....
Vietnam	582	148.8	116.3	108.0	96.8	185.6	229.1	882.6	937.4	986.8	870.1	927.0	1,416.0
Asia n.s.	598	0.0	1.0	1.2	1.4	1.5	1.7	0.0	....	....	642.7	630.1	701.7
Europe	170	**124.5**	**143.5**	**217.0**	**207.0**	**192.3**	**218.2**	**22.8**	**37.5**	**19.0**	**12.5**	**22.8**	**32.6**
Emerg. & Dev. Europe	903	**82.8**	**103.5**	**163.9**	**159.2**	**154.6**	**168.6**	**5.4**	**18.4**	**6.5**	**7.4**	**18.8**	**21.5**
Bosnia and Herzegovina	963	....	....	....	0.0	0.0	0.2	....	....	....	....	....	0.0
Bulgaria	918	2.3	0.6	23.3	9.3	3.7	7.4	0.2	0.0	0.4	0.4	0.2	0.3
Croatia	960	2.1	4.3	3.9	3.6	4.2	4.8	....	....	....	0.0	0.0	0.0
Hungary	944	0.5	0.5	1.1	1.0	3.1	4.6	0.0	0.1	0.1	0.2	0.3	0.3
Kosovo	967	....	....	....	1.3 e	1.1 e	1.0 e	....	....	....	....	....	....
Montenegro	943	....	....	....	1.1	....	....	....	....	....	....	....	....
Poland	964	66.8	80.9	106.1	112.4	111.9	123.0	3.9	3.1	2.2	1.4	8.8	9.5
Romania	968	2.4	6.2	2.5	1.7	5.1	4.5	0.3	12.4	0.1	0.2	0.2	0.1
Serbia, Republic of	942	....	....	....	....	1.4	1.8	....	....	....	....	0.0	0.0
Turkey	186	8.7	11.0	27.0	28.9	24.1	21.2	1.0	2.7	3.7	5.1	9.3	11.3
CIS	901	**41.7**	**40.1**	**53.1**	**47.8**	**37.6**	**49.7**	**17.3**	**19.2**	**12.5**	**5.1**	**4.1**	**11.1**
Azerbaijan, Rep. of	912	....	....	....	0.1	0.0	0.1	....	....	....	....	....	....
Belarus	913	....	....	....	1.1	0.2	0.1	3.7	5.9	0.8	1.1	2.2	1.1
Georgia	915	....	....	....	0.0	0.0	0.0	....	....	1.1	....	0.0	0.0
Kazakhstan	916	....	....	....	....	0.0	....	....	0.0	....	....	0.4	....
Moldova	921	....	....	....	....	0.0	0.2	....	....	....	....	....	0.4
Russian Federation	922	38.6	37.7	50.4	44.9	35.4	46.7	13.1	12.4	10.0	1.3	0.8	8.5
Ukraine	926	3.2	2.4	2.7	1.7	2.1	2.5	0.5	0.8	0.7	2.7	0.7	1.2
Mid East, N Africa, Pak	440	**29.4**	**34.8**	**43.2**	**49.3**	**70.9**	**80.4**	**29.6**	**51.3**	**66.4**	**65.4**	**56.0**	**54.6**
Afghanistan, I.R. of	512	4.5	0.7	0.5	0.0	0.0	0.0	0.1	0.0	....	....	....	....
Algeria	612	....	....	0.1	0.0	0.1	0.1	0.0	0.0	....	0.0	0.1	....
Bahrain, Kingdom of	419	....	1.1	0.0	0.0	0.1	0.1	....	0.7	0.6	....	0.0	0.2
Egypt	469	0.9	0.7	0.7	0.9	1.6	1.0	0.1	0.1	0.1	0.1	0.1	0.1
Iran, I.R. of	429	0.3	0.1	0.1	0.1	0.1	0.0	0.3	0.5	0.0	....	0.2	0.5
Iraq	433	....	....	....	0.5	0.5	0.5	....	0.0	....	....	0.0	....
Jordan	439	0.6	0.3	0.6	0.2	0.6	1.5	0.5	0.0	0.1	1.3	0.0	0.3
Kuwait	443	0.0	0.0	0.3	0.5	0.4	0.9	0.2	0.2	0.0	0.0	0.0	0.0
Lebanon	446	0.5	0.3	0.5	0.2	0.3	1.7	....	....	....	....	....	0.0
Libya	672	....	2.0	0.1	0.1	2.0	1.6	....	....	....	....	....	....
Mauritania	682	....	....	....	0.1	....	0.1	0.0	....	0.0	....	....	0.0
Morocco	686	0.1	0.0	0.2	....	0.3	0.8	3.4	0.0	0.0	....	0.2	0.1
Oman	449	....	....	....	0.1	0.1	0.0	....	0.1	0.1	....	0.0	0.0
Pakistan	564	0.3	0.4	0.8	0.4	1.7	0.5	15.7	34.7	47.5	43.7	36.8	33.0
Qatar	453	0.0	0.0	0.0	0.1	0.1	0.0	....	....	....	0.1	1.3	1.5
Saudi Arabia	456	1.0	0.5	1.7	0.2	0.4	0.8	0.3	4.0	1.8	1.8	2.2	4.2
Sudan	732	....	0.0	0.0	0.0	0.0	0.2	....	....	....	....	0.1	0.0
Tunisia	744	0.2	0.1	0.0	0.0	0.0	0.0	0.0	0.0	0.4	....	0.0	0.1
United Arab Emirates	466	21.2	28.5	37.6	45.7	62.8	70.3	9.0	10.9	15.8	18.3	14.9	14.7
Yemen, Republic of	474	....	....	....	0.0	....	....	....	....	....	....	0.1	0.0
Sub-Saharan Africa	603	**10.0**	**27.7**	**65.5**	**21.4**	**32.6**	**24.1**	**2.3**	**2.0**	**3.9**	**7.7**	**14.1**	**14.0**
Angola	614	0.2	0.2	0.3	0.1	0.3	0.3	0.0	....	....	....	0.0	0.0
Benin	638	0.1	....	0.0	0.1	0.4	0.4	....	....	....	0.1	0.1	....
Botswana	616	....	....	....	....	....	....	....	....	....	....	....	0.1
Burkina Faso	748	....	....	....	0.1	0.1	0.1	....	....	....	....	....	....
Burundi	618	....	0.0	....	0.1	....	....	....	....	....	....	0.0	....
Cameroon	622	....	0.1	0.3	....	0.0	0.0	0.0	....	0.1	0.0	0.0	0.1
Central African Rep.	626	....	....	....	....	8.8	....	....	....	....	....	....	0.1
Congo, Republic of	634	0.0	0.2	0.0	....	0.0	0.1	....	....	....	....	0.0	0.0
Côte d'Ivoire	662	....	1.6	1.3	0.1	0.1	0.0	....	....	....	....	0.0	0.0

Cambodia (522)

In Millions of U.S. Dollars

		Exports (FOB)						Imports (CIF)					
		2011	2012	2013	2014	2015	2016	2011	2012	2013	2014	2015	2016
Ethiopia	644	0.0	0.0	0.0	....	0.1	0.0	0.0	0.0	....	0.0	0.0	0.0
Gabon	646	0.0	6.6	13.6	4.7	3.1	2.8	....	....	....	1.2	0.8	1.8
Gambia, The	648	....	0.2	0.9	0.0	0.0	....	....	....	....	....	....	....
Ghana	652	0.1	1.9	1.7	0.6	0.6	1.1	....	....	....	0.5	0.6	0.3
Guinea	656	....	....	....	0.1	0.1	0.0	....	....	....	....	0.0	0.0
Kenya	664	1.0	0.1	0.5	0.2	0.1	0.2	....	....	....	0.0	0.0	0.0
Lesotho	666	....	....	....	....	....	....	....	....	....	0.0	0.2	....
Madagascar	674	0.0	0.1	....	0.1	0.1	0.0	0.0	0.0	0.1	....	....	0.0
Malawi	676	....	....	....	....	....	....	....	....	....	1.2	1.0	0.1
Mali	678	0.0	....	31.7	0.1	0.1	0.0	....	....	....	....	0.8	0.0
Mauritius	684	0.0	0.1	0.0	....	0.0	0.1	0.0	0.0	....	0.1	0.0	0.0
Mozambique	688	....	....	....	....	0.0	0.0	....	....	....	0.2	1.1	0.4
Namibia	728	....	....	0.1	0.1	0.1	0.1	....	....	....	0.0	....	....
Nigeria	694	....	1.7	0.1	0.1	0.0	0.1	0.0	....	....	0.0	0.0	0.1
Senegal	722	....	0.8	1.6	0.3	0.2	0.1	....	0.0	....	....	0.0	0.0
Sierra Leone	724	0.0	0.1	0.0	....	....	0.0	....	....	....	....	1.7	0.0
South Africa	199	6.1	13.6	12.9	14.1	13.9	16.9	1.9	1.5	3.4	1.7	5.1	10.5
Swaziland	734	0.8	0.1	0.3	0.5	0.1	1.0	0.4	0.5	0.3	1.1	2.4	0.1
Tanzania	738	0.0	0.2	0.3	0.0	4.1	0.6	....	....	....	0.0	0.0	0.0
Togo	742	1.4	0.2	0.1	....	0.0	0.0	....	....	....	....	....	0.0
Uganda	746	0.2	0.0	0.0	....	0.0	0.0	....	....	....	....	....	0.1
Zambia	754	....	....	0.0	....	0.0	0.0	....	....	....	1.3	0.2	0.0
Zimbabwe	698	....	....	....	....	0.1	....	0.0	....	....	0.2	0.1	0.1
Africa n.s.	799	....	....	....	....	....	....	....	....	....	0.2	....	....
Western Hemisphere	205	**105.7**	**1,097.0**	**218.3**	**109.3**	**144.3**	**150.3**	**10.5**	**15.0**	**14.8**	**29.9**	**20.2**	**29.3**
Antigua and Barbuda	311	....	....	....	0.1	0.2	0.0	....	....	....	0.0	....	0.4
Argentina	213	12.7	9.3	10.2	5.9	7.3	12.0	5.9	7.5	8.1	8.5	5.5	15.2
Belize	339	0.1	....	0.0	0.1	....	0.3	....	....	....	....	0.1	0.2
Bolivia	218	....	....	....	0.1	0.2	0.2	....	....	....	0.0	....	....
Brazil	223	10.8	14.9	24.4	20.8	21.6	16.5	1.0	2.6	1.1	13.9	3.9	5.9
Chile	228	12.1	12.9	14.1	18.3	18.4	24.4	0.4	0.7	0.7	0.8	0.7	0.6
Colombia	233	0.5	0.4	1.9	3.3	6.6	6.3	0.4	0.4	0.5	0.4	0.3	0.8
Costa Rica	238	0.8	0.2	0.4	0.3	1.0	0.7	....	....	....	0.0	....	....
Dominica	321	....	....	....	....	....	0.0	....	....	....	0.0	0.1	....
Dominican Republic	243	0.1	0.0	0.0	0.0	0.0	0.0	....	0.0	....	0.0	0.1	0.0
Ecuador	248	1.4	0.9	0.9	0.4	0.4	0.4	....	....	....	0.0	....	0.3
El Salvador	253	0.4	981.4	94.2	0.2	0.3	0.5	0.1	0.0	....	....	....	0.0
Guatemala	258	0.2	0.0	0.2	....	0.3	0.0	....	....	....	0.0	0.0	0.0
Haiti	263	0.1	1.5	1.2	0.2	0.3	0.4	....	....	1.7	0.1	0.0	0.0
Honduras	268	....	....	....	0.1	0.0	0.0	....	....	....	0.1	0.0	0.1
Mexico	273	47.9	55.0	47.0	40.4	59.9	60.6	2.3	3.7	2.6	4.9	4.9	5.5
Nicaragua	278	0.5	0.2	0.4	0.4	0.4	1.8	0.1	0.1	0.0	0.0	1.1	0.0
Panama	283	12.0	13.0	13.9	9.8	14.5	10.6	....	0.0	0.0	....	0.0	0.0
Paraguay	288	1.2	1.3	1.9	0.8	0.7	0.8	0.1	....	....	....	....	....
Peru	293	2.3	3.3	5.0	5.7	9.1	11.5	0.2	0.0	0.1	0.1	3.3	0.1
Trinidad and Tobago	369	....	....	....	0.0	0.0	0.1	....	....	....	....	....	....
Uruguay	298	2.4	2.1	2.0	2.1	2.4	2.3	....	....	....	0.9	0.2	0.0
Venezuela, Rep. Bol.	299	0.3	0.6	0.9	0.3	0.7	0.8	....	....	....	....	....	0.1
Western Hem. n.s.	399	....	....	....	....	....	....	....	....	....	0.0	0.0	0.2
Other Countries n.i.e	910	**0.6**	**0.5**	**1.0**	**0.7**	**0.8**	**1.9**	**0.2**	**0.1**	**0.1**	**0.3**	**1.0**	**0.2**
Cuba	928	....	....	....	....	0.0	0.0	0.1	0.1	0.0	0.0	0.0	0.1
Korea, Dem. People's Rep.	954	0.6	0.5	1.0	0.7	0.8	1.9	0.0	0.0	0.1	0.3	1.0	0.1
Countries & Areas n.s.	898	**7.6**	**9.5**	**24.4**	**28.6**	**32.4**	**35.7**	**18.4**	**41.5**	**21.3**	**0.2**	**44.4**	**7.9**
Memorandum Items													
Africa	605	10.2	27.9	65.8	21.6	33.0	25.4	5.7	2.1	4.3	7.8	14.4	14.1
Middle East	405	24.4	33.6	41.7	48.7	68.8	78.6	10.3	16.6	18.5	21.6	18.9	21.4
European Union	998	1,516.6	1,891.4	2,513.7	2,568.7	3,289.7	4,014.6	197.2	228.8	244.3	334.3	383.9	537.4
Export earnings: fuel	080	63.5	80.5	108.1	104.8	114.9	142.1	23.7	29.3	28.8	23.1	21.2	32.5
Export earnings: nonfuel	092	6,638.2	7,757.1	9,134.7	6,777.3	8,463.0	9,958.3	6,117.4	7,032.9	9,187.7	10,238.5	11,193.9	12,867.7

2017, International Monetary Fund: *Direction of Trade Statistics Yearbook*

Cameroon (622)

In Millions of U.S. Dollars

		Exports (FOB)						Imports (CIF)					
		2011	2012	2013	2014	2015	2016	2011	2012	2013	2014	2015	2016
IFS World		....	....	....	....	....	....	....	....	....	....	....	....
World	001	4,515.3	4,268.0	4,477.2	5,146.5	4,057.8	3,215.9	6,774.9	6,506.3	6,648.4	7,538.5	6,041.9	5,744.9
Advanced Economies	110	2,559.7	2,519.1	3,130.3	2,901.1	2,075.7	1,867.8	2,616.3	2,717.1	2,658.6	2,659.0	2,234.3	2,193.4
Euro Area	163	2,221.8	2,228.6	2,818.5	2,414.6	1,811.3	1,700.4	1,859.4	1,938.7	1,871.6	1,820.3	1,500.5	1,554.5
Austria	122	0.0	0.0	0.0	0.0	0.3	0.6	8.1	5.7	7.4	12.5	10.4	10.1
Belgium	124	....	....	....	....	....	100.0	....	....	....	....	....	194.2
Cyprus	423	0.0	0.4	0.1	0.2	0.1	0.1	9.7	0.4	0.4	1.2	1.1	3.3
Estonia	939	0.3	0.1	2.5	2.3	0.2	0.1	0.4	0.3	15.9	5.7	6.1	3.2
Finland	172	2.3	1.1	2.4	1.3	1.6	0.9	15.6	43.3	18.3	21.0	13.9	30.4
France	132	367.4	368.5	217.8	228.3	209.0	188.4	901.7	778.1	816.1	772.6	632.4	630.6
Germany	134	76.6	34.0	61.2	23.1	36.0	34.6	232.0	191.4	254.7	256.5	217.1	193.2
Greece	174	5.3	2.2	2.5	3.1	2.1	3.1	15.6	46.2	33.8	29.3	37.1	27.1
Ireland	178	3.6	3.5	4.5	10.7	8.5	8.3	43.4	49.2	54.9	64.8	53.1	26.5
Italy	136	336.5	223.1	126.0	470.7	187.8	353.0	199.1	207.8	150.7	133.7	126.6	140.9
Latvia	941	0.9	0.2	0.0	0.2	0.1	0.1	....	....	....	....	....	0.0
Lithuania	946	0.7	1.3	0.5	0.2	0.0	0.0	3.3	0.5	0.3	0.7	0.7	1.4
Malta	181	14.7	0.3	40.3	0.6	10.6	10.7	0.7	0.8	0.9	1.2	1.5	3.6
Netherlands	138	454.6	481.3	475.6	539.4	660.6	685.3	104.7	266.1	187.6	165.1	102.3	116.4
Portugal	182	164.6	504.1	1,151.3	115.8	286.3	101.7	17.4	18.3	30.7	46.7	26.9	25.6
Slovak Republic	936	....	0.0	0.0	....	0.0	0.0	2.0	2.8	2.6	3.2	1.2	4.4
Slovenia	961	10.8	8.5	8.7	8.1	1.2	0.4	6.9	1.2	2.4	1.5	1.3	1.1
Spain	184	663.9	480.3	577.6	863.2	212.5	213.2	119.9	126.6	146.9	163.5	147.4	142.3
Australia	193	1.1	0.2	1.4	0.6	0.1	0.1	9.5	3.0	6.5	5.2	4.7	3.3
Canada	156	2.9	4.0	3.5	2.0	2.1	2.8	38.4	49.7	53.5	70.6	61.7	45.6
China,P.R.: Hong Kong	532	0.1	0.1	0.3	0.4	0.4	0.7	4.9	5.2	5.8	15.8	15.1	14.6
China,P.R.: Macao	546	....	....	....	....	....	....	0.2	....	0.0	0.0	0.0	0.0
Czech Republic	935	0.0	0.0	0.0	0.0	....	....	4.9	6.7	10.7	11.7	10.5	18.6
Denmark	128	0.4	0.4	0.2	0.2	8.7	5.1	6.3	12.7	14.7	10.6	9.4	6.6
Iceland	176	....	....	....	....	....	....	0.1	3.1	0.0	0.0	0.1	0.1
Israel	436	0.3	0.1	0.5	0.0	0.5	0.6	6.3	6.9	6.5	5.1	2.9	2.0
Japan	158	1.5	2.0	1.8	2.6	1.6	1.2	171.4	157.7	156.0	166.1	155.8	162.2
Korea, Republic of	542	0.6	4.6	3.3	4.0	0.5	0.0	38.0	36.0	39.7	40.7	55.3	40.1
New Zealand	196	....	1.1	0.9	0.9	0.3	0.1	13.9	16.0	25.6	32.7	28.5	17.1
Norway	142	2.5	0.6	81.6	42.1	55.9	0.2	9.9	32.1	15.4	20.1	12.8	2.4
Singapore	576	1.2	0.9	3.6	42.8	11.7	9.4	40.4	12.8	10.7	24.6	14.6	11.4
Sweden	144	1.3	4.5	0.0	0.1	0.1	0.0	18.5	16.9	25.6	22.4	31.2	27.1
Switzerland	146	0.1	10.4	0.1	0.2	0.2	0.4	26.0	24.3	19.4	18.8	16.5	23.1
Taiwan Prov.of China	528	1.4	1.0	1.2	5.8	1.6	0.6	13.9	14.0	19.6	24.6	15.0	11.0
United Kingdom	112	50.5	81.9	80.3	218.8	97.5	52.1	122.5	152.6	118.9	105.3	74.1	69.9
United States	111	273.9	178.7	133.0	165.9	83.3	94.1	231.8	228.6	258.1	264.2	225.7	183.9
Emerg. & Dev. Economies	200	1,954.9	1,745.4	1,321.6	2,245.4	1,981.8	1,347.9	4,158.4	3,772.7	3,989.8	4,879.3	3,807.4	3,551.3
Emerg. & Dev. Asia	505	777.4	868.8	676.1	1,519.4	1,398.8	846.5	1,387.7	1,300.0	1,709.7	2,041.1	1,744.8	1,591.4
Bangladesh	513	18.0	2.3	10.4	41.3	71.4	62.2	1.9	1.5	2.1	1.5	2.4	1.8
Cambodia	522	....	....	....	0.0	....	....	0.1	0.2	0.1	0.1	0.1	0.1
China,P.R.: Mainland	924	407.8	653.0	260.1	760.0	506.7	255.5	737.9	678.1	946.1	1,361.0	1,174.1	1,019.0
Fiji	819	....	....	....	....	....	0.0 e	....	....	....	....	....	0.2 e
India	534	220.2	106.6	256.5	505.4	633.5	361.6	177.3	257.7	330.4	221.1	218.1	161.6
Indonesia	536	10.6	9.7	12.8	29.6	20.5	12.4	51.0	26.5	30.1	32.4	28.3	49.1
Malaysia	548	63.5	49.9	71.5	84.9	72.6	74.0	54.4	74.5	67.0	96.6	31.9	53.6
Mongolia	948	....	....	....	....	....	....	....	0.3	....	....	0.0	0.0
Myanmar	518	....	....	....	....	....	1.0 e	18.8	2.9	5.9	5.4	0.0	0.0
Papua New Guinea	853	....	0.0	....	....	0.0	0.0	0.2	0.0	....	....	1.0	0.9
Philippines	566	0.1	0.0	0.5	0.0	0.3	0.0	1.8	2.0	3.0	2.7	4.6	5.3
Sri Lanka	524	....	....	....	....	0.0	0.0	0.3	0.2	0.7	0.2	0.4	0.1
Thailand	578	9.3	8.1	6.1	15.8	4.7	2.1	195.2	193.2	190.0	271.0	244.7	263.1
Vanuatu	846	....	....	....	....	....	0.0 e	32.4	....	....	....	....	....
Vietnam	582	48.0	39.2	58.1	82.2	89.2	77.7	116.5	62.9	134.3	49.0	38.2	35.5
Asia n.s.	598	....	....	....	....	....	....	....	0.0	0.1	0.2	1.1	1.0

Cameroon (622)

In Millions of U.S. Dollars

		Exports (FOB)						Imports (CIF)					
		2011	2012	2013	2014	2015	2016	2011	2012	2013	2014	2015	2016
Europe	170	51.7	69.3	42.6	34.6	28.9	61.8	161.8	197.8	175.3	179.8	195.2	223.9
Emerg. & Dev. Europe	903	48.0	65.4	40.1	31.7	25.7	32.2	147.5	163.9	137.7	142.6	159.7	131.4
Albania	914	0.0	0.1	0.0	0.1	0.1	0.1	0.0	0.0	0.0	0.0	0.2	0.4
Bosnia and Herzegovina	963	....	....	....	....	....	....	....	....	....	....	....	0.4
Bulgaria	918	0.3	0.2	0.1	0.3	0.1	0.2	3.1	3.5	2.0	1.2	2.1	5.0
Croatia	960	0.0	0.5	0.3	0.1	0.4	0.3	1.9	0.9	0.3	0.3	9.4	0.6
Faroe Islands	816	....	....	....	....	....	0.1 e	....	....	....	....	....	....
Gibraltar	823	....	30.3	....	....	....	....	0.5	....	0.0	....	0.0	0.0
Hungary	944	....	....	....	....	....	....	7.7	6.4	9.7	12.0	20.5	11.1
Kosovo	967	....	....	....	....	....	0.4 e	....	....	....	....	....	....
Macedonia, FYR	962	....	....	....	....	....	0.1 e	0.0	....	0.0	0.0	0.0	0.0
Montenegro	943	....	....	....	....	....	0.1 e	....	....	....	....	....	....
Poland	964	18.4	12.8	7.1	6.7	4.1	1.9	11.7	14.2	11.9	19.8	21.4	20.9
Romania	968	1.7	1.5	1.6	0.2	0.2	0.9	6.9	16.1	12.6	10.2	8.5	11.9
Serbia, Republic of	942	....	....	....	....	....	1.0	....	....	....	....	....	3.2
Turkey	186	27.5	19.3	30.4	23.9	20.6	27.2	115.4	122.6	101.1	98.8	97.4	77.8
CIS	901	3.7	3.9	2.5	2.9	3.2	29.6	14.3	33.7	37.6	37.2	35.5	92.5
Azerbaijan, Rep. of	912	0.0	....	0.0	0.0	0.1	0.1	0.0	0.0	0.0	0.0	....	0.0
Belarus	913	....	....	....	....	....	27.1 e	....	....	....	....	....	....
Georgia	915	0.1	....	....	....	....	....	0.0	0.0	2.8	7.5	1.0	1.0
Moldova	921	....	....	....	....	....	....	....	....	....	....	....	3.2
Russian Federation	922	3.6	3.9	2.5	2.9	3.1	2.4	14.3	33.6	34.8	29.7	34.5	88.2
Uzbekistan	927	....	....	....	....	....	....	....	....	....	....	....	0.1
Europe n.s.	884	....	0.0	0.0	0.0	0.0	0.0	0.0	0.2	0.1	0.0	0.0	0.0
Mid East, N Africa, Pak	440	35.9	30.1	23.8	34.0	32.9	26.4	346.5	240.2	224.5	291.5	308.9	292.6
Algeria	612	5.7	2.9	2.5	3.2	5.4	4.1	0.7	0.9	0.7	2.4	1.5	0.6
Bahrain, Kingdom of	419	0.8	....	2.3	5.2	5.1	4.4	0.0	0.0	0.0	0.0	0.0	0.0
Djibouti	611	0.1	0.0	....	....	0.1	0.1	....	....	0.0	....	....	....
Egypt	469	5.1	4.0	3.2	1.4	2.5	0.4	77.8	44.6	38.2	44.5	28.9	24.6
Iran, I.R. of	429	0.0	....	....	....	0.2	0.1	5.1	3.0	1.7	1.5	1.4	1.4
Iraq	433	....	....	....	0.0	0.2	0.2	....	0.0	....	....	....	....
Jordan	439	0.1	0.3	0.2	0.2	0.2	0.1	0.6	0.6	0.4	1.5	1.3	2.2
Kuwait	443	0.1	0.1	0.1	0.3	0.2	0.2	0.0	18.1	0.8	0.2	0.4	0.3
Lebanon	446	2.3	3.1	1.6	1.8	2.9	2.8	3.8	7.6	6.1	7.6	5.1	6.5
Libya	672	0.2	....	0.2	0.0	0.2	0.2	0.0	....	2.4	0.0	3.8	3.5
Mauritania	682	0.0	0.7	0.2	0.0	0.3	0.3	110.8	56.5	41.8	79.9	78.5	66.5
Morocco	686	9.3	4.1	3.3	5.5	2.3	1.6	40.9	34.6	47.6	65.7	87.6	94.3
Oman	449	0.0	0.0	0.0	0.1	0.1	0.1	1.8	1.3	1.4	0.8	1.9	0.9
Pakistan	564	4.7	2.1	0.3	1.3	1.4	1.2	44.2	14.8	17.1	10.9	18.9	17.6
Qatar	453	0.2	0.1	0.2	0.2	0.2	0.2	1.8	2.5	2.7	2.0	4.5	4.2
Saudi Arabia	456	2.2	5.5	3.9	3.0	2.9	2.5	17.1	11.0	13.3	13.4	11.1	10.5
Sudan	732	0.0	0.0	0.0	0.0	0.3	0.3	0.0	0.0	0.0	0.0	0.0	0.0
Syrian Arab Republic	463	0.1	....	....	....	....	....	1.0	0.6	0.2	0.1	0.1	0.0
United Arab Emirates	466	5.0	7.1	5.8	11.8	8.3	7.3	38.4	41.8	49.6	60.6	63.8	59.3
West Bank and Gaza	487	....	....	....	....	....	0.2 e	....	....	....	....	....	....
Yemen, Republic of	474	....	....	....	....	....	....	2.3	2.3	0.6	0.1	0.1	0.1
Sub-Saharan Africa	603	892.1	749.7	549.6	652.2	485.0	381.6	1,921.4	1,812.9	1,596.4	2,123.8	1,343.4	1,251.5
Angola	614	2.2	13.0	10.4	10.7	1.2	1.0	0.7	2.4	10.5	3.1	14.4	13.3
Benin	638	43.4	4.3	14.6	30.5	14.9	13.0	9.4	2.2	0.6	0.7	1.1	1.0
Botswana	616	....	....	....	....	....	....	0.0	0.0	....	0.4	....	....
Burkina Faso	748	5.8	4.6	6.6	3.6	3.7	3.2	0.0	0.0	0.0	0.1	0.1	0.1
Central African Rep.	626	43.6	33.2	15.3	31.4	26.7	20.6	0.0	0.1	0.2	0.0	0.1	0.1
Chad	628	173.1	78.3	101.9	119.3	113.0	93.0	0.4	0.6	19.0	0.3	0.3	0.3
Comoros	632	0.2	0.1	0.1	0.3	0.0	0.0	0.0	....	....	....	0.0	0.0
Congo, Dem. Rep. of	636	168.8	96.9	80.9	54.7	40.6	35.3	0.3	0.3	0.2	6.2	0.0	0.0
Congo, Republic of	634	134.2	88.5	58.0	62.6	50.4	42.6	29.3	35.8	36.0	48.2	18.7	18.8
Côte d'Ivoire	662	5.2	5.6	9.4	69.8	16.0	13.4	19.1	133.8	175.9	144.3	79.7	74.1
Equatorial Guinea	642	80.0	99.1	71.2	60.3	27.8	24.2	114.5	103.2	130.0	125.9	74.2	69.0
Ethiopia	644	0.0	0.1	0.1	0.6	0.3	0.3	0.0	0.0	0.0	0.5	0.0	0.0
Gabon	646	70.3	81.5	53.2	56.7	52.3	43.4	4.8	2.7	4.7	0.9	1.1	1.6

2017, International Monetary Fund: *Direction of Trade Statistics Yearbook*

Cameroon (622)

In Millions of U.S. Dollars

		Exports (FOB) 2011	2012	2013	2014	2015	2016	Imports (CIF) 2011	2012	2013	2014	2015	2016
Gambia, The	648	0.0	0.0	0.0	....	0.1	0.1	0.0	0.2	0.1	0.1	0.0	0.0
Ghana	652	17.9	12.8	1.4	15.6	1.8	1.6	2.3	4.7	33.6	86.3	3.9	3.6
Guinea	656	1.7	1.3	0.5	0.2	0.2	0.2	3.3	0.0	4.7	0.7	0.0	0.0
Guinea-Bissau	654	....	....	0.0	....	....	....	....	....	6.1	2.4	1.6	1.5
Kenya	664	6.0	0.7	0.2	0.4	0.0	0.0	0.3	0.3	0.6	0.3	0.8	0.7
Liberia	668	10.6	8.7	6.9	7.7	4.9	4.2	0.1	0.3	....	....	....	....
Madagascar	674	0.0	0.1	0.1	0.0	0.1	0.1	0.0	0.0	0.4	0.0	0.0	0.0
Malawi	676	....	....	....	....	....	....	0.6	0.9	....	0.0	0.0	0.0
Mali	678	0.8	0.9	1.3	0.8	0.9	0.8	0.1	0.0	0.0	0.0	0.0	0.0
Mauritius	684	0.9	0.6	0.8	0.5	1.8	2.1	1.2	0.9	0.7	0.7	1.5	0.2
Mozambique	688	0.2	0.3	0.2	0.3	0.3	0.3	....	0.0	0.0	0.1	0.8	0.7
Namibia	728	13.5	0.1	....	0.1	0.1	0.1	12.5	14.8	17.2	10.2	10.4	10.7
Niger	692	0.0	1.3	0.2	0.1	....	....	0.0	0.0	....	0.0	0.0	0.0
Nigeria	694	97.5	149.7	80.0	107.5	42.4	38.3	1,534.0	1,157.3	914.9	1,354.9	732.5	681.1
Rwanda	714	....	0.0	0.0	0.0	0.4	2.3	....	0.0	0.0	0.0	0.0	0.0
São Tomé & Príncipe	716	0.0	0.0	1.0	0.2	0.0	0.0	0.0	0.4	0.0	0.0	0.0	0.0
Senegal	722	11.7	21.1	20.3	14.8	16.1	7.8	32.8	33.5	30.6	37.8	44.5	23.2
Seychelles	718	....	....	0.2	....	0.0	0.0	....	0.0	0.8	0.0	0.0	0.0
Sierra Leone	724	0.0	0.1	0.0	....	0.0	0.0	0.0	0.0	0.0	0.0	0.0	0.0
South Africa	199	....	....	....	....	53.6	18.3	154.2	126.4	136.0	122.3	122.5	108.7
Swaziland	734	0.0	....	....	....	....	....	0.1	0.1	0.1	0.1	0.1	0.1
Tanzania	738	0.1	0.3	0.1	0.1	0.2	0.1	0.2	0.5	0.0	0.1	0.0	0.0
Togo	742	3.4	45.7	13.7	3.2	15.0	15.0	1.0	191.4	73.3	176.8	234.9	241.0
Uganda	746	0.8	0.8	0.6	0.4	0.2	0.2	0.0	0.0	0.0	0.0	0.1	0.1
Zambia	754	0.1	0.1	0.4	0.1	0.1	0.0	0.0	0.0	0.0	0.0	0.1	1.3
Zimbabwe	698	....	0.0	0.0	0.0	0.0	0.0	0.0	0.0	....	....	0.2	0.0
Western Hemisphere	205	**197.8**	**27.6**	**29.5**	**5.2**	**36.2**	**31.6**	**341.0**	**221.9**	**284.0**	**243.0**	**215.0**	**191.8**
Antigua and Barbuda	311	88.1	0.0	0.1	0.1	0.1	0.1	31.9	26.8	30.0	29.9	20.7	19.3
Argentina	213	0.4	0.2	0.3	0.2	0.3	0.6	63.2	51.7	57.7	51.9	49.9	75.1
Belize	339	....	....	....	....	....	....	28.9	9.5	1.1	4.8	2.2	2.2
Bolivia	218	0.1	....	....	....	0.0	0.0	0.0	....	0.0	0.0	0.0	....
Brazil	223	3.1	6.2	4.5	3.4	2.6	1.5	155.9	103.4	121.1	115.0	111.2	65.7
Chile	228	0.0	....	....	....	....	....	3.1	2.5	28.5	8.6	3.0	6.1
Colombia	233	26.8	....	0.0	0.1	0.0	0.0	2.4	3.3	1.9	3.2	3.6	2.1
Costa Rica	238	3.5	3.2	1.7	0.1	0.1	0.1	10.4	2.4	3.8	9.7	8.8	2.9
Dominican Republic	243	0.8	1.1	1.3	1.3	1.3	1.1	0.1	0.3	3.3	1.3	0.0	0.0
El Salvador	253	....	....	....	....	....	0.4 e	0.0	0.0	....	0.0	0.1	0.9
Guatemala	258	....	....	....	....	....	....	0.0	0.0	13.7	2.2	5.3	4.9
Haiti	263	0.0	....	0.0	0.0	0.1	0.1	....	....	....	....	0.1	0.1
Honduras	268	....	....	....	....	....	....	0.2	0.0	0.7	0.0	0.0	0.0
Mexico	273	0.5	0.7	0.6	0.1	0.1	0.1	5.0	3.5	7.6	9.0	6.2	6.2
Netherlands Antilles	353	74.4	16.1	20.9	....	31.5	27.5	....	0.0	0.1	....	0.1	0.1
Panama	283	....	....	0.0	0.0	....	....	1.8	0.1	....	....	0.1	0.1
Paraguay	288	....	....	....	....	....	....	0.6	....	8.4	1.4	....	....
Peru	293	....	....	....	....	0.0	0.0	5.8	0.9	3.0	0.7	0.2	0.4
St. Vincent & Grens.	364	....	0.0	....	....	....	....	19.2	....	....	....	....	....
Uruguay	298	....	....	0.0	....	....	....	12.7	2.6	3.1	5.2	1.8	4.0
Venezuela, Rep. Bol.	299	....	0.0	....	....	0.0	0.0	0.1	14.7	0.0	0.0	1.7	1.6
Western Hem. n.s.	399	....	....	....	....	....	....	....	0.1	....	....	....	....
Other Countries n.i.e	910	**0.7**	**0.4**	**3.0**	**0.0**	**0.2**	**0.2**	**0.2**	**0.1**	**0.0**	**0.2**	**0.2**	**0.2**
Korea, Dem. People's Rep.	954	0.7	0.4	3.0	0.0	0.2	0.2	0.2	0.0	0.0	0.2	0.2	0.2
Countries & Areas n.s.	898	....	3.1	22.3	....	....	....	....	16.4	....	....	....	....
Memorandum Items													
Africa	605	907.2	757.3	555.5	660.9	493.5	388.1	2,073.7	1,904.9	1,686.4	2,271.8	1,511.1	1,412.9
Middle East	405	16.1	20.3	17.6	24.0	22.9	18.7	149.9	133.4	117.4	132.6	122.4	113.7
European Union	998	2,294.5	2,330.5	2,908.2	2,641.1	1,922.3	1,760.9	2,043.1	2,168.8	2,078.0	2,013.9	1,687.4	1,726.2
Export earnings: fuel	080	601.9	529.9	392.2	443.8	313.2	264.5	1,767.8	1,434.4	1,225.0	1,647.4	969.3	956.9
Export earnings: nonfuel	092	3,913.3	3,738.1	4,085.0	4,702.8	3,744.6	2,951.5	5,007.1	5,071.8	5,423.4	5,891.0	5,072.5	4,788.0

Canada (156)
In Millions of U.S. Dollars

		Exports (FOB)						Imports (FOB)					
		2011	2012	2013	2014	2015	2016	2011	2012	2013	2014	2015	2016
IFS World		451,433.3	455,540.5	458,291.5	476,241.5	409,701.9	390,184.4	451,391.9	462,447.1	461,897.5	463,066.4	419,277.1	402,412.3
World	001	451,334.3	455,249.7	458,321.2	474,626.7	408,265.0	389,662.6	451,473.5	462,445.5	461,903.7	460,932.6	419,783.2	402,769.7
Advanced Economies	110	400,267.4	401,990.9	406,221.4	424,852.0	362,833.0	346,373.2	311,958.1	321,512.4	327,537.3	332,070.2	299,633.4	286,190.1
Euro Area	163	19,713.5	18,088.1	17,179.1	19,978.1	15,585.5	15,360.9	35,767.5	36,577.0	37,976.5	38,465.6	35,889.4	34,643.2
Austria	122	393.2	322.6	409.6	246.9	257.2	173.0	1,292.4	1,339.5	1,438.7	1,521.0	1,403.3	1,321.8
Belgium	124	2,416.6	2,312.8	2,418.3	3,190.4	2,383.8	2,223.8	1,685.0	1,723.7	1,760.5	1,870.6	1,685.4	1,674.6
Cyprus	423	12.5	9.6	7.9	80.3	6.2	13.5	3.0	3.7	3.7	3.0	3.1	2.9
Estonia	939	104.8	22.9	18.1	29.7	18.1	15.4	91.6	48.5	79.7	86.1	84.4	126.1
Finland	172	761.1	455.9	336.3	540.2	508.8	505.9	1,719.3	1,048.3	1,265.3	1,272.0	763.5	639.8
France	132	3,110.9	3,154.3	3,053.4	2,997.8	2,447.2	2,576.4	5,605.5	5,020.6	5,225.6	5,350.1	5,316.7	4,515.5
Germany	134	3,994.0	3,578.6	3,379.4	2,840.5	2,821.9	3,066.8	12,950.7	14,311.7	14,950.7	14,444.7	13,560.0	13,029.9
Greece	174	89.1	98.4	86.3	105.8	88.8	62.7	170.3	153.1	148.6	168.1	178.6	182.2
Ireland	178	376.8	317.2	414.9	458.4	472.7	375.5	1,230.0	1,272.8	1,350.4	1,350.9	1,300.5	1,458.3
Italy	136	1,991.4	1,710.3	1,886.9	3,780.8	1,763.1	1,750.3	5,163.4	5,229.8	5,645.0	5,798.7	5,763.2	5,695.3
Latvia	941	49.9	54.7	145.4	27.9	22.9	167.7	27.6	20.1	21.4	30.0	33.8	27.7
Lithuania	946	58.8	78.2	86.5	68.9	40.6	38.5	613.8	186.4	185.0	210.6	185.0	284.2
Luxembourg	137	90.1	175.9	79.4	83.6	158.5	100.9	116.3	147.5	155.4	148.6	145.1	117.4
Malta	181	53.1	59.2	108.7	745.8	745.5	550.9	26.0	35.7	48.8	41.4	43.8	35.0
Netherlands	138	4,857.0	4,562.7	3,459.8	3,470.8	2,785.6	2,121.0	2,589.2	3,543.8	3,283.8	3,351.3	2,684.1	2,785.3
Portugal	182	226.5	125.1	301.5	205.5	146.6	194.4	360.0	310.1	364.3	431.1	486.9	423.3
Slovak Republic	936	131.8	69.7	44.3	30.6	18.4	32.3	253.5	288.4	296.3	286.4	302.4	393.7
Slovenia	961	13.8	59.6	10.8	57.2	19.8	43.5	102.6	143.1	126.4	113.6	112.0	126.3
Spain	184	982.2	920.5	931.5	1,017.0	879.8	1,348.3	1,767.4	1,750.2	1,626.6	1,987.2	1,837.6	1,804.1
Australia	193	1,918.3	2,038.1	1,604.6	1,590.3	1,476.8	1,464.3	1,786.2	2,079.1	1,748.7	1,305.2	1,314.7	1,513.7
China,P.R.: Hong Kong	532	2,986.4	2,473.8	4,744.6	4,134.8	3,054.3	1,750.2	322.5	279.7	249.1	250.7	252.1	221.8
China,P.R.: Macao	546	3.7	7.6	25.1	26.7	45.7	17.5	8.7	13.6	15.6	7.1	4.7	4.5
Czech Republic	935	121.7	117.1	129.6	117.0	148.1	131.5	377.4	411.8	434.0	451.1	457.0	409.4
Denmark	128	276.5	333.8	235.6	240.4	265.1	286.9	1,467.9	948.9	973.6	971.5	797.6	774.8
Iceland	176	53.3	49.9	43.0	59.7	69.0	57.7	42.1	55.8	43.2	57.9	77.1	61.2
Israel	436	403.0	265.8	369.2	404.7	267.2	311.9	993.5	1,145.9	1,029.4	1,000.6	946.5	974.9
Japan	158	10,783.0	10,368.6	10,323.2	9,714.3	7,622.5	8,102.9	13,166.2	15,037.6	13,339.2	12,009.4	11,567.0	11,944.7
Korea, Republic of	542	5,155.8	3,718.5	3,394.5	3,784.5	3,149.4	3,300.5	6,759.9	6,375.2	7,131.0	6,560.3	6,170.0	8,010.7
New Zealand	196	384.9	386.1	384.4	374.2	370.0	351.5	557.6	534.4	499.6	555.4	533.4	501.4
Norway	142	2,826.3	2,322.0	1,999.8	2,024.7	1,466.4	1,150.1	4,379.3	3,744.2	3,654.1	704.3	1,335.2	1,194.4
Singapore	576	814.4	909.2	947.1	1,185.5	1,172.6	1,012.1	1,568.4	1,427.5	1,262.5	1,046.6	748.4	740.5
Sweden	144	486.7	447.7	341.4	354.4	379.1	403.6	2,285.0	2,091.9	1,868.9	1,648.0	1,459.4	1,550.1
Switzerland	146	1,148.4	851.8	1,702.8	1,351.2	936.2	976.2	3,191.4	3,582.8	3,851.8	3,520.8	3,543.5	3,403.1
Taiwan Prov.of China	528	1,767.1	1,464.7	1,462.5	1,269.9	1,145.2	1,195.4	4,983.2	4,585.9	4,579.1	4,184.3	4,265.8	3,833.8
United Kingdom	112	18,978.4	18,783.5	13,612.2	13,761.4	12,501.1	12,911.2	10,468.6	8,542.8	8,193.9	8,278.5	7,191.5	6,217.5
United States	111	332,446.0	339,364.3	347,722.8	364,480.2	313,178.8	297,589.0	223,832.8	234,078.4	240,687.1	251,053.0	223,080.1	210,190.4
Emerg. & Dev. Economies	200	50,593.0	52,828.0	51,643.3	49,368.6	45,042.7	42,966.3	134,791.7	136,941.5	130,491.0	125,093.6	115,699.0	113,368.5
Emerg. & Dev. Asia	505	24,869.9	26,890.0	27,951.9	25,579.1	24,128.8	22,905.0	61,852.8	64,551.4	65,458.9	67,825.1	66,736.3	64,452.6
American Samoa	859	1.2	1.0	1.1	1.2	4.1	1.1	0.6	0.5	0.1	0.4	0.4	0.9
Bangladesh	513	555.8	525.9	642.7	641.7	701.3	584.9	1,080.1	1,132.4	1,157.3	1,110.8	1,158.8	1,222.3
Bhutan	514	0.6	0.0	0.2	0.1	0.2	0.1	0.0	0.1	0.2	0.0	0.3	0.0
Brunei Darussalam	516	3.7	4.3	22.7	9.7	2.3	9.2	8.2	6.7	6.4	6.4	3.5	1.5
Cambodia	522	11.5	7.6	5.1	1.6	20.2	31.4	527.9	599.3	676.6	749.7	803.4	896.8
China,P.R.: Mainland	924	16,948.8	19,393.7	19,892.8	17,503.1	15,799.2	15,819.8	48,651.6	50,771.1	51,161.4	52,980.8	51,240.2	48,581.8
Fiji	819	8.1	10.0	5.8	5.1	19.4	9.1	4.6	4.3	3.8	4.7	4.8	4.7
F.T. French Polynesia	887	12.3	8.5	20.6	15.2	8.8	6.7	0.8	0.8	0.7	1.1	0.9	1.3
F.T. New Caledonia	839	8.4	23.1	14.5	14.5	47.3	32.5	0.2	0.4	0.3	0.1	0.5	0.3
Guam	829	2.1	1.6	2.6	1.9	1.6	2.0	0.2	0.1	0.6	0.2	0.2	0.1
India	534	2,643.2	2,360.4	2,718.0	2,895.9	3,327.8	2,933.5	2,559.8	2,857.9	2,894.2	2,867.1	3,087.2	3,048.7
Indonesia	536	1,663.6	1,683.3	1,855.8	1,831.5	1,423.7	1,094.3	1,446.1	1,314.8	1,333.9	1,367.0	1,307.3	1,222.7
Kiribati	826	0.1	0.0	0.0	0.0	0.1	0.8	0.1	0.1	0.1	0.1	0.0	0.0
Lao People's Dem.Rep	544	7.2	9.5	6.1	10.6	4.5	8.7	6.7	10.0	10.8	14.9	18.5	19.3
Malaysia	548	773.7	783.2	759.1	718.2	622.0	532.0	2,161.3	2,227.7	2,116.4	2,185.9	2,064.8	1,955.7
Maldives	556	6.1	4.8	9.4	16.2	15.0	15.1	0.2	0.9	0.5	0.8	0.9	1.1
Mongolia	948	92.5	72.0	35.3	7.2	6.9	7.5	243.4	166.0	126.0	1.2	2.2	1.4
Myanmar	518	0.8	3.1	8.1	19.2	18.5	28.6	0.1	1.8	8.2	12.8	21.4	62.4

2017, International Monetary Fund: *Direction of Trade Statistics Yearbook*

Canada (156)
In Millions of U.S. Dollars

		Exports (FOB)						Imports (FOB)					
		2011	2012	2013	2014	2015	2016	2011	2012	2013	2014	2015	2016
Nauru	836	....	0.1	0.0	0.2	0.0	....	0.0	0.1	0.3	0.0	0.3	0.2
Nepal	558	6.3	6.6	10.0	10.0	17.6	7.4	15.9	12.3	11.8	11.8	11.1	10.7
Papua New Guinea	853	47.0	31.1	20.9	26.2	24.3	12.7	1.6	1.6	1.6	2.4	2.5	2.8
Philippines	566	563.2	529.6	585.2	515.5	591.0	473.9	926.3	992.3	1,103.5	1,119.6	1,112.3	1,023.3
Samoa	862	0.8	0.1	0.1	0.3	0.3	0.1	0.0	0.1	0.4	0.1	0.0	0.3
Solomon Islands	813	0.3	0.2	0.2	0.3	1.1	0.1	0.2	0.4	0.4	0.3	0.2	0.3
Sri Lanka	524	308.6	322.1	176.7	238.7	247.0	205.6	163.4	189.5	199.6	230.5	260.3	263.3
Thailand	578	850.0	717.7	731.8	647.1	694.3	679.2	2,704.4	2,634.9	2,560.2	2,586.9	2,432.4	2,382.9
Timor-Leste	537	0.3	0.0	0.2	0.2	0.1	0.3	0.4	1.1	1.7	2.6	2.2	2.4
Tonga	866	0.2	0.1	0.1	1.0	0.8	0.2	0.0	0.1	0.0	0.0	0.0	0.0
Vanuatu	846	1.8	1.2	0.7	0.4	0.5	0.2	0.1	0.1	0.1	1.4	0.0	0.2
Vietnam	582	337.6	370.4	414.4	431.7	513.1	393.3	1,345.0	1,618.4	2,074.2	2,558.9	3,195.6	3,742.8
Asia n.s.	598	13.9	18.9	11.8	14.7	15.7	14.8	3.9	5.7	7.6	6.7	4.2	2.5
Europe	170	**4,319.0**	**3,981.7**	**3,626.2**	**3,147.1**	**2,309.4**	**2,513.6**	**8,506.9**	**9,452.7**	**7,693.3**	**5,706.5**	**5,180.8**	**5,254.6**
Emerg. & Dev. Europe	903	**2,404.8**	**1,914.8**	**1,786.9**	**1,631.6**	**1,519.3**	**1,738.8**	**3,520.8**	**3,554.9**	**3,548.1**	**3,884.4**	**3,334.7**	**3,574.9**
Albania	914	61.7	45.2	35.7	43.9	28.8	12.0	6.4	5.3	6.2	6.8	6.5	6.4
Bosnia and Herzegovina	963	4.5	2.2	1.8	3.5	2.0	2.6	11.7	12.9	15.0	14.9	17.5	18.7
Bulgaria	918	193.2	169.6	71.5	88.1	67.9	234.2	152.0	200.5	167.1	108.8	100.5	105.3
Croatia	960	36.7	17.1	20.4	20.5	39.9	16.0	27.3	33.0	97.8	50.2	41.9	42.4
Faroe Islands	816	0.6	0.6	0.4	1.3	0.5	0.8	8.1	9.0	8.2	7.0	9.9	5.1
Gibraltar	823	93.8	28.2	77.7	0.2	0.2	0.2	1.7	0.0	2.8	0.0	0.0	2.7
Hungary	944	371.9	214.3	143.5	82.8	74.1	57.1	361.8	421.7	418.1	495.9	478.7	457.0
Macedonia, FYR	962	17.8	12.3	13.8	5.2	4.5	2.7	8.5	10.0	11.5	13.3	10.2	10.2
Montenegro	943	1.7	1.0	1.4	2.2	1.4	2.5	0.6	0.7	0.6	0.5	0.5	0.4
Poland	964	254.2	446.4	443.5	313.0	347.1	463.7	1,459.0	1,095.3	1,220.7	1,443.8	1,382.5	1,447.8
Romania	968	75.1	114.9	102.1	98.1	66.9	71.1	334.6	273.8	264.4	381.9	210.3	397.3
Serbia, Republic of	942	9.6	10.5	11.8	15.2	13.3	11.0	15.1	14.0	55.5	76.5	62.7	48.2
Turkey	186	1,284.1	852.4	863.3	957.4	872.7	864.9	1,133.9	1,478.6	1,280.1	1,284.8	1,013.5	1,033.3
CIS	901	**1,914.1**	**2,066.8**	**1,839.4**	**1,515.3**	**789.9**	**774.6**	**4,985.7**	**5,896.5**	**4,144.7**	**1,822.0**	**1,845.8**	**1,679.3**
Armenia	911	16.9	13.7	13.8	13.7	9.9	4.6	67.7	80.0	86.5	93.3	111.7	142.1
Azerbaijan, Rep. of	912	13.6	40.8	30.2	37.2	11.3	9.7	437.3	1,235.6	463.0	431.4	341.8	101.9
Belarus	913	2.2	2.9	1.6	30.1	5.8	2.6	35.6	120.8	34.1	43.9	27.1	74.4
Georgia	915	22.8	20.2	27.6	12.8	12.1	16.7	113.2	106.5	87.2	69.0	78.7	46.1
Kazakhstan	916	154.4	101.8	166.8	116.4	93.0	61.1	2,891.9	3,190.0	2,518.4	431.7	407.2	523.4
Kyrgyz Republic	917	13.7	20.6	14.3	13.0	11.6	10.8	0.2	0.9	0.1	0.2	0.2	0.2
Moldova	921	1.2	1.2	4.0	4.1	1.3	0.9	2.1	3.5	3.3	4.2	7.8	7.8
Russian Federation	922	1,509.7	1,654.0	1,348.9	1,131.5	451.8	457.6	1,297.4	993.3	841.1	655.8	816.4	701.9
Tajikistan	923	3.6	5.0	9.7	7.7	11.4	3.4	0.0	0.1	0.0	0.0	0.0	0.0
Turkmenistan	925	17.0	49.9	13.9	12.5	5.2	4.9	0.7	0.9	1.1	1.7	1.6	0.3
Ukraine	926	151.4	149.4	204.4	130.9	165.7	199.0	137.8	164.4	109.6	90.2	53.0	81.0
Uzbekistan	927	7.4	7.3	4.2	5.4	10.9	3.3	1.9	0.6	0.4	0.5	0.3	0.3
Europe n.s.	884	0.1	0.1	0.0	0.3	0.2	0.1	0.5	1.3	0.5	0.1	0.2	0.4
Mid East, N Africa, Pak	440	**5,604.3**	**6,136.3**	**5,057.3**	**5,595.0**	**5,148.9**	**4,928.2**	**13,321.4**	**14,488.5**	**11,162.6**	**6,903.7**	**3,975.1**	**4,484.9**
Afghanistan, I.R. of	512	58.3	42.2	39.2	15.7	10.9	20.0	1.6	2.0	2.0	2.2	2.3	3.0
Algeria	612	250.2	420.8	359.0	414.3	467.4	386.4	5,538.2	5,992.0	3,267.7	1,205.9	741.9	1,417.3
Bahrain, Kingdom of	419	73.9	69.6	37.0	49.8	35.9	25.6	4.3	78.3	52.4	37.0	33.9	24.6
Djibouti	611	1.7	3.1	2.6	1.6	1.4	2.0	0.0	0.0	0.0	0.0	0.0	0.0
Egypt	469	719.7	452.1	479.1	418.7	335.0	250.6	453.8	522.8	605.2	558.4	580.5	780.9
Iran, I.R. of	429	127.5	95.8	13.8	57.5	75.3	101.2	34.9	40.0	22.1	20.3	21.2	35.0
Iraq	433	187.7	395.7	191.9	253.8	139.0	97.2	2,479.0	3,940.9	3,125.1	1,690.2	0.2	1.1
Jordan	439	70.8	115.3	63.7	70.9	70.0	61.3	19.0	21.8	44.6	56.6	60.6	69.3
Kuwait	443	131.3	97.3	133.0	129.2	138.8	125.5	59.1	19.6	120.6	3.4	12.3	11.1
Lebanon	446	91.7	115.3	72.0	76.1	89.0	113.4	17.6	20.9	19.8	22.3	21.9	21.4
Libya	672	51.3	153.5	112.3	71.4	22.8	12.7	5.2	5.9	80.8	9.1	10.7	5.9
Mauritania	682	16.1	20.0	17.7	10.6	5.6	10.8	0.1	0.2	0.3	0.1	0.2	0.4
Morocco	686	303.4	369.4	430.1	357.9	238.9	259.3	118.9	154.5	187.9	280.3	319.4	318.4
Oman	449	114.2	185.8	126.1	117.7	120.7	110.1	19.4	30.7	7.7	50.8	40.3	23.8
Pakistan	564	693.3	280.0	158.3	351.7	542.4	812.2	263.4	277.7	286.0	286.2	274.8	274.5
Qatar	453	163.8	201.4	121.0	172.6	135.6	132.9	402.6	171.6	179.3	54.1	38.7	27.2
Saudi Arabia	456	869.3	1,384.4	888.3	1,127.8	933.9	936.8	2,774.3	2,849.3	2,634.0	2,415.5	1,612.8	1,303.6

Canada (156)

In Millions of U.S. Dollars

		Exports (FOB)						Imports (FOB)					
		2011	2012	2013	2014	2015	2016	2011	2012	2013	2014	2015	2016
Somalia	726	1.2	0.3	0.8	1.3	1.1	1.9	0.1	0.1	0.0	0.1	0.2	0.2
Sudan	732	141.0	114.9	148.7	209.4	93.8	33.1	118.7	106.2	70.8	64.6	24.9	0.3
Syrian Arab Republic	463	53.3	10.2	1.8	2.8	2.7	3.3	38.9	2.9	1.7	0.5	0.7	1.0
Tunisia	744	102.0	136.8	103.8	83.4	97.6	78.2	53.8	51.2	311.5	67.3	66.9	68.8
United Arab Emirates	466	1,371.6	1,458.4	1,537.5	1,580.8	1,585.9	1,349.5	918.6	199.8	142.8	78.5	110.4	96.8
Yemen, Republic of	474	11.0	14.1	19.4	20.1	5.2	4.3	0.1	0.1	0.2	0.1	0.2	0.1
Sub-Saharan Africa	603	**1,944.4**	**2,181.7**	**2,237.3**	**2,569.0**	**2,230.1**	**1,689.6**	**8,238.1**	**6,660.7**	**4,565.5**	**3,566.6**	**2,758.6**	**2,692.2**
Angola	614	126.2	108.5	77.1	75.3	54.4	40.7	2,472.4	1,934.2	1,509.5	1,066.4	521.8	2.8
Benin	638	14.2	22.3	22.4	27.6	27.6	14.3	0.0	0.1	0.2	0.0	0.0	0.2
Botswana	616	4.9	3.5	300.2	564.0	503.4	229.5	0.1	0.9	7.4	0.2	1.6	1.6
Burkina Faso	748	50.4	66.8	48.3	24.0	27.7	36.4	5.3	7.7	0.4	43.6	28.4	31.7
Burundi	618	1.1	1.4	2.5	2.9	0.4	1.1	0.4	0.4	0.2	0.2	0.4	0.3
Cabo Verde	624	1.9	0.7	1.5	61.3	1.7	1.9	0.1	0.0	0.0	0.1	0.1	0.1
Cameroon	622	27.4	39.7	42.9	6.9	57.0	42.1	7.6	11.1	8.7	102.2	5.5	7.3
Central African Rep.	626	0.3	0.2	0.0	0.0	1.3	0.3	0.6	0.8	0.9	0.7	0.3	0.1
Chad	628	3.0	4.3	24.0	32.7	8.2	1.5	0.4	115.9	0.3	0.2	0.2	0.3
Comoros	632	0.4	0.5	0.3	0.8	0.4	1.3	0.2	0.4	0.3	0.2	0.1	0.0
Congo, Dem. Rep. of	636	19.3	22.8	15.8	22.7	21.1	12.1	1.0	1.6	3.6	24.0	55.7	20.7
Congo, Republic of	634	26.4	20.4	18.3	0.8	22.1	29.4	4.0	2.0	2.7	6.3	13.8	58.0
Côte d'Ivoire	662	20.4	37.8	36.8	74.6	51.5	51.6	636.0	449.5	471.7	469.2	239.5	319.1
Equatorial Guinea	642	11.6	10.9	5.1	4.0	3.1	4.7	644.6	440.4	0.0	0.0	0.0	41.7
Eritrea	643	4.8	2.6	1.2	1.0	0.4	0.2	324.8	373.1	157.2	0.0	15.1	10.5
Ethiopia	644	20.8	124.7	20.5	124.6	25.7	61.8	17.7	17.7	17.3	22.2	19.0	25.2
Gabon	646	20.7	26.1	27.8	24.4	24.7	9.2	3.5	1.1	1.1	2.5	14.3	0.9
Gambia, The	648	0.8	1.0	1.3	0.9	0.7	1.1	0.1	0.1	0.1	0.1	0.1	0.1
Ghana	652	269.6	216.5	246.1	142.2	168.5	190.6	56.7	20.3	22.2	21.3	38.6	50.2
Guinea	656	27.4	28.4	13.9	9.5	11.2	11.7	58.6	72.4	48.6	46.0	45.8	38.7
Guinea-Bissau	654	0.2	0.1	0.1	0.0	0.0	0.2	0.0	0.0	0.0	0.0	0.0	0.0
Kenya	664	83.7	95.8	107.5	111.9	73.0	83.0	22.7	21.2	22.0	25.6	24.2	24.3
Lesotho	666	0.1	1.1	0.0	0.3	1.1	0.0	12.0	9.0	7.4	5.6	5.4	5.8
Liberia	668	15.7	14.1	11.2	12.4	8.4	10.1	34.0	34.3	33.1	32.0	31.7	30.1
Madagascar	674	24.2	20.3	21.2	13.1	18.7	8.7	64.1	86.1	94.2	84.5	63.4	58.7
Malawi	676	4.7	4.0	8.5	6.1	12.2	7.4	126.6	109.3	132.3	62.1	2.4	3.6
Mali	678	26.5	16.0	11.9	11.1	15.8	21.6	0.9	1.2	0.4	0.5	0.7	0.9
Mauritius	684	5.3	4.8	5.4	5.9	7.4	6.2	9.9	13.0	13.9	14.4	18.9	14.2
Mozambique	688	13.7	38.9	51.9	81.9	34.7	34.1	3.7	5.2	4.7	2.9	0.7	2.9
Namibia	728	7.9	9.8	15.8	9.9	6.1	6.4	233.2	195.6	157.8	78.9	99.7	46.7
Niger	692	9.6	6.6	4.5	3.2	4.6	13.7	1.3	0.5	1.1	1.2	1.5	1.3
Nigeria	694	229.5	327.3	433.9	477.5	365.3	236.3	2,519.9	2,015.3	1,146.2	394.7	765.8	1,199.0
Rwanda	714	1.8	51.5	5.2	26.1	25.3	3.4	1.1	1.7	1.9	1.0	0.9	1.4
São Tomé & Príncipe	716	0.2	0.2	0.1	0.1	....	0.1	0.2	0.0	0.0	0.0	0.0	0.0
Senegal	722	28.6	37.4	25.2	37.3	26.9	30.0	0.9	0.9	2.6	2.7	6.4	4.7
Seychelles	718	6.9	10.6	19.2	22.4	8.1	1.3	0.6	3.0	2.2	1.5	3.7	0.8
Sierra Leone	724	11.6	11.4	9.1	6.5	7.1	5.6	4.9	0.9	1.0	1.4	2.2	1.8
South Africa	199	689.5	634.6	454.5	398.1	488.9	355.8	935.6	692.9	665.3	1,000.1	688.7	644.9
South Sudan, Rep. of	733	....	....	....	....	....	0.3	....	....	....	....	....	—
Swaziland	734	1.5	2.0	4.2	4.6	2.3	2.9	1.9	3.0	2.5	1.6	1.5	1.3
Tanzania	738	61.7	80.7	73.6	66.2	40.1	65.4	5.4	9.0	8.3	39.6	9.8	10.4
Togo	742	15.7	24.8	15.8	16.2	14.6	12.7	13.2	0.7	1.6	2.4	19.5	19.8
Uganda	746	11.7	10.0	22.6	29.2	21.4	20.1	3.4	3.2	4.5	4.4	7.2	6.5
Zambia	754	33.3	33.1	25.6	23.9	32.4	14.1	1.4	2.8	2.7	2.1	2.3	0.9
Zimbabwe	698	9.3	7.6	4.1	3.8	4.4	8.5	6.9	2.1	7.4	1.7	1.8	1.8
Africa n.s.	799	0.1	0.2	0.1	1.0	0.1	0.1	0.1	0.0	0.2	0.1	0.2	0.8
Western Hemisphere	205	**13,855.4**	**13,638.3**	**12,770.6**	**12,478.4**	**11,225.5**	**10,930.0**	**42,872.4**	**41,788.2**	**41,610.6**	**41,091.7**	**37,048.3**	**36,484.2**
Anguilla	312	....	....	....	....	....	0.3	....	....	....	....	....	0.0
Antigua and Barbuda	311	10.4	18.9	15.5	10.3	8.4	7.2	0.4	1.7	0.6	0.4	0.4	0.2
Argentina	213	501.0	299.4	283.9	220.9	242.5	231.7	2,377.4	2,226.3	1,800.2	1,760.6	1,447.0	1,207.8
Aruba	314	7.0	11.4	15.2	9.5	7.5	11.2	5.6	0.0	4.4	4.8	43.5	19.9
Bahamas, The	313	129.7	506.5	188.1	224.4	59.8	89.6	22.1	149.0	42.2	83.5	28.1	10.3
Barbados	316	72.8	62.5	147.0	177.7	56.8	32.5	7.0	9.5	18.2	11.6	8.8	8.9

2017, International Monetary Fund: *Direction of Trade Statistics Yearbook*

Canada (156)
In Millions of U.S. Dollars

		Exports (FOB) 2011	2012	2013	2014	2015	2016	Imports (FOB) 2011	2012	2013	2014	2015	2016
Belize	339	6.2	8.5	8.2	19.6	7.9	8.4	7.6	3.2	2.4	1.5	2.9	1.5
Bermuda	319	80.7	34.3	38.1	33.0	32.7	56.0	1.0	2.4	1.1	1.3	1.4	3.0
Bolivia	218	16.5	33.7	25.2	37.5	22.4	19.0	240.6	250.7	226.7	238.4	150.7	152.7
Brazil	223	2,872.4	2,609.8	2,384.5	1,969.5	1,769.5	1,544.0	3,936.6	3,977.0	3,518.6	3,134.6	2,919.2	2,920.5
Chile	228	824.4	789.6	777.1	1,029.5	619.5	548.2	1,935.4	1,680.8	1,706.4	1,561.0	1,454.0	1,271.6
Colombia	233	766.6	828.8	690.1	847.2	613.0	592.4	806.3	664.9	672.1	806.5	649.3	595.1
Costa Rica	238	161.6	185.6	111.3	164.6	127.0	109.0	481.9	513.8	574.3	523.1	393.3	384.2
Curaçao	354	....	....	....	....	....	2.6	....	....	....	....	....	0.6
Dominica	321	4.1	5.5	4.8	8.3	3.8	3.2	0.3	0.2	1.1	0.3	0.6	0.2
Dominican Republic	243	150.6	127.6	148.1	176.9	137.7	114.2	150.0	284.6	1,193.8	1,488.8	804.7	877.6
Ecuador	248	284.3	265.3	294.0	258.5	257.5	183.6	227.1	261.3	285.5	252.0	247.7	204.2
El Salvador	253	36.6	34.7	41.6	45.3	46.8	45.0	131.5	97.3	106.8	80.3	85.3	50.7
Falkland Islands	323	0.1	0.0	0.1	0.2	0.0	0.0	0.4	0.6	0.4	0.1	0.7	0.9
Greenland	326	16.0	10.9	9.9	13.2	17.4	17.2	0.8	0.4	0.2	0.6	0.4	0.5
Grenada	328	4.8	5.7	4.6	5.5	4.8	6.2	1.7	2.3	1.8	1.8	1.7	1.2
Guatemala	258	111.3	113.8	95.5	101.0	94.8	86.6	411.0	405.9	367.3	492.8	489.8	613.4
Guyana	336	38.1	26.8	18.2	23.5	20.1	27.9	399.0	455.3	472.5	304.1	209.3	503.3
Haiti	263	38.2	36.0	36.8	43.5	43.1	47.6	26.1	30.2	31.5	36.5	30.0	28.8
Honduras	268	49.7	38.8	42.5	40.4	31.2	28.3	188.8	218.7	228.1	221.5	264.0	265.2
Jamaica	343	113.2	136.7	117.2	109.1	89.2	85.7	277.7	102.4	199.1	239.2	186.3	154.1
Mexico	273	5,540.5	5,394.8	5,231.0	4,961.1	5,134.7	5,766.2	24,835.9	25,553.0	25,941.4	25,992.1	24,365.6	25,033.6
Netherlands Antilles	353	134.2	167.6	42.9	19.6	20.7	19.9	24.4	0.4	0.4	6.8	4.2	1.9
Nicaragua	278	37.7	45.5	33.2	25.4	34.3	23.5	337.3	400.3	389.9	316.8	154.7	94.2
Panama	283	112.9	92.1	92.0	86.2	107.9	92.7	125.6	122.2	71.4	10.0	8.7	5.9
Paraguay	288	13.9	17.0	18.0	20.1	15.7	13.1	6.4	9.9	11.9	12.7	9.9	11.1
Peru	293	521.7	537.7	588.7	721.6	669.3	574.6	4,451.2	3,688.5	2,987.0	2,739.2	2,552.0	1,846.4
St. Kitts and Nevis	361	8.4	7.5	8.4	12.3	6.8	6.2	9.5	9.9	9.0	5.9	3.4	2.3
St. Lucia	362	9.5	10.1	10.6	10.8	8.8	8.0	0.3	0.3	0.3	0.3	0.2	0.4
St. Vincent & Grens.	364	7.6	6.9	8.9	12.4	9.4	5.3	0.3	0.2	0.2	0.1	0.1	0.1
Suriname	366	14.8	20.6	16.0	16.0	66.1	23.6	255.9	121.3	119.2	128.1	98.2	7.7
Trinidad and Tobago	369	346.1	329.4	329.5	285.9	239.9	164.5	393.4	246.2	184.0	504.1	268.8	116.4
Uruguay	298	114.7	42.4	48.1	52.6	65.2	112.8	41.4	72.2	70.4	93.7	74.3	70.3
Venezuela, Rep. Bol.	299	614.3	740.4	758.1	618.2	497.0	192.8	750.4	220.7	339.4	31.4	84.9	12.8
Western Hem. n.s.	399	82.8	35.2	87.8	67.2	36.4	29.3	4.0	4.7	30.6	5.0	4.2	4.5
Other Countries n.i.e	910	**473.0**	**423.0**	**454.9**	**405.2**	**385.0**	**319.9**	**712.1**	**540.3**	**484.2**	**508.2**	**409.4**	**293.4**
Cuba	928	468.5	422.5	454.8	405.1	385.0	319.8	712.0	540.2	484.1	508.1	409.2	293.3
Korea, Dem. People's Rep.	954	4.4	0.5	0.1	0.1	....	0.0	0.1	0.1	0.1	0.1	0.1	0.1
Special Categories	899	....	....	....	....	....	....	**4,010.9**	**3,451.1**	**3,390.9**	**3,260.4**	**971.0**	....
Countries & Areas n.s.	898	**0.9**	**7.8**	**1.5**	**1.0**	**4.3**	**3.1**	**0.7**	**0.2**	**0.3**	**0.2**	**3,070.4**	**2,917.7**
Memorandum Items													
Africa	605	2,760.0	3,247.1	3,300.0	3,647.5	3,135.9	2,460.9	14,067.8	12,964.8	8,403.8	5,184.8	3,912.1	4,497.7
Middle East	405	4,037.2	4,748.7	3,797.0	4,149.0	3,689.9	3,324.4	7,226.7	7,904.6	7,036.4	4,997.0	2,544.4	2,401.9
European Union	998	40,507.8	38,732.4	32,278.9	35,053.8	29,474.8	29,936.2	52,701.1	50,596.7	51,615.2	52,295.3	48,008.8	46,044.7
Export earnings: fuel	080	7,495.6	9,022.8	7,805.2	7,964.4	6,331.8	5,299.2	24,934.3	24,908.7	17,831.9	10,397.3	6,912.6	6,661.9
Export earnings: nonfuel	092	443,838.6	446,226.9	450,516.0	466,662.3	401,933.2	384,363.4	426,539.2	437,536.8	444,071.8	450,535.3	412,870.6	396,107.8

Central African Republic (626)
In Millions of U.S. Dollars

		\multicolumn{6}{c}{Exports (FOB)}	\multicolumn{6}{c}{Imports (CIF)}
		2011	2012	2013	2014	2015	2016	2011	2012	2013	2014	2015	2016
IFS World		....	....	....	....	....	....	....	....	....	....	....	....
World	001	105.2	114.5	53.4	28.0	190.1	97.9	214.9	217.7	129.9	308.1	456.7	407.0
Advanced Economies	110	65.5	75.7	33.6	18.5	160.7	30.9	138.7	113.1	76.9	187.5	245.4	160.4
Euro Area	163	42.9	71.3	28.8	11.6	67.0	29.9	98.7	83.2	51.9	116.0	145.8	122.8
Austria	122	0.0	....	....	0.3	1.1	0.0	0.6	0.0	....	0.0	0.0	0.0
Belgium	124	1.5	51.4	16.1	0.0	0.1	0.1	5.7	8.2	2.9	28.8	15.3	23.0
Cyprus	423	0.0	....	....	0.0	....	0.0	0.0	....	....	0.0	0.1	0.1
Finland	172	0.0	....	....	....	0.6	0.7	0.1	0.0	0.0	0.1	0.0	0.1
France	132	27.3	11.1	5.4	4.3	61.6	13.9	68.1	54.8	32.0	66.1	96.2	74.5
Germany	134	6.7	8.4	7.2	6.9	3.5	15.0	14.1	6.8	1.7	3.2	4.2	3.9
Greece	174	....	....	....	....	....	....	....	0.1	....	....	0.0	0.0
Ireland	178	0.0	....	....	....	0.0	0.0	0.1	0.0	0.2	0.1	0.0	0.0
Italy	136	1.1	0.1	0.0	0.0	0.0	0.1	2.4	6.1	2.4	12.4	22.6	12.6
Luxembourg	137	0.1	....	....	....	....	....	0.0	0.0	....	0.2	0.0	0.0
Netherlands	138	3.3	0.1	....	....	....	....	4.6	3.8	11.5	3.5	4.8	5.6
Portugal	182	0.1	0.2	0.0	....	0.0	0.0	1.0	0.2	0.1	0.0	0.0	0.0
Slovak Republic	936	0.0	....	....	....	....	....	....	0.0	0.0	....	....	0.1
Spain	184	2.8	0.1	0.0	....	0.0	0.1	1.9	3.1	1.1	1.5	2.6	2.8
Australia	193	0.0 e	0.0 e	0.0 e	....	0.1 e	....	....	0.0	0.1	1.0	1.6	3.1
Canada	156	0.0	....	....	....	0.1	0.0	0.1	0.3	0.3	0.1	0.6	0.1
China,P.R.: Hong Kong	532	0.1	2.1	....	....	....	....	0.2	0.3	0.5	0.1	0.1	0.1
China,P.R.: Macao	546	....	0.0 e	0.0 e	0.1 e	....	....	....	....	....	....	....	....
Czech Republic	935	1.0 e	0.3 e	0.1 e	0.0 e	0.0 e	0.0 e	0.1	0.0	0.0	0.6	0.2	0.1
Denmark	128	0.3	0.1	0.1	0.1	0.3	0.2	1.3	1.4	4.1	8.0	8.5	6.5
Iceland	176	....	....	....	....	0.2	0.2	....	0.0	....	....	....	....
Israel	436	0.2	0.0	....	....	....	....	0.4	0.4	0.2	1.2	3.7	1.5
Japan	158	15.6	0.1	0.0	0.0	0.1	0.1	29.3	16.0	3.7	23.4	17.8	4.6
Korea, Republic of	542	0.1	0.1	0.2	0.0	....	....	0.3	0.2	0.1	0.6	0.3	0.1
New Zealand	196	0.0 e	0.0 e	0.0 e	0.0 e	0.0 e	0.0 e	....	0.0	0.0	0.0	1.1	....
Norway	142	....	0.0 e	4.3 e	6.6 e	92.8 e	0.0 e	....	....	0.0	0.1	....	....
Singapore	576	0.1	0.2	....	....	0.0	0.0	0.2	0.3	0.0	0.0	1.0	1.1
Sweden	144	0.8	....	....	....	....	....	0.8	0.2	0.0	0.4	0.2	0.5
Switzerland	146	0.3	1.0	0.0	....	....	....	0.9	1.0	2.3	5.5	6.0	2.6
Taiwan Prov.of China	528	0.6 e	0.3 e	0.0 e	0.0 e	0.0 e	0.4 e	0.0 e	0.1 e	0.2 e	0.0 e	0.0 e	0.2 e
United Kingdom	112	3.0	0.0	....	....	....	....	2.8	1.5	0.6	1.5	2.6	1.6
United States	111	0.5	0.1	0.0	0.0	0.0	0.0	3.7	8.1	12.7	28.9	55.9	15.6
Emerg. & Dev. Economies	200	39.7	38.8	19.7	9.5	29.3	67.0	76.2	104.4	52.9	120.6	211.1	246.6
Emerg. & Dev. Asia	505	11.7	16.0	9.4	8.3	8.0	9.6	22.9	43.4	18.3	43.7	55.3	57.9
Cambodia	522	....	....	....	....	....	0.1 e	....	....	....	....	0.0	0.0
China,P.R.: Mainland	924	8.7	15.3	8.9	7.8	6.6	7.9	14.2	24.8	9.0	20.3	30.3	27.2
F.T. New Caledonia	839	0.0 e	0.0 e	....	....	0.1 e	0.1 e	....	0.0	....	....	....	....
India	534	0.9	0.2	0.0	0.0	0.1	0.1	3.0	12.6	5.5	9.3	13.3	15.2
Indonesia	536	1.6	0.0	....	....	....	....	0.6	1.3	1.2	2.2	1.3	2.2
Malaysia	548	0.2	0.0	....	....	....	0.1	2.2	3.3	2.1	2.3	5.2	1.4
Myanmar	518	....	....	....	0.0 e	....	0.1 e	....	....	....	....	....	....
Philippines	566	....	....	....	....	....	....	....	0.0	....	1.2	0.0	....
Sri Lanka	524	0.0 e	0.0 e	0.0 e	....	....	0.0 e	....	....	....	....	3.0	10.9
Thailand	578	0.0	0.0	0.0	....	....	....	0.2	0.8	0.1	5.7	2.1	0.9
Vietnam	582	0.2	0.5	0.4	0.4	1.2	1.3	2.3	0.5	0.3	2.7	0.0	0.0
Asia n.s.	598	....	....	....	....	....	....	0.4	0.1	0.1	0.0	0.1	0.0
Europe	170	0.3	0.3	0.3	0.3	0.3	32.9	0.3	2.6	1.2	0.8	1.8	1.5
Emerg. & Dev. Europe	903	0.2	0.3	0.2	0.1	0.2	0.1	0.0	0.4	0.2	0.4	1.4	0.4
Albania	914	....	....	....	....	....	....	....	....	....	....	0.2	....
Bulgaria	918	0.1	....	....	....	0.0	0.0	0.0	0.1	0.0	0.1	0.1	0.1
Hungary	944	....	0.0 e	0.0 e	....	....	....	....	0.2	....	0.1	0.2	....
Macedonia, FYR	962	0.0 e	0.0 e	0.1 e	0.0 e	0.0 e	0.0 e	....	....	....	0.0	0.0	0.0
Poland	964	0.0	0.2	0.0	0.0	0.0	0.0	0.0	0.1	0.1	0.1	0.2	0.1
Romania	968	....	....	....	....	....	....	....	0.0	0.1	....	1.0	0.1
Serbia, Republic of	942	0.1 e	0.1 e	0.0 e	0.0 e	0.2 e	0.0 e	....	0.0	....	....	....	....

2017, International Monetary Fund: *Direction of Trade Statistics Yearbook*

Central African Republic (626)

In Millions of U.S. Dollars

		Exports (FOB)						Imports (CIF)					
		2011	2012	2013	2014	2015	2016	2011	2012	2013	2014	2015	2016
CIS	901	0.0	0.0	0.1	0.2	0.0	32.8	0.3	2.3	1.0	0.4	0.3	1.2
Azerbaijan, Rep. of	912	0.0 e	0.0 e	....	....	....	0.0 e	0.2	....	....	....	....	....
Belarus	913	0.0 e	0.0 e	0.1 e	0.2 e	0.0 e	32.8 e	0.0	0.1	....	....	....	....
Russian Federation	922	....	....	....	....	....	....	0.0	1.0	0.2	0.2	0.2	0.9
Ukraine	926	0.0	....	0.0	....	....	....	0.0	1.2	0.9	0.2	0.1	0.2
Mid East, N Africa, Pak	440	5.9	11.8	6.3	0.3	0.3	0.3	10.1	9.9	5.3	25.3	56.3	137.0
Afghanistan, I.R. of	512	....	....	....	....	....	....	....	....	....	2.6	....	....
Bahrain, Kingdom of	419	0.0 e	0.0 e	0.1 e	0.3 e	0.1 e	0.0 e	....	....	....	....	....	....
Egypt	469	0.2	....	....	....	....	....	0.9	1.0	0.6	0.6	38.4	119.5
Iran, I.R. of	429	....	....	....	....	....	....	0.0	0.1	0.0	....	....	....
Jordan	439	....	....	....	....	....	....	....	....	0.1	0.4	0.0	0.0
Kuwait	443	....	....	....	....	....	....	....	....	....	0.1	....	....
Lebanon	446	1.9	0.1	0.1	....	0.0	0.0	1.7	1.7	1.0	3.0	2.1	1.9
Mauritania	682	....	....	....	....	0.1	0.1	0.0	....	0.0	0.0	....	....
Morocco	686	0.2	0.0	....	....	....	....	0.4	1.5	1.0	0.9	0.3	0.8
Oman	449	....	....	....	....	....	....	0.1 e	....	....	....	....	....
Pakistan	564	0.0	....	....	....	....	....	0.0	0.2	0.3	13.8	4.3	4.3
Saudi Arabia	456	0.1	0.0	....	....	....	....	1.4	0.7	0.0	0.0	0.0	0.0
Sudan	732	....	0.0	....	....	....	....	....	0.0	....	....	5.2	5.2
Tunisia	744	0.7	....	....	....	....	....	0.7	0.7	0.3	0.2	0.4	0.9
United Arab Emirates	466	2.8	11.5	6.1	....	0.1	0.1	4.9	3.9	2.0	3.7	5.4	4.3
West Bank and Gaza	487	....	0.1 e	0.0 e	....	....	....	....	....	....	....	....	....
Sub-Saharan Africa	603	21.7	10.4	3.6	0.5	20.7	22.6	38.7	33.5	18.7	46.2	93.5	38.0
Benin	638	....	....	0.0	....	....	....	0.1	0.0	0.3	0.0	0.3	0.2
Burundi	618	....	0.3	0.0	0.0	0.1	0.1	....	....	....	....	....	....
Cameroon	622	10.1	2.4	0.5	0.2	8.6	9.5	16.5	15.3	8.2	18.7	30.1	21.5
Chad	628	0.6	2.8	2.3	0.0	11.1	12.3	1.6	0.9	0.4	0.5	1.5	1.2
Comoros	632	0.1 e	....	0.0 e	0.0 e	0.0 e	0.0 e	....	....	....	....	....	....
Congo, Dem. Rep. of	636	0.2	0.5	0.2	0.1	....	....	1.0	0.0	0.0	5.4	....	....
Congo, Republic of	634	0.9	0.5	0.3	0.1	0.1	0.1	2.9	0.4	0.3	2.3	2.3	1.8
Côte d'Ivoire	662	0.2	1.5	....	....	....	....	0.7	1.6	1.4	2.0	1.1	0.9
Ethiopia	644	....	0.0	....	....	....	....	....	....	....	....	0.1	0.1
Gabon	646	0.1	1.0	0.0	....	0.4	0.4	1.0	4.8	3.3	1.5	0.0	0.0
Ghana	652	2.1	....	....	....	....	....	0.3	0.3	0.1	1.4	0.2	0.1
Guinea	656	....	....	....	....	....	....	0.0	0.0	....	....	1.2	1.0
Kenya	664	0.0	....	....	....	....	....	0.0	0.1	0.3	0.2	2.5	2.0
Malawi	676	0.0 e	....	....	....	....	....	0.0	0.3	....	....	....	....
Mozambique	688	....	....	....	....	....	....	....	....	....	0.1	0.1	0.1
Namibia	728	1.2	....	....	....	....	....	2.8	3.0	2.2	2.3	1.8	1.4
Nigeria	694	0.4	0.0	....	0.0	0.0	0.0	0.5	0.4	0.2	0.0	0.0	0.0
Rwanda	714	0.1 e	....	0.0 e	....	0.0 e	0.0 e	0.0	....	....	....	....	....
Senegal	722	0.7	0.1	0.1	0.2	0.4	....	5.5	1.6	0.5	3.1	4.6	3.9
Sierra Leone	724	....	....	....	....	....	....	0.0	....	....	0.3	0.2	0.1
South Africa	199	4.3	0.0	....	....	....	....	2.8	4.6	1.3	8.3	1.7	0.9
Swaziland	734	....	....	....	....	....	....	0.2	....	....	0.0	0.0	0.0
Tanzania	738	....	1.1	....	....	....	....	0.0	0.0	0.1	0.0	....	....
Togo	742	0.7	....	....	....	....	....	2.7	0.2	0.1	0.1	0.7	0.7
Uganda	746	0.0	....	....	....	....	....	....	....	0.0	....	1.3	1.3
Zambia	754	0.0 e	0.1 e	0.0 e	....	....	....	....	....	....	....	43.7	0.8
Western Hemisphere	205	0.2	0.2	0.2	0.1	0.1	1.6	4.2	15.1	9.4	4.6	4.3	12.2
Argentina	213	....	....	0.0 e	....	....	....	0.0	....	0.1	....	....	0.7
Aruba	314	....	0.0 e	....	0.1 e	....	....	....	....	....	....	....	....
Brazil	223	0.1	....	....	....	....	....	0.2	10.8	6.2	2.6	2.8	10.1
Chile	228	0.0 e	0.0 e	0.0 e	0.0 e	0.0 e	1.6 e	....	....	....	....	0.2	0.3
Colombia	233	0.0 e	0.0 e	0.1 e	0.0 e	0.0 e	0.0 e	....	....	....	0.8	....	....
Costa Rica	238	....	0.1	....	....	....	0.0	....	....	....	....	....	....
Guatemala	258	....	....	....	....	0.0 e	0.0 e	....	....	....	0.3	....	....
Haiti	263	....	....	....	....	....	....	....	....	....	0.1	0.2	0.1
Honduras	268	....	....	....	....	0.0 e	0.0 e	....	....	....	0.4	....	....
Jamaica	343	....	....	....	....	....	....	0.1	....	....	....	0.0	0.0

Central African Republic (626)

In Millions of U.S. Dollars

		Exports (FOB)						Imports (CIF)					
		2011	2012	2013	2014	2015	2016	2011	2012	2013	2014	2015	2016
Mexico	273	....	....	....	....	....	....	0.0	0.0	0.1	0.0	....	....
Suriname	366	....	0.0 e	....	....	....	....	0.3	....	....	....	....	....
Western Hem. n.s.	399	....	....	....	....	....	....	3.5	4.2	2.2	1.1	1.1	1.0
Other Countries n.i.e	910	....	....	....	....	0.0	0.0	0.0	0.1	0.1	0.0	0.1	0.1
Korea, Dem. People's Rep.	954	....	....	....	....	....	....	0.0	0.1	0.1	0.0	0.1	0.1
Memorandum Items													
Africa	605	22.5	10.5	3.6	0.5	20.8	22.7	39.8	35.7	20.0	47.2	99.4	44.9
Middle East	405	5.0	11.7	6.3	0.3	0.2	0.2	9.0	7.4	3.8	7.9	46.1	125.8
European Union	998	48.1	72.0	29.0	11.7	67.4	30.1	103.7	86.7	56.8	126.8	158.7	131.8
Export earnings: fuel	080	4.8	15.9	9.0	0.4	11.8	13.1	12.7	12.1	6.4	9.1	9.6	8.3
Export earnings: nonfuel	092	100.3	98.6	44.4	27.6	178.3	84.8	202.2	205.5	123.5	298.9	447.1	398.7

2017, International Monetary Fund: *Direction of Trade Statistics Yearbook*

Chad (628)

In Millions of U.S. Dollars

		Exports (FOB)						Imports (CIF)					
		2011	2012	2013	2014	2015	2016	2011	2012	2013	2014	2015	2016
IFS World		....	....	....	....	....	....	....	....	....	....	....	....
World	001	3,685.0	3,106.8	2,993.5	2,974.8	2,222.6	1,582.5	952.7	885.0	1,274.6	1,401.9	889.0	649.7
Advanced Economies	110	3,328.5	2,778.5	2,632.7	2,653.4	1,648.3	1,075.9	479.4	394.2	484.0	730.4	447.0	300.6
Euro Area	163	278.1	21.6	61.0	18.7	115.4	119.9	353.3	320.4	361.8	575.0	333.4	236.2
Austria	122	0.0 e	0.0 e	0.1 e	0.2 e	0.0 e	0.0 e	5.2 e	4.3 e	3.9 e	12.3 e	5.3 e	5.7 e
Belgium	124	0.0 e	0.8 e	0.0 e	0.2 e	0.0 e	0.0 e	41.2 e	34.6 e	71.0 e	71.1 e	53.0 e	28.4 e
Cyprus	423	0.0 e	0.0 e	0.0 e	....	....	....	....	....	0.1 e	0.3 e	0.2 e	0.0 e
Finland	172	0.0 e	0.0 e	0.0 e	0.0 e	0.0 e	0.0 e	60.9 e	0.6 e	2.3 e	0.6 e	0.1 e	0.8 e
France	132	206.2 e	10.8 e	47.4 e	6.9 e	42.1 e	95.7 e	156.3 e	174.8 e	173.1 e	175.7 e	153.7 e	128.8 e
Germany	134	17.3 e	4.0 e	3.2 e	4.4 e	3.3 e	3.7 e	17.9 e	25.8 e	22.1 e	49.8 e	20.6 e	21.8 e
Greece	174	....	0.0 e	0.0 e	....	0.4 e	0.2 e	0.1 e	0.1 e	0.2 e	0.2 e	0.2 e	0.0 e
Ireland	178	0.1 e	0.1 e	0.0 e	0.3 e	0.0 e	0.2 e	1.4 e	1.5 e	2.2 e	1.5 e	1.7 e	2.1 e
Italy	136	4.2 e	0.1 e	2.5 e	0.2 e	49.6 e	0.0 e	25.7 e	35.7 e	36.7 e	186.2 e	44.3 e	10.7 e
Latvia	941	....	....	0.0 e	....	0.0 e	0.0 e	10.0 e	....	0.0 e	0.1 e	0.1 e	9.9 e
Lithuania	946	....	0.0 e	....	0.0 e	....	....	....	....	0.0 e	0.4 e	....	0.0 e
Luxembourg	137	....	0.0 e	0.0 e	....	0.0 e	0.0 e	0.0 e	0.3 e	0.1 e	0.9 e	0.3 e	0.7 e
Malta	181	....	....	....	....	....	....	2.9 e	3.4 e	2.7 e	2.6 e	3.7 e	1.6 e
Netherlands	138	39.6 e	0.4 e	0.3 e	0.2 e	14.0 e	14.3 e	23.4 e	27.1 e	31.4 e	54.0 e	35.4 e	14.0 e
Portugal	182	9.9 e	5.1 e	6.8 e	5.6 e	5.3 e	5.7 e	1.2 e	2.4 e	5.2 e	4.7 e	4.0 e	3.1 e
Slovak Republic	936	....	....	....	0.0 e	....	....	1.0 e	2.0 e	0.1 e	4.6 e	0.4 e	0.0 e
Slovenia	961	....	....	....	0.1 e	....	....	....	....	....	0.0 e	....	1.1 e
Spain	184	0.9 e	0.2 e	0.7 e	0.7 e	0.5 e	0.1 e	6.3 e	7.8 e	10.8 e	10.0 e	10.3 e	7.5 e
Australia	193	0.0 e	....	....	0.1 e	0.1 e	0.0 e	0.6 e	0.7 e	2.6 e	1.9 e	0.8 e	1.4 e
Canada	156	0.4 e	115.9 e	0.3 e	0.2 e	0.2 e	0.3 e	3.2 e	4.6 e	25.5 e	34.6 e	8.6 e	1.6 e
China,P.R.: Hong Kong	532	0.0 e	0.0 e	....	....	0.0 e	0.0 e	8.4 e	5.1 e	7.4 e	12.4 e	3.5 e	3.5 e
Czech Republic	935	....	....	....	0.0 e	....	....	0.5 e	1.3 e	1.0 e	1.5 e	2.6 e	0.3 e
Denmark	128	0.0 e	0.0 e	0.0 e	0.0 e	0.0 e	0.0 e	3.0 e	1.5 e	7.0 e	3.2 e	1.6 e	3.0 e
Israel	436	....	0.6 e	0.3 e	1.6 e	0.2 e	0.0 e	3.2 e	1.0 e	4.1 e	2.3 e	5.9 e	2.1 e
Japan	158	0.1 e	35.0 e	171.9 e	289.5 e	237.3 e	61.3 e	1.6 e	2.9 e	3.2 e	2.5 e	9.3 e	8.9 e
Korea, Republic of	542	....	....	0.0 e	0.0 e	0.0 e	18.6 e	0.4 e	0.7 e	1.6 e	1.5 e	3.5 e	1.1 e
New Zealand	196	0.0 e	....	....	0.0 e	0.1 e	0.0 e	0.1 e	0.0 e	0.2 e	1.6 e	1.1 e	0.3 e
Norway	142	0.0 e	0.0 e	....	....	0.3 e	0.0 e	0.2 e	0.0 e	0.1 e	0.0 e	0.1 e	0.1 e
Singapore	576	....	0.6 e	30.2 e	16.7 e	0.3 e	0.2 e	....	0.1 e	1.1 e	3.8 e	1.4 e	0.5 e
Sweden	144	0.0 e	0.0 e	0.1 e	0.0 e	0.0 e	0.0 e	56.0 e	2.4 e	2.5 e	1.7 e	6.2 e	0.3 e
Switzerland	146	0.1 e	0.6 e	1.0 e	0.0 e	0.1 e	0.0 e	1.7 e	2.0 e	3.2 e	2.9 e	4.6 e	2.5 e
Taiwan Prov.of China	528	54.4 e	92.3 e	46.4 e	129.4 e	63.8 e	26.9 e	0.2 e	0.1 e	0.4 e	0.4 e	0.0 e	0.2 e
United Kingdom	112	0.9 e	2.0 e	1.7 e	0.3 e	1.1 e	0.9 e	9.6 e	12.7 e	18.5 e	14.4 e	4.4 e	3.7 e
United States	111	2,994.4 e	2,509.8 e	2,320.0 e	2,196.8 e	1,229.5 e	847.8 e	37.6 e	38.7 e	43.9 e	70.5 e	59.9 e	34.9 e
Emerg. & Dev. Economies	200	356.4	328.1	360.5	321.2	574.0	506.4	473.4	490.8	790.7	671.5	442.0	349.1
Emerg. & Dev. Asia	505	264.0	271.2	261.6	141.7	471.3	317.8	141.6	210.8	464.2	379.9	193.1	146.2
Bangladesh	513	10.9 e	10.6 e	23.0 e	18.8 e	25.5 e	51.5 e	....	....	....	....	....	....
Brunei Darussalam	516	0.1 e	0.1 e	0.1 e	0.1 e	0.1 e	0.0 e	....	....	....	....	....	....
China,P.R.: Mainland	924	248.9 e	208.2 e	97.6 e	102.2 e	85.6 e	98.8 e	100.1 e	182.8 e	406.7 e	335.9 e	132.8 e	102.3 e
F.T. French Polynesia	887	....	2.4 e	....	....	....	....	....	....	....	....	....	....
India	534	0.2 e	43.4 e	133.0 e	13.9 e	347.0 e	133.0 e	35.9 e	25.4 e	55.9 e	37.3 e	56.1 e	39.7 e
Indonesia	536	3.0 e	4.9 e	6.0 e	5.8 e	0.3 e	2.0 e	1.6 e	1.3 e	0.4 e	1.6 e	0.6 e	2.2 e
Malaysia	548	0.0 e	1.4 e	0.1 e	0.0 e	0.0 e	....	0.2 e	0.1 e	0.1 e	2.2 e	0.3 e	0.3 e
Myanmar	518	....	....	....	0.3 e	0.0 e	0.0 e	....	....	....	0.1 e	0.0 e	0.0 e
Philippines	566	....	....	....	0.0 e	0.1 e	0.1 e	....	0.0 e	....	0.0 e	0.0 e	0.0 e
Sri Lanka	524	....	....	....	....	....	....	....	....	0.0 e	0.1 e	0.1 e	....
Thailand	578	0.9 e	0.3 e	1.8 e	0.5 e	2.1 e	21.2 e	3.7 e	1.2 e	1.0 e	2.7 e	2.4 e	1.0 e
Vietnam	582	....	....	....	....	10.6 e	11.1 e	....	....	....	....	0.7 e	0.7 e
Europe	170	0.1	9.2	10.8	15.9	20.5	22.3	13.7	35.9	50.6	45.2	29.8	24.1
Emerg. & Dev. Europe	903	0.1	9.1	10.8	15.9	20.5	22.3	7.7	12.9	16.6	29.4	26.3	23.3
Albania	914	....	....	....	....	0.0 e	....	....	....	....	0.0 e	....	0.1 e
Bulgaria	918	....	....	....	....	....	....	0.0 e	0.1 e	0.2 e	0.4 e	0.3 e	0.0 e
Hungary	944	....	0.0 e	....	0.0 e	....	....	....	0.2 e	0.2 e	2.9 e	0.1 e	0.3 e
Poland	964	0.0 e	0.0 e	0.0 e	0.0 e	....	0.0 e	1.4 e	2.3 e	2.6 e	5.5 e	7.3 e	3.2 e
Romania	968	....	....	....	....	....	0.0 e	....	0.0 e	0.1 e	0.2 e	0.0 e	0.1 e
Serbia, Republic of	942	....	....	....	....	0.1 e	0.0 e	....	0.0 e	....	....	....	....

Chad (628)

In Millions of U.S. Dollars

		Exports (FOB)						Imports (CIF)					
		2011	2012	2013	2014	2015	2016	2011	2012	2013	2014	2015	2016
Turkey	186	0.0 e	9.1 e	10.8 e	15.9 e	20.4 e	22.3 e	6.2 e	10.3 e	13.5 e	20.4 e	18.5 e	19.6 e
CIS	**901**	**0.0**	**0.0**	**0.0**	**0.0**	**....**	**0.0**	**6.1**	**23.0**	**34.0**	**15.9**	**3.6**	**0.8**
Belarus	913	....	....	....	....	....	....	....	0.2 e	0.8 e	0.8 e	0.2 e	0.1 e
Kazakhstan	916	....	....	0.0 e	0.0 e	....	....	....	0.3 e	0.2 e	0.0 e	....	....
Kyrgyz Republic	917	....	....	....	....	....	....	....	....	....	....	....	0.2 e
Russian Federation	922	0.0 e	....	0.0 e	....	....	0.0 e	0.7 e	15.1 e	0.1 e	0.2 e	1.0 e	0.4 e
Ukraine	926	0.0 e	0.0 e	....	0.0 e	....	....	5.4 e	7.7 e	32.9 e	14.8 e	2.4 e	....
Mid East, N Africa, Pak	**440**	**78.3**	**44.4**	**67.7**	**160.2**	**78.7**	**163.4**	**16.1**	**23.5**	**28.1**	**30.3**	**23.9**	**15.4**
Algeria	612	0.2 e	2.9 e	0.1 e	0.2 e	0.0 e	0.0 e	0.0 e	0.1 e	0.1 e	0.2 e	0.2 e	0.0 e
Bahrain, Kingdom of	419	....	....	0.8 e	0.0 e	0.0 e	2.8 e	....	0.6 e	1.1 e	....	....	....
Egypt	469	0.1 e	0.1 e	0.2 e	1.1 e	0.4 e	....	5.9 e	7.2 e	6.8 e	8.0 e	8.9 e	....
Jordan	439	0.0 e	....	....	....	....	....	0.1 e	0.8 e	1.5 e	1.5 e	0.7 e	1.1 e
Lebanon	446	0.0 e	0.0 e	....	0.0 e	0.0 e	....	0.6 e	0.9 e	0.7 e	0.6 e	0.5 e	0.6 e
Morocco	686	3.4 e	0.9 e	0.0 e	0.0 e	0.0 e	0.2 e	4.0 e	4.2 e	6.1 e	8.1 e	3.1 e	4.4 e
Oman	449	....	....	0.0 e	0.0 e	....	....	0.5 e	0.0 e	0.1 e	....	0.2 e	0.1 e
Pakistan	564	0.2 e	0.4 e	1.2 e	1.0 e	9.4 e	1.1 e	0.1 e	0.1 e	0.1 e	0.0 e	0.0 e	0.0 e
Qatar	453	....	....	....	....	....	....	....	....	3.9 e	0.8 e	2.9 e	0.2 e
Saudi Arabia	456	....	....	0.0 e	....	....	....	3.1 e	3.6 e	3.3 e	3.1 e	1.7 e	1.4 e
Syrian Arab Republic	463	....	....	....	....	....	....	0.1 e	0.0 e	0.0 e	0.0 e	0.0 e	0.0 e
Tunisia	744	....	....	....	0.1 e	....	0.0 e	1.6 e	5.7 e	3.9 e	7.6 e	5.7 e	7.5 e
United Arab Emirates	466	74.5 e	40.1 e	65.2 e	157.6 e	68.6 e	159.2 e	....	....	....	....	....	....
West Bank and Gaza	487	0.0 e	....	0.2 e	0.2 e	0.2 e	0.2 e	....	0.1 e	0.1 e	....	....	....
Yemen, Republic of	474	....	....	....	0.0 e	....	....	0.2 e	0.1 e	0.3 e	0.3 e	....	....
Sub-Saharan Africa	**603**	**10.6**	**2.8**	**19.8**	**2.6**	**3.1**	**2.7**	**297.6**	**202.1**	**242.8**	**208.6**	**193.7**	**161.1**
Angola	614	0.0 e	0.1 e	....	0.0 e	....	....	....	....	....	....	....	....
Benin	638	....	....	0.0 e	0.0 e	....	0.0 e	42.7 e	63.3 e	46.5 e	27.8 e	8.4 e	0.8 e
Botswana	616	....	....	....	0.0 e	....	....	....	0.2 e	....	....	....	....
Burkina Faso	748	0.0 e	0.0 e	....	0.0 e	....	....	1.2 e	1.5 e	2.9 e	0.5 e	0.4 e	0.6 e
Cameroon	622	0.3 e	0.6 e	17.9 e	0.3 e	0.3 e	0.2 e	183.5 e	83.0 e	108.0 e	126.4 e	119.7 e	98.5 e
Central African Rep.	626	1.5 e	0.8 e	0.3 e	0.5 e	1.4 e	1.1 e	0.7 e	3.0 e	2.5 e	0.0 e	11.8 e	13.1 e
Congo, Republic of	634	1.0 e	0.1 e	0.0 e	0.4 e	0.3 e	0.2 e	5.0 e	0.8 e	2.3 e	2.8 e	1.5 e	1.0 e
Côte d'Ivoire	662	5.3 e	0.0 e	0.0 e	0.0 e	0.0 e	0.0 e	6.8 e	5.0 e	10.2 e	5.6 e	5.6 e	6.1 e
Ethiopia	644	0.1 e	0.0 e	0.0 e	0.0 e	0.0 e	0.0 e	0.1 e	0.1 e	....	0.1 e	0.1 e	0.1 e
Gabon	646	0.1 e	0.1 e	0.1 e	0.1 e	0.1 e	0.0 e	5.9 e	5.6 e	5.4 e	4.5 e	3.0 e	2.3 e
Ghana	652	0.2 e	0.0 e	0.0 e	0.1 e	0.1 e	0.1 e	0.9 e	0.2 e	0.6 e	0.6 e	0.4 e	0.1 e
Guinea	656	....	....	0.0 e	....	0.0 e	0.0 e	....	....	0.7 e	0.0 e	0.0 e	0.0 e
Kenya	664	0.5 e	0.0 e	0.0 e	0.0 e	0.0 e	0.0 e	0.6 e	0.4 e	0.5 e	1.0 e	0.9 e	0.9 e
Madagascar	674	0.0 e	....	0.0 e	....	0.1 e	....	0.0 e	0.0 e	0.0 e	....	....	0.0 e
Malawi	676	....	0.0 e	....	0.0 e	....	....	0.6 e	....	....	0.0 e	....	....
Mauritius	684	....	0.0 e	0.0 e	0.0 e	....	0.0 e	0.0 e	0.0 e	0.1 e	0.0 e	0.2 e	0.1 e
Mozambique	688	0.0 e	0.0 e	0.0 e	0.0 e	0.0 e	0.0 e	0.1 e	....	....	0.0 e	0.0 e	0.0 e
Namibia	728	0.0 e	....	....	0.0 e	....	....	0.1 e	....	....	0.0 e	....	....
Niger	692	....	0.1 e	0.3 e	....	2.0 e	0.0 e	0.4 e	0.4 e	0.0 e	0.4 e	0.0 e	0.0 e
Nigeria	694	1.6 e	0.9 e	1.1 e	1.1 e	0.8 e	0.8 e	24.4 e	23.3 e	19.1 e	17.4 e	9.8 e	6.8 e
Rwanda	714	0.0 e	0.0 e	0.0 e	0.0 e	0.0 e	0.0 e	0.0 e	....	....	0.0 e	0.1 e	0.0 e
Senegal	722	....	0.1 e	....	0.0 e	....	....	16.1 e	9.1 e	37.7 e	17.9 e	29.0 e	24.8 e
Sierra Leone	724	....	....	....	....	....	....	....	....	....	....	0.2 e	....
South Africa	199	0.0 e	0.0 e	0.1 e	0.2 e	0.0 e	0.1 e	2.8 e	2.1 e	5.0 e	1.9 e	1.7 e	1.0 e
Tanzania	738	....	....	0.0 e	0.0 e	0.0 e	0.0 e	0.0 e	0.0 e	0.0 e	0.5 e	0.1 e	3.7 e
Togo	742	....	....	....	....	....	0.0 e	5.8 e	4.2 e	1.4 e	1.0 e	0.7 e	1.1 e
Western Hemisphere	**205**	**3.4**	**0.5**	**0.6**	**0.7**	**0.4**	**0.1**	**4.3**	**18.4**	**4.9**	**7.5**	**1.4**	**2.3**
Argentina	213	0.1 e	0.1 e	0.1 e	0.1 e	....	0.0 e	1.6 e	1.0 e	1.1 e	0.7 e	0.2 e	0.1 e
Brazil	223	0.0 e	0.1 e	0.0 e	0.0 e	0.1 e	....	2.7 e	17.4 e	1.4 e	6.8 e	1.3 e	2.1 e
Colombia	233	3.3 e	0.0 e	0.0 e	0.0 e	0.3 e	0.0 e	....	0.0 e	2.4 e	....	....	0.0 e
Dominican Republic	243	0.0 e	0.1 e	0.5 e	0.1 e	0.1 e	0.1 e	....	0.0 e	....	0.0 e	....	....
Trinidad and Tobago	369	0.0 e	0.1 e	0.0 e	....	0.0 e	0.0 e	....	....	0.1 e	0.0 e	....	....
Venezuela, Rep. Bol.	299	0.0 e	0.1 e	....	0.4 e	0.0 e	0.0 e	....	....	....	....	0.0 e	0.0 e
Other Countries n.i.e	**910**	**0.2**	**0.2**	**0.2**	**0.2**	**0.2**	**0.2**	**....**	**....**	**....**	**....**	**....**	**....**
Cuba	928	0.2 e	0.2 e	0.2 e	0.2 e	0.2 e	0.2 e	....	....	....	....	....	....

Chad (628)

In Millions of U.S. Dollars

		Exports (FOB)						Imports (CIF)					
		2011	2012	2013	2014	2015	2016	2011	2012	2013	2014	2015	2016
Memorandum Items													
Africa	605	14.1	6.5	19.9	2.9	3.2	2.9	303.2	212.1	252.9	224.5	202.7	173.1
Middle East	405	74.6	40.2	66.4	158.9	69.2	162.1	10.5	13.4	17.9	14.3	14.9	3.5
European Union	998	279.0	23.7	62.8	19.1	116.5	120.8	423.8	340.8	393.8	604.7	356.0	247.1
Export earnings: fuel	080	80.7	44.3	67.4	160.0	70.2	163.1	39.9	49.1	38.3	29.5	20.3	12.4
Export earnings: nonfuel	092	3,604.3	3,062.5	2,926.1	2,814.8	2,152.4	1,419.3	912.8	835.9	1,236.4	1,372.4	868.8	637.4

Chile (228)
In Millions of U.S. Dollars

		Exports (FOB) 2011	2012	2013	2014	2015	2016	Imports (CIF) 2011	2012	2013	2014	2015	2016
IFS World		81,458.9	77,958.6	76,735.1	75,118.5	61,989.6	60,590.8	74,702.6	79,995.5	79,340.9	72,853.8	62,565.3	58,744.3
World	001	81,467.3	77,792.0	76,388.9	74,923.9	62,232.1	59,838.0	74,695.9	80,078.7	79,287.0	72,839.3	62,516.6	55,627.8
Advanced Economies	110	42,287.6	39,637.0	37,340.2	36,841.4	29,405.2	28,224.5	33,608.3	37,141.6	37,258.0	32,568.3	27,526.3	22,848.3
Euro Area	163	12,787.9	10,302.7	9,476.5	9,166.0	6,801.0	6,282.5	8,109.0	8,788.0	10,596.6	9,380.2	8,361.7	8,271.4
Austria	122	54.6	45.8	46.3	71.5	49.4	50.0	208.7	222.2	360.1	242.8	293.2	259.5
Belgium	124	1,364.4	1,224.2	1,371.6	1,079.6	731.2	533.7	352.5	425.7	479.5	408.0	390.4	417.3
Cyprus	423	3.6	3.1	3.0	3.4	2.6	2.7	0.4	0.6	0.7	0.2	0.5	2.3
Estonia	939	7.9	7.2	7.8	7.1	12.1	15.7	4.7	3.3	3.4	5.3	4.5	6.7
Finland	172	249.4	180.1	103.3	205.0	141.2	118.5	421.0	357.2	357.6	287.3	294.2	278.0
France	132	1,391.0	1,217.1	1,101.7	1,191.7	790.4	799.4	1,219.6	1,552.5	2,245.2	2,268.0	1,557.1	2,344.4
Germany	134	1,135.2	939.4	1,004.5	938.4	797.4	685.1	3,118.9	2,861.7	3,193.9	2,615.8	2,379.0	1,750.3
Greece	174	371.3	269.1	222.7	155.0	114.1	87.1	9.0	31.0	15.7	23.5	14.5	24.3
Ireland	178	64.3	55.6	55.6	57.7	54.5	56.3	101.3	106.1	104.4	134.3	151.2	115.2
Italy	136	2,649.9	2,007.4	1,643.6	1,737.6	1,090.8	856.6	1,145.5	1,264.4	1,279.7	1,269.5	1,162.4	1,090.4
Latvia	941	8.7	8.0	9.0	7.8	8.2	7.5	1.8	1.4	2.2	5.2	8.2	7.0
Lithuania	946	14.6	14.1	27.5	19.1	17.8	19.3	2.9	3.2	5.7	3.7	4.4	7.1
Luxembourg	137	7.1	3.6	1.4	2.2	2.7	0.7	18.8	27.3	17.5	7.1	7.5	6.9
Malta	181	2.3	2.1	2.5	2.0	2.0	3.3	5.2	0.8	1.2	0.8	0.7	2.1
Netherlands	138	3,776.7	2,692.9	2,489.7	2,241.1	1,634.7	1,626.0	278.9	389.3	650.7	461.8	408.7	542.1
Portugal	182	58.2	27.7	32.9	45.0	34.8	38.2	95.4	118.9	114.3	145.3	120.3	129.4
Slovak Republic	936	0.8	2.7	3.1	3.3	1.5	1.5	12.5	13.4	12.0	12.2	15.1	15.9
Slovenia	961	2.1	0.9	1.4	1.3	2.6	1.7	10.7	14.6	13.4	33.9	13.1	17.4
Spain	184	1,625.8	1,601.5	1,348.9	1,397.1	1,312.9	1,379.3	1,101.2	1,394.4	1,739.4	1,455.4	1,536.4	1,255.1
Australia	193	899.2	1,235.5	802.9	891.5	426.9	307.8	521.0	474.3	419.5	292.2	270.3	307.6
Canada	156	1,473.7	1,279.0	1,418.8	1,196.4	1,242.9	959.6	916.6	1,032.0	1,541.7	1,267.9	745.4	601.3
China,P.R.: Hong Kong	532	330.1	232.4	174.6	226.8	108.9	105.5	109.8	135.3	114.1	86.0	72.8	62.9
China,P.R.: Macao	546	0.1	0.0	0.2	0.0	0.0	0.1	0.2	0.2	0.4	0.2	0.1	2.7
Czech Republic	935	9.5	7.8	10.2	9.9	10.3	9.4	41.8	74.8	51.4	52.5	47.8	69.3
Denmark	128	133.5	134.0	136.6	161.4	136.0	121.1	179.3	191.8	231.0	266.1	180.4	295.3
Iceland	176	3.3	43.0	36.3	2.9	3.6	4.5	7.3	8.7	10.1	5.8	41.0	4.3
Israel	436	58.1	49.9	66.9	83.9	72.7	85.3	108.5	119.5	134.4	121.2	141.0	125.8
Japan	158	9,113.1	8,325.0	7,486.8	7,375.0	5,307.6	5,144.8	2,930.4	2,596.4	2,367.8	2,295.8	2,084.5	1,926.5
Korea, Republic of	542	4,444.3	4,525.4	4,165.6	4,653.5	4,046.5	4,116.3	2,724.2	2,604.0	2,744.1	2,306.1	2,005.2	1,367.0
New Zealand	196	61.6	38.4	38.1	99.9	77.9	76.3	53.1	65.6	112.4	130.2	102.0	96.1
Norway	142	51.9	45.9	47.1	40.7	59.3	44.4	73.5	160.9	79.8	105.6	86.0	153.8
San Marino	135	....	....	....	....	....	....	....	....	....	....	....	0.6
Singapore	576	81.3	59.1	118.2	69.6	85.1	70.8	69.7	81.7	82.5	63.8	81.5	71.1
Sweden	144	270.1	170.3	210.5	205.8	140.4	126.8	544.3	538.8	468.4	439.9	383.6	265.5
Switzerland	146	764.6	1,077.3	1,036.1	848.2	514.5	559.2	322.5	316.9	335.7	285.1	262.0	257.9
Taiwan Prov.of China	528	2,058.0	1,817.1	1,640.3	1,794.8	1,450.6	1,115.4	433.3	466.6	462.0	393.4	338.3	302.1
United Kingdom	112	719.5	697.2	688.6	720.4	697.7	644.2	1,356.9	892.7	1,470.4	851.3	545.1	476.2
United States	111	9,027.6	9,597.2	9,786.0	9,294.6	8,223.3	8,450.4	15,106.8	18,593.6	16,035.7	14,225.1	11,777.8	8,190.8
Emerg. & Dev. Economies	200	38,600.1	37,664.9	38,523.9	37,670.8	32,466.2	31,314.6	37,397.4	39,884.4	39,270.3	37,684.8	33,279.5	30,982.8
Emerg. & Dev. Asia	505	21,957.2	21,863.6	22,461.5	21,955.8	19,320.2	19,231.1	14,532.3	16,621.7	18,165.1	17,510.0	17,347.2	16,155.4
Bangladesh	513	2.8	0.7	6.6	2.2	1.1	15.1	17.7	22.7	36.3	39.7	47.7	70.5
Brunei Darussalam	516	....	....	0.0	....	0.2	....	0.0	0.0	0.0	0.0	0.0	0.6
Cambodia	522	0.7	1.0	1.2	1.4	1.3	1.2	12.2	13.4	16.9	21.3	24.8	31.6
China,P.R.: Mainland	924	18,628.7	18,079.2	19,067.1	18,196.5	16,339.9	17,090.3	12,650.1	14,432.1	15,784.3	14,994.0	14,603.9	13,544.5
Fiji	819	0.2	2.2	0.6	0.9	0.9	1.0	0.0	0.0	0.0	0.0	0.0	0.0
F.T. French Polynesia	887	1.7	1.2	1.1	1.1	1.0	1.1	0.0	0.1	0.0	0.0	0.0	0.0
F.T. New Caledonia	839	4.3	1.7	0.4	1.1	0.9	0.3	0.0	0.0	0.0	0.0	0.0	0.3
India	534	1,947.4	2,541.2	2,215.3	2,569.6	1,941.4	1,405.1	500.5	710.9	738.3	664.6	716.6	715.8
Indonesia	536	316.6	175.0	229.2	208.2	147.9	62.3	273.7	220.0	194.6	242.0	181.8	164.7
Lao People's Dem.Rep	544	2.6	1.4	0.4	0.3	0.3	0.4	0.0	0.0	0.1	0.0	0.2	....
Malaysia	548	211.4	208.0	226.7	172.2	143.8	88.2	166.4	209.0	264.3	262.4	302.9	142.0
Maldives	556	0.2	0.2	0.3	0.3	0.2	0.2	....	0.0	....	0.0	....	....
Mongolia	948	12.7	10.0	1.3	2.8	0.5	0.2	5.3	1.3	0.1	0.1	0.2	....
Myanmar	518	....	0.2	1.6	1.4	0.4	0.2	0.4	0.3	1.9	2.5	0.8	2.6
Nauru	836	....	....	....	....	....	....	0.0	....	....	....	....	0.2
Nepal	558	0.1	0.1	0.1	0.3	0.2	0.2	0.3	0.3	0.3	0.3	0.2	1.8

2017, International Monetary Fund: *Direction of Trade Statistics Yearbook*

Chile (228)

In Millions of U.S. Dollars

		Exports (FOB) 2011	2012	2013	2014	2015	2016	Imports (CIF) 2011	2012	2013	2014	2015	2016
Papua New Guinea	853	3.1	0.3	0.2	0.1	0.2	1.1	0.0	....	0.0	0.0	....	....
Philippines	566	154.2	151.7	153.3	118.4	144.0	53.1	51.0	55.9	43.2	60.7	57.7	49.8
Samoa	862	0.5	0.5	0.4	0.4	0.4	0.2	0.0	0.0	0.0	0.1	0.1	1.9
Sri Lanka	524	5.6	4.0	6.6	8.2	8.7	9.8	38.2	35.2	36.7	44.2	43.4	46.0
Thailand	578	328.5	313.5	241.0	286.6	324.0	305.6	652.9	715.1	767.0	795.7	733.6	662.4
Tonga	866	0.8	0.5	0.8	0.9	0.6	0.6	....	....	....	....	....	....
Vanuatu	846	0.2	....	....	....	....	0.0	0.1	0.0	0.0	0.0	0.0	0.9
Vietnam	582	335.0	371.0	307.0	383.0	262.3	194.8	163.6	205.4	280.8	382.3	633.1	719.5
Asia n.s.	598	0.0	0.1	0.2	0.0	0.0	0.1	0.0	0.0	0.0	0.1	0.0	0.2
Europe	170	**1,377.5**	**1,446.4**	**1,648.0**	**1,725.1**	**1,371.4**	**1,112.9**	**371.3**	**488.4**	**574.7**	**515.2**	**522.1**	**645.6**
Emerg. & Dev. Europe	903	**974.7**	**995.7**	**957.7**	**922.0**	**773.0**	**583.5**	**294.2**	**405.6**	**499.6**	**446.5**	**453.1**	**565.6**
Albania	914	0.1	0.3	0.2	....	0.1	0.1	0.0	0.3	0.1	0.2	0.3	1.3
Bosnia and Herzegovina	963	0.2	0.3	0.1	0.3	0.1	0.4	1.8	2.0	1.2	1.5	1.8	1.7
Bulgaria	918	312.4	328.6	492.6	468.1	330.2	242.6	10.7	13.5	10.0	5.9	5.6	7.8
Croatia	960	2.0	1.1	0.6	1.0	1.6	2.5	3.0	26.7	2.0	2.3	2.1	11.4
Gibraltar	823	0.0	....	....	....	....	....	0.0	0.1	....	....	0.1	....
Hungary	944	8.5	4.4	3.7	5.0	10.4	10.0	18.4	31.1	53.4	51.4	71.2	126.2
Macedonia, FYR	962	0.1	0.1	0.1	0.1	....	1.2	0.0	0.0	0.1	0.3	0.0	0.5
Poland	964	132.1	192.2	71.1	83.5	91.6	79.2	55.5	77.3	96.3	97.3	105.1	93.2
Romania	968	2.2	2.7	16.8	9.6	27.3	15.6	35.2	26.8	44.7	25.8	21.5	43.6
Turkey	186	458.2	463.1	367.4	354.0	311.6	231.7	167.5	217.2	256.4	246.0	245.3	279.9
CIS	901	**402.8**	**450.6**	**690.3**	**803.1**	**598.3**	**528.9**	**77.0**	**82.7**	**75.0**	**68.4**	**68.3**	**76.7**
Armenia	911	0.1	0.5	1.2	1.7	0.6	0.4	0.0	0.2	0.2	0.0	0.0	0.0
Azerbaijan, Rep. of	912	0.6	0.6	1.1	1.8	1.2	0.0	0.0	0.0	0.0	0.0	0.0	0.0
Belarus	913	0.8	1.2	6.0	7.5	1.7	3.0	1.9	10.9	6.7	2.5	1.5	1.4
Kazakhstan	916	3.7	1.8	2.2	5.1	2.6	2.7	0.1	0.9	2.5	2.9	1.3	2.4
Kyrgyz Republic	917	0.2	0.1	0.2	0.0	0.3	0.1	0.0	0.0	....	0.0	0.0	0.0
Moldova	921	0.8	0.4	0.5	0.4	0.5	0.8	0.0	0.0	0.0	0.1	0.5	1.1
Russian Federation	922	362.9	420.5	637.9	766.4	582.5	513.3	44.2	65.4	62.9	59.9	61.6	51.5
Tajikistan	923	....	0.1	....	0.0	....	....	0.0	0.0	0.0	0.0	0.0	0.5
Turkmenistan	925	....	....	....	....	....	....	0.3	0.4	0.0	0.0	....	....
Ukraine	926	33.4	25.5	41.1	20.1	8.8	8.6	30.1	4.8	2.4	2.8	3.1	18.6
Uzbekistan	927	0.1	....	0.0	....	0.1	0.1	0.4	0.1	0.4	0.2	0.2	1.2
Europe n.s.	884	....	....	0.1	....	0.1	0.5	0.1	0.1	0.0	0.3	0.8	3.3
Mid East, N Africa, Pak	440	**446.8**	**481.0**	**579.6**	**494.8**	**481.8**	**427.7**	**603.3**	**283.6**	**359.6**	**319.8**	**305.0**	**242.6**
Afghanistan, I.R. of	512	0.0	....	....	....	....	....	0.0	0.1	0.2	0.3	0.0	0.0
Algeria	612	6.8	3.4	3.4	14.0	4.0	3.1	0.0	0.0	0.5	0.4	3.7	0.2
Bahrain, Kingdom of	419	3.6	107.5	120.6	131.6	49.1	53.9	0.2	0.2	0.2	0.6	0.5	2.3
Egypt	469	15.5	17.2	16.3	12.9	42.7	42.6	31.5	48.2	11.9	11.7	10.4	8.6
Iran, I.R. of	429	13.3	1.5	4.1	4.4	9.4	19.9	0.9	0.2	0.7	0.2	0.9	1.2
Iraq	433	0.2	0.4	0.5	1.1	2.3	1.8	0.0	0.0	0.0	0.0	0.0	....
Jordan	439	3.2	2.5	4.4	4.9	4.9	6.8	0.2	0.4	0.4	1.3	2.7	3.5
Kuwait	443	8.6	6.9	9.2	7.1	6.8	4.9	0.0	0.0	15.5	0.0	0.0	1.7
Lebanon	446	3.1	2.7	3.0	2.6	3.6	3.3	0.1	0.2	0.2	0.3	0.9	0.9
Libya	672	0.2	5.3	6.5	6.5	3.6	3.0	....	....	....	0.0	0.1	0.0
Mauritania	682	1.2	2.1	3.7	2.0	0.2	0.1	0.4	0.3	0.1	0.0	0.5	0.4
Morocco	686	4.1	2.8	4.5	1.7	2.5	3.5	1.2	1.3	5.1	7.6	6.9	9.9
Oman	449	10.5	30.6	64.9	14.9	117.8	60.0	14.0	0.8	0.4	0.2	0.1	1.9
Pakistan	564	10.3	16.8	20.8	24.9	16.8	16.4	76.4	81.8	91.1	91.1	79.7	69.2
Qatar	453	6.8	6.7	10.5	7.9	6.9	7.7	303.7	0.2	51.8	43.6	3.2	39.0
Saudi Arabia	456	235.3	166.6	153.1	107.5	113.2	119.8	67.7	74.7	53.8	123.6	139.4	18.1
Sudan	732	0.3	0.6	0.3	0.2	0.5	0.6	0.0	0.0	....	....	0.0	0.0
Syrian Arab Republic	463	1.9	0.1	....	0.2	....	0.0	0.6	0.6	0.1	0.0	0.0	0.1
Tunisia	744	1.4	2.3	4.8	4.4	3.9	1.8	3.8	11.2	1.5	2.1	1.2	8.1
United Arab Emirates	466	120.6	105.1	149.0	146.0	93.3	78.3	3.4	8.6	43.9	36.7	54.9	77.5
Yemen, Republic of	474	....	....	0.1	....	....	....	99.1	54.8	82.3	....	....	....
Sub-Saharan Africa	603	**223.9**	**299.0**	**259.5**	**359.2**	**266.8**	**191.8**	**698.2**	**301.4**	**120.1**	**526.6**	**192.1**	**102.7**
Angola	614	8.3	8.3	7.0	9.6	1.6	2.5	0.3	0.0	0.0	386.7	58.8	2.9
Benin	638	1.5	1.4	2.2	1.9	2.5	2.4	....	....	....	0.0	....	0.0
Botswana	616	....	0.2	0.2	0.1	0.0	0.1	0.0	0.0	0.0	....	0.1	....

Chile (228)
In Millions of U.S. Dollars

		Exports (FOB) 2011	2012	2013	2014	2015	2016	Imports (CIF) 2011	2012	2013	2014	2015	2016
Burkina Faso	748	0.9	0.2	0.3	0.2	0.2	0.1	0.0	...	0.0	0.0	0.0	...
Burundi	618	...	...	...	0.7	...	...	0.0	0.0	0.0	0.0	0.3	0.0
Cabo Verde	624	0.4	0.0	0.1	1.0	1.3	0.3	0.3	0.1	0.0	0.0	0.2	0.1
Cameroon	622	1.8	1.2	19.4	6.0	0.2	0.4	0.0	0.3	0.1	0.0	0.0	...
Central African Rep.	626	0.0	0.3	...	...	...	0.0	0.0	0.0	0.0	0.0	0.0	1.7
Congo, Dem. Rep. of	636	1.4	0.9	0.6	0.6	0.9	...	0.0	0.1	0.1	0.0	0.1	0.0
Congo, Republic of	634	7.9	7.5	2.6	0.8	0.8	0.7	...	...	...	...	...	...
Côte d'Ivoire	662	0.4	0.4	0.2	0.4	0.3	0.4	0.0	0.1	0.3	0.1	3.5	4.1
Equatorial Guinea	642	1.2	0.8	6.9	1.1	1.0	2.8	...	...	...	52.4	41.2	13.9
Ethiopia	644	1.5	0.2	0.3	0.0	0.1	0.3	0.1	0.1	0.2	0.1	0.2	0.8
Gabon	646	0.6	0.5	0.3	0.8	0.4	0.4	0.3	0.1	0.2	0.1	0.1	0.1
Ghana	652	16.5	17.3	10.7	9.9	12.8	6.6	0.0	1.5	0.0	2.5	0.1	0.9
Guinea	656	2.5	1.3	1.1	0.3	0.1	0.1	606.2	190.9	0.0	0.0	...	...
Kenya	664	2.6	3.1	2.7	3.0	2.1	3.8	1.5	2.8	1.7	4.5	8.1	3.2
Lesotho	666	...	...	...	...	...	...	0.0	0.2	0.1	0.0	...	0.6
Liberia	668	2.3	2.5	2.2	1.8	0.9	1.0	0.0	...	0.2	0.0	0.0	0.0
Madagascar	674	0.0	0.1	0.1	0.0	0.1	0.0	0.1	0.3	0.3	0.4	0.2	1.3
Malawi	676	0.0	0.0	...	...	...	...	...	0.1	0.0	0.1	0.0	0.2
Mali	678	0.1	0.1	1.1	0.0	0.1	0.1	0.0	...	0.0	0.0	0.0	...
Mauritius	684	0.6	0.9	0.5	0.5	0.4	0.4	0.7	0.5	0.4	0.3	0.6	1.3
Mozambique	688	4.6	4.1	5.8	3.3	4.7	4.3	0.0	0.0	...	0.0	0.1	0.0
Namibia	728	1.3	0.1	0.2	92.8	63.6	46.0	0.0	0.0	0.0	1.2	0.3	0.3
Niger	692	...	...	0.0	4.1	5.3	0.0	0.0	0.0	0.0	0.0	...	...
Nigeria	694	55.4	98.0	77.5	84.5	30.7	26.4	0.1	0.1	0.2	0.2	3.6	0.6
Senegal	722	1.3	2.4	0.3	0.3	0.2	0.2	0.0	0.0	0.1	0.0	0.2	0.3
Seychelles	718	0.1	0.2	0.2	0.2	0.2	0.2	...	...	0.1	0.1	...	0.2
Sierra Leone	724	1.0	1.1	0.7	0.3	0.2	0.3	0.4	1.2	0.3	0.2	0.1	0.3
South Africa	199	105.8	138.1	111.7	131.2	132.8	90.0	87.8	101.8	115.4	76.6	73.3	67.3
Swaziland	734	0.0	0.0	0.0	0.0	0.1	0.0	0.0	0.0	0.0	0.0	0.0	0.2
Tanzania	738	0.8	1.1	2.2	0.2	0.5	0.3	0.1	0.0	0.1	0.2	0.6	0.5
Togo	742	0.1	0.2	0.2	1.2	0.1	0.2	...	0.0	...	...	...	...
Uganda	746	...	0.0	...	0.0	0.0	...	0.1	0.2	0.0	0.0	0.4	0.8
Zambia	754	2.9	6.3	2.2	0.9	2.3	1.3	0.0	0.7	0.0	0.0	0.0	0.2
Zimbabwe	698	0.3	0.2	0.0	1.4	0.2	...	0.1	0.3	0.2	0.7	0.1	0.9
Africa n.s.	799	...	...	...	...	...	0.1	0.0	...	...	...	...	...
Western Hemisphere	205	14,594.8	13,574.9	13,575.3	13,136.0	11,026.0	10,351.0	21,192.3	22,189.2	20,050.9	18,813.2	14,913.1	13,836.6
Antigua and Barbuda	311	0.8	1.0	1.0	1.0	1.0	1.2	...	...	0.0	...	...	...
Argentina	213	1,187.5	1,064.6	1,040.8	961.6	805.7	740.1	4,741.7	5,283.3	3,930.8	2,916.1	2,518.8	2,427.8
Aruba	314	2.2	1.7	2.3	2.0	2.4	2.0	...	0.0	0.0	...	12.6	0.0
Bahamas, The	313	1.5	1.6	1.6	1.4	1.9	1.3	0.0	1.5	0.2	0.0	0.0	1.5
Barbados	316	2.2	2.5	2.5	1.8	2.1	2.2	0.1	0.1	0.1	0.1	0.1	0.0
Belize	339	0.8	0.9	1.4	2.2	1.6	2.0	0.1	0.6	0.4	0.4	0.0	0.0
Bolivia	218	1,543.6	1,550.4	1,643.7	1,560.4	1,187.3	1,168.9	127.0	238.4	145.6	160.9	109.0	143.8
Brazil	223	4,494.9	4,289.2	4,392.3	4,048.7	3,075.7	2,966.6	6,224.0	5,186.0	5,103.9	5,677.8	4,858.6	5,157.1
Colombia	233	899.1	910.4	864.8	899.7	784.4	741.9	2,218.7	2,184.8	1,725.3	1,135.7	879.0	771.4
Costa Rica	238	247.5	262.9	260.9	259.1	257.3	269.9	28.7	28.9	29.3	38.8	32.1	37.6
Dominica	321	0.3	0.3	0.3	0.4	0.3	0.4	0.0	0.0	0.9	0.6	0.0	0.0
Dominican Republic	243	65.5	65.1	66.0	71.5	70.8	80.7	23.7	27.6	23.7	17.4	18.3	15.7
Ecuador	248	529.6	518.6	521.3	513.9	456.2	388.6	1,298.3	2,154.9	2,514.9	2,438.1	1,198.8	913.4
El Salvador	253	48.6	37.7	43.1	52.1	43.1	51.4	40.8	47.9	41.1	15.3	8.0	8.3
Grenada	328	0.4	1.8	0.4	0.4	0.5	0.4	...	...	0.0	0.0	0.0	0.5
Guatemala	258	98.5	97.5	100.2	112.7	105.8	101.5	186.2	113.4	137.9	107.6	109.4	102.0
Guyana	336	3.2	0.8	0.9	6.1	5.2	1.9	0.5	0.1	0.0	0.1	0.5	0.0
Haiti	263	3.2	3.4	5.8	4.4	3.7	3.4	0.1	0.2	0.0	0.0	0.2	1.6
Honduras	268	33.9	38.8	42.6	43.4	44.6	48.5	11.0	11.7	15.5	14.6	20.0	12.1
Jamaica	343	9.7	8.0	10.2	12.5	14.2	12.8	0.8	1.3	0.6	1.7	0.3	0.4
Mexico	273	1,819.2	1,341.6	1,314.1	1,302.0	1,339.2	1,206.5	2,521.7	2,607.6	2,516.8	2,430.7	2,141.0	1,982.3
Netherlands Antilles	353	3.9	3.9	2.0	4.2	3.4	3.0	2.8	4.0	8.8	7.6	2.6	0.8
Nicaragua	278	15.2	19.5	34.3	34.9	34.2	34.1	12.7	11.9	10.7	14.3	5.1	3.5
Panama	283	101.0	149.7	119.8	185.5	178.0	152.1	69.6	84.3	108.8	100.0	94.1	73.8

2017, International Monetary Fund: *Direction of Trade Statistics Yearbook*

Chile (228)

In Millions of U.S. Dollars

		Exports (FOB) 2011	2012	2013	2014	2015	2016	Imports (CIF) 2011	2012	2013	2014	2015	2016
Paraguay	288	585.2	498.3	551.7	569.3	505.7	544.1	611.4	211.2	578.8	711.0	708.4	576.9
Peru	293	1,992.7	1,805.9	1,780.1	1,799.1	1,594.4	1,528.0	2,049.8	2,072.2	1,774.4	1,553.4	1,098.5	778.5
St. Kitts and Nevis	361	0.1	0.1	0.2	0.2	0.3	0.2	....	....	....	....	....	....
St. Lucia	362	0.6	0.7	0.6	0.8	0.5	0.8	....	0.0	0.1	....	....	0.0
St. Vincent & Grens.	364	0.4	0.3	0.4	0.4	0.3	0.5	0.0	....	....	0.1	0.1	0.7
Suriname	366	4.2	3.4	4.8	3.0	3.7	1.3	0.0	0.0	0.1	0.0	0.0	0.2
Trinidad and Tobago	369	18.6	19.8	18.9	25.4	18.4	17.4	656.2	1,449.6	1,049.5	1,217.1	876.1	598.9
Uruguay	298	194.9	189.1	229.0	184.5	148.4	131.0	181.3	271.0	199.6	175.5	199.3	170.3
Venezuela, Rep. Bol.	299	684.9	684.1	516.3	470.8	335.1	146.0	184.8	196.6	132.9	78.2	22.1	56.6
Western Hem. n.s.	399	0.8	0.8	0.7	0.8	0.7	0.6	0.4	0.0	0.0	0.0	0.1	0.8
Other Countries n.i.e	910	**47.3**	**44.1**	**53.6**	**40.5**	**47.6**	**42.3**	**10.8**	**9.5**	**17.2**	**17.2**	**29.4**	**11.8**
Cuba	928	44.8	29.6	29.3	36.0	45.5	35.7	7.9	7.5	6.6	6.0	4.2	4.1
Korea, Dem. People's Rep.	954	2.4	14.5	24.3	4.5	2.1	6.5	2.9	1.9	10.6	11.2	25.1	7.6
Countries & Areas n.s.	898	**532.3**	**446.1**	**471.1**	**371.2**	**313.1**	**256.6**	**3,679.4**	**3,043.3**	**2,741.5**	**2,569.1**	**1,681.5**	**1,784.9**
Memorandum Items													
Africa	605	237.6	310.1	276.2	381.5	277.8	200.9	703.7	314.2	127.2	536.8	204.3	121.2
Middle East	405	422.7	453.1	542.2	447.6	453.9	402.2	521.4	188.9	261.2	218.2	213.1	154.9
European Union	998	14,377.7	11,840.9	11,107.0	10,830.6	8,246.5	7,534.0	10,354.0	10,661.4	13,024.3	11,172.7	9,724.1	9,659.9
Export earnings: fuel	080	4,522.1	4,655.5	4,822.4	4,781.2	3,809.0	3,364.1	5,019.4	6,430.8	5,883.1	5,737.6	3,454.5	2,697.9
Export earnings: nonfuel	092	76,945.1	73,136.6	71,566.5	70,142.8	58,423.1	56,473.8	69,676.6	73,647.9	73,403.9	67,101.7	59,062.2	52,929.9

China, P.R.: Mainland (924)

In Billions of U.S. Dollars

		Exports (FOB)						Imports (CIF)					
		2011	2012	2013	2014	2015	2016	2011	2012	2013	2014	2015	2016
IFS World		1,896.0	2,049.8	2,209.6	2,343.6	2,285.1	2,139.7	1,741.5	1,818.1	1,948.8	1,963.1	1,681.9	1,592.4
World	001	1,899.3	2,050.1	2,210.7	2,343.2	2,280.5	2,136.6	1,741.4	1,817.3	1,949.3	1,963.1	1,601.8	1,589.5
Advanced Economies	110	1,307.1	1,390.9	1,485.0	1,542.1	1,504.9	1,403.5	990.4	994.3	1,094.4	1,107.2	948.4	966.0
Euro Area	163	269.2	246.8	245.4	266.9	250.7	240.8	178.5	177.3	180.5	197.7	169.0	168.3
Austria	122	2.2	2.0	2.0	2.4	2.5	2.2	4.8	4.7	5.0	5.9	5.0	5.0
Belgium	124	19.0	16.4	15.6	17.2	16.2	15.0	10.1	10.0	9.9	10.1	7.0	6.9
Cyprus	423	1.1	1.1	1.0	1.0	0.6	0.5	0.0	0.1	0.1	0.1	0.0	0.0
Estonia	939	1.1	1.2	1.1	1.1	1.0	1.0	0.2	0.1	0.2	0.2	0.2	0.2
Finland	172	6.6	7.4	5.8	5.1	3.6	2.9	4.5	3.8	3.9	4.1	3.5	3.5
France	132	30.2	27.2	27.0	29.0	27.0	25.3	22.1	24.2	23.0	27.1	25.0	22.7
Germany	134	76.4	69.2	67.3	72.7	69.2	66.0	92.8	92.0	94.1	104.8	87.5	86.4
Greece	174	3.9	3.6	3.2	4.2	3.7	4.3	0.4	0.4	0.4	0.3	0.3	0.3
Ireland	178	2.1	2.1	2.5	2.8	2.8	2.8	3.7	3.8	4.2	3.7	4.3	5.3
Italy	136	33.7	25.7	25.8	28.8	27.8	26.6	17.6	16.2	17.6	19.3	16.8	16.7
Latvia	941	1.2	1.3	1.4	1.3	1.0	1.1	0.1	0.1	0.1	0.1	0.1	0.1
Lithuania	946	1.3	1.6	1.7	1.7	1.2	1.3	0.1	0.1	0.1	0.2	0.1	0.2
Luxembourg	137	1.6	2.0	1.8	1.9	2.3	1.3	0.3	0.3	0.3	0.3	0.3	0.3
Malta	181	2.3	2.3	2.5	3.2	2.4	1.6	0.9	0.9	0.7	0.6	0.4	0.4
Netherlands	138	59.5	58.9	60.3	64.9	59.7	58.1	8.6	8.7	9.8	9.4	8.8	9.7
Portugal	182	2.8	2.5	2.5	3.1	2.9	4.0	1.2	1.5	1.4	1.7	1.5	1.6
Slovak Republic	936	2.5	2.4	3.1	2.8	2.8	2.9	3.5	3.7	3.5	3.4	2.2	2.4
Slovenia	961	1.7	1.6	1.8	2.0	2.1	2.3	0.2	0.3	0.3	0.3	0.3	0.4
Spain	184	19.7	18.2	18.9	21.5	21.9	21.7	7.6	6.3	6.0	6.2	5.6	6.2
Australia	193	33.9	37.8	37.6	39.1	40.4	38.1	80.9	78.6	91.6	90.1	65.1	70.1
Canada	156	25.2	28.1	29.2	30.0	29.4	27.9	21.6	22.8	24.1	21.1	18.5	18.2
China,P.R.: Hong Kong	532	268.0	323.7	384.9	363.2	332.7	294.0	15.5	18.0	16.2	12.9	8.2	17.0
China,P.R.: Macao	546	2.4	2.7	3.2	3.6	4.6	3.4	0.2	0.3	0.4	0.2	0.2	0.1
Czech Republic	935	7.7	6.3	6.8	8.0	8.2	8.1	2.3	2.4	2.6	3.0	2.8	2.9
Denmark	128	6.4	6.5	5.7	6.6	6.2	5.5	2.8	2.9	3.4	4.1	4.1	4.3
Iceland	176	0.1	0.1	0.1	0.1	0.1	0.1	0.1	0.1	0.1	0.1	0.1	0.1
Israel	436	6.7	7.0	7.6	7.7	8.6	8.4	3.0	2.9	3.2	3.2	2.8	3.2
Japan	158	147.3	151.5	149.9	149.5	135.9	129.6	194.4	177.7	162.2	162.7	142.7	145.5
Korea, Republic of	542	82.9	87.6	91.2	100.4	101.4	95.8	161.7	166.6	182.9	190.3	174.3	159.2
New Zealand	196	3.7	3.9	4.1	4.7	4.9	4.9	5.0	5.8	8.3	9.5	6.6	7.1
Norway	142	3.8	3.0	2.7	2.7	2.9	2.6	3.6	3.1	3.5	4.5	4.1	3.2
San Marino	135	....	....	....	....	....	0.0	....	....	....	....	....	0.0
Singapore	576	35.3	40.3	45.6	48.7	53.1	47.4	27.8	28.4	29.9	30.5	26.0	25.9
Sweden	144	6.6	6.4	6.8	7.2	7.1	6.3	7.1	6.9	7.0	6.8	6.4	6.1
Switzerland	146	3.7	3.5	3.5	3.1	3.2	3.3	27.3	22.9	56.1	40.6	9.1	40.1
Taiwan Prov.of China	528	35.1	36.8	40.7	46.3	45.0	41.1	124.9	132.2	156.5	152.3	144.5	140.1
United Kingdom	112	44.1	46.3	50.9	57.1	59.7	56.6	14.5	16.8	19.0	23.6	18.9	18.6
United States	111	324.9	352.5	369.0	397.1	410.8	389.7	119.2	128.6	147.0	154.1	144.9	135.7
Emerg. & Dev. Economies	200	585.8	653.4	719.5	795.9	770.2	727.0	611.5	656.9	673.0	685.7	506.3	490.1
Emerg. & Dev. Asia	505	203.2	230.4	267.6	300.2	310.2	303.3	193.7	192.0	191.9	202.4	181.5	189.2
Bangladesh	513	7.8	8.0	9.7	11.8	13.9	14.7	0.4	0.5	0.6	0.8	0.8	0.9
Bhutan	514	0.0	0.0	0.0	0.0	0.0	0.0	0.0	0.0	0.0	0.0	0.0	0.0
Brunei Darussalam	516	0.7	1.3	1.7	1.7	1.4	0.6	0.6	0.4	0.1	0.2	0.1	0.2
Cambodia	522	2.3	2.7	3.4	3.3	3.8	4.0	0.2	0.2	0.4	0.5	0.7	0.8
Fiji	819	0.2	0.2	0.2	0.3	0.3	0.4	0.0	0.0	0.1	0.1	0.0	0.0
F.T. French Polynesia	887	0.0	0.0	0.0	0.1	0.1	0.1	0.0	0.0	0.0	0.0	0.0	0.0
F.T. New Caledonia	839	0.1	0.1	0.1	0.1	0.1	0.1	0.1	0.1	0.1	0.3	0.5	0.5
India	534	50.5	47.7	48.4	54.2	58.3	59.4	23.4	18.8	17.0	16.4	13.4	11.8
Indonesia	536	29.3	34.3	36.9	39.1	34.4	32.8	31.3	32.0	31.5	24.6	19.8	21.3
Kiribati	826	0.0	0.0	0.0	0.0	0.0	0.0	0.0	0.0	0.0	0.0	0.0	0.0
Lao People's Dem.Rep	544	0.5	0.9	1.7	1.8	1.3	1.0	0.8	0.8	1.0	1.8	1.3	1.3
Malaysia	548	27.9	36.5	45.9	46.3	44.2	39.4	62.0	58.2	60.1	55.8	53.2	49.0
Maldives	556	0.1	0.1	0.1	0.1	0.2	0.3	0.0	0.0	0.0	0.0	0.0	0.0
Marshall Islands	867	....	....	....	....	....	1.0	....	....	....	....	....	0.0
Micronesia	868	....	....	....	....	....	0.0	....	....	....	....	....	0.0
Mongolia	948	2.7	2.7	2.4	2.2	1.6	1.0	3.7	3.9	3.5	5.1	3.8	3.5

China, P.R.: Mainland (924)

In Billions of U.S. Dollars

		Exports (FOB) 2011	2012	2013	2014	2015	2016	Imports (CIF) 2011	2012	2013	2014	2015	2016
Myanmar	518	4.8	5.7	7.3	9.4	9.4	8.3	1.7	1.3	2.8	15.6	5.2	4.2
Nauru	836	0.0	0.0	0.0	0.0	0.0	0.0	0.0	0.0	0.0	0.0	0.0	0.0
Nepal	558	1.2	2.0	2.2	2.3	0.8	0.9	0.0	0.0	0.0	0.0	0.0	0.0
Palau	565	0.0	0.0	0.0	0.0	0.0	0.0	0.0	0.0	0.0	0.0	0.0	0.0
Papua New Guinea	853	0.5	0.6	0.6	0.6	1.0	0.7	0.8	0.6	0.8	1.4	1.9	1.7
Philippines	566	14.3	16.8	19.8	23.5	26.7	30.4	18.0	19.7	18.2	21.0	19.0	17.4
Samoa	862	0.0	0.1	0.1	0.1	0.1	0.1	0.0	0.0	0.0	0.0	0.0	0.0
Solomon Islands	813	0.0	0.0	0.0	0.0	0.1	0.1	0.3	0.4	0.4	0.5	0.5	0.4
Sri Lanka	524	3.0	3.0	3.4	3.8	4.3	4.4	0.2	0.2	0.2	0.2	0.3	0.3
Thailand	578	25.7	31.2	32.7	34.3	38.3	38.3	39.0	38.5	38.1	38.2	37.2	38.7
Timor-Leste	537	0.1	0.1	0.0	0.1	0.1	0.2	0.0	0.0	0.0	0.0	0.0	0.0
Tonga	866	0.0	0.0	0.0	0.0	0.0	0.0	0.0	0.0	0.0	0.0	0.0	0.0
Tuvalu	869	0.0	0.1	0.0	0.0	0.0	0.0	0.0	....	0.0	0.0	0.0	0.0
Vanuatu	846	0.1	0.1	0.4	0.2	0.1	0.1	0.0	0.0	0.0	0.0	0.0	0.0
Vietnam	582	29.1	34.2	48.6	63.6	66.4	62.0	11.1	16.2	16.9	19.9	23.8	37.2
Asia n.s.	598	2.2	1.8	1.4	1.3	3.4	3.0	0.0	0.0	0.1	0.1	0.0	0.0
Europe	170	**107.5**	**115.7**	**125.9**	**131.9**	**102.8**	**106.8**	**73.7**	**82.1**	**83.2**	**80.4**	**64.6**	**59.3**
Emerg. & Dev. Europe	903	**40.3**	**40.0**	**42.4**	**46.1**	**44.8**	**44.3**	**9.6**	**10.2**	**12.4**	**13.1**	**11.3**	**11.5**
Albania	914	0.3	0.3	0.3	0.4	0.4	0.5	0.2	0.1	0.2	0.2	0.1	0.1
Bosnia and Herzegovina	963	0.0	0.0	0.1	0.3	0.1	0.1	0.0	0.0	0.0	0.0	0.1	0.0
Bulgaria	918	1.0	1.1	1.1	1.2	1.0	1.1	0.5	0.8	1.0	1.0	0.8	0.6
Croatia	960	1.5	1.3	1.4	1.0	1.0	1.0	0.1	0.1	0.1	0.1	0.1	0.2
Faroe Islands	816	0.0	0.0	0.0	0.0	0.1	0.0	0.0	0.0	0.1	0.1	0.1	0.1
Gibraltar	823	0.0	0.1	0.0	0.0	0.2	0.0	0.0	0.0	0.0	0.0	0.0	0.0
Hungary	944	6.8	5.7	5.7	5.8	5.2	5.4	2.5	2.3	2.7	3.3	2.9	3.5
Macedonia, FYR	962	0.1	0.1	0.1	0.1	0.1	0.1	0.2	0.1	0.1	0.1	0.1	0.0
Montenegro	943	0.1	0.1	0.1	0.2	0.1	0.1	0.0	0.0	0.0	0.1	0.0	0.0
Poland	964	10.9	12.4	12.6	14.3	14.3	15.3	2.1	2.0	2.2	2.9	2.7	2.5
Romania	968	3.5	2.8	2.8	3.2	3.2	3.5	0.9	1.0	1.2	1.5	1.3	1.4
Serbia, Republic of	942	0.4	0.4	0.4	0.4	0.4	0.4	0.1	0.1	0.2	0.1	0.1	0.2
Turkey	186	15.6	15.6	17.8	19.3	18.6	16.9	3.1	3.5	4.5	3.7	3.0	2.8
CIS	901	**67.2**	**75.7**	**83.5**	**85.8**	**58.1**	**62.5**	**64.1**	**71.9**	**70.8**	**67.3**	**53.3**	**47.8**
Armenia	911	0.1	0.1	0.1	0.1	0.1	0.1	0.0	0.0	0.1	0.2	0.2	0.3
Azerbaijan, Rep. of	912	0.9	1.1	0.9	0.6	0.4	0.4	0.2	0.2	0.2	0.3	0.2	0.4
Belarus	913	0.7	0.9	0.9	1.1	0.7	1.1	0.6	0.7	0.6	0.7	1.0	0.4
Georgia	915	0.8	0.7	0.9	0.9	0.8	0.8	0.0	0.0	0.1	0.1	0.0	0.1
Kazakhstan	916	9.6	11.0	12.5	12.7	8.4	8.3	15.3	14.6	16.0	9.7	5.8	4.8
Kyrgyz Republic	917	4.9	5.1	5.1	5.2	4.3	5.7	0.1	0.1	0.1	0.0	0.1	0.1
Moldova	921	0.1	0.1	0.1	0.1	0.1	0.1	0.0	0.0	0.0	0.0	0.0	0.0
Russian Federation	922	38.9	44.1	49.6	53.7	34.8	37.7	39.0	44.0	39.6	41.6	33.1	32.1
Tajikistan	923	2.0	1.7	1.9	2.5	1.8	1.7	0.1	0.1	0.1	0.0	0.1	0.0
Turkmenistan	925	0.8	1.7	1.1	1.0	0.8	0.3	4.7	8.0	8.9	9.5	7.8	5.6
Ukraine	926	7.2	7.3	7.8	5.1	3.5	4.3	3.2	3.0	3.3	3.5	3.6	2.5
Uzbekistan	927	1.4	1.8	2.6	2.7	2.2	2.1	0.8	1.1	1.9	1.6	1.3	1.6
Europe n.s.	884	0.0	0.0	0.0	0.0	0.0	0.0	0.0	0.0	0.0	0.0	0.0	0.0
Mid East, N Africa, Pak	440	**101.3**	**112.6**	**127.0**	**151.8**	**149.9**	**139.0**	**150.4**	**159.7**	**166.0**	**167.5**	**105.9**	**86.8**
Afghanistan, I.R. of	512	0.2	0.5	0.3	0.4	0.4	0.4	0.0	0.0	0.0	0.0	0.0	0.0
Algeria	612	4.5	5.4	6.0	7.4	7.6	7.8	1.9	2.3	2.1	1.3	0.8	0.3
Bahrain, Kingdom of	419	0.9	1.2	1.2	1.2	1.0	0.8	0.3	0.3	0.3	0.2	0.1	0.1
Djibouti	611	0.5	0.9	1.0	1.1	2.0	2.2	0.0	0.0	0.0	0.0	0.0	0.0
Egypt	469	7.3	8.2	8.4	10.5	12.0	10.8	1.5	1.3	1.9	1.2	0.9	0.5
Iran, I.R. of	429	14.8	11.6	14.4	24.3	17.8	16.7	30.3	24.9	25.4	27.5	16.0	14.9
Iraq	433	3.8	4.9	6.9	7.7	7.9	7.7	10.4	12.6	18.0	20.7	12.7	10.6
Jordan	439	2.5	3.0	3.4	3.4	3.4	3.1	0.3	0.3	0.2	0.3	0.3	0.2
Kuwait	443	2.1	2.1	2.7	3.4	3.8	3.1	9.2	10.5	9.6	10.0	7.5	6.4
Lebanon	446	1.5	1.7	2.5	2.6	2.3	2.2	0.0	0.0	0.0	0.0	0.0	0.0
Libya	672	0.7	2.4	2.8	2.2	1.9	1.2	2.1	6.4	2.0	0.7	0.9	0.3
Mauritania	682	0.4	0.5	0.6	0.8	0.8	0.9	1.6	1.5	1.7	1.2	0.7	0.7
Morocco	686	3.0	3.1	3.3	3.0	2.9	3.2	0.5	0.6	0.5	0.5	0.5	0.6
Oman	449	1.0	1.8	1.9	2.1	2.1	2.2	14.9	17.0	21.0	23.8	15.1	11.9

China, P.R.: Mainland (924)
In Billions of U.S. Dollars

		Exports (FOB) 2011	2012	2013	2014	2015	2016	Imports (CIF) 2011	2012	2013	2014	2015	2016
Pakistan	564	8.4	9.3	11.0	13.2	16.5	17.7	2.1	3.1	3.2	2.8	2.5	1.9
Qatar	453	1.2	1.2	1.7	2.3	2.3	1.6	4.7	7.3	8.4	8.3	4.6	4.0
Saudi Arabia	456	14.9	18.5	18.7	20.6	21.7	19.7	49.5	54.9	53.5	48.7	30.2	23.6
Somalia	726	0.1	0.1	0.1	0.2	0.3	0.4	0.0	0.0	0.0	0.0	0.0	0.0
Sudan	732	2.0	2.2	2.4	1.9	2.4	2.2	9.5	2.0	2.2	1.5	0.7	0.5
Syrian Arab Republic	463	2.4	1.2	0.7	1.0	1.0	1.0	0.0	0.0	0.0	0.0	0.0	0.0
Tunisia	744	1.1	1.4	1.3	1.2	1.2	1.3	0.2	0.2	0.2	0.2	0.2	0.1
United Arab Emirates	466	26.8	29.6	33.4	39.0	37.1	30.9	8.3	10.8	12.7	15.6	11.3	9.9
West Bank and Gaza	487	0.0	0.0	0.1	0.1	0.1	0.1	0.0	0.0	0.0	0.0	0.0	0.0
Yemen, Republic of	474	1.1	2.0	2.1	2.2	1.4	1.7	3.1	3.6	3.1	2.9	0.9	0.2
Sub-Saharan Africa	603	**53.3**	**61.0**	**66.7**	**77.7**	**77.4**	**64.9**	**75.9**	**98.8**	**106.3**	**109.0**	**50.6**	**53.5**
Angola	614	2.8	4.0	4.0	6.0	3.7	1.8	24.9	33.5	31.9	31.1	16.0	13.8
Benin	638	2.9	2.4	3.0	3.5	3.0	2.1	0.2	0.3	0.2	0.3	0.1	0.1
Botswana	616	0.6	0.2	0.1	0.2	0.2	0.2	0.1	0.1	0.2	0.2	0.1	0.1
Burkina Faso	748	0.1	0.1	0.1	0.1	0.1	0.1	0.2	0.2	0.2	0.1	0.0	0.0
Burundi	618	0.0	0.0	0.1	0.1	0.1	0.0	0.0	0.0	0.0	0.0	0.0	0.0
Cabo Verde	624	0.0	0.1	0.1	0.1	0.0	0.0	0.0	0.0	0.0	0.0	0.0	0.0
Cameroon	622	0.9	1.1	1.5	1.9	1.8	1.6	0.7	0.9	0.4	0.7	0.8	0.4
Central African Rep.	626	0.0	0.0	0.0	0.0	0.0	0.0	0.0	0.0	0.0	0.0	0.0	0.0
Chad	628	0.1	0.2	0.4	0.3	0.1	0.1	0.3	0.2	0.1	0.1	0.1	0.1
Comoros	632	0.0	0.0	0.0	0.0	0.0	0.1	0.0	0.0	0.0	0.0	0.0	0.0
Congo, Dem. Rep. of	636	0.8	0.8	1.0	1.4	1.4	1.0	3.2	3.5	2.8	2.8	2.7	2.1
Congo, Republic of	634	0.5	0.5	0.8	1.0	1.0	0.8	4.7	4.6	5.7	5.5	2.6	2.3
Côte d'Ivoire	662	0.5	0.8	1.0	1.2	1.6	1.6	0.2	0.1	0.3	0.2	0.1	0.1
Equatorial Guinea	642	0.3	0.4	0.4	0.3	0.3	0.2	1.7	1.8	2.5	3.2	1.2	0.6
Eritrea	643	0.1	0.1	0.1	0.1	0.1	0.1	0.0	0.0	0.1	0.3	0.2	0.2
Ethiopia	644	0.9	1.5	1.9	2.9	3.4	3.3	0.3	0.3	0.3	0.5	0.4	0.4
Gabon	646	0.3	0.4	0.4	0.4	0.7	0.4	0.6	0.6	0.9	1.6	1.1	1.4
Gambia, The	648	0.3	0.3	0.3	0.4	0.3	0.3	0.1	0.1	0.1	0.0	0.1	0.1
Ghana	652	3.1	4.8	3.9	4.2	5.3	4.9	0.4	0.6	0.8	1.2	1.2	1.3
Guinea	656	0.6	0.8	0.9	1.1	1.3	1.2	0.0	0.0	0.1	0.0	0.0	0.7
Guinea-Bissau	654	0.0	0.0	0.0	0.0	0.0	0.0	0.0	0.0	0.0	0.0	0.0	0.0
Kenya	664	2.4	2.8	3.2	4.9	5.9	5.8	0.1	0.1	0.1	0.1	0.1	0.1
Lesotho	666	0.1	0.1	0.1	0.1	0.1	0.1	0.0	0.0	0.0	0.0	0.0	0.0
Liberia	668	5.0	3.5	2.3	1.7	1.4	1.6	0.0	0.2	0.2	0.3	0.2	0.0
Madagascar	674	0.5	0.5	0.6	0.8	0.9	1.0	0.1	0.1	0.2	0.1	0.2	0.2
Malawi	676	0.1	0.2	0.2	0.2	0.2	0.2	0.0	0.0	0.0	0.0	0.0	0.0
Mali	678	0.3	0.3	0.3	0.3	0.3	0.4	0.1	0.3	0.2	0.1	0.1	0.1
Mauritius	684	0.5	0.6	0.6	0.7	0.8	0.8	0.0	0.0	0.0	0.0	0.0	0.0
Mozambique	688	0.7	0.9	1.2	2.0	1.9	1.4	0.3	0.4	0.5	1.7	0.5	0.5
Namibia	728	0.3	0.4	0.5	0.5	0.5	0.3	0.2	0.2	0.2	0.3	0.2	0.2
Niger	692	0.1	0.2	0.2	0.2	0.2	0.1	0.0	0.0	0.0	0.1	0.1	0.1
Nigeria	694	9.2	9.3	12.0	15.4	13.6	10.3	1.6	1.3	1.5	2.7	1.2	0.9
Rwanda	714	0.1	0.1	0.1	0.1	0.1	0.1	0.1	0.1	0.1	0.1	0.0	0.0
São Tomé & Príncipe	716	0.0	0.0	0.0	0.0	0.0	0.0	0.0	0.0	0.0	0.0	0.0	0.0
Senegal	722	0.7	0.8	1.0	1.7	2.2	2.3	0.1	0.1	0.0	0.0	0.1	0.2
Seychelles	718	0.0	0.0	0.0	0.0	0.1	0.1	0.0	0.0	0.0	0.0	0.0	0.0
Sierra Leone	724	0.2	0.2	0.2	0.2	0.3	0.3	0.0	0.5	1.4	1.7	0.2	0.2
South Africa	199	13.4	15.3	16.8	15.7	15.9	13.0	32.1	44.6	48.3	44.7	15.4	22.5
South Sudan, Rep. of	733	0.0	0.0	0.1	0.1	0.2	0.0	....	0.0	2.5	4.3	2.3	1.4
Swaziland	734	0.0	0.0	0.0	0.0	0.0	0.0	0.0	0.1	0.1	0.0	0.0	0.0
Tanzania	738	1.7	2.1	3.1	3.9	4.3	3.7	0.5	0.4	0.6	0.4	0.4	0.3
Togo	742	1.8	3.4	2.4	2.5	2.2	2.0	0.1	0.1	0.1	0.2	0.2	0.1
Uganda	746	0.4	0.5	0.5	0.5	0.6	0.8	0.0	0.0	0.1	0.1	0.1	0.0
Zambia	754	0.6	0.7	0.7	0.7	0.6	0.5	2.8	2.7	3.1	3.1	1.8	2.2
Zimbabwe	698	0.4	0.4	0.4	0.4	0.5	0.4	0.5	0.6	0.7	0.8	0.8	0.7
Africa n.s.	799	0.0	0.0	0.0	0.0	0.0	0.0	0.0	0.0	0.0	0.0	0.0	0.0
Western Hemisphere	205	**120.5**	**133.7**	**132.3**	**134.3**	**130.0**	**112.9**	**117.8**	**124.3**	**125.5**	**126.4**	**103.6**	**101.3**
Antigua and Barbuda	311	0.7	0.8	0.2	0.2	0.1	0.1	0.0	0.0	0.0	0.0	0.0	0.0
Argentina	213	8.5	7.9	8.7	7.7	8.9	7.3	6.3	6.6	6.1	5.3	5.7	5.1

2017, International Monetary Fund: Direction of Trade Statistics Yearbook

China, P.R.: Mainland (924)

In Billions of U.S. Dollars

		\multicolumn{6}{c	}{Exports (FOB)}	\multicolumn{6}{c	}{Imports (CIF)}
		2011	2012	2013	2014	2015	2016	2011	2012	2013	2014	2015	2016
Aruba	314	0.0	0.0	0.0	0.1	0.1	0.0	0.0	0.0	0.0	0.2	0.0	0.0
Bahamas, The	313	0.6	0.6	0.3	0.7	1.6	0.4	0.1	0.1	0.0	0.0	0.0	0.1
Barbados	316	0.1	0.1	0.1	0.1	0.1	0.1	0.0	0.0	0.0	0.0	0.0	0.0
Belize	339	0.1	0.1	0.1	0.1	0.1	0.1	0.0	0.0	0.0	0.0	0.0	0.0
Bermuda	319	0.4	0.2	0.2	0.2	0.4	0.2	0.0	....	0.0	0.0	0.0	0.0
Bolivia	218	0.4	0.4	0.5	0.7	0.6	0.6	0.3	0.3	0.3	0.5	0.4	0.3
Brazil	223	31.9	33.4	36.2	34.9	27.4	22.2	52.6	52.1	53.7	52.0	44.4	45.4
Chile	228	10.8	12.6	13.1	13.0	13.3	13.0	20.6	20.6	20.8	21.1	18.7	18.4
Colombia	233	5.8	6.2	6.8	8.0	7.6	6.9	2.4	3.2	3.6	7.5	3.5	2.5
Costa Rica	238	0.9	0.9	0.9	1.1	1.3	1.5	3.8	5.3	4.8	4.2	0.8	0.7
Curaçao	354	....	....	....	....	....	0.0	....	....	....	....	....	0.0
Dominica	321	0.0	0.0	0.0	0.0	0.0	0.0	0.0	0.0	0.0	0.0	0.0	0.0
Dominican Republic	243	1.0	1.0	1.0	1.3	1.6	1.6	0.3	0.4	0.3	0.3	0.2	0.1
Ecuador	248	2.2	2.6	3.0	3.2	2.9	2.3	0.6	0.9	0.8	1.1	1.2	0.9
El Salvador	253	0.4	0.5	0.5	0.6	0.7	0.8	0.0	0.0	0.0	0.0	0.1	0.0
Greenland	326	0.0	0.0	0.0	0.0	0.0	0.0	0.0	0.1	0.1	0.1	0.1	0.1
Grenada	328	0.0	0.0	0.0	0.0	0.0	0.0	0.0	0.0	0.0	0.0	....	0.0
Guatemala	258	1.3	1.3	1.5	1.9	2.1	1.9	0.0	0.1	0.2	0.1	0.2	0.1
Guyana	336	0.1	0.2	0.2	0.2	0.2	0.2	0.0	0.0	0.0	0.0	0.0	0.0
Haiti	263	0.3	0.3	0.3	0.4	0.4	0.5	0.0	0.0	0.0	0.0	0.0	0.0
Honduras	268	0.4	1.1	0.8	0.7	0.9	0.7	0.1	0.3	0.2	0.2	0.0	0.0
Jamaica	343	0.4	0.8	0.6	0.5	0.6	0.5	0.0	0.0	0.0	0.0	0.0	0.0
Mexico	273	24.0	27.5	29.0	32.3	33.8	32.6	9.4	9.2	10.3	11.2	10.1	10.3
Montserrat	351	....	....	....	....	....	0.0	....	....	....	....	....	....
Netherlands Antilles	353	0.1	0.1	0.1	0.1	0.1	0.1	0.0	0.0	0.0	0.0	0.0	0.0
Nicaragua	278	0.4	0.5	0.5	0.6	0.7	0.6	0.0	0.1	0.1	0.0	0.0	0.0
Panama	283	14.6	15.3	11.0	9.3	8.5	6.5	0.0	0.1	0.0	0.3	0.3	0.0
Paraguay	288	1.2	1.3	1.4	1.4	1.3	1.2	0.0	0.0	0.1	0.1	0.0	0.0
Peru	293	4.7	5.3	6.2	6.1	6.4	6.1	7.9	8.5	8.5	8.3	8.2	9.4
St. Kitts and Nevis	361	0.0	0.0	0.0	0.0	0.0	0.0	0.0	0.0	0.0	0.0	0.0	0.0
St. Lucia	362	0.0	0.0	0.0	0.0	0.0	0.0	0.0	0.0	0.0	0.0	0.0	0.0
St. Vincent & Grens.	364	0.1	0.0	0.0	0.0	0.0	0.0	0.0	0.0	....	0.0	0.0	0.0
Suriname	366	0.1	0.2	0.2	0.2	0.2	0.2	0.0	0.0	0.0	0.1	0.1	0.0
Trinidad and Tobago	369	0.3	0.3	0.3	0.4	0.5	0.4	0.3	0.1	0.1	0.1	0.0	0.2
Uruguay	298	2.0	2.4	2.3	2.5	2.0	1.8	1.4	1.9	2.5	2.6	2.4	2.0
Venezuela, Rep. Bol.	299	6.5	9.3	6.1	5.7	5.3	2.6	11.5	14.4	13.1	11.3	6.8	5.5
Western Hem. n.s.	399	0.2	0.3	0.0	0.1	0.5	0.2	0.0	0.0	0.0	0.0	0.0	0.0
Other Countries n.i.e	910	**4.2**	**4.6**	**5.0**	**4.6**	**4.8**	**5.0**	**3.4**	**3.1**	**3.4**	**3.2**	**2.8**	**3.0**
Cuba	928	1.0	1.2	1.4	1.1	1.9	1.8	0.9	0.6	0.5	0.3	0.3	0.3
Korea, Dem. People's Rep.	954	3.2	3.4	3.6	3.5	2.9	3.2	2.5	2.5	2.9	2.8	2.5	2.7
Special Categories	899	....	....	....	....	0.0	1.1	122.4	142.8	156.8	143.8	143.4	129.3
Countries & Areas n.s.	898	**2.2**	**1.2**	**1.2**	**0.7**	**0.5**	**0.0**	**13.8**	**20.3**	**21.8**	**23.2**	**0.9**	**1.2**
Memorandum Items													
Africa	605	64.9	74.6	81.3	93.3	94.4	82.9	89.6	105.4	110.7	109.5	51.3	54.3
Middle East	405	81.1	89.3	100.9	122.5	115.8	102.8	134.5	150.0	156.0	159.9	100.4	82.7
European Union	998	357.8	335.6	339.3	371.2	356.6	343.6	211.3	212.6	219.7	243.9	209.0	208.5
Export earnings: fuel	080	151.1	173.5	192.6	223.9	187.1	167.2	243.2	278.7	284.0	290.0	183.7	155.2
Export earnings: nonfuel	092	1,748.2	1,876.6	2,018.1	2,119.3	2,093.4	1,969.4	1,498.2	1,538.6	1,665.3	1,673.2	1,418.0	1,434.3

China, P.R.: Hong Kong (532)
In Millions of U.S. Dollars

		Exports (FOB) 2011	2012	2013	2014	2015	2016	Imports (CIF) 2011	2012	2013	2014	2015	2016
IFS World		429,224.6	443,148.7	459,256.4	473,994.8	465,513.5	462,515.9	483,999.7	504,732.2	524,102.8	544,931.3	522,597.5	516,929.2
World	001	429,220.3	443,160.6	459,262.6	474,002.6	517,384.2	462,491.6	483,995.7	504,749.4	524,107.8	544,938.0	559,472.4	547,326.2
Advanced Economies	110	148,831.1	147,372.8	146,730.0	149,373.8	153,079.0	138,711.6	208,532.5	207,144.3	210,252.3	218,859.5	229,293.1	225,875.5
Euro Area	163	33,829.3	31,177.6	31,226.3	31,925.7	30,613.3	30,470.8	30,119.7	29,661.1	30,703.7	30,859.7	27,418.9	26,839.8
Austria	122	677.2	583.6	598.6	612.3	629.1	614.5	549.9	565.9	537.2	509.1	413.9	393.2
Belgium	124	2,805.4	2,859.1	2,933.9	3,140.1	2,390.9	2,383.5	3,597.8	3,572.9	3,803.7	3,879.7	3,316.8	3,260.3
Cyprus	423	27.5	23.0	22.0	26.4	23.0	22.9	49.3	99.4	48.8	24.0	20.1	14.8
Estonia	939	141.4	139.5	175.1	165.5	115.8	115.1	7.7	9.0	13.6	12.3	15.8	19.0
Finland	172	964.0	1,260.5	1,087.5	866.5	363.5	361.0	383.9	320.1	377.7	204.4	242.0	126.8
France	132	5,107.1	4,801.5	5,299.9	5,117.2	4,478.8	4,472.8	5,366.9	6,006.8	6,346.3	5,688.3	4,975.5	5,355.8
Germany	134	11,469.9	10,050.6	9,526.8	9,367.7	8,673.4	8,602.1	8,455.0	7,389.4	7,204.3	7,549.5	6,877.2	6,570.6
Greece	174	179.4	127.6	128.7	141.7	148.0	147.8	53.0	70.0	71.6	64.7	58.8	60.9
Ireland	178	298.7	253.2	262.8	289.9	277.2	276.8	1,089.5	812.4	633.7	680.8	650.8	710.5
Italy	136	3,827.7	3,221.9	3,128.5	3,147.6	3,356.1	3,345.7	5,833.5	6,007.8	6,535.7	7,066.5	6,392.0	6,127.1
Latvia	941	181.8	121.0	132.9	101.3	67.6	67.6	6.3	5.7	7.7	9.4	7.5	13.7
Lithuania	946	100.5	78.8	94.0	98.1	96.6	96.5	39.8	46.0	57.9	42.9	28.6	24.8
Luxembourg	137	92.9	107.2	100.1	114.9	98.8	86.2	121.9	93.8	173.5	91.6	81.5	98.8
Malta	181	20.7	24.7	19.4	16.9	26.5	26.5	421.1	283.8	233.2	399.8	318.7	227.0
Netherlands	138	5,428.9	5,344.8	5,403.5	6,097.2	7,411.7	7,399.0	2,789.6	3,061.4	3,408.8	3,363.1	2,949.9	2,670.3
Portugal	182	247.1	233.1	231.3	282.4	311.4	311.0	122.1	131.4	133.2	145.0	125.3	128.2
Slovak Republic	936	202.1	170.0	233.5	279.3	304.0	303.6	33.6	41.5	24.3	22.5	27.3	29.4
Slovenia	961	63.1	51.4	58.5	66.9	74.1	74.0	64.5	68.7	81.6	82.8	59.9	63.4
Spain	184	1,993.8	1,726.0	1,789.3	1,993.8	1,766.6	1,764.2	1,134.6	1,075.0	1,011.0	1,023.4	857.4	945.3
Australia	193	5,342.7	5,071.7	4,796.4	4,441.8	4,737.2	4,496.4	2,477.6	2,294.1	2,255.5	2,157.4	4,862.9	6,137.2
Canada	156	3,180.8	3,113.5	2,963.2	2,924.0	2,385.7	2,381.7	1,807.3	1,731.7	1,814.3	1,692.9	2,894.4	1,954.1
China,P.R.: Macao	546	4,152.7	4,729.2	5,907.4	6,296.8	5,311.2	5,303.9	595.7	665.9	935.0	814.7	922.1	896.8
Czech Republic	935	704.6	790.2	882.5	814.1	721.6	720.7	316.3	303.2	289.9	244.1	203.6	172.4
Denmark	128	733.4	664.2	603.3	563.6	446.3	445.7	1,100.3	1,333.0	1,522.6	1,053.8	1,085.9	522.5
Iceland	176	11.6	8.8	7.9	7.5	12.3	12.3	4.8	5.2	3.1	4.2	3.4	3.5
Israel	436	1,893.5	1,841.9	2,065.2	2,453.9	2,120.1	2,117.3	2,949.7	2,704.8	2,881.4	3,296.8	2,674.0	2,445.5
Japan	158	17,378.5	18,575.9	17,450.8	16,988.5	15,076.4	15,055.0	40,974.7	40,225.9	36,974.9	37,315.8	35,252.7	33,517.1
Korea, Republic of	542	7,873.0	7,606.5	8,283.1	8,050.1	7,685.1	6,969.7	19,277.8	19,811.2	20,496.4	22,674.6	22,601.3	25,746.1
New Zealand	196	533.9	533.2	533.2	587.1	544.3	543.6	522.2	604.1	585.3	565.7	479.9	481.1
Norway	142	362.7	300.6	323.2	309.2	222.0	221.7	224.6	203.1	231.0	251.6	213.5	211.0
San Marino	135	....	....	....	....	0.9	....	....	....	....	....	0.1	0.2
Singapore	576	7,227.0	7,221.7	7,560.8	7,730.8	9,396.1	7,909.5	32,740.6	31,768.6	31,824.3	33,732.7	34,575.0	35,460.5
Sweden	144	1,089.9	998.7	961.1	924.0	918.4	917.2	553.8	479.8	467.1	466.0	525.1	454.3
Switzerland	146	3,233.0	3,393.8	3,423.5	3,966.4	9,345.7	3,266.4	10,171.1	10,144.6	9,963.2	10,244.2	18,741.1	18,471.9
Taiwan Prov.of China	528	11,096.1	10,432.2	9,984.8	10,234.1	10,196.7	9,619.4	30,964.5	31,595.4	33,784.0	38,808.2	36,271.8	37,807.4
United Kingdom	112	7,542.0	7,114.2	6,971.8	7,007.0	11,204.9	6,460.0	6,326.9	6,916.8	6,973.5	6,263.5	9,606.2	6,504.2
United States	111	42,646.5	43,799.0	42,785.6	44,149.9	42,140.7	41,800.2	27,404.9	26,696.0	28,547.2	28,413.6	30,961.2	28,249.9
Vatican	187	....	....	....	....	0.1	....	....	....	....	....	0.0	0.0
Emerg. & Dev. Economies	200	280,320.1	295,653.4	312,446.5	324,574.8	364,265.4	323,740.2	275,411.5	297,549.5	313,802.4	326,009.4	330,110.0	321,385.7
Emerg. & Dev. Asia	505	259,778.4	273,550.2	287,468.4	295,561.6	334,332.8	294,043.3	261,569.7	281,405.3	296,878.0	308,797.5	313,313.5	304,691.1
American Samoa	859	1.9	0.2	0.5	0.7	2.9	1.6	0.0	0.0	0.0	0.0	0.2	0.0
Bangladesh	513	991.0	1,026.8	1,268.1	1,373.0	1,499.0	1,497.0	181.3	196.6	255.6	252.2	223.3	191.2
Bhutan	514	0.7	1.3	4.0	1.3	1.0	1.0	0.0	0.0	0.0	0.0	0.0	0.1
Brunei Darussalam	516	13.0	19.1	30.3	23.0	20.8	20.8	5.6	5.7	5.4	5.1	6.6	3.7
Cambodia	522	699.8	810.6	936.4	905.2	906.1	905.0	42.4	67.3	108.6	122.1	241.2	267.4
China,P.R.: Mainland	924	224,567.9	239,657.7	251,448.8	255,337.2	285,894.9	250,476.0	218,088.1	237,460.8	250,624.8	256,544.8	261,233.2	251,207.6
Fiji	819	13.2	12.5	14.2	28.1	22.1	22.1	14.4	11.0	7.9	6.8	8.5	9.6
Guam	829	118.8	129.0	110.5	90.0	70.0	57.7	3.8	3.8	5.1	3.4	7.1	4.4
India	534	12,032.3	9,952.1	10,744.8	12,148.3	15,419.1	15,041.5	11,138.1	10,574.1	11,275.6	12,417.6	11,022.5	11,977.7
Indonesia	536	2,980.2	2,673.6	2,509.1	2,628.4	3,189.4	2,696.1	2,849.9	2,681.9	2,564.3	2,542.1	2,379.9	2,353.8
Kiribati	826	0.4	0.4	0.4	0.3	0.8	0.8	0.6	0.9	0.3	0.1	0.0	0.0
Lao People's Dem.Rep	544	29.5	25.0	31.0	39.1	19.3	19.3	4.5	3.0	15.7	3.1	8.7	5.0
Malaysia	548	3,674.6	3,711.6	3,443.1	3,858.7	3,524.2	3,515.6	11,438.8	10,791.0	11,308.4	13,182.5	12,132.6	11,685.2
Maldives	556	5.7	6.2	13.1	15.2	14.4	14.4	4.0	5.4	4.2	2.8	3.2	4.7
Marshall Islands	867	....	....	....	....	0.8	....	....	....	....	....	0.4	0.0
Mongolia	948	41.4	37.1	37.4	28.3	27.4	27.4	3.7	4.6	1.9	1.1	2.8	7.5

China, P.R.: Hong Kong (532)
In Millions of U.S. Dollars

		Exports (FOB)						Imports (CIF)					
		2011	2012	2013	2014	2015	2016	2011	2012	2013	2014	2015	2016
Myanmar	518	58.8	85.0	112.1	161.0	197.5	197.3	47.5	47.0	41.0	63.1	64.3	77.1
Nauru	836	0.2	0.2	0.3	0.3	0.4	0.4	0.1	0.0	0.0	0.0	0.0	0.0
Nepal	558	51.5	56.2	161.4	200.7	159.2	159.0	2.5	3.5	5.0	3.8	3.9	4.0
Papua New Guinea	853	46.2	41.1	55.6	101.1	38.0	38.0	3.5	3.2	3.2	0.9	1.1	1.9
Philippines	566	2,585.3	2,901.4	2,823.5	3,078.2	3,279.8	3,275.5	5,247.2	5,285.0	5,421.8	6,613.5	7,892.7	8,714.3
Samoa	862	2.3	1.3	2.6	2.0	3.2	3.2	0.0	0.1	0.1	0.0	0.0	0.0
Solomon Islands	813	5.2	6.3	4.4	6.8	7.0	7.0	0.6	1.7	4.5	0.4	2.9	0.1
Sri Lanka	524	404.4	402.2	482.8	492.5	515.0	514.3	108.2	109.9	123.6	140.5	131.9	123.4
Thailand	578	5,464.8	5,383.6	5,590.4	6,339.3	10,085.3	6,179.6	9,842.3	9,400.4	10,011.7	11,384.8	11,365.2	11,040.9
Tonga	866	0.3	0.5	5.4	3.1	1.1	1.1	3.8	0.5	0.7	0.7	0.3	0.0
Tuvalu	869	0.0	0.0	0.1	0.0	0.2	0.2	....	....	....	....	....	....
Vanuatu	846	3.1	3.8	3.4	4.6	4.4	4.4	0.1	1.0	0.6	0.6	0.5	1.0
Vietnam	582	5,931.2	6,537.9	7,559.0	8,624.6	9,368.4	9,306.7	2,520.5	4,724.9	5,076.8	5,489.9	6,569.0	6,996.0
Asia n.s.	598	54.7	67.6	75.9	70.6	60.9	60.4	18.4	21.7	11.2	15.2	11.5	14.3
Europe	170	**5,499.0**	**5,794.4**	**6,573.1**	**7,190.4**	**7,197.6**	**7,137.7**	**1,978.5**	**2,343.8**	**2,460.1**	**2,573.6**	**2,040.1**	**2,039.0**
Emerg. & Dev. Europe	903	**3,304.8**	**3,126.4**	**3,471.1**	**4,274.8**	**4,772.4**	**4,715.7**	**1,123.2**	**1,160.4**	**1,229.7**	**1,255.9**	**1,151.3**	**1,253.3**
Albania	914	3.5	7.1	7.6	10.6	7.6	7.6	0.2	0.2	1.3	0.3	0.4	0.4
Bosnia and Herzegovina	963	5.7	4.9	13.7	21.6	20.1	20.1	0.2	3.4	3.4	0.2	0.9	0.1
Bulgaria	918	47.4	35.1	56.2	65.1	87.3	87.2	66.2	49.0	52.3	51.7	48.9	51.9
Croatia	960	39.6	33.2	42.1	39.5	47.7	47.6	10.1	9.2	10.0	9.6	7.0	7.0
Gibraltar	823	1.8	3.4	4.2	4.0	1.1	1.1	0.9	1.6	1.4	1.6	0.6	0.6
Hungary	944	1,159.3	1,211.8	1,320.9	1,581.6	1,724.0	1,721.7	268.9	274.5	242.9	237.9	226.5	277.0
Macedonia, FYR	962	9.1	9.1	12.7	18.3	17.9	17.9	5.5	2.7	1.2	1.0	0.5	1.9
Montenegro	943	2.8	3.8	3.9	7.9	7.1	6.0	0.2	0.3	8.4	0.3	0.3	0.6
Poland	964	767.6	774.1	849.6	1,041.9	1,301.5	1,299.7	264.8	308.2	388.1	352.5	319.3	349.8
Romania	968	364.1	197.6	251.0	338.4	441.3	440.8	72.4	76.5	42.6	45.3	39.3	38.8
Serbia, Republic of	942	29.9	31.5	43.1	59.4	77.6	59.5	19.8	77.0	103.5	145.4	166.6	164.0
Turkey	186	874.0	814.8	866.1	1,086.3	1,039.2	1,006.6	414.0	357.9	374.7	410.2	340.9	361.1
CIS	901	**2,193.2**	**2,666.4**	**3,101.2**	**2,914.8**	**2,422.2**	**2,419.1**	**855.0**	**1,183.0**	**1,230.2**	**1,317.1**	**888.5**	**784.0**
Armenia	911	8.4	6.7	11.0	15.8	15.3	15.2	2.9	1.0	1.1	1.0	4.8	55.8
Azerbaijan, Rep. of	912	30.1	41.7	86.5	98.2	20.7	20.7	0.2	3.0	9.2	2.6	2.8	1.7
Belarus	913	79.8	68.6	95.9	65.1	58.9	58.9	7.3	7.0	8.2	9.7	6.7	5.2
Georgia	915	25.5	31.5	35.2	38.5	34.7	34.7	9.2	3.3	5.6	2.8	3.0	3.7
Kazakhstan	916	46.1	47.3	86.1	108.2	71.8	71.7	1.2	70.8	74.0	5.3	31.6	5.7
Kyrgyz Republic	917	14.7	9.2	6.5	4.5	7.6	7.6	0.1	0.1	0.4	0.2	0.1	0.5
Moldova	921	14.4	17.8	15.5	13.2	9.9	9.9	0.3	0.6	0.8	1.4	1.0	1.2
Russian Federation	922	1,754.0	2,185.1	2,508.9	2,338.1	2,027.2	2,024.7	814.0	1,068.2	1,101.8	1,248.2	816.0	692.6
Tajikistan	923	9.2	8.0	6.1	6.3	0.9	0.9	0.3	0.0	0.2	0.1	0.1	0.1
Turkmenistan	925	1.8	1.6	2.5	18.3	7.4	7.4	0.3	0.7	0.5	0.5	0.6	0.3
Ukraine	926	190.6	237.3	231.2	168.9	149.0	148.8	13.7	27.3	25.2	31.3	19.4	16.0
Uzbekistan	927	18.6	11.4	15.9	39.7	18.6	18.6	5.5	1.1	3.1	14.0	2.4	1.2
Europe n.s.	884	1.0	1.6	0.8	0.8	3.0	3.0	0.2	0.4	0.2	0.6	0.3	1.8
Mid East, N Africa, Pak	440	**5,648.3**	**6,798.9**	**7,735.8**	**9,546.8**	**10,810.8**	**10,650.9**	**5,557.2**	**6,877.6**	**6,531.1**	**5,929.8**	**6,167.9**	**5,279.4**
Afghanistan, I.R. of	512	12.3	15.2	10.2	9.0	4.9	4.9	0.9	0.7	0.6	2.3	0.2	0.1
Algeria	612	38.7	47.6	84.6	181.4	306.2	305.8	0.3	4.3	1.6	1.8	1.1	11.6
Bahrain, Kingdom of	419	61.0	64.6	72.6	83.4	110.0	109.8	28.8	27.6	59.1	30.8	42.3	45.9
Djibouti	611	0.7	1.2	2.5	3.1	2.0	2.0	4.3	0.9	3.0	0.7	0.8	0.5
Egypt	469	329.1	354.1	379.7	536.7	542.5	541.7	129.5	154.2	104.9	68.3	59.3	45.5
Iran, I.R. of	429	185.5	156.3	105.8	122.4	135.7	135.5	255.5	295.2	262.7	524.8	376.6	257.3
Iraq	433	16.5	15.4	38.6	57.7	120.2	120.1	0.6	4.2	2.4	1.9	2.5	3.1
Jordan	439	123.7	130.0	122.0	136.8	187.1	186.8	12.7	25.7	17.0	23.0	24.6	30.6
Kuwait	443	130.5	142.2	220.8	236.6	155.9	155.7	115.0	93.1	109.6	87.7	46.0	36.7
Lebanon	446	64.2	67.7	70.2	74.8	60.0	60.0	6.4	8.2	14.5	13.6	10.5	10.9
Libya	672	3.4	11.2	25.8	13.0	6.4	6.4	0.5	0.2	0.1	0.2	5.0	9.0
Mauritania	682	3.4	5.9	3.9	5.4	3.0	3.0	5.8	4.0	3.3	2.5	4.2	3.6
Morocco	686	113.6	133.2	120.6	139.6	110.5	110.3	152.6	124.7	90.7	105.5	104.3	100.4
Oman	449	40.7	44.2	65.3	81.9	128.1	128.0	218.0	195.7	89.5	70.8	46.4	64.4
Pakistan	564	186.7	263.0	384.9	502.0	530.4	529.6	446.6	427.2	408.3	324.2	244.0	140.4
Qatar	453	67.9	93.5	96.5	110.8	109.2	109.0	37.6	151.1	213.9	177.2	97.9	88.3
Saudi Arabia	456	628.4	753.0	788.5	840.6	1,080.2	1,078.7	710.0	673.2	689.0	642.6	644.0	487.3

China, P.R.: Hong Kong (532)

In Millions of U.S. Dollars

		Exports (FOB)						Imports (CIF)					
		2011	2012	2013	2014	2015	2016	2011	2012	2013	2014	2015	2016
Somalia	726	0.0	5.0	13.1	3.1	1.7	1.7	1.1	3.3	4.3	1.6	0.1	0.5
Sudan	732	17.0	13.6	11.9	14.6	7.3	7.3	1.8	6.1	14.0	2.2	1.7	1.9
Syrian Arab Republic	463	13.3	6.2	1.1	1.8	1.4	1.4	11.7	6.8	3.2	0.5	0.3	0.6
Tunisia	744	102.6	111.6	117.9	126.9	198.8	198.5	22.4	11.9	8.7	8.6	7.3	8.5
United Arab Emirates	466	3,504.8	4,358.8	4,987.0	6,257.5	7,007.4	6,852.6	3,370.8	4,632.7	4,414.2	3,823.9	4,436.0	3,915.4
Yemen, Republic of	474	4.3	5.1	11.5	7.1	1.8	1.8	24.6	26.8	16.3	15.0	12.8	16.9
Middle East n.s.	489	0.1	0.5	0.9	0.6	0.2	0.2	0.0	0.1	0.3	0.2	0.1	0.0
Sub-Saharan Africa	603	**1,920.3**	**2,009.6**	**2,246.9**	**2,903.7**	**3,279.5**	**3,275.0**	**1,273.8**	**1,605.0**	**1,384.3**	**1,811.8**	**4,136.4**	**4,447.3**
Angola	614	34.3	61.3	76.9	155.4	23.2	23.2	4.5	106.8	1.4	18.2	24.1	2.0
Benin	638	6.2	5.4	4.3	4.8	17.8	17.8	0.3	2.2	1.4	0.8	0.1	0.4
Botswana	616	6.9	11.2	8.7	15.8	16.4	16.4	4.1	16.2	61.0	272.8	164.2	218.3
Burkina Faso	748	17.5	12.9	13.0	11.8	18.8	18.8	3.3	10.3	11.0	0.0	0.2	1.0
Burundi	618	2.6	1.4	5.6	7.2	2.1	2.1	1.0	0.7	3.2	0.0	0.0	0.1
Cabo Verde	624	2.5	3.9	9.8	5.9	1.6	1.5	0.0	0.0	0.0	0.1	0.0	0.0
Cameroon	622	32.2	34.3	47.6	60.5	117.9	117.8	2.4	10.6	3.5	4.6	2.1	4.4
Central African Rep.	626	1.7	3.5	2.7	3.0	2.6	2.6	3.3	2.2	0.1	0.0	0.0	0.0
Chad	628	7.9	4.8	7.0	11.7	3.3	3.3	0.0	0.0	....	....	0.0	0.0
Comoros	632	1.2	1.0	0.5	0.1	1.1	1.1	....	....	....	....	....	....
Congo, Dem. Rep. of	636	23.4	21.3	38.8	45.6	34.0	33.9	0.4	0.7	0.7	1.0	1.2	2.2
Congo, Republic of	634	19.1	13.4	20.3	16.3	22.8	22.8	1.6	6.1	3.3	0.8	1.0	3.5
Côte d'Ivoire	662	19.4	13.8	18.1	26.1	36.5	36.4	8.8	3.5	4.1	3.0	0.6	0.5
Equatorial Guinea	642	4.7	6.4	1.9	3.1	1.1	1.1	0.0	0.0	0.0	....	0.0	0.0
Ethiopia	644	26.1	46.8	24.7	49.9	141.9	141.7	14.3	19.9	24.0	29.7	24.8	21.4
Gabon	646	16.3	13.5	8.3	21.6	15.0	15.0	2.1	3.2	2.6	2.5	3.4	3.2
Gambia, The	648	3.2	1.8	2.5	1.8	1.2	1.2	2.4	1.1	0.1	0.0	0.2	0.1
Ghana	652	70.8	80.8	94.3	94.0	190.5	190.3	3.1	4.1	1.5	1.8	2.1	9.4
Guinea	656	10.5	12.8	14.3	27.6	12.9	12.8	7.5	7.4	3.8	2.1	3.3	2.4
Guinea-Bissau	654	1.4	0.4	0.6	1.0	1.3	1.3	0.0	0.1	....	....	....	0.0
Kenya	664	145.8	172.3	160.9	161.4	173.4	173.2	61.0	81.3	96.0	87.8	63.6	55.3
Lesotho	666	18.9	17.1	20.3	13.6	9.9	9.9	0.0	0.2	0.4	0.0	0.1	0.1
Liberia	668	4.5	2.6	5.5	11.0	5.7	5.7	3.7	0.2	0.2	0.1	0.1	0.5
Madagascar	674	36.0	45.5	31.8	34.5	37.1	37.0	9.9	9.8	9.9	8.2	5.9	5.2
Malawi	676	18.0	9.5	6.1	16.8	13.7	13.7	0.9	0.9	0.9	2.2	2.1	0.7
Mali	678	37.1	40.0	37.9	45.6	28.5	28.4	2.3	4.2	9.7	2.5	0.7	1.2
Mauritius	684	44.6	54.1	57.3	71.0	62.1	62.0	13.9	7.6	36.0	34.6	9.3	20.3
Mozambique	688	19.0	25.6	42.7	76.8	24.2	24.1	4.4	6.3	3.3	2.9	5.6	12.6
Namibia	728	11.5	16.7	9.5	21.0	12.2	12.2	3.9	8.3	3.9	12.0	15.3	14.8
Niger	692	3.4	5.7	9.0	4.1	12.4	12.3	0.1	0.0	0.0	0.1	0.1	0.1
Nigeria	694	290.6	385.0	366.2	578.5	684.6	683.8	56.8	52.0	105.5	74.0	44.4	59.8
Rwanda	714	2.8	4.5	10.8	33.0	50.6	50.6	10.4	4.3	9.1	1.5	0.9	0.5
São Tomé & Príncipe	716	0.4	0.0	2.7	2.1	1.2	1.2	0.0	0.0	0.0	0.0	0.1	0.0
Senegal	722	22.0	29.0	30.5	38.6	124.0	123.9	12.5	12.9	16.7	15.9	18.0	12.7
Seychelles	718	3.4	4.2	12.0	3.0	4.3	4.3	2.5	2.9	6.2	3.4	5.0	2.1
Sierra Leone	724	6.0	5.2	4.9	4.0	7.0	7.0	2.5	1.1	0.5	0.3	0.5	0.4
South Africa	199	814.3	736.1	833.2	956.3	944.4	943.2	927.3	1,108.0	832.7	1,112.7	3,612.3	3,883.0
South Sudan, Rep. of	733	....	1.9	3.2	2.1	2.4	2.3	....	0.0	0.0	0.0	0.0	0.0
Swaziland	734	16.7	6.8	6.8	8.2	7.9	7.9	1.1	1.9	3.1	18.8	9.5	0.6
Tanzania	738	29.5	27.4	47.7	96.0	97.8	97.7	17.9	26.6	26.2	35.7	27.1	28.7
Togo	742	9.2	6.2	5.9	15.8	189.1	188.9	10.3	8.1	7.4	12.2	9.5	7.9
Uganda	746	26.1	31.1	87.4	62.5	66.4	66.3	13.9	20.7	28.5	27.1	33.8	44.9
Zambia	754	33.6	19.6	23.0	56.3	34.9	34.9	2.7	4.0	12.2	7.6	16.0	9.5
Zimbabwe	698	16.5	12.7	30.4	27.5	22.4	22.4	56.9	47.9	53.5	14.4	28.5	17.2
Africa n.s.	799	2.0	0.3	1.0	0.6	1.2	1.2	0.2	0.4	0.4	0.6	0.5	0.0
Western Hemisphere	205	**7,474.1**	**7,500.4**	**8,422.3**	**9,372.3**	**8,644.6**	**8,633.2**	**5,032.3**	**5,317.8**	**6,548.9**	**6,896.8**	**4,452.1**	**4,928.9**
Argentina	213	499.5	403.9	399.4	493.0	644.5	643.5	320.9	301.1	322.2	351.1	261.9	240.0
Aruba	314	5.0	5.2	6.0	7.0	3.7	3.7	0.1	0.1	0.2	0.2	0.1	1.2
Bahamas, The	313	1.6	5.4	5.0	5.0	8.4	8.4	0.4	0.5	0.1	0.9	0.4	0.5
Barbados	316	1.4	1.6	1.3	2.7	4.9	4.9	0.6	0.8	0.4	0.6	0.2	0.1
Belize	339	1.7	1.4	2.5	3.0	10.4	10.4	0.3	0.3	1.1	0.6	0.6	1.0
Bolivia	218	20.4	21.4	28.4	37.2	46.1	46.1	3.9	2.8	4.9	7.5	5.7	5.2

China, P.R.: Hong Kong (532)

In Millions of U.S. Dollars

		Exports (FOB) 2011	2012	2013	2014	2015	2016	Imports (CIF) 2011	2012	2013	2014	2015	2016
Brazil	223	2,061.8	1,982.2	1,963.9	1,874.0	1,267.2	1,265.6	2,099.2	2,141.1	2,689.5	2,954.6	2,139.3	2,335.9
Chile	228	502.6	606.3	528.3	486.8	661.7	660.9	410.7	452.0	460.9	550.3	521.5	831.7
Colombia	233	325.5	329.8	441.5	682.5	502.3	501.6	34.9	36.5	58.6	38.3	32.9	48.5
Costa Rica	238	57.6	40.6	56.1	107.0	145.5	145.3	1,166.9	1,415.5	1,963.6	1,554.1	219.7	263.0
Dominican Republic	243	83.0	95.0	116.1	127.1	94.7	94.6	15.8	18.9	23.1	17.0	19.8	15.1
Ecuador	248	122.5	131.7	157.4	181.5	137.4	137.2	27.2	17.2	18.8	25.8	25.3	29.1
El Salvador	253	51.2	59.2	60.6	88.3	89.0	88.9	94.7	91.7	101.9	102.0	90.7	105.8
Greenland	326	0.0	0.0	0.0	0.1	0.0	0.0	0.0	0.0	0.3	....	....	....
Grenada	328	0.3	0.5	0.1	0.8	0.8	0.8	0.0	0.2	0.0	0.1	0.0	0.0
Guatemala	258	122.9	133.5	142.0	229.8	173.6	173.4	8.5	7.5	9.1	13.1	10.4	11.1
Guyana	336	2.4	4.9	4.1	0.9	1.9	1.9	9.2	12.8	16.4	16.6	17.0	16.3
Haiti	263	5.9	8.1	25.8	15.7	19.0	18.9	3.4	3.5	3.5	2.1	3.0	2.8
Honduras	268	52.0	59.2	54.2	77.8	89.8	89.6	6.9	3.9	7.8	8.8	5.6	6.4
Jamaica	343	6.8	5.2	6.1	9.1	22.1	22.1	2.1	1.3	1.9	2.0	2.0	1.5
Mexico	273	2,086.0	2,195.7	2,951.6	3,721.6	3,597.1	3,592.4	564.6	524.2	565.8	875.8	741.1	699.7
Nicaragua	278	59.3	62.1	64.1	69.6	57.3	57.3	7.4	7.6	7.0	10.5	10.8	15.6
Panama	283	420.0	322.2	281.6	280.8	217.4	217.2	25.0	30.8	29.3	28.3	38.8	39.1
Paraguay	288	380.7	342.3	346.9	163.3	150.4	150.2	12.2	22.4	56.6	67.6	34.7	11.3
Peru	293	209.7	248.3	277.1	376.7	505.4	504.7	92.3	95.1	92.7	155.5	165.3	143.9
Suriname	366	7.6	4.6	5.9	18.2	11.1	11.0	4.5	7.2	7.7	11.2	11.1	10.8
Trinidad and Tobago	369	14.1	11.7	8.5	29.9	45.4	45.3	2.5	2.7	1.8	2.8	2.0	10.7
Uruguay	298	109.4	115.4	138.0	112.8	83.6	83.5	80.3	73.9	75.5	70.5	60.8	56.5
Venezuela, Rep. Bol.	299	137.7	169.7	237.6	126.5	22.8	22.7	28.3	32.4	19.2	18.9	12.1	10.9
Western Hem. n.s.	399	125.6	133.4	111.8	43.6	31.2	31.2	9.7	13.7	9.2	9.9	18.9	15.4
Other Countries n.i.e	910	**15.9**	**62.6**	**34.5**	**19.2**	**11.5**	**11.4**	**40.0**	**42.1**	**36.9**	**51.7**	**46.9**	**40.0**
Cuba	928	4.0	4.6	8.3	11.3	5.2	5.2	36.5	35.4	36.1	48.6	33.8	39.1
Korea, Dem. People's Rep.	954	12.0	58.0	26.2	7.9	6.3	6.3	3.5	6.7	0.8	3.1	13.1	0.9
Special Categories	899	**53.2**	**71.8**	**51.5**	**34.9**	**....**	**28.4**	**11.7**	**13.4**	**16.1**	**17.1**	**....**	**....**
Countries & Areas n.s.	898	....	....	....	....	28.3	0.0	....	....	....	0.2	22.4	25.0
Memorandum Items													
Africa	605	2,196.3	2,325.7	2,598.2	3,375.8	3,906.6	3,901.5	1,462.0	1,760.0	1,509.9	1,934.6	4,255.8	4,574.3
Middle East	405	5,173.4	6,202.8	6,986.3	8,561.7	9,646.0	9,487.7	4,921.6	6,294.7	5,996.6	5,480.5	5,804.3	5,011.9
European Union	998	46,277.2	42,996.8	43,164.8	44,300.9	47,506.2	42,611.4	39,099.4	39,411.2	40,692.7	39,583.9	39,480.8	35,217.7
Export earnings: fuel	080	7,520.1	9,137.1	10,568.6	12,424.6	12,815.5	12,653.1	5,744.4	7,512.0	7,265.4	6,827.4	6,719.1	5,812.9
Export earnings: nonfuel	092	421,700.2	434,023.5	448,693.9	461,578.1	504,568.8	449,838.6	478,251.3	497,237.3	516,842.4	538,110.6	552,753.3	541,513.3

China, P.R.: Macao (546)

In Millions of U.S. Dollars

		Exports (FOB) 2011	2012	2013	2014	2015	2016	Imports (CIF) 2011	2012	2013	2014	2015	2016
IFS World		869.4	1,021.3	1,138.3	1,241.5	1,339.1	1,256.5	7,768.7	8,879.4	10,140.1	11,262.1	10,602.8	8,925.3
World	001	873.6	1,021.7	1,138.3	1,241.3	1,279.2	1,256.6	7,817.5	9,029.8	10,140.5	11,262.1	10,604.3	8,924.7
Advanced Economies	110	556.3	662.4	730.5	850.5	898.4	798.2	5,009.9	5,634.5	6,374.4	7,007.2	6,437.4	5,220.1
Euro Area	163	40.9	33.7	29.8	34.7	25.3	19.2	1,803.5	1,861.6	2,074.0	2,445.1	2,114.5	1,957.3
Austria	122	0.3	0.4	0.7	0.7	0.3	0.1	8.0	7.4	8.6	13.6	7.7	5.1
Belgium	124	0.4	0.5	1.6	2.1	2.3	1.5	15.7	12.9	13.1	15.0	15.7	16.6
Cyprus	423	0.1	0.0	0.0	0.0	....	....	0.2	0.1	0.3	0.2	0.2	0.3
Finland	172	0.4	0.5	0.5	0.1	0.0	....	58.8	8.1	6.8	7.3	7.7	2.3
France	132	11.0	6.9	9.6	9.0	5.6	4.1	812.8	791.0	872.8	948.0	729.7	703.7
Germany	134	15.2	10.3	6.7	7.1	6.3	6.1	193.4	215.6	252.8	345.9	260.1	195.2
Greece	174	0.3	0.1	0.0	0.0	0.0	....	1.3	1.1	0.8	1.6	4.1	1.5
Ireland	178	0.5	1.8	2.1	5.5	3.4	1.7	33.0	29.7	41.6	68.1	74.1	79.2
Italy	136	1.7	2.1	1.3	3.9	1.8	0.6	586.3	675.9	713.4	776.9	712.0	699.1
Latvia	941	0.0	....	....	....	....	....	0.6	....	0.0	0.0	0.0	0.0
Lithuania	946	....	....	0.0	....	....	....	0.0	0.0	0.0	0.1	0.1	0.1
Luxembourg	137	....	....	....	....	....	....	0.1	0.0	0.0	0.0	0.0	0.0
Malta	181	....	....	....	....	....	....	0.0	0.0	0.1	0.1	0.2	0.1
Netherlands	138	10.6	9.5	6.6	5.8	5.1	4.3	36.6	54.3	94.3	173.6	213.0	168.7
Portugal	182	0.1	0.2	0.5	0.3	0.1	0.7	23.1	29.9	26.1	31.0	34.9	34.5
Slovak Republic	936	....	0.0	0.0	0.0	....	....	3.3	4.0	3.9	3.2	2.0	0.4
Slovenia	961	....	....	....	....	....	....	3.5	0.6	1.4	1.6	2.5	3.9
Spain	184	0.3	1.3	0.2	0.0	0.4	0.1	26.9	30.9	37.9	58.8	50.6	46.4
Australia	193	4.8	6.3	4.1	3.2	2.8	2.8	82.1	76.8	78.8	87.7	84.3	109.0
Canada	156	3.9	6.0	3.8	2.8	1.5	1.5	13.6	17.1	16.2	29.3	50.1	37.0
China,P.R.: Hong Kong	532	389.7	513.6	607.8	727.7	792.5	695.3	935.9	1,044.4	1,314.4	1,156.2	932.6	776.9
China,P.R.: Macao	546	....	....	....	....	....	....	....	....	....	....	0.3	0.3
Czech Republic	935	0.1	0.1	0.1	0.0	0.0	....	1.0	1.3	1.0	1.6	2.5	2.5
Denmark	128	0.6	0.1	0.0	0.0	....	....	6.9	8.1	9.4	9.4	8.0	11.4
Iceland	176	....	....	....	....	0.0	....	....	0.0	0.1	0.2	0.1	0.1
Israel	436	0.0	0.2	0.1	0.1	0.3	1.0	3.0	2.0	4.3	2.0	8.2	2.6
Japan	158	18.0	20.3	18.7	21.1	29.6	38.9	488.0	531.5	600.3	629.1	901.4	565.1
Korea, Republic of	542	1.2	1.1	2.0	1.6	0.6	1.8	121.0	212.3	265.2	220.4	158.3	183.9
New Zealand	196	0.1	....	0.0	0.2	0.2	0.1	16.8	21.3	27.6	36.1	48.7	36.4
Norway	142	0.0	0.1	0.0	0.0	....	....	4.4	5.3	6.7	7.5	7.4	9.0
Singapore	576	7.7	7.9	6.5	8.4	9.7	10.1	166.7	179.1	174.3	205.9	184.4	133.4
Sweden	144	0.1	0.2	0.2	0.0	....	....	8.8	8.5	9.3	14.2	9.5	19.1
Switzerland	146	1.1	0.5	2.4	1.7	0.9	0.6	589.9	777.0	876.8	1,026.5	842.3	667.8
Taiwan Prov.of China	528	12.9	5.2	4.9	8.8	7.6	5.9	165.9	175.4	165.3	168.6	173.0	156.9
United Kingdom	112	5.9	4.3	4.4	3.4	2.8	1.3	128.8	244.0	239.8	234.2	201.3	122.0
United States	111	69.3	62.9	45.6	36.7	24.6	19.5	473.7	468.8	511.0	733.2	710.5	429.1
Vatican	187	....	....	....	....	....	0.3	....	....	....	....	....	....
Emerg. & Dev. Economies	200	180.4	207.6	245.2	219.6	262.7	282.9	2,787.1	3,384.1	3,751.1	4,240.7	4,144.7	3,702.4
Emerg. & Dev. Asia	505	165.8	196.3	238.2	210.4	252.2	272.9	2,644.4	3,226.6	3,578.4	4,036.4	3,932.3	3,532.3
Bangladesh	513	0.5	0.5	0.1	0.1	0.1	0.0	0.5	0.4	0.5	0.7	4.5	3.6
Cambodia	522	2.9	0.1	0.2	0.5	1.0	0.9	0.0	1.1	2.1	2.7	8.5	3.5
China,P.R.: Mainland	924	139.0	171.3	201.0	194.6	228.0	219.0	2,378.1	2,908.4	3,305.9	3,735.6	3,586.8	3,232.6
Fiji	819	0.0	0.0	....	....	....	0.0	0.6	....	0.1	....	....	0.7
F.T. New Caledonia	839	0.0	0.0	....	....	0.0	....	....	....	0.0	0.0	3.0	0.0
Guam	829	....	....	0.2	....	....	....	....	....	....	....	....	....
India	534	0.1	0.4	1.8	2.5	4.5	4.3	6.1	8.3	12.2	9.8	12.0	10.6
Indonesia	536	0.4	0.1	0.1	0.5	1.2	0.4	40.6	29.5	30.5	36.2	38.8	32.3
Lao People's Dem.Rep	544	0.0	0.0	0.0	....	0.0	....	0.0	0.0	0.3	0.4	10.5	0.2
Malaysia	548	5.1	3.9	4.1	2.5	8.1	1.3	86.3	111.8	68.8	81.9	77.7	70.3
Maldives	556	....	....	....	....	....	....	....	0.0	0.0	0.0	1.1	0.0
Myanmar	518	0.0	0.0	0.0	....	0.0	0.0	2.7	2.6	2.8	2.2	1.7	1.7
Nepal	558	0.0	....	....	....	....	....	0.0	0.0	0.0	0.2	0.1	0.0
Philippines	566	2.3	2.4	5.3	8.4	5.1	36.4	14.4	22.5	20.8	20.0	40.3	21.4
Solomon Islands	813	0.0	0.0	0.5	....	....	0.5	....	....	....	....	10.0	....
Sri Lanka	524	0.1	0.1	0.1	0.1	0.0	2.8	1.5	1.3	2.0	1.7	1.5	1.4
Thailand	578	0.6	0.5	0.7	0.1	0.1	3.8	94.6	116.6	104.1	111.5	97.4	105.6

China, P.R.: Macao (546)

In Millions of U.S. Dollars

		Exports (FOB)						Imports (CIF)					
		2011	2012	2013	2014	2015	2016	2011	2012	2013	2014	2015	2016
Timor-Leste	537	....	....	....	....	....	....	0.0	0.1	0.0	....	....	....
Vietnam	582	14.8	17.0	24.1	1.1	4.0	3.4	19.0	24.2	28.3	33.2	38.3	48.3
Europe	170	**0.3**	**1.8**	**0.9**	**0.6**	**0.1**	**1.4**	**33.3**	**37.8**	**48.3**	**62.1**	**75.1**	**36.4**
Emerg. & Dev. Europe	903	**0.2**	**1.6**	**0.7**	**0.6**	**0.1**	**1.4**	**32.0**	**30.6**	**46.2**	**59.5**	**62.8**	**33.8**
Albania	914	....	....	....	....	....	....	0.1	0.1	0.2	0.7	0.6	0.4
Bosnia and Herzegovina	963	....	....	....	....	....	....	0.3	0.3	0.6	0.5	0.4	0.4
Bulgaria	918	....	....	....	....	....	....	2.0	1.2	2.5	2.0	2.0	1.7
Croatia	960	0.0	0.0	....	....	....	....	0.3	0.2	0.1	0.2	0.3	0.3
Faroe Islands	816	....	....	....	....	....	....	....	....	....	....	0.1	....
Hungary	944	....	0.2	0.2	0.3	0.1	1.4	2.1	1.1	2.7	13.5	20.7	1.9
Macedonia, FYR	962	....	....	....	....	....	....	0.1	0.2	0.1	0.1	0.1	0.0
Poland	964	0.0	0.0	0.0	0.1	....	....	2.7	2.8	4.1	3.7	5.5	6.9
Romania	968	0.2	0.9	0.5	0.1	0.0	....	6.9	6.9	8.7	12.0	11.7	7.4
Serbia, Republic of	942	....	0.4	....	....	....	....	0.0	0.1	0.7	0.1	0.6	0.6
Turkey	186	0.0	....	....	....	....	....	17.5	17.7	26.6	26.7	20.9	14.1
CIS	901	**0.1**	**0.3**	**0.2**	**0.0**	**....**	**0.0**	**1.3**	**7.2**	**2.1**	**2.6**	**12.3**	**2.6**
Armenia	911	....	....	....	....	....	....	0.0	0.0	0.1	0.0	0.1	0.0
Moldova	921	....	....	....	....	....	....	0.1	0.2	0.3	1.0	0.6	0.3
Russian Federation	922	0.1	0.3	0.2	0.0	....	0.0	1.0	6.6	1.5	1.1	11.6	2.0
Ukraine	926	....	0.0	....	....	....	....	0.2	0.3	0.2	0.4	0.0	0.1
Mid East, N Africa, Pak	440	**1.3**	**1.7**	**1.6**	**2.7**	**8.1**	**6.7**	**25.8**	**35.3**	**41.5**	**60.5**	**42.7**	**47.9**
Djibouti	611	....	....	0.2	1.0	0.8	0.3	....	....	....	....	....	....
Egypt	469	0.1	0.1	0.3	0.4	0.4	0.3	0.3	0.6	0.6	0.9	1.9	0.6
Iran, I.R. of	429	0.0	....	....	....	....	0.0	0.3	0.4	0.0	0.3	0.1	0.0
Jordan	439	0.1	0.1	0.0	0.0	0.0	0.1	....	0.0	0.0	0.0	0.1	0.0
Lebanon	446	....	0.0	0.3	0.1	....	....	0.0	0.0	0.0	0.0	0.1	0.0
Mauritania	682	....	....	....	....	....	....	0.0	0.0	0.0	0.0	....	0.1
Morocco	686	0.0	0.1	0.1	0.2	0.2	0.1	0.5	0.3	0.4	0.3	1.0	1.3
Oman	449	....	....	....	....	....	....	0.0	....	....	....	....	0.1
Pakistan	564	....	....	....	0.0	....	....	0.8	0.5	0.5	0.6	1.1	1.0
Saudi Arabia	456	....	....	....	....	0.0	....	21.5	31.0	36.8	54.3	28.5	41.5
Syrian Arab Republic	463	....	....	....	....	....	....	....	0.3	0.0	....	0.0	....
Tunisia	744	....	....	....	....	....	....	2.2	2.1	3.1	3.8	2.9	2.9
United Arab Emirates	466	1.0	1.4	0.6	0.9	6.7	5.8	0.2	0.1	0.1	0.4	7.0	0.5
Sub-Saharan Africa	603	**1.3**	**1.1**	**0.1**	**0.7**	**0.1**	**0.1**	**34.1**	**27.9**	**35.1**	**22.1**	**34.2**	**19.7**
Angola	614	0.2	0.2	....	....	....	....	....	0.4	....	....	....	....
Central African Rep.	626	....	....	....	....	....	....	....	0.0	0.0	0.1	....	....
Congo, Dem. Rep. of	636	....	....	0.1	....	....	....	....	....	0.0	....	....	....
Congo, Republic of	634	....	....	....	0.1	....	....	0.7	....	0.0	0.0	0.0	....
Côte d'Ivoire	662	....	0.0	....	....	....	....	....	....	0.0	0.1	....	....
Ethiopia	644	....	....	....	....	....	....	0.0	0.2	0.0	0.0	0.0	0.0
Ghana	652	0.0	0.1	....	....	0.0	0.1	0.0	0.0	....	....	0.0	0.0
Kenya	664	0.0	....	....	....	....	....	0.1	0.3	0.5	0.4	0.8	1.1
Madagascar	674	....	....	....	....	....	....	0.2	0.2	0.1	0.2	0.3	0.1
Malawi	676	....	....	....	....	....	....	....	....	0.0	0.1	0.0	....
Mauritius	684	....	....	....	....	....	....	0.2	0.2	0.2	0.3	0.1	0.2
Mozambique	688	....	....	0.0	....	....	0.0	0.6	....	0.0	0.0	0.0	....
Niger	692	....	....	....	....	....	....	....	0.0	0.0	0.1	....	....
Nigeria	694	0.0	0.0	....	....	0.0	0.0	....	....	0.0	0.0	0.2	0.9
Senegal	722	....	....	....	....	....	....	0.0	0.0	0.0	0.0	0.1	0.0
Seychelles	718	....	....	....	....	....	....	0.0	0.0	0.2	0.0	0.0	0.0
South Africa	199	1.0	0.8	0.1	0.6	0.0	0.0	31.8	26.5	32.6	18.3	30.4	15.3
Tanzania	738	....	....	....	....	....	....	0.3	0.0	0.3	1.0	1.4	1.6
Uganda	746	....	....	....	....	....	....	0.1	0.1	0.5	1.6	0.6	0.4
Zimbabwe	698	....	....	....	....	0.0	....	0.0	....	0.2	0.0	0.1	0.1
Western Hemisphere	205	**11.7**	**6.7**	**4.4**	**5.2**	**2.2**	**1.8**	**49.4**	**56.5**	**47.8**	**59.6**	**60.4**	**66.1**
Argentina	213	0.2	0.1	0.1	0.2	0.1	0.3	3.6	5.6	3.9	4.9	4.9	6.3
Bahamas, The	313	....	....	....	....	....	....	0.0	0.1	0.1	0.1	0.1	0.1
Brazil	223	0.1	0.0	0.0	0.1	0.0	0.0	28.5	34.8	30.3	41.4	40.4	48.8
Chile	228	0.2	0.1	0.0	0.0	0.0	0.0	6.1	5.2	3.6	4.6	3.1	3.2

China, P.R.: Macao (546)

In Millions of U.S. Dollars

		Exports (FOB)						Imports (CIF)					
		2011	2012	2013	2014	2015	2016	2011	2012	2013	2014	2015	2016
Colombia	233	0.1	0.1	0.0	0.4	0.1	....	0.3	0.3	0.6	0.2	0.7	0.5
Costa Rica	238	....	....	....	....	....	....	0.0	0.1	0.0	0.0	0.0	0.0
Dominica	321	....	....	....	....	....	....	0.2	0.0	....	....	....	....
Dominican Republic	243	0.0	0.0	....	....	....	....	5.2	3.3	2.1	2.8	1.7	0.5
Ecuador	248	0.0	0.0	....	....	....	....	0.1	0.0	0.0	0.0	0.1	0.4
Greenland	326	....	....	....	....	....	....	....	....	0.0	0.0	0.1	0.1
Guatemala	258	....	....	....	....	....	....	0.0	0.1	0.0	0.1	0.0	0.0
Honduras	268	....	....	....	....	....	....	0.1	0.1	0.1	0.1	0.0	0.0
Jamaica	343	....	....	....	0.0	....	....	0.1	0.1	0.1	0.0	0.1	0.1
Mexico	273	8.2	2.9	1.2	0.1	0.1	0.1	3.4	5.4	5.4	4.0	7.4	4.5
Nicaragua	278	....	....	....	....	....	....	0.1	0.1	0.1	0.0	0.1	0.0
Panama	283	2.8	3.4	3.1	4.4	1.9	1.4	0.0	0.1	0.0	0.0	0.1	0.1
Paraguay	288	....	....	....	....	....	....	....	....	0.0	....	0.1	....
Peru	293	....	....	....	....	0.0	0.0	0.8	0.7	1.3	1.1	1.6	0.9
Uruguay	298	0.0	....	....	0.0	....	0.0	0.8	0.5	0.1	0.2	0.1	0.6
Other Countries n.i.e	910	....	....	....	....	....	0.0	20.5	11.2	15.0	14.3	8.0	2.3
Cuba	928	....	....	....	....	....	....	20.5	11.1	15.0	14.3	8.0	2.3
Special Categories	899	....	....	....	....	42.3	....	....	....	....	....	0.1	....
Countries & Areas n.s.	898	136.9	151.7	162.6	171.3	75.8	175.5	....	....	....	....	14.0	....
Memorandum Items													
Africa	605	1.3	1.2	0.5	1.9	1.1	0.6	36.8	30.4	38.5	26.1	38.1	23.9
Middle East	405	1.2	1.6	1.2	1.5	7.1	6.2	22.3	32.4	37.5	55.9	37.6	42.8
European Union	998	47.8	39.5	35.1	38.8	28.3	21.8	1,962.9	2,135.7	2,351.6	2,735.9	2,376.1	2,130.6
Export earnings: fuel	080	1.4	2.0	0.8	1.5	6.8	5.9	24.2	38.9	39.1	56.5	48.2	45.9
Export earnings: nonfuel	092	872.1	1,019.7	1,137.5	1,239.9	1,272.5	1,250.7	7,793.4	8,990.9	10,101.5	11,205.7	10,556.1	8,878.8

Colombia (233)

In Millions of U.S. Dollars

		Exports (FOB)						Imports (CIF)					
		2011	2012	2013	2014	2015	2016	2011	2012	2013	2014	2015	2016
IFS World		56,935.0	60,251.4	58,784.3	54,495.9	35,349.4	30,891.3	54,668.0	58,134.5	59,410.6	64,050.7	53,929.9	44,841.7
World	001	56,508.9	60,666.5	58,821.9	54,794.8	35,675.7	31,390.4	54,674.8	58,631.4	59,397.0	64,028.9	54,057.6	44,285.4
Advanced Economies	110	34,119.2	34,662.7	30,081.6	26,805.5	18,095.3	16,466.7	26,136.0	27,405.8	29,646.2	32,775.4	28,230.6	21,612.3
Euro Area	163	7,064.9	7,694.2	7,815.6	7,999.4	5,159.0	3,359.4	6,596.3	6,720.6	6,916.3	7,592.8	7,131.6	4,970.4
Austria	122	1.9	1.3	1.7	1.3	2.0	1.5	162.9	159.7	183.1	181.2	175.2	141.5
Belgium	124	619.2	488.2	494.7	461.6	481.5	451.0	223.4	299.5	294.8	260.3	223.6	201.9
Cyprus	423	0.6	0.2	0.2	0.1	0.3	0.2	0.5	0.7	1.6	0.6	0.0	0.1
Estonia	939	0.5	0.3	1.8	3.6	6.9	5.7	4.1	3.8	5.8	2.8	2.8	2.0
Finland	172	68.1	55.3	58.1	73.7	95.2	69.9	125.9	127.8	190.0	149.3	107.4	93.9
France	132	487.5	306.3	356.2	178.5	127.4	404.6	1,819.2	1,487.1	1,446.2	1,853.6	1,918.7	828.8
Germany	134	412.8	395.2	780.4	633.5	497.8	475.9	2,215.1	2,316.7	2,206.9	2,531.0	2,267.5	1,707.7
Greece	174	44.2	19.3	12.3	8.6	16.0	24.4	6.2	10.8	12.4	21.1	10.7	13.9
Ireland	178	178.0	164.3	154.2	89.5	111.4	70.2	130.1	139.2	142.6	175.8	177.3	151.9
Italy	136	728.0	468.1	464.7	962.0	490.8	439.1	794.2	948.5	1,010.6	982.3	823.7	761.3
Latvia	941	2.8	0.8	1.1	0.9	0.1	0.8	19.7	23.8	2.1	2.2	2.4	2.8
Lithuania	946	1.6	1.4	1.0	1.3	2.0	2.0	79.7	53.2	22.4	4.3	3.1	6.9
Luxembourg	137	2.2	0.3	1.9	0.1	0.1	0.0	4.4	7.4	9.7	11.7	7.4	6.4
Malta	181	0.1	0.2	0.1	0.1	0.5	17.3	1.1	1.4	1.2	1.6	1.8	0.9
Netherlands	138	2,487.0	2,503.1	2,272.6	2,117.1	1,391.2	....	311.1	277.9	326.8	294.2	359.4	....
Portugal	182	312.5	327.6	322.1	263.9	305.1	213.6	52.3	58.7	58.2	100.3	89.3	90.6
Slovak Republic	936	1.2	0.9	0.8	1.0	1.4	0.7	15.8	19.4	25.1	37.4	28.5	21.9
Slovenia	961	7.6	21.8	12.7	26.6	45.7	23.2	17.1	9.3	13.6	16.3	17.5	19.6
Spain	184	1,709.3	2,939.8	2,879.0	3,175.8	1,583.6	1,159.4	613.7	775.9	963.3	966.9	915.3	918.5
Australia	193	37.7	40.2	47.8	49.6	47.8	47.6	53.7	53.1	63.9	44.3	44.6	45.5
Canada	156	607.9	467.0	390.2	664.8	417.0	387.5	959.7	1,132.7	1,001.2	1,164.6	877.2	766.8
China,P.R.: Hong Kong	532	57.8	426.0	78.4	63.1	66.9	99.8	77.7	95.9	102.4	80.9	59.7	49.7
China,P.R.: Macao	546	0.2	0.4	0.1	0.2	0.2	0.1	0.1	0.0	0.3	0.1	0.0	0.1
Czech Republic	935	2.3	3.7	3.5	4.3	3.4	4.9	37.0	38.7	49.6	57.4	67.3	59.3
Denmark	128	419.5	182.6	262.3	158.4	44.4	34.7	83.5	94.6	133.4	124.0	124.0	112.0
Iceland	176	0.6	0.5	0.3	0.2	0.5	0.5	0.9	1.9	1.1	1.3	2.1	0.6
Israel	436	653.5	525.8	409.6	526.4	292.5	275.5	148.0	160.5	236.6	328.2	165.4	142.7
Japan	158	525.1	360.2	387.9	420.9	519.9	427.6	1,437.7	1,654.1	1,478.8	1,525.4	1,227.5	1,115.6
Korea, Republic of	542	275.4	336.0	230.0	519.7	229.4	402.1	1,234.0	1,288.1	1,296.4	1,500.5	1,155.4	888.9
New Zealand	196	10.3	15.2	11.9	14.3	11.8	14.4	8.0	8.3	11.7	12.1	8.7	8.6
Norway	142	36.2	29.7	31.7	40.1	40.0	42.8	52.8	41.7	53.4	47.3	53.4	33.9
San Marino	135	....	....	....	....	....	....	....	....	....	....	....	1.0
Singapore	576	281.2	427.1	61.4	231.9	322.5	66.1	111.8	135.8	128.3	146.1	95.7	95.6
Sweden	144	55.5	45.3	41.2	58.2	43.0	44.1	262.5	191.1	167.5	156.0	142.0	131.9
Switzerland	146	933.9	721.4	460.8	501.6	419.9	376.2	462.4	507.4	508.8	519.2	433.3	387.0
Taiwan Prov.of China	528	110.2	44.6	40.2	40.5	32.8	41.4	500.1	553.6	557.2	620.3	523.1	432.8
United Kingdom	112	1,159.0	1,128.6	1,115.8	1,090.2	632.8	482.2	446.5	560.6	510.9	598.5	536.1	415.7
United States	111	21,887.9	22,214.1	18,692.9	14,421.8	9,811.4	10,359.8	13,663.3	14,167.0	16,428.4	18,256.3	15,583.4	11,954.2
Emerg. & Dev. Economies	200	22,137.4	25,694.6	27,845.9	26,611.4	16,283.6	12,867.5	26,733.2	29,357.1	28,203.7	29,529.1	24,215.3	21,451.3
Emerg. & Dev. Asia	505	2,813.7	5,117.6	8,296.1	8,644.7	2,562.2	1,564.5	10,211.4	11,793.0	12,671.0	14,537.4	12,523.7	10,800.6
American Samoa	859	....	....	....	....	....	....	....	0.0	....	16.9	1.7	2.3
Bangladesh	513	0.1	0.0	0.2	0.1	0.3	0.2	14.5	20.9	32.0	34.7	32.4	36.3
Bhutan	514	....	....	....	....	....	....	0.1	0.1	0.2	0.9	0.0	0.0
Brunei Darussalam	516	0.1	0.0	0.0	0.0	0.0	0.1	0.0	0.0	0.0	0.0	0.0	0.0
Cambodia	522	1.0	1.1	1.9	0.5	1.1	1.6	5.8	6.5	10.5	12.8	15.5	18.1
China,P.R.: Mainland	924	1,978.7	3,343.1	5,102.2	5,755.1	1,869.2	1,162.4	8,176.4	9,564.7	10,362.8	11,790.4	10,032.5	8,631.4
Fiji	819	0.1	0.2	0.1	0.2	0.2	0.2	....	2.2	0.5	0.0	0.0	0.0
F.T. French Polynesia	887	....	....	0.3	0.0	0.1	....	....	....	....	0.0	0.0	0.0
F.T. New Caledonia	839	0.0	0.0	0.0	0.1	0.0	0.2	0.1	0.1	0.0	0.0	....	0.0
Guam	829	0.1	0.0	0.1	0.1	0.1	0.1	0.0	0.0	....	....	....	....
India	534	731.8	1,362.7	2,993.1	2,787.6	524.9	225.6	975.6	1,123.8	1,143.8	1,368.8	1,199.2	945.9
Indonesia	536	29.9	130.1	14.7	5.5	6.5	6.6	198.4	258.7	220.0	226.2	218.4	181.3
Kiribati	826	....	....	....	....	....	....	....	....	6.0	....	....	....
Lao People's Dem.Rep	544	....	....	....	....	....	0.0	0.1	0.2	0.1	0.2	0.1	0.1
Malaysia	548	14.1	221.6	106.7	23.9	100.1	95.4	214.4	204.4	198.4	225.7	170.1	162.6
Marshall Islands	867	....	....	....	....	....	....	....	....	....	....	....	0.2

Colombia (233)
In Millions of U.S. Dollars

		Exports (FOB)						Imports (CIF)					
		2011	2012	2013	2014	2015	2016	2011	2012	2013	2014	2015	2016
Mongolia	948	....	....	....	0.0	....	....	0.0	....	0.0	0.0	0.1	0.0
Myanmar	518	0.0	....	....	0.0	0.0	0.1	1.1	0.0	0.2	0.1	0.1	0.6
Nauru	836	....	....	....	....	....	....	0.1	0.0	0.1	0.0	....	0.0
Nepal	558	0.0	0.0	....	0.0	0.0	0.0	0.0	0.0	0.1	0.0	0.0	0.0
Papua New Guinea	853	0.1	0.0	0.1	0.0	0.2	0.0	0.0	....	....	0.0	0.0	....
Philippines	566	7.7	10.1	12.7	10.4	10.7	12.4	22.2	41.7	47.6	58.8	44.2	39.5
Samoa	862	0.2	....	....	....	....	....	0.0	1.4	4.3	1.8	3.0	2.5
Solomon Islands	813	....	....	....	....	....	0.1	....	....	....	0.1	0.1	0.1
Sri Lanka	524	1.1	0.4	0.6	6.8	0.4	0.4	14.7	14.0	17.7	18.3	17.2	17.6
Thailand	578	37.4	38.2	44.4	37.8	38.4	48.2	417.9	332.6	309.2	343.6	297.5	291.2
Timor-Leste	537	....	....	....	....	....	0.1	....	....	....	....	....	....
Tonga	866	....	....	....	....	0.2	0.1	....	....	0.0	....	....	....
Vanuatu	846	....	....	....	....	0.0	0.1	....	0.0	....	....	....	0.1
Vietnam	582	11.3	10.0	18.9	16.6	9.1	9.5	169.8	220.9	316.1	437.8	491.2	470.7
Asia n.s.	598	0.0	0.0	0.0	0.0	0.7	1.0	0.2	0.6	1.5	0.2	0.3	0.1
Europe	170	**875.3**	**1,018.3**	**841.9**	**1,040.0**	**837.3**	**1,109.7**	**582.8**	**802.6**	**738.5**	**931.5**	**976.4**	**866.5**
Emerg. & Dev. Europe	903	**756.1**	**884.8**	**705.9**	**906.2**	**721.4**	**1,024.7**	**218.3**	**287.1**	**357.4**	**455.4**	**526.3**	**542.9**
Albania	914	0.5	0.3	1.1	0.2	0.2	0.7	1.0	0.3	0.6	0.5	0.5	0.4
Bosnia and Herzegovina	963	0.0	....	0.0	....	....	....	0.7	1.0	0.9	0.8	1.2	1.0
Bulgaria	918	0.1	0.5	0.8	3.3	0.5	4.8	8.1	8.5	8.0	9.1	13.9	7.6
Croatia	960	79.9	78.5	59.7	13.3	19.2	13.1	1.1	1.1	7.9	8.3	85.4	5.1
Faroe Islands	816	....	0.1	0.0	....	....	....	0.3	0.0	0.0	....	0.0	....
Gibraltar	823	28.4	....	0.1	....	....	167.1	0.2	0.0	0.1	0.0	0.1	0.0
Hungary	944	1.0	1.2	0.9	2.0	1.1	1.3	24.2	29.6	53.0	65.5	65.7	65.2
Macedonia, FYR	962	0.0	0.0	0.0	0.0	0.0	0.0	0.3	0.4	0.5	0.1	0.4	0.4
Poland	964	49.7	16.3	10.3	14.4	15.1	67.7	38.0	37.4	90.5	131.9	90.2	121.4
Romania	968	9.5	7.2	8.4	9.8	13.1	8.4	18.0	33.7	25.2	31.8	27.0	102.9
Serbia, Republic of	942	....	....	....	....	0.0	0.1	....	....	....	....	2.0	1.8
Turkey	186	586.7	780.8	624.4	863.1	672.2	761.3	124.3	175.0	168.8	204.7	239.9	237.2
CIS	901	**119.1**	**133.6**	**136.0**	**133.7**	**115.9**	**84.8**	**364.3**	**515.5**	**380.9**	**476.0**	**449.6**	**323.0**
Armenia	911	0.4	0.7	0.3	0.2	0.1	0.1	1.4	1.4	0.1	0.0	0.0	0.0
Azerbaijan, Rep. of	912	0.1	0.1	0.2	0.2	0.3	0.1	0.0	....	0.0	0.0	0.0	0.0
Belarus	913	1.1	0.8	1.2	1.3	0.8	0.4	40.9	10.2	5.4	0.6	3.2	10.9
Georgia	915	2.1	2.9	2.9	1.6	4.1	2.7	0.8	11.2	2.9	3.3	1.8	2.2
Kazakhstan	916	0.4	0.3	0.6	0.5	1.0	1.0	2.0	0.2	2.7	2.9	3.0	2.5
Kyrgyz Republic	917	0.1	0.1	0.0	0.2	0.0	0.0	0.5	0.0	0.0	0.0	0.0	0.0
Moldova	921	0.0	0.0	0.1	0.0	0.1	0.0	0.0	0.0	0.2	0.2	0.1	0.4
Russian Federation	922	99.5	118.7	116.8	113.9	95.3	73.1	246.4	398.5	304.7	404.2	403.8	255.8
Tajikistan	923	....	0.0	0.0	0.0	0.1	0.1	0.0	0.0	0.0	0.0	0.0	0.0
Turkmenistan	925	....	0.0	0.0	0.0	0.0	0.0	0.0	0.0	0.1	0.1	0.1	0.0
Ukraine	926	15.3	9.9	13.9	15.7	14.1	7.3	72.2	92.9	64.2	63.3	36.9	48.2
Uzbekistan	927	....	....	0.0	0.1	0.0	0.0	....	1.1	0.8	1.3	0.6	2.9
Europe n.s.	884	0.0	....	....	....	....	0.2	0.2	0.0	0.2	0.2	0.5	0.6
Mid East, N Africa, Pak	440	**127.1**	**94.7**	**150.0**	**248.3**	**125.5**	**144.1**	**210.5**	**265.9**	**229.3**	**237.1**	**250.0**	**166.2**
Afghanistan, I.R. of	512	....	0.0	0.0	0.0	0.1	0.0	0.1	0.3	0.2	0.1	0.0	0.1
Algeria	612	1.2	2.2	1.8	11.2	6.9	1.6	0.0	25.7	0.0	0.0	17.2	0.0
Bahrain, Kingdom of	419	1.5	1.5	0.6	1.0	0.9	0.8	0.3	0.0	0.1	1.0	7.4	5.1
Djibouti	611	0.1	0.1	0.1	0.3	0.2	0.4	0.0	....	....	....	0.0	0.0
Egypt	469	13.4	3.1	3.2	2.9	6.6	5.9	7.8	10.6	26.8	10.7	11.1	9.9
Iran, I.R. of	429	1.1	1.0	0.5	0.8	0.7	2.4	4.7	19.3	1.2	0.5	0.3	1.0
Iraq	433	1.1	2.7	25.1	35.8	1.5	26.3	0.0	0.0	0.0	0.7	0.0	0.3
Jordan	439	2.2	8.4	3.4	3.3	9.5	25.4	1.3	1.2	2.2	3.4	3.2	2.7
Kuwait	443	2.5	1.6	2.7	3.2	4.0	3.3	3.9	0.0	3.3	0.7	0.0	0.1
Lebanon	446	41.6	33.1	14.2	31.6	51.2	17.9	1.0	1.3	0.6	1.8	0.7	1.1
Libya	672	0.0	0.5	12.0	3.1	1.2	1.1	....	0.0	0.0	0.0	0.2	0.0
Mauritania	682	0.9	0.4	0.9	8.1	0.0	....	0.1	0.0	0.1	0.0	0.0	....
Morocco	686	9.5	4.2	4.3	4.6	3.0	5.8	36.9	37.0	50.7	46.6	33.8	39.0
Oman	449	0.1	0.2	0.3	0.8	0.8	1.7	0.1	0.0	1.2	5.4	16.3	1.4
Pakistan	564	1.8	1.9	1.6	1.3	1.5	1.5	62.0	68.3	58.2	63.7	53.6	41.8
Qatar	453	0.7	0.2	0.1	0.3	0.6	0.9	4.1	6.4	5.6	15.9	5.8	11.6

Colombia (233)

In Millions of U.S. Dollars

		Exports (FOB)						Imports (CIF)					
		2011	2012	2013	2014	2015	2016	2011	2012	2013	2014	2015	2016
Saudi Arabia	456	7.8	7.0	5.8	7.3	7.0	8.5	39.5	54.3	62.2	63.3	53.7	35.1
Sudan	732	0.0	0.0	0.2	0.3	0.1	0.1	0.2	0.2	0.2	0.1	0.3	0.3
Syrian Arab Republic	463	11.8	2.6	1.8	1.3	2.4	1.9	1.2	0.2	0.1	0.1	0.2	0.3
Tunisia	744	14.4	10.5	16.9	7.6	1.7	2.4	4.7	8.5	7.0	5.5	4.1	4.3
United Arab Emirates	466	12.5	11.7	51.5	120.5	23.1	33.3	42.4	32.6	9.6	17.6	42.0	12.0
West Bank and Gaza	487	....	....	....	0.0	0.3	0.4	0.0	0.0	0.0	0.1	0.0	0.0
Yemen, Republic of	474	3.0	1.8	2.8	2.8	2.2	2.8	....	....	0.0	....	....	0.0
Sub-Saharan Africa	603	325.5	473.7	143.5	339.1	306.8	259.6	63.0	67.1	80.0	63.1	56.5	54.2
Angola	614	7.0	11.8	13.7	14.5	5.6	1.7	0.1	0.1	0.0	0.4	0.2	0.0
Benin	638	2.0	2.0	0.9	2.7	1.0	0.7	0.1	0.1	0.0	0.0	1.1	2.4
Botswana	616	....	....	....	0.0	....	....	0.0	0.1	0.0	0.0	0.0	....
Burkina Faso	748	....	0.0	....	....	0.1	0.3	....	0.8	1.6	1.8	3.0	0.0
Burundi	618	0.1	....	0.0	0.0	....	0.0	0.0	0.0	0.0	0.0	0.0	0.0
Cabo Verde	624	0.5	0.1	0.2	0.3	0.2	0.3	....	0.0	0.0	....	0.0	0.0
Cameroon	622	1.3	3.9	1.9	6.9	1.2	0.9	0.2	0.4	0.3	0.2	0.0	0.0
Central African Rep.	626	....	....	....	....	....	....	0.0	0.0	0.1	0.0	0.0	0.0
Chad	628	....	0.0	2.2	....	....	0.0	3.5	0.0	0.0	0.1	0.3	0.0
Comoros	632	....	....	0.0	0.2	0.1	0.3	....	....	....	....	0.0	0.0
Congo, Dem. Rep. of	636	....	0.2	1.8	6.8	2.5	1.1	....	0.0	0.0	0.0	....	....
Congo, Republic of	634	2.3	2.3	2.2	1.0	1.9	1.1	0.2	0.0	....	0.0	....	0.0
Côte d'Ivoire	662	176.3	110.1	23.8	113.1	105.5	104.5	0.0	0.2	15.7	2.9	1.0	2.6
Equatorial Guinea	642	0.4	0.2	....	0.1	0.1	0.2	....	....	....	....	0.0	0.0
Eritrea	643	....	....	....	....	0.0	....	0.0	0.1	0.0	0.1	0.1	0.0
Ethiopia	644	0.3	0.7	0.3	0.1	0.3	0.5	0.0	0.0	0.0	0.0	0.0	0.0
Gabon	646	0.7	0.7	2.6	5.1	9.4	9.9	0.0	0.0	0.0	0.0	0.0	....
Gambia, The	648	0.1	....	....	....	0.4	....	0.0	0.0	0.0	0.0	....	0.0
Ghana	652	41.0	2.5	3.3	3.2	2.5	48.7	0.1	0.3	2.8	1.1	0.0	0.3
Guinea	656	0.6	0.5	0.7	0.8	2.8	5.1	....	0.7	1.2	0.0	0.0	....
Guinea-Bissau	654	0.4	....	....	....	....	....	....	....	0.0	0.0	....	0.0
Kenya	664	4.5	2.5	1.4	1.5	0.6	0.5	1.1	1.2	1.2	1.8	1.8	1.8
Liberia	668	2.6	1.8	12.5	0.6	1.7	0.7	0.3	0.1	0.2	0.2	6.2	6.2
Madagascar	674	0.2	0.2	0.3	0.1	0.1	0.3	0.5	2.2	2.1	0.3	0.9	0.4
Malawi	676	0.1	....	....	0.1	0.0	....	0.2	0.1	1.4	1.3	0.1	0.1
Mali	678	0.0	....	....	0.0	....	0.2	0.0	0.0	0.1	0.0	0.1	0.0
Mauritius	684	0.1	0.0	0.1	0.2	0.1	0.2	2.5	0.9	1.2	0.7	1.1	0.4
Mozambique	688	3.6	1.7	2.2	2.2	0.3	0.5	0.2	0.0	0.0	0.1	....	4.7
Namibia	728	0.1	....	0.0	0.5	....	....	0.9	2.9	3.5	0.1	0.0	0.0
Niger	692	....	0.0	0.0	0.1	....	0.1	0.0	0.0	0.0	0.1	0.0	0.0
Nigeria	694	52.9	30.9	8.1	7.5	20.4	4.1	0.5	0.4	0.1	0.1	0.1	0.2
Rwanda	714	0.0	0.1	0.0	0.2	0.2	0.1	1.9	0.6	0.0	....	....	....
São Tomé & Príncipe	716	....	0.7	....	....	....	0.0	....	....	0.0	0.0	0.0	0.0
Senegal	722	1.0	27.7	5.9	0.9	0.3	0.1	1.4	11.3	0.7	0.0	0.1	4.1
Seychelles	718	0.1	0.1	0.0	0.1	0.1	0.0	0.1	0.1	0.1	0.1	0.2	0.0
Sierra Leone	724	0.1	0.0	....	0.5	0.3	0.5	0.0	0.0	0.0	0.0	0.0	0.2
South Africa	199	21.0	135.7	45.1	165.3	144.3	41.4	47.9	43.4	46.7	41.7	36.7	29.5
Swaziland	734	0.1	0.0	6.7	0.0	....	....	0.2	0.1	0.3	0.1	0.1	0.1
Tanzania	738	2.9	2.5	2.2	2.4	3.0	2.1	0.0	0.2	0.5	9.9	0.4	0.7
Togo	742	0.1	130.5	0.0	0.6	1.2	33.3	1.0	0.0	0.0	....	2.7	....
Uganda	746	0.5	0.7	3.1	0.6	0.6	0.1	0.0	0.0	0.1	0.0	0.0	0.0
Zambia	754	0.5	1.3	1.6	0.8	0.1	0.1	0.0	....	0.0	....	0.0	0.0
Zimbabwe	698	2.4	2.2	0.8	0.0	....	....	0.0	0.7	0.0	....	....	0.2
Western Hemisphere	205	17,995.9	18,990.4	18,414.3	16,339.3	12,451.8	9,789.5	15,665.5	16,428.5	14,484.9	13,759.9	10,408.7	9,563.8
Antigua and Barbuda	311	0.7	1.9	0.6	0.8	0.7	0.6	0.0	0.1	0.2	0.1	0.0	0.0
Argentina	213	301.1	288.3	433.0	201.1	150.7	176.2	1,871.9	2,312.5	1,733.5	1,009.3	501.5	510.9
Aruba	314	1,723.9	1,027.5	1,716.5	1,170.6	870.0	350.2	182.5	98.0	87.3	1.6	21.2	17.8
Bahamas, The	313	451.5	542.1	589.0	802.3	725.7	303.0	0.0	0.0	39.8	43.1	2.2	11.6
Barbados	316	5.1	6.2	39.2	4.2	3.2	7.3	17.9	9.3	2.0	3.8	0.4	0.3
Belize	339	0.7	0.9	1.8	2.5	1.7	2.0	0.0	0.0	0.2	0.0	0.2	0.0
Bermuda	319	0.1	0.2	0.2	0.2	0.2	0.1	2.7	0.0	0.2	0.5	0.0	0.0
Bolivia	218	139.4	125.3	143.7	138.8	149.2	148.7	167.0	280.6	547.7	551.6	432.4	534.2

Colombia (233)

In Millions of U.S. Dollars

		Exports (FOB)						Imports (CIF)					
		2011	2012	2013	2014	2015	2016	2011	2012	2013	2014	2015	2016
Brazil	223	1,360.7	1,298.0	1,590.6	1,622.4	1,189.9	994.9	2,740.2	2,795.9	2,590.5	2,465.6	2,084.3	2,117.4
Chile	228	2,189.6	2,189.2	1,571.6	988.9	736.7	670.0	901.6	954.4	903.8	929.2	780.7	721.1
Costa Rica	238	431.5	274.5	276.5	264.5	247.6	229.6	57.6	71.8	83.4	92.2	86.5	83.6
Curaçao	354	....	....	....	....	....	26.9	....	....	....	....	....	13.7
Dominica	321	18.5	7.8	1.5	2.2	1.5	1.0	0.5	0.3	0.0	0.0	0.0	0.2
Dominican Republic	243	609.6	669.2	363.4	282.3	259.3	283.8	25.5	30.7	46.9	52.8	48.9	38.2
Ecuador	248	1,898.6	2,033.4	1,974.8	1,884.3	1,432.6	1,199.7	1,065.8	1,068.5	881.7	918.3	783.1	804.8
El Salvador	253	445.0	239.1	82.3	85.6	81.0	83.8	6.1	27.6	16.6	15.8	13.8	13.8
Grenada	328	1.4	1.1	0.4	0.7	0.4	0.4	0.0	....	....	....	....	0.0
Guatemala	258	558.2	588.8	670.4	272.9	218.2	303.4	55.1	51.2	39.2	51.0	66.6	60.9
Guyana	336	10.7	7.2	7.7	7.8	12.4	9.5	2.6	8.1	4.9	0.9	1.5	1.6
Haiti	263	64.9	65.5	54.7	49.3	44.9	42.5	0.0	0.1	0.3	0.2	0.2	0.2
Honduras	268	292.6	185.4	216.4	89.9	82.6	78.8	22.0	9.0	24.8	40.0	24.2	25.5
Jamaica	343	59.8	49.5	41.8	39.7	49.2	55.4	2.1	5.2	2.3	2.8	2.1	1.6
Mexico	273	701.7	835.1	863.8	914.4	914.3	936.9	6,059.0	6,362.2	5,496.0	5,272.6	3,852.9	3,410.7
Netherlands Antilles	353	572.8	770.5	368.9	286.2	24.9	....	27.4	44.8	13.7	4.3	18.6	....
Nicaragua	278	11.2	8.8	10.5	9.9	11.6	14.0	9.0	15.4	10.7	10.0	10.7	8.5
Panama	283	1,947.5	2,856.6	3,282.0	3,615.5	2,565.3	1,990.0	122.9	74.6	59.2	55.7	93.1	31.4
Paraguay	288	12.7	14.3	18.4	18.7	22.6	22.4	82.1	92.2	84.0	56.5	33.6	27.4
Peru	293	1,389.8	1,582.1	1,273.9	1,186.6	1,148.4	1,050.8	1,024.5	912.0	870.2	1,204.8	937.2	682.3
St. Kitts and Nevis	361	0.8	0.6	0.4	0.6	0.8	0.4	1.1	0.0	0.1	0.0	0.1	0.0
St. Lucia	362	51.5	7.3	59.6	224.8	210.4	79.2	0.0	0.0	0.0	0.0	0.0	31.6
St. Vincent & Grens.	364	2.8	1.1	1.4	3.6	3.7	1.9	....	1.1	0.0	....	0.0	0.0
Suriname	366	13.1	9.1	9.1	16.5	10.2	7.4	0.1	1.3	0.5	0.4	0.3	0.2
Trinidad and Tobago	369	961.1	570.7	446.8	142.4	191.6	84.5	584.0	504.7	446.9	457.8	246.1	120.2
Uruguay	298	21.9	20.1	23.2	21.1	29.8	19.4	60.1	81.5	64.9	78.5	73.9	104.3
Venezuela, Rep. Bol.	299	1,739.5	2,691.3	2,255.8	1,986.9	1,060.2	613.9	563.1	609.5	431.1	439.8	292.1	189.9
Western Hem. n.s.	399	5.9	21.6	24.2	0.8	0.9	0.8	10.9	6.2	2.3	0.4	0.0	0.0
Other Countries n.i.e	910	**40.2**	**32.1**	**36.2**	**35.0**	**38.8**	**33.6**	**25.0**	**37.0**	**36.0**	**20.0**	**6.3**	**5.2**
Cuba	928	40.2	32.1	36.2	35.0	38.8	33.5	8.2	29.1	31.1	14.0	3.1	3.5
Korea, Dem. People's Rep.	954	....	....	....	0.0	....	0.1	16.8	7.9	4.8	6.1	3.2	1.7
Special Categories	899	**212.0**	**277.1**	**662.5**	**299.8**	**238.4**	**....**	**1,780.6**	**1,831.5**	**1,511.0**	**1,704.4**	**1,605.4**	**....**
Countries & Areas n.s.	898	**....**	**0.0**	**195.7**	**1,043.2**	**1,019.6**	**2,022.6**	**0.0**	**....**	**0.2**	**....**	**....**	**1,216.6**
Memorandum Items													
Africa	605	351.6	491.0	167.8	371.2	318.7	269.9	104.9	138.5	138.0	115.4	111.9	97.8
Middle East	405	99.2	75.4	124.1	214.9	112.0	132.4	106.4	125.9	112.9	121.1	141.0	80.6
European Union	998	8,841.7	9,158.1	9,318.7	9,353.2	5,931.5	4,020.7	7,515.1	7,715.9	7,962.3	8,775.3	8,283.1	5,991.4
Export earnings: fuel	080	4,933.5	5,615.9	5,070.8	4,482.1	3,016.6	2,220.8	2,727.9	3,000.7	2,698.3	2,880.3	2,304.2	1,974.1
Export earnings: nonfuel	092	51,575.4	55,050.6	53,751.1	50,312.7	32,659.1	29,169.6	51,947.0	55,630.7	56,698.8	61,148.6	51,753.4	42,311.3

Comoros (632)

In Millions of U.S. Dollars

		Exports (FOB) 2011	2012	2013	2014	2015	2016	Imports (CIF) 2011	2012	2013	2014	2015	2016
IFS World		....	....	....	....	....	....	....	....	....	....	....	....
World	001	**23.6**	**14.2**	**11.5**	**10.5**	**9.5**	**16.1**	**184.5**	**126.7**	**115.5**	**134.5**	**140.8**	**176.0**
Advanced Economies	110	**15.7**	**7.7**	**7.4**	**7.3**	**6.2**	**10.6**	**51.0**	**34.2**	**32.0**	**34.9**	**36.7**	**46.9**
Euro Area	163	6.4	4.2	5.5	5.1	4.5	6.6	46.3	29.2	27.7	29.4	32.0	42.7
Austria	122	0.0 e	0.0 e	....	0.0 e	0.0 e	....	....	....	....	0.0	0.1	0.1
Belgium	124	....	....	0.0	0.0	....	0.0	1.5	0.9	0.4	0.5	0.5	0.8
France	132	2.6	2.4	3.5	2.6	2.7	4.1	41.0	26.0	24.9	27.5	29.7	37.9
Germany	134	1.2	0.6	0.5	2.0	1.3	1.9	1.9	1.2	1.7	0.6	0.6	2.6
Greece	174	0.0	0.2	0.1	0.0	0.0	0.0	....	....	....	....	0.6	0.4
Ireland	178	0.1 e	0.0 e	0.1 e	0.0 e	0.0 e	0.0 e	0.2	....	....	....	....	....
Italy	136	0.2	....	0.1	0.1	0.1	0.1	0.3	0.1	0.2	0.1	0.1	0.1
Latvia	941	....	....	....	....	0.0 e	0.0 e	....	0.0 e	0.1 e	0.1 e	0.0 e	....
Lithuania	946	....	....	....	....	0.0 e	0.0 e	0.1 e	0.2 e	0.0 e	0.0 e	....	0.1 e
Netherlands	138	2.2	0.9	1.2	0.4	0.4	0.4	0.6	0.6	0.2	0.3	0.2	0.2
Portugal	182	....	....	0.0 e	0.0 e	0.0 e	0.0 e	0.2	0.0	....	....	....	....
Spain	184	....	....	....	....	....	....	0.5	0.3	0.1	0.2	0.2	0.6
Australia	193	....	....	0.3	0.4	0.1	0.0	0.1	0.0	0.1	0.3	0.0	0.0
Canada	156	0.1	....	....	....	....	....	0.0	0.1	....	....	....	....
China,P.R.: Hong Kong	532	....	0.0	....	....	....	....	0.8	0.4	0.2	0.0	0.4	0.4
Czech Republic	935	....	....	....	....	....	....	0.1	0.0	....	0.0	0.0	....
Denmark	128	0.0 e	0.0 e	0.0 e	....	....	....	0.5	0.2	0.3	0.1	0.2	0.1
Iceland	176	....	....	....	0.0 e	0.0 e	0.0 e	....	0.0	0.1	0.1	0.1	0.1
Japan	158	....	....	....	....	....	....	1.6	2.8	1.2	1.5	1.0	0.6
Korea, Republic of	542	0.0 e	0.0 e	0.0 e	0.1 e	0.5 e	2.4 e	0.0	0.1	0.0	0.0	0.0	0.0
New Zealand	196	0.0 e	0.0 e	0.0 e	0.0 e	0.0 e	0.0 e	0.0	0.0	0.0	0.2	0.1	0.0
Norway	142	0.0 e	0.1 e	0.1 e	0.0 e	0.0 e	0.1 e	....	....	....	....	....	....
Singapore	576	8.4	2.7	1.3	1.0	0.4	0.7	0.9	0.6	2.2	3.0	2.6	2.7
Switzerland	146	0.0 e	0.2 e	0.0 e	0.5 e	0.5 e	0.5 e	0.1	0.0	0.0	0.0	0.0	0.0
Taiwan Prov.of China	528	....	....	0.0 e	0.0 e	0.0 e	0.0 e	0.0 e	0.1 e	0.1 e	0.1 e	0.2 e	0.1 e
United Kingdom	112	0.2	0.1	....	....	....	....	0.0	0.2	0.0	0.0	0.0	0.1
United States	111	0.6	0.4	0.3	0.2	0.1	0.3	0.5	0.4	....	....	....	....
Emerg. & Dev. Economies	200	**7.9**	**6.5**	**4.1**	**3.2**	**3.3**	**5.5**	**133.5**	**92.4**	**83.5**	**99.6**	**104.1**	**129.1**
Emerg. & Dev. Asia	505	**1.7**	**1.4**	**0.6**	**1.0**	**1.0**	**1.7**	**25.9**	**21.8**	**20.4**	**25.2**	**28.4**	**32.7**
China,P.R.: Mainland	924	....	0.0	....	....	....	....	8.4	9.8	10.2	14.0	16.3	20.1
India	534	0.9	0.9	0.5	0.9	0.9	1.7	3.4	7.0	6.4	6.7	6.5	8.3
Indonesia	536	0.5	....	....	....	....	....	0.6	0.9	0.6	0.7	0.8	0.9
Malaysia	548	....	0.2	....	....	....	....	2.8	1.7	1.5	1.4	2.7	0.6
Nepal	558	0.2 e	0.2 e	0.1 e	0.1 e	0.0 e	0.0 e	....	....	....	....	....	....
Sri Lanka	524	0.1 e	....	0.0 e	0.0 e	....	0.0 e	....	0.3	0.0	0.2	0.0	0.1
Thailand	578	0.0 e	0.0 e	0.0 e	0.0 e	0.0 e	0.0 e	1.5	1.5	0.5	0.9	0.9	1.0
Vietnam	582	0.0	....	....	....	....	....	9.3	0.6	1.2	1.3	1.2	1.6
Asia n.s.	598	....	....	....	....	....	....	0.0	0.0	0.1	0.1	0.1	0.1
Europe	170	**0.6**	**0.9**	**0.8**	**0.6**	**0.4**	**0.7**	**7.5**	**1.7**	**1.3**	**1.9**	**1.4**	**1.6**
Emerg. & Dev. Europe	903	**0.2**	**0.1**	**0.4**	**0.1**	**0.1**	**0.0**	**7.1**	**1.0**	**1.3**	**1.8**	**1.4**	**1.5**
Albania	914	....	0.1	....	....	....	....	0.3	0.2	....	....	....	....
Bulgaria	918	0.0 e	....	....	....	....	....	0.0	0.1	0.0	0.0	0.0	0.0
Croatia	960	0.0 e	0.0 e	0.0 e	....	....	0.0 e	....	....	0.0 e	0.0 e	0.1 e	....
Poland	964	0.1 e	....	0.1 e	....	0.1 e	0.0 e	0.1	0.0	0.0	0.1	0.1	0.3
Romania	968	....	....	....	0.0 e	0.0 e	....	....	....	....	0.0	0.0	0.1
Turkey	186	0.1	....	0.3	0.1	0.0	0.0	6.8	0.8	1.2	1.6	1.1	1.2
CIS	901	**0.4**	**0.8**	**0.4**	**0.5**	**0.3**	**0.7**	**0.1**	**0.7**	**0.0**	**0.1**	**0.0**	**0.0**
Azerbaijan, Rep. of	912	0.0 e	....	....	....	....	0.0 e	0.1	0.0	0.0	0.0	0.0	0.0
Kazakhstan	916	....	0.1	....	....	....	....	....	....	....	....	....	....
Russian Federation	922	0.4	0.4	....	0.4	0.2	0.7	....	....	....	0.0	....	....
Ukraine	926	0.0 e	0.3 e	0.3 e	0.1 e	0.1 e	....	0.1 e	0.6 e	0.0 e	0.0 e	0.0 e	....
Europe n.s.	884	....	....	....	....	....	....	0.3	0.0	0.0	0.0	0.0	0.0
Mid East, N Africa, Pak	440	**2.5**	**3.0**	**1.3**	**0.8**	**0.9**	**1.4**	**84.6**	**56.3**	**36.0**	**47.3**	**52.2**	**69.8**
Algeria	612	....	....	....	....	....	0.2	....	....	....	....	....	....
Bahrain, Kingdom of	419	0.1 e	0.2 e	0.1 e	0.1 e	0.1 e	0.5 e	....	....	....	....	....	....
Djibouti	611	0.2	....	0.0	0.0	0.0	0.0	0.0	0.0	0.0	0.0	0.0	0.0

Comoros (632)

In Millions of U.S. Dollars

		Exports (FOB)						Imports (CIF)					
		2011	2012	2013	2014	2015	2016	2011	2012	2013	2014	2015	2016
Egypt	469	....	0.0	0.1	0.0	0.0	0.1	0.2	0.2	0.0	0.2	0.2	0.1
Kuwait	443	....	....	....	....	....	....	0.5	0.2	0.0	0.0	0.0	0.0
Lebanon	446	....	0.1	....	0.0	0.0	0.0	0.0	0.0	....	0.0	0.1	0.4
Mauritania	682	....	0.0 e	0.2 e	....	....	....	....	0.1	0.1	0.1	0.1	0.1
Morocco	686	0.0 e	0.1 e	0.0 e	0.1 e	....	....	0.2	0.5	0.4	1.0	0.8	0.9
Oman	449	....	0.0	....	....	....	....	0.2	0.2	0.2	0.2	0.2	0.1
Pakistan	564	1.0	0.9	0.5	0.4	0.3	0.4	22.7	22.0	9.6	10.5	10.3	13.0
Qatar	453	0.1 e	0.2 e	0.1 e	0.0 e	0.2 e	....	0.3	0.0	0.0	0.0	0.0	0.1
Saudi Arabia	456	....	0.1	0.2	0.1	0.1	0.1	0.8	0.6	1.1	1.1	1.0	1.2
Sudan	732	....	0.1	....	....	....	....	....	0.0	0.1	0.1	0.1	0.1
Syrian Arab Republic	463	....	....	....	....	....	....	0.1	0.0	0.0	0.0	0.0	0.0
Tunisia	744	0.1	....	....	....	....	0.0	0.0	....	0.1	0.1	0.1	0.5
United Arab Emirates	466	1.1	1.3	0.2	0.1	0.1	0.1	59.2	32.5	24.2	33.7	39.1	53.0
Yemen, Republic of	474	....	....	....	....	....	....	0.4	0.0	0.1	0.1	0.1	0.2
Sub-Saharan Africa	603	**2.8**	**0.9**	**1.1**	**0.6**	**0.9**	**1.2**	**14.6**	**12.2**	**23.1**	**22.6**	**20.2**	**19.9**
Central African Rep.	626	....	....	....	....	....	....	0.1	....	0.0	0.0	0.0	0.0
Côte d'Ivoire	662	....	....	....	....	....	....	....	....	....	0.3	....	....
Ethiopia	644	....	0.0 e	....	0.0 e	....	0.0 e	0.1	0.1	0.0	0.0	0.0	0.0
Gambia, The	648	....	....	0.1	0.0	0.0	0.0	....	....	....	....	....	....
Kenya	664	....	0.0	0.0	0.0	0.0	0.0	1.0	0.9	0.7	0.9	1.0	1.3
Lesotho	666	....	....	....	....	....	....	0.1 e	....	....	....	....	....
Madagascar	674	2.6	0.4	0.5	0.3	0.3	0.4	2.1	1.8	15.0	14.2	10.5	11.1
Mauritius	684	0.1	0.4	0.4	0.1	0.4	0.7	3.5	3.8	3.0	3.3	4.0	3.1
Mozambique	688	....	....	....	....	....	....	0.3	0.1	0.1	0.1	0.1	0.1
Namibia	728	....	0.0 e	0.0 e	....	....	....	....	0.1	....	....	....	....
Nigeria	694	....	....	....	....	0.1 e	0.1 e	....	....	....	....	....	....
Senegal	722	0.0	0.0	....	....	....	....	0.0	0.0	0.0	0.0	0.6	0.0
South Africa	199	0.1	0.1	0.1	0.1	0.1	0.0	5.5	4.2	3.3	2.5	2.8	2.4
Tanzania	738	0.0	0.0	0.0	0.0	0.0	0.0	1.8	1.2	0.9	1.2	1.3	1.8
Western Hemisphere	205	**0.3**	**0.2**	**0.2**	**0.3**	**0.2**	**0.4**	**0.9**	**0.4**	**2.6**	**2.7**	**1.9**	**5.1**
Argentina	213	0.0 e	0.0 e	0.0 e	0.0 e	0.0 e	0.0 e	0.1	0.1	0.3	0.3	0.3	2.4
Bahamas, The	313	....	....	....	....	....	....	0.0	0.1	....	....	....	....
Brazil	223	0.0 e	0.0 e	0.0 e	0.0 e	0.0 e	0.0 e	0.3	0.1	2.2	2.2	1.4	2.4
Costa Rica	238	0.1 e	0.0 e	0.0 e	0.0 e	0.0 e	0.1 e	....	....	....	....	....	....
Dominican Republic	243	0.2 e	0.0 e	0.1 e	0.1 e	0.0 e	0.1 e	0.0	....	....	....	....	....
Trinidad and Tobago	369	0.0 e	0.1 e	0.0 e	0.0 e	0.1 e	0.1 e	....	....	....	....	....	....
Western Hem. n.s.	399	....	....	....	....	....	....	0.4	0.1	0.2	0.2	0.2	0.2
Memorandum Items													
Africa	605	3.1	1.1	1.3	0.7	0.9	1.4	14.8	12.8	23.7	23.8	21.3	21.6
Middle East	405	1.2	1.9	0.6	0.4	0.6	0.8	61.6	33.7	25.7	35.5	40.8	55.1
European Union	998	6.6	4.3	5.5	5.1	4.6	6.6	47.0	29.6	28.1	29.7	32.5	43.3
Export earnings: fuel	080	1.6	2.5	0.6	0.8	0.9	1.8	61.4	33.5	25.7	35.3	40.5	54.6
Export earnings: nonfuel	092	21.9	11.7	10.9	9.7	8.6	14.3	123.1	93.1	89.8	99.2	100.3	121.4

Congo, Democratic Republic of (636)
In Millions of U.S. Dollars

		Exports (FOB) 2011	2012	2013	2014	2015	2016	Imports (CIF) 2011	2012	2013	2014	2015	2016
IFS World		....	....	....	....	....	....	....	....	....	....	....	....
World	001	6,877.9	6,790.9	7,655.2	7,913.7	6,091.5	5,636.2	5,514.6	6,609.6	7,423.5	7,127.6	6,370.8	5,203.5
Advanced Economies	110	1,603.3	1,140.2	1,739.4	1,812.4	1,262.1	1,689.8	1,826.1	1,851.0	1,870.0	1,740.0	1,654.1	1,296.2
Euro Area	163	847.7	784.9	1,358.1	1,341.1	714.2	947.6	1,295.2	1,296.6	1,401.3	1,239.4	1,236.3	1,001.1
Austria	122	0.4 e	0.0 e	0.0 e	0.1 e	0.1 e	0.7 e	7.6 e	8.2 e	8.5 e	7.2 e	6.1 e	4.6 e
Belgium	124	346.5 e	344.8 e	270.9 e	299.8 e	273.6 e	286.6 e	467.5 e	477.8 e	476.3 e	448.2 e	503.3 e	408.0 e
Cyprus	423	0.3 e	0.6 e	0.1 e	0.1 e	0.3 e	0.5 e	0.4 e	0.1 e	0.6 e	2.8 e	0.9 e	0.6 e
Estonia	939	2.1 e	0.0 e	0.0 e	....	1.2 e	0.0 e	....	0.1 e	0.0 e	0.0 e	0.0 e	....
Finland	172	206.7 e	167.2 e	140.2 e	227.4 e	152.4 e	176.0 e	2.7 e	9.2 e	2.6 e	10.5 e	4.2 e	11.3 e
France	132	25.8 e	21.9 e	17.0 e	13.3 e	14.4 e	15.1 e	260.5 e	290.3 e	318.6 e	221.6 e	287.7 e	276.3 e
Germany	134	12.3 e	79.2 e	67.9 e	34.0 e	50.4 e	100.2 e	166.9 e	175.2 e	222.3 e	180.0 e	173.4 e	98.7 e
Greece	174	2.0 e	1.1 e	3.6 e	2.1 e	2.3 e	2.8 e	0.4 e	0.7 e	0.8 e	1.7 e	2.8 e	0.4 e
Ireland	178	0.1 e	0.5 e	0.1 e	0.6 e	0.2 e	0.1 e	48.5 e	42.3 e	33.5 e	23.7 e	17.2 e	15.4 e
Italy	136	21.7 e	117.4 e	655.1 e	587.3 e	81.7 e	160.3 e	115.4 e	83.2 e	95.2 e	94.9 e	57.6 e	50.7 e
Latvia	941	....	....	0.0 e	0.0 e	....	....	0.0 e	0.0 e	0.1 e	6.5 e	0.5 e	0.1 e
Lithuania	946	....	....	....	0.0 e	0.0 e	0.0 e	0.2 e	1.0 e	8.9 e	0.6 e	0.4 e	0.2 e
Luxembourg	137	0.0 e	0.0 e	0.0 e	0.0 e	....	0.0 e	1.5 e	0.6 e	3.3 e	6.1 e	8.0 e	8.9 e
Malta	181	0.1 e	0.0 e	0.1 e	....	0.1 e	....	0.3 e	0.4 e	0.1 e	0.9 e	1.9 e	0.9 e
Netherlands	138	122.6 e	35.6 e	47.3 e	82.6 e	61.9 e	28.9 e	172.8 e	155.8 e	167.8 e	165.2 e	112.2 e	91.0 e
Portugal	182	12.5 e	6.3 e	6.9 e	6.6 e	7.8 e	4.7 e	13.9 e	19.6 e	17.4 e	20.3 e	12.8 e	4.6 e
Slovak Republic	936	....	0.0 e	0.0 e	0.0 e	2.3 e	0.0 e	1.1 e	2.6 e	1.0 e	0.9 e	0.8 e	1.5 e
Slovenia	961	0.1 e	0.0 e	0.0 e	0.0 e	0.3 e	0.0 e	6.7 e	3.0 e	0.0 e	0.5 e	0.5 e	0.1 e
Spain	184	94.6 e	10.3 e	148.7 e	87.3 e	65.2 e	171.6 e	28.9 e	26.6 e	44.3 e	47.6 e	45.9 e	27.8 e
Australia	193	0.1 e	6.1 e	2.7 e	0.1 e	0.2 e	0.2 e	4.3 e	7.7 e	20.4 e	12.4 e	5.7 e	2.2 e
Canada	156	1.0 e	1.6 e	3.6 e	24.0 e	55.7 e	20.7 e	20.5 e	24.2 e	16.7 e	24.1 e	22.4 e	12.9 e
China,P.R.: Hong Kong	532	0.4 e	0.6 e	0.6 e	1.0 e	1.2 e	2.1 e	24.8 e	22.6 e	41.1 e	48.3 e	36.0 e	35.9 e
China,P.R.: Macao	546	....	....	0.0 e	....	....	....	....	....	0.1 e	....	....	....
Czech Republic	935	0.5 e	0.3 e	0.2 e	0.0 e	1.6 e	0.0 e	5.1 e	2.5 e	6.4 e	5.3 e	6.5 e	4.2 e
Denmark	128	0.1 e	0.4 e	0.3 e	0.2 e	0.1 e	0.5 e	5.0 e	2.7 e	3.3 e	5.0 e	7.6 e	3.8 e
Iceland	176	....	....	....	....	....	....	....	....	....	1.5 e	....	0.0 e
Israel	436	....	....	....	....	....	0.0 e	0.4 e	0.3 e	0.6 e	0.1 e	....	0.2 e
Japan	158	1.4 e	3.8 e	1.7 e	1.1 e	1.0 e	9.6 e	70.5 e	69.8 e	52.0 e	64.5 e	62.9 e	43.9 e
Korea, Republic of	542	140.8 e	223.2 e	208.9 e	246.5 e	284.5 e	485.2 e	21.9 e	37.1 e	42.0 e	27.3 e	28.1 e	26.1 e
New Zealand	196	0.0 e	0.1 e	0.2 e	0.6 e	0.4 e	0.2 e	7.9 e	5.8 e	7.7 e	10.5 e	9.9 e	9.7 e
Norway	142	0.0 e	0.1 e	....	....	....	0.1 e	28.9 e	19.1 e	....	....	....	10.1 e
Singapore	576	....	0.2 e	0.4 e	0.3 e	0.8 e	0.3 e	....	11.1 e	10.4 e	17.7 e	9.9 e	8.4 e
Sweden	144	0.5 e	0.5 e	0.3 e	0.3 e	0.5 e	0.7 e	110.3 e	78.4 e	15.3 e	19.1 e	17.1 e	6.5 e
Switzerland	146	1.9 e	2.0 e	1.2 e	2.4 e	2.4 e	2.1 e	6.4 e	11.8 e	8.1 e	7.7 e	13.9 e	8.0 e
Taiwan Prov.of China	528	17.4 e	55.4 e	42.1 e	45.5 e	47.9 e	41.8 e	8.8 e	8.2 e	9.7 e	7.6 e	11.1 e	7.0 e
United Kingdom	112	20.2 e	22.5 e	47.6 e	3.6 e	6.5 e	14.5 e	40.1 e	41.7 e	55.0 e	56.8 e	42.0 e	27.7 e
United States	111	571.3 e	38.7 e	71.3 e	145.7 e	145.0 e	164.1 e	175.9 e	211.5 e	180.0 e	192.8 e	144.6 e	88.3 e
Emerg. & Dev. Economies	200	5,274.2	5,650.2	5,915.3	6,100.8	4,829.0	3,945.9	3,688.5	4,758.5	5,553.5	5,387.6	4,716.8	3,907.3
Emerg. & Dev. Asia	505	2,998.2	3,315.1	2,651.5	2,913.2	2,662.3	2,131.5	895.8	1,035.1	1,221.4	1,690.8	1,864.6	1,380.8
China,P.R.: Mainland	924	2,991.2 e	3,310.1 e	2,599.0 e	2,671.5 e	2,506.3 e	1,962.8 e	875.2 e	888.7 e	1,009.6 e	1,442.0 e	1,495.0 e	1,083.5 e
India	534	5.7 e	3.1 e	21.8 e	112.0 e	98.5 e	56.6 e	7.4 e	125.0 e	171.4 e	233.9 e	341.7 e	248.0 e
Indonesia	536	....	....	0.0 e	36.4 e	....	30.3 e	....	....	....	....	....	11.9 e
Malaysia	548	0.5 e	1.8 e	29.3 e	90.9 e	28.4 e	51.2 e	10.8 e	19.3 e	37.9 e	12.0 e	13.5 e	19.1 e
Myanmar	518	0.7 e	....	....	....	....	0.0 e	....	....	....	....	....	0.0 e
Philippines	566	....	....	....	0.0 e	....	....	....	....	....	0.1 e	....	....
Sri Lanka	524	....	0.0 e	1.5 e	2.4 e	....	0.0 e	2.3 e	2.2 e	2.4 e	3.0 e	....	2.5 e
Thailand	578	0.0 e	....	....	0.0 e	0.0 e	....	0.1 e	....	0.0 e	....	....	....
Vietnam	582	....	....	....	....	29.1 e	30.5 e	....	....	....	....	14.4 e	15.7 e
Europe	170	40.5	63.7	75.0	193.0	137.5	51.4	49.3	77.5	78.9	82.3	99.0	98.7
Emerg. & Dev. Europe	903	34.9	46.7	62.7	188.9	124.7	33.5	43.4	53.7	52.2	52.3	46.0	50.0
Bosnia and Herzegovina	963	0.0 e	0.0 e	0.0 e	0.0 e	0.0 e	0.0 e	0.0 e	....	0.0 e	....	0.1 e	0.0 e
Bulgaria	918	....	....	....	0.0 e	0.0 e	0.1 e	0.9 e	0.6 e	0.6 e	0.7 e	0.1 e	0.3 e
Croatia	960	0.0 e	0.0 e	0.0 e	0.0 e	0.0 e	....	1.2 e	0.0 e	0.3 e	0.0 e	0.0 e	0.6 e
Faroe Islands	816	0.0 e	0.0 e	0.0 e	0.0 e	0.0 e	0.0 e	0.0 e	0.0 e	0.1 e	0.1 e	0.0 e	0.1 e
Hungary	944	0.1 e	0.0 e	0.0 e	0.0 e	0.0 e	....	0.5 e	0.3 e	0.4 e	2.3 e	2.3 e	2.5 e
Montenegro	943	0.0 e	0.0 e	0.1 e	0.0 e	0.0 e	....	....	....	....	....	....	....

Congo, Democratic Republic of (636)
In Millions of U.S. Dollars

		Exports (FOB) 2011	2012	2013	2014	2015	2016	Imports (CIF) 2011	2012	2013	2014	2015	2016
Poland	964	15.7 e	7.5 e	2.5 e	1.3 e	0.5 e	....	3.4 e	18.9 e	7.6 e	3.3 e	8.4 e	11.4 e
Romania	968	1.0 e	0.5 e	0.5 e	0.5 e	1.0 e	0.9 e	1.1 e	7.8 e	0.5 e	0.9 e	0.7 e	7.8 e
Serbia, Republic of	942	0.2 e	0.1 e	0.1 e	0.0 e	0.1 e	0.0 e	2.6 e	0.8 e	1.1 e	1.5 e	0.3 e	0.2 e
Turkey	186	17.9 e	38.6 e	59.5 e	187.0 e	123.1 e	32.5 e	33.7 e	25.3 e	41.6 e	43.5 e	34.1 e	27.3 e
CIS	901	**5.6**	**17.0**	**12.3**	**4.1**	**12.9**	**17.9**	**5.9**	**23.8**	**26.7**	**30.0**	**52.9**	**48.6**
Belarus	913	0.0 e	0.0 e	....	....	0.0 e	0.9 e	1.0 e	1.7 e	0.6 e	1.7 e	0.2 e	1.3 e
Kazakhstan	916	4.2 e	14.4 e	9.9 e	4.0 e	6.4 e	10.2 e	0.3 e	....	....	0.0 e	0.1 e	0.0 e
Russian Federation	922	0.6 e	0.4 e	0.2 e	0.1 e	0.1 e	0.2 e	4.0 e	3.3 e	5.2 e	23.4 e	42.8 e	23.3 e
Ukraine	926	0.8 e	2.2 e	2.2 e	0.0 e	6.5 e	6.6 e	0.6 e	18.8 e	20.8 e	4.9 e	9.8 e	24.0 e
Mid East, N Africa, Pak	440	**614.5**	**907.7**	**1,097.7**	**1,240.5**	**751.5**	**611.4**	**51.4**	**73.0**	**75.0**	**78.2**	**60.2**	**34.6**
Algeria	612	....	0.0 e	0.0 e	....	....	1.2 e	0.1 e	0.0 e	0.1 e	....	....	0.1 e
Bahrain, Kingdom of	419	....	0.2 e	0.5 e	0.1 e	0.0 e	0.0 e	0.0 e	....	0.0 e	0.1 e	....	0.1 e
Egypt	469	10.0 e	49.7 e	28.7 e	28.4 e	21.6 e	....	18.5 e	26.5 e	33.5 e	37.3 e	16.7 e	....
Jordan	439	0.3 e	0.5 e	0.8 e	0.7 e	1.5 e	0.3 e	0.6 e	4.5 e	0.3 e	0.3 e	0.4 e	0.2 e
Lebanon	446	0.0 e	....	....	....	....	....	0.9 e	....	....	....	....	....
Mauritania	682	0.3 e	....	0.0 e	....	0.0 e	0.0 e	0.0 e	0.9 e	0.3 e	4.9 e	3.3 e	1.7 e
Morocco	686	7.4 e	1.8 e	1.5 e	7.7 e	7.7 e	10.4 e	13.0 e	25.8 e	13.8 e	20.6 e	12.4 e	8.3 e
Oman	449	....	....	....	....	....	....	0.0 e	....	....	....	0.1 e	0.4 e
Pakistan	564	0.1 e	0.0 e	0.0 e	0.1 e	1.1 e	1.6 e	9.6 e	3.5 e	16.2 e	6.8 e	17.1 e	14.6 e
Qatar	453	0.2 e	....	0.3 e	....	....	....	0.5 e	2.4 e	1.6 e	....	5.7 e	5.2 e
Saudi Arabia	456	423.2 e	581.5 e	617.4 e	779.0 e	571.3 e	463.3 e	8.2 e	9.3 e	8.7 e	8.1 e	4.6 e	3.7 e
Sudan	732	0.1 e	....	....	....	....	....	....	....	....	....	....	....
Tunisia	744	0.0 e	0.0 e	0.1 e	0.0 e	....	0.0 e	0.0 e	0.0 e	0.4 e	0.1 e	0.0 e	0.4 e
United Arab Emirates	466	173.0 e	273.9 e	448.3 e	424.5 e	148.2 e	134.5 e	....	....	....	....	....	....
Sub-Saharan Africa	603	**1,513.7**	**1,347.8**	**2,074.0**	**1,734.4**	**1,235.1**	**1,141.4**	**2,562.7**	**3,469.5**	**4,072.6**	**3,441.5**	**2,613.3**	**2,304.8**
Angola	614	2.4 e	2.1 e	5.6 e	14.7 e	6.2 e	3.9 e	....	....	....	....	0.6 e	0.5 e
Benin	638	0.1 e	0.0 e	0.0 e	0.0 e	0.1 e	0.3 e	0.2 e	0.4 e	0.4 e	0.2 e	0.2 e	0.1 e
Botswana	616	1.3 e	0.0 e	0.2 e	0.0 e	0.0 e	0.0 e	18.5 e	7.1 e	5.4 e	4.0 e	3.8 e	2.0 e
Burkina Faso	748	0.2 e	0.0 e	0.0 e	0.1 e	0.0 e	0.0 e	0.2 e	0.1 e	0.1 e	0.2 e	0.2 e	0.2 e
Burundi	618	5.0 e	4.8 e	3.6 e	3.5 e	2.6 e	2.7 e	4.3 e	10.5 e	12.7 e	30.1 e	30.0 e	27.1 e
Cabo Verde	624	0.4 e	0.0 e	0.2 e	....	0.2 e	0.2 e	....	....	....	....	....	....
Cameroon	622	0.3 e	0.3 e	0.2 e	5.9 e	0.0 e	0.0 e	179.0 e	102.7 e	85.8 e	57.9 e	43.0 e	37.5 e
Central African Rep.	626	1.0 e	0.0 e	0.0 e	5.1 e	....	....	0.2 e	0.5 e	0.2 e	0.1 e	....	....
Congo, Republic of	634	82.6 e	35.3 e	194.9 e	15.7 e	14.7 e	10.5 e	15.8 e	23.2 e	10.9 e	12.3 e	8.6 e	6.7 e
Côte d'Ivoire	662	0.5 e	0.8 e	0.2 e	0.2 e	0.2 e	0.2 e	38.0 e	55.7 e	116.9 e	132.1 e	56.9 e	60.8 e
Ethiopia	644	0.1 e	....	....	....	....	....	0.0 e	....	....	....	....	....
Gabon	646	0.0 e	0.0 e	0.0 e	0.0 e	0.0 e	0.0 e	12.1 e	14.1 e	14.7 e	12.9 e	8.6 e	6.7 e
Ghana	652	0.1 e	0.0 e	0.0 e	0.1 e	0.1 e	0.1 e	2.8 e	0.7 e	1.1 e	1.1 e	0.8 e	0.9 e
Guinea	656	....	....	0.1 e	0.0 e	0.2 e	0.2 e	....	....	0.1 e	0.2 e	0.2 e	0.3 e
Kenya	664	26.0 e	9.6 e	6.1 e	2.7 e	3.2 e	4.0 e	205.5 e	225.3 e	228.7 e	249.8 e	240.0 e	226.7 e
Madagascar	674	0.0 e	0.1 e	0.0 e	0.0 e	0.0 e	0.1 e	0.1 e	0.1 e	0.0 e	0.1 e	0.3 e	0.0 e
Malawi	676	0.1 e	0.1 e	0.1 e	0.0 e	0.5 e	0.4 e	3.0 e	0.4 e	8.5 e	1.5 e	1.7 e	2.3 e
Mali	678	0.2 e	0.2 e	....	....	....	0.1 e	0.0 e	0.0 e	....	....	....	1.2 e
Mauritius	684	....	....	....	....	....	0.0 e	....	....	....	0.1 e	....	....
Mozambique	688	0.1 e	0.1 e	....	....	....	....	2.5 e	0.7 e	3.6 e	....	....	....
Namibia	728	1.1 e	1.4 e	20.2 e	206.7 e	136.2 e	20.6 e	98.2 e	105.8 e	156.6 e	110.8 e	135.2 e	86.6 e
Niger	692	0.0 e	0.0 e	0.9 e	0.4 e	0.0 e	0.0 e	0.0 e	0.0 e	0.0 e	....	0.0 e	....
Nigeria	694	4.0 e	....	2.7 e	2.8 e	2.1 e	2.2 e	0.7 e	....	0.6 e	0.5 e	0.3 e	0.2 e
Rwanda	714	15.7 e	9.8 e	8.8 e	10.1 e	10.4 e	8.7 e	47.3 e	115.9 e	121.9 e	162.8 e	63.4 e	46.4 e
Senegal	722	20.0 e	0.2 e	0.1 e	0.0 e	0.0 e	0.2 e	2.5 e	0.8 e	1.4 e	1.1 e	0.9 e	1.6 e
South Africa	199	15.3 e	9.1 e	12.4 e	17.3 e	96.5 e	97.3 e	1,152.0 e	1,563.1 e	1,448.1 e	1,312.3 e	1,085.2 e	842.8 e
Tanzania	738	0.4 e	0.9 e	0.1 e	0.8 e	0.6 e	0.3 e	135.8 e	198.6 e	251.8 e	298.4 e	210.2 e	309.2 e
Togo	742	1.9 e	1.1 e	....	0.1 e	0.0 e	0.6 e	2.4 e	1.5 e	3.3 e	3.6 e	1.0 e	3.0 e
Uganda	746	6.0 e	11.5 e	6.4 e	5.6 e	3.4 e	2.4 e	193.4 e	255.3 e	284.3 e	192.6 e	161.7 e	187.3 e
Zambia	754	1,262.7 e	1,193.1 e	1,745.1 e	1,379.9 e	899.4 e	932.2 e	428.3 e	769.6 e	1,303.5 e	852.2 e	556.5 e	454.7 e
Zimbabwe	698	66.2 e	67.1 e	65.9 e	62.6 e	58.3 e	54.1 e	19.8 e	17.3 e	12.2 e	4.7 e	3.9 e	0.1 e
Western Hemisphere	205	**107.3**	**16.0**	**17.2**	**19.7**	**42.5**	**10.2**	**129.2**	**103.5**	**105.6**	**94.7**	**79.7**	**88.4**
Argentina	213	....	0.1 e	0.0 e	0.0 e	....	0.0 e	41.3 e	42.5 e	23.6 e	20.9 e	....	11.7 e
Bolivia	218	0.0 e	0.0 e	0.0 e	0.1 e	0.0 e	0.0 e	....	0.0 e	....	....	0.0 e	....
Brazil	223	107.1 e	15.7 e	16.9 e	19.0 e	40.5 e	9.9 e	86.4 e	48.5 e	76.9 e	39.4 e	44.6 e	44.0 e

2017, International Monetary Fund: Direction of Trade Statistics Yearbook

Congo, Democratic Republic of (636)

In Millions of U.S. Dollars

		Exports (FOB)						Imports (CIF)					
		2011	2012	2013	2014	2015	2016	2011	2012	2013	2014	2015	2016
Chile	228	0.0 e	0.1 e	0.1 e	0.0 e	0.1 e	0.0 e	1.5 e	0.9 e	0.7 e	0.7 e	1.0 e	....
Colombia	233	....	0.0 e	0.0 e	0.0 e	....	....	....	0.2 e	1.9 e	7.3 e	2.6 e	1.1 e
Costa Rica	238	0.1 e	....	0.1 e	0.0 e	1.8 e	0.0 e	....	....	....	....	....	....
Dominican Republic	243	0.1 e	0.0 e	0.1 e	0.1 e	0.0 e	0.1 e	....	0.0 e	....	0.1 e	0.0 e	0.0 e
Ecuador	248	0.0 e	....	0.0 e	0.2 e	....	....	....	....	....	1.8 e	2.3 e	....
Guatemala	258	0.0 e	....	....	....	0.0 e	0.0 e	....	0.1 e	0.2 e	5.8 e	28.0 e	30.9 e
Honduras	268	....	....	....	....	0.0 e	0.0 e	....	0.0 e	1.5 e	0.1 e	0.0 e	....
Paraguay	288	....	....	....	....	....	....	....	3.0 e	0.6 e	1.3 e	0.8 e	0.6 e
Peru	293	....	....	0.0 e	0.0 e	0.0 e	....	0.1 e	0.1 e	0.3 e	0.1 e	0.3 e	....
Trinidad and Tobago	369	0.0 e	....	0.0 e	0.0 e	0.1 e	0.1 e	....	8.2 e	....	17.3 e	0.0 e	0.0 e
Venezuela, Rep. Bol.	299	....	....	....	0.2 e	....	....	....	....	....	....	....	....
Other Countries n.i.e	910	**0.4**	**0.4**	**0.5**	**0.4**	**0.5**	**0.5**	....	....	....	....	....	....
Cuba	928	0.4 e	0.4 e	0.5 e	0.4 e	0.5 e	0.5 e	....	....	....	....	....	....
Memorandum Items													
Africa	605	1,521.4	1,349.7	2,075.6	1,742.1	1,242.8	1,153.1	2,575.8	3,496.2	4,087.2	3,467.1	2,629.0	2,315.3
Middle East	405	606.7	905.8	1,096.0	1,232.7	742.7	598.2	28.8	42.7	44.2	45.7	27.4	9.5
European Union	998	885.8	816.5	1,409.6	1,347.1	724.5	964.3	1,462.8	1,449.5	1,490.7	1,332.7	1,321.2	1,065.8
Export earnings: fuel	080	690.2	907.9	1,279.9	1,241.4	749.1	626.2	41.8	60.8	43.7	83.6	76.3	48.0
Export earnings: nonfuel	092	6,187.7	5,883.0	6,375.3	6,672.2	5,342.4	5,010.0	5,472.7	6,548.8	7,379.9	7,044.0	6,294.5	5,155.5

Congo, Republic of (634)

In Millions of U.S. Dollars

		Exports (FOB) 2011	2012	2013	2014	2015	2016	Imports (CIF) 2011	2012	2013	2014	2015	2016
IFS World		....	....	....	....	....	....	....	....	....	....	....	....
World	001	13,272.7	7,450.6	10,006.2	6,214.3	3,181.8	2,621.2	7,013.3	7,349.0	8,372.1	3,348.6	3,422.1	3,411.0
Advanced Economies	110	6,536.2	4,035.0	3,495.2	2,521.9	1,406.6	1,062.4	1,990.0	2,255.5	2,878.1	1,904.8	1,935.4	2,242.5
Euro Area	163	2,593.9	2,878.5	1,321.9	1,047.1	1,012.6	502.9	1,150.0	1,573.0	2,187.0	1,536.7	1,315.1	919.5
Austria	122	0.0	....	....	....	0.0	0.0	0.5	0.5	0.3	0.9	0.7	0.3
Belgium	124	6.4	23.5	32.3	11.2	24.1	24.2	270.2	362.4	391.9	452.6	379.2	235.2
Cyprus	423	0.0	....	....	0.0	0.0	0.1	0.1	0.1	0.3	0.2	0.0	0.1
Estonia	939	....	....	....	0.0	0.0	0.0	....	....	....	0.0	0.3	0.2
Finland	172	....	....	0.0	0.0	1.2	0.0	0.3	0.4	0.6	5.2	12.2	2.9
France	132	1,018.3	931.8	544.6	242.5	74.7	35.5	533.9	603.2	761.4	575.9	499.4	435.0
Germany	134	2.8	2.7	6.0	4.3	2.3	3.2	18.7	24.5	69.8	52.2	59.6	38.2
Greece	174	25.1	0.2	0.5	0.3	0.5	0.7	1.7	0.4	0.5	0.8	0.4	0.7
Ireland	178	0.2	19.9	0.5	0.1	0.5	1.1	24.3	9.1	11.8	15.6	67.2	7.5
Italy	136	284.6	146.4	69.2	299.1	375.8	268.2	195.1	259.5	192.3	212.3	129.5	104.4
Latvia	941	....	....	....	0.0	....	....	....	....	0.1	7.2	0.7	1.0
Lithuania	946	....	....	....	0.0	0.0	0.3	0.2	0.1	1.9	0.0	0.0	0.1
Luxembourg	137	....	0.1	....	....	....	....	4.1	0.6	0.8	3.1	0.5	2.0
Malta	181	....	....	....	30.4	0.2	0.2	0.1	53.1	0.2	1.6	0.2	0.2
Netherlands	138	692.7	1,055.4	322.5	42.1	28.6	89.0	68.1	56.6	189.1	100.4	60.7	48.6
Portugal	182	215.6	430.0	93.3	159.9	109.5	4.0	17.3	14.7	25.3	60.1	47.0	8.6
Slovak Republic	936	....	....	....	....	0.0	0.0	0.1	....	0.1	0.5	0.0	0.0
Slovenia	961	....	....	0.0	0.0	0.2	0.2	1.2	1.1	....	....	....	....
Spain	184	348.2	268.6	253.1	256.9	395.0	76.1	14.2	186.6	540.8	47.8	57.4	34.3
Australia	193	587.4	416.5	820.3	592.0	72.7	182.9	3.9	249.0	202.2	3.0	6.0	73.3
Canada	156	396.0	97.6	195.9	90.4	34.2	78.4	10.4	6.2	7.2	5.3	22.1	29.4
China,P.R.: Hong Kong	532	0.1	0.0	....	0.4	0.5	1.7	3.3	2.8	1.5	2.5	3.7	3.4
China,P.R.: Macao	546	0.7 e	....	0.0 e	0.0 e	0.0 e	....	....	....	....	0.1	....	....
Czech Republic	935	0.2	0.1	0.3	0.1	0.2	0.3	0.1	0.2	0.5	0.8	0.5	0.9
Denmark	128	75.9	0.2	0.3	0.4	0.0	0.1	1.9	1.1	2.5	1.7	5.7	2.8
Iceland	176	82.9	....	....	....	....	....	14.3	0.0	0.0	0.0	0.0	0.0
Israel	436	0.0	0.2	0.2	....	0.0	....	4.4	2.9	2.1	3.7	2.6	1.4
Japan	158	0.2	0.1	0.4	0.1	0.1	2.3	6.4	7.5	6.7	15.5	9.5	9.2
Korea, Republic of	542	1.8	0.9	97.5	76.8	19.1	10.4	2.1	21.5	16.0	27.1	251.6	617.3
New Zealand	196	0.0	0.0	0.0	....	....	....	1.8	0.7	3.5	2.0	5.0	3.7
Norway	142	13.3	11.7	0.7	11.0	11.0	19.1	18.4	20.2	34.4	27.6	27.6	372.7
Singapore	576	76.8	42.7	93.6	395.6	94.3	110.2	571.9	128.7	116.9	24.4	13.3	5.8
Sweden	144	12.0	....	0.0	....	....	....	10.5	2.9	1.3	3.5	1.8	1.5
Switzerland	146	6.7	4.8	3.3	0.9	2.3	2.6	1.6	4.4	1.7	1.7	3.7	1.5
Taiwan Prov.of China	528	391.4	10.8	20.9	70.3	36.5	85.9	0.5	0.4	0.4	0.6	0.3	0.4
United Kingdom	112	413.9	113.6	404.6	101.4	30.2	20.7	39.9	52.2	120.1	78.6	130.8	119.2
United States	111	1,883.2	457.2	535.4	135.4	92.8	45.0	148.4	181.8	174.0	170.0	136.2	80.8
Emerg. & Dev. Economies	200	6,705.4	3,386.6	6,431.5	3,666.5	1,759.4	1,546.6	5,009.6	5,093.5	5,494.0	1,443.7	1,486.5	1,168.4
Emerg. & Dev. Asia	505	4,242.7	1,984.7	4,523.9	2,403.2	1,104.6	1,087.4	337.3	520.0	603.9	737.9	762.1	527.0
Bangladesh	513	....	....	0.0	0.0	0.0	0.0	0.1	0.0	0.0	0.0	0.0	0.0
Brunei Darussalam	516	0.0	0.0	....	....	....	....	....	....	0.0	0.1	0.1	0.1
China,P.R.: Mainland	924	3,850.5	1,596.8	4,228.1	2,288.2	1,015.6	1,044.4	204.2	318.1	420.3	514.5	554.8	415.3
India	534	167.4	142.4	1.0	59.3	67.9	31.8	31.7	52.6	59.3	135.2	119.2	68.5
Indonesia	536	127.3	30.8	0.2	0.4	0.6	0.9	13.0	22.9	16.1	28.4	23.5	8.5
Malaysia	548	95.2	213.7	292.1	36.9	9.5	1.8	37.6	95.7	75.9	26.5	34.1	9.8
Nepal	558	0.0 e	....	0.0 e	0.3 e	0.0 e	0.0 e	0.0 e	0.0 e	0.0 e	0.0 e	0.0 e	0.0 e
Philippines	566	....	0.0	....	....	0.0	....	0.0	0.0	0.1	0.3	0.1	....
Sri Lanka	524	....	....	....	....	....	....	....	0.0	0.0	0.0	0.3	....
Thailand	578	1.8	0.4	0.8	0.7	0.4	0.4	20.0	20.9	24.4	26.6	24.2	20.7
Vanuatu	846	....	....	....	16.1	9.8	7.6	....	5.1	....	0.1	0.1	0.1
Vietnam	582	0.5	0.5	1.6	1.4	0.8	0.6	29.8	3.8	6.9	4.9	4.6	3.3
Asia n.s.	598	....	....	....	....	....	....	0.8	0.8	0.9	1.2	1.1	0.8
Europe	170	22.8	0.8	3.1	2.7	2.0	1.1	39.0	70.1	75.2	93.6	113.1	84.2
Emerg. & Dev. Europe	903	22.1	0.3	2.6	2.0	1.6	0.5	28.3	62.3	52.6	73.4	90.4	71.0
Albania	914	0.1	0.0	0.0	....	....	0.1	....	0.0	....	0.0	0.0	0.1
Bulgaria	918	0.0	....	0.0	....	....	....	0.3	1.0	0.2	2.2	0.4	0.5

2017, International Monetary Fund: *Direction of Trade Statistics Yearbook*

Congo, Republic of (634)

In Millions of U.S. Dollars

		Exports (FOB)						Imports (CIF)					
		2011	2012	2013	2014	2015	2016	2011	2012	2013	2014	2015	2016
Croatia	960	....	....	0.0	0.0	0.0	0.1	0.2	....	....	0.1	0.1	0.2
Faroe Islands	816	0.1 e	0.1 e	0.1 e	0.1 e	0.1 e	0.1 e	....	....	....	....	....	....
Hungary	944	....	....	....	0.0	0.0	0.0	3.0	2.9	2.4	5.6	3.8	2.8
Kosovo	967	....	....	....	....	....	0.0 e	0.0 e	0.0 e	0.0 e	0.0 e	0.0 e	0.8 e
Poland	964	21.3	....	0.2	0.2	1.3	0.1	1.1	0.6	3.1	4.9	8.4	3.4
Romania	968	0.1	0.0	....	0.0	0.0	0.0	1.5	0.4	1.0	3.8	2.3	3.2
Serbia, Republic of	942	....	....	....	....	....	....	....	....	0.1	0.1	0.1	0.0
Turkey	186	0.6	0.2	2.3	1.6	0.1	0.2	22.3	57.3	45.8	56.5	75.3	60.0
CIS	901	**0.7**	**0.5**	**0.5**	**0.8**	**0.4**	**0.6**	**9.7**	**6.3**	**20.5**	**15.5**	**18.3**	**10.1**
Armenia	911	....	....	....	....	0.0	....	....	....	....	....	....	0.1
Azerbaijan, Rep. of	912	0.0	0.1	0.0	0.0	0.0	0.0	0.0	0.0	....	....	0.0	....
Belarus	913	0.0 e	0.1 e	0.4 e	0.3 e	0.0 e	0.2 e	0.2	....	....	0.0	0.0	0.0
Georgia	915	....	....	....	....	0.0	....	0.1	0.0	....	0.2	0.2	0.5
Kazakhstan	916	0.0	0.0	0.0	0.4	0.4	0.4	0.1	0.0	....	0.0	0.0	0.2
Russian Federation	922	0.6	0.1	0.0	0.1	0.0	0.0	1.5	1.2	11.0	9.5	15.0	5.5
Turkmenistan	925	....	0.2	....	....	....	....	....	0.0	....	....	....	....
Ukraine	926	0.0	0.0	0.0	....	....	....	7.7	5.0	9.5	5.8	3.1	3.8
Europe n.s.	884	....	....	....	....	....	....	1.0	1.6	2.1	4.7	4.4	3.1
Mid East, N Africa, Pak	440	**20.6**	**134.2**	**12.6**	**9.0**	**6.1**	**6.7**	**131.6**	**155.1**	**134.0**	**178.4**	**159.4**	**114.8**
Algeria	612	0.0	0.0	0.2	0.3	0.3	0.3	0.1	0.1	1.7	0.2	0.2	0.2
Bahrain, Kingdom of	419	2.0 e	1.0 e	0.0 e	0.0 e	0.0 e	0.1 e	....	....	....	0.8	0.7	0.5
Egypt	469	0.8	118.7	0.2	0.2	0.2	0.4	11.9	10.4	9.5	21.7	11.0	8.9
Iran, I.R. of	429	0.0	0.0	....	0.0	0.0	0.0	4.4	6.6	1.3	0.5	0.5	0.4
Iraq	433	0.0	0.1	0.0	0.0	0.0	0.0	....	0.0	0.0	0.0	0.0	0.0
Jordan	439	....	....	0.1	0.0	0.0	0.0	0.0	....	0.3	0.1	0.1	0.1
Kuwait	443	0.0	0.0	0.1	0.1	0.0	0.0	0.0	0.3	0.0	0.0	0.0	0.0
Lebanon	446	0.0	8.7	0.2	0.1	0.0	0.1	38.8	15.6	12.0	10.6	10.6	6.9
Libya	672	0.0	0.0	0.1	0.1	0.1	0.0	0.0	0.0	0.2	0.2	0.2	0.1
Mauritania	682	3.3	0.0	0.0	....	....	....	5.8	1.2	0.0	14.9	13.9	10.0
Morocco	686	10.1	0.8	0.9	0.8	0.6	0.9	5.7	9.5	7.0	12.0	6.8	4.6
Oman	449	0.9	0.1	0.1	0.3	0.3	0.5	0.0	0.2	4.2	0.2	0.1	0.0
Pakistan	564	0.1	0.0	0.0	0.8	0.7	0.7	1.0	1.4	0.5	0.3	0.5	0.5
Qatar	453	0.0	0.0	0.0	0.0	0.0	0.0	0.1	0.1	0.2	0.0	0.0	0.0
Saudi Arabia	456	0.0	0.0	1.0	0.5	0.3	0.2	1.5	1.4	1.0	1.3	1.3	0.9
Sudan	732	0.6 e	....	....	....	....	....	....	....	....	....	....	....
Syrian Arab Republic	463	0.0	....	....	....	....	....	0.1	0.1	0.0	0.0	0.0	0.0
Tunisia	744	0.2	0.3	0.3	0.3	0.3	0.9	7.9	7.8	8.2	7.2	6.9	4.5
United Arab Emirates	466	2.1	4.3	9.2	5.3	3.3	2.5	54.0	100.2	87.8	108.0	106.4	77.2
West Bank and Gaza	487	0.2 e	0.1 e	0.1 e	0.0 e	0.0 e	0.0 e	....	....	....	....	....	....
Yemen, Republic of	474	....	0.0	....	....	....	....	0.1 e	....	0.0 e	0.3 e	....	....
Sub-Saharan Africa	603	**2,261.0**	**1,264.8**	**1,848.1**	**1,250.5**	**646.1**	**450.8**	**4,234.7**	**3,858.3**	**4,307.0**	**293.1**	**355.1**	**355.9**
Angola	614	1,197.0	369.6	891.4	333.3	204.4	157.0	859.5	1,878.9	1,261.6	60.7	56.8	40.7
Benin	638	52.8	99.6	1.1	0.6	0.4	0.3	30.5	12.6	1.4	1.8	1.6	1.2
Burkina Faso	748	0.1	0.0	0.0	0.2	0.2	0.1	....	....	....	0.0	0.0	0.0
Cabo Verde	624	....	....	0.0	0.1	0.0	0.0	....	....	51.6	0.0	0.0	0.0
Cameroon	622	79.3	67.5	218.7	108.3	58.7	52.2	231.1	204.8	183.5	40.3	62.1	80.3
Central African Rep.	626	0.5	0.3	0.5	2.8	1.7	1.3	0.8	0.0	0.0	0.3	0.3	0.2
Chad	628	4.7	0.7	2.2	2.6	1.4	0.9	1.0	0.1	0.0	0.4	0.3	0.3
Congo, Dem. Rep. of	636	14.9	21.9	10.2	11.6	8.1	6.3	87.6	37.4	206.6	16.6	15.6	11.2
Côte d'Ivoire	662	161.6	42.1	91.2	134.3	....	....	45.3	146.1	66.1	11.1	71.4	85.7
Equatorial Guinea	642	108.4	35.5	0.7	3.8	2.3	1.8	421.7	52.9	224.4	7.3	6.9	4.9
Ethiopia	644	....	....	0.0	0.7	0.4	0.3	0.1	0.1	0.1	0.0	0.0	0.0
Gabon	646	416.2	173.2	126.5	543.5	300.0	172.3	1,003.1	879.1	1,021.5	41.1	38.5	27.6
Gambia, The	648	13.6	1.5	....	....	....	....	....	....	....	0.1	0.1	0.0
Ghana	652	5.6	5.6	2.4	2.3	1.7	1.4	59.1	22.5	742.6	19.8	18.5	13.3
Guinea	656	0.0	1.7	0.1	0.0	0.0	0.0	0.1	0.3	0.5	0.4	0.3	0.2
Guinea-Bissau	654	....	0.0	....	....	....	....	....	....	....	0.5	0.5	0.4
Kenya	664	2.7	0.2	0.5	0.9	0.5	0.4	4.1	1.3	1.1	1.2	1.2	0.8
Lesotho	666	....	....	....	....	....	....	0.1 e	....	....	....	....	....
Liberia	668	6.8	0.0	45.3	....	....	....	72.1	45.7	45.7	0.0	0.0	0.0

Congo, Republic of (634)
In Millions of U.S. Dollars

		Exports (FOB)						Imports (CIF)					
		2011	2012	2013	2014	2015	2016	2011	2012	2013	2014	2015	2016
Mali	678	0.0	....	....	....	....	....	0.0	0.1	....	....	....	....
Mauritius	684	....	....	0.2	0.1	0.2	0.4	0.2	....	1.6	1.3	1.8	0.2
Mozambique	688	2.4	0.2	0.1	0.1	0.1	0.1	0.0	0.0	0.0	0.2	0.2	0.2
Namibia	728	48.5	140.4	131.7	49.7	30.5	23.4	87.6	145.8	130.7	6.8	6.4	4.6
Niger	692	....	....	....	0.3	0.2	0.1	....	....	....	....	....	....
Nigeria	694	133.2	260.8	249.2	10.3	6.3	4.9	806.2	218.4	217.8	5.4	5.1	3.6
Rwanda	714	....	....	0.0	....	....	....	....	....	....	....	0.1	0.0
São Tomé & Príncipe	716	....	....	0.2	....	....	....	....	0.2	....	0.0	0.0	0.0
Senegal	722	0.5	0.1	0.5	0.2	0.6	....	36.9	26.1	73.1	26.6	24.5	38.7
Seychelles	718	0.0	....	0.1	0.1	0.0	0.0	....	0.0	....	....	....	....
Sierra Leone	724	....	....	27.4	0.0	0.0	0.0	17.1	....	1.2	0.1	0.1	0.1
South Africa	199	3.7	25.8	46.8	42.6	26.5	25.6	445.0	182.6	62.2	47.7	39.8	39.3
Tanzania	738	5.0	5.2	0.9	0.2	0.1	0.1	0.0	0.1	7.8	1.6	1.5	1.1
Togo	742	1.3	5.6	0.2	1.6	1.6	1.6	25.1	2.9	5.7	1.4	1.3	0.9
Uganda	746	2.2	3.8	0.0	....	....	....	0.0	0.1	0.0	0.2	0.2	0.2
Zambia	754	....	3.5	....	....	....	....	....	....	....	0.1	0.1	0.0
Zimbabwe	698	....	....	....	....	....	....	0.1	0.0	....	....	....	....
Africa n.s.	799	....	....	....	....	....	....	0.1	....	....	....	....	....
Western Hemisphere	205	**158.3**	**2.2**	**43.9**	**1.1**	**0.6**	**0.5**	**267.1**	**490.0**	**373.9**	**140.7**	**96.9**	**86.6**
Antigua and Barbuda	311	....	....	....	0.1	0.0	0.0	....	....	....	0.0	0.0	0.0
Argentina	213	0.2	0.1	0.2	0.0	0.0	0.1	23.8	31.6	42.3	23.5	23.5	36.2
Aruba	314	0.1 e	0.0 e	0.0 e	....	....	....	....	....	....	....	....	....
Bahamas, The	313	....	....	39.9	....	....	....	....	0.0	....	0.3	0.3	0.2
Bermuda	319	0.5	0.0	....	....	....	....	....	....	....	....	....	....
Brazil	223	114.6	0.7	2.5	0.0	0.0	0.0	138.9	452.1	282.6	97.8	64.4	40.4
Chile	228	....	....	....	....	....	....	0.3	0.5	0.7	0.3	0.3	0.3
Colombia	233	2.1	1.0	....	0.1	....	0.0	3.1	0.4	1.8	0.4	0.8	0.5
Costa Rica	238	0.0	....	....	....	....	0.0	0.9	....	0.0	0.0	0.0	0.0
Curaçao	354	....	....	....	....	....	....	0.2	....	....	0.1	0.1	0.0
Dominica	321	....	....	....	0.0	0.0	0.0	....	....	....	0.1	0.1	0.1
Dominican Republic	243	11.0	....	0.1	0.0	0.0	0.0	0.0	....	....	....	....	....
Ecuador	248	0.0	0.0	0.1	0.2	0.0	0.0	....	0.0	0.1	0.1	0.0	0.0
Guyana	336	....	0.0 e	0.1 e	....	0.0 e	0.0 e	....	....	....	....	....	....
Mexico	273	29.6	0.0	0.8	0.0	0.0	0.0	4.4	0.4	3.0	12.0	2.5	4.9
Nicaragua	278	....	....	0.0 e	....	0.0 e	0.0 e	....	0.1	0.0	0.0	0.0	0.0
Panama	283	....	0.0	....	....	....	....	87.0	0.0	1.4	0.0	0.0	0.0
Paraguay	288	....	....	....	....	....	....	2.0	1.3	1.6	1.9	1.7	1.3
Peru	293	0.0	0.0	0.0	0.0	0.0	0.0	0.3	0.3	0.2	0.2	0.2	0.3
St. Vincent & Grens.	364	....	0.0 e	....	....	....	....	2.9	0.0	....	....	....	....
Trinidad and Tobago	369	....	....	....	....	....	....	....	0.0	....	0.4	0.3	0.2
Uruguay	298	....	0.0	0.0	0.0	....	....	3.1	3.1	8.4	3.4	2.3	1.9
Venezuela, Rep. Bol.	299	0.0	0.1	0.0	0.6	0.3	0.3	0.1	0.0	30.3	0.1	0.1	0.1
Western Hem. n.s.	399	0.1	0.1	0.1	0.1	0.0	0.0	....	....	1.6	....	....	....
Other Countries n.i.e	910	....	....	51.7	0.1	0.0	0.0	0.0	0.0	0.1	0.1	0.1	0.1
Cuba	928	....	....	51.7	....	....	....	0.0	....	0.0	0.1	0.1	0.1
Korea, Dem. People's Rep.	954	....	....	0.0	0.1	0.0	0.0	0.0	0.0	0.1	0.0	0.0	0.0
Countries & Areas n.s.	898	**31.1**	**28.9**	**27.7**	**25.8**	**15.8**	**12.1**	**13.6**	....	....	**0.0**	**0.0**	**0.0**
Memorandum Items													
Africa	605	2,275.3	1,266.0	1,849.5	1,251.9	647.2	452.9	4,254.2	3,876.9	4,323.8	327.4	382.9	375.1
Middle East	405	6.2	133.0	11.2	6.7	4.3	3.9	111.1	135.0	116.7	143.8	131.0	95.1
European Union	998	3,117.2	2,992.4	1,727.3	1,149.2	1,044.5	524.2	1,208.4	1,634.3	2,318.1	1,637.9	1,468.8	1,053.9
Export earnings: fuel	080	1,867.6	846.9	1,281.0	901.5	519.6	341.3	3,156.8	3,140.1	2,864.8	236.9	233.4	163.1
Export earnings: nonfuel	092	11,405.1	6,603.6	8,725.2	5,312.7	2,662.2	2,279.9	3,856.5	4,209.0	5,507.3	3,111.7	3,188.6	3,247.9

Costa Rica (238)

In Millions of U.S. Dollars

		Exports (FOB)						Imports (CIF)					
		2011	2012	2013	2014	2015	2016	2011	2012	2013	2014	2015	2016
IFS World		8,033.6	8,654.1	8,547.5	9,037.9	9,091.3	9,797.4	13,966.5	15,076.2	15,262.8	15,750.5	14,913.8	15,460.5
World	001	10,412.5	11,457.3	11,488.5	11,251.9	9,568.5	9,914.3	16,220.3	17,572.1	18,126.4	17,183.8	15,626.2	15,367.6
Advanced Economies	110	6,740.5	7,452.4	7,455.5	7,107.8	6,133.2	6,510.6	10,352.2	11,451.2	11,860.9	10,746.6	9,018.5	8,539.9
Euro Area	163	1,560.1	1,782.1	1,747.4	1,688.5	1,595.5	1,863.5	1,038.9	1,005.2	1,143.5	1,189.3	1,154.0	1,216.5
Austria	122	0.5	0.4	0.1	0.4	0.2	0.5	21.5	33.0	36.3	46.7	27.1	22.0
Belgium	124	284.8	297.2	309.6	369.0	430.4	532.2	88.0	54.5	62.7	77.2	48.9	66.4
Cyprus	423	0.0	0.1	0.1	0.1	0.0	0.1	0.2	0.2	0.2	0.1	0.2	0.1
Estonia	939	0.3	0.2	0.1	0.1	0.1	0.1	3.1	0.7	6.3	0.3	0.7	1.1
Finland	172	0.2	15.1	17.5	17.8	26.0	38.1	7.9	10.1	10.3	8.1	9.5	10.9
France	132	102.2	95.0	113.7	79.7	119.6	82.7	79.2	88.9	95.6	105.8	120.2	114.0
Germany	134	162.1	137.1	114.8	120.6	148.2	130.8	325.8	315.8	339.8	360.6	378.5	387.5
Greece	174	2.4	7.3	38.1	34.9	30.1	11.8	1.6	1.1	2.9	1.2	1.4	1.9
Ireland	178	26.8	44.5	60.3	83.5	71.3	87.2	46.1	27.4	30.5	39.9	49.8	55.0
Italy	136	137.1	194.8	139.2	149.3	170.7	207.8	166.2	136.9	178.4	206.5	179.3	199.0
Latvia	941	0.3	0.5	0.5	0.3	0.3	0.6	3.8	1.0	1.4	0.6	6.6	5.3
Lithuania	946	0.1	0.4	2.6	5.0	9.5	11.4	7.3	16.4	0.8	1.4	2.4	1.6
Luxembourg	137	0.1	....	....	0.0	0.0	0.0	0.8	0.1	1.1	1.0	1.0	9.9
Malta	181	0.1	0.0	0.0	0.6	0.6	0.4	0.2	0.1	0.1	0.1	0.4	0.2
Netherlands	138	733.2	864.1	829.7	695.7	440.0	575.4	86.3	113.3	156.2	115.9	89.8	96.0
Portugal	182	48.6	40.9	43.0	14.6	19.1	24.6	8.2	9.1	8.7	12.8	11.7	13.5
Slovak Republic	936	0.2	0.3	0.3	....	0.3	0.3	4.0	4.2	3.2	3.7	5.2	7.1
Slovenia	961	1.4	0.1	0.6	0.1	1.9	5.8	12.2	2.3	1.2	1.4	3.4	2.3
Spain	184	59.7	84.3	77.3	116.8	127.1	153.6	176.6	190.3	207.8	206.0	218.1	222.7
Australia	193	39.5	21.6	17.3	23.1	31.2	24.1	22.2	14.6	7.3	7.8	8.2	8.5
Canada	156	89.2	71.7	80.2	72.3	108.6	85.5	180.4	243.0	164.0	186.7	164.9	155.2
China,P.R.: Hong Kong	532	506.9	532.5	648.0	413.4	66.4	32.1	60.1	54.1	59.2	99.9	107.6	187.1
China,P.R.: Macao	546	0.0	....	....	....	....	0.0	0.0	0.0	0.1	0.0	0.0	0.1
Czech Republic	935	0.0	0.0	0.2	0.1	0.1	0.0	2.3	2.8	3.5	7.9	27.7	5.7
Denmark	128	0.9	3.7	6.6	9.4	5.9	4.5	20.6	20.6	29.6	40.8	58.3	31.6
Iceland	176	....	0.1	0.0	....	....	....	0.0	0.0	0.1	0.0	0.1	0.1
Israel	436	7.6	7.0	6.4	6.1	8.9	8.2	103.2	43.8	61.4	259.5	44.1	37.4
Japan	158	89.1	85.6	90.9	92.2	97.3	112.9	548.6	554.8	525.9	475.3	418.8	421.4
Korea, Republic of	542	42.3	47.8	39.6	66.7	51.5	33.6	218.5	278.3	329.6	326.4	391.0	257.1
New Zealand	196	1.4	1.4	1.3	24.7	4.4	18.9	3.1	4.6	3.4	5.1	7.2	9.4
Norway	142	6.6	15.6	14.4	22.9	26.3	20.5	15.9	9.5	13.9	11.5	23.7	7.8
Singapore	576	39.4	61.7	49.6	41.3	28.9	17.5	30.1	42.2	36.1	75.0	46.3	35.2
Sweden	144	37.2	29.1	43.6	27.2	12.1	21.8	50.8	100.7	56.9	50.5	32.2	39.2
Switzerland	146	3.6	4.8	1.6	4.7	6.4	5.5	117.3	131.1	154.1	116.8	115.0	145.8
Taiwan Prov.of China	528	91.2	85.3	78.6	54.3	8.5	16.9	91.9	101.0	113.7	159.4	121.8	111.0
United Kingdom	112	256.2	245.4	231.1	243.1	177.5	181.0	102.1	91.1	95.9	102.0	133.1	127.2
United States	111	3,969.2	4,456.9	4,398.7	4,317.9	3,903.7	4,064.3	7,746.2	8,753.8	9,062.7	7,632.7	6,164.4	5,743.8
Emerg. & Dev. Economies	200	3,647.6	3,968.9	4,000.2	4,098.3	3,405.9	3,371.3	5,592.4	5,732.0	6,256.6	5,970.9	6,248.6	6,349.8
Emerg. & Dev. Asia	505	440.6	609.0	737.9	806.9	116.2	84.2	1,633.6	1,749.1	2,132.4	2,144.3	2,532.5	2,671.3
American Samoa	859	....	....	....	....	....	....	0.0	0.1	0.0	....	0.0	0.0
Bangladesh	513	0.0	0.0	0.0	....	....	0.1	3.6	4.9	5.2	6.3	8.5	11.8
Cambodia	522	0.2	0.3	0.0	....	....	....	2.1	2.8	3.4	2.5	3.1	3.9
China,P.R.: Mainland	924	199.5	330.6	377.8	339.1	80.2	45.5	1,297.9	1,439.6	1,748.4	1,715.7	1,947.5	2,085.5
Fiji	819	0.0	0.0	0.0	0.0	0.0	0.1	0.0	0.0	0.0	0.0	0.0	0.2
F.T. French Polynesia	887	0.0	0.2	0.0	0.0	0.0	0.0	0.0	0.0	0.0	0.1	0.0	0.0
F.T. New Caledonia	839	0.2	0.2	0.1	0.1	1.1	0.1	0.0	0.0	0.0	0.0	0.2	0.0
Guam	829	0.0	0.0	0.0	0.0	0.1	0.0	....	....	....	....	0.0	0.0
India	534	25.1	32.2	31.7	17.0	14.0	19.7	132.8	89.8	100.9	114.8	139.3	179.5
Indonesia	536	1.5	1.7	19.9	0.7	0.1	4.9	26.9	19.8	24.9	34.8	28.8	69.7
Lao People's Dem.Rep	544	....	....	....	....	....	0.1	0.0	0.1	0.0	0.0	0.0	0.0
Malaysia	548	185.9	219.1	291.2	400.8	5.3	1.0	48.0	50.3	46.6	51.6	38.3	49.9
Marshall Islands	867	....	....	....	....	....	....	....	....	....	....	0.1	0.0
Myanmar	518	0.1	0.3	0.5	0.1	0.3	0.1	0.1	0.1	0.1	0.2	0.2	0.2
Nauru	836	....	....	0.1	....	....	....	....	0.0	0.0	0.0	0.0	0.0
Papua New Guinea	853	0.0	....	0.1	0.0	....	....	0.0	....	0.0	0.0	....	....
Philippines	566	1.2	3.9	1.9	4.9	3.6	3.3	17.5	21.7	8.1	14.2	5.9	10.3

Costa Rica (238)
In Millions of U.S. Dollars

		\multicolumn{6}{c	}{Exports (FOB)}	\multicolumn{6}{c}{Imports (CIF)}
		2011	2012	2013	2014	2015	2016	2011	2012	2013	2014	2015	2016
Samoa	862	0.0	0.0	0.0	....	....	....	0.4	....	0.0	0.0	....	0.4
Sri Lanka	524	0.1	0.1	0.2	0.0	0.0	0.3	1.4	2.0	2.1	2.8	2.0	3.7
Thailand	578	4.9	6.2	3.8	2.2	3.8	2.7	79.8	90.7	146.7	155.0	180.0	183.8
Vanuatu	846	....	....	....	....	....	....	0.3	0.0	0.0	0.0	0.0	0.0
Vietnam	582	21.5	14.1	10.4	41.8	7.5	6.2	22.2	26.8	45.8	46.2	56.2	72.3
Asia n.s.	598	0.1	0.1	....	0.0	0.2	0.1	0.5	0.2	0.2	0.0	122.4	0.0
Europe	170	**70.6**	**62.5**	**68.4**	**74.9**	**65.3**	**92.4**	**121.2**	**95.5**	**92.2**	**124.1**	**160.6**	**182.9**
Emerg. & Dev. Europe	903	**39.3**	**12.6**	**46.6**	**42.5**	**42.5**	**62.6**	**36.2**	**42.7**	**60.6**	**85.7**	**101.7**	**116.1**
Albania	914	0.1	0.3	....	0.0	0.3	0.1	0.1	0.0	0.2	0.0	0.0	0.0
Bosnia and Herzegovina	963	0.5	....	....	....	....	0.0	0.1	0.1	0.1	0.1	0.1	0.1
Bulgaria	918	0.2	0.1	0.0	0.9	0.0	0.2	0.9	0.8	1.6	1.4	1.5	1.9
Croatia	960	....	....	0.1	0.6	0.9	0.3	7.1	0.4	0.5	0.3	6.4	0.0
Gibraltar	823	....	0.2	....	....	....	....	0.0	0.1	0.0	0.0	0.0	0.0
Hungary	944	1.1	0.1	0.0	0.1	0.6	0.1	1.8	3.8	3.6	8.4	19.1	41.4
Macedonia, FYR	962	....	....	....	....	....	....	0.0	0.1	0.3	....	0.1	0.1
Montenegro	943	5.5	....	0.2	0.0	2.3	1.8	....	....	....	0.0	0.0	0.0
Poland	964	2.7	2.1	1.9	5.1	5.2	6.1	5.1	7.7	8.8	12.8	9.8	12.5
Romania	968	1.4	0.8	0.2	0.3	0.8	0.6	5.6	0.9	1.4	2.1	2.3	2.5
Serbia, Republic of	942	....	....	....	....	0.0	....	....	....	....	....	0.0	1.3
Turkey	186	27.7	9.0	44.2	35.1	32.3	53.4	15.5	28.4	44.3	60.6	62.4	56.3
CIS	901	**30.8**	**49.8**	**20.7**	**31.3**	**22.8**	**29.8**	**85.0**	**52.9**	**31.3**	**37.9**	**58.8**	**66.8**
Armenia	911	....	0.2	0.0	0.0	0.0	....	0.0	0.0	0.0	0.0	0.0	0.1
Belarus	913	0.0	0.0	0.0	0.0	0.0	....	9.1	0.7	0.0	1.7	1.6	1.9
Georgia	915	0.2	0.1	0.3	0.2	0.0	0.1	0.0	0.0	0.0	0.0	3.2	1.0
Kazakhstan	916	0.0	0.0	0.0	....	0.3	....	0.0	0.1	0.0	0.0	....	0.0
Moldova	921	....	....	....	....	....	....	0.0	0.1	0.2	0.0	0.0	0.0
Russian Federation	922	30.3	49.2	18.6	23.5	19.5	23.5	44.9	46.9	25.2	34.2	40.6	48.8
Tajikistan	923	....	....	....	....	....	0.0	0.1	0.0	0.0	....	0.0	0.0
Turkmenistan	925	....	....	....	....	....	....	0.0	0.0	0.0	....	0.1	0.0
Ukraine	926	0.3	0.3	1.8	7.6	2.9	6.2	30.9	5.1	5.9	1.9	13.3	14.8
Europe n.s.	884	0.5	0.1	1.1	1.1	....	....	0.0	0.0	0.2	0.5	0.0	0.0
Mid East, N Africa, Pak	440	**12.6**	**21.5**	**36.3**	**26.0**	**22.6**	**21.0**	**93.0**	**31.7**	**43.3**	**29.9**	**30.8**	**32.2**
Afghanistan, I.R. of	512	0.1	....	....	0.0	0.2	....	0.0	0.0	0.0	0.0	0.0	0.0
Algeria	612	....	0.1	7.3	0.1	0.1	0.0	67.5	0.1	9.1	0.0	....	0.0
Bahrain, Kingdom of	419	....	0.0	0.0	0.0	0.0	0.0	0.0	0.1	0.0	0.1	0.1	0.1
Djibouti	611	....	....	0.0	0.0	....	....	....	....	0.0	0.0	....	0.1
Egypt	469	0.5	0.8	2.5	1.7	0.7	0.6	1.4	1.5	6.5	1.4	1.9	1.9
Iran, I.R. of	429	0.2	0.3	0.0	0.1	0.1	0.1	0.1	12.8	3.7	0.0	0.0	0.0
Iraq	433	0.0	....	0.0	0.0	0.0	4.5	0.0	0.0	0.0	....	0.0	0.0
Jordan	439	0.0	0.1	0.2	0.8	0.2	0.3	0.2	0.2	0.4	0.3	0.4	0.5
Kuwait	443	0.1	0.0	0.1	0.2	2.5	0.6	0.0	0.0	0.0	0.4	0.0	0.0
Lebanon	446	0.5	0.6	1.2	1.6	1.7	1.9	0.2	0.0	0.0	0.2	0.0	0.0
Libya	672	....	0.4	6.7	4.3	0.8	0.3	0.0	0.0	0.0	....	....	....
Mauritania	682	0.0	0.0	0.0	0.0	....	0.0	0.1	0.0	0.0	0.0	0.0	0.0
Morocco	686	1.0	1.7	1.1	1.9	3.0	2.6	2.1	2.7	3.9	3.8	3.2	5.4
Oman	449	0.3	0.1	0.2	0.2	0.1	0.1	0.1	0.1	0.0	0.0	0.0	0.1
Pakistan	564	0.1	0.0	0.0	0.3	0.3	0.3	3.1	4.7	4.3	6.5	7.4	8.5
Qatar	453	0.1	0.2	0.2	0.2	0.2	0.0	0.2	1.4	1.6	3.0	6.0	7.0
Saudi Arabia	456	5.0	13.0	10.8	7.6	9.4	6.4	16.9	5.8	6.6	7.4	5.0	4.0
Syrian Arab Republic	463	....	....	0.7	1.3	0.3	0.0	0.0	0.0	0.0	0.0	0.0	0.0
Tunisia	744	0.8	0.0	0.0	0.3	0.4	0.8	0.2	0.9	1.1	1.4	0.8	1.0
United Arab Emirates	466	3.7	4.1	5.2	5.4	2.6	2.3	1.0	1.3	5.8	5.5	5.9	3.6
Yemen, Republic of	474	....	....	0.0	0.1	....	....	....	....	....	....	....	....
Sub-Saharan Africa	603	**12.5**	**9.3**	**13.1**	**8.3**	**9.3**	**7.7**	**6.0**	**12.9**	**9.9**	**9.2**	**11.2**	**7.5**
Angola	614	0.0	0.1	0.1	0.4	....	....	0.0	7.8	0.0	0.0	0.0	0.0
Botswana	616	....	....	0.1	....	0.2	....	0.0	0.0	0.0	0.0	0.0	0.0
Burkina Faso	748	0.0	0.0	0.0	0.1	0.2	0.1	0.0	0.0	0.0	0.0	0.0	0.0
Cabo Verde	624	....	....	....	....	0.0	....	....	0.0	....	0.2	....	....
Cameroon	622	7.2	2.3	4.4	4.1	3.9	3.4	0.0	0.0	0.0	0.0	0.0	0.0
Central African Rep.	626	....	....	....	0.0	....	....	0.0	0.0	0.0	0.2	0.0	0.0

2017, International Monetary Fund: Direction of Trade Statistics Yearbook

Costa Rica (238)

In Millions of U.S. Dollars

		Exports (FOB)						Imports (CIF)					
		2011	2012	2013	2014	2015	2016	2011	2012	2013	2014	2015	2016
Comoros	632	0.0	....	....	....	....	....	0.1	0.0	0.0	0.0	0.0	0.1
Congo, Dem. Rep. of	636	....	....	....	....	....	....	0.1	....	0.1	0.0	1.9	0.0
Congo, Republic of	634	0.1	0.1	0.0	0.1	....	....	....	....	0.0	....	0.0	0.0
Côte d'Ivoire	662	0.2	....	3.6	0.4	0.2	0.3	0.0	0.0	0.0	0.0	0.0	0.0
Equatorial Guinea	642	....	....	....	0.0	....	....	0.0	1.0	....	0.0	0.0	....
Gabon	646	0.2	1.0	0.5	0.1	0.4	0.1	0.0	0.0	0.0	0.0	0.0	0.0
Gambia, The	648	....	....	....	....	....	....	0.0	0.1	0.0	....	0.0	0.0
Ghana	652	0.3	0.6	1.0	0.1	0.3	0.9	0.0	0.0	....	0.0	....	0.0
Kenya	664	0.0	0.1	0.1	0.1	0.1	0.0	0.2	0.1	0.1	0.1	0.1	0.1
Madagascar	674	....	....	....	....	0.0	0.0	0.1	0.1	0.1	0.1	0.1	0.1
Malawi	676	0.1	2.5	0.0	....	....	....	0.3	0.2	0.6	0.6	0.2	0.1
Mali	678	0.0	....	0.0	0.0	0.1	....	....	....	0.0	....	0.0	0.0
Mauritius	684	0.0	0.0	0.1	0.0	....	0.0	0.1	0.2	0.1	0.1	2.1	0.1
Mozambique	688	0.9	0.0	0.2	0.1	....	0.0	0.1	0.2	0.9	0.7	0.2	0.3
Nigeria	694	0.5	0.4	0.7	0.2	0.2	0.4	....	0.0	0.0	0.0	0.0	0.0
São Tomé & Príncipe	716	....	0.1	....	....	....	....	....	....	....	....	....	....
Senegal	722	....	....	0.1	0.0	....	....	0.0	0.0	0.0	0.0	0.0	0.0
Seychelles	718	....	....	....	0.0	....	....	0.1	0.1	....	0.1	0.2	0.0
Sierra Leone	724	....	0.1	0.3	0.0	0.1	0.0	....	0.0	0.0	0.0	0.0	0.0
South Africa	199	2.6	1.9	1.8	2.4	3.3	2.0	1.7	2.9	7.7	7.0	6.2	6.5
Swaziland	734	....	....	....	....	....	....	0.1	0.0	0.1	0.0	0.0	0.0
Tanzania	738	0.1	0.0	0.0	0.2	0.1	0.4	0.0	0.0	0.0	0.0	0.0	0.0
Togo	742	0.0	....	0.0	....	0.1	0.0	....	....	0.0	0.0	0.0	0.0
Uganda	746	0.1	0.0	0.0	0.0	0.0	0.1	0.0	0.0	0.0	0.0	0.0	0.0
Zambia	754	0.1	0.1	0.0	0.0	0.1	0.0	2.9	0.0	0.0	0.0	0.0	0.0
Western Hemisphere	205	3,111.4	3,266.7	3,144.6	3,182.2	3,192.4	3,165.9	3,738.5	3,842.7	3,978.9	3,663.5	3,513.5	3,455.9
Antigua and Barbuda	311	1.0	0.4	0.4	0.4	0.4	0.5	0.0	0.0	0.1	0.0	0.0	....
Argentina	213	24.1	11.7	6.9	5.8	9.7	7.6	72.5	92.1	165.4	64.4	61.4	62.2
Aruba	314	6.2	13.7	18.1	21.6	21.2	19.4	6.5	0.3	4.8	0.1	0.0	0.0
Bahamas, The	313	15.2	15.4	7.5	9.8	6.8	6.7	4.7	2.1	1.6	0.2	0.0	8.9
Barbados	316	12.1	9.3	8.2	10.0	7.7	9.0	0.1	0.2	0.1	0.3	0.3	0.1
Belize	339	9.2	11.5	13.1	11.9	11.8	10.8	19.8	2.0	0.5	0.6	0.6	0.2
Bermuda	319	1.8	0.4	0.3	0.4	0.3	0.3	0.0	0.0	0.0	0.0	0.0	0.0
Bolivia	218	1.3	1.5	1.9	1.7	1.3	2.2	2.6	4.6	3.3	2.6	1.2	1.1
Brazil	223	33.2	30.9	32.5	26.6	21.1	34.4	335.0	426.5	383.4	272.7	296.0	330.2
Chile	228	23.6	26.0	28.6	39.7	37.4	34.6	258.0	291.3	271.1	277.4	268.4	282.4
Colombia	233	47.9	63.1	71.4	79.8	71.8	70.2	455.7	326.8	358.5	316.7	307.0	292.9
Curaçao	354	....	....	....	....	2.2	1.5	....	....	....	....	1.9	0.5
Dominica	321	0.7	0.7	1.3	1.0	1.2	1.0	0.0	0.1	0.0	0.0	0.0	0.0
Dominican Republic	243	252.6	275.8	246.2	267.2	265.8	258.9	42.0	38.7	30.3	49.5	37.2	37.9
Ecuador	248	38.2	49.4	55.1	53.6	43.9	36.2	20.3	26.8	38.8	33.3	33.7	27.8
El Salvador	253	288.0	304.0	311.7	284.8	285.4	274.2	196.4	221.4	248.7	221.7	235.0	236.2
Greenland	326	....	....	0.1	....	....	....	0.0	0.0	0.0	0.0	0.0	0.0
Grenada	328	0.7	0.8	0.7	0.7	0.6	1.1	0.0	0.0	0.0	0.0	0.4	0.0
Guatemala	258	409.6	432.8	451.0	465.5	523.9	516.3	383.8	406.9	387.4	409.0	399.2	416.8
Guyana	336	6.5	7.5	8.5	15.1	11.4	15.0	0.4	0.7	1.0	0.1	0.3	0.3
Haiti	263	11.1	14.7	17.5	16.9	19.0	16.3	0.9	1.7	0.7	0.6	0.1	0.2
Honduras	268	339.4	349.3	322.8	319.4	332.8	334.8	139.0	140.5	127.7	108.5	103.5	106.1
Jamaica	343	54.6	58.2	50.1	47.7	45.7	51.1	1.9	1.2	1.8	1.0	1.3	1.4
Mexico	273	317.1	321.3	255.3	261.9	239.5	257.2	1,091.5	1,165.5	1,155.0	1,147.1	1,153.3	1,066.2
Netherlands Antilles	353	41.9	4.8	1.4	1.9	....	1.7	75.9	0.1	3.8	3.4	....	0.0
Nicaragua	278	457.5	502.4	498.3	498.0	522.7	517.3	122.3	105.7	141.9	155.2	129.8	141.7
Panama	283	567.6	584.8	580.1	593.2	558.6	561.0	289.4	384.5	342.6	355.6	285.6	290.4
Paraguay	288	0.8	0.7	1.1	1.1	1.7	1.7	1.6	1.3	75.9	54.1	5.7	23.0
Peru	293	15.7	18.2	15.7	16.4	18.2	19.4	50.8	46.2	44.8	52.1	57.3	61.1
St. Kitts and Nevis	361	0.6	0.6	0.2	0.2	0.2	0.2	0.0	....	....	0.0	0.0	....
St. Lucia	362	2.3	2.2	2.9	2.6	1.6	2.1	0.0	0.0	0.0	0.0	0.0	0.0
St. Vincent & Grens.	364	0.3	0.5	0.3	0.9	1.2	1.2	0.0	....	0.0	0.0	....	....
Suriname	366	8.0	8.3	7.5	9.1	10.2	8.0	0.0	0.0	0.1	0.0	0.4	0.0
Trinidad and Tobago	369	57.7	61.3	56.5	59.5	61.7	59.4	98.6	101.2	119.0	68.3	44.2	15.9

Costa Rica (238)

In Millions of U.S. Dollars

		Exports (FOB)						Imports (CIF)					
		2011	2012	2013	2014	2015	2016	2011	2012	2013	2014	2015	2016
Uruguay	298	3.9	1.3	1.4	2.3	1.9	1.2	15.0	12.7	23.3	25.7	24.0	30.9
Venezuela, Rep. Bol.	299	59.8	82.8	68.8	55.0	52.3	32.5	47.7	40.1	46.9	42.4	65.0	18.9
Western Hem. n.s.	399	1.6	0.3	1.1	0.4	1.1	0.5	6.0	1.3	0.4	0.8	0.4	2.4
Other Countries n.i.e	910	**24.4**	**26.7**	**32.7**	**38.0**	**29.4**	**32.4**	**4.1**	**14.3**	**8.9**	**4.6**	**3.0**	**1.7**
Cuba	928	24.4	26.7	32.6	37.4	29.3	32.4	0.8	8.8	5.5	1.0	0.6	0.3
Korea, Dem. People's Rep.	954	....	0.0	0.1	0.5	0.1	0.0	3.3	5.5	3.4	3.6	2.3	1.4
Countries & Areas n.s.	898	....	9.3	0.1	7.7	....	....	271.7	374.7	0.0	461.6	356.2	476.2
Memorandum Items													
Africa	605	14.3	11.1	21.5	10.5	12.8	11.2	75.8	16.7	24.0	14.4	15.1	14.0
Middle East	405	10.5	19.6	27.7	23.5	18.7	17.2	20.2	23.2	24.7	18.2	19.5	17.2
European Union	998	1,859.8	2,063.5	2,031.1	1,975.2	1,798.7	2,078.0	1,235.3	1,234.0	1,345.2	1,415.4	1,444.4	1,478.4
Export earnings: fuel	080	245.5	327.1	304.2	292.1	267.5	238.8	755.7	576.9	618.6	513.9	509.0	420.3
Export earnings: nonfuel	092	10,167.0	11,130.3	11,184.2	10,959.7	9,301.0	9,675.5	15,464.6	16,995.2	17,507.8	16,669.9	15,117.2	14,947.3

Cote d'Ivoire (662)
In Millions of U.S. Dollars

		Exports (FOB) 2011	2012	2013	2014	2015	2016	Imports (CIF) 2011	2012	2013	2014	2015	2016
IFS World		....	....	....	....	....	....	....	....	....	....	....	....
World	001	11,076.4	10,861.8	13,750.3	12,809.4	11,947.8	11,846.4	6,702.4	9,969.7	12,721.3	11,069.6	9,577.4	9,208.3
Advanced Economies	110	6,173.2	5,453.1	6,019.6	6,254.1	6,499.2	6,077.5	2,205.9	3,224.5	3,687.3	3,904.7	4,125.2	4,037.5
Euro Area	163	3,858.7	3,428.9	4,107.8	4,062.5	4,563.4	4,279.6	1,583.7	2,153.7	2,593.1	2,639.1	2,797.9	2,727.6
Austria	122	0.1	0.0	0.1	0.1	0.1	0.1	8.1	8.9	14.6	9.1	10.5	11.2
Belgium	124	361.7	433.2	535.0	561.4	775.0	713.2	81.5	131.8	170.6	141.3	175.4	184.0
Cyprus	423	0.7	0.3	0.1	0.4	0.2	0.2	0.1	0.2	0.1	0.0	0.1	0.1
Estonia	939	176.1	175.9	176.9	173.2	158.9	161.5	0.2	3.3	1.2	0.6	0.8	0.9
Finland	172	2.2	0.7	0.5	0.9	1.0	0.8	6.6	10.0	12.5	11.8	12.0	11.7
France	132	633.4	492.7	847.2	803.6	762.2	816.6	791.3	1,099.9	1,374.7	1,363.1	1,311.6	1,275.9
Germany	134	815.5	817.8	801.3	538.9	721.4	585.2	183.3	238.2	268.3	304.5	240.7	227.3
Greece	174	23.1	29.4	27.5	23.3	15.5	16.7	10.4	23.4	27.7	13.3	12.9	11.7
Ireland	178	2.2	1.6	1.0	55.4	70.6	78.7	28.5	42.6	39.1	30.4	30.2	30.6
Italy	136	313.0	241.9	232.3	315.0	286.3	240.6	155.4	181.0	166.7	234.7	379.4	330.9
Latvia	941	0.1	....	2.4	....	....	....	0.6	0.6	25.1	0.2	0.1	0.1
Lithuania	946	26.3	19.5	12.2	18.0	5.5	5.9	0.2	6.9	5.8	1.8	0.6	0.7
Luxembourg	137	0.4	0.6	0.8	1.1	0.9	0.9	1.7	2.7	6.3	6.4	5.3	5.7
Malta	181	0.5	23.1	37.7	0.5	0.3	0.3	0.0	0.2	0.7	0.1	0.3	0.2
Netherlands	138	1,300.9	950.4	1,163.0	1,292.3	1,427.7	1,307.8	134.8	192.3	249.5	243.5	272.6	282.5
Portugal	182	14.0	18.8	21.9	27.0	25.1	23.6	27.0	28.2	22.8	40.7	45.0	49.5
Slovak Republic	936	....	....	0.0	....	0.0	0.0	3.6	3.9	2.5	4.0	3.1	3.2
Slovenia	961	6.6	13.0	11.3	6.0	8.5	10.1	0.5	1.3	0.7	1.7	1.3	1.4
Spain	184	181.8	209.8	236.6	245.4	304.1	317.4	149.8	178.3	204.3	231.9	295.8	299.7
Australia	193	8.2	7.4	8.5	17.4	12.3	11.3	19.4	17.7	32.6	13.9	21.3	20.2
Canada	156	635.9	459.1	423.3	357.5	129.8	138.6	20.3	30.7	26.7	31.1	24.3	25.6
China,P.R.: Hong Kong	532	0.1	0.3	1.8	0.3	0.2	0.2	1.0	4.1	4.9	6.2	9.6	10.2
Czech Republic	935	10.8	10.0	6.5	19.0	7.1	7.6	9.1	16.2	18.8	15.8	19.1	19.0
Denmark	128	1.5	1.0	0.5	1.4	0.5	0.6	11.4	8.2	14.9	14.4	14.3	13.7
Iceland	176	....	0.0	0.0	0.0	6.6	6.6	0.1	0.5	0.8	3.6	2.8	2.8
Israel	436	5.4	6.5	7.7	8.4	10.9	10.4	5.9	9.7	17.4	22.8	32.5	30.4
Japan	158	3.0	9.7	6.3	8.3	5.8	5.5	137.2	189.3	199.9	194.2	209.6	213.6
Korea, Republic of	542	0.9	0.4	0.7	7.3	10.4	11.6	87.9	123.6	140.0	226.5	142.2	138.8
New Zealand	196	0.1	0.0	0.1	0.7	0.3	0.4	9.3	11.2	7.5	10.6	15.4	16.6
Norway	142	4.0	79.9	5.2	4.7	14.4	15.8	4.1	9.9	6.4	9.5	14.4	15.5
Singapore	576	19.7	10.6	9.3	9.3	14.7	15.7	12.3	112.0	11.7	22.6	48.5	50.0
Sweden	144	8.0	19.8	0.6	22.2	0.5	0.3	37.6	57.7	58.0	53.0	32.0	32.0
Switzerland	146	163.8	268.8	252.3	405.3	459.9	495.1	48.6	36.2	44.9	38.5	36.9	35.9
Taiwan Prov.of China	528	5.7	6.6	4.4	6.0	10.2	10.8	17.1	19.3	17.6	30.1	45.2	44.2
United Kingdom	112	125.8	260.6	246.4	228.4	290.1	212.0	73.5	170.7	181.5	190.9	241.8	253.1
United States	111	1,321.6	883.5	938.5	1,095.1	962.1	855.4	127.1	254.0	310.6	382.0	417.4	388.5
Emerg. & Dev. Economies	200	4,837.7	5,294.4	7,620.3	6,426.2	5,248.2	5,554.9	4,331.4	6,454.4	9,011.7	6,860.7	5,131.7	4,857.7
Emerg. & Dev. Asia	505	968.3	1,007.1	1,062.4	1,556.0	1,360.5	1,586.5	1,343.7	1,957.4	2,394.1	2,121.6	2,073.1	2,026.6
Bangladesh	513	0.7	11.6	28.6	45.6	40.0	46.1	3.4	24.9	21.4	10.6	14.1	16.0
Cambodia	522	0.2	0.0	0.0	0.0	....	....	0.8	2.7	2.3	1.0	1.4	1.5
China,P.R.: Mainland	924	117.5	109.3	152.4	143.6	95.2	100.7	457.0	713.5	1,460.9	976.7	1,113.8	1,139.2
India	534	284.0	356.3	251.1	547.4	495.7	630.0	178.5	389.3	324.0	555.5	365.7	321.7
Indonesia	536	47.6	65.2	79.7	231.1	73.6	33.8	27.0	85.4	43.9	87.6	79.6	82.1
Kiribati	826	0.2	0.5	0.0	0.1	0.0	0.0	....	....	....	....	....	....
Lao People's Dem.Rep	544	....	....	....	....	....	....	0.2	0.1	0.0	0.1	0.0	0.0
Malaysia	548	389.7	338.9	354.9	359.3	282.6	304.8	66.5	52.8	85.8	47.7	68.3	72.6
Maldives	556	....	....	....	....	....	....	....	....	....	0.1	....	....
Marshall Islands	867	....	....	....	....	0.4	0.5	....	....	....	....	0.0	0.0
Mongolia	948	....	....	0.0	....	....	....	....	....	....	....	0.9	0.9
Myanmar	518	....	0.5	....	....	....	....	59.3	51.6	10.8	30.7	12.6	5.6
Nepal	558	....	....	0.0	....	....	....	0.1	....	....	0.1	0.0	0.0
Palau	565	....	....	....	....	0.1	0.2	....	....	....	....	....	....
Papua New Guinea	853	....	....	....	....	....	....	....	....	0.1	0.0	....	....
Philippines	566	0.5	2.5	4.5	4.5	0.7	0.8	5.9	4.4	6.3	3.2	3.3	3.4
Sri Lanka	524	0.4	0.4	0.0	0.3	1.1	1.3	1.0	1.6	2.2	1.9	1.6	1.6
Thailand	578	10.7	8.7	15.2	15.4	12.1	12.9	343.4	287.5	262.1	240.8	229.7	197.0

Cote d'Ivoire (662)

In Millions of U.S. Dollars

		Exports (FOB)						Imports (CIF)					
		2011	2012	2013	2014	2015	2016	2011	2012	2013	2014	2015	2016
Tuvalu	869	....	0.0	....	0.2	0.1	0.1	....	....	....	....	....	....
Vanuatu	846	0.3	0.9	1.4	1.5	1.7	1.4	....	120.4	....	....	0.0	0.0
Vietnam	582	115.4	111.9	174.4	203.4	352.2	448.6	200.5	223.0	174.1	165.8	159.7	162.5
Asia n.s.	598	0.9	0.4	0.2	3.7	5.0	5.3	....	0.1	0.0	0.0	22.5	22.5
Europe	170	**302.1**	**268.7**	**304.7**	**407.5**	**382.4**	**387.9**	**173.8**	**212.9**	**255.4**	**259.0**	**276.0**	**287.7**
Emerg. & Dev. Europe	903	**278.3**	**256.3**	**298.0**	**403.4**	**377.1**	**382.2**	**105.8**	**128.8**	**139.2**	**155.1**	**180.4**	**180.0**
Albania	914	0.1	0.2	0.2	0.1	0.2	0.2	0.1	0.1	0.2	0.2	0.4	0.4
Bosnia and Herzegovina	963	....	....	....	....	0.0	0.0	0.1	0.1	0.0	0.0	0.1	0.1
Bulgaria	918	3.7	2.8	2.9	29.0	20.7	26.8	1.1	2.1	1.4	2.6	1.5	1.8
Croatia	960	1.2	2.3	1.7	0.7	0.7	0.7	7.3	7.5	5.3	1.8	9.9	8.5
Faroe Islands	816	....	....	....	....	0.1	0.1	1.6	1.5	5.0	3.2	1.7	1.7
Gibraltar	823	11.3	8.5	7.7	29.5	0.1	0.1	0.0	....	....	0.0	16.3	16.3
Hungary	944	....	....	0.4	0.4	0.0	0.0	5.4	5.3	10.8	8.1	12.4	13.5
Macedonia, FYR	962	....	....	....	0.0	....	....	0.0	0.0	0.3	0.1	0.3	0.3
Poland	964	140.0	119.3	146.2	152.9	117.5	97.2	21.5	26.0	28.8	29.2	25.4	24.8
Romania	968	13.3	11.0	8.0	9.1	6.7	4.1	8.2	12.7	15.3	21.9	11.6	11.3
Serbia, Republic of	942	....	....	....	....	0.6	0.7	....	....	....	....	0.5	0.6
Turkey	186	108.6	112.1	130.9	181.8	230.6	252.3	60.6	73.5	72.1	87.9	100.2	100.7
CIS	901	**23.7**	**12.5**	**6.7**	**4.0**	**5.3**	**5.7**	**68.0**	**84.1**	**116.2**	**103.9**	**95.6**	**107.7**
Belarus	913	5.5	4.3	2.1	....	....	....	16.6	11.4	20.9	12.8	29.6	34.4
Georgia	915	....	0.3	....	0.3	2.6	2.6	0.1	0.0	0.0	0.0	0.1	0.1
Kazakhstan	916	....	....	....	....	....	....	0.1	0.1	0.1	....	0.0	0.0
Kyrgyz Republic	917	....	....	0.0	....	....	....	0.6	0.0	0.5	1.4	0.0	0.0
Moldova	921	....	....	0.0	....	....	....	0.6	0.5	0.3	0.6	0.5	0.5
Russian Federation	922	5.9	2.1	3.1	3.1	2.6	3.0	8.8	25.3	46.8	63.4	48.2	54.7
Ukraine	926	12.3	5.7	1.1	0.6	0.1	0.1	40.2	46.9	47.6	25.7	17.1	17.9
Uzbekistan	927	....	....	0.4	0.0	....	....	0.9	....	....	....	0.0	0.0
Europe n.s.	884	....	....	....	0.0	....	....	....	0.0	0.0	0.0	0.1	0.1
Mid East, N Africa, Pak	440	**92.5**	**195.7**	**202.0**	**180.0**	**133.9**	**144.1**	**506.7**	**442.2**	**496.8**	**660.6**	**645.4**	**640.8**
Afghanistan, I.R. of	512	....	0.0	0.0	0.0	....	....	0.0	....	0.0	0.2	0.0	0.0
Algeria	612	37.2	112.6	128.4	87.6	77.5	88.7	10.6	10.8	0.8	6.5	12.3	15.1
Bahrain, Kingdom of	419	0.7	0.5	1.2	1.9	0.4	0.4	0.1	0.0	0.0	0.2	0.6	0.6
Djibouti	611	1.1	2.3	0.1	0.1	0.2	0.2	....	....	0.0	....	0.0	0.0
Egypt	469	2.6	4.2	2.3	4.3	5.7	5.5	23.3	33.5	41.9	38.1	45.6	48.5
Iran, I.R. of	429	....	0.0	1.6	0.4	0.2	0.2	11.5	11.2	2.6	1.7	0.9	0.9
Jordan	439	0.4	0.2	0.5	10.1	0.1	0.1	2.5	2.1	4.2	3.3	1.8	1.7
Kuwait	443	0.0	0.0	0.1	2.8	0.0	0.0	4.7	7.8	3.0	0.4	3.1	3.1
Lebanon	446	4.4	17.7	3.6	6.1	4.6	4.6	15.6	23.4	28.6	27.3	22.8	22.3
Libya	672	0.1	0.6	0.7	0.1	0.0	0.0	0.0	0.1	0.3	2.2	4.2	5.2
Mauritania	682	7.2	11.5	11.0	9.6	7.8	8.2	178.4	120.4	81.2	143.5	86.5	79.4
Morocco	686	14.4	16.1	14.0	21.6	10.8	11.0	62.2	77.5	142.0	172.2	205.8	198.6
Oman	449	....	....	0.0	....	0.4	0.5	1.5	3.2	3.5	3.4	1.6	1.3
Pakistan	564	3.6	0.9	3.1	2.8	4.4	3.0	95.4	28.5	33.6	35.9	60.0	68.3
Qatar	453	0.8	1.2	0.5	0.9	0.5	0.5	13.2	16.6	22.6	28.4	31.0	32.6
Saudi Arabia	456	1.2	3.9	4.3	2.5	0.7	0.8	37.9	39.1	51.7	93.4	78.2	76.6
Somalia	726	....	....	....	0.0	....	....	....	....	....	0.2	3.2	3.4
Sudan	732	0.0	0.0	0.1	7.3	0.2	0.3	3.7	0.4	0.0	0.0	....	....
Syrian Arab Republic	463	1.7	1.0	0.0	0.1	0.3	0.3	2.0	1.6	0.4	0.2	0.1	0.1
Tunisia	744	10.0	11.7	22.3	8.7	5.0	5.5	22.2	32.5	33.8	53.5	40.8	38.0
United Arab Emirates	466	7.1	11.1	8.2	12.9	15.0	14.2	21.4	33.1	46.0	50.1	46.9	45.2
Yemen, Republic of	474	....	....	0.0	0.0	0.0	0.0	0.3	0.5	0.7	....	0.1	0.1
Middle East n.s.	489	....	....	....	....	....	....	0.2	0.0	....	....	....	....
Sub-Saharan Africa	603	**3,251.8**	**3,623.6**	**5,936.6**	**4,104.8**	**3,194.0**	**3,242.4**	**1,906.4**	**2,920.6**	**4,086.0**	**2,875.4**	**1,845.8**	**1,586.5**
Angola	614	41.1	81.4	10.8	11.5	18.8	20.6	3.7	7.0	645.4	10.9	15.3	18.7
Benin	638	98.0	138.0	67.4	71.3	66.6	66.1	9.7	13.6	13.1	12.3	8.5	8.8
Burkina Faso	748	344.4	379.8	485.0	575.6	535.3	537.2	4.0	23.7	32.3	16.5	6.1	6.0
Burundi	618	0.2	0.3	0.0	0.0	....	....	....	0.0	....	0.0	0.0	0.0
Cabo Verde	624	0.2	2.1	0.2	8.4	0.3	0.3	....	....	0.0	....	0.0	0.0
Cameroon	622	27.1	125.0	149.2	134.0	81.9	59.3	2.2	3.3	4.4	1.7	7.6	8.6
Central African Rep.	626	2.5	2.4	3.3	3.6	2.6	2.6	....	0.0	0.0	0.0	0.0	0.0

Cote d'Ivoire (662)

In Millions of U.S. Dollars

		Exports (FOB)						Imports (CIF)					
		2011	2012	2013	2014	2015	2016	2011	2012	2013	2014	2015	2016
Chad	628	6.4	4.7	9.6	5.2	5.3	5.7	5.6	0.0	0.0	0.0	0.0	0.0
Comoros	632	....	0.2	....	0.3	0.0	0.0	....	....	0.0	0.0	....	....
Congo, Dem. Rep. of	636	35.8	52.6	110.3	124.6	53.7	57.4	0.5	0.8	0.2	0.2	0.2	0.2
Congo, Republic of	634	34.6	24.8	67.9	67.5	43.7	46.7	21.7	28.7	0.3	0.8	2.1	2.1
Equatorial Guinea	642	122.8	110.8	97.7	105.9	54.1	52.1	32.1	23.5	88.3	58.5	36.2	35.4
Eritrea	643	....	0.0	....	0.1	0.2	0.2	....	....	0.1	0.0	0.0	0.0
Ethiopia	644	0.0	1.3	0.2	0.1	0.8	0.8	0.0	0.1	0.0	0.2	0.5	0.5
Gabon	646	16.1	33.5	911.9	19.1	20.9	23.5	1.8	0.4	2.3	1.3	2.0	2.2
Gambia, The	648	27.1	19.7	15.7	13.5	6.4	6.6	....	0.0	0.1	0.2	0.1	0.1
Ghana	652	303.4	429.4	1,899.7	460.5	461.3	471.1	20.4	58.0	77.2	67.6	54.0	46.7
Guinea	656	58.5	89.4	91.3	56.0	28.8	21.1	16.6	0.2	44.1	2.4	2.4	3.0
Guinea-Bissau	654	0.8	0.6	0.3	0.9	0.7	0.7	1.5	0.0	5.1	....	2.7	2.7
Kenya	664	1.8	2.8	1.7	1.7	3.3	3.7	2.0	2.4	1.3	1.7	1.7	1.8
Liberia	668	182.6	91.8	52.5	93.4	34.6	37.0	36.5	10.8	2.0	0.4	0.0	0.0
Madagascar	674	0.0	0.3	0.2	0.2	0.7	0.7	0.0	0.1	1.2	1.6	0.9	0.9
Malawi	676	0.1	0.2	2.7	....	....	....	9.4	1.6	1.3	1.0	0.0	0.0
Mali	678	242.6	294.9	365.2	369.4	487.6	546.5	0.4	10.4	8.0	6.2	3.2	3.2
Mauritius	684	1.5	0.5	0.5	3.1	3.3	1.7	2.1	1.1	1.2	1.3	0.7	0.7
Mozambique	688	0.5	0.4	0.9	1.1	1.0	1.0	....	....	0.1	0.0	0.3	0.3
Namibia	728	0.1	1.9	0.4	0.6	4.6	6.1	0.0	0.5	4.2	0.2	4.5	4.5
Niger	692	47.0	63.7	55.5	84.4	76.5	58.7	0.9	3.7	1.8	5.1	5.6	6.8
Nigeria	694	659.6	863.7	893.9	608.4	473.4	431.8	1,571.7	2,490.1	2,899.3	2,438.4	1,444.2	1,178.6
São Tomé & Príncipe	716	0.2	....	....	0.0	0.0	0.0	....	0.0	....	0.0	0.0	0.0
Senegal	722	172.2	219.1	134.4	150.2	116.5	111.7	67.8	68.8	97.4	95.6	122.1	130.1
Seychelles	718	0.0	0.1	0.0	0.1	....	....	0.0	0.0	0.1	0.0	0.4	0.4
Sierra Leone	724	60.6	56.8	32.0	22.9	43.7	49.5	0.5	2.6	0.3	0.0	2.1	2.6
South Africa	199	615.1	395.3	355.3	917.2	320.0	331.6	83.8	121.4	113.8	122.2	102.9	102.4
Swaziland	734	....	....	....	0.1	0.5	0.4	0.1	0.3	0.1	0.2	0.0	0.0
Tanzania	738	0.9	0.5	0.1	1.3	0.2	0.1	2.7	3.8	11.5	12.6	0.1	0.0
Togo	742	142.2	123.0	105.6	186.8	241.6	284.8	5.6	37.2	23.8	11.1	19.3	18.9
Uganda	746	3.8	2.0	2.1	4.3	3.1	3.3	2.7	3.6	0.1	0.0	0.0	0.0
Zambia	754	1.2	1.2	0.8	1.5	1.6	1.7	0.3	0.7	4.3	1.7	0.0	0.0
Zimbabwe	698	0.1	0.2	0.3	0.3	0.5	0.3	0.0	2.1	1.3	3.3	0.0	0.0
Africa n.s.	799	0.9	9.3	11.9	....	....	....	0.1	0.0	0.0	0.0	....	....
Western Hemisphere	205	**223.1**	**199.2**	**114.6**	**177.8**	**177.4**	**193.9**	**400.8**	**921.3**	**1,779.4**	**944.1**	**291.4**	**316.1**
Antigua and Barbuda	311	0.0	0.2	0.0	0.0	0.0	0.0	....	0.0	0.0	....	0.0	0.0
Argentina	213	2.6	2.0	1.9	1.1	1.5	1.9	23.3	41.7	11.8	13.7	34.0	36.6
Aruba	314	....	....	....	....	....	....	....	....	....	....	0.4	0.4
Bahamas, The	313	19.2	0.2	1.1	8.8	0.3	0.3	....	0.0	1,464.5	569.7	....	....
Barbados	316	0.1	0.1	0.1	0.2	0.1	0.1	....	0.0	1.1	....	....	....
Belize	339	0.1	0.1	0.2	0.0	0.7	0.9	8.9	11.8	20.0	8.5	23.9	24.4
Bolivia	218	....	....	....	....	....	....	0.1	0.0	0.0	0.0	0.2	0.2
Brazil	223	129.4	126.7	31.2	58.6	60.8	68.8	87.2	88.9	81.2	72.5	42.1	43.2
Chile	228	....	....	....	0.3	2.5	2.6	2.2	3.0	1.1	1.3	0.7	0.7
Colombia	233	0.1	0.0	0.1	8.4	24.3	26.0	257.1	361.0	166.6	195.0	144.6	164.6
Costa Rica	238	....	0.0	0.1	....	0.0	0.0	0.5	0.2	0.3	0.6	0.2	0.2
Curaçao	354	....	....	....	....	0.2	0.2	....	....	....	....	4.6	5.4
Dominican Republic	243	1.4	0.5	2.6	1.9	1.3	1.5	0.4	0.0	0.0	0.2	0.1	0.1
Ecuador	248	1.4	1.2	2.7	2.0	0.8	0.8	0.2	3.3	1.1	63.1	0.8	0.6
El Salvador	253	....	....	0.1	....	....	....	0.0	0.0	0.1	0.0	....	....
Falkland Islands	323	....	....	....	....	5.1	6.1	....	0.0	....	0.0	0.0	0.0
Greenland	326	....	....	....	....	....	....	....	0.0	....	....	0.3	0.3
Guatemala	258	....	....	....	....	0.0	0.0	0.0	0.0	7.0	0.0	0.5	0.4
Haiti	263	0.2	0.3	0.3	1.3	0.8	0.9	....	0.0	0.0	0.0	0.0	0.0
Honduras	268	....	....	....	....	....	....	0.0	0.0	0.0	0.0	0.2	0.2
Jamaica	343	0.3	0.3	0.1	0.2	0.2	0.1	....	0.0	....	....	0.0	0.0
Mexico	273	66.8	64.2	70.6	82.8	73.2	77.8	3.6	7.0	11.0	12.5	10.4	10.2
Netherlands Antilles	353	0.1	0.0	0.2	7.6	....	....	....	0.0	....	....	....	....
Panama	283	0.3	1.6	0.8	1.7	0.4	0.3	....	0.1	0.0	0.1	0.1	0.1
Paraguay	288	....	....	....	....	....	....	0.3	0.6	3.6	5.2	1.0	1.0

Cote d'Ivoire (662)

In Millions of U.S. Dollars

		Exports (FOB)						Imports (CIF)					
		2011	2012	2013	2014	2015	2016	2011	2012	2013	2014	2015	2016
Peru	293	0.6	0.6	0.4	0.6	0.5	0.6	1.1	3.8	0.3	0.4	0.2	0.1
St. Vincent & Grens.	364	0.3	0.7	1.7	2.4	4.3	4.7	....	....	....	....	0.0	0.0
Trinidad and Tobago	369	....	....	....	0.0	0.1	0.1	8.1	7.5	3.6	0.0	8.2	8.2
Uruguay	298	0.1	0.2	0.1	0.0	0.1	0.1	7.9	2.1	5.8	1.1	3.1	3.2
Venezuela, Rep. Bol.	299	0.1	0.0	0.1	....	0.1	0.1	....	0.0	0.0	0.0	15.8	15.8
Western Hem. n.s.	399	0.2	0.3	0.0	....	....	....	0.0	390.2	0.3	0.1	0.0	0.0
Other Countries n.i.e	910	0.0	0.0	....	....	0.6	0.7	3.3	0.7	0.6	0.6	0.4	0.5
Cuba	928	....	....	....	....	0.1	0.2	0.1	0.0	0.0	0.0	0.0	0.0
Korea, Dem. People's Rep.	954	0.0	0.0	....	....	0.5	0.5	3.2	0.7	0.5	0.5	0.4	0.5
Special Categories	899	0.0	0.0	8.0	7.5	13.9	14.9	0.0	....	2.7	3.9	1.4	0.6
Countries & Areas n.s.	898	65.5	114.3	102.4	121.7	185.9	198.5	161.8	290.2	19.0	299.7	318.7	311.8
Memorandum Items													
Africa	605	3,321.7	3,777.9	6,112.4	4,239.8	3,295.5	3,356.3	2,183.4	3,162.2	4,343.8	3,251.3	2,194.5	1,920.9
Middle East	405	19.0	40.5	23.1	42.3	27.9	27.2	134.3	172.1	205.4	248.6	236.8	238.1
European Union	998	4,162.9	3,855.8	4,520.9	4,525.6	5,007.2	4,629.0	1,758.9	2,460.0	2,927.9	2,976.6	3,165.9	3,105.4
Export earnings: fuel	080	935.2	1,252.2	2,142.9	940.4	738.9	715.8	2,012.1	3,069.4	3,984.9	3,017.6	1,896.5	1,661.9
Export earnings: nonfuel	092	10,141.2	9,609.5	11,607.4	11,869.0	11,208.9	11,130.6	4,690.3	6,900.3	8,736.4	8,052.0	7,680.9	7,546.4

Croatia (960)

In Millions of U.S. Dollars

		Exports (FOB)						Imports (CIF)					
		2011	2012	2013	2014	2015	2016	2011	2012	2013	2014	2015	2016
IFS World		13,340.5	12,347.0	11,918.7	13,606.5	12,683.5	13,582.9	22,642.2	20,768.9	20,958.6	22,357.4	20,355.5	21,583.9
World	001	13,348.0	12,369.8	12,667.2	13,835.3	12,924.9	13,812.5	22,701.3	20,838.0	22,010.4	22,809.4	20,570.7	21,903.5
Advanced Economies	110	8,199.8	7,325.9	7,931.7	8,622.9	8,338.9	9,100.5	14,157.3	13,168.5	13,960.3	15,681.7	14,174.1	15,272.1
Euro Area	163	6,931.4	6,175.7	6,660.5	7,382.7	7,097.7	7,577.7	11,407.8	10,643.8	11,774.1	13,870.4	12,612.3	13,301.7
Austria	122	761.2	807.9	796.1	838.4	836.8	873.4	1,011.9	938.2	1,431.6	1,965.8	1,873.6	1,739.8
Belgium	124	122.0	136.7	115.5	183.6	169.5	144.9	273.0	280.8	297.3	382.7	359.4	410.7
Cyprus	423	20.2	13.9	10.5	13.7	13.0	16.0	11.4	18.7	13.8	15.8	9.5	9.9
Estonia	939	4.9	6.7	6.1	6.5	10.1	11.9	7.8	6.9	8.8	4.9	3.2	4.6
Finland	172	29.0	30.3	23.8	32.4	23.7	23.7	121.9	104.5	52.9	39.4	31.1	37.7
France	132	381.0	184.0	219.4	305.1	300.2	319.7	670.8	649.2	545.9	528.8	473.7	529.9
Germany	134	1,348.1	1,260.7	1,493.5	1,540.9	1,445.4	1,608.3	2,854.6	2,645.1	3,049.6	3,444.7	3,183.1	3,518.4
Greece	174	48.7	93.1	116.7	155.7	78.9	58.4	80.8	52.5	84.0	122.3	90.9	108.2
Ireland	178	8.6	10.0	13.1	17.8	26.4	37.4	96.3	94.1	77.5	54.1	54.1	63.8
Italy	136	2,105.2	1,892.9	1,851.0	1,911.9	1,710.5	1,862.9	3,729.6	3,515.1	3,215.5	3,245.9	2,695.8	2,755.6
Latvia	941	9.0	6.2	6.7	12.8	14.7	16.0	3.1	4.7	5.3	5.8	6.3	8.2
Lithuania	946	10.3	10.6	12.3	19.3	23.5	36.0	24.2	21.2	14.4	14.8	23.9	26.0
Luxembourg	137	334.5	109.2	103.9	22.2	79.2	7.2	13.0	10.2	19.9	19.4	11.0	13.7
Malta	181	252.7	157.8	139.9	105.5	66.2	30.3	53.8	55.7	7.2	5.3	2.1	8.1
Netherlands	138	179.3	207.3	184.0	218.6	260.5	358.3	438.9	434.1	593.4	783.7	776.3	856.6
Portugal	182	14.8	7.2	14.0	55.4	53.6	56.2	38.0	34.0	27.0	21.6	17.5	26.8
Slovak Republic	936	123.3	123.3	171.5	201.5	195.4	194.8	210.2	201.7	273.2	381.3	386.0	357.7
Slovenia	961	1,105.4	1,064.2	1,308.8	1,563.0	1,570.0	1,703.0	1,411.0	1,218.1	1,707.5	2,463.2	2,186.1	2,385.0
Spain	184	73.2	53.7	73.6	178.7	220.1	219.4	357.7	358.9	349.1	371.0	428.7	441.2
Australia	193	19.6	25.1	16.2	14.8	17.6	26.3	8.0	5.6	5.5	3.4	2.6	1.6
Canada	156	16.0	65.9	43.9	33.3	31.1	41.3	33.1	32.4	47.0	15.9	13.3	13.3
China,P.R.: Hong Kong	532	4.3	5.1	5.8	9.5	8.7	35.8	15.5	12.6	9.8	11.3	3.8	6.3
China,P.R.: Macao	546	0.0	0.0	0.0	0.0	0.0	0.0	0.3	0.3	0.1	0.0	0.0	0.3
Czech Republic	935	131.5	134.5	175.9	211.1	165.9	195.7	437.6	376.7	516.0	526.9	432.3	458.9
Denmark	128	34.3	41.6	40.7	44.6	69.7	41.0	183.8	120.0	181.8	135.6	144.7	146.9
Iceland	176	0.7	2.5	1.4	0.8	1.3	3.2	5.1	5.2	3.3	1.9	1.5	0.6
Israel	436	10.7	9.4	22.8	35.6	69.4	64.1	42.6	43.1	30.9	21.2	15.5	18.4
Japan	158	74.4	66.0	58.9	48.0	49.5	35.7	235.0	182.1	119.6	26.6	29.0	36.0
Korea, Republic of	542	5.0	7.3	12.5	6.9	7.4	17.7	167.7	138.0	98.3	103.6	136.2	452.3
New Zealand	196	10.8	1.3	0.7	0.7	0.8	1.5	5.1	6.8	4.1	2.7	2.5	4.6
Norway	142	203.3	56.1	62.5	72.7	56.6	62.1	54.5	48.6	51.3	21.3	16.4	22.6
San Marino	135	0.1	0.1	0.1	0.0	0.0	0.0	1.2	1.4	0.5	0.1	0.3	0.5
Singapore	576	12.0	5.7	4.3	4.5	3.3	10.0	18.0	14.7	11.5	4.1	4.2	6.1
Sweden	144	63.7	59.7	76.9	100.0	77.9	139.5	183.8	221.6	163.4	152.7	120.2	145.1
Switzerland	146	124.7	104.3	146.9	162.9	148.0	147.1	398.2	465.9	244.8	248.4	184.4	185.3
Taiwan Prov.of China	528	2.4	10.7	4.7	4.9	7.1	6.5	101.1	80.2	58.1	43.4	41.4	28.3
United Kingdom	112	199.3	193.7	272.9	200.7	228.6	191.9	335.5	305.3	270.9	290.3	231.1	234.8
United States	111	355.5	361.4	324.2	289.2	298.4	503.3	523.1	464.4	369.0	201.8	182.4	208.6
Vatican	187	0.0	0.0	0.0	0.1	....	....	0.0	0.0	0.0	....	....	....
Emerg. & Dev. Economies	200	5,145.7	5,041.9	4,661.1	5,176.1	4,560.9	4,682.7	8,542.8	7,668.4	7,902.5	6,818.4	6,141.7	6,429.1
Emerg. & Dev. Asia	505	148.3	134.5	188.5	138.4	202.4	212.5	2,120.4	1,951.3	1,635.1	815.5	809.9	884.9
Bangladesh	513	4.1	3.8	5.1	7.3	6.5	5.4	61.2	66.8	44.0	15.2	14.3	14.6
Cambodia	522	0.0	0.0	0.0	0.0	0.0	....	7.5	12.1	10.6	5.8	5.4	6.4
China,P.R.: Mainland	924	54.5	45.8	76.2	67.7	77.8	84.3	1,602.9	1,487.2	1,260.2	587.8	581.7	659.7
Fiji	819	....	....	....	0.1	0.0	....	0.0	0.0	....	....	....	....
F.T. French Polynesia	887	0.0	0.0	0.0	0.0	0.0	0.0	0.1	0.0	0.0	0.0	....	....
F.T. New Caledonia	839	0.0	0.0	0.0	1.2	....	0.0	0.0	0.0	0.0	....	....	....
India	534	32.8	21.3	9.1	17.9	19.3	12.2	186.0	155.8	142.6	117.5	133.3	111.8
Indonesia	536	14.9	9.5	7.9	8.5	5.7	15.4	47.8	45.1	25.6	14.8	14.1	28.1
Kiribati	826	....	0.0	0.0	0.2	....	....	....	0.0	0.0	....	0.0	0.0
Lao People's Dem.Rep	544	....	....	0.0	0.0	0.0	0.0	0.4	0.5	0.2	0.0	0.0	0.0
Malaysia	548	1.2	3.5	4.1	2.8	4.6	15.2	73.0	50.3	33.0	14.4	11.7	10.9
Maldives	556	0.2	0.0	0.0	0.0	0.1	0.6	0.1	0.1	0.0	....	....	0.0
Marshall Islands	867	4.4	30.1	61.7	0.5	61.1	43.6	0.0	0.1	0.0	0.0	0.0	....
Micronesia	868	....	....	0.1	....	....	....	0.0	0.0	0.1	....	....	....
Mongolia	948	0.0	0.0	0.3	0.0	0.1	0.1	0.0	0.0	....	....	0.0	0.0

Croatia (960)

In Millions of U.S. Dollars

		Exports (FOB)						Imports (CIF)					
		2011	2012	2013	2014	2015	2016	2011	2012	2013	2014	2015	2016
Myanmar	518	1.8	0.9	0.1	0.7	0.9	0.4	1.0	0.9	0.4	1.5	1.0	1.4
Nepal	558	0.0	0.0	0.0	0.0	0.6	0.0	0.8	0.5	0.3	0.2	0.1	0.1
Papua New Guinea	853	0.0	0.0	....	....	0.1	0.0	0.1	0.2	0.1	0.1	0.2	0.3
Philippines	566	23.2	10.9	10.5	5.7	6.7	2.0	9.1	8.0	4.5	1.3	2.2	2.0
Solomon Islands	813	....	....	0.0	0.4	0.0	0.0	....	0.0	....	....	0.0	0.0
Sri Lanka	524	2.5	0.4	0.2	4.0	0.1	0.1	10.6	10.9	5.9	2.8	1.9	1.7
Thailand	578	4.6	3.0	3.7	6.4	2.5	6.8	60.2	48.4	42.2	25.8	20.3	20.2
Vietnam	582	3.9	5.2	9.5	14.8	16.4	26.3	59.5	64.3	65.5	28.2	23.8	27.6
Asia n.s.	598	0.0	0.1	0.0	0.0	0.0	0.0	0.1	0.0	0.0	0.0	....	0.0
Europe	170	3,909.4	3,934.6	3,787.0	4,320.1	3,680.7	3,749.4	5,727.3	5,017.0	5,634.1	5,460.5	4,765.3	4,900.3
Emerg. & Dev. Europe	903	3,488.7	3,365.5	3,318.2	3,774.2	3,354.7	3,445.1	3,166.0	2,909.6	3,335.6	3,854.7	3,857.4	4,183.8
Albania	914	59.5	74.7	71.5	78.8	79.0	56.8	4.7	5.4	4.6	3.7	3.9	5.4
Bosnia and Herzegovina	963	1,635.8	1,577.6	1,559.3	1,640.2	1,264.1	1,263.9	758.7	728.5	754.4	629.4	575.8	660.1
Bulgaria	918	37.7	38.9	50.1	59.5	75.2	77.0	142.1	114.5	76.6	124.0	106.3	186.4
Faroe Islands	816	0.5	0.0	....	0.0	0.0	0.0	0.1	0.1	0.0	....	....	....
Gibraltar	823	60.7	30.8	37.5	14.3	27.1	117.3	3.9	0.0	0.0	2.7	1.3	0.0
Hungary	944	335.2	313.2	306.2	476.4	460.9	522.7	681.4	636.3	1,066.1	1,492.5	1,589.6	1,551.5
Kosovo	967	88.1	87.7	91.7	93.5	75.2	74.7	3.8	2.8	3.2	3.2	3.5	2.8
Macedonia, FYR	962	133.6	124.8	126.7	138.8	125.1	135.7	167.6	111.3	105.1	93.4	82.7	90.9
Montenegro	943	120.0	188.0	141.3	171.6	147.7	158.8	5.0	59.5	5.8	12.1	4.7	5.6
Poland	964	143.8	126.3	143.5	187.2	196.4	185.2	472.6	434.3	491.4	564.1	577.4	667.0
Romania	968	109.6	112.8	110.0	116.0	145.6	121.8	185.8	179.6	169.4	188.2	176.5	166.8
Serbia, Republic of	942	521.4	537.4	507.6	676.8	626.6	581.1	400.2	362.2	395.4	485.9	484.9	574.8
Turkey	186	242.8	153.4	172.8	121.1	131.7	150.2	340.0	274.9	263.5	255.2	250.9	272.5
CIS	901	420.7	569.1	468.8	545.8	325.8	304.3	2,561.3	2,107.5	2,298.5	1,605.8	907.9	716.6
Armenia	911	0.8	0.3	0.6	1.0	2.7	19.7	1.5	1.4	0.3	0.1	0.1	0.1
Azerbaijan, Rep. of	912	4.1	59.8	5.0	15.1	5.7	1.6	795.9	423.7	291.0	338.0	389.8	241.6
Belarus	913	19.8	10.7	16.2	22.8	27.3	21.1	39.5	44.9	26.4	5.8	4.9	4.2
Georgia	915	8.1	1.8	10.8	8.6	0.9	1.7	0.5	0.3	0.6	0.4	0.1	0.1
Kazakhstan	916	15.7	15.0	23.4	35.5	13.5	9.8	4.6	4.3	447.9	68.0	0.1	93.1
Kyrgyz Republic	917	0.2	0.4	0.2	0.3	0.2	0.2	0.1	0.1	0.1	0.1	0.1	0.1
Moldova	921	2.4	1.6	2.7	3.6	1.9	4.0	5.3	4.3	2.9	2.4	1.6	2.3
Russian Federation	922	319.6	422.6	377.3	362.1	220.1	210.2	1,642.4	1,584.4	1,412.0	1,146.6	478.9	332.4
Tajikistan	923	0.2	0.1	0.2	0.1	0.0	0.0	0.2	2.5	0.3	0.1	0.0	....
Turkmenistan	925	0.7	0.4	0.3	39.7	39.3	2.3	0.2	0.0	0.1	....	....	....
Ukraine	926	47.5	53.2	30.1	56.9	13.2	33.2	69.9	40.9	116.3	44.2	32.2	42.6
Uzbekistan	927	1.5	3.0	1.8	0.2	0.8	0.4	1.2	0.4	0.6	0.0	0.1	0.1
Europe n.s.	884	....	....	....	0.0	0.2	....	0.0	0.0	0.0	0.0	0.0	0.0
Mid East, N Africa, Pak	440	543.6	581.9	495.8	534.9	508.4	606.6	252.4	164.5	228.6	236.9	329.6	446.6
Afghanistan, I.R. of	512	9.2	12.0	6.7	0.1	0.1	0.1	0.1	0.1	0.1	0.0	0.0	0.0
Algeria	612	43.4	50.3	19.7	62.0	48.1	47.2	8.6	7.6	3.7	3.9	5.9	4.4
Bahrain, Kingdom of	419	3.9	5.7	4.1	7.4	7.7	4.8	7.8	2.0	0.2	0.0	0.0	0.2
Djibouti	611	0.0	0.4	2.8	5.1	0.4	1.4	....	0.0	....	0.2	....	....
Egypt	469	97.0	84.1	63.8	115.0	141.4	144.8	15.3	11.6	11.2	11.7	13.4	49.6
Iran, I.R. of	429	4.2	25.7	14.2	11.2	3.7	4.4	36.5	2.3	1.2	1.1	0.7	0.6
Iraq	433	16.5	9.8	27.0	23.4	31.5	3.9	0.0	0.0	0.0	42.0	139.6	176.0
Jordan	439	0.5	7.9	45.8	3.5	6.3	7.8	0.5	0.3	0.2	1.8	0.2	4.3
Kuwait	443	0.8	0.8	3.9	4.5	10.4	13.4	4.0	3.9	1.2	0.0	0.0	0.0
Lebanon	446	12.8	83.8	37.8	56.0	63.8	69.0	1.1	0.0	0.2	0.3	0.1	0.1
Libya	672	35.8	30.1	39.6	29.3	20.5	11.1	4.5	3.4	73.0	68.9	30.1	86.6
Mauritania	682	1.5	0.0	0.0	0.0	0.1	0.0	0.1	0.0	0.1	....	....	0.0
Morocco	686	10.6	3.6	38.3	18.2	10.8	11.8	35.8	26.3	24.7	9.0	19.2	8.8
Oman	449	0.9	2.7	1.5	1.6	20.5	2.8	0.7	0.9	0.2	4.8	1.1	0.8
Pakistan	564	26.2	0.7	15.4	1.3	2.6	7.0	21.5	20.8	14.7	9.3	9.7	11.4
Qatar	453	51.1	28.4	28.4	26.3	23.4	55.9	1.8	5.1	6.1	5.0	3.7	5.6
Saudi Arabia	456	25.4	55.5	43.2	90.6	72.4	159.8	77.5	44.6	62.5	59.1	91.4	75.8
Somalia	726	....	0.2	....	0.0	1.8	1.4	0.0	0.0	0.0	....	....	....
Sudan	732	0.3	0.1	1.0	6.7	2.7	1.1	0.0	0.0	0.0	....	0.0	15.4
Syrian Arab Republic	463	3.3	0.4	10.8	0.2	0.6	0.2	3.3	7.1	0.1	....	....	0.0
Tunisia	744	92.0	158.7	37.8	30.3	4.6	10.1	21.3	20.8	14.4	8.4	5.8	3.0

Croatia (960)
In Millions of U.S. Dollars

		Exports (FOB)						Imports (CIF)					
		2011	2012	2013	2014	2015	2016	2011	2012	2013	2014	2015	2016
United Arab Emirates	466	107.1	20.9	54.1	41.9	34.9	48.1	12.1	7.8	14.8	11.4	8.8	3.7
West Bank and Gaza	487	....	0.0	....	0.0	0.1	0.3	0.0	0.0	0.0	....	....	0.0
Yemen, Republic of	474	1.0	0.0	0.1	0.1	0.2	0.5	....	0.0	0.0	0.0	....	....
Sub-Saharan Africa	603	**292.6**	**129.2**	**112.0**	**76.1**	**49.4**	**71.6**	**34.4**	**125.2**	**81.3**	**140.2**	**65.9**	**8.4**
Angola	614	0.0	0.3	0.5	16.2	0.2	0.1	0.0	0.0	0.0	....	....	0.0
Benin	638	0.0	0.2	0.4	0.0	0.0	0.1	0.0	0.0	0.0	0.1	....	....
Botswana	616	0.0	0.0	0.0	....	0.0	....	0.0	0.0	0.1	0.0	0.0	....
Burkina Faso	748	0.0	0.1	0.0	0.1	0.0	0.4	0.0	0.0	0.0	0.1	....	....
Cabo Verde	624	0.4	....	....	....	0.1	0.4	0.0	0.0	0.0	0.0	....	0.0
Cameroon	622	1.1	0.6	0.0	0.1	6.5	0.4	1.0	1.1	1.5	0.2	0.4	0.3
Central African Rep.	626	....	....	1.3	....	0.0	0.0	0.0	0.0	0.0	....	....	0.0
Comoros	632	....	....	0.0	0.0	0.1	....	0.0	0.0	0.0	....	....	0.0
Congo, Dem. Rep. of	636	1.1	0.0	0.3	0.0	0.0	0.6	0.0	0.0	0.0	0.0	0.0	....
Congo, Republic of	634	0.1	0.0	0.1	0.1	0.1	0.2	0.2	0.1	0.0	0.0	0.0	0.1
Côte d'Ivoire	662	0.0	1.7	1.6	1.6	5.9	0.6	1.1	0.8	0.4	0.0	0.1	0.2
Equatorial Guinea	642	0.3	0.4	0.4	0.0	0.1	0.0	0.0	0.0	....	....	....	....
Eritrea	643	2.4	0.0	0.0	0.0	0.1	1.0	0.0	0.0	0.0	....	0.0	0.0
Ethiopia	644	0.1	0.2	2.0	4.0	8.6	8.1	1.9	1.9	1.1	1.0	0.9	0.4
Gabon	646	0.1	0.1	0.1	0.2	0.3	0.2	0.1	0.1	0.0	0.0	0.0	0.0
Gambia, The	648	....	0.0	0.1	....	0.1	....	0.0	0.0	0.0	0.0	0.0	....
Ghana	652	0.9	0.5	0.5	0.7	0.3	0.3	8.6	6.9	3.0	0.1	0.0	0.1
Guinea	656	0.0	0.2	0.0	0.2	0.0	0.1	1.0	0.2	0.1	0.0	....	0.0
Guinea-Bissau	654	0.0	0.0	....	....	0.1	....	....	0.0	0.0	....	....	....
Kenya	664	0.2	0.3	8.0	0.5	2.7	6.6	1.0	0.7	0.4	0.1	0.0	0.1
Liberia	668	197.0	61.7	29.5	0.9	0.5	28.4	0.2	0.1	0.0	....	....	0.0
Madagascar	674	0.4	0.7	0.0	....	0.0	....	0.6	0.5	0.2	0.1	0.2	0.0
Malawi	676	0.0	0.0	0.0	0.0	....	....	0.0	2.3	0.7	0.0	0.8	0.0
Mali	678	0.0	0.0	0.2	0.0	0.0	0.3	0.0	0.0	0.1	0.0	0.0	0.0
Mauritius	684	3.4	1.0	0.4	0.8	0.4	0.1	1.4	1.1	0.7	0.5	0.4	0.5
Mozambique	688	8.8	9.9	3.6	0.3	0.4	0.3	0.0	0.0	0.0	0.1	1.5	1.1
Namibia	728	0.8	0.2	0.1	3.2	0.0	0.1	0.1	0.4	0.2	0.0	0.1	0.3
Niger	692	0.0	0.0	0.0	0.0	0.4	0.0	0.0	0.0	0.0	....	....	....
Nigeria	694	38.4	2.5	16.2	11.4	9.7	2.0	0.2	89.6	60.7	129.0	38.0	0.1
Rwanda	714	....	0.0	....	0.5	0.8	0.3	0.0	0.0	0.0	....	....	....
Senegal	722	0.0	0.1	0.1	0.1	0.4	0.0	0.9	1.8	0.2	0.0	0.0	0.0
Seychelles	718	0.1	0.5	0.0	0.4	0.4	0.1	0.0	0.0	0.0	1.7	0.0	....
Sierra Leone	724	5.4	2.6	1.7	0.1	0.0	0.3	0.0	0.0	0.0	0.0	0.0	....
South Africa	199	27.5	40.8	33.5	24.9	7.3	9.8	15.1	16.8	10.9	6.9	14.1	5.1
South Sudan, Rep. of	733	....	....	0.0	....	0.1	0.4	....	....	....	....	....	....
Swaziland	734	0.1	0.1	....	....	....	....	0.1	0.0	0.0	0.0	0.0	0.0
Tanzania	738	0.6	1.9	9.9	9.4	3.6	7.3	0.2	0.2	0.1	0.2	0.0	0.0
Togo	742	1.2	0.2	0.1	0.2	0.1	0.5	0.0	0.0	....	....	....	0.0
Uganda	746	0.0	0.0	0.0	0.0	0.0	0.0	0.3	0.3	0.8	0.1	0.0	0.0
Zambia	754	2.2	2.3	1.5	0.0	0.2	2.5	0.0	0.0	0.0	0.0	0.4	0.0
Zimbabwe	698	0.0	0.0	0.0	....	0.0	....	0.1	0.1	0.1	0.0	8.8	0.1
Western Hemisphere	205	**251.8**	**261.8**	**77.8**	**106.6**	**120.0**	**42.5**	**408.2**	**410.3**	**323.4**	**165.4**	**171.0**	**188.9**
Antigua and Barbuda	311	0.0	0.0	0.1	0.0	....	0.0	0.0	....	0.0	0.0	....	0.0
Argentina	213	2.0	2.8	1.7	0.6	1.4	2.5	15.7	15.9	56.8	26.5	38.9	23.5
Bahamas, The	313	0.0	8.1	0.0	0.1	0.0	0.4	0.0	8.0	0.0	0.0	0.0	0.0
Belize	339	1.0	1.0	1.8	1.4	0.5	....	0.0	0.0	1.8	0.0	....	....
Bermuda	319	56.0	....	0.0	0.0	....	0.0	0.0	0.0	0.0	0.0	0.0	0.0
Bolivia	218	0.4	0.1	0.0	0.1	0.0	0.0	0.2	0.2	0.1	0.0	0.1	0.1
Brazil	223	29.3	26.7	26.8	13.6	14.4	4.4	219.4	199.9	125.9	95.2	44.9	87.6
Chile	228	3.7	7.4	1.0	1.2	1.0	1.7	5.5	4.2	3.1	1.0	1.6	1.5
Colombia	233	2.0	0.6	26.6	54.2	38.2	2.3	68.2	46.1	60.8	6.5	14.6	22.0
Costa Rica	238	10.5	0.0	0.1	5.1	0.4	0.0	7.2	7.2	10.9	6.1	0.8	0.2
Curaçao	354	....	....	0.0	0.0	0.1	0.0	....	....	....	0.0	0.0	....
Dominica	321	....	....	....	0.0	....	0.0	1.9	1.5	0.8	....	....	....
Dominican Republic	243	0.1	0.0	0.1	0.0	0.0	0.1	1.8	1.6	1.2	0.1	0.1	0.1
Ecuador	248	0.0	0.0	0.3	0.6	2.4	0.2	37.0	35.6	27.0	18.7	14.7	17.6

Croatia (960)

In Millions of U.S. Dollars

		Exports (FOB)						Imports (CIF)					
		2011	2012	2013	2014	2015	2016	2011	2012	2013	2014	2015	2016
El Salvador	253	0.0	0.1	0.2	0.2	0.3	0.1	0.0	0.1	0.0	0.0	0.0	0.0
Falkland Islands	323	....	....	....	....	....	....	7.6	7.9	4.4	0.8	....	0.0
Greenland	326	2.3	0.0	....	....	....	....	....	....	....	....	....	....
Grenada	328	0.1	0.0	0.0	....	....	....	0.5	0.2	0.1	....	....	0.0
Guatemala	258	0.2	0.1	0.0	0.2	0.0	0.1	0.6	32.1	3.9	0.6	0.0	0.1
Guyana	336	....	0.0	....	....	0.0	....	0.1	0.0	1.3	1.3	1.1	1.5
Haiti	263	0.0	0.0	0.0	0.0	0.1	0.1	0.0	0.1	0.1	0.0	0.0	0.0
Honduras	268	0.0	0.0	....	....	0.0	....	2.1	1.5	2.3	0.0	0.1	0.3
Jamaica	343	0.2	0.1	0.0	0.0	0.0	0.1	0.1	0.2	0.1	0.0	0.0	....
Mexico	273	5.8	8.6	10.0	22.6	13.5	17.1	29.7	26.1	16.2	6.0	6.7	18.6
Netherlands Antilles	353	8.7	7.9	....	....	....	....	0.0	7.7	....	....	....	....
Nicaragua	278	2.4	0.0	....	0.0	0.0	....	0.2	0.1	0.0	0.0	0.0	0.0
Panama	283	63.4	0.5	1.7	1.9	0.3	1.0	1.7	5.8	3.1	0.4	0.0	0.1
Paraguay	288	....	0.0	0.0	0.0	0.0	0.0	0.3	0.1	0.1	....	....	0.0
Peru	293	2.3	4.1	3.7	1.8	0.3	5.3	2.0	1.9	1.5	0.3	0.3	0.3
Sint Maarten	352	....	....	....	0.0	0.1	0.0	....	....	....	....	....	0.0
St. Lucia	362	....	0.0	....	....	....	0.1	0.0	0.0	....	....	0.0	....
St. Vincent & Grens.	364	0.2	2.2	0.5	0.2	0.1	0.1	....	0.0	0.0	0.0	0.0	0.2
Suriname	366	0.2	0.0	0.1	0.1	....	0.0	0.0	0.0	0.0	....	0.0	0.0
Trinidad and Tobago	369	0.0	2.3	0.0	0.0	0.3	1.2	0.0	0.0	0.0	0.0	0.0	0.0
Uruguay	298	0.0	1.2	0.1	0.1	0.0	0.1	2.5	2.5	1.2	0.1	0.7	0.0
Venezuela, Rep. Bol.	299	0.0	0.4	0.1	0.2	0.0	1.9	0.5	3.8	0.3	0.0	0.0	1.7
Western Hem. n.s.	399	61.0	187.6	2.9	2.3	46.5	3.7	3.2	0.0	0.5	1.7	46.2	13.7
Other Countries n.i.e	910	2.5	2.0	2.5	1.6	1.9	2.6	1.1	1.1	1.0	20.5	47.2	10.7
Cuba	928	2.5	2.0	2.5	1.5	1.8	2.6	0.9	1.0	0.9	19.6	45.3	9.9
Korea, Dem. People's Rep.	954	0.0	0.0	....	0.1	0.1	....	0.2	0.1	0.1	0.9	2.0	0.8
Special Categories	899	....	....	35.2	10.2	11.1	8.3	....	....	....	0.0	....	....
Countries & Areas n.s.	898	....	....	36.7	24.5	12.0	18.4	....	....	146.7	288.8	207.6	191.7
Memorandum Items													
Africa	605	440.5	342.4	211.6	198.5	117.8	144.2	100.2	179.9	124.3	161.6	96.8	40.2
Middle East	405	360.2	355.9	374.2	411.2	437.1	526.7	165.1	88.9	170.8	206.2	289.0	403.5
European Union	998	7,986.6	7,196.3	7,836.6	8,778.2	8,517.9	9,052.5	14,030.6	13,032.0	14,709.8	17,344.9	15,990.4	16,859.1
Export earnings: fuel	080	671.6	734.5	685.9	833.9	603.2	584.3	2,703.1	2,265.5	2,462.7	1,903.1	1,217.4	1,062.5
Export earnings: nonfuel	092	12,676.4	11,635.3	11,981.3	13,001.4	12,321.6	13,228.3	19,998.2	18,572.5	19,547.7	20,906.3	19,353.2	20,841.0

2017, International Monetary Fund: *Direction of Trade Statistics Yearbook*

Cuba (928)

In Millions of U.S. Dollars

		Exports (FOB) 2011	2012	2013	2014	2015	2016	Imports (CIF) 2011	2012	2013	2014	2015	2016
IFS World													
World	001	1,805.2	1,685.3	2,071.0	1,902.9	1,627.9	1,365.3	7,325.9	7,703.0	8,382.6	7,210.4	8,469.5	8,257.9
Advanced Economies	110	747.1	707.4	1,039.9	587.6	511.9	475.1	3,622.5	3,750.4	3,899.5	3,414.3	3,469.5	3,268.4
Euro Area	163	531.0	548.5	761.5	391.6	380.2	354.6	2,223.3	2,331.3	2,576.8	2,226.2	2,432.9	2,293.6
Austria	122	2.6	4.4	3.0	3.3	1.7	1.6	18.2	13.3	26.3	13.7	17.1	15.5
Belgium	124	124.6	134.1	226.9	80.1	82.2	50.3	40.8	37.4	50.3	58.5	61.5	47.5
Cyprus	423	38.0	38.3	41.7	36.6	38.3	38.8	0.0	0.0	....	10.6	....	2.0
Estonia	939	11.0	12.1	16.5	10.5	10.5	10.5	1.4	1.6	1.3	2.5	2.0	4.5
Finland	172	0.0	0.1	34.3	29.8	21.6	0.0	5.1	7.9	7.3	2.6	8.1	14.2
France	132	18.7	49.9	35.5	19.3	25.5	29.0	416.7	419.8	481.2	309.8	242.5	211.3
Germany	134	25.3	37.6	57.3	30.0	27.5	38.3	233.4	251.2	263.9	272.6	305.0	283.3
Greece	174	0.1	0.2	0.2	0.2	0.2	0.2	1.2	1.0	1.7	1.9	2.4	8.4
Ireland	178	0.1	0.1	0.2	0.2	0.2	0.3	0.5	1.1	1.4	1.3	6.7	9.7
Italy	136	73.0	49.0	77.1	23.1	20.1	17.7	371.1	372.2	417.3	357.8	429.7	405.4
Latvia	941	....	....	....	....	....	....	0.0	1.3	0.0	0.0	0.1	0.0
Lithuania	946	....	....	....	....	....	....	6.0	11.4	12.5	33.7	7.5	2.0
Netherlands	138	11.9	13.7	8.4	7.3	7.4	3.2	71.0	78.7	74.7	73.3	86.3	91.0
Portugal	182	4.6	21.9	22.6	10.9	15.7	27.5	43.6	80.3	65.1	63.2	71.7	77.4
Slovak Republic	936	0.1	0.1	0.1	0.1	0.1	0.1	27.8	10.6	4.8	11.7	15.3	13.4
Slovenia	961	0.1	0.1	0.1	0.1	0.1	0.1	0.9	0.6	1.4	1.7	1.8	2.2
Spain	184	220.8	187.1	237.6	140.1	128.9	137.0	985.5	1,042.8	1,167.5	1,011.3	1,175.2	1,105.6
Australia	193	2.3	2.5	2.8	3.0	3.6	3.1	8.8	10.7	3.3	5.1	0.7	3.9
Canada	156	25.5	19.3	17.3	18.2	14.6	10.5	467.2	423.4	456.7	407.2	387.2	321.8
China,P.R.: Hong Kong	532	31.2	30.3	31.0	41.7	29.0	33.6	2.7	3.1	5.6	7.6	3.5	3.5
Czech Republic	935	0.9	1.4	1.8	1.0	1.5	1.4	81.5	59.7	38.1	37.6	42.4	26.9
Denmark	128	0.5	0.4	0.4	0.5	0.2	0.2	10.8	13.8	15.0	14.5	11.2	13.0
Iceland	176	....	0.0	....	0.0	0.0	....	1.0	2.6	1.3	0.9	0.7	1.9
Israel	436	1.5	1.5	1.5	1.5	1.5	1.5	21.0	21.0	21.0	21.0	21.0	21.0
Japan	158	8.9	9.2	9.2	11.7	11.9	9.9	46.1	32.2	44.6	56.9	51.1	64.4
Korea, Republic of	542	30.9	3.3	10.9	13.3	6.8	6.8	96.8	96.6	75.2	72.5	66.9	60.9
New Zealand	196	0.1	0.1	0.1	0.1	0.1	0.1	64.9	20.6	59.5	64.4	69.2	29.7
Norway	142	0.3	0.3	0.6	0.3	0.3	0.3	4.3	14.5	1.8	2.9	3.4	0.6
Singapore	576	....	....	....	....	....	....	18.5	1.8	0.9	0.6	0.8	0.3
Sweden	144	0.8	5.4	2.3	1.4	1.9	2.0	56.7	49.8	67.7	47.4	64.8	43.2
Switzerland	146	32.8	29.2	28.9	30.5	29.2	29.7	22.1	22.1	23.8	24.1	27.5	19.0
Taiwan Prov.of China	528	4.4 e	6.4 e	6.7 e	10.3 e	8.1 e	9.0 e	4.1 e	3.3 e	3.5 e	5.0 e	9.5 e	7.0 e
United Kingdom	112	75.9	49.1	164.8	62.4	23.0	12.2	27.1	48.4	43.7	36.7	45.5	40.7
United States	111	0.0	0.2	....	....	....	....	465.4	595.2	461.0	383.4	231.2	317.0
Vatican	187	....	....	....	....	....	....	0.1	0.1	0.1	0.1	0.1	0.1
Emerg. & Dev. Economies	200	1,057.9	977.9	1,030.9	1,315.2	1,115.9	890.2	3,692.3	3,940.8	4,470.4	3,785.2	4,986.6	4,976.7
Emerg. & Dev. Asia	505	50.6	42.5	34.6	67.7	28.1	23.9	1,738.0	1,908.8	2,210.6	1,729.8	2,893.4	2,794.5
Bangladesh	513	0.2	0.2	0.2	0.1	0.1	0.1	....	....	....	....	....	....
China,P.R.: Mainland	924	39.1	24.6	21.8	14.4	14.3	11.8	1,338.7	1,510.2	1,772.6	1,372.5	2,433.4	2,312.2
F.T. French Polynesia	887	0.0 e	0.1 e	0.1 e	0.1 e	0.1 e	0.1 e	0.1	0.1	0.1	0.1	0.1	0.1
India	534	0.0	0.1	0.0	0.0	0.0	0.0	58.0	53.4	55.4	55.3	80.4	59.8
Indonesia	536	7.0	6.6	5.7	7.2	7.3	7.4	56.6	46.4	49.3	10.0	21.9	79.3
Malaysia	548	0.8	7.8	3.0	42.1	3.5	1.3	19.1	17.8	25.3	22.3	30.9	30.8
Philippines	566	0.8	1.0	1.4	2.0	0.9	1.6	2.1	1.6	5.8	6.2	3.8	3.5
Sri Lanka	524	0.0	....	0.2	0.1	0.2	0.0	0.1	0.1	0.1	0.2	0.1	0.1
Thailand	578	0.4	0.4	0.4	0.4	0.4	0.5	5.5	2.2	2.9	6.3	7.3	7.1
Vietnam	582	2.1	1.8	1.9	1.3	1.3	0.9	238.9	256.5	277.2	238.0	292.4	279.4
Asia n.s.	598	....	....	....	....	....	....	19.0	20.3	21.9	18.8	23.0	22.0
Europe	170	153.6	180.3	168.1	585.0	480.9	352.8	287.6	312.7	486.5	453.8	393.2	457.5
Emerg. & Dev. Europe	903	18.5	50.7	48.6	50.3	58.8	32.3	52.2	57.5	43.5	63.2	83.9	86.2
Albania	914	....	....	....	....	....	1.2	0.0	0.0	0.0	0.0	0.0	0.0
Bosnia and Herzegovina	963	0.0 e	0.0 e	0.0 e	11.8 e	7.7 e	0.1 e	0.0	0.0	0.0	0.0	0.0	0.0
Bulgaria	918	0.0	0.2	0.4	0.1	0.2	0.0	16.0	16.6	5.1	2.8	2.5	4.4
Croatia	960	0.3	0.4	0.3	7.3	16.9	3.7	2.6	2.1	2.7	1.6	2.0	2.8
Hungary	944	0.0	0.0	0.1	0.1	0.0	0.1	3.0	1.8	2.2	1.7	1.7	2.6
Kosovo	967	0.1 e	0.1 e	0.1 e	0.1 e	0.1 e	0.0 e	....	....	....	....	....	....

Cuba (928)

In Millions of U.S. Dollars

		Exports (FOB)						Imports (CIF)					
		2011	2012	2013	2014	2015	2016	2011	2012	2013	2014	2015	2016
Montenegro	943	0.1 e	0.1 e	0.1 e	0.2 e	0.2 e	0.2 e	....	....	....	....	....	....
Poland	964	12.2	37.5	15.4	0.2	0.0	0.0	17.3	27.5	20.9	42.0	68.3	60.2
Romania	968	....	....	....	....	....	....	4.8	0.5	0.5	4.0	0.5	10.5
Serbia, Republic of	942	0.1	0.2	0.2	0.2	0.3	0.1	0.5	0.6	0.4	0.4	0.4	0.5
Turkey	186	5.6	12.2	32.0	30.3	33.3	26.9	8.0	8.4	11.7	10.7	8.4	5.3
CIS	901	**135.2**	**129.6**	**119.5**	**534.7**	**422.1**	**320.5**	**235.0**	**254.8**	**442.5**	**390.2**	**308.9**	**370.8**
Azerbaijan, Rep. of	912	0.0	5.2	0.0	0.0	....	0.1	....	....	....	....	....	....
Belarus	913	3.5	12.5	5.3	5.7	6.8	10.6	29.8	39.2	26.8	11.5	31.8	16.5
Georgia	915	0.2	1.7	0.3	0.1	0.2	0.1	0.0	0.0	0.0	0.0	0.1	0.0
Kazakhstan	916	....	....	....	....	....	0.0	1.1	1.1	1.1	1.1	1.1	1.1
Moldova	921	0.1 e	0.2 e	0.1 e	0.1 e	0.1 e	0.1 e	0.0	0.0	0.0	0.0	0.0	0.0
Russian Federation	922	131.3	110.0	113.7	528.7	415.0	309.6	159.1	161.4	164.4	223.7	209.9	339.8
Ukraine	926	0.1	0.1	0.1	0.1	0.1	0.0	45.0	53.1	250.2	154.0	66.1	13.4
Europe n.s.	884	....	....	....	....	....	....	0.4	0.4	0.5	0.4	0.5	0.5
Mid East, N Africa, Pak	440	**23.0**	**29.0**	**49.1**	**52.0**	**91.0**	**93.0**	**18.7**	**18.0**	**23.4**	**21.0**	**17.9**	**23.3**
Afghanistan, I.R. of	512	0.0 e	....	....	....	....	....	0.0	0.1	0.1	0.0	0.1	0.1
Algeria	612	2.0	2.0	2.0	2.0	2.0	4.1	3.7	3.9	4.2	3.6	4.5	6.7
Egypt	469	....	....	....	....	....	....	0.9	0.9	0.9	1.8	1.3	3.4
Iran, I.R. of	429	4.5	3.8	4.0	2.8	2.7	2.0	3.9	4.1	4.5	3.8	4.7	4.5
Jordan	439	0.0	0.0	0.0	0.0	0.5	0.0	0.1	0.0	0.0	0.0	0.0	0.0
Kuwait	443	0.1 e	0.1 e	0.3 e	0.5 e	0.8 e	0.6 e	....	....	....	....	....	....
Lebanon	446	6.4	8.4	13.1	27.7	73.3	53.9	0.0	0.2	0.0	0.0	0.0	0.0
Morocco	686	2.4	7.2	22.6	11.2	3.2	23.9	3.7	2.2	6.7	5.4	0.5	0.7
Oman	449	0.0 e	0.2 e	0.2 e	0.4 e	0.5 e	0.1 e	0.0 e	0.0 e	0.4 e	0.0 e	0.1 e	0.0 e
Pakistan	564	6.4	6.1	6.1	5.6	5.6	5.3	4.5	4.6	4.7	4.5	4.8	4.7
Qatar	453	....	....	....	....	....	....	0.2	0.2	0.2	0.2	0.3	0.2
Saudi Arabia	456	0.3 e	0.6 e	0.1 e	1.1 e	2.0 e	2.2 e	0.7	0.7	0.7	0.7	0.7	0.7
Syrian Arab Republic	463	0.2	0.1	0.1	0.1	0.1	0.1	0.3	0.3	0.3	0.3	0.3	0.3
Tunisia	744	0.2	0.2	0.2	0.2	0.2	0.6	0.0	0.0	0.0	0.0	0.0	1.3
United Arab Emirates	466	0.3	0.3	0.3	0.2	0.2	0.1	0.6	0.6	0.7	0.6	0.7	0.7
Yemen, Republic of	474	0.1	0.1	0.1	0.0	0.0	0.0	0.0	0.0	0.0	0.0	0.0	0.0
Sub-Saharan Africa	603	**6.4**	**5.8**	**50.7**	**72.2**	**5.7**	**3.6**	**2.1**	**2.6**	**81.9**	**2.1**	**3.2**	**12.8**
Angola	614	1.8	1.5	1.6	1.1	1.1	0.8	0.0	0.0	0.0	0.0	0.0	0.0
Benin	638	0.0 e	0.1 e	0.0 e	....	0.0 e	....	....	....	....	....	....	....
Burkina Faso	748	....	0.1 e	0.0 e	....	0.0 e	0.0 e	....	....	....	....	....	....
Chad	628	....	....	....	....	....	....	0.2	0.2	0.2	0.2	0.3	0.2
Congo, Dem. Rep. of	636	....	....	....	....	....	....	0.4	0.5	0.5	0.4	0.5	0.5
Congo, Republic of	634	....	....	....	....	....	....	....	....	54.8 e	....	....	....
Ghana	652	0.1	0.1	0.1	0.1	0.1	0.0	....	....	....	....	....	....
Guinea-Bissau	654	0.1	0.1	0.1	0.1	0.1	0.0	....	....	....	....	....	....
Kenya	664	0.0	0.0	0.0	....	....	....	0.1	0.1	0.1	0.1	0.1	0.1
Mali	678	0.7	0.6	0.6	0.4	0.4	0.3	0.0	0.0	0.0	0.0	0.0	0.0
Mauritius	684	0.2 e	0.2 e	0.2 e	0.2 e	0.1 e	0.1 e	0.0	0.0	0.0	0.0	0.0	0.0
Niger	692	....	0.0 e	....	21.0 e	0.4 e	0.0 e	....	....	....	....	....	....
Senegal	722	0.0 e	0.0 e	0.2 e	45.1 e	0.6 e	0.2 e	0.0	0.0	0.0	0.0	0.0	0.0
Seychelles	718	0.0 e	0.1 e	0.0 e	0.0 e	0.0 e	0.1 e	0.0	0.0	0.0	0.0	0.0	0.0
South Africa	199	2.6	2.8	4.0	4.0	1.9	2.0	0.6	1.0	2.5	0.6	1.4	11.1
Swaziland	734	....	....	....	....	....	....	0.1	0.1	0.1	0.1	0.2	0.1
Tanzania	738	0.0 e	....	0.6 e	0.0 e	0.9 e	0.0 e	0.1	0.1	0.1	0.1	0.1	0.1
Togo	742	0.8	0.1	43.2	....	....	....	0.0	0.0	22.9	0.0	0.0	0.0
Uganda	746	0.0	0.0	0.0	0.0	0.0	0.0	0.5	0.5	0.5	0.5	0.5	0.5
Western Hemisphere	205	**824.3**	**720.3**	**728.3**	**538.3**	**510.1**	**416.9**	**1,645.9**	**1,698.7**	**1,668.0**	**1,578.6**	**1,678.8**	**1,688.6**
Antigua and Barbuda	311	0.4	0.3	0.3	0.2	0.2	0.2	0.0	0.0	0.0	0.0	0.0	0.0
Argentina	213	5.8	5.0	5.4	4.0	4.0	1.5	105.4	105.4	105.4	105.4	105.4	429.6
Bahamas, The	313	4.5	3.8	3.9	2.8	2.6	2.0	0.6	0.6	0.7	0.6	0.7	0.7
Belize	339	0.3	0.3	0.3	0.3	0.3	0.3	0.2	0.2	0.2	0.2	0.2	0.2
Bermuda	319	1.8	1.6	1.6	1.1	1.1	0.8	0.3	0.3	0.3	0.3	0.3	0.3
Bolivia	218	49.8	46.9	44.8	46.0	45.5	45.4	0.4	0.7	1.3	0.5	0.4	0.3
Brazil	223	88.5	90.6	93.9	59.4	49.3	49.9	626.4	649.7	605.3	582.6	589.5	369.0
Chile	228	0.9	0.8	0.7	0.7	0.5	0.5	61.4	40.7	40.5	49.8	63.0	49.5

Cuba (928)

In Millions of U.S. Dollars

		Exports (FOB) 2011	2012	2013	2014	2015	2016	Imports (CIF) 2011	2012	2013	2014	2015	2016
Colombia	233	9.3	7.8	2.2	1.0	0.2	0.3	73.3	79.1	90.7	88.1	97.8	84.5
Costa Rica	238	11.4	9.7	10.1	7.2	6.8	6.5	16.2	17.4	18.8	16.1	19.8	15.5
Dominica	321	0.3	0.3	0.3	0.2	0.2	0.2	0.1	0.1	0.1	0.1	0.1	0.1
Dominican Republic	243	47.6	40.1	41.6	29.6	28.0	20.9	36.5	38.9	41.9	36.0	44.2	42.2
Ecuador	248	6.1	5.1	3.0	4.3	1.9	2.1	14.0	15.0	34.9	12.5	20.7	15.4
El Salvador	253	3.7	0.3	0.3	0.6	0.4	0.4	6.2	2.4	5.8	6.0	6.6	9.4
Grenada	328	0.5	0.4	0.4	0.3	0.3	0.2	....	....	....	....	....	....
Guatemala	258	6.2	5.2	5.4	3.9	3.7	2.7	18.7	20.0	21.5	18.5	22.7	21.7
Guyana	336	1.3	1.3	1.3	1.3	1.3	1.3	0.4	0.4	0.6	1.8	2.1	2.1
Haiti	263	19.6	16.5	17.1	12.2	11.5	8.6	0.3	0.4	0.4	0.3	0.4	0.4
Honduras	268	13.3	13.2	17.2	13.7	16.5	6.4	1.5	1.6	1.5	1.8	10.1	9.0
Jamaica	343	6.4	5.4	5.6	4.0	3.8	2.8	5.1	5.4	5.8	4.9	6.1	5.8
Mexico	273	41.9	40.2	33.6	28.3	30.1	22.4	377.6	413.5	399.4	389.1	382.3	348.6
Netherlands Antilles	353	5.1	4.3	4.4	3.1	3.0	2.2	0.6	0.6	0.7	0.6	0.7	0.7
Nicaragua	278	1.0	0.8	0.8	0.6	0.6	0.4	1.1	1.2	1.2	1.1	1.3	1.3
Panama	283	15.2	15.2	15.7	15.7	16.1	16.0	56.9	60.8	42.0	43.9	42.9	26.5
Paraguay	288	0.9	0.7	0.7	0.5	0.5	0.4	0.0	0.0	0.1	0.0	0.1	0.1
Peru	293	2.8	2.3	2.4	1.7	1.6	11.7	4.6	4.9	5.3	4.5	5.5	5.8
St. Kitts and Nevis	361	0.5	0.4	0.4	0.3	0.3	0.2	....	....	....	....	....	....
St. Lucia	362	0.6	0.5	0.5	0.4	0.3	0.3	....	....	....	....	....	....
St. Vincent & Grens.	364	0.5	0.4	0.4	0.3	0.3	0.2	....	....	....	....	....	....
Suriname	366	0.8	0.6	0.7	0.5	0.4	0.3	1.1	1.1	1.2	1.0	1.3	1.2
Trinidad and Tobago	369	2.5	2.1	2.2	1.6	1.5	1.1	31.0	33.2	35.8	30.8	37.8	36.1
Uruguay	298	2.1	1.9	1.7	1.8	1.8	2.9	35.5	23.3	10.8	14.4	11.2	16.2
Venezuela, Rep. Bol.	299	473.0	396.3	409.3	290.9	275.5	205.7	170.4	181.5	195.3	167.4	205.4	196.2
Western Hem. n.s.	399	....	....	....	....	....	....	0.3	0.3	0.3	0.2	0.3	0.3
Other Countries n.i.e	910	0.1	0.1	0.1	0.1	0.1	0.0	2.5	2.7	2.9	2.5	3.1	2.9
Korea, Dem. People's Rep.	954	0.1	0.1	0.1	0.1	0.1	0.0	2.5	2.7	2.9	2.5	3.1	2.9
Special Categories	899	....	....	....	....	....	....	8.5	9.1	9.8	8.4	10.3	9.8
Memorandum Items													
Africa	605	11.1	15.2	75.6	85.6	11.1	32.2	9.6	8.8	92.9	11.2	8.2	21.5
Middle East	405	11.9	13.5	18.2	32.9	80.0	59.1	6.7	7.1	7.7	7.4	8.1	9.9
European Union	998	621.8	643.0	946.9	464.6	423.9	374.3	2,443.2	2,551.6	2,772.6	2,414.4	2,671.8	2,497.8
Export earnings: fuel	080	681.2	582.0	583.7	880.8	748.8	574.2	458.7	482.0	589.3	533.2	584.2	686.6
Export earnings: nonfuel	092	1,123.9	1,103.3	1,487.2	1,022.1	879.1	791.1	6,867.2	7,221.1	7,793.3	6,677.2	7,885.2	7,571.4

Curaçao (354)
In Millions of U.S. Dollars

		Exports (FOB) 2011	2012	2013	2014	2015	2016	Imports (CIF) 2011	2012	2013	2014	2015	2016
IFS World		....	....	....	....	....	....	....	....	....	....	....	....
World	001	136.7	136.6	458.2	468.0	242.4	842.1	218.0	113.0	200.3	660.6	699.0	817.1
Advanced Economies	110	....	....	107.6	97.6	54.2	676.0	....	....	107.9	492.3	416.4	517.7
Euro Area	163			103.7	61.1	53.4	86.2			79.9	455.5	373.3	331.2
Austria	122			0.0 e	0.6 e	0.0 e	0.0 e			1.2 e	2.6 e	5.1 e	1.6 e
Belgium	124			63.1 e	18.5 e	18.9 e	12.7 e			12.8 e	25.5 e	10.4 e	10.1 e
Cyprus	423									0.1 e	0.4 e	0.4 e	1.6 e
Estonia	939						0.0 e			0.1 e	0.0 e	0.1 e	0.1 e
Finland	172			0.0 e	0.0 e	0.0 e	0.0 e			1.0 e	26.1 e	1.7 e	1.2 e
France	132			2.3 e	0.6 e	0.7 e	11.9 e			10.3 e	12.4 e	14.1 e	12.5 e
Germany	134			0.6 e	1.8 e	0.3 e	1.2 e			24.8 e	19.6 e	28.1 e	29.0 e
Greece	174			0.0 e	0.0 e	0.0 e	0.0 e			0.0 e	0.8 e	2.8 e	17.3 e
Ireland	178			0.1 e		0.0 e	0.0 e			0.1 e	0.2 e	0.0 e	0.3 e
Italy	136			0.0 e						9.5 e	7.3 e	7.3 e	....
Latvia	941						0.0 e				0.1 e	0.1 e	0.2 e
Luxembourg	137									0.0 e	0.2 e		0.2 e
Netherlands	138				8.5 e	13.1 e	11.8 e				231.3 e	258.2 e	240.8 e
Portugal	182			0.0 e	0.0 e	0.8 e	0.0 e			5.7 e	1.9 e	1.9 e	1.8 e
Slovak Republic	936									0.5 e	0.4 e	0.1 e	0.4 e
Slovenia	961					0.0 e	0.0 e			0.6 e	0.9 e	0.9 e	1.2 e
Spain	184			37.5 e	30.9 e	19.6 e	48.7 e			13.1 e	125.8 e	41.9 e	12.9 e
Canada	156						0.6 e						2.7 e
Czech Republic	935									0.2 e	0.1 e	0.4 e	0.2 e
Denmark	128			3.3 e	0.3 e	0.1 e	0.1 e			3.7 e	4.4 e	4.3 e	5.3 e
Israel	436												0.4 e
Korea, Republic of	542						0.0 e						0.1 e
Norway	142						0.3 e						0.8 e
Sweden	144			0.0 e	0.1 e	0.0 e	0.1 e			1.0 e	1.8 e	1.9 e	1.3 e
Switzerland	146						530.2 e						26.1 e
United Kingdom	112			0.6 e	36.1 e	0.6 e	0.3 e			23.0 e	30.4 e	36.6 e	14.2 e
United States	111						58.2 e						135.6 e
Emerg. & Dev. Economies	200	136.7	136.6	350.6	370.4	188.3	166.1	218.0	113.0	92.4	168.3	282.6	299.4
Emerg. & Dev. Asia	505	0.2	3.1	0.2	0.6	0.5	4.0	103.6	73.1	59.0	119.3	140.6	139.0
China,P.R.: Mainland	924						0.0 e						6.0 e
Fiji	819	0.0 e	0.0 e	0.0 e	0.0 e	0.0 e	0.2 e		0.0 e			0.1 e	
Indonesia	536						1.9 e						4.0 e
Malaysia	548						0.1 e						0.7 e
Myanmar	518					0.1 e	0.0 e				0.2 e	0.1 e	1.6 e
Nepal	558	0.1 e	0.1 e	0.1 e	0.3 e			0.0 e	0.0 e	0.0 e			
Papua New Guinea	853							103.6 e	63.8 e	58.0 e	116.7 e	138.5 e	115.8 e
Philippines	566						1.7 e						5.7 e
Thailand	578		3.0 e	0.1 e	0.3 e	0.4 e	0.0 e		9.2 e	1.0 e	2.4 e	1.9 e	5.2 e
Tonga	866	0.1 e								0.0 e			
Europe	170	0.0	0.0	0.1	0.0	3.8	14.0	0.0	....	7.8	10.4	7.9	13.6
Emerg. & Dev. Europe	903	0.0	0.0	0.1	0.0	3.8	11.0	0.0	....	7.8	10.4	7.9	13.6
Bulgaria	918					0.0 e	0.0 e			0.3 e	0.4 e	0.3 e	0.0 e
Croatia	960				0.0 e	0.0 e				0.0 e	0.0 e	0.1 e	0.0 e
Hungary	944			0.0 e						5.6 e	8.2 e	2.5 e	2.6 e
Poland	964			0.1 e		3.7 e	0.4 e			1.8 e	1.7 e	5.0 e	6.2 e
Romania	968			0.0 e	0.0 e	0.0 e				0.1 e	0.0 e	0.0 e	0.0 e
Turkey	186						10.6 e						4.6 e
CIS	901	....	0.0	....	....	0.0	3.1	....	....	....	....	....	0.1
Azerbaijan, Rep. of	912						0.1 e						
Russian Federation	922						3.0 e						0.1 e
Mid East, N Africa, Pak	440	1.4	3.1	218.7	110.3	2.1	4.5	0.2	1.2	0.1	0.0	0.0	0.0
Bahrain, Kingdom of	419	0.1 e	0.4 e	0.1 e	0.1 e	0.0 e	0.0 e	0.2 e	1.2 e		0.0 e	0.0 e	
Lebanon	446			0.0 e						0.1 e			
Mauritania	682		0.2 e	0.2 e									
Pakistan	564	0.7 e	2.1 e	0.1 e	0.5 e	0.1 e	0.0 e		0.0 e		0.0 e	0.0 e	0.0 e
Saudi Arabia	456	0.5 e	0.4 e	1.0 e	0.1 e								

Curaçao (354)
In Millions of U.S. Dollars

		Exports (FOB)						Imports (CIF)					
		2011	2012	2013	2014	2015	2016	2011	2012	2013	2014	2015	2016
United Arab Emirates	466	0.0 e	0.1 e	217.3 e	109.7 e	2.0 e	4.4 e	....	....	....	....	....	....
Sub-Saharan Africa	**603**	**6.5**	**7.3**	**11.0**	**17.6**	**17.7**	**14.6**	**0.6**	**1.6**	**4.5**	**7.0**	**92.9**	**72.6**
Angola	614	0.1 e	0.1 e	0.0 e	0.1 e	0.2 e	0.1 e	....	....	....	....	87.5 e	67.4 e
Burkina Faso	748	0.1 e	....	....	1.7 e	0.6 e	0.6 e	....	....	....	0.0 e	....	....
Congo, Republic of	634	0.2 e	....	....	0.1 e	0.1 e	0.0 e	....	....	....	....	....	....
Côte d'Ivoire	662	....	....	....	....	4.3 e	5.1 e	....	....	....	....	0.2 e	0.2 e
Gambia, The	648	2.1 e	2.1 e	1.6 e	0.5 e	0.4 e	0.4 e	0.0 e	....	0.0 e	....	....	....
Ghana	652	0.6 e	0.3 e	0.1 e	0.7 e	0.7 e	0.6 e	0.3 e	0.0 e	0.0 e	0.0 e	0.0 e	0.0 e
Guinea	656	....	....	0.0 e	0.1 e	0.1 e	0.0 e	....	....	....	....	....	....
Mozambique	688	0.3 e	2.4 e	8.4 e	5.6 e	8.1 e	6.6 e	0.0 e	1.1 e	4.5 e	6.7 e	5.1 e	4.9 e
Namibia	728	0.1 e	0.0 e	0.0 e	0.0 e	....	....	0.1 e	0.1 e	0.0 e	0.2 e	0.0 e	0.0 e
Niger	692	....	....	....	0.1 e	....	....	....	....	....	....	....	....
Rwanda	714	0.2 e	0.1 e	0.0 e	0.0 e	....	....	0.0 e	....	....	....	....	....
São Tomé & Príncipe	716	2.5 e	2.0 e	....	0.1 e	0.0 e	....	....	....	....	....	0.1 e	....
Senegal	722	....	....	....	....	....	0.1 e	....	....	....	....	....	....
Seychelles	718	0.2 e	0.2 e	0.1 e	0.0 e	0.0 e	0.0 e	....	0.0 e	0.0 e	....	....	....
Tanzania	738	0.1 e	0.1 e	0.7 e	1.4 e	0.6 e	0.8 e	0.1 e	0.2 e	0.0 e	0.1 e	0.0 e	0.1 e
Togo	742	....	....	....	7.3 e	2.6 e	....	....	....	....	....	....	....
Western Hemisphere	**205**	**128.6**	**123.1**	**120.6**	**241.9**	**164.2**	**129.1**	**113.5**	**37.2**	**20.9**	**31.5**	**41.1**	**74.1**
Antigua and Barbuda	311	3.1 e	3.7 e	4.8 e	4.5 e	0.5 e	0.4 e	1.3 e	0.7 e	2.6 e	1.6 e	1.8 e	4.2 e
Aruba	314	....	....	....	....	....	14.6 e	....	....	....	....	....	8.7 e
Bahamas, The	313	0.2 e	1.0 e	0.5 e	0.5 e	0.8 e	0.5 e	0.3 e	0.2 e	0.1 e	....	0.0 e	0.0 e
Barbados	316	0.9 e	1.0 e	1.6 e	1.0 e	0.6 e	1.6 e	9.9 e	17.9 e	10.8 e	12.2 e	7.7 e	3.3 e
Belize	339	115.1 e	111.0 e	110.0 e	117.7 e	83.5 e	66.7 e	0.0 e	0.1 e	0.0 e	0.0 e	....	....
Brazil	223	....	....	....	....	....	4.5 e	....	....	....	....	....	1.2 e
Colombia	233	....	....	....	....	....	12.9 e	....	....	....	....	....	28.5 e
Costa Rica	238	....	....	....	....	1.8 e	0.5 e	....	....	....	....	2.3 e	1.6 e
Dominica	321	....	0.3 e	0.3 e	0.4 e	0.3 e	0.3 e	....	0.0 e	0.0 e	0.0 e	0.0 e	0.0 e
Dominican Republic	243	....	....	....	0.6 e	36.1 e	1.8 e	....	....	....	5.7 e	17.8 e	12.3 e
Ecuador	248	....	....	....	....	....	1.2 e	....	....	....	....	....	1.2 e
Guyana	336	3.1 e	2.6 e	....	1.9 e	35.0 e	2.6 e	6.4 e	1.3 e	....	1.1 e	0.8 e	1.4 e
Honduras	268	....	....	....	....	....	1.1 e	....	....	....	....	....	0.2 e
Jamaica	343	....	....	....	....	1.2 e	2.0 e	....	....	....	....	2.1 e	2.6 e
Montserrat	351	0.8 e	0.4 e	0.3 e	0.3 e	0.3 e	1.5 e	....	0.0 e	0.0 e	....	....	....
Panama	283	....	....	....	....	....	....	....	....	....	....	....	1.4 e
St. Kitts and Nevis	361	0.2 e	0.2 e	0.2 e	0.3 e	0.4 e	0.4 e	0.1 e	0.1 e	0.1 e	0.1 e	0.1 e	0.0 e
St. Lucia	362	2.3 e	2.0 e	1.6 e	1.8 e	1.7 e	1.9 e	0.2 e	0.2 e	0.1 e	0.1 e	0.1 e	0.1 e
St. Vincent & Grens.	364	0.1 e	0.1 e	....	....	0.3 e	0.3 e	0.0 e	0.0 e	....	....	0.1 e	0.1 e
Suriname	366	....	....	....	110.4 e	....	12.6 e	....	....	....	2.0 e	....	1.8 e
Trinidad and Tobago	369	2.9 e	0.7 e	1.1 e	2.4 e	1.7 e	1.5 e	95.3 e	16.5 e	7.2 e	8.6 e	8.2 e	5.6 e
Memorandum Items													
Africa	605	6.5	7.5	11.1	17.6	17.7	14.6	0.6	1.6	4.5	7.0	92.9	72.6
Middle East	405	0.7	0.8	218.4	109.9	2.0	4.4	0.2	1.2	0.1	0.0	0.0	....
European Union	998	....	....	107.7	97.6	57.9	87.1	....	....	115.7	502.7	424.3	361.0
Export earnings: fuel	080	3.8	1.6	219.6	112.4	3.9	23.3	95.5	17.7	7.2	8.6	95.8	102.8
Export earnings: nonfuel	092	132.9	135.1	238.6	355.5	238.5	818.9	122.5	95.3	193.1	651.9	603.2	714.3

Cyprus (423)

In Millions of U.S. Dollars

		Exports (FOB)						Imports (CIF)					
		2011	2012	2013	2014	2015	2016	2011	2012	2013	2014	2015	2016
IFS World		....	....	....	....	....	....	....	....	....	....	....	....
World	001	1,820.0	1,740.5	2,017.4	3,163.9	3,295.3	2,959.7	8,684.2	7,297.8	6,317.7	7,995.5	7,023.3	7,812.8
Advanced Economies	110	1,077.3	955.2	1,175.4	1,816.9	1,747.2	1,583.2	7,174.4	6,086.1	5,433.7	6,015.9	4,900.9	5,976.8
Euro Area	163	733.1	561.3	563.9	1,052.5	1,018.1	606.8	4,849.5	4,235.1	3,794.3	4,372.7	3,501.0	4,432.7
Austria	122	9.5	9.8	11.0	12.6	12.5	16.4	56.3	58.3	45.6	50.6	41.7	60.5
Belgium	124	17.1	13.0	16.6	14.9	9.5	12.3	231.3	179.2	233.3	262.5	163.1	232.0
Estonia	939	1.7	1.8	2.1	2.5	16.7	2.3	7.3	1.4	1.0	2.8	12.9	7.6
Finland	172	4.6	3.1	4.6	6.0	3.9	4.6	26.3	20.4	15.9	16.9	14.2	52.2
France	132	17.1	13.5	15.5	13.7	15.1	27.1	486.6	434.1	401.6	392.8	210.1	315.5
Germany	134	93.3	41.6	54.7	73.4	90.3	46.3	706.4	515.1	419.2	604.6	486.1	1,318.1
Greece	174	461.8	371.1	355.3	300.0	221.7	302.4	1,863.1	1,565.5	1,489.3	1,620.9	1,445.8	1,405.0
Ireland	178	3.3	2.5	3.4	3.9	190.8	3.9	28.1	19.9	18.5	17.9	15.7	19.6
Italy	136	55.9	51.0	38.8	36.8	42.8	19.4	703.3	605.9	448.3	485.3	473.0	441.6
Latvia	941	2.3	2.6	2.1	2.7	14.7	5.6	1.9	3.3	3.7	5.9	4.4	6.8
Lithuania	946	5.4	5.1	6.3	29.4	68.9	7.6	2.2	1.7	2.8	14.2	5.0	8.0
Luxembourg	137	....	0.2	0.1	0.1	0.0	1.2	2.4	8.0	4.4	4.0	2.7	24.2
Malta	181	7.2	6.2	7.9	57.3	138.4	46.5	6.0	9.7	6.8	13.7	15.4	14.4
Netherlands	138	24.6	21.4	24.7	442.6	136.1	36.7	392.0	490.9	391.5	449.2	359.0	259.4
Portugal	182	1.5	1.2	1.1	3.7	1.1	1.3	31.3	20.0	16.5	35.3	16.4	17.2
Slovak Republic	936	8.8	6.8	8.8	35.1	42.1	43.7	21.2	20.2	13.3	11.4	12.3	13.7
Slovenia	961	8.9	1.4	3.8	4.4	0.4	17.0	7.9	6.6	6.4	11.3	9.8	9.5
Spain	184	10.2	9.3	7.1	13.6	13.1	12.5	275.8	274.9	276.0	373.3	213.4	227.3
Australia	193	9.5	12.3	15.2	18.7	15.6	18.8	8.3	6.3	5.2	14.8	4.3	3.1
Canada	156	2.5	2.9	2.9	3.5	2.9	3.0	11.0	7.1	5.9	12.9	5.7	6.8
China,P.R.: Hong Kong	532	24.5	27.6	31.0	29.5	25.1	33.6	20.6	17.4	14.8	16.7	14.9	17.8
China,P.R.: Macao	546	0.5	0.3	44.1	0.8	0.2	0.1	0.2	....	0.1	0.1	0.0	0.0
Czech Republic	935	13.9	8.9	18.3	19.4	22.5	43.6	37.9	27.3	20.5	23.6	23.5	34.8
Denmark	128	6.9	4.4	5.4	9.0	75.4	50.9	49.3	36.8	31.7	30.3	49.5	34.4
Iceland	176	0.2	0.3	0.2	0.2	0.1	0.1	0.1	0.4	0.4	0.2	0.0	0.2
Israel	436	34.2	42.8	69.4	97.7	109.9	111.5	887.8	866.0	862.7	644.9	303.7	255.1
Japan	158	0.4	0.8	0.7	27.9	1.1	0.6	70.1	46.1	34.1	70.9	84.3	72.1
Korea, Republic of	542	7.4	8.4	7.7	7.8	13.8	6.2	36.3	27.5	24.8	21.9	24.1	341.7
New Zealand	196	1.6	1.1	1.1	1.8	1.2	1.3	17.3	15.4	9.7	12.6	10.9	10.5
Norway	142	3.3	10.8	10.4	6.2	50.7	2.0	39.5	30.6	38.4	63.9	111.2	50.5
San Marino	135	0.0	0.0	....	0.0	....	....	0.1	0.0	0.0	0.1	0.2	0.2
Singapore	576	4.5	11.0	11.2	142.8	182.9	40.1	17.7	12.6	10.6	13.0	15.0	21.6
Sweden	144	22.5	21.4	28.0	28.6	22.9	204.6	55.0	38.2	37.8	50.6	42.2	36.8
Switzerland	146	10.7	13.7	15.8	18.9	21.4	34.9	73.0	57.2	48.4	53.6	39.1	44.3
Taiwan Prov.of China	528	3.4	3.5	2.9	3.2	3.0	4.5	31.3	29.3	24.6	25.3	21.4	30.0
United Kingdom	112	173.4	164.9	275.3	283.8	141.3	354.1	767.4	538.0	412.9	497.8	595.4	429.3
United States	111	24.9	58.7	72.0	64.5	39.0	66.6	202.3	94.8	57.0	90.1	54.6	154.9
Emerg. & Dev. Economies	200	382.6	445.3	503.4	998.9	1,246.0	1,053.9	1,394.5	1,187.8	875.7	1,975.7	2,109.7	1,648.3
Emerg. & Dev. Asia	505	85.2	88.0	94.5	469.4	374.1	234.1	591.6	489.8	396.1	991.3	684.0	864.4
Bangladesh	513	3.1	1.0	1.0	2.2	4.6	3.7	4.0	3.5	1.9	3.2	4.9	3.7
Brunei Darussalam	516	0.1	0.1	0.1	0.1	0.1	0.1	0.0	0.0	....	....	....	18.5
Cambodia	522	1.5	1.2	1.3	1.0	1.4	1.4	0.1	0.4	0.3	0.5	0.7	0.5
China,P.R.: Mainland	924	26.1	36.1	43.5	51.7	42.9	47.7	413.5	332.4	268.8	789.4	381.6	601.9
Fiji	819	0.0	0.1	0.0	0.0	0.0	0.1	....	....	....	0.0	....	....
F.T. French Polynesia	887	0.0	0.1	0.0	0.1	0.0	0.1	....	....	....	....	....	....
F.T. New Caledonia	839	0.0	0.0	0.2	0.0	0.1	0.0	....	....	....	....	....	1.1
India	534	22.6	18.7	14.5	30.3	24.9	31.5	73.8	68.6	55.9	97.6	62.2	60.9
Indonesia	536	1.2	1.1	3.2	2.1	36.8	12.1	14.5	12.8	10.9	11.2	11.8	12.9
Malaysia	548	8.4	9.3	8.7	8.7	6.4	6.8	19.8	15.5	11.5	12.6	9.3	10.4
Maldives	556	0.7	0.3	0.4	0.5	0.6	0.5	....	0.0	0.0	0.0	0.0	0.0
Marshall Islands	867	0.0	....	....	304.7	221.7	90.1	....	0.0	....	5.7	102.9	67.5
Mongolia	948	1.3	0.8	2.1	0.8	0.6	0.4	0.0	....	....	....	....	....
Myanmar	518	6.5	1.0	1.0	1.5	1.1	0.9	0.5	0.4	0.3	0.4	0.3	0.1
Nepal	558	....	0.0	0.0	0.0	0.0	0.1	0.0	0.0	0.0	0.0	0.0	0.0
Papua New Guinea	853	0.0	0.1	0.1	0.3	0.1	0.2	0.0	....	....	0.1	....	....
Philippines	566	1.6	1.8	2.6	41.4	2.0	2.2	3.5	2.5	2.0	1.5	63.2	22.6

Cyprus (423)
In Millions of U.S. Dollars

		Exports (FOB)						Imports (CIF)					
		2011	2012	2013	2014	2015	2016	2011	2012	2013	2014	2015	2016
Solomon Islands	813	0.0	0.0	....	....	0.1	0.1	....	....	....	....	....	0.0
Sri Lanka	524	1.5	3.5	2.6	3.8	3.8	3.0	2.3	2.0	1.3	1.2	1.2	1.2
Thailand	578	2.6	6.3	3.7	7.0	10.4	10.1	45.3	35.3	28.5	29.0	22.3	23.0
Timor-Leste	537	....	....	0.0	0.1	0.0	0.1	....	....	....	....	....	....
Vanuatu	846	0.0	....	....	0.1	0.1	0.0	....	....	....	....	....	0.0
Vietnam	582	7.7	6.5	9.4	13.0	16.3	23.0	14.4	16.3	14.8	39.0	23.8	40.0
Asia n.s.	598	0.1	0.0	....	0.0	....	0.0	0.0	0.0	0.0	0.0	0.0	0.0
Europe	170	**93.1**	**97.3**	**102.2**	**142.6**	**93.4**	**129.3**	**432.8**	**355.6**	**317.1**	**314.3**	**501.4**	**407.1**
Emerg. & Dev. Europe	903	**49.7**	**50.9**	**49.5**	**71.3**	**59.8**	**76.4**	**242.3**	**184.8**	**171.3**	**222.6**	**297.0**	**255.6**
Albania	914	2.8	1.3	1.8	2.1	1.3	2.2	0.0	0.1	0.1	1.2	0.1	0.4
Bosnia and Herzegovina	963	2.3	1.7	1.8	1.8	1.3	1.3	1.2	3.6	5.5	7.4	0.2	1.3
Bulgaria	918	12.9	13.2	11.2	10.3	11.8	10.3	56.4	61.7	57.0	60.8	100.3	58.3
Croatia	960	3.2	4.8	4.3	4.3	2.3	3.3	18.2	11.4	10.7	9.0	9.8	13.2
Faroe Islands	816	....	....	....	....	....	2.9	....	....	....	....	....	....
Gibraltar	823	0.0	0.0	0.0	14.1	4.5	0.0	0.0	0.0	0.0	0.0	14.6	0.0
Hungary	944	1.5	0.5	1.0	0.7	0.7	1.0	28.4	20.0	14.1	16.1	18.2	18.9
Kosovo	967	1.1	0.6	1.1	1.1	0.7	0.6	....	....	0.3	0.0	....	....
Macedonia, FYR	962	1.1	1.2	1.4	2.0	2.1	2.5	0.8	1.3	1.4	1.3	1.5	1.3
Montenegro	943	0.1	0.5	0.8	2.4	1.9	3.3	0.0	0.0	0.1	0.0	0.0	0.0
Poland	964	5.3	4.2	5.7	9.0	13.4	17.6	47.6	35.6	25.2	34.7	33.6	48.2
Romania	968	18.0	20.2	17.4	19.0	15.9	26.1	52.2	37.3	47.4	52.7	84.9	69.7
Serbia, Republic of	942	1.2	2.5	3.1	4.1	3.4	3.1	25.1	5.4	3.4	18.1	17.2	19.0
Turkey	186	0.1	0.1	0.1	0.3	0.4	2.1	12.5	8.5	6.1	21.1	16.6	25.3
CIS	901	**43.5**	**46.5**	**52.7**	**71.4**	**33.5**	**52.9**	**190.5**	**170.8**	**145.8**	**91.7**	**204.4**	**151.4**
Armenia	911	1.5	1.1	1.0	0.9	0.7	0.7	0.0	0.0	0.0	0.0	0.0	0.0
Azerbaijan, Rep. of	912	0.5	0.6	0.5	0.5	1.2	0.5	0.0	....	0.0	0.0	0.0	19.5
Belarus	913	0.9	1.2	0.8	0.8	0.7	1.0	10.6	0.2	0.0	1.8	3.2	0.3
Georgia	915	0.5	0.4	0.5	0.6	0.4	0.8	76.7	28.5	27.6	0.3	0.2	0.4
Kazakhstan	916	1.8	2.2	2.4	4.2	2.0	1.0	18.7	32.5	16.0	1.9	3.0	2.1
Kyrgyz Republic	917	0.0	0.4	0.1	0.0	0.0	0.0	0.0	....	0.0	....	....	0.0
Moldova	921	0.4	0.9	0.5	0.8	0.6	0.8	0.4	5.2	2.2	8.6	26.0	16.0
Russian Federation	922	25.6	25.2	32.1	49.7	20.5	40.8	32.2	71.6	70.1	38.5	137.7	83.4
Turkmenistan	925	0.1	0.2	0.0	0.1	0.1	0.2	....	0.0	....	....	....	....
Ukraine	926	12.1	14.1	14.7	13.5	7.2	7.1	51.7	32.7	29.8	40.5	34.3	29.7
Uzbekistan	927	0.0	0.0	0.0	0.3	0.0	0.1	0.0	0.0	....	....	....	0.0
Mid East, N Africa, Pak	440	**170.5**	**230.1**	**221.1**	**228.2**	**332.4**	**376.0**	**272.9**	**168.6**	**105.8**	**95.1**	**100.6**	**164.4**
Afghanistan, I.R. of	512	0.8	0.3	....	....	0.0	0.2	0.0	0.0	....	....	0.0	0.0
Algeria	612	2.0	6.9	15.8	10.4	26.4	32.5	0.6	0.2	0.3	0.7	1.3	5.2
Bahrain, Kingdom of	419	4.5	4.7	3.7	3.6	3.2	4.7	0.2	0.6	0.6	0.5	15.1	0.4
Djibouti	611	0.1	0.1	0.3	0.4	0.1	0.1	....	1.0	1.6	0.8	0.2	....
Egypt	469	16.3	23.3	45.3	43.9	64.1	34.6	100.5	39.5	40.9	36.3	21.9	20.7
Iran, I.R. of	429	7.6	11.2	8.6	3.8	4.8	6.7	1.7	1.2	1.0	0.8	0.6	0.7
Iraq	433	4.1	9.7	10.9	8.4	6.7	8.4	0.0	0.0	0.0	0.0	0.0	0.0
Jordan	439	13.8	18.4	12.3	17.8	15.5	9.9	2.6	1.4	1.2	1.0	1.5	0.9
Kuwait	443	8.1	9.4	6.5	7.3	7.4	6.1	68.5	42.9	4.2	3.0	3.0	4.4
Lebanon	446	39.3	44.3	29.9	30.0	54.7	25.2	23.7	12.9	15.8	14.2	11.6	11.3
Libya	672	1.4	11.9	12.3	7.0	3.8	144.7	0.0	0.0	0.0	0.0	0.0	12.1
Mauritania	682	0.1	0.0	0.1	0.0	0.2	0.1	....	0.5	0.1	0.3	0.3	0.4
Morocco	686	0.5	4.4	0.6	1.1	1.3	1.7	0.5	0.4	0.5	0.9	0.8	2.0
Oman	449	3.5	5.3	5.7	8.2	5.2	4.8	2.5	1.4	0.9	0.5	0.7	0.5
Pakistan	564	5.3	6.3	1.9	1.8	5.2	2.8	6.0	4.1	3.3	4.4	4.1	4.7
Qatar	453	3.5	6.7	4.0	6.5	6.3	4.9	0.5	14.6	1.5	1.6	1.1	1.0
Saudi Arabia	456	14.8	16.2	15.2	24.3	69.0	38.7	23.4	17.5	8.8	9.1	9.6	21.0
Somalia	726	0.4	0.1	0.3	0.7	1.7	1.6	....	....	....	....	....	....
Sudan	732	9.7	11.4	10.0	11.8	11.0	7.6	0.0	0.1	0.2	0.1	....	0.0
Syrian Arab Republic	463	6.3	3.6	2.1	1.1	1.7	0.8	7.4	3.7	1.7	1.3	1.2	1.1
Tunisia	744	1.6	1.3	2.1	1.7	9.0	3.9	2.5	3.3	0.9	1.5	1.0	10.8
United Arab Emirates	466	25.2	32.1	31.5	37.6	32.4	34.9	32.4	23.1	22.1	18.2	26.3	67.1
West Bank and Gaza	487	....	0.0	....	....	0.1	....	....	0.1	0.2	0.1	0.0	0.1
Yemen, Republic of	474	1.6	2.4	2.1	1.0	2.6	1.2	0.0	0.0	....	0.0	....	....

Cyprus (423)
In Millions of U.S. Dollars

		Exports (FOB)						Imports (CIF)					
		2011	2012	2013	2014	2015	2016	2011	2012	2013	2014	2015	2016
Sub-Saharan Africa	603	**29.0**	**24.7**	**36.7**	**74.9**	**168.6**	**205.6**	**20.9**	**18.6**	**13.6**	**264.0**	**214.1**	**50.7**
Angola	614	0.3	0.9	0.1	0.3	0.8	0.1	0.2	0.3	0.0	....	....	0.0
Benin	638	0.0	....	0.0	0.0	0.1	0.0	....	....	....	....	....	....
Botswana	616	5.7	0.8	3.7	2.0	1.6	1.8	0.1	....	0.2	....	0.2	0.4
Burundi	618	0.1	0.0	0.0	0.0	0.4	0.0	....	....	....	....	....	....
Cameroon	622	0.4	0.5	0.9	0.9	1.5	4.3	0.3	0.5	0.2	0.2	0.5	0.3
Central African Rep.	626	0.0	....	0.0	0.1	0.2	0.1	0.0	0.0	....	....	....	0.0
Chad	628	....	....	0.1	0.2	0.2	0.0	0.0	0.0	0.0	....	....	....
Congo, Dem. Rep. of	636	0.4	0.1	0.5	2.6	0.9	0.5	0.3	0.6	0.1	0.1	0.4	0.5
Congo, Republic of	634	0.1	0.3	1.8	2.1	0.1	1.3	....	....	....	0.1	0.0	0.1
Côte d'Ivoire	662	0.0	0.1	0.1	0.0	0.4	0.2	0.4	0.3	0.1	0.4	0.1	0.1
Eritrea	643	0.4	0.3	0.2	0.3	1.0	0.3	....	....	....	....	....	....
Ethiopia	644	5.2	6.6	10.2	7.6	4.0	5.5	0.2	0.1	0.1	0.0	0.3	0.1
Gabon	646	0.1	0.1	0.0	2.2	0.0	0.1	0.1	....	....	0.8	0.0	....
Gambia, The	648	0.1	0.0	0.2	0.4	0.3	0.0	....	....	....	....	....	....
Ghana	652	0.4	0.5	0.5	1.4	0.6	0.5	0.1	0.2	0.1	0.0	0.1	0.1
Guinea	656	0.1	0.0	0.3	0.5	0.2	0.2	0.0	0.0	0.0	....	....	....
Kenya	664	1.3	1.2	1.6	1.3	1.5	2.1	4.6	2.6	2.2	2.6	2.3	2.3
Lesotho	666	0.5	0.0	0.1	0.1	0.0	0.0	....	0.0	....	....	....	....
Liberia	668	0.1	0.1	0.2	27.4	106.6	172.6	....	....	....	250.3	201.8	34.5
Madagascar	674	0.1	0.1	0.1	0.2	0.2	0.2	0.0	0.1	0.0	0.0	0.1	0.1
Malawi	676	0.0	0.2	0.1	....	0.7	0.0	....	....	....	....	....	....
Mali	678	0.1	0.0	0.0	0.1	0.1	0.2	0.1	0.0	....	0.0	0.0	....
Mauritius	684	1.7	1.8	1.3	2.1	1.0	1.8	0.0	0.0	0.0	0.0	0.0	0.1
Mozambique	688	0.7	0.5	0.7	0.7	0.7	0.1	....	....	....	....	0.0	0.0
Namibia	728	0.7	0.2	0.0	2.0	0.1	0.1	0.3	1.0	1.1	1.4	1.3	1.3
Niger	692	0.0	....	....	0.1	0.7	0.4	0.0	....	....	....	0.0	....
Nigeria	694	2.5	2.9	4.9	6.9	31.5	2.7	0.4	0.6	0.4	0.5	0.5	0.6
Rwanda	714	0.1	0.0	0.2	0.2	0.1	0.2	....	....	....	....	....	0.0
Senegal	722	0.1	0.1	0.4	0.0	0.0	0.1	1.8	1.6	1.3	1.2	1.1	1.4
Seychelles	718	0.3	0.5	0.4	3.2	1.0	0.9	0.6	0.5	0.4	0.4	0.3	0.4
Sierra Leone	724	0.7	0.1	0.1	0.2	0.1	0.1	....	....	....	....	....	....
South Africa	199	2.2	2.5	2.3	3.4	3.0	2.9	10.5	9.2	6.8	5.4	4.5	7.5
South Sudan, Rep. of	733	....	....	....	0.4	0.6	0.6	....	....	....	....	....	....
Swaziland	734	0.1	0.1	0.3	0.1	0.0	0.0	0.3	0.0	0.0	0.0	0.0	0.0
Tanzania	738	2.2	1.5	3.1	3.4	3.0	3.0	0.2	0.3	0.1	0.2	0.2	0.4
Togo	742	0.1	0.0	0.1	0.1	3.4	0.0	....	....	....	....	0.0	0.0
Uganda	746	1.2	1.2	1.5	1.5	1.4	1.4	0.4	0.3	0.3	0.3	0.3	0.4
Zambia	754	0.1	0.2	0.2	0.1	0.0	0.1	....	....	0.0	0.1	0.0	0.0
Zimbabwe	698	0.9	1.0	0.5	0.8	0.7	1.2	0.0	0.0	0.0	0.0	0.0	0.0
Western Hemisphere	205	**4.8**	**5.2**	**49.0**	**83.8**	**277.5**	**109.0**	**76.3**	**155.2**	**43.1**	**310.9**	**609.6**	**161.6**
Antigua and Barbuda	311	0.0	0.1	0.1	0.6	8.8	2.1	....	....	....	....	0.0	0.5
Argentina	213	0.5	0.2	0.1	0.1	0.2	0.2	38.7	28.3	13.1	19.7	38.1	28.7
Aruba	314	0.0	....	0.0	0.1	0.1	0.1	....	....	....	....	....	....
Bahamas, The	313	0.2	0.1	0.2	0.1	4.4	0.1	....	0.0	0.1	0.0	....	0.0
Barbados	316	0.1	0.5	0.3	45.5	0.4	0.4	0.0	....	....	....	....	0.0
Belize	339	....	....	0.0	1.5	3.4	14.3	....	0.1	....	0.0	2.0	12.4
Bermuda	319	....	....	....	....	0.0	0.0	....	....	....	0.0	267.7	....
Bolivia	218	0.0	0.1	....	0.0	0.0	0.1	0.0	....	....	....	....	....
Brazil	223	0.7	1.1	0.8	0.7	0.9	0.7	21.4	112.2	17.5	12.8	11.0	17.9
Chile	228	0.3	0.3	0.3	0.2	0.5	0.3	4.4	4.1	3.3	3.6	2.5	2.6
Colombia	233	0.1	0.0	0.6	0.3	0.2	0.1	0.7	0.2	0.2	0.1	0.4	17.1
Costa Rica	238	0.0	0.0	....	0.0	0.0	0.0	0.1	0.3	0.1	0.1	0.1	0.1
Curaçao	354	....	....	0.1	0.4	0.4	1.5	....	....	....	....	....	....
Dominica	321	0.0	0.4	0.0	0.0	0.0	0.1	0.0	0.0	....	....	....	....
Dominican Republic	243	0.0	0.0	0.1	0.3	0.1	0.7	0.2	0.2	0.2	0.4	0.3	0.2
Ecuador	248	0.1	0.1	6.2	0.2	0.2	0.1	1.0	1.6	2.0	3.5	2.7	4.3
El Salvador	253	0.0	0.0	32.8	....	....	0.0	0.0	0.0	0.0	0.1	....	0.0
Greenland	326	0.1	0.1	0.0	0.1	0.1	....	....	....	0.0	....	....	....
Haiti	263	0.0	0.0	0.1	0.2	0.1	0.1	0.0	....	0.0	0.0	0.0	0.0

Cyprus (423)
In Millions of U.S. Dollars

		Exports (FOB)						Imports (CIF)					
		2011	2012	2013	2014	2015	2016	2011	2012	2013	2014	2015	2016
Honduras	268	0.0	....	0.0	....	1.3	0.6	0.0	0.0	0.0	0.0	0.0	0.1
Jamaica	343	0.0	0.1	....	0.1	0.0	0.1	0.0	0.0	0.1	0.1	0.0	0.0
Mexico	273	1.6	1.0	6.2	14.2	5.6	4.5	6.3	5.8	4.3	8.0	5.0	9.9
Netherlands Antilles	353	0.4	0.5	....	....	....	....	0.0	....	....	....	....	....
Panama	283	0.2	0.1	0.0	9.3	2.5	33.9	0.0	0.0	0.0	20.5	18.4	36.9
Paraguay	288	....	....	0.0	....	0.5	0.0	0.5	0.0	0.0	0.1	2.5	0.2
Peru	293	0.0	0.1	0.3	0.0	0.0	0.1	0.6	0.8	0.5	0.5	0.4	0.6
Sint Maarten	352	....	....	0.1	0.1	0.1	0.1	....	....	....	0.0	....	0.0
St. Kitts and Nevis	361	0.0	0.1	0.1	3.4	18.0	16.5	....	....	....	....	....	....
St. Vincent & Grens.	364	....	....	0.0	....	0.0	0.1	....	....	....	....	....	....
Suriname	366	0.2	0.0	0.1	0.1	....	....	....	0.0	....	0.0	0.1	0.0
Trinidad and Tobago	369	0.0	0.2	0.1	0.2	1.0	0.2	0.0	0.0	0.0	0.0	0.0	0.0
Uruguay	298	0.1	0.1	0.1	0.1	0.1	0.1	1.2	1.4	1.7	0.6	0.8	0.9
Venezuela, Rep. Bol.	299	0.0	0.1	0.0	0.0	4.5	0.0	0.0	0.0	0.0	0.0	7.6	3.6
Western Hem. n.s.	399	0.0	0.1	0.2	6.0	224.0	32.0	1.0	....	0.0	240.5	249.7	25.5
Other Countries n.i.e	910	**0.0**	**0.0**	**0.0**	**11.3**	**1.1**	**2.5**	**3.2**	**3.4**	**6.8**	**1.7**	**3.5**	**4.0**
Cuba	928	0.0	0.0	....	10.6	....	2.0	3.1	3.4	6.8	1.7	3.4	3.9
Korea, Dem. People's Rep.	954	0.0	....	0.0	0.7	1.1	0.5	0.1	0.0	0.0	0.0	0.1	0.0
Special Categories	899	**358.3**	**339.4**	**337.3**	**318.2**	**246.6**	**229.2**	....	....	....	....	....	....
Countries & Areas n.s.	898	**1.7**	**0.6**	**1.2**	**18.6**	**54.4**	**90.8**	**112.1**	**20.4**	**1.5**	**2.1**	**9.3**	**183.9**
Memorandum Items													
Africa	605	43.3	49.0	65.9	100.6	217.6	252.4	24.5	24.1	17.2	268.3	217.8	69.2
Middle East	405	150.0	199.2	190.0	200.3	277.4	325.6	263.3	159.1	98.8	86.5	92.8	141.3
European Union	998	990.7	803.9	930.3	1,436.7	1,324.4	1,318.4	5,961.7	5,041.3	4,451.7	5,148.4	4,458.3	5,176.3
Export earnings: fuel	080	107.6	149.5	165.3	185.3	230.9	335.4	183.2	208.4	128.0	79.8	209.8	261.6
Export earnings: nonfuel	092	1,712.3	1,591.0	1,852.0	2,978.5	3,064.4	2,624.3	8,501.0	7,089.3	6,189.7	7,915.7	6,813.4	7,551.3

Czech Republic (935)

In Millions of U.S. Dollars

		Exports (FOB)						Imports (CIF)					
		2011	2012	2013	2014	2015	2016	2011	2012	2013	2014	2015	2016
IFS World		....	....	....	....	....	162,604.5	....	....	....	....	....	142,990.4
World	001	162,940.5	157,197.6	162,320.1	175,021.6	157,877.4	162,715.3	152,161.1	141,543.6	144,335.3	154,237.1	141,364.3	143,040.4
Advanced Economies	110	128,913.5	122,223.5	125,173.7	136,344.1	124,886.1	129,152.0	107,949.9	100,716.0	102,885.8	110,149.8	99,808.0	102,242.7
Euro Area	163	107,643.6	100,501.2	102,758.2	111,361.7	101,789.1	106,046.3	90,936.1	84,507.4	86,872.2	93,050.1	84,133.5	86,149.1
Austria	122	7,408.7	7,247.5	7,364.9	7,567.7	6,427.9	6,896.9	6,631.4	5,971.0	5,987.3	6,424.8	5,821.0	5,696.7
Belgium	124	4,031.6	3,763.7	4,101.0	4,282.2	3,624.2	3,803.2	3,933.4	3,540.1	3,534.4	3,721.3	3,310.1	3,376.7
Cyprus	423	89.0	177.4	165.7	111.0	95.2	111.5	58.4	142.5	97.8	97.5	82.7	74.5
Estonia	939	245.0	246.9	263.6	293.0	250.3	262.0	85.3	63.3	61.9	67.2	76.9	99.3
Finland	172	925.1	755.1	779.9	922.0	837.9	853.8	405.9	381.5	371.0	436.4	366.0	350.0
France	132	8,861.5	7,944.0	8,017.0	8,864.9	8,080.6	8,419.4	4,724.3	4,287.9	4,548.1	4,869.3	4,254.6	4,521.9
Germany	134	52,479.9	49,418.6	50,812.6	56,023.7	50,758.0	52,682.4	45,000.3	41,523.3	43,559.6	46,418.8	42,230.0	43,711.2
Greece	174	394.7	282.7	287.8	325.0	310.0	339.2	158.8	135.6	180.1	236.4	195.4	194.2
Ireland	178	367.4	403.5	475.7	502.3	620.2	668.5	904.8	713.6	879.5	1,131.7	1,474.8	1,504.9
Italy	136	6,749.3	5,650.2	5,865.1	6,430.3	5,963.9	6,950.6	5,640.1	5,252.7	5,497.6	6,028.8	5,493.5	5,885.4
Latvia	941	225.3	272.5	321.3	265.0	256.1	263.9	108.0	85.4	124.7	131.8	122.4	141.7
Lithuania	946	437.3	561.3	609.3	589.9	472.2	510.5	160.8	189.0	240.0	290.9	249.6	241.2
Luxembourg	137	208.6	207.0	172.0	239.7	205.6	212.4	272.4	242.0	294.7	320.6	281.2	276.2
Malta	181	49.4	44.2	38.2	40.7	36.9	41.8	34.9	50.1	61.0	61.0	76.2	39.6
Netherlands	138	5,758.7	5,085.3	4,536.1	4,775.0	4,358.2	4,652.4	8,644.4	8,265.0	7,847.3	8,733.8	7,554.2	7,584.7
Portugal	182	546.9	442.2	458.3	567.1	532.7	531.5	418.4	416.2	392.6	427.7	365.2	334.8
Slovak Republic	936	14,572.7	14,193.0	14,319.2	14,650.1	14,148.9	13,563.1	10,707.8	10,489.7	10,301.8	10,451.4	9,242.0	9,007.5
Slovenia	961	813.5	659.9	686.2	745.4	661.2	704.1	822.2	777.7	766.8	824.6	720.3	768.7
Spain	184	3,479.1	3,146.2	3,484.2	4,166.8	4,149.1	4,579.4	2,224.4	1,980.9	2,126.2	2,376.0	2,217.5	2,340.2
Australia	193	407.6	518.9	680.2	606.5	609.8	428.3	21.1	16.2	94.4	99.7	75.0	76.9
Canada	156	260.5	253.9	280.4	257.6	260.9	250.0	151.6	131.5	189.6	144.8	112.0	143.6
China,P.R.: Hong Kong	532	432.6	404.7	398.3	363.7	321.2	280.1	1,403.3	1,274.7	1,595.2	1,656.3	1,281.4	1,273.5
China,P.R.: Macao	546	3.2	2.8	6.0	5.5	7.0	6.5	1.4	1.6	3.8	4.8	4.0	3.6
Denmark	128	1,260.9	1,188.5	1,331.9	2,012.1	1,531.2	1,624.4	914.8	857.8	945.5	1,058.6	914.9	862.1
Iceland	176	28.3	36.2	41.2	40.9	51.7	60.1	8.1	5.2	4.0	4.2	4.5	1.8
Israel	436	623.8	750.4	630.4	661.2	700.4	968.4	181.6	155.8	141.5	206.8	134.7	146.6
Japan	158	580.8	713.9	873.7	1,024.4	868.5	931.0	1,760.5	1,705.2	1,364.4	1,247.8	1,135.5	1,432.0
Korea, Republic of	542	445.5	556.5	579.5	604.3	507.4	440.5	2,003.2	2,411.8	2,032.3	2,120.2	2,583.1	2,667.9
New Zealand	196	45.9	55.8	66.5	74.6	82.3	79.2	7.2	8.6	20.1	25.3	30.7	8.1
Norway	142	859.7	818.8	832.4	780.2	695.1	724.6	85.6	76.5	60.7	79.7	49.5	39.3
San Marino	135	1.2	1.5	1.4	2.1	1.5	1.2	0.3	0.2	0.3	0.3	0.3	0.2
Singapore	576	181.1	202.3	205.8	272.6	239.1	242.5	1,119.6	916.7	712.6	638.3	524.8	376.9
Sweden	144	2,686.4	2,379.2	2,426.9	2,568.9	2,420.9	2,437.3	1,456.1	1,265.4	1,358.0	1,350.5	1,216.7	1,194.8
Switzerland	146	2,762.3	2,567.0	2,525.9	2,734.5	2,468.7	2,370.3	1,342.9	1,176.8	1,197.0	1,206.1	1,275.7	1,184.6
Taiwan Prov.of China	528	154.5	160.3	152.0	180.2	207.3	193.7	988.9	808.5	785.0	840.4	535.1	537.5
United Kingdom	112	7,378.1	7,529.1	7,848.9	8,884.4	8,383.3	8,527.0	3,654.9	3,341.7	3,498.4	3,900.0	3,689.6	4,060.6
United States	111	3,157.6	3,582.7	3,534.1	3,908.5	3,740.8	3,540.7	1,912.5	2,054.4	2,010.5	2,516.0	2,107.1	2,083.7
Vatican	187	0.0	....	0.1	0.0	0.0	0.0	....	....	....	....	....	....
Emerg. & Dev. Economies	200	33,870.2	34,803.4	36,999.8	38,557.7	32,841.6	33,458.2	43,551.0	39,962.0	40,554.9	43,011.6	40,593.9	39,240.1
Emerg. & Dev. Asia	505	3,055.4	3,049.2	3,309.3	3,476.5	3,183.7	3,315.8	14,115.8	11,110.3	10,441.1	11,721.3	13,938.8	13,000.9
Bangladesh	513	26.9	24.8	21.0	31.3	47.9	42.8	50.4	59.5	82.4	107.3	121.5	124.6
Brunei Darussalam	516	0.5	0.8	0.7	0.3	1.3	0.3	....	0.0	....	0.1	....	0.0
Cambodia	522	2.0	2.5	4.2	0.7	1.4	1.7	6.9	9.6	16.6	21.1	28.6	35.2
China,P.R.: Mainland	924	1,669.1	1,675.1	1,920.7	2,042.9	1,852.9	1,916.2	11,586.1	8,961.7	8,354.8	9,468.7	11,683.6	10,642.2
Fiji	819	0.2	0.2	0.8	0.5	0.2	0.3	0.1	0.2	0.2	0.2	0.2	0.1
F.T. French Polynesia	887	0.3	0.2	0.2	0.3	0.4	0.3	0.0	....	0.0	....	....	....
F.T. New Caledonia	839	1.4	2.6	3.3	4.5	2.4	1.9	....	0.0	0.0	0.0	0.0	0.0
Guam	829	0.0	0.1	0.0	0.0	0.0	0.0	....	....	0.0	....	....	....
India	534	855.3	656.4	561.8	591.0	546.5	624.1	420.5	384.9	390.9	447.2	423.9	413.8
Indonesia	536	88.9	158.6	152.8	173.5	132.0	153.1	122.9	108.4	113.6	114.5	105.3	152.6
Lao People's Dem.Rep	544	0.4	0.3	0.6	0.4	3.2	5.9	0.1	0.4	0.1	0.1	0.8	0.6
Malaysia	548	107.6	142.3	191.8	222.2	187.2	186.7	740.2	451.0	362.1	426.4	445.6	491.6
Maldives	556	0.9	13.0	25.8	6.7	6.1	3.5	0.0	0.1	0.0	0.0	1.0	0.3
Marshall Islands	867	0.1	0.1	0.1	0.4	1.6	0.1	....	0.0	....	....	....	0.1
Mongolia	948	13.1	21.2	14.9	10.4	11.5	12.4	0.1	0.2	0.1	0.1	0.2	0.2
Myanmar	518	0.1	0.6	0.7	3.3	2.9	3.5	0.4	0.3	0.5	2.7	4.2	5.2

Czech Republic (935)

In Millions of U.S. Dollars

		Exports (FOB)						Imports (CIF)					
		2011	2012	2013	2014	2015	2016	2011	2012	2013	2014	2015	2016
Nepal	558	3.2	2.1	2.5	8.0	11.5	3.6	0.9	1.0	1.0	1.4	1.3	2.1
Papua New Guinea	853	0.7	1.3	0.7	0.4	0.9	1.3	0.1	0.9	1.9	0.4	0.0	0.0
Philippines	566	89.5	73.8	105.1	108.0	101.1	99.3	59.8	60.6	86.5	80.3	101.5	80.9
Samoa	862	0.0	0.0	....	0.0	0.0	0.2	0.0	0.0	0.0	0.1	0.0	....
Solomon Islands	813	....	....	....	0.2	....	0.0	....	....	....	....	....	....
Sri Lanka	524	14.4	14.8	16.0	10.2	12.0	15.6	15.3	16.2	16.0	19.6	18.8	20.2
Thailand	578	135.3	160.7	156.0	175.3	162.8	146.4	943.8	903.2	861.2	867.5	842.9	839.5
Timor-Leste	537	0.1	0.0	0.1	0.1	....	0.1	....	....	....	....	....	....
Tonga	866	....	0.0	0.1	....	....	0.0	....	0.0	....	....	....	....
Tuvalu	869	....	0.4	....	....	....	....	....	....	....	0.1	....	....
Vanuatu	846	0.0	0.0	....	....	0.1	1.2	....	....	0.0	....	....	....
Vietnam	582	45.1	91.9	128.9	85.0	97.3	94.4	168.0	151.2	153.0	163.1	159.4	191.5
Asia n.s.	598	0.1	5.3	0.5	0.9	0.5	0.8	0.1	0.7	0.0	0.5	0.0	0.1
Europe	170	**26,749.7**	**27,554.3**	**29,147.7**	**29,726.4**	**24,603.6**	**25,225.3**	**28,405.5**	**27,920.2**	**29,122.8**	**30,147.4**	**25,681.5**	**25,188.2**
Emerg. & Dev. Europe	903	**19,073.9**	**18,587.2**	**20,209.0**	**22,029.5**	**19,955.5**	**20,521.1**	**17,225.9**	**17,049.6**	**18,703.4**	**20,731.0**	**19,816.8**	**21,342.1**
Albania	914	39.6	28.6	28.9	31.2	32.3	51.4	5.0	5.6	7.0	8.9	7.6	15.3
Bosnia and Herzegovina	963	200.0	151.6	143.9	139.7	123.5	141.5	70.3	55.1	83.7	99.6	57.9	54.4
Bulgaria	918	574.7	680.3	746.8	948.2	826.2	811.1	221.6	229.7	278.2	303.8	303.7	360.2
Croatia	960	517.2	456.8	458.3	524.0	487.4	506.2	180.1	146.4	138.4	151.4	135.2	153.6
Faroe Islands	816	0.7	1.2	2.1	2.3	1.3	2.0	0.3	0.0	0.0	....	0.0	....
Gibraltar	823	0.2	0.2	0.3	0.5	0.3	0.3	0.5	0.1	0.9	0.3	0.3	0.1
Hungary	944	3,660.0	3,611.3	4,223.4	4,874.3	4,682.9	4,669.0	3,847.4	3,749.1	3,896.5	4,163.6	3,838.9	3,941.2
Kosovo	967	13.8	14.2	13.1	14.5	13.6	15.1	0.2	0.5	0.6	0.5	0.4	0.6
Macedonia, FYR	962	69.5	84.6	96.6	96.3	97.0	119.4	29.4	41.2	38.9	45.2	49.8	55.0
Montenegro	943	25.2	24.0	43.8	56.2	45.9	48.1	0.9	1.2	1.9	3.8	2.5	1.5
Poland	964	10,277.7	9,576.1	9,737.9	10,461.2	9,266.0	9,383.0	10,819.7	10,917.5	11,887.8	13,178.6	12,729.4	13,804.7
Romania	968	1,793.3	1,776.8	2,031.3	2,208.8	1,988.6	2,094.9	926.2	890.6	1,166.7	1,434.6	1,477.8	1,602.4
Serbia, Republic of	942	543.2	481.5	472.5	515.7	473.7	493.7	230.4	220.5	358.0	308.4	264.1	286.8
Turkey	186	1,358.8	1,700.0	2,210.0	2,156.6	1,916.7	2,185.2	894.0	792.0	844.8	1,032.2	949.2	1,066.1
CIS	901	**7,674.3**	**8,964.1**	**8,934.7**	**7,694.4**	**4,646.4**	**4,702.3**	**11,179.6**	**10,870.6**	**10,419.4**	**9,416.4**	**5,864.5**	**3,846.1**
Armenia	911	85.3	38.8	25.3	26.1	23.2	21.2	1.5	1.3	1.2	1.6	1.5	2.5
Azerbaijan, Rep. of	912	186.8	141.2	170.3	112.8	115.3	108.4	1,725.6	1,629.5	1,367.5	1,876.7	1,048.8	479.8
Belarus	913	347.2	402.5	485.2	413.5	255.1	193.1	134.3	154.9	106.9	137.6	137.6	102.3
Georgia	915	102.8	113.9	80.1	84.7	62.5	79.8	10.3	8.4	16.7	20.5	20.4	18.3
Kazakhstan	916	213.1	346.0	394.6	420.1	224.1	179.0	621.3	545.8	623.1	762.9	425.3	165.5
Kyrgyz Republic	917	7.6	8.7	8.3	14.6	6.7	6.7	0.1	0.0	0.0	10.3	1.9	0.4
Moldova	921	57.5	60.8	59.5	58.6	47.0	48.5	11.6	18.3	28.2	33.2	31.2	33.0
Russian Federation	922	5,221.7	6,036.5	5,943.5	5,459.8	3,202.6	3,078.3	7,293.5	7,401.2	7,157.1	5,525.3	3,469.2	2,337.3
Tajikistan	923	4.1	5.1	6.6	5.4	6.1	4.4	3.8	3.1	0.8	0.5	0.0	0.1
Turkmenistan	925	16.9	22.6	23.7	27.1	21.0	24.6	1.1	0.4	1.5	0.1	0.0	0.5
Ukraine	926	1,373.9	1,709.0	1,653.1	994.4	621.2	889.5	1,367.6	1,100.0	1,113.1	1,043.6	725.1	703.3
Uzbekistan	927	57.4	78.9	84.5	77.3	61.4	68.8	8.9	7.6	3.2	4.2	3.5	3.1
Europe n.s.	884	1.5	3.1	4.0	2.5	1.7	1.9	0.1	0.1	0.1	0.0	0.2	0.0
Mid East, N Africa, Pak	440	**2,043.4**	**2,176.9**	**2,367.9**	**2,965.9**	**2,873.6**	**2,824.8**	**368.3**	**286.6**	**354.9**	**405.2**	**336.4**	**380.8**
Afghanistan, I.R. of	512	13.7	11.0	12.1	12.2	6.3	8.5	0.0	11.8	0.0	0.1	0.0	0.6
Algeria	612	136.4	180.4	222.3	349.4	221.5	142.8	0.5	89.4	68.6	2.8	0.4	1.2
Bahrain, Kingdom of	419	10.8	17.3	12.1	13.5	23.1	21.4	0.1	0.9	0.0	4.6	13.5	13.8
Djibouti	611	4.3	0.4	0.1	0.3	0.7	0.4	0.3	0.5	0.3	0.7	0.3	0.9
Egypt	469	196.0	222.4	285.9	448.3	368.1	332.2	31.4	39.3	49.0	59.7	43.2	58.5
Iran, I.R. of	429	75.1	53.5	30.7	27.5	38.1	59.8	143.3	2.3	4.4	2.8	3.4	3.3
Iraq	433	86.3	126.2	103.4	66.7	128.4	127.3	0.0	0.0	0.0	0.2	0.8	0.0
Jordan	439	39.6	37.3	35.3	33.7	34.9	57.2	0.7	0.3	0.4	0.3	0.6	0.5
Kuwait	443	50.8	51.1	47.3	51.3	65.7	78.0	0.1	0.2	0.1	0.4	0.3	0.2
Lebanon	446	65.0	74.6	62.6	74.1	53.9	67.5	0.8	0.9	1.4	2.0	1.9	1.4
Libya	672	4.3	19.1	20.1	19.0	3.5	4.0	....	0.0	39.9	57.7	0.7	0.4
Mauritania	682	37.0	18.2	10.2	10.1	1.8	1.2	....	0.0	0.0	....	....	....
Morocco	686	154.2	141.7	207.0	226.9	211.9	253.7	7.2	5.1	10.7	16.8	24.5	43.4
Oman	449	25.2	30.7	27.1	45.7	71.0	94.4	20.2	17.4	14.9	11.7	12.4	10.4
Pakistan	564	35.8	33.6	39.9	42.6	52.0	72.8	60.4	56.1	54.5	69.3	71.3	76.4
Qatar	453	48.2	63.7	76.0	102.3	91.4	105.4	0.4	1.3	0.6	5.2	7.0	7.8

Czech Republic (935)

In Millions of U.S. Dollars

		Exports (FOB) 2011	2012	2013	2014	2015	2016	Imports (CIF) 2011	2012	2013	2014	2015	2016
Saudi Arabia	456	262.4	335.3	358.4	519.2	578.9	446.5	3.3	4.1	3.5	9.8	16.0	39.5
Somalia	726	0.1	....	0.9	0.8	0.1	0.2	....	....	....	....	....	....
Sudan	732	9.8	11.4	15.4	14.5	11.8	8.6	0.0	0.0	0.1	0.0	0.0	0.0
Syrian Arab Republic	463	48.0	33.9	16.5	5.5	5.7	5.0	0.5	0.3	0.0	0.0	0.0	0.0
Tunisia	744	95.1	69.1	78.2	82.1	90.4	128.6	63.8	27.1	50.7	56.7	57.9	63.2
United Arab Emirates	466	637.0	625.9	689.2	802.6	810.5	793.3	35.2	29.6	55.6	104.4	82.3	59.1
West Bank and Gaza	487	1.7	2.2	1.2	4.5	3.6	15.7	....	0.0	0.1	....	....	....
Yemen, Republic of	474	6.5	17.8	15.9	13.1	0.5	0.3	....	....	....	0.0	....	....
Sub-Saharan Africa	**603**	**855.7**	**770.1**	**828.6**	**911.4**	**808.8**	**764.2**	**253.4**	**226.3**	**260.1**	**289.5**	**209.2**	**204.0**
Angola	614	39.8	33.1	25.9	28.1	81.6	16.9	0.1	0.0	0.1	0.6	0.3	1.1
Benin	638	1.3	1.4	1.6	3.9	1.7	2.1	....	0.1	0.4	0.3	0.2	0.0
Botswana	616	0.8	1.4	0.9	0.6	0.5	0.8	0.0	0.0	....	0.0	0.0	0.0
Burkina Faso	748	0.9	1.8	3.6	2.1	3.6	3.1	....	0.7	1.5	....	....	0.0
Burundi	618	0.2	0.2	0.2	0.2	0.1	0.2	0.1	....	0.1	0.1	....	....
Cabo Verde	624	0.7	0.6	0.6	0.3	0.6	0.2	0.0	....	0.0	0.0	0.0	0.0
Cameroon	622	3.4	4.2	4.6	2.4	4.2	7.0	0.9	0.3	1.2	1.6	2.7	5.2
Central African Rep.	626	0.3	0.3	0.4	0.4	0.8	0.3	1.0	0.3	0.1	0.0	0.0	0.0
Chad	628	0.5	1.2	0.9	1.4	2.4	0.3	....	....	....	0.0	....	....
Comoros	632	0.1	0.2	0.0	0.0	0.0	....	....	....	....	....	....	....
Congo, Dem. Rep. of	636	4.8	2.3	6.0	5.0	6.2	4.0	0.6	0.3	0.3	0.0	1.7	0.0
Congo, Republic of	634	2.8	2.6	2.9	6.2	3.5	6.8	1.5	1.4	1.7	0.7	2.0	3.1
Côte d'Ivoire	662	2.6	5.2	11.9	20.7	21.2	13.7	25.2	24.0	26.7	24.8	26.8	19.4
Equatorial Guinea	642	4.7	2.3	0.4	0.9	1.5	0.2	0.0	0.0	0.0	2.4	6.3	0.7
Eritrea	643	0.1	0.0	0.0	0.1	....	0.0	....	0.0	0.0	0.0	....	....
Ethiopia	644	6.0	5.6	5.4	28.5	14.9	22.0	5.0	4.5	2.3	3.6	5.6	1.7
Gabon	646	2.0	1.5	2.7	15.3	11.9	2.1	....	0.0	....	0.0	0.8	0.0
Gambia, The	648	0.2	0.2	0.2	1.8	0.2	0.1	....	0.0	....	....	....	....
Ghana	652	31.3	23.6	17.7	18.1	16.0	23.5	10.7	9.3	5.7	1.1	0.6	0.4
Guinea	656	0.9	1.9	1.4	3.0	1.8	2.1	0.9	1.9	0.6	0.3	0.4	0.0
Guinea-Bissau	654	0.2	....	0.0	0.1	0.1	0.0	....	....	....	....	....	....
Kenya	664	21.3	20.4	24.6	28.2	20.6	22.5	3.1	1.3	0.7	1.3	2.2	2.4
Lesotho	666	0.0	0.1	0.1	0.1	0.1	1.5	....	....	0.0	....	....	0.0
Liberia	668	0.2	0.0	0.7	0.6	3.0	1.6	10.2	5.5	29.5	34.1	10.7	5.0
Madagascar	674	0.9	1.3	0.6	0.5	1.0	1.3	1.0	0.2	0.8	0.9	0.8	0.4
Malawi	676	0.3	0.0	0.5	0.6	0.4	0.5	1.3	3.2	1.7	2.9	2.6	5.8
Mali	678	48.2	53.0	55.8	54.3	28.3	25.4	0.0	0.1	0.2	0.0	0.0	0.0
Mauritius	684	5.4	5.3	6.4	10.7	6.6	6.7	5.2	17.8	25.1	22.3	16.7	12.3
Mozambique	688	1.4	1.6	1.8	1.7	0.8	0.6	0.3	0.8	1.8	1.4	0.6	1.1
Namibia	728	3.0	1.7	2.3	3.1	4.7	2.4	0.1	0.1	0.1	0.2	0.2	0.2
Niger	692	0.7	1.2	0.3	1.2	1.1	3.7	....	....	....	0.0	0.0	0.0
Nigeria	694	73.5	71.4	76.2	73.0	72.8	42.6	1.4	3.4	12.6	4.3	6.2	10.2
Rwanda	714	0.7	1.4	1.9	2.0	2.0	8.7	0.0	....	0.0	0.1	0.2	0.5
São Tomé & Príncipe	716	0.0	....	0.0	0.0	0.0	0.1	0.0	0.1	0.0	0.0	0.0	0.0
Senegal	722	19.9	20.1	28.8	32.9	25.8	9.3	0.0	0.0	0.0	0.2	0.0	0.0
Seychelles	718	3.3	6.0	6.3	2.3	1.8	1.7	0.2	0.0	0.1	0.2	0.2	0.0
Sierra Leone	724	0.7	0.6	0.3	1.1	0.3	0.2	1.0	0.8	1.9	1.0	2.2	0.3
South Africa	199	542.7	463.5	503.2	521.1	432.8	473.2	180.3	145.1	139.3	178.3	113.4	129.4
South Sudan, Rep. of	733	....	....	0.8	1.4	0.3	0.1	....	....	....	....	....	....
Swaziland	734	0.1	0.5	1.6	1.2	0.3	0.1	....	0.1	0.0	0.0	0.0	0.0
Tanzania	738	6.4	13.6	8.8	13.6	12.1	11.0	2.9	4.4	4.1	5.7	5.5	4.3
Togo	742	8.1	7.3	6.9	7.4	4.8	4.7	0.1	0.3	....	0.5	0.0	0.1
Uganda	746	4.7	8.9	7.6	10.2	11.3	36.7	0.2	0.2	0.3	0.3	0.3	0.4
Zambia	754	6.2	1.1	4.3	3.7	4.0	2.5	0.0	0.0	0.0	0.2	0.0	0.0
Zimbabwe	698	4.2	1.3	1.6	1.3	1.2	1.7	0.1	0.1	0.0	0.0	0.0	0.1
Africa n.s.	799	0.1	....	....	0.0	....	....	0.0	0.0	1.1	0.0	....	....
Western Hemisphere	**205**	**1,166.0**	**1,252.8**	**1,346.3**	**1,477.4**	**1,371.9**	**1,328.1**	**408.0**	**418.5**	**376.0**	**448.2**	**428.0**	**466.2**
Anguilla	312	0.0	....	0.0	0.0	0.5	0.0	....	....	....	....	....	....
Antigua and Barbuda	311	0.0	0.0	0.0	0.1	0.1	0.1	0.5	0.1	0.4	1.0	1.1	....
Argentina	213	85.8	69.9	98.5	91.8	89.0	90.0	49.0	49.3	11.5	51.4	70.2	88.2
Aruba	314	0.1	0.3	0.1	0.2	0.2	0.1	0.0	....	0.0	0.0	....	....

2017, International Monetary Fund: *Direction of Trade Statistics Yearbook*

Czech Republic (935)
In Millions of U.S. Dollars

		Exports (FOB) 2011	2012	2013	2014	2015	2016	Imports (CIF) 2011	2012	2013	2014	2015	2016
Bahamas, The	313	0.2	0.3	1.5	0.2	0.6	0.1	0.7	0.0	....	....	0.0	0.0
Barbados	316	0.1	0.1	0.1	0.1	0.2	0.2	0.8	1.0	1.1	1.5	1.9	3.1
Belize	339	1.0	4.0	6.4	5.5	2.9	3.0	....	0.2	0.2	....	0.1	....
Bermuda	319	0.3	0.1	0.1	0.0	0.1	0.0	0.9	0.7	1.0	1.1	0.4	0.0
Bolivia	218	3.7	3.4	4.3	5.3	5.9	5.2	0.2	0.2	0.0	0.2	0.4	0.2
Brazil	223	439.5	410.0	426.1	388.0	266.4	260.6	125.1	110.7	89.8	104.9	50.6	62.7
Chile	228	60.5	74.8	64.2	58.1	85.1	75.0	18.7	13.1	15.4	13.9	13.5	13.3
Colombia	233	33.6	37.9	43.7	70.9	62.8	31.8	7.7	7.8	2.9	3.5	2.8	3.4
Costa Rica	238	5.7	6.6	9.4	6.0	7.3	7.1	0.1	0.1	0.2	8.2	1.3	1.5
Curaçao	354	....	....	0.2	0.1	0.4	0.2	....	....	....	....	....	....
Dominica	321	....	0.0	0.0	0.0	0.2	0.2	0.1	0.0	0.0	....	....	....
Dominican Republic	243	6.1	4.4	6.3	7.4	14.2	13.8	4.1	3.7	0.8	0.5	1.0	1.7
Ecuador	248	15.2	16.8	16.2	13.9	14.0	13.2	1.0	3.5	4.4	4.3	5.0	6.8
El Salvador	253	53.0	46.8	56.6	51.9	46.9	43.4	10.5	14.3	18.8	14.2	11.9	12.3
Falkland Islands	323	....	....	....	0.0	....	0.1	....	....	....	....	....	....
Greenland	326	0.8	0.8	0.7	0.6	0.7	0.8	....	....	0.0	0.0	....	....
Grenada	328	1.2	0.3	0.0	0.0	0.0	0.0	....	....	....	....	....	....
Guatemala	258	5.8	5.9	12.9	13.4	7.6	7.5	0.0	0.2	0.3	0.4	0.5	0.1
Guyana	336	0.5	0.3	0.6	0.1	0.1	0.2	0.0	0.0	0.0	0.0	0.0	0.0
Haiti	263	0.4	0.0	0.0	0.0	0.1	0.2	0.0	0.0	0.0	....	....	0.0
Honduras	268	11.5	14.4	14.3	10.4	10.9	9.4	7.1	7.5	6.4	5.3	4.7	2.4
Jamaica	343	0.1	0.2	0.3	0.2	0.3	5.1	0.0	0.0	0.0	0.0	0.2	0.1
Mexico	273	344.2	459.0	482.3	640.7	661.6	693.9	167.5	193.8	211.6	207.8	246.1	256.5
Netherlands Antilles	353	0.2	0.2	....	....	....	....	0.0	....	....	....	....	....
Nicaragua	278	0.6	0.5	1.0	1.4	1.7	1.5	0.2	0.1	0.2	0.3	0.4	0.3
Panama	283	18.2	17.8	14.5	43.4	5.2	9.1	0.7	0.2	0.3	0.1	1.1	0.4
Paraguay	288	2.9	3.5	5.2	5.1	5.7	4.9	0.4	0.0	0.1	0.1	0.1	0.5
Peru	293	20.4	29.0	40.8	33.5	42.7	33.7	8.0	9.3	8.0	9.4	6.7	5.6
Sint Maarten	352	....	....	0.1	0.2	0.2	0.1	....	....	0.0	0.0	0.0	0.0
St. Kitts and Nevis	361	0.0	0.0	0.0	0.0	0.0	0.0	1.0	1.0	1.2	1.0	1.2	1.3
St. Lucia	362	0.0	0.0	0.0	0.0	0.1	0.1	....	0.0	0.0	0.0	0.0	0.0
St. Vincent & Grens.	364	0.0	0.2	0.0	0.1	0.1	0.0	....	....	0.0	0.0	....	....
Suriname	366	0.8	0.5	0.7	0.6	0.6	0.7	0.0	0.0	0.0	0.0	0.0	0.1
Trinidad and Tobago	369	2.5	2.9	5.1	2.6	1.0	1.6	0.1	0.3	0.1	0.0	0.0	0.0
Uruguay	298	15.7	12.6	8.9	9.4	25.3	6.3	1.5	0.6	1.0	7.2	4.4	4.2
Venezuela, Rep. Bol.	299	27.8	20.7	13.4	11.5	7.0	5.3	1.3	0.4	0.0	4.6	0.0	0.0
Western Hem. n.s.	399	7.4	8.6	11.6	4.8	4.1	3.2	1.0	0.4	0.3	7.2	2.3	1.4
Other Countries n.i.e	910	54.3	39.7	25.4	24.9	28.0	17.8	1.4	2.3	2.5	1.4	2.1	2.0
Cuba	928	54.2	39.6	25.2	24.9	28.0	17.8	1.3	2.0	2.5	1.4	2.1	2.0
Korea, Dem. People's Rep.	954	0.1	0.1	0.2	0.1	0.0	0.0	0.1	0.4	....	....	....	....
Special Categories	899	57.7	52.0	53.9	42.0	40.2	38.6	0.0	0.5	1.9	0.3	0.0	0.4
Countries & Areas n.s.	898	44.8	79.1	67.3	52.9	81.6	48.7	658.8	862.8	890.3	1,073.9	960.3	1,555.3
Memorandum Items													
Africa	605	1,292.6	1,191.3	1,361.8	1,594.1	1,346.6	1,299.6	325.2	348.6	390.4	366.7	292.2	312.8
Middle East	405	1,557.0	1,711.0	1,781.9	2,227.0	2,277.2	2,208.1	236.0	96.5	170.0	258.6	182.2	194.9
European Union	998	135,791.7	127,699.3	131,563.6	143,843.8	131,375.7	136,099.2	112,956.9	105,905.7	110,041.8	118,591.3	108,439.6	112,128.8
Export earnings: fuel	080	7,188.4	8,262.2	8,328.1	8,260.9	5,861.8	5,390.0	9,857.9	9,739.2	9,358.5	8,385.1	5,103.9	3,144.3
Export earnings: nonfuel	092	155,752.1	148,935.5	153,992.0	166,760.7	152,015.6	157,325.3	142,303.2	131,804.5	134,976.8	145,852.0	136,260.5	139,896.2

Denmark (128)

In Millions of U.S. Dollars

		Exports (FOB)						Imports (CIF)					
		2011	2012	2013	2014	2015	2016	2011	2012	2013	2014	2015	2016
IFS World		112,000.4	105,882.8	110,393.1	110,088.4	94,593.8	94,292.8	96,762.0	91,269.8	96,938.7	99,050.0	85,281.8	85,044.3
World	001	111,864.2	107,086.2	110,948.9	111,492.9	95,457.3	95,328.0	95,641.2	91,875.0	97,366.4	99,572.2	85,622.7	85,497.4
Advanced Economies	110	92,254.2	86,999.5	89,204.1	90,040.7	76,198.4	75,587.6	75,553.4	72,727.6	76,795.7	78,539.8	67,217.6	66,566.5
Euro Area	163	42,720.4	38,002.7	41,623.8	43,372.9	36,525.7	36,334.0	43,518.4	42,529.4	45,277.8	45,853.3	39,798.1	41,003.2
Austria	122	752.3	692.0	719.1	735.3	635.3	651.6	874.0	916.5	910.5	917.8	786.6	815.3
Belgium	124	1,625.6	1,518.3	1,879.9	1,883.2	1,424.5	1,613.5	3,047.9	2,784.7	2,943.2	3,015.0	2,687.5	2,850.4
Cyprus	423	131.7	87.4	62.0	54.1	58.0	44.1	37.5	19.3	33.0	14.6	10.4	12.4
Estonia	939	248.8	284.5	268.0	295.8	247.2	283.3	319.4	298.7	352.9	389.6	325.3	347.2
Finland	172	2,599.6	2,492.0	3,149.1	3,074.6	2,451.3	2,219.1	1,628.9	1,528.0	1,608.6	1,345.6	1,115.1	1,062.4
France	132	4,686.1	3,835.5	3,879.8	4,293.3	3,342.9	3,461.4	3,153.3	2,775.8	2,892.6	3,058.9	2,619.6	2,655.7
Germany	134	18,181.2	16,301.0	18,274.2	20,021.1	17,120.9	15,556.7	19,551.4	19,067.8	20,401.9	20,494.0	17,526.5	18,439.7
Greece	174	615.0	475.9	491.9	555.6	398.4	450.5	173.5	160.9	174.6	155.5	132.3	147.7
Ireland	178	971.3	734.3	1,032.0	797.0	690.9	1,005.8	1,064.0	1,063.9	1,183.0	1,156.6	961.9	1,024.6
Italy	136	3,224.8	2,795.0	2,721.7	2,709.9	2,437.0	2,608.1	3,334.0	3,378.5	3,412.9	3,640.5	3,019.1	3,044.4
Latvia	941	284.4	311.6	315.1	348.4	300.3	294.5	423.1	472.9	538.1	524.8	478.4	491.6
Lithuania	946	492.2	455.1	504.3	482.3	405.8	427.9	525.2	575.1	584.9	646.1	572.0	518.8
Luxembourg	137	66.1	58.5	53.5	52.4	47.6	59.3	172.3	157.6	168.8	202.1	207.8	199.0
Malta	181	57.2	44.1	103.6	36.4	57.8	62.2	15.5	76.5	64.5	50.3	28.5	41.4
Netherlands	138	5,254.0	5,122.0	5,335.9	4,850.0	4,240.3	4,816.0	6,744.0	6,777.6	7,323.5	7,616.9	6,953.9	6,896.0
Portugal	182	400.9	319.7	362.5	393.3	274.2	303.2	404.2	409.6	433.5	423.9	337.6	346.4
Slovak Republic	936	374.0	297.0	290.8	307.5	262.6	224.8	416.6	406.2	447.7	434.0	389.4	470.4
Slovenia	961	95.6	95.7	93.6	103.3	90.3	91.9	251.7	279.2	283.0	254.3	204.0	240.4
Spain	184	2,659.5	2,083.1	2,086.7	2,379.5	2,040.4	2,160.2	1,381.7	1,380.7	1,520.5	1,512.7	1,442.2	1,399.5
Australia	193	1,255.7	1,092.4	1,071.6	920.7	856.3	981.4	260.8	163.8	106.1	105.6	131.2	116.5
Canada	156	1,186.7	770.3	707.9	784.4	561.9	582.9	319.0	396.5	381.8	285.8	345.0	280.3
China,P.R.: Hong Kong	532	1,717.0	1,857.7	2,065.5	1,258.7	1,244.9	501.4	162.1	142.5	113.2	125.0	110.0	103.9
China,P.R.: Macao	546	2.0	2.0	1.7	2.4	2.5	2.7	1.2	1.4	2.0	0.7	0.6	0.7
Czech Republic	935	1,072.5	1,054.0	1,002.3	1,014.8	860.5	825.3	1,153.8	1,145.7	1,325.7	1,829.2	1,388.1	1,501.4
Iceland	176	387.1	411.8	431.5	484.1	438.7	494.7	158.1	187.3	212.2	166.5	173.9	184.8
Israel	436	222.3	196.2	226.3	201.6	204.2	220.5	87.2	78.6	75.6	78.2	61.8	63.5
Japan	158	1,936.1	2,076.7	1,940.4	2,024.2	1,835.3	2,148.5	521.9	414.9	359.4	386.7	388.2	400.2
Korea, Republic of	542	721.0	799.5	767.3	913.9	942.2	732.9	387.0	432.9	1,084.7	2,078.3	1,767.9	358.3
New Zealand	196	112.1	122.2	124.5	208.0	121.3	121.0	196.2	92.2	87.9	91.7	88.4	90.9
Norway	142	6,811.2	6,888.8	7,262.6	7,408.7	5,961.6	5,805.2	5,910.3	6,475.0	6,966.2	6,708.5	5,164.2	4,718.5
San Marino	135	1.6	1.3	3.7	1.4	2.5	2.2	1.0	0.9	0.9	1.0	1.2	0.7
Singapore	576	1,344.5	497.2	538.7	557.4	453.7	457.6	125.9	181.0	147.1	137.9	180.4	530.1
Sweden	144	14,203.5	14,189.1	13,726.7	13,360.5	11,035.1	11,248.5	12,751.6	11,792.6	12,014.7	12,160.5	10,503.6	10,322.2
Switzerland	146	1,004.0	916.8	925.6	945.2	828.0	819.8	885.4	797.0	810.4	748.9	643.2	671.4
Taiwan Prov.of China	528	293.2	279.6	275.2	323.8	286.3	360.7	508.8	440.8	440.1	463.2	391.3	377.1
United Kingdom	112	10,532.3	10,676.9	9,515.1	8,721.4	6,033.0	6,177.1	5,976.0	5,065.0	5,305.7	4,744.7	3,872.2	3,519.1
United States	111	6,731.0	7,164.2	6,993.8	7,536.7	8,004.8	7,771.2	2,628.7	2,390.1	2,084.3	2,573.9	2,208.4	2,323.7
Emerg. & Dev. Economies	200	19,172.7	19,271.2	20,829.8	20,977.3	18,691.3	19,079.7	20,085.2	19,128.9	20,562.1	21,016.2	18,376.4	18,917.9
Emerg. & Dev. Asia	505	4,497.6	4,463.4	4,939.2	5,743.6	5,663.6	6,105.0	9,314.2	8,684.2	8,873.3	9,552.6	8,673.8	8,681.8
American Samoa	859	0.1	0.1	0.1	0.2	0.0	0.7	0.1	0.1	0.0	0.0	0.0	0.0
Bangladesh	513	60.8	62.6	65.0	56.3	62.2	89.9	312.4	386.9	431.9	533.6	543.1	582.5
Bhutan	514	0.1	0.4	0.2	0.2	0.4	0.5	0.0	0.0	0.0	0.2	0.0	0.0
Brunei Darussalam	516	2.4	4.0	5.0	2.4	1.9	1.7	0.3	0.4	0.5	1.1	0.0	0.1
Cambodia	522	5.0	7.8	6.5	8.2	34.1	120.9	7.5	19.9	21.6	27.7	41.5	86.8
China,P.R.: Mainland	924	2,798.6	2,908.8	3,421.4	3,879.8	3,977.8	4,213.6	6,492.6	6,249.1	6,421.4	6,877.0	6,233.1	6,203.9
Fiji	819	0.9	1.1	1.3	2.1	1.2	1.7	0.0	0.0	0.0	0.0	0.0	0.0
F.T. French Polynesia	887	2.9	3.7	5.4	2.9	3.2	3.0	0.4	0.4	0.5	0.6	0.7	0.7
F.T. New Caledonia	839	9.5	5.7	5.3	6.2	6.0	6.9	0.0	0.0	0.0	0.0	0.0	0.1
Guam	829	4.0	5.2	3.0	4.0	5.0	5.4	0.0	0.0	0.0	0.0	0.0	0.0
India	534	587.8	446.9	381.8	412.0	373.6	424.0	871.5	724.3	767.4	809.5	634.1	664.6
Indonesia	536	114.2	168.2	180.0	160.3	149.7	135.6	263.2	265.2	269.1	259.8	223.9	207.6
Kiribati	826	0.0	0.0	0.5	0.6	1.0	0.9	0.8	0.0	....	....	0.0	0.0
Lao People's Dem.Rep	544	17.3	1.2	2.9	1.1	0.6	1.3	6.3	8.3	10.6	8.3	9.6	15.0
Malaysia	548	208.5	212.4	224.5	220.9	201.9	199.1	268.4	255.9	226.8	250.5	212.6	177.5
Maldives	556	4.3	4.4	3.7	5.1	5.5	8.5	0.1	0.1	0.1	0.4	6.9	0.1
Marshall Islands	867	62.8	2.3	2.2	218.5	48.1	8.5	0.0	0.1	0.0	0.1	14.9	0.0

2017, International Monetary Fund: Direction of Trade Statistics Yearbook

Denmark (128)
In Millions of U.S. Dollars

		Exports (FOB)						Imports (CIF)					
		2011	2012	2013	2014	2015	2016	2011	2012	2013	2014	2015	2016
Micronesia	868	....	....	0.1	0.0	0.0	0.0	....	0.0	0.0	0.3	....	....
Mongolia	948	6.3	4.7	14.9	4.7	4.0	4.1	0.1	0.0	0.1	2.8	0.3	0.3
Myanmar	518	2.0	3.3	3.0	6.4	9.3	7.0	1.2	1.4	3.3	2.3	4.1	24.0
Nauru	836	....	0.0	....	0.0	0.0	0.0	0.1	0.0	0.0	....	0.0	....
Nepal	558	2.0	2.4	5.3	2.6	2.5	3.4	3.3	2.5	3.3	3.1	2.9	3.9
Papua New Guinea	853	11.7	16.8	14.5	9.7	9.8	8.4	1.7	2.9	1.0	1.9	0.9	0.6
Philippines	566	102.5	97.3	110.7	221.9	125.0	137.4	59.8	62.5	47.2	45.7	44.8	49.2
Samoa	862	0.0	0.0	0.0	0.0	0.0	0.2	....	....	....	0.1	0.0	0.0
Solomon Islands	813	0.1	0.4	0.1	0.2	0.4	0.2	....	0.0	0.0	....	0.0	....
Sri Lanka	524	25.5	41.4	45.4	39.0	33.5	37.9	22.8	23.0	25.7	25.1	24.8	25.5
Thailand	578	263.9	286.5	239.9	247.8	236.7	267.9	736.4	416.2	385.8	401.2	374.2	353.9
Timor-Leste	537	0.5	0.2	0.1	0.2	0.2	0.4	0.0	....	0.0	0.1	0.0	0.0
Tonga	866	0.0	....	0.7	0.0	0.2	0.1	....	0.0	0.0	0.0	....	....
Tuvalu	869	0.0	....	0.0	0.0	0.1	....	....	0.0	0.0	0.0	0.0	....
Vanuatu	846	0.2	0.1	0.2	0.1	0.2	0.0	0.0	0.0	....	0.0	....	....
Vietnam	582	200.6	174.0	193.5	229.5	368.6	413.7	264.9	264.8	255.9	301.1	301.1	285.2
Asia n.s.	598	3.0	1.6	2.0	0.8	0.7	2.1	0.1	0.1	1.1	0.1	0.0	0.0
Europe	170	**8,242.2**	**7,999.7**	**8,389.3**	**8,136.1**	**6,454.7**	**6,742.3**	**6,904.9**	**6,385.4**	**7,330.6**	**7,416.2**	**6,730.0**	**7,587.0**
Emerg. & Dev. Europe	903	**5,624.8**	**5,385.6**	**5,698.1**	**6,083.4**	**5,254.3**	**5,509.6**	**5,237.3**	**5,315.4**	**5,780.3**	**5,967.9**	**5,113.1**	**5,899.9**
Albania	914	4.8	5.0	4.0	7.0	6.7	8.1	0.7	0.7	1.4	1.5	0.7	1.0
Bosnia and Herzegovina	963	19.9	19.1	17.8	18.4	16.1	15.7	3.9	7.1	5.6	6.4	5.8	8.7
Bulgaria	918	103.0	102.6	103.4	133.7	116.1	116.8	116.0	112.7	124.1	123.6	120.3	129.8
Croatia	960	165.3	107.2	143.7	92.4	100.2	118.0	35.4	40.2	37.7	29.2	30.6	36.3
Faroe Islands	816	432.4	454.4	489.0	471.6	432.8	492.1	297.0	263.7	274.7	274.6	223.8	279.9
Gibraltar	823	48.5	138.2	19.2	37.7	26.1	3.9	0.1	0.1	6.8	0.2	0.1	0.2
Hungary	944	614.4	605.0	617.7	773.4	589.9	624.3	723.4	737.6	786.8	849.3	627.6	734.7
Kosovo	967	6.5	5.9	6.0	5.9	6.3	6.7	0.1	0.2	0.2	0.4	0.2	0.2
Macedonia, FYR	962	21.5	20.8	42.7	15.4	12.5	15.4	16.3	6.9	7.2	9.5	7.3	5.2
Montenegro	943	1.4	0.7	0.9	1.9	3.3	4.4	0.0	0.0	0.0	0.0	0.0	0.1
Poland	964	2,958.7	2,627.8	2,792.9	3,029.5	2,768.8	2,766.3	2,935.3	2,947.0	3,291.7	3,314.2	2,900.1	3,341.4
Romania	968	409.5	481.3	491.2	382.7	276.4	269.0	191.7	226.7	261.1	272.3	225.0	358.9
Serbia, Republic of	942	109.5	111.1	109.8	104.1	124.6	134.7	25.6	25.4	32.1	48.2	65.1	50.1
Turkey	186	729.4	706.5	859.9	1,009.7	774.4	934.2	891.7	947.0	950.9	1,038.5	906.5	953.4
CIS	901	**2,616.4**	**2,613.3**	**2,690.4**	**2,051.8**	**1,199.5**	**1,231.7**	**1,667.6**	**1,070.0**	**1,550.3**	**1,448.3**	**1,616.9**	**1,687.0**
Armenia	911	5.7	4.1	4.5	4.9	7.3	5.1	0.0	0.0	0.1	0.1	0.1	0.2
Azerbaijan, Rep. of	912	22.9	39.1	44.0	41.3	31.0	27.2	0.8	19.7	34.4	3.6	0.6	2.2
Belarus	913	60.2	76.9	75.8	88.0	47.5	55.8	40.2	10.6	18.7	15.2	38.1	12.8
Georgia	915	19.5	13.4	9.9	12.1	10.3	17.5	1.6	1.3	1.5	1.3	0.6	1.1
Kazakhstan	916	63.3	81.1	55.9	57.8	39.2	34.0	18.2	30.8	48.2	46.4	31.3	30.0
Kyrgyz Republic	917	2.4	3.8	2.5	3.6	7.8	6.6	0.1	0.1	0.1	0.0	0.1	0.1
Moldova	921	9.8	11.6	11.0	12.5	12.6	9.9	0.3	0.7	4.9	1.7	3.2	1.2
Russian Federation	922	2,108.2	2,020.2	2,072.5	1,539.4	825.4	806.5	1,436.2	851.6	1,262.0	1,249.4	1,442.6	1,518.5
Tajikistan	923	0.5	0.8	1.0	3.0	0.9	0.8	0.0	0.1	0.1	0.0	0.0	0.0
Turkmenistan	925	6.1	8.9	8.6	8.8	9.3	4.9	....	1.0	0.0	0.1	0.0	0.0
Ukraine	926	312.1	341.2	394.6	270.5	175.3	252.2	170.1	153.9	180.3	130.5	100.2	119.5
Uzbekistan	927	5.8	12.0	10.0	9.8	32.8	11.2	0.0	0.1	0.0	0.0	0.1	1.3
Europe n.s.	884	1.0	0.8	0.8	0.9	0.9	1.0	0.0	0.0	0.0	0.0	0.0	0.0
Mid East, N Africa, Pak	440	**2,685.8**	**2,913.8**	**2,993.7**	**3,195.3**	**2,814.8**	**2,938.3**	**922.4**	**1,380.8**	**1,213.8**	**982.2**	**570.7**	**485.6**
Afghanistan, I.R. of	512	22.3	19.7	21.1	20.2	12.3	7.7	0.3	0.2	0.7	0.3	0.3	0.2
Algeria	612	234.5	200.5	212.6	172.6	104.9	199.5	141.5	315.3	47.9	7.6	0.2	34.3
Bahrain, Kingdom of	419	26.8	31.3	25.7	31.7	27.2	38.4	42.2	104.2	32.0	22.0	2.1	1.9
Djibouti	611	8.1	11.6	6.0	7.6	6.7	7.2	0.0	0.4	0.0	0.1	0.1	0.2
Egypt	469	259.0	258.4	262.9	246.0	306.1	327.5	34.3	24.8	19.5	18.2	20.2	18.1
Iran, I.R. of	429	216.7	177.7	122.5	179.2	182.4	282.4	8.3	8.2	10.0	10.4	6.3	8.0
Iraq	433	45.5	62.9	71.3	64.9	65.5	48.7	0.0	0.1	1.7	0.0	0.1	0.2
Jordan	439	82.9	75.4	86.7	193.5	77.5	67.6	2.5	0.9	1.4	1.1	2.7	3.2
Kuwait	443	74.4	68.1	81.8	86.6	78.6	96.7	141.6	74.4	61.4	54.6	29.0	4.1
Lebanon	446	120.1	114.5	147.3	175.4	136.4	118.7	4.5	4.1	3.2	4.2	4.2	3.1
Libya	672	28.1	77.8	65.2	74.5	52.3	39.4	0.4	159.9	134.5	0.1	0.0	0.1
Mauritania	682	18.3	2.8	2.9	4.1	1.7	3.5	3.8	11.6	23.7	31.8	17.2	21.1

Denmark (128)

In Millions of U.S. Dollars

		Exports (FOB)						Imports (CIF)					
		2011	2012	2013	2014	2015	2016	2011	2012	2013	2014	2015	2016
Morocco	686	58.0	259.4	290.5	206.6	62.0	81.9	24.4	44.4	26.5	26.7	16.1	16.4
Oman	449	164.7	125.9	140.2	140.0	122.2	113.9	3.1	4.8	6.8	34.0	5.9	10.3
Pakistan	564	69.9	85.5	79.3	89.7	73.9	120.9	93.8	87.0	95.3	103.0	102.5	132.3
Qatar	453	84.6	80.9	94.6	138.5	121.0	88.7	269.1	262.5	474.1	493.7	173.2	162.2
Saudi Arabia	456	575.5	698.2	703.3	723.8	780.8	728.0	49.0	77.1	87.7	44.3	146.9	8.7
Somalia	726	0.8	0.5	1.2	3.8	2.7	2.4	....	0.0	0.0	0.1	....	....
Sudan	732	15.4	16.4	16.5	19.5	14.8	15.0	0.3	0.0	0.0	0.0	0.1	0.0
Syrian Arab Republic	463	43.1	26.7	15.8	18.1	13.8	7.9	2.2	1.7	0.1	0.0	0.2	0.3
Tunisia	744	61.1	40.5	42.3	29.7	27.8	31.6	11.1	7.0	16.9	8.2	8.1	9.2
United Arab Emirates	466	429.4	410.2	426.8	481.2	487.2	462.5	89.7	192.2	170.3	121.4	34.6	51.8
West Bank and Gaza	487	1.6	3.1	3.4	4.9	4.5	4.8	0.1	0.0	0.0	0.2	0.0	0.0
Yemen, Republic of	474	45.3	65.9	73.7	83.4	52.6	43.4	0.1	0.1	0.0	0.1	0.7	....
Sub-Saharan Africa	**603**	**722.0**	**735.2**	**909.9**	**833.3**	**933.6**	**700.3**	**481.2**	**429.2**	**1,059.9**	**809.5**	**601.3**	**321.5**
Angola	614	20.6	28.5	59.4	25.0	10.4	13.2	0.1	88.8	0.2	0.4	32.9	38.8
Benin	638	5.1	1.3	10.0	1.9	2.3	1.6	6.7	8.4	7.6	20.0	18.0	13.7
Botswana	616	0.6	0.5	0.3	0.6	0.3	0.4	0.0	0.0	0.0	0.0	0.0	0.0
Burkina Faso	748	1.9	5.1	5.1	5.2	3.6	3.7	10.8	3.3	2.1	0.1	0.0	0.1
Burundi	618	1.8	1.1	1.4	1.1	1.9	1.2	1.5	1.2	0.7	0.4	0.0	0.0
Cabo Verde	624	1.6	0.6	1.0	2.6	2.2	2.1	0.1	0.1	0.0	0.0	0.1	0.1
Cameroon	622	5.1	10.5	6.7	8.4	7.7	4.7	2.4	2.3	1.7	0.7	1.7	1.2
Central African Rep.	626	1.1	0.9	0.5	4.1	4.4	3.4	0.0	0.0	0.1	0.1	0.0	0.2
Chad	628	2.8	1.4	6.6	3.0	1.5	2.8	0.0	0.0	0.0	0.0	0.0	0.0
Comoros	632	0.4	0.6	0.1	0.1	0.2	0.1	0.0	0.0	0.0	....	....	....
Congo, Dem. Rep. of	636	4.7	2.6	3.1	4.7	7.2	3.6	0.2	0.4	0.3	0.3	0.1	0.5
Congo, Republic of	634	5.3	4.6	4.6	6.1	20.1	9.7	0.5	0.4	0.8	26.9	1.4	4.9
Côte d'Ivoire	662	7.5	8.0	10.6	10.6	9.2	7.0	6.7	1.0	11.0	17.0	14.5	17.7
Equatorial Guinea	642	7.4	7.3	8.9	5.8	4.5	3.2	88.4	0.0	0.0	38.6	0.0	0.0
Eritrea	643	2.1	1.5	1.4	1.8	2.1	2.0	0.0	....	0.0	0.0	0.0	0.1
Ethiopia	644	15.3	16.8	18.4	29.7	22.6	19.0	1.7	1.6	1.6	0.7	1.4	1.1
Gabon	646	9.2	3.4	4.8	7.2	6.7	3.8	0.3	0.3	0.3	0.4	0.4	0.4
Gambia, The	648	6.3	3.7	3.7	3.3	3.5	2.8	0.1	0.0	0.1	0.0	0.0	0.1
Ghana	652	35.5	28.3	34.3	26.9	32.9	38.6	44.4	36.9	58.0	55.9	50.3	44.2
Guinea	656	2.4	2.9	4.0	16.0	11.6	11.0	0.1	0.2	0.2	0.0	0.0	0.0
Guinea-Bissau	654	1.0	0.6	0.6	0.8	0.6	0.7	....	0.0	0.0	....	0.0	0.0
Kenya	664	25.0	32.4	36.3	32.2	33.3	30.5	3.6	3.9	4.1	4.5	3.3	3.3
Lesotho	666	0.1	0.1	0.1	0.4	0.1	0.1	0.0	0.0	0.0	0.0	0.0	....
Liberia	668	6.1	7.1	9.1	8.5	84.7	4.8	5.6	1.8	0.1	0.7	0.3	0.1
Madagascar	674	2.3	3.4	4.8	2.8	2.5	4.0	2.7	2.0	1.1	1.5	1.3	0.9
Malawi	676	4.7	4.1	5.0	4.2	4.3	3.2	5.0	5.4	5.8	4.7	4.3	4.7
Mali	678	4.1	1.5	4.0	5.5	5.8	7.7	29.7	0.0	0.0	6.6	0.0	3.0
Mauritius	684	18.3	12.9	9.4	12.5	10.7	14.7	3.0	3.4	8.0	7.4	6.1	5.2
Mozambique	688	1.7	8.2	4.7	6.2	4.5	14.4	0.2	0.2	0.1	0.2	0.2	1.0
Namibia	728	10.0	8.3	8.4	16.5	12.1	9.6	9.5	8.8	9.9	7.8	5.8	4.4
Niger	692	1.4	1.9	2.1	4.1	2.9	3.7	0.0	0.0	0.0	0.1	0.0	0.0
Nigeria	694	149.2	148.3	165.5	196.8	156.6	89.8	0.6	91.3	811.1	483.8	347.9	48.6
Rwanda	714	1.9	3.4	1.0	0.8	2.7	1.6	0.1	0.1	0.9	0.1	0.1	0.4
São Tomé & Príncipe	716	0.3	0.4	0.2	0.4	0.3	0.3	0.0	....	0.0	0.0	0.1	0.0
Senegal	722	11.2	6.3	6.4	11.6	7.8	8.9	0.5	0.2	7.6	0.8	2.6	4.4
Seychelles	718	3.8	8.8	7.1	2.5	3.5	3.3	3.7	4.0	8.6	6.8	5.7	8.4
Sierra Leone	724	4.4	4.0	4.1	6.3	4.0	3.0	0.0	0.1	0.1	0.0	0.2	0.1
South Africa	199	300.9	309.9	414.9	316.4	383.4	329.5	233.0	145.5	95.8	110.9	91.5	103.4
South Sudan, Rep. of	733	....	....	1.0	2.8	2.9	4.5	....	....	0.0	0.0	0.0	0.0
Swaziland	734	1.1	0.3	0.1	0.3	0.4	0.3	0.1	0.3	0.4	0.4	0.4	0.4
Tanzania	738	10.5	15.8	12.7	10.8	9.5	12.0	8.1	7.9	15.5	4.5	3.6	4.7
Togo	742	4.3	3.5	4.3	5.9	17.3	3.8	0.2	0.2	0.0	0.1	0.1	0.0
Uganda	746	14.3	10.6	12.7	9.6	18.2	10.2	10.9	8.6	5.5	5.8	5.0	1.9
Zambia	754	4.0	4.7	4.5	4.2	3.9	2.4	0.3	0.3	0.4	0.9	1.4	3.4
Zimbabwe	698	4.7	9.0	6.0	7.1	6.1	3.6	0.2	0.3	0.4	0.4	0.3	0.2
Africa n.s.	799	....	....	....	0.1	0.6	0.2	0.0	0.0	0.0	0.0	....	....

Denmark (128)
In Millions of U.S. Dollars

		Exports (FOB)						Imports (CIF)					
		2011	2012	2013	2014	2015	2016	2011	2012	2013	2014	2015	2016
Western Hemisphere	205	3,025.2	3,159.0	3,597.6	3,068.9	2,824.5	2,593.7	2,462.7	2,249.3	2,084.5	2,255.6	1,800.5	1,842.0
Anguilla	312	0.1	0.1	0.2	0.1	0.3	0.2	0.0	0.0	0.0	0.0	0.0	0.0
Antigua and Barbuda	311	3.1	7.5	2.4	4.0	2.4	1.3	1.5	0.8	1.3	0.4	0.8	0.3
Argentina	213	176.6	164.7	163.0	150.7	166.1	202.5	582.0	456.1	326.8	361.8	407.4	267.5
Aruba	314	3.4	26.9	3.0	3.9	4.6	4.0	0.0	0.0	0.1	0.1	0.0	0.5
Bahamas, The	313	22.9	17.4	12.6	14.4	28.2	11.2	0.1	0.8	0.5	0.1	0.6	0.3
Barbados	316	5.4	6.2	5.0	5.4	6.6	5.4	0.6	0.8	1.3	0.3	0.8	0.8
Belize	339	2.4	3.1	3.9	9.5	3.2	5.4	0.1	0.3	0.0	0.0	0.0	0.1
Bermuda	319	7.4	4.9	2.2	11.4	3.4	3.0	0.1	0.0	0.1	0.1	0.1	0.4
Bolivia	218	10.4	15.3	18.7	12.2	9.8	17.0	1.5	2.3	5.9	6.0	4.6	22.6
Brazil	223	851.0	1,008.2	1,305.0	971.5	738.3	561.7	503.8	545.2	610.8	618.9	390.1	296.3
Chile	228	178.6	184.8	283.2	201.9	174.9	238.2	154.4	147.7	176.7	208.0	165.9	161.9
Colombia	233	77.6	113.4	112.0	113.6	136.1	101.8	312.3	186.6	180.8	169.8	60.0	42.1
Costa Rica	238	17.9	21.3	23.8	27.6	26.2	21.3	2.2	4.6	3.6	9.2	6.4	2.2
Curaçao	354	....	....	3.5	4.1	4.0	5.0	....	....	3.5	0.4	0.1	0.1
Dominica	321	0.7	0.5	0.7	1.0	1.1	0.6	0.0	0.0	0.0	0.0	0.0	0.0
Dominican Republic	243	80.7	79.0	84.0	90.1	72.8	89.5	1.1	3.3	4.8	7.5	10.4	10.6
Ecuador	248	19.5	30.2	28.7	26.6	26.4	29.9	19.0	18.2	25.7	23.2	17.2	20.6
El Salvador	253	10.1	8.3	8.2	11.7	12.1	10.4	1.0	0.6	0.2	1.4	0.1	0.2
Falkland Islands	323	0.0	0.1	0.2	0.1	0.0	0.1	0.4	0.7	0.4	0.6	0.2	0.2
Greenland	326	571.6	547.3	552.8	523.9	445.9	452.1	464.3	435.9	474.0	466.3	419.1	525.0
Grenada	328	1.1	1.4	1.1	1.1	1.1	1.2	0.0	0.0	0.0	0.0	0.0	0.0
Guatemala	258	9.0	7.7	11.9	9.7	12.5	11.3	1.7	1.7	0.8	0.8	2.1	2.5
Guyana	336	2.3	3.1	2.9	3.6	4.0	2.0	0.1	0.2	0.1	0.1	0.1	0.9
Haiti	263	6.7	4.2	3.6	2.2	1.2	2.8	0.1	0.0	0.0	0.1	0.0	0.0
Honduras	268	12.6	14.1	13.5	8.5	13.1	8.5	4.4	3.9	3.1	0.8	1.1	4.6
Jamaica	343	3.7	6.0	3.8	5.0	5.5	7.3	0.1	0.1	0.3	0.5	0.1	0.2
Mexico	273	383.9	396.4	374.6	483.6	525.2	521.6	149.1	189.6	138.3	169.4	143.5	131.6
Montserrat	351	0.1	0.1	0.1	0.1	0.1	0.1	....	0.0	....	....	0.0	0.0
Netherlands Antilles	353	33.5	12.0	....	....	....	....	32.5	0.4	....	....	....	....
Nicaragua	278	2.5	3.8	1.9	1.8	3.4	4.3	0.9	0.7	0.9	1.3	0.7	1.3
Panama	283	95.2	65.4	78.8	65.9	66.9	78.7	2.8	9.0	11.4	9.8	9.2	184.9
Paraguay	288	4.2	4.2	4.2	4.5	6.4	7.1	0.2	0.1	8.4	27.8	16.9	51.7
Peru	293	49.5	55.8	81.9	47.8	70.9	55.0	127.5	190.1	91.3	136.2	128.9	90.1
Sint Maarten	352	....	....	1.1	2.4	1.9	1.9	....	....	0.0	0.0	0.1	0.0
St. Kitts and Nevis	361	1.1	0.8	0.7	2.9	1.1	1.0	0.5	0.4	1.6	0.8	0.5	1.5
St. Lucia	362	0.6	0.4	0.4	0.4	0.6	0.5	0.0	0.0	0.0	0.2	0.2	0.1
St. Vincent & Grens.	364	1.8	1.7	64.8	1.5	2.1	1.7	0.0	....	0.0	1.9	0.0	0.0
Suriname	366	3.4	1.9	12.8	6.8	2.9	2.8	1.7	0.1	0.2	1.0	0.3	0.1
Trinidad and Tobago	369	7.9	17.4	12.0	9.5	10.1	10.2	4.2	0.7	0.2	0.4	0.4	0.3
Uruguay	298	85.9	89.7	211.3	151.3	155.2	93.9	14.5	11.1	10.4	12.1	11.9	6.4
Venezuela, Rep. Bol.	299	69.4	102.4	77.1	71.4	43.5	15.9	77.8	36.8	0.4	15.4	0.1	13.1
Western Hem. n.s.	399	211.0	131.3	25.9	5.0	34.3	5.1	0.1	0.3	0.2	3.0	0.5	0.8
Other Countries n.i.e	910	20.6	26.1	27.2	26.2	20.4	26.5	2.5	1.2	0.9	1.0	0.5	0.5
Cuba	928	19.6	25.0	27.0	26.2	20.1	23.5	1.1	1.0	0.8	1.0	0.5	0.4
Korea, Dem. People's Rep.	954	1.0	1.1	0.2	....	0.3	3.0	1.4	0.2	0.1	....	0.0	0.1
Special Categories	899	407.7	778.9	670.1	427.6	519.2	630.8	....	....	0.1	....	....	....
Countries & Areas n.s.	898	9.0	10.5	217.7	21.0	28.0	3.4	....	17.2	7.5	15.2	28.2	12.6
Memorandum Items													
Africa	605	1,118.0	1,266.9	1,480.9	1,274.4	1,151.2	1,036.9	662.2	807.9	1,174.9	884.0	643.2	402.7
Middle East	405	2,197.7	2,277.0	2,321.2	2,641.5	2,508.1	2,468.6	647.2	915.0	1,002.7	804.4	426.1	272.0
European Union	998	72,779.6	67,846.6	70,016.8	70,881.3	58,305.6	58,479.3	67,401.7	64,596.8	68,425.3	69,176.2	59,465.6	60,947.0
Export earnings: fuel	080	4,508.3	4,625.0	4,703.1	4,306.2	3,410.3	3,318.0	2,705.3	2,527.8	3,396.9	2,853.8	2,338.4	2,023.9
Export earnings: nonfuel	092	107,355.9	102,461.2	106,245.8	107,186.7	92,047.0	92,010.0	92,936.0	89,347.2	93,969.5	96,718.4	83,284.4	83,473.5

Djibouti (611)

In Millions of U.S. Dollars

		Exports (FOB)						Imports (CIF)					
		2011	2012	2013	2014	2015	2016	2011	2012	2013	2014	2015	2016
IFS World		....	....	....	....	....	....	....	....	....	....	....	....
World	001	285.4	280.0	233.7	259.8	346.6	347.7	865.5	995.1	1,021.8	1,151.9	1,443.0	1,544.0
Advanced Economies	110	17.3	22.1	15.4	15.5	29.8	32.4	378.6	390.6	376.2	401.3	416.2	398.5
Euro Area	163	9.4	12.1	8.8	6.7	9.9	14.5	289.5	275.9	291.0	304.1	322.8	318.5
Austria	122	0.1 e	0.0 e	0.0 e	0.0 e	....	0.0 e	0.9 e	1.2 e	2.3 e	1.2 e	1.4 e	1.0 e
Belgium	124	0.9	0.3	0.5	0.7	1.8	6.4	10.1	10.3	12.1	14.1	20.8	13.5
Cyprus	423	....	0.9 e	1.5 e	0.7 e	0.2 e	....	0.0	0.0	0.0	0.0	0.0	0.0
Estonia	939	....	....	....	....	....	....	....	....	....	....	0.1 e	....
Finland	172	0.0 e	0.0 e	....	....	2.5 e	0.0 e	0.0	0.0	0.0	0.0	0.0	0.0
France	132	7.9	10.5	6.3	3.9	3.4	4.9	247.0	237.3	238.9	246.6	249.2	249.0
Germany	134	0.3	0.2	0.0	0.2	0.0	0.3	1.4	1.9	3.2	1.5	2.8	3.4
Greece	174	....	0.0 e	0.0 e	....	0.2 e	0.0 e	....	0.0	0.1	0.2	0.7	1.6
Ireland	178	0.0 e	....	....	0.0 e	....	0.1 e	0.2	0.0	0.0	0.2	0.0	0.0
Italy	136	0.0	0.0	0.0	0.0	0.0	0.0	20.0	14.9	18.6	23.2	32.8	27.4
Latvia	941	....	0.0 e	0.0 e	0.0 e	....	....	0.2	0.2	0.1	0.1	0.2	4.4
Lithuania	946	....	....	....	0.0 e	....	....	0.1	0.0	0.2	0.2	0.0	0.3
Luxembourg	137	....	0.0 e	....	0.0 e	....	0.0 e	0.0 e	0.7 e	4.9 e	6.7 e	0.2 e	0.1 e
Malta	181	0.0 e	....	....	0.0 e	0.0 e	0.2 e	2.2	2.1	1.8	2.3	2.2	2.2
Netherlands	138	0.0	0.1	0.1	0.3	0.2	0.3	3.3	3.3	3.5	3.6	3.1	3.6
Portugal	182	0.0	0.0	0.0	0.0	0.4	0.5	0.3	0.2	0.3	0.4	0.3	3.4
Slovak Republic	936	0.0 e	....	0.0 e	....	....	....	....	0.1 e	0.0 e	0.0 e	0.4 e	0.2 e
Slovenia	961	....	....	....	....	....	....	3.4	3.2	4.2	3.2	7.6	6.5
Spain	184	0.2	0.1	0.4	0.9	1.2	1.6	0.4	0.3	0.7	0.7	0.9	1.9
Australia	193	0.4 e	0.5 e	0.4 e	0.3 e	0.8 e	0.6 e	0.3	0.2	0.2	0.1	0.1	0.2
Canada	156	0.0	0.0	0.0	0.0	0.0	0.0	1.3	2.4	2.0	1.3	1.1	1.5
China,P.R.: Hong Kong	532	4.1 e	0.8 e	2.9 e	0.6 e	0.7 e	0.5 e	0.1	0.1	0.2	0.2	0.1	0.1
China,P.R.: Macao	546	....	....	....	....	....	....	....	....	0.3 e	1.0 e	0.9 e	0.4 e
Czech Republic	935	0.3 e	0.5 e	0.3 e	0.7 e	0.2 e	0.8 e	4.5 e	0.4 e	0.1 e	0.4 e	0.8 e	0.4 e
Denmark	128	....	0.0	0.0	0.0	0.0	0.0	2.7	3.8	2.0	2.5	2.2	2.4
Israel	436	0.0	0.0	0.0	0.0	0.0	0.0	0.3	0.3	0.3	0.3	0.3	0.3
Japan	158	0.4	1.2	0.0	1.0	0.2	0.1	24.2	16.1	4.3	13.0	18.7	12.4
Korea, Republic of	542	0.0 e	0.0 e	0.0 e	0.1 e	0.1 e	0.6 e	3.5	6.9	4.7	4.3	4.0	5.8
New Zealand	196	0.1 e	0.1 e	0.0 e	0.0 e	0.3 e	0.9 e	0.1	0.3	0.2	0.1	0.2	0.2
Norway	142	0.0	0.2	0.0	0.0	0.0	0.0	0.1	0.1	0.0	0.0	0.0	0.1
Singapore	576	0.8 e	0.7 e	0.9 e	0.4 e	0.6 e	0.9 e	3.5	4.8	7.4	10.1	10.3	7.5
Sweden	144	0.0	0.0	0.0	0.0	0.0	0.0	4.8	1.3	1.4	1.0	1.1	1.3
Switzerland	146	0.0 e	0.3 e	0.0 e	0.0 e	0.0 e	0.0 e	0.0	0.0	0.0	0.0	0.0	0.0
Taiwan Prov.of China	528	0.0 e	....	0.0 e	....	0.0 e	0.1 e	23.4 e	49.7 e	36.6 e	39.6 e	26.4 e	23.6 e
United Kingdom	112	0.0	0.0	0.0	0.0	0.0	0.1	3.6	12.9	4.2	8.8	7.3	5.0
United States	111	1.9	5.6	1.9	5.6	16.8	13.3	16.8	15.5	21.4	14.4	19.9	18.8
Emerg. & Dev. Economies	200	268.1	257.9	218.4	244.3	316.8	315.3	483.1	599.4	639.9	744.5	1,017.4	1,135.1
Emerg. & Dev. Asia	505	1.8	2.7	4.7	1.1	0.8	1.5	90.1	106.6	116.8	118.7	168.9	193.2
Bangladesh	513	....	....	....	....	....	....	3.1	0.5	0.8	1.7	2.0	2.0
China,P.R.: Mainland	924	0.0	0.0	0.0	0.1	0.1	0.0	35.7	63.4	71.6	79.3	139.2	157.9
F.T. New Caledonia	839	0.0	0.0	0.0	0.0	0.0	0.0	....	....	....	0.1 e	0.0 e	0.0 e
India	534	0.4	0.7	1.2	0.3	0.3	0.5	40.1	32.6	29.9	24.6	16.9	22.4
Indonesia	536	0.9 e	1.3 e	0.4 e	0.2 e	....	0.1 e	3.6	5.2	5.5	5.9	5.3	6.2
Malaysia	548	0.1	0.0	2.7	0.0	0.0	0.1	3.5	1.7	2.0	1.0	1.4	0.8
Myanmar	518	....	....	....	....	0.0 e	....	....	....	....	....	0.1 e	0.0 e
Nepal	558	....	0.2 e	0.0 e	....	0.0 e	0.0 e	....	....	....	....	....	....
Philippines	566	0.3	0.3	0.3	0.3	0.3	0.3	0.1	0.1	0.0	0.2	0.1	....
Sri Lanka	524	0.1 e	0.0 e	0.0 e	0.0 e	0.1 e	0.5 e	0.2	0.4	0.1	0.1	0.1	0.0
Thailand	578	0.0 e	0.1 e	0.1 e	0.1 e	0.0 e	0.0 e	3.7	2.6	6.5	5.5	3.2	3.1
Vietnam	582	0.0	0.0	0.0	0.0	0.0	0.0	0.1	0.1	0.1	0.2	0.2	0.3
Asia n.s.	598	....	....	....	....	....	....	0.1	0.2	0.2	0.2	0.3	0.4
Europe	170	0.1	1.5	0.1	0.2	0.1	0.1	32.9	52.0	30.9	91.4	59.7	76.9
Emerg. & Dev. Europe	903	0.1	0.0	0.1	0.2	0.1	0.0	12.1	16.9	16.9	60.7	39.0	70.0
Albania	914	....	....	....	....	....	0.0 e	....	....	0.4 e	....	....	0.0 e
Bosnia and Herzegovina	963	....	0.0 e	0.0 e	0.0 e	....	0.0 e	0.0 e	0.3 e	....	....	....	....
Bulgaria	918	0.1 e	0.0 e	0.0 e	0.0 e	0.0 e	0.0 e	0.0	0.0	0.0	0.0	0.0	0.0

Djibouti (611)

In Millions of U.S. Dollars

		Exports (FOB)						Imports (CIF)					
		2011	2012	2013	2014	2015	2016	2011	2012	2013	2014	2015	2016
Croatia	960	....	0.0 e	....	0.2 e	....	....	1.6	1.9	4.4	6.7	2.0	3.0
Hungary	944	0.0 e	....	0.0 e	....	....	....	2.5 e	0.5 e	0.9 e	0.9 e	1.2 e	1.5 e
Kosovo	967	....	....	....	....	....	....	....	....	....	....	....	0.1 e
Poland	964	....	....	....	....	....	0.0 e	0.2	0.4	0.8	0.9	1.7	1.4
Romania	968	....	....	0.0 e	....	0.0 e	0.0 e	1.0 e	0.4 e	0.4 e	43.1 e	19.3 e	52.3 e
Turkey	186	0.0	0.0	0.1	0.0	0.0	0.0	6.8	13.3	10.1	9.0	14.8	11.7
CIS	901	**0.0**	**1.4**	**0.0**	**0.0**	**0.0**	**0.1**	**20.7**	**35.1**	**14.0**	**30.7**	**20.7**	**6.9**
Azerbaijan, Rep. of	912	....	....	....	....	....	0.1 e	....	....	....	....	....	....
Kyrgyz Republic	917	....	....	....	....	....	....	....	....	....	....	....	1.1 e
Russian Federation	922	0.0 e	1.4 e	....	....	....	0.0 e	0.0	0.0	0.1	0.2	0.2	0.2
Tajikistan	923	....	....	....	....	....	....	0.8 e	0.9 e	0.7 e	0.7 e	0.6 e	0.6 e
Ukraine	926	0.0	0.0	0.0	0.0	0.0	0.0	19.9	34.2	13.2	29.8	19.9	5.0
Mid East, N Africa, Pak	440	**114.2**	**88.2**	**61.7**	**79.0**	**124.4**	**124.8**	**308.4**	**370.0**	**422.8**	**452.2**	**658.1**	**730.5**
Algeria	612	0.0 e	....	....	0.0 e	0.0 e	....	0.1 e	0.3 e	0.1 e	0.0 e	0.0 e	....
Bahrain, Kingdom of	419	0.0 e	0.7 e	4.4 e	0.2 e	0.2 e	0.0 e	0.3	0.4	0.4	0.4	0.7	0.7
Egypt	469	28.1 e	11.4 e	8.5 e	0.7 e	6.0 e	....	10.8	12.9	13.7	25.5	26.4	30.6
Iran, I.R. of	429	0.0 e	0.0 e	0.0 e	0.0 e	0.0 e	0.0 e	1.7	2.2	2.5	2.7	4.2	4.6
Iraq	433	0.0	0.0	0.0	0.0	0.1	0.1	0.4	0.5	0.6	0.6	0.9	1.0
Jordan	439	0.0	0.0	0.3	0.1	0.0	0.3	0.7	0.8	0.3	0.8	0.4	0.4
Kuwait	443	0.4 e	0.4 e	1.9 e	2.7 e	0.8 e	0.7 e	2.8	3.8	4.2	4.6	7.1	7.8
Lebanon	446	0.2	0.2	0.9	1.0	0.3	0.2	1.2	1.7	12.1	3.8	3.8	2.1
Mauritania	682	0.0 e	0.0 e	0.0 e	1.4 e	0.0 e	0.0 e	0.6	0.9	1.0	1.0	1.6	1.8
Morocco	686	....	....	0.0 e	0.0 e	0.0 e	0.0 e	0.8	0.3	0.0	0.0	0.0	0.2
Oman	449	1.7 e	2.8 e	1.8 e	1.0 e	1.1 e	0.9 e	7.0	9.5	10.5	11.4	17.6	42.4
Pakistan	564	1.4 e	1.1 e	1.2 e	1.5 e	0.7 e	0.6 e	61.6 e	36.9 e	47.5 e	43.6 e	43.8 e	30.2 e
Qatar	453	12.2	19.1	11.5	18.9	31.1	32.9	1.0 e	1.8 e	0.9 e	0.2 e	1.2 e	3.5 e
Saudi Arabia	456	1.5	2.4	1.4	2.4	3.9	4.1	46.0	62.4	68.8	74.9	115.3	126.7
Somalia	726	23.0	36.1	21.6	35.7	58.7	62.0	4.2	5.7	6.3	6.9	10.6	11.7
Sudan	732	37.2 e	0.6 e	....	0.1 e	....	0.0 e	....	0.0 e	0.5 e	0.0 e	0.1 e	0.2 e
Syrian Arab Republic	463	....	....	....	....	....	....	0.6	0.9	1.0	1.0	1.6	1.8
Tunisia	744	0.0	0.0	0.0	0.0	0.0	0.0	0.1	0.1	0.1	0.1	0.1	0.1
United Arab Emirates	466	1.9	3.0	1.8	3.0	4.9	5.2	142.1	193.0	212.9	231.5	356.6	391.9
Yemen, Republic of	474	6.5	10.3	6.2	10.2	16.7	17.7	26.4	35.8	39.5	43.0	66.2	72.8
Sub-Saharan Africa	603	**119.9**	**133.5**	**119.7**	**131.9**	**159.1**	**156.5**	**50.8**	**67.5**	**68.8**	**79.9**	**120.8**	**125.4**
Angola	614	1.4 e	2.4 e	1.8 e	3.0 e	0.1 e	0.1 e	....	....	....	....	....	....
Benin	638	0.0	0.0	0.0	0.0	0.0	0.0	0.0 e	0.0 e	....	0.1 e	0.0 e	0.0 e
Botswana	616	....	....	....	....	0.0 e	....	....	....	....	....	0.2 e	....
Burkina Faso	748	0.1 e	0.0 e	....	0.0 e	0.0 e	0.0 e	....	....	....	....	0.0 e	0.0 e
Burundi	618	0.0 e	0.3 e	0.3 e	....	0.0 e	0.0 e	....	....	0.0 e	0.0 e	....	....
Cameroon	622	0.0	0.0	0.0	0.0	0.0	0.0	0.1 e	0.0 e	....	....	0.1 e	0.1 e
Comoros	632	0.0 e	0.0 e	0.0 e	0.0 e	0.0 e	0.0 e	0.2 e	....	0.0 e	0.0 e	0.0 e	0.0 e
Côte d'Ivoire	662	0.0	0.0	0.0	0.0	0.0	0.0	1.1 e	2.5 e	0.1 e	0.1 e	0.2 e	0.2 e
Eritrea	643	16.5 e	13.4 e	16.2 e	11.0 e	14.7 e	9.6 e	3.2 e	3.6 e	2.0 e	3.3 e	2.4 e	1.9 e
Ethiopia	644	97.6	110.3	96.3	109.9	132.1	135.3	38.6	52.4	57.8	62.8	96.8	106.3
Ghana	652	....	0.1 e	0.2 e	0.1 e	0.1 e	0.1 e	0.1	0.1	0.1	0.1	0.2	0.2
Kenya	664	3.8	6.0	3.6	5.9	9.7	10.3	2.1	2.9	3.2	3.5	5.4	5.9
Madagascar	674	0.0	0.0	0.0	0.0	0.0	0.0	0.1	0.1	0.1	0.1	0.2	0.2
Malawi	676	0.0	0.0	0.0	0.0	0.0	0.0	0.4 e	....	....	....	....	....
Mauritius	684	....	0.0 e	0.1 e	0.0 e	0.0 e	0.0 e	0.0 e	0.1 e	0.9 e	0.6 e	0.1 e	0.1 e
Namibia	728	....	....	....	0.1 e	0.0 e	....	....	0.0 e	0.0 e	....	0.1 e	0.0 e
Nigeria	694	0.2 e	....	0.2 e	0.2 e	0.1 e	0.1 e	....	....	....	....	....	....
Rwanda	714	0.0 e	0.0 e	0.0 e	0.0 e	....	0.1 e	0.0 e	0.0 e	0.0 e	0.0 e	....	....
Senegal	722	0.0	....	0.4	0.0	0.0	....	0.4 e	0.3 e	0.4 e	0.1 e	0.0 e	0.1 e
Seychelles	718	0.0 e	0.0 e	0.0 e	0.1 e	....	....	....	0.2 e	....	....	....	....
South Africa	199	0.1	0.7	0.4	1.6	2.0	0.7	3.4	4.5	3.7	5.8	6.5	6.6
Tanzania	738	0.0	0.0	0.0	0.0	0.0	0.0	1.0 e	0.7 e	0.1 e	2.8 e	8.2 e	3.1 e
Togo	742	....	0.2 e	0.0 e	....	....	....	....	0.0 e	....	0.0 e	....	0.0 e
Africa n.s.	799	....	....	....	....	....	....	0.2	0.2	0.3	0.3	0.4	0.5
Western Hemisphere	205	**31.9**	**32.0**	**32.2**	**32.2**	**32.4**	**32.5**	**0.9**	**3.2**	**0.7**	**2.3**	**9.9**	**9.2**
Argentina	213	....	....	....	....	0.0 e	0.1 e	0.0	0.0	0.0	0.0	0.0	0.4

Djibouti (611)

In Millions of U.S. Dollars

			Exports (FOB)							Imports (CIF)				
		2011	2012	2013	2014	2015	2016	2011	2012	2013	2014	2015	2016
Brazil	223	31.5	31.5	31.5	31.5	31.5	31.5	0.8	2.4	0.4	1.1	0.8	4.8
Colombia	233	0.0 e	....	....	....	0.0 e	0.0 e	0.1 e	0.1 e	0.2 e	0.4 e	0.2 e	0.4 e
Costa Rica	238	....	....	0.0 e	0.0 e	....	0.1 e	0.0	0.0	0.0	0.0	0.0	0.0
Dominican Republic	243	0.1 e	....	....	0.0 e	0.0 e	....	....	....	....	0.1 e	....	....
Ecuador	248	....	0.0 e	....	....	....	....	....	....	....	....	0.6 e	0.1 e
Guatemala	258	0.0 e	0.2 e	0.4 e	0.4 e	0.4 e	0.4 e	....	....	....	....	0.3 e	0.3 e
Guyana	336	....	0.0 e	....	....	....	....	0.0 e	0.6 e	....	....	0.0 e	....
Mexico	273	0.3	0.3	0.3	0.3	0.3	0.3	0.0	0.0	0.0	0.0	0.0	0.0
Paraguay	288	....	....	....	....	0.1 e	....	....	....	....	....	....	....
Peru	293	....	0.0 e	0.0 e	0.0 e	0.0 e	0.0 e	....	0.0 e	....	0.7 e	7.9 e	3.1 e
Countries & Areas n.s.	898	....	....	....	....	....	....	3.7	5.1	5.6	6.1	9.4	10.3
Memorandum Items													
Africa	605	180.1	170.3	141.3	169.1	217.8	218.6	56.7	74.9	76.8	87.9	133.2	139.4
Middle East	405	52.6	50.4	38.8	40.3	65.0	62.1	240.9	325.8	367.4	400.6	601.9	686.2
European Union	998	9.8	12.6	9.2	7.5	10.2	15.5	310.4	297.6	305.1	368.5	358.5	385.8
Export earnings: fuel	080	26.0	42.6	31.0	41.6	59.0	61.9	227.8	309.9	340.7	370.0	570.8	652.1
Export earnings: nonfuel	092	259.4	237.3	202.7	218.2	287.6	285.8	637.7	685.2	681.1	781.9	872.3	891.8

Dominica (321)

In Millions of U.S. Dollars

		Exports (FOB)						Imports (CIF)					
		2011	2012	2013	2014	2015	2016	2011	2012	2013	2014	2015	2016
IFS World		26.2	28.7	30.7	31.2	25.4	....	226.1	208.3	203.0	230.3	213.9	214.1
World	001	42.4	59.0	57.4	56.6	46.1	34.8	128.5	215.1	212.7	215.5	206.6	211.6
Advanced Economies	110	10.8	10.9	5.9	6.6	3.7	3.9	102.9	108.1	103.8	97.0	97.4	100.1
Euro Area	163	7.7	3.8	3.1	4.8	1.7	1.0	10.5	9.9	7.8	10.2	9.8	25.5
Austria	122	0.0 e	0.0 e	0.0 e	0.0 e	0.0 e	0.0 e	0.1	0.1	0.0	0.1	0.3	0.4
Belgium	124	0.0	0.0	0.0	0.0	....	0.0	0.2	0.3	0.2	0.2	0.2	0.3
France	132	3.6	3.2	2.9	2.2	1.6	0.8	3.9	4.2	2.3	3.2	3.7	2.4
Germany	134	4.1	0.4	0.1	0.0	0.0	0.0	0.9	1.3	0.7	1.0	1.0	0.9
Greece	174	0.0 e	....	0.0 e	....	....	0.0 e	0.1	....	....	....	0.0	0.0
Ireland	178	0.0 e	0.0 e	0.0 e	0.0 e	0.0 e	0.0 e	0.4	0.2	0.1	0.3	0.6	0.1
Italy	136	0.0	0.0	0.0	2.2	0.1	0.1	2.0	1.0	1.6	1.8	1.4	18.7
Lithuania	946	....	0.0 e	0.0 e	0.3 e	0.0 e	....	....	....	....	....	....	....
Netherlands	138	0.0	0.0	0.0	0.0	0.0	0.1	2.9	2.7	2.7	3.5	2.5	2.5
Portugal	182	....	....	....	....	....	0.0 e	0.0	0.0	0.0	0.0	0.1	0.1
Slovak Republic	936	....	0.1 e	0.0 e	....	....	0.0 e	....	0.0	....	....	....	0.0
Spain	184	....	....	....	....	....	....	0.1	0.1	0.1	0.1	0.1	0.1
Australia	193	0.2	0.2	0.1	0.1	0.1	0.1	0.5	0.1	0.2	0.2	0.6	0.4
Canada	156	0.0	0.0	0.1	0.0	0.0	0.0	3.6	4.9	4.2	7.3	3.4	2.9
China,P.R.: Hong Kong	532	0.0	0.0	0.0	0.0	0.0	0.0	0.2	0.2	0.2	0.2	0.2	0.2
China,P.R.: Macao	546	0.2 e	0.0 e	....	....	....	....	....	....	....	....	....	....
Czech Republic	935	0.1 e	0.0 e	0.0 e	....	....	....	....	0.0	0.0	0.0	0.1	0.1
Denmark	128	0.0	0.0	0.0	0.0	0.0	0.0	0.8	0.5	0.8	1.2	1.2	0.7
Japan	158	....	....	....	....	....	....	4.1	5.0	4.3	5.4	6.1	6.9
Korea, Republic of	542	0.0	0.0	0.0	0.0	0.0	0.0	0.4	0.5	0.4	0.5	0.4	0.7
New Zealand	196	0.1 e	0.0 e	0.0 e	0.0 e	0.1 e	0.3 e	0.0	0.1	0.0	0.0	0.1	....
Norway	142	....	....	....	....	....	....	0.0	0.0	0.1	0.0	0.0	0.0
Singapore	576	....	....	....	....	....	....	0.1	0.0	0.0	0.0	0.0	0.0
Sweden	144	0.0 e	4.8 e	0.0 e	0.0 e	0.1 e	0.0 e	0.6	0.2	0.2	0.4	0.2	0.4
Switzerland	146	0.0	0.0	....	....	....	....	0.1	0.1	0.1	0.1	0.1	0.1
Taiwan Prov.of China	528	0.0	0.0	0.0	0.0	0.0	0.0	0.3	0.3	0.4	0.1	0.1	0.1
United Kingdom	112	0.8	0.3	0.3	0.2	0.1	0.1	9.0	8.4	8.5	8.0	9.0	11.6
United States	111	1.7	1.6	2.3	1.4	1.5	2.4	72.7	77.9	76.6	63.3	66.4	50.4
Emerg. & Dev. Economies	200	31.5	48.0	51.4	49.9	42.4	30.9	25.6	88.8	91.2	98.3	90.4	92.7
Emerg. & Dev. Asia	505	0.7	1.8	0.4	0.6	1.5	0.2	10.6	9.2	7.3	9.2	9.7	10.7
China,P.R.: Mainland	924	0.0	0.0	0.0	0.0	0.0	0.0	5.3	5.1	4.6	7.5	6.8	7.3
Fiji	819	....	....	....	0.1 e	....	0.0 e	4.0 e	2.9 e	1.2 e	....	....	0.9 e
India	534	....	....	....	....	....	....	0.2	0.3	0.2	0.2	0.2	0.2
Indonesia	536	....	....	....	....	....	....	0.2	0.1	0.5	0.5	0.2	0.1
Malaysia	548	0.0 e	0.0 e	0.0 e	0.0 e	0.0 e	0.0 e	0.1	0.2	0.2	0.2	0.0	0.0
Myanmar	518	0.5 e	0.2 e	....	0.2 e	0.2 e	0.1 e	....	....	....	0.1 e	0.1 e	0.7 e
Sri Lanka	524	0.1 e	1.4 e	0.2 e	0.1 e	1.1 e	....	....	....	....	....	....	....
Thailand	578	0.0	0.1	0.1	0.1	0.0	0.0	0.7	0.3	0.3	0.3	2.1	1.2
Vietnam	582	....	0.1	0.1	0.1	0.1	0.1	0.0	0.0	0.0	0.0	0.0	0.0
Asia n.s.	598	....	....	....	....	....	....	....	0.2	0.2	0.3	0.3	0.3
Europe	170	2.4	1.6	1.2	0.4	0.1	1.0	0.2	0.2	0.2	0.9	0.1	0.5
Emerg. & Dev. Europe	903	2.1	1.4	0.7	0.1	0.1	0.9	0.2	0.2	0.2	0.1	0.1	0.1
Bulgaria	918	0.3 e	....	....	0.0 e	....	0.0 e	0.0	0.0	0.0	0.0	0.0	0.0
Croatia	960	1.8 e	1.4 e	0.7 e	....	....	....	....	....	....	0.0 e	....	0.0 e
Montenegro	943	....	....	....	0.1 e	0.0 e	0.1 e	....	....	....	....	....	....
Poland	964	0.0	0.0	0.0	0.0	0.0	0.8	....	....	....	....	....	....
Romania	968	....	0.0 e	0.0 e	0.0 e	0.0 e	0.0 e	0.1	....	0.0	0.0	0.0	0.0
Turkey	186	....	....	....	....	....	....	0.1	0.2	0.1	0.1	0.1	0.1
CIS	901	0.3	0.2	0.5	0.3	0.1	0.1	0.0	0.0	0.0	0.8	0.0	0.4
Belarus	913	0.1 e	0.0 e	0.4 e	0.2 e	0.0 e	0.0 e	....	....	....	....	....	....
Georgia	915	0.0 e	0.1 e	....	....	....	....	....	....	....	....	....	....
Russian Federation	922	0.1 e	0.0 e	0.0 e	0.0 e	0.0 e	0.0 e	....	....	....	0.8	0.0	0.4
Mid East, N Africa, Pak	440	9.3	13.8	11.5	13.8	11.7	8.3	0.0	0.1	3.5	0.1	0.4	0.8
Algeria	612	0.0 e	2.8 e	0.1 e	0.1 e	0.0 e	....	....	....	....	....	....	....
Bahrain, Kingdom of	419	0.0 e	0.1 e	0.1 e	0.1 e	0.0 e	0.0 e	....	0.0	0.0	0.0	0.0	0.0
Egypt	469	2.2 e	3.8 e	2.9 e	2.0 e	2.2 e	....	0.0	0.0	0.0	0.0	0.0	0.0

Dominica (321)

In Millions of U.S. Dollars

		Exports (FOB) 2011	2012	2013	2014	2015	2016	Imports (CIF) 2011	2012	2013	2014	2015	2016
Kuwait	443	0.2 e	0.2 e	0.3 e	0.2 e	0.2 e	0.2 e	....	....	....	....	....	....
Lebanon	446	0.3 e	0.1 e	0.1 e	0.0 e	0.1 e	0.1 e	....	....	....	....	....	....
Morocco	686	0.0 e	0.0 e	0.0 e	0.3 e	0.1 e	0.0 e	....	....	3.4	....	0.3	0.7
Saudi Arabia	456	6.6 e	6.8 e	8.0 e	11.0 e	9.0 e	7.9 e	0.0	0.0	0.0	0.0	0.0	0.0
Sub-Saharan Africa	603	**0.6**	**0.5**	**0.5**	**0.4**	**0.4**	**0.1**	**0.0**	**0.1**	**0.2**	**0.5**	**0.2**	**0.5**
Congo, Republic of	634	....	....	....	0.1 e	0.1 e	0.1 e	....	....	....	0.0 e	0.0 e	0.0 e
Kenya	664	0.0 e	0.1 e	0.0 e	0.0 e	0.0 e	0.0 e	....	....	....	....	....	....
Mozambique	688	0.1 e	0.0 e	0.0 e	0.0 e	0.0 e	0.0 e	....	....	....	....	....	....
Senegal	722	0.2 e	0.1 e	0.2 e	0.2 e	0.3 e	....	....	....	0.0	0.2	0.0	....
South Africa	199	....	....	....	....	....	....	....	0.0	0.1	0.1	0.0	0.3
Swaziland	734	....	....	....	....	....	....	....	0.1	0.1	0.1	0.1	0.1
Tanzania	738	0.2 e	0.3 e	0.2 e	0.0 e	0.0 e	0.0 e	....	....	....	....	....	....
Western Hemisphere	205	**18.6**	**30.3**	**37.8**	**34.7**	**28.6**	**21.3**	**14.8**	**79.2**	**80.0**	**87.6**	**79.9**	**80.3**
Anguilla	312	....	0.1	0.1	0.1	0.1	0.1	....	0.0	0.0	0.0	0.0	0.0
Antigua and Barbuda	311	....	2.0	2.2	2.2	1.8	1.3	....	4.5	4.3	4.9	4.6	4.6
Argentina	213	0.0 e	0.0 e	0.0 e	0.1 e	0.0 e	0.0 e	....	0.3	0.3	0.3	0.3	0.5
Aruba	314	0.0	0.0	0.0	0.1	0.0	0.0	0.0	0.0	0.0	0.0	0.0	0.0
Bahamas, The	313	....	0.1	0.1	0.1	0.1	0.1	....	1.9	1.8	2.1	1.9	1.9
Barbados	316	2.1	2.3	2.5	2.5	2.1	1.5	4.2	3.8	3.7	4.2	3.9	3.9
Belize	339	0.1	0.1	0.1	0.1	0.0	0.0	0.1	0.1	0.1	0.1	0.0	0.0
Bolivia	218	0.0 e	0.1 e	0.0 e	0.0 e	0.0 e	0.0 e	....	....	....	....	....	....
Brazil	223	0.0	0.0	0.0	0.0	0.0	0.0	2.1	2.2	3.0	2.7	2.0	2.3
Chile	228	0.0 e	0.0 e	0.8 e	0.5 e	0.0 e	0.0 e	0.2	0.2	0.2	0.2	0.2	0.2
Colombia	233	....	0.0	0.0	0.0	0.0	0.2	4.0	4.2	3.7	4.4	3.7	3.2
Costa Rica	238	0.0	0.0	0.0	0.0	0.0	0.1	0.5	0.5	0.4	0.5	0.5	0.9
Curaçao	354	....	0.0	0.0	0.0	0.0	0.0	....	0.3	0.3	0.4	0.3	0.3
Dominican Republic	243	....	0.0	0.0	0.0	0.0	0.0	....	3.7	3.6	4.1	3.8	3.8
Ecuador	248	....	....	0.1	....	....	0.0 e	0.2	0.2	0.3	0.3	0.3	0.3
El Salvador	253	0.0	....	....	0.0	0.1	....	0.0	0.0	0.0	0.0	0.0	0.0
Grenada	328	....	0.2	0.2	0.2	0.2	0.1	....	2.3	2.3	2.6	2.4	2.4
Guatemala	258	....	0.0	0.0	0.0	0.0	0.0	....	0.8	0.8	0.9	0.9	0.9
Guyana	336	3.5	3.5	8.1	4.6	4.2	3.8	2.2	2.2	2.6	2.0	2.0	2.0
Haiti	263	....	0.4	0.5	0.5	0.4	0.3	....	0.0	0.0	0.0	0.0	0.0
Honduras	268	0.0 e	0.0 e	0.0 e	0.0 e	0.0 e	0.0 e	0.1	0.4	1.6	0.5	0.1	0.1
Jamaica	343	....	6.0	6.4	6.5	5.3	3.9	....	3.8	3.7	4.2	3.9	3.9
Mexico	273	....	....	....	....	....	....	1.0	1.0	1.0	1.0	1.0	1.0
Montserrat	351	....	0.1	0.1	0.1	0.1	0.0	....	0.0	0.0	0.0	0.0	0.0
Panama	283	....	0.0	0.0	0.0	0.0	0.0	....	1.5	1.5	1.5	1.6	1.6
Paraguay	288	11.9 e	....	0.1 e	0.3 e	0.6 e	....	0.0 e	0.1 e	0.6 e	0.7 e	0.2 e	....
Peru	293	....	....	....	....	....	....	0.3	0.3	0.3	0.3	0.3	0.2
St. Kitts and Nevis	361	....	5.3	5.7	5.8	4.7	3.4	....	1.0	1.0	1.1	1.1	1.1
St. Lucia	362	....	0.9	1.0	1.0	0.8	0.6	....	3.5	3.5	3.9	3.6	3.6
St. Vincent & Grens.	364	....	0.4	0.5	0.5	0.4	0.3	....	3.4	3.3	3.7	3.4	3.4
Suriname	366	....	0.7	0.7	0.7	0.6	0.4	....	0.2	0.2	0.2	0.2	0.2
Trinidad and Tobago	369	....	6.9	7.4	7.5	6.1	4.5	....	36.0	35.1	39.8	37.0	37.0
Uruguay	298	0.0 e	0.0 e	0.0 e	0.0 e	0.1 e	0.0 e	0.0	0.0	0.0	0.0	....	0.0
Venezuela, Rep. Bol.	299	....	....	....	....	....	....	....	0.1	0.1	0.1	0.1	0.1
Western Hem. n.s.	399	0.9	1.0	1.1	1.1	0.9	0.6	....	0.6	0.6	0.7	0.7	0.7
Countries & Areas n.s.	898	**0.1**	**0.1**	**0.1**	**0.1**	**0.1**	**0.1**	**....**	**18.2**	**17.8**	**20.2**	**18.7**	**18.7**
Memorandum Items													
Africa	605	0.6	3.3	0.6	0.9	0.5	0.2	0.0	0.1	3.6	0.5	0.5	1.1
Middle East	405	9.3	10.9	11.4	13.3	11.6	8.2	0.0	0.1	0.1	0.1	0.1	0.1
European Union	998	10.7	10.4	4.0	5.1	1.9	1.9	20.9	19.1	17.2	19.8	20.3	38.4
Export earnings: fuel	080	6.9	16.9	16.1	19.1	15.5	12.9	4.2	40.5	39.3	45.5	41.1	41.1
Export earnings: nonfuel	092	35.5	42.1	41.3	37.4	30.6	21.9	124.3	174.6	173.5	170.0	165.5	170.4

2017, International Monetary Fund: *Direction of Trade Statistics Yearbook*

Dominican Republic (243)

In Millions of U.S. Dollars

		Exports (FOB)						Imports (FOB)					
		2011	2012	2013	2014	2015	2016	2011	2012	2013	2014	2015	2016
IFS World		3,677.5	4,131.0	4,472.1	4,675.2	4,009.1	4,366.8	....	....	....	....	....	....
World	001	8,491.8	9,068.5	9,651.2	10,006.9	8,928.2	9,364.7	17,408.7	17,739.8	16,873.2	17,864.4	17,450.7	17,893.6
Advanced Economies	110	5,256.2	5,463.3	6,504.7	6,965.9	6,064.1	6,659.9	9,216.6	9,610.2	9,090.9	10,128.6	10,240.0	11,027.6
Euro Area	163	616.5	448.5	529.2	576.5	519.1	616.3	1,267.8	1,581.3	1,300.3	1,357.1	1,620.4	2,008.2
Austria	122	1.0	0.2	0.3	0.2	0.3	0.3	13.4	12.1	13.3	15.2	12.4	13.6
Belgium	124	119.9	98.9	113.2	75.7	70.3	97.3	71.4	66.7	44.6	67.4	82.8	79.0
Cyprus	423	0.1	0.4	0.2	0.4	0.3	0.1	0.0	0.0	0.0	0.0	0.1	0.0
Estonia	939	0.2	0.4	0.5	0.4	0.4	0.4	....	....	....	2.2	6.3	1.8
Finland	172	0.3	0.2	0.3	0.1	0.1	0.0	26.1	152.5	15.2	15.6	15.0	7.3
France	132	34.5	32.4	23.4	52.3	39.8	43.8	154.0	140.3	137.7	155.5	167.8	327.1
Germany	134	76.7	98.4	130.7	120.0	101.0	103.7	279.4	282.8	304.8	287.6	313.4	305.9
Greece	174	1.2	1.3	1.0	2.0	0.8	1.1	1.8	1.6	2.3	9.6	7.1	3.9
Ireland	178	5.2	3.7	0.7	2.1	3.3	1.3	15.5	21.9	18.2	24.9	22.6	17.9
Italy	136	57.0	39.8	58.5	41.8	28.1	57.1	199.9	260.6	204.8	226.6	339.7	505.9
Latvia	941	....	0.0	0.2	0.1	0.1	0.0	....	....	....	0.5	0.2	0.4
Lithuania	946	0.0	0.0	0.4	0.0	0.0	0.0	3.0	3.5	5.7	6.7	2.0	9.1
Luxembourg	137	....	1.0	0.0	0.0	0.0	0.1	0.2	1.1	4.5	0.9	1.6	1.0
Malta	181	0.0	0.1	0.2	0.3	2.1	0.4	2.4	2.6	1.6	2.1	1.3	2.4
Netherlands	138	200.9	52.7	49.2	165.9	185.0	210.3	104.0	99.2	171.3	88.4	92.8	101.9
Portugal	182	2.2	2.8	23.8	19.3	2.7	1.7	8.1	12.5	16.6	14.1	19.1	20.7
Slovak Republic	936	0.1	0.2	0.2	0.2	0.1	0.2	....	....	....	0.8	1.2	1.7
Slovenia	961	....	....	....	0.1	0.0	0.0	....	....	....	1.6	2.2	2.8
Spain	184	117.3	115.9	126.6	95.6	84.5	98.3	388.5	523.9	359.4	437.3	533.1	605.9
Australia	193	11.5	7.7	7.4	6.1	4.6	6.2	12.4	10.3	8.8	13.6	10.1	7.3
Canada	156	50.0	70.7	1,027.9	912.4	700.7	770.3	172.8	156.9	144.9	275.2	243.1	188.5
China,P.R.: Hong Kong	532	....	....	....	16.8	23.4	24.9	....	....	....	51.1	53.5	40.3
China,P.R.: Macao	546	....	....	....	0.4	....	....	....	....	....	0.0	0.0	0.1
Czech Republic	935	2.7	2.4	0.7	0.5	0.9	1.9	5.9	4.6	6.4	8.3	10.6	16.3
Denmark	128	1.3	3.8	7.1	9.9	9.8	9.7	75.3	74.5	82.7	92.6	79.3	91.1
Iceland	176	0.0	0.0	0.0	....	0.1	....	0.6	0.2	0.1	0.1	0.2	0.1
Israel	436	1.4	7.8	5.7	3.9	3.7	2.4	21.2	19.2	45.3	25.6	22.7	24.9
Japan	158	37.7	30.0	27.8	15.2	15.2	15.5	241.5	315.4	296.9	352.6	352.4	414.3
Korea, Republic of	542	47.2	87.2	62.8	45.8	19.7	27.0	25.4	152.8	233.2	248.6	266.4	279.8
New Zealand	196	0.1	0.7	3.1	3.3	3.4	8.6	17.4	7.4	12.4	11.1	13.6	11.7
Norway	142	1.5	1.4	2.1	3.7	4.0	4.2	42.4	40.7	42.6	51.1	41.2	43.4
Singapore	576	8.4	13.2	18.8	12.4	10.6	16.4	12.2	15.8	13.5	12.4	11.3	22.8
Sweden	144	8.9	9.0	22.5	40.6	29.7	45.7	38.1	26.9	38.0	41.5	47.8	55.0
Switzerland	146	12.4	19.2	43.7	249.5	69.4	338.1	49.7	43.4	40.7	49.7	45.6	60.8
Taiwan Prov.of China	528	86.9	15.9	17.3	25.4	27.2	57.5	99.5	90.4	99.5	100.7	91.1	92.1
United Kingdom	112	211.7	189.6	179.1	169.6	127.0	144.3	127.1	104.3	110.7	164.0	173.2	173.0
United States	111	4,157.9	4,556.3	4,549.5	4,874.0	4,495.5	4,571.0	7,007.3	6,965.8	6,614.9	7,273.1	7,157.5	7,497.8
Emerg. & Dev. Economies	200	2,607.9	2,982.4	2,545.0	2,422.2	2,309.2	2,086.1	7,749.6	7,946.6	7,639.3	7,432.2	6,956.3	6,715.8
Emerg. & Dev. Asia	505	364.2	437.4	299.0	346.3	710.2	737.9	1,913.6	1,997.0	2,098.9	2,442.3	2,748.8	2,767.1
Bangladesh	513	4.1	2.3	4.5	6.4	4.1	3.1	1.7	2.1	2.7	2.7	4.0	4.2
Bhutan	514	....	....	....	....	0.1	....	0.0	0.0	....	....	....	....
Brunei Darussalam	516	0.0	0.1	....	....	....	....	0.0	0.1	0.0	0.0	0.0	0.0
Cambodia	522	....	....	0.1	0.1	0.2	0.1	0.4	0.7	1.1	0.7	0.9	1.5
China,P.R.: Mainland	924	288.4	354.3	248.6	169.8	122.8	118.9	1,612.8	1,706.4	1,801.4	2,057.6	2,321.8	2,338.5
Fiji	819	....	....	....	....	0.0	....	10.9	9.4	9.2	5.9	6.0	4.5
F.T. New Caledonia	839	....	....	....	0.0	0.0	....	0.0	0.0	0.0	0.0	0.1	0.0
India	534	3.6	8.9	11.5	140.6	565.9	591.6	106.0	114.0	118.8	147.5	168.4	170.0
Indonesia	536	3.2	4.1	4.8	7.6	0.9	8.9	24.1	30.2	39.1	35.1	38.9	39.8
Malaysia	548	3.2	1.5	2.5	7.8	2.8	5.2	37.8	30.3	31.7	37.4	39.7	32.0
Marshall Islands	867	....	....	....	0.1	0.0	0.1	....	....	....	16.7	....	0.0
Mongolia	948	4.1	....	....	....	....	0.0	....	0.0	0.0	0.0	0.0	0.0
Myanmar	518	....	....	....	....	....	....	....	0.0	0.1	0.1	0.1	0.1
Philippines	566	15.2	37.5	3.3	1.7	4.6	3.2	3.0	4.4	8.0	8.0	6.1	8.8
Sri Lanka	524	0.4	....	....	1.1	0.2	0.1	0.6	1.8	2.7	1.4	2.3	2.1
Thailand	578	11.1	11.5	11.0	4.5	6.1	4.4	75.1	58.0	49.4	65.9	88.9	95.8
Vanuatu	846	....	....	....	0.0	....	....	0.0	1.3	0.0	0.0	0.0	0.0

Dominican Republic (243)
In Millions of U.S. Dollars

		Exports (FOB) 2011	2012	2013	2014	2015	2016	Imports (FOB) 2011	2012	2013	2014	2015	2016
Vietnam	582	30.2	16.7	12.3	5.9	2.0	1.8	41.0	38.0	34.3	63.1	71.7	69.5
Asia n.s.	598	0.8	0.4	0.5	0.5	0.5	0.5	0.0	0.1	0.3	0.1	0.0	0.1
Europe	170	**10.0**	**23.2**	**37.0**	**18.9**	**22.5**	**22.2**	**77.9**	**95.9**	**85.1**	**187.6**	**279.8**	**136.9**
Emerg. & Dev. Europe	903	**5.7**	**20.5**	**35.4**	**16.1**	**20.4**	**18.8**	**46.9**	**67.0**	**65.5**	**78.2**	**99.5**	**77.9**
Albania	914	....	....	....	0.0	0.1	0.0	0.4	0.3	0.7	0.5	0.6	0.9
Bosnia and Herzegovina	963	....	....	....	....	....	....	....	....	....	0.0	0.0	0.1
Bulgaria	918	0.1	0.3	16.0	0.4	0.4	1.1	2.2	1.4	1.9	2.6	2.6	2.8
Croatia	960	0.0	0.0	0.1	0.5	0.2	0.1	....	....	....	0.1	0.0	0.1
Gibraltar	823	0.2	0.3	0.5	0.3	0.1	0.0	0.0	0.0	0.0	0.0	0.0	0.0
Hungary	944	0.0	0.1	0.1	0.1	0.3	0.2	1.7	2.5	2.5	5.5	8.1	13.0
Kosovo	967	....	....	....	0.0 e	0.0 e	0.1 e	....	....	....	....	....	....
Poland	964	1.6	17.4	12.8	10.7	15.3	15.6	8.3	21.2	11.4	9.8	15.7	14.5
Romania	968	0.2	0.4	1.4	0.3	0.2	0.2	3.6	3.2	3.0	1.8	2.0	1.9
Serbia, Republic of	942	....	....	....	0.0	0.0	0.0	....	....	....	0.2	0.6	0.8
Turkey	186	3.6	1.9	4.3	3.8	3.7	1.4	30.7	38.2	45.7	57.6	69.9	43.7
CIS	901	**4.2**	**2.6**	**1.5**	**2.7**	**2.0**	**3.4**	**20.8**	**26.2**	**14.2**	**109.5**	**180.3**	**59.0**
Armenia	911	....	....	....	0.0	0.0	0.0	....	....	....	0.1	....	0.0
Belarus	913	....	....	....	....	0.0	0.1	0.2	0.4	0.1	0.1	0.2	0.2
Georgia	915	....	0.1	0.1	0.1	....	....	....	....	....	0.8	0.2	0.2
Kyrgyz Republic	917	....	....	....	....	....	....	....	....	....	0.0	0.1	0.0
Moldova	921	....	....	....	....	....	....	....	....	....	0.1	0.1	0.0
Russian Federation	922	3.8	2.2	1.1	2.5	1.9	3.2	13.3	15.9	13.1	91.5	171.9	48.7
Turkmenistan	925	....	....	....	....	....	....	....	....	....	0.1	0.1	0.0
Ukraine	926	0.3	0.4	0.3	0.1	0.1	0.1	7.2	9.9	1.0	16.8	7.8	9.8
Europe n.s.	884	0.1	0.1	0.1	0.1	0.1	0.1	10.2	2.7	5.4	0.0	0.0	0.0
Mid East, N Africa, Pak	440	**4.4**	**5.3**	**6.9**	**17.1**	**15.5**	**13.1**	**25.1**	**105.7**	**26.0**	**31.7**	**44.6**	**40.6**
Afghanistan, I.R. of	512	....	....	0.2	0.0	....	....	0.1	0.2	0.2	0.2	0.7	0.1
Algeria	612	....	0.1	....	....	....	....	0.0	0.0	0.0	0.0	0.1	0.2
Bahrain, Kingdom of	419	....	....	....	0.0	0.1	0.1	0.0	0.0	....	....	0.0	0.0
Djibouti	611	....	....	....	0.1	....	....	0.1	....	....	0.0	0.0	....
Egypt	469	0.1	0.0	0.0	0.1	0.0	0.2	1.3	1.1	1.5	3.0	3.1	3.5
Iran, I.R. of	429	0.0	0.0	....	0.0	0.0	0.0	0.0	0.1	0.0	0.0	0.0	0.2
Iraq	433	0.9	1.6	1.7	1.1	0.1	0.0	0.0	0.2	....	....	0.1	0.1
Jordan	439	0.1	0.0	0.1	0.0	0.0	....	0.8	1.5	0.4	1.0	0.9	1.3
Kuwait	443	0.0	0.0	0.0	0.0	0.0	0.0	0.0	0.0	0.0	0.0	2.3	0.0
Lebanon	446	1.0	0.7	0.7	0.3	1.0	0.7	0.1	0.1	0.0	0.3	0.1	0.0
Libya	672	0.1	....	....	0.1	0.0	....	0.0	0.0	0.0	0.1	0.0	0.0
Mauritania	682	....	....	....	0.1	0.0	....	0.0	0.0	0.0	0.0	0.0	0.0
Morocco	686	....	0.1	0.3	0.5	....	0.1	2.6	5.3	6.3	3.6	4.7	3.8
Oman	449	0.0	....	....	....	....	....	0.0	0.0	0.0	0.8	0.3	0.7
Pakistan	564	0.0	0.1	0.8	0.2	0.4	0.8	12.9	14.3	7.3	8.3	11.9	10.7
Qatar	453	....	....	0.0	0.0	....	....	1.8	75.1	0.9	1.8	0.9	0.7
Saudi Arabia	456	0.1	1.1	0.4	0.4	0.8	0.6	1.0	1.6	0.6	5.3	6.3	7.9
Sudan	732	....	....	....	0.3	0.0	....	0.0	0.0	0.0	0.1	0.1	0.0
Syrian Arab Republic	463	....	....	....	....	0.1	....	0.2	0.2	0.3	0.3	0.2	0.4
Tunisia	744	0.3	0.0	0.1	0.0	1.0	0.7	0.9	2.6	2.2	1.3	3.8	2.6
United Arab Emirates	466	1.5	1.5	2.6	13.8	12.0	9.9	3.1	3.4	6.1	5.5	9.1	8.2
Yemen, Republic of	474	....	0.0	....	....	....	....	....	0.0	0.0	0.1	0.0	0.0
Sub-Saharan Africa	603	**97.7**	**79.7**	**37.5**	**6.9**	**4.9**	**20.1**	**13.7**	**20.1**	**17.8**	**15.5**	**19.1**	**18.2**
Angola	614	0.0	....	0.2	0.1	0.0	0.1	....	....	0.0	0.0	0.0	1.2
Benin	638	18.9	0.1	0.0	0.5	0.0	0.0	....	....	0.0	0.0	0.0	0.0
Burundi	618	....	....	....	....	....	....	0.2	0.0	0.1	....	0.0	0.0
Cabo Verde	624	....	....	0.0	....	....	....	0.1	0.0	0.0	0.0	0.0	0.0
Cameroon	622	0.3	0.6	....	....	....	....	3.0	1.5	3.1	1.3	3.4	2.8
Central African Rep.	626	0.4	0.0	0.1	0.1	0.0	....	0.2	0.0	0.0	0.2	0.1	0.0
Chad	628	....	....	....	0.0	....	....	0.0	0.1	0.5	0.1	0.1	0.1
Comoros	632	....	....	....	....	....	....	0.2	0.0	0.1	0.1	0.0	0.1
Congo, Dem. Rep. of	636	0.4	0.0	....	0.1	0.0	0.0	0.1	0.0	0.1	0.1	0.0	0.1
Congo, Republic of	634	....	0.2	0.3	....	....	....	....	....	....	....	....	....
Côte d'Ivoire	662	0.0	....	0.2	0.5	....	0.0	0.9	0.5	1.2	1.8	1.6	2.8

Dominican Republic (243)

In Millions of U.S. Dollars

		Exports (FOB)						Imports (FOB)					
		2011	2012	2013	2014	2015	2016	2011	2012	2013	2014	2015	2016
Eritrea	643	....	....	....	....	....	....	....	....	....	0.0	0.0	0.1
Ethiopia	644	....	....	0.0	0.0	0.7	....	0.0	....	0.0	0.0	0.0	0.0
Gabon	646	....	....	....	....	0.0	....	0.0	0.1	0.6	1.1	1.8	1.8
Gambia, The	648	....	....	....	....	....	....	0.0	0.0	0.0	0.0	0.0	0.1
Ghana	652	0.1	0.2	0.7	0.2	0.1	0.2	0.4	0.0	0.1	0.0	0.4	0.3
Guinea	656	0.3	0.2	0.1	0.0	0.0	0.0	0.8	0.1	0.0	....	0.0	....
Kenya	664	....	0.0	0.1	0.4	0.3	0.6	0.1	0.0	0.0	0.2	0.1	0.0
Liberia	668	0.0	0.1	0.1	0.1	0.2	0.1	0.2	0.6	0.7	0.1	....	0.0
Madagascar	674	....	....	0.0	....	0.0	0.0	0.1	0.7	0.4	0.2	0.9	0.7
Malawi	676	0.0	....	....	....	....	....	0.3	0.1	0.0	0.2	0.0	....
Mali	678	....	....	....	0.2	0.0	....	0.0	....	0.0	....	0.0	0.0
Mauritius	684	....	0.0	0.0	0.0	0.0	....	0.1	0.3	0.1	0.1	0.0	0.1
Mozambique	688	0.0	0.1	0.0	....	....	0.0	0.3	0.2	0.0	0.2	0.0	0.1
Namibia	728	....	....	....	0.1	0.0	....	0.0	0.0	0.0	0.0	0.0	0.1
Nigeria	694	73.8	61.2	31.1	0.0	....	0.1	0.0	0.0	0.0	0.0	0.7	0.0
São Tomé & Principe	716	0.5	1.2	0.7	1.4	1.0	1.4	0.1	0.1	0.1	0.1	0.1	0.1
Senegal	722	....	0.0	0.8	0.0	0.0	0.0	0.0	0.1	1.6	0.0	0.0	0.1
Sierra Leone	724	1.1	0.0	0.3	0.0	....	0.0	0.0	0.0	0.0	0.1	0.1	0.1
South Africa	199	1.2	1.1	0.8	1.0	0.8	15.9	3.7	4.6	7.3	7.8	7.7	6.1
Swaziland	734	0.0	....	0.0	0.1	....	0.0	2.9	1.3	1.6	1.1	1.3	0.8
Tanzania	738	0.1	0.3	0.2	0.2	0.0	0.0	0.0	0.4	....	0.2	0.3	0.4
Togo	742	0.0	12.0	0.1	0.1	0.0	....	....	0.0	....	....	....	....
Uganda	746	0.1	0.1	0.1	0.1	0.1	0.1	0.0	0.1	0.0	0.4	0.3	0.0
Zambia	754	....	....	....	0.0	....	....	0.0	0.0	0.0	0.1	0.0	0.0
Africa n.s.	799	0.6	2.4	1.7	1.7	1.5	1.6	0.2	9.4	0.1	0.0	0.0	0.0
Western Hemisphere	205	2,131.7	2,436.8	2,164.8	2,033.1	1,556.2	1,292.7	5,719.4	5,727.9	5,411.6	4,755.1	3,864.0	3,752.9
Anguilla	312	....	....	....	1.3	1.3	0.4	....	....	....	0.0	....	0.0
Antigua and Barbuda	311	3.5	12.1	4.4	3.8	4.4	5.0	12.4	4.8	15.0	3.3	0.0	1.6
Argentina	213	8.8	27.0	25.6	1.0	1.4	1.0	233.8	267.8	255.8	130.3	116.9	141.8
Aruba	314	23.4	34.2	7.4	7.2	6.3	8.2	86.7	93.1	53.2	25.0	45.3	61.8
Bahamas, The	313	2.1	4.9	3.8	11.7	9.8	8.9	190.3	440.1	338.6	156.4	258.3	42.5
Barbados	316	21.8	13.1	8.1	8.2	7.9	9.3	12.9	3.3	3.7	2.3	2.4	8.3
Belize	339	0.1	1.9	0.3	0.2	0.7	2.2	9.3	2.5	0.8	0.2	0.3	0.2
Bermuda	319	2.0	2.0	1.3	0.5	1.4	1.4	0.0	0.0	0.0	0.0	0.0	0.0
Bolivia	218	0.3	0.6	0.5	0.9	0.9	1.0	3.8	3.8	11.2	0.7	2.5	2.6
Brazil	223	4.6	8.6	9.6	13.0	7.0	2.9	387.9	487.9	434.6	353.1	554.9	759.8
Chile	228	19.9	23.8	19.5	12.2	14.3	10.6	68.3	60.6	54.0	59.6	57.1	68.4
Colombia	233	14.9	28.9	45.8	47.1	41.8	36.7	736.9	443.6	349.2	331.0	361.2	341.0
Costa Rica	238	22.4	27.1	25.0	29.7	33.0	29.8	223.6	241.7	249.2	238.0	243.0	230.7
Curaçao	354	....	....	....	5.4	16.8	11.6	....	....	....	0.6	36.1	1.8
Dominica	321	4.8	3.9	3.7	4.0	2.7	2.3	0.6	0.4	0.1	0.5	0.7	0.9
Ecuador	248	12.9	9.3	9.2	13.0	10.6	12.2	35.9	50.0	65.1	73.5	63.3	67.5
El Salvador	253	5.1	5.8	6.1	3.2	6.4	6.6	65.2	76.5	75.4	87.5	89.5	96.0
Grenada	328	1.9	2.0	2.9	2.4	2.4	2.8	0.6	0.0	0.0	0.0	0.1	0.0
Guatemala	258	51.0	133.3	69.5	26.8	26.3	17.2	114.5	112.4	116.5	152.8	163.1	166.5
Guyana	336	10.1	13.8	14.8	12.3	13.7	9.5	2.8	1.7	1.7	6.0	5.1	4.8
Haiti	263	1,524.7	1,585.7	1,498.9	1,423.2	1,012.2	800.2	10.5	0.7	3.3	4.6	51.4	51.3
Honduras	268	66.6	119.1	49.2	19.6	24.8	28.2	47.3	42.8	50.1	66.4	109.5	79.1
Jamaica	343	53.3	47.9	46.5	49.5	56.1	60.3	2.4	0.7	3.9	2.3	1.6	1.0
Mexico	273	36.7	34.5	32.3	39.2	39.5	36.3	1,108.2	1,037.7	983.0	1,062.3	805.2	1,017.5
Montserrat	351	....	....	....	0.0	0.0	0.0	....	....	....	....	....	0.5
Netherlands Antilles	353	23.9	0.0	1.5	....	....	....	385.0	228.0	319.1	....	....	....
Nicaragua	278	11.2	14.1	26.2	20.7	16.9	19.2	26.0	25.5	27.8	31.5	30.8	33.4
Panama	283	24.9	46.6	27.7	28.8	30.0	46.2	70.7	61.3	72.7	94.1	77.5	61.6
Paraguay	288	0.4	0.2	0.5	1.6	1.4	1.6	3.0	18.2	26.3	5.9	13.0	9.9
Peru	293	6.9	68.8	22.3	9.0	9.9	9.8	54.8	52.4	57.6	73.1	93.8	76.0
St. Kitts and Nevis	361	2.8	1.7	2.1	1.4	1.5	1.1	0.1	0.0	0.0	0.0	0.0	0.0
St. Lucia	362	4.2	5.1	8.9	6.9	5.7	6.0	7.4	41.0	37.5	0.1	0.0	2.3
St. Vincent & Grens.	364	1.7	2.4	3.7	3.0	2.4	2.5	0.0	0.0	0.0	....	0.0	....
Suriname	366	13.2	17.0	20.3	17.1	13.3	6.1	0.0	0.0	0.1	0.0	0.1	0.0

Dominican Republic (243)
In Millions of U.S. Dollars

		Exports (FOB)						Imports (FOB)					
		2011	2012	2013	2014	2015	2016	2011	2012	2013	2014	2015	2016
Trinidad and Tobago	369	24.6	53.1	31.2	34.1	28.0	23.6	565.9	636.8	699.0	820.6	309.2	293.9
Uruguay	298	2.0	1.6	3.5	3.6	1.9	2.2	36.6	43.0	46.1	52.3	59.4	50.6
Venezuela, Rep. Bol.	299	96.2	40.9	80.5	119.9	60.6	23.7	1,214.4	1,248.2	1,060.6	920.7	308.4	66.0
Western Hem. n.s.	399	29.0	45.8	52.2	51.8	42.9	45.9	1.6	1.3	0.5	0.4	4.4	13.7
Other Countries n.i.e	910	**58.0**	**38.4**	**46.2**	**38.4**	**57.2**	**76.8**	**218.0**	**92.6**	**79.8**	**49.3**	**35.8**	**24.3**
Cuba	928	35.7	31.3	40.9	32.9	52.4	71.7	74.0	78.4	69.0	37.2	24.1	11.6
Korea, Dem. People's Rep.	954	22.3	7.1	5.3	5.6	4.8	5.2	144.0	14.2	10.8	12.1	11.7	12.7
Countries & Areas n.s.	898	**569.7**	**584.4**	**555.2**	**580.3**	**497.7**	**541.8**	**224.4**	**90.5**	**63.2**	**254.3**	**218.6**	**126.0**
Memorandum Items													
Africa	605	98.1	79.9	37.9	7.8	5.9	20.9	17.3	28.1	26.4	20.5	27.8	24.9
Middle East	405	4.0	5.0	5.4	15.9	14.1	11.6	8.4	83.3	9.9	18.1	23.3	23.2
European Union	998	843.2	671.5	769.0	809.1	703.1	835.0	1,530.0	1,820.0	1,556.8	1,683.4	1,959.7	2,375.7
Export earnings: fuel	080	229.3	200.8	204.5	232.9	156.8	111.3	2,576.3	2,479.0	2,207.0	2,252.9	1,238.2	841.2
Export earnings: nonfuel	092	8,262.5	8,867.7	9,446.7	9,774.0	8,771.4	9,253.4	14,832.4	15,260.8	14,666.2	15,611.5	16,212.4	17,052.4

Ecuador (248)

In Millions of U.S. Dollars

		Exports (FOB) 2011	2012	2013	2014	2015	2016	Imports (CIF) 2011	2012	2013	2014	2015	2016
IFS World		....	....	....	....	....	....	....	....	....	....	....	....
World	001	22,345.2	23,656.1	24,959.3	25,721.7	18,365.8	16,797.7	24,286.1	25,196.5	27,030.0	27,515.4	21,374.0	16,188.7
Advanced Economies	110	13,222.0	13,896.1	15,097.3	14,971.3	10,686.3	8,776.5	11,012.9	12,154.3	13,290.2	14,142.3	10,423.0	7,443.9
Euro Area	163	2,403.9	2,146.8	2,715.7	2,660.5	2,451.4	2,565.4	2,111.7	2,321.2	2,496.8	2,751.0	2,316.7	1,729.9
Austria	122	1.9	2.2	2.3	1.7	2.3	0.7	13.2	15.5	20.6	18.8	24.7	15.4
Belgium	124	265.0	206.0	233.6	222.6	215.2	176.5	313.1	325.5	323.4	397.5	409.4	240.2
Cyprus	423	0.8	0.9	1.2	1.8	1.5	2.7	0.6	0.3	1.7	0.3	0.4	0.1
Estonia	939	0.1	0.2	0.5	7.6	19.7	4.6	26.0	1.0	2.1	40.1	0.2	9.4
Finland	172	2.5	5.2	6.5	4.5	3.9	9.6	57.8	67.1	35.8	37.2	40.9	14.6
France	132	212.0	238.7	320.1	315.7	271.7	280.8	137.1	163.5	128.5	139.6	120.2	132.5
Germany	134	491.9	374.3	415.9	526.3	549.0	530.7	568.5	589.2	585.3	577.6	496.9	398.2
Greece	174	37.8	38.4	44.8	42.2	41.8	53.2	1.2	1.6	3.4	6.5	4.4	2.7
Ireland	178	1.1	0.5	2.0	2.1	4.5	3.7	10.0	13.9	15.3	21.0	11.7	11.1
Italy	136	580.4	484.4	422.2	433.1	326.0	460.9	284.9	282.3	292.9	326.1	343.8	257.8
Latvia	941	2.0	3.1	1.3	0.5	0.8	4.5	88.5	12.3	7.9	12.4	10.3	6.6
Lithuania	946	11.5	7.4	17.2	16.3	14.9	15.6	26.6	3.8	9.3	9.8	9.4	12.2
Luxembourg	137	0.1	0.3	0.3	0.0	0.0	0.0	6.0	8.4	8.9	2.1	0.7	0.8
Malta	181	0.3	0.7	1.2	1.7	1.6	2.3	0.0	0.0	0.0	0.0	....	0.0
Netherlands	138	349.2	323.9	429.8	514.9	460.3	422.6	237.0	210.6	295.0	480.8	369.7	259.4
Portugal	182	14.1	18.3	28.0	21.5	19.7	23.5	13.8	11.5	24.3	24.3	41.0	9.8
Slovak Republic	936	3.5	3.3	0.7	0.1	0.7	1.3	0.1	0.6	0.3	0.5	1.2	0.4
Slovenia	961	13.5	1.9	6.0	23.7	34.1	24.9	2.3	3.2	2.3	2.9	1.8	1.4
Spain	184	416.2	437.0	782.2	524.2	483.5	547.3	325.0	610.8	739.7	653.3	430.1	357.3
Australia	193	16.7	16.4	16.1	16.0	21.0	17.6	10.4	11.9	18.2	14.2	14.5	10.5
Canada	156	86.5	124.9	122.6	118.3	117.2	77.9	272.1	307.0	257.2	263.5	275.3	190.2
China,P.R.: Hong Kong	532	14.3	10.3	122.2	26.6	18.7	21.8	209.8	229.3	211.8	212.9	233.6	142.7
China,P.R.: Macao	546	0.0	....	....	....	....	0.0	0.1	0.2	0.0	0.0	....	....
Czech Republic	935	0.9	2.2	2.7	5.1	9.1	9.3	2.5	3.7	3.8	3.3	4.2	2.4
Denmark	128	12.6	14.3	21.4	14.8	10.9	13.5	16.6	17.7	19.8	21.2	22.7	27.3
Iceland	176	0.0	....	....	0.9	2.6	0.9	0.0	0.1	0.0	0.0	0.0	....
Israel	436	8.1	5.9	5.1	22.5	6.3	5.8	30.4	37.3	39.8	39.2	27.4	21.2
Japan	158	348.9	650.1	570.2	320.1	330.9	319.6	660.7	727.7	600.8	574.4	478.0	292.9
Korea, Republic of	542	28.9	39.0	45.3	58.1	173.0	82.5	929.9	789.9	1,014.2	905.8	791.6	526.2
New Zealand	196	13.4	12.4	16.1	23.4	28.4	33.6	3.8	3.1	4.1	3.9	2.8	5.1
Norway	142	11.3	13.6	11.4	9.0	12.5	11.6	13.0	24.2	12.2	21.9	16.5	4.7
Singapore	576	2.7	2.3	2.3	141.3	5.8	10.5	146.5	49.7	41.7	46.2	39.2	45.8
Sweden	144	16.6	14.7	14.9	18.4	33.7	26.4	18.1	28.2	25.2	19.7	24.5	26.5
Switzerland	146	72.7	89.8	98.1	69.5	36.5	20.7	126.9	151.9	150.3	123.1	123.2	134.8
Taiwan Prov.of China	528	10.7	6.3	8.4	6.9	5.7	9.3	194.6	191.7	207.0	213.3	181.8	123.3
United Kingdom	112	139.1	163.5	186.2	177.8	166.0	139.3	145.3	485.7	308.1	150.9	86.5	51.2
United States	111	10,034.7	10,583.5	11,138.6	11,282.1	7,256.7	5,410.9	6,120.6	6,773.9	7,879.1	8,777.9	5,784.5	4,109.2
Emerg. & Dev. Economies	200	9,027.2	9,726.2	9,752.0	10,671.2	7,585.7	8,003.4	13,071.6	12,894.3	13,613.7	13,240.2	10,883.5	8,648.2
Emerg. & Dev. Asia	505	315.1	679.4	1,004.1	1,540.8	1,748.8	2,011.5	2,902.1	3,731.4	4,488.4	4,479.1	4,119.8	3,047.3
American Samoa	859	....	0.0	0.4	0.1	0.0	0.4	0.2	2.2	5.4	1.7	0.7	0.1
Bangladesh	513	0.0	0.0	0.0	0.0	0.5	3.0	0.1	0.5	1.6	2.1	7.7	1.4
Brunei Darussalam	516	....	....	0.0	0.0	....	0.0	....	0.0	0.0	0.2	0.0	0.2
Cambodia	522	....	....	0.1	....	....	0.3	0.5	0.3	0.5	0.6	0.3	0.5
China,P.R.: Mainland	924	191.9	388.6	570.0	502.1	723.0	656.4	2,289.8	2,810.7	3,484.9	3,583.3	3,264.9	2,549.4
Fiji	819	....	0.3	0.0	....	0.0	....	0.4	0.0	....	0.3	0.3	0.3
F.T. French Polynesia	887	0.0	0.0	0.0	0.0	0.1	0.0	....	0.1	....	0.4	....	....
F.T. New Caledonia	839	0.2	0.1	0.0	0.1	....	0.0	0.0	....	....	....	0.0	....
Guam	829	0.1	0.1	0.2	0.1	1.3	0.3	....	....	....	....	0.0	0.0
India	534	25.7	91.3	30.4	342.4	137.7	91.4	186.7	442.5	546.1	317.7	433.2	177.0
Indonesia	536	4.5	4.2	20.3	33.8	18.5	53.2	40.0	69.3	55.5	91.3	56.0	57.7
Kiribati	826	....	....	....	0.2	....	0.2	7.3	1.1	....	5.7	9.1	1.1
Lao People's Dem.Rep	544	....	....	....	....	....	....	....	....	0.1	0.0	....	0.2
Malaysia	548	0.9	43.1	37.0	20.8	64.9	70.5	40.9	36.3	50.3	87.1	61.2	19.0
Maldives	556	0.1	0.1	0.0	0.1	0.1	0.2	....	....	....	0.0	....	....
Marshall Islands	867	....	....	....	....	....	0.1	....	....	....	....	....	3.1
Myanmar	518	....	....	....	....	....	....	0.1	....	0.0	....	0.0	....

Ecuador (248)

In Millions of U.S. Dollars

		Exports (FOB)						Imports (CIF)					
		2011	2012	2013	2014	2015	2016	2011	2012	2013	2014	2015	2016
Nepal	558	....	....	....	....	0.0	....	0.0	0.0	0.1	....	....	0.0
Papua New Guinea	853	....	....	....	....	....	0.0	....	8.4	0.1	0.1	0.0	0.0
Philippines	566	4.7	6.1	5.8	3.5	6.8	14.0	4.1	3.5	2.7	2.7	2.3	2.8
Samoa	862	....	....	....	0.0	0.2	....	0.0	1.1	0.0	0.0	....	0.2
Solomon Islands	813	....	0.0	....	....	....	....	....	0.1	1.7	0.7	0.6	0.2
Sri Lanka	524	3.2	3.8	3.7	3.8	2.0	1.5	9.4	9.3	9.3	7.5	7.9	9.6
Thailand	578	33.6	1.9	8.6	8.8	8.7	3.9	289.6	313.1	283.3	336.0	221.3	149.6
Vanuatu	846	....	....	....	....	....	....	....	0.0	0.3	0.1	0.0	....
Vietnam	582	50.2	139.3	327.5	624.8	784.9	1,115.9	22.2	32.1	41.5	35.5	49.3	73.9
Asia n.s.	598	....	0.4	....	....	....	0.1	10.9	0.8	5.1	5.9	5.0	1.0
Europe	170	1,017.4	1,042.7	1,322.7	1,279.3	1,173.4	1,131.2	237.6	285.9	265.0	301.8	243.3	238.8
Emerg. & Dev. Europe	903	239.6	251.3	356.4	308.0	330.5	213.5	81.7	104.9	136.9	176.5	70.8	65.0
Albania	914	7.5	10.0	13.4	11.3	11.8	9.9	0.1	0.3	0.1	0.1	0.9	0.9
Bosnia and Herzegovina	963	0.0	0.1	0.1	0.0	0.0	0.0	0.0	0.0	0.3	....	0.0	0.0
Bulgaria	918	3.6	10.5	10.0	12.9	12.1	11.5	2.1	1.4	1.6	1.3	1.8	1.9
Croatia	960	2.8	9.0	10.0	16.0	17.9	22.2	0.0	1.4	0.3	0.8	0.5	0.7
Gibraltar	823	....	0.1	....	....	....	....	....	....	0.0	....	....	....
Hungary	944	0.4	0.4	0.8	0.8	1.9	0.7	1.5	2.8	1.7	1.6	3.0	2.7
Macedonia, FYR	962	0.3	0.2	0.4	0.2	0.3	0.1	0.0	....	0.0	0.9	....	....
Montenegro	943	....	....	....	....	....	10.2	....	....	....	....	....	....
Poland	964	56.6	69.3	91.0	68.6	66.5	36.5	14.1	12.8	13.0	12.6	10.5	9.5
Romania	968	2.4	3.2	3.7	5.5	6.9	7.0	8.1	27.6	29.9	62.3	10.6	5.4
Serbia, Republic of	942	....	....	....	....	....	0.7	....	....	....	....	....	0.1
Turkey	186	78.5	100.2	227.0	192.7	213.1	114.7	55.8	58.4	90.0	96.9	43.5	43.8
CIS	901	777.8	791.3	966.3	971.3	842.9	892.6	155.9	181.0	128.0	125.2	172.5	173.1
Armenia	911	0.1	0.1	1.0	0.2	0.3	0.1	....	....	....	....	....	0.0
Azerbaijan, Rep. of	912	2.0	1.7	3.2	1.8	5.4	5.6	....	0.1	....	0.0	0.0	0.0
Belarus	913	0.2	0.3	2.9	2.2	3.7	2.5	1.1	0.3	0.2	1.3	0.2	0.2
Georgia	915	29.9	17.9	27.4	61.2	29.6	17.2	1.7	4.3	2.7	4.8	3.5	1.1
Kazakhstan	916	5.6	8.1	13.2	11.1	16.5	19.5	0.1	0.0	0.0	0.0	0.1	0.0
Kyrgyz Republic	917	0.0	0.2	3.6	1.4	2.3	....	....	0.0	....	....	0.0	....
Moldova	921	0.8	1.0	2.0	0.8	1.8	1.4	....	....	0.0	....	0.0	0.0
Russian Federation	922	699.9	681.7	812.8	792.9	715.5	769.2	108.3	124.5	102.7	111.6	165.3	167.7
Tajikistan	923	....	0.1	0.3	0.4	0.4	0.2	....	....	....	....	....	....
Turkmenistan	925	....	....	0.2	0.2	1.3	0.5	0.1	0.0	0.0	....	....	0.0
Ukraine	926	38.9	78.9	97.8	97.9	64.0	75.3	44.7	51.8	22.4	7.6	3.4	3.9
Uzbekistan	927	0.2	1.3	2.0	1.2	1.9	1.2	....	....	....	....	....	....
Europe n.s.	884	....	....	....	....	....	25.2	0.0	0.1	0.1	0.1	....	0.8
Mid East, N Africa, Pak	440	92.9	135.2	139.3	135.0	227.6	268.7	125.1	182.4	75.0	301.9	246.7	40.7
Algeria	612	35.1	44.4	34.1	9.4	10.0	13.2	....	107.7	....	0.0	0.0	0.0
Bahrain, Kingdom of	419	0.6	0.7	1.8	1.1	1.7	1.0	2.8	2.4	3.3	1.3	1.0	1.2
Djibouti	611	....	....	....	....	0.5	0.1	....	0.0	....	....	....	....
Egypt	469	13.2	27.3	17.7	20.4	41.9	13.3	2.1	1.9	2.7	2.3	1.6	2.0
Iran, I.R. of	429	1.1	....	0.0	0.2	0.2	22.8	0.3	0.2	0.2	0.0	0.3	0.1
Iraq	433	0.1	0.8	1.7	....	3.1	21.2	....	0.1	0.0	0.0	0.0	0.2
Jordan	439	8.1	6.6	5.3	5.2	4.5	4.9	1.4	0.8	0.7	1.1	0.6	0.8
Kuwait	443	0.8	1.8	5.3	28.1	49.6	37.0	0.2	0.6	0.4	0.1	0.0	0.0
Lebanon	446	1.4	1.0	1.2	1.1	0.6	1.5	0.0	0.3	0.1	0.1	0.1	0.2
Libya	672	0.5	23.6	26.2	7.3	8.7	0.8	....	0.7	0.1	0.0	....	0.2
Morocco	686	4.3	2.6	3.7	5.0	8.2	9.4	7.3	0.0	0.5	0.6	0.4	0.1
Oman	449	0.4	0.2	1.1	0.3	0.4	0.6	0.2	0.0	0.1	1.7	0.3	0.3
Pakistan	564	0.5	0.1	0.2	0.1	0.3	14.9	25.3	7.0	7.4	42.1	6.9	4.9
Qatar	453	1.5	2.3	4.7	2.4	6.1	6.3	2.0	2.5	2.9	3.1	2.9	2.6
Saudi Arabia	456	13.2	16.1	24.9	33.5	56.7	78.2	22.5	20.7	30.7	182.2	189.7	14.3
Sudan	732	0.0	0.2	....	0.1	....	0.0	0.0	0.0	0.0	0.0	....	....
Syrian Arab Republic	463	5.6	1.1	1.9	3.5	8.2	0.8	1.2	0.6	0.7	0.4	0.4	0.5
Tunisia	744	1.9	1.4	3.8	8.0	8.9	10.9	38.5	2.3	1.4	1.7	1.3	2.7
United Arab Emirates	466	4.4	4.9	5.6	9.3	17.9	32.0	21.4	34.6	23.6	65.0	41.2	10.6
Yemen, Republic of	474	....	0.0	0.0	0.0	0.0	0.1	0.0	....	0.0	....	....	....

Ecuador (248)
In Millions of U.S. Dollars

		Exports (FOB)						Imports (CIF)					
		2011	2012	2013	2014	2015	2016	2011	2012	2013	2014	2015	2016
Sub-Saharan Africa	603	9.4	9.4	27.0	72.2	26.6	29.3	104.5	7.7	11.5	11.8	9.2	5.8
Angola	614	0.0	0.0	1.1	1.6	0.5	0.9	39.0	0.0	0.0	0.1	0.1	0.0
Benin	638	0.0	0.1	0.5	0.7	0.3	0.2	0.1	0.3	0.3	0.3	0.0	....
Cabo Verde	624	....	....	0.1	0.4	0.2	0.3	....	....	....	....	....	....
Cameroon	622	0.1	0.1	1.6	0.4	0.2	0.0	0.0	....	0.1	....	0.1	....
Congo, Dem. Rep. of	636	....	....	....	1.7	2.2	....	0.0	....	0.0	0.2	....	....
Congo, Republic of	634	0.0	0.0	0.2	0.2	0.1	0.1	....	0.1	2.8	0.2	0.0	0.0
Côte d'Ivoire	662	0.0	0.4	0.4	60.9	0.3	0.4	1.8	0.0	0.0	0.9	0.0	0.0
Equatorial Guinea	642	0.0	0.0	0.1	0.1	0.0	....	....	0.1	....	0.0	0.1	....
Ethiopia	644	0.0	0.2	0.1	0.0	0.2	0.1	0.0	....	....	....	0.0	0.0
Gabon	646	....	0.0	0.0	0.2	0.4	0.0	0.0	0.1	0.0	0.0	0.9	0.0
Ghana	652	1.7	0.5	2.0	1.0	0.2	0.5	0.3	0.0	0.2	0.1	0.1	0.0
Guinea	656	0.5	2.4	....	0.0	....	....	....	0.1	0.4	....	....	....
Kenya	664	0.3	0.1	0.2	0.1	2.5	0.6	0.9	0.6	0.5	1.5	0.5	0.8
Liberia	668	....	....	0.0	0.0	....	....	0.3	0.1	1.3	0.1	0.0	0.1
Madagascar	674	0.0	0.1	0.0	0.0	0.3	0.4	....	....	....	....	....	....
Mauritius	684	0.0	....	....	....	0.1	0.5	....	....	....	0.1	0.1	....
Mozambique	688	0.2	0.2	0.2	0.5	0.1	0.1	0.1	0.3	0.3	0.3	0.2	0.0
Niger	692	....	....	....	....	....	....	....	0.2	....	0.4	0.0	....
Nigeria	694	0.3	0.3	3.3	0.4	0.8	0.4	58.5	0.1	0.0	0.0	0.0	....
Rwanda	714	0.2	....	0.0	....	....	....	....	0.1	....	....	....	....
Senegal	722	....	....	0.6	....	0.2	0.3	0.0	....	2.2	1.0	0.0	0.0
Seychelles	718	....	....	0.0	....	0.6	0.5	....	....	....	0.7	0.0	....
Sierra Leone	724	0.1	0.2	....	0.0	....	....	....	....	....	....	....	....
South Africa	199	5.9	3.7	16.0	3.9	17.3	12.5	3.4	5.2	3.0	4.9	6.1	4.7
Swaziland	734	0.0	1.0	0.0	....	....	....	0.0	0.3	0.1	0.8	0.7	0.0
Tanzania	738	....	0.0	0.1	0.1	0.1	0.1	0.0	....	0.0	0.0	0.1	....
Togo	742	....	....	0.2	....	....	....	....	....	....	....	....	....
Africa n.s.	799	....	....	....	....	....	11.5	0.0	....	....	....	0.1	....
Western Hemisphere	205	7,592.6	7,859.5	7,258.9	7,644.0	4,409.3	4,562.7	9,702.2	8,686.9	8,773.9	8,145.7	6,264.4	5,315.6
Antigua and Barbuda	311	0.1	0.1	0.0	0.1	0.1	0.1	0.0	....	0.0	....	0.0	....
Argentina	213	89.1	104.4	145.8	195.8	215.7	217.6	543.7	477.6	416.5	501.8	235.1	218.2
Aruba	314	0.4	0.3	0.3	0.2	0.2	9.3	24.6	133.5	131.5	0.0	32.5	0.1
Bahamas, The	313	0.6	0.7	0.7	72.3	0.8	0.5	164.8	143.8	117.6	180.1	14.8	0.1
Barbados	316	1.1	0.9	0.8	1.2	1.1	1.5	....	1.2	0.2	0.1	0.1	0.0
Belize	339	0.1	0.1	0.3	0.1	0.2	0.2	0.0	0.1	0.1	0.2	0.2	0.1
Bermuda	319	....	....	0.0	....	0.0	....	0.8	0.0	....	....	....	....
Bolivia	218	22.5	21.4	23.3	25.9	36.5	31.7	8.7	30.7	109.8	114.0	183.4	191.9
Brazil	223	89.6	134.3	132.3	133.2	110.1	144.8	938.1	925.3	876.1	863.8	713.1	671.9
Chile	228	899.2	1,990.4	2,458.9	2,300.8	1,138.1	1,150.6	618.8	625.1	629.5	582.8	551.0	479.6
Colombia	233	1,023.2	1,050.3	922.0	945.8	781.5	810.5	2,220.9	2,190.2	2,296.2	2,201.9	1,764.6	1,421.1
Costa Rica	238	16.5	19.5	23.1	26.6	32.0	24.4	42.8	55.0	65.9	60.5	46.4	46.0
Curaçao	354	....	....	....	....	....	1.1	....	....	....	....	....	1.3
Dominica	321	0.1	0.2	0.1	0.1	0.1	0.1	....	....	0.1	....	....	0.0
Dominican Republic	243	38.4	41.3	47.2	58.0	53.0	60.5	12.3	15.1	11.8	17.3	14.4	12.8
El Salvador	253	225.7	147.3	94.1	39.2	10.4	11.1	4.8	3.8	5.8	4.3	5.1	6.4
Falkland Islands	323	0.0	....	....	....	....	....	....	0.1	....	....	....	....
Greenland	326	....	....	....	....	....	....	....	....	0.1	....	....	0.1
Grenada	328	0.1	0.2	0.1	0.1	0.0	0.1	....	....	0.1	....	0.0	....
Guatemala	258	118.6	96.9	146.9	63.7	44.8	46.8	22.5	26.9	31.5	32.9	37.5	28.4
Guyana	336	0.5	0.2	0.3	0.2	0.2	0.3	0.5	1.4	1.5	0.8	1.5	1.5
Haiti	263	2.1	7.9	4.6	2.5	1.3	0.9	0.0	....	0.0	0.1	....	....
Honduras	268	185.1	143.7	105.8	26.3	11.2	16.9	11.2	7.4	4.2	2.6	3.0	5.7
Jamaica	343	1.9	1.9	2.8	3.0	2.6	16.5	0.1	0.1	0.2	0.9	0.1	0.0
Mexico	273	98.3	99.3	124.0	148.5	157.0	168.1	869.9	888.3	968.5	966.9	655.8	490.7
Netherlands Antilles	353	470.7	40.3	1.0	0.9	1.0	0.3	8.4	5.0	2.1	1.2	2.5	31.6
Nicaragua	278	16.9	18.6	18.2	19.9	74.2	75.2	7.4	0.3	0.9	3.7	4.6	8.2
Panama	283	1,035.8	923.1	628.3	1,411.6	448.4	662.3	1,979.9	1,663.0	1,824.9	1,414.2	1,046.4	888.6
Paraguay	288	1.7	3.4	3.6	4.2	4.2	4.1	7.8	12.3	18.9	36.4	54.6	36.1
Peru	293	1,724.4	1,987.7	1,882.6	1,576.2	934.2	934.2	1,141.9	1,127.9	1,119.8	1,025.0	790.2	688.7

Ecuador (248)
In Millions of U.S. Dollars

		Exports (FOB)						Imports (CIF)					
		2011	2012	2013	2014	2015	2016	2011	2012	2013	2014	2015	2016
St. Kitts and Nevis	361	0.1	0.1	0.0	0.0	0.0	0.1	....	0.1	....	....	....	....
St. Lucia	362	0.5	0.5	0.4	0.3	0.3	0.3	....	....	....	....	....	....
St. Vincent & Grens.	364	0.1	0.1	0.2	0.1	0.1	0.2	....	....	....	....	....	....
Suriname	366	0.2	0.3	0.2	0.3	0.2	0.2	2.8	....	....	0.2	0.1	0.1
Trinidad and Tobago	369	4.6	5.4	6.0	4.0	5.7	4.1	32.3	28.0	10.2	9.6	7.1	17.7
Uruguay	298	50.5	13.9	20.7	20.9	18.5	24.5	80.6	84.8	63.7	90.3	88.4	59.0
Venezuela, Rep. Bol.	299	1,473.9	1,004.8	464.2	561.7	325.7	144.1	954.8	239.3	51.9	33.8	9.6	9.6
Western Hem. n.s.	399	0.2	0.1	0.1	0.1	0.1	....	1.8	0.7	14.4	0.2	2.2	....
Other Countries n.i.e	910	**11.9**	**16.1**	**32.8**	**11.8**	**19.4**	**14.5**	**11.3**	**29.8**	**9.6**	**13.7**	**6.1**	**7.7**
Cuba	928	11.9	16.0	32.8	11.8	19.4	14.4	10.9	14.5	9.6	13.7	6.1	6.6
Korea, Dem. People's Rep.	954	0.0	0.1	....	....	....	0.0	0.4	15.3	....	....	....	1.0
Special Categories	899	**81.4**	**3.0**	**14.1**	**19.3**	**51.6**	**....**	**190.3**	**118.1**	**116.4**	**118.7**	**61.5**	**....**
Countries & Areas n.s.	898	**2.6**	**14.7**	**63.2**	**48.1**	**22.7**	**3.3**	**....**	**0.0**	**0.0**	**0.6**	**....**	**89.0**
Memorandum Items													
Africa	605	50.8	58.1	68.5	94.7	54.3	62.9	150.2	117.7	13.4	14.2	11.0	8.6
Middle East	405	51.0	86.5	97.5	112.4	199.5	220.3	54.1	65.4	65.6	257.3	238.0	33.1
European Union	998	2,638.9	2,433.9	3,056.4	2,980.4	2,776.4	2,831.7	2,319.9	2,902.6	2,900.2	3,024.5	2,481.0	1,857.4
Export earnings: fuel	080	3,289.8	2,868.7	2,354.9	2,437.3	2,044.3	1,999.5	3,472.0	2,782.7	2,635.2	2,725.0	2,366.7	1,837.9
Export earnings: nonfuel	092	19,055.4	20,787.4	22,604.4	23,284.4	16,321.5	14,798.2	20,814.1	22,413.9	24,394.8	24,790.5	19,007.3	14,350.8

Egypt (469)

In Millions of U.S. Dollars

		Exports (FOB)						Imports (CIF)					
		2011	2012	2013	2014	2015	2016	2011	2012	2013	2014	2015	2016
IFS World		30,539.5	29,401.2	28,468.4	26,835.2	....	....	58,927.4	69,189.3	59,623.1	66,820.9	....	....
World	001	31,528.7	29,240.0	28,893.9	26,692.5	21,119.7	20,020.9	62,155.8	67,522.0	65,152.1	68,188.5	69,788.2	56,705.8
Advanced Economies	110	13,065.6	11,620.4	11,051.8	10,072.5	7,699.7	9,247.2	29,923.4	30,428.4	30,661.6	31,787.3	31,800.2	25,320.3
Euro Area	163	8,412.4	6,659.2	6,663.5	6,431.6	4,546.5	4,508.7	14,924.4	16,468.5	16,792.4	17,026.7	18,183.7	13,025.1
Austria	122	21.4	15.6	13.1	17.9	14.6	36.2	226.4	197.6	234.8	262.2	198.7	270.8
Belgium	124	550.0	395.4	445.8	343.9	313.2	180.4	1,334.7	1,659.4	1,186.3	959.4	928.8	906.5
Cyprus	423	135.8	250.3	297.7	72.0	56.6	79.5	61.7	115.2	306.3	73.9	476.5	240.7
Estonia	939	3.8	4.6	3.4	3.3	2.7	....	28.7	27.0	25.2	27.0	35.0	....
Finland	172	23.5	17.0	13.3	13.5	14.7	10.2	364.8	497.1	389.2	463.4	423.9	387.6
France	132	1,285.7	1,146.0	913.4	832.2	495.5	390.3	2,054.2	2,201.9	2,088.9	2,107.4	2,335.3	2,180.1
Germany	134	791.0	640.9	643.7	666.8	538.1	780.5	3,922.7	4,550.2	5,077.5	5,390.1	5,377.8	2,911.6
Greece	174	400.2	224.5	269.8	468.3	132.6	142.5	389.6	367.5	696.6	638.9	907.4	647.2
Ireland	178	25.6	35.7	37.9	25.2	29.5	26.7	166.3	170.0	160.6	206.8	200.7	236.5
Italy	136	2,717.2	2,311.7	2,674.7	2,449.8	1,588.2	1,438.2	3,117.3	3,404.6	3,481.0	3,138.9	3,045.3	2,050.6
Latvia	941	8.7	7.1	9.6	10.1	7.2	10.2	47.9	63.7	42.5	83.0	50.5	110.5
Lithuania	946	16.6	19.0	20.0	15.1	11.2	....	54.0	81.2	174.9	91.1	19.5	....
Luxembourg	137	0.3	0.7	2.4	0.8	1.7	10.2	24.1	5.6	7.5	6.3	22.8	38.3
Malta	181	281.8	31.7	154.6	360.0	345.6	140.4	209.8	224.9	307.6	908.8	954.8	610.2
Netherlands	138	700.5	403.3	307.9	381.1	386.4	525.5	1,652.9	1,429.5	1,045.2	1,044.2	1,095.1	1,408.6
Portugal	182	91.2	104.2	133.8	106.3	106.4	32.4	116.1	78.8	80.9	87.7	100.8	55.9
Slovak Republic	936	0.3	1.5	7.2	9.5	2.0	....	....	....	....	....	....	....
Slovenia	961	47.4	46.1	71.6	75.8	61.3	28.8	49.6	53.6	41.5	72.8	41.7	20.7
Spain	184	1,311.5	1,004.0	643.7	580.0	439.1	676.7	1,103.5	1,340.9	1,446.0	1,464.7	1,969.1	949.3
Australia	193	59.2	38.2	24.4	21.4	23.3	32.0	521.5	415.4	414.6	332.6	360.8	319.4
Canada	156	61.9	149.5	547.6	511.7	486.2	449.0	570.7	353.9	392.5	272.2	313.8	227.8
China,P.R.: Hong Kong	532	25.5	29.8	31.1	28.6	22.8	218.4	94.1	96.7	82.3	109.9	66.1	799.4
Czech Republic	935	53.7	56.2	79.4	98.6	75.7	24.0	200.9	318.8	335.5	673.2	734.2	117.9
Denmark	128	27.2	17.2	12.8	14.7	14.4	32.5	227.8	259.2	213.4	204.0	218.9	231.1
Iceland	176	0.2	0.1	0.1	0.0	1.8	....	11.1	8.5	12.7	7.2	23.7	....
Israel	436	56.4	58.2	47.9	61.6	62.2	....	84.0	100.1	90.9	49.0	58.1	....
Japan	158	362.1	999.3	462.1	359.6	120.8	77.1	1,374.2	1,567.9	1,408.5	1,507.2	1,712.2	702.9
Korea, Republic of	542	432.7	277.6	705.9	274.2	36.2	117.4	1,731.2	1,695.7	1,506.0	2,137.9	2,317.1	1,131.2
New Zealand	196	4.2	6.2	3.3	2.7	1.7	7.3	213.3	312.9	309.3	351.8	339.9	290.7
Norway	142	12.1	10.3	14.9	11.9	8.3	10.1	236.2	151.9	169.1	181.4	170.7	106.8
Singapore	576	89.0	9.8	12.1	45.6	40.5	160.4	216.5	183.0	145.7	151.6	186.5	568.4
Sweden	144	39.5	34.5	33.0	37.3	24.1	76.5	705.8	908.5	648.9	836.5	644.6	471.9
Switzerland	146	271.6	342.3	105.0	35.2	221.4	832.3	655.9	703.1	1,173.8	865.0	733.3	2,004.4
Taiwan Prov.of China	528	376.3	94.1	118.4	9.0	8.6	15.4	422.6	502.6	517.3	421.9	418.6	439.7
United Kingdom	112	964.7	835.7	977.4	1,005.1	924.8	1,294.3	1,269.4	1,238.3	1,392.8	1,593.8	1,220.7	1,991.6
United States	111	1,816.8	2,002.1	1,212.8	1,123.4	1,080.4	1,391.8	6,463.5	5,143.2	5,055.8	5,065.5	4,097.2	2,892.0
Emerg. & Dev. Economies	200	17,335.5	16,381.9	16,906.4	15,757.5	12,872.4	9,584.5	32,075.9	37,068.1	34,397.8	36,370.8	37,972.2	27,034.4
Emerg. & Dev. Asia	505	3,279.8	3,185.5	3,054.8	2,526.8	1,561.2	1,272.3	9,976.1	11,084.6	11,603.1	12,120.5	13,668.8	7,382.2
American Samoa	859	....	0.4	....	0.0	0.0	....	0.2	....	....	....	....	....
Bangladesh	513	59.4	61.0	45.0	52.9	51.9	....	21.1	23.4	25.2	22.3	32.4	....
Brunei Darussalam	516	0.5	0.9	1.3	2.3	3.0	....	5.3	2.1	1.5	2.4	0.3	....
Cambodia	522	0.0	0.0	0.1	0.2	0.1	....	0.6	1.1	1.3	0.8	2.2	....
China,P.R.: Mainland	924	622.4	743.8	568.5	329.4	425.2	348.1	5,694.6	6,442.7	6,810.7	7,607.4	9,093.9	4,533.9
Fiji	819	0.1	0.4	0.2	0.2	....	....	....	....	....	....	....	....
India	534	2,260.0	2,028.8	2,134.6	1,917.2	863.5	741.1	1,638.0	2,178.3	2,223.2	2,355.3	2,155.5	1,346.3
Indonesia	536	103.0	96.8	95.7	61.9	63.0	41.3	901.2	728.0	898.5	429.8	555.0	324.1
Malaysia	548	131.5	149.4	138.5	88.0	78.1	27.2	767.3	535.3	544.6	317.1	381.9	406.5
Maldives	556	3.1	2.5	2.4	2.4	3.8	....	0.0	0.1	....	3.5	5.2	....
Mongolia	948	0.3	0.0	0.0	0.7	....	....	0.1	0.1	0.1	0.2	0.0	....
Nepal	558	4.9	7.1	7.8	10.4	11.9	....	0.0	0.0	0.0	0.0	....	....
Papua New Guinea	853	....	0.0	0.4	0.0	....	....	....	....	....	....	....	....
Philippines	566	41.8	15.4	6.6	3.9	2.9	....	32.1	24.1	20.2	13.1	25.4	....
Sri Lanka	524	13.5	35.0	19.4	23.1	16.3	....	21.6	38.8	37.2	35.8	32.4	....
Thailand	578	22.8	31.3	22.6	21.4	25.7	4.8	699.9	870.2	808.8	1,081.2	1,120.9	507.0
Vanuatu	846	....	....	....	....	....	....	0.0	0.0	0.0	0.0	0.1	....
Vietnam	582	16.4	12.7	11.6	12.6	15.7	7.6	194.2	240.4	197.6	251.6	263.5	140.4

Egypt (469)
In Millions of U.S. Dollars

		Exports (FOB)						Imports (CIF)					
		2011	2012	2013	2014	2015	2016	2011	2012	2013	2014	2015	2016
Asia n.s.	598	0.1	....	0.1	0.1	0.1	102.2	0.0	....	34.1	0.0	....	124.0
Europe	170	**2,237.7**	**2,164.1**	**2,441.9**	**2,185.7**	**1,900.7**	**1,158.1**	**8,458.8**	**11,709.8**	**9,026.5**	**10,443.9**	**10,293.6**	**6,609.9**
Emerg. & Dev. Europe	903	1,727.1	1,810.9	2,072.7	1,742.9	1,492.0	942.9	3,561.4	4,363.8	4,067.5	4,487.5	4,888.9	2,995.2
Albania	914	12.1	13.8	19.3	12.8	7.6	....	2.3	0.5	0.7	13.4	13.5	....
Bosnia and Herzegovina	963	1.1	1.6	2.4	1.4	1.0	....	14.5	13.9	16.2	20.5	28.7	....
Bulgaria	918	27.4	78.0	98.4	42.3	43.0	30.6	231.9	165.9	309.0	243.6	237.8	303.4
Croatia	960	14.4	7.3	9.0	12.9	16.5	5.8	91.2	103.5	78.6	94.3	107.6	57.8
Gibraltar	823	....	....	....	....	....	....	0.0	0.1	0.1	0.0	0.0	....
Hungary	944	13.3	8.3	10.9	18.0	18.7	6.8	96.6	93.8	126.1	220.3	236.4	188.1
Macedonia, FYR	962	0.9	0.6	0.8	1.3	1.0	....	3.2	0.8	1.1	1.4	0.6	....
Montenegro	943	0.5	....	....	0.8	0.8	....	0.4	....	....	1.1	4.1	....
Poland	964	67.8	68.7	65.5	99.0	87.3	63.5	153.0	161.4	230.5	234.2	330.9	135.0
Romania	968	62.1	73.5	104.5	106.6	90.2	49.4	315.1	380.0	715.8	797.8	708.0	295.4
Serbia, Republic of	942	1.4	....	....	5.0	5.8	....	20.9	....	....	41.1	76.2	....
Turkey	186	1,526.0	1,559.0	1,761.8	1,442.9	1,220.1	786.8	2,632.5	3,443.9	2,589.4	2,819.8	3,145.1	2,015.5
CIS	901	**510.6**	**353.1**	**369.2**	**442.7**	**408.7**	**177.9**	**4,896.6**	**7,346.0**	**4,959.1**	**5,954.9**	**5,393.2**	**3,463.2**
Armenia	911	2.3	1.8	0.8	3.2	1.7	....	0.0	0.0	0.0	0.1	....	....
Azerbaijan, Rep. of	912	9.3	7.6	3.0	2.5	23.2	....	0.0	0.2	0.0	0.5	0.6	....
Belarus	913	2.5	5.8	6.9	4.6	4.0	....	44.7	68.8	29.7	69.4	79.7	....
Georgia	915	20.9	18.0	15.8	12.1	7.0	2.0	241.5	62.4	9.9	34.2	8.3	1.8
Kazakhstan	916	8.1	12.6	6.8	12.8	5.3	....	21.6	16.1	14.7	10.1	5.8	....
Moldova	921	0.4	0.7	0.7	1.3	0.6	....	2.2	1.1	17.8	25.9	10.1	....
Russian Federation	922	353.5	224.2	267.4	354.6	340.1	166.8	2,621.7	3,601.2	1,799.0	2,833.0	3,069.2	2,306.6
Tajikistan	923	0.1	0.5	0.1	1.6	0.0	....	0.3	0.1	1.4	0.7	0.2	....
Turkmenistan	925	0.3	0.1	0.4	0.5	0.4	....	12.5	2.7	6.8	5.3	1.9	....
Ukraine	926	113.0	81.6	67.1	48.7	25.6	9.1	1,939.3	3,587.9	3,074.2	2,963.3	2,209.1	1,154.8
Uzbekistan	927	0.1	0.1	0.2	0.8	0.8	....	12.8	5.7	5.6	12.5	8.4	....
Europe n.s.	884	0.1	0.1	0.1	0.1	0.0	37.3	0.8	0.1	0.0	1.5	11.5	151.5
Mid East, N Africa, Pak	440	**9,369.9**	**9,159.6**	**9,646.5**	**9,613.5**	**8,145.7**	**6,543.3**	**8,231.4**	**9,493.5**	**8,853.5**	**9,469.5**	**9,209.5**	**10,199.1**
Afghanistan, I.R. of	512	4.2	3.7	3.8	12.9	5.9	....	0.5	0.3	0.9	0.7	0.4	....
Algeria	612	386.1	389.7	504.2	565.3	455.9	252.7	682.8	964.4	411.2	190.9	476.2	221.2
Bahrain, Kingdom of	419	38.4	39.0	48.4	42.1	47.4	143.3	57.4	50.2	208.9	124.6	141.1	157.9
Djibouti	611	44.4	35.1	19.7	20.6	21.5	....	29.8	12.1	9.0	0.7	6.4	....
Iran, I.R. of	429	92.6	63.1	30.3	21.9	4.1	....	34.8	43.2	35.7	46.7	36.8	....
Iraq	433	449.9	566.4	733.0	779.1	464.5	38.4	3.4	668.2	278.9	675.0	694.8	407.7
Jordan	439	863.1	690.8	867.0	618.1	548.1	349.3	139.1	207.6	121.0	100.5	93.3	261.3
Kuwait	443	256.5	227.9	279.0	575.2	464.9	119.6	2,781.0	2,674.1	2,593.2	3,492.5	1,737.7	1,253.3
Lebanon	446	962.4	838.2	707.7	596.6	428.4	613.5	83.8	113.7	112.4	103.7	122.1	444.0
Libya	672	555.8	1,430.7	1,278.8	987.3	558.7	86.0	61.3	140.1	100.2	49.8	88.8	20.1
Mauritania	682	8.0	12.2	13.3	18.3	12.7	....	4.5	1.8	0.7	2.3	0.5	....
Morocco	686	491.8	395.2	405.7	485.4	341.1	244.4	55.0	97.7	57.5	116.1	314.4	38.5
Oman	449	117.4	96.6	102.2	127.2	137.3	88.0	105.8	131.9	172.2	61.7	59.8	97.4
Pakistan	564	158.2	147.3	131.9	144.9	126.7	81.5	153.0	214.5	127.6	114.0	125.6	53.1
Qatar	453	272.9	257.6	218.1	299.3	294.5	170.5	110.0	88.3	39.7	39.4	731.2	1,241.3
Saudi Arabia	456	1,973.3	1,822.5	2,030.6	1,972.0	1,911.6	1,082.4	2,541.6	2,670.4	3,011.7	2,380.5	2,862.8	2,609.8
Somalia	726	72.9	18.7	24.7	40.1	54.1	....	0.4	0.3	0.5	0.7	0.5	....
Sudan	732	536.0	449.5	547.3	391.7	510.6	49.7	26.7	19.2	73.6	89.6	18.3	43.0
Syrian Arab Republic	463	761.2	389.5	375.6	350.4	239.0	9.8	392.5	242.7	297.9	113.4	149.9	8.6
Tunisia	744	184.5	268.9	226.9	196.5	149.2	112.7	72.8	306.1	65.7	70.5	78.9	104.1
United Arab Emirates	466	865.4	718.1	766.1	987.1	1,084.0	2,984.5	803.5	795.8	1,088.7	1,636.1	1,438.9	3,222.3
West Bank and Gaza	487	80.3	53.1	88.0	140.8	131.3	80.9	0.4	0.6	2.0	0.1	0.1	....
Yemen, Republic of	474	194.5	245.9	244.3	240.6	154.0	20.2	91.4	50.3	44.4	59.8	31.0	7.8
Middle East n.s.	489	....	....	....	....	....	15.9	....	....	....	....	....	7.7
Sub-Saharan Africa	603	**2,020.7**	**1,531.7**	**1,366.4**	**1,180.4**	**1,103.5**	**542.1**	**930.0**	**844.6**	**672.9**	**655.7**	**731.3**	**807.6**
Angola	614	24.5	25.2	29.3	38.3	32.0	....	0.0	....	0.5	....	0.0	....
Benin	638	6.8	7.4	7.7	10.9	13.9	....	2.1	0.0	13.6	6.3	17.3	....
Botswana	616	....	0.2	0.0	0.1	0.0	....	0.0	0.1	0.1	0.2	0.0	....
Burkina Faso	748	11.0	5.4	9.2	7.1	9.1	....	0.0	0.1	14.7	29.2	17.8	....
Burundi	618	14.0	11.3	11.3	10.1	6.3	....	0.5	0.2	0.0	0.2	0.2	....
Cabo Verde	624	1.5	1.2	1.1	1.5	1.6	....	....	....	0.0	1.4	....	....

2017, International Monetary Fund: Direction of Trade Statistics Yearbook

Egypt (469)

In Millions of U.S. Dollars

		Exports (FOB)						Imports (CIF)					
		2011	2012	2013	2014	2015	2016	2011	2012	2013	2014	2015	2016
Cameroon	622	51.9	33.6	28.8	40.2	25.0	....	6.5	4.1	4.1	1.7	3.1	....
Central African Rep.	626	0.5	1.0	0.4	0.1	0.2	....	0.1	1.0	0.1	0.2	0.1	....
Chad	628	5.5	6.8	6.4	7.6	8.4	....	0.1	0.2	0.2	1.2	0.4	....
Comoros	632	0.1	0.3	0.2	0.9	0.7	....	0.2	0.1	0.3	0.5	0.4	....
Congo, Dem. Rep. of	636	17.5	25.0	31.6	35.1	15.7	....	10.6	52.7	30.4	30.1	22.9	....
Congo, Republic of	634	24.3	12.4	27.5	32.2	18.9	....	0.0	18.0	2.5	16.8	16.4	....
Côte d'Ivoire	662	24.2	30.3	38.0	37.4	41.8	....	3.2	6.1	3.2	2.9	4.3	....
Equatorial Guinea	642	1.0	....	....	....	....	....	....	....	....	....	29.8	....
Eritrea	643	62.3	57.5	63.4	49.8	47.2	....	1.4	3.9	9.3	5.0	5.2	....
Ethiopia	644	49.5	41.0	74.1	87.6	110.9	106.8	20.5	28.2	40.1	49.9	33.5	10.6
Gabon	646	14.2	12.2	14.5	14.5	11.9	....	0.1	0.1	0.1	0.1	0.2	....
Gambia, The	648	5.3	5.4	4.9	4.6	6.0	....	0.3	0.3	0.7	0.2	0.0	....
Ghana	652	71.4	75.7	69.2	50.9	58.5	30.2	13.8	15.1	14.6	18.1	15.4	4.2
Guinea	656	15.3	25.1	10.6	9.6	7.2	....	0.3	0.4	1.0	0.1	0.0	....
Guinea-Bissau	654	4.7	1.2	2.5	0.2	0.3	....	0.0	....	0.0	0.0	0.1	....
Kenya	664	230.0	280.9	242.8	243.2	235.8	104.3	335.7	307.8	258.0	325.7	262.3	175.2
Lesotho	666	....	....	0.0	....	....	....	0.1	0.6	0.5	0.1	....	....
Liberia	668	4.3	2.1	34.2	2.8	4.2	....	26.8	24.8	5.7	....	....	....
Madagascar	674	0.3	....	....	....	....	....	....	....	....	....	....	....
Malawi	676	2.3	3.0	3.1	3.6	3.0	....	55.9	6.0	12.8	9.6	11.8	....
Mali	678	9.3	7.2	6.3	6.2	12.4	....	....	0.0	0.0	0.0	....	....
Mauritius	684	32.7	30.6	32.0	27.3	18.7	....	2.2	2.4	2.0	1.5	2.3	....
Mozambique	688	4.8	3.1	6.1	5.1	3.2	....	0.0	0.0	0.0	4.7	0.2	....
Namibia	728	0.0	....	0.5	1.3	0.1	....	0.6	....	0.2	4.4	0.9	....
Niger	692	4.2	1.8	6.7	13.1	15.7	....	....	0.2	0.0	0.0	0.0	....
Nigeria	694	115.6	87.7	97.1	99.2	85.1	44.9	1.5	5.8	2.9	4.4	83.6	328.1
Rwanda	714	16.5	16.9	19.8	20.9	19.7	....	0.3	0.9	0.4	0.4	0.1	....
São Tomé & Príncipe	716	....	....	0.1	....	....	....	....	0.2	0.2	....	....	....
Senegal	722	23.5	36.6	39.6	36.1	29.8	....	0.9	2.4	0.3	0.3	1.6	....
Seychelles	718	2.1	2.5	3.6	3.2	3.3	....	0.0	0.2	0.5	0.0	....	....
Sierra Leone	724	4.9	4.0	4.0	2.3	3.2	....	0.4	0.4	0.3	0.2	0.2	....
South Africa	199	1,005.3	522.6	319.9	145.0	120.8	62.6	76.9	94.8	77.4	45.1	94.9	85.4
Swaziland	734	0.7	1.1	8.0	3.0	29.1	5.9	0.1	0.0	14.5	0.1	0.1	88.7
Tanzania	738	44.7	52.3	32.1	28.4	23.7	....	8.4	6.5	2.4	8.1	1.3	....
Togo	742	7.5	6.3	7.6	8.4	7.3	....	....	....	0.0	0.0	0.1	....
Uganda	746	61.2	41.3	44.5	48.1	45.5	....	6.8	3.8	2.7	2.2	1.5	....
Zambia	754	33.6	42.2	19.5	31.1	14.6	31.2	352.4	256.5	155.1	80.7	103.0	28.5
Zimbabwe	698	11.6	11.4	8.3	13.5	12.4	....	1.0	0.6	1.5	4.2	0.2	....
Africa n.s.	799	0.0	....	....	0.0	....	156.2	....	....	....	0.0	0.0	86.9
Western Hemisphere	205	427.3	341.0	396.8	251.2	161.4	68.7	4,479.5	3,935.5	4,241.8	3,681.2	4,068.9	2,035.6
Antigua and Barbuda	311	0.0	0.0	0.0	....	0.1	....	....	0.0	0.0	....	....	....
Argentina	213	7.6	5.6	50.5	8.4	3.9	7.6	1,854.6	950.6	1,544.0	1,141.8	1,175.4	757.4
Bahamas, The	313	....	....	....	0.0	0.1	....	0.0	0.0	0.1	....	0.0	....
Barbados	316	0.0	0.1	0.0	0.2	0.1	....	0.0	0.1	0.0	0.0	0.0	....
Belize	339	....	0.0	....	0.0	0.1	....	0.2	3.6	0.3	1.6	0.4	....
Bolivia	218	0.1	0.2	0.0	0.1	0.1	....	0.2	0.1	0.6	2.0	0.1	....
Brazil	223	299.1	230.2	202.1	171.1	94.6	38.9	2,395.1	2,658.9	2,266.6	2,121.0	2,525.4	1,259.3
Chile	228	40.0	24.9	66.5	7.9	8.2	....	30.9	19.4	27.6	10.5	21.8	....
Colombia	233	13.9	9.0	17.8	8.4	7.4	....	15.3	13.4	11.2	11.5	13.8	....
Costa Rica	238	0.7	0.9	0.7	1.2	1.5	....	1.5	1.0	4.6	2.4	0.9	....
Dominica	321	0.1	0.8	0.4	0.8	0.5	....	2.3	4.0	3.0	2.1	2.4	....
Dominican Republic	243	1.8	1.6	1.6	3.3	2.8	....	1.7	0.1	0.2	1.1	1.7	....
Ecuador	248	1.4	1.2	1.8	1.6	1.0	....	15.5	38.9	23.1	24.5	53.8	....
El Salvador	253	0.1	0.1	0.1	0.2	0.2	....	0.1	....	....	....	0.1	....
Falkland Islands	323	....	....	0.1	....	....	....	0.0	0.1	0.0	....	....	....
Grenada	328	0.0	0.0	0.0	....	....	....	0.2	0.1	0.4	0.0	2.0	....
Guatemala	258	4.0	4.1	4.9	5.0	6.0	....	8.2	13.0	8.4	9.9	7.8	....
Haiti	263	7.2	3.5	2.2	3.1	2.4	....	0.0	....	....	0.1	0.0	....
Honduras	268	0.1	0.2	0.1	0.4	0.2	....	0.0	0.0	3.2	0.4	0.4	....
Jamaica	343	0.2	0.3	0.4	0.5	0.4	....	....	0.0	....	0.0	0.0	....

Egypt (469)

In Millions of U.S. Dollars

		\multicolumn{6}{c	}{Exports (FOB)}	\multicolumn{6}{c}{Imports (CIF)}
		2011	2012	2013	2014	2015	2016	2011	2012	2013	2014	2015	2016
Mexico	273	23.8	18.6	21.8	21.7	15.2	22.2	68.4	50.0	52.2	48.6	54.0	18.9
Netherlands Antilles	353	0.1	0.0	0.1	0.0	0.0	....	....	....	....	....	....	....
Nicaragua	278	0.0	....	0.1	0.2	0.0	....	1.1	1.8	2.7	0.4	0.1	....
Panama	283	8.9	6.2	6.1	6.7	8.1	....	23.5	2.7	1.2	0.5	0.3	....
Paraguay	288	0.3	1.1	2.5	0.7	0.6	....	34.4	0.7	61.6	75.5	46.5	....
Peru	293	2.4	4.7	5.3	4.5	3.3	....	9.7	6.2	5.5	6.4	9.8	....
St. Vincent & Grens.	364	....	....	....	....	....	....	0.1	0.0	0.2	....	....	....
Suriname	366	0.2	0.1	0.3	0.1	0.2	....	0.4	0.1	0.0	0.2	0.0	....
Trinidad and Tobago	369	0.7	0.8	0.7	1.6	1.3	....	0.0	45.2	0.0	19.0	32.9	....
Uruguay	298	8.7	22.0	7.7	2.5	2.4	....	8.3	74.2	218.8	185.9	75.1	....
Venezuela, Rep. Bol.	299	5.9	4.7	2.9	1.1	0.6	....	3.5	47.7	2.4	12.5	42.2	....
Western Hem. n.s.	399	0.0	0.0	0.0	0.0	0.0	....	4.1	3.5	3.8	3.3	2.3	....
Other Countries n.i.e	910	**13.9**	**2.0**	**1.1**	**2.5**	**0.6**	....	**42.0**	**23.2**	**20.3**	**15.7**	**5.7**	....
Cuba	928	4.8	0.7	0.3	0.9	0.4	....	18.0	2.2	0.3	0.0	0.1	....
Korea, Dem. People's Rep.	954	9.2	1.3	0.8	1.7	0.3	....	24.0	21.0	20.0	15.7	5.6	....
Special Categories	899	**1,109.7**	**1,229.4**	**934.5**	**859.5**	**546.4**	....	**113.1**	**0.5**	**3.7**	**1.7**	**0.1**	....
Countries & Areas n.s.	898	**4.0**	**6.3**	**0.1**	**0.5**	**0.6**	**1,189.2**	**1.5**	**1.8**	**68.7**	**13.0**	**10.1**	**4,351.1**
Memorandum Items													
Africa	605	3,744.5	3,101.0	3,108.3	2,898.3	2,648.6	1,201.6	1,802.0	2,246.2	1,291.2	1,126.7	1,626.5	1,214.4
Middle East	405	7,483.7	7,439.3	7,768.9	7,737.7	6,467.9	5,802.3	7,205.9	7,877.1	8,106.7	8,883.9	8,188.3	9,739.2
European Union	998	9,682.6	7,838.6	8,054.5	7,866.1	5,841.1	6,092.1	18,216.1	20,098.0	20,843.0	21,924.3	22,622.8	16,817.3
Export earnings: fuel	080	5,781.8	6,263.1	6,711.9	7,174.4	6,115.7	5,197.3	9,970.5	12,068.4	9,850.3	11,700.2	11,650.1	11,873.5
Export earnings: nonfuel	092	25,746.9	22,976.9	22,182.0	19,518.1	15,004.0	14,823.6	52,185.3	55,453.6	55,301.9	56,488.3	58,138.1	44,832.3

El Salvador (253)
In Millions of U.S. Dollars

		Exports (FOB)						Imports (CIF)					
		2011	2012	2013	2014	2015	2016	2011	2012	2013	2014	2015	2016
IFS World		606.7	610.2	627.6	602.6	626.8	609.8	1,156.4	1,173.7	1,231.1	1,201.5	1,190.4	1,126.2
World	001	5,308.1	5,339.0	5,490.6	5,272.4	5,484.7	5,326.7	9,964.5	10,269.0	10,760.5	10,510.3	10,409.0	9,692.1
Advanced Economies	110	2,959.9	2,873.9	2,935.4	2,812.6	2,892.6	2,832.6	5,163.0	5,219.1	5,705.9	5,682.9	5,545.6	4,849.6
Euro Area	163	287.9	213.9	204.4	170.0	140.9	135.9	476.6	448.7	544.9	495.6	536.3	335.8
Austria	122	0.5	0.2	0.2	0.3	0.4	0.2	6.2	9.7	8.2	7.5	10.4	10.2
Belgium	124	26.8	17.4	11.7	7.9	11.6	7.5	46.1	45.4	45.6	22.9	16.5	20.1
Cyprus	423	....	....	....	0.1	0.1	0.0	0.0	0.1	0.3	0.1	0.1	0.1
Estonia	939	0.1	....	0.0	....	....	....	13.2	0.0	0.2	0.8	0.1	0.4
Finland	172	1.9	1.0	1.1	0.6	2.0	2.0	10.4	6.6	11.7	11.3	26.8	6.7
France	132	6.2	8.0	6.2	7.6	9.4	7.4	42.2	34.0	57.0	46.6	38.0	35.3
Germany	134	140.3	69.8	57.8	23.3	27.0	22.8	138.6	151.4	167.8	151.5	175.5	13.4
Greece	174	0.0	0.0	0.1	1.3	0.2	0.3	0.2	0.5	1.1	0.5	1.2	1.1
Ireland	178	1.0	3.0	0.0	0.0	....	0.3	10.8	10.3	9.4	13.5	15.4	11.0
Italy	136	24.3	22.5	21.7	25.0	24.2	28.9	60.6	51.6	64.6	65.3	71.1	75.4
Latvia	941	....	....	....	....	....	....	0.1	0.2	0.1	0.2	0.3	0.2
Lithuania	946	0.0	0.0	0.1	0.1	0.1	0.1	3.5	3.7	1.6	0.1	0.1	0.0
Luxembourg	137	....	....	0.0	0.0	0.0	0.0	3.5	0.0	0.4	0.7	0.1	0.2
Netherlands	138	10.1	11.3	20.5	35.4	25.5	24.1	34.9	33.3	43.4	36.8	34.4	32.7
Portugal	182	0.7	0.8	5.5	1.4	1.3	1.6	10.5	10.3	9.0	14.9	14.0	12.1
Slovak Republic	936	0.0	0.1	0.0	0.6	0.2	0.2	0.0	0.3	0.2	0.7	0.2	1.0
Slovenia	961	0.0	0.0	0.0	0.0	0.0	0.0	0.2	0.0	0.1	0.1	0.2	1.6
Spain	184	76.0	79.9	79.3	66.4	38.9	40.5	95.6	91.2	124.1	122.1	131.8	114.5
Australia	193	5.0	6.7	6.4	16.4	18.3	5.9	32.7	28.4	26.0	28.8	25.2	16.9
Canada	156	70.8	54.4	76.7	64.4	47.6	22.5	48.0	49.1	48.5	56.9	60.2	58.1
China,P.R.: Hong Kong	532	4.5	4.0	3.8	4.6	3.2	4.1	87.5	100.2	95.2	122.5	117.7	115.7
China,P.R.: Macao	546	....	....	....	0.0	0.3	0.0	0.0	0.5	0.2	0.1	0.1	....
Czech Republic	935	1.1	1.6	1.6	0.8	0.2	0.2	53.9	45.3	52.7	39.8	30.4	41.4
Denmark	128	0.1	0.2	0.1	0.0	0.0	0.2	10.7	10.6	11.9	16.6	24.2	14.9
Iceland	176	....	....	....	....	....	....	0.0	0.1	0.1	0.0	0.0	0.0
Israel	436	1.4	0.2	0.1	0.1	0.1	0.1	7.0	5.4	6.3	5.2	4.8	12.2
Japan	158	49.5	32.4	36.6	15.9	21.9	15.7	210.0	172.9	177.9	152.5	155.1	157.2
Korea, Republic of	542	28.6	32.0	15.6	41.1	10.1	10.0	121.4	149.1	202.5	171.4	163.7	127.8
New Zealand	196	0.7	1.0	1.1	14.2	20.8	0.8	14.7	17.0	15.7	15.6	20.3	16.6
Norway	142	1.4	1.2	1.4	2.8	0.7	1.1	49.3	33.2	40.7	0.7	1.0	0.7
Singapore	576	0.1	1.5	0.2	0.4	0.4	0.3	15.8	19.4	17.6	16.5	44.9	40.9
Sweden	144	13.2	9.6	8.3	5.0	5.8	0.2	26.7	27.7	34.6	24.4	30.0	21.8
Switzerland	146	0.5	0.3	0.2	0.8	0.4	0.5	35.1	30.9	32.9	39.1	46.1	51.1
Taiwan Prov.of China	528	33.4	7.7	46.9	15.6	30.1	36.4	139.8	157.4	168.8	149.1	140.0	129.6
United Kingdom	112	15.2	17.3	14.7	9.0	10.9	27.3	29.3	33.0	38.9	37.4	42.8	38.0
United States	111	2,446.5	2,489.7	2,517.5	2,451.5	2,580.6	2,571.4	3,804.5	3,890.0	4,190.5	4,310.7	4,102.8	3,670.8
Emerg. & Dev. Economies	200	2,340.4	2,462.4	2,548.5	2,452.8	2,584.6	2,483.2	4,771.9	5,027.8	5,040.7	4,815.7	4,833.7	4,838.5
Emerg. & Dev. Asia	505	25.3	17.5	59.5	16.9	64.0	38.6	696.1	778.3	927.5	993.5	1,082.7	1,071.2
Bangladesh	513	0.6	0.0	0.1	0.2	0.2	0.3	1.7	2.2	1.3	1.3	2.8	2.8
Cambodia	522	0.0	0.0	0.0	0.0	....	....	0.8	0.5	3.1	1.8	2.7	2.6
China,P.R.: Mainland	924	2.0	3.7	5.4	5.7	43.9	6.1	552.2	603.5	702.6	763.1	845.1	856.0
India	534	6.3	6.8	6.2	7.0	3.4	4.2	43.9	67.0	98.0	95.3	109.3	98.1
Indonesia	536	1.9	0.3	43.0	0.2	0.2	23.3	19.0	21.5	19.8	18.7	21.1	20.3
Malaysia	548	1.9	0.6	1.2	0.2	14.5	1.4	16.9	17.2	19.7	18.3	17.3	15.6
Myanmar	518	....	....	....	....	....	....	....	....	....	....	0.1	0.0
Nepal	558	....	....	....	....	....	....	....	....	....	....	....	0.4
Papua New Guinea	853	....	....	....	....	0.0	....	....	....	0.2	2.5	0.1	0.5
Philippines	566	0.0	0.3	0.2	0.2	0.2	0.1	0.8	0.7	2.6	5.3	4.0	2.8
Sri Lanka	524	0.0	....	....	0.0	0.0	0.0	2.0	2.2	2.8	2.2	2.6	2.7
Thailand	578	6.7	2.0	1.0	0.1	0.5	0.2	47.4	49.1	61.1	63.5	53.0	44.8
Vietnam	582	5.9	3.8	2.5	3.3	1.1	3.1	11.4	14.4	16.1	21.5	24.5	24.5
Asia n.s.	598	....	....	....	0.0	....	....	....	0.0	0.0	0.0	0.1	0.0
Europe	170	6.5	0.8	13.1	1.6	1.0	0.6	30.0	40.8	48.3	35.1	28.5	26.2
Emerg. & Dev. Europe	903	0.8	0.2	1.6	1.3	0.3	0.5	5.6	4.9	8.7	8.2	11.2	11.3
Bulgaria	918	0.0	0.0	0.0	0.0	....	0.0	0.8	0.6	1.3	0.6	0.5	0.5
Croatia	960	....	....	0.0	....	0.0	....	0.0	0.1	0.1	0.4	0.3	0.1

El Salvador (253)

In Millions of U.S. Dollars

		Exports (FOB) 2011	2012	2013	2014	2015	2016	Imports (CIF) 2011	2012	2013	2014	2015	2016
Gibraltar	823	....	....	....	0.0	....	....	....	....	....	0.5	0.1	....
Hungary	944	0.0	0.0	0.0	0.0	0.0	0.0	0.9	0.7	0.8	1.0	1.3	0.8
Poland	964	0.5	0.0	1.5	0.1	0.0	0.0	0.6	1.3	2.8	2.0	3.4	2.9
Romania	968	....	0.0	....	0.1	....	0.0	0.0	0.2	0.1	0.1	0.3	0.3
Turkey	186	0.3	0.1	0.1	1.0	0.3	0.4	3.2	2.0	3.7	3.7	5.3	6.6
CIS	901	**5.6**	**0.7**	**11.4**	**0.3**	**0.6**	**0.2**	**24.2**	**35.9**	**39.4**	**26.8**	**17.1**	**14.6**
Armenia	911	0.0	0.1	0.1	0.0	0.0	....	....	....	....	0.0	....	....
Belarus	913	....	....	....	....	....	....	4.2	0.0	6.1	0.0	0.1	....
Russian Federation	922	5.6	0.6	11.3	0.3	0.6	0.1	18.6	28.9	26.8	25.4	15.9	14.2
Ukraine	926	0.0	0.0	....	0.0	0.1	0.1	1.4	7.0	6.5	1.3	1.1	0.5
Europe n.s.	884	0.0	0.0	0.1	0.0	0.0	....	0.3	0.0	0.1	0.1	0.2	0.2
Mid East, N Africa, Pak	440	**1.5**	**2.7**	**7.7**	**5.6**	**4.0**	**4.2**	**13.1**	**18.5**	**23.2**	**20.5**	**30.1**	**27.4**
Afghanistan, I.R. of	512	....	....	....	....	....	....	....	0.7	0.0	0.0	0.0	....
Algeria	612	0.1	0.2	0.3	0.2	0.2	0.2	....	....	....	0.0	....	0.0
Egypt	469	0.3	0.1	0.0	0.1	0.0	0.0	0.1	0.1	0.1	0.2	0.2	1.5
Iran, I.R. of	429	....	....	....	....	0.0	0.0	0.0	0.1	0.2	0.2	....	0.1
Jordan	439	0.1	0.4	2.2	3.4	2.7	2.9	0.1	0.2	0.1	0.1	0.0	0.2
Kuwait	443	0.1	....	0.0	....	0.0	0.0	....	....	0.0	....	0.0	....
Lebanon	446	0.1	0.1	0.7	1.0	0.4	0.2	0.0	0.0	0.0	0.0	0.0	....
Libya	672	0.1	1.2	0.1	....	....	....	....	....	....	....	....	....
Morocco	686	0.5	0.4	0.2	0.3	0.1	0.2	2.4	3.0	1.7	1.1	1.0	2.0
Oman	449	....	0.0	....	0.0	0.1	0.0	0.1	0.2	0.1	0.9	1.3	1.7
Pakistan	564	0.1	0.0	0.2	0.4	0.0	0.1	4.2	3.2	1.7	2.3	3.7	4.2
Qatar	453	....	....	0.0	0.0	....	0.1	0.8	1.6	6.9	0.4	0.8	0.5
Saudi Arabia	456	0.0	0.1	0.1	0.0	0.1	0.2	1.0	1.3	3.5	6.4	10.4	6.4
Somalia	726	....	....	....	....	....	....	....	....	....	0.1	0.0	0.0
Sudan	732	....	....	....	....	....	....	0.0	0.3	0.4	0.3	0.2	0.1
Syrian Arab Republic	463	....	....	0.1	0.0	0.0	0.0	....	....	....	0.0	....	....
Tunisia	744	....	0.0	3.5	....	0.0	0.1	0.4	0.0	0.0	0.0	0.0	0.0
United Arab Emirates	466	0.0	0.0	0.1	0.2	0.3	0.2	4.0	7.8	8.6	8.6	12.4	10.8
Sub-Saharan Africa	603	**3.2**	**3.0**	**2.6**	**3.5**	**6.3**	**2.8**	**17.6**	**25.6**	**5.3**	**8.6**	**6.1**	**2.3**
Angola	614	0.0	0.0	0.0	0.0	0.0	0.0	....	0.0	....	0.1	0.0	....
Cabo Verde	624	....	....	....	....	0.0	0.0	....	3.5	1.4	2.6	0.2	0.0
Cameroon	622	0.0	....	0.0	0.1	0.0	....	0.0	....	0.0	0.0	0.0	0.4
Côte d'Ivoire	662	0.0	....	0.1	....	0.0	....	....	3.2	0.1	....	0.0	....
Ethiopia	644	....	....	....	....	....	....	10.2	3.4	0.0	3.0	3.9	0.1
Gambia, The	648	0.0	0.0	0.1	0.3	0.2	0.1	0.0	....	....	....	....	0.0
Ghana	652	0.1	....	....	0.1	0.0	0.0	....	0.0	0.0	....	0.0	....
Kenya	664	....	....	....	0.0	0.0	0.0	0.0	0.1	0.1	0.1	0.0	0.0
Mali	678	0.0	....	....	....	3.8	0.3	....	....	....	....	....	0.1
Mauritius	684	....	....	....	0.0	....	....	0.0	0.4	0.1	0.1	0.1	....
Namibia	728	....	0.0	....	....	....	....	0.2	0.0	0.0	0.0	0.0	....
Nigeria	694	0.7	0.0	....	....	....	0.0	6.6	12.4	0.0	0.2	0.3	0.4
Senegal	722	0.0	0.0	0.0	0.1	0.1	....	0.0	....	0.0	0.0	0.5	0.0
Seychelles	718	....	....	....	0.0	0.0	0.0	....	0.0	1.0	0.0	0.0	0.0
South Africa	199	2.2	2.8	2.3	2.8	2.1	2.3	0.6	2.5	2.5	2.4	1.1	0.9
Zambia	754	....	0.0	0.0	....	....	0.1	....	....	....	0.0	....	....
Zimbabwe	698	0.1	....	0.0	....	....	0.0	0.0	0.0	0.0	0.0	0.0	0.3
Western Hemisphere	205	**2,303.9**	**2,438.4**	**2,465.5**	**2,425.1**	**2,509.2**	**2,436.9**	**4,015.0**	**4,164.7**	**4,036.4**	**3,758.0**	**3,686.3**	**3,711.5**
Argentina	213	0.4	0.1	0.1	0.3	0.3	0.4	21.6	37.9	50.9	26.0	25.2	24.9
Aruba	314	0.1	0.1	0.2	0.2	0.3	0.7	0.0	1.1	0.5	31.5	1.0	2.7
Bahamas, The	313	0.1	0.3	0.4	0.5	0.5	0.3	0.0	0.0	0.4	0.1	0.2	0.0
Barbados	316	0.2	0.1	0.1	0.4	0.2	0.5	0.1	0.1	0.1	0.1	0.1	0.0
Belize	339	9.5	9.9	11.3	11.4	13.0	9.2	0.7	0.8	0.5	0.4	0.9	1.0
Bolivia	218	1.2	1.0	0.3	1.8	0.7	0.7	0.3	0.3	0.3	0.4	0.2	2.4
Brazil	223	4.6	5.9	9.3	8.2	4.4	4.9	167.9	218.4	157.3	149.0	170.4	156.5
Chile	228	30.2	46.3	31.2	13.0	6.4	7.1	72.6	50.3	49.8	61.6	51.1	70.7
Colombia	233	2.6	6.3	13.8	12.8	12.5	13.2	182.7	328.9	170.3	109.4	113.0	125.7
Costa Rica	238	213.6	230.5	229.2	242.4	248.1	247.8	293.2	296.2	282.9	262.5	258.2	243.8
Dominica	321	0.0	0.5	0.0	0.0	0.1	0.0	0.0	....	....	0.0	0.1	....

El Salvador (253)

In Millions of U.S. Dollars

		Exports (FOB) 2011	2012	2013	2014	2015	2016	Imports (CIF) 2011	2012	2013	2014	2015	2016
Dominican Republic	243	68.3	80.0	74.8	84.2	86.1	81.8	14.4	70.1	46.9	6.5	8.2	8.4
Ecuador	248	4.2	3.6	4.6	5.1	5.4	5.5	255.8	187.5	76.4	45.7	14.9	46.4
Grenada	328	0.0	0.0	0.0	0.1	....	0.0	....	....	0.0	....	....	....
Guatemala	258	736.3	714.7	721.8	708.1	743.0	718.6	989.6	997.6	935.4	1,002.8	996.9	983.6
Guyana	336	1.2	2.7	2.7	3.1	2.4	2.9	0.0	0.0	0.0	0.0	0.0	0.0
Haiti	263	9.5	8.1	6.1	7.8	9.3	6.5	0.0	0.1	0.1	0.3	0.1	0.0
Honduras	268	698.1	761.0	793.3	747.7	760.6	754.2	467.3	463.7	560.5	560.7	589.3	611.8
Jamaica	343	17.6	18.6	19.1	14.5	15.3	20.0	0.7	0.2	0.1	0.0	0.1	0.1
Mexico	273	86.1	83.4	81.8	64.8	67.5	68.1	740.4	694.6	745.9	734.2	765.5	735.0
Netherlands Antilles	353	0.4	0.7	0.7	0.5	0.7	0.5	55.2	100.8	198.6	111.1	88.2	55.5
Nicaragua	278	294.8	320.2	323.8	336.0	363.0	347.0	195.7	209.8	202.8	212.3	243.3	256.3
Panama	283	108.7	124.6	121.7	142.2	131.9	125.0	203.0	179.4	159.2	150.9	119.6	188.9
Paraguay	288	0.2	0.6	0.3	0.3	0.5	0.3	0.2	0.4	0.4	0.9	1.4	0.6
Peru	293	2.2	3.1	1.8	2.4	4.4	5.1	26.0	72.5	28.2	92.7	70.9	48.8
St. Kitts and Nevis	361	0.0	0.0	....	....	0.0	0.0	....	0.0	....	0.0	....	0.7
St. Lucia	362	0.0	0.0	....	0.0	0.1	0.1	0.0	....	....	0.0	....	....
Suriname	366	0.1	0.3	0.3	0.1	0.2	0.2	....	....	....	....	....	....
Trinidad and Tobago	369	1.9	3.2	3.9	4.1	3.3	4.2	69.2	28.0	56.4	41.4	15.8	13.8
Uruguay	298	0.2	0.2	0.1	0.3	0.3	0.2	25.5	14.3	25.4	26.0	28.6	30.3
Venezuela, Rep. Bol.	299	11.0	11.9	12.8	12.7	28.8	11.6	232.7	211.6	286.8	131.2	122.9	103.4
Western Hem. n.s.	399	0.4	0.2	0.1	0.1	0.1	0.1	0.1	0.1	0.2	0.3	0.2	0.0
Other Countries n.i.e	910	**7.1**	**2.7**	**6.7**	**7.0**	**7.6**	**10.9**	**4.1**	**1.0**	**1.0**	**1.3**	**1.5**	**0.4**
Cuba	928	7.1	2.7	6.7	6.9	7.6	10.9	3.4	0.3	0.3	0.5	0.4	0.4
Korea, Dem. People's Rep.	954	0.0	0.0	0.0	0.0	0.0	....	0.7	0.7	0.7	0.8	1.1	0.0
Countries & Areas n.s.	898	0.7	0.0	....	0.0	....	0.0	25.5	21.1	12.9	10.4	28.1	3.6
Memorandum Items													
Africa	605	3.9	3.7	6.6	4.0	6.7	3.3	20.4	28.9	7.5	10.0	7.4	4.3
Middle East	405	0.7	1.9	3.4	4.8	3.6	3.6	6.2	11.3	19.3	16.7	25.2	21.1
European Union	998	318.0	242.7	230.5	185.0	157.9	163.9	599.5	568.3	688.1	617.7	669.5	456.6
Export earnings: fuel	080	27.5	28.2	47.4	37.2	52.0	36.1	771.8	808.5	636.0	370.2	308.0	325.8
Export earnings: nonfuel	092	5,280.7	5,310.8	5,443.2	5,235.1	5,432.8	5,290.6	9,192.7	9,460.4	10,124.4	10,140.1	10,101.0	9,366.3

Equatorial Guinea (642)

In Millions of U.S. Dollars

		Exports (FOB)						Imports (CIF)					
		2011	2012	2013	2014	2015	2016	2011	2012	2013	2014	2015	2016
IFS World		....	....	....	....	....	....	....	....	....	....	....	....
World	001	12,717.3	14,767.5	13,804.7	12,475.3	6,570.3	4,384.9	2,621.8	2,455.7	3,338.4	2,666.7	1,785.4	1,277.5
Advanced Economies	110	9,838.1	12,127.1	9,252.3	6,981.3	4,078.8	2,459.4	1,640.3	1,406.9	2,365.8	1,761.6	1,179.8	879.2
Euro Area	163	4,837.8	5,911.4	3,288.0	2,711.3	1,965.5	1,202.5	1,126.5	930.0	1,065.7	971.5	891.5	476.6
Austria	122	....	....	0.2 e	0.0 e	0.0 e	....	1.5 e	1.4 e	2.6 e	1.9 e	0.2 e	0.2 e
Belgium	124	19.0 e	29.2 e	0.6 e	0.1 e	1.1 e	0.2 e	80.0 e	53.7 e	70.5 e	73.8 e	42.5 e	30.2 e
Estonia	939	....	....	....	....	....	....	0.5 e	....	....	....	....	....
Finland	172	....	....	....	....	....	0.0 e	5.2 e	2.6 e	0.1 e	0.0 e	6.0 e	0.1 e
France	132	573.2 e	2,353.7 e	1,437.7 e	947.9 e	374.7 e	47.2 e	290.9 e	177.6 e	165.4 e	146.7 e	90.2 e	50.5 e
Germany	134	33.2 e	67.7 e	43.5 e	44.5 e	58.2 e	77.7 e	56.0 e	47.2 e	35.4 e	27.1 e	31.7 e	19.8 e
Greece	174	....	33.3 e	0.2 e	0.2 e	0.1 e	0.2 e	0.1 e	0.1 e	0.1 e	0.1 e	0.4 e	0.1 e
Ireland	178	0.0 e	0.0 e	0.0 e	0.0 e	0.0 e	0.0 e	1.2 e	0.7 e	1.1 e	1.2 e	0.7 e	0.5 e
Italy	136	1,316.7 e	747.7 e	18.5 e	1.2 e	256.3 e	226.0 e	157.5 e	131.9 e	147.1 e	99.1 e	47.6 e	26.7 e
Latvia	941	....	....	....	0.0 e	....	....	0.5 e	0.3 e	0.3 e	0.5 e	0.6 e	0.6 e
Lithuania	946	....	....	....	....	0.0 e	....	0.5 e	0.4 e	1.2 e	0.4 e	0.2 e	0.1 e
Luxembourg	137	....	....	....	....	....	....	....	0.0 e	0.1 e	0.1 e	0.0 e	0.0 e
Netherlands	138	928.9 e	1,050.3 e	542.4 e	784.1 e	449.7 e	218.2 e	74.1 e	54.2 e	72.0 e	87.8 e	317.9 e	47.0 e
Portugal	182	182.2 e	574.9 e	238.9 e	269.7 e	232.3 e	91.1 e	60.9 e	57.1 e	92.6 e	76.8 e	42.1 e	23.8 e
Slovak Republic	936	....	....	....	....	....	....	0.0 e	0.0 e	4.0 e	0.7 e	2.5 e	0.0 e
Slovenia	961	0.0 e	....	....	....	....	....	0.0 e	0.1 e	1.8 e	6.0 e	1.3 e	0.3 e
Spain	184	1,784.6 e	1,054.5 e	1,006.0 e	663.6 e	593.0 e	542.0 e	397.5 e	402.6 e	471.4 e	449.4 e	307.5 e	276.6 e
Australia	193	0.0 e	0.0 e	31.3 e	32.1 e	35.7 e	65.3 e	1.1 e	0.7 e	0.1 e	1.0 e	4.6 e	29.5 e
Canada	156	644.6 e	440.4 e	0.0 e	0.0 e	0.0 e	41.7 e	12.3 e	11.6 e	5.4 e	4.3 e	3.3 e	4.9 e
China,P.R.: Hong Kong	532	0.0 e	0.0 e	0.0 e	....	0.0 e	0.0 e	5.0 e	6.8 e	2.0 e	3.3 e	1.1 e	1.1 e
Czech Republic	935	0.0 e	0.0 e	0.0 e	2.3 e	5.9 e	0.6 e	5.0 e	2.5 e	0.4 e	0.0 e	1.6 e	0.2 e
Denmark	128	83.4 e	0.0 e	0.0 e	36.5 e	0.0 e	0.0 e	7.9 e	7.8 e	9.4 e	6.2 e	4.7 e	3.4 e
Israel	436	....	....	....	....	....	0.0 e	36.0 e	16.7 e	18.0 e	14.1 e	17.7 e	8.5 e
Japan	158	1,275.4 e	2,746.9 e	1,919.4 e	806.0 e	197.3 e	113.9 e	8.7 e	5.9 e	9.8 e	9.7 e	9.7 e	1.4 e
Korea, Republic of	542	501.6 e	319.2 e	103.7 e	157.0 e	996.4 e	582.4 e	4.3 e	43.6 e	12.6 e	2.0 e	5.3 e	11.0 e
New Zealand	196	....	....	....	....	....	....	0.4 e	2.2 e	3.6 e	1.9 e	0.4 e	0.4 e
Norway	142	128.7 e	180.4 e	541.3 e	21.0 e	49.7 e	0.1 e	9.6 e	9.2 e	2.0 e	3.7 e	7.4 e	7.8 e
Singapore	576	0.5 e	2.0 e	441.8 e	1,067.8 e	295.1 e	77.6 e	14.9 e	25.7 e	352.8 e	26.3 e	7.2 e	2.9 e
Sweden	144	10.7 e	18.9 e	15.5 e	0.0 e	0.0 e	0.0 e	0.9 e	3.2 e	1.4 e	2.0 e	0.6 e	4.3 e
Switzerland	146	0.0 e	0.4 e	0.0 e	....	0.0 e	0.0 e	1.0 e	1.9 e	1.4 e	3.2 e	5.1 e	1.8 e
Taiwan Prov.of China	528	757.5 e	429.5 e	310.3 e	68.7 e	0.1 e	17.1 e	0.2 e	0.4 e	0.4 e	0.4 e	0.2 e	0.2 e
United Kingdom	112	474.5 e	474.4 e	1,753.8 e	1,838.2 e	379.3 e	175.8 e	104.1 e	91.7 e	79.5 e	101.8 e	51.1 e	30.0 e
United States	111	1,123.4 e	1,603.6 e	847.2 e	240.5 e	153.9 e	182.3 e	302.5 e	247.2 e	801.5 e	609.3 e	168.0 e	295.1 e
Emerg. & Dev. Economies	200	2,879.2	2,640.4	4,552.4	5,494.0	2,491.5	1,925.5	981.5	1,048.8	972.5	905.1	605.6	398.3
Emerg. & Dev. Asia	505	1,583.1	2,145.2	2,806.2	3,725.7	1,587.3	1,537.9	321.4	417.3	418.6	384.9	312.4	193.6
Bangladesh	513	....	....	0.2 e	0.2 e	0.3 e	0.8 e	....	....	....	....	....	....
China,P.R.: Mainland	924	1,582.4 e	1,718.0 e	2,329.9 e	3,050.2 e	1,099.4 e	596.5 e	284.9 e	382.3 e	378.9 e	352.9 e	279.5 e	162.1 e
F.T. New Caledonia	839	....	....	0.1 e	0.0 e	0.0 e	0.0 e	....	0.0 e	....	....	....	....
India	534	0.7 e	427.1 e	476.0 e	675.3 e	395.4 e	858.3 e	17.7 e	20.6 e	22.6 e	15.3 e	14.8 e	17.1 e
Indonesia	536	0.0 e	0.0 e	....	0.0 e	64.6 e	82.3 e	3.0 e	5.1 e	4.9 e	4.5 e	4.7 e	2.9 e
Malaysia	548	0.1 e	0.0 e	0.1 e	0.0 e	27.6 e	0.0 e	15.8 e	9.4 e	12.3 e	12.3 e	13.4 e	11.5 e
Europe	170	0.8	1.1	0.4	18.5	0.7	3.4	91.4	101.5	112.9	93.9	69.1	34.1
Emerg. & Dev. Europe	903	0.7	0.9	0.3	18.4	0.5	1.3	77.7	90.6	91.1	79.0	56.3	33.0
Albania	914	....	0.1 e	....	....	....	....	....	....	0.4 e	0.2 e	....	0.0 e
Bosnia and Herzegovina	963	....	....	....	....	....	....	....	....	....	....	0.9 e	....
Bulgaria	918	....	....	0.0 e	17.8 e	0.1 e	0.4 e	0.4 e	2.9 e	1.7 e	0.5 e	0.2 e	0.2 e
Croatia	960	0.0 e	0.0 e	....	....	....	....	0.4 e	0.4 e	0.4 e	0.0 e	0.1 e	0.0 e
Faroe Islands	816	0.2 e	0.2 e	0.2 e	0.2 e	0.3 e	0.3 e	....	....	....	....	....	....
Hungary	944	....	....	....	....	0.0 e	....	0.1 e	0.1 e	0.1 e	0.3 e	0.2 e	0.2 e
Montenegro	943	....	....	....	....	0.0 e	0.0 e	....	....	....	0.1 e	....	0.1 e
Poland	964	....	....	....	....	0.0 e	0.0 e	2.3 e	1.7 e	1.9 e	3.7 e	2.9 e	1.5 e
Romania	968	0.1 e	0.1 e	....	0.0 e	0.0 e	0.0 e	0.4 e	0.2 e	0.8 e	1.8 e	0.2 e	0.2 e
Serbia, Republic of	942	....	....	....	....	....	....	7.0 e	4.9 e	8.5 e	4.2 e	3.5 e	5.7 e
Turkey	186	0.4 e	0.5 e	0.0 e	0.3 e	0.1 e	0.6 e	67.2 e	80.3 e	77.4 e	68.2 e	48.5 e	25.0 e
CIS	901	0.1	0.2	0.1	0.2	0.2	2.1	13.8	10.9	21.8	15.0	12.7	1.2
Belarus	913	....	....	....	....	....	2.0 e	2.9 e	0.9 e	4.6 e	1.1 e	0.1 e	0.0 e

Equatorial Guinea (642)

In Millions of U.S. Dollars

		Exports (FOB)						Imports (CIF)					
		2011	2012	2013	2014	2015	2016	2011	2012	2013	2014	2015	2016
Kazakhstan	916	....	....	0.0 e	....	0.0 e	....	0.0 e	0.2 e	0.0 e	0.0 e	....	....
Russian Federation	922	....	0.0 e	....	....	0.0 e	....	0.9 e	2.4 e	2.7 e	2.4 e	2.0 e	1.2 e
Tajikistan	923	0.1 e	0.1 e	0.1 e	0.2 e	0.1 e	0.1 e	....	....	....	....	....	....
Ukraine	926	0.0 e	0.1 e	....	....	0.0 e	....	9.9 e	7.4 e	14.5 e	11.5 e	10.6 e	....
Mid East, N Africa, Pak	440	**0.5**	**3.8**	**1.9**	**1.6**	**32.2**	**4.7**	**63.7**	**65.9**	**76.8**	**70.0**	**36.4**	**27.5**
Algeria	612	0.0 e	0.0 e	0.0 e	0.0 e	0.0 e	....	0.6 e	0.0 e	1.8 e	0.1 e	0.1 e	....
Egypt	469	....	....	....	....	28.1 e	....	1.1 e	....	....	....	....	....
Lebanon	446	0.0 e	0.1 e	0.1 e	0.2 e	0.6 e	1.4 e	8.3 e	6.3 e	7.0 e	8.7 e	9.0 e	4.1 e
Mauritania	682	....	....	0.0 e	0.8 e	....	....	....	....	....	....	....	0.3 e
Morocco	686	0.0 e	0.6 e	0.1 e	....	0.1 e	0.3 e	46.9 e	53.2 e	57.6 e	51.7 e	24.6 e	18.5 e
Oman	449	....	....	....	....	....	....	0.3 e	0.1 e	0.3 e	0.4 e	....	0.0 e
Pakistan	564	0.1 e	0.0 e	0.0 e	0.0 e	0.0 e	....	0.5 e	0.3 e	1.8 e	0.6 e	0.0 e	0.0 e
Saudi Arabia	456	....	0.3 e	....	....	....	....	....	....	....	....	....	....
Syrian Arab Republic	463	....	....	....	....	....	....	0.1 e	0.0 e	0.0 e	0.0 e	0.0 e	0.0 e
Tunisia	744	0.1 e	0.9 e	0.3 e	0.1 e	0.4 e	0.2 e	5.9 e	5.9 e	8.3 e	8.5 e	2.7 e	4.5 e
United Arab Emirates	466	0.3 e	1.9 e	1.3 e	0.4 e	3.0 e	2.9 e	....	....	....	....	....	....
Sub-Saharan Africa	603	**592.5**	**300.2**	**771.8**	**595.0**	**240.6**	**184.2**	**412.3**	**333.7**	**263.3**	**267.9**	**132.5**	**114.3**
Angola	614	6.3 e	1.6 e	0.0 e	9.0 e	0.0 e	0.0 e	....	....	....	....	....	....
Benin	638	2.3 e	2.0 e	6.5 e	6.9 e	1.2 e	10.9 e	0.3 e	0.1 e	0.4 e	0.2 e	0.2 e	0.1 e
Burkina Faso	748	3.2 e	13.7 e	37.5 e	0.1 e	4.4 e	4.2 e	....	....	0.0 e	0.1 e	0.0 e	0.0 e
Burundi	618	....	....	....	....	....	....	....	....	....	....	0.1 e	0.0 e
Cabo Verde	624	0.9 e	0.6 e	....	1.1 e	....	0.5 e	0.0 e	0.2 e	0.1 e	0.1 e	0.1 e	....
Cameroon	622	108.0 e	97.3 e	122.6 e	118.8 e	70.0 e	65.1 e	84.8 e	105.0 e	75.5 e	63.9 e	29.4 e	25.6 e
Congo, Republic of	634	397.8 e	49.9 e	211.7 e	6.9 e	6.5 e	4.6 e	114.9 e	37.6 e	0.8 e	4.0 e	2.5 e	1.9 e
Côte d'Ivoire	662	30.3 e	22.2 e	83.3 e	55.2 e	34.2 e	33.4 e	130.2 e	117.4 e	103.6 e	112.3 e	57.4 e	55.2 e
Ethiopia	644	....	0.0 e	....	0.0 e	....	....	0.1 e	0.0 e	0.0 e	0.0 e	0.0 e	0.0 e
Gabon	646	10.5 e	11.0 e	11.9 e	11.5 e	9.0 e	6.8 e	36.7 e	34.8 e	33.3 e	28.0 e	18.4 e	14.2 e
Ghana	652	14.0 e	7.5 e	5.5 e	0.5 e	0.5 e	0.5 e	5.2 e	12.5 e	3.7 e	3.5 e	2.7 e	0.9 e
Guinea	656	....	....	0.1 e	0.0 e	0.0 e	0.0 e	....	....	6.6 e	0.4 e	0.1 e	0.1 e
Mali	678	....	....	....	....	....	....	0.0 e	0.1 e	....	....	....	0.6 e
Mozambique	688	....	....	0.0 e	....	....	....	....	....	....	10.5 e	0.1 e	0.1 e
Namibia	728	....	....	0.1 e	....	0.0 e	....	....	0.0 e	1.3 e	2.3 e	0.0 e	0.0 e
Niger	692	0.0 e	....	....	....	0.1 e	....	0.0 e	0.0 e	....	....	....	....
Nigeria	694	0.2 e	0.1 e	0.1 e	0.1 e	0.1 e	0.1 e	....	....	....	....	....	....
São Tomé & Príncipe	716	0.0 e	0.0 e	0.1 e	0.0 e	0.0 e	0.0 e	0.0 e	0.0 e	....	....	0.0 e	....
Senegal	722	18.9 e	21.5 e	2.7 e	2.3 e	2.0 e	5.0 e	19.1 e	14.6 e	20.7 e	13.4 e	12.5 e	5.1 e
South Africa	199	0.0 e	72.6 e	289.8 e	382.5 e	112.4 e	52.5 e	14.9 e	8.1 e	15.6 e	28.0 e	8.3 e	9.7 e
Tanzania	738	....	0.1 e	0.0 e	0.0 e	0.0 e	0.0 e	....	....	....	....	0.0 e	....
Togo	742	0.0 e	....	....	....	....	0.5 e	5.9 e	3.0 e	1.8 e	1.2 e	0.8 e	0.8 e
Western Hemisphere	205	**702.2**	**190.2**	**972.0**	**1,153.2**	**630.7**	**195.2**	**92.7**	**130.4**	**100.9**	**88.4**	**55.3**	**28.8**
Argentina	213	....	0.3 e	0.0 e	....	67.3 e	12.3 e	19.4 e	31.2 e	24.7 e	25.6 e	24.7 e	2.6 e
Brazil	223	588.3 e	188.8 e	972.0 e	1,103.8 e	524.4 e	163.3 e	71.2 e	96.0 e	66.5 e	59.7 e	26.7 e	20.8 e
Chile	228	....	....	....	49.4 e	38.9 e	13.1 e	1.2 e	0.9 e	7.3 e	1.1 e	1.0 e	3.0 e
Colombia	233	....	....	....	....	0.0 e	0.0 e	0.4 e	0.2 e	....	0.1 e	0.1 e	0.2 e
Costa Rica	238	0.0 e	1.0 e	....	....	0.0 e	....	....	....	....	0.0 e	....	....
Ecuador	248	....	0.1 e	....	0.0 e	0.1 e	....	0.0 e	0.0 e	0.1 e	0.1 e	0.0 e	....
Paraguay	288	....	....	....	....	0.0 e	....	0.4 e	2.1 e	2.0 e	1.1 e	0.9 e	....
Peru	293	....	....	....	....	0.0 e	....	0.0 e	0.1 e	0.3 e	0.6 e	0.7 e	1.3 e
Uruguay	298	113.9 e	....	....	....	....	6.4 e	....	....	....	....	1.1 e	0.8 e
Memorandum Items													
Africa	605	592.6	301.6	772.3	595.9	241.0	184.7	465.6	392.8	331.0	328.3	159.9	137.5
Middle East	405	0.4	2.3	1.4	0.6	31.7	4.2	9.9	6.5	7.3	9.0	9.0	4.2
European Union	998	5,406.6	6,404.7	5,057.3	4,606.0	2,350.8	1,379.5	1,247.8	1,040.4	1,161.2	1,088.7	953.1	516.5
Export earnings: fuel	080	415.2	65.0	225.2	28.0	18.7	14.5	153.9	75.5	38.9	35.2	23.1	17.4
Export earnings: nonfuel	092	12,302.1	14,702.5	13,579.6	12,447.3	6,551.6	4,370.4	2,467.9	2,380.2	3,299.4	2,631.5	1,762.4	1,260.1

Eritrea (643)

In Millions of U.S. Dollars

		Exports (FOB) 2011	2012	2013	2014	2015	2016	Imports (CIF) 2011	2012	2013	2014	2015	2016
IFS World		....	....	....	....	....	....	....	....	....	....	....	....
World	001	34.6	233.2	113.9	598.6	429.4	288.8	680.3	626.1	694.5	469.7	604.2	425.1
Advanced Economies	110	5.0	190.2	32.3	22.5	20.5	18.8	155.7	208.0	170.6	115.4	120.4	98.5
Euro Area	163	3.1	2.8	2.5	2.5	5.6	2.7	108.1	155.2	112.5	67.9	72.0	64.6
Austria	122							0.0	0.2	0.2	0.1	1.2	0.1
Belgium	124							13.6	31.9	9.9	9.8	14.9	17.3
Cyprus	423							0.3	0.2	0.1	0.2	0.7	0.2
Finland	172					0.0 e	0.0 e	1.2	3.0	0.3	0.7	3.3	0.6
France	132	0.2	0.5	0.2	0.1	1.2	1.2	2.5	3.0	2.6	3.1	2.1	2.5
Germany	134	0.1	0.0	0.0	0.0	2.5	0.0	29.9	30.9	35.7	22.8	14.0	8.3
Greece	174							0.1	0.1	0.2	0.1		
Ireland	178							0.1	0.0		0.1	0.0	0.0
Italy	136	2.8	2.2	2.0	2.3	1.7	1.5	54.2	81.2	55.5	26.1	29.4	27.6
Lithuania	946							0.1	0.1	0.1	0.1	0.1	0.1
Luxembourg	137					0.1 e							
Malta	181							0.0	0.1	0.4	0.2		
Netherlands	138	0.0	0.0	0.3	0.0	0.0	0.0	5.7	4.2	7.0	4.3	5.6	7.1
Portugal	182		0.1 e	0.0 e				0.0	0.0	0.0	0.1	0.1	
Slovak Republic	936				0.0 e					0.0	0.0	0.1	
Spain	184	0.0	0.0	0.0	0.0			0.5	0.2	0.5	0.3	0.6	0.8
Australia	193	0.0	0.0		0.0	0.0	0.0	2.8	1.5	1.1	1.5	5.4	1.2
Canada	156	0.0	0.0	0.0		0.0	0.0	4.8	2.6	1.3	1.0	0.4	0.3
China,P.R.: Hong Kong	532	0.2	0.2	0.2	0.2	0.2	0.2	0.1	0.1	0.1	0.1	0.1	0.1
Denmark	128							3.0	2.1	2.0	2.5	2.9	2.8
Israel	436	0.1	0.1	0.1	0.1	0.1	0.1						
Japan	158	0.2 e	0.0 e			0.0 e	0.0 e	9.6	9.9	9.3	9.2	9.5	9.8
Korea, Republic of	542	0.0 e	0.0 e	17.3 e	18.6 e	13.1 e	14.4 e	0.3	0.3	0.6	1.1	0.5	0.1
Norway	142	0.0 e	0.0 e	0.0 e	0.0 e	0.1 e	0.0 e	2.8	1.5	1.4	0.0	0.0	0.1
Singapore	576	0.9	1.3	0.8	0.9	0.8	0.9	4.9	5.3	4.3	4.3	10.8	4.2
Sweden	144	0.0	0.0	0.0	0.1	0.1	0.0	3.2	8.9	3.5	9.6	5.7	2.5
Switzerland	146	0.0	184.7	9.6	0.1	0.2	0.0	6.5	8.9	6.8	6.5	6.7	6.7
Taiwan Prov.of China	528		0.5 e	1.3 e	0.0 e	0.2 e	0.1 e	0.7 e	0.5 e	1.4 e	0.1 e	0.0 e	0.2 e
United Kingdom	112	0.4	0.4	0.3	0.1	0.0	0.2	4.7	5.7	13.9	6.5	3.1	3.1
United States	111	0.1	0.1	0.1	0.0	0.0	0.2	4.0	5.4	12.5	4.9	3.2	2.8
Emerg. & Dev. Economies	200	29.6	43.0	81.6	576.1	409.0	270.0	523.9	417.5	523.2	353.8	483.2	326.2
Emerg. & Dev. Asia	505	12.2	22.5	59.9	544.9	363.1	236.1	173.8	81.5	166.0	110.1	155.3	84.1
Bangladesh	513							0.2	0.2	0.2	0.2	0.2	0.2
China,P.R.: Mainland	924	0.9	1.3	51.5	336.6	187.3	167.8	155.7	61.1	145.5	94.8	142.9	76.9
India	534	3.6	11.7	3.4	200.2	169.9	63.6	6.2	8.4	4.5	4.0	2.0	1.3
Indonesia	536	0.0	0.8	0.0	0.0	0.0	0.0	3.3	2.7	3.9	6.2	1.3	0.4
Malaysia	548							5.9	6.7	9.5	2.4	6.4	2.7
Myanmar	518						0.1 e						0.1 e
Philippines	566					0.1 e						0.0	0.0
Sri Lanka	524	0.1	0.1	0.1	0.1	0.1	0.1					0.1	
Thailand	578							2.5	2.5	2.5	2.5	2.5	2.5
Vietnam	582	7.5	8.6	4.8	7.9	5.6	4.4						
Europe	170	0.4	0.4	0.5	6.8	33.2	24.0	23.8	18.2	12.4	20.5	32.5	36.2
Emerg. & Dev. Europe	903	0.1	0.1	0.2	6.1	33.0	23.7	13.6	8.0	2.1	9.9	22.2	25.9
Bulgaria	918		0.0 e		6.0 e	32.9 e	9.2 e						
Croatia	960	0.0 e	0.0 e	0.0 e		0.0 e	0.0 e	2.4	0.0	0.0	0.0	0.1	1.0
Poland	964							0.0	0.0		0.0	0.1	0.0
Serbia, Republic of	942		0.0 e	0.0 e	0.0 e		12.1 e				0.1 e		
Turkey	186	0.1	0.1	0.2	0.1	0.1	2.4	11.2	7.9	2.1	9.8	22.0	24.9
CIS	901	0.3	0.3	0.3	0.6	0.2	0.2	10.3	10.3	10.3	10.6	10.3	10.3
Belarus	913	0.0 e	0.0 e		0.2 e	0.0 e	0.0 e						
Kazakhstan	916	0.0 e			0.1 e								
Russian Federation	922	0.3	0.3	0.2	0.3	0.2	0.2	5.1	5.1	5.1	5.3	5.1	5.1
Ukraine	926				0.0 e			5.2	5.2	5.2	5.3	5.2	5.2
Mid East, N Africa, Pak	440	15.7	17.3	9.9	15.8	11.3	9.0	274.6	268.5	299.4	192.0	248.2	152.7
Djibouti	611	3.0	3.4	1.9	3.1	2.2	1.8	17.5	14.2	17.2	11.7	15.6	10.2

2017, International Monetary Fund: *Direction of Trade Statistics Yearbook*

Eritrea (643)
In Millions of U.S. Dollars

		Exports (FOB)						Imports (CIF)					
		2011	2012	2013	2014	2015	2016	2011	2012	2013	2014	2015	2016
Egypt	469	....	....	....	....	....	....	11.5	9.4	11.3	9.3	8.8	11.2
Iran, I.R. of	429	....	....	....	....	....	....	0.6	0.5	0.5	0.4	0.5	0.3
Jordan	439	0.0	0.0	....	....	....	0.0	0.4	0.5	1.2	0.4	0.5	....
Kuwait	443	0.0 e	0.0 e	0.0 e	0.0 e	0.0 e	0.0 e	0.1	0.1	0.1	0.1	0.1	0.0
Lebanon	446	0.0	0.0	....	0.0	....	0.0	0.1	0.2	....	0.2	0.2	0.0
Libya	672	....	....	....	....	....	....	0.1	0.1	0.1	0.1	0.1	0.1
Morocco	686	....	....	....	....	0.0 e	....	0.0 e	0.1	0.3	0.2	0.1	0.1	0.1
Oman	449	....	....	....	....	....	....	0.5	0.5	0.5	0.5	0.5	0.5
Pakistan	564	0.5	0.5	0.4	0.5	0.4	0.4	....	....	....	....	....	....
Qatar	453	0.1 e	....	0.0 e	....	....	....	0.3	0.2	0.3	0.2	0.2	0.2
Saudi Arabia	456	0.0	0.0	0.0	0.0	0.0	0.0	99.7	81.2	97.9	66.7	89.1	58.3
Sudan	732	0.5 e	0.1 e	0.2 e	0.0 e	0.0 e	....	21.1 e	61.3 e	49.7 e	20.4 e	22.7 e	....
Syrian Arab Republic	463	0.0 e	0.0 e	0.0 e	0.0 e	0.0 e	0.0 e	0.5	0.4	0.5	0.3	0.4	0.3
Tunisia	744	0.1 e	0.0 e	0.0 e	0.0 e	0.0 e	....	....	....	....	....	....	....
United Arab Emirates	466	1.6	1.9	1.1	1.7	1.2	1.0	112.0	91.3	110.0	74.9	100.2	65.5
Yemen, Republic of	474	9.8	11.3	6.3	10.3	7.4	5.8	10.2	8.4	10.1	6.9	9.2	6.0
Sub-Saharan Africa	603	**1.2**	**1.6**	**0.9**	**1.3**	**0.8**	**0.7**	**40.9**	**49.1**	**35.7**	**31.0**	**45.8**	**30.6**
Burkina Faso	748	0.0 e	0.3 e	0.0 e	0.0 e	0.0 e	0.0 e	....	....	....	0.1 e	0.1 e	0.1 e
Côte d'Ivoire	662	....	....	0.1 e	0.0 e	0.0 e	0.0 e	....	0.0 e	....	0.1 e	0.2 e	0.2 e
Ethiopia	644	....	....	....	....	....	....	0.2	0.1	0.2	0.1	0.2	0.1
Kenya	664	0.7	0.8	0.4	0.7	0.5	0.4	13.6	11.1	13.4	9.1	12.2	8.0
Malawi	676	....	0.0 e	0.0 e	0.0 e	0.0 e	0.0 e	0.3 e	....	....	....	....	....
Mozambique	688	0.0 e	0.0 e	....	0.1 e	....	....	....	....	....	....	....	....
Namibia	728	....	0.0 e	....	....	....	....	0.2	0.2	0.2	0.1	0.2	0.1
Nigeria	694	....	....	....	....	....	....	0.1	0.0	0.1	0.0	0.1	0.0
Sierra Leone	724	0.1 e	0.1 e	0.0 e	0.0 e	....	0.0 e	....	....	....	....	....	....
South Africa	199	0.1	0.1	0.1	0.1	0.1	0.1	16.6	29.6	12.9	14.6	24.7	16.7
Tanzania	738	....	....	....	....	....	....	0.3	0.3	0.3	0.2	0.3	0.2
Togo	742	0.1 e	....	....	....	....	....	....	....	....	....	....	....
Uganda	746	....	....	....	....	....	....	0.8	0.5	0.0	0.7	0.0	0.0
Zimbabwe	698	0.3	0.3	0.2	0.3	0.2	0.2	0.0	0.0	0.0	0.0	0.0	0.0
Africa n.s.	799	....	....	....	....	....	....	8.8	7.2	8.7	5.9	7.9	5.2
Western Hemisphere	205	**0.0**	**1.2**	**10.3**	**7.4**	**0.5**	**0.3**	**10.7**	**0.1**	**9.7**	**0.3**	**1.4**	**22.6**
Argentina	213	....	0.0 e	....	....	0.0 e	....	....	....	....	....	....	0.1
Brazil	223	....	0.2 e	0.0 e	0.0 e	0.0 e	0.0 e	10.6	....	9.5	0.1	1.3	22.4
Colombia	233	0.0 e	0.1 e	0.0 e	0.1 e	0.1 e	0.0 e	....	....	....	....	0.0	....
Dominican Republic	243	....	....	....	0.0 e	0.0 e	0.1 e	....	....	....	....	....	....
Peru	293	....	0.0 e	0.0 e	....	....	....	....	....	....	0.1 e	....	....
Venezuela, Rep. Bol.	299	....	0.9 e	10.3 e	7.3 e	0.4 e	0.2 e	0.0	0.0	0.0	0.0	0.0	0.0
Western Hem. n.s.	399	....	....	....	....	....	....	0.2	0.1	0.2	0.1	0.1	0.1
Countries & Areas n.s.	898	....	....	....	....	....	....	0.6	0.5	0.6	0.4	0.6	0.4
Memorandum Items													
Africa	605	4.8	5.1	3.0	4.5	3.1	2.5	79.6	124.9	102.8	63.3	84.2	40.9
Middle East	405	11.6	13.2	7.5	12.1	8.7	6.8	236.0	192.6	232.4	159.7	209.8	142.4
European Union	998	3.6	3.2	2.9	8.6	38.6	12.1	121.5	172.0	131.8	86.7	83.9	74.0
Export earnings: fuel	080	11.9	14.5	18.0	19.9	9.4	7.3	228.6	187.3	224.6	154.9	205.0	136.1
Export earnings: nonfuel	092	22.7	218.7	95.9	578.7	420.0	281.5	451.7	438.8	469.9	314.8	399.2	289.0

Estonia (939)

In Millions of U.S. Dollars

		Exports (FOB)						Imports (CIF)					
		2011	2012	2013	2014	2015	2016	2011	2012	2013	2014	2015	2016
IFS World		....	....	....	....	....	....	....	....	....	....	....	....
World	001	16,727.9	16,087.0	16,315.8	16,042.4	12,829.2	13,170.6	17,477.8	18,092.5	18,459.1	18,295.6	14,525.1	14,934.9
Advanced Economies	110	12,478.1	11,922.4	12,644.7	12,814.7	10,534.5	10,578.4	12,725.1	13,396.9	14,099.4	13,968.7	11,091.7	11,399.4
Euro Area	163	7,118.0	6,834.9	7,620.2	7,396.9	6,014.7	6,099.2	8,991.7	9,628.1	10,543.3	10,558.6	8,410.1	8,649.0
Austria	122	65.9	53.9	46.5	48.3	44.0	47.0	141.7	154.2	157.8	152.2	134.4	154.0
Belgium	124	200.7	295.2	366.4	372.1	184.9	231.7	326.3	358.1	338.0	350.3	273.1	298.8
Cyprus	423	12.8	11.7	68.7	21.7	19.8	17.2	10.0	14.6	15.6	9.1	5.9	6.8
Finland	172	2,518.6	2,335.8	2,632.3	2,456.3	2,012.2	2,109.4	2,205.5	2,616.5	2,697.2	2,736.2	2,100.8	1,946.8
France	132	442.0	216.8	263.0	266.3	246.3	219.8	292.1	327.1	378.7	349.2	246.9	310.8
Germany	134	766.2	723.6	748.2	774.6	672.0	770.0	1,803.2	1,838.7	1,928.0	2,100.5	1,586.7	1,636.9
Greece	174	10.0	8.3	9.5	9.6	9.0	9.8	9.2	7.6	9.2	11.2	6.7	5.8
Ireland	178	11.1	22.3	34.9	32.8	21.8	19.6	45.1	48.2	53.6	48.4	49.1	53.9
Italy	136	270.2	230.1	194.5	162.1	122.4	123.5	387.0	424.7	476.8	511.3	366.8	393.1
Latvia	941	1,327.6	1,416.6	1,689.6	1,727.6	1,334.5	1,213.8	1,493.5	1,532.1	1,663.6	1,517.0	1,171.0	1,230.2
Lithuania	946	770.0	845.0	950.7	847.2	749.7	788.5	1,403.4	1,358.8	1,562.6	1,406.4	1,336.2	1,337.8
Luxembourg	137	1.7	1.3	1.3	10.2	2.5	0.3	11.3	12.5	15.4	16.7	11.8	11.8
Malta	181	4.6	9.0	7.7	15.9	2.0	15.6	0.7	0.4	0.6	2.6	2.2	1.3
Netherlands	138	442.6	394.5	373.6	431.5	421.3	362.1	630.4	664.5	924.5	1,023.1	792.8	938.2
Portugal	182	9.9	11.1	12.0	14.3	11.4	13.1	13.1	13.2	13.6	15.5	12.9	12.5
Slovak Republic	936	27.6	72.8	68.2	44.9	19.6	28.0	69.2	80.1	82.3	106.1	86.5	94.7
Slovenia	961	7.5	10.2	9.9	10.9	8.3	10.1	38.7	42.4	40.0	33.0	26.3	24.6
Spain	184	229.3	176.6	143.2	150.7	133.1	119.8	111.6	134.5	185.7	169.7	199.9	191.0
Australia	193	33.7	28.8	30.6	33.7	38.0	36.0	19.7	13.4	10.3	4.5	8.3	16.3
Canada	156	74.1	100.3	33.2	103.9	88.3	99.4	102.6	16.5	17.7	22.5	19.5	43.8
China,P.R.: Hong Kong	532	10.6	15.8	25.4	18.0	19.8	23.3	15.4	13.3	14.1	15.0	8.5	7.6
China,P.R.: Macao	546	....	....	....	0.2	0.0	0.1	0.0	0.1	0.0	0.0	0.0	0.1
Czech Republic	935	65.9	78.6	64.1	65.5	60.7	68.4	223.7	236.5	240.1	248.7	213.3	214.8
Denmark	128	429.2	382.4	376.6	421.8	370.6	418.5	269.4	275.4	288.6	285.8	247.8	280.9
Iceland	176	27.1	27.6	25.5	25.0	23.2	24.1	3.1	2.3	2.8	3.6	1.6	1.2
Israel	436	16.9	16.4	14.1	14.0	14.1	18.8	11.1	10.3	12.9	10.4	6.6	8.2
Japan	158	84.4	85.1	86.1	79.2	71.1	80.6	42.3	58.1	38.2	41.1	32.1	38.1
Korea, Republic of	542	27.6	62.0	91.9	90.6	55.4	51.0	37.1	41.8	54.6	64.9	44.2	50.4
New Zealand	196	0.5	0.6	1.2	0.6	1.5	1.6	1.9	2.6	3.2	3.2	3.2	3.3
Norway	142	502.2	538.9	593.7	623.7	532.6	535.0	187.8	229.3	132.0	135.1	107.4	99.0
San Marino	135	0.2	0.2	0.1	0.2	0.1	0.1	0.1	0.1	0.2	0.2	0.0	0.1
Singapore	576	32.8	43.2	13.9	8.9	9.1	18.8	4.2	3.7	17.2	3.2	2.6	3.9
Sweden	144	2,618.6	2,566.0	2,734.7	2,881.1	2,414.5	2,360.9	1,838.0	1,834.3	1,548.7	1,590.5	1,234.0	1,241.0
Switzerland	146	50.2	47.0	61.3	62.6	49.7	68.7	133.9	121.9	151.0	115.8	103.6	118.2
Taiwan Prov.of China	528	5.7	6.4	5.9	7.8	5.1	4.6	71.0	61.9	74.3	88.1	64.3	61.9
United Kingdom	112	335.4	336.1	390.6	380.7	362.3	317.7	584.8	703.2	775.3	580.0	389.5	371.3
United States	111	1,044.8	752.3	475.4	600.2	403.7	351.7	187.2	144.1	174.8	197.6	194.9	190.1
Emerg. & Dev. Economies	200	3,939.1	3,813.6	3,473.2	3,097.4	2,204.2	2,498.8	4,752.2	4,485.1	4,174.8	4,152.6	3,375.9	3,458.8
Emerg. & Dev. Asia	505	354.7	228.6	226.8	275.8	273.5	309.2	889.2	882.5	878.9	925.8	794.0	821.6
Bangladesh	513	....	0.8	2.3	0.4	0.7	0.5	0.4	0.7	0.9	1.3	1.0	1.3
Cambodia	522	0.0	0.3	0.1	0.2	0.2	0.1	0.8	1.3	1.9	0.7	2.0	1.8
China,P.R.: Mainland	924	280.0	130.5	131.8	184.2	150.3	185.7	776.4	764.4	761.4	803.1	693.6	710.5
F.T. French Polynesia	887	0.0	....	....	....	0.0	0.2	0.0	0.0	....	0.0	....	0.0
F.T. New Caledonia	839	0.0	0.2	....	0.1	0.0	0.0	....	....	....	....	....	....
India	534	48.8	69.9	50.6	53.7	69.8	78.4	37.5	41.1	36.4	29.5	27.5	37.3
Indonesia	536	1.6	2.9	1.9	2.1	2.2	2.4	11.0	11.4	12.2	13.0	9.9	7.6
Lao People's Dem.Rep	544	0.3	0.0	0.1	0.2	0.0	0.0	....	....	....	....	....	....
Malaysia	548	2.8	2.6	7.4	6.8	3.0	3.8	26.8	20.1	16.9	17.0	14.3	13.4
Marshall Islands	867	0.0	0.0	0.4	0.0	0.1	0.0	....	....	....	....	....	....
Mongolia	948	2.0	2.8	0.9	0.8	3.9	2.3	0.0	....	0.0	0.0	0.0	0.0
Myanmar	518	....	....	....	....	0.3	....	....	....	....	0.1	0.0	0.1
Nepal	558	....	0.0	0.0	....	....	0.0	0.0	0.1	0.1	0.1	0.0	0.1
Papua New Guinea	853	0.0	0.0	0.1	0.1	0.0	0.0	0.0	0.0	0.0	0.0	0.0	0.0
Philippines	566	0.2	0.4	0.5	1.1	0.7	4.5	3.3	3.3	3.5	5.2	2.4	3.9
Sri Lanka	524	3.3	3.8	2.7	0.8	1.5	5.8	3.4	3.3	3.2	3.8	2.9	3.1
Thailand	578	8.8	6.5	5.8	8.9	25.1	16.6	22.1	29.1	33.4	42.6	29.6	30.3

2017, International Monetary Fund: Direction of Trade Statistics Yearbook

Estonia (939)
In Millions of U.S. Dollars

		Exports (FOB)						Imports (CIF)					
		2011	2012	2013	2014	2015	2016	2011	2012	2013	2014	2015	2016
Vietnam	582	5.7	6.2	19.9	14.3	13.0	5.7	7.4	7.7	8.9	9.3	10.6	12.5
Asia n.s.	598	1.1	1.7	2.2	2.2	2.4	3.1	0.0	0.0	0.0	0.0	0.0	0.0
Europe	**170**	**2,755.2**	**2,857.0**	**2,794.4**	**2,426.6**	**1,544.2**	**1,637.1**	**3,754.6**	**3,475.5**	**3,207.3**	**3,132.3**	**2,482.5**	**2,549.1**
Emerg. & Dev. Europe	**903**	**546.7**	**519.1**	**597.3**	**606.4**	**527.4**	**595.2**	**1,514.5**	**1,455.4**	**1,819.0**	**1,759.6**	**1,432.0**	**1,550.0**
Albania	914	0.0	0.2	0.7	0.5	0.7	0.4	0.0	0.0	0.1	0.1	0.1	3.3
Bosnia and Herzegovina	963	1.8	1.8	2.8	1.5	1.1	1.1	0.3	0.3	0.5	0.4	0.3	0.3
Bulgaria	918	21.0	21.7	34.2	38.0	27.4	28.0	10.1	19.3	19.1	13.3	12.5	9.9
Croatia	960	4.1	9.8	2.5	2.4	1.6	2.1	4.4	6.4	4.6	2.6	1.9	2.5
Faroe Islands	816	0.3	1.4	1.6	0.7	0.7	0.7	0.1	0.2	1.7	2.6	0.3	0.9
Gibraltar	823	0.0	0.0	5.6	0.2	0.1	0.0	....	0.0	....	0.0	0.0	....
Hungary	944	37.5	28.3	37.1	49.4	50.4	48.2	219.2	209.7	237.7	230.7	234.3	303.4
Kosovo	967	0.0	0.0	....	0.0	0.2	0.3	0.0	....	....	0.1	0.0	0.1
Macedonia, FYR	962	0.6	0.2	0.3	0.3	0.2	1.3	0.4	0.3	0.7	0.2	0.2	0.8
Montenegro	943	0.1	0.2	0.2	0.2	0.1	0.1	0.0	0.0	0.0	....	0.0	....
Poland	964	254.7	226.6	275.5	307.9	293.8	285.6	1,188.6	1,130.2	1,439.8	1,375.5	1,075.9	1,078.4
Romania	968	15.6	13.9	14.8	24.9	34.0	87.9	27.7	30.6	52.2	70.0	48.6	55.7
Serbia, Republic of	942	4.8	8.7	6.6	5.9	6.6	6.6	1.5	3.6	2.8	3.7	3.3	4.7
Turkey	186	206.3	206.3	215.3	174.4	110.6	133.0	62.3	54.7	60.0	60.4	54.6	90.1
CIS	**901**	**2,208.5**	**2,337.9**	**2,197.0**	**1,820.2**	**1,016.8**	**1,041.8**	**2,240.1**	**2,020.1**	**1,388.3**	**1,372.7**	**1,050.5**	**999.1**
Armenia	911	1.1	0.5	0.5	1.0	0.5	0.4	0.1	0.1	0.3	0.0	0.2	0.6
Azerbaijan, Rep. of	912	19.2	11.7	9.9	5.9	5.4	4.5	0.8	0.9	0.8	0.3	0.3	0.7
Belarus	913	113.9	73.4	68.6	55.8	38.7	54.5	205.8	315.0	131.6	95.1	72.3	64.2
Georgia	915	4.8	6.2	5.9	5.5	4.5	6.0	1.5	2.8	2.0	2.5	2.6	2.4
Kazakhstan	916	67.2	109.9	63.4	45.6	29.1	18.4	130.1	82.8	12.5	36.6	11.3	5.3
Kyrgyz Republic	917	6.0	20.8	11.2	4.7	1.1	0.3	0.1	0.0	0.0	0.2	0.0	0.0
Moldova	921	13.7	7.5	6.7	6.7	5.5	5.3	2.9	3.5	2.6	4.0	3.7	3.2
Russian Federation	922	1,826.2	1,936.4	1,875.4	1,579.0	855.4	857.9	1,747.0	1,361.6	1,115.9	1,159.7	909.5	848.2
Tajikistan	923	0.3	0.9	1.2	1.0	1.4	0.1	....	....	....	....	....	0.6
Turkmenistan	925	1.6	11.9	7.1	9.4	2.6	1.4	0.0	....	....	0.0	0.0	....
Ukraine	926	147.0	152.2	134.4	87.3	61.5	79.1	150.9	252.7	122.6	74.1	50.3	73.7
Uzbekistan	927	7.4	6.5	12.7	18.3	11.4	13.9	0.8	0.5	0.1	0.3	0.3	0.1
Mid East, N Africa, Pak	**440**	**102.0**	**245.3**	**159.5**	**146.6**	**191.6**	**149.3**	**29.8**	**23.9**	**28.0**	**29.8**	**31.4**	**33.9**
Afghanistan, I.R. of	512	0.8	42.6	1.9	1.3	1.0	0.2	0.0	0.0	0.0	0.0	0.0	0.1
Algeria	612	8.8	11.8	16.5	8.1	32.1	6.0	....	....	0.0	....	....	....
Bahrain, Kingdom of	419	0.2	1.3	1.2	0.5	0.4	1.1	0.0	....	0.0	0.0	0.2	0.4
Djibouti	611	....	....	....	....	0.1	....	....	....	....	....	....	....
Egypt	469	23.5	22.0	17.5	16.8	15.3	13.9	3.0	2.8	2.8	3.5	2.8	3.6
Iran, I.R. of	429	3.1	11.0	2.4	3.6	16.0	14.0	0.1	0.1	0.3	0.1	0.1	0.0
Iraq	433	0.3	0.4	21.8	1.4	1.5	0.6	....	0.0	0.0	....	....	0.0
Jordan	439	8.0	1.9	3.4	4.6	4.7	3.5	0.1	0.0	0.0	0.0	0.1	0.2
Kuwait	443	1.8	1.9	2.6	2.1	11.7	0.6	....	0.0	0.0	0.2	0.0	0.0
Lebanon	446	0.7	1.0	1.6	5.3	5.8	2.1	0.1	0.1	0.0	0.0	0.2	0.0
Libya	672	7.5	0.7	0.1	0.2	0.2	1.3	0.0	....	....	....	....	....
Mauritania	682	....	19.9	0.0	0.2	0.0	0.0	0.1	....	....	....	....	0.0
Morocco	686	3.5	40.3	3.2	22.7	16.3	14.4	0.6	5.0	4.8	1.8	3.1	0.5
Oman	449	0.6	1.2	2.4	2.4	1.2	0.7	7.4	3.4	0.4	0.0	0.0	0.2
Pakistan	564	2.6	14.6	2.7	2.7	4.8	3.5	10.1	9.2	13.0	11.5	11.3	12.7
Qatar	453	0.2	0.2	0.8	0.8	0.9	0.5	5.5	0.0	0.0	0.0	0.1	0.1
Saudi Arabia	456	21.9	29.4	66.2	50.1	39.4	42.9	0.6	0.3	4.5	9.9	10.6	12.2
Sudan	732	0.1	0.0	0.0	0.0	0.6	0.8	0.0	0.0	....	....	0.0	....
Syrian Arab Republic	463	3.7	1.2	0.3	1.2	0.1	0.2	0.0	0.1	....	....	....	....
Tunisia	744	2.4	2.4	2.1	0.7	1.9	4.5	0.2	0.7	1.0	2.0	0.9	0.3
United Arab Emirates	466	10.1	19.2	12.0	21.4	37.5	38.4	1.7	2.0	1.2	0.7	2.0	3.6
West Bank and Gaza	487	0.1	0.1	0.0	0.1	0.1	0.0	....	....	....	....	....	....
Yemen, Republic of	474	2.1	22.2	0.8	0.6	0.0	0.0	....	....	....	....	....	....
Sub-Saharan Africa	**603**	**611.3**	**268.8**	**129.8**	**72.1**	**86.0**	**158.8**	**30.8**	**32.9**	**12.7**	**13.1**	**15.1**	**19.4**
Angola	614	18.0	16.7	37.9	1.0	0.9	5.9	....	....	....	....	0.0	....
Benin	638	1.1	1.1	2.8	2.5	1.6	0.6	....	....	....	....	....	....
Botswana	616	....	....	0.0	....	0.7	....	....	....	....	....	....	....
Burkina Faso	748	0.6	0.4	0.4	0.3	0.0	0.0	....	0.0	....	....	....	....

Estonia (939)
In Millions of U.S. Dollars

		Exports (FOB)						Imports (CIF)					
		2011	2012	2013	2014	2015	2016	2011	2012	2013	2014	2015	2016
Burundi	618	0.0	....	....	....	0.0	....	1.5	....	0.0	....	....	....
Cameroon	622	0.2	0.5	2.2	1.0	0.5	0.6	0.0	....	0.1	0.3	0.1	0.1
Congo, Dem. Rep. of	636	....	0.1	0.0	0.0	0.0	....	2.2	0.0	0.0	....	1.3	0.0
Congo, Republic of	634	....	0.0	0.0	0.0	0.1	....	....	....	....	0.0	0.0	0.1
Côte d'Ivoire	662	0.3	1.0	0.8	0.5	0.7	0.3	0.3	0.2	0.1	1.9	1.1	2.9
Equatorial Guinea	642	0.5	....	....	....	....	....	....	....	....	....	....	....
Ethiopia	644	5.8	0.2	0.1	0.1	0.1	0.2	0.3	0.0	0.0	0.0	0.0	0.1
Gabon	646	0.0	0.2	0.4	....	0.0	0.0	....	....	....	....	....	....
Gambia, The	648	....	0.0	0.1	0.1	0.1	0.1	0.0	....	....	....	....	....
Ghana	652	1.2	1.1	23.2	0.7	0.9	0.5	1.6	1.7	3.0	3.4	3.2	5.7
Guinea	656	0.4	0.0	0.2	0.2	0.0	0.0	....	....	0.0	....	....	0.2
Kenya	664	21.8	4.0	3.4	22.3	9.1	9.8	0.0	0.0	0.0	0.0	0.1	0.0
Liberia	668	0.5	0.2	0.2	0.4	0.4	0.1	0.0	....	....	....	....	....
Madagascar	674	....	0.5	0.1	0.0	0.0	0.0	0.0	0.0	0.0	0.2	0.0	0.0
Malawi	676	0.0	....	0.2	0.3	0.1	0.3	0.0	0.0	....	0.0	....	....
Mali	678	0.0	....	2.6	0.0	0.1	0.0	....	....	....	0.0	0.1	0.0
Mauritius	684	0.7	0.1	0.1	0.2	0.3	0.4	0.0	0.0	0.2	0.3	0.0	0.0
Mozambique	688	0.0	0.2	0.1	0.2	0.0	0.0	....	....	....	....	....	....
Namibia	728	0.3	0.5	0.7	0.7	10.1	6.8	0.0	....	0.0	....	0.0	0.0
Niger	692	0.3	0.1	0.0	....	0.0	....	....	....	....	....	0.0	....
Nigeria	694	551.2	230.5	30.8	5.2	2.9	40.5	13.7	14.1	3.6	1.3	4.7	6.1
Rwanda	714	0.0	0.0	0.2	0.0	....	0.0	4.1	9.4	....	....	0.0	....
Senegal	722	0.6	0.2	3.1	0.1	1.1	0.3	....	0.0	....	....	....	0.0
Sierra Leone	724	0.3	0.0	0.1	1.5	0.2	0.3	....	....	0.0	0.2	0.0	....
South Africa	199	6.8	9.1	18.3	13.2	6.8	7.4	6.9	7.3	5.6	5.2	4.2	3.8
Tanzania	738	0.2	1.0	0.4	2.6	4.2	0.9	0.0	0.0	....	0.1	....	0.0
Togo	742	....	0.1	0.0	18.5	44.2	83.3	....	....	....	....	....	0.1
Uganda	746	0.3	0.9	1.3	0.4	0.4	0.0	0.0	0.0	0.0	0.0	0.0	0.0
Zambia	754	0.0	0.1	0.0	0.0	0.5	0.1	....	....	....	....	0.0	....
Zimbabwe	698	0.0	0.0	0.1	0.1	0.1	0.2	0.1	0.0	0.0	0.1	0.2	0.3
Western Hemisphere	205	116.0	213.8	162.7	176.2	108.9	244.4	47.8	70.3	48.0	51.6	53.0	34.8
Argentina	213	1.7	1.4	1.8	2.4	0.9	1.4	3.8	3.5	4.2	3.9	2.5	2.5
Aruba	314	0.0	0.0	0.3	0.1	0.2	0.2	0.0	0.0	0.0	....	0.0	0.0
Bahamas, The	313	0.3	7.9	3.9	2.0	0.8	1.5	....	0.0	....	....	....	0.0
Belize	339	0.1	....	0.0	0.0	0.1	0.5	....	....	....	0.1	0.0	....
Bolivia	218	0.2	0.4	0.6	0.8	0.9	0.7	0.0	....	0.0	0.0	....	0.0
Brazil	223	68.2	47.9	42.5	32.6	28.6	22.0	23.7	47.9	25.5	31.6	29.0	12.4
Chile	228	6.2	4.1	2.0	3.2	2.7	4.6	7.9	9.1	8.5	7.6	7.2	6.5
Colombia	233	1.7	0.8	0.5	0.4	0.5	0.3	0.0	0.0	0.1	0.1	0.4	0.7
Costa Rica	238	0.6	0.4	0.1	0.2	0.1	0.1	1.6	0.7	0.1	0.1	0.1	0.1
Curaçao	354	....	....	0.1	0.0	0.1	0.1	....	....	....	....	....	0.0
Dominica	321	0.0	0.0	0.0	0.1	0.0	0.1	....	0.0	....	0.0	0.0	....
Dominican Republic	243	1.2	1.1	0.9	0.6	0.1	0.1	0.0	0.1	0.1	0.1	0.1	0.1
Ecuador	248	0.3	0.1	0.5	0.3	0.4	0.2	0.0	0.0	0.3	0.0	0.0	1.1
Greenland	326	1.8	0.3	0.4	0.0	0.0	0.0	....	....	0.0	0.0	0.0	0.2
Guatemala	258	22.3	0.1	0.2	0.2	0.0	0.1	0.0	0.0	0.0	0.0	0.0	0.0
Guyana	336	....	0.2	0.0	0.1	0.1	0.0	....	....	....	....	0.0	....
Honduras	268	0.0	0.1	0.5	4.8	3.4	0.2	0.1	0.1	0.2	0.2	0.0	0.0
Mexico	273	8.8	142.3	104.2	125.1	53.3	205.5	5.8	7.0	7.6	6.6	11.9	9.3
Nicaragua	278	0.0	0.0	0.1	0.1	0.1	0.1	0.0	0.0	0.0	0.0	0.0	0.0
Panama	283	0.2	0.1	1.7	0.7	0.2	0.2	0.1	0.0	0.1	0.0	0.0	0.0
Paraguay	288	0.2	0.2	0.0	0.4	0.6	1.1	0.0	0.0	....	....	....	0.2
Peru	293	0.6	0.8	0.7	0.6	1.3	2.6	2.4	1.2	1.3	1.2	1.8	1.6
Sint Maarten	352	....	....	0.0	0.0	9.0	0.1	....	....	....	0.0	0.0	0.0
St. Vincent & Grens.	364	0.1	0.0	0.0	0.2	0.1	0.0	....	....	....	....	....	....
Suriname	366	0.0	0.0	....	0.1	0.1	0.2	....	....	....	....	0.0	....
Trinidad and Tobago	369	0.0	0.0	0.1	0.1	0.0	0.0	....	....	....	0.0	....	....
Uruguay	298	0.6	3.4	0.2	0.4	4.6	2.2	2.2	0.5	....	0.0	0.0	....
Venezuela, Rep. Bol.	299	0.5	0.2	0.2	0.5	0.4	0.1	0.0	0.0	....	0.0	....	0.0
Western Hem. n.s.	399	0.4	2.0	1.1	0.1	0.2	0.0	0.0	0.0	....	....	....	0.0

2017, International Monetary Fund: *Direction of Trade Statistics Yearbook*

Estonia (939)

In Millions of U.S. Dollars

		Exports (FOB) 2011	2012	2013	2014	2015	2016	Imports (CIF) 2011	2012	2013	2014	2015	2016
Other Countries n.i.e	910	1.6	1.8	1.4	2.7	2.2	4.9	0.5	1.6	6.0	0.0	0.0	0.0
Cuba	928	1.6	1.8	1.4	2.7	2.2	4.9	0.5	1.6	6.0	0.0	0.0	0.0
Special Categories	899	309.2	349.2	196.5	127.6	88.4	88.5	....	....	....	....	0.0	3.1
Countries & Areas n.s.	898	....	....	....	....	....	....	....	208.8	178.9	174.3	57.5	73.5
Memorandum Items													
Africa	605	626.1	343.2	151.7	103.8	137.0	184.5	31.8	38.7	18.4	16.9	19.1	20.3
Middle East	405	83.8	113.7	133.0	110.9	134.8	119.9	18.7	8.9	9.2	14.5	16.0	20.3
European Union	998	10,899.8	10,498.2	11,550.5	11,568.6	9,630.1	9,716.5	13,357.4	14,073.8	15,149.4	14,955.7	11,867.9	12,207.1
Export earnings: fuel	080	2,543.0	2,418.0	2,153.7	1,739.5	1,039.4	1,036.2	1,907.2	1,465.4	1,139.6	1,209.0	939.3	878.7
Export earnings: nonfuel	092	14,184.9	13,669.0	14,162.1	14,303.0	11,789.8	12,134.4	15,570.6	16,627.0	17,319.5	17,086.6	13,585.8	14,056.1

Ethiopia (644)

In Millions of U.S. Dollars

		Exports (FOB)						Imports (CIF)					
		2011	2012	2013	2014	2015	2016	2011	2012	2013	2014	2015	2016
IFS World		....	....	....	....	....	....	....	....	....	....	....	....
World	001	2,457.1	2,910.8	3,659.6	4,291.7	4,503.2	4,164.6	9,912.3	13,385.5	14,616.6	18,264.1	20,283.4	19,984.0
Advanced Economies	110	1,286.7	1,357.8	1,344.4	1,636.4	2,049.3	1,674.9	2,450.7	2,907.4	2,888.8	3,322.2	3,600.9	3,580.1
Euro Area	163	767.7	731.6	646.7	664.3	768.5	786.2	1,039.5	1,417.1	1,659.7	1,484.6	1,632.4	2,043.0
Austria	122	0.1	0.1	0.1	0.1	0.1	0.2	13.2	33.4	14.9	12.7	17.0	25.7
Belgium	124	69.5	76.3	71.4	80.3	12.2	11.2	52.6	56.5	67.5	89.8	69.1	72.8
Cyprus	423	0.0	0.2	0.2	0.1	0.5	0.1	3.4	4.7	7.8	5.8	3.1	4.2
Estonia	939	0.4	0.0	0.0	0.0	0.0	0.1	7.2	0.0	0.0	0.0	0.0	0.0
Finland	172	9.9	6.9	4.0	4.0	2.9	3.4	8.3	15.2	25.5	9.3	11.6	44.8
France	132	50.2	52.6	38.5	34.6	38.5	36.1	142.9	217.8	433.1	191.9	307.1	544.6
Germany	134	318.8	312.7	241.3	265.4	206.1	207.4	189.6	200.4	217.7	313.3	342.7	399.4
Greece	174	10.0	7.7	6.3	15.0	5.2	7.7	11.8	8.1	10.0	13.3	27.1	20.5
Ireland	178	0.4	0.2	0.5	0.9	0.9	1.7	25.6	26.2	35.1	30.7	39.0	41.4
Italy	136	111.2	80.0	76.7	80.5	67.9	59.7	386.7	578.0	639.9	602.3	572.4	601.4
Latvia	941	0.6	0.1	0.0	0.0	....	0.0	0.3	0.8	0.4	0.6	0.5	10.0
Lithuania	946	0.2	0.3	0.6	0.8	0.3	0.3	18.7	21.1	0.1	0.0	0.9	1.1
Luxembourg	137	0.0	....	0.0	0.0	0.0	0.0	0.2	0.1	0.2	1.5	0.1	0.5
Malta	181	0.0	....	0.0	0.3	0.0	0.0	0.1	0.2	0.0	0.2	0.3	0.0
Netherlands	138	181.2	173.7	175.5	156.3	361.5	438.3	81.8	105.3	118.2	120.9	88.4	131.3
Portugal	182	0.6	3.7	6.0	12.1	6.3	8.4	2.4	5.1	18.8	11.8	26.6	21.2
Slovak Republic	936	0.4	0.2	0.2	0.8	0.2	0.1	2.8	12.9	6.1	5.6	2.8	9.9
Slovenia	961	0.8	0.6	0.4	0.5	0.5	0.4	0.4	0.5	0.7	0.6	0.9	0.8
Spain	184	13.6	16.2	25.1	12.6	65.2	11.2	91.7	130.8	63.6	74.4	122.7	113.3
Australia	193	11.9	22.7	16.8	25.7	22.6	18.7	19.4	18.6	27.3	28.6	26.6	35.6
Canada	156	12.1	10.2	10.0	12.9	11.0	14.6	17.0	14.4	2.4	14.4	3.0	7.1
China,P.R.: Hong Kong	532	21.5	33.1	39.8	49.3	41.2	35.5	3.7	2.7	1.4	2.9	8.3	8.3
Czech Republic	935	0.2	0.3	0.2	0.3	0.4	0.1	14.2	9.4	9.0	48.1	25.1	37.2
Denmark	128	1.0	2.4	2.3	1.1	2.0	1.5	21.0	29.0	31.8	51.4	39.0	32.8
Iceland	176	0.2	0.5	0.3	0.0	0.3	....	0.4	0.4	0.4	0.4	0.4	0.4
Israel	436	67.2	70.9	102.5	132.4	85.3	73.4	19.6	34.3	16.8	15.4	16.2	25.1
Japan	158	35.9	75.4	111.4	126.2	106.3	94.5	443.4	497.4	428.4	482.0	579.6	487.8
Korea, Republic of	542	18.3	23.7	23.8	53.0	53.2	52.2	134.9	199.5	172.7	266.5	189.1	159.9
New Zealand	196	3.4	4.0	3.2	3.9	3.4	3.7	3.0	3.6	1.3	3.3	2.3	3.8
Norway	142	7.3	8.6	8.5	8.5	9.6	9.8	2.5	3.0	2.5	4.2	2.7	2.6
Singapore	576	2.7	1.9	5.7	2.9	0.9	3.1	7.6	6.6	17.4	20.7	36.7	42.9
Sweden	144	39.0	27.2	15.0	17.2	12.9	13.6	82.6	71.1	67.0	67.0	190.6	82.8
Switzerland	146	129.4	177.0	183.3	358.2	654.1	349.7	26.4	28.0	35.2	43.9	50.8	52.2
Taiwan Prov.of China	528	3.3	3.9	7.2	7.0	7.0	9.4	16.7	53.9	88.5	116.9	105.3	107.4
United Kingdom	112	67.5	48.3	42.0	35.4	60.6	47.9	109.8	97.9	99.7	121.4	180.0	178.4
United States	111	98.0	116.1	125.8	138.2	210.0	161.0	488.9	420.5	227.1	550.6	512.9	272.9
Emerg. & Dev. Economies	200	1,165.9	1,549.1	2,311.4	2,650.7	2,449.5	2,485.3	7,438.8	10,459.6	11,711.5	14,920.3	16,660.0	16,383.5
Emerg. & Dev. Asia	505	350.0	426.6	439.2	625.5	514.8	602.4	3,130.6	4,362.7	5,483.8	7,299.8	8,349.7	8,367.6
Bangladesh	513	4.7	0.1	0.1	0.2	0.1	0.1	7.0	2.8	9.0	7.4	8.1	9.2
Cambodia	522	0.0	0.0	....	0.0	0.0	0.0	0.0	0.1	0.0	0.1	0.1	0.1
China,P.R.: Mainland	924	283.4	320.9	318.5	483.5	371.7	409.3	1,718.1	2,572.4	3,114.1	4,993.2	5,956.5	5,657.9
F.T. French Polynesia	887	0.1 e	0.0 e	0.2 e	0.0 e	0.1 e	0.1 e	....	....	....	....	....	....
F.T. New Caledonia	839	0.1 e	0.1 e	0.1 e	0.2 e	0.2 e	0.2 e	....	....	....	....	....	....
India	534	33.8	44.5	39.1	45.8	71.6	82.0	749.3	994.3	1,445.9	1,314.0	1,344.1	1,477.8
Indonesia	536	13.7	15.1	27.3	42.2	19.3	60.1	188.4	348.6	462.2	516.1	476.5	602.6
Malaysia	548	0.5	0.3	6.2	2.2	2.0	3.6	274.1	174.5	201.6	185.3	286.8	358.6
Nepal	558	0.3	0.0	0.0	0.0	0.0	0.0	0.0	0.0	0.0	0.1	0.1	0.1
Papua New Guinea	853	0.1	....	....	....	....	....	....	....	....	....	....	....
Philippines	566	0.1	0.9	1.1	0.4	0.5	0.1	4.7	7.9	5.9	8.1	7.0	7.3
Sri Lanka	524	0.3	0.8	2.9	3.2	3.3	3.1	0.7	2.8	7.8	1.5	2.3	4.1
Thailand	578	9.3	8.9	9.9	7.7	6.9	5.6	131.5	160.2	137.2	128.8	108.5	102.0
Timor-Leste	537	0.1	....	....	....	....	....	0.0	0.0	....	0.0	0.0	0.0
Vietnam	582	3.4	34.9	33.7	40.0	38.9	38.1	20.7	32.4	39.6	62.3	71.0	67.0
Asia n.s.	598	....	....	....	....	....	....	35.8	66.8	60.7	83.1	88.7	81.0

2017, International Monetary Fund: Direction of Trade Statistics Yearbook

Ethiopia (644)

In Millions of U.S. Dollars

		Exports (FOB)						Imports (CIF)					
		2011	2012	2013	2014	2015	2016	2011	2012	2013	2014	2015	2016
Europe	170	**67.1**	**83.2**	**96.7**	**111.0**	**70.4**	**65.7**	**818.8**	**1,031.2**	**1,232.3**	**1,251.7**	**1,382.4**	**1,491.7**
Emerg. & Dev. Europe	903	**51.5**	**63.3**	**75.8**	**88.2**	**51.9**	**48.4**	**399.7**	**557.8**	**556.3**	**559.9**	**703.9**	**814.0**
Albania	914	0.1	0.1	0.1	0.1	0.1	0.2	0.0	0.0	0.0	0.0	0.0	0.0
Bosnia and Herzegovina	963	0.1	0.1	0.1	0.1	0.1	0.1	0.2	0.2	0.2	0.2	0.2	0.4
Bulgaria	918	1.2	5.2	5.3	8.7	7.4	5.5	24.1	5.4	7.7	7.2	32.2	14.6
Croatia	960	0.0	0.0	0.0	0.0	0.0	0.0	0.3	0.1	1.3	2.5	5.3	5.0
Hungary	944	0.3	1.8	3.1	2.2	1.6	1.4	5.4	12.1	14.5	8.5	26.4	24.8
Kosovo	967	0.1 e	0.1 e	0.1 e	0.1 e	0.1 e	0.0 e	....	....	....	....	....	0.1 e
Montenegro	943	0.1 e	0.0 e	0.0 e	0.0 e	0.0 e	0.0 e	....	....	....	....	....	0.1 e
Poland	964	0.6	0.1	0.8	0.8	2.6	1.2	8.6	19.6	31.8	64.5	95.3	108.1
Romania	968	3.9	5.2	4.8	3.5	1.7	1.9	1.3	1.7	21.4	43.9	40.0	128.9
Serbia, Republic of	942	....	0.1	....	....	....	....	0.1	5.0	1.5	0.6	....	....
Turkey	186	45.2	50.6	61.5	72.7	38.5	38.0	359.7	513.6	477.8	432.4	504.4	532.0
CIS	901	**10.6**	**15.0**	**16.2**	**17.2**	**13.1**	**12.0**	**418.6**	**473.1**	**675.8**	**691.4**	**678.1**	**677.4**
Azerbaijan, Rep. of	912	....	....	....	0.0	....	0.1	0.0	....	....	....	....	....
Belarus	913	0.0	0.2	0.3	0.4	0.5	0.5	3.5	7.0	29.1	30.3	38.9	30.6
Georgia	915	0.1	0.0	0.0	0.2	0.0	0.0	2.1	0.2	2.5	2.3	1.1	0.2
Kazakhstan	916	0.0	0.0	0.0	0.0	0.0	....	0.0	....	....	....	....	0.4
Kyrgyz Republic	917	....	....	....	....	....	....	0.0	0.7	0.7	....	1.0	1.0
Moldova	921	....	....	....	....	....	....	1.4	....	....	....	....	....
Russian Federation	922	10.3	14.6	14.1	14.9	10.9	8.0	270.9	131.9	149.8	191.9	165.8	187.5
Ukraine	926	0.2	0.3	1.7	1.7	1.7	3.4	140.8	333.3	493.7	467.0	471.3	457.7
Europe n.s.	884	5.0	4.8	4.7	5.5	5.4	5.3	0.6	0.3	0.2	0.4	0.4	0.4
Mid East, N Africa, Pak	440	**692.3**	**985.0**	**1,727.8**	**1,850.4**	**1,807.0**	**1,762.8**	**3,101.2**	**4,623.3**	**4,528.4**	**5,979.6**	**6,523.8**	**6,162.5**
Algeria	612	1.1	1.4	1.3	1.4	1.3	0.6	1.1	0.0	0.0	0.0	0.0	0.0
Bahrain, Kingdom of	419	1.8	3.4	3.1	3.1	2.7	2.6	30.3	18.5	21.6	41.0	50.3	48.9
Djibouti	611	75.6	107.2	101.4	110.2	102.8	98.5	0.3	0.2	0.2	0.3	0.3	0.3
Egypt	469	46.1	44.3	42.9	29.8	20.0	11.3	82.9	99.2	98.9	165.3	215.3	175.8
Iran, I.R. of	429	0.2	0.3	0.4	0.5	0.5	0.5	38.9	48.5	47.3	72.3	81.5	76.4
Iraq	433	0.6	0.2	0.3	0.4	0.5	0.5	0.0	0.0	0.0	0.0	0.0	0.0
Jordan	439	26.6	36.8	32.9	47.3	32.9	33.2	129.2	36.5	51.9	76.9	4.2	2.7
Kuwait	443	3.1	1.8	1.7	2.1	2.0	2.0	222.1	735.0	691.6	1,007.5	1,109.8	1,029.8
Lebanon	446	4.5	2.7	7.1	4.4	0.7	0.8	1.7	2.9	2.2	2.1	4.4	6.4
Libya	672	0.1	11.7	11.3	13.4	13.1	....	17.2	....	....	....	....	....
Mauritania	682	....	2.1	....	....	2.4	....	0.0	0.0	0.0	0.0	0.0	....
Morocco	686	1.7	1.1	1.5	0.8	0.5	0.8	30.5	178.8	0.6	60.3	176.1	75.5
Oman	449	0.9	2.6	2.4	2.4	2.1	1.6	27.7	7.8	8.8	8.9	8.9	8.9
Pakistan	564	13.4	45.9	44.4	52.7	51.2	50.1	108.9	40.0	44.8	46.4	46.9	46.5
Qatar	453	0.3	2.3	2.3	2.7	2.6	2.6	14.6	3.8	12.7	29.2	37.8	37.6
Saudi Arabia	456	167.4	191.4	185.3	219.8	213.9	209.1	896.8	1,674.7	1,896.6	1,920.3	1,928.0	1,922.0
Somalia	726	243.3	259.8	256.0	299.2	289.2	281.9	0.1	0.0	0.1	0.1	0.1	0.1
Sudan	732	....	162.7	921.0	922.3	934.4	931.9	....	69.5	20.0	45.1	33.7	27.9
Syrian Arab Republic	463	1.0	2.2	2.3	2.6	....	2.3	1.9	2.1	2.2	3.5	4.0	3.8
Tunisia	744	1.2	1.2	1.2	1.2	1.2	1.8	1.8	0.6	0.6	0.6	0.6	50.9
United Arab Emirates	466	82.5	79.9	86.0	106.9	106.2	104.9	482.5	275.2	303.0	583.3	718.3	700.6
West Bank and Gaza	487	0.1	....	....	....	....	....	....	0.0	....	0.0	....	....
Yemen, Republic of	474	20.7	23.8	23.0	27.3	26.6	26.0	13.3	11.2	10.5	15.3	16.9	15.7
Middle East n.s.	489	....	....	....	....	....	....	999.3	1,418.8	1,314.7	1,901.2	2,086.5	1,932.6
Sub-Saharan Africa	603	**35.1**	**41.1**	**36.0**	**45.9**	**40.2**	**40.4**	**290.4**	**192.9**	**197.1**	**220.2**	**254.4**	**231.3**
Angola	614	4.1	3.3	3.2	3.8	3.7	3.6	0.0	0.0	0.0	0.0	0.0	0.0
Benin	638	0.0	0.2	0.2	0.1	0.1	0.1	0.0	0.0	0.0	0.0	0.0	0.0
Botswana	616	0.1	0.1	0.1	0.1	0.1	0.1	0.0	0.0	0.0	0.0	0.0	0.0
Burkina Faso	748	0.6	0.4	0.3	0.4	0.4	0.4	0.0	....	....	....	....	....
Burundi	618	0.2	0.0	0.0	0.0	0.0	0.0	0.0	0.0	0.0	0.0	....	0.0
Cameroon	622	0.1	3.2	3.1	3.6	3.5	3.5	0.1	0.5	0.5	0.7	0.8	0.8
Chad	628	0.1	0.1	....	0.1	0.1	0.1	0.1	0.0	0.0	0.0	0.0	0.0
Comoros	632	0.3	0.2	....	0.2	0.2	0.2	....	0.0	....	0.0	....	0.0
Congo, Dem. Rep. of	636	0.0	....	....	....	....	....	0.1	....	....	....	....	....
Congo, Republic of	634	0.4	0.3	0.3	0.4	0.4	0.4	0.0	0.1	0.1	0.1	0.1	0.1
Côte d'Ivoire	662	0.1	0.1	0.0	0.1	0.3	0.3	3.2	2.6	0.2	0.1	0.0	0.0

Ethiopia (644)
In Millions of U.S. Dollars

		Exports (FOB)						Imports (CIF)					
		2011	2012	2013	2014	2015	2016	2011	2012	2013	2014	2015	2016
Equatorial Guinea	642	0.1	0.0	0.0	0.0	0.0	0.0	....	0.0	....	0.0	....	....
Gabon	646	0.2	0.1	0.1	0.1	0.1	0.1	0.0	0.0	0.0	0.0	0.0	0.0
Gambia, The	648	0.0	0.0	0.0	0.1	0.1	0.0	0.0	....	....	....	....	....
Ghana	652	0.1	0.6	0.6	0.7	0.7	0.7	0.1	0.3	0.2	0.4	0.4	0.4
Guinea	656	0.0	0.0	0.0	0.0	0.0	0.0	0.1	0.0	....	0.0	0.0	0.0
Guinea-Bissau	654	0.0	0.2	....	0.2	....	0.2	0.0	....	....	....	....	....
Kenya	664	16.6	13.3	12.9	15.3	14.9	14.5	35.1	40.6	38.5	59.4	67.2	63.1
Lesotho	666	0.0	0.0	0.0	0.0	0.0	0.0	0.0	0.1	0.1	0.2	....	0.2
Madagascar	674	....	0.2	0.2	0.2	0.2	0.2	0.0	0.1	0.1	0.1	0.1	0.1
Malawi	676	0.0	0.1	0.1	0.1	0.1	0.1	0.5	0.0	0.0	0.0	0.0	0.0
Mali	678	0.0	0.0	0.0	0.0	0.0	0.0	0.4	0.4	0.4	0.6	0.7	0.7
Mauritius	684	0.0	0.1	0.1	0.1	0.0	0.1	0.1	0.3	0.4	0.4	0.4	0.2
Mozambique	688	0.3	0.1	0.1	0.2	0.2	0.2	0.0	0.1	0.0	0.1	0.1	0.1
Namibia	728	0.0	0.1	0.1	0.1	0.1	0.1	0.0	0.1	0.1	0.1	0.1	0.1
Niger	692	0.0	0.2	0.1	0.2	0.2	0.2	0.3	0.1	0.1	0.1	0.1	0.1
Nigeria	694	0.3	0.4	0.4	0.4	0.4	0.4	0.1	0.8	0.7	1.1	1.2	1.1
Rwanda	714	0.3	0.1	0.1	0.1	0.5	0.8	0.1	0.0	0.0	0.0	2.3	2.5
São Tomé & Príncipe	716	....	0.3	0.3	0.4	....	0.4	0.0	0.1	0.1	....	0.1	....
Senegal	722	0.2	0.1	0.0	0.2	0.1	0.0	0.3	0.1	0.0	0.2	0.0	....
Sierra Leone	724	0.4	0.4	0.3	0.4	0.4	0.4	0.1	0.0	0.0	0.0	0.0	0.0
South Africa	199	6.5	13.7	10.4	14.9	9.5	9.2	93.1	123.5	132.7	122.8	148.2	132.2
Swaziland	734	1.8	1.0	0.9	1.2	1.2	1.2	9.1	20.7	20.0	27.5	29.4	26.9
Tanzania	738	0.1	0.8	0.8	0.9	0.9	0.9	0.6	1.8	1.7	2.2	2.3	2.1
Togo	742	0.1	0.3	0.2	....	....	....	0.0	0.0	....	0.0	0.0	0.0
Uganda	746	1.1	0.6	0.6	0.6	0.8	1.3	0.4	0.4	0.1	0.0	0.1	0.0
Zambia	754	0.2	0.2	0.1	0.1	0.5	0.3	0.7	0.0	0.9	3.8	0.5	0.4
Zimbabwe	698	0.7	0.5	0.4	0.5	0.5	0.5	0.1	0.2	0.2	0.3	0.3	0.3
Africa n.s.	799	....	....	....	....	....	....	145.6	....	....	....	....	....
Western Hemisphere	205	**21.4**	**13.2**	**11.7**	**18.0**	**17.1**	**14.0**	**97.8**	**249.5**	**269.9**	**169.0**	**149.7**	**130.3**
Antigua and Barbuda	311	....	0.0	....	....	....	....	0.1	0.1	0.1	0.2	....	0.2
Argentina	213	0.2	0.0	....	....	0.0	0.1	1.8	65.1	65.1	65.1	65.1	66.4
Bahamas, The	313	....	....	....	....	....	....	....	16.5	15.5	22.7	....	....
Barbados	316	....	0.0	0.0	....	0.0	....	0.1	0.0	0.0	0.0	0.0	0.0
Belize	339	....	....	....	....	....	....	0.0	18.7	18.7	18.7	18.7	18.7
Bolivia	218	....	0.0	....	....	0.1	....	0.0	....	....	....	....	....
Brazil	223	0.2	0.0	0.0	0.0	0.0	0.0	81.5	139.8	160.6	52.3	55.4	34.3
Chile	228	0.1	0.2	0.2	0.1	0.2	0.8	3.3	1.6	3.0	2.7	2.7	3.0
Colombia	233	0.1	0.0	0.0	0.0	0.0	0.0	0.4	0.9	0.2	0.1	0.2	0.4
Costa Rica	238	....	....	....	....	....	....	0.0	0.1	0.1	0.1	0.1	0.1
Dominican Republic	243	0.2	....	....	....	....	....	0.0	0.0	0.0	0.0	....	0.0
Ecuador	248	0.0	0.0	....	....	0.0	....	0.6	1.6	1.7	1.6	1.8	1.7
El Salvador	253	5.9	0.9	0.0	0.8	1.1	0.0	0.0	0.0	0.0	0.0	0.0	0.0
Guatemala	258	0.4	0.1	0.1	0.2	0.3	0.3	5.8	0.2	0.2	0.3	0.4	0.3
Honduras	268	0.9	....	....	3.8	2.8	....	0.0	0.1	0.1	....	0.1	....
Jamaica	343	0.8	0.2	0.2	....	....	0.2	0.3	0.1	0.1	0.1	0.1	0.1
Mexico	273	2.5	1.9	1.9	1.9	1.9	1.9	1.6	2.7	2.7	2.7	2.7	2.7
Panama	283	....	0.1	....	0.1	0.1	0.1	0.0	0.0	0.0	0.0	0.0	0.0
Peru	293	0.2	0.0	....	0.1	....	0.1	0.2	0.2	0.2	0.2	0.2	0.2
Suriname	366	0.0	....	....	....	....	....	0.1	0.5	0.4	0.5	0.5	0.4
Trinidad and Tobago	369	0.0	0.0	....	....	....	....	0.7	0.1	0.1	0.1	....	0.1
Uruguay	298	....	....	....	....	0.0	....	0.4	0.1	0.1	0.1	0.2	0.2
Venezuela, Rep. Bol.	299	....	....	....	....	....	....	0.1	0.0	0.0	0.0	0.0	....
Western Hem. n.s.	399	10.0	9.6	9.2	11.0	10.7	10.4	0.5	1.0	1.0	1.4	1.6	1.4
Other Countries n.i.e	910	**0.5**	**0.1**	**0.1**	**0.1**	**0.1**	**0.1**	**6.5**	**15.4**	**13.3**	**17.1**	**17.7**	**15.9**
Cuba	928	0.0	0.0	....	0.0	....	....	0.1	0.0	0.0	0.0	0.0	0.0
Korea, Dem. People's Rep.	954	0.5	0.1	0.1	0.1	0.1	0.1	6.4	15.4	13.3	17.1	17.6	15.8
Countries & Areas n.s.	898	**4.1**	**3.9**	**3.8**	**4.5**	**4.4**	**4.3**	**16.3**	**3.2**	**3.0**	**4.4**	**4.8**	**4.5**
Memorandum Items													
Africa	605	358.2	576.7	1,318.5	1,381.1	1,372.2	1,355.8	324.3	442.0	218.6	326.5	465.3	386.0
Middle East	405	355.9	403.5	400.9	462.6	423.8	397.3	2,958.4	4,334.2	4,462.0	5,826.9	6,265.9	5,961.3

2017, International Monetary Fund: Direction of Trade Statistics Yearbook

Ethiopia (644)

In Millions of U.S. Dollars

		Exports (FOB)						Imports (CIF)					
		2011	2012	2013	2014	2015	2016	2011	2012	2013	2014	2015	2016
European Union	998	881.3	822.1	720.3	733.5	857.6	859.4	1,306.9	1,663.5	1,944.0	1,899.2	2,266.4	2,655.4
Export earnings: fuel	080	294.4	337.7	335.1	399.8	387.3	363.0	2,017.4	2,910.1	3,144.7	3,872.8	4,120.5	4,031.2
Export earnings: nonfuel	092	2,162.7	2,573.1	3,324.5	3,891.9	4,115.9	3,801.5	7,894.9	10,475.5	11,471.9	14,391.3	16,162.9	15,952.8

Falkland Islands (323)

In Millions of U.S. Dollars

		Exports (FOB) 2011	2012	2013	2014	2015	2016	Imports (CIF) 2011	2012	2013	2014	2015	2016
IFS World		....	....	....	....	....	....	....	....	....	....	....	....
World	001	174.3	196.7	178.7	189.8	186.8	264.8	200.7	141.1	139.9	207.2	268.5	97.1
Advanced Economies	110	156.6	176.5	150.9	168.8	164.2	231.0	198.3	139.9	130.2	195.4	256.9	89.8
Euro Area	163	140.9	155.0	129.4	142.5	138.6	182.2	88.8	33.6	45.8	63.9	33.0	20.2
Austria	122	0.0 e	0.0 e	0.0 e	....	....	....	0.0 e	0.0 e	0.0 e	0.0 e	0.0 e	0.3 e
Belgium	124	....	0.0 e	0.1 e	....	....	0.0 e	1.5 e	2.9 e	0.2 e	2.4 e	1.4 e	0.0 e
France	132	0.3 e	0.0 e	0.0 e	0.0 e	0.4 e	0.0 e	0.0 e	0.0 e	0.0 e	0.0 e	0.0 e	0.3 e
Germany	134	2.8 e	3.3 e	0.3 e	0.5 e	0.9 e	2.9 e	0.0 e	0.4 e	0.2 e	3.2 e	0.4 e	0.6 e
Greece	174	....	....	....	....	....	....	25.5 e	17.5 e	28.9 e	42.4 e	26.2 e	8.5 e
Ireland	178	0.0 e	0.0 e	0.1 e	0.0 e	0.0 e	0.0 e	0.0 e	0.0 e	....	....	....	0.1 e
Italy	136	0.1 e	0.0 e	0.1 e	....	0.0 e	....	0.1 e	0.0 e	0.0 e	0.0 e	0.4 e	0.2 e
Latvia	941	....	0.0 e	....	0.0 e	....	0.0 e	0.0 e	0.0 e	0.0 e	0.0 e	0.1 e	0.0 e
Lithuania	946	0.1 e	0.1 e	....	....	....	....	....	....	....	....	....	....
Netherlands	138	0.8 e	2.3 e	2.0 e	1.2 e	0.6 e	0.2 e	60.2 e	10.3 e	0.2 e	3.1 e	1.2 e	4.6 e
Slovenia	961	0.4 e	1.0 e	0.3 e	0.1 e	....	....	....	....	....	0.3 e	....	....
Spain	184	136.5 e	148.4 e	126.5 e	140.7 e	136.7 e	179.0 e	1.4 e	2.6 e	16.3 e	12.4 e	3.3 e	5.5 e
Australia	193	0.0 e	....	0.0 e	0.0 e	0.1 e	0.0 e	0.2 e	0.1 e	0.1 e	2.2 e	9.9 e	0.1 e
Canada	156	0.4 e	0.6 e	0.4 e	0.1 e	0.7 e	0.9 e	0.1 e	0.0 e	0.1 e	0.2 e	0.0 e	0.0 e
Czech Republic	935	....	....	....	....	....	....	....	....	....	0.0 e	....	0.1 e
Denmark	128	0.4 e	0.6 e	0.3 e	0.6 e	0.1 e	0.2 e	0.0 e	0.1 e	0.2 e	0.1 e	0.0 e	0.1 e
Iceland	176	....	....	....	....	....	0.0 e	....	....	0.0 e	0.0 e	0.1 e	0.0 e
Israel	436	....	....	....	....	....	0.1 e	....	....	....	....	....	0.6 e
Japan	158	1.2 e	0.8 e	0.5 e	0.2 e	0.7 e	0.3 e	0.0 e	0.0 e	0.0 e	0.1 e	0.1 e	0.1 e
Korea, Republic of	542	....	0.2 e	0.5 e	0.0 e	0.4 e	1.4 e	0.0 e	0.0 e	0.0 e	0.1 e	0.0 e	0.0 e
New Zealand	196	0.0 e	0.0 e	0.0 e	0.0 e	0.0 e	0.0 e	0.2 e	0.3 e	0.2 e	0.2 e	0.4 e	0.1 e
Norway	142	....	0.0 e	....	0.0 e	0.0 e	0.0 e	1.9 e	1.5 e	0.1 e	0.0 e	0.8 e	0.0 e
Singapore	576	....	....	....	....	....	1.2 e	....	....	....	....	....	....
Sweden	144	0.2 e	0.2 e	0.1 e	....	....	0.0 e	0.0 e	0.0 e	0.0 e	0.0 e	0.0 e	0.0 e
Switzerland	146	0.2 e	0.0 e	....	....	0.0 e	....	0.1 e	0.1 e	0.1 e	0.1 e	0.1 e	0.0 e
United Kingdom	112	6.7 e	8.5 e	6.8 e	6.8 e	10.2 e	26.0 e	102.8 e	99.4 e	82.2 e	120.2 e	209.4 e	66.8 e
United States	111	6.5 e	10.6 e	12.9 e	18.6 e	13.5 e	18.7 e	4.2 e	4.6 e	1.3 e	8.3 e	3.1 e	1.6 e
Emerg. & Dev. Economies	200	17.8	20.2	27.8	20.9	22.5	33.8	2.4	1.2	9.6	11.8	11.6	7.2
Emerg. & Dev. Asia	505	2.2	2.3	3.7	3.3	3.1	0.8	2.1	0.9	0.0	0.1	0.1	0.0
Bangladesh	513	....	0.9 e	....	....	....	....	....	....	....	....	....	....
India	534	2.2 e	1.0 e	1.0 e	3.1 e	1.9 e	....	0.6 e	0.9 e	0.0 e	....	0.0 e	....
Malaysia	548	....	0.2 e	1.2 e	0.2 e	0.7 e	0.1 e	1.5 e	....	0.0 e	....	0.0 e	....
Philippines	566	....	....	0.1 e	....	....	....	....	....	....	0.0 e	0.0 e	....
Thailand	578	0.0 e	0.2 e	1.3 e	0.0 e	0.6 e	0.7 e	....	....	....	0.1 e	0.0 e	0.0 e
Europe	170	13.3	12.0	7.2	7.3	6.5	5.5	0.0	0.1	8.1	10.2	5.4	0.0
Emerg. & Dev. Europe	903	10.8	9.6	6.7	3.4	3.6	4.7	0.0	0.0	0.0	....	0.0	0.0
Albania	914	0.0 e	0.0 e	....	0.0 e	0.9 e	0.2 e	....	....	....	....	....	....
Bosnia and Herzegovina	963	0.5 e	0.3 e	0.3 e	0.8 e	0.8 e	0.4 e	....	....	....	....	....	....
Bulgaria	918	....	....	....	....	....	2.5 e	....	....	....	....	....	....
Croatia	960	7.2 e	7.5 e	4.1 e	0.7 e	....	0.0 e	....	....	....	....	....	....
Faroe Islands	816	0.1 e	0.1 e	0.1 e	0.1 e	0.2 e	0.2 e	....	....	....	....	....	....
Macedonia, FYR	962	0.1 e	0.0 e	0.1 e	0.1 e	0.1 e	0.1 e	....	....	....	....	....	....
Montenegro	943	0.8 e	0.6 e	0.6 e	0.9 e	0.9 e	0.8 e	....	....	....	....	....	....
Poland	964	0.3 e	....	....	....	....	....	....	0.0 e	0.0 e	....	0.0 e	0.0 e
Romania	968	....	....	....	0.2 e	....	0.0 e	....	....	....	....	....	....
Serbia, Republic of	942	1.8 e	1.0 e	1.5 e	0.6 e	0.6 e	0.3 e	0.0 e	....	....	....	....	....
Turkey	186	0.0 e	....	0.0 e	0.0 e	0.1 e	0.0 e	....	0.0 e	....	....	....	....
CIS	901	2.5	2.4	0.5	3.9	2.9	0.9	....	0.1	8.1	10.2	5.4	0.0
Azerbaijan, Rep. of	912	....	....	....	....	....	0.1 e	....	....	....	....	....	....
Georgia	915	0.2 e	....	....	....	....	....	....	....	....	....	....	....
Moldova	921	0.1 e	0.1 e	0.1 e	0.1 e	0.1 e	0.0 e	....	....	....	....	....	....
Russian Federation	922	0.0 e	0.0 e	0.0 e	1.0 e	1.3 e	0.0 e	....	0.1 e	8.1 e	10.2 e	5.4 e	0.0 e
Ukraine	926	2.2 e	2.3 e	0.4 e	2.8 e	1.5 e	0.7 e	....	....	....	....	....	....
Mid East, N Africa, Pak	440	0.1	0.4	0.6	0.2	0.3	1.9	....	....	0.1	....	....	....
Algeria	612	....	....	....	....	0.1 e	....	....	....	....	....	....	....
Egypt	469	0.0 e	0.0 e	0.0 e	....	....	....	....	....	0.1 e	....	....	....

2017, International Monetary Fund: *Direction of Trade Statistics Yearbook*

Falkland Islands (323)

In Millions of U.S. Dollars

		Exports (FOB)						Imports (CIF)					
		2011	2012	2013	2014	2015	2016	2011	2012	2013	2014	2015	2016
Morocco	686	....	0.3 e	0.5 e	....	0.1 e	0.2 e	....	....	....	....	....	....
Saudi Arabia	456	....	....	....	0.2 e	....	1.7 e	....	....	....	....	....	....
Sub-Saharan Africa	603	2.1	5.5	16.4	10.1	12.6	25.4	0.2	0.2	1.4	1.6	6.0	7.2
Côte d'Ivoire	662	....	0.0 e	....	0.0 e	0.0 e	0.0 e	....	....	....	....	5.4 e	6.5 e
Kenya	664	....	....	....	....	....	....	0.1 e	0.1 e	....	0.1 e	0.1 e	0.1 e
Mauritius	684	0.0 e	0.1 e	0.0 e	0.0 e	....	....	....	....	....	....	....	....
Namibia	728	....	2.2 e	12.8 e	8.6 e	8.1 e	23.2 e	0.0 e	0.0 e	1.3 e	1.2 e	0.3 e	0.4 e
Niger	692	....	....	0.0 e	0.1 e	....	0.0 e	....	....	....	0.0 e	....	....
Nigeria	694	....	....	1.4 e	....	1.1 e	1.1 e	....	....	....	....	....	....
South Africa	199	2.1 e	3.1 e	2.2 e	1.3 e	3.4 e	1.2 e	0.1 e	0.1 e	0.1 e	0.2 e	0.2 e	0.2 e
Western Hemisphere	205	0.1	0.1	0.0	0.0	0.0	0.1	0.0	....	....	0.0	0.1	0.0
Brazil	223	0.0 e	0.0 e	0.0 e	0.0 e	0.0 e	0.0 e	0.0 e	....	....	0.0 e	0.1 e	....
Ecuador	248	....	0.1 e	....	....	....	....	0.0 e	....	....	....	....	....
Paraguay	288	0.1 e	....	....	....	....	....	....	....	....	....	....	....
Memorandum Items													
Africa	605	2.1	5.8	16.9	10.1	12.8	25.7	0.2	0.2	1.4	1.6	6.0	7.2
Middle East	405	0.0	0.1	0.0	0.2	0.0	1.7	....	....	0.1	....	....	....
European Union	998	155.8	171.8	140.7	150.8	148.9	211.0	191.6	133.2	128.2	184.1	242.4	87.3
Export earnings: fuel	080	0.0	0.1	1.4	1.2	2.5	2.9	0.0	0.1	8.1	10.2	5.4	0.0
Export earnings: nonfuel	092	174.3	196.6	177.3	188.5	184.2	261.9	200.7	141.0	131.7	197.0	263.1	97.1

Faroe Islands (816)

In Millions of U.S. Dollars

		Exports (FOB) 2011	2012	2013	2014	2015	2016	Imports (CIF) 2011	2012	2013	2014	2015	2016
IFS World		....	....	....	....	....	....	....	....	....	....	....	....
World	001	1,070.1	1,019.2	1,192.4	1,421.6	1,467.4	1,559.2	1,135.0	1,327.7	1,296.1	1,316.1	1,248.0	1,180.9
Advanced Economies	110	817.3	786.3	893.1	948.7	856.5	917.6	848.6	1,041.8	1,004.8	1,014.6	762.7	836.8
Euro Area	163	338.5	353.9	329.5	357.7	397.8	345.4	196.9	271.4	265.5	272.8	265.4	298.2
Austria	122	0.0	0.0	0.0	0.0	0.0	0.0	1.4	1.0	1.4	2.1	2.0	3.2
Belgium	124	5.3	5.4	5.4	5.3	5.3	6.0	9.8	9.7	7.4	19.1	6.1	5.8
Cyprus	423	0.3	0.3	0.3	0.3	0.3	0.3	0.0	0.0	0.0	0.0	0.0	2.9
Estonia	939	0.1	0.2	1.7	2.6	0.3	0.9	0.4	1.8	2.1	0.9	0.9	0.9
Finland	172	41.7	41.6	41.5	42.0	41.5	41.6	6.4	6.3	10.1	8.1	8.9	7.0
France	132	20.9	21.1	21.5	21.0	21.0	21.0	17.0	29.6	17.6	37.5	26.0	27.5
Germany	134	147.1	167.8	154.8	169.4	142.8	145.4	54.7	126.5	74.6	84.7	76.2	131.0
Greece	174	1.9	9.9	6.6	6.6	2.2	2.4	0.4	0.4	42.5	0.4	0.4	0.6
Ireland	178	0.0	0.0	0.1	0.0	0.1	0.3	60.8	60.8	60.6	60.7	61.0	60.5
Italy	136	35.1	35.1	35.1	35.0	35.1	35.2	3.7	4.6	3.9	4.6	17.0	20.1
Latvia	941	2.0	1.9	2.0	2.1	2.0	2.2	4.9	0.6	2.0	3.0	2.6	2.5
Lithuania	946	5.4	5.7	9.2	3.4	3.1	7.2	3.3	4.0	3.0	4.0	4.8	6.3
Luxembourg	137	0.2	0.1	0.0	0.0	0.0	0.0	0.0	0.0	0.0	0.1	0.1	0.1
Malta	181	0.1	0.1	1.1	0.1	0.1	0.1	0.0	0.0	0.0	0.0	0.0	0.0
Netherlands	138	16.5	17.0	13.4	15.0	13.3	11.7	22.1	14.1	26.6	27.6	47.1	17.6
Portugal	182	0.1	0.3	....	....	0.0	0.1	3.5	3.2	3.8	4.4	4.8	3.7
Slovak Republic	936	0.0	0.0	....	....	....	....	0.3	0.1	0.4	0.4	0.5	0.7
Slovenia	961	1.5	....	0.0	....	....	....	2.0	2.7	2.3	2.5	2.3	2.6
Spain	184	60.4	47.4	36.8	54.6	130.6	71.2	6.1	6.0	7.0	12.7	4.8	5.2
Australia	193	0.0	0.0	0.0	0.0	0.0	0.0	0.6	0.6	0.6	0.6	0.6	0.6
Canada	156	12.1	12.9	12.1	11.0	13.9	9.1	3.7	3.8	3.6	4.5	3.6	4.0
China,P.R.: Hong Kong	532	0.6	0.6	0.6	0.6	0.6	0.6	1.5	1.8	1.9	1.9	2.0	2.0
China,P.R.: Macao	546	....	....	....	....	0.1 e	....	0.1	0.1	0.1	0.1	0.1	0.1
Czech Republic	935	0.2 e	0.0 e	0.0 e	....	0.0 e	....	1.2	2.1	3.6	4.0	2.3	3.6
Denmark	128	98.8	89.8	94.6	95.1	77.7	97.3	286.5	300.5	323.0	311.4	285.7	324.9
Iceland	176	9.3	8.2	13.9	16.0	16.3	27.1	26.1	41.9	39.6	34.7	24.4	38.8
Israel	436	0.0	0.0	0.0	0.0	0.0	0.0	0.4	0.4	0.4	0.5	0.5	0.5
Japan	158	14.9	16.4	17.1	17.4	17.6	17.7	11.3	12.4	13.0	13.2	13.3	13.4
Korea, Republic of	542	0.1	0.0	0.0	0.5	0.1	1.0	2.0	2.7	2.2	2.1	2.1	2.0
New Zealand	196	0.4	0.4	0.4	0.4	0.4	0.4	3.9	4.5	4.4	4.4	3.8	3.4
Norway	142	46.3	39.2	38.8	55.4	53.7	51.2	250.2	335.5	290.3	289.5	101.5	94.2
Singapore	576	....	0.7	3.2	3.2	0.9	1.1	0.3	1.1	0.3	0.8	2.1	1.0
Sweden	144	9.1	13.2	12.5	23.0	9.2	8.9	33.1	35.3	31.5	46.0	33.4	30.3
Switzerland	146	1.4 e	1.0 e	1.5 e	1.8 e	2.4 e	3.6 e	0.2	0.3	0.1	0.1	0.1	0.1
Taiwan Prov.of China	528	....	....	....	....	4.0 e	....	....	....	....	....	0.1 e	....
United Kingdom	112	214.0	201.3	284.6	274.6	196.9	264.6	27.0	25.9	22.2	25.4	19.4	17.0
United States	111	71.6	48.7	84.3	92.0	65.1	89.6	3.6	1.7	2.5	2.4	2.4	2.6
Emerg. & Dev. Economies	200	252.8	232.9	299.3	472.8	610.9	641.6	282.9	281.8	286.9	297.1	480.0	339.4
Emerg. & Dev. Asia	505	62.3	85.0	110.3	140.7	163.1	138.7	154.1	155.9	158.4	158.1	216.7	157.5
Bangladesh	513	....	....	....	....	....	....	0.8	0.8	0.8	0.8	0.8	0.8
Cambodia	522	....	....	....	....	....	....	0.1	0.1	0.1	0.1	0.1	0.1
China,P.R.: Mainland	924	60.6	83.1	108.1	138.6	160.9	136.7	128.3	129.1	129.3	129.7	188.5	129.6
F.T. New Caledonia	839	0.1 e	0.0 e	0.0 e	0.0 e	....	....	0.0	0.0	0.0	0.0	0.0	0.0
India	534	....	....	....	....	....	....	0.8	1.4	3.3	2.7	1.3	0.8
Indonesia	536	0.1	0.1	0.2	0.2	0.2	0.1	0.8	0.8	0.8	0.8	0.8	0.8
Malaysia	548	0.1	0.1	0.1	0.1	0.1	0.1	0.1	....	0.1	0.1	0.1	....
Myanmar	518	....	....	....	....	....	....	0.0	0.0	0.0	0.0	0.1	0.1
Philippines	566	0.6	0.8	0.7	0.6	0.6	0.4	0.2	0.1	0.1	0.1	0.1	0.1
Sri Lanka	524	....	....	....	....	....	....	0.1	....	0.0	....	....	....
Thailand	578	0.3	0.2	0.3	0.3	0.6	0.6	18.1	18.1	18.1	18.1	18.1	19.0
Vietnam	582	0.7	0.7	0.8	0.9	0.7	0.8	1.1	1.3	1.3	1.3	1.5	1.4
Asia n.s.	598	....	....	....	....	....	....	3.5	4.1	4.3	4.3	5.2	4.7
Europe	170	66.8	71.0	98.6	239.7	371.1	414.4	58.0	54.7	57.3	67.9	192.0	110.7
Emerg. & Dev. Europe	903	19.5	23.4	40.6	17.5	26.8	65.1	55.3	51.8	54.3	61.0	181.1	83.3
Bosnia and Herzegovina	963	0.0 e	....	0.0 e	0.1 e	0.0 e	0.0 e	0.0	0.0	0.0	0.0	0.0	0.0
Bulgaria	918	0.2	0.5	0.0	0.0	0.5	0.9	0.2	0.0	0.1	0.0	0.0	....

2017, International Monetary Fund: *Direction of Trade Statistics Yearbook*

Faroe Islands (816)
In Millions of U.S. Dollars

		Exports (FOB) 2011	2012	2013	2014	2015	2016	Imports (CIF) 2011	2012	2013	2014	2015	2016
Croatia	960	....	....	....	....	....	....	0.6	0.1	0.1	0.1	0.2	0.1
Gibraltar	823	0.3	0.3	0.3	0.3	0.3	0.3	0.0	0.0	0.0	0.0	0.0	0.0
Hungary	944	....	....	0.0	....	....	0.0	1.0	1.0	1.0	1.3	2.9	1.1
Macedonia, FYR	962	0.0 e	0.1 e	0.0 e	0.0 e	0.0 e	0.1 e	0.0	0.0	0.0	0.0	0.0	0.0
Montenegro	943	....	0.1 e	0.0 e	....	0.0 e	0.0 e	....	....	....	....	....	....
Poland	964	18.6	22.1	40.1	17.0	25.8	63.8	46.4	43.1	45.6	52.3	48.8	75.3
Romania	968	0.2	0.2	....	0.0	....	0.0	0.8	1.2	1.2	1.0	1.5	0.2
Serbia, Republic of	942	0.2 e	0.2 e	0.0 e	0.0 e	0.1 e	....	0.0	0.0	0.0	0.0	0.4	0.2
Turkey	186	....	....	0.0	....	0.0	0.0	6.2	6.4	6.1	6.1	127.4	6.3
CIS	**901**	**47.3**	**47.6**	**58.0**	**222.2**	**344.4**	**349.3**	**2.7**	**2.9**	**3.0**	**7.0**	**10.9**	**27.4**
Armenia	911	....	....	....	....	....	0.1 e	....	....	....	....	....	....
Azerbaijan, Rep. of	912	....	....	....	....	....	0.5 e	....	....	....	....	....	....
Belarus	913	0.5	0.4	0.3	0.3	0.8	0.7	0.0	0.0	0.0	0.0	0.0	0.0
Georgia	915	0.4	0.5	....	0.2	0.4	0.7	0.0	0.0	0.0	0.0	0.0	0.0
Kazakhstan	916	0.3	0.3	0.3	0.3	0.3	0.3	0.0	0.0	0.0	0.0	0.0	0.0
Kyrgyz Republic	917	0.1	0.1	0.1	0.1	0.1	0.1	0.0	0.0	0.0	0.0	0.0	0.0
Moldova	921	0.1	0.1	0.1	0.1	0.1	0.1	0.0	0.0	0.0	0.0	0.0	0.0
Russian Federation	922	41.4	40.5	49.1	210.7	337.8	344.4	1.7	2.0	2.1	6.0	9.9	26.4
Ukraine	926	4.5	5.6	8.0	10.5	4.8	2.4	0.9	0.9	0.9	0.9	0.9	0.9
Mid East, N Africa, Pak	**440**	**47.7**	**1.4**	**1.5**	**2.7**	**1.4**	**2.7**	**1.4**	**1.4**	**1.4**	**1.4**	**1.4**	**1.4**
Egypt	469	1.3	1.3	1.3	1.3	1.3	1.3	0.3	0.3	0.3	0.3	0.3	0.3
Iran, I.R. of	429	....	....	....	....	....	....	0.1	0.1	0.1	0.1	0.1	0.1
Kuwait	443	....	....	0.0 e	0.9 e	0.0 e	0.0 e	0.0	0.0	0.0	0.0	0.0	0.0
Lebanon	446	0.0 e	....	0.0 e	0.4 e	0.0 e	0.3 e	0.0	0.0	0.0	0.0	0.0	0.0
Morocco	686	....	0.0	0.1	....	....	0.9	0.1	0.1	0.1	0.1	0.1	0.1
Pakistan	564	46.3 e	....	0.0 e	0.0 e	0.0 e	0.1 e	0.3	0.3	0.3	0.3	0.3	0.3
Tunisia	744	....	....	0.0 e	....	....	0.0 e	0.5	0.5	0.5	0.5	0.5	0.5
Sub-Saharan Africa	**603**	**46.9**	**45.8**	**58.8**	**59.4**	**46.5**	**56.0**	**1.3**	**1.5**	**1.5**	**1.4**	**1.5**	**1.4**
Angola	614	....	0.0 e	0.1 e	....	....	....	0.0	0.0	0.0	0.0	0.0	0.0
Cameroon	622	....	....	....	....	....	....	0.1	0.1	0.1	0.1	0.1	0.1
Congo, Dem. Rep. of	636	0.0	0.0	0.0	0.1	0.0	0.1	0.0	0.0	0.0	0.0	0.0	0.0
Congo, Republic of	634	....	....	....	....	....	....	0.1	0.1	0.1	0.1	0.1	0.1
Côte d'Ivoire	662	1.5 e	1.4 e	4.7 e	3.0 e	1.6 e	1.6 e	0.0	0.0	0.0	0.0	0.0	0.0
Equatorial Guinea	642	....	....	....	....	....	....	0.2	0.2	0.3	0.2	0.3	0.3
Kenya	664	0.0	0.0	0.0	0.0	0.0	0.0	0.0	0.1	0.1	0.0	0.1	0.1
Mauritius	684	0.0	0.0	0.0	0.1	....	0.0	0.0	0.0	0.0	0.0	0.0	0.0
Mozambique	688	0.1 e	0.0 e	0.0 e	0.0 e	....	....	....	....	....	....	....	....
Namibia	728	3.0	3.0	3.6	3.7	3.0	3.6	0.0	0.0	0.0	0.0	0.0	0.0
Nigeria	694	42.1	41.2	49.9	51.9	41.7	50.6	....	....	....	....	....	....
South Africa	199	0.1	0.2	0.5	0.6	0.1	0.1	0.7	0.7	0.7	0.6	0.6	0.6
Swaziland	734	....	....	....	....	....	....	0.1	0.1	0.1	0.1	0.1	0.1
Togo	742	....	....	....	....	....	....	0.1	0.1	0.1	0.1	0.1	0.1
Western Hemisphere	**205**	**29.2**	**29.8**	**30.1**	**30.4**	**28.8**	**29.8**	**68.0**	**68.3**	**68.3**	**68.3**	**68.4**	**68.4**
Argentina	213	....	....	....	....	....	....	2.0	2.1	2.1	2.1	2.1	2.1
Bahamas, The	313	0.2	0.2	0.2	0.2	0.2	0.2	....	....	....	....	....	....
Belize	339	0.1	0.1	0.1	0.1	0.1	0.1	0.0	0.0	0.0	0.0	0.0	0.0
Brazil	223	0.2 e	1.2 e	0.5 e	0.5 e	0.2 e	0.0 e	0.0	0.2	0.1	0.1	0.1	0.0
Chile	228	0.3	0.3	0.3	0.3	0.3	0.3	51.6	51.6	51.6	51.6	51.6	51.6
Colombia	233	0.3 e	0.0 e	0.0 e	....	0.0 e	....	0.6	0.6	0.6	0.6	0.6	0.6
Costa Rica	238	....	....	0.0 e	....	....	....	0.4	0.5	0.5	0.5	0.5	0.5
Ecuador	248	0.1	0.1	0.1	0.1	0.1	0.1	0.1	0.1	0.1	0.1	0.1	0.1
Falkland Islands	323	....	....	....	....	....	....	0.1	0.1	0.2	0.1	0.2	0.2
Greenland	326	5.0	4.9	5.9	6.1	4.9	6.0	0.0	0.0	0.0	0.0	0.1	0.0
Guatemala	258	0.1	0.1	0.1	0.1	0.1	0.1	0.0	0.0	0.0	0.0	0.0	0.0
Jamaica	343	....	....	....	....	....	....	0.2	0.2	0.2	0.2	0.2	0.2
Mexico	273	....	....	....	....	....	....	0.4	0.5	0.5	0.5	0.5	0.5
Panama	283	0.2	0.2	0.2	0.2	0.2	0.2	0.1	0.1	0.1	0.1	0.1	0.1
Paraguay	288	....	....	....	....	....	....	0.1	0.1	0.2	0.2	0.2	0.2
Peru	293	22.7	22.7	22.7	22.7	22.7	22.7	10.9	10.9	10.9	10.9	10.9	10.9
Uruguay	298	0.1	0.1	0.1	0.1	0.1	0.1	1.1	1.1	1.1	1.1	1.1	1.1

Faroe Islands (816)

In Millions of U.S. Dollars

		Exports (FOB)						Imports (CIF)					
		2011	2012	2013	2014	2015	2016	2011	2012	2013	2014	2015	2016
Other Countries n.i.e	910	....	....	....	....	....	....	0.1	0.1	0.2	0.1	0.2	0.2
Korea, Dem. People's Rep.	954	....	....	....	....	....	....	0.1	0.1	0.1	0.1	0.1	0.1
Countries & Areas n.s.	898	....	....	....	....	....	....	3.4	4.0	4.3	4.2	5.1	4.7
Memorandum Items													
Africa	605	46.9	45.8	58.9	59.4	46.5	56.9	2.0	2.1	2.1	2.0	2.1	2.1
Middle East	405	1.4	1.4	1.4	2.7	1.4	1.7	0.4	0.4	0.4	0.4	0.4	0.4
European Union	998	679.5	681.0	761.4	767.4	707.8	780.9	593.7	680.6	693.9	714.4	659.5	750.8
Export earnings: fuel	080	84.1	82.1	99.5	263.9	380.0	395.9	3.0	3.3	3.4	7.3	11.3	27.8
Export earnings: nonfuel	092	986.0	937.0	1,092.9	1,157.7	1,087.4	1,163.3	1,132.0	1,324.5	1,292.7	1,308.8	1,236.7	1,153.1

Fiji (819)
In Millions of U.S. Dollars

		Exports (FOB)						Imports (CIF)					
		2011	2012	2013	2014	2015	2016	2011	2012	2013	2014	2015	2016
IFS World		....	....	1,110.5	....	895.9	....	....	....	2,827.3	....	2,080.2	....
World	001	810.2	928.1	853.1	1,108.9	743.2	768.3	2,267.6	2,363.3	2,911.0	3,343.2	2,134.3	2,360.6
Advanced Economies	110	549.4	609.8	519.3	635.2	446.2	488.4	1,764.0	1,816.6	2,200.4	2,493.8	1,547.3	1,682.4
Euro Area	163	4.6	6.5	29.5	9.8	21.6	22.1	26.8	35.7	437.5	213.1	91.0	62.4
Austria	122	0.1	0.1	0.1	0.0	0.1	0.0	0.1	0.3	0.7	1.2	0.5	2.3
Belgium	124	0.0	0.0	0.1	0.8	0.1	0.1	0.8	1.2	2.1	1.9	2.5	3.0
Cyprus	423	0.0	0.0	0.0	....	....	....	0.0	0.1	....	0.0	0.1	0.1
Finland	172	0.0	0.0	....	0.0	....	0.0	0.8	0.2	0.2	1.3	18.4	1.8
France	132	0.5	0.4	1.1	1.3	0.4	0.6	6.8	9.4	413.4	135.4	11.6	21.9
Germany	134	1.9	1.9	1.8	3.4	1.7	1.7	7.7	8.7	10.5	17.8	9.9	9.9
Greece	174	....	....	....	....	0.0	....	0.1	0.0	0.0	0.0	0.0	0.9
Ireland	178	0.0	0.0	....	0.0	0.0	0.0	3.3	3.9	3.0	1.0	1.1	1.5
Italy	136	0.2	0.1	0.1	0.1	0.0	0.2	2.9	3.6	4.4	13.2	6.6	14.0
Lithuania	946	....	....	....	....	....	....	....	....	0.0	....	0.0	0.2
Luxembourg	137	....	....	....	....	....	....	....	0.0	0.1	0.2	0.1	0.2
Netherlands	138	1.8	2.0	3.7	3.8	3.3	18.7	3.9	5.8	2.2	4.0	39.2	4.9
Portugal	182	....	1.9	0.0	0.1	16.1	....	0.0	1.9	0.0	0.0	0.3	0.2
Slovak Republic	936	....	....	....	....	....	....	0.1	0.0	0.0	0.0	0.0	0.0
Slovenia	961	0.0	....	0.0	0.2	....	....	0.0	0.0	0.0	0.0	0.0	0.0
Spain	184	0.0	0.0	22.6	0.0	0.0	0.7	0.3	0.4	0.8	37.2	0.7	1.6
Australia	193	194.5	181.1	150.5	158.6	135.5	138.9	427.6	412.4	383.6	454.9	320.2	402.1
Canada	156	4.1	4.1	3.0	5.2	3.7	4.6	4.8	9.9	7.7	14.9	17.8	10.8
China,P.R.: Hong Kong	532	19.3	16.7	15.8	29.6	17.6	15.6	38.0	46.3	51.2	73.6	50.7	60.7
China,P.R.: Macao	546	0.2	0.3	0.4	0.4	0.2	0.3	0.1	0.2	0.1	0.1	0.1	0.1
Czech Republic	935	0.1	0.2	0.1	0.1	0.1	0.1	0.1	0.1	0.5	0.3	0.0	0.1
Denmark	128	0.1	....	....	0.3	0.0	0.0	0.8	1.1	2.5	3.8	2.0	5.4
Iceland	176	0.2	0.0	....	0.0	....	....	0.0	0.1	0.1	0.2	0.1	0.0
Israel	436	0.9	0.1	0.1	0.1	0.1	0.1	3.9	2.6	3.0	2.8	2.6	2.4
Japan	158	63.3	72.2	31.2	59.7	34.7	28.8	42.0	50.2	68.7	124.1	97.1	159.0
Korea, Republic of	542	5.5	6.0	3.6	6.1	2.6	2.5	25.9	26.7	43.2	66.7	132.2	78.0
New Zealand	196	62.1	55.5	59.1	65.2	41.7	65.0	300.1	312.3	344.5	454.5	297.4	403.5
Norway	142	0.0	0.0	4.8	0.0	0.0	0.0	0.3	0.0	0.1	0.1	0.1	0.0
Singapore	576	7.1	10.7	11.1	14.5	4.9	4.9	672.5	717.4	594.4	833.2	396.3	356.1
Sweden	144	0.0	0.1	0.0	0.2	0.1	0.1	0.6	0.7	1.0	4.4	0.8	1.9
Switzerland	146	0.1	0.3	0.1	0.0	0.0	0.0	10.9	9.6	16.3	17.9	9.4	10.6
Taiwan Prov.of China	528	3.8 e	3.8 e	3.9 e	8.9 e	3.7 e	3.3 e	85.7 e	110.7 e	85.2 e	92.7 e	53.4 e	44.2 e
United Kingdom	112	79.1	101.7	58.6	105.6	39.2	34.8	13.5	12.2	32.6	17.0	15.0	20.1
United States	111	104.0	150.4	147.4	170.8	140.3	167.4	110.6	68.3	128.2	119.3	61.3	64.7
Vatican	187	0.3	....	....	0.0	0.0	....	....	....	0.0	0.1	0.0	0.1
Emerg. & Dev. Economies	200	259.6	317.5	333.5	473.7	297.0	279.7	415.8	442.6	666.9	821.6	569.0	659.0
Emerg. & Dev. Asia	505	227.2	284.2	318.9	450.7	273.5	270.6	395.6	422.5	631.4	780.6	539.5	629.9
American Samoa	859	17.8	29.4	28.3	25.0	12.2	12.6	0.1	0.2	0.0	0.3	0.2	0.0
Bangladesh	513	0.0	....	....	....	0.0	0.0	0.1	0.2	0.3	0.7	1.1	2.0
Brunei Darussalam	516	0.0	....	....	0.0	0.0	....	0.0	0.0	0.0	0.1	0.1	0.0
Cambodia	522	....	0.1	0.0	0.1	0.1	0.2	0.0	0.0	0.0	0.0	0.0	0.0
China,P.R.: Mainland	924	7.1	16.2	28.9	80.5	40.8	47.6	181.1	198.6	281.7	443.4	303.5	355.2
F.T. French Polynesia	887	4.8	5.2	4.4	4.9	3.6	4.2	0.1	0.1	0.3	0.0	0.0	0.0
F.T. New Caledonia	839	5.6	10.0	13.9	10.9	8.5	3.5	0.5	0.3	3.2	0.2	0.2	0.3
Guam	829	0.1	0.1	0.2	0.2	0.3	0.2	0.0	0.0	0.0	0.0	0.0	0.0
India	534	4.1	5.8	1.9	1.1	0.3	1.0	35.9	39.3	48.7	58.7	48.4	51.3
Indonesia	536	1.7	1.4	1.7	1.7	0.7	0.7	17.2	21.4	22.2	29.1	19.1	24.6
Kiribati	826	21.7	26.6	44.4	46.4	35.2	31.4	0.1	0.1	0.0	1.3	0.2	0.7
Lao People's Dem.Rep	544	....	....	0.5	0.1	0.0	0.5	0.0	....	0.0	....	0.0	....
Malaysia	548	0.7	2.1	1.4	3.8	6.3	1.1	43.1	49.4	145.5	110.0	44.1	54.9
Marshall Islands	867	1.3	0.6	0.8	1.6	1.2	0.8	0.0	0.0	0.1	0.0	0.0	0.3
Micronesia	868	0.1	0.2	0.2	0.2	0.2	0.3	0.0	0.0	0.0	0.1	....	0.1
Myanmar	518	....	0.0	0.0	0.0	0.0	0.2	0.0	0.2	0.0	0.0	0.0	0.2
Nauru	836	8.0	8.5	14.0	34.1	19.4	3.8	0.0	0.1	0.0	0.2	0.0	0.0
Palau	565	0.0	0.0	0.0	0.0	0.1	0.0	0.0	0.0	0.0	0.0	0.0	0.0
Papua New Guinea	853	20.1	41.1	34.1	23.9	18.5	17.1	2.0	2.5	3.9	5.4	4.2	5.1

Fiji (819)

In Millions of U.S. Dollars

		Exports (FOB)						Imports (CIF)					
		2011	2012	2013	2014	2015	2016	2011	2012	2013	2014	2015	2016
Philippines	566	0.1	0.1	0.8	0.0	0.0	2.9	1.0	1.4	2.2	1.4	1.6	3.3
Samoa	862	22.0	20.6	23.0	35.4	21.0	22.6	0.4	0.1	0.3	0.6	0.4	0.2
Solomon Islands	813	9.0	13.2	13.7	19.7	10.8	11.6	1.4	3.3	1.7	2.9	2.7	2.3
Sri Lanka	524	0.2	0.8	0.1	1.3	0.9	1.9	2.6	3.3	3.5	3.5	3.8	3.8
Thailand	578	9.2	10.3	6.2	15.5	1.7	5.6	57.9	48.5	59.6	55.8	56.5	60.1
Timor-Leste	537	0.3	0.6	0.3	0.6	0.4	4.8	0.0	....	0.0	0.0	....	0.0
Tonga	866	58.3	55.4	57.0	55.2	46.5	39.0	0.8	0.8	0.3	0.1	0.2	0.1
Tuvalu	869	9.8	8.4	10.5	48.3	9.5	9.0	0.1	0.1	0.1	0.3	0.1	0.0
Vanuatu	846	21.9	24.4	28.2	33.6	29.8	38.8	4.0	4.3	4.5	2.8	2.5	2.4
Vietnam	582	2.8	3.1	4.5	6.7	5.9	9.2	17.9	17.4	17.9	16.9	13.3	18.1
Asia n.s.	598	....	....	....	....	....	....	29.2	30.8	35.3	46.6	37.3	44.7
Europe	170	**0.2**	**0.2**	**0.6**	**0.5**	**12.1**	**0.2**	**1.3**	**1.3**	**2.5**	**3.2**	**3.3**	**2.7**
Emerg. & Dev. Europe	903	**0.0**	**0.1**	**0.3**	**0.1**	**12.1**	**0.1**	**1.2**	**1.1**	**2.0**	**1.2**	**1.8**	**1.5**
Bulgaria	918	0.0	....	0.0	0.0	0.0	0.0	0.2	0.2	0.1	0.1	0.2	0.2
Croatia	960	0.0	....	....	0.0	....	....	0.0	0.0	0.0	0.2	....	....
Gibraltar	823	0.0	....	....	....	....	....	....	....	0.8	....	....	0.0
Hungary	944	0.0	0.0	....	....	....	0.0	0.0	0.1	0.0	0.1	0.0	0.0
Poland	964	0.0	0.0	0.2	0.1	0.0	0.1	0.1	0.0	0.0	0.1	0.2	0.1
Romania	968	....	....	....	....	12.0	0.0	0.1	0.2	0.1	0.0	0.0	0.0
Turkey	186	0.0	0.0	0.1	0.0	0.0	0.0	0.8	0.7	1.0	0.8	1.4	1.1
CIS	901	**0.1**	**0.2**	**0.3**	**0.4**	**0.1**	**0.0**	**0.1**	**0.2**	**0.5**	**2.0**	**1.5**	**1.2**
Armenia	911	....	0.1	....	....	....	....	....	....	....	....	....	0.0
Azerbaijan, Rep. of	912	....	....	0.2	0.1	0.0	....	0.0	0.0	0.0	0.0	0.0	....
Belarus	913	....	....	....	....	....	....	....	....	0.3	....	1.2	0.6
Georgia	915	....	0.0	....	0.1	0.0	....	0.0	0.1	0.1	0.4	0.2	0.4
Russian Federation	922	0.0	....	0.0	0.2	....	0.0	0.0	0.0	0.0	1.6	0.0	0.0
Turkmenistan	925	0.1	....	....	....	....	....	....	0.1	....	....	....	....
Ukraine	926	0.1	0.0	0.1	0.0	0.0	0.0	0.0	0.1	0.0	0.0	0.0	0.1
Mid East, N Africa, Pak	440	**1.9**	**1.2**	**1.8**	**7.3**	**1.9**	**1.6**	**4.6**	**7.2**	**5.2**	**7.4**	**7.4**	**8.3**
Bahrain, Kingdom of	419	0.0	0.0	0.1	0.2	0.0	0.0	0.0	....	....	0.0	0.0	0.0
Egypt	469	....	....	....	....	0.0	0.0	0.3	0.3	0.3	0.2	0.3	0.1
Iran, I.R. of	429	....	0.0	....	5.0	0.0	....	0.2	0.0	0.0	0.0	0.0	0.1
Jordan	439	0.0	0.0	0.1	0.0	0.0	0.0	0.0	0.0	0.0	0.0	0.0	0.0
Kuwait	443	0.2	0.2	0.3	0.8	0.2	0.1	....	0.0	0.0	0.0	0.0	0.0
Lebanon	446	....	....	....	....	0.0	....	....	0.0	0.1	0.0	0.1	0.0
Morocco	686	....	0.0	....	....	....	....	....	0.0	0.0	0.1	0.0	0.0
Oman	449	0.0	....	....	0.2	0.2	0.1	0.0	0.6	0.1	0.2	0.2	0.3
Pakistan	564	0.0	0.0	0.0	0.0	0.1	0.0	2.7	2.6	2.4	2.2	2.0	1.6
Qatar	453	0.0	0.0	0.2	0.1	0.1	0.1	0.1	0.1	0.4	1.6	0.9	1.2
Saudi Arabia	456	0.1	0.2	0.1	0.2	0.2	0.2	0.2	2.6	0.3	0.3	0.8	0.1
United Arab Emirates	466	1.6	0.7	0.9	0.8	1.0	0.9	1.1	0.9	1.5	2.6	3.1	4.7
Sub-Saharan Africa	603	**4.0**	**3.3**	**1.5**	**2.9**	**2.1**	**2.3**	**7.6**	**7.5**	**19.3**	**23.3**	**12.7**	**11.7**
Benin	638	....	....	0.1	....	....	....	....	....	....	....	....	....
Cabo Verde	624	0.0	....	....	0.1	....	....	....	0.0	0.0	0.0	0.0	....
Cameroon	622	....	....	0.0	0.0	....	0.2	0.0	0.0	0.0	0.1	0.0	0.0
Côte d'Ivoire	662	0.0	0.0	....	0.0	....	....	....	....	0.0	0.1	....	....
Ethiopia	644	0.1	....	....	0.1	....	0.0	....	....	0.1	0.0	0.0	0.0
Gabon	646	....	....	....	....	....	0.0	....	....	0.0	0.0	....	0.1
Gambia, The	648	1.0	0.1	0.0	....	....	....	1.5	0.1	0.0	0.0	0.0	0.0
Ghana	652	0.0	0.0	....	....	....	0.1	0.0	0.0	0.0	0.0	0.0	0.0
Kenya	664	0.0	0.0	0.0	....	0.0	0.0	0.0	0.1	0.1	0.1	0.0	0.2
Madagascar	674	0.0	....	....	0.0	....	....	0.0	0.0	0.1	0.0	0.1	0.0
Malawi	676	....	....	....	....	....	....	0.3	0.2	0.2	0.2	0.1	0.2
Mozambique	688	....	0.0	0.0	0.0	0.1	0.0	0.0	0.1	0.1	0.0	0.0	0.0
Namibia	728	0.1	0.1	0.0	....	0.0	0.1	0.0	0.3	0.1	0.0	0.1	0.4
Sierra Leone	724	0.0	....	....	0.1	....	....	0.1	0.0	0.0	0.1	0.0	0.0
South Africa	199	2.6	2.9	1.3	2.2	1.6	2.0	4.0	3.7	2.1	3.0	2.1	2.3
Swaziland	734	0.0	0.0	0.0	0.0	0.0	0.0	1.5	2.9	16.6	19.5	10.2	8.4
Togo	742	0.0	....	0.0	0.3	0.2	....	0.0	....	0.0	0.0	0.0	0.1
Africa n.s.	799	....	....	....	....	....	....	0.0	0.0	0.0	0.0	0.1	0.0

Fiji (819)

In Millions of U.S. Dollars

		Exports (FOB)						Imports (CIF)					
		2011	2012	2013	2014	2015	2016	2011	2012	2013	2014	2015	2016
Western Hemisphere	205	26.4	28.5	10.7	12.3	7.4	5.0	6.7	4.1	8.5	7.1	6.1	6.4
Antigua and Barbuda	311	....	....	0.0	....	....	....	0.0	0.2	0.0	0.0	0.0	....
Argentina	213	....	....	0.0	0.0	0.0	0.0	0.6	0.7	0.8	1.0	0.4	0.4
Barbados	316	....	0.0	0.0	0.2	0.1	....	0.0	0.0	0.0	0.0	0.0	0.0
Brazil	223	0.0	0.0	....	0.1	0.0	0.0	0.5	0.7	1.0	1.2	0.9	1.1
Chile	228	0.0	....	0.0	0.0	0.0	0.0	0.5	0.5	0.7	0.8	1.3	0.6
Colombia	233	2.8	0.5	0.0	....	0.0	0.2	0.2	0.2	0.1	0.2	0.2	0.3
Costa Rica	238	0.1	....	....	....	....	0.1	0.0	0.0	0.0	0.0	0.0	0.2
Curaçao	354	....	0.0	....	....	0.1	....	0.0	0.0	0.0	0.0	0.0	0.2
Dominica	321	3.8	2.7	1.1	....	....	0.8	....	....	....	0.1	....	0.0
Dominican Republic	243	3.0	4.5	5.7	6.9	5.6	2.4	....	....	....	....	....	0.0
Ecuador	248	0.4	0.0	0.2	0.1	....	0.4	0.0	0.1	....	....	0.0	0.0
Guatemala	258	1.6	1.3	0.1	....	....	0.0	0.1	0.1	0.2	0.0	0.0	0.1
Haiti	263	0.0	....	....	3.1	....	....	0.0	....	0.0	0.0	....	0.0
Jamaica	343	0.0	0.1	0.1	0.0	....	....	0.0	0.0	0.1	0.0	0.0	0.1
Mexico	273	0.0	....	0.0	0.1	0.0	0.0	0.3	0.4	1.0	1.3	1.6	1.1
Montserrat	351	....	....	....	....	....	....	0.1	....	....	....	....	....
Panama	283	14.7	19.3	2.9	1.6	1.5	1.0	4.2	0.3	4.2	1.3	1.4	1.8
Paraguay	288	....	0.1	....	....	....	0.0	....	0.1	....	....	....	....
Peru	293	....	0.0	....	....	....	....	0.1	0.7	0.4	0.4	0.0	....
Suriname	366	....	....	....	....	0.0	....	0.0	0.0	0.0	0.1	0.0	....
Trinidad and Tobago	369	0.0	....	0.3	0.3	0.1	0.0	....	0.0	0.0	0.0	0.1	0.0
Venezuela, Rep. Bol.	299	....	....	0.1	....	0.0	0.0	0.0	....	0.0	0.2	0.0	0.1
Western Hem. n.s.	399	....	....	....	....	....	....	0.0	0.0	0.0	0.3	0.0	0.3
Other Countries n.i.e	910	1.2	0.9	0.3	0.0	....	0.2	0.2	0.4	0.4	0.8	9.6	7.2
Korea, Dem. People's Rep.	954	1.2	0.9	0.3	0.0	....	0.2	0.2	0.4	0.4	0.8	9.6	7.2
Countries & Areas n.s.	898	....	....	....	....	....	....	87.5	103.7	43.2	27.0	8.3	12.0
Memorandum Items													
Africa	605	4.0	3.3	1.6	2.9	2.1	2.4	7.6	7.5	19.4	23.4	12.7	11.8
Middle East	405	1.9	1.2	1.7	7.3	1.7	1.5	1.9	4.6	2.8	5.0	5.4	6.6
European Union	998	83.9	108.5	88.4	116.2	73.1	57.1	42.2	50.2	474.3	239.1	109.1	90.3
Export earnings: fuel	080	5.5	2.3	2.8	8.5	2.2	6.9	1.8	4.6	2.6	7.0	5.5	7.0
Export earnings: nonfuel	092	804.7	925.9	850.3	1,100.4	741.0	761.5	2,265.7	2,358.7	2,908.4	3,336.2	2,128.8	2,353.6

Finland (172)

In Millions of U.S. Dollars

		Exports (FOB)						Imports (CIF)					
		2011	2012	2013	2014	2015	2016	2011	2012	2013	2014	2015	2016
IFS World		....	....	....	....	....	....	....	....	....	....	....	....
World	001	79,145.3	73,115.7	74,446.7	74,332.9	59,817.5	57,614.4	84,248.9	76,557.6	77,588.9	76,765.2	60,430.0	60,838.7
Advanced Economies	110	53,956.4	49,631.9	51,990.3	53,188.4	43,828.5	42,332.4	57,776.5	53,257.9	54,468.7	55,807.7	46,636.3	46,866.0
Euro Area	163	25,582.6	23,024.3	24,459.3	25,974.2	22,483.3	21,561.2	32,097.0	29,434.9	30,507.6	31,196.4	27,083.4	27,459.0
Austria	122	582.3	534.0	490.8	508.3	442.1	451.0	952.4	854.4	902.4	886.8	760.4	802.0
Belgium	124	2,206.1	2,225.8	2,554.8	2,451.0	1,690.9	1,910.7	2,675.2	2,431.5	2,373.6	2,265.0	2,018.5	2,031.4
Cyprus	423	23.9	25.7	215.9	16.9	13.5	16.4	8.2	4.8	5.9	7.1	8.6	6.3
Estonia	939	1,863.7	2,197.2	2,320.8	2,365.5	1,751.1	1,656.0	2,265.6	2,122.5	2,358.6	2,176.8	1,823.9	1,967.3
France	132	2,452.0	2,176.1	2,440.0	2,006.1	1,665.3	1,757.9	2,512.4	2,197.1	2,408.3	2,302.2	2,199.5	2,418.4
Germany	134	7,830.0	6,752.6	7,211.1	8,902.8	8,321.1	7,553.3	11,627.1	10,585.5	10,848.8	11,709.0	10,244.3	10,279.1
Greece	174	207.5	144.7	158.1	159.9	124.5	126.1	265.1	216.0	179.3	234.9	186.0	162.1
Ireland	178	168.8	148.4	133.2	158.2	545.0	307.8	702.1	650.2	599.8	566.9	522.2	428.0
Italy	136	1,870.2	1,721.8	1,741.0	1,777.7	1,402.8	1,420.5	2,080.1	2,029.4	1,909.9	1,770.9	1,468.1	1,613.9
Latvia	941	616.8	620.1	669.8	928.9	681.3	575.6	657.2	356.6	349.2	281.5	223.5	248.3
Lithuania	946	476.1	418.4	478.2	503.2	428.8	437.2	362.5	320.9	430.6	423.5	385.6	403.1
Luxembourg	137	36.4	24.5	30.1	32.6	27.9	26.8	93.3	66.1	71.9	91.8	103.6	84.9
Malta	181	27.8	4.4	5.6	39.4	24.7	51.5	5.1	3.7	7.6	3.3	3.5	6.6
Netherlands	138	5,355.6	4,579.1	4,593.5	4,536.5	3,944.6	3,850.6	6,266.8	6,132.8	6,427.6	6,675.1	5,435.0	5,260.1
Portugal	182	214.4	149.8	149.5	181.5	155.9	143.9	353.4	322.8	308.6	359.3	266.3	259.4
Slovak Republic	936	154.7	153.6	134.1	151.8	143.4	115.4	214.5	200.1	192.8	209.2	198.5	200.8
Slovenia	961	121.4	81.1	79.7	82.3	88.1	85.6	91.4	70.8	76.7	68.8	55.7	54.7
Spain	184	1,375.1	1,067.0	1,052.8	1,171.5	1,032.3	1,074.9	964.6	869.7	1,056.1	1,164.2	1,180.2	1,232.7
Australia	193	883.9	795.6	657.9	589.0	476.3	449.9	371.1	176.1	109.7	56.6	85.3	63.9
Canada	156	1,257.0	763.6	978.1	947.2	534.6	446.1	681.7	402.6	283.0	363.9	539.0	434.4
China,P.R.: Hong Kong	532	513.3	459.9	536.3	321.9	340.8	193.5	67.2	51.2	54.0	53.8	89.9	110.0
China,P.R.: Macao	546	1.4	2.5	1.7	2.6	0.6	1.3	0.5	10.2	0.3	0.2	0.1	0.0
Czech Republic	935	374.7	336.9	320.4	355.2	311.5	283.0	892.9	743.5	803.9	943.4	889.7	847.7
Denmark	128	1,619.2	1,329.9	1,376.0	1,333.3	1,050.8	998.1	2,558.6	2,415.3	3,062.9	3,228.8	2,470.7	2,289.1
Iceland	176	36.9	37.3	36.2	44.2	39.5	45.7	6.9	12.2	14.4	8.3	14.2	8.5
Israel	436	212.6	207.0	212.4	219.5	196.3	208.4	107.8	89.1	66.8	79.7	69.8	73.6
Japan	158	1,357.2	1,373.2	1,320.5	1,353.4	1,203.5	1,137.8	568.2	399.8	379.8	370.1	300.7	310.1
Korea, Republic of	542	789.5	891.0	1,120.9	1,149.0	834.1	715.0	608.0	716.7	226.5	239.8	291.4	293.2
New Zealand	196	110.6	102.3	91.4	99.7	86.6	79.5	20.3	14.7	10.9	11.5	10.7	12.8
Norway	142	2,222.6	2,321.4	2,190.1	2,055.9	1,738.1	1,711.3	2,423.8	2,512.3	1,368.1	1,930.7	914.7	1,047.2
San Marino	135	3.8	4.4	3.6	2.0	2.0	0.9	0.6	0.7	0.7	3.9	0.4	0.5
Singapore	576	323.7	296.0	307.9	343.6	201.0	211.3	59.5	107.3	88.1	32.8	38.8	71.0
Sweden	144	9,293.8	8,013.8	8,540.7	8,161.9	6,043.7	6,074.8	11,676.2	11,253.2	12,448.5	12,052.3	9,716.4	9,774.0
Switzerland	146	1,024.5	1,085.1	977.5	952.8	847.1	878.4	558.1	555.4	536.7	547.7	448.0	469.6
Taiwan Prov.of China	528	245.7	245.5	255.0	181.1	182.4	178.6	311.0	256.7	262.8	321.9	257.3	259.7
United Kingdom	112	4,048.6	3,710.1	3,881.1	4,044.0	3,076.7	2,760.4	2,594.4	2,398.1	2,451.8	2,406.6	1,954.6	1,905.9
United States	111	4,054.8	4,632.1	4,723.1	5,058.0	4,179.6	4,397.3	2,172.4	1,707.4	1,792.1	1,959.7	1,461.2	1,435.6
Vatican	187	0.1	0.1	0.1	0.0	0.1	0.0	0.0	0.3	0.0	....	0.0	0.0
Emerg. & Dev. Economies	200	23,629.9	23,110.8	22,085.5	20,821.9	15,725.6	15,039.7	26,472.4	23,299.6	23,077.5	20,920.2	13,766.8	13,972.7
Emerg. & Dev. Asia	505	5,758.1	5,218.4	5,468.9	5,235.1	4,443.9	4,524.5	5,215.6	4,400.0	3,412.4	3,379.3	2,847.7	2,782.8
Bangladesh	513	214.1	55.2	98.9	146.9	62.4	68.8	44.1	35.0	41.8	40.7	34.1	33.4
Bhutan	514	4.2	0.0	0.1	0.1	0.2	0.5	....	0.0	....	....	....	....
Brunei Darussalam	516	0.2	0.5	0.4	3.6	1.2	0.3	0.0	0.0	0.0	....	0.2	0.0
Cambodia	522	0.3	0.4	0.3	0.4	4.3	21.1	1.6	1.9	1.6	3.3	5.7	5.0
China,P.R.: Mainland	924	3,715.5	3,352.8	3,671.9	3,404.3	2,805.4	2,986.4	3,643.9	3,414.2	2,335.5	2,468.7	2,176.8	2,147.3
Fiji	819	2.6	0.4	0.4	16.2	0.9	1.3	0.0	0.0	0.0	0.0	0.0	0.0
F.T. French Polynesia	887	0.8	1.4	0.7	0.8	0.8	0.7	0.0	0.0	0.0	0.0	0.0	0.0
F.T. New Caledonia	839	1.9	3.5	4.0	3.9	1.3	2.8	0.0	0.0	0.0	0.0	0.0	0.0
Guam	829	0.1	0.2	0.5	0.3	0.1	0.2	0.0	....	....	....	0.0	0.0
India	534	867.9	620.4	638.8	531.8	500.0	590.3	787.4	319.1	534.9	362.2	221.6	228.0
Indonesia	536	202.7	264.4	180.7	358.1	382.2	173.7	130.5	150.6	102.6	138.9	71.4	67.2
Kiribati	826	....	....	0.0	0.0	0.0	0.1	....	0.0	0.0	0.0	0.0	....
Lao People's Dem.Rep	544	4.6	31.8	0.8	2.0	1.3	1.9	0.0	0.3	0.0	0.2	0.1	0.1
Malaysia	548	211.7	245.1	299.2	179.1	145.2	144.5	266.9	160.7	103.6	92.7	97.9	72.8
Maldives	556	0.5	0.4	0.4	0.5	0.5	5.0	....	....	....	0.0	0.1	0.3
Marshall Islands	867	0.0	4.1	16.3	1.5	0.1	0.0	....	0.0	....	....	0.0	....

Finland (172)
In Millions of U.S. Dollars

		Exports (FOB)						Imports (CIF)					
		2011	2012	2013	2014	2015	2016	2011	2012	2013	2014	2015	2016
Mongolia	948	10.7	15.1	21.2	5.6	6.1	11.5	0.0	0.0	0.0	0.2	0.3	0.2
Myanmar	518	0.1	20.0	2.8	3.3	5.8	2.5	....	0.1	0.5	0.4	1.0	2.5
Nepal	558	3.1	4.7	2.4	3.3	2.7	1.6	0.7	0.7	0.7	0.9	1.0	0.9
Papua New Guinea	853	3.6	13.2	1.2	1.3	2.5	2.5	0.5	2.0	0.3	0.4	1.4	0.3
Philippines	566	156.2	182.5	185.1	200.2	145.0	161.5	50.9	57.3	45.7	27.8	19.4	20.7
Samoa	862	....	0.0	0.0	1.0	....	....	0.0	....	0.0	....	0.0	....
Solomon Islands	813	0.4	0.0	0.0	0.1	0.0	....	....	....	0.0	....	....	....
Sri Lanka	524	9.0	20.6	7.6	16.3	9.0	10.4	10.7	10.0	9.7	10.9	8.2	11.0
Thailand	578	237.1	240.0	214.4	247.0	230.7	191.9	198.6	156.3	154.0	149.0	123.2	114.5
Timor-Leste	537	17.0	45.1	0.0	0.1	15.9	0.1	....	0.0	0.1	0.1	0.0	0.0
Tonga	866	0.1	0.0	....	0.0	0.0	0.0	....	0.0	....	....	....	0.0
Vanuatu	846	0.1	0.0	0.0	0.0	0.1	0.1	....	....	....	....	....	0.0
Vietnam	582	90.7	94.8	118.7	105.4	119.9	144.2	79.9	91.7	81.5	82.8	85.1	78.8
Asia n.s.	598	2.9	1.7	2.2	2.0	0.3	0.6	0.0	0.0	0.0	0.1	0.1	0.0
Europe	170	**12,610.2**	**11,920.9**	**11,452.6**	**10,468.7**	**7,034.3**	**6,773.2**	**18,607.0**	**16,450.7**	**17,174.6**	**15,046.2**	**9,170.3**	**9,521.1**
Emerg. & Dev. Europe	903	**4,121.3**	**3,560.1**	**3,370.4**	**3,482.3**	**3,011.8**	**3,013.2**	**2,432.0**	**2,180.3**	**2,458.7**	**2,824.0**	**2,284.9**	**2,549.6**
Albania	914	4.6	3.6	2.5	3.4	1.7	2.6	0.1	0.1	0.0	0.2	0.3	0.1
Bosnia and Herzegovina	963	2.8	3.5	3.4	5.6	3.9	4.8	0.5	1.5	1.3	2.2	0.3	0.7
Bulgaria	918	64.1	75.2	55.9	66.4	71.7	77.3	44.8	40.2	54.1	110.5	72.5	42.9
Croatia	960	105.1	68.8	25.1	29.8	27.2	31.4	29.7	17.6	28.6	27.2	14.4	18.3
Faroe Islands	816	2.4	2.3	6.2	4.1	5.0	3.1	0.2	0.1	0.0	0.5	0.0	0.1
Gibraltar	823	21.2	9.5	43.3	2.0	1.8	34.4	....	0.0	0.0	0.0	0.2	0.2
Hungary	944	365.4	474.3	279.2	305.8	243.6	274.7	253.1	236.8	298.7	256.3	222.3	269.0
Kosovo	967	1.8	2.4	1.0	1.1	0.7	0.8	0.1	0.1	0.0	0.0	0.1	0.0
Macedonia, FYR	962	4.4	2.4	3.8	7.2	5.0	5.3	0.4	0.4	0.5	1.5	8.8	1.4
Montenegro	943	0.7	0.2	0.4	0.2	2.7	7.3	0.0	0.0	0.0	0.0	0.0	0.0
Poland	964	2,195.8	1,811.2	1,809.1	1,929.8	1,569.8	1,559.7	1,596.0	1,467.0	1,669.2	1,898.7	1,494.4	1,689.0
Romania	968	211.0	156.5	194.9	204.7	190.7	152.6	104.5	84.5	98.5	144.1	156.6	158.0
Serbia, Republic of	942	41.0	51.2	29.1	45.8	29.5	31.3	13.7	13.0	11.2	14.3	13.0	16.7
Turkey	186	1,101.0	898.9	916.6	876.4	858.5	827.9	388.9	318.9	296.5	368.4	302.0	353.2
CIS	901	**8,488.7**	**8,360.7**	**8,081.6**	**6,985.8**	**4,022.1**	**3,759.7**	**16,175.0**	**14,270.5**	**14,715.9**	**12,222.2**	**6,885.4**	**6,971.4**
Armenia	911	9.5	13.9	13.8	15.0	8.4	8.3	0.1	0.0	0.1	0.0	0.6	0.1
Azerbaijan, Rep. of	912	50.8	49.8	69.8	51.7	35.8	13.4	0.1	0.0	0.1	0.1	0.4	0.8
Belarus	913	92.1	96.6	141.1	130.8	64.4	50.6	205.2	220.1	95.1	20.0	13.3	12.1
Georgia	915	10.9	13.7	12.2	14.9	10.7	10.8	0.1	0.0	0.0	0.0	0.1	0.1
Kazakhstan	916	237.1	219.5	209.0	227.2	141.7	127.4	439.5	420.9	634.7	690.5	220.8	146.4
Kyrgyz Republic	917	32.1	58.6	4.0	2.5	4.1	11.9	1.1	0.7	0.0	0.7	0.5	0.1
Moldova	921	15.0	25.2	8.9	11.8	10.0	8.8	3.3	0.8	1.5	0.5	0.3	0.8
Russian Federation	922	7,429.5	7,298.6	7,115.8	6,168.5	3,498.4	3,295.6	15,429.7	13,567.7	13,926.1	11,442.3	6,611.6	6,753.8
Tajikistan	923	3.6	2.9	4.3	1.0	1.1	1.1	....	0.0	0.0	0.1	0.0	0.0
Turkmenistan	925	38.5	21.5	11.6	12.2	11.9	14.2	....	....	0.1	0.0	1.6	0.0
Ukraine	926	545.6	523.6	463.1	319.9	217.3	192.6	95.9	60.2	58.3	67.9	36.2	57.0
Uzbekistan	927	24.0	36.7	28.1	30.4	18.1	25.0	0.0	0.0	0.0	0.0	0.0	0.3
Europe n.s.	884	0.2	0.1	0.5	0.5	0.4	0.3	0.0	0.0	0.0	0.0	0.0	0.0
Mid East, N Africa, Pak	440	**2,197.2**	**2,053.6**	**2,182.5**	**2,089.3**	**1,908.4**	**1,629.0**	**132.9**	**123.8**	**316.8**	**286.6**	**187.1**	**92.1**
Afghanistan, I.R. of	512	6.3	2.3	2.2	14.0	2.3	1.5	9.9	12.8	16.9	10.1	6.6	3.7
Algeria	612	195.0	221.4	277.5	268.4	190.9	168.2	0.0	18.0	188.5	148.9	88.9	0.0
Bahrain, Kingdom of	419	13.8	8.9	11.4	8.5	20.1	13.4	11.1	3.9	1.5	0.9	1.0	1.0
Djibouti	611	5.0	1.8	0.4	1.2	0.9	0.9	0.0	0.0	....	....	2.7	0.0
Egypt	469	336.4	441.3	341.4	400.2	385.3	377.9	24.8	18.7	18.8	15.9	16.4	16.9
Iran, I.R. of	429	84.1	69.7	77.8	25.9	44.7	85.9	0.6	0.3	0.4	0.4	0.3	0.5
Iraq	433	45.7	26.8	67.1	28.8	14.1	4.3	0.0	0.0	0.0	0.0	0.1	0.1
Jordan	439	71.1	70.3	198.8	45.0	41.8	29.9	1.3	0.1	0.1	0.1	0.1	0.4
Kuwait	443	31.0	25.2	35.1	31.8	31.0	34.1	0.1	0.1	0.0	0.0	0.0	0.1
Lebanon	446	29.5	32.3	113.8	33.8	30.0	30.3	0.8	0.4	0.5	0.9	0.5	0.4
Libya	672	8.5	12.0	19.4	13.5	3.9	0.6	....	1.9	0.0	0.0	0.0	0.0
Mauritania	682	2.5	18.4	21.0	24.0	1.2	4.0	0.0	0.2	0.0	....	0.0	0.1
Morocco	686	131.4	121.6	116.7	125.3	113.4	151.6	2.8	1.6	2.0	2.4	2.3	3.1
Oman	449	27.3	24.3	25.4	22.9	131.4	29.5	5.9	2.3	0.3	0.1	0.2	0.1
Pakistan	564	76.2	73.2	47.2	61.6	93.3	69.9	37.1	28.7	29.6	37.0	25.1	24.5

Finland (172)
In Millions of U.S. Dollars

		Exports (FOB)						Imports (CIF)					
		2011	2012	2013	2014	2015	2016	2011	2012	2013	2014	2015	2016
Qatar	453	30.4	38.1	33.6	37.3	37.4	34.5	18.4	14.5	25.4	17.1	15.6	20.4
Saudi Arabia	456	414.3	454.0	467.1	513.0	413.5	301.5	3.5	2.9	4.9	26.2	4.5	5.4
Somalia	726	0.0	0.0	0.3	0.7	0.7	0.2	....	....	....	....	0.0	....
Sudan	732	32.4	8.2	7.8	12.1	9.0	4.1	1.0	1.2	16.9	14.9	0.4	0.0
Syrian Arab Republic	463	42.4	12.5	9.0	5.2	3.0	4.8	1.5	0.1	....	....	0.0	0.0
Tunisia	744	67.9	59.4	67.4	61.0	49.1	45.9	1.5	0.9	0.4	1.5	3.2	3.8
United Arab Emirates	466	542.0	326.4	232.9	343.8	288.4	234.2	12.4	15.2	10.5	10.3	19.1	11.6
West Bank and Gaza	487	1.0	0.9	1.0	0.5	1.1	1.0	....	....	....	....	0.0	0.0
Yemen, Republic of	474	3.1	4.5	8.3	10.9	1.8	0.8	0.1	0.0	....	....	0.0	....
Sub-Saharan Africa	**603**	**985.8**	**1,297.4**	**865.8**	**961.3**	**682.8**	**638.7**	**684.8**	**680.6**	**666.6**	**830.4**	**511.9**	**522.0**
Angola	614	16.0	14.3	3.9	7.8	6.0	3.7	0.0	0.0	0.1	0.0	43.3	0.0
Benin	638	69.1	0.5	0.8	4.9	2.5	9.1	0.0	4.5	....	....	0.0	0.0
Botswana	616	2.9	2.4	0.1	1.7	12.9	0.7	0.0	0.0	19.7	87.4	39.6	140.1
Burkina Faso	748	4.0	29.2	2.3	5.7	5.4	7.3	0.1	0.1	0.1	0.0	0.0	0.0
Burundi	618	1.1	2.3	0.3	1.9	1.2	0.2	0.8	1.0	0.1	0.0	0.3	1.0
Cabo Verde	624	13.4	2.0	0.6	16.1	0.4	1.0	0.0	0.0	0.0	0.1	0.0	0.0
Cameroon	622	14.8	41.1	8.0	9.7	8.3	18.1	1.7	0.7	1.8	0.8	1.2	0.7
Central African Rep.	626	0.0	0.3	0.1	0.1	0.0	0.2	0.0	0.0	0.0	0.0	....	0.0
Chad	628	57.5	0.6	2.1	0.6	0.1	0.8	0.0	0.0	0.0	0.0	0.0	0.0
Congo, Dem. Rep. of	636	2.6	8.6	2.5	10.0	4.0	10.7	219.1	177.2	148.6	241.0	161.6	186.6
Congo, Republic of	634	4.1	7.8	6.2	10.9	25.7	6.0	0.1	0.0	0.0	0.0	1.2	0.0
Côte d'Ivoire	662	5.1	6.0	6.3	9.4	9.7	8.2	29.0	1.0	0.9	0.9	0.6	1.1
Equatorial Guinea	642	4.9	2.4	0.1	0.0	5.7	0.1	....	....	....	....	....	0.0
Eritrea	643	1.2	3.1	0.3	0.7	3.5	0.6	....	....	....	....	0.0	0.0
Ethiopia	644	8.4	8.3	14.5	5.7	7.5	29.3	12.6	8.6	5.0	5.0	3.7	4.3
Gabon	646	19.8	2.6	11.7	1.3	0.9	0.5	0.0	0.2	0.0	....	0.0	0.0
Gambia, The	648	4.5	0.6	1.4	2.2	0.9	0.8	0.0	0.0	0.0	0.0	0.0	0.0
Ghana	652	37.2	40.5	44.8	22.0	32.2	56.6	0.9	0.2	0.1	0.5	0.1	0.1
Guinea	656	3.0	0.8	1.9	0.4	0.6	5.0	0.0	0.0	0.0	0.0	0.0	0.0
Guinea-Bissau	654	0.4	0.2	0.2	0.3	0.5	0.5	....	....	....	....	....	....
Kenya	664	27.8	15.4	33.8	74.1	30.7	31.7	23.3	20.7	15.0	17.3	17.8	17.6
Lesotho	666	0.5	0.1	0.0	0.2	0.1	0.1	....	0.0	0.0	....	0.0	0.0
Liberia	668	1.0	0.8	2.7	14.9	5.6	1.0	7.0	1.8	1.2	0.7	0.2	0.0
Madagascar	674	1.9	0.9	1.2	0.5	0.5	0.2	8.8	0.4	2.5	3.1	2.1	4.3
Malawi	676	1.3	2.1	3.3	2.9	3.4	2.0	1.3	1.8	1.4	1.7	1.0	0.8
Mali	678	9.1	4.5	4.1	5.6	38.8	8.2	0.0	0.0	....	0.0	0.0	0.0
Mauritius	684	3.7	2.7	1.1	2.6	2.2	7.0	2.0	5.1	8.3	9.8	10.4	7.3
Mozambique	688	3.5	1.8	35.3	6.0	2.2	8.5	6.6	19.3	24.5	5.4	5.9	9.9
Namibia	728	3.4	46.2	2.9	16.2	4.2	22.6	0.0	0.1	0.1	0.1	0.1	0.4
Niger	692	0.5	1.4	1.2	0.3	0.2	0.0	0.4	0.0	0.0	0.0	0.0	0.0
Nigeria	694	32.5	73.0	41.3	49.9	32.5	21.6	2.4	0.9	0.9	1.2	7.3	8.3
Rwanda	714	19.3	2.2	0.5	2.5	1.3	1.8	3.4	0.9	0.7	0.3	1.0	2.4
São Tomé & Príncipe	716	0.0	0.1	0.0	0.0	....	....	....	0.0	....	....	0.0	....
Senegal	722	16.9	37.6	8.4	17.7	25.4	15.5	0.0	0.1	0.1	0.0	0.1	0.0
Seychelles	718	1.1	0.5	0.8	1.3	16.0	2.0	2.3	1.3	3.3	1.8	1.8	2.5
Sierra Leone	724	8.8	1.6	2.5	1.1	0.9	1.0	0.0	1.7	0.0	0.0	0.0	0.1
South Africa	199	476.3	648.7	497.7	334.0	310.8	276.7	349.5	422.4	399.5	424.5	181.5	113.5
South Sudan, Rep. of	733	....	....	0.5	0.1	0.7	0.0	....	....	....	....	....	0.0
Swaziland	734	0.5	0.0	0.1	0.1	0.2	0.1	0.0	0.0	22.4	20.0	22.7	11.8
Tanzania	738	36.4	26.8	35.4	36.5	30.4	25.0	10.7	8.3	7.6	5.4	5.4	3.9
Togo	742	1.6	206.6	38.1	228.3	5.9	0.6	0.1	0.1	....	0.0	0.0	0.0
Uganda	746	2.7	3.1	5.4	4.2	5.1	4.1	2.0	1.6	0.7	2.6	1.4	1.9
Zambia	754	54.4	36.9	32.9	34.7	26.9	39.8	0.3	0.0	1.6	0.1	1.0	0.2
Zimbabwe	698	12.7	10.6	8.2	16.1	10.9	9.8	0.1	0.3	0.3	0.5	0.6	3.3
Western Hemisphere	**205**	**2,078.7**	**2,620.5**	**2,115.7**	**2,067.5**	**1,656.1**	**1,474.4**	**1,832.1**	**1,644.5**	**1,507.0**	**1,377.7**	**1,049.8**	**1,054.8**
Anguilla	312	0.0	0.1	0.1	0.0	0.0	0.0	....	0.0	....	0.0	0.0	....
Antigua and Barbuda	311	3.3	0.3	0.2	24.6	0.1	1.1	0.1	0.1	0.0	0.0	0.1	0.0
Argentina	213	192.2	151.0	113.4	119.8	101.9	138.0	55.5	51.8	64.4	48.7	36.3	111.6
Aruba	314	19.9	0.5	0.4	0.3	0.0	0.1	4.4	18.2	....	0.0	0.0	0.0
Bahamas, The	313	9.0	6.6	22.6	67.1	23.0	61.7	0.1	1.1	1.4	0.7	14.7	0.3

Finland (172)
In Millions of U.S. Dollars

		Exports (FOB) 2011	2012	2013	2014	2015	2016	Imports (CIF) 2011	2012	2013	2014	2015	2016
Barbados	316	0.1	0.0	0.4	1.1	0.1	0.2	0.1	0.0	0.0	0.0	0.0	0.0
Belize	339	0.1	0.1	5.9	0.1	0.0	0.4	0.0	0.0	0.0	0.0	0.0	0.0
Bermuda	319	0.7	0.2	0.2	0.1	0.1	1.6	....	....	0.0	....	0.0	0.0
Bolivia	218	8.6	5.3	5.1	5.5	16.2	4.8	0.2	0.2	0.1	0.1	0.1	0.1
Brazil	223	754.1	936.3	642.0	638.5	527.7	422.6	760.4	677.9	537.5	508.7	327.8	367.0
Chile	228	320.0	372.3	284.9	255.7	236.0	236.7	241.2	182.8	144.7	216.5	180.7	142.8
Colombia	233	91.7	104.6	173.4	110.9	82.0	79.6	87.3	59.2	70.0	81.6	97.7	74.7
Costa Rica	238	5.4	10.7	10.4	7.6	8.3	8.3	1.2	9.0	10.4	9.2	27.4	54.7
Curaçao	354	....	....	0.9	24.6	1.6	1.1	....	....	0.0	0.0	0.0	0.0
Dominica	321	0.8	0.0	0.0	0.1	....	0.0	....	0.0	0.0	....	0.0	0.0
Dominican Republic	243	55.5	124.3	20.0	10.3	14.5	5.4	0.2	0.2	0.3	0.1	0.1	0.1
Ecuador	248	50.2	65.5	28.6	34.4	33.3	15.5	3.5	4.2	5.7	5.4	4.9	14.8
El Salvador	253	10.4	5.5	6.5	5.2	15.7	6.0	3.4	0.8	2.0	0.7	1.3	2.0
Greenland	326	4.0	4.5	2.2	3.8	2.6	3.0	....	0.0	....	0.0	0.0	0.0
Grenada	328	0.4	0.0	0.0	0.0	0.0	0.0	....	0.0	0.0	0.0	0.0	0.0
Guatemala	258	6.6	6.0	4.9	8.2	9.9	5.7	22.2	8.8	5.5	11.9	6.1	7.6
Guyana	336	22.6	6.0	25.8	0.9	1.8	0.6	0.0	0.0	0.1	0.0	0.0	0.0
Haiti	263	0.4	10.0	0.2	0.0	0.1	0.1	0.0	0.0	0.0	0.0	0.0	0.0
Honduras	268	2.8	2.5	4.3	5.9	5.5	25.5	15.0	17.1	13.0	16.9	16.1	14.8
Jamaica	343	23.6	0.7	0.5	0.2	1.1	0.2	0.1	0.1	0.2	0.2	0.1	0.1
Mexico	273	246.7	306.4	457.0	509.8	355.0	282.6	125.3	100.1	84.8	90.1	101.1	120.0
Montserrat	351	....	0.1	....	....	0.0	....	....	....	....	....	0.0	....
Netherlands Antilles	353	4.7	1.1	....	....	....	....	0.0	0.0	....	....	....	....
Nicaragua	278	1.0	0.7	0.8	2.8	2.9	0.6	13.4	12.2	6.2	8.6	3.0	7.0
Panama	283	20.3	10.1	13.0	24.7	21.4	9.3	0.3	0.2	0.1	0.0	0.5	0.8
Paraguay	288	2.3	3.0	4.5	11.5	9.3	8.4	0.1	0.1	0.0	0.0	0.0	0.0
Peru	293	94.3	117.4	115.9	101.0	85.2	85.1	459.6	486.6	486.8	326.0	187.7	101.2
Sint Maarten	352	....	....	0.7	0.1	0.9	4.8	....	....	0.0	....	0.0	0.0
St. Kitts and Nevis	361	0.0	0.0	1.2	0.0	....	0.0	0.0	0.0	0.0	....	....	....
St. Lucia	362	0.1	8.8	0.0	0.0	0.1	0.0	0.0	0.0	0.0	0.0	0.0	0.0
St. Vincent & Grens.	364	0.9	0.8	0.3	0.1	0.1	0.0	....	....	....	0.0	....	....
Suriname	366	0.5	0.9	18.4	2.9	26.4	0.1	0.0	0.1	0.0	0.0	0.0	0.0
Trinidad and Tobago	369	3.0	0.8	2.3	2.9	1.9	1.3	0.0	0.0	12.3	0.0	2.6	3.9
Uruguay	298	40.9	250.9	70.4	29.5	41.7	37.6	8.8	13.5	31.5	19.6	32.0	17.7
Venezuela, Rep. Bol.	299	55.0	69.9	64.5	38.2	21.2	9.1	29.4	0.0	13.4	32.2	9.2	13.6
Western Hem. n.s.	399	26.2	36.9	13.8	19.2	8.1	17.3	0.0	0.1	16.5	0.4	0.1	0.0
Other Countries n.i.e	910	**4.7**	**7.5**	**17.9**	**2.4**	**7.6**	**13.1**	**0.0**	**0.1**	**42.8**	**37.3**	**27.0**	**0.0**
Cuba	928	4.7	7.3	6.8	2.4	7.4	13.1	0.0	0.1	42.8	37.2	27.0	0.0
Korea, Dem. People's Rep.	954	0.0	0.1	11.2	0.0	0.2	0.0	0.0	0.0	0.1	0.1	....	0.0
Special Categories	899	**424.6**	**364.1**	**352.9**	**320.3**	**255.9**	**229.2**	....	....	....	....	....	....
Countries & Areas n.s.	898	**1,129.8**	**1.4**	....	....	**0.0**	....	....	....	....	....	....	....
Memorandum Items													
Africa	605	1,419.9	1,728.3	1,356.3	1,453.9	1,047.5	1,013.6	690.2	702.5	874.5	998.0	609.3	529.0
Middle East	405	1,680.5	1,547.2	1,642.1	1,521.1	1,447.5	1,182.7	80.5	60.3	62.4	72.0	57.9	56.9
European Union	998	43,860.4	39,001.0	40,941.9	42,405.0	35,069.0	33,773.2	51,847.3	48,091.2	51,423.8	52,264.2	44,075.0	44,452.9
Export earnings: fuel	080	9,511.5	9,193.3	9,002.0	8,030.5	5,108.4	4,500.8	16,044.4	14,112.6	14,895.2	12,457.6	7,130.6	7,055.5
Export earnings: nonfuel	092	69,633.8	63,922.4	65,444.7	66,302.4	54,709.2	53,113.6	68,204.5	62,445.0	62,693.7	64,307.6	53,299.4	53,783.2

France (132)

In Millions of U.S. Dollars

		Exports (FOB)						Imports (CIF)					
		2011	2012	2013	2014	2015	2016	2011	2012	2013	2014	2015	2016
IFS World		....	....	....	....	....	....	....	....	....	....	....	....
World	001	596,297.5	569,161.8	580,846.0	580,249.0	505,544.5	500,885.2	719,887.4	675,016.3	681,411.6	676,736.2	573,182.7	572,658.2
Advanced Economies	110	440,317.8	413,986.6	422,259.4	425,166.8	367,313.2	369,392.3	546,102.8	516,981.2	523,129.5	514,450.3	442,350.4	447,039.0
Euro Area	163	287,958.0	264,845.8	271,348.2	272,742.1	230,617.4	231,196.0	405,111.4	380,899.6	388,502.5	387,345.3	331,059.7	333,202.3
Austria	122	5,326.9	4,746.6	4,839.5	4,813.6	3,915.8	4,065.6	7,171.2	7,318.4	7,896.1	8,370.1	6,639.4	5,924.7
Belgium	124	43,182.4	41,787.0	44,725.8	42,575.3	34,544.6	34,033.6	79,137.3	74,744.0	75,986.0	74,981.2	62,458.8	60,753.1
Cyprus	423	551.7	561.0	483.0	604.5	289.9	278.6	83.8	82.4	101.2	149.6	82.2	104.6
Estonia	939	341.2	431.8	409.8	348.6	286.2	308.7	246.6	241.2	305.0	311.0	293.2	299.1
Finland	172	2,485.8	2,131.6	2,089.4	2,036.3	2,162.5	2,239.2	2,485.8	2,353.4	2,632.9	2,331.8	2,040.9	2,047.5
Germany	134	98,303.1	92,880.8	94,581.0	95,367.4	80,076.5	80,307.1	135,115.7	128,638.7	130,723.6	130,042.5	111,454.1	110,779.9
Greece	174	3,866.6	2,959.1	3,130.8	3,018.1	2,366.7	2,340.3	1,021.3	822.7	776.7	778.3	709.0	710.8
Ireland	178	2,986.4	2,888.1	3,249.8	3,075.9	2,932.7	3,214.7	8,431.6	7,032.8	6,950.4	8,002.6	6,789.7	6,787.6
Italy	136	48,196.3	41,767.5	40,964.1	41,775.8	35,832.3	36,160.2	54,385.9	50,584.1	50,939.3	51,126.3	43,909.5	44,795.8
Latvia	941	323.9	352.1	386.7	395.0	313.1	306.3	177.7	278.1	242.1	449.7	257.1	198.1
Lithuania	946	657.7	634.7	701.9	644.5	529.8	582.4	1,474.5	1,480.6	929.9	807.8	664.5	674.4
Luxembourg	137	2,856.1	2,719.1	2,905.6	3,446.8	2,350.6	2,383.0	2,918.3	3,085.4	3,111.6	3,444.9	2,960.8	2,658.3
Malta	181	556.7	522.7	803.1	414.6	402.7	438.5	419.2	326.8	199.1	213.8	214.1	260.1
Netherlands	138	25,319.8	23,790.1	23,625.5	23,419.4	19,471.5	17,849.6	52,999.0	48,655.3	50,512.1	50,485.2	43,080.8	45,339.7
Portugal	182	5,641.3	4,725.8	5,447.5	5,539.9	4,815.6	5,171.8	6,764.1	6,211.5	6,813.1	6,760.1	5,923.9	6,257.4
Slovak Republic	936	2,769.2	2,633.6	2,814.0	2,983.6	2,755.7	2,824.5	4,020.6	3,701.0	3,662.1	3,703.5	3,545.9	4,100.0
Slovenia	961	1,406.8	1,133.6	1,026.9	1,049.2	816.6	823.7	1,822.6	1,477.0	1,594.8	1,555.6	1,236.6	1,227.5
Spain	184	43,186.1	38,180.6	39,163.8	41,233.6	36,754.7	37,868.0	46,436.2	43,866.2	45,126.4	43,831.3	38,799.1	40,283.6
Australia	193	5,452.9	3,989.0	3,813.4	3,600.3	2,741.6	2,557.8	1,389.9	1,526.2	1,241.1	1,017.5	861.7	828.7
Canada	156	4,022.5	3,760.5	3,945.4	3,963.0	3,612.8	3,391.2	3,444.5	3,790.4	3,678.6	3,371.7	2,441.0	2,647.2
China,P.R.: Hong Kong	532	6,137.7	7,672.4	6,394.9	5,853.7	5,041.9	5,974.2	597.9	619.6	592.9	727.6	815.2	812.3
China,P.R.: Macao	546	138.0	140.4	158.6	198.0	154.3	153.4	14.3	10.4	9.1	8.2	5.7	6.6
Czech Republic	935	4,675.8	4,208.8	4,574.5	4,776.3	4,174.7	4,468.7	8,651.5	7,564.3	7,862.4	8,576.7	7,908.5	8,147.3
Denmark	128	3,551.9	3,262.9	3,340.8	3,294.6	2,841.0	2,956.2	4,614.9	3,925.4	3,959.3	4,102.6	3,378.3	3,488.3
Iceland	176	60.8	81.8	71.3	84.8	80.6	101.9	32.7	22.0	30.2	25.7	25.2	33.4
Israel	436	1,816.1	1,495.0	1,606.4	1,553.5	1,521.5	1,546.1	1,189.2	1,226.9	1,238.0	1,342.7	1,171.7	1,172.0
Japan	158	9,163.9	9,596.7	9,137.1	9,070.7	7,026.7	6,946.9	7,934.8	6,970.2	6,392.8	5,607.5	4,893.3	5,658.4
Korea, Republic of	542	5,871.5	4,758.5	5,660.8	6,594.8	5,371.2	4,301.4	3,423.0	4,338.5	3,755.4	2,898.4	2,606.0	2,728.4
New Zealand	196	722.2	535.4	705.9	716.4	812.5	600.9	361.9	282.1	302.9	320.4	289.1	263.4
Norway	142	2,228.5	2,202.2	2,020.1	2,160.0	1,680.9	1,665.7	6,656.8	4,904.9	3,782.5	2,606.1	1,579.1	2,029.3
San Marino	135	24.2	21.7	26.9	28.9	21.2	23.7	6.8	6.5	7.9	8.7	7.7	9.1
Singapore	576	7,221.9	7,661.9	7,332.4	6,810.1	6,006.9	6,833.3	4,589.4	4,788.7	2,871.5	2,765.5	1,983.2	1,713.6
Sweden	144	7,885.9	6,569.0	6,247.9	6,683.3	5,847.0	5,741.7	8,927.8	8,033.3	8,515.1	8,180.8	6,799.4	6,833.3
Switzerland	146	18,436.8	17,743.5	17,431.6	17,273.3	15,430.8	16,982.5	18,890.1	18,080.0	19,555.1	20,509.0	18,385.7	18,108.5
Taiwan Prov.of China	528	2,782.5	2,494.3	2,291.7	2,161.3	2,109.5	2,303.8	2,347.0	2,279.9	2,318.6	2,252.1	2,090.6	2,249.7
United Kingdom	112	39,263.7	38,213.5	39,976.3	40,872.8	35,668.3	35,113.6	36,033.2	33,561.1	32,927.2	28,802.6	24,581.5	24,199.5
United States	111	32,902.7	34,732.4	36,174.3	36,728.0	36,551.7	36,532.9	31,885.6	34,151.0	35,586.0	33,980.7	31,467.5	32,907.7
Vatican	187	0.4	0.8	0.8	0.9	0.9	0.6	0.2	0.2	0.4	0.3	0.2	0.1
Emerg. & Dev. Economies	200	151,569.3	150,409.3	154,137.4	151,618.2	134,963.3	128,951.7	173,420.5	157,844.4	157,971.2	156,944.4	125,882.9	118,834.5
Emerg. & Dev. Asia	505	33,216.6	36,597.2	38,296.9	38,797.3	35,964.5	34,308.7	51,349.2	48,643.9	48,346.5	50,416.5	46,427.7	44,806.1
American Samoa	859	0.3	2.7	1.2	3.8	1.3	0.7	0.0	0.2	0.0	0.0	0.1	0.1
Bangladesh	513	135.4	132.7	182.5	201.0	319.9	208.6	1,428.1	1,246.0	1,399.7	1,485.3	1,583.4	1,668.5
Bhutan	514	1.2	2.7	0.6	0.4	0.3	0.6	1.1	0.2	2.2	1.1	1.2	0.1
Brunei Darussalam	516	15.0	16.9	17.1	8.6	82.9	24.6	0.7	0.9	1.1	1.0	23.0	1.6
Cambodia	522	71.7	79.8	82.1	91.3	97.9	152.7	121.0	162.3	200.5	283.3	389.9	512.4
China,P.R.: Mainland	924	18,840.2	19,450.9	19,664.0	21,410.0	19,889.4	17,663.8	34,920.7	32,768.5	32,683.3	33,769.5	30,682.1	29,309.3
Fiji	819	4.4	8.3	397.4	60.5	142.3	9.3	0.5	0.6	0.9	2.3	0.6	0.5
F.T. French Polynesia	887	689.2	583.1	609.5	648.0	570.6	612.5	34.4	32.5	29.1	26.5	23.2	25.9
F.T. New Caledonia	839	1,056.4	952.2	995.1	981.9	837.1	892.9	350.2	247.8	213.7	141.7	108.9	74.2
Guam	829	16.2	18.5	16.2	14.3	12.3	11.0	0.3	0.2	0.2	0.1	0.3	0.1
India	534	4,157.6	4,432.6	3,838.4	3,870.8	3,903.9	4,782.4	5,457.7	5,102.1	4,895.4	5,787.6	4,835.3	3,998.2
Indonesia	536	1,459.6	1,740.6	2,189.6	2,215.7	2,691.9	3,207.6	1,766.4	1,590.4	1,477.8	1,385.9	1,203.1	1,138.1
Kiribati	826	0.0	....	0.0	0.0	1.1	0.0	0.0	....	0.0	0.0	0.1	....
Lao People's Dem.Rep	544	133.9	39.8	35.2	59.3	11.9	11.9	19.1	14.1	15.2	19.3	18.7	16.6
Malaysia	548	2,567.9	3,990.4	3,797.3	3,211.5	1,586.8	1,703.5	2,373.1	2,227.6	1,943.8	1,772.3	1,611.2	1,713.1
Maldives	556	13.5	16.8	55.6	21.8	22.2	21.0	41.8	43.6	37.8	33.9	27.5	22.2

2017, International Monetary Fund: *Direction of Trade Statistics Yearbook*

France (132)
In Millions of U.S. Dollars

		Exports (FOB) 2011	2012	2013	2014	2015	2016	Imports (CIF) 2011	2012	2013	2014	2015	2016
Marshall Islands	867	41.6	1.1	2.4	30.6	28.7	96.8	30.7	....	15.0	60.5	0.0	0.7
Micronesia	868	0.3	0.3	0.2	0.0	0.5	1.0	0.0	0.0	0.0	0.0	0.0	0.0
Mongolia	948	66.3	48.7	42.6	24.2	16.6	10.3	4.6	2.7	1.4	1.6	2.6	3.5
Myanmar	518	24.5	24.9	76.2	128.5	144.5	132.4	2.9	5.9	35.3	70.1	94.2	100.2
Nauru	836	0.4	0.1	0.0	0.4	0.4	0.0	0.0	0.0	0.0	0.0	0.0	0.0
Nepal	558	18.0	23.7	9.6	22.6	19.0	24.6	20.3	18.0	18.3	18.8	14.5	14.5
Palau	565	0.0	....	0.1	0.0	0.0	0.1	0.0	....	0.0	0.0	0.0	0.0
Papua New Guinea	853	15.6	22.4	18.7	6.6	49.9	73.0	8.2	14.8	20.7	20.7	13.6	14.5
Philippines	566	953.7	1,264.7	1,952.1	2,516.4	930.8	898.7	525.8	422.0	408.6	380.4	492.9	688.8
Samoa	862	0.1	0.4	0.0	1.7	0.2	0.3	0.2	0.0	0.0	0.0	0.2	0.0
Solomon Islands	813	0.4	0.2	0.2	0.5	0.4	0.3	0.8	0.5	0.7	0.7	1.1	0.5
Sri Lanka	524	304.6	166.5	111.7	379.1	963.1	100.1	163.1	173.3	190.0	298.4	192.0	149.6
Thailand	578	1,498.6	2,747.2	3,219.1	1,840.9	2,029.8	1,981.8	2,227.9	1,962.8	2,015.5	2,059.9	1,864.0	1,786.6
Timor-Leste	537	17.2	0.4	0.2	0.5	0.2	0.4	0.2	0.0	0.0	0.4	0.1	0.0
Tonga	866	0.1	0.0	2.5	0.3	0.1	0.0	0.0	0.0	0.0	0.0	0.0	0.1
Vanuatu	846	11.3	6.8	10.6	9.0	7.2	26.0	0.1	0.1	0.1	0.2	0.1	1.1
Vietnam	582	1,068.7	793.6	937.3	1,006.8	1,574.4	1,634.7	1,840.0	2,578.4	2,730.9	2,783.3	3,234.5	3,549.5
Asia n.s.	598	32.6	28.2	31.5	29.8	26.8	24.7	9.5	28.1	8.9	11.5	9.2	15.6
Europe	170	43,124.4	42,782.0	42,397.1	41,569.2	34,432.0	34,831.7	60,361.6	50,559.3	51,467.4	50,063.0	38,014.9	37,441.9
Emerg. & Dev. Europe	903	29,704.1	27,712.9	28,382.8	29,103.2	26,538.7	26,902.4	29,127.6	25,550.4	27,388.3	28,362.0	25,515.8	27,191.0
Albania	914	73.3	53.2	91.3	65.4	43.8	49.2	10.7	14.7	53.6	32.5	22.2	22.0
Bosnia and Herzegovina	963	113.2	98.3	93.2	120.9	89.0	102.2	52.5	51.3	61.3	77.1	59.3	72.8
Bulgaria	918	961.3	892.6	934.1	981.0	862.0	852.4	1,089.0	919.8	1,169.9	1,158.2	1,054.2	1,132.9
Croatia	960	538.3	468.9	445.4	414.0	407.9	451.2	364.9	156.1	138.3	211.8	203.1	239.1
Faroe Islands	816	1.1	2.0	1.2	2.5	1.8	1.9	0.1	0.3	0.7	0.2	0.2	0.2
Gibraltar	823	593.4	553.0	522.2	349.7	186.7	341.1	19.9	131.5	32.8	10.2	0.3	2.4
Hungary	944	4,024.8	3,617.0	3,833.7	4,374.6	3,958.4	3,453.9	4,851.3	4,248.7	4,412.0	4,603.7	4,081.0	4,276.1
Kosovo	967	16.0	13.4	19.2	39.9	8.0	13.5	2.1	1.9	2.3	1.6	2.8	3.5
Macedonia, FYR	962	68.1	50.1	58.5	66.3	78.3	78.4	13.7	15.5	22.1	24.5	23.1	36.4
Montenegro	943	27.6	63.6	26.2	35.6	21.5	16.3	5.5	6.9	6.3	4.0	4.3	2.3
Poland	964	9,428.5	8,649.3	9,113.3	9,618.9	8,716.6	9,188.8	11,214.8	10,307.6	10,767.6	11,100.9	10,005.2	10,496.0
Romania	968	4,102.0	3,975.9	4,523.9	4,638.3	3,820.4	4,077.3	4,087.3	3,196.9	3,582.3	3,744.8	3,379.1	3,869.0
Serbia, Republic of	942	364.4	353.4	375.1	379.5	407.2	469.5	239.9	223.6	306.3	384.8	358.7	357.2
Turkey	186	9,392.1	8,922.2	8,345.4	8,016.6	7,937.1	7,806.7	7,175.9	6,275.6	6,832.8	7,007.7	6,322.5	6,681.2
CIS	901	13,099.6	14,792.9	13,742.1	12,187.9	7,649.3	7,678.6	31,232.0	25,006.8	24,077.0	21,699.5	12,495.0	10,242.1
Armenia	911	62.0	51.4	50.1	63.6	44.2	39.4	10.0	4.6	4.3	2.9	2.7
Azerbaijan, Rep. of	912	183.7	212.2	351.8	272.8	195.1	142.0	4,417.5	2,283.6	2,245.8	1,824.5	1,249.2	982.0
Belarus	913	232.1	218.8	246.2	239.8	168.1	119.8	158.0	345.8	133.4	261.3	126.7	21.9
Georgia	915	120.7	128.6	233.7	144.3	133.2	138.7	37.6	21.5	29.5	36.4	20.7	29.4
Kazakhstan	916	375.0	629.2	904.6	891.4	1,039.0	505.6	7,120.8	6,717.4	7,063.9	5,486.6	3,611.8	2,679.2
Kyrgyz Republic	917	26.0	23.3	25.4	25.4	19.3	18.2	43.2	29.4	43.8	18.5	1.6	1.0
Moldova	921	62.2	60.3	79.4	63.4	54.9	46.5	32.4	32.7	41.0	45.5	39.9	40.8
Russian Federation	922	10,423.4	11,787.6	10,235.9	9,063.4	5,034.9	5,471.3	18,554.0	14,793.5	13,613.0	13,257.6	6,726.2	5,861.3
Tajikistan	923	12.0	6.6	15.2	12.6	13.8	16.0	8.5	3.2	0.7	0.5	0.5	0.9
Turkmenistan	925	124.5	226.5	169.5	250.8	105.2	136.0	5.7	26.9	2.4	33.7	2.5	34.4
Ukraine	926	1,284.5	1,361.2	1,274.6	1,023.7	655.5	803.1	688.0	591.5	732.6	601.9	538.2	524.0
Uzbekistan	927	193.6	87.3	155.6	136.6	185.9	241.9	156.0	156.7	165.1	128.9	174.8	64.6
Europe n.s.	884	320.7	276.1	272.1	278.1	244.0	250.7	2.1	2.0	2.1	1.5	4.1	8.7
Mid East, N Africa, Pak	440	42,851.9	39,307.2	39,936.5	39,491.9	36,753.4	33,438.7	35,178.0	33,485.8	34,465.6	33,559.3	23,319.1	21,474.8
Afghanistan, I.R. of	512	65.5	57.5	38.3	22.4	24.1	23.4	1.8	4.4	4.4	3.5	4.8	3.7
Algeria	612	8,073.0	8,176.5	7,849.4	8,219.4	6,995.2	5,654.3	6,102.7	5,040.4	5,615.6	5,831.1	4,308.2	3,303.8
Bahrain, Kingdom of	419	349.2	859.9	192.6	319.0	145.7	139.8	123.3	544.6	376.4	252.5	99.1	91.0
Djibouti	611	93.9	84.2	85.7	93.4	96.1	95.9	6.2	8.8	4.6	2.2	1.7	3.2
Egypt	469	2,556.7	2,247.5	1,862.6	2,165.7	3,566.0	2,988.3	1,791.7	1,628.4	1,554.3	1,332.5	483.7	474.4
Iran, I.R. of	429	2,322.0	1,032.5	656.0	599.8	623.4	795.4	2,449.0	165.7	37.4	39.1	34.0	1,510.9
Iraq	433	1,101.6	955.8	665.0	553.5	492.9	348.7	1,171.1	1,293.1	1,115.0	1,008.0	895.0	177.6
Jordan	439	605.2	442.8	507.4	385.2	344.5	375.5	14.2	27.5	72.0	16.7	15.8	34.1
Kuwait	443	454.1	498.2	1,146.3	660.9	1,235.4	474.1	202.0	792.0	1,223.9	1,009.3	676.2	427.4
Lebanon	446	1,572.4	1,769.4	1,719.0	1,495.9	1,108.6	986.1	56.6	49.5	50.1	71.5	59.8	50.7
Libya	672	403.0	697.8	1,065.0	349.1	784.0	194.5	2,740.5	5,511.8	4,260.3	2,465.1	944.7	556.1

France (132)
In Millions of U.S. Dollars

		Exports (FOB)						Imports (CIF)					
		2011	2012	2013	2014	2015	2016	2011	2012	2013	2014	2015	2016
Mauritania	682	277.8	298.8	293.8	280.1	199.9	163.7	270.5	142.4	91.2	80.1	45.0	41.1
Morocco	686	6,166.6	5,243.6	5,154.6	5,669.0	4,198.2	4,838.8	3,735.7	3,690.3	3,826.8	4,248.2	3,997.6	4,166.2
Oman	449	699.0	777.9	831.6	809.6	527.4	381.4	89.4	44.9	263.5	101.1	60.8	24.9
Pakistan	564	692.4	694.3	653.8	706.3	490.5	670.8	593.4	459.0	499.2	577.3	470.6	481.0
Qatar	453	1,087.3	1,124.5	1,014.5	1,936.8	3,118.9	2,027.0	1,846.4	989.4	1,099.8	793.8	261.6	256.5
Saudi Arabia	456	4,814.6	4,337.1	4,856.4	4,644.2	4,078.7	5,127.1	6,070.8	6,796.1	7,797.3	9,141.5	5,484.3	4,217.3
Somalia	726	23.5	13.2	16.9	17.4	14.4	11.9	0.3	0.3	0.9	1.7	7.1	11.0
Sudan	732	129.7	96.3	111.9	85.5	81.7	92.6	50.0	55.8	65.1	57.1	62.1	55.0
Syrian Arab Republic	463	398.0	159.9	212.9	78.2	56.5	32.9	541.1	23.3	9.4	5.3	4.4	3.8
Tunisia	744	5,045.0	4,649.4	4,916.8	4,460.1	3,992.4	3,602.3	5,515.4	4,709.4	4,822.1	5,145.6	4,234.5	4,427.8
United Arab Emirates	466	5,463.4	4,811.4	5,732.7	5,557.8	4,434.3	4,288.1	1,716.6	1,503.7	1,643.8	1,374.2	1,164.5	1,154.4
West Bank and Gaza	487	9.0	13.1	15.0	16.4	23.6	18.9	1.6	2.8	1.1	1.0	2.3	2.2
Yemen, Republic of	474	448.8	265.5	338.2	366.4	121.0	107.1	87.8	2.1	31.2	1.1	1.4	0.7
Sub-Saharan Africa	**603**	**16,980.8**	**15,030.3**	**15,648.0**	**16,034.3**	**13,239.4**	**12,186.9**	**15,445.2**	**14,926.1**	**14,410.2**	**14,138.5**	**9,948.5**	**7,580.4**
Angola	614	817.8	708.1	619.7	1,033.9	681.3	285.2	1,815.5	1,206.5	1,225.1	2,022.9	1,609.6	1,034.9
Benin	638	1,136.0	367.5	357.5	350.5	284.3	237.2	7.0	4.7	4.0	4.9	6.3	3.7
Botswana	616	11.4	11.2	11.9	8.8	14.0	40.0	1.4	0.5	0.3	0.6	3.5	1.0
Burkina Faso	748	304.7	340.6	446.6	361.4	288.2	258.9	8.5	8.9	11.1	52.4	14.3	13.8
Burundi	618	27.2	19.8	18.5	19.3	24.6	24.1	5.6	5.8	5.5	5.3	5.2	2.6
Cabo Verde	624	17.9	13.3	12.6	14.6	14.7	40.7	0.2	0.6	0.5	0.3	0.2	0.3
Cameroon	622	886.3	871.1	941.5	870.4	718.6	719.0	372.3	235.5	263.9	267.9	285.7	255.3
Central African Rep.	626	60.6	48.0	35.5	35.3	50.2	42.2	11.8	7.9	4.9	4.0	6.4	6.2
Chad	628	147.5	164.9	163.3	165.8	145.0	121.5	218.5	11.4	50.3	7.3	44.7	101.4
Comoros	632	33.1	31.8	39.4	37.9	36.9	44.8	5.9	6.3	7.3	5.6	6.0	9.3
Congo, Dem. Rep. of	636	245.8	273.9	300.6	209.1	271.5	260.7	27.3	23.2	18.0	14.1	15.3	16.0
Congo, Republic of	634	684.1	757.7	770.6	842.7	727.4	577.6	745.9	1,111.3	558.5	261.5	82.9	39.6
Côte d'Ivoire	662	1,026.6	1,287.1	1,361.1	1,412.8	1,230.0	1,190.6	671.5	662.1	805.1	709.1	684.9	732.1
Equatorial Guinea	642	274.4	167.6	156.1	138.4	85.1	47.6	607.6	2,494.9	1,523.9	1,004.7	397.2	50.1
Eritrea	643	3.2	3.9	3.3	4.0	2.7	3.2	0.4	0.9	0.4	0.3	2.3	2.2
Ethiopia	644	195.9	104.1	238.7	134.8	248.2	484.2	73.4	58.5	43.2	41.5	47.5	45.2
Gabon	646	1,084.5	991.9	967.8	909.6	610.7	525.4	163.3	230.1	455.8	168.6	196.1	169.3
Gambia, The	648	24.1	9.4	14.5	25.6	15.3	9.4	13.5	6.8	1.4	4.8	6.9	6.0
Ghana	652	428.7	424.6	415.2	263.4	520.1	305.2	1,784.5	1,184.5	1,110.1	992.4	642.7	290.7
Guinea	656	197.3	189.2	172.7	168.6	148.6	159.5	86.9	101.5	81.3	107.0	88.7	145.8
Guinea-Bissau	654	9.8	8.3	7.5	12.6	7.3	5.4	0.0	1.3	0.1	0.6	0.1	0.0
Kenya	664	266.3	319.6	220.9	198.8	207.1	168.0	104.5	84.9	89.1	78.6	86.7	79.2
Lesotho	666	1.4	1.3	0.4	0.3	0.3	0.6	0.0	0.0	0.0	0.1	0.1	0.0
Liberia	668	35.0	30.9	28.5	26.7	21.9	24.1	16.1	38.1	77.3	70.1	38.6	25.0
Madagascar	674	388.1	384.0	396.8	390.3	362.7	355.7	415.0	404.6	459.4	433.9	382.0	496.6
Malawi	676	50.2	52.3	61.0	60.7	3.0	18.7	4.3	10.6	14.2	14.5	4.1	0.9
Mali	678	435.8	389.2	409.9	462.5	372.6	407.3	10.7	11.3	9.8	10.6	9.2	12.3
Mauritius	684	468.4	443.1	446.0	442.3	381.1	386.6	349.1	355.7	343.5	350.8	272.0	280.0
Mozambique	688	84.9	110.1	96.9	145.0	154.7	158.8	32.5	45.1	59.1	129.8	64.1	69.3
Namibia	728	28.6	33.0	250.9	27.0	12.0	9.7	112.5	159.0	165.9	146.0	187.5	136.8
Niger	692	235.4	207.4	230.8	253.0	200.3	143.4	396.2	550.0	787.3	513.1	544.3	240.8
Nigeria	694	2,068.5	1,742.4	2,034.8	2,019.5	1,440.8	1,292.9	5,992.0	4,761.2	5,024.7	5,497.1	3,240.3	2,338.4
Rwanda	714	20.7	20.7	18.6	22.6	23.2	259.8	5.2	4.4	4.0	3.3	2.4	3.8
São Tomé & Príncipe	716	4.5	2.2	0.7	1.1	0.8	1.3	0.3	0.2	0.3	0.2	0.2	0.8
Senegal	722	1,247.4	1,066.3	937.8	968.4	849.6	840.2	127.8	85.1	111.9	99.7	83.3	72.5
Seychelles	718	60.1	66.6	91.7	60.5	52.8	67.4	105.6	127.6	159.5	138.6	94.4	108.9
Sierra Leone	724	44.0	45.0	39.9	42.6	15.2	42.5	4.2	12.4	1.6	4.7	9.3	7.8
South Africa	199	3,312.5	2,508.3	2,496.2	2,675.7	2,072.6	2,059.1	1,022.3	816.8	811.7	822.6	645.4	675.0
South Sudan, Rep. of	733	....	....	17.0	21.6	19.0	2.1	....	....	....	0.0	0.1	0.0
Swaziland	734	2.3	2.2	2.6	2.5	4.0	3.5	12.3	10.2	11.5	11.0	8.4	10.1
Tanzania	738	98.6	168.5	111.9	62.6	177.9	142.2	30.5	31.9	45.1	43.4	40.3	37.5
Togo	742	345.8	473.3	529.8	986.0	630.1	327.6	26.9	12.5	12.5	11.8	10.3	13.2
Uganda	746	91.7	91.5	115.2	87.0	59.2	52.8	18.5	15.6	23.0	22.7	15.9	11.2
Zambia	754	52.0	51.6	27.5	38.5	31.4	21.4	13.2	3.8	5.9	4.9	2.4	10.3
Zimbabwe	698	21.3	26.9	27.6	19.5	22.3	19.0	23.7	22.0	21.9	55.4	61.0	24.0
Africa n.s.	799	0.3	0.1	0.1	0.3	0.3	0.1	0.8	0.0	0.3	0.0	0.0	0.3

France (132)

In Millions of U.S. Dollars

		Exports (FOB)						Imports (CIF)					
		2011	2012	2013	2014	2015	2016	2011	2012	2013	2014	2015	2016
Western Hemisphere	205	15,395.6	16,692.7	17,858.9	15,725.6	14,574.0	14,185.7	11,086.4	10,229.3	9,281.5	8,767.1	8,172.7	7,531.3
Anguilla	312	2.4	7.1	0.6	2.1	0.4	1.7	0.0	0.0	0.0	0.0	0.0	0.0
Antigua and Barbuda	311	5.0	5.2	97.7	56.4	26.4	27.1	0.6	0.3	1.3	0.3	6.6	0.4
Argentina	213	1,676.8	1,467.3	1,641.1	1,194.5	1,447.1	1,271.8	713.5	548.9	489.1	383.0	379.3	376.9
Aruba	314	12.7	16.4	43.1	21.3	9.7	10.0	51.3	8.7	19.3	7.4	7.8	0.9
Bahamas, The	313	34.9	81.3	49.2	40.1	75.1	94.8	28.0	22.4	10.0	46.0	34.3	18.9
Barbados	316	23.1	26.1	26.4	29.7	26.5	24.2	53.4	4.7	12.1	8.0	6.0	5.2
Belize	339	6.2	5.9	2.4	5.1	1.1	1.4	0.9	0.5	1.7	1.6	0.3	0.4
Bermuda	319	12.9	34.5	5.6	5.3	5.7	8.2	16.0	0.1	0.0	2.4	0.4	0.3
Bolivia	218	35.4	35.3	49.0	106.5	62.5	112.6	30.6	28.1	43.1	70.4	43.8	29.9
Brazil	223	5,727.0	6,489.4	6,830.4	5,879.3	5,486.1	5,024.7	4,871.8	4,789.9	3,867.8	3,156.8	2,739.2	2,524.8
Chile	228	1,242.1	1,035.8	1,012.0	927.9	747.6	888.5	1,477.3	1,196.6	1,156.9	1,161.1	911.9	844.0
Colombia	233	1,240.2	1,091.4	1,397.0	1,299.1	937.6	696.1	403.0	530.0	486.3	348.4	301.9	271.9
Costa Rica	238	53.2	50.8	56.5	56.3	60.2	66.7	112.8	133.5	145.3	104.2	132.9	84.7
Curaçao	354	....	....	9.8	11.7	13.3	11.7	....	....	2.4	0.7	0.8	12.6
Dominica	321	6.2	6.7	3.7	5.1	5.8	3.9	4.5	4.1	3.7	2.8	2.0	1.1
Dominican Republic	243	134.2	127.9	118.0	135.1	150.3	159.9	40.7	35.7	59.0	44.9	32.8	41.6
Ecuador	248	164.4	225.2	169.8	166.6	165.7	131.7	239.7	265.1	345.7	347.7	302.0	303.9
El Salvador	253	143.8	82.6	40.9	34.4	28.2	27.2	7.8	11.0	8.5	12.5	13.5	13.1
Falkland Islands	323	0.0	0.0	0.0	0.0	0.0	0.3	0.3	0.0	0.0	0.0	0.4	0.0
Greenland	326	6.2	3.2	3.5	2.8	2.0	1.3	4.6	0.3	0.1	0.4	0.0	0.0
Grenada	328	2.3	1.8	2.8	1.6	2.5	2.9	1.5	1.0	1.7	0.8	1.5	1.5
Guatemala	258	65.3	77.1	98.9	154.5	87.1	62.4	31.6	32.1	40.3	44.8	46.9	35.2
Guyana	336	5.5	12.2	10.1	6.0	3.5	3.5	13.4	10.6	7.3	12.3	12.6	12.5
Haiti	263	50.1	49.1	54.2	63.3	48.6	48.2	9.9	8.1	8.3	10.6	13.5	12.3
Honduras	268	14.7	21.3	20.9	46.2	23.4	18.0	88.0	66.0	58.9	81.0	80.5	75.3
Jamaica	343	19.9	21.5	22.5	22.4	15.4	24.8	18.8	18.2	17.3	43.2	19.7	10.9
Mexico	273	2,992.6	3,027.0	3,333.4	3,511.1	3,561.9	4,130.7	1,086.0	1,205.9	1,466.9	1,845.0	2,104.2	1,899.0
Montserrat	351	0.1	0.0	0.1	0.3	1.2	0.5	0.2	0.2	0.0	0.1	0.3	0.8
Netherlands Antilles	353	50.1	50.9	....	....	....	....	21.8	37.9	....	....	....	....
Nicaragua	278	12.0	12.6	13.6	62.6	23.7	11.5	32.4	41.7	48.0	37.2	31.2	33.6
Panama	283	313.6	1,117.4	1,067.9	391.4	401.7	319.2	5.8	9.0	12.6	13.1	8.7	15.9
Paraguay	288	65.3	61.6	78.9	88.1	87.7	61.6	102.8	11.2	107.6	96.5	71.4	27.4
Peru	293	264.9	313.9	275.8	306.1	315.2	351.3	350.7	298.6	267.5	297.4	332.7	311.5
Sint Maarten	352	....	....	34.9	34.0	35.6	33.5	....	....	1.8	2.0	2.2	2.1
St. Kitts and Nevis	361	0.8	0.8	1.6	1.0	0.9	1.0	0.2	0.3	0.1	0.1	0.2	0.2
St. Lucia	362	7.7	6.4	6.5	7.5	7.1	11.0	0.4	10.6	1.0	1.0	0.9	1.3
St. Vincent & Grens.	364	2.1	3.5	5.4	20.4	3.4	11.4	9.5	1.1	0.0	3.4	1.8	111.5
Suriname	366	15.8	24.6	55.6	12.5	29.0	10.5	59.6	68.9	67.6	86.8	132.5	38.3
Trinidad and Tobago	369	73.6	104.7	198.4	75.3	45.4	33.3	538.9	333.2	309.4	246.3	209.5	195.0
Uruguay	298	232.6	247.7	274.8	244.2	181.2	142.6	39.7	37.2	36.5	47.5	63.6	93.6
Venezuela, Rep. Bol.	299	539.5	620.7	633.7	551.6	314.6	240.2	387.8	359.7	111.1	134.7	97.4	66.4
Western Hem. n.s.	399	140.1	125.7	112.2	145.9	133.4	103.6	230.2	97.9	65.3	65.1	25.7	56.5
Other Countries n.i.e	910	288.5	285.9	326.7	210.5	167.3	145.1	13.3	33.0	23.8	13.2	16.9	19.2
Cuba	928	281.4	283.7	325.3	209.4	164.0	142.9	12.2	32.5	23.1	12.5	16.6	18.8
Korea, Dem. People's Rep.	954	7.1	2.2	1.4	1.1	3.3	2.2	1.1	0.6	0.7	0.7	0.3	0.3
Special Categories	899	2,765.7	3,138.6	3,309.7	2,861.8	2,351.1	1,737.2	2.6	52.4	27.3	69.8	0.0	12.3
Countries & Areas n.s.	898	1,356.2	1,341.3	812.9	391.6	749.7	658.9	348.2	105.3	259.8	5,258.5	4,932.4	6,753.3
Memorandum Items													
Africa	605	36,790.3	33,592.3	34,060.2	34,837.5	28,798.4	26,644.3	31,126.1	28,573.5	28,836.5	29,504.4	22,604.6	19,588.6
Middle East	405	22,284.5	19,993.5	20,815.1	19,938.3	20,660.8	18,285.0	18,902.0	19,375.0	19,535.7	17,612.6	10,187.5	8,982.0
European Union	998	362,390.2	334,703.8	344,338.2	348,395.9	296,913.7	297,499.6	484,946.2	452,812.7	461,836.6	457,827.5	392,450.0	395,883.6
Export earnings: fuel	080	43,485.0	43,019.8	43,203.9	41,834.4	34,249.5	29,883.7	63,841.6	57,837.8	56,524.3	52,730.1	32,068.0	25,879.7
Export earnings: nonfuel	092	552,812.5	526,142.0	537,642.1	538,414.6	471,295.0	471,001.5	656,045.8	617,178.5	624,887.3	624,006.1	541,114.7	546,778.5

French Territories: French Polynesia (887)
In Millions of U.S. Dollars

		Exports (FOB) 2011	2012	2013	2014	2015	2016	Imports (CIF) 2011	2012	2013	2014	2015	2016
IFS World		....	....	....	....	....	....	....	....	....	....	....	....
World	001	249.3	243.5	257.2	278.7	214.3	229.3	1,628.7	1,707.9	1,816.5	1,763.6	1,536.5	1,488.3
Advanced Economies	110	132.4	130.6	136.1	151.4	122.4	114.2	1,338.5	1,374.1	1,438.1	1,419.5	1,183.1	1,238.5
Euro Area	163	32.0	23.5	24.2	21.5	20.0	21.6	618.4	593.9	647.4	655.3	565.6	611.1
Austria	122	0.0	0.0	0.1	0.0	0.0	0.0	2.4	3.7	3.0	3.1	2.4	1.4
Belgium	124	0.1	0.2	0.1	0.4	0.4	0.3	28.7	27.1	31.3	30.8	22.2	25.9
Cyprus	423	....	....	....	....	....	....	0.1	0.1	0.1	0.0	0.1	0.3
Estonia	939	0.0	0.0	....	....	....	0.0	0.0	0.0	0.0	0.0	0.0	0.2
Finland	172	0.0	0.0	....	....	0.0	0.0	0.9	1.4	1.5	1.7	1.2	1.1
France	132	29.9	21.7	21.3	19.4	18.1	20.0	429.8	411.0	448.1	455.4	390.3	424.1
Germany	134	1.3	0.8	1.4	1.1	0.9	0.8	56.1	49.5	57.6	52.0	50.6	55.8
Greece	174	....	....	0.7	....	....	....	1.7	1.4	1.3	1.3	0.8	0.3
Ireland	178	0.0	0.0	0.0	....	....	....	9.3	8.4	9.4	6.2	5.2	3.1
Italy	136	0.1	0.2	0.4	0.3	0.1	0.1	44.2	42.2	43.1	46.4	40.8	39.6
Latvia	941	....	....	....	0.0	....	....	0.0	0.0	0.0	0.1	0.0	0.0
Lithuania	946	0.0	0.0	0.0	0.0	0.0	0.0	0.1	0.1	0.2	0.2	0.2	0.4
Luxembourg	137	0.1	0.0	0.0	0.0	0.0	0.0	1.2	0.2	0.2	0.3	0.2	0.2
Malta	181	0.0	0.0	....	0.0	0.0	0.0	0.5	0.5	0.6	0.5	0.3	0.3
Netherlands	138	0.3	0.4	0.2	0.1	0.3	0.3	17.0	20.0	19.4	22.8	20.8	24.1
Portugal	182	....	....	0.0	0.0	0.0	0.0	2.8	3.0	5.6	4.3	2.9	3.0
Slovak Republic	936	....	....	0.0	0.0	0.0	0.0	1.4	1.2	1.6	1.9	0.8	0.3
Slovenia	961	0.0	....	....	....	0.0	....	0.2	0.2	0.2	0.4	0.3	0.2
Spain	184	0.0	0.0	0.0	0.0	0.1	0.1	22.0	23.8	24.4	27.8	26.4	30.8
Australia	193	0.6	1.1	0.3	0.4	0.8	0.4	48.8	68.7	52.6	51.5	43.8	32.6
Canada	156	0.5	0.5	0.3	2.5	0.4	0.6	8.0	16.9	9.7	9.9	7.5	5.0
China,P.R.: Hong Kong	532	39.8	38.3	41.7	48.9	31.8	32.8	7.7	8.0	11.1	8.5	7.8	7.8
Czech Republic	935	....	....	0.0	....	....	....	3.1	....	2.9	2.6	3.3	2.1
Denmark	128	0.3	0.2	0.5	0.5	8.3	3.4	4.1	6.3	5.6	5.1	5.6	4.6
Iceland	176	....	....	....	....	0.0 e	0.0 e	0.2	0.1	0.1	0.2	0.1	0.0
Israel	436	0.0	0.0	0.0	0.1	....	....	1.0	0.6	0.9	2.1	0.8	0.8
Japan	158	31.1	38.7	44.5	47.0	34.0	33.5	32.6	31.6	28.1	27.5	24.2	33.8
Korea, Republic of	542	0.5	0.4	0.2	0.3	0.7	0.7	25.0	166.1	197.7	55.3	73.7	159.3
New Zealand	196	1.5	1.7	1.6	2.0	2.1	1.5	138.7	143.6	145.4	140.3	115.0	115.6
Norway	142	0.0	0.0	0.0	0.0	0.0	0.0	1.0	1.1	1.5	1.3	3.4	2.5
Singapore	576	1.0	1.4	0.1	7.5	0.3	0.1	250.4	140.7	126.3	235.4	130.5	87.1
Sweden	144	0.0	0.2	0.1	0.1	0.1	0.1	3.3	4.0	4.3	3.7	3.3	7.8
Switzerland	146	0.1	0.0	0.2	0.1	0.0	0.1	7.3	7.8	10.3	11.4	12.1	14.6
Taiwan Prov. of China	528	0.9 e	0.9 e	0.3 e	0.3 e	0.1 e	0.2 e	0.9 e	1.6 e	1.7 e	1.9 e	9.7 e	1.6 e
United Kingdom	112	0.1	0.0	0.1	0.1	0.2	0.2	20.0	18.0	18.4	19.3	17.5	18.5
United States	111	24.1	23.6	22.0	20.2	23.5	19.0	168.1	165.0	173.9	188.2	159.1	133.8
Emerg. & Dev. Economies	200	116.9	113.0	121.1	127.3	91.9	115.1	289.9	333.5	378.1	343.2	352.5	248.9
Emerg. & Dev. Asia	505	14.4	7.5	7.3	8.4	6.5	10.9	243.3	281.5	326.9	289.2	302.9	188.0
American Samoa	859	0.0	0.2	0.1	0.1	0.4	0.3	0.0	....	....	....	....	....
Bangladesh	513	....	....	....	....	....	....	0.7	1.3	0.9	0.7	1.2	1.1
Cambodia	522	....	....	0.0	0.0	....	....	0.1	0.1	0.2	0.2	0.5	0.4
China,P.R.: Mainland	924	2.9	3.2	2.4	2.3	1.8	4.3	153.3	167.6	178.1	184.1	202.1	106.2
Fiji	819	0.0	0.1	0.5	0.0	0.0	0.0	4.1	4.9	4.7	4.9	3.7	3.8
F.T. New Caledonia	839	2.5	3.0	2.6	2.5	1.9	2.0	0.9	1.2	1.3	1.2	1.2	1.1
India	534	0.1	0.1	0.1	0.1	0.1	0.0	5.1	5.4	5.5	6.2	7.2	7.6
Indonesia	536	7.9	0.0	0.1	0.3	0.2	2.1	13.7	14.0	13.2	13.7	16.9	12.3
Malaysia	548	0.0	0.0	0.1	0.0	0.0	0.0	9.0	9.2	10.5	11.8	11.1	2.5
Papua New Guinea	853	....	....	0.0	0.0	0.0	0.0	0.7	0.3	0.1	0.1	0.0	0.0
Philippines	566	0.1	0.1	0.0	0.1	0.1	....	2.0	16.1	47.1	1.0	1.1	1.3
Samoa	862	0.0	0.0	0.0	0.0	0.0	0.0	0.1	0.1	0.1	0.1	0.0	0.0
Sri Lanka	524	....	....	....	....	0.0	0.0	0.6	0.4	0.5	0.3	0.4	1.4
Thailand	578	0.3	0.3	0.2	0.2	0.1	0.1	42.4	46.9	46.2	44.8	39.1	32.4
Vanuatu	846	0.0	0.0	0.0	1.5	0.1	0.1	0.0	0.0	0.0	0.0	0.0	0.0
Vietnam	582	0.5	0.5	1.3	1.3	1.7	1.6	2.2	5.9	8.5	8.6	8.3	8.1
Asia n.s.	598	....	....	....	....	....	....	8.4	8.4	10.2	11.3	10.0	9.8

2017, International Monetary Fund: Direction of Trade Statistics Yearbook

French Territories: French Polynesia (887)
In Millions of U.S. Dollars

		Exports (FOB) 2011	2012	2013	2014	2015	2016	Imports (CIF) 2011	2012	2013	2014	2015	2016
Europe	170	99.9	104.7	106.5	109.8	84.8	104.0	19.1	16.1	17.8	22.2	18.2	20.8
Emerg. & Dev. Europe	903	0.0	0.1	0.0	0.1	0.1	0.1	18.3	15.7	17.5	21.6	17.7	20.7
Albania	914	....	....	....	....	0.0 e	....	0.0	0.0	0.0	0.1	0.1	0.1
Bulgaria	918	....	....	....	....	....	....	0.3	0.2	0.4	0.6	0.5	0.0
Croatia	960	....	....	....	0.1	0.1	0.1	0.2	0.2	0.3	0.2	0.2	0.0
Hungary	944	0.0	0.0	0.0	0.0	0.0	0.0	3.0	2.9	3.5	4.0	3.4	3.1
Poland	964	....	....	....	0.0	0.0	0.0	4.8	4.8	4.5	6.2	5.3	4.5
Romania	968	0.0	....	0.0	....	....	0.0	5.7	3.5	4.2	5.5	3.6	4.4
Serbia, Republic of	942	0.0 e	0.0 e	0.0 e	0.0 e	0.0 e	....	0.1	0.0	0.0	0.3	0.4	0.0
Turkey	186	0.0	....	0.0	0.0	0.0	0.0	4.2	4.0	4.4	4.7	4.2	8.6
CIS	901	99.9	104.7	106.5	109.7	84.7	103.9	0.8	0.4	0.2	0.5	0.4	0.0
Georgia	915	0.0 e	....	....	....	0.1 e	....	0.0	0.0	0.0	0.0	0.0	0.0
Kyrgyz Republic	917	99.9 e	104.7 e	106.5 e	109.7 e	84.6 e	103.9 e	....	....	....	....	....	....
Russian Federation	922	....	....	0.0	....	....	....	0.4	0.2	0.1	0.2	0.3	0.0
Ukraine	926	0.0	....	....	....	....	....	0.4	0.2	0.1	0.3	0.1	....
Europe n.s.	884	....	....	....	....	....	....	0.0	....	0.0	0.1	0.0	0.0
Mid East, N Africa, Pak	440	0.2	0.0	0.0	0.1	0.0	0.1	4.5	6.2	8.2	7.1	3.9	3.8
Algeria	612	....	....	....	0.0	....	....	0.0	0.0	0.0	0.0	0.0	0.3
Egypt	469	....	....	....	....	....	....	0.2	0.1	0.1	0.1	0.1	0.1
Iran, I.R. of	429	....	....	....	....	....	....	0.8	1.7	3.4	1.4	0.0	0.0
Jordan	439	....	....	....	....	....	....	0.1	0.1	0.0	0.1	0.0	0.0
Morocco	686	0.1	0.0	....	....	....	....	0.9	1.3	1.5	1.8	1.3	0.6
Oman	449	....	....	....	....	....	....	....	0.0	0.0	0.1	....	....
Pakistan	564	....	....	....	0.0	....	....	0.7	0.9	0.6	0.7	0.8	0.8
Saudi Arabia	456	....	....	....	0.0	....	....	0.1	0.0	0.2	0.1	0.1	0.1
Tunisia	744	....	....	0.0	....	....	0.0	1.4	1.5	2.1	1.2	1.1	1.4
United Arab Emirates	466	0.1	0.0	0.0	0.1	0.0	0.0	0.2	0.4	0.2	1.6	0.4	0.4
Sub-Saharan Africa	603	0.4	0.1	0.2	0.0	0.1	0.1	2.8	7.7	3.4	1.8	4.0	15.7
Angola	614	0.3 e	0.0 e	0.0 e	....	....	....	....	0.0	....	....	0.0	0.0
Cameroon	622	....	....	....	....	0.0	0.0	0.0	0.0	0.1	0.0	0.0	0.0
Chad	628	....	....	....	....	....	....	....	2.5	....	....	....	....
Côte d'Ivoire	662	....	....	....	....	0.0	0.0	0.1	0.1	0.1	0.1	0.1	0.1
Ethiopia	644	....	....	....	....	....	....	0.1	0.0	0.2	0.0	0.1	0.1
Ghana	652	....	....	....	....	0.0	0.0	0.1	0.1	0.1	0.0	0.0	0.0
Madagascar	674	0.0	....	0.2	....	....	....	0.0	0.1	0.0	0.1	0.1	0.1
Mali	678	....	....	....	....	....	....	0.0	0.0	0.1	0.0	0.0	0.0
Mauritius	684	....	....	....	....	0.0	0.0	0.0	0.0	0.0	0.0	0.1	0.0
Mozambique	688	0.1 e	....	....	0.0 e	0.0 e	0.0 e	....	....	....	0.0	....	....
Senegal	722	....	....	....	....	....	....	0.2	0.3	0.2	0.2	0.1	0.1
Seychelles	718	0.0 e	....	....	....	....	....	0.1	0.0	0.0	0.0	0.1	0.1
South Africa	199	....	0.1	....	....	0.0	0.0	2.0	4.6	2.3	1.2	3.3	15.0
Western Hemisphere	205	2.0	0.5	7.1	9.0	0.5	0.2	20.2	21.9	21.9	23.0	23.5	20.6
Argentina	213	0.0	....	0.0	0.0	0.0	0.0	4.4	5.0	5.1	4.3	3.6	3.8
Bolivia	218	....	0.0	....	....	....	....	0.0	0.0	0.0	0.1	0.0	0.0
Brazil	223	0.2	0.1	0.0	0.2	0.0	0.0	2.6	2.7	2.2	2.1	2.2	2.6
Chile	228	0.2	0.5	0.4	0.4	0.5	0.1	2.3	2.1	1.9	1.9	1.7	1.9
Colombia	233	....	0.0	6.6	8.0	....	....	0.1	0.3	0.5	0.2	0.2	0.6
Costa Rica	238	....	....	....	0.0	....	0.0	0.2	0.3	0.3	0.2	0.1	0.1
Dominican Republic	243	....	....	....	0.0	....	....	0.1	0.1	0.1	0.2	0.2	0.1
Ecuador	248	....	....	0.0	0.3	....	....	0.2	0.2	0.0	0.0	0.1	0.1
El Salvador	253	....	....	0.0 e	0.0 e	0.0 e	....	0.0	0.0	0.0	0.0	0.0	0.1
Guatemala	258	....	0.0	....	....	....	....	0.0	0.1	0.0	0.0	0.1	0.1
Guyana	336	1.6	....	0.0	....	....	....	0.0	0.1	0.1	0.0	0.6	0.6
Honduras	268	....	....	....	....	....	....	0.0	0.2	0.1	0.0	0.1	0.1
Mexico	273	....	....	0.0	0.0	0.0	0.0	3.7	4.2	4.1	4.3	4.2	4.2
Nicaragua	278	....	0.0 e	....	....	....	....	0.0	0.1	0.1	0.0	0.0	0.0
Peru	293	....	0.0	....	....	....	0.0	0.5	0.4	0.5	0.6	0.2	0.3
Uruguay	298	....	....	0.0	....	....	....	5.9	5.9	6.5	8.8	10.1	6.0
Other Countries n.i.e	910	....	....	0.0	....	....	....	0.1	0.1	0.1	0.3	0.2	0.2
Cuba	928	....	....	0.0	....	....	....	0.0	0.1	0.1	0.1	0.1	0.1

French Territories: French Polynesia (887)

In Millions of U.S. Dollars

		Exports (FOB)						Imports (CIF)					
		2011	2012	2013	2014	2015	2016	2011	2012	2013	2014	2015	2016
Korea, Dem. People's Rep.	954	....	....	....	....	....	....	0.0	0.0	0.1	0.2	0.1	0.1
Countries & Areas n.s.	898	....	....	....	....	....	....	**0.2**	**0.2**	**0.2**	**0.5**	**0.7**	**0.7**
Memorandum Items													
Africa	605	0.5	0.1	0.2	0.0	0.1	0.1	5.2	10.6	7.1	4.8	6.4	18.0
Middle East	405	0.1	0.0	0.0	0.1	0.0	0.0	1.4	2.4	4.0	3.4	0.7	0.7
European Union	998	32.4	24.0	24.8	22.3	28.7	25.5	662.8	634.0	691.6	702.5	608.4	656.1
Export earnings: fuel	080	0.4	0.0	6.6	8.4	0.0	0.0	1.9	5.6	4.6	3.8	1.3	1.5
Export earnings: nonfuel	092	248.9	243.5	250.6	270.3	214.3	229.3	1,626.8	1,702.3	1,812.0	1,759.8	1,535.2	1,486.7

French Territories: New Caledonia (839)

In Millions of U.S. Dollars

		Exports (FOB) 2011	2012	2013	2014	2015	2016	Imports (CIF) 2011	2012	2013	2014	2015	2016
IFS World		....	....	....	....	....	....	....	....	....	....	....	....
World	001	1,659.9	1,293.3	1,265.6	1,605.6	1,287.2	1,121.7	3,715.9	3,261.6	3,252.7	3,332.1	2,544.4	2,455.8
Advanced Economies	110	1,452.2	1,070.1	1,033.1	1,194.1	760.1	705.6	2,888.6	2,654.2	2,650.2	2,625.7	1,830.8	1,801.2
Euro Area	163	477.2	377.3	327.8	329.4	127.4	145.4	1,272.3	1,061.2	1,108.5	1,108.1	857.1	826.8
Austria	122	....	0.0	0.1	0.1	0.0	0.0	11.2	10.0	8.1	13.6	8.6	7.7
Belgium	124	73.7	54.4	70.5	76.1	51.9	50.3	43.1	41.9	39.2	41.0	31.8	30.3
Cyprus	423	....	....	....	....	....	....	0.1	0.1	0.2	0.1	0.2	0.2
Estonia	939	....	....	....	....	0.0	0.0	4.7	1.8	1.4	0.4	0.4	0.4
Finland	172	0.0	0.0	0.0	0.0	0.0	0.0	11.5	6.6	7.3	8.5	2.5	2.9
France	132	297.3	237.4	194.7	178.6	33.4	56.1	816.4	721.6	758.1	738.3	649.8	617.0
Germany	134	1.0	0.5	0.9	0.7	0.6	0.5	158.2	114.7	121.7	122.7	22.6	33.6
Greece	174	....	....	....	....	....	....	1.4	1.3	2.2	2.2	1.8	1.8
Ireland	178	0.0	....	0.4	0.9	0.1	0.1	9.0	9.9	10.6	9.9	9.5	9.0
Italy	136	28.2	30.5	13.3	10.2	0.7	0.6	106.0	84.0	78.2	81.1	57.1	55.5
Latvia	941	....	....	....	....	....	....	0.0	0.2	0.0	0.0	0.1	0.0
Lithuania	946	....	....	....	0.0	....	....	0.2	0.3	0.4	0.3	0.3	0.3
Luxembourg	137	....	0.0	....	....	0.0	0.0	0.9	0.7	1.1	1.3	0.7	0.6
Malta	181	0.0	....	....	....	....	....	0.2	0.3	0.5	0.3	0.3	0.4
Netherlands	138	12.4	5.2	1.5	8.5	0.1	0.1	57.7	20.3	24.2	20.3	19.8	19.2
Portugal	182	0.0	....	0.0	....	0.0	0.0	4.7	4.5	5.3	5.7	4.9	4.5
Slovak Republic	936	....	....	....	....	....	....	3.3	2.5	1.9	1.5	1.5	1.5
Slovenia	961	....	....	....	....	....	....	0.7	1.0	1.7	2.2	1.4	1.4
Spain	184	64.6	49.1	46.4	54.3	40.4	37.6	43.1	39.6	46.4	58.5	43.8	40.6
Australia	193	218.4	123.2	162.5	189.6	12.7	11.1	353.5	353.0	286.8	296.3	144.6	151.1
Canada	156	0.4	0.4	1.0	0.9	1.3	1.3	31.6	29.5	25.8	11.4	27.2	25.4
China,P.R.: Hong Kong	532	4.3	3.1	7.1	14.4	32.2	25.2	9.1	7.7	8.4	9.4	7.4	7.0
China,P.R.: Macao	546	0.0	....	0.0	....	....	....	0.0	0.0	0.0	0.1	0.0	0.0
Czech Republic	935	....	0.0	0.0	0.0	....	....	9.8	7.7	6.5	6.7	5.3	5.1
Denmark	128	0.0	....	0.0	....	0.0	0.0	8.2	8.8	7.7	8.2	6.9	6.5
Iceland	176	....	0.0	....	....	....	....	0.2	0.2	0.2	0.2	0.4	0.4
Israel	436	0.0	....	....	....	0.0	0.0	6.6	5.1	2.1	1.6	0.9	1.0
Japan	158	332.6	202.4	179.7	248.1	197.6	175.9	72.7	62.4	63.7	82.2	89.5	79.2
Korea, Republic of	542	160.0	156.8	142.2	156.2	187.3	164.8	128.8	127.1	130.1	141.2	157.4	142.1
New Zealand	196	12.8	3.3	2.2	2.2	1.9	1.5	154.4	142.5	135.4	131.1	120.6	113.7
Norway	142	0.0	....	0.0	....	0.0	0.0	8.2	7.3	4.7	7.9	2.0	2.1
Singapore	576	0.2	0.1	2.9	2.8	0.9	0.7	540.3	604.1	631.3	580.1	207.8	247.6
Sweden	144	0.0	....	9.1	0.0	0.1	0.1	32.8	18.3	14.9	9.2	7.3	7.9
Switzerland	146	0.5	0.0	0.0	1.0	0.4	0.4	22.4	15.4	25.0	19.3	22.0	21.0
Taiwan Prov.of China	528	172.5	140.1	129.8	159.2	156.3	137.5	19.0	16.5	15.8	16.8	14.9	13.9
United Kingdom	112	0.0	0.9	3.8	0.3	0.3	0.2	50.5	57.0	41.9	39.5	50.5	45.7
United States	111	73.2	62.6	65.1	90.0	41.7	41.3	168.0	130.5	141.6	156.4	109.0	104.9
Emerg. & Dev. Economies	200	190.1	208.9	219.2	395.3	511.2	402.1	821.7	605.3	601.0	703.9	712.2	653.3
Emerg. & Dev. Asia	505	155.9	169.4	187.7	344.9	507.7	398.5	720.9	515.7	508.5	604.9	618.9	560.9
American Samoa	859	0.7	0.7	0.8	0.7	0.4	0.4	....	0.0	....	0.0	....	....
Bangladesh	513	....	....	....	....	....	....	3.1	2.7	3.3	3.5	3.6	3.3
Cambodia	522	....	0.0	....	0.0	1.4	1.4	0.2	0.3	0.6	0.8	0.8	0.7
China,P.R.: Mainland	924	103.0	135.9	133.7	309.7	442.6	341.0	371.4	273.1	263.5	288.4	258.3	239.3
Fiji	819	0.2	0.2	1.9	0.5	0.2	0.2	3.3	2.8	4.9	3.3	7.7	6.8
F.T. French Polynesia	887	29.0	1.1	1.3	1.4	1.2	1.1	2.7	2.4	2.5	2.2	1.9	1.8
India	534	10.0	19.9	28.9	17.9	50.5	44.4	101.7	55.3	13.4	24.8	12.4	11.0
Indonesia	536	0.2	0.2	0.3	0.4	0.3	0.3	41.5	27.4	20.2	49.0	19.6	17.4
Malaysia	548	0.1	0.1	0.0	0.3	0.1	0.1	64.2	38.3	73.3	109.4	169.5	144.3
Mongolia	948	....	....	....	....	....	....	....	0.1	0.0	0.3	....	....
Myanmar	518	....	....	....	0.1	....	....	0.0	0.0	0.0	0.0	0.0	0.0
Nepal	558	....	....	....	....	....	....	0.1	0.1	0.1	0.1	0.0	0.0
Papua New Guinea	853	0.1	0.0	0.0	0.0	0.0	0.0	1.1	1.4	1.3	1.5	1.3	1.2
Philippines	566	0.0	0.0	0.0	0.0	0.0	0.0	18.8	4.7	5.6	7.1	11.6	12.1
Samoa	862	0.0	0.4	0.2	....	0.0	0.0	0.1	0.3	0.0	0.0	0.0	0.0
Solomon Islands	813	0.1	0.0	0.0	0.0	0.1	0.1	0.4	0.5	0.6	0.6	0.8	0.7
Sri Lanka	524	....	....	0.1	0.0	....	....	0.7	0.9	0.9	0.9	0.9	0.9

French Territories: New Caledonia (839)
In Millions of U.S. Dollars

		Exports (FOB) 2011	2012	2013	2014	2015	2016	Imports (CIF) 2011	2012	2013	2014	2015	2016
Thailand	578	0.2	....	0.1	0.2	0.1	0.1	77.5	70.8	84.3	77.7	79.1	74.3
Tonga	866	0.0	0.0	0.1	0.0	0.0	0.0	....	0.0	0.0	0.0	....	....
Vanuatu	846	2.3	2.2	1.9	1.9	3.6	3.0	4.1	3.0	3.5	4.1	5.7	5.0
Vietnam	582	2.5	2.4	12.7	4.7	0.4	0.4	15.9	17.0	14.6	16.7	26.7	23.1
Asia n.s.	598	7.6	6.1	5.7	7.0	6.9	6.0	14.1	14.5	15.9	14.6	19.0	19.0
Europe	170	**0.1**	**0.0**	**0.0**	**0.1**	**0.0**	**0.0**	**52.5**	**44.6**	**51.4**	**59.3**	**45.0**	**44.3**
Emerg. & Dev. Europe	903	**0.0**	**0.0**	**0.0**	**0.1**	**0.0**	**0.0**	**50.4**	**42.8**	**46.0**	**48.1**	**42.2**	**41.4**
Albania	914	....	....	....	....	....	....	0.1	0.1	0.1	0.1	0.0	0.0
Bulgaria	918	....	....	....	0.0	....	....	1.4	0.5	0.5	1.2	0.4	0.4
Croatia	960	....	....	....	....	....	....	0.2	0.1	0.1	0.4	0.1	0.1
Faroe Islands	816	....	....	....	....	....	....	0.1	0.0	0.0	0.0	....	....
Hungary	944	....	0.0	0.0	0.0	....	....	7.3	6.7	7.9	10.2	8.2	7.5
Macedonia, FYR	962	....	....	....	....	....	....	0.0	0.0	0.0	0.0	0.1	0.1
Poland	964	0.0	0.0	0.0	0.1	0.0	0.0	14.5	13.3	12.6	11.3	11.2	10.6
Romania	968	....	....	....	....	....	....	12.8	10.8	10.3	11.4	12.0	12.6
Serbia, Republic of	942	....	....	....	....	....	....	0.3	0.2	0.1	0.1	0.2	0.2
Turkey	186	....	....	....	....	0.0	0.0	13.8	11.1	14.3	13.3	9.9	9.8
CIS	901	**0.1**	**0.0**	....	....	**0.0**	**0.0**	**1.1**	**1.3**	**5.0**	**1.7**	**2.5**	**2.8**
Georgia	915	0.1	....	....	....	....	....	0.1	0.0	0.0	0.0	0.0	0.0
Moldova	921	....	....	....	....	....	....	0.0	0.0	0.1	0.2	0.0	0.0
Russian Federation	922	0.0	0.0	....	....	0.0	0.0	0.5	0.8	3.1	1.0	2.0	2.1
Ukraine	926	....	0.0	....	....	....	....	0.5	0.4	1.7	0.4	0.4	0.6
Europe n.s.	884	....	....	....	....	....	....	1.1	0.5	0.4	9.5	0.2	0.2
Mid East, N Africa, Pak	440	**0.3**	**0.1**	**0.6**	**5.5**	**0.8**	**0.8**	**10.6**	**10.6**	**11.8**	**11.0**	**28.0**	**28.3**
Algeria	612	....	....	....	....	....	....	0.2	0.0	0.1	0.1	0.0	0.0
Djibouti	611	....	....	....	0.1	0.0	0.0	0.0	0.0	0.0	....	0.0	0.0
Egypt	469	....	....	....	....	....	....	0.4	0.4	0.4	0.4	0.4	0.4
Iran, I.R. of	429	....	....	0.4	....	....	....	0.1	0.1	0.1	0.1	0.1	0.1
Jordan	439	....	0.0	....	....	0.5	0.5	0.0	0.1	0.0	0.0	0.0	0.0
Mauritania	682	....	0.0	....	....	....	....	0.0	0.1	0.0	0.0	0.0	0.0
Morocco	686	0.1	....	0.0	0.0	0.0	0.0	3.4	3.8	4.2	3.6	2.9	2.9
Oman	449	....	....	....	....	....	....	0.0	0.5	0.2	0.0	0.1	0.1
Pakistan	564	....	....	....	0.0	0.0	0.0	1.6	1.5	1.4	1.8	1.8	1.6
Qatar	453	....	....	....	....	....	....	0.2	0.0	0.1	0.0	9.0	9.0
Saudi Arabia	456	0.2	0.1	0.2	5.3	....	....	1.2	0.6	1.8	2.0	0.0	0.0
Tunisia	744	....	0.0	0.0	0.0	0.0	0.0	2.5	2.6	2.9	2.7	2.4	2.3
United Arab Emirates	466	0.0	0.0	0.1	0.1	0.2	0.2	0.9	0.8	0.5	0.2	11.2	11.8
Sub-Saharan Africa	603	**31.5**	**39.0**	**30.9**	**43.2**	**2.1**	**2.1**	**9.7**	**8.8**	**9.4**	**5.5**	**1.5**	**1.4**
Cameroon	622	....	0.0	0.0	0.0	0.1	0.1	0.1	0.1	0.2	0.0	0.0	0.0
Central African Rep.	626	....	....	....	....	....	....	0.0	0.0	....	....	0.1	0.1
Congo, Republic of	634	....	....	0.1	....	....	....	....	0.0	0.1	....	....	....
Côte d'Ivoire	662	....	0.0	0.1	0.0	0.1	0.1	0.2	0.4	0.0	0.3	0.0	0.0
Equatorial Guinea	642	....	0.0	....	....	....	....	....	....	0.1	0.0	0.0	0.0
Ethiopia	644	....	....	....	....	....	....	0.1	0.1	0.1	0.2	0.2	0.2
Gabon	646	....	0.0	0.0	0.0	0.1	0.1	0.1	0.0	....	....	0.0	0.0
Ghana	652	....	0.0	....	0.0	....	....	0.0	0.1	0.1	0.1	0.1	0.1
Kenya	664	....	0.0	....	0.0	1.3	1.3	0.0	0.1	0.0	0.0	0.0	0.0
Madagascar	674	0.2	0.0	0.1	0.7	0.2	0.2	0.1	0.4	0.2	0.1	0.3	0.3
Mali	678	....	....	....	....	0.2	0.2	0.1	0.1	0.1	0.1	0.0	0.0
Mauritius	684	0.1	0.0	0.1	0.0	0.1	0.1	0.2	0.1	0.1	0.1	0.1	0.1
Namibia	728	....	....	....	....	0.0	0.0	0.0	....	0.3	....	0.0	0.0
Senegal	722	....	....	....	....	0.1	0.1	0.1	0.0	0.0	0.1	0.0	0.0
Seychelles	718	....	....	....	0.0	0.0	0.0	0.1	0.1	0.1	0.2	0.1	0.1
Sierra Leone	724	....	....	....	....	....	....	0.2	0.2	0.4	0.1	0.1	0.1
South Africa	199	31.2	38.9	30.5	42.4	....	....	8.1	6.9	7.0	3.9	0.1	0.1
Swaziland	734	....	....	....	....	....	....	0.2	0.1	0.1	0.1	0.2	0.2
Tanzania	738	....	....	....	....	0.0	0.0	0.0	....	0.0	0.1	0.0	0.0
Western Hemisphere	205	**2.3**	**0.4**	**0.1**	**1.5**	**0.7**	**0.7**	**27.9**	**25.5**	**19.9**	**23.2**	**18.9**	**18.3**
Argentina	213	....	....	....	....	....	....	2.4	2.8	2.9	2.1	0.2	0.6
Bolivia	218	....	....	....	0.0	....	....	0.0	0.1	0.0	0.0	0.1	0.1

French Territories: New Caledonia (839)
In Millions of U.S. Dollars

		Exports (FOB) 2011	2012	2013	2014	2015	2016	Imports (CIF) 2011	2012	2013	2014	2015	2016
Brazil	223	2.3	0.0	....	1.4	0.5	0.5	11.2	9.7	11.2	13.9	9.4	8.9
Chile	228	....	0.0	....	0.0	0.0	0.0	9.4	2.6	1.0	1.7	1.5	1.4
Colombia	233	....	....	....	0.0	....	....	0.1	0.1	0.1	0.2	0.1	0.1
Costa Rica	238	....	....	....	....	0.0	0.0	0.4	0.4	0.4	0.3	1.0	0.9
Dominican Republic	243	....	....	....	....	0.1	0.1	0.1	4.3	0.1	0.1	0.1	0.1
Ecuador	248	....	....	....	....	....	....	0.1	0.6	0.1	0.2	0.1	0.1
Guyana	336	0.0	0.2	0.0	0.0	0.0	0.0	0.1	0.0	0.0	0.0	0.0	0.0
Honduras	268	....	....	....	....	....	....	0.2	0.1	0.1	0.1	0.0	0.0
Mexico	273	0.0	....	0.0	....	....	....	3.5	3.8	2.7	3.0	4.1	4.2
Nicaragua	278	....	....	....	....	....	....	0.0	0.0	0.1	0.0	0.0	0.0
Panama	283	....	0.1	0.0	....	....	....	0.0	0.0	0.0	0.0	0.0	0.0
Peru	293	....	0.0	....	....	....	....	0.3	0.9	1.1	1.5	2.0	1.7
Trinidad and Tobago	369	....	....	....	....	....	....	0.1	0.0	0.0	0.0	0.0	0.0
Other Countries n.i.e	910	0.0	0.0	0.0	....	0.0	0.0	0.7	0.6	0.7	0.6	0.5	0.5
Cuba	928	....	....	....	....	....	....	0.2	0.3	0.3	0.3	0.3	0.3
Korea, Dem. People's Rep.	954	0.0	0.0	0.0	....	0.0	0.0	0.5	0.3	0.4	0.4	0.2	0.2
Special Categories	899	0.2	0.2	0.2	0.2	0.2	0.2	....	....	....	....	....	....
Countries & Areas n.s.	898	17.4	14.1	13.1	16.0	15.7	13.9	4.9	1.5	0.8	1.9	0.8	0.8
Memorandum Items													
Africa	605	31.6	39.0	30.9	43.3	2.2	2.2	15.9	15.4	16.6	11.9	6.8	6.6
Middle East	405	0.2	0.1	0.6	5.4	0.7	0.7	2.9	2.6	3.2	2.8	20.9	21.5
European Union	998	477.3	378.2	340.7	329.8	127.7	145.7	1,409.8	1,184.2	1,210.9	1,206.3	959.0	923.0
Export earnings: fuel	080	0.2	0.2	0.7	5.5	0.3	0.3	3.5	3.8	6.3	3.8	22.8	23.5
Export earnings: nonfuel	092	1,659.7	1,293.1	1,264.9	1,600.1	1,286.9	1,121.4	3,712.4	3,257.8	3,246.5	3,328.3	2,521.5	2,432.3

Gabon (646)

In Millions of U.S. Dollars

		Exports (FOB) 2011	2012	2013	2014	2015	2016	Imports (CIF) 2011	2012	2013	2014	2015	2016
IFS World		....	....	....	....	....	....	....	....	....	....	....	....
World	001	10,902.9	9,031.7	8,648.0	8,436.8	6,995.0	6,025.7	3,813.9	3,865.9	4,680.6	3,971.3	2,932.3	2,411.6
Advanced Economies	110	9,373.0	7,899.8	7,307.0	6,690.4	5,923.2	4,882.1	2,866.5	2,766.8	2,957.6	2,788.7	1,713.7	1,520.7
Euro Area	163	1,245.9	1,534.7	1,931.0	1,304.1	1,914.2	1,231.1	2,332.1	2,167.7	2,378.9	2,103.9	1,301.1	1,149.3
Austria	122	0.0	0.0	0.0	0.0	0.1	0.1	3.1	2.0	1.9	2.1	1.8	0.5
Belgium	124	35.7	36.6	32.5	35.1	52.4	51.0	598.2	601.0	705.8	593.6	316.5	353.4
Cyprus	423	0.1	....	....	0.5	0.0	....	0.2	0.1	0.1	3.9	0.1	0.1
Estonia	939	....	....	....	....	....	....	0.0	0.3	0.7	....	0.0	0.0
Finland	172	0.0	0.0	0.0	....	0.0	0.0	23.0	5.7	14.9	4.5	4.1	3.7
France	132	150.6	224.9	457.0	170.6	199.4	172.7	1,243.0	1,126.9	1,094.2	1,026.1	688.2	591.7
Germany	134	7.8	14.0	7.5	1.5	1.7	1.0	70.0	65.8	76.8	67.9	38.0	26.9
Greece	174	11.3	4.7	5.0	4.3	5.9	8.1	0.2	1.1	0.7	0.5	0.6	4.6
Ireland	178	330.7	330.8	330.7	330.7	330.7	330.9	1.3	1.1	1.3	1.2	1.3	0.7
Italy	136	163.8	168.0	246.9	268.4	402.4	303.6	181.4	175.0	157.9	147.4	84.0	58.1
Lithuania	946	0.8	....	....	0.0	....	0.0	0.2	0.2	0.1	0.1	0.5	0.1
Luxembourg	137	0.0	0.0	0.0	0.0	....	....	8.4	6.1	6.7	1.6	2.0	0.9
Malta	181	....	....	0.0	0.0	....	0.1	0.1	0.2	0.1	0.1	1.0	0.1
Netherlands	138	88.9	339.9	266.0	96.9	501.4	211.8	105.1	111.7	210.8	152.0	101.3	51.6
Portugal	182	3.2	1.5	2.0	1.6	29.0	27.4	29.5	15.8	30.9	32.1	13.9	15.7
Slovak Republic	936	0.0 e	2.5 e	....	....	0.8 e	....	0.0	0.0	0.0	0.0	0.0	0.0
Slovenia	961	....	....	....	6.4	....	....	0.8	0.0	0.3	1.2	0.4	0.5
Spain	184	453.1	411.8	583.2	387.9	390.4	124.3	67.6	54.7	76.0	69.6	47.4	40.7
Australia	193	447.2	550.3	440.6	482.0	214.4	226.0	3.1	4.1	4.3	5.1	3.5	160.7
Canada	156	1.8	0.6	0.5	1.2	7.2	0.5	13.1	16.5	17.6	15.5	15.7	5.8
China,P.R.: Hong Kong	532	18.8	20.0	19.4	19.3	20.2	19.9	22.5	18.7	11.5	29.7	20.7	20.6
Czech Republic	935	....	0.0	....	0.0	0.8	0.0	0.3	0.2	0.4	2.5	1.9	0.3
Denmark	128	0.4	0.4	0.3	0.4	0.5	0.5	3.7	1.4	2.0	3.0	2.7	1.5
Iceland	176	0.0	0.0	0.0	0.0	0.0	0.0	0.3	0.3	0.5	0.3	0.4	0.3
Israel	436	0.2	0.2	0.2	0.2	0.2	0.2	18.6	14.4	4.8	6.8	7.3	5.9
Japan	158	162.4	659.6	550.1	357.6	66.1	12.9	97.8	81.3	50.1	52.5	40.6	30.5
Korea, Republic of	542	138.4	408.6	302.0	742.1	483.3	395.7	51.5	37.5	34.1	23.9	32.0	18.3
New Zealand	196	0.1	0.2	1.0	1.0	0.5	0.2	5.1	2.2	2.7	4.6	2.3	1.7
Norway	142	74.2	88.4	90.0	91.7	82.8	54.1	2.7	2.0	3.0	5.2	3.7	1.6
Singapore	576	19.4	45.4	7.0	5.2	15.0	2.4	10.6	11.2	42.4	23.0	11.2	5.5
Sweden	144	30.5	1.4	9.8	0.0	2.4	12.9	15.3	4.8	6.9	7.6	13.2	3.3
Switzerland	146	0.4	41.7	58.2	49.1	54.9	56.1	0.7	0.4	0.6	0.9	0.5	0.3
Taiwan Prov.of China	528	0.9 e	0.5 e	2.0 e	2.0 e	3.3 e	1.1 e	1.8 e	1.7 e	1.5 e	1.7 e	1.9 e	1.4 e
United Kingdom	112	21.2	17.6	138.1	192.0	75.8	116.8	73.1	69.0	74.7	66.7	41.9	24.9
United States	111	7,211.1	4,530.3	3,756.7	3,442.4	2,981.4	2,751.8	214.3	333.2	321.7	435.9	213.0	88.5
Emerg. & Dev. Economies	200	1,529.8	1,131.8	1,340.8	1,746.2	1,071.7	1,143.5	945.2	1,096.8	1,720.4	1,180.1	1,216.6	889.4
Emerg. & Dev. Asia	505	1,064.4	728.5	838.8	1,307.9	860.3	931.4	420.1	530.4	556.7	543.9	717.9	505.5
Bangladesh	513	....	....	....	....	....	....	0.3	0.3	0.3	0.3	0.3	0.3
Brunei Darussalam	516	0.0	0.0	0.0	0.0	0.0	0.0	0.1	0.1	0.1	0.1	0.1	0.1
China,P.R.: Mainland	924	352.9	388.0	567.9	1,019.9	700.8	875.4	213.1	337.3	343.5	340.5	526.9	305.9
Fiji	819	....	....	0.0 e	0.0 e	....	0.1 e	....	....	....	....	....	0.0 e
India	534	16.6	202.0	222.3	190.1	27.8	15.6	77.5	87.5	90.2	65.0	60.0	67.4
Indonesia	536	0.5	0.2	0.1	0.1	0.0	0.1	18.5	19.7	17.9	22.4	18.4	16.5
Malaysia	548	659.9	128.0	38.0	90.5	125.9	34.8	29.7	26.4	27.6	50.4	31.7	16.8
Myanmar	518	0.1 e	....	....	....	0.1 e	0.1 e	....	....	....	....	....	....
Philippines	566	0.0	0.0	0.0	0.0	0.0	0.0	1.3	0.0	0.1	0.1	0.0	....
Sri Lanka	524	0.0	0.0	0.0	0.1	0.0	0.0	0.1	0.1	0.1	0.1	0.0	0.1
Thailand	578	26.9	3.3	3.8	1.6	2.0	2.5	64.4	42.9	59.5	48.3	67.5	88.4
Vietnam	582	7.4	7.0	6.7	5.6	3.7	2.9	13.7	14.4	15.5	15.0	11.8	8.9
Asia n.s.	598	....	....	....	....	....	....	1.6	1.7	1.8	1.7	1.4	1.0
Europe	170	7.5	8.7	7.4	5.8	6.3	48.2	41.8	52.1	83.2	57.6	62.6	35.7
Emerg. & Dev. Europe	903	3.5	5.3	6.0	5.4	6.2	13.6	34.3	45.5	79.6	52.2	59.1	27.1
Albania	914	0.0	0.0	0.0	0.0	0.0	0.3	0.0	0.0	0.0	0.0	0.0	0.0
Bulgaria	918	....	....	....	....	....	....	0.4	0.3	0.3	0.9	0.3	0.4
Croatia	960	....	....	....	....	....	....	0.1	0.1	0.1	0.3	0.3	0.3
Hungary	944	0.0	0.0	0.0	0.1	0.1	0.1	0.1	0.1	0.1	0.1	0.1	0.1

2017, International Monetary Fund: *Direction of Trade Statistics Yearbook*

Gabon (646)

In Millions of U.S. Dollars

		Exports (FOB)						Imports (CIF)					
		2011	2012	2013	2014	2015	2016	2011	2012	2013	2014	2015	2016
Kosovo	967	0.2 e	0.2 e	0.2 e	0.2 e	0.2 e	0.0 e	....	....	....	....	....	....
Macedonia, FYR	962	....	....	....	....	....	0.1	0.0	0.0	0.0	0.0	0.0	0.0
Montenegro	943	0.0 e	....	0.0 e	0.0 e	0.0 e	0.2 e	0.0	0.0	0.0	0.0	0.0	0.0
Poland	964	1.3	2.8	4.3	3.8	4.6	11.6	4.8	3.8	6.5	6.3	6.4	6.2
Romania	968	0.1	....	0.0	0.1	0.0	0.4	0.1	0.2	0.1	0.2	0.1	0.0
Serbia, Republic of	942	0.7	0.5	0.4	0.4	0.3	0.4	6.1	1.3	1.6	1.1	1.8	2.0
Turkey	186	1.2	1.7	1.0	0.8	0.8	0.5	22.6	39.7	70.9	43.3	50.1	18.1
CIS	901	**4.0**	**3.4**	**1.3**	**0.4**	**0.2**	**34.6**	**7.5**	**6.6**	**3.5**	**5.4**	**3.4**	**8.6**
Armenia	911	0.1	0.1	0.0	....	0.0	0.0	0.8 e	0.6 e	0.9 e	0.8 e	0.4 e	0.2 e
Azerbaijan, Rep. of	912	0.0	0.1	0.0	0.0	0.0	0.0	0.0	0.0	0.0	0.0	0.0	0.0
Belarus	913	....	....	....	....	....	....	3.8	1.6	1.8	0.1	1.1	0.2
Georgia	915	....	....	....	....	....	....	....	0.1	....	0.3	....	0.0
Moldova	921	....	....	....	....	....	....	0.3	0.4	0.4	0.4	0.3	0.2
Russian Federation	922	0.1	0.1	0.1	0.2	0.2	33.5	0.1	0.1	0.1	0.2	0.3	0.2
Ukraine	926	3.7	3.1	1.2	0.2	0.0	1.2	2.5	3.9	0.3	3.7	1.4	7.8
Mid East, N Africa, Pak	440	**85.0**	**62.1**	**59.6**	**49.8**	**39.3**	**35.9**	**115.9**	**117.3**	**130.7**	**145.2**	**113.8**	**92.0**
Algeria	612	0.0	0.0	0.0	0.0	0.0	0.0	0.1	0.1	0.1	0.1	0.1	0.1
Bahrain, Kingdom of	419	0.0	0.0	0.0	0.0	0.0	0.0	0.2	0.2	0.2	0.2	0.2	0.1
Djibouti	611	0.0	0.0	0.0	0.0	0.0	0.0	0.1	0.1	0.1	0.1	0.1	0.0
Egypt	469	0.4	0.4	0.4	0.4	0.6	0.4	17.4	18.3	19.8	14.3	11.7	2.1
Iran, I.R. of	429	0.0	0.0	0.0	0.0	0.0	0.0	0.1	0.1	0.1	0.1	0.0	0.0
Jordan	439	0.0	0.2	0.1	0.0	0.1	0.1	1.0	0.2	0.3	0.2	0.1	0.0
Kuwait	443	0.1	0.1	0.1	0.1	0.1	0.0	1.2	1.2	1.3	1.3	1.0	0.8
Lebanon	446	1.8	1.5	0.7	1.8	1.4	1.5	6.4	6.1	6.8	8.1	6.9	5.3
Libya	672	15.3	14.5	13.9	11.7	7.7	5.9	0.0	0.0	0.0	0.0	0.0	0.0
Mauritania	682	11.8	11.2	10.7	9.0	5.9	4.6	1.3	1.4	1.5	1.5	1.2	0.9
Morocco	686	37.3	16.5	16.6	11.4	11.6	12.4	22.4	19.3	22.9	43.0	31.0	31.4
Oman	449	0.0	0.0	0.0	0.0	0.0	0.0	0.3	0.3	0.3	0.3	0.3	0.3
Qatar	453	2.5	2.3	2.2	1.9	1.2	0.9	0.4	0.4	0.4	0.4	0.3	0.2
Saudi Arabia	456	3.8	3.8	3.8	3.7	3.7	3.7	1.1	1.2	1.3	1.2	1.0	0.7
Syrian Arab Republic	463	0.1	0.1	0.1	0.1	0.1	0.1	3.1	3.2	3.5	3.4	2.7	2.0
Tunisia	744	1.7	1.7	1.7	1.7	1.7	2.4	16.0	18.1	21.1	21.9	18.6	18.7
United Arab Emirates	466	10.1	9.6	9.2	7.7	5.1	3.9	44.8	47.1	50.9	49.2	38.6	29.2
West Bank and Gaza	487	....	0.1 e	0.1 e	0.1 e	0.0 e	0.0 e	....	....	0.0 e	....	....	....
Sub-Saharan Africa	603	**370.6**	**329.7**	**432.1**	**379.7**	**162.2**	**124.6**	**293.6**	**324.2**	**866.3**	**343.3**	**252.9**	**192.7**
Angola	614	5.2	4.5	4.1	3.4	2.2	1.7	3.9	4.1	4.5	4.3	3.4	2.6
Benin	638	55.4	52.5	50.2	42.3	27.8	21.4	38.2	40.2	43.5	42.0	33.0	24.9
Burkina Faso	748	0.1	0.1	0.1	0.1	0.0	0.0	....	....	....	....	....	....
Cameroon	622	28.4	24.3	22.1	18.1	11.7	9.0	81.4	85.6	92.5	89.3	70.2	53.1
Central African Rep.	626	8.9	8.4	8.1	6.8	4.5	3.4	0.0	0.0	0.0	0.0	0.0	0.0
Chad	628	5.6	5.3	5.1	4.3	2.8	2.2	0.1	0.1	0.1	0.1	0.1	0.0
Congo, Dem. Rep. of	636	11.4	13.3	13.9	12.1	8.1	6.3	0.0	0.0	0.1	0.0	0.0	0.0
Congo, Republic of	634	105.9	79.0	66.1	51.7	32.7	24.7	30.5	32.0	34.6	33.4	26.3	19.9
Côte d'Ivoire	662	1.2	0.3	1.7	1.0	0.3	0.2	9.6	20.0	545.3	11.4	7.0	5.3
Equatorial Guinea	642	34.7	32.8	31.4	26.4	17.3	13.4	11.1	11.7	12.6	12.2	9.6	7.2
Gambia, The	648	30.8	29.2	27.9	23.5	15.4	11.9	....	....	....	....	....	....
Ghana	652	2.4	2.2	2.1	1.8	1.2	0.9	5.6	5.9	6.4	6.2	4.8	3.7
Guinea	656	40.6	38.4	36.8	30.9	20.3	15.7	0.0	0.0	0.0	0.0	0.0	0.0
Kenya	664	0.0	0.0	0.0	0.0	0.0	0.0	0.4	0.5	0.5	0.5	0.4	0.3
Liberia	668	0.4	0.3	0.3	0.3	0.2	0.1	....	....	....	....	....	....
Madagascar	674	0.0	0.0	0.0	0.0	0.0	0.0	0.1	0.1	0.1	0.1	0.1	0.1
Malawi	676	0.0	....	....	....	....	....	0.1	0.1	0.2	0.1	0.1	0.1
Mali	678	1.0	0.9	0.9	0.8	0.5	0.4	0.0	0.0	0.0	0.0	0.0	0.0
Mauritius	684	0.0	0.0	0.0	0.0	0.0	0.0	0.1	....	0.1	0.1	1.0	0.0
Mozambique	688	0.0	0.0	0.0	0.0	0.0	0.0	0.1	0.2	0.2	0.2	0.1	0.1
Namibia	728	0.2	0.2	0.1	0.1	0.1	0.1	3.2	3.4	3.7	3.6	2.8	2.1
Niger	692	4.4	4.2	4.0	3.4	2.2	1.7	0.0	0.0	0.0	0.0	0.0	0.0
Nigeria	694	5.9	5.6	5.4	4.5	3.0	2.3	13.1	13.8	14.9	14.4	11.3	8.6
Rwanda	714	0.0	0.0	0.0	0.0	0.0	0.1	0.0 e	0.2 e	0.0 e	0.0 e	0.1 e	0.0 e
São Tomé & Príncipe	716	3.9	3.2	2.9	2.4	1.5	1.2	0.0	0.0	0.0	0.0	0.0	0.0

Gabon (646)

In Millions of U.S. Dollars

		Exports (FOB)						Imports (CIF)					
		2011	2012	2013	2014	2015	2016	2011	2012	2013	2014	2015	2016
Senegal	722	0.5	0.5	0.4	0.3	0.4	0.3	18.2	14.7	16.9	22.7	18.0	8.6
South Africa	199	23.4	24.0	148.2	145.5	9.7	7.4	72.0	81.8	81.2	94.7	59.2	52.0
Swaziland	734	....	....	....	....	....	....	0.1	0.2	0.2	0.2	0.1	0.1
Tanzania	738	0.1	0.1	0.1	0.1	0.1	0.1	0.1	0.1	0.1	0.1	0.1	0.0
Togo	742	0.0	0.0	0.0	0.0	....	....	5.2	9.5	8.5	5.9	5.1	3.9
Uganda	746	0.1	0.1	0.1	0.1	0.1	0.1	0.0	0.0	0.0	0.0	0.0	0.0
Zambia	754	....	....	0.0	0.0	0.2	0.1	....	....	0.0	1.7	0.1	0.0
Western Hemisphere	205	2.3	2.9	2.9	3.0	3.5	3.5	73.7	72.7	83.6	90.2	69.4	63.4
Antigua and Barbuda	311	0.1	0.1	0.1	0.1	0.1	0.1	0.1	0.1	0.1	0.1	0.0	0.0
Argentina	213	0.1	0.1	0.1	0.1	0.1	1.1	12.5	12.5	12.5	12.5	12.5	18.0
Barbados	316	0.0 e	....	0.0 e	0.1 e	0.1 e	0.1 e	0.1 e	0.0 e	0.0 e	0.0 e	....	0.0 e
Brazil	223	0.0	0.1	0.0	0.0	0.0	0.0	45.4	44.2	55.2	57.4	42.3	31.9
Chile	228	0.0	....	....	....	....	....	0.5	0.4	0.3	0.7	0.4	0.4
Colombia	233	0.0	0.0	0.0	0.0	0.0	0.0	0.1	0.1	0.1	0.1	0.2	0.2
Costa Rica	238	0.0 e	0.0 e	0.0 e	0.0 e	0.0 e	0.0 e	....	....	....	....	....	0.1
Dominican Republic	243	0.3	0.3	0.3	0.2	0.2	0.1	....	....	....	....	0.0 e	....
Ecuador	248	0.0	0.0	0.0	0.0	0.9	0.0	....	....	0.0	0.2	0.4	0.0
Honduras	268	....	0.1	....	....	....	0.0	....	....	....	....	....	....
Mexico	273	1.6	1.8	1.9	1.9	1.9	1.9	2.8	2.8	2.8	2.8	2.8	2.8
Netherlands Antilles	353	0.1	0.1	0.1	0.1	0.1	0.1	0.1	0.1	0.1	0.1	0.1	0.0
Paraguay	288	....	....	....	....	....	....	5.4	5.7	6.2	6.0	4.7	3.5
Peru	293	....	....	....	....	....	0.0	0.2	0.2	0.2	0.2	0.2	0.4
Trinidad and Tobago	369	....	....	....	....	....	....	0.1	0.1	0.1	0.1	0.1	0.1
Uruguay	298	0.0	0.2	0.3	0.4	0.2	0.1	6.2	6.3	5.8	9.9	5.5	5.6
Venezuela, Rep. Bol.	299	0.0	0.0	0.0	0.0	0.0	0.0	0.2	0.2	0.2	0.2	0.1	0.1
Other Countries n.i.e	910	0.2	0.2	0.2	0.1	0.1	0.1	2.3	2.4	2.6	2.5	2.0	1.5
Korea, Dem. People's Rep.	954	0.2	0.2	0.2	0.1	0.1	0.1	2.3	2.4	2.6	2.5	2.0	1.5
Memorandum Items													
Africa	605	421.5	359.2	461.2	402.0	181.6	143.9	333.5	363.2	912.0	409.8	303.8	243.8
Middle East	405	34.1	32.6	30.6	27.6	20.0	16.5	76.0	78.3	85.0	78.6	62.9	40.9
European Union	998	1,299.4	1,556.9	2,083.6	1,500.6	1,998.5	1,373.5	2,430.0	2,247.6	2,469.9	2,191.4	1,368.1	1,186.4
Export earnings: fuel	080	189.2	157.8	141.4	115.7	76.9	92.3	107.4	112.9	121.9	118.1	93.4	70.5
Export earnings: nonfuel	092	10,713.7	8,874.0	8,506.6	8,321.1	6,918.1	5,933.5	3,706.5	3,753.1	4,558.6	3,853.2	2,838.9	2,341.1

Gambia, The (648)
In Millions of U.S. Dollars

		Exports (FOB) 2011	2012	2013	2014	2015	2016	Imports (CIF) 2011	2012	2013	2014	2015	2016
IFS World		....	....	....	....	....	....	....	....	....	....	....	....
World	001	**95.6**	**121.0**	**106.6**	**106.3**	**129.7**	**154.0**	**342.3**	**386.2**	**352.6**	**388.1**	**306.3**	**310.2**
Advanced Economies	110	**6.1**	**6.4**	**2.8**	**2.5**	**2.6**	**3.7**	**106.4**	**109.0**	**98.1**	**111.9**	**104.3**	**98.1**
Euro Area	163	3.0	1.2	1.3	1.4	1.1	1.3	60.2	54.8	58.6	76.0	70.9	63.8
Austria	122	....	....	....	0.0	0.0	0.0	0.2	0.2	0.1	0.0	0.0	0.0
Belgium	124	0.2	0.1	0.1	0.0	0.0	0.0	15.0	16.8	17.0	20.1	25.0	24.2
Cyprus	423	....	0.0	....	....	....	....	0.1	0.0	0.0	0.3	0.3	0.0
Finland	172	0.0	....	....	0.0	0.0	0.0	4.1	0.3	0.3	1.7	0.7	0.6
France	132	1.5	0.0	0.1	0.1	0.2	0.2	8.1	7.9	12.7	20.3	12.3	7.6
Germany	134	0.0	0.1	0.1	0.0	0.0	0.0	11.2	10.1	9.2	7.5	7.8	6.7
Ireland	178	....	....	....	....	....	....	0.1	0.2	0.4	0.4	0.1	0.1
Italy	136	0.0	....	0.0	0.2	0.1	0.0	2.7	4.4	3.5	2.2	2.5	1.7
Latvia	941	0.0 e	0.1 e	0.0 e	....	....	....	0.0	....	....	3.8	0.9	0.8
Lithuania	946	....	0.1 e	0.0 e	....	....	....	0.0	0.0	0.0	0.0	0.0	0.0
Malta	181	....	0.0 e	....	....	....	....	0.0	0.0	0.1	0.0	0.1	0.0
Netherlands	138	0.8	0.6	0.4	0.5	0.3	0.3	12.2	9.6	7.9	10.9	12.2	8.4
Portugal	182	....	....	....	....	0.1	0.4	2.9	0.6	0.5	0.4	0.3	0.1
Slovenia	961	....	....	....	0.0	....	....	0.0	....	0.0	0.1	0.0	0.3
Spain	184	0.5	0.2	0.5	0.5	0.4	0.4	3.6	4.6	6.9	8.4	8.7	13.1
Australia	193	0.0	0.0	....	....	....	....	0.0	0.0	0.0	0.0	0.1	0.0
Canada	156	....	....	....	....	....	....	1.3	0.2	0.3	0.8	0.6	0.9
China,P.R.: Hong Kong	532	0.2	0.1	0.0	0.0	0.1	0.1	2.3	1.4	1.8	1.5	0.9	0.9
Denmark	128	0.0	0.2	....	....	....	0.0	4.3	2.7	2.3	1.5	1.8	1.6
Iceland	176	....	0.0	....	0.0	....	....	0.0	....	....	....	0.2	0.6
Israel	436	0.0	....	0.0	0.1	0.1	0.2	0.0	0.0	0.0	0.0	0.1	0.0
Japan	158	....	....	0.0	0.0	0.1	....	3.8	13.8	0.9	0.4	0.5	1.1
Korea, Republic of	542	....	0.0	0.0	0.0	0.0	0.3	0.2	0.2	0.2	0.4	0.5	1.4
New Zealand	196	....	....	....	0.0	0.0	0.0	0.0	0.0	0.0	0.1	0.0	0.1
Norway	142	....	....	....	....	....	....	0.2	0.2	0.2	0.2	0.3	0.2
Singapore	576	0.3	0.1	0.4	0.1	0.0	0.0	8.1	2.2	1.4	2.3	3.6	3.8
Sweden	144	0.0	....	0.0	0.0	0.0	0.0	1.0	1.4	1.9	1.8	1.2	1.6
Switzerland	146	0.0	0.1	....	....	....	....	1.5	5.9	4.8	5.1	5.8	4.5
Taiwan Prov.of China	528	0.2 e	0.2 e	0.0 e	0.2 e	0.0 e	0.3 e	1.7 e	6.1 e	2.2 e	0.8 e	0.6 e	0.5 e
United Kingdom	112	2.2	4.4	1.1	0.7	1.1	1.4	15.8	13.8	14.4	14.5	11.4	9.8
United States	111	0.0	0.1	0.1	0.0	0.1	0.1	5.8	6.2	9.0	6.1	5.9	7.3
Vatican	187	....	....	....	....	....	....	....	....	....	0.1	0.1	0.1
Emerg. & Dev. Economies	200	**89.6**	**114.5**	**103.8**	**103.8**	**127.1**	**150.4**	**235.9**	**277.1**	**254.4**	**276.0**	**201.8**	**211.9**
Emerg. & Dev. Asia	505	**5.9**	**11.9**	**8.3**	**14.5**	**16.0**	**25.8**	**62.6**	**73.7**	**64.6**	**95.1**	**78.8**	**67.6**
Bangladesh	513	....	....	....	....	....	....	0.0	0.0	0.1	0.0	0.0	0.0
Cambodia	522	....	....	....	....	....	....	....	0.0	0.3	....	....	....
China,P.R.: Mainland	924	3.0	8.0	0.7	7.5	11.1	17.9	28.7	32.5	24.2	32.0	32.2	31.1
Fiji	819	0.1	....	0.0	....	....	....	....	....	....	....	....	....
India	534	2.4	2.9	4.6	4.4	3.9	5.2	9.5	13.1	14.6	25.0	15.7	15.9
Indonesia	536	0.0	0.0	....	....	....	....	3.9	14.2	10.9	9.2	5.4	8.5
Malaysia	548	....	....	0.1	0.0	0.0	....	12.3	5.4	5.5	17.9	15.9	4.5
Maldives	556	....	....	....	....	....	0.2 e	....	....	....	....	....	....
Micronesia	868	....	0.0 e	0.0 e	0.0 e	0.0 e	0.2 e	....	....	....	....	....	....
Myanmar	518	0.2 e	0.6 e	....	1.8 e	0.2 e	1.2 e	....	....	....	....	....	....
Sri Lanka	524	0.0 e	0.0 e	0.0 e	0.0 e	....	....	0.3	0.2	0.2	0.3	....	0.4
Thailand	578	....	0.0	....	0.1	0.1	0.0	2.6	2.2	2.2	9.3	8.3	6.0
Vanuatu	846	....	....	0.2	....	....	....	....	....	....	....	....	....
Vietnam	582	0.0	0.2	2.7	0.6	0.7	1.0	3.6	2.7	5.9	0.8	0.8	0.7
Asia n.s.	598	....	....	....	....	....	....	1.6	3.2	0.8	0.5	0.5	0.4
Europe	170	**0.2**	**1.2**	**0.3**	**0.2**	**0.0**	**0.0**	**14.5**	**18.8**	**16.9**	**11.9**	**11.2**	**9.3**
Emerg. & Dev. Europe	903	**0.1**	**0.0**	**0.1**	**0.0**	**0.0**	**0.0**	**13.7**	**17.8**	**16.8**	**5.6**	**5.6**	**7.7**
Croatia	960	0.0 e	0.0 e	0.0 e	0.0 e	0.0 e	....	....	0.0 e	0.1 e	....	0.1 e	....
Gibraltar	823	....	....	....	....	....	....	0.0	0.1	....	....	....	....
Hungary	944	0.0 e	....	0.0 e	0.0 e	0.0 e	0.0 e	0.0	0.0	0.0	0.1	0.0	0.0
Poland	964	....	....	....	....	....	....	0.4	0.7	0.4	1.2	1.1	1.3
Turkey	186	0.0	....	0.0	0.0	0.0	0.0	13.2	17.0	16.3	4.3	4.3	6.3

Gambia, The (648)
In Millions of U.S. Dollars

		Exports (FOB)						Imports (CIF)					
		2011	2012	2013	2014	2015	2016	2011	2012	2013	2014	2015	2016
CIS	901	0.1	1.2	0.1	0.2	0.0	0.0	0.8	1.0	0.1	6.3	5.6	1.6
Belarus	913	0.1 e	0.6 e	0.1 e	0.2 e	....	....	....	....	0.0	....	....	....
Georgia	915	0.0	....	....	....	....	....	0.1	0.0	0.0	0.0	0.0	0.0
Russian Federation	922	0.0	0.7	0.0	....	....	0.0	....	0.0	0.0	6.2	5.6	1.6
Ukraine	926	....	....	....	....	....	....	0.6	0.9	0.0	0.0	0.0	0.0
Mid East, N Africa, Pak	440	0.4	0.4	0.2	0.3	0.4	1.4	19.0	16.8	26.5	17.2	14.9	16.0
Algeria	612	....	....	0.0	....	....	0.0	0.5	0.7	0.5	0.2	0.2	0.6
Egypt	469	0.0	0.1	0.0	....	....	....	1.7	1.6	1.4	0.7	0.9	0.3
Lebanon	446	0.1	0.0	0.0	....	....	....	2.6	0.8	0.6	0.9	0.7	0.5
Mauritania	682	0.2	0.2	....	....	....	....	0.0	0.0	0.0	0.0	0.0	0.0
Morocco	686	....	....	0.0	....	0.0	0.0	2.9	2.0	1.2	1.5	0.5	0.9
Oman	449	....	....	....	....	....	....	0.0	0.0	0.0	0.0	0.0	0.1
Pakistan	564	....	....	....	0.0	0.0	0.0	2.5	4.7	7.9	6.9	6.2	5.9
Qatar	453	....	....	....	....	....	....	0.0	0.0	0.1	0.1	0.1	0.1
Saudi Arabia	456	0.0	0.0	....	....	....	....	0.7	0.4	0.5	0.5	0.5	0.5
Syrian Arab Republic	463	....	....	....	....	....	....	0.1	0.0	0.0	0.0	0.0	0.0
Tunisia	744	....	....	....	....	....	0.8	0.6	0.6	0.4	0.3	0.3	0.3
United Arab Emirates	466	0.1	0.0	0.1	0.3	0.3	0.5	7.3	5.9	13.8	6.1	5.5	6.7
Sub-Saharan Africa	603	82.6	100.8	94.8	88.6	110.6	123.0	96.1	131.5	104.9	104.4	60.4	79.5
Burkina Faso	748	0.0	....	0.0	0.1	0.1	0.1	....	....	0.0	....	....	....
Cameroon	622	0.1	0.0	....	....	....	....	0.1	0.0	0.0	0.0	0.0	0.0
Comoros	632	....	....	....	....	....	....	....	....	0.1 e	0.0 e	0.0 e	0.0 e
Congo, Republic of	634	....	....	....	0.1 e	0.1 e	0.0 e	0.0	0.1	....	....	....	....
Côte d'Ivoire	662	0.0	0.0	0.0	0.0	0.0	....	72.5	101.2	80.3	79.7	40.1	36.7
Ghana	652	0.0	0.0	0.0	0.0	0.0	0.0	1.0	0.6	0.6	0.6	0.6	0.6
Guinea	656	22.0	34.0	34.3	25.7	32.9	37.5	0.0	0.3	0.5	0.5	0.4	0.4
Guinea-Bissau	654	10.8	10.3	3.1	5.4	6.4	9.0	0.3	0.0	0.0	0.0	0.0	0.0
Kenya	664	....	....	....	....	....	....	0.1	0.0	0.0	0.0	0.0	0.0
Liberia	668	0.1	0.1	0.0	0.0	0.0	0.0	0.2	0.0	0.0	0.0	0.0	0.0
Mali	678	15.9	37.2	38.4	39.3	51.2	55.8	0.2	0.1	0.0	0.1	0.1	0.1
Niger	692	0.0	....	....	0.4	0.5	0.6	0.0	0.0	0.0	0.0	0.0	0.0
Nigeria	694	0.1	0.0	0.0	0.0	0.0	0.1	0.4	0.2	0.2	0.5	0.4	0.3
Senegal	722	33.4	17.7	18.3	16.6	18.7	18.8	15.9	22.8	20.4	18.4	16.0	37.9
Seychelles	718	0.0 e	0.3 e	....	0.0 e	0.0 e	....	....	....	0.0	....	....	....
Sierra Leone	724	0.1	1.0	0.1	0.5	0.6	0.8	0.3	0.1	0.2	0.4	0.3	0.3
South Africa	199	0.0	0.1	0.3	0.5	0.1	0.2	4.2	4.2	1.8	2.9	1.0	1.8
Swaziland	734	....	0.0	....	....	....	....	0.7	1.7	0.3	0.6	0.5	0.5
Togo	742	0.0	0.0	0.1	0.0	0.0	0.0	0.1	0.1	0.1	0.6	0.8	0.8
Uganda	746	0.0	....	0.0	0.0	0.0	0.0	....	....	0.1	0.0	0.0	0.0
Western Hemisphere	205	0.5	0.3	0.2	0.0	0.0	0.1	43.7	36.4	41.5	47.4	36.4	39.6
Argentina	213	0.1	....	....	....	....	0.0	0.1	1.0	0.1	0.1	0.1	2.9
Belize	339	....	....	....	0.0 e	....	....	....	0.1	0.0	....	....	....
Bermuda	319	....	....	....	....	....	....	....	0.0	0.2	....	....	....
Brazil	223	0.0	0.0	0.0	0.0	0.0	0.0	39.6	26.2	38.4	42.6	33.7	34.7
Colombia	233	0.0 e	0.0 e	0.0 e	0.0 e	....	0.0 e	0.0	0.0	0.0	0.0	0.4	0.0
Costa Rica	238	0.0 e	0.1 e	0.0 e	....	0.0 e	0.0 e	....	....	....	....	....	....
Curaçao	354	0.0	....	0.0	....	....	....	2.2	2.2	1.6	0.5	0.5	0.4
Dominican Republic	243	0.0 e	0.0 e	0.0 e	0.0 e	0.0 e	0.1 e	....	....	....	....	....	....
Mexico	273	....	....	....	....	....	....	0.0	0.1	....	....	....	....
Panama	283	0.1	....	0.0	....	....	....	....	0.0	....	0.0	0.0	0.0
Paraguay	288	....	....	....	....	....	....	0.3	0.3	0.1	1.5	1.4	1.3
Peru	293	0.0	....	0.0	....	....	0.0	0.7	0.4	0.3	0.1	0.1	0.2
Uruguay	298	0.1	0.1	....	....	....	....	0.7	6.0	0.7	2.3	0.1	....
Other Countries n.i.e	910	....	0.0	....	....	....	....	0.1	0.1	0.1	0.2	0.2	0.2
Korea, Dem. People's Rep.	954	....	0.0	....	....	....	....	0.1	0.1	0.1	0.2	0.2	0.2
Memorandum Items													
Africa	605	82.8	100.9	94.8	88.6	110.6	123.8	100.2	134.8	107.1	106.4	61.4	81.3
Middle East	405	0.2	0.2	0.1	0.3	0.3	0.5	12.4	8.8	16.4	8.4	7.7	8.3
European Union	998	5.3	5.8	2.4	2.1	2.2	2.7	81.7	73.4	77.7	95.3	86.6	78.2
Export earnings: fuel	080	0.3	0.8	0.2	0.4	0.5	0.7	9.1	7.4	15.2	13.7	12.8	10.0
Export earnings: nonfuel	092	95.4	120.2	106.4	105.9	129.2	153.4	333.2	378.7	337.4	374.3	293.5	300.2

Georgia (915)

In Millions of U.S. Dollars

		Exports (FOB)						Imports (CIF)					
		2011	2012	2013	2014	2015	2016	2011	2012	2013	2014	2015	2016
IFS World		2,183.7	2,374.6	2,911.7	2,859.7	2,211.1	2,115.3	7,014.7	8,034.7	8,018.7	8,605.3	7,743.6	7,923.3
World	001	2,186.7	2,376.2	2,909.5	2,860.7	2,203.7	2,105.7	7,038.3	8,036.9	8,011.5	8,592.1	7,724.4	9,633.1
Advanced Economies	110	580.8	671.1	677.1	730.7	601.6	589.7	2,152.0	2,561.6	2,479.0	2,623.1	2,709.3	4,740.3
Euro Area	163	273.5	241.3	397.3	401.5	338.6	328.1	1,300.5	1,516.4	1,402.4	1,500.7	1,822.5	2,075.8
Austria	122	1.4	0.7	0.6	4.8	2.4	0.6	77.8	82.8	61.4	72.1	83.8	70.4
Belgium	124	33.6	60.4	61.5	41.7	16.3	8.3	52.1	67.3	62.3	68.6	66.8	61.9
Cyprus	423	0.2	0.4	0.9	0.5	0.4	0.7	1.1	4.6	4.9	3.5	3.2	3.4
Estonia	939	2.8	3.7	1.9	2.5	2.2	2.9	4.8	9.0	5.9	5.4	4.8	5.7
Finland	172	1.6	3.6	1.9	0.7	0.4	0.4	16.8	20.4	15.6	17.4	15.9	14.4
France	132	27.8	17.2	33.9	26.9	21.1	25.1	96.9	106.4	164.5	130.8	117.4	120.0
Germany	134	49.1	38.6	73.1	69.2	75.8	85.3	480.5	540.2	449.2	465.9	431.3	419.4
Greece	174	6.2	2.2	14.7	13.8	10.6	11.5	61.9	51.0	59.5	117.5	70.4	66.3
Ireland	178	0.2	0.1	0.3	0.2	2.2	0.4	10.4	10.7	11.1	9.8	456.2	622.0
Italy	136	75.5	53.3	81.1	86.1	74.4	72.5	184.4	271.4	220.7	221.8	197.7	262.8
Latvia	941	7.7	6.1	6.6	8.0	6.4	5.7	17.0	24.0	24.4	20.4	19.9	24.6
Lithuania	946	18.5	19.1	21.8	31.7	33.3	25.1	39.5	50.6	36.8	44.6	45.2	40.8
Luxembourg	137	0.0	0.0	0.0	0.0	....	0.0	8.6	8.2	3.5	2.9	2.6	1.4
Malta	181	....	....	0.8	0.1	0.3	1.7	0.1	0.1	1.0	1.5	1.9	1.3
Netherlands	138	18.0	11.6	22.5	31.2	43.6	37.0	133.0	142.4	124.9	148.5	128.2	217.2
Portugal	182	2.8	5.2	2.3	1.8	0.2	1.5	4.4	7.3	23.1	36.9	47.8	15.3
Slovak Republic	936	4.2	3.2	6.4	11.4	6.9	8.2	10.7	14.5	22.0	22.1	17.4	16.1
Slovenia	961	0.1	0.0	0.1	0.6	0.1	0.2	18.2	17.3	22.0	20.7	20.8	23.0
Spain	184	23.7	15.9	66.8	70.3	41.9	41.0	82.1	88.2	89.4	90.3	91.2	89.9
Australia	193	1.2	0.6	0.5	1.1	1.2	0.9	13.2	21.1	26.8	1.0	1.3	1.4
Canada	156	114.8	108.2	81.4	48.8	70.2	40.9	15.0	18.6	19.9	12.0	11.6	1,790.5
China,P.R.: Hong Kong	532	1.5	2.5	0.9	0.4	2.7	4.3	33.3	39.9	56.1	77.6	67.0	77.0
Czech Republic	935	9.4	9.9	14.7	14.2	13.4	13.8	91.8	82.8	75.5	67.5	56.5	69.8
Denmark	128	2.3	1.2	1.4	1.1	0.4	1.0	11.3	25.1	13.1	12.7	12.2	24.9
Iceland	176	0.0	0.0	....	0.1	....	0.1	1.4	1.3	3.1	1.8	5.0	6.2
Israel	436	3.1	36.1	2.4	4.5	5.6	5.4	28.7	31.6	31.3	41.8	22.5	10.0
Japan	158	2.9	5.7	3.6	3.3	3.3	2.6	174.1	312.6	319.9	368.2	206.0	188.2
Korea, Republic of	542	8.5	2.9	0.9	3.5	2.5	14.8	46.9	53.0	70.7	51.5	47.4	48.8
New Zealand	196	0.0	....	....	....	....	....	5.8	5.4	4.9	3.3	2.7	2.5
Norway	142	0.7	0.0	0.4	0.1	0.1	0.1	7.3	10.3	11.6	10.3	10.4	12.0
Singapore	576	1.3	0.2	1.3	6.0	6.8	11.2	13.1	18.3	14.0	15.2	11.6	17.1
Sweden	144	0.5	0.9	0.1	0.3	0.1	0.1	17.1	17.0	14.3	10.4	21.0	10.0
Switzerland	146	1.8	12.8	3.3	13.6	30.8	81.8	49.4	72.2	58.5	60.6	63.2	42.6
Taiwan Prov.of China	528	2.0	1.6	1.6	0.4	0.3	1.3	8.8	7.5	12.5	6.5	6.9	6.2
United Kingdom	112	13.8	20.9	29.7	24.7	21.5	15.2	88.6	115.3	90.3	94.8	90.0	143.5
United States	111	143.5	226.2	137.5	207.3	104.2	68.3	245.7	213.2	253.9	287.2	251.5	213.8
Emerg. & Dev. Economies	200	1,605.8	1,704.4	2,232.3	2,129.3	1,601.9	1,516.0	4,880.9	5,465.5	5,528.7	5,965.4	5,011.8	4,892.7
Emerg. & Dev. Asia	505	56.3	60.9	51.9	104.9	144.2	193.7	629.9	760.5	747.2	881.0	704.6	679.7
Bangladesh	513	0.0	0.0	....	....	....	0.0	0.1	0.3	0.4	0.4	0.7	1.2
Cambodia	522	....	....	....	0.0	0.0	0.0	0.1	0.0	....	....	0.0	0.0
China,P.R.: Mainland	924	28.9	25.6	33.9	90.4	125.8	169.6	525.1	613.6	611.6	733.0	587.0	547.5
F.T. French Polynesia	887	....	....	....	....	....	....	0.0	....	....	....	0.1	....
India	534	19.3	14.9	6.4	10.8	14.3	22.2	55.4	73.9	55.7	50.5	50.6	77.4
Indonesia	536	0.3	2.3	2.3	0.0	0.1	0.0	10.5	10.5	11.3	10.6	11.8	10.5
Malaysia	548	1.0	0.6	0.3	0.2	2.3	0.2	5.0	27.0	19.8	20.6	10.5	9.7
Marshall Islands	867	....	....	....	....	....	....	....	....	....	....	....	0.2
Mongolia	948	0.8	3.2	4.6	2.3	0.9	0.8	0.8	....	....	....	....	0.0
Philippines	566	0.3	0.3	0.1	0.2	0.2	0.1	0.6	1.5	0.2	0.2	0.7	0.1
Sri Lanka	524	0.5	3.0	1.9	....	0.0	0.0	1.3	1.4	1.4	2.8	1.6	1.5
Thailand	578	2.6	4.3	0.3	0.9	0.0	0.2	22.6	17.7	24.0	26.1	20.2	15.8
Vietnam	582	2.5	6.5	2.2	....	0.5	0.6	8.0	14.6	22.8	36.7	21.5	15.7
Asia n.s.	598	....	0.0	....	....	....	....	0.4	0.0	0.0	0.1	0.0	0.2
Europe	170	1,404.1	1,463.9	1,969.1	1,890.3	1,304.8	1,126.7	3,747.6	4,190.8	4,252.6	4,539.2	3,819.8	3,834.2
Emerg. & Dev. Europe	903	351.5	219.4	348.3	425.2	465.3	388.6	1,824.2	2,143.8	2,079.3	2,414.9	1,851.4	1,852.0
Albania	914	0.0	0.3	0.2	0.2	0.2	0.2	0.0	0.1	0.0	0.0	0.1	0.0
Bosnia and Herzegovina	963	....	....	0.3	....	....	....	0.4	0.1	0.1	0.3	0.4	0.4

Georgia (915)
In Millions of U.S. Dollars

		Exports (FOB)						Imports (CIF)					
		2011	2012	2013	2014	2015	2016	2011	2012	2013	2014	2015	2016
Bulgaria	918	93.7	69.7	150.8	167.1	214.2	153.4	255.5	271.1	194.2	209.8	167.6	150.4
Croatia	960	0.0	0.0	0.4	0.2	2.0	0.2	4.1	2.8	11.4	8.7	1.2	1.8
Faroe Islands	816	....	....	....	....	....	....	0.2	0.3	....	0.1	0.2	0.4
Gibraltar	823	....	0.1	....	3.0	6.4	4.5	0.1	....	....	0.1	0.1	....
Hungary	944	2.2	0.3	0.4	0.8	0.7	0.6	34.4	53.0	50.6	59.8	49.3	42.1
Macedonia, FYR	962	0.1	0.1	....	0.1	0.1	0.0	0.0	0.5	0.3	0.6	1.1	1.5
Poland	964	9.2	5.3	7.4	10.1	28.7	9.6	63.1	85.9	88.8	94.0	91.1	101.5
Romania	968	19.8	3.5	5.0	4.3	27.0	46.2	186.2	259.2	323.2	311.5	207.2	190.2
Serbia, Republic of	942	0.2	0.0	0.1	0.1	0.1	0.1	3.7	1.9	1.9	2.6	2.5	6.0
Turkey	186	226.4	140.1	183.8	239.3	186.0	173.6	1,276.5	1,468.8	1,408.9	1,727.4	1,330.7	1,352.4
CIS	901	**1,052.5**	**1,244.4**	**1,620.7**	**1,465.2**	**839.5**	**738.1**	**1,923.4**	**2,047.0**	**2,173.3**	**2,124.3**	**1,968.4**	**1,982.2**
Armenia	911	223.1	258.3	315.4	288.1	180.1	150.6	58.4	70.7	181.8	210.1	171.6	216.8
Azerbaijan, Rep. of	912	426.0	626.8	710.0	544.5	240.4	153.5	610.7	691.8	652.9	637.6	542.9	495.4
Belarus	913	28.3	33.8	40.5	34.8	20.5	18.3	29.9	34.2	20.3	20.6	20.8	57.9
Kazakhstan	916	156.9	62.2	103.6	88.6	45.0	39.8	69.6	131.8	55.3	35.2	22.2	22.3
Kyrgyz Republic	917	7.6	8.9	8.9	10.0	6.7	6.9	1.4	2.5	2.1	2.7	1.7	2.2
Moldova	921	10.1	11.5	14.3	4.7	6.5	2.0	6.2	8.9	12.5	13.7	10.2	10.8
Russian Federation	922	36.6	46.8	190.4	274.7	162.9	206.2	387.9	476.5	583.6	575.4	625.7	674.9
Tajikistan	923	4.5	4.8	7.9	10.8	4.4	5.9	0.6	0.0	0.0	0.0	0.0	0.0
Turkmenistan	925	5.5	8.0	14.1	14.3	16.1	10.4	55.5	30.7	47.9	69.3	111.2	75.5
Ukraine	926	141.2	167.0	192.8	139.9	59.9	73.3	691.4	587.9	601.4	546.1	455.1	417.3
Uzbekistan	927	12.8	16.2	22.7	54.8	97.1	71.3	11.7	12.1	15.5	13.4	7.0	9.0
Mid East, N Africa, Pak	440	**89.9**	**116.9**	**151.7**	**84.9**	**101.6**	**167.1**	**322.3**	**317.9**	**369.2**	**353.8**	**349.6**	**239.9**
Afghanistan, I.R. of	512	2.1	13.4	8.3	1.5	0.3	0.1	0.0	0.0	1.0	....	....	0.0
Algeria	612	....	0.2	1.1	0.2	0.3	0.7	....	....	0.3	....	0.0	0.0
Bahrain, Kingdom of	419	....	....	....	0.0	0.1	0.1	0.1	0.1	0.1	0.0	0.0	0.0
Egypt	469	4.6	21.8	9.9	5.1	3.7	15.2	11.6	19.1	13.1	11.1	7.2	4.2
Iran, I.R. of	429	16.2	18.5	46.9	28.2	35.8	46.6	64.9	100.4	129.7	122.7	91.9	84.5
Iraq	433	8.4	9.1	8.7	10.3	10.9	40.2	0.4	2.4	0.3	4.0	2.5	1.7
Jordan	439	3.1	3.2	2.2	8.3	7.4	0.4	0.5	0.5	0.4	0.6	0.3	0.3
Kuwait	443	0.0	0.3	....	0.1	0.0	0.4	0.1	0.1	0.2	0.2	0.2	0.0
Lebanon	446	10.1	3.0	0.3	0.9	5.3	0.7	9.2	1.0	3.0	2.1	1.9	1.7
Libya	672	1.3	6.6	1.3	1.0	2.4	0.4	0.1	0.4	0.0	0.0	....	....
Morocco	686	1.7	....	0.1	0.0	0.1	1.2	0.3	1.3	1.8	8.0	24.1	1.5
Oman	449	....	....	....	0.0	....	0.0	0.6	0.1	0.1	0.7	0.1	0.0
Pakistan	564	0.4	0.2	2.9	0.7	0.4	0.1	4.9	5.8	5.4	4.0	4.2	2.9
Qatar	453	0.2	0.1	0.0	0.0	0.0	0.5	....	0.2	0.3	0.1	0.0	0.2
Saudi Arabia	456	0.0	0.2	0.0	0.1	4.8	23.5	0.4	1.0	1.2	2.4	4.0	4.3
Sudan	732	0.3	1.4	0.1	0.1	0.0	0.0	....	0.0	0.0	0.0	0.0	0.0
Syrian Arab Republic	463	1.4	0.0	0.3	0.0	0.0	0.6	2.3	1.3	0.6	0.2	0.2	0.3
Tunisia	744	0.0	....	0.1	0.3	1.9	4.6	0.4	0.3	0.4	0.1	0.2	0.2
United Arab Emirates	466	40.0	38.9	69.7	28.0	28.1	32.0	226.5	183.9	211.1	198.9	212.9	138.2
Sub-Saharan Africa	603	**0.5**	**11.1**	**29.4**	**18.6**	**8.2**	**5.0**	**35.7**	**32.5**	**18.8**	**41.4**	**21.1**	**16.6**
Angola	614	....	....	....	0.1	3.0	2.4	....	....	....	....	....	....
Burkina Faso	748	....	....	....	....	....	....	1.1	....	....	....	0.1	....
Cameroon	622	....	0.0	1.2	4.0	....	0.0	0.1	0.1	....	....	0.0	0.0
Central African Rep.	626	....	....	....	0.1	....	....	....	....	....	....	....	....
Congo, Republic of	634	....	....	....	....	....	0.3	0.0	....	....	....	0.0	0.1
Côte d'Ivoire	662	....	0.0	....	0.4	0.0	0.0	0.0	0.0	....	....	0.1	....
Ethiopia	644	....	....	2.3	2.1	0.8	0.0	....	0.0	0.0	0.2	0.0	0.0
Gabon	646	....	0.1	....	0.3	....	0.0	0.3	....	7.2	15.7	11.0	5.9
Ghana	652	....	1.8	0.5	0.0	0.0	0.1	21.4	....	....	0.0	....	....
Guinea	656	....	....	....	....	0.1	....	0.0	....	....	....	....	....
Kenya	664	....	4.5	13.5	....	0.0	0.2	0.1	0.3	0.1	0.1	0.1	0.1
Liberia	668	....	0.0	....	....	....	....	9.7	....	....	....	....	....
Malawi	676	....	....	....	....	0.0	....	0.0	0.2	0.2	0.1	0.1	0.0
Mozambique	688	0.1	3.5	6.3	3.4	....	0.2	....	....	....	....	....	....
Nigeria	694	0.1	0.4	3.5	2.0	0.1	0.1	0.0	0.0	0.0	0.0	0.0	0.0
Rwanda	714	....	....	0.0	0.2	....	....	....	....	....	....	....	....
Senegal	722	0.1	....	....	....	0.2	....	....	....	....	....	0.0	....

Georgia (915)

In Millions of U.S. Dollars

		Exports (FOB) 2011	2012	2013	2014	2015	2016	Imports (CIF) 2011	2012	2013	2014	2015	2016
Seychelles	718	0.0	....	0.1	0.1	....	....	....	0.1	0.2	1.3	0.7	0.1
Sierra Leone	724	0.0	0.4	0.0	0.0	....	0.0	0.5	0.1	....	0.0	0.1	....
South Africa	199	0.1	0.4	0.2	0.1	0.0	0.1	1.4	30.3	10.9	23.4	8.8	10.2
Tanzania	738	....	....	1.9	1.3	0.1	1.1	0.9	1.3	0.1	0.1	0.1	0.0
Togo	742	0.0	0.0	....	....	....	....	....	....	....	0.2	....	....
Uganda	746	0.0	....	....	....	0.0	0.0	0.2	0.1	....	0.1	0.0	....
Zimbabwe	698	....	....	....	4.6	3.8	0.5	0.0	....	0.0	0.0	....	....
Western Hemisphere	205	**55.0**	**51.6**	**30.2**	**30.6**	**43.0**	**23.5**	**145.4**	**163.8**	**140.9**	**150.0**	**116.6**	**122.3**
Argentina	213	0.2	0.1	0.0	....	1.6	....	8.4	9.9	16.8	8.8	3.2	2.4
Belize	339	....	....	....	0.0	0.0	0.0	0.4	1.5	0.1	0.1	0.9	0.2
Bolivia	218	0.1	9.5	1.3	0.0	....	....	....	....	....	....	....	....
Brazil	223	....	....	0.4	4.5	19.9	0.6	113.0	119.9	99.4	109.1	71.1	77.1
Chile	228	....	0.9	3.6	2.9	2.6	2.4	0.4	0.7	0.8	0.7	3.0	14.5
Colombia	233	0.6	5.8	6.7	5.3	2.7	2.6	2.3	2.2	0.0	1.6	4.8	0.1
Costa Rica	238	0.0	0.0	0.1	0.0	1.4	0.0	0.1	0.1	1.5	0.5	0.1	0.2
Dominica	321	....	....	....	....	....	....	0.0	0.1	....	....	....	....
Dominican Republic	243	....	0.9	1.2	....	....	....	0.0	....	....	....	....	....
Ecuador	248	2.0	2.8	2.9	2.6	2.3	....	16.7	16.0	14.9	21.7	15.4	15.3
Falkland Islands	323	....	....	....	....	....	....	0.2	....	....	....	....	....
Guatemala	258	0.2	0.2	0.4	0.0	2.4	0.4	....	....	....	....	....	....
Honduras	268	0.0	0.2	....	....	....	....	0.0	....	....	0.0	....	....
Jamaica	343	....	....	....	....	0.0	0.0	....	0.2	0.0	0.0	0.0	....
Mexico	273	27.3	7.3	3.0	6.3	0.3	11.1	0.3	6.7	2.1	2.9	2.4	2.8
Panama	283	9.6	11.6	2.9	4.7	2.4	3.0	0.3	0.8	1.5	0.1	0.2	0.2
Paraguay	288	....	....	....	....	....	....	....	0.1	0.4	1.1	0.9	0.1
Peru	293	0.4	3.5	6.0	3.4	2.6	3.0	0.0	0.1	0.2	0.3	12.3	8.4
Suriname	366	....	....	....	....	....	....	....	....	....	....	....	0.1
Trinidad and Tobago	369	13.4	8.6	0.1	0.0	4.2	....	....	....	....	....	....	....
Uruguay	298	0.1	....	1.0	0.8	0.5	0.3	0.4	2.8	2.0	1.4	1.7	0.9
Western Hem. n.s.	399	1.2	0.2	0.6	0.0	....	....	2.8	2.7	1.1	1.7	0.4	0.0
Other Countries n.i.e	910	**0.1**	**0.6**	**0.2**	**0.6**	**0.2**	**0.0**	**5.4**	**9.7**	**3.8**	**3.7**	**3.3**	**0.1**
Cuba	928	....	....	....	....	0.1	0.0	0.2	1.7	0.3	0.1	0.2	0.1
Korea, Dem. People's Rep.	954	0.1	0.6	0.2	0.6	0.1	....	5.2	8.1	3.5	3.5	3.1	....
Memorandum Items													
Africa	605	2.5	12.7	30.8	19.2	10.5	11.5	36.5	34.1	21.3	49.6	45.3	18.3
Middle East	405	85.4	101.8	139.2	82.1	98.5	160.5	316.5	310.5	360.2	341.7	321.1	235.1
European Union	998	424.4	353.0	607.1	624.2	646.5	568.3	2,052.5	2,428.6	2,263.8	2,369.8	2,518.6	2,810.0
Export earnings: fuel	080	707.3	844.8	1,160.2	1,000.3	559.0	559.6	1,436.2	1,637.5	1,705.3	1,685.7	1,644.7	1,518.5
Export earnings: nonfuel	092	1,479.4	1,531.3	1,749.3	1,860.4	1,644.6	1,546.1	5,602.1	6,399.4	6,306.2	6,906.5	6,079.7	8,114.7

Germany (134)
In Billions of U.S. Dollars

		Exports (FOB) 2011	2012	2013	2014	2015	2016	Imports (CIF) 2011	2012	2013	2014	2015	2016
IFS World		....	....	....	....	....	....	....	....	....	....	....	....
World	001	1,474.0	1,401.7	1,444.9	1,494.2	1,326.2	1,337.9	1,255.0	1,155.5	1,181.1	1,207.2	1,051.1	1,055.1
Advanced Economies	110	1,046.4	981.4	1,010.8	1,049.3	944.6	949.7	897.6	824.2	840.1	857.6	747.5	750.2
Euro Area	163	590.4	526.5	538.1	549.7	481.5	489.7	562.1	518.4	535.2	547.1	472.8	475.5
Austria	122	80.3	72.7	74.6	74.1	64.6	66.3	55.0	49.9	51.9	51.2	44.3	45.9
Belgium	124	65.4	56.3	56.3	55.8	45.4	46.2	81.1	73.3	75.4	75.1	62.9	64.3
Cyprus	423	1.0	0.9	1.2	0.8	0.6	0.7	0.5	0.3	0.3	0.2	0.2	0.2
Estonia	939	2.2	2.0	2.2	2.3	1.8	1.8	0.7	0.7	0.7	0.7	0.6	0.7
Finland	172	11.8	10.3	10.8	11.6	10.0	10.2	8.8	7.5	7.6	9.2	9.3	8.7
France	132	141.1	131.7	131.8	133.7	114.0	112.2	95.0	85.1	89.6	95.0	79.6	77.2
Greece	174	7.1	6.1	6.3	6.4	5.2	5.5	2.7	2.3	2.3	2.2	2.0	2.0
Ireland	178	6.2	6.0	7.3	6.9	6.5	6.4	9.7	9.3	8.5	9.2	11.1	11.2
Italy	136	86.4	71.4	70.6	72.1	64.3	68.0	67.0	61.8	62.7	65.8	54.9	57.6
Latvia	941	1.8	1.8	1.9	2.0	1.8	1.9	0.9	1.0	0.8	0.9	0.7	0.8
Lithuania	946	3.1	3.0	3.3	3.4	3.1	3.3	2.4	2.3	2.4	2.2	1.8	1.9
Luxembourg	137	8.6	7.2	7.3	7.1	5.9	5.9	5.1	4.3	4.7	4.9	4.5	4.5
Malta	181	0.4	0.4	0.5	0.8	0.7	0.7	0.6	0.4	0.7	0.5	0.4	0.5
Netherlands	138	96.6	90.4	94.3	96.6	87.8	87.4	173.1	161.8	166.3	165.6	143.1	140.0
Portugal	182	9.8	7.9	8.4	9.4	8.3	8.8	6.6	6.3	6.7	6.8	6.0	6.1
Slovak Republic	936	14.5	13.3	14.1	14.9	13.6	14.1	15.6	16.1	17.0	18.1	16.1	16.8
Slovenia	961	5.5	5.0	5.4	5.4	5.0	5.3	6.3	6.0	6.2	6.5	5.9	6.2
Spain	184	48.5	40.0	41.6	46.2	43.0	45.0	31.2	29.9	31.3	33.1	29.4	30.8
Australia	193	11.6	12.0	11.4	10.5	9.4	10.1	2.8	2.6	2.3	1.8	1.4	1.7
Canada	156	10.2	11.4	11.8	11.6	11.1	10.6	5.7	4.2	4.4	3.7	3.5	3.8
China,P.R.: Hong Kong	532	8.2	7.6	7.4	7.8	6.5	7.3	2.2	1.8	1.9	1.9	1.9	1.7
China,P.R.: Macao	546	0.1	0.1	0.2	0.1	0.3	0.2	0.0	0.1	0.0	0.0	0.0	0.0
Czech Republic	935	42.9	40.2	41.3	44.5	40.5	42.3	50.4	46.6	47.9	52.7	46.8	49.8
Denmark	128	20.6	19.1	21.0	22.3	19.5	20.2	18.0	16.2	17.2	17.8	15.0	14.9
Iceland	176	0.4	0.4	0.4	0.4	0.4	0.7	0.6	0.4	0.4	0.2	0.1	0.1
Israel	436	4.8	4.7	4.8	5.4	4.5	4.4	1.9	1.5	1.6	1.7	1.4	1.3
Japan	158	20.9	22.0	22.9	22.7	19.2	20.5	25.1	21.2	19.2	19.3	15.5	17.2
Korea, Republic of	542	16.2	17.2	19.2	20.7	19.9	19.2	11.5	9.1	9.0	9.0	7.3	7.1
New Zealand	196	1.2	1.3	1.4	1.4	1.2	1.2	0.7	0.6	0.6	0.6	0.5	0.5
Norway	142	10.9	10.9	10.9	11.2	8.9	9.6	26.7	26.1	22.3	21.8	16.5	12.3
San Marino	135	0.0	0.0	0.0	0.0	0.0	0.0	0.0	0.0	0.0	0.0	0.0	0.0
Singapore	576	8.9	8.4	8.3	8.3	7.3	7.4	3.8	3.2	3.1	3.1	2.7	2.7
Sweden	144	30.7	27.1	27.5	28.5	25.6	27.7	19.6	17.2	17.7	18.1	15.7	16.0
Switzerland	146	66.9	63.2	62.7	62.0	55.0	56.2	49.7	46.2	48.2	49.2	44.3	46.6
Taiwan Prov.of China	528	8.7	7.4	7.8	9.2	8.2	8.4	7.2	6.4	6.6	7.4	7.3	7.6
United Kingdom	112	91.2	91.0	94.6	105.1	98.7	95.4	59.6	53.3	53.7	53.0	44.8	43.4
United States	111	101.7	110.9	119.0	128.0	126.9	118.7	49.8	49.1	48.8	49.2	50.0	48.1
Vatican	187	0.0	0.0	0.0	0.0	0.0	0.0	0.0	0.0	0.0	0.0	0.0	0.0
Emerg. & Dev. Economies	200	426.4	415.2	428.7	439.7	378.0	384.6	357.4	331.3	340.9	349.5	303.6	304.9
Emerg. & Dev. Asia	505	124.8	121.3	123.7	134.7	110.9	116.0	126.7	113.0	112.6	119.2	114.3	115.5
American Samoa	859	0.0	0.0	0.0	0.0	0.0	0.0	0.0	0.0	....	....	0.0	....
Bangladesh	513	0.6	0.5	0.6	0.8	0.7	0.8	3.5	3.3	3.4	3.6	4.0	4.0
Bhutan	514	0.0	0.0	0.0	0.0	0.1	0.0	0.0	0.0	0.0	0.0	0.0	0.0
Brunei Darussalam	516	0.5	0.1	0.1	0.2	0.2	0.1	0.0	0.0	0.0	0.0	0.0	0.0
Cambodia	522	0.0	0.1	0.1	0.1	0.1	0.2	0.6	0.7	0.8	1.0	1.1	1.1
China,P.R.: Mainland	924	90.1	85.6	89.2	99.4	79.7	85.2	89.5	78.6	76.6	80.8	76.7	77.4
Fiji	819	0.0	0.0	0.0	0.0	0.0	0.0	0.0	0.0	0.0	0.0	0.0	0.0
F.T. French Polynesia	887	0.0	0.0	0.0	0.0	0.0	0.0	0.0	0.0	0.0	0.0	0.0	0.0
F.T. New Caledonia	839	0.1	0.1	0.1	0.1	0.1	0.1	0.0	0.0	0.0	0.0	0.0	0.0
Guam	829	0.0	0.0	0.0	0.0	0.0	0.0	0.0	0.0	0.0	0.0	0.0	0.0
India	534	15.0	13.3	12.1	11.8	10.8	10.8	9.1	7.8	7.9	7.9	7.0	7.0
Indonesia	536	2.9	4.1	4.1	3.9	2.9	2.7	4.9	4.0	3.8	3.7	3.5	3.3
Kiribati	826	0.0	0.0	0.0	0.0	0.0	0.0	0.0	0.0	0.0	0.0	0.0	0.0
Lao People's Dem.Rep	544	0.0	0.2	0.0	0.1	0.0	0.0	0.1	0.1	0.1	0.1	0.1	0.1
Malaysia	548	6.0	6.4	6.4	6.4	5.3	5.3	6.9	5.5	5.9	6.4	6.1	6.4
Maldives	556	0.0	0.0	0.0	0.0	0.0	0.0	0.0	0.0	0.0	0.0	0.0	0.0

Germany (134)
In Billions of U.S. Dollars

		Exports (FOB) 2011	2012	2013	2014	2015	2016	Imports (CIF) 2011	2012	2013	2014	2015	2016
Marshall Islands	867	0.1	0.2	0.2	0.8	0.6	0.2	0.0	0.0	0.0	0.0	0.0	0.0
Micronesia	868	0.0	0.0	0.0	0.0	0.0	0.0	0.0	0.0	0.0	0.0	0.0	0.0
Mongolia	948	0.2	0.2	0.2	0.2	0.1	0.1	0.0	0.0	0.0	0.0	0.0	0.0
Myanmar	518	0.1	0.1	0.2	0.2	0.2	0.2	0.1	0.1	0.1	0.1	0.2	0.3
Nauru	836	0.0	0.0	0.0	....	0.0	0.0	....	....	....	....	....	....
Nepal	558	0.0	0.0	0.0	0.0	0.2	0.0	0.0	0.0	0.0	0.0	0.0	0.0
Palau	565	0.0	0.0	0.0	0.0	0.0	0.0	0.0	0.0	0.0	0.0	0.0	0.0
Papua New Guinea	853	0.0	0.1	0.0	0.0	0.0	0.0	0.5	0.5	0.3	0.4	0.3	0.2
Philippines	566	1.7	2.0	2.3	2.7	2.4	2.3	2.3	2.4	2.6	3.1	2.9	2.6
Samoa	862	0.0	0.0	0.0	0.0	0.0	0.0	0.0	0.0	0.0	0.0	0.0	0.0
Solomon Islands	813	0.0	0.0	0.0	0.0	0.0	0.0	0.0	0.0	0.0	0.0	0.0	0.0
Sri Lanka	524	0.3	0.3	0.3	0.3	0.3	0.3	0.6	0.5	0.5	0.5	0.5	0.5
Thailand	578	4.4	5.4	5.2	5.2	4.5	4.8	4.1	4.0	4.3	4.9	4.5	4.7
Timor-Leste	537	0.0	0.0	0.0	0.0	0.0	0.0	0.0	0.0	0.0	0.0	0.0	0.0
Tonga	866	0.0	0.0	0.0	0.0	0.0	0.0	0.0	0.0	....	0.0	0.0	0.0
Tuvalu	869	....	....	....	0.0	0.0	0.0	0.0	0.0	0.0	....	0.0	0.0
Vanuatu	846	0.0	0.0	0.0	0.0	0.0	0.0	0.0	0.0	0.0	0.0	0.0	0.0
Vietnam	582	2.5	2.5	2.4	2.6	2.5	2.9	4.6	5.6	6.3	6.6	7.4	7.9
Asia n.s.	598	0.0	0.1	0.0	0.0	0.0	0.0	0.0	0.0	0.0	0.0	0.0	0.0
Europe	170	**198.0**	**187.5**	**195.5**	**193.6**	**164.8**	**170.5**	**170.0**	**161.3**	**174.5**	**182.0**	**151.3**	**153.7**
Emerg. & Dev. Europe	903	**133.7**	**122.6**	**131.5**	**141.9**	**132.0**	**137.8**	**105.2**	**99.6**	**110.5**	**121.8**	**112.8**	**119.8**
Albania	914	0.2	0.2	0.2	0.2	0.2	0.3	0.1	0.1	0.1	0.1	0.1	0.1
Bosnia and Herzegovina	963	1.0	1.0	1.0	1.0	0.9	0.9	0.6	0.6	0.6	0.7	0.6	0.6
Bulgaria	918	3.3	3.5	3.5	4.3	3.8	3.9	2.7	2.7	3.5	3.3	3.1	3.4
Croatia	960	3.1	2.8	2.7	3.0	2.9	3.3	1.1	1.0	1.1	1.2	1.3	1.5
Faroe Islands	816	0.0	0.1	0.0	0.1	0.0	0.1	0.0	0.0	0.0	0.0	0.0	0.0
Gibraltar	823	0.1	0.1	0.2	0.1	0.0	0.0	0.0	0.0	0.0	0.0	0.0	0.0
Hungary	944	22.0	20.8	23.2	26.3	24.2	25.2	25.4	23.7	25.7	29.0	26.1	27.4
Kosovo	967	0.2	0.2	0.2	0.2	0.2	0.2	0.0	0.0	0.0	0.0	0.0	0.0
Macedonia, FYR	962	0.7	0.7	0.7	0.9	0.9	1.1	1.3	1.2	1.5	2.0	1.9	2.1
Montenegro	943	0.1	0.1	0.1	0.1	0.1	0.2	0.0	0.0	0.0	0.0	0.0	0.0
Poland	964	60.6	53.8	56.4	63.3	57.8	60.7	47.2	45.0	50.3	55.4	52.7	54.8
Romania	968	12.3	11.8	12.8	14.3	13.6	15.0	10.9	10.3	11.5	12.7	11.3	13.2
Serbia, Republic of	942	2.0	2.0	2.1	2.2	2.2	2.3	1.2	1.2	1.6	1.6	1.5	1.8
Turkey	186	28.0	25.7	28.4	25.9	25.1	24.7	14.6	13.7	14.5	15.8	14.3	14.8
CIS	901	**64.2**	**64.9**	**63.9**	**51.7**	**32.8**	**32.6**	**64.8**	**61.7**	**63.9**	**60.2**	**38.5**	**33.9**
Armenia	911	0.2	0.2	0.2	0.2	0.2	0.2	0.2	0.1	0.1	0.1	0.1	0.1
Azerbaijan, Rep. of	912	1.2	1.0	1.1	1.0	0.7	0.4	2.0	2.0	3.3	3.2	2.4	1.8
Belarus	913	3.0	2.9	3.0	2.4	1.4	1.3	0.9	1.0	0.6	0.7	0.7	0.5
Georgia	915	0.5	0.5	0.4	0.5	0.4	0.4	0.2	0.2	0.2	0.1	0.1	0.1
Kazakhstan	916	2.4	2.6	2.9	2.3	1.4	1.2	5.9	5.0	5.9	5.8	3.1	3.1
Kyrgyz Republic	917	0.1	0.1	0.1	0.1	0.1	0.1	0.0	0.0	0.0	0.0	0.0	0.0
Moldova	921	0.5	0.5	0.5	0.4	0.3	0.3	0.1	0.1	0.1	0.2	0.2	0.1
Russian Federation	922	47.9	48.8	47.5	39.0	24.0	23.9	53.2	51.5	52.0	48.2	30.4	26.5
Tajikistan	923	0.0	0.0	0.0	0.1	0.0	0.0	0.0	0.0	0.0	0.0	0.0	0.0
Turkmenistan	925	0.4	0.4	0.5	0.4	0.3	0.4	0.1	0.1	0.0	0.2	0.0	0.1
Ukraine	926	7.4	7.4	7.1	4.8	3.4	4.0	2.1	1.6	1.8	1.8	1.5	1.6
Uzbekistan	927	0.7	0.5	0.6	0.7	0.5	0.5	0.0	0.0	0.0	0.0	0.0	0.0
Europe n.s.	884	0.0	0.0	0.0	0.1	0.0	0.0	0.0	0.0	0.0	0.0	0.0	0.0
Mid East, N Africa, Pak	440	**45.3**	**47.7**	**49.6**	**53.3**	**49.7**	**49.3**	**17.4**	**19.6**	**19.5**	**15.4**	**11.6**	**9.7**
Afghanistan, I.R. of	512	0.4	0.4	0.2	0.2	0.1	0.1	0.0	0.0	0.0	0.0	0.0	0.0
Algeria	612	2.1	2.4	2.7	3.5	2.7	3.5	2.8	2.4	2.7	3.3	1.7	1.4
Bahrain, Kingdom of	419	0.6	0.5	0.5	0.5	0.5	0.4	0.0	0.0	0.0	0.0	0.0	0.0
Djibouti	611	0.0	0.0	0.0	0.0	0.0	0.0	0.0	0.0	0.0	0.0	0.0	0.0
Egypt	469	3.3	3.4	3.1	3.8	3.7	4.9	2.2	1.7	1.8	1.9	1.8	1.1
Iran, I.R. of	429	4.3	3.2	2.4	3.2	2.3	2.9	1.0	0.4	0.3	0.4	0.4	0.3
Iraq	433	1.6	1.6	1.8	1.5	1.1	0.8	0.5	0.7	0.6	0.6	0.5	0.6
Jordan	439	0.9	1.1	0.9	0.9	0.9	0.8	0.0	0.0	0.1	0.0	0.0	0.0
Kuwait	443	1.5	1.6	1.7	1.9	1.5	1.6	0.1	0.3	0.5	0.2	0.1	0.0
Lebanon	446	1.0	1.1	1.0	1.0	0.9	0.9	0.1	0.1	0.1	0.1	0.1	0.1

Germany (134)
In Billions of U.S. Dollars

		Exports (FOB)						Imports (CIF)					
		2011	2012	2013	2014	2015	2016	2011	2012	2013	2014	2015	2016
Libya	672	0.4	0.9	1.2	0.7	0.4	0.3	2.8	7.1	6.2	2.2	1.3	0.6
Mauritania	682	0.2	0.2	0.1	0.1	0.1	0.1	0.0	0.1	0.1	0.1	0.0	0.0
Morocco	686	2.1	2.1	2.1	2.3	2.1	2.2	0.8	0.8	0.8	0.8	0.7	0.7
Oman	449	1.1	1.0	1.0	0.9	1.0	0.9	0.0	0.1	0.1	0.1	0.0	0.0
Pakistan	564	1.1	1.1	1.1	1.1	1.1	1.2	1.4	1.1	1.2	1.5	1.4	1.4
Qatar	453	1.4	1.5	1.6	2.7	2.4	2.8	0.1	0.3	0.3	0.2	0.2	0.3
Saudi Arabia	456	9.5	10.5	12.2	11.8	11.0	8.1	0.9	1.9	1.9	1.2	0.8	0.5
Somalia	726	0.0	0.0	0.0	0.0	0.0	0.0	0.0	0.0	0.0	0.0	0.0	0.0
Sudan	732	0.4	0.2	0.3	0.2	0.2	0.2	0.0	0.0	0.0	0.0	0.0	0.0
Syrian Arab Republic	463	0.8	0.3	0.1	0.1	0.1	0.1	1.4	0.1	0.0	0.0	0.0	0.0
Tunisia	744	2.1	1.8	1.7	1.7	1.5	1.6	1.9	1.7	1.8	1.9	1.6	1.6
United Arab Emirates	466	10.3	12.5	13.1	14.9	16.1	15.9	1.3	0.9	1.0	0.9	0.9	0.9
West Bank and Gaza	487	0.1	0.1	0.1	0.1	0.1	0.1	0.0	0.0	0.0	0.0	0.0	0.0
Yemen, Republic of	474	0.1	0.2	0.3	0.3	0.2	0.1	0.0	0.0	0.0	0.0	0.0	0.0
Sub-Saharan Africa	603	**17.9**	**17.1**	**17.4**	**17.5**	**15.9**	**14.3**	**16.9**	**14.5**	**14.1**	**13.2**	**10.1**	**10.1**
Angola	614	0.3	0.5	0.4	0.5	0.4	0.3	1.2	0.3	0.6	0.2	0.1	0.2
Benin	638	0.1	0.1	0.1	0.1	0.1	0.0	0.0	0.0	0.0	0.0	0.0	0.0
Botswana	616	0.0	0.1	0.0	0.1	0.1	0.1	0.0	0.0	0.0	0.0	0.0	0.0
Burkina Faso	748	0.1	0.1	0.1	0.1	0.1	0.1	0.0	0.0	0.0	0.0	0.0	0.0
Burundi	618	0.0	0.0	0.0	0.0	0.0	0.0	0.0	0.0	0.0	0.0	0.0	0.0
Cabo Verde	624	0.0	0.0	0.0	0.0	0.0	0.0	0.0	0.0	0.0	0.0	0.0	0.0
Cameroon	622	0.2	0.2	0.2	0.2	0.2	0.2	0.3	0.1	0.1	0.0	0.0	0.0
Central African Rep.	626	0.0	0.0	0.0	0.0	0.0	0.0	0.0	0.0	0.0	0.0	0.0	0.0
Chad	628	0.0	0.0	0.0	0.0	0.0	0.0	0.0	0.0	0.0	0.0	0.0	0.0
Comoros	632	0.0	0.0	0.0	0.0	0.0	0.0	0.0	0.0	0.0	0.0	0.0	0.0
Congo, Dem. Rep. of	636	0.2	0.2	0.2	0.2	0.2	0.1	0.0	0.1	0.1	0.0	0.1	0.1
Congo, Republic of	634	0.1	0.1	0.1	0.1	0.2	0.1	0.2	0.1	0.0	0.0	0.0	0.0
Côte d'Ivoire	662	0.1	0.2	0.2	0.2	0.2	0.2	0.9	1.0	0.9	0.7	0.7	0.7
Equatorial Guinea	642	0.1	0.0	0.0	0.0	0.0	0.0	0.0	0.1	0.0	0.0	0.1	0.1
Eritrea	643	0.0	0.0	0.0	0.0	0.0	0.0	0.0	0.0	0.0	0.0	0.0	0.0
Ethiopia	644	0.2	0.2	0.2	0.3	0.3	0.4	0.3	0.3	0.2	0.2	0.2	0.2
Gabon	646	0.1	0.1	0.1	0.1	0.1	0.1	0.1	0.2	0.1	0.0	0.0	0.0
Gambia, The	648	0.0	0.0	0.0	0.0	0.0	0.0	0.0	0.0	0.0	0.0	0.0	0.0
Ghana	652	0.4	0.4	0.4	0.4	0.3	0.3	0.2	0.4	0.4	0.2	0.2	0.2
Guinea	656	0.0	0.1	0.0	0.0	0.1	0.1	0.1	0.1	0.1	0.1	0.1	0.1
Guinea-Bissau	654	0.0	0.0	0.0	0.0	0.0	0.0	0.0	....	....	0.0	0.0	0.0
Kenya	664	0.3	0.4	0.4	0.4	0.4	0.4	0.2	0.1	0.1	0.2	0.1	0.1
Lesotho	666	0.0	0.0	0.0	0.0	0.0	0.0	0.0	0.0	0.0	0.0	0.0	0.0
Liberia	668	0.4	0.1	0.1	0.4	0.3	0.2	0.0	0.0	0.0	0.1	0.0	0.1
Madagascar	674	0.0	0.0	0.1	0.1	0.1	0.0	0.1	0.1	0.1	0.1	0.1	0.2
Malawi	676	0.0	0.0	0.0	0.0	0.0	0.0	0.1	0.1	0.1	0.1	0.0	0.0
Mali	678	0.1	0.1	0.1	0.1	0.1	0.1	0.0	0.0	0.0	0.0	0.0	0.0
Mauritius	684	0.1	0.1	0.1	0.1	0.1	0.1	0.0	0.0	0.0	0.0	0.0	0.0
Mozambique	688	0.1	0.1	0.1	0.1	0.1	0.1	0.0	0.0	0.0	0.0	0.0	0.0
Namibia	728	0.2	0.2	0.2	0.2	0.1	0.1	0.2	0.1	0.1	0.1	0.1	0.1
Niger	692	0.0	0.0	0.0	0.0	0.0	0.0	0.0	0.0	0.0	0.0	0.0	0.0
Nigeria	694	1.8	1.6	1.8	1.8	1.1	0.8	4.8	5.7	5.4	5.3	2.1	1.4
Rwanda	714	0.0	0.0	0.0	0.0	0.0	0.0	0.0	0.0	0.0	0.0	0.0	0.0
São Tomé & Príncipe	716	0.0	0.0	0.0	0.0	0.0	0.0	0.0	0.0	0.0	0.0	....	0.0
Senegal	722	0.1	0.1	0.1	0.1	0.1	0.1	0.0	0.0	0.0	0.0	0.0	0.0
Seychelles	718	0.0	0.0	0.0	0.0	0.0	0.0	0.0	0.0	0.0	0.0	0.0	0.0
Sierra Leone	724	0.0	0.1	0.0	0.0	0.0	0.0	0.0	0.0	0.0	0.0	0.0	0.0
South Africa	199	12.0	11.3	11.3	11.0	10.7	9.8	7.2	5.2	5.0	5.2	5.6	6.0
South Sudan, Rep. of	733	....	....	0.0	0.0	0.0	0.0	....	....	0.0	0.0	0.0	0.0
Swaziland	734	0.0	0.0	0.0	0.0	0.0	0.0	0.0	0.0	0.0	0.0	0.0	0.0
Tanzania	738	0.2	0.2	0.2	0.2	0.1	0.2	0.2	0.2	0.2	0.2	0.2	0.1
Togo	742	0.1	0.1	0.1	0.1	0.1	0.0	0.2	0.0	0.0	0.0	0.0	0.0
Uganda	746	0.1	0.1	0.1	0.1	0.1	0.1	0.1	0.1	0.1	0.1	0.1	0.1
Zambia	754	0.1	0.1	0.2	0.1	0.1	0.1	0.1	0.0	0.0	0.0	0.0	0.0
Zimbabwe	698	0.1	0.1	0.1	0.0	0.1	0.0	0.1	0.1	0.1	0.1	0.0	0.0

Germany (134)

In Billions of U.S. Dollars

		Exports (FOB) 2011	2012	2013	2014	2015	2016	Imports (CIF) 2011	2012	2013	2014	2015	2016
Africa n.s.	799	0.0	0.0	0.0	0.0	0.0	0.0	....	....	0.0	0.0	....	0.0
Western Hemisphere	205	40.3	41.6	42.5	40.5	36.7	34.5	26.3	22.9	20.3	19.7	16.3	15.8
Anguilla	312	0.0	0.0	0.0	0.0	0.0	0.0	0.0	0.0	0.0	0.0	0.0	0.0
Antigua and Barbuda	311	0.0	0.0	0.0	0.0	0.0	0.0	0.0	0.0	0.0	0.0	0.0	0.0
Argentina	213	3.7	3.5	3.8	3.2	2.9	2.9	2.5	1.9	1.7	1.7	1.4	1.3
Aruba	314	0.0	0.0	0.0	0.0	0.0	0.0	0.0	0.0	0.0	0.0	0.0	0.0
Bahamas, The	313	0.1	0.2	0.1	0.0	0.0	0.0	0.0	0.0	0.1	0.0	0.0	0.0
Barbados	316	0.0	0.0	0.0	0.0	0.0	0.0	0.0	0.0	0.0	0.0	0.0	0.0
Belize	339	0.0	0.2	0.0	0.0	0.0	0.0	0.0	0.0	0.0	0.0	0.0	0.0
Bermuda	319	0.1	0.0	0.0	0.0	0.5	0.0	0.1	0.0	0.0	0.0	0.0	0.3
Bolivia	218	0.1	0.1	0.2	0.2	0.2	0.2	0.0	0.1	0.1	0.1	0.1	0.1
Brazil	223	15.5	15.0	14.9	13.8	11.0	9.5	9.7	8.8	7.5	7.9	6.1	5.6
Chile	228	3.1	3.3	3.7	2.8	2.6	2.7	2.0	1.6	1.2	1.3	1.1	0.8
Colombia	233	1.8	2.1	1.9	2.4	2.0	1.6	0.7	0.7	0.9	1.1	0.7	0.5
Costa Rica	238	0.3	0.2	0.2	0.2	0.2	0.3	0.2	0.2	0.2	0.2	0.2	0.2
Curaçao	354	....	....	0.0	0.0	0.0	0.0	....	....	0.0	0.0	0.0	0.0
Dominica	321	0.0	0.0	0.0	0.0	0.0	0.0	....	0.0	0.0	0.0	0.0	0.0
Dominican Republic	243	0.2	0.2	0.2	0.2	0.2	0.2	0.1	0.1	0.1	0.1	0.1	0.1
Ecuador	248	0.6	0.6	0.5	0.5	0.5	0.4	0.5	0.5	0.5	0.5	0.4	0.4
El Salvador	253	0.1	0.4	0.2	0.3	0.2	0.2	0.2	0.1	0.1	0.0	0.0	0.0
Falkland Islands	323	0.0	0.0	0.0	0.0	0.0	0.0	0.0	0.0	0.0	0.0	0.0	0.0
Greenland	326	0.0	0.0	0.0	0.0	0.0	0.0	0.0	0.0	0.0	0.0	0.0	0.0
Grenada	328	0.0	0.0	0.0	0.0	0.0	0.0	0.0	0.0	0.0	0.0	0.0	0.0
Guatemala	258	0.3	0.3	0.3	0.3	0.3	0.3	0.1	0.1	0.1	0.1	0.1	0.1
Guyana	336	0.0	0.0	0.0	0.0	0.0	0.0	0.0	0.0	0.0	0.0	0.0	0.0
Haiti	263	0.0	0.0	0.0	0.0	0.0	0.0	0.0	0.0	0.0	0.0	0.0	0.0
Honduras	268	0.2	0.2	0.2	0.2	0.2	0.1	0.5	0.6	0.3	0.4	0.4	0.4
Jamaica	343	0.0	0.1	0.1	0.1	0.1	0.1	0.0	0.0	0.0	0.0	0.0	0.0
Mexico	273	10.5	11.3	11.8	12.0	12.3	12.3	5.3	4.9	4.5	4.1	3.8	4.4
Montserrat	351	0.0	0.0	0.0	0.0	0.0	0.0	0.0	0.0	....	....	0.0	....
Netherlands Antilles	353	0.0	0.0	....	....	....	....	0.0	0.0	....	....	....	....
Nicaragua	278	0.0	0.0	0.1	0.1	0.1	0.1	0.0	0.0	0.0	0.0	0.1	0.0
Panama	283	0.4	0.4	0.6	0.6	0.4	0.4	0.1	0.0	0.1	0.1	0.1	0.0
Paraguay	288	0.2	0.2	0.2	0.2	0.2	0.2	0.3	0.3	0.3	0.2	0.2	0.1
Peru	293	1.0	1.2	1.3	1.2	0.9	0.9	1.8	1.7	1.1	1.2	1.0	0.9
Sint Maarten	352	....	....	0.0	0.0	0.0	0.0	....	....	0.0	0.0	0.0	0.0
St. Kitts and Nevis	361	0.0	0.0	0.1	0.1	0.0	0.0	0.0	0.0	0.0	0.0	0.0	0.0
St. Lucia	362	0.0	0.0	0.0	0.0	0.0	0.0	0.0	0.0	0.0	0.0	0.0	0.0
St. Vincent & Grens.	364	0.0	0.0	0.0	0.0	0.0	0.0	0.0	0.0	....	0.0	0.0	0.0
Suriname	366	0.0	0.0	0.0	0.0	0.0	0.0	0.0	0.0	0.0	0.0	0.0	0.0
Trinidad and Tobago	369	0.1	0.2	0.1	0.2	0.1	0.1	0.2	0.1	0.1	0.2	0.1	0.0
Uruguay	298	0.4	0.5	0.5	0.5	0.5	0.4	0.6	0.5	0.5	0.3	0.2	0.3
Venezuela, Rep. Bol.	299	1.0	1.2	1.0	0.9	0.6	0.3	1.0	0.6	0.3	0.1	0.1	0.1
Western Hem. n.s.	399	0.4	0.3	0.4	0.4	0.6	1.1	0.3	0.1	0.5	0.0	0.2	0.1
Other Countries n.i.e	910	0.2	0.3	0.3	0.3	0.3	0.3	0.1	0.0	0.1	0.0	0.0	0.0
Cuba	928	0.2	0.2	0.2	0.3	0.3	0.3	0.0	0.0	0.1	0.0	0.0	0.0
Korea, Dem. People's Rep.	954	0.0	0.0	0.0	0.0	0.0	0.0	0.0	0.0	0.0	0.0	0.0	0.0
Special Categories	899	1.0	4.8	5.1	5.0	3.1	3.1	....	....	....	....	0.0	0.0
Countries & Areas n.s.	898	....	0.0	0.2	0.0	0.2	0.2	....	....	....	....	....	....
Memorandum Items													
Africa	605	25.0	23.8	24.5	25.3	22.4	21.9	22.3	19.4	19.5	19.4	14.3	13.9
Middle East	405	36.8	39.5	41.2	44.3	41.9	40.4	10.5	13.6	12.9	7.8	6.1	4.5
European Union	998	877.1	796.6	821.1	861.3	768.1	783.3	797.1	734.4	763.7	790.4	689.4	700.0
Export earnings: fuel	080	91.2	95.3	96.9	91.4	70.7	67.1	79.6	81.0	82.8	73.9	45.4	39.0
Export earnings: nonfuel	092	1,382.8	1,306.4	1,348.0	1,402.8	1,255.5	1,270.8	1,175.4	1,074.5	1,098.3	1,133.3	1,005.8	1,016.1

Ghana (652)

In Millions of U.S. Dollars

		Exports (FOB)						Imports (CIF)					
		2011	2012	2013	2014	2015	2016	2011	2012	2013	2014	2015	2016
IFS World		....	....	....	....	....	....	....	....	....	....	....	....
World	001	18,147.2	15,764.1	12,750.3	15,560.7	13,355.7	10,616.3	12,652.2	13,664.9	12,884.0	11,672.8	11,392.6	11,391.7
Advanced Economies	110	6,314.2	6,123.3	5,595.8	5,861.6	3,961.3	3,813.8	6,009.9	6,854.1	6,318.9	6,277.7	5,563.4	5,555.3
Euro Area	163	4,320.7	4,108.1	3,436.8	3,071.0	2,288.7	1,300.4	2,513.0	2,825.2	2,788.7	2,959.3	2,642.5	2,240.1
Austria	122	0.1	0.6	0.1	0.1	0.1	0.1	13.6	5.2	7.6	20.5	14.6	12.1
Belgium	124	403.4	130.4	124.7	189.6	176.8	99.5	809.3	927.4	918.1	840.0	611.3	577.4
Cyprus	423	0.1	0.1	0.1	0.0	0.1	....	0.7	0.6	0.9	2.1	0.9	0.8
Estonia	939	122.0	80.9	50.8	49.5	49.3	71.3	0.5	10.3	25.2	1.1	1.3	10.6
Finland	172	1.0	0.3	0.1	0.3	0.1	0.0	32.4	34.3	24.1	10.1	14.8	26.0
France	132	1,722.4	1,409.6	941.6	850.6	600.6	139.6	269.1	240.6	257.9	329.9	651.3	382.2
Germany	134	169.7	197.6	117.7	73.3	100.6	147.5	361.0	485.4	483.9	460.0	382.5	440.7
Greece	174	5.2	19.0	3.4	2.9	10.4	0.3	9.7	25.4	17.2	25.8	64.9	22.0
Ireland	178	7.3	10.7	4.9	1.2	1.2	0.3	51.1	68.3	73.4	61.8	55.8	57.5
Italy	136	1,041.5	1,226.9	1,097.5	916.8	481.8	188.7	276.2	289.8	355.2	147.6	158.6	205.3
Latvia	941	0.1	1.4	....	....	....	....	2.1	10.7	4.7	0.1	0.4	0.6
Lithuania	946	0.4	0.2	0.1	0.0	0.0	....	27.4	21.0	8.5	7.0	4.0	11.2
Luxembourg	137	0.1	....	0.1	0.1	0.1	0.0	19.4	3.4	6.2	2.2	2.2	2.0
Malta	181	0.1	0.4	0.7	0.4	0.0	0.0	0.8	0.3	2.8	0.2	5.9	7.7
Netherlands	138	710.7	759.0	758.4	825.5	693.1	443.0	415.6	416.0	336.5	814.9	457.7	268.5
Portugal	182	4.0	2.6	129.3	59.8	59.0	60.9	23.4	16.1	16.3	30.6	26.6	40.5
Slovak Republic	936	0.0	....	....	....	....	....	1.2	0.2	0.6	0.2	0.4	1.1
Slovenia	961	0.0	0.1	....	....	....	....	5.8	5.0	7.9	5.7	6.1	6.8
Spain	184	132.6	268.4	207.7	100.7	115.5	149.1	193.9	265.1	241.8	199.3	183.1	167.1
Australia	193	4.6	5.6	2.4	49.3	2.7	1.7	160.3	211.7	165.6	68.3	65.8	91.2
Canada	156	136.5	110.6	5.5	5.3	9.6	33.5	253.0	229.5	265.4	176.6	209.2	236.7
China,P.R.: Hong Kong	532	2.5	3.5	26.2	15.6	15.9	3.7	77.7	109.9	73.2	72.5	147.0	146.8
Czech Republic	935	0.1	0.2	0.1	0.0	0.0	0.3	4.2	6.5	5.6	5.4	4.8	7.0
Denmark	128	13.3	16.3	11.2	10.8	9.7	10.8	33.4	74.0	100.1	28.5	34.9	40.9
Iceland	176	0.8	....	....	....	....	....	0.1	1.7	0.7	6.3	3.4	1.7
Israel	436	8.2	3.2	3.6	7.9	4.1	2.2	31.3	27.1	27.3	116.6	46.7	51.5
Japan	158	65.8	90.6	78.5	65.0	75.5	150.9	181.5	271.9	177.9	145.1	129.9	152.6
Korea, Republic of	542	13.9	11.5	13.0	13.1	14.6	15.8	336.9	321.4	447.9	277.3	318.8	278.2
New Zealand	196	2.2	2.4	1.8	2.3	4.6	3.1	66.2	36.7	39.2	39.2	24.7	31.0
Norway	142	25.4	2.7	3.3	2.6	3.9	0.4	52.6	42.9	47.6	38.0	38.3	44.4
Singapore	576	39.3	10.7	29.3	55.6	45.0	47.2	53.3	65.0	77.0	60.8	59.6	54.4
Sweden	144	11.3	0.7	1.4	1.1	1.6	4.8	247.4	201.3	164.6	108.2	129.2	111.2
Switzerland	146	865.9	1,212.4	1,172.0	1,161.9	928.4	1,868.7	35.1	46.3	40.4	52.4	37.5	48.2
Taiwan Prov.of China	528	2.9 e	2.8 e	205.1 e	901.7 e	105.0 e	78.0 e	49.4 e	86.8 e	96.5 e	38.9 e	28.9 e	30.7 e
United Kingdom	112	356.0	245.4	279.4	281.3	213.7	95.2	607.4	729.4	541.9	824.6	700.3	1,106.7
United States	111	444.9	296.7	326.2	217.1	238.1	197.0	1,307.3	1,566.9	1,259.2	1,259.5	942.1	881.8
Emerg. & Dev. Economies	200	11,832.9	9,640.8	7,153.8	9,698.4	9,393.9	6,802.4	6,636.2	6,809.5	6,564.1	4,987.4	5,416.0	5,444.9
Emerg. & Dev. Asia	505	1,176.0	1,188.2	1,107.1	2,520.8	6,886.3	3,269.6	3,422.2	3,808.6	3,790.7	2,862.3	3,231.4	3,109.6
American Samoa	859	0.0	0.0	....	....	....	....	0.0	0.0	0.0	8.3	8.4	8.0
Bangladesh	513	0.0	0.6	0.6	0.6	0.4	0.1	2.0	1.5	1.6	1.6	1.4	0.7
Cambodia	522	....	....	....	....	....	0.0	0.7	1.8	0.6	0.3	0.3	0.3
China,P.R.: Mainland	924	257.9	626.8	457.6	728.8	827.4	941.8	2,062.1	2,407.4	2,280.5	1,675.4	2,142.3	1,964.6
India	534	722.2	237.3	465.8	1,445.4	5,781.7	1,557.7	578.7	596.0	608.8	495.7	476.0	527.6
Indonesia	536	13.0	11.9	11.3	12.7	9.9	4.8	106.1	130.8	174.5	114.2	85.2	67.2
Malaysia	548	139.6	272.2	116.4	279.6	225.9	215.0	117.4	124.5	101.2	95.1	119.0	141.1
Marshall Islands	867	....	....	....	....	....	....	0.0	....	....	0.1	0.1	0.1
Myanmar	518	0.0	....	0.0	0.0	0.0	0.0	1.6	0.0	1.5	0.0	0.0	0.0
Papua New Guinea	853	....	0.0	....	....	....	....	0.0	0.8	....	....	....	....
Philippines	566	0.1	0.1	0.0	0.1	0.4	0.6	16.7	15.0	4.3	1.5	2.4	4.7
Sri Lanka	524	8.5	1.8	1.1	0.0	0.0	....	4.7	5.2	4.7	4.5	3.1	4.2
Thailand	578	10.0	21.9	12.8	15.8	16.0	0.3	335.7	248.7	264.7	212.2	136.6	147.8
Vietnam	582	24.6	15.5	41.5	37.8	24.6	549.3	118.2	139.0	220.2	228.3	231.4	219.3
Asia n.s.	598	....	....	....	....	....	....	78.1	137.9	128.2	24.9	25.3	23.9
Europe	170	245.4	261.7	147.2	132.4	131.7	124.5	416.4	486.8	383.0	273.8	355.4	456.2
Emerg. & Dev. Europe	903	182.5	243.3	108.4	91.9	92.4	103.9	235.4	289.4	234.4	220.6	270.1	359.0
Albania	914	....	....	0.0	0.0	0.0	0.0	....	....	....	....	....	0.1

2017, International Monetary Fund: *Direction of Trade Statistics Yearbook*

Ghana (652)

In Millions of U.S. Dollars

		Exports (FOB)						Imports (CIF)					
		2011	2012	2013	2014	2015	2016	2011	2012	2013	2014	2015	2016
Bulgaria	918	0.1	0.1	0.1	0.2	0.4	0.0	1.2	11.3	15.6	13.7	18.4	18.3
Croatia	960	1.3	0.1	0.2	0.0	0.0	0.1	0.9	1.8	1.4	0.6	0.2	0.3
Faroe Islands	816	0.0 e	0.0 e	0.0 e	0.0 e	0.0 e	0.0 e	....	....	2.0	13.0	13.2	12.5
Gibraltar	823	....	6.7	....	....	....	....	0.1	0.0	....	0.1	0.1	0.1
Hungary	944	0.1	0.0	0.2	5.8	0.3	0.4	15.3	28.0	7.4	5.3	2.2	8.5
Macedonia, FYR	962	1.1 e	0.8 e	1.6 e	1.9 e	1.2 e	0.9 e	0.1 e	0.0 e	0.1 e	0.0 e	0.8 e	0.0 e
Poland	964	6.2	7.6	8.7	5.1	5.6	2.0	33.8	30.5	40.1	16.6	19.5	20.1
Romania	968	2.5	0.0	2.0	3.9	4.7	0.1	11.0	8.5	4.3	2.2	3.9	2.5
Serbia, Republic of	942	....	....	0.0	0.3	0.2	0.2	....	0.0	0.0	....	....	8.7
Turkey	186	171.2	227.9	95.6	74.7	79.9	100.2	173.0	209.4	163.5	169.2	211.8	287.9
CIS	901	**62.9**	**18.4**	**38.7**	**40.6**	**39.3**	**20.7**	**181.0**	**197.4**	**148.6**	**53.1**	**85.3**	**97.2**
Armenia	911	0.0	....	....	....	....	....	0.3	....	0.0	0.0	0.0	0.0
Azerbaijan, Rep. of	912	0.0	....	0.1	....	....	0.0	1.3	0.9	0.0	0.1	0.1	0.0
Belarus	913	0.3	0.5	....	....	....	....	0.0	0.0	0.0	0.1	0.1	0.1
Georgia	915	6.0	0.0	0.0	0.0	0.0	....	0.0	0.3	0.5	5.0	5.0	1.7
Kazakhstan	916	0.0	0.2	0.1	0.1	0.1	0.0	0.3	0.3	0.2	....	....	0.0
Russian Federation	922	0.7	1.4	1.6	3.6	2.9	0.1	50.4	49.6	72.0	18.7	41.9	69.2
Ukraine	926	55.7	16.2	37.0	36.8	36.4	20.5	128.6	146.4	75.9	28.9	37.8	25.9
Uzbekistan	927	0.1	....	....	....	....	....	....	0.0	....	0.2	0.2	0.2
Mid East, N Africa, Pak	440	**1,035.4**	**1,671.0**	**1,765.6**	**1,651.6**	**1,274.3**	**1,487.5**	**817.4**	**808.5**	**809.3**	**621.1**	**636.1**	**653.6**
Afghanistan, I.R. of	512	0.1	0.0	0.0	0.0	0.0	....	0.0	0.0	0.0	0.0	0.0	0.0
Algeria	612	0.1	....	0.6	0.6	0.5	....	3.3	6.6	14.1	4.6	4.7	2.7
Bahrain, Kingdom of	419	0.0	0.0	44.6	42.2	32.6	....	0.7	0.8	0.2	0.3	0.3	0.3
Djibouti	611	0.2	0.1	0.1	0.1	0.1	0.1	....	0.1	0.2	0.1	0.1	0.1
Egypt	469	7.8	5.2	4.2	3.7	3.6	0.8	75.1	82.1	75.1	29.0	33.4	64.0
Iran, I.R. of	429	13.9	5.3	8.6	8.1	6.3	10.5	6.8	1.2	1.8	1.9	1.9	1.8
Iraq	433	0.0	0.0	0.1	0.1	0.1	0.4	0.0	0.1	0.0	0.5	0.5	0.5
Jordan	439	0.0	0.2	1.2	1.2	0.4	0.1	2.3	8.9	3.0	12.3	12.1	11.9
Kuwait	443	0.0	0.5	0.2	0.2	0.1	0.0	3.9	6.6	3.1	3.2	3.2	3.0
Lebanon	446	7.2	15.8	29.4	6.7	4.6	31.5	35.5	47.8	38.1	38.2	44.3	29.8
Libya	672	0.0	0.0	0.0	0.0	0.0	....	0.0	0.4	4.2	0.3	0.3	0.3
Mauritania	682	3.7	0.8	1.7	1.6	1.2	0.1	96.1	73.5	61.5	76.7	77.7	73.7
Morocco	686	1.0	1.4	1.5	0.3	0.4	3.9	180.7	99.0	143.4	61.5	60.1	89.2
Oman	449	0.0	0.0	0.0	....	....	....	3.1	19.1	3.5	0.0	0.0	1.2
Pakistan	564	0.2	0.3	0.2	0.2	0.2	0.3	9.6	6.4	9.4	9.0	9.2	8.7
Qatar	453	0.3	0.1	1.8	1.7	1.3	0.0	4.7	5.3	6.4	11.0	11.2	10.6
Saudi Arabia	456	5.6	1.6	2.9	3.3	2.6	1.0	74.5	73.6	106.4	53.9	54.6	51.7
Somalia	726	....	....	....	....	....	....	....	0.0	0.2	....	....	....
Sudan	732	....	0.0	0.0	0.0	0.0	0.1	....	0.0	0.0	0.1	0.1	0.1
Syrian Arab Republic	463	0.3	0.0	0.0	0.0	0.0	0.1	1.5	1.1	1.9	0.1	0.1	0.1
Tunisia	744	0.9	5.2	8.4	8.6	7.1	10.9	12.4	13.2	9.4	17.3	17.3	14.8
United Arab Emirates	466	993.9	1,634.3	1,659.7	1,572.4	1,212.9	1,427.3	306.9	362.1	326.9	300.7	304.7	288.8
West Bank and Gaza	487	0.1 e	0.1 e	0.1 e	0.2 e	0.3 e	0.3 e	0.0 e	....	....	0.0 e	....	....
Yemen, Republic of	474	0.0	0.1	0.1	0.1	0.1	....	0.2	0.4	0.4	0.2	0.2	0.2
Sub-Saharan Africa	603	**9,284.7**	**6,401.2**	**4,027.4**	**5,252.2**	**1,034.4**	**1,717.4**	**1,577.1**	**1,379.7**	**1,203.3**	**700.7**	**703.5**	**683.1**
Angola	614	3.0	4.2	22.8	21.6	16.7	0.2	9.4	1.2	1.7	16.9	17.2	16.3
Benin	638	87.3	96.1	195.7	185.4	143.0	34.1	3.3	3.1	5.2	0.9	0.9	0.9
Botswana	616	0.0	0.0	0.0	....	....	0.0	0.0	0.2	0.1	....	....	0.0
Burkina Faso	748	500.6	370.3	466.6	442.1	341.0	427.3	15.0	17.4	12.6	12.7	12.9	12.2
Cabo Verde	624	0.7	0.3	0.2	0.2	0.1	0.0	0.8	2.3	1.6	0.0	0.0	0.0
Cameroon	622	5.4	13.9	9.9	8.3	6.9	3.0	12.1	8.3	4.1	0.7	0.7	0.7
Central African Rep.	626	0.1	0.1	0.0	0.0	0.0	0.1	0.0	0.0	....	0.1	0.1	0.1
Chad	628	0.8	0.2	0.6	0.5	0.4	0.1	0.2	0.0	0.0	0.1	0.1	0.1
Congo, Dem. Rep. of	636	2.6	0.6	1.1	1.0	0.8	0.9	0.1	0.0	0.0	0.1	0.1	0.1
Congo, Republic of	634	2.7	1.7	4.6	4.4	3.4	6.2	5.5	2.7	1.0	2.0	2.0	1.9
Côte d'Ivoire	662	486.2	82.4	58.8	51.5	60.9	33.4	69.1	160.3	91.6	79.8	69.6	66.0
Equatorial Guinea	642	4.9	11.8	3.5	3.3	2.6	0.8	14.9	8.0	5.8	0.5	0.6	0.5
Ethiopia	644	0.3	0.5	2.0	1.9	1.4	0.6	0.5	1.0	0.9	1.2	1.2	1.2
Gabon	646	3.2	5.0	6.0	5.1	3.7	2.4	1.4	4.3	1.1	1.0	1.0	0.9
Gambia, The	648	5.5	3.2	2.9	3.1	2.7	1.6	0.1	0.2	0.0	0.2	0.2	0.2

Ghana (652)
In Millions of U.S. Dollars

		Exports (FOB)						Imports (CIF)					
		2011	2012	2013	2014	2015	2016	2011	2012	2013	2014	2015	2016
Guinea	656	17.6	9.5	7.0	8.4	7.6	5.7	2.0	4.4	17.3	0.4	0.4	0.4
Guinea-Bissau	654	0.1	0.3	0.1	0.1	0.1	0.1	0.0	0.2	50.6	10.4	10.6	10.0
Kenya	664	4.7	17.3	2.7	2.5	1.9	0.1	5.9	5.9	7.4	5.2	5.3	5.0
Lesotho	666	....	0.1	....	....	....	....	0.0	0.0	0.0	0.0	0.0	0.0
Liberia	668	140.8	12.1	14.5	13.7	10.6	8.1	0.8	9.5	6.6	47.3	47.9	45.4
Madagascar	674	0.0	....	0.1	0.1	0.1	0.1	0.1	0.2	0.0	0.2	0.2	0.2
Malawi	676	0.0	0.0	0.1	0.1	0.0	0.0	0.1	4.3	0.0	0.0	0.0	0.0
Mali	678	21.6	58.3	51.5	48.8	37.7	299.6	3.2	4.1	2.0	5.2	5.3	5.0
Mauritius	684	0.0	0.8	0.5	0.2	0.5	0.3	3.2	3.3	7.1	3.7	3.9	18.3
Mozambique	688	0.9	0.1	5.7	5.4	4.2	0.1	0.4	0.7	0.5	0.6	0.6	0.6
Namibia	728	0.0	0.4	7.1	6.7	5.2	3.2	3.8	15.4	10.2	2.3	2.3	2.2
Niger	692	17.0	16.4	77.5	73.4	56.6	61.9	13.0	8.6	6.9	8.3	8.4	8.0
Nigeria	694	196.9	248.4	141.1	133.7	103.1	51.9	841.7	424.5	350.9	50.9	51.6	48.9
Rwanda	714	0.0	0.0	0.1	0.1	0.1	0.0	0.2	0.1	0.0	0.0	0.4	0.1
Senegal	722	16.4	13.9	14.2	18.0	34.5	130.8	29.1	42.7	10.6	9.8	21.1	10.8
Seychelles	718	....	3.1	0.0	0.0	0.0	0.0	0.9	0.5	0.5	0.2	0.2	0.2
Sierra Leone	724	21.9	14.3	12.6	11.9	9.2	3.5	2.0	10.5	6.1	5.5	5.6	5.3
South Africa	199	3,146.8	4,535.2	2,833.2	4,145.4	139.3	350.8	398.1	488.3	415.3	339.6	339.5	333.0
Swaziland	734	0.0	0.0	0.0	0.0	0.0	0.1	0.0	0.0	0.0	0.9	0.9	0.8
Tanzania	738	0.3	0.8	2.6	2.4	1.9	0.5	0.9	1.1	0.9	1.5	1.5	1.4
Togo	742	4,594.0	878.1	75.5	49.6	37.2	289.5	138.7	143.9	184.3	92.0	90.7	85.9
Uganda	746	0.9	1.7	5.4	2.2	0.4	0.4	0.4	2.5	0.2	0.4	0.4	0.4
Zambia	754	1.3	0.0	1.2	0.8	0.5	0.1	0.1	0.0	0.1	0.0	0.1	0.2
Zimbabwe	698	0.0	0.1	0.2	0.2	0.1	0.0	0.0	0.0	0.0	0.0	0.0	0.0
Western Hemisphere	205	91.5	118.6	106.5	141.4	67.2	203.3	403.2	325.8	377.8	529.5	489.6	542.4
Antigua and Barbuda	311	61.2	88.6	55.1	52.2	40.3	....	0.0	0.0	0.1	1.3	1.3	1.2
Argentina	213	0.1	0.0	0.0	....	....	....	18.9	26.0	35.7	....	....	28.1
Aruba	314	....	....	....	....	....	....	....	....	0.0	....	....	0.1
Bahamas, The	313	0.0	0.0	0.0	0.0	0.0	1.4	0.0	0.1	0.0	1.6	1.6	1.5
Barbados	316	0.0	....	0.0	....	....	0.1	....	....	0.0	....	....	0.1
Belize	339	....	....	....	....	....	....	0.0	....	....	....	0.1	0.1
Brazil	223	29.1	29.7	49.1	85.3	26.1	201.0	282.5	218.9	261.8	273.3	234.7	273.4
Chile	228	0.0	....	0.2	2.5	0.1	0.0	17.8	29.4	12.8	10.3	13.4	6.9
Colombia	233	0.1	0.1	1.4	0.6	0.0	0.0	14.3	2.2	2.2	0.1	0.1	2.1
Costa Rica	238	....	....	0.0	....	....	....	0.6	0.4	1.0	0.0	0.0	0.1
Curaçao	354	0.3	0.0	0.0	0.0	0.0	0.0	0.6	0.3	0.1	0.7	0.7	0.7
Dominican Republic	243	0.2	0.0	0.1	0.1	0.0	0.0	0.3	0.1	0.2	0.3	0.3	0.3
Ecuador	248	0.0	0.0	0.2	0.1	0.1	0.0	3.4	0.3	2.6	0.7	0.1	0.3
El Salvador	253	....	0.0	....	....	....	....	0.1	....	....	0.1	0.0	0.1
Guatemala	258	....	0.0	....	....	....	0.0	0.1	0.0	8.8	33.9	34.4	32.6
Guyana	336	....	....	0.1	0.3	0.2	....	....	0.0	0.0	....	....	....
Honduras	268	....	....	0.0	0.0	0.0	0.0	0.3	0.2	0.1	6.5	0.0	0.5
Jamaica	343	0.0	0.0	0.0	0.0	0.0	0.0	0.1	7.8	5.2	0.1	0.1	0.1
Mexico	273	0.0	0.0	0.2	0.2	0.2	0.2	17.1	11.1	3.2	16.2	16.2	16.2
Nicaragua	278	....	....	0.1	0.1	0.0	....	2.1	2.7	5.8	4.0	4.0	3.8
Panama	283	0.0	....	....	....	....	0.1	1.2	1.5	1.7	2.2	2.3	2.2
Paraguay	288	....	0.0	....	....	....	0.0	0.4	0.2	0.7	0.3	0.3	0.3
Peru	293	0.3	0.0	0.1	0.0	0.0	0.0	3.2	1.4	0.5	....	....	0.3
St. Kitts and Nevis	361	....	....	....	....	....	....	....	1.8	0.0	....	....	....
St. Lucia	362	....	....	....	....	....	....	....	....	0.1 e	....	....	....
Suriname	366	....	....	0.0	0.0	0.0	0.0	32.5	14.4	28.5	....	....	....
Trinidad and Tobago	369	0.0	0.0	0.1	0.1	0.1	0.4	0.3	0.1	0.2	0.2	0.2	0.2
Uruguay	298	0.0	0.0	....	....	....	0.0	7.4	1.3	6.6	0.8	0.3	1.3
Venezuela, Rep. Bol.	299	....	....	0.0	0.0	0.0	0.0	0.1	5.6	0.0	0.0	0.0	0.0
Western Hem. n.s.	399	....	....	....	....	....	....	0.0	....	0.0	176.8	179.2	169.8
Other Countries n.i.e	910	0.0	0.1	0.7	0.7	0.5	....	5.5	0.5	0.2	4.3	4.3	4.1
Cuba	928	0.0	0.0	0.1	0.1	0.1	....	0.0	0.0	0.0	0.0	0.0	0.0
Korea, Dem. People's Rep.	954	0.0	0.0	0.6	0.6	0.5	....	5.5	0.5	0.2	4.3	4.3	4.1
Countries & Areas n.s.	898	....	....	....	....	....	....	0.5	0.8	0.7	403.5	408.9	387.5

Ghana (652)

In Millions of U.S. Dollars

		Exports (FOB)						Imports (CIF)					
		2011	2012	2013	2014	2015	2016	2011	2012	2013	2014	2015	2016
Memorandum Items													
Africa	605	9,290.5	6,408.7	4,039.8	5,263.5	1,043.7	1,732.5	1,869.6	1,572.3	1,432.1	861.1	863.5	863.7
Middle East	405	1,029.2	1,663.2	1,753.0	1,640.1	1,264.8	1,472.0	515.3	609.6	571.1	451.7	466.9	464.2
European Union	998	4,711.5	4,378.5	3,740.1	3,379.0	2,524.8	1,414.1	3,467.6	3,916.4	3,669.7	3,964.4	3,555.9	3,555.7
Export earnings: fuel	080	1,226.3	1,914.9	1,900.8	1,802.0	1,389.4	1,501.5	1,347.4	976.0	904.7	467.9	496.6	501.7
Export earnings: nonfuel	092	16,920.9	13,849.2	10,849.5	13,758.7	11,966.3	9,114.8	11,304.7	12,688.9	11,979.2	11,204.9	10,896.0	10,890.0

Gibraltar (823)

In Millions of U.S. Dollars

		Exports (FOB) 2011	2012	2013	2014	2015	2016	Imports (CIF) 2011	2012	2013	2014	2015	2016
IFS World		....	....	....	....	....	....	....	....	....	....	....	....
World	001	633.5	1,195.6	851.4	1,680.2	423.1	321.5	16,855.1	19,499.3	18,655.2	14,652.0	9,671.1	8,632.2
Advanced Economies	110	501.8	1,142.3	675.0	1,464.0	353.7	200.1	14,888.0	17,419.3	16,911.2	12,194.0	7,642.2	6,453.3
Euro Area	163	439.8	843.1	561.8	981.8	326.1	159.7	9,556.2	9,876.8	11,132.3	8,041.1	4,307.0	3,743.7
Austria	122	0.6 e	0.0 e	0.0 e	0.0 e	0.0 e	0.1 e	1.5 e	0.8 e	1.0 e	3.6 e	3.1 e	1.6 e
Belgium	124	30.7 e	14.9 e	9.2 e	9.9 e	5.6 e	26.4 e	498.2 e	1,011.8 e	2,765.0 e	2,206.8 e	259.8 e	156.4 e
Cyprus	423	0.0 e	0.0 e	0.0 e	0.0 e	13.7 e	0.0 e	0.0 e	0.0 e	0.0 e	14.9 e	4.8 e	0.0 e
Estonia	939	....	0.0 e	....	0.0 e	0.0 e	....	0.0 e	0.0 e	6.0 e	0.2 e	0.1 e	0.0 e
Finland	172	....	0.0 e	0.0 e	0.0 e	0.2 e	0.1 e	22.4 e	10.0 e	45.9 e	2.1 e	1.9 e	36.5 e
France	132	18.7 e	124.1 e	30.9 e	9.6 e	0.3 e	2.2 e	629.0 e	586.2 e	553.6 e	370.7 e	197.9 e	361.6 e
Germany	134	0.9 e	0.5 e	0.9 e	1.1 e	3.8 e	1.4 e	147.4 e	122.1 e	208.6 e	63.0 e	22.7 e	24.1 e
Greece	174	8.4 e	82.7 e	75.7 e	19.6 e	35.3 e	2.9 e	638.8 e	716.7 e	1,395.0 e	920.8 e	465.8 e	449.3 e
Ireland	178	0.1 e	0.0 e	0.1 e	0.0 e	0.0 e	0.0 e	2.4 e	4.3 e	2.8 e	2.4 e	1.4 e	2.8 e
Italy	136	41.2 e	0.8 e	68.4 e	58.2 e	47.0 e	6.4 e	1,572.9 e	1,539.0 e	1,603.9 e	1,517.5 e	1,242.1 e	942.4 e
Latvia	941	0.0 e	....	....	0.0 e	0.0 e	0.0 e	0.9 e	1.0 e	0.9 e	1.0 e	1.5 e	46.2 e
Lithuania	946	....	....	....	....	....	0.0 e	26.6 e	48.0 e	91.5 e	0.0 e	38.2 e	20.7 e
Luxembourg	137	....	0.0 e	0.0 e	0.0 e	0.0 e	0.0 e	0.0 e	0.1 e	10.2 e	19.9 e	15.4 e	15.6 e
Malta	181	2.4 e	33.6 e	0.1 e	97.4 e	20.6 e	2.7 e	0.0 e	0.1 e	10.4 e	0.0 e	0.1 e	0.4 e
Netherlands	138	60.0 e	63.4 e	0.4 e	1.8 e	2.2 e	47.1 e	3,216.4 e	2,215.8 e	1,333.0 e	569.1 e	559.9 e	606.2 e
Portugal	182	1.0 e	33.4 e	2.9 e	1.8 e	3.3 e	0.6 e	376.3 e	426.5 e	480.2 e	395.8 e	243.1 e	156.9 e
Slovak Republic	936	0.0 e	....	....	0.0 e	....	0.0 e	0.0 e	0.0 e	1.3 e	2.4 e	1.3 e	2.7 e
Slovenia	961	0.0 e	0.0 e	0.0 e	0.0 e	0.0 e	0.1 e	0.0 e	0.0 e	0.2 e	0.0 e	0.0 e	0.1 e
Spain	184	275.8 e	489.8 e	373.1 e	782.4 e	194.1 e	69.6 e	2,423.3 e	3,194.3 e	2,622.8 e	1,950.9 e	1,247.8 e	920.0 e
Australia	193	3.3 e	0.1 e	....	0.3 e	0.0 e	0.0 e	22.5 e	0.9 e	1.1 e	0.2 e	2.2 e	0.0 e
Canada	156	1.7 e	0.0 e	2.8 e	0.0 e	0.0 e	2.7 e	99.4 e	29.9 e	82.4 e	0.2 e	0.3 e	0.2 e
China,P.R.: Hong Kong	532	0.9 e	1.5 e	1.3 e	1.6 e	0.5 e	0.6 e	1.9 e	3.6 e	4.5 e	4.3 e	1.1 e	1.1 e
Czech Republic	935	0.5 e	0.1 e	0.9 e	0.3 e	0.3 e	0.1 e	0.2 e	0.2 e	0.3 e	0.5 e	0.4 e	0.4 e
Denmark	128	0.1 e	0.1 e	6.4 e	0.2 e	0.1 e	0.2 e	51.5 e	146.5 e	20.3 e	40.0 e	27.7 e	4.1 e
Iceland	176	0.1 e	....	....	....	0.0 e	....	0.7 e	0.4 e	0.2 e	0.1 e	1.7 e	1.1 e
Israel	436	0.3 e	34.6 e	....	0.5 e	....	0.1 e	180.6 e	182.3 e	175.2 e	19.0 e	0.7 e	23.9 e
Japan	158	0.0 e	67.7 e	70.6 e	0.0 e	0.1 e	0.2 e	70.1 e	73.5 e	74.5 e	79.3 e	82.8 e	76.5 e
Korea, Republic of	542	0.0 e	47.7 e	0.0 e	37.1 e	13.1 e	0.0 e	317.5 e	124.8 e	1.4 e	2.2 e	29.0 e	2.1 e
New Zealand	196	0.0 e	0.0 e	0.0 e	0.0 e	0.0 e	0.0 e	1.1 e	0.8 e	1.3 e	0.8 e	1.4 e	0.8 e
Norway	142	0.0 e	0.0 e	0.0 e	0.0 e	0.0 e	5.5 e	23.0 e	90.9 e	450.4 e	3.7 e	63.3 e	24.6 e
Singapore	576	0.0 e	0.0 e	0.0 e	0.2 e	3.0 e	0.0 e	39.7 e	56.8 e	125.9 e	96.7 e	71.6 e	41.1 e
Sweden	144	0.1 e	0.0 e	16.0 e	0.1 e	0.3 e	0.0 e	279.5 e	478.5 e	303.0 e	332.8 e	178.6 e	128.6 e
Switzerland	146	1.7 e	1.0 e	8.7 e	0.0 e	3.2 e	0.0 e	6.6 e	6.6 e	16.3 e	16.5 e	9.3 e	8.7 e
Taiwan Prov.of China	528	....	....	....	....	....	....	....	....	....	....	0.1 e	....
United Kingdom	112	52.4 e	145.8 e	6.1 e	441.7 e	5.3 e	30.8 e	899.9 e	931.1 e	731.1 e	874.0 e	739.2 e	518.3 e
United States	111	1.0 e	0.5 e	0.2 e	0.2 e	1.7 e	0.3 e	3,337.5 e	5,415.6 e	3,791.0 e	2,682.7 e	2,125.8 e	1,878.0 e
Emerg. & Dev. Economies	200	131.6	53.3	176.5	216.2	69.5	121.4	1,967.0	2,080.1	1,744.0	2,458.0	2,028.9	2,178.9
Emerg. & Dev. Asia	505	0.1	0.0	6.9	0.3	0.7	0.5	351.2	197.7	50.0	626.1	1,229.8	1,292.2
China,P.R.: Mainland	924	0.0 e	0.0 e	5.7 e	0.0 e	0.3 e	0.0 e	30.5 e	121.5 e	44.1 e	8.9 e	209.6 e	7.6 e
Fiji	819	....	....	0.8 e	....	....	0.0 e	0.0 e	....	....	....	....	....
India	534	0.1 e	0.0 e	0.2 e	0.0 e	....	....	319.9 e	75.6 e	0.5 e	603.1 e	1,020.0 e	1,284.0 e
Indonesia	536	0.0 e	....	....	0.0 e	0.0 e	....	0.6 e	0.4 e	0.5 e	13.0 e	0.0 e	0.1 e
Malaysia	548	0.0 e	0.0 e	0.0 e	0.0 e	0.0 e	....	0.1 e	0.1 e	4.1 e	0.3 e	0.1 e	0.2 e
Mongolia	948	....	....	....	....	0.1 e	....	....	....	....	....	....	....
Sri Lanka	524	0.0 e	....	....	....	....	0.0 e	....	....	0.5 e	0.5 e	....	0.0 e
Thailand	578	0.0 e	0.0 e	0.1 e	0.0 e	0.0 e	0.0 e	0.1 e	0.1 e	0.4 e	0.4 e	0.1 e	0.3 e
Timor-Leste	537	....	....	0.2 e	0.2 e	0.3 e	0.4 e	....	....	....	....	....	....
Europe	170	39.2	33.0	104.5	73.9	23.4	58.5	1,507.1	1,729.4	1,459.5	1,597.1	749.9	571.6
Emerg. & Dev. Europe	903	38.3	32.1	103.7	73.6	23.2	58.4	1,325.8	1,246.1	958.4	792.2	116.5	331.8
Bosnia and Herzegovina	963	0.1 e	....	0.0 e	0.0 e	0.0 e	....	....	0.0 e	0.4 e	....	....	....
Bulgaria	918	0.1 e	0.0 e	0.2 e	0.0 e	0.0 e	0.1 e	922.3 e	1,000.7 e	562.5 e	227.8 e	29.5 e	26.1 e
Croatia	960	3.6 e	0.0 e	0.0 e	2.6 e	1.2 e	0.0 e	64.3 e	32.7 e	39.8 e	15.1 e	28.7 e	124.3 e
Faroe Islands	816	0.0 e	0.0 e	0.0 e	0.0 e	0.0 e	0.0 e	0.3 e	0.3 e	0.4 e	0.4 e	0.3 e	0.4 e
Hungary	944	0.0 e	....	0.0 e	0.0 e	0.0 e	0.0 e	0.5 e	0.7 e	1.0 e	0.8 e	0.7 e	0.6 e
Montenegro	943	0.0 e	0.0 e	0.0 e	0.0 e	0.0 e	0.0 e	0.0 e	....	0.1 e	0.0 e	....	....
Poland	964	34.3 e	32.1 e	96.2 e	70.2 e	15.2 e	51.7 e	8.0 e	28.6 e	129.2 e	316.9 e	22.2 e	70.2 e

Gibraltar (823)
In Millions of U.S. Dollars

		Exports (FOB)						Imports (CIF)					
		2011	2012	2013	2014	2015	2016	2011	2012	2013	2014	2015	2016
Romania	968	....	....	0.0 e	....	0.0 e	0.2 e	149.0 e	67.0 e	100.3 e	65.9 e	15.5 e	35.6 e
Turkey	186	0.2 e	0.0 e	7.3 e	0.8 e	6.7 e	6.4 e	181.4 e	116.1 e	124.8 e	165.2 e	19.6 e	74.7 e
CIS	**901**	**0.9**	**0.9**	**0.8**	**0.2**	**0.1**	**0.1**	**181.3**	**483.3**	**501.1**	**804.9**	**633.4**	**239.7**
Azerbaijan, Rep. of	912	0.1 e	0.5 e	0.4 e	0.0 e	0.0 e	0.1 e	....	....	....	68.4 e	....	....
Georgia	915	0.1 e	....	....	0.1 e	0.1 e	....	....	0.1 e	....	3.2 e	6.8 e	5.1 e
Kazakhstan	916	0.0 e	0.0 e	0.0 e	0.0 e	....	....	....	....	....	53.5 e	....	....
Moldova	921	....	....	....	0.0 e	0.0 e	0.0 e	0.4 e	0.3 e	0.3 e	0.4 e	0.0 e	0.4 e
Russian Federation	922	0.4 e	0.3 e	0.2 e	0.1 e	0.0 e	0.0 e	180.8 e	482.6 e	498.1 e	677.5 e	626.6 e	234.2 e
Ukraine	926	0.3 e	0.1 e	0.0 e	0.0 e	0.0 e	....	0.2 e	0.3 e	2.6 e	1.9 e	0.0 e	....
Mid East, N Africa, Pak	**440**	**76.9**	**0.4**	**49.7**	**31.8**	**4.7**	**25.0**	**46.1**	**90.9**	**168.6**	**87.1**	**0.1**	**90.2**
Algeria	612	....	....	....	....	....	....	....	....	....	....	....	90.0 e
Egypt	469	0.0 e	0.1 e	0.1 e	0.0 e	0.0 e	....	....	....	....	....	....	....
Lebanon	446	0.0 e	....	....	....	....	13.0 e	....	....	....	....	....	....
Mauritania	682	....	0.2 e	0.2 e	....	....	....	....	....	....	....	....	....
Morocco	686	60.9 e	0.1 e	7.7 e	31.7 e	4.5 e	3.1 e	46.0 e	90.2 e	168.3 e	5.1 e	0.1 e	0.1 e
Pakistan	564	0.0 e	0.0 e	0.0 e	0.0 e	0.1 e	0.0 e	0.0 e	0.0 e	0.0 e	....	....	0.0 e
Qatar	453	....	....	....	....	....	....	....	....	....	81.7 e	....	....
Saudi Arabia	456	0.0 e	0.1 e	0.2 e	0.0 e	....	....	....	....	....	....	....	....
Tunisia	744	16.0 e	0.1 e	41.4 e	0.1 e	0.0 e	8.8 e	0.1 e	0.7 e	0.2 e	0.3 e	0.1 e	0.1 e
Sub-Saharan Africa	**603**	**14.9**	**19.5**	**14.4**	**47.0**	**40.3**	**36.5**	**31.5**	**61.1**	**33.2**	**104.8**	**25.0**	**21.5**
Angola	614	0.7 e	1.6 e	2.3 e	7.6 e	0.4 e	0.3 e	....	....	....	....	....	....
Benin	638	0.1 e	....	....	....	0.2 e	0.2 e	....	....	....	....	....	....
Burkina Faso	748	....	....	0.0 e	0.0 e	10.1 e	9.6 e	....	....	....	....	....	....
Burundi	618	....	....	....	0.1 e	....	....	....	....	....	....	0.1 e	0.1 e
Cabo Verde	624	0.9 e	0.7 e	0.5 e	6.9 e	0.1 e	2.9 e	....	....	....	1.0 e	1.2 e	....
Cameroon	622	0.5 e	....	0.0 e	....	0.0 e	0.0 e	....	32.1 e	....	....	....	....
Côte d'Ivoire	662	0.0 e	....	....	0.0 e	15.4 e	15.4 e	12.0 e	9.0 e	8.2 e	31.3 e	0.1 e	0.1 e
Gambia, The	648	0.0 e	0.1 e	....	....	....	....	....	....	....	....	....	....
Ghana	652	0.1 e	0.0 e	....	0.1 e	0.1 e	0.1 e	....	7.1 e	....	....	....	....
Guinea	656	....	....	1.5 e	0.6 e	0.4 e	0.5 e	....	....	....	....	....	....
Malawi	676	0.1 e	0.2 e	0.2 e	0.2 e	0.3 e	0.3 e	....	....	....	....	....	....
Mauritius	684	0.0 e	....	0.2 e	0.0 e	....	....	....	....	....	....	0.0 e	....
Mozambique	688	0.1 e	0.0 e	0.1 e	0.2 e	0.2 e	0.1 e	....	....	....	0.1 e	....	....
Namibia	728	....	....	....	30.5 e	6.4 e	0.0 e	1.2 e	0.0 e	0.3 e	32.6 e	0.0 e	0.2 e
Nigeria	694	11.8 e	6.4 e	8.1 e	....	6.3 e	6.4 e	....	....	....	....	....	....
Senegal	722	....	10.1 e	0.0 e	....	0.0 e	0.3 e	....	....	9.0 e	13.2 e	....	2.7 e
Seychelles	718	0.0 e	0.1 e	....	....	....	....	....	....	....	....	....	....
Sierra Leone	724	0.1 e	0.1 e	0.0 e	0.0 e	0.1 e	0.1 e	....	....	....	....	....	....
South Africa	199	0.0 e	0.0 e	1.1 e	0.0 e	0.0 e	0.1 e	18.3 e	12.9 e	15.7 e	26.8 e	23.3 e	18.3 e
Tanzania	738	0.3 e	0.2 e	0.3 e	0.5 e	0.2 e	0.1 e	....	....	....	....	0.3 e	0.1 e
Togo	742	0.2 e	....	....	0.0 e	0.0 e	0.0 e	....	....	....	....	....	....
Western Hemisphere	**205**	**0.5**	**0.4**	**1.0**	**63.2**	**0.4**	**0.9**	**31.0**	**0.9**	**32.7**	**42.7**	**24.1**	**203.5**
Belize	339	0.0 e	....	0.5 e	0.0 e	0.0 e	0.8 e	....	....	....	....	....	....
Bolivia	218	....	....	....	....	....	0.1 e	....	....	....	....	....	....
Brazil	223	0.1 e	0.2 e	0.0 e	0.0 e	0.1 e	0.0 e	0.3 e	0.2 e	0.0 e	10.6 e	0.2 e	0.2 e
Chile	228	0.0 e	0.1 e	....	....	0.1 e	....	0.0 e	....	....	....	....	....
Colombia	233	0.2 e	0.0 e	0.1 e	0.0 e	0.1 e	0.0 e	30.1 e	....	0.1 e	....	....	177.1 e
Costa Rica	238	0.0 e	0.1 e	0.0 e	0.0 e	0.0 e	0.0 e	....	0.2 e	....	....	....	....
Dominican Republic	243	0.0 e	0.0 e	0.0 e	0.0 e	0.0 e	0.0 e	0.2 e	0.3 e	0.5 e	0.3 e	0.1 e	0.0 e
Ecuador	248	....	....	0.0 e	....	....	....	....	0.1 e	....	....	....	....
El Salvador	253	....	....	....	....	0.5 e	0.1 e	....	....	....	....	0.0 e	....
Guatemala	258	....	....	0.2 e	0.0 e	0.0 e	0.0 e	....	....	....	....	23.6 e	26.0 e
Guyana	336	0.1 e	0.0 e	....	0.0 e	0.0 e	0.0 e	....	....	....	....	....	....
Honduras	268	....	....	....	....	....	....	....	....	0.7 e	....	....	....
Paraguay	288	....	0.0 e	0.1 e	....	0.0 e	....	....	....	0.0 e	....	....	....
Peru	293	0.0 e	....	0.0 e	....	....	0.0 e	0.2 e	0.1 e	....	....	0.0 e	....
Trinidad and Tobago	369	0.0 e	....	....	62.6 e	....	....	....	....	31.3 e	31.8 e	0.1 e	0.1 e
Uruguay	298	....	0.0 e	....	0.0 e	....	0.0 e	0.1 e	....	....	....	0.1 e	....
Memorandum Items													
Africa	605	91.8	19.7	63.8	78.8	44.9	48.4	77.7	152.0	201.8	110.2	25.1	111.7

Gibraltar (823)

In Millions of U.S. Dollars

		Exports (FOB)						Imports (CIF)					
		2011	2012	2013	2014	2015	2016	2011	2012	2013	2014	2015	2016
Middle East	405	0.0	0.2	0.3	0.1	0.0	13.0	....	....	....	81.7	....	0.0
European Union	998	530.8	1,021.2	687.7	1,496.9	348.5	242.7	11,931.5	12,562.9	13,019.8	9,915.0	5,349.4	4,652.0
Export earnings: fuel	080	13.2	8.9	11.6	70.6	7.2	7.3	210.9	482.7	529.5	913.0	626.7	501.4
Export earnings: nonfuel	092	620.2	1,186.7	839.9	1,609.6	415.9	314.2	16,644.2	19,016.6	18,125.7	13,739.1	9,044.4	8,130.8

Greece (174)

In Millions of U.S. Dollars

		Exports (FOB)						Imports (CIF)					
		2011	2012	2013	2014	2015	2016	2011	2012	2013	2014	2015	2016
IFS World		....	....	....	....	....	....	....	....	....	....	....	....
World	001	33,960.6	35,451.5	36,236.5	36,004.6	28,702.4	28,153.7	68,088.2	63,713.8	62,421.0	64,195.5	48,305.4	48,859.2
Advanced Economies	110	18,156.3	15,893.5	15,904.1	16,052.1	15,540.6	15,510.9	36,531.2	31,085.5	29,528.4	31,811.6	26,025.0	27,150.1
Euro Area	163	12,077.9	10,567.1	11,053.8	11,359.9	10,826.6	11,072.1	28,176.9	23,184.0	23,007.0	24,021.0	19,488.4	20,211.0
Austria	122	288.0	220.1	275.7	238.4	205.4	222.5	626.0	533.8	584.0	584.6	468.0	531.8
Belgium	124	426.1	420.9	397.9	422.4	385.4	388.1	2,265.6	1,724.9	1,761.2	1,774.1	1,598.3	1,750.3
Cyprus	423	2,174.5	1,822.4	1,604.1	1,776.6	1,708.7	1,802.4	985.4	737.9	527.6	527.0	367.3	425.1
Estonia	939	10.4	10.3	13.7	11.6	9.2	12.9	7.4	6.0	8.4	10.3	12.1	18.2
Finland	172	227.1	200.0	194.5	219.2	203.4	169.0	312.0	184.7	174.4	153.7	119.8	134.7
France	132	968.0	867.5	860.3	866.4	739.5	786.5	3,457.5	2,854.8	2,932.9	2,920.2	2,163.1	2,151.4
Germany	134	2,659.2	2,271.6	2,383.2	2,391.5	2,100.3	2,165.9	7,079.2	6,018.5	6,053.1	6,418.1	5,203.5	5,401.9
Ireland	178	36.8	29.4	48.7	45.3	92.1	93.2	436.2	355.1	373.3	401.6	351.0	339.7
Italy	136	3,205.2	2,733.7	3,260.6	3,316.1	3,251.6	3,144.4	6,336.5	5,185.7	4,985.7	5,057.9	4,031.5	4,298.7
Latvia	941	13.1	11.4	23.9	19.4	28.1	18.8	11.0	10.0	12.2	22.8	18.1	19.6
Lithuania	946	29.0	30.8	36.2	37.9	56.1	50.3	29.2	31.4	31.6	37.2	27.4	28.6
Luxembourg	137	23.9	9.5	4.8	6.5	8.8	10.5	172.2	174.6	130.7	102.7	151.8	69.6
Malta	181	179.9	124.6	117.6	168.8	263.4	250.6	262.6	45.8	151.3	46.0	23.3	24.2
Netherlands	138	689.4	570.3	572.4	561.8	563.8	678.3	3,610.7	2,926.3	2,897.9	3,191.8	2,671.7	2,696.6
Portugal	182	188.7	162.5	159.5	169.2	162.9	179.3	183.1	303.6	172.1	175.9	133.4	108.2
Slovak Republic	936	87.1	80.9	84.7	82.4	96.4	87.2	177.7	148.0	167.9	206.2	176.1	169.1
Slovenia	961	202.2	284.6	222.9	126.3	173.0	233.5	221.5	209.1	185.3	215.1	199.4	240.2
Spain	184	669.3	716.8	793.2	900.6	778.6	778.9	2,003.1	1,734.0	1,857.4	2,175.8	1,772.7	1,803.0
Australia	193	152.9	157.8	160.2	173.2	153.8	142.0	35.8	15.2	10.7	12.8	9.8	10.3
Canada	156	240.3	129.9	117.0	165.9	156.7	151.8	103.6	174.8	149.9	123.4	95.3	83.4
China,P.R.: Hong Kong	532	104.3	118.9	81.5	70.0	100.6	67.7	52.0	73.7	40.3	57.8	41.7	30.9
China,P.R.: Macao	546	0.2	0.2	0.1	0.2	1.9	0.3	0.6	0.2	0.0	0.0	0.1	1.1
Czech Republic	935	175.9	170.4	197.5	254.9	217.0	226.2	295.2	246.9	287.0	310.3	321.5	324.5
Denmark	128	200.1	169.0	171.6	133.1	142.3	185.3	712.3	735.5	569.0	558.4	511.8	583.2
Iceland	176	1.9	1.9	2.7	2.6	2.0	3.7	8.5	5.0	4.1	1.4	6.8	5.3
Israel	436	326.5	767.4	523.8	270.7	260.0	299.1	286.0	192.6	276.4	507.3	493.8	333.6
Japan	158	50.3	67.4	60.7	59.4	67.7	61.2	446.7	166.3	178.1	261.6	273.5	315.5
Korea, Republic of	542	114.2	178.5	264.1	354.6	330.3	145.7	1,459.0	2,419.9	1,342.0	1,995.1	1,640.4	1,997.7
New Zealand	196	23.9	21.2	21.5	16.7	13.3	14.5	56.2	37.7	39.4	34.4	26.7	34.9
Norway	142	48.1	34.0	58.6	50.4	59.2	64.4	132.9	335.7	191.4	179.0	116.0	93.5
San Marino	135	2.1	2.5	1.3	0.8	2.1	1.2	0.9	0.8	2.3	2.4	4.3	2.6
Singapore	576	902.8	706.4	280.7	357.5	191.3	305.3	25.7	20.4	27.5	35.8	38.6	45.6
Sweden	144	204.8	191.8	231.2	213.9	195.4	205.5	521.4	355.6	352.3	350.9	306.0	394.0
Switzerland	146	202.6	169.9	153.5	148.2	145.8	149.3	846.3	638.9	616.8	625.4	477.8	461.1
Taiwan Prov.of China	528	20.9	19.9	20.6	53.6	77.5	13.0	267.2	124.2	155.3	151.8	126.5	133.0
United Kingdom	112	1,388.8	1,107.3	1,320.2	1,298.5	1,217.8	1,191.0	1,883.7	1,505.5	1,552.4	1,655.1	1,386.4	1,358.8
United States	111	1,917.8	1,312.0	1,183.5	1,068.0	1,379.3	1,211.7	1,220.5	852.7	726.6	927.7	659.7	730.1
Emerg. & Dev. Economies	200	14,198.5	17,393.2	18,219.8	18,038.5	12,973.7	12,618.3	31,137.5	32,299.4	32,851.9	32,362.1	22,233.7	21,694.2
Emerg. & Dev. Asia	505	699.7	966.3	816.2	730.5	591.3	780.9	5,018.8	3,962.5	4,024.1	4,483.6	3,793.1	4,277.6
American Samoa	859	....	....	....	0.0	0.1	....	....	....	....	....	....	....
Bangladesh	513	13.8	11.2	18.8	15.9	10.8	31.5	43.6	34.6	33.2	32.4	30.9	40.1
Bhutan	514	....	43.1	....	....	....	0.0	....	....	0.1	....	....	....
Brunei Darussalam	516	0.3	0.1	0.2	0.0	0.5	0.1	....	....	....	....	....	....
Cambodia	522	1.2	0.2	0.0	0.3	0.8	2.1	5.8	6.9	20.6	21.3	19.8	16.6
China,P.R.: Mainland	924	424.9	493.4	505.9	364.0	252.5	363.6	3,467.7	2,946.6	2,917.9	3,313.6	2,832.0	3,199.1
Fiji	819	0.1	....	0.1	0.0	0.1	0.0	....	....	....	....	....	0.0
F.T. French Polynesia	887	1.1	0.5	0.5	0.5	0.3	0.3	....	....	....	....	0.1	0.6
F.T. New Caledonia	839	0.7	0.6	0.8	0.7	0.5	0.7	....	0.0	....	....	....	0.0
Guam	829	0.1	0.1	0.0	0.0	0.0	0.0	....	....	....	....	....	0.0
India	534	83.0	77.9	61.6	72.9	67.3	69.0	851.0	364.3	427.6	430.4	316.2	330.0
Indonesia	536	71.8	127.1	81.5	132.6	62.9	79.9	169.7	122.7	140.0	178.4	163.7	154.2
Kiribati	826	0.0	....	....	0.0	0.3	0.0	....	....	0.0	0.0	0.0	0.0
Lao People's Dem.Rep	544	0.0	....	0.0	0.0	0.0	0.4	0.1	0.0	1.2	0.7	0.1	....
Malaysia	548	8.3	36.1	10.5	22.9	12.0	13.3	126.6	131.0	136.1	82.0	77.2	78.6
Maldives	556	0.7	0.6	0.5	0.5	0.6	0.7	0.0	....	....	....	....	0.0
Marshall Islands	867	49.0	33.1	21.1	36.1	96.4	82.4	0.1	38.7	0.1	84.2	86.2	141.6

Greece (174)

In Millions of U.S. Dollars

		Exports (FOB)						Imports (CIF)					
		2011	2012	2013	2014	2015	2016	2011	2012	2013	2014	2015	2016
Mongolia	948	0.3	0.3	0.3	0.4	0.3	0.5	....	....	0.0	....	0.1	0.0
Myanmar	518	0.1	0.0	0.1	0.2	0.1	0.5	0.2	0.4	0.6	0.9	2.4	2.7
Nepal	558	0.2	0.1	0.1	0.0	0.1	0.1	0.3	0.4	0.6	0.6	0.4	0.3
Palau	565	....	....	....	....	2.1	1.7	....	....	....	0.1	....	7.3
Papua New Guinea	853	0.1	0.1	0.3	0.0	0.0	0.0	....	0.0	....	0.0	0.3	0.7
Philippines	566	4.6	6.7	6.0	8.8	7.5	11.1	45.6	9.0	8.7	7.3	7.1	8.3
Samoa	862	....	....	....	....	0.1	....	....	....	....	....	....	....
Solomon Islands	813	0.0	4.0	0.0	....	....	0.0	....	....	....	0.0	....	0.1
Sri Lanka	524	1.9	5.5	5.9	7.0	6.6	7.1	5.1	6.2	4.5	4.7	4.7	4.2
Thailand	578	30.6	63.4	42.4	46.9	48.1	48.3	174.0	133.9	126.7	141.9	104.3	122.2
Tonga	866	....	0.0	....	5.8	0.0	0.0	....	....	....	....	....	....
Tuvalu	869	....	....	....	....	0.1	0.3	....	....	....	....	....	....
Vanuatu	846	....	0.1	0.0	0.0	0.6	1.0	....	0.0	0.0	0.0	0.0	0.0
Vietnam	582	6.3	62.1	59.7	15.0	17.9	50.4	128.5	167.9	206.0	185.0	147.6	168.8
Asia n.s.	598	0.8	0.0	0.0	0.1	2.6	15.7	0.3	0.0	0.0	0.0	0.0	2.3
Europe	170	**9,716.4**	**11,121.5**	**12,111.2**	**11,823.6**	**7,450.0**	**7,121.0**	**14,515.5**	**15,744.0**	**17,961.8**	**16,936.9**	**11,504.4**	**10,741.6**
Emerg. & Dev. Europe	903	**8,745.3**	**10,080.2**	**10,990.4**	**10,721.1**	**6,758.9**	**6,413.7**	**5,779.2**	**5,395.4**	**5,923.6**	**6,318.0**	**5,638.9**	**5,904.3**
Albania	914	590.5	533.3	453.9	547.8	385.6	419.2	106.9	105.3	86.8	120.6	110.7	126.6
Bosnia and Herzegovina	963	120.1	105.9	103.5	96.4	77.4	71.3	11.3	10.0	19.6	14.8	11.8	8.8
Bulgaria	918	1,864.0	2,008.9	1,925.9	1,878.4	1,499.6	1,448.7	1,811.6	1,764.6	1,931.4	2,020.1	1,654.8	1,774.1
Croatia	960	95.3	50.7	72.2	96.4	91.2	91.2	66.8	103.0	113.2	141.2	97.4	59.6
Faroe Islands	816	0.0	....	42.2	0.0	0.0	0.2	0.1	8.0	4.7	4.8	0.3	0.5
Gibraltar	823	602.7	676.1	1,316.1	868.7	439.4	423.9	8.9	87.6	80.3	20.7	37.4	3.1
Hungary	944	145.1	122.4	122.7	139.4	120.2	140.6	359.0	340.4	385.8	414.8	408.2	444.3
Kosovo	967	87.4	91.7	102.5	45.9	31.6	41.9	0.1	0.4	1.0	1.5	1.1	1.7
Macedonia, FYR	962	787.4	1,061.1	987.5	939.5	650.0	626.7	233.8	218.8	207.3	268.0	254.1	244.5
Montenegro	943	227.0	208.6	214.2	215.9	130.4	122.7	74.8	65.7	74.6	56.7	11.2	0.3
Poland	964	388.0	356.2	388.5	434.9	397.3	440.8	520.9	467.7	576.0	617.2	591.9	691.4
Romania	968	904.6	759.1	820.6	866.0	806.3	847.3	720.8	634.1	704.5	830.2	809.8	848.3
Serbia, Republic of	942	303.0	304.3	261.5	263.1	232.3	248.6	254.6	164.5	234.5	207.0	175.5	165.8
Turkey	186	2,630.3	3,801.5	4,179.0	4,328.7	1,897.7	1,490.5	1,609.5	1,425.2	1,503.9	1,600.3	1,474.8	1,535.3
CIS	901	**970.9**	**1,041.0**	**1,120.5**	**1,102.0**	**690.6**	**707.1**	**8,736.2**	**10,348.5**	**12,038.1**	**10,619.0**	**5,865.4**	**4,837.1**
Armenia	911	14.4	11.8	14.2	13.2	11.0	11.9	0.1	0.1	0.1	0.1	0.1	0.3
Azerbaijan, Rep. of	912	11.3	13.9	11.3	31.5	8.5	26.3	163.3	629.2	924.6	519.2	246.4	2.7
Belarus	913	11.2	15.3	18.3	18.9	11.8	10.2	142.6	1.0	3.0	76.4	17.1	0.8
Georgia	915	112.9	162.1	204.3	176.1	81.7	67.8	6.6	2.2	87.2	14.1	11.6	12.9
Kazakhstan	916	9.9	7.0	6.9	9.3	11.5	14.0	1,263.3	1,635.2	1,895.4	3,203.3	1,572.5	1,398.8
Kyrgyz Republic	917	0.3	0.4	0.4	0.3	0.3	0.2	0.5	0.8	0.6	1.2	0.9	0.3
Moldova	921	53.7	39.3	61.7	119.8	103.0	61.2	30.8	17.4	19.1	30.2	35.1	52.9
Russian Federation	922	574.0	592.0	537.0	473.3	235.8	238.4	6,798.9	7,747.2	8,800.6	6,531.1	3,761.7	3,142.3
Tajikistan	923	0.0	0.0	0.2	0.1	0.0	0.1	13.8	69.4	62.6	....	0.0	0.3
Turkmenistan	925	0.3	7.9	7.5	6.7	6.2	55.4	32.5	....	47.5	26.5	34.0	43.3
Ukraine	926	171.4	188.9	254.0	247.6	217.6	220.6	283.6	246.0	197.5	200.5	186.0	181.8
Uzbekistan	927	11.4	2.5	4.7	5.3	3.2	1.1	0.1	0.1	0.0	16.4	0.1	0.9
Europe n.s.	884	0.2	0.3	0.3	0.5	0.5	0.2	0.1	0.0	0.0	0.0	0.1	0.1
Mid East, N Africa, Pak	440	**2,924.9**	**4,607.5**	**4,504.3**	**4,717.1**	**3,964.2**	**3,804.8**	**9,994.0**	**11,254.3**	**9,612.1**	**9,584.6**	**5,896.1**	**5,653.7**
Afghanistan, I.R. of	512	3.0	4.9	1.6	6.2	0.7	4.7	0.2	0.0	0.0	0.1	....	0.0
Algeria	612	518.2	507.9	466.1	373.7	217.3	223.9	508.5	393.9	460.2	265.1	146.4	157.3
Bahrain, Kingdom of	419	8.1	9.5	7.7	10.8	8.3	10.8	9.3	13.0	1.7	38.0	0.3	18.4
Djibouti	611	....	0.0	0.1	0.1	0.6	1.4	....	0.0	0.0	....	0.2	0.0
Egypt	469	547.5	444.2	727.9	1,007.3	1,151.6	829.8	910.2	572.8	770.6	1,124.7	726.6	637.7
Iran, I.R. of	429	33.7	19.7	18.2	22.4	26.1	35.0	3,873.5	2,011.8	50.8	6.4	13.9	825.6
Iraq	433	28.1	44.3	31.8	49.4	53.3	30.4	1,134.7	2,257.7	4,672.7	5,140.5	3,320.3	2,622.6
Jordan	439	30.4	43.3	64.5	63.3	40.2	40.4	22.7	21.6	14.6	4.5	5.6	5.7
Kuwait	443	16.4	23.8	22.1	21.9	23.9	26.0	54.0	24.5	28.6	35.2	21.3	19.4
Lebanon	446	225.8	942.1	658.7	798.3	853.0	1,160.1	31.1	24.7	33.4	29.8	37.9	26.8
Libya	672	216.6	1,008.1	986.7	293.6	165.5	367.4	426.5	2,176.9	1,528.7	897.8	293.2	148.5
Mauritania	682	10.2	7.9	6.6	9.5	6.9	11.2	11.4	5.5	7.5	7.8	8.7	9.6
Morocco	686	71.6	79.6	248.7	73.0	37.0	92.0	23.7	14.5	23.8	24.6	28.1	50.6
Oman	449	9.1	6.9	38.9	9.7	10.8	20.6	7.1	3.7	123.3	2.1	3.7	1.8

Greece (174)

In Millions of U.S. Dollars

		Exports (FOB)						Imports (CIF)					
		2011	2012	2013	2014	2015	2016	2011	2012	2013	2014	2015	2016
Pakistan	564	18.8	60.2	23.4	12.9	14.8	6.8	56.0	44.4	52.6	62.5	57.6	61.4
Qatar	453	14.3	17.8	32.1	72.7	38.8	46.2	140.7	60.0	29.1	51.4	52.1	55.1
Saudi Arabia	456	328.9	495.9	535.1	1,033.4	816.3	495.1	2,383.5	3,429.8	1,682.3	1,737.1	1,059.7	930.4
Somalia	726	0.3	0.2	0.5	0.4	0.5	0.4	0.1	0.0	....	0.0	0.1	0.1
Sudan	732	6.7	8.4	11.6	6.2	12.9	6.9	6.9	13.0	20.8	19.7	18.2	13.1
Syrian Arab Republic	463	91.2	40.2	12.1	10.2	8.3	11.1	79.8	16.5	11.9	13.6	9.3	2.1
Tunisia	744	113.7	232.0	103.9	361.0	176.0	113.3	28.8	70.3	14.9	27.9	22.9	21.7
United Arab Emirates	466	619.3	602.2	500.1	476.1	299.0	266.8	215.3	96.8	84.3	72.0	68.8	43.0
West Bank and Gaza	487	1.3	0.3	1.3	0.4	0.4	0.9	....	....	0.0	0.1	0.1	0.2
Yemen, Republic of	474	11.6	8.2	4.8	4.6	2.1	3.5	70.2	3.0	0.4	23.7	1.0	2.5
Sub-Saharan Africa	**603**	**405.0**	**356.0**	**317.5**	**344.6**	**410.1**	**306.2**	**523.5**	**349.1**	**254.8**	**420.0**	**334.6**	**328.7**
Angola	614	1.6	6.6	9.5	4.4	6.8	3.0	1.9	....	0.0	0.0	0.0	0.0
Benin	638	23.6	14.1	7.7	2.2	0.7	1.3	1.3	....	0.1	0.1	0.5	0.0
Botswana	616	0.1	0.0	0.5	0.4	0.2	0.3	0.6	....	0.6	2.5	2.7	3.9
Burkina Faso	748	16.4	3.5	2.7	4.7	1.4	7.7	1.3	0.9	2.5	2.2	0.4	0.7
Burundi	618	0.2	0.1	0.2	0.0	0.1	0.4	....	....	....	....	....	....
Cabo Verde	624	0.1	0.1	0.1	0.1	0.0	0.1	0.1	0.0	....	0.0	0.1	....
Cameroon	622	7.1	21.0	15.9	11.7	16.3	12.2	6.6	2.4	3.0	3.0	3.2	4.7
Central African Rep.	626	0.0	....	0.0	0.1	0.1	0.2	0.0	....	....	....	0.1	....
Chad	628	0.1	0.1	0.2	0.2	0.2	0.0	....	0.0	0.0	....	0.4	0.2
Comoros	632	2.1	....	....	....	0.6	0.4	0.3	0.4	0.7	0.5	0.2	0.4
Congo, Dem. Rep. of	636	0.4	0.7	0.7	1.6	2.6	0.4	2.1	1.1	3.9	2.3	2.4	3.0
Congo, Republic of	634	3.2	1.0	2.8	3.2	1.5	2.9	1.8	9.9	8.4	54.2	74.3	109.3
Côte d'Ivoire	662	5.8	15.5	18.0	8.2	7.5	5.6	105.1	31.1	29.7	27.2	17.1	8.5
Equatorial Guinea	642	0.1	0.1	0.1	0.1	0.4	0.1	....	35.3	0.3	0.2	0.1	0.2
Eritrea	643	0.1	0.1	0.1	0.1	....	....	....	....	....	....	....	....
Ethiopia	644	8.6	6.8	8.2	10.6	21.3	16.0	6.8	9.1	7.4	17.7	6.2	9.0
Gabon	646	0.3	1.3	0.8	0.5	0.8	5.6	31.2	13.1	13.9	11.9	16.4	22.6
Gambia, The	648	0.1	0.0	0.1	0.1	0.1	0.0	....	....	....	0.0	....	....
Ghana	652	8.4	15.8	15.6	21.1	53.1	18.0	16.6	9.4	4.5	3.8	13.8	3.1
Guinea	656	11.4	6.2	8.0	3.1	3.6	4.3	0.0	0.0	0.0	2.6	0.0	0.0
Guinea-Bissau	654	0.0	....	0.1	0.2	0.1	0.2	0.2	....	0.0	0.2	....	....
Kenya	664	9.8	5.8	7.6	7.7	31.8	8.0	3.0	2.9	3.4	3.9	2.1	3.0
Liberia	668	67.5	2.9	1.4	3.3	88.1	85.0	92.8	25.4	0.5	85.4	41.3	21.9
Madagascar	674	0.8	1.3	1.1	2.3	2.1	2.0	2.2	2.6	1.8	2.1	1.9	2.0
Malawi	676	0.0	0.0	0.0	0.1	0.0	0.0	10.5	6.6	5.7	10.0	7.9	7.9
Mali	678	0.2	0.4	0.4	1.3	0.7	5.7	0.3	0.2	0.1	0.1	....	....
Mauritius	684	0.9	0.6	1.7	1.9	2.0	3.4	29.3	21.2	17.2	17.6	15.5	24.7
Mozambique	688	7.0	1.1	0.6	2.6	0.5	0.5	42.9	19.8	23.1	58.0	33.3	4.7
Namibia	728	0.1	0.9	0.3	1.1	1.0	0.7	2.7	3.5	3.6	6.6	4.1	3.2
Niger	692	14.6	1.5	0.8	0.1	1.6	0.0	0.0	0.1	0.0	....	....	0.0
Nigeria	694	111.9	145.1	80.1	97.7	37.8	24.2	37.9	45.1	14.9	15.5	14.3	13.8
Rwanda	714	0.0	0.1	0.9	0.1	0.2	0.2	0.0	0.0	0.0	0.0	....	0.1
São Tomé & Príncipe	716	....	....	....	0.5	0.3	0.0	....	0.1	....	....	....	....
Senegal	722	4.3	3.3	11.3	1.8	2.0	14.6	24.1	17.4	15.4	15.5	11.0	9.8
Seychelles	718	0.8	0.4	0.5	0.8	0.6	1.7	0.1	....	0.0	1.1	0.0	0.0
Sierra Leone	724	1.3	2.4	1.8	3.4	5.1	4.9	3.9	0.0	0.1	0.3	0.2	0.5
South Africa	199	43.3	47.2	53.3	57.8	54.4	58.6	75.1	59.0	76.2	52.4	47.9	52.0
South Sudan, Rep. of	733	....	....	....	0.1	0.0	0.0	....	....	....	....	....	....
Swaziland	734	....	0.2	0.0	0.1	0.2	0.1	8.5	10.4	2.6	1.1	0.0	0.0
Tanzania	738	4.9	1.5	1.0	3.1	2.0	2.6	8.9	11.0	7.9	9.0	10.3	9.3
Togo	742	38.2	42.6	40.7	73.0	49.8	10.6	0.1	0.8	....	2.1	0.4	0.8
Uganda	746	0.7	0.5	0.4	0.7	0.5	1.3	5.1	3.8	4.5	5.1	4.6	3.6
Zambia	754	0.4	0.9	4.9	1.1	1.2	1.2	0.1	5.9	0.2	5.3	0.3	0.3
Zimbabwe	698	0.7	0.7	0.6	1.0	0.2	0.2	0.1	0.3	2.9	0.2	1.7	5.6
Africa n.s.	799	7.9	3.7	16.7	10.2	10.4	2.2	....	....	....	....	0.0	....
Western Hemisphere	**205**	**452.6**	**341.8**	**470.5**	**422.7**	**558.1**	**605.5**	**1,085.7**	**989.5**	**999.1**	**936.9**	**705.5**	**692.6**
Antigua and Barbuda	311	11.8	0.1	0.0	0.3	15.0	12.6	0.4	0.0	0.0	....	....	0.1
Argentina	213	41.5	6.8	11.1	9.4	9.8	4.1	146.2	134.9	159.4	164.1	137.0	128.4
Aruba	314	0.0	0.0	0.2	0.2	0.1	0.1	4.3	5.1	....	0.0	0.0	....

Greece (174)

In Millions of U.S. Dollars

		Exports (FOB) 2011	2012	2013	2014	2015	2016	Imports (CIF) 2011	2012	2013	2014	2015	2016
Bahamas, The	313	22.7	0.6	0.7	1.8	42.8	50.7	0.7	0.6	0.9	89.8	0.5	0.5
Barbados	316	1.2	0.0	0.0	0.0	1.0	3.4	0.1	0.0	1.7	0.1	0.0	0.0
Belize	339	1.5	1.1	0.0	0.1	3.5	2.0	....	....	0.8	0.1	0.3	0.0
Bermuda	319	3.3	0.0	0.2	0.0	11.1	7.1	0.2	0.0	....	....	0.0	0.0
Bolivia	218	1.0	0.3	3.0	3.2	6.4	1.2	0.0	0.5	0.1	0.7	0.4	0.6
Brazil	223	51.5	97.4	163.7	52.5	40.2	105.5	197.7	134.8	124.3	153.2	116.7	148.0
Chile	228	8.4	39.5	14.1	16.4	13.3	26.4	363.1	266.2	258.3	155.9	131.1	85.2
Colombia	233	4.9	8.0	9.4	19.8	8.6	12.2	49.9	20.7	8.5	50.2	17.6	74.0
Costa Rica	238	1.1	0.8	2.1	1.1	0.9	1.3	7.8	14.4	20.3	23.0	17.7	8.9
Curaçao	354	....	....	0.0	0.8	2.7	16.3	....	....	0.0	0.0	0.0	0.0
Dominica	321	0.1	....	....	....	0.0	0.0	0.0	....	0.0	....	....	0.0
Dominican Republic	243	1.9	1.9	2.8	13.9	11.6	4.5	1.7	0.7	1.0	2.0	1.2	0.9
Ecuador	248	1.0	1.4	2.3	7.5	3.4	2.1	91.4	78.0	74.5	85.2	77.0	92.1
El Salvador	253	0.2	0.2	0.5	0.7	0.4	0.9	0.0	0.1	0.1	1.4	0.5	0.4
Falkland Islands	323	24.1	16.5	27.2	40.0	24.7	8.0	....	....	....	....	....	....
Grenada	328	....	....	0.0	....	0.1	0.1	....	....	....	....	....	....
Guatemala	258	1.8	2.2	3.0	3.9	2.7	2.5	0.8	0.4	4.6	3.6	9.2	6.5
Guyana	336	0.3	0.1	0.1	0.1	0.1	0.0	....	....	....	....	0.0	....
Haiti	263	0.0	0.1	0.0	0.1	1.1	0.9	....	....	....	0.0	0.0	0.0
Honduras	268	0.9	0.2	0.2	0.4	1.0	2.1	0.2	0.7	1.6	0.3	1.0	1.8
Jamaica	343	0.6	0.6	0.5	0.8	1.4	1.4	0.2	0.0	0.0	0.0	0.0	0.0
Mexico	273	116.4	117.9	157.0	172.6	188.0	188.5	64.4	75.8	46.7	33.4	31.7	35.8
Montserrat	351	....	....	....	....	0.3	0.0	....	....	....	....	....	....
Netherlands Antilles	353	0.8	0.3	....	....	....	....	0.0	0.0	....	....	....	....
Nicaragua	278	0.4	0.4	0.1	2.2	0.1	0.4	0.3	0.6	0.4	0.8	1.0	2.8
Panama	283	101.9	13.3	10.0	24.7	111.9	107.7	21.7	132.6	140.0	57.5	47.9	4.3
Paraguay	288	7.5	3.2	4.4	9.6	9.6	7.2	61.6	76.3	94.9	68.3	55.9	37.4
Peru	293	6.4	6.9	18.9	16.6	17.1	10.2	30.9	30.1	15.6	5.1	3.2	4.5
Sint Maarten	352	....	....	....	0.0	0.2	0.2	....	....	....	0.4	....	....
St. Kitts and Nevis	361	0.2	0.1	2.1	0.0	0.1	0.1	....	....	0.3	....	....	0.0
St. Lucia	362	0.1	0.1	0.0	0.0	0.0	0.2	0.0	....	....	....	....	0.0
St. Vincent & Grens.	364	7.5	....	....	0.0	2.7	2.2	2.5	2.1	5.4	0.5	0.5	23.2
Suriname	366	0.2	0.1	0.2	0.1	0.1	0.1	0.0	....	....	0.0	0.4	....
Trinidad and Tobago	369	0.8	3.7	1.2	1.7	1.5	1.7	26.1	2.3	0.0	6.9	16.2	6.8
Uruguay	298	6.5	8.1	9.3	13.8	8.4	5.2	1.6	0.7	9.1	1.1	3.4	24.9
Venezuela, Rep. Bol.	299	21.7	4.9	4.3	7.9	8.7	9.2	11.9	11.6	30.7	29.0	12.7	4.2
Western Hem. n.s.	399	2.6	5.1	21.7	0.3	7.8	7.1	....	0.1	0.0	4.0	22.4	1.0
Other Countries n.i.e	910	**0.8**	**0.8**	**1.1**	**1.2**	**1.9**	**5.4**	**6.4**	**9.4**	**12.2**	**10.6**	**12.7**	**11.7**
Cuba	928	0.8	0.6	1.1	1.2	1.5	5.2	5.1	9.3	12.0	10.6	12.7	11.7
Korea, Dem. People's Rep.	954	0.1	0.2	0.1	0.0	0.4	0.2	1.3	0.1	0.2	0.0	....	....
Special Categories	899	**136.1**	**233.9**	**769.4**	**719.6**	**55.0**	**0.1**	....	....	....	....	**32.7**	**0.1**
Countries & Areas n.s.	898	**1,468.8**	**1,930.0**	**1,342.1**	**1,193.2**	**131.3**	**19.0**	**413.1**	**319.5**	**28.4**	**11.2**	**1.4**	**3.1**
Memorandum Items													
Africa	605	1,125.6	1,191.9	1,155.0	1,168.5	861.2	755.4	1,102.8	846.3	782.0	765.1	559.2	581.3
Middle East	405	2,182.4	3,706.5	3,641.8	3,874.0	3,497.5	3,344.1	9,358.5	10,712.6	9,032.3	9,176.9	5,613.9	5,339.8
European Union	998	17,444.3	15,503.5	16,304.2	16,675.4	15,513.7	15,848.7	35,068.6	29,337.3	29,478.6	30,919.2	25,576.1	26,689.1
Export earnings: fuel	080	2,546.8	3,537.5	3,320.2	3,035.3	2,000.0	1,922.1	17,333.5	20,699.0	20,481.4	18,803.4	10,824.7	9,735.5
Export earnings: nonfuel	092	31,413.8	31,913.9	32,916.3	32,969.3	26,702.4	26,231.6	50,754.7	43,014.9	41,939.6	45,392.1	37,480.7	39,123.7

Greenland (326)

In Millions of U.S. Dollars

		Exports (FOB)						Imports (CIF)					
		2011	2012	2013	2014	2015	2016	2011	2012	2013	2014	2015	2016
IFS World		....	....	....	....	....	....	....	....	....	....	....	....
World	001	495.6	487.5	478.8	528.1	397.2	553.3	997.6	862.9	822.1	768.3	586.3	623.0
Advanced Economies	110	472.2	476.1	458.9	518.7	387.2	542.4	880.5	820.0	778.9	735.5	556.3	592.4
Euro Area	163	20.4	15.0	26.7	33.2	28.7	47.4	47.5	43.1	39.7	40.3	36.6	46.0
Austria	122	0.0 e	0.0 e	0.0 e	....	0.0 e	....	1.1	0.7	0.6	0.6	0.6	9.1
Belgium	124	....	....	....	....	....	....	3.3	1.5	1.5	1.5	1.3	1.9
Estonia	939	....	....	0.0	....	....	0.4	0.3	0.3	0.2	0.3	0.2	0.5
Finland	172	....	....	....	....	....	....	1.7	0.9	0.7	1.4	1.4	1.0
France	132	....	....	0.0	....	....	0.0	5.8	7.1	4.6	6.1	3.0	4.5
Germany	134	....	0.0	1.4	....	0.2	0.3	18.7	17.4	17.0	15.3	13.4	13.3
Greece	174	....	....	....	....	....	0.0	0.1	0.1	0.1	0.1	0.1	0.1
Ireland	178	4.3	....	0.0	....	....	....	0.6	1.0	0.6	0.6	0.5	0.4
Italy	136	0.0	....	0.1	....	0.0	....	3.3	2.7	2.8	2.8	2.3	2.8
Latvia	941	....	....	....	0.0 e	0.1 e	0.6 e	0.1	0.1	0.1	0.1	0.1	0.1
Lithuania	946	....	....	....	....	....	....	0.5	0.5	0.5	0.5	0.4	0.5
Luxembourg	137	....	....	....	....	....	....	0.0	0.1	0.0	0.1	0.0	0.2
Netherlands	138	....	....	2.8	3.6	0.0	....	9.0	7.8	8.0	8.1	10.9	9.2
Portugal	182	16.1	14.9	22.3	29.5	28.4	46.1	0.6	0.7	0.7	0.8	0.6	0.5
Slovak Republic	936	....	....	....	....	....	....	0.2	0.1	0.2	0.3	0.3	0.3
Slovenia	961	....	....	0.0	0.0	0.0	....	0.1	0.1	0.0	0.1	0.1	0.1
Spain	184	....	0.1	....	0.1	....	....	2.0	1.8	1.9	1.6	1.3	1.4
Australia	193	....	....	....	0.0	....	....	0.5	0.4	0.3	0.3	0.3	0.3
Canada	156	....	2.8	....	....	....	0.0	19.2	10.4	6.8	5.9	11.6	8.6
China,P.R.: Hong Kong	532	....	....	....	....	....	....	0.4	0.4	0.3	0.3	0.1	0.1
China,P.R.: Macao	546	....	....	0.0 e	0.0 e	0.1 e	0.1 e	0.0	0.0	0.0	0.0	....	0.0
Czech Republic	935	....	....	0.0 e	0.0 e	....	....	2.5	0.6	1.5	1.0	0.8	1.4
Denmark	128	435.6	433.2	419.1	431.8	322.4	449.3	535.7	511.4	513.6	501.6	429.2	449.7
Iceland	176	10.4	9.6	0.9	52.0	11.8	17.5	9.9	12.2	3.9	6.6	5.4	7.8
Israel	436	....	....	....	....	....	....	0.2	0.1	0.1	0.0	0.0	0.1
Japan	158	....	....	....	....	....	....	8.2	5.7	4.0	4.1	2.9	3.4
Korea, Republic of	542	....	....	0.0	....	....	0.0	0.4	0.5	0.9	0.7	0.5	0.4
New Zealand	196	....	0.0 e	....	....	....	0.0 e	1.1	1.4	1.8	1.9	2.5	2.0
Norway	142	1.1	3.0	0.1	1.5	2.9	2.7	24.3	32.4	6.0	1.7	1.3	1.1
Singapore	576	....	....	....	0.0 e	0.2 e	0.1 e	0.1	0.1	0.1	0.1	0.0	0.1
Sweden	144	....	....	0.0	....	....	....	208.2	185.6	190.6	161.3	53.3	61.3
Switzerland	146	4.6	12.3	12.1	....	0.0	....	1.6	1.3	0.5	0.4	0.4	0.4
Taiwan Prov.of China	528	....	....	....	....	21.0 e	25.4 e	....	....	....	....	0.0 e	0.0 e
United Kingdom	112	0.1	....	0.0	0.2	....	....	4.3	2.9	3.1	3.7	4.7	4.1
United States	111	....	....	....	....	0.0	0.0	16.5	11.6	5.9	5.8	6.8	5.7
Emerg. & Dev. Economies	200	23.4	11.4	19.8	9.3	10.0	10.9	43.1	42.2	42.0	32.0	29.2	30.3
Emerg. & Dev. Asia	505	1.5	3.1	1.1	0.9	2.9	0.3	29.8	30.0	30.4	22.4	20.1	21.0
Bangladesh	513	....	....	....	....	....	....	0.6	0.7	0.9	0.8	0.9	1.1
Cambodia	522	....	....	....	....	....	....	0.0	0.0	0.0	0.0	0.1	0.2
China,P.R.: Mainland	924	....	....	....	....	1.9	....	23.0	24.4	22.4	18.0	16.0	16.1
India	534	....	....	....	....	....	....	1.8	1.4	4.3	1.0	0.9	1.0
Indonesia	536	1.1 e	3.1 e	1.0 e	0.3 e	0.3 e	0.2 e	0.5	0.3	0.3	0.2	0.2	0.2
Malaysia	548	0.3 e	....	0.0 e	0.5 e	0.6 e	0.1 e	0.3	0.4	0.3	0.5	0.2	0.2
Philippines	566	....	....	....	....	0.1 e	....	0.0	0.0	0.0	0.0	0.0	0.0
Sri Lanka	524	....	....	....	0.0 e	0.0 e	0.0 e	0.1	0.0	0.0	0.0	0.1	0.0
Thailand	578	....	....	....	....	....	....	1.8	1.5	1.2	1.2	1.0	1.3
Vietnam	582	....	....	....	....	....	....	0.6	0.5	0.5	0.3	0.4	0.5
Asia n.s.	598	....	....	....	....	....	....	1.0	0.7	0.3	0.3	0.3	0.2
Europe	170	15.0	3.3	3.0	4.4	5.2	8.5	9.1	9.0	8.8	6.8	6.3	6.4
Emerg. & Dev. Europe	903	14.5	0.9	0.1	1.8	2.3	2.7	8.8	8.7	8.5	6.5	6.1	6.1
Albania	914	....	....	....	....	0.1 e	1.0 e	0.0	0.0	0.0	....	....	....
Bosnia and Herzegovina	963	0.0 e	0.0 e	0.0 e	....	....	....	0.0	0.0	0.1	0.0	0.0	0.0
Bulgaria	918	....	....	....	0.1 e	....	....	0.0	0.0	0.0	0.0	0.0	0.1
Faroe Islands	816	14.5	0.9	....	1.4	2.1	1.3	1.4	1.6	1.3	0.9	1.2	0.4
Hungary	944	0.0 e	....	....	....	....	....	2.8	3.1	2.4	1.1	0.9	1.0
Poland	964	....	....	....	....	....	....	2.5	2.1	2.1	2.2	2.3	3.0

Greenland (326)

In Millions of U.S. Dollars

		Exports (FOB)						Imports (CIF)					
		2011	2012	2013	2014	2015	2016	2011	2012	2013	2014	2015	2016
Romania	968	....	....	....	0.3 e	....	0.4 e	0.1	0.1	0.1	0.1	0.1	0.1
Serbia, Republic of	942	0.0 e	....	0.0 e	....	0.1 e	....	0.1	0.0	0.0	0.0	0.0	0.0
Turkey	186	....	....	....	....	....	....	1.7	1.7	2.5	2.1	1.5	1.5
CIS	901	**0.5**	**2.4**	**2.9**	**2.6**	**2.9**	**5.7**	**0.3**	**0.3**	**0.3**	**0.2**	**0.1**	**0.3**
Belarus	913	0.0 e	....	....	0.0 e	0.4 e	0.1 e	0.0	0.0	0.0	....	0.0	....
Moldova	921	....	....	....	0.7 e	1.2 e	0.1 e	....	....	....	....	....	0.0
Russian Federation	922	....	....	....	....	....	1.7	0.2	0.1	0.0	0.0	0.0	0.1
Ukraine	926	0.5 e	2.3 e	2.9 e	1.9 e	1.4 e	3.8 e	0.1	0.1	0.2	0.1	0.1	0.2
Europe n.s.	884	....	....	....	....	....	....	0.0	....	0.0	0.2	0.0	....
Mid East, N Africa, Pak	440	**2.2**	**1.5**	**6.2**	**0.8**	**0.0**	**0.1**	**0.8**	**0.5**	**0.6**	**0.4**	**0.5**	**0.6**
Algeria	612	....	....	....	....	....	....	0.0	0.0	0.0	0.0	0.1	0.0
Bahrain, Kingdom of	419	....	....	0.0 e	0.4 e	0.0 e	0.0 e	....	....	....	....	....	....
Egypt	469	....	....	....	....	....	....	0.1	0.0	0.0	0.0	0.0	0.0
Morocco	686	....	....	5.3	....	....	....	0.1	0.1	0.0	0.0	0.0	0.0
Oman	449	....	....	....	....	....	....	....	....	0.1	....	....	....
Pakistan	564	0.0 e	....	0.2 e	0.2 e	0.0 e	0.0 e	0.4	0.3	0.3	0.2	0.4	0.4
Saudi Arabia	456	....	....	0.2 e	0.1 e	....	....	....	0.0	0.0	0.0	0.0	....
Tunisia	744	2.2 e	1.5 e	0.5 e	0.0 e	....	....	0.1	0.0	0.0	0.0	0.0	0.0
United Arab Emirates	466	....	....	....	0.0 e	0.0 e	0.1 e	0.0	0.0	0.1	0.0	0.0	0.1
Sub-Saharan Africa	603	**4.6**	**3.6**	**9.5**	**3.2**	**1.9**	**1.9**	**1.3**	**0.5**	**0.5**	**0.5**	**0.6**	**0.6**
Côte d'Ivoire	662	....	0.0 e	....	....	0.3 e	0.3 e	0.0	0.0	0.0	0.0	0.0	0.0
Mozambique	688	....	....	0.0 e	0.1 e	....	....	....	....	....	....	....	....
Nigeria	694	2.9 e	1.6 e	2.0 e	2.1 e	1.5 e	1.6 e	....	....	....	....	....	....
Sierra Leone	724	1.7 e	2.0 e	1.1 e	1.0 e	....	....	0.0	0.0	0.0	0.0	0.0	0.0
South Africa	199	0.0 e	0.0 e	6.4 e	0.0 e	0.0 e	0.0 e	1.2	0.5	0.4	0.4	0.5	0.5
Western Hemisphere	205	**0.0**	**0.0**	**0.1**	**0.0**	**0.1**	**0.1**	**2.2**	**2.2**	**1.7**	**1.9**	**1.7**	**1.7**
Antigua and Barbuda	311	....	....	....	....	....	....	0.0	....	....	0.0	0.1	....
Argentina	213	....	....	....	....	....	....	0.2	0.5	0.2	0.1	0.2	0.1
Bahamas, The	313	....	....	....	....	....	....	0.1	0.0	0.0	0.0	0.0	0.0
Brazil	223	0.0 e	....	0.0 e	....	0.0 e	0.0 e	0.6	0.5	0.4	0.5	0.4	0.5
Chile	228	....	....	....	....	....	....	1.0	0.8	0.9	1.0	0.9	0.9
Colombia	233	0.0 e	0.0 e	0.0 e	0.0 e	0.0 e	0.0 e	0.1	0.1	0.0	0.0	0.0	0.0
Costa Rica	238	0.0 e	0.0 e	0.0 e	0.0 e	0.0 e	0.0 e	0.0	0.0	0.0	0.0	0.0	0.1
Ecuador	248	....	....	0.1 e	....	....	0.1 e	0.0	0.0	0.0	0.0	0.0	0.0
Mexico	273	....	....	....	....	....	....	0.1	0.1	0.0	0.2	0.0	0.1
Uruguay	298	....	....	....	....	....	....	0.1	0.0	0.1	0.0	0.1	0.1
Other Countries n.i.e	910	....	....	....	....	....	....	**0.0**	**0.0**	**0.0**	**0.1**	**0.0**	**0.0**
Korea, Dem. People's Rep.	954	....	....	....	....	....	....	0.0	0.0	....	0.1	0.0	0.0
Countries & Areas n.s.	898	....	....	....	....	....	....	**74.0**	**0.7**	**1.2**	**0.8**	**0.8**	**0.3**
Memorandum Items													
Africa	605	6.8	5.1	15.3	3.2	1.9	1.9	1.4	0.6	0.6	0.5	0.7	0.6
Middle East	405	0.0	0.0	0.2	0.6	0.0	0.1	0.2	0.1	0.2	0.1	0.1	0.1
European Union	998	456.1	448.3	445.8	465.6	351.2	497.0	803.7	748.8	753.1	711.3	527.9	566.6
Export earnings: fuel	080	2.9	1.7	2.3	2.6	1.6	3.4	0.4	0.3	0.3	0.1	0.2	0.2
Export earnings: nonfuel	092	492.6	485.8	476.4	525.5	395.6	549.9	997.1	862.6	821.9	768.2	586.1	622.9

Grenada (328)

In Millions of U.S. Dollars

		Exports (FOB)						Imports (CIF)					
		2011	2012	2013	2014	2015	2016	2011	2012	2013	2014	2015	2016
IFS World		28.2	30.4	32.4	32.8	30.6	26.0	335.6	341.3	368.4	339.6	343.8	349.7
World	001	47.4	51.3	50.4	49.7	47.8	43.6	343.7	369.1	389.1	397.5	402.3	387.6
Advanced Economies	110	17.3	24.5	21.4	19.4	18.9	20.1	176.6	154.2	187.1	176.3	189.3	195.3
Euro Area	163	5.1	5.2	6.8	4.8	4.0	4.2	13.7	13.7	14.0	13.0	12.6	16.3
Austria	122	....	....	....	....	....	....	0.1	0.1	0.2	0.1	0.1	0.2
Belgium	124	1.5	1.1	0.4	0.2	0.2	0.2	0.8	0.6	0.5	0.8	0.8	0.6
Finland	172	0.6	0.6	0.6	0.6	0.6	0.6	0.6	0.0	0.0	0.0	0.0	0.0
France	132	0.1	0.1	0.1	0.1	0.1	0.1	3.2	2.4	3.7	2.1	3.4	3.9
Germany	134	0.7	0.5	1.6	1.5	0.9	1.3	3.2	3.3	2.5	1.7	2.6	3.4
Greece	174	....	....	....	....	....	....	0.0	0.0	0.0	0.0	0.1	0.1
Ireland	178	0.0	0.0	0.0	0.0	0.0	0.0	0.1	0.1	0.4	0.2	0.0	0.1
Italy	136	0.1	0.0	0.0	0.0	0.0	0.0	0.3	0.2	0.3	2.0	0.4	0.2
Luxembourg	137	....	....	....	....	....	....	0.1	0.4	0.1	0.3	0.1	0.1
Netherlands	138	2.0	2.6	4.0	2.1	2.1	1.9	4.6	6.0	5.4	5.2	4.5	6.2
Portugal	182	....	....	....	....	....	....	0.2	0.2	0.3	0.2	0.3	0.3
Spain	184	0.0	0.4	0.0	0.2	0.0	0.0	0.4	0.3	0.5	0.3	0.3	1.3
Australia	193	0.0	0.0	0.1	0.1	0.1	0.1	0.3	0.5	....	0.0	0.4	0.0
Canada	156	1.6	2.1	1.7	1.7	1.6	1.1	6.5	7.9	6.4	7.6	6.6	8.6
China,P.R.: Hong Kong	532	....	0.0	....	0.0	....	....	0.3	0.5	0.1	0.9	0.9	0.9
Czech Republic	935	....	....	....	....	....	....	1.2	0.3	0.0	0.0	0.0	0.0
Denmark	128	0.0	0.0	0.0	0.0	0.0	0.0	1.4	1.8	1.4	1.5	1.5	1.7
Iceland	176	0.0 e	....	....	....	....	....	0.1	0.1	0.1	0.1	0.1	0.1
Israel	436	....	....	....	....	....	....	0.1	0.1	0.1	0.1	0.1	0.1
Japan	158	4.1	4.0	4.0	4.0	4.0	4.0	11.0	5.2	5.3	8.1	14.9	18.0
Korea, Republic of	542	0.2	0.1	0.0	0.1	0.0	0.0	3.4	2.1	2.9	3.2	2.7	2.9
New Zealand	196	....	0.0	0.1	0.0	0.0	0.0	2.7	2.3	2.3	2.8	2.1	1.4
Norway	142	....	....	....	....	....	....	0.2	0.2	0.3	0.2	0.2	0.1
Singapore	576	....	0.0 e	0.0 e	0.1 e	0.0 e	0.1 e	0.0	0.0	0.1	0.0	0.0	0.0
Sweden	144	....	....	....	....	....	....	0.9	0.2	0.5	1.3	1.4	1.5
Switzerland	146	0.2	5.9	0.3	0.0	1.5	0.1	0.3	0.9	1.0	0.5	0.4	1.6
Taiwan Prov.of China	528	0.4 e	0.2 e	0.6 e	0.6 e	0.1 e	0.1 e	0.2	0.3	0.4	0.4	0.1	0.3
United Kingdom	112	0.0	0.0	0.1	0.0	0.0	0.1	11.8	11.2	11.9	13.2	13.0	14.3
United States	111	5.4	6.9	7.8	8.0	7.5	10.3	122.6	106.8	140.3	123.4	132.2	127.3
Emerg. & Dev. Economies	200	30.0	26.6	28.8	30.1	28.8	23.4	167.0	214.9	201.9	221.2	213.0	192.3
Emerg. & Dev. Asia	505	0.1	0.0	0.0	0.0	0.2	0.1	24.3	64.7	43.7	74.3	66.1	42.2
Bangladesh	513	0.0	0.0	0.0	0.0	0.0	0.0	0.1	0.1	0.1	0.1	0.1	0.1
China,P.R.: Mainland	924	0.0	0.0	0.0	0.0	....	0.0	16.2	57.2	22.7	44.6	37.2	23.2
India	534	0.0	0.0	....	0.0	....	....	2.4	2.1	3.1	3.6	4.4	6.2
Indonesia	536	....	....	....	....	....	....	0.4	0.6	1.5	0.6	0.7	1.9
Malaysia	548	....	....	....	....	....	....	1.6	0.8	12.3	20.5	18.7	4.7
Nepal	558	0.1 e	....	....	....	....	....	....	....	....	....	....	....
Philippines	566	0.0 e	0.0 e	....	....	0.1 e	0.0 e	0.5	0.5	0.7	0.6	0.6	0.5
Sri Lanka	524	0.0 e	0.0 e	....	0.0 e	0.1 e	0.0 e	0.0	0.0	0.0	0.5	0.0	0.0
Thailand	578	....	....	....	....	....	....	1.7	1.9	1.8	2.5	3.0	4.1
Vietnam	582	0.0	0.0	0.0	0.0	0.0	0.0	0.2	0.2	0.2	0.2	0.2	0.2
Asia n.s.	598	....	....	....	....	....	....	1.2	1.2	1.3	1.2	1.2	1.3
Europe	170	0.8	0.5	0.4	1.8	0.3	0.2	1.2	3.4	1.3	0.9	1.5	1.7
Emerg. & Dev. Europe	903	0.6	0.3	0.2	1.4	0.1	0.1	1.2	3.4	1.3	0.9	1.5	1.7
Croatia	960	0.4 e	0.2 e	0.1 e	....	....	0.0 e	0.1 e	0.0 e	0.0 e	....	....	....
Hungary	944	....	....	....	....	....	....	0.0	0.0	0.0	0.0	0.1	0.3
Poland	964	0.1	0.0	0.1	1.4	0.1	0.1	0.0	0.0	0.0	0.0	0.1	0.0
Turkey	186	0.0	....	....	0.0	0.0	0.0	1.0	3.4	1.2	0.8	1.4	1.3
CIS	901	0.0	0.1	0.0	0.2	0.0	0.0	0.0	0.0	0.0	0.0	0.0	0.0
Belarus	913	0.0 e	0.0 e	....	0.1 e	0.0 e	0.0 e	....	....	....	....	....	....
Russian Federation	922	0.0	0.0	0.0	0.1	0.0	0.0	0.0	0.0	0.0	0.0	0.0	0.0
Ukraine	926	....	0.1 e	0.0 e	....	....	....	0.0	0.0	0.0	0.0	0.0	0.0
Europe n.s.	884	0.1	0.2	0.2	0.2	0.2	0.1	....	....	....	....	....	....
Mid East, N Africa, Pak	440	4.8	0.1	0.4	0.3	2.1	0.1	0.3	0.3	0.3	0.3	0.5	0.4
Algeria	612	0.1 e	0.0 e	0.0 e	0.2 e	0.0 e	0.0 e	....	....	....	....	....	....
Egypt	469	0.1 e	0.1 e	0.3 e	0.0 e	1.9 e	....	0.0	0.0	0.0	0.0	0.0	0.0

Grenada (328)

In Millions of U.S. Dollars

		Exports (FOB)						Imports (CIF)					
		2011	2012	2013	2014	2015	2016	2011	2012	2013	2014	2015	2016
Iran, I.R. of	429	....	....	....	....	....	....	0.1	0.1	0.1	0.1	0.1	0.1
Morocco	686	0.1 e	....	0.0 e	....	0.0 e	....	0.0	0.0	0.0	0.0	0.2	0.1
Pakistan	564	4.5 e	0.0 e	0.0 e	0.0 e	0.2 e	0.1 e	0.0	0.0	0.0	0.0	0.0	0.0
Sub-Saharan Africa	603	**0.1**	**0.1**	**0.2**	**0.1**	**0.1**	**0.1**	**0.9**	**1.2**	**0.8**	**0.8**	**0.6**	**0.5**
Benin	638	0.0 e	0.0 e	0.1 e	....	....	....	....	....	0.1 e	....	....	....
Mauritius	684	....	....	0.0 e	....	0.0 e	....	0.1	0.0	0.0	0.0	0.0	....
South Africa	199	0.0 e	0.0 e	0.0 e	0.0 e	0.0 e	0.0 e	0.6	0.9	0.5	0.6	0.4	0.3
Zimbabwe	698	0.0 e	0.0 e	0.0 e	0.0 e	0.0 e	0.0 e	0.1	0.1	0.1	0.1	0.1	0.1
Western Hemisphere	205	**24.2**	**25.9**	**27.7**	**27.9**	**26.0**	**23.0**	**140.3**	**145.2**	**155.8**	**144.8**	**144.3**	**147.5**
Antigua and Barbuda	311	1.3	1.3	1.4	1.4	1.3	1.1	0.4	0.4	0.4	0.4	0.4	0.4
Argentina	213	0.1	0.1	0.1	0.1	0.1	0.4	0.9	0.9	0.9	0.9	0.9	1.2
Barbados	316	3.0	3.2	3.3	3.4	3.1	2.6	7.8	7.4	7.8	7.1	7.1	7.2
Belize	339	....	....	....	....	....	....	0.2	0.2	0.2	0.2	0.2	0.2
Brazil	223	....	....	....	....	....	....	10.8	9.9	9.4	9.9	9.3	9.2
Chile	228	....	....	0.0 e	0.0 e	0.0 e	0.5 e	0.5	2.3	0.6	0.5	0.7	0.5
Colombia	233	0.0	0.0	0.0	0.0	0.0	0.0	2.0	2.2	1.0	1.7	1.0	0.9
Costa Rica	238	0.0	0.0	0.0	0.0	0.0	0.0	0.6	0.5	0.6	0.5	0.5	0.9
Dominica	321	4.9	5.1	5.4	5.4	5.1	4.3	0.7	0.7	0.7	0.6	0.6	0.7
Dominican Republic	243	0.0	0.0	0.0	0.0	0.0	0.0	3.0	3.0	3.2	3.0	3.0	3.1
Ecuador	248	....	....	0.1 e	....	0.0 e	....	0.3	0.3	0.1	0.1	0.0	0.1
El Salvador	253	0.0	0.0	0.0	0.0	0.0	0.0	0.0	0.0	0.0	0.1	....	0.0
Guatemala	258	....	....	....	....	0.0 e	0.0 e	2.0	2.1	2.2	2.1	2.1	2.1
Guyana	336	0.7	0.7	0.9	0.8	0.7	0.6	4.5	4.3	7.1	5.6	5.6	5.7
Haiti	263	0.1	0.1	0.1	0.1	0.1	0.1	0.0	0.0	0.0	0.0	0.0	0.0
Honduras	268	....	....	....	....	....	....	0.9	1.9	3.4	2.7	1.9	2.6
Jamaica	343	0.8	0.9	1.0	1.0	0.9	0.8	2.2	2.1	2.2	2.0	2.0	2.1
Mexico	273	0.0	0.0	0.0	0.0	0.0	0.0	2.4	2.5	2.6	2.6	2.6	2.6
Montserrat	351	0.1	0.1	0.2	0.2	0.1	0.1	....	....	....	....	....	....
Netherlands Antilles	353	0.0	0.0	0.0	0.0	0.0	0.0	0.2	0.2	0.3	0.2	0.2	0.2
Panama	283	....	....	....	....	....	....	1.0	1.0	1.0	1.0	1.0	1.0
Peru	293	....	....	....	....	....	....	0.4	0.4	0.5	0.4	0.4	0.2
St. Kitts and Nevis	361	2.9	3.1	3.2	3.3	3.1	2.6	0.2	0.3	0.3	0.2	0.3	0.3
St. Lucia	362	4.4	4.8	5.1	5.2	4.9	4.1	1.9	1.9	2.0	1.8	1.8	1.9
St. Vincent & Grens.	364	1.3	1.4	1.5	1.5	1.4	1.2	1.2	1.1	1.2	1.1	1.1	1.2
Suriname	366	0.1	0.1	0.1	0.1	0.1	0.1	0.2	0.2	0.2	0.2	0.2	0.2
Trinidad and Tobago	369	1.6	1.8	1.9	2.0	1.9	1.6	84.5	86.3	93.4	86.1	87.3	88.8
Uruguay	298	....	....	....	....	....	0.1	0.0	0.1	0.1	0.1	0.0	0.1
Venezuela, Rep. Bol.	299	0.0	0.0	0.0	0.0	0.0	0.0	11.5	12.8	14.5	13.6	13.9	14.2
Western Hem. n.s.	399	2.9	3.2	3.4	3.4	3.2	2.7	0.1	0.1	0.1	0.1	0.1	0.1
Countries & Areas n.s.	898	**0.2**	**0.2**	**0.2**	**0.2**	**0.2**	**0.2**	....	....	....	....	....	....
Memorandum Items													
Africa	605	0.3	0.1	0.2	0.3	0.1	0.1	0.9	1.2	0.9	0.9	0.8	0.6
Middle East	405	0.1	0.1	0.4	0.0	1.9	0.0	0.2	0.2	0.2	0.2	0.2	0.2
European Union	998	5.7	5.5	7.1	6.2	4.1	4.3	29.2	27.2	27.9	29.1	28.8	34.3
Export earnings: fuel	080	1.7	1.8	2.1	2.4	1.9	1.7	98.5	101.9	109.2	101.8	102.3	104.2
Export earnings: nonfuel	092	45.8	49.5	48.3	47.3	45.9	42.0	245.2	267.2	279.9	295.7	299.9	283.4

Guam (829)

In Millions of U.S. Dollars

		Exports (FOB) 2011	2012	2013	2014	2015	2016	Imports (CIF) 2011	2012	2013	2014	2015	2016
IFS World		....	....	....	....	....	....	....	....	....	....	....	....
World	001	102.9	94.0	106.2	75.6	90.0	106.0	1,145.4	1,236.1	969.8	1,238.7	843.7	742.2
Advanced Economies	110	29.4	40.5	44.1	21.5	29.6	15.7	1,102.8	1,078.4	906.2	1,194.1	800.9	699.0
Euro Area	163	1.0	0.6	1.5	0.4	0.6	0.5	45.2	51.5	39.9	39.1	34.5	37.5
Austria	122	0.0 e	0.0 e	....	0.0 e	0.1 e	....	7.0 e	0.0 e	....	0.0 e	0.2 e	0.1 e
Belgium	124	0.0 e	0.0 e	0.0 e	0.0 e	0.0 e	0.0 e	2.6 e	2.3 e	0.6 e	0.9 e	1.3 e	1.1 e
Finland	172	0.0 e	....	....	....	0.0 e	0.0 e	0.2 e	0.2 e	0.5 e	0.3 e	0.1 e	0.2 e
France	132	0.2 e	0.2 e	0.2 e	0.1 e	0.3 e	0.1 e	17.2 e	19.6 e	17.2 e	15.2 e	13.0 e	11.7 e
Germany	134	0.0 e	0.0 e	0.3 e	0.1 e	0.1 e	0.1 e	4.8 e	4.6 e	6.8 e	4.0 e	4.4 e	5.9 e
Greece	174	....	....	....	....	....	0.0 e	0.1 e	0.1 e	0.0 e	0.0 e	0.0 e	0.0 e
Ireland	178	0.0 e	0.0 e	0.0 e	0.0 e	0.0 e	0.0 e	0.6 e	13.7 e	0.4 e	1.4 e	0.6 e	0.7 e
Italy	136	0.6 e	0.3 e	0.2 e	0.2 e	0.1 e	0.1 e	9.3 e	9.0 e	10.4 e	10.3 e	9.1 e	9.7 e
Latvia	941	....	....	....	....	....	....	....	0.1 e	0.0 e	0.0 e	0.0 e	0.0 e
Luxembourg	137	0.0 e	....	....	....	....	....	0.0 e	0.0 e	0.0 e	0.0 e	0.1 e	0.1 e
Netherlands	138	0.1 e	0.0 e	0.8 e	0.0 e	0.0 e	0.0 e	1.7 e	1.4 e	2.8 e	5.3 e	4.2 e	5.0 e
Portugal	182	....	....	....	....	....	....	....	....	....	....	0.4 e	0.0 e
Spain	184	0.0 e	0.0 e	0.0 e	0.0 e	0.0 e	0.1 e	1.7 e	0.5 e	1.1 e	1.7 e	1.0 e	2.8 e
Australia	193	0.3 e	0.2 e	0.1 e	0.1 e	2.5 e	0.3 e	15.4 e	16.8 e	14.0 e	10.7 e	9.9 e	6.3 e
Canada	156	0.2 e	0.1 e	0.6 e	0.2 e	0.2 e	0.1 e	2.3 e	1.7 e	2.7 e	2.1 e	1.7 e	2.2 e
China,P.R.: Hong Kong	532	3.6 e	3.5 e	4.8 e	3.2 e	6.7 e	4.2 e	125.9 e	136.8 e	117.1 e	95.4 e	74.2 e	61.2 e
China,P.R.: Macao	546	....	....	....	....	....	....	....	....	0.2 e	....	....	....
Czech Republic	935	....	....	0.0 e	....	....	....	0.0 e	0.1 e	0.0 e	0.0 e	0.0 e	0.0 e
Denmark	128	0.0 e	0.0 e	0.0 e	0.0 e	0.0 e	0.0 e	4.2 e	5.5 e	3.2 e	4.2 e	5.3 e	5.7 e
Israel	436	....	....	....	....	....	....	....	....	....	....	....	0.2 e
Japan	158	16.9 e	28.8 e	30.3 e	14.5 e	12.2 e	6.9 e	134.3 e	148.4 e	113.0 e	250.7 e	259.9 e	230.8 e
Korea, Republic of	542	4.8 e	4.7 e	4.4 e	2.0 e	1.3 e	0.7 e	210.6 e	197.5 e	194.7 e	366.8 e	70.5 e	63.4 e
New Zealand	196	0.0 e	0.0 e	0.0 e	0.1 e	0.0 e	0.0 e	10.0 e	5.7 e	7.1 e	5.9 e	5.2 e	6.4 e
Norway	142	....	....	....	....	....	....	1.1 e	0.8 e	0.9 e	0.8 e	0.4 e	0.3 e
Singapore	576	2.5 e	1.7 e	1.5 e	0.7 e	1.0 e	0.6 e	535.6 e	497.8 e	400.4 e	402.4 e	292.0 e	240.3 e
Sweden	144	0.0 e	0.0 e	0.0 e	0.0 e	....	0.0 e	0.1 e	0.0 e	0.4 e	0.7 e	0.4 e	0.2 e
Switzerland	146	0.2 e	0.6 e	0.9 e	0.2 e	0.3 e	0.0 e	12.7 e	10.6 e	9.7 e	9.7 e	8.1 e	11.1 e
Taiwan Prov.of China	528	....	....	....	....	4.5 e	2.3 e	....	....	....	....	33.0 e	30.6 e
United Kingdom	112	0.0 e	0.1 e	0.1 e	0.2 e	0.2 e	0.2 e	5.3 e	5.2 e	3.0 e	5.5 e	5.8 e	2.8 e
Emerg. & Dev. Economies	200	73.5	53.5	62.1	54.1	60.3	90.3	42.6	157.7	63.6	44.7	42.9	43.3
Emerg. & Dev. Asia	505	71.8	52.6	61.2	54.0	59.6	89.4	41.3	71.7	60.9	42.2	38.6	40.8
Cambodia	522	....	....	....	0.0 e	....	....	....	0.1 e	0.1 e	0.0 e	0.1 e	0.1 e
Fiji	819	0.0 e	0.0 e	0.0 e	0.0 e	0.0 e	0.0 e	0.1 e	0.1 e	0.2 e	0.2 e	0.3 e	0.2 e
India	534	0.0 e	0.0 e	....	0.0 e	....	....	1.5 e	1.4 e	0.6 e	0.3 e	0.5 e	0.5 e
Indonesia	536	0.0 e	0.0 e	0.0 e	0.0 e	0.0 e	0.0 e	1.9 e	2.0 e	2.1 e	2.5 e	2.2 e	1.3 e
Kiribati	826	....	0.0 e	....	....	....	....	....	....	0.2 e	0.2 e	0.3 e	0.3 e
Malaysia	548	0.1 e	0.1 e	0.0 e	0.1 e	0.1 e	0.0 e	5.4 e	4.9 e	29.3 e	5.4 e	3.9 e	3.2 e
Micronesia	868	39.9 e	50.8 e	39.1 e	36.9 e	36.7 e	56.6 e	5.3 e	3.9 e	3.4 e	2.8 e	2.4 e	7.2 e
Myanmar	518	0.2 e	0.3 e	....	0.2 e	0.1 e	0.2 e	....	0.3 e	....	....	....	....
Palau	565	29.9 e	....	19.2 e	15.0 e	20.9 e	27.7 e	....	0.3 e	....	0.3 e	1.3 e	0.3 e
Papua New Guinea	853	....	....	....	....	....	....	0.1 e	0.3 e	0.2 e	0.3 e	0.3 e	0.3 e
Philippines	566	1.6 e	1.2 e	2.0 e	1.1 e	0.9 e	3.8 e	15.3 e	12.9 e	13.8 e	20.0 e	17.2 e	18.1 e
Samoa	862	....	....	0.4 e	0.0 e	....	....	....	....	....	....	....	....
Sri Lanka	524	....	....	....	....	....	....	1.4 e	0.6 e	0.0 e	0.4 e	0.0 e	....
Thailand	578	0.1 e	0.2 e	0.0 e	0.1 e	0.0 e	0.0 e	10.2 e	44.9 e	11.1 e	9.8 e	10.0 e	9.3 e
Timor-Leste	537	....	....	0.5 e	0.6 e	0.9 e	1.1 e	....	....	....	....	....	....
Europe	170	0.3	0.0	0.0	0.0	0.0	0.0	0.7	85.4	1.7	1.7	2.3	1.3
Emerg. & Dev. Europe	903	0.0	0.0	0.0	0.0	0.0	0.0	0.7	1.1	1.7	1.7	2.3	1.3
Hungary	944	....	....	....	....	....	....	....	....	....	....	....	0.1 e
Poland	964	0.0 e	....	0.0 e	....	....	....	0.0 e	0.0 e	0.0 e	0.2 e	1.0 e	0.1 e
Romania	968	....	....	....	....	....	0.0 e	0.0 e	0.0 e	0.0 e	0.0 e	0.0 e	0.1 e
Turkey	186	....	....	0.0 e	....	0.0 e	....	0.6 e	1.0 e	1.7 e	1.5 e	1.3 e	1.1 e
CIS	901	0.3	0.0	0.0	0.0	....	0.0	....	84.4	0.0	....	....	0.0
Kazakhstan	916	0.1 e	....	0.0 e	....	....	....	....	....	....	....	....	....
Russian Federation	922	0.2 e	....	....	....	....	0.0 e	....	84.4 e	0.0 e	....	....	0.0 e

Guam (829)

In Millions of U.S. Dollars

		Exports (FOB)						Imports (CIF)					
		2011	2012	2013	2014	2015	2016	2011	2012	2013	2014	2015	2016
Mid East, N Africa, Pak	440	0.0	0.0	0.0	0.0	0.0	0.1	0.0	0.0	0.0	0.0	0.1	0.1
Bahrain, Kingdom of	419	....	0.0 e	0.0 e	0.0 e	0.0 e	0.1 e	....	....	....	....	....	....
Pakistan	564	....	0.0 e	....	....	....	0.0 e	0.0 e	0.0 e	0.0 e	0.0 e	0.1 e	0.1 e
Sub-Saharan Africa	603	1.2	0.7	0.8	0.0	0.6	0.6	0.2	0.1	0.4	0.1	0.1	0.1
Kenya	664	....	....	....	....	....	....	0.1 e	0.1 e	....	0.1 e	0.1 e	0.1 e
Nigeria	694	1.1 e	0.6 e	0.8 e	....	0.6 e	0.6 e	....	....	....	....	....	....
Rwanda	714	0.0 e	....	0.0 e	0.0 e	0.0 e	0.0 e	....	....	0.1 e	....	....	....
South Africa	199	0.1 e	0.0 e	0.0 e	0.0 e	0.0 e	0.0 e	0.1 e	0.0 e	0.0 e	0.0 e	0.0 e	0.0 e
Zambia	754	....	....	....	....	0.0 e	....	....	....	0.3 e	....	....	....
Western Hemisphere	205	0.2	0.2	0.1	0.0	0.1	0.2	0.4	0.4	0.6	0.6	1.8	1.0
Aruba	314	0.1 e	0.1 e	0.0 e	0.0 e	....	....	....	....	....	....	....	....
Bolivia	218	....	0.0 e	0.0 e	....	0.0 e	0.1 e	....	....	....	....	....	....
Brazil	223	....	....	....	....	....	....	0.0 e	0.1 e	0.2 e	0.1 e	0.1 e	0.3 e
Colombia	233	0.0 e	0.0 e	....	....	....	....	0.1 e	0.0 e	0.1 e	0.1 e	0.1 e	0.1 e
Costa Rica	238	....	....	....	....	0.0 e	0.0 e	0.0 e	0.0 e	0.0 e	0.0 e	0.1 e	0.0 e
Ecuador	248	....	....	....	....	0.0 e	0.0 e	0.1 e	0.1 e	0.2 e	0.1 e	1.4 e	0.4 e
Guatemala	258	0.0 e	0.0 e	0.0 e	0.0 e	0.0 e	0.0 e	....	0.0 e	....	....	0.1 e	0.1 e
Guyana	336	....	0.1 e	....	....	0.0 e	0.0 e	....	....	....	....	....	....
Jamaica	343	....	....	....	....	....	....	0.1 e	....	0.0 e	0.0 e	0.0 e	0.1 e
Netherlands Antilles	353	0.1 e	0.1 e	0.0 e	0.0 e	0.0 e	0.0 e	....	....	....	....	....	....
Peru	293	0.0 e	....	0.0 e	0.0 e	0.0 e	0.0 e	0.0 e	0.0 e	....	0.1 e	0.1 e	....
Trinidad and Tobago	369	....	....	....	....	....	....	0.0 e	0.1 e	....	....	....	....
Uruguay	298	....	....	....	....	....	....	0.1 e	....	....	0.0 e	....	....
Memorandum Items													
Africa	605	1.2	0.7	0.8	0.0	0.6	0.6	0.2	0.1	0.4	0.1	0.1	0.1
Middle East	405	0.0	0.0	0.0	0.0	0.0	0.1	....	....	....	....	....	....
European Union	998	1.1	0.7	1.6	0.7	0.8	0.7	54.9	62.4	46.4	49.9	47.0	46.4
Export earnings: fuel	080	1.4	0.6	1.3	0.7	1.5	2.0	0.2	84.6	0.3	0.2	1.5	0.5
Export earnings: nonfuel	092	101.5	93.3	105.0	74.9	88.4	104.1	1,145.2	1,151.5	969.5	1,238.5	842.2	741.8

Guatemala (258)
In Millions of U.S. Dollars

		Exports (FOB)						Imports (CIF)					
		2011	2012	2013	2014	2015	2016	2011	2012	2013	2014	2015	2016
IFS World		7,043.2	6,937.0	6,951.5	7,331.5	9,470.1	10,466.1	14,529.8	14,877.9	14,055.4	14,870.6	16,720.4	16,995.3
World	001	10,346.0	9,938.6	9,979.1	10,797.4	10,673.1	10,789.0	16,445.8	16,843.8	17,355.7	18,263.4	17,639.1	17,574.8
Advanced Economies	110	5,645.0	5,156.5	5,113.3	5,467.9	5,191.6	5,150.6	8,940.3	8,909.0	8,981.8	9,955.1	9,206.2	9,193.2
Euro Area	163	639.9	596.0	602.0	748.8	728.1	820.4	957.4	973.1	1,069.4	1,134.2	1,198.5	1,281.4
Austria	122	0.6	0.6	0.3	0.5	0.4	0.3	6.2	13.4	14.2	24.1	11.1	10.5
Belgium	124	110.2	75.1	58.6	94.2	117.4	123.9	159.9	153.6	130.3	135.9	173.6	128.0
Cyprus	423	0.1	0.0	0.0	....	0.0	0.0	0.0	0.2	0.0	0.1	0.1	0.1
Estonia	939	0.1	0.0	0.1	0.1	0.2	0.0	18.9	12.1	7.4	0.1	1.3	0.1
Finland	172	13.8	7.0	4.4	9.5	4.7	5.9	9.5	10.0	44.6	10.4	26.5	20.0
France	132	28.2	20.4	26.8	22.9	21.3	17.2	52.4	69.2	90.4	79.3	89.7	64.6
Germany	134	145.2	119.7	88.1	118.2	85.1	103.3	256.1	278.1	289.4	276.9	288.8	307.2
Greece	174	0.5	6.0	21.3	50.5	40.3	87.9	1.8	2.5	3.2	4.3	4.7	4.1
Ireland	178	0.1	0.1	0.2	0.5	2.7	1.1	8.6	10.2	12.5	12.1	31.7	18.2
Italy	136	106.5	84.6	61.4	75.3	109.6	104.5	108.0	118.3	124.8	143.0	119.0	128.7
Latvia	941	0.2	0.1	0.1	0.3	....	....	38.8	18.1	0.6	18.8	11.5	47.0
Lithuania	946	0.1	1.4	1.6	0.1	....	....	22.1	0.5	0.9	0.1	21.8	144.0
Luxembourg	137	4.7	0.3	0.3	0.0	0.5	0.0	1.2	0.5	5.9	4.7	7.9	0.3
Malta	181	....	....	0.1	0.0	....	....	0.0	0.1	0.0	0.0	0.0	0.1
Netherlands	138	136.2	170.1	255.9	270.1	285.3	319.7	96.6	94.2	112.6	108.4	131.7	141.7
Portugal	182	8.5	12.8	0.8	2.2	1.4	0.3	4.3	5.4	10.1	10.3	15.6	15.1
Slovak Republic	936	0.0	0.0	....	....	....	....	1.0	0.1	0.1	0.2	0.1	0.1
Slovenia	961	1.2	2.9	2.0	5.9	....	....	0.0	0.2	0.1	0.5	0.4	1.2
Spain	184	83.6	95.1	80.1	98.7	59.2	56.4	171.9	186.5	222.1	305.0	262.9	250.3
Australia	193	9.2	8.1	6.5	9.0	20.2	11.5	19.4	14.1	12.4	7.5	11.4	7.8
Canada	156	158.7	149.5	159.5	235.1	232.2	287.4	100.4	93.3	86.2	77.7	94.9	86.2
China, P.R.: Hong Kong	532	6.4	4.6	6.6	7.4	6.2	6.8	169.6	193.7	194.1	262.4	242.1	242.4
China, P.R.: Macao	546	0.1	....	....	0.1	0.0	0.0	0.0	0.1	0.1	0.0	0.0	0.0
Czech Republic	935	0.0	0.2	0.3	0.2	0.7	0.1	1.9	0.6	1.2	1.8	2.0	1.8
Denmark	128	1.1	1.3	1.1	0.9	1.7	2.1	6.3	9.1	13.1	54.5	40.0	32.4
Iceland	176	0.2	0.3	0.2	0.1	0.1	0.3	0.0	0.5	....	....	0.0	....
Israel	436	14.2	22.0	15.1	7.2	5.5	9.6	26.3	34.2	31.8	28.8	28.9	28.9
Japan	158	212.2	176.7	188.7	162.5	185.5	169.8	303.9	276.3	255.2	255.8	279.6	312.4
Korea, Republic of	542	125.0	53.1	153.3	293.0	111.6	94.6	369.0	427.2	405.0	440.1	433.8	313.5
New Zealand	196	3.1	3.0	14.0	2.8	15.0	4.5	17.5	18.3	18.7	21.8	23.7	18.5
Norway	142	20.1	15.1	12.0	11.0	10.5	9.6	113.2	129.9	125.9	19.5	19.3	22.4
Singapore	576	7.7	7.5	8.9	8.8	4.1	4.6	84.7	35.9	27.7	47.7	35.3	47.6
Sweden	144	20.4	7.4	4.3	3.8	3.1	3.6	43.1	27.0	30.4	51.7	32.9	24.2
Switzerland	146	9.4	4.9	4.6	2.6	2.5	2.9	42.4	38.6	27.9	22.1	23.8	27.2
Taiwan Prov. of China	528	38.2	52.2	58.9	61.0	44.8	49.9	122.7	128.9	125.7	121.5	146.0	94.2
United Kingdom	112	40.5	39.6	48.0	59.1	86.8	86.9	51.8	43.9	46.1	47.0	44.9	34.2
United States	111	4,338.9	4,015.0	3,829.2	3,854.4	3,733.1	3,585.7	6,510.7	6,464.2	6,511.0	7,361.3	6,549.0	6,617.9
Emerg. & Dev. Economies	200	4,685.9	4,768.7	4,853.4	5,312.1	5,455.5	5,610.6	7,478.3	7,928.4	8,371.9	8,305.2	8,431.2	8,380.0
Emerg. & Dev. Asia	505	103.1	92.0	213.3	105.0	295.1	176.6	1,493.1	1,728.4	1,904.2	2,293.7	2,425.6	2,222.8
American Samoa	859	....	....	....	....	....	....	....	....	....	3.8	....	....
Bangladesh	513	11.4	30.6	6.8	11.2	12.2	13.5	0.2	0.6	0.7	0.6	0.7	0.7
Cambodia	522	0.0	....	....	0.0	0.0	0.0	0.0	0.0	0.4	0.0	0.0	0.0
China, P.R.: Mainland	924	28.8	34.7	167.2	42.7	207.2	100.8	1,144.2	1,265.0	1,438.8	1,797.8	1,868.2	1,722.3
F.T. New Caledonia	839	....	0.0	0.1	....	....	....	0.0	0.0	....	....	0.1	0.1
Guam	829	....	0.0	....	....	0.1	0.1	0.0	0.0	0.0	0.0	0.0	0.0
India	534	12.5	16.8	20.5	11.9	10.1	15.5	162.1	242.7	241.2	232.6	272.0	257.8
Indonesia	536	4.8	0.7	4.8	18.7	0.6	0.0	19.7	27.1	37.7	36.1	40.1	27.6
Malaysia	548	20.0	1.5	1.5	7.6	57.7	38.9	36.7	30.4	26.7	33.5	34.3	26.0
Myanmar	518	....	....	0.2	0.7	0.7	0.7	0.0	....	0.1	0.0	0.0	0.0
Nepal	558	....	0.1	0.0	4.0	1.8	2.0	....	....	....	....	0.0	0.0
Papua New Guinea	853	....	0.2	....	0.0	....	....	....	....	....	....	0.0	0.0
Philippines	566	0.5	0.4	3.8	0.5	1.2	1.7	2.1	2.0	1.0	1.3	1.9	1.4
Samoa	862	....	....	....	....	....	....	....	....	....	0.4	0.1	0.1
Sri Lanka	524	0.0	0.3	1.7	3.0	0.4	0.0	2.2	5.5	5.9	4.6	4.7	4.7
Thailand	578	9.3	6.1	6.2	3.5	2.5	2.5	108.1	134.0	126.0	157.1	169.3	147.4
Vietnam	582	15.9	0.7	0.5	1.2	0.8	0.8	17.4	21.2	25.7	25.9	34.1	34.7

Guatemala (258)
In Millions of U.S. Dollars

		Exports (FOB)						Imports (CIF)					
		2011	2012	2013	2014	2015	2016	2011	2012	2013	2014	2015	2016
Asia n.s.	598	....	....	....	0.2	0.0	0.0	0.1	0.0	0.0	....	....	....
Europe	**170**	**44.7**	**52.9**	**59.4**	**211.8**	**222.0**	**144.2**	**163.7**	**172.2**	**203.0**	**74.5**	**88.8**	**85.0**
Emerg. & Dev. Europe	**903**	**4.6**	**33.6**	**21.7**	**16.8**	**63.3**	**53.6**	**56.1**	**69.9**	**88.7**	**29.5**	**32.4**	**49.0**
Albania	914	0.0	0.6	5.9	0.1	....	....	0.0	0.0	0.0	0.0	....	....
Bulgaria	918	0.7	1.7	1.6	2.0	7.3	1.4	0.9	1.0	1.0	1.3	2.5	3.8
Croatia	960	0.7	23.9	1.0	0.0	....	....	0.2	0.0	0.0	0.2	0.2	0.1
Gibraltar	823	....	....	....	....	22.2	24.6	....	....	0.3	0.0	0.0	0.0
Hungary	944	0.0	0.0	0.0	0.1	....	....	0.9	0.5	0.9	1.0	0.5	1.0
Kosovo	967	....	....	....	....	....	0.2 e	....	....	....	....	....	....
Macedonia, FYR	962	0.4	0.1	0.2	0.1	....	....	0.0	0.0	....	....	....	....
Montenegro	943	0.1	....	0.3	....	....	....	0.0	0.0	0.0	0.0	0.1	0.1
Poland	964	0.9	4.1	5.1	4.7	7.5	6.6	4.1	3.3	14.9	4.0	2.9	4.5
Romania	968	1.4	0.6	0.2	0.5	1.3	3.5	27.0	36.2	36.7	0.7	0.9	2.6
Serbia, Republic of	942	....	....	....	....	....	0.3 e	....	....	....	....	....	1.0 e
Turkey	186	0.4	2.6	7.4	9.4	25.0	17.0	22.6	28.8	35.0	22.3	25.4	36.0
CIS	**901**	**40.1**	**19.3**	**37.7**	**195.0**	**158.7**	**90.6**	**107.5**	**102.2**	**114.1**	**44.9**	**55.9**	**35.4**
Armenia	911	....	....	....	....	....	....	0.2	0.1	0.0	....	....	....
Azerbaijan, Rep. of	912	....	....	....	....	....	0.2	....	....	....	....	....	....
Belarus	913	....	....	....	....	0.0	0.0	5.7	....	0.4	0.0	....	....
Georgia	915	0.0	0.0	0.0	0.0	....	....	0.0	0.2	0.5	0.1	3.8	0.6
Kazakhstan	916	....	....	....	127.3	101.2	37.0	....	....	0.0	....	....	....
Moldova	921	....	....	....	....	....	0.1 e	....	....	....	....	....	....
Russian Federation	922	38.0	14.7	28.9	12.6	6.4	9.2	80.2	84.9	71.7	39.2	44.9	34.5
Ukraine	926	2.0	4.6	8.8	55.1	51.1	44.1	21.3	17.0	41.5	5.6	7.3	0.4
Europe n.s.	884	....	....	....	....	....	....	0.1	0.1	0.2	0.2	0.5	0.5
Mid East, N Africa, Pak	**440**	**285.8**	**266.7**	**307.6**	**371.2**	**263.0**	**287.5**	**57.4**	**60.2**	**45.0**	**76.5**	**84.3**	**84.5**
Afghanistan, I.R. of	512	0.0	....	....	0.2	0.1	0.1	0.0	0.0	0.0	0.0	0.1	0.1
Algeria	612	17.4	21.8	0.3	0.3	0.3	0.7	0.0	0.1	0.1	0.2	0.1	0.0
Bahrain, Kingdom of	419	0.8	1.1	1.0	0.7	0.8	1.0	4.2	4.0	....	....	....	....
Djibouti	611	....	....	....	....	0.3	0.3	0.0	0.2	0.4	0.4	0.5	0.5
Egypt	469	5.8	6.7	5.7	8.4	6.2	3.5	2.5	3.0	2.4	3.2	3.1	1.9
Iran, I.R. of	429	9.5	0.2	0.1	....	0.0	0.0	0.4	12.8	0.8	0.0	0.0	0.0
Iraq	433	0.0	0.1	....	0.1	1.7	1.9	....	....	....	....	....	....
Jordan	439	11.0	10.1	24.4	11.7	10.8	11.9	0.7	0.6	0.7	0.4	0.6	0.2
Kuwait	443	10.9	7.8	6.1	5.4	6.7	7.7	0.1	0.1	0.0	0.3	....	....
Lebanon	446	3.8	1.9	7.9	2.0	1.3	0.9	0.3	0.0	0.2	0.1	0.1	0.2
Libya	672	0.2	0.9	0.7	27.5	13.3	14.7	....	....	....	....	0.0	0.0
Mauritania	682	....	....	0.0	....	18.0	19.9	....	0.0	....	....	....	....
Morocco	686	0.9	1.2	0.5	0.9	0.5	0.6	0.1	0.1	0.0	0.1	0.1	0.6
Oman	449	0.2	0.8	0.4	0.4	0.6	0.7	0.0	0.0	0.3	0.5	1.2	1.2
Pakistan	564	19.6	17.2	8.0	9.2	9.1	10.1	18.0	10.4	9.3	5.9	7.6	7.8
Qatar	453	2.1	0.9	2.9	0.2	1.3	1.4	0.6	0.9	0.3	1.0	1.1	1.1
Saudi Arabia	456	102.9	86.4	67.4	74.9	72.5	82.1	28.1	24.1	27.1	59.0	61.1	62.1
Sudan	732	0.5	0.8	1.8	1.7	4.2	4.2	0.6	0.2	0.3	0.3	0.1	0.1
Syrian Arab Republic	463	31.6	39.4	70.7	92.5	8.3	9.2	0.0	0.0	0.0	0.0	0.0	0.0
Tunisia	744	26.5	22.1	57.3	67.1	26.3	27.3	0.0	0.2	0.0	0.4	0.1	0.1
United Arab Emirates	466	41.1	46.4	51.3	67.6	80.6	87.0	1.8	3.4	2.9	4.7	8.5	8.6
West Bank and Gaza	487	....	....	....	....	....	2.5 e	....	....	....	....	....	....
Yemen, Republic of	474	0.8	0.9	1.1	0.3	0.0	0.1	....	....	....	....	....	....
Sub-Saharan Africa	**603**	**19.7**	**99.8**	**155.1**	**131.4**	**157.7**	**172.4**	**19.0**	**31.4**	**7.8**	**8.5**	**5.0**	**11.0**
Angola	614	0.0	0.1	15.9	....	0.0	0.0	0.0	....	0.0	0.0	....	....
Benin	638	0.0	0.0	0.4	9.0	0.0	0.0	1.4	....	....	....	....	....
Botswana	616	0.1	0.1	....	....	....	....	....	....	....	....	....	....
Cameroon	622	0.0	....	23.1	0.0	3.0	3.3	0.0	0.0	....	0.0	....	....
Congo, Dem. Rep. of	636	....	0.1	0.2	5.5	26.4	29.2	0.0	....	....	....	0.0	0.0
Congo, Republic of	634	....	0.0	10.2	15.2	0.1	0.1	0.0	0.0	0.0	0.0	....	....
Côte d'Ivoire	662	0.1	0.0	0.0	12.7	12.7	12.7	0.0	....	0.0	0.1	0.2	0.2
Ethiopia	644	0.1	0.1	0.1	0.0	0.0	0.0	0.0	0.0	0.0	0.0	0.2	0.2
Gabon	646	....	....	....	....	....	0.0 e	0.2	0.3	....	0.0	0.0	0.0
Ghana	652	2.9	66.0	50.8	62.1	81.7	90.3	0.2	0.0	....	0.6	0.1	0.1

Guatemala (258)
In Millions of U.S. Dollars

		Exports (FOB)						Imports (CIF)					
		2011	2012	2013	2014	2015	2016	2011	2012	2013	2014	2015	2016
Guinea	656	....	....	13.1	18.6	4.1	4.6	....	....	....	....	0.0	0.0
Kenya	664	1.8	1.2	6.1	1.1	0.8	0.8	0.3	0.0	0.6	0.0	0.0	0.0
Liberia	668	....	....	0.1	....	....	....	....	....	....	0.0	....	....
Malawi	676	....	....	....	....	0.0	0.0	0.3	....	....	....	....	....
Mozambique	688	0.1	0.9	0.2	0.2	0.8	0.9	0.5	0.4	0.2	....	0.0	0.0
Nigeria	694	3.0	24.1	0.1	....	0.0	0.0	11.7	24.1	0.3	0.2	0.7	0.8
Rwanda	714	....	0.2	....	0.0	0.0	0.0	....	....	....	....	....	....
São Tomé & Príncipe	716	0.2	0.0	....	....	0.0	0.0	....	....	....	....	0.1	0.1
Senegal	722	....	0.1	0.3	0.4	....	....	0.0	0.0	....	0.0	0.0	....
Sierra Leone	724	....	0.0	....	....	3.8	4.1	....	....	....	....	....	....
South Africa	199	10.5	6.7	18.4	6.7	3.4	5.2	2.3	6.4	6.5	6.8	3.5	9.5
Swaziland	734	....	....	....	....	....	....	2.1	0.0	0.0	0.8	0.0	0.0
Tanzania	738	0.6	0.1	0.5	....	0.4	0.5	0.0	0.0	0.0	....	0.0	0.0
Togo	742	....	0.0	15.4	....	20.5	20.5	....	....	....	....	0.0	0.0
Uganda	746	0.1	0.1	0.0	....	....	....	0.0	....	0.0	....	0.0	0.0
Zambia	754	0.0	0.0	....	0.0	....	0.1	....	....	....	....	....	....
Zimbabwe	698	0.2	....	0.2	....	....	....	....	....	....	....	....	....
Western Hemisphere	205	4,232.6	4,257.3	4,118.0	4,492.7	4,517.6	4,829.8	5,745.1	5,936.2	6,211.9	5,852.0	5,827.6	5,976.8
Anguilla	312	....	....	....	....	....	0.2 e	....	....	....	....	....	....
Antigua and Barbuda	311	0.5	0.8	0.3	0.4	0.4	0.5	....	....	....	0.0	0.0	0.0
Argentina	213	8.8	4.4	5.7	3.1	7.5	10.5	91.4	162.5	186.9	57.4	73.2	145.3
Aruba	314	0.3	0.4	0.4	37.4	0.6	0.8	1.9	15.8	0.0	2.2	....	0.0
Bahamas, The	313	1.0	4.2	25.3	3.0	5.0	5.6	15.0	0.1	0.2	0.3	0.1	0.1
Barbados	316	3.3	1.5	2.5	1.9	3.1	3.5	0.1	0.1	8.5	8.1	3.8	3.8
Belize	339	50.4	53.9	65.7	91.9	85.5	75.0	6.2	5.2	5.1	7.6	5.6	4.2
Bermuda	319	1.5	0.3	0.0	0.3	0.3	0.3	....	....	0.0	....	....	....
Bolivia	218	1.0	1.2	2.0	1.6	1.2	1.3	0.3	0.2	0.2	2.0	0.3	0.1
Brazil	223	21.1	11.1	16.3	19.1	20.0	25.8	274.7	250.8	249.3	202.4	227.0	198.0
Chile	228	135.6	130.1	107.7	112.7	104.9	92.4	128.4	130.4	121.9	120.0	113.6	111.2
Colombia	233	67.4	61.3	38.6	52.9	62.2	56.9	596.8	551.4	770.0	376.9	376.1	481.6
Costa Rica	238	404.3	424.5	396.2	418.3	417.7	584.1	455.5	476.8	519.8	537.3	599.7	603.2
Dominica	321	0.5	1.0	0.6	0.1	0.2	0.3	0.0	0.0	5.7	0.0	0.0	0.0
Dominican Republic	243	127.2	115.5	127.6	142.2	150.9	169.3	83.4	124.7	126.2	41.6	38.8	57.6
Ecuador	248	24.2	22.1	22.2	28.1	38.0	27.4	184.0	224.2	134.7	68.0	69.1	64.0
El Salvador	253	1,132.3	1,110.7	1,108.5	1,264.0	1,239.8	1,213.3	820.4	777.1	820.0	830.7	903.7	865.8
Grenada	328	0.4	0.8	0.5	0.8	0.8	0.9	....	....	....	....	0.0	0.0
Guyana	336	3.1	5.8	3.4	3.7	2.8	3.2	0.0	0.0	0.1	0.2	1.1	1.1
Haiti	263	17.8	22.8	34.7	45.8	41.8	46.5	0.2	0.0	0.2	0.4	0.4	0.4
Honduras	268	814.7	795.5	791.0	885.5	903.4	872.7	344.7	367.1	394.8	424.1	366.6	363.5
Jamaica	343	21.4	27.3	23.7	20.2	29.4	33.1	0.1	0.2	0.2	0.1	0.2	0.2
Mexico	273	512.3	550.2	469.6	433.7	429.8	451.4	1,858.9	1,915.7	1,860.3	1,951.6	2,040.1	1,911.2
Netherlands Antilles	353	0.8	1.3	1.2	1.5	1.1	1.2	87.4	38.6	2.5	0.9	10.0	10.2
Nicaragua	278	459.1	473.4	486.9	513.7	554.8	626.8	76.9	97.8	109.9	125.1	131.4	133.3
Panama	283	247.4	246.4	237.3	282.1	261.5	245.5	476.8	544.4	584.9	683.3	606.5	725.4
Paraguay	288	0.5	0.8	0.7	1.0	1.2	1.3	2.4	1.2	2.1	2.2	4.0	3.9
Peru	293	82.4	80.2	30.1	30.4	52.6	159.6	102.2	115.9	91.7	204.2	104.1	101.4
St. Kitts and Nevis	361	0.1	0.2	0.5	0.8	0.7	0.7	....	....	....	....	....	....
St. Lucia	362	1.3	2.1	2.4	0.4	0.1	0.1	....	....	....	....	3.5	3.5
St. Vincent & Grens.	364	0.7	1.4	0.0	0.4	0.3	0.3	....	....	....	....	....	....
Suriname	366	4.9	4.9	3.2	2.4	2.5	3.1	0.0	....	0.0	0.0	0.0	0.0
Trinidad and Tobago	369	14.4	27.7	22.8	18.6	23.0	26.6	12.6	21.1	142.5	86.8	4.5	4.6
Uruguay	298	1.9	0.9	0.9	1.6	0.4	0.4	66.4	73.5	63.8	79.1	96.5	134.5
Venezuela, Rep. Bol.	299	70.0	72.2	88.9	71.1	73.8	89.0	58.1	41.2	10.1	39.7	24.0	24.4
Western Hem. n.s.	399	0.2	0.4	0.6	1.7	0.3	0.3	0.0	0.0	0.0	0.0	23.9	24.3
Other Countries n.i.e	910	15.0	13.5	12.4	17.4	26.0	27.8	27.2	6.4	2.1	3.0	1.6	1.6
Cuba	928	12.4	12.8	12.0	17.0	21.6	23.0	26.8	6.3	2.0	1.2	1.2	1.2
Korea, Dem. People's Rep.	954	2.6	0.7	0.4	0.4	4.4	4.8	0.4	0.1	0.1	1.9	0.4	0.4
Memorandum Items													
Africa	605	65.1	145.6	215.0	201.5	207.4	225.3	19.7	32.2	8.6	9.8	5.9	12.3
Middle East	405	220.8	203.7	239.6	291.7	204.2	224.5	38.7	49.0	34.8	69.3	75.6	75.3

Guatemala (258)

In Millions of U.S. Dollars

		Exports (FOB)						Imports (CIF)					
		2011	2012	2013	2014	2015	2016	2011	2012	2013	2014	2015	2016
European Union	998	705.5	674.7	663.6	820.1	836.5	924.7	1,093.7	1,094.8	1,213.7	1,296.2	1,325.3	1,386.0
Export earnings: fuel	080	404.0	390.6	360.8	504.8	483.9	445.0	979.2	993.0	1,161.3	678.5	591.5	683.0
Export earnings: nonfuel	092	9,942.0	9,548.0	9,618.3	10,292.6	10,189.2	10,343.9	15,466.7	15,850.9	16,194.5	17,584.8	17,047.5	16,891.8

Guinea (656)
In Millions of U.S. Dollars

		Exports (FOB) 2011	2012	2013	2014	2015	2016	Imports (CIF) 2011	2012	2013	2014	2015	2016
IFS World		....	....	....	....	....	....	....	....	....	....	....	....
World	001	1,839.8	1,989.2	1,941.9	2,092.5	1,748.5	2,918.1	1,921.9	1,966.7	2,408.8	2,512.8	2,143.5	2,235.2
Advanced Economies	110	919.6	1,486.6	1,363.4	735.8	628.5	799.0	1,223.0	1,227.5	1,387.8	1,295.7	962.0	1,076.4
Euro Area	163	788.1	767.9	785.3	456.2	467.0	458.3	774.7	853.5	1,103.0	1,106.9	757.7	796.7
Austria	122	....	....	0.0	....	....	....	0.8	0.8	1.6	0.1	0.2	0.8
Belgium	124	21.0	28.1	26.2	30.2	13.8	7.6	81.1	96.4	83.4	90.1	173.5	192.7
Cyprus	423	....	....	....	....	....	....	0.1	0.0	0.1	0.0	0.1	0.1
Estonia	939	....	....	0.0	....	0.0	0.2	....	....	0.1	0.6	0.0	0.0
Finland	172	0.0	0.0	0.0	0.0	0.0	0.0	4.8	1.3	3.0	1.1	0.1	1.0
France	132	454.5	469.1	526.9	93.8	89.0	146.3	178.3	174.0	156.8	135.8	142.9	153.2
Germany	134	79.7	68.4	50.9	94.3	114.8	76.5	21.9	55.2	38.0	31.3	35.5	39.6
Greece	174	0.0	0.0	0.0	2.9	0.0	0.0	8.1	4.2	5.5	2.6	2.8	3.2
Ireland	178	72.2	71.7	70.6	91.4	98.9	91.0	2.1	5.1	3.4	1.6	1.0	2.1
Italy	136	6.1	2.8	1.6	3.1	6.3	4.5	21.5	26.3	23.5	27.9	30.6	27.9
Latvia	941	....	0.0 e	....	....	....	0.0 e	....	....	0.0	0.1	4.0	0.1
Lithuania	946	0.2	0.1	....	0.0	0.0	0.1	0.0	0.0	0.1	0.0	....	....
Luxembourg	137	....	0.0 e	0.0 e	0.0 e	....	0.0 e	3.0	3.0	2.0	2.3	1.9	1.0
Malta	181	0.0	....	....	....	....	....	0.2	12.0	11.4	0.0	0.1	0.1
Netherlands	138	5.3	6.8	2.4	4.1	7.5	9.9	421.2	438.4	732.3	769.6	287.2	325.4
Portugal	182	0.1	0.6	0.6	0.4	1.0	1.2	10.5	6.1	4.4	5.1	24.3	11.1
Slovak Republic	936	....	0.0	0.0	....	....	0.0	0.0	0.4	0.1	0.7	0.1	0.0
Slovenia	961	....	0.0 e	....	0.0 e	0.0 e	....	0.0	0.2	....	0.2	18.7	0.0
Spain	184	149.0	120.2	106.2	136.0	135.9	121.0	21.2	30.0	37.3	37.5	34.8	38.3
Australia	193	4.3	3.5	9.1	0.2	0.1	0.0	39.1	31.7	11.1	9.1	1.7	1.2
Canada	156	48.8	54.0	34.2	51.0	44.1	35.4	20.1	23.4	12.2	5.5	4.8	6.1
China,P.R.: Hong Kong	532	0.3	0.3	0.2	0.3	0.0	0.0	5.3	8.6	10.8	7.6	2.0	3.2
China,P.R.: Macao	546	....	....	....	0.0 e	....	....	....	....	....	....	0.2	0.2
Czech Republic	935	0.0	0.1	0.0	0.2	....	....	0.3	0.6	0.5	1.2	0.3	0.4
Denmark	128	0.0	0.0	0.0	0.2	0.2	0.0	5.6	10.2	18.4	7.2	14.0	16.1
Iceland	176	0.0	0.0	0.0	....	....	....	0.1	0.2	0.3	0.1	3.2	....
Israel	436	2.6	2.4	1.9	6.9	0.0	0.0	1.7	0.7	2.7	1.8	3.2	4.4
Japan	158	0.1	0.1	0.0	0.0	0.0	0.1	39.4	52.6	44.3	43.1	15.5	10.5
Korea, Republic of	542	0.1	0.1	1.1	4.3	2.2	4.7	20.4	22.4	23.5	17.0	14.5	44.8
New Zealand	196	....	....	0.0	0.4	0.0	0.3	0.2	0.4	0.2	1.4	0.7	0.3
Norway	142	0.0	0.0	0.0	....	....	....	0.5	0.5	0.1	0.8	0.2	0.2
Singapore	576	2.6	0.9	0.2	0.6	0.2	0.1	53.0	48.5	29.5	16.5	54.0	110.0
Sweden	144	0.0	0.0	0.0	0.0	0.0	0.0	33.4	17.0	11.5	3.4	2.8	3.5
Switzerland	146	0.2	576.7	457.0	106.6	26.5	290.1	26.8	14.7	16.3	6.2	11.1	21.5
Taiwan Prov.of China	528	0.1	0.0	0.0	0.0	0.1	0.0	8.2	5.7	7.7	3.6	4.8	5.9
United Kingdom	112	0.4	0.4	0.2	0.6	3.8	0.6	9.4	11.8	23.3	19.3	13.9	9.5
United States	111	72.1	80.1	74.0	108.2	84.2	9.4	184.7	125.0	72.6	45.1	57.2	42.0
Emerg. & Dev. Economies	200	760.3	339.3	412.8	1,209.1	943.1	1,838.0	698.9	739.2	1,011.2	1,216.2	1,181.3	1,158.6
Emerg. & Dev. Asia	505	48.9	51.3	93.2	293.4	300.9	846.0	377.6	428.4	606.7	753.7	626.2	644.5
Bangladesh	513	....	....	....	0.1	0.3	0.5	0.1	0.1	0.2	0.2	0.2	0.2
Cambodia	522	....	....	0.0	0.0	....	....	....	....	0.2	0.1	0.1	0.1
China,P.R.: Mainland	924	7.8	5.5	42.7	26.4	27.9	689.1	183.8	223.3	279.3	351.6	319.2	301.2
India	534	29.9	34.6	43.2	251.4	257.6	114.8	113.0	159.1	171.4	253.2	232.8	278.0
Indonesia	536	5.9	0.8	0.2	0.4	0.5	0.0	4.0	9.7	10.0	19.7	12.1	10.4
Malaysia	548	4.5	9.2	3.8	7.3	6.4	30.0	52.0	22.7	27.3	29.6	28.8	10.4
Myanmar	518	0.0 e	....	....	....	0.1 e	....	....	....	37.2	9.2	....	....
Nepal	558	0.8 e	1.0 e	0.0 e	....	0.2 e	0.1 e	....	....	....	....	....	....
Philippines	566	....	0.0	0.0	....	....	....	2.8	2.3	0.1	0.0	0.0	....
Samoa	862	....	....	....	....	....	....	....	....	....	....	0.1	0.1
Sri Lanka	524	....	0.0	....	0.0	....	....	1.0	0.7	0.8	1.3	1.1	1.0
Thailand	578	0.0	0.0	0.2	0.9	0.4	0.7	20.8	10.4	7.1	72.4	5.9	18.2
Vietnam	582	....	....	2.9	6.9	7.6	10.7	....	....	58.8	0.8	10.9	10.6
Asia n.s.	598	....	....	....	....	....	....	....	....	14.2	15.5	15.0	14.2
Europe	170	60.9	81.4	68.1	45.9	56.1	49.2	46.0	49.5	71.9	67.0	78.1	66.0
Emerg. & Dev. Europe	903	11.0	19.0	19.4	5.4	7.1	8.8	28.5	33.2	62.4	53.5	62.1	51.3
Albania	914	....	....	....	....	....	0.0	....	....	0.4	0.0	0.0	0.0

Guinea (656)
In Millions of U.S. Dollars

		Exports (FOB)						Imports (CIF)					
		2011	2012	2013	2014	2015	2016	2011	2012	2013	2014	2015	2016
Bulgaria	918	0.0	....	....	....	....	....	1.2	1.8	2.8	0.5	0.2	0.9
Croatia	960	....	....	0.0	....	....	0.0	0.0	0.0	0.0	0.2	0.0	0.0
Gibraltar	823	....	....	....	....	....	....	....	....	1.6	0.6	0.4	0.6
Hungary	944	....	....	....	0.0	....	....	0.0	0.1	0.5	0.3	0.0	0.1
Macedonia, FYR	962	0.0 e	0.1 e	....	0.0 e	0.0 e	0.0 e	....	....	0.0	....	0.0	0.0
Montenegro	943	3.4 e	0.0 e	0.0 e	0.0 e	0.0 e	0.0 e	....	....	....	....	....	....
Poland	964	4.9	2.0	1.2	2.1	3.6	3.0	11.7	11.8	15.7	14.6	12.3	16.9
Romania	968	2.0	15.1	14.1	2.5	1.1	2.6	0.0	1.0	0.4	1.2	12.5	1.4
Serbia, Republic of	942	0.0	0.0	0.0	0.1	....	....	....	....	0.0	....	....	....
Turkey	186	0.7	1.7	4.1	0.8	2.3	3.3	15.5	18.4	40.9	36.2	36.7	31.5
CIS	**901**	**49.9**	**62.4**	**48.7**	**40.5**	**49.1**	**40.4**	**17.6**	**16.3**	**9.5**	**13.2**	**15.8**	**14.4**
Armenia	911	....	....	....	0.1	....	0.0	0.0	0.0	0.0	0.0	0.0	....
Azerbaijan, Rep. of	912	....	8.0	0.0	0.0	....	....	0.2	0.2	0.0	0.0	0.2	0.2
Belarus	913	0.9	....	0.0	....	....	....	0.6	0.7	0.4	0.6	0.1	0.2
Georgia	915	9.7	9.7	....	....	....	....	0.0	0.0	0.0	0.0	0.0	....
Russian Federation	922	....	....	0.0	0.0	0.1	0.0	12.4	12.5	5.3	5.5	11.6	8.3
Ukraine	926	39.2	44.8	48.7	40.4	49.0	40.3	4.4	3.0	3.8	7.1	3.9	5.9
Europe n.s.	884	....	....	....	....	....	....	....	....	0.0	0.2	0.2	0.2
Mid East, N Africa, Pak	**440**	**3.2**	**4.6**	**159.5**	**407.8**	**168.6**	**289.8**	**139.6**	**133.1**	**203.6**	**242.7**	**260.8**	**221.1**
Algeria	612	....	....	0.0	0.2	....	0.4	0.5	0.6	0.8	0.4	0.3	0.5
Bahrain, Kingdom of	419	0.0 e	0.0 e	0.0 e	0.1 e	0.0 e	0.0 e	....	....	0.0	....	1.1	1.0
Egypt	469	....	....	0.1	0.0	0.1	0.8	3.9	3.4	3.7	4.1	4.0	2.9
Iran, I.R. of	429	....	....	2.0	12.0	6.1	9.7	....	....	0.2	0.2	0.2	0.1
Jordan	439	0.0	0.0	0.0	....	....	....	0.2	0.2	0.1	0.3	2.4	1.8
Kuwait	443	....	....	0.0	0.0	....	....	....	....	0.1	0.1	0.0	0.0
Lebanon	446	2.8	0.3	3.2	2.7	2.2	34.9	29.6	18.2	9.6	19.4	49.1	42.8
Libya	672	....	....	0.0	0.7	....	....	....	....	0.0	0.0	0.0	0.0
Mauritania	682	....	....	3.2	0.5	0.3	0.5	....	....	0.3	0.3	0.7	0.6
Morocco	686	0.3	4.3	2.1	1.3	3.7	5.2	62.7	65.3	87.4	75.8	31.0	20.3
Pakistan	564	....	....	0.0	0.4	0.0	0.0	24.1	26.6	31.7	39.8	3.0	2.9
Qatar	453	....	....	1.5	....	....	....	....	....	0.1	0.2	0.4	0.3
Saudi Arabia	456	....	....	0.1	0.0	....	....	16.6	16.5	18.7	24.8	24.4	22.5
Sudan	732	....	....	0.0	....	0.0	0.0	0.0	0.0	0.0	0.0	1.8	1.8
Syrian Arab Republic	463	0.0 e	0.0 e	0.0 e	0.0 e	0.0 e	0.0 e	....	....	0.0	0.0	0.1	0.1
Tunisia	744	....	....	....	0.0	0.1	0.1	1.9	2.3	3.0	3.4	3.2	2.3
United Arab Emirates	466	....	....	147.3	389.9	156.1	238.1	....	....	48.0	74.0	139.3	121.0
West Bank and Gaza	487	0.1 e	....	0.0 e	....	....	....	....	....	....	....	....	....
Sub-Saharan Africa	**603**	**40.4**	**6.7**	**89.4**	**461.5**	**416.7**	**652.2**	**87.3**	**86.0**	**89.0**	**95.9**	**173.5**	**195.3**
Angola	614	....	....	18.8	0.4	0.1	0.1	....	....	0.7	0.0	0.1	0.1
Benin	638	....	....	2.0	0.0	1.9	3.0	....	....	0.2	1.3	0.8	0.8
Burkina Faso	748	....	....	3.0	1.4	1.6	3.1	....	....	0.2	2.0	0.5	0.5
Burundi	618	....	....	....	....	....	....	....	....	0.0	....	0.1	0.1
Cameroon	622	....	....	0.2	0.1	0.2	0.4	....	....	0.2	0.3	0.2	0.2
Chad	628	....	....	0.7	0.0	0.0	0.0	....	....	0.0	0.0	0.0	0.0
Congo, Dem. Rep. of	636	....	....	0.1	0.2	0.2	0.3	....	....	0.1	0.0	0.2	0.2
Congo, Republic of	634	....	....	3.3	0.7	0.1	0.1	....	....	0.0	0.0	0.0	0.0
Côte d'Ivoire	662	1.4	0.0	3.8	0.4	1.1	0.9	11.9	13.3	17.0	24.9	6.7	6.5
Equatorial Guinea	642	....	....	6.3	0.4	0.1	0.1	....	....	0.1	0.0	0.0	0.0
Gabon	646	....	....	0.0	0.4	0.2	0.4	....	....	0.0	0.0	0.8	0.8
Gambia, The	648	....	....	0.1	0.3	0.3	0.4	....	....	0.0	0.1	0.0	0.0
Ghana	652	....	....	1.9	424.1	346.5	551.5	....	....	7.6	4.9	57.0	55.7
Guinea-Bissau	654	....	....	0.3	0.3	0.2	0.3	....	....	0.1	....	0.0	0.0
Kenya	664	....	....	0.0	0.1	....	....	....	....	0.1	0.1	0.2	0.2
Liberia	668	....	....	7.0	2.8	2.6	5.6	....	....	0.1	0.1	9.4	9.2
Madagascar	674	....	....	0.0	....	0.0	0.0	....	....	0.0	0.0	1.1	1.0
Mali	678	....	....	12.2	17.5	23.8	34.8	....	....	14.0	15.3	13.0	12.6
Mauritius	684	....	....	....	0.0	0.1	0.1	0.0	....	0.1	0.0	0.6	0.0
Mozambique	688	....	....	....	0.0	0.1	0.1	....	....	0.0	0.0	....	....
Namibia	728	....	....	0.1	....	....	....	....	....	....	0.0	....	....
Niger	692	....	....	1.1	0.9	0.8	1.3	....	....	0.0	0.1	0.0	0.0

2017, International Monetary Fund: *Direction of Trade Statistics Yearbook*

Guinea (656)
In Millions of U.S. Dollars

		Exports (FOB)						Imports (CIF)					
		2011	2012	2013	2014	2015	2016	2011	2012	2013	2014	2015	2016
Nigeria	694	....	....	0.1	0.1	0.0	0.0	....	....	2.6	5.2	6.5	5.7
Senegal	722	1.6	2.0	8.0	2.2	9.9	4.0	23.6	17.8	13.7	13.9	38.2	49.6
Sierra Leone	724	....	....	16.5	5.3	5.3	12.0	....	....	0.7	1.9	14.1	13.7
South Africa	199	37.4	4.7	3.9	3.3	0.3	0.0	51.1	54.5	31.0	22.2	20.7	35.4
Swaziland	734	....	....	....	0.0	20.4	32.5	....	....	0.0	2.0	0.9	0.9
Tanzania	738	....	....	....	0.0	0.3	0.5	....	....	0.0	0.0	1.3	1.3
Togo	742	0.0	0.0	0.0	0.1	0.0	0.0	0.7	0.4	0.2	1.8	0.8	0.6
Uganda	746	....	....	....	0.0	0.6	0.6	0.0	0.0	0.0	0.1	0.0	0.0
Zambia	754	....	....	....	0.1	0.0	0.1	....	....	0.1	0.0	....	....
Zimbabwe	698	....	....	....	0.1	0.0	0.0	....	....	0.0	0.0	0.1	0.1
Western Hemisphere	205	**606.9**	**195.3**	**2.7**	**0.5**	**0.9**	**0.7**	**48.4**	**42.3**	**39.9**	**56.8**	**42.6**	**31.7**
Argentina	213	....	....	0.0	....	....	0.0	....	....	0.2	0.2	0.3	1.0
Belize	339	0.0 e	....	....	....	....	....	....	....	....	0.4	....	....
Brazil	223	....	4.3	0.8	0.1	0.1	0.0	45.0	41.0	28.6	44.8	36.8	24.0
Chile	228	606.2	190.9	0.0	0.0	....	....	1.1	0.6	0.5	0.0	0.1	0.1
Colombia	233	....	....	0.0	....	....	....	0.2	0.1	0.1	0.2	0.7	1.3
Curaçao	354	....	....	....	....	....	....	....	....	0.0	0.1	0.1	0.0
Dominican Republic	243	0.8 e	0.1 e	....	....	0.0 e	....	....	....	0.0	....	....	....
Ecuador	248	....	0.1 e	0.4 e	....	....	....	....	....	....	....	....	....
Guatemala	258	....	....	....	0.0	0.1	0.1	....	....	9.9	7.1	3.7	4.4
Haiti	263	....	....	....	0.1	....	....	....	....	0.0	....	....	....
Honduras	268	....	....	....	0.1	....	....	0.0	0.1	0.0	0.0	....	....
Jamaica	343	....	....	0.1	....	....	....	....	....	0.0	....	....	....
Mexico	273	0.0	0.0	0.0	0.0	....	....	0.2	0.2	0.2	0.5	0.0	0.0
Montserrat	351	....	....	....	0.1	....	....	....	....	....	....	....	....
Panama	283	....	....	1.2	....	....	....	....	....	0.0	0.1	0.0	0.0
Paraguay	288	....	....	....	....	....	....	....	....	0.3	....	....	....
Peru	293	....	....	0.0	....	....	0.0	....	....	0.1	0.0	0.1	0.1
St. Vincent & Grens.	364	0.0 e	0.0 e	....	....	0.0 e	0.0 e	....	0.1 e	....	....	....	....
Suriname	366	....	....	0.0	....	....	....	....	....	0.0	0.1	....	....
Trinidad and Tobago	369	....	....	0.0 e	0.1 e	0.7 e	0.6 e	....	....	0.0	....	....	....
Uruguay	298	....	....	0.0	....	....	....	1.9	0.2	0.1	0.3	0.6	0.4
Venezuela, Rep. Bol.	299	....	....	....	....	....	....	....	....	....	2.9	....	....
Western Hem. n.s.	399	....	....	....	....	....	....	....	....	0.0	0.1	0.1	0.1
Other Countries n.i.e	910	**....**	**....**	**1.6**	**1.4**	**2.8**	**4.2**	**....**	**....**	**9.2**	**0.5**	**0.2**	**0.2**
Cuba	928	....	....	0.1	0.0	....	....	....	....	0.0	0.0	0.0	0.0
Korea, Dem. People's Rep.	954	....	....	1.6	1.4	2.8	4.2	....	....	9.2	0.5	0.2	0.2
Countries & Areas n.s.	898	**160.0**	**163.3**	**164.1**	**146.2**	**174.0**	**276.9**	**....**	**....**	**0.5**	**0.4**	**....**	**....**
Memorandum Items													
Africa	605	40.7	11.0	94.7	463.4	420.8	658.4	152.4	154.2	180.5	175.8	210.5	220.8
Middle East	405	2.9	0.3	154.2	405.5	164.4	283.6	50.3	38.3	80.5	123.0	220.9	192.7
European Union	998	795.5	785.6	800.8	461.8	475.8	464.5	836.4	907.9	1,176.2	1,154.8	813.7	845.4
Export earnings: fuel	080	0.0	8.1	180.4	405.0	163.4	249.6	29.9	30.0	76.7	113.7	185.7	161.9
Export earnings: nonfuel	092	1,839.8	1,981.1	1,761.6	1,687.5	1,585.1	2,668.5	1,892.0	1,936.7	2,332.1	2,399.1	1,957.8	2,073.3

Guinea-Bissau (654)

In Millions of U.S. Dollars

		Exports (FOB) 2011	2012	2013	2014	2015	2016	Imports (CIF) 2011	2012	2013	2014	2015	2016
IFS World		....	....	....	....	....	....	....	....	....	....	....	....
World	001	353.7	151.5	250.2	246.9	306.1	337.1	244.2	248.0	267.0	280.4	230.3	254.6
Advanced Economies	110	4.0	7.8	3.8	6.5	4.8	11.3	139.9	138.9	140.0	139.8	124.7	134.5
Euro Area	163	1.1	0.2	0.2	1.4	0.3	6.2	135.0	135.3	137.4	132.9	122.3	131.4
Austria	122	....	....	....	....	....	....	0.0 e	0.0 e	0.1 e	0.1 e	0.0 e	0.1 e
Belgium	124	0.8 e	0.2 e	0.0 e	....	0.0 e	0.8 e	....	....	....	....	....	....
Finland	172	....	....	....	....	....	....	0.4 e	0.2 e	0.2 e	0.3 e	0.6 e	0.5 e
France	132	....	0.0	....	....	....	....	6.0	5.1	4.6	7.7	4.5	3.3
Germany	134	0.0 e	....	....	0.0 e	0.0 e	5.3 e	0.2	0.0	0.1	0.1	0.1	0.1
Greece	174	0.2 e	....	0.0 e	0.2 e	....	....	0.0 e	....	0.1 e	0.3 e	0.1 e	0.2 e
Ireland	178	....	....	0.1 e	....	....	....	....	....	....	0.0 e	....	....
Latvia	941	....	....	....	....	....	....	0.3 e	0.1 e	0.1 e	0.1 e	0.1 e	0.0 e
Lithuania	946	0.0 e	....	....	....	....	....	0.0 e	0.0 e	0.0 e	....	....	0.2 e
Luxembourg	137	....	....	....	....	....	....	....	0.0 e	0.0 e	0.0 e	0.1 e	0.2 e
Netherlands	138	0.0	0.0	0.0	1.2	0.2	0.1	10.6	8.3	9.8	8.7	8.8	11.2
Portugal	182	0.0	0.0	0.0	0.0	0.0	0.0	116.4	119.9	120.6	112.8	105.9	113.2
Slovak Republic	936	....	....	0.0 e	....	....	....	0.1 e	....	....	....	0.0 e	0.0 e
Slovenia	961	0.0 e	0.0 e	0.1 e	0.0 e	0.0 e	0.0 e	0.0 e	0.8 e	0.3 e	0.7 e	0.3 e	0.5 e
Spain	184	....	....	....	....	....	....	1.1	1.0	1.5	2.1	2.0	2.0
Canada	156	0.0 e	0.0 e	0.0 e	0.0 e	0.0 e	0.0 e	0.3 e	0.1 e	0.1 e	0.0 e	0.0 e	0.2 e
China,P.R.: Hong Kong	532	0.0 e	0.1 e	....	....	....	0.0 e	1.5 e	0.4 e	0.6 e	1.1 e	1.4 e	1.4 e
Czech Republic	935	....	....	....	....	....	....	0.2 e	....	0.0 e	0.1 e	0.1 e	0.0 e
Israel	436	....	....	....	....	....	....	....	....	....	....	....	0.3 e
Japan	158	....	....	0.0 e	0.6 e	0.5 e	....	0.2	0.0	0.0	0.4	0.0	0.3
Korea, Republic of	542	0.0 e	0.2 e	0.0 e	0.3 e	0.3 e	1.1 e	0.8 e	0.3 e	0.2 e	0.2 e	0.4 e	0.4 e
New Zealand	196	0.0 e	....	....	0.0 e	....	0.0 e	....	....	....	0.0 e	0.1 e	0.1 e
Singapore	576	2.8	2.8	2.8	2.9	3.6	3.2	....	....	....	0.0	0.0	0.0
Switzerland	146	0.0 e	4.0 e	....	....	0.0 e	....	1.5 e	2.7 e	1.6 e	0.2 e	0.3 e	0.3 e
Taiwan Prov.of China	528	0.1 e	0.4 e	0.7 e	1.4 e	....	0.6 e	0.3 e	0.0 e	0.0 e	0.5 e	0.0 e	....
United Kingdom	112	0.0 e	0.1 e	....	....	0.0 e	0.0 e	0.1	....	0.1	4.4	0.0	0.1
United States	111	0.0	0.0	0.1	0.0	0.0	0.0	....	....	....	....	....	....
Emerg. & Dev. Economies	200	349.6	143.5	246.1	239.8	301.1	325.7	104.0	108.9	126.8	140.3	105.4	120.0
Emerg. & Dev. Asia	505	295.9	132.4	150.4	212.1	247.0	248.9	27.8	24.3	26.8	32.0	34.5	33.7
Bangladesh	513	....	....	....	....	....	....	1.1 e	1.2 e	1.6 e	1.0 e	1.0 e	2.1 e
China,P.R.: Mainland	924	4.1	6.6	16.8	50.0	17.8	0.2	12.7	13.6	10.1	14.7	16.7	18.3
India	534	291.4	125.6	133.4	161.9	199.1	217.0	0.1	0.2	0.3	0.3	0.2	0.4
Indonesia	536	0.1 e	....	0.0 e	0.1 e	....	....	1.3 e	1.8 e	5.2 e	5.3 e	4.2 e	3.1 e
Malaysia	548	0.2 e	0.1 e	0.1 e	0.1 e	....	....	4.9 e	2.5 e	5.3 e	5.4 e	4.6 e	4.9 e
Philippines	566	....	....	....	....	....	....	0.4 e	0.2 e	0.0 e	0.0 e	0.0 e	0.0 e
Sri Lanka	524	....	....	....	....	....	....	....	....	....	0.0 e	....	0.2 e
Thailand	578	0.0 e	0.1 e	0.1 e	0.0 e	0.0 e	0.2 e	7.3	4.8	4.2	5.1	7.7	4.5
Vietnam	582	....	....	....	....	30.1 e	31.5 e	....	....	....	....	....	....
Europe	170	0.0	0.6	0.4	0.7	1.5	33.1	6.0	4.4	8.3	10.2	8.4	7.8
Emerg. & Dev. Europe	903	0.0	0.6	0.1	0.6	1.5	1.5	5.8	4.3	8.3	10.0	8.4	7.7
Bulgaria	918	....	....	0.0 e	....	....	....	0.0 e	0.1 e	....	0.0 e	0.0 e	0.0 e
Croatia	960	....	0.0 e	0.0 e	....	....	....	0.0 e	0.0 e	....	....	0.1 e	....
Hungary	944	....	....	....	0.1 e	....	....	....	0.5 e	0.1 e	0.0 e	0.1 e	0.0 e
Poland	964	....	....	0.0 e	....	....	0.0 e	3.2	1.4 e	2.5 e	3.3 e	2.4 e	2.6 e
Romania	968	....	....	0.0 e	....	....	....	0.0	0.0	0.0	0.1	0.1	0.7
Turkey	186	....	0.6 e	0.1 e	0.5 e	1.5 e	1.5 e	2.6 e	2.3 e	5.7 e	6.6 e	5.8 e	4.4 e
CIS	901	0.0	0.0	0.2	0.1	0.0	31.5	0.2	0.0	0.1	0.2	0.1	0.1
Belarus	913	....	....	0.0 e	0.0 e	0.0 e	31.5 e	....	....	....	....	....	....
Russian Federation	922	....	....	....	0.1	0.0	0.0	0.0	0.0	0.0	0.1	0.0	0.1
Ukraine	926	0.0 e	....	0.2 e	....	....	....	0.1 e	....	0.0 e	0.2 e	0.0 e	....
Mid East, N Africa, Pak	440	0.3	0.1	0.1	0.5	4.0	6.3	19.5	26.0	19.9	26.5	22.4	26.9
Egypt	469	0.0 e	....	0.0 e	0.0 e	0.1 e	....	0.0	0.0	0.0	0.0	0.0	0.0
Jordan	439	....	....	....	....	....	1.2 e	....	....	....	....	....	0.0 e
Lebanon	446	....	0.0 e	0.0 e	0.1 e	0.0 e	....	0.2 e	0.1 e	0.3 e	0.3 e	0.3 e	0.1 e
Morocco	686	0.3 e	0.0 e	0.0 e	0.0 e	0.0 e	0.1 e	0.6	5.0	5.2	5.0	3.2	5.5
Pakistan	564	....	....	....	....	....	....	9.8 e	10.3 e	5.2 e	11.6 e	13.8 e	17.1 e

2017, International Monetary Fund: *Direction of Trade Statistics Yearbook*

Guinea-Bissau (654)

In Millions of U.S. Dollars

		Exports (FOB)						Imports (CIF)					
		2011	2012	2013	2014	2015	2016	2011	2012	2013	2014	2015	2016
Qatar	453	....	....	....	....	....	....	....	0.5 e	....	0.9 e	....	....
Saudi Arabia	456	....	0.1 e	....	0.3 e	....	....	8.7 e	9.9 e	9.2 e	8.6 e	4.8 e	3.9 e
Tunisia	744	....	....	....	0.0 e	0.0 e	....	0.2 e	0.1 e	0.1 e	0.1 e	0.2 e	0.1 e
United Arab Emirates	466	....	....	....	0.0 e	3.8 e	5.0 e	....	....	....	....	....	....
Sub-Saharan Africa	603	**40.8**	**5.5**	**95.2**	**26.1**	**48.1**	**36.1**	**46.5**	**51.0**	**70.7**	**68.4**	**38.1**	**48.6**
Angola	614	0.0 e	0.1 e	0.2 e	0.0 e	2.6 e	1.7 e	....	....	....	....	....	....
Benin	638	0.0 e	0.0 e	1.7 e	0.5 e	1.6 e	0.5 e	....	....	....	....	....	....
Burkina Faso	748	0.0 e	....	....	0.0 e	....	....	....	....	0.0 e	0.2 e	....	....
Cabo Verde	624	0.0	0.0	0.0	0.0	0.0	0.0	0.1	0.1	0.1	0.1	0.1	0.1
Cameroon	622	....	....	5.7 e	2.2 e	1.5 e	1.4 e	....	....	0.0 e	....	....	....
Congo, Republic of	634	....	....	....	0.5 e	0.5 e	0.3 e	....	0.0 e	....	....	....	....
Côte d'Ivoire	662	1.4 e	0.0 e	4.8 e	....	2.6 e	2.6 e	0.0	0.0	0.0	0.0	....	....
Ethiopia	644	0.0 e	....	....	....	....	....	0.0 e	0.2 e	....	0.2 e	....	0.2 e
Gambia, The	648	0.0	0.0	0.0	0.1	0.0	0.0	2.4	2.3	2.1	3.2	2.1	2.3
Ghana	652	0.0 e	0.1 e	47.8 e	9.9 e	10.0 e	9.5 e	0.1 e	0.3 e	0.1 e	0.1 e	0.1 e	0.1 e
Guinea	656	0.0	0.0	0.0	0.0	0.0	0.0	0.6	0.6	0.5	0.8	0.5	0.6
Kenya	664	0.0 e	0.0 e	0.0 e	....	....	....	0.2 e	....	0.1 e	0.1 e	0.1 e	0.1 e
Liberia	668	....	....	....	....	....	....	0.1	0.1	0.1	0.1	0.1	0.1
Madagascar	674	....	....	0.1 e	....	....	....	....	....	....	....	....	....
Niger	692	....	....	....	....	....	0.0 e	....	0.9 e	....	....	....	....
Nigeria	694	30.3 e	....	20.6 e	....	16.1 e	16.4 e	....	....	....	....	....	....
Senegal	722	0.0	0.0	0.0	....	0.0	....	41.1	45.7	67.0	59.9	31.6	43.4
South Africa	199	....	0.0 e	0.1 e	0.0 e	0.0 e	0.0 e	1.8 e	0.8 e	0.7 e	3.7 e	1.2 e	1.1 e
Tanzania	738	0.2 e	....	....	....	....	....	....	....	....	....	....	....
Togo	742	8.8 e	5.1 e	14.2 e	12.8 e	13.1 e	3.5 e	0.2 e	0.0 e	0.1 e	....	2.3 e	0.7 e
Western Hemisphere	205	**12.5**	**4.9**	**0.1**	**0.4**	**0.6**	**1.4**	**4.3**	**3.3**	**1.0**	**3.3**	**2.1**	**3.0**
Argentina	213	....	....	....	....	....	....	0.5 e	0.0 e	0.2 e	0.4 e	....	....
Brazil	223	12.4 e	4.9 e	....	0.1 e	0.5 e	1.3 e	....	....	....	....	....	....
Colombia	233	....	....	0.0 e	0.0 e	....	0.0 e	0.4 e	....	....	....	....	....
Paraguay	288	0.0 e	....	....	....	....	....	0.5 e	....	....	0.1 e	0.3 e	....
Peru	293	0.1 e	0.0 e	....	0.2 e	....	0.0 e	....	....	....	....	0.0 e	0.1 e
Uruguay	298	....	....	....	....	....	....	2.9 e	3.2 e	0.7 e	2.8 e	1.7 e	2.8 e
Other Countries n.i.e	910	**0.1**	**0.2**	**0.2**	**0.6**	**0.2**	**0.1**	**0.2**	**0.2**	**0.2**	**0.2**	**0.1**	**0.1**
Cuba	928	....	....	....	....	....	....	0.1 e	0.1 e	0.1 e	0.1 e	0.1 e	0.0 e
Korea, Dem. People's Rep.	954	0.1	0.2	0.2	0.6	0.2	0.1	0.1	0.1	0.1	0.1	0.1	0.1
Memorandum Items													
Africa	605	41.1	5.5	95.2	26.2	48.1	36.2	47.2	56.1	76.0	73.5	41.4	54.2
Middle East	405	0.0	0.1	0.0	0.5	3.9	6.2	8.9	10.5	9.5	9.7	5.2	4.1
European Union	998	1.1	0.3	0.2	1.4	0.3	6.2	138.5	137.3	140.1	140.6	125.1	134.9
Export earnings: fuel	080	30.4	0.2	20.8	1.0	23.0	23.6	9.1	10.4	9.3	9.5	4.9	4.1
Export earnings: nonfuel	092	323.3	151.3	229.4	245.9	283.1	313.5	235.0	237.6	257.7	270.8	225.5	250.5

Guyana (336)

In Millions of U.S. Dollars

		Exports (FOB)						Imports (CIF)					
		2011	2012	2013	2014	2015	2016	2011	2012	2013	2014	2015	2016
IFS World		1,116.5	1,415.5	....	....	....	....	1,763.4	1,996.8	....	....	....	....
World	001	1,172.8	1,435.6	1,362.4	1,172.9	1,282.7	1,450.5	1,771.0	1,999.9	1,866.2	1,787.1	2,189.4	1,629.3
Advanced Economies	110	848.6	1,084.4	1,016.4	793.0	751.9	1,006.9	752.0	794.4	719.5	691.6	1,384.2	704.4
Euro Area	163	115.1	110.0	105.3	108.5	172.8	153.1	83.6	66.4	103.8	69.4	72.4	53.9
Austria	122	....	....	....	0.0	0.0	0.0	0.5	0.4	0.6	0.4	0.4	0.5
Belgium	124	14.5	14.3	20.9	23.0	33.3	26.8	8.0	7.4	13.2	12.6	9.6	8.8
Cyprus	423	0.1	0.0	0.1	0.0	0.0	....	0.0	0.0	0.1	0.0	....	0.1
Estonia	939	....	....	....	....	1.0	....	0.1	0.1	0.3	0.1	0.1	0.1
Finland	172	0.0	0.0	....	0.0	....	0.0	21.3	8.5	33.0	0.6	1.4	0.4
France	132	22.1	20.8	17.3	16.0	12.9	6.4	2.9	2.1	4.8	3.7	2.2	2.4
Germany	134	7.1	7.4	7.5	9.1	58.4	30.6	12.8	13.1	17.8	6.9	19.9	8.1
Greece	174	....	0.0	0.0	....	0.0	2.0	0.0	0.1	0.0	0.0	0.0	0.0
Ireland	178	0.1	0.0	0.1	6.5	9.2	8.2	3.3	2.6	3.5	2.7	2.0	1.6
Italy	136	0.4	4.2	6.8	4.2	18.9	23.2	3.9	4.2	4.5	5.5	4.7	3.8
Lithuania	946	....	....	....	....	....	....	0.1	0.4	0.0	1.2	0.2	0.0
Luxembourg	137	....	0.7	2.0	1.1	....	0.0	....	1.0	0.3	....	....	0.0
Malta	181	....	....	....	....	....	....	0.0	0.1	0.1	0.1	0.1	0.0
Netherlands	138	25.9	34.7	29.5	20.4	9.0	11.6	28.8	24.7	24.0	33.8	29.7	25.6
Portugal	182	40.3	18.6	15.2	19.6	15.4	21.7	0.5	0.2	0.2	0.2	0.4	0.4
Slovak Republic	936	....	....	....	0.0	....	0.0	0.0	0.0	0.1	0.1	0.1	0.1
Slovenia	961	0.1	2.1	....	5.5	....	....	0.0	0.0	....	0.0	0.0	0.0
Spain	184	4.5	7.1	6.0	3.2	14.7	22.6	1.2	1.5	1.3	1.5	1.6	2.1
Australia	193	0.6	0.7	0.3	0.3	0.1	0.3	3.7	1.8	1.3	12.3	6.8	2.8
Canada	156	402.0	506.2	414.3	263.6	158.6	444.3	51.3	43.0	38.6	17.6	20.5	37.4
China,P.R.: Hong Kong	532	5.3	3.3	5.8	8.1	7.4	7.1	4.6	7.5	4.5	5.8	7.7	7.2
Czech Republic	935	0.0	0.0	0.0	0.0	0.0	0.0	0.4	0.1	0.3	0.4	0.1	0.1
Denmark	128	0.1	0.3	0.0	0.0	0.0	0.0	4.6	39.1	3.8	4.9	3.7	2.5
Iceland	176	....	....	....	....	....	....	0.0	0.0	0.1	0.0	0.0	0.1
Israel	436	0.8	0.1	2.5	2.6	1.2	5.8	0.5	0.3	1.4	1.0	0.6	0.3
Japan	158	7.0	4.1	4.8	4.9	2.6	2.0	53.8	77.9	61.6	59.4	56.1	50.7
Korea, Republic of	542	1.0	0.8	0.5	0.8	1.7	13.0	21.4	23.4	9.2	17.3	700.7	15.2
New Zealand	196	0.7	0.9	1.8	1.7	1.3	1.7	12.6	19.7	28.7	14.7	23.5	15.5
Norway	142	....	....	0.0	....	....	....	0.2	0.1	0.0	0.3	0.1	0.5
Singapore	576	8.7	7.5	4.3	3.7	4.0	4.4	2.7	2.0	2.2	2.6	2.2	4.9
Sweden	144	2.9	2.0	1.3	1.2	0.0	....	2.0	1.5	6.8	1.9	10.9	1.9
Switzerland	146	0.1	0.2	....	0.0	....	19.0	1.0	2.1	2.4	4.5	5.8	15.0
Taiwan Prov.of China	528	....	....	0.2	....	....	....	2.5	2.8	3.3	3.8	3.6	4.3
United Kingdom	112	77.6	114.6	116.1	97.1	91.2	56.0	62.1	48.8	45.8	48.7	40.2	43.9
United States	111	226.8	333.5	359.3	300.2	310.9	299.7	445.1	457.8	405.8	427.2	429.4	448.2
Vatican	187	....	....	....	....	....	0.5	....	0.0	....	....	....	....
Emerg. & Dev. Economies	200	324.1	351.0	345.9	379.9	530.7	443.5	1,012.5	1,199.8	1,132.3	1,083.8	797.6	910.8
Emerg. & Dev. Asia	505	10.6	18.3	18.4	28.0	28.8	25.3	151.7	238.2	202.0	180.3	151.7	151.1
Bangladesh	513	....	....	0.0	0.0	0.0	0.1	0.0	0.0	0.1	0.0	0.1	0.0
China,P.R.: Mainland	924	7.5	13.5	7.3	22.8	20.1	16.4	106.6	194.1	165.4	133.8	113.5	119.3
F.T. French Polynesia	887	....	0.1	....	0.0	0.4	0.6	....	....	....	....	....	....
F.T. New Caledonia	839	....	....	....	....	....	....	0.1	0.2	....	0.0	0.1	0.1
Guam	829	....	....	....	....	....	....	....	0.1	....	....	0.0	0.0
India	534	2.3	2.4	8.8	2.5	6.0	5.7	22.4	18.5	20.9	22.6	21.3	15.5
Indonesia	536	0.4	0.3	0.2	0.0	0.0	0.0	1.4	2.6	2.1	2.2	2.2	1.7
Malaysia	548	0.1	....	0.1	0.4	0.1	0.1	7.3	6.3	4.3	10.6	4.9	5.2
Maldives	556	....	....	....	....	....	0.1	....	....	....	....	....	....
Philippines	566	0.1	0.3	0.6	0.6	0.9	0.9	0.0	0.0	0.1	0.0	0.0	0.0
Solomon Islands	813	....	....	....	....	....	....	....	0.0	....	....	0.1	....
Sri Lanka	524	0.0	0.0	....	0.0	0.0	....	0.4	0.1	0.3	0.2	0.2	0.2
Thailand	578	0.1	0.4	0.3	0.3	0.6	0.6	7.8	8.7	7.9	6.8	6.4	6.2
Vietnam	582	0.1	1.4	0.9	1.0	0.6	0.6	0.9	0.6	1.0	1.1	0.7	0.8
Asia n.s.	598	....	....	0.0	0.2	0.2	0.2	4.8	7.0	0.0	3.0	2.1	2.0
Europe	170	38.0	34.9	36.5	32.3	46.7	39.2	14.4	19.7	16.7	15.1	13.3	16.3
Emerg. & Dev. Europe	903	4.3	4.1	3.4	4.2	7.9	0.9	10.6	15.2	15.5	11.4	12.8	13.1
Bosnia and Herzegovina	963	0.0	0.1	....	....	0.7	0.0	0.0	0.1	....	0.1	0.0	0.0

2017, International Monetary Fund: Direction of Trade Statistics Yearbook

Guyana (336)
In Millions of U.S. Dollars

		Exports (FOB)						Imports (CIF)					
		2011	2012	2013	2014	2015	2016	2011	2012	2013	2014	2015	2016
Bulgaria	918	0.0	0.0	....	3.0	6.9	0.5	3.0	1.9	2.6	1.7	1.5	0.9
Croatia	960	....	....	2.2	....	....	0.0	0.1	0.0	0.1	0.9	0.1	0.0
Gibraltar	823	....	....	....	....	....	....	0.1	0.0	....	0.0	0.0	0.0
Hungary	944	0.0	....	....	....	....	....	0.0	0.0	0.0	0.1	0.0	0.1
Poland	964	0.8	0.8	0.1	0.0	0.3	0.3	0.4	1.0	2.1	1.9	3.0	4.3
Romania	968	....	....	....	....	0.0	....	0.1	0.0	0.2	0.0	0.0	0.2
Turkey	186	3.6	3.2	1.2	1.2	0.0	0.0	6.9	12.2	10.5	6.7	8.0	7.4
CIS	**901**	**33.6**	**30.8**	**33.1**	**28.1**	**38.8**	**38.4**	**3.8**	**4.4**	**1.2**	**3.6**	**0.6**	**3.1**
Armenia	911	....	....	....	....	....	....	0.0	0.0	....	0.2	....	....
Belarus	913	....	....	....	....	....	....	....	0.0	0.1	....	....	0.1
Russian Federation	922	0.0	0.0	0.0	0.0	0.2	0.1	1.2	2.9	0.6	0.4	0.1	2.6
Ukraine	926	33.6	30.8	33.1	28.1	38.6	38.3	2.4	1.5	0.6	3.0	0.4	0.5
Uzbekistan	927	0.0	....	....	0.0	....	....	0.1	....	....	....	....	....
Europe n.s.	884	....	....	....	....	....	....	0.0	0.1	0.0	0.1	0.0	0.0
Mid East, N Africa, Pak	**440**	**7.3**	**5.0**	**6.1**	**11.8**	**4.4**	**9.5**	**4.8**	**4.0**	**6.9**	**5.2**	**5.8**	**4.9**
Bahrain, Kingdom of	419	0.1	0.0	0.0	....	....	0.0	0.1	0.1	0.1	0.0	....	0.0
Djibouti	611	0.0	0.5	....	....	0.0	....	....	0.0	....	....	....	....
Egypt	469	0.0	....	....	....	....	....	1.4	1.1	2.8	2.5	2.7	0.3
Iran, I.R. of	429	....	0.1	....	....	....	....	....	0.0	0.2	0.0	0.3	0.0
Jordan	439	0.0	....	0.0	....	0.0	0.1	0.1	0.0	0.0	0.0	0.0	0.0
Kuwait	443	0.0	....	....	0.3	0.0	0.0	....	0.0	....	....	....	....
Lebanon	446	0.2	0.1	0.1	0.2	0.3	0.1	0.8	0.3	0.0	....	....	....
Morocco	686	....	....	....	....	....	....	0.3	0.2	0.2	0.3	0.4	0.2
Oman	449	....	....	0.1	0.0	0.0	....	0.0	0.0	0.0	0.0	0.0	0.0
Pakistan	564	0.1	0.1	0.1	0.1	0.1	0.1	0.8	0.8	0.6	0.5	0.3	0.3
Saudi Arabia	456	0.0	0.1	0.0	0.0	0.0	0.0	0.2	0.0	0.3	0.1	0.2	0.2
United Arab Emirates	466	6.8	3.9	5.8	11.1	3.9	9.3	1.1	1.5	2.6	1.8	1.9	3.8
Sub-Saharan Africa	**603**	**0.6**	**0.8**	**0.1**	**0.2**	**0.1**	**12.1**	**3.3**	**3.0**	**2.6**	**4.1**	**2.1**	**2.6**
Botswana	616	....	0.2	....	....	....	....	0.0	0.0	....	....	....	0.0
Cabo Verde	624	....	....	....	....	....	....	0.0	0.0	....	0.0	0.0	0.4
Cameroon	622	0.0	0.0	....	....	....	0.1	0.0	0.0	0.1	0.0	0.0	0.0
Congo, Republic of	634	....	....	....	....	0.0	0.1	....	0.0	0.1	....	0.0	0.0
Gambia, The	648	....	0.0	....	....	....	....	0.1	0.0	0.0	....	....	0.0
Ghana	652	....	0.0	....	0.0	0.0	0.0	0.0	0.0	0.2	0.2	0.1	0.0
Guinea	656	....	....	....	....	....	....	....	0.0	....	....	0.1	....
Kenya	664	0.0	....	....	....	....	....	0.0	0.0	0.0	0.1	0.0	0.0
Liberia	668	....	0.0	0.0	0.0	....	....	....	....	....	0.1	....	....
Madagascar	674	....	....	....	....	....	....	....	0.0	....	0.0	0.1	0.1
Mauritius	684	0.0	0.0	0.1	0.1	0.0	0.0	....	0.0	....	....	....	0.0
Namibia	728	....	0.0	....	....	....	....	0.1	0.1	0.0	0.1	0.0	0.0
Niger	692	....	0.1	....	....	....	0.0	....	....	....	0.0	....	....
Nigeria	694	0.4	0.4	0.0	....	....	0.3	....	....	....	....	....	....
Sierra Leone	724	....	....	....	....	....	....	0.1	....	....	0.4	....	0.0
South Africa	199	0.0	0.0	0.0	0.1	0.0	0.0	2.8	1.6	0.4	1.0	0.6	0.5
Swaziland	734	....	0.0	....	....	....	11.6	0.3	1.0	1.6	2.0	1.3	1.4
Uganda	746	0.1	....	....	....	....	....	0.0	0.0	0.0	0.0	....	....
Western Hemisphere	**205**	**267.7**	**292.1**	**284.8**	**307.6**	**450.8**	**357.4**	**838.2**	**935.0**	**904.0**	**879.0**	**624.6**	**735.9**
Anguilla	312	0.2	0.1	....	0.2	0.2	0.2	0.3	0.1	....	....	0.0	0.0
Antigua and Barbuda	311	3.6	4.0	4.9	4.7	5.5	3.9	0.3	0.1	0.3	0.2	1.3	0.3
Argentina	213	....	....	....	....	....	....	1.6	3.7	3.5	3.8	3.0	2.0
Aruba	314	0.2	0.0	0.0	0.0	0.1	0.0	0.5	0.7	0.4	0.0	0.0	0.1
Bahamas, The	313	0.1	0.4	0.2	0.1	0.3	0.4	0.0	0.3	0.4	0.1	0.0	0.1
Barbados	316	23.9	15.5	10.0	12.1	27.4	16.6	16.1	15.4	22.2	28.1	28.5	23.2
Belize	339	0.3	0.5	0.9	1.7	0.8	0.9	1.4	3.5	7.5	6.0	3.2	1.3
Bermuda	319	....	....	0.0	0.0	0.7	0.6	0.1	0.1	....	0.0	....	0.0
Bolivia	218	....	....	....	....	....	....	0.0	0.3	0.1	0.1	0.2	0.2
Brazil	223	0.7	1.0	0.7	6.7	9.2	6.4	24.5	27.4	26.9	23.1	19.2	24.5
Chile	228	0.1	0.1	0.0	0.3	0.5	0.0	4.3	1.2	1.3	1.8	10.6	4.2
Colombia	233	1.0	2.1	0.2	0.3	2.7	1.0	11.9	10.6	13.1	10.0	17.1	17.1
Costa Rica	238	0.4	0.2	0.1	0.1	0.2	0.1	6.3	9.4	11.2	16.7	11.4	15.1

Guyana (336)
In Millions of U.S. Dollars

		Exports (FOB)						Imports (CIF)					
		2011	2012	2013	2014	2015	2016	2011	2012	2013	2014	2015	2016
Curaçao	354	6.1	1.2	....	1.0	0.8	1.3	3.3	2.8	....	2.1	37.1	2.8
Dominica	321	3.2	2.6	1.6	1.9	4.3	1.8	3.7	2.7	5.5	4.8	2.9	0.6
Dominican Republic	243	4.7	3.4	2.5	4.9	4.5	5.9	10.6	14.5	14.1	14.2	15.8	10.1
Ecuador	248	1.5	0.0	....	0.0	....	0.0	0.6	0.2	0.3	0.2	0.2	0.3
El Salvador	253	....	0.0	....	0.0	0.0	....	0.6	3.0	3.2	3.4	3.1	3.0
Grenada	328	5.2	5.2	2.5	3.5	5.7	7.3	0.4	0.4	0.5	0.3	0.4	0.5
Guatemala	258	....	0.0	0.0	0.2	0.1	0.0	3.9	7.4	6.2	4.5	4.1	3.6
Haiti	263	0.0	0.3	0.7	5.5	13.4	8.8	0.0	0.0	0.0	0.2	0.0	....
Honduras	268	....	0.0	....	0.0	0.1	0.3	0.0	0.3	0.4	0.1	0.2	0.8
Jamaica	343	47.4	36.0	38.8	44.6	68.8	43.6	9.7	15.6	10.5	9.8	11.2	14.0
Mexico	273	8.4	8.5	8.1	14.4	9.6	8.0	15.0	19.3	18.7	20.4	21.2	21.4
Montserrat	351	0.0	0.0	....	0.1	0.0	0.1	....	....	....	....	0.0	....
Netherlands Antilles	353	....	....	1.0	....	....	....	....	....	3.9	....	....	....
Nicaragua	278	0.0	....	....	12.7	10.0	6.9	1.6	0.9	1.3	1.1	0.5	0.4
Panama	283	1.0	1.6	2.2	28.7	75.8	49.4	14.4	15.5	17.2	14.4	16.4	13.4
Paraguay	288	....	0.1	....	....	....	....	....	....	....	....	....	0.0
Peru	293	0.0	0.0	0.0	....	5.1	....	4.1	2.6	1.2	4.7	4.1	1.8
St. Kitts and Nevis	361	2.7	1.3	1.6	1.5	1.6	1.4	0.0	0.3	0.2	0.1	0.2	0.4
St. Lucia	362	5.3	4.2	2.8	5.1	5.9	7.9	2.5	4.6	5.2	3.2	10.2	4.2
St. Vincent & Grens.	364	2.9	4.6	3.3	4.3	6.1	5.1	0.9	0.6	0.6	0.3	0.2	0.1
Suriname	366	8.5	16.6	9.0	8.0	14.2	11.6	132.8	141.9	142.0	115.8	31.7	89.2
Trinidad and Tobago	369	35.1	35.7	29.7	36.8	123.5	164.9	375.7	288.8	360.5	375.8	329.2	472.7
Uruguay	298	2.9	0.1	....	0.0	0.0	0.0	4.0	5.6	3.3	2.3	3.0	2.0
Venezuela, Rep. Bol.	299	102.1	146.7	163.7	107.5	53.1	2.2	185.3	334.4	217.9	210.4	35.4	5.5
Western Hem. n.s.	399	0.0	0.0	0.3	0.7	0.6	0.7	1.8	0.8	4.5	0.8	3.0	1.2
Other Countries n.i.e	910	**0.1**	**0.2**	**0.2**	**0.1**	**0.1**	**0.1**	**6.5**	**5.7**	**14.4**	**11.7**	**7.6**	**14.1**
Cuba	928	0.1	0.0	0.2	0.1	0.1	0.0	1.0	0.0	0.1	0.0	0.3	8.6
Korea, Dem. People's Rep.	954	0.0	0.2	0.0	0.0	0.1	0.1	5.6	5.7	14.3	11.7	7.3	5.6
Memorandum Items													
Africa	605	0.6	1.4	0.1	0.2	0.1	12.1	3.6	3.2	2.8	4.4	2.5	2.8
Middle East	405	7.2	4.3	6.0	11.7	4.2	9.5	3.7	3.0	6.1	4.5	5.2	4.4
European Union	998	196.4	227.8	225.0	209.9	271.2	210.0	156.2	158.8	165.5	129.8	132.0	108.0
Export earnings: fuel	080	147.0	189.2	199.6	156.1	183.5	177.8	576.2	638.9	595.7	598.8	384.6	502.4
Export earnings: nonfuel	092	1,025.7	1,246.4	1,162.8	1,016.8	1,099.2	1,272.7	1,194.8	1,361.0	1,270.5	1,188.3	1,804.7	1,126.9

Haiti (263)

In Millions of U.S. Dollars

		Exports (FOB)						Imports (CIF)					
		2011	2012	2013	2014	2015	2016	2011	2012	2013	2014	2015	2016
IFS World		....	....	....	....	....	....	....	....	....	....	....	....
World	001	816.8	870.0	953.2	1,017.3	1,082.0	1,048.6	2,023.2	1,804.2	2,081.2	2,207.9	2,110.1	2,173.5
Advanced Economies	110	771.4	811.1	893.6	949.0	979.1	935.8	725.6	669.9	780.3	819.6	736.9	724.4
Euro Area	163	22.0	21.3	27.0	29.4	29.0	34.9	143.1	122.3	153.4	169.9	146.4	147.7
Austria	122	0.1 e	0.0 e	0.0 e	0.0 e	0.0 e	0.0 e	0.3	0.2	0.2	0.2	0.2	0.2
Belgium	124	2.4 e	5.3 e	9.8 e	9.5 e	6.3 e	8.0 e	11.8	9.6	9.9	11.5	13.5	13.8
Cyprus	423	0.0 e	....	0.0 e	0.0 e	0.0 e	0.0 e	0.0 e	0.0 e	0.1 e	0.3 e	0.1 e	0.1 e
France	132	9.3 e	7.7 e	7.9 e	10.0 e	12.7 e	11.6 e	44.4	43.6	48.1	56.3	43.2	42.8
Germany	134	2.4 e	0.8 e	1.5 e	1.5 e	1.6 e	1.4 e	15.4	8.8	18.0	17.9	24.3	18.1
Ireland	178	0.3 e	0.1 e	0.2 e	0.2 e	0.0 e	0.0 e	4.6	1.1	3.1	3.1	1.5	3.4
Italy	136	0.9 e	1.6 e	1.6 e	2.8 e	2.2 e	2.3 e	19.8	11.3	10.3	12.9	8.5	10.4
Lithuania	946	0.0 e	0.0 e	0.0 e	0.0 e	0.0 e	0.0 e	0.0 e	....	0.0 e	8.8 e	0.0 e	0.3 e
Luxembourg	137	0.0 e	0.0 e	0.0 e	0.0 e	0.0 e	0.0 e	0.1	0.7	1.2	0.1	0.3	0.7
Malta	181	....	....	0.0 e	0.0 e	....	....	....	0.0	0.1	0.2	0.1	0.0
Netherlands	138	1.3 e	0.7 e	2.3 e	1.1 e	1.2 e	4.5 e	30.7	34.8	44.8	36.8	33.0	33.2
Portugal	182	0.0 e	0.0 e	0.0 e	0.0 e	0.1 e	0.0 e	0.4	0.3	0.3	0.7	0.2	2.9
Slovak Republic	936	0.0 e	0.0 e	0.0 e	0.0 e	0.0 e	0.0 e	0.2	0.1	0.0	0.1	0.0	0.0
Spain	184	5.3 e	5.0 e	3.7 e	4.3 e	4.9 e	6.9 e	15.2	11.7	17.4	21.1	21.6	21.7
Australia	193	1.6 e	2.0 e	1.7 e	1.2 e	1.7 e	1.8 e	0.3	0.0	0.1	0.0	0.1	0.5
Canada	156	26.1 e	30.2 e	31.5 e	36.5 e	30.0 e	28.8 e	45.3	42.8	43.7	51.7	51.2	56.5
China,P.R.: Hong Kong	532	3.2 e	3.3 e	3.3 e	2.0 e	2.8 e	2.6 e	4.3	6.0	19.0	11.6	14.0	14.0
Denmark	128	0.1 e	0.0 e	0.0 e	0.1 e	0.0 e	0.0 e	6.7	4.2	3.6	2.2	1.2	2.8
Iceland	176	0.1 e	0.1 e	0.1 e	0.1 e	0.1 e	0.1 e	0.6	....	....	....	....	....
Israel	436	....	....	....	....	....	0.0 e	1.9	1.4	4.2	2.8	0.3	0.2
Japan	158	1.8 e	2.8 e	3.2 e	2.3 e	2.7 e	3.9 e	60.2	48.7	38.5	41.4	37.1	33.9
Korea, Republic of	542	2.0 e	4.7 e	12.4 e	2.5 e	4.0 e	2.1 e	1.2	0.8	1.1	1.4	1.7	1.8
New Zealand	196	1.1 e	0.8 e	0.7 e	0.7 e	0.6 e	0.6 e	1.1	0.5	0.1	0.2	0.2	0.1
Norway	142	0.1 e	0.1 e	0.8 e	0.1 e	0.3 e	0.1 e	1.8	2.7	3.4	4.0	2.9	2.6
Singapore	576	0.1 e	0.2 e	0.4 e	0.2 e	0.2 e	0.5 e	4.0	3.6	3.8	3.1	2.8	4.0
Sweden	144	0.2 e	0.1 e	0.1 e	0.1 e	0.2 e	0.1 e	19.1	1.7	2.0	0.7	0.8	1.1
Switzerland	146	3.1 e	3.8 e	2.0 e	3.5 e	3.1 e	3.8 e	5.6	5.9	4.1	5.1	5.3	4.0
Taiwan Prov.of China	528	7.1 e	4.2 e	3.3 e	3.5 e	1.8 e	2.2 e	6.2	9.0	12.5	14.8	15.2	14.3
United Kingdom	112	2.6 e	6.6 e	8.1 e	10.1 e	6.1 e	6.5 e	....	....	....	....	....	....
United States	111	700.2 e	730.9 e	799.1 e	856.7 e	896.5 e	847.8 e	424.2	420.3	490.7	510.6	457.5	440.9
Emerg. & Dev. Economies	200	45.1	58.6	59.3	68.0	102.5	112.5	1,275.7	1,114.5	1,278.2	1,363.8	1,350.4	1,426.4
Emerg. & Dev. Asia	505	20.1	34.1	23.5	24.7	19.5	15.7	479.1	427.5	507.3	585.4	623.9	697.8
Cambodia	522	....	....	1.6 e	0.1 e	0.0 e	0.0 e	....	....	....	....	....	....
China,P.R.: Mainland	924	7.0 e	9.4 e	14.3 e	14.5 e	10.1 e	6.0 e	284.7	265.7	303.4	366.9	409.6	429.8
Fiji	819	0.0 e	....	0.0 e	0.0 e	....	0.0 e	0.0 e	....	....	3.3 e	....	....
India	534	1.4 e	1.7 e	0.9 e	1.4 e	2.7 e	3.4 e	14.8	19.4	18.4	23.3	24.0	20.9
Indonesia	536	7.4 e	3.8 e	0.1 e	0.1 e	0.3 e	0.2 e	36.0	79.1	120.2	141.7	157.6	216.0
Malaysia	548	0.9 e	0.6 e	0.8 e	0.2 e	0.0 e	0.1 e	114.7	44.8	47.7	27.0	13.1	11.0
Myanmar	518	0.0 e	....	....	0.0 e	0.2 e	0.0 e	....	....	....	....	....	0.0 e
Nepal	558	0.0 e	4.9 e	....	0.0 e	0.0 e	0.0 e	0.1 e	0.0 e	0.0 e	0.0 e	0.0 e	0.0 e
Philippines	566	0.0 e	0.0 e	0.0 e	0.1 e	0.1 e	0.1 e	3.8	3.8	3.5	3.5	3.7	3.4
Samoa	862	....	0.0 e	....	....	....	....	0.2	0.1	0.2	0.2	0.2	0.2
Solomon Islands	813	....	....	....	....	....	....	0.1	0.1	0.1	0.1	0.1	0.1
Sri Lanka	524	0.0 e	0.0 e	0.0 e	0.0 e	....	0.0 e	0.2 e	0.4 e	0.2 e	0.1 e	0.1 e	0.2 e
Thailand	578	3.5 e	13.7 e	5.7 e	8.3 e	3.2 e	2.7 e	24.5	14.0	13.6	19.2	15.4	16.1
Vietnam	582	....	....	....	....	3.0 e	3.1 e	0.1	0.1	0.1	0.1	0.1	0.1
Europe	170	0.3	0.7	1.3	0.9	0.5	0.7	28.4	23.5	30.9	26.8	28.3	28.9
Emerg. & Dev. Europe	903	0.1	0.4	0.8	0.3	0.3	0.5	25.8	20.9	28.2	24.2	25.7	26.3
Albania	914	....	....	....	0.0 e	....	....	....	....	....	....	0.1 e	....
Bosnia and Herzegovina	963	0.0 e	0.0 e	0.0 e	0.1 e	0.0 e	0.0 e	....	0.0 e	0.0 e	0.0 e	0.0 e	0.0 e
Bulgaria	918	....	....	0.0 e	....	....	....	0.3	0.0	0.3	0.1	0.1	0.3
Croatia	960	0.0 e	0.1 e	0.1 e	0.0 e	0.0 e	0.0 e	0.0 e	0.0 e	0.0 e	0.0 e	0.1 e	0.1 e
Poland	964	0.0 e	0.0 e	0.0 e	0.0 e	0.0 e	0.1 e	0.9	0.4	1.8	1.7	3.0	4.3
Romania	968	0.0 e	0.0 e	0.0 e	0.0 e	0.0 e	0.0 e	1.9	0.0	0.5	0.1	....	0.0
Serbia, Republic of	942	0.0 e	0.1 e	0.1 e	0.1 e	0.1 e	0.1 e	0.0 e	....	0.1 e	0.0 e	0.0 e	0.0 e
Turkey	186	0.1 e	0.2 e	0.5 e	0.2 e	0.1 e	0.2 e	22.6	20.5	25.5	22.3	22.4	21.6

Haiti (263)

In Millions of U.S. Dollars

			Exports (FOB)						Imports (CIF)				
		2011	2012	2013	2014	2015	2016	2011	2012	2013	2014	2015	2016
CIS	901	0.1	0.2	0.5	0.5	0.2	0.2	2.6	2.6	2.7	2.6	2.6	2.6
Russian Federation	922	0.1 e	0.2 e	0.5 e	0.5 e	0.2 e	0.2 e	....	....	....	0.0	0.0	0.0
Ukraine	926	0.0 e	0.0 e	0.0 e	0.0 e	0.0 e	....	2.6	2.6	2.7	2.6	2.6	2.6
Mid East, N Africa, Pak	440	0.9	1.7	2.9	10.1	4.0	8.8	1.4	2.5	2.3	2.7	2.9	7.1
Algeria	612	0.0 e	0.0 e	0.7 e	5.7 e	1.6 e	6.6 e	....	....	....	....	....	....
Bahrain, Kingdom of	419	0.0 e	0.0 e	0.1 e	0.1 e	0.5 e	0.2 e	0.0 e	....	....	....	....	....
Egypt	469	0.0 e	....	....	0.1 e	0.0 e	....	0.1	0.1	0.1	0.1	0.1	0.1
Jordan	439	0.0 e	0.2 e	0.0 e	0.0 e	....	0.0 e	....	....	....	....	....	....
Kuwait	443	0.3 e	0.2 e	0.2 e	0.7 e	0.5 e	0.4 e	0.0	0.0	0.0	0.0	0.0	0.0
Lebanon	446	0.0 e	0.0 e	0.1 e	0.1 e	0.1 e	0.0 e	0.0	0.1	....	0.0	0.0	....
Mauritania	682	....	0.1 e	....	0.0 e	....	....	....	....	....	....	....	....
Morocco	686	0.0 e	0.0 e	0.0 e	0.0 e	0.0 e	0.0 e	0.0	1.4	1.0	1.0	1.2	5.7
Oman	449	....	....	....	....	....	0.0 e	....	....	0.0 e	....	0.2 e	....
Pakistan	564	0.0 e	0.0 e	0.0 e	0.1 e	0.0 e	0.0 e	0.2	0.2	0.2	0.2	0.2	0.2
Qatar	453	....	....	....	....	....	....	....	....	....	0.4 e	0.2 e	0.2 e
Saudi Arabia	456	0.1 e	0.1 e	0.6 e	0.9 e	0.7 e	0.7 e	0.1	0.1	0.1	0.1	0.1	0.1
United Arab Emirates	466	0.4 e	1.0 e	1.2 e	2.4 e	0.5 e	0.8 e	0.8	0.7	0.8	0.9	0.8	0.8
Yemen, Republic of	474	0.1 e	....	....	0.0 e	....	....	....	....	....	....	....	....
Sub-Saharan Africa	603	0.2	0.4	0.2	0.3	0.7	0.9	5.8	8.8	7.9	3.5	2.1	2.4
Benin	638	....	....	0.0 e	....	0.1 e	0.0 e	....	....	0.0 e	0.0 e	0.0 e	0.0 e
Burkina Faso	748	0.0 e	0.0 e	....	....	....	....	....	....	....	....	0.1 e	0.1 e
Cameroon	622	....	....	....	....	0.1 e	0.1 e	....	....	....	....	....	....
Central African Rep.	626	....	....	....	0.1 e	0.1 e	0.1 e	....	....	....	....	....	....
Côte d'Ivoire	662	....	0.0 e	0.0 e	0.0 e	0.0 e	0.0 e	0.0	0.0	0.0	0.2	0.2	0.2
Guinea	656	....	....	0.0 e	....	....	....	....	....	....	0.1 e	....	....
Madagascar	674	....	....	....	0.0 e	0.1 e	0.2 e	....	....	....	....	....	....
Malawi	676	....	....	....	0.0 e	0.0 e	0.0 e	0.1 e	....	....	0.1 e	0.1 e	0.1 e
Mozambique	688	....	0.1 e	0.0 e	0.0 e	....	....	....	....	....	....	....	....
Namibia	728	0.0 e	....	....	....	....	....	....	....	....	0.1 e	0.0 e	0.5 e
Niger	692	0.0 e	0.1 e	....	0.0 e	....	0.0 e	....	....	....	0.0 e	....	0.1 e
Nigeria	694	....	0.0 e	0.1 e	0.1 e	0.0 e	0.0 e	....	....	....	....	....	....
Rwanda	714	0.0 e	0.0 e	0.0 e	0.0 e	0.0 e	0.0 e	3.6 e	0.0 e	....	0.0 e	0.0 e	....
Senegal	722	0.0 e	....	0.0 e	0.0 e	0.1 e	0.2 e	....	....	0.4	0.8	0.1	....
South Africa	199	0.0 e	0.0 e	0.0 e	0.0 e	0.0 e	0.0 e	2.0	8.7	7.5	2.1	1.5	1.4
Tanzania	738	....	0.0 e	0.1 e	0.0 e	....	0.0 e	....	....	....	....	....	....
Western Hemisphere	205	23.7	21.6	31.4	32.1	77.7	86.4	761.1	652.2	729.8	745.4	693.2	690.1
Argentina	213	0.0 e	0.1 e	0.1 e	0.1 e	0.1 e	0.1 e	15.7	15.7	15.7	15.7	15.7	21.9
Bahamas, The	313	0.1 e	0.6 e	0.1 e	0.1 e	0.3 e	0.2 e	0.1	0.1	0.1	0.1	0.1	0.1
Barbados	316	0.1 e	0.1 e	0.1 e	0.1 e	0.2 e	0.1 e	0.5	0.5	0.5	0.6	0.5	0.5
Belize	339	....	....	0.0 e	....	0.0 e	0.0 e	0.0	0.0	0.0	0.0	0.1	0.2
Bolivia	218	0.0 e	0.0 e	0.0 e	0.0 e	0.0 e	0.0 e	0.1 e	0.0 e	0.5 e	0.1 e	0.1 e	0.0 e
Brazil	223	0.5 e	0.7 e	0.7 e	1.3 e	1.2 e	0.5 e	94.2	52.1	52.0	37.6	37.8	39.8
Chile	228	0.1 e	0.2 e	0.0 e	0.0 e	0.2 e	1.5 e	3.0	3.2	5.5	4.2	3.5	3.2
Colombia	233	0.0 e	0.1 e	0.3 e	0.2 e	0.2 e	0.2 e	93.0	83.8	75.8	68.3	62.2	58.8
Costa Rica	238	0.8 e	1.6 e	0.6 e	0.6 e	0.1 e	0.2 e	12.7	11.4	13.2	14.2	13.2	9.3
Dominican Republic	243	10.5 e	0.7 e	3.3 e	4.6 e	51.4 e	51.3 e	17.2	15.5	17.9	19.2	18.0	17.9
Ecuador	248	0.0 e	....	0.0 e	0.1 e	....	....	0.9	0.8	2.0	1.1	0.6	0.4
El Salvador	253	0.0 e	0.1 e	0.1 e	0.3 e	0.1 e	0.0 e	1.0	0.9	0.7	0.9	1.0	0.7
Grenada	328	0.0 e	0.0 e	0.0 e	0.0 e	0.0 e	0.0 e	0.1 e	0.1 e	0.1 e	0.1 e	0.1 e	0.1 e
Guatemala	258	0.2 e	0.0 e	0.2 e	0.4 e	0.4 e	0.4 e	20.8	18.8	21.7	23.3	21.7	21.6
Guyana	336	0.0 e	0.0 e	0.0 e	0.2 e	0.0 e	....	2.6	2.6	3.3	2.8	2.8	2.8
Honduras	268	0.1 e	0.0 e	0.2 e	1.2 e	1.0 e	1.0 e	1.6	2.5	5.8	4.4	4.0	3.2
Jamaica	343	0.0 e	0.0 e	0.0 e	0.2 e	0.3 e	0.6 e	5.0	4.5	5.2	5.6	5.2	5.2
Mexico	273	10.6 e	17.0 e	20.3 e	22.0 e	22.1 e	29.5 e	46.3	35.4	48.0	53.1	43.1	35.7
Netherlands Antilles	353	0.0 e	0.0 e	0.0 e	0.0 e	0.0 e	0.0 e	323.4	291.4	335.5	360.2	336.5	335.2
Nicaragua	278	0.0 e	0.0 e	0.0 e	0.0 e	0.0 e	0.0 e	9.4	8.5	9.8	10.5	9.8	9.8
Panama	283	0.0 e	....	0.0 e	0.0 e	0.0 e	....	23.2	23.2	23.3	23.5	23.6	23.5
Peru	293	0.1 e	0.1 e	0.1 e	0.1 e	0.0 e	0.6 e	30.9	27.8	32.0	34.3	32.1	38.7
St. Lucia	362	0.0 e	0.0 e	0.0 e	0.1 e	0.1 e	0.1 e	0.0 e	....	....	....	....	....
St. Vincent & Grens.	364	0.0 e	0.0 e	....	....	0.0 e	0.0 e	....	0.1 e	....	....	0.0 e	0.0 e

2017, International Monetary Fund: *Direction of Trade Statistics Yearbook*

Haiti (263)

In Millions of U.S. Dollars

		Exports (FOB)						Imports (CIF)					
		2011	2012	2013	2014	2015	2016	2011	2012	2013	2014	2015	2016
Trinidad and Tobago	369	0.2 e	0.2 e	5.1 e	0.4 e	0.1 e	0.1 e	15.9	14.4	16.5	17.7	16.6	16.5
Venezuela, Rep. Bol.	299	0.2 e	0.0 e	0.0 e	0.1 e	....	....	43.2	38.9	44.8	48.1	44.9	44.7
Other Countries n.i.e	910	**0.3**	**0.3**	**0.4**	**0.3**	**0.4**	**0.4**	**21.9**	**19.7**	**22.7**	**24.4**	**22.8**	**22.7**
Cuba	928	0.3 e	0.3 e	0.4 e	0.3 e	0.4 e	0.4 e	21.9	19.7	22.7	24.4	22.8	22.7
Memorandum Items													
Africa	605	0.2	0.5	0.9	6.1	2.4	7.5	5.8	10.2	8.9	4.4	3.4	8.2
Middle East	405	0.9	1.6	2.2	4.2	2.3	2.2	1.1	1.0	1.1	1.5	1.5	1.2
European Union	998	25.0	28.0	35.3	39.8	35.2	41.6	171.9	128.7	161.6	174.6	151.6	156.3
Export earnings: fuel	080	1.4	2.0	8.8	11.1	4.4	9.3	154.1	138.8	140.6	136.7	125.7	121.7
Export earnings: nonfuel	092	815.4	868.0	944.4	1,006.2	1,077.6	1,039.3	1,869.2	1,665.4	1,940.6	2,071.2	1,984.4	2,051.8

Honduras (268)

In Millions of U.S. Dollars

		Exports (FOB)						Imports (CIF)					
		2011	2012	2013	2014	2015	2016	2011	2012	2013	2014	2015	2016
IFS World		3,959.2	4,382.8	3,883.0	4,062.2	3,919.0	3,854.7	9,016.4	9,384.8	9,153.2	9,300.0	9,423.7	8,903.5
World	001	3,959.8	4,389.9	3,927.3	4,066.7	3,915.4	3,857.3	9,016.2	9,385.3	9,152.3	9,309.7	9,424.2	8,898.2
Advanced Economies	110	2,616.2	2,985.9	2,380.9	2,520.3	2,514.6	2,540.7	5,034.5	4,967.0	4,760.9	5,025.4	4,448.2	4,173.4
Euro Area	163	932.1	1,151.4	676.9	774.0	814.7	839.4	431.6	444.8	417.9	562.3	598.8	527.4
Austria	122	0.9	0.1	0.0	0.0	0.0	0.1	4.0	20.0	4.9	10.9	8.3	14.2
Belgium	124	251.8	296.1	135.8	85.6	116.7	93.5	35.4	37.2	41.7	39.0	30.3	32.3
Cyprus	423	0.0	0.0	0.0	0.0	0.0	0.0	0.0	....	0.1	0.0	1.4	0.6
Estonia	939	....	0.0	0.1	0.2	0.4	....	22.6	0.1	4.0	2.8	5.8	2.9
Finland	172	13.0	16.7	12.5	14.5	16.0	13.8	3.2	7.7	7.4	16.3	13.9	11.3
France	132	61.4	53.4	43.7	62.2	63.4	53.0	24.4	27.3	37.4	35.6	47.0	49.2
Germany	134	416.1	498.4	273.9	340.9	339.4	314.6	143.0	132.2	152.0	174.5	171.1	170.5
Greece	174	0.2	1.0	1.4	0.7	1.0	2.7	0.3	0.0	0.2	1.0	2.2	2.2
Ireland	178	1.0	2.8	4.4	5.2	3.6	4.3	3.6	5.0	2.5	5.2	6.8	9.4
Italy	136	68.3	80.5	42.2	47.1	67.7	60.4	66.3	46.0	46.6	85.9	82.1	77.6
Latvia	941	....	....	0.0	....	....	....	6.3	34.2	0.8	5.0	0.7	4.8
Lithuania	946	0.0	0.0	0.0	0.0	0.0	....	3.1	0.0	0.0	0.0	0.0	0.2
Luxembourg	137	....	....	....	....	0.0	0.0	0.0	0.2	0.0	0.2	1.8	0.3
Malta	181	....	....	0.0	0.0	....	0.0	....	....	....	0.3	0.0	0.5
Netherlands	138	61.4	137.2	111.8	162.4	159.9	251.2	36.0	35.3	34.8	39.9	36.1	39.9
Portugal	182	18.0	10.0	4.9	8.6	4.6	5.1	2.8	3.7	5.3	6.6	9.0	8.4
Slovak Republic	936	0.0	0.0	0.0	0.0	0.1	0.3	0.3	0.1	0.1	0.1	0.7	0.8
Slovenia	961	0.9	0.1	1.2	0.1	0.0	0.4	0.0	0.1	0.1	0.3	0.7	0.8
Spain	184	39.1	55.1	44.9	46.5	41.8	39.9	80.4	95.7	80.1	138.7	180.8	101.5
Australia	193	6.6	6.6	15.2	53.1	24.7	6.5	3.4	2.5	1.3	3.6	3.9	2.2
Canada	156	100.8	65.9	82.8	53.2	69.5	23.2	32.8	35.0	35.9	39.0	37.7	41.3
China,P.R.: Hong Kong	532	9.2	2.7	4.5	3.4	2.1	2.9	35.1	26.0	29.6	33.0	24.4	17.2
Czech Republic	935	6.6	4.9	3.5	3.9	2.8	1.9	0.8	1.2	1.6	3.0	4.1	7.3
Denmark	128	3.8	3.9	3.4	0.6	1.1	4.6	5.3	8.2	13.3	15.1	14.5	12.8
Iceland	176	0.0	0.2	....	....	....	....	0.0	....	....	0.0	0.0	0.0
Israel	436	2.4	3.7	1.6	1.0	1.7	1.3	21.2	11.9	10.2	24.5	28.9	35.3
Japan	158	52.5	34.2	27.7	34.7	23.4	12.2	111.1	119.0	85.6	91.2	134.7	141.7
Korea, Republic of	542	72.0	59.1	19.8	24.6	25.5	44.7	84.6	88.1	72.3	79.7	85.6	90.5
New Zealand	196	0.5	0.2	0.0	0.3	0.3	0.4	5.0	1.2	0.8	1.3	6.4	2.3
Norway	142	2.5	1.6	2.6	2.7	2.2	0.9	0.6	0.6	0.6	1.2	2.0	2.1
Singapore	576	....	0.3	0.4	0.3	0.8	0.7	16.9	24.5	21.1	13.8	7.2	4.5
Sweden	144	29.4	31.6	18.7	22.5	29.1	28.9	22.1	9.2	11.1	24.0	17.4	19.8
Switzerland	146	2.3	2.3	0.7	3.9	6.2	3.6	10.6	14.4	11.5	12.2	24.5	23.9
Taiwan Prov.of China	528	21.7	26.5	34.5	35.6	23.8	27.4	34.5	36.0	57.6	74.2	115.4	92.7
United Kingdom	112	92.2	76.4	70.5	76.4	75.5	80.0	10.1	11.5	18.3	16.7	28.4	24.0
United States	111	1,281.6	1,514.5	1,418.1	1,430.0	1,411.0	1,462.1	4,208.8	4,133.0	3,972.2	4,030.7	3,314.5	3,128.3
Emerg. & Dev. Economies	200	1,321.1	1,383.6	1,515.1	1,524.7	1,378.0	1,307.3	3,962.8	4,398.6	4,364.7	4,261.6	4,948.8	4,710.9
Emerg. & Dev. Asia	505	126.4	148.6	168.6	108.1	46.6	45.6	495.9	659.0	645.8	965.1	1,684.0	1,455.8
Bangladesh	513	0.3	0.8	1.3	2.6	2.7	2.0	0.3	0.2	0.3	1.3	3.8	3.7
Cambodia	522	....	....	....	....	....	....	0.1	0.2	0.1	0.5	1.3	1.7
China,P.R.: Mainland	924	102.6	113.7	130.0	71.2	20.8	12.1	337.2	436.1	452.8	704.8	1,280.8	1,085.0
India	534	7.0	16.3	21.8	22.9	15.0	13.0	51.4	82.6	78.0	115.0	185.2	136.7
Indonesia	536	1.3	0.2	0.6	0.9	0.8	11.7	18.9	21.4	4.4	8.5	15.3	16.8
Malaysia	548	0.1	0.2	0.2	0.0	0.2	1.0	12.6	20.6	16.1	27.9	41.3	35.1
Papua New Guinea	853	....	....	....	....	....	....	0.4	0.0	0.1	....	....	0.0
Philippines	566	0.4	0.2	0.6	0.9	0.9	0.3	0.6	0.2	0.6	2.0	3.9	5.8
Sri Lanka	524	0.0	0.0	0.9	0.1	0.3	....	1.5	2.0	2.1	2.5	2.6	3.1
Thailand	578	2.0	1.3	1.3	0.7	0.9	1.3	70.0	91.6	85.5	83.1	108.5	120.9
Vietnam	582	12.6	15.9	11.8	8.7	5.1	4.1	2.9	4.0	5.7	19.6	41.3	46.9
Europe	170	30.6	17.4	18.4	20.3	16.3	24.5	80.3	69.2	74.9	65.5	90.6	92.5
Emerg. & Dev. Europe	903	8.2	9.0	9.1	11.5	9.8	13.0	4.4	12.1	13.1	15.1	19.6	32.7
Albania	914	....	0.0	0.3	....	....	....	....	0.0	....	0.0	0.0	0.0
Bulgaria	918	4.4	3.6	4.1	6.8	6.8	6.6	0.0	0.1	0.2	0.2	0.4	1.0
Croatia	960	....	0.0	....	0.1	0.4	....	....	....	....	0.0	0.0	0.2
Gibraltar	823	....	....	0.7	....	....	....	....	....	....	....	....	....
Hungary	944	0.0	0.0	0.0	0.0	0.0	0.1	0.2	0.3	0.6	0.7	2.9	4.4

Honduras (268)

In Millions of U.S. Dollars

		Exports (FOB)						Imports (CIF)					
		2011	2012	2013	2014	2015	2016	2011	2012	2013	2014	2015	2016
Poland	964	0.4	2.2	1.8	2.2	1.1	3.0	0.8	1.4	1.2	2.7	3.2	13.9
Romania	968	1.4	1.9	0.8	0.6	0.3	0.2	0.0	0.0	0.0	0.3	0.5	0.7
Turkey	186	2.0	1.3	1.5	1.7	1.3	3.2	3.3	10.5	11.2	11.2	12.5	12.4
CIS	901	**22.5**	**8.4**	**9.3**	**8.9**	**6.4**	**11.5**	**75.9**	**57.0**	**61.8**	**50.4**	**70.9**	**59.8**
Belarus	913	....	....	....	....	....	....	0.0	0.0	4.4	0.0	0.0	0.2
Georgia	915	0.0	0.1	2.2	0.0	0.1	0.1	0.0	....	0.3	0.1	0.1	0.0
Moldova	921	....	....	....	....	....	....	....	....	....	0.0	0.5	0.0
Russian Federation	922	22.4	8.2	6.9	8.8	6.2	10.7	67.3	43.3	53.9	42.4	69.3	59.4
Turkmenistan	925	....	....	....	....	....	....	....	....	....	0.0	0.1	0.0
Ukraine	926	0.1	0.1	0.1	0.1	0.1	0.7	8.6	13.7	3.1	7.9	1.0	0.1
Mid East, N Africa, Pak	440	**2.8**	**5.7**	**11.7**	**6.6**	**3.9**	**3.4**	**6.4**	**7.6**	**6.8**	**7.5**	**8.4**	**10.1**
Afghanistan, I.R. of	512	....	....	....	....	....	....	....	0.1	0.0	0.0	0.0	0.0
Algeria	612	....	....	2.9	2.6	0.9	....	....	....	0.0	0.0	0.0	....
Egypt	469	0.2	0.0	3.8	0.5	0.0	0.1	0.1	0.2	0.1	0.5	0.3	0.6
Iran, I.R. of	429	0.2	0.4	0.2	0.3	0.0	0.1	0.0	0.0	....	0.0	0.0	0.0
Iraq	433	....	....	....	....	....	....	....	0.1	....	....	....	....
Jordan	439	....	0.1	....	0.0	0.1	0.1	0.5	0.4	0.0	0.4	0.2	0.8
Kuwait	443	....	....	....	0.1	0.0	0.0	....	0.0	0.0	0.1	....	0.0
Lebanon	446	0.1	0.0	0.0	0.0	0.1	0.3	0.0	0.0	0.0	0.0	0.0	0.0
Morocco	686	1.3	1.2	0.8	0.9	0.7	0.2	0.3	1.1	0.2	0.6	1.4	1.8
Oman	449	0.2	....	....	....	....	....	2.6	0.5	0.0	0.1	0.4	0.1
Pakistan	564	0.4	0.5	1.1	1.3	1.0	0.6	0.7	2.7	3.1	2.2	3.0	2.9
Qatar	453	0.0	....	....	0.0	0.0	....	0.3	0.5	0.1	0.2	0.1	1.0
Saudi Arabia	456	0.0	0.1	0.0	0.0	0.0	0.0	....	0.1	1.4	1.4	0.9	1.2
Sudan	732	....	....	....	....	....	0.0	0.0	0.0	0.2	0.3	0.0	0.2
Syrian Arab Republic	463	0.3	....	0.1	0.0	0.1	0.1	0.4	0.3	0.1	0.0	0.0	0.1
Tunisia	744	0.0	0.1	0.0	0.0	0.0	....	0.2	0.0	0.4	0.4	0.1	0.1
United Arab Emirates	466	0.2	3.0	1.3	0.9	0.9	1.9	1.3	1.6	1.1	1.3	1.8	1.3
Yemen, Republic of	474	....	0.4	1.4	....	....	....	....	....	....	....	0.0	0.0
Sub-Saharan Africa	603	**4.9**	**3.5**	**5.5**	**10.5**	**2.8**	**8.2**	**5.4**	**13.8**	**18.5**	**14.5**	**11.0**	**7.1**
Angola	614	0.5	0.5	0.5	0.4	....	....	....	....	....	0.0	1.0	0.0
Burkina Faso	748	....	....	....	....	....	....	0.1	0.1	0.1	0.0	0.0	0.0
Cameroon	622	....	....	1.2	....	....	....	0.0	0.0	0.0	0.0	0.0	0.0
Congo, Dem. Rep. of	636	....	0.0	1.4	0.1	0.0	....	....	....	....	....	0.0	0.0
Côte d'Ivoire	662	....	....	....	....	....	5.7	....	....	....	....	....	0.0
Ethiopia	644	....	....	....	....	0.0	0.0	2.1	....	....	3.8	2.8	0.0
Gabon	646	0.4	....	0.0	....	....	....	....	0.2	....	....	....	0.0
Ghana	652	1.3	0.3	0.3	6.5	0.0	0.2	0.0	0.0	....	0.0	0.0	....
Guinea	656	....	0.0	....	....	....	....	0.1	0.1	....	0.0	....	....
Kenya	664	....	....	....	0.4	0.0	0.0	....	....	....	0.0	0.6	0.0
Lesotho	666	....	....	....	....	....	....	....	....	....	0.0	0.0	0.1
Liberia	668	0.1	....	....	....	....	0.0	....	....	....	....	....	....
Madagascar	674	0.2	0.1	....	....	....	....	....	....	....	0.0	0.0	0.1
Malawi	676	....	....	0.1	....	....	....	....	....	....	0.2	0.0	0.6
Mauritius	684	0.0	0.0	0.0	0.0	0.0	0.0	....	....	....	0.0	0.1	0.1
Mozambique	688	0.2	....	....	0.1	0.5	0.3	0.0	0.3	0.5	0.3	0.1	....
Nigeria	694	....	0.0	....	....	0.0	0.0	0.0	....	0.0	....	0.2	0.2
Rwanda	714	....	0.0	....	....	....	....	....	....	....	....	....	0.5
Sierra Leone	724	....	....	0.0	....	0.0	0.4	....	0.0	....	0.0	0.0	0.0
South Africa	199	1.8	2.2	0.8	1.5	1.8	0.9	1.3	11.3	16.6	8.3	5.3	3.9
Swaziland	734	0.1	0.0	....	0.7	....	....	0.3	0.4	0.0	0.6	0.1	0.8
Tanzania	738	0.3	0.2	1.0	0.5	0.4	0.5	....	0.0	....	0.0	0.1	0.1
Uganda	746	0.1	0.2	0.3	0.4	0.0	....	0.5	0.8	0.5	1.1	0.4	0.3
Zimbabwe	698	....	....	....	....	....	....	1.1	0.6	0.7	0.2	0.3	0.4
Western Hemisphere	205	**1,156.4**	**1,208.5**	**1,310.9**	**1,379.2**	**1,308.5**	**1,225.6**	**3,374.8**	**3,649.0**	**3,618.8**	**3,208.9**	**3,154.9**	**3,145.4**
Antigua and Barbuda	311	0.6	0.6	0.7	0.8	0.8	0.9	....	....	....	....	0.0	0.0
Argentina	213	1.2	0.4	0.1	0.1	0.5	0.6	24.6	30.3	43.3	41.5	25.5	38.2
Aruba	314	1.4	1.1	1.3	0.6	0.5	1.4	7.2	0.0	49.3	0.0	0.0	2.5
Bahamas, The	313	1.5	1.7	1.5	1.7	1.4	1.4	2.9	0.7	0.1	0.0	0.0	0.0
Barbados	316	2.8	4.2	2.1	2.9	1.8	2.1	0.0	0.1	0.0	0.0	0.0	0.1

Honduras (268)

In Millions of U.S. Dollars

		Exports (FOB)						Imports (CIF)					
		2011	2012	2013	2014	2015	2016	2011	2012	2013	2014	2015	2016
Belize	339	6.3	12.5	5.2	9.9	13.3	11.1	0.3	0.3	0.1	0.1	0.1	0.3
Bermuda	319	32.4	0.0	0.0	0.0	0.0	0.0	....	....	....	....	....	....
Bolivia	218	0.3	0.2	0.2	0.2	0.2	0.3	0.3	0.1	0.1	0.2	0.2	0.3
Brazil	223	4.6	5.4	4.4	8.4	7.9	7.9	83.9	95.5	86.5	135.5	132.9	144.0
Chile	228	10.0	2.9	3.8	1.9	10.8	2.2	48.3	53.4	53.4	68.3	55.7	58.6
Colombia	233	16.8	6.7	10.4	10.5	11.2	16.7	317.0	272.2	331.2	187.7	117.3	126.2
Costa Rica	238	116.3	103.4	109.4	112.7	96.2	105.4	364.5	384.8	355.5	329.3	330.6	330.6
Curaçao	354	....	....	....	....	....	0.2	....	....	....	....	....	1.2
Dominica	321	0.0	0.3	1.2	0.3	0.0	0.0	0.0	0.0	0.0	0.0	0.0	0.0
Dominican Republic	243	40.7	46.2	51.1	62.4	89.9	71.1	25.9	88.8	28.9	15.0	22.4	28.9
Ecuador	248	7.7	7.4	12.5	18.5	23.0	16.1	226.8	238.3	182.5	43.4	47.4	46.7
El Salvador	253	298.5	293.7	334.5	323.7	331.6	334.9	485.7	554.9	521.3	475.6	477.4	471.5
Grenada	328	0.6	1.3	2.2	1.8	1.2	1.7	....	....	....	....	....	....
Guatemala	258	235.4	218.5	259.9	256.4	236.4	236.2	798.4	801.0	827.7	879.0	862.5	845.6
Guyana	336	0.1	0.2	0.4	0.2	0.2	0.7	0.0	0.0	0.0	0.0	0.1	0.6
Haiti	263	3.9	6.1	14.4	10.8	10.0	8.1	0.1	0.0	0.2	1.3	1.1	1.1
Jamaica	343	8.7	12.5	8.1	9.1	7.6	9.8	1.1	0.7	0.1	0.2	0.1	0.7
Mexico	273	133.9	122.4	136.7	180.0	93.4	112.5	488.8	538.0	514.5	519.6	617.7	644.2
Netherlands Antilles	353	1.7	2.2	0.9	0.2	0.9	0.0	0.1	0.0	0.2	0.8	1.6	1.4
Nicaragua	278	157.2	202.3	204.3	240.7	217.4	219.2	67.4	92.0	110.7	109.1	109.7	97.5
Panama	283	24.8	52.8	61.8	49.0	76.8	38.7	346.9	359.6	336.2	257.3	222.7	163.4
Paraguay	288	0.0	0.1	0.1	0.1	0.1	0.2	0.1	0.2	0.1	1.8	4.2	3.7
Peru	293	5.0	13.3	5.8	5.9	7.6	2.4	27.5	75.2	101.2	74.7	68.8	80.2
St. Kitts and Nevis	361	0.0	0.1	0.5	0.4	0.2	0.1	....	....	....	....	....	....
St. Lucia	362	2.3	2.4	4.4	2.7	3.1	2.3	0.0	0.0	....	....	....	0.0
St. Vincent & Grens.	364	0.1	0.0	1.3	1.0	0.1	0.0	0.0	....	0.0	0.0	....	....
Suriname	366	0.4	0.0	0.2	0.2	0.1	0.3	0.0	0.0	0.0	....	0.0	0.0
Trinidad and Tobago	369	4.0	3.9	6.7	5.4	4.8	6.7	7.5	13.6	26.2	19.8	1.5	2.3
Uruguay	298	0.0	0.3	0.4	0.6	0.4	0.8	42.3	47.3	48.6	48.0	53.0	54.1
Venezuela, Rep. Bol.	299	36.9	83.5	64.1	59.7	58.5	13.6	6.7	2.0	0.8	0.5	2.1	1.6
Western Hem. n.s.	399	0.1	0.2	0.5	0.6	0.4	....	0.5	0.1	0.1	0.1	0.1	....
Other Countries n.i.e	910	**22.5**	**20.3**	**31.3**	**21.8**	**22.7**	**7.6**	**18.9**	**19.7**	**26.7**	**22.7**	**27.2**	**13.5**
Cuba	928	0.1	0.2	0.1	0.5	8.7	7.6	17.7	17.8	23.3	18.5	22.4	8.7
Korea, Dem. People's Rep.	954	22.5	20.2	31.1	21.3	14.0	0.0	1.2	1.9	3.4	4.2	4.7	4.8
Countries & Areas n.s.	898	....	....	....	....	....	1.6	....	....	....	....	....	0.5
Memorandum Items													
Africa	605	6.2	4.8	9.2	14.0	4.5	8.4	5.8	14.9	19.3	15.7	12.6	9.2
Middle East	405	1.1	3.9	6.9	1.8	1.3	2.5	5.3	3.8	2.8	4.1	3.8	5.2
European Union	998	1,070.3	1,275.9	779.6	887.3	931.8	964.6	471.0	476.5	464.1	625.0	670.2	611.6
Export earnings: fuel	080	89.6	114.1	107.2	107.3	105.8	66.1	629.9	572.5	597.3	297.3	242.3	240.3
Export earnings: nonfuel	092	3,870.2	4,275.7	3,820.1	3,959.5	3,809.6	3,791.2	8,386.3	8,812.8	8,554.9	9,012.4	9,181.9	8,657.9

Hungary (944)

In Millions of U.S. Dollars

		Exports (FOB) 2011	2012	2013	2014	2015	2016	Imports (CIF) 2011	2012	2013	2014	2015	2016
IFS World		110,730.2	102,989.4	108,379.6	112,297.1	100,287.4	102,870.5	100,887.4	94,231.4	99,036.8	103,797.9	90,747.2	91,328.6
World	001	112,297.9	103,602.2	107,503.4	110,622.1	98,524.3	101,919.3	102,428.9	95,206.6	100,119.6	104,896.9	91,973.6	93,880.2
Advanced Economies	110	80,067.7	73,537.4	77,137.4	81,975.3	74,400.5	77,189.5	70,508.4	66,189.7	69,368.3	75,310.5	68,003.4	70,203.9
Euro Area	163	62,058.8	57,276.1	60,552.7	64,862.1	58,409.4	60,363.2	55,502.0	52,801.4	55,782.8	60,774.5	54,067.0	56,066.2
Austria	122	6,333.0	5,956.1	6,050.7	6,246.5	4,889.0	5,053.8	6,777.9	6,820.1	6,765.5	7,695.4	6,099.7	6,042.8
Belgium	124	1,587.7	1,503.3	1,638.2	2,026.1	1,849.5	1,884.2	2,140.9	2,008.1	2,168.7	2,501.0	2,130.0	2,152.0
Cyprus	423	66.6	81.3	106.3	60.5	54.3	40.3	81.9	59.5	48.9	47.9	39.0	54.0
Estonia	939	204.2	174.6	212.2	219.6	252.7	342.1	28.3	27.6	30.6	45.9	51.6	47.9
Finland	172	284.3	264.0	346.0	304.9	326.6	332.1	464.4	501.2	287.1	347.3	273.5	276.1
France	132	5,208.0	4,761.0	4,811.2	5,075.6	4,649.1	4,945.3	3,711.7	3,419.3	3,785.4	4,963.7	4,624.1	4,011.4
Germany	134	27,641.2	25,767.1	27,995.9	31,115.9	27,592.4	28,652.5	24,435.9	23,396.2	25,043.2	26,539.7	23,943.9	25,220.6
Greece	174	402.7	340.3	387.4	405.6	408.4	410.8	127.6	87.7	93.2	112.3	96.6	107.0
Ireland	178	199.0	190.5	206.1	218.7	185.5	198.6	517.0	515.4	493.5	435.2	444.0	557.1
Italy	136	5,579.8	4,802.9	5,116.5	5,184.1	4,684.8	4,910.4	4,602.3	4,185.7	4,391.7	4,656.6	4,168.3	4,460.9
Latvia	941	179.5	180.3	188.1	240.0	154.1	163.9	32.6	32.2	33.7	35.4	41.4	59.8
Lithuania	946	244.4	248.2	248.3	245.4	229.8	241.8	98.1	117.6	184.3	162.9	124.6	142.1
Luxembourg	137	94.0	99.7	99.1	102.9	90.1	112.1	95.1	103.0	78.1	85.4	91.3	90.8
Malta	181	15.3	9.5	11.2	23.4	21.1	15.9	21.0	17.6	19.9	30.4	9.7	15.1
Netherlands	138	2,875.1	2,849.5	3,077.1	3,289.5	3,341.0	3,317.9	4,332.9	3,788.3	3,841.8	4,257.8	4,206.0	4,642.8
Portugal	182	350.1	300.1	276.7	320.6	331.0	370.5	189.3	218.6	235.3	291.8	206.6	228.9
Slovak Republic	936	6,619.6	6,159.7	5,849.4	5,559.6	5,046.1	5,118.5	5,501.4	5,356.5	5,730.0	5,646.5	4,818.9	4,997.7
Slovenia	961	1,235.5	1,183.7	1,251.2	1,237.7	996.1	1,068.9	1,147.4	1,020.3	1,223.7	1,375.3	1,247.3	1,356.6
Spain	184	2,938.6	2,404.4	2,681.0	2,985.7	3,307.9	3,183.7	1,196.5	1,126.4	1,328.1	1,544.3	1,450.7	1,602.5
Australia	193	318.6	207.9	201.5	277.9	300.0	310.0	16.6	22.3	26.0	24.2	37.7	31.6
Canada	156	228.0	295.7	279.1	192.5	168.6	160.9	185.7	139.5	133.2	119.1	118.7	89.7
China,P.R.: Hong Kong	532	321.7	304.8	278.7	260.9	236.0	294.9	82.7	78.8	68.3	70.3	53.2	41.5
China,P.R.: Macao	546	0.9	0.1	0.7	2.6	1.2	0.6	0.2	0.2	0.2	0.4	3.4	4.0
Czech Republic	935	4,158.8	4,002.1	4,113.6	4,286.4	3,947.8	4,323.9	3,481.4	3,356.6	4,084.7	4,774.7	4,400.9	4,549.1
Denmark	128	750.2	736.9	828.6	912.7	705.0	722.5	621.7	551.2	654.8	737.5	592.9	631.1
Iceland	176	8.5	5.4	9.7	11.1	9.6	12.5	8.5	2.0	24.6	50.3	40.1	42.0
Israel	436	456.7	348.5	353.4	349.7	321.0	344.4	145.0	156.1	149.7	180.8	174.8	153.4
Japan	158	599.4	576.1	499.0	538.2	556.1	556.3	1,597.1	1,265.4	1,228.6	1,183.2	1,272.3	1,436.9
Korea, Republic of	542	355.5	235.6	286.5	312.8	401.5	409.0	1,723.7	1,271.7	925.9	1,205.6	1,375.0	1,056.8
New Zealand	196	57.9	26.8	27.0	45.8	39.3	43.3	10.2	10.6	9.8	9.8	4.4	3.5
Norway	142	222.4	206.4	217.1	255.6	208.7	180.2	24.8	19.8	20.4	25.5	18.5	34.6
San Marino	135	0.1	0.1	0.1	0.4	0.0	0.0	0.3	0.5	0.4	0.4	0.4	0.5
Singapore	576	839.7	404.9	275.5	189.5	175.9	175.1	478.9	317.1	278.7	271.2	224.7	247.0
Sweden	144	1,107.6	1,093.8	1,049.5	1,132.4	1,225.5	1,264.9	1,122.0	1,024.0	966.1	1,007.5	868.1	901.5
Switzerland	146	1,015.0	957.3	1,004.2	1,003.6	876.0	883.4	652.0	525.5	441.3	565.5	570.7	549.4
Taiwan Prov.of China	528	100.0	94.2	123.3	108.2	113.2	140.1	955.1	1,137.9	952.1	644.9	681.7	753.5
United Kingdom	112	5,077.2	4,272.6	4,251.2	4,126.8	3,985.0	4,043.4	2,082.9	1,810.2	1,859.6	1,829.5	1,749.3	1,840.4
United States	111	2,390.6	2,491.8	2,786.0	3,106.0	2,720.4	2,960.6	1,817.6	1,698.9	1,761.3	1,835.5	1,749.5	1,771.4
Emerg. & Dev. Economies	200	32,227.8	30,063.3	30,364.1	28,645.6	24,119.8	24,727.9	31,920.0	29,016.5	30,415.9	29,562.7	23,959.8	23,653.0
Emerg. & Dev. Asia	505	2,804.0	2,502.0	2,457.7	2,426.1	1,928.5	2,150.1	10,264.8	8,675.0	8,371.7	8,042.3	7,452.3	7,678.9
Bangladesh	513	8.5	5.8	4.5	33.5	10.2	8.7	2.9	1.9	2.7	3.3	3.2	4.3
Brunei Darussalam	516	0.4	0.3	0.1	0.5	0.2	6.5	0.0	0.0	....	0.0	0.0	0.0
Cambodia	522	0.3	6.1	1.3	0.4	0.6	0.4	0.6	0.5	0.3	0.0	0.4	0.7
China,P.R.: Mainland	924	1,728.5	1,794.6	1,904.9	1,868.5	1,399.7	1,573.3	8,595.6	7,060.9	6,858.8	6,396.2	5,712.2	5,870.2
Fiji	819	0.0	0.2	0.1	0.0	0.4	0.2	0.0	0.0	0.0	0.0	....	0.0
F.T. French Polynesia	887	0.3	0.4	1.0	1.0	0.8	1.8	....	....	....	0.0	....	0.0
F.T. New Caledonia	839	4.6	1.8	4.0	3.3	3.3	3.5	0.0	....	....	0.1	0.0	0.0
India	534	490.0	285.5	218.3	211.2	212.0	184.4	374.4	374.4	365.7	390.3	376.8	390.8
Indonesia	536	72.3	24.1	41.5	29.3	47.5	50.4	179.6	127.0	126.3	147.6	170.8	151.3
Lao People's Dem.Rep	544	0.0	0.0	0.0	0.0	0.0	1.2	0.0	....	0.0	0.0	0.0	0.0
Malaysia	548	235.6	158.4	136.8	100.7	89.3	113.9	338.9	407.4	253.7	285.8	347.1	360.1
Maldives	556	0.2	0.3	0.3	0.3	0.2	0.3	....	0.0	0.0	0.0	....	0.0
Marshall Islands	867	0.1	....	....	0.6	....	....	0.0	....	0.0	....	....	....
Mongolia	948	5.7	10.1	12.0	11.2	10.2	8.8	0.2	0.0	0.0	0.0	0.1	0.0
Myanmar	518	0.0	27.6	1.1	3.9	4.4	4.2	0.0	0.0	0.3	0.0	0.0	0.4
Nepal	558	0.2	0.2	0.2	0.7	0.6	0.6	0.5	0.3	0.3	0.7	0.3	0.3

Hungary (944)
In Millions of U.S. Dollars

		Exports (FOB)						Imports (CIF)					
		2011	2012	2013	2014	2015	2016	2011	2012	2013	2014	2015	2016
Palau	565	0.0	0.0	....	0.0	....	0.1	....	....	....	....	....	....
Papua New Guinea	853	0.7	1.7	0.0	0.3	0.0	0.0	0.0	0.0	0.0	0.0	0.0	0.0
Philippines	566	6.8	14.3	9.2	12.3	16.1	14.4	284.5	206.5	185.9	203.2	212.7	188.7
Sri Lanka	524	4.3	2.7	2.3	2.3	17.0	9.9	8.4	9.3	8.4	11.2	20.8	26.0
Thailand	578	199.5	123.3	60.6	66.4	52.4	95.6	416.5	431.3	516.0	549.2	508.5	523.8
Vietnam	582	45.8	44.4	59.3	79.5	63.4	71.7	63.0	55.5	53.1	54.7	99.3	162.0
Asia n.s.	598	0.3	0.1	0.1	0.2	0.2	0.2	0.0	0.0	0.0	0.0	0.0	0.0
Europe	170	**24,568.9**	**23,044.8**	**23,927.2**	**23,120.4**	**19,364.4**	**19,853.9**	**20,498.2**	**19,157.9**	**20,376.8**	**20,439.0**	**15,403.9**	**14,987.2**
Emerg. & Dev. Europe	903	**17,885.0**	**16,711.8**	**17,053.7**	**17,457.0**	**15,641.1**	**16,192.5**	**10,048.8**	**9,110.5**	**10,118.6**	**11,395.6**	**10,520.8**	**10,963.6**
Albania	914	80.6	67.9	72.2	63.0	59.8	71.3	1.1	1.2	1.3	2.6	15.4	19.1
Bosnia and Herzegovina	963	359.7	370.0	411.5	407.1	337.4	329.0	147.0	115.8	129.7	138.5	125.0	124.9
Bulgaria	918	1,000.6	976.1	998.7	1,119.2	1,042.1	1,093.3	285.6	257.6	329.1	383.2	381.5	387.9
Croatia	960	1,668.0	1,748.7	1,521.4	1,575.0	1,504.9	1,500.7	412.5	445.3	447.3	561.7	480.8	520.4
Faroe Islands	816	0.0	0.0	0.0	0.3	1.9	0.1	....	....	0.0	....	....	0.0
Gibraltar	823	0.5	0.6	0.9	0.8	0.6	0.5	0.0	....	0.0	0.0	0.0	0.0
Kosovo	967	45.1	42.1	51.6	44.7	38.6	47.5	0.2	0.2	0.3	0.3	0.4	0.5
Macedonia, FYR	962	161.5	159.2	173.2	213.4	196.0	272.4	9.0	10.8	12.2	140.1	165.3	252.3
Montenegro	943	47.8	54.0	70.9	65.9	48.1	39.7	67.5	67.7	4.0	1.2	3.3	42.8
Poland	964	4,314.1	3,943.4	4,227.9	4,335.4	3,853.7	4,322.9	4,703.3	4,401.9	4,824.2	5,414.3	5,019.4	5,127.3
Romania	968	6,796.9	6,152.4	6,133.2	6,160.2	5,445.4	5,349.0	3,272.8	2,657.2	2,861.3	3,359.4	2,874.2	2,914.8
Serbia, Republic of	942	1,533.2	1,640.2	1,604.4	1,765.1	1,448.9	1,476.3	577.2	567.6	711.4	638.2	626.3	720.3
Turkey	186	1,877.1	1,557.2	1,787.6	1,706.8	1,663.5	1,689.8	572.5	585.3	797.7	756.1	829.3	853.2
CIS	901	**6,683.8**	**6,333.0**	**6,873.5**	**5,663.4**	**3,723.3**	**3,661.3**	**10,449.3**	**10,047.5**	**10,258.2**	**9,043.4**	**4,883.1**	**4,023.6**
Armenia	911	26.1	20.6	21.0	20.7	15.6	13.5	0.4	0.8	1.1	0.4	0.5	0.7
Azerbaijan, Rep. of	912	111.2	49.1	67.0	77.2	66.4	44.5	0.1	0.8	0.1	0.2	0.1	15.8
Belarus	913	169.0	159.7	182.6	190.1	132.5	106.7	84.8	72.7	69.1	87.8	84.0	65.3
Georgia	915	32.9	50.2	53.3	57.0	47.6	42.9	2.7	0.3	0.6	0.7	0.7	0.5
Kazakhstan	916	201.4	160.5	209.6	166.2	145.2	117.6	112.8	89.0	51.6	40.9	19.2	73.3
Kyrgyz Republic	917	11.7	12.9	12.9	17.7	9.7	9.2	0.0	0.0	0.0	0.2	0.1	0.2
Moldova	921	127.6	147.1	149.8	123.0	90.7	95.5	24.5	29.0	16.6	8.6	4.8	9.4
Russian Federation	922	3,601.3	3,292.0	3,354.3	2,751.7	1,667.2	1,557.5	8,874.2	8,297.3	8,499.7	7,198.8	3,640.0	2,634.3
Tajikistan	923	5.9	4.6	5.4	5.8	4.8	3.7	0.3	1.4	0.0	0.2	0.3	1.3
Turkmenistan	925	9.3	14.8	114.8	26.9	53.0	30.1	0.2	0.0	0.1	0.1	0.1	1.7
Ukraine	926	2,337.3	2,355.4	2,631.4	2,163.5	1,447.2	1,599.2	1,341.0	1,554.4	1,617.3	1,704.8	1,132.8	1,220.8
Uzbekistan	927	50.2	66.3	71.4	63.5	43.4	40.9	8.5	1.8	2.1	0.9	0.6	0.2
Europe n.s.	884	0.1	....	0.0	0.0	0.0	0.1	0.0	0.0	0.0	....	0.0	0.0
Mid East, N Africa, Pak	440	**3,018.1**	**2,344.1**	**2,133.6**	**1,451.5**	**1,358.6**	**1,171.7**	**157.3**	**119.1**	**342.9**	**587.4**	**557.0**	**449.3**
Afghanistan, I.R. of	512	7.9	10.3	9.9	10.6	7.4	5.6	0.0	0.0	0.0	0.0	0.1	0.0
Algeria	612	61.0	158.9	211.7	143.5	80.3	65.7	12.3	6.3	0.0	0.0	27.2	0.8
Bahrain, Kingdom of	419	15.0	13.2	10.0	6.9	14.0	6.0	1.2	0.1	0.4	1.1	0.0	0.1
Djibouti	611	2.3	0.5	0.8	0.9	1.2	1.4	0.0	....	0.0	....	....	....
Egypt	469	162.3	132.1	172.3	266.5	258.3	190.5	15.4	10.9	15.7	23.3	21.3	26.9
Iran, I.R. of	429	24.7	22.6	25.0	35.1	30.6	32.6	3.7	3.7	3.8	3.7	4.8	47.5
Iraq	433	46.3	24.9	35.7	23.5	31.4	47.8	0.5	0.0	249.5	407.2	390.7	193.2
Jordan	439	40.8	32.0	33.4	41.3	35.3	46.0	9.4	7.1	6.6	1.9	0.3	0.2
Kuwait	443	29.6	43.0	26.1	46.7	36.6	22.5	0.2	0.5	0.0	0.8	4.7	6.5
Lebanon	446	34.4	43.3	64.8	76.1	56.4	58.5	1.5	0.4	0.4	0.3	0.3	0.2
Libya	672	3.4	18.7	22.8	14.0	8.9	6.7	0.1	0.0	0.0	0.0	0.4	0.1
Mauritania	682	2.8	3.1	1.6	2.6	1.6	1.1	0.0	....	....	....	0.0	....
Morocco	686	125.2	105.7	137.3	158.1	187.7	163.6	7.9	4.6	9.3	13.8	8.6	18.1
Oman	449	18.0	26.7	13.9	10.7	20.7	13.8	4.0	20.7	14.8	10.0	17.3	15.6
Pakistan	564	40.9	38.6	23.4	27.2	23.2	31.9	16.2	12.5	10.9	15.6	15.3	13.7
Qatar	453	34.8	49.9	24.6	34.3	31.7	23.0	0.0	0.2	0.1	0.1	0.1	0.2
Saudi Arabia	456	239.1	267.4	158.2	162.8	174.2	107.5	2.6	0.7	6.3	65.0	2.0	60.6
Somalia	726	0.0	0.0	0.1	0.1	0.1	0.1	....	....	....	....	0.0	0.0
Sudan	732	3.1	3.2	1.3	1.2	1.2	2.8	0.0	0.0	0.1	0.1	0.0	0.1
Syrian Arab Republic	463	44.1	23.0	4.8	7.4	3.6	3.7	1.4	1.0	0.3	0.1	0.3	0.0
Tunisia	744	122.6	117.4	126.1	136.5	132.1	129.8	76.4	45.3	20.8	29.4	59.2	61.8
United Arab Emirates	466	1,956.0	1,198.1	1,020.6	231.7	215.4	203.8	4.3	5.1	4.0	15.0	4.5	3.8
West Bank and Gaza	487	0.1	0.5	0.1	4.1	2.6	2.0	0.1	....	....	....	....	....

2017, International Monetary Fund: *Direction of Trade Statistics Yearbook*

Hungary (944)
In Millions of U.S. Dollars

		Exports (FOB) 2011	2012	2013	2014	2015	2016	Imports (CIF) 2011	2012	2013	2014	2015	2016
Yemen, Republic of	474	3.6	11.0	8.9	9.7	4.0	5.6	0.0	0.0	....	0.0	0.1	0.0
Sub-Saharan Africa	603	1,054.3	1,111.2	753.1	556.1	386.8	415.5	89.7	47.2	71.1	53.7	36.3	42.9
Angola	614	5.0	66.1	5.1	26.7	5.8	5.5	....	0.0	....	0.0	....	0.0
Benin	638	3.9	5.0	5.5	6.1	5.9	2.6	0.0	0.0	0.0	0.0	....	....
Botswana	616	3.6	1.4	2.1	0.9	0.5	0.9	0.0	....	0.0	0.0	0.0	0.0
Burkina Faso	748	0.9	1.9	2.0	5.5	2.7	1.6	0.0	0.0	....	0.1	....	....
Burundi	618	0.1	0.0	0.0	0.1	0.2	0.1	....	....	0.0	....	....	....
Cabo Verde	624	0.5	0.3	0.1	4.4	0.2	0.3	0.0	....	....	....	0.0	0.0
Cameroon	622	4.3	7.2	7.2	16.9	13.0	7.0	0.3	0.3	0.2	0.2	0.2	1.5
Central African Rep.	626	1.1	0.3	0.1	0.2	0.1	....	....	0.0	0.0	....	....	....
Chad	628	....	0.2	0.2	2.8	0.1	0.3	....	0.0	....	0.0	....	....
Congo, Dem. Rep. of	636	0.4	0.3	0.4	2.2	2.2	2.3	0.1	0.0	0.0	0.0	0.0	....
Congo, Republic of	634	5.2	5.4	4.6	6.2	4.4	3.7	0.0	0.0	0.2	0.2	0.1	0.0
Côte d'Ivoire	662	3.4	6.7	9.4	10.8	4.4	4.7	0.7	1.3	2.7	1.6	1.2	0.7
Equatorial Guinea	642	0.1	0.1	0.1	0.3	0.1	0.2	....	....	....	....	0.0	....
Eritrea	643	0.0	....	....	0.0	0.3	0.3	....	....	....	....	....	....
Ethiopia	644	6.0	10.8	12.9	7.6	23.5	22.1	0.5	1.5	2.5	1.8	1.3	1.2
Gabon	646	1.6	1.2	1.2	1.4	1.0	1.0	0.2	0.3	0.4	1.1	1.0	1.1
Gambia, The	648	0.4	0.5	0.6	1.8	0.6	0.5	0.0	....	0.0	0.0	0.0	0.0
Ghana	652	30.7	37.8	31.1	30.3	12.4	48.8	0.3	0.0	0.1	5.5	0.1	1.3
Guinea	656	0.6	2.0	5.1	13.4	1.0	1.7	0.0	0.0	0.0	0.0	0.2	0.0
Guinea-Bissau	654	....	0.5	0.1	0.0	0.1	0.0	....	....	....	0.1	....	....
Kenya	664	16.0	13.6	17.8	18.9	20.1	17.7	0.1	0.5	0.0	0.0	0.3	1.5
Lesotho	666	....	0.1	0.0	0.0	0.0	0.0	0.0	....	0.0	0.0	....	....
Liberia	668	0.6	0.7	0.7	0.7	1.3	0.8	....	....	0.0	0.0	0.0	0.7
Madagascar	674	0.9	0.3	1.0	0.8	1.2	1.1	0.0	0.0	0.0	0.1	0.0	0.0
Malawi	676	0.2	0.0	0.7	0.4	0.2	0.1	0.2	0.4	0.3	0.4	0.3	0.5
Mali	678	0.6	0.9	5.3	3.3	2.2	1.7	0.0	0.0	0.0	0.1	....	0.0
Mauritius	684	5.1	2.9	1.5	2.3	2.7	2.8	0.1	0.3	0.1	0.2	0.0	0.7
Mozambique	688	1.9	0.9	1.8	5.9	1.0	2.1	10.4	10.3	1.6	0.9	1.6	2.2
Namibia	728	6.1	0.6	0.3	1.1	0.2	0.5	0.1	0.1	0.1	0.1	0.1	0.1
Niger	692	0.3	0.9	1.5	1.3	0.8	1.1	0.0	0.0	....	0.0	0.0	....
Nigeria	694	67.6	123.2	161.8	112.7	43.2	34.9	0.2	0.0	1.7	0.1	0.0	0.1
Rwanda	714	1.0	0.6	0.7	1.1	0.9	0.6	....	....	....	....	0.0	0.0
São Tomé & Príncipe	716	0.0	0.1	0.1	....	0.0	....	....	....	....	....	....	....
Senegal	722	4.6	3.0	2.6	23.4	11.3	11.1	0.4	0.0	0.0	0.1	0.0	0.0
Seychelles	718	0.2	4.6	5.8	1.4	1.1	0.8	0.0	....	....	....	0.2	0.0
Sierra Leone	724	0.5	0.8	0.7	1.9	1.1	0.3	....	0.0	0.0	0.0	0.0	0.0
South Africa	199	842.4	779.9	449.6	223.7	202.5	181.7	73.8	18.2	45.6	18.2	27.0	28.3
Swaziland	734	....	....	....	....	0.0	0.0	0.0	11.9	10.5	19.4	0.0	0.0
Tanzania	738	4.3	1.9	3.4	5.7	5.1	40.6	0.5	0.2	0.5	0.3	0.3	0.2
Togo	742	1.2	1.7	1.6	1.7	1.1	1.4	....	....	0.0	....	....	0.0
Uganda	746	29.4	20.3	4.3	8.7	8.5	10.4	0.9	1.2	2.3	1.6	1.0	0.9
Zambia	754	2.2	3.7	1.2	1.7	1.9	1.5	0.1	0.0	0.0	0.0	0.0	0.0
Zimbabwe	698	1.1	2.8	3.2	1.7	1.6	1.1	0.8	0.6	2.1	1.6	1.3	1.9
Western Hemisphere	205	782.6	1,061.2	1,092.6	1,091.5	1,081.5	1,136.7	910.0	1,017.3	1,253.4	440.2	510.3	494.7
Antigua and Barbuda	311	0.0	0.0	0.1	0.2	0.8	0.7	0.0	....	0.0	0.0	....	0.0
Argentina	213	26.2	45.0	29.1	20.1	46.1	54.9	13.8	14.4	18.4	14.7	13.3	15.0
Aruba	314	0.0	0.0	0.1	0.0	0.2	0.7	....	0.0	....	....	0.0	....
Bahamas, The	313	0.4	0.9	0.0	0.1	0.2	0.2	0.0	0.1	0.0	0.0	0.0	....
Barbados	316	0.5	0.5	2.5	1.2	2.2	3.9	0.0	0.0	0.0	0.0	0.0	0.0
Belize	339	0.2	0.2	1.9	1.5	3.1	2.0	0.0	0.2	....	0.0	0.0	0.0
Bermuda	319	0.4	0.1	0.1	0.1	0.4	0.9	....	0.0	0.0	0.0	0.1	0.1
Bolivia	218	22.0	1.6	1.9	2.5	14.2	15.4	0.0	0.0	0.0	0.0	0.0	0.0
Brazil	223	268.8	335.8	382.2	302.6	241.1	179.2	141.9	164.0	127.5	154.3	203.4	176.5
Chile	228	18.6	32.4	22.2	45.3	66.3	84.1	10.6	7.6	8.7	13.5	14.5	12.5
Colombia	233	13.2	21.3	30.2	35.0	29.8	38.4	28.6	27.2	1.5	11.5	1.1	0.9
Costa Rica	238	2.8	3.1	4.0	10.2	17.9	38.5	4.8	8.1	19.0	8.8	1.7	2.3
Curaçao	354	....	....	5.3	7.8	2.4	2.5	....	....	0.0	....	....	....
Dominica	321	0.6	0.1	0.0	0.1	0.1	0.2	0.0	0.0	0.0	0.0	0.0	0.0

Hungary (944)

In Millions of U.S. Dollars

		Exports (FOB)						Imports (CIF)					
		2011	2012	2013	2014	2015	2016	2011	2012	2013	2014	2015	2016
Dominican Republic	243	0.5	1.7	2.7	4.7	8.0	13.1	0.1	0.1	0.2	0.1	0.4	0.3
Ecuador	248	2.0	2.7	8.8	5.9	5.2	4.3	0.1	0.3	0.6	0.1	0.1	0.4
El Salvador	253	0.7	0.8	1.0	0.9	1.9	3.6	0.1	0.1	0.0	0.0	0.0	0.1
Grenada	328	....	....	....	....	0.0	0.3	....	....	....	....	....	....
Guatemala	258	1.5	2.0	1.4	3.9	1.8	3.4	0.0	0.1	0.0	0.1	0.2	0.1
Guyana	336	0.0	0.0	0.3	0.2	0.1	0.1	....	....	....	....	0.0	....
Haiti	263	0.9	0.9	0.6	0.7	1.3	2.3	0.0	0.0	0.0	0.0	0.0	0.0
Honduras	268	3.1	3.3	3.2	2.2	2.9	3.9	0.5	1.0	1.4	1.8	5.0	0.8
Jamaica	343	5.0	5.2	5.3	5.4	6.8	8.9	0.0	0.0	0.0	0.0	0.0	0.0
Mexico	273	371.3	484.5	519.2	587.1	550.2	588.4	702.0	772.9	1,061.4	227.6	261.2	277.8
Netherlands Antilles	353	6.4	4.6	....	....	....	....	....	....	....	....	....	....
Nicaragua	278	0.1	0.4	0.7	1.0	2.3	4.0	0.0	0.0	0.2	0.0	0.0	0.0
Panama	283	4.0	4.7	6.2	6.0	15.7	28.3	0.1	0.1	0.1	0.0	0.0	0.1
Paraguay	288	1.0	0.9	1.3	1.9	6.4	4.1	0.0	0.0	0.0	0.0	0.0	0.0
Peru	293	11.5	11.7	25.7	19.1	28.3	26.7	2.2	2.6	1.5	2.0	1.9	1.9
Sint Maarten	352	....	....	0.1	0.1	0.2	0.5	....	....	....	0.3	0.1	0.0
St. Kitts and Nevis	361	0.0	....	....	0.0	0.2	0.5	....	0.0	0.0	....	0.0	0.0
St. Lucia	362	0.0	....	0.0	0.1	0.3	0.7	0.0	....	....	....	....	0.0
St. Vincent & Grens.	364	....	....	0.0	0.0	0.1	0.0	0.0	....	0.0	....	....	0.0
Suriname	366	1.4	1.9	0.7	1.5	2.1	0.9	0.0	0.0	0.0	....	....	0.0
Trinidad and Tobago	369	2.9	2.0	5.9	3.5	9.1	6.6	0.0	0.0	0.0	0.0	0.0	0.0
Uruguay	298	4.2	17.4	7.5	4.8	7.3	8.3	5.1	18.7	12.6	4.9	5.7	5.5
Venezuela, Rep. Bol.	299	11.7	73.7	21.9	15.0	5.3	4.1	0.0	0.0	0.1	0.3	0.3	0.3
Western Hem. n.s.	399	0.6	1.5	0.4	0.7	1.3	1.8	0.0	0.0	0.0	0.0	1.0	0.2
Other Countries n.i.e	910	2.4	1.4	1.6	1.2	1.2	1.8	0.5	0.4	12.4	9.5	0.6	11.4
Cuba	928	2.1	1.3	1.5	1.2	1.2	1.8	0.1	0.0	12.4	9.5	0.2	11.4
Korea, Dem. People's Rep.	954	0.3	0.2	0.1	....	0.0	0.0	0.4	0.4	0.0	0.0	0.5	0.0
Special Categories	899	....	....	....	....	2.4	0.0	....	....	....	....	....	....
Countries & Areas n.s.	898	....	0.1	0.3	0.1	0.3	0.1	0.0	0.0	323.0	14.1	9.8	12.0
Memorandum Items													
Africa	605	1,371.3	1,499.8	1,232.1	999.0	791.0	779.9	186.4	103.4	101.3	96.9	131.2	123.7
Middle East	405	2,652.3	1,906.5	1,621.3	970.7	923.7	769.8	44.4	50.4	301.8	528.6	446.7	354.8
European Union	998	86,932.3	80,202.1	83,676.7	88,510.3	80,118.9	82,983.9	71,484.2	67,305.3	71,809.9	78,842.3	70,434.1	72,938.6
Export earnings: fuel	080	6,486.5	5,648.4	5,545.2	3,953.5	2,698.0	2,405.3	9,045.2	8,452.3	8,834.8	7,756.2	4,113.9	3,056.3
Export earnings: nonfuel	092	105,811.4	97,953.7	101,958.1	106,668.6	95,826.2	99,514.0	93,383.7	86,754.3	91,284.8	97,140.7	87,859.7	90,823.9

Iceland (176)

In Millions of U.S. Dollars

		Exports (FOB)						Imports (CIF)					
		2011	2012	2013	2014	2015	2016	2011	2012	2013	2014	2015	2016
IFS World		....	....	....	....	....	....	....	....	....	....	....	....
World	001	5,336.7	5,063.7	4,997.6	5,052.6	4,742.0	4,455.3	4,832.9	4,772.0	5,019.8	5,374.7	5,309.5	5,694.5
Advanced Economies	110	4,787.4	4,390.1	4,309.1	4,256.9	4,164.0	3,966.4	3,715.2	3,596.1	3,814.7	4,128.8	3,829.0	4,461.4
Euro Area	163	3,480.6	2,977.7	2,958.6	2,808.6	2,719.1	2,514.3	1,339.6	1,348.4	1,305.7	1,494.3	1,534.7	1,845.0
Austria	122	8.9	10.6	5.3	3.3	2.5	2.4	42.0	21.4	30.2	22.3	25.6	28.1
Belgium	124	79.8	80.3	86.9	112.9	107.2	102.0	65.2	63.3	59.9	75.4	71.1	75.9
Cyprus	423	0.6	0.5	1.3	0.9	1.1	1.4	0.3	0.3	0.2	0.3	0.2	0.3
Estonia	939	9.3	4.5	7.1	6.3	3.4	2.0	30.9	28.7	32.3	38.6	36.8	31.7
Finland	172	9.1	11.8	14.4	8.1	12.4	9.0	72.7	44.6	43.0	51.9	47.6	54.9
France	132	208.1	224.6	232.8	251.1	271.4	298.0	89.2	102.2	125.9	134.4	134.7	161.0
Germany	134	802.9	651.7	605.7	304.7	352.7	310.2	380.1	437.7	402.1	410.0	456.4	572.8
Greece	174	18.5	11.2	10.4	8.8	12.0	10.6	2.7	2.6	3.3	2.2	2.5	3.9
Ireland	178	21.8	10.9	11.9	16.5	12.4	11.8	24.7	70.6	33.5	53.8	112.8	73.2
Italy	136	135.7	104.4	110.5	86.0	59.9	48.6	153.3	143.2	165.3	165.5	155.6	176.4
Latvia	941	2.1	3.1	5.0	5.4	4.2	4.0	17.1	19.9	23.9	24.0	23.2	25.3
Lithuania	946	100.0	86.9	86.1	58.0	18.5	26.8	21.6	23.1	26.8	34.4	31.4	44.1
Luxembourg	137	50.5	0.1	0.3	0.9	0.7	0.9	1.4	1.9	2.4	1.6	4.6	8.0
Malta	181	0.9	2.0	4.4	2.1	1.4	1.5	6.8	6.4	11.0	6.2	4.8	17.8
Netherlands	138	1,732.0	1,517.5	1,499.7	1,476.7	1,236.0	1,131.5	356.8	288.5	249.5	354.3	311.3	427.9
Portugal	182	92.7	73.5	59.7	78.2	71.5	82.1	9.8	17.3	13.6	16.4	15.2	21.0
Slovak Republic	936	0.5	7.1	19.9	12.4	6.2	5.8	11.8	15.5	15.8	19.0	25.5	33.1
Slovenia	961	1.2	0.6	0.3	0.7	0.1	0.4	4.5	5.1	4.5	4.7	6.1	6.8
Spain	184	206.1	176.3	196.9	375.6	545.5	465.4	48.6	56.2	62.4	79.3	69.2	82.8
Australia	193	9.9	6.8	4.8	31.8	15.1	11.8	4.9	3.4	3.3	3.7	16.6	118.5
Canada	156	22.8	28.0	37.5	41.9	56.7	44.1	56.4	52.7	53.2	65.7	100.6	67.4
China,P.R.: Hong Kong	532	8.6	15.2	11.8	8.0	9.3	12.7	8.8	6.7	8.4	7.7	7.2	25.1
China,P.R.: Macao	546	0.0	0.0	0.0	0.1	0.0	0.0	0.1	0.0	0.0	0.0	0.0	0.0
Czech Republic	935	2.1	1.1	4.3	4.8	3.9	9.1	28.8	36.2	48.8	55.7	58.6	67.6
Denmark	128	116.2	131.7	141.2	100.9	114.4	106.2	301.5	269.9	417.3	406.6	377.6	349.5
Israel	436	1.2	0.8	0.6	0.7	0.7	0.7	8.8	6.4	5.9	6.6	5.8	5.2
Japan	158	133.3	103.0	93.6	92.8	94.6	99.6	75.6	70.5	69.6	74.6	91.6	111.8
Korea, Republic of	542	10.7	14.4	15.3	9.4	15.1	16.9	28.5	33.6	43.1	60.4	60.7	73.0
New Zealand	196	2.4	5.5	7.9	0.8	1.9	3.0	2.3	3.4	2.9	3.1	3.6	27.5
Norway	142	236.2	258.9	237.4	228.1	221.3	188.8	771.6	793.8	755.6	787.5	537.4	515.2
Singapore	576	0.4	0.6	1.6	1.2	0.9	0.4	4.5	3.5	9.3	5.4	28.7	45.4
Sweden	144	34.2	23.4	21.9	20.9	22.9	24.8	189.3	183.1	201.5	193.0	203.6	221.5
Switzerland	146	35.0	84.8	54.0	81.1	54.8	59.6	96.7	53.1	86.6	74.3	96.4	64.3
Taiwan Prov.of China	528	14.1	13.0	8.2	8.5	13.6	24.1	22.9	22.6	18.3	21.6	19.9	22.7
United Kingdom	112	480.7	497.2	474.8	567.5	550.4	502.5	249.7	221.8	300.9	324.5	267.6	330.3
United States	111	199.1	227.9	235.4	249.8	269.2	347.8	525.2	487.0	484.1	543.9	418.3	571.4
Emerg. & Dev. Economies	200	548.6	671.3	687.6	795.1	577.7	487.4	1,116.6	1,163.7	1,205.0	1,240.6	1,469.4	1,233.0
Emerg. & Dev. Asia	505	71.2	81.9	81.5	63.6	107.6	125.3	395.0	469.3	482.0	507.7	504.6	561.2
Bangladesh	513	0.2	0.1	0.1	0.2	0.3	0.3	4.0	4.7	6.1	7.4	7.4	8.9
Cambodia	522	....	....	....	0.0	0.0	0.0	0.7	0.6	0.8	1.1	1.7	2.6
China,P.R.: Mainland	924	47.0	61.0	57.3	41.0	72.6	91.4	302.9	341.9	391.5	396.6	417.1	420.4
F.T. French Polynesia	887	0.3	0.0	0.0	0.0	0.0	0.0	....	....	....	....	0.0	0.0
F.T. New Caledonia	839	....	....	....	....	0.1	....	0.0	....	....	....	....	0.0
India	534	4.6	0.8	0.7	1.2	1.0	1.1	43.8	35.2	36.0	29.9	30.0	58.0
Indonesia	536	2.5	1.3	0.5	0.7	0.1	0.9	5.7	5.2	4.8	5.1	5.6	6.9
Lao People's Dem.Rep	544	0.0	....	....	....	....	....	0.2	0.0	0.0	0.1	0.1	0.1
Malaysia	548	5.7	2.4	3.2	1.9	1.2	0.6	7.8	52.3	8.7	33.7	8.4	21.8
Maldives	556	0.0	0.0	0.0	....	....	0.0	....	0.1	0.1	0.2	0.1	0.1
Myanmar	518	....	....	....	0.1	....	....	0.1	0.1	0.1	0.0	0.1	0.4
Nepal	558	0.0	....	0.8	0.0	0.0	....	0.1	0.0	0.1	0.2	0.2	0.1
Papua New Guinea	853	....	....	0.0	0.0	....	0.1	....	0.0	0.0	0.0	0.0	0.0
Philippines	566	1.3	0.8	0.4	0.9	0.3	0.3	2.9	2.5	2.4	2.8	2.6	4.1
Sri Lanka	524	0.0	0.1	0.0	0.0	0.0	0.0	1.4	1.5	1.6	2.0	2.2	2.7
Thailand	578	2.4	3.0	3.9	2.5	7.5	8.2	15.6	14.7	16.7	17.2	15.5	17.9
Vietnam	582	6.0	12.3	12.5	14.2	23.4	22.1	9.7	10.3	12.9	11.5	13.6	17.0
Asia n.s.	598	1.2	0.2	2.1	0.8	1.0	0.3	....	....	....	0.0	....	0.0

Iceland (176)
In Millions of U.S. Dollars

		Exports (FOB) 2011	2012	2013	2014	2015	2016	Imports (CIF) 2011	2012	2013	2014	2015	2016
Europe	170	321.8	375.3	418.8	450.1	250.9	242.9	199.7	166.5	189.4	236.8	271.4	267.0
Emerg. & Dev. Europe	903	133.8	144.1	182.4	178.8	127.2	174.5	154.7	128.9	154.0	208.6	250.0	252.6
Albania	914	0.0	....	....	0.0	0.6	....	0.2	0.1	0.1	0.1	0.1	0.1
Bosnia and Herzegovina	963	....	....	....	....	0.1	0.1	0.2	0.3	0.3	0.5	0.3	0.6
Bulgaria	918	0.3	0.1	0.5	0.1	0.6	1.2	2.1	2.2	3.2	4.7	4.4	4.9
Croatia	960	3.6	1.5	2.8	1.3	1.9	4.3	1.7	3.2	1.0	1.2	2.3	4.4
Faroe Islands	816	33.5	53.9	51.1	44.9	31.5	50.2	12.0	10.4	17.2	19.8	20.1	33.4
Gibraltar	823	0.7	0.4	0.2	0.1	1.6	1.1	0.1	....	....	....	0.0	....
Hungary	944	2.2	1.7	47.1	74.2	47.4	42.9	14.3	13.0	12.4	21.3	20.5	27.0
Macedonia, FYR	962	0.4	0.2	0.2	0.2	0.2	0.1	0.3	0.3	0.3	0.4	0.4	0.5
Montenegro	943	0.2	0.3	....	....	....	....	0.1	0.0	....	0.0	0.1	0.1
Poland	964	64.4	73.5	62.8	37.2	21.5	52.2	92.7	57.3	80.1	84.5	96.4	117.9
Romania	968	1.2	1.0	0.9	0.7	0.7	1.6	5.5	5.2	6.7	8.2	10.2	18.6
Serbia, Republic of	942	4.9	0.6	0.2	0.5	0.1	0.4	0.5	0.8	1.3	1.7	1.2	1.4
Turkey	186	22.6	11.1	16.6	19.8	21.1	20.5	25.0	36.1	31.4	66.2	94.0	43.8
CIS	901	187.8	231.2	236.1	270.7	123.7	68.3	45.0	37.7	35.4	28.2	21.4	14.4
Azerbaijan, Rep. of	912	....	0.0	0.0	0.6	2.1	1.2	....	0.0	....	....	0.0	0.0
Belarus	913	7.4	2.9	2.1	7.8	6.9	22.4	2.4	0.2	0.1	0.0	3.8	0.8
Georgia	915	0.4	0.0	2.0	0.3	2.3	2.4	0.0	0.0	0.0	0.0	0.0	0.2
Kazakhstan	916	0.0	0.1	0.2	1.2	0.9	2.0	....	0.0	0.0	0.0	0.0	0.0
Moldova	921	....	0.0	....	....	0.1	0.2	0.1	0.1	0.1	0.2	0.1	0.2
Russian Federation	922	167.3	195.7	167.5	249.8	95.5	22.2	42.0	36.1	34.4	27.2	16.4	11.2
Ukraine	926	12.7	32.4	64.3	11.1	15.8	18.1	0.6	1.2	0.8	0.7	1.0	1.9
Europe n.s.	884	0.1	0.0	0.4	0.6	0.0	....	0.0	....	0.0	....	0.0	0.0
Mid East, N Africa, Pak	440	7.9	20.2	28.4	18.7	14.8	11.5	29.1	33.0	21.0	60.3	22.8	77.9
Bahrain, Kingdom of	419	0.2	0.0	0.1	1.6	0.5	0.0	0.0	0.0	0.0	0.0	0.2	....
Egypt	469	1.6	0.6	2.4	5.5	8.5	2.6	1.7	1.9	3.6	1.9	4.0	4.3
Iran, I.R. of	429	0.0	14.5	1.9	0.3	0.4	0.2	0.6	0.6	0.5	0.7	0.7	0.9
Iraq	433	....	0.0	0.6	....	....	....	....	....	....	0.0	....	....
Jordan	439	0.6	0.2	0.3	0.3	0.1	....	0.1	0.1	0.3	0.3	0.3	0.3
Kuwait	443	0.1	0.2	0.1	0.0	0.5	0.3	0.0	0.0	....	....	0.0	0.0
Lebanon	446	0.2	0.0	0.0	0.5	0.0	0.0	0.0	0.0	0.0	0.0	0.0	0.0
Libya	672	0.1	....	0.0	0.0	0.0	....	....	0.0	....	....	0.0	0.0
Mauritania	682	0.0	....	....	0.0	0.1	0.0	0.0	0.0	0.0	0.1	0.1	0.0
Morocco	686	0.4	0.8	0.7	2.7	1.2	4.9	6.9	4.8	4.0	5.8	4.9	6.4
Oman	449	0.0	0.0	0.1	0.1	0.0	0.0	....	....	0.0	0.0	0.0	0.0
Pakistan	564	0.1	0.0	0.0	0.1	0.0	0.1	2.7	2.8	2.9	3.3	3.5	4.3
Qatar	453	0.5	0.1	0.1	0.3	0.0	0.1	7.8	12.3	0.0	37.7	0.0	29.7
Saudi Arabia	456	1.2	1.4	2.0	0.5	0.3	0.4	0.5	0.9	0.6	1.7	1.7	25.0
Sudan	732	....	....	....	0.0	0.0	0.0	0.2	0.2	0.2	0.2	0.2	0.3
Syrian Arab Republic	463	0.1	0.1	....	....	....	....	0.0	0.0	0.0	0.0	0.0	0.0
Tunisia	744	0.0	0.1	0.0	0.0	0.0	0.0	8.3	8.7	7.7	8.1	6.8	6.3
United Arab Emirates	466	2.8	2.3	20.1	6.6	3.2	2.9	0.4	0.8	1.1	0.5	0.3	0.5
Sub-Saharan Africa	603	108.6	140.9	103.8	141.1	119.8	57.8	13.3	26.9	11.7	12.5	26.7	30.5
Angola	614	0.0	....	0.0	....	0.1	....	....	17.0	....	....	0.0	....
Benin	638	....	....	....	0.2	1.9	1.1	....	....	....	....	0.1	....
Cameroon	622	....	....	....	....	....	0.1	0.1	....	0.1	....	0.1	0.0
Congo, Dem. Rep. of	636	....	....	....	1.4	....	0.0	....	....	....	....	....	....
Côte d'Ivoire	662	....	....	0.0	....	1.7	0.0	4.2	1.8	2.2	3.3	3.1	3.8
Ethiopia	644	0.0	....	....	....	....	....	0.2	0.4	0.2	0.2	0.2	0.2
Gabon	646	0.0	0.0	0.2	0.0	0.1	0.0	0.0	0.0	0.0	0.0	0.0	0.0
Gambia, The	648	....	....	....	....	0.2	0.6	0.0	....	....	0.0	....	....
Ghana	652	0.0	0.3	1.0	5.8	3.1	1.5	0.1	0.1	0.6	0.0	0.7	0.1
Kenya	664	0.3	0.9	1.3	2.9	6.1	1.8	0.5	0.5	0.7	0.8	0.8	0.8
Liberia	668	0.2	0.1	0.1	0.2	0.4	0.1	0.0	....	....	....	0.0	0.0
Madagascar	674	0.0	0.0	0.0	0.0	0.0	0.0	0.1	0.1	0.1	0.1	0.1	0.1
Mali	678	0.0	0.0	0.0	0.0	....	....	0.0	0.0	0.1	0.0	0.0	0.0
Mauritius	684	0.0	0.0	0.0	0.0	0.0	0.2	0.2	0.2	0.4	0.4	0.3	0.5
Mozambique	688	....	0.1	0.0	0.0	....	....	0.0	0.0	....	....	0.0	0.0
Namibia	728	0.2	0.2	0.3	0.4	0.5	1.3	0.2	0.5	0.2	0.7	0.3	0.2

Iceland (176)
In Millions of U.S. Dollars

		Exports (FOB) 2011	2012	2013	2014	2015	2016	Imports (CIF) 2011	2012	2013	2014	2015	2016
Niger	692	0.0	....	....	....	0.2	....	0.0	....	....	....	0.0	....
Nigeria	694	105.3	132.2	99.2	128.2	103.9	49.5	0.1	0.0	0.0	0.0	0.0	0.0
Rwanda	714	....	....	....	....	....	....	0.0	0.0	0.1	....	0.0	0.0
Senegal	722	....	0.0	....	....	....	0.0	0.0	0.0	0.1	0.3	0.1	0.2
Seychelles	718	1.4	0.0	0.0	0.0	0.0	0.0	0.4	1.1	0.9	0.6	1.0	0.9
Sierra Leone	724	0.0	....	....	....	0.0	....	0.1	....	....	....	....	0.1
South Africa	199	1.2	7.0	1.8	1.9	1.6	1.4	6.8	5.0	6.0	6.0	19.5	23.2
Tanzania	738	....	0.1	....	0.1	....	....	0.0	0.0	0.0	0.0	0.0	0.1
Togo	742	....	....	....	....	....	0.1	0.0	....	....	....	0.0	0.0
Zimbabwe	698	0.0	....	....	....	0.0	....	0.0	0.1	0.0	0.0	0.1	0.0
Western Hemisphere	205	**39.2**	**53.1**	**55.0**	**121.5**	**84.5**	**50.0**	**479.5**	**468.0**	**500.9**	**423.3**	**643.9**	**296.5**
Antigua and Barbuda	311	1.1	7.3	1.8	1.0	1.9	1.7	0.0	....	....	....	0.0	....
Argentina	213	0.3	0.4	0.5	3.1	0.8	0.6	7.8	35.0	3.1	2.6	2.2	3.0
Aruba	314	0.0	0.0	0.0	0.1	0.0	0.0	....	....	....	....	....	....
Bahamas, The	313	0.7	1.7	1.9	2.2	2.2	3.1	0.0	....	....	....	....	0.0
Belize	339	....	....	....	....	2.6	0.0	....	....	....	....	....	....
Bermuda	319	0.3	0.1	0.1	0.0	0.1	0.7	....	....	....	....	103.2	94.9
Bolivia	218	0.0	....	....	....	0.0	0.0	0.2	0.1	0.1	0.1	0.1	0.1
Brazil	223	5.4	8.8	6.6	7.6	7.9	11.2	281.0	317.5	367.1	290.7	309.0	95.6
Chile	228	6.1	8.3	8.6	5.5	29.0	4.1	44.3	43.1	6.6	14.0	10.1	7.7
Colombia	233	0.4	0.7	0.5	0.6	0.8	0.5	3.1	1.7	1.3	1.0	1.4	1.9
Costa Rica	238	0.1	1.7	0.2	0.0	0.1	0.0	4.1	5.7	2.8	2.2	2.3	3.2
Dominica	321	0.7	0.1	0.5	0.0	....	....	....	0.0	....	....	....	....
Dominican Republic	243	....	....	....	....	....	....	0.2	0.4	0.5	0.6	0.9	0.6
Ecuador	248	....	....	0.2	0.4	0.0	0.0	1.4	1.1	3.4	6.1	7.2	4.8
El Salvador	253	....	....	....	....	....	....	0.1	0.1	0.1	0.2	0.2	0.1
Falkland Islands	323	....	....	0.0	0.0	0.1	0.0	....	....	....	....	....	0.0
Greenland	326	17.9	21.2	21.7	89.4	33.7	22.8	7.6	11.4	28.5	15.1	28.1	16.0
Guatemala	258	0.0	....	....	....	0.0	....	0.4	0.4	0.6	0.5	0.4	1.0
Haiti	263	0.0	....	....	....	....	....	0.1	0.1	0.1	0.1	0.1	0.1
Honduras	268	0.0	....	0.0	....	....	....	0.2	0.3	0.2	0.3	0.3	0.3
Jamaica	343	0.0	....	....	0.0	0.0	....	21.7	16.7	41.6	54.2	89.2	31.8
Mexico	273	3.5	0.8	7.5	8.1	1.8	3.7	5.5	6.5	8.1	9.3	12.8	18.0
Netherlands Antilles	353	0.1	....	....	....	....	0.2	0.0	....	....	....	....	....
Nicaragua	278	0.7	....	....	0.7	0.5	0.0	1.1	0.7	1.7	1.1	0.9	0.7
Panama	283	0.9	1.2	0.6	0.8	2.1	0.2	0.6	0.3	1.9	0.6	0.3	0.1
Paraguay	288	0.0	0.0	0.0	0.0	0.0	0.0	0.0	0.0	0.0	0.0	0.0	0.1
Peru	293	0.3	0.0	0.7	0.6	0.1	0.2	6.5	12.6	22.5	9.8	18.3	12.7
St. Kitts and Nevis	361	....	0.1	0.0	....	0.0	....	....	....	....	....	....	....
St. Vincent & Grens.	364	0.2	0.1	....	....	0.1	0.0	....	....	....	....	....	....
Suriname	366	....	....	....	....	0.0	....	18.7	....	4.9	....	10.5	....
Trinidad and Tobago	369	....	....	....	0.0	0.0	0.0	0.0	0.0	0.1	0.0	0.0	0.0
Uruguay	298	0.0	0.7	0.4	1.0	0.3	0.3	0.1	1.2	0.1	0.4	0.0	0.1
Venezuela, Rep. Bol.	299	....	....	0.1	....	0.0	0.2	40.9	13.2	5.6	14.4	46.1	3.5
Western Hem. n.s.	399	0.4	0.1	3.0	0.3	0.1	0.3	33.8	....	0.0	0.0	0.0	0.0
Other Countries n.i.e	910	**0.7**	**2.3**	**0.9**	**0.6**	**0.4**	**1.5**	**1.1**	**12.2**	**0.1**	**5.2**	**11.1**	**0.1**
Cuba	928	0.7	2.3	0.9	0.6	0.4	1.5	1.1	12.2	0.1	5.2	11.1	0.1
Memorandum Items													
Africa	605	109.1	141.7	104.6	143.9	121.2	62.7	28.6	40.5	23.6	26.7	38.7	43.4
Middle East	405	7.3	19.4	27.7	15.8	13.4	6.5	11.1	16.5	6.1	42.8	7.2	60.7
European Union	998	4,185.5	3,708.7	3,715.0	3,616.1	3,482.8	3,259.1	2,225.2	2,140.4	2,377.7	2,594.1	2,575.9	2,986.6
Export earnings: fuel	080	277.9	347.2	292.8	390.3	208.3	79.6	97.0	83.8	47.1	89.5	74.1	77.6
Export earnings: nonfuel	092	5,058.8	4,716.5	4,704.8	4,662.2	4,533.7	4,375.7	4,735.8	4,688.2	4,972.7	5,285.1	5,235.3	5,616.9

India (534)
In Millions of U.S. Dollars

		Exports (FOB)						Imports (CIF)					
		2011	2012	2013	2014	2015	2016	2011	2012	2013	2014	2015	2016
IFS World		304,770.7	296,057.7	313,389.5	321,485.4	267,146.7	264,520.0	460,162.9	488,206.1	466,963.0	462,352.5	392,740.7	361,644.9
World	001	307,086.5	297,261.3	315,127.4	317,733.3	266,169.9	261,862.5	465,076.0	490,413.3	467,950.5	460,513.3	392,237.3	356,320.3
Advanced Economies	110	139,013.7	135,155.4	138,800.9	137,510.3	123,214.6	125,294.5	178,540.7	173,956.4	158,796.1	147,606.9	141,257.9	128,495.0
Euro Area	163	42,933.7	38,158.3	38,510.4	37,579.9	32,245.4	33,097.7	43,582.1	43,180.2	40,496.7	39,778.7	35,116.9	33,185.1
Austria	122	681.7	320.6	345.8	367.8	330.0	379.8	1,027.4	957.1	846.7	854.3	782.9	905.9
Belgium	124	7,781.1	5,603.7	6,327.5	5,884.9	5,022.8	5,361.3	10,394.9	10,280.8	10,560.2	11,293.7	8,363.9	7,481.6
Cyprus	423	49.6	58.1	59.9	54.9	60.1	72.6	28.0	21.7	20.7	21.2	50.2	67.6
Estonia	939	98.4	103.3	79.9	68.6	70.1	85.7	161.2	282.1	103.1	114.4	159.1	88.0
Finland	172	301.3	313.5	417.6	357.1	244.1	263.2	1,976.8	1,399.9	955.4	1,071.6	991.0	932.4
France	132	4,909.9	5,081.6	5,190.0	5,095.3	4,828.6	4,864.4	4,152.1	4,914.9	3,904.5	3,698.9	3,439.7	3,621.6
Germany	134	8,247.7	7,258.1	7,426.8	7,745.6	7,033.9	7,174.1	15,274.9	14,649.8	13,543.4	12,704.4	11,895.5	11,485.2
Greece	174	792.4	357.9	334.3	365.9	319.3	354.6	116.3	102.4	108.8	131.4	115.2	95.7
Ireland	178	334.7	398.8	400.7	726.0	544.8	496.2	366.1	461.3	616.5	529.2	554.9	489.9
Italy	136	5,068.5	4,307.3	5,098.7	5,365.8	4,241.9	4,488.9	5,220.2	4,783.9	4,242.9	4,340.3	4,113.9	3,843.3
Latvia	941	93.2	100.8	101.1	104.2	83.8	96.6	187.2	75.7	76.5	69.8	61.9	39.7
Lithuania	946	95.9	154.2	124.6	115.6	84.1	96.2	201.6	46.8	38.1	125.9	184.5	238.8
Luxembourg	137	8.2	8.5	11.4	9.3	8.9	10.5	58.9	47.6	42.6	38.4	176.7	48.0
Malta	181	847.2	299.1	202.5	401.9	325.9	109.8	36.9	46.8	38.8	24.7	25.6	28.0
Netherlands	138	9,734.0	10,013.7	8,590.7	6,734.0	4,923.9	4,834.0	2,184.5	2,780.2	2,937.1	2,656.4	1,936.2	1,788.4
Portugal	182	581.7	490.6	616.6	676.1	581.4	618.4	269.0	343.7	371.3	189.2	105.9	130.4
Slovak Republic	936	88.9	102.9	105.6	129.9	138.3	141.6	96.6	73.0	47.5	65.8	136.9	70.0
Slovenia	961	233.4	272.7	222.5	230.8	237.9	291.0	117.4	140.7	120.5	107.4	91.0	103.7
Spain	184	2,986.0	2,912.9	2,854.0	3,146.2	3,165.4	3,358.8	1,712.1	1,771.7	1,922.1	1,741.8	1,932.0	1,727.0
Australia	193	2,088.0	2,665.4	2,209.6	2,666.3	3,172.9	2,920.2	13,424.1	13,619.9	11,094.0	10,004.1	9,468.0	8,742.2
Canada	156	1,886.9	2,020.3	2,130.8	2,169.6	2,093.0	1,824.4	2,605.6	2,811.5	3,019.5	3,763.3	3,878.5	2,778.1
China,P.R.: Hong Kong	532	12,643.1	12,148.5	13,024.2	13,507.7	12,218.3	13,225.2	11,852.7	7,526.2	7,919.9	5,804.0	5,911.2	7,113.7
China,P.R.: Macao	546	1.7	1.1	1.4	0.9	1.7	1.8	0.4	1.3	2.2	2.8	7.2	7.7
Czech Republic	935	259.4	258.3	358.6	398.0	470.7	534.9	731.6	681.2	544.4	506.1	525.5	530.3
Denmark	128	784.7	706.0	756.2	747.4	677.2	699.5	599.2	534.0	490.4	453.4	412.9	493.0
Iceland	176	31.2	26.3	21.0	20.4	18.7	19.9	5.1	2.2	1.7	8.6	5.4	2.9
Israel	436	3,759.0	3,815.1	3,831.8	3,584.5	2,924.7	2,913.5	2,549.2	2,446.5	2,361.7	2,304.5	2,089.3	2,077.1
Japan	158	5,663.6	6,697.2	6,763.6	5,732.3	4,734.9	3,827.3	11,196.3	12,402.7	10,541.0	9,968.6	9,638.1	9,842.9
Korea, Republic of	542	4,824.6	4,142.3	4,099.3	4,709.0	3,683.8	3,552.6	12,436.7	13,489.7	12,452.5	13,523.8	13,113.1	12,213.4
New Zealand	196	240.7	303.5	267.1	322.2	314.6	308.6	713.2	773.1	633.1	599.4	548.7	508.9
Norway	142	320.4	241.3	225.2	244.0	541.2	234.4	835.8	923.8	655.9	842.5	830.2	644.9
San Marino	135	....	....	....	....	....	0.1	....	....	....	....	....	0.1
Singapore	576	16,147.3	14,692.5	13,478.7	9,644.9	7,703.0	7,571.9	8,230.0	7,603.2	6,997.1	7,071.3	7,407.6	6,719.8
Sweden	144	791.5	705.6	714.5	766.4	695.2	707.5	2,037.9	1,748.5	1,673.0	1,743.3	1,587.0	1,191.4
Switzerland	146	1,007.4	1,159.4	1,713.7	1,129.3	944.6	1,035.1	31,567.7	30,594.7	25,797.5	21,169.3	21,085.8	14,898.0
Taiwan Prov.of China	528	3,482.2	2,947.8	2,359.1	2,115.0	1,472.4	1,847.5	5,243.2	3,987.4	4,135.0	4,043.6	3,547.2	3,105.3
United Kingdom	112	8,788.7	8,270.5	9,625.0	9,677.0	8,902.0	9,022.2	7,475.9	6,488.5	6,500.8	4,785.5	5,384.1	3,865.7
United States	111	33,359.5	36,196.0	38,710.9	42,495.6	40,400.3	41,950.5	23,454.1	25,141.6	23,479.8	21,234.2	20,701.2	20,574.5
Emerg. & Dev. Economies	200	152,863.8	157,044.2	164,631.4	177,085.5	140,667.6	134,165.9	283,116.4	314,951.7	307,020.2	305,968.7	242,162.6	219,775.3
Emerg. & Dev. Asia	505	50,801.6	46,494.7	50,142.0	52,872.1	43,847.2	42,997.4	89,925.9	89,252.2	88,798.0	97,974.0	98,294.5	94,355.3
American Samoa	859	2.0	0.3	0.2	0.0	0.3	0.0	1.4	0.5	0.4	0.6	1.2	0.0
Bangladesh	513	3,764.9	5,017.8	5,710.4	6,579.9	5,727.4	5,711.6	583.1	596.6	554.4	556.6	651.3	711.7
Bhutan	514	220.1	228.8	297.2	303.3	415.9	429.6	206.2	182.8	148.6	159.5	245.6	220.1
Brunei Darussalam	516	895.6	33.1	37.0	42.6	30.5	37.5	719.5	757.9	733.4	942.2	607.9	461.4
Cambodia	522	88.1	110.5	122.1	153.5	145.8	109.6	8.5	10.4	12.6	16.4	42.4	43.1
China,P.R.: Mainland	924	19,113.1	14,904.0	14,517.0	13,252.0	9,689.9	8,946.8	55,299.3	52,407.2	51,456.5	58,279.6	61,592.8	60,539.5
Fiji	819	34.8	38.9	48.0	51.4	45.8	49.3	2.7	1.3	2.0	1.1	1.3	0.6
F.T. French Polynesia	887	11.8	1.8	2.3	3.0	3.7	3.8	0.0	0.0	0.0	0.0	0.0	0.0
F.T. New Caledonia	839	46.8	32.3	7.5	12.7	5.6	7.2	8.8	23.1	31.7	24.1	31.9	41.2
Guam	829	1.4	1.4	0.5	0.2	0.5	0.5	0.0	0.0	....	0.0	....	....
Indonesia	536	6,860.4	6,070.6	5,197.4	4,453.1	2,953.3	3,143.4	13,995.4	14,275.8	15,232.1	15,260.8	13,883.3	12,304.0
Kiribati	826	0.2	1.4	0.7	0.9	1.2	0.6	....	0.1	0.0	0.0	....	....
Lao People's Dem.Rep	544	14.6	27.5	45.5	63.5	51.6	24.0	67.1	140.7	111.7	59.7	143.1	171.9
Malaysia	548	3,917.2	3,788.2	5,053.5	4,605.0	4,940.7	4,198.0	9,122.0	10,157.8	9,061.2	10,976.6	9,563.2	8,650.7
Maldives	556	118.9	122.7	109.9	139.8	168.9	181.8	18.4	7.3	4.1	4.5	5.1	6.3
Marshall Islands	867	....	....	....	....	....	0.1	....	....	....	....	....	0.0

India (534)

In Millions of U.S. Dollars

		Exports (FOB)						Imports (CIF)					
		2011	2012	2013	2014	2015	2016	2011	2012	2013	2014	2015	2016
Mongolia	948	18.8	42.1	15.7	7.9	8.3	9.8	21.8	10.2	8.9	3.7	4.6	2.4
Myanmar	518	466.5	533.4	673.7	869.0	864.2	1,156.4	1,257.7	1,349.9	1,372.7	1,401.0	1,023.7	1,086.5
Nauru	836	0.0	0.2	0.2	0.0	0.0	....	10.1	26.2	4.7	5.2	10.8	0.0
Nepal	558	2,687.0	3,058.9	3,438.6	4,405.1	3,310.6	4,614.5	538.7	567.3	504.6	602.0	504.9	407.5
Palau	565	0.0	0.2	0.0	0.1	0.0	0.0	0.0	0.0	....	0.0	3.7	....
Papua New Guinea	853	32.5	30.7	40.9	52.4	39.6	39.4	204.7	110.3	173.9	210.3	190.2	98.4
Philippines	566	1,008.1	1,116.6	1,367.2	1,436.3	1,309.0	1,492.3	446.9	492.5	407.0	401.4	519.2	475.9
Samoa	862	2.7	1.4	3.9	3.7	1.6	2.3	0.1	0.2	0.1	1.2	0.9	7.8
Solomon Islands	813	1.1	1.3	6.8	2.2	5.0	3.2	14.8	20.2	4.1	5.4	68.3	60.6
Sri Lanka	524	4,806.9	4,193.8	4,227.3	6,433.2	5,526.2	3,910.6	719.0	638.9	672.8	591.7	853.9	631.9
Thailand	578	3,224.5	3,455.3	3,905.5	3,484.6	3,154.5	2,962.1	5,067.5	5,463.8	5,453.2	5,687.0	5,659.8	5,316.8
Timor-Leste	537	4.7	4.8	2.5	3.2	2.9	2.3	22.9	0.1	0.6	0.5	0.1	0.0
Tonga	866	0.9	1.0	1.7	1.1	1.0	0.9	0.1	0.1	0.0	0.0	0.0	0.0
Tuvalu	869	0.0	0.0	0.0	0.1	0.1	0.1	....	0.0	....	1.4	0.0	....
Vanuatu	846	2.7	3.5	2.5	2.2	2.0	2.0	0.0	5.4	....	0.0	0.0	0.2
Vietnam	582	3,403.0	3,671.5	5,302.6	6,508.2	5,337.7	5,956.3	1,539.1	1,994.0	2,838.1	2,779.4	2,683.8	3,107.5
Asia n.s.	598	52.2	0.9	3.4	1.7	103.5	1.4	50.4	11.5	8.1	2.1	1.5	9.2
Europe	170	**8,696.8**	**8,951.1**	**9,636.1**	**12,137.2**	**9,869.6**	**10,601.0**	**9,536.3**	**12,400.0**	**10,007.9**	**10,844.3**	**9,340.2**	**10,156.5**
Emerg. & Dev. Europe	903	**5,649.1**	**5,470.0**	**6,092.1**	**8,539.1**	**7,371.8**	**7,968.3**	**2,526.9**	**3,591.0**	**2,466.9**	**2,790.7**	**2,259.0**	**2,522.3**
Albania	914	13.9	16.8	18.5	19.3	21.9	28.4	92.6	44.0	151.9	98.6	12.0	8.5
Bosnia and Herzegovina	963	5.0	6.3	9.7	18.1	17.9	16.7	35.0	20.8	2.6	4.2	3.5	3.8
Bulgaria	918	108.5	139.9	178.7	230.4	188.3	230.4	99.6	83.4	89.1	108.4	88.3	121.6
Croatia	960	122.1	114.3	136.3	191.0	116.6	117.9	29.5	18.3	10.4	28.5	26.5	28.8
Faroe Islands	816	0.8	1.3	3.3	2.7	1.3	0.8	0.0	....	0.0	0.0	0.1	....
Gibraltar	823	301.8	71.3	0.5	568.9	962.3	1,211.3	0.1	0.0	0.2	0.0	....	....
Hungary	944	305.5	327.5	337.2	352.6	345.4	389.1	410.7	294.5	231.1	236.3	250.3	211.5
Macedonia, FYR	962	8.4	9.0	10.7	13.4	13.8	14.4	4.8	27.3	25.8	5.9	7.4	20.9
Montenegro	943	....	....	26.4	39.6	23.1	35.9	....	....	....	0.0	1.2	0.0
Poland	964	771.9	772.1	938.8	1,088.1	999.6	1,141.8	565.0	834.6	668.5	629.4	572.6	650.8
Romania	968	345.5	265.3	291.8	427.0	253.3	255.3	400.1	374.3	387.7	313.0	290.7	321.5
Serbia, Republic of	942	....	....	....	....	13.7	47.1	....	....	....	....	2.0	25.2
Turkey	186	3,623.2	3,682.3	4,102.5	5,574.1	4,407.5	4,478.3	886.5	1,885.9	887.9	1,354.1	997.0	1,129.7
CIS	901	**3,047.4**	**3,481.0**	**3,543.9**	**3,597.8**	**2,497.8**	**2,632.5**	**7,009.3**	**8,809.0**	**7,541.0**	**8,053.6**	**7,075.9**	**7,634.2**
Armenia	911	33.4	42.3	56.9	95.7	37.5	31.7	7.0	1.7	0.7	1.8	14.1	1.3
Azerbaijan, Rep. of	912	56.0	91.8	115.4	112.2	60.1	31.6	493.5	930.2	957.8	421.8	83.7	280.9
Belarus	913	121.0	56.4	50.8	51.2	34.4	41.9	112.4	254.2	152.6	198.5	163.6	136.4
Georgia	915	119.1	117.1	98.5	98.4	73.1	95.5	65.6	55.3	23.7	26.2	21.4	30.1
Kazakhstan	916	234.2	279.2	271.8	243.1	169.0	125.6	122.8	169.9	435.7	923.5	336.8	322.1
Kyrgyz Republic	917	26.9	32.1	37.2	36.1	30.1	26.6	0.7	2.2	0.6	0.5	1.6	1.8
Moldova	921	8.3	7.8	10.2	9.8	8.1	6.4	0.5	0.2	0.8	1.7	4.9	3.1
Russian Federation	922	1,800.2	2,128.9	2,213.1	2,215.7	1,610.9	1,814.4	4,004.5	4,754.0	3,789.5	4,221.1	4,530.6	4,821.3
Tajikistan	923	20.7	28.9	45.0	60.0	31.6	19.7	7.0	18.3	0.5	3.6	9.8	14.7
Turkmenistan	925	39.4	70.3	52.5	100.5	80.7	57.3	13.9	9.2	12.7	15.5	46.6	21.8
Ukraine	926	502.0	516.7	479.6	406.2	251.6	291.2	2,128.7	2,581.0	2,131.3	2,200.5	1,806.1	1,954.1
Uzbekistan	927	86.3	109.6	112.8	169.0	110.7	90.7	52.8	32.7	35.0	38.9	56.8	46.5
Europe n.s.	884	0.3	0.1	0.1	0.3	0.1	0.2	0.0	0.0	0.0	0.0	5.3	....
Mid East, N Africa, Pak	440	**61,562.8**	**64,990.0**	**66,991.4**	**69,156.9**	**55,696.1**	**52,863.5**	**134,102.6**	**150,432.6**	**142,602.0**	**127,441.4**	**81,973.9**	**73,581.0**
Afghanistan, I.R. of	512	501.7	479.9	475.0	443.1	533.5	473.6	119.9	148.6	209.1	242.1	315.5	282.3
Algeria	612	1,023.7	1,013.3	1,104.9	1,078.1	853.4	860.7	1,925.5	1,052.9	905.0	641.2	286.9	579.0
Bahrain, Kingdom of	419	660.3	611.7	668.4	474.7	653.9	475.6	684.4	862.1	578.1	442.7	355.1	322.9
Djibouti	611	485.0	393.9	362.0	297.1	204.9	270.9	1.9	3.6	5.9	1.3	1.7	2.4
Egypt	469	2,381.1	2,856.0	2,583.1	3,142.8	2,348.8	2,089.7	2,852.5	2,618.3	2,412.3	1,876.5	1,467.7	1,005.8
Iran, I.R. of	429	2,564.3	2,591.3	4,943.5	4,413.6	3,164.8	2,412.9	11,515.6	13,455.0	10,028.1	11,253.0	6,245.4	8,284.8
Iraq	433	668.0	1,260.7	930.3	785.5	1,136.7	973.3	17,525.1	18,822.5	19,665.8	16,097.3	11,322.4	9,982.6
Jordan	439	744.7	1,013.8	1,434.4	1,613.7	570.8	477.8	1,248.5	1,077.0	697.6	791.5	882.2	840.5
Kuwait	443	1,416.0	1,046.6	1,050.3	1,198.6	1,216.7	1,446.5	14,647.3	17,856.9	17,534.0	15,059.8	5,961.4	4,049.5
Lebanon	446	206.4	251.7	281.3	302.0	244.5	211.9	17.0	24.3	40.8	40.2	28.2	29.7
Libya	672	53.0	183.3	293.6	196.3	122.7	126.0	365.9	1,332.2	990.1	73.6	9.4	5.6
Mauritania	682	44.4	40.5	55.8	59.8	58.0	64.6	2.6	7.7	11.0	30.1	28.8	14.2
Morocco	686	386.2	412.6	404.3	343.2	328.6	369.2	1,490.8	1,430.7	934.7	868.4	1,097.1	839.8

India (534)

In Millions of U.S. Dollars

		Exports (FOB)						Imports (CIF)					
		2011	2012	2013	2014	2015	2016	2011	2012	2013	2014	2015	2016
Oman	449	1,256.5	2,429.4	2,956.5	2,359.1	1,987.2	2,461.4	4,546.0	1,928.9	3,071.0	1,848.5	1,595.1	1,286.3
Pakistan	564	1,676.2	1,747.3	2,247.6	2,181.8	2,007.6	1,646.1	362.7	574.1	373.7	529.3	456.4	462.4
Qatar	453	728.2	701.3	701.1	1,267.0	945.2	770.7	11,282.8	16,188.2	14,447.0	16,472.1	9,664.5	7,490.6
Saudi Arabia	456	5,645.6	8,623.8	11,793.2	12,797.2	6,944.1	5,046.1	28,321.1	33,183.6	36,083.4	32,580.7	21,258.7	18,446.6
Somalia	726	201.9	198.6	168.1	335.3	418.9	505.9	3.1	7.4	39.5	49.6	16.5	17.5
Sudan	732	721.7	734.8	783.8	880.4	823.5	753.9	480.0	177.8	315.9	655.9	188.9	169.6
Syrian Arab Republic	463	564.9	351.4	205.0	217.0	138.6	124.8	105.3	164.7	16.3	85.7	35.8	35.7
Tunisia	744	258.4	296.9	285.3	268.3	213.8	248.2	145.1	225.6	117.7	185.6	115.2	152.2
United Arab Emirates	466	38,773.0	36,535.9	31,957.1	33,170.1	30,315.9	30,603.3	35,656.7	38,258.4	33,214.2	27,211.6	20,456.4	19,276.1
Yemen, Republic of	474	601.6	1,215.1	1,306.7	1,332.3	463.8	450.4	802.7	1,032.1	911.0	404.5	184.8	5.0
Sub-Saharan Africa	603	**18,649.3**	**21,879.3**	**24,905.4**	**27,601.4**	**20,318.9**	**17,404.1**	**32,655.9**	**35,132.8**	**32,447.4**	**35,989.5**	**30,631.1**	**23,347.3**
Angola	614	539.8	537.5	500.9	609.2	272.5	139.8	6,016.2	7,269.3	6,186.0	5,652.7	3,180.2	2,000.0
Benin	638	603.0	433.7	829.1	530.4	406.4	441.2	288.8	245.9	176.4	215.4	278.2	207.6
Botswana	616	45.1	54.1	52.6	50.6	45.1	73.5	35.4	65.9	181.7	1,050.0	568.4	1,001.4
Burkina Faso	748	77.7	79.7	104.1	114.0	99.0	120.1	19.8	14.6	16.4	80.0	276.8	175.6
Burundi	618	21.3	32.0	30.5	30.8	29.9	30.2	0.7	0.4	0.1	0.3	0.2	1.2
Cabo Verde	624	0.6	0.9	0.8	4.2	1.5	1.4	2.8	3.2	4.0	2.5	3.1	1.8
Cameroon	622	163.6	238.0	288.5	230.8	213.9	153.7	332.9	506.9	298.1	582.6	750.6	428.4
Central African Rep.	626	5.2	8.0	10.5	6.4	8.9	10.2	2.0	2.5	1.1	0.6	0.6	0.6
Chad	628	33.9	24.0	52.8	35.2	52.9	37.5	0.2	46.0	141.0	14.8	367.8	141.0
Comoros	632	10.0	19.1	15.6	16.5	15.9	20.4	2.5	5.6	7.5	12.2	12.7	23.0
Congo, Dem. Rep. of	636	7.0	117.9	161.7	220.6	322.4	234.0	6.0	3.3	23.1	118.7	104.4	60.0
Congo, Republic of	634	361.1	222.5	207.0	225.4	207.6	146.5	109.2	612.2	90.5	268.3	307.0	143.6
Côte d'Ivoire	662	186.2	422.4	325.9	288.2	384.7	382.5	411.0	444.2	328.5	529.1	569.6	449.3
Equatorial Guinea	642	16.7	19.4	21.3	14.4	14.0	16.2	0.7	452.8	504.6	715.8	419.1	909.8
Eritrea	643	22.0	29.6	15.8	14.2	7.1	4.7	3.2	11.2	2.9	199.8	169.4	63.1
Ethiopia	644	418.7	637.3	879.2	762.4	764.0	831.7	32.9	32.6	29.4	37.3	60.3	70.3
Gabon	646	48.9	55.2	56.9	41.0	37.8	42.5	69.0	838.3	922.9	789.2	115.3	64.6
Gambia, The	648	65.5	57.3	68.3	88.5	55.8	60.7	39.5	27.6	31.8	36.3	31.7	42.7
Ghana	652	863.9	752.2	848.9	669.5	642.9	712.6	390.0	273.5	259.2	804.3	3,217.0	1,445.1
Guinea	656	129.4	187.8	200.3	257.9	277.9	331.3	127.6	216.0	624.9	573.9	476.7	254.2
Guinea-Bissau	654	6.6	11.6	15.0	17.5	11.6	22.1	290.1	124.3	132.1	160.6	197.8	215.7
Kenya	664	2,132.6	3,789.6	3,603.0	4,477.2	3,051.0	2,428.7	131.2	102.4	121.1	127.8	111.8	126.5
Lesotho	666	20.5	18.1	25.4	39.8	33.0	29.0	2.4	4.0	3.7	1.2	5.1	13.6
Liberia	668	68.3	114.1	179.6	261.5	160.2	126.8	11.2	10.3	36.1	7.7	83.6	5.9
Madagascar	674	119.8	155.8	212.4	196.7	194.5	147.6	62.6	90.5	51.6	71.2	129.2	127.1
Malawi	676	137.3	130.9	201.7	243.1	177.9	173.6	20.3	42.6	19.5	31.3	66.6	42.0
Mali	678	102.4	79.5	114.8	131.5	105.6	103.0	4.6	25.6	76.2	73.7	152.4	176.5
Mauritius	684	1,296.3	1,365.9	924.1	1,443.8	936.5	652.9	34.4	31.4	21.4	21.5	20.1	19.0
Mozambique	688	575.6	881.9	1,327.6	1,875.5	1,402.6	875.5	124.2	257.8	245.6	328.4	374.6	411.2
Namibia	728	66.1	57.0	207.3	115.8	68.1	72.1	13.5	8.2	14.2	31.8	12.4	35.1
Niger	692	89.2	56.3	83.5	83.1	65.9	81.5	0.1	69.2	0.5	0.5	0.2	0.2
Nigeria	694	2,653.3	2,821.4	2,613.8	2,873.6	2,286.5	1,743.8	13,750.2	13,380.0	12,850.6	15,674.1	10,220.3	7,404.8
Rwanda	714	40.6	70.1	87.6	134.9	125.1	87.5	0.1	0.2	0.2	0.6	1.9	0.9
São Tomé & Príncipe	716	1.3	0.9	0.6	1.7	1.0	0.8	0.1	0.0	....	0.0	0.0	0.0
Senegal	722	288.0	497.0	467.3	478.7	522.9	592.2	391.9	118.9	118.6	207.1	227.4	335.5
Seychelles	718	32.8	31.1	57.2	37.5	31.4	37.8	2.9	2.5	1.7	0.9	0.8	1.0
Sierra Leone	724	79.9	154.7	130.1	83.7	95.9	80.7	5.2	5.3	5.7	17.3	20.1	13.3
South Africa	199	4,351.7	4,962.5	5,265.3	5,614.4	3,854.9	3,245.8	9,334.8	8,641.5	7,553.7	5,999.9	6,327.9	5,105.1
South Sudan, Rep. of	733	....	....	....	....	....	0.1	....	....	....	....	....	0.1
Swaziland	734	87.5	45.7	26.4	26.4	67.1	38.9	55.2	76.7	30.8	119.8	41.6	30.4
Tanzania	738	1,795.8	1,596.6	3,187.0	3,460.1	1,672.0	1,767.7	254.8	523.4	847.2	927.2	1,007.0	827.9
Togo	742	317.6	292.1	464.7	665.5	455.6	428.7	126.3	196.2	140.0	206.2	257.4	132.4
Uganda	746	429.1	451.6	517.2	550.8	568.9	523.8	16.9	27.6	32.7	36.6	37.2	68.2
Zambia	754	191.6	232.9	345.0	380.6	334.3	235.9	123.5	289.0	303.7	229.8	404.2	723.3
Zimbabwe	698	145.4	133.3	178.2	197.8	235.6	116.8	9.0	33.0	10.3	30.2	22.5	48.3
Africa n.s.	799	0.3	0.1	0.0	0.2	0.2	0.0	0.1	0.1	0.0	0.2	....	....
Western Hemisphere	205	**13,153.3**	**14,729.1**	**12,956.4**	**15,317.9**	**10,935.8**	**10,300.0**	**16,895.7**	**27,734.0**	**33,164.8**	**33,719.5**	**21,922.8**	**18,335.2**
Antigua and Barbuda	311	0.9	1.5	1.6	2.2	2.6	2.2	0.2	0.2	0.0	0.4	0.1	....
Argentina	213	454.1	500.7	612.2	498.3	515.3	510.1	1,108.3	1,221.8	1,122.9	2,015.1	2,215.1	2,593.5

India (534)
In Millions of U.S. Dollars

		Exports (FOB)						Imports (CIF)					
		2011	2012	2013	2014	2015	2016	2011	2012	2013	2014	2015	2016
Aruba	314	2.5	2.5	3.3	3.4	6.5	8.3	2.0	0.2	0.0	0.0	0.2	4.3
Bahamas, The	313	2,462.3	2,424.7	817.7	122.8	12.2	5.7	7.4	0.1	103.0	494.5	77.3	258.3
Barbados	316	7.0	6.6	6.4	9.4	9.8	13.3	0.9	0.1	0.1	0.2	0.2	0.2
Belize	339	22.3	24.6	24.4	23.0	16.1	15.1	0.1	0.2	0.2	1.6	0.5	0.4
Bermuda	319	0.9	1.3	2.1	3.1	2.4	4.0	0.0	0.0	0.0	0.1	0.0	0.0
Bolivia	218	21.7	49.6	55.1	68.5	75.6	71.4	5.5	3.4	6.7	2.1	187.7	127.7
Brazil	223	5,362.8	6,129.1	5,412.5	6,973.0	3,086.6	2,300.6	3,795.1	5,405.6	3,722.4	5,534.8	4,134.2	3,613.5
Chile	228	524.9	646.6	652.2	617.3	666.4	652.5	1,820.7	2,498.0	3,244.2	3,182.4	2,307.6	1,220.5
Colombia	233	808.9	927.4	939.6	1,128.5	972.1	767.4	700.2	1,382.3	4,296.7	3,554.4	879.5	484.2
Costa Rica	238	62.9	77.7	76.3	93.7	124.6	147.9	159.9	223.6	219.1	184.7	69.2	58.4
Dominica	321	2.2	2.7	2.4	2.4	1.7	2.5	0.4	0.4	1.3	0.1	0.1	0.7
Dominican Republic	243	99.3	108.7	115.6	139.3	162.3	221.0	8.4	10.3	12.9	85.0	600.7	637.9
Ecuador	248	228.8	171.8	302.6	297.9	173.6	166.6	53.9	757.6	367.5	1,002.6	640.0	220.8
El Salvador	253	34.1	51.4	66.3	60.5	69.1	59.3	11.0	7.7	9.0	8.4	8.9	4.7
Falkland Islands	323	0.6	0.8	0.0	....	0.0	....	2.3	1.1	1.1	3.3	2.0	....
Greenland	326	0.2	0.4	1.7	1.1	8.9	....	0.0	0.1	0.0	0.0	0.2	0.1
Grenada	328	1.1	0.9	1.3	1.5	1.8	2.6	0.0	0.0	....	0.0	....	....
Guatemala	258	168.0	221.6	215.2	221.6	255.0	239.5	8.0	6.1	13.5	16.9	13.7	18.0
Guyana	336	20.9	21.1	22.7	23.4	24.9	19.3	10.2	4.7	6.0	9.3	16.5	15.8
Haiti	263	46.5	61.2	58.2	73.3	75.7	65.8	1.4	1.8	1.0	1.5	2.9	3.6
Honduras	268	81.4	110.3	105.6	161.8	171.2	141.8	5.0	14.8	23.1	26.2	17.9	20.3
Jamaica	343	26.0	30.9	33.2	36.3	41.2	42.2	1.3	2.6	0.8	1.7	1.3	1.3
Mexico	273	1,338.7	1,592.6	1,865.6	2,919.9	2,769.2	3,375.3	2,185.4	3,536.4	4,295.5	3,449.0	2,732.4	2,441.5
Netherlands Antilles	353	43.0	54.9	67.4	44.9	39.1	38.2	52.8	19.4	3.6	140.8	14.6	112.2
Nicaragua	278	42.5	53.1	61.1	65.2	77.1	90.8	1.0	0.9	2.6	2.0	3.7	2.9
Panama	283	200.5	251.8	199.1	271.7	241.2	213.8	219.4	104.1	48.4	94.4	74.2	52.7
Paraguay	288	64.2	71.2	87.0	98.9	112.8	118.9	11.4	8.3	5.0	56.8	114.3	160.8
Peru	293	558.6	635.0	649.4	754.6	756.0	683.2	432.7	423.7	693.7	563.3	740.9	988.7
St. Kitts and Nevis	361	0.8	0.7	1.2	1.1	2.1	3.1	0.2	....	0.0	0.4	0.2	0.0
St. Lucia	362	1.1	1.2	1.6	2.4	2.7	3.8	0.4	0.5	0.6	0.1	0.3	0.4
St. Vincent & Grens.	364	0.3	0.6	1.8	0.7	0.6	0.8	....	....	....	0.0	0.0	....
Suriname	366	12.1	20.2	24.2	25.4	16.5	10.1	3.5	10.4	14.5	31.3	221.3	37.3
Trinidad and Tobago	369	75.2	82.7	101.3	106.1	112.4	81.5	204.7	5.3	9.7	36.1	83.9	154.3
Uruguay	298	135.2	137.7	151.2	217.7	165.6	139.9	28.9	24.5	20.7	20.5	18.6	13.6
Venezuela, Rep. Bol.	299	238.1	252.3	215.3	237.8	160.7	73.2	6,052.4	12,056.8	14,918.6	13,198.9	6,742.1	5,078.6
Western Hem. n.s.	399	2.5	1.2	2.3	9.0	4.2	8.2	0.6	1.0	0.5	0.7	0.6	8.4
Other Countries n.i.e	910	208.1	294.9	248.0	111.6	162.3	93.4	13.6	195.0	84.3	110.4	100.8	88.9
Cuba	928	38.3	35.2	36.4	36.3	52.7	39.2	3.3	4.7	2.5	1.2	1.5	1.2
Korea, Dem. People's Rep.	954	169.9	259.7	211.6	75.3	109.5	54.2	10.3	190.4	81.8	109.2	99.2	87.7
Countries & Areas n.s.	898	15,000.9	4,766.9	11,447.2	3,026.0	2,125.4	2,308.6	3,405.3	1,310.3	2,050.0	6,827.2	8,716.1	7,961.1
Memorandum Items													
Africa	605	21,770.6	24,969.8	28,069.6	30,863.5	23,220.0	20,477.4	36,704.9	38,038.5	34,777.0	38,421.5	32,366.3	25,121.8
Middle East	405	56,263.5	59,672.2	61,104.6	63,269.9	50,253.9	47,670.4	129,571.0	146,804.2	139,689.6	124,237.9	79,466.9	71,061.6
European Union	998	55,211.7	49,717.7	51,847.5	51,457.7	44,893.7	46,196.1	55,931.6	54,237.6	51,092.0	48,582.8	44,254.8	40,599.6
Export earnings: fuel	080	61,446.4	63,984.2	65,464.4	67,427.4	54,124.4	50,981.9	159,612.4	187,398.1	183,652.2	169,518.8	106,088.7	92,365.9
Export earnings: nonfuel	092	245,640.1	233,277.1	249,663.0	250,305.9	212,045.4	210,880.7	305,463.6	303,015.2	284,298.3	290,994.5	286,148.7	263,954.4

Indonesia (536)

In Millions of U.S. Dollars

		Exports (FOB)						Imports (CIF)					
		2011	2012	2013	2014	2015	2016	2011	2012	2013	2014	2015	2016
IFS World		200,494.1	188,482.8	183,039.6	176,323.6	150,337.1	144,239.6	176,784.4	191,558.4	186,363.3	178,122.2	142,593.2	135,497.6
World	001	203,496.6	190,031.8	182,551.8	176,292.5	150,393.2	145,014.8	177,435.6	191,691.0	186,628.7	178,178.8	142,694.8	134,640.6
Advanced Economies	110	121,998.4	110,080.6	101,608.2	99,221.2	82,109.2	77,404.6	96,754.6	101,413.0	94,343.2	89,449.6	71,321.2	64,990.3
Euro Area	163	17,672.0	15,343.3	14,103.4	14,098.0	12,339.4	11,848.6	9,655.7	10,792.5	11,079.6	10,476.1	9,134.6	8,680.4
Austria	122	54.8	43.0	50.0	40.3	29.3	28.6	396.4	324.5	383.6	343.0	316.2	358.6
Belgium	124	1,374.7	1,297.7	1,259.3	1,217.3	1,113.3	1,125.7	593.6	628.1	642.5	585.5	559.4	491.1
Cyprus	423	11.4	12.6	9.8	10.3	10.1	11.7	10.5	3.4	4.3	2.6	3.0	15.5
Estonia	939	34.5	41.6	46.3	61.0	52.5	47.6	2.8	89.3	3.0	3.1	3.5	7.3
Finland	172	219.0	197.8	149.1	111.4	84.9	83.9	500.1	448.8	442.5	668.4	534.1	338.6
France	132	1,311.9	1,155.5	1,084.2	1,047.5	1,003.2	891.5	2,007.4	1,926.2	1,594.5	1,335.2	1,337.7	1,362.4
Germany	134	3,304.7	3,075.0	2,883.4	2,821.6	2,663.8	2,638.7	3,393.8	4,188.5	4,426.3	4,091.2	3,471.7	3,159.5
Greece	174	157.5	139.9	149.2	157.3	144.2	142.2	67.7	122.9	90.6	97.2	76.4	68.8
Ireland	178	75.8	65.0	56.0	70.9	60.1	61.9	107.9	109.9	115.8	100.9	103.3	110.3
Italy	136	3,168.3	2,277.0	2,128.6	2,286.9	1,873.1	1,572.1	1,222.9	1,523.9	1,695.6	1,723.0	1,368.2	1,387.2
Latvia	941	35.0	44.4	47.8	48.5	48.5	49.5	22.9	5.7	5.2	1.8	4.9	30.5
Lithuania	946	46.8	37.6	29.0	24.6	36.0	26.1	26.8	18.0	6.3	8.7	9.6	15.7
Luxembourg	137	35.7	23.7	16.3	11.8	12.4	9.8	7.9	9.1	16.4	6.3	15.9	35.7
Malta	181	3.7	3.2	5.3	4.9	5.0	17.9	16.4	3.9	3.0	1.8	1.0	24.7
Netherlands	138	5,132.5	4,664.3	4,106.0	3,984.6	3,442.1	3,254.9	808.5	880.2	1,033.8	908.3	785.2	723.6
Portugal	182	118.1	81.0	157.6	161.3	143.2	152.4	53.1	27.9	41.9	57.4	44.3	35.1
Slovak Republic	936	54.4	45.4	40.4	17.4	42.9	65.5	11.6	9.0	12.5	12.5	14.8	18.2
Slovenia	961	105.5	69.4	74.5	82.6	93.3	89.3	26.0	13.9	16.6	12.3	12.8	13.5
Spain	184	2,427.9	2,069.3	1,810.4	1,937.6	1,481.3	1,579.3	379.6	459.1	545.2	517.1	472.5	484.1
Australia	193	5,582.5	4,905.4	4,370.5	5,033.2	3,716.8	3,199.0	5,177.1	5,297.6	5,038.2	5,647.5	4,815.8	5,260.9
Canada	156	960.3	792.4	782.3	755.0	722.3	732.6	2,015.8	1,810.7	2,067.5	1,860.2	1,609.3	1,383.0
China,P.R.: Hong Kong	532	3,215.4	2,633.9	2,693.3	2,777.6	2,059.4	2,144.8	2,465.2	1,930.2	2,092.4	1,848.4	1,817.4	1,773.8
China,P.R.: Macao	546	5.1	5.8	6.1	6.4	9.6	6.6	6.0	3.9	7.5	8.1	9.2	11.5
Czech Republic	935	69.4	63.8	62.0	84.9	72.2	92.4	94.3	119.0	171.6	175.6	145.4	158.9
Denmark	128	250.2	229.4	224.5	226.6	207.0	187.6	176.2	173.5	199.3	168.0	201.3	156.6
Iceland	176	0.8	0.4	0.2	0.1	0.2	0.6	3.1	0.9	0.5	1.5	0.5	1.1
Israel	436	159.6	184.0	146.0	138.9	116.7	109.4	11.0	14.0	15.6	13.9	77.7	75.3
Japan	158	33,714.7	30,135.1	27,086.3	23,165.7	18,014.3	16,101.5	19,436.6	22,767.8	19,284.6	17,007.6	13,263.5	12,984.8
Korea, Republic of	542	16,388.8	15,049.9	11,422.5	10,621.2	7,649.6	7,007.6	12,999.7	11,970.4	11,592.6	11,847.4	8,427.2	6,674.6
New Zealand	196	371.7	441.0	469.5	486.8	436.3	366.5	729.2	696.3	806.0	836.0	637.0	660.9
Norway	142	67.6	87.1	72.7	65.3	65.7	76.4	242.0	234.8	226.3	213.0	226.3	312.0
San Marino	135	....	....	....	....	....	0.0	....	....	....	....	....	0.1
Singapore	576	18,443.9	17,135.0	16,686.3	16,806.9	12,649.9	11,246.4	25,964.7	26,087.3	25,581.5	25,185.7	18,022.5	14,548.3
Sweden	144	170.4	166.3	162.4	177.1	146.8	144.7	886.2	1,298.7	825.6	691.1	691.2	526.2
Switzerland	146	123.7	58.5	81.9	133.9	1,071.7	2,199.9	624.1	542.1	710.5	628.2	634.4	723.8
Taiwan Prov.of China	528	6,584.9	6,242.5	5,862.4	6,425.1	5,037.4	4,178.1	4,259.5	4,692.8	4,480.3	3,758.5	3,172.1	2,845.2
United Kingdom	112	1,719.7	1,696.8	1,634.6	1,658.6	1,527.1	1,590.4	1,174.0	1,366.3	1,081.9	894.8	819.2	893.8
United States	111	16,497.6	14,910.2	15,741.1	16,560.1	16,266.9	16,171.3	10,834.0	11,614.2	9,081.8	8,188.5	7,616.8	7,319.2
Emerg. & Dev. Economies	200	81,476.7	79,937.5	80,927.2	77,067.1	68,276.8	67,597.0	80,456.0	90,054.0	92,091.8	88,548.6	71,251.3	69,392.5
Emerg. & Dev. Asia	505	62,382.4	60,901.4	61,644.9	55,166.9	50,008.7	50,880.9	56,016.2	61,531.9	62,326.7	60,340.3	53,072.8	53,991.7
American Samoa	859	27.4	3.9	40.0	3.5	2.1	1.2	7.7	23.6	4.5	11.9	4.7	1.4
Bangladesh	513	1,361.9	1,120.3	1,068.5	1,377.6	1,340.8	1,266.7	39.5	48.7	90.2	71.3	59.5	68.4
Bhutan	514	1.6	2.6	0.1	0.3	0.6	0.1	0.0	0.0	0.0	0.0	0.0	0.0
Brunei Darussalam	516	81.7	81.8	122.7	100.3	91.2	88.7	1,018.4	419.8	645.4	594.3	131.4	72.2
Cambodia	522	259.5	292.2	312.5	415.8	429.7	425.4	8.0	11.6	17.8	18.7	21.1	25.3
China,P.R.: Mainland	924	22,941.0	21,659.5	22,601.5	17,606.2	15,044.7	16,785.6	26,212.2	29,387.1	29,849.5	30,624.3	29,410.9	30,800.4
Fiji	819	21.4	25.4	23.6	22.3	20.5	27.8	1.5	1.5	2.6	3.3	0.7	1.4
F.T. French Polynesia	887	8.8	8.6	7.7	8.6	10.1	8.1	0.0	0.1	0.1	0.4	0.2	0.5
F.T. New Caledonia	839	42.0	15.6	23.5	12.9	12.8	10.4	0.3	0.3	0.4	0.6	0.4	0.0
Guam	829	1.8	1.9	2.0	2.4	2.1	1.3	0.0	0.0	0.0	0.0	0.0	0.0
India	534	13,335.7	12,496.3	13,031.3	12,249.0	11,713.0	10,093.8	4,322.0	4,305.6	3,964.0	3,952.1	2,741.4	2,872.7
Kiribati	826	0.9	1.6	2.0	1.8	1.8	1.9	0.0	0.0	0.0	0.0	0.0	0.0
Lao People's Dem.Rep	544	8.6	23.8	5.8	4.5	7.7	5.9	1.3	3.3	7.5	51.3	0.8	3.9
Malaysia	548	10,995.8	11,280.3	10,666.6	9,759.0	7,662.0	7,112.0	10,404.9	12,243.6	13,322.5	10,855.4	8,530.7	7,200.9
Maldives	556	22.5	25.3	24.5	31.0	32.2	39.2	0.0	0.0	0.0	0.0	....	0.1
Marshall Islands	867	....	....	....	....	....	0.3	....	....	....	....	....	15.9

2017, International Monetary Fund: Direction of Trade Statistics Yearbook

Indonesia (536)

In Millions of U.S. Dollars

		Exports (FOB)						Imports (CIF)					
		2011	2012	2013	2014	2015	2016	2011	2012	2013	2014	2015	2016
Micronesia	868	....	....	....	....	....	0.7	....	....	....	....	....	9.8
Mongolia	948	3.8	6.0	17.8	6.8	5.1	5.3	2.2	0.1	3.0	19.2	0.8	10.9
Myanmar	518	359.5	401.6	556.4	566.9	615.7	615.7	71.3	63.5	73.2	122.1	160.4	113.3
Nauru	836	0.2	0.3	0.4	0.4	0.5	0.2	0.0	0.0	0.1	0.1	0.0	0.0
Nepal	558	21.1	9.4	15.7	17.5	25.7	13.8	0.1	0.1	0.1	0.1	0.0	0.1
Palau	565	0.2	0.2	0.2	0.4	0.5	0.3	0.0	0.0	....	....	....	0.0
Papua New Guinea	853	305.8	199.7	175.5	159.1	202.3	150.2	137.6	56.8	78.1	47.6	19.6	26.1
Philippines	566	3,699.0	3,707.6	3,817.0	3,887.8	3,921.3	5,270.9	852.4	799.7	777.4	699.7	683.1	821.8
Samoa	862	7.4	7.1	6.5	6.5	6.7	6.1	0.3	0.3	0.7	2.2	1.5	0.7
Solomon Islands	813	12.9	12.5	13.3	20.3	16.1	11.8	10.7	3.4	3.4	3.6	4.3	0.2
Sri Lanka	524	376.5	341.6	390.9	386.3	341.5	262.2	120.9	98.0	49.5	46.0	41.3	44.3
Thailand	578	5,896.7	6,635.1	6,061.9	5,829.8	5,530.1	5,392.4	10,405.1	11,437.2	10,703.1	9,781.0	8,083.4	8,666.9
Timor-Leste	537	220.1	258.2	246.3	226.2	216.5	229.1	1.4	0.6	0.3	0.2	0.5	1.9
Tonga	866	3.5	2.5	2.4	3.3	3.7	3.1	....	0.0	0.0	0.0	0.0	0.0
Tuvalu	869	0.6	0.1	0.1	0.7	0.1	0.1	....	2.6	....	0.0	0.0	....
Vanuatu	846	4.1	4.2	4.3	4.0	3.4	3.7	....	0.3	0.1	0.1	0.1	0.0
Vietnam	582	2,354.2	2,273.7	2,400.9	2,451.2	2,740.2	3,045.5	2,382.9	2,595.0	2,722.6	3,417.8	3,161.5	3,228.4
Asia n.s.	598	6.3	2.8	3.4	4.6	8.2	1.5	15.7	29.1	10.8	17.0	14.2	4.0
Europe	170	**3,727.3**	**3,504.9**	**3,866.3**	**3,728.0**	**3,170.9**	**3,315.9**	**5,438.6**	**5,401.5**	**6,771.2**	**5,939.3**	**3,552.2**	**2,397.0**
Emerg. & Dev. Europe	903	**2,213.1**	**1,998.5**	**2,203.9**	**2,206.5**	**1,780.4**	**1,662.4**	**1,087.4**	**705.6**	**1,695.3**	**1,367.2**	**810.6**	**717.8**
Albania	914	4.2	7.8	12.7	6.7	5.5	10.5	0.6	0.6	0.7	0.9	0.2	0.2
Bosnia and Herzegovina	963	0.6	1.5	2.2	3.0	2.5	1.7	0.2	0.6	9.3	16.0	0.3	0.4
Bulgaria	918	45.0	48.0	44.4	77.5	42.3	44.6	35.1	28.2	51.8	45.7	54.5	99.8
Croatia	960	62.4	19.3	21.4	25.4	28.2	49.1	4.8	10.8	8.1	11.0	17.8	13.8
Faroe Islands	816	0.0	....	....	....	0.0	....	0.0	0.0	0.1	0.2	0.1	0.1
Gibraltar	823	0.6	0.4	0.5	12.3	0.0	0.0	0.0	....	....	0.0	0.0	....
Hungary	944	97.2	60.8	91.2	86.9	58.3	60.8	341.2	162.4	110.3	62.4	62.2	61.5
Macedonia, FYR	962	9.6	13.4	0.5	2.4	0.9	0.5	0.2	0.6	0.2	9.1	4.7	1.4
Montenegro	943	1.7	....	2.1	2.1	2.5	3.7	0.0	....	0.2	0.0	0.2	0.0
Poland	964	379.5	340.0	365.4	395.9	358.9	370.0	100.8	127.4	150.7	143.8	150.4	143.1
Romania	968	132.7	106.4	97.1	116.1	92.6	92.5	39.0	66.3	41.2	36.8	25.1	42.1
Serbia, Republic of	942	0.6	....	1.8	5.1	6.2	2.8	7.6	....	2.8	7.4	9.1	32.2
Turkey	186	1,433.4	1,369.7	1,536.2	1,446.1	1,158.8	1,024.1	555.0	304.9	1,315.0	1,030.6	249.8	322.5
CIS	901	**1,513.6**	**1,506.1**	**1,661.9**	**1,521.5**	**1,390.4**	**1,653.6**	**4,337.9**	**4,673.2**	**5,076.0**	**4,553.0**	**2,741.6**	**1,679.2**
Armenia	911	6.4	3.5	3.7	3.8	2.7	2.2	0.1	0.2	0.0	0.4	0.0	0.0
Azerbaijan, Rep. of	912	4.0	4.6	5.0	5.6	3.3	1.0	1,760.8	1,233.5	1,738.5	2,421.3	1,284.1	46.8
Belarus	913	3.4	3.8	4.0	3.9	0.5	0.2	159.6	86.8	129.8	186.4	210.9	173.8
Georgia	915	38.1	51.9	58.7	72.8	45.8	57.9	3.6	6.9	6.9	6.6	6.3	0.3
Kazakhstan	916	8.2	8.4	6.7	8.3	3.2	7.2	25.0	54.7	16.9	28.2	13.8	15.3
Kyrgyz Republic	917	2.5	2.8	0.9	0.9	1.0	1.4	1.4	1.5	1.4	0.7	0.8	0.5
Moldova	921	0.2	0.6	0.4	0.6	0.4	0.4	0.2	0.7	8.0	15.8	19.0	18.7
Russian Federation	922	863.5	867.3	930.3	1,052.9	993.7	1,261.6	1,680.9	2,505.7	2,593.6	1,589.8	992.6	850.6
Tajikistan	923	2.6	1.2	1.4	0.5	0.1	1.0	2.0	7.6	0.1	0.0	0.0	0.0
Turkmenistan	925	2.2	4.3	2.2	3.4	5.7	6.8	0.5	1.3	2.9	0.3	8.4	3.2
Ukraine	926	569.6	548.9	639.2	360.1	328.5	310.4	701.6	774.1	553.7	298.8	198.4	562.3
Uzbekistan	927	12.9	8.9	9.6	8.8	5.6	3.5	2.2	0.3	24.0	4.8	7.3	7.7
Europe n.s.	884	0.7	0.3	0.5	0.0	0.1	....	13.3	22.6	0.0	19.0	0.1	0.0
Mid East, N Africa, Pak	440	**7,906.2**	**8,211.8**	**8,252.1**	**10,501.6**	**9,152.0**	**7,868.4**	**11,033.9**	**13,665.6**	**13,209.5**	**12,706.8**	**7,490.6**	**6,259.0**
Afghanistan, I.R. of	512	35.6	56.2	50.9	77.4	36.3	16.2	0.0	0.1	0.0	0.2	0.2	0.0
Algeria	612	159.6	211.0	240.5	178.6	173.8	133.7	329.5	308.1	379.2	299.7	282.8	51.3
Bahrain, Kingdom of	419	27.6	31.7	38.0	57.9	52.7	40.1	96.8	74.9	78.1	161.7	23.4	57.7
Djibouti	611	186.1	270.3	286.4	306.8	278.3	211.3	1.0	1.4	0.4	0.3	....	0.1
Egypt	469	1,397.5	1,013.8	1,101.8	1,341.0	1,197.9	1,110.4	191.0	222.9	126.9	145.9	243.1	352.1
Iran, I.R. of	429	785.3	482.7	469.4	406.1	216.5	235.2	1,071.6	773.5	99.0	42.5	56.6	103.4
Iraq	433	154.2	44.9	45.4	72.3	95.1	92.4	0.6	0.1	0.1	0.4	0.2	0.1
Jordan	439	153.1	158.2	159.3	152.6	95.1	90.2	256.4	342.1	315.8	152.5	160.8	165.8
Kuwait	443	120.7	129.8	143.5	171.1	173.9	117.9	1,407.9	2,181.5	1,440.9	1,461.5	738.7	293.1
Lebanon	446	64.2	75.7	75.9	74.2	83.6	76.4	5.8	2.7	1.0	3.7	3.7	0.4
Libya	672	19.6	65.2	62.2	36.1	28.0	19.6	....	511.3	375.7	58.3	0.1	29.3
Mauritania	682	26.4	69.7	96.1	106.8	59.4	71.0	1.1	2.5	0.6	1.0	1.6	0.4

Indonesia (536)
In Millions of U.S. Dollars

		Exports (FOB)						Imports (CIF)					
		2011	2012	2013	2014	2015	2016	2011	2012	2013	2014	2015	2016
Morocco	686	75.5	89.8	68.5	82.2	87.4	95.6	76.9	188.0	118.3	140.3	126.9	68.0
Oman	449	186.5	237.8	209.4	244.7	211.7	201.9	464.4	226.2	253.0	193.6	144.2	53.5
Pakistan	564	936.0	1,381.8	1,415.4	2,045.3	1,989.6	2,018.2	206.2	273.2	168.7	159.4	174.5	157.3
Qatar	453	74.3	92.8	95.4	92.4	96.5	57.5	609.4	1,595.9	1,481.3	1,589.2	731.8	857.4
Saudi Arabia	456	1,430.1	1,776.5	1,734.0	2,156.3	2,060.7	1,333.1	5,426.6	5,199.4	6,526.4	6,516.2	3,421.6	2,725.0
Somalia	726	5.9	10.9	22.1	36.6	30.9	41.3	0.5	0.6	0.0	0.1	0.2	....
Sudan	732	81.2	82.5	83.3	74.4	77.9	72.4	66.9	1.9	3.7	0.7	0.3	1.9
Syrian Arab Republic	463	71.9	58.6	33.0	46.3	32.2	25.9	5.6	1.6	1.5	1.3	1.6	1.7
Tunisia	744	84.8	95.6	75.9	82.5	55.9	38.0	14.4	23.5	26.1	21.7	21.2	22.8
United Arab Emirates	466	1,734.5	1,619.0	1,589.1	2,503.1	1,926.3	1,612.1	797.3	1,731.1	1,809.4	1,754.3	1,356.1	1,316.2
West Bank and Gaza	487	0.1	....	0.4	0.9	3.5	0.0	0.0	1.0	0.2	0.1	0.2	0.2
Yemen, Republic of	474	95.3	157.2	156.3	155.8	88.7	157.9	3.9	2.1	3.1	1.9	0.6	1.0
Sub-Saharan Africa	603	**3,554.5**	**3,759.0**	**3,536.6**	**3,971.4**	**2,722.8**	**2,380.2**	**3,335.8**	**4,436.8**	**4,501.6**	**4,790.9**	**2,829.3**	**2,382.1**
Angola	614	103.8	141.8	164.2	189.7	137.0	57.7	119.7	503.5	212.7	209.3	640.3	215.9
Benin	638	167.4	63.5	71.0	213.1	153.4	197.0	60.9	13.3	24.9	31.1	32.6	23.6
Botswana	616	0.3	0.2	1.6	0.3	0.2	0.0	0.0	0.0	0.0	0.0	0.0	0.0
Burkina Faso	748	5.6	5.0	9.6	9.0	10.9	12.9	57.8	30.1	86.5	65.7	49.0	28.1
Burundi	618	1.4	1.4	0.4	0.3	0.2	0.4	0.0	....	....	0.0	0.0	....
Cabo Verde	624	0.7	0.9	1.2	0.9	0.9	0.5	0.3	0.0	0.0	0.0	3.0	0.0
Cameroon	622	43.8	42.6	35.9	36.5	29.6	28.3	14.5	14.9	17.3	39.6	26.5	65.4
Central African Rep.	626	0.5	0.5	8.5	0.5	0.3	0.0	10.3	9.1	12.8	15.2	6.3	4.1
Chad	628	1.6	1.2	0.4	1.5	0.6	1.9	3.2	5.2	6.4	6.2	0.4	2.1
Comoros	632	2.5	2.6	2.8	3.0	3.1	2.1	1.7	0.5	0.0	0.0	0.0	0.4
Congo, Dem. Rep. of	636	....	....	....	....	....	9.4	....	....	0.0	38.6	....	26.8
Congo, Republic of	634	26.3	34.4	32.7	44.1	35.9	47.3	3.8	1.3	0.6	76.0	126.4	157.2
Côte d'Ivoire	662	32.9	86.9	58.4	103.9	53.5	52.1	61.1	38.5	60.3	245.4	122.1	52.6
Equatorial Guinea	642	2.8	4.8	4.6	4.2	4.4	2.8	0.0	0.0	....	0.0	68.5	26.7
Eritrea	643	5.3	4.3	6.2	9.7	2.0	0.3	....	0.8	0.0	0.0	0.0	0.0
Ethiopia	644	16.1	30.2	42.4	48.7	45.5	42.4	8.4	8.1	15.0	23.7	11.0	23.7
Gabon	646	16.8	17.9	16.3	20.4	16.7	10.5	3.7	1.3	0.5	0.4	0.3	75.5
Gambia, The	648	35.1	38.6	38.5	42.9	25.3	24.9	5.1	0.7	0.0	0.0	0.0	0.0
Ghana	652	164.0	159.3	246.5	212.3	158.3	109.9	26.0	15.7	25.6	28.7	22.4	0.7
Guinea	656	16.2	47.5	49.4	46.6	43.8	29.7	5.9	0.8	0.3	1.3	0.3	0.3
Guinea-Bissau	654	1.2	1.7	4.9	5.0	4.0	2.7	0.1	....	0.0	0.1	....	....
Kenya	664	285.3	266.9	233.2	196.2	187.7	200.8	20.6	15.8	14.0	9.7	12.3	9.8
Lesotho	666	0.6	0.5	0.3	0.0	0.0	0.0	....	0.0	0.1	1.0	0.1	0.1
Liberia	668	9.8	32.9	21.1	23.2	23.3	19.4	21.2	6.6	6.4	0.1	15.0	4.1
Madagascar	674	45.5	61.5	68.1	57.4	44.7	46.0	278.1	91.1	10.5	8.7	6.8	54.8
Malawi	676	8.6	16.0	15.8	15.4	12.7	11.2	6.5	6.1	9.1	6.2	5.2	6.0
Mali	678	5.5	4.5	7.0	6.6	4.4	5.6	58.4	33.1	43.2	56.6	43.8	26.8
Mauritius	684	85.4	79.7	69.6	61.7	55.3	49.7	7.3	6.9	8.6	4.2	1.8	0.9
Mozambique	688	103.5	99.9	120.8	115.0	103.0	35.1	27.2	21.1	57.9	26.7	16.5	8.9
Namibia	728	3.6	4.3	2.7	3.5	1.7	0.8	7.7	2.4	0.6	1.0	7.5	3.7
Niger	692	2.9	2.7	4.1	15.2	7.3	9.8	0.6	1.1	0.3	0.2	0.0	0.0
Nigeria	694	466.0	413.1	558.2	648.6	445.3	310.8	1,626.9	2,770.7	3,122.4	3,306.3	1,288.2	1,108.5
Rwanda	714	1.6	1.0	1.1	1.6	0.4	6.2	0.0	0.0	0.1	0.0	0.0	0.0
São Tomé & Príncipe	716	1.4	1.4	0.7	1.2	0.9	0.6	0.0	0.0	0.0	0.0	0.0	0.1
Senegal	722	39.5	43.1	54.7	74.1	87.6	72.6	18.9	3.0	4.1	4.2	1.7	9.8
Seychelles	718	6.3	5.2	6.1	4.4	3.0	4.2	0.4	0.3	0.9	2.6	5.6	6.6
Sierra Leone	724	20.5	22.4	21.2	25.0	24.3	26.9	7.6	2.7	0.2	0.3	0.2	0.4
South Africa	199	1,436.6	1,691.5	1,270.3	1,379.5	666.1	727.9	705.8	662.0	624.9	498.5	231.9	290.8
Swaziland	734	1.2	0.9	5.1	0.9	1.2	1.6	3.9	4.8	3.9	2.3	1.0	1.1
Tanzania	738	298.6	236.7	192.7	202.5	214.0	154.5	91.9	63.8	51.6	19.7	21.5	68.9
Togo	742	62.9	68.3	72.9	133.0	103.7	52.1	29.8	18.1	13.4	10.2	16.2	10.2
Uganda	746	10.4	10.7	10.1	9.6	5.9	6.4	17.5	24.0	20.2	10.7	10.2	15.7
Zambia	754	2.5	1.9	0.9	1.3	1.8	2.0	1.7	11.8	16.5	11.9	9.2	19.7
Zimbabwe	698	12.2	8.5	4.3	2.8	2.7	3.1	20.3	47.0	29.5	28.6	25.3	32.2
Africa n.s.	799	0.0	0.0	0.0	....	0.2	....	1.1	0.5	0.2	0.0	0.3	0.0
Western Hemisphere	205	**3,906.2**	**3,560.4**	**3,627.3**	**3,699.2**	**3,222.4**	**3,151.6**	**4,631.5**	**5,018.3**	**5,282.7**	**4,771.4**	**4,306.3**	**4,362.7**
Anguilla	312	....	....	....	....	....	0.2	....	....	....	....	....	0.1

Indonesia (536)

In Millions of U.S. Dollars

		Exports (FOB) 2011	2012	2013	2014	2015	2016	Imports (CIF) 2011	2012	2013	2014	2015	2016
Antigua and Barbuda	311	0.3	0.3	0.3	1.8	0.5	1.1	14.6	5.7	4.6	0.3	0.0	0.1
Argentina	213	354.5	312.5	335.2	236.9	237.1	219.6	1,586.0	1,756.3	1,686.6	1,465.3	1,298.3	1,373.6
Aruba	314	1.2	0.8	1.0	0.7	0.7	0.9	....	5.8	0.2	0.0	....	0.0
Bahamas, The	313	1.2	1.2	1.0	0.9	1.0	0.6	0.8	0.1	6.5	0.0	0.1	0.0
Barbados	316	2.8	2.3	2.5	3.7	2.6	2.9	1.0	1.1	0.0	0.0	0.0	0.1
Belize	339	0.5	0.4	1.0	0.9	1.0	0.7	4.0	4.3	1.7	3.3	2.3	2.1
Bermuda	319	0.8	1.2	1.6	1.2	1.2	1.5	4.2	71.8	267.5	38.6	1.5	1.7
Bolivia	218	5.7	7.3	4.6	8.6	16.0	8.8	0.3	1.2	0.1	0.1	0.3	0.3
Brazil	223	1,734.9	1,486.2	1,514.4	1,498.2	1,166.0	1,102.0	1,898.1	1,971.0	2,216.0	2,553.5	2,425.4	2,402.4
Chile	228	214.0	175.3	170.8	177.9	147.3	143.8	372.3	206.6	241.2	241.5	173.8	83.3
Colombia	233	139.5	170.7	132.0	147.2	130.7	125.0	32.0	19.5	15.8	7.2	6.0	8.2
Costa Rica	238	23.9	16.1	22.8	24.4	27.4	54.0	9.4	8.5	27.7	4.1	2.9	5.2
Curaçao	354	....	....	....	....	....	3.8	....	....	....	....	....	2.0
Dominica	321	0.9	0.5	2.1	2.2	0.9	0.6	0.6	0.6	0.1	0.2	0.2	0.8
Dominican Republic	243	24.2	23.1	31.5	31.7	36.2	51.8	9.3	3.8	3.2	10.5	3.7	9.5
Ecuador	248	90.1	80.9	81.4	90.5	47.5	57.5	6.5	6.8	13.1	41.9	22.7	48.4
El Salvador	253	11.4	12.9	9.6	12.0	14.1	15.3	1.8	1.2	56.1	0.3	1.7	7.4
Greenland	326	....	....	....	....	0.0	0.0	1.2	3.2	1.1	0.4	0.3	0.2
Grenada	328	0.2	0.4	1.3	0.4	0.5	0.8	0.0	0.1	0.1	0.4	....	0.0
Guatemala	258	21.6	28.1	35.9	34.7	37.1	38.9	41.1	0.9	6.0	0.8	18.8	9.1
Guyana	336	1.6	2.9	2.3	2.3	1.7	2.0	0.3	1.3	0.4	0.0	0.0	0.2
Haiti	263	21.7	47.6	72.4	85.3	94.9	108.5	7.8	4.0	0.1	0.1	0.3	0.2
Honduras	268	24.2	15.6	7.5	7.1	10.2	13.1	1.2	1.3	1.4	1.3	1.3	12.4
Jamaica	343	11.9	11.0	16.9	15.4	17.2	19.7	1.5	0.9	0.5	2.3	0.8	0.1
Mexico	273	658.4	649.9	687.3	850.9	824.0	815.1	412.7	568.4	515.8	187.5	197.6	177.0
Netherlands Antilles	353	18.2	7.5	5.5	4.1	3.5	0.4	5.3	2.1	4.9	0.7	2.5	0.5
Nicaragua	278	7.6	20.3	23.0	13.7	10.3	15.5	0.1	1.3	0.8	0.2	0.2	2.6
Panama	283	143.2	154.1	151.7	109.1	117.2	98.6	75.5	225.2	13.7	39.5	44.6	51.9
Paraguay	288	19.6	18.2	17.6	19.6	22.3	18.9	28.6	19.6	103.4	56.2	10.6	68.7
Peru	293	162.0	159.9	178.5	210.4	176.5	159.1	51.4	72.7	51.8	66.8	52.7	59.3
St. Kitts and Nevis	361	0.9	1.0	1.3	1.1	1.9	1.0	0.1	0.0	0.0	4.0	1.3	0.0
St. Lucia	362	0.5	0.4	0.5	0.7	0.7	1.0	0.0	0.1	0.0	0.0	0.1	0.0
St. Vincent & Grens.	364	0.4	0.3	0.4	0.2	0.3	0.3	0.8	1.6	1.5	....	0.9	0.2
Suriname	366	4.7	7.1	5.8	8.2	7.5	5.1	3.2	1.8	0.0	0.0	0.0	....
Trinidad and Tobago	369	8.2	9.7	14.9	14.5	15.6	17.2	33.6	24.2	0.7	1.3	0.5	2.6
Uruguay	298	44.7	38.2	29.5	41.9	28.6	29.9	17.1	20.0	26.0	38.1	17.1	25.1
Venezuela, Rep. Bol.	299	127.1	96.0	61.9	39.1	19.5	13.4	0.9	0.7	0.6	0.3	0.4	0.3
Western Hem. n.s.	399	23.6	0.5	1.5	1.6	2.6	2.7	8.4	4.3	13.4	4.9	17.4	6.8
Other Countries n.i.e	910	**21.6**	**13.7**	**16.4**	**4.2**	**7.1**	**13.3**	**33.6**	**62.8**	**14.0**	**3.5**	**4.6**	**3.0**
Cuba	928	15.2	12.6	13.5	2.7	6.0	12.8	1.7	1.3	0.4	1.9	2.0	1.8
Korea, Dem. People's Rep.	954	6.4	1.0	2.9	1.4	1.0	0.5	31.9	61.6	13.6	1.6	2.6	1.2
Special Categories	899	....	....	....	....	....	....	**191.3**	**161.1**	**179.6**	**177.2**	**117.8**	**154.6**
Countries & Areas n.s.	898	....	....	....	....	0.1	....	....	....	....	....	....	100.3
Memorandum Items													
Africa	605	4,174.1	4,588.8	4,409.4	4,839.4	3,486.5	3,043.5	3,826.1	4,962.8	5,030.0	5,254.6	3,262.4	2,526.7
Middle East	405	6,315.0	5,944.0	5,913.0	7,510.9	6,362.5	5,170.6	10,337.4	12,866.2	12,512.4	12,083.4	6,882.7	5,957.1
European Union	998	20,598.7	18,074.0	16,806.7	16,947.1	14,872.8	14,480.7	12,507.3	14,145.1	13,720.0	12,705.1	11,301.6	10,776.1
Export earnings: fuel	080	6,955.2	7,051.1	7,167.4	8,679.4	7,306.9	6,248.7	16,525.7	20,154.0	20,816.7	20,362.6	11,340.9	8,123.6
Export earnings: nonfuel	092	196,541.4	182,980.7	175,384.4	167,613.0	143,086.3	138,766.1	160,909.9	171,537.0	165,811.9	157,816.2	131,353.9	126,517.0

Iran, Islamic Republic of (429)

In Millions of U.S. Dollars

		Exports (FOB) 2011	2012	2013	2014	2015	2016	Imports (CIF) 2011	2012	2013	2014	2015	2016
IFS World		....	....	....	....	....	....	....	....	....	....	....	....
World	001	111,690.5	83,088.0	63,731.8	64,120.3	39,374.3	46,744.9	68,911.7	63,464.4	53,849.8	71,019.2	58,264.1	63,684.4
Advanced Economies	110	48,170.0	25,252.2	14,166.3	12,521.2	7,306.5	14,784.5	22,699.4	17,188.1	13,561.8	15,138.8	13,887.3	15,239.4
Euro Area	163	21,913.7	6,688.9	888.4	1,305.4	1,192.6	5,358.8	11,001.4	7,215.3	5,578.6	6,527.2	5,603.7	7,033.4
Austria	122	18.2 e	137.0 e	10.7 e	18.1 e	13.3 e	98.4 e	761.3	512.8	420.2	494.0	530.2	512.2
Belgium	124	493.4 e	248.2 e	101.9 e	101.0 e	72.5 e	177.8 e	716.2	391.1	305.4	412.1	417.0	498.4
Cyprus	423	1.6 e	1.1 e	0.9 e	0.8 e	0.6 e	0.6 e	270.4	185.9	183.3	178.4	179.5	181.3
Estonia	939	0.1 e	0.1 e	0.2 e	0.1 e	0.1 e	0.0 e	2.0	7.1	1.6	2.3	10.4	9.1
Finland	172	0.5 e	0.3 e	0.3 e	0.4 e	0.3 e	0.4 e	97.5	80.8	90.3	30.1	51.9	99.6
France	132	2,310.4 e	156.4 e	35.3 e	36.9 e	32.1 e	1,425.4 e	1,887.5	832.3	535.8	492.9	513.7	656.4
Germany	134	943.4 e	380.2 e	320.7 e	351.1 e	331.3 e	301.3 e	3,927.4	2,944.7	2,202.6	2,835.8	2,030.1	2,548.4
Greece	174	3,654.3 e	1,897.9 e	47.9 e	6.0 e	13.1 e	778.8 e	20.2	11.9	10.9	13.4	15.7	21.0
Ireland	178	0.2 e	0.8 e	0.7 e	1.5 e	0.5 e	0.3 e	160.3	115.5	133.9	107.0	150.6	136.8
Italy	136	7,036.7 e	2,740.2 e	171.8 e	543.1 e	491.8 e	1,083.0 e	1,720.6	1,201.1	933.4	1,014.2	881.8	1,133.3
Latvia	941	0.8 e	0.5 e	0.5 e	0.3 e	0.3 e	0.1 e	1.1	67.8	86.9	80.1	4.4	3.0
Lithuania	946	4.6 e	3.8 e	4.8 e	3.9 e	3.6 e	4.3 e	0.7	10.1	11.2	12.0	1.9	0.7
Luxembourg	137	0.1 e	0.0 e	0.0 e	0.2 e	0.1 e	0.1 e	59.6	21.2	14.9	13.4	12.9	15.3
Malta	181	0.3 e	0.2 e	0.1 e	0.2 e	0.3 e	0.3 e	0.6	0.1	0.1	0.4	0.2	1.1
Netherlands	138	2,075.5 e	193.2 e	83.5 e	54.0 e	39.2 e	526.1 e	772.6	435.7	364.5	559.9	579.4	893.2
Portugal	182	5.8 e	8.9 e	16.4 e	39.0 e	27.9 e	35.8 e	73.8	25.2	14.6	14.0	32.9	29.6
Slovak Republic	936	3.6 e	3.0 e	6.0 e	5.4 e	6.8 e	10.2 e	9.8	8.5	5.3	10.6	13.0	14.9
Slovenia	961	59.5 e	20.0 e	0.8 e	0.8 e	1.2 e	2.0 e	27.5	15.1	11.9	9.7	9.8	17.5
Spain	184	5,304.6 e	897.1 e	85.8 e	142.6 e	157.8 e	913.6 e	492.4	348.8	251.8	246.9	168.3	261.5
Australia	193	65.7 e	28.7 e	25.6 e	29.9 e	24.4 e	73.4 e	57.5	170.4	121.5	157.2	33.3	27.8
Canada	156	34.9 e	40.0 e	22.1 e	20.3 e	21.2 e	35.0 e	121.5	103.6	17.3	77.2	103.3	140.1
China,P.R.: Hong Kong	532	241.0 e	278.5 e	247.8 e	495.1 e	355.2 e	242.7 e	196.8	165.8	112.3	129.8	144.0	143.8
China,P.R.: Macao	546	0.3 e	0.3 e	0.0 e	0.3 e	0.0 e	0.0 e	0.2	....	....	....	....	0.0
Czech Republic	935	135.2 e	2.2 e	4.1 e	2.6 e	3.2 e	3.1 e	36.7	26.1	15.0	13.4	18.6	29.2
Denmark	128	7.9 e	7.7 e	9.4 e	9.9 e	6.0 e	7.5 e	147.4	120.9	83.3	121.9	124.1	192.1
Iceland	176	0.6 e	0.5 e	0.5 e	0.6 e	0.6 e	0.0 e	0.6	14.5	1.9	0.3	0.4	0.2
Japan	158	12,129.0 e	7,511.0 e	6,543.1 e	5,836.4 e	3,062.8 e	3,170.2 e	1,415.3	552.4	140.1	206.1	232.7	471.2
Korea, Republic of	542	10,691.5 e	8,060.8 e	5,249.4 e	4,319.0 e	2,233.4 e	4,509.1 e	4,494.1	4,620.7	3,367.0	3,154.5	2,837.4	2,760.0
New Zealand	196	3.4 e	3.4 e	2.1 e	10.0 e	2.7 e	3.4 e	89.0	88.6	59.6	56.7	27.2	42.9
Norway	142	6.4 e	6.9 e	6.7 e	5.4 e	4.9 e	5.0 e	30.6	26.3	6.4	4.7	7.5	18.5
San Marino	135	....	....	....	....	....	....	0.1	0.1	0.1	0.2	0.1	0.1
Singapore	576	....	1,021.5 e	11.3 e	7.8 e	9.2 e	504.8 e	649.8	830.0	808.7	789.0	765.2	762.8
Sweden	144	10.1 e	15.1 e	10.3 e	9.5 e	9.9 e	12.7 e	907.9	132.1	189.2	314.9	320.1	275.9
Switzerland	146	32.6 e	37.0 e	31.4 e	31.2 e	19.2 e	20.4 e	2,609.5	2,330.8	2,195.9	2,501.9	2,789.7	2,335.9
Taiwan Prov.of China	528	2,350.7 e	1,380.8 e	1,071.3 e	388.0 e	317.1 e	698.6 e	579.6	450.6	468.1	667.9	417.9	483.1
United Kingdom	112	546.1 e	166.7 e	40.5 e	49.7 e	34.0 e	57.8 e	221.6	189.4	212.3	304.3	293.0	419.2
United States	111	0.9 e	2.0 e	2.1 e	....	10.2 e	81.1 e	139.7	150.4	184.6	111.7	169.0	103.1
Emerg. & Dev. Economies	200	63,516.8	57,831.9	49,561.3	51,595.6	32,063.3	31,956.1	35,187.3	36,233.6	32,083.4	44,378.3	35,373.0	38,716.1
Emerg. & Dev. Asia	505	43,383.2	38,331.4	33,638.4	36,697.3	21,234.6	22,328.0	10,110.2	8,467.8	11,303.9	16,084.9	11,879.3	10,863.0
American Samoa	859	....	....	....	....	....	....	0.8	0.7	0.6	0.8	0.6	0.7
Bangladesh	513	37.9 e	9.4 e	1.9 e	7.6 e	5.5 e	0.3 e	71.1	44.7	55.4	34.3	31.8	25.9
Brunei Darussalam	516	0.1 e	0.4 e	0.1 e	0.3 e	0.1 e	0.1 e	0.0 e	0.0 e	0.0 e	0.0 e	0.0 e	0.0 e
Cambodia	522	0.3 e	0.5 e	0.0 e	....	0.2 e	0.5 e	....	....	....	....	....	....
China,P.R.: Mainland	924	28,551.7 e	23,518.3 e	23,959.1 e	25,910.0 e	15,106.8 e	14,074.7 e	7,044.7	5,585.8	7,106.6	12,146.0	8,946.9	8,417.3
Fiji	819	0.2 e	0.0 e	0.0 e	0.0 e	0.0 e	0.1 e	....	....	....	....	....	....
F.T. French Polynesia	887	0.7 e	1.6 e	3.2 e	1.3 e	0.0 e	0.0 e	....	....	....	....	....	....
F.T. New Caledonia	839	0.1 e	0.1 e	0.1 e	0.0 e	0.1 e	0.1 e	....	....	....	....	....	....
India	534	10,863.8 e	12,693.4 e	9,460.4 e	10,616.1 e	5,891.9 e	7,815.8 e	1,287.3	1,307.3	2,750.1	2,567.0	1,879.0	1,447.1
Indonesia	536	1,011.0 e	729.7 e	93.4 e	40.1 e	53.4 e	97.6 e	204.3	125.6	122.1	105.7	56.3	30.8
Malaysia	548	547.3 e	322.1 e	38.5 e	54.2 e	34.5 e	146.1 e	567.9	631.0	575.7	397.0	298.0	220.0
Maldives	556	0.3 e	0.1 e	0.5 e	0.1 e	0.0 e	0.0 e	2.8 e	5.3 e	11.4 e	0.9 e	....	....
Mongolia	948	....	....	0.3 e	0.8 e	0.3 e	0.1 e	5.8	5.8	5.8	5.8	5.8	5.8
Myanmar	518	47.9 e	32.8 e	....	15.2 e	46.4 e	26.3 e	....	....	....	....	....	....
Nepal	558	21.6 e	2.9 e	0.3 e	0.4 e	0.3 e	0.3 e	0.0	0.0	0.0	0.0	0.0	0.0
Papua New Guinea	853	....	....	....	....	....	....	0.1 e	0.1 e	0.1 e	0.1 e	0.2 e	0.1 e
Philippines	566	810.1 e	347.8 e	66.5 e	10.7 e	1.8 e	1.6 e	134.9	151.1	168.9	185.8	161.5	163.9

2017, International Monetary Fund: *Direction of Trade Statistics Yearbook*

Iran, Islamic Republic of (429)

In Millions of U.S. Dollars

		Exports (FOB)						Imports (CIF)					
		2011	2012	2013	2014	2015	2016	2011	2012	2013	2014	2015	2016
Sri Lanka	524	1,358.4 e	612.6 e	10.9 e	7.4 e	6.7 e	6.6 e	65.9	68.7	74.9	66.2	56.7	63.1
Thailand	578	131.9 e	59.6 e	3.1 e	33.0 e	86.5 e	158.1 e	253.8	112.8	81.8	84.1	57.9	72.7
Vietnam	582	....	....	....	....	....	....	16.4	15.0	12.2	17.1	13.4	14.5
Asia n.s.	598	....	....	....	....	....	....	454.5	414.0	338.2	474.2	371.2	401.1
Europe	170	**13,005.2**	**12,514.5**	**11,093.4**	**10,558.6**	**6,723.6**	**5,708.7**	**5,073.7**	**10,188.4**	**5,426.5**	**6,533.7**	**6,014.9**	**8,642.4**
Emerg. & Dev. Europe	903	**12,013.8**	**11,346.1**	**9,834.1**	**9,351.7**	**5,810.6**	**4,754.1**	**3,624.6**	**8,807.5**	**4,185.4**	**4,110.1**	**4,078.8**	**5,574.7**
Albania	914	1.3 e	2.5 e	1.4 e	0.8 e	1.0 e	2.3 e	....	....	....	....	....	0.1
Bosnia and Herzegovina	963	2.0 e	2.2 e	1.6 e	2.2 e	2.2 e	2.4 e	2.0	2.3	2.3	2.3	2.3	3.8
Bulgaria	918	3.7 e	5.4 e	2.3 e	39.3 e	14.8 e	26.1 e	80.4	23.4	48.8	125.2	141.9	76.9
Croatia	960	34.4 e	2.1 e	1.1 e	1.0 e	0.7 e	0.6 e	4.6	28.2	15.5	12.3	4.0	4.8
Faroe Islands	816	0.1 e	0.1 e	0.1 e	0.1 e	0.1 e	0.1 e	....	....	....	....	....	....
Hungary	944	3.5 e	3.5 e	3.6 e	3.5 e	4.5 e	44.8 e	26.5	24.3	26.9	37.7	32.9	35.0
Kosovo	967	1.8 e	1.7 e	1.7 e	1.7 e	1.5 e	1.8 e	....	....	....	....	....	0.0 e
Macedonia, FYR	962	5.0 e	2.7 e	1.7 e	1.5 e	2.3 e	4.5 e	6.7	7.8	7.7	7.8	7.7	8.1
Montenegro	943	0.4 e	0.7 e	0.3 e	0.5 e	0.4 e	0.6 e	1.5	1.5	1.5	1.5	1.5	1.5
Poland	964	117.3 e	13.5 e	15.6 e	14.4 e	15.9 e	120.4 e	40.6	24.1	21.6	20.9	22.5	40.1
Romania	968	78.8 e	17.0 e	5.8 e	6.2 e	11.1 e	108.6 e	367.9	407.8	191.0	139.0	255.8	464.9
Serbia, Republic of	942	9.2 e	7.2 e	3.4 e	3.7 e	4.8 e	8.2 e	15.9	10.8	4.6	5.2	3.1	3.5
Turkey	186	11,756.2 e	11,287.5 e	9,795.5 e	9,276.7 e	5,751.2 e	4,433.8 e	3,078.5	8,277.4	3,865.5	3,758.3	3,607.2	4,936.0
CIS	901	**991.4**	**1,168.3**	**1,259.3**	**1,206.9**	**912.9**	**954.6**	**1,445.9**	**1,378.0**	**1,238.7**	**2,420.3**	**1,933.5**	**3,064.8**
Armenia	911	204.7 e	207.4 e	187.3 e	194.9 e	187.1 e	155.6 e	32.6	30.0	29.3	26.0	23.9	24.1
Azerbaijan, Rep. of	912	151.4 e	166.5 e	195.9 e	138.8 e	85.3 e	152.0 e	40.2	24.3	20.4	11.0	13.3	13.8
Belarus	913	8.4 e	8.6 e	9.0 e	9.2 e	11.0 e	5.3 e	60.1	51.6	21.4	44.8	27.1	22.6
Georgia	915	61.1 e	93.8 e	122.0 e	115.8 e	86.7 e	79.7 e	10.9	12.8	31.6	19.0	24.0	30.8
Kazakhstan	916	32.9 e	48.3 e	77.0 e	90.2 e	65.8 e	43.1 e	95.1	115.3	116.1	176.4	143.2	99.1
Kyrgyz Republic	917	9.6 e	12.5 e	13.2 e	5.6 e	4.3 e	6.2 e	5.1	4.7	3.8	5.4	4.2	4.5
Moldova	921	1.3 e	0.9 e	1.4 e	1.0 e	1.0 e	1.5 e	0.2	0.2	0.2	0.2	0.2	0.2
Russian Federation	922	322.7 e	404.2 e	408.4 e	335.0 e	245.5 e	285.4 e	585.4	579.8	617.6	1,731.5	1,386.1	2,485.2
Tajikistan	923	155.4 e	162.6 e	166.1 e	266.7 e	197.4 e	188.1 e	21.6	19.7	16.1	22.6	17.7	19.1
Turkmenistan	925	....	....	....	....	....	....	58.4	....	....	....	....	....
Ukraine	926	43.9 e	63.6 e	78.9 e	49.7 e	28.8 e	37.7 e	419.5	433.4	295.4	261.7	198.5	262.4
Uzbekistan	927	....	....	....	....	....	....	116.7	106.3	86.8	121.7	95.3	102.9
Europe n.s.	884	....	....	....	....	....	....	3.2	2.9	2.4	3.3	2.6	2.8
Mid East, N Africa, Pak	440	**2,963.8**	**5,177.6**	**4,611.7**	**4,110.4**	**3,880.3**	**3,611.4**	**19,121.7**	**16,736.1**	**14,710.0**	**21,144.7**	**16,824.0**	**18,290.6**
Afghanistan, I.R. of	512	548.7 e	470.4 e	674.7 e	1,412.3 e	1,705.6 e	1,193.5 e	12.8	11.6	9.5	13.3	10.4	11.3
Algeria	612	19.7 e	8.8 e	9.3 e	6.6 e	11.2 e	21.2 e	....	....	....	....	....	0.0
Bahrain, Kingdom of	419	7.5 e	23.9 e	14.7 e	17.3 e	18.2 e	17.6 e	22.1	20.1	16.4	23.0	18.0	19.5
Djibouti	611	1.6 e	2.1 e	2.3 e	2.5 e	3.9 e	4.3 e	0.0	0.0	0.0	0.0	0.0	0.0
Egypt	469	32.8 e	40.8 e	33.7 e	44.1 e	34.7 e	....	70.9	64.6	52.8	31.5	5.9	18.2
Iraq	433	....	....	....	....	....	....	109.4	99.6	81.4	114.1	89.3	96.5
Jordan	439	9.9 e	15.0 e	19.3 e	16.2 e	149.1 e	104.5 e	13.8	9.7	11.4	17.0	25.2	15.1
Kuwait	443	99.0 e	85.4 e	179.2 e	224.9 e	228.4 e	192.3 e	93.8	85.5	69.8	97.9	76.6	82.8
Lebanon	446	39.5 e	36.2 e	39.6 e	47.2 e	47.8 e	42.4 e	47.9	30.6	27.6	28.9	36.4	43.2
Libya	672	1.0 e	3.2 e	4.2 e	3.0 e	2.0 e	1.6 e	....	....	....	....	....	....
Mauritania	682	0.0 e	0.0 e	0.0 e	0.0 e	0.1 e	0.1 e	0.0 e	0.0 e	0.0 e	0.0 e	0.0 e	0.0 e
Morocco	686	10.0 e	1.1 e	0.9 e	0.8 e	1.6 e	0.4 e	0.2	0.4	0.6	1.2	0.8	1.4
Oman	449	164.3 e	194.5 e	529.4 e	326.7 e	280.9 e	605.9 e	79.6	72.5	59.3	83.1	65.0	59.2
Pakistan	564	286.6 e	113.5 e	158.3 e	175.2 e	246.1 e	304.8 e	307.9	280.5	229.2	321.3	251.5	271.7
Qatar	453	60.2 e	35.6 e	49.1 e	47.9 e	99.1 e	79.6 e	4.7	4.2	3.5	4.9	3.8	4.1
Saudi Arabia	456	57.4 e	88.7 e	113.8 e	167.0 e	195.8 e	3.3 e	141.2	141.2	141.2	141.2	141.2	141.2
Sudan	732	113.1 e	28.8 e	50.8 e	22.3 e	25.4 e	27.2 e	0.1	0.1	0.1	0.1	0.1	0.1
Syrian Arab Republic	463	250.8 e	102.9 e	81.7 e	108.7 e	89.4 e	78.4 e	25.9	23.6	19.3	27.0	21.1	22.8
Tunisia	744	8.8 e	6.5 e	3.9 e	3.7 e	4.5 e	6.7 e	3.2	2.4	1.5	1.4	0.6	0.3
United Arab Emirates	466	1,239.7 e	3,899.7 e	2,629.8 e	1,458.5 e	721.7 e	913.8 e	18,188.2	15,889.4	13,986.7	20,239.0	16,077.9	17,503.1
Yemen, Republic of	474	13.2 e	20.4 e	17.0 e	25.5 e	14.6 e	13.8 e	0.0	0.0	0.0	0.0	0.0	0.0
Sub-Saharan Africa	603	**4,012.2**	**1,512.3**	**144.2**	**183.7**	**180.5**	**181.5**	**109.3**	**77.1**	**56.3**	**73.8**	**56.7**	**63.2**
Benin	638	0.1 e	0.0 e	0.1 e	0.4 e	0.1 e	1.0 e	....	....	0.0 e	....	0.0 e	....
Botswana	616	0.0 e	0.0 e	0.0 e	....	0.0 e	0.0 e	0.8	0.8	0.8	0.8	0.8	0.8
Burkina Faso	748	1.3 e	2.0 e	0.5 e	0.2 e	0.5 e	0.4 e	0.0 e	0.0 e	0.0 e	0.0 e	....	....
Burundi	618	2.8 e	0.7 e	0.3 e	0.2 e	....	....	....	....	....	....	....	....

Iran, Islamic Republic of (429)

In Millions of U.S. Dollars

		Exports (FOB)						Imports (CIF)					
		2011	2012	2013	2014	2015	2016	2011	2012	2013	2014	2015	2016
Cameroon	622	4.9 e	2.8 e	1.6 e	1.5 e	1.3 e	1.3 e	0.3	0.3	0.3	0.4	0.3	0.3
Central African Rep.	626	0.0 e	0.1 e	0.0 e	....	....	....	....	....	....	....	....	....
Congo, Republic of	634	4.2 e	6.3 e	1.3 e	0.5 e	0.5 e	0.3 e	....	....	....	....	....	....
Côte d'Ivoire	662	10.9 e	10.6 e	2.4 e	1.6 e	0.8 e	0.8 e	....	0.0	1.6	0.4	0.0	0.0
Eritrea	643	0.5 e	0.4 e	0.5 e	0.4 e	0.5 e	0.3 e	....	....	....	....	....	....
Ethiopia	644	36.7 e	45.8 e	44.6 e	68.2 e	76.9 e	72.1 e	0.2	0.2	0.1	0.2	0.1	0.2
Gabon	646	0.1 e	0.1 e	0.1 e	0.1 e	0.0 e	0.0 e	0.0 e	0.0 e	0.0 e	0.0 e	0.0 e	0.0 e
Ghana	652	6.4 e	1.1 e	1.7 e	1.8 e	1.8 e	1.7 e	13.5	12.3	10.1	14.1	11.1	12.0
Guinea	656	....	....	0.1 e	0.2 e	0.1 e	0.1 e	....	....	....	....	....	....
Kenya	664	38.2 e	40.5 e	26.2 e	40.0 e	35.0 e	30.7 e	6.9	6.3	5.1	7.2	5.6	6.1
Madagascar	674	1.5 e	1.0 e	0.4 e	0.3 e	0.4 e	0.6 e	0.0	0.0	0.0	0.0	0.0	0.0
Malawi	676	0.7 e	7.6 e	0.0 e	0.1 e	0.0 e	0.0 e	3.9	3.6	2.9	4.1	3.2	3.4
Mali	678	1.6 e	8.2 e	....	....	....	1.1 e	....	....	....	....	....	....
Mauritius	684	6.0 e	0.5 e	0.4 e	0.3 e	0.4 e	0.2 e	0.3	0.0	0.8	0.3	0.6	0.3
Mozambique	688	0.4 e	0.9 e	0.3 e	0.2 e	4.9 e	3.9 e	11.8	10.7	8.8	12.3	9.6	10.4
Namibia	728	0.0 e	....	0.0 e	0.0 e	0.0 e	0.0 e	0.2	0.2	0.1	0.2	0.1	0.2
Niger	692	0.8 e	0.9 e	0.2 e	0.8 e	0.7 e	0.7 e	....	....	....	....	....	....
Nigeria	694	....	2.1 e	2.6 e	2.7 e	2.0 e	2.1 e	....	....	....	....	....	....
Rwanda	714	5.2 e	2.0 e	4.0 e	5.3 e	2.7 e	1.9 e	....	....	....	....	....	....
Senegal	722	61.2 e	21.9 e	3.7 e	3.8 e	18.2 e	26.0 e	0.0	0.0	0.0	0.0	0.0	....
Seychelles	718	0.5 e	1.0 e	0.2 e	0.1 e	0.0 e	0.1 e	6.8	6.2	5.1	7.1	5.6	6.0
Sierra Leone	724	....	....	....	....	0.0 e	2.0 e	....	....	....	....	....	....
South Africa	199	3,796.5 e	1,302.0 e	5.5 e	11.1 e	12.0 e	18.0 e	51.5	24.4	9.5	13.2	8.8	11.9
Swaziland	734	0.7 e	0.7 e	0.7 e	0.7 e	0.6 e	0.6 e	....	....	....	....	....	....
Tanzania	738	23.1 e	44.2 e	34.8 e	39.2 e	15.9 e	9.9 e	8.7	7.9	6.5	9.1	7.1	7.7
Togo	742	0.1 e	0.2 e	0.4 e	0.3 e	0.0 e	0.1 e	....	....	....	....	....	....
Uganda	746	5.4 e	5.5 e	3.3 e	2.2 e	4.0 e	4.3 e	....	....	....	....	....	....
Zambia	754	1.7 e	2.6 e	7.5 e	1.1 e	0.3 e	0.6 e	1.1	1.1	2.2	1.1	1.1	1.1
Zimbabwe	698	0.7 e	0.7 e	0.7 e	0.7 e	0.6 e	0.6 e	2.5	2.3	1.9	2.6	2.1	2.2
Africa n.s.	799	....	....	....	....	....	....	0.7	0.6	0.5	0.7	0.6	0.6
Western Hemisphere	205	**152.4**	**296.2**	**73.6**	**45.5**	**44.4**	**126.4**	**772.5**	**764.2**	**586.6**	**541.2**	**598.0**	**857.0**
Argentina	213	14.1 e	1.3 e	0.1 e	5.8 e	0.8 e	3.7 e	118.3	90.4	58.7	62.1	32.3	69.5
Barbados	316	0.0 e	0.0 e	0.0 e	0.1 e	0.1 e	0.0 e	0.0 e	....	0.0 e	....	....	0.0 e
Bolivia	218	0.2 e	0.9 e	0.0 e	0.9 e	0.0 e	0.1 e	0.2	0.0	....	....	....	0.0
Brazil	223	35.2 e	23.7 e	8.6 e	5.1 e	3.3 e	78.3 e	614.5	659.3	508.9	465.8	545.6	735.1
Chile	228	0.8 e	0.2 e	0.7 e	0.2 e	0.8 e	1.1 e	10.6	1.2	3.2	3.5	7.5	15.9
Colombia	233	4.5 e	18.2 e	1.1 e	0.5 e	0.3 e	1.0 e	0.8	0.7	1.0	1.5	1.4	4.4
Costa Rica	238	0.1 e	12.1 e	3.5 e	0.0 e	0.0 e	0.0 e	0.2	0.2	0.2	0.2	0.2	0.2
Dominican Republic	243	0.0 e	0.1 e	0.0 e	0.0 e	0.0 e	0.2 e	....	....	....	....	....	....
Ecuador	248	0.3 e	0.2 e	0.2 e	0.0 e	0.3 e	0.1 e	3.0	3.0	3.0	3.2	3.2	25.8
El Salvador	253	0.0 e	0.1 e	0.2 e	0.2 e	....	0.1 e	....	....	....	....	0.0 e	0.0 e
Grenada	328	0.1 e	0.1 e	0.1 e	0.1 e	0.1 e	0.1 e	....	....	....	....	....	....
Guatemala	258	0.4 e	12.1 e	0.8 e	0.0 e	0.0 e	0.0 e	10.0 e	0.2 e	0.1 e	....	0.0 e	0.0 e
Guyana	336	....	0.0 e	0.2 e	0.0 e	0.3 e	0.0 e	....	....	....	....	....	....
Honduras	268	0.0 e	0.0 e	....	0.0 e	0.0 e	0.0 e	0.4	0.4	0.2	0.3	0.0	0.1
Jamaica	343	3.8 e	0.3 e	0.1 e	0.0 e	0.1 e	0.0 e	....	....	....	....	....	....
Mexico	273	2.5 e	127.6 e	20.5 e	3.3 e	3.3 e	21.0 e	3.2	2.7	0.2	0.1	0.2	0.2
Nicaragua	278	18.9 e	7.7 e	0.0 e	0.0 e	0.0 e	0.0 e	....	....	....	....	....	....
Panama	283	....	....	0.5 e	....	....	....	3.5	3.5	3.5	3.5	4.1	3.5
Paraguay	288	0.4 e	0.1 e	0.0 e	0.0 e	0.0 e	0.1 e	0.0	0.0	0.0	0.0	0.0	0.0
Peru	293	0.9 e	1.7 e	1.5 e	0.4 e	1.9 e	1.7 e	0.2	0.2	0.1	0.2	0.1	1.2
Suriname	366	0.0 e	0.0 e	....	0.1 e	....	....	....	....	....	....	....	....
Trinidad and Tobago	369	0.3 e	0.7 e	0.1 e	0.1 e	0.3 e	0.3 e	....	....	....	....	....	....
Uruguay	298	19.6 e	31.3 e	15.6 e	10.1 e	0.0 e	0.1 e	7.4	2.3	7.4	0.7	3.3	0.9
Venezuela, Rep. Bol.	299	50.2 e	57.7 e	19.8 e	18.5 e	32.6 e	18.1 e	0.1	0.1	0.1	0.1	0.1	0.1
Other Countries n.i.e	910	**3.7**	**3.9**	**4.2**	**3.6**	**4.4**	**4.2**	**0.4**	**0.4**	**0.3**	**0.4**	**0.3**	**0.4**
Cuba	928	3.7 e	3.9 e	4.2 e	3.6 e	4.4 e	4.2 e	0.4	0.4	0.3	0.4	0.3	0.4
Special Categories	899	....	....	....	....	....	....	**959.0**	**873.6**	**713.7**	**1,000.5**	**783.2**	**846.2**
Countries & Areas n.s.	898	....	....	....	....	....	....	**10,065.6**	**9,168.8**	**7,490.7**	**10,501.2**	**8,220.3**	**8,882.2**

Iran, Islamic Republic of (429)

In Millions of U.S. Dollars

		\multicolumn{6}{c	}{Exports (FOB)}	\multicolumn{6}{c	}{Imports (CIF)}
		2011	2012	2013	2014	2015	2016	2011	2012	2013	2014	2015	2016
Memorandum Items													
Africa	605	4,165.4	1,559.7	211.3	219.6	227.3	241.5	112.8	80.0	58.5	76.5	58.2	65.0
Middle East	405	1,975.3	4,546.3	3,711.6	2,487.0	1,881.7	2,053.1	18,797.5	16,441.0	14,469.2	20,807.5	16,560.7	18,005.8
European Union	998	22,850.7	6,922.1	981.2	1,441.6	1,292.7	5,740.2	12,835.1	8,191.8	6,382.4	7,616.7	6,816.5	8,571.6
Export earnings: fuel	080	2,228.8	5,065.5	4,253.1	2,864.9	2,004.8	2,351.7	19,422.2	17,035.8	15,116.3	22,626.8	18,019.2	20,534.8
Export earnings: nonfuel	092	109,461.7	78,022.5	59,478.7	61,255.4	37,369.5	44,393.2	49,489.5	46,428.6	38,733.4	48,392.5	40,244.9	43,149.6

Iraq (433)

In Millions of U.S. Dollars

		Exports (FOB)						Imports (CIF)					
		2011	2012	2013	2014	2015	2016	2011	2012	2013	2014	2015	2016
IFS World		....	....	....	....	....	....	....	....	....	....	....	....
World	001	74,538.8	89,961.2	84,952.1	81,986.7	51,501.4	46,422.4	32,703.9	37,830.4	42,407.5	42,260.5	36,170.8	30,312.6
Advanced Economies	110	44,293.7	53,205.2	45,071.0	42,086.8	24,637.2	22,832.1	10,772.9	11,431.1	13,799.3	12,211.3	10,009.6	7,910.8
Euro Area	163	12,763.4	15,220.3	12,811.8	13,888.8	11,363.3	9,914.1	4,668.6	4,872.2	6,025.4	5,096.8	4,063.9	3,129.9
Austria	122	601.7 e	55.5 e	275.8 e	97.9 e	220.8 e	218.7 e	286.3 e	260.1 e	215.8 e	112.4 e	172.3 e	113.9 e
Belgium	124	2.5 e	0.4 e	0.4 e	7.0 e	79.8 e	59.3 e	138.0 e	232.3 e	316.7 e	304.5 e	320.0 e	265.0 e
Cyprus	423	0.0 e	0.0 e	0.0 e	0.0 e	0.0 e	0.0 e	4.3 e	10.3 e	11.6 e	8.9 e	7.1 e	8.9 e
Estonia	939	....	0.0 e	0.0 e	....	....	0.0 e	0.3 e	0.4 e	23.1 e	1.5 e	1.6 e	0.6 e
Finland	172	0.0 e	0.0 e	0.0 e	0.0 e	0.1 e	0.1 e	48.4 e	28.5 e	71.1 e	30.5 e	14.9 e	4.5 e
France	132	1,104.8 e	1,219.9 e	1,051.9 e	950.9 e	844.3 e	167.6 e	1,167.7 e	1,013.2 e	704.9 e	586.8 e	522.4 e	369.6 e
Germany	134	471.5 e	618.7 e	561.3 e	539.2 e	469.5 e	610.6 e	1,648.9 e	1,727.3 e	1,946.3 e	1,618.5 e	1,167.4 e	824.7 e
Greece	174	1,070.5 e	2,129.9 e	4,408.2 e	4,849.5 e	3,132.3 e	2,474.2 e	29.8 e	46.9 e	33.7 e	52.4 e	56.5 e	32.2 e
Ireland	178	0.0 e	0.0 e	0.1 e	2.2 e	0.0 e	0.0 e	57.1 e	76.0 e	79.9 e	89.4 e	87.9 e	97.8 e
Italy	136	3,750.6 e	4,251.0 e	3,716.7 e	4,021.8 e	3,517.6 e	3,082.4 e	722.6 e	861.8 e	1,785.9 e	1,358.5 e	1,074.6 e	724.9 e
Latvia	941	....	....	0.0 e	0.0 e	0.0 e	0.0 e	1.7 e	1.9 e	2.1 e	2.3 e	3.4 e	4.2 e
Lithuania	946	0.7 e	0.0 e	....	0.0 e	22.0 e	0.0 e	0.7 e	0.6 e	1.2 e	2.7 e	3.1 e	5.3 e
Luxembourg	137	0.0 e	0.0 e	0.0 e	....	0.0 e	0.0 e	8.1 e	2.5 e	2.3 e	3.2 e	2.7 e	2.5 e
Malta	181	0.0 e	0.0 e	0.0 e	0.0 e	0.0 e	0.0 e	1.5 e	1.2 e	2.5 e	1.9 e	0.9 e	0.9 e
Netherlands	138	3,145.1 e	3,056.0 e	1,135.3 e	2,245.2 e	1,761.8 e	1,793.0 e	360.9 e	437.9 e	505.7 e	548.6 e	344.8 e	420.6 e
Portugal	182	0.0 e	211.5 e	289.1 e	167.2 e	101.3 e	193.6 e	5.8 e	10.7 e	17.1 e	14.3 e	10.4 e	29.3 e
Slovak Republic	936	0.0 e	0.0 e	0.0 e	0.0 e	0.0 e	0.0 e	9.7 e	8.5 e	23.8 e	17.4 e	14.5 e	16.3 e
Slovenia	961	....	....	0.0 e	0.0 e	0.0 e	0.0 e	7.5 e	9.5 e	20.9 e	14.1 e	17.2 e	21.1 e
Spain	184	2,615.9 e	3,677.2 e	1,372.9 e	1,007.8 e	1,213.7 e	1,314.5 e	169.1 e	142.7 e	260.7 e	328.8 e	242.3 e	187.5 e
Australia	193	0.1 e	0.0 e	0.0 e	0.4 e	0.1 e	0.0 e	419.8 e	181.1 e	634.5 e	268.5 e	31.0 e	25.5 e
Canada	156	2,479.0 e	3,940.9 e	3,125.1 e	1,690.2 e	0.2 e	1.1 e	198.9 e	419.4 e	203.5 e	269.0 e	147.3 e	103.0 e
China,P.R.: Hong Kong	532	0.6 e	4.0 e	2.3 e	1.8 e	2.4 e	2.9 e	17.5 e	16.3 e	40.9 e	61.2 e	127.4 e	127.3 e
Czech Republic	935	0.0 e	0.0 e	0.0 e	0.2 e	0.7 e	0.0 e	91.4 e	133.8 e	109.6 e	70.7 e	136.1 e	135.0 e
Denmark	128	0.0 e	0.1 e	1.6 e	0.0 e	0.1 e	0.2 e	48.2 e	66.6 e	75.6 e	68.8 e	69.5 e	51.6 e
Iceland	176	....	....	....	0.0 e	....	....	....	0.0 e	0.6 e	....	....	....
Japan	158	3,501.5 e	2,661.6 e	2,449.3 e	1,438.8 e	943.0 e	1,036.2 e	361.3 e	380.4 e	776.1 e	620.0 e	532.3 e	363.4 e
Korea, Republic of	542	8,619.9 e	9,648.2 e	8,736.5 e	6,308.7 e	5,911.0 e	4,700.1 e	1,625.9 e	1,978.3 e	2,091.9 e	1,905.5 e	1,513.3 e	1,520.1 e
New Zealand	196	10.3 e	0.2 e	0.1 e	0.0 e	0.0 e	0.0 e	4.8 e	6.2 e	3.9 e	3.8 e	3.6 e	4.1 e
Norway	142	0.0 e	0.0 e	0.0 e	0.1 e	0.0 e	0.0 e	7.5 e	5.7 e	8.5 e	18.2 e	2.4 e	2.6 e
Singapore	576	....	1,016.8 e	2,797.5 e	2,173.3 e	948.0 e	484.7 e	....	46.8 e	130.9 e	65.1 e	73.8 e	93.0 e
Sweden	144	11.2 e	70.2 e	100.3 e	53.2 e	0.5 e	140.5 e	175.9 e	294.4 e	361.0 e	350.8 e	257.9 e	257.2 e
Switzerland	146	4.6 e	0.0 e	0.2 e	201.5 e	4.1 e	38.8 e	244.4 e	352.3 e	495.5 e	469.1 e	469.0 e	398.8 e
Taiwan Prov.of China	528	900.3 e	2,464.9 e	2,488.2 e	3,281.1 e	1,282.6 e	876.3 e	20.9 e	24.5 e	33.4 e	56.2 e	44.0 e	39.6 e
United Kingdom	112	3.1 e	3.1 e	5.7 e	4.2 e	74.9 e	9.6 e	343.4 e	475.9 e	665.1 e	655.5 e	450.3 e	314.9 e
United States	111	15,999.8 e	18,174.9 e	12,552.6 e	13,044.4 e	4,106.2 e	5,627.4 e	2,544.4 e	2,177.1 e	2,143.0 e	2,232.1 e	2,087.8 e	1,344.9 e
Emerg. & Dev. Economies	200	30,245.1	36,755.9	39,881.1	39,899.8	26,864.1	23,590.3	21,931.0	26,399.4	28,608.3	30,049.2	26,161.2	22,401.8
Emerg. & Dev. Asia	505	26,451.2	29,959.5	35,690.4	35,009.4	22,724.0	19,542.6	5,968.5	7,777.7	9,302.9	9,663.1	10,143.5	9,713.5
Bangladesh	513	4.5 e	4.5 e	3.9 e	17.9 e	4.9 e	7.9 e	0.3 e	0.3 e	1.2 e	1.0 e	0.9 e	0.6 e
Cambodia	522	....	0.0 e	....	....	0.0 e	....	....	....	....	0.5 e	0.5 e	0.5 e
China,P.R.: Mainland	924	9,824.2 e	11,927.6 e	16,951.0 e	19,573.2 e	11,939.9 e	10,017.1 e	4,060.1 e	5,208.6 e	7,309.4 e	8,207.4 e	8,402.6 e	8,207.7 e
India	534	16,533.1 e	17,757.1 e	18,552.6 e	15,186.1 e	10,681.6 e	9,417.6 e	708.0 e	1,336.3 e	986.1 e	832.6 e	1,204.9 e	1,031.7 e
Indonesia	536	0.6 e	0.1 e	0.1 e	0.3 e	0.2 e	0.1 e	163.5 e	47.6 e	48.1 e	76.6 e	100.8 e	96.5 e
Malaysia	548	0.9 e	210.0 e	182.5 e	202.7 e	97.0 e	99.3 e	75.4 e	123.2 e	90.3 e	85.3 e	124.8 e	122.8 e
Myanmar	518	....	0.0 e	....	....	....	....	....	0.3 e	....	1.3 e	0.3 e	2.3 e
Nepal	558	0.0 e	0.0 e	0.1 e	0.0 e	0.0 e	0.0 e	0.0 e	0.0 e	0.0 e	....	0.0 e	0.0 e
Philippines	566	0.3 e	0.1 e	0.0 e	0.0 e	0.0 e	0.0 e	0.5 e	1.1 e	6.9 e	6.5 e	4.9 e	15.0 e
Sri Lanka	524	0.2 e	0.1 e	0.2 e	0.3 e	0.4 e	0.5 e	90.7 e	89.6 e	89.9 e	97.5 e	111.2 e	118.5 e
Thailand	578	87.4 e	60.0 e	0.0 e	28.8 e	0.0 e	0.0 e	711.5 e	970.7 e	771.0 e	354.3 e	192.5 e	117.8 e
Vietnam	582	....	....	....	....	....	....	158.5 e	....	....	....	....	....
Europe	170	127.1	301.4	452.9	763.4	1,503.8	1,749.7	10,194.5	13,757.5	14,864.3	14,890.8	12,284.7	10,022.0
Emerg. & Dev. Europe	903	112.1	266.9	423.6	693.8	1,499.5	1,747.9	9,272.4	12,003.8	13,156.0	11,887.7	9,440.1	8,362.3
Albania	914	....	....	....	....	....	0.5 e	0.2 e	0.1 e	0.3 e	1.9 e	2.9 e	2.4 e
Bosnia and Herzegovina	963	....	0.0 e	0.0 e	0.0 e	0.0 e	0.0 e	0.2 e	0.3 e	8.1 e	1.6 e	0.4 e	0.5 e
Bulgaria	918	0.2 e	0.1 e	0.1 e	0.1 e	0.1 e	0.0 e	131.0 e	274.3 e	154.8 e	53.5 e	35.3 e	43.4 e
Croatia	960	0.0 e	0.0 e	0.0 e	39.7 e	131.7 e	166.0 e	17.5 e	10.4 e	28.6 e	24.8 e	33.3 e	4.2 e
Hungary	944	0.5 e	0.0 e	235.3 e	384.2 e	368.6 e	182.3 e	49.1 e	26.4 e	37.9 e	24.9 e	33.3 e	50.7 e

2017, International Monetary Fund: *Direction of Trade Statistics Yearbook*

Iraq (433)

In Millions of U.S. Dollars

		Exports (FOB)						Imports (CIF)					
		2011	2012	2013	2014	2015	2016	2011	2012	2013	2014	2015	2016
Kosovo	967	....	....	....	....	....	....	....	....	....	....	....	0.2 e
Macedonia, FYR	962	0.0 e	....	0.0 e	0.0 e	0.0 e	0.4 e	8.4 e	4.7 e	5.0 e	6.4 e	3.0 e	2.0 e
Montenegro	943	....	0.0 e	....	0.0 e	0.0 e	0.0 e	....	....	....	....	0.2 e	....
Poland	964	0.0 e	72.1 e	0.2 e	0.4 e	637.3 e	378.9 e	99.2 e	98.4 e	144.5 e	166.7 e	199.0 e	81.5 e
Romania	968	29.5 e	53.8 e	50.5 e	16.1 e	82.1 e	63.6 e	100.9 e	77.5 e	93.1 e	58.4 e	46.1 e	67.9 e
Serbia, Republic of	942	0.0 e	0.0 e	0.0 e	0.0 e	0.0 e	167.2 e	57.1 e	40.1 e	18.0 e	8.5 e	23.3 e	14.7 e
Turkey	186	81.8 e	140.9 e	137.4 e	253.3 e	279.7 e	789.0 e	8,808.7 e	11,471.5 e	12,665.8 e	11,541.1 e	9,063.3 e	8,094.9 e
CIS	**901**	**15.0**	**34.5**	**29.3**	**69.6**	**4.3**	**1.8**	**922.1**	**1,753.7**	**1,708.3**	**3,003.1**	**2,844.6**	**1,659.8**
Armenia	911	14.1 e	31.6 e	26.7 e	24.0 e	1.6 e	0.1 e	5.1 e	16.7 e	51.4 e	85.5 e	138.5 e	149.0 e
Azerbaijan, Rep. of	912	0.3 e	0.3 e	0.5 e	0.4 e	0.2 e	0.0 e	105.0 e	443.5 e	374.9 e	250.8 e	198.7 e	18.8 e
Belarus	913	....	....	....	....	....	....	24.1 e	24.2 e	2.2 e	2.7 e	32.9 e	42.1 e
Georgia	915	0.4 e	2.3 e	0.3 e	3.8 e	2.3 e	1.6 e	8.6 e	9.6 e	9.2 e	10.9 e	11.6 e	43.3 e
Kazakhstan	916	0.0 e	0.0 e	0.0 e	....	0.0 e	0.0 e	1.1 e	3.7 e	36.2 e	7.1 e	10.3 e	5.4 e
Kyrgyz Republic	917	....	....	....	0.0 e	0.0 e	0.0 e	1.4 e	2.9 e	5.9 e	16.8 e	17.0 e	3.7 e
Moldova	921	....	0.0 e	....	....	....	....	10.0 e	24.1 e	13.9 e	10.9 e	18.1 e	27.9 e
Russian Federation	922	0.1 e	0.1 e	1.6 e	0.0 e	0.1 e	0.0 e	105.3 e	302.8 e	399.5 e	1,864.0 e	1,915.3 e	971.8 e
Tajikistan	923	0.0 e	0.0 e	0.0 e	0.0 e	0.0 e	0.0 e	1.3 e	1.4 e	1.2 e	1.1 e	0.9 e	0.9 e
Ukraine	926	0.1 e	0.2 e	0.1 e	41.3 e	0.0 e	....	660.2 e	924.6 e	813.9 e	753.3 e	501.1 e	396.9 e
Mid East, N Africa, Pak	**440**	**2,765.5**	**5,525.5**	**3,043.2**	**2,684.0**	**2,043.6**	**2,175.3**	**5,160.3**	**4,304.8**	**3,872.0**	**4,832.1**	**3,154.4**	**1,973.6**
Afghanistan, I.R. of	512	0.0 e	....	....	....	0.4 e	....	16.3 e	....	....	....	18.0 e	11.9 e
Algeria	612	....	0.1 e	....	0.1 e	0.0 e	0.1 e	44.1 e	83.0 e	41.6 e	33.7 e	3.7 e	0.4 e
Bahrain, Kingdom of	419	0.1 e	0.2 e	0.0 e	0.1 e	0.0 e	0.1 e	46.9 e	32.4 e	43.1 e	1,191.8 e	524.0 e	46.5 e
Djibouti	611	0.3 e	0.5 e	0.5 e	0.6 e	0.9 e	1.0 e	0.0 e	0.1 e	0.0 e	0.1 e	0.1 e	0.1 e
Egypt	469	3.2 e	630.4 e	263.1 e	636.8 e	655.5 e	384.6 e	476.9 e	600.4 e	777.0 e	825.9 e	492.4 e	40.7 e
Iran, I.R. of	429	103.2 e	94.0 e	76.8 e	107.7 e	84.3 e	91.1 e	....	....	....	....	....	....
Jordan	439	292.3 e	306.6 e	336.1 e	5.9 e	0.9 e	2.5 e	1,067.5 e	1,296.4 e	1,318.5 e	1,237.2 e	736.3 e	392.7 e
Kuwait	443	0.0 e	0.0 e	0.0 e	0.0 e	0.1 e	0.1 e	....	....	....	....	....	....
Lebanon	446	4.1 e	5.5 e	2.3 e	3.5 e	3.3 e	3.6 e	209.4 e	224.0 e	288.7 e	271.3 e	238.0 e	171.4 e
Morocco	686	1,059.7 e	970.9 e	1,275.3 e	800.4 e	343.5 e	0.6 e	8.9 e	8.6 e	12.9 e	10.3 e	11.5 e	17.3 e
Oman	449	....	24.6 e	213.0 e	69.0 e	127.8 e	44.4 e	176.4 e	789.3 e	250.9 e	202.9 e	496.1 e	811.7 e
Pakistan	564	4.1 e	5.4 e	4.3 e	15.9 e	10.9 e	19.8 e	64.8 e	44.7 e	27.7 e	50.6 e	32.9 e	19.7 e
Qatar	453	0.2 e	0.7 e	0.5 e	0.4 e	0.9 e	0.7 e	124.3 e	195.3 e	191.7 e	178.0 e	130.5 e	67.9 e
Saudi Arabia	456	0.1 e	1.6 e	1.4 e	1.1 e	2.5 e	5.9 e	655.0 e	744.4 e	694.5 e	647.9 e	364.5 e	297.2 e
Sudan	732	0.0 e	0.0 e	0.0 e	....	0.0 e	0.0 e	0.2 e	0.1 e	0.1 e	0.3 e	0.2 e	1.9 e
Syrian Arab Republic	463	25.1 e	10.3 e	8.2 e	10.9 e	9.0 e	7.8 e	2,246.8 e	267.2 e	206.8 e	152.9 e	98.9 e	89.2 e
Tunisia	744	0.0 e	0.0 e	0.1 e	0.2 e	0.0 e	0.0 e	11.5 e	12.6 e	12.7 e	26.7 e	7.0 e	5.2 e
United Arab Emirates	466	1,271.9 e	3,473.7 e	861.4 e	1,030.7 e	803.3 e	1,612.6 e	....	....	....	....	....	....
West Bank and Gaza	487	....	....	....	....	....	....	0.2 e	0.3 e	0.3 e	0.5 e	0.1 e	0.1 e
Yemen, Republic of	474	1.1 e	1.0 e	0.3 e	0.6 e	0.2 e	0.2 e	11.2 e	6.1 e	5.7 e	2.1 e	0.0 e	0.0 e
Sub-Saharan Africa	**603**	**1.3**	**7.0**	**1.8**	**401.2**	**115.7**	**6.7**	**36.6**	**10.8**	**8.4**	**8.5**	**44.5**	**18.4**
Angola	614	0.8 e	6.7 e	0.9 e	0.9 e	2.2 e	1.5 e	....	....	....	....	....	....
Cameroon	622	....	0.0 e	....	....	....	....	....	....	....	0.0 e	0.2 e	0.2 e
Congo, Republic of	634	....	0.0 e	0.0 e	0.0 e	0.0 e	0.0 e	0.0 e	0.1 e	0.0 e	0.0 e	0.0 e	0.0 e
Ethiopia	644	0.0 e	0.0 e	0.0 e	0.0 e	0.0 e	0.0 e	0.7 e	0.3 e	0.3 e	0.5 e	0.5 e	0.5 e
Ghana	652	0.0 e	0.1 e	0.0 e	0.5 e	0.5 e	0.5 e	0.0 e	0.0 e	0.1 e	0.1 e	0.1 e	0.5 e
Kenya	664	0.2 e	0.1 e	0.1 e	5.7 e	5.0 e	4.4 e	9.5 e	0.7 e	1.4 e	1.0 e	0.9 e	0.9 e
Madagascar	674	....	....	0.0 e	....	0.0 e	....	....	0.0 e	0.0 e	0.0 e	0.2 e	0.3 e
Niger	692	0.1 e	....	....	....	....	....	....	....	....	....	....	....
Nigeria	694	....	....	0.3 e	0.3 e	0.2 e	0.2 e	....	....	....	....	....	....
Senegal	722	0.0 e	0.0 e	....	....	0.1 e	0.0 e	....	....	....	....	....	0.0 e
South Africa	199	0.1 e	0.0 e	0.5 e	393.8 e	107.7 e	0.0 e	26.4 e	4.9 e	6.5 e	6.8 e	42.3 e	13.2 e
Tanzania	738	0.0 e	0.0 e	0.0 e	0.0 e	0.0 e	0.0 e	0.0 e	4.8 e	0.0 e	0.0 e	0.2 e	2.6 e
Zimbabwe	698	....	....	....	....	....	....	0.0 e	0.0 e	0.1 e	....	0.0 e	0.1 e
Western Hemisphere	**205**	**899.9**	**962.5**	**692.7**	**1,041.9**	**477.0**	**116.0**	**571.0**	**548.5**	**560.7**	**654.8**	**534.0**	**674.3**
Argentina	213	0.0 e	0.0 e	0.0 e	0.0 e	0.0 e	0.0 e	65.1 e	109.4 e	115.7 e	153.9 e	93.6 e	104.0 e
Bahamas, The	313	....	....	....	....	....	....	....	....	....	0.1 e	0.0 e	0.0 e
Barbados	316	....	....	0.0 e	....	....	....	....	....	....	....	0.1 e	0.1 e
Brazil	223	897.8 e	962.1 e	691.7 e	1,041.1 e	476.8 e	114.6 e	424.4 e	305.3 e	297.7 e	240.1 e	325.0 e	482.8 e
Chile	228	0.0 e	0.0 e	0.0 e	0.0 e	0.0 e	....	0.2 e	0.4 e	0.5 e	1.2 e	2.4 e	1.9 e
Colombia	233	0.0 e	0.0 e	0.0 e	0.6 e	0.0 e	0.3 e	1.1 e	2.9 e	26.6 e	38.0 e	1.6 e	27.9 e

Iraq (433)
In Millions of U.S. Dollars

		Exports (FOB)						Imports (CIF)					
		2011	2012	2013	2014	2015	2016	2011	2012	2013	2014	2015	2016
Costa Rica	238	0.0 e	0.0 e	0.0 e	....	0.0 e	0.0 e	0.0 e	....	....	0.0 e	0.1 e	4.7 e
Dominican Republic	243	0.0 e	0.2 e	....	....	0.1 e	0.1 e	1.0 e	1.7 e	1.8 e	1.2 e	0.1 e	0.0 e
Ecuador	248	....	0.0 e	0.0 e	0.0 e	0.0 e	0.2 e	0.2 e	0.8 e	1.8 e	....	3.3 e	22.5 e
Guatemala	258	....	....	....	....	....	....	0.0 e	0.1 e	....	0.1 e	1.8 e	2.0 e
Panama	283	....	....	....	....	....	....	0.5 e	....	....	....	....	....
Paraguay	288	....	....	0.1 e	....	....	0.7 e	0.0 e	....	....	2.5 e	21.7 e	....
Peru	293	....	0.0 e	0.0 e	0.0 e	0.0 e	0.1 e	0.0 e	0.0 e	0.1 e	0.0 e	0.1 e	0.0 e
Trinidad and Tobago	369	0.0 e	0.0 e	....	....	0.0 e	0.0 e	0.0 e	0.0 e	0.6 e	0.4 e	0.0 e	0.0 e
Uruguay	298	....	....	0.1 e	0.0 e	....	....	78.3 e	127.8 e	115.8 e	217.2 e	84.2 e	28.2 e
Venezuela, Rep. Bol.	299	2.1 e	0.0 e	0.8 e	0.1 e	0.1 e	0.1 e	....	....	0.1 e	....	....	....
Memorandum Items													
Africa	605	1,061.3	978.5	1,277.7	1,202.5	460.1	8.4	101.3	115.2	75.7	79.5	67.0	43.2
Middle East	405	1,701.4	4,548.6	1,763.0	1,866.7	1,687.9	2,153.8	5,014.6	4,155.7	3,777.0	4,710.4	3,081.0	1,917.3
European Union	998	12,807.9	15,419.7	13,205.5	14,386.9	12,659.3	10,855.4	5,725.2	6,330.1	7,695.5	6,570.9	5,324.6	4,136.1
Export earnings: fuel	080	1,380.0	3,603.1	1,157.5	1,212.0	1,022.1	1,757.6	1,270.6	2,604.5	2,066.9	4,416.6	3,648.2	2,270.0
Export earnings: nonfuel	092	73,158.8	86,358.1	83,794.5	80,774.6	50,479.2	44,664.9	31,433.3	35,226.0	40,340.6	37,843.9	32,522.6	28,042.6

Ireland (178)

In Millions of U.S. Dollars

		Exports (FOB)						Imports (CIF)					
		2011	2012	2013	2014	2015	2016	2011	2012	2013	2014	2015	2016
IFS World		....	....	....	....	....	....	....	....	....	....	....	....
World	001	127,474.2	118,660.7	116,582.2	121,799.6	123,848.5	128,930.3	73,012.9	70,410.9	72,141.4	80,521.2	76,498.2	78,971.7
Advanced Economies	110	115,331.9	106,129.8	103,350.9	106,685.7	109,862.4	113,939.9	64,898.7	60,941.6	63,990.3	71,350.1	67,737.6	70,346.5
Euro Area	163	49,875.2	46,642.8	43,603.3	44,033.1	44,318.6	44,573.4	19,591.4	18,828.2	20,054.7	23,720.6	24,126.2	27,389.5
Austria	122	404.8	488.9	592.8	463.7	450.1	395.3	252.2	265.8	278.7	278.0	243.9	271.9
Belgium	124	18,400.7	17,498.7	14,893.0	15,628.8	16,111.8	16,169.2	1,788.2	1,461.8	1,531.5	1,863.8	1,728.5	1,857.8
Cyprus	423	34.4	42.8	42.4	25.3	44.7	36.2	3.5	3.9	3.3	5.1	3.0	3.8
Estonia	939	28.7	28.3	29.5	24.3	28.5	48.0	6.3	13.0	12.3	12.8	19.9	8.5
Finland	172	413.0	458.9	460.8	419.8	333.8	282.9	158.4	147.8	126.5	164.8	314.6	284.9
France	132	7,106.3	5,611.8	5,491.2	6,533.8	5,407.6	5,413.0	5,829.7	6,435.1	5,482.4	8,026.8	8,519.8	9,933.3
Germany	134	8,818.0	9,338.9	8,620.7	7,772.2	8,067.0	8,621.7	5,341.6	4,962.9	5,962.7	6,396.7	6,958.3	7,899.2
Greece	174	432.1	326.0	362.6	366.1	322.6	312.5	45.8	25.3	36.4	40.3	46.1	44.5
Italy	136	4,114.8	3,409.1	3,046.4	2,800.9	2,810.6	2,657.1	1,112.3	927.2	1,137.8	1,102.6	1,166.8	1,622.6
Latvia	941	59.2	74.3	57.4	67.1	64.3	65.3	20.3	39.9	27.1	34.4	38.4	45.0
Lithuania	946	34.6	70.2	44.1	48.8	39.6	37.8	79.4	63.8	99.9	87.7	87.8	72.5
Luxembourg	137	77.6	79.5	78.5	106.5	73.4	74.3	97.2	63.4	66.4	57.9	60.3	47.0
Malta	181	33.9	30.2	31.2	31.6	33.4	48.9	13.6	11.1	14.0	7.3	13.1	15.6
Netherlands	138	4,635.3	4,608.9	5,401.2	5,475.2	5,507.6	6,536.4	3,835.5	3,418.8	4,122.4	4,337.2	3,675.3	3,688.9
Portugal	182	629.0	487.1	425.3	469.5	450.1	456.7	150.9	147.9	162.7	188.1	201.8	247.3
Slovak Republic	936	83.6	78.9	81.2	77.0	83.4	85.1	42.7	50.9	47.9	26.4	24.7	39.7
Slovenia	961	33.8	38.9	46.4	48.9	50.5	101.6	15.5	9.5	19.6	42.5	19.7	36.6
Spain	184	4,535.3	3,971.2	3,898.8	3,673.6	4,439.6	3,231.5	798.4	780.2	923.3	1,048.3	1,004.2	1,270.5
Australia	193	975.7	922.4	936.9	922.5	1,020.6	1,641.6	107.3	91.6	95.0	113.0	79.9	119.1
Canada	156	816.1	995.3	1,018.8	940.0	960.3	985.2	343.8	306.9	436.7	459.9	485.6	564.0
China,P.R.: Hong Kong	532	1,141.3	764.6	688.3	919.8	690.9	722.2	100.9	101.8	87.9	124.9	108.4	99.9
China,P.R.: Macao	546	5.0	10.1	1.7	0.8	0.9	5.1	2.0	2.3	2.3	5.1	4.9	2.3
Czech Republic	935	625.6	428.9	610.3	637.1	455.1	409.0	378.4	388.2	402.1	427.7	485.9	591.0
Denmark	128	642.7	680.7	684.4	785.4	670.3	678.8	856.7	622.9	975.1	571.3	514.7	551.3
Iceland	176	20.8	30.1	22.7	59.5	111.9	117.6	11.8	9.9	11.6	11.0	12.2	11.4
Israel	436	658.3	710.6	641.6	489.4	961.0	1,636.8	72.8	64.2	170.4	130.1	185.2	97.5
Japan	158	2,427.5	2,669.4	2,235.9	2,338.9	4,238.7	3,128.8	844.8	709.2	1,031.8	1,901.5	1,453.0	671.4
Korea, Republic of	542	414.2	457.0	425.5	615.0	571.5	983.8	423.6	195.7	272.8	294.9	350.5	453.3
New Zealand	196	100.8	88.2	117.4	121.2	101.2	120.3	37.8	34.8	45.0	42.3	39.7	34.8
Norway	142	540.8	382.3	454.4	423.5	331.0	280.3	1,496.5	1,237.9	1,451.8	1,248.2	1,342.3	1,239.4
San Marino	135	0.5	0.1	0.1	0.0	0.1	0.1	0.0	0.0	0.1	0.1	0.0	0.0
Singapore	576	743.3	657.4	742.3	741.4	671.3	652.5	470.1	454.7	828.6	737.2	689.3	627.9
Sweden	144	1,382.8	1,415.5	1,210.1	1,188.4	1,095.5	862.2	631.3	426.5	403.2	590.7	424.0	405.2
Switzerland	146	5,128.1	6,509.0	6,807.0	7,005.6	6,784.5	6,992.4	1,134.5	1,134.2	1,088.3	1,681.2	1,559.5	1,671.7
Taiwan Prov.of China	528	266.1	165.2	171.5	192.6	186.2	238.0	203.1	275.6	234.1	278.2	365.1	334.9
United Kingdom	112	19,787.3	19,317.4	18,664.1	18,078.5	17,002.5	16,403.1	26,364.2	24,386.0	25,963.2	27,373.6	24,255.0	22,642.1
United States	111	29,779.6	23,283.0	24,314.8	27,192.9	29,690.1	33,508.7	11,827.6	11,670.4	10,435.8	11,638.6	11,256.0	12,839.8
Emerg. & Dev. Economies	200	11,935.5	11,924.2	12,585.4	14,289.4	13,440.2	13,875.0	8,008.1	9,293.6	8,043.3	9,071.0	8,643.8	8,063.0
Emerg. & Dev. Asia	505	3,488.9	3,205.1	3,267.8	3,491.5	3,391.5	4,575.0	3,830.9	3,635.6	3,929.3	4,344.1	4,518.5	4,581.9
American Samoa	859	....	....	....	....	....	....	....	....	0.0	0.0	0.1	0.0
Bangladesh	513	5.5	8.5	7.5	14.7	10.3	9.5	102.3	112.7	90.2	101.1	113.0	127.5
Cambodia	522	2.2	4.1	5.7	3.7	4.1	6.0	19.8	19.8	14.7	19.3	36.9	43.2
China,P.R.: Mainland	924	2,079.5	2,004.4	1,868.8	2,015.4	1,827.2	3,343.1	2,506.5	2,424.4	2,712.2	2,900.1	2,981.3	3,080.2
Fiji	819	2.7	3.7	2.5	0.6	0.9	0.7	0.0	0.0	0.0	0.0	0.1	0.0
F.T. French Polynesia	887	2.2	1.3	0.7	1.0	1.4	1.1	0.0	0.1	0.0	0.0	....	....
F.T. New Caledonia	839	6.3	4.7	5.0	4.7	4.1	3.3	0.0	0.0	0.9	1.3	0.3	0.5
Guam	829	0.6	12.9	0.4	1.3	0.6	0.7	0.0	0.0	0.0	0.0	0.0	0.0
India	534	373.3	368.2	584.7	532.6	671.1	325.3	430.7	392.4	426.0	502.3	474.2	520.0
Indonesia	536	76.5	83.0	100.0	68.7	72.3	76.8	78.7	85.8	76.5	96.2	90.5	74.5
Kiribati	826	0.1	0.0	0.0	....	....	....	....	....	....	....	0.0	0.1
Lao People's Dem.Rep	544	3.0	1.0	3.9	1.0	6.0	4.1	2.7	1.9	1.3	2.1	1.9	0.9
Malaysia	548	526.1	305.2	261.8	286.6	266.9	235.9	268.8	221.2	202.4	223.2	217.5	225.4
Maldives	556	0.3	0.6	0.5	0.7	0.2	1.7	4.0	3.3	6.0	7.7	4.9	5.9
Marshall Islands	867	....	....	0.0	....	0.0	0.0	....	....	0.0	....	0.1	0.0
Mongolia	948	5.9	3.3	3.4	3.5	3.8	8.4	0.0	0.0	0.0	0.0	0.0	0.0
Myanmar	518	0.6	0.9	1.9	2.0	4.6	7.1	0.0	0.0	0.6	1.2	3.3	7.4

Ireland (178)

In Millions of U.S. Dollars

		Exports (FOB)						Imports (CIF)					
		2011	2012	2013	2014	2015	2016	2011	2012	2013	2014	2015	2016
Nauru	836	0.5	0.0	0.0	....	0.1	0.1	0.0	....	....	....	....	0.0
Nepal	558	0.1	0.4	0.4	0.5	0.7	0.6	0.3	0.3	0.4	0.3	0.3	0.3
Papua New Guinea	853	1.5	1.9	0.4	0.9	1.6	1.7	0.5	0.3	0.9	0.4	1.3	0.3
Philippines	566	113.3	105.9	106.3	130.7	128.4	148.3	35.1	33.0	42.1	45.8	108.4	102.0
Samoa	862	0.5	0.8	0.0	0.0	0.0	....	0.1	0.0	0.0	....	0.0	....
Solomon Islands	813	0.0	0.1	0.2	0.0	0.0	....	....	....	....	0.0	....	....
Sri Lanka	524	12.5	5.3	4.3	8.1	7.3	6.1	17.4	17.9	36.5	47.3	32.9	29.6
Thailand	578	185.3	176.5	182.2	221.8	242.7	227.9	300.4	250.1	253.0	277.6	377.1	270.3
Tonga	866	0.1	0.3	....	0.0	0.0	....	0.0	0.0	....	0.0	0.2	0.0
Vanuatu	846	....	0.0	0.0	0.0	....	0.8	0.1	0.0	0.1	0.0	0.0	0.1
Vietnam	582	84.9	97.6	125.3	129.2	130.6	156.0	62.6	72.2	63.0	117.9	73.8	93.6
Asia n.s.	598	5.3	14.4	1.8	63.7	6.6	9.9	0.7	0.3	2.5	0.3	0.4	0.1
Europe	170	**3,350.3**	**3,432.0**	**3,893.2**	**4,285.7**	**3,565.1**	**3,497.7**	**1,083.0**	**1,099.1**	**1,225.5**	**1,552.4**	**1,439.4**	**1,543.2**
Emerg. & Dev. Europe	903	**2,491.7**	**2,518.0**	**2,850.1**	**3,151.5**	**3,004.9**	**2,961.7**	**924.8**	**982.9**	**968.7**	**1,198.4**	**1,157.4**	**1,214.6**
Albania	914	8.1	6.4	8.0	8.3	7.7	6.7	0.0	0.0	0.2	0.1	0.0	0.2
Bosnia and Herzegovina	963	18.7	19.2	17.3	16.3	12.3	13.1	0.8	0.4	0.1	0.3	0.1	0.2
Bulgaria	918	77.9	79.8	93.2	91.5	107.6	88.4	4.9	9.3	22.1	32.9	60.9	21.3
Croatia	960	....	....	18.6	38.5	36.3	42.3	....	....	0.3	4.7	10.2	21.6
Faroe Islands	816	0.4	0.5	0.3	0.3	0.7	0.2	0.0	0.1	0.2	0.0	0.2	0.3
Gibraltar	823	2.3	4.0	2.6	2.2	1.4	2.6	0.1	0.0	0.1	0.0	0.0	0.0
Hungary	944	297.8	337.4	343.9	323.8	355.1	328.4	152.5	154.4	120.5	148.2	100.1	152.8
Kosovo	967	0.3	0.5	0.1	0.3	0.8	0.4	0.2	0.0	0.0	0.1	0.0	0.1
Macedonia, FYR	962	10.8	10.7	11.5	9.8	9.3	9.5	0.1	0.2	0.5	0.2	0.3	0.2
Montenegro	943	0.2	0.1	0.2	0.0	0.1	0.1	0.0	0.0	0.0	0.0	0.0	....
Poland	964	849.9	855.3	1,073.1	1,273.3	1,317.3	1,521.8	349.5	432.1	453.7	499.6	490.8	524.7
Romania	968	469.0	450.4	495.6	476.8	383.8	308.4	109.9	103.3	93.0	65.8	71.4	87.6
Serbia, Republic of	942	73.7	69.0	68.0	67.6	62.6	69.0	0.8	0.2	3.7	5.6	4.5	4.1
Turkey	186	682.5	684.7	717.9	842.8	710.1	571.1	305.9	283.0	274.4	440.7	418.9	401.6
CIS	901	**858.3**	**913.7**	**1,042.7**	**1,133.6**	**560.0**	**535.5**	**158.2**	**116.1**	**256.8**	**353.9**	**282.0**	**328.5**
Armenia	911	0.7	1.5	1.5	2.1	1.6	0.7	0.0	0.0	0.0	0.0	0.0	0.0
Azerbaijan, Rep. of	912	4.4	7.8	8.5	12.1	8.4	3.6	0.2	0.0	0.3	0.6	30.5	71.2
Belarus	913	5.6	5.9	13.1	8.5	5.8	3.7	1.0	1.8	2.5	14.1	25.7	7.0
Georgia	915	7.6	8.6	8.3	9.7	6.7	6.4	0.1	0.1	0.4	0.1	0.0	0.0
Kazakhstan	916	37.4	48.0	63.9	68.1	74.8	51.9	4.5	0.2	1.2	1.8	0.4	0.1
Kyrgyz Republic	917	0.3	0.0	0.0	0.1	0.5	0.4	....	0.0	0.0	0.0	0.0	0.0
Moldova	921	3.7	3.7	4.3	4.4	3.3	1.7	0.1	0.0	0.1	0.1	0.1	0.2
Russian Federation	922	697.3	771.1	838.6	962.0	406.0	399.6	141.2	103.0	186.7	287.4	165.7	201.0
Tajikistan	923	0.0	....	0.0	0.0	2.1	0.0	0.0	....	....	0.0	0.0	0.0
Turkmenistan	925	5.6	1.3	1.6	2.6	1.7	5.1	....	0.1	0.3	2.8	7.1	1.1
Ukraine	926	94.4	63.9	98.4	53.1	39.2	43.7	10.8	10.9	65.2	46.8	52.5	47.8
Uzbekistan	927	1.4	1.9	4.3	11.0	9.9	18.8	0.3	0.0	0.0	0.1	0.1	0.1
Europe n.s.	884	0.3	0.3	0.5	0.5	0.2	0.5	0.0	0.0	0.0	0.1	0.0	0.0
Mid East, N Africa, Pak	440	**2,262.8**	**2,352.0**	**2,345.8**	**2,689.3**	**2,960.6**	**2,637.5**	**357.8**	**1,243.0**	**649.1**	**1,037.4**	**485.8**	**387.5**
Afghanistan, I.R. of	512	10.8	10.4	9.7	5.4	4.2	11.6	0.0	0.0	0.1	0.0	0.0	0.2
Algeria	612	80.4	61.8	62.6	77.5	84.8	81.7	40.2	853.3	207.9	272.1	42.7	6.9
Bahrain, Kingdom of	419	61.7	46.4	45.9	43.2	42.4	37.7	3.5	0.2	0.2	90.0	0.7	1.9
Djibouti	611	0.5	0.1	0.1	0.7	0.1	0.1	0.0	....	....	0.0	....	0.1
Egypt	469	186.4	174.4	183.5	221.2	338.3	243.9	54.8	25.5	23.3	25.8	35.4	27.0
Iran, I.R. of	429	90.2	65.0	75.4	60.2	84.8	77.0	0.2	0.8	0.7	1.5	0.5	0.4
Iraq	433	53.8	71.7	75.4	84.3	82.9	92.3	0.0	0.0	0.1	2.3	0.0	0.0
Jordan	439	79.0	66.1	76.9	87.1	81.1	86.9	1.0	1.2	0.9	7.6	2.5	2.7
Kuwait	443	136.7	125.7	73.5	121.1	130.0	131.5	0.4	0.4	0.9	0.4	74.8	2.1
Lebanon	446	73.2	76.1	93.2	83.2	78.5	100.6	0.8	5.2	7.6	1.0	0.8	1.2
Libya	672	6.6	40.3	77.5	64.8	57.2	66.7	128.8	218.8	215.6	473.6	0.0	0.9
Mauritania	682	2.0	2.1	0.9	2.1	0.8	1.1	0.0	0.2	0.0	0.0	0.0	0.1
Morocco	686	84.7	87.5	79.5	87.2	84.0	91.4	21.9	13.4	19.5	17.2	10.6	18.5
Oman	449	55.2	59.7	74.4	67.5	72.9	83.2	9.8	7.9	7.6	9.0	6.8	6.9
Pakistan	564	30.7	33.5	37.7	62.6	90.4	65.2	54.2	52.9	56.3	54.5	50.8	58.6
Qatar	453	60.7	75.4	74.0	90.2	81.1	84.4	1.4	2.2	1.6	2.6	148.2	186.1
Saudi Arabia	456	722.2	800.4	850.9	991.0	1,105.8	899.6	3.7	5.3	70.5	39.8	27.4	21.7

Ireland (178)
In Millions of U.S. Dollars

			Exports (FOB)						Imports (CIF)				
		2011	2012	2013	2014	2015	2016	2011	2012	2013	2014	2015	2016
Somalia	726	0.9	0.8	0.8	1.1	3.1	0.9	0.0	0.0	0.0	0.0	0.0	0.0
Sudan	732	19.1	17.3	25.8	16.0	12.1	16.9	0.3	1.8	1.7	3.0	0.1	2.6
Syrian Arab Republic	463	36.2	23.2	7.8	13.6	7.6	7.1	0.6	0.4	0.0	0.0	0.0	0.0
Tunisia	744	22.1	19.4	25.5	22.6	21.6	17.2	12.0	8.2	10.8	6.1	2.9	9.7
United Arab Emirates	466	407.5	479.3	381.5	468.6	485.2	424.2	23.8	45.2	23.5	30.8	81.5	39.9
West Bank and Gaza	487	0.9	0.4	0.3	6.6	7.7	10.3	....	0.0	0.1	0.0	....	0.0
Yemen, Republic of	474	41.0	15.1	13.1	11.5	4.1	5.9	0.3	0.1	0.0	0.1	0.1	0.0
Sub-Saharan Africa	603	**1,258.3**	**1,248.8**	**1,319.2**	**1,345.8**	**1,141.6**	**932.5**	**693.1**	**1,261.1**	**690.3**	**590.4**	**591.4**	**361.3**
Angola	614	20.0	22.0	29.9	22.3	12.4	9.4	0.0	0.0	164.8	0.0	0.1	0.0
Benin	638	6.3	11.8	10.1	4.6	7.4	6.1	0.0	0.0	0.0	0.0	0.0	0.0
Botswana	616	2.3	3.8	4.6	2.4	0.4	0.5	0.0	0.0	0.0	0.0	0.0	0.1
Burkina Faso	748	4.2	5.3	13.4	14.5	9.3	8.1	0.0	0.0	0.8	0.0	0.0	0.0
Burundi	618	0.1	0.1	0.1	0.1	0.1	0.1	....	0.0	....	0.0	....	....
Cabo Verde	624	0.1	0.0	0.0	0.2	0.3	0.2	0.0	0.0	0.0	23.5	7.8	0.0
Cameroon	622	30.1	40.1	41.6	54.5	42.1	20.8	10.5	8.2	5.7	11.4	12.6	12.5
Central African Rep.	626	0.1	0.5	0.8	0.2	0.3	0.1	0.0	....	0.0	....	0.0	0.0
Chad	628	1.3	1.4	2.1	1.4	1.6	2.0	0.1	0.1	0.0	0.3	0.0	0.2
Comoros	632	0.1	0.0	0.0	0.3	0.1	0.2	0.1	0.0	0.1	0.0	0.0	0.0
Congo, Dem. Rep. of	636	45.7	39.9	31.6	22.4	16.3	14.6	0.1	0.6	0.1	0.6	0.2	0.1
Congo, Republic of	634	20.4	40.5	33.1	17.6	75.8	8.5	0.4	0.3	0.1	0.2	0.6	1.2
Côte d'Ivoire	662	6.1	10.7	9.7	11.4	11.3	19.0	1.4	1.4	0.6	56.1	115.6	59.3
Equatorial Guinea	642	1.1	0.7	1.1	1.1	0.7	0.5	0.0	0.0	0.0	0.0	0.0	0.0
Eritrea	643	0.1	0.0	....	0.1	0.0	0.0	0.0	0.0	0.0	0.0	....	0.0
Ethiopia	644	22.7	18.9	26.5	24.4	31.9	34.3	0.3	0.2	0.4	0.8	0.8	1.4
Gabon	646	8.5	6.3	7.1	6.6	6.9	3.6	0.0	0.1	0.0	0.0	0.0	0.2
Gambia, The	648	1.0	1.1	2.7	4.9	1.5	1.7	0.2	0.0	0.0	0.0	0.0	0.0
Ghana	652	55.6	70.3	77.6	48.7	44.0	45.3	19.0	14.3	9.6	2.3	2.3	2.4
Guinea	656	1.5	3.5	2.1	1.2	1.5	2.6	124.3	128.4	129.0	141.1	162.6	152.5
Guinea-Bissau	654	....	....	....	0.0	....	....	....	....	0.1	....	....	....
Kenya	664	26.4	28.5	29.3	36.9	69.1	27.5	17.0	17.3	18.1	18.2	41.7	15.6
Lesotho	666	0.2	0.1	0.4	0.1	0.1	0.1	0.0	0.0	0.0	0.0	0.0	0.0
Liberia	668	3.0	2.7	3.1	3.0	4.5	4.2	0.4	0.3	0.2	0.0	0.0	0.0
Madagascar	674	0.1	0.8	0.4	1.8	0.4	0.3	0.1	0.1	0.5	0.2	40.8	0.1
Malawi	676	5.6	4.4	5.4	4.5	4.6	5.2	0.0	0.0	0.0	0.1	0.1	0.1
Mali	678	23.2	20.5	26.1	36.4	26.1	27.5	0.0	0.0	0.0	0.0	0.0	1.2
Mauritius	684	8.2	5.8	6.3	6.6	6.0	6.5	1.1	5.4	6.1	3.1	16.4	4.9
Mozambique	688	3.0	4.6	3.5	5.4	5.2	3.7	0.1	0.0	0.2	0.2	0.0	0.0
Namibia	728	2.0	3.4	3.5	2.2	1.8	3.1	0.1	0.0	0.0	0.1	0.0	0.1
Niger	692	0.2	0.3	0.5	1.2	0.3	3.0	0.0	0.0	0.0	0.1	0.0	0.0
Nigeria	694	401.6	391.5	429.1	452.8	340.7	279.8	351.0	948.8	250.5	224.7	33.3	18.8
Rwanda	714	0.7	0.4	2.1	0.7	0.3	2.2	0.1	0.1	0.3	0.0	0.0	0.0
São Tomé & Príncipe	716	0.0	0.0	0.0	0.2	0.0	....	0.0	....	....	....	0.0	....
Senegal	722	64.8	65.6	76.1	70.5	48.1	57.3	1.5	3.2	0.6	1.9	1.0	2.8
Seychelles	718	2.3	2.0	2.2	1.9	2.0	2.1	0.1	0.0	0.6	0.0	0.0	0.0
Sierra Leone	724	2.5	2.8	2.3	2.7	1.4	1.9	0.1	1.0	0.2	0.0	0.0	0.0
South Africa	199	421.3	362.3	341.2	364.8	296.6	250.1	162.9	128.2	99.5	104.2	92.2	84.4
South Sudan, Rep. of	733	....	....	....	0.2	0.2	0.2	....	....	....	....	....	0.0
Swaziland	734	2.8	3.5	0.5	0.9	0.9	11.0	1.2	1.2	0.8	0.4	0.5	1.2
Tanzania	738	17.8	18.3	19.0	21.2	19.1	20.8	0.5	0.4	0.9	0.2	61.6	1.3
Togo	742	14.4	15.7	23.0	44.6	17.9	16.0	0.0	0.0	0.0	0.1	0.0	0.1
Uganda	746	7.2	14.1	18.3	22.2	17.1	15.2	0.1	0.1	0.2	0.2	0.2	0.3
Zambia	754	22.3	20.8	29.6	22.5	13.2	15.6	0.0	0.8	0.0	0.0	0.0	0.0
Zimbabwe	698	1.4	3.8	2.9	3.3	2.4	1.5	0.2	0.4	0.4	0.3	0.9	0.4
Africa n.s.	799	0.0	0.2	0.3	0.1	....	0.0	0.1	0.1	....	0.0	0.0	0.0
Western Hemisphere	205	**1,575.2**	**1,686.3**	**1,759.4**	**2,477.0**	**2,381.3**	**2,232.3**	**2,043.3**	**2,054.8**	**1,549.2**	**1,546.7**	**1,608.6**	**1,189.0**
Antigua and Barbuda	311	0.1	0.0	0.0	0.1	0.2	1.0	0.0	0.0	0.0	0.0	14.8	0.0
Argentina	213	71.0	104.2	101.0	98.8	119.9	99.7	196.8	265.6	243.4	243.9	210.7	244.0
Aruba	314	0.2	0.1	0.0	0.1	0.0	0.2	0.0	....	0.0	0.1	0.0	0.0
Bahamas, The	313	2.9	3.5	2.8	3.2	3.4	3.0	2.6	0.2	4.2	4.3	25.7	11.5
Barbados	316	1.1	1.8	1.0	2.2	8.4	1.1	0.0	0.0	0.0	0.0	0.0	0.1

Ireland (178)

In Millions of U.S. Dollars

		Exports (FOB)						Imports (CIF)					
		2011	2012	2013	2014	2015	2016	2011	2012	2013	2014	2015	2016
Belize	339	0.2	0.7	0.1	0.2	0.1	0.1	8.7	14.8	16.6	15.7	17.0	13.5
Bermuda	319	1.0	1.0	2.5	0.9	0.9	0.8	0.1	0.0	0.0	1.5	26.4	0.1
Bolivia	218	6.5	1.9	2.9	3.4	1.7	2.6	0.2	0.5	0.9	1.3	2.9	2.9
Brazil	223	392.9	329.4	347.2	340.2	269.1	252.9	1,387.1	1,345.0	647.0	629.4	485.7	331.6
Chile	228	68.8	79.4	80.5	106.9	111.4	94.6	68.1	55.7	59.4	65.8	58.8	58.5
Colombia	233	39.5	43.3	41.6	58.9	72.0	67.8	4.1	4.6	119.8	88.4	116.1	73.1
Costa Rica	238	31.6	17.9	25.5	32.0	39.7	49.7	26.9	27.1	50.9	67.2	74.9	87.3
Curaçao	354	....	....	0.1	0.2	0.0	0.3	....	....	0.1	....	0.0	0.0
Dominica	321	0.2	0.1	0.1	0.2	0.4	0.1	0.0	0.0	0.0	0.0	0.0	0.0
Dominican Republic	243	13.4	17.0	14.6	14.4	10.9	14.0	4.7	3.6	1.2	2.1	4.3	2.6
Ecuador	248	12.4	18.2	15.2	16.1	8.2	10.6	2.1	1.3	3.1	2.6	4.2	6.3
El Salvador	253	6.4	7.6	10.9	9.4	9.8	6.3	0.1	0.0	2.7	2.0	0.2	1.8
Falkland Islands	323	0.0	0.0	....	....	....	0.1	0.0	0.0	0.1	0.0	0.0	0.0
Greenland	326	0.0	0.0	0.3	0.0	0.0	0.0	....	....	0.0	0.0	0.0	0.0
Grenada	328	0.2	0.2	0.7	0.3	0.1	0.2	0.0	0.0	0.0	0.0	0.0	0.0
Guatemala	258	9.2	8.6	11.4	10.9	29.7	17.0	0.3	0.6	0.6	1.0	8.2	3.3
Guyana	336	1.3	1.5	2.0	1.6	1.9	2.3	2.2	0.0	0.0	1.9	5.7	11.6
Haiti	263	3.5	0.9	2.4	2.3	1.2	2.6	0.3	0.1	0.2	0.2	0.0	0.0
Honduras	268	4.3	4.2	2.9	2.8	3.2	1.6	6.3	4.7	1.9	3.2	5.0	4.7
Jamaica	343	4.2	6.2	3.3	4.0	3.2	3.6	0.1	0.0	0.0	0.0	0.0	0.0
Mexico	273	759.8	873.1	917.8	1,615.7	1,546.9	1,503.5	310.7	309.6	377.9	371.9	342.5	307.1
Montserrat	351	0.0	....	....	0.0	0.0	0.0	0.0	0.0	0.1	0.0	0.0	0.1
Netherlands Antilles	353	0.2	1.2	....	....	....	....	0.0	0.0	....	....	....	....
Nicaragua	278	5.5	3.9	1.7	3.2	1.4	0.7	2.3	1.2	2.1	4.2	3.7	2.4
Panama	283	13.9	18.5	17.7	17.6	26.5	18.8	0.7	0.2	0.1	0.2	0.6	1.6
Paraguay	288	1.1	0.8	2.2	0.7	0.8	1.1	1.9	0.1	0.0	0.3	8.2	4.1
Peru	293	20.7	36.3	39.1	42.7	42.4	32.2	10.7	11.4	11.4	12.6	10.9	11.4
Sint Maarten	352	....	....	0.4	0.4	0.8	0.5	....	....	0.0	....	....	0.0
St. Kitts and Nevis	361	0.2	0.1	0.1	0.1	0.2	0.2	0.0	0.0	0.0	0.0	0.0	0.0
St. Lucia	362	0.3	0.2	0.2	0.1	0.0	0.2	0.2	0.2	0.2	0.0	0.0	0.0
St. Vincent & Grens.	364	0.4	0.6	0.3	0.3	0.1	0.5	0.0	0.0	....	0.0	0.0	0.0
Suriname	366	0.2	1.0	0.2	0.2	0.1	0.3	0.0	0.0	0.0	0.0	0.0	0.0
Trinidad and Tobago	369	17.3	20.0	19.3	26.3	21.3	19.4	0.5	0.5	0.4	8.4	5.2	5.1
Uruguay	298	12.6	15.9	20.7	17.4	21.1	18.9	4.6	5.9	4.6	3.3	5.7	4.1
Venezuela, Rep. Bol.	299	70.3	66.7	69.2	36.8	23.8	3.5	0.5	1.8	0.1	3.4	0.5	0.2
Western Hem. n.s.	399	1.5	0.3	1.2	6.0	0.6	0.4	0.2	0.1	0.0	11.4	170.7	0.0
Other Countries n.i.e	910	**0.5**	**1.1**	**1.4**	**1.3**	**6.7**	**9.7**	**0.2**	**0.2**	**0.3**	**0.3**	**0.3**	**0.5**
Cuba	928	0.5	1.1	1.4	1.3	6.7	9.7	0.2	0.2	0.3	0.3	0.3	0.5
Special Categories	899	**38.9**	**470.8**	**561.7**	**651.7**	**464.4**	**190.4**	....	....	....	**0.0**	**0.0**	....
Countries & Areas n.s.	898	**167.4**	**134.7**	**82.8**	**171.5**	**74.8**	**915.3**	**105.9**	**175.5**	**107.6**	**99.8**	**116.5**	**561.7**
Memorandum Items													
Africa	605	1,468.1	1,437.7	1,514.4	1,552.9	1,347.8	1,141.6	767.6	2,138.0	930.2	888.7	647.7	399.4
Middle East	405	2,011.4	2,119.2	2,103.2	2,414.1	2,659.5	2,351.4	229.1	313.2	352.7	684.5	378.7	290.7
European Union	998	74,008.3	70,208.1	66,796.4	66,926.4	65,742.1	65,215.8	48,438.7	45,351.5	48,487.9	53,435.2	50,539.1	52,387.0
Export earnings: fuel	080	3,059.9	3,281.5	3,367.3	3,768.5	3,287.4	2,852.3	716.9	2,195.4	1,256.9	1,544.2	749.2	648.3
Export earnings: nonfuel	092	124,414.2	115,379.2	113,214.9	118,031.1	120,561.1	126,078.1	72,296.0	68,215.5	70,884.5	78,977.1	75,749.1	78,323.4

Israel (436)
In Millions of U.S. Dollars

		Exports (FOB) 2011	2012	2013	2014	2015	2016	Imports (CIF) 2011	2012	2013	2014	2015	2016
IFS World		....	....	....	....	....	....	....	....	....	....	....	....
World	001	67,260.6	63,190.2	66,583.2	68,955.6	66,040.1	60,094.3	73,535.6	73,120.6	71,898.3	72,275.7	62,004.7	66,651.0
Advanced Economies	110	48,333.3	44,554.7	46,460.9	48,362.2	46,234.6	42,397.4	45,524.0	44,921.1	42,714.6	44,207.9	40,731.7	47,317.2
Euro Area	163	13,987.6	12,486.4	13,500.8	13,754.1	13,263.9	10,970.2	20,748.1	20,305.8	19,775.1	19,598.5	18,282.7	21,243.9
Austria	122	180.1	127.1	95.7	92.6	72.8	67.5	347.0	310.3	335.2	412.9	407.3	408.5
Belgium	124	3,751.8	2,930.9	3,116.2	3,294.8	2,481.1	2,507.3	4,464.9	3,544.4	3,822.9	3,818.0	3,274.7	3,914.0
Cyprus	423	914.5	911.5	1,125.9	948.3	437.8	311.1	318.6	964.6	463.1	391.9	349.1	319.3
Estonia	939	13.2	16.2	17.6	16.6	11.5	9.6	13.3	11.2	15.0	15.3	13.8	17.0
Finland	172	150.0	145.5	121.6	122.8	85.7	85.6	293.6	270.8	284.6	284.6	273.4	260.1
France	132	1,540.6	1,463.0	1,569.4	1,678.5	1,684.5	1,454.0	1,625.3	1,647.5	1,543.5	1,560.5	1,604.9	1,690.6
Germany	134	1,939.8	1,658.7	1,778.9	1,735.4	1,434.6	1,519.5	4,565.9	4,621.1	4,667.4	4,651.7	3,809.7	4,069.4
Greece	174	206.2	195.0	251.6	447.6	388.5	348.6	263.1	196.5	201.2	228.9	223.5	267.3
Ireland	178	73.3	62.6	153.6	99.0	99.8	83.4	993.8	1,005.6	934.8	837.2	1,300.2	2,066.5
Italy	136	1,372.3	1,170.0	1,177.9	1,140.1	877.0	958.2	3,055.4	2,779.0	2,692.3	2,783.7	2,490.4	2,693.7
Latvia	941	46.5	54.4	58.6	49.1	39.3	25.4	67.5	165.8	31.5	33.5	37.3	42.0
Lithuania	946	38.1	45.5	42.4	50.9	31.1	32.0	32.4	34.9	26.3	23.0	32.8	38.6
Luxembourg	137	12.6	15.0	19.8	21.5	21.9	19.4	219.3	180.6	241.8	223.7	195.0	152.5
Malta	181	317.7	77.0	340.0	188.1	135.8	138.4	79.4	296.3	17.2	26.8	20.9	25.2
Netherlands	138	2,127.3	2,251.3	2,092.2	2,488.6	2,144.7	2,139.5	2,760.9	2,746.2	2,719.1	2,418.4	2,421.7	2,700.7
Portugal	182	125.6	145.0	121.6	160.1	112.6	107.0	146.7	128.6	120.4	105.7	113.1	152.9
Slovak Republic	936	27.1	21.9	16.9	20.1	27.3	15.7	94.1	73.3	111.0	206.9	262.3	153.1
Slovenia	961	165.9	147.2	140.8	146.9	265.6	251.9	224.2	127.6	167.0	156.9	107.1	695.1
Spain	184	985.0	1,048.6	1,260.1	1,053.1	784.4	896.1	1,182.7	1,201.5	1,380.8	1,418.9	1,345.5	1,577.4
Australia	193	589.5	603.8	579.0	584.4	517.2	510.4	152.0	131.8	108.3	124.7	158.3	184.9
Canada	156	802.8	766.6	638.9	636.8	552.8	594.6	412.1	398.7	408.2	372.6	262.7	283.2
China,P.R.: Hong Kong	532	5,333.5	4,878.8	5,375.8	6,123.2	5,309.6	4,435.6	1,856.0	1,563.7	1,667.6	2,138.4	2,049.4	1,977.4
China,P.R.: Macao	546	0.5	0.6	0.3	0.3	0.7	0.4	4.3	2.4	4.1	9.2	13.1	18.7
Czech Republic	935	157.5	172.1	149.6	167.0	123.5	130.8	388.9	515.6	534.3	606.7	469.4	612.3
Denmark	128	103.7	87.2	90.5	93.5	74.8	76.7	231.7	233.6	280.2	253.2	243.5	251.3
Iceland	176	4.3	5.7	2.5	3.9	11.9	2.7	6.0	3.5	4.9	27.9	3.3	2.5
Japan	158	892.4	832.9	726.8	785.7	766.9	759.0	2,401.7	1,723.5	1,118.3	1,293.6	1,161.4	2,354.2
Korea, Republic of	542	718.2	703.2	617.2	624.6	577.3	580.1	1,607.6	1,662.7	1,460.2	1,356.6	1,138.1	1,313.2
New Zealand	196	48.2	124.0	59.8	63.3	56.9	52.7	11.8	9.2	13.9	10.5	16.8	12.3
Norway	142	69.7	83.4	72.1	74.0	64.5	55.5	123.7	111.0	129.6	148.4	145.5	177.2
San Marino	135	....	....	....	....	....	0.1	....	....	....	....	....	0.0
Singapore	576	488.3	629.1	825.5	728.8	573.5	450.0	794.0	776.4	789.8	867.7	780.2	1,519.2
Sweden	144	192.2	155.1	164.8	182.9	145.9	145.3	572.8	652.4	635.8	521.1	451.5	495.3
Switzerland	146	1,436.2	1,133.9	1,382.7	1,427.1	1,495.7	1,466.2	3,970.1	4,055.1	4,397.2	5,189.4	4,425.4	4,288.1
Taiwan Prov.of China	528	768.8	705.0	742.5	561.1	565.1	660.7	760.8	781.4	814.0	796.7	778.4	816.0
United Kingdom	112	3,377.3	3,589.7	3,895.7	3,987.3	4,008.0	3,908.9	2,776.3	2,596.1	2,420.4	2,333.1	2,272.1	3,669.8
United States	111	19,362.6	17,597.2	17,636.4	18,564.2	18,126.4	17,597.5	8,706.1	9,398.2	8,152.7	8,559.6	8,079.9	8,097.7
Emerg. & Dev. Economies	200	16,342.3	16,101.4	17,617.2	17,374.6	16,125.3	14,194.8	14,450.1	13,929.1	14,852.3	15,830.4	14,628.6	16,217.1
Emerg. & Dev. Asia	505	7,659.9	7,647.4	8,112.8	8,060.0	9,582.4	8,299.2	8,669.4	8,387.3	8,923.6	9,580.2	8,913.7	9,804.4
Bangladesh	513	0.2	0.3	0.3	0.3	0.3	0.6	6.4	17.3	26.5	28.4	32.8	39.7
Bhutan	514	....	....	....	....	....	0.6	....	....	....	....	....	....
Cambodia	522	2.2	1.7	0.7	1.5	0.3	0.2	1.0	1.5	2.5	2.0	1.6	0.6
China,P.R.: Mainland	924	2,706.4	2,741.6	2,863.4	2,787.0	3,245.4	3,327.6	5,449.9	5,321.9	5,610.3	5,993.8	5,767.6	5,896.1
Fiji	819	3.4	2.8	2.6	2.6	2.2	2.0	0.8	....	....	....	....	0.0
F.T. French Polynesia	887	....	....	....	....	....	0.1	....	....	....	....	....	0.0
F.T. New Caledonia	839	....	....	....	....	....	0.2	....	....	....	....	....	....
Guam	829	....	....	....	....	....	0.2	....	....	....	....	....	....
India	534	2,998.0	2,508.9	2,271.5	2,285.1	2,263.4	2,399.4	2,154.2	1,935.9	2,121.5	2,240.0	1,880.6	1,768.9
Indonesia	536	17.1	19.5	24.5	26.4	95.1	120.8	119.4	110.6	91.4	68.3	51.9	43.1
Lao People's Dem.Rep	544	....	....	....	....	....	0.5	....	....	....	....	....	0.0
Malaysia	548	716.0	764.1	1,456.9	1,374.6	1,419.1	583.2	93.0	73.5	72.4	51.5	15.2	14.0
Maldives	556	....	....	....	....	....	0.4	....	....	....	....	....	0.0
Mongolia	948	....	....	....	....	....	0.5	....	....	....	....	....	0.0
Myanmar	518	1.0	2.5	2.0	12.6	18.9	26.7	1.1	0.1	0.3	1.5	1.4	1.3
Nepal	558	6.3	6.1	6.6	3.7	1.2	3.1	0.3	0.4	0.2	....	0.1	0.1
Papua New Guinea	853	1.6	3.1	6.0	3.1	3.1	1.2	....	....	....	....	....	0.2

Israel (436)
In Millions of U.S. Dollars

		Exports (FOB)						Imports (CIF)					
		2011	2012	2013	2014	2015	2016	2011	2012	2013	2014	2015	2016
Philippines	566	116.9	98.6	98.8	92.3	125.6	110.3	84.0	104.7	92.3	83.8	60.3	74.6
Samoa	862	....	....	....	....	....	....	....	....	....	....	....	0.9
Sri Lanka	524	51.8	65.1	84.9	101.2	80.7	78.1	45.4	61.7	86.0	116.0	110.8	81.7
Thailand	578	636.6	612.9	543.1	465.8	429.7	409.4	576.3	528.3	506.6	594.6	555.0	621.1
Tonga	866	....	....	....	....	....	0.1	....	....	....	....	....	....
Vietnam	582	339.5	752.4	704.8	668.1	1,814.7	1,199.9	129.4	208.2	293.8	379.6	408.6	442.4
Asia n.s.	598	62.9	67.8	46.7	235.7	82.7	33.9	8.2	23.2	19.8	20.7	27.8	820.0
Europe	**170**	**4,281.3**	**4,116.4**	**5,163.5**	**5,324.6**	**3,493.6**	**3,117.9**	**4,200.8**	**4,078.0**	**4,324.8**	**4,630.6**	**4,181.3**	**4,806.8**
Emerg. & Dev. Europe	**903**	**2,819.2**	**2,326.8**	**3,247.3**	**3,463.6**	**2,307.8**	**1,918.1**	**2,882.4**	**2,939.4**	**3,115.4**	**3,496.1**	**3,295.7**	**3,714.9**
Albania	914	....	....	....	....	....	5.5	....	....	....	....	....	0.2
Bosnia and Herzegovina	963	1.2	2.2	1.7	1.3	1.0	1.8	1.5	1.5	2.3	1.7	1.6	1.3
Bulgaria	918	218.3	74.2	53.6	128.1	88.4	38.7	61.7	56.2	61.7	61.6	82.0	90.9
Croatia	960	27.8	29.0	20.4	21.0	18.8	25.9	4.9	8.5	22.1	30.7	35.7	18.4
Gibraltar	823	170.4	172.0	165.3	17.9	0.7	29.4	0.3	36.7	....	0.5	....	0.1
Hungary	944	143.3	188.6	160.4	168.7	122.7	120.7	259.3	390.0	272.4	304.1	283.5	372.6
Macedonia, FYR	962	8.7	10.9	8.5	4.7	4.3	12.0	1.1	2.1	1.9	2.4	3.4	3.7
Montenegro	943	....	....	....	....	....	2.4	....	....	....	....	....	0.5
Poland	964	246.6	249.9	222.9	245.8	230.8	229.0	238.3	200.2	237.6	244.1	268.5	381.0
Romania	968	152.5	174.1	111.7	120.0	127.9	116.8	144.9	161.9	163.8	167.8	175.2	230.4
Serbia, Republic of	942	....	0.3	0.1	....	....	38.4	....	....	....	....	....	14.4
Turkey	186	1,850.4	1,425.6	2,502.7	2,756.1	1,713.2	1,297.6	2,170.4	2,082.3	2,353.6	2,683.2	2,445.8	2,601.5
CIS	**901**	**1,410.1**	**1,765.4**	**1,887.1**	**1,830.4**	**1,143.4**	**1,149.4**	**1,304.8**	**1,083.2**	**1,191.5**	**1,117.0**	**869.1**	**1,077.1**
Armenia	911	8.4	5.0	4.1	4.9	3.1	2.7	3.1	2.5	2.7	3.2	3.9	2.2
Azerbaijan, Rep. of	912	124.4	139.3	138.3	200.7	129.4	259.9	0.5	1.1	0.4	1.1	2.3	6.0
Belarus	913	26.8	45.7	43.5	34.3	20.2	16.5	7.9	7.9	11.5	20.0	16.4	10.6
Georgia	915	44.6	95.0	65.2	112.9	26.4	19.7	36.3	34.0	2.2	4.2	5.8	6.3
Kazakhstan	916	92.3	76.3	88.6	114.0	59.2	46.4	2.5	1.7	1.5	3.9	1.6	2.1
Kyrgyz Republic	917	3.5	2.8	3.0	1.9	1.0	1.8	0.3	0.5	0.2	....	0.1	0.0
Moldova	921	13.0	36.5	124.2	44.9	34.2	10.7	1.7	1.4	2.1	1.7	1.3	3.1
Russian Federation	922	927.3	1,052.6	1,034.2	973.9	677.8	620.5	1,052.7	818.5	993.8	973.7	725.7	938.8
Tajikistan	923	0.2	0.8	1.2	0.2	0.7	0.2	....	....	....	....	....	0.0
Turkmenistan	925	6.3	6.0	3.9	7.8	22.4	1.4	....	....	....	....	....	0.0
Ukraine	926	144.1	291.1	355.8	297.1	154.0	160.8	195.9	213.4	176.1	108.0	110.8	107.8
Uzbekistan	927	19.2	14.3	25.1	37.8	15.0	8.8	3.9	2.2	1.0	1.2	1.2	0.2
Europe n.s.	884	52.0	24.2	29.1	30.6	42.4	50.5	13.6	55.4	17.9	17.5	16.5	14.8
Mid East, N Africa, Pak	**440**	**439.0**	**383.7**	**271.1**	**263.7**	**234.8**	**184.5**	**355.0**	**270.7**	**321.4**	**441.7**	**479.7**	**385.0**
Afghanistan, I.R. of	512	....	....	....	....	....	0.1	....	....	....	....	....	....
Djibouti	611	....	....	....	....	....	16.0	....	....	....	....	....	0.1
Egypt	469	209.1	204.0	119.0	146.5	112.8	79.1	178.4	59.2	49.3	58.0	54.1	57.2
Jordan	439	209.0	156.5	98.7	106.7	99.2	48.9	172.7	205.5	265.9	377.1	410.2	308.0
Mauritania	682	....	....	....	....	....	0.0	....	....	....	....	....	0.1
Morocco	686	20.9	23.2	53.4	10.5	22.8	39.6	3.9	6.0	6.2	6.6	15.4	16.5
Pakistan	564	....	....	....	....	....	0.5	....	....	....	....	....	1.8
Tunisia	744	....	....	....	....	....	0.3	....	....	....	....	....	1.2
Sub-Saharan Africa	**603**	**1,528.9**	**1,303.8**	**1,319.9**	**1,193.5**	**895.5**	**774.2**	**201.0**	**258.8**	**230.1**	**256.9**	**191.8**	**168.7**
Angola	614	....	....	....	....	....	13.9	....	....	....	....	....	0.0
Benin	638	....	....	....	....	....	4.3	....	....	....	....	....	0.0
Botswana	616	109.7	117.0	107.8	99.6	59.4	51.4	....	0.4	....	....	....	0.0
Burkina Faso	748	3.2	1.0	1.3	4.9	0.8	0.4	0.3	....	....	....	....	0.0
Cabo Verde	624	....	....	....	....	....	0.6	....	....	....	....	....	0.0
Cameroon	622	10.1	13.6	13.2	6.7	8.4	8.7	....	0.2	0.4	0.1	....	0.1
Central African Rep.	626	0.1	0.9	....	....	2.7	1.1	....	....	....	....	....	....
Chad	628	3.0	0.9	4.0	2.3	5.6	2.0	....	0.6	0.3	1.7	0.2	0.0
Congo, Dem. Rep. of	636	0.4	0.3	0.6	0.1	....	0.2	....	....	....	....	....	0.0
Congo, Republic of	634	12.6	18.0	9.0	12.4	9.4	5.8	0.2	0.2	0.1	0.1	0.1	0.0
Côte d'Ivoire	662	5.3	8.9	20.0	19.0	9.8	10.8	3.6	1.6	0.3	1.1	0.4	0.4
Equatorial Guinea	642	34.0	15.8	17.0	13.3	16.7	7.0	....	....	....	....	....	0.0
Ethiopia	644	12.2	19.4	10.6	10.4	11.2	19.4	56.2	47.9	69.2	89.4	57.6	52.4
Gabon	646	15.8	11.6	2.0	4.0	4.5	3.1	....	....	....	....	....	0.3
Gambia, The	648	0.3	0.5	0.3	0.2	0.6	0.1	....	....	0.1	....	....	0.1

2017, International Monetary Fund: Direction of Trade Statistics Yearbook

Israel (436)

In Millions of U.S. Dollars

		Exports (FOB)						Imports (CIF)					
		2011	2012	2013	2014	2015	2016	2011	2012	2013	2014	2015	2016
Ghana	652	34.5	27.2	122.0	98.1	39.3	49.4	1.6	2.9	1.4	2.7	1.5	0.7
Guinea	656	4.7	1.8	7.3	2.9	0.7	0.1	0.7	0.5	....	....	....	0.0
Guinea-Bissau	654	....	....	....	....	....	0.3	....	....	....	....	....	....
Kenya	664	61.1	116.1	87.1	60.9	93.4	51.9	18.6	21.8	12.2	13.0	12.5	7.5
Lesotho	666	0.2	0.9	0.1	....	....	0.0						
Liberia	668	1.3	1.4	1.2	1.3	3.5	2.4	....	25.3	0.7	....	....	....
Madagascar	674	....	....	....	....	....	3.4						0.6
Malawi	676	0.3	0.5	1.0	0.8	0.5	0.0						0.0
Mali	678	0.4	0.1	0.3	1.1	0.8	13.2	....	0.2	....	....	0.1	0.0
Mauritius	684	5.5	4.9	3.9	4.2	4.1	5.9	2.4	2.6	3.0	2.4	1.6	1.7
Mozambique	688	....	....	....	....	....	1.5						0.0
Namibia	728	7.2	4.4	1.9	2.4	3.4	5.0	0.3	0.6	0.5	0.8	0.6	0.6
Niger	692	4.2	5.3	0.9	3.1	0.5	0.1						0.0
Nigeria	694	365.1	366.0	155.0	94.7	112.6	81.8	0.3	2.8	2.1	1.4	2.9	3.6
Rwanda	714	2.8	0.9	4.4	6.4	4.0	7.4	0.1	....	....	....	....	....
Senegal	722	11.8	25.0	61.7	0.1	14.6	6.4	4.3	4.8	5.0	2.9	4.7	4.3
Seychelles	718	....	....	....	....	....	0.8						5.6
Sierra Leone	724	1.3	0.8	....	12.8	0.5	0.1						0.0
South Africa	199	431.6	384.0	409.7	314.7	275.2	267.3	102.4	95.1	82.1	86.8	72.3	75.1
Swaziland	734	....	....	....	....	....	1.2						0.0
Tanzania	738	14.3	21.3	19.6	19.7	23.7	10.6	6.2	10.0	9.6	8.6	9.0	7.5
Togo	742	4.3	64.2	190.8	279.4	116.8	87.2	....	....	0.1	....	....	0.0
Uganda	746	....	....	....	....	....	0.8						0.4
Zambia	754	3.2	3.6	3.7	6.4	5.0	3.3	1.1	3.8	2.5	2.5	0.1	0.2
Zimbabwe	698	8.6	4.9	3.8	2.5	4.3	1.5	0.2	0.2	....	0.2	....	0.4
Africa n.s.	799	359.8	62.6	59.7	109.1	63.5	43.7	2.5	37.3	40.5	43.2	28.2	7.0
Western Hemisphere	205	**2,433.2**	**2,650.1**	**2,749.9**	**2,532.8**	**1,919.0**	**1,818.9**	**1,023.9**	**934.3**	**1,052.4**	**921.3**	**862.1**	**1,052.1**
Anguilla	312	....	....	....	....	....	0.0						0.4
Antigua and Barbuda	311	....	....	....	....	....	0.1						
Argentina	213	131.3	126.8	121.0	104.9	111.2	107.9	215.2	188.1	186.7	136.9	146.5	139.4
Aruba	314	....	....	....	....	....	0.2						1.0
Bahamas, The	313	1.9	0.7	0.1	0.2	1.3	0.9	....	....	0.6	0.2	0.6	1.3
Barbados	316	2.0	1.9	0.4	0.7	2.1	0.9						0.0
Belize	339	....	....	....	....	....	20.4						0.7
Bermuda	319	0.6	0.2	....	....	0.1	0.2	....	0.9	2.9	2.1	1.7	1.8
Bolivia	218	7.4	6.9	7.4	10.4	7.5	2.8	3.4	3.5	4.3	3.5	2.5	3.5
Brazil	223	892.9	1,141.3	1,045.7	916.1	735.1	747.2	229.5	190.2	206.4	180.7	167.1	253.5
Chile	228	118.6	209.3	209.0	117.9	126.2	137.3	58.1	54.6	62.9	79.4	78.6	85.9
Colombia	233	101.6	142.2	215.3	220.4	133.4	88.9	13.0	16.8	15.8	15.6	13.0	15.2
Costa Rica	238	517.4	232.2	455.9	389.2	39.6	37.0	2.7	1.6	2.4	3.2	4.3	4.9
Curaçao	354	....	....	....	....	....	0.4						
Dominica	321	....	....	....	....	....	1.1						0.0
Dominican Republic	243	19.9	17.9	23.8	19.7	19.5	25.8	2.6	2.1	4.4	6.6	12.7	4.9
Ecuador	248	31.8	35.3	34.6	36.9	25.5	20.1	8.5	4.1	4.3	4.7	5.9	6.4
El Salvador	253	6.1	4.4	6.0	4.7	3.8	9.5	0.5	0.1	0.1	....	....	0.0
Falkland Islands	323	....	....	....	....	....	0.6						0.1
Guatemala	258	27.1	27.7	30.5	28.9	26.8	29.5	4.8	1.7	2.7	3.1	1.8	2.6
Guyana	336	3.1	2.7	1.1	1.4	1.5	0.7	1.2	0.1	1.7	2.1	1.3	3.5
Haiti	263	2.8	2.0	6.0	4.1	0.5	0.3						0.0
Honduras	268	18.7	11.5	11.7	7.4	10.8	35.3	2.5	0.9	0.3	0.1	0.2	0.0
Jamaica	343	7.8	5.8	5.6	6.3	6.6	4.5	0.1	0.1	0.6	0.2	....	0.2
Mexico	273	361.7	463.7	372.1	461.3	431.0	380.5	178.7	149.1	140.7	150.8	111.0	168.8
Nicaragua	278	3.7	3.4	3.0	3.7	5.4	5.5	....	0.3	0.1	0.1	....	0.2
Panama	283	20.2	17.0	16.1	25.5	40.3	14.3	33.0	33.8	42.4	44.0	42.9	47.5
Paraguay	288	8.5	9.1	7.4	5.8	5.2	4.4	53.1	22.8	111.4	91.9	92.6	104.1
Peru	293	59.8	70.2	66.1	60.4	73.0	74.4	8.4	7.7	7.8	7.3	6.7	6.3
St. Lucia	362	....	....	....	....	....	0.2						
St. Vincent & Grens.	364	....	....	....	....	....	0.8						0.0
Suriname	366	....	....	....	....	....	0.2						0.0
Trinidad and Tobago	369	11.8	3.7	5.3	3.1	8.3	2.6	....	....	55.1	....	....	0.1

Israel (436)
In Millions of U.S. Dollars

		Exports (FOB)						Imports (CIF)					
		2011	2012	2013	2014	2015	2016	2011	2012	2013	2014	2015	2016
Uruguay	298	14.8	22.9	19.1	15.7	27.0	17.2	125.4	231.4	167.3	159.9	145.4	165.1
Venezuela, Rep. Bol.	299	22.6	34.9	26.0	15.2	8.3	2.1	....	....	0.4	8.1	11.8	9.9
Western Hem. n.s.	399	39.1	56.4	60.7	72.9	69.0	45.0	83.2	24.4	31.1	20.8	15.5	24.7
Other Countries n.i.e	910	....	....	....	....	....	15.4	....	....	....	....	....	**1.5**
Cuba	928	....	....	....	....	....	15.4	....	....	....	....	....	1.5
Countries & Areas n.s.	898	**2,585.0**	**2,534.1**	**2,505.1**	**3,218.8**	**3,680.2**	**3,486.8**	**13,561.5**	**14,270.4**	**14,331.4**	**12,237.1**	**6,644.4**	**3,115.3**
Memorandum Items													
Africa	605	1,549.8	1,327.0	1,373.3	1,204.0	918.3	830.1	204.9	264.8	236.3	263.5	207.2	186.7
Middle East	405	418.1	360.5	217.7	253.2	212.0	128.1	351.1	264.7	315.2	435.1	464.3	365.2
European Union	998	18,606.8	17,206.3	18,370.4	18,868.4	18,204.7	15,763.0	25,426.9	25,120.3	24,403.4	24,120.9	22,564.1	27,366.0
Export earnings: fuel	080	1,756.0	1,909.5	1,740.6	1,709.1	1,220.6	1,158.4	1,081.1	849.3	1,078.1	1,013.8	766.0	985.9
Export earnings: nonfuel	092	65,504.6	61,280.7	64,842.6	67,246.5	64,819.5	58,936.0	72,454.5	72,271.3	70,820.2	71,261.9	61,238.7	65,665.2

Italy (136)

In Millions of U.S. Dollars

		Exports (FOB)						Imports (CIF)					
		2011	2012	2013	2014	2015	2016	2011	2012	2013	2014	2015	2016
IFS World		....	....	....	....	....	....	....	....	....	....	....	....
World	001	523,404.3	501,546.0	518,111.6	529,796.6	456,989.4	461,511.9	558,937.0	489,105.2	479,344.1	474,394.2	410,918.8	404,511.0
Advanced Economies	110	358,515.2	341,673.7	348,492.6	360,999.5	316,704.4	324,102.4	329,452.5	282,893.8	283,701.3	289,470.9	256,558.3	260,461.7
Euro Area	163	224,669.2	205,142.3	207,491.7	214,255.2	183,063.6	189,166.1	242,915.9	209,777.2	213,007.5	215,303.8	190,443.3	193,076.7
Austria	122	12,149.6	11,151.8	11,289.0	11,174.0	9,518.9	9,774.6	13,136.7	11,560.0	11,753.1	10,952.1	9,408.9	9,191.1
Belgium	124	13,407.1	13,306.5	15,164.7	17,521.5	15,001.4	14,947.9	20,295.5	18,723.1	19,946.5	20,041.6	18,993.0	19,697.6
Cyprus	423	934.9	727.4	565.9	586.2	555.4	550.2	126.3	146.4	74.7	84.7	87.6	68.9
Estonia	939	524.1	522.2	543.9	533.3	427.1	454.2	225.3	130.2	112.6	139.4	150.4	125.3
Finland	172	2,152.4	2,141.4	1,941.0	1,894.4	1,591.1	1,760.7	1,948.7	1,963.8	1,760.2	1,854.6	1,479.0	1,491.6
France	132	60,691.2	55,613.8	56,142.1	55,856.8	47,308.1	48,618.2	46,749.3	40,653.6	40,525.2	40,923.9	35,674.1	36,007.9
Germany	134	68,631.1	62,793.6	64,341.6	66,720.5	56,301.9	58,353.1	86,845.5	70,932.9	70,767.7	72,277.7	63,865.3	65,794.2
Greece	174	6,667.0	5,413.4	5,004.0	5,125.6	4,116.7	4,253.3	2,938.7	2,686.3	3,023.4	3,081.3	2,822.0	2,811.7
Ireland	178	1,305.0	1,257.3	1,307.2	1,479.2	1,391.8	1,910.5	4,337.3	3,677.0	4,287.1	3,721.4	4,561.5	3,690.6
Latvia	941	521.0	560.4	592.3	632.6	510.5	471.4	144.2	137.5	137.2	147.2	117.5	131.7
Lithuania	946	1,025.7	1,030.4	1,107.9	1,094.6	857.2	883.8	481.1	470.1	520.3	557.8	509.0	536.2
Luxembourg	137	725.6	644.5	681.5	638.8	579.7	521.0	1,175.4	1,305.8	1,453.3	1,241.4	1,029.6	952.9
Malta	181	2,026.8	2,212.0	2,061.8	2,066.3	1,767.6	1,736.2	367.8	278.6	289.0	291.7	318.8	386.1
Netherlands	138	12,700.9	11,932.4	12,049.5	12,474.1	10,600.4	10,761.8	29,274.8	26,420.9	27,489.3	27,584.1	22,806.4	22,283.4
Portugal	182	4,619.3	3,886.6	4,022.6	4,303.3	3,725.4	3,886.7	2,171.7	2,065.2	2,015.5	2,004.3	1,670.5	1,754.7
Slovak Republic	936	3,336.9	3,029.2	3,048.8	3,137.7	2,783.4	3,012.2	3,945.6	3,445.4	3,785.0	3,896.9	3,430.4	3,671.3
Slovenia	961	5,553.0	5,348.8	4,797.0	5,016.2	4,115.4	4,030.3	3,535.5	3,343.9	3,354.3	3,610.2	2,917.9	2,867.2
Spain	184	27,697.7	23,570.5	22,830.9	24,000.1	21,911.7	23,240.1	25,216.5	21,836.3	21,713.0	22,893.4	20,601.5	21,614.4
Australia	193	4,195.8	4,767.2	4,990.2	4,763.1	3,960.1	3,956.8	1,548.2	986.3	784.9	680.1	559.2	538.6
Canada	156	3,756.6	3,706.7	4,017.7	4,107.6	4,075.5	4,098.4	2,295.0	2,231.7	2,143.7	3,306.3	1,620.4	1,632.9
China,P.R.: Hong Kong	532	5,809.3	5,742.7	6,297.6	7,244.5	6,543.2	6,393.7	464.8	359.1	310.4	328.8	346.5	265.0
China,P.R.: Macao	546	78.4	100.3	141.1	197.0	180.8	172.8	6.0	3.5	2.6	2.6	2.3	6.3
Czech Republic	935	5,814.0	5,432.5	5,652.5	6,222.3	5,604.4	5,957.1	6,818.9	5,826.7	5,924.4	6,451.8	6,142.4	7,051.2
Denmark	128	3,252.6	3,141.0	3,198.9	3,505.1	2,852.5	3,056.3	3,098.9	2,819.9	2,670.5	2,724.8	2,403.3	2,422.9
Iceland	176	117.5	101.9	128.8	132.8	123.7	134.5	113.5	83.9	82.2	49.2	38.4	26.1
Israel	436	3,214.8	2,652.5	2,853.8	3,015.9	2,725.2	2,776.2	1,475.7	1,247.2	1,253.5	1,208.4	981.7	1,000.9
Japan	158	6,577.7	7,231.5	7,993.0	7,129.7	6,106.9	6,674.1	5,869.8	4,107.7	3,406.5	3,593.5	3,459.8	4,454.2
Korea, Republic of	542	4,062.4	4,445.1	5,025.5	5,525.4	4,985.3	4,418.1	4,552.7	3,631.9	3,129.1	3,109.1	3,546.1	3,283.3
New Zealand	196	522.7	480.2	522.4	552.3	471.6	522.6	369.2	297.3	324.9	348.6	292.7	272.8
Norway	142	1,846.1	1,979.3	2,101.1	2,154.9	1,762.1	1,703.4	2,653.3	2,151.2	2,017.7	1,566.9	1,013.9	820.4
San Marino	135	73.1	83.0	64.9	52.3	43.6	32.2	....	....	....	....	....	....
Singapore	576	2,497.8	2,445.3	2,523.7	2,790.8	2,167.7	2,042.3	394.6	326.9	303.9	302.9	278.6	289.8
Sweden	144	5,420.2	4,854.3	5,058.1	5,211.5	4,607.7	4,661.4	4,979.9	4,131.5	4,121.0	4,332.6	3,870.0	3,997.3
Switzerland	146	28,759.9	29,473.7	27,095.1	25,341.2	21,360.9	21,093.2	15,750.8	14,118.2	14,135.4	13,840.3	11,936.6	11,742.5
Taiwan Prov.of China	528	1,578.6	1,249.0	1,344.5	1,476.4	1,375.4	1,472.1	2,737.5	2,010.3	1,925.9	2,087.8	1,811.6	2,010.2
United Kingdom	112	24,413.9	24,353.5	26,021.1	27,782.8	24,783.4	24,878.7	15,242.8	12,498.9	12,845.0	13,652.0	12,061.0	12,170.4
United States	111	31,793.4	34,230.8	35,916.7	39,489.1	39,875.3	40,862.7	18,164.2	16,283.9	15,312.1	16,581.2	15,750.4	15,399.1
Vatican	187	61.2	60.7	54.1	49.5	35.5	29.6	0.8	0.6	0.0	0.0	0.0	1.2
Emerg. & Dev. Economies	200	159,782.8	154,640.8	164,367.9	163,484.3	135,617.3	132,697.6	227,024.2	203,909.1	192,947.4	183,306.8	152,926.7	142,830.6
Emerg. & Dev. Asia	505	25,551.1	23,034.0	24,503.4	25,590.6	21,848.3	23,340.1	58,970.5	46,525.9	46,169.6	49,925.1	46,087.8	45,385.3
American Samoa	859	0.2	0.2	1.3	0.2	0.5	0.2	0.0	0.0	0.0	0.0	0.0	0.0
Bangladesh	513	433.1	301.7	363.1	420.9	524.3	562.5	996.8	987.9	1,147.8	1,407.9	1,430.8	1,462.3
Bhutan	514	5.1	2.5	2.0	1.7	3.3	2.0	2.4	3.3	3.1	7.5	3.8	0.1
Brunei Darussalam	516	20.2	50.3	40.4	59.4	53.1	24.5	0.8	0.2	0.8	1.6	0.0	0.2
Cambodia	522	34.2	53.3	37.9	51.7	60.4	68.9	142.2	180.7	246.9	296.2	331.1	339.3
China,P.R.: Mainland	924	13,929.3	11,573.6	13,071.7	13,934.6	11,531.5	12,249.7	41,230.1	32,093.0	30,633.7	33,280.9	31,367.9	30,200.4
Fiji	819	2.8	4.2	5.2	9.4	8.1	19.1	0.3	0.0	0.2	0.1	12.8	0.1
F.T. French Polynesia	887	25.9	22.5	35.1	24.4	22.0	23.1	5.0	1.2	1.2	8.4	5.1	3.9
F.T. New Caledonia	839	55.9	55.9	52.6	49.3	37.5	43.8	25.9	38.6	23.1	11.4	2.7	12.0
Guam	829	8.8	8.5	9.8	9.7	8.6	9.2	0.7	0.3	0.2	0.2	0.1	0.1
India	534	5,203.7	4,304.1	3,946.3	4,022.4	3,708.0	3,622.8	6,662.6	4,824.7	5,279.4	5,537.9	4,439.7	4,693.0
Indonesia	536	1,098.0	1,576.1	1,505.3	1,584.3	1,224.3	1,281.2	3,709.2	2,671.8	2,541.2	2,654.3	2,212.6	1,836.8
Kiribati	826	0.0	....	0.0	0.0	0.0	0.3	0.0	0.0	0.0	0.0	....	....
Lao People's Dem.Rep	544	12.8	11.3	8.9	10.6	9.9	14.8	21.5	25.2	21.1	18.7	15.6	30.6
Malaysia	548	1,171.3	1,315.2	1,415.0	1,557.3	1,057.6	1,173.2	1,241.1	995.8	983.7	902.8	988.5	1,061.9
Maldives	556	27.5	16.3	29.1	30.6	26.0	31.5	17.8	18.7	15.9	11.6	15.4	9.9

Italy (136)
In Millions of U.S. Dollars

		Exports (FOB)						Imports (CIF)					
		2011	2012	2013	2014	2015	2016	2011	2012	2013	2014	2015	2016
Marshall Islands	867	53.2	0.5	94.5	56.5	32.1	436.8	8.1	2.6	0.0	4.4	....	0.0
Micronesia	868	0.2	0.0	0.1	0.0	0.0	0.0	0.0	....	....	0.0	0.4	....
Mongolia	948	34.6	41.1	49.6	47.1	28.6	34.3	53.6	46.2	47.3	56.1	52.1	42.2
Myanmar	518	19.5	30.5	73.8	154.4	77.8	101.2	7.7	15.1	26.8	42.8	62.4	104.9
Nauru	836	0.0	....	0.1	....	0.0	0.1	....	0.0	0.0	0.0	0.2	0.0
Nepal	558	9.6	10.7	14.9	19.0	15.6	17.6	11.5	10.8	9.5	12.0	11.0	10.7
Palau	565	0.0	0.0	0.1	0.8	0.1	0.1	....	....	....	....	....	0.0
Papua New Guinea	853	120.2	297.0	45.8	18.1	13.7	22.3	156.4	114.6	136.5	123.5	108.9	73.3
Philippines	566	475.1	480.4	561.7	580.7	603.5	678.4	370.0	265.8	236.4	248.4	270.4	240.8
Samoa	862	0.5	0.2	0.5	0.6	0.3	0.7	0.0	....	....	0.0	0.0	0.0
Solomon Islands	813	0.3	0.6	0.5	0.3	0.2	0.2	23.7	29.2	31.1	43.7	44.1	34.0
Sri Lanka	524	306.6	264.7	274.2	290.5	206.1	260.4	553.9	452.8	422.2	525.9	406.3	376.5
Thailand	578	1,669.8	1,889.1	1,948.9	1,683.7	1,380.2	1,475.3	1,970.3	1,416.2	1,472.9	1,735.5	1,350.4	1,563.1
Timor-Leste	537	56.1	73.8	0.7	0.1	0.4	0.2	....	....	0.0	0.0	0.0	0.1
Tonga	866	0.2	0.0	0.2	0.0	0.0	0.1	0.0	0.4	0.1	....	0.0	0.2
Tuvalu	869	0.3	0.1	0.2	0.1	....	0.0	0.0	....	0.2	....	....	....
Vanuatu	846	0.4	0.5	0.6	0.6	0.7	0.5	0.0	0.0	0.0	0.0	2.5	0.1
Vietnam	582	772.5	644.6	893.1	967.5	1,208.2	1,157.6	1,758.2	2,330.5	2,887.4	2,993.2	2,952.6	3,288.4
Asia n.s.	598	3.1	4.6	20.4	3.8	6.1	27.6	0.7	0.5	0.6	0.1	0.2	0.1
Europe	170	70,276.1	66,384.8	70,508.4	70,273.3	57,555.4	56,881.9	84,704.0	77,423.2	82,325.5	78,290.3	63,515.4	57,996.4
Emerg. & Dev. Europe	903	51,448.4	48,043.8	50,349.3	52,489.9	45,707.6	45,550.5	39,723.7	34,502.8	37,479.3	40,312.1	37,038.2	38,231.3
Albania	914	1,593.4	1,628.0	1,620.8	1,680.4	1,432.0	1,403.5	913.8	936.9	1,088.2	1,158.3	899.0	993.1
Bosnia and Herzegovina	963	817.7	747.0	769.0	802.7	705.2	721.6	686.9	605.9	737.5	841.4	735.2	762.8
Bulgaria	918	2,230.2	2,085.9	2,542.6	2,503.1	2,222.1	2,259.1	2,915.6	2,868.8	3,138.6	3,025.7	2,553.1	2,718.4
Croatia	960	3,164.1	2,541.0	2,659.8	3,454.5	2,887.8	2,821.9	2,114.8	1,597.5	1,714.2	1,864.1	1,562.4	1,644.6
Faroe Islands	816	1.1	2.0	1.3	2.0	14.4	17.5	0.1	0.0	0.1	0.0	0.1	0.2
Gibraltar	823	1,483.8	1,451.9	1,513.1	1,431.6	1,171.8	889.1	43.7	0.9	72.5	61.7	49.8	6.8
Hungary	944	4,886.8	4,389.3	4,758.9	5,072.7	4,583.1	4,864.2	5,081.9	4,524.1	5,140.9	5,378.7	4,942.9	5,068.8
Kosovo	967	94.3	93.7	98.8	95.3	88.8	99.5	124.4	101.9	98.6	65.7	24.9	5.9
Macedonia, FYR	962	319.3	285.4	283.0	315.9	278.2	282.7	430.6	287.9	300.5	332.1	205.6	189.4
Montenegro	943	156.1	145.0	174.0	157.2	135.0	148.3	53.4	70.8	36.8	51.5	48.8	26.9
Poland	964	13,118.6	11,872.2	12,469.0	13,734.6	12,088.6	12,427.4	10,464.5	9,168.6	8,806.3	9,592.0	9,514.3	9,659.7
Romania	968	8,552.6	7,614.8	7,970.1	8,340.7	7,413.7	7,315.8	7,374.0	6,458.3	6,890.3	7,977.3	7,122.3	6,912.4
Serbia, Republic of	942	1,612.4	1,595.5	2,104.2	1,988.8	1,628.6	1,676.4	1,187.6	1,118.8	2,145.9	2,368.5	2,011.2	1,981.4
Turkey	186	13,418.1	13,592.1	13,384.9	12,910.3	11,058.1	10,623.6	8,332.5	6,762.4	7,309.0	7,595.0	7,368.5	8,260.7
CIS	901	18,801.4	18,322.7	20,139.8	17,764.0	11,831.3	11,307.8	44,979.5	42,918.1	44,844.6	37,977.2	26,475.5	19,764.4
Armenia	911	142.7	154.3	146.9	170.8	120.1	105.0	20.3	16.9	26.6	38.4	34.1	33.4
Azerbaijan, Rep. of	912	484.0	514.7	684.6	783.4	729.9	300.9	11,502.9	9,197.3	9,157.4	7,354.1	4,801.2	3,232.4
Belarus	913	642.9	595.0	703.1	663.8	416.9	309.6	126.5	225.2	186.4	195.7	125.2	77.7
Georgia	915	189.3	283.7	215.3	206.4	192.7	264.7	112.3	58.0	101.5	126.4	158.0	70.8
Kazakhstan	916	1,214.0	1,020.0	971.6	938.9	859.5	934.2	4,911.0	6,015.8	4,890.0	3,246.3	2,588.0	1,628.5
Kyrgyz Republic	917	23.2	18.8	23.3	26.0	22.6	24.2	0.9	0.5	1.2	19.3	1.0	1.1
Moldova	921	286.0	273.1	284.1	294.6	219.8	228.3	315.4	262.3	247.4	346.9	235.3	262.4
Russian Federation	922	12,965.2	12,811.8	14,301.5	12,640.1	7,859.7	7,434.6	23,530.5	23,576.4	26,829.3	23,049.7	15,981.2	11,743.8
Tajikistan	923	26.7	17.1	18.7	29.3	22.8	48.6	66.0	47.6	31.2	69.1	49.7	80.4
Turkmenistan	925	323.1	217.2	184.4	213.8	233.4	247.7	368.9	537.8	484.8	531.3	182.6	422.6
Ukraine	926	2,343.5	2,275.4	2,484.7	1,601.3	1,000.2	1,215.3	3,926.8	2,966.8	2,865.5	2,952.0	2,313.4	2,195.4
Uzbekistan	927	160.9	141.5	121.6	195.7	153.8	194.7	98.0	13.6	23.3	48.0	5.8	15.8
Europe n.s.	884	26.3	18.3	19.2	19.4	16.5	23.6	0.7	2.2	1.5	1.0	1.7	0.7
Mid East, N Africa, Pak	440	37,608.7	39,566.1	43,085.2	41,635.6	35,237.3	33,367.6	53,762.6	57,104.3	42,652.1	32,549.6	24,521.5	23,162.0
Afghanistan, I.R. of	512	38.0	30.2	37.2	9.4	8.8	10.9	1.5	4.9	6.6	6.9	2.0	1.2
Algeria	612	4,195.6	4,859.8	5,667.6	5,714.0	4,586.7	4,105.5	11,558.7	11,625.7	8,338.4	5,139.6	3,350.9	4,707.1
Bahrain, Kingdom of	419	226.1	251.0	210.7	296.4	224.0	292.0	305.4	206.5	195.1	97.1	88.0	136.4
Djibouti	611	23.7	17.7	22.0	27.5	38.9	32.5	2.2	2.0	0.9	0.5	1.4	1.1
Egypt	469	3,621.5	3,673.9	3,762.2	3,616.5	3,266.3	3,419.5	3,515.7	2,959.0	2,487.1	3,196.9	2,204.3	1,696.5
Iran, I.R. of	429	2,590.3	1,809.2	1,403.6	1,523.9	1,324.6	1,702.0	7,458.9	2,904.6	182.1	575.7	521.3	1,147.9
Iraq	433	681.7	813.0	1,684.8	1,281.6	1,013.7	683.9	3,975.6	4,506.0	3,939.7	4,263.1	3,728.6	3,267.4
Jordan	439	877.6	857.9	942.4	700.6	736.6	844.4	80.6	69.4	55.8	67.8	55.5	47.8
Kuwait	443	802.4	1,075.3	1,053.6	984.5	855.8	1,219.7	111.5	126.3	190.7	242.6	205.1	1,024.3
Lebanon	446	1,847.4	1,601.3	1,722.0	1,610.7	1,314.9	1,292.5	49.2	44.1	56.3	39.7	40.8	38.2

Italy (136)

In Millions of U.S. Dollars

		\multicolumn{6}{c	}{Exports (FOB)}	\multicolumn{6}{c	}{Imports (CIF)}
		2011	2012	2013	2014	2015	2016	2011	2012	2013	2014	2015	2016
Libya	672	824.4	3,060.6	3,788.8	2,947.9	1,647.3	1,187.2	5,383.0	16,535.8	10,680.4	6,001.7	3,793.5	2,001.2
Mauritania	682	49.9	73.3	72.2	118.2	29.3	34.7	293.4	229.9	257.2	197.0	153.9	115.0
Morocco	686	2,055.9	1,756.1	2,029.9	1,881.6	1,625.9	1,785.4	856.9	754.1	870.0	936.5	882.2	923.5
Oman	449	460.0	597.3	576.7	558.8	718.7	902.3	174.7	120.0	184.9	52.1	85.1	55.7
Pakistan	564	681.5	785.1	571.5	557.8	487.3	687.3	814.3	553.0	632.3	741.0	641.5	664.1
Qatar	453	1,068.1	1,317.8	1,424.7	1,377.7	1,091.7	1,000.6	2,879.9	3,040.7	2,430.1	1,597.0	1,506.4	936.4
Saudi Arabia	456	5,189.3	5,196.1	5,943.8	6,394.3	5,657.8	4,628.7	9,804.2	9,559.0	7,297.1	5,579.0	3,717.6	2,829.5
Somalia	726	14.2	6.8	14.9	30.3	24.8	22.6	1.5	1.0	0.7	0.5	0.4	1.0
Sudan	732	192.9	205.7	181.5	185.4	137.7	143.1	344.2	19.4	20.8	24.4	17.5	17.7
Syrian Arab Republic	463	1,263.8	312.6	167.6	238.9	152.2	78.6	1,348.5	78.4	36.3	22.3	24.6	8.3
Tunisia	744	4,250.9	4,057.3	4,292.6	4,380.8	3,368.3	3,235.7	3,578.6	2,884.8	3,049.7	2,920.7	2,548.3	2,482.3
United Arab Emirates	466	6,570.8	7,101.8	7,310.1	7,067.2	6,846.1	5,981.0	1,202.7	834.7	1,724.8	834.7	945.0	1,053.3
West Bank and Gaza	487	7.4	5.0	10.4	8.8	13.5	20.1	1.4	0.9	0.9	0.6	0.7	1.9
Yemen, Republic of	474	75.3	101.2	194.2	122.6	66.3	57.6	20.1	44.2	14.0	12.4	6.7	4.2
Sub-Saharan Africa	603	6,980.7	6,667.0	7,264.2	7,840.0	6,090.4	5,179.3	12,957.2	10,272.1	9,988.5	9,907.2	8,318.3	6,576.3
Angola	614	332.4	363.1	459.8	528.0	285.6	208.8	2,070.3	879.8	732.7	1,247.3	968.2	457.0
Benin	638	96.7	62.1	86.7	96.8	71.2	41.7	17.9	3.8	4.4	3.7	6.4	7.6
Botswana	616	11.1	9.2	5.8	4.4	5.8	7.4	0.1	0.1	0.1	2.1	11.8	9.4
Burkina Faso	748	51.2	50.2	50.9	49.6	66.2	54.8	16.5	3.9	5.2	20.3	5.9	2.8
Burundi	618	8.2	5.6	6.3	4.5	3.4	4.6	2.9	2.0	3.8	3.7	3.6	2.1
Cabo Verde	624	50.3	13.6	10.8	35.5	9.0	23.4	0.1	0.4	3.7	3.9	2.4	7.3
Cameroon	622	225.8	143.7	150.7	127.9	109.0	125.2	514.5	352.9	153.4	468.1	231.7	430.4
Central African Rep.	626	3.5	2.3	1.7	5.3	21.0	11.6	2.1	1.7	0.7	0.2	0.4	1.5
Chad	628	24.2	33.7	34.6	175.7	41.8	10.1	4.4	0.1	2.7	0.2	52.5	0.0
Comoros	632	1.6	1.8	2.2	1.0	0.7	1.0	0.2	0.2	0.2	0.2	0.2	0.4
Congo, Dem. Rep. of	636	108.8	78.5	89.8	89.5	54.4	47.8	23.0	124.4	694.4	622.6	86.6	169.9
Congo, Republic of	634	295.0	189.9	256.0	403.4	211.7	147.7	531.9	312.2	301.5	866.8	1,089.0	777.4
Côte d'Ivoire	662	142.3	167.8	168.2	265.8	358.9	200.8	345.9	335.1	310.8	338.9	337.4	327.5
Equatorial Guinea	642	148.6	124.4	138.8	93.5	44.9	25.1	1,395.7	792.6	19.6	1.3	271.7	239.5
Eritrea	643	35.5	53.1	36.3	17.0	19.3	18.0	4.7	3.7	3.3	3.8	2.8	2.5
Ethiopia	644	282.4	338.0	362.3	351.4	339.6	359.3	120.7	71.6	68.7	75.1	64.6	57.3
Gabon	646	127.7	134.9	129.1	123.5	71.3	49.7	224.3	223.2	322.6	348.3	520.3	391.9
Gambia, The	648	12.2	5.4	9.9	6.1	6.1	3.8	0.0	0.1	0.0	2.7	1.2	0.3
Ghana	652	273.1	268.6	318.9	209.9	225.4	291.9	758.4	1,078.7	869.2	714.0	381.9	247.2
Guinea	656	48.6	61.5	56.9	61.1	62.0	58.1	13.9	10.1	8.9	4.9	5.1	4.4
Guinea-Bissau	654	3.2	2.8	1.5	2.3	1.6	2.4	0.0	0.1	0.1	0.1	1.1	0.3
Kenya	664	179.0	200.6	241.4	230.0	225.3	233.1	115.8	107.4	90.0	112.1	99.6	57.6
Lesotho	666	0.1	0.4	1.2	1.3	0.7	0.3	0.1	....	0.0	0.4	0.0	0.0
Liberia	668	50.6	35.8	16.4	26.6	18.9	18.8	16.9	8.5	8.1	4.2	3.3	28.7
Madagascar	674	32.5	30.6	30.7	38.7	32.0	33.3	33.9	45.3	44.9	41.2	35.5	27.6
Malawi	676	14.1	11.9	12.0	16.1	14.2	13.6	8.5	24.6	13.0	23.4	21.8	13.5
Mali	678	53.1	48.6	35.2	70.1	86.3	90.1	7.9	15.7	14.7	14.5	10.8	6.8
Mauritius	684	114.5	91.3	102.2	95.0	85.7	105.9	195.3	213.8	276.0	200.8	133.5	155.0
Mozambique	688	71.2	57.8	75.9	96.4	59.8	48.5	461.2	352.3	470.0	440.2	397.1	407.3
Namibia	728	59.1	69.2	81.9	205.8	23.9	77.7	182.0	98.3	95.8	80.4	118.1	190.0
Niger	692	33.5	30.9	32.9	46.7	19.6	16.6	0.7	41.6	0.2	0.0	0.2	0.1
Nigeria	694	1,139.1	1,098.3	1,115.6	1,280.7	799.6	545.3	2,180.0	2,164.3	2,644.7	1,334.4	876.4	668.6
Rwanda	714	8.3	16.7	21.4	18.6	19.5	10.9	4.3	2.9	0.9	1.8	2.9	3.4
São Tomé & Príncipe	716	0.8	1.1	0.7	1.0	0.8	0.3	0.5	0.2	0.1	0.1	0.5	0.5
Senegal	722	170.7	200.2	235.9	199.8	223.6	247.1	137.8	97.3	71.7	85.6	92.6	75.7
Seychelles	718	30.2	27.7	46.9	25.9	22.9	24.1	39.1	49.1	65.1	66.5	40.2	52.6
Sierra Leone	724	18.5	16.7	13.3	13.3	10.7	8.8	2.7	0.7	1.5	1.0	0.6	0.7
South Africa	199	2,407.9	2,282.0	2,522.9	2,488.8	2,108.6	1,769.1	2,780.9	2,310.2	2,053.3	2,227.1	1,955.4	1,473.0
South Sudan, Rep. of	733	....	....	1.2	1.3	1.6	1.0	....	....	....	....	....	....
Swaziland	734	0.9	3.5	2.8	2.3	6.8	16.1	49.5	47.7	76.7	29.3	7.6	7.7
Tanzania	738	131.3	118.5	104.2	87.4	100.7	87.1	106.3	35.1	63.1	40.2	43.7	42.6
Togo	742	74.0	92.5	50.2	125.7	100.2	33.8	25.7	17.8	16.3	14.0	10.7	14.7
Uganda	746	47.3	57.7	51.4	49.8	49.0	69.7	83.2	83.4	88.7	116.0	121.6	109.4
Zambia	754	35.6	33.7	37.3	41.4	49.7	16.8	311.4	232.2	273.9	230.6	217.5	50.1
Zimbabwe	698	25.7	31.2	53.4	24.2	21.4	17.6	166.2	127.0	113.4	115.5	84.0	53.7

Italy (136)
In Millions of U.S. Dollars

		Exports (FOB)						Imports (CIF)					
		2011	2012	2013	2014	2015	2016	2011	2012	2013	2014	2015	2016
Africa n.s.	799	0.5	....	0.1	0.9	0.1	0.4	0.0	....	0.0	0.1	....	0.1
Western Hemisphere	205	**19,366.3**	**18,988.8**	**19,006.7**	**18,144.9**	**14,885.9**	**13,928.6**	**16,629.9**	**12,583.5**	**11,811.8**	**12,634.6**	**10,483.6**	**9,710.6**
Anguilla	312	0.8	1.9	45.9	1.1	1.2	0.9	0.0	....	....	....	....	....
Antigua and Barbuda	311	5.6	4.7	6.6	5.8	6.1	4.9	0.1	0.1	0.1	0.0	0.4	0.1
Argentina	213	1,508.6	1,307.7	1,442.8	1,370.9	1,176.2	1,273.9	2,165.3	1,320.0	1,092.1	1,167.8	944.6	1,085.6
Aruba	314	34.1	27.1	10.8	11.4	8.6	7.5	0.0	0.0	0.0	11.7	0.0	0.1
Bahamas, The	313	106.4	26.2	78.7	89.6	90.2	35.8	3.0	6.4	7.6	4.8	5.2	2.2
Barbados	316	8.3	11.7	8.7	27.5	8.1	8.9	0.7	1.1	0.5	0.7	0.8	0.4
Belize	339	10.5	7.7	16.3	36.4	34.2	7.4	0.1	2.0	3.0	18.3	0.2	15.1
Bermuda	319	8.6	7.9	7.5	7.7	8.1	122.8	0.3	0.0	0.0	0.0	7.8	0.1
Bolivia	218	85.3	95.9	129.9	130.3	118.4	89.2	48.4	39.1	85.8	70.8	77.3	56.4
Brazil	223	6,660.6	6,421.5	6,738.5	6,229.5	4,290.1	3,546.9	5,784.9	4,370.1	4,256.9	4,124.4	3,551.6	3,580.7
Chile	228	1,230.2	1,192.8	1,183.7	1,150.4	1,065.2	1,013.6	2,873.2	2,106.4	1,628.2	1,624.1	1,234.1	908.4
Colombia	233	889.6	817.0	812.7	950.8	709.4	643.0	779.4	656.6	764.3	1,295.5	811.3	620.6
Costa Rica	238	146.9	127.9	157.5	181.9	151.4	161.8	189.4	235.2	241.6	248.4	268.0	294.6
Curaçao	354	....	....	9.0	6.9	6.9	....	....	....	0.0	....	....	....
Dominica	321	1.0	0.5	0.8	0.9	0.7	9.7	0.0	....	0.0	2.2	0.1	0.1
Dominican Republic	243	206.8	317.6	226.4	228.5	279.1	380.5	48.4	60.0	84.0	43.8	35.8	54.6
Ecuador	248	292.6	270.2	293.3	286.7	294.2	223.4	562.8	435.9	488.8	538.5	345.2	390.5
El Salvador	253	47.9	39.9	51.6	52.9	61.0	68.3	23.6	24.0	23.8	25.9	25.1	30.2
Falkland Islands	323	0.1	0.0	0.0	0.0	0.4	0.2	0.1	0.0	0.1	....	0.0	....
Greenland	326	0.3	1.1	0.3	0.8	0.4	0.5	0.0	0.0	0.0	....	....	0.1
Grenada	328	0.8	0.7	1.2	8.4	1.7	0.7	0.1	0.0	0.0	0.0	0.0	0.0
Guatemala	258	112.7	117.1	124.5	132.0	114.7	124.9	95.1	91.3	63.8	71.5	117.1	112.8
Guyana	336	10.3	5.4	7.2	8.7	6.1	6.3	3.4	6.9	3.0	5.1	24.0	30.2
Haiti	263	33.9	19.4	17.7	22.1	14.5	17.8	0.9	1.7	1.7	2.9	2.4	2.5
Honduras	268	52.4	44.7	47.9	76.9	67.4	50.4	73.6	87.0	54.1	48.2	71.9	71.5
Jamaica	343	62.2	20.5	15.2	16.0	24.5	27.2	1.1	38.4	1.9	3.0	2.7	2.2
Mexico	273	4,496.2	4,803.0	4,362.2	4,082.6	3,856.4	4,097.5	1,381.2	1,334.0	1,209.3	1,612.7	1,402.3	1,189.3
Montserrat	351	0.6	0.4	1.1	1.7	1.8	1.1	0.0	....	....	....	0.0	0.0
Netherlands Antilles	353	37.4	27.8	....	....	....	....	46.5	0.4	....	....	....	....
Nicaragua	278	36.9	22.6	24.9	24.8	23.7	35.6	44.9	39.6	28.2	49.6	40.1	30.4
Panama	283	423.7	354.5	474.9	579.1	390.0	316.3	49.7	41.5	32.4	36.8	30.1	20.5
Paraguay	288	106.1	90.1	97.9	101.0	70.3	75.5	297.8	222.3	295.3	424.9	337.5	333.6
Peru	293	539.5	629.1	604.6	503.8	720.0	597.3	1,344.7	997.7	1,037.3	700.4	602.1	482.3
Sint Maarten	352	....	....	10.6	10.6	11.4	5.0	....	....	....	....	....	....
St. Kitts and Nevis	361	0.7	27.8	13.8	3.0	16.9	1.1	....	0.0	0.0	0.0	0.1	0.0
St. Lucia	362	5.6	4.0	3.1	2.4	2.1	6.0	0.2	0.3	0.6	0.3	0.5	0.2
St. Vincent & Grens.	364	17.4	9.0	24.7	7.1	8.0	4.5	1.1	0.3	4.7	3.5	0.1	2.9
Suriname	366	10.2	44.5	190.4	13.7	23.1	8.3	0.8	0.1	0.5	0.4	0.5	2.0
Trinidad and Tobago	369	95.2	68.9	110.2	73.2	98.7	83.5	100.4	20.0	4.3	41.8	46.6	17.8
Uruguay	298	188.4	182.9	229.5	204.3	218.3	241.8	178.2	148.3	249.4	239.4	301.1	239.7
Venezuela, Rep. Bol.	299	959.4	1,412.2	955.4	856.3	479.4	252.5	476.6	273.5	116.4	111.7	149.5	94.2
Western Hem. n.s.	399	932.4	424.8	468.5	647.0	427.0	376.1	53.7	23.0	31.8	105.3	47.5	38.7
Other Countries n.i.e	910	**342.4**	**325.0**	**357.3**	**306.3**	**368.0**	**346.9**	**90.2**	**61.0**	**95.4**	**28.8**	**25.0**	**21.9**
Cuba	928	317.5	317.8	356.0	305.1	366.3	345.7	89.6	59.9	94.2	28.2	24.6	21.7
Korea, Dem. People's Rep.	954	24.9	7.2	1.2	1.2	1.6	1.2	0.6	1.0	1.1	0.6	0.4	0.2
Special Categories	899	**2,253.1**	**2,347.7**	**2,125.3**	**1,793.4**	**1,363.7**	**1,120.4**	....	....	....	....	....	....
Countries & Areas n.s.	898	**2,510.7**	**2,558.8**	**2,768.6**	**3,213.1**	**2,936.0**	**3,244.7**	**2,370.1**	**2,241.3**	**2,599.9**	**1,587.7**	**1,408.8**	**1,196.9**
Memorandum Items													
Africa	605	17,763.8	17,643.8	19,543.9	20,176.4	15,900.6	14,537.6	29,592.8	25,789.0	22,526.3	19,126.4	15,272.9	14,823.9
Middle East	405	26,106.1	27,774.0	30,195.7	28,730.6	24,929.5	23,310.1	36,311.3	41,029.5	29,475.4	22,582.5	16,923.4	14,249.0
European Union	998	295,522.3	271,426.9	277,822.6	290,082.6	250,107.0	257,408.0	301,007.2	259,671.5	264,258.6	270,302.8	240,615.0	244,722.6
Export earnings: fuel	080	42,135.7	45,479.5	49,878.5	47,808.0	36,925.3	32,982.0	91,562.6	94,628.2	82,023.0	64,434.4	46,709.4	37,904.9
Export earnings: nonfuel	092	481,268.5	456,066.5	468,233.1	481,988.6	420,064.1	428,529.9	467,374.4	394,477.0	397,321.0	409,959.8	364,209.4	366,606.1

Jamaica (343)

In Millions of U.S. Dollars

		Exports (FOB)						Imports (CIF)					
		2011	2012	2013	2014	2015	2016	2011	2012	2013	2014	2015	2016
IFS World		1,622.6	1,730.1	1,562.9	1,453.9	1,263.4	....	6,440.5	6,321.9	6,212.8	5,831.9	4,992.0	....
World	001	1,734.7	1,742.8	1,580.4	1,452.0	1,295.9	1,230.2	6,364.8	6,300.2	6,129.9	5,820.2	5,008.4	4,828.9
Advanced Economies	110	1,551.5	1,320.2	1,339.9	1,159.8	993.6	912.8	2,975.3	3,054.9	2,903.8	3,103.6	2,746.5	2,919.6
Euro Area	163	154.6	264.8	202.8	200.3	137.2	155.6	280.2	262.4	274.3	313.8	327.8	347.0
Austria	122	0.1	0.2	0.0	0.0	0.0	0.1	7.1	7.5	7.8	7.9	10.9	6.3
Belgium	124	1.0	1.2	0.8	1.0	1.1	2.8	65.8	53.1	52.4	76.0	50.1	31.6
Cyprus	423	0.0	0.0	0.0	0.0	0.0	0.1	0.0	0.1	0.1	0.1	0.1	0.1
Estonia	939	....	....	0.0	0.0	....	....	0.0	0.1	0.0	0.4	0.1	0.0
Finland	172	0.0	0.0	0.1	0.0	0.0	0.1	38.2	4.5	2.2	3.3	1.4	0.7
France	132	1.0	11.0	9.3	38.7	7.7	11.0	34.3	38.8	42.8	34.3	29.6	44.5
Germany	134	4.3	12.0	5.8	5.3	3.8	6.2	63.6	69.3	77.8	78.2	83.8	115.7
Greece	174	0.1	0.1	0.1	0.1	0.0	0.1	0.4	0.6	0.6	0.6	1.3	1.5
Ireland	178	1.7	1.3	0.7	1.4	0.8	0.0	7.6	10.2	6.3	7.9	5.5	5.2
Italy	136	1.2	38.7	2.0	2.5	1.6	2.2	22.3	24.9	18.2	23.0	28.2	23.0
Latvia	941	....	59.7	0.0	0.1	....	7.9	0.0	0.1	0.1	0.0	0.0	0.1
Lithuania	946	....	....	0.0	0.0	....	....	0.1	0.1	0.1	0.0	0.1	0.1
Luxembourg	137	....	....	0.0	....	....	0.0	0.0	0.9	0.7	0.1	0.0	0.0
Malta	181	....	....	....	....	....	0.0	0.9	2.9	2.9	0.0	0.3	0.0
Netherlands	138	93.4	69.3	107.2	82.4	110.4	124.4	19.4	22.2	27.9	36.3	33.9	31.2
Portugal	182	0.0	0.0	13.7	17.4	....	0.0	1.0	1.7	1.4	1.0	1.1	2.2
Slovak Republic	936	0.0	0.0	0.1	....	....	....	0.7	0.1	0.2	0.2	0.1	0.1
Slovenia	961	51.4	71.4	62.7	51.0	11.5	0.0	0.1	0.3	0.7	0.2	1.2	1.0
Spain	184	0.2	0.0	0.2	0.4	0.1	0.7	18.7	24.9	32.0	44.2	80.1	83.7
Australia	193	0.7	0.5	0.4	1.2	0.7	1.2	16.2	11.6	11.7	11.7	25.2	15.5
Canada	156	263.4	122.6	221.8	221.5	182.5	145.3	117.0	100.7	101.0	106.1	94.7	85.5
China,P.R.: Hong Kong	532	2.2	1.7	1.4	1.1	1.3	0.9	23.6	26.2	25.5	25.6	23.1	27.8
China,P.R.: Macao	546	0.0	0.1	0.0	....	....	0.0	....	....	....	....	0.0	....
Czech Republic	935	0.0	0.0	0.0	0.0	0.0	0.0	0.0	0.2	0.1	0.7	0.9	0.2
Denmark	128	1.5	0.1	0.4	0.2	0.0	0.1	5.7	8.4	5.5	6.9	7.0	7.8
Iceland	176	7.8	27.3	37.4	63.6	99.0	23.8	0.0	....	0.0	0.1	0.0	0.0
Israel	436	0.1	0.1	1.7	0.2	0.0	0.1	9.0	6.1	6.1	4.4	5.4	3.9
Japan	158	13.7	10.7	12.4	9.2	17.5	19.8	148.5	205.8	184.0	156.4	177.3	300.4
Korea, Republic of	542	7.2	0.9	2.4	2.9	4.2	1.7	23.5	30.8	25.8	....	19.7	30.1
New Zealand	196	3.1	3.7	1.6	4.2	3.1	3.8	38.0	29.0	29.4	27.4	28.4	22.6
Norway	142	41.9	0.1	0.1	0.2	0.2	0.1	25.1	23.2	22.8	22.8	17.6	16.6
Singapore	576	4.4	0.8	1.2	0.9	0.3	0.1	5.2	4.0	4.7	6.9	23.7	7.1
Sweden	144	0.2	0.0	0.2	0.2	0.1	8.6	19.3	9.0	10.5	31.9	13.9	19.6
Switzerland	146	1.4	2.4	0.3	0.9	0.5	0.6	31.5	39.6	28.5	26.3	27.4	20.9
Taiwan Prov.of China	528	1.0	0.5	5.6	4.0	2.9	2.9	14.9	15.5	13.0	14.2	15.4	61.8
United Kingdom	112	111.4	45.0	81.8	75.9	77.2	49.8	85.0	85.0	68.9	62.7	66.0	71.8
United States	111	937.0	838.7	768.7	573.4	467.0	498.4	2,132.7	2,197.5	2,092.1	2,285.9	1,873.1	1,880.9
Emerg. & Dev. Economies	200	168.8	399.2	233.6	286.1	300.1	314.8	3,309.1	3,127.3	3,104.7	2,592.8	2,163.6	1,892.7
Emerg. & Dev. Asia	505	34.0	14.2	17.7	42.0	29.9	31.4	386.6	434.0	469.5	521.3	565.3	521.1
Bangladesh	513	....	....	....	....	....	0.0	0.6	1.4	1.4	0.5	1.3	1.2
Cambodia	522	....	....	....	....	0.0	0.0	0.0	0.0	0.1	0.1	0.1	0.1
China,P.R.: Mainland	924	21.3	11.6	14.8	38.1	28.6	29.1	281.4	308.1	332.9	394.1	409.0	311.1
Fiji	819	0.0	0.0	....	....	....	0.0	....	0.2	5.5	....	....	....
Guam	829	0.1	....	0.0	0.0	0.0	0.1	....	....	....	....	....	....
India	534	1.0	0.8	1.4	0.6	0.4	1.0	27.5	34.3	38.0	39.7	45.0	49.8
Indonesia	536	3.3	0.6	0.7	2.6	0.2	0.1	12.9	11.5	18.4	12.0	17.1	15.3
Malaysia	548	0.1	0.1	0.1	0.1	0.0	0.0	14.8	20.4	17.7	16.4	16.6	17.3
Myanmar	518	....	....	....	....	....	0.0	0.0	....	0.4	....	....	0.0
Papua New Guinea	853	....	....	....	0.3	....	0.0	....	....	....	....	....	....
Philippines	566	3.5	0.2	0.2	0.0	0.1	0.0	0.7	0.7	0.5	0.5	0.4	0.2
Samoa	862	....	....	....	....	....	....	....	....	....	....	....	0.1
Sri Lanka	524	0.0	0.0	0.0	....	....	0.0	1.7	1.9	2.6	2.5	2.6	2.0
Thailand	578	3.7	0.5	0.4	0.1	0.2	0.8	41.6	47.5	45.1	47.8	52.1	101.3
Vietnam	582	0.1	0.2	0.0	0.3	0.4	0.3	5.4	7.8	6.8	7.7	7.9	11.4
Asia n.s.	598	0.9	....	....	....	....	....	0.0	....	....	....	13.2	11.4

Jamaica (343)

In Millions of U.S. Dollars

		Exports (FOB) 2011	2012	2013	2014	2015	2016	Imports (CIF) 2011	2012	2013	2014	2015	2016
Europe	170	20.1	133.2	72.0	85.6	141.1	121.3	32.4	58.6	54.0	60.6	38.9	37.5
Emerg. & Dev. Europe	903	0.2	38.5	5.8	0.1	0.2	1.3	32.2	58.4	53.9	60.4	38.7	37.4
Albania	914	....	....	....	....	....	0.0 e	0.0	....	0.0	....	0.0	0.1
Bulgaria	918	....	18.7	0.0	....	0.0	0.1	0.3	0.1	0.1	0.2	0.5	0.1
Croatia	960	0.0	....	0.0	0.0	0.0	....	0.1	0.0	0.0	....	0.0	....
Faroe Islands	816	....	....	....	....	0.2 e	0.2 e	....	0.5	0.1	....	....	0.0
Hungary	944	0.0	0.0	0.0	....	0.0	0.0	6.8	6.8	5.9	5.9	13.7	15.0
Montenegro	943	....	0.9	....	....	....	....	....	....	....	....	....	....
Poland	964	0.0	18.7	0.0	0.0	....	0.0	1.9	5.5	1.5	5.8	1.6	5.3
Romania	968	0.0	0.0	5.6	....	....	0.0	0.0	0.0	0.0	0.3	0.3	0.1
Turkey	186	0.2	0.1	0.2	0.1	0.0	1.0	23.3	45.3	46.3	48.2	22.5	16.8
CIS	901	19.8	94.7	66.2	85.5	140.9	119.9	0.2	0.2	0.1	0.1	0.2	0.1
Belarus	913	....	....	....	....	0.1 e	0.2 e	....	....	....	....	....	....
Georgia	915	9.1	35.6	41.1	11.3	25.1	23.8	....	....	....	....	0.0	....
Moldova	921	....	....	....	....	0.1 e	0.2 e	....	....	....	....	0.0	....
Russian Federation	922	10.8	59.1	25.1	74.2	87.8	70.6	0.2	0.2	0.1	0.1	0.2	0.1
Tajikistan	923	....	....	....	....	26.2 e	25.2 e	....	....	....	....	....	....
Ukraine	926	....	....	0.0	0.0	1.5	....	....	....	....	....	....	....
Europe n.s.	884	....	....	....	....	....	....	0.0	0.1	....	....	....	0.0
Mid East, N Africa, Pak	440	1.9	69.8	9.8	5.0	24.4	0.4	8.4	4.5	3.9	8.0	6.5	5.9
Afghanistan, I.R. of	512	0.0	0.1	....	....	....	....	....	....	....	....	....	0.0
Egypt	469	0.1	0.0	0.0	0.0	0.0	0.0	0.1	0.3	0.2	0.5	0.5	0.6
Iran, I.R. of	429	....	....	....	....	....	....	4.0	0.3	0.1	0.0	0.1	0.0
Jordan	439	....	0.0	0.0	0.0	....	....	0.0	0.1	0.0	....	....	....
Morocco	686	....	....	0.0	....	....	....	0.1	0.1	0.1	0.0	0.0	0.1
Oman	449	0.0	....	....	....	....	....	....	....	....	0.0	0.1	....
Pakistan	564	0.0	0.0	0.0	0.0	0.0	0.0	1.4	2.0	1.4	1.8	1.6	1.8
Qatar	453	....	0.0	0.0	....	....	....	0.6	0.1	0.1	0.6	0.5	0.1
Saudi Arabia	456	0.1	0.0	0.0	0.1	0.1	0.0	0.0	0.0	0.0	0.0	0.1	0.1
United Arab Emirates	466	1.7	69.6	9.8	4.9	24.2	0.4	1.9	1.7	2.0	5.0	3.7	3.0
Sub-Saharan Africa	603	0.3	11.9	2.5	0.2	0.1	22.9	3.6	4.8	4.3	5.4	3.8	6.2
Cameroon	622	....	....	....	0.0	....	22.5	0.0	0.0	0.0	....	0.0	....
Central African Rep.	626	....	....	....	....	....	....	0.1	0.0	....	....	....	....
Côte d'Ivoire	662	....	....	....	....	....	0.1	....	0.0	0.0	0.2	0.2	0.0
Ethiopia	644	....	....	0.0	0.0	....	....	1.4	0.5	0.1	....	....	0.0
Ghana	652	0.2	10.4	0.0	....	0.0	0.0	0.1	0.1	0.3	0.2	0.1	0.0
Kenya	664	0.1	0.0	0.0	0.0	....	....	....	0.0	....	....	0.0	0.0
Liberia	668	....	....	....	0.1	0.0	....	0.0	....	0.0	0.1	0.1	....
Mauritius	684	....	....	....	....	....	....	....	0.0	....	....	0.1	0.0
Nigeria	694	0.0	1.5	2.1	0.0	0.0	0.0	....	0.0	0.0	0.0	0.0	0.0
Senegal	722	....	0.0	0.3	....	....	....	....	....	0.0	....	....	0.0
South Africa	199	0.0	0.0	0.0	0.0	0.0	0.1	1.9	4.1	3.8	4.9	3.3	6.1
Zimbabwe	698	....	....	0.0	....	0.0	....	0.1	0.0	0.0	0.1	0.0	....
Western Hemisphere	205	112.5	170.1	131.6	153.2	104.6	138.8	2,878.0	2,625.5	2,573.1	1,997.5	1,549.1	1,322.0
Anguilla	312	....	....	....	....	0.2	0.3	....	....	....	....	....	....
Antigua and Barbuda	311	6.0	6.1	5.9	5.7	3.9	6.6	0.1	0.0	0.5	0.0	0.1	2.1
Argentina	213	....	....	....	....	....	0.0	10.8	10.1	12.6	5.7	4.9	5.3
Aruba	314	2.0	1.9	1.6	1.4	1.1	1.7	0.0	0.1	0.5	0.0	0.0	0.0
Bahamas, The	313	2.1	22.2	2.5	2.4	1.7	3.0	55.5	40.0	26.1	16.5	29.9	30.8
Barbados	316	9.2	23.5	10.2	9.3	7.1	12.8	38.4	21.6	51.6	21.1	15.8	27.5
Belize	339	3.2	5.4	5.8	7.0	3.0	5.7	11.8	18.7	20.3	16.1	13.2	12.7
Bermuda	319	1.2	2.4	2.1	2.5	2.1	2.7	0.2	1.4	0.6	0.4	0.1	9.7
Bolivia	218	....	....	....	....	....	....	0.0	....	0.1	0.0	0.0	0.0
Brazil	223	1.3	9.4	1.0	1.6	1.5	0.7	323.0	239.4	173.8	56.1	74.5	62.8
Chile	228	0.3	0.6	0.3	0.6	0.1	0.1	9.9	9.1	11.3	14.7	16.1	12.9
Colombia	233	1.8	1.1	0.5	1.2	1.3	1.7	69.7	54.5	48.5	46.2	104.1	179.0
Costa Rica	238	1.4	0.2	0.2	0.9	2.1	4.1	54.6	56.6	56.1	52.2	48.6	51.7
Curaçao	354	....	....	....	....	2.0	2.4	....	....	....	....	1.3	2.1
Dominica	321	2.6	3.0	3.3	5.0	1.6	6.8	6.4	9.6	10.8	37.7	5.8	0.6
Dominican Republic	243	4.8	1.0	3.8	3.7	1.1	1.0	66.4	47.9	47.2	49.0	61.5	74.6

Jamaica (343)

In Millions of U.S. Dollars

		Exports (FOB)						Imports (CIF)					
		2011	2012	2013	2014	2015	2016	2011	2012	2013	2014	2015	2016
Ecuador	248	0.1	0.1	0.1	0.2	0.1	0.0	2.2	2.3	3.1	2.8	2.3	23.5
El Salvador	253	0.4	0.1	0.3	0.1	0.1	0.0	18.4	18.7	20.6	15.4	19.3	21.0
Grenada	328	2.1	2.9	3.1	2.3	1.6	2.5	0.5	0.4	0.5	0.8	0.2	0.5
Guatemala	258	0.1	0.2	0.2	0.1	0.0	0.1	27.8	30.5	27.6	23.5	28.4	36.4
Guyana	336	6.7	14.2	9.9	12.2	7.8	11.8	51.3	40.2	47.2	49.6	44.8	39.1
Haiti	263	2.7	5.8	3.8	1.9	1.2	4.3	0.0	0.0	0.0	0.2	0.3	0.6
Honduras	268	0.4	0.4	0.1	0.1	0.0	0.1	11.2	14.3	9.6	11.1	8.4	11.0
Mexico	273	4.4	3.0	3.0	0.7	2.3	3.7	242.6	263.3	274.4	194.2	130.3	196.6
Montserrat	351	....	....	....	....	0.3	0.4	....	....	....	....	0.0	0.0
Netherlands Antilles	353	5.2	5.2	5.0	4.8	....	....	5.0	4.0	2.3	22.2	....	....
Nicaragua	278	0.0	0.1	0.0	....	....	....	3.0	7.3	1.4	1.2	1.2	0.5
Panama	283	2.8	1.5	5.6	1.1	1.4	1.9	37.7	38.5	36.0	34.0	46.2	61.1
Paraguay	288	....	....	0.0	0.0	....	0.0	0.0	0.2	0.1	....	0.0	....
Peru	293	1.5	2.0	1.4	0.8	0.7	1.0	4.5	6.7	6.0	7.3	8.4	10.1
Sint Maarten	352	....	....	....	....	1.0	2.1	....	....	....	....	0.0	0.1
St. Kitts and Nevis	361	3.4	4.6	4.8	5.7	3.3	2.3	0.1	....	0.1	0.2	....	0.0
St. Lucia	362	6.0	7.0	7.6	7.6	5.3	10.2	1.9	2.3	3.3	2.1	1.6	1.5
St. Vincent & Grens.	364	2.4	2.3	1.9	2.3	1.2	3.1	0.4	0.9	0.3	0.1	0.2	0.1
Suriname	366	5.1	5.7	10.1	15.2	9.7	5.4	34.6	45.5	46.3	40.0	41.8	36.8
Trinidad and Tobago	369	21.1	19.7	16.9	17.4	12.1	22.5	827.6	690.2	746.1	596.2	474.4	346.7
Uruguay	298	....	....	0.0	0.0	....	0.0	1.3	1.6	1.7	2.1	2.1	2.1
Venezuela, Rep. Bol.	299	0.0	1.0	1.8	19.2	10.7	2.0	957.9	946.5	885.8	669.4	353.7	60.5
Western Hem. n.s.	399	12.1	17.4	18.7	20.3	16.9	15.7	2.9	3.0	1.0	9.4	9.7	1.8
Other Countries n.i.e	910	**14.5**	**4.5**	**5.5**	**4.6**	**0.9**	**1.4**	**7.6**	**2.6**	**8.7**	**11.7**	**1.2**	**3.1**
Cuba	928	7.3	4.4	4.6	3.6	0.9	1.4	5.0	1.1	2.3	2.1	1.2	3.1
Korea, Dem. People's Rep.	954	7.2	0.1	0.9	1.0	....	....	2.6	1.5	6.5	9.6	....	....
Countries & Areas n.s.	898	**0.0**	**18.9**	**1.3**	**1.5**	**1.3**	**1.3**	**72.7**	**115.3**	**112.5**	**112.0**	**97.1**	**13.5**
Memorandum Items													
Africa	605	0.3	12.0	2.5	0.2	0.1	22.9	3.8	4.9	4.4	5.4	3.9	6.4
Middle East	405	1.9	69.7	9.8	5.0	24.4	0.4	6.8	2.4	2.4	6.1	4.9	3.9
European Union	998	267.7	347.4	290.7	276.6	214.6	214.2	399.2	377.5	366.9	428.2	431.7	466.9
Export earnings: fuel	080	35.4	152.3	56.3	117.1	136.4	97.2	1,864.3	1,695.7	1,685.8	1,320.4	939.0	613.1
Export earnings: nonfuel	092	1,699.3	1,590.6	1,524.1	1,334.9	1,159.6	1,133.1	4,500.5	4,604.5	4,444.1	4,499.8	4,069.4	4,215.8

Japan (158)

In Millions of U.S. Dollars

		Exports (FOB)						Imports (CIF)					
		2011	2012	2013	2014	2015	2016	2011	2012	2013	2014	2015	2016
IFS World		821,312.1	798,937.3	714,931.3	689,916.3	624,681.2	643,753.1	853,448.6	885,928.4	832,440.2	810,885.7	647,744.0	607,043.1
World	001	822,564.2	798,619.8	714,613.0	690,213.5	624,800.7	644,932.6	854,998.0	886,036.3	832,342.7	812,221.9	647,989.5	606,870.7
Advanced Economies	110	447,668.1	429,894.7	392,997.1	379,807.2	352,597.7	370,584.0	311,937.7	318,123.9	292,990.4	288,416.9	253,705.4	251,626.9
Euro Area	163	70,487.4	60,895.9	54,255.9	54,223.2	48,933.7	53,319.1	65,418.3	67,965.3	64,097.9	62,981.9	57,405.9	60,563.5
Austria	122	1,169.6	953.3	924.6	929.3	1,034.5	1,020.2	1,828.2	1,839.4	1,726.2	1,797.4	1,551.0	1,689.1
Belgium	124	6,801.2	6,273.0	5,292.5	5,545.3	5,120.8	5,711.4	3,361.8	2,742.4	2,484.4	2,536.9	2,184.1	2,486.2
Cyprus	423	278.6	214.7	310.1	265.9	267.3	184.6	83.7	26.6	34.3	2.2	1.0	0.7
Estonia	939	131.0	202.0	292.8	113.8	95.8	119.1	123.8	262.8	135.1	102.2	101.2	95.1
Finland	172	1,100.2	669.7	529.3	454.6	357.9	365.0	1,681.7	1,414.7	1,442.4	1,568.3	1,432.7	1,394.3
France	132	8,183.2	6,699.3	6,290.4	5,945.0	5,262.0	6,247.9	11,835.2	12,842.1	11,672.2	11,454.6	9,480.0	10,243.9
Germany	134	23,485.9	20,798.0	18,931.0	19,101.9	16,234.9	17,654.1	23,307.2	24,719.8	23,776.8	24,119.1	20,276.4	22,035.5
Greece	174	289.8	145.1	152.2	164.9	212.4	213.3	179.6	130.5	184.1	114.5	109.4	104.2
Ireland	178	891.9	884.6	1,037.6	1,654.2	1,108.8	757.5	4,181.9	4,432.0	3,633.8	3,253.4	7,202.7	6,215.3
Italy	136	5,311.7	3,661.0	3,269.6	3,513.4	3,594.3	4,686.3	8,684.2	9,581.3	9,541.7	8,617.7	7,522.9	8,767.9
Latvia	941	50.9	61.4	51.7	49.6	52.7	50.9	57.4	109.5	68.2	59.1	59.6	86.2
Lithuania	946	43.9	47.3	64.0	68.6	52.5	54.3	52.2	190.9	117.8	103.3	359.5	537.3
Luxembourg	137	216.8	254.7	144.8	202.1	447.6	358.5	60.4	66.7	67.3	80.6	71.9	73.0
Malta	181	434.8	530.8	179.1	59.1	362.0	482.4	119.5	98.8	269.1	145.4	145.0	132.0
Netherlands	138	17,911.1	16,163.4	13,905.6	13,071.7	11,599.3	11,808.6	5,716.5	4,912.8	4,514.4	4,303.9	2,709.7	2,359.5
Portugal	182	460.1	345.2	337.5	367.2	382.5	366.1	506.5	490.5	367.6	332.1	328.5	284.3
Slovak Republic	936	470.6	467.4	360.7	325.2	265.1	256.5	195.7	226.2	268.3	230.2	145.0	226.3
Slovenia	961	83.4	78.7	92.1	90.2	98.8	119.9	55.6	58.7	67.7	66.8	64.8	142.6
Spain	184	3,172.9	2,446.2	2,090.0	2,301.4	2,384.6	2,862.5	3,387.0	3,819.6	3,726.5	4,094.1	3,660.4	3,690.2
Australia	193	17,879.8	18,418.6	16,953.4	14,212.6	12,843.9	14,169.2	56,733.4	56,508.9	50,970.1	48,127.3	34,817.4	30,409.5
Canada	156	8,917.5	10,265.0	8,697.8	7,979.5	7,740.6	8,178.6	12,944.5	12,697.8	11,974.5	11,263.1	9,164.3	9,179.6
China,P.R.: Hong Kong	532	42,923.5	41,050.6	37,347.7	38,085.2	34,999.3	33,637.0	1,542.5	1,524.0	1,606.3	1,658.7	1,877.4	1,953.2
China,P.R.: Macao	546	228.4	262.5	296.4	315.3	329.6	300.5	35.3	31.0	28.2	31.7	28.3	27.6
Czech Republic	935	1,810.2	1,614.6	1,428.7	1,129.0	1,061.9	1,235.7	629.9	738.5	793.8	775.6	683.5	767.2
Denmark	128	497.2	403.4	353.4	435.9	425.2	417.7	2,418.5	2,359.2	2,049.3	2,122.0	1,835.2	2,058.5
Iceland	176	36.6	34.7	32.4	39.3	52.8	67.6	176.6	167.1	162.1	159.6	154.2	161.4
Israel	436	2,179.4	1,429.0	1,100.5	1,106.4	1,168.0	2,001.8	1,081.5	1,178.8	1,523.9	1,734.5	1,507.3	1,291.9
Korea, Republic of	542	66,006.9	61,514.9	56,503.1	51,524.7	44,030.4	46,240.1	39,786.9	40,526.1	35,839.3	33,376.6	26,811.9	25,017.6
New Zealand	196	1,930.5	1,956.9	2,189.8	2,377.2	2,111.9	2,193.6	3,103.9	3,031.6	2,693.8	2,758.3	2,384.5	2,346.2
Norway	142	1,404.8	1,230.2	1,165.7	1,275.2	956.8	987.6	2,344.2	2,295.0	1,967.0	2,412.8	1,768.5	1,751.2
Singapore	576	27,231.1	23,289.7	20,962.4	20,998.6	19,867.2	19,804.9	8,667.8	8,763.3	7,460.1	7,889.0	7,902.1	7,470.1
Sweden	144	1,924.9	1,743.3	1,261.4	1,349.9	1,336.2	1,442.9	2,556.8	2,507.9	2,325.6	2,185.2	1,868.9	2,214.0
Switzerland	146	9,220.9	4,375.6	3,322.0	3,030.1	2,698.8	3,147.2	7,836.9	8,224.6	7,287.1	7,224.9	7,387.3	7,649.0
Taiwan Prov.of China	528	50,801.8	46,006.1	41,617.3	39,989.8	36,939.4	39,352.7	23,222.0	24,078.9	23,705.0	24,267.1	23,274.8	22,952.0
United Kingdom	112	16,413.4	13,350.2	11,111.0	11,164.2	10,729.9	13,659.2	7,266.2	7,295.1	6,567.3	6,391.8	6,511.5	6,511.1
United States	111	127,774.0	142,053.3	134,398.1	130,571.1	126,372.1	130,428.6	76,172.7	78,230.6	71,939.0	73,056.8	68,322.4	69,303.3
Emerg. & Dev. Economies	200	374,863.7	368,702.6	321,584.6	310,353.0	272,150.0	274,287.7	543,039.2	567,892.1	539,335.1	523,764.1	394,250.9	355,211.8
Emerg. & Dev. Asia	505	273,657.6	265,336.3	231,114.7	222,505.0	197,713.1	202,687.9	309,477.8	319,029.5	300,750.8	300,110.9	260,120.4	250,062.8
American Samoa	859	1.1	4.7	3.1	3.2	1.1	1.6	0.1	0.1	0.0	0.0	0.5	1.0
Bangladesh	513	1,071.0	982.2	872.8	1,164.8	1,372.5	1,578.0	563.3	719.0	888.8	936.1	1,081.2	1,215.2
Bhutan	514	18.6	7.4	6.2	17.3	15.4	10.8	3.3	2.2	2.2	0.7	0.2	1.0
Brunei Darussalam	516	142.3	187.6	151.8	106.8	120.5	83.1	5,708.9	5,992.4	4,764.1	4,018.3	2,347.2	1,738.6
Cambodia	522	205.2	234.3	209.7	254.0	302.0	306.9	308.4	404.5	582.1	771.3	968.5	1,205.1
China,P.R.: Mainland	924	161,818.2	144,202.6	129,052.2	126,346.8	109,215.8	113,877.2	183,902.6	188,495.4	180,784.7	180,888.5	160,598.4	156,560.6
Fiji	819	29.3	36.3	45.4	61.4	61.8	115.3	92.5	105.4	44.7	60.2	46.6	37.7
F.T. French Polynesia	887	18.3	16.4	17.0	14.1	13.4	19.1	104.7	98.4	100.0	96.8	86.7	84.2
F.T. New Caledonia	839	43.5	35.9	26.8	80.8	40.3	32.6	376.4	263.5	239.4	292.5	231.5	169.1
Guam	829	126.7	140.0	106.6	236.5	245.2	217.8	18.0	30.5	32.1	15.3	13.0	7.3
India	534	11,069.3	10,583.8	8,613.4	8,113.8	8,104.3	8,190.5	6,802.7	6,992.6	7,079.0	6,981.9	4,867.4	4,669.7
Indonesia	536	17,765.1	20,273.4	17,031.4	14,766.1	11,545.3	11,335.2	34,051.6	32,294.8	28,839.5	25,631.4	19,762.6	18,182.3
Kiribati	826	23.5	42.3	32.6	25.0	30.6	18.3	10.5	12.1	4.9	13.2	7.2	7.4
Lao People's Dem.Rep	544	78.1	137.4	121.4	138.2	104.7	117.1	97.1	123.6	107.6	116.2	97.4	115.3
Malaysia	548	18,754.2	17,701.2	15,236.4	14,159.7	12,003.9	12,134.3	30,450.4	32,872.6	29,768.0	29,179.5	21,529.3	17,290.9
Maldives	556	26.9	10.2	12.5	13.5	17.8	17.2	5.7	5.0	7.4	15.9	10.5	4.9
Mongolia	948	321.0	345.0	299.3	327.3	251.8	278.1	18.1	25.6	19.3	17.0	54.0	17.6
Myanmar	518	507.0	1,258.6	1,055.9	1,184.9	1,066.0	1,033.5	592.6	673.5	756.8	857.5	864.9	935.4

Japan (158)
In Millions of U.S. Dollars

		Exports (FOB) 2011	2012	2013	2014	2015	2016	Imports (CIF) 2011	2012	2013	2014	2015	2016
Nauru	836	0.3	0.5	1.2	1.4	0.1	2.1	1.7	3.3	3.7	3.4	4.5	4.8
Nepal	558	37.5	46.3	27.2	34.4	43.7	45.7	12.3	15.6	15.3	15.4	15.9	13.2
Palau	565	10.2	10.3	24.9	18.6	15.8	28.9	18.4	23.6	16.3	13.9	6.8	2.3
Papua New Guinea	853	325.6	469.1	311.3	179.9	171.4	160.6	927.4	1,283.4	871.9	2,436.8	2,711.3	2,005.3
Philippines	566	11,234.9	11,854.5	9,681.2	9,868.4	9,485.9	10,358.2	8,943.8	9,352.8	9,211.2	10,205.0	8,878.6	9,053.8
Samoa	862	36.4	15.2	15.4	13.2	14.7	15.0	0.2	0.3	0.4	0.2	0.9	0.9
Solomon Islands	813	14.8	20.5	17.7	13.8	13.7	21.3	6.2	7.4	5.3	9.8	8.9	5.2
Sri Lanka	524	941.0	453.2	579.8	897.7	1,168.9	697.4	271.2	277.0	296.4	287.2	269.8	240.3
Thailand	578	37,486.4	43,695.5	35,985.2	31,367.3	27,985.1	27,413.7	24,491.5	23,646.1	22,025.3	21,744.5	20,421.8	20,143.5
Timor-Leste	537	9.8	9.1	4.8	9.5	4.9	5.1	14.2	93.0	7.3	18.5	7.7	1.0
Tonga	866	4.9	4.6	4.8	11.2	5.2	5.2	2.7	1.6	1.5	1.8	2.5	2.9
Tuvalu	869	32.0	16.0	33.0	14.0	18.4	15.7	3.8	12.6	4.9	2.8	2.0	2.0
Vanuatu	846	27.1	76.7	149.0	38.2	60.4	34.0	54.5	58.2	43.1	47.1	60.1	71.1
Vietnam	582	9,600.7	10,729.1	10,522.3	11,776.6	12,529.7	13,014.1	11,587.1	15,099.6	14,208.9	15,399.9	15,136.7	16,257.9
Asia n.s.	598	1,876.4	1,736.2	862.4	1,246.6	1,683.2	1,504.5	35.9	43.7	18.6	32.2	25.6	15.5
Europe	170	**21,682.8**	**20,662.2**	**18,842.4**	**16,953.4**	**11,917.9**	**13,160.0**	**22,878.0**	**25,244.3**	**28,129.8**	**29,591.9**	**21,000.7**	**16,362.0**
Emerg. & Dev. Europe	903	**7,918.4**	**6,064.5**	**5,761.9**	**5,684.6**	**5,802.2**	**6,630.2**	**2,828.6**	**3,212.8**	**3,289.3**	**3,558.0**	**3,768.2**	**3,873.4**
Albania	914	2.2	1.6	1.8	4.8	1.3	5.5	2.8	2.2	3.9	5.1	6.7	8.1
Bosnia and Herzegovina	963	0.5	1.7	6.4	2.3	7.6	4.1	6.6	4.6	5.5	6.1	6.8	6.8
Bulgaria	918	66.5	57.0	70.7	79.5	65.9	83.7	92.4	102.3	115.6	106.9	103.4	106.4
Croatia	960	40.7	31.5	32.0	35.0	34.1	39.3	95.9	91.9	62.8	70.4	65.0	57.1
Gibraltar	823	66.1	69.4	70.3	74.8	78.1	72.1	0.0	71.7	74.8	0.0	0.1	0.2
Hungary	944	1,686.4	1,370.6	1,315.3	1,259.6	1,445.3	1,458.5	846.0	903.5	861.1	1,019.5	1,245.6	1,234.3
Kosovo	967	0.7	4.6	0.7	0.4	0.1	0.4	0.0	0.0	....	....	2.6	0.0
Macedonia, FYR	962	6.6	5.2	4.3	9.0	8.6	10.2	11.3	12.8	14.1	14.5	10.5	6.7
Montenegro	943	6.7	4.9	4.2	8.8	5.2	4.9	2.3	2.1	4.1	3.2	3.4	2.7
Poland	964	2,484.7	1,708.5	1,608.5	1,715.4	1,652.9	1,695.9	803.8	967.1	1,021.9	1,136.7	1,064.2	1,152.3
Romania	968	461.3	366.2	309.5	333.8	325.9	388.1	438.5	431.9	508.0	494.1	433.9	480.5
Serbia, Republic of	942	22.3	29.1	12.7	25.5	16.0	15.6	12.7	47.8	18.7	41.1	198.3	256.3
Turkey	186	3,073.6	2,414.3	2,325.5	2,135.5	2,161.0	2,851.8	516.3	575.0	598.8	660.5	627.6	561.9
CIS	901	**13,764.1**	**14,597.1**	**13,080.1**	**11,268.6**	**6,115.4**	**6,529.5**	**20,049.4**	**22,031.5**	**24,840.2**	**26,033.9**	**17,232.5**	**12,488.6**
Armenia	911	14.2	21.1	10.9	11.2	9.0	19.4	2.2	1.7	3.3	9.2	10.5	12.3
Azerbaijan, Rep. of	912	86.2	192.3	95.8	117.8	73.3	97.8	0.8	23.8	1.0	1.3	1.2	3.3
Belarus	913	47.7	38.7	43.1	83.6	15.4	23.7	15.1	20.9	25.9	18.2	23.7	17.9
Georgia	915	193.2	330.0	369.8	383.2	135.5	177.0	8.7	8.6	5.7	10.0	10.5	9.3
Kazakhstan	916	341.2	542.6	699.2	672.7	240.7	193.2	761.8	582.6	641.7	743.0	806.9	582.7
Kyrgyz Republic	917	80.2	72.2	100.5	127.1	22.7	8.5	2.0	1.1	0.8	1.2	2.7	0.4
Moldova	921	3.6	2.5	9.1	23.8	13.5	4.2	13.4	13.1	7.6	13.6	14.5	15.0
Russian Federation	922	11,826.3	12,600.7	10,995.9	9,262.3	5,113.5	5,121.8	19,013.2	20,777.9	23,591.1	24,732.6	15,753.5	11,268.7
Tajikistan	923	0.9	7.4	1.3	14.2	5.3	3.7	13.1	10.8	1.1	1.4	2.2	1.2
Turkmenistan	925	269.9	120.7	56.0	60.7	26.9	405.8	0.7	0.0	0.0	0.1	0.1	0.1
Ukraine	926	667.1	571.5	576.5	344.0	206.4	312.8	170.2	485.0	461.8	475.1	604.0	575.1
Uzbekistan	927	233.6	97.7	122.0	168.1	253.3	161.6	48.1	106.0	100.0	28.3	2.7	2.6
Europe n.s.	884	0.3	0.5	0.4	0.2	0.3	0.2	0.0	....	0.3	0.0	0.0	0.0
Mid East, N Africa, Pak	440	**26,731.8**	**31,817.8**	**28,258.4**	**31,113.7**	**28,753.2**	**25,697.3**	**164,193.8**	**171,804.8**	**162,639.5**	**151,237.7**	**79,621.5**	**59,801.7**
Afghanistan, I.R. of	512	111.3	99.8	62.9	27.2	25.0	80.2	0.4	0.3	0.5	0.4	0.6	0.4
Algeria	612	585.7	619.4	592.5	388.3	248.5	216.3	273.7	438.8	894.7	1,606.3	924.4	319.9
Bahrain, Kingdom of	419	470.5	807.6	759.2	854.1	886.8	743.2	724.2	475.5	391.4	557.7	324.7	275.8
Djibouti	611	66.5	44.1	11.8	35.6	51.5	34.0	1.7	5.4	0.1	4.5	0.7	0.3
Egypt	469	1,338.9	1,748.9	1,211.8	1,416.8	1,283.8	1,143.0	876.4	1,219.2	711.1	298.1	150.9	138.8
Iran, I.R. of	429	1,702.4	654.6	169.9	253.4	287.8	584.3	12,856.7	7,961.7	6,935.7	6,186.6	3,246.6	3,360.4
Iraq	433	340.8	358.8	732.1	584.9	502.1	342.8	3,711.6	2,821.3	2,596.2	1,525.2	999.6	1,098.4
Jordan	439	244.8	281.5	298.4	486.8	576.1	633.7	68.9	59.4	73.3	52.7	30.2	36.0
Kuwait	443	1,354.0	1,876.4	1,877.5	1,891.0	1,864.4	1,697.0	13,124.8	15,227.5	13,439.1	12,385.8	6,413.8	4,239.0
Lebanon	446	181.2	226.3	273.4	363.3	469.2	564.1	26.4	22.3	36.7	31.2	15.9	27.0
Libya	672	17.2	115.4	336.7	182.4	61.1	20.9	0.4	246.5	426.4	32.8	4.6	12.3
Mauritania	682	39.7	40.6	45.3	26.3	10.4	11.6	151.1	214.0	148.3	101.3	130.9	128.7
Morocco	686	307.8	403.1	183.2	237.0	258.7	337.4	329.7	224.6	279.4	245.0	261.8	271.8
Oman	449	2,802.4	3,586.0	3,122.1	3,527.8	3,217.3	2,538.5	5,140.3	6,871.6	5,632.8	3,940.9	1,508.1	1,753.3
Pakistan	564	1,699.9	1,690.9	1,418.9	1,611.7	1,674.4	1,934.4	455.5	428.1	474.1	332.0	259.7	263.5

Japan (158)
In Millions of U.S. Dollars

		Exports (FOB)						Imports (CIF)					
		2011	2012	2013	2014	2015	2016	2011	2012	2013	2014	2015	2016
Qatar	453	1,020.8	1,503.7	1,313.2	1,543.5	1,546.8	1,533.4	30,117.9	35,861.5	36,992.8	33,543.8	16,342.9	10,855.4
Saudi Arabia	456	6,503.2	8,220.9	6,848.0	7,582.4	6,823.0	5,010.9	50,506.0	54,782.1	49,873.6	47,537.0	25,066.7	19,584.3
Somalia	726	0.9	0.2	1.0	3.1	5.4	3.6	0.1	0.0	0.1	0.2	1.5	8.4
Sudan	732	52.3	49.8	46.9	49.4	59.8	49.7	1,996.6	435.6	450.0	129.3	163.5	24.0
Syrian Arab Republic	463	199.6	113.8	7.4	10.2	9.2	22.8	217.8	2.7	1.9	1.3	0.8	0.9
Tunisia	744	103.0	112.1	87.7	92.9	81.3	87.8	155.7	141.2	132.8	151.2	123.3	97.0
United Arab Emirates	466	7,457.1	8,958.6	8,493.2	9,505.0	8,693.5	7,987.8	42,816.2	43,991.1	42,507.7	41,730.3	23,512.6	17,301.2
West Bank and Gaza	487	1.7	6.7	1.0	1.8	1.5	2.8	0.0	0.0	0.1	0.4	0.5	0.6
Yemen, Republic of	474	130.2	298.4	364.2	438.6	115.1	117.0	641.5	373.7	640.1	842.7	136.7	4.2
Middle East n.s.	489	0.1	....	0.1	0.1	0.3	0.1	0.1	0.5	0.6	1.0	0.4	0.2
Sub-Saharan Africa	603	**10,631.2**	**9,752.7**	**8,894.2**	**7,997.9**	**6,477.3**	**5,765.3**	**13,408.8**	**18,332.5**	**16,102.9**	**14,298.8**	**9,780.0**	**6,284.6**
Angola	614	144.2	257.8	284.8	305.6	83.1	32.1	27.7	383.4	390.4	535.2	269.9	20.0
Benin	638	26.4	15.4	11.0	16.0	9.2	10.7	1.6	1.7	5.6	3.1	1.0	1.2
Botswana	616	40.3	38.9	28.1	31.3	32.3	24.7	32.0	27.4	22.9	17.2	10.7	24.8
Burkina Faso	748	14.5	18.2	5.2	3.9	13.7	30.2	25.7	19.4	41.0	40.2	40.7	13.7
Burundi	618	9.4	8.9	4.7	6.4	5.1	5.1	0.3	0.3	0.9	0.7	1.3	1.1
Cabo Verde	624	8.1	9.0	2.8	2.5	4.1	5.2	0.0	0.1	....	0.0	0.0	0.1
Cameroon	622	33.8	28.5	27.6	33.5	26.1	27.1	4.3	5.0	31.5	4.0	5.8	4.5
Central African Rep.	626	3.9	1.6	0.8	0.8	6.0	2.8	1.5	1.1	2.9	2.1	1.5	1.6
Chad	628	1.5	2.7	3.0	2.4	8.8	8.4	0.1	37.2	182.2	306.9	251.5	64.9
Comoros	632	1.5	1.7	2.5	3.3	2.2	1.3	0.0	0.1	0.0	0.0	0.0	0.0
Congo, Dem. Rep. of	636	66.5	65.8	49.0	60.8	59.4	41.5	1.4	4.0	1.8	1.2	1.1	10.1
Congo, Republic of	634	12.1	20.7	19.8	15.8	10.7	13.1	0.9	1.6	1.6	1.1	1.6	24.2
Côte d'Ivoire	662	40.0	48.1	53.3	52.9	54.5	50.7	5.4	15.3	10.6	21.4	20.0	14.7
Equatorial Guinea	642	8.2	5.6	9.2	9.1	9.2	1.3	1,351.9	2,911.7	2,034.6	854.3	209.1	120.7
Eritrea	643	0.9	1.2	0.7	0.6	0.8	1.2	0.2	0.0	....	....	0.0	0.0
Ethiopia	644	78.5	131.0	108.1	109.7	126.2	103.8	48.5	61.7	91.2	103.3	87.0	77.3
Gabon	646	87.3	72.6	44.7	46.8	36.3	27.2	674.4	2,739.0	2,284.2	1,484.8	274.5	53.5
Gambia, The	648	4.9	12.9	1.0	3.3	1.0	1.6	....	0.0	0.0	0.0	0.1	....
Ghana	652	182.9	199.2	123.5	117.7	105.3	123.7	175.2	148.4	100.2	94.2	121.6	182.7
Guinea	656	26.3	34.1	28.2	31.3	11.3	7.5	0.3	0.5	0.2	0.3	0.1	1.1
Guinea-Bissau	654	1.0	0.2	0.2	2.5	0.2	1.8	....	....	0.0	0.6	0.6	....
Kenya	664	624.8	657.8	910.3	954.6	926.0	746.7	45.2	46.9	46.2	59.9	70.0	58.2
Lesotho	666	3.6	6.2	10.9	7.7	5.3	5.8	1.2	1.4	0.6	0.8	2.0	0.4
Liberia	668	3,272.4	2,298.3	1,799.6	1,064.9	874.3	1,090.5	42.3	0.0	0.8	0.6	0.0	0.2
Madagascar	674	10.9	10.2	13.3	16.7	14.8	12.5	22.4	20.6	93.1	132.5	137.3	100.9
Malawi	676	21.5	40.0	44.4	32.4	30.4	18.8	27.2	29.8	23.6	11.1	14.6	12.3
Mali	678	7.7	6.6	7.8	6.5	5.8	8.0	0.1	0.1	0.1	0.1	0.2	0.2
Mauritius	684	99.1	107.4	109.9	110.8	102.6	119.0	11.5	13.7	8.5	13.8	10.9	5.8
Mozambique	688	108.9	135.6	267.7	190.0	138.8	51.1	6.2	40.1	69.2	56.4	78.1	126.4
Namibia	728	19.5	20.4	34.0	37.4	25.9	28.0	39.6	12.8	11.4	13.9	11.7	8.8
Niger	692	7.4	9.5	5.3	3.1	19.4	7.5	0.2	0.5	0.7	0.4	0.3	0.6
Nigeria	694	623.9	626.2	645.5	716.3	358.5	326.0	1,676.0	4,765.7	3,549.1	4,484.0	2,830.5	849.2
Rwanda	714	8.6	20.3	20.4	14.9	11.2	6.3	1.4	2.5	2.3	1.8	3.8	7.7
São Tomé & Príncipe	716	2.0	2.2	1.3	1.3	1.3	1.2	0.0	....	....	0.1	0.0	0.0
Senegal	722	58.9	47.3	53.1	36.4	48.4	54.7	25.8	27.2	14.9	16.5	11.6	7.8
Seychelles	718	4.4	4.6	4.4	5.9	10.5	18.5	42.9	70.2	53.6	51.2	47.7	51.6
Sierra Leone	724	9.5	21.3	11.0	12.8	11.0	14.2	4.8	76.5	15.1	2.1	0.9	1.8
South Africa	199	4,321.0	4,066.4	3,460.3	3,240.9	2,690.8	2,232.7	8,454.5	6,415.1	6,732.7	5,684.6	4,942.8	4,212.1
South Sudan, Rep. of	733	3.9	11.6	15.1	11.0	13.7	0.2	275.0	144.7	....	....	....	....
Swaziland	734	4.5	5.9	5.8	7.4	9.7	11.0	1.2	0.9	2.0	0.6	0.3	0.6
Tanzania	738	284.6	300.5	285.6	303.1	275.1	220.8	255.2	212.4	197.3	234.8	235.2	166.9
Togo	742	38.9	50.3	45.2	32.1	33.5	43.0	0.1	0.1	0.1	0.1	3.4	4.0
Uganda	746	170.6	154.9	164.5	187.6	163.7	163.0	4.6	7.7	7.6	4.8	12.9	10.3
Zambia	754	101.4	146.8	128.6	109.9	73.4	48.0	58.9	49.5	50.8	39.6	46.2	24.6
Zimbabwe	698	31.2	28.5	42.0	37.9	28.0	16.8	57.4	31.1	16.7	16.6	17.0	13.5
Africa n.s.	799	0.0	0.0	....	0.0	0.0	0.1	3.6	4.9	4.6	2.1	4.5	4.2
Western Hemisphere	205	**42,160.3**	**41,133.5**	**34,475.0**	**31,783.1**	**27,288.5**	**26,977.3**	**33,080.7**	**33,481.0**	**31,712.1**	**28,524.8**	**23,728.4**	**22,700.7**
Antigua and Barbuda	311	5.8	5.9	9.1	10.4	12.9	17.4	0.0	0.1	0.1	0.0	0.1	0.0
Argentina	213	979.1	1,136.2	1,111.8	1,054.6	801.1	631.6	1,083.9	1,253.8	1,830.8	906.9	789.5	753.6

Japan (158)
In Millions of U.S. Dollars

		Exports (FOB)						Imports (CIF)					
		2011	2012	2013	2014	2015	2016	2011	2012	2013	2014	2015	2016
Bahamas, The	313	246.7	235.7	581.7	1,243.4	1,016.3	993.6	0.4	0.4	69.2	0.7	52.6	39.2
Barbados	316	35.8	27.1	27.2	24.4	25.9	36.8	0.3	0.2	0.2	0.1	0.1	0.1
Belize	339	2.8	7.6	5.1	3.2	5.0	10.9	19.1	21.7	14.2	8.2	4.9	7.2
Bermuda	319	4.4	3.8	3.4	3.2	57.0	266.9	0.0	0.0	0.0	0.0	0.0	0.0
Bolivia	218	155.8	232.4	225.9	274.9	220.5	170.7	353.5	280.7	332.9	334.9	246.6	268.1
Brazil	223	6,207.7	5,930.1	5,659.5	4,736.7	3,933.9	2,792.8	12,696.8	11,943.3	10,972.3	9,690.8	7,520.7	6,701.0
Chile	228	2,340.0	1,993.4	1,695.7	1,721.2	1,670.1	1,565.3	9,801.9	9,332.0	7,955.3	8,164.3	6,006.4	5,329.8
Colombia	233	1,498.1	1,501.7	1,224.2	1,370.4	966.6	948.7	695.4	452.1	439.7	805.9	969.5	639.4
Costa Rica	238	848.0	955.4	795.6	494.0	308.5	322.4	234.2	291.3	341.4	260.3	217.1	305.1
Dominica	321	160.4	197.5	168.7	213.3	237.9	272.1	99.9	94.2	94.8	73.2	79.1	89.0
Dominican Republic	243	4.8	5.4	3.8	3.4	4.8	5.6	3.4	1.1	0.9	1.1	0.6	0.7
Ecuador	248	661.8	655.7	529.8	534.7	424.5	250.9	558.8	1,204.6	1,088.7	1,156.8	779.1	510.6
El Salvador	253	154.7	108.9	121.2	105.9	98.8	131.5	55.0	43.5	40.0	20.1	26.2	21.9
Falkland Islands	323	0.0	0.0	0.0	0.1	0.1	0.1	1.3	0.9	0.5	0.2	0.7	0.3
Greenland	326	0.2	0.1	0.0	0.0	0.0	0.1	90.2	105.8	90.0	79.5	74.0	52.9
Grenada	328	5.8	2.8	2.9	4.4	8.0	9.8	0.2	....	0.1	....	0.0	0.0
Guatemala	258	285.9	246.1	238.2	221.1	245.0	277.2	271.9	225.1	237.2	188.0	241.1	219.9
Guyana	336	55.4	54.5	44.3	44.6	45.4	42.1	6.5	12.1	4.2	10.8	5.0	3.4
Haiti	263	67.4	54.5	43.0	46.4	41.5	37.9	1.9	3.0	3.4	2.4	2.9	4.1
Honduras	268	124.6	111.3	68.3	66.6	72.4	78.2	60.7	55.4	40.0	40.6	37.5	23.5
Jamaica	343	143.0	174.9	142.8	135.4	164.5	211.9	20.4	19.1	18.0	14.5	21.6	25.9
Mexico	273	10,225.9	10,571.7	9,687.5	10,618.5	10,472.0	10,682.1	3,970.1	4,401.0	4,218.7	4,288.5	4,747.8	5,742.7
Netherlands Antilles	353	35.6	30.5	21.2	20.2	23.0	25.0	0.6	1.6	84.9	0.2	0.6	0.5
Nicaragua	278	99.1	115.1	75.2	89.5	95.1	86.8	31.4	26.7	27.0	32.1	23.1	27.7
Panama	283	14,860.4	14,240.4	9,751.6	7,087.4	4,712.0	5,639.5	292.2	313.3	321.5	68.7	280.9	352.5
Paraguay	288	119.3	69.9	62.6	66.3	69.8	77.6	64.1	35.8	78.9	134.0	91.4	41.6
Peru	293	917.0	1,037.9	991.8	751.3	791.6	719.4	2,329.1	2,795.9	2,591.0	1,767.8	1,240.4	1,322.2
St. Kitts and Nevis	361	5.2	4.6	5.6	9.7	13.6	13.4	0.1	0.0	0.5	0.3	0.0	0.0
St. Lucia	362	8.6	8.3	6.1	6.6	9.9	12.5	0.0	....	0.0	0.0	0.0	0.0
St. Vincent & Grens.	364	4.4	2.2	2.5	2.9	4.8	6.5	0.1	0.0	0.0	0.0	2.0	4.9
Suriname	366	67.7	82.0	81.7	69.7	79.0	33.8	5.2	5.6	5.1	5.2	5.7	6.5
Trinidad and Tobago	369	178.5	190.8	227.0	206.2	225.8	156.0	193.0	187.7	234.8	110.1	56.1	72.8
Uruguay	298	100.9	103.6	117.9	84.2	77.7	56.3	98.1	98.8	77.4	72.2	60.5	58.8
Venezuela, Rep. Bol.	299	850.3	863.0	674.3	317.0	212.9	104.1	39.7	273.7	498.2	286.2	115.9	74.5
Western Hem. n.s.	399	699.3	172.3	67.6	141.1	140.5	290.0	1.2	0.4	0.3	0.3	28.5	0.3
Other Countries n.i.e	910	**32.3**	**22.6**	**31.3**	**39.8**	**35.8**	**45.0**	**14.5**	**14.9**	**15.0**	**19.0**	**19.3**	**16.0**
Cuba	928	32.3	22.6	31.3	39.8	35.8	45.0	14.5	14.9	15.0	19.0	19.3	16.0
Countries & Areas n.s.	898	....	....	....	13.4	17.1	15.9	6.5	5.4	2.2	21.9	13.9	15.9
Memorandum Items													
Africa	605	11,783.2	11,010.4	9,847.5	8,819.5	7,179.3	6,505.4	16,042.5	19,647.4	18,008.2	16,536.5	11,386.1	7,134.7
Middle East	405	23,764.8	28,757.7	25,808.1	28,642.1	26,338.1	22,942.3	160,829.3	169,916.7	160,259.5	148,667.5	77,755.0	58,687.7
European Union	998	95,872.7	81,541.2	71,746.3	71,725.7	66,011.1	73,740.1	80,566.3	83,362.8	78,403.2	77,284.2	71,217.1	75,145.1
Export earnings: fuel	080	39,285.5	45,093.8	40,515.6	40,791.3	32,396.7	28,737.6	191,259.6	209,903.4	200,372.4	189,763.0	103,401.6	75,096.4
Export earnings: nonfuel	092	783,278.7	753,526.0	674,097.4	649,422.1	592,404.0	616,195.0	663,738.3	676,132.9	631,970.3	622,459.0	544,587.9	531,774.3

Jordan (439)

In Millions of U.S. Dollars

		Exports (FOB)						Imports (CIF)					
		2011	2012	2013	2014	2015	2016	2011	2012	2013	2014	2015	2016
IFS World		6,732.4	6,690.8	6,753.1	7,263.4	6,774.2	6,153.9	18,462.7	20,691.2	21,750.6	22,950.1	20,015.7	19,479.5
World	001	6,732.3	8,084.1	6,764.9	7,267.3	6,757.0	5,416.0	18,929.8	20,791.2	22,049.9	22,914.3	20,466.2	16,715.5
Advanced Economies	110	1,513.1	1,662.1	1,588.6	1,802.7	1,791.8	1,680.1	6,603.5	6,602.9	8,316.0	8,043.5	8,122.2	6,567.8
Euro Area	163	213.0	195.9	148.0	206.8	123.8	106.2	3,061.1	2,874.3	3,810.8	3,316.2	3,373.2	2,987.6
Austria	122	6.0	4.3	1.4	1.2	1.3	1.3	80.3	82.7	77.5	81.5	77.6	62.7
Belgium	124	21.1	10.0	16.3	29.2	0.8	2.1	128.5	110.7	389.9	271.6	316.1	106.4
Cyprus	423	1.3	3.7	1.0	0.8	0.7	0.6	10.5	12.7	48.4	17.5	15.5	12.6
Estonia	939	0.1	....	0.0	0.0	0.1	0.4	2.2	2.5	3.9	2.8	3.1	2.8
Finland	172	0.0	0.1	0.0	0.0	0.0	0.0	79.3	53.7	312.6	49.6	49.9	32.3
France	132	4.5	6.4	8.7	11.5	6.6	5.6	372.1	374.2	381.4	449.8	384.0	389.0
Germany	134	11.0	13.3	5.5	22.9	9.7	12.7	855.6	810.2	842.3	899.1	944.1	803.1
Greece	174	17.6	22.6	15.0	10.5	4.6	5.3	27.7	22.2	43.5	45.1	40.6	45.6
Ireland	178	0.8	0.8	1.0	6.0	0.9	1.8	87.7	79.7	82.2	109.9	97.8	99.1
Italy	136	69.6	55.9	46.2	56.1	47.4	32.5	969.7	927.6	1,036.5	698.7	805.0	787.8
Latvia	941	0.1	0.0	0.0	0.0	0.0	0.0	3.4	5.5	3.1	2.5	2.2	2.4
Lithuania	946	0.1	0.2	0.1	0.1	0.1	0.1	0.4	1.3	16.2	2.8	2.2	2.1
Luxembourg	137	0.0	....	0.0	0.0	0.0	0.0	0.5	0.7	2.8	2.1	3.4	3.1
Malta	181	0.0	0.1	0.0	0.1	0.5	....	2.6	2.6	70.1	2.6	2.9	2.1
Netherlands	138	36.0	34.7	13.0	21.9	30.1	28.3	177.8	162.9	203.2	292.5	209.4	253.6
Portugal	182	3.2	8.7	2.5	1.5	2.4	7.9	21.1	20.6	50.9	33.2	33.1	32.8
Slovak Republic	936	1.9	2.5	2.2	1.9	1.1	1.0	4.1	4.8	6.7	8.2	8.5	11.8
Slovenia	961	0.5	0.2	0.1	0.7	1.8	0.9	7.4	6.8	7.7	9.2	8.3	8.1
Spain	184	39.5	32.5	34.8	42.1	15.7	5.8	230.3	193.0	232.1	337.5	369.5	330.1
Australia	193	6.6	14.7	8.3	19.8	13.5	10.7	167.3	207.3	241.0	198.8	219.6	134.7
Canada	156	12.9	14.5	33.3	47.8	54.0	54.9	85.5	62.7	80.1	60.3	52.1	47.1
China,P.R.: Hong Kong	532	2.4	2.6	3.5	6.8	10.1	9.4	13.6	11.4	12.8	10.1	8.8	9.4
Czech Republic	935	1.0	0.3	0.1	0.1	0.1	0.2	32.1	39.4	35.7	34.5	33.8	27.2
Denmark	128	0.9	0.8	0.4	0.7	0.9	1.0	61.6	57.7	73.9	180.9	118.0	59.4
Iceland	176	....	....	....	....	0.0	0.0	0.6	0.2	0.3	0.4	0.3	0.1
Israel	436	74.9	125.4	82.7	82.5	82.9	60.1	96.5	100.4	87.5	57.2	45.5	28.5
Japan	158	46.7	40.5	40.5	32.3	22.8	19.6	364.8	390.9	481.2	557.1	596.3	475.3
Korea, Republic of	542	31.5	20.1	17.4	25.5	20.3	10.3	614.0	572.2	553.6	763.8	692.1	541.7
New Zealand	196	0.1	0.7	0.1	8.2	0.2	0.4	52.6	66.8	63.2	82.5	74.8	54.5
Norway	142	0.0	0.0	2.6	2.0	0.3	0.3	6.6	15.2	8.1	8.0	8.1	17.0
Singapore	576	6.5	1.8	4.5	4.9	10.3	1.9	25.3	25.4	212.2	92.4	132.7	45.3
Sweden	144	0.6	1.1	1.4	1.6	2.5	2.7	90.3	114.6	136.0	94.3	88.6	52.8
Switzerland	146	19.5	29.6	8.8	0.6	3.2	2.4	167.1	155.9	516.7	534.8	663.7	271.4
Taiwan Prov.of China	528	34.3	47.3	19.3	23.4	10.5	13.0	251.4	273.8	363.1	374.3	474.3	345.4
United Kingdom	112	28.7	41.4	24.1	29.9	25.0	21.3	299.9	258.0	274.6	357.5	280.6	242.7
United States	111	1,033.5	1,125.4	1,193.7	1,309.8	1,411.3	1,365.7	1,213.2	1,376.8	1,365.2	1,320.5	1,260.1	1,227.8
Emerg. & Dev. Economies	200	5,107.2	5,446.5	4,948.4	5,254.0	4,755.3	3,506.3	12,276.0	14,058.9	13,630.8	14,762.9	12,188.3	10,036.8
Emerg. & Dev. Asia	505	1,480.9	1,291.3	978.5	1,052.3	1,047.7	709.4	2,858.4	3,256.2	4,011.2	4,404.0	3,949.4	3,320.4
Bangladesh	513	4.8	2.2	9.8	3.6	33.4	4.8	7.3	10.9	14.4	20.7	23.4	21.6
Brunei Darussalam	516	0.0	0.0	0.0	0.0	0.2	0.0	....	0.3	....	0.0	0.2	....
Cambodia	522	....	....	....	....	....	0.0	0.5	0.4	1.0	1.1	2.0	1.4
China,P.R.: Mainland	924	199.0	188.9	103.7	184.9	210.8	78.9	1,855.5	1,995.0	2,281.9	2,402.6	2,640.4	2,334.3
India	534	866.9	725.8	494.3	647.7	588.9	455.5	507.3	713.8	1,112.5	1,224.8	565.5	379.2
Indonesia	536	214.0	271.4	227.7	120.4	138.4	99.1	124.3	109.5	120.5	124.7	99.4	99.0
Malaysia	548	112.3	65.8	94.6	54.8	63.5	61.1	147.3	148.9	113.9	226.6	112.5	101.7
Maldives	556	0.1	0.0	0.0	0.0	0.0	0.0	....	....	0.0	....	0.0	....
Mongolia	948	0.0	0.0	....	0.1	0.0	0.1	....	....	....	....	....	0.0
Myanmar	518	....	....	0.0	0.1	....	0.1	1.0	0.4	0.4	0.6	0.5	0.5
Nepal	558	0.1	0.2	0.0	0.2	0.3	0.8	0.0	0.0	0.0	0.0	0.0	0.1
Papua New Guinea	853	....	....	....	....	....	....	....	....	....	0.2	2.5	2.5
Philippines	566	44.5	11.0	11.2	7.5	6.1	4.2	12.3	6.3	5.3	6.4	5.8	5.4
Sri Lanka	524	5.6	2.3	0.3	0.4	0.7	0.4	27.6	27.0	29.6	35.3	35.6	28.6
Thailand	578	30.3	19.8	27.9	20.8	3.1	2.7	143.8	180.5	219.6	235.0	270.5	194.7
Vietnam	582	3.2	3.9	9.1	12.0	2.1	1.7	31.5	63.3	112.0	125.9	191.1	151.4

2017, International Monetary Fund: *Direction of Trade Statistics Yearbook*

Jordan (439)
In Millions of U.S. Dollars

		Exports (FOB)						Imports (CIF)					
		2011	2012	2013	2014	2015	2016	2011	2012	2013	2014	2015	2016
Europe	170	203.9	273.2	188.9	256.7	147.8	116.9	1,812.6	2,573.4	1,890.3	2,558.8	1,742.5	1,643.0
Emerg. & Dev. Europe	903	160.2	233.7	167.6	229.5	138.6	103.8	877.0	1,091.9	1,216.5	1,386.1	1,292.8	1,263.8
Albania	914	0.4	0.3	0.3	0.3	0.4	0.4	0.0	0.0	0.2	0.2	0.2	0.1
Bosnia and Herzegovina	963	0.5	1.3	1.3	0.6	0.5	1.2	1.1	1.6	0.8	1.2	1.0	1.5
Bulgaria	918	42.4	79.2	55.8	55.3	16.5	11.8	23.0	19.2	42.3	21.4	24.0	22.5
Croatia	960	0.3	0.2	0.2	0.0	0.2	0.2	0.3	0.6	0.6	2.0	7.6	11.1
Hungary	944	6.9	6.7	5.3	3.2	0.8	0.5	58.3	43.4	47.7	34.4	34.9	38.1
Macedonia, FYR	962	0.0	....	0.0	....	....	0.0	0.1	0.0	0.2	0.3	0.4	0.3
Poland	964	0.8	0.5	0.2	0.3	0.2	0.3	45.0	57.8	75.6	74.5	108.8	84.5
Romania	968	20.4	13.2	6.1	7.0	1.2	6.1	192.0	167.8	290.5	401.3	356.8	557.0
Serbia, Republic of	942	....	....	....	....	22.4	7.8	....	....	....	....	2.3	3.2
Turkey	186	88.2	132.3	98.4	162.9	96.4	75.5	554.2	801.3	758.5	850.8	756.8	545.5
CIS	901	43.7	39.5	21.3	27.2	9.3	13.1	935.6	1,481.5	673.8	1,172.7	449.7	379.2
Armenia	911	0.0	0.1	0.5	1.9	0.1	0.2	0.0	....	....	0.0	0.0	0.0
Azerbaijan, Rep. of	912	1.7	2.2	2.2	1.8	0.5	1.3	....	0.0	0.2	0.0	0.0	0.0
Belarus	913	....	....	0.2	0.2	0.2	0.1	....	322.6	0.1	1.0	3.2	2.0
Georgia	915	0.6	0.7	0.1	0.0	0.1	0.3	3.1	3.6	2.0	9.4	19.7	1.4
Kazakhstan	916	1.0	0.4	0.6	0.6	0.5	0.2	1.7	18.1	15.4	0.1	0.1	0.1
Kyrgyz Republic	917	....	0.2	0.0	0.1	0.3	0.2	0.1	....	0.0	0.2	....	0.1
Moldova	921	0.2	0.3	0.5	0.9	0.7	1.0	1.4	0.2	0.1	1.3	0.6	3.3
Russian Federation	922	23.0	21.9	6.7	6.6	3.1	4.2	722.6	634.2	331.5	752.0	307.6	216.9
Tajikistan	923	0.0	0.1	0.1	0.1	0.1	0.1	....	0.0	0.0	0.0	0.4	0.0
Turkmenistan	925	0.0	....	....	....	....	0.5	....	0.1	....	....	....	0.0
Ukraine	926	17.1	13.7	10.4	14.6	3.3	4.9	205.9	502.6	324.3	407.7	118.0	155.0
Uzbekistan	927	0.0	0.1	0.1	0.2	0.3	0.2	0.7	0.0	0.1	0.9	0.1	0.5
Mid East, N Africa, Pak	440	3,225.5	3,752.1	3,649.7	3,784.0	3,490.0	2,634.3	7,018.3	7,483.0	6,866.8	6,956.0	5,432.0	3,922.2
Afghanistan, I.R. of	512	0.9	2.0	1.5	1.3	1.4	1.5	2.8	1.8	2.9	2.7	2.6	1.3
Algeria	612	124.5	131.7	138.3	117.2	88.5	98.1	3.2	5.5	3.8	7.3	43.2	64.5
Bahrain, Kingdom of	419	33.8	52.3	48.1	58.2	62.0	53.8	154.5	43.6	50.6	79.4	35.8	52.6
Djibouti	611	1.8	2.2	0.8	2.2	1.1	1.0	0.0	....	0.3	0.1	0.0	0.3
Egypt	469	113.1	131.9	118.3	112.2	94.6	67.1	753.5	789.4	704.5	550.2	490.2	435.5
Iran, I.R. of	429	15.2	10.6	12.4	18.7	27.6	16.6	10.5	15.9	20.5	17.2	158.1	110.8
Iraq	433	1,007.1	1,223.0	1,243.9	1,167.2	694.6	370.4	309.8	325.0	356.2	6.3	1.0	2.7
Kuwait	443	140.1	105.5	135.2	173.0	296.4	274.2	132.0	164.1	168.2	144.3	106.0	43.9
Lebanon	446	294.4	293.8	136.7	136.4	127.1	123.2	114.4	136.0	162.7	117.6	105.9	79.0
Libya	672	22.1	77.7	57.8	41.3	34.3	28.8	0.5	6.5	1.3	4.9	0.3	0.8
Mauritania	682	0.5	1.2	0.7	0.9	1.0	1.0	0.0	....	0.0	0.0	0.0	0.1
Morocco	686	15.6	12.4	9.1	12.3	20.1	6.6	17.3	17.3	20.2	21.4	24.7	23.3
Oman	449	38.4	43.6	51.3	62.9	70.6	66.3	75.3	26.9	31.0	27.6	35.8	47.8
Pakistan	564	19.7	13.7	13.6	22.8	18.6	18.6	36.4	55.4	69.7	50.6	39.7	34.3
Qatar	453	90.6	116.6	130.4	147.6	154.8	156.6	22.6	36.5	37.1	58.4	258.9	149.4
Saudi Arabia	456	630.6	771.8	917.9	998.4	1,108.9	771.2	4,181.2	4,886.9	4,014.6	4,460.2	3,061.1	1,969.1
Somalia	726	0.5	1.0	1.4	1.2	1.5	1.7	2.8	1.3	0.2	0.1	3.0	0.9
Sudan	732	78.4	64.7	76.0	70.1	91.6	59.3	39.6	42.2	47.3	47.5	51.0	33.6
Syrian Arab Republic	463	255.5	219.9	135.1	200.3	119.4	34.1	378.0	241.2	259.8	152.6	101.8	81.5
Tunisia	744	20.0	19.7	16.4	18.8	18.5	14.0	9.6	12.9	77.0	11.2	8.3	10.3
United Arab Emirates	466	230.0	315.4	270.8	283.6	321.1	305.4	711.1	589.8	732.7	1,093.2	843.0	739.7
West Bank and Gaza	487	65.6	98.9	79.4	80.3	101.9	117.9	38.3	51.8	49.8	56.2	54.3	38.0
Yemen, Republic of	474	27.1	42.7	54.6	57.3	34.2	46.8	24.9	32.7	56.5	47.2	7.3	2.9
Sub-Saharan Africa	603	162.0	110.8	109.6	139.3	63.5	36.3	67.6	73.6	86.4	102.9	293.2	413.5
Angola	614	0.3	0.2	0.4	2.3	1.1	0.6	....	....	....	....	....	0.0
Benin	638	0.3	0.1	0.2	0.1	0.1	0.2	....	....	....	....	....	0.0
Burkina Faso	748	0.1	0.0	0.0	0.1	0.1	0.1	0.0	0.1	....	0.1	0.0	0.1
Burundi	618	0.1	0.2	....	0.0	....	0.0	....	....	0.2	....	....	....
Cameroon	622	0.2	0.2	0.3	0.8	0.5	0.5	0.4	0.3	0.4	0.6	0.2	0.6
Chad	628	0.1	0.8	1.5	1.4	0.6	1.0	0.0	....	....	....	....	....
Congo, Dem. Rep. of	636	0.5	4.2	0.3	0.3	0.3	0.2	0.3	0.5	0.9	0.8	1.6	0.3
Côte d'Ivoire	662	0.9	1.3	0.3	0.7	0.7	0.5	0.9	0.7	0.9	1.2	1.2	0.9
Eritrea	643	0.2	0.2	0.4	0.1	0.2	....	0.0	0.0	....	....	....	0.0
Ethiopia	644	101.3	31.7	45.4	67.2	3.7	2.3	23.5	23.0	22.0	34.4	25.2	25.8

Jordan (439)

In Millions of U.S. Dollars

		Exports (FOB)						Imports (CIF)					
		2011	2012	2013	2014	2015	2016	2011	2012	2013	2014	2015	2016
Gabon	646	1.0	0.2	0.3	0.2	0.1	0.0	0.0	0.1	0.1	0.0	0.1	0.0
Gambia, The	648	0.1	....	....	0.0	....	0.0	....	....	....	....	....	....
Ghana	652	0.8	2.8	1.7	1.9	1.7	1.5	0.2	0.8	1.6	1.6	0.6	0.7
Guinea	656	0.1	0.2	0.1	0.4	0.8	0.6	0.0	0.0	0.0	0.1	2.2	133.3
Guinea-Bissau	654	....	....	....	....	....	0.0	....	....	....	....	....	1.2
Kenya	664	8.0	8.5	7.7	8.0	4.6	3.0	1.6	2.9	2.7	1.4	8.2	10.5
Liberia	668	1.5	1.1	0.8	1.0	1.2	0.6	0.0	0.0	0.0	0.0	0.0	....
Madagascar	674	0.0	....	0.0	0.0	....	0.0	0.1	0.3	0.2	0.1	0.2	0.1
Malawi	676	0.0	....	0.0	....	0.0	....	0.0	0.5	2.1	1.7	1.4	0.8
Mali	678	0.1	0.0	0.1	0.1	0.2	0.7	....	0.0	0.0	0.1	0.0	0.0
Mauritius	684	2.9	1.9	2.1	1.2	0.6	0.5	0.0	0.0	0.0	0.0	0.1	0.0
Mozambique	688	10.6	12.6	8.7	9.6	5.6	5.6	0.0	0.2	....	0.1	0.6	0.1
Namibia	728	0.0	0.0	....	0.0	....	....	0.1	0.5	0.5	1.0	0.3	0.3
Niger	692	0.1	0.6	0.0	0.0	0.0	0.0	....	0.0	0.0	0.0	0.0	0.0
Nigeria	694	3.6	9.3	2.5	2.5	1.8	1.4	0.0	0.9	0.0	2.3	191.0	189.9
Rwanda	714	0.3	0.4	0.4	0.4	0.7	0.3	....	....	....	....	....	....
Senegal	722	0.0	0.0	0.0	0.2	0.5	0.9	0.7	0.2	0.2	0.2	0.3	0.2
Sierra Leone	724	....	0.2	0.1	0.1	0.2	0.2	0.0	0.0	0.0	0.0	0.0	0.1
South Africa	199	22.8	24.8	31.5	36.0	33.2	12.4	27.3	32.4	21.4	32.5	41.5	42.2
Tanzania	738	1.3	2.4	1.8	0.9	1.6	1.3	0.3	1.0	0.3	1.1	3.0	0.8
Togo	742	2.7	4.2	0.0	1.6	0.1	0.0	....	....	....	....	....	....
Uganda	746	1.5	1.8	2.5	1.9	3.1	1.7	1.4	2.1	1.6	2.2	2.0	1.9
Zambia	754	0.9	0.7	0.1	0.1	0.1	0.1	0.0	....	....	....	....	0.3
Zimbabwe	698	0.0	0.0	0.2	0.1	0.1	....	10.6	7.0	31.1	21.4	13.4	3.0
Western Hemisphere	205	**34.9**	**19.1**	**21.7**	**21.7**	**6.3**	**9.4**	**519.1**	**672.8**	**776.1**	**741.2**	**771.2**	**737.8**
Argentina	213	0.2	0.4	0.2	0.7	0.3	0.3	244.7	328.6	303.4	338.1	274.0	263.7
Aruba	314	....	....	....	....	....	0.0	....	....	....	....	....	2.3
Bolivia	218	0.1	0.1	0.1	0.2	0.2	0.1	0.0	....	0.0	0.0	0.0	0.0
Brazil	223	1.5	5.0	6.2	6.7	0.2	1.0	207.5	254.1	346.1	272.5	280.5	220.5
Chile	228	0.4	0.5	0.4	0.5	1.2	1.7	6.8	5.5	5.6	6.8	6.9	9.1
Colombia	233	0.9	1.2	1.0	1.8	0.0	0.1	7.9	17.0	18.1	8.6	20.5	29.5
Costa Rica	238	0.1	0.2	0.2	0.1	0.0	....	0.7	0.5	1.3	1.9	1.4	1.1
Dominican Republic	243	0.4	0.6	0.5	0.8	0.4	0.4	0.7	0.7	1.0	2.6	1.0	0.9
Ecuador	248	1.2	0.8	0.4	1.2	....	....	8.0	3.9	3.4	4.2	7.2	8.0
El Salvador	253	0.1	0.0	0.0	0.1	0.1	0.1	0.1	1.4	2.1	3.0	3.8	2.9
Guatemala	258	0.9	0.4	0.4	0.3	0.1	0.2	4.0	7.6	13.8	5.3	10.9	11.2
Haiti	263	0.2	0.5	0.1	0.3	0.1	0.2	0.0	0.2	0.0	0.0	....	0.1
Honduras	268	0.4	0.4	0.2	0.3	0.1	0.4	0.5	0.8	0.1	0.0	0.2	0.1
Jamaica	343	0.3	0.5	0.3	0.4	0.3	0.3	0.0	0.3	0.0	0.0	0.0	0.0
Mexico	273	25.2	5.6	8.7	4.1	1.4	3.2	26.3	30.5	41.1	54.3	117.6	166.8
Nicaragua	278	....	....	0.0	0.1	....	....	....	0.1	0.1	0.0	0.0	0.1
Panama	283	1.1	0.6	0.6	0.8	0.6	0.3	0.2	0.0	0.0	0.0	0.0	0.0
Paraguay	288	....	....	0.2	0.4	0.4	0.4	0.4	0.0	0.5	0.1	1.6	1.6
Peru	293	0.8	1.2	0.9	1.9	0.6	0.6	2.3	1.7	2.6	2.0	2.7	2.5
Uruguay	298	0.2	0.1	0.1	0.1	0.0	0.1	7.9	18.8	26.1	24.3	14.8	8.2
Venezuela, Rep. Bol.	299	0.8	0.9	0.9	0.7	0.2	0.0	1.1	1.1	10.9	17.3	27.9	9.0
Other Countries n.i.e	910	**0.1**	....	....	....	....	....	**0.0**	**0.1**	**0.1**	**0.1**	**52.7**	**0.2**
Cuba	928	0.1	....	....	....	....	....	0.0	0.1	0.1	0.1	52.7	0.2
Special Categories	899	**111.9**	**197.9**	**227.9**	**210.5**	**209.9**	**229.6**	**50.3**	**64.6**	**102.9**	**107.8**	**102.8**	**110.7**
Countries & Areas n.s.	898	....	**777.6**	....	....	....	....	....	**64.6**	....	....	**0.1**	**0.0**
Memorandum Items													
Africa	605	403.3	343.6	352.3	362.0	285.8	218.0	140.0	152.9	235.2	190.5	423.4	546.4
Middle East	405	2,963.5	3,503.6	3,391.9	3,537.3	3,247.6	2,432.5	6,906.6	7,346.5	6,645.5	6,815.1	5,259.5	3,753.6
European Union	998	315.1	339.3	241.6	305.0	171.2	150.5	3,863.5	3,632.8	4,787.7	4,516.9	4,426.2	4,082.8
Export earnings: fuel	080	2,393.1	2,928.7	3,077.2	3,144.9	2,901.4	2,197.6	6,367.1	6,809.2	5,852.2	6,730.4	5,105.1	3,637.8
Export earnings: nonfuel	092	4,339.3	5,155.4	3,687.8	4,122.4	3,855.6	3,218.4	12,562.7	13,982.0	16,197.7	16,183.9	15,361.1	13,077.7

Kazakhstan (916)

In Millions of U.S. Dollars

		Exports (FOB)						Imports (CIF)					
		2011	2012	2013	2014	2015	2016	2011	2012	2013	2014	2015	2016
IFS World		84,313.5	86,444.8	84,698.3	79,197.7	44,983.8	....	36,922.9	46,389.6	48,841.4	41,447.4	29,861.2	....
World	001	88,135.6	92,285.4	82,366.9	79,433.5	45,952.0	36,736.9	38,073.9	44,538.0	49,073.8	41,486.1	30,600.2	25,376.7
Advanced Economies	110	49,959.5	52,787.0	49,677.8	49,493.8	27,426.0	21,605.5	10,156.2	11,549.6	14,455.0	12,740.9	9,690.1	7,964.6
Euro Area	163	36,717.9	39,350.2	39,060.0	39,709.1	20,930.6	16,043.3	5,442.8	5,582.9	7,513.2	6,700.7	5,567.5	4,446.7
Austria	122	3,876.5	4,955.9	3,613.3	2,855.1	423.5	46.5	220.7	268.2	741.9	279.2	190.8	149.8
Belgium	124	121.5	132.0	127.5	254.5	101.6	137.0	178.1	201.7	237.2	217.5	164.9	163.2
Cyprus	423	90.0	228.3	9.6	1.4	0.2	6.5	3.9	3.7	4.5	2.5	2.7	0.5
Estonia	939	37.9	11.1	4.7	1.4	15.0	8.3	25.2	21.1	29.7	56.0	35.9	25.6
Finland	172	582.7	526.6	669.3	893.6	287.6	217.7	247.4	249.9	246.9	263.2	179.4	124.3
France	132	5,414.7	5,633.0	5,262.1	4,689.7	2,681.3	1,791.9	687.7	584.3	924.7	1,085.2	670.8	661.1
Germany	134	1,610.3	1,838.2	426.8	444.9	342.6	262.2	2,082.2	2,271.3	2,805.7	2,327.1	1,986.0	1,442.6
Greece	174	575.4	667.3	673.1	1,938.5	1,259.9	871.0	16.1	17.9	19.4	42.9	19.0	13.2
Ireland	178	0.3	60.1	0.0	2.5	0.8	0.0	103.8	124.5	150.1	182.8	180.5	139.2
Italy	136	15,045.3	15,465.7	15,223.1	16,051.6	8,136.3	7,481.7	1,145.0	960.4	995.5	1,062.3	1,174.5	835.7
Latvia	941	183.0	289.7	357.3	263.8	121.1	93.5	45.6	54.8	69.2	60.9	40.1	32.8
Lithuania	946	169.0	179.6	122.5	285.1	100.6	240.9	100.0	133.9	168.9	153.4	220.7	83.5
Luxembourg	137	0.0	0.0	0.0	0.0	0.0	0.0	16.8	7.2	9.2	13.5	11.4	18.3
Malta	181	....	....	0.0	6.6	591.7	253.5	0.6	1.3	1.1	1.0	0.7	0.1
Netherlands	138	6,637.1	7,479.4	9,729.3	8,726.1	4,981.0	3,255.8	291.5	280.4	361.4	310.9	312.2	281.5
Portugal	182	1,137.8	1,019.5	933.4	866.5	642.1	355.7	11.7	16.0	18.9	20.8	15.8	14.7
Slovak Republic	936	76.7	59.3	40.5	40.5	7.7	8.3	59.5	57.9	106.1	145.5	67.2	29.7
Slovenia	961	24.4	36.3	23.3	24.0	18.2	23.8	57.4	100.2	119.2	94.9	74.9	75.3
Spain	184	1,135.4	768.2	1,844.3	2,363.3	1,219.1	989.1	149.5	228.2	503.7	381.0	220.0	355.4
Australia	193	16.2	30.8	7.7	8.7	7.1	5.9	47.8	63.2	100.1	85.6	67.0	25.9
Canada	156	2,629.3	3,080.1	2,636.6	707.0	257.3	272.7	174.3	203.8	233.8	177.5	254.7	111.2
China,P.R.: Hong Kong	532	7.9	77.3	78.7	19.3	17.3	10.3	1.6	1.0	5.7	11.3	7.7	9.1
Czech Republic	935	48.4	96.1	87.6	96.0	90.7	65.8	163.3	248.9	330.3	357.6	181.1	186.4
Denmark	128	31.0	33.4	26.3	72.4	40.4	30.9	76.2	85.6	76.3	68.3	72.7	60.6
Iceland	176	....	0.0	0.0	0.0	....	....	4.1	3.1	4.3	2.9	2.7	2.4
Israel	436	1,418.5	1,535.7	818.3	1,479.6	219.1	235.6	126.1	113.0	115.3	142.2	86.9	66.1
Japan	158	1,043.9	1,146.4	575.8	741.2	858.6	558.8	645.0	904.9	959.3	923.9	584.5	552.9
Korea, Republic of	542	279.2	300.1	128.6	872.6	769.9	223.5	622.0	956.7	1,250.3	1,076.5	607.0	453.0
New Zealand	196	1.2	0.0	0.3	0.0	0.0	0.0	2.5	2.3	6.1	2.1	1.5	6.6
Norway	142	1.7	8.3	5.1	2.4	1.9	8.1	54.9	45.7	45.1	49.3	31.5	51.4
San Marino	135	....	....	....	....	....	....	....	....	....	....	1.7	1.0
Singapore	576	2.7	1.7	55.5	102.4	122.8	54.2	46.5	84.5	293.8	92.0	66.3	37.2
Sweden	144	152.3	24.3	39.4	94.3	187.8	145.5	310.9	257.5	219.7	218.0	107.5	165.5
Switzerland	146	4,961.3	4,965.2	4,258.5	4,540.4	2,659.3	2,442.8	157.8	216.2	190.0	183.2	129.5	110.1
Taiwan Prov.of China	528	0.0	0.9	2.5	3.9	....	2.3	38.0	81.2	113.0	65.1	33.0	28.9
United Kingdom	112	1,619.2	1,694.6	1,502.4	632.2	828.8	892.6	526.0	579.0	606.7	585.1	402.8	372.5
United States	111	1,028.9	441.9	394.4	412.1	434.4	613.0	1,716.2	2,120.0	2,392.1	1,999.7	1,484.3	1,277.1
Emerg. & Dev. Economies	200	38,176.0	39,498.0	32,689.1	29,939.7	18,524.5	15,131.4	27,903.3	32,987.5	34,618.3	28,724.0	20,900.9	17,402.1
Emerg. & Dev. Asia	505	16,416.3	16,768.7	14,703.5	10,964.4	5,787.4	4,898.1	5,622.6	8,278.2	9,157.8	8,330.6	5,838.5	4,294.7
American Samoa	859	....	....	....	....	....	....	0.1	0.2	0.0	0.0	....	0.1
Bangladesh	513	0.0	0.0	1.7	0.1	0.1	1.2	10.3	23.6	33.6	42.0	45.1	36.0
Brunei Darussalam	516	0.1	0.0	0.0	0.2	0.0	0.0	....	....	....	0.0	0.0	....
Cambodia	522	....	0.0	....	....	0.0	0.0	2.5	3.6	4.1	5.9	5.0	4.3
China,P.R.: Mainland	924	16,291.5	16,484.4	14,168.5	9,814.9	5,480.1	4,228.4	5,021.1	7,497.7	8,192.6	7,439.7	5,087.8	3,668.0
Guam	829	....	....	....	....	....	....	0.1	....	0.0	....	....	....
India	534	48.4	190.7	331.8	1,083.3	220.1	411.1	243.1	334.5	345.2	264.9	241.8	203.9
Indonesia	536	7.9	19.9	130.3	4.1	18.9	1.2	27.2	37.3	40.1	35.8	31.0	18.2
Lao People's Dem.Rep	544	....	....	....	....	0.0	....	0.1	0.1	0.1	0.1	0.1	0.1
Malaysia	548	1.9	1.3	2.2	0.5	0.7	0.1	95.3	106.0	120.6	104.9	96.3	82.8
Mongolia	948	35.4	52.8	62.8	58.3	53.5	77.1	1.4	1.9	0.8	0.6	1.1	0.9
Myanmar	518	....	0.0	....	....	....	....	1.0	0.4	0.3	0.3	0.2	0.4
Nauru	836	....	....	....	....	....	....	0.1	0.0	0.0	0.1	0.2	0.1
Nepal	558	0.0	0.0	0.0	0.0	0.0	....	0.0	0.1	0.1	0.0	0.0	0.0
Papua New Guinea	853	0.3	0.3	0.0	....	....	0.0	0.0	0.0	0.0	0.0	....	0.0
Philippines	566	0.0	0.0	0.0	0.0	0.0	0.0	12.8	17.6	19.3	18.0	10.5	9.9
Sri Lanka	524	....	....	0.1	0.6	0.8	4.0	7.2	8.9	8.1	7.2	6.2	4.9

Kazakhstan (916)

In Millions of U.S. Dollars

		Exports (FOB)						Imports (CIF)					
		2011	2012	2013	2014	2015	2016	2011	2012	2013	2014	2015	2016
Thailand	578	5.8	11.6	2.5	0.7	2.7	7.4	97.6	130.4	160.7	139.7	73.3	66.3
Vietnam	582	7.4	5.3	1.4	1.7	10.4	167.5	51.8	115.9	231.9	271.2	195.5	198.8
Asia n.s.	598	17.7	2.2	2.0	....	....	....	50.8	0.0	0.4	0.0	44.3	0.0
Europe	**170**	**19,620.4**	**21,190.5**	**16,960.1**	**17,439.4**	**11,604.7**	**8,716.3**	**21,443.8**	**23,791.6**	**24,414.2**	**19,451.5**	**14,422.5**	**12,494.5**
Emerg. & Dev. Europe	**903**	**6,806.4**	**8,524.9**	**6,056.1**	**6,397.4**	**3,674.0**	**2,369.3**	**1,561.7**	**1,550.2**	**1,725.3**	**1,820.8**	**1,321.5**	**1,109.1**
Albania	914	5.7	7.9	0.5	....	....	1.2	0.2	0.2	0.4	0.8	0.6	0.4
Bosnia and Herzegovina	963	0.0	....	....	0.0	....	....	0.8	1.0	0.8	1.1	0.8	0.8
Bulgaria	918	481.9	359.1	98.5	39.1	80.0	87.5	30.7	47.0	64.9	56.4	32.8	22.2
Croatia	960	60.7	140.7	350.8	232.8	134.8	31.9	14.1	17.8	16.1	17.8	11.1	6.6
Faroe Islands	816	....	....	....	....	....	....	....	0.1	0.2	0.0	0.1	....
Gibraltar	823	....	....	....	50.5	....	....	0.0	0.0	0.1	0.0	....	....
Hungary	944	107.5	114.5	63.0	53.5	19.7	14.3	164.3	143.7	141.2	137.4	86.6	98.9
Macedonia, FYR	962	0.0	0.0	....	....	0.1	0.3	1.0	2.0	1.8	3.2	1.9	3.5
Montenegro	943	....	....	0.0	....	3.7	10.3	....	....	0.0	2.0	0.0	0.4
Poland	964	1,305.5	1,632.6	679.6	595.7	789.2	528.7	391.3	470.4	492.1	431.0	340.5	254.4
Romania	968	2,265.8	3,033.8	2,263.9	3,153.0	1,343.4	842.7	218.5	63.5	89.0	120.3	76.7	78.5
Serbia, Republic of	942	5.1	7.4	4.5	0.4	27.6	1.2	11.3	18.3	18.2	20.1	28.4	25.1
Turkey	186	2,574.4	3,229.0	2,595.1	2,272.5	1,275.6	851.0	729.3	786.1	900.6	1,030.7	741.9	618.3
CIS	**901**	**12,813.9**	**12,665.5**	**10,904.1**	**11,042.0**	**7,930.7**	**6,347.0**	**19,882.2**	**22,241.4**	**22,688.9**	**17,630.7**	**13,101.0**	**11,385.3**
Armenia	911	2.3	0.5	0.8	0.4	0.7	0.6	3.4	3.2	6.9	7.8	4.3	4.8
Azerbaijan, Rep. of	912	237.6	349.1	361.2	223.8	109.8	106.5	61.8	41.6	73.1	32.8	15.7	30.2
Belarus	913	103.5	90.4	58.3	61.2	53.4	47.2	623.4	675.5	698.3	773.8	488.0	339.0
Georgia	915	85.5	109.7	62.8	43.9	23.8	19.4	30.8	49.6	72.4	72.1	39.0	21.7
Kyrgyz Republic	917	508.4	725.9	672.3	705.3	517.7	437.2	242.0	333.0	329.1	352.2	182.0	231.4
Moldova	921	38.5	48.0	43.2	47.7	28.8	18.1	32.3	40.6	36.6	47.5	60.7	13.7
Russian Federation	922	7,514.5	6,747.2	5,875.3	6,388.5	4,547.5	3,445.2	16,269.1	17,110.5	17,971.8	13,807.7	10,529.3	9,288.3
Tajikistan	923	357.4	536.5	492.6	519.0	418.5	371.9	47.8	68.2	72.1	181.3	164.9	218.4
Turkmenistan	925	116.3	165.6	175.4	353.9	114.5	69.1	66.7	179.0	217.6	121.3	63.7	214.4
Ukraine	926	2,670.5	2,549.0	2,035.5	1,615.6	1,173.7	906.7	1,734.4	2,922.9	2,248.4	1,213.9	827.8	435.6
Uzbekistan	927	1,179.5	1,343.7	1,126.6	1,082.8	942.3	925.2	770.6	817.2	962.6	1,020.3	725.7	587.8
Mid East, N Africa, Pak	**440**	**1,638.3**	**1,413.8**	**965.0**	**1,457.7**	**1,044.4**	**1,473.4**	**225.1**	**241.1**	**277.9**	**280.7**	**234.5**	**175.4**
Afghanistan, I.R. of	512	333.8	320.9	248.6	333.5	372.4	486.3	3.8	0.6	2.8	3.2	2.0	2.5
Algeria	612	0.5	0.5	0.0	0.1	0.0	0.5	....	0.0	0.0	0.0	0.0	0.0
Bahrain, Kingdom of	419	0.0	....	....	0.1	0.0	0.0	1.9	1.4	1.5	1.5	0.8	0.9
Egypt	469	52.5	45.5	9.4	15.4	13.8	38.3	38.4	45.3	42.9	46.6	35.3	17.0
Iran, I.R. of	429	1,077.0	626.9	538.9	893.2	565.8	550.5	34.9	51.2	81.6	95.6	69.8	45.7
Iraq	433	1.0	3.5	34.1	6.7	9.7	5.1	0.0	0.0	0.0	....	0.0	0.0
Jordan	439	20.4	11.1	9.7	15.4	0.0	0.0	1.4	1.0	0.6	0.9	0.8	0.3
Kuwait	443	0.2	0.5	0.4	0.2	0.3	0.1	0.0	....	0.0	0.1	0.0	0.0
Lebanon	446	2.8	6.9	5.1	4.1	1.9	8.9	1.0	0.9	1.8	1.1	0.5	0.4
Libya	672	0.0	3.3	0.0	1.7	0.0	0.0	0.0	....	0.0	0.1	....	....
Mauritania	682	0.0	....	....	....	0.0	0.0	0.6	0.6	0.3	0.3	0.2	....
Morocco	686	88.9	77.2	72.9	74.5	25.7	23.4	6.6	10.1	13.1	13.5	10.2	7.2
Oman	449	2.4	0.3	0.5	0.6	0.3	0.3	13.5	17.1	4.0	0.2	0.0	0.1
Pakistan	564	3.6	15.3	4.5	2.9	1.5	2.7	29.6	21.0	39.8	30.8	32.9	23.0
Qatar	453	0.7	0.8	0.2	0.1	0.0	1.0	0.5	0.8	0.7	0.3	0.4	0.1
Saudi Arabia	456	3.4	3.6	2.2	1.6	5.4	39.2	9.6	17.5	26.9	11.8	10.9	5.0
Somalia	726	....	....	....	....	4.3	0.7	0.0	0.1	0.0	0.0	0.0	0.0
Sudan	732	....	82.9	....	14.5	....	0.9	0.0	1.3	0.0	0.2	0.0	....
Syrian Arab Republic	463	3.2	4.2	....	0.8	....	0.3	2.6	2.3	0.5	0.0	0.0	0.1
Tunisia	744	13.7	8.0	6.6	8.6	0.6	9.8	3.9	5.1	4.9	4.9	3.6	4.1
United Arab Emirates	466	34.0	122.3	31.7	83.8	42.5	305.2	76.7	64.7	56.3	69.5	67.1	69.0
West Bank and Gaza	487	....	....	....	....	....	....	0.1	0.1	0.0	0.0	0.0	0.0
Yemen, Republic of	474	0.2	79.9	0.2	....	....	....	....	0.2	0.0	0.0	0.0	0.0
Sub-Saharan Africa	**603**	**26.8**	**10.4**	**17.9**	**7.4**	**19.6**	**14.4**	**120.0**	**150.2**	**190.9**	**149.2**	**102.2**	**133.3**
Angola	614	0.2	0.1	0.3	1.4	0.0	0.0	0.0	....	0.0	....	....	0.3
Benin	638	....	....	....	1.7	2.5	....	0.0	0.0	0.1	0.1	....	0.0
Burkina Faso	748	0.7	....	....	....	....	....	0.0	....	....	0.0	....	....
Burundi	618	....	....	0.0	....	....	....	0.0	0.0	0.0	0.0	1.8	0.0
Chad	628	....	....	0.2	0.2	0.0	....	....	....	0.0	0.0	....	....

Kazakhstan (916)

In Millions of U.S. Dollars

		Exports (FOB)						Imports (CIF)					
		2011	2012	2013	2014	2015	2016	2011	2012	2013	2014	2015	2016
Congo, Dem. Rep. of	636	0.3	....	....	0.0	0.1	0.0	4.5	15.3	10.5	4.2	6.7	10.8
Congo, Republic of	634	0.8	0.0	0.6	0.3	0.2	0.2	0.2	0.0	....	0.0	....	....
Côte d'Ivoire	662	....	....	0.2	0.0	0.1	0.0	1.6	1.0	0.5	0.7	2.0	2.7
Equatorial Guinea	642	0.0	0.2	0.0	0.0	....	....	....	....	0.0	....	0.0	....
Eritrea	643							0.0	....	....	0.1	....	....
Ethiopia	644	....	0.0	....	....	....	0.4	0.0	0.0	0.1	0.1	0.1	0.0
Gabon	646	0.1	0.0	0.2	0.3	0.2	0.0	....	0.0	0.0	....	0.0	....
Ghana	652	1.0	0.6	0.6	....	0.0	0.9	25.4	26.3	35.0	38.3	15.7	28.6
Kenya	664	0.0	....	0.2	0.0	0.0	1.3	48.5	57.2	73.5	55.7	44.3	46.9
Madagascar	674	....	....	....	3.2	4.8	....	0.2	0.3	0.4	0.5	0.4	0.7
Malawi	676	0.0	....	....	....	....	....	1.9	1.3	1.8	3.8	1.2	1.4
Mali	678	....	....	....	....	....	....	0.0	0.3	0.4	0.1	0.0	0.0
Mauritius	684	....	....	....	....	....	....	0.3	0.6	0.8	1.1	0.5	0.4
Mozambique	688	....	0.1	0.1	0.1	....	0.0	2.3	2.3	2.6	1.3	0.8	1.3
Namibia	728	6.8	7.0	7.9	1.5	1.7	0.3	0.0	0.0	0.0	0.0	0.0	0.0
Niger	692	0.1	....	....	....	....	....	0.0	....	0.0	0.0	....	0.0
Nigeria	694	6.0	1.1	0.3	0.1	1.1	0.0	0.0	0.0	0.0	0.0	0.0	0.0
Rwanda	714	....	....	....	....	....	....	....	13.9	41.1	5.9	7.1	2.7
Senegal	722	5.5	....	5.1	0.0	9.4	5.7	0.1	0.0	0.0	0.0	0.0	0.0
Seychelles	718	0.2	0.1	....	....	0.0	....	0.1	0.2	0.2	0.1	0.2	0.1
Sierra Leone	724	....	0.0	....	....	....	....	0.4	0.1	0.1	0.0	0.0	0.0
South Africa	199	4.8	0.1	1.6	0.2	....	3.0	30.3	24.2	15.9	32.1	18.8	32.9
Tanzania	738	0.2	0.0	0.0	0.1	0.0	0.0	2.7	3.0	6.6	3.4	1.8	2.5
Uganda	746	0.0	1.0	0.0	0.0	....	....	0.0	0.0	0.0	0.0	0.1	0.1
Zambia	754	....	....	....	....	....	....	0.2	0.3	0.2	0.1	0.2	0.8
Zimbabwe	698	....	....	0.6	....	....	....	1.2	3.7	1.0	1.2	0.4	1.1
Western Hemisphere	**205**	**474.4**	**114.5**	**42.6**	**70.7**	**68.4**	**29.2**	**491.7**	**526.4**	**577.5**	**511.9**	**303.3**	**304.3**
Argentina	213	10.8	0.2	0.1	3.5	5.1	1.7	30.6	42.3	40.9	25.9	18.5	10.6
Bahamas, The	313	....	....	....	....	....	....	0.0	0.0	0.1	0.0	0.0	0.0
Barbados	316	....	....	....	....	....	....	0.1	0.4	0.1	0.0	0.0	0.0
Belize	339	....	0.2	0.3	....	....	....	0.0	0.2	0.0	0.0	0.0	0.0
Bermuda	319	....	....	0.4	4.5	....	....	0.0	0.0	0.0	0.0	0.0	0.0
Bolivia	218	0.5	0.3	0.2	0.0	0.0	0.0	1.5	1.4	0.5	0.5	1.1	0.2
Brazil	223	48.7	70.9	35.5	61.6	58.9	25.8	342.6	297.9	330.6	256.0	127.7	156.1
Chile	228	....	....	....	....	0.8	....	8.7	23.4	13.4	9.9	12.4	6.0
Colombia	233	0.5	0.1	0.2	0.1	0.5	0.0	3.3	3.2	6.3	5.4	4.8	4.0
Costa Rica	238	....	....	....	0.0	....	....	6.0	9.0	5.6	3.7	4.4	0.8
Dominican Republic	243	0.1	0.0	0.0	0.0	....	0.2	0.3	0.4	0.6	0.6	0.5	0.7
Ecuador	248	0.1	0.0	0.0	0.0	0.1	0.3	27.3	30.1	38.9	36.2	32.8	32.8
El Salvador	253	....	....	....	....	....	....	0.0	0.1	0.0	0.0	0.0	0.0
Greenland	326	0.7	....	....	....	....	....	0.0	0.0	0.0	0.0	....	....
Guatemala	258	....	....	....	....	....	....	0.1	0.1	0.1	40.9	16.6	22.8
Honduras	268	....	....	....	....	....	....	0.0	0.0	0.1	0.0	0.1	0.0
Mexico	273	1.1	0.0	0.2	0.8	0.3	0.7	64.6	96.4	121.3	120.1	71.2	65.4
Netherlands Antilles	353	....	....	....	....	....	....	0.0	0.1	....	....	....	....
Nicaragua	278	....	....	....	....	....	....	0.1	0.0	0.1	0.0	0.0	0.0
Panama	283	0.1	0.2	0.1	0.0	....	0.0	0.8	0.3	0.4	0.4	0.2	0.0
Paraguay	288	....	....	....	....	....	....	2.3	6.7	6.0	5.2	6.0	2.0
Peru	293	0.1	....	0.0	0.0	....	0.1	1.3	1.7	4.9	4.0	3.7	2.3
St. Kitts and Nevis	361	....	....	....	....	....	....	0.3	0.0	0.2	0.1	0.0	....
Suriname	366	....	....	....	....	....	....	0.0	0.0	0.1	0.0	....	0.0
Trinidad and Tobago	369	0.1	32.3	0.3	0.0	0.0	0.0	....	....	0.0	0.0	0.1	0.0
Uruguay	298	....	....	....	....	0.0	0.0	1.5	12.3	6.5	2.4	2.7	0.6
Venezuela, Rep. Bol.	299	0.3	0.0	0.0	0.0	2.7	0.1	0.1	0.0	0.0	0.0	0.0	0.0
Western Hem. n.s.	399	411.4	10.3	5.3	0.0	....	0.3	0.2	0.0	0.7	0.3	0.4	0.1
Other Countries n.i.e	**910**	**....**	**0.5**	**....**	**....**	**1.5**	**0.0**	**14.4**	**0.8**	**0.5**	**21.2**	**9.1**	**10.0**
Cuba	928	....	....	....	....	....	0.0	13.9	0.6	0.2	15.7	8.6	9.8
Korea, Dem. People's Rep.	954	....	0.5	....	....	1.5	....	0.5	0.3	0.3	5.5	0.5	0.2
Memorandum Items													
Africa	605	129.8	179.1	97.3	105.1	50.3	49.8	131.1	167.4	209.3	168.2	116.3	144.5

Kazakhstan (916)
In Millions of U.S. Dollars

		\multicolumn{6}{c	}{Exports (FOB)}	\multicolumn{6}{c	}{Imports (CIF)}
		2011	2012	2013	2014	2015	2016	2011	2012	2013	2014	2015	2016
Middle East	405	1,197.8	908.9	632.4	1,023.6	639.8	949.0	180.5	202.3	216.8	227.8	185.6	138.6
European Union	998	42,790.2	46,479.3	44,171.7	44,678.0	24,445.4	18,683.3	7,338.1	7,496.5	9,549.4	8,692.5	6,879.4	5,692.2
Export earnings: fuel	080	8,996.4	8,137.9	7,022.4	7,956.7	5,400.8	4,523.3	16,567.1	17,518.6	18,479.3	14,183.3	10,796.7	9,690.9
Export earnings: nonfuel	092	79,139.2	84,147.5	75,344.5	71,476.8	40,551.2	32,213.6	21,506.8	27,019.4	30,594.4	27,302.8	19,803.5	15,685.8

Kenya (664)

In Millions of U.S. Dollars

		Exports (FOB)						Imports (CIF)					
		2011	2012	2013	2014	2015	2016	2011	2012	2013	2014	2015	2016
IFS World		5,754.2	6,098.3	5,883.5	6,041.6	5,917.8	5,695.0	14,814.1	16,287.8	16,358.1	18,407.8	16,096.5	14,105.3
World	001	5,667.6	5,794.3	5,567.9	5,769.5	5,573.5	5,395.7	14,561.8	16,030.3	16,101.5	18,092.9	16,388.8	14,210.4
Advanced Economies	110	1,765.6	1,756.5	1,751.3	1,996.3	1,898.9	1,882.2	4,420.4	4,853.5	5,035.2	6,344.4	5,466.4	4,056.3
Euro Area	163	705.9	727.7	714.1	868.4	801.5	744.8	1,355.8	1,633.8	1,575.0	1,759.5	1,952.5	1,667.4
Austria	122	7.8	4.3	0.9	0.9	1.6	2.5	28.8	35.0	21.1	29.6	27.8	21.0
Belgium	124	49.4	61.5	70.7	75.3	60.1	67.6	118.6	127.1	149.4	147.0	135.7	133.6
Cyprus	423	2.7	2.1	2.1	3.8	3.2	2.8	1.5	1.8	1.6	1.9	2.2	3.0
Estonia	939	0.0	0.0	0.2	1.5	0.1	0.0	2.5	1.6	1.8	17.8	7.2	7.8
Finland	172	13.7	17.2	12.7	17.0	17.2	16.2	54.2	26.2	41.9	43.1	21.3	25.2
France	132	64.0	58.5	63.0	65.3	70.1	61.2	220.9	316.0	237.4	252.6	252.8	193.6
Germany	134	84.1	113.9	94.4	121.1	121.6	119.9	354.5	484.2	429.2	531.3	517.6	460.4
Greece	174	2.1	2.2	3.0	3.0	1.6	2.3	7.4	10.7	6.3	12.2	50.2	12.6
Ireland	178	11.3	15.2	13.5	12.4	28.5	10.7	59.0	53.6	50.2	63.5	118.9	47.4
Italy	136	73.6	63.1	51.9	78.1	68.0	37.5	160.7	241.6	232.0	223.1	227.5	238.6
Latvia	941	0.3	0.8	1.0	0.7	0.0	0.1	0.3	0.3	0.5	58.1	136.0	145.8
Lithuania	946	0.1	0.2	0.2	0.1	0.0	0.1	10.8	0.3	0.6	3.9	18.7	14.7
Luxembourg	137	2.0	0.1	0.1	0.1	0.7	0.0	0.9	9.2	3.8	2.3	9.6	4.9
Malta	181	0.3	0.2	0.2	0.2	0.3	0.4	0.5	0.6	1.1	1.8	3.3	2.9
Netherlands	138	365.2	361.8	372.7	455.4	394.8	395.3	250.4	206.1	282.7	210.2	273.3	237.3
Portugal	182	4.7	3.8	4.4	3.5	3.4	4.1	7.3	10.2	9.1	8.0	7.5	14.4
Slovak Republic	936	0.1	0.0	0.1	0.5	0.2	0.1	5.7	14.0	9.4	10.6	3.8	8.3
Slovenia	961	0.1	0.2	0.0	0.1	0.3	0.1	1.1	1.3	1.4	2.0	2.8	4.6
Spain	184	24.5	22.5	23.1	29.4	29.7	24.0	70.8	94.1	95.5	140.7	136.2	91.2
Australia	193	9.9	19.1	30.5	33.9	36.0	25.4	26.0	53.3	142.5	79.7	61.1	46.8
Canada	156	13.1	17.6	14.8	19.0	18.5	18.4	83.3	155.0	74.7	88.1	67.0	80.3
China,P.R.: Hong Kong	532	35.1	32.6	39.4	29.3	21.5	20.0	46.0	52.0	53.0	55.4	58.3	57.1
China,P.R.: Macao	546	0.0	....	....	0.0	0.0	0.0	0.0	0.1	9.3	0.0	0.0	0.0
Czech Republic	935	0.8	0.2	0.1	1.5	2.6	2.9	34.0	15.7	23.7	22.0	16.1	17.6
Denmark	128	2.1	4.6	3.5	7.8	5.6	4.9	95.1	56.1	53.0	47.2	49.8	46.4
Iceland	176	0.0	0.2	0.1	0.0	0.0	0.0	0.6	10.5	5.4	5.7	12.1	3.5
Israel	436	15.8	24.0	12.9	14.9	14.4	7.6	71.4	84.6	107.5	63.4	90.8	45.3
Japan	158	24.1	28.6	31.0	39.3	45.4	37.7	649.1	735.7	952.8	968.8	953.4	778.2
Korea, Republic of	542	5.5	11.9	12.3	28.4	28.5	104.9	322.9	262.4	279.2	324.8	239.9	152.4
New Zealand	196	1.0	2.1	2.2	1.8	1.9	1.9	7.5	6.6	6.9	4.6	6.4	4.8
Norway	142	12.8	20.3	21.6	22.6	21.2	21.2	29.0	29.5	23.6	17.6	10.4	13.7
San Marino	135	....	....	....	....	0.1	0.1	....	....	....	....	0.0	0.0
Singapore	576	12.3	4.0	19.0	13.0	11.0	12.0	359.1	151.4	208.4	163.9	99.5	73.8
Sweden	144	31.8	44.6	28.7	30.6	26.1	22.3	93.9	94.7	80.9	69.9	78.0	73.7
Switzerland	146	91.4	36.4	47.2	51.7	51.3	48.1	167.7	75.1	83.1	89.0	70.6	81.3
Taiwan Prov.of China	528	0.9	2.1	1.9	3.4	7.0	8.4	108.4	155.5	138.7	173.9	145.2	105.3
United Kingdom	112	518.9	473.0	429.9	402.1	391.3	391.2	477.6	510.7	560.7	526.9	456.6	348.8
United States	111	284.4	307.7	342.1	428.6	414.9	410.2	493.1	770.8	656.8	1,884.2	1,098.5	460.1
Vatican	187	....	....	....	....	....	....	....	....	....	....	0.1	0.1
Emerg. & Dev. Economies	200	3,851.3	3,968.0	3,778.1	3,686.5	3,589.4	3,431.3	10,085.5	11,175.1	11,061.5	11,736.0	10,911.5	10,144.5
Emerg. & Dev. Asia	505	227.7	231.0	211.3	237.2	268.7	262.3	4,067.1	5,191.9	5,864.8	6,636.9	6,138.4	5,743.4
American Samoa	859	....	....	....	....	0.3	0.3	....	....	....	....	0.8	0.7
Bangladesh	513	6.3	4.8	3.0	4.0	4.0	3.8	5.5	5.0	7.1	7.7	5.4	6.5
Brunei Darussalam	516	0.0	....	....	5.8	2.1	2.2	....	0.0	....	0.1	0.0	0.4
Cambodia	522	....	....	....	....	0.1	0.1	1.0	0.1	0.5	0.4	0.4	0.3
China,P.R.: Mainland	924	41.8	62.9	48.0	74.0	98.9	98.0	1,589.3	1,947.9	2,081.4	2,776.8	3,417.0	3,460.5
Fiji	819	....	....	....	0.0	0.0	0.0	0.0	0.0	0.0	0.1	0.1	0.1
Guam	829	....	....	....	....	0.1	0.1	....	....	....	....	....	....
India	534	104.3	87.7	108.2	98.2	87.2	102.3	1,658.9	2,273.1	2,932.0	2,961.5	1,946.1	1,614.1
Indonesia	536	24.2	18.2	14.3	9.9	12.7	7.6	500.7	644.1	510.8	544.7	519.9	453.5
Lao People's Dem.Rep	544	....	....	....	....	0.1	0.1	....	....	....	....	0.0	0.0
Malaysia	548	5.2	24.4	5.5	6.1	12.9	16.8	111.1	81.9	106.9	124.2	64.5	38.3
Maldives	556	0.0	0.0	0.1	0.1	0.1	0.1	....	0.0	0.0	....	....	....
Myanmar	518	0.4	0.2	0.4	0.7	0.7	0.7	1.0	0.1	0.0	0.4	0.4	0.3
Nauru	836	....	....	....	....	0.5	0.5	....	....	....	....	0.1	0.1
Nepal	558	....	....	....	....	0.0	0.0	....	....	....	....	0.2	0.1

Kenya (664)

In Millions of U.S. Dollars

		Exports (FOB)						Imports (CIF)					
		2011	2012	2013	2014	2015	2016	2011	2012	2013	2014	2015	2016
Papua New Guinea	853	0.1	0.0	0.0	0.0	0.0	0.0	0.0	0.0	....	0.0	0.0	0.0
Philippines	566	6.1	2.7	5.3	9.2	11.5	2.0	7.9	7.2	7.6	7.5	2.4	0.5
Solomon Islands	813	....	....	....	....	0.5	0.5	....	....	....	....	0.0	0.0
Sri Lanka	524	8.2	3.4	2.9	2.6	2.6	2.7	8.3	11.4	10.4	8.4	15.7	13.2
Thailand	578	24.0	20.2	18.5	18.5	26.4	16.7	127.3	132.6	144.1	140.2	109.6	104.8
Vietnam	582	7.1	6.4	5.1	5.1	5.1	5.1	56.0	54.9	63.9	64.8	55.9	49.9
Asia n.s.	598	....	0.0	....	3.0	2.9	2.8	0.0	33.6	0.1	0.1	0.1	0.1
Europe	170	**137.8**	**152.7**	**165.5**	**173.8**	**184.2**	**172.6**	**577.7**	**485.2**	**686.6**	**663.8**	**491.3**	**379.4**
Emerg. & Dev. Europe	903	**29.1**	**27.4**	**31.9**	**51.7**	**51.8**	**46.4**	**284.6**	**206.7**	**244.5**	**235.9**	**238.2**	**209.6**
Albania	914	....	....	....	....	0.0	0.1	....	....	....	....	0.0	0.0
Bosnia and Herzegovina	963	0.0	0.0	0.0	0.0	0.0	0.1	....	....	....	....	0.0	0.1
Bulgaria	918	1.8	1.1	1.8	10.8	5.1	4.9	4.6	4.6	5.3	7.0	5.1	5.2
Croatia	960	0.2	0.0	0.1	0.1	0.0	0.0	0.1	0.1	1.6	13.4	4.1	8.0
Hungary	944	0.3	0.1	0.4	0.8	1.7	2.8	28.9	16.3	18.6	16.2	17.9	16.9
Kosovo	967	....	....	....	....	....	0.1 e	....	....	....	....	....	0.0 e
Montenegro	943	....	....	....	....	0.2 e	0.1 e	....	....	....	....	....	....
Poland	964	16.9	15.0	18.6	20.7	29.3	23.6	13.1	20.5	26.2	52.9	79.7	44.8
Romania	968	1.0	1.7	0.9	3.6	2.6	2.3	46.9	29.5	29.2	10.5	6.9	6.1
Serbia, Republic of	942	....	....	....	....	0.8	1.5	....	....	....	....	0.0	0.0
Turkey	186	9.0	9.5	10.1	15.6	12.0	10.7	186.1	132.9	160.9	113.2	124.4	128.5
CIS	901	**108.6**	**125.2**	**133.6**	**122.1**	**132.4**	**126.2**	**293.0**	**278.4**	**442.0**	**427.9**	**253.1**	**169.8**
Armenia	911	....	....	....	....	0.0	1.2	....	....	....	....	0.0	....
Azerbaijan, Rep. of	912	0.3	0.1	0.1	0.1	....	0.4	0.0	0.0	0.0	....	....	0.0
Belarus	913	0.4	1.0	1.6	0.3	1.0	1.9	0.2	1.2	2.7	1.2	0.3	0.2
Georgia	915	....	....	....	....	0.4	0.5	0.3	1.4	18.9	0.4	0.4	0.5
Kazakhstan	916	40.8	44.0	49.6	36.7	35.8	40.3	0.0	0.0	0.0	0.0	0.0	1.3
Kyrgyz Republic	917	0.3	0.4	0.2	0.4	0.4	0.3	0.2	....	0.0	0.0	0.0	0.0
Moldova	921	....	....	....	....	0.6	0.5	....	....	....	....	0.0	0.0
Russian Federation	922	64.0	76.6	78.0	79.8	90.8	77.3	249.3	176.9	264.0	258.7	186.3	125.3
Ukraine	926	2.9	3.1	4.1	4.9	3.5	3.8	43.0	98.9	156.4	167.7	66.2	42.4
Europe n.s.	884	....	....	....	....	....	....	0.2	0.1	0.0	....	....	....
Mid East, N Africa, Pak	440	**1,442.0**	**1,454.8**	**1,382.9**	**1,184.2**	**1,149.1**	**1,196.6**	**3,750.2**	**3,762.9**	**2,930.6**	**2,995.3**	**2,782.2**	**2,595.2**
Afghanistan, I.R. of	512	152.9	149.4	181.7	116.2	116.1	127.1	0.1	0.0	0.1	0.1	0.1	0.1
Algeria	612	0.0	0.1	6.2	1.2	1.1	1.8	2.6	0.2	0.2	9.7	9.7	13.9
Bahrain, Kingdom of	419	1.3	1.3	1.1	4.2	4.1	4.0	212.2	264.8	401.9	466.8	384.0	324.2
Djibouti	611	11.7	13.6	14.0	11.4	11.4	11.6	0.0	1.4	0.0	0.0	0.0	0.0
Egypt	469	259.3	248.4	194.5	196.3	168.0	178.8	198.3	348.2	292.7	285.6	295.8	336.6
Iran, I.R. of	429	21.5	15.2	32.0	25.7	22.8	22.5	40.5	42.9	27.8	42.4	37.1	32.5
Iraq	433	9.0	0.6	1.3	0.9	0.9	0.9	0.3	0.1	0.1	6.1	5.3	4.6
Jordan	439	2.2	3.2	3.0	3.5	8.5	10.8	9.1	13.7	9.1	8.1	5.1	3.6
Kuwait	443	7.8	5.2	6.5	2.3	2.6	3.5	62.4	196.7	31.1	26.4	23.1	20.2
Lebanon	446	1.1	1.7	1.4	1.1	1.9	0.8	3.7	14.7	10.8	0.8	0.7	0.7
Libya	672	0.3	0.8	1.3	1.4	1.4	1.4	0.0	0.4	0.1	0.1	0.1	0.1
Mauritania	682	0.2	0.3	0.7	0.7	0.6	0.6	....	....	....	0.1	0.1	0.1
Morocco	686	3.4	3.3	3.1	4.6	4.6	4.9	39.0	3.7	27.6	2.1	0.6	39.9
Oman	449	4.5	11.3	8.7	14.3	13.9	16.7	119.7	106.9	43.4	118.7	103.8	25.2
Pakistan	564	233.5	277.7	275.4	246.3	244.5	244.4	192.5	150.4	179.2	202.0	171.1	148.4
Qatar	453	2.5	2.1	2.3	3.7	3.6	3.5	23.1	73.5	64.3	34.3	36.1	40.1
Saudi Arabia	456	26.2	38.6	36.5	54.7	51.4	45.1	581.2	781.9	473.7	631.5	595.2	521.6
Somalia	726	182.1	213.8	193.7	148.1	154.1	162.5	1.6	0.2	3.4	1.7	1.5	1.3
Sudan	732	246.5	77.1	73.6	70.0	49.5	56.2	8.6	11.3	15.6	0.0	0.0	0.0
Syrian Arab Republic	463	1.0	1.0	0.7	0.9	0.9	0.8	0.5	0.1	0.0	0.1	0.1	0.1
Tunisia	744	1.5	5.0	0.1	1.1	1.1	1.2	37.5	2.1	0.5	0.9	0.9	1.1
United Arab Emirates	466	222.0	332.5	287.3	226.7	238.0	249.1	2,211.3	1,749.2	1,346.1	1,157.6	1,111.5	1,080.6
West Bank and Gaza	487	....	....	....	....	0.1 e	0.1 e	....	....	....	....	....	....
Yemen, Republic of	474	51.3	52.5	57.7	48.9	47.9	48.3	6.0	0.6	3.1	0.4	0.3	0.3
Sub-Saharan Africa	603	**2,037.6**	**2,120.7**	**1,989.3**	**2,028.9**	**1,927.1**	**1,751.6**	**1,390.3**	**1,271.5**	**1,346.4**	**1,319.0**	**1,370.4**	**1,282.9**
Angola	614	4.5	4.7	2.0	1.2	1.7	2.1	0.0	3.3	1.5	1.3	1.2	1.0
Benin	638	0.8	0.1	0.6	9.9	9.7	9.4	0.0	0.0	0.0	0.0	0.0	0.0
Botswana	616	1.5	0.5	4.1	8.2	6.8	5.3	0.2	1.0	0.2	0.1	0.1	0.1

2017, International Monetary Fund: *Direction of Trade Statistics Yearbook*

Kenya (664)
In Millions of U.S. Dollars

		\multicolumn{6}{c}{Exports (FOB)}	\multicolumn{6}{c}{Imports (CIF)}
		2011	2012	2013	2014	2015	2016	2011	2012	2013	2014	2015	2016
Burkina Faso	748	0.5	0.5	0.2	1.0	1.0	0.9	0.0	0.0	0.0	0.0	0.0	0.0
Burundi	618	65.3	61.5	64.7	87.5	81.6	72.9	5.2	3.6	0.6	0.3	0.3	0.3
Cabo Verde	624	0.0	0.0	0.0	0.7	0.7	0.7	0.0	0.0	....	....	....	....
Cameroon	622	0.6	0.3	1.0	0.9	0.8	0.7	1.1	2.7	0.1	0.3	0.3	0.2
Central African Rep.	626	0.2	0.2	0.8	7.3	7.1	6.9	0.0	0.0	0.2	0.0	0.0	0.0
Chad	628	0.6	0.3	0.4	0.9	0.9	0.9	0.5	0.0	0.0	0.0	0.0	0.0
Comoros	632	8.4	13.6	10.0	5.3	6.5	7.8	0.0	0.0	0.0	....	....	....
Congo, Dem. Rep. of	636	193.9	212.5	215.7	235.6	226.4	213.8	27.5	10.2	6.4	2.9	3.4	4.3
Congo, Republic of	634	....	0.1	0.8	0.5	0.5	0.5	....	....	0.0	0.0	0.0	0.0
Côte d'Ivoire	662	0.9	1.3	1.6	3.4	0.8	0.7	3.4	2.5	2.3	0.7	0.3	0.3
Eritrea	643	4.1	3.1	3.5	4.5	4.1	3.7	0.0	0.0	0.1	0.0	0.0	0.0
Ethiopia	644	53.3	53.2	55.9	77.4	72.1	64.0	0.8	1.3	0.9	2.4	2.1	1.8
Gabon	646	0.2	0.1	0.3	0.0	0.0	0.0	0.0	0.0	0.0	0.2	0.1	0.1
Gambia, The	648	0.3	0.2	0.0	0.0	0.0	0.0	0.0	0.0	0.0	0.1	0.0	0.0
Ghana	652	4.6	4.3	7.2	5.4	5.0	5.1	0.3	3.0	2.9	4.2	3.6	3.2
Guinea	656	0.5	3.4	0.2	0.3	0.3	0.3	0.0	0.0	0.0	0.2	0.2	0.2
Guinea-Bissau	654	0.1	....	0.1	0.1	0.1	0.1	0.0	0.0	0.0	....	....	....
Lesotho	666	0.2	1.3	0.4	0.5	0.5	0.5	0.5	0.6	0.9	0.1	0.1	0.1
Liberia	668	0.3	0.3	0.2	1.5	1.4	1.4	0.0	2.1	0.1	0.0	0.0	0.0
Madagascar	674	7.5	5.2	3.6	4.8	4.8	4.4	10.1	7.4	9.0	6.5	5.7	5.0
Malawi	676	64.3	53.3	40.4	37.3	38.9	39.5	68.4	9.0	12.0	3.4	3.0	2.6
Mali	678	0.4	0.4	0.4	1.4	1.3	1.3	0.0	0.6	0.2	0.1	0.1	0.1
Mauritius	684	14.8	13.2	10.9	11.9	10.2	9.9	27.2	35.6	23.0	31.4	117.3	157.9
Mozambique	688	8.9	14.5	16.1	20.3	19.0	17.2	16.7	9.1	20.8	8.1	6.7	8.3
Namibia	728	0.3	0.3	0.2	1.9	1.9	1.8	1.0	1.2	1.3	1.2	1.1	0.9
Niger	692	1.0	0.3	0.7	1.0	1.0	0.9	0.6	0.1	0.7	0.2	0.2	0.1
Nigeria	694	19.9	34.2	26.9	27.2	27.9	27.4	1.8	0.6	18.1	7.8	6.8	6.0
Rwanda	714	150.3	187.3	156.0	161.2	179.2	171.6	4.6	9.6	11.5	8.0	6.7	7.5
Senegal	722	0.4	0.8	1.8	1.0	0.4	0.5	0.2	0.5	0.0	0.0	0.0	0.0
Seychelles	718	2.8	2.1	4.3	2.0	1.9	2.2	5.4	4.7	3.3	5.3	4.6	4.1
Sierra Leone	724	0.6	2.6	0.5	2.3	2.3	2.2	0.3	0.4	0.5	0.3	0.3	0.3
South Africa	199	31.4	31.0	37.4	66.5	35.2	32.9	793.0	722.8	807.7	716.1	648.9	561.7
Swaziland	734	1.7	0.1	0.1	0.2	0.2	0.2	54.5	47.5	62.2	62.6	53.0	47.1
Tanzania	738	461.5	536.1	471.1	478.8	477.5	465.0	175.0	167.8	133.4	205.4	179.5	148.1
Togo	742	0.1	0.2	2.8	0.7	0.2	0.2	0.0	0.0	0.0	0.0	0.0	0.0
Uganda	746	845.2	782.0	752.7	664.8	633.2	552.7	113.3	178.3	183.9	195.1	286.1	289.0
Zambia	754	68.0	75.5	72.7	74.6	45.6	6.1	60.3	33.5	33.0	49.0	33.9	28.3
Zimbabwe	698	17.4	20.0	20.7	18.7	18.3	18.2	18.1	12.3	9.4	5.6	4.9	4.3
Western Hemisphere	205	**6.3**	**8.8**	**29.2**	**62.4**	**60.3**	**48.1**	**300.2**	**463.6**	**233.2**	**121.0**	**129.1**	**143.7**
Antigua and Barbuda	311	....	....	....	....	0.1	0.1	....	....	....	....	0.3	0.3
Argentina	213	0.1	0.0	0.0	0.1	0.1	0.2	31.6	121.0	13.1	22.2	22.2	45.7
Bahamas, The	313	0.0	....	19.3	8.2	8.0	7.8	0.0	4.0	0.0	0.0	0.0	0.0
Belize	339	....	....	....	3.9	3.9	3.9	0.4	0.0	....	0.0	0.0	0.0
Bermuda	319	....	....	....	7.9	7.8	7.5	0.0	0.0	....	....	....	....
Bolivia	218	0.0	0.0	0.0	6.1	3.3	3.3	....	0.0	....	0.0	0.0	0.0
Brazil	223	0.6	0.6	0.2	11.9	2.7	1.5	219.2	294.0	178.2	68.3	71.1	61.3
Chile	228	1.1	2.6	2.2	10.4	17.1	6.1	3.3	5.1	2.8	4.2	3.0	5.5
Colombia	233	1.1	4.6	5.2	7.1	8.6	8.6	4.6	4.6	0.7	1.1	0.5	0.3
Costa Rica	238	0.0	0.0	0.1	0.7	0.6	0.7	0.1	0.4	0.1	0.2	0.2	0.3
Dominica	321	0.4	....	0.0	0.7	0.7	0.7	0.0	0.1	0.1	0.0	0.0	0.0
Dominican Republic	243	0.1	0.0	0.0	0.6	0.5	0.5	0.0	0.0	0.1	1.7	1.5	1.3
Ecuador	248	0.5	0.3	0.5	2.0	0.7	1.0	0.4	0.2	0.1	0.4	2.5	0.7
El Salvador	253	0.0	0.1	0.2	0.0	0.0	0.0	0.0	....	0.0	0.0	0.0	0.0
Falkland Islands	323	....	....	....	....	0.1	0.1	....	....	....	....	....	....
Grenada	328	0.0	....	....	0.4	0.4	0.4	....	....	....	....	....	....
Guatemala	258	0.3	0.0	0.1	0.0	0.0	0.0	2.7	1.1	5.2	0.7	0.6	0.6
Guyana	336	0.0	0.0	0.0	0.1	0.0	0.0	....	0.0	....	0.7	0.7	0.7
Haiti	263	0.5	0.1	0.0	0.3	0.3	0.3	....	....	....	....	....	....
Honduras	268	....	....	0.1	0.7	4.5	3.9	0.0	0.0	0.0	0.3	0.0	0.0
Jamaica	343	0.0	0.0	0.0	....	....	....	0.1	0.0	0.0	0.0	0.0	0.0

Kenya (664)
In Millions of U.S. Dollars

		Exports (FOB)						Imports (CIF)					
		2011	2012	2013	2014	2015	2016	2011	2012	2013	2014	2015	2016
Mexico	273	0.7	0.3	0.9	1.1	0.3	0.9	7.2	12.9	18.9	17.6	22.5	23.5
Netherlands Antilles	353	....	....	....	....	....	....	....	....	....	....	0.6	0.5
Nicaragua	278	....	....	....	....	0.0	0.0	0.0	0.3	0.0	0.0	0.0	0.0
Panama	283	0.3	0.0	0.1	0.0	0.0	0.0	0.0	0.1	0.3	0.2	0.2	0.2
Paraguay	288	....	....	....	0.0	0.0	0.0	18.8	18.1	9.4	0.0	0.0	0.0
Peru	293	0.2	0.1	0.2	0.2	0.2	0.2	0.0	0.2	0.6	0.5	0.5	0.6
Suriname	366	....	....	....	....	0.3	0.2	....	....	....	....	0.4	0.4
Trinidad and Tobago	369	0.0	0.0	0.0	0.0	0.0	0.0	0.1	0.1	0.1	0.0	0.0	0.0
Uruguay	298	0.0	....	0.0	....	....	....	11.4	0.1	2.3	2.7	1.8	1.8
Venezuela, Rep. Bol.	299	0.3	0.0	....	....	....	....	0.1	0.0	0.0	0.0	0.0	0.0
Western Hem. n.s.	399	0.0	0.0	0.0	0.0	0.0	0.0	0.0	1.2	1.2	0.0	0.0	0.0
Other Countries n.i.e	910	**0.0**	**0.0**	**0.0**	**0.0**	**0.5**	**0.5**	**0.3**	**0.2**	**0.2**	**0.2**	**0.2**	**0.2**
Cuba	928	....	....	....	....	0.5	0.5	....	....	....	....	....	....
Korea, Dem. People's Rep.	954	0.0	0.0	0.0	0.0	0.0	0.0	0.3	0.2	0.2	0.2	0.2	0.2
Special Categories	899	**47.0**	**66.4**	**36.1**	**83.6**	**81.7**	**78.8**	....	....	**0.1**	**0.0**	**0.0**	**0.0**
Countries & Areas n.s.	898	**3.7**	**3.3**	**2.4**	**3.1**	**3.0**	**2.9**	**55.6**	**1.6**	**4.5**	**12.2**	**10.7**	**9.4**
Memorandum Items													
Africa	605	2,483.0	2,433.8	2,280.7	2,266.0	2,149.5	1,990.6	1,479.7	1,290.4	1,393.6	1,333.4	1,383.2	1,339.2
Middle East	405	610.1	714.5	634.4	584.6	566.0	586.1	3,468.1	3,593.6	2,704.1	2,778.7	2,598.3	2,390.4
European Union	998	1,279.6	1,268.0	1,198.0	1,346.4	1,265.7	1,199.8	2,149.8	2,381.8	2,374.2	2,525.5	2,666.7	2,234.9
Export earnings: fuel	080	478.7	625.2	604.9	551.5	560.0	560.5	3,516.1	3,402.9	2,676.2	2,763.5	2,503.7	2,198.6
Export earnings: nonfuel	092	5,188.9	5,169.1	4,963.0	5,218.1	5,013.5	4,835.2	11,045.7	12,627.5	13,425.3	15,329.5	13,885.1	12,011.7

Kiribati (826)
In Millions of U.S. Dollars

		Exports (FOB) 2011	2012	2013	2014	2015	2016	Imports (CIF) 2011	2012	2013	2014	2015	2016
IFS World		....	....	....	....	....	....	....	....	....	....	....	....
World	001	3.6	4.6	6.4	6.8	10.7	8.2	77.6	110.2	98.8	89.3	108.6	74.4
Advanced Economies	110	1.9	1.0	1.5	2.1	1.6	1.5	72.6	82.1	73.8	65.5	77.0	52.5
Euro Area	163	0.0	0.0	0.0	0.0	0.0	....	0.6	0.5	1.0	0.5	2.2	0.5
Austria	122	....	....	....	....	....	....	0.0 e	0.0 e	0.5 e	0.0 e	0.0 e	0.0 e
France	132	....	....	....	....	....	....	0.0	0.0	0.0	0.0	1.4	0.0
Germany	134	0.0	0.0	....	....	....	....	0.0	0.0	0.4	0.3	0.3	0.3
Greece	174	....	....	....	....	....	....	0.0	0.0	0.0	0.0	0.3	0.0
Ireland	178	....	....	....	....	....	....	0.1 e	0.0 e	0.0 e	....	....	....
Malta	181	....	....	....	....	....	....	0.1 e	0.1 e	....	....	....	....
Netherlands	138	....	....	0.0	....	0.0	....	0.2	0.3	0.1	0.1	0.1	0.1
Australia	193	1.1	0.3	0.6	0.8	0.6	0.3	31.6	26.4	26.0	22.7	24.0	16.8
Canada	156	....	....	....	....	....	....	0.1 e	0.0 e	0.0 e	0.0 e	0.1 e	0.8 e
China,P.R.: Hong Kong	532	0.6	0.6	0.1	0.0	0.0	0.0	1.0	1.3	1.1	0.8	2.3	2.3
Denmark	128	....	....	....	....	....	....	0.0	0.2	0.6	0.7	1.2	1.1
Japan	158	....	0.0	0.2	0.6	0.3	0.3	12.4	22.9	4.2	4.7	8.8	6.0
Korea, Republic of	542	....	....	0.0	0.0	0.0	0.0	3.8	0.6	0.9	1.6	0.5	0.4
New Zealand	196	0.1	0.1	0.3	0.1	0.0	0.0	5.7	7.1	12.8	14.3	19.1	15.3
Singapore	576	....	....	....	....	....	....	....	16.7	20.5	15.3	10.4	7.7
Switzerland	146	....	0.0	....	....	0.0	....	0.1	0.9	0.7	....	0.0	0.0
Taiwan Prov.of China	528	....	....	....	....	....	....	0.7 e	0.9 e	1.0 e	2.6 e	3.0 e	0.9 e
United Kingdom	112	....	....	....	....	....	....	0.1	0.0	0.1	0.0	0.1	0.0
United States	111	0.0	0.0	0.2	0.6	0.6	0.8	16.5	4.3	4.9	2.3	5.1	0.8
Emerg. & Dev. Economies	200	1.8	3.6	4.9	4.7	9.1	6.6	4.9	28.1	25.0	23.8	31.7	21.9
Emerg. & Dev. Asia	505	0.6	0.8	3.2	3.0	7.4	4.9	4.4	27.1	24.4	21.9	31.1	21.1
American Samoa	859	....	....	0.0	0.0	0.1	0.1	....	....	....	....	....	....
Bangladesh	513	....	....	0.1	0.1	0.1	0.1	0.2	0.2	....	....	....	....
China,P.R.: Mainland	924	....	....	....	....	....	....	2.1	5.3	4.3	4.5	9.0	5.1
Fiji	819	0.0	0.3	0.8	0.7	1.2	1.4	....	15.1	14.5	11.6	16.4	10.3
Guam	829	....	....	0.2	0.1	0.2	0.3	....	0.0	....	....	....	....
India	534	....	0.0	0.0	0.0	....	....	0.0	0.2	0.4	0.4	0.6	0.3
Indonesia	536	....	....	....	....	....	....	0.5	0.9	0.9	0.8	0.9	1.3
Malaysia	548	....	....	....	....	....	....	0.6	0.5	0.3	0.4	0.4	0.1
Marshall Islands	867	....	....	0.9	0.8	1.3	1.5	....	0.0	0.1	0.0	0.1	0.0
Nauru	836	0.0	0.1	....	....	....	....	....	0.0	....	....	....	....
Philippines	566	....	....	0.8	0.8	3.8	0.8	0.1	0.2	0.1	0.4	0.2	1.1
Solomon Islands	813	0.0	....	0.0	0.0	0.0	....	....	0.6	0.6	0.5	0.6	0.4
Thailand	578	....	....	....	....	....	....	0.7	0.6	1.3	1.7	0.6	0.9
Timor-Leste	537	....	....	....	....	....	....	....	1.1	....	....	....	....
Vanuatu	846	....	....	....	....	....	....	....	0.8	0.6	0.5	0.7	0.5
Vietnam	582	0.5	0.4	0.4	0.3	0.6	0.6	....	0.6	0.7	0.5	0.7	0.5
Asia n.s.	598	....	....	....	....	....	....	....	0.9	0.6	0.5	0.7	0.5
Europe	170	....	....	....	....	....	....	0.2	0.2	0.1	0.3	0.2	0.0
Emerg. & Dev. Europe	903	....	....	....	....	....	....	0.2	0.2	0.1	0.3	0.2	0.0
Bulgaria	918	....	....	....	....	....	....	....	....	....	....	0.1 e	....
Croatia	960	....	....	....	....	....	....	....	0.0 e	0.0 e	0.2 e	....	....
Poland	964	....	....	....	....	....	....	0.2	0.2	....	....	....	....
Turkey	186	....	....	....	....	....	....	0.0	0.0	0.1	0.2	0.0	0.0
Mid East, N Africa, Pak	440	1.2	2.7	1.7	1.7	1.7	1.7	0.0	0.0	0.0	0.1	0.0	0.0
Morocco	686	1.2	2.7	1.6	1.6	1.6	1.6	....	0.0	0.0	0.0	0.0	0.0
Sudan	732	....	....	0.1	0.1	0.1	0.1	....	....	....	....	....	....
Sub-Saharan Africa	603	....	....	....	....	....	....	0.3	0.8	0.4	1.1	0.3	0.5
Côte d'Ivoire	662	....	....	....	....	....	....	0.3 e	0.5 e	0.0 e	0.1 e	0.0 e	0.0 e
Mali	678	....	....	....	....	....	....	....	0.1	0.0	0.0	0.1	0.1
Mauritius	684	....	....	....	....	....	....	....	....	....	....	....	0.1 e
Namibia	728	....	....	....	....	....	....	....	....	0.1 e	0.8 e	0.1 e	0.2 e
Senegal	722	....	....	....	....	....	....	0.1	0.1	0.1	0.1	0.1	0.1
Sierra Leone	724	....	....	....	....	....	....	....	0.1	0.0	0.0	0.0	0.0
Western Hemisphere	205	0.0	....	....	....	....	....	0.0	0.0	0.1	0.4	0.1	0.3
Brazil	223	....	....	....	....	....	....	0.0	0.0	0.1	0.1	0.0	0.1

Kiribati (826)
In Millions of U.S. Dollars

		Exports (FOB) 2011	2012	2013	2014	2015	2016	Imports (CIF) 2011	2012	2013	2014	2015	2016
Chile	228	....	....	....	....	....	....	....	....	....	0.1 e	0.1 e	....
Ecuador	248	....	....	....	....	....	....	....	....	....	0.3 e	....	0.2 e
Memorandum Items													
Africa	605	1.2	2.7	1.7	1.7	1.7	1.7	0.4	0.8	0.4	1.1	0.3	0.5
European Union	998	0.0	0.0	0.0	0.0	0.0	....	0.9	1.0	1.8	1.4	3.6	1.5
Export earnings: fuel	080	....	....	....	....	....	....	0.0	1.1	....	0.3	0.0	0.2
Export earnings: nonfuel	092	3.6	4.6	6.4	6.8	10.7	8.2	77.6	109.1	98.8	89.0	108.6	74.2

Korea, Democratic People's Rep. of (954)

In Millions of U.S. Dollars

		Exports (FOB) 2011	2012	2013	2014	2015	2016	Imports (CIF) 2011	2012	2013	2014	2015	2016
IFS World		....	....	....	....	....	....	....	....	....	....	....	....
World	001	3,655.7	3,114.5	3,412.5	3,219.7	2,915.0	2,972.0	4,118.5	4,513.8	4,633.6	4,313.2	3,713.3	3,730.3
Advanced Economies	110	184.9	82.4	187.9	64.6	48.0	17.2	109.3	196.1	146.9	116.8	67.4	46.5
Euro Area	163	143.6	22.5	147.0	18.1	5.3	3.9	57.9	61.5	38.3	22.6	19.1	17.7
Austria	122	0.4 e	0.1 e	0.2 e	0.1 e	0.1 e	0.6 e	0.9 e	0.8 e	0.5 e	0.8 e	0.2 e	2.2 e
Belgium	124	1.6 e	0.0 e	0.2 e	0.0 e	0.1 e	0.0 e	0.7 e	14.8 e	0.3 e	1.2 e	0.4 e	1.0 e
Cyprus	423	0.1 e	0.0 e	0.0 e	0.0 e	0.1 e	0.0 e	0.0 e	....	0.0 e	0.8 e	1.2 e	0.5 e
Finland	172	0.0 e	0.0 e	0.1 e	0.1 e	....	0.0 e	0.0 e	0.2 e	11.9 e	0.0 e	0.2 e	0.0 e
France	132	1.0 e	0.5 e	0.7 e	0.7 e	0.3 e	0.3 e	7.5 e	2.4 e	1.5 e	1.1 e	3.5 e	2.3 e
Germany	134	32.1 e	8.2 e	9.9 e	9.6 e	1.4 e	1.2 e	18.2 e	31.3 e	19.3 e	13.9 e	8.4 e	6.7 e
Greece	174	1.2 e	0.1 e	0.2 e	0.1 e	....	....	0.1 e	0.2 e	0.1 e	0.0 e	0.4 e	0.2 e
Italy	136	0.6 e	1.0 e	1.1 e	0.5 e	0.4 e	0.2 e	26.4 e	7.6 e	1.3 e	1.3 e	1.7 e	1.3 e
Latvia	941	0.0 e	....	....	0.0 e	....	....	....	....	0.1 e	....	0.1 e	....
Luxembourg	137	....	....	0.0 e	0.1 e	....	....	0.1 e	0.0 e	0.1 e	....	....	0.0 e
Netherlands	138	105.7 e	11.6 e	133.7 e	6.2 e	2.5 e	0.9 e	2.1 e	1.9 e	1.7 e	2.9 e	2.7 e	2.5 e
Portugal	182	0.1 e	....	0.1 e	....	....	....	....	0.2 e	....	0.4 e	0.0 e	0.0 e
Slovak Republic	936	0.2 e	0.2 e	0.1 e	0.0 e	0.0 e	0.0 e	....	0.1 e	....	....	0.0 e	....
Slovenia	961	0.1 e	0.1 e	0.0 e	0.1 e	....	0.4 e	0.1 e	0.1 e	0.6 e	0.0 e	0.0 e	0.0 e
Spain	184	0.7 e	0.7 e	0.7 e	0.7 e	0.5 e	0.3 e	1.9 e	2.0 e	0.9 e	0.2 e	0.3 e	0.8 e
Australia	193	7.0 e	8.1 e	0.0 e	....	....	....	7.0 e	....	....	....	....	....
Canada	156	0.1 e	0.1 e	0.1 e	0.1 e	0.1 e	0.1 e	4.7 e	0.5 e	0.1 e	0.1 e	....	0.0 e
China,P.R.: Hong Kong	532	3.3 e	6.4 e	0.7 e	3.0 e	12.4 e	0.8 e	12.7 e	61.4 e	27.8 e	8.4 e	6.7 e	6.7 e
Czech Republic	935	0.1 e	0.4 e	....	....	....	....	0.1 e	0.1 e	0.2 e	0.1 e	0.0 e	0.0 e
Denmark	128	1.3 e	0.2 e	0.1 e	....	0.0 e	0.1 e	1.0 e	1.2 e	0.2 e	....	0.3 e	3.2 e
Norway	142	....	....	....	....	....	....	....	0.1 e	....	....	....	0.0 e
Singapore	576	....	0.2 e	1.4 e	0.1 e	1.3 e	0.1 e	....	43.5 e	62.9 e	51.5 e	30.1 e	13.6 e
Sweden	144	0.2 e	0.2 e	0.0 e	0.0 e	0.2 e	0.2 e	0.3 e	0.1 e	0.5 e	0.4 e	0.1 e	0.1 e
Switzerland	146	0.9 e	0.9 e	2.3 e	3.1 e	....	0.0 e	0.3 e	2.7 e	6.4 e	3.9 e	5.6 e	4.3 e
Taiwan Prov.of China	528	23.3 e	39.5 e	35.4 e	38.1 e	28.2 e	11.5 e	15.1 e	11.7 e	3.2 e	3.8 e	0.1 e	0.6 e
United Kingdom	112	5.0 e	4.1 e	0.8 e	2.1 e	0.4 e	0.5 e	0.2 e	0.5 e	0.4 e	0.5 e	0.3 e	0.1 e
United States	111	....	....	....	....	....	....	10.0 e	12.7 e	7.0 e	25.5 e	5.0 e	0.1 e
Emerg. & Dev. Economies	200	3,468.4	3,029.5	3,221.8	3,152.7	2,864.2	2,952.1	4,009.0	4,317.7	4,486.6	4,196.4	3,645.8	3,683.8
Emerg. & Dev. Asia	505	2,759.9	2,667.2	2,888.1	2,861.4	2,503.0	2,714.6	3,667.9	4,003.9	4,237.3	4,002.6	3,405.8	3,546.8
Bangladesh	513	42.1 e	20.3 e	28.0 e	43.2 e	23.4 e	3.3 e	25.3 e	17.3 e	23.1 e	13.3 e	12.9 e	13.4 e
Brunei Darussalam	516	1.7 e	0.6 e	0.3 e	0.3 e	0.7 e	0.8 e	....	....	....	0.0 e	0.1 e	0.1 e
Cambodia	522	0.0 e	0.0 e	0.1 e	0.3 e	0.9 e	0.1 e	0.6 e	0.5 e	1.0 e	0.7 e	0.8 e	2.0 e
China,P.R.: Mainland	924	2,324.7 e	2,344.1 e	2,748.7 e	2,680.6 e	2,343.3 e	2,553.8 e	3,354.9 e	3,652.6 e	3,850.9 e	3,733.9 e	3,123.3 e	3,388.6 e
Fiji	819	0.2 e	0.3 e	0.4 e	0.8 e	9.1 e	6.8 e	1.2 e	0.9 e	0.3 e	....	....	0.2 e
F.T. French Polynesia	887	0.0 e	0.0 e	0.1 e	0.2 e	0.1 e	0.1 e	....	....	....	....	....	....
F.T. New Caledonia	839	0.5 e	0.3 e	0.4 e	0.4 e	0.2 e	0.2 e	0.0 e	0.0 e	0.0 e	....	0.0 e	0.0 e
India	534	9.7 e	179.6 e	77.1 e	103.1 e	93.6 e	82.7 e	180.0 e	275.3 e	224.3 e	79.8 e	116.1 e	57.4 e
Indonesia	536	30.1 e	58.1 e	12.9 e	1.5 e	2.5 e	1.3 e	6.8 e	1.1 e	3.0 e	1.5 e	1.1 e	5.9 e
Malaysia	548	....	0.0 e	0.1 e	0.1 e	1.2 e	1.9 e	7.3 e	0.0 e	1.0 e	2.3 e	4.1 e	2.1 e
Mongolia	948	0.8 e	0.8 e	0.6 e	0.6 e	0.8 e	0.4 e	....	....	0.8 e	0.0 e	0.7 e	1.8 e
Myanmar	518	....	0.0 e	....	1.2 e	0.8 e	1.5 e	0.1 e	0.2 e	....	1.7 e	1.9 e	1.3 e
Nepal	558	1.1 e	....	....	....	....	....	0.6 e	....	....	....	....	....
Papua New Guinea	853	....	....	....	....	....	....	0.5 e	4.8 e	4.2 e	7.3 e	8.2 e	6.6 e
Philippines	566	....	....	0.0 e	0.0 e	10.6 e	48.9 e	21.1 e	7.3 e	24.3 e	48.7 e	56.4 e	36.9 e
Samoa	862	0.3 e	0.6 e	0.7 e	1.2 e	0.7 e	1.5 e	....	....	....	0.0 e	0.0 e	0.0 e
Solomon Islands	813	....	....	....	....	....	....	....	....	....	....	0.4 e	0.3 e
Sri Lanka	524	336.8 e	41.8 e	5.6 e	10.0 e	8.3 e	9.2 e	44.3 e	1.3 e	0.3 e	0.9 e	1.4 e	2.2 e
Thailand	578	11.9 e	20.7 e	13.1 e	18.0 e	6.6 e	2.2 e	25.2 e	42.4 e	104.1 e	112.5 e	78.2 e	27.8 e
Tonga	866	0.0 e	0.0 e	0.0 e	0.1 e	0.1 e	0.1 e	....	0.0 e	0.1 e	0.0 e	0.0 e	0.1 e
Europe	170	31.9	29.2	22.2	23.2	33.2	20.1	108.6	81.3	147.7	107.0	128.6	74.0
Emerg. & Dev. Europe	903	10.2	9.4	6.4	4.3	21.9	7.7	2.2	1.6	8.9	7.4	7.4	1.4
Albania	914	0.3 e	....	0.0 e	0.1 e	0.1 e	0.0 e	....	....	....	....	....	....
Bosnia and Herzegovina	963	0.1 e	0.4 e	0.3 e	0.3 e	0.3 e	0.1 e	....	....	....	....	....	....
Bulgaria	918	0.3 e	0.0 e	0.0 e	0.0 e	0.0 e	0.0 e	0.3 e	0.9 e	0.4 e	0.7 e	1.0 e	0.6 e
Croatia	960	0.2 e	0.1 e	0.1 e	0.8 e	1.9 e	0.7 e	0.0 e	0.0 e	....	0.1 e	0.1 e	....
Faroe Islands	816	0.1 e	0.1 e	0.1 e	0.1 e	0.1 e	0.1 e	....	....	....	....	....	....

Korea, Democratic People's Rep. of (954)

In Millions of U.S. Dollars

		Exports (FOB)						Imports (CIF)					
		2011	2012	2013	2014	2015	2016	2011	2012	2013	2014	2015	2016
Hungary	944	0.4 e	0.4 e	0.0 e	0.0 e	0.4 e	0.0 e	0.3 e	0.2 e	0.1 e	....	0.0 e	0.0 e
Macedonia, FYR	962	0.3 e	0.7 e	0.3 e	0.3 e	0.4 e	0.1 e	....	....	1.2 e	0.2 e	0.0 e	0.0 e
Montenegro	943	0.2 e	0.3 e	0.7 e	0.1 e	0.2 e	0.1 e	....	....	....	....	....	....
Poland	964	0.1 e	0.0 e	0.1 e	0.0 e	3.4 e	0.4 e	1.5 e	0.3 e	0.4 e	0.3 e	1.2 e	0.2 e
Romania	968	0.4 e	....	0.0 e	0.0 e	0.0 e	0.0 e	0.0 e	....	0.0 e	0.1 e	0.0 e	....
Serbia, Republic of	942	4.4 e	4.1 e	1.4 e	1.4 e	1.1 e	0.2 e	0.0 e	....	....	....	0.0 e	....
Turkey	186	3.4 e	3.3 e	3.3 e	1.1 e	13.9 e	5.9 e	0.1 e	0.3 e	6.8 e	6.1 e	4.9 e	0.7 e
CIS	901	**21.7**	**19.8**	**15.7**	**18.9**	**11.3**	**12.3**	**106.4**	**79.7**	**138.8**	**99.6**	**121.3**	**72.5**
Armenia	911	0.0 e	0.1 e	0.0 e	0.0 e	0.1 e	0.0 e	....	....	....	....	....	....
Belarus	913	2.6 e	0.7 e	1.7 e	0.4 e	0.1 e	0.2 e	1.0 e	0.6 e	1.1 e	0.4 e	0.4 e	0.4 e
Georgia	915	4.9 e	7.6 e	3.3 e	3.4 e	2.9 e	....	0.1 e	0.6 e	0.2 e	0.7 e	0.1 e	....
Kazakhstan	916	....	0.2 e	0.3 e	5.2 e	0.4 e	0.2 e	....	0.5 e	....	....	1.6 e	....
Kyrgyz Republic	917	....	0.0 e	0.0 e	0.0 e	0.0 e	0.0 e	0.2 e	....	0.0 e	0.4 e	0.4 e	....
Moldova	921	0.1 e	0.0 e	0.3 e	0.1 e	0.2 e	0.0 e	....	....	0.0 e	0.0 e	....	....
Russian Federation	922	13.5 e	9.6 e	8.8 e	9.5 e	5.7 e	8.3 e	101.5 e	61.9 e	109.6 e	87.1 e	83.0 e	72.1 e
Ukraine	926	0.6 e	1.5 e	1.3 e	0.3 e	1.9 e	3.6 e	3.5 e	16.0 e	27.9 e	11.1 e	35.8 e	....
Mid East, N Africa, Pak	440	**327.7**	**104.5**	**82.3**	**67.1**	**75.3**	**40.0**	**39.4**	**59.1**	**6.6**	**4.1**	**5.6**	**5.4**
Algeria	612	14.5 e	1.7 e	2.3 e	....	....	....	....	....	....	....	....	....
Bahrain, Kingdom of	419	223.0 e	....	....	....	0.3 e	....	23.5 e	....	....	....	....	....
Egypt	469	22.6 e	19.8 e	18.9 e	14.8 e	5.3 e	....	9.7 e	1.4 e	0.8 e	1.8 e	0.3 e	....
Kuwait	443	0.6 e	0.5 e	0.1 e	0.1 e	0.1 e	0.1 e	....	....	....	....	....	....
Lebanon	446	3.4 e	1.4 e	0.4 e	0.7 e	0.5 e	0.8 e	0.2 e	....	0.5 e	0.0 e	0.0 e	0.5 e
Mauritania	682	1.2 e	3.2 e	5.5 e	1.5 e	0.6 e	0.6 e	0.6 e	0.1 e	0.1 e	0.0 e	0.0 e	0.3 e
Morocco	686	....	1.2 e	1.3 e	1.3 e	0.6 e	0.0 e	....	0.7 e	4.1 e	1.6 e	0.2 e	0.7 e
Pakistan	564	24.9 e	49.3 e	40.9 e	39.9 e	43.1 e	27.2 e	0.1 e	0.1 e	0.1 e	0.0 e	0.0 e	0.0 e
Qatar	453	....	....	....	....	....	0.2 e	....	56.1 e	....	....	4.6 e	3.6 e
Saudi Arabia	456	34.6 e	21.8 e	10.0 e	6.1 e	23.5 e	7.2 e	0.0 e	0.0 e	0.0 e	0.0 e	0.0 e	0.0 e
Syrian Arab Republic	463	0.1 e	0.1 e	0.0 e	0.1 e	0.0 e	0.0 e	5.3 e	0.6 e	0.5 e	0.4 e	0.2 e	0.2 e
Tunisia	744	1.1 e	1.7 e	1.2 e	1.9 e	0.9 e	2.3 e	0.0 e	0.1 e	0.0 e	0.2 e	0.2 e	0.1 e
United Arab Emirates	466	....	2.5 e	0.3 e	0.0 e	0.1 e	1.3 e	....	....	....	....	....	....
West Bank and Gaza	487	1.0 e	0.8 e	1.0 e	0.1 e	0.0 e	0.0 e	....	....	0.3 e	....	....	....
Yemen, Republic of	474	0.6 e	0.5 e	0.4 e	0.8 e	0.2 e	0.2 e	....	0.0 e	....	....	....	....
Sub-Saharan Africa	603	**43.8**	**51.0**	**56.3**	**62.8**	**133.4**	**106.8**	**58.2**	**20.4**	**10.7**	**20.4**	**19.8**	**14.1**
Angola	614	1.2 e	4.4 e	1.8 e	5.1 e	41.1 e	27.6 e	....	....	....	....	....	....
Benin	638	9.8 e	3.0 e	0.9 e	4.5 e	11.0 e	0.1 e	....	0.0 e	....	0.3 e	2.7 e	0.0 e
Botswana	616	0.0 e	....	....	0.8 e	0.4 e	....	....	....	....	....	....	0.0 e
Burkina Faso	748	0.1 e	0.1 e	6.9 e	0.0 e	33.7 e	31.9 e	0.0 e	0.0 e	0.0 e	6.9 e	0.7 e	0.6 e
Burundi	618	0.1 e	0.1 e	0.1 e	0.2 e	0.0 e	0.0 e	....	....	0.0 e	....	....	....
Cameroon	622	0.2 e	0.0 e	0.0 e	0.2 e	0.2 e	0.2 e	0.7 e	0.4 e	3.1 e	0.0 e	0.2 e	0.2 e
Central African Rep.	626	0.0 e	0.1 e	0.1 e	0.0 e	0.1 e	0.1 e	....	....	....	....	....	....
Congo, Republic of	634	0.0 e	0.0 e	0.1 e	0.0 e	0.0 e	0.0 e	....	....	0.0 e	0.1 e	0.0 e	0.0 e
Côte d'Ivoire	662	3.0 e	0.6 e	0.5 e	0.5 e	0.4 e	0.5 e	0.0 e	0.0 e	....	....	0.5 e	0.5 e
Ethiopia	644	6.1 e	14.5 e	12.6 e	16.1 e	16.6 e	14.9 e	0.5 e	0.1 e	0.1 e	0.1 e	0.1 e	0.1 e
Gabon	646	2.1 e	2.3 e	2.4 e	2.3 e	1.8 e	1.4 e	0.2 e	0.2 e	0.2 e	0.1 e	0.1 e	0.1 e
Gambia, The	648	0.1 e	0.1 e	0.1 e	0.2 e	0.2 e	0.1 e	....	0.0 e	....	....	....	....
Ghana	652	5.2 e	0.4 e	0.2 e	4.0 e	4.1 e	3.9 e	0.0 e	0.0 e	0.7 e	0.6 e	0.5 e	....
Guinea	656	....	....	8.7 e	0.5 e	0.2 e	0.2 e	....	....	1.7 e	1.5 e	3.0 e	4.4 e
Guinea-Bissau	654	0.1 e	0.1 e	0.1 e	0.1 e	0.1 e	0.1 e	0.1 e	0.2 e	0.2 e	0.6 e	0.2 e	0.1 e
Kenya	664	0.2 e	0.2 e	0.1 e	0.2 e	0.2 e	0.2 e	0.0 e	0.0 e	0.0 e	0.0 e	0.0 e	0.0 e
Lesotho	666	0.0 e	0.1 e	0.1 e	0.1 e	0.1 e	0.0 e	0.0 e	....	....	....	....	....
Madagascar	674	0.3 e	0.1 e	0.2 e	0.6 e	0.0 e	0.0 e	....	0.0 e	0.0 e	0.0 e	0.0 e	0.0 e
Malawi	676	0.0 e	0.3 e	0.1 e	0.0 e	0.0 e	0.0 e	....	2.6 e	1.8 e	3.9 e	....	....
Mali	678	0.3 e	4.9 e	....	....	....	1.6 e	0.0 e	0.1 e	....	....	....	....
Mauritius	684	0.5 e	0.1 e	0.0 e	0.0 e	0.0 e	0.0 e	....	0.0 e	....	....	....	....
Mozambique	688	1.0 e	3.3 e	8.0 e	13.2 e	10.0 e	7.7 e	0.0 e	1.0 e	0.0 e	0.9 e	0.2 e	0.2 e
Namibia	728	....	....	0.0 e	0.2 e	0.0 e	....	....	....	0.0 e	....	0.0 e	0.0 e
Niger	692	3.7 e	2.3 e	4.4 e	1.2 e	0.4 e	2.5 e	3.8 e	4.4 e	1.2 e	0.9 e	0.0 e	0.1 e
Rwanda	714	0.2 e	0.9 e	1.0 e	0.4 e	1.6 e	1.0 e	0.6 e	0.0 e	0.0 e	0.1 e	0.1 e	0.0 e
São Tomé & Príncipe	716	....	0.0 e	0.0 e	0.0 e	....	0.1 e	....	....	....	....	....	....
Senegal	722	1.0 e	0.3 e	0.2 e	0.1 e	0.2 e	0.3 e	0.1 e	0.8 e	0.1 e	0.6 e	8.3 e	0.5 e

Korea, Democratic People's Rep. of (954)

In Millions of U.S. Dollars

		Exports (FOB)						Imports (CIF)					
		2011	2012	2013	2014	2015	2016	2011	2012	2013	2014	2015	2016
Seychelles	718	0.1 e	7.8 e	1.5 e	4.8 e	2.1 e	1.8 e	0.0 e	....	....	0.0 e	0.0 e	0.8 e
Sierra Leone	724	....	....	....	....	0.5 e	0.1 e	....	....	....	....	0.1 e	0.1 e
South Africa	199	3.6 e	2.0 e	3.1 e	1.5 e	4.8 e	2.5 e	51.2 e	8.5 e	1.5 e	3.6 e	2.9 e	5.6 e
Tanzania	738	4.2 e	1.2 e	2.4 e	4.5 e	2.1 e	1.0 e	0.7 e	2.0 e	0.1 e	0.1 e	0.1 e	0.7 e
Togo	742	0.2 e	0.1 e	0.5 e	1.1 e	1.1 e	0.5 e	....	....	....	....	....	....
Uganda	746	....	....	....	....	....	0.4 e	....	....	....	....	....	....
Zambia	754	0.3 e	1.5 e	0.0 e	....	....	5.7 e	0.0 e	0.0 e	0.0 e	....	....	....
Zimbabwe	698	0.3 e	0.3 e	0.3 e	0.3 e	0.3 e	0.2 e	0.1 e	....	0.0 e	....	0.0 e	....
Western Hemisphere	205	**305.1**	**177.6**	**173.0**	**138.2**	**119.3**	**70.7**	**135.0**	**153.0**	**84.3**	**62.3**	**86.0**	**43.6**
Antigua and Barbuda	311	1.4 e	2.8 e	1.0 e	2.3 e	2.6 e	3.2 e	....	0.1 e	....	0.0 e	0.0 e	0.0 e
Bahamas, The	313	0.1 e	2.8 e	1.2 e	1.7 e	0.1 e	0.1 e	0.5 e	0.3 e	0.1 e	0.1 e	0.1 e	0.1 e
Barbados	316	0.1 e	0.6 e	0.2 e	0.2 e	0.0 e	1.1 e	....	0.0 e	0.0 e	0.0 e	0.0 e	0.0 e
Belize	339	0.2 e	0.1 e	0.0 e	0.2 e	0.0 e	0.0 e	0.0 e	....	....	....	0.0 e	....
Bolivia	218	2.6 e	1.0 e	0.5 e	0.4 e	0.7 e	1.1 e	0.0 e	....	....	....	....	0.0 e
Brazil	223	51.3 e	42.7 e	68.9 e	20.2 e	15.8 e	8.8 e	15.1 e	3.6 e	17.4 e	24.7 e	2.6 e	2.2 e
Chile	228	2.7 e	1.8 e	10.0 e	10.6 e	23.7 e	7.2 e	2.6 e	15.4 e	25.7 e	4.8 e	2.2 e	6.9 e
Colombia	233	15.9 e	7.4 e	4.5 e	5.7 e	3.1 e	1.6 e	....	....	....	0.0 e	....	0.1 e
Costa Rica	238	3.1 e	5.2 e	3.2 e	3.4 e	2.2 e	1.3 e	....	0.0 e	0.1 e	0.6 e	0.1 e	0.0 e
Dominican Republic	243	144.0 e	14.2 e	10.8 e	12.1 e	11.7 e	12.7 e	23.7 e	7.5 e	5.6 e	5.9 e	5.0 e	5.5 e
Ecuador	248	0.4 e	14.4 e	....	....	....	1.0 e	0.0 e	0.1 e	....	....	....	0.0 e
El Salvador	253	0.6 e	0.7 e	0.7 e	0.7 e	1.1 e	0.0 e	0.0 e	0.0 e	0.0 e	0.0 e	0.0 e	....
Greenland	326	0.0 e	0.0 e	....	0.1 e	0.0 e	0.0 e	....	....	....	....	....	....
Guatemala	258	0.4 e	0.1 e	0.1 e	1.7 e	0.4 e	0.4 e	2.8 e	0.7 e	0.4 e	0.4 e	4.6 e	5.1 e
Guyana	336	5.3 e	5.3 e	13.5 e	11.0 e	6.8 e	5.3 e	0.0 e	0.2 e	0.0 e	0.0 e	0.1 e	0.1 e
Honduras	268	1.1 e	1.8 e	3.2 e	3.9 e	4.4 e	4.5 e	23.8 e	21.4 e	33.0 e	22.6 e	14.9 e	0.0 e
Jamaica	343	2.4 e	1.4 e	6.1 e	9.1 e	....	....	7.6 e	0.1 e	1.0 e	1.0 e	....	....
Nicaragua	278	0.4 e	0.2 e	1.2 e	11.1 e	0.3 e	0.3 e	....	....	....	....	0.0 e	0.0 e
Paraguay	288	31.5 e	23.1 e	10.6 e	13.6 e	15.5 e	....	0.0 e	0.9 e	0.2 e	....	0.0 e	....
Peru	293	1.6 e	2.4 e	0.5 e	0.6 e	0.3 e	1.1 e	32.1 e	0.6 e	0.5 e	1.1 e	22.5 e	0.1 e
St. Kitts and Nevis	361	0.1 e	0.1 e	0.1 e	0.1 e	0.2 e	0.2 e	....	....	....	....	....	....
St. Lucia	362	0.0 e	0.0 e	0.0 e	0.0 e	0.0 e	0.0 e	0.1 e	....	....	....	....	....
St. Vincent & Grens.	364	0.1 e	0.0 e	....	....	0.1 e	0.1 e	....	....	....	....	....	....
Suriname	366	2.9 e	7.7 e	5.6 e	8.6 e	....	3.2 e	0.1 e	0.2 e	0.2 e	0.3 e	....	0.5 e
Trinidad and Tobago	369	1.3 e	1.0 e	1.1 e	3.0 e	2.3 e	1.8 e	26.0 e	101.8 e	0.1 e	0.0 e	33.5 e	22.8 e
Uruguay	298	0.5 e	0.9 e	0.5 e	0.3 e	0.2 e	0.2 e	0.7 e	0.0 e	....	0.6 e	....	....
Venezuela, Rep. Bol.	299	35.2 e	39.5 e	29.2 e	17.7 e	27.4 e	15.3 e	....	....	....	0.0 e	0.3 e	0.2 e
Other Countries n.i.e	910	**2.4**	**2.6**	**2.8**	**2.4**	**2.9**	**2.8**	**0.1**	**0.1**	**0.1**	**0.1**	**0.1**	**0.1**
Cuba	928	2.4 e	2.6 e	2.8 e	2.4 e	2.9 e	2.8 e	0.1 e	0.1 e	0.1 e	0.1 e	0.1 e	0.1 e
Memorandum Items													
Africa	605	60.6	58.8	66.6	67.4	135.5	109.7	58.9	21.3	15.0	22.2	20.2	15.1
Middle East	405	286.0	47.4	31.2	22.6	30.1	9.8	38.7	58.1	2.2	2.2	5.2	4.3
European Union	998	151.7	27.8	148.2	21.1	11.7	5.8	61.6	64.6	40.5	24.8	22.3	21.8
Export earnings: fuel	080	347.3	107.5	62.1	56.2	107.5	68.1	151.3	220.6	109.9	87.4	123.4	99.2
Export earnings: nonfuel	092	3,308.4	3,007.0	3,350.4	3,163.4	2,807.5	2,903.9	3,967.2	4,293.2	4,523.7	4,225.8	3,589.9	3,631.2

Korea, Republic of (542)

In Millions of U.S. Dollars

		Exports (FOB)						Imports (CIF)					
		2011	2012	2013	2014	2015	2016	2011	2012	2013	2014	2015	2016
IFS World		....	....	....	....	....	....	....	....	....	....	....	....
World	001	555,405.1	547,869.8	559,632.4	572,664.6	526,756.5	495,857.2	524,374.9	519,584.5	515,585.5	525,514.5	436,499.0	406,031.9
Advanced Economies	110	234,118.8	230,766.3	225,662.4	235,241.9	221,209.9	209,754.8	225,415.5	220,442.7	216,951.6	222,289.8	198,842.6	190,469.6
Euro Area	163	41,408.4	36,401.0	34,093.7	35,108.2	31,801.1	31,502.3	38,881.8	39,379.6	44,763.0	49,461.6	45,752.5	41,825.0
Austria	122	838.1	838.5	606.9	937.8	882.3	858.9	1,330.0	1,261.9	1,382.6	1,344.3	1,176.7	1,097.2
Belgium	124	2,255.6	2,257.4	2,240.8	2,454.7	2,023.3	2,315.9	1,450.1	1,385.9	1,585.9	1,830.5	1,431.3	1,067.4
Cyprus	423	899.7	408.7	66.4	31.0	26.7	639.3	451.3	1,065.3	1,299.3	168.4	76.5	58.0
Estonia	939	102.8	136.8	151.9	123.9	62.0	63.3	57.6	82.7	164.7	344.3	111.7	65.5
Finland	172	766.4	744.6	352.3	340.3	309.3	352.4	935.2	1,053.2	1,283.2	1,356.0	1,083.2	968.4
France	132	5,759.1	2,826.9	3,601.5	2,927.7	2,619.5	2,512.0	6,317.5	4,927.7	6,016.7	6,825.8	6,162.2	5,544.6
Germany	134	9,507.7	7,509.7	7,907.9	7,570.9	6,220.2	6,485.0	16,959.3	17,645.4	19,336.0	21,298.8	20,956.5	18,971.7
Greece	174	1,349.6	1,908.7	884.2	1,048.7	1,312.9	2,339.8	90.9	247.8	272.2	411.4	247.3	137.1
Ireland	178	355.7	377.6	369.1	463.1	366.3	565.1	719.0	765.7	833.3	935.4	1,006.4	1,196.8
Italy	136	4,109.1	3,263.0	3,126.0	3,473.5	3,531.5	3,115.0	4,371.2	4,828.4	5,383.7	6,261.4	5,824.9	5,575.2
Latvia	941	229.0	193.6	109.0	111.0	86.0	60.0	26.8	36.6	39.7	55.9	59.6	73.2
Lithuania	946	126.9	122.1	145.9	216.5	263.6	313.5	24.7	31.5	41.4	50.8	72.7	72.5
Luxembourg	137	73.6	98.0	383.4	572.4	12.9	10.6	39.6	52.7	43.5	39.9	50.1	84.7
Malta	181	2,456.6	2,679.2	799.1	1,014.3	2,194.2	881.9	179.3	295.5	785.7	514.6	262.1	82.2
Netherlands	138	4,627.5	5,058.8	5,512.2	5,296.5	4,024.1	3,740.2	4,424.2	3,994.1	4,213.7	4,605.5	4,349.3	4,237.2
Portugal	182	713.3	276.3	334.1	493.2	525.9	441.7	100.2	156.3	203.7	181.3	203.2	244.2
Slovak Republic	936	4,103.7	4,624.5	4,407.0	4,298.7	3,543.4	2,890.3	140.8	170.1	186.6	223.9	231.1	222.8
Slovenia	961	1,276.9	1,408.4	1,414.0	1,665.4	1,625.9	1,660.2	102.6	85.6	93.9	125.8	112.5	102.4
Spain	184	1,857.2	1,668.3	1,682.1	2,068.5	2,171.0	2,257.1	1,161.6	1,293.2	1,597.0	2,887.5	2,335.1	2,023.8
Australia	193	8,163.3	9,250.5	9,563.1	10,282.5	10,830.6	7,495.5	26,322.6	22,987.9	20,784.8	20,413.1	16,437.8	15,133.1
Canada	156	4,930.0	4,828.1	5,202.9	4,916.6	4,623.2	4,866.4	6,609.4	5,247.4	4,717.3	5,442.6	3,983.1	3,871.0
China,P.R.: Hong Kong	532	30,974.7	32,606.2	27,756.3	27,256.4	30,418.2	32,709.2	2,315.0	2,058.4	1,929.2	1,749.9	1,493.0	1,660.6
China,P.R.: Macao	546	45.4	32.1	29.3	158.2	70.8	34.7	5.4	6.3	5.0	4.0	3.1	3.6
Czech Republic	935	1,713.4	1,785.5	1,682.9	1,812.4	2,040.5	2,161.7	501.3	572.4	557.5	558.2	577.2	610.4
Denmark	128	437.7	349.8	1,273.6	2,232.4	1,417.0	342.1	714.4	748.6	918.9	994.3	997.4	705.7
Iceland	176	16.9	27.0	25.1	31.4	30.8	30.4	18.8	28.0	28.7	26.5	29.4	28.0
Israel	436	1,818.0	1,532.3	1,464.1	1,224.8	1,179.5	1,274.7	683.5	861.3	856.2	959.7	870.3	864.9
Japan	158	39,712.5	38,796.1	34,662.3	32,183.8	25,576.5	24,362.6	68,301.9	64,363.1	60,029.4	53,768.3	45,853.8	47,462.1
New Zealand	196	1,103.9	1,465.1	1,490.5	1,730.3	1,262.7	1,320.0	1,474.5	1,339.2	1,395.2	1,526.5	1,225.0	1,098.6
Norway	142	666.5	1,061.7	1,539.4	1,669.8	4,779.1	3,784.2	2,594.8	5,094.4	3,655.7	2,841.3	2,627.9	1,647.9
San Marino	135	....	....	....	....	....	0.1	....	....	....	....	....	0.2
Singapore	576	20,855.3	22,887.9	22,289.0	23,749.9	15,011.2	12,821.5	8,965.1	9,676.4	10,369.4	11,303.2	7,942.1	6,545.0
Sweden	144	1,042.8	788.8	873.0	871.1	699.0	820.8	2,141.9	1,455.7	1,624.9	1,799.8	1,591.7	1,586.1
Switzerland	146	1,134.2	406.5	876.7	320.2	1,492.1	590.5	2,563.6	2,590.9	2,724.2	2,764.1	2,465.6	2,378.6
Taiwan Prov.of China	528	18,198.4	14,814.9	15,699.1	15,077.4	12,004.3	12,156.6	14,692.7	14,012.0	14,632.6	15,689.8	16,653.9	16,399.4
United Kingdom	112	5,480.5	4,926.0	4,814.4	6,060.0	7,856.0	6,727.8	3,813.1	6,366.8	6,193.7	7,446.7	6,127.2	5,259.8
United States	111	56,417.0	58,807.0	62,326.9	70,556.4	70,117.3	66,753.9	44,815.8	43,654.3	41,765.9	45,540.3	44,211.6	43,389.4
Emerg. & Dev. Economies	200	320,703.6	316,981.4	333,855.5	337,269.0	305,452.8	286,017.8	298,855.9	299,068.2	298,522.7	303,146.9	237,308.6	215,192.1
Emerg. & Dev. Asia	505	208,133.0	209,425.3	227,262.6	230,246.0	219,202.2	208,471.1	139,582.4	131,151.1	133,519.8	138,493.7	132,593.9	129,680.0
American Samoa	859	1.7	32.2	42.7	64.8	11.2	12.3	0.2	0.0	0.1	1.7	1.9	3.9
Bangladesh	513	1,627.4	1,458.9	1,427.2	1,235.9	1,208.8	1,158.5	244.2	295.0	332.5	345.3	335.3	293.8
Bhutan	514	15.8	7.4	3.3	2.3	4.9	3.5	0.0	0.0	0.4	0.0	0.0	0.0
Brunei Darussalam	516	588.0	111.7	102.4	290.3	272.2	69.2	2,009.0	1,982.9	1,934.8	1,292.2	967.3	765.7
Cambodia	522	450.7	593.3	614.6	654.4	652.8	584.8	87.3	126.4	136.3	194.0	216.5	236.5
China,P.R.: Mainland	924	134,204.9	134,322.6	145,869.5	145,287.7	137,123.9	124,442.0	86,425.8	80,784.6	83,052.9	90,082.2	90,250.3	86,971.7
Fiji	819	25.0	24.2	42.6	307.3	321.9	180.9	20.5	14.4	10.7	7.8	3.8	2.9
F.T. French Polynesia	887	268.4	282.3	227.2	47.2	39.0	84.3	0.2	0.3	0.4	0.1	0.2	0.2
F.T. New Caledonia	839	77.6	52.7	38.3	196.5	202.9	86.5	202.4	188.8	201.4	180.1	162.7	251.7
Guam	829	198.6	186.3	183.7	346.1	66.5	59.8	5.1	5.0	4.7	2.1	1.3	0.7
India	534	12,685.9	11,922.0	11,375.8	12,782.5	12,029.6	11,373.8	7,893.2	6,920.8	6,180.2	5,274.7	4,240.6	4,242.3
Indonesia	536	13,562.6	13,955.0	11,568.2	11,360.7	7,872.4	6,569.4	17,216.1	15,676.3	13,190.0	12,266.3	8,850.4	8,203.4
Kiribati	826	25.7	4.1	18.6	32.7	10.6	8.8	0.0	1.3	3.6	4.7	9.5	1.3
Lao People's Dem.Rep	544	154.5	165.0	187.0	156.0	170.4	129.1	4.3	11.3	12.5	18.0	28.4	24.5
Malaysia	548	6,275.8	7,723.5	8,587.8	7,582.6	7,735.3	7,648.8	10,464.5	9,796.4	11,095.8	11,097.9	8,609.4	7,424.0
Maldives	556	5.1	3.9	3.7	4.1	5.5	9.8	0.2	0.3	0.4	1.4	2.8	0.4
Marshall Islands	867	....	....	....	....	....	994.5	....	....	....	....	....	0.0

Korea, Republic of (542)

In Millions of U.S. Dollars

		Exports (FOB) 2011	2012	2013	2014	2015	2016	Imports (CIF) 2011	2012	2013	2014	2015	2016
Micronesia	868	....	....	....	....	....	3.6	....	....	....	....	....	0.0
Mongolia	948	349.9	433.5	399.5	346.8	245.7	208.4	60.6	53.6	27.0	23.6	46.2	11.5
Myanmar	518	666.9	1,330.9	705.1	800.1	659.9	857.1	298.6	351.2	487.8	579.9	505.7	463.9
Nauru	836	9.4	0.0	0.2	0.2	0.2	0.2	44.7	43.1	23.1	3.8	0.1	4.1
Nepal	558	37.8	19.0	17.0	20.0	25.6	24.4	2.2	1.7	1.5	2.9	1.9	1.9
Palau	565	2.1	2.6	3.0	13.6	9.1	8.1	0.1	0.0	0.1	0.0	0.0	0.0
Papua New Guinea	853	103.3	116.7	64.2	246.9	199.1	86.4	331.6	207.0	233.2	162.3	315.7	114.9
Philippines	566	7,343.0	8,210.7	8,783.4	10,032.5	8,317.9	7,314.0	3,571.4	3,283.9	3,706.2	3,331.2	3,251.6	3,354.1
Samoa	862	5.4	6.7	7.5	33.3	32.2	29.5	0.9	0.9	0.9	0.5	0.8	0.8
Solomon Islands	813	1.7	1.8	1.8	7.3	6.3	20.3	12.5	11.0	13.3	12.3	10.8	13.3
Sri Lanka	524	343.6	320.3	299.3	314.1	277.8	273.1	82.2	71.5	84.5	93.8	84.5	86.7
Thailand	578	8,467.9	8,221.1	8,071.7	7,599.1	6,361.6	6,492.9	5,411.4	5,353.2	5,231.0	5,344.8	4,854.3	4,524.5
Timor-Leste	537	8.2	9.9	13.6	5.2	9.0	7.6	39.7	114.4	185.5	88.3	0.5	0.8
Tonga	866	0.5	0.5	1.1	0.3	0.5	1.2	1.9	3.2	2.6	1.5	1.7	2.5
Tuvalu	869	0.2	0.1	0.2	0.2	0.2	0.2	0.0	2.8	0.7	....	0.4	0.0
Vanuatu	846	4.1	3.0	4.2	4.2	4.5	4.3	5.7	3.5	0.9	20.9	4.9	7.4
Vietnam	582	13,550.7	15,946.0	21,087.6	22,351.7	27,770.8	32,704.2	5,083.7	5,719.2	7,175.2	7,990.3	9,804.8	12,534.2
Asia n.s.	598	7,070.6	3,957.2	7,510.7	8,119.3	7,554.0	7,019.6	62.4	126.9	189.7	69.1	29.5	136.4
Europe	170	**26,401.7**	**25,944.6**	**27,785.8**	**27,202.2**	**18,326.4**	**17,374.5**	**14,507.8**	**15,444.9**	**15,261.0**	**20,061.0**	**15,469.0**	**12,148.6**
Emerg. & Dev. Europe	903	**11,766.0**	**10,182.2**	**12,080.0**	**12,917.9**	**11,167.7**	**10,348.7**	**2,369.0**	**2,887.3**	**2,952.7**	**2,947.7**	**3,092.7**	**2,682.7**
Albania	914	19.5	16.1	16.3	14.4	16.7	20.6	2.1	2.1	6.8	2.5	1.9	5.4
Bosnia and Herzegovina	963	17.4	11.8	15.5	22.5	8.1	4.3	4.7	5.8	5.6	11.6	11.7	13.2
Bulgaria	918	176.8	104.8	120.4	117.8	107.7	132.2	140.4	184.5	171.9	190.1	101.7	105.6
Croatia	960	79.4	49.8	46.3	93.7	299.9	303.6	20.3	20.7	16.6	15.3	10.0	14.4
Faroe Islands	816	0.0	0.7	0.2	0.1	0.1	0.0	0.1	0.0	0.0	0.5	0.1	1.0
Gibraltar	823	299.6	117.8	1.3	2.1	27.4	2.0	0.0	50.6	0.0	39.3	13.9	0.0
Hungary	944	1,475.6	1,157.5	2,113.8	1,481.3	1,016.5	955.3	470.7	474.9	467.0	515.3	735.4	654.9
Macedonia, FYR	962	4.6	3.9	7.1	9.4	21.4	13.3	17.7	56.3	2.0	2.1	1.6	3.3
Montenegro	943	4.9	1.7	2.1	0.9	1.3	1.6	0.1	0.1	0.0	0.0	0.1	0.0
Poland	964	4,100.8	3,677.3	3,600.7	3,849.5	2,807.5	2,913.7	375.9	535.0	775.2	772.9	696.3	539.8
Romania	968	463.4	438.7	439.4	597.9	538.6	560.4	371.4	660.3	745.1	642.3	614.7	554.2
Serbia, Republic of	942	38.5	50.6	58.9	63.4	73.2	94.3	161.1	224.8	70.6	100.7	115.8	43.0
Turkey	186	5,085.5	4,551.6	5,657.8	6,664.7	6,249.3	5,347.4	804.5	672.3	691.9	655.2	789.6	747.9
CIS	901	**14,631.6**	**15,761.0**	**15,703.7**	**14,284.1**	**7,157.6**	**7,024.9**	**12,138.5**	**12,557.2**	**12,308.1**	**17,113.2**	**12,376.2**	**9,462.5**
Armenia	911	24.9	25.2	26.7	14.5	7.5	6.0	0.8	1.6	7.2	3.2	3.2	3.8
Azerbaijan, Rep. of	912	217.8	282.1	308.4	269.6	122.9	122.0	0.3	0.1	3.4	0.1	3.4	0.5
Belarus	913	58.4	43.9	71.4	41.0	47.0	25.1	9.2	38.1	29.7	44.9	46.9	34.9
Georgia	915	99.2	113.5	112.5	143.9	73.3	97.1	41.0	36.9	9.7	20.0	14.3	24.0
Kazakhstan	916	757.3	885.4	1,074.5	907.0	454.5	362.9	376.9	308.2	249.1	560.8	305.0	248.1
Kyrgyz Republic	917	142.1	161.9	163.9	155.9	80.3	63.2	2.1	0.2	0.5	8.5	1.2	0.5
Moldova	921	4.4	4.2	9.1	10.3	5.4	7.8	7.7	12.2	11.6	17.7	12.3	9.6
Russian Federation	922	10,306.1	11,097.1	11,149.1	10,129.2	4,685.7	4,764.8	10,855.4	11,354.3	11,495.5	15,669.2	11,308.3	8,643.4
Tajikistan	923	37.5	38.1	44.3	48.5	20.3	18.3	71.9	4.6	0.2	2.8	4.0	8.8
Turkmenistan	925	242.7	193.5	141.2	193.0	182.2	369.9	0.5	0.8	0.1	0.2	0.0	0.1
Ukraine	926	1,022.3	1,149.5	634.6	338.8	194.4	219.9	732.8	757.8	448.0	758.6	661.5	465.7
Uzbekistan	927	1,719.0	1,766.5	1,968.0	2,032.5	1,284.0	967.8	39.8	42.4	53.1	27.4	16.1	23.0
Europe n.s.	884	4.1	1.4	2.1	0.2	1.2	1.0	0.3	0.4	0.1	0.1	0.2	3.5
Mid East, N Africa, Pak	440	**32,067.7**	**36,169.7**	**31,772.2**	**34,452.4**	**30,122.0**	**25,957.8**	**119,244.4**	**127,682.5**	**125,852.5**	**118,514.4**	**67,925.7**	**53,965.5**
Afghanistan, I.R. of	512	119.9	143.2	63.8	58.8	39.6	47.5	0.1	0.0	0.1	0.0	0.1	0.0
Algeria	612	1,122.1	1,130.7	1,023.9	1,417.3	850.2	1,208.8	130.4	302.0	893.4	1,948.1	864.9	213.1
Bahrain, Kingdom of	419	230.6	329.0	234.0	275.2	186.8	173.9	656.6	801.8	598.6	615.5	498.7	264.5
Djibouti	611	47.4	93.8	63.4	58.1	53.6	78.4	0.0	0.0	0.0	0.1	0.1	0.6
Egypt	469	1,726.8	1,807.0	1,534.5	2,363.8	2,178.9	1,758.0	691.0	802.1	1,015.8	531.7	218.4	61.3
Iran, I.R. of	429	6,078.2	6,256.5	4,480.9	4,162.2	3,730.9	3,622.1	11,333.0	8,544.4	5,564.4	4,578.1	2,367.4	4,779.6
Iraq	433	1,533.9	1,866.4	1,973.5	1,797.6	1,427.7	1,434.0	9,137.1	10,227.1	9,260.7	6,687.2	6,265.7	4,982.1
Jordan	439	1,225.7	1,395.5	1,316.6	1,383.4	849.1	636.8	73.8	69.2	67.2	78.2	78.1	53.2
Kuwait	443	1,436.2	1,584.2	1,132.9	1,975.9	924.7	1,284.1	16,957.5	18,297.1	18,725.1	16,892.0	8,973.4	7,414.6
Lebanon	446	271.9	353.6	378.3	303.2	253.0	189.5	29.8	33.6	65.6	27.1	23.5	18.9
Libya	672	181.3	1,076.7	1,064.3	893.2	543.9	718.6	248.8	751.9	479.6	743.2	181.3	296.6
Mauritania	682	14.1	15.3	11.1	12.1	7.0	6.3	5.5	10.9	17.8	19.6	39.9	35.4

Korea, Republic of (542)

In Millions of U.S. Dollars

		Exports (FOB)						Imports (CIF)					
		2011	2012	2013	2014	2015	2016	2011	2012	2013	2014	2015	2016
Morocco	686	362.4	508.5	292.6	308.2	349.5	533.5	137.2	218.1	165.7	236.9	154.2	161.2
Oman	449	906.9	923.6	1,007.0	1,171.6	939.4	590.5	5,363.1	5,305.7	4,783.3	4,596.8	2,888.3	2,349.4
Pakistan	564	819.7	847.2	819.0	770.0	790.1	827.5	737.0	776.0	522.1	401.9	284.5	292.6
Qatar	453	469.0	729.9	852.1	904.5	674.1	535.7	20,753.7	25,504.7	25,873.8	25,723.1	16,474.8	10,035.5
Saudi Arabia	456	6,965.2	9,112.0	8,827.7	8,287.5	9,481.9	5,643.9	36,975.7	39,707.1	37,665.2	36,694.5	19,561.5	15,700.6
Somalia	726	0.9	1.4	2.0	4.6	5.5	9.1	....	0.0	....	0.5	6.5	1.7
Sudan	732	177.9	137.2	165.9	140.8	163.4	150.0	22.3	43.2	122.2	30.8	17.8	11.7
Syrian Arab Republic	463	841.8	433.4	445.5	422.8	209.3	196.6	63.4	1.5	1.1	0.9	0.1	6.1
Tunisia	744	185.6	423.4	167.1	207.9	183.7	148.5	42.6	68.9	244.4	121.9	50.6	54.1
United Arab Emirates	466	7,266.4	6,861.7	5,737.7	7,211.6	6,076.8	6,019.4	14,759.1	15,115.3	18,122.9	16,194.3	8,614.7	7,217.2
West Bank and Gaza	487	....	....	....	....	....	14.8	....	....	....	....	....	0.9
Yemen, Republic of	474	84.0	139.6	178.6	322.0	202.9	130.5	1,126.5	1,101.8	1,663.3	2,391.9	361.3	14.5
Sub-Saharan Africa	**603**	**14,291.9**	**9,071.0**	**11,052.5**	**9,810.5**	**7,478.2**	**8,844.4**	**5,612.2**	**5,382.6**	**5,791.3**	**8,053.1**	**5,542.2**	**4,495.2**
Angola	614	218.1	414.9	1,241.7	1,800.0	1,858.8	426.3	2.5	139.5	136.2	149.9	142.5	185.6
Benin	638	41.7	40.3	41.9	63.4	38.5	27.8	12.3	13.5	11.0	5.1	10.8	22.6
Botswana	616	9.0	5.9	5.7	9.5	11.2	37.0	0.8	0.2	0.4	21.2	25.6	0.7
Burkina Faso	748	16.2	26.9	27.4	24.3	22.1	22.4	0.0	0.2	0.8	6.3	7.0	3.0
Burundi	618	0.5	0.9	0.8	2.2	1.3	1.1	0.0	0.2	0.4	0.1	0.1	0.3
Cabo Verde	624	1.1	0.7	0.6	0.8	1.7	1.2	0.1	0.0	0.1	0.0	0.1	0.0
Cameroon	622	70.1	54.1	43.6	47.9	30.8	23.8	42.0	10.7	9.9	5.6	42.7	3.6
Central African Rep.	626	383.8	44.2	95.7	0.9	3.3	0.6	0.3	0.4	0.3	0.1	0.5	1.4
Chad	628	0.4	0.7	1.5	1.5	3.3	1.1	....	....	0.0	0.0	0.0	19.8
Comoros	632	0.5	0.0	0.5	0.1	0.0	0.0	0.0	0.0	0.0	0.1	0.5	2.5
Congo, Dem. Rep. of	636	20.7	35.0	39.6	25.7	26.5	24.7	149.2	236.6	221.5	261.3	301.6	514.3
Congo, Republic of	634	52.9	44.0	52.3	54.1	502.0	1,231.7	78.1	11.1	10.6	325.8	81.2	44.0
Côte d'Ivoire	662	92.8	120.7	141.9	218.7	117.0	76.3	2.6	1.7	2.2	7.6	14.5	15.2
Equatorial Guinea	642	4.0	41.1	11.9	1.9	5.0	10.4	531.7	338.4	109.9	166.5	1,056.1	617.3
Eritrea	643	5.4	5.4	9.8	18.0	8.3	1.5	0.0	0.0	18.4	19.7	13.8	15.2
Ethiopia	644	107.4	107.9	93.8	154.7	113.4	97.5	19.7	24.7	24.8	55.2	55.4	54.4
Gabon	646	38.5	28.0	25.5	17.9	24.0	13.7	39.6	309.8	203.3	643.3	384.6	296.9
Gambia, The	648	2.3	2.3	2.0	2.8	3.0	9.5	0.1	0.0	0.0	0.2	0.3	1.8
Ghana	652	326.0	283.9	351.0	220.0	252.9	220.7	28.3	31.5	40.7	37.8	40.1	34.3
Guinea	656	45.8	49.5	51.6	41.0	33.1	101.7	10.3	10.8	180.0	739.7	29.8	62.8
Guinea-Bissau	654	0.8	0.3	0.2	0.2	0.4	0.3	0.0	0.3	0.0	0.3	0.4	1.2
Kenya	664	215.1	263.0	258.0	344.5	256.5	157.3	17.7	27.8	29.2	28.1	28.3	104.1
Lesotho	666	27.3	0.2	0.3	0.1	0.2	0.0	0.3	0.2	0.0	0.0	0.0	0.1
Liberia	668	7,346.0	3,803.7	3,512.9	2,976.2	1,299.3	3,852.3	1.3	1.2	6.5	8.9	14.9	0.8
Madagascar	674	25.4	26.9	120.2	26.3	24.4	30.9	1.8	3.6	75.6	123.1	85.6	67.3
Malawi	676	16.4	22.4	19.5	14.1	13.3	12.8	14.5	28.8	50.5	21.6	14.7	26.5
Mali	678	8.7	21.0	32.6	13.3	12.7	18.9	69.3	0.2	0.1	0.1	5.3	0.0
Mauritius	684	58.3	59.7	46.9	50.0	37.6	29.9	7.9	7.2	6.4	5.5	4.6	6.0
Mozambique	688	41.0	44.0	92.4	101.3	67.6	42.2	23.8	66.4	14.5	28.9	11.8	25.3
Namibia	728	4.5	15.2	4.9	8.4	6.8	2.5	36.3	78.7	43.4	114.5	72.8	31.7
Niger	692	5.4	9.3	4.8	5.2	2.1	1.5	14.1	0.2	105.5	2.1	0.0	93.3
Nigeria	694	2,487.0	853.7	1,570.7	1,378.4	685.8	458.2	804.6	1,465.6	2,307.2	3,095.6	1,123.5	497.6
Rwanda	714	10.8	3.4	13.2	19.5	17.2	17.7	0.6	0.5	0.6	1.5	0.8	1.4
São Tomé & Príncipe	716	0.1	0.0	0.1	0.5	0.3	0.3	0.0	0.0	0.3	0.0	0.0	0.1
Senegal	722	62.7	57.3	75.3	127.1	146.2	253.2	21.0	39.6	61.8	53.0	62.7	77.7
Seychelles	718	18.4	28.0	23.0	24.0	17.2	18.2	0.9	1.9	2.4	3.3	5.4	4.7
Sierra Leone	724	29.7	12.4	11.0	16.9	6.6	5.6	1.4	3.5	4.3	16.0	10.5	14.8
South Africa	199	2,256.3	2,188.3	2,697.8	1,475.6	1,262.4	986.8	3,106.0	2,128.9	1,729.3	1,623.9	1,415.9	1,272.2
South Sudan, Rep. of	733	0.0	0.1	0.3	0.3	0.8	0.2	....	0.0	....	0.0	0.0	0.0
Swaziland	734	11.2	4.7	3.6	4.8	3.2	6.1	7.7	29.1	33.1	15.5	17.1	4.6
Tanzania	738	92.0	199.6	145.1	333.1	193.7	137.6	45.1	23.3	46.1	42.5	50.8	36.7
Togo	742	29.8	36.4	30.6	24.1	185.1	355.3	0.2	0.6	17.8	29.3	42.5	48.8
Uganda	746	25.9	9.3	15.4	15.1	20.2	18.4	10.7	6.8	7.0	20.5	13.4	7.2
Zambia	754	25.3	30.5	26.9	26.1	30.9	17.1	500.1	336.6	264.3	367.4	346.8	273.1
Zimbabwe	698	28.3	28.6	25.9	27.4	21.1	18.3	7.2	1.5	13.2	4.7	6.5	3.2
Africa n.s.	799	27.9	46.3	82.2	92.7	110.5	73.9	2.1	0.8	1.6	1.1	0.6	0.9

Korea, Republic of (542)

In Millions of U.S. Dollars

		Exports (FOB)						Imports (CIF)					
		2011	2012	2013	2014	2015	2016	2011	2012	2013	2014	2015	2016
Western Hemisphere	205	**39,809.3**	**36,370.8**	**35,982.3**	**35,557.9**	**30,324.0**	**25,370.0**	**19,909.1**	**19,407.0**	**18,098.2**	**18,024.6**	**15,777.7**	**14,902.8**
Antigua and Barbuda	311	3.2	32.7	37.8	7.1	36.0	6.6	3.8	13.2	2.2	0.3	8.5	0.1
Argentina	213	1,080.6	972.9	1,074.6	753.8	1,046.9	816.1	1,048.1	1,427.9	1,195.5	501.3	698.9	845.4
Aruba	314	20.0	21.3	21.4	179.2	19.7	16.9	52.0	0.4	0.2	111.1	56.2	0.0
Bahamas, The	313	1,899.5	812.3	1,013.0	834.7	778.6	1,173.1	11.4	0.9	7.8	16.1	10.8	0.0
Barbados	316	9.3	11.6	10.7	14.0	8.5	11.7	0.2	0.1	0.2	0.1	0.3	0.6
Belize	339	7.7	9.9	6.5	5.3	5.9	7.9	3.1	1.2	0.7	1.3	0.4	0.6
Bermuda	319	1,598.6	1,372.3	1,600.6	2,038.1	2,032.4	1,487.9	19.3	0.0	0.0	0.0	0.0	0.0
Bolivia	218	26.6	38.0	51.1	129.7	90.3	68.7	482.5	274.6	290.3	299.4	244.7	372.7
Brazil	223	11,823.8	10,286.1	9,688.2	8,922.1	5,494.9	4,491.4	6,340.1	6,085.4	5,573.1	4,907.1	4,058.7	3,405.7
Chile	228	2,381.5	2,469.3	2,458.2	2,083.3	1,742.3	1,594.8	4,862.1	4,676.5	4,657.5	4,810.1	4,402.1	3,811.4
Colombia	233	1,615.0	1,467.7	1,342.3	1,509.4	1,129.0	854.4	380.7	414.8	206.6	607.6	323.5	388.8
Costa Rica	238	319.7	337.3	232.1	242.5	245.3	212.9	184.4	293.0	267.2	290.8	149.8	139.6
Curaçao	354	....	....	....	....	....	0.1	....	....	....	....	....	0.1
Dominica	321	4.6	5.0	4.1	5.3	3.9	8.0	0.7	4.6	2.7	0.4	0.0	0.0
Dominican Republic	243	152.8	167.0	184.4	220.9	265.0	316.4	96.1	122.9	108.4	128.6	78.6	82.6
Ecuador	248	886.8	856.8	919.9	811.5	641.3	428.3	30.6	39.5	48.4	342.5	245.7	96.8
El Salvador	253	97.9	114.9	152.7	139.4	129.0	128.8	46.0	37.9	17.1	57.8	14.2	13.3
Falkland Islands	323	0.0	0.0	0.0	0.1	0.0	0.0	....	0.2	0.6	0.0	0.4	1.5
Greenland	326	0.0	0.0	0.1	0.0	0.0	0.0	2.1	1.8	2.3	3.6	2.8	1.9
Grenada	328	2.7	1.8	2.5	2.8	2.4	2.5	0.2	0.1	0.0	0.0	0.0	0.0
Guatemala	258	343.6	363.6	394.5	319.6	398.4	293.5	219.7	140.6	159.6	320.7	161.9	137.1
Guyana	336	60.5	27.0	27.2	22.9	16.6	24.0	1.2	2.0	1.2	1.3	2.1	1.0
Haiti	263	34.0	23.1	29.8	39.1	46.7	51.3	2.1	4.9	13.1	2.6	4.2	2.2
Honduras	268	136.6	156.4	124.0	114.9	117.1	116.6	141.2	84.1	54.2	51.1	55.1	48.7
Jamaica	343	20.3	26.7	25.6	22.9	19.0	21.4	15.3	4.5	4.5	10.0	9.7	3.4
Mexico	273	9,727.9	9,042.4	9,727.4	10,846.0	10,891.9	9,648.0	2,314.4	2,591.6	2,300.7	3,268.5	3,464.2	3,507.9
Netherlands Antilles	353	24.9	18.8	24.5	22.1	20.9	20.8	52.3	0.5	0.2	2.6	0.6	0.1
Nicaragua	278	197.7	185.6	188.3	182.2	148.7	127.6	53.3	41.7	24.0	21.7	12.6	12.6
Panama	283	3,798.1	3,977.3	3,484.6	2,764.7	2,230.3	1,488.3	393.9	594.8	516.4	495.4	390.8	335.1
Paraguay	288	199.6	160.3	203.3	224.3	224.7	120.4	52.4	105.7	74.5	72.7	19.7	103.8
Peru	293	1,369.0	1,472.6	1,440.2	1,391.7	1,217.4	1,192.4	1,955.8	1,639.4	1,983.0	1,432.8	1,135.8	1,323.0
St. Kitts and Nevis	361	1.0	1.2	2.7	4.3	11.1	14.6	0.8	0.3	0.0	0.0	0.2	0.0
St. Lucia	362	3.4	6.6	3.4	3.2	2.7	3.4	0.0	0.0	0.1	0.0	0.2	0.1
St. Vincent & Grens.	364	0.7	1.1	1.0	1.3	1.6	1.4	0.1	0.1	0.1	0.0	0.0	0.4
Suriname	366	19.1	28.4	19.9	11.2	9.6	5.6	0.7	2.2	2.4	2.6	3.6	2.8
Trinidad and Tobago	369	90.4	82.2	98.5	111.6	105.6	96.4	927.9	585.7	409.3	175.5	116.5	149.8
Uruguay	298	217.0	184.0	385.9	255.3	192.8	99.2	75.0	98.2	120.9	72.6	83.6	88.3
Venezuela, Rep. Bol.	299	614.7	522.9	442.9	235.9	449.5	326.3	137.2	114.7	51.1	14.9	20.8	24.6
Western Hem. n.s.	399	1,020.7	1,113.7	558.3	1,085.5	547.9	92.3	2.6	1.0	1.9	1.3	0.5	0.5
Other Countries n.i.e	910	**74.0**	**74.2**	**57.8**	**55.8**	**51.5**	**46.9**	**29.8**	**2.2**	**9.7**	**12.2**	**5.7**	**5.7**
Cuba	928	74.0	74.2	57.8	55.8	51.5	46.9	29.8	2.2	9.7	12.2	5.7	5.7
Special Categories	899	....	0.1	0.3	2.7	2.9	3.7	....	....	....	....	....	....
Countries & Areas n.s.	898	**508.8**	**47.8**	**56.4**	**95.3**	**39.3**	**34.0**	**73.8**	**71.4**	**101.4**	**65.7**	**342.1**	**364.5**
Memorandum Items													
Africa	605	16,202.2	11,381.1	12,778.1	11,959.1	9,090.4	10,978.8	5,950.4	6,025.8	7,234.8	10,411.1	6,676.1	4,973.0
Middle East	405	29,217.7	32,869.1	29,163.6	31,474.7	27,679.3	22,948.3	118,169.2	126,263.3	123,886.7	115,754.5	66,507.2	53,195.2
European Union	998	56,378.8	49,679.2	49,058.3	52,224.4	48,583.7	46,419.9	47,431.1	50,398.6	56,233.8	62,396.6	57,204.0	51,856.0
Export earnings: fuel	080	44,428.1	46,940.2	45,060.2	46,265.1	36,260.9	30,973.3	134,138.9	143,113.4	141,271.7	140,496.4	83,375.7	65,620.2
Export earnings: nonfuel	092	510,977.0	500,929.6	514,572.3	526,399.5	490,495.6	464,883.9	390,236.1	376,471.1	374,313.8	385,018.1	353,123.2	340,411.7

Kosovo, Republic of (967)

In Millions of U.S. Dollars

		Exports (FOB)						Imports (CIF)					
		2011	2012	2013	2014	2015	2016	2011	2012	2013	2014	2015	2016
IFS World		443.7	354.8	390.1	430.6	360.8	342.5	3,464.7	3,221.9	3,251.7	3,367.7	2,922.1	3,085.6
World	001	429.6	374.6	410.1	439.5	371.3	342.6	3,064.9	3,202.2	3,242.4	3,350.1	2,906.6	3,088.4
Advanced Economies	110	125.2	99.7	109.7	121.0	101.5	79.4	1,339.2	1,241.6	1,255.4	1,298.7	1,126.1	1,185.3
Euro Area	163	85.5	68.0	74.9	82.6	69.3	53.3	1,129.4	1,047.0	1,058.7	1,095.2	949.7	991.0
Austria	122	4.4	3.5	3.8	4.2	3.6	7.4	49.2	45.6	46.1	47.7	41.4	51.5
Belgium	124	16.4	13.0	14.4	15.8	13.3	2.5	8.0	7.4	7.5	7.8	6.7	10.3
Cyprus	423	....	....	....	....	....	0.0	3.0	2.7	2.8	2.9	2.5	1.5
Estonia	939	0.6	0.5	0.6	0.6	0.5	0.0	0.0	0.0	0.0	0.0	0.0	0.6
Finland	172	....	....	....	....	....	0.0	1.4	1.3	1.3	1.4	1.2	1.4
France	132	9.4	7.4	8.2	9.0	7.6	3.6	29.6	27.4	27.7	28.7	24.9	35.8
Germany	134	13.7	10.9	12.0	13.3	11.1	15.3	437.1	405.2	409.7	423.9	367.5	379.8
Greece	174	2.0	1.6	1.7	1.9	1.6	1.0	212.6	197.1	199.3	206.2	178.8	131.0
Ireland	178	....	....	....	....	....	0.1	5.2	4.8	4.9	5.1	4.4	2.1
Italy	136	11.8	9.4	10.3	11.4	9.5	6.3	223.0	206.8	209.1	216.3	187.6	224.6
Latvia	941	....	....	....	....	....	0.0	1.8	1.7	1.7	1.7	1.5	0.6
Lithuania	946	....	....	....	....	....	0.0	3.1	2.9	3.0	3.1	2.6	2.2
Luxembourg	137	....	....	....	....	....	0.5	1.5	1.4	1.4	1.4	1.3	1.1
Malta	181	....	....	....	....	....	....	0.0	0.0	0.0	0.0	0.0	0.3
Netherlands	138	21.8	17.3	19.1	21.0	17.7	13.1	29.9	27.7	28.1	29.0	25.2	25.8
Portugal	182	....	....	....	....	....	0.0	2.7	2.5	2.6	2.7	2.3	2.0
Slovak Republic	936	1.1	0.9	0.9	1.0	0.9	0.9	11.8	10.9	11.1	11.4	9.9	10.9
Slovenia	961	0.3	0.3	0.3	0.3	0.3	1.3	87.7	81.3	82.3	85.1	73.8	67.6
Spain	184	4.0	3.2	3.5	3.9	3.3	1.0	21.5	19.9	20.2	20.9	18.1	41.9
Australia	193	0.0	0.0	0.0	0.0	0.0	0.6	0.0	0.0	0.0	0.0	0.0	0.7
Canada	156	....	....	....	....	....	0.0	0.8	0.8	0.8	0.8	0.7	1.8
China,P.R.: Hong Kong	532	....	....	....	....	....	0.0	2.9	2.7	2.7	2.8	2.4	1.3
Czech Republic	935	0.4	0.3	0.4	0.4	0.4	0.6	29.9	27.8	28.1	29.0	25.2	27.4
Denmark	128	1.8	1.4	1.6	1.7	1.5	0.2	2.1	2.0	2.0	2.1	1.8	5.5
Israel	436	0.4	0.3	0.3	0.4	0.3	0.1	14.3	13.2	13.4	13.9	12.0	7.3
Japan	158	....	....	....	....	....	0.1	14.2	13.1	13.3	13.7	11.9	12.3
Korea, Republic of	542	....	....	....	....	....	0.2	10.3	9.5	9.6	10.0	8.6	8.9
New Zealand	196	0.0	0.0	0.0	0.0	0.0	0.0	....	....	....	....	....	0.1
Norway	142	0.2	0.1	0.2	0.2	0.1	0.1	3.4	3.1	3.2	3.3	2.9	1.3
San Marino	135	....	....	....	....	....	....	....	....	....	....	....	0.1
Singapore	576	....	....	....	....	....	....	1.2	1.2	1.2	1.2	1.0	0.6
Sweden	144	1.9	1.5	1.7	1.8	1.5	1.1	9.9	9.2	9.3	9.6	8.4	9.2
Switzerland	146	17.7	14.1	15.5	17.1	14.4	18.6	21.8	20.2	20.4	21.1	18.3	24.4
Taiwan Prov.of China	528	14.5	11.6	12.7	14.0	11.8	1.6	15.2	14.1	14.2	14.7	12.8	10.8
United Kingdom	112	0.6	0.5	0.6	0.6	0.5	0.9	28.8	26.7	27.0	27.9	24.2	20.9
United States	111	2.2	1.7	1.9	2.1	1.8	2.0	55.0	51.0	51.6	53.3	46.3	61.6
Emerg. & Dev. Economies	200	304.3	275.0	300.4	318.6	269.8	263.2	1,725.4	1,960.4	1,986.8	2,051.2	1,780.3	1,902.9
Emerg. & Dev. Asia	505	21.0	16.7	18.4	20.3	17.0	23.0	495.9	459.7	464.9	480.9	417.0	356.1
Bangladesh	513	....	....	....	....	....	....	9.4	8.7	8.8	9.1	7.9	9.2
Cambodia	522	....	....	....	....	....	....	1.4	1.3	1.3	1.4	1.2	1.1
China,P.R.: Mainland	924	....	....	....	....	....	12.6	387.1	358.9	362.9	375.4	325.5	286.0
India	534	21.0	16.7	18.4	20.3	17.0	10.4	18.3	17.0	17.2	17.7	15.4	21.0
Indonesia	536	....	....	....	....	....	....	13.8	12.8	12.9	13.4	11.6	5.1
Malaysia	548	....	....	....	....	....	....	5.1	4.8	4.8	5.0	4.3	4.0
Myanmar	518	....	....	....	....	....	....	0.1	0.1	0.1	0.1	0.1	0.2
Philippines	566	....	....	....	....	....	....	0.2	0.2	0.2	0.2	0.2	0.5
Sri Lanka	524	....	....	....	....	....	....	21.7	20.1	20.3	21.0	18.2	7.9
Thailand	578	....	....	....	....	....	....	6.7	6.2	6.3	6.5	5.6	4.7
Vietnam	582	....	....	....	....	....	....	32.0	29.7	30.0	31.1	26.9	16.4
Europe	170	263.0	242.1	264.2	278.6	236.3	233.3	1,097.8	1,378.5	1,398.4	1,442.5	1,252.5	1,458.6
Emerg. & Dev. Europe	903	127.9	134.6	145.9	148.2	126.8	189.5	1,053.2	1,337.2	1,356.6	1,399.3	1,215.0	1,429.8
Albania	914	33.9	27.0	29.7	32.8	27.5	46.6	114.8	106.4	107.6	111.3	96.5	128.2
Bosnia and Herzegovina	963	4.2	3.3	3.7	4.0	3.4	9.3	77.0	71.4	72.2	74.7	64.8	87.7
Bulgaria	918	12.6	10.0	11.0	12.2	10.2	12.5	65.4	60.6	61.3	63.4	55.0	62.9
Croatia	960	3.5	2.8	3.1	3.4	2.9	3.5	48.6	45.1	45.6	47.1	40.9	65.4
Hungary	944	0.5	0.4	0.5	0.5	0.4	0.3	35.0	32.5	32.8	34.0	29.4	29.4

Kosovo, Republic of (967)

In Millions of U.S. Dollars

		Exports (FOB) 2011	2012	2013	2014	2015	2016	Imports (CIF) 2011	2012	2013	2014	2015	2016
Macedonia, FYR	962	49.3	40.4	42.2	33.8	30.8	42.7	131.0	119.9	125.8	126.0	110.9	173.7
Montenegro	943	2.0	11.9	13.1	14.4	12.1	15.4	1.5	7.7	7.8	8.0	7.0	15.2
Poland	964	1.6	1.2	1.4	1.5	1.3	3.7	110.2	102.2	103.3	106.9	92.7	83.4
Romania	968	0.7	0.5	0.6	0.7	0.5	1.5	40.9	37.9	38.3	39.7	34.4	35.3
Serbia, Republic of	942	4.1	24.6	27.1	29.9	25.1	45.7	85.8	435.6	440.5	455.7	395.1	429.2
Turkey	186	15.5	12.4	13.6	15.0	12.6	8.4	343.0	318.0	321.5	332.6	288.4	319.5
CIS	901	**135.0**	**107.5**	**118.3**	**130.5**	**109.5**	**43.8**	**44.5**	**41.3**	**41.8**	**43.2**	**37.5**	**28.8**
Azerbaijan, Rep. of	912	....	....	....	....	....	....	0.3	0.3	0.3	0.3	0.2	0.0
Belarus	913	....	....	....	....	....	....	....	....	....	....	....	0.2
Georgia	915	0.0	0.0	0.0	0.0	0.0	0.1	0.0	0.0	0.0	0.0	0.0	0.0
Kazakhstan	916	134.9	107.4	118.2	130.3	109.4	43.5	15.5	14.4	14.5	15.0	13.0	3.6
Kyrgyz Republic	917	....	....	....	....	....	0.0	7.0	6.5	6.6	6.8	5.9	2.8
Moldova	921	0.0	0.0	0.0	0.0	0.0	0.0	0.6	0.5	0.5	0.6	0.5	0.2
Russian Federation	922	0.1	0.1	0.1	0.1	0.1	0.0	13.3	12.3	12.4	12.9	11.2	14.7
Turkmenistan	925	....	....	....	....	....	....	....	....	....	....	....	0.1
Ukraine	926	....	....	....	....	....	0.2	7.9	7.3	7.4	7.6	6.6	7.1
Mid East, N Africa, Pak	440	**4.8**	**3.8**	**4.2**	**4.7**	**3.9**	**2.8**	**22.4**	**20.8**	**21.0**	**21.8**	**18.9**	**21.5**
Algeria	612	0.8	0.6	0.7	0.8	0.7	0.3	10.4	9.6	9.7	10.0	8.7	4.0
Bahrain, Kingdom of	419	1.2	1.0	1.1	1.2	1.0	0.2	....	....	....	....	....	0.0
Djibouti	611	....	....	....	....	....	0.1	....	....	....	....	....	....
Egypt	469	0.4	0.3	0.4	0.4	0.3	0.4	4.6	4.3	4.3	4.5	3.9	3.1
Iran, I.R. of	429	....	....	....	....	....	0.0	1.9	1.8	1.8	1.9	1.6	1.9
Iraq	433	....	....	....	....	....	0.2	....	....	....	....	....	....
Jordan	439	....	....	....	....	....	0.1	....	....	....	....	....	0.0
Kuwait	443	0.5	0.4	0.4	0.4	0.4	0.3	....	....	....	....	....	0.0
Lebanon	446	....	....	....	....	....	0.0	0.2	0.1	0.1	0.2	0.1	0.0
Libya	672	....	....	....	....	....	0.2	....	....	....	....	....	0.2
Morocco	686	....	....	....	....	....	....	0.6	0.6	0.6	0.6	0.5	1.3
Oman	449	....	....	....	....	....	0.1	....	....	....	....	....	0.2
Pakistan	564	....	....	....	....	....	0.0	1.6	1.5	1.5	1.6	1.4	1.8
Qatar	453	....	....	....	....	....	0.1	0.9	0.9	0.9	0.9	0.8	1.1
Saudi Arabia	456	....	....	....	....	....	0.0	1.4	1.3	1.3	1.3	1.1	4.8
Syrian Arab Republic	463	....	....	....	....	....	....	0.1	0.1	0.1	0.1	0.0	0.0
Tunisia	744	0.6	0.5	0.6	0.6	0.5	0.2	0.3	0.3	0.3	0.3	0.2	2.3
United Arab Emirates	466	0.7	0.6	0.6	0.7	0.6	0.3	0.5	0.5	0.5	0.5	0.4	0.7
Yemen, Republic of	474	0.6	0.5	0.5	0.6	0.5	0.1	....	....	....	....	....	0.0
Sub-Saharan Africa	603	**15.4**	**12.3**	**13.5**	**14.9**	**12.5**	**3.9**	**1.7**	**1.5**	**1.6**	**1.6**	**1.4**	**2.1**
Cameroon	622	....	....	....	....	....	....	0.0	0.0	0.0	0.0	0.0	0.4
Congo, Republic of	634	0.0	0.0	0.0	0.0	0.0	0.7	....	....	....	....	....	0.0
Ethiopia	644	....	....	....	....	....	0.1	0.1	0.1	0.1	0.1	0.1	0.0
Gabon	646	....	....	....	....	....	....	0.3	0.2	0.2	0.3	0.2	0.0
Kenya	664	....	....	....	....	....	0.0	....	....	....	....	....	0.2
Mauritius	684	....	....	....	....	....	....	0.0	0.0	0.0	0.0	0.0	0.1
Namibia	728	....	....	....	....	....	....	1.1	1.0	1.0	1.0	0.9	0.0
Seychelles	718	....	....	....	....	....	....	....	....	....	....	....	0.1
South Africa	199	15.4	12.2	13.5	14.8	12.5	2.9	0.1	0.1	0.1	0.1	0.1	1.1
Tanzania	738	....	....	....	....	....	....	0.1	0.1	0.1	0.1	0.0	0.0
Western Hemisphere	205	**0.1**	**0.1**	**0.1**	**0.1**	**0.1**	**0.2**	**107.7**	**99.8**	**101.0**	**104.4**	**90.6**	**64.5**
Argentina	213	....	....	....	....	....	....	5.7	5.3	5.4	5.6	4.8	3.5
Bolivia	218	0.0	0.0	0.0	0.0	0.0	0.1	0.0	0.0	0.0	0.0	0.0	0.0
Brazil	223	....	....	....	....	....	....	68.2	63.2	63.9	66.1	57.3	41.2
Chile	228	....	....	....	....	....	....	0.2	0.2	0.2	0.2	0.2	0.3
Colombia	233	0.0	0.0	0.0	0.0	0.0	0.1	0.2	0.2	0.2	0.2	0.2	2.3
Costa Rica	238	....	....	....	....	....	....	2.0	1.9	1.9	1.9	1.7	0.9
Dominican Republic	243	....	....	....	....	....	....	0.0	0.0	0.0	0.0	0.0	0.1
Ecuador	248	0.0	0.0	0.0	0.0	0.0	0.0	17.1	15.8	16.0	16.5	14.3	6.8
Guatemala	258	....	....	....	....	....	....	0.0	0.0	0.0	0.0	0.0	0.2
Mexico	273	....	....	....	....	....	....	2.5	2.4	2.4	2.5	2.1	2.7
Paraguay	288	....	....	....	....	....	....	10.9	10.1	10.2	10.6	9.2	5.3
Peru	293	....	....	....	....	....	....	0.8	0.7	0.7	0.7	0.6	0.9

Kosovo, Republic of (967)

In Millions of U.S. Dollars

		Exports (FOB)						Imports (CIF)					
		2011	2012	2013	2014	2015	2016	2011	2012	2013	2014	2015	2016
Suriname	366	....	....	....	....	....	0.0	....	....	....	....	....	0.1
Uruguay	298	....	....	....	....	....	....	....	....	....	....	....	0.1
Other Countries n.i.e	910	....	....	....	....	....	....	0.1	0.1	0.1	0.1	0.1	0.1
Cuba	928	....	....	....	....	....	....	0.1	0.1	0.1	0.1	0.1	0.1
Countries & Areas n.s.	898	....	....	....	....	....	0.0	0.1	0.1	0.1	0.1	0.1	0.1
Memorandum Items													
Africa	605	16.8	13.4	14.8	16.3	13.7	4.5	12.9	12.0	12.1	12.5	10.9	9.7
Middle East	405	3.4	2.7	3.0	3.3	2.8	2.1	9.5	8.8	8.9	9.3	8.0	12.1
European Union	998	109.2	86.9	95.6	105.5	88.5	77.5	1,500.3	1,390.9	1,406.4	1,454.8	1,261.5	1,330.4
Export earnings: fuel	080	138.9	110.5	121.7	134.2	112.6	46.3	61.6	57.1	57.7	59.7	51.8	40.6
Export earnings: nonfuel	092	290.7	264.1	288.4	305.4	258.7	296.3	3,003.3	3,145.1	3,184.7	3,290.3	2,854.8	3,047.8

Kuwait (443)

In Millions of U.S. Dollars

		Exports (FOB) 2011	2012	2013	2014	2015	2016	Imports (CIF) 2011	2012	2013	2014	2015	2016
IFS World		....	....	....	....	55,195.6	....	....	....	....	....	31,909.7	....
World	001	91,769.7	109,447.5	105,026.0	96,402.3	54,031.3	41,786.3	25,322.9	25,934.8	29,890.8	31,710.1	32,126.8	31,465.9
Advanced Economies	110	53,748.0	64,415.2	62,191.9	55,407.6	29,812.5	22,348.9	12,441.5	13,754.3	15,029.2	15,382.5	14,576.4	14,954.3
Euro Area	163	4,053.3	4,898.0	5,417.0	4,720.4	3,286.8	2,619.0	4,452.8	5,111.7	5,597.8	5,709.5	5,307.2	5,329.2
Austria	122	1.9 e	292.2 e	284.9 e	312.5 e	21.7 e	0.8 e	133.2	184.1	172.7	173.3	231.3	203.6
Belgium	124	103.1 e	125.4 e	186.0 e	138.5 e	53.4 e	43.9 e	159.8	193.4	154.1	153.0	191.6	207.3
Cyprus	423	64.6 e	40.5 e	4.0 e	2.8 e	2.9 e	4.2 e	18.4	21.3	22.8	26.2	24.3	20.2
Estonia	939	....	0.0 e	0.0 e	0.2 e	0.0 e	0.0 e	3.4	3.8	12.3	10.4	17.7	1.0
Finland	172	0.1 e	0.0 e	0.0 e	0.0 e	0.0 e	0.1 e	55.3	45.1	37.3	47.7	40.5	42.6
France	132	190.6 e	747.2 e	1,154.6 e	952.2 e	638.0 e	403.2 e	556.4	587.7	844.4	815.8	634.7	240.4
Germany	134	124.0 e	325.7 e	471.9 e	170.2 e	61.2 e	18.5 e	1,658.2	1,770.6	1,987.0	2,099.4	1,785.2	1,893.6
Greece	174	50.9 e	23.1 e	26.9 e	33.2 e	20.1 e	18.3 e	14.7	21.8	28.0	26.1	29.6	32.4
Ireland	178	0.4 e	0.4 e	0.8 e	0.4 e	70.5 e	2.0 e	185.1	170.3	178.8	195.5	212.7	229.4
Italy	136	105.2 e	119.1 e	179.9 e	228.9 e	193.5 e	966.3 e	963.7	1,285.7	1,213.4	1,171.4	1,085.9	1,523.5
Latvia	941	0.1 e	0.0 e	4.4 e	1.1 e	0.3 e	0.7 e	3.2	3.4	6.7	6.8	6.9	3.8
Lithuania	946	....	0.0 e	0.0 e	0.0 e	0.0 e	0.0 e	3.0	4.3	5.0	6.2	9.2	6.7
Luxembourg	137	0.0 e	1.3 e	0.0 e	0.0 e	0.2 e	0.0 e	9.3	6.2	4.4	10.4	7.5	8.6
Malta	181	0.1 e	0.3 e	0.0 e	0.0 e	0.0 e	0.0 e	2.9	2.4	3.7	4.2	3.3	5.6
Netherlands	138	3,025.8 e	2,855.8 e	3,029.4 e	2,673.1 e	2,122.8 e	1,088.0 e	333.1	366.0	445.3	494.1	509.9	430.2
Portugal	182	4.5 e	47.8 e	7.8 e	28.9 e	14.6 e	9.6 e	50.9	112.1	74.8	71.7	64.3	62.8
Slovak Republic	936	0.1 e	0.0 e	0.0 e	0.0 e	0.1 e	0.1 e	58.6	84.5	81.2	71.3	96.8	77.0
Slovenia	961	30.9 e	0.5 e	1.6 e	39.4 e	1.5 e	2.0 e	11.8	15.1	16.5	16.8	16.8	14.2
Spain	184	351.1 e	318.6 e	64.6 e	139.1 e	85.8 e	61.3 e	231.7	233.7	309.6	309.3	339.1	326.4
Australia	193	443.8 e	480.6 e	396.8 e	89.0 e	8.9 e	7.5 e	664.8	555.2	571.6	651.8	587.3	417.2
Canada	156	59.1 e	19.6 e	120.6 e	3.4 e	12.3 e	11.1 e	262.6	198.2	348.7	266.6	287.9	272.7
China,P.R.: Hong Kong	532	108.5 e	87.8 e	103.4 e	82.7 e	43.4 e	34.6 e	17.6	20.2	13.6	24.1	30.0	26.3
China,P.R.: Macao	546	....	....	....	....	....	....	0.3	0.4	0.3	0.8	0.4	0.4
Czech Republic	935	0.1 e	0.2 e	0.1 e	0.4 e	0.3 e	0.2 e	78.7	79.4	86.2	94.7	109.8	131.7
Denmark	128	133.6 e	70.2 e	57.9 e	51.5 e	27.3 e	3.9 e	78.8	70.9	74.7	99.9	92.8	109.8
Iceland	176	0.0 e	0.0 e	....	....	0.0 e	0.0 e	0.3	0.2	0.2	0.1	0.7	0.5
Japan	158	12,381.9 e	14,365.5 e	12,678.4 e	11,684.7 e	6,050.7 e	3,999.0 e	1,661.1	2,307.3	2,225.1	2,235.6	2,162.3	1,973.5
Korea, Republic of	542	15,997.7 e	17,261.5 e	17,665.2 e	15,935.9 e	8,465.4 e	6,994.9 e	955.7	1,042.9	1,141.7	1,288.0	970.4	1,333.7
New Zealand	196	396.6 e	177.3 e	241.5 e	431.1 e	111.6 e	2.5 e	85.5	64.6	70.7	62.6	68.1	54.8
Norway	142	6.3 e	2.4 e	9.6 e	2.2 e	1.9 e	0.6 e	21.8	98.3	21.2	18.7	27.5	82.3
San Marino	135	....	....	....	....	....	....	0.3	0.3	0.5	0.5	0.4	0.4
Singapore	576	3,397.5 e	4,514.7 e	3,263.7 e	3,225.5 e	2,521.9 e	2,320.5 e	80.2	98.1	114.4	92.9	110.5	104.6
Sweden	144	0.2 e	0.6 e	0.4 e	0.9 e	0.6 e	0.3 e	137.9	88.6	170.5	116.6	113.3	71.8
Switzerland	146	26.9 e	12.5 e	60.5 e	26.8 e	53.6 e	65.4 e	398.9	436.7	584.8	606.2	578.4	525.2
Taiwan Prov.of China	528	7,260.2 e	8,126.8 e	7,931.6 e	6,299.5 e	3,735.9 e	2,350.0 e	180.4 e	186.3 e	244.7 e	220.9 e	219.2 e	176.1 e
United Kingdom	112	2,115.6 e	2,113.7 e	2,323.6 e	2,064.1 e	1,072.2 e	814.5 e	676.2	780.5	831.7	816.0	904.1	725.7
United States	111	7,366.7 e	12,283.9 e	11,921.6 e	10,789.6 e	4,419.5 e	3,124.9 e	2,687.6	2,614.5	2,930.6	3,076.8	3,006.0	3,618.3
Emerg. & Dev. Economies	200	38,021.8	45,032.3	42,834.0	40,994.6	24,218.8	19,437.3	12,867.4	12,168.3	14,842.0	16,309.3	17,530.4	16,494.1
Emerg. & Dev. Asia	505	27,171.2	32,189.1	30,100.2	28,945.5	16,494.8	12,510.1	6,572.6	6,031.0	6,905.9	7,751.7	8,602.4	7,652.3
Bangladesh	513	1,256.9 e	1,107.7 e	869.0 e	1,014.0 e	689.6 e	451.2 e	48.6	53.2	72.8	70.1	73.2	75.6
Cambodia	522	0.2 e	0.2 e	0.0 e	0.0 e	0.0 e	0.0 e	9.3	7.9	16.9	21.0	24.0	20.1
China,P.R.: Mainland	924	8,649.6 e	9,861.7 e	9,026.7 e	9,436.7 e	7,055.4 e	5,997.9 e	3,713.4	3,622.4	4,011.8	4,452.2	5,097.2	4,290.9
Fiji	819	....	0.0 e	0.0 e	0.0 e	0.0 e	0.0 e	0.2	0.1	0.7	1.2	0.7	0.6
India	534	13,818.2 e	16,846.2 e	16,541.5 e	14,207.4 e	5,623.9 e	3,820.3 e	1,493.8	1,091.1	1,162.3	1,307.8	1,394.2	1,650.3
Indonesia	536	1,328.2 e	2,058.0 e	1,359.3 e	1,378.8 e	696.9 e	276.5 e	167.5	180.3	213.9	235.7	239.2	143.5
Lao People's Dem.Rep	544	....	....	....	....	....	....	0.1	0.1	0.3	0.4	0.1	0.1
Malaysia	548	539.8 e	836.8 e	619.6 e	1,411.5 e	753.6 e	422.8 e	293.6	181.8	263.5	261.4	262.4	236.8
Mongolia	948	....	....	....	0.0 e	....	....	0.0	....	0.0	0.1	0.0	0.0
Myanmar	518	0.8 e	0.1 e	....	1.0 e	0.1 e	0.1 e	5.4	4.7	4.6	4.5	6.6	5.6
Nauru	836	....	....	....	....	....	....	0.0	0.0	0.3	0.0	0.0	0.0
Nepal	558	2.0 e	0.3 e	0.9 e	0.2 e	0.3 e	0.3 e	0.2	0.2	0.4	0.2	0.2	0.2
Philippines	566	36.9 e	28.6 e	85.5 e	22.1 e	774.4 e	951.7 e	122.5	135.3	124.4	127.3	129.0	95.3
Sri Lanka	524	43.0 e	13.2 e	16.6 e	20.9 e	25.9 e	16.2 e	32.8	24.0	37.3	41.5	39.5	27.2
Thailand	578	733.5 e	767.7 e	915.8 e	868.9 e	751.5 e	444.0 e	395.9	483.3	461.8	566.6	518.0	426.1
Vanuatu	846	0.1 e	0.0 e	0.0 e	0.0 e	0.0 e	0.0 e	....	....	....	....	0.0	0.0
Vietnam	582	762.2 e	668.6 e	665.2 e	583.9 e	123.2 e	129.0 e	69.5	58.7	238.0	398.5	547.9	439.8

Kuwait (443)
In Millions of U.S. Dollars

		Exports (FOB)						Imports (CIF)					
		2011	2012	2013	2014	2015	2016	2011	2012	2013	2014	2015	2016
Asia n.s.	598	....	....	....	....	....	....	219.8	187.8	296.8	263.2	269.9	240.1
Europe	170	273.4	282.5	289.7	202.3	146.1	121.9	947.8	1,061.8	1,041.0	1,149.9	1,343.5	1,213.1
Emerg. & Dev. Europe	903	271.8	279.7	287.3	192.8	139.2	116.7	810.0	898.9	799.4	924.1	1,131.1	924.7
Albania	914	0.9 e	0.6 e	0.1 e	0.0 e	0.0 e	0.0 e	1.1	....	0.9	1.8	1.6	1.9
Bosnia and Herzegovina	963	1.8 e	1.9 e	1.8 e	1.4 e	0.2 e	0.4 e	10.3	10.7	10.2	5.7	3.9	9.1
Bulgaria	918	1.0 e	3.0 e	1.8 e	1.3 e	0.2 e	0.3 e	8.8	18.8	18.2	24.4	25.7	25.1
Croatia	960	3.8 e	3.7 e	1.1 e	0.0 e	0.0 e	0.0 e	2.1	1.8	8.3	2.8	5.3	10.1
Faroe Islands	816	0.0 e	0.0 e	0.0 e	0.0 e	0.0 e	0.0 e	....	....	0.0	0.9	0.0	0.0
Hungary	944	0.2 e	0.5 e	0.0 e	0.8 e	4.4 e	6.1 e	186.0	270.3	95.7	89.9	97.0	62.0
Kosovo	967	....	....	....	....	....	0.0 e	0.5 e	0.4 e	0.4 e	0.5 e	0.4 e	0.3 e
Macedonia, FYR	962	1.6 e	0.8 e	0.2 e	0.1 e	0.0 e	0.0 e	1.0	....	1.7	1.5	1.2	1.2
Poland	964	0.1 e	1.1 e	2.1 e	2.4 e	0.3 e	1.2 e	95.1	142.0	128.6	139.4	149.9	154.0
Romania	968	5.5 e	4.1 e	4.8 e	0.4 e	0.1 e	2.6 e	84.7	47.0	71.4	94.3	235.6	121.0
Serbia, Republic of	942	1.7 e	1.4 e	1.1 e	1.4 e	0.5 e	1.6 e	1.7	2.7	2.6	2.8	8.7	2.3
Turkey	186	255.1 e	262.7 e	274.2 e	185.1 e	133.4 e	104.4 e	419.0	405.1	461.2	559.9	601.7	537.8
CIS	901	1.6	2.8	2.4	9.5	6.9	5.2	137.8	162.9	241.5	225.8	212.3	288.2
Armenia	911	0.8 e	0.2 e	0.3 e	0.0 e	0.0 e	0.0 e	0.1	0.4	0.3	1.6	0.3	1.0
Azerbaijan, Rep. of	912	0.0 e	0.2 e	0.1 e	0.4 e	3.7 e	3.3 e	0.1	0.0	0.0	0.0	0.0	0.2
Belarus	913	....	....	0.0 e	0.0 e	0.3 e	1.5 e	0.4	0.2	0.2	1.4	2.9	3.4
Georgia	915	0.1 e	0.1 e	0.2 e	0.2 e	0.2 e	0.0 e	0.3	0.3	0.3	1.2	1.4	13.6
Kazakhstan	916	0.0 e	....	0.0 e	0.1 e	0.0 e	0.0 e	0.7	0.9	0.1	0.1	0.0	0.0
Kyrgyz Republic	917	0.0 e	....	0.0 e	3.2 e	2.5 e	0.1 e	0.6	0.5	0.5	0.1	0.1	0.1
Moldova	921	0.1 e	0.2 e	....	0.0 e	0.0 e	0.0 e	1.0	0.8	2.7	1.5	1.2	1.2
Russian Federation	922	0.0 e	2.0 e	1.4 e	3.7 e	0.1 e	0.1 e	126.5	133.1	186.0	189.7	192.8	235.7
Tajikistan	923	0.1 e	0.1 e	0.1 e	0.1 e	0.1 e	0.1 e	....	....	0.0	0.0	0.0	0.0
Turkmenistan	925	....	....	....	....	....	....	0.4	....	0.8	0.4	0.3	....
Ukraine	926	0.6 e	0.1 e	0.3 e	1.7 e	0.0 e	0.0 e	7.6	26.5	50.6	29.6	13.3	32.9
Uzbekistan	927	....	....	....	....	....	....	0.2	0.2	0.1	0.1	0.0	0.0
Europe n.s.	884	....	....	....	....	....	....	0.0	0.0	....	0.0	0.1	0.1
Mid East, N Africa, Pak	440	9,065.4	9,885.6	10,026.5	9,199.1	5,556.3	4,764.8	4,542.4	4,288.2	5,940.1	6,596.2	6,665.9	6,751.3
Afghanistan, I.R. of	512	....	....	....	....	....	....	0.1	0.0	0.2	0.1	0.1	0.1
Algeria	612	68.1 e	20.5 e	22.9 e	19.7 e	16.8 e	16.1 e	0.8	0.8	12.3	0.1	1.6	1.4
Bahrain, Kingdom of	419	85.8 e	133.4 e	112.2 e	122.8 e	149.3 e	123.5 e	143.4	123.0	227.4	269.2	416.4	343.0
Djibouti	611	2.7 e	3.6 e	4.0 e	4.3 e	6.7 e	7.3 e	0.4	0.4	2.0	2.9	0.8	0.8
Egypt	469	2,623.6 e	2,522.7 e	2,446.4 e	3,294.8 e	1,639.4 e	1,182.4 e	268.0	286.3	345.7	378.4	450.6	450.6
Iran, I.R. of	429	88.5 e	80.6 e	65.9 e	92.3 e	72.3 e	78.1 e	105.0	90.6	190.0	238.4	242.1	203.8
Iraq	433	....	....	....	....	....	....	0.0	0.0	0.0	0.0	0.1	0.1
Jordan	439	124.6 e	154.8 e	158.7 e	136.1 e	100.0 e	41.4 e	116.6	87.7	87.4	122.3	128.7	124.0
Lebanon	446	285.5 e	594.7 e	425.9 e	236.9 e	310.0 e	515.6 e	123.0	109.5	141.1	181.0	216.8	229.8
Libya	672	0.1 e	0.5 e	0.8 e	0.6 e	0.4 e	0.3 e	0.0	0.0	0.1	0.0	0.1	0.1
Mauritania	682	0.0 e	0.6 e	0.0 e	0.1 e	0.1 e	0.1 e	0.0	0.0	0.0	0.0	0.0	0.0
Morocco	686	29.7 e	32.6 e	36.7 e	79.9 e	35.7 e	24.2 e	20.7	12.2	28.3	34.4	43.9	16.7
Oman	449	188.3 e	296.2 e	254.4 e	149.5 e	194.0 e	57.5 e	304.1	313.2	505.1	494.6	243.0	1,034.1
Pakistan	564	3,670.9 e	3,970.6 e	3,725.2 e	2,787.7 e	1,615.8 e	1,200.0 e	127.8	136.3	154.2	171.2	188.9	172.7
Qatar	453	197.1 e	187.5 e	191.2 e	222.5 e	186.8 e	164.0 e	163.2	136.5	130.4	113.7	104.2	94.5
Saudi Arabia	456	417.9 e	378.3 e	460.0 e	482.9 e	456.2 e	430.3 e	1,442.3	1,533.3	1,413.8	1,570.3	1,581.8	1,462.2
Somalia	726	....	....	....	....	....	....	17.3	14.6	0.6	0.3	0.4	0.4
Sudan	732	11.6 e	23.7 e	90.9 e	13.6 e	16.8 e	9.7 e	....	....	5.3	14.1	14.0	9.2
Syrian Arab Republic	463	45.1 e	20.1 e	16.7 e	22.5 e	18.7 e	16.5 e	83.6	72.8	28.4	23.2	14.6	14.4
Tunisia	744	29.1 e	30.8 e	21.2 e	21.1 e	19.5 e	16.8 e	13.3	14.4	26.1	17.7	27.6	32.5
United Arab Emirates	466	828.5 e	1,115.0 e	1,396.7 e	1,501.3 e	708.2 e	871.2 e	1,602.8	1,347.7	2,631.8	2,952.6	2,976.2	2,549.2
West Bank and Gaza	487	1.6 e	0.6 e	0.6 e	1.0 e	1.1 e	1.3 e	2.0	1.7	3.4	6.2	8.3	6.6
Yemen, Republic of	474	366.8 e	318.8 e	596.2 e	9.3 e	8.3 e	8.6 e	8.0	7.0	6.8	5.4	5.6	5.1
Sub-Saharan Africa	603	1,107.2	1,680.2	1,369.6	1,422.2	1,578.1	1,757.5	214.9	104.0	179.3	197.2	232.9	146.4
Angola	614	4.2 e	0.8 e	2.2 e	0.2 e	1.7 e	1.1 e	0.0	0.0	0.0	0.0	0.2	0.2
Benin	638	0.1 e	0.2 e	0.1 e	0.1 e	0.3 e	0.3 e	0.0	0.0	0.0	0.0	0.0	0.0
Botswana	616	0.0 e	....	0.0 e	0.0 e	0.0 e	0.0 e	0.0	....	0.0	0.1	0.1	0.1
Burkina Faso	748	7.6 e	0.0 e	0.0 e	0.2 e	0.3 e	0.3 e	0.0	0.0	0.0	0.0	0.0	0.0
Burundi	618	....	....	0.3 e	....	....	....	0.0	0.0	....	....	0.0	0.0
Cameroon	622	0.0 e	17.1 e	0.8 e	0.2 e	0.3 e	0.3 e	0.3	0.2	0.2	0.4	0.5	0.4

2017, International Monetary Fund: *Direction of Trade Statistics Yearbook*

Kuwait (443)

In Millions of U.S. Dollars

		Exports (FOB)						Imports (CIF)					
		2011	2012	2013	2014	2015	2016	2011	2012	2013	2014	2015	2016
Central African Rep.	626	....	....	....	0.1 e	....	....	0.0	0.0	0.0	0.1	....	....
Comoros	632	0.4 e	0.2 e	0.0 e	0.0 e	0.0 e	0.0 e	0.0	0.0	0.2	0.2	0.3	0.2
Congo, Republic of	634	0.0 e	0.3 e	0.0 e	0.0 e	0.0 e	0.0 e	0.2	0.2	0.4	0.4	0.7	0.6
Côte d'Ivoire	662	4.4 e	7.4 e	2.9 e	0.4 e	2.9 e	2.9 e	0.2	0.2	0.1	0.2	0.2	0.2
Eritrea	643	0.1 e	0.1 e	0.1 e	0.1 e	0.1 e	0.0 e	0.0	0.0	0.0	0.0	0.0	0.0
Ethiopia	644	209.5 e	693.4 e	652.4 e	950.5 e	1,047.0 e	971.5 e	3.3	2.7	4.1	5.7	2.8	2.5
Gabon	646	1.1 e	1.2 e	1.2 e	1.2 e	0.9 e	0.7 e	2.0	1.8	5.1	1.5	5.7	5.1
Ghana	652	3.6 e	6.2 e	3.0 e	3.0 e	3.0 e	2.9 e	0.2	0.2	0.5	1.1	0.6	0.5
Guinea	656	....	....	0.1 e	0.1 e	0.0 e	0.0 e	0.9	0.7	0.0	0.1	0.0	0.0
Kenya	664	58.9 e	185.6 e	29.3 e	24.9 e	21.8 e	19.1 e	5.1	4.3	10.9	11.6	3.7	3.9
Lesotho	666	....	0.0 e	0.0 e	0.0 e	0.0 e	0.0 e	0.2	0.1	0.5	0.1	0.1	0.1
Madagascar	674	31.0 e	0.1 e	0.1 e	0.1 e	3.5 e	71.0 e	1.9	1.6	1.4	3.3	4.4	3.5
Malawi	676	0.8 e	7.4 e	14.4 e	6.5 e	29.0 e	24.4 e	0.0	0.0	0.2	0.2	0.3	0.2
Mali	678	....	0.0 e	....	....	....	....	0.1	0.1	0.1	0.2	0.1	0.1
Mauritius	684	0.6 e	1.2 e	0.4 e	0.3 e	0.3 e	0.6 e	2.1	0.4	3.0	3.2	2.8	2.7
Mozambique	688	159.6 e	28.3 e	295.3 e	15.8 e	0.9 e	0.7 e	0.3	0.2	3.7	7.2	5.4	4.4
Namibia	728	2.6 e	....	0.2 e	0.2 e	0.1 e	0.0 e	0.0	0.0	0.2	0.1	0.3	0.3
Niger	692	1.5 e	0.0 e	0.1 e	0.0 e	1.2 e	0.5 e	0.0	0.0	0.0	0.7	0.0	0.0
Nigeria	694	13.4 e	7.3 e	9.2 e	9.6 e	7.2 e	7.3 e	0.6	0.5	3.3	3.6	0.7	0.9
Rwanda	714	0.7 e	1.3 e	1.7 e	0.2 e	0.0 e	0.1 e	....	....	0.0	0.0	0.0	0.0
Senegal	722	0.6 e	1.3 e	0.3 e	0.3 e	5.7 e	1.1 e	0.0	0.1	0.0	0.1	0.0	....
Seychelles	718	0.0 e	0.0 e	0.0 e	0.0 e	0.0 e	0.0 e	0.0	0.0	0.0	0.2	0.1	0.1
Sierra Leone	724	0.1 e	0.1 e	0.1 e	0.1 e	0.0 e	0.1 e	0.0	0.0	0.1	0.2	0.2	0.2
South Africa	199	26.9 e	51.7 e	17.7 e	208.7 e	285.0 e	32.9 e	109.1	86.2	143.7	140.1	158.1	118.4
Swaziland	734	....	....	....	....	....	....	0.3	0.2	0.2	0.3	0.2	0.2
Tanzania	738	61.5 e	6.3 e	2.4 e	1.9 e	1.3 e	1.6 e	0.2	0.2	0.8	0.9	0.6	0.5
Togo	742	11.2 e	4.7 e	1.0 e	0.2 e	1.9 e	1.4 e	0.0	0.0	0.0	0.0	....	....
Uganda	746	37.8 e	20.1 e	13.3 e	5.3 e	0.8 e	0.4 e	0.0	0.0	0.1	0.8	0.2	0.2
Zambia	754	351.7 e	519.0 e	204.4 e	81.4 e	59.7 e	520.4 e	83.3	....	0.0	13.9	43.2	....
Zimbabwe	698	117.2 e	118.7 e	116.7 e	110.8 e	103.2 e	95.7 e	0.5	0.4	0.3	0.4	1.3	1.0
Africa n.s.	799	....	....	....	....	....	....	4.0	3.4	0.0	0.1	0.0	0.0
Western Hemisphere	205	**404.6**	**995.0**	**1,048.0**	**1,225.5**	**443.6**	**283.0**	**589.6**	**683.3**	**775.8**	**614.3**	**685.7**	**731.0**
Anguilla	312	....	....	....	....	....	....	0.0	0.0	0.0	0.0	0.1	0.0
Argentina	213	6.8 e	29.0 e	0.0 e	7.6 e	1.7 e	14.0 e	38.3	34.1	77.1	58.8	50.5	91.2
Aruba	314	....	0.0 e	....	0.0 e	....	....	1.9	1.9	1.1	1.0	0.7	0.8
Bahamas, The	313	0.0 e	....	....	....	....	....	0.0	0.0	0.0	0.1	0.0	0.0
Belize	339	....	....	....	....	....	....	0.0	....	0.0	0.1	0.0	0.1
Bermuda	319	0.0 e	0.0 e	0.0 e	0.0 e	0.0 e	0.0 e	....	....	....	0.1	0.0	0.0
Bolivia	218	....	0.0 e	0.0 e	0.0 e	0.2 e	0.0 e	0.2	....	0.1	0.4	0.2	0.1
Brazil	223	387.1 e	960.4 e	1,016.3 e	1,205.4 e	430.7 e	267.1 e	365.6	317.6	411.3	305.1	325.0	268.0
Chile	228	0.0 e	0.0 e	14.6 e	0.0 e	0.0 e	1.6 e	15.3	12.2	14.2	11.2	11.4	8.1
Colombia	233	3.7 e	0.0 e	3.1 e	0.6 e	0.0 e	0.1 e	3.3	3.5	4.8	5.8	6.7	5.6
Costa Rica	238	0.0 e	0.0 e	0.0 e	0.4 e	0.0 e	0.0 e	2.6	2.8	4.8	4.7	4.5	1.6
Dominica	321	....	....	....	....	....	....	0.2	0.2	0.3	0.2	0.2	0.2
Dominican Republic	243	0.0 e	0.0 e	0.0 e	0.0 e	2.3 e	0.0 e	4.9	4.1	4.3	6.9	6.1	5.0
Ecuador	248	0.2 e	0.6 e	0.4 e	0.1 e	0.0 e	0.0 e	1.9	2.0	4.0	5.8	8.9	8.4
El Salvador	253	....	....	0.0 e	....	0.0 e	....	0.2	....	0.4	0.3	0.4	0.0
Guatemala	258	0.1 e	0.1 e	0.0 e	0.3 e	....	....	12.6	10.9	9.3	10.2	11.4	9.7
Guyana	336	....	0.0 e	....	....	....	....	....	....	0.0	0.2	0.0	0.0
Haiti	263	0.0 e	0.0 e	0.0 e	0.0 e	0.0 e	0.0 e	0.3	0.2	0.2	0.8	0.5	0.4
Honduras	268	....	0.0 e	0.0 e	0.1 e	....	0.0 e	0.6	0.6	0.6	1.0	1.1	0.0
Mexico	273	0.0 e	0.1 e	0.2 e	0.1 e	0.1 e	0.1 e	134.6	285.7	222.1	171.4	219.8	300.3
Nicaragua	278	....	....	....	....	....	....	0.2	0.2	0.2	0.2	0.2	0.2
Panama	283	....	....	0.0 e	....	0.3 e	....	0.5	....	0.8	0.0	0.0	0.0
Paraguay	288	0.9 e	....	5.4 e	6.0 e	3.0 e	....	0.3	0.3	14.1	19.0	27.5	22.5
Peru	293	0.0 e	....	0.0 e	0.0 e	....	0.1 e	3.4	3.6	4.6	4.6	4.7	2.7
Trinidad and Tobago	369	0.1 e	0.0 e	0.1 e	0.2 e	0.0 e	0.0 e	0.0	0.0	0.0	0.0	0.0	0.0
Uruguay	298	4.6 e	4.7 e	7.7 e	4.6 e	5.0 e	....	2.4	3.1	1.0	6.3	5.2	5.7
Venezuela, Rep. Bol.	299	1.0 e	0.1 e	0.1 e	0.0 e	0.1 e	0.1 e	0.1	0.1	0.1	0.1	0.3	0.2

Kuwait (443)

In Millions of U.S. Dollars

			Exports (FOB)						Imports (CIF)				
		2011	2012	2013	2014	2015	2016	2011	2012	2013	2014	2015	2016
Other Countries n.i.e	910	....	....	....	....	....	....	0.8	0.6	0.4	0.6	0.9	0.7
Cuba	928	....	....	....	....	....	....	0.1	0.1	0.4	0.5	0.8	0.7
Korea, Dem. People's Rep.	954	....	....	....	....	....	....	0.7	0.6	0.1	0.1	0.1	0.1
Special Categories	899	....	....	....	....	....	....	7.9	7.0	11.0	11.0	10.0	8.8
Countries & Areas n.s.	898	....	....	....	....	....	....	5.3	4.6	8.1	6.8	9.1	7.9
Memorandum Items													
Africa	605	1,248.4	1,791.9	1,545.3	1,560.9	1,673.7	1,831.8	267.4	146.5	253.8	266.7	321.3	207.5
Middle East	405	5,253.3	5,803.3	6,125.6	6,272.7	3,844.8	3,490.6	4,362.1	4,109.4	5,711.1	6,355.3	6,388.6	6,517.5
European Union	998	6,313.4	7,095.0	7,808.9	6,842.1	4,392.3	3,448.0	5,800.9	6,611.0	7,083.3	7,187.6	7,040.8	6,740.3
Export earnings: fuel	080	2,264.9	2,543.3	3,118.0	2,617.1	1,806.4	1,762.3	3,905.7	3,694.4	5,322.4	5,852.1	5,787.8	5,950.5
Export earnings: nonfuel	092	89,504.8	106,904.3	101,907.9	93,785.1	52,224.9	40,023.9	21,417.2	22,240.4	24,568.4	25,857.9	26,339.0	25,515.4

Kyrgyz Republic (917)

In Millions of U.S. Dollars

		Exports (FOB) 2011	2012	2013	2014	2015	2016	Imports (CIF) 2011	2012	2013	2014	2015	2016
IFS World		....	....	....	....	....	....	....	....	....	....	....	....
World	001	1,995.6	1,685.1	1,776.5	1,465.7	1,435.4	1,435.2	4,368.4	5,487.0	6,099.6	5,667.1	4,160.0	3,957.2
Advanced Economies	110	909.2	598.4	576.4	659.7	606.4	713.9	879.3	1,113.0	1,212.8	1,041.2	554.8	449.6
Euro Area	163	28.7	42.0	52.7	120.1	37.8	31.3	338.2	416.0	484.8	413.5	236.4	183.0
Austria	122	0.1	0.0	0.1	0.4	0.1	0.0	10.8	12.9	14.1	11.8	9.3	8.0
Belgium	124	9.4	12.8	18.3	97.2	22.2	10.9	16.2	16.8	19.1	12.3	10.3	9.6
Cyprus	423	....	0.3	0.0	0.0	0.0	0.0	0.1	0.2	0.0	0.0	0.1	0.4
Estonia	939	0.1	0.1	0.1	0.0	0.0	0.2	5.5	11.0	14.7	3.9	0.9	0.7
Finland	172	1.4	1.2	0.3	0.0	0.0	0.1	5.9	7.7	6.9	2.1	4.2	2.6
France	132	1.4	4.0	1.4	3.6	0.3	1.4	32.3	33.9	37.8	30.3	23.0	21.8
Germany	134	9.7	16.4	11.2	8.0	7.0	6.4	144.6	198.7	233.5	174.8	92.9	62.4
Greece	174	....	0.1	....	....	....	0.0	0.9	2.5	3.1	3.5	2.6	1.6
Ireland	178	0.0	0.0	2.7	0.0	0.3	0.0	1.3	1.6	1.8	0.4	3.4	1.3
Italy	136	0.4	0.5	0.4	4.6	0.2	0.4	35.0	20.1	26.2	26.2	22.7	25.4
Latvia	941	1.7	0.5	1.4	1.0	2.0	3.0	9.4	14.4	14.7	10.3	9.8	5.6
Lithuania	946	1.8	2.0	3.4	4.2	3.8	7.5	10.1	9.3	18.6	76.0	14.3	8.1
Luxembourg	137	0.2	0.1	....	....	0.0	....	0.1	0.1	0.1	0.2	0.1	0.7
Malta	181	0.0 e	....	0.0 e	0.2 e	....	....	0.7	0.7	0.9	0.9	0.5	0.4
Netherlands	138	2.2	3.8	13.3	0.7	0.8	1.2	40.9	59.7	56.5	20.2	20.8	11.4
Portugal	182	....	....	....	0.0	....	0.0	0.5	1.2	1.3	0.8	1.3	0.8
Slovak Republic	936	0.0	0.0	0.1	0.0	0.0	0.0	2.7	1.7	2.2	2.1	1.0	1.4
Slovenia	961	0.1	0.0	0.0	0.1	0.1	0.1	8.3	9.6	10.0	12.3	9.2	10.6
Spain	184	0.3	0.2	0.0	0.2	0.9	0.1	12.9	14.0	23.2	25.7	9.8	9.9
Australia	193	0.1	0.0	0.2	0.2	0.0	0.1	3.9	5.7	2.2	4.9	2.8	1.4
Canada	156	1.1	1.7	0.6	0.3	0.2	0.5	22.4	27.9	17.3	12.6	11.2	10.5
China,P.R.: Hong Kong	532	0.4	0.0	0.7	0.6	0.3	0.5	0.7	0.0	0.1	0.3	0.4	0.2
Czech Republic	935	0.3	0.1	0.4	1.0	0.2	0.1	6.7	9.4	12.5	15.4	7.1	7.4
Denmark	128	0.0	0.0	0.0	0.0	0.0	0.0	4.2	5.9	6.2	1.6	2.6	6.8
Iceland	176	....	....	....	....	....	....	0.2	0.1	0.1	0.0	0.0	0.0
Israel	436	0.0	0.6	0.0	....	0.0	0.0	3.8	3.1	1.7	3.4	1.9	2.4
Japan	158	0.1	0.5	0.8	0.7	1.7	0.3	164.5	215.8	257.3	144.7	61.4	19.0
Korea, Republic of	542	1.0	0.6	2.3	5.8	0.8	0.5	63.2	92.0	112.0	101.9	54.0	26.0
New Zealand	196	0.0	....	0.0	....	....	....	0.5	0.6	0.2	0.3	0.1	0.2
Norway	142	0.1	0.0	....	0.0	0.0	....	2.5	3.1	3.2	0.6	1.6	2.2
San Marino	135	....	....	....	....	....	....	....	....	....	0.2	0.1	0.0
Singapore	576	0.4	0.0	0.0	0.0	0.0	0.0	3.7	2.1	5.2	9.5	6.8	8.7
Sweden	144	0.0	0.1	0.1	0.0	0.0	0.0	17.8	28.2	32.7	16.5	13.1	5.1
Switzerland	146	873.6	547.9	513.2	530.1	562.1	648.0	14.4	15.0	17.8	17.0	18.4	11.7
Taiwan Prov.of China	528	0.1	0.1	0.1	0.1	0.2	0.2	1.5	2.4	3.3	3.4	1.8	2.2
United Kingdom	112	2.5	1.7	0.8	0.4	1.8	32.0	21.0	32.4	33.4	11.6	13.0	9.2
United States	111	0.6	3.0	4.5	0.2	1.1	0.4	210.3	253.1	222.9	283.8	122.1	153.6
Emerg. & Dev. Economies	200	1,086.0	1,086.4	1,199.9	805.5	828.6	721.0	3,489.1	4,373.9	4,886.7	4,625.8	3,605.1	3,506.9
Emerg. & Dev. Asia	505	62.0	64.2	44.7	37.1	41.9	85.4	1,081.4	1,387.0	1,605.0	1,460.8	1,169.6	1,621.8
Bangladesh	513	....	....	0.2	....	....	0.1	1.0	0.4	0.4	1.7	1.7	1.3
Cambodia	522	....	0.0	....	0.0	0.0	0.0	0.1	0.1	0.1	0.2	0.2	0.2
China,P.R.: Mainland	924	42.0	61.4	39.0	31.7	35.9	79.7	923.5	1,210.3	1,432.0	1,268.8	1,029.1	1,465.0
F.T. French Polynesia	887	....	....	....	....	....	....	105.9	111.0	112.8	116.3	89.7	110.1
India	534	18.3	0.5	0.7	0.4	1.2	2.3	28.3	30.3	26.0	27.7	22.9	22.7
Indonesia	536	0.2	0.0	0.0	0.0	0.0	0.0	1.6	1.9	1.9	1.7	1.8	4.5
Malaysia	548	0.0	0.0	0.0	0.0	0.0	0.1	7.0	10.3	11.5	16.1	6.8	4.0
Mongolia	948	1.5	2.0	4.4	2.9	2.8	2.4	0.5	1.1	0.4	2.6	2.1	0.5
Philippines	566	0.0	....	0.3	0.1	0.3	0.5	0.8	0.5	1.0	1.2	1.2	0.9
Sri Lanka	524	....	0.3	0.0	0.2	....	....	2.5	4.1	2.7	7.5	2.3	1.8
Thailand	578	0.0	....	0.0	0.1	0.1	0.0	3.7	5.3	5.9	7.6	4.2	3.2
Vietnam	582	....	....	0.1	1.7	1.6	0.2	1.6	7.6	3.1	4.6	3.7	3.1
Asia n.s.	598	....	....	....	....	....	....	4.9	4.0	7.0	5.0	3.9	4.4
Europe	170	829.6	956.1	891.2	627.5	647.0	565.3	2,354.4	2,927.1	3,218.2	3,129.7	2,400.3	1,842.5
Emerg. & Dev. Europe	903	72.1	71.7	111.2	96.8	108.9	108.9	172.1	240.9	272.0	309.0	220.8	238.6
Albania	914	....	0.4	0.2	....	....	....	0.0	....	....	....	0.0	0.0
Bosnia and Herzegovina	963	0.0	0.0	0.3	0.3	0.3	0.4	0.0	0.1	0.0	....	0.0	0.0

Kyrgyz Republic (917)

In Millions of U.S. Dollars

		Exports (FOB) 2011	2012	2013	2014	2015	2016	Imports (CIF) 2011	2012	2013	2014	2015	2016
Bulgaria	918	6.7	7.7	8.7	3.7	5.5	4.5	3.8	5.5	8.8	6.3	7.1	3.8
Croatia	960	0.0	0.4	0.1	0.0	0.0	0.1	0.4	0.7	0.8	0.3	0.2	0.4
Faroe Islands	816	....	....	....	....	....	....	....	0.0	....	0.4	0.3	....
Hungary	944	0.1	0.1	0.1	0.2	0.1	0.2	13.3	13.6	13.1	15.9	8.7	10.0
Kosovo	967	6.6 e	6.2 e	6.2 e	6.4 e	5.6 e	2.6 e	....	....	....	....	....	0.0 e
Macedonia, FYR	962	2.0	5.2	3.2	2.0	1.9	2.1	....	0.0	0.2	....	0.4	0.4
Montenegro	943	....	....	0.3	0.6	0.3	0.6	....	....	....	....	....	....
Poland	964	0.7	0.4	2.1	4.0	3.1	1.8	29.1	35.7	35.8	41.1	23.4	15.2
Romania	968	0.7	0.9	0.7	2.2	1.6	2.3	8.2	6.8	8.3	8.1	8.0	5.5
Serbia, Republic of	942	0.8	0.3	3.6	6.6	6.6	4.4	0.2	0.1	0.3	....	8.4	12.6
Turkey	186	54.5	50.2	85.7	70.8	84.0	90.0	117.1	178.5	204.7	236.9	164.3	190.8
CIS	901	**757.5**	**884.3**	**780.0**	**530.7**	**538.1**	**456.4**	**2,182.1**	**2,685.9**	**2,944.4**	**2,820.7**	**2,179.5**	**1,603.9**
Armenia	911	0.0	0.7	0.1	0.2	0.2	0.0	0.4	0.3	0.9	0.4	0.3	1.0
Azerbaijan, Rep. of	912	1.9	4.9	4.2	2.0	3.8	0.7	11.2	3.7	11.6	31.9	6.1	6.6
Belarus	913	7.7	11.3	12.6	15.0	13.6	0.9	109.5	161.3	116.4	83.6	53.6	35.2
Georgia	915	1.1	2.6	2.8	2.9	1.9	2.5	4.5	4.5	4.5	5.6	3.7	3.9
Kazakhstan	916	289.7	404.9	382.5	234.9	227.7	151.2	410.9	518.7	555.0	788.1	677.4	635.5
Moldova	921	0.3	0.6	0.3	0.2	0.1	0.1	3.3	3.9	6.6	7.4	6.1	1.5
Russian Federation	922	284.4	219.1	152.7	143.3	157.3	145.2	1,429.6	1,784.6	1,989.2	1,696.2	1,271.6	799.8
Tajikistan	923	36.3	39.7	50.5	25.1	24.2	21.8	1.0	4.0	3.5	10.2	8.1	6.4
Turkmenistan	925	7.6	5.2	5.1	....	6.3	5.7	2.5	1.8	1.7	....	3.9	4.4
Ukraine	926	4.1	5.2	10.3	6.0	7.9	3.2	124.9	140.0	157.4	121.0	89.3	39.8
Uzbekistan	927	124.4	190.1	159.0	101.2	95.0	125.1	84.3	63.2	97.6	76.5	59.2	69.8
Europe n.s.	884	....	....	....	....	....	....	0.2	0.3	1.7	0.1	0.0	....
Mid East, N Africa, Pak	440	**183.8**	**55.7**	**254.8**	**130.4**	**131.0**	**59.2**	**34.7**	**32.6**	**34.4**	**25.4**	**21.8**	**18.3**
Afghanistan, I.R. of	512	23.5	25.8	12.3	9.3	8.9	8.2	0.1	0.3	1.1	0.1	0.1	0.1
Bahrain, Kingdom of	419	0.0	....	0.0	0.0	0.0	0.0	0.1	0.0	0.0	....	....	....
Djibouti	611	....	....	....	....	....	1.0	....	....	....	....	....	....
Egypt	469	0.0	0.0	....	0.0	0.0	0.0	9.9	8.5	9.3	4.4	4.4	3.2
Iran, I.R. of	429	7.0	9.6	7.7	4.1	3.6	8.1	10.2	13.2	14.0	6.0	4.5	6.6
Iraq	433	1.3	2.8	5.6	15.9	16.1	3.5	....	....	....	0.0	0.0	0.0
Jordan	439	0.0	0.0	0.0	1.0	0.8	0.6	0.4	0.1	0.1	0.2	0.6	0.3
Kuwait	443	1.0	0.4	0.3	0.0	0.0	0.1	0.0	....	0.0	3.4	2.7	0.1
Lebanon	446	....	0.1	0.0	....	....	....	0.0	0.0	0.0	0.0	0.0	0.0
Libya	672	....	0.2	0.0	....	....	....	....	0.0	....	....	....	....
Morocco	686	....	....	....	....	....	....	0.1	0.1	0.2	0.3	0.5	0.3
Oman	449	....	0.0	0.0	....	1.0	0.0	....	0.1	0.0	....	....	0.0
Pakistan	564	0.6	0.0	2.5	....	0.1	0.3	3.5	2.5	3.1	3.4	2.6	3.3
Qatar	453	0.1	0.3	0.6	0.0	0.0	0.0	....	0.0	0.0	0.0	0.0	....
Saudi Arabia	456	0.0	0.0	0.1	1.0	1.0	0.6	0.1	0.2	0.3	....	0.3	0.3
Sudan	732	....	0.2	3.4	0.3	0.3	0.2	....	0.0	....	0.0	0.0	....
Syrian Arab Republic	463	0.2	0.2	0.3	....	....	....	1.5	1.0	0.0	0.0	0.0	0.0
Tunisia	744	0.1	....	....	....	....	....	0.0	0.0	0.1	....	0.0	0.0
United Arab Emirates	466	150.0	16.1	222.0	98.7	99.0	36.4	8.7	6.3	5.8	7.3	5.9	3.8
West Bank and Gaza	487	....	....	....	....	0.1 e	0.1 e	....	....	....	....	....	....
Middle East n.s.	489	....	....	....	....	....	....	0.2	0.2	0.2	0.2	0.2	0.2
Sub-Saharan Africa	603	**9.5**	**8.9**	**9.1**	**10.3**	**8.7**	**11.0**	**2.6**	**3.3**	**3.9**	**2.5**	**3.1**	**2.8**
Burkina Faso	748	....	....	....	....	....	....	0.2	0.2	0.2	0.2	0.1	0.2
Chad	628	....	....	....	....	....	0.2	....	....	....	....	....	....
Congo, Republic of	634	....	....	....	....	....	....	....	....	....	0.1	0.1	0.0
Côte d'Ivoire	662	....	0.0	....	1.4	....	....	....	0.0	0.0	0.0	0.0	....
Guinea	656	9.5	8.6	8.4	8.9	8.3	10.6	....	0.0	0.0	....	....	....
Kenya	664	....	....	....	0.0	0.0	....	0.8	1.3	2.0	1.4	1.1	2.0
Mali	678	....	....	0.4	....	....	....	....	....	....	....	....	....
Rwanda	714	....	0.0 e	0.0 e	0.0 e	0.1 e	....	0.0	....	....	....	....	0.0
South Africa	199	0.0	0.1	0.1	0.1	0.2	0.1	1.6	1.3	1.7	0.7	1.8	0.6
Uganda	746	....	0.1	....	0.0	0.0	....	0.0	0.0	0.0	....	....	....
Zimbabwe	698	....	....	....	....	....	....	0.0	0.5	0.0	0.0	0.0	0.0
Western Hemisphere	205	**1.0**	**1.5**	**0.2**	**0.0**	**0.0**	**0.1**	**16.0**	**23.9**	**25.2**	**7.5**	**10.3**	**21.5**
Anguilla	312	....	....	0.0	....	....	....	....	0.0	0.0	....	....	0.1

Kyrgyz Republic (917)

In Millions of U.S. Dollars

		Exports (FOB) 2011	2012	2013	2014	2015	2016	Imports (CIF) 2011	2012	2013	2014	2015	2016
Argentina	213	....	....	....	....	....	....	2.0	1.1	1.6	....	1.2	0.4
Belize	339	0.8	1.4	0.2	....	....	....	0.1	0.0	....	....	....	....
Brazil	223	0.2	0.0	0.0	0.0	0.0	0.1	2.3	4.3	3.8	0.7	0.3	13.9
Chile	228	....	....	0.0	0.0	0.0	....	0.4	0.6	0.8	0.1	0.8	0.2
Colombia	233	....	....	....	....	....	....	0.2	0.4	0.6	0.5	0.5	0.1
Costa Rica	238	....	....	....	....	....	0.0	0.8	2.9	1.0	....	0.4	0.1
Ecuador	248	....	0.0 e	....	....	0.0 e	....	6.3	4.4	10.3	1.4	2.4	1.1
Mexico	273	....	....	....	0.0	0.0	0.0	3.4	9.9	6.7	4.6	4.5	5.1
Panama	283	....	....	....	....	....	....	0.3	0.1	0.2	0.0	0.0	0.1
Peru	293	....	....	....	....	....	....	0.0	0.0	0.1	....	0.1	0.2
Western Hem. n.s.	399	....	....	....	....	....	....	0.0	0.0	0.0	0.1	0.1	0.1
Other Countries n.i.e	910	0.2	....	0.0	0.4	0.3	....	0.0	0.1	0.0	0.0	0.0	0.0
Cuba	928	....	....	....	....	....	....	0.0	0.1	0.0	0.0	0.0	0.0
Korea, Dem. People's Rep.	954	0.2	....	0.0	0.4	0.3	....	....	0.0	0.0	0.0	0.0	0.0
Countries & Areas n.s.	898	0.2	0.2	0.2	0.2	0.2	0.2	....	....	....	....	....	0.7
Memorandum Items													
Africa	605	9.6	9.2	12.5	10.7	9.0	12.2	2.7	3.4	4.1	2.8	3.6	3.2
Middle East	405	159.6	29.7	236.7	120.9	121.6	49.4	31.1	29.7	30.0	21.6	18.6	14.6
European Union	998	39.8	53.5	65.8	131.7	50.1	72.4	442.6	554.2	636.3	530.5	319.5	246.4
Export earnings: fuel	080	742.9	663.5	780.7	500.0	515.8	351.8	1,879.7	2,333.5	2,588.6	2,534.9	1,975.5	1,458.3
Export earnings: nonfuel	092	1,252.7	1,021.6	995.8	965.7	919.6	1,083.4	2,488.8	3,153.5	3,511.0	3,132.2	2,184.5	2,498.9

Lao People's Democratic Republic (544)

In Millions of U.S. Dollars

		Exports (FOB)						Imports (CIF)					
		2011	2012	2013	2014	2015	2016	2011	2012	2013	2014	2015	2016
IFS World		....	....	....	....	....	....	....	....	....	....	....	....
World	001	2,811.4	3,034.7	3,564.4	4,380.1	3,813.0	4,450.1	4,421.9	6,109.2	7,030.0	7,673.3	7,227.6	6,506.7
Advanced Economies	110	463.1	515.6	548.1	494.9	473.0	540.7	662.2	790.1	668.2	824.7	774.8	532.4
Euro Area	163	175.0	180.0	216.7	201.1	159.2	161.9	246.1	301.0	153.8	243.6	127.6	119.2
Austria	122	0.1 e	0.6 e	0.5 e	0.4 e	0.3 e	0.3 e	5.2 e	7.5 e	7.6 e	8.4 e	18.6 e	10.3 e
Belgium	124	16.9 e	16.4 e	33.4 e	18.1 e	15.4 e	17.1 e	33.0 e	36.1 e	30.9 e	30.4 e	24.6 e	27.8 e
Estonia	939	....	....	....	....	....	....	0.4 e	0.0 e	0.1 e	0.2 e	0.0 e	0.0 e
Finland	172	0.0 e	0.3 e	0.0 e	0.2 e	0.1 e	0.1 e	4.9 e	33.7 e	0.8 e	2.1 e	1.4 e	2.1 e
France	132	18.0 e	13.3 e	14.3 e	18.2 e	17.6 e	15.7 e	141.9 e	42.2 e	37.3 e	62.9 e	12.6 e	12.6 e
Germany	134	75.6 e	70.8 e	86.9 e	85.3 e	75.7 e	75.3 e	40.8 e	164.3 e	51.9 e	117.6 e	48.2 e	37.4 e
Greece	174	0.1 e	....	1.1 e	0.7 e	0.1 e	....	0.0 e	....	0.0 e	0.0 e	0.0 e	0.4 e
Ireland	178	2.6 e	1.8 e	1.2 e	1.9 e	1.8 e	0.9 e	3.1 e	1.1 e	4.1 e	1.0 e	6.4 e	4.3 e
Italy	136	20.3 e	23.7 e	19.9 e	17.7 e	14.8 e	28.8 e	13.5 e	12.0 e	9.4 e	11.3 e	10.5 e	15.7 e
Latvia	941	0.0 e	0.0 e	0.0 e	0.0 e	....	0.1 e	....	0.0 e	0.1 e	0.0 e	0.0 e	0.2 e
Lithuania	946	....	0.0 e	0.0 e	0.0 e	....	0.0 e	....	0.0 e	0.1 e	0.2 e	0.0 e	0.0 e
Luxembourg	137	....	....	0.0 e	0.0 e	0.0 e	0.0 e	0.1 e	0.2 e	0.1 e	0.5 e	0.3 e	0.1 e
Netherlands	138	30.5 e	40.9 e	47.1 e	40.4 e	23.0 e	17.4 e	2.0 e	2.3 e	8.8 e	3.2 e	3.7 e	5.0 e
Portugal	182	2.7 e	2.8 e	2.5 e	12.6 e	2.5 e	2.4 e	0.0 e	0.2 e	....	0.0 e	0.0 e	0.4 e
Slovak Republic	936	0.0 e	0.0 e	....	....	....	....	0.0 e	....	0.1 e	3.6 e	0.0 e	0.0 e
Slovenia	961	0.5 e	0.6 e	0.3 e	0.2 e	0.4 e	0.0 e	0.0 e	0.2 e	0.6 e	0.2 e	0.2 e	0.5 e
Spain	184	7.7 e	8.8 e	9.3 e	5.4 e	7.5 e	3.8 e	1.0 e	1.1 e	1.9 e	2.0 e	1.1 e	2.5 e
Australia	193	6.2 e	45.8 e	50.9 e	2.2 e	2.9 e	8.0 e	25.8 e	39.2 e	40.5 e	34.0 e	21.0 e	17.6 e
Canada	156	6.7 e	10.0 e	10.8 e	14.9 e	18.5 e	19.3 e	7.6 e	10.0 e	6.5 e	11.3 e	4.8 e	9.2 e
China, P.R.: Hong Kong	532	4.2 e	2.9 e	14.8 e	3.0 e	8.2 e	4.7 e	31.3 e	26.5 e	32.9 e	41.5 e	20.5 e	20.5 e
China, P.R.: Macao	546	0.0 e	0.0 e	0.3 e	0.4 e	9.9 e	0.2 e	0.0 e	0.0 e	0.0 e	....	0.0 e	....
Czech Republic	935	0.1 e	0.4 e	0.1 e	0.1 e	0.8 e	0.6 e	0.4 e	0.3 e	0.6 e	0.4 e	3.4 e	6.2 e
Denmark	128	5.9 e	7.8 e	10.0 e	7.9 e	9.1 e	14.2 e	18.3 e	1.3 e	3.1 e	1.1 e	0.6 e	1.4 e
Iceland	176	0.2 e	0.0 e	0.0 e	0.1 e	0.1 e	0.1 e	0.0 e	....	....	....	....	....
Israel	436	....	....	....	....	....	0.0 e	....	....	....	....	....	0.5 e
Japan	158	91.6 e	116.6 e	101.5 e	109.6 e	91.9 e	108.7 e	82.8 e	145.6 e	128.7 e	146.4 e	111.0 e	124.1 e
Korea, Republic of	542	4.1 e	10.7 e	11.8 e	17.0 e	26.8 e	23.1 e	163.7 e	174.9 e	198.3 e	165.4 e	180.6 e	136.9 e
New Zealand	196	0.3 e	0.2 e	1.7 e	3.9 e	2.7 e	5.4 e	2.6 e	0.8 e	1.1 e	1.5 e	0.9 e	0.7 e
Norway	142	0.3 e	0.8 e	1.2 e	1.0 e	1.5 e	1.6 e	0.2 e	0.1 e	0.1 e	1.7 e	0.2 e	0.1 e
Singapore	576	0.4 e	5.1 e	5.4 e	14.6 e	12.6 e	4.9 e	36.8 e	31.9 e	28.0 e	126.6 e	260.4 e	46.3 e
Sweden	144	1.4 e	1.2 e	3.0 e	9.8 e	20.4 e	18.0 e	1.2 e	8.8 e	0.7 e	0.7 e	0.5 e	0.3 e
Switzerland	146	1.9 e	4.1 e	4.5 e	4.1 e	4.4 e	53.9 e	1.3 e	5.0 e	36.8 e	10.4 e	3.7 e	4.4 e
Taiwan Prov. of China	528	10.6 e	7.4 e	12.4 e	14.9 e	13.4 e	16.2 e	2.4 e	3.4 e	4.1 e	3.9 e	3.2 e	4.1 e
United Kingdom	112	98.7 e	99.1 e	74.3 e	59.2 e	48.0 e	48.0 e	13.9 e	5.7 e	7.3 e	5.8 e	10.3 e	8.0 e
United States	111	55.5 e	23.6 e	28.8 e	31.1 e	42.6 e	51.9 e	27.6 e	35.5 e	25.9 e	30.2 e	26.1 e	32.7 e
Emerg. & Dev. Economies	200	2,348.3	2,519.1	3,016.3	3,885.2	3,340.1	3,909.4	3,759.7	5,319.2	6,361.7	6,848.6	6,452.8	5,974.3
Emerg. & Dev. Asia	505	2,325.0	2,476.3	2,989.6	3,870.7	3,320.2	3,867.2	3,734.4	5,289.4	6,311.1	6,794.1	6,427.7	5,946.4
Bangladesh	513	....	1.6 e	....	1.5 e	1.0 e	0.0 e	....	....	....	....	....	....
Brunei Darussalam	516	....	0.0 e	0.0 e	0.0 e	0.0 e	0.0 e	0.1 e	0.0 e	0.0 e	0.0 e	0.0 e	0.0 e
Cambodia	522	0.9 e	4.0 e	5.1 e	6.4 e	19.0 e	20.3 e	1.3 e	2.2 e	0.6 e	0.1 e	5.8 e	6.0 e
China, P.R.: Mainland	924	756.5 e	740.6 e	962.9 e	1,661.4 e	1,224.6 e	1,267.5 e	500.4 e	990.3 e	1,823.8 e	1,958.5 e	1,352.1 e	1,071.3 e
Fiji	819	0.0 e	....	0.0 e	....	0.0 e	....	....	....	0.5 e	0.1 e	0.0 e	0.5 e
India	534	63.3 e	132.8 e	105.4 e	56.3 e	135.0 e	162.2 e	15.5 e	29.1 e	48.3 e	67.3 e	54.7 e	25.4 e
Indonesia	536	1.2 e	3.1 e	7.1 e	48.4 e	0.8 e	4.0 e	9.1 e	25.2 e	6.2 e	4.8 e	8.2 e	6.2 e
Malaysia	548	0.7 e	0.4 e	1.2 e	1.2 e	2.8 e	11.7 e	14.7 e	13.7 e	24.1 e	26.2 e	15.7 e	19.7 e
Maldives	556	0.3 e	....	0.0 e	....	0.0 e	0.1 e	....	....	....	....	....	....
Micronesia	868	0.0 e	0.1 e	....	....	....	....	....	....	....	....	....	....
Mongolia	948	....	....	0.0 e	0.1 e	0.1 e	0.0 e	....	....	....	0.0 e	....	0.0 e
Myanmar	518	....	0.4 e	....	0.0 e	....	0.2 e	0.0 e	0.2 e	....	0.6 e	0.5 e	0.0 e
Nepal	558	....	....	0.1 e	0.8 e	1.4 e	1.3 e	....	0.9 e	0.5 e	0.0 e	0.0 e	0.0 e
Philippines	566	0.1 e	0.0 e	0.0 e	0.5 e	0.2 e	2.5 e	0.6 e	0.6 e	0.8 e	0.1 e	16.5 e	0.7 e
Sri Lanka	524	0.0 e	....	0.1 e	0.0 e	0.4 e	7.1 e	0.1 e	0.1 e	0.1 e	0.0 e	0.0 e	2.3 e
Thailand	578	1,067.9 e	1,173.7 e	1,277.5 e	1,331.9 e	1,381.8 e	1,780.4 e	2,901.9 e	3,780.6 e	3,920.8 e	4,230.4 e	4,419.5 e	4,204.6 e
Vietnam	582	434.0 e	419.5 e	630.2 e	762.4 e	553.3 e	609.9 e	290.5 e	446.7 e	485.3 e	505.9 e	554.7 e	609.4 e

Lao People's Democratic Republic (544)

In Millions of U.S. Dollars

		Exports (FOB)						Imports (CIF)					
		2011	2012	2013	2014	2015	2016	2011	2012	2013	2014	2015	2016
Europe	170	17.4	12.0	18.8	9.2	16.0	31.9	21.3	25.8	47.8	52.2	23.0	24.4
Emerg. & Dev. Europe	903	13.7	9.8	16.4	6.1	14.7	4.9	12.4	3.6	7.6	6.2	2.9	5.4
Bosnia and Herzegovina	963	0.0 e	0.1 e	0.1 e	0.0 e	0.0 e	0.0 e	....	....	....	....	....	0.0 e
Bulgaria	918	....	0.0 e	....	....	11.5 e	....	0.3 e	0.1 e	....	0.0 e	0.1 e	0.1 e
Croatia	960	0.4 e	0.5 e	0.2 e	0.0 e	0.0 e	0.0 e	....	....	0.0 e	0.0 e	0.0 e	0.0 e
Hungary	944	0.0 e	....	0.0 e	0.0 e	0.0 e	0.0 e	0.0 e	0.0 e	0.0 e	0.0 e	0.0 e	1.2 e
Poland	964	11.3 e	6.3 e	4.8 e	2.6 e	1.1 e	0.0 e	1.2 e	0.4 e	0.4 e	1.1 e	0.6 e	1.6 e
Romania	968	0.8 e	1.0 e	7.3 e	0.0 e	0.0 e	2.8 e	6.6 e	0.0 e	0.8 e	....	0.7 e	0.0 e
Serbia, Republic of	942	0.1 e	0.2 e	1.5 e	1.1 e	0.6 e	0.5 e	....	....	0.0 e	....	....	....
Turkey	186	1.1 e	1.7 e	2.4 e	2.3 e	1.4 e	1.4 e	4.2 e	3.1 e	6.3 e	5.1 e	1.5 e	2.4 e
CIS	901	3.6	2.3	2.5	3.0	1.3	27.1	8.8	22.2	40.2	45.9	20.1	19.1
Armenia	911	0.9 e	0.0 e	0.0 e	0.0 e	0.0 e	0.0 e	....	....	....	....	....	....
Belarus	913	0.0 e	0.1 e	0.0 e	0.1 e	0.0 e	0.0 e	....	11.7 e	0.5 e	5.9 e	1.7 e	2.6 e
Kazakhstan	916	0.1 e	0.1 e	0.1 e	0.1 e	0.0 e	0.1 e	....	....	....	....	0.0 e	....
Russian Federation	922	1.9 e	1.4 e	1.5 e	1.7 e	0.7 e	26.3 e	8.8 e	10.4 e	39.6 e	39.7 e	16.6 e	13.9 e
Ukraine	926	0.7 e	0.6 e	0.8 e	1.0 e	0.5 e	0.7 e	0.1 e	0.1 e	0.2 e	0.3 e	1.7 e	2.5 e
Mid East, N Africa, Pak	440	1.0	27.2	4.7	2.3	1.5	7.0	0.3	0.5	1.1	1.3	1.0	1.4
Algeria	612	0.0 e	0.0 e	0.0 e	0.1 e	0.0 e	0.0 e	....	....	....	0.0 e	....	....
Bahrain, Kingdom of	419	....	0.0 e	0.1 e	0.0 e	0.0 e	0.0 e	....	....	....	....	....	....
Kuwait	443	0.1 e	0.1 e	0.3 e	0.4 e	0.1 e	0.1 e	....	....	....	....	....	....
Lebanon	446	0.1 e	0.1 e	0.2 e	0.2 e	0.1 e	0.1 e	....	....	....	....	....	....
Morocco	686	0.0 e	0.0 e	0.0 e	0.0 e	0.3 e	0.5 e	....	....	0.3 e	0.3 e	....	....
Pakistan	564	0.0 e	....	0.2 e	0.0 e	0.1 e	0.0 e	0.3 e	0.5 e	0.8 e	0.8 e	1.0 e	1.4 e
Qatar	453	0.1 e	0.0 e	0.1 e	....	....	....	....	....	....	....	....	....
Saudi Arabia	456	0.1 e	0.3 e	....	0.2 e	0.4 e	0.3 e	....	....	....	....	....	....
Tunisia	744	0.0 e	0.0 e	0.0 e	0.1 e	0.0 e	0.0 e	....	....	0.0 e	0.2 e	....	....
United Arab Emirates	466	0.3 e	25.9 e	3.7 e	1.4 e	0.4 e	5.9 e	....	....	....	....	....	....
West Bank and Gaza	487	0.3 e	0.7 e	....	....	....	....	....	....	....	....	....	....
Sub-Saharan Africa	603	1.8	1.3	1.4	1.8	1.3	1.7	0.8	1.2	0.8	0.6	0.4	0.7
Angola	614	0.0 e	0.1 e	0.0 e	0.2 e	0.1 e	0.1 e	....	....	....	....	....	....
Côte d'Ivoire	662	0.2 e	0.1 e	0.0 e	0.1 e	0.0 e	0.0 e	....	....	....	....	....	....
Kenya	664	0.0 e	0.0 e	....	0.0 e	0.0 e	0.0 e	0.1 e	0.1 e	....	0.1 e	0.1 e	0.1 e
Madagascar	674	....	0.1 e	....	0.0 e	....	0.4 e	....	....	0.0 e	0.0 e	0.0 e	....
Mauritius	684	0.0 e	0.0 e	0.0 e	0.0 e	0.3 e	0.1 e	0.0 e	0.3 e	0.0 e	....	....	....
Nigeria	694	....	0.8 e	1.0 e	1.0 e	0.8 e	0.8 e	....	....	....	....	....	....
Senegal	722	....	....	0.0 e	....	....	....	....	0.1 e	....	0.0 e	....	....
South Africa	199	0.1 e	0.1 e	0.3 e	0.3 e	0.1 e	0.3 e	0.6 e	0.7 e	0.7 e	0.6 e	0.3 e	0.6 e
Tanzania	738	....	0.0 e	....	0.0 e	....	....	0.1 e	....	....	....	....	....
Togo	742	1.5 e	....	....	....	....	....	....	....	....	0.1 e	....	....
Western Hemisphere	205	3.1	2.4	1.8	1.3	0.9	1.5	3.1	2.2	0.9	0.5	0.7	1.4
Argentina	213	0.0 e	0.1 e	0.0 e	0.0 e	0.0 e	0.1 e	0.0 e	0.0 e	....	0.0 e	0.2 e	0.2 e
Belize	339	0.0 e	....	....	....	....	0.2 e	....	....	....	....	....	....
Brazil	223	2.7 e	1.6 e	1.2 e	0.6 e	0.4 e	0.6 e	0.3 e	0.7 e	0.4 e	0.1 e	0.2 e	0.7 e
Chile	228	0.0 e	0.0 e	0.1 e	0.0 e	0.2 e	....	2.7 e	1.5 e	0.5 e	0.3 e	0.3 e	0.4 e
Colombia	233	0.1 e	0.2 e	0.1 e	0.2 e	0.1 e	0.1 e	....	....	....	....	....	0.0 e
Costa Rica	238	0.0 e	0.1 e	0.0 e	0.0 e	0.0 e	0.0 e	....	....	....	....	....	0.1 e
Ecuador	248	....	....	0.1 e	0.0 e	....	0.2 e	....	....	....	....	....	....
Peru	293	0.1 e	0.1 e	0.1 e	0.1 e	0.1 e	0.1 e	....	....	....	....	....	....
Venezuela, Rep. Bol.	299	0.1 e	0.3 e	0.0 e	0.2 e	....	....	....	....	....	....	....	....
Memorandum Items													
Africa	605	1.9	1.3	1.5	1.9	1.7	2.3	0.8	1.2	1.2	1.1	0.4	0.7
Middle East	405	1.0	27.1	4.4	2.1	1.1	6.4	....	....	....	0.0	....	....
European Union	998	293.6	296.2	316.3	280.7	250.1	245.5	288.2	317.6	166.7	252.9	143.9	138.1
Export earnings: fuel	080	2.8	29.1	7.1	5.5	2.8	33.8	8.9	10.4	39.6	39.7	16.7	14.0
Export earnings: nonfuel	092	2,808.6	3,005.6	3,557.3	4,374.6	3,810.2	4,416.3	4,413.0	6,098.8	6,990.4	7,633.6	7,210.9	6,492.7

Latvia (941)

In Millions of U.S. Dollars

		Exports (FOB)						Imports (CIF)					
		2011	2012	2013	2014	2015	2016	2011	2012	2013	2014	2015	2016
IFS World		....	....	....	....	....	....	....	....	....	....	....	....
World	001	13,129.1	14,111.5	14,476.8	14,529.5	12,129.7	12,147.4	16,291.0	17,227.2	17,868.9	17,624.4	14,476.3	14,248.6
Advanced Economies	110	8,470.3	8,750.4	9,239.9	9,634.8	8,267.1	8,489.8	11,811.3	12,332.7	12,890.1	12,552.1	10,239.5	10,328.1
Euro Area	163	6,176.0	6,322.4	6,608.9	6,742.0	5,686.4	5,706.8	9,462.8	10,250.5	10,766.2	10,376.6	8,372.1	8,340.7
Austria	122	43.5	37.9	52.9	59.2	62.0	48.7	185.8	201.9	226.9	239.6	180.6	148.5
Belgium	124	127.3	163.3	163.5	166.5	132.4	137.1	296.0	286.4	282.4	265.5	236.9	253.9
Cyprus	423	39.7	118.5	113.5	44.7	33.5	28.4	46.3	70.5	41.8	32.1	16.5	12.6
Estonia	939	1,619.1	1,670.3	1,706.2	1,621.4	1,341.6	1,383.6	1,180.4	1,307.5	1,479.8	1,357.0	1,075.9	1,116.0
Finland	172	364.1	347.5	352.7	270.6	211.2	227.3	707.4	748.6	795.5	1,026.1	740.0	614.7
France	132	172.2	181.4	200.1	201.1	203.9	197.9	509.6	410.4	452.3	430.7	319.7	328.6
Germany	134	999.1	1,030.9	1,006.1	944.4	737.5	827.4	1,910.4	1,994.0	2,053.9	2,044.5	1,658.8	1,754.0
Greece	174	9.9	7.6	15.7	22.1	19.6	17.7	12.1	11.3	13.9	14.0	12.6	10.6
Ireland	178	30.1	39.4	27.4	31.1	29.6	32.1	37.7	61.6	43.4	52.8	160.0	59.1
Italy	136	183.0	145.5	171.9	194.4	156.4	160.8	722.3	783.6	714.4	714.9	539.2	529.2
Lithuania	946	2,151.3	2,053.8	2,302.7	2,550.1	2,211.4	2,088.3	2,878.9	3,267.0	3,463.0	2,979.4	2,420.1	2,411.5
Luxembourg	137	2.7	2.7	12.2	13.4	7.8	12.9	14.1	14.1	28.7	17.2	15.3	27.1
Malta	181	11.9	8.0	7.1	13.1	6.7	10.1	1.2	0.5	1.3	3.0	1.5	2.1
Netherlands	138	277.7	356.9	298.5	308.8	288.8	326.2	588.8	589.4	687.1	668.8	575.4	615.7
Portugal	182	5.8	7.3	15.5	19.2	16.5	21.3	15.5	20.4	24.5	44.1	31.3	27.8
Slovak Republic	936	42.5	71.1	73.9	91.6	67.2	55.0	123.6	167.8	156.5	163.9	148.8	164.0
Slovenia	961	6.0	9.3	10.1	12.8	10.6	11.2	44.1	46.8	53.3	52.2	34.7	43.5
Spain	184	90.2	71.0	78.8	177.6	149.7	120.6	188.5	268.8	247.7	270.9	204.9	221.9
Australia	193	5.8	7.5	11.5	12.4	15.2	12.5	2.0	1.3	1.7	1.2	1.1	1.2
Canada	156	16.9	13.4	15.7	20.9	19.4	23.5	9.0	11.6	13.9	17.0	19.1	55.2
China,P.R.: Hong Kong	532	14.2	10.4	13.8	29.7	38.3	27.3	17.3	20.1	38.2	31.5	22.5	16.3
China,P.R.: Macao	546	....	0.0	0.0	0.0	0.0	0.0	0.0	....	0.1	0.0	0.0	0.0
Czech Republic	935	119.4	126.1	158.2	198.9	197.5	160.6	231.2	245.6	241.3	254.1	239.0	286.5
Denmark	128	396.8	503.8	546.3	512.6	463.0	531.0	350.1	380.9	397.8	401.1	314.3	309.2
Iceland	176	15.8	18.0	17.5	19.6	17.8	21.3	4.1	4.7	3.9	4.4	4.2	5.4
Israel	436	22.0	27.9	30.1	32.8	28.9	29.2	17.7	15.9	12.0	12.4	12.0	10.9
Japan	158	48.4	45.0	59.5	44.7	44.1	53.9	23.7	18.3	16.2	17.9	22.8	21.1
Korea, Republic of	542	28.0	31.9	34.2	53.0	46.8	54.3	64.5	45.0	56.3	61.9	47.8	26.2
New Zealand	196	3.0	2.2	3.2	3.4	3.4	4.4	2.7	2.8	2.6	3.2	3.6	3.5
Norway	142	287.2	343.1	357.5	330.8	261.8	272.4	130.4	90.2	78.5	80.0	55.6	48.5
San Marino	135	0.0	0.0	0.0	0.0	0.0	0.0	0.1	0.2	0.2	0.4	0.1	0.1
Singapore	576	9.4	17.4	13.2	15.5	22.8	21.9	6.4	6.6	6.9	5.5	3.4	4.7
Sweden	144	749.2	662.7	669.6	730.3	597.5	688.6	617.3	571.0	602.3	560.3	492.2	514.7
Switzerland	146	52.5	49.9	44.4	46.5	42.3	50.3	193.5	113.7	112.3	122.7	117.0	140.5
Taiwan Prov.of China	528	14.6	7.1	5.3	4.5	5.5	6.2	47.7	40.5	54.4	65.9	80.1	81.4
United Kingdom	112	361.0	415.8	490.7	678.9	602.6	642.9	522.9	392.1	374.9	438.0	334.5	348.2
United States	111	150.1	145.8	160.4	158.2	173.8	182.6	108.0	121.8	110.3	97.9	98.0	113.8
Emerg. & Dev. Economies	200	4,548.3	5,222.9	5,091.9	4,816.2	3,817.6	3,609.4	4,475.9	4,894.5	4,978.8	5,072.3	4,236.9	3,920.3
Emerg. & Dev. Asia	505	230.5	161.8	181.6	195.5	197.2	204.6	546.6	614.3	666.0	663.7	648.3	647.9
American Samoa	859	....	0.0	....	0.1	0.0	0.0	....	....	....	0.0	0.0	0.0
Bangladesh	513	2.2	0.2	1.8	0.9	0.8	1.7	1.2	1.7	3.2	1.3	2.5	1.7
Cambodia	522	1.8	0.7	0.0	0.1	0.1	0.2	2.6	0.6	5.3	1.3	1.5	1.9
China,P.R.: Mainland	924	64.8	63.8	114.5	142.5	122.5	134.7	418.9	464.5	453.8	470.1	462.5	445.3
F.T. French Polynesia	887	0.0	0.0	0.0	0.0	0.1	0.1	....	....	....	....	....	....
Guam	829	....	0.1	0.0	0.0	0.0	0.0	....	....	....	....	....	....
India	534	104.6	54.5	29.7	20.2	25.0	33.1	31.1	45.9	50.0	40.4	36.0	46.6
Indonesia	536	5.3	2.6	3.1	1.2	14.0	1.0	7.1	9.4	7.4	7.4	5.7	3.7
Lao People's Dem.Rep	544	....	0.0	0.0	0.0	0.0	0.2	0.0	0.0	0.0	0.1	....	0.1
Malaysia	548	16.2	17.5	14.0	5.9	9.2	8.0	12.4	10.5	8.4	7.8	9.8	10.9
Maldives	556	0.0	0.0	0.1	0.1	0.2	0.3	....	0.0	....	0.0	....	0.0
Marshall Islands	867	0.7	0.4	0.7	1.1	1.2	0.3	....	....	0.0	0.1	0.0	0.0
Mongolia	948	1.7	4.7	2.3	1.5	0.8	1.2	0.1	0.1	0.0	0.1	0.0	0.0
Myanmar	518	0.0	....	0.0	2.0	1.3	0.2	0.1	0.1	....	0.2	0.3	0.1
Nepal	558	0.1	0.2	0.3	0.2	0.2	0.2	0.0	0.0	0.0	0.0	0.0	0.0
Papua New Guinea	853	0.0	0.1	0.1	....	0.2	0.1	....	0.0	....	....	0.1	....
Philippines	566	0.1	0.1	0.3	0.5	1.2	4.7	1.4	1.6	1.8	2.1	1.0	1.1

Latvia (941)
In Millions of U.S. Dollars

		Exports (FOB)						Imports (CIF)					
		2011	2012	2013	2014	2015	2016	2011	2012	2013	2014	2015	2016
Sri Lanka	524	0.5	0.4	0.3	0.4	0.7	0.6	8.0	7.5	8.8	8.1	6.5	5.6
Thailand	578	20.8	13.0	10.6	14.2	15.3	12.9	43.7	13.7	13.6	15.6	7.8	9.0
Vanuatu	846	0.0	0.0	0.4	0.0	0.0	0.1	....	....	....	....	....	....
Vietnam	582	11.4	3.2	2.8	3.5	3.8	4.9	19.9	58.7	113.7	109.3	114.6	121.9
Asia n.s.	598	0.2	0.1	0.4	0.8	0.4	0.0	....	0.0	....	0.0	....	....
Europe	170	**3,833.5**	**4,226.1**	**4,359.5**	**4,103.1**	**2,986.6**	**2,878.8**	**3,866.4**	**4,228.5**	**4,145.3**	**4,335.6**	**3,528.1**	**3,209.9**
Emerg. & Dev. Europe	903	**953.1**	**1,049.7**	**1,243.7**	**1,251.7**	**1,038.5**	**946.6**	**1,539.9**	**1,710.9**	**2,008.3**	**2,301.2**	**1,829.6**	**1,764.0**
Albania	914	0.7	0.4	0.6	1.1	1.3	1.3	0.0	0.2	0.0	0.1	0.2	0.2
Bosnia and Herzegovina	963	0.8	1.2	1.3	4.8	4.2	3.8	0.2	0.4	0.3	0.4	0.3	0.4
Bulgaria	918	17.6	19.3	24.8	31.6	39.5	45.9	26.8	32.8	33.6	30.8	26.2	32.9
Croatia	960	3.2	4.8	5.0	6.8	2.8	4.5	7.1	6.6	5.9	11.5	10.1	11.6
Faroe Islands	816	4.6	0.4	1.7	2.7	2.3	2.3	0.1	0.0	0.1	0.2	0.1	0.3
Gibraltar	823	0.8	0.9	0.8	1.0	1.4	43.6	0.0	....	....	0.0	0.0	0.0
Hungary	944	34.5	28.2	33.7	92.5	54.6	47.9	161.4	159.4	173.7	182.1	140.5	134.8
Kosovo	967	0.2	0.2	0.3	0.2	0.5	0.5	0.0	0.0	0.0	....	0.0	0.0
Macedonia, FYR	962	0.8	1.1	1.2	3.3	3.4	2.2	2.4	2.6	2.4	2.1	1.9	1.9
Montenegro	943	0.0	0.0	0.1	0.1	0.2	0.2	0.0	0.0	....	0.0	0.0	0.0
Poland	964	701.7	773.1	970.8	887.2	693.7	591.5	1,244.0	1,403.7	1,666.4	1,911.2	1,540.4	1,471.3
Romania	968	34.8	29.5	22.7	29.3	32.2	21.5	26.3	19.7	32.9	28.2	20.0	19.6
Serbia, Republic of	942	3.9	3.9	5.6	6.0	5.0	6.6	4.8	3.4	4.2	7.4	4.4	3.3
Turkey	186	149.4	186.8	174.9	185.1	197.5	174.9	66.8	82.1	88.8	127.3	85.4	87.6
CIS	901	**2,880.4**	**3,176.4**	**3,115.5**	**2,851.2**	**1,947.9**	**1,932.2**	**2,326.5**	**2,517.6**	**2,137.1**	**2,034.4**	**1,698.5**	**1,445.9**
Armenia	911	3.1	3.2	3.0	4.1	5.7	4.2	1.0	1.1	1.2	2.5	1.9	1.4
Azerbaijan, Rep. of	912	30.9	22.0	33.4	35.8	26.7	15.4	4.7	2.6	1.6	1.3	0.8	1.3
Belarus	913	249.7	251.6	280.5	265.5	182.3	134.7	676.8	579.1	412.9	426.1	333.4	212.7
Georgia	915	16.1	16.6	23.6	15.3	17.2	17.6	5.5	4.9	6.4	6.5	6.3	4.7
Kazakhstan	916	88.1	103.5	127.9	115.0	89.8	81.7	77.8	106.2	75.9	45.1	12.1	7.2
Kyrgyz Republic	917	18.8	10.3	17.6	19.0	18.0	14.6	0.1	0.2	0.4	1.7	3.3	5.5
Moldova	921	12.7	13.6	14.9	16.6	13.5	15.8	4.0	5.8	7.5	11.5	9.3	5.5
Russian Federation	922	2,285.2	2,531.3	2,339.5	2,123.0	1,386.1	1,384.8	1,351.6	1,581.7	1,445.2	1,377.5	1,211.9	1,065.5
Tajikistan	923	13.6	11.2	8.9	15.0	6.5	6.5	0.1	0.0	0.0	0.0	0.0	0.1
Turkmenistan	925	7.6	8.8	10.3	13.6	23.1	23.1	0.7	0.0	1.1	0.0	0.0	....
Ukraine	926	124.1	159.3	167.0	139.1	103.7	125.0	194.5	227.4	172.5	150.3	109.4	122.6
Uzbekistan	927	30.5	45.0	88.7	89.2	75.4	108.8	9.6	8.5	12.2	11.9	10.1	19.5
Europe n.s.	884	0.0	0.0	0.2	0.3	0.2	0.0	....	0.0	0.0	0.0	0.0	0.0
Mid East, N Africa, Pak	440	**401.2**	**745.0**	**451.1**	**345.4**	**487.9**	**373.4**	**23.1**	**21.5**	**33.9**	**32.1**	**19.5**	**16.9**
Afghanistan, I.R. of	512	181.8	176.0	22.3	4.8	2.5	2.3	0.1	0.5	6.3	2.6	0.2	0.0
Algeria	612	67.3	265.4	126.5	6.8	157.2	70.4	0.2	0.0	....	0.0	....	....
Bahrain, Kingdom of	419	0.2	0.3	0.4	1.3	2.0	0.3	0.0	0.0	0.0	0.0	0.0	0.0
Djibouti	611	0.5	0.5	0.3	0.3	0.5	9.8	....	0.0	0.0	0.0	....	....
Egypt	469	52.7	66.0	52.6	87.5	61.7	61.6	5.6	6.3	4.9	4.1	3.7	2.1
Iran, I.R. of	429	1.5	93.5	119.9	110.4	6.1	4.1	0.8	0.5	0.5	0.3	0.3	0.2
Iraq	433	1.6	1.8	1.9	2.2	3.2	3.9	....	....	0.0	0.0	0.0	0.0
Jordan	439	4.2	4.5	3.1	3.9	3.0	3.0	0.1	0.0	0.0	0.0	0.2	0.1
Kuwait	443	2.0	2.1	4.1	4.3	3.5	2.0	0.1	0.1	4.7	1.2	0.4	0.7
Lebanon	446	3.4	15.9	5.6	8.7	13.0	6.2	0.4	0.0	0.1	0.1	1.3	0.2
Libya	672	5.4	29.5	0.4	16.1	8.9	3.3	....	....	....	....	....	....
Mauritania	682	....	0.2	0.1	0.2	5.9	4.8	0.2	0.1	0.0	0.0	....	0.2
Morocco	686	6.4	11.8	2.7	17.7	9.0	15.5	8.5	6.0	7.8	5.3	2.0	3.0
Oman	449	0.4	5.9	1.3	1.1	1.1	2.6	....	....	0.0	....	0.4	....
Pakistan	564	3.8	4.6	5.2	22.8	18.3	12.9	3.8	3.8	4.4	5.0	3.7	4.4
Qatar	453	0.7	0.6	1.0	6.4	1.2	1.3	....	....	....	....	....	0.0
Saudi Arabia	456	31.3	15.4	71.4	4.6	92.9	69.3	0.0	0.2	0.1	0.2	0.4	0.1
Somalia	726	0.7	0.0	....	0.0	0.1	0.0	....	0.0	0.0	0.0	....	....
Sudan	732	0.3	0.2	0.1	0.1	0.0	0.1	0.0	0.0	0.0	0.0	0.0	....
Syrian Arab Republic	463	1.5	1.3	0.3	0.6	0.6	0.4	0.2	....	0.0	....	0.0	0.0
Tunisia	744	2.9	21.1	4.8	7.0	5.6	5.9	0.1	0.4	0.4	0.5	0.3	0.3
United Arab Emirates	466	32.2	28.4	26.9	37.6	91.4	88.0	3.2	3.5	4.6	12.7	6.5	5.4
West Bank and Gaza	487	0.1	0.0	0.0	0.0	0.0	0.0	....	....	....	....	....	....
Yemen, Republic of	474	0.1	0.1	0.2	0.9	0.1	5.5	....	....	....	....	....	....

Latvia (941)
In Millions of U.S. Dollars

		Exports (FOB)						Imports (CIF)					
		2011	2012	2013	2014	2015	2016	2011	2012	2013	2014	2015	2016
Sub-Saharan Africa	603	34.3	26.8	52.7	98.2	79.8	91.2	7.1	7.5	9.4	10.2	7.9	4.9
Angola	614	1.9	3.7	13.9	8.5	12.7	9.3	....	....	....	....	....	....
Benin	638	1.4	0.2	0.2	8.2	0.7	0.3	....	....	....	....	....	0.0
Botswana	616	0.0	0.0	0.1	0.1	....	0.1	....	0.0	....	0.0	....	....
Burkina Faso	748	....	0.0	....	0.2	1.0	0.4	....	....	....	....	0.1	0.4
Burundi	618	....	....	0.0	....	0.0	0.0	....	....	....	0.1	....	....
Cabo Verde	624	0.2	....	....	....	....	0.0	....	....	....	....	....	....
Cameroon	622	1.1	0.2	0.2	0.4	0.5	0.2	0.0	0.0	0.1	....	....	....
Chad	628	9.4	....	0.0	0.1	0.1	9.4	....	....	0.0	....	0.0	0.0
Comoros	632	....	0.0	0.1	0.1	0.0	....	....	....	....	....	0.0	0.1
Congo, Dem. Rep. of	636	0.0	0.0	0.1	6.1	0.4	0.1	....	....	0.0	0.0	....	....
Congo, Republic of	634	0.0	0.0	0.2	4.9	0.5	0.7	0.0	0.0	0.0	0.0	....	....
Côte d'Ivoire	662	0.0	0.0	0.0	0.1	0.3	0.3	....	0.1	0.0	....	0.0	0.3
Equatorial Guinea	642	0.4	0.3	0.3	0.5	0.6	0.6	....	....	....	0.0	....	....
Ethiopia	644	0.2	0.2	0.4	0.6	0.5	10.0	....	0.0	0.0	0.0	....	0.0
Gabon	646	0.1	0.0	0.0	0.4	0.3	0.4	0.0	0.0	0.0	....	....	....
Gambia, The	648	1.4	0.1	0.0	1.5	0.4	0.2	0.0	0.1	0.0	....	....	....
Ghana	652	1.0	0.4	0.3	0.6	2.0	3.0	4.7	3.7	6.1	7.0	4.9	1.1
Guinea	656	1.4	0.2	1.5	0.2	8.1	0.2	....	0.0	....	....	....	0.1
Guinea-Bissau	654	0.3	0.1	0.1	0.1	0.0	0.0	....	....	....	....	....	....
Kenya	664	0.2	0.3	0.5	8.7	15.4	25.2	0.0	0.0	0.1	0.0	0.0	0.1
Liberia	668	0.6	0.6	1.1	0.9	0.6	0.3	0.0	....	0.0	....	....	....
Madagascar	674	1.2	1.6	1.1	1.8	1.5	0.3	0.0	0.0	0.0	0.0	0.1	0.0
Malawi	676	....	0.1	....	0.0	....	0.0	0.0	....	....	....	....	....
Mali	678	0.0	0.0	0.0	0.0	0.2	0.3	0.0	....	....	....	0.0	....
Mauritius	684	0.0	0.0	0.0	0.0	0.2	0.1	0.0	0.1	0.2	0.3	0.2	0.1
Mozambique	688	0.1	1.2	0.3	10.6	0.3	0.1	0.0	0.0	....	....	0.3	....
Namibia	728	0.0	0.0	0.0	1.8	0.1	0.1	....	....	0.0	....	0.0	0.0
Niger	692	0.1	0.1	0.0	0.2	1.4	0.3	....	....	....	....	....	....
Nigeria	694	5.6	5.7	3.0	1.6	2.7	4.6	0.1	0.1	0.2	0.1	0.1	0.1
Rwanda	714	....	....	1.8	0.1	0.5	0.7	....	....	....	....	0.0	0.0
São Tomé & Príncipe	716	....	0.1	....	....	0.0	0.0	....	....	....	....	....	....
Senegal	722	0.0	2.1	0.0	0.7	0.9	3.6	....	....	....	0.0	0.2	0.1
Seychelles	718	0.6	0.3	0.6	0.3	0.8	0.4	1.0	1.0	1.2	1.0	0.4	0.7
Sierra Leone	724	0.1	0.1	0.0	0.4	1.0	0.8	0.0	....	....	0.3	....	....
South Africa	199	5.6	5.7	9.8	27.0	11.8	11.5	1.1	2.2	1.4	1.2	1.4	1.5
South Sudan, Rep. of	733	....	....	0.0	0.0	0.1	0.0	....	....	....	....	0.0	0.0
Tanzania	738	0.7	2.2	8.1	2.9	1.5	0.4	0.1	0.0	0.0	0.1	0.0	0.1
Togo	742	0.1	1.0	2.7	5.4	10.7	0.7	....	....	....	0.0	0.0	....
Uganda	746	0.2	0.1	4.3	3.1	2.1	6.5	0.0	0.0	0.0	0.0	0.0	0.2
Zambia	754	0.1	0.0	2.0	0.0	0.0	0.1	0.0	0.0	....	....	....	0.0
Africa n.s.	799	....	....	0.1	....	0.1	0.0	....	....	....	....	....	....
Western Hemisphere	205	48.9	63.2	47.0	73.9	66.1	61.4	32.8	22.6	124.2	30.6	33.1	40.8
Antigua and Barbuda	311	1.0	0.8	1.3	0.9	0.8	0.3	....	....	....	....	....	0.0
Argentina	213	2.6	2.1	3.3	2.2	4.3	3.1	7.2	6.8	109.5	13.0	18.2	7.8
Bahamas, The	313	0.4	0.3	0.4	0.4	0.8	0.3	0.0	....	0.0	....	0.0	....
Barbados	316	0.2	0.0	0.1	0.1	0.1	0.1	....	0.0	....	....	....	....
Belize	339	2.3	5.7	3.1	1.2	0.3	0.8	0.2	0.0	0.0	0.0	....	0.1
Bermuda	319	0.0	0.0	0.1	0.1	0.2	2.9	0.0	....	0.0	0.0	....	19.4
Bolivia	218	0.1	0.7	1.1	0.9	0.5	0.7	0.1	0.2	0.1	0.2	0.0	0.1
Brazil	223	4.4	6.5	5.0	9.1	8.9	6.1	15.3	2.9	2.8	4.7	4.1	3.0
Chile	228	5.8	7.1	4.3	6.0	7.7	5.0	4.2	5.4	5.4	4.7	4.3	3.7
Colombia	233	1.1	1.8	1.9	2.2	2.3	2.8	0.2	0.2	0.2	0.1	0.1	0.2
Costa Rica	238	0.3	0.4	0.5	0.5	0.5	0.6	0.1	0.2	0.5	0.2	0.1	0.0
Curaçao	354	....	....	....	0.1	0.1	0.2	....	....	....	....	....	0.0
Dominica	321	0.1	0.0	0.2	0.0	0.1	0.0	0.0	....	0.0	....	....	0.0
Dominican Republic	243	0.3	0.8	0.6	1.4	1.0	1.2	0.0	0.0	0.1	0.2	0.2	0.1
Ecuador	248	1.0	1.3	2.6	3.3	4.2	3.5	0.4	0.2	0.1	0.0	0.0	0.0
El Salvador	253	0.1	0.2	0.1	0.1	0.2	0.1	0.0	0.0	0.0	0.0	0.0	0.0
Falkland Islands	323	0.0	0.0	0.0	0.0	0.1	0.0	....	0.0	....	0.0	....	0.0

Latvia (941)

In Millions of U.S. Dollars

		Exports (FOB)						Imports (CIF)					
		2011	2012	2013	2014	2015	2016	2011	2012	2013	2014	2015	2016
Greenland	326	0.0	0.1	0.1	0.1	0.1	0.1	....	....	....	0.0	0.1	0.6
Guatemala	258	0.2	0.2	0.4	0.3	0.5	0.8	0.0	0.0	0.0	0.0	0.0	0.0
Guyana	336	0.0	0.1	0.0	0.1	0.1	0.0	0.0	....	....	....	....	....
Haiti	263	0.0	0.0	0.0	16.3	0.0	0.0	0.0	0.0	....	0.0	....	0.0
Honduras	268	0.2	0.3	0.4	0.4	0.6	0.9	0.0	0.0	0.0	0.0	0.0	0.0
Mexico	273	2.3	3.2	3.6	5.3	6.9	7.1	4.1	5.9	4.7	6.8	5.6	5.4
Netherlands Antilles	353	0.2	0.1	....	....	....	....	0.0	....	....	....	....	....
Nicaragua	278	0.0	0.8	0.0	0.1	0.2	0.3	0.0	0.0	0.0	0.0	0.1	0.1
Panama	283	2.5	3.1	4.9	3.5	2.0	1.6	0.4	0.3	0.0	0.0	0.0	0.0
Paraguay	288	4.9	6.1	7.9	14.9	17.1	17.0	0.0	0.0	0.0	0.1	0.1	0.1
Peru	293	1.7	18.9	2.2	2.3	4.1	3.4	0.1	0.1	0.3	0.1	0.2	0.1
Sint Maarten	352	....	....	0.0	0.1	0.1	0.1	....	....	....	0.0	....	0.0
St. Kitts and Nevis	361	0.1	0.0	0.3	0.8	0.3	0.1	....	....	....	....	....	....
St. Vincent & Grens.	364	0.4	0.2	0.2	0.2	0.2	0.2	....	....	....	....	....	0.0
Suriname	366	0.0	0.1	0.2	0.0	0.0	0.0	....	....	....	....	0.0	....
Trinidad and Tobago	369	0.0	0.1	0.0	0.0	0.0	0.1	....	....	....	....	....	0.0
Uruguay	298	0.5	0.6	1.7	0.5	0.6	1.0	0.3	0.0	0.2	0.1	0.1	0.1
Venezuela, Rep. Bol.	299	1.4	0.4	0.0	0.1	0.0	0.1	0.0	0.0	0.0	0.0	....	....
Western Hem. n.s.	399	14.7	1.3	0.2	0.2	1.2	0.7	....	0.3	0.0	0.3	....	....
Other Countries n.i.e	910	0.0	1.3	0.1	0.0	0.2	0.0	3.9	....	....	0.0	....	0.1
Cuba	928	0.0	1.3	0.0	0.0	0.1	0.0	3.9	....	....	....	....	0.1
Korea, Dem. People's Rep.	954	....	....	0.1	....	0.1	....	0.0	....	....	0.0	....	....
Special Categories	899	105.7	133.3	142.8	78.4	36.9	38.9	....	....	....	....	....	....
Countries & Areas n.s.	898	4.8	3.6	2.1	0.0	7.9	9.2	....	....	....	....	....	....
Memorandum Items													
Africa	605	112.4	325.9	187.2	130.3	258.0	197.8	16.0	14.0	17.5	16.1	10.2	8.4
Middle East	405	137.4	265.2	289.1	285.7	288.8	251.6	10.3	10.7	15.1	18.7	13.4	8.9
European Union	998	8,594.3	8,885.7	9,530.7	9,910.2	8,369.7	8,441.3	12,649.9	13,462.3	14,295.0	14,194.0	11,489.4	11,469.5
Export earnings: fuel	080	2,575.8	3,122.6	2,888.3	2,501.6	1,917.4	1,788.0	1,439.9	1,695.5	1,534.3	1,438.9	1,233.1	1,080.9
Export earnings: nonfuel	092	10,553.3	10,988.9	11,588.5	12,027.9	10,212.4	10,359.4	14,851.1	15,531.7	16,334.5	16,185.6	13,243.2	13,167.7

Lebanon (446)

In Millions of U.S. Dollars

		Exports (FOB)						Imports (CIF)					
		2011	2012	2013	2014	2015	2016	2011	2012	2013	2014	2015	2016
IFS World		4,266.9	4,484.6	4,059.4	....	....	....	20,164.9	21,286.9	21,235.6	....	....	....
World	001	4,201.1	4,483.1	3,969.3	3,312.9	2,952.4	2,976.6	20,050.5	21,279.8	21,431.0	20,493.7	18,068.8	18,705.3
Advanced Economies	110	1,094.9	1,165.5	739.7	600.2	579.4	569.2	10,865.4	11,699.0	10,908.4	10,630.0	9,256.9	9,510.4
Euro Area	163	408.6	366.9	283.9	290.8	264.7	257.4	6,112.9	7,012.0	6,693.1	6,975.6	6,005.4	6,235.4
Austria	122	1.5	4.5	2.7	3.7	1.9	2.0	79.9	75.5	85.7	85.5	77.8	77.2
Belgium	124	130.5	111.5	45.7	29.1	18.8	16.9	250.1	279.4	300.9	604.2	289.3	273.4
Cyprus	423	23.8	17.1	18.7	14.0	12.1	12.6	31.8	69.8	54.8	23.7	18.0	23.9
Estonia	939	0.2	0.1	0.0	....	0.1	0.1	21.1	10.2	18.1	7.6	14.1	3.8
Finland	172	0.5	0.4	0.5	0.9	0.4	0.4	37.4	40.4	119.7	43.5	34.7	42.9
France	132	57.8	59.9	49.5	62.4	44.7	44.2	1,510.8	1,541.6	1,535.5	1,275.3	1,083.9	715.9
Germany	134	45.3	34.5	45.4	53.8	50.7	61.8	1,140.0	1,201.7	1,242.3	1,256.7	1,222.4	1,161.1
Greece	174	27.7	29.3	31.0	17.6	16.2	18.7	303.4	890.7	607.6	816.3	785.2	1,074.1
Ireland	178	1.2	2.4	0.8	1.3	0.7	1.1	62.8	100.7	112.1	118.6	122.6	160.8
Italy	136	36.8	36.7	38.0	40.7	43.7	34.8	1,872.5	1,831.9	1,790.0	1,648.3	1,285.8	1,409.0
Latvia	941	0.4	0.0	0.2	1.2	0.7	0.4	4.5	18.8	6.6	47.4	13.6	8.3
Lithuania	946	0.2	0.4	0.4	0.4	0.1	0.9	4.0	3.3	3.8	8.4	5.2	5.0
Luxembourg	137	1.1	0.1	0.0	0.0	0.0	0.1	4.8	4.3	10.7	5.1	3.2	3.0
Malta	181	0.9	0.5	0.6	0.9	0.7	0.6	8.9	19.4	1.5	1.1	2.9	1.1
Netherlands	138	26.4	19.1	15.7	19.8	28.2	25.8	344.7	406.7	309.5	439.3	449.5	645.8
Portugal	182	1.3	0.4	0.8	1.1	2.2	6.6	62.1	64.4	74.4	77.2	75.0	86.6
Slovak Republic	936	0.1	0.2	0.1	0.0	0.0	0.1	27.1	17.7	31.4	28.5	35.7	47.2
Slovenia	961	4.2	5.9	1.7	6.8	5.1	1.9	8.7	9.5	12.2	18.2	12.1	16.6
Spain	184	48.9	44.0	32.0	37.2	38.5	28.5	338.3	426.0	376.4	470.8	474.5	479.9
Australia	193	14.5	12.7	14.0	14.0	12.9	13.6	53.4	43.8	49.1	49.4	45.8	39.9
Canada	156	15.2	17.5	16.4	19.8	19.6	20.1	67.9	106.9	81.3	76.6	101.5	119.0
China,P.R.: Hong Kong	532	7.8	6.9	10.6	8.3	16.5	15.9	10.9	10.1	7.1	11.0	25.3	23.3
China,P.R.: Macao	546	....	0.0	....	....	....	0.0	0.2	0.4	0.3	0.1	0.1	0.1
Czech Republic	935	0.8	1.0	1.8	1.7	1.0	0.5	78.5	73.2	80.1	90.5	71.6	80.3
Denmark	128	4.8	4.6	3.3	4.0	4.2	3.3	104.0	117.2	146.6	172.3	143.1	110.9
Iceland	176	0.0	0.0	0.0	0.1	0.1	0.2	0.2	0.1	0.1	0.1	0.0	0.1
Japan	158	21.9	25.9	29.7	14.2	2.9	11.2	403.9	363.7	373.9	358.7	400.5	395.6
Korea, Republic of	542	26.7	56.7	88.5	45.6	64.8	39.9	262.7	307.2	339.4	275.3	240.0	219.0
New Zealand	196	0.6	0.5	0.7	0.9	1.2	0.9	8.4	10.2	21.8	11.9	10.7	9.3
Norway	142	0.7	0.7	0.6	0.3	0.4	0.6	13.1	12.8	12.0	16.9	20.3	20.9
San Marino	135	....	....	....	....	....	....	....	....	2.8	....	....	3.5
Singapore	576	1.8	2.1	0.8	0.9	1.7	1.3	30.0	32.7	33.8	34.0	32.9	30.2
Sweden	144	9.8	8.5	10.9	15.4	15.0	17.8	98.2	104.1	97.0	85.6	85.2	100.9
Switzerland	146	514.7	547.3	174.8	86.6	64.2	94.2	994.2	507.9	640.2	534.1	426.0	399.7
Taiwan Prov.of China	528	5.4	5.1	2.5	0.5	1.0	0.9	111.6	102.7	196.6	173.7	107.2	97.0
United Kingdom	112	61.2	44.6	37.5	38.3	44.9	37.5	521.2	518.6	631.9	537.4	516.9	441.4
United States	111	0.4	64.6	63.8	58.6	64.1	54.2	1,993.9	2,375.6	1,500.9	1,226.8	1,024.4	1,184.1
Emerg. & Dev. Economies	200	3,087.0	3,267.5	3,160.4	2,678.5	2,341.8	2,371.7	9,178.0	9,504.6	10,473.0	9,754.6	8,691.5	9,130.0
Emerg. & Dev. Asia	505	167.5	94.2	80.3	72.0	79.3	37.8	2,529.3	2,738.9	3,495.4	3,550.9	3,045.3	2,999.8
Bangladesh	513	93.3	34.7	17.9	26.9	40.0	7.5	18.8	26.1	32.9	38.7	36.8	38.8
Bhutan	514	....	....	....	....	0.1	....	0.0	0.0	....	0.0	0.0	0.0
Brunei Darussalam	516	0.1	0.1	0.1	0.1	0.2	0.2	0.0	0.0	0.0	0.0	....	0.0
Cambodia	522	0.0	0.0	....	....	....	0.0	4.0	5.8	8.0	9.2	10.4	12.5
China,P.R.: Mainland	924	43.6	31.3	29.0	12.4	9.9	7.0	1,624.1	1,772.2	2,283.4	2,483.9	2,074.4	2,094.1
Fiji	819	....	0.0	0.0	....	0.1	0.1	....	0.0	....	0.0	0.0	0.0
F.T. French Polynesia	887	....	0.0	....	....	....	0.0	0.1	0.1	0.1	0.0	0.1	0.0
India	534	18.9	21.1	25.5	23.7	20.0	13.0	354.4	348.5	408.0	406.1	322.8	280.1
Indonesia	536	5.5	2.3	1.1	1.7	2.2	1.0	82.0	85.5	92.3	98.5	100.9	100.7
Lao People's Dem.Rep	544	....	....	....	....	....	....	0.1	0.2	0.2	0.2	0.1	0.1
Malaysia	548	1.7	1.7	2.3	2.2	2.9	2.2	144.8	147.0	128.4	100.0	83.2	82.6
Maldives	556	0.1	0.3	0.5	0.3	0.6	1.2	0.1	0.1	0.1	0.1	0.1	0.0
Mongolia	948	....	....	0.0	0.0	....	....	0.1	0.0	0.1	0.0	0.0	0.1
Myanmar	518	0.0	....	0.0	0.1	0.2	1.5	0.6	0.5	0.5	1.2	1.0	2.1
Nepal	558	0.0	0.0	0.1	....	0.0	0.1	0.7	0.8	0.6	0.8	0.8	0.5
Philippines	566	1.4	0.6	0.5	0.2	0.5	0.3	12.2	11.5	10.3	9.7	12.4	11.7
Sri Lanka	524	0.4	0.3	0.3	0.3	0.3	0.4	17.8	21.2	26.2	30.9	23.0	24.3

Lebanon (446)
In Millions of U.S. Dollars

		Exports (FOB)						Imports (CIF)					
		2011	2012	2013	2014	2015	2016	2011	2012	2013	2014	2015	2016
Thailand	578	2.2	1.6	2.5	3.6	2.2	2.9	203.1	237.5	260.7	258.1	275.8	233.0
Vietnam	582	0.2	0.1	0.5	0.4	0.2	0.4	66.5	81.7	124.7	113.5	103.4	119.3
Asia n.s.	598	....	0.0	....	0.0	0.0	0.0	0.0	0.0	118.9	0.0	0.1	0.0
Europe	170	326.5	191.6	217.8	178.7	111.1	105.2	2,410.5	2,589.0	3,375.5	2,858.1	2,569.5	2,377.0
Emerg. & Dev. Europe	903	297.0	176.6	200.4	163.3	99.2	97.0	1,266.7	1,491.2	1,865.8	1,614.8	1,446.2	1,277.9
Albania	914	0.6	0.2	0.1	0.8	1.1	0.1	0.8	0.9	0.7	5.5	1.6	1.7
Bosnia and Herzegovina	963	0.0	0.3	0.0	0.0	0.0	0.1	2.9	3.1	3.2	1.6	1.8	3.0
Bulgaria	918	8.4	11.6	10.8	11.4	7.3	12.2	48.1	77.9	237.8	149.1	90.4	126.3
Croatia	960	0.0	0.0	0.2	0.1	0.0	0.1	49.4	85.7	31.5	62.8	41.3	37.0
Faroe Islands	816	....	....	....	....	....	....	0.0	....	0.0	0.5	0.0	0.3
Gibraltar	823	....	....	....	....	....	....	0.0	....	....	....	....	13.8
Hungary	944	0.5	0.2	0.5	0.5	0.3	0.2	45.0	56.4	95.5	115.5	116.2	116.5
Macedonia, FYR	962	0.0	0.0	....	0.0	5.4	6.7	1.3	1.2	1.3	1.3	2.0	1.3
Montenegro	943	....	....	0.2	....	....	....	....	....	0.1	....	....	....
Poland	964	3.9	3.6	2.2	3.3	5.8	3.6	64.5	98.7	106.4	113.0	97.7	111.0
Romania	968	7.6	3.3	3.3	2.2	1.7	2.3	208.8	194.9	238.9	452.3	422.0	195.5
Serbia, Republic of	942	....	0.2	0.2	0.2	0.1	0.3	....	6.8	15.8	7.8	17.0	6.7
Turkey	186	276.0	157.2	182.9	144.9	77.5	71.5	840.3	965.5	1,134.5	705.6	656.2	664.7
CIS	901	29.4	15.0	17.5	15.0	11.8	8.1	1,143.9	1,097.8	1,509.6	1,243.3	1,123.3	1,099.2
Armenia	911	2.5	1.6	1.5	0.7	1.2	0.9	0.2	0.3	0.4	1.8	0.2	0.2
Azerbaijan, Rep. of	912	5.8	2.3	3.7	4.2	3.2	2.7	0.1	0.1	0.1	0.1	17.3	11.5
Belarus	913	0.0	0.2	0.1	0.1	0.0	0.0	99.6	50.4	21.5	0.9	0.7	0.5
Georgia	915	0.4	0.9	2.1	0.5	0.2	0.2	120.5	159.0	0.2	37.3	0.2	51.8
Kazakhstan	916	0.6	0.5	0.9	0.4	0.5	0.2	10.7	32.8	14.6	20.4	2.9	8.4
Kyrgyz Republic	917	0.0	0.0	0.0	0.0	0.0	....	3.2	0.4	0.7	0.0	0.3	0.1
Moldova	921	0.3	0.5	0.8	0.5	0.4	0.5	10.3	7.0	16.9	34.2	20.6	13.7
Russian Federation	922	13.5	7.2	7.1	7.6	5.6	3.1	514.3	423.0	901.0	887.3	824.6	718.6
Tajikistan	923	....	0.2	0.1	0.0	....	....	0.0	0.1	0.0	0.0	0.1	0.0
Turkmenistan	925	4.9	0.4	0.2	0.2	0.0	....	0.2	0.1	0.2	0.1	0.1	0.1
Ukraine	926	1.1	1.0	0.8	0.7	0.6	0.7	384.8	423.6	553.9	260.5	256.1	293.9
Uzbekistan	927	0.2	0.3	0.3	0.1	0.0	0.0	0.1	1.1	0.5	0.5	0.2	0.4
Europe n.s.	884	0.1	0.0	....	0.3	0.1	0.1	0.0	0.0	0.0	0.0	0.0	....
Mid East, N Africa, Pak	440	1,542.1	1,751.3	2,031.0	1,743.0	1,610.3	1,317.1	3,366.9	3,183.6	2,607.6	2,304.8	2,214.5	2,674.9
Afghanistan, I.R. of	512	5.5	1.0	0.8	0.2	1.2	0.1	0.0	0.1	0.7	1.2	0.4	0.0
Algeria	612	14.5	26.9	37.1	31.0	31.8	26.9	20.7	14.3	25.1	69.0	42.8	40.8
Bahrain, Kingdom of	419	16.3	12.0	19.9	33.6	19.7	15.8	12.1	8.6	14.0	16.0	19.1	18.3
Djibouti	611	1.6	2.2	1.6	4.8	4.8	2.7	....	0.0	0.3	0.8	0.1	....
Egypt	469	67.6	88.1	73.2	83.8	88.2	58.1	942.4	840.7	644.5	529.0	461.5	773.6
Iran, I.R. of	429	13.2	5.0	3.9	3.2	10.8	17.5	41.8	38.4	42.0	50.1	50.6	44.9
Iraq	433	197.5	211.3	272.4	255.9	224.6	161.7	4.4	5.8	2.4	3.7	3.5	3.9
Jordan	439	127.1	142.2	141.8	129.8	112.3	99.6	361.8	269.0	145.4	145.4	133.2	206.0
Kuwait	443	76.7	68.1	73.4	73.6	67.5	75.6	302.6	630.4	451.4	251.1	328.6	546.6
Libya	672	3.8	22.0	23.7	17.0	15.4	7.2	27.5	63.3	54.2	55.4	33.2	20.1
Mauritania	682	2.0	1.5	1.3	1.6	1.0	0.9	2.3	2.2	1.7	1.5	1.9	1.8
Morocco	686	16.0	15.4	13.3	12.3	12.1	12.7	59.1	70.2	72.4	111.6	87.5	71.7
Oman	449	13.2	14.7	18.4	22.6	24.4	22.6	12.0	14.5	22.4	22.8	21.7	14.4
Pakistan	564	13.5	2.9	3.1	4.3	2.3	2.7	21.2	22.8	28.6	33.5	29.1	23.0
Qatar	453	79.8	85.5	93.9	93.5	78.7	75.7	33.0	24.4	32.2	24.6	22.7	17.8
Saudi Arabia	456	307.9	358.9	346.9	377.4	356.5	266.7	531.6	423.6	440.2	415.4	380.0	371.3
Somalia	726	....	0.0	....	0.2	0.4	0.2	7.3	5.1	0.7	0.3	0.1	0.3
Sudan	732	26.0	25.0	25.5	15.3	17.3	13.8	23.5	26.4	41.4	41.6	39.6	28.0
Syrian Arab Republic	463	214.8	294.3	523.8	242.0	209.8	198.9	310.1	266.2	181.4	124.8	137.6	130.5
Tunisia	744	9.1	8.2	7.3	8.4	11.7	10.4	57.3	39.9	25.4	32.8	32.1	24.0
United Arab Emirates	466	322.3	352.0	331.8	320.0	312.8	238.7	594.2	416.3	379.7	372.6	388.0	337.3
Yemen, Republic of	474	13.5	14.0	17.9	12.3	7.1	8.8	2.0	1.7	1.4	1.5	1.2	0.5
Middle East n.s.	489	....	....	....	....	....	....	....	0.0	....	0.0	0.1	0.2
Sub-Saharan Africa	603	1,035.0	1,206.8	787.6	654.9	509.3	891.4	300.6	462.6	411.6	382.8	312.0	514.6
Angola	614	49.3	54.9	52.8	40.2	21.8	9.0	....	....	....	0.0	0.0	1.2
Benin	638	4.3	3.7	6.0	9.5	8.3	6.0	49.0	196.4	72.3	6.9	37.4	74.9
Burkina Faso	748	5.5	4.0	5.4	5.6	3.8	3.8	0.4	2.0	0.3	0.1	0.4	1.0

Lebanon (446)

In Millions of U.S. Dollars

		Exports (FOB)						Imports (CIF)					
		2011	2012	2013	2014	2015	2016	2011	2012	2013	2014	2015	2016
Burundi	618	0.4	0.8	0.3	0.1	0.1	0.1	0.0	0.0	0.2	0.0	....	0.0
Cabo Verde	624	0.8	0.6	0.4	0.6	0.4	0.3	0.0	0.0	0.0	0.0	0.0	0.1
Cameroon	622	6.9	5.3	9.4	7.4	5.3	7.3	2.9	4.9	2.6	2.5	4.4	4.3
Central African Rep.	626	4.1	4.0	3.7	4.3	2.9	2.7	0.0	....	0.0	0.1	0.0	0.2
Chad	628	0.6	0.9	0.7	0.6	0.5	0.6	0.0	0.0	....	0.0	0.0	....
Comoros	632	0.0	0.0	0.0	0.0	0.1	0.4	0.0	0.0	0.0	0.0	0.0	0.0
Congo, Dem. Rep. of	636	0.9	....	....	....	....	....	0.0	....	....	....	....	....
Congo, Republic of	634	41.4	44.5	50.5	47.5	47.4	30.6	19.4	9.4	3.8	2.2	0.5	1.9
Côte d'Ivoire	662	24.6	28.4	26.6	37.8	33.1	42.2	26.7	19.4	8.2	7.3	6.4	4.6
Equatorial Guinea	642	7.8	6.0	6.6	8.2	8.5	3.9	0.0	0.1	0.1	0.2	0.7	1.5
Eritrea	643	0.1	0.1	0.1	0.1	0.1	0.0	0.0	0.0	0.0	0.0	....	0.0
Ethiopia	644	4.5	0.9	0.6	0.4	2.7	4.7	7.6	4.0	1.6	6.5	1.0	1.2
Gabon	646	14.8	14.0	20.1	18.5	15.9	12.1	1.1	0.8	0.5	1.1	0.7	0.7
Gambia, The	648	3.1	3.0	3.0	2.8	2.4	2.0	0.2	0.0	0.0	0.0	0.0	0.0
Ghana	652	42.8	30.4	35.9	24.3	28.2	18.9	11.7	50.3	54.1	10.3	8.2	125.5
Guinea	656	24.1	20.1	20.1	17.2	13.5	14.0	3.1	0.3	4.5	3.6	3.0	47.7
Guinea-Bissau	654	0.2	0.1	0.3	0.3	0.3	0.1	....	0.0	0.0	0.1	0.0	....
Kenya	664	4.2	3.5	1.9	2.5	2.4	2.2	2.4	2.1	1.9	1.3	2.4	1.0
Lesotho	666	....	....	....	....	....	....	0.0	0.2	0.4	0.6	0.4	0.6
Liberia	668	20.1	23.4	18.5	17.4	21.3	18.8	2.3	1.9	0.0	0.0	0.1	0.0
Madagascar	674	0.4	0.1	0.3	0.0	0.0	0.0	0.8	1.1	1.3	1.1	1.3	1.4
Malawi	676	0.4	0.1	0.5	0.6	0.2	0.3	1.0	0.0	0.0	0.0	0.2	2.0
Mali	678	2.5	1.8	3.7	4.2	3.4	6.1	0.1	0.0	0.0	2.1	10.7	2.0
Mauritius	684	0.1	0.1	0.0	0.0	0.1	0.4	0.7	0.8	0.9	0.8	0.9	0.7
Mozambique	688	1.0	1.7	1.0	2.5	1.0	1.7	1.4	1.6	0.8	0.7	1.4	7.7
Namibia	728	....	....	0.3	0.0	0.0	0.0	0.1	0.2	0.4	0.5	0.5	0.8
Niger	692	1.7	2.7	4.1	2.0	1.2	1.2	....	0.2	0.0	....	0.0	0.0
Nigeria	694	49.2	43.2	73.4	58.8	42.5	32.9	2.5	2.7	3.8	4.0	4.2	5.4
Rwanda	714	0.1	0.1	0.1	0.1	0.6	0.3	0.0	0.0	....	0.0	0.0	0.0
São Tomé & Príncipe	716	0.2	0.3	0.1	0.3	0.2	0.2	0.0	....	0.0	0.0	....	....
Senegal	722	10.7	6.8	7.3	7.0	7.0	7.2	2.4	2.2	2.2	3.5	14.4	15.3
Seychelles	718	0.0	0.1	0.1	0.2	0.3	0.5	0.0	0.0	0.0	0.0	0.2	0.5
Sierra Leone	724	11.2	10.1	12.3	11.3	12.6	10.5	0.6	2.8	1.7	3.8	1.0	0.7
South Africa	199	673.1	864.4	398.1	297.0	194.5	628.3	9.0	10.5	22.0	51.5	51.5	39.9
Swaziland	734	0.0	0.0	0.0	0.0	0.0	0.1	0.1	0.1	0.1	0.1	0.0	0.2
Tanzania	738	3.0	3.5	3.4	4.1	3.4	3.3	1.3	0.6	1.1	0.3	0.6	0.4
Togo	742	6.2	5.9	5.5	5.7	4.8	4.1	152.3	146.0	224.1	268.9	157.3	167.3
Uganda	746	1.0	2.3	3.5	1.9	2.9	2.1	1.1	1.6	1.9	2.0	1.6	1.6
Zambia	754	3.5	5.2	5.4	6.6	7.7	4.4	0.1	0.1	0.1	0.5	0.3	0.1
Zimbabwe	698	1.3	1.5	0.7	0.5	0.1	0.1	0.1	0.0	0.6	0.0	0.0	1.9
Africa n.s.	799	9.3	8.5	4.9	6.9	7.6	8.0	0.0	....	....	0.0	0.0	0.0
Western Hemisphere	205	**15.9**	**23.6**	**43.6**	**29.9**	**31.8**	**20.3**	**570.6**	**530.4**	**582.9**	**657.9**	**550.1**	**563.6**
Anguilla	312	....	....	0.4	....	....	0.1	....	....	....	....	....	....
Argentina	213	1.0	0.2	2.7	0.3	0.2	4.6	105.2	98.0	105.2	143.6	107.4	117.6
Aruba	314	0.0	0.1	0.0	0.0	0.0	0.0	0.0	0.0	0.0	0.0	0.0	....
Bahamas, The	313	0.0	....	....	....	0.0	....	0.0	0.0	0.1	0.1	0.0	0.1
Belize	339	....	0.0	....	....	....	0.1	0.0	0.0	0.0	0.0	0.0	....
Bermuda	319	....	....	....	....	0.9	....	....	0.0	....	0.0	....	0.0
Bolivia	218	0.1	0.0	0.1	0.1	0.0	....	0.5	0.3	0.4	0.5	0.4	0.5
Brazil	223	2.6	11.2	26.7	15.4	23.3	6.1	304.6	302.0	367.2	387.7	289.4	302.6
Chile	228	0.5	0.2	0.2	0.4	0.5	0.3	6.0	5.0	5.9	5.2	5.7	4.9
Colombia	233	1.7	1.1	1.5	1.5	1.7	2.1	53.9	44.5	12.6	23.3	54.5	34.2
Costa Rica	238	0.3	0.0	0.2	0.0	0.0	....	4.0	4.3	5.5	4.8	4.6	4.6
Curaçao	354	....	....	0.1	....	....	....	....	....	0.0	....	....	....
Dominica	321	0.1	0.0	0.0	0.0	0.0	....	0.4	0.1	0.1	0.0	0.1	0.1
Dominican Republic	243	0.1	0.3	0.1	0.2	0.1	0.0	2.1	1.5	2.6	2.6	3.3	3.5
Ecuador	248	0.0	0.2	0.1	0.0	0.3	0.2	1.2	1.3	1.1	1.3	1.0	1.9
El Salvador	253	....	0.0	0.0	0.0	....	0.1	0.2	0.2	0.8	1.1	0.5	0.2
Guatemala	258	0.3	0.0	0.1	0.2	0.0	0.1	5.2	3.5	5.8	7.0	3.1	2.1
Guyana	336	0.6	0.1	0.0	0.1	0.0	0.1	0.3	0.1	0.1	0.2	0.5	0.1

Lebanon (446)

In Millions of U.S. Dollars

		Exports (FOB)						Imports (CIF)					
		2011	2012	2013	2014	2015	2016	2011	2012	2013	2014	2015	2016
Haiti	263	0.0	0.1	0.0	0.0	0.0	....	0.0	0.0	0.1	0.1	0.1	0.0
Honduras	268	0.0	0.0	0.0	0.0	....	0.0	0.3	0.4	0.3	0.3	0.6	0.8
Jamaica	343	0.0	0.0	0.0	....	0.0	0.0	0.0	0.1	0.0	0.0	0.0	0.1
Mexico	273	0.5	0.4	0.2	0.4	0.5	0.3	41.9	42.7	41.2	54.8	47.9	50.4
Nicaragua	278	....	....	0.0	0.0	....	....	0.2	0.3	0.0	0.1	0.2	0.2
Panama	283	1.7	1.2	0.9	0.5	1.2	0.6	0.0	0.0	0.0	0.0	0.1	0.1
Paraguay	288	1.4	3.7	1.0	1.5	0.6	0.8	5.3	10.1	17.7	16.9	20.3	25.5
Peru	293	0.1	0.2	0.2	0.1	0.1	1.6	6.3	6.2	5.5	6.0	5.7	5.9
St. Kitts and Nevis	361	2.1	0.4	3.4	1.0	0.4	....	0.0	0.0	0.0	0.0	0.0	0.0
Suriname	366	0.0	0.1	0.0	0.1	0.0	....	0.0	0.0	0.0	0.1	0.1	0.1
Trinidad and Tobago	369	0.0	0.1	0.0	0.1	0.1	0.0	0.0	0.0	0.3	0.2	0.2	0.1
Uruguay	298	0.4	0.5	3.1	5.4	0.6	0.6	4.5	3.1	1.3	0.4	0.3	5.9
Venezuela, Rep. Bol.	299	2.3	3.5	2.3	2.5	0.8	2.3	27.3	6.4	9.0	1.4	4.0	2.2
Western Hem. n.s.	399	0.0	....	....	....	....	....	1.1	0.1	0.1	0.1	0.0	....
Other Countries n.i.e	910	0.1	0.2	0.5	0.0	0.0	0.5	6.9	5.9	5.4	15.4	39.4	29.4
Cuba	928	....	0.2	0.0	0.0	....	0.0	3.4	4.4	5.0	14.7	38.8	28.5
Korea, Dem. People's Rep.	954	0.1	....	0.5	0.0	0.0	0.5	3.6	1.5	0.5	0.7	0.6	0.9
Special Categories	899	19.0	47.4	68.7	30.3	24.8	29.0	0.1	70.2	0.5	51.8	42.3	34.5
Countries & Areas n.s.	898	....	2.5	....	3.9	6.4	6.3	0.1	0.1	43.7	42.0	38.8	1.0
Memorandum Items													
Africa	605	1,104.2	1,286.1	873.7	728.6	588.3	958.9	470.8	620.6	578.6	640.5	516.0	681.2
Middle East	405	1,453.9	1,668.2	1,941.0	1,664.8	1,527.8	1,246.8	3,175.6	3,002.8	2,411.3	2,012.5	1,981.1	2,485.3
European Union	998	505.5	444.4	354.4	367.8	344.9	334.8	7,330.7	8,338.8	8,359.0	8,754.0	7,589.9	7,555.1
Export earnings: fuel	080	1,251.0	1,349.2	1,459.2	1,430.5	1,298.2	1,017.1	2,213.0	2,162.9	2,412.6	2,224.3	2,202.5	2,204.1
Export earnings: nonfuel	092	2,950.1	3,133.9	2,510.1	1,882.3	1,654.2	1,959.5	17,837.5	19,117.0	19,018.3	18,269.4	15,866.3	16,501.2

Lesotho (666)

In Millions of U.S. Dollars

		Exports (FOB) 2011	2012	2013	2014	2015	2016	Imports (CIF) 2011	2012	2013	2014	2015	2016
IFS World		....	....	....	....	....	....	....	....	....	....	....	....
World	001	767.9	679.1	651.6	660.6	634.4	639.5	1,523.2	1,674.4	1,507.2	1,394.8	1,252.2	1,205.2
Advanced Economies	110	392.4	333.1	331.6	318.7	279.0	253.1	80.0	112.7	119.9	95.1	90.6	79.8
Euro Area	163	27.8	23.5	21.7	27.9	23.7	20.4	3.1	6.5	13.0	10.9	12.6	7.1
Austria	122	0.2	....	....	....	....	....	....	....	....	....	....	....
Belgium	124	23.3	21.6	18.9	25.3	21.6	17.5	0.0	0.4	0.2	0.4	0.2	0.5
Cyprus	423	....	0.0 e	....	....	....	....	0.0	0.0	0.1	0.1	0.0	0.0
France	132	....	....	....	....	....	....	0.0	0.5	0.2	0.1	0.1	0.2
Germany	134	3.2	0.8	2.4	1.9	1.8	2.1	2.0	0.7	7.1	3.2	7.3	2.3
Ireland	178	....	....	....	....	....	....	0.0	0.0	0.1	0.0	0.0	0.0
Italy	136	....	....	0.0	0.4	0.0	0.0	0.3	0.1	0.4	0.4	0.2	0.1
Malta	181	....	....	....	....	....	....	....	....	2.9	2.5	2.1	1.1
Netherlands	138	1.0	1.1	0.4	0.2	0.2	0.7	0.7	4.5	1.8	4.1	2.6	2.5
Portugal	182	0.2	....	....	....	....	....	0.0 e	0.1 e	....	....	....	0.1 e
Slovak Republic	936	0.0 e	0.0 e	0.0 e	0.0 e	0.0 e	0.0 e	0.1 e	....	0.0 e	....	....	....
Spain	184	....	0.0	0.0	0.1	0.0	0.0	0.1	0.1	0.2	0.0	0.1	0.1
Australia	193	2.6	2.2	2.0	2.1	1.6	0.7	0.0	0.2	0.0	....	0.0	0.8
Canada	156	43.2	5.8	4.8	3.6	3.5	3.8	0.1	0.0	0.0	0.0	0.0	0.0
China,P.R.: Hong Kong	532	1.2	1.3	0.7	0.3	0.4	0.4	2.4	11.6	13.8	9.2	6.7	6.7
Denmark	128	0.0 e	0.0 e	0.0 e	0.0 e	0.0 e	....	0.0	0.0	0.0	0.1	0.0	0.0
Japan	158	2.2	0.9	0.4	0.5	1.4	0.3	0.5	2.9	5.1	3.6	2.5	2.7
Korea, Republic of	542	0.0	0.1	0.0	0.0	0.0	0.0	0.0	0.1	0.1	0.0	0.1	0.0
Norway	142	0.0	....	0.0	0.0	....	....	0.0	0.0	0.0	0.1	0.0	....
Singapore	576	0.0	0.0	0.0	0.0	0.0	0.0	0.6	1.4	0.6	0.5	1.0	0.8
Sweden	144	....	....	....	....	....	0.0	....	0.0	2.0	0.2	0.0	0.0
Switzerland	146	0.2	....	....	....	....	....	0.4	0.3	0.3	0.2	0.5	0.4
Taiwan Prov.of China	528	0.2 e	0.2 e	0.1 e	0.2 e	0.4 e	0.3 e	63.4 e	80.1 e	83.0 e	68.2 e	65.8 e	57.3 e
United Kingdom	112	1.4	1.3	0.4	0.3	0.4	0.6	0.1	2.0	1.7	1.0	0.9	3.1
United States	111	313.4	297.7	301.5	283.8	247.6	226.6	9.3	7.6	0.3	1.1	0.4	1.0
Emerg. & Dev. Economies	200	375.5	346.0	320.0	341.9	355.4	386.4	1,443.2	1,561.6	1,387.3	1,299.6	1,161.6	1,125.4
Emerg. & Dev. Asia	505	5.9	0.3	0.3	0.7	0.6	0.5	20.3	132.7	123.9	125.0	112.3	94.9
Bangladesh	513	0.2	0.0	0.0	0.0	0.0	0.0	0.0	....	....	....	....	....
Cambodia	522	....	....	....	0.0 e	0.2 e	....	....	....	....	....	....	....
China,P.R.: Mainland	924	2.5	0.0	0.1	0.1	0.1	0.1	5.9	44.5	42.3	41.8	39.5	26.2
India	534	0.1	0.0	0.0	0.0	0.0	0.1	9.3	7.9	11.1	17.3	14.4	12.6
Indonesia	536	0.0	....	0.0	0.0	0.0	....	0.0	0.1	0.1	0.0	0.0	0.0
Malaysia	548	0.0	0.0	0.0	0.3	0.0	0.0	0.0	0.1	0.1	0.2	0.5	0.5
Philippines	566	0.0	....	....	0.1	0.1	....	0.0	....	0.0	....	....	....
Sri Lanka	524	0.1	0.1	0.1	0.1	0.1	0.1	0.1	0.0	....	....	....	0.0
Thailand	578	0.0	....	....	....	....	....	0.9	1.9	0.7	1.3	0.2	0.1
Vietnam	582	3.1	0.1	0.1	0.1	0.1	0.1	0.0	3.3	2.9	2.7	2.4	2.3
Asia n.s.	598	....	....	....	....	....	....	4.0	75.0	66.6	61.8	55.3	53.0
Europe	170	0.4	0.2	0.0	0.1	0.2	0.1	0.0	0.2	0.2	1.5	0.5	0.2
Emerg. & Dev. Europe	903	0.3	0.1	0.0	0.0	0.1	0.1	0.0	0.1	0.2	0.0	0.4	0.1
Bulgaria	918	0.1	....	....	....	....	....	....	....	0.0	0.0	0.0	0.0
Macedonia, FYR	962	0.1 e	....	0.0 e	0.0 e	0.0 e	....	....	....	....	....	....	....
Poland	964	0.0	0.1	0.0	0.0	0.0	0.0	....	0.0 e	0.0 e	0.0 e	0.3 e	0.0 e
Serbia, Republic of	942	0.0 e	0.0 e	0.0 e	0.0 e	0.1 e	0.1 e	....	....	....	....	....	....
Turkey	186	0.1	0.0	0.0	0.0	0.0	0.0	0.0	0.1	0.1	0.0	0.1	0.1
CIS	901	0.1	0.1	0.0	0.1	0.1	0.0	....	0.1	0.1	1.5	0.1	0.1
Russian Federation	922	0.0	....	....	....	....	....	....	0.1	0.1	1.5	0.1	0.1
Ukraine	926	0.1 e	0.0 e	0.0 e	0.1 e	0.1 e	....	....	....	....	....	0.0 e	....
Mid East, N Africa, Pak	440	10.0	13.0	13.1	14.2	13.2	12.9	0.5	4.0	3.5	3.3	3.0	2.8
Algeria	612	0.0 e	0.0 e	0.0 e	0.0 e	0.1 e	0.1 e	....	....	....	....	0.0 e	....
Bahrain, Kingdom of	419	0.1 e	0.1 e	0.0 e	0.0 e	0.0 e	0.0 e	....	....	....	....	....	....
Egypt	469	3.7	0.3	0.3	0.5	0.3	0.3	....	0.0	0.0	0.0	0.0	0.0
Kuwait	443	0.2 e	0.1 e	0.5 e	0.1 e	0.1 e	0.1 e	....	0.0	0.0	0.0	0.0	0.0
Lebanon	446	0.0 e	0.2 e	0.4 e	0.5 e	0.4 e	0.6 e	....	....	....	....	....	....
Libya	672	....	....	....	....	....	....	....	0.1	0.1	0.1	0.1	0.1
Morocco	686	0.3	0.3	0.1	0.0	....	0.0	....	....	....	....	....	....

Lesotho (666)

In Millions of U.S. Dollars

		Exports (FOB)						Imports (CIF)					
		2011	2012	2013	2014	2015	2016	2011	2012	2013	2014	2015	2016
Pakistan	564	0.1	....	....	....	....	....	0.3	2.9	2.6	2.4	2.1	2.1
Saudi Arabia	456	0.0	0.2	0.2	0.2	0.2	0.2	0.0	0.0	0.0	0.0	0.0	0.0
Sudan	732	....	0.5	0.5	0.5	0.5	0.5	....	....	....	....	....	....
Tunisia	744	0.1	0.1	0.1	0.1	0.1	0.1	0.1	0.1	0.1	0.1	0.1	0.1
United Arab Emirates	466	5.4	11.1	11.0	12.3	11.5	11.0	0.1	0.8	0.7	0.6	0.6	0.5
Sub-Saharan Africa	603	**358.8**	**331.3**	**305.5**	**325.8**	**340.4**	**371.3**	**1,422.2**	**1,424.5**	**1,259.3**	**1,169.5**	**1,045.5**	**1,025.6**
Angola	614	0.8	0.0	0.0	0.0	0.0	0.0	....	0.0	0.0	0.0	0.0	0.0
Botswana	616	1.8	1.6	1.6	1.8	1.7	1.6	1.8	0.5	0.4	0.4	0.4	0.4
Comoros	632	0.1	....	....	....	....	....	....	....	....	....	....	....
Congo, Republic of	634	0.1	....	....	....	....	....	....	....	....	....	....	....
Ghana	652	0.1	0.0	0.0	0.0	0.0	0.0	....	....	....	....	....	....
Kenya	664	0.2	0.6	0.6	0.5	0.4	0.4	0.1	0.1	0.1	0.1	0.1	0.1
Mauritius	684	2.8	2.0	2.3	1.7	1.4	1.8	1.1	1.2	0.6	0.2	0.0	0.0
Mozambique	688	0.2	....	....	....	....	....	1.1	2.0	1.8	1.7	1.5	1.4
Namibia	728	....	0.2	0.2	0.2	0.2	0.2	....	0.4	0.3	0.3	0.3	0.3
Sierra Leone	724	0.1	0.0	0.0	0.0	0.0	0.0	0.0	0.0	0.0	0.0	0.0	0.0
South Africa	199	346.1	320.9	293.0	314.7	330.4	361.4	1,407.0	1,417.8	1,249.1	1,161.6	1,038.8	1,016.8
Swaziland	734	5.3	4.9	4.8	5.4	5.0	4.8	0.7	0.2	0.2	0.2	0.2	0.2
Tanzania	738	0.7	0.8	0.8	0.9	0.8	0.8	0.0	....	....	....	....	....
Uganda	746	0.0	0.1	0.1	0.1	0.1	0.1	....	0.0	0.0	0.0	0.0	0.0
Zambia	754	0.0	0.0	1.9	0.1	0.1	0.1	6.9	1.1	5.6	4.1	3.3	5.5
Zimbabwe	698	0.5	0.2	0.2	0.2	0.2	0.2	3.4	1.3	1.1	1.0	0.9	0.9
Western Hemisphere	205	**0.5**	**1.2**	**1.0**	**1.0**	**1.0**	**1.6**	**0.1**	**0.3**	**0.3**	**0.3**	**0.3**	**1.8**
Argentina	213	....	....	0.0 e	0.0 e	....	....	0.1	0.1	0.1	0.1	0.1	1.6
Chile	228	0.0	0.2	0.1	0.0	....	0.5	0.0	0.2	0.2	0.2	0.2	0.2
Mexico	273	0.4	0.9	0.9	0.9	0.9	0.9	....	0.0	0.0	0.0	0.0	0.0
Other Countries n.i.e	910	**0.0**	....	....	....	....	....	**0.0**	**0.1**	**0.1**	**0.1**	**0.1**	**0.1**
Korea, Dem. People's Rep.	954	0.0	....	....	....	....	....	0.0	0.1	0.1	0.1	0.1	0.1
Memorandum Items													
Africa	605	359.2	332.3	306.2	326.3	341.1	372.0	1,422.3	1,424.6	1,259.5	1,169.7	1,045.7	1,025.8
Middle East	405	9.5	12.1	12.4	13.7	12.5	12.2	0.2	0.9	0.8	0.7	0.7	0.6
European Union	998	29.3	24.9	22.1	28.2	24.1	21.1	3.3	8.6	16.8	12.2	13.9	10.2
Export earnings: fuel	080	6.7	11.6	11.7	12.7	12.0	11.5	0.1	1.0	0.9	2.2	0.7	0.8
Export earnings: nonfuel	092	761.3	667.5	639.9	647.9	622.4	628.1	1,523.0	1,673.4	1,506.3	1,392.6	1,251.5	1,204.4

Liberia (668)

In Millions of U.S. Dollars

		Exports (FOB)						Imports (CIF)					
		2011	2012	2013	2014	2015	2016	2011	2012	2013	2014	2015	2016
IFS World World	001	1,077.3	1,195.0	1,315.2	1,395.8	1,214.4	1,050.0	19,194.6	15,624.9	14,318.3	12,459.2	9,070.8	10,668.8
Advanced Economies	110	563.9	423.8	428.3	713.7	466.3	485.3	12,401.8	10,749.7	10,427.5	9,580.1	6,067.5	8,078.3
Euro Area	163	284.3	211.5	254.6	542.1	347.1	282.3	797.0	407.0	307.3	765.4	731.9	646.3
Austria	122	0.0 e	0.0 e	0.2 e	0.0 e	0.0 e	0.6 e	6.0 e	2.4 e	2.2 e	2.0 e	4.3 e	4.0 e
Belgium	124	18.1 e	8.8 e	10.3 e	13.9 e	12.4 e	14.1 e	26.6 e	20.2 e	20.8 e	62.1 e	39.9 e	25.0 e
Cyprus	423	....	....	....	236.2 e	190.4 e	32.5 e	0.1 e	0.1 e	0.2 e	29.1 e	113.0 e	182.9 e
Estonia	939	0.0 e	....	....	....	....	....	0.6 e	0.2 e	0.2 e	0.4 e	0.5 e	0.1 e
Finland	172	6.6 e	1.7 e	1.2 e	0.7 e	0.2 e	0.0 e	1.0 e	0.8 e	2.9 e	15.8 e	5.9 e	1.0 e
France	132	15.2 e	35.9 e	72.9 e	66.2 e	36.4 e	23.6 e	37.1 e	32.7 e	30.2 e	28.3 e	23.2 e	25.6 e
Germany	134	41.0 e	12.2 e	46.3 e	75.2 e	12.7 e	62.6 e	467.7 e	98.2 e	121.1 e	468.0 e	352.1 e	227.1 e
Greece	174	87.5 e	24.0 e	0.5 e	80.6 e	39.0 e	20.6 e	71.5 e	3.0 e	1.5 e	3.5 e	93.4 e	90.1 e
Ireland	178	0.4 e	0.3 e	0.2 e	0.0 e	0.0 e	0.0 e	3.1 e	2.9 e	3.2 e	3.2 e	4.8 e	4.4 e
Italy	136	15.9 e	8.0 e	7.7 e	4.0 e	3.1 e	27.1 e	53.6 e	38.0 e	17.4 e	28.2 e	20.1 e	19.9 e
Latvia	941	0.0 e	....	0.0 e	....	....	....	0.7 e	0.6 e	1.1 e	1.0 e	0.7 e	0.3 e
Lithuania	946	....	0.0 e	0.0 e	....	....	0.0 e	0.4 e	1.9 e	1.3 e	0.4 e	0.3 e	0.4 e
Luxembourg	137	0.0 e	....	....	0.0 e	....	....	1.7 e	0.3 e	0.7 e	1.8 e	0.2 e	0.8 e
Malta	181	....	....	....	....	0.0 e	....	1.1 e	0.6 e	0.8 e	0.6 e	0.8 e	1.3 e
Netherlands	138	15.4 e	18.0 e	21.2 e	20.4 e	32.9 e	93.3 e	61.7 e	177.9 e	46.8 e	56.2 e	49.1 e	34.0 e
Portugal	182	0.2 e	1.3 e	0.3 e	0.8 e	0.1 e	0.1 e	0.4 e	1.4 e	1.5 e	1.5 e	3.5 e	3.0 e
Slovak Republic	936	....	....	....	....	....	0.0 e	0.2 e	0.0 e	0.1 e	0.1 e	1.2 e	0.9 e
Slovenia	961	10.3 e	2.2 e	....	0.2 e	0.0 e	0.1 e	0.1 e	0.0 e	0.3 e	0.1 e	0.1 e	0.4 e
Spain	184	73.7 e	99.1 e	93.9 e	44.0 e	19.9 e	7.6 e	63.2 e	25.7 e	55.0 e	63.1 e	18.9 e	25.1 e
Australia	193	0.0 e	0.2 e	0.1 e	0.3 e	0.0 e	0.0 e	3.5 e	2.9 e	4.2 e	13.9 e	1.9 e	0.7 e
Canada	156	34.0 e	34.3 e	33.1 e	32.0 e	31.7 e	30.1 e	16.7 e	14.9 e	11.8 e	13.1 e	8.9 e	10.7 e
China,P.R.: Hong Kong	532	3.5 e	0.2 e	0.2 e	0.1 e	0.1 e	0.5 e	4.7 e	2.8 e	5.8 e	11.7 e	6.0 e	6.0 e
Czech Republic	935	9.6 e	5.2 e	27.9 e	32.1 e	10.0 e	4.7 e	0.2 e	0.0 e	0.8 e	0.6 e	3.1 e	1.7 e
Denmark	128	5.3 e	1.7 e	0.1 e	0.7 e	0.3 e	0.1 e	6.4 e	7.5 e	9.7 e	9.0 e	89.8 e	5.1 e
Iceland	176	0.0 e	....	....	....	0.0 e	0.0 e	0.2 e	0.1 e	0.1 e	0.2 e	0.4 e	0.1 e
Israel	436	....	23.9 e	0.7 e	....	....	....	1.4 e	1.5 e	1.3 e	1.4 e	3.7 e	2.5 e
Japan	158	39.9 e	0.0 e	0.7 e	0.5 e	0.0 e	0.2 e	3,468.8 e	2,436.2 e	1,907.6 e	1,128.8 e	926.8 e	1,155.9 e
Korea, Republic of	542	1.2 e	1.1 e	6.1 e	8.4 e	14.1 e	0.8 e	7,786.8 e	4,031.9 e	3,723.7 e	3,154.8 e	1,377.3 e	4,083.5 e
New Zealand	196	0.0 e	0.0 e	0.0 e	0.0 e	0.0 e	0.0 e	1.0 e	0.5 e	0.1 e	0.5 e	1.0 e	1.3 e
Norway	142	20.8 e	3.8 e	0.0 e	15.7 e	0.1 e	0.0 e	5.1 e	5.3 e	25.5 e	23.6 e	109.1 e	24.5 e
Singapore	576	....	0.4 e	0.8 e	0.7 e	0.0 e	0.6 e	....	3,512.8 e	4,093.2 e	4,185.2 e	2,588.4 e	1,901.1 e
Sweden	144	3.2 e	0.1 e	0.0 e	0.0 e	0.2 e	0.0 e	41.3 e	7.2 e	11.1 e	10.9 e	5.8 e	12.2 e
Switzerland	146	2.5 e	0.7 e	7.7 e	1.0 e	18.7 e	100.3 e	28.0 e	30.3 e	51.0 e	38.2 e	48.8 e	19.4 e
Taiwan Prov.of China	528	0.1 e	0.1 e	0.4 e	0.0 e	0.0 e	....	1.7 e	1.3 e	63.7 e	1.8 e	1.7 e	0.8 e
United Kingdom	112	10.3 e	4.8 e	4.8 e	1.3 e	1.5 e	5.3 e	32.3 e	32.1 e	27.3 e	25.3 e	18.9 e	19.2 e
United States	111	149.2 e	135.9 e	91.1 e	78.7 e	42.4 e	60.5 e	206.9 e	255.6 e	183.6 e	195.5 e	144.0 e	187.1 e
Emerg. & Dev. Economies	200	513.4	771.2	886.9	682.1	748.1	564.6	6,792.8	4,875.2	3,890.8	2,879.1	3,003.3	2,590.6
Emerg. & Dev. Asia	505	95.2	313.4	216.8	372.8	278.4	85.9	5,434.4	3,914.5	2,800.3	2,308.1	2,385.5	2,088.9
Bangladesh	513	....	....	3.7 e	28.5 e	1.1 e	9.5 e	....	....	....	....	....	....
China,P.R.: Mainland	924	39.1 e	216.4 e	156.1 e	291.1 e	174.1 e	45.6 e	5,263.5 e	3,689.3 e	2,475.7 e	1,812.0 e	1,438.1 e	1,690.0 e
India	534	10.6 e	9.7 e	34.0 e	7.3 e	78.8 e	5.6 e	72.4 e	121.0 e	190.3 e	277.2 e	169.9 e	134.4 e
Indonesia	536	20.0 e	6.2 e	6.0 e	0.1 e	14.2 e	4.2 e	10.4 e	34.9 e	22.3 e	24.6 e	24.7 e	20.5 e
Malaysia	548	25.5 e	36.5 e	16.4 e	13.3 e	3.7 e	13.7 e	49.5 e	54.3 e	27.7 e	36.9 e	39.1 e	38.2 e
Maldives	556	....	0.0 e	....	....	0.0 e	0.4 e	....	....	....	....	....	....
Myanmar	518	0.0 e	0.0 e	....	0.2 e	0.6 e	0.0 e	....	0.0 e	....	....	0.3 e	0.1 e
Nepal	558	....	....	0.0 e	0.0 e	0.0 e	0.0 e	0.1 e	0.0 e	0.0 e	0.1 e	0.0 e	0.0 e
Philippines	566	0.0 e	4.2 e	0.1 e	0.1 e	0.0 e	0.0 e	0.1 e	1.2 e	72.6 e	143.1 e	598.6 e	86.8 e
Sri Lanka	524	....	....	0.0 e	0.0 e	0.0 e	0.1 e	0.8 e	0.4 e	0.6 e	3.7 e	0.7 e	0.5 e
Thailand	578	0.1 e	40.3 e	0.3 e	32.2 e	0.1 e	0.8 e	37.6 e	13.4 e	9.2 e	6.7 e	7.7 e	3.5 e
Timor-Leste	537	....	....	....	....	....	....	....	....	1.9 e	3.9 e	2.1 e	1.5 e
Vietnam	582	....	....	....	....	5.7 e	5.9 e	....	....	....	....	104.4 e	113.4 e
Europe	170	138.2	143.5	394.5	142.0	278.6	221.1	511.4	505.1	567.9	180.0	380.5	296.9
Emerg. & Dev. Europe	903	105.0	132.2	388.1	138.9	277.5	200.6	501.1	449.4	560.5	175.9	370.9	292.5
Albania	914	....	....	....	0.0 e	....	0.0 e	0.0 e	0.0 e	....	0.1 e	....	0.0 e
Bosnia and Herzegovina	963	0.0 e	....	....	2.9 e	....	....	0.0 e	0.2 e	....	0.1 e	1.0 e	0.1 e
Bulgaria	918	0.1 e	0.0 e	0.0 e	0.0 e	0.0 e	0.3 e	3.9 e	5.0 e	3.7 e	2.4 e	2.2 e	2.2 e

2017, International Monetary Fund: Direction of Trade Statistics Yearbook

Liberia (668)

In Millions of U.S. Dollars

		Exports (FOB)						Imports (CIF)					
		2011	2012	2013	2014	2015	2016	2011	2012	2013	2014	2015	2016
Croatia	960	0.2 e	0.1 e	0.0 e	....	....	0.0 e	208.9 e	65.4 e	31.3 e	1.0 e	0.5 e	30.1 e
Hungary	944	....	....	0.0 e	0.0 e	0.0 e	0.6 e	0.7 e	0.7 e	0.7 e	0.8 e	1.4 e	0.9 e
Macedonia, FYR	962	0.1 e	0.0 e	0.0 e	....	....	0.0 e	0.0 e	0.0 e	0.0 e	....	....	....
Poland	964	101.3 e	108.6 e	376.1 e	120.8 e	275.1 e	190.7 e	65.2 e	119.0 e	355.5 e	60.3 e	280.2 e	190.3 e
Romania	968	0.2 e	0.1 e	0.3 e	0.2 e	....	....	157.5 e	148.4 e	51.8 e	1.1 e	0.8 e	0.4 e
Serbia, Republic of	942	0.3 e	0.6 e	0.8 e	0.9 e	0.6 e	0.5 e	....	0.0 e	1.1 e	....	0.1 e	0.1 e
Turkey	186	2.8 e	22.8 e	10.7 e	14.0 e	1.8 e	8.5 e	64.9 e	110.6 e	116.4 e	110.2 e	84.7 e	68.5 e
CIS	**901**	**33.3**	**11.3**	**6.4**	**3.1**	**1.1**	**20.5**	**10.3**	**55.7**	**7.4**	**4.1**	**9.6**	**4.4**
Armenia	911	....	....	....	0.1 e	0.0 e	....	....	....	....	....	....	....
Belarus	913	9.7 e	4.4 e	0.3 e	....	0.1 e	17.2 e	....	0.0 e	0.2 e	0.1 e	0.5 e	0.1 e
Georgia	915	9.2 e	....	....	....	....	....	....	0.0 e	....	....	....	....
Russian Federation	922	10.6 e	2.8 e	4.9 e	2.1 e	0.5 e	0.2 e	6.3 e	0.8 e	1.2 e	1.2 e	3.7 e	1.2 e
Ukraine	926	3.8 e	4.1 e	1.3 e	0.8 e	0.5 e	3.1 e	3.9 e	54.9 e	6.0 e	2.7 e	5.4 e	3.2 e
Mid East, N Africa, Pak	**440**	**158.6**	**238.4**	**182.2**	**107.2**	**119.1**	**132.9**	**179.3**	**143.6**	**98.4**	**57.7**	**55.1**	**40.2**
Algeria	612	....	58.3 e	25.2 e	0.0 e	0.0 e	13.0 e	81.9 e	2.7 e	3.0 e	0.6 e	0.4 e	0.2 e
Bahrain, Kingdom of	419	....	0.0 e	0.0 e	0.0 e	0.0 e	0.0 e	2.3 e	0.5 e	1.1 e	0.6 e	0.5 e	0.5 e
Egypt	469	25.3 e	23.4 e	5.4 e	....	....	....	4.6 e	2.2 e	36.3 e	3.0 e	4.4 e	....
Jordan	439	....	0.0 e	0.0 e	....	0.0 e	....	1.6 e	1.1 e	0.8 e	1.1 e	1.2 e	0.6 e
Lebanon	446	2.2 e	1.8 e	0.0 e	0.0 e	0.1 e	0.0 e	21.3 e	24.8 e	19.6 e	18.4 e	22.6 e	19.9 e
Mauritania	682	....	0.6 e	0.7 e	....	0.0 e	0.0 e	5.1 e	3.2 e	2.5 e	1.5 e	1.0 e	0.9 e
Morocco	686	0.0 e	0.0 e	....	0.0 e	0.1 e	....	10.7 e	3.3 e	5.2 e	6.5 e	7.3 e	5.2 e
Oman	449	....	0.0 e	....	....	....	....	2.9 e	2.2 e	1.9 e	1.3 e	1.9 e	0.9 e
Pakistan	564	37.5 e	2.8 e	0.0 e	0.1 e	9.9 e	0.3 e	13.5 e	6.6 e	2.8 e	1.7 e	1.7 e	0.4 e
Qatar	453	....	0.0 e	28.5 e	....	....	....	10.6 e	32.7 e	0.4 e	0.2 e	0.1 e	0.5 e
Saudi Arabia	456	....	0.4 e	....	0.1 e	....	....	22.1 e	25.2 e	23.5 e	21.9 e	12.3 e	10.0 e
Syrian Arab Republic	463	0.0 e	0.0 e	0.0 e	0.0 e	0.0 e	0.0 e	1.0 e	0.1 e	0.1 e	0.1 e	0.0 e	0.0 e
Tunisia	744	0.1 e	0.0 e	....	....	0.0 e	....	1.6 e	7.1 e	1.2 e	0.9 e	1.4 e	0.9 e
United Arab Emirates	466	93.5 e	151.2 e	122.3 e	107.0 e	103.4 e	113.9 e	....	....	....	....	....	....
Yemen, Republic of	474	....	0.0 e	....	0.0 e	5.5 e	5.7 e	0.2 e	31.7 e	0.0 e	....	....	....
Sub-Saharan Africa	**603**	**117.0**	**70.7**	**86.3**	**54.8**	**62.9**	**116.6**	**402.7**	**159.5**	**170.8**	**211.9**	**116.2**	**110.7**
Angola	614	0.6 e	0.2 e	0.3 e	0.3 e	1.1 e	0.7 e	....	....	....	....	....	....
Benin	638	....	0.0 e	3.4 e	0.0 e	0.0 e	0.0 e	1.1 e	0.4 e	0.4 e	2.2 e	0.4 e	0.1 e
Botswana	616	0.0 e	....	....	0.0 e	0.0 e	0.0 e	....	....	....	....	0.4 e	....
Burkina Faso	748	0.2 e	....	0.0 e	0.0 e	0.0 e	0.0 e	2.3 e	2.7 e	0.0 e	6.9 e	0.5 e	0.4 e
Cameroon	622	0.1 e	0.3 e	....	....	....	....	11.2 e	9.2 e	7.3 e	8.2 e	5.2 e	4.5 e
Congo, Republic of	634	68.0 e	43.1 e	43.1 e	0.0 e	0.0 e	0.0 e	7.2 e	0.0 e	48.0 e	....	....	....
Côte d'Ivoire	662	34.4 e	10.2 e	1.9 e	0.4 e	0.0 e	0.0 e	193.6 e	97.3 e	55.6 e	99.0 e	36.7 e	39.2 e
Gabon	646	....	....	....	....	....	....	0.4 e	0.4 e	0.3 e	0.3 e	0.2 e	0.1 e
Gambia, The	648	0.1 e	0.0 e	0.0 e	0.0 e	0.0 e	0.0 e	0.1 e	0.1 e	0.0 e	0.0 e	0.0 e	0.0 e
Ghana	652	0.8 e	9.0 e	6.2 e	44.6 e	45.2 e	42.9 e	149.3 e	12.8 e	15.4 e	14.5 e	11.2 e	8.5 e
Guinea	656	....	....	0.1 e	0.1 e	8.9 e	8.7 e	....	....	7.5 e	2.9 e	2.8 e	5.9 e
Guinea-Bissau	654	0.1 e	0.1 e	0.1 e	0.1 e	0.1 e	0.1 e	....	....	....	....	....	....
Kenya	664	0.0 e	2.0 e	0.1 e	0.0 e	0.0 e	0.0 e	0.3 e	0.3 e	0.2 e	1.5 e	1.5 e	1.5 e
Madagascar	674	....	....	0.3 e	....	....	....	....	....	....	0.0 e	....	0.0 e
Mali	678	....	....	....	....	....	0.5 e	1.3 e	0.0 e	....	....	....	0.6 e
Mauritius	684	0.2 e	0.2 e	0.1 e	1.0 e	0.3 e	0.3 e	....	....	0.0 e	0.0 e	0.1 e	1.1 e
Mozambique	688	....	0.1 e	0.3 e	0.0 e	....	....	....	....	....	....	0.0 e	0.0 e
Namibia	728	1.4 e	....	0.0 e	0.0 e	0.0 e	0.0 e	0.3 e	0.0 e	0.9 e	1.1 e	0.4 e	0.5 e
Nigeria	694	3.8 e	2.1 e	2.6 e	2.7 e	2.0 e	2.0 e	....	....	....	....	....	....
Rwanda	714	0.7 e	0.3 e	0.2 e	0.0 e	0.0 e	0.1 e	0.0 e	0.0 e	0.0 e	....	0.0 e	0.0 e
Senegal	722	....	0.0 e	0.0 e	....	0.1 e	2.0 e	12.2 e	11.4 e	14.4 e	9.4 e	7.2 e	7.6 e
Seychelles	718	0.0 e	....	....	....	0.0 e	0.0 e	0.7 e	....	....	....	....	....
Sierra Leone	724	....	....	....	....	0.2 e	0.7 e	0.8 e	2.5 e	3.9 e	3.0 e	0.5 e	0.8 e
South Africa	199	1.5 e	2.2 e	1.1 e	0.1 e	0.3 e	51.4 e	19.6 e	21.2 e	16.7 e	62.1 e	48.2 e	38.9 e
Tanzania	738	4.5 e	0.6 e	26.1 e	0.2 e	3.5 e	6.4 e	0.6 e	0.0 e	0.0 e	0.1 e	0.1 e	0.0 e
Togo	742	....	0.3 e	0.0 e	....	0.0 e	0.3 e	1.6 e	1.2 e	0.1 e	0.5 e	0.8 e	0.9 e
Uganda	746	0.6 e	0.1 e	0.2 e	5.2 e	1.0 e	0.5 e	....	....	....	....	....	....
Zambia	754	0.0 e	0.0 e	0.1 e	0.0 e	0.0 e	....	0.1 e	0.0 e	0.0 e	....	0.0 e	....
Zimbabwe	698	....	....	....	....	....	....	0.1 e	....	....	....	....	....

Liberia (668)

In Millions of U.S. Dollars

		Exports (FOB)						Imports (CIF)					
		2011	2012	2013	2014	2015	2016	2011	2012	2013	2014	2015	2016
Western Hemisphere	205	4.4	5.1	7.1	5.4	9.1	8.2	265.0	152.5	253.3	121.4	66.0	53.9
Argentina	213	....	0.0 e	....	....	....	....	4.2 e	4.2 e	3.6 e	1.8 e	1.2 e	1.3 e
Aruba	314	....	....	....	0.1 e	....	0.0 e	....	....	....	....	....	....
Bahamas, The	313	0.0 e	0.0 e	0.4 e	....	....	....	....	....	....	....	....	....
Brazil	223	2.6 e	3.4 e	4.0 e	2.2 e	2.7 e	0.1 e	37.0 e	33.3 e	29.1 e	26.1 e	28.0 e	27.7 e
Chile	228	0.0 e	....	0.2 e	0.0 e	0.0 e	0.0 e	2.4 e	2.7 e	2.3 e	1.9 e	1.0 e	1.1 e
Colombia	233	0.3 e	0.1 e	0.2 e	0.1 e	5.8 e	5.8 e	2.7 e	1.9 e	13.3 e	0.6 e	1.8 e	0.8 e
Dominican Republic	243	0.2 e	0.6 e	0.7 e	0.1 e	....	0.0 e	0.0 e	0.1 e	0.1 e	0.1 e	0.2 e	0.1 e
Ecuador	248	0.2 e	0.1 e	1.3 e	0.1 e	0.0 e	0.1 e	....	....	0.0 e	0.0 e	....	....
Guatemala	258	....	....	....	0.0 e	....	....	....	....	0.1 e	....	....	....
Guyana	336	....	....	....	0.1 e	....	....	....	0.0 e	0.0 e	0.0 e	....	....
Honduras	268	....	....	....	....	....	....	0.1 e	....	....	....	....	0.0 e
Jamaica	343	0.0 e	....	0.0 e	0.1 e	0.1 e	....	....	....	....	0.1 e	0.0 e	....
Mexico	273	0.8 e	0.8 e	0.4 e	2.5 e	0.4 e	2.2 e	2.7 e	0.8 e	0.2 e	0.1 e	0.6 e	1.2 e
Paraguay	288	....	....	....	....	....	....	0.1 e	0.8 e	0.4 e	0.2 e	0.4 e	....
Peru	293	....	....	....	....	....	....	2.0 e	2.0 e	2.1 e	1.8 e	2.5 e	1.4 e
Trinidad and Tobago	369	....	0.0 e	0.0 e	0.0 e	....	....	209.8 e	104.8 e	201.3 e	88.3 e	29.1 e	19.8 e
Uruguay	298	....	0.0 e	....	....	....	....	4.0 e	2.0 e	1.0 e	0.1 e	1.1 e	0.5 e
Venezuela, Rep. Bol.	299	0.1 e	....	0.0 e	....	....	....	....	....	....	....	....	....
Memorandum Items													
Africa	605	117.1	129.6	112.2	54.8	63.0	129.6	501.9	175.8	182.7	221.3	126.3	117.9
Middle East	405	121.0	176.8	156.3	107.1	109.1	119.6	66.6	120.6	83.7	46.6	43.2	32.6
European Union	998	414.3	332.0	663.8	697.3	634.3	484.0	1,313.2	792.4	799.0	876.8	1,134.6	908.4
Export earnings: fuel	080	177.1	258.2	228.3	112.5	118.4	141.4	346.5	202.9	296.0	119.1	52.2	35.6
Export earnings: nonfuel	092	900.2	936.8	1,086.9	1,283.3	1,096.0	908.6	18,848.1	15,421.9	14,022.3	12,340.1	9,018.6	10,633.2

Libya (672)
In Millions of U.S. Dollars

		Exports (FOB)						Imports (CIF)					
		2011	2012	2013	2014	2015	2016	2011	2012	2013	2014	2015	2016
IFS World		....	....	....	....	....	....	....	....	....	....	....	....
World	001	13,457.5	40,974.9	28,464.9	14,143.5	8,157.2	6,530.6	5,272.4	14,374.4	17,684.0	12,492.1	8,213.2	6,587.8
Advanced Economies	110	10,996.4	33,020.8	24,012.4	12,348.9	6,292.8	4,176.9	2,329.4	5,814.2	7,160.2	4,862.5	2,845.5	2,518.3
Euro Area	163	10,000.5	28,702.2	20,205.2	11,313.4	5,769.5	3,436.5	1,391.1	3,065.1	3,635.7	2,369.2	1,603.6	1,124.3
Austria	122	17.2	34.6	26.2	33.8	16.8	14.9	31.1	75.2	100.9	70.2	41.3	26.0
Belgium	124	39.7	40.5	35.6	9.9	15.9	5.9	45.5	114.4	109.5	83.7	47.5	46.3
Cyprus	423	0.0	0.0	0.0	0.0	0.0	12.0	....	....	....	....	....	....
Estonia	939	0.0 e	....	....	....	....	....	8.0 e	0.8 e	0.1 e	0.2 e	0.2 e	1.4 e
Finland	172	....	0.0	....	....	....	....	9.7	10.7	13.0	7.9	2.1	0.3
France	132	2,378.7	4,951.7	3,866.9	2,250.7	864.5	509.7	257.3	364.8	516.2	162.0	356.5	87.2
Germany	134	642.0	2,390.4	2,257.5	868.0	525.2	243.0	370.8	596.6	718.9	396.8	207.2	172.9
Greece	174	324.7	1,385.3	903.6	507.1	162.8	81.5	20.4	145.4	160.7	50.5	29.3	65.9
Ireland	178	94.3	160.2	157.9	346.9	0.0	0.7	5.2	33.0	63.9	53.7	47.5	55.5
Italy	136	5,163.9	14,205.7	8,841.1	4,849.7	3,037.2	1,593.9	370.8	1,145.8	1,312.0	983.3	538.0	384.0
Latvia	941	....	....	....	....	....	....	0.6	3.0	0.0	1.7	0.9	0.3
Lithuania	946	0.0 e	....	0.0 e	0.0 e	0.0 e	0.0 e	1.4	22.2	2.5	12.8	8.9	3.2
Luxembourg	137	....	0.0 e	....	0.1 e	....	....	0.6	1.0	1.3	2.3	0.4	0.8
Malta	181	3.8	28.8	28.4	6.6	18.5	14.9	14.8	42.2	42.9	35.9	27.5	23.5
Netherlands	138	585.9	2,183.0	2,255.4	1,689.9	678.0	329.3	152.3	231.5	260.4	131.8	85.5	72.0
Portugal	182	10.7	375.3	103.0	1.3	7.2	1.1	8.0	10.7	23.1	10.9	7.0	12.6
Slovak Republic	936	....	....	....	....	....	....	1.1	2.9	3.3	4.8	1.1	0.3
Slovenia	961	1.3	0.0	12.1	4.7	6.6	7.3	0.5	3.2	4.0	2.1	1.0	0.6
Spain	184	738.2	2,946.5	1,717.6	744.6	436.6	622.3	93.3	261.9	302.7	358.7	201.6	171.6
Australia	193	200.1 e	1,155.8 e	777.0 e	0.1 e	0.0 e	0.0 e	18.1	48.2	15.6	28.0	5.3	2.0
Canada	156	239.1	239.8	314.8	243.1	244.6	239.9	30.6	100.7	75.8	48.8	15.7	8.8
Czech Republic	935	....	0.0 e	37.6 e	54.4 e	0.7 e	0.4 e	1.5	6.6	6.9	6.5	1.2	1.4
Denmark	128	7.8	167.3	142.0	7.5	7.5	7.5	17.8	42.9	33.1	36.2	24.8	18.5
Japan	158	0.0	0.6	1.0	0.1	0.0	0.0	32.8	213.9	615.5	330.7	110.3	37.6
Korea, Republic of	542	75.1	226.8	144.7	224.2	54.7	89.5	198.5	1,249.3	1,258.5	1,066.3	652.5	863.7
New Zealand	196	....	....	....	0.0 e	....	0.0 e	6.7	20.5	24.8	25.7	14.1	18.5
Norway	142	0.0 e	0.0 e	46.4 e	46.0 e	19.7 e	27.0 e	19.1	36.6	23.6	21.2	19.5	18.6
Singapore	576	0.2	157.3	76.8	48.6	65.8	84.7	5.9	4.0	4.6	4.3	3.6	1.9
Sweden	144	7.5	0.6	15.3	0.0	0.0	0.4	28.5	46.7	69.2	72.6	15.5	26.6
Switzerland	146	....	....	....	....	....	....	24.3	56.9	97.5	67.8	28.6	45.7
Taiwan Prov. of China	528	25.9 e	77.5 e	122.7 e	30.6 e	0.8 e	10.6 e	13.5 e	59.8 e	60.5 e	40.0 e	18.7 e	13.5 e
United Kingdom	112	134.9	1,117.3	924.1	275.0	56.6	175.4	128.3	218.5	275.7	169.0	99.0	136.9
United States	111	305.3	1,175.5	1,204.7	105.8	73.0	105.1	412.7	644.5	963.2	576.3	233.0	200.4
Emerg. & Dev. Economies	200	2,461.1	7,954.1	4,452.5	1,794.6	1,864.4	2,353.7	2,943.1	8,560.2	10,523.8	7,629.6	5,367.7	4,069.5
Emerg. & Dev. Asia	505	1,760.6	6,596.9	2,773.3	709.6	783.5	308.4	763.9	2,484.4	2,907.4	2,111.5	1,713.0	1,254.1
Bangladesh	513	....	....	....	....	....	....	1.5	1.5	1.5	1.5	1.5	1.5
Cambodia	522	....	....	....	....	....	....	....	2.2 e	0.1 e	0.1 e	2.2 e	1.7 e
China, P.R.: Mainland	924	1,480.4	4,941.2	1,605.6	601.1	766.9	281.8	583.6	1,861.2	2,163.8	1,641.9	1,437.0	936.2
India	534	214.7	865.5	656.3	49.5	6.3	3.8	55.4	178.1	276.9	182.7	113.4	116.0
Indonesia	536	....	511.3	375.7	58.3	0.1	0.1	9.8	27.3	23.4	13.0	9.8	7.8
Malaysia	548	0.0	269.1	99.1	0.1	9.9	1.2	9.5	58.9	50.2	32.1	26.4	44.0
Nepal	558	3.6 e	....	0.0 e	....	....	....	0.1 e	....	0.0 e	....	0.1 e	0.1 e
Philippines	566	0.0 e	0.0 e	0.0 e	0.0 e	0.0 e	0.0 e	0.1	0.8	0.7	0.3	0.8	0.2
Sri Lanka	524	....	0.0 e	0.1 e	0.4 e	0.2 e	0.0 e	13.7	36.7	17.2	25.8	18.5	25.9
Thailand	578	61.8	9.8	36.6	0.2	0.0	21.4	80.6	295.1	346.2	194.5	90.7	111.4
Timor-Leste	537	....	....	....	....	....	....	....	....	1.1 e	2.2 e	1.2 e	0.8 e
Vietnam	582	0.0	0.0	0.0	0.0	0.0	0.0	1.3	3.0	3.4	2.3	1.5	1.1
Asia n.s.	598	....	....	....	....	....	....	8.4	19.7	22.7	15.1	10.0	7.5
Europe	170	418.2	520.7	621.3	625.4	537.9	474.5	1,562.0	4,370.2	5,554.2	4,039.3	2,761.5	2,054.1
Emerg. & Dev. Europe	903	399.9	499.9	603.0	606.2	520.2	457.2	773.0	1,952.0	2,566.6	1,940.8	1,306.7	920.0
Albania	914	0.0 e	....	84.3 e	18.2 e	18.9 e	10.3 e	4.6	4.6	4.6	4.6	4.6	9.6
Bosnia and Herzegovina	963	0.1 e	0.0 e	0.1 e	0.0 e	0.0 e	0.5 e	16.8	18.4	19.1	18.1	17.4	17.7
Bulgaria	918	1.4	0.0	6.5	90.7	91.4	4.1	5.3	25.5	95.7	107.0	51.0	55.6
Croatia	960	248.3	247.1	316.7	312.7	273.8	330.4	12.1	10.4	13.8	10.3	7.2	3.9
Hungary	944	0.1 e	0.0 e	0.0 e	0.0 e	0.4 e	0.1 e	1.7	8.5	9.9	5.9	3.8	2.8
Kosovo	967	....	....	....	....	....	0.2 e	....	....	....	....	....	0.2 e

Libya (672)

In Millions of U.S. Dollars

		Exports (FOB)						Imports (CIF)					
		2011	2012	2013	2014	2015	2016	2011	2012	2013	2014	2015	2016
Macedonia, FYR	962	0.0 e	0.0 e	....	....	....	0.4 e	0.2 e	0.8 e	0.5 e	0.4 e	0.4 e	0.4 e
Montenegro	943	....	....	....	....	....	0.0 e	....	2.6 e	8.2 e	8.1 e	6.1 e	0.4 e
Poland	964	....	....	0.0	....	....	....	4.7	19.5	35.1	24.0	17.2	10.5
Romania	968	28.5	0.0	1.4	23.9	4.8	3.0	16.1	82.6	187.1	148.9	89.6	118.4
Serbia, Republic of	942	54.5 e	0.0 e	....	0.0 e	0.2 e	0.0 e	26.4	24.7	51.7	53.5	49.3	28.5
Turkey	186	67.1	252.7	193.9	160.6	130.7	108.2	685.3	1,754.5	2,141.0	1,559.9	1,060.2	672.0
CIS	901	**18.3**	**20.9**	**18.3**	**19.2**	**17.8**	**17.2**	**199.2**	**582.2**	**590.5**	**403.2**	**298.2**	**253.0**
Armenia	911	....	....	....	....	....	....	....	....	....	....	0.2 e	0.9 e
Azerbaijan, Rep. of	912	0.0 e	0.0 e	0.8 e	0.9 e	0.0 e	0.1 e	0.0 e	151.0 e	176.2 e	27.3 e	0.8 e	....
Belarus	913	0.0 e	....	....	0.2 e	0.0 e	0.0 e	0.2	1.7	1.9	9.2	1.0	0.7
Georgia	915	17.3	17.6	17.2	17.1	17.1	17.1	0.1	0.6	0.1	0.1	0.2	0.0
Kazakhstan	916	0.0 e	....	0.0 e	0.1 e	....	....	11.8	11.8	11.8	11.8	11.8	11.8
Kyrgyz Republic	917	....	0.0 e	....	....	....	....	....	0.2 e	0.0 e	....	....	....
Moldova	921	....	....	0.1 e	0.0 e	0.6 e	....	0.5 e	4.9 e	4.6 e	2.5 e	0.3 e	0.9 e
Russian Federation	922	0.8 e	....	....	0.8 e	0.0 e	0.0 e	67.1	169.1	202.4	211.4	171.9	90.3
Ukraine	926	0.2 e	3.3 e	0.2 e	0.1 e	0.0 e	....	119.4	243.0	193.4	141.0	111.9	148.4
Europe n.s.	884	....	....	....	....	....	....	589.7	1,835.9	2,397.1	1,695.3	1,156.6	881.1
Mid East, N Africa, Pak	440	**266.1**	**825.6**	**594.2**	**450.4**	**518.5**	**1,497.3**	**410.3**	**1,111.5**	**1,344.3**	**990.7**	**633.0**	**566.3**
Algeria	612	9.7	9.7	9.7	9.7	9.7	9.7	7.9	18.3	21.1	14.0	9.2	47.8
Bahrain, Kingdom of	419	....	....	....	....	....	....	8.8	25.1	31.7	22.1	15.0	11.4
Egypt	469	107.0	285.8	191.4	221.0	389.0	1,387.5	187.4	442.6	512.5	408.7	225.3	198.6
Iran, I.R. of	429	....	....	....	....	....	....	1.0	3.3	4.4	3.2	2.2	1.7
Jordan	439	0.0	0.3	0.1	0.2	0.0	0.0	11.5	43.2	33.0	23.9	19.9	16.8
Kuwait	443	0.0 e	0.0 e	0.1 e	0.0 e	0.1 e	0.1 e	0.1	0.5	0.8	0.6	0.4	0.3
Lebanon	446	11.2	33.1	35.5	32.0	19.4	11.9	0.2	1.3	1.3	1.0	0.9	0.4
Mauritania	682	0.0	0.0	0.0	0.0	0.0	0.0	0.2	0.4	0.6	0.4	0.3	0.2
Morocco	686	35.9	55.3	51.2	57.8	39.5	47.0	7.6	23.5	24.9	10.3	17.7	25.4
Oman	449	5.6	5.6	5.6	5.6	5.6	5.6	1.1	3.2	4.1	2.9	2.0	2.1
Pakistan	564	....	....	....	....	....	....	1.0	1.9	1.9	1.1	0.7	0.5
Qatar	453	0.2 e	0.0 e	0.0 e	....	....	....	0.8	2.1	2.5	1.7	1.1	0.9
Saudi Arabia	456	2.0	2.0	2.0	2.0	2.0	2.0	27.2	72.4	88.8	60.9	40.9	30.9
Sudan	732	0.2 e	0.1 e	0.1 e	0.1 e	1.2 e	0.9 e	1.0 e	0.4 e	1.0 e	5.4 e	0.5 e	0.6 e
Syrian Arab Republic	463	3.7	29.1	24.4	13.1	7.4	4.8	8.1	21.9	27.0	18.6	12.5	9.5
Tunisia	744	42.0	257.7	171.7	58.6	17.2	10.3	111.2	354.4	467.4	332.6	228.0	176.6
United Arab Emirates	466	48.9	147.0	102.6	50.2	27.5	17.6	34.8	95.8	119.3	82.5	55.6	42.1
West Bank and Gaza	487	....	....	....	....	....	....	....	0.0 e	0.6 e	0.0 e	....	....
Yemen, Republic of	474	....	....	....	....	....	....	0.4	1.1	1.3	0.9	0.6	0.5
Sub-Saharan Africa	603	**9.1**	**4.6**	**9.2**	**3.5**	**18.6**	**14.5**	**20.4**	**25.3**	**49.5**	**22.4**	**13.4**	**14.4**
Angola	614	0.7 e	0.0 e	0.1 e	0.6 e	0.0 e	0.0 e	....	....	....	....	....	....
Benin	638	0.0 e	0.0 e	0.1 e	0.0 e	0.0 e	0.2 e	0.0	0.1	0.1	0.1	0.1	0.0
Botswana	616	0.0 e	....	....	....	....	....	0.0 e	0.3 e	....	....	....	....
Burkina Faso	748	0.8 e	0.0 e	0.0 e	0.0 e	5.7 e	5.4 e	0.1	0.2	0.2	0.1	0.1	0.1
Cabo Verde	624	....	....	....	....	....	....	0.2 e	0.3 e	0.6 e	0.4 e	....	....
Cameroon	622	0.0 e	....	2.3 e	0.0 e	3.6 e	3.3 e	0.1	0.3	0.3	0.2	0.2	0.1
Congo, Republic of	634	0.0 e	0.0 e	0.1 e	0.2 e	0.2 e	0.1 e	....	....	....	....	....	....
Côte d'Ivoire	662	0.0 e	0.1 e	0.3 e	2.0 e	4.0 e	4.9 e	0.1	0.4	0.3	0.1	0.0	0.0
Eritrea	643	0.1 e	0.1 e	0.1 e	0.1 e	0.1 e	0.1 e	....	....	....	....	....	....
Ethiopia	644	....	....	....	....	....	....	0.0	0.1	0.1	0.0	0.0	0.0
Gabon	646	0.0 e	0.0 e	0.0 e	0.0 e	0.0 e	0.0 e	1.8	5.1	6.4	4.5	3.0	2.3
Ghana	652	0.0 e	0.4 e	4.0 e	0.3 e	0.3 e	0.3 e	0.1	0.3	0.3	0.3	0.2	0.1
Guinea	656	....	....	....	....	....	....	....	....	0.0 e	0.7 e	....	....
Kenya	664	0.0 e	0.4 e	0.1 e	0.1 e	0.1 e	0.1 e	0.0	0.0	0.0	0.0	0.0	0.0
Lesotho	666	....	0.1 e	0.1 e	0.1 e	0.1 e	0.1 e	....	....	....	....	....	....
Madagascar	674	0.0 e	0.0 e	0.0 e	....	....	0.0 e	....	0.0 e	0.1 e	0.0 e	0.0 e	....
Mali	678	....	....	....	....	....	....	0.0	0.0	0.1	0.0	0.0	0.0
Mozambique	688	0.0 e	....	0.0 e	0.0 e	0.0 e	0.0 e	0.1 e	0.0 e	0.1 e	0.0 e	0.1 e	0.1 e
Namibia	728	....	0.2 e	....	....	....	0.0 e	0.2 e	0.2 e	1.2 e	1.1 e	0.3 e	....
Niger	692	....	....	....	....	....	....	2.2	6.4	8.1	5.7	3.8	2.9
Nigeria	694	....	....	....	....	....	....	0.1	0.5	0.6	0.4	0.3	0.2
Senegal	722	....	....	....	....	....	....	....	0.3	2.6	0.2	0.2	....

Libya (672)

In Millions of U.S. Dollars

		Exports (FOB)						Imports (CIF)					
		2011	2012	2013	2014	2015	2016	2011	2012	2013	2014	2015	2016
South Africa	199	0.0 e	0.1 e	0.1 e	0.0 e	0.0 e	0.0 e	13.8	7.1	23.7	5.5	3.0	6.9
Tanzania	738	0.0 e	0.9 e	0.0 e	0.1 e	0.1 e	....	0.5	1.3	1.7	1.2	0.8	0.6
Togo	742	7.3 e	....	2.0 e	....	4.5 e	0.0 e	0.0	....	0.0	0.0	....	....
Zambia	754	0.0 e	2.2 e	0.0 e	0.0 e	0.0 e	....	....	....	....	0.0	....	....
Africa n.s.	799	....	....	....	....	....	....	1.1	2.6	2.9	1.9	1.3	0.9
Western Hemisphere	205	7.0	6.2	454.5	5.7	5.8	59.1	186.6	568.8	668.4	465.7	246.9	180.5
Argentina	213	5.5	5.5	5.5	5.5	5.5	5.5	60.4	174.4	228.0	166.0	118.7	72.0
Bolivia	218	....	....	....	0.0 e	0.0 e	0.0 e	....	0.1	....	....	....	....
Brazil	223	1.5	....	448.7	0.0	0.0	52.4	94.7	315.4	340.4	252.7	93.0	87.7
Chile	228	....	....	....	0.0 e	0.1 e	0.0 e	0.1	2.4	3.0	3.0	1.7	1.4
Colombia	233	....	....	0.0	0.0	0.2	0.0	7.4	7.4	19.3	10.5	8.5	8.5
Costa Rica	238	0.0 e	0.0 e	0.0 e	....	....	....	8.8	9.2	9.4	9.2	9.0	8.9
Dominican Republic	243	0.0 e	0.0 e	0.0 e	0.1 e	0.0 e	0.0 e	0.1 e	....	....	0.1 e	0.0 e	....
Ecuador	248	....	0.6 e	0.1 e	0.0 e	....	0.2 e	10.8	26.6	13.5	3.6	4.2	0.4
Guatemala	258	....	....	....	....	0.0 e	0.0 e	0.4	1.3	1.6	1.1	0.8	0.6
Mexico	273	0.0	0.0	0.0	0.0	0.0	0.0	1.6	25.5	38.4	12.2	0.4	0.3
Panama	283	....	....	....	....	....	....	0.1	0.1	0.1	0.1	0.1	0.1
Paraguay	288	0.0 e	....	0.0 e	....	0.0 e	....	0.2 e	0.9 e	1.1 e	4.6 e	10.0 e	....
Peru	293	0.0 e	0.0 e	0.0 e	....	....	....	0.3	0.3	0.3	0.3	0.3	0.4
Trinidad and Tobago	369	....	0.1 e	....	....	....	....	....	....	0.1 e	0.5 e	....	....
Uruguay	298	0.0 e	....	....	....	....	0.9 e	1.7	5.2	13.2	1.8	0.3	0.3
Memorandum Items													
Africa	605	96.8	327.3	241.8	129.8	86.2	82.3	148.2	422.5	564.5	385.1	269.1	265.1
Middle East	405	178.5	502.9	361.6	324.2	451.0	1,429.4	281.4	712.4	827.4	626.9	376.5	315.1
European Union	998	10,429.0	30,234.6	21,648.9	12,077.7	6,204.6	3,957.6	1,607.0	3,526.3	4,362.2	2,949.7	1,912.9	1,498.8
Export earnings: fuel	080	67.8	165.0	121.1	70.0	45.2	35.2	180.9	593.3	705.5	460.9	328.7	252.0
Export earnings: nonfuel	092	13,389.7	40,809.9	28,343.8	14,073.5	8,112.0	6,495.4	5,091.5	13,781.1	16,978.5	12,031.3	7,884.5	6,335.7

Lithuania (946)

In Millions of U.S. Dollars

		Exports (FOB)						Imports (CIF)					
		2011	2012	2013	2014	2015	2016	2011	2012	2013	2014	2015	2016
IFS World		28,042.7	29,623.8	32,582.6	32,401.1	....	....	31,764.9	31,978.1	34,790.1	35,095.9	....	....
World	001	28,049.8	29,619.0	32,610.0	32,318.5	25,392.6	25,009.4	31,780.3	31,980.8	34,821.1	34,359.5	28,153.6	27,333.5
Advanced Economies	110	16,857.5	17,152.8	17,960.2	17,203.2	15,190.0	15,269.7	15,679.0	15,710.6	18,210.9	19,838.4	16,991.1	17,365.8
Euro Area	163	12,103.9	12,190.5	11,711.0	11,270.4	9,691.4	9,390.6	12,317.7	12,202.2	14,227.2	15,116.0	12,902.6	13,138.5
Austria	122	82.6	82.1	108.0	106.1	94.0	111.6	229.7	234.8	296.6	367.4	374.7	301.5
Belgium	124	322.6	338.0	400.9	481.6	424.0	358.6	1,006.9	927.6	1,141.9	1,209.6	843.2	838.5
Cyprus	423	4.9	6.0	13.5	7.4	9.7	11.6	72.3	36.4	11.9	56.0	70.2	11.9
Estonia	939	1,864.4	2,280.1	1,823.1	1,411.3	1,336.1	1,325.1	894.0	882.7	977.0	927.3	849.3	916.2
Finland	172	374.6	348.7	440.6	424.7	392.1	455.9	661.0	602.5	673.0	719.7	639.0	683.8
France	132	1,156.1	927.1	762.1	836.4	678.6	691.1	770.7	742.7	967.7	971.7	827.7	936.8
Germany	134	2,611.6	2,297.5	2,337.4	2,343.4	1,992.2	1,920.7	3,174.8	3,257.9	3,654.9	3,846.3	3,233.5	3,352.5
Greece	174	19.9	21.5	23.5	33.5	28.9	30.9	22.0	26.7	33.7	35.3	52.4	48.0
Ireland	178	80.2	77.8	116.4	85.2	93.5	90.1	74.9	87.6	81.5	86.4	92.8	107.1
Italy	136	507.6	514.6	552.0	598.6	527.7	586.1	1,098.8	1,037.2	1,439.9	1,725.6	1,275.2	1,494.1
Latvia	941	2,870.4	3,186.8	3,247.6	2,965.4	2,521.2	2,469.1	2,109.9	1,952.5	2,167.3	2,434.5	2,324.4	2,199.4
Luxembourg	137	5.0	4.8	6.7	3.8	4.0	7.3	22.3	20.9	24.8	22.7	17.9	73.8
Malta	181	3.6	1.0	2.4	4.0	7.7	5.9	2.1	2.1	3.9	1.1	3.9	4.6
Netherlands	138	1,711.4	1,722.3	1,432.0	1,440.7	1,020.9	783.0	1,589.2	1,773.1	1,833.2	1,691.2	1,445.9	1,327.3
Portugal	182	69.2	60.6	72.7	105.1	92.0	69.4	24.7	36.6	51.9	59.1	50.0	50.9
Slovak Republic	936	59.4	87.3	95.5	97.4	94.4	100.0	144.5	145.2	167.4	188.5	167.8	161.7
Slovenia	961	15.1	16.8	35.9	46.3	41.1	43.0	79.1	77.5	103.4	105.4	86.1	90.4
Spain	184	345.3	217.6	240.7	279.4	333.3	331.3	340.9	358.3	597.2	668.0	548.6	539.8
Australia	193	16.5	19.5	23.9	33.2	31.2	36.9	3.4	4.3	3.2	3.6	4.8	3.0
Canada	156	319.3	80.1	73.3	192.0	183.0	68.9	34.7	42.7	19.5	54.0	17.9	16.0
China,P.R.: Hong Kong	532	35.9	36.1	62.2	55.8	48.5	37.5	10.4	7.6	9.7	9.8	13.3	12.5
China,P.R.: Macao	546	0.0	0.5	0.4	1.5	0.2	0.1	0.0	0.0	....	0.0	0.0	0.0
Czech Republic	935	179.7	188.5	254.4	290.3	264.6	250.7	403.5	456.7	547.8	560.2	461.3	486.8
Denmark	128	596.8	602.5	666.4	749.5	662.3	662.2	516.2	504.7	573.9	537.8	507.3	486.7
Iceland	176	18.4	17.7	20.7	24.4	24.4	31.2	17.8	14.4	13.5	7.0	6.7	8.4
Israel	436	32.8	34.5	32.6	30.9	37.3	48.6	16.5	19.9	14.4	27.5	22.9	22.6
Japan	158	25.8	34.5	46.8	48.9	53.8	143.8	56.2	31.7	33.9	35.6	42.6	42.0
Korea, Republic of	542	23.7	25.0	36.5	44.1	64.9	59.4	50.9	46.8	68.0	146.9	222.9	291.2
New Zealand	196	3.2	2.1	1.9	11.6	4.2	6.8	9.4	8.2	9.8	13.0	13.5	14.1
Norway	142	567.4	580.6	692.3	740.6	663.0	762.8	119.1	113.3	124.8	156.9	305.8	379.7
San Marino	135	0.0	0.2	0.1	0.0	0.0	0.1	0.1	0.1	0.2	0.1	0.1	0.1
Singapore	576	20.7	9.2	661.7	20.2	98.7	106.7	10.0	8.5	8.3	3.5	3.3	2.4
Sweden	144	1,004.4	959.8	1,070.2	1,134.6	1,006.4	1,187.8	1,049.8	1,041.0	1,123.8	1,107.1	1,092.3	1,208.9
Switzerland	146	53.4	61.5	83.5	122.3	106.6	116.7	102.6	120.6	134.5	116.4	87.1	97.4
Taiwan Prov.of China	528	8.1	6.0	10.3	8.6	10.1	10.4	70.6	62.6	62.5	66.9	57.4	57.2
United Kingdom	112	1,118.3	1,856.9	1,601.9	1,221.7	1,135.1	1,063.3	519.6	710.9	826.1	1,451.3	831.3	748.0
United States	111	729.3	447.1	910.2	1,202.7	1,104.2	1,285.3	370.6	314.4	409.8	425.0	397.9	350.4
Emerg. & Dev. Economies	200	11,115.8	12,289.5	14,532.8	15,015.2	10,134.8	9,664.9	16,101.3	16,270.1	16,610.2	14,521.1	11,162.4	9,967.6
Emerg. & Dev. Asia	505	306.6	158.0	192.6	228.5	224.1	314.4	763.8	843.3	888.4	1,043.1	955.7	925.6
Bangladesh	513	7.0	6.4	5.4	5.9	3.4	5.6	1.0	2.1	2.6	1.1	1.7	2.0
Brunei Darussalam	516	....	0.1	0.2	1.1	0.1	0.0	....	0.0	....	0.0	0.0	....
Cambodia	522	0.0	0.2	1.3	1.6	2.6	1.4	2.3	1.5	2.2	2.0	1.0	2.0
China,P.R.: Mainland	924	80.5	85.8	117.3	135.3	113.4	136.2	627.9	681.3	750.9	883.1	805.3	783.8
Fiji	819	....	....	0.0	0.0	....	0.1	....	0.0	....	....	....	....
F.T. French Polynesia	887	0.0	....	....	....	....	0.2	0.0	0.0	0.0	0.0	0.0	0.0
F.T. New Caledonia	839	0.0	0.1	0.1	0.1	0.1	0.1	....	....	....	....	0.0	0.0
India	534	166.3	18.4	19.3	21.7	56.3	95.3	45.7	39.4	64.9	60.3	57.4	52.9
Indonesia	536	11.6	4.9	5.8	4.7	6.0	8.3	23.9	17.3	17.0	21.5	32.3	24.2
Lao People's Dem.Rep	544	....	0.0	0.1	0.2	0.0	0.0	....	0.0	0.1	0.0	....	0.0
Malaysia	548	4.3	5.5	3.3	7.5	6.8	19.6	11.8	14.2	9.5	9.6	8.1	8.8
Maldives	556	0.0	0.0	0.0	0.1	0.5	0.1	0.0	....	0.0	....	....	....
Marshall Islands	867	0.2	0.1	0.5	0.3	0.8	0.2	0.0	....	....	....	....	0.0
Mongolia	948	17.1	8.1	17.1	12.8	8.7	9.4	0.0	0.0	0.0	0.0	0.0	0.2
Myanmar	518	....	0.6	0.0	0.7	0.2	0.4	....	0.0	0.0	0.5	1.4	1.9
Nepal	558	3.2	1.7	0.3	0.1	0.1	0.2	0.0	0.0	0.0	0.0	0.1	0.1
Papua New Guinea	853	....	....	0.1	0.1	0.1	0.0	....	....	0.2	....	....	....

Lithuania (946)

In Millions of U.S. Dollars

		Exports (FOB) 2011	2012	2013	2014	2015	2016	Imports (CIF) 2011	2012	2013	2014	2015	2016
Philippines	566	2.5	5.2	3.7	3.8	2.9	5.7	3.7	1.9	2.2	2.7	2.0	2.6
Sri Lanka	524	0.2	0.4	0.4	0.6	1.1	0.7	4.6	4.5	4.5	4.1	5.3	4.5
Thailand	578	3.8	11.1	10.2	5.9	6.5	8.2	27.1	61.3	18.7	37.5	17.5	19.0
Vanuatu	846	0.0	0.0	0.2	0.0	0.0	0.0	....	....	....	....	....	....
Vietnam	582	9.9	9.3	7.2	26.0	14.3	22.7	15.7	19.6	15.6	20.6	23.6	23.6
Asia n.s.	598	0.0	....	0.0	0.0	0.1	0.0	0.0	0.0	....	....	0.0	0.0
Europe	**170**	**10,243.0**	**11,190.3**	**13,356.2**	**13,808.5**	**9,172.3**	**8,524.4**	**14,793.9**	**15,029.5**	**15,264.7**	**13,127.5**	**9,633.5**	**8,706.3**
Emerg. & Dev. Europe	**903**	**2,426.1**	**2,364.2**	**3,009.5**	**3,281.0**	**3,025.7**	**2,883.6**	**3,395.7**	**3,682.9**	**3,886.4**	**3,968.7**	**3,430.2**	**3,524.0**
Albania	914	0.8	1.3	2.7	3.3	2.1	2.5	0.2	0.4	0.4	0.1	0.6	0.5
Bosnia and Herzegovina	963	2.0	2.2	2.9	3.9	3.4	4.0	4.8	0.9	1.0	0.5	0.7	1.5
Bulgaria	918	56.0	60.3	68.9	63.7	61.7	59.4	44.7	50.0	66.5	62.9	55.2	65.6
Croatia	960	23.0	16.7	10.7	14.1	22.1	25.8	8.2	6.5	6.2	10.8	11.1	9.8
Faroe Islands	816	2.6	3.3	2.3	3.3	4.1	5.6	3.4	3.6	6.0	2.2	2.0	4.7
Gibraltar	823	25.1	45.3	86.4	0.0	36.0	19.6	....	....	....	....	....	0.0
Hungary	944	109.3	143.4	149.8	163.9	154.0	160.7	249.4	249.0	253.0	245.4	220.7	232.0
Kosovo	967	1.0	0.9	1.5	2.5	2.7	2.1	0.0	0.0	0.1	3.4	0.6	0.0
Macedonia, FYR	962	2.1	1.0	0.8	1.8	3.9	2.1	4.0	2.4	3.6	3.9	2.4	2.4
Montenegro	943	0.5	0.3	0.5	0.3	0.4	0.5	0.0	0.0	0.0	0.0	0.0	0.1
Poland	964	1,950.5	1,794.2	2,413.3	2,685.2	2,467.4	2,277.0	2,886.9	3,145.0	3,320.6	3,308.7	2,899.6	2,970.0
Romania	968	62.3	69.6	82.0	102.8	77.7	83.2	48.6	62.5	60.4	137.0	73.9	69.1
Serbia, Republic of	942	17.6	26.7	19.1	12.9	11.0	13.6	5.2	6.0	12.7	12.3	9.0	11.7
Turkey	186	173.3	199.0	168.7	223.0	179.3	227.6	140.2	156.6	155.8	181.4	154.5	156.6
CIS	**901**	**7,817.0**	**8,826.1**	**10,346.5**	**10,527.5**	**6,146.4**	**5,640.7**	**11,398.1**	**11,346.5**	**11,378.3**	**9,158.8**	**6,203.3**	**5,182.2**
Armenia	911	6.2	7.2	10.3	12.2	18.3	23.7	0.7	1.1	1.4	2.1	2.0	2.3
Azerbaijan, Rep. of	912	32.3	45.1	37.2	55.9	41.2	30.8	6.7	3.6	3.3	1.3	34.8	3.5
Belarus	913	1,459.4	1,358.4	1,693.9	1,505.2	1,170.4	962.5	774.9	856.7	1,012.8	993.1	975.0	773.9
Georgia	915	32.9	44.3	37.1	48.4	51.1	36.9	16.9	15.7	20.3	22.6	29.2	21.0
Kazakhstan	916	443.2	443.7	586.2	544.0	429.8	316.4	82.1	164.2	200.1	672.8	317.1	337.2
Kyrgyz Republic	917	125.1	90.0	118.2	143.0	26.7	19.7	2.8	1.4	13.0	18.2	17.0	10.8
Moldova	921	38.8	38.9	41.3	40.2	39.1	41.2	17.0	11.5	14.4	14.6	8.7	7.6
Russian Federation	922	4,648.2	5,596.2	6,468.9	6,750.4	3,477.2	3,369.4	10,177.9	10,026.9	9,786.9	7,102.0	4,593.3	3,790.8
Tajikistan	923	53.9	66.3	88.5	78.1	24.0	21.2	0.0	0.2	1.9	0.5	0.2	7.5
Turkmenistan	925	17.4	26.7	34.1	34.5	33.6	19.8	4.2	2.5	3.3	5.0	0.3	0.8
Ukraine	926	928.5	1,061.0	1,128.7	1,190.5	711.6	675.0	310.4	258.9	295.1	318.8	220.9	222.6
Uzbekistan	927	31.1	48.2	102.1	125.0	123.4	124.1	4.6	3.9	25.8	8.0	4.9	4.1
Europe n.s.	884	....	0.0	0.1	0.0	0.1	0.0	0.0	0.0	0.0	0.0	0.0	0.2
Mid East, N Africa, Pak	**440**	**262.3**	**530.4**	**820.8**	**727.4**	**489.0**	**564.5**	**240.5**	**132.8**	**134.8**	**137.0**	**259.0**	**162.8**
Afghanistan, I.R. of	512	4.3	14.7	40.0	9.6	5.0	3.2	0.5	0.1	0.0	0.0	0.0	0.0
Algeria	612	2.1	1.0	134.0	89.3	42.9	50.2	0.1	....	0.0	0.0	78.8	0.1
Bahrain, Kingdom of	419	0.2	0.4	0.4	9.0	0.3	0.5	0.0	0.0	0.2	0.1	0.9	0.8
Djibouti	611	0.1	....	0.2	0.2	0.0	0.3	....	....	....	0.0	....	....
Egypt	469	53.9	53.5	50.8	92.6	20.7	170.4	10.1	14.4	10.9	12.6	10.9	9.3
Iran, I.R. of	429	18.3	261.5	289.9	310.0	50.2	17.2	4.9	4.0	5.1	4.2	3.8	4.6
Iraq	433	0.7	0.6	1.2	2.5	2.9	5.0	0.8	0.0	....	0.0	23.4	0.0
Jordan	439	0.9	2.2	15.0	5.0	5.4	4.3	0.1	0.1	0.1	0.2	0.2	0.3
Kuwait	443	1.3	1.9	3.1	2.9	3.4	2.6	....	0.0	0.0	0.0	0.0	0.0
Lebanon	446	1.8	1.5	2.6	7.6	3.6	3.7	0.2	0.3	0.4	0.3	0.1	0.6
Libya	672	1.3	19.9	2.3	11.5	8.0	2.9	0.0	....	0.0	0.0	0.0	0.0
Mauritania	682	6.4	0.5	12.6	0.3	0.6	1.1	0.3	0.4	2.2	1.1	0.3	0.3
Morocco	686	6.5	2.6	12.0	22.8	13.6	7.8	171.2	74.4	74.7	75.2	41.0	12.9
Oman	449	0.7	1.3	1.6	2.2	2.7	2.6	1.5	0.8	0.7	1.4	62.0	0.3
Pakistan	564	24.2	16.6	24.3	9.0	4.1	8.6	19.0	18.9	24.5	27.8	21.5	21.7
Qatar	453	0.7	0.8	1.3	1.1	1.3	1.4	0.9	0.7	1.0	0.8	2.2	3.7
Saudi Arabia	456	84.2	114.8	198.7	118.5	242.5	165.6	24.0	12.3	6.8	7.0	11.8	103.0
Somalia	726	0.1	....	....	0.0	0.0	0.1	....	....	....	....	....	....
Sudan	732	0.2	0.1	0.0	0.2	1.1	18.9	0.0	0.0	0.0	0.1	0.0	0.0
Syrian Arab Republic	463	1.3	0.5	0.1	0.7	0.5	0.3	0.4	0.3	0.3	0.1	0.0	....
Tunisia	744	28.3	3.4	1.5	1.9	1.6	1.9	0.1	0.3	0.3	0.1	0.1	0.1
United Arab Emirates	466	24.4	30.7	28.2	28.6	77.8	84.9	6.4	5.6	7.6	6.1	2.0	5.2
West Bank and Gaza	487	0.0	0.0	....	0.1	0.3	0.6	....	....	....	....	....	....

Lithuania (946)
In Millions of U.S. Dollars

		Exports (FOB) 2011	2012	2013	2014	2015	2016	Imports (CIF) 2011	2012	2013	2014	2015	2016
Yemen, Republic of	474	0.4	2.0	1.0	2.0	0.5	10.5	0.0	....	....	0.0	....	....
Sub-Saharan Africa	603	224.8	306.4	89.1	147.0	147.9	182.4	143.9	106.5	47.2	42.6	160.9	68.9
Angola	614	34.7	3.5	2.0	1.6	3.1	23.2	30.4	....	....	....	0.0	0.0
Benin	638	2.9	5.3	9.3	5.3	8.4	2.6	0.0	0.0	....	....	0.2	0.7
Botswana	616	....	0.1	0.0	0.0	....	0.0	....	....	....	....	0.0	0.0
Burkina Faso	748	0.2	0.2	1.0	0.7	0.6	0.5	....	....	....	0.0	....	0.0
Burundi	618	....	....	....	1.3	0.1	0.0	....	0.0	....	....	....	0.0
Cabo Verde	624	0.0	0.0	0.0	0.0	0.1	0.1	....	0.0	....	....	....	....
Cameroon	622	2.9	0.8	0.9	0.5	1.1	2.5	0.2	0.4	0.2	0.1	0.1	0.0
Central African Rep.	626	....	....	0.6	....	0.1	....	....	....	0.0	....	0.0	....
Chad	628	....	....	0.0	0.4	....	0.0	....	0.0	....	0.0	....	....
Comoros	632	0.1	0.1	0.0	0.0	....	0.1	....	....	....	....	0.0	0.0
Congo, Dem. Rep. of	636	0.1	0.9	8.4	0.6	0.4	0.1	....	....	....	0.0	0.0	0.0
Congo, Republic of	634	0.9	6.2	4.3	1.3	1.5	11.6	0.0	0.1	0.0	0.0	0.0	0.2
Côte d'Ivoire	662	0.2	2.3	4.7	0.2	0.5	2.7	0.0	0.1	0.1	0.0	0.0	0.1
Equatorial Guinea	642	0.4	0.4	1.1	0.4	0.2	0.1	....	....	....	....	0.0	....
Ethiopia	644	29.8	0.0	0.1	0.0	0.9	1.1	0.2	0.3	0.7	1.1	0.4	0.3
Gabon	646	0.2	0.3	0.1	0.1	0.7	0.1	0.8	....	....	0.0	....	0.0
Gambia, The	648	0.4	0.6	0.1	0.1	0.3	0.2	....	0.2	0.0	....	....	....
Ghana	652	23.0	1.6	2.4	4.5	1.5	3.0	91.8	1.9	1.8	0.1	0.0	0.1
Guinea	656	0.1	0.1	0.3	0.1	0.8	0.3	0.2	0.1	....	....	....	0.1
Guinea-Bissau	654	0.0	0.0	0.0	....	....	0.2	0.0	....	....	....	....	....
Kenya	664	15.4	2.4	2.8	6.4	30.6	24.1	0.0	0.2	0.1	0.3	0.1	0.2
Liberia	668	0.4	1.8	1.2	0.4	0.2	0.3	....	0.0	0.0	....	....	0.0
Madagascar	674	0.0	....	0.2	0.3	0.0	0.0	0.0	0.0	0.0	0.0	0.0	0.0
Malawi	676	7.8	0.7	1.2	1.1	0.3	1.4	6.9	6.8	5.8	9.4	8.1	4.9
Mali	678	0.1	0.0	....	0.0	0.2	0.1	0.0	....	....	....	0.0	....
Mauritius	684	1.8	0.6	0.6	0.6	0.4	0.4	....	0.0	0.0	0.0	0.0	0.0
Mozambique	688	0.7	2.3	5.9	4.5	12.4	12.6	4.5	5.1	5.8	6.4	14.5	8.9
Namibia	728	0.1	0.3	0.2	0.4	2.9	9.8	0.0	0.2	0.3	0.5	0.2	0.2
Niger	692	0.1	0.0	....	0.2	0.0	0.1	....	....	....	0.0	0.0	0.0
Nigeria	694	82.4	109.5	17.7	8.7	8.0	32.1	0.1	0.1	0.0	0.0	51.3	0.0
Rwanda	714	2.3	1.7	0.5	0.3	0.5	0.8	....	0.1	0.0	0.0	0.0	0.0
Senegal	722	0.1	0.8	0.1	1.4	0.7	3.9	0.0	1.5	0.0	0.0	0.0	0.0
Seychelles	718	1.4	0.8	0.1	1.4	0.2	0.3	....	0.0	0.0	....	0.0	....
Sierra Leone	724	0.6	0.7	0.5	0.3	0.2	0.2	....	0.0	....	....	....	0.0
South Africa	199	13.2	7.6	19.7	24.9	27.9	29.7	4.4	40.6	7.9	14.3	76.9	46.4
Swaziland	734	....	....	....	....	0.1	....	0.0	....	0.2	0.1	....	....
Tanzania	738	0.2	0.1	0.2	12.1	8.2	5.6	4.3	5.7	4.9	9.5	8.3	5.7
Togo	742	1.9	154.1	1.8	65.2	32.6	8.0	....	43.0	19.0	0.0	....	....
Uganda	746	0.1	0.1	0.2	0.4	1.9	0.5	0.0	0.0	0.0	....	0.2	0.8
Zambia	754	0.0	0.1	0.3	0.3	0.2	3.2	....	0.0	0.0	0.0	....	....
Zimbabwe	698	0.0	0.3	0.2	0.8	0.1	1.0	0.0	0.0	0.5	0.7	0.4	0.2
Western Hemisphere	205	79.1	104.5	74.0	103.8	101.6	79.3	159.2	158.0	275.1	170.9	153.2	104.0
Antigua and Barbuda	311	0.0	0.1	0.2	0.1	0.0	0.1	....	....	....	....	....	0.0
Argentina	213	8.0	35.3	16.9	20.0	39.4	8.2	36.2	48.0	38.5	31.7	36.6	26.4
Bahamas, The	313	1.1	0.2	0.4	0.3	0.4	1.0	....	....	....	....	....	0.0
Barbados	316	....	0.0	0.1	0.0	0.0	0.1	....	....	0.0	....	0.0	0.0
Belize	339	1.5	0.4	0.4	0.2	0.2	1.4	....	0.0	0.4	....	0.0	....
Bermuda	319	....	....	0.0	0.0	0.0	0.1	....	....	2.0	....	....	0.0
Bolivia	218	0.2	0.4	0.1	0.2	0.5	0.8	0.2	0.4	0.8	0.8	0.8	0.7
Brazil	223	3.3	18.7	18.0	31.9	18.0	15.9	45.1	37.9	64.5	33.8	27.4	25.0
Chile	228	2.6	4.3	6.6	3.4	3.2	8.8	9.8	9.5	18.7	14.6	15.0	15.6
Colombia	233	4.0	1.2	1.6	1.6	1.8	1.8	1.2	2.2	1.4	2.0	2.1	2.2
Costa Rica	238	0.2	0.2	0.8	0.8	0.2	1.4	0.1	0.2	1.5	2.9	8.3	12.7
Dominica	321	0.2	0.0	0.4	0.1	0.3	1.1	....	0.0	0.0	0.3	0.0	....
Dominican Republic	243	0.1	0.1	0.2	1.0	0.5	2.2	0.1	0.1	0.1	0.0	0.1	0.0
Ecuador	248	0.6	0.4	0.7	3.4	1.0	1.0	9.0	5.3	8.2	10.1	10.1	12.1
El Salvador	253	0.0	0.3	0.9	0.1	0.0	0.1	0.0	0.0	0.1	0.1	0.1	0.1
Falkland Islands	323	....	....	....	....	....	....	0.1	0.1	....	....	....	....

Lithuania (946)

In Millions of U.S. Dollars

		Exports (FOB)						Imports (CIF)					
		2011	2012	2013	2014	2015	2016	2011	2012	2013	2014	2015	2016
Greenland	326	0.1	0.1	0.1	0.3	0.7	0.2	....	....	0.1	0.4	0.2	0.0
Grenada	328	....	0.0	....	....	0.0	0.1	....	....	....	....	....	....
Guatemala	258	0.1	0.3	0.1	0.1	1.3	0.3	0.0	0.0	0.0	0.0	0.0	0.0
Guyana	336	0.0	0.0	0.0	0.1	....	0.3	....	....	....	0.0	....	0.0
Haiti	263	0.0	....	0.0	8.3	0.0	0.3	0.0	0.0	0.0	0.0	0.0	0.0
Honduras	268	0.0	0.0	0.0	....	0.0	0.2	0.1	0.1	0.0	0.0	0.0	0.0
Jamaica	343	....	0.0	0.0	0.1	0.1	0.0	....	....	0.0	0.0	....	0.0
Mexico	273	21.4	13.8	10.9	15.6	21.3	16.6	50.9	49.4	76.0	68.3	47.0	5.5
Nicaragua	278	0.0	0.0	0.0	0.2	0.4	0.3	0.0	0.0	0.4	0.1	0.1	0.0
Panama	283	11.9	5.1	4.5	4.4	2.0	3.9	0.0	1.1	57.6	0.0	0.0	0.0
Paraguay	288	2.3	0.1	0.1	1.2	1.1	0.6	....	0.0	0.0	0.0	0.0	0.0
Peru	293	16.4	0.6	3.8	2.3	3.6	1.6	2.8	2.9	2.7	4.0	3.9	2.8
Sint Maarten	352	....	....	0.0	....	0.0	0.2	....	....	....	0.0	....	....
St. Kitts and Nevis	361	0.0	0.1	0.1	0.1	0.0	0.1	....	....	0.0	....	0.0	0.0
St. Vincent & Grens.	364	3.3	0.0	0.1	0.1	0.1	0.0	....	....	....	....	....	....
Suriname	366	0.0	0.1	2.7	0.0	0.5	0.1	....	....	....	....	....	0.0
Trinidad and Tobago	369	0.0	0.1	0.2	0.4	0.1	0.2	0.0	0.0	....	0.0	....	....
Uruguay	298	0.1	10.1	0.4	7.1	0.5	9.9	1.4	0.8	1.6	1.8	1.4	0.8
Venezuela, Rep. Bol.	299	0.9	1.0	3.5	0.4	2.3	0.4	2.2	....	0.0	0.0	0.0	0.0
Western Hem. n.s.	399	0.6	11.5	0.0	0.0	1.5	0.0	0.0	0.1	0.4	0.0	....	0.0
Other Countries n.i.e	910	**5.6**	**10.8**	**11.8**	**31.9**	**7.1**	**1.9**	**0.0**	**0.0**	**0.0**	....	**0.0**	**0.0**
Cuba	928	5.6	10.8	11.8	31.9	7.1	1.9	....	0.0	0.0	....	0.0	0.0
Special Categories	899	**70.8**	**82.2**	**82.2**	**68.2**	**60.6**	**72.9**	....	....	....	....	....	....
Countries & Areas n.s.	898	....	83.7	22.9	....	....	....	0.0	....	....	....	0.1	0.1
Memorandum Items													
Africa	605	268.5	313.9	249.4	261.7	207.8	262.7	315.6	181.7	124.4	119.0	281.2	82.3
Middle East	405	190.1	491.5	596.2	594.2	420.1	472.4	49.3	38.7	33.0	32.8	117.2	127.7
European Union	998	17,204.1	17,882.3	18,028.6	17,696.2	15,542.7	15,160.6	18,044.6	18,428.5	21,005.6	22,537.2	19,055.2	19,415.3
Export earnings: fuel	080	5,399.6	6,669.5	7,819.5	7,981.8	4,433.7	4,150.8	10,353.4	10,228.6	10,025.4	7,813.5	5,194.8	4,265.3
Export earnings: nonfuel	092	22,650.1	22,949.5	24,790.4	24,336.8	20,958.8	20,858.6	21,426.9	21,752.1	24,795.7	26,546.0	22,958.9	23,068.2

Luxembourg (137)

In Millions of U.S. Dollars

		Exports (FOB)						Imports (CIF)					
		2011	2012	2013	2014	2015	2016	2011	2012	2013	2014	2015	2016
IFS World		....	....	....	....	....	....	....	....	....	....	....	....
World	001	20,848.6	18,869.3	18,463.0	19,213.0	17,154.8	15,771.8	28,855.1	27,582.6	26,689.8	26,644.7	23,295.2	21,687.4
Advanced Economies	110	17,983.6	16,021.2	16,101.7	16,957.7	14,999.1	13,747.5	25,670.2	24,158.7	23,647.0	23,566.2	19,105.7	18,924.4
Euro Area	163	13,738.9	12,541.5	13,244.8	13,866.6	12,087.4	11,252.9	22,449.2	20,375.2	20,229.7	20,437.6	16,056.2	15,891.9
Austria	122	406.9	247.1	260.5	275.9	250.8	259.3	183.0	146.0	149.5	162.5	126.9	140.8
Belgium	124	2,841.9	2,793.3	2,934.5	3,098.6	2,863.3	2,624.8	9,116.8	8,521.4	8,454.4	8,191.0	6,442.2	6,376.9
Cyprus	423	25.3	35.9	26.2	4.7	7.7	16.7	14.3	12.0	11.9	12.5	16.2	9.9
Estonia	939	9.4	9.3	11.4	11.2	8.4	18.4	2.0	1.9	2.1	4.2	2.1	2.2
Finland	172	116.8	80.9	56.8	52.3	57.4	52.6	27.4	26.0	39.4	33.0	26.8	22.9
France	132	3,183.5	2,940.1	2,924.3	3,278.5	2,866.6	2,425.7	3,038.0	2,889.6	2,777.2	3,167.9	2,249.7	2,227.8
Germany	134	4,347.4	3,873.2	4,181.8	4,499.2	3,736.8	3,650.3	7,404.2	6,433.4	6,498.4	6,544.8	5,347.3	5,266.9
Greece	174	110.8	149.9	64.9	49.4	112.4	55.6	4.7	3.3	3.5	8.9	14.2	16.8
Ireland	178	135.4	74.8	56.6	50.0	39.2	45.5	115.3	113.4	129.6	133.3	95.4	137.4
Italy	136	1,156.3	1,077.8	1,340.6	1,063.7	799.2	606.5	592.5	521.8	545.7	557.3	465.5	454.1
Latvia	941	6.2	9.7	13.1	17.1	21.5	20.1	2.3	2.4	11.7	7.6	4.7	6.9
Lithuania	946	22.9	17.0	15.2	16.8	10.7	91.0	9.7	11.5	24.4	14.8	7.4	10.3
Malta	181	2.6	4.0	1.5	1.5	1.8	3.6	0.3	0.1	8.2	1.6	1.6	1.0
Netherlands	138	856.6	745.5	731.2	749.2	690.0	811.2	1,644.6	1,417.1	1,286.0	1,295.8	1,002.9	941.1
Portugal	182	53.7	38.0	40.0	49.9	50.0	60.7	59.3	50.5	62.3	66.6	62.1	57.5
Slovak Republic	936	53.2	51.7	57.8	67.0	53.7	49.0	61.4	47.0	40.0	33.5	22.7	26.3
Slovenia	961	47.9	38.5	41.4	37.8	33.8	38.7	8.0	9.6	15.8	15.6	13.8	15.8
Spain	184	362.1	354.9	487.2	543.8	484.1	423.2	165.4	168.2	169.7	186.6	154.6	177.2
Australia	193	38.8	38.8	51.8	25.4	21.2	20.5	2.1	1.9	0.3	1.3	1.5	4.4
Canada	156	115.0	97.7	90.5	140.8	105.2	86.3	49.6	146.7	74.1	162.2	123.6	232.1
China,P.R.: Hong Kong	532	75.9	114.9	72.9	38.5	44.0	34.1	78.1	100.5	68.0	18.0	8.8	15.0
China,P.R.: Macao	546	0.1	0.1	0.0	0.2	0.3	0.3	0.0	0.0	0.0	0.0	0.0	0.1
Czech Republic	935	163.6	154.9	216.9	338.6	451.0	277.9	180.5	139.3	113.2	134.8	142.4	188.8
Denmark	128	135.3	124.9	109.4	125.7	129.4	117.4	62.6	41.5	36.1	53.2	55.8	49.6
Iceland	176	1.2	3.2	2.1	1.9	3.3	11.0	0.4	0.2	0.2	0.4	0.0	0.8
Israel	436	19.4	16.6	16.3	20.7	23.1	28.8	21.6	19.7	21.1	12.9	5.0	10.2
Japan	158	57.3	82.5	74.2	77.5	70.2	72.7	230.2	206.3	225.5	256.0	247.7	468.0
Korea, Republic of	542	32.0	40.4	52.3	35.1	49.8	62.1	10.3	10.8	11.9	11.3	13.0	14.5
New Zealand	196	5.6	3.5	2.3	3.6	2.7	4.1	0.1	0.2	0.2	0.7	0.3	0.4
Norway	142	80.6	81.0	83.4	78.1	66.8	76.6	3.6	2.8	2.7	3.6	1.6	3.2
San Marino	135	0.0	0.0	0.0	0.0	0.0	0.0	0.6	....	0.0	0.0	0.0	0.0
Singapore	576	38.9	41.2	35.4	37.5	30.2	19.2	25.7	6.1	4.2	12.3	3.5	4.8
Sweden	144	478.7	331.4	212.0	227.3	192.7	191.6	112.2	84.6	80.5	77.2	61.5	78.0
Switzerland	146	936.8	910.7	836.1	849.1	427.5	458.1	470.6	377.8	226.1	116.5	133.5	146.6
Taiwan Prov.of China	528	28.0	7.8	13.2	12.5	27.4	10.8	63.6	50.0	39.3	41.0	41.3	43.3
United Kingdom	112	1,489.7	1,028.6	517.7	603.2	818.6	598.3	398.6	314.0	311.0	338.0	255.5	247.9
United States	111	547.7	401.4	470.3	475.6	448.5	424.8	1,510.5	2,280.9	2,203.0	1,889.2	1,954.6	1,524.8
Emerg. & Dev. Economies	200	2,685.3	2,572.5	2,199.9	2,089.8	1,900.0	1,909.8	3,184.2	3,420.9	3,034.8	3,063.3	4,178.3	2,746.8
Emerg. & Dev. Asia	505	367.8	474.8	374.0	390.5	393.6	396.6	2,083.3	2,077.1	1,827.0	1,699.3	2,825.6	1,356.8
American Samoa	859	0.2	....	....	0.0	....	....	....	....	....	....	....	....
Bangladesh	513	2.6	3.1	6.9	10.7	11.5	11.2	0.1	0.0	0.0	0.1	0.0	0.0
Brunei Darussalam	516	0.9	3.4	1.1	0.5	0.1	0.1	....	....	....	....	0.0	....
Cambodia	522	0.2	1.2	0.9	1.7	2.2	3.0	22.4	18.4	29.4	31.1	44.1	21.4
China,P.R.: Mainland	924	238.7	255.7	260.4	264.0	256.2	246.3	1,990.9	1,982.0	1,710.6	1,562.8	2,700.6	1,260.9
Fiji	819	0.0	0.0	0.0	0.1	0.0	0.2	....	....	....	....	....	0.0
F.T. French Polynesia	887	1.1	0.4	1.3	0.7	0.5	0.6	0.1	0.0	0.0	0.0	0.0	0.0
F.T. New Caledonia	839	0.8	0.7	0.7	2.6	0.7	0.4	....	0.0	0.0	0.0	0.0	0.0
Guam	829	0.0	0.0	0.0	0.0	0.0	0.1	0.0	....	....	....	....	....
India	534	75.3	66.8	52.2	42.9	45.1	47.3	17.3	14.8	16.8	9.9	6.7	9.9
Indonesia	536	14.8	7.6	8.4	6.9	9.3	18.2	16.9	3.8	1.2	1.5	0.5	0.9
Lao People's Dem.Rep	544	0.1	0.2	0.1	0.5	0.2	0.1	....	....	0.0	0.0	0.0	0.0
Malaysia	548	11.1	9.9	9.4	11.3	14.3	16.5	13.7	39.8	45.3	34.7	18.8	13.4
Maldives	556	0.5	0.0	0.3	0.3	0.1	0.2	0.0	0.0	....	0.0	0.0	....
Mongolia	948	0.2	0.2	1.0	0.8	0.4	0.1	....	0.0	0.0	0.0	0.0	....
Myanmar	518	0.3	0.1	0.2	0.0	2.6	0.7	....	....	0.0	0.0	....	0.0
Nepal	558	0.0	0.0	0.8	0.3	0.2	0.0	0.1	0.0	0.0	0.0	0.1	0.0

Luxembourg (137)
In Millions of U.S. Dollars

		Exports (FOB)						Imports (CIF)					
		2011	2012	2013	2014	2015	2016	2011	2012	2013	2014	2015	2016
Papua New Guinea	853	0.1	0.9	0.0	0.0	0.5	1.2	0.0	....	....	....	0.0	0.0
Philippines	566	3.8	3.5	6.7	7.6	12.2	8.8	5.2	5.0	6.0	7.5	5.9	4.9
Solomon Islands	813	0.0	....	....	....	....	0.1	....	....	....	....	....	....
Sri Lanka	524	1.0	0.5	0.7	0.7	0.5	1.2	0.0	0.0	0.0	0.0	0.1	0.0
Thailand	578	8.9	115.4	16.1	23.4	16.3	14.5	10.6	10.6	8.3	7.8	6.5	5.4
Timor-Leste	537	0.0	0.1	0.0	....	....	0.0	....	....	....	....	....	....
Vanuatu	846	....	....	....	....	0.1	....	....	....	....	....	....	....
Vietnam	582	7.2	4.9	6.6	15.5	20.5	25.8	5.9	2.6	9.4	43.8	42.3	40.0
Asia n.s.	598	....	0.0	....	....	0.1	0.0	....	0.0	0.0	0.0	....	0.0
Europe	170	**1,551.7**	**1,395.0**	**1,249.5**	**987.2**	**842.8**	**863.7**	**424.5**	**385.9**	**380.0**	**391.9**	**322.8**	**332.5**
Emerg. & Dev. Europe	903	**1,047.4**	**1,019.7**	**947.1**	**729.6**	**633.8**	**662.8**	**401.2**	**376.6**	**364.5**	**362.5**	**307.6**	**317.8**
Albania	914	1.3	0.8	0.7	0.7	0.3	0.1	4.8	3.9	4.6	0.1	0.0	0.1
Bosnia and Herzegovina	963	0.7	1.2	0.9	1.0	0.7	0.4	0.6	1.0	2.9	3.0	2.3	1.6
Bulgaria	918	16.4	16.9	25.8	27.2	27.5	22.6	1.7	3.6	2.5	3.0	1.9	1.1
Croatia	960	5.2	4.4	3.9	6.5	6.2	7.7	4.4	7.0	5.3	4.5	5.2	7.3
Faroe Islands	816	0.0	0.0	0.0	0.1	0.1	0.1	....	....	....	....	....	....
Gibraltar	823	0.0	0.1	9.6	18.8	14.6	14.7	....	0.0	0.0	0.0	0.0	0.0
Hungary	944	75.2	64.4	63.2	75.4	60.4	74.2	96.5	84.5	78.9	65.6	59.8	54.6
Kosovo	967	0.1	0.2	0.1	0.2	0.5	0.5	....	....	0.1	0.2	0.1	1.5
Macedonia, FYR	962	0.7	0.7	1.2	1.2	2.7	1.3	0.1	0.3	0.5	0.6	2.3	2.1
Montenegro	943	0.1	0.1	0.2	0.5	0.2	0.2	0.1	0.0	0.0	0.0	0.1	0.1
Poland	964	391.8	299.4	329.3	346.7	275.3	292.1	237.1	217.7	210.0	215.4	180.2	198.9
Romania	968	58.2	63.8	76.6	74.0	110.2	102.0	12.1	16.4	19.7	20.9	19.4	15.3
Serbia, Republic of	942	8.7	8.1	5.8	7.3	7.0	6.1	1.1	1.0	1.8	9.7	11.7	12.6
Turkey	186	488.9	559.6	429.8	170.1	128.1	140.8	42.7	41.2	38.2	39.4	24.5	22.7
CIS	901	**501.0**	**373.0**	**300.8**	**254.7**	**206.3**	**198.6**	**23.3**	**9.4**	**15.5**	**29.4**	**15.2**	**14.7**
Armenia	911	0.1	0.1	0.2	0.4	0.1	0.3	0.0	0.0	0.0	0.0	0.5	0.9
Azerbaijan, Rep. of	912	116.0	94.7	23.4	24.5	13.7	12.8	0.0	0.0	0.1	1.0	0.0	0.0
Belarus	913	5.1	3.5	22.8	4.8	2.4	2.7	3.9	2.7	5.1	4.2	2.3	2.7
Georgia	915	1.7	1.9	2.7	1.9	1.9	0.9	0.0	0.0	0.0	....	0.0	0.2
Kazakhstan	916	9.8	8.2	8.5	25.4	45.7	13.6	0.0	0.0	0.0	0.0	0.0	0.0
Kyrgyz Republic	917	0.3	0.3	0.3	0.3	0.3	0.8	0.0	0.0	0.0	0.0	0.0	....
Moldova	921	0.6	0.8	4.1	3.1	2.4	1.1	0.0	....	0.0	0.0	0.0	0.0
Russian Federation	922	306.1	243.1	207.1	171.6	124.5	144.0	18.2	5.0	3.1	17.2	7.8	5.5
Tajikistan	923	0.0	0.8	0.0	2.4	0.7	0.0	0.0	....	0.0	0.0	0.0	0.0
Turkmenistan	925	6.6	3.1	1.8	1.2	3.8	0.9	....	....	0.0	....	....	....
Ukraine	926	54.4	13.3	25.4	15.6	7.8	16.2	1.2	1.6	7.1	6.9	4.7	5.4
Uzbekistan	927	0.4	3.3	4.6	3.5	2.9	5.4	0.0	0.0	....	0.0	0.0	0.0
Europe n.s.	884	3.3	2.4	1.7	2.9	2.6	2.3	....	0.0	0.0	0.0	0.0	0.1
Mid East, N Africa, Pak	440	**355.3**	**292.3**	**271.6**	**355.1**	**351.8**	**417.7**	**25.0**	**20.7**	**22.0**	**21.7**	**25.2**	**22.1**
Afghanistan, I.R. of	512	0.2	0.6	0.4	1.1	1.3	1.1	....	....	0.0	0.0	....	0.0
Algeria	612	26.9	30.5	32.4	29.0	29.4	21.9	0.0	0.0	0.2	0.0	0.0	0.0
Bahrain, Kingdom of	419	0.7	4.1	2.6	1.2	2.0	2.6	0.0	0.0	3.8	1.5	2.5	0.6
Djibouti	611	0.0	0.6	4.7	6.3	0.2	0.0	....	0.0	....	0.0	....	0.0
Egypt	469	10.9	18.3	19.3	23.6	26.3	19.6	0.5	0.2	0.9	0.4	1.4	0.0
Iran, I.R. of	429	7.7	9.7	3.5	1.9	1.4	3.9	0.1	0.0	0.0	0.3	0.1	0.1
Iraq	433	7.7	2.3	2.2	3.0	2.6	2.4	0.0	0.0	0.0	....	0.0	0.0
Jordan	439	2.7	7.0	0.9	3.1	3.6	3.2	0.7	0.4	0.7	1.0	0.7	2.1
Kuwait	443	15.3	10.1	4.4	14.4	6.6	8.1	0.0	1.4	0.0	0.0	0.2	0.0
Lebanon	446	2.2	2.4	3.3	3.5	2.5	2.6	0.0	0.0	0.1	0.2	0.1	0.2
Libya	672	1.0	1.7	2.2	3.9	0.7	1.3	....	0.0	....	0.1	....	....
Mauritania	682	2.7	0.5	1.2	0.6	1.0	0.1	....	0.0	0.0	....	0.0	....
Morocco	686	20.9	16.9	22.7	15.1	11.9	12.9	0.0	0.4	0.4	0.1	0.2	0.1
Oman	449	2.7	3.0	1.8	1.8	1.6	2.3	0.0	0.0	0.0	1.3	6.5	0.3
Pakistan	564	4.4	11.7	13.8	12.6	12.2	8.4	0.3	0.4	0.2	0.2	0.5	0.4
Qatar	453	8.5	7.9	41.3	117.2	117.4	219.9	0.0	0.0	0.2	0.2	0.0	0.0
Saudi Arabia	456	99.3	66.4	56.2	48.3	51.3	54.5	4.7	7.6	6.3	4.8	3.8	1.0
Somalia	726	0.0	0.0	0.0	0.6	2.0	....	....	....	....	....	....	....
Sudan	732	0.3	0.1	0.9	0.4	1.7	1.1	....	....	....	....	0.0	....
Syrian Arab Republic	463	0.4	0.1	0.2	0.1	1.4	0.2	0.0	0.1	....	....	0.0	....

Luxembourg (137)

In Millions of U.S. Dollars

		Exports (FOB)						Imports (CIF)					
		2011	2012	2013	2014	2015	2016	2011	2012	2013	2014	2015	2016
Tunisia	744	2.5	3.5	3.8	4.4	6.6	5.5	0.3	0.2	0.2	2.6	0.1	0.2
United Arab Emirates	466	138.2	94.5	52.4	62.0	68.0	46.3	18.3	9.5	7.9	7.3	9.0	17.0
West Bank and Gaza	487	0.1	0.0	....	0.0	....	....	....	....	....	....	....	....
Yemen, Republic of	474	0.1	0.3	1.5	1.1	0.1	0.0	....	0.5	1.0	1.6	....	0.1
Sub-Saharan Africa	603	**222.4**	**227.0**	**124.2**	**160.9**	**155.7**	**123.9**	**6.9**	**7.3**	**9.7**	**9.7**	**37.0**	**46.9**
Angola	614	2.9	5.5	4.9	3.4	5.8	2.2	....	....	0.0	....	0.0	0.0
Benin	638	0.3	0.6	0.2	1.1	0.5	0.6	....	0.0	0.0	....	0.0	....
Botswana	616	0.0	0.0	0.2	0.1	0.6	0.1	....	0.0	....	....	....	....
Burkina Faso	748	0.7	1.5	8.5	0.6	1.1	1.0	0.0	0.0	0.6	0.1	0.2	0.3
Burundi	618	0.0	0.0	0.1	0.0	0.1	0.0	....	0.0	....	....	....	....
Cabo Verde	624	0.0	0.1	0.4	0.6	0.1	0.1	....	....	0.0	0.0	0.0	....
Cameroon	622	1.6	2.4	4.7	3.2	4.2	1.2	....	0.0	0.0	0.0	10.0	5.9
Central African Rep.	626	0.0	0.0	0.1	0.6	0.8	0.1	....	0.0	....	0.0	0.1	0.0
Chad	628	0.0	0.2	0.1	0.8	0.2	0.6	....	0.0	0.0	....	0.0	0.0
Congo, Dem. Rep. of	636	1.4	0.6	3.1	5.7	7.6	8.4	0.0	0.0	0.0	0.0	....	0.0
Congo, Republic of	634	0.1	1.4	2.1	4.2	0.7	2.7	0.0	0.0	0.0	0.0	0.0	0.0
Côte d'Ivoire	662	3.7	4.1	2.9	9.3	8.4	6.0	2.0	0.9	0.8	0.9	18.1	31.5
Equatorial Guinea	642	....	0.0	0.1	0.1	0.0	0.0	....	....	....	....	....	....
Eritrea	643	0.0	0.3	0.9	0.4	0.0	0.0	....	....	....	....	0.1	....
Ethiopia	644	3.1	0.9	2.0	11.7	0.5	3.2	0.0	....	0.0	0.0	0.0	0.0
Gabon	646	6.6	4.7	5.2	1.2	1.6	0.7	0.0	0.0	0.0	0.0	....	....
Gambia, The	648	0.1	0.2	0.2	0.1	0.1	0.0	....	....	....	....	....	....
Ghana	652	5.9	5.6	5.3	5.5	5.4	5.0	2.3	3.0	3.5	3.5	2.6	1.7
Guinea	656	7.8	8.0	5.4	6.5	4.1	2.2	....	0.0	0.0	0.0	....	0.0
Guinea-Bissau	654	....	0.0	0.0	0.0	0.1	0.2	....	....	....	....	....	....
Kenya	664	1.8	6.0	1.6	2.5	8.7	3.7	0.0	0.1	0.3	0.2	1.0	0.0
Liberia	668	1.6	0.3	0.7	1.7	0.2	0.8	0.0	....	....	0.0	....	....
Madagascar	674	0.1	0.1	1.0	0.5	3.4	1.4	0.0	0.0	0.0	0.0	0.1	0.1
Malawi	676	0.0	0.0	0.0	0.1	0.9	0.0	....	....	0.0	....	....	....
Mali	678	0.6	1.0	0.2	1.8	2.2	1.7	....	0.0	0.0	0.0	....	0.0
Mauritius	684	0.8	2.3	1.8	1.4	4.6	0.8	0.0	0.2	0.2	0.0	0.0	0.0
Mozambique	688	0.7	1.1	0.5	1.2	0.8	0.9	....	....	....	....	....	0.4
Namibia	728	0.2	0.6	1.3	0.2	0.0	0.3	0.0	0.0	0.0	0.0	0.0	0.0
Niger	692	0.1	1.1	0.6	0.7	0.5	0.3	0.0	0.0	0.0	0.5	0.0	0.0
Nigeria	694	4.7	20.3	10.9	22.4	14.5	16.4	0.0	0.0	0.1	0.0	0.0	0.1
Rwanda	714	0.0	0.0	0.1	0.0	0.2	0.1	....	0.0	....	0.0	0.0	0.0
Senegal	722	4.5	0.8	4.6	4.8	2.9	3.7	0.0	0.0	0.0	0.0	0.0	0.0
Seychelles	718	1.0	0.3	0.1	0.4	0.0	0.3	0.0	0.0	0.0	0.0	....	0.3
Sierra Leone	724	0.2	0.4	0.3	1.4	1.2	1.0	0.0	....	0.0	....	0.0	0.0
South Africa	199	166.5	148.2	50.3	55.4	61.4	54.6	2.5	3.0	4.1	4.3	4.8	6.3
Tanzania	738	3.0	3.5	2.1	5.5	2.2	1.9	0.0	0.0	0.0	0.0	0.0	0.0
Togo	742	0.3	1.2	0.6	1.4	1.5	0.3	....	....	0.0	0.0	0.0	0.0
Uganda	746	0.4	2.1	0.8	1.6	2.2	0.7	0.0	0.0	0.0	....	0.0	0.2
Zambia	754	0.4	0.6	0.2	2.9	6.4	0.6	....	0.0	0.0	0.0	....	0.0
Zimbabwe	698	1.0	1.1	0.1	0.0	0.0	0.0	....	0.0	....	0.0	0.0	....
Western Hemisphere	205	**188.1**	**183.4**	**180.6**	**196.0**	**156.2**	**107.9**	**644.4**	**929.8**	**796.2**	**940.8**	**967.6**	**988.5**
Antigua and Barbuda	311	0.0	....	....	0.2	0.2	0.2	....	....	....	0.0	....	....
Argentina	213	12.1	8.9	6.9	11.4	6.8	8.4	1.3	1.4	2.3	2.1	1.9	2.1
Bahamas, The	313	0.0	0.0	0.0	0.0	0.9	0.0	0.0	0.0	0.0	....	0.3	0.0
Barbados	316	0.0	0.5	0.3	0.4	0.9	0.8	....	....	....	....	0.0	0.0
Belize	339	0.1	....	....	....	0.3	0.0	....	0.0	....	....	0.0	0.1
Bolivia	218	0.2	0.1	0.2	1.0	0.3	0.1	0.0	0.0	....	....	0.0	0.0
Brazil	223	42.6	43.0	59.3	48.5	66.1	26.3	10.9	8.5	8.2	7.5	6.8	59.3
Chile	228	19.9	25.7	11.0	4.8	5.0	5.8	0.0	0.1	0.0	0.4	0.2	0.2
Colombia	233	5.6	4.5	7.6	8.3	6.3	6.0	0.2	0.3	0.1	0.1	0.3	0.4
Costa Rica	238	0.4	0.0	0.1	0.1	0.2	1.0	0.0	0.0	0.1	0.0	0.0	0.0
Curaçao	354	....	....	0.0	0.2	....	0.2	....	....	....	....	....	....
Dominican Republic	243	0.5	1.3	1.6	9.2	5.8	2.0	0.0	0.0	0.0	0.0	0.4	3.0
Ecuador	248	6.6	15.1	12.8	12.3	6.0	4.5	0.8	0.3	0.0	0.1	0.1	1.0
El Salvador	253	0.6	0.1	0.0	0.2	0.0	0.1	0.0	0.0	0.0	0.0	0.0	0.0

Luxembourg (137)

In Millions of U.S. Dollars

		Exports (FOB)						Imports (CIF)					
		2011	2012	2013	2014	2015	2016	2011	2012	2013	2014	2015	2016
Grenada	328	....	0.3	....	0.2	0.1	....	....	....	....	....	....	....
Guatemala	258	1.0	0.0	0.2	1.1	2.2	0.3	0.0	0.0	0.0	0.0	0.0	0.0
Guyana	336	1.8	1.6	6.5	4.0	0.6	0.7	....	0.0	....	....	....	....
Haiti	263	0.1	0.8	1.5	0.1	0.4	0.9	0.0	0.0	0.0	0.0	0.0	0.0
Honduras	268	0.0	0.2	0.7	1.1	0.4	1.0	0.1	0.0	0.0	0.0	0.0	0.0
Jamaica	343	0.1	0.9	0.7	0.1	0.1	0.1	0.0	....	0.0	0.0	0.0	0.0
Mexico	273	77.8	64.4	58.8	68.4	35.6	41.5	630.9	915.8	782.8	930.3	955.8	922.1
Netherlands Antilles	353	0.9	0.3	....	....	....	....	....	0.0	....	....	....	....
Nicaragua	278	0.3	0.1	0.1	0.1	0.4	0.0	0.0	0.0	0.0	0.0	0.0	0.0
Panama	283	3.3	1.9	0.6	2.0	0.6	1.4	0.0	0.0	0.0	0.0	0.1	0.0
Paraguay	288	0.3	0.0	0.2	0.1	0.3	0.1	0.0	....	....	0.0	....	0.0
Peru	293	6.5	1.7	5.8	6.1	7.8	3.2	0.0	0.0	0.0	0.0	0.0	0.0
St. Lucia	362	....	0.3	....	....	....	....	....	....	....	....	....	....
Suriname	366	0.7	0.8	1.3	1.7	0.9	0.1	....	....	....	....	....	0.0
Trinidad and Tobago	369	4.0	4.8	2.7	13.8	7.4	2.1	0.0	....	0.0	0.0	0.0	....
Uruguay	298	0.5	0.2	0.2	0.2	0.1	0.4	0.1	0.1	0.0	0.0	0.0	0.0
Venezuela, Rep. Bol.	299	2.0	5.7	1.2	0.3	0.5	0.5	0.1	0.0	0.1	0.1	1.6	0.2
Western Hem. n.s.	399	0.0	0.1	0.0	0.0	0.0	0.0	0.0	3.2	2.4	0.0	0.0	0.0
Other Countries n.i.e	910	**0.1**	**0.3**	**0.2**	**0.0**	**0.1**	**0.1**	....	**0.0**	**0.0**	**0.1**	**0.0**	....
Cuba	928	0.1	0.3	0.1	0.0	0.1	0.1	....	0.0	0.0	0.0	0.0	....
Korea, Dem. People's Rep.	954	0.1	0.0	0.1	....	....	0.0	....	....	0.0	0.1	....	....
Special Categories	899	**0.0**	....	....	....	**0.1**	**0.3**	....	....	....	....	**0.0**	**0.0**
Countries & Areas n.s.	898	**179.5**	**275.3**	**161.2**	**165.5**	**255.5**	**114.1**	**0.7**	**3.0**	**7.9**	**15.0**	**11.2**	**16.2**
Memorandum Items													
Africa	605	275.7	279.1	189.9	217.3	208.4	165.5	7.3	7.9	10.4	12.5	37.3	47.2
Middle East	405	297.5	228.0	191.7	285.0	285.6	366.7	24.4	19.7	21.0	18.7	24.5	21.4
European Union	998	16,553.0	14,630.1	14,799.6	15,691.1	14,158.7	12,936.7	23,555.0	21,283.7	21,086.9	21,350.2	16,837.8	16,733.5
Export earnings: fuel	080	780.2	645.6	490.4	574.8	512.2	570.2	42.4	24.7	23.0	35.7	32.1	26.3
Export earnings: nonfuel	092	20,068.4	18,223.7	17,972.6	18,638.3	16,642.6	15,201.6	28,812.7	27,557.9	26,666.7	26,608.9	23,263.1	21,661.1

Macedonia, FYR (962)

In Millions of U.S. Dollars

		Exports (FOB) 2011	2012	2013	2014	2015	2016	Imports (CIF) 2011	2012	2013	2014	2015	2016
IFS World		4,473.0	4,015.1	4,295.8	4,966.6	4,529.7	4,785.3	7,025.3	6,516.4	6,617.2	7,303.4	6,435.8	6,755.2
World	001	4,549.7	4,097.8	4,393.4	5,041.5	4,579.7	4,787.2	7,066.4	6,562.2	6,661.1	7,347.9	6,442.0	6,757.5
Advanced Economies	110	2,425.9	2,327.2	2,701.5	3,387.9	3,074.2	3,409.7	3,582.0	3,516.5	3,807.5	4,119.7	3,471.7	3,681.6
Euro Area	163	2,209.6	2,039.2	2,450.5	3,122.0	2,862.0	3,157.6	2,431.9	2,443.6	2,501.2	2,681.7	2,425.9	2,429.6
Austria	122	38.3	49.0	47.4	51.5	40.6	43.2	133.2	119.2	143.7	143.6	135.6	131.4
Belgium	124	62.5	41.6	67.6	151.6	143.0	189.3	39.3	35.1	49.2	71.3	74.8	95.2
Cyprus	423	0.6	1.0	1.4	1.0	0.8	0.7	0.8	3.5	1.5	1.1	1.0	0.8
Estonia	939	0.3	0.3	0.5	0.4	0.1	0.8	1.3	0.9	0.5	0.8	0.7	1.0
Finland	172	0.4	0.5	0.6	1.8	9.6	1.1	9.3	6.0	6.2	13.3	9.2	8.9
France	132	20.5	20.3	25.7	38.6	39.2	25.2	126.4	86.7	94.8	105.1	101.7	97.1
Germany	134	1,242.5	1,180.7	1,539.5	2,046.1	1,990.1	2,248.6	729.7	634.4	694.1	807.3	808.9	829.9
Greece	174	218.0	188.5	213.7	227.7	165.7	163.3	569.7	804.3	698.5	668.0	499.3	497.2
Ireland	178	0.2	0.1	0.7	0.3	0.2	0.3	20.0	15.6	17.1	16.9	15.9	15.7
Italy	136	291.1	281.2	286.8	310.2	181.4	175.2	427.6	401.7	430.0	459.2	386.0	384.9
Latvia	941	2.6	2.4	2.2	3.2	2.9	3.3	0.7	0.7	0.5	1.0	0.8	0.7
Lithuania	946	2.9	2.5	1.9	1.3	1.5	2.5	2.3	1.9	1.1	1.5	1.6	2.4
Luxembourg	137	0.0	0.0	0.4	0.6	0.8	1.2	1.8	2.7	2.1	2.0	3.3	2.5
Malta	181	0.2	0.1	0.1	0.1	0.1	0.1	7.4	0.8	0.3	0.6	0.1	2.1
Netherlands	138	87.5	66.0	68.2	71.3	58.0	61.6	69.2	64.7	82.0	95.9	114.3	82.8
Portugal	182	19.6	11.2	11.9	7.2	4.3	8.5	9.1	8.2	9.9	14.1	22.5	28.7
Slovak Republic	936	67.7	72.7	78.1	82.1	67.2	49.4	35.6	31.6	35.0	35.7	44.6	36.4
Slovenia	961	88.2	74.3	59.5	56.8	55.7	65.9	185.5	150.4	167.4	158.3	128.9	138.8
Spain	184	66.5	46.9	44.8	69.9	100.8	117.3	63.0	75.4	67.3	86.1	76.5	73.0
Australia	193	4.9	5.1	5.8	5.6	5.1	5.6	4.5	3.0	1.9	2.3	1.7	3.0
Canada	156	3.8	3.5	4.6	5.5	5.3	4.2	21.8	22.2	31.9	12.0	8.2	5.7
China,P.R.: Hong Kong	532	0.7	1.3	2.8	2.7	3.0	4.0	2.9	4.0	2.8	3.1	2.4	2.5
China,P.R.: Macao	546	....	....	0.0	....	0.0	....	0.0	0.0	0.0	0.0	0.1	0.0
Czech Republic	935	22.8	34.9	28.7	32.6	29.3	42.4	60.5	71.5	90.8	92.4	77.3	99.4
Denmark	128	11.9	7.1	9.6	9.5	7.1	5.1	21.6	24.5	38.3	40.8	15.0	17.4
Iceland	176	0.0	0.0	0.0	0.0	0.0	0.0	0.9	0.3	0.3	0.1	0.3	0.1
Israel	436	1.0	2.8	3.7	4.4	4.3	4.7	19.9	25.4	12.6	8.6	30.4	24.0
Japan	158	1.1	1.5	1.6	1.2	1.1	0.7	52.0	48.4	55.8	64.1	56.6	76.4
Korea, Republic of	542	19.4	57.9	0.7	0.1	0.7	0.7	45.8	23.1	29.2	32.6	26.3	24.1
New Zealand	196	0.0	0.1	0.1	0.1	0.1	0.1	1.7	0.8	1.1	0.7	0.2	0.1
Norway	142	0.8	0.4	0.8	1.1	1.2	1.9	4.2	3.6	2.8	3.3	3.4	7.4
San Marino	135	0.0	....	0.2	0.2	....	....	0.0	0.0	0.0	0.0	0.0	0.0
Singapore	576	0.3	0.6	0.4	0.3	0.2	0.2	3.6	3.6	3.4	3.6	2.8	3.3
Sweden	144	17.4	11.3	12.7	15.4	12.3	13.5	32.2	25.6	28.5	32.2	24.0	29.3
Switzerland	146	31.5	33.3	42.2	52.5	42.8	31.8	172.1	148.0	130.4	76.7	54.6	60.5
Taiwan Prov.of China	528	10.2	8.9	10.1	12.8	12.2	28.1	24.0	24.3	25.4	28.5	25.8	21.9
United Kingdom	112	54.3	62.9	80.9	68.9	47.0	58.4	593.1	560.9	726.9	893.2	620.5	726.8
United States	111	36.1	56.4	46.0	53.1	40.5	50.8	89.5	83.6	124.5	143.7	96.3	150.1
Emerg. & Dev. Economies	200	2,123.8	1,770.6	1,690.8	1,653.5	1,505.5	1,377.5	3,484.0	3,044.8	2,853.2	3,227.7	2,969.7	3,075.3
Emerg. & Dev. Asia	505	145.9	183.4	137.4	120.4	160.1	71.8	591.8	666.8	619.4	629.9	558.5	604.2
Bangladesh	513	....	0.0	0.4	0.2	0.1	0.1	3.3	3.8	6.5	7.3	6.9	8.8
Bhutan	514	....	....	....	....	....	....	0.0	....	....	0.3	....	....
Cambodia	522	....	....	....	....	....	....	0.2	0.4	1.1	1.5	1.8	2.5
China,P.R.: Mainland	924	127.5	158.8	107.0	92.6	142.8	47.8	354.9	374.9	379.7	433.0	390.5	421.2
India	534	18.1	24.0	29.4	22.0	13.8	19.2	47.4	50.9	68.7	48.2	48.4	45.3
Indonesia	536	0.1	0.0	0.1	4.4	2.0	0.3	74.6	114.7	65.3	34.8	15.0	40.2
Malaysia	548	0.0	0.2	0.1	0.2	0.3	0.1	23.2	26.7	23.0	22.0	16.0	15.9
Mongolia	948	....	....	....	0.2	0.1	0.0	0.6	0.0	....	0.0	0.0	0.0
Myanmar	518	....	....	....	....	....	....	0.3	0.2	0.2	0.2	0.1	0.3
Papua New Guinea	853	....	....	0.3	....	....	....	....	....	....	....	....	....
Philippines	566	....	0.0	0.0	0.0	0.1	0.3	27.3	31.8	2.9	3.7	2.6	2.1
Sri Lanka	524	....	0.0	....	....	....	0.1	2.5	2.0	1.5	1.9	1.8	1.7
Thailand	578	0.0	0.1	0.1	0.3	0.3	0.6	21.2	23.4	23.3	24.1	22.4	24.7
Tuvalu	869	....	....	....	....	....	....	0.1	0.1	0.0	0.0	0.0	0.0
Vietnam	582	0.1	0.3	0.0	0.4	0.6	3.1	8.5	11.8	18.5	22.2	27.4	41.4
Asia n.s.	598	....	....	....	....	....	0.2	27.6	26.0	28.8	30.6	25.4	0.0

Macedonia, FYR (962)

In Millions of U.S. Dollars

		Exports (FOB) 2011	2012	2013	2014	2015	2016	Imports (CIF) 2011	2012	2013	2014	2015	2016
Europe	170	1,948.9	1,561.3	1,529.4	1,498.2	1,312.9	1,279.4	2,696.6	2,227.3	2,027.8	2,306.1	1,992.4	2,096.0
Emerg. & Dev. Europe	903	1,806.6	1,502.2	1,465.8	1,436.5	1,263.9	1,214.8	1,844.2	1,762.8	1,756.1	2,039.7	1,777.9	1,898.3
Albania	914	87.3	75.7	78.6	74.9	66.0	62.8	39.5	35.0	38.3	47.8	44.8	41.5
Bosnia and Herzegovina	963	93.1	84.5	95.5	93.1	79.5	82.0	90.1	71.0	63.5	64.2	62.6	73.7
Bulgaria	918	308.6	287.2	325.7	327.9	270.8	246.5	457.9	407.8	367.2	384.5	340.5	311.7
Croatia	960	139.6	98.5	100.4	94.0	80.0	89.3	133.2	121.0	115.1	111.7	99.2	101.9
Faroe Islands	816	....	....	....	....	....	....	0.0	0.1	0.0	0.0	0.0	0.1
Hungary	944	8.4	9.1	8.3	17.9	21.8	45.1	49.7	52.7	55.3	84.6	69.7	140.1
Kosovo	967	99.9	87.4	98.4	124.6	119.0	208.9	15.3	15.5	16.2	18.1	16.4	33.1
Montenegro	943	34.3	31.5	32.8	31.8	26.3	27.6	2.1	2.7	3.7	3.9	4.8	5.8
Poland	964	25.4	18.2	18.9	18.9	27.7	32.4	82.2	100.3	101.3	101.6	95.5	119.0
Romania	968	46.3	52.8	87.2	94.6	107.4	134.7	94.6	120.1	126.8	210.3	206.6	213.9
Serbia, Republic of	942	890.4	690.6	548.4	491.4	392.1	214.8	534.2	511.3	552.5	635.2	518.4	508.3
Turkey	186	73.4	66.8	71.8	67.6	73.4	70.7	345.4	325.4	316.1	377.8	319.4	349.3
CIS	901	142.3	59.1	63.6	61.7	49.1	64.6	852.2	464.4	271.8	266.4	214.5	197.8
Armenia	911	0.2	0.2	0.1	0.3	0.4	0.5	0.0	0.0	0.0	0.0	....	....
Azerbaijan, Rep. of	912	0.2	0.8	0.5	0.6	0.5	0.3	....	....	0.1	0.0	0.0	0.0
Belarus	913	5.1	5.5	7.7	7.5	4.3	2.1	2.3	4.1	8.6	12.9	3.9	2.2
Georgia	915	0.0	0.2	0.2	0.4	0.8	1.5	0.1	0.0	0.0	0.0	0.0	0.0
Kazakhstan	916	0.2	0.8	0.3	0.1	0.0	0.4	1.6	6.0	2.8	1.8	0.8	0.4
Kyrgyz Republic	917	....	....	....	....	0.0	0.0	1.6	2.3	1.8	2.1	2.1	2.3
Moldova	921	1.1	0.5	0.4	1.0	1.0	4.2	0.5	0.7	0.9	2.1	1.9	2.4
Russian Federation	922	39.6	33.1	31.6	42.1	35.1	49.0	684.3	362.1	163.6	140.1	154.0	143.0
Tajikistan	923	0.0	....	0.1	0.0	0.0	0.0	0.0	0.0	....	0.0	0.1	0.0
Turkmenistan	925	0.1	0.1	0.1	0.2	0.2	0.1	4.0	2.2	1.1	1.5	0.6	0.9
Ukraine	926	95.8	17.9	22.5	9.5	6.7	6.7	157.6	86.9	92.6	105.8	50.9	46.1
Uzbekistan	927	....	....	0.0	....	....	....	0.1	0.0	0.3	0.2	0.3	0.5
Europe n.s.	884	....	....	....	....	....	0.0	0.2	0.0	0.0	0.0	0.0	0.0
Mid East, N Africa, Pak	440	19.4	16.4	12.8	19.2	13.1	10.4	28.5	30.3	41.0	60.5	57.5	66.6
Afghanistan, I.R. of	512	0.6	0.6	0.2	0.3	0.3	0.1	0.0	0.0	0.0	0.0	0.0	0.0
Algeria	612	0.4	0.3	1.0	0.1	0.7	0.5	3.4	7.0	12.0	6.9	3.5	3.1
Bahrain, Kingdom of	419	0.0	0.0	0.0	0.0	0.1	0.0	0.0	0.0	0.0	0.0	0.0	0.0
Egypt	469	0.6	0.8	0.9	1.9	1.1	0.7	5.8	5.3	5.8	4.7	4.7	4.3
Iran, I.R. of	429	0.9	0.1	0.2	0.8	0.3	0.4	5.3	2.9	1.8	1.6	2.5	4.8
Iraq	433	7.9	4.5	4.7	6.0	2.8	1.9	0.0	....	0.0	0.0	0.0	0.4
Jordan	439	0.1	0.4	0.3	1.3	0.8	0.4	0.1	0.0	0.0	0.1	0.2	0.0
Kuwait	443	0.0	0.1	0.0	0.2	0.2	0.0	1.7	0.8	0.2	0.1	0.0	0.0
Lebanon	446	0.1	0.2	0.2	0.2	0.2	0.2	0.0	0.0	0.0	0.0	5.5	6.8
Libya	672	0.2	0.8	0.4	0.4	0.3	0.4	0.0	0.0	....	....	....	0.4
Morocco	686	0.1	0.0	0.2	0.0	0.0	0.1	1.3	1.3	2.4	8.7	15.3	21.6
Oman	449	0.0	0.0	....	....	0.4	0.4	0.1	0.1	0.1	2.5	0.1	1.4
Pakistan	564	....	0.0	0.1	1.2	0.7	0.6	4.9	5.8	6.7	5.4	3.8	3.2
Qatar	453	0.0	0.0	0.5	0.1	0.4	0.1	0.5	0.5	1.2	1.1	1.7	2.3
Saudi Arabia	456	0.1	2.6	0.1	1.4	1.4	1.5	3.0	3.5	4.2	15.8	7.5	8.9
Sudan	732	....	0.1	0.1	....	0.0	0.0	....	....	0.0	0.1	0.1	0.1
Syrian Arab Republic	463	0.1	0.2	0.0	0.1	0.1	0.1	0.2	0.1	0.1	0.0	0.0	0.0
Tunisia	744	1.5	0.1	0.0	0.5	0.0	0.3	1.2	1.5	4.2	11.3	10.8	7.5
United Arab Emirates	466	6.5	5.7	3.6	4.8	3.2	2.5	1.1	1.1	2.1	2.2	1.7	1.7
Yemen, Republic of	474	0.1	0.2	0.1	0.1	0.0	0.1	....	0.2	....	....	....	0.0
Sub-Saharan Africa	603	1.9	1.7	1.7	3.3	13.8	7.2	29.4	10.6	8.1	47.6	191.3	178.0
Benin	638	....	0.1	....	....	0.1	0.0	....	....	....	....	....	....
Burkina Faso	748	0.0	....	....	....	0.0	0.0	0.1	0.0	0.0	0.0	0.0	0.0
Cameroon	622	....	....	0.0	....	....	....	0.0	0.2	0.1	0.0	0.1	0.1
Central African Rep.	626	0.0	....	....	0.0	0.0	0.0	0.0	0.0	0.1	0.0	0.0	0.0
Côte d'Ivoire	662	....	0.0	0.0	0.1	0.2	0.1	0.8	0.5	0.5	1.0	1.9	2.4
Ethiopia	644	0.0	....	....	....	....	0.0	0.3	0.1	0.7	0.2	0.1	0.1
Gabon	646	0.0	....	....	....	....	0.0	6.4	0.0	....	....	....	0.1
Gambia, The	648	0.0	....	....	....	....	....	0.0	0.0	0.1	0.0	0.0	0.0
Ghana	652	0.1	0.0	0.1	0.0	0.8	0.0	1.2	0.9	1.7	2.0	1.3	0.9
Guinea	656	0.0	0.1	0.1	0.1	0.0	....	0.0	0.1	....	0.0	0.0	0.0

Macedonia, FYR (962)

In Millions of U.S. Dollars

		Exports (FOB)						Imports (CIF)					
		2011	2012	2013	2014	2015	2016	2011	2012	2013	2014	2015	2016
Kenya	664	0.1	0.6	0.2	0.0	0.0	0.0	0.1	0.0	0.1	0.1	0.2	0.2
Lesotho	666	....	....	....	....	....	....	0.1	....	0.0	0.0	0.0	....
Liberia	668	0.0	0.0	0.0	....	....	....	0.1	0.0	0.0	....	....	0.0
Madagascar	674	....	....	....	0.0	....	....	0.0	0.2	0.1	0.1	0.0	0.1
Malawi	676	....	....	....	....	....	....	....	0.5	0.3	0.4	0.2	0.0
Mauritius	684	0.0	....	....	0.0	0.0	0.1	0.2	0.3	0.3	0.2	0.1	0.1
Mozambique	688	....	0.0	....	....	0.0	....	0.0	0.1	0.9	0.0	....	....
Namibia	728	....	....	0.0	....	0.0	0.0	0.0	....	....	0.0	1.1	....
Nigeria	694	0.3	0.2	0.2	0.2	0.0	0.1	0.1	0.3	0.1	0.2	0.2	0.1
Rwanda	714	....	....	....	....	....	....	0.0	0.0	....	....	0.3	....
Senegal	722	....	....	0.0	....	....	0.0	0.1	0.4	0.4	0.3	0.1	0.0
Seychelles	718	....	0.0	0.5	....	0.0	0.0	0.0	....	....	....	0.0	0.0
Sierra Leone	724	0.0	0.0	0.3	0.0	0.0	....	0.2	0.0	0.0	1.5	0.0	0.0
South Africa	199	1.2	0.5	0.3	2.9	12.4	6.7	17.7	5.7	1.6	40.4	184.7	173.0
Tanzania	738	....	0.0	0.0	0.0	0.0	0.0	1.2	0.2	0.5	0.6	0.5	0.3
Togo	742	0.0	0.0	....	....	....	....	....	0.0	....	0.1	0.1	0.0
Uganda	746	....	....	0.0	0.0	0.0	0.0	0.6	0.9	0.4	0.4	0.4	0.5
Western Hemisphere	**205**	**7.6**	**7.7**	**9.5**	**12.3**	**5.6**	**8.6**	**137.7**	**109.9**	**156.8**	**183.6**	**170.0**	**130.4**
Argentina	213	4.7	3.8	0.0	4.4	0.9	1.9	15.3	13.5	14.1	16.0	16.0	14.2
Bahamas, The	313	....	....	....	....	0.0	....	0.0	0.2	0.2	....	0.0	0.0
Belize	339	0.2	0.0	0.0	0.3	0.0	....	....	....	0.0	0.0	0.0	0.0
Bolivia	218	....	....	....	0.0	0.0	....	0.0	0.0	0.1	0.1	0.2	0.1
Brazil	223	1.9	2.1	4.5	4.4	3.0	2.7	67.4	62.3	61.1	47.6	41.6	43.0
Chile	228	0.0	....	....	0.1	0.0	0.0	1.5	1.2	1.0	1.0	1.0	2.0
Colombia	233	0.2	0.2	3.1	0.8	0.2	0.3	12.1	7.5	10.9	16.0	8.0	6.0
Costa Rica	238	0.1	0.0	0.2	0.0	....	0.0	0.9	1.4	3.1	7.9	3.2	0.5
Dominican Republic	243	0.0	....	....	0.0	....	....	0.7	0.6	0.7	0.9	0.8	0.9
Ecuador	248	....	0.1	....	0.4	....	....	12.7	11.9	11.4	7.4	9.3	13.6
El Salvador	253	0.0	....	0.0	....	....	....	0.0	0.0	0.0	0.1	0.0	0.0
Falkland Islands	323	....	....	....	....	....	....	0.1	0.0	0.1	0.1	0.1	0.1
Guatemala	258	0.1	....	....	....	....	....	0.3	0.9	43.8	75.4	79.0	16.2
Honduras	268	....	0.0	....	....	....	0.0	0.0	0.1	0.5	0.1	0.0	0.0
Mexico	273	0.2	1.4	1.4	1.8	1.4	3.3	4.5	4.8	3.5	7.1	7.2	17.7
Nicaragua	278	....	0.0	0.0	....	....	....	0.0	0.0	0.0	0.1	0.0	0.0
Panama	283	0.2	....	0.2	0.0	0.0	0.2	0.2	0.0	0.0	0.0	0.0	0.0
Peru	293	....	0.0	....	0.0	0.0	....	0.4	0.4	0.6	0.9	0.8	0.7
Uruguay	298	....	0.0	....	....	....	0.1	0.9	0.5	0.4	2.5	2.4	15.3
Venezuela, Rep. Bol.	299	....	....	....	....	....	0.0	20.6	4.5	5.2	0.4	0.0	0.0
Western Hem. n.s.	399	....	....	....	....	....	....	0.1	0.0	0.0	....	0.1	....
Other Countries n.i.e	**910**	**....**	**0.0**	**1.1**	**0.2**	**0.0**	**0.0**	**0.4**	**0.9**	**0.5**	**0.5**	**0.5**	**0.3**
Cuba	928	....	0.0	....	....	....	....	0.1	0.1	0.1	0.2	0.1	0.1
Korea, Dem. People's Rep.	954	....	....	1.1	0.2	0.0	0.0	0.3	0.7	0.3	0.3	0.4	0.1
Countries & Areas n.s.	**898**	**....**	**....**	**....**	**....**	**....**	**0.0**	**....**	**....**	**....**	**0.0**	**....**	**0.3**
Memorandum Items													
Africa	605	4.0	2.1	3.0	4.0	14.6	8.2	35.3	20.4	26.8	74.5	221.0	210.3
Middle East	405	16.7	15.4	11.2	17.1	11.3	8.8	17.6	14.6	15.6	28.1	23.9	31.1
European Union	998	2,844.3	2,621.1	3,122.9	3,801.5	3,465.4	3,825.0	3,956.8	3,928.0	4,151.5	4,633.1	3,974.1	4,189.0
Export earnings: fuel	080	57.0	49.6	46.5	58.1	46.0	57.9	756.9	410.8	216.9	197.8	190.0	187.1
Export earnings: nonfuel	092	4,492.7	4,048.2	4,346.9	4,983.4	4,533.7	4,729.3	6,309.5	6,151.4	6,444.2	7,150.1	6,252.0	6,570.3

Madagascar (674)

In Millions of U.S. Dollars

		Exports (FOB)						Imports (CIF)					
		2011	2012	2013	2014	2015	2016	2011	2012	2013	2014	2015	2016
IFS World		....	1,236.2	....	....	....	....	....	2,477.7	....	....	....	....
World	001	1,311.0	1,315.2	1,741.8	2,245.0	2,178.7	2,290.0	2,742.3	2,671.6	2,710.0	3,371.3	2,978.6	2,986.0
Advanced Economies	110	884.6	802.2	1,199.0	1,711.9	1,560.2	1,675.7	930.0	670.8	601.5	769.9	786.9	723.3
Euro Area	163	627.3	559.2	758.5	1,018.7	893.5	946.4	561.7	358.2	338.9	464.1	414.5	432.4
Austria	122	2.9	1.6	0.8	0.4	0.1	0.2	0.4	1.4	1.1	1.9	1.5	1.8
Belgium	124	23.9	16.8	60.8	145.8	94.3	28.0	83.2	26.8	26.9	32.3	27.9	30.8
Cyprus	423	0.1	....	0.0	0.1	0.1	0.1	0.1	0.1	0.1	0.1	0.0	0.3
Estonia	939	0.1	0.7	0.7	0.1	0.1	0.4	0.0	0.7	0.8	1.0	1.1	0.7
Finland	172	6.1	0.5	2.6	3.5	2.1	4.2	3.9	4.7	1.4	2.5	2.6	1.1
France	132	441.0	356.9	413.6	526.2	437.0	537.7	344.2	160.5	160.3	203.7	183.1	205.4
Germany	134	73.1	76.5	91.1	99.4	126.0	189.6	39.5	62.7	59.4	91.5	78.4	71.6
Greece	174	1.8	2.0	1.2	2.3	2.1	1.4	0.5	1.0	2.1	2.1	2.0	2.0
Ireland	178	0.1	0.1	0.3	0.6	2.2	1.1	0.4	1.1	1.1	1.5	1.5	1.4
Italy	136	27.6	38.3	41.3	41.1	24.9	22.9	28.9	36.1	26.8	50.4	47.3	47.2
Latvia	941	0.0	0.1	0.1	0.3	0.3	0.4	1.1	1.4	0.8	1.9	1.7	0.2
Lithuania	946	0.0	....	0.0	0.0	....	0.0	0.2	0.7	0.4	1.0	0.4	0.1
Luxembourg	137	0.1	0.1	0.0	0.1	0.1	0.1	0.2	0.4	0.6	0.5	3.9	1.7
Malta	181	0.0	....	0.0	0.0	0.1	....	....	0.3	0.0	0.0	0.3	0.6
Netherlands	138	19.2	27.5	97.5	146.6	146.0	98.4	35.5	10.6	8.6	12.1	15.0	19.8
Portugal	182	9.0	6.7	16.4	4.9	4.1	7.4	4.5	4.2	3.7	5.2	8.3	12.6
Slovak Republic	936	0.0	....	0.1	0.2	0.1	0.1	1.3	3.3	2.4	2.3	1.8	2.1
Slovenia	961	0.1	....	0.0	0.1	0.1	0.2	0.5	0.5	0.3	0.3	0.6	0.4
Spain	184	22.3	31.3	31.9	47.2	53.9	54.4	17.4	41.4	42.3	53.9	36.9	32.5
Australia	193	2.3	1.5	3.3	4.8	3.7	6.7	36.2	18.3	15.2	16.3	10.3	7.4
Canada	156	70.6	69.5	73.8	67.1	50.8	37.3	24.5	16.3	15.2	18.0	18.1	10.3
China,P.R.: Hong Kong	532	13.2	14.6	12.3	13.3	11.8	9.3	42.9	3.1	3.5	3.8	3.7	3.7
Czech Republic	935	0.3	0.1	0.2	0.3	0.2	0.3	0.6	1.8	3.2	5.2	7.8	6.9
Denmark	128	2.0	1.0	0.8	1.1	0.8	0.9	3.5	2.1	2.7	3.1	2.5	5.4
Iceland	176	....	0.0	4.7	....	0.0	0.0	....	0.0	0.0	0.4	0.0	0.0
Israel	436	0.4	0.2	0.1	0.2	0.2	0.4	1.2	0.5	0.9	2.7	1.9	1.9
Japan	158	9.8	6.1	74.3	144.1	114.4	115.1	22.7	45.8	39.0	51.1	46.5	52.8
Korea, Republic of	542	1.6	17.2	72.9	139.2	113.7	96.2	31.8	36.2	28.4	29.9	35.9	38.2
New Zealand	196	0.0	0.1	0.1	0.2	0.3	0.2	0.4	0.4	0.4	0.3	1.3	1.7
Norway	142	0.0	0.1	1.0	1.2	0.9	0.1	2.8	0.6	0.2	0.4	0.4	0.2
Singapore	576	92.0	49.5	26.7	22.4	31.3	70.7	83.8	38.2	18.8	10.0	42.0	5.1
Sweden	144	0.3	1.5	3.7	46.6	39.7	31.3	4.3	5.9	3.4	13.7	8.6	4.8
Switzerland	146	3.3	3.7	7.6	9.8	7.8	12.5	5.9	5.4	4.6	8.2	4.2	4.5
Taiwan Prov.of China	528	0.7	0.5	1.7	7.3	12.9	16.7	11.8	12.7	10.6	16.5	17.6	20.6
United Kingdom	112	25.8	23.2	30.7	48.6	43.7	39.2	28.2	26.0	21.9	24.1	43.5	23.7
United States	111	34.8	54.4	127.0	187.0	234.5	292.4	67.7	99.1	94.5	102.0	128.3	103.7
Emerg. & Dev. Economies	200	310.6	357.6	369.0	445.9	527.6	518.8	1,783.0	1,972.7	2,080.0	2,562.0	2,140.8	2,231.9
Emerg. & Dev. Asia	505	190.8	223.4	187.7	215.8	311.7	289.2	572.5	659.8	710.8	924.4	918.6	1,027.0
Bangladesh	513	0.4	1.7	0.8	1.7	2.2	1.6	0.4	0.7	0.3	0.4	0.5	1.0
Cambodia	522	0.0	0.0	0.3	....	0.0	0.0	0.0	0.1	0.0	0.2	0.1	0.1
China,P.R.: Mainland	924	85.6	102.6	114.9	100.5	143.0	144.1	316.5	380.0	400.5	512.5	539.4	632.1
F.T. French Polynesia	887	....	0.1	0.0	0.0	0.0	....	0.1	....	0.2	0.2	0.2	0.3
F.T. New Caledonia	839	0.0	0.2	0.0	0.0	0.1	0.1	0.2	0.2	0.0	0.0	0.0	0.0
India	534	57.0	67.1	39.6	68.2	118.5	84.7	97.1	129.8	149.5	209.5	181.0	193.4
Indonesia	536	24.0	20.9	2.9	6.9	4.9	9.9	30.8	34.5	39.2	39.1	38.6	43.7
Lao People's Dem.Rep	544	....	....	0.0	0.0	0.0	....	....	0.1	....	0.0	....	0.4
Malaysia	548	0.3	4.3	6.5	8.2	6.9	5.7	49.9	30.4	37.4	57.8	57.8	81.4
Maldives	556	....	....	0.0	0.0	0.1	0.0	....	....	....	....	....	....
Myanmar	518	....	....	....	0.0	....	0.1	13.1	10.4	0.2	....	0.0	0.5
Nepal	558	0.0	....	0.1	....	0.1	0.0	....	....	....	0.0	0.2	0.0
Papua New Guinea	853	0.0	....	....	....	....	....	....	0.1	0.0	....	0.0	0.0
Philippines	566	0.1	0.4	0.1	0.0	0.1	0.1	0.6	1.0	0.3	0.6	0.4	0.5
Solomon Islands	813	....	....	....	0.0	....	....	....	....	....	0.0	0.1	....
Sri Lanka	524	1.0	0.6	0.3	0.7	1.5	3.0	0.2	0.2	0.3	1.2	1.8	0.8
Thailand	578	15.4	9.8	9.2	10.6	7.9	4.1	51.7	50.5	44.9	64.3	43.5	30.6
Vietnam	582	7.1	15.8	12.9	18.8	26.3	35.8	2.3	8.1	25.2	16.8	33.6	17.7

Madagascar (674)

In Millions of U.S. Dollars

		Exports (FOB)						Imports (CIF)					
		2011	2012	2013	2014	2015	2016	2011	2012	2013	2014	2015	2016
Asia n.s.	598	....	....	....	....	....	....	9.5	13.7	12.8	21.7	21.4	24.5
Europe	170	4.6	5.2	9.1	13.3	12.7	6.9	82.8	269.2	240.4	290.1	234.6	205.7
Emerg. & Dev. Europe	903	3.8	2.4	6.5	8.9	10.8	4.2	47.6	66.5	54.6	75.9	74.0	78.4
Albania	914	....	....	0.1	....	....	....	0.0	0.0	0.0	0.0	0.0	0.0
Bosnia and Herzegovina	963	0.0	....	0.1	....	....	....	0.0	0.0	0.0	0.0	0.0	0.0
Bulgaria	918	0.0	0.0	0.3	0.1	0.0	0.1	0.2	0.6	0.8	2.1	1.0	0.4
Croatia	960	0.1	0.0	0.1	0.0	0.0	0.0	0.2	0.7	0.0	0.1	0.0	0.1
Hungary	944	0.0	0.0	0.0	0.1	0.0	0.0	0.7	1.8	1.6	1.4	2.0	2.4
Montenegro	943	0.0 e	0.1 e	0.1 e	0.1 e	0.0 e	0.1 e	....	....	....	....	....	....
Poland	964	0.2	0.2	0.4	0.6	0.2	0.1	0.5	3.6	3.8	4.0	4.3	3.9
Romania	968	0.2	0.3	0.3	0.2	2.9	1.9	0.4	1.6	1.1	4.7	5.4	5.8
Turkey	186	3.3	1.7	5.2	7.7	7.5	1.8	45.6	58.2	47.3	63.6	61.2	65.6
CIS	901	0.7	2.8	2.5	4.4	1.9	2.7	1.6	2.8	4.3	13.2	12.4	3.9
Azerbaijan, Rep. of	912	....	0.0	....	0.1	....	....	....	....	....	....	....	0.0
Belarus	913	....	....	....	....	....	....	0.8	0.0	0.8	0.3	1.3	1.1
Georgia	915	....	....	0.1	2.5	....	0.0	0.0	0.0	0.0	0.0	0.0	0.1
Kazakhstan	916	....	0.0	....	0.0	....	0.0	....	....	....	....	6.6	0.0
Russian Federation	922	0.5	2.0	2.0	1.4	1.4	2.5	0.1	1.3	3.1	12.4	3.8	1.7
Turkmenistan	925	....	0.0	....	....	....	....	0.2	0.0	....	....	0.0	0.0
Ukraine	926	0.2	0.8	0.4	0.5	0.4	0.2	0.5	1.3	0.4	0.4	0.8	0.9
Uzbekistan	927	....	....	....	....	....	0.0	....	0.1	0.0	....	0.0	....
Europe n.s.	884	0.0	0.0	0.0	0.0	0.0	0.0	33.6	199.9	181.5	201.0	148.2	123.4
Mid East, N Africa, Pak	440	36.7	41.2	36.1	44.5	40.1	48.4	722.1	732.9	822.0	993.6	650.2	661.0
Afghanistan, I.R. of	512	0.0	....	....	....	0.1	0.0	0.0	0.0	0.0	0.0	0.0	0.0
Algeria	612	3.7	2.1	1.7	1.1	0.5	0.3	0.0	0.1	0.0	3.2	0.0	0.0
Bahrain, Kingdom of	419	0.0	0.1	0.0	0.1	0.1	0.0	35.4	158.3	58.4	132.0	203.7	23.1
Djibouti	611	0.1	0.1	0.0	0.9	2.2	0.0	0.1	0.0	0.0	0.0	0.0	0.0
Egypt	469	1.2	3.4	5.6	6.1	2.8	2.3	38.6	46.8	30.0	46.8	43.8	52.6
Iran, I.R. of	429	0.0	0.0	0.1	0.0	....	0.1	1.6	1.0	0.4	0.3	0.5	0.6
Iraq	433	....	0.0	0.0	0.0	0.2	0.3	....	....	0.0	....	0.0	....
Jordan	439	0.2	0.1	0.4	0.6	0.1	0.0	0.0	0.0	0.0	0.1	0.0	0.1
Kuwait	443	0.1	0.7	0.9	1.5	1.0	0.2	32.8	0.2	0.1	0.1	3.7	75.3
Lebanon	446	0.1	0.1	0.1	0.2	0.0	0.2	0.3	0.0	0.2	0.1	0.6	0.0
Libya	672	....	0.0	0.1	0.0	0.0	....	0.0	0.0	0.0	....	....	0.0
Mauritania	682	0.0	0.0	....	0.0	....	....	0.1	0.0	....	0.2	0.0	0.1
Morocco	686	7.7	3.7	8.5	10.9	6.2	7.3	3.3	5.1	6.0	5.2	5.6	4.1
Oman	449	....	0.1	0.1	0.0	1.0	0.1	8.6	25.9	0.3	0.5	9.7	22.8
Pakistan	564	3.2	6.9	4.3	6.8	6.6	5.7	91.1	65.4	96.6	134.4	101.1	101.3
Qatar	453	0.0	0.0	0.0	0.1	0.0	0.2	15.1	29.1	63.4	74.2	66.5	60.9
Saudi Arabia	456	3.9	11.4	3.2	4.7	4.0	2.9	33.6	9.5	10.4	16.5	22.6	149.3
Somalia	726	....	....	....	....	0.0	....	0.1	....	....	....	....	....
Sudan	732	....	0.6	0.4	0.7	0.0	0.8	....	0.1	0.1	0.1	0.1	0.1
Syrian Arab Republic	463	0.0	0.1	0.0	0.3	0.6	....	0.0	0.0	0.0	0.0	....	0.0
Tunisia	744	0.1	0.2	0.1	0.3	0.5	0.4	1.7	1.8	1.3	2.1	2.7	3.6
United Arab Emirates	466	15.8	11.2	10.5	9.0	14.2	24.7	459.5	389.5	554.7	577.8	189.4	167.0
Yemen, Republic of	474	0.6	0.4	0.1	0.9	....	3.0	0.0	....	0.0	....	0.0	....
Sub-Saharan Africa	603	75.0	80.8	131.4	170.0	157.5	171.9	366.5	271.0	262.2	292.4	274.6	277.1
Angola	614	0.1	....	....	0.0	0.1	....	0.0	4.6	1.5	0.4	....	....
Benin	638	0.2	0.4	0.2	1.8	1.3	1.9	....	....	0.0	0.2	0.0	0.1
Botswana	616	0.0	0.3	0.1	0.1	0.1	0.0	....	0.0	....	0.0	0.0	....
Burkina Faso	748	0.1	0.0	0.0	0.0	0.3	0.0	0.0	0.0	0.0	0.0	0.0	0.0
Burundi	618	0.0	0.0	0.0	0.0	....	0.4	....	....	0.0	....	....	....
Cameroon	622	0.0	0.0	0.2	0.1	0.2	0.1	0.1	0.4	0.4	0.3	1.2	0.5
Chad	628	0.0	0.0	0.0	....	....	0.0	0.0	....	0.0	....	0.1	....
Comoros	632	9.6	10.1	8.7	6.9	5.2	5.9	0.5	0.2	1.1	0.4	0.1	0.0
Congo, Dem. Rep. of	636	0.1	0.1	0.0	0.1	0.3	0.0	0.0	0.1	0.0	0.0	0.0	0.1
Congo, Republic of	634	0.0	0.1	....	0.3	0.0	0.0	0.0	0.0	0.0	0.0	0.0	0.0
Côte d'Ivoire	662	0.3	0.1	2.9	3.7	1.3	1.1	0.8	0.4	0.3	0.4	0.2	0.3
Ethiopia	644	0.1	0.0	0.0	0.0	0.1	0.0	0.0	0.0	0.0	0.0	0.0	0.3
Gabon	646	0.0	0.3	0.1	0.1	0.1	0.1	0.0	0.0	0.0	0.0	0.0	0.1

Madagascar (674)

In Millions of U.S. Dollars

		Exports (FOB)						Imports (CIF)					
		2011	2012	2013	2014	2015	2016	2011	2012	2013	2014	2015	2016
Ghana	652	0.1	0.3	0.4	0.5	0.3	1.8	0.0	0.0	6.8	0.1	0.1	0.1
Guinea	656	....	....	0.1	0.0	0.2	0.1	0.0	0.0	0.1	0.0	0.0	0.1
Guinea-Bissau	654	....	....	....	....	....	....	....	....	0.1	....	....	....
Kenya	664	10.9	3.1	9.0	15.7	15.1	8.8	5.5	4.9	2.6	3.4	6.1	2.3
Lesotho	666	....	....	0.0	....	....	....	0.1	0.0	....	0.0	0.0	0.1
Liberia	668	....	....	....	0.0	....	0.0	....	....	0.3	....	....	....
Malawi	676	0.4	0.2	....	0.2	....	0.0	....	0.1	0.1	0.1	0.1	0.1
Mali	678	0.1	0.1	0.0	0.8	2.3	0.0	0.0	0.1	0.0	0.0	0.1	0.2
Mauritius	684	14.0	17.3	23.6	31.8	29.7	52.2	133.1	77.3	85.4	111.4	101.1	99.1
Mozambique	688	0.1	0.2	4.9	2.7	4.3	9.0	2.3	2.2	1.2	0.7	3.4	0.3
Namibia	728	0.0	....	0.1	0.0	0.0	0.0	0.0	0.0	....	0.0	0.0	....
Niger	692	0.1	0.0	0.0	0.0	....	0.1	....	....	0.0	0.0	0.0	0.0
Nigeria	694	0.3	0.2	0.0	0.0	0.2	0.1	0.0	3.4	2.3	2.8	1.7	0.2
Rwanda	714	0.0	0.1	0.1	0.1	0.6	0.0	0.0	0.0	....	....	0.0	0.0
Senegal	722	0.2	0.4	0.0	0.1	0.1	0.1	0.5	0.2	0.3	0.4	0.5	0.7
Seychelles	718	4.7	5.1	5.4	3.0	4.7	7.4	24.1	9.8	6.3	5.7	4.3	10.9
Sierra Leone	724	0.1	....	....	....	0.0	....	0.0	0.0	0.0	0.0	0.0	0.0
South Africa	199	30.0	40.0	73.1	97.5	87.1	78.9	182.7	152.2	145.8	154.0	139.7	148.5
Swaziland	734	1.4	....	....	0.1	....	0.1	2.1	7.2	5.1	7.6	10.3	10.4
Tanzania	738	1.8	2.3	1.8	3.1	3.2	2.8	14.3	7.2	1.3	3.6	4.0	1.0
Togo	742	0.0	0.0	....	0.5	0.2	0.0	0.0	0.0	0.0	0.0	0.1	0.0
Uganda	746	0.1	....	0.0	0.0	0.0	0.6	0.0	0.1	0.2	0.0	0.0	0.0
Zambia	754	0.0	0.1	0.1	0.0	0.0	0.1	0.1	0.6	0.1	0.3	0.2	0.2
Zimbabwe	698	0.2	0.0	0.4	0.7	0.5	0.0	0.0	0.0	0.6	0.5	1.2	1.5
Africa n.s.	799	....	....	....	....	....	....	0.1	....	....	....	....	....
Western Hemisphere	205	3.4	7.0	4.7	2.2	5.5	2.4	39.1	39.7	44.6	61.4	62.7	61.0
Antigua and Barbuda	311	0.0	0.1	....	0.0	....	....	....	0.0	0.0	0.0	0.0	....
Argentina	213	0.2	0.1	0.2	0.1	0.4	0.1	4.8	9.7	20.1	23.8	23.3	22.2
Brazil	223	0.9	1.2	0.4	0.6	1.0	0.4	33.3	24.8	21.3	33.8	26.8	32.6
Chile	228	....	0.0	0.0	0.0	0.0	0.0	0.0	0.2	0.3	0.3	0.1	0.1
Colombia	233	0.3	1.7	0.6	0.0	0.1	0.0	0.2	0.1	0.2	0.1	0.1	0.2
Costa Rica	238	0.0	0.0	0.1	0.0	0.0	0.0	0.0	0.0	0.0	0.1	0.0	0.1
Dominica	321	0.1	0.0	....	0.0	....	....	....	0.0	0.0	....	....	....
Dominican Republic	243	0.0	0.3	0.1	0.1	0.2	....	0.0	0.0	0.0	0.0	0.0	0.0
Ecuador	248	....	....	....	....	....	....	0.1	0.2	0.1	0.0	0.2	0.8
Guatemala	258	....	....	....	....	....	0.1	....	0.1	....	0.0	0.0	0.0
Haiti	263	....	....	0.0	0.0	....	0.2	....	....	....	0.0	0.1	0.3
Honduras	268	....	0.0	....	0.0	....	....	0.0	0.1	0.1	0.0	0.0	0.0
Mexico	273	0.3	2.4	0.3	0.4	0.9	0.4	0.3	3.9	2.4	3.0	4.0	4.3
Nicaragua	278	0.0	....	....	....	....	....	....	0.0	0.0	0.0	0.2	0.0
Panama	283	0.0	0.1	1.8	0.3	1.2	0.0	0.0	....	....	....	0.0	0.2
Peru	293	0.6	0.9	1.1	0.5	1.6	1.0	0.3	0.1	0.1	0.1	0.0	0.1
St. Kitts and Nevis	361	0.7	....	....	....	....	0.0	....	....	....	....	0.0	....
St. Vincent & Grens.	364	....	0.1	....	....	....	....	....	....	....	....	....	....
Uruguay	298	....	....	0.0	0.0	0.0	0.0	0.0	0.4	0.0	0.1	0.1	0.1
Venezuela, Rep. Bol.	299	....	....	....	....	....	0.0	....	....	0.0	0.0	7.7	0.0
Western Hem. n.s.	399	....	....	....	....	....	....	....	0.0	0.0	0.1	0.0	0.0
Other Countries n.i.e	910	....	0.0	0.0	0.0	0.0	0.0	0.3	0.2	0.2	0.7	0.0	0.0
Korea, Dem. People's Rep.	954	....	0.0	0.0	0.0	0.0	0.0	0.3	0.2	0.2	0.6	0.0	0.0
Countries & Areas n.s.	898	115.8	155.4	173.8	87.2	90.9	95.5	29.0	28.0	28.2	38.8	50.8	30.8
Memorandum Items													
Africa	605	86.6	87.7	142.1	184.0	167.0	180.6	371.8	278.0	269.6	303.2	283.1	285.0
Middle East	405	21.9	27.5	21.1	23.7	24.0	33.9	625.7	660.5	718.0	848.4	540.7	551.8
European Union	998	656.3	585.5	794.9	1,116.5	981.0	1,020.4	600.4	402.3	377.4	522.6	489.6	485.9
Export earnings: fuel	080	25.4	30.3	19.6	19.5	22.9	34.6	587.5	623.3	695.1	820.6	516.4	502.0
Export earnings: nonfuel	092	1,285.6	1,284.9	1,722.2	2,225.5	2,155.7	2,255.4	2,154.8	2,048.3	2,014.9	2,550.8	2,462.2	2,484.0

Malawi (676)

In Millions of U.S. Dollars

		Exports (FOB)						Imports (CIF)					
		2011	2012	2013	2014	2015	2016	2011	2012	2013	2014	2015	2016
IFS World		1,408.5	1,175.1	1,194.3	....	....	....	2,429.0	2,387.6	2,825.9	....	....	....
World	001	1,423.4	1,183.2	1,209.1	1,343.3	1,079.5	1,098.7	2,432.1	2,333.3	2,848.9	2,778.5	2,313.3	2,064.8
Advanced Economies	110	656.2	586.3	627.9	570.2	417.8	397.7	648.4	606.2	718.2	662.9	535.6	437.7
Euro Area	163	280.1	229.7	275.2	344.1	240.3	208.4	169.6	231.4	287.5	156.1	131.8	144.1
Austria	122	....	....	0.0	0.0	....	....	0.0	0.1	0.4	1.0	1.3	2.9
Belgium	124	93.3	84.9	100.0	171.5	114.0	89.1	11.5	20.7	19.1	35.2	23.2	18.5
Cyprus	423	....	....	0.0	....	....	....	0.2	0.4	0.8	0.1	0.1	0.0
Estonia	939	....	....	....	....	....	....	0.0	0.0	0.4	0.5	0.4	0.3
Finland	172	0.5	0.2	0.9	3.0	2.0	1.4	5.2	4.4	5.0	4.3	5.7	3.4
France	132	11.6	10.7	7.3	12.3	2.3	0.5	9.8	6.3	9.0	9.0	7.4	29.3
Germany	134	46.3	28.5	45.8	48.0	50.2	46.5	31.0	46.1	95.0	38.6	27.8	25.3
Greece	174	9.7	4.5	7.7	12.1	5.6	6.2	5.3	0.6	0.0	0.2	0.1	0.0
Ireland	178	4.9	1.1	0.9	....	0.0	0.0	4.8	3.3	4.6	3.0	5.6	6.2
Italy	136	3.2	3.2	6.1	....	8.4	5.2	35.5	15.4	29.2	23.1	12.6	15.4
Latvia	941	....	....	....	....	....	....	....	0.0	0.6	0.0	0.0	0.0
Lithuania	946	5.8	9.5	6.6	10.3	2.8	1.7	0.1	2.9	3.4	3.1	1.3	1.4
Luxembourg	137	1.1	....	....	2.1	0.2	0.2	0.0	0.0	0.0	0.1	0.0	0.0
Netherlands	138	25.8	45.8	46.5	34.5	20.6	24.5	60.4	59.4	78.8	18.6	31.4	33.8
Portugal	182	24.8	27.4	46.6	34.6	24.8	26.5	2.5	67.0	35.1	14.8	5.5	4.0
Slovak Republic	936	....	....	....	....	0.0	0.0	1.1	1.5	1.9	2.2	1.1	0.5
Slovenia	961	0.0	....	0.0	....	....	....	0.1	0.0	0.1	0.0	0.0	0.0
Spain	184	53.1	14.0	6.6	15.8	9.4	6.7	1.9	3.4	4.1	2.4	8.2	3.1
Australia	193	0.2	1.7	0.2	0.5	2.0	0.3	15.3	10.4	29.4	14.9	12.8	8.9
Canada	156	125.7	125.3	139.5	35.7	2.2	3.4	8.4	6.7	18.2	26.0	23.9	15.8
China,P.R.: Hong Kong	532	5.6	1.0	4.6	....	4.9	1.2	56.1	14.5	14.1	25.8	27.5	27.4
China,P.R.: Macao	546	0.0	0.1	....	0.0	....	....	....	....	0.0	....	0.0	0.0
Czech Republic	935	0.9	9.3	2.0	3.8	7.8	15.1	0.5	0.4	1.5	0.8	0.5	0.6
Denmark	128	4.9	6.3	3.7	4.8	4.9	5.3	43.4	38.3	28.3	31.0	27.6	19.5
Iceland	176	0.0	0.0	....	....	....	....	0.1	0.0	0.0	0.0	0.0	....
Israel	436	0.1	0.1	0.0	....	0.2	0.2	1.3	2.6	3.4	1.1	3.2	6.4
Japan	158	1.5	2.1	1.4	....	1.6	1.4	49.9	59.6	83.5	121.5	72.3	41.6
Korea, Republic of	542	22.5	30.8	29.0	16.4	12.7	23.0	21.4	22.5	25.4	23.6	24.1	21.8
New Zealand	196	2.5	0.8	1.2	1.0	0.6	0.1	0.4	0.5	0.6	0.3	0.5	0.2
Norway	142	0.0	0.0	0.0	0.0	0.0	0.0	7.2	11.4	6.4	0.5	2.5	0.6
Singapore	576	2.6	4.1	4.5	4.1	6.9	12.1	12.5	6.6	5.0	22.1	4.4	1.3
Sweden	144	0.0	0.0	1.5	9.3	7.2	7.1	7.1	4.7	6.7	7.1	2.7	2.3
Switzerland	146	18.8	82.9	14.8	26.1	12.8	7.4	40.6	48.8	55.8	55.2	70.9	5.5
Taiwan Prov.of China	528	4.5 e	3.1 e	2.2 e	3.5 e	1.5 e	2.6 e	4.4 e	3.0 e	4.2 e	4.1 e	1.7 e	1.5 e
United Kingdom	112	109.3	40.1	70.6	64.5	63.9	45.3	82.2	62.4	73.5	79.2	77.3	79.1
United States	111	76.8	49.0	77.5	56.4	48.3	64.7	127.8	82.4	74.6	93.6	51.9	61.1
Emerg. & Dev. Economies	200	767.3	594.5	579.5	769.2	661.7	701.0	1,783.7	1,726.8	2,130.6	2,115.5	1,777.8	1,627.1
Emerg. & Dev. Asia	505	123.0	128.7	112.0	94.0	128.0	101.1	558.0	498.1	563.8	679.7	622.9	571.8
Bangladesh	513	6.1	7.6	0.9	4.2	0.7	1.0	0.7	0.6	0.4	0.9	0.1	0.1
Bhutan	514	....	0.2	0.0	0.0	....	....	....	0.0	....	....	....	....
Brunei Darussalam	516	....	....	....	....	....	....	0.0	....	0.1	....	0.0	0.0
Cambodia	522	0.1	0.0	1.0	2.0	1.2	1.6	....	0.0	0.0	....	0.0	0.0
China,P.R.: Mainland	924	57.6	62.1	67.3	69.7	55.9	49.4	224.6	252.0	265.4	276.1	303.8	285.0
Fiji	819	0.2	0.1	0.1	0.1	0.0	0.1	....	....	0.0	0.0	0.0	0.0
India	534	24.0	35.0	16.1	....	52.2	33.0	279.8	191.1	223.2	326.1	237.7	224.4
Indonesia	536	6.6	2.1	5.4	....	8.4	2.7	23.8	24.7	39.4	41.7	40.7	25.8
Malaysia	548	3.3	4.2	1.6	1.1	1.1	1.4	10.3	13.1	13.9	13.8	23.3	19.7
Marshall Islands	867	0.6	....	....	....	....	....	....	....	....	....	....	....
Palau	565	....	....	0.1	....	....	....	....	....	....	....	....	....
Papua New Guinea	853	....	....	....	0.0	....	....	0.1	....	0.0	....	....	....
Philippines	566	17.9	10.1	14.4	14.8	6.5	8.9	0.2	0.4	0.3	0.3	0.6	....
Samoa	862	....	....	0.0	....	....	....	0.0	....	0.1	....	....	....
Solomon Islands	813	0.0	....	....	....	0.1	0.1	....	....	....	....	....	....
Sri Lanka	524	0.0	....	0.1	....	0.1	0.3	0.3	0.4	0.3	0.4	0.6	0.1
Thailand	578	4.0	1.3	0.1	0.5	0.5	0.9	7.6	4.7	7.8	10.1	7.7	9.5
Vietnam	582	2.6	6.1	4.8	1.6	1.3	1.8	1.2	3.8	2.7	2.4	2.2	1.9

Malawi (676)
In Millions of U.S. Dollars

		Exports (FOB)						Imports (CIF)					
		2011	2012	2013	2014	2015	2016	2011	2012	2013	2014	2015	2016
Asia n.s.	598	....	....	....	....	....	....	9.4	7.3	10.3	8.0	6.1	5.3
Europe	170	**86.1**	**90.8**	**103.5**	**97.2**	**84.9**	**89.0**	**22.1**	**25.0**	**47.4**	**50.7**	**42.9**	**22.2**
Emerg. & Dev. Europe	903	**43.3**	**31.5**	**45.2**	**53.5**	**23.1**	**12.9**	**6.8**	**9.9**	**15.5**	**18.7**	**6.4**	**7.5**
Albania	914	0.0	....	....	....	0.0	0.0	....	....	0.1	....	....	....
Bosnia and Herzegovina	963	2.2	0.1	....	0.1	0.4	0.0	0.0	0.0	0.0	0.0	0.0	0.0
Bulgaria	918	7.4	2.1	8.7	2.2	0.5	0.9	1.4	1.8	2.0	5.0	1.3	1.2
Croatia	960	....	0.7	0.1	....	....	....	0.0	0.0	....	0.0	....	....
Gibraltar	823	....	....	....	....	....	....	0.1	0.2	0.2	0.2	0.4	0.3
Hungary	944	0.1	0.1	0.3	....	0.1	0.2	0.3	0.3	0.4	0.6	0.3	0.2
Macedonia, FYR	962	....	0.5 e	0.3 e	0.3 e	0.2 e	0.0 e	....	....	....	....	....	....
Poland	964	20.7	21.4	18.0	31.0	15.4	6.8	1.3	0.9	1.2	2.6	1.2	3.1
Romania	968	1.0	0.5	1.2	6.3	1.5	1.1	0.1	0.1	0.3	4.1	0.0	0.0
Serbia, Republic of	942	0.7	0.3	4.5	1.7	1.1	0.4	0.0	....	0.0	0.2	....	0.1
Turkey	186	11.2	5.8	12.2	11.9	3.9	3.4	3.5	6.6	11.3	6.1	3.1	2.7
CIS	901	**42.8**	**59.2**	**58.3**	**43.7**	**61.7**	**76.1**	**11.0**	**15.1**	**31.9**	**29.8**	**34.8**	**13.3**
Armenia	911	1.2	2.1	2.6	2.5	3.3	3.6	....	....	....	....	....	....
Azerbaijan, Rep. of	912	0.3	0.3	0.1	....	0.0	0.0	0.1	0.0	0.0	....	....	....
Belarus	913	1.1	0.9	0.1	1.7	1.0	1.4	....	0.1	0.1	0.1	....	0.0
Georgia	915	0.8	0.5	0.2	1.0	0.0	0.0	0.2	0.2	0.0	0.2	0.0	....
Kazakhstan	916	0.6	0.6	1.6	1.2	0.2	0.1	....	0.0	....	....	....	....
Kyrgyz Republic	917	0.1	....	....	....	....	....	....	....	....	....	....	....
Russian Federation	922	30.6	45.6	41.8	27.1	37.9	38.8	10.3	11.7	27.9	28.1	32.9	12.9
Ukraine	926	8.1	9.3	11.9	10.1	19.3	32.0	0.5	3.1	3.8	1.3	1.9	0.4
Uzbekistan	927	....	....	....	0.1	0.0	0.0	....	....	....	....	....	....
Europe n.s.	884	....	....	....	....	....	....	4.3	0.0	0.0	2.3	1.7	1.4
Mid East, N Africa, Pak	440	**77.6**	**102.6**	**53.9**	**99.4**	**89.7**	**79.6**	**164.5**	**211.8**	**248.1**	**213.7**	**330.2**	**251.3**
Algeria	612	1.3	2.2	0.4	0.1	2.4	3.7	1.6	0.8	0.0	0.0	0.0	0.0
Bahrain, Kingdom of	419	....	....	....	....	....	....	0.4	0.1	0.3	0.1	0.0	0.0
Djibouti	611	0.4	....	....	....	....	....	....	....	....	....	....	....
Egypt	469	62.9	55.5	8.6	60.0	56.8	39.5	3.3	4.6	5.0	5.4	5.4	5.2
Iran, I.R. of	429	0.5	2.5	....	....	0.0	0.0	0.7	8.0	0.0	0.1	0.0	0.0
Jordan	439	0.2	11.6	0.2	....	2.8	1.0	3.3	1.8	1.4	3.2	2.7	....
Kuwait	443	....	....	....	0.2	....	....	0.9	7.9	15.3	6.9	30.7	25.8
Lebanon	446	....	0.0	....	0.0	0.8	2.0	0.4	0.1	0.4	0.6	0.2	0.3
Mauritania	682	....	0.0	0.0	....	....	....	....	....	0.1	0.2	0.0	0.0
Morocco	686	2.4	4.8	4.1	1.6	3.0	....	1.5	0.8	0.1	0.0	0.2	0.2
Oman	449	0.0	....	0.0	0.0	....	....	....	3.1	6.9	12.5	3.5	1.7
Pakistan	564	1.5	2.1	0.8	2.5	0.1	0.1	6.5	6.8	9.5	11.0	10.2	8.1
Qatar	453	....	....	....	....	....	....	0.5	3.2	7.4	6.2	5.2	4.4
Saudi Arabia	456	0.6	0.7	1.2	0.8	0.1	0.1	32.0	58.1	23.3	16.4	18.1	13.5
Sudan	732	....	1.2	4.4	0.0	1.1	....	....	0.0	0.0	0.1	0.0	....
Syrian Arab Republic	463	0.0	3.0	....	....	....	....	0.0	0.0	....	....	0.0	0.0
Tunisia	744	0.6	2.5	1.6	3.8	1.4	4.0	0.0	0.7	0.0	0.1	0.0	0.0
United Arab Emirates	466	6.6	16.6	32.6	30.2	21.3	29.2	113.3	115.8	178.3	151.0	253.6	192.1
West Bank and Gaza	487	0.5 e	....	....	....	....	....	....	....	....	....	....	....
Sub-Saharan Africa	603	**471.2**	**255.4**	**296.2**	**469.2**	**357.7**	**429.1**	**999.4**	**976.2**	**1,254.5**	**1,156.3**	**771.4**	**768.7**
Angola	614	0.0	0.1	0.1	0.0	0.1	0.1	0.1	0.0	0.0	....	....	....
Botswana	616	3.3	3.3	6.9	3.5	1.8	2.1	45.2	7.8	8.3	8.2	8.8	8.8
Burundi	618	0.0	0.1	0.0	0.6	0.7	1.0	0.0	....	0.0	....	0.0	0.0
Cameroon	622	0.7	....	....	0.1	0.0	0.0	0.1	0.0	0.0	0.0	0.0	0.0
Central African Rep.	626	0.1	....	0.0	....	....	....	0.0	....	....	....	....	....
Chad	628	0.6	....	....	0.0	....	....	....	0.0	....	0.0	....	....
Congo, Dem. Rep. of	636	2.8	0.4	8.0	1.4	1.6	2.2	0.1	0.1	0.1	0.0	0.5	0.4
Congo, Republic of	634	4.1	1.5	4.8	4.6	0.0	0.0	....	0.0	0.0	0.0	0.0	0.0
Côte d'Ivoire	662	20.0	0.0	....	....	....	....	0.0	0.1	....	0.0	....	....
Eritrea	643	0.3	....	....	....	....	....	....	0.0	0.0	0.0	0.0	0.0
Ethiopia	644	0.0	0.0	0.3	0.1	0.2	0.3	0.1	0.1	0.1	0.9	0.5	0.4
Gabon	646	0.0	....	....	....	0.0	0.0	0.1	0.0	0.1	....	0.0	0.0
Ghana	652	0.0	0.2	0.0	0.0	0.0	0.0	0.0	0.1	0.0	0.2	0.0	0.0
Guinea	656	....	0.0	0.8	1.7	....	....	0.1	0.0	0.1	0.0	0.0	0.0

Malawi (676)
In Millions of U.S. Dollars

		Exports (FOB)						Imports (CIF)					
		2011	2012	2013	2014	2015	2016	2011	2012	2013	2014	2015	2016
Kenya	664	73.7	25.3	32.7	37.2	15.3	23.3	60.3	53.9	40.3	38.0	31.5	25.7
Lesotho	666	1.9	0.0	....	0.3	....	....	0.1	0.1	0.3	0.5	0.3	0.3
Madagascar	674	0.0	....	0.1	0.0	0.0	0.1	0.0	0.0	5.2	3.1	5.2	4.4
Mali	678	0.0	0.0	....	8.4	0.0	0.1	0.2	1.5	0.0	0.3	0.0	0.0
Mauritius	684	3.3	1.7	0.3	0.2	0.7	0.1	4.6	12.4	9.4	20.2	22.3	55.7
Mozambique	688	45.3	32.6	30.9	130.8	99.6	117.1	45.2	170.9	344.1	327.4	72.7	61.1
Namibia	728	0.0	0.0	0.2	0.0	0.1	0.1	2.1	2.4	2.8	4.3	4.7	4.0
Niger	692	0.5	0.0	0.0	0.1	0.5	0.7	0.2	0.1	1.1	0.1	0.0	0.0
Nigeria	694	0.0	0.0	0.1	0.1	0.0	0.0	0.8	0.2	0.1	0.2	0.2	0.1
Rwanda	714	1.4	0.0	0.1	0.2	1.3	5.5	0.0	0.0	0.1	0.0	0.0	0.0
Senegal	722	0.2	0.3	0.4	0.6	1.2	....	....	....	....	0.0	0.0	0.0
Seychelles	718	0.1	0.1	0.1	0.1	0.1	0.1	0.1	0.1	0.4	1.8	0.9	0.7
Sierra Leone	724	0.1	0.0	....	0.0	0.0	0.0	0.1	0.0	0.1	0.0	0.0	0.0
South Africa	199	117.5	90.5	91.9	104.7	80.2	78.5	606.0	569.6	618.3	526.7	417.3	417.8
Swaziland	734	4.4	9.4	1.6	0.4	0.9	1.2	13.9	9.8	9.9	16.6	21.3	15.5
Tanzania	738	29.8	20.3	28.6	27.3	20.1	27.6	75.2	37.7	46.8	62.9	40.3	32.4
Uganda	746	4.7	0.3	0.6	12.3	13.3	9.7	0.2	0.3	0.2	0.4	1.1	0.3
Zambia	754	34.1	22.5	39.5	45.6	19.4	21.6	110.4	80.4	129.8	111.2	118.0	119.5
Zimbabwe	698	122.3	46.6	48.3	88.9	100.4	137.8	34.1	28.6	36.7	33.1	25.6	21.4
Africa n.s.	799	....	....	....	....	....	....	0.1	....	....	0.0	....	....
Western Hemisphere	205	9.4	16.9	13.9	9.5	1.5	2.2	39.7	15.7	16.7	15.1	10.4	13.1
Antigua and Barbuda	311	....	....	....	....	0.0	0.0	1.1	1.2	0.3	....	....	....
Argentina	213	1.5	4.2	4.5	1.5	0.7	1.3	34.7	11.4	9.2	9.1	6.5	11.6
Brazil	223	2.7	6.7	3.3	3.2	0.2	0.2	2.8	2.3	5.6	5.8	3.3	0.9
Chile	228	....	....	....	0.0	0.0	0.0	0.0	0.0	0.2	0.0	0.0	0.0
Colombia	233	....	0.9	0.8	0.9	0.1	0.1	0.1	0.0	....	....	0.0	....
Costa Rica	238	1.0	0.4	0.6	0.2	0.0	0.1	0.0	....	0.0	0.0	0.0	0.0
Dominican Republic	243	0.5	....	0.1	0.1	....	....	....	....	0.0	....	....	....
Ecuador	248	0.2	0.1	0.0	0.1	....	....	0.0	....	....	0.0	0.1	0.1
Guatemala	258	0.9	0.2	....	....	....	....	....	....	....	....	....	....
Haiti	263	0.1	....	....	0.1	0.1	0.1	....	....	....	0.0	0.0	0.0
Honduras	268	....	....	0.1	....	....	0.0	....	0.0	0.7	0.0	0.0	0.0
Jamaica	343	....	0.1	....	....	....	....	0.0	0.0	0.1	0.0	0.0	0.0
Mexico	273	0.5	3.6	3.6	2.8	....	....	0.5	0.3	0.1	0.1	0.1	0.1
Nicaragua	278	....	0.0	....	....	....	....	0.0	0.0	0.1	....	0.0	0.0
Panama	283	....	....	0.0	....	....	....	0.0	0.3	0.0	....	....	....
Paraguay	288	1.9	0.2	....	....	0.0	0.0	....	....	....	....	0.3	0.2
Peru	293	....	....	....	....	....	0.0	....	0.0	0.5	0.1	0.0	0.0
St. Kitts and Nevis	361	....	....	....	....	....	....	0.0	0.1	....	....	....	....
Uruguay	298	0.1	0.4	0.9	0.5	0.5	0.3	....	....	....	0.0	....	....
Western Hem. n.s.	399	....	....	....	....	....	....	0.1	....	0.0	0.0	....	....
Other Countries n.i.e	910	0.0	2.5	1.7	3.9	....	....	0.0	0.3	0.1	0.0	0.0	0.0
Cuba	928	0.0	0.0	....	0.1	....	....	0.0	0.0	....	....	0.0	0.0
Korea, Dem. People's Rep.	954	....	2.5	1.7	3.7	....	....	0.0	0.3	0.1	0.0	0.0	0.0
Memorandum Items													
Africa	605	475.9	266.2	306.6	474.8	365.6	436.9	1,002.6	978.5	1,254.8	1,156.7	771.7	769.0
Middle East	405	71.4	89.8	42.6	91.2	81.7	71.8	154.8	202.7	238.3	202.3	319.6	242.9
European Union	998	424.4	310.4	381.3	466.1	341.6	290.3	306.0	340.3	401.5	286.4	242.9	250.0
Export earnings: fuel	080	45.5	71.1	83.5	65.4	62.0	72.2	160.8	208.9	259.7	221.5	344.5	250.6
Export earnings: nonfuel	092	1,377.9	1,112.1	1,125.6	1,277.9	1,017.5	1,026.5	2,271.3	2,124.4	2,589.2	2,556.9	1,968.8	1,814.1

Malaysia (548)
In Millions of U.S. Dollars

		Exports (FOB)						Imports (CIF)					
		2011	2012	2013	2014	2015	2016	2011	2012	2013	2014	2015	2016
IFS World		228,059.6	227,479.9	228,503.3	233,868.0	199,040.8	189,459.3	187,459.6	196,412.1	205,875.9	208,667.1	175,592.9	168,421.7
World	001	228,289.2	227,766.2	228,392.0	234,248.5	199,957.6	188,164.3	187,640.2	196,592.3	206,118.0	208,961.4	175,977.0	177,334.9
Advanced Economies	110	134,224.2	134,309.6	132,406.9	140,422.2	116,813.2	108,299.7	111,053.5	111,758.5	113,924.2	114,567.4	95,515.7	89,629.7
Euro Area	163	19,164.2	16,379.8	16,984.1	18,056.6	16,199.5	15,599.0	15,915.5	17,749.9	18,486.9	18,088.6	14,712.7	13,824.8
Austria	122	128.1	66.1	150.2	205.3	161.9	111.2	670.0	481.3	494.7	563.1	634.7	530.2
Belgium	124	971.5	739.3	787.8	994.4	952.9	1,010.7	699.1	864.2	1,000.8	720.6	667.4	636.8
Cyprus	423	31.7	18.9	11.2	12.6	8.1	12.8	10.5	11.3	39.4	65.5	252.5	18.5
Estonia	939	61.2	51.3	73.3	76.1	55.8	31.3	3.0	4.1	6.8	14.6	23.0	6.1
Finland	172	329.7	271.6	204.4	154.8	134.3	102.0	307.9	267.2	438.0	200.7	161.7	153.8
France	132	2,674.5	1,810.4	1,772.9	1,611.5	1,488.5	1,415.5	3,111.7	4,220.6	4,253.3	3,807.9	2,237.2	2,287.4
Germany	134	6,046.4	5,193.8	5,238.4	5,463.3	5,021.7	5,373.4	7,184.8	7,521.3	7,278.3	7,089.8	6,009.4	5,732.4
Greece	174	86.7	120.6	104.7	294.1	289.8	127.0	14.4	31.3	41.2	14.7	12.3	25.8
Ireland	178	190.5	172.0	148.7	156.7	143.0	136.2	552.0	314.6	288.9	385.5	302.9	585.4
Italy	136	1,181.8	956.2	1,015.7	903.2	928.0	965.0	1,647.8	1,711.6	1,862.8	1,783.1	1,330.1	1,387.9
Latvia	941	38.6	64.9	69.8	38.2	36.0	71.2	10.6	19.0	120.9	17.5	9.7	17.1
Lithuania	946	62.1	54.2	35.6	52.4	39.9	31.3	22.5	82.4	48.9	29.2	54.9	88.5
Luxembourg	137	84.8	52.1	23.4	7.0	24.6	9.6	26.7	33.0	92.5	23.3	20.3	23.3
Malta	181	28.1	32.4	40.6	54.3	50.2	24.1	11.5	24.0	30.2	26.1	87.1	42.3
Netherlands	138	6,304.7	6,019.7	6,567.0	7,160.2	6,013.1	5,285.8	1,181.5	1,620.4	1,712.3	2,506.8	2,329.1	1,694.6
Portugal	182	166.8	139.3	99.5	91.4	74.2	66.1	19.1	88.3	139.7	73.9	44.3	41.8
Slovak Republic	936	107.5	80.0	75.4	124.2	81.4	59.5	32.1	16.8	18.2	22.4	27.5	30.1
Slovenia	961	33.2	30.1	103.8	112.3	103.1	204.3	15.3	21.2	28.6	24.1	15.0	23.7
Spain	184	636.3	507.0	461.6	544.4	592.9	561.8	394.8	417.3	591.5	719.9	493.6	499.4
Australia	193	8,398.3	9,435.7	9,238.0	10,094.0	7,213.5	6,445.3	4,188.2	4,730.2	5,242.5	6,188.8	4,501.1	3,762.0
Canada	156	910.5	947.8	803.2	808.1	785.7	704.5	921.0	931.4	1,004.6	920.3	702.6	666.6
China,P.R.: Hong Kong	532	10,228.8	9,740.5	9,897.9	11,325.6	9,482.4	9,071.5	4,445.5	4,319.4	3,332.5	3,295.3	2,964.9	3,053.3
China,P.R.: Macao	546	24.1	19.5	20.1	26.2	26.3	27.4	15.7	8.9	21.2	27.9	16.9	13.2
Czech Republic	935	476.3	288.9	275.7	346.5	318.0	326.5	111.4	112.9	171.7	195.3	226.7	199.9
Denmark	128	248.7	193.5	173.8	190.0	174.3	134.8	200.3	209.0	249.2	275.2	296.4	189.8
Iceland	176	0.9	2.2	1.5	1.3	0.6	0.3	8.7	12.8	6.4	1.1	0.3	1.2
Japan	158	26,591.3	27,032.0	25,327.8	25,269.6	18,999.1	15,250.3	21,382.0	20,212.5	17,899.4	16,739.4	13,785.4	13,734.0
Korea, Republic of	542	8,589.5	8,226.1	8,292.5	8,557.4	6,474.7	5,491.7	7,616.2	7,992.4	9,725.3	9,704.5	7,968.2	8,838.1
New Zealand	196	987.5	1,172.1	1,379.4	1,604.6	1,022.2	731.8	789.8	784.4	870.8	893.0	782.4	690.3
Norway	142	95.8	93.6	102.7	468.4	195.9	90.2	177.8	229.1	395.4	446.8	524.5	254.0
Singapore	576	28,841.0	30,966.8	31,912.4	33,291.6	27,807.7	27,581.1	24,120.5	26,080.2	25,504.2	26,223.9	21,051.6	17,453.4
Sweden	144	499.4	451.7	427.6	360.0	376.1	352.9	645.0	649.0	616.2	595.7	464.2	469.6
Switzerland	146	329.6	337.0	263.6	283.3	395.3	676.1	1,477.6	1,443.2	1,894.0	2,269.8	2,116.5	1,718.8
Taiwan Prov.of China	528	7,599.4	7,076.4	6,658.9	7,612.1	6,075.4	4,356.0	8,884.1	8,174.7	9,990.1	10,515.2	9,373.0	9,762.9
United Kingdom	112	2,341.2	2,207.3	2,174.0	2,419.6	2,386.8	2,106.2	2,009.5	2,214.9	2,327.4	2,171.1	1,834.7	1,579.1
United States	111	18,897.9	19,738.8	18,473.8	19,707.6	18,879.8	19,353.9	18,144.7	15,903.7	16,186.4	16,015.6	14,193.5	13,418.6
Vatican	187	....	....	....	....	....	0.1	....	....	....	....	....	....
Emerg. & Dev. Economies	200	93,945.9	93,388.4	95,894.1	93,744.7	83,099.4	79,840.2	75,843.5	83,947.5	90,597.7	92,916.2	78,930.2	86,976.0
Emerg. & Dev. Asia	505	69,839.1	71,607.6	74,393.1	72,868.7	64,804.2	62,032.8	56,594.5	62,695.7	68,689.7	67,144.4	63,077.0	72,788.0
American Samoa	859	2.4	0.9	26.8	10.3	9.3	5.9	0.0	0.3	0.2	0.0	0.4	0.0
Bangladesh	513	1,779.2	1,509.6	1,584.5	1,232.0	997.9	1,240.8	39.9	74.9	90.5	114.7	144.3	190.0
Bhutan	514	1.5	1.4	1.1	1.0	0.5	0.6	0.0	0.0	0.0	0.1	0.0	0.0
Brunei Darussalam	516	544.1	692.5	823.7	860.3	690.0	512.0	48.9	52.5	323.1	252.8	142.2	165.9
Cambodia	522	258.3	249.0	235.2	243.0	234.6	285.0	66.5	128.7	193.8	183.1	151.4	140.7
China,P.R.: Mainland	924	29,953.5	28,781.6	30,711.2	28,203.8	25,987.0	23,753.3	24,747.2	29,762.4	33,740.3	35,328.1	33,155.2	34,306.5
Fiji	819	48.1	55.2	255.5	67.7	53.5	56.7	1.1	2.9	2.4	2.1	2.1	4.2
F.T. French Polynesia	887	3.5	3.5	46.3	18.2	14.0	3.6	0.0	0.1	0.0	0.5	....	....
F.T. New Caledonia	839	54.1	23.5	49.5	119.3	125.4	31.9	0.0	0.6	0.3	0.1	0.1	0.1
Guam	829	5.1	4.6	27.6	5.1	3.7	1.1	0.1	0.1	0.0	0.1	0.1	0.0
India	534	9,214.3	9,507.0	8,175.0	9,768.1	8,128.0	7,713.6	3,330.0	3,824.4	5,212.5	4,074.9	3,901.3	4,012.4
Indonesia	536	6,812.3	8,951.0	10,499.7	9,717.6	7,472.5	6,665.9	11,486.4	10,083.6	8,879.0	8,482.2	7,949.5	7,092.6
Kiribati	826	1.3	1.1	0.9	1.1	1.2	0.4	....	0.0	....	0.5	0.1	1.5
Lao People's Dem.Rep	544	13.8	12.9	22.8	24.7	14.8	18.5	0.7	0.4	1.3	1.3	2.9	4.6
Maldives	556	94.2	97.6	78.9	128.8	112.9	116.8	1.7	0.7	0.7	0.3	0.2	1.3
Marshall Islands	867	....	....	....	....	....	1.0	....	....	....	....	....	5.6
Micronesia	868	....	....	....	....	....	0.4	....	....	....	....	....	0.0

Malaysia (548)

In Millions of U.S. Dollars

		\multicolumn{6}{c}{Exports (FOB)}	\multicolumn{6}{c}{Imports (CIF)}
		2011	2012	2013	2014	2015	2016	2011	2012	2013	2014	2015	2016
Mongolia	948	28.6	29.6	40.6	30.8	13.5	15.8	0.0	0.1	0.6	1.1	0.1	0.1
Myanmar	518	559.6	703.7	713.4	805.7	781.3	945.9	234.1	184.3	198.7	166.9	178.6	198.6
Nauru	836	0.4	0.4	0.3	0.3	0.3	0.2	....	....	....	0.0	....	....
Nepal	558	34.5	33.8	31.4	27.3	19.2	28.9	2.0	1.3	0.4	1.3	0.7	0.2
Palau	565	0.1	0.3	2.3	0.6	0.6	0.3	0.0	0.0	....	0.0	0.0	....
Papua New Guinea	853	590.8	681.0	549.0	432.8	355.7	335.9	196.8	130.5	102.9	85.5	121.2	171.2
Philippines	566	3,580.8	3,396.5	2,966.7	3,689.1	3,369.1	3,288.4	1,565.6	1,555.6	1,506.2	1,578.2	1,677.5	1,589.9
Samoa	862	3.1	3.6	5.2	8.1	5.2	5.1	0.4	0.5	0.5	0.1	0.1	0.2
Solomon Islands	813	27.7	24.6	21.2	27.8	28.3	18.5	12.0	8.2	8.9	12.6	11.0	3.4
Sri Lanka	524	669.7	780.2	574.3	664.3	481.5	582.6	177.3	79.9	87.5	57.7	89.6	59.5
Thailand	578	11,710.9	12,208.0	12,673.8	12,314.9	11,403.4	10,628.2	11,286.2	11,566.4	12,280.9	12,123.1	10,691.0	10,208.5
Timor-Leste	537	4.2	9.0	19.9	62.6	29.1	9.1	0.2	1.1	1.3	0.5	0.1	0.1
Tonga	866	2.2	2.1	1.7	2.4	2.3	1.1	0.2	0.1	....	0.0	0.0	0.0
Tuvalu	869	5.9	4.5	3.7	4.4	3.0	0.2	....	....	....	....	....	0.0
Vanuatu	846	2.7	2.6	20.6	2.6	8.9	6.0	5.3	2.3	5.9	4.7	4.3	1.2
Vietnam	582	3,827.4	3,826.8	4,227.0	4,378.7	4,452.4	5,730.3	3,382.7	5,214.0	6,030.7	4,662.2	4,823.1	4,536.0
Asia n.s.	598	4.6	9.2	3.2	15.4	5.1	29.1	8.9	20.2	20.7	9.8	29.8	10,093.4
Europe	170	**3,371.4**	**2,813.3**	**2,847.6**	**2,830.1**	**2,722.9**	**3,324.1**	**1,303.2**	**1,206.1**	**2,137.7**	**3,037.9**	**1,862.0**	**1,832.5**
Emerg. & Dev. Europe	903	**1,931.5**	**1,505.5**	**1,625.5**	**1,685.7**	**1,746.9**	**2,494.8**	**548.0**	**514.0**	**736.8**	**654.4**	**868.2**	**723.8**
Albania	914	3.4	2.2	2.3	2.7	12.0	10.8	0.3	0.5	1.7	0.8	0.3	0.2
Bosnia and Herzegovina	963	1.7	0.3	0.3	0.2	0.5	0.1	0.7	0.3	0.0	0.5	3.2	0.2
Bulgaria	918	65.9	38.6	49.1	56.4	57.4	64.0	25.9	27.6	52.9	39.5	34.8	32.2
Croatia	960	23.5	20.3	17.0	20.2	19.2	16.1	4.2	2.3	2.1	3.9	7.0	22.1
Faroe Islands	816	0.1	....	0.1	0.1	0.1	....	....	....	0.0	....	0.0	0.0
Gibraltar	823	0.1	0.1	3.9	0.3	0.1	0.0	0.0	0.0	0.0	0.0	0.0	....
Hungary	944	404.5	220.7	220.9	253.1	219.8	283.8	172.3	81.9	150.1	120.8	117.7	142.0
Macedonia, FYR	962	0.1	....	....	....	....	0.5	0.2	....	....	....	....	1.3
Montenegro	943	8.7	5.6	1.8	1.9	0.9	0.3	0.0	0.0	0.4	0.0	0.0	0.3
Poland	964	287.5	302.9	339.1	495.2	386.6	286.2	136.6	162.7	287.5	237.8	188.2	183.7
Romania	968	115.3	92.2	87.5	98.3	92.8	102.2	28.9	23.3	36.0	30.8	31.7	40.5
Serbia, Republic of	942	2.0	4.6	8.1	4.9	3.4	2.0	1.4	12.6	6.1	3.5	1.1	1.2
Turkey	186	1,018.7	817.9	895.4	752.4	954.1	1,728.8	177.3	202.6	200.1	216.8	484.0	300.1
CIS	901	**1,439.9**	**1,307.7**	**1,221.9**	**1,144.1**	**975.4**	**826.6**	**755.0**	**692.0**	**1,400.9**	**2,383.0**	**993.7**	**1,108.7**
Armenia	911	1.7	0.9	0.9	1.2	3.2	4.1	0.0	0.1	0.1	0.1	0.0	0.1
Azerbaijan, Rep. of	912	9.2	7.6	15.3	10.8	27.9	8.9	56.3	42.1	3.0	0.4	0.8	0.0
Belarus	913	12.9	10.1	2.9	2.8	1.2	0.7	56.5	37.2	54.6	100.0	64.9	36.2
Georgia	915	16.4	23.9	22.8	30.2	31.5	23.0	17.1	4.4	4.7	10.2	55.1	4.8
Kazakhstan	916	60.3	51.0	55.1	53.8	36.1	43.6	1.0	3.5	2.7	13.1	2.7	4.7
Kyrgyz Republic	917	3.0	3.4	5.1	6.8	2.8	2.0	0.1	0.2	0.2	0.2	0.2	0.0
Moldova	921	0.9	0.2	0.7	1.6	1.2	0.2	0.0	0.2	1.0	2.9	5.0	9.0
Russian Federation	922	890.1	697.1	635.9	731.9	593.7	529.9	364.2	413.8	1,170.6	2,071.6	761.6	969.3
Tajikistan	923	2.3	2.0	5.5	5.4	2.6	0.6	0.0	0.0	0.0	....	....	0.0
Turkmenistan	925	24.2	11.7	33.3	23.4	12.4	20.7	0.0	0.1	0.1	0.1	0.2	0.2
Ukraine	926	352.9	441.2	374.4	199.1	165.4	89.5	250.5	183.3	162.3	168.3	96.3	82.9
Uzbekistan	927	66.0	58.5	69.9	76.9	97.4	103.3	9.2	7.0	1.6	16.1	7.0	1.4
Europe n.s.	884	0.1	0.1	0.2	0.3	0.6	2.6	0.2	0.1	0.0	0.6	0.1	0.0
Mid East, N Africa, Pak	440	**12,751.0**	**11,486.1**	**10,865.4**	**9,526.0**	**7,838.0**	**7,664.1**	**9,353.5**	**10,952.2**	**10,252.2**	**11,729.6**	**7,782.3**	**6,870.8**
Afghanistan, I.R. of	512	17.2	20.3	41.3	78.5	97.6	85.4	0.0	0.0	1.2	0.1	0.0	0.0
Algeria	612	184.8	133.9	143.7	145.4	115.9	123.6	0.2	0.2	46.1	310.4	189.8	0.2
Bahrain, Kingdom of	419	79.3	68.8	61.1	65.5	58.1	64.2	166.2	222.5	297.6	85.5	54.0	143.4
Djibouti	611	162.2	77.8	92.3	47.1	63.2	36.0	0.1	0.0	2.8	0.0	0.0	0.1
Egypt	469	1,378.4	1,078.2	867.0	726.7	576.9	500.5	135.1	177.7	186.0	196.7	251.7	121.8
Iran, I.R. of	429	1,052.0	1,141.1	994.4	668.7	496.5	521.3	580.2	341.4	40.8	57.5	36.6	154.8
Iraq	433	71.1	116.3	85.2	80.5	117.7	115.9	1.0	222.6	193.4	214.9	102.8	105.3
Jordan	439	222.4	183.0	159.2	112.6	116.2	98.3	133.2	59.2	124.9	89.3	72.8	70.1
Kuwait	443	348.0	210.6	194.3	284.9	218.1	178.2	572.2	887.0	656.8	1,496.2	798.8	448.1
Lebanon	446	106.5	101.7	99.2	82.4	64.9	62.5	14.4	6.2	12.3	10.5	8.5	9.8
Libya	672	8.3	46.7	38.3	24.0	19.6	27.6	0.0	622.4	229.1	0.3	23.0	2.8
Mauritania	682	126.8	65.4	23.3	34.7	38.4	14.6	0.0	0.2	0.0	0.2	0.1	0.1
Morocco	686	82.9	72.2	74.5	68.2	60.2	69.0	16.3	14.3	11.6	19.2	19.6	24.7

Malaysia (548)

In Millions of U.S. Dollars

		Exports (FOB)						Imports (CIF)					
		2011	2012	2013	2014	2015	2016	2011	2012	2013	2014	2015	2016
Oman	449	240.3	259.3	241.4	270.0	236.8	236.1	499.2	297.5	285.5	173.8	301.8	264.7
Pakistan	564	2,550.8	1,852.5	1,659.0	1,219.6	1,062.1	1,170.2	253.9	252.3	219.7	226.5	230.1	171.6
Qatar	453	183.0	239.2	220.4	362.7	218.2	150.3	1,509.9	1,342.7	1,031.0	834.0	624.4	419.9
Saudi Arabia	456	1,171.6	1,227.4	1,086.6	1,171.9	880.9	812.9	2,767.0	2,454.7	1,981.5	2,836.5	1,937.8	2,559.2
Somalia	726	10.5	12.2	30.1	69.3	66.6	83.0	....	0.0	....	....	0.0	....
Sudan	732	93.2	231.7	117.7	51.3	37.5	45.1	0.5	0.7	1.9	0.6	0.7	0.4
Syrian Arab Republic	463	190.6	72.0	42.5	61.3	37.0	33.0	2.3	1.5	0.4	0.4	0.2	0.1
Tunisia	744	55.9	51.0	65.9	62.4	56.2	62.0	13.0	23.6	18.5	22.8	18.9	28.9
United Arab Emirates	466	4,239.1	4,022.8	4,023.8	3,590.0	3,040.8	3,031.0	2,682.9	4,017.0	4,790.7	4,756.1	3,102.1	2,335.8
West Bank and Gaza	487	0.3	0.5	0.5	0.7	1.0	0.7	0.0	0.0	0.1	0.3	0.5	0.3
Yemen, Republic of	474	175.8	201.2	503.8	247.4	157.4	142.7	5.6	8.6	120.2	397.9	8.0	8.6
Sub-Saharan Africa	603	3,823.9	3,625.5	4,096.5	4,700.3	4,204.7	3,180.4	3,286.8	2,637.9	2,321.0	2,471.8	1,951.1	1,406.6
Angola	614	279.5	180.1	464.3	585.1	487.7	149.7	2.4	1.2	48.7	1.9	1.8	0.5
Benin	638	361.7	340.9	519.8	497.5	342.1	122.7	6.9	22.5	4.0	1.6	1.1	0.0
Botswana	616	3.8	5.0	2.4	1.9	2.6	1.7	0.0	0.0	0.0	0.0	0.1	0.0
Burkina Faso	748	1.1	2.3	2.8	1.2	2.5	3.0	37.7	32.1	8.8	18.3	7.0	4.2
Burundi	618	0.8	0.3	0.3	0.5	0.5	0.1	0.0	0.0	....	0.2	0.2	....
Cabo Verde	624	0.5	0.2	0.4	0.3	0.5	0.1	0.0	0.0	0.0	0.5	....	....
Cameroon	622	57.8	82.4	68.3	81.9	35.5	41.8	69.0	85.7	54.8	82.7	60.2	71.9
Central African Rep.	626	1.9	2.1	3.3	7.6	4.4	1.2	0.3	0.6	2.2	0.3	....	0.1
Chad	628	0.2	0.1	0.1	2.1	0.3	0.3	0.0	1.4	0.1	0.0	0.0	....
Comoros	632	4.3	3.6	4.3	3.9	7.6	1.6	0.0	....	0.1	....	....	0.1
Congo, Dem. Rep. of	636	10.2	18.2	35.7	11.3	12.7	18.0	0.5	1.9	31.0	96.4	30.1	54.3
Congo, Republic of	634	111.4	76.9	73.3	62.9	59.7	13.6	174.4	282.9	213.5	168.1	43.3	8.2
Côte d'Ivoire	662	27.3	77.0	99.5	52.0	87.3	67.7	324.2	359.6	339.5	355.1	239.5	278.7
Equatorial Guinea	642	14.9	8.8	11.6	11.6	12.7	4.1	0.1	0.0	0.1	0.0	29.3	0.0
Eritrea	643	5.2	6.0	8.8	1.7	5.7	1.9	0.4	....	0.0	....	0.0	....
Ethiopia	644	84.9	79.6	73.5	58.6	84.2	113.1	0.6	0.3	4.9	1.8	1.6	1.1
Gabon	646	27.6	24.6	25.7	46.8	29.4	15.6	952.9	184.9	54.9	130.7	181.8	50.3
Gambia, The	648	34.3	28.8	24.4	35.1	31.3	8.8	0.2	0.0	0.0	0.1	0.0	....
Ghana	652	204.1	255.1	176.0	135.8	170.0	193.8	209.7	317.5	140.1	345.9	282.7	164.3
Guinea	656	75.8	34.0	42.3	44.0	36.0	13.2	3.1	6.4	2.6	2.8	2.0	2.6
Guinea-Bissau	654	4.6	2.3	5.0	5.1	4.4	1.2	0.2	0.1	0.1	0.1	0.0	....
Kenya	664	96.1	127.1	277.6	737.2	382.2	172.3	6.1	4.3	5.3	5.5	7.2	12.6
Lesotho	666	0.0	0.1	0.2	0.2	0.7	0.8	0.0	....	0.0	0.3	0.0	0.0
Liberia	668	46.7	51.2	26.2	34.8	36.9	36.0	27.0	38.7	17.4	14.1	3.9	8.7
Madagascar	674	59.0	56.2	49.9	76.0	68.4	79.8	1.0	3.8	5.1	40.3	7.4	9.4
Malawi	676	6.7	7.7	9.1	9.3	8.8	31.6	8.3	4.4	1.9	3.4	3.4	5.4
Mali	678	2.2	2.1	1.9	1.8	1.5	2.4	25.8	69.1	8.9	4.0	0.4	0.0
Mauritius	684	101.1	119.2	95.2	95.5	79.8	85.4	4.9	3.0	3.2	2.2	4.8	3.5
Mozambique	688	36.4	95.9	54.6	184.9	129.2	157.2	13.4	9.8	11.9	9.5	57.2	4.3
Namibia	728	5.3	4.4	6.7	10.2	5.9	2.1	11.8	8.4	5.8	2.5	2.5	1.0
Niger	692	7.5	3.6	5.8	9.2	6.9	3.0	0.0	0.0	0.0	0.2	0.0	0.1
Nigeria	694	628.7	327.5	387.8	389.5	675.1	714.4	89.2	96.1	300.7	278.3	92.2	109.6
Rwanda	714	2.8	1.9	1.9	1.0	3.8	0.4	96.1	63.4	58.4	51.2	29.4	16.2
São Tomé & Príncipe	716	1.3	0.9	0.4	0.1	0.1	0.1	....	0.1	....	0.2	....	....
Senegal	722	25.3	29.2	53.8	105.2	75.8	19.7	4.6	1.9	2.2	6.6	2.9	3.8
Seychelles	718	11.8	11.7	10.2	11.1	38.1	35.5	0.2	0.1	0.2	0.3	0.1	1.2
Sierra Leone	724	60.4	30.6	29.9	21.1	13.9	10.5	0.8	2.4	1.0	0.4	0.0	0.0
South Africa	199	1,033.0	1,069.6	863.2	835.6	769.7	695.6	1,092.7	925.3	852.5	713.8	576.9	411.2
Swaziland	734	2.8	3.7	3.3	2.2	2.1	0.3	7.1	0.5	1.4	3.9	0.2	0.1
Tanzania	738	106.9	165.9	212.7	331.0	198.7	256.4	17.3	9.0	25.7	57.5	134.1	151.7
Togo	742	249.5	252.6	333.8	173.1	232.4	85.9	48.1	12.5	0.0	2.1	1.0	1.9
Uganda	746	16.8	20.4	13.6	12.3	21.2	10.1	7.4	33.1	15.2	27.9	34.0	20.8
Zambia	754	3.0	8.5	9.4	6.4	5.4	2.9	29.1	40.4	87.8	25.5	104.2	6.8
Zimbabwe	698	8.6	7.2	7.5	5.6	30.8	4.7	13.3	14.7	10.9	15.6	8.8	1.9
Africa n.s.	799	0.1	0.0	0.1	0.0	0.1	....	0.0	0.0	0.0	0.0	....	....
Western Hemisphere	205	4,160.5	3,856.0	3,691.5	3,819.5	3,529.6	3,638.8	5,305.5	6,455.6	7,197.1	8,532.5	4,257.7	4,078.1
Antigua and Barbuda	311	1.2	1.4	9.1	8.5	1.8	0.8	0.1	0.0	0.0	0.1	0.1	0.2
Argentina	213	265.9	295.1	234.8	253.4	205.3	195.0	1,120.7	1,185.0	1,335.0	1,289.7	1,105.3	1,020.0

Malaysia (548)

In Millions of U.S. Dollars

		Exports (FOB)						Imports (CIF)					
		2011	2012	2013	2014	2015	2016	2011	2012	2013	2014	2015	2016
Aruba	314	0.5	1.1	0.5	0.8	0.4	0.6	0.0	0.0	81.1	2.6	0.0	0.0
Bahamas, The	313	11.4	12.5	37.0	18.9	16.5	2.5	33.2	42.1	5.7	92.0	0.2	0.1
Barbados	316	2.1	2.0	2.3	2.5	1.6	0.9	1.1	0.8	2.3	0.6	0.1	0.0
Belize	339	2.4	2.8	1.8	3.2	2.7	1.0	0.1	0.7	0.3	1.0	0.1	0.0
Bermuda	319	0.3	6.8	0.3	0.0	0.6	0.0	0.2	0.0	0.9	0.0	0.0	0.0
Bolivia	218	3.1	2.3	4.9	35.7	6.9	7.2	8.3	3.9	20.8	20.2	17.7	14.4
Brazil	223	1,120.4	1,088.6	1,208.9	992.7	804.3	709.8	1,767.0	1,806.4	1,805.7	1,816.2	1,721.6	2,037.3
Chile	228	124.3	136.5	163.9	172.5	222.9	164.1	261.9	208.5	421.8	189.4	192.5	110.3
Colombia	233	117.8	120.1	110.9	117.8	87.8	83.6	112.1	711.9	389.0	74.4	51.4	29.1
Costa Rica	238	61.9	61.3	51.4	59.4	28.3	43.0	1,349.7	1,209.4	1,801.9	3,422.7	29.1	21.0
Curaçao	354	....	....	....	....	....	0.6	....	....	....	....	....	0.1
Dominica	321	2.1	3.0	2.4	2.4	0.6	0.3	0.0	0.0	0.0	0.0	0.0	0.0
Dominican Republic	243	25.1	18.2	22.3	25.2	28.3	33.3	3.9	1.9	1.1	9.1	2.1	4.1
Ecuador	248	24.7	30.7	35.6	69.6	36.1	16.8	67.0	40.7	116.8	45.7	56.4	64.2
El Salvador	253	14.6	17.5	13.3	14.0	14.2	6.9	0.7	0.5	0.8	0.2	15.3	0.6
Falkland Islands	323	1.4	....	0.0	....	0.0	....	....	0.2	1.3	0.2	0.7	0.1
Greenland	326	0.0	0.0	0.0	0.2	....	....	0.3	....	0.0	0.6	0.6	0.0
Grenada	328	0.8	0.4	6.6	11.0	10.1	2.5	0.2	0.2	8.7	0.0	3.0	0.1
Guatemala	258	30.1	25.0	27.6	28.4	33.5	32.4	21.2	2.1	2.2	7.0	58.5	41.6
Guyana	336	6.1	6.1	5.7	8.4	5.1	2.2	2.9	2.1	3.0	1.9	0.6	0.3
Haiti	263	102.9	40.2	42.8	24.3	11.8	10.5	0.9	0.7	0.9	0.2	0.0	0.1
Honduras	268	17.6	26.6	26.1	31.2	32.4	15.6	0.1	1.1	0.4	0.5	1.1	0.6
Jamaica	343	14.4	17.3	14.1	16.0	19.9	20.5	6.0	5.7	4.9	1.8	3.6	0.4
Mexico	273	1,754.5	1,481.8	1,293.0	1,596.4	1,590.2	1,890.9	286.6	282.5	328.4	425.5	383.3	373.2
Netherlands Antilles	353	5.0	1.8	0.6	2.1	1.5	0.2	0.6	1.5	1.8	2.7	11.0	0.1
Nicaragua	278	6.2	4.9	6.2	5.3	9.3	4.4	0.2	1.0	0.2	1.4	1.0	0.3
Panama	283	161.3	168.7	115.8	109.4	124.7	111.3	41.6	87.2	167.6	132.7	39.0	7.6
Paraguay	288	8.9	7.4	11.2	9.8	7.3	11.7	33.9	37.6	55.2	72.2	36.3	10.6
Peru	293	117.0	114.4	117.2	98.7	90.9	122.4	7.8	25.4	74.8	37.3	39.1	76.5
St. Kitts and Nevis	361	0.0	0.3	0.1	0.5	0.2	0.1	0.0	0.1	....	0.0	0.0	0.0
St. Lucia	362	0.5	0.4	0.5	0.6	0.5	0.1	0.0	....	....	....	0.0	....
St. Vincent & Grens.	364	15.0	1.3	0.3	0.3	0.3	0.2	0.0	1.7	....	....	....	....
Suriname	366	8.5	8.5	12.7	7.0	9.3	0.9	3.4	4.5	1.0	0.2	0.1	0.3
Trinidad and Tobago	369	27.0	25.5	28.8	26.5	28.7	43.5	0.4	0.0	0.1	0.5	0.1	25.1
Uruguay	298	46.7	59.5	45.7	43.5	31.6	22.4	8.4	30.8	11.2	22.2	24.9	21.4
Venezuela, Rep. Bol.	299	57.6	60.6	35.6	20.8	60.9	36.2	160.4	755.1	550.9	860.5	461.5	216.3
Western Hem. n.s.	399	1.2	5.4	1.4	2.4	3.1	44.2	4.2	4.3	1.4	1.2	1.2	1.7
Other Countries n.i.e	910	**12.4**	**4.2**	**12.7**	**10.9**	**21.8**	**19.5**	**0.7**	**7.0**	**2.8**	**37.7**	**4.5**	**2.9**
Cuba	928	5.5	4.2	11.7	8.7	17.3	17.5	0.7	7.0	2.7	37.6	3.2	1.2
Korea, Dem. People's Rep.	954	6.8	0.0	1.0	2.2	4.5	2.1	....	0.0	0.1	0.1	1.3	1.8
Special Categories	899	....	....	....	....	18.0	....	27.6	57.3	172.3	116.1	1,430.0	....
Countries & Areas n.s.	898	106.7	64.0	78.2	70.7	5.1	4.9	714.9	822.0	1,421.0	1,323.9	96.6	726.2
Memorandum Items													
Africa	605	4,540.1	4,269.7	4,644.0	5,178.8	4,642.9	3,613.6	3,317.0	2,676.9	2,401.9	2,825.0	2,180.3	1,460.9
Middle East	405	9,466.8	8,969.0	8,617.6	7,749.4	6,240.2	5,975.3	9,069.4	10,660.9	9,950.4	11,149.8	7,323.1	6,644.9
European Union	998	23,626.4	20,196.0	20,748.7	22,295.8	20,230.5	19,271.9	19,249.5	21,233.4	22,380.0	21,758.7	17,914.1	16,683.7
Export earnings: fuel	080	10,577.7	9,993.7	10,354.7	10,022.4	8,434.5	7,613.1	10,822.4	13,007.8	12,869.0	15,081.7	9,022.2	8,101.0
Export earnings: nonfuel	092	217,711.4	217,772.5	218,037.3	224,226.1	191,523.1	180,551.2	176,817.8	183,584.5	193,249.0	193,879.6	166,954.8	169,233.9

Maldives (556)
In Millions of U.S. Dollars

		Exports (FOB) 2011	2012	2013	2014	2015	2016	Imports (CIF) 2011	2012	2013	2014	2015	2016
IFS World		126.4	161.6	166.5	144.8	144.2	140.0	1,476.2	1,554.3	1,733.4	1,992.6	1,894.7	2,125.4
World	001	117.6	161.3	166.3	145.2	147.7	142.7	1,419.3	1,562.4	1,741.1	2,002.3	1,908.9	2,138.1
Advanced Economies	110	64.5	91.6	79.7	84.1	87.1	74.4	575.7	518.4	588.2	693.0	696.7	680.0
Euro Area	163	46.2	59.5	51.6	46.8	46.5	43.4	78.7	78.3	132.2	134.0	168.8	152.4
Austria	122	0.0	....	0.0	....	....	....	1.4	1.1	2.0	2.8	2.6	2.2
Belgium	124	0.1	0.1	0.0	0.0	0.3	0.4	2.0	2.4	2.5	4.8	4.8	6.2
Cyprus	423	....	....	0.0	0.0	0.0	....	0.3	0.5	1.2	2.2	2.6	2.9
Finland	172	....	....	....	0.0	0.1	0.2	0.3	0.2	0.5	0.6	0.5	0.2
France	132	20.4	26.7	22.5	20.9	15.1	12.3	11.3	15.9	34.2	17.6	19.0	17.5
Germany	134	3.1	5.5	10.0	9.2	10.0	12.2	25.0	28.6	30.0	34.8	35.7	51.7
Greece	174	0.0	....	....	....	....	0.0	0.9	0.8	0.6	1.8	0.4	0.5
Ireland	178	4.0	7.0	6.1	8.5	6.1	6.9	0.6	0.9	21.1	18.2	27.1	1.9
Italy	136	12.2	12.4	8.2	5.1	8.1	6.9	23.1	15.6	24.4	29.6	23.5	33.6
Latvia	941	....	0.0 e	....	0.0 e	....	0.0 e	0.0	0.0	0.1	0.1	0.2	0.2
Lithuania	946	....	....	....	....	....	....	0.1	0.0	0.0	0.0	0.1	0.0
Luxembourg	137	....	....	....	....	....	....	....	0.0	....	0.0	0.1	0.1
Malta	181	0.0	....	....	0.0	....	....	0.6	0.3	0.9	1.0	0.8	1.0
Netherlands	138	3.3	4.0	2.6	1.4	5.2	2.5	10.4	8.8	11.2	17.8	18.1	22.8
Portugal	182	....	....	....	0.0	0.0	0.0	0.3	0.4	0.5	0.1	0.1	0.5
Slovak Republic	936	0.1 e	0.0 e	0.0 e	0.0 e	0.0 e	0.0 e	0.1	0.0	0.0	0.0	0.0	0.0
Slovenia	961	....	....	....	....	....	....	0.1	0.0	0.2	0.1	0.3	0.3
Spain	184	2.9	3.7	2.1	1.6	1.6	1.9	2.2	2.8	2.8	2.5	33.0	10.6
Australia	193	0.1	0.9	0.6	0.4	0.2	0.6	30.8	31.3	32.4	36.7	32.1	34.5
Canada	156	0.0	0.3	0.2	0.5	0.5	0.3	18.7	7.2	6.5	28.0	15.4	15.1
China,P.R.: Hong Kong	532	1.3	2.5	1.7	2.2	2.2	1.6	11.2	11.4	22.0	21.8	30.9	46.7
China,P.R.: Macao	546	....	0.0 e	0.0 e	0.0 e	1.0 e	0.0 e	....	....	....	....	....	....
Czech Republic	935	0.0	0.1	....	0.0	0.2	0.1	0.6	6.0	20.3	2.5	2.7	1.7
Denmark	128	0.7	0.7	0.3	0.0	0.1	0.0	23.2	4.4	5.9	4.7	4.8	6.7
Iceland	176	....	0.1 e	0.1 e	0.1 e	0.1 e	0.0 e	....	....	0.0	....	....	0.0
Israel	436	....	....	....	....	....	....	0.9	0.2	0.1	0.1	0.1	0.1
Japan	158	3.7	3.3	5.1	7.7	4.7	3.0	32.9	11.2	13.9	16.0	16.9	20.8
Korea, Republic of	542	0.1	4.2	0.1	0.7	0.7	0.4	3.0	3.4	3.0	3.8	5.5	7.5
New Zealand	196	....	....	....	....	....	....	7.7	7.7	12.8	20.2	21.8	15.6
Norway	142	....	0.0	....	0.0	0.0	0.0	0.8	0.2	0.5	0.4	0.6	0.4
Singapore	576	0.1	0.2	0.1	0.0	1.2	0.0	304.5	282.1	281.0	349.5	325.2	305.4
Sweden	144	0.0	0.0	0.0	0.0	0.0	....	3.0	1.7	2.0	3.7	2.6	2.9
Switzerland	146	0.5	1.2	2.1	3.6	4.4	4.2	12.2	7.7	6.9	7.7	8.0	5.3
Taiwan Prov.of China	528	1.9	1.7	1.4	2.2	2.4	2.7	2.9	3.1	2.3	3.3	6.2	3.5
United Kingdom	112	8.7	12.0	9.1	6.8	8.3	5.8	15.3	16.9	16.1	27.0	17.8	19.2
United States	111	1.1	4.9	7.2	13.1	14.7	12.4	29.3	45.6	30.2	33.5	37.4	42.2
Emerg. & Dev. Economies	200	53.1	69.7	86.6	61.1	60.6	68.4	843.6	1,044.0	1,152.8	1,309.4	1,212.2	1,458.1
Emerg. & Dev. Asia	505	49.7	63.0	74.0	58.6	57.4	65.0	457.1	502.3	545.5	685.5	796.9	980.7
Bangladesh	513	....	....	....	....	0.1	0.3	0.9	1.4	1.5	1.8	2.4	3.1
Brunei Darussalam	516	0.1 e	0.1 e	0.0 e	0.0 e	0.0 e	0.1 e	0.0	....	0.0	0.0	0.0	0.0
Cambodia	522	....	....	....	....	....	....	0.0	0.8	0.4	0.0	0.5	0.1
China,P.R.: Mainland	924	0.0	3.9	0.1	0.1	0.0	0.1	73.3	68.5	81.5	105.1	147.3	285.6
India	534	2.5	2.8	2.5	2.9	3.0	1.6	142.6	147.7	154.0	170.6	226.6	275.7
Indonesia	536	....	....	....	....	....	0.1	19.7	25.4	25.8	33.9	36.4	45.8
Lao People's Dem.Rep	544	....	....	....	....	....	....	0.4	....	0.0	....	0.0	0.1
Malaysia	548	1.2	0.2	0.1	0.1	0.0	0.0	76.2	85.4	85.2	145.1	141.9	120.9
Myanmar	518	....	....	....	....	....	....	0.0	0.0	0.0	0.0	....	0.2
Nepal	558	0.0	....	....	....	....	....	0.0	0.0	0.3	0.0	0.0	0.0
Philippines	566	....	0.0	0.0	0.0	0.0	0.3	1.0	1.3	0.9	1.2	1.3	1.3
Sri Lanka	524	13.2	11.7	9.5	8.7	17.3	14.2	78.9	91.3	101.8	129.6	133.3	134.4
Thailand	578	32.5	44.3	61.7	46.7	36.7	48.0	59.4	74.4	86.0	87.6	91.1	99.4
Vietnam	582	0.3	0.0	0.1	0.1	0.2	0.3	1.1	2.4	4.2	6.4	7.1	8.9
Asia n.s.	598	....	....	....	....	....	....	3.7	3.8	3.6	4.1	8.9	5.2
Europe	170	0.2	0.1	0.2	0.6	0.1	0.3	8.9	9.2	9.1	14.4	26.9	54.0
Emerg. & Dev. Europe	903	0.2	0.1	0.1	0.0	0.1	0.3	8.7	9.0	8.8	13.9	25.4	52.5
Bulgaria	918	0.1	....	....	0.0	0.0	0.0	0.0	0.2	0.1	0.1	0.1	0.2

Maldives (556)
In Millions of U.S. Dollars

		Exports (FOB) 2011	2012	2013	2014	2015	2016	Imports (CIF) 2011	2012	2013	2014	2015	2016
Croatia	960	0.1 e	0.1 e	0.0 e	....	....	0.0 e	0.0	....	0.0	0.0	0.2	0.4
Hungary	944	....	0.0 e	0.0 e	0.0 e	....	0.0 e	0.5	0.1	0.2	0.1	0.2	0.2
Poland	964	0.0	....	0.0	0.0	0.1	0.2	0.5	1.0	1.3	3.6	4.9	9.1
Romania	968	0.0 e	0.0 e	0.0 e	0.0 e	0.0 e	....	0.0	0.0	0.0	0.5	0.4	0.1
Turkey	186	....	....	0.1	0.0	....	....	7.7	7.7	7.1	9.6	19.7	42.5
CIS	901	0.0	0.0	0.1	0.6	0.0	0.0	0.1	0.1	0.2	0.4	1.4	1.3
Russian Federation	922	....	0.0	0.1	0.6	0.0	....	0.1	0.0	0.2	0.4	0.3	0.5
Ukraine	926	....	....	0.0	0.0	....	0.0	0.0	0.0	0.0	0.0	1.1	0.8
Europe n.s.	884	....	....	....	....	....	....	0.1	0.1	0.1	0.1	0.1	0.1
Mid East, N Africa, Pak	440	3.2	5.7	11.6	1.8	1.1	1.0	342.0	479.8	545.5	577.3	357.7	383.0
Afghanistan, I.R. of	512	....	....	....	....	0.0 e	0.1 e	....	....	....	....	....	0.0
Algeria	612	0.1 e	0.2 e	0.0 e	0.1 e	0.1 e	0.3 e	0.0	....	....	....	....	....
Bahrain, Kingdom of	419	....	....	....	0.0	0.0	0.0	16.6	0.1	32.1	80.2	21.8	22.7
Egypt	469	....	....	....	....	....	....	3.4	2.3	2.5	2.3	3.8	4.7
Iran, I.R. of	429	2.6	5.0	10.8	0.8	....	....	0.3	0.1	0.5	0.1	0.0	0.0
Jordan	439	....	0.0	....	....	....	....	0.1	0.1	0.1	0.0	0.0	0.0
Lebanon	446	....	....	....	....	....	....	0.1	0.2	0.4	0.2	1.1	2.1
Morocco	686	0.0 e	0.0 e	0.0 e	0.0 e	0.0 e	0.0 e	0.0	0.1	0.1	0.0	0.1	0.0
Oman	449	0.0	....	....	0.0	....	....	4.7	4.0	8.1	12.1	4.5	7.8
Pakistan	564	....	....	....	....	....	....	5.5	5.3	9.1	7.4	7.3	5.9
Qatar	453	....	0.0	....	....	....	0.0	1.4	0.6	0.1	0.3	0.6	4.8
Saudi Arabia	456	....	0.1	....	....	0.0	0.0	1.5	1.7	0.9	1.6	1.3	1.1
Syrian Arab Republic	463	....	....	....	....	....	....	0.0	....	0.1	....	0.0	....
Tunisia	744	0.1	....	....	....	....	....	0.0	0.1	0.1	0.1	0.2	0.2
United Arab Emirates	466	0.3	0.5	0.7	0.8	0.9	0.6	308.4	465.2	491.4	472.8	317.1	333.6
Sub-Saharan Africa	603	0.0	0.0	0.1	0.1	2.0	1.9	5.3	5.7	7.3	9.1	9.0	16.2
Burkina Faso	748	....	....	....	....	....	....	0.7	0.8	0.9	1.0	0.9	1.1
Côte d'Ivoire	662	....	....	....	0.1 e	....	....	....	....	....	....	....	0.0
Gambia, The	648	....	....	....	....	....	....	....	....	....	....	....	0.2
Kenya	664	....	0.0 e	0.0 e	....	....	....	0.0	0.1	0.1	0.2	0.1	0.1
Liberia	668	....	....	....	....	....	....	....	0.0	....	....	0.0	0.4
Madagascar	674	....	....	....	....	....	....	....	....	....	0.0	0.1	....
Mauritius	684	0.0	0.0	....	....	0.0	....	0.6	0.7	0.8	1.5	1.2	2.9
Namibia	728	....	....	....	....	....	....	0.1 e	....	....	....	....	....
Nigeria	694	....	....	....	....	1.9 e	1.9 e	....	....	....	....	....	....
Seychelles	718	....	....	....	....	0.1	0.0	0.3	0.1	0.4	0.3	0.3	0.3
South Africa	199	....	....	0.0	0.0	....	....	3.6	4.1	5.2	6.1	6.2	10.4
Uganda	746	....	....	....	....	....	....	....	....	....	0.0	0.2	0.7
Western Hemisphere	205	0.0	0.9	0.7	0.0	0.0	0.2	30.2	47.1	45.3	23.0	21.7	24.2
Argentina	213	....	....	....	....	....	....	0.4	0.3	0.3	0.3	0.7	0.6
Bahamas, The	313	....	....	....	....	....	....	16.2	30.8	20.2	0.2	0.1	0.1
Brazil	223	....	....	0.0	....	....	....	9.3	10.5	18.3	16.2	15.1	16.2
Chile	228	....	0.0 e	....	0.0 e	....	....	0.2	0.1	0.3	0.3	0.3	0.3
Colombia	233	0.0 e	....	0.0 e	0.0 e	....	0.0 e	0.0	....	0.1	0.0	0.0	0.0
Ecuador	248	....	....	....	0.0 e	....	....	0.1	0.1	0.1	0.1	0.1	0.1
Guyana	336	....	....	....	....	....	....	....	....	....	....	....	0.2
Jamaica	343	0.0	0.8	0.6	0.0	....	....	0.0	0.0	0.1	....	0.1	0.1
Mexico	273	....	....	....	....	....	....	0.1	0.2	0.3	0.3	0.4	0.3
Panama	283	....	....	....	....	....	....	....	....	....	0.0	0.0	0.2
Paraguay	288	....	....	....	....	....	....	0.2	0.6	0.6	....	....	0.1
Peru	293	....	0.0 e	0.0 e	0.0 e	....	0.2 e	....	....	0.0	....	....	0.0
St. Lucia	362	....	....	....	....	....	....	3.1	3.3	3.6	4.2	4.0	4.5
Trinidad and Tobago	369	0.0 e	....	0.1 e	....	....	....	....	....	0.0 e	....	....	....
Uruguay	298	....	0.0 e	....	0.0 e	....	....	0.1	0.3	0.7	0.5	0.0	0.5
Venezuela, Rep. Bol.	299	....	....	....	....	....	....	....	0.1	0.0	....	0.0	....
Western Hem. n.s.	399	....	....	....	....	....	....	0.7	0.7	0.8	0.9	0.9	1.0
Memorandum Items													
Africa	605	0.3	0.2	0.1	0.2	2.1	2.2	5.4	5.9	7.5	9.3	9.3	16.5
Middle East	405	2.9	5.6	11.5	1.6	0.9	0.6	336.5	474.3	536.3	569.7	350.2	376.9
European Union	998	55.8	72.3	61.0	53.6	55.1	49.5	121.8	108.6	178.2	176.2	202.4	192.7

Maldives (556)

In Millions of U.S. Dollars

		Exports (FOB)						Imports (CIF)					
		2011	2012	2013	2014	2015	2016	2011	2012	2013	2014	2015	2016
Export earnings: fuel	080	3.1	5.8	11.8	2.3	3.0	2.9	333.1	472.0	533.5	567.8	345.6	370.6
Export earnings: nonfuel	092	114.5	155.5	154.5	142.9	144.8	139.9	1,086.3	1,090.4	1,207.6	1,434.5	1,563.4	1,767.5

Mali (678)

In Millions of U.S. Dollars

		Exports (FOB) 2011	2012	2013	2014	2015	2016	Imports (CIF) 2011	2012	2013	2014	2015	2016
IFS World		....	....	....	....	....	....	....	....	....	....	....	....
World	001	2,374.3	2,610.5	826.5	798.5	934.8	2,845.0	3,353.4	3,465.6	3,365.0	3,526.4	3,124.1	3,854.3
Advanced Economies	110	375.9	451.2	337.9	332.2	429.5	520.8	925.7	922.6	1,082.8	1,127.6	1,165.2	1,129.4
Euro Area	163	63.7	117.2	130.3	95.9	71.5	61.2	650.1	642.0	767.0	879.2	841.6	802.4
Austria	122	....	0.1	0.2	0.0	0.0	....	4.6	1.0	1.5	4.0	5.0	10.4
Belgium	124	13.2	6.5	27.3	9.9	2.9	5.0	48.6	48.3	63.8	59.0	66.7	74.2
Cyprus	423	0.1 e	0.0 e	....	0.0 e	0.0 e	....	0.2	0.0	0.0	0.1	0.0	0.0
Estonia	939	0.2	....	....	0.0	0.1	....	0.6	2.6	5.2	2.6	2.7	0.0
Finland	172	0.0	0.1	....	0.0	0.0	3.2	16.0	16.8	10.1	10.0	56.5	27.3
France	132	34.8	51.9	43.5	43.6	36.2	18.5	344.4	374.2	450.0	513.6	415.9	331.5
Germany	134	3.5	9.6	5.0	6.8	2.9	4.8	116.3	74.6	110.3	116.6	122.6	169.6
Greece	174	....	....	....	....	....	....	0.2	0.8	0.8	2.4	1.4	2.2
Ireland	178	0.7	9.0	32.6	11.0	3.9	0.2	14.8	6.8	11.6	20.9	16.7	22.9
Italy	136	6.3	15.1	14.1	13.8	10.4	8.6	30.1	40.6	29.9	55.8	66.9	66.8
Latvia	941	....	....	....	....	0.0	....	2.4	0.1	0.0	0.0	0.2	0.0
Lithuania	946	....	0.6	0.6	0.6	0.6	3.0	1.0	2.7	....	0.0	0.2	27.7
Luxembourg	137	....	0.0 e	0.0 e	0.0 e	....	0.0 e	0.6 e	1.1 e	0.2 e	1.9 e	2.4 e	1.8 e
Netherlands	138	2.6	1.5	2.6	3.0	5.1	12.5	24.8	22.5	31.4	35.7	36.5	56.2
Portugal	182	0.6	18.6	1.2	1.8	6.6	5.3	9.7	6.1	9.4	9.7	7.2	4.5
Slovak Republic	936	0.0 e	0.0 e	0.0 e	....	0.0 e	0.0 e	0.5 e	0.5 e	1.6 e	1.6 e	1.1 e	6.3 e
Slovenia	961	....	....	0.0	0.0	....	....	0.0	0.1	1.1	0.1	0.2	0.8
Spain	184	1.6	4.2	3.2	5.3	2.8	....	35.1	43.3	40.0	45.3	39.5	....
Australia	193	0.1	0.7	0.6	8.8	1.8	5.3	49.3	53.9	76.0	29.4	25.3	34.7
Canada	156	4.5	1.3	0.5	0.9	1.6	3.1	19.6	23.5	19.7	16.2	21.8	21.0
China,P.R.: Hong Kong	532	0.5	7.6	16.6	3.7	0.9	0.6	1.1	2.4	2.3	2.6	1.6	1.4
Czech Republic	935	0.0	0.0	0.1	0.0	0.0	0.0	0.9	1.7	1.8	1.7	0.8	3.5
Denmark	128	0.2	0.0	0.0	1.5	0.0	0.2	1.7	2.4	6.2	6.9	6.5	14.5
Iceland	176	....	....	....	....	....	....	0.3	4.9	0.0	0.0	....	0.9
Israel	436	....	0.3	....	....	0.2	0.1	0.7	0.1	0.3	0.9	0.6	0.4
Japan	158	2.0	7.9	0.1	0.1	0.2	6.8	60.1	41.0	48.4	42.3	39.0	78.7
Korea, Republic of	542	0.1	0.1	0.0	0.1	2.1	0.0	15.2	15.3	23.7	11.7	12.3	16.9
New Zealand	196	....	0.1	0.0	0.1	0.0	0.0	5.8	3.4	4.6	5.9	7.5	3.5
Norway	142	0.1	....	....	....	....	0.0	1.6	3.1	2.1	2.7	7.0	3.8
Singapore	576	....	0.1	0.1	0.3	0.1	0.4	4.9	1.7	1.1	3.4	5.0	1.3
Sweden	144	10.1	1.3	1.5	2.5	1.6	3.0	18.1	15.1	20.9	18.3	12.3	14.8
Switzerland	146	279.2	303.6	163.2	179.7	306.9	428.2	2.4	3.8	7.8	6.7	7.1	5.7
Taiwan Prov.of China	528	2.3 e	1.6 e	6.1 e	3.3 e	5.2 e	2.5 e	0.7 e	1.1 e	0.7 e	0.3 e	0.3 e	0.7 e
United Kingdom	112	7.8	1.4	3.7	12.8	14.7	1.3	9.9	12.0	20.6	38.1	61.4	24.0
United States	111	5.4	7.9	15.2	22.8	22.7	8.0	83.1	95.2	79.5	61.3	115.1	101.2
Emerg. & Dev. Economies	200	1,998.4	2,159.2	488.6	466.2	505.3	2,324.2	2,427.4	2,537.6	2,282.2	2,398.8	1,958.9	2,673.8
Emerg. & Dev. Asia	505	184.1	391.3	212.5	181.9	233.0	315.9	492.8	514.7	548.0	590.3	526.1	775.1
Bangladesh	513	9.4	10.2	....	....	....	83.3	0.3	0.1	0.2	0.2	0.2	10.7
Cambodia	522	....	....	....	....	....	0.0	0.0	0.0	....	....	....	0.6
China,P.R.: Mainland	924	86.1	203.0	93.8	58.1	56.1	29.5	359.2	367.3	380.5	423.2	392.8	600.6
F.T. French Polynesia	887	0.0 e	0.0 e	0.1 e	0.0 e	0.0 e	0.0 e	....	....	....	....	....	....
F.T. New Caledonia	839	0.1 e	0.1 e	0.1 e	0.1 e	0.0 e	0.0 e	0.0	0.0	....	....	....	....
India	534	5.8	20.8	61.8	59.8	123.6	70.6	68.8	91.8	137.6	142.5	109.3	121.2
Indonesia	536	39.6	8.5	14.8	24.6	21.3	33.2	5.7	2.6	4.9	5.5	3.9	6.0
Kiribati	826	....	0.1 e	0.0 e	0.0 e	0.1 e	0.1 e	....	....	....	....	....	....
Malaysia	548	16.5	129.3	16.9	7.4	0.6	52.7	9.1	5.8	6.0	6.3	5.7	4.1
Micronesia	868	0.1 e	0.0 e	0.0 e	0.0 e	0.0 e	0.0 e	....	....	....	....	....	0.0
Myanmar	518	....	....	....	....	....	....	13.0	10.2	....	....	....	....
Nepal	558	0.0 e	0.0 e	0.0 e	0.0 e	....	....	....	....	....	....	....	0.5
Philippines	566	....	0.0	0.0	0.0	0.0	0.0	1.0	0.8	0.1	0.0	0.0	0.7
Sri Lanka	524	....	....	....	....	....	....	1.3	0.5	1.1	2.4	1.0	0.4
Thailand	578	15.8	7.0	24.8	31.7	31.0	16.0	16.3	15.8	17.7	10.2	13.1	22.5
Timor-Leste	537	....	....	....	....	....	....	....	0.1	....	....	....	0.0
Tonga	866	0.1 e	0.2 e	0.1 e	0.2 e	0.2 e	0.3 e	....	....	....	....	....	....
Vietnam	582	10.6	12.1	....	....	....	30.2	16.6	17.6	....	....	....	6.5
Asia n.s.	598	....	....	....	....	....	....	1.5	1.9	....	....	....	1.2

Mali (678)

In Millions of U.S. Dollars

		Exports (FOB)						Imports (CIF)					
		2011	2012	2013	2014	2015	2016	2011	2012	2013	2014	2015	2016
Europe	170	42.3	37.8	82.4	95.1	84.8	21.8	160.5	134.8	162.7	203.2	173.1	144.3
Emerg. & Dev. Europe	903	2.8	3.0	0.9	13.5	3.2	12.6	40.0	39.6	52.5	70.6	70.3	43.6
Albania	914	0.1	....	....	....	....	....	0.6	0.2	....	....	....	0.4
Bosnia and Herzegovina	963	0.0 e	0.0 e	0.0 e	0.0 e	0.0 e	0.0 e	....	....	....	....	....	0.1
Bulgaria	918	0.0	0.0	0.0	0.0	0.0	....	0.1	0.6	0.3	0.0	0.0	0.5
Croatia	960	....	....	....	....	....	....	0.4	0.0	0.1	0.0	0.0	0.0
Hungary	944	0.0	0.0	0.0	0.2	....	....	0.9	1.1	6.5	3.9	2.7	2.1
Montenegro	943	....	0.0 e	0.0 e	0.0 e	0.0 e	....	....	....	0.1 e	....	....	....
Poland	964	0.0	0.0	0.0	0.0	0.0	0.1	1.7	3.9	8.8	5.7	8.6	4.8
Romania	968	0.0	0.0	0.0	0.0	....	0.1	0.7	3.5	2.7	2.3	4.3	3.9
Serbia, Republic of	942	0.0 e	0.0 e	0.2 e	0.0 e	0.0 e	0.1 e	0.0 e	0.3 e	0.3 e	0.1 e	....	0.1 e
Turkey	186	2.7	2.9	0.6	13.2	3.1	12.3	35.6	30.0	33.9	58.4	54.6	31.6
CIS	901	39.5	34.7	81.6	81.6	81.6	9.1	120.4	95.2	110.2	132.7	102.8	100.8
Azerbaijan, Rep. of	912	....	....	....	....	....	....	0.0	0.0	....	....	....	0.6
Belarus	913	....	....	....	....	....	3.7	0.1	0.2	0.1	0.1	0.1	30.4
Georgia	915	0.0	0.1	0.1	0.1	0.1	....	....	0.0	0.0	0.0	0.0	....
Russian Federation	922	29.0	21.7	21.7	21.8	21.8	4.9	55.4	62.5	66.8	73.2	73.0	62.0
Ukraine	926	10.5	12.9	59.7	59.7	59.7	0.5	64.8	32.5	43.2	59.3	29.8	7.7
Europe n.s.	884	....	....	....	....	....	....	0.1	0.0	....	....	....	0.0
Mid East, N Africa, Pak	440	77.0	74.7	50.1	40.2	44.9	242.0	124.9	100.9	61.1	96.6	129.7	202.7
Afghanistan, I.R. of	512	....	0.0	....	....	....	....	0.0	0.0	....	....	....	0.1
Algeria	612	11.6	1.9	1.2	1.0	0.9	0.0	1.9	1.8	1.9	2.0	2.0	2.3
Bahrain, Kingdom of	419	0.1	1.6	....	....	....	0.3	....	....	....	....	....	0.4
Egypt	469	0.0	0.4	0.4	0.4	0.4	0.1	10.4	6.7	8.2	16.1	34.5	11.0
Iran, I.R. of	429	....	....	....	....	....	0.0	1.6	8.7	....	....	....	1.1
Jordan	439	0.1	....	....	....	....	....	0.0	0.1	0.1	0.1	0.3	0.2
Lebanon	446	0.1	0.2	0.0	2.1	10.7	0.4	1.2	2.8	6.5	6.6	5.2	1.6
Libya	672	....	0.1	....	....	....	0.2	....	0.0	....	....	....	2.3
Mauritania	682	6.4	7.3	....	....	....	6.6	14.2	11.0	....	....	....	17.6
Morocco	686	15.1	9.2	27.7	16.1	12.3	16.3	38.6	23.7	30.5	56.1	73.0	97.4
Oman	449	....	....	....	....	....	0.0	0.0	2.7	2.9	2.9	2.9	0.2
Pakistan	564	6.5	0.5	....	....	....	0.4	2.0	14.8	....	....	....	21.4
Qatar	453	0.0	....	....	....	....	0.0	0.9	0.2	....	....	....	1.1
Saudi Arabia	456	0.7	33.9	20.8	20.7	20.6	0.6	10.6	5.1	5.6	7.2	7.5	3.6
Sudan	732	....	....	....	....	....	0.1	....	0.0	0.0	0.0	0.0	1.0
Syrian Arab Republic	463	0.0	....	....	....	....	....	0.1	....	....	....	....	0.0
Tunisia	744	0.7	2.3	....	....	....	0.2	12.9	5.5	5.4	5.6	4.4	7.0
United Arab Emirates	466	35.6	17.4	....	....	....	216.8	30.3	17.7	....	....	....	34.4
Sub-Saharan Africa	603	1,694.5	1,654.8	142.6	143.1	142.3	1,744.4	1,558.1	1,717.0	1,411.9	1,418.5	1,023.9	1,486.5
Angola	614	0.0	0.0	....	....	....	0.1	....	0.1	....	....	....	0.0
Benin	638	16.6	3.9	....	....	....	5.6	253.9	172.3	....	....	....	100.8
Botswana	616	....	....	....	....	....	....	0.2	0.0	....	....	....	0.1
Burkina Faso	748	99.3	92.9	....	....	....	109.9	5.3	33.3	....	....	....	7.5
Burundi	618	....	0.0	....	....	....	0.0	....	0.0	....	....	....	0.1
Cameroon	622	0.0	0.1	....	....	....	0.2	0.2	0.4	....	....	....	0.1
Congo, Dem. Rep. of	636	0.0	0.0	....	....	....	1.1	0.2	0.2	....	....	....	0.1
Congo, Republic of	634	0.0	0.0	....	....	....	0.1	0.3	0.3	....	....	....	0.1
Côte d'Ivoire	662	80.6	113.4	45.9	44.1	45.7	170.3	270.0	288.1	391.9	423.8	305.2	378.0
Equatorial Guinea	642	0.0	0.1	....	....	....	0.5	....	....	....	....	....	0.0
Ethiopia	644	....	....	....	....	....	0.4	0.0	0.0	....	....	....	0.0
Gabon	646	0.1	0.0	....	....	....	0.1	0.0	0.1	....	....	....	0.2
Gambia, The	648	0.1	0.1	....	....	....	....	1.8	10.6	....	....	....	0.1
Ghana	652	4.7	3.5	....	....	....	4.5	107.4	100.2	....	....	....	84.1
Guinea	656	21.9	13.7	....	....	....	25.9	3.2	10.9	....	....	....	3.5
Kenya	664	0.1	0.1	....	....	....	0.0	0.2	0.1	....	....	....	0.1
Liberia	668	1.2	0.0	....	....	....	0.6	....	....	....	....	....	0.5
Madagascar	674	....	0.1	....	....	....	0.0	0.0	0.0	....	....	....	0.0
Mauritius	684	0.0	0.2	0.3	1.9	0.2	1.1	0.4	0.3	0.0	0.0	0.0	1.7
Mozambique	688	....	....	....	....	....	0.0	0.1	0.0	....	....	....	0.0
Namibia	728	....	....	....	0.0 e	0.0 e	0.0 e	0.1	0.0	....	....	....	0.1

Mali (678)
In Millions of U.S. Dollars

		Exports (FOB) 2011	2012	2013	2014	2015	2016	Imports (CIF) 2011	2012	2013	2014	2015	2016
Niger	692	4.0	2.9	....	....	....	9.9	0.0	104.7	....	....	....	16.9
Nigeria	694	1.3	2.4	....	....	....	0.7	5.8	2.5	....	....	....	1.8
Senegal	722	106.0	65.6	49.2	49.5	50.2	74.5	716.7	867.9	848.6	846.8	576.4	746.5
Seychelles	718	0.1 e	0.0 e	0.0 e	....	0.1 e	0.0 e	....	0.0	....	....	....	0.1
Sierra Leone	724	2.2	1.7	....	....	....	0.0	0.0	0.0	....	....	....	0.2
South Africa	199	1,349.3	1,351.8	46.2	47.5	46.0	1,337.3	156.0	106.3	155.8	122.3	114.7	124.1
Swaziland	734	0.4	0.1	....	....	....	....	0.1	0.3	....	....	....	0.2
Tanzania	738	0.0	0.0	....	....	....	0.3	0.0	0.1	....	....	....	0.0
Togo	742	6.4	2.0	1.0	0.0	....	1.2	35.7	18.0	15.4	25.4	26.7	18.5
Uganda	746	0.1	....	....	....	....	0.0	0.2	0.1	0.1	0.1	0.1	0.3
Zambia	754	....	0.1	0.1	0.1	0.1	....	0.1	0.0	0.2	0.1	0.7	0.0
Zimbabwe	698	....	0.0	....	....	....	0.0	0.0	0.0	....	....	....	0.5
Western Hemisphere	205	0.5	0.6	0.9	5.9	0.3	0.1	91.1	70.1	98.6	90.1	106.1	65.1
Argentina	213	....	0.0	....	....	....	....	3.2	7.6	....	....	....	0.8
Aruba	314	0.1 e	0.0 e	0.0 e	0.0 e	0.0 e	0.0 e	....	....	....	0.0 e	....	....
Belize	339	....	0.1	0.1	0.1	0.1	....	....	....	....	....	....	....
Brazil	223	0.3	0.3	0.6	5.7	0.1	0.1	76.5	57.7	95.3	87.9	100.1	46.4
Chile	228	....	....	0.0	0.0	0.0	....	0.5	0.2	1.1	0.0	0.1	0.1
Colombia	233	....	....	....	....	....	....	0.1	0.3	0.3	0.3	0.3	0.5
Costa Rica	238	....	....	0.0 e	....	0.0 e	0.0 e	0.0	0.0	....	....	....	0.1
Dominican Republic	243	0.0 e	....	0.0 e	....	0.0 e	0.0 e	0.2	0.0	....	....	....	....
Ecuador	248	....	....	....	0.0 e	....	....	0.0	....	....	....	....	2.5
El Salvador	253	....	....	....	....	....	....	....	....	....	....	3.8	0.0
Guatemala	258	....	0.1	....	....	....	....	....	0.9	....	....	....	12.8
Mexico	273	....	0.0	0.0	0.0	....	0.0	0.1	0.4	0.4	0.3	0.3	0.9
Nicaragua	278	....	....	....	....	....	....	0.7	....	....	....	....	0.1
Panama	283	0.1	....	....	....	....	....	0.0	1.4	1.4	1.4	1.4	0.0
Peru	293	....	....	....	....	....	....	2.8	1.3	....	....	....	0.3
Suriname	366	0.0 e	0.0 e	0.0 e	0.0 e	....	....	0.0	0.1	....	....	....	0.0
Trinidad and Tobago	369	0.0 e	0.0 e	....	0.1 e	0.0 e	0.0 e	....	....	....	....	....	....
Uruguay	298	....	....	....	....	....	....	6.8	0.0	0.0	0.1	0.1	0.3
Western Hem. n.s.	399	....	....	....	....	....	....	0.1	0.2	....	....	....	0.0
Other Countries n.i.e	910	0.0	0.1	....	....	....	....	0.3	5.4	....	....	....	1.7
Cuba	928	0.0	....	....	....	....	....	....	0.2	....	....	....	0.0
Korea, Dem. People's Rep.	954	0.0	0.1	....	....	....	....	0.3	5.2	....	....	....	1.7
Countries & Areas n.s.	898	....	....	....	....	....	....	0.0	0.0	....	....	....	49.3
Memorandum Items													
Africa	605	1,728.3	1,675.4	171.6	160.2	155.5	1,767.6	1,625.7	1,759.0	1,449.7	1,482.2	1,103.2	1,611.8
Middle East	405	36.6	53.6	21.2	23.1	31.7	218.5	55.2	44.1	23.2	32.9	50.4	55.9
European Union	998	81.8	120.0	135.6	112.8	87.8	65.9	684.6	682.3	834.7	956.3	938.3	870.6
Export earnings: fuel	080	78.6	79.1	43.7	43.5	43.3	224.3	107.1	102.2	77.5	85.7	85.6	113.3
Export earnings: nonfuel	092	2,295.8	2,531.4	782.8	754.9	891.5	2,620.7	3,246.3	3,363.4	3,287.4	3,440.7	3,038.5	3,741.0

Malta (181)
In Millions of U.S. Dollars

		Exports (FOB) 2011	2012	2013	2014	2015	2016	Imports (CIF) 2011	2012	2013	2014	2015	2016
IFS World		....	....	....	....	....	....	....	....	....	....	....	....
World	001	4,373.4	4,255.4	3,633.0	2,929.0	2,573.4	3,015.2	6,289.9	6,584.0	6,131.1	6,797.3	5,788.3	6,208.7
Advanced Economies	110	2,825.8	2,772.3	2,575.9	2,161.2	1,816.6	2,460.2	5,248.5	5,642.0	5,060.0	5,447.5	4,525.8	4,402.9
Euro Area	163	1,428.7	1,336.4	1,243.4	1,115.7	867.5	924.2	3,673.3	4,273.7	3,546.2	3,334.4	2,986.3	2,765.5
Austria	122	10.0	9.4	6.8	8.8	8.0	7.5	34.7	28.6	28.3	22.4	21.0	25.1
Belgium	124	15.7	19.4	12.9	10.1	6.9	10.3	97.8	96.4	120.9	129.3	145.5	97.7
Cyprus	423	5.1	2.6	1.9	3.8	2.9	0.6	8.6	12.8	9.0	7.9	8.1	35.4
Estonia	939	0.1	0.1	0.1	0.0	0.0	0.0	3.1	3.6	1.2	0.9	1.2	8.0
Finland	172	6.7	10.2	3.2	3.2	4.2	9.1	8.6	3.4	3.8	3.9	2.4	6.6
France	132	338.3	379.3	314.6	270.4	261.7	251.0	521.3	473.3	374.4	298.7	233.6	275.6
Germany	134	450.5	459.9	462.2	412.7	343.1	419.4	430.7	416.3	424.7	431.0	392.9	388.7
Greece	174	247.0	15.8	84.9	36.6	5.0	8.4	91.3	128.3	177.7	196.2	85.6	126.2
Ireland	178	10.7	9.7	9.6	12.3	9.0	5.5	30.2	25.6	25.6	29.8	27.4	31.1
Italy	136	238.5	222.8	206.0	214.7	142.8	125.4	1,991.9	2,543.6	1,856.0	1,556.9	1,331.3	1,298.9
Latvia	941	0.2	0.2	0.3	0.2	0.4	0.3	3.7	2.0	1.8	4.6	3.1	2.8
Lithuania	946	0.9	2.3	1.7	3.3	1.7	1.9	0.3	0.6	0.8	1.1	4.6	0.9
Luxembourg	137	0.8	0.5	0.5	0.2	0.2	0.0	0.9	0.3	0.9	0.3	0.6	0.5
Netherlands	138	36.1	125.8	62.3	52.3	34.7	37.5	183.7	253.3	267.0	307.6	484.7	241.3
Portugal	182	13.0	11.3	11.0	10.4	3.8	4.1	25.1	8.1	14.3	14.0	9.4	11.6
Slovak Republic	936	3.0	4.1	7.4	6.9	5.2	5.3	5.9	5.2	9.9	8.5	1.2	2.8
Slovenia	961	3.5	0.9	12.7	22.4	1.0	2.3	5.9	3.8	6.0	8.2	7.0	7.4
Spain	184	48.7	62.0	45.5	47.3	36.9	35.6	229.5	268.6	224.0	313.0	226.7	205.0
Australia	193	4.0	4.9	10.2	9.5	11.3	11.7	6.4	38.6	15.9	13.6	35.9	3.6
Canada	156	23.4	33.9	36.9	39.4	41.1	30.7	8.9	55.8	138.7	358.9	351.1	644.4
China,P.R.: Hong Kong	532	398.7	433.9	272.6	263.5	190.2	130.1	22.2	25.9	22.7	23.8	29.8	43.9
China,P.R.: Macao	546	0.0	0.1	0.3	0.0	0.0	0.0	0.0	0.1	0.0	0.0	0.1	0.0
Czech Republic	935	8.2	7.5	7.3	9.4	7.2	11.7	27.7	12.4	12.6	15.7	9.2	9.0
Denmark	128	12.1	17.9	13.7	10.1	3.0	6.7	70.8	23.6	28.0	24.7	44.6	34.9
Iceland	176	2.2	1.7	4.2	3.8	1.7	1.7	1.1	1.4	4.1	4.1	4.7	2.5
Israel	436	5.1	21.8	3.2	4.5	2.5	3.3	4.1	3.0	17.6	17.9	5.7	5.0
Japan	158	134.6	137.0	171.8	134.9	120.0	156.4	51.9	49.2	62.4	64.2	76.8	57.7
Korea, Republic of	542	26.0	12.6	13.8	12.5	17.5	29.9	78.9	107.0	104.0	83.8	51.3	69.0
New Zealand	196	2.4	1.1	1.4	2.3	1.6	0.8	6.4	4.2	7.4	45.1	3.8	3.6
Norway	142	7.3	4.6	4.0	5.0	7.4	3.0	5.8	2.8	83.8	51.2	0.8	4.6
San Marino	135	....	....	....	....	0.0	0.0	0.1	1.9	0.1	0.2	0.7	0.7
Singapore	576	286.2	316.6	368.9	219.1	188.1	170.0	140.2	96.7	104.9	79.0	76.7	33.3
Sweden	144	11.2	13.4	39.2	13.7	12.8	11.0	171.8	163.4	212.2	161.4	107.0	73.7
Switzerland	146	35.6	29.5	26.9	24.6	25.6	27.8	212.8	148.4	61.6	58.8	47.3	77.0
Taiwan Prov.of China	528	14.6	12.2	7.9	4.3	5.6	5.9	40.5	39.2	61.1	42.9	58.8	38.7
United Kingdom	112	205.4	160.1	142.8	131.7	164.0	112.7	498.0	475.0	407.6	515.2	433.3	367.1
United States	111	220.1	226.9	207.2	157.0	149.5	822.5	227.7	120.0	169.3	552.7	201.8	168.7
Emerg. & Dev. Economies	200	537.8	756.2	756.8	662.9	568.6	486.2	951.0	924.2	960.3	1,241.7	1,235.8	1,796.3
Emerg. & Dev. Asia	505	144.2	151.3	167.0	125.7	108.9	112.2	401.5	383.4	380.9	461.3	430.1	414.1
Bangladesh	513	1.0	5.1	1.5	3.6	6.9	6.0	1.1	0.5	0.9	1.0	0.3	0.4
Bhutan	514	0.0	1.0	....	....	....	....	....	....	....	....	....	....
Cambodia	522	....	0.0	0.0	....	....	0.0	0.4	0.6	0.6	0.6	0.6	0.5
China,P.R.: Mainland	924	101.4	78.3	62.0	30.5	27.0	48.0	212.2	206.4	180.1	194.6	235.0	204.8
Fiji	819	....	1.6	0.2	2.2	1.4	2.8	....	0.0	....	....	....	....
India	534	20.0	19.1	34.9	18.2	16.9	17.0	98.6	95.6	113.7	134.5	123.7	119.5
Indonesia	536	2.1	18.5	13.2	1.3	6.2	1.9	4.7	3.3	4.2	4.9	3.7	5.2
Kiribati	826	0.1	0.1	....	....	....	....	....	....	....	....	....	....
Malaysia	548	9.2	1.8	0.6	16.9	15.4	5.8	20.8	15.8	23.9	30.2	29.8	21.8
Maldives	556	0.7	0.4	1.3	0.9	0.7	0.9	0.0	....	0.0	0.0	0.1	0.0
Marshall Islands	867	0.0	....	....	4.2	....	....	15.6	....	....	48.9	0.0	27.7
Mongolia	948	....	0.0	2.0	0.0	....	0.0	....	....	....	....	....	0.0
Myanmar	518	0.1	0.1	....	....	0.1	0.0	0.2	0.1	0.1	0.0	0.1	0.0
Nepal	558	0.1	4.8	5.5	0.2	0.3	0.3	0.0	0.1	0.0	0.0	0.0	0.0
Papua New Guinea	853	....	0.1	0.0	....	....	....	0.2	0.4	0.2	0.1	0.1	....
Philippines	566	7.4	6.2	35.3	42.6	25.1	21.0	11.6	30.8	34.1	17.6	14.1	8.8
Solomon Islands	813	....	0.1	0.5	0.1	1.2	0.4	....	....	0.0	0.0	....	....

Malta (181)

In Millions of U.S. Dollars

		Exports (FOB)						Imports (CIF)					
		2011	2012	2013	2014	2015	2016	2011	2012	2013	2014	2015	2016
Sri Lanka	524	0.5	7.5	2.2	0.7	0.5	0.7	0.7	1.4	0.5	2.1	1.5	0.5
Thailand	578	1.4	3.1	1.9	1.7	2.6	3.7	26.0	26.0	19.8	23.1	18.5	22.1
Tonga	866	....	....	....	0.1	1.6	0.0	....	....	....	....	....	....
Vanuatu	846	....	....	....	....	....	....	....	0.1	0.0	....	....	0.0
Vietnam	582	0.2	3.7	5.7	1.0	3.0	3.5	9.2	2.4	2.9	3.5	2.5	2.8
Asia n.s.	598	0.0	0.0	0.0	1.5	0.0	....	0.0	....	0.0	0.1	0.0	0.0
Europe	170	**94.6**	**210.0**	**194.0**	**151.6**	**81.1**	**77.0**	**332.2**	**317.4**	**284.1**	**536.9**	**465.4**	**277.8**
Emerg. & Dev. Europe	903	92.5	158.0	134.3	124.4	70.1	71.4	300.0	281.6	268.7	512.6	360.5	233.2
Albania	914	....	1.3	1.5	1.1	0.4	0.1	0.1	0.1	0.4	0.2	2.3	1.9
Bosnia and Herzegovina	963	0.4	0.0	0.0	0.1	0.1	0.0	1.3	2.5	0.9	2.1	0.1	0.1
Bulgaria	918	8.3	5.3	5.2	5.9	3.8	5.7	111.0	33.0	17.0	26.0	32.5	39.2
Croatia	960	4.7	3.6	22.5	18.0	0.6	1.7	14.4	23.5	56.0	102.3	67.0	34.2
Faroe Islands	816	....	....	....	....	....	0.0	....	....	1.0	0.0	....	....
Gibraltar	823	0.0	0.1	9.8	0.0	0.1	0.4	2.5	35.7	0.1	103.2	21.8	2.9
Hungary	944	12.2	6.5	4.9	7.3	6.2	8.2	8.0	9.4	8.9	6.7	10.8	9.6
Macedonia, FYR	962	0.0	0.0	....	0.7	0.0	1.6	0.5	0.0	0.1	0.1	0.1	0.2
Montenegro	943	....	....	0.0	0.6	0.1	0.2	4.3	0.3	0.9	77.2	2.9	1.7
Poland	964	21.9	18.3	23.0	24.4	20.9	19.1	36.4	31.0	31.4	38.7	44.8	27.0
Romania	968	10.9	23.3	44.4	40.3	12.1	17.3	18.8	31.7	29.3	45.4	45.3	17.0
Serbia, Republic of	942	1.0	1.6	5.9	5.3	6.5	3.0	3.3	5.5	0.8	3.2	1.1	3.9
Turkey	186	33.1	98.1	17.0	20.7	19.4	13.9	99.3	108.8	121.7	107.3	131.8	95.5
CIS	901	2.1	52.0	59.7	27.2	11.0	5.6	32.2	35.7	15.3	24.2	104.9	44.7
Azerbaijan, Rep. of	912	0.2	0.1	0.1	0.0	0.0	0.0	21.6	10.3	3.6	3.5	14.1	12.8
Belarus	913	....	0.2	0.0	....	0.0	0.0	0.0	0.0	0.0	0.0	0.0	0.0
Georgia	915	0.0	0.0	7.7	0.1	6.4	0.1	5.7	12.1	0.0	0.0	0.0	0.0
Kazakhstan	916	0.1	0.1	0.1	0.1	0.0	0.5	0.0	0.0	....	0.1	0.1	0.0
Kyrgyz Republic	917	....	0.8	4.9	1.7	1.0	1.1	0.0	....	0.0	0.2	....	....
Moldova	921	0.0	1.1	0.0	0.0	0.0	0.2	0.1	1.3	0.5	0.0	0.0	0.7
Russian Federation	922	1.3	45.8	46.7	4.4	3.5	3.5	3.9	4.0	10.5	20.0	80.7	27.8
Turkmenistan	925	....	3.4	....	16.3	0.0	0.0	....	....	....	....	0.0	0.0
Ukraine	926	0.5	0.5	0.2	4.7	0.1	0.1	1.0	8.0	0.7	0.2	10.0	3.3
Mid East, N Africa, Pak	440	**200.6**	**287.6**	**283.3**	**278.6**	**244.0**	**195.5**	**40.2**	**106.4**	**114.2**	**113.4**	**104.4**	**192.8**
Afghanistan, I.R. of	512	1.8	4.3	0.0	....	0.3	4.4	0.0	....	....	....	0.0	0.0
Algeria	612	0.3	8.6	0.4	0.9	9.8	1.8	4.5	1.5	41.3	31.2	2.9	8.0
Bahrain, Kingdom of	419	2.3	3.0	1.2	1.6	1.8	1.1	0.1	0.1	0.1	0.2	0.2	0.3
Djibouti	611	6.6	6.5	5.6	7.0	6.8	6.7	0.0	....	....	0.0	0.0	0.3
Egypt	469	2.0	27.9	12.1	18.3	16.8	12.5	6.3	6.2	10.4	29.0	20.9	55.5
Iran, I.R. of	429	0.0	0.1	0.1	0.4	0.2	1.1	0.3	0.2	0.1	0.2	0.3	0.4
Iraq	433	1.4	1.2	2.4	1.8	0.8	0.8	0.0	0.0	0.0	0.0	0.0	0.0
Jordan	439	2.2	3.0	4.8	2.9	3.0	2.2	1.6	0.9	0.5	1.1	0.9	0.1
Kuwait	443	2.8	2.4	3.0	3.8	2.8	4.8	0.1	0.3	0.0	0.0	0.0	0.0
Lebanon	446	0.9	1.4	1.2	0.8	0.6	0.7	1.2	0.6	2.4	1.7	0.7	1.0
Libya	672	57.3	158.3	158.2	131.2	99.9	85.3	2.9	27.9	27.6	5.8	17.6	14.0
Mauritania	682	0.7	1.0	0.7	0.3	0.2	0.1	0.1	0.0	0.0	....	0.1	0.0
Morocco	686	1.9	2.5	0.8	27.6	3.2	2.7	3.1	5.4	7.1	6.1	7.2	12.3
Oman	449	4.3	5.3	7.7	8.2	9.9	5.4	0.5	0.4	0.3	0.5	0.5	0.2
Pakistan	564	0.5	0.4	0.1	0.1	0.6	0.5	2.6	2.5	2.5	2.9	3.0	3.1
Qatar	453	6.8	3.8	17.6	4.5	8.1	4.6	0.8	0.7	0.2	0.3	1.5	0.8
Saudi Arabia	456	18.3	22.3	26.1	27.2	43.6	25.5	2.9	3.8	2.9	3.5	10.2	44.8
Somalia	726	....	1.0	1.5	3.1	1.6	1.0	....	....	....	0.0	....	....
Sudan	732	7.4	2.8	2.3	1.2	1.6	1.3	0.0	0.0	0.0	0.0	0.0	0.0
Syrian Arab Republic	463	0.0	0.0	0.0	0.1	0.0	....	0.4	0.3	0.1	0.3	0.1	0.0
Tunisia	744	9.7	5.7	11.0	11.0	8.5	6.3	2.5	9.6	5.4	13.9	25.7	44.1
United Arab Emirates	466	70.8	17.1	19.9	17.6	20.7	22.7	10.2	46.1	13.3	16.6	12.5	8.1
West Bank and Gaza	487	0.1	1.6	0.1	0.2	0.1	0.2	....	....	0.1	0.1	0.0	....
Yemen, Republic of	474	2.4	7.5	6.6	9.1	3.0	3.7	....	....	....	....	....	....
Sub-Saharan Africa	603	**53.4**	**68.1**	**76.9**	**72.0**	**79.9**	**64.5**	**7.7**	**10.1**	**55.6**	**40.0**	**36.6**	**25.4**
Angola	614	10.9	9.4	10.2	11.3	10.5	2.7	0.0	....	0.0	0.0	....	0.4
Botswana	616	....	3.3	....	....	....	....	....	....	....	0.9	0.4	0.5
Burkina Faso	748	0.1	0.1	0.1	0.1	0.1	0.2	....	....	....	....	0.0	....

Malta (181)

In Millions of U.S. Dollars

		Exports (FOB)						Imports (CIF)					
		2011	2012	2013	2014	2015	2016	2011	2012	2013	2014	2015	2016
Burundi	618	....	....	....	0.3	....	....	....	....	....	....	....	....
Cabo Verde	624	0.4	0.2	0.5	3.0	1.7	0.4	....	....	....	....	....	....
Cameroon	622	1.4	0.8	3.5	2.7	2.0	4.7	1.1	0.9	32.3	13.7	13.6	13.8
Chad	628	2.7	3.2	2.6	2.4	3.5	1.5	....	....	....	....	....	....
Congo, Dem. Rep. of	636	0.2	0.4	0.1	0.9	1.8	0.8	0.1	0.0	0.1	....	0.1	....
Congo, Republic of	634	0.5	0.8	1.2	1.7	0.2	0.2	0.1	....	0.0	0.4	0.1	0.1
Côte d'Ivoire	662	....	0.3	0.2	0.2	0.7	0.4	0.1	2.9	0.1	4.8	0.2	0.3
Eritrea	643	0.0	0.1	0.4	0.2	....	....	0.0	0.0	....	0.0	0.0	0.0
Ethiopia	644	0.0	0.4	0.0	0.5	0.6	0.0	0.0	....	0.0	0.3	0.0	0.0
Gabon	646	0.1	0.2	0.1	0.2	1.4	0.1	....	....	0.0	0.0	....	0.1
Gambia, The	648	0.3	1.7	1.8	2.8	3.8	0.8	....	0.0	....	....	....	....
Ghana	652	2.7	3.1	16.3	0.4	13.7	17.9	0.2	0.3	0.1	0.4	0.0	0.0
Guinea	656	0.2	12.0	2.4	3.7	1.4	1.2	0.0	....	....	....	....	....
Guinea-Bissau	654	0.0	0.5	0.8	0.9	0.2	0.2	....	....	....	....	....	....
Kenya	664	0.6	0.6	1.0	1.5	2.6	2.3	0.6	0.4	0.2	0.3	0.5	0.6
Lesotho	666	0.1	....	2.9	2.5	2.1	1.1	....	....	....	....	....	....
Liberia	668	1.0	0.5	0.7	0.6	0.8	1.2	....	....	....	....	0.0	....
Madagascar	674	0.0	0.0	0.0	0.0	0.2	0.7	0.0	0.0	0.0	....	....	0.0
Malawi	676	....	2.6	2.1	....	0.0	....	0.0	....	....	0.0	....	....
Mali	678	2.1	2.0	2.0	2.2	2.7	1.7	....	0.0	0.0	....	0.0	....
Mauritius	684	2.5	3.9	2.7	0.6	1.2	1.1	0.0	0.4	1.3	1.7	2.0	1.8
Mozambique	688	1.4	0.4	1.0	1.6	2.0	2.9	....	0.0	....	....	....	0.0
Namibia	728	0.0	0.0	0.0	0.0	0.0	0.0	1.1	1.4	2.2	1.1	1.1	0.8
Niger	692	0.5	0.5	0.9	2.8	1.5	0.8	....	0.0	....	....	....	0.0
Nigeria	694	10.8	6.3	10.3	11.8	8.9	5.6	0.0	0.0	0.0	0.0	0.0	1.6
Rwanda	714	2.2	....	....	0.0	0.4	0.8	....	....	....	....	....	....
São Tomé & Príncipe	716	....	....	....	0.6	0.0	0.1	....	....	....	....	0.3	....
Senegal	722	3.4	3.2	3.5	4.2	3.2	3.7	0.4	0.5	0.7	1.0	0.9	1.1
Seychelles	718	0.4	0.2	0.4	0.1	0.1	1.7	0.7	0.6	0.7	0.2	0.5	0.2
Sierra Leone	724	0.3	6.2	2.4	0.1	0.9	0.8	....	0.0	....	....	0.0	0.0
South Africa	199	3.4	4.1	6.2	6.0	6.9	5.5	3.0	2.2	17.3	14.9	16.3	3.6
South Sudan, Rep. of	733	....	....	....	0.2	0.4	0.6	....	....	....	....	....	....
Swaziland	734	1.3	0.2	0.4	....	0.4	0.0	0.0	....	0.0	....	....	0.0
Tanzania	738	0.1	0.0	0.0	0.0	0.2	1.5	0.1	0.4	0.1	0.3	0.2	0.2
Togo	742	0.2	0.2	0.2	0.1	0.2	0.1	....	....	....	....	....	0.0
Uganda	746	3.4	0.4	....	5.8	3.5	0.9	0.3	0.2	0.3	0.0	0.2	0.1
Zambia	754	0.0	0.1	0.0	0.0	....	....	....	0.0	0.0	....	....	0.0
Zimbabwe	698	0.0	....	....	....	....	....	....	....	....	0.0	....	0.1
Western Hemisphere	205	45.0	39.2	35.7	34.9	54.7	37.0	169.3	107.0	125.6	90.1	199.4	886.2
Antigua and Barbuda	311	0.0	0.3	0.2	0.0	0.0	0.1	0.0	0.2	0.4	0.0	0.0	0.0
Argentina	213	0.6	0.8	0.8	0.4	0.3	0.3	2.4	3.0	0.8	1.2	1.4	4.4
Bahamas, The	313	0.2	0.0	0.0	0.0	0.1	1.0	0.0	11.3	....	....	....	0.0
Barbados	316	....	0.0	0.1	0.3	....	0.0	....	....	0.0	0.0	....	....
Belize	339	1.8	0.1	0.0	0.8	1.1	0.1	0.0	....	0.0	....	0.0	....
Bermuda	319	0.0	....	....	....	0.0	0.0	0.0	1.8	....	....	13.5	0.0
Bolivia	218	....	....	....	0.0	....	....	0.0	0.0	....	0.1	0.2	0.0
Brazil	223	9.9	8.2	6.6	4.6	2.8	2.2	21.6	20.1	17.6	24.9	15.3	13.9
Chile	228	0.4	0.5	0.3	0.2	0.1	0.0	2.4	1.9	2.3	2.2	1.8	3.8
Colombia	233	0.1	0.0	0.1	0.3	0.2	0.2	0.2	0.1	0.1	0.1	1.5	2.9
Costa Rica	238	0.0	0.0	0.0	0.0	0.0	0.0	0.0	0.4	0.1	1.3	1.0	0.7
Dominica	321	....	0.1	....	0.0	0.0	....	....	....	....	....	....	....
Dominican Republic	243	9.1	2.6	1.8	2.7	1.3	2.1	0.1	0.0	0.0	0.0	0.0	0.1
Ecuador	248	0.0	0.1	0.0	0.0	0.1	....	0.3	0.7	1.3	2.5	1.9	3.3
Guatemala	258	0.1	0.0	0.0	0.0	0.0	0.1	0.1	....	0.0	0.0	0.0	....
Guyana	336	0.6	0.1	6.3	0.1	0.4	0.1	....	10.6	....	0.0	....	....
Haiti	263	....	0.4	1.0	3.8	1.1	0.0	....	....	0.0	0.0	....	....
Honduras	268	....	....	1.2	....	....	....	0.0	....	0.0	0.0	0.0	0.0
Jamaica	343	0.0	0.0	0.0	0.6	0.0	2.1	0.1	....	0.0	....	0.0	0.0
Mexico	273	9.0	10.8	16.1	13.2	16.9	16.3	1.6	13.1	1.0	0.5	1.0	2.1
Montserrat	351	....	....	0.3	....	....	0.0	....	....	0.0	....	....	....

Malta (181)

In Millions of U.S. Dollars

		Exports (FOB)						Imports (CIF)					
		2011	2012	2013	2014	2015	2016	2011	2012	2013	2014	2015	2016
Netherlands Antilles	353	0.0	0.1	....	....	....	....	0.0	0.0	....	....	....	....
Nicaragua	278	....	1.7	....	....	....	....	0.0	0.0	0.0	0.0	0.0	0.1
Panama	283	0.1	0.1	0.6	0.2	0.8	0.3	0.1	4.5	2.1	....	1.8	0.0
Paraguay	288	....	0.0	0.0	....	0.1	0.0	0.0	....	0.0	0.0	0.0	0.0
Peru	293	0.0	4.2	0.1	7.5	4.4	0.0	0.2	0.2	0.1	0.3	0.6	0.4
St. Kitts and Nevis	361	....	0.0	....	....	....	....	....	....	1.2	0.0	0.0	....
St. Vincent & Grens.	364	....	0.0	....	....	....	....	....	....	....	....	1.4	....
Suriname	366	0.1	0.1	0.1	0.0	0.1	....	0.0	0.0	....	0.0	0.0	0.3
Trinidad and Tobago	369	0.0	0.2	0.1	0.0	0.2	0.1	0.0	0.1	0.1	0.0	0.1	0.1
Uruguay	298	....	....	0.0	0.0	0.0	0.0	0.2	0.1	0.1	0.2	0.1	0.2
Venezuela, Rep. Bol.	299	12.8	8.8	0.0	....	24.0	11.3	0.0	0.0	0.0	0.0	0.0	0.0
Western Hem. n.s.	399	0.1	0.0	0.0	0.0	0.4	0.8	140.0	38.8	98.5	56.7	157.8	854.0
Other Countries n.i.e	910	0.0	0.0	....	....	....	....	0.2	0.0	0.0	0.2	0.1	....
Cuba	928	....	0.0	....	....	....	....	0.2	0.0	0.0	0.2	0.1	....
Special Categories	899	1,009.3	726.9	300.2	104.9	187.6	68.6	0.8	1.5	26.1	0.4	0.0	0.0
Countries & Areas n.s.	898	0.4	0.1	0.0	0.1	0.6	0.2	89.6	16.2	84.7	107.5	26.6	9.4
Memorandum Items													
Africa	605	80.1	96.1	99.2	122.9	111.1	83.8	18.0	26.5	109.4	91.2	72.5	90.0
Middle East	405	171.6	254.9	260.9	227.4	211.5	170.7	27.4	87.5	57.9	59.3	65.4	125.1
European Union	998	1,723.7	1,592.2	1,546.4	1,376.5	1,098.1	1,118.4	4,630.2	5,076.6	4,349.3	4,270.5	3,780.8	3,377.0
Export earnings: fuel	080	206.3	307.9	314.5	254.9	253.6	183.2	48.5	96.2	101.2	85.1	144.4	125.5
Export earnings: nonfuel	092	4,167.2	3,947.5	3,318.4	2,674.1	2,319.8	2,831.9	6,241.4	6,487.7	6,029.9	6,712.2	5,644.0	6,083.2

Marshall Islands, Republic of (867)

In Millions of U.S. Dollars

		Exports (FOB) 2011	2012	2013	2014	2015	2016	Imports (CIF) 2011	2012	2013	2014	2015	2016
IFS World		....	....	....	....	....	....	....	....	....	....	....	....
World	001	247.2	236.2	408.6	455.3	439.3	352.9	492.2	458.7	676.6	1,692.9	1,660.5	4,743.3
Advanced Economies	110	94.5	45.4	18.2	193.0	204.5	275.8	398.5	260.1	450.1	1,516.6	1,176.3	2,487.9
Euro Area	163	94.0	40.5	15.1	192.6	190.0	258.3	331.4	256.9	446.0	1,272.4	1,120.2	924.9
Austria	122	0.0 e	....	....	....	0.3 e	0.0 e	0.6 e	0.4 e	0.2 e	0.1 e	0.4 e	0.4 e
Belgium	124	0.2 e	0.1 e	0.5 e	0.0 e	0.0 e	0.0 e	32.1 e	0.2 e	0.5 e	1.9 e	0.0 e	0.2 e
Cyprus	423	....	0.0 e	....	5.3 e	97.0 e	63.7 e	0.0 e	....	....	322.9 e	235.0 e	95.5 e
Estonia	939	....	....	....	....	....	....	0.0 e	0.0 e	0.4 e	0.0 e	0.1 e	0.0 e
Finland	172	....	0.0 e	....	....	0.0 e	....	0.0 e	4.4 e	17.3 e	1.6 e	0.1 e	0.0 e
France	132	29.0 e	....	14.1 e	57.1 e	0.0 e	0.7 e	44.1 e	1.2 e	2.5 e	32.4 e	30.4 e	102.6 e
Germany	134	34.1 e	0.0 e	0.1 e	0.0 e	10.7 e	0.0 e	102.9 e	207.4 e	212.1 e	799.1 e	688.7 e	171.6 e
Greece	174	0.1 e	36.5 e	0.1 e	79.5 e	81.3 e	133.6 e	52.0 e	35.1 e	22.4 e	38.2 e	102.2 e	87.3 e
Ireland	178	....	....	0.0 e	....	0.1 e	0.0 e	....	....	0.0 e	....	0.0 e	0.0 e
Italy	136	7.6 e	2.4 e	0.0 e	4.1 e	....	0.0 e	56.4 e	0.5 e	100.1 e	59.9 e	34.0 e	463.0 e
Latvia	941	....	....	0.0 e	0.1 e	0.0 e	0.0 e	0.8 e	0.4 e	0.8 e	1.2 e	1.3 e	0.4 e
Lithuania	946	0.0 e	....	....	....	....	0.0 e	0.2 e	0.1 e	0.5 e	0.3 e	0.9 e	0.2 e
Malta	181	14.7 e	....	....	46.1 e	0.0 e	26.1 e	0.0 e	....	....	4.4 e	....	....
Netherlands	138	0.0 e	0.0 e	0.1 e	0.3 e	0.3 e	12.0 e	2.1 e	2.7 e	70.8 e	6.5 e	0.5 e	0.8 e
Portugal	182	0.0 e	0.0 e	....	0.0 e	0.0 e	0.0 e	0.0 e	0.1 e	0.3 e	0.4 e	0.8 e	0.6 e
Slovenia	961	....	....	....	....	....	....	....	....	....	0.0 e	0.0 e	0.1 e
Spain	184	8.2 e	1.3 e	0.3 e	0.1 e	0.2 e	22.0 e	40.1 e	4.3 e	18.1 e	3.3 e	25.9 e	2.2 e
Australia	193	....	....	....	....	....	0.3 e	....	....	....	....	....	7.0 e
China,P.R.: Hong Kong	532	....	....	....	....	0.4 e	0.0 e	....	....	....	....	0.8 e	....
Czech Republic	935	....	0.0 e	....	....	....	0.1 e	0.1 e	0.1 e	0.1 e	0.4 e	1.7 e	0.1 e
Denmark	128	0.0 e	0.1 e	0.0 e	0.1 e	14.1 e	0.0 e	66.6 e	2.5 e	2.4 e	231.6 e	51.0 e	9.1 e
Korea, Republic of	542	....	....	....	....	....	0.0 e	....	....	....	....	....	1,054.2 e
New Zealand	196	....	....	....	....	....	....	....	....	....	....	....	0.9 e
Norway	142	....	....	....	....	....	12.5 e	....	....	....	....	....	95.1 e
Singapore	576	....	....	....	....	....	0.0 e	....	....	....	....	....	348.5 e
Sweden	144	0.0 e	0.0 e	0.1 e	0.0 e	0.0 e	0.0 e	0.0 e	....	0.1 e	0.2 e	0.0 e	0.0 e
Switzerland	146	....	....	....	....	....	0.0 e	....	....	....	....	....	0.8 e
Taiwan Prov.of China	528	....	....	....	....	....	0.0 e	....	....	....	....	....	2.1 e
United Kingdom	112	0.6 e	4.8 e	2.9 e	0.2 e	0.1 e	0.1 e	0.4 e	0.6 e	1.5 e	12.0 e	2.7 e	0.6 e
United States	111	....	....	....	....	....	4.4 e	....	....	....	....	....	44.8 e
Emerg. & Dev. Economies	200	152.6	190.8	390.4	262.3	234.8	77.1	93.7	198.6	226.5	176.2	484.2	2,255.3
Emerg. & Dev. Asia	505	0.8	0.3	0.3	0.4	0.3	34.3	1.7	1.2	2.1	3.0	3.1	1,087.6
Cambodia	522	....	....	....	....	....	3.1 e	....	....	....	0.0 e	....	....
China,P.R.: Mainland	924	....	....	....	....	....	3.6 e	....	....	....	....	....	1,081.2 e
Fiji	819	0.0 e	0.0 e	0.1 e	0.0 e	0.0 e	0.3 e	1.4 e	0.7 e	0.9 e	1.7 e	1.3 e	0.9 e
India	534	....	....	....	....	....	0.0 e	....	....	....	....	....	0.1 e
Indonesia	536	....	....	....	....	....	15.0 e	....	....	....	....	....	0.3 e
Kiribati	826	....	0.0 e	0.0 e	0.0 e	0.1 e	0.0 e	....	....	0.9 e	0.8 e	1.4 e	1.6 e
Malaysia	548	....	....	....	....	....	5.3 e	....	....	....	....	....	1.1 e
Micronesia	868	0.8 e	0.3 e	0.2 e	0.2 e	0.2 e	1.1 e	0.2 e	0.4 e	0.3 e	0.2 e	0.2 e	0.6 e
Myanmar	518	....	....	....	0.1 e	....	0.0 e	....	....	....	0.1 e	0.1 e	....
Papua New Guinea	853	....	....	....	....	....	....	0.0 e	0.1 e	0.1 e	0.1 e	0.1 e	0.1 e
Philippines	566	....	....	....	....	....	5.9 e	....	....	....	....	....	1.7 e
Solomon Islands	813	....	....	....	....	....	....	0.1 e	....	0.0 e	0.0 e	....	0.0 e
Europe	170	149.1	184.1	99.5	203.1	210.4	19.2	84.1	196.0	221.7	171.1	465.4	1,151.9
Emerg. & Dev. Europe	903	149.1	184.1	99.5	203.1	210.4	19.0	84.1	196.0	221.7	171.1	465.4	1,150.3
Albania	914	....	....	0.0 e	0.0 e	0.0 e	0.0 e	0.0 e	....	....	0.2 e	1.1 e	2.5 e
Bulgaria	918	....	0.0 e	0.0 e	0.0 e	0.0 e	....	4.0 e	2.3 e	2.8 e	3.1 e	1.8 e	0.2 e
Croatia	960	0.0 e	0.1 e	0.0 e	0.0 e	0.0 e	....	4.7 e	31.9 e	65.4 e	0.6 e	64.8 e	46.3 e
Hungary	944	0.0 e	....	0.0 e	....	....	....	0.1 e	....	....	0.6 e	....	....
Poland	964	148.9 e	183.9 e	99.5 e	203.1 e	210.3 e	10.7 e	75.3 e	123.9 e	118.6 e	166.5 e	80.6 e	364.7 e
Romania	968	0.0 e	....	0.0 e	....	....	....	0.0 e	37.7 e	34.9 e	0.0 e	317.1 e	612.9 e
Serbia, Republic of	942	0.1 e	0.1 e	0.0 e	0.0 e	0.1 e	0.0 e	0.0 e	0.3 e	0.0 e	....	....	....
Turkey	186	....	....	....	....	....	8.3 e	....	....	....	....	....	123.8 e
CIS	901	....	....	....	....	0.0	0.3	....	....	....	....	....	1.5
Georgia	915	....	....	....	....	....	0.1 e	....	....	....	....	....	....

Marshall Islands, Republic of (867)

In Millions of U.S. Dollars

		Exports (FOB) 2011	2012	2013	2014	2015	2016	Imports (CIF) 2011	2012	2013	2014	2015	2016
Russian Federation	922	....	....	....	....	....	0.0 e	....	....	....	....	....	0.5 e
Ukraine	926	....	....	....	....	....	0.1 e	....	....	....	....	....	1.0 e
Mid East, N Africa, Pak	**440**	**0.0**	**3.9**	**0.1**	**37.8**	**22.7**	**0.6**	**0.0**	**1.2**	**1.3**	**0.1**	**0.3**	**0.8**
Afghanistan, I.R. of	512	....	....	....	....	22.7 e	....	....	....	....	....	....	....
Bahrain, Kingdom of	419	0.0 e	0.0 e	0.0 e	37.8 e	0.0 e	0.0 e	....	0.1 e	0.0 e	0.1 e	0.3 e	0.2 e
Morocco	686	....	....	....	....	....	0.6 e	....	....	....	....	....	0.0 e
Pakistan	564	....	0.0 e	0.1 e	....	0.0 e	0.0 e	0.0 e	....	....	....	....	....
Qatar	453	....	....	....	....	....	....	....	1.2 e	1.3 e	....	....	0.6 e
United Arab Emirates	466	0.0 e	3.8 e	0.0 e	....	....	....	....	....	....	....	....	....
Sub-Saharan Africa	**603**	**2.8**	**2.5**	**290.4**	**4.3**	**1.3**	**19.8**	**0.9**	**0.0**	**1.1**	**1.7**	**13.1**	**12.8**
Angola	614	0.6 e	0.0 e	....	2.7 e	0.1 e	0.1 e	....	....	....	....	11.3 e	8.7 e
Benin	638	....	....	....	....	....	0.2 e	....	....	....	....	....	....
Côte d'Ivoire	662	....	....	....	....	0.0 e	0.0 e	....	....	....	....	0.4 e	0.5 e
Ghana	652	0.0 e	....	....	0.1 e	0.1 e	0.1 e	....	....	....	....	....	....
Malawi	676	....	....	....	....	....	....	0.6 e	....	....	....	....	....
Mauritius	684	....	....	....	....	....	0.0 e	....	....	....	....	....	2.1 e
Mozambique	688	....	0.0 e	0.0 e	0.0 e	0.1 e	0.1 e	....	....	0.1 e	0.0 e	0.0 e	0.0 e
Namibia	728	0.0 e	0.0 e	290.3 e	0.1 e	0.5 e	14.7 e	0.3 e	0.0 e	0.9 e	1.6 e	1.4 e	1.5 e
Rwanda	714	0.5 e	0.4 e	0.1 e	0.0 e	....	....	....	....	....	....	....	....
Tanzania	738	1.7 e	2.0 e	....	1.3 e	0.4 e	4.6 e	....	....	....	....	....	....
Western Hemisphere	**205**	**0.0**	**0.0**	**0.0**	**16.8**	**0.1**	**3.1**	**7.0**	**0.1**	**0.3**	**0.4**	**2.3**	**2.3**
Barbados	316	....	0.0 e	0.0 e	0.1 e	0.0 e	....	....	....	....	....	0.0 e	....
Brazil	223	....	....	....	....	....	....	....	....	....	....	....	0.5 e
Colombia	233	....	....	....	....	....	0.1 e	....	....	....	....	....	....
Costa Rica	238	....	....	....	....	0.1 e	0.0 e	....	....	....	....	....	....
Dominican Republic	243	....	....	....	16.7 e	....	0.0 e	....	0.1 e	0.1 e	0.1 e	0.0 e	0.1 e
Ecuador	248	....	....	....	....	....	2.9 e	....	....	....	....	....	0.1 e
Montserrat	351	....	....	....	....	....	....	....	....	....	0.1 e	0.1 e	0.1 e
St. Lucia	362	0.0 e	....	....	....	....	....	....	....	0.1 e	0.2 e	0.2 e	0.2 e
Trinidad and Tobago	369	0.0 e	....	....	0.0 e	....	....	7.0 e	0.0 e	0.1 e	0.1 e	2.0 e	1.4 e
Memorandum Items													
Africa	605	2.8	2.5	290.4	4.3	1.3	20.4	0.9	0.0	1.1	1.7	13.1	12.8
Middle East	405	0.0	3.8	0.0	37.8	0.0	0.0	....	1.2	1.3	0.1	0.3	0.8
European Union	998	243.5	229.3	117.7	396.1	414.4	269.2	482.5	455.7	671.8	1,687.6	1,639.8	1,958.6
Export earnings: fuel	080	0.6	3.9	0.0	40.5	0.1	3.2	7.0	1.2	1.5	0.2	13.5	11.4
Export earnings: nonfuel	092	246.6	232.3	408.6	414.8	439.2	349.7	485.2	457.4	675.1	1,692.7	1,647.0	4,731.8

Mauritania (682)

In Millions of U.S. Dollars

		Exports (FOB)						Imports (CIF)					
		2011	2012	2013	2014	2015	2016	2011	2012	2013	2014	2015	2016
IFS World		....	....	....	....	....	....	....	....	....	....	....	....
World	001	2,459.1	2,624.5	2,462.3	2,013.3	1,574.4	1,626.4	2,453.9	2,972.6	3,980.2	3,644.4	2,258.1	2,175.2
Advanced Economies	110	1,395.6	1,168.0	971.1	953.1	833.7	723.3	1,303.0	1,544.6	1,633.3	2,158.3	1,236.6	1,177.4
Euro Area	163	913.5	624.6	460.4	457.2	381.3	326.5	908.0	1,198.9	1,176.1	1,052.4	771.6	711.4
Austria	122	....	....	....	....	....	0.0	0.0	0.5	....	....	0.2	0.1
Belgium	124	110.9	37.3	0.4	0.0	0.0	0.1	343.2	463.7	383.1	231.7	192.2	199.0
Cyprus	423	....	....	0.1	0.2	0.3	0.2	1.0	0.0	0.0	1.1	....	....
Estonia	939	0.1	0.1	1.3	....	....	0.0	0.2	16.2	....	0.0	....	....
Finland	172	....	....	....	....	0.8	0.0	1.2	18.9	23.7	103.9	0.2	0.5
France	132	208.7	122.8	86.7	54.8	30.8	27.2	300.4	332.2	388.2	363.1	175.5	143.8
Germany	134	151.3	117.5	122.6	107.7	63.4	54.6	65.7	91.4	122.1	55.7	63.7	47.5
Greece	174	6.7	4.3	5.5	....	....	4.4	6.6	5.2	4.0	7.4	4.0	6.5
Ireland	178	0.0	0.0	0.0	0.0	0.0	0.0	2.0	5.7	1.8	0.4	0.4	0.5
Italy	136	246.3	182.3	158.2	99.7	77.8	67.0	8.6	21.5	42.6	29.5	50.4	59.6
Latvia	941	....	0.0	0.3	....	....	1.2	....	....	0.0	....	0.0	0.0
Lithuania	946	3.0	2.0	2.2	0.7	0.2	0.5	0.1	0.4	0.3	0.1	0.0	0.0
Luxembourg	137	....	....	....	....	0.0	0.0	0.7	0.0	0.0	0.8	0.4	0.0
Malta	181	....	....	....	....	0.1	0.8	....	0.0	0.0	0.0	0.2	0.2
Netherlands	138	3.9	7.5	3.2	29.3	16.0	7.6	67.0	51.6	42.1	69.9	180.6	153.8
Portugal	182	14.4	17.2	11.0	23.3	8.2	18.4	7.9	28.7	17.4	9.5	3.4	3.2
Slovak Republic	936	....	....	0.0 e	....	....	....	....	0.0	0.0	0.0	0.1	0.3
Slovenia	961	....	....	....	....	....	0.0	0.4	0.5	0.3	0.0	0.1	13.2
Spain	184	168.2	133.6	68.9	141.5	183.7	144.5	103.1	162.2	150.5	179.5	100.2	83.1
Australia	193	0.0	0.0	0.0	0.0	0.0	0.0	46.3	22.9	26.4	21.2	8.8	13.8
Canada	156	0.0	0.0	0.0	0.0	0.0	0.3	5.8	29.1	10.9	6.9	3.0	5.9
China,P.R.: Hong Kong	532	....	0.3	0.1	0.1	0.1	1.0	4.2	2.0	1.4	2.3	1.4	1.4
Czech Republic	935	....	....	....	....	....	....	0.0	0.0	0.3	0.0	0.0	0.0
Denmark	128	1.8	5.0	21.5	14.5	7.9	15.6	11.3	4.3	13.2	5.6	2.1	4.2
Iceland	176	....	....	0.0	....	....	....	0.0	0.1	0.8	1.5	0.1	6.1
Japan	158	127.3	234.7	104.8	88.8	124.0	122.6	46.9	64.8	52.6	76.6	40.0	64.0
Korea, Republic of	542	1.5	8.7	10.6	16.1	32.7	26.3	2.2	4.2	2.2	1.7	1.3	1.1
New Zealand	196	0.0 e	0.0 e	0.0 e	0.0 e	0.0 e	0.0 e	1.8	0.1	0.3	0.2	....	0.0
Norway	142	....	....	5.0	2.1	6.3	0.7	1.5	3.1	37.9	7.8	1.6	3.7
Singapore	576	0.4	0.7	0.7	....	....	....	8.4	12.6	22.4	29.9	20.9	25.3
Sweden	144	13.1	5.2	....	....	0.0	3.0	6.7	13.9	4.7	4.8	2.7	18.6
Switzerland	146	334.4	281.4	332.6	365.8	273.7	219.7	37.4	23.8	27.9	15.4	6.3	5.2
Taiwan Prov.of China	528	2.0 e	0.8 e	1.1 e	2.0 e	7.0 e	5.5 e	1.1 e	1.8 e	1.6 e	2.5 e	1.6 e	1.3 e
United Kingdom	112	1.2	6.6	8.2	5.2	0.7	1.7	147.2	17.3	29.1	64.4	48.3	23.3
United States	111	0.3	0.0	26.1	1.2	0.0	0.3	74.3	145.4	225.4	864.9	326.8	292.1
Emerg. & Dev. Economies	200	1,062.9	1,456.4	1,491.0	1,060.2	740.7	902.8	1,149.6	1,424.6	2,341.0	1,484.6	1,020.9	997.2
Emerg. & Dev. Asia	505	915.7	1,181.5	1,263.3	722.3	486.9	623.3	188.2	243.6	232.8	298.8	375.3	375.6
American Samoa	859	....	0.0	....	....	....	....	0.2	0.0	0.1	0.0	0.0	0.0
Bangladesh	513	....	....	....	0.0	0.0	....	0.2	0.1	0.3	0.3	0.2	0.2
Brunei Darussalam	516	0.3	....	0.0	0.2	0.2	....	0.0	....	....	....	0.0	0.0
Cambodia	522	0.0 e	....	0.0 e	....	....	0.0 e	0.0	0.0	0.6	0.6	0.0	0.0
China,P.R.: Mainland	924	908.0	1,155.8	1,242.7	700.5	469.1	599.5	124.1	163.6	156.1	222.4	171.7	193.9
F.T. New Caledonia	839	0.0 e	0.1 e	0.0 e	0.0 e	0.0 e	0.0 e	....	0.0 e	....	....	....	....
India	534	0.9	14.1	9.4	8.7	8.3	3.3	11.0	11.9	14.2	20.8	14.8	16.5
Indonesia	536	0.0	0.1	....	0.6	1.0	0.5	3.8	8.0	13.2	21.1	18.6	18.4
Malaysia	548	....	....	0.4	....	....	0.2	26.0	32.1	23.4	12.8	41.7	15.9
Nepal	558	....	....	....	0.0 e	0.1 e	0.1 e	0.0	....	....	0.2	0.0	0.0
Philippines	566	....	....	....	....	....	....	0.0	....	1.1	0.1	0.0	0.0
Sri Lanka	524	0.1 e	....	0.0 e	....	....	0.0 e	0.1	0.1	0.2	0.1	0.3	0.1
Thailand	578	6.0	6.1	0.9	2.2	1.5	2.2	22.0	22.2	12.3	18.3	14.3	17.8
Timor-Leste	537	....	....	....	0.0	0.0	....	....	....	....	....	0.2	0.2
Tuvalu	869	....	....	....	....	....	....	....	0.7	0.0	0.0	....	....
Vanuatu	846	0.0 e	0.0 e	0.0 e	0.0 e	0.0 e	0.0 e	....	0.0	8.2	0.0	108.8	108.1
Vietnam	582	0.3	5.3	9.8	10.0	6.7	17.5	0.7	4.4	1.0	1.6	4.4	4.4
Asia n.s.	598	....	....	....	....	....	....	0.1	0.4	2.3	0.4	0.2	0.2

Mauritania (682)

In Millions of U.S. Dollars

		Exports (FOB)						Imports (CIF)					
		2011	2012	2013	2014	2015	2016	2011	2012	2013	2014	2015	2016
Europe	170	50.8	48.0	57.1	72.5	67.9	97.8	70.9	122.5	945.6	126.3	141.6	111.1
Emerg. & Dev. Europe	903	12.3	1.1	9.3	11.4	9.2	16.1	42.7	110.0	907.7	79.0	86.6	60.0
Albania	914	....	....	....	0.0	....	....	0.1	0.1	0.1	0.3	....	0.0
Bosnia and Herzegovina	963	....	....	....	....	....	....	0.1	0.3	0.6	....	....	0.4
Bulgaria	918	....	....	....	0.1	0.0	0.0	0.1	0.3	0.6	0.0	0.0	2.7
Croatia	960	....	....	0.0	....	....	....	....	....	0.0	0.3	....	....
Gibraltar	823	....	....	....	....	....	....	....	0.2	0.2	....	....	....
Hungary	944	0.0 e	....	....	....	0.0 e	....	0.0	0.2	811.7	0.1	0.0	0.0
Montenegro	943	....	0.0 e	0.0 e	0.0 e	0.0 e	0.1 e	....	....	....	....	....	....
Poland	964	0.0	0.1	7.1	....	....	....	4.3	12.4	10.7	12.1	20.2	7.2
Romania	968	11.1	0.0	0.3	....	....	....	0.3	0.0	8.4	0.3	0.9	0.3
Turkey	186	1.1	1.0	1.8	11.2	9.1	16.0	37.9	96.7	75.4	65.8	65.4	49.3
CIS	901	38.6	46.9	47.8	61.2	58.7	81.8	28.0	11.5	36.8	43.5	41.7	37.9
Armenia	911	....	....	....	....	....	....	7.5	....	0.0	0.0	0.0	0.0
Azerbaijan, Rep. of	912	0.2 e	0.0 e	....	....	....	0.0 e	0.0	....	0.0	0.1	....	....
Belarus	913	3.5	5.9	1.1	....	....	1.0	0.0	....	0.0	....	....	....
Georgia	915	0.0	0.0	....	....	....	....	0.0	0.2	0.1	0.0	0.1	0.1
Kazakhstan	916	....	0.3	0.2	....	....	0.0	....	....	....	....	....	0.0
Kyrgyz Republic	917	0.1	....	....	....	....	....	....	....	....	....	....	....
Moldova	921	....	....	0.2	....	....	....	0.0	....	....	....	....	....
Russian Federation	922	26.5	28.7	43.7	57.0	56.0	78.4	16.5	2.7	15.2	37.8	16.5	23.3
Tajikistan	923	0.1 e	0.1 e	0.2 e	0.3 e	0.2 e	0.2 e	0.0 e	0.0 e	0.0 e	0.0 e	0.0 e	0.0 e
Turkmenistan	925	....	6.2	....	....	....	....	....	0.0	....	....	....	....
Ukraine	926	8.2	5.6	2.5	3.9	2.5	2.2	3.9	8.5	21.4	5.5	25.1	14.5
Uzbekistan	927	....	....	....	....	....	....	....	....	....	0.1	....	....
Europe n.s.	884	....	....	....	....	....	....	0.1	0.9	1.1	3.8	13.3	13.2
Mid East, N Africa, Pak	440	9.5	77.7	70.2	73.5	49.8	15.3	715.9	827.5	929.5	873.1	421.1	427.8
Afghanistan, I.R. of	512	....	....	0.3	....	....	....	0.1	0.1	0.0	0.0	....	....
Algeria	612	0.0	0.0	0.0	0.1	0.0	0.0	0.2	1.0	9.6	2.5	0.5	3.1
Bahrain, Kingdom of	419	0.0 e	0.0 e	0.0 e	0.0 e	0.1 e	0.0 e	0.0	0.5	0.1	0.4	0.0	0.0
Djibouti	611	....	....	....	....	....	0.0	0.0	0.0	0.0	1.5	0.0	0.0
Egypt	469	2.0	2.3	0.5	2.8	0.6	1.5	2.9	4.8	5.3	11.7	10.9	5.3
Iran, I.R. of	429	0.0	0.0	0.0	0.0	0.0	0.0	0.0	0.0	0.0	0.0	0.1	0.1
Jordan	439	....	....	....	....	....	0.0	0.1	0.2	0.6	0.3	0.3	0.2
Kuwait	443	0.0 e	0.0 e	0.0 e	0.0 e	0.0 e	0.0 e	0.0	0.6	0.0	0.1	0.2	0.2
Lebanon	446	0.8	0.9	0.7	0.9	1.0	0.7	0.2	0.2	0.3	0.4	0.3	0.3
Libya	672	0.1	0.1	0.1	....	....	0.0	0.1	0.1	0.5	0.4	0.4	0.4
Morocco	686	1.0	0.5	0.2	0.9	0.6	0.4	53.9	89.5	87.4	125.8	128.0	137.2
Oman	449	....	....	0.0 e	....	....	0.0 e	0.1	0.1	0.3	0.2	....	0.3
Pakistan	564	5.0	0.0	5.7	7.0	6.0	....	2.7	13.6	26.4	29.6	7.2	7.2
Qatar	453	0.0	....	....	0.1	0.0	....	0.7	0.8	0.4	0.3	0.3	0.3
Saudi Arabia	456	....	1.0	0.2	1.9	1.3	2.8	8.8	9.7	22.6	9.3	5.8	5.7
Sudan	732	....	....	....	....	....	0.0	....	0.4	0.3	....	0.0	0.0
Syrian Arab Republic	463	0.1	0.0	....	....	....	....	1.0	0.8	1.1	0.1	0.1	0.1
Tunisia	744	0.4	0.3	0.6	1.3	0.8	2.4	10.7	8.2	22.0	15.1	6.8	8.8
United Arab Emirates	466	0.0	72.5	61.6	58.6	39.2	7.3	634.4	696.8	752.4	674.9	260.2	258.4
West Bank and Gaza	487	....	0.0 e	0.1 e	....	0.0 e	0.0 e	0.0 e	0.1 e	0.1 e	0.1 e	0.1 e	0.1 e
Yemen, Republic of	474	....	....	0.0	....	....	....	0.1	0.1	0.2	0.2	....	....
Sub-Saharan Africa	603	85.5	147.6	98.8	191.6	135.8	164.7	106.9	116.5	93.5	89.2	40.7	44.7
Angola	614	2.0	2.1	1.8	2.2	1.4	0.1	0.0	....	0.0	0.6	1.0	1.0
Benin	638	2.2	1.8	0.1	14.5	9.7	2.0	0.0	0.4	0.5	0.0	0.2	0.2
Botswana	616	0.0 e	....	0.0 e	0.0 e	0.0 e	0.0 e	....	0.1	....	0.0	....	0.0
Burkina Faso	748	0.0	0.0	....	....	....	0.0	0.1	0.0	0.1	0.1	0.0	0.0
Burundi	618	0.3	0.1	....	....	....	....	0.1	0.1	....	0.0	....	....
Cabo Verde	624	....	....	....	1.1	0.7	....	0.0	0.0	0.0	0.0	0.0	0.0
Cameroon	622	0.6	3.1	5.0	4.6	3.1	7.9	0.0	0.0	0.1	0.1	0.0	0.0
Central African Rep.	626	0.0 e	....	0.0 e	0.0 e	....	....	0.1	....	0.0	0.0	0.0	0.0
Comoros	632	....	....	....	....	....	....	....	0.0	0.2	....	....	....
Congo, Dem. Rep. of	636	0.0	0.9	0.3	4.6	3.1	1.6	0.3	....	0.0	....	0.0	0.0
Congo, Republic of	634	....	2.4	0.1	0.1	0.1	1.2	....	0.1	0.0	0.5	....	....

Mauritania (682)

In Millions of U.S. Dollars

		Exports (FOB)						Imports (CIF)					
		2011	2012	2013	2014	2015	2016	2011	2012	2013	2014	2015	2016
Côte d'Ivoire	662	18.3	17.5	38.8	96.8	70.9	54.3	5.2	14.1	5.0	4.3	9.3	9.2
Equatorial Guinea	642	....	....	....	....	....	0.3	....	....	0.0	0.9	....	....
Ethiopia	644	0.2	....	....	....	....	....	0.0	0.0	0.0	0.0	....	....
Gabon	646	0.3	....	....	....	....	0.6	4.8	3.9	2.7	0.0	1.1	1.1
Gambia, The	648	....	....	....	....	....	0.0	0.4	0.2	0.1	0.5	0.7	0.7
Ghana	652	16.4	29.4	11.0	7.3	4.9	10.2	3.9	3.5	5.6	1.3	1.1	1.1
Guinea	656	0.6	0.1	0.1	0.5	0.3	0.3	0.4	0.0	0.0	0.2	0.3	0.3
Guinea-Bissau	654	....	....	....	....	....	0.0	....	....	....	0.0	0.1	0.1
Kenya	664	1.0	....	....	....	....	....	0.0	0.0	0.2	0.4	0.1	0.1
Liberia	668	4.8	3.0	2.3	1.4	0.9	0.8	....	0.6	0.7	....	0.0	0.0
Malawi	676	....	....	0.1 e	0.2 e	0.0 e	0.0 e	....	....	....	0.0	....	....
Mali	678	2.3	0.9	2.2	4.8	3.2	9.6	0.4	1.4	1.3	0.7	3.2	3.1
Mauritius	684	0.0 e	0.0 e	0.0 e	0.0 e	0.5 e	0.0 e	0.2	0.5	0.0	0.3	3.8	0.3
Mozambique	688	....	....	....	0.0	0.0	0.1	0.1	0.2	0.0	....	....	....
Namibia	728	0.1	0.1	....	....	....	0.0	....	0.1	0.1	0.2	0.0	0.0
Niger	692	....	0.0	....	....	....	0.0	0.1	0.0	....	0.0	0.1	0.1
Nigeria	694	5.4	36.2	33.7	48.9	32.7	67.3	0.6	1.1	0.4	0.0	0.3	0.3
Senegal	722	1.2	1.1	2.6	2.2	2.2	2.7	55.8	43.5	35.6	28.3	10.4	16.0
Seychelles	718	0.1 e	0.0 e	0.0 e	0.0 e	....	0.0 e	....	....	....	....	....	....
South Africa	199	25.4	11.8	0.0	0.6	0.0	3.6	24.9	28.3	26.2	22.1	6.2	8.1
Swaziland	734	....	36.2	....	....	....	....	9.2	13.7	13.6	28.0	2.4	2.4
Tanzania	738	....	....	....	....	....	0.1	0.2	0.2	0.1	0.0	0.1	0.1
Togo	742	4.2	1.0	0.8	1.8	1.6	1.5	....	....	....	0.2	....	0.0
Uganda	746	0.0	....	....	....	....	....	0.0	4.3	0.8	0.1	0.1	0.1
Zambia	754	0.0 e	0.0 e	0.0 e	0.0 e	0.3 e	0.6 e	....	....	0.0	0.2	0.0	0.1
Zimbabwe	698	0.0	....	0.0	0.0	0.0	....	....	0.2	0.0	0.0	....	0.0
Africa n.s.	799	....	....	....	....	....	....	0.0	0.0	....	0.1	0.0	0.0
Western Hemisphere	**205**	**1.4**	**1.6**	**1.6**	**0.4**	**0.3**	**1.7**	**67.7**	**114.5**	**139.5**	**97.3**	**42.2**	**38.0**
Anguilla	312	....	0.6	....	....	....	0.0	....	0.0	0.0	....	0.2	0.2
Antigua and Barbuda	311	0.2	0.1	....	....	....	....	0.0	0.4	1.8	0.0	0.0	0.0
Argentina	213	0.0 e	0.0 e	0.0 e	0.0 e	....	0.0 e	14.8	29.2	1.0	0.9	....	0.0
Bahamas, The	313	....	....	....	....	....	....	....	0.0	17.5	....	....	....
Belize	339	....	....	....	....	0.0	....	....	....	58.9	7.4	0.0	0.0
Bermuda	319	....	....	....	0.0	0.0	....	....	....	0.1	0.0	....	....
Brazil	223	....	0.1	....	....	....	0.0	34.8	60.9	52.7	32.2	39.0	33.0
Chile	228	0.0	....	....	....	....	....	1.3	0.5	3.1	1.3	0.2	1.3
Colombia	233	0.1	....	0.0	....	....	....	0.7	0.3	0.0	1.2	0.0	0.0
Costa Rica	238	0.0	0.1	....	0.0	0.0	....	....	....	0.0	0.0	....	0.0
Curaçao	354	....	....	....	....	....	....	....	....	0.3	0.2	....	....
Ecuador	248	....	....	....	....	....	0.0	0.0	0.1	0.5	0.1	0.0	0.0
Haiti	263	....	....	....	....	....	....	....	....	0.1	0.0	....	....
Jamaica	343	....	....	....	....	....	....	....	0.2	0.2	0.1	0.0	0.0
Mexico	273	0.1	0.1	0.6	....	....	....	0.1	0.1	1.8	0.7	0.1	0.1
Montserrat	351	....	....	....	....	....	....	....	0.0	0.1	0.0	....	....
Nicaragua	278	....	....	0.1	....	....	....	0.0	....	0.0	....	....	....
Panama	283	....	0.6	....	0.3	0.3	....	1.4	0.1	1.0	42.6	0.2	0.2
Paraguay	288	0.1 e	0.0 e	0.0 e	0.0 e	....	....	0.1	....	....	0.0	0.7	0.7
Peru	293	....	....	....	0.0	....	1.0	0.1	0.0	0.7	1.7	....	0.7
Suriname	366	....	....	....	....	....	....	0.0	0.0	0.1	0.1	1.3	1.3
Trinidad and Tobago	369	0.2	0.0	....	....	....	....	5.3	....	....	0.0	....	....
Uruguay	298	0.0	....	....	....	....	0.0	9.0	21.8	0.0	9.0	0.2	0.2
Venezuela, Rep. Bol.	299	0.6	....	0.8	....	....	0.6	....	....	0.0	0.0	0.2	0.2
Western Hem. n.s.	399	....	....	....	....	....	....	....	0.6	0.0	0.0	0.0	0.0
Other Countries n.i.e	**910**	**0.6**	**0.1**	**0.1**	**0.0**	**0.0**	**0.3**	**1.2**	**3.4**	**5.8**	**1.5**	**0.7**	**0.7**
Korea, Dem. People's Rep.	954	0.6	0.1	0.1	0.0	0.0	0.3	1.2	3.4	5.8	1.5	0.7	0.7
Memorandum Items													
Africa	605	86.8	148.5	99.6	193.8	137.3	167.6	171.6	215.6	212.9	234.2	176.0	193.8
Middle East	405	3.1	76.8	63.4	64.3	42.3	12.5	648.4	714.7	783.8	698.5	278.7	271.5
European Union	998	940.8	641.5	497.6	477.0	389.9	346.8	1,077.8	1,247.3	2,054.8	1,140.0	845.8	767.8
Export earnings: fuel	080	35.6	149.5	142.3	169.1	131.2	158.7	672.3	717.8	804.9	729.6	286.8	294.6
Export earnings: nonfuel	092	2,423.5	2,475.0	2,320.0	1,844.3	1,443.2	1,467.7	1,781.6	2,254.8	3,175.2	2,914.8	1,971.3	1,880.7

Mauritius (684)

In Millions of U.S. Dollars

		Exports (FOB)						Imports (CIF)					
		2011	2012	2013	2014	2015	2016	2011	2012	2013	2014	2015	2016
IFS World		....	....	....	....	....	....	....	....	....	....	....	....
World	001	2,173.8	2,264.0	2,274.0	2,574.4	2,403.2	2,193.2	5,148.8	5,353.8	5,175.9	5,392.8	4,691.0	4,654.3
Advanced Economies	110	1,691.4	1,693.3	1,683.9	1,711.6	1,451.4	1,479.0	1,926.3	1,982.5	1,862.5	1,881.4	1,602.9	1,690.3
Euro Area	163	898.9	890.2	890.7	887.2	701.1	767.1	1,026.9	1,016.1	996.1	969.1	801.1	895.9
Austria	122	14.7	12.9	10.3	11.5	5.5	1.6	13.5	11.3	9.8	9.2	9.0	9.8
Belgium	124	50.2	64.7	69.2	71.4	46.0	31.7	63.9	44.2	34.8	37.3	34.2	40.9
Cyprus	423	0.0	0.0	0.1	0.1	0.0	0.1	1.9	2.8	2.4	2.0	1.4	1.9
Estonia	939	0.0	....	....	0.1	0.0	....	0.1	0.2	1.2	0.5	0.3	0.5
Finland	172	1.3	6.0	7.9	9.3	8.2	6.7	5.4	2.4	2.4	1.6	2.7	3.2
France	132	385.7	371.5	342.2	375.6	284.8	325.4	465.1	453.1	422.8	419.4	334.5	365.1
Germany	134	48.2	41.5	34.2	23.0	26.9	36.8	123.9	129.5	129.0	136.2	110.1	143.9
Greece	174	23.1	8.7	10.7	12.1	14.7	19.6	0.7	2.0	2.1	1.6	2.2	2.9
Ireland	178	0.6	2.1	2.4	1.7	2.2	2.6	12.2	12.4	12.6	13.0	13.3	14.6
Italy	136	181.4	156.8	202.8	169.7	129.7	149.1	109.6	105.5	113.1	110.9	100.7	105.7
Latvia	941	0.1	0.1	0.2	0.2	0.2	0.1	0.0	0.0	0.0	0.1	0.4	0.4
Lithuania	946	0.1	0.0	0.0	0.0	0.0	0.2	5.4	4.3	4.7	4.6	3.6	4.7
Luxembourg	137	0.3	0.4	0.0	0.0	0.1	0.0	1.0	0.3	1.0	1.3	4.4	8.8
Malta	181	1.4	6.4	7.5	4.1	3.2	1.7	0.2	0.3	0.6	0.4	0.3	0.7
Netherlands	138	34.5	41.2	57.6	64.8	63.1	71.6	60.6	58.4	38.5	26.6	24.8	32.4
Portugal	182	6.8	8.3	13.7	9.3	11.4	22.0	6.6	6.9	14.7	13.4	12.1	14.2
Slovak Republic	936	0.1	0.2	0.2	0.2	0.1	0.4	1.2	1.1	1.2	1.1	1.4	5.4
Slovenia	961	0.3	0.1	0.0	0.2	0.2	0.1	0.3	0.5	0.8	3.0	2.1	2.1
Spain	184	150.1	169.0	131.8	133.8	104.8	97.6	155.2	180.9	204.6	186.8	143.5	138.9
Australia	193	8.4	9.0	8.7	9.9	14.5	16.4	134.6	122.7	137.7	137.2	118.8	91.1
Canada	156	4.7	5.7	7.0	8.2	9.7	9.2	25.2	29.5	31.3	44.0	37.6	21.3
China,P.R.: Hong Kong	532	6.0	7.6	34.0	32.3	8.6	13.6	19.0	48.8	21.8	23.2	21.4	18.8
China,P.R.: Macao	546	....	....	0.0	0.0	0.0	0.0	0.3	0.2	0.1	0.1	0.0	0.0
Czech Republic	935	3.6	4.3	7.7	5.3	4.4	6.7	8.9	9.2	9.6	12.7	10.0	9.1
Denmark	128	2.3	4.0	7.0	6.9	5.5	4.7	32.1	51.0	9.5	12.6	9.9	19.1
Iceland	176	0.0	....	0.2	....	....	0.0	0.4	0.2	0.1	0.0	0.1	0.2
Israel	436	2.5	2.2	2.8	2.5	1.4	2.2	5.4	6.5	6.4	5.9	4.9	3.6
Japan	158	13.9	34.6	24.8	36.8	26.9	28.8	128.6	135.9	121.5	124.3	113.8	143.6
Korea, Republic of	542	3.7	7.1	6.9	5.1	5.6	6.6	78.7	86.6	99.5	70.5	54.2	42.3
New Zealand	196	1.4	1.2	1.2	1.5	1.2	0.7	76.8	81.3	68.4	77.2	65.6	72.3
Norway	142	0.1	0.3	0.3	0.4	2.7	0.1	1.2	1.6	4.4	12.8	5.2	2.9
San Marino	135	....	....	....	....	....	....	....	....	....	....	....	0.1
Singapore	576	14.8	18.2	20.9	24.8	32.0	32.2	35.7	35.1	33.4	60.5	28.9	38.9
Sweden	144	3.3	3.0	4.8	5.9	5.8	7.2	6.8	8.0	7.4	7.9	7.1	7.1
Switzerland	146	41.0	30.4	24.7	26.5	27.6	42.0	54.6	47.0	45.0	47.3	35.3	36.9
Taiwan Prov.of China	528	13.0	16.1	28.4	32.2	29.9	28.0	80.6	101.4	96.1	93.5	106.2	86.9
United Kingdom	112	440.9	436.3	385.0	354.8	318.2	263.7	118.5	107.5	99.1	96.1	101.3	101.3
United States	111	232.7	223.2	228.7	271.2	256.2	249.8	92.2	94.1	75.1	86.6	81.4	98.9
Emerg. & Dev. Economies	200	482.4	570.7	590.1	862.8	951.8	714.3	3,221.7	3,371.0	3,309.2	3,511.0	3,088.0	2,963.9
Emerg. & Dev. Asia	505	57.1	68.2	111.8	142.1	165.1	188.6	2,283.7	2,463.8	2,435.5	2,550.4	2,185.5	1,977.0
American Samoa	859	....	....	....	....	....	0.2	0.0	0.0	0.0	0.0	0.0	0.0
Bangladesh	513	3.5	6.8	13.5	13.4	14.1	11.9	3.1	3.8	4.8	5.0	3.8	5.1
Cambodia	522	0.0	....	0.0	0.0	0.0	0.0	0.0	0.2	0.4	0.4	0.5	0.6
China,P.R.: Mainland	924	6.4	7.6	13.0	14.6	18.4	45.7	724.7	857.7	761.5	873.1	835.1	824.5
F.T. French Polynesia	887	0.0	0.0	0.0	....	0.0	0.0	0.1	0.0	0.0	0.0	0.0	0.0
F.T. New Caledonia	839	0.1	0.0	0.0	0.0	0.0	0.0	0.1	0.0	0.2	0.1	0.0	0.0
India	534	16.0	18.6	17.0	16.1	20.5	16.0	1,206.3	1,238.3	1,256.3	1,170.6	876.5	767.9
Indonesia	536	4.6	1.5	1.4	1.3	1.1	0.9	103.3	90.9	87.7	78.4	70.3	76.1
Kiribati	826	....	....	....	....	....	0.1	....	0.0	....	....	....	0.7
Lao People's Dem.Rep	544	0.0	0.3	0.0	....	....	....	0.0	0.0	0.0	0.0	0.3	0.1
Malaysia	548	7.1	5.0	4.9	5.2	4.0	4.7	115.6	142.3	122.5	99.2	86.9	93.5
Maldives	556	0.5	0.6	0.8	1.1	1.1	2.4	0.0	0.0	0.0	0.1	0.0	0.0
Marshall Islands	867	....	....	....	....	....	2.0	....	....	....	....	....	0.1
Myanmar	518	....	....	0.0	....	....	1.3	0.6	0.9	0.9	1.0	1.4	0.5
Nauru	836	....	....	....	....	....	....	0.0	....	0.1	0.0	0.0	....
Nepal	558	0.0	0.0	....	0.0	0.0	....	0.0	0.0	0.0	0.0	0.0	0.1

2017, International Monetary Fund: Direction of Trade Statistics Yearbook

Mauritius (684)

In Millions of U.S. Dollars

		Exports (FOB)						Imports (CIF)					
		2011	2012	2013	2014	2015	2016	2011	2012	2013	2014	2015	2016
Papua New Guinea	853	....	....	....	0.0	0.0	0.0	0.0	0.0	0.1	0.0	0.0	8.6
Philippines	566	5.7	1.3	0.6	0.9	0.8	0.8	3.8	4.3	5.5	8.4	3.2	6.1
Samoa	862	....	....	....	....	....	0.3	....	....	....	....	....	....
Sri Lanka	524	2.1	1.3	1.3	0.9	0.8	1.4	3.9	3.7	3.1	4.4	2.6	2.6
Thailand	578	5.8	6.4	11.3	12.1	12.1	17.9	111.0	106.2	108.1	116.5	96.9	93.2
Vanuatu	846	1.0	0.2	0.0	0.2	4.1	0.2	....	0.0	....	0.1	0.0	0.0
Vietnam	582	4.2	18.7	47.9	76.1	87.5	82.1	10.3	14.8	83.4	192.0	206.1	95.5
Asia n.s.	598	0.2	0.1	0.1	0.0	0.3	0.8	0.8	0.5	0.9	1.1	1.8	1.8
Europe	170	**22.2**	**20.8**	**26.2**	**19.8**	**13.7**	**16.3**	**87.4**	**71.5**	**77.6**	**97.9**	**93.5**	**83.0**
Emerg. & Dev. Europe	903	**15.7**	**14.9**	**20.0**	**16.5**	**11.1**	**13.8**	**77.7**	**62.7**	**67.1**	**69.0**	**63.9**	**67.1**
Albania	914	....	0.0	....	....	....	0.0	0.0	0.1	0.1	0.1	0.1	0.2
Bosnia and Herzegovina	963	0.2	0.1	0.1	0.1	0.2	0.2	0.0	0.0	0.1	0.0	0.0	0.0
Bulgaria	918	0.6	0.6	1.0	0.8	0.6	2.3	0.9	1.0	1.1	0.8	0.9	2.8
Croatia	960	0.5	0.3	0.3	0.5	0.3	0.5	1.8	1.0	0.1	0.7	0.8	0.1
Faroe Islands	816	....	....	....	....	....	....	0.0	0.0	0.0	0.1	....	0.0
Gibraltar	823	....	....	....	0.0	....	....	0.0	....	0.3	0.0	....	....
Hungary	944	0.4	0.1	1.4	0.7	0.6	1.1	15.2	5.6	4.0	5.4	6.5	7.8
Macedonia, FYR	962	0.0	0.2	0.2	0.1	0.1	0.1	0.0	0.0	0.0	0.0	0.0	0.1
Poland	964	4.1	5.2	7.1	7.4	5.2	5.4	6.9	9.7	13.0	14.4	13.0	14.4
Romania	968	5.0	3.1	4.6	2.7	0.6	2.3	2.9	1.6	1.8	1.5	1.5	1.9
Turkey	186	4.6	5.3	5.3	4.2	3.4	1.9	49.9	43.5	45.8	45.8	41.0	39.9
CIS	901	**6.5**	**5.9**	**6.1**	**3.3**	**2.6**	**2.5**	**9.7**	**8.8**	**10.5**	**28.8**	**29.6**	**15.8**
Belarus	913	0.0	....	....	0.0	....	....	4.5	2.5	0.5	1.5	0.4	0.4
Georgia	915	....	0.0	....	....	....	....	0.0	0.1	0.0	0.0	0.2	0.1
Kazakhstan	916	0.0	....	0.0	0.1	0.0	0.0	....	....	0.0	0.0	0.0	....
Moldova	921	0.0	0.0	0.0	0.0	0.0	0.0	0.0	0.0	0.1	0.1	0.1	0.2
Russian Federation	922	6.3	5.8	5.5	3.1	2.4	2.3	5.0	6.0	8.2	19.1	20.5	14.0
Turkmenistan	925	....	....	....	....	....	0.0	0.0	....	....	0.1	....	....
Ukraine	926	0.1	0.1	0.6	0.1	0.1	0.1	0.2	0.2	1.7	8.0	8.3	1.1
Mid East, N Africa, Pak	440	**15.5**	**20.5**	**42.3**	**282.3**	**317.5**	**71.0**	**172.7**	**191.7**	**177.6**	**197.2**	**147.7**	**201.5**
Afghanistan, I.R. of	512	....	....	....	0.0	0.0	0.1	0.0	0.0	0.0	0.0	0.0	0.0
Algeria	612	....	0.1	....	0.1	0.2	1.1	0.1	0.8	0.9	0.0	0.2	0.1
Bahrain, Kingdom of	419	0.0	0.0	0.1	0.1	0.0	0.0	1.1	0.8	0.7	7.7	5.6	24.2
Djibouti	611	0.0	0.1	0.9	0.6	0.1	0.1	....	0.0	0.1	0.0	0.0	0.0
Egypt	469	0.7	1.5	1.0	0.7	3.1	0.6	33.4	37.5	34.3	31.9	22.6	28.2
Iran, I.R. of	429	0.4	0.8	1.0	0.4	0.7	0.4	6.6	0.5	0.4	0.3	0.5	0.2
Jordan	439	....	0.0	0.0	0.0	....	0.0	3.9	2.2	2.8	1.3	0.8	0.8
Kuwait	443	0.1	0.2	0.1	0.1	0.1	0.1	0.6	1.3	0.4	0.4	0.3	0.6
Lebanon	446	0.0	0.0	0.1	0.1	0.0	0.1	0.3	0.2	0.3	0.3	0.2	0.2
Libya	672	....	....	0.0	....	....	....	0.1	0.0	....	....	....	0.0
Mauritania	682	0.0	0.0	0.0	0.0	0.0	0.0	0.0	0.0	0.0	0.0	0.5	0.0
Morocco	686	0.4	0.0	0.4	1.5	1.1	0.3	9.8	12.6	7.2	7.4	8.4	6.6
Oman	449	0.6	0.6	2.0	2.3	2.7	0.9	1.9	2.2	2.0	4.8	6.9	7.0
Pakistan	564	0.6	0.6	0.5	1.0	1.1	1.2	37.1	27.2	27.6	30.3	20.5	17.9
Qatar	453	0.0	0.0	0.0	0.0	8.7	0.0	0.8	2.3	2.4	1.8	1.0	1.3
Saudi Arabia	456	0.8	1.4	3.8	1.4	1.2	2.5	4.3	5.5	5.9	6.8	5.6	24.6
Somalia	726	....	....	....	....	....	0.1	0.0	....	....	....	....	0.0
Sudan	732	....	0.1	0.1	0.1	0.1	0.1	0.0	0.0	0.1	0.0	....	0.0
Tunisia	744	0.4	0.3	0.1	0.1	0.4	0.4	3.1	2.9	3.1	2.7	2.8	3.3
United Arab Emirates	466	11.3	14.8	32.2	273.9	298.0	63.2	69.2	95.7	89.2	101.3	71.6	86.3
Yemen, Republic of	474	....	....	....	....	....	....	0.1	0.0	0.0	0.1	0.2	....
Sub-Saharan Africa	603	**378.2**	**449.9**	**401.8**	**405.9**	**441.5**	**427.6**	**536.3**	**514.5**	**504.4**	**527.8**	**517.4**	**586.6**
Angola	614	0.9	0.2	0.1	0.2	0.8	0.5	0.0	0.1	0.0	....	0.1	0.1
Benin	638	0.2	0.2	0.3	0.0	0.1	0.1	1.4	0.0	0.1	0.1	1.4	1.8
Botswana	616	0.1	0.3	3.4	0.7	0.0	0.2	0.0	0.0	0.3	0.3	1.4	0.6
Burkina Faso	748	0.0	0.1	0.0	0.0	0.0	0.0	3.0	0.6	0.2	0.4	1.1	1.8
Burundi	618	1.7	1.6	1.1	0.8	0.3	0.3	....	....	....	0.0	0.0	0.0
Cabo Verde	624	....	....	....	....	0.3	0.0	....	....	0.0	....	....	0.0
Cameroon	622	0.1	0.0	0.0	0.0	0.1	0.2	1.9	1.0	1.2	0.4	1.5	1.8
Central African Rep.	626	0.0	0.0	0.0	....	0.0	....	0.1	0.1	0.0	....	0.0	0.1

Mauritius (684)

In Millions of U.S. Dollars

		Exports (FOB)						Imports (CIF)					
		2011	2012	2013	2014	2015	2016	2011	2012	2013	2014	2015	2016
Chad	628	0.0	0.0	0.1	0.0	0.1	0.1	....	0.0	0.0	0.0	....	0.0
Comoros	632	3.9	5.0	4.4	4.8	5.3	4.1	0.0	0.8	1.9	0.4	1.9	3.0
Congo, Dem. Rep. of	636	....	....	....	0.1	....	....	....	....	....	....	....	0.0
Congo, Republic of	634	1.1	0.2	2.7	0.7	0.9	0.1	0.7	0.8	1.0	0.9	1.3	3.0
Côte d'Ivoire	662	0.6	0.2	0.1	0.5	0.5	0.5	2.2	1.0	0.5	2.3	4.4	1.3
Ethiopia	644	0.0	0.1	0.4	0.4	0.4	0.2	0.1	0.1	0.1	0.1	0.0	0.1
Gabon	646	0.1	0.0	0.1	0.1	1.0	0.0	0.0	0.1	0.2	0.0	0.1	0.2
Ghana	652	1.4	1.3	0.4	0.4	0.6	1.0	0.0	0.1	0.6	0.3	0.6	0.2
Guinea	656	0.0	0.1	0.0	0.0	0.0	0.0	0.1	0.0	2.3	0.0	0.0	0.1
Kenya	664	9.9	10.9	10.1	5.1	21.3	36.9	45.1	51.7	43.3	40.0	35.0	35.3
Lesotho	666	1.4	1.1	0.7	0.2	0.0	0.0	2.3	2.2	2.1	1.7	1.4	1.8
Liberia	668	....	....	0.0	0.0	0.1	1.0	0.2	0.2	0.1	1.0	0.3	0.3
Madagascar	674	138.5	154.5	140.9	167.1	156.3	160.9	15.7	21.1	23.6	36.5	42.8	51.9
Malawi	676	0.2	3.2	0.2	0.2	0.1	0.1	4.3	0.1	0.7	2.8	4.0	0.5
Mali	678	0.0	0.0	0.0	0.0	0.0	0.0	0.1	0.2	0.1	1.8	0.1	1.0
Mozambique	688	1.3	0.7	2.3	0.8	1.2	2.2	25.4	27.8	17.8	11.6	17.9	13.8
Namibia	728	0.1	0.4	0.4	0.2	0.2	0.0	2.3	1.0	1.2	0.7	1.3	2.8
Niger	692	0.0	0.0	0.1	0.0	....	0.0	0.2	0.0	0.0	0.0	0.0	0.0
Nigeria	694	0.4	0.4	0.5	1.4	0.6	1.0	0.0	0.1	0.4	0.1	0.1	0.4
Rwanda	714	4.9	4.0	5.3	3.2	3.3	0.4	....	0.0	....	0.0	0.0	0.0
Senegal	722	0.6	0.4	0.1	0.1	0.1	0.1	2.5	1.3	1.1	0.6	0.3	0.2
Seychelles	718	29.9	29.4	29.5	27.2	26.2	27.8	6.2	16.0	45.5	34.7	52.0	72.4
Sierra Leone	724	....	0.3	0.0	0.0	....	0.0	1.1	2.8	7.9	10.9	11.0	6.1
South Africa	199	173.7	222.6	189.9	181.7	206.5	178.7	364.5	349.8	319.2	356.8	306.4	348.6
Swaziland	734	0.2	0.0	0.0	0.0	0.0	0.1	9.2	9.3	8.7	8.7	10.2	10.0
Tanzania	738	2.5	7.2	4.0	1.8	5.9	4.2	3.0	7.3	12.5	10.6	18.0	20.1
Togo	742	0.0	0.0	0.0	0.0	....	0.2	....	0.0	0.0	0.0	0.0	0.5
Uganda	746	0.9	1.2	0.7	0.7	1.3	2.0	6.4	3.1	0.0	0.5	0.5	0.3
Zambia	754	1.1	1.3	0.9	3.2	3.6	0.8	28.3	8.1	4.4	3.2	0.0	5.9
Zimbabwe	698	2.7	3.0	2.8	4.1	4.4	3.9	10.0	7.5	7.5	0.3	2.1	0.6
Western Hemisphere	**205**	**9.3**	**11.3**	**8.0**	**12.8**	**14.1**	**10.8**	**141.7**	**129.5**	**114.1**	**137.7**	**143.9**	**115.8**
Antigua and Barbuda	311	0.0	0.1	0.0	....	0.0	0.0	0.1	0.2	0.1	0.5	0.0	0.2
Argentina	213	0.1	0.0	0.2	0.0	0.1	0.3	89.2	73.9	68.1	68.5	47.9	58.7
Bahamas, The	313	0.0	....	0.0	0.0	....	....	0.1	0.7	0.0	0.6	0.0	0.0
Barbados	316	0.5	0.1	0.0	....	0.0	0.5	....	0.0	0.0	....	0.0	0.0
Belize	339	0.0	0.0	0.0	0.2	0.1	....	0.6	0.5	0.6	0.2	0.2	0.0
Bermuda	319	....	....	0.0	....	3.5	2.1	0.0	0.0	0.0	17.7	42.0	0.0
Brazil	223	0.1	0.6	1.0	0.7	0.8	0.2	43.9	35.1	26.2	32.9	39.4	46.7
Chile	228	0.9	0.4	0.3	0.2	0.2	0.2	1.0	1.4	1.8	0.8	0.8	0.7
Colombia	233	0.0	....	0.0	....	....	....	0.2	0.2	0.2	0.2	0.3	0.2
Costa Rica	238	....	0.0	....	....	0.0	....	0.2	0.3	0.3	0.2	0.1	0.1
Dominican Republic	243	....	....	....	....	....	....	0.1	0.4	0.2	0.2	0.1	0.1
Ecuador	248	0.6	....	....	0.1	....	....	0.1	0.2	0.1	0.1	0.3	0.1
El Salvador	253	....	0.0	0.0	....	0.3	0.1	0.0	0.0	0.0	0.0	0.0	0.0
Falkland Islands	323	....	....	....	....	....	....	0.0	0.1	0.0	0.0	....	....
Grenada	328	0.1	0.1	0.0	0.0	0.0	....	....	....	0.0	....	0.0	....
Guatemala	258	....	....	0.0	0.0	....	....	0.1	0.1	0.0	0.3	0.1	0.4
Guyana	336	0.0	0.0	0.0	0.0	0.0	0.0	0.1	0.1	0.1	0.0	0.1	0.1
Jamaica	343	....	....	....	....	0.1	0.0	0.0	0.1	0.0	0.1	0.0	0.0
Mexico	273	3.1	4.0	3.1	7.8	4.7	3.8	4.0	3.4	3.5	2.8	3.2	6.4
Netherlands Antilles	353	0.0	....	0.0	0.1	0.1	0.0	....	....	1.9	0.2	0.8	0.0
Panama	283	3.6	5.5	3.0	2.9	4.1	3.4	0.1	2.0	0.4	0.5	0.0	0.3
Paraguay	288	....	....	....	....	....	....	0.0	8.8	8.4	9.8	6.9	0.1
Peru	293	0.1	0.0	0.1	0.3	0.1	0.0	1.1	1.4	1.2	1.6	1.4	1.2
Suriname	366	0.0	0.0	0.1	....	....	0.0	....	....	0.0	0.0	0.0	0.0
Uruguay	298	0.2	0.6	0.1	0.3	0.0	....	0.6	0.3	0.7	0.4	0.2	0.4
Venezuela, Rep. Bol.	299	0.0	0.0	....	....	....	....	0.0	0.0	0.1	0.0	0.0	0.1
Western Hem. n.s.	399	0.0	....	0.0	0.0	....	....	0.0	0.1	0.0	0.1	0.0	....
Other Countries n.i.e	**910**	....	**0.0**	....	....	....	**0.0**	**0.8**	**0.2**	**0.2**	**0.2**	**0.2**	**0.1**
Cuba	928	....	....	....	....	....	0.0	0.2	0.2	0.2	0.2	0.1	0.1

Mauritius (684)

In Millions of U.S. Dollars

		Exports (FOB)						Imports (CIF)					
		2011	2012	2013	2014	2015	2016	2011	2012	2013	2014	2015	2016
Korea, Dem. People's Rep.	954	....	0.0	....	....	....	....	0.6	0.1	0.0	0.0	0.0	0.0
Special Categories	899	....	....	....	0.0	....	....	....	....	4.0	0.2	....	....
Memorandum Items													
Africa	605	379.1	450.5	403.2	408.2	443.4	429.6	549.4	530.9	515.8	538.0	529.4	596.7
Middle East	405	14.0	19.3	40.4	279.0	314.5	67.7	122.4	148.1	138.6	156.7	115.3	173.6
European Union	998	1,359.6	1,347.1	1,309.6	1,272.2	1,042.4	1,061.0	1,220.9	1,210.7	1,141.7	1,121.3	952.0	1,059.4
Export earnings: fuel	080	22.7	24.5	48.2	283.9	317.5	72.2	91.1	116.6	112.1	143.7	114.4	162.5
Export earnings: nonfuel	092	2,151.0	2,239.5	2,225.7	2,290.5	2,085.7	2,121.0	5,057.7	5,237.2	5,063.8	5,249.1	4,576.6	4,491.9

Mexico (273)

In Millions of U.S. Dollars

		Exports (FOB)						Imports (FOB)					
		2011	2012	2013	2014	2015	2016	2011	2012	2013	2014	2015	2016
IFS World		....	....	....	....	....	....	....	....	....	....	....	....
World	001	**348,214.6**	**369,611.7**	**378,888.4**	**395,073.0**	**378,818.7**	**372,321.9**	**349,874.1**	**369,669.9**	**380,107.8**	**398,918.8**	**394,094.1**	**385,908.3**
Advanced Economies	110	**310,854.8**	**328,261.5**	**336,514.7**	**358,017.8**	**347,411.6**	**341,515.6**	**261,346.0**	**276,592.2**	**280,247.5**	**289,932.8**	**281,300.3**	**271,915.9**
Euro Area	163	15,592.2	17,916.0	16,572.1	17,255.2	14,995.6	14,934.7	31,926.3	34,193.3	35,749.4	36,538.1	35,838.6	34,738.9
Austria	122	47.7	88.8	102.2	135.3	204.6	183.4	750.5	876.2	931.8	1,061.6	1,106.8	1,258.6
Belgium	124	1,212.2	1,142.9	1,107.0	1,700.3	1,594.3	1,467.2	877.7	984.2	990.6	942.0	1,073.6	1,089.4
Finland	172	73.8	100.1	66.0	75.7	116.6	140.3	404.2	423.0	593.2	680.9	500.2	451.3
France	132	719.9	1,281.7	1,288.0	1,593.6	2,144.6	2,017.0	3,359.6	3,466.7	3,685.9	3,786.1	3,726.6	3,729.0
Germany	134	4,343.0	4,494.6	3,797.2	3,557.9	3,509.3	3,951.3	12,862.6	13,507.8	13,461.0	13,762.3	13,974.7	13,878.0
Greece	174	34.3	71.4	36.6	31.1	28.3	33.2	129.7	128.4	163.4	201.4	224.5	214.1
Ireland	178	255.3	229.2	272.5	262.4	247.6	281.0	923.6	1,010.6	1,053.1	1,584.0	1,526.0	1,581.4
Italy	136	1,558.8	1,301.5	1,248.8	1,626.0	1,673.4	1,599.9	4,982.7	5,462.4	5,620.8	5,217.2	5,061.6	5,291.3
Luxembourg	137	6.6	15.3	19.7	138.4	136.8	150.2	91.1	97.4	111.8	116.4	64.7	66.8
Netherlands	138	2,083.3	1,915.3	1,589.2	2,270.6	1,834.6	1,636.6	3,061.1	3,561.6	4,202.2	3,688.0	3,252.7	2,025.2
Portugal	182	332.3	173.4	62.4	44.9	166.2	166.7	519.9	437.2	420.2	553.5	425.4	421.5
Slovak Republic	936	20.3	26.7	20.2	31.4	44.4	40.4	120.3	156.7	204.3	191.3	347.2	276.4
Spain	184	4,904.8	7,075.1	6,962.2	5,787.6	3,294.9	3,267.6	3,843.2	4,081.1	4,311.1	4,753.2	4,554.4	4,456.0
Australia	193	894.4	1,086.4	988.2	1,009.3	1,050.3	835.9	984.2	934.5	518.1	553.5	598.8	527.3
Canada	156	10,694.6	10,937.6	10,452.7	10,714.2	10,544.7	10,432.3	9,645.4	9,889.9	9,847.0	10,044.9	9,947.9	9,631.5
China,P.R.: Hong Kong	532	450.4	825.0	956.7	1,028.8	767.3	591.7	342.9	338.8	289.2	290.3	253.7	287.8
China,P.R.: Macao	546	1.1	0.7	0.8	1.1	0.4	0.3	28.1	18.6	8.4	2.8	1.6	1.2
Czech Republic	935	140.0	228.5	243.6	239.2	190.7	206.0	542.0	668.2	842.5	1,095.1	1,156.5	1,127.7
Denmark	128	115.5	190.1	141.6	146.5	173.9	182.8	443.2	465.9	421.4	543.2	483.4	664.2
Israel	436	115.9	115.7	111.9	135.9	147.0	198.0	541.7	735.9	615.8	640.6	694.9	707.4
Japan	158	2,252.3	2,610.7	2,244.1	2,608.5	3,017.5	3,778.9	16,493.5	17,655.2	17,076.1	17,544.6	17,368.2	17,751.1
Korea, Republic of	542	1,523.4	1,728.3	1,526.9	2,028.3	2,815.9	2,507.8	13,690.4	13,350.1	13,507.4	13,781.9	14,633.1	13,618.9
New Zealand	196	91.9	102.4	111.6	99.2	105.6	93.5	434.7	335.0	370.7	348.5	348.5	364.2
Norway	142	45.1	65.8	34.4	55.5	62.7	44.6	142.6	166.1	197.1	154.4	189.4	174.7
Singapore	576	592.1	723.7	576.8	529.1	522.5	850.6	1,184.9	1,371.1	1,456.4	1,199.9	1,328.3	1,278.9
Sweden	144	87.3	92.8	80.4	121.8	157.0	96.1	1,148.1	1,299.2	1,219.2	1,047.9	1,003.5	926.1
Switzerland	146	1,205.6	820.8	1,109.0	1,482.1	1,758.2	708.8	1,530.1	1,485.8	1,669.7	1,987.2	1,676.9	1,643.8
Taiwan Prov.of China	528	467.7	371.3	487.1	392.1	270.3	246.3	5,769.9	6,183.0	6,689.0	6,368.0	6,630.4	6,836.9
United Kingdom	112	2,158.7	2,603.7	1,437.7	1,805.6	1,967.6	3,231.6	2,141.9	2,392.0	2,508.0	2,513.4	2,344.8	2,128.2
United States	111	274,426.5	287,842.2	299,439.2	318,365.5	308,864.6	302,575.7	174,356.0	185,109.8	187,261.9	195,278.4	186,802.0	179,507.2
Emerg. & Dev. Economies	200	**36,804.5**	**40,712.2**	**41,922.2**	**36,597.6**	**30,966.5**	**30,383.2**	**88,471.9**	**93,025.0**	**99,822.2**	**108,944.4**	**112,760.7**	**113,956.6**
Emerg. & Dev. Asia	505	**8,960.0**	**10,663.5**	**12,157.4**	**10,194.0**	**7,985.2**	**10,084.7**	**68,092.0**	**73,086.2**	**79,123.8**	**87,235.0**	**94,408.5**	**95,973.4**
China,P.R.: Mainland	924	5,964.2	5,720.7	6,468.5	5,964.1	4,873.1	5,411.3	52,248.0	56,936.1	61,321.4	66,256.0	69,987.8	69,520.7
India	534	1,818.8	3,321.6	3,963.4	2,666.2	1,771.8	2,120.2	2,384.9	2,950.9	2,868.2	3,726.5	4,066.9	4,285.9
Indonesia	536	126.4	146.4	213.1	115.7	88.0	65.2	1,231.2	1,190.6	1,149.0	1,347.9	1,327.1	1,318.7
Malaysia	548	124.3	202.8	175.9	195.4	122.2	448.0	5,609.9	4,735.6	5,379.0	6,560.6	7,463.2	8,161.2
Maldives	556	0.1	0.2	0.2	0.3	0.2	0.5	1.7	0.8	0.5	0.5	0.5	0.0
Philippines	566	47.2	66.9	105.3	128.0	83.2	86.1	1,635.8	1,389.1	1,592.6	1,935.6	1,993.1	2,233.9
Sri Lanka	524	4.0	4.0	7.7	6.3	5.6	6.4	129.3	136.3	146.5	158.6	156.4	186.0
Thailand	578	319.7	406.5	424.8	361.1	323.0	497.0	3,088.8	3,805.7	4,322.0	4,353.6	4,957.9	5,427.4
Asia n.s.	598	555.2	794.3	798.5	756.9	718.1	1,450.0	1,762.4	1,941.1	2,345.0	2,895.6	4,455.6	4,839.5
Europe	170	**571.0**	**765.6**	**912.7**	**-553.2**	**-519.7**	**-451.2**	**2,634.1**	**2,933.2**	**3,398.9**	**4,272.1**	**4,254.2**	**4,036.3**
Emerg. & Dev. Europe	903	**1,168.9**	**1,269.9**	**1,343.0**	**844.4**	**860.4**	**877.0**	**1,459.0**	**1,954.2**	**2,455.4**	**2,964.8**	**3,184.6**	**2,953.5**
Bulgaria	918	11.5	31.6	4.4	32.8	13.3	35.1	51.9	50.5	61.1	59.3	57.1	60.5
Hungary	944	655.5	601.2	737.7	192.7	220.3	288.4	415.9	626.6	795.7	983.6	971.6	997.3
Poland	964	134.8	154.1	157.8	194.5	314.4	249.0	528.9	677.5	761.5	891.9	1,130.2	792.2
Romania	968	179.1	124.3	84.8	96.0	96.4	65.9	137.3	173.2	310.0	390.9	357.3	372.9
Turkey	186	188.1	358.6	358.2	328.3	216.0	238.6	325.0	426.4	527.1	639.1	668.4	730.5
CIS	901	**514.7**	**537.1**	**521.3**	**293.7**	**212.5**	**197.7**	**1,568.8**	**1,507.6**	**1,424.7**	**1,749.8**	**1,726.8**	**1,491.6**
Russian Federation	922	471.2	490.9	472.6	274.2	200.3	178.5	1,149.1	1,208.8	1,212.0	1,510.5	1,543.3	1,301.7
Ukraine	926	43.5	46.2	48.7	19.6	12.3	19.1	419.7	298.8	212.7	239.3	183.5	189.8
Europe n.s.	884	-1,112.6	-1,041.4	-951.6	-1,691.3	-1,592.6	-1,525.9	-393.7	-528.6	-481.2	-442.4	-657.1	-408.7
Mid East, N Africa, Pak	440	**512.9**	**548.9**	**895.6**	**1,151.2**	**803.3**	**544.7**	**1,485.5**	**1,284.2**	**967.5**	**843.4**	**488.9**	**646.8**
Algeria	612	201.2	157.7	146.2	283.4	233.4	177.6	22.0	66.7	44.8	0.0	9.9	50.3
Egypt	469	66.3	64.2	57.7	58.1	50.3	71.4	262.7	36.7	37.4	37.5	32.5	59.9
Iran, I.R. of	429	6.8	5.7	0.5	0.3	0.3	0.3	2.5	127.6	20.5	3.3	3.3	21.0

2017, International Monetary Fund: *Direction of Trade Statistics Yearbook*

Mexico (273)

In Millions of U.S. Dollars

		Exports (FOB)						Imports (FOB)					
		2011	2012	2013	2014	2015	2016	2011	2012	2013	2014	2015	2016
Kuwait	443	12.4	83.9	56.4	38.1	77.8	101.5	0.0	0.1	0.2	0.1	0.1	0.1
Lebanon	446	20.9	18.0	12.7	16.1	19.4	13.2	0.7	1.1	0.4	0.8	0.9	0.9
Libya	672	1.1	28.7	55.5	19.9	0.7	0.5	0.1	0.1	0.0	0.0	0.0	0.0
Morocco	686	32.3	11.5	31.7	38.0	29.9	22.9	233.6	206.0	214.8	243.0	233.2	210.9
Pakistan	564	19.9	22.7	20.2	24.3	22.6	23.0	185.7	178.6	184.3	176.8	190.1	192.4
Saudi Arabia	456	151.9	156.3	514.7	672.9	368.8	134.2	778.2	667.3	465.0	381.9	19.0	111.3
Sub-Saharan Africa	603	**437.3**	**419.6**	**492.7**	**491.2**	**432.3**	**585.2**	**1,291.0**	**1,024.5**	**1,037.1**	**1,082.4**	**704.8**	**634.1**
Congo, Republic of	634	3.4	0.7	8.7	25.0	5.2	10.2	0.6	0.5	4.1	11.1	3.7	4.5
Côte d'Ivoire	662	0.5	2.4	17.8	6.5	4.1	3.3	82.5	87.9	86.6	111.6	99.8	102.9
Kenya	664	2.1	3.8	1.7	4.5	7.1	8.0	2.0	1.5	2.4	9.5	2.3	7.7
Liberia	668	2.6	0.8	0.1	0.1	0.6	1.1	0.8	0.8	0.4	2.5	0.4	2.2
Mozambique	688	0.8	0.9	0.3	0.4	1.2	9.4	11.4	3.6	3.6	8.0	3.9	16.2
Nigeria	694	35.5	48.7	69.5	45.4	51.5	38.3	279.5	117.8	448.2	529.8	249.0	105.8
Africa n.s.	799	392.3	362.4	394.6	409.3	362.6	514.8	914.2	812.4	491.7	410.0	345.7	394.7
Western Hemisphere	205	**26,323.3**	**28,314.6**	**27,463.7**	**25,314.4**	**22,265.4**	**19,619.8**	**14,969.2**	**14,696.8**	**15,294.9**	**15,511.4**	**12,904.3**	**12,666.0**
Argentina	213	1,958.1	1,932.4	1,965.9	1,301.9	1,497.1	1,408.7	1,061.4	1,004.2	1,167.3	1,049.7	1,056.9	896.8
Bahamas, The	313	134.0	58.2	12.5	12.5	13.5	47.4	9.7	97.1	73.6	232.6	25.8	124.2
Belize	339	101.2	129.6	146.4	117.1	125.4	115.6	6.2	6.3	9.4	26.0	6.6	1.2
Bermuda	319	2.2	4.9	2.7	1.2	2.2	1.2	0.0	0.1	0.0	0.4	0.0	0.0
Bolivia	218	119.4	177.6	199.5	226.4	172.0	156.3	45.2	44.3	31.7	26.1	29.8	29.8
Brazil	223	4,891.2	5,657.6	5,386.4	4,739.6	3,798.9	3,055.9	4,561.9	4,494.5	4,420.6	4,473.0	4,622.1	4,732.8
Chile	228	2,072.0	2,251.5	2,084.7	2,148.0	1,861.4	1,745.0	2,101.4	1,502.6	1,438.4	1,397.6	1,480.4	1,335.4
Colombia	233	5,632.6	5,592.3	4,735.2	4,733.9	3,668.1	3,066.5	824.5	877.1	911.8	934.5	922.5	1,097.9
Costa Rica	238	997.8	993.3	977.4	996.2	964.2	915.5	2,650.1	3,259.4	3,174.4	2,541.8	550.0	391.1
Dominican Republic	243	982.4	874.7	1,011.6	884.4	713.6	907.8	144.6	138.4	131.7	161.5	143.4	148.8
Ecuador	248	831.3	876.7	917.0	904.8	543.3	450.6	129.3	109.1	115.3	164.8	164.3	187.8
El Salvador	253	665.8	608.9	639.2	604.9	637.1	596.5	110.3	106.0	125.8	127.3	136.3	115.2
Guatemala	258	1,787.3	1,827.3	1,734.6	1,790.4	1,817.6	1,713.9	543.3	611.7	528.8	489.6	461.2	487.8
Haiti	263	58.5	44.7	60.5	66.9	54.3	45.0	10.6	17.0	20.3	22.0	22.1	29.5
Honduras	268	500.0	574.5	549.8	518.5	555.5	585.8	343.9	352.9	417.9	477.7	415.0	426.5
Jamaica	343	240.3	194.8	178.5	174.3	126.3	206.0	4.4	3.3	4.5	0.5	3.8	3.4
Netherlands Antilles	353	57.8	41.3	12.5	7.1	8.5	5.3	32.0	1.5	1.8	2.5	27.5	3.5
Nicaragua	278	405.2	722.0	779.4	848.9	942.0	938.0	148.5	153.7	628.1	637.1	549.6	661.9
Panama	283	1,023.7	1,135.7	1,046.5	989.1	1,042.4	898.5	120.7	83.0	17.4	20.3	120.8	50.6
Paraguay	288	122.2	103.5	130.0	162.0	96.8	97.0	112.7	115.8	320.0	168.0	127.7	134.0
Peru	293	1,286.4	1,527.7	1,770.5	1,730.2	1,650.8	1,404.0	582.4	440.0	585.4	1,106.3	681.3	556.3
Trinidad and Tobago	369	65.7	107.9	107.8	87.8	87.0	81.9	220.6	178.7	258.7	384.1	316.4	291.9
Uruguay	298	271.0	294.2	308.1	299.9	218.2	168.1	277.3	288.7	283.6	372.7	373.2	338.0
Venezuela, Rep. Bol.	299	1,661.2	2,118.1	2,154.9	1,551.6	1,221.8	600.0	373.3	189.0	97.4	72.0	130.5	173.6
Western Hem. n.s.	399	455.8	465.5	552.2	416.8	447.5	409.2	554.9	622.7	531.0	623.4	536.9	447.9
Other Countries n.i.e	910	**356.4**	**387.1**	**372.6**	**362.3**	**355.7**	**324.2**	**17.1**	**16.5**	**13.8**	**11.6**	**12.4**	**9.2**
Cuba	928	356.4	387.1	372.6	362.3	355.7	324.2	17.1	16.5	13.8	11.6	12.4	9.2
Countries & Areas n.s.	898	**198.9**	**250.9**	**78.9**	**95.4**	**84.9**	**98.8**	**39.1**	**36.3**	**24.3**	**30.1**	**20.7**	**26.6**
Memorandum Items													
Africa	605	670.8	588.9	670.6	812.6	695.6	785.7	1,546.6	1,297.2	1,296.7	1,325.4	947.9	895.2
Middle East	405	259.5	356.9	697.5	805.4	517.4	321.2	1,044.2	832.8	523.5	423.6	55.7	193.2
European Union	998	19,074.6	21,942.4	19,460.2	20,084.2	18,129.1	19,289.7	37,335.5	40,546.3	42,668.7	44,063.3	43,342.9	41,808.1
Export earnings: fuel	080	9,193.9	9,845.2	9,438.4	8,863.8	6,630.0	4,996.5	3,824.9	3,587.0	3,609.7	4,018.2	3,391.8	3,375.8
Export earnings: nonfuel	092	339,020.7	359,766.5	369,450.0	386,209.2	372,188.7	367,325.4	346,049.2	366,082.9	376,498.1	394,900.7	390,702.3	382,532.5

Micronesia, Federated States of (868)

In Millions of U.S. Dollars

		Exports (FOB) 2011	2012	2013	2014	2015	2016	Imports (CIF) 2011	2012	2013	2014	2015	2016
IFS World		....	....	....	....	....	....	....	....	....	....	....	....
World	001	6.4	48.3	21.9	17.9	15.7	54.1	188.1	193.7	187.7	183.4	182.6	266.4
Advanced Economies	110	0.7	1.0	1.0	1.5	1.3	1.4	111.9	119.4	115.3	114.9	114.7	132.1
Euro Area	163	0.1	0.1	0.1	0.1	0.4	0.4	0.5	0.6	0.5	0.4	0.3	0.6
Germany	134	0.1 e	0.1 e	0.1 e	0.0 e	0.0 e	0.1 e	0.1	0.2	0.2	0.3	0.1	0.3
Italy	136	0.0 e	....	....	0.0 e	0.3 e	....	0.0	0.0	0.1	0.0	0.0	0.0
Netherlands	138	0.1 e	0.0 e	0.1 e	0.0 e	0.0 e	0.0 e	0.0	....	....	....	....	....
Slovak Republic	936	....	0.0 e	....	....	....	....	0.0	0.0	0.0	0.0	0.0	0.1
Slovenia	961	....	....	....	....	....	....	0.3	0.3	0.1	0.1	0.1	0.1
Spain	184	0.0 e	0.0 e	....	....	0.0 e	0.3 e	....	....	....	....	....	....
Australia	193	....	....	....	....	....	0.0 e	6.7	8.8	12.0	12.0	12.0	17.1
China,P.R.: Hong Kong	532	....	....	....	....	....	....	4.6	5.1	3.6	3.6	3.6	3.6
Denmark	128	....	0.0 e	0.0 e	0.3 e	....	....	0.0	0.0	0.4	0.0	0.0	0.0
Japan	158	....	....	....	....	....	....	14.5	13.4	12.6	12.6	12.6	12.6
Korea, Republic of	542	....	....	....	....	....	0.0 e	4.8	5.2	5.6	5.6	5.6	9.1
New Zealand	196	....	....	....	....	....	....	0.9	0.9	1.2	1.2	1.2	1.5
Singapore	576	....	....	....	....	....	0.0 e	9.7	9.4	8.9	8.9	8.9	9.1
Switzerland	146	....	....	....	....	....	....	1.5	1.6	1.0	1.0	1.0	1.0
United Kingdom	112	0.1 e	0.2 e	0.2 e	0.4 e	0.1 e	0.1 e	0.0	0.0	0.0	0.0	0.0	0.0
United States	111	0.5	0.7	0.7	0.7	0.7	0.9	68.8	74.3	69.4	69.4	69.4	77.4
Emerg. & Dev. Economies	200	5.7	47.4	20.9	16.4	14.4	52.7	66.9	74.1	59.4	56.5	56.0	101.4
Emerg. & Dev. Asia	505	5.3	46.6	20.2	16.1	13.9	52.1	63.8	73.4	58.1	55.2	54.7	99.5
China,P.R.: Mainland	924	....	....	....	....	....	0.4 e	3.5	3.3	5.1	5.1	5.1	11.9
Fiji	819	0.0 e	0.0 e	0.0 e	0.1 e	....	0.1 e	0.9	0.3	0.1	0.1	0.1	0.5
Guam	829	5.0	3.7	3.3	2.6	2.3	6.8	42.3	53.9	41.4	39.1	38.9	59.9
India	534	....	....	....	....	....	....	1.1	0.7	0.8	0.8	0.8	0.8
Indonesia	536	....	....	....	....	....	9.2 e	0.2	0.1	0.2	0.2	0.2	0.2
Lao People's Dem.Rep	544	....	....	....	....	....	....	0.0	0.1	....	....	....	....
Malaysia	548	....	....	....	....	....	0.0 e	0.1	0.3	0.1	0.1	0.1	0.1
Marshall Islands	867	0.2	0.4	0.3	0.2	0.2	0.5	0.8	0.3	0.2	0.2	0.2	1.1
Mongolia	948	....	....	....	0.0 e	....	....	0.1	0.0	0.0	0.0	0.0	0.0
Palau	565	0.1 e	....	0.1 e	0.1 e	0.1 e	0.1 e	0.1	0.1	0.1	0.1	0.1	0.5
Papua New Guinea	853	....	....	....	....	....	....	0.0	0.0	0.0	0.0	0.0	0.1
Philippines	566	....	....	....	....	....	0.4 e	8.0	9.6	5.6	5.6	5.6	5.6
Samoa	862	....	....	....	0.1 e	....	....	....	....	0.0	0.0	0.0	0.0
Thailand	578	....	42.5 e	16.6 e	13.0 e	11.3 e	34.5 e	1.0	1.3	1.0	1.0	0.9	0.9
Vietnam	582	....	....	....	....	....	....	0.0	0.1	0.2	0.2	0.2	1.3
Asia n.s.	598	....	....	....	....	....	....	5.8	3.2	3.1	2.7	2.5	16.4
Europe	170	0.0	0.0	0.1	0.0	0.0	0.0	0.0	0.0	0.7	0.7	0.7	0.7
Emerg. & Dev. Europe	903	0.0	0.0	0.1	0.0	....	0.0	0.0	0.0	0.3	0.2	0.2	0.2
Croatia	960	0.0 e	0.0 e	0.1 e	....	....	....	....	....	0.1 e	....	....	....
Hungary	944	....	....	0.0 e	....	....	....	0.0	....	0.2	0.2	0.2	0.2
CIS	901	....	....	....	....	0.0	....	0.0	....	0.4	0.4	0.4	0.4
Georgia	915	....	....	....	....	....	....	0.0	....	0.4	0.4	0.4	0.4
Mid East, N Africa, Pak	440	0.0	0.4	0.2	0.0	0.0	0.0	0.2	0.4	0.3	0.3	0.3	0.3
Morocco	686	....	....	....	....	....	....	0.1	0.1	0.2	0.2	0.2	0.2
Saudi Arabia	456	....	0.4 e	0.2 e	....	0.0 e	0.0 e	0.1	0.2	0.1	0.1	0.1	0.1
Sub-Saharan Africa	603	0.0	0.0	0.0	....	....	0.0	2.6	0.2	0.3	0.3	0.3	0.6
Gambia, The	648	....	....	....	....	....	....	....	0.0	0.0	0.0	0.0	0.2
Mali	678	....	....	....	....	....	0.0 e	0.1	0.0	0.0	0.0	0.0	0.0
Senegal	722	....	....	....	....	....	....	0.3	0.2	0.2	0.2	0.2	0.2
Uganda	746	....	....	....	....	....	....	2.2	0.0	0.0	0.0	0.0	0.0
Africa n.s.	799	....	....	....	....	....	....	0.0	....	0.0	0.0	0.0	0.2
Western Hemisphere	205	0.3	0.3	0.4	0.3	0.5	0.6	0.2	0.1	0.1	0.1	0.1	0.4
Brazil	223	....	....	....	....	....	....	0.0	0.1	....	....	....	0.1
Mexico	273	....	....	....	....	....	....	0.0	0.0	0.1	0.1	0.1	0.1
Nicaragua	278	....	....	....	....	....	....	....	....	0.0	0.0	0.0	0.1
Peru	293	....	....	....	....	....	....	0.2	....	0.1	0.1	0.1	0.2
St. Kitts and Nevis	361	0.3 e	0.3 e	0.3 e	0.3 e	0.5 e	0.6 e	....	....	....	....	....	....
Trinidad and Tobago	369	....	....	0.1 e	....	....	....	....	....	....	....	....	....

Micronesia, Federated States of (868)

In Millions of U.S. Dollars

		Exports (FOB)						Imports (CIF)					
		2011	2012	2013	2014	2015	2016	2011	2012	2013	2014	2015	2016
Countries & Areas n.s.	898	....	....	....	....	....	....	9.3	0.2	13.0	12.0	11.8	32.9
Memorandum Items													
Africa	605	0.0	0.0	0.0	....	....	0.0	2.7	0.4	0.5	0.5	0.5	0.8
Middle East	405	0.0	0.4	0.2	....	0.0	0.0	0.1	0.2	0.1	0.1	0.1	0.1
European Union	998	0.2	0.3	0.4	0.8	0.6	0.5	0.5	0.6	1.2	0.7	0.6	0.9
Export earnings: fuel	080	0.0	0.4	0.2	....	0.0	0.0	0.1	0.2	0.1	0.1	0.1	0.1
Export earnings: nonfuel	092	6.4	47.9	21.7	17.9	15.7	54.1	188.0	193.5	187.7	183.3	182.5	266.4

Moldova (921)
In Millions of U.S. Dollars

		Exports (FOB)						Imports (CIF)					
		2011	2012	2013	2014	2015	2016	2011	2012	2013	2014	2015	2016
IFS World		2,214.6	2,162.9	2,432.7	2,340.7	1,969.6	2,043.8	5,184.6	5,216.8	5,503.2	5,334.5	3,994.9	4,017.5
World	001	2,220.0	2,156.3	2,385.9	2,303.1	1,938.9	2,010.8	5,201.3	5,221.3	5,503.6	5,302.5	3,999.2	4,031.2
Advanced Economies	110	612.7	590.2	710.8	818.7	736.4	735.3	1,644.8	1,655.2	1,707.9	1,716.2	1,349.8	1,330.4
Euro Area	163	451.4	418.9	459.6	561.7	498.1	515.6	1,219.2	1,218.6	1,254.1	1,269.0	1,001.6	1,001.7
Austria	122	12.5	17.9	19.2	23.8	21.6	27.2	85.4	123.0	128.4	110.5	89.5	73.7
Belgium	124	9.3	9.5	8.3	11.2	9.4	9.9	37.7	35.9	41.2	40.5	32.8	30.7
Cyprus	423	1.4	4.5	8.8	6.9	7.0	3.7	0.5	1.2	0.9	1.0	0.7	0.6
Estonia	939	2.6	3.0	3.4	4.4	4.3	3.4	3.7	3.6	4.0	6.0	6.1	4.3
Finland	172	1.0	1.2	0.8	0.5	0.3	1.0	15.8	14.4	14.9	16.0	13.0	11.9
France	132	24.0	30.2	35.5	37.6	43.1	44.7	87.0	103.7	101.6	93.8	81.0	90.0
Germany	134	106.5	70.2	113.1	137.5	117.2	126.6	395.8	386.9	395.6	427.0	321.3	316.4
Greece	174	24.0	13.3	25.3	26.7	25.4	29.5	68.7	50.0	39.3	36.8	19.7	19.5
Ireland	178	0.1	0.0	0.1	0.0	0.2	0.3	5.9	7.4	9.5	8.2	6.9	6.3
Italy	136	217.3	205.1	186.6	243.4	197.0	197.8	348.1	328.2	345.5	352.4	279.2	280.8
Latvia	941	4.2	4.8	5.0	11.2	10.6	5.3	7.1	6.6	7.0	7.4	8.7	8.8
Lithuania	946	18.7	14.9	15.3	16.8	8.7	7.5	20.5	17.3	14.9	12.4	11.0	14.3
Luxembourg	137	0.0	0.0	....	0.0	0.4	0.1	1.2	1.5	3.2	3.6	2.5	2.4
Malta	181	0.1	0.0	0.6	0.0	0.3	0.1	0.3	1.1	0.2	0.2	0.2	0.4
Netherlands	138	17.3	16.7	15.8	20.5	24.2	26.9	49.4	48.3	49.0	56.2	41.7	43.4
Portugal	182	3.5	5.6	2.8	0.4	0.4	5.5	8.3	7.6	7.5	7.6	7.6	12.5
Slovak Republic	936	6.3	5.9	7.8	8.3	8.9	6.8	22.2	22.7	22.9	21.5	15.4	18.3
Slovenia	961	0.7	0.9	0.4	0.6	0.4	0.4	21.2	17.6	21.8	20.4	19.4	17.5
Spain	184	1.9	15.0	10.9	11.7	18.6	18.8	40.3	41.5	46.6	47.5	44.8	50.0
Australia	193	0.3	0.5	0.2	0.3	0.2	0.3	0.4	0.3	0.4	0.8	0.7	0.7
Canada	156	0.3	1.0	1.2	1.3	2.6	2.4	6.2	6.7	7.1	7.3	5.7	4.3
China,P.R.: Hong Kong	532	2.3	0.2	2.0	3.7	0.2	0.2	1.8	1.5	2.5	2.6	3.4	3.3
Czech Republic	935	11.3	16.9	25.6	29.9	27.7	28.3	59.7	65.0	69.3	66.6	51.1	56.1
Denmark	128	0.6	0.9	1.1	1.7	3.0	1.1	11.0	14.1	15.0	17.1	14.8	12.0
Iceland	176	....	....	....	....	....	0.0	7.0	8.9	6.9	3.7	4.0	6.5
Israel	436	1.7	2.2	4.7	2.9	2.3	7.7	18.5	43.2	45.7	22.5	28.3	11.3
Japan	158	0.9	1.1	0.5	1.4	1.3	0.8	43.7	30.9	37.3	45.8	42.1	28.1
Korea, Republic of	542	0.2	0.0	0.4	0.1	0.2	0.3	34.6	32.8	33.9	38.6	22.7	21.4
New Zealand	196	5.3	26.7	32.5	20.8	0.0	0.0	2.1	3.9	3.6	4.3	1.9	0.7
Norway	142	0.2	0.1	0.1	0.6	0.6	0.5	12.4	11.1	10.9	9.9	6.1	6.3
San Marino	135	....	....	....	....	0.0	....	....	....	....	....	0.1	0.6
Singapore	576	0.2	0.0	0.7	0.1	0.5	0.3	3.0	3.2	3.8	1.6	2.3	2.0
Sweden	144	0.7	2.0	2.0	2.4	3.1	0.7	25.8	23.6	20.4	19.7	16.4	18.6
Switzerland	146	8.0	5.1	47.8	49.2	35.4	44.5	35.7	36.3	42.0	42.4	32.2	30.7
Taiwan Prov.of China	528	0.2	0.4	1.7	1.5	1.0	1.1	18.9	17.7	18.9	18.9	12.4	10.8
United Kingdom	112	101.7	83.9	105.5	108.2	138.2	114.3	64.9	58.0	62.5	69.0	53.1	62.0
United States	111	27.4	30.1	25.3	33.1	22.0	17.0	79.7	79.1	73.6	76.4	50.8	53.3
Emerg. & Dev. Economies	200	1,584.0	1,566.1	1,675.1	1,484.4	1,202.5	1,275.5	3,549.7	3,565.9	3,795.3	3,586.0	2,643.3	2,687.9
Emerg. & Dev. Asia	505	9.8	13.0	15.2	26.0	29.5	39.6	492.0	500.4	573.9	572.2	442.7	481.5
Bangladesh	513	....	....	....	0.2	0.6	1.4	4.8	6.1	7.2	6.8	5.5	6.9
Cambodia	522	....	....	....	....	0.1	0.5	0.4	0.5	0.7	0.9	0.6	0.8
China,P.R.: Mainland	924	3.9	8.3	6.5	8.2	8.6	14.5	399.8	415.7	478.9	481.2	366.4	393.7
India	534	5.6	3.7	0.7	0.6	0.3	1.9	37.6	30.4	35.0	36.9	26.2	22.4
Indonesia	536	0.0	0.3	1.8	6.3	11.6	3.9	6.9	9.3	7.4	6.9	4.6	4.7
Malaysia	548	0.0	0.0	1.2	5.2	3.1	10.4	10.3	9.0	12.3	11.8	7.5	6.5
Mongolia	948	0.1	0.1	0.1	0.0	0.4	0.3	....	0.0	0.0	....	....	0.0
Myanmar	518	....	....	....	....	1.0	4.6	0.0	0.1	0.0	0.0	0.0	0.1
Nepal	558	....	....	....	....	0.2	0.1	....	....	....	....	0.0	0.0
Philippines	566	....	0.1	1.2	1.4	0.3	0.3	1.2	1.1	2.3	1.4	1.3	1.9
Sri Lanka	524	....	0.0	....	....	1.6	....	2.5	2.2	2.3	2.2	2.0	1.3
Thailand	578	0.0	0.0	0.3	0.9	0.9	0.5	10.6	8.6	9.7	8.7	5.2	5.7
Vietnam	582	0.2	0.5	3.4	3.2	0.9	1.3	17.9	17.3	18.3	15.4	11.8	22.4
Asia n.s.	598	....	....	....	....	....	....	....	....	0.0	0.0	11.5	15.1
Europe	170	1,535.3	1,505.6	1,627.4	1,407.7	1,127.9	1,175.6	2,989.5	2,987.7	3,150.3	2,913.8	2,144.7	2,151.5
Emerg. & Dev. Europe	903	602.8	559.1	676.1	650.8	617.7	744.6	1,274.7	1,361.9	1,473.5	1,462.4	1,124.5	1,122.6
Albania	914	1.7	0.1	0.2	0.2	0.0	0.4	0.1	0.1	0.1	6.8	0.1	0.3

2017, International Monetary Fund: Direction of Trade Statistics Yearbook

Moldova (921)
In Millions of U.S. Dollars

		Exports (FOB) 2011	2012	2013	2014	2015	2016	Imports (CIF) 2011	2012	2013	2014	2015	2016
Bosnia and Herzegovina	963	0.6	1.0	0.9	1.0	0.8	1.6	5.0	2.4	2.3	2.3	1.9	2.1
Bulgaria	918	33.8	33.8	32.6	37.9	28.2	76.0	66.7	78.2	83.0	81.3	68.4	57.6
Croatia	960	0.1	0.5	0.2	0.3	0.2	0.2	2.4	1.8	3.1	1.7	2.1	1.9
Faroe Islands	816	....	....	....	....	0.0 e	0.0 e	2.7	2.8	4.1	3.9	2.2	1.2
Gibraltar	823	0.4	0.3	0.3	0.4	0.0	0.4	....	....	....	0.0	0.0	0.0
Hungary	944	23.3	28.7	15.7	5.5	4.3	9.2	100.1	89.0	100.3	85.6	69.3	80.1
Kosovo	967	....	....	....	....	0.5 e	0.2 e	....	....	....	....	0.0 e	0.0 e
Macedonia, FYR	962	0.8	0.8	0.8	....	1.9	4.8	1.9	1.1	0.9	....	1.8	6.0
Montenegro	943	....	....	0.1	0.2	0.0	0.1	....	....	0.0	0.0	0.0	0.0
Poland	964	85.9	74.2	85.3	64.4	68.5	73.4	134.6	152.1	142.7	155.8	122.4	132.2
Romania	968	376.4	356.7	411.1	434.0	446.4	513.0	574.3	620.6	722.1	803.1	555.1	551.5
Serbia, Republic of	942	3.2	3.4	....	....	2.6	3.7	10.0	12.8	16.9	....	15.9	17.5
Turkey	186	73.4	56.1	127.1	104.7	64.4	61.5	366.9	388.2	381.0	300.9	285.1	272.0
CIS	901	932.5	946.5	951.3	756.9	510.2	431.1	1,714.8	1,625.7	1,676.8	1,451.4	1,020.0	1,029.0
Armenia	911	2.9	1.4	1.1	2.1	1.1	0.9	0.2	0.4	0.5	0.4	0.6	0.3
Azerbaijan, Rep. of	912	5.7	5.4	6.5	5.9	3.5	4.7	2.7	0.5	0.3	0.1	0.3	0.6
Belarus	913	75.6	80.7	90.3	134.7	131.6	103.5	194.7	172.2	178.3	142.0	84.2	101.3
Georgia	915	13.2	18.4	28.0	24.5	17.9	16.9	1.4	2.0	4.5	2.2	1.9	1.5
Kazakhstan	916	45.5	50.3	39.2	45.3	58.6	13.2	31.9	26.5	32.7	27.3	11.0	3.2
Kyrgyz Republic	917	2.9	2.8	3.3	3.3	1.9	1.8	0.1	0.3	0.3	0.4	0.2	0.1
Russian Federation	922	625.5	655.1	631.9	423.7	240.6	233.2	823.0	816.9	788.0	717.2	535.7	535.2
Tajikistan	923	1.2	0.9	1.9	....	0.7	0.5	0.0	0.0	0.0	....	0.1	0.0
Turkmenistan	925	1.2	0.8	1.0	....	1.8	1.1	9.1	4.0	3.2	....	2.7	0.0
Ukraine	926	153.0	122.4	140.4	109.2	45.8	49.7	641.2	594.3	659.1	546.4	371.1	383.9
Uzbekistan	927	5.8	8.2	7.6	8.1	6.6	5.6	10.6	8.6	9.8	15.4	12.3	2.8
Europe n.s.	884	....	....	....	....	....	....	....	....	....	....	0.2	0.0
Mid East, N Africa, Pak	440	30.5	43.8	26.4	47.2	40.9	56.5	19.3	18.8	18.1	25.5	17.2	18.9
Afghanistan, I.R. of	512	5.4	8.2	1.0	0.0	0.0	0.0	....	....	....	0.1	0.0	0.0
Algeria	612	....	1.5	0.0	....	0.2	0.0	....	0.0	0.0	0.0	0.0	0.0
Egypt	469	0.4	0.4	0.4	8.4	3.1	4.2	8.7	8.1	7.6	13.3	6.3	5.9
Iran, I.R. of	429	1.0	1.2	0.9	2.1	0.9	0.9	1.3	1.0	1.5	1.1	1.1	1.6
Iraq	433	9.4	22.7	13.2	10.3	17.1	26.3	....	0.0	....	....	....	....
Jordan	439	1.2	0.3	0.1	0.9	0.6	2.6	0.3	0.4	0.6	0.8	0.6	1.9
Kuwait	443	....	....	0.0	0.0	0.1	0.0	0.1	0.3	0.0	0.0	0.0	0.0
Lebanon	446	2.6	1.7	2.1	10.3	8.6	11.2	0.4	0.4	0.8	0.5	0.4	0.9
Libya	672	0.5	4.6	4.4	2.3	0.3	0.9	....	....	0.1	0.0	0.6	....
Mauritania	682	....	....	....	....	....	....	0.0	0.0	0.2	0.7	0.2	0.0
Morocco	686	....	0.0	0.0	0.0	0.0	0.1	0.4	0.8	1.6	1.6	1.4	3.3
Oman	449	....	....	....	....	....	0.8	0.0	0.0	0.0	0.0	0.0	0.0
Pakistan	564	0.1	....	1.9	7.9	0.6	0.9	3.0	3.8	2.7	2.9	3.2	2.1
Qatar	453	....	....	....	....	0.1	0.1	....	0.0	0.1	0.0	0.3	0.3
Saudi Arabia	456	....	0.1	0.1	1.7	0.5	1.8	0.5	0.0	0.2	0.9	0.2	0.8
Somalia	726	....	....	....	....	....	0.1	....	....	....	....	....	....
Sudan	732	0.1	0.4	0.5	0.0	2.2	0.2	0.0	0.0	0.0	0.0	0.0	0.0
Syrian Arab Republic	463	9.3	0.9	0.6	2.6	5.7	5.6	1.5	1.1	0.0	....	0.0	0.1
Tunisia	744	....	0.1	0.0	0.0	0.0	0.1	0.8	1.2	1.1	2.3	1.9	1.0
United Arab Emirates	466	0.4	1.7	1.0	0.5	0.8	0.8	2.1	1.6	1.5	1.3	0.9	1.1
Yemen, Republic of	474	....	....	0.0	0.0	0.0	0.1	....	....	....	....	....	....
Sub-Saharan Africa	603	2.2	2.9	4.6	2.7	2.4	3.0	6.6	6.6	5.9	8.4	9.6	6.4
Angola	614	0.1	0.1	0.1	0.0	....	....	....	....	....	....	....	....
Burkina Faso	748	....	....	....	....	....	0.1	....	....	....	....	0.0	0.0
Cabo Verde	624	....	....	....	....	....	0.1	....	....	....	....	....	....
Congo, Republic of	634	0.2	0.1	0.3	0.3	0.1	0.4	....	....	....	....	....	....
Côte d'Ivoire	662	....	....	....	....	0.5	0.5	2.6	2.3	2.7	2.3	2.1	1.5
Ethiopia	644	....	....	....	....	....	....	....	....	....	....	0.0	0.1
Ghana	652	0.7	....	....	....	0.5	0.5	1.1	0.2	0.0	0.0	1.7	1.6
Kenya	664	....	0.1	0.0	0.1	0.0	0.0	0.1	0.1	0.0	0.1	0.1	0.1
Madagascar	674	....	....	....	....	0.0	....	0.0	0.0	0.0	0.1	0.1	0.1
Malawi	676	....	....	....	....	....	....	0.4	1.6	0.5	....	0.0	0.0
Mauritius	684	....	0.0	....	....	....	....	0.0	0.1	0.1	0.1	0.0	0.1

Moldova (921)

In Millions of U.S. Dollars

		Exports (FOB)						Imports (CIF)					
		2011	2012	2013	2014	2015	2016	2011	2012	2013	2014	2015	2016
Niger	692	....	0.0	0.1	0.0	0.0	0.0	0.1	0.0	0.0	0.0	0.0	0.0
Nigeria	694	1.0	1.2	1.9	2.0	0.8	0.8	0.0	0.0	0.0	0.0	0.0	0.0
Senegal	722	0.3	0.2	0.3	0.3	0.3	0.3	0.0	0.0	0.0	0.1	0.0	0.1
Sierra Leone	724	....	....	....	....	....	....	....	0.0	0.1	0.0	0.0	0.0
South Africa	199	....	1.2	0.5	0.0	0.1	0.1	2.0	2.1	2.2	4.2	4.5	2.8
Swaziland	734	0.0	....	1.4	....	....	0.1	0.2	0.1	0.1	0.1	0.0	0.0
Tanzania	738	....	....	....	....	....	0.0	....	....	....	....	0.1	0.0
Uganda	746	....	....	....	....	....	0.0	0.0	0.0	0.0	1.4	0.9	0.0
Zimbabwe	698	....	....	....	....	....	0.1	....	0.0	0.1	0.0	0.0	0.0
Western Hemisphere	205	**6.2**	**0.7**	**1.5**	**0.6**	**1.7**	**0.9**	**42.3**	**52.4**	**47.0**	**66.1**	**29.1**	**29.6**
Antigua and Barbuda	311	....	....	....	....	....	0.9	0.0	0.2	0.1	0.1	0.0	0.0
Argentina	213	....	0.0	....	....	....	0.0	7.7	8.7	8.3	10.6	5.8	5.9
Bahamas, The	313	....	....	0.0	0.0	0.1	....	0.1	0.1	0.1	0.1	0.1	0.1
Belize	339	....	....	....	....	....	0.3	....	0.0	0.0	0.0	0.0	0.0
Brazil	223	0.2	0.1	0.0	0.0	0.0	0.0	16.3	20.2	13.9	36.0	5.4	3.9
Chile	228	....	0.1	....	0.0	....	0.0	2.0	1.6	3.2	2.1	1.4	1.5
Colombia	233	....	....	0.0	....	0.0	0.0	1.0	0.7	0.6	0.7	0.4	0.8
Costa Rica	238	0.1	0.0	....	....	0.0	....	1.5	2.1	3.0	....	1.8	1.5
Dominican Republic	243	....	....	....	....	....	....	0.1	0.0	0.0	0.0	0.0	0.1
Ecuador	248	....	....	....	....	0.0	0.0	8.5	9.0	7.7	8.8	7.4	10.2
Falkland Islands	323	....	....	....	....	....	....	....	....	....	....	0.1	0.0
Greenland	326	....	....	....	....	....	0.0 e	....	....	....	0.8	1.2	0.1
Guatemala	258	....	....	....	....	....	....	0.0	0.1	0.8	0.0	0.0	0.1
Honduras	268	....	....	....	....	....	....	0.0	0.0	0.2	0.0	0.0	0.0
Jamaica	343	....	....	....	....	0.0 e	....	0.1	0.2	0.3	0.2	0.1	0.2
Mexico	273	....	0.0	0.0	0.1	0.0	0.0	2.6	3.1	6.2	5.1	3.5	3.4
Nicaragua	278	....	....	....	....	....	0.0	....	....	....	....	0.1	0.0
Panama	283	5.9	0.4	1.1	0.4	0.7	0.4	0.5	1.2	0.7	0.0	0.0	0.0
Paraguay	288	....	....	....	....	....	....	....	0.1	0.0	0.0	0.2	0.0
Peru	293	....	0.0	0.2	0.0	....	....	0.2	0.4	0.4	0.4	0.3	0.4
Trinidad and Tobago	369	....	....	....	....	0.0	....	....	....	....	....	0.0	0.1
Uruguay	298	....	0.1	0.0	0.0	....	....	1.0	1.2	1.4	0.9	1.0	1.0
Venezuela, Rep. Bol.	299	....	0.0	0.0	....	....	....	0.5	3.4	0.0	0.0	0.0	0.2
Other Countries n.i.e	910	**0.0**	**0.0**	**0.0**	**0.0**	....	**0.0**	**0.2**	**0.2**	**0.5**	**0.2**	**0.3**	**0.1**
Cuba	928	0.0	0.0	....	....	....	0.0	0.1	0.2	0.1	0.1	0.1	0.1
Korea, Dem. People's Rep.	954	....	....	0.0	0.0	....	....	0.1	0.0	0.4	0.1	0.2	0.0
Countries & Areas n.s.	898	**23.3**	....	....	....	....	....	**6.6**	....	....	....	**5.9**	**12.7**
Memorandum Items													
Africa	605	2.3	4.9	5.2	2.8	4.8	3.3	7.9	8.6	8.9	13.1	13.1	10.7
Middle East	405	24.9	33.6	22.8	39.2	37.8	55.2	15.0	13.0	12.5	17.8	10.5	12.5
European Union	998	1,085.3	1,016.7	1,138.7	1,246.0	1,217.6	1,331.9	2,258.7	2,321.0	2,472.5	2,568.8	1,954.3	1,973.7
Export earnings: fuel	080	690.5	744.7	700.5	494.2	325.5	284.8	880.8	864.0	836.1	757.5	560.6	554.0
Export earnings: nonfuel	092	1,529.6	1,411.5	1,685.4	1,808.9	1,613.4	1,726.0	4,320.5	4,357.3	4,667.6	4,545.0	3,438.6	3,477.2

Mongolia (948)
In Millions of U.S. Dollars

		Exports (FOB)						Imports (CIF)					
		2011	2012	2013	2014	2015	2016	2011	2012	2013	2014	2015	2016
IFS World		4,836.0	4,378.9	4,301.5	5,806.5	4,662.7	4,987.7	6,609.1	6,731.2	6,366.3	5,245.0	3,794.5	3,371.1
World	001	4,828.6	4,354.5	4,268.4	5,774.2	4,668.5	4,908.4	5,843.0	5,950.2	6,369.1	5,140.7	3,803.3	3,345.5
Advanced Economies	110	690.8	553.7	475.3	604.7	661.9	941.7	1,567.3	1,745.3	2,366.6	1,468.7	1,067.3	1,082.4
Euro Area	163	69.0	68.6	82.0	80.0	64.7	87.5	484.3	522.4	512.0	341.3	269.1	252.0
Austria	122	....	....	2.2	1.2	1.0	0.8	19.2	15.0	6.9	9.0	23.9	11.3
Belgium	124	0.3	0.3	0.2	0.4	0.3	0.2	13.4	17.1	18.4	7.1	6.6	5.4
Cyprus	423	....	....	....	....	....	....	1.5	1.5	1.5	1.3	0.8	0.6
Estonia	939	....	....	....	....	....	0.0	....	....	1.4	0.8	1.3	0.4
Finland	172	0.0	0.0	0.0	0.2	0.4	0.1	18.4	23.6	25.0	6.5	6.6	13.0
France	132	....	....	8.5	9.3	7.3	6.9	55.8	60.4	62.5	51.8	27.5	19.5
Germany	134	21.8	20.0	18.4	15.0	10.8	43.4	231.4	255.4	252.2	156.0	124.4	120.0
Greece	174	....	....	....	....	....	....	1.7	1.7	1.5	0.7	1.1	1.3
Ireland	178	0.0	0.0	0.0	0.0	0.0	0.0	5.1	4.5	3.5	3.9	3.1	3.9
Italy	136	46.4	47.9	51.5	51.4	43.4	33.6	58.0	58.6	54.3	45.0	33.3	32.0
Latvia	941	....	....	0.1	0.1	0.0	0.0	3.2	3.3	3.2	2.9	1.4	1.6
Lithuania	946	....	....	....	....	0.0	0.2	7.9	12.7	16.1	4.1	1.2	1.2
Luxembourg	137	....	....	....	....	....	....	0.4	0.5	0.6	0.4	0.1	0.1
Malta	181	....	....	....	....	0.0	....	....	....	2.5	0.0	0.1	0.0
Netherlands	138	....	....	0.7	1.8	0.5	1.8	23.2	24.2	22.3	15.5	14.5	12.8
Portugal	182	....	....	....	0.1	0.0	0.0	1.0	0.8	0.6	0.8	0.8	0.7
Slovak Republic	936	....	....	....	....	0.0	....	3.8	3.6	3.0	2.9	3.2	1.6
Slovenia	961	....	....	....	0.0	....	0.0	15.7	14.4	11.0	9.2	11.1	12.2
Spain	184	0.5	0.4	0.3	0.4	0.8	0.3	24.6	25.2	25.5	23.4	8.2	14.4
Australia	193	6.6	6.6	8.3	1.2	2.9	1.2	35.4	46.3	50.4	14.7	11.8	21.9
Canada	156	152.8	139.1	135.5	1.2	1.6	3.7	....	....	80.4	21.3	19.6	19.2
China,P.R.: Hong Kong	532	....	....	5.3	3.1	11.8	10.5	....	....	24.3	25.9	20.5	14.3
Czech Republic	935	0.2	0.2	0.1	0.1	0.2	0.2	14.9	16.3	16.1	10.2	7.2	8.5
Denmark	128	....	....	0.1	24.0	0.1	0.0	13.0	16.8	19.0	9.0	4.9	4.3
Iceland	176	....	....	....	....	....	....	....	....	0.1	0.1	0.0	0.1
Israel	436	....	....	0.0	0.1	0.0	0.0	....	....	2.2	0.8	0.7	0.9
Japan	158	16.1	12.4	10.5	24.5	20.3	14.0	501.5	495.0	444.2	367.5	274.6	330.6
Korea, Republic of	542	14.7	13.4	13.0	13.5	66.6	8.5	....	....	507.4	350.6	258.7	197.9
New Zealand	196	0.0	0.0	0.0	0.0	0.1	0.0	14.8	19.3	19.8	2.6	8.9	8.6
Norway	142	....	....	0.5	0.4	0.6	0.3	1.5	2.1	2.2	0.3	1.1	0.5
Singapore	576	15.7	12.1	8.2	14.2	26.6	16.9	53.5	60.8	66.6	52.8	22.1	14.7
Sweden	144	3.1	3.1	3.9	0.4	0.8	0.3	32.4	39.4	39.8	11.6	12.8	25.4
Switzerland	146	3.5	3.2	3.1	28.1	109.2	1.0	14.0	13.6	11.7	9.1	8.5	10.0
Taiwan Prov.of China	528	0.1	0.1	0.1	0.1	0.1	0.1	11.7	11.9	11.2	9.3	6.7	5.9
United Kingdom	112	398.3	288.2	200.7	398.7	337.7	786.9	44.1	48.5	46.5	24.7	23.7	28.2
United States	111	10.9	7.0	3.9	15.4	18.7	10.5	346.2	452.9	512.7	217.0	116.4	139.4
Emerg. & Dev. Economies	200	4,137.8	3,800.8	3,792.4	5,169.5	4,005.9	3,965.0	4,274.8	4,204.0	4,001.8	3,671.3	2,735.1	2,262.7
Emerg. & Dev. Asia	505	4,063.8	3,730.1	3,706.1	5,079.3	3,909.3	3,897.2	2,231.4	2,156.7	2,012.9	1,877.0	1,510.7	1,206.9
Bangladesh	513	....	....	0.0	0.1	....	....	....	....	1.8	2.3	4.6	6.0
Cambodia	522	....	....	....	0.0	....	0.0	....	....	0.3	0.4	0.5	0.7
China,P.R.: Mainland	924	4,063.7	3,730.0	3,700.3	5,070.1	3,897.4	3,883.1	2,076.5	2,008.3	1,785.8	1,699.5	1,360.7	1,040.2
India	534	....	....	0.8	3.0	3.8	2.2	32.1	36.3	34.3	12.5	16.8	24.8
Indonesia	536	....	....	0.1	0.1	1.7	3.8	19.8	19.5	17.5	14.8	11.8	11.8
Lao People's Dem.Rep	544	....	....	....	0.0	....	0.0	....	....	0.0	0.1	0.1	0.0
Malaysia	548	....	....	0.8	1.2	0.1	2.0	....	....	88.0	62.4	38.8	41.1
Myanmar	518	....	....	....	....	0.0	0.0	....	....	0.0	0.3	0.1	0.2
Nepal	558	0.1	0.1	0.1	0.1	0.0	0.0	....	....	0.1	0.1	0.0	0.0
Philippines	566	....	....	2.5	0.8	0.9	0.2	5.8	5.4	4.2	3.1	4.6	4.0
Sri Lanka	524	....	....	....	....	0.0	0.0	1.0	1.0	1.1	0.2	1.2	1.2
Thailand	578	....	....	0.1	0.3	0.4	2.8	54.1	51.3	45.0	44.8	33.5	30.2
Vanuatu	846	....	....	....	....	0.1	....	....	....	....	....	0.1	....
Vietnam	582	....	....	1.4	3.6	4.7	2.9	42.1	34.8	22.3	24.4	29.1	40.1
Asia n.s.	598	....	....	....	....	....	....	....	....	12.5	12.2	8.7	6.6
Europe	170	74.0	70.7	70.8	68.4	81.3	58.9	2,026.9	2,029.2	1,950.3	1,764.2	1,198.5	1,028.5
Emerg. & Dev. Europe	903	0.0	0.0	0.5	0.5	0.6	2.1	140.9	143.7	133.5	102.1	87.2	85.2
Albania	914	....	....	....	....	....	....	....	....	0.0	0.2	0.1	0.1

Mongolia (948)
In Millions of U.S. Dollars

		Exports (FOB)						Imports (CIF)					
		2011	2012	2013	2014	2015	2016	2011	2012	2013	2014	2015	2016
Bosnia and Herzegovina	963	....	....	....	....	....	....	....	....	0.1	0.2	0.1	0.1
Bulgaria	918	....	....	0.0	0.0	0.0	0.0	5.4	6.9	7.7	3.2	1.9	2.4
Croatia	960	....	....	....	....	....	....	....	....	0.8	0.4	0.3	0.2
Gibraltar	823	....	....	....	....	....	....	....	....	....	....	0.1	....
Hungary	944	....	....	....	0.2	0.1	0.1	13.7	12.4	10.1	10.8	9.5	8.1
Macedonia, FYR	962	....	....	....	....	....	....	....	....	0.1	0.2	3.3	3.5
Poland	964	....	....	0.1	0.1	0.1	0.3	67.5	69.5	63.8	45.1	39.8	40.8
Romania	968	0.0	0.0	0.0	0.0	0.0	0.0	6.3	7.6	7.9	3.5	3.1	3.0
Serbia, Republic of	942	....	....	....	....	0.0	....	0.9	1.0	1.1	0.9	0.7	1.0
Turkey	186	....	....	0.4	0.2	0.4	1.8	47.2	46.4	41.9	37.7	28.4	26.0
CIS	901	**74.0**	**70.7**	**70.3**	**67.9**	**80.7**	**56.8**	**1,886.0**	**1,885.5**	**1,816.8**	**1,662.1**	**1,111.3**	**942.6**
Armenia	911	....	....	....	....	0.0	....	....	....	0.1	0.1	0.1	0.0
Azerbaijan, Rep. of	912	1.0	1.0	1.2	....	....	0.0	0.5	0.5	0.5	0.4	0.3	0.1
Belarus	913	....	....	0.7	0.0	0.1	0.1	73.9	124.2	155.0	20.9	17.9	13.1
Georgia	915	....	....	....	....	....	0.0	....	....	0.9	0.5	0.8	1.0
Kazakhstan	916	1.6	0.8	0.6	4.9	2.1	0.7	....	....	34.2	29.2	29.2	29.3
Kyrgyz Republic	917	0.3	0.3	0.3	1.0	1.6	0.2	1.4	1.5	1.6	1.1	0.3	0.9
Moldova	921	....	....	....	....	....	....	0.2	0.2	0.2	0.1	0.6	0.6
Russian Federation	922	65.2	63.3	61.8	61.6	76.9	55.8	1,741.8	1,696.6	1,561.9	1,535.4	1,020.7	861.9
Ukraine	926	5.9	5.3	5.2	0.1	0.0	0.0	68.2	62.4	56.2	69.1	36.9	35.0
Uzbekistan	927	....	....	0.5	0.4	0.0	0.0	....	....	6.2	5.4	4.4	0.6
Europe n.s.	884	....	....	....	....	....	....	....	....	....	....	....	0.7
Mid East, N Africa, Pak	440	**....**	**....**	**11.1**	**20.7**	**15.3**	**7.7**	**1.4**	**1.3**	**4.8**	**4.6**	**6.9**	**4.4**
Egypt	469	....	....	....	....	0.0	0.0	....	....	1.4	0.2	2.2	0.4
Iran, I.R. of	429	....	....	2.0	....	....	0.1	....	....	0.3	0.9	0.4	0.1
Jordan	439	....	....	....	....	0.0	0.0	....	....	0.0	0.1	0.1	0.1
Kuwait	443	....	....	....	0.1	0.1	0.1	....	....	....	0.0	....	....
Lebanon	446	....	....	0.3	0.1	0.0	....	....	....	0.1	0.1	0.0	0.0
Morocco	686	....	....	....	....	....	....	....	....	0.3	0.6	0.9	0.9
Pakistan	564	....	....	....	0.1	0.0	0.1	....	....	0.6	0.8	1.0	1.3
Qatar	453	....	....	0.0	0.0	0.3	0.3	....	....	0.0	0.0	0.0	0.0
Saudi Arabia	456	....	....	....	....	0.0	4.0	0.4	0.4	0.3	0.5	0.3	0.1
Tunisia	744	....	....	....	....	....	....	1.0	0.9	0.8	0.9	0.6	0.6
United Arab Emirates	466	....	....	8.8	20.5	14.7	3.2	....	....	1.1	0.6	1.4	0.9
Sub-Saharan Africa	603	**0.0**	**0.0**	**2.7**	**1.1**	**0.0**	**1.1**	**7.6**	**9.2**	**11.3**	**8.7**	**2.0**	**1.8**
Angola	614	....	....	0.2	0.0	....	0.3	....	....	....	....	....	....
Burkina Faso	748	....	....	....	0.1	....	....	....	....	0.0	0.0	....	0.0
Côte d'Ivoire	662	....	....	....	0.8	....	....	....	....	....	....	....	0.0
Ethiopia	644	....	....	....	....	....	0.1	....	....	0.0	0.0	0.0	0.0
Kenya	664	....	....	....	0.0	....	0.6	....	....	0.1	0.0	0.0	0.0
Nigeria	694	....	....	....	0.1	....	....	....	....	....	....	....	0.0
Seychelles	718	....	....	0.0	....	....	....	....	....	0.1	0.1	0.1	0.0
South Africa	199	....	....	2.6	0.1	0.0	0.1	7.6	9.2	11.0	8.4	1.8	1.5
Swaziland	734	....	....	....	0.0	0.0	....	....	....	0.1	0.0	0.0	0.2
Western Hemisphere	205	**....**	**....**	**1.7**	**0.0**	**0.1**	**0.2**	**7.5**	**7.6**	**22.5**	**16.8**	**17.1**	**21.0**
Argentina	213	....	....	....	....	....	....	3.8	4.5	4.4	1.7	2.8	1.5
Aruba	314	....	....	....	....	....	0.1	....	....	....	0.0	0.0	0.0
Belize	339	....	....	....	....	....	....	....	....	....	....	0.4	0.0
Brazil	223	....	....	0.0	....	....	....	....	....	7.2	2.3	3.9	4.0
Chile	228	....	....	....	0.0	0.0	....	3.1	2.6	2.6	4.7	1.4	0.8
Colombia	233	....	....	0.0	....	....	0.0	0.1	0.1	0.0	0.1	0.0	0.0
Costa Rica	238	....	....	....	....	....	....	....	....	0.2	0.0	0.0	0.1
Dominican Republic	243	....	....	....	....	....	....	....	....	0.1	0.1	0.1	0.1
Ecuador	248	....	....	....	....	....	....	0.5	0.4	0.2	0.2	0.4	0.5
Guatemala	258	....	....	....	....	....	....	....	....	0.0	0.0	1.3	4.3
Mexico	273	....	....	1.7	0.0	0.0	0.0	....	....	6.9	7.6	6.5	9.4
Peru	293	....	....	....	....	....	0.0	....	....	0.5	0.0	0.1	0.2
Uruguay	298	....	....	....	....	....	....	....	....	0.2	0.0	0.0	0.0
Western Hem. n.s.	399	....	....	....	....	....	....	....	....	0.1	0.0	0.0	0.0

Mongolia (948)

In Millions of U.S. Dollars

		Exports (FOB)						Imports (CIF)					
		2011	2012	2013	2014	2015	2016	2011	2012	2013	2014	2015	2016
Other Countries n.i.e	910	....	....	0.7	0.0	0.7	1.7	0.9	0.9	0.7	0.7	0.9	0.4
Cuba	928	....	....	....	....	....	....	....	....	0.0	0.1	0.1	0.0
Korea, Dem. People's Rep.	954	....	....	0.7	0.0	0.7	1.7	0.9	0.9	0.7	0.6	0.8	0.4
Memorandum Items													
Africa	605	0.0	0.0	2.7	1.1	0.0	1.1	8.7	10.2	12.3	10.1	3.5	3.4
Middle East	405	....	....	11.1	20.7	15.2	7.6	0.4	0.4	3.2	2.4	4.4	1.5
European Union	998	470.5	360.0	286.9	503.5	403.6	875.3	681.4	739.8	723.7	459.9	372.2	372.8
Export earnings: fuel	080	67.8	65.1	74.6	87.1	94.2	64.4	1,743.2	1,698.0	1,598.6	1,567.2	1,052.7	893.0
Export earnings: nonfuel	092	4,760.8	4,289.5	4,193.8	5,687.1	4,574.3	4,844.0	4,099.8	4,252.2	4,770.4	3,573.5	2,750.6	2,452.6

Montenegro (943)

In Millions of U.S. Dollars

		Exports (FOB)						Imports (CIF)					
		2011	2012	2013	2014	2015	2016	2011	2012	2013	2014	2015	2016
IFS World		631.6	471.4	498.7	448.5	351.8	360.4	2,534.7	2,339.5	2,354.6	2,366.5	2,042.4	2,280.5
World	001	631.7	471.4	498.7	442.0	351.8	360.5	2,534.6	2,339.4	2,354.3	2,367.1	2,039.3	2,282.7
Advanced Economies	110	226.9	111.2	126.7	105.6	116.5	92.2	993.6	902.1	902.7	931.2	716.9	980.5
Euro Area	163	187.5	91.2	104.4	81.4	93.4	66.9	832.9	756.1	778.7	805.4	597.5	807.6
Austria	122	7.2	5.4	5.1	1.8	2.7	7.9	57.6	42.0	44.5	43.0	31.6	42.1
Belgium	124	0.5	0.2	0.8	0.3	0.6	0.5	9.3	11.4	13.1	11.1	8.5	13.6
Cyprus	423	0.3	0.0	0.2	1.5	0.3	0.2	0.9	0.8	1.1	3.6	0.9	2.1
Estonia	939	....	0.1	....	....	0.0	....	0.2	0.2	0.4	0.2	0.2	0.5
Finland	172	2.2	1.6	....	....	0.0	0.1	2.2	1.6	1.9	0.6	2.5	6.1
France	132	2.4	3.2	4.4	3.8	5.1	4.1	44.0	28.5	23.3	37.6	24.7	46.2
Germany	134	28.5	18.5	17.7	7.8	16.6	14.5	154.0	148.6	154.6	152.2	128.8	241.2
Greece	174	54.6	4.6	4.8	0.4	6.1	0.8	201.2	204.5	198.9	191.7	126.6	121.3
Ireland	178	0.0	0.0	0.0	0.0	0.0	....	3.1	3.3	3.0	1.8	2.7	3.0
Italy	136	43.2	15.9	20.9	46.2	44.9	19.3	163.4	144.6	156.3	154.2	130.3	169.8
Latvia	941	0.1	0.3	0.0	0.0	0.0	0.0	0.1	0.1	0.2	0.3	0.3	0.3
Lithuania	946	....	0.3	....	0.2	0.0	0.0	0.1	0.1	0.3	1.1	0.5	12.8
Luxembourg	137	0.6	0.1	0.1	0.0	1.0	0.2	0.4	0.3	0.2	0.5	0.9	1.7
Malta	181	0.2	0.1	0.4	0.5	1.3	0.7	0.0	0.0	0.0	0.2	0.1	0.1
Netherlands	138	4.5	3.4	1.9	0.5	0.5	1.1	38.3	41.3	38.9	79.0	34.8	36.1
Portugal	182	....	....	0.0	....	0.0	0.0	0.8	0.6	1.0	1.2	0.6	3.2
Slovak Republic	936	0.6	0.4	0.3	0.6	0.7	0.5	12.7	6.1	7.4	6.5	5.1	7.4
Slovenia	961	42.1	37.1	47.8	17.7	13.2	16.7	112.7	94.0	85.2	75.2	63.3	51.5
Spain	184	0.4	0.0	0.2	0.2	0.2	0.3	31.9	28.1	48.5	45.5	35.0	48.6
Australia	193	0.2	0.1	0.1	0.2	0.2	0.1	0.4	0.3	0.1	0.3	0.3	0.3
Canada	156	0.1	0.3	0.2	0.2	0.3	0.4	1.7	1.5	1.8	1.5	1.3	2.1
China,P.R.: Hong Kong	532	0.4	0.0	0.0	0.2	0.0	2.5	1.0	0.9	0.8	1.4	1.3	0.8
Czech Republic	935	7.7	3.5	6.2	4.1	3.9	6.6	28.8	23.6	16.0	17.4	17.7	28.9
Denmark	128	0.0	0.0	1.4	1.0	0.4	0.8	4.7	4.8	2.2	3.1	4.0	4.8
Iceland	176	....	....	....	....	....	....	0.2	0.6	0.6	0.2	0.7	0.3
Israel	436	0.0	0.2	0.0	....	....	0.2	1.5	1.6	0.9	1.0	1.1	3.0
Japan	158	1.6	2.5	3.0	2.4	3.5	2.4	27.3	20.0	21.9	24.6	18.4	20.6
Korea, Republic of	542	0.0	....	0.0	0.0	0.0	0.0	13.0	10.5	9.9	9.6	15.3	7.3
New Zealand	196	....	....	0.0	0.0	....	....	0.1	0.4	0.4	0.4	0.2	0.5
Norway	142	0.1	0.1	0.0	0.1	0.0	0.0	0.7	0.6	0.6	1.2	1.0	18.7
Singapore	576	....	0.0	0.2	0.1	0.0	0.1	3.2	0.4	0.7	0.9	0.8	0.6
Sweden	144	2.0	2.7	2.1	3.1	3.1	2.8	7.0	4.6	10.5	5.7	7.0	19.8
Switzerland	146	20.3	3.4	3.5	4.8	4.1	4.7	27.6	30.3	17.3	16.7	13.2	14.5
Taiwan Prov. of China	528	....	0.1	0.0	0.0	0.0	....	4.9	5.1	4.5	4.3	4.2	4.9
United Kingdom	112	6.2	5.9	4.4	6.9	6.1	3.6	19.0	23.2	15.6	17.1	13.4	18.1
United States	111	0.8	1.2	1.0	1.1	1.4	1.3	19.6	17.7	20.4	20.6	19.6	27.7
Emerg. & Dev. Economies	200	404.1	359.5	371.3	336.4	224.2	258.0	1,540.8	1,436.9	1,450.7	1,435.6	1,321.9	1,301.9
Emerg. & Dev. Asia	505	1.1	5.1	5.6	7.5	13.9	25.0	177.1	200.5	224.1	218.3	253.4	257.5
Bangladesh	513	....	0.0	0.0	2.0	3.5	3.3	2.5	3.0	5.2	7.3	7.1	7.5
Cambodia	522	....	....	....	....	....	....	0.3	0.5	0.8	1.0	0.9	1.4
China,P.R.: Mainland	924	1.0	4.9	5.2	3.4	8.8	21.1	143.3	167.8	189.7	176.1	210.1	204.8
India	534	....	....	....	1.4	0.1	0.0	9.8	9.1	6.8	7.5	7.2	12.7
Indonesia	536	....	....	....	....	0.0	0.3	4.8	4.0	4.5	4.7	6.3	6.5
Malaysia	548	0.0	0.0	0.2	0.0	1.3	0.2	3.0	2.7	2.3	2.6	2.2	2.8
Myanmar	518	....	....	....	....	....	....	0.1	0.1	0.1	0.1	0.2	0.2
Papua New Guinea	853	....	....	0.1	0.1	0.1	....	....	....	....	....	....	0.0
Philippines	566	....	0.1	0.1	....	....	....	0.8	0.6	0.8	0.9	0.6	0.7
Sri Lanka	524	0.0	0.0	0.0	....	....	0.0	0.4	0.5	0.5	0.5	0.3	0.4
Thailand	578	....	0.1	0.1	....	0.1	0.1	6.3	5.5	5.7	5.8	5.1	4.7
Vanuatu	846	....	....	....	....	....	....	0.0	....	0.2	....	0.0	0.0
Vietnam	582	....	....	0.0	0.6	....	....	5.9	6.7	7.6	11.7	13.4	15.8
Europe	170	388.1	351.0	356.4	320.3	199.3	226.2	1,294.1	1,193.9	1,187.9	1,179.5	1,032.4	1,006.0
Emerg. & Dev. Europe	903	383.5	339.2	348.0	270.6	194.7	222.7	1,274.7	1,167.2	1,174.6	1,171.4	1,022.4	993.2
Albania	914	14.4	9.8	15.9	20.1	14.8	15.9	17.7	17.9	34.0	43.3	33.1	31.6
Bosnia and Herzegovina	963	31.2	35.2	24.4	42.3	32.7	29.3	198.1	158.3	167.6	168.1	133.0	123.5
Bulgaria	918	0.0	0.5	1.9	6.7	1.6	0.6	12.4	11.6	12.5	11.0	11.2	14.7

2017, International Monetary Fund: *Direction of Trade Statistics Yearbook*

Montenegro (943)
In Millions of U.S. Dollars

		Exports (FOB) 2011	2012	2013	2014	2015	2016	Imports (CIF) 2011	2012	2013	2014	2015	2016
Croatia	960	63.8	107.3	79.1	43.9	3.5	2.5	129.0	141.9	129.5	142.9	122.3	122.7
Faroe Islands	816	....	....	....	....	....	....	....	0.1	0.0	....	0.0	0.0
Hungary	944	106.8	23.2	1.5	0.8	3.1	39.0	23.8	24.2	28.2	27.5	22.0	21.4
Kosovo	967	32.9	29.5	25.5	28.3	22.2	21.2	3.0	5.9	5.4	4.5	2.8	3.8
Poland	964	5.2	5.7	5.7	10.0	9.9	12.6	18.8	16.8	22.2	22.1	21.5	34.5
Romania	968	0.7	2.8	0.2	0.3	0.8	0.4	45.7	33.9	26.1	31.5	24.5	27.9
Serbia, Republic of	942	111.0	107.1	177.2	106.1	77.8	90.4	752.7	684.7	671.8	637.7	574.2	506.6
Turkey	186	15.6	15.0	12.9	7.6	23.4	5.7	35.7	36.6	44.2	48.3	47.3	77.0
CIS	901	**4.6**	**11.8**	**8.4**	**49.7**	**4.5**	**3.5**	**19.5**	**26.7**	**13.2**	**8.1**	**10.0**	**12.8**
Armenia	911	0.1	....	....	....	....	....	0.1	0.0	0.0	0.0	0.0	0.0
Azerbaijan, Rep. of	912	....	....	....	....	....	0.3	0.0	....	0.0	0.0	0.0	0.0
Belarus	913	0.2	0.0	....	43.8	....	0.0	0.1	0.6	0.8	0.2	0.3	0.1
Georgia	915	0.1	....	....	0.0	....	0.0	0.0	0.0	0.2	0.1	0.0	0.0
Kazakhstan	916	....	....	0.3	0.1	....	0.1	1.0	1.8	0.3	0.0	0.0	0.1
Kyrgyz Republic	917	....	....	....	....	....	....	0.2	0.2	0.3	0.4	0.4	0.8
Moldova	921	....	....	....	0.0	0.0	0.0	0.2	0.2	0.2	0.2	0.2	0.2
Russian Federation	922	3.8	9.5	7.7	5.3	2.9	2.5	12.8	17.7	4.6	4.2	4.8	5.3
Ukraine	926	0.3	2.2	0.4	0.2	1.4	0.6	5.1	6.2	6.7	2.9	4.2	6.2
Uzbekistan	927	....	....	0.1	0.1	0.2	0.1	0.0	0.0	0.0	0.0	....	0.0
Mid East, N Africa, Pak	440	**14.7**	**3.2**	**8.5**	**8.2**	**10.8**	**6.1**	**15.8**	**5.3**	**6.9**	**6.3**	**6.7**	**7.5**
Afghanistan, I.R. of	512	....	0.1	0.1	....	....	....	....	0.0	0.0	....	0.0	0.0
Algeria	612	0.2	....	....	....	....	0.2	0.9	0.3	1.4	0.0	0.7	0.0
Bahrain, Kingdom of	419	....	0.0	....	....	....	....	0.1	....	....	....	0.0	0.0
Egypt	469	13.7	0.2	0.1	0.3	1.8	2.3	11.7	0.9	0.8	0.9	1.3	1.0
Iran, I.R. of	429	....	....	....	0.1	0.0	....	0.5	0.7	0.3	0.5	0.4	0.7
Iraq	433	0.0	....	....	....	0.2	....	0.0	0.0	0.0	0.0	0.0	0.0
Jordan	439	....	0.0	0.0	....	0.2	0.0	0.0	0.0	0.0	0.0	0.0	0.0
Lebanon	446	....	0.1	0.0	....	0.0	....	0.1	0.1	0.2	0.1	0.0	0.1
Libya	672	....	2.4	7.8	7.6	5.8	0.4	....	....	....	....	....	0.0
Mauritania	682	....	....	....	....	....	....	....	0.0	0.0	0.0	0.0	0.1
Morocco	686	....	....	....	0.0	....	....	0.6	1.0	1.5	1.6	1.7	2.0
Pakistan	564	0.0	....	....	0.1	0.0	0.1	0.5	0.7	1.0	1.2	1.1	1.6
Qatar	453	....	....	....	0.0	0.0	....	0.1	0.2	0.0	0.0	0.0	0.0
Saudi Arabia	456	0.2	0.0	....	0.0	2.0	1.0	0.1	0.0	0.2	0.2	0.1	0.1
Syrian Arab Republic	463	....	0.0	....	....	....	....	0.1	0.1	0.0	0.1	0.0	0.0
Tunisia	744	....	....	....	....	0.0	....	1.1	1.0	1.2	1.3	1.0	1.3
United Arab Emirates	466	0.1	0.4	0.1	0.0	0.8	1.9	0.2	0.3	0.1	0.2	0.2	0.6
Yemen, Republic of	474	0.5	....	0.5	....	....	....	....	....	....	0.0	0.0	....
Sub-Saharan Africa	603	**0.1**	**0.1**	**0.5**	**0.2**	**0.1**	**0.3**	**5.0**	**1.8**	**2.1**	**1.6**	**2.5**	**2.6**
Burkina Faso	748	....	....	....	....	0.1	....	0.0	0.0	0.0	0.0	0.0	....
Burundi	618	....	....	0.4	0.1	....	....	0.0	....	....	....	0.0	0.0
Cameroon	622	....	....	....	....	....	....	0.0	0.0	0.0	0.0	0.0	0.1
Congo, Dem. Rep. of	636	....	....	....	....	....	....	0.0	0.0	0.1	0.0	0.0	....
Equatorial Guinea	642	....	....	....	0.0	....	0.1	....	....	....	....	0.0	0.0
Ethiopia	644	....	....	....	....	....	0.1	0.1	0.0	0.0	0.1	0.0	0.0
Gabon	646	....	....	....	....	....	....	0.0	....	0.0	0.0	0.0	0.2
Guinea	656	....	....	....	....	....	....	3.5	0.0	0.0	0.0	0.0	0.0
Kenya	664	....	....	0.0	....	....	....	0.1	0.1	0.2	0.2	0.2	0.1
Madagascar	674	....	....	....	....	....	....	0.0	0.1	0.1	0.1	0.0	0.1
Mali	678	....	....	0.1	....	....	....	....	0.0	0.0	0.0	0.0	....
Mauritius	684	....	....	....	....	....	....	0.2	0.1	0.2	0.2	0.2	0.1
Nigeria	694	....	0.0	0.0	....	0.0	0.1	0.0	0.0	0.0	0.0	0.0	0.0
Sierra Leone	724	0.0	0.0	0.0	....	....	....	....	0.2	0.0	....	0.0	0.0
South Africa	199	....	....	....	0.0	....	0.0	0.8	1.1	1.2	1.0	1.3	1.6
Swaziland	734	0.0	....	....	0.0	0.0	0.0	0.0	0.0	0.1	0.0	0.5	0.0
Tanzania	738	....	....	....	....	....	....	0.0	0.0	0.0	0.1	0.0	0.0
Uganda	746	....	0.0	....	....	....	....	0.0	0.0	0.1	0.0	0.0	0.0
Zimbabwe	698	....	....	....	....	....	....	0.0	0.0	0.0	0.0	0.0	0.2
Western Hemisphere	205	**0.2**	**0.1**	**0.2**	**0.2**	**0.1**	**0.5**	**48.8**	**35.5**	**29.8**	**29.8**	**27.0**	**28.3**
Argentina	213	....	....	....	0.0	....	0.0	2.0	2.0	2.2	1.9	1.9	2.6

Montenegro (943)

In Millions of U.S. Dollars

		Exports (FOB)						Imports (CIF)					
		2011	2012	2013	2014	2015	2016	2011	2012	2013	2014	2015	2016
Bahamas, The	313	0.1	0.1	0.0	0.0	....	....	0.4	0.0	0.0	0.0	0.0	0.0
Barbados	316	....	....	....	....	....	....	0.1	0.0	....	0.0	0.0	0.0
Bolivia	218	....	....	....	....	....	....	0.1	0.0	0.0	0.1	0.0	0.0
Brazil	223	0.0	....	0.0	....	....	....	34.9	19.9	17.6	16.1	13.5	13.6
Chile	228	....	....	....	....	0.0	....	0.2	0.4	0.4	0.4	0.5	0.5
Colombia	233	....	....	....	....	....	....	0.8	0.4	0.5	0.1	0.2	0.7
Costa Rica	238	....	....	0.0	....	....	....	0.2	1.3	0.7	0.8	0.8	0.9
Dominica	321	....	....	....	....	....	....	....	....	....	0.1	0.1	0.1
Ecuador	248	....	....	....	0.0	....	....	4.8	3.4	5.3	6.4	5.6	6.1
Falkland Islands	323	....	....	....	....	....	....	0.8	0.6	0.6	0.9	0.9	0.9
Guatemala	258	....	....	....	....	....	....	0.0	0.3	0.3	0.0	0.0	0.0
Honduras	268	....	....	....	....	....	....	0.0	0.0	0.2	0.1	0.0	0.0
Jamaica	343	....	0.0	0.0	....	....	....	2.4	5.0	0.0	0.0	0.0	0.0
Mexico	273	....	....	....	....	....	0.4	1.5	1.6	1.3	2.3	2.5	2.2
Panama	283	0.0	0.0	0.0	0.0	0.0	0.0	0.1	0.0	0.1	0.1	0.1	0.0
Paraguay	288	....	0.1	0.1	0.1	....	....	....	0.0	0.0	....	0.2	0.1
Peru	293	....	....	0.0	0.0	....	....	0.2	0.3	0.2	0.3	0.3	0.3
St. Vincent & Grens.	364	....	....	0.0	....	....	....	0.1	....	0.0	0.0	....	0.0
Suriname	366	....	....	....	....	....	....	0.0	0.0	0.0	0.0	0.2	0.0
Uruguay	298	....	....	....	....	....	....	0.1	0.1	0.2	0.0	0.2	0.0
Venezuela, Rep. Bol.	299	....	....	....	....	....	0.1	0.0	0.0	0.0	0.0	0.0	0.0
Western Hem. n.s.	399	....	0.0	0.0	0.0	0.0	0.0	0.0	0.0	0.1	0.1	0.1	0.0
Other Countries n.i.e	910	....	....	....	....	....	....	0.3	0.4	0.8	0.3	0.5	0.3
Cuba	928	....	....	....	....	....	....	0.1	0.1	0.1	0.2	0.2	0.2
Korea, Dem. People's Rep.	954	....	....	....	....	....	....	0.2	0.3	0.7	0.1	0.3	0.1
Countries & Areas n.s.	898	0.6	0.7	0.7	0.1	11.1	10.3	....	....	0.0	....	....	0.0
Memorandum Items													
Africa	605	0.3	0.1	0.5	0.2	0.1	0.5	7.6	4.1	6.3	4.6	5.9	6.0
Middle East	405	14.5	3.1	8.5	8.1	10.8	5.7	12.7	2.2	1.7	2.1	2.1	2.5
European Union	998	380.0	242.8	206.8	158.2	125.8	135.8	1,122.1	1,040.7	1,041.4	1,083.7	841.0	1,100.3
Export earnings: fuel	080	4.9	12.4	16.3	13.3	11.8	6.5	21.3	24.9	12.9	12.0	12.2	13.8
Export earnings: nonfuel	092	626.8	459.0	482.4	428.7	340.0	354.0	2,513.3	2,314.5	2,341.4	2,355.1	2,027.1	2,268.8

Montserrat (351)

In Millions of U.S. Dollars

		Exports (FOB)						Imports (CIF)					
		2011	2012	2013	2014	2015	2016	2011	2012	2013	2014	2015	2016
IFS World		1.9	1.3	2.2	2.2	2.8	....	33.4	36.9	42.1	41.2	38.6	....
World	001	1.0	1.8	5.9	3.6	3.7	4.7	33.6	37.0	42.1	41.9	40.5	63.9
Advanced Economies	110	0.7	0.6	1.5	1.8	1.6	2.5	27.3	30.8	33.9	35.5	34.4	40.8
Euro Area	163	0.4	0.3	0.2	0.8	0.6	1.3	0.5	0.9	1.0	1.3	1.8	1.4
Austria	122	0.0 e	0.0 e	....	0.0 e	0.0 e	0.0 e	....	0.0	0.0	0.0	0.0	0.1
Belgium	124	0.2 e	0.1 e	0.0 e	0.0 e	0.3 e	0.4 e	0.0	....	....	0.0	0.0	0.3
France	132	0.2	0.2	0.2	0.8	0.3	0.8	0.1	0.3	0.3	0.8	1.2	0.5
Germany	134	....	....	....	....	0.0	....	0.0	0.0	0.1	0.0	0.0	0.0
Greece	174	....	....	....	....	....	....	....	....	....	....	0.3	0.0
Ireland	178	0.0 e	0.0 e	0.1 e	0.0 e	0.0 e	0.1 e	0.2	0.2	0.2	0.2	0.0	0.0
Italy	136	0.0 e	....	....	....	0.0 e	0.0 e	0.0	0.0	0.1	0.0	0.0	0.0
Netherlands	138	0.0	0.0	0.0	....	....	....	0.2	0.4	0.3	0.2	0.2	0.3
Portugal	182	....	....	....	....	....	....	....	....	....	....	....	0.1
Spain	184	0.0 e	....	0.0 e	....	0.0 e	0.0 e	0.0	0.0	0.1	0.0	0.0	0.1
Canada	156	....	....	....	....	....	0.0	0.5	0.6	0.3	0.9	0.9	0.9
Denmark	128	....	0.0 e	....	....	0.0 e	0.0 e	0.1	0.1	0.1	0.1	0.1	0.1
Iceland	176	....	....	....	....	....	....	....	0.0	0.2	....	....	....
Japan	158	....	....	....	....	....	....	0.9	0.6	0.8	1.0	1.0	1.0
Singapore	576	....	....	....	....	....	0.0 e	....	....	0.0	0.0	0.0	0.1
Switzerland	146	....	....	....	....	....	....	....	0.2	0.2	0.0	0.0	0.0
United Kingdom	112	0.0	0.0	0.0	0.0	0.0	0.0	1.6	1.6	1.6	1.7	0.1	4.7
United States	111	0.3	0.3	1.2	1.0	1.0	1.1	23.8	26.7	29.6	30.5	30.5	32.6
Emerg. & Dev. Economies	200	0.3	1.2	4.4	1.8	2.0	2.2	6.3	6.2	8.2	6.4	6.0	22.8
Emerg. & Dev. Asia	505	0.1	0.0	0.0	0.1	0.1	0.1	0.1	0.1	0.4	0.3	0.3	0.4
China, P.R.: Mainland	924	....	....	....	....	....	....	0.1	0.0	0.2	0.3	0.3	0.4
Fiji	819	0.1 e	....	....	....	....	....	....	....	....	....	....	....
India	534	....	....	....	....	....	....	0.0	0.0	0.1	0.0	0.0	0.0
Marshall Islands	867	....	....	....	0.1	0.1	0.1	....	....	....	....	....	....
Mid East, N Africa, Pak	440	0.1	0.1	0.1	0.1	0.0	0.0	0.1	0.1	0.1	0.1	0.1	0.4
Mauritania	682	....	0.0 e	0.1 e	0.0 e	....	....	....	....	....	....	....	....
Pakistan	564	0.1 e	0.0 e	0.0 e	0.0 e	0.0 e	0.0 e	....	0.0	0.0	....	....	....
Saudi Arabia	456	....	....	0.0 e	0.1 e	....	....	....	....	0.0	....	....	....
United Arab Emirates	466	....	0.0 e	0.0 e	0.0 e	0.0 e	0.0 e	0.1	0.1	0.1	0.1	0.1	0.4
Sub-Saharan Africa	603	0.0	0.1	0.0	0.1	0.1	0.1	0.2	0.0	0.0	0.0	0.0	0.0
Mozambique	688	....	....	....	....	....	....	0.2 e	....	....	....	....	....
Togo	742	....	....	....	0.1	0.1	0.1	....	....	....	....	....	....
Western Hemisphere	205	0.0	1.0	4.3	1.4	1.8	1.9	5.9	6.0	7.7	6.0	5.6	21.9
Anguilla	312	....	0.3	0.2	0.2	0.3	0.4	0.1	0.1	0.2	0.1	0.1	0.4
Antigua and Barbuda	311	....	0.3	0.3	0.1	0.2	0.3	0.3	0.5	0.6	0.6	0.6	2.4
Argentina	213	....	....	....	....	....	....	0.0	....	0.1	0.1	0.1	0.1
Aruba	314	....	....	....	0.1	0.1	0.1	....	0.0	....	0.0	0.0	0.0
Barbados	316	....	0.0	....	....	....	....	0.2	0.3	0.7	0.4	0.3	0.4
Brazil	223	....	....	....	....	....	....	0.0	0.0	0.1	0.1	0.1	0.1
Curaçao	354	....	0.0	0.0	....	....	....	0.8	0.4	0.4	0.4	0.4	1.6
Dominica	321	....	0.0	3.3	0.0	0.0	0.0	0.2	0.2	0.2	0.2	0.2	0.8
Dominican Republic	243	....	....	....	....	....	....	0.2	0.1	0.0	0.0	0.0	0.2
Guatemala	258	....	....	....	....	....	....	0.1	0.1	0.1	....	....	....
Guyana	336	....	....	0.0	....	....	....	0.1	0.0	0.1	0.1	0.1	0.1
Honduras	268	....	....	....	....	....	0.0 e	....	0.0	0.0	0.1	0.1	0.1
Jamaica	343	....	0.0	....	....	....	....	0.6	0.8	0.5	0.6	0.5	2.4
Panama	283	....	....	....	....	....	....	0.0	0.2	0.0	0.0	0.0	0.0
Paraguay	288	....	....	....	....	....	....	....	....	0.6	0.0	0.0	0.0
St. Kitts and Nevis	361	....	0.3	0.3	0.8	0.9	0.8	0.4	0.3	0.6	0.5	0.5	2.0
St. Lucia	362	....	....	....	0.0	0.0	0.0	0.0	0.0	0.0	0.0	0.0	0.1
St. Vincent & Grens.	364	....	....	....	....	....	....	0.3	0.4	0.3	0.2	0.2	0.9
Trinidad and Tobago	369	....	0.1	0.2	0.3	0.4	0.4	2.4	2.3	3.0	2.5	2.3	10.1
Western Hem. n.s.	399	....	....	....	....	....	....	0.1	0.1	0.0	0.0	0.0	0.2
Countries & Areas n.s.	898	....	....	....	....	....	....	....	....	....	0.1	0.1	0.4
Memorandum Items													
Africa	605	0.0	0.1	0.1	0.1	0.1	0.1	0.2	0.0	0.0	0.0	0.0	0.0

Montserrat (351)
In Millions of U.S. Dollars

		Exports (FOB)						Imports (CIF)					
		2011	2012	2013	2014	2015	2016	2011	2012	2013	2014	2015	2016
Middle East	405	0.0	0.1	0.1	0.1	0.0	0.0	0.1	0.1	0.1	0.1	0.1	0.4
European Union	998	0.5	0.4	0.2	0.8	0.6	1.3	2.2	2.6	2.8	3.0	2.0	6.2
Export earnings: fuel	080	0.0	0.2	0.3	0.5	0.4	0.4	2.5	2.5	3.2	2.6	2.5	10.5
Export earnings: nonfuel	092	1.0	1.6	5.7	3.1	3.3	4.2	31.1	34.5	38.9	39.3	38.1	53.4

Morocco (686)

In Millions of U.S. Dollars

		Exports (FOB)						Imports (CIF)					
		2011	2012	2013	2014	2015	2016	2011	2012	2013	2014	2015	2016
IFS World		21,402.6	21,274.0	21,853.2	....	....	....	44,129.7	43,252.4	44,944.0	....	....	....
World	001	20,790.4	19,506.9	21,752.9	23,599.4	21,140.2	22,825.7	43,625.7	42,890.3	44,741.9	45,611.3	37,030.0	41,686.3
Advanced Economies	110	13,520.5	12,648.8	14,886.8	16,593.6	14,456.8	16,148.7	25,767.4	24,986.1	26,595.8	27,186.4	22,689.4	26,919.6
Euro Area	163	10,858.6	10,113.8	12,175.8	13,688.4	11,841.7	13,460.5	18,320.4	17,836.5	19,693.4	20,549.2	17,158.3	20,396.6
Austria	122	82.5	85.7	137.2	188.2	142.3	164.3	183.2	130.8	171.4	219.4	180.2	171.9
Belgium	124	402.5	324.2	559.5	432.6	329.1	350.8	836.3	723.1	800.3	968.1	609.8	641.4
Cyprus	423	0.8	18.0	0.6	1.7	1.2	1.4	2.9	1.3	0.5	2.0	2.8	1.6
Estonia	939	0.8	3.0	8.5	7.4	1.1	0.9	145.9	4.6	3.8	36.4	8.2	41.1
Finland	172	5.3	7.7	3.7	5.4	3.5	6.4	175.6	151.9	163.0	182.4	198.4	209.3
France	132	4,100.1	4,087.0	4,673.1	4,873.3	4,172.4	4,810.3	5,936.0	5,194.2	5,789.7	6,066.2	4,578.2	5,516.6
Germany	134	537.5	525.3	591.6	667.7	529.3	629.4	1,947.5	2,091.4	2,143.9	2,363.3	2,148.1	2,450.9
Greece	174	18.7	11.7	18.9	14.8	29.6	48.0	88.2	51.3	114.3	46.0	49.7	86.7
Ireland	178	45.4	100.4	103.5	110.9	144.5	155.0	145.6	140.0	119.5	218.4	105.3	117.7
Italy	136	828.6	692.7	821.1	1,014.3	901.4	1,057.4	2,233.8	2,167.7	2,387.4	2,280.0	2,039.2	2,263.7
Latvia	941	17.3	13.9	36.3	20.7	14.3	7.3	55.0	81.1	31.3	28.8	191.6	33.1
Lithuania	946	158.3	42.1	57.0	65.3	28.7	12.4	10.1	11.0	26.4	49.9	30.4	32.1
Luxembourg	137	3.0	1.3	4.1	6.1	4.8	5.8	25.9	17.0	20.4	18.8	11.2	16.9
Malta	181	5.8	5.6	77.4	85.2	10.4	10.5	31.2	33.8	1.8	1.1	2.9	2.7
Netherlands	138	552.0	496.9	648.1	656.9	555.6	502.8	747.4	637.8	710.2	921.7	691.3	796.1
Portugal	182	268.0	291.4	282.3	292.8	271.3	316.5	743.8	698.7	1,029.2	907.2	1,008.9	1,225.4
Slovak Republic	936	45.8	38.9	42.5	52.7	27.5	25.6	64.8	56.4	90.5	113.0	123.0	193.2
Slovenia	961	2.2	2.6	8.6	9.4	10.3	20.8	26.7	25.2	30.6	30.9	35.3	47.5
Spain	184	3,783.9	3,365.5	4,101.7	5,182.9	4,664.4	5,334.9	4,920.3	5,619.1	6,059.3	6,095.6	5,143.7	6,548.5
Australia	193	47.2	25.0	11.9	67.7	14.3	77.4	24.5	27.3	41.5	56.5	24.6	27.7
Canada	156	35.0	67.4	67.8	153.3	184.1	166.3	355.5	437.4	418.1	343.3	399.6	408.5
China,P.R.: Hong Kong	532	31.5	28.5	19.6	8.0	8.5	8.3	45.7	27.0	24.5	27.2	22.0	23.1
China,P.R.: Macao	546	0.0	....	0.0	....	0.1	0.0	0.1	0.2	0.2	0.5	0.4	0.6
Czech Republic	935	5.7	4.1	26.7	56.0	49.7	76.4	128.0	122.5	174.9	206.1	184.0	243.8
Denmark	128	20.7	39.4	20.9	18.7	30.0	33.3	74.9	185.5	249.1	201.3	60.0	74.4
Iceland	176	6.1	0.6	2.6	3.0	3.5	2.6	2.4	6.2	6.0	2.0	2.3	6.1
Japan	158	135.1	138.1	259.4	216.9	163.2	189.0	412.3	648.5	318.4	341.7	282.4	511.3
Korea, Republic of	542	61.2	173.9	74.3	115.8	73.6	85.9	442.0	591.2	398.0	399.5	403.5	789.7
New Zealand	196	114.9	53.3	61.8	69.4	50.1	51.4	79.3	57.1	67.2	73.2	57.7	66.2
Norway	142	87.4	91.5	82.5	79.8	74.8	56.3	123.7	202.9	124.4	51.5	71.9	40.8
Singapore	576	366.2	250.4	290.2	296.9	244.9	248.3	197.5	137.4	117.8	114.8	91.5	102.8
Sweden	144	26.0	17.4	75.2	113.6	105.6	66.3	480.8	491.8	418.2	400.1	360.5	420.5
Switzerland	146	249.1	212.6	196.7	143.2	114.8	139.2	310.4	247.4	246.0	298.6	262.6	262.7
Taiwan Prov.of China	528	28.8	25.8	15.1	17.1	14.5	22.8	144.0	94.6	88.1	95.0	92.5	94.4
United Kingdom	112	500.0	512.8	587.7	694.4	567.5	669.7	880.3	972.4	846.7	823.9	811.1	797.4
United States	111	946.9	894.2	918.6	851.5	915.8	795.0	3,745.5	2,900.3	3,363.3	3,201.9	2,404.4	2,653.0
Emerg. & Dev. Economies	200	6,132.6	6,062.5	6,538.0	6,603.0	6,388.5	6,450.4	17,810.1	17,838.9	18,131.2	18,202.4	14,206.2	14,616.1
Emerg. & Dev. Asia	505	1,901.6	1,521.4	1,380.5	1,439.4	1,507.0	1,203.1	3,987.8	4,094.5	4,303.0	4,582.6	4,129.4	5,185.0
American Samoa	859	....	....	....	....	....	....	....	....	....	....	0.0	0.1
Bangladesh	513	191.7	139.3	92.7	169.5	128.8	134.4	13.3	16.9	24.1	28.2	29.2	33.6
Bhutan	514	....	....	....	....	....	....	....	....	....	....	....	0.1
Brunei Darussalam	516	0.0	0.2	....	0.0	....	....	0.0	....	....	0.0	0.0	0.0
Cambodia	522	0.9	0.0	0.0	0.0	0.1	8.3	0.9	1.4	2.1	8.2	3.4	4.3
China,P.R.: Mainland	924	296.0	250.6	339.5	265.2	225.9	228.2	2,853.7	2,946.2	3,106.0	3,480.9	3,131.7	3,802.7
Fiji	819	....	....	0.0	0.4	0.2	0.1	....	....	....	0.0	0.0	....
F.T. French Polynesia	887	0.2	0.2	0.5	0.8	0.6	0.6	....	0.0	....	....	....	....
F.T. New Caledonia	839	1.6	1.2	1.5	1.4	1.1	1.6	....	....	0.0	....	0.1	0.0
India	534	1,279.4	962.6	808.2	850.5	1,040.0	758.1	597.3	509.2	623.0	500.1	397.0	634.1
Indonesia	536	57.6	96.6	56.0	107.5	58.2	25.1	134.1	190.6	90.9	110.1	134.6	172.8
Lao People's Dem.Rep	544	....	....	0.3	0.3	....	....	0.0	0.0	0.0	0.0	0.3	0.5
Malaysia	548	5.9	5.5	8.4	4.7	4.2	9.9	114.3	91.3	92.3	101.7	85.1	96.2
Maldives	556	0.1	0.1	0.3	0.1	0.1	0.0	0.0	0.0	0.0	0.0	0.0	0.0
Marshall Islands	867	....	....	....	....	....	0.0	....	....	....	....	....	0.7
Mongolia	948	0.3	0.2	0.1	0.0	....	0.0	0.0	0.0	0.0	0.0	0.0	0.0
Myanmar	518	....	....	....	....	0.0	2.4	0.0	0.0	0.0	0.0	0.3	0.6
Nepal	558	....	....	....	0.0	....	0.0	0.2	0.1	0.1	0.1	0.1	0.1

Morocco (686)
In Millions of U.S. Dollars

		Exports (FOB)						Imports (CIF)					
		2011	2012	2013	2014	2015	2016	2011	2012	2013	2014	2015	2016
Papua New Guinea	853	....	....	....	0.1	....	....	0.2	0.2	....	....	....	0.0
Philippines	566	0.8	24.7	29.0	2.6	1.9	7.4	6.1	8.1	11.1	15.6	17.2	19.4
Sri Lanka	524	0.8	0.3	2.6	1.7	0.7	0.3	6.3	3.4	5.7	7.0	5.5	8.8
Thailand	578	64.2	37.0	37.6	32.3	43.2	16.6	210.9	200.4	203.1	144.6	129.1	139.8
Vietnam	582	1.9	2.9	4.0	2.3	2.0	9.8	50.6	126.8	144.5	185.9	195.3	271.2
Asia n.s.	598	0.1	0.1	0.1	....	0.1	0.1	....	0.0	0.1	0.0	0.5	0.0
Europe	170	**848.2**	**793.2**	**1,185.4**	**1,185.8**	**1,196.7**	**1,476.9**	**4,736.1**	**5,246.2**	**5,185.8**	**5,435.7**	**4,610.2**	**4,607.7**
Emerg. & Dev. Europe	903	**627.5**	**563.5**	**874.5**	**945.7**	**1,004.6**	**1,267.6**	**1,980.6**	**1,902.4**	**2,472.1**	**2,791.4**	**2,449.4**	**3,117.4**
Albania	914	0.9	2.2	2.6	1.8	3.3	4.3	0.3	0.7	1.0	0.9	1.4	0.6
Bosnia and Herzegovina	963	1.0	2.2	0.6	1.3	1.7	2.0	34.8	28.1	7.9	4.2	10.2	18.6
Bulgaria	918	31.4	23.5	31.2	69.3	82.9	96.4	29.1	53.5	95.5	102.7	75.4	91.5
Croatia	960	23.7	13.3	11.2	14.8	14.7	21.1	25.9	4.1	64.5	17.6	8.6	9.1
Faroe Islands	816	....	....	....	....	....	....	0.0	0.0	0.1	....	....	0.9
Gibraltar	823	43.4	85.1	158.8	4.8	0.1	0.1	64.6	0.1	8.1	33.6	4.8	3.3
Hungary	944	3.8	7.2	11.4	25.6	19.6	33.4	117.3	95.8	116.2	159.1	168.4	177.0
Kosovo	967	....	....	....	....	0.1	0.7	....	....	....	....	0.0	0.0
Macedonia, FYR	962	0.3	0.3	0.3	0.6	1.3	0.7	0.3	0.1	0.2	0.4	0.2	0.4
Montenegro	943	0.5	0.1	0.1	0.6	2.8	3.1	0.0	....	0.0	0.0	0.0	0.0
Poland	964	109.1	78.0	123.7	150.6	137.7	194.8	189.6	232.4	336.4	493.2	351.0	362.1
Romania	968	83.7	65.1	117.8	135.6	111.3	151.7	362.4	386.2	459.8	306.5	250.6	591.9
Serbia, Republic of	942	0.1	0.0	4.2	2.7	1.8	2.2	0.7	....	10.2	5.0	3.8	11.4
Turkey	186	329.5	286.0	412.0	537.6	627.3	757.0	1,155.6	1,101.2	1,372.1	1,668.3	1,574.8	1,850.6
CIS	901	**220.6**	**229.6**	**310.6**	**239.3**	**191.4**	**208.5**	**2,755.5**	**3,343.9**	**2,713.7**	**2,644.3**	**2,160.7**	**1,490.2**
Armenia	911	0.2	0.3	0.1	....	....	0.0	0.0	0.0	0.0	0.0	0.0	0.0
Azerbaijan, Rep. of	912	1.5	3.3	0.2	2.5	0.8	0.0	0.6	0.1	0.0	0.0	0.1	0.0
Belarus	913	6.7	1.3	1.1	4.9	17.8	0.7	5.1	449.9	242.2	80.1	2.9	3.2
Georgia	915	0.8	0.7	3.9	7.7	7.0	2.2	0.0	0.6	0.1	0.1	9.1	1.6
Kazakhstan	916	1.4	1.2	1.2	1.4	0.9	0.3	61.7	137.3	4.3	0.0	4.4	27.3
Kyrgyz Republic	917	....	0.0	....	0.4	0.6	0.3	....	....	....	....	....	0.0
Moldova	921	....	0.0	0.1	....	....	0.0	0.1	2.1	3.9	4.2	5.9	0.2
Russian Federation	922	174.6	181.7	272.3	203.3	145.1	183.6	2,042.1	2,151.5	1,886.5	1,941.0	1,615.3	1,021.9
Tajikistan	923	0.0	....	....	....	....	....	1.8	....	....	....	0.1	0.0
Turkmenistan	925	0.0	0.0	0.0	....	....	0.1	0.2	0.2	0.5	0.4	3.4	0.1
Ukraine	926	35.3	41.1	31.4	19.2	19.1	21.3	642.0	601.9	575.6	614.9	515.9	433.6
Uzbekistan	927	0.1	....	0.1	0.0	0.2	0.0	1.9	0.2	0.5	3.5	3.6	2.1
Europe n.s.	884	....	0.1	0.4	0.8	0.8	0.7	0.0	0.0	0.0	0.0	0.1	0.1
Mid East, N Africa, Pak	440	**1,216.1**	**1,369.4**	**1,245.6**	**1,354.8**	**1,344.1**	**1,577.9**	**6,628.6**	**6,122.6**	**6,717.3**	**6,177.3**	**3,546.1**	**2,948.2**
Afghanistan, I.R. of	512	....	....	0.0	....	0.1	1.5	....	0.0	0.1	0.0	....	0.0
Algeria	612	208.3	183.0	207.3	208.6	192.5	236.0	1,068.4	957.8	1,272.9	1,318.1	816.9	626.9
Bahrain, Kingdom of	419	1.7	2.5	2.5	2.8	3.6	4.8	66.0	48.7	63.5	78.5	67.7	62.8
Djibouti	611	13.8	99.6	0.5	12.7	1.0	74.7	....	....	0.0	0.0	0.0	0.0
Egypt	469	76.7	125.0	165.3	130.3	245.2	273.3	484.3	448.6	487.5	544.1	384.3	410.7
Iran, I.R. of	429	0.6	0.2	0.4	1.0	0.6	1.3	10.6	1.2	0.9	0.8	1.7	0.4
Iraq	433	8.4	8.1	12.1	9.7	10.8	16.3	1,123.2	1,029.1	1,351.8	848.5	364.1	0.6
Jordan	439	46.2	41.8	26.1	26.2	22.0	26.3	19.7	15.0	11.5	13.3	23.4	15.7
Kuwait	443	3.4	6.0	6.3	12.6	18.3	6.7	31.5	34.5	38.9	84.7	37.9	25.6
Lebanon	446	46.2	52.4	70.8	81.7	75.2	62.5	29.6	24.9	26.7	23.6	21.6	24.0
Libya	672	29.8	79.9	86.4	36.0	62.4	89.5	13.1	19.4	15.3	22.0	3.6	11.1
Mauritania	682	101.8	124.0	139.7	184.8	161.1	172.7	0.9	0.7	1.3	0.9	0.6	0.2
Oman	449	0.4	11.5	6.9	6.0	6.3	7.9	18.9	36.9	20.4	38.9	46.3	19.1
Pakistan	564	366.4	265.3	244.7	252.3	220.3	231.2	34.0	33.3	30.6	27.7	31.8	28.9
Qatar	453	8.0	5.3	8.2	7.7	18.3	11.3	135.2	126.5	101.2	73.0	52.7	54.4
Saudi Arabia	456	37.6	102.2	63.5	108.0	93.1	89.3	2,955.1	2,652.9	2,759.9	2,467.5	947.9	797.6
Somalia	726	....	....	....	....	....	0.4	0.1	0.1	0.0	0.0	0.0	0.2
Sudan	732	16.4	42.8	8.5	36.6	11.0	20.7	0.1	0.0	0.0	0.0	7.8	1.7
Syrian Arab Republic	463	38.1	40.9	34.8	44.9	40.2	37.5	73.6	19.1	13.0	7.9	11.0	12.2
Tunisia	744	117.3	121.5	86.2	105.0	93.9	98.6	279.3	229.0	219.3	205.1	188.1	192.0
United Arab Emirates	466	88.1	40.0	49.8	69.3	52.5	97.9	284.8	444.6	302.2	422.3	538.8	663.9
West Bank and Gaza	487	0.9	0.8	2.6	1.9	6.2	7.3	0.1	0.1	0.3	0.0	0.0	0.2
Yemen, Republic of	474	6.0	16.4	23.2	16.7	9.5	10.1	0.0	0.2	0.0	0.2	0.0	....

2017, International Monetary Fund: Direction of Trade Statistics Yearbook

Morocco (686)

In Millions of U.S. Dollars

		Exports (FOB)						Imports (CIF)					
		2011	2012	2013	2014	2015	2016	2011	2012	2013	2014	2015	2016
Sub-Saharan Africa	603	828.8	1,067.9	1,220.4	1,314.1	1,316.1	1,316.1	497.0	396.6	333.0	300.8	521.0	369.6
Angola	614	33.8	44.6	65.5	80.9	44.9	18.6	....	8.5	7.8	....	0.0	0.0
Benin	638	21.2	25.6	25.2	37.0	46.5	38.4	0.2	0.4	0.7	2.3	0.2	1.1
Burkina Faso	748	19.7	28.1	28.2	29.7	45.7	49.8	2.4	2.4	2.4	2.5	1.4	2.5
Burundi	618	0.2	0.2	0.2	0.4	0.5	2.5	....	0.0	....	0.3	....	0.0
Cabo Verde	624	5.1	2.3	2.3	3.5	1.5	0.7	....	0.0	0.0	3.8	2.3	2.8
Cameroon	622	30.1	33.2	45.3	57.3	59.9	66.4	15.2	6.6	6.1	8.2	4.0	2.8
Central African Rep.	626	3.0	1.6	1.4	1.2	0.9	1.9	8.8	3.8	7.6	5.9	5.9	3.8
Chad	628	3.8	4.0	5.8	7.7	2.9	4.2	3.6	0.9	0.0	0.0	0.0	0.2
Comoros	632	1.1	0.9	0.9	2.1	1.6	1.9	0.0	0.1	0.0	0.1	....	....
Congo, Dem. Rep. of	636	12.2	24.3	13.0	19.5	11.7	7.8	7.8	1.9	1.6	8.2	8.1	11.0
Congo, Republic of	634	40.1	45.3	41.5	79.7	44.9	30.5	16.0	11.4	10.1	12.2	8.2	13.3
Côte d'Ivoire	662	65.5	60.8	111.3	140.9	173.4	147.5	16.8	19.0	20.8	10.5	11.4	10.5
Equatorial Guinea	642	44.3	50.2	54.3	48.8	23.2	17.4	0.0	0.6	0.1	....	0.1	0.3
Eritrea	643	....	0.2	0.1	0.1	....	....	....	....	....	0.0	....	0.0
Ethiopia	644	24.4	17.2	0.6	60.3	176.1	75.5	1.7	0.8	1.0	0.4	0.3	0.4
Gabon	646	30.4	30.4	36.0	67.7	48.8	49.5	27.0	22.2	21.9	15.1	15.3	16.3
Gambia, The	648	19.2	10.1	19.0	19.1	5.4	9.9	0.0	0.0	0.0	....	0.0	0.0
Ghana	652	72.1	105.1	101.1	60.7	59.3	88.0	38.9	4.6	23.1	3.4	3.6	7.4
Guinea	656	53.9	85.9	109.7	99.9	61.3	36.6	14.5	25.0	14.4	4.8	14.2	21.9
Guinea-Bissau	654	6.6	4.4	4.6	4.4	2.6	5.0	0.3	0.0	0.0	0.0	0.0	0.1
Kenya	664	36.3	1.7	44.1	1.8	0.5	35.1	4.5	5.7	5.7	7.3	7.5	8.2
Lesotho	666	....	....	....	....	....	....	0.0	0.0	0.1	0.0	....	0.0
Liberia	668	10.1	3.1	4.9	6.1	6.9	4.9	0.0	0.0	....	0.0	0.1	....
Madagascar	674	4.1	3.8	6.7	2.9	2.6	4.0	9.6	5.3	14.0	14.1	7.2	11.0
Malawi	676	....	0.5	....	....	....	....	0.5	6.2	3.5	4.9	3.9	....
Mali	678	53.7	33.4	40.2	63.0	76.8	82.3	3.0	1.1	3.4	2.0	1.5	4.0
Mauritius	684	9.1	9.2	6.8	6.9	7.1	5.9	7.6	0.4	0.7	1.4	1.2	0.7
Mozambique	688	7.9	6.5	0.2	16.3	0.3	32.8	0.1	....	0.0	....	0.3	1.1
Namibia	728	4.5	2.3	10.9	6.2	9.7	13.2	0.2	0.1	0.1	0.1	0.0	0.1
Niger	692	9.2	11.8	15.8	31.3	20.3	23.8	0.0	0.0	0.0	0.0	0.0	0.1
Nigeria	694	43.0	137.3	106.0	131.3	97.0	139.1	240.4	196.3	76.0	42.9	26.9	35.6
Rwanda	714	0.1	2.3	0.8	2.2	0.2	1.5	0.4	0.2	0.1	0.2	0.1	0.1
Senegal	722	117.1	200.9	238.4	147.3	137.6	197.8	5.8	3.7	5.9	8.9	6.3	7.4
Seychelles	718	0.2	....	0.0	0.2	0.3	0.2	....	....	....	0.0	0.2	....
Sierra Leone	724	5.0	5.3	11.3	12.0	13.9	12.3	0.3	1.7	1.4	1.0	0.9	0.5
South Africa	199	10.2	13.8	17.2	15.2	77.9	67.1	53.6	48.6	77.8	110.8	362.0	185.2
Swaziland	734	0.3	0.1	0.3	0.0	2.1	0.2	0.3	0.2	0.4	0.2	0.2	0.2
Tanzania	738	3.9	1.3	0.6	4.1	1.3	10.1	3.3	3.6	3.2	4.3	4.7	4.7
Togo	742	25.9	56.8	48.1	43.4	49.4	32.2	8.1	10.2	7.4	11.0	12.6	8.8
Uganda	746	1.5	2.1	1.6	2.5	0.7	1.5	6.0	4.5	12.9	12.2	8.0	6.7
Zambia	754	....	1.7	....	0.0	0.1	0.1	....	0.5	0.0	0.1	1.5	0.1
Zimbabwe	698	0.2	0.0	0.0	0.5	0.3	0.0	0.3	0.0	2.8	1.3	0.9	0.4
Western Hemisphere	205	1,337.9	1,310.6	1,506.1	1,309.0	1,024.6	876.4	1,960.6	1,978.9	1,592.1	1,706.1	1,399.5	1,505.6
Anguilla	312	....	0.1	....	....	....	....	....	....	....	....	....	....
Antigua and Barbuda	311	....	....	....	0.0	0.1	0.0	....	....	....	....	....	....
Argentina	213	78.3	74.2	41.3	40.8	3.9	113.5	540.5	615.5	543.7	574.9	410.4	446.4
Aruba	314	....	....	....	....	....	0.0	8.3	....	....	2.1	0.0	....
Bahamas, The	313	....	....	0.0	0.0	0.1	0.0	0.1	0.0	0.0	78.0	17.0	0.0
Barbados	316	....	....	....	0.0	0.1	0.1	0.0	0.0	0.0	0.0	0.0	0.0
Belize	339	0.0	0.8	....	....	0.0	0.0	0.0	0.0	0.0	4.6	0.4	0.1
Bermuda	319	....	....	0.0	0.0	0.0	....	....	3.0	....	....	0.0	0.1
Bolivia	218	....	0.2	0.2	0.0	....	0.0	0.1	0.2	0.3	0.4	0.4	0.3
Brazil	223	1,044.9	1,043.7	1,295.3	1,093.8	841.7	592.6	1,023.8	981.1	798.8	541.0	620.5	651.0
Chile	228	0.8	1.7	3.3	8.5	11.4	13.5	13.5	11.3	18.7	19.9	36.8	90.2
Colombia	233	17.4	13.8	27.3	17.7	8.8	11.0	114.8	8.4	5.7	98.0	4.5	24.3
Costa Rica	238	0.2	0.3	5.4	0.5	0.9	1.7	3.1	3.5	2.7	3.6	4.6	4.6
Dominica	321	1.4	....	3.4	....	0.3	0.7	0.0	0.0	0.0	0.4	0.1	0.0
Dominican Republic	243	0.9	2.2	0.4	0.9	1.6	0.6	0.3	0.2	0.9	0.6	0.6	0.4
Ecuador	248	6.0	0.3	0.8	1.4	2.1	0.1	5.2	5.0	6.2	6.1	7.7	9.9

Morocco (686)

In Millions of U.S. Dollars

		\multicolumn{6}{c}{Exports (FOB)}	\multicolumn{6}{c}{Imports (CIF)}
		2011	2012	2013	2014	2015	2016	2011	2012	2013	2014	2015	2016
El Salvador	253	1.5	1.8	0.6	1.7	0.3	0.8	0.6	0.6	0.3	0.3	1.6	0.3
Falkland Islands	323	....	....	....	....	....	....	....	0.3	0.5	....	0.2	0.3
Greenland	326	....	....	....	....	....	....	....	4.0	14.0	13.8	12.4	13.5
Grenada	328	....	....	....	....	0.1	0.0	0.1	....	0.0	....	0.0	....
Guatemala	258	0.0	0.0	0.1	0.0	0.2	0.6	1.6	1.9	0.9	2.1	1.4	1.7
Guyana	336	1.3	1.1	1.2	1.5	1.4	0.6	0.0	....	....	....	0.0	0.0
Haiti	263	1.2	1.3	1.0	0.9	1.2	5.7	0.0	0.0	0.0	0.0	0.0	0.0
Honduras	268	0.5	0.7	0.2	0.0	0.1	0.3	1.6	0.9	0.8	0.4	0.6	0.2
Jamaica	343	....	....	0.0	....	0.1	0.2	0.0	0.0	0.0	0.0	0.0	0.0
Mexico	273	89.6	93.3	74.5	94.5	81.7	60.6	59.3	44.9	49.4	154.3	67.0	84.4
Netherlands Antilles	353	0.0	0.1	0.1	0.1	0.2	0.1	....	0.0	....	....	....	....
Nicaragua	278	0.0	0.1	0.0	....	....	0.0	0.8	0.2	0.4	0.0	0.2	0.0
Panama	283	3.5	2.4	0.5	1.9	0.6	0.4	2.4	1.1	0.9	0.6	2.1	0.4
Paraguay	288	5.2	15.5	0.7	1.2	0.5	0.8	74.7	14.9	48.9	32.2	40.3	11.0
Peru	293	44.8	20.0	16.0	22.0	40.2	41.8	25.1	28.5	12.7	11.8	15.6	25.6
Sint Maarten	352	....	....	....	....	....	....	....	....	....	....	....	0.1
St. Kitts and Nevis	361	....	—	....	....	0.1	0.0	....	....	....	....	....	....
St. Lucia	362	....	....	....	....	0.2	0.1	0.0	....	....	....	....	....
St. Vincent & Grens.	364	0.0	....	....	....	0.1	0.0	....	....	....	....	....	....
Suriname	366	0.1	0.3	0.4	0.5	0.3	0.3	....	0.1	....	0.0	0.0	0.1
Trinidad and Tobago	369	2.0	3.1	3.6	0.4	3.9	3.1	14.7	3.0	16.8	37.3	12.3	23.0
Uruguay	298	16.4	13.8	12.3	6.0	0.1	15.5	53.9	162.6	31.2	32.5	17.4	12.9
Venezuela, Rep. Bol.	299	21.8	19.8	17.6	14.5	22.1	11.7	15.8	87.8	38.2	91.2	125.1	104.6
Western Hem. n.s.	399	....	....	....	....	....	....	....	....	....	0.0	0.1	0.0
Other Countries n.i.e	910	**1.9**	**3.2**	**11.6**	**7.7**	**0.8**	**1.5**	**15.3**	**5.6**	**14.9**	**8.1**	**2.6**	**14.3**
Cuba	928	1.9	2.6	7.7	6.1	0.6	0.9	15.3	4.3	13.5	6.7	1.9	14.3
Korea, Dem. People's Rep.	954	....	0.7	3.9	1.5	0.2	0.6	....	1.3	1.4	1.4	0.7	0.0
Special Categories	899	**160.2**	**61.4**	**316.5**	**341.7**	**263.1**	**225.0**	**....**	**5.7**	**....**	**214.1**	**131.7**	**136.2**
Countries & Areas n.s.	898	**975.2**	**730.9**	**....**	**53.5**	**31.0**	**....**	**32.9**	**54.1**	**....**	**0.2**	**0.2**	**....**
Memorandum Items													
Africa	605	1,286.5	1,638.8	1,662.5	1,861.8	1,775.6	1,919.3	1,845.8	1,584.0	1,826.6	1,825.1	1,534.4	1,190.6
Middle East	405	392.1	533.1	558.7	554.7	664.2	742.1	5,245.8	4,901.8	5,193.0	4,625.3	2,500.9	2,098.4
European Union	998	11,662.8	10,874.8	13,181.7	14,966.9	12,960.8	14,803.6	20,608.8	20,380.7	22,454.7	23,259.7	19,428.1	23,164.4
Export earnings: fuel	080	812.4	990.8	1,098.8	1,135.7	913.3	1,040.3	8,249.1	7,985.3	8,001.6	7,599.1	4,701.2	3,539.7
Export earnings: nonfuel	092	19,978.0	18,516.1	20,654.1	22,463.7	20,226.9	21,785.4	35,376.5	34,905.0	36,740.4	38,012.1	32,328.8	38,146.6

Mozambique (688)

In Millions of U.S. Dollars

		Exports (FOB)						Imports (CIF)					
		2011	2012	2013	2014	2015	2016	2011	2012	2013	2014	2015	2016
IFS World		....	....	....	....	....	....	....	....	....	....	....	....
World	001	3,653.5	3,515.5	4,186.6	4,789.7	3,291.3	3,339.0	6,502.2	6,378.7	10,565.2	9,080.2	8,145.9	6,690.1
Advanced Economies	110	2,055.8	1,598.2	1,951.9	2,504.5	1,771.8	1,734.5	2,067.3	2,012.6	3,082.0	2,540.3	2,535.1	1,720.9
Euro Area	163	1,691.7	1,174.5	1,476.7	1,534.1	1,339.6	1,343.7	1,116.0	1,008.8	1,219.0	1,488.3	1,612.8	1,283.8
Austria	122	0.0	0.0	0.1	0.1	0.0	0.0	4.6	2.2	3.2	16.1	18.3	12.8
Belgium	124	17.6	34.8	48.6	63.5	88.8	25.7	14.0	11.4	16.0	30.8	47.5	33.7
Cyprus	423	....	....	0.2	0.5	10.4	0.0	2.6	0.6	1.6	1.7	1.9	0.2
Estonia	939	....	0.0	....	....	0.0	0.0	0.0	0.0	0.2	0.1	0.0	0.0
Finland	172	0.0	15.3	14.4	16.4	5.2	8.7	0.7	3.9	3.1	23.0	12.9	19.1
France	132	8.3	4.0	30.7	49.9	31.2	34.0	76.3	24.7	67.6	69.5	270.2	277.4
Germany	134	75.4	15.7	10.4	62.6	23.8	28.2	34.1	40.2	98.3	121.5	92.9	43.9
Greece	174	0.2	2.9	0.4	2.5	6.2	0.9	0.2	0.0	0.4	4.1	0.8	0.9
Ireland	178	0.8	0.1	0.1	0.3	....	....	6.5	6.0	4.0	13.9	13.1	28.0
Italy	136	51.6	108.0	36.0	77.9	100.1	102.7	45.5	21.6	62.0	93.6	64.3	50.2
Latvia	941	....	0.3	1.2	....	0.3	....	....	0.0	0.0	1.2	2.7	1.7
Lithuania	946	0.1	4.8	2.2	4.6	14.8	9.0	2.2	0.5	5.3	1.7	3.8	3.8
Luxembourg	137	....	0.0	0.1	30.3	46.6	47.1	0.7	0.2	0.5	1.4	0.2	0.3
Malta	181	....	....	....	3.2	0.6	0.6	....	0.0	0.2	0.6	0.1	0.1
Netherlands	138	1,402.1	921.4	1,150.6	1,111.4	952.4	1,024.7	676.1	572.9	429.5	599.3	574.7	513.2
Portugal	182	42.7	16.2	104.2	53.4	29.4	31.1	225.6	304.1	483.3	456.0	456.5	275.2
Slovak Republic	936	....	....	....	....	....	....	0.1	0.0	0.1	0.3	0.4	1.0
Slovenia	961	9.5	....	3.3	....	3.1	2.1	0.0	0.0	0.0	0.1	0.2	0.0
Spain	184	83.4	50.9	74.1	57.7	26.6	28.8	26.8	20.3	43.5	53.3	52.5	22.3
Australia	193	0.3	0.1	18.3	0.1	2.4	0.9	104.1	39.7	96.5	64.9	32.2	20.4
Canada	156	17.9	4.8	4.3	3.7	2.6	6.1	8.2	19.6	28.7	31.6	33.4	30.7
China, P.R.: Hong Kong	532	1.0	1.0	1.3	3.3	27.8	57.3	25.6	25.0	30.1	43.0	36.5	33.8
China, P.R.: Macao	546	0.0	0.0	....	....	0.0	0.1	0.1	0.0	0.0	0.1	0.1	0.1
Czech Republic	935	0.0	1.8	1.1	2.5	0.1	0.3	0.3	0.3	1.7	1.3	0.9	0.7
Denmark	128	0.1	0.0	0.0	1.5	0.0	0.0	3.7	22.2	15.6	10.5	10.7	15.7
Iceland	176	....	....	0.0	0.0	0.0	0.0	0.1	0.0	0.0	....	0.2	0.2
Israel	436	0.3	0.5	0.1	0.1	....	....	3.3	2.8	4.1	7.6	6.6	6.6
Japan	158	1.4	9.0	20.3	50.4	17.8	23.1	185.4	147.2	240.3	274.5	243.1	80.1
Korea, Republic of	542	0.1	7.3	0.6	10.2	23.7	28.2	26.0	14.1	40.0	43.7	34.6	21.1
New Zealand	196	0.0	0.0	....	1.2	0.0	0.0	5.3	2.7	3.6	2.5	2.5	2.9
Norway	142	....	38.3	3.6	2.4	3.1	0.6	1.8	0.8	2.6	3.1	1.8	0.3
San Marino	135	....	....	....	....	....	....	....	....	....	0.1	0.0	0.0
Singapore	576	9.6	28.3	38.0	474.7	145.5	96.4	37.1	43.5	629.2	109.9	149.8	54.2
Sweden	144	5.9	0.6	0.1	0.1	0.1	0.1	7.8	7.3	37.4	67.1	27.6	10.4
Switzerland	146	99.8	87.2	79.3	87.9	19.6	20.0	18.1	39.0	44.7	45.1	40.8	6.3
Taiwan Prov. of China	528	3.1	5.5	115.6	68.9	50.4	20.5	9.3	11.9	238.2	70.0	10.7	6.2
United Kingdom	112	198.7	177.2	49.0	209.9	80.9	69.9	222.8	373.4	245.5	118.4	95.6	41.4
United States	111	25.7	61.9	143.6	53.3	58.2	67.2	292.3	254.0	204.7	158.6	195.0	105.9
Vatican	187	0.1	....	....	....	....	....	0.1	0.1	0.0	....	0.2	0.1
Emerg. & Dev. Economies	200	1,560.6	1,876.0	2,192.4	2,230.4	1,483.7	1,570.2	4,433.8	4,361.2	7,473.6	6,525.9	5,600.2	4,961.1
Emerg. & Dev. Asia	505	430.9	834.9	883.2	671.3	469.3	637.6	985.9	756.2	1,393.8	1,417.8	1,602.9	1,128.7
American Samoa	859	....	0.1	....	....	....	....	0.0	0.5	0.2	0.1	0.0	0.0
Bangladesh	513	1.6	15.4	12.5	14.2	4.4	4.2	0.2	0.6	1.4	0.4	0.3	0.2
Cambodia	522	0.0	....	....	0.0	....	....	0.1	0.2	0.0	....	0.5	0.4
China, P.R.: Mainland	924	167.7	637.3	105.0	204.2	87.9	93.3	373.8	350.2	644.1	700.0	986.9	718.3
Fiji	819	....	....	....	....	....	....	14.2	0.0	0.0	0.0	0.1	0.1
F.T. French Polynesia	887	0.0	....	....	....	....	....	0.1	....	....	0.0	0.0	0.0
India	534	87.2	155.1	679.6	387.6	339.0	506.0	300.5	200.9	330.1	328.1	316.5	202.8
Indonesia	536	20.8	3.8	32.7	27.3	7.0	2.5	41.1	35.8	72.0	56.0	61.7	10.4
Malaysia	548	139.8	4.3	19.3	4.4	2.3	0.1	63.4	18.8	51.3	55.5	20.8	10.7
Maldives	556	....	....	....	0.1	....	....	....	....	....	0.0	....	....
Marshall Islands	867	....	....	0.1	0.0	0.0	0.0	....	0.0	0.0	0.0	0.1	0.1
Mongolia	948	0.1	0.0	0.1	0.8	....	....	....	....	....	....	0.5	....
Myanmar	518	....	....	0.1	0.2	0.1	0.1	....	0.0	1.5	0.1	....	....
Nauru	836	....	....	0.0	....	0.0	0.0	....	....	0.0	0.1	0.0	0.0
Nepal	558	....	....	....	0.2	....	....	....	....	....	0.0	....	....

Mozambique (688)

In Millions of U.S. Dollars

		Exports (FOB)						Imports (CIF)					
		2011	2012	2013	2014	2015	2016	2011	2012	2013	2014	2015	2016
Papua New Guinea	853	....	....	....	....	0.0	0.0	....	....	....	0.0	0.1	0.1
Philippines	566	0.3	6.2	0.5	4.6	1.9	2.8	0.4	0.7	1.0	1.6	0.8	0.1
Sri Lanka	524	0.2	....	0.1	0.0	0.0	0.0	0.1	0.1	0.3	0.3	0.3	0.5
Thailand	578	5.6	2.3	2.8	3.9	19.3	21.5	119.6	80.0	153.2	140.6	125.1	112.8
Timor-Leste	537	....	0.1	....	....	....	....	0.0	0.0	....	....	0.0	0.0
Vanuatu	846	....	....	16.2	0.0	....	....	....	....	....	....	....	....
Vietnam	582	3.8	6.5	10.2	18.5	3.8	3.7	57.2	56.8	120.6	124.7	77.0	61.2
Asia n.s.	598	3.6	3.9	4.1	5.3	3.5	3.3	15.2	11.3	18.1	9.7	12.7	10.9
Europe	170	**47.0**	**147.4**	**49.5**	**123.6**	**133.5**	**122.8**	**45.5**	**55.5**	**61.8**	**117.3**	**134.8**	**150.1**
Emerg. & Dev. Europe	903	**16.6**	**69.6**	**27.1**	**82.9**	**86.5**	**84.9**	**25.4**	**35.3**	**46.2**	**50.7**	**80.8**	**116.0**
Albania	914	....	0.0	....	....	....	....	0.1	0.1	0.1	0.2	0.1	0.1
Bosnia and Herzegovina	963	....	0.9	....	....	....	0.1	....	0.0	0.3	0.2	0.1	0.1
Bulgaria	918	0.3	0.0	0.0	....	0.1	0.1	1.7	0.4	2.3	0.3	18.1	59.5
Croatia	960	0.0	....	....	....	1.3	1.0	0.0	0.0	0.5	0.5	0.5	0.4
Faroe Islands	816	....	....	....	....	....	....	0.1	0.0	0.0	0.0	....	....
Gibraltar	823	....	....	0.1	....	....	....	0.1	0.0	0.1	0.2	0.2	0.1
Hungary	944	0.0	0.7	0.1	0.3	0.6	0.9	0.4	0.1	0.4	0.4	0.4	0.9
Poland	964	8.0	50.1	6.5	48.1	22.1	26.4	5.5	1.4	3.8	5.1	15.2	29.7
Romania	968	0.9	1.2	2.3	5.3	31.8	26.2	2.6	0.6	3.7	4.7	0.4	0.0
Serbia, Republic of	942	0.1	0.6	0.8	1.7	7.5	1.3	0.6	0.1	0.1	0.0	0.1	0.0
Turkey	186	7.3	16.2	17.4	27.5	23.2	29.1	14.3	32.4	34.8	39.1	45.7	25.3
CIS	901	**25.2**	**72.0**	**16.3**	**33.0**	**41.9**	**33.0**	**19.8**	**18.9**	**12.8**	**64.7**	**26.3**	**12.1**
Armenia	911	0.0 e	....	....	....	0.0 e	....	0.1	0.0	0.5	0.0	....	....
Azerbaijan, Rep. of	912	....	....	0.0	....	....	....	0.0	0.0	0.0	0.0	0.0	0.1
Belarus	913	0.0	....	....	....	....	....	....	0.5	1.0	0.6	0.0	0.0
Georgia	915	....	47.4	0.0	....	12.5	12.5	0.3	0.0	0.1	0.3	0.3	0.3
Kazakhstan	916	0.2	1.6	0.0	0.8	....	....	0.0	0.1	0.1	0.0	0.0	0.0
Kyrgyz Republic	917	....	....	....	....	....	....	....	0.0	0.0	....	0.1	0.1
Russian Federation	922	24.7	18.0	10.0	21.1	24.3	17.5	17.8	5.4	4.7	32.8	16.3	9.6
Ukraine	926	0.2	5.0	5.7	11.0	5.1	3.0	1.6	12.8	5.9	30.9	9.5	2.0
Uzbekistan	927	0.0	0.0	0.5	0.1	....	....	0.0	....	0.4	....	....	....
Europe n.s.	884	5.3	5.8	6.0	7.7	5.1	4.9	0.2	1.4	2.9	2.0	27.7	22.0
Mid East, N Africa, Pak	440	**167.5**	**20.8**	**69.5**	**173.0**	**58.2**	**58.7**	**977.2**	**1,125.7**	**2,094.3**	**1,689.2**	**1,086.3**	**894.4**
Afghanistan, I.R. of	512	0.1	....	0.1	0.1	0.0	0.0	0.5	1.1	1.0	0.9	1.7	1.3
Algeria	612	....	....	....	....	0.1	0.1	3.0	0.0	0.1	0.2	0.1	0.1
Bahrain, Kingdom of	419	....	0.7	14.8	16.4	13.9	13.3	108.4	389.5	561.5	810.2	411.1	341.5
Egypt	469	....	....	0.0	0.1	0.1	....	2.6	2.6	2.6	3.1	2.1	0.8
Iran, I.R. of	429	151.7	5.1	....	0.3	0.2	0.2	0.5	1.0	0.3	0.2	5.1	4.1
Jordan	439	....	....	....	0.0	0.0	0.0	1.5	1.1	1.2	0.5	0.1	0.2
Kuwait	443	0.1	....	7.3	2.1	0.3	0.3	169.2	30.0	313.0	16.7	0.9	0.7
Lebanon	446	1.3	1.2	0.5	1.0	0.7	4.0	5.3	4.9	11.7	19.7	6.7	6.0
Libya	672	0.1	0.0	0.1	0.0	0.1	0.1	0.0	....	0.0	0.0	0.0	0.0
Mauritania	682	....	0.0	....	11.3	....	....	0.3	2.5	4.8	2.8	6.5	5.0
Morocco	686	....	0.1	....	....	0.0	0.2	0.0	0.2	0.1	0.0	0.1	8.6
Oman	449	0.1	....	0.4	....	0.1	0.0	5.7	7.7	2.2	1.7	2.3	9.7
Pakistan	564	0.3	0.0	0.4	0.7	0.6	0.5	61.5	25.1	77.6	72.0	65.4	51.9
Qatar	453	....	....	0.1	0.0	1.1	1.0	0.9	3.6	1.4	2.4	1.8	1.3
Saudi Arabia	456	0.4	2.7	4.1	19.2	4.9	4.2	20.4	11.0	18.2	12.6	12.8	10.2
Somalia	726	....	0.0	....	....	0.0	0.0	....	....	....	0.1	0.0	0.0
Sudan	732	....	0.0	0.0	0.0	0.0	0.0	....	1.4	4.1	0.0	0.0	0.0
Syrian Arab Republic	463	0.0 e	0.0 e	0.0 e	0.0 e	0.0 e	0.0 e	0.4	0.1	0.0	....	0.0	0.0
Tunisia	744	0.1	....	....	....	....	0.2	8.9	0.1	4.4	0.3	0.2	0.3
United Arab Emirates	466	11.6	9.0	39.5	119.1	34.3	32.8	401.1	454.1	862.2	478.6	341.6	271.5
Yemen, Republic of	474	0.0	0.0	....	....	....	....	0.0	0.0	0.1	....	0.1	0.0
Middle East n.s.	489	1.8	1.9	2.0	2.6	1.7	1.6	187.2	189.6	227.9	267.2	227.6	180.9
Sub-Saharan Africa	603	**828.9**	**847.0**	**1,164.9**	**1,198.1**	**794.0**	**689.1**	**2,302.0**	**2,092.2**	**3,553.7**	**3,117.9**	**2,649.9**	**2,609.4**
Angola	614	6.8	24.1	3.5	2.8	4.7	4.5	12.6	3.5	3.4	2.1	1.0	0.8
Benin	638	....	....	0.2	....	....	....	0.0	0.0	0.0	0.0	0.1	0.0
Botswana	616	3.6	3.2	0.8	2.4	0.3	0.3	1.6	2.3	2.8	1.8	2.9	2.9
Burkina Faso	748	....	....	....	....	....	....	....	0.0	....	0.0	0.1	0.0

Mozambique (688)

In Millions of U.S. Dollars

		Exports (FOB)						Imports (CIF)					
		2011	2012	2013	2014	2015	2016	2011	2012	2013	2014	2015	2016
Cabo Verde	624	0.1	0.1	0.0	0.0	....	....	0.9	0.0	0.3	0.0	0.0	0.0
Cameroon	622	....	....	1.1	0.0	0.2	0.2	0.1	0.0	0.0	0.0	0.1	0.1
Central African Rep.	626	....	....	....	0.1 e	0.1 e	0.0 e	....	....	0.0	....	....	....
Chad	628	0.1	....	....	0.0	0.0	0.0	0.0	0.0	0.0	0.0	0.0	0.0
Comoros	632	0.0	....	....	....	....	....	0.2	0.0	....	....	....	....
Congo, Dem. Rep. of	636	2.4	0.7	3.4	....	....	....	0.1	0.1	....	....	....	....
Congo, Republic of	634	0.1	0.3	0.8	1.8	2.2	2.1	0.1	0.3	0.5	0.6	0.3	0.3
Côte d'Ivoire	662	0.0	0.0	0.1	0.6	0.2	0.2	0.0	0.1	0.2	0.5	0.3	0.2
Equatorial Guinea	642	....	....	....	9.9	0.1	0.1	....	....	0.0	....	....	....
Eritrea	643	....	....	....	....	....	....	0.0	0.0	....	0.1	....	....
Ethiopia	644	....	0.0	0.0	....	0.0	0.0	0.0	0.0	0.0	0.1	0.1	0.1
Gabon	646	....	1.2	1.7	0.2	0.7	0.7	0.7	0.0	0.1	0.0	0.3	0.2
Ghana	652	0.7	0.4	0.8	0.4	1.6	1.4	0.1	0.1	2.0	0.3	1.2	1.0
Guinea	656	....	....	0.0	....	0.1	0.1	0.0	....	0.2	0.1	0.0	0.0
Kenya	664	31.8	8.5	17.0	9.2	3.2	3.0	2.8	2.9	3.0	6.9	6.4	5.1
Lesotho	666	5.8	0.4	0.3	0.3	0.0	0.0	....	0.1	0.2	0.1	0.0	0.0
Liberia	668	....	....	....	....	0.0	0.0	....	0.1	0.3	0.0	....	....
Madagascar	674	3.1	0.6	0.3	1.4	0.2	0.2	0.0	0.4	0.3	0.3	0.5	0.4
Malawi	676	46.5	26.1	47.9	29.6	14.0	17.9	16.5	9.0	15.8	9.7	15.3	12.1
Mali	678	....	....	....	....	0.0	0.0	0.0	....	0.3	0.0	0.0	0.0
Mauritius	684	2.5	6.8	17.7	34.6	12.9	10.0	21.8	9.2	30.6	26.2	26.0	7.4
Namibia	728	0.3	....	0.0	0.0	69.5	66.5	33.2	28.5	67.9	55.8	48.1	38.2
Nigeria	694	0.1	0.1	14.0	0.8	0.5	0.5	2.4	0.1	0.2	0.3	0.5	0.4
Senegal	722	....	....	0.0	....	0.1	....	0.1	0.1	0.1	0.1	0.8	1.9
Seychelles	718	0.0	....	....	....	1.2	1.1	0.5	0.1	0.5	0.0	0.2	0.2
Sierra Leone	724	1.2	....	....	....	0.0	0.0	....	....	0.0	0.0	0.0	0.0
South Africa	199	584.0	666.8	901.5	948.2	585.1	486.0	2,121.4	1,940.5	3,298.9	2,891.9	2,380.2	2,413.0
Swaziland	734	4.2	14.4	4.9	3.2	1.1	1.1	17.5	26.4	39.7	45.6	50.7	39.0
Tanzania	738	3.2	1.8	68.5	31.2	13.0	12.4	25.6	18.1	22.2	25.5	12.4	11.0
Togo	742	....	....	....	....	....	....	0.2	0.0	0.0	0.0	0.0	0.0
Uganda	746	2.1	0.1	1.5	0.1	0.1	0.2	0.3	0.1	1.3	0.2	0.2	0.2
Zambia	754	2.2	7.7	3.4	13.7	3.1	6.5	22.1	40.1	11.8	24.9	7.8	3.9
Zimbabwe	698	127.3	82.9	74.5	106.5	79.3	73.4	21.0	10.0	50.9	24.9	94.4	70.8
Africa n.s.	799	0.7	0.8	0.8	1.1	0.7	0.7	0.0	....	....	....	0.0	0.0
Western Hemisphere	205	**86.2**	**25.8**	**25.3**	**64.4**	**28.6**	**62.1**	**123.2**	**331.6**	**370.0**	**183.6**	**126.4**	**178.5**
Antigua and Barbuda	311	1.3	....	....	....	....	....	0.1	0.0	1.0	0.0	0.0	0.0
Argentina	213	0.2	12.3	6.1	4.0	14.2	25.3	36.0	19.4	52.2	27.0	32.9	91.4
Aruba	314	....	0.1 e	....	....	....	....	....	....	0.0	....	0.2	0.2
Bahamas, The	313	1.1	....	8.3	0.8	....	....	21.9	9.8	212.1	44.6	3.9	3.1
Belize	339	....	....	0.0 e	0.0 e	0.0 e	0.0 e	....	0.0	0.1	0.0	0.0	0.0
Bermuda	319	....	....	....	....	....	....	0.1	0.0	....	....	0.0	0.0
Bolivia	218	....	....	....	....	....	....	0.0	0.2	0.1	0.0	0.0	0.0
Brazil	223	69.8	6.2	2.0	38.3	1.4	1.7	44.2	283.0	80.8	85.6	48.2	35.3
Chile	228	....	....	0.2	0.1	0.0	0.0	3.7	5.0	6.7	5.3	1.6	1.4
Colombia	233	....	0.0	0.0	0.0	1.1	5.9	0.5	0.1	1.5	1.4	0.5	0.7
Costa Rica	238	0.1	1.7	0.7	0.4	0.3	0.6	0.3	0.0	0.0	0.1	0.0	0.0
Curaçao	354	0.0	1.1	4.2	6.3	4.8	4.6	0.4	2.6	8.9	6.0	8.6	7.0
Dominica	321	....	....	....	....	....	....	0.1	0.0	0.0	0.0	0.0	0.0
Dominican Republic	243	0.1	0.0	0.0	0.0	0.2	0.2	....	0.0	0.0	....	....	....
Ecuador	248	....	0.1	....	0.0	0.0	0.0	0.0	....	0.1	0.7	1.2	0.1
Greenland	326	....	....	....	....	....	....	....	....	0.0	0.1	....	....
Guatemala	258	0.2	0.2	....	....	....	....	0.0	0.3	0.3	....	1.1	0.8
Haiti	263	....	....	....	....	0.1	0.1	....	0.1	0.0	0.0	....	....
Honduras	268	....	0.3	0.4	0.1	....	....	0.2	0.0	0.1	0.0	0.2	0.2
Jamaica	343	....	....	....	....	0.0	0.0	0.6	0.1	0.2	0.2	0.2	0.2
Mexico	273	13.2	3.9	3.3	13.9	5.5	22.8	2.2	7.2	2.8	1.3	1.9	14.2
Montserrat	351	0.2	....	....	....	....	....	....	....	....	....	....	....
Panama	283	....	....	....	....	0.9	0.9	0.4	0.9	1.5	8.1	22.3	22.3
Paraguay	288	....	....	....	....	....	....	....	1.9	0.1	0.2	0.1	0.1
Peru	293	....	....	....	....	....	0.0	....	0.1	0.0	0.0	0.0	0.3

Mozambique (688)

In Millions of U.S. Dollars

		\multicolumn{6}{c	}{Exports (FOB)}	\multicolumn{6}{c	}{Imports (CIF)}
		2011	2012	2013	2014	2015	2016	2011	2012	2013	2014	2015	2016
St. Kitts and Nevis	361	....	....	....	0.1	....	....	....	....	....	0.0	....	....
St. Vincent & Grens.	364	....	....	....	....	....	....	0.1	....	....	....	0.0	0.0
Suriname	366	0.1	....	....	....	....	....	0.0	0.0	....	0.0	....	....
Trinidad and Tobago	369	....	....	0.1	....	0.0	0.0	....	0.0	0.0	....	....	....
Uruguay	298	0.0	....	....	0.2	....	....	11.1	0.5	0.7	0.8	1.9	0.0
Western Hem. n.s.	399	....	....	....	....	....	....	1.4	0.4	0.7	2.0	1.6	1.2
Other Countries n.i.e	910	0.0	1.0	0.0	0.8	0.2	0.2	1.1	3.5	8.5	14.0	10.6	8.1
Cuba	928	0.0	0.0	0.0	....	0.0	0.0	0.1	0.0	0.0	0.1	0.0	0.0
Korea, Dem. People's Rep.	954	0.0	1.0	0.0	0.8	0.2	0.2	1.0	3.5	8.5	14.0	10.6	8.1
Countries & Areas n.s.	898	37.1	40.4	42.2	54.0	35.6	34.0	....	1.5	1.2	....	....	....
Memorandum Items													
Africa	605	829.0	847.1	1,165.0	1,209.4	794.2	689.6	2,314.2	2,096.3	3,567.2	3,121.4	2,656.7	2,623.4
Middle East	405	167.1	20.7	68.9	160.9	57.4	57.6	903.0	1,095.3	2,002.2	1,612.9	1,012.3	827.2
European Union	998	1,905.6	1,406.2	1,535.8	1,801.8	1,476.6	1,468.5	1,360.8	1,414.6	1,530.0	1,696.6	1,782.3	1,442.4
Export earnings: fuel	080	196.0	63.0	96.6	194.7	88.6	83.3	743.2	906.6	1,769.7	1,360.5	796.1	651.6
Export earnings: nonfuel	092	3,457.5	3,452.5	4,090.0	4,594.9	3,202.7	3,255.7	5,758.9	5,472.1	8,795.6	7,719.8	7,349.9	6,038.5

Myanmar (518)
In Millions of U.S. Dollars

		Exports (FOB)						Imports (CIF)					
		2011	2012	2013	2014	2015	2016	2011	2012	2013	2014	2015	2016
IFS World		9,234.1	8,869.5	11,344.9	11,309.1	11,363.0	....	9,008.9	9,005.2	12,136.0	16,229.2	16,877.7	....
World	001	8,207.8	9,160.0	8,204.0	11,551.5	12,247.4	11,731.5	8,711.9	8,003.7	10,106.7	16,458.8	17,132.0	15,920.7
Advanced Economies	110	1,704.9	1,661.7	2,029.8	2,229.9	2,262.1	2,916.5	4,158.5	3,629.6	4,723.3	7,041.2	6,427.3	5,054.5
Euro Area	163	48.9	385.5	106.8	171.8	284.7	441.5	148.2	83.2	156.2	236.8	283.1	308.4
Austria	122	7.2	4.2	1.4	2.2	4.7	2.7	0.7	0.7	1.4	0.5	0.2	1.4
Belgium	124	4.6	0.9	5.7	15.3	23.1	48.2	7.1	2.2	7.4	8.5	4.4	34.2
Cyprus	423	....	0.3	0.0	0.0	0.0	0.1	1.3	0.5	0.4	0.4	0.3	0.6
Estonia	939	....	....	....	0.1	....	0.4	....	....	....	....	....	0.1
Finland	172	0.1	0.5	0.3	0.3	0.4	0.9	0.0	1.4	0.2	0.1	0.1	1.5
France	132	4.3	22.5	5.9	7.3	15.1	41.0	53.3	16.4	48.9	34.6	108.1	78.8
Germany	134	....	9.2	37.6	63.5	79.4	172.4	....	43.4	53.3	70.6	91.5	76.8
Greece	174	8.7	2.8	0.6	0.8	5.8	2.2	1.0	0.4	0.1	3.6	2.1	2.5
Ireland	178	0.0	0.3	0.9	2.2	3.2	6.5	0.3	0.2	0.5	1.1	2.6	4.6
Italy	136	4.5	322.4	12.1	19.6	24.5	43.9	52.3	12.1	29.3	93.7	53.8	47.5
Latvia	941	0.2	0.8	11.2	1.8	0.0	0.2	....	....	0.0	....	....	0.0
Lithuania	946	....	....	....	....	0.2	0.9	....	....	....	....	0.1	0.2
Malta	181	....	....	....	....	0.0	0.0	0.2	0.1	....	0.2	0.1	0.1
Netherlands	138	5.9	3.5	4.7	22.8	85.6	55.2	19.7	3.4	6.6	16.7	11.3	40.7
Portugal	182	....	....	0.2	0.9	1.0	0.6	0.1	0.0	0.1	0.6	0.1	0.2
Slovak Republic	936	....	....	0.0	0.0	0.0	2.6	....	....	....	....	....	0.9
Slovenia	961	....	....	....	....	2.6	5.0	....	....	....	....	....	0.1
Spain	184	13.3	18.1	26.4	34.9	38.9	58.7	12.3	2.3	8.1	6.0	8.5	18.1
Australia	193	6.2	6.9	13.4	12.8	6.6	19.5	63.0	66.7	87.3	85.4	57.8	109.6
Canada	156	4.0	1.8	3.1	4.1	8.1	32.5	5.3	5.1	12.1	10.6	10.4	25.8
China,P.R.: Hong Kong	532	552.8	142.6	201.5	346.3	314.2	192.6	8.5	11.5	14.4	46.0	36.3	33.4
China,P.R.: Macao	546	0.0	....	....	....	0.2	0.8	0.3	0.2	3.0	0.0	....	1.5
Czech Republic	935	0.1	....	0.2	0.6	1.0	5.7	0.2	0.1	0.2	0.2	0.4	2.0
Denmark	128	0.7	0.4	2.3	2.0	7.9	17.0	6.3	1.0	1.0	9.4	32.8	34.9
Iceland	176	....	....	0.3	0.2	0.4	0.2	1.7	0.2	0.2	2.2	1.7	0.1
Israel	436	0.1	0.1	0.5	1.7	5.0	5.0	0.0	0.1	0.2	0.6	6.5	1.4
Japan	158	310.0	373.6	484.6	532.2	486.6	663.4	400.5	885.7	744.6	1,636.8	1,534.3	1,254.7
Korea, Republic of	542	207.0	294.8	324.0	376.7	292.7	334.8	541.2	245.5	146.9	462.7	412.2	473.8
New Zealand	196	0.3	0.5	0.3	0.3	1.7	1.0	16.2	7.4	8.4	13.6	17.0	18.3
Norway	142	....	0.0	1.7	2.8	1.9	3.5	0.0	0.0	0.0	0.1	0.5	0.3
Singapore	576	396.8	356.5	732.8	549.8	670.4	890.8	2,529.6	2,076.4	3,204.1	3,755.1	3,659.4	2,268.3
Sweden	144	0.9	1.6	5.9	27.1	11.2	14.7	7.5	13.3	9.4	12.9	12.0	31.6
Switzerland	146	1.6	3.4	1.7	2.1	10.7	8.5	56.6	2.9	8.4	16.2	10.3	21.4
Taiwan Prov.of China	528	70.1 e	72.0 e	95.9 e	97.7 e	50.2 e	65.8 e	140.7 e	154.3 e	190.6 e	238.5 e	225.2 e	224.9 e
United Kingdom	112	97.4	10.1	39.1	58.3	39.2	68.8	32.2	10.0	17.5	20.9	24.1	27.8
United States	111	8.1	12.0	15.7	43.3	69.5	150.3	200.3	65.8	119.0	492.1	103.1	216.5
Vatican	187	....	....	....	....	....	....	....	0.2	....	1.0	....	0.0
Emerg. & Dev. Economies	200	6,502.8	7,497.7	6,174.2	9,319.3	9,983.3	8,813.7	4,552.7	4,373.2	5,383.4	9,416.3	10,703.3	10,864.6
Emerg. & Dev. Asia	505	6,154.1	7,111.3	6,032.8	9,120.1	9,640.2	8,466.9	4,190.5	4,164.1	4,955.5	9,072.2	10,315.9	10,211.1
American Samoa	859	....	....	....	....	....	....	0.3	0.0	....	0.4	....	4.0
Bangladesh	513	144.1	21.6	....	47.6	18.8	21.5	21.4	82.0	106.3	8.8	9.8	19.4
Brunei Darussalam	516	0.4	0.2	0.4	3.7	0.7	0.6	0.0	....	....	0.0	0.0	0.9
Cambodia	522	0.0	0.0	....	0.5	0.0	2.5	1.4	0.5	....	1.1	0.5	0.5
China,P.R.: Mainland	924	1,515.3	1,382.9	954.4	4,035.4	4,830.8	4,766.7	2,303.7	2,496.6	3,092.4	5,026.8	6,432.3	5,403.1
Fiji	819	....	0.1	....	0.1	0.1	0.0	....	....	....	....	....	0.0
F.T. French Polynesia	887	....	....	....	....	....	0.1	....	....	....	....	....	....
F.T. New Caledonia	839	....	....	....	....	0.1	0.0	....	....	....	....	1.5	0.0
Guam	829	....	0.3	....	....	....	....	0.2	0.3	....	0.2	0.1	0.2
India	534	929.2	2,763.5	884.9	835.6	1,014.0	1,038.1	311.0	280.0	351.5	659.8	474.0	1,094.7
Indonesia	536	35.8	23.9	57.1	85.5	151.2	116.8	360.0	156.4	205.7	529.3	587.2	593.4
Kiribati	826	....	....	....	....	....	0.1	0.0	0.0	....	0.0	....	0.0
Lao People's Dem.Rep	544	0.0	0.1	....	0.6	0.5	0.0	....	0.4	....	0.0	....	0.2
Malaysia	548	190.4	427.5	273.6	255.6	185.8	144.4	281.3	271.2	273.5	967.0	529.9	690.7
Marshall Islands	867	....	....	....	0.1	0.1	....	....	....	....	0.1	....	0.0
Mongolia	948	....	....	....	....	....	0.4	....	0.0	....	....	....	0.0
Nauru	836	....	....	....	....	....	0.1	0.0	0.0	....	0.0	....	0.0

Myanmar (518)

In Millions of U.S. Dollars

		Exports (FOB) 2011	2012	2013	2014	2015	2016	Imports (CIF) 2011	2012	2013	2014	2015	2016
Nepal	558	0.0	0.0	....	0.0	0.4	0.9	0.0	....	....	0.2	0.0	0.0
Palau	565	....	....	....	....	0.4	0.0	....	....	....	....	....	0.0
Papua New Guinea	853	0.4	....	....	....	0.0	0.4	0.0	....	....	0.0	1.2	1.3
Philippines	566	35.5	22.8	19.0	9.0	11.8	39.3	13.8	13.3	17.2	16.4	20.0	14.5
Samoa	862	....	....	....	0.2	0.2	11.4	0.0	....	....	....	....	....
Solomon Islands	813	....	....	....	....	0.3	0.3	....	0.0	....	0.0	....	0.0
Sri Lanka	524	0.8	0.6	1.1	2.7	1.7	6.4	0.6	0.2	0.4	0.7	0.3	0.1
Thailand	578	3,216.9	2,394.6	3,842.2	3,746.0	3,359.4	2,241.5	760.8	769.5	908.6	1,585.4	1,957.3	1,985.9
Vietnam	582	85.3	73.1	....	97.5	63.9	75.5	59.4	55.4	....	238.3	268.6	355.2
Asia n.s.	598	....	....	....	....	....	....	76.4	38.2	....	37.4	33.4	46.7
Europe	170	**94.0**	**111.9**	**46.4**	**49.8**	**67.2**	**91.2**	**146.3**	**63.0**	**342.8**	**52.1**	**57.3**	**81.7**
Emerg. & Dev. Europe	903	46.6	5.5	6.4	23.1	48.8	60.0	19.2	4.2	8.4	20.1	21.1	33.7
Albania	914	....	....	....	....	....	0.0	....	....	....	....	0.1	0.1
Bulgaria	918	38.1	4.1	0.0	13.2	26.2	23.0	6.3	2.6	1.2	3.0	3.0	4.5
Croatia	960	....	....	0.1	0.3	0.1	0.8	0.0	0.1	0.0	0.0	0.1	....
Faroe Islands	816	....	....	....	0.2	0.0	0.2	....	....	....	....	....	....
Hungary	944	0.0	0.0	0.6	0.1	0.5	0.7	0.0	0.0	0.0	0.2	0.4	1.7
Kosovo	967	0.1 e	0.1 e	0.1 e	0.1 e	0.1 e	0.1 e	....	....	....	....	....	....
Macedonia, FYR	962	....	....	0.0	0.0	....	0.6	....	....	....	....	....	....
Poland	964	1.6	0.7	2.9	6.0	18.2	30.5	0.7	0.2	1.0	1.8	4.7	3.9
Romania	968	0.1	0.2	0.4	0.4	1.1	0.2	0.0	0.0	0.3	1.7	0.8	1.9
Serbia, Republic of	942	....	0.1	0.1	0.3	0.3	0.3	3.4	....	....	....	....	0.1
Turkey	186	6.8	0.3	2.2	2.6	2.2	3.6	8.8	1.2	5.8	13.4	12.1	21.4
CIS	901	47.3	106.4	40.0	26.6	18.5	31.2	127.1	58.8	334.4	31.9	36.2	48.0
Armenia	911	....	....	....	....	....	0.0	....	....	....	....	0.2	....
Azerbaijan, Rep. of	912	0.0 e	0.0 e	....	0.0 e	0.0 e	0.2 e	....	....	....	0.0	0.0	....
Belarus	913	....	....	0.0	0.0	0.2	0.0	0.0	0.0	0.0	0.0	0.3	1.0
Georgia	915	39.2	54.4	....	....	....	....	123.0	54.1	311.7	....	....	....
Kazakhstan	916	....	....	....	....	0.0	0.2	....	0.1	....	....	0.1	0.0
Kyrgyz Republic	917	....	....	....	....	0.0	....	....	....	....	....	....	0.1
Moldova	921	....	....	....	0.0	0.6	....	....	....	....	0.6	0.0	3.8
Russian Federation	922	8.1	19.2	31.9	18.2	6.5	6.0	2.5	0.6	1.0	18.0	29.3	26.0
Tajikistan	923	....	....	....	....	....	....	....	....	....	....	....	0.1
Ukraine	926	0.1	32.8	8.1	8.4	11.2	24.8	1.6	4.0	21.7	13.3	6.2	16.8
Uzbekistan	927	....	....	....	....	....	....	....	....	....	....	....	0.3
Europe n.s.	884	....	....	....	....	....	....	0.0	....	....	0.1	....	....
Mid East, N Africa, Pak	440	**94.1**	**150.1**	**52.9**	**110.8**	**173.0**	**178.5**	**180.8**	**128.3**	**79.1**	**232.2**	**253.4**	**301.9**
Afghanistan, I.R. of	512	....	....	....	....	....	2.0	0.1	0.4	....	0.0	0.4	2.9
Bahrain, Kingdom of	419	0.1	0.8	....	0.7	1.0	1.0	0.1	....	....	0.2	....	0.0
Djibouti	611	....	....	....	....	0.1	0.0	....	....	....	....	0.0	....
Egypt	469	0.6	11.4	....	0.2	0.0	0.9	0.3	0.0	0.0	2.2	1.0	0.6
Iran, I.R. of	429	0.2	0.1	....	2.0	1.2	1.9	50.8	34.7	....	16.1	49.2	27.8
Iraq	433	....	0.3	....	1.2	0.3	2.1	....	0.0	....	....	....	....
Jordan	439	0.2	0.1	0.0	0.0	0.2	0.0	0.2	0.4	0.4	0.6	0.6	0.7
Kuwait	443	27.1	47.1	....	17.8	19.0	9.5	0.8	0.1	....	1.1	0.1	0.1
Lebanon	446	....	0.0	0.0	0.0	0.1	0.1	0.1	0.0	....	0.3	....	1.7
Mauritania	682	....	....	....	0.0 e	....	....	0.0	....	....	0.0	0.6	0.0
Morocco	686	0.0	0.2	0.1	0.2	0.3	0.2	0.0	0.2	0.1	0.4	0.6	1.5
Oman	449	0.3	....	0.2	0.2	2.7	3.8	5.7	4.6	7.7	3.9	6.3	9.2
Pakistan	564	21.5	28.0	30.4	25.5	30.0	59.3	10.3	6.5	10.3	5.2	7.4	9.9
Qatar	453	0.9	1.0	....	1.7	3.6	3.4	2.2	4.7	....	1.7	0.1	0.0
Saudi Arabia	456	17.1	21.3	22.0	22.6	18.3	19.9	50.7	40.3	60.3	82.6	67.5	96.1
Sudan	732	....	....	0.0	0.0	....	0.0	....	0.3	0.3	2.6	0.5	2.6
Syrian Arab Republic	463	0.1	0.1	....	0.0	0.5	0.2	....	....	....	....	....	....
Tunisia	744	....	0.2	0.2	0.1	0.0	0.0	0.5	0.0	....	0.3	0.0	0.1
United Arab Emirates	466	26.0	39.4	....	38.1	95.1	73.6	58.9	36.0	....	114.4	119.0	148.6
Yemen, Republic of	474	0.1	0.1	....	0.2	0.5	0.5	....	0.2	....	0.6	0.1	0.0
Sub-Saharan Africa	603	**149.7**	**109.1**	**21.5**	**11.9**	**14.9**	**31.5**	**5.1**	**5.7**	**1.1**	**19.2**	**21.9**	**13.5**
Angola	614	....	0.1	....	....	....	....	....	....	....	....	....	....
Benin	638	....	....	....	....	....	....	....	0.1	....	....	....	0.2

Myanmar (518)

In Millions of U.S. Dollars

		\multicolumn{6}{c	}{Exports (FOB)}	\multicolumn{6}{c}{Imports (CIF)}
		2011	2012	2013	2014	2015	2016	2011	2012	2013	2014	2015	2016
Botswana	616	1.7	0.6	....	0.1	0.4	0.1	....	....	....	....	0.0	....
Burkina Faso	748	14.0 e	35.1 e	19.7 e	5.3 e	3.7 e	5.7 e	0.0	0.0	....	....	....	0.0
Burundi	618	....	....	....	....	....	0.1	....	....	....	....	....	....
Cabo Verde	624	....	0.1	....	0.0	....	....	0.0	0.1	....	0.3	0.7	0.0
Cameroon	622	0.6	....	....	....	....	1.5	1.9	0.9	....	2.8	3.6	1.0
Central African Rep.	626	....	....	....	....	....	....	....	....	....	0.0	....	0.1
Chad	628	....	....	....	0.1	0.0	0.0	....	....	....	0.3	0.0	0.0
Congo, Dem. Rep. of	636	....	....	....	....	....	0.0	0.8	....	....	....	....	0.0
Côte d'Ivoire	662	130.5	70.1	0.0	0.0	....	11.2	0.0	....	....	....	....	....
Eritrea	643	....	....	....	....	....	0.1	....	....	....	....	....	0.1
Ethiopia	644	0.0 e	....	....	....	....	....	....	....	....	....	0.2	0.0
Gabon	646	....	....	....	....	....	....	0.1	....	....	....	0.1	0.1
Gambia, The	648	....	....	....	....	4.5	1.2	0.3	0.7	....	1.9	0.3	1.3
Guinea	656	....	....	....	....	....	6.3	0.0	....	....	....	0.1	....
Guinea-Bissau	654	....	....	....	....	0.0	....	0.0	0.1	....	....	....	....
Kenya	664	....	0.1	....	0.6	2.3	0.3	0.2	0.3	....	0.8	0.4	0.4
Liberia	668	....	0.0	....	....	0.3	0.1	0.0	0.0	....	0.2	0.6	0.0
Madagascar	674	....	0.0	....	0.1	....	0.6	....	....	....	0.0 e	....	0.1 e
Malawi	676	....	....	....	....	....	0.1	....	....	....	....	0.0	....
Mali	678	....	0.0	....	....	....	....	0.0	0.1	....	0.4	4.4	0.5
Mauritius	684	....	0.0	0.1	0.1	0.3	0.0	0.1	0.2	0.3	0.0	0.4	0.4
Mozambique	688	....	0.1	....	....	....	....	....	....	....	0.0	0.3	....
Namibia	728	....	....	....	0.2	....	0.0	....	0.0	....	....	....	0.1
Niger	692	....	....	....	....	....	0.0	0.0	0.0	....	0.8	0.1	0.0
Nigeria	694	....	....	....	....	0.8 e	0.8 e	....	....	....	....	....	0.8
Senegal	722	....	....	....	....	0.0	0.3	....	0.1	0.1	3.3	4.1	0.2
Seychelles	718	....	....	....	....	0.0	0.1	0.1	0.0	....	0.8	0.0	0.1
Sierra Leone	724	....	....	....	0.0	0.0	0.1	0.0	0.0	....	0.2	0.2	0.3
South Africa	199	2.8	2.7	1.1	4.5	2.1	2.0	0.1	2.3	0.7	0.4	1.1	5.7
Swaziland	734	....	0.1	....	0.2	0.4	0.6	0.3	0.4	....	0.0	4.2	0.5
Tanzania	738	....	0.0	....	0.0	....	0.0	....	....	....	0.1	....	0.0
Togo	742	0.0	....	0.4	0.3	....	0.1	0.0	0.3	....	0.1	0.0	0.0
Uganda	746	....	....	0.1	0.1	0.0	0.1	....	0.0	0.0	0.0	....	1.0
Zimbabwe	698	....	....	....	0.1	....	0.1	....	....	....	6.0	0.1	0.4
Africa n.s.	799	....	....	....	....	....	....	1.2	0.0	....	0.6	1.0	0.0
Western Hemisphere	**205**	**11.0**	**15.3**	**20.8**	**26.7**	**88.0**	**45.6**	**30.0**	**12.1**	**4.9**	**40.7**	**54.8**	**256.3**
Antigua and Barbuda	311	....	0.3	....	0.2	....	....	0.1	0.8	....	0.4	0.5	1.4
Argentina	213	6.2	3.0	....	1.7	2.7	3.2	0.4	4.2	....	2.5	6.4	11.0
Aruba	314	....	....	....	....	....	0.1	....	....	....	....	....	0.0
Barbados	316	0.0 e	0.0 e	0.1 e	0.1 e	....	0.0 e	0.0	....	....	....	0.8	....
Belize	339	....	....	....	0.1	....	0.0	0.5	0.9	....	13.8	18.6	117.5
Bermuda	319	....	....	....	....	....	0.2	....	0.0	....	....	....	....
Bolivia	218	0.0 e	0.0 e	0.0 e	0.0 e	0.1 e	0.1 e	....	0.0	0.0	....	....	2.6
Brazil	223	1.5	0.7	1.3	3.9	1.1	4.8	20.3	4.2	3.9	14.8	21.9	106.4
Chile	228	0.0	0.1	1.6	1.4	0.3	5.1	0.7	0.0	0.2	1.1	0.0	1.2
Colombia	233	0.4	2.4	1.3	1.3	1.4	1.9	0.0	0.1	0.1	0.1	0.0	0.1
Costa Rica	238	....	....	....	....	0.2	0.2	6.1	0.0	....	0.2	0.1	0.1
Curaçao	354	....	....	....	0.1	0.1	1.5	....	....	....	....	0.1	0.0
Dominica	321	....	....	....	0.1	0.1	0.7	0.6	0.2	....	0.2	0.2	0.1
Dominican Republic	243	0.0	....	....	0.0	0.0	0.1	....	....	....	....	....	0.0
Ecuador	248	0.2	0.3	0.6	0.6	0.5	9.2	....	0.0	0.0	0.1	0.2	0.3
El Salvador	253	....	....	....	....	....	0.6	....	....	....	....	....	0.1
Greenland	326	....	....	....	....	....	0.1	....	....	....	....	....	....
Grenada	328	....	....	....	....	0.0	0.0	....	0.0	....	0.1	0.0	0.2
Guatemala	258	....	....	....	....	....	0.1	0.4	0.4	....	0.5	0.1	1.8
Haiti	263	....	....	....	....	....	0.0	0.0	....	....	0.0	0.2	0.0
Honduras	268	....	....	....	....	0.0	0.9	....	0.4	0.4	0.0	....	....
Jamaica	343	....	0.0	....	0.3	0.1	0.4	0.0	0.0	....	0.1	0.3	0.0
Mexico	273	1.0	2.6	13.8	13.8	79.7	9.3	0.0	0.2	0.2	0.2	0.6	3.8
Nicaragua	278	....	....	....	....	....	0.0	....	....	....	0.1	....	0.0

Myanmar (518)

In Millions of U.S. Dollars

		\multicolumn{6}{c	}{Exports (FOB)}	\multicolumn{6}{c	}{Imports (CIF)}
		2011	2012	2013	2014	2015	2016	2011	2012	2013	2014	2015	2016
Panama	283	0.2	0.0	2.0	2.0	0.6	1.6	....	0.0	0.0	0.0	0.0	0.6
Paraguay	288	....	....	....	0.0	0.0	0.0	....	....	....	....	0.8	6.8
Peru	293	....	....	0.0	0.0	0.1	1.6	0.3	....	....	1.5	....	0.0
St. Lucia	362	....	....	....	....	....	....	....	....	....	....	0.1	....
Suriname	366	....	0.0	....	....	....	1.0	0.2	0.1	....	0.2	3.0	0.1
Trinidad and Tobago	369	....	....	....	....	....	1.1	....	0.1	....	0.0	0.0	....
Uruguay	298	0.0	....	....	....	0.3	0.1	....	....	....	....	....	1.3
Venezuela, Rep. Bol.	299	1.3	5.8	....	0.9	0.8	1.5	0.4	0.4	....	3.8	1.0	0.6
Western Hem. n.s.	399	....	....	....	....	....	....	0.0	....	....	0.9	....	0.1
Other Countries n.i.e	910	0.1	0.7	....	2.3	2.0	1.3	....	0.0	....	1.2	1.0	1.6
Cuba	928	0.0	0.5	....	0.7	0.2	0.0	....	....	....	....	0.1	0.0
Korea, Dem. People's Rep.	954	0.1	0.2	....	1.6	1.8	1.3	....	0.0	....	1.2	0.8	1.5
Countries & Areas n.s.	898	....	....	....	....	....	....	0.7	0.8	....	0.0	0.4	0.0
Memorandum Items													
Africa	605	149.8	109.5	21.7	12.3	15.3	31.7	5.6	6.2	1.5	22.5	23.5	17.6
Middle East	405	72.6	121.6	22.2	84.9	142.5	117.0	169.8	121.0	68.4	223.6	244.0	284.9
European Union	998	187.7	402.5	158.4	279.8	390.2	603.0	201.4	110.6	186.8	286.9	361.5	416.7
Export earnings: fuel	080	82.2	138.1	56.4	109.5	152.6	137.3	172.2	121.9	69.2	242.8	273.1	313.3
Export earnings: nonfuel	092	8,125.6	9,022.0	8,147.6	11,441.9	12,094.8	11,594.3	8,539.6	7,881.8	10,037.5	16,215.9	16,858.9	15,607.4

Namibia (728)

In Millions of U.S. Dollars

		Exports (FOB)						Imports (CIF)					
		2011	2012	2013	2014	2015	2016	2011	2012	2013	2014	2015	2016
IFS World		5,369.0	5,483.4	5,739.6	5,960.0	4,699.6	4,816.9	6,640.6	7,309.8	7,602.1	8,485.8	7,807.0	6,843.9
World	001	5,636.1	5,111.6	6,075.3	5,728.2	4,491.6	4,517.2	6,459.3	7,134.5	7,581.5	8,541.0	7,705.3	6,729.1
Advanced Economies	110	2,963.2	2,661.7	2,376.7	2,533.9	1,701.0	2,168.3	726.0	1,190.7	1,328.9	1,770.4	871.3	848.0
Euro Area	163	1,183.9	1,192.2	862.9	684.4	666.1	826.6	301.1	398.1	361.6	593.8	398.5	351.5
Austria	122	1.2	0.8	0.9	0.7	0.5	0.5	24.6	6.4	13.3	21.2	8.0	12.4
Belgium	124	327.8	439.2	174.5	77.2	69.4	151.8	23.7	45.0	21.6	31.3	32.3	25.6
Cyprus	423	1.0	6.2	1.2	0.8	1.1	3.1	1.2	0.2	5.0	0.1	0.2	0.2
Estonia	939	0.0	0.0	0.0	0.0	0.1	0.0	....	....	0.1	0.1	2.8	5.6
Finland	172	0.1	0.2	0.2	0.2	0.1	0.3	2.5	20.0	12.3	17.4	8.5	21.5
France	132	136.1	208.7	230.7	107.6	132.4	125.9	38.8	30.2	24.5	32.3	30.5	14.3
Germany	134	79.7	90.4	69.4	63.6	39.7	69.8	131.2	140.0	114.5	241.6	138.5	90.9
Greece	174	1.5	1.5	2.2	2.7	3.7	3.0	0.1	1.7	0.3	0.8	0.8	0.8
Ireland	178	3.0	10.7	10.3	1.7	0.8	2.1	1.9	2.3	4.7	2.6	11.7	2.4
Italy	136	187.0	143.8	81.6	113.2	105.8	188.4	21.3	37.2	72.4	112.1	86.3	114.8
Latvia	941	0.0	0.1	0.0	0.1	0.0	0.0	0.1	0.0	26.9	29.0	0.1	0.0
Lithuania	946	1.8	1.4	1.6	1.5	3.9	0.3	0.4	0.1	0.2	0.9	4.1	3.0
Luxembourg	137	0.1	0.0	1.4	2.2	0.8	3.0	0.1	0.1	1.0	0.4	0.0	0.0
Malta	181	2.2	0.9	1.7	0.6	0.2	0.1	0.0	....	0.0	0.0	0.0	0.1
Netherlands	138	159.7	37.0	43.5	50.0	74.5	27.5	23.3	80.8	31.1	33.4	40.2	17.2
Portugal	182	36.5	38.0	31.6	27.2	25.7	42.8	2.2	4.9	7.1	2.0	7.3	6.2
Slovak Republic	936	0.1	0.0	0.0	0.0	0.0	0.0	3.5	0.1	0.1	0.7	0.4	0.2
Slovenia	961	0.0	0.0	0.0	....	0.0	0.0	....	....	0.0	0.0	0.2	0.0
Spain	184	245.9	213.0	211.8	234.9	207.5	207.9	26.3	29.2	26.4	68.0	26.5	35.9
Australia	193	6.0	8.9	8.2	6.9	7.6	6.6	10.9	12.6	18.4	20.9	17.9	13.3
Canada	156	280.5	214.2	197.5	126.7	76.5	48.4	10.7	2.4	10.9	21.6	4.9	10.4
China,P.R.: Hong Kong	532	2.1	10.0	13.0	13.2	10.6	11.8	12.1	11.1	18.1	11.5	15.9	30.4
China,P.R.: Macao	546	2.2	0.0	....	....	....	0.1	....	....	....	0.0	0.0	....
Czech Republic	935	0.3	0.2	0.1	0.1	0.1	0.2	1.1	1.0	0.9	2.5	3.9	2.3
Denmark	128	4.2	12.1	124.5	3.1	1.6	2.5	10.4	8.9	122.2	31.2	6.4	5.5
Iceland	176	0.0	0.0	0.0	0.0	0.0	0.0	0.3	0.2	0.6	0.3	0.2	1.2
Israel	436	32.3	31.8	38.8	40.6	11.3	26.9	3.9	5.9	2.5	6.8	5.8	5.2
Japan	158	11.4	7.0	8.9	9.4	10.1	6.8	8.9	12.7	20.4	25.3	17.2	21.9
Korea, Republic of	542	41.5	47.7	6.4	546.7	12.7	3.0	4.4	3.2	18.0	562.2	14.7	11.0
New Zealand	196	0.0	0.4	0.9	0.1	0.0	0.1	1.1	0.9	0.2	0.6	0.4	1.0
Norway	142	1.6	4.9	64.4	3.6	5.2	150.4	3.8	18.8	29.8	3.3	2.7	169.1
Singapore	576	0.9	37.0	122.3	92.1	24.3	4.5	8.2	53.6	13.4	35.3	65.2	7.4
Sweden	144	58.5	54.0	20.5	1.5	0.3	0.3	11.3	14.1	6.2	13.0	14.8	3.5
Switzerland	146	76.7	206.9	556.8	725.2	707.6	904.5	53.7	426.8	438.8	132.2	186.8	51.0
Taiwan Prov.of China	528	0.1 e	1.5 e	1.2 e	6.0 e	8.5 e	2.3 e	2.0 e	2.5 e	6.9 e	10.0 e	8.1 e	8.0 e
United Kingdom	112	848.8	631.7	135.1	56.7	70.5	47.6	229.8	172.9	118.7	90.7	32.4	29.2
United States	111	412.0	201.2	215.5	217.5	88.0	125.9	52.3	45.1	141.3	209.4	75.5	125.9
Vatican	187	....	....	....	....	....	....	....	....	....	....	0.0	0.2
Emerg. & Dev. Economies	200	2,670.0	2,449.7	3,698.4	3,194.2	2,790.6	2,348.9	5,711.5	5,748.9	5,990.4	6,552.2	6,779.2	5,706.1
Emerg. & Dev. Asia	505	154.3	251.9	184.1	230.2	206.8	204.4	366.1	340.4	645.0	637.9	665.1	388.2
American Samoa	859	....	0.3	0.0	0.3	0.1	....	....	....	....	....	0.0	....
Bangladesh	513	....	....	0.0	0.1	....	0.0	0.1	0.0	0.0	0.1	0.1	0.1
Bhutan	514	0.0	0.0	0.0	0.0	1.8	0.2	....	....	....	....	0.0	0.0
Cambodia	522	0.4	0.0	0.4	0.1	....	....	....	....	0.0	0.0	0.0	0.0
China,P.R.: Mainland	924	127.1	147.5	143.3	178.8	157.3	163.7	267.0	287.7	235.2	336.0	493.3	197.2
F.T. New Caledonia	839	0.0	0.0	0.0	....	....	0.0	....	....	....	0.0	0.0	0.1
India	534	12.9	11.3	13.7	10.6	21.3	29.4	77.5	37.6	52.3	151.1	144.9	155.4
Indonesia	536	0.4	0.7	0.8	0.7	0.0	0.2	3.2	1.6	1.8	1.4	2.8	1.7
Kiribati	826	....	....	0.1	0.8	0.1	0.2	....	....	....	....	....	....
Malaysia	548	3.9	85.0	3.7	1.0	3.6	2.5	6.6	5.8	4.2	6.7	6.8	5.1
Maldives	556	0.1	....	....	....	....	....	....	....	....	....	....	....
Marshall Islands	867	0.3	0.0	0.9	1.5	1.3	1.4	0.0	0.0	307.7	0.1	0.6	15.6
Philippines	566	0.7	0.2	1.9	0.5	0.0	0.0	0.4	0.5	0.4	7.6	0.7	1.2
Sri Lanka	524	0.0	0.0	0.0	0.2	0.0	0.0	0.1	0.0	0.0	0.0	0.2	0.0
Thailand	578	2.3	1.9	2.8	2.7	1.0	1.1	7.8	3.9	8.0	7.3	5.0	4.0
Tuvalu	869	....	....	....	0.1	0.1	....	0.0	....	....	....	....	....

Namibia (728)

In Millions of U.S. Dollars

		Exports (FOB)						Imports (CIF)					
		2011	2012	2013	2014	2015	2016	2011	2012	2013	2014	2015	2016
Vanuatu	846	1.6	0.1	1.1	3.8	1.0	1.0	....	....	....	119.4	0.0	0.0
Vietnam	582	4.5	4.9	15.4	28.8	19.0	4.7	0.3	0.9	0.2	1.7	1.7	0.2
Asia n.s.	598	....	....	....	....	....	....	3.1	2.3	35.0	6.5	9.1	7.6
Europe	170	**14.6**	**11.1**	**10.0**	**39.7**	**7.0**	**5.2**	**13.7**	**16.9**	**51.2**	**135.9**	**182.5**	**182.7**
Emerg. & Dev. Europe	903	**7.3**	**8.8**	**6.2**	**37.5**	**4.9**	**4.3**	**8.9**	**5.8**	**47.5**	**129.4**	**122.7**	**145.6**
Albania	914	....	....	0.0	0.1	0.0	0.0	....	0.0	....	0.1	0.0	0.1
Bosnia and Herzegovina	963	....	....	0.0	0.9	0.0	0.0	0.0	....	....	0.0	0.0	1.2
Bulgaria	918	0.3	0.3	0.3	0.1	0.1	0.0	0.1	0.7	44.9	84.7	61.9	43.4
Croatia	960	0.0	0.0	0.0	0.0	0.0	0.0	1.9	0.7	0.1	0.0	4.7	0.0
Faroe Islands	816	0.0	0.0	0.4	0.3	0.0	0.1	....	....	....	....	....	....
Gibraltar	823	1.1	0.0	0.3	30.7	0.0	0.2	....	....	....	32.3	6.8	0.0
Hungary	944	0.1	0.2	0.1	0.1	0.1	0.2	3.3	0.3	0.1	0.2	0.2	0.4
Kosovo	967	1.0 e	0.9 e	0.9 e	1.0 e	0.9 e	0.0 e	....	....	....	....	....	....
Poland	964	1.8	2.1	1.0	1.5	2.8	2.9	0.6	0.5	1.0	2.0	1.3	10.9
Romania	968	0.0	0.0	0.0	0.1	0.1	0.1	0.5	0.2	0.0	0.5	0.1	0.0
Serbia, Republic of	942	0.0	0.0	0.0	....	0.0	0.0	....	....	....	....	0.0	0.2
Turkey	186	3.0	5.2	3.2	2.6	0.9	0.6	2.6	3.4	1.4	9.6	47.8	89.4
CIS	901	**7.3**	**2.3**	**3.8**	**2.2**	**2.1**	**0.9**	**4.8**	**11.0**	**3.7**	**6.4**	**59.7**	**37.1**
Armenia	911	0.0	0.0	0.0	0.7	0.3	0.1	....	0.0	....	0.0	....	....
Azerbaijan, Rep. of	912	0.8	0.0	....	0.1	0.1	....	0.0	....	....	....	0.0	0.0
Georgia	915	0.1	....	0.1	0.0	....	0.0	0.0	0.1	....	0.0	0.0	....
Kazakhstan	916	....	0.0	....	....	0.0	0.0	....	7.7	....	....	....	0.0
Russian Federation	922	6.1	2.0	3.2	1.1	1.5	0.7	4.7	2.9	3.6	6.3	42.0	35.0
Ukraine	926	0.3	0.3	0.4	0.3	0.2	0.1	0.1	0.3	0.2	0.1	17.7	2.0
Europe n.s.	884	....	....	....	....	....	....	....	0.1	....	0.0	0.0	0.0
Mid East, N Africa, Pak	440	**15.4**	**6.2**	**14.8**	**13.9**	**33.6**	**108.7**	**69.6**	**21.4**	**38.0**	**35.0**	**111.9**	**95.2**
Algeria	612	....	0.0	0.1	0.1	0.3	0.6	....	....	0.2	....	....	0.0
Bahrain, Kingdom of	419	0.0	0.0	....	0.0	0.0	0.0	0.3	....	0.0	2.2	2.8	0.0
Djibouti	611	0.0	0.0	....	0.0	0.0	0.0	....	....	0.1	0.0	....	....
Egypt	469	0.0	0.1	0.0	0.0	0.0	3.4	0.8	0.2	0.3	1.6	0.3	0.3
Iran, I.R. of	429	0.3	0.3	2.3	....	0.0	0.0	0.0	....	0.0	0.0	0.0	0.0
Jordan	439	....	0.5	0.0	0.1	0.1	0.0	0.0	0.0	0.0	0.0	0.0	0.0
Kuwait	443	0.1	0.0	....	0.1	0.1	0.1	2.7	....	0.2	0.3	0.1	0.0
Lebanon	446	0.0	0.1	0.5	0.2	0.1	0.3	4.1	0.0	0.0	0.0	1.4	0.0
Libya	672	0.2	0.2	1.1	1.0	0.2	....	....	0.2	....	....	....	0.0
Mauritania	682	....	....	0.2	0.1	0.0	0.0	0.0	....	0.1	0.0	....	0.0
Morocco	686	2.5	0.3	2.0	0.1	0.0	0.0	4.8	6.8	8.8	6.7	9.9	11.0
Oman	449	0.0	0.0	....	0.0	0.1	0.0	....	0.0	1.8	....	0.2	19.7
Pakistan	564	0.0	0.1	0.0	0.4	0.0	0.0	2.1	0.4	0.3	0.5	1.3	0.1
Qatar	453	0.0	0.1	0.0	0.1	0.0	0.2	....	....	0.0	0.0	0.0	0.1
Saudi Arabia	456	7.1	0.6	0.3	0.3	2.5	0.8	0.1	0.3	3.9	4.8	47.0	15.1
Somalia	726	0.4	0.0	0.0	0.0	0.0	0.0	....	....	....	....	....	....
Sudan	732	....	0.0	0.1	0.0	0.0	0.1	....	....	0.0	0.0	0.0	0.0
Tunisia	744	0.0	....	0.4	....	....	....	0.8	1.0	0.3	0.3	0.4	0.6
United Arab Emirates	466	4.5	3.5	7.5	11.3	29.9	103.1	53.6	12.4	21.9	18.5	48.5	48.1
West Bank and Gaza	487	0.1 e	0.2 e	0.2 e	....	0.0 e	0.0 e	....	....	....	0.0	....	....
Sub-Saharan Africa	603	**2,446.2**	**2,164.5**	**3,469.5**	**2,629.4**	**2,536.2**	**2,017.4**	**5,173.1**	**5,345.8**	**5,175.5**	**5,310.1**	**5,519.4**	**4,672.7**
Angola	614	492.0	500.9	466.2	435.8	206.8	99.6	9.3	3.8	3.8	12.7	35.6	6.2
Benin	638	....	0.0	0.5	3.5	0.0	2.0	....	0.0	....	0.0	....	0.1
Botswana	616	39.8	364.7	868.6	993.8	1,032.7	676.8	30.7	113.3	186.1	177.8	180.8	456.2
Burkina Faso	748	....	1.3	....	0.0	0.0	0.0	0.0	....	....	....	....	0.0
Cameroon	622	4.9	8.0	8.9	2.6	1.5	0.3	0.0	0.0	....	0.1	0.0	0.0
Central African Rep.	626	0.3	0.5	0.3	1.1	....	0.0	....	....	....	....	....	....
Chad	628	0.1	....	....	0.0	....	....	0.0	....	....	0.0	....	....
Comoros	632	0.0	0.0	0.3	0.4	0.2	0.5	....	0.0	0.0	....	....	....
Congo, Dem. Rep. of	636	92.7	99.8	147.7	104.5	127.6	81.7	1.2	1.5	21.4	219.1	144.3	21.8
Congo, Republic of	634	1.0	2.5	1.1	7.5	2.0	0.6	0.0	0.1	0.2	0.0	0.0	0.0
Côte d'Ivoire	662	0.0	0.1	0.1	0.5	4.3	0.2	0.0	1.1	0.1	0.2	0.1	9.9
Equatorial Guinea	642	....	0.0	1.2	2.2	0.0	0.0	....	....	0.1	....	0.0	....
Eritrea	643	0.9	....	....	0.0	0.0	0.0	....	0.0	....	....	....	....

Namibia (728)

In Millions of U.S. Dollars

		Exports (FOB)						Imports (CIF)					
		2011	2012	2013	2014	2015	2016	2011	2012	2013	2014	2015	2016
Ethiopia	644	0.0	....	0.0	0.0	0.2	0.0	0.0	0.2	0.0	0.1	0.0	0.6
Gabon	646	0.1	0.9	0.5	0.6	0.1	0.0	0.1	0.0	1.2	0.0	0.0	0.0
Ghana	652	0.4	8.5	1.4	0.5	0.3	1.9	0.0	26.4	8.7	0.5	0.1	0.2
Guinea	656	0.0	0.0	....	0.0	0.2	0.0	....	0.0	0.1	0.6	....	....
Kenya	664	0.2	0.1	3.6	0.4	1.1	1.2	0.4	0.9	0.3	1.7	0.3	0.5
Lesotho	666	1.3	1.8	0.7	0.5	0.2	0.3	0.1	0.1	0.7	0.8	0.8	0.3
Liberia	668	0.3	0.0	0.8	1.0	0.4	0.5	1.5	....	0.0	0.0	0.0	0.0
Madagascar	674	0.1	....	0.2	0.0	0.0	0.0	0.0	....	0.1	....	0.0	0.0
Malawi	676	2.5	2.7	10.5	1.8	0.6	0.7	74.5	0.1	0.1	0.1	0.1	0.1
Mali	678	0.0	0.1	0.0	0.0	2.5	0.2	....	....	....	0.0	0.0	0.0
Mauritius	684	1.7	0.6	1.0	1.3	3.0	2.9	4.2	4.7	3.9	4.3	3.0	2.7
Mozambique	688	31.7	32.8	65.7	54.2	26.8	39.5	1.9	33.7	2.4	0.5	55.9	14.0
Niger	692	0.0	....	0.0	1.4	1.7	0.5	....	0.0	0.0	0.0	0.0	0.0
Nigeria	694	7.1	6.2	11.5	5.8	2.4	8.4	0.1	0.2	0.2	0.1	2.2	11.5
São Tomé & Príncipe	716	....	....	....	0.2	....	....	....	0.0	....	0.1	....	....
Senegal	722	0.1	0.1	0.1	0.1	0.1	0.1	0.1	0.1	0.0	0.2	0.2	0.3
Seychelles	718	0.8	0.0	0.0	0.4	0.8	0.4	0.1	0.1	....	0.0	0.5	1.3
Sierra Leone	724	0.0	0.0	0.1	0.4	0.5	0.0	....	....	2.4	0.0	0.0	....
South Africa	199	1,717.8	933.4	1,690.9	777.5	903.0	772.4	4,892.6	4,968.6	4,677.9	4,774.8	4,900.0	3,843.1
Swaziland	734	1.4	1.7	1.4	30.9	0.6	0.7	20.2	20.2	17.5	24.2	20.6	19.4
Tanzania	738	1.2	74.1	10.2	1.9	4.6	2.7	0.6	53.6	88.3	37.2	0.6	0.4
Togo	742	0.0	....	0.0	0.0	0.0	0.1	....	....	0.0	0.0	0.0	0.7
Uganda	746	0.2	0.2	0.2	0.0	0.3	0.0	0.1	0.4	0.1	0.3	0.0	4.3
Zambia	754	34.9	78.4	126.2	164.3	189.2	303.1	132.9	110.9	156.5	48.8	164.8	277.6
Zimbabwe	698	12.5	44.9	49.4	34.3	22.8	20.1	2.5	5.7	2.6	4.7	4.0	1.6
Africa n.s.	799	....	....	....	....	....	....	0.0	....	0.8	1.0	5.3	0.0
Western Hemisphere	205	**39.5**	**15.9**	**20.1**	**281.0**	**7.0**	**13.3**	**88.9**	**24.4**	**80.7**	**433.3**	**300.3**	**367.3**
Antigua and Barbuda	311	1.9	0.6	0.3	0.4	0.3	0.3	....	0.0	0.0	3.7	0.0	....
Argentina	213	0.0	0.6	0.1	0.0	0.1	0.1	6.3	7.4	4.4	4.2	2.0	6.6
Bahamas, The	313	1.8	0.4	7.7	225.5	1.4	3.3	0.8	0.8	....	295.7	167.3	161.3
Belize	339	5.5	5.8	2.3	1.1	0.5	0.5	0.1	0.0	0.0	9.5	0.0	7.8
Bermuda	319	....	0.0	....	0.1	0.0	....	....	....	....	....	....	0.0
Bolivia	218	0.3	....	0.0	....	0.0	....	....	....	....	....	....	....
Brazil	223	0.2	0.7	0.4	43.0	0.3	1.0	26.1	11.7	8.2	13.4	10.3	4.5
Chile	228	0.0	0.8	0.2	1.1	0.4	0.1	1.2	0.4	0.1	24.1	18.1	52.0
Colombia	233	6.9	0.1	0.0	0.0	0.0	0.0	0.0	....	0.0	0.2	0.0	0.0
Curaçao	354	0.1	0.1	0.0	0.1	0.0	0.0	0.1	0.0	0.0	0.0	....	....
Dominica	321	....	....	....	....	0.2	....	....	....	....	....	0.0	0.0
Dominican Republic	243	....	....	0.2	0.2	0.1	0.0	1.1	0.2	0.2	0.2	0.0	0.0
Ecuador	248	0.0	....	....	....	....	0.0	....	0.4	....	0.0	0.1	0.0
El Salvador	253	0.0	....	0.0	0.0	0.2	0.1	0.0	....	....	....	....	0.0
Falkland Islands	323	0.0	0.0	1.3	1.2	0.3	0.4	....	2.3	13.6	9.2	8.6	24.5
Haiti	263	....	....	....	0.1	0.0	0.5	0.0	....	....	....	0.0	....
Jamaica	343	0.0	0.0	0.0	0.0	0.0	0.0	0.0	0.2	0.0	0.0	0.0	0.0
Mexico	273	0.0	0.3	0.0	0.0	0.0	0.1	2.5	0.1	0.0	2.7	4.8	7.0
Panama	283	18.8	4.2	5.9	6.4	1.4	5.3	0.0	0.1	3.4	43.1	1.2	11.4
Peru	293	....	0.0	0.1	....	1.1	0.0	....	0.0	49.9	26.1	87.0	84.4
St. Kitts and Nevis	361	0.0	....	0.0	0.3	0.5	0.4	....	....	....	0.2	0.0	....
St. Vincent & Grens.	364	0.7	0.7	1.3	0.9	0.2	1.0	0.0	....	....	0.1	....	7.2
Trinidad and Tobago	369	0.0	0.0	0.0	0.0	0.0	0.0	....	....	....	0.2	0.1	0.0
Uruguay	298	3.0	1.6	0.2	0.2	0.0	0.1	1.3	0.8	0.7	0.6	0.5	0.5
Venezuela, Rep. Bol.	299	0.0	....	....	....	0.0	0.0	....	....	0.0	0.0	0.2	0.0
Western Hem. n.s.	399	....	....	....	....	....	....	49.5	0.0	0.1	0.2	0.1	0.1
Other Countries n.i.e	910	**2.9**	**0.2**	**0.1**	**0.1**	**0.0**	**0.0**	**0.9**	**3.3**	**0.6**	**0.2**	**0.1**	**0.0**
Cuba	928	2.9	0.2	0.1	0.1	0.0	0.0	0.9	3.3	0.6	0.0	0.1	0.0
Korea, Dem. People's Rep.	954	....	....	0.0	....	0.0	0.0	....	....	0.0	0.2	0.0	....
Countries & Areas n.s.	898	....	....	....	....	....	....	**20.9**	**191.7**	**261.5**	**218.1**	**54.6**	**174.9**
Memorandum Items													
Africa	605	2,449.1	2,164.8	3,472.3	2,629.8	2,536.6	2,018.2	5,178.7	5,353.6	5,185.0	5,317.2	5,529.6	4,684.3
Middle East	405	12.5	5.7	12.0	13.1	33.2	107.9	61.8	13.2	28.2	27.4	100.3	83.5

Namibia (728)
In Millions of U.S. Dollars

		Exports (FOB)						Imports (CIF)					
		2011	2012	2013	2014	2015	2016	2011	2012	2013	2014	2015	2016
European Union	998	2,097.9	1,892.7	1,144.5	747.6	741.7	880.4	560.1	597.3	655.8	818.6	524.2	446.6
Export earnings: fuel	080	526.7	517.5	495.2	466.0	246.0	214.1	71.0	28.2	37.0	45.3	178.7	135.8
Export earnings: nonfuel	092	5,109.3	4,594.1	5,580.1	5,262.2	4,245.7	4,303.1	6,388.3	7,106.4	7,544.5	8,495.7	7,526.6	6,593.3

Nauru (836)
In Millions of U.S. Dollars

		Exports (FOB)						Imports (CIF)					
		2011	2012	2013	2014	2015	2016	2011	2012	2013	2014	2015	2016
IFS World		....	....	....	....	....	....	....	....	....	....	....	....
World	001	71.1	93.1	82.7	50.3	43.6	35.1	42.0	52.3	164.5	147.5	88.2	50.3
Advanced Economies	110	59.0	67.0	56.7	21.3	16.7	17.6	32.0	40.0	147.2	106.4	57.3	42.4
Euro Area	163	0.0	0.0	0.0	0.5	0.3	0.1	1.6	0.1	0.4	1.1	0.6	0.3
Austria	122	0.0 e	0.0 e	....	....	0.1 e	....	0.4 e	....	0.0 e	....	0.0 e	0.0 e
Belgium	124	....	0.0 e	....	....	....	....	0.0 e	0.0 e	0.0 e	0.7 e	....	....
France	132	0.0 e	0.0 e	0.0 e	0.0 e	0.0 e	0.0 e	0.5 e	0.1 e	0.0 e	0.4 e	0.4 e	0.0 e
Germany	134	....	....	....	....	....	....	0.1 e	0.0 e	0.0 e	....	0.0 e	0.0 e
Ireland	178	0.0 e	....	....	....	....	0.0 e	0.6 e	0.0 e	0.0 e	....	0.1 e	0.1 e
Italy	136	....	0.0 e	0.0 e	0.0 e	0.2 e	0.0 e	0.0 e	....	0.1 e	....	0.0 e	0.1 e
Netherlands	138	0.0 e	0.0 e	0.0 e	0.0 e	0.0 e	0.0 e	0.0 e	0.0 e	0.3 e	0.0 e	0.0 e	....
Slovenia	961	....	....	....	0.5 e	....	....	....	....	....	....	....	....
Australia	193	9.1 e	8.9 e	14.6 e	5.2 e	10.9 e	4.7 e	18.5 e	27.9 e	139.0 e	90.2 e	52.9 e	35.9 e
Canada	156	0.0 e	0.1 e	0.3 e	0.0 e	0.3 e	0.2 e	....	0.1 e	0.0 e	0.2 e	0.0 e	....
China,P.R.: Hong Kong	532	0.1 e	0.0 e	0.0 e	0.0 e	0.0 e	0.0 e	0.2 e	0.2 e	0.4 e	0.4 e	0.4 e	0.4 e
Denmark	128	0.1 e	0.0 e	0.0 e	....	0.0 e	....	....	0.0 e	....	0.0 e	0.0 e	0.0 e
Japan	158	1.6 e	3.1 e	3.5 e	3.2 e	4.2 e	4.5 e	0.4 e	0.5 e	1.3 e	1.5 e	0.1 e	2.2 e
Korea, Republic of	542	42.2 e	40.7 e	21.8 e	3.6 e	0.1 e	3.9 e	10.0 e	0.0 e	0.2 e	0.2 e	0.2 e	0.3 e
New Zealand	196	5.6 e	13.6 e	14.8 e	8.0 e	0.0 e	3.0 e	0.4 e	1.2 e	2.1 e	1.0 e	0.3 e	1.2 e
Singapore	576	....	0.1 e	0.8 e	0.1 e	0.0 e	0.0 e	....	4.3 e	1.0 e	0.6 e	0.3 e	1.2 e
Taiwan Prov.of China	528	0.0 e	0.0 e	0.1 e	0.0 e	0.0 e	0.1 e	0.4 e	3.3 e	1.9 e	10.2 e	0.2 e	0.2 e
United Kingdom	112	....	0.1 e	0.2 e	0.1 e	0.2 e	0.0 e	0.0 e	0.1 e	0.2 e	0.2 e	0.2 e	0.2 e
United States	111	0.3 e	0.4 e	0.6 e	0.5 e	0.5 e	1.0 e	0.5 e	2.3 e	0.8 e	0.9 e	1.8 e	0.5 e
Emerg. & Dev. Economies	200	12.1	26.1	26.0	29.0	27.0	17.5	10.0	12.2	17.4	41.2	30.9	7.9
Emerg. & Dev. Asia	505	10.0	24.9	4.6	5.3	10.4	0.4	9.5	11.6	17.3	40.5	27.1	7.0
Cambodia	522	....	....	....	....	....	....	....	....	....	0.1 e	....	....
China,P.R.: Mainland	924	0.0 e	0.1 e	0.0 e	0.0 e	0.1 e	0.0 e	0.2 e	1.0 e	1.1 e	2.9 e	5.2 e	1.7 e
Fiji	819	0.0 e	0.1 e	0.0 e	0.2 e	0.0 e	0.0 e	8.4 e	9.0 e	14.8 e	36.1 e	20.6 e	4.0 e
India	534	9.5 e	24.7 e	4.5 e	4.9 e	10.2 e	0.0 e	0.1 e	0.2 e	0.2 e	0.0 e	0.0 e	....
Indonesia	536	0.0 e	0.0 e	0.1 e	0.1 e	0.0 e	0.0 e	0.2 e	0.3 e	0.4 e	0.4 e	0.5 e	0.3 e
Kiribati	826	....	0.0 e	....	....	....	....	0.0 e	0.1 e	....	....	....	....
Malaysia	548	....	....	....	0.0 e	....	....	0.4 e	0.4 e	0.3 e	0.3 e	0.3 e	0.4 e
Myanmar	518	0.0 e	0.0 e	....	0.0 e	....	0.0 e	....	....	....	....	....	0.1 e
Philippines	566	....	....	0.0 e	0.0 e	0.0 e	0.2 e	0.0 e	....	0.0 e	0.1 e	0.0 e	....
Samoa	862	0.1 e	....	....	0.0 e	....	....	....	....	....	....	0.0 e	0.0 e
Solomon Islands	813	....	....	....	....	....	....	0.2 e	0.5 e	0.2 e	0.4 e	0.4 e	0.3 e
Thailand	578	0.4 e	0.0 e	0.0 e	0.0 e	0.1 e	0.0 e	0.0 e	0.0 e	0.1 e	0.2 e	0.1 e	0.1 e
Europe	170	0.2	0.1	0.1	0.1	0.3	0.1	....	0.0	0.0	0.0	3.2	0.0
Emerg. & Dev. Europe	903	0.1	0.1	0.1	0.0	0.1	0.1	....	0.0	0.0	0.0	0.0	0.0
Poland	964	....	....	....	0.0 e	0.1 e	....	....	....	....	....	....	....
Serbia, Republic of	942	....	0.0 e	0.1 e	0.0 e	0.0 e	0.0 e	....	....	....	....	....	....
Turkey	186	0.1 e	0.1 e	0.0 e	0.0 e	0.0 e	0.1 e	....	....	0.0 e	....	0.0 e	....
CIS	901	0.1	0.0	0.0	0.1	0.2	0.1	....	....	....	....	3.2	....
Kazakhstan	916	0.1 e	0.0 e	0.0 e	0.1 e	0.2 e	0.1 e	....	....	....	....	....	....
Russian Federation	922	0.0 e	0.0 e	0.0 e	0.0 e	0.0 e	0.0 e	....	....	....	....	3.2 e	....
Mid East, N Africa, Pak	440	1.2	0.6	0.4	0.3	0.1	0.1	....	0.0	0.0	0.0	0.0	0.4
Bahrain, Kingdom of	419	0.0 e	0.0 e	0.1 e	0.2 e	0.0 e	0.0 e	....	....	....	0.0 e	....	....
Kuwait	443	0.0 e	0.0 e	0.3 e	0.0 e	0.0 e	0.0 e	....	....	....	....	....	....
Pakistan	564	0.1 e	0.2 e	0.0 e	....	....	....	....	....	....	0.0 e	....	....
Qatar	453	0.3 e	0.4 e	0.0 e	....	....	....	....	....	....	....	....	....
Saudi Arabia	456	....	....	0.1 e	0.1 e	....	....	....	....	....	....	....	....
Tunisia	744	0.7 e	....	0.0 e	....	0.0 e	0.0 e	....	....	....	....	....	0.4 e
Sub-Saharan Africa	603	0.6	0.4	20.7	22.0	16.1	16.7	0.5	0.6	0.0	0.6	0.5	0.5
Angola	614	0.3 e	0.2 e	0.1 e	0.5 e	0.0 e	0.0 e	....	....	....	....	....	....
Kenya	664	0.1 e	0.1 e	0.1 e	0.1 e	0.1 e	0.0 e	0.5 e	0.5 e	....	0.5 e	0.5 e	0.5 e
Mauritius	684	0.0 e	....	0.1 e	0.0 e	0.0 e	....	....	....	....	....	....	....
Mozambique	688	....	....	0.0 e	0.1 e	0.0 e	0.0 e	....	....	0.0 e	....	0.0 e	0.0 e
Nigeria	694	....	....	20.4 e	21.3 e	16.0 e	16.3 e	....	....	....	....	....	....
Senegal	722	0.1 e	....	0.0 e	0.0 e	0.0 e	0.1 e	0.0 e	0.0 e	....	0.1 e	0.0 e	....
South Africa	199	0.2 e	0.1 e	0.0 e	0.0 e	0.0 e	0.0 e	....	....	....	0.0 e	0.0 e	....

Nauru (836)

In Millions of U.S. Dollars

		Exports (FOB)						Imports (CIF)					
		2011	2012	2013	2014	2015	2016	2011	2012	2013	2014	2015	2016
Tanzania	738	....	0.0 e	....	....	0.0 e	0.2 e	....	0.0 e	0.0 e	....	....	....
Zambia	754	....	....	....	....	....	0.0 e	....	0.1 e	....	0.0 e	....	....
Western Hemisphere	205	0.1	0.1	0.1	1.2	0.0	0.3	....	....	0.1	....	....	0.0
Bahamas, The	313	....	....	....	1.1 e	....	....	....	....	....	....	....	....
Chile	228	0.0 e	....	....	....	....	0.2 e	....	....	....	....	....	....
Colombia	233	0.1 e	0.0 e	0.1 e	0.0 e	....	0.0 e	....	....	....	....	....	....
Costa Rica	238	....	0.0 e	0.0 e	0.0 e	0.0 e	0.0 e	....	....	0.1 e	....	....	....
Suriname	366	....	....	....	0.1 e	....	....	....	....	....	....	....	....
Memorandum Items													
Africa	605	1.3	0.4	20.7	22.0	16.2	16.7	0.5	0.6	0.0	0.6	0.5	0.9
Middle East	405	0.3	0.4	0.4	0.3	0.1	0.0	....	0.0	....	0.0	0.0	....
European Union	998	0.1	0.1	0.3	0.6	0.7	0.1	1.6	0.3	0.6	1.3	0.9	0.5
Export earnings: fuel	080	0.8	0.7	21.1	22.3	16.2	16.4	....	0.0	....	0.0	3.2	....
Export earnings: nonfuel	092	70.3	92.5	61.7	28.0	27.4	18.7	42.0	52.3	164.5	147.5	84.9	50.3

Nepal (558)

In Millions of U.S. Dollars

		Exports (FOB)						Imports (CIF)					
		2011	2012	2013	2014	2015	2016	2011	2012	2013	2014	2015	2016
IFS World		....	....	....	....	....	....	....	....	....	....	....	....
World	001	927.2	890.4	883.2	923.1	679.0	637.7	5,947.1	6,042.7	6,481.0	7,620.9	6,633.8	7,949.8
Advanced Economies	110	218.4	161.8	199.1	211.4	185.7	183.4	500.4	404.4	467.6	540.2	721.7	600.8
Euro Area	163	84.4	59.6	70.5	72.3	58.1	55.9	94.0	97.3	120.0	144.6	217.7	170.6
Austria	122	2.2	1.5	2.8	1.9	1.7	2.5	2.2	2.5	2.7	9.9	3.2	6.8
Belgium	124	3.7	2.0	2.6	3.0	1.9	2.2	6.2	5.3	7.6	7.6	7.8	6.9
Cyprus	423	0.0	0.0	0.0	0.0	0.0	0.0	0.0	0.0	0.0	0.0	0.1	0.1
Finland	172	0.8	0.4	0.6	1.0	0.8	0.7	6.7	5.2	1.6	4.5	2.7	1.6
France	132	15.6	10.5	12.5	12.4	10.1	10.1	16.5	26.4	17.2	19.3	74.5	89.4
Germany	134	40.9	29.5	33.5	32.3	26.8	24.7	28.5	32.7	39.4	55.9	88.8	17.8
Greece	174	0.3	0.3	0.5	0.4	0.2	0.2	0.2	0.1	0.1	0.2	0.2	0.1
Ireland	178	0.2	0.2	0.3	0.2	0.2	0.2	1.3	3.0	2.2	3.4	2.3	3.1
Italy	136	10.6	8.2	9.6	11.9	9.0	9.1	14.3	10.0	24.0	23.3	15.5	19.5
Latvia	941	0.0	0.0	0.0	0.1	0.0	0.0	0.1	0.2	0.2	0.2	0.2	0.2
Lithuania	946	0.0	0.0	0.0	0.0	0.1	0.1	2.2	2.0	0.7	0.1	0.1	0.2
Luxembourg	137	0.1	0.0	0.1	0.1	0.0	0.0	0.5	0.2	0.9	0.5	0.1	0.0
Malta	181	0.0	0.0	0.0	0.0	0.0	0.0	0.2	0.2	0.1	0.1	0.4	0.4
Netherlands	138	4.9	4.0	4.3	4.7	3.6	3.0	10.5	6.1	13.9	13.6	12.8	16.0
Portugal	182	0.4	0.4	0.4	0.2	0.2	0.5	0.0	0.1	1.0	0.3	0.4	0.1
Slovak Republic	936	0.1	0.0	0.1	0.1	0.0	0.0	0.7	0.4	0.1	0.6	0.6	0.4
Slovenia	961	0.2	0.2	0.3	0.4	0.3	0.3	0.0	0.1	0.6	0.1	0.2	0.1
Spain	184	4.3	2.4	2.8	3.6	3.1	2.4	3.9	2.7	7.5	5.0	7.7	7.7
Australia	193	4.6	3.7	5.3	5.8	5.0	5.5	20.2	23.6	24.1	26.0	35.8	39.2
Canada	156	11.6	7.1	8.3	8.7	7.0	6.8	15.0	12.5	30.1	35.8	59.4	24.4
China,P.R.: Hong Kong	532	3.3	2.6	2.7	1.3	1.4	1.6	10.1	1.5	1.5	2.8	2.4	2.2
Czech Republic	935	0.7	0.6	0.7	0.8	0.6	1.0	3.6	2.0	2.0	7.5	9.5	3.0
Denmark	128	2.4	1.8	2.6	2.3	2.1	2.9	3.0	1.0	1.6	3.7	3.3	3.5
Iceland	176	0.1	0.0	0.1	0.0	0.1	0.1	0.3	0.6	0.2	0.0	0.0	....
Israel	436	0.4	0.2	0.3	0.2	2.2	....	5.3	7.5	7.7	7.8	5.1	11.3
Japan	158	9.2	9.0	10.9	11.4	8.4	7.4	51.0	53.0	58.6	54.5	52.4	60.9
Korea, Republic of	542	1.2	0.5	1.1	1.1	0.6	0.7	82.1	50.4	44.7	44.3	41.4	43.1
New Zealand	196	0.4	0.3	0.3	0.4	0.3	0.4	15.3	8.7	8.8	12.5	11.8	12.3
Norway	142	0.9	0.5	1.0	2.1	1.8	1.5	0.9	1.1	1.3	1.0	1.3	0.8
Singapore	576	3.7	1.2	1.3	1.4	1.2	1.5	37.5	26.6	40.6	38.9	28.7	29.7
Sweden	144	0.9	0.9	1.1	1.1	1.0	1.0	2.0	6.1	3.1	8.2	4.9	0.5
Switzerland	146	3.0	1.9	3.2	3.2	3.1	2.4	37.9	19.2	20.0	26.5	111.7	55.2
Taiwan Prov.of China	528	1.5	1.8	2.0	3.2	1.9	1.7	31.1	25.2	29.3	30.8	21.7	27.5
United Kingdom	112	19.8	13.7	19.5	20.6	20.7	20.0	29.4	18.8	17.8	21.4	18.7	16.8
United States	111	70.3	56.5	68.2	75.4	70.4	73.1	61.6	49.4	56.1	74.0	96.0	99.6
Emerg. & Dev. Economies	200	689.4	709.7	664.6	690.9	474.9	435.0	5,445.5	5,638.3	6,013.2	7,080.7	5,912.1	7,348.9
Emerg. & Dev. Asia	505	661.2	680.3	626.8	643.4	447.9	391.7	4,822.0	4,940.8	5,124.0	6,321.1	5,294.6	6,766.1
American Samoa	859	....	0.0	....	....	0.1	0.1	0.0	0.0	0.0	....	0.0	0.0
Bangladesh	513	26.0	37.9	17.1	18.6	6.8	7.1	19.4	21.8	16.1	24.0	24.8	40.6
Bhutan	514	3.2	8.0	0.9	1.2	1.5	1.6	2.7	3.1	2.5	5.2	3.1	2.8
Brunei Darussalam	516	0.0	0.0	0.0	0.0	0.0	0.1	0.0	0.0	0.0	0.3	0.0	0.0
Cambodia	522	0.0	0.0	0.0	0.0	0.1	0.1	0.2	0.1	0.0	0.0	0.1	0.1
China,P.R.: Mainland	924	10.2	21.9	20.2	28.0	11.5	11.9	689.9	696.6	603.6	939.5	920.0	817.4
F.T. New Caledonia	839	0.0	0.1	0.1	0.1	0.1	0.1	0.0	0.0	0.0	0.0	0.0	0.0
India	534	614.4	601.2	578.1	584.1	419.1	360.4	3,751.7	3,935.5	4,103.8	4,935.2	4,008.2	5,570.0
Indonesia	536	0.0	0.1	0.1	0.1	0.1	0.1	115.2	93.4	181.0	157.5	118.1	93.4
Lao People's Dem.Rep	544	....	0.8	0.5	0.0	0.0	0.0	....	....	0.1	0.8	1.5	1.4
Malaysia	548	1.4	0.9	2.3	3.5	2.9	1.1	71.5	55.2	52.8	72.8	58.2	70.3
Maldives	556	0.0	0.0	0.3	0.1	0.0	0.0	0.0	0.0	0.0	0.1	0.0	0.0
Mongolia	948	0.0	0.0	0.1	0.0	0.0	0.0	0.1	0.1	0.1	0.1	0.1	0.1
Myanmar	518	0.0	0.0	0.0	0.0	0.0	0.0	1.1	2.9	8.8	14.5	9.9	8.1
Papua New Guinea	853	0.1	....	0.0	0.0	0.0	0.0	....	....	0.0	0.0	0.2	0.2
Philippines	566	0.0	0.1	0.1	0.1	0.0	0.0	13.6	2.4	2.3	2.6	2.6	0.4
Solomon Islands	813	....	....	....	....	....	....	....	0.0	0.1	0.0	0.0	0.0
Sri Lanka	524	0.2	0.2	0.0	0.0	0.4	4.5	1.0	1.6	1.4	1.9	1.9	0.5
Thailand	578	2.2	5.3	4.1	2.6	1.7	0.9	101.1	88.5	91.9	86.6	83.2	104.3

Nepal (558)

In Millions of U.S. Dollars

		Exports (FOB)						Imports (CIF)					
		2011	2012	2013	2014	2015	2016	2011	2012	2013	2014	2015	2016
Vietnam	582	3.3	3.7	2.8	4.8	3.6	3.7	27.8	18.0	33.7	55.0	42.4	38.7
Asia n.s.	598	....	....	....	....	....	....	26.7	21.7	25.8	24.8	20.4	17.9
Europe	**170**	**11.6**	**11.5**	**13.8**	**19.3**	**13.5**	**26.8**	**32.7**	**104.2**	**75.3**	**72.1**	**124.5**	**67.9**
Emerg. & Dev. Europe	**903**	**8.6**	**10.2**	**12.3**	**18.2**	**13.2**	**26.2**	**17.7**	**7.2**	**7.8**	**11.5**	**46.9**	**12.9**
Albania	914	....	....	0.0	....	0.1	0.1	....	....	0.2	0.0	....	....
Bosnia and Herzegovina	963	0.1	....	....	0.0	0.0	0.0	0.0	0.0	0.0	0.0	0.0	0.0
Bulgaria	918	0.0	0.0	0.0	0.1	0.0	0.0	0.6	0.3	0.9	0.5	1.3	2.0
Croatia	960	0.2	0.2	0.1	0.2	0.1	0.1	....	0.0	0.0	0.0	0.5	0.0
Hungary	944	0.5	0.2	0.3	0.7	0.1	0.1	0.6	0.6	0.4	1.4	0.5	0.6
Poland	964	0.2	0.1	0.1	0.2	0.1	0.1	2.2	0.9	2.2	1.8	2.6	1.5
Romania	968	0.0	0.0	0.1	0.1	0.1	0.1	0.1	0.2	0.1	0.2	0.9	0.1
Turkey	186	7.5	9.6	11.6	16.9	12.6	25.7	14.2	5.2	3.9	7.6	41.0	8.7
CIS	**901**	**3.1**	**1.3**	**1.5**	**1.1**	**0.3**	**0.6**	**14.9**	**94.8**	**61.6**	**58.4**	**77.5**	**55.0**
Belarus	913	0.0	0.0	0.0	0.0	0.0	0.0	0.0	0.0	0.0	0.0	3.2	....
Georgia	915	0.1	....	0.0	0.1	0.0	0.0	0.1	0.0	0.0	0.0	0.1	0.1
Kazakhstan	916	0.4	0.1	0.0	0.0	0.0	0.0	0.4	2.5	0.0	0.3	0.0	0.0
Moldova	921	....	....	0.0	0.0	....	....	....	0.4	0.5	0.5	0.0	0.0
Russian Federation	922	2.1	0.8	0.7	0.9	0.2	0.4	10.9	23.7	17.8	10.0	46.2	3.8
Ukraine	926	0.4	0.5	0.7	0.1	0.0	0.1	3.4	68.2	34.9	47.4	28.2	51.1
Uzbekistan	927	0.0	0.0	....	....	....	....	....	....	8.4	0.0	....	....
Europe n.s.	884	....	....	....	....	....	....	0.1	2.2	6.0	2.2	0.1	0.1
Mid East, N Africa, Pak	**440**	**12.1**	**14.2**	**18.8**	**25.1**	**11.5**	**12.6**	**450.1**	**435.0**	**463.9**	**496.5**	**340.4**	**303.3**
Afghanistan, I.R. of	512	0.1	3.6	12.1	15.8	9.1	9.5	0.0	0.0	0.2	0.1	0.1	0.1
Algeria	612	....	....	0.1	0.0	0.0	0.0	1.2	....	0.0	0.0	0.1	0.1
Bahrain, Kingdom of	419	0.4	0.4	0.0	0.1	0.1	0.1	0.6	0.8	0.7	0.1	0.3	0.3
Djibouti	611	....	....	....	....	....	....	....	0.2	0.0	....	0.0	0.0
Egypt	469	0.0	0.0	0.0	0.0	0.0	0.0	7.2	7.9	6.5	10.9	12.7	5.5
Iran, I.R. of	429	0.0	0.0	0.1	0.3	....	....	22.9	3.0	0.3	0.4	0.3	0.3
Iraq	433	0.0	0.0	0.0	....	0.0	0.0	0.0	0.0	0.1	0.0	0.0	0.0
Jordan	439	0.0	0.0	0.0	0.0	0.0	0.1	0.7	0.1	0.9	0.3	0.3	0.9
Kuwait	443	1.1	0.1	0.1	0.2	0.1	0.1	2.1	0.4	0.9	0.2	0.3	0.3
Lebanon	446	0.7	0.3	0.1	0.2	0.1	0.1	0.4	0.2	0.2	0.0	0.3	0.1
Libya	672	0.1	....	0.0	....	0.1	0.1	3.9	....	0.0	....	....	....
Mauritania	682	0.0	0.0	....	0.0	....	....	....	....	....	0.0	0.1	0.1
Morocco	686	0.1	0.0	0.0	0.1	0.0	0.0	13.6	....	0.3	0.5	0.1	0.1
Oman	449	0.0	....	0.0	0.0	0.0	0.0	1.6	3.1	2.2	2.4	0.7	0.7
Pakistan	564	2.6	2.1	1.3	0.6	0.2	0.4	4.1	2.6	3.9	3.5	3.6	4.4
Qatar	453	0.8	0.9	0.8	0.8	0.0	0.0	7.4	8.8	10.2	8.2	3.7	3.8
Saudi Arabia	456	0.1	0.1	0.1	0.2	0.1	0.1	52.3	33.6	45.7	51.7	49.9	41.9
Sudan	732	....	2.8	0.0	2.8	0.0	0.0	....	0.0	0.0	0.0	1.5	1.5
Tunisia	744	0.0	....	....	0.0	0.0	0.0	0.0	0.1	0.1	0.1	0.2	0.2
United Arab Emirates	466	6.0	3.7	4.1	4.0	1.7	2.1	328.8	374.2	391.1	417.8	266.3	243.1
Yemen, Republic of	474	....	....	0.0	....	....	....	3.3	0.0	0.5	0.1	....	....
Sub-Saharan Africa	**603**	**2.0**	**1.2**	**3.1**	**1.4**	**0.6**	**0.7**	**6.2**	**6.8**	**36.5**	**27.6**	**30.4**	**55.8**
Angola	614	0.5 e	0.0 e	0.0 e	....	....	....	....	0.0	....	0.1	0.1	0.1
Burundi	618	0.0	0.0	0.2	....	....	....	0.0	....	....	0.0	....	....
Cameroon	622	0.0 e	....	....	....	....	....	0.1	0.2	0.1	0.2	0.0	0.0
Comoros	632	....	....	....	....	....	....	0.3	0.3	0.1	0.1	0.0	0.0
Congo, Republic of	634	0.0	0.0	0.0	0.0	0.0	0.0	0.0	....	0.0	0.3	0.0	0.0
Ethiopia	644	0.0	0.0	0.0	0.0	0.0	0.0	0.2	0.1	0.6	1.9	....	....
Ghana	652	0.0	0.0	0.0	0.0	....	....	0.0	0.0	0.0	....	0.1	0.0
Guinea	656	0.0	....	....	....	....	....	0.9	1.0	0.0	....	0.2	0.1
Kenya	664	0.1	0.1	0.1	0.0	0.0	0.0	0.1	0.3	0.0	0.2	0.2	0.2
Liberia	668	0.1	0.0	0.0	0.1	0.0	0.0	....	....	0.0	0.0	0.0	0.0
Madagascar	674	0.2	....	0.0	0.0	....	....	0.7	0.2	0.5	0.5	0.5	0.4
Malawi	676	0.0	....	0.0	0.0	....	....	0.0	0.0	0.0	0.3	....	....
Mali	678	....	0.0	1.7	0.5	0.1	0.1	0.0	0.0	0.0	0.0	....	....
Mauritius	684	0.0	0.0	0.0	0.0	0.0	0.1	0.0	0.0	0.0	0.0	....	....
Mozambique	688	....	....	0.0	0.0	0.0	0.0	0.2	....	4.8	4.6	1.6	1.5
Namibia	728	....	0.0	0.0	....	0.0	0.0	0.3	0.0	0.0	0.1	0.1	0.1

Nepal (558)

In Millions of U.S. Dollars

		Exports (FOB)						Imports (CIF)					
		2011	2012	2013	2014	2015	2016	2011	2012	2013	2014	2015	2016
Nigeria	694	0.0	0.0	0.1	0.1	0.0	0.0	0.3	0.1	0.1	0.1	0.0	0.0
Rwanda	714	....	0.0	0.0	0.0	0.0	0.0	....	....	....	0.0	....	0.1
Seychelles	718	0.0	0.1	0.0	....	....	....	0.1	....	0.0	....	0.0	0.0
Sierra Leone	724	0.2	0.0	....	0.0	0.0	0.0	....	0.0	0.0	0.0	0.0	0.0
South Africa	199	0.8	0.7	0.7	0.5	0.4	0.5	3.1	4.6	30.0	17.1	27.1	52.8
Tanzania	738	0.0	0.0	0.0	0.0	0.0	0.0	....	0.0	0.2	0.0	0.3	0.2
Uganda	746	0.0	0.1	0.2	0.2	0.0	0.0	0.0	0.0	0.0	2.0	0.1	0.1
Zambia	754	....	0.1	0.0	0.0	0.0	0.0	0.0	....	0.0	0.0	0.0	....
Western Hemisphere	205	**2.5**	**2.5**	**2.2**	**1.9**	**1.4**	**3.2**	**134.6**	**151.5**	**313.5**	**163.4**	**122.2**	**155.8**
Antigua and Barbuda	311	....	....	....	0.0	0.0	0.0	....	....	0.1	0.0	0.0	0.0
Argentina	213	0.1	0.1	0.2	0.1	....	0.2	99.2	81.4	179.2	107.4	71.1	77.6
Belize	339	....	0.1	....	0.0	....	....	0.4	1.3	2.8	0.2	0.0	0.0
Bolivia	218	....	....	....	....	0.0	0.0	....	....	....	0.2	0.0	0.0
Brazil	223	1.4	0.9	1.3	1.0	0.9	0.6	20.0	56.0	122.7	32.9	19.1	46.2
Chile	228	0.2	0.3	0.3	0.3	0.1	1.5	0.1	0.1	0.3	0.4	0.6	1.0
Colombia	233	0.0	0.0	0.0	0.0	0.0	0.0	0.0	....	0.0	0.2	0.1	0.0
Costa Rica	238	0.0	0.0	0.0	....	0.0	0.0	0.0	0.1	0.1	0.2	0.1	0.1
Curaçao	354	0.0	0.0	0.0	....	....	....	0.2	0.1	0.1	0.3	....	....
Dominican Republic	243	....	....	....	....	....	....	0.0	0.0	0.1	0.2	0.2	0.2
Ecuador	248	0.0	0.0	0.0	....	0.0	0.0	1.6	0.6	0.1	0.1	0.1	1.7
El Salvador	253	....	....	....	....	....	0.4	0.0	0.0	0.0	0.0	0.0	0.0
Grenada	328	....	....	....	....	....	....	0.1	....	....	....	....	....
Guatemala	258	0.0	....	0.0	....	....	....	2.8	4.1	5.1	8.8	2.3	2.1
Haiti	263	0.1	0.0	0.0	0.0	0.0	0.0	0.0	5.2	....	0.0	0.0	0.0
Honduras	268	....	....	....	....	....	....	0.1	0.0	0.0	0.0	0.0	0.0
Mexico	273	0.3	0.8	0.2	0.3	0.3	0.3	1.3	1.3	2.2	2.3	1.7	1.7
Nicaragua	278	0.0	0.0	0.0	0.0	....	....	0.0	0.0	0.0	0.0	0.1	0.1
Panama	283	0.2	0.0	0.0	0.0	....	....	0.0	0.0	....	0.0	0.0	0.0
Paraguay	288	0.1	....	....	....	0.0	0.0	7.5	....	....	8.6	25.5	23.3
Peru	293	0.0	0.0	0.1	0.1	0.0	0.1	1.3	1.1	0.5	1.3	0.4	0.4
St. Lucia	362	....	0.1	....	....	....	....	....	....	....	....	....	....
Trinidad and Tobago	369	0.0	....	....	....	....	....	0.1	0.0	0.0	0.0	0.0	0.0
Uruguay	298	0.0	0.0	0.0	0.0	0.0	0.0	0.0	....	....	0.0	0.7	1.1
Venezuela, Rep. Bol.	299	0.1	0.1	....	0.0	0.0	0.0	0.0	0.0	0.0	0.1	....	....
Western Hem. n.s.	399	....	....	....	....	....	....	....	0.0	....	....	0.1	0.0
Other Countries n.i.e	910	**0.5**	....	**0.0**	....	....	....	**1.2**	....	**0.0**	....	**0.0**	**0.0**
Korea, Dem. People's Rep.	954	0.5	....	....	....	....	....	1.1	....	....	....	....	....
Countries & Areas n.s.	898	**18.8**	**18.9**	**19.5**	**20.8**	**18.4**	**19.3**	....	....	**0.2**	....	....	....
Memorandum Items													
Africa	605	2.1	4.0	3.2	4.3	0.7	0.8	21.0	7.1	36.9	28.2	32.3	57.8
Middle East	405	9.3	5.7	5.3	5.7	2.2	2.6	431.2	432.1	459.3	492.3	334.8	296.9
European Union	998	109.2	77.2	95.0	98.4	82.9	81.2	135.5	127.1	148.2	189.2	259.9	198.7
Export earnings: fuel	080	11.7	6.4	6.2	6.6	2.4	3.1	437.3	451.0	469.7	492.7	368.2	296.2
Export earnings: nonfuel	092	915.5	884.0	877.1	916.5	676.7	634.5	5,509.8	5,591.7	6,011.3	7,128.2	6,265.6	7,653.6

Netherlands (138)

In Millions of U.S. Dollars

		Exports (FOB)						Imports (CIF)					
		2011	2012	2013	2014	2015	2016	2011	2012	2013	2014	2015	2016
IFS World		....	....	....	....	....	....	....	....	....	....	....	....
World	001	666,911.2	655,934.5	671,581.4	672,410.5	570,441.7	570,912.1	594,312.8	587,295.5	589,761.6	589,569.6	512,105.0	504,710.1
Advanced Economies	110	560,302.2	545,480.3	551,676.3	554,447.4	469,116.9	470,897.3	368,940.2	358,329.8	364,797.1	367,235.1	323,264.1	321,383.4
Euro Area	163	412,081.2	395,107.4	395,875.7	392,586.2	325,560.4	324,732.1	207,351.4	194,809.6	200,147.4	201,073.5	176,430.0	178,925.2
Austria	122	8,809.9	8,049.7	8,085.1	8,057.9	7,142.2	7,269.6	2,724.7	2,431.7	2,679.0	2,760.4	2,573.2	2,549.5
Belgium	124	91,406.0	87,611.6	86,110.4	84,836.4	63,285.7	60,889.0	51,233.3	48,961.6	49,750.2	49,555.2	42,467.8	42,826.3
Cyprus	423	684.6	636.0	676.2	717.9	423.7	483.3	159.5	118.9	123.7	113.0	69.9	70.0
Estonia	939	575.2	838.2	1,063.6	1,159.9	866.5	940.5	610.0	327.5	308.3	341.7	314.6	309.9
Finland	172	6,632.8	6,439.0	6,432.1	6,788.0	5,788.5	5,535.7	5,444.7	4,510.2	4,612.8	4,562.7	4,089.0	4,112.0
France	132	60,665.2	56,218.4	57,372.1	56,619.2	47,859.7	50,212.7	24,093.1	23,217.5	23,416.2	23,741.3	19,217.4	17,812.1
Germany	134	172,702.0	170,228.1	169,246.9	166,319.8	141,012.4	138,955.1	86,258.7	80,901.1	84,803.9	85,009.4	75,405.6	77,425.7
Greece	174	3,476.5	2,915.5	3,130.2	3,276.2	2,604.9	2,771.8	676.8	587.2	649.7	607.7	508.2	613.0
Ireland	178	4,356.2	4,275.1	4,747.7	5,620.0	4,616.8	4,807.5	7,097.1	6,617.0	6,880.4	6,433.9	6,251.9	6,622.4
Italy	136	31,116.0	28,872.3	29,739.6	28,216.1	24,000.6	24,015.1	11,032.3	10,230.7	10,722.2	10,863.3	10,212.9	10,609.7
Latvia	941	580.5	568.9	765.2	586.9	574.2	650.5	801.3	776.4	753.1	657.8	411.1	533.6
Lithuania	946	1,069.9	1,092.0	1,141.0	1,110.8	1,133.9	1,227.4	1,990.7	1,805.2	748.9	1,370.3	1,114.6	816.9
Luxembourg	137	2,291.5	2,194.4	1,742.1	1,850.6	1,456.1	1,429.2	1,039.7	920.1	990.4	1,021.0	894.5	1,085.9
Malta	181	359.1	351.0	322.5	362.3	370.4	367.3	74.6	135.2	105.3	56.1	59.1	99.6
Portugal	182	4,217.7	3,920.4	4,218.0	4,425.3	4,010.3	4,011.3	2,244.3	2,192.4	2,373.3	2,330.5	2,086.0	2,006.3
Slovak Republic	936	2,029.4	2,058.0	2,270.7	2,360.6	2,138.9	2,078.1	1,881.4	1,786.4	2,039.4	2,030.1	1,738.5	2,030.7
Slovenia	961	1,129.3	919.0	991.9	1,100.6	923.2	1,082.7	413.8	435.8	463.3	431.3	447.0	498.8
Spain	184	19,979.2	17,919.8	17,820.5	19,177.6	17,352.5	18,005.2	9,575.5	8,854.7	8,727.4	9,187.7	8,568.8	8,902.8
Australia	193	2,581.6	3,030.0	3,074.3	2,965.1	2,575.6	2,680.2	2,404.2	2,193.2	1,831.5	2,102.6	1,651.1	1,800.5
Canada	156	2,518.2	2,580.5	3,531.0	3,442.7	3,356.4	3,432.0	4,056.7	3,383.0	2,910.9	2,851.1	2,701.6	2,259.5
China,P.R.: Hong Kong	532	2,350.0	2,442.8	2,622.8	3,227.1	2,652.3	2,463.7	2,811.0	2,688.1	2,630.6	3,376.0	5,955.5	6,141.8
China,P.R.: Macao	546	56.2	44.7	33.1	29.5	31.2	22.3	8.9	8.7	36.9	7.4	8.0	6.2
Czech Republic	935	9,632.1	8,898.8	8,730.7	9,794.1	9,154.2	9,749.9	7,332.4	7,191.8	6,359.9	6,268.2	5,894.2	5,936.3
Denmark	128	8,264.9	8,121.2	8,767.5	8,768.9	7,658.4	7,661.3	4,824.1	4,667.4	5,520.7	4,714.3	4,255.5	3,839.0
Iceland	176	460.4	432.8	435.6	598.4	559.5	664.8	2,103.8	1,867.9	2,053.5	2,240.5	2,299.3	1,939.9
Israel	436	2,194.9	1,846.4	2,047.8	1,881.6	2,004.8	2,542.0	2,565.7	2,809.9	3,709.2	5,399.1	4,922.3	4,959.0
Japan	158	4,823.8	4,758.5	4,492.6	4,580.9	3,956.6	3,795.8	16,465.4	14,748.4	13,281.9	12,742.8	11,559.7	11,050.0
Korea, Republic of	542	5,134.7	4,390.6	4,702.9	5,011.7	4,720.0	4,235.3	3,837.4	3,619.9	4,289.2	4,898.0	3,953.9	4,455.3
New Zealand	196	273.1	337.8	414.1	427.2	413.1	472.4	585.2	595.0	647.1	754.1	560.3	598.2
Norway	142	5,094.5	5,491.4	5,788.9	5,811.6	4,709.1	4,736.6	19,031.9	20,585.2	21,925.6	24,111.2	16,489.7	11,818.2
San Marino	135	55.6	55.2	46.8	42.4	29.4	19.1	1.3	1.7	2.0	2.2	2.1	3.1
Singapore	576	4,156.8	5,541.1	5,126.4	4,808.9	4,689.5	5,647.7	5,451.1	5,957.9	5,254.7	4,627.2	4,706.3	5,134.5
Sweden	144	12,313.1	12,583.4	13,762.7	14,388.8	12,821.3	12,676.4	8,918.1	8,887.7	9,211.3	8,871.8	7,831.5	7,782.2
Switzerland	146	7,564.2	7,939.3	7,909.5	8,249.1	7,185.6	7,226.0	3,322.2	3,332.7	3,231.6	3,095.5	2,950.7	3,480.4
Taiwan Prov.of China	528	3,163.8	3,707.1	4,806.3	3,304.4	3,124.6	3,545.8	5,676.6	4,897.3	4,756.6	4,854.3	4,286.3	4,238.6
United Kingdom	112	49,782.4	51,218.6	56,160.6	58,569.7	52,993.1	54,210.1	36,171.5	39,042.1	38,538.1	35,556.7	25,971.9	26,784.8
United States	111	27,800.5	26,952.1	23,346.8	25,958.9	20,921.5	20,382.9	36,021.4	37,042.0	38,458.4	39,688.7	40,834.2	40,230.7
Vatican	187	0.2	0.6	0.1	0.2	0.6	1.0	0.0	0.2	0.0	0.0	0.0	0.0
Emerg. & Dev. Economies	200	102,859.4	104,730.2	107,895.2	108,372.6	93,950.9	94,127.3	224,225.7	227,552.1	222,684.2	220,083.6	186,125.9	180,478.6
Emerg. & Dev. Asia	505	16,809.2	18,195.1	19,034.5	19,026.1	18,048.7	19,506.4	96,945.1	97,476.5	98,478.3	102,747.3	100,071.6	97,877.5
American Samoa	859	0.1	0.0	0.2	0.2	0.1	0.1	0.0	0.0	0.0	0.0	0.0	5.7
Bangladesh	513	189.3	183.6	204.5	201.3	205.7	220.6	1,439.4	1,509.8	2,136.9	2,546.7	2,219.4	2,495.8
Bhutan	514	0.6	0.7	2.4	0.4	1.3	0.3	0.0	0.7	1.5	0.4	3.5	1.1
Brunei Darussalam	516	19.4	21.6	38.7	23.9	33.9	30.7	0.7	3.8	0.8	0.5	0.2	1.0
Cambodia	522	13.9	15.5	15.0	23.3	30.9	25.3	297.1	349.7	429.4	546.3	531.9	613.8
China,P.R.: Mainland	924	9,546.9	10,604.5	11,466.2	11,204.3	10,586.9	11,602.4	71,215.3	71,011.0	70,988.7	75,545.1	74,271.7	70,953.4
Fiji	819	7.4	2.8	3.0	3.3	3.9	6.1	1.9	2.0	3.3	4.5	4.0	20.4
F.T. French Polynesia	887	16.9	13.0	15.1	17.6	14.1	16.7	1.0	0.9	1.3	1.7	1.2	1.5
F.T. New Caledonia	839	18.3	17.2	17.9	19.3	15.8	14.3	0.3	0.3	0.5	9.4	1.0	2.2
Guam	829	1.6	1.3	2.7	5.0	4.0	4.7	0.1	0.0	0.9	0.0	0.0	0.0
India	534	2,619.4	2,529.3	2,209.1	2,519.6	2,197.0	2,054.6	5,425.7	6,281.7	6,092.4	4,108.8	4,091.5	4,131.6
Indonesia	536	771.7	855.5	1,079.9	928.8	819.8	1,107.2	3,891.0	4,117.7	4,114.0	3,933.3	3,465.1	3,283.0
Kiribati	826	0.2	0.1	0.2	0.3	0.5	0.2	1.5	0.4	0.0	....	0.0	....
Lao People's Dem.Rep	544	1.9	2.2	8.3	3.0	3.5	4.7	32.3	43.3	49.9	42.8	24.4	18.5
Malaysia	548	956.6	1,166.2	1,140.3	1,253.0	1,260.4	1,351.4	6,324.7	6,218.1	6,006.6	6,191.0	5,667.2	5,449.1
Maldives	556	14.8	7.9	8.3	11.7	12.7	16.2	1.9	1.2	4.7	6.8	6.5	3.3

Netherlands (138)
In Millions of U.S. Dollars

		Exports (FOB) 2011	2012	2013	2014	2015	2016	Imports (CIF) 2011	2012	2013	2014	2015	2016
Marshall Islands	867	2.0	2.5	66.8	6.1	0.4	0.8	0.0	0.0	0.1	0.3	0.3	12.8
Micronesia	868	0.1	0.0	0.1	0.0	0.1	0.1	0.1	0.0	0.1	0.0	0.0	0.0
Mongolia	948	23.9	40.1	42.5	21.8	14.4	17.9	7.7	4.9	8.0	3.4	0.9	1.3
Myanmar	518	5.7	7.4	14.3	24.8	21.1	30.7	9.9	14.6	8.4	35.1	84.3	149.6
Nauru	836	0.0	0.0	0.3	0.0	0.0	....	0.0	0.0	0.0	0.0	0.0	0.0
Nepal	558	11.4	12.9	14.0	20.1	15.9	19.0	5.4	6.7	8.1	7.2	5.3	4.7
Palau	565	0.2	0.1	0.0	0.0	0.0	0.1	0.0	0.0	0.0	0.0	0.0	0.0
Papua New Guinea	853	33.0	30.1	24.7	29.2	21.8	11.6	234.3	186.9	112.7	139.8	80.6	195.1
Philippines	566	425.4	431.0	516.9	574.1	510.6	607.1	1,785.7	1,655.4	1,778.5	2,073.5	2,117.8	1,975.0
Samoa	862	0.2	0.1	0.1	0.1	0.1	0.2	0.1	0.0	0.0	0.0	0.0	0.1
Solomon Islands	813	0.3	1.6	1.7	1.0	1.6	0.8	8.5	1.7	5.3	0.4	6.7	8.2
Sri Lanka	524	85.3	71.6	101.1	107.4	129.9	125.7	166.7	163.1	173.6	194.3	183.3	200.7
Thailand	578	1,253.3	1,388.3	1,261.6	1,278.1	1,221.6	1,237.6	4,267.8	3,560.7	3,759.0	4,359.9	3,798.0	3,963.7
Timor-Leste	537	0.9	17.2	0.6	2.5	2.0	1.9	0.0	0.0	0.4	1.5	0.6	0.0
Tonga	866	0.1	0.1	0.2	0.2	0.1	16.0	....	0.0	0.0	0.1	0.1	0.1
Tuvalu	869	....	0.0	0.0	0.0	0.1	0.0	0.0	0.0	0.0	0.0	....	....
Vanuatu	846	0.3	0.4	0.4	0.2	0.3	0.5	4.8	0.1	0.2	0.3	0.4	0.6
Vietnam	582	742.5	759.1	770.2	739.1	911.8	975.3	1,820.4	2,340.7	2,773.8	2,991.7	3,505.0	4,385.0
Asia n.s.	598	45.8	10.9	7.4	6.2	6.4	5.3	0.7	0.6	19.3	2.2	0.5	0.5
Europe	170	45,568.5	43,949.9	44,952.5	43,726.7	37,465.6	38,589.1	56,426.3	57,600.5	58,067.9	53,298.6	40,045.2	40,975.9
Emerg. & Dev. Europe	903	32,485.2	29,797.7	30,933.2	31,967.8	30,069.1	31,320.4	16,546.6	16,037.5	16,997.0	17,806.2	18,093.6	18,998.5
Albania	914	49.0	49.8	57.7	58.9	59.2	64.0	13.5	15.9	15.0	10.4	13.6	12.1
Bosnia and Herzegovina	963	128.8	133.8	149.4	174.8	160.6	176.5	47.2	46.4	69.2	71.5	70.0	101.9
Bulgaria	918	911.9	1,067.0	1,017.1	1,126.3	1,161.3	1,181.7	479.4	383.7	576.4	686.5	620.4	692.3
Croatia	960	720.8	632.0	573.4	683.3	715.7	781.4	133.8	148.9	155.2	114.0	200.4	375.5
Faroe Islands	816	24.2	14.9	27.5	28.2	48.0	17.9	86.6	94.0	76.2	87.0	77.4	68.1
Gibraltar	823	3,034.3	2,090.4	1,257.6	536.9	528.2	571.9	63.6	67.2	0.4	1.9	2.3	49.9
Hungary	944	4,327.9	3,884.9	3,908.7	4,476.5	4,513.7	4,833.3	2,773.8	2,738.4	2,732.5	2,466.5	2,706.1	2,666.7
Kosovo	967	36.0	31.3	49.8	38.4	25.7	26.7	5.5	1.9	3.0	2.3	10.0	12.8
Macedonia, FYR	962	136.5	103.0	113.6	115.9	92.2	116.0	106.0	74.3	73.0	75.5	59.0	67.2
Montenegro	943	54.6	48.6	55.6	88.4	40.1	46.2	4.7	4.4	5.5	33.0	2.2	3.2
Poland	964	13,222.4	12,405.5	13,650.7	14,212.6	13,166.1	13,704.6	7,452.3	7,317.6	7,578.9	8,291.4	8,690.2	9,083.5
Romania	968	2,502.7	2,490.0	2,695.0	2,818.4	2,689.4	3,130.6	1,628.4	1,398.3	1,647.2	1,697.5	1,644.2	1,386.5
Serbia, Republic of	942	415.8	371.5	446.2	520.6	514.2	479.0	135.9	189.8	129.0	164.7	118.0	168.5
Turkey	186	6,920.2	6,475.2	6,931.0	7,088.5	6,354.8	6,190.5	3,615.9	3,556.8	3,935.5	4,104.0	3,879.9	4,310.6
CIS	901	13,063.4	14,129.6	13,997.6	11,734.5	7,378.3	7,250.8	39,879.0	41,562.8	41,070.7	35,491.3	21,950.9	21,976.6
Armenia	911	63.4	55.9	64.7	47.3	34.6	32.9	74.2	44.8	60.9	61.9	42.0	52.5
Azerbaijan, Rep. of	912	232.7	222.2	286.5	386.8	211.0	138.0	1.2	205.7	95.5	149.6	41.3	4.0
Belarus	913	410.0	427.2	455.3	416.3	235.7	222.1	112.6	192.2	87.8	125.7	143.9	173.4
Georgia	915	90.4	100.5	123.1	148.6	103.4	135.6	22.6	17.8	18.5	30.7	41.7	53.4
Kazakhstan	916	601.3	653.9	596.4	557.9	459.0	434.5	2,453.3	2,257.0	1,242.7	504.7	225.1	267.5
Kyrgyz Republic	917	40.1	40.7	34.7	28.1	28.9	16.9	1.2	0.8	1.3	1.5	1.7	3.6
Moldova	921	83.1	68.9	87.0	87.7	67.2	76.7	32.9	16.2	21.2	22.3	28.4	20.3
Russian Federation	922	9,864.7	10,704.4	10,555.0	8,782.3	5,325.2	5,199.3	36,167.6	37,959.5	38,446.2	33,523.7	20,375.3	20,419.1
Tajikistan	923	5.8	8.9	10.5	13.5	10.2	11.6	0.9	19.6	8.0	3.7	3.9	1.2
Turkmenistan	925	73.4	114.6	86.1	80.2	77.3	47.3	0.0	1.1	8.4	2.8	2.7	0.9
Ukraine	926	1,507.9	1,661.5	1,613.2	1,061.5	732.9	860.1	936.7	844.1	1,075.5	1,055.0	1,041.1	974.8
Uzbekistan	927	90.6	70.8	85.1	124.2	92.6	75.8	75.8	4.0	4.7	9.6	3.8	5.7
Europe n.s.	884	19.9	22.5	21.7	24.4	18.2	18.0	0.7	0.2	0.3	1.0	0.7	0.7
Mid East, N Africa, Pak	440	14,541.4	16,452.2	17,445.3	18,653.3	15,733.8	14,849.2	26,148.0	26,569.2	22,176.6	21,099.2	13,309.0	12,341.3
Afghanistan, I.R. of	512	145.7	109.4	84.0	64.9	50.3	39.5	2.5	4.6	1.6	1.9	1.1	0.8
Algeria	612	674.0	993.7	1,580.1	1,336.4	1,248.7	954.6	3,577.5	5,309.2	4,211.8	3,188.9	1,314.6	956.2
Bahrain, Kingdom of	419	186.6	184.0	181.6	209.3	174.4	180.0	267.0	271.6	445.0	183.0	166.3	95.8
Djibouti	611	34.2	34.1	36.8	37.3	32.4	37.7	0.4	1.3	2.4	4.5	2.9	4.9
Egypt	469	1,560.3	1,789.7	1,690.8	1,964.7	1,597.0	1,546.1	441.1	533.3	439.7	357.6	357.2	351.2
Iran, I.R. of	429	840.3	475.0	353.0	514.5	520.1	793.6	2,200.0	204.8	88.5	57.2	41.5	557.7
Iraq	433	340.5	413.1	477.0	517.6	325.3	396.8	3,333.8	3,239.4	1,203.4	2,379.9	1,867.5	1,900.6
Jordan	439	343.2	344.4	373.5	440.1	389.5	333.6	66.2	49.8	23.7	46.9	55.6	54.5
Kuwait	443	464.8	512.0	665.9	592.8	704.5	611.1	3,207.4	3,027.2	3,211.2	2,833.5	2,250.1	1,153.3
Lebanon	446	380.4	619.5	604.7	442.4	349.0	378.8	56.2	31.1	16.3	37.5	52.6	72.0

Netherlands (138)

In Millions of U.S. Dollars

		Exports (FOB)						Imports (CIF)					
		2011	2012	2013	2014	2015	2016	2011	2012	2013	2014	2015	2016
Libya	672	293.8	515.7	623.1	329.3	217.9	185.2	529.4	2,018.6	2,116.8	1,600.2	644.3	313.6
Mauritania	682	308.0	389.5	520.6	356.9	112.0	95.4	134.0	118.3	91.3	94.5	51.8	38.5
Morocco	686	1,144.3	1,193.8	905.1	1,072.6	966.5	1,162.8	501.0	481.7	497.7	513.7	522.3	435.9
Oman	449	383.5	453.6	426.5	428.9	400.1	394.3	105.5	83.8	172.9	183.2	170.3	81.9
Pakistan	564	385.0	383.5	431.5	496.2	421.0	603.6	533.2	446.4	528.2	602.3	584.1	613.4
Qatar	453	404.0	478.0	533.5	524.8	509.4	488.1	1,748.8	434.5	768.2	931.8	630.3	471.8
Saudi Arabia	456	2,446.7	2,993.8	3,368.9	3,781.0	3,380.2	2,592.9	6,729.5	8,535.8	6,373.1	6,404.7	3,030.6	3,316.1
Somalia	726	4.9	5.0	5.9	9.2	9.6	11.4	0.0	0.0	0.0	0.4	0.0	0.3
Sudan	732	146.2	115.7	110.5	117.3	93.3	71.4	16.3	11.6	19.9	32.9	50.3	21.7
Syrian Arab Republic	463	191.8	102.7	57.2	62.0	43.5	55.2	514.5	7.2	5.8	8.1	5.9	6.3
Tunisia	744	367.9	315.2	359.2	354.5	304.5	327.7	426.5	504.2	430.2	377.8	198.1	184.2
United Arab Emirates	466	3,390.5	3,752.2	3,920.8	4,564.5	3,611.3	3,508.8	1,747.4	1,249.9	1,495.5	1,233.3	1,305.9	1,702.3
West Bank and Gaza	487	8.9	8.3	9.7	21.3	23.7	22.9	3.7	1.6	2.6	4.2	3.7	4.1
Yemen, Republic of	474	96.0	270.5	125.1	414.8	249.5	57.7	6.1	3.3	30.9	20.9	2.0	4.4
Sub-Saharan Africa	**603**	**13,967.2**	**12,482.3**	**13,868.4**	**13,786.3**	**11,508.4**	**9,230.8**	**15,631.2**	**19,878.0**	**17,610.5**	**18,991.2**	**14,022.0**	**10,115.7**
Angola	614	367.7	562.2	480.4	470.3	274.3	186.6	1,135.4	946.2	1,700.7	1,764.6	903.5	263.9
Benin	638	805.3	191.1	146.8	186.2	139.9	97.6	8.9	3.9	3.3	9.8	4.8	4.4
Botswana	616	18.7	6.9	12.0	15.0	12.6	10.3	0.2	2.3	0.6	1.9	2.7	4.4
Burkina Faso	748	46.9	60.6	67.4	71.2	80.6	52.9	5.7	8.8	8.5	9.8	9.2	13.4
Burundi	618	8.5	9.0	12.6	23.7	14.0	7.4	2.0	0.4	0.2	0.9	0.1	0.0
Cabo Verde	624	243.3	158.2	202.5	64.7	89.1	36.2	0.7	0.4	0.4	0.2	0.5	0.2
Cameroon	622	143.1	201.5	146.4	178.1	128.9	131.6	569.5	570.9	489.6	470.7	378.4	432.9
Central African Rep.	626	82.0	102.5	74.9	12.1	11.0	12.9	0.5	1.1	0.3	0.2	0.0	0.0
Chad	628	22.1	25.6	29.6	51.0	33.4	13.2	41.9	0.5	0.4	0.3	14.9	15.1
Comoros	632	4.5	7.7	4.2	4.2	2.9	2.6	4.5	66.3	6.4	2.0	2.1	1.9
Congo, Dem. Rep. of	636	163.0	147.0	158.3	155.9	105.8	85.8	130.0	37.8	50.1	87.5	65.6	30.6
Congo, Republic of	634	169.4	137.9	146.9	177.8	121.2	76.5	529.0	799.1	346.5	77.8	33.9	86.3
Côte d'Ivoire	662	153.7	211.9	261.2	269.2	249.4	182.8	1,370.9	1,018.0	1,091.8	1,072.6	1,381.9	1,369.9
Equatorial Guinea	642	69.9	51.1	67.9	82.8	299.9	44.3	984.6	1,113.3	575.0	831.1	476.7	231.3
Eritrea	643	4.6	3.4	5.7	3.4	4.5	5.7	0.0	0.0	0.2	0.0	0.0	0.0
Ethiopia	644	72.6	119.8	135.5	130.0	92.0	134.8	73.6	79.8	99.1	79.9	285.1	361.9
Gabon	646	116.0	130.8	253.9	185.5	124.5	63.6	44.3	193.7	175.3	67.0	354.2	151.3
Gambia, The	648	43.8	33.1	41.0	42.9	46.4	33.4	2.0	2.6	2.2	2.7	1.6	1.9
Ghana	652	937.7	1,500.0	1,324.1	1,595.2	896.0	525.6	974.4	772.6	700.5	810.6	720.0	959.9
Guinea	656	433.3	471.8	771.8	656.7	338.8	374.3	10.3	11.0	3.1	14.0	22.4	27.6
Guinea-Bissau	654	11.2	8.8	10.4	9.2	9.3	11.8	0.0	0.0	0.0	3.0	0.6	0.2
Kenya	664	310.4	246.5	328.3	256.0	332.8	285.1	566.1	530.8	535.9	571.0	503.5	524.5
Lesotho	666	1.8	2.5	1.0	2.2	1.4	1.4	0.5	0.3	0.3	0.2	0.2	0.7
Liberia	668	58.2	167.8	44.2	53.0	46.3	32.1	16.3	19.1	22.4	21.6	34.9	98.9
Madagascar	674	23.5	19.0	21.9	32.4	22.8	26.1	45.6	36.3	117.5	156.3	138.8	105.2
Malawi	676	15.9	12.5	16.1	10.0	7.6	7.6	34.5	38.6	43.0	19.1	13.9	18.1
Mali	678	50.6	52.4	73.2	83.2	85.1	104.6	3.8	3.3	5.7	6.7	11.3	9.8
Mauritius	684	39.2	38.9	47.7	43.0	49.7	57.3	44.5	44.8	101.6	71.2	72.4	65.7
Mozambique	688	82.3	59.0	46.5	84.1	38.9	40.4	55.2	79.3	115.9	131.9	169.6	334.5
Namibia	728	18.5	64.5	50.0	68.2	31.3	30.0	63.4	57.0	125.1	102.1	140.4	134.3
Niger	692	34.1	141.7	45.4	41.2	33.8	17.2	0.2	0.2	0.2	0.1	0.1	0.0
Nigeria	694	5,365.2	3,478.9	3,554.4	3,509.1	3,283.2	2,589.9	5,109.1	10,026.2	7,522.0	8,700.4	5,401.5	2,115.6
Rwanda	714	35.9	51.2	51.5	35.6	26.5	21.6	1.8	1.6	0.9	1.3	1.1	0.9
São Tomé & Príncipe	716	2.0	1.1	1.1	2.1	2.5	1.8	3.0	3.3	2.6	4.1	3.8	5.1
Senegal	722	580.4	389.6	891.9	879.4	385.0	347.2	27.5	38.6	38.2	43.5	40.8	44.8
Seychelles	718	20.6	19.1	22.5	20.5	15.5	20.8	12.1	5.8	6.5	6.3	9.8	17.6
Sierra Leone	724	51.6	46.2	58.6	61.0	60.9	39.1	35.4	38.8	15.6	20.9	30.8	49.5
South Africa	199	2,823.2	3,155.2	2,930.5	2,676.6	2,591.1	2,358.0	3,203.3	2,864.4	3,270.1	3,390.1	2,454.8	2,319.6
South Sudan, Rep. of	733	....	....	9.7	18.0	23.2	9.9	....	....	0.1	0.1	0.1	0.0
Swaziland	734	7.0	2.7	2.4	5.3	2.7	3.4	23.0	21.0	26.7	15.3	11.1	11.5
Tanzania	738	171.4	134.2	182.3	141.2	136.0	126.5	124.2	121.4	124.6	99.7	73.3	60.9
Togo	742	214.9	105.2	941.4	1,234.4	1,134.3	888.1	74.4	71.3	14.1	35.2	28.3	38.7
Uganda	746	54.3	67.0	82.2	70.1	61.6	70.4	138.1	117.2	109.3	128.3	109.3	104.5
Zambia	754	56.6	56.5	70.1	51.1	45.1	45.1	58.2	48.6	62.1	48.0	37.4	36.9
Zimbabwe	698	32.2	29.4	33.5	23.4	15.6	15.3	102.6	81.4	95.8	111.5	76.4	61.2

Netherlands (138)

In Millions of U.S. Dollars

		Exports (FOB)						Imports (CIF)					
		2011	2012	2013	2014	2015	2016	2011	2012	2013	2014	2015	2016
Africa n.s.	799	0.1	0.0	9.0	0.1	0.9	2.0	0.0	0.0	0.0	0.0	0.5	0.0
Western Hemisphere	205	**11,973.2**	**13,650.7**	**12,594.4**	**13,180.1**	**11,194.4**	**11,951.8**	**29,075.1**	**26,027.7**	**26,351.0**	**23,947.3**	**18,678.1**	**19,168.3**
Anguilla	312	0.4	1.0	0.8	1.3	1.7	1.5	0.0	0.0	0.0	0.0	0.0	....
Antigua and Barbuda	311	4.3	40.8	4.7	5.7	9.1	36.6	0.4	0.3	0.2	0.3	0.4	0.4
Argentina	213	713.2	945.8	1,380.9	1,156.5	778.2	828.4	2,863.2	2,835.9	2,303.8	1,988.6	1,592.3	1,470.7
Aruba	314	99.4	105.3	109.7	115.0	106.5	108.7	15.4	6.7	9.4	5.7	6.3	15.3
Bahamas, The	313	74.1	144.7	52.1	73.0	61.5	102.0	5.5	1.5	2.0	1.9	7.5	11.2
Barbados	316	18.1	11.2	9.4	12.3	11.2	12.9	2.4	2.6	3.6	3.0	3.6	5.0
Belize	339	6.2	6.1	11.1	9.9	9.0	7.9	9.1	21.7	18.0	21.9	12.5	12.7
Bermuda	319	11.5	15.7	6.7	5.5	5.7	4.1	0.3	0.1	0.0	0.1	9.2	0.3
Bolivia	218	45.9	67.9	181.5	107.6	92.2	71.3	76.3	179.3	195.7	156.7	98.1	69.0
Brazil	223	3,240.9	4,031.6	3,109.8	3,829.8	3,286.0	3,758.3	12,781.8	10,867.6	11,029.1	9,119.1	7,227.4	6,949.1
Chile	228	537.4	626.4	710.2	629.5	582.6	696.1	3,526.9	2,407.7	2,578.2	2,133.8	1,670.8	1,797.6
Colombia	233	464.0	434.9	653.7	618.0	621.0	484.2	2,642.2	2,793.4	2,549.1	2,288.4	1,665.1	1,561.7
Costa Rica	238	135.7	99.4	115.8	96.3	87.3	101.7	504.8	594.1	672.8	732.6	558.1	685.9
Curaçao	354	....	....	....	218.2	243.6	227.2	....	....	....	9.0	13.9	12.5
Dominica	321	3.9	3.6	3.6	4.6	3.3	3.3	0.7	1.4	0.1	0.5	0.7	2.9
Dominican Republic	243	115.2	111.3	126.8	136.2	125.6	151.6	214.7	253.3	248.3	236.8	236.9	256.2
Ecuador	248	192.6	185.9	261.4	307.4	420.4	324.3	421.5	489.4	491.1	557.5	479.7	542.5
El Salvador	253	39.2	31.7	41.8	36.1	38.0	31.8	19.3	25.1	32.0	41.0	36.8	38.4
Falkland Islands	323	56.8	9.7	0.2	3.0	1.2	4.4	0.8	2.5	2.1	1.3	0.6	0.2
Greenland	326	2.8	44.5	7.9	5.6	6.1	7.8	9.6	6.1	6.9	11.9	11.2	5.9
Grenada	328	3.5	4.8	4.4	4.3	3.7	5.2	2.6	3.2	4.8	2.5	2.5	2.2
Guatemala	258	68.6	74.8	81.9	83.8	79.6	87.6	178.3	199.0	300.5	364.0	317.2	357.7
Guyana	336	26.5	25.5	26.8	29.1	30.3	30.4	61.3	54.6	49.7	42.1	39.4	35.0
Haiti	263	33.3	37.7	48.4	39.8	35.6	35.9	1.4	0.8	2.4	1.2	1.2	4.7
Honduras	268	46.3	35.0	49.3	34.6	40.9	49.0	99.3	173.7	137.8	190.9	143.2	240.3
Jamaica	343	21.2	19.1	26.4	30.3	29.6	34.5	122.5	43.5	114.1	114.8	110.3	121.8
Mexico	273	3,277.2	3,836.1	3,657.7	3,660.9	2,705.1	2,245.1	2,508.9	2,325.9	2,085.8	2,702.9	2,029.0	1,925.7
Montserrat	351	0.2	0.5	0.3	0.3	0.2	0.4	0.0	0.0	0.1	0.1	0.0	0.0
Netherlands Antilles	353	341.6	393.6	....	....	....	....	32.7	28.4	....	....	....	....
Nicaragua	278	14.0	55.4	21.6	14.2	23.9	18.6	50.0	25.2	27.3	25.3	35.9	23.9
Panama	283	209.9	211.8	133.9	148.4	182.2	175.6	60.6	85.3	82.3	122.3	175.7	224.1
Paraguay	288	62.8	36.6	70.2	78.7	77.0	68.2	380.1	275.2	241.4	284.8	43.3	50.8
Peru	293	224.5	269.5	237.1	328.3	310.4	349.0	830.6	780.9	848.9	871.1	830.4	962.7
Sint Maarten	352	....	....	....	42.5	48.1	46.4	....	....	....	1.1	0.4	0.6
St. Kitts and Nevis	361	1.3	4.7	1.7	0.7	1.1	1.0	0.1	0.0	0.2	0.1	0.2	0.1
St. Lucia	362	2.7	3.3	5.4	6.1	5.9	8.8	0.2	0.4	0.4	0.5	0.6	0.5
St. Vincent & Grens.	364	2.1	1.8	2.3	1.3	1.4	2.0	0.0	0.3	0.1	0.1	0.0	0.1
Suriname	366	260.4	308.0	284.5	277.6	237.4	159.9	47.1	40.4	31.3	60.9	50.6	42.1
Trinidad and Tobago	369	57.5	118.3	78.6	84.1	81.8	85.5	420.1	490.3	1,063.4	364.5	208.9	144.8
Uruguay	298	221.0	117.6	103.4	123.3	99.3	103.3	371.4	374.6	443.8	536.1	825.1	709.0
Venezuela, Rep. Bol.	299	638.3	853.6	594.5	545.8	486.4	162.0	810.8	636.2	743.4	950.5	218.3	173.3
Western Hem. n.s.	399	698.7	325.3	378.3	274.2	224.0	1,319.4	2.3	1.3	30.8	1.3	14.5	711.7
Other Countries n.i.e	910	**138.8**	**153.7**	**145.9**	**144.5**	**169.4**	**178.2**	**376.0**	**316.4**	**327.8**	**167.1**	**167.0**	**71.8**
Cuba	928	136.8	151.9	144.4	141.7	166.9	175.8	263.9	304.1	186.0	160.6	164.3	70.8
Korea, Dem. People's Rep.	954	2.0	1.8	1.6	2.8	2.6	2.4	112.1	12.3	141.8	6.5	2.6	1.0
Special Categories	899	**2,789.5**	**3,240.1**	**10,320.4**	**8,578.4**	**5,200.8**	**4,295.1**	**1.0**	**0.5**	**0.0**	**5.7**	**15.4**	**39.4**
Countries & Areas n.s.	898	**821.2**	**2,330.2**	**1,543.5**	**867.7**	**2,003.7**	**1,414.1**	**770.0**	**1,096.8**	**1,952.6**	**2,078.1**	**2,532.7**	**2,736.8**
Memorandum Items													
Africa	605	16,646.6	15,529.4	17,377.0	17,052.4	14,252.2	11,882.0	20,286.9	26,304.3	22,863.6	23,203.9	16,161.9	11,757.3
Middle East	405	11,331.3	12,912.3	13,411.5	14,808.1	12,495.4	11,545.1	20,956.6	19,691.9	16,393.5	16,282.2	10,583.9	10,085.4
European Union	998	513,759.5	496,408.8	505,142.1	507,424.9	430,433.4	432,661.5	277,065.2	266,585.5	272,467.5	269,740.3	234,244.5	237,472.0
Export earnings: fuel	080	27,821.7	28,822.4	30,131.4	29,205.2	23,311.6	20,126.3	74,290.4	82,472.8	75,273.8	68,958.3	41,923.4	36,601.0
Export earnings: nonfuel	092	639,089.5	627,112.2	641,450.0	643,205.3	547,130.2	550,785.8	520,022.3	504,822.8	514,487.8	520,611.3	470,181.6	468,109.2

New Zealand (196)

In Millions of U.S. Dollars

		Exports (FOB)						Imports (CIF)					
		2011	2012	2013	2014	2015	2016	2011	2012	2013	2014	2015	2016
IFS World		37,684.8	37,317.2	39,399.2	41,540.8	34,152.3	33,752.9	37,048.0	38,256.3	39,658.9	42,522.7	36,618.6	35,934.6
World	001	37,504.6	37,254.1	39,584.0	41,825.6	34,351.1	33,681.7	36,721.8	38,384.2	39,655.1	42,304.1	36,550.1	36,303.3
Advanced Economies	110	21,965.7	21,314.9	20,968.7	22,003.8	19,174.1	18,393.5	22,030.9	22,739.1	22,796.7	25,238.2	21,402.4	21,546.6
Euro Area	163	2,514.2	2,262.0	2,362.3	2,516.2	2,114.5	2,044.7	4,179.2	4,352.3	5,020.9	5,588.2	4,899.6	4,853.7
Austria	122	14.3	13.7	15.5	17.3	14.8	16.9	127.9	127.0	150.7	230.4	139.4	149.3
Belgium	124	317.9	271.3	321.8	232.7	170.3	138.2	213.9	230.2	257.7	259.4	225.5	242.2
Cyprus	423	15.6	14.9	9.4	11.4	10.2	10.7	1.6	1.1	1.4	1.5	1.3	1.3
Estonia	939	1.8	3.6	2.7	2.2	2.3	2.6	1.3	1.3	2.9	1.8	2.9	6.2
Finland	172	28.6	22.7	17.9	20.0	16.4	14.6	141.8	137.8	120.3	132.9	117.3	117.4
France	132	355.5	318.3	294.8	335.6	287.3	258.5	708.5	748.7	997.5	974.2	966.0	803.1
Germany	134	606.4	599.7	608.1	556.7	477.9	471.7	1,583.4	1,704.8	1,831.1	2,047.8	1,710.0	1,777.3
Greece	174	58.5	35.7	37.9	31.8	24.6	32.6	20.5	25.1	24.0	22.4	18.1	21.4
Ireland	178	35.4	39.6	47.3	44.5	40.7	37.6	188.5	142.6	154.9	188.1	147.6	185.1
Italy	136	351.9	293.7	321.2	350.2	278.1	264.2	662.1	639.0	739.5	771.0	690.5	743.0
Latvia	941	5.4	5.8	6.6	9.3	5.7	7.2	1.8	2.3	3.0	3.9	3.8	5.9
Lithuania	946	11.6	11.4	12.9	14.1	21.1	14.0	12.8	19.0	3.9	12.6	15.7	19.4
Luxembourg	137	0.6	0.4	0.9	0.5	1.5	1.3	5.9	5.2	5.4	5.2	5.3	4.9
Malta	181	5.9	3.9	6.2	4.5	4.5	3.7	2.8	4.4	3.4	3.6	3.4	2.9
Netherlands	138	485.1	459.3	498.4	706.9	569.9	559.5	264.9	332.2	388.3	383.5	387.4	397.3
Portugal	182	38.1	26.9	21.6	28.3	23.7	23.1	16.8	18.3	19.5	22.9	26.1	28.2
Slovak Republic	936	0.3	0.3	0.3	0.4	0.4	0.6	7.8	8.9	34.6	55.7	56.9	51.0
Slovenia	961	0.7	6.5	4.1	6.9	2.4	2.4	4.9	7.7	9.4	11.2	10.2	12.2
Spain	184	180.5	134.4	134.9	143.0	162.8	185.2	211.8	196.7	273.4	460.0	372.5	285.4
Australia	193	8,308.2	7,856.6	7,527.9	7,316.1	5,818.1	5,752.6	5,853.2	5,837.7	5,274.5	5,188.1	4,331.4	4,595.2
Canada	156	466.5	459.8	432.3	478.1	466.9	415.9	503.4	470.1	465.3	433.0	467.3	455.5
China,P.R.: Hong Kong	532	616.2	706.0	631.7	613.2	524.5	562.1	124.4	123.7	117.0	104.4	77.0	69.6
China,P.R.: Macao	546	4.1	6.5	4.3	5.2	4.9	5.8	0.8	1.2	0.5	0.7	1.0	0.4
Czech Republic	935	5.7	6.1	9.1	6.9	8.9	7.2	45.7	57.6	66.6	77.7	90.3	113.0
Denmark	128	181.6	61.6	66.7	100.9	111.5	103.2	169.7	137.6	150.2	237.9	147.8	141.1
Iceland	176	1.0	0.9	1.1	1.0	1.7	8.5	13.5	5.7	10.1	2.1	2.0	4.7
Israel	436	13.1	11.7	16.5	21.3	21.9	14.9	69.1	151.5	87.1	92.1	83.3	81.8
Japan	158	2,650.1	2,608.5	2,350.5	2,458.5	2,069.0	2,077.9	2,313.3	2,476.1	2,537.7	2,830.5	2,397.3	2,609.1
Korea, Republic of	542	1,318.2	1,258.5	1,348.4	1,463.5	1,096.8	1,040.2	1,151.3	1,451.5	1,577.1	1,900.6	1,356.0	1,527.7
New Zealand	196	....	....	....	....	....	....	....	....	....	....	....	39.8
Norway	142	28.7	30.6	30.7	36.1	28.5	33.5	35.5	32.1	36.8	41.3	49.8	55.8
Singapore	576	636.0	683.4	835.2	838.2	762.6	771.7	1,704.7	1,823.7	1,536.6	1,543.0	1,267.4	997.2
Sweden	144	56.2	52.8	53.0	51.8	46.3	43.7	224.1	241.4	271.1	261.0	212.0	218.8
Switzerland	146	66.1	61.2	71.3	72.0	82.1	59.8	289.7	262.3	257.2	260.7	240.0	262.9
Taiwan Prov.of China	528	715.8	671.2	725.1	845.5	784.3	756.8	547.9	634.3	642.4	635.4	544.5	525.0
United Kingdom	112	1,212.0	1,133.9	1,151.8	1,289.9	1,174.9	1,014.3	1,002.8	1,101.8	1,011.3	1,108.5	943.5	1,046.1
United States	111	3,172.0	3,443.6	3,350.8	3,889.4	4,056.6	3,680.6	3,802.7	3,578.5	3,734.3	4,932.9	4,292.2	3,949.3
Emerg. & Dev. Economies	200	14,854.5	15,456.8	18,127.2	19,324.9	14,571.4	14,731.4	14,677.6	15,556.6	16,684.9	16,912.4	14,972.5	14,648.8
Emerg. & Dev. Asia	505	10,029.6	10,549.5	13,334.0	13,786.0	10,438.8	10,922.3	9,886.2	11,276.9	12,231.3	12,681.1	11,985.6	11,699.4
American Samoa	859	44.3	21.3	20.1	22.0	24.4	31.6	2.5	2.1	1.6	1.7	0.9	1.3
Bangladesh	513	129.1	111.7	94.9	164.0	150.1	151.8	30.3	40.6	47.0	48.9	63.2	76.5
Bhutan	514	0.1	0.1	0.1	0.5	0.2	0.6	0.0	0.0	0.0	0.0	0.0	0.0
Brunei Darussalam	516	3.6	4.4	5.7	5.4	3.4	3.5	431.4	864.7	492.0	313.9	367.0	113.7
Cambodia	522	4.4	4.3	4.9	4.7	5.9	5.7	3.8	5.8	8.1	8.5	11.7	16.2
China,P.R.: Mainland	924	4,701.0	5,590.7	8,213.6	8,364.6	6,028.4	6,525.3	5,906.3	6,281.7	6,930.7	7,186.9	7,125.0	7,232.2
Fiji	819	270.0	289.3	329.5	302.3	290.0	328.5	52.7	49.4	49.8	46.6	41.5	45.5
F.T. French Polynesia	887	146.8	141.1	154.7	148.7	136.4	134.3	2.2	2.6	2.4	2.9	2.4	1.8
F.T. New Caledonia	839	145.6	143.5	138.2	124.0	105.8	107.1	2.1	2.5	1.7	1.6	1.9	2.0
Guam	829	9.4	5.3	6.7	5.5	4.9	6.0	0.0	0.0	0.0	0.1	0.0	0.0
India	534	745.2	639.7	553.9	535.0	442.4	445.7	306.4	339.8	348.2	421.7	417.4	408.8
Indonesia	536	681.4	684.0	728.3	775.2	571.8	603.7	564.1	587.2	795.8	748.1	633.7	551.8
Kiribati	826	4.8	6.1	6.1	7.2	10.5	8.9	0.2	0.1	0.1	0.1	0.0	0.0
Lao People's Dem.Rep	544	2.5	0.8	1.0	1.4	0.8	0.7	0.3	0.2	1.8	4.1	2.9	5.7
Malaysia	548	703.2	717.6	743.5	810.8	664.5	553.6	1,151.7	1,412.6	1,609.6	1,831.6	1,217.1	983.1
Maldives	556	7.2	7.8	13.0	17.3	16.2	12.5	0.0	0.0	0.0	0.0	0.0	0.0
Marshall Islands	867	....	....	....	....	....	0.8	....	....	....	....	....	....

2017, International Monetary Fund: *Direction of Trade Statistics Yearbook*

New Zealand (196)

In Millions of U.S. Dollars

		Exports (FOB)						Imports (CIF)					
		2011	2012	2013	2014	2015	2016	2011	2012	2013	2014	2015	2016
Micronesia	868	....	....	....	....	....	0.3	....	....	....	....	....	....
Mongolia	948	18.2	14.3	15.8	16.7	7.3	7.5	0.0	0.2	0.1	0.2	1.4	0.4
Myanmar	518	16.7	16.5	16.5	21.1	19.2	27.9	1.2	1.0	1.1	1.5	2.1	2.6
Nauru	836	0.4	1.1	2.0	0.9	0.3	1.1	5.9	14.4	15.7	8.5	0.0	3.2
Nepal	558	10.2	6.0	5.2	9.7	8.2	8.3	0.6	0.6	0.6	0.9	0.8	0.9
Palau	565	0.2	0.2	0.2	0.3	0.3	0.6	....	....	....	....	0.0	0.0
Papua New Guinea	853	166.8	197.3	193.9	169.5	142.6	125.0	10.6	12.3	9.5	12.0	8.1	6.8
Philippines	566	598.1	550.3	616.4	626.7	453.6	440.5	107.4	115.5	116.9	106.6	95.2	84.6
Samoa	862	107.4	87.5	93.4	84.1	77.0	64.7	2.7	2.5	2.0	2.6	3.6	3.1
Solomon Islands	813	23.8	25.3	21.7	24.3	20.6	20.3	3.3	4.9	5.9	5.8	3.9	4.6
Sri Lanka	524	274.7	222.7	200.1	237.7	161.1	169.5	32.8	36.0	38.6	42.1	37.7	37.5
Thailand	578	594.4	508.9	577.5	661.0	544.8	573.8	1,053.6	1,225.9	1,365.0	1,464.8	1,514.6	1,638.0
Timor-Leste	537	0.2	0.4	0.7	1.7	1.5	1.9	0.1	0.2	0.4	0.5	0.5	0.2
Tonga	866	45.8	48.1	41.1	45.6	45.7	55.7	1.6	2.7	2.9	2.9	2.0	2.1
Tuvalu	869	3.2	1.8	1.7	6.0	3.2	2.8	0.2	0.0	0.0	0.0	0.0	0.0
Vanuatu	846	36.3	31.6	30.1	28.7	36.5	35.8	4.5	2.2	1.3	1.9	0.6	0.6
Vietnam	582	352.0	368.4	396.0	454.5	365.3	358.7	204.8	263.4	380.3	409.0	424.1	472.9
Asia n.s.	598	182.9	101.5	107.4	108.6	96.0	107.5	2.6	5.9	2.5	5.3	6.1	3.1
Europe	**170**	**455.5**	**587.7**	**650.6**	**714.9**	**292.1**	**416.0**	**1,220.0**	**648.4**	**724.1**	**763.0**	**707.8**	**466.4**
Emerg. & Dev. Europe	**903**	**95.4**	**104.9**	**129.4**	**149.6**	**122.1**	**137.8**	**288.7**	**232.1**	**240.7**	**293.0**	**321.9**	**311.7**
Albania	914	2.6	0.4	0.3	0.3	0.1	0.4	0.1	0.1	0.1	0.2	0.3	0.4
Bosnia and Herzegovina	963	....	0.0	....	0.0	0.2	0.1	0.4	0.4	0.4	0.6	1.3	2.3
Bulgaria	918	4.5	6.2	5.2	6.2	5.8	8.7	5.6	9.3	7.0	13.7	30.6	18.3
Croatia	960	3.4	6.5	3.5	2.0	1.9	3.8	26.8	2.8	2.0	2.0	2.1	3.3
Faroe Islands	816	3.1	3.6	3.5	3.6	3.0	2.8	0.0	0.0	0.0	0.0	0.0	0.0
Gibraltar	823	1.0	0.7	1.2	0.8	1.3	0.8	0.0	0.0	0.0	0.0	0.0	0.0
Hungary	944	6.6	4.0	4.1	1.8	1.2	2.1	112.7	48.4	46.5	55.3	59.2	47.5
Macedonia, FYR	962	0.4	0.1	0.0	0.0	0.0	0.0	0.5	0.2	0.7	0.7	0.4	0.3
Montenegro	943	....	0.0	0.1	0.0	0.1	0.2	0.0	0.0	0.0	0.1	0.0	0.0
Poland	964	12.9	14.5	17.2	21.0	25.3	45.0	45.3	61.3	68.1	82.7	81.4	97.3
Romania	968	3.8	5.9	3.2	8.6	6.1	3.4	6.9	8.7	9.5	12.2	16.4	12.8
Serbia, Republic of	942	0.1	0.2	0.1	0.1	0.2	0.6	0.8	0.6	0.7	1.2	1.6	2.4
Turkey	186	57.1	62.8	91.0	105.1	76.9	69.9	89.6	100.3	105.7	124.3	128.6	127.0
CIS	**901**	**360.1**	**320.3**	**342.5**	**343.0**	**170.0**	**218.1**	**931.2**	**416.2**	**483.4**	**470.0**	**385.9**	**154.7**
Armenia	911	15.9	15.0	15.9	15.7	10.6	10.8	0.0	0.0	0.1	0.1	0.1	0.1
Azerbaijan, Rep. of	912	58.4	60.8	53.8	91.3	57.2	36.3	0.1	0.1	0.2	0.2	0.1	0.1
Belarus	913	0.3	0.5	0.8	1.0	0.2	0.4	0.4	0.3	12.5	22.2	14.2	2.6
Georgia	915	11.8	14.7	24.0	11.6	4.0	2.3	0.5	0.5	0.3	0.4	0.2	0.2
Kazakhstan	916	1.7	1.5	1.2	1.1	2.6	2.0	1.3	0.3	0.8	0.8	1.1	0.8
Kyrgyz Republic	917	0.0	0.1	0.0	0.3	0.0	0.0	0.0	0.1	0.0	0.0	0.1	0.1
Moldova	921	0.1	0.1	0.5	0.7	0.5	0.2	0.2	0.1	0.1	0.2	0.2	0.2
Russian Federation	922	236.3	188.7	190.8	203.8	86.8	157.0	922.5	407.2	449.9	438.8	360.1	145.9
Tajikistan	923	5.3	0.2	0.7	0.1	....	....	0.1	....	0.0	0.0	0.0	0.0
Turkmenistan	925	1.3	0.8	0.2	0.2	....	....	0.0	0.0	0.0	0.0	0.0	0.0
Ukraine	926	22.0	30.4	50.0	12.4	5.6	6.9	6.1	7.5	19.4	7.3	9.9	4.7
Uzbekistan	927	7.0	7.4	4.7	5.0	2.5	2.3	0.0	0.0	0.0	0.0	0.0	0.0
Europe n.s.	884	....	162.5	178.7	222.3	....	60.1	0.0	0.0	0.0	0.0	0.1	0.0
Mid East, N Africa, Pak	**440**	**2,525.7**	**2,518.6**	**2,224.1**	**3,067.2**	**2,286.0**	**2,150.2**	**2,894.3**	**2,811.2**	**2,837.0**	**2,478.0**	**1,409.6**	**1,592.8**
Afghanistan, I.R. of	512	1.0	0.4	0.7	0.2	0.3	0.6	0.2	0.2	0.3	0.2	0.1	0.1
Algeria	612	420.1	346.5	241.6	484.5	360.1	489.7	0.0	0.0	0.0	0.0	0.0	0.1
Bahrain, Kingdom of	419	53.3	45.1	36.3	57.2	55.2	44.1	28.4	13.7	6.3	5.3	4.2	5.9
Djibouti	611	2.2	3.8	2.7	1.5	2.3	2.4	0.1	0.1	0.0	0.0	0.3	0.9
Egypt	469	255.2	309.0	297.6	411.2	345.0	295.1	2.3	9.8	6.5	3.1	2.5	7.2
Iran, I.R. of	429	214.0	213.0	143.2	136.2	65.3	103.2	3.6	3.6	2.3	10.5	2.8	3.6
Iraq	433	4.5	5.8	3.7	3.6	3.4	3.8	11.0	0.2	0.1	0.0	0.0	0.0
Jordan	439	54.8	75.1	46.8	75.1	68.3	50.4	0.9	1.0	1.1	12.5	1.3	1.4
Kuwait	443	79.4	59.8	60.4	60.8	57.7	46.1	420.4	187.9	256.0	456.9	118.3	2.7
Lebanon	446	10.0	8.0	9.8	11.2	12.0	10.0	0.8	0.5	0.8	1.0	1.0	1.0
Libya	672	19.6	52.9	60.9	61.9	33.7	43.9	....	....	....	0.0	....	0.0
Mauritania	682	2.8	0.6	0.3	0.2	....	1.5	0.0	0.0	0.0	0.0	0.0	0.0

New Zealand (196)

In Millions of U.S. Dollars

		Exports (FOB)						Imports (CIF)					
		2011	2012	2013	2014	2015	2016	2011	2012	2013	2014	2015	2016
Morocco	686	66.0	46.6	53.6	63.1	46.7	49.6	105.3	89.4	87.7	103.0	79.8	79.5
Oman	449	66.1	71.5	71.8	82.8	62.9	59.8	178.0	924.3	340.2	22.9	2.0	35.4
Pakistan	564	68.4	70.2	62.6	79.2	49.5	58.7	47.6	47.7	48.4	52.5	48.7	50.4
Qatar	453	20.8	17.8	18.8	26.3	25.9	20.5	798.2	335.7	485.4	451.1	473.6	138.1
Saudi Arabia	456	548.0	560.8	449.5	628.4	432.3	353.6	702.3	841.4	691.0	599.8	350.8	466.2
Somalia	726	....	0.0	0.2	0.0	0.3	2.3	0.0	0.1	0.0	0.0	0.0	0.0
Sudan	732	82.9	65.9	66.9	38.1	41.1	42.8	0.0	0.0	0.1	0.1	0.1	0.0
Syrian Arab Republic	463	69.6	34.1	6.4	11.1	8.2	10.0	0.1	0.1	0.0	0.1	0.0	0.0
Tunisia	744	3.6	5.6	4.1	4.0	4.7	2.8	2.5	4.3	4.5	6.0	3.6	3.9
United Arab Emirates	466	449.3	493.5	537.7	763.4	590.7	433.5	592.8	273.3	906.1	752.8	320.2	796.4
West Bank and Gaza	487	....	....	....	0.1	....	0.0	....	....	0.0	....	....	0.0
Yemen, Republic of	474	34.1	32.6	48.8	67.2	20.2	26.1	0.0	77.8	0.0	0.0	0.1	0.0
Sub-Saharan Africa	603	**655.5**	**650.3**	**703.0**	**698.0**	**549.9**	**426.3**	**127.8**	**226.1**	**290.5**	**262.0**	**154.2**	**149.3**
Angola	614	33.6	27.0	34.5	39.0	22.2	7.8	0.0	0.0	0.0	0.0	0.0	0.0
Benin	638	0.7	2.1	0.7	2.3	1.3	2.8	....	0.1	....	....	0.0	....
Botswana	616	0.0	0.1	0.2	0.1	0.0	0.1	0.0	....	0.0	0.0	0.0	0.0
Burkina Faso	748	0.2	0.6	1.4	1.9	0.6	1.7	0.0	0.0	....	0.0	0.0	0.0
Burundi	618	0.0	0.0	0.0	0.0	....	....	0.0	0.0	0.1	0.0	0.0	0.0
Cabo Verde	624	....	....	0.0	0.0	0.0	0.0	0.0	0.0	0.0	0.1	0.1	0.0
Cameroon	622	12.5	16.9	20.4	25.0	22.2	13.4	0.2	0.7	1.3	1.9	1.4	0.5
Central African Rep.	626	....	....	0.1	0.2	0.1	....	0.0	0.0	0.0	0.0	0.0	0.0
Chad	628	0.1	0.0	0.2	1.5	1.1	0.3	0.0	....	....	0.0	0.1	0.0
Comoros	632	....	0.0	....	0.2	0.1	0.0	0.0	0.0	0.0	0.0	0.0	0.0
Congo, Dem. Rep. of	636	7.5	5.4	7.3	9.9	9.4	9.2	0.0	0.1	0.2	0.6	0.4	0.3
Congo, Republic of	634	2.2	0.4	2.6	1.8	4.6	3.4	0.0	0.0	0.0	0.0	0.1	0.0
Côte d'Ivoire	662	8.7	7.4	3.3	7.5	9.3	13.9	0.0	0.0	0.0	0.7	1.2	0.3
Equatorial Guinea	642	0.3	2.1	3.4	1.8	0.4	0.4	....	....	....	....	....	....
Eritrea	643	0.0	0.1	0.1	....	0.0	0.0	0.0	0.0	0.0	0.0	0.0	0.0
Ethiopia	644	0.4	0.4	0.2	2.2	1.2	2.7	3.1	5.0	4.2	4.9	4.2	4.4
Gabon	646	4.0	1.8	2.1	3.6	1.8	1.4	0.2	0.3	1.6	1.7	0.8	0.3
Gambia, The	648	1.3	0.2	0.1	0.5	0.1	0.7	....	0.0	0.0	0.0	0.0	0.0
Ghana	652	79.4	41.5	55.4	28.3	17.8	22.4	4.4	5.1	4.3	5.5	11.0	7.4
Guinea	656	0.6	1.4	1.3	2.0	3.5	2.1	0.0	0.0	0.2	0.2	0.2	1.0
Guinea-Bissau	654	....	....	....	0.0	0.1	0.1	0.0	....	....	0.0	....	0.0
Kenya	664	6.2	8.8	7.7	5.1	7.4	5.6	2.1	1.9	3.8	2.8	2.6	2.7
Lesotho	666	....	....	0.0	....	....	....	0.0	0.0	0.0	0.0	0.0	0.3
Liberia	668	0.9	0.5	0.1	0.5	0.9	1.2	0.0	0.0	0.0	0.0	0.0	0.0
Madagascar	674	0.5	0.3	0.5	0.7	1.6	1.6	0.1	0.1	0.5	0.8	0.9	0.9
Malawi	676	0.3	0.2	0.2	0.1	0.1	0.2	0.3	0.8	0.7	0.4	0.9	0.2
Mali	678	6.6	4.9	5.5	6.2	7.6	5.3	0.0	0.0	0.0	0.0	0.0	0.0
Mauritius	684	63.1	63.7	60.1	66.1	48.9	49.5	2.1	1.2	1.1	1.3	2.3	1.6
Mozambique	688	5.2	5.4	7.7	9.9	3.6	4.2	0.7	0.8	1.1	0.2	1.0	0.8
Namibia	728	2.0	1.9	0.4	0.9	0.3	0.3	0.1	0.1	0.1	0.1	0.1	0.6
Niger	692	0.4	0.3	0.1	0.5	0.3	0.0	0.6	0.1	2.0	0.0	0.1	0.1
Nigeria	694	214.2	223.2	255.7	277.7	202.2	124.4	0.0	90.8	121.1	99.8	0.0	0.0
Rwanda	714	0.0	0.0	0.0	0.0	0.1	0.4	0.1	0.0	0.1	0.1	0.1	0.4
Senegal	722	17.5	21.6	7.6	18.6	18.7	12.8	0.6	1.3	0.8	0.7	0.9	1.2
Seychelles	718	2.1	2.2	2.0	3.9	1.5	3.7	0.0	0.0	0.0	0.0	0.0	0.4
Sierra Leone	724	1.0	2.8	2.0	3.2	2.8	2.4	0.6	0.5	0.7	0.2	0.3	0.4
South Africa	199	175.0	201.3	211.4	164.1	145.2	125.6	101.2	110.3	126.0	125.5	118.5	116.0
Swaziland	734	0.0	0.0	....	0.0	0.0	0.0	6.5	0.1	0.1	0.1	0.3	0.3
Tanzania	738	2.9	3.1	4.0	4.7	3.3	3.5	2.7	4.0	6.9	10.4	2.9	6.5
Togo	742	1.3	0.9	0.3	0.8	1.7	0.5	0.0	0.0	10.2	0.2	0.0	0.1
Uganda	746	0.3	0.4	1.3	0.8	0.6	0.6	0.6	0.8	0.3	0.4	0.4	0.8
Zambia	754	1.2	0.1	0.5	1.7	1.0	1.4	0.6	0.5	2.3	1.6	0.7	0.1
Zimbabwe	698	2.9	1.5	2.2	4.5	6.1	0.8	0.8	1.1	0.7	1.6	2.3	1.7
Africa n.s.	799	....	....	0.1	....	....	....	0.0	0.4	0.1	0.0	0.0	0.0
Western Hemisphere	205	**1,188.3**	**1,150.7**	**1,215.5**	**1,058.9**	**1,004.6**	**816.6**	**549.3**	**594.0**	**602.1**	**728.2**	**715.4**	**740.9**
Anguilla	312	....	....	....	....	....	....	....	....	....	....	....	0.1
Antigua and Barbuda	311	2.6	0.8	0.9	0.7	1.9	1.0	0.2	0.0	0.0	0.1	0.0	0.0

New Zealand (196)

In Millions of U.S. Dollars

			Exports (FOB)						Imports (CIF)				
		2011	2012	2013	2014	2015	2016	2011	2012	2013	2014	2015	2016
Argentina	213	17.2	19.2	15.9	18.5	17.8	16.1	100.3	137.8	135.3	165.0	138.8	140.8
Aruba	314	1.4	0.9	0.8	1.1	0.7	0.6	....	0.0	0.0	0.0	0.0	0.1
Bahamas, The	313	1.7	2.8	2.2	1.7	1.6	1.0	0.0	0.0	0.0	0.1	0.0	0.0
Barbados	316	21.9	19.8	22.7	22.5	16.8	17.1	0.3	0.3	0.3	0.3	0.2	0.7
Belize	339	0.5	0.4	0.4	0.5	0.2	0.3	1.0	0.0	0.2	0.0	0.3	0.2
Bermuda	319	4.7	41.5	3.7	3.5	5.4	5.8	0.0	0.0	0.0	2.5	4.4	0.7
Bolivia	218	0.8	0.6	1.5	0.4	1.8	1.8	2.7	1.7	2.1	3.1	3.2	5.3
Brazil	223	46.0	66.5	164.2	135.7	48.2	54.2	122.6	92.0	82.4	99.3	105.3	138.8
Chile	228	49.1	60.6	125.4	121.5	95.5	89.7	56.8	51.2	46.4	92.3	97.8	79.8
Colombia	233	9.6	10.7	10.8	13.6	16.1	8.7	11.0	15.8	14.0	16.8	14.4	17.6
Costa Rica	238	1.7	4.1	4.2	2.8	5.6	8.4	7.6	9.4	12.2	22.5	6.0	26.4
Dominica	321	0.1	0.1	0.1	0.1	0.1	....	0.1	0.0	0.0	0.0	0.1	0.3
Dominican Republic	243	16.2	9.1	9.2	12.0	10.4	11.0	2.6	3.9	5.8	6.2	7.4	11.8
Ecuador	248	3.1	3.6	3.6	4.8	3.5	6.0	20.6	19.0	26.1	39.8	45.9	57.3
El Salvador	253	3.6	4.9	4.2	4.4	14.6	7.2	1.3	1.7	1.9	13.3	21.9	1.5
Falkland Islands	323	0.2	0.3	0.2	0.2	0.4	0.1	0.0	0.0	0.1	0.0	0.0	0.0
Grenada	328	2.7	2.4	2.4	2.9	2.1	1.5	....	0.0	0.1	0.0	0.0	0.0
Guatemala	258	16.8	16.5	18.4	21.3	22.2	17.4	3.8	3.6	15.2	4.2	14.1	4.4
Guyana	336	12.2	17.4	16.0	15.5	16.9	13.4	1.2	1.8	1.6	2.8	1.6	1.7
Haiti	263	1.4	0.7	0.2	0.3	0.3	0.2	1.1	0.8	0.7	0.7	0.7	0.7
Honduras	268	4.2	0.7	0.7	1.0	4.8	0.4	2.9	2.6	3.1	3.5	3.1	2.7
Jamaica	343	37.1	28.5	27.0	26.8	29.0	22.8	4.1	4.8	4.0	4.6	4.5	5.5
Mexico	273	350.6	229.3	246.8	236.4	256.7	324.5	176.3	205.5	215.7	204.9	192.9	204.0
Netherlands Antilles	353	2.7	2.5	0.3	3.0	1.3	1.1	0.1	0.2	0.0	....	....	0.1
Nicaragua	278	30.6	25.7	26.9	22.8	23.8	17.1	1.2	1.0	0.7	1.3	1.7	1.3
Panama	283	26.9	31.1	23.6	35.3	36.5	32.3	0.1	0.1	0.1	0.7	0.3	0.8
Paraguay	288	0.4	0.4	0.6	0.8	1.4	0.6	0.5	0.4	0.5	0.4	0.3	0.3
Peru	293	61.9	109.0	88.8	142.2	90.6	49.1	29.0	34.7	25.9	39.9	45.1	31.0
St. Kitts and Nevis	361	2.0	0.1	0.1	0.1	0.1	0.1	0.1	0.0	0.1	0.1	0.2	0.1
St. Lucia	362	4.1	3.0	3.4	2.8	2.8	2.5	....	....	0.0	....	0.0	0.0
St. Vincent & Grens.	364	2.0	1.9	1.1	1.5	1.2	0.9	0.0	0.0	0.0	0.0	0.0	0.0
Suriname	366	0.3	1.0	0.0	0.2	0.1	0.1	0.2	0.4	0.1	0.2	0.3	0.5
Trinidad and Tobago	369	50.7	46.4	44.4	45.4	37.5	34.0	0.4	0.5	0.4	0.8	0.8	0.8
Uruguay	298	11.6	11.8	12.5	12.8	14.8	16.0	1.2	3.0	5.4	1.8	3.7	5.6
Venezuela, Rep. Bol.	299	387.9	376.0	331.0	94.8	220.5	51.8	0.0	0.0	1.1	0.1	0.2	0.1
Western Hem. n.s.	399	1.9	0.7	1.4	49.1	1.4	1.5	0.0	1.7	0.5	0.8	0.2	0.1
Other Countries n.i.e	910	**57.4**	**18.2**	**52.5**	**56.8**	**61.0**	**26.2**	**0.7**	**0.7**	**0.8**	**0.9**	**0.6**	**0.8**
Cuba	928	57.4	18.2	52.5	56.8	61.0	26.2	0.7	0.7	0.8	0.9	0.6	0.8
Special Categories	899	**38.4**	**289.1**	**435.1**	**439.9**	**335.4**	**231.2**	**12.5**	**58.1**	**172.3**	**152.7**	**170.2**	**93.7**
Countries & Areas n.s.	898	**588.5**	**175.0**	**0.4**	**0.2**	**209.1**	**299.5**	**0.0**	**29.6**	**0.3**	**0.0**	**4.4**	**13.3**
Memorandum Items													
Africa	605	1,233.1	1,119.3	1,072.2	1,289.3	1,005.2	1,017.4	235.7	320.0	382.9	371.1	238.0	233.8
Middle East	405	1,878.6	1,978.9	1,791.6	2,396.5	1,781.0	1,499.9	2,738.7	2,669.4	2,695.8	2,316.1	1,277.0	1,457.8
European Union	998	4,000.7	3,553.6	3,676.1	4,005.5	3,496.4	3,276.1	5,818.8	6,021.2	6,653.3	7,439.3	6,482.9	6,551.9
Export earnings: fuel	080	2,917.3	2,847.5	2,614.8	3,160.1	2,370.7	2,064.8	4,125.2	4,058.6	3,797.2	3,215.8	2,066.4	1,790.5
Export earnings: nonfuel	092	34,587.3	34,406.6	36,969.2	38,665.5	31,980.5	31,617.0	32,596.6	34,325.5	35,857.9	39,088.3	34,483.6	34,512.8

Nicaragua (278)

In Millions of U.S. Dollars

		Exports (FOB)						Imports (CIF)					
		2011	2012	2013	2014	2015	2016	2011	2012	2013	2014	2015	2016
IFS World		2,261.7	2,675.9	2,399.0	2,633.2	2,415.9	2,224.7	5,207.1	5,854.1	5,626.9	5,882.4	5,908.3	5,890.2
World	001	2,264.0	2,677.4	2,400.7	4,972.1	4,705.0	4,506.6	5,197.1	5,854.0	5,624.1	5,746.2	5,867.4	6,132.6
Advanced Economies	110	1,324.3	1,530.0	1,297.0	3,119.6	3,040.0	2,816.0	1,430.2	1,778.3	1,485.7	1,585.5	1,829.5	1,903.2
Euro Area	163	190.4	233.5	182.2	267.6	232.0	207.2	150.4	291.4	260.8	268.1	362.6	326.8
Austria	122	0.2	0.2	0.4	0.3	0.2	0.8	3.8	9.6	3.8	5.1	4.7	12.0
Belgium	124	34.1	66.0	21.4	27.3	30.9	31.8	11.5	11.2	13.0	10.8	11.4	15.0
Estonia	939	....	....	....	0.0	0.1	0.1	....	....	....	3.1	2.7	0.1
Finland	172	12.8	9.4	7.4	6.9	3.5	7.9	1.6	4.8	1.7	3.3	4.8	1.0
France	132	25.9	30.9	47.0	46.3	40.6	41.7	21.0	29.0	32.9	23.3	110.5	46.6
Germany	134	32.9	29.1	30.1	32.3	35.1	27.6	3.8	68.4	73.4	97.5	88.4	91.9
Greece	174	0.1	0.4	0.4	0.4	1.1	3.2	0.5	0.8	0.4	0.3	0.5	0.6
Ireland	178	2.4	1.7	2.0	2.0	2.5	1.6	6.2	3.9	3.8	3.3	4.1	6.1
Italy	136	33.4	35.5	28.7	40.1	34.7	26.9	32.6	39.6	34.7	36.3	38.6	56.6
Latvia	941	....	....	....	0.1	0.0	0.0	....	....	....	0.7	0.3	0.4
Lithuania	946	....	....	....	0.1	0.0	0.0	0.0	0.1	0.2	0.1	0.5	0.3
Luxembourg	137	....	....	....	....	0.0	0.0	....	....	....	0.2	0.8	0.0
Malta	181	....	0.0	0.0	0.0	0.0	0.1	0.0	0.0	0.0	0.0	0.0	0.0
Netherlands	138	11.1	27.0	13.7	15.4	27.1	17.0	13.3	15.0	12.9	12.5	26.0	20.2
Portugal	182	1.0	0.4	0.4	0.6	0.3	0.4	1.1	2.0	2.1	2.2	2.5	3.8
Slovak Republic	936	....	0.0	0.0	0.0	0.0	0.0	....	....	....	0.6	0.7	0.7
Slovenia	961	....	....	....	0.0	0.0	0.0	....	....	....	0.4	0.3	1.1
Spain	184	36.4	32.7	30.6	95.5	55.6	48.3	54.7	107.0	81.8	68.3	65.6	70.6
Australia	193	7.0	11.6	10.0	10.4	10.8	13.8	2.5	3.2	2.7	3.5	6.1	5.9
Canada	156	273.4	317.6	313.6	250.3	59.2	45.6	36.5	40.3	35.2	36.2	42.6	28.1
China,P.R.: Hong Kong	532	4.2	5.0	4.7	10.6	7.6	11.0	4.6	11.0	5.1	5.3	3.4	3.4
Czech Republic	935	....	0.0	0.0	1.1	0.7	0.6	1.8	1.3	1.8	2.2	2.3	2.0
Denmark	128	0.8	0.6	0.6	0.4	0.9	1.6	4.7	10.2	5.6	8.1	6.1	7.6
Iceland	176	0.8	0.6	0.7	0.7	0.9	0.8	0.0	....	....	0.1	0.1	0.0
Israel	436	0.4	0.5	0.8	0.5	0.2	0.2	5.2	7.7	6.7	8.7	10.1	8.8
Japan	158	23.3	24.4	20.7	24.2	17.6	21.1	145.0	174.4	146.5	142.1	148.5	140.8
Korea, Republic of	542	29.3	23.8	9.1	9.8	7.0	7.0	90.8	81.7	82.7	78.2	86.6	74.4
New Zealand	196	0.5	0.6	0.3	0.5	0.8	0.6	6.9	5.6	5.9	5.5	6.1	4.4
Norway	142	8.4	9.7	7.1	6.2	5.7	2.0	0.3	0.5	0.7	0.9	0.8	0.5
Singapore	576	0.0	0.6	0.7	1.7	1.0	0.9	4.6	5.0	4.9	5.3	5.5	4.7
Sweden	144	14.6	8.9	7.4	6.3	9.0	44.5	13.7	11.2	17.6	17.0	16.9	24.8
Switzerland	146	0.3	0.2	0.0	0.7	1.3	5.9	21.5	19.5	20.4	12.9	17.7	10.4
Taiwan Prov.of China	528	38.4	47.0	65.5	76.4	83.8	73.2	18.4	22.4	25.3	29.3	33.0	23.1
United Kingdom	112	38.5	44.6	40.1	46.7	56.7	52.0	15.9	14.9	18.9	26.3	22.4	15.0
United States	111	694.1	800.7	633.5	2,405.5	2,544.8	2,327.9	907.4	1,078.0	845.0	935.7	1,058.8	1,222.6
Emerg. & Dev. Economies	200	937.5	1,146.4	1,102.1	1,850.6	1,663.1	1,688.8	3,700.8	4,069.2	4,130.1	4,146.2	4,035.8	4,227.3
Emerg. & Dev. Asia	505	18.8	13.1	21.5	38.3	30.3	19.2	599.8	762.1	847.4	1,096.7	1,162.5	1,149.9
Bangladesh	513	....	....	....	....	....	....	0.4	0.4	0.8	0.8	2.3	2.3
Cambodia	522	....	....	....	....	0.0	0.0	0.3	0.3	0.7	0.5	2.6	2.6
China,P.R.: Mainland	924	16.4	10.7	16.7	28.1	21.6	11.1	465.4	578.4	630.7	857.9	845.5	796.4
India	534	0.6	0.5	2.3	0.7	2.0	1.5	52.4	74.9	85.5	90.5	119.1	140.2
Indonesia	536	0.0	0.7	0.0	0.1	0.1	0.1	7.7	10.5	10.5	13.5	14.2	15.7
Malaysia	548	0.5	0.1	0.0	0.0	0.5	0.2	13.9	13.9	14.6	13.1	14.5	6.9
Micronesia	868	....	....	....	....	....	0.1 e	....	....	....	....	....	....
Nepal	558	....	....	....	....	....	0.1 e	....	....	....	....	....	....
Papua New Guinea	853	....	....	....	....	....	....	....	....	0.0	0.3	0.2	0.2
Philippines	566	0.0	0.0	0.5	0.3	0.3	0.4	1.3	3.3	2.8	3.0	3.8	2.9
Sri Lanka	524	....	0.2	....	0.1	0.1	0.0	1.3	2.1	2.0	2.3	1.9	2.6
Thailand	578	1.4	1.0	2.0	2.8	2.1	2.5	49.8	71.0	90.5	103.0	137.1	158.9
Vietnam	582	....	....	....	6.3	3.5	3.2	7.3	7.3	9.3	11.8	21.2	21.2
Europe	170	20.1	16.0	40.8	22.1	10.1	16.3	81.4	102.6	80.8	55.5	81.7	107.8
Emerg. & Dev. Europe	903	0.2	0.4	23.0	3.5	4.2	9.4	10.1	18.6	14.8	12.6	15.3	24.9
Bosnia and Herzegovina	963	....	....	....	....	....	0.1 e	....	....	....	....	....	....
Bulgaria	918	....	0.0	0.0	0.2	0.4	0.8	0.3	0.2	0.2	0.2	0.5	0.6
Hungary	944	0.0	....	0.2	....	0.0	0.0	0.4	0.9	1.6	1.7	2.5	4.4
Poland	964	0.2	0.4	3.0	3.2	3.7	8.1	3.3	1.6	2.3	2.6	6.9	11.5

Nicaragua (278)
In Millions of U.S. Dollars

		Exports (FOB) 2011	2012	2013	2014	2015	2016	Imports (CIF) 2011	2012	2013	2014	2015	2016
Romania	968	....	0.0	19.8	0.1	0.1	0.1	0.5	5.7	1.2	0.5	0.7	3.3
Serbia, Republic of	942	....	....	....	....	....	0.1 e	....	....	....	....	....	0.0 e
Turkey	186	0.0	0.0	....	0.0	0.0	0.0	5.6	10.2	9.4	7.4	4.5	5.0
CIS	901	**19.9**	**15.6**	**17.7**	**18.6**	**5.8**	**6.9**	**71.4**	**84.0**	**66.1**	**43.0**	**66.4**	**82.9**
Belarus	913	....	....	....	....	....	0.2 e	2.8	4.1	1.6	2.6	3.9	1.9
Russian Federation	922	19.9	15.6	17.7	18.5	5.6	6.4	67.9	78.9	59.9	39.8	62.3	81.0
Ukraine	926	....	....	....	0.1	0.2	0.3	0.6	1.1	4.6	0.6	0.3	0.0
Mid East, N Africa, Pak	440	**4.5**	**4.2**	**4.4**	**5.2**	**5.5**	**5.0**	**26.2**	**14.2**	**6.4**	**5.3**	**7.6**	**7.5**
Bahrain, Kingdom of	419	....	....	....	....	....	0.1 e	0.0	0.0	0.0	0.0	0.0	0.0
Egypt	469	0.2	....	1.1	1.0	0.1	....	0.1	0.1	0.2	0.3	0.2	....
Iran, I.R. of	429	0.0	....	....	0.0	....	....	20.0	8.1	0.0	0.0	0.0	0.0
Jordan	439	....	0.1	....	0.1	0.1	0.1	0.0	0.1	0.2	0.2	0.1	0.1
Lebanon	446	0.0	0.0	....	0.1	0.1	0.0	....	....	....	0.0	0.0	0.0
Morocco	686	0.7	0.1	0.5	0.0	0.2	0.0	0.2	0.1	0.1	0.1	0.1	0.1
Oman	449	....	....	....	....	0.0	0.0	....	....	....	0.0	....	0.1
Pakistan	564	0.0	0.0	....	0.7	0.2	0.2	0.7	0.7	0.9	1.0	1.8	1.8
Qatar	453	0.1	....	....	0.0	....	....	0.0	0.0	0.2	0.9	0.9	0.9
Saudi Arabia	456	0.1	....	0.1	0.1	0.1	0.1	4.8	4.5	4.3	2.2	1.9	1.9
Syrian Arab Republic	463	0.2	0.1	....	....	....	....	....	....	0.0	0.0	0.0	0.0
Tunisia	744	....	....	....	....	....	0.0 e	0.1	0.2	0.1	0.2	0.2	0.2
United Arab Emirates	466	3.2	3.9	2.7	3.3	4.7	4.3	0.2	0.2	0.3	0.4	2.2	2.2
Sub-Saharan Africa	603	**3.5**	**1.4**	**13.3**	**33.4**	**28.8**	**29.2**	**1.6**	**1.9**	**7.9**	**17.4**	**11.0**	**11.6**
Angola	614	0.0	0.4	0.1	....	0.1	0.1	....	....	....	....	....	....
Congo, Republic of	634	0.0	0.1	0.2	0.1	0.2	0.2	0.0	0.0	0.0	....	0.0	0.0
Côte d'Ivoire	662	....	....	....	5.8	28.0	28.0	0.0	0.0	0.0	0.0	0.0	0.0
Ethiopia	644	....	....	....	....	....	....	0.5	0.0	0.0	14.5	8.4	8.4
Ghana	652	0.0	0.0	12.4	18.4	0.0	0.0	0.0	0.0	0.0	0.0	0.0	0.0
Kenya	664	....	....	0.0	0.1	0.0	0.0	....	....	....	....	....	0.0 e
Mali	678	....	....	....	8.0	....	....	....	....	....	....	....	....
Mauritius	684	....	....	....	....	....	0.0 e	0.0	0.0	0.1	0.0	0.1	0.7
Niger	692	....	....	....	....	....	0.0 e	....	....	0.1	0.0	0.0	0.0
Nigeria	694	3.3	....	....	0.0	....	....	0.0	0.0	0.0	0.0	0.3	0.3
Senegal	722	....	....	....	0.2	0.0	....	0.0	0.0	0.0	0.0	0.0	0.0
South Africa	199	0.1	0.8	0.5	0.7	0.4	0.6	1.0	1.8	3.1	2.8	2.2	2.2
Togo	742	....	....	....	....	....	0.2 e	....	....	....	....	....	....
Uganda	746	....	....	....	....	....	....	0.0	0.0	4.6	....	....	....
Western Hemisphere	205	**890.6**	**1,111.7**	**1,022.2**	**1,751.5**	**1,588.6**	**1,619.1**	**2,991.7**	**3,188.4**	**3,187.6**	**2,971.2**	**2,773.0**	**2,950.5**
Argentina	213	0.1	0.1	0.1	0.2	0.1	0.6	46.2	34.7	51.1	34.1	30.4	61.8
Aruba	314	0.1	0.2	0.1	0.1	0.2	0.1	....	....	....	....	0.3	0.3
Bahamas, The	313	0.2	0.2	0.2	0.1	0.1	0.1	0.0	....	0.0	0.0	0.0	0.0
Barbados	316	0.1	0.0	0.0	0.1	0.0	0.0	0.1	0.0	0.2	0.2	0.0	0.0
Belize	339	0.1	0.1	0.1	0.1	0.3	0.3	0.0	0.0	0.0	0.0	0.2	....
Bolivia	218	0.2	0.3	0.5	1.0	0.9	0.8	0.4	2.3	3.9	0.7	0.5	0.4
Brazil	223	1.5	1.1	0.8	1.8	2.6	2.4	102.9	106.2	145.3	132.2	127.3	140.1
Chile	228	8.3	7.1	3.7	10.9	2.7	1.9	20.0	26.9	41.2	43.4	42.9	42.4
Colombia	233	7.7	13.4	9.9	9.3	9.9	7.9	16.5	18.0	18.8	19.9	19.7	23.6
Costa Rica	238	98.8	115.4	119.3	154.1	131.9	105.5	437.4	462.4	477.4	464.5	479.0	461.6
Dominica	321	0.1	....	0.0	1.4	0.1	0.0	0.0	0.0	0.0	0.0	....	....
Dominican Republic	243	13.8	14.1	14.3	31.0	35.4	29.4	7.1	10.0	10.6	9.0	8.2	8.6
Ecuador	248	5.0	2.4	1.7	3.6	4.1	7.4	10.0	8.2	8.7	7.2	71.2	73.0
El Salvador	253	206.6	245.3	213.4	228.5	259.4	272.1	229.0	320.6	278.6	284.2	307.7	294.3
Guatemala	258	71.0	76.4	84.4	93.6	111.6	99.3	346.8	351.0	359.3	372.1	407.4	403.0
Guyana	336	0.7	0.5	0.8	0.7	0.4	0.4	0.0	....	0.0	13.3	12.9	12.9
Haiti	263	5.6	5.3	13.6	5.6	1.4	1.2	0.0	0.0	0.0	0.0	0.0	0.0
Honduras	268	59.4	66.5	79.3	155.9	174.3	140.5	173.8	164.2	209.4	159.4	173.1	183.9
Jamaica	343	3.3	5.7	1.3	1.5	0.9	0.8	0.0	0.1	0.0	0.0	0.0	0.0
Mexico	273	82.8	70.1	47.7	617.4	519.1	625.2	406.3	443.2	464.6	545.8	610.1	600.4
Netherlands Antilles	353	0.3	0.4	0.6	0.4	0.3	0.3	0.0	0.3	0.0	367.2	356.0	354.9
Panama	283	14.5	18.3	27.5	39.4	35.3	44.6	16.9	14.1	9.7	11.2	27.2	23.1
Paraguay	288	0.0	0.0	0.0	0.1	0.2	0.2	1.0	5.7	2.7	1.7	3.6	3.6

Nicaragua (278)
In Millions of U.S. Dollars

		Exports (FOB) 2011	2012	2013	2014	2015	2016	Imports (CIF) 2011	2012	2013	2014	2015	2016
Peru	293	0.8	4.7	0.7	1.3	2.6	6.6	16.1	16.8	15.3	17.1	20.6	24.2
Suriname	366	0.3	0.4	0.6	0.4	0.4	0.4	0.0	0.0	0.0	0.0	0.0	0.0
Trinidad and Tobago	369	1.0	2.1	0.8	0.5	0.6	0.5	14.7	14.4	14.4	8.2	2.2	2.2
Uruguay	298	0.2	0.4	0.0	0.1	0.1	0.0	10.6	12.5	11.8	23.7	17.2	17.7
Venezuela, Rep. Bol.	299	302.6	444.0	384.0	390.1	290.3	267.1	1,136.0	1,176.8	1,064.4	456.0	55.1	218.3
Western Hem. n.s.	399	5.6	17.5	17.0	2.2	3.4	3.1	0.0	0.0	0.0	0.0	0.0	0.0
Other Countries n.i.e	910	**2.1**	**1.0**	**1.6**	**1.9**	**1.9**	**1.8**	**1.7**	**2.9**	**2.8**	**14.5**	**2.0**	**2.0**
Cuba	928	2.1	1.0	1.6	1.9	1.9	1.8	1.3	2.6	1.5	2.7	1.7	1.7
Korea, Dem. People's Rep.	954	....	....	....	....	0.0	0.0	0.4	0.3	1.3	11.7	0.4	0.4
Countries & Areas n.s.	898	....	....	....	....	....	....	64.3	3.6	5.5	0.0	0.1	0.1
Memorandum Items													
Africa	605	4.2	1.5	13.8	33.4	29.0	29.3	2.0	2.2	8.1	17.7	11.3	12.0
Middle East	405	3.8	4.0	3.8	4.5	5.1	4.7	25.2	13.1	5.2	4.0	5.4	5.3
European Union	998	244.5	288.0	253.3	325.5	303.5	315.2	191.0	337.5	309.9	326.9	420.9	396.0
Export earnings: fuel	080	343.3	482.2	417.6	426.6	316.6	295.1	1,270.4	1,311.5	1,174.9	535.3	216.4	403.9
Export earnings: nonfuel	092	1,920.7	2,195.2	1,983.1	4,545.5	4,388.4	4,211.5	3,926.6	4,542.4	4,449.1	5,210.9	5,651.0	5,728.7

Niger (692)

In Millions of U.S. Dollars

		Exports (FOB) 2011	2012	2013	2014	2015	2016	Imports (CIF) 2011	2012	2013	2014	2015	2016
IFS World		....	....	....	....	....	....	....	....	....	....	....	....
World	001	**1,075.7**	**1,375.2**	**1,335.5**	**983.7**	**787.6**	**927.2**	**1,917.5**	**1,688.3**	**1,715.5**	**2,152.5**	**2,461.4**	**1,864.9**
Advanced Economies	110	**852.6**	**821.8**	**737.6**	**525.4**	**525.1**	**400.6**	**874.7**	**643.9**	**527.3**	**767.5**	**1,171.0**	**907.1**
Euro Area	163	525.1	550.3	553.9	406.2	328.5	302.3	490.5	367.9	295.3	485.2	916.8	657.3
Austria	122	....	....	0.0	....	....	....	0.7	0.8	1.2	1.0	0.7	0.5
Belgium	124	5.8	2.5	1.1	1.2	8.6	0.8	31.2	29.1	25.1	15.5	23.6	26.2
Cyprus	423	0.2	1.1	0.2	0.0	....	....	0.8	0.1	0.2	0.0	0.1	0.3
Estonia	939	....	....	....	....	....	....	8.7	3.2	0.0	2.9	1.5	....
Finland	172	....	0.0	0.0	....	....	0.0	0.5	0.8	1.6	6.2	0.1	1.0
France	132	440.5	473.7	529.2	383.2	303.3	289.9	233.5	198.7	172.5	313.3	778.5	527.4
Germany	134	19.6	7.8	3.6	5.6	2.9	5.4	61.5	67.7	25.8	74.9	41.8	47.3
Greece	174	0.1	0.4	....	....	....	....	0.4	0.6	0.5	0.5	1.5	1.1
Ireland	178	....	0.0	0.0	....	....	0.0	0.6	1.2	2.9	3.3	1.6	5.7
Italy	136	7.3	12.6	4.9	2.6	2.1	1.6	27.3	17.9	22.8	21.6	20.1	16.6
Luxembourg	137	0.0	0.1	....	0.1	....	0.0	0.2	0.4	0.6	0.1	0.8	0.1
Malta	181	....	....	....	....	....	....	0.3	0.6	0.6	0.6	1.0	0.6
Netherlands	138	26.2	28.8	14.5	12.7	10.4	1.9	106.4	25.6	27.3	31.8	31.5	17.0
Portugal	182	....	0.0	0.0	0.0	0.0	0.1	1.8	2.4	0.5	1.3	1.5	2.1
Slovak Republic	936	....	0.0	....	0.0	0.0	0.0	0.4	0.0	0.4	2.4	1.4	0.4
Slovenia	961	0.0	....	....	....	....	....	0.0	0.0	0.0	0.0	0.1	0.2
Spain	184	25.2	23.3	0.3	0.7	1.0	2.5	16.2	18.8	13.3	9.7	10.9	10.7
Australia	193	0.0	0.0	....	....	....	0.0	1.5	5.0	2.4	1.8	1.0	2.7
Canada	156	1.7	2.0	0.3	0.4	0.3	0.1	3.1	4.8	3.3	2.7	2.0	3.2
China,P.R.: Hong Kong	532	0.0	....	....	0.1	0.0	1.2	3.6	0.7	0.2	1.4	0.4	0.2
China,P.R.: Macao	546	....	0.0 e	0.0 e	0.1 e	....	....	0.0	....	0.0	0.0	....	0.0
Czech Republic	935	....	....	....	0.0	0.0	....	1.3	1.2	1.7	1.2	1.3	0.6
Denmark	128	0.0	....	0.0	....	0.0	0.0	3.4	9.1	9.3	8.3	4.7	6.4
Iceland	176	....	....	....	....	....	0.0	0.0	0.0	0.0	0.0	0.1	0.1
Israel	436	0.0	0.0	0.0	....	....	....	19.1	0.4	0.5	0.8	0.8	0.2
Japan	158	98.0	65.2	0.6	1.8	7.7	15.1	65.3	100.3	69.7	94.6	65.9	60.0
Korea, Republic of	542	12.2	39.9	1.4	0.1	0.5	0.8	5.6	6.7	8.9	7.9	11.2	5.6
New Zealand	196	0.1	0.0	0.2	0.0	....	0.0	0.5	0.8	0.6	3.4	1.6	0.9
Norway	142	0.0	0.0	....	....	0.0	0.1	3.9	1.0	0.6	0.9	0.2	0.1
Singapore	576	1.8	4.3	1.3	5.5	3.8	8.7	2.8	3.4	5.7	5.5	3.5	2.5
Sweden	144	0.7	0.1	0.7	0.2	....	0.0	8.7	6.5	8.5	5.7	....	6.0
Switzerland	146	90.6	85.7	55.9	32.3	41.9	35.7	3.3	12.2	7.2	27.8	15.2	7.6
Taiwan Prov.of China	528	....	....	....	....	....	....	0.3	0.8	1.4	1.4	3.0	4.2
United Kingdom	112	1.6	0.5	0.3	0.6	0.1	0.1	149.7	10.7	11.6	5.8	11.0	4.9
United States	111	120.6	73.9	122.9	78.0	142.3	36.4	112.1	112.3	100.3	113.1	132.4	144.7
Emerg. & Dev. Economies	200	**219.4**	**549.3**	**596.8**	**457.5**	**262.5**	**526.5**	**1,031.7**	**1,033.2**	**1,171.2**	**1,269.0**	**1,274.1**	**950.2**
Emerg. & Dev. Asia	505	**65.2**	**114.2**	**120.2**	**99.5**	**55.2**	**304.5**	**601.3**	**520.7**	**611.0**	**708.9**	**776.3**	**540.2**
Bangladesh	513	0.1	0.1	0.0	0.0	0.0	....	0.1	0.1	0.1	0.1	0.0	0.0
Cambodia	522	....	....	....	....	....	....	0.3	0.3	0.3	0.4	0.4	0.4
China,P.R.: Mainland	924	43.8	62.6	83.2	56.3	7.6	49.5	514.9	358.0	406.3	486.8	565.4	300.9
F.T. New Caledonia	839	0.1	....	....	....	....	0.0	0.1	0.0	0.0	....	0.0	0.0
India	534	0.7	15.7	13.0	15.0	11.6	24.5	24.3	78.8	103.7	79.2	93.5	65.7
Indonesia	536	0.9	1.8	0.8	1.9	1.9	17.9	5.7	5.5	3.8	5.5	4.2	5.8
Malaysia	548	13.2	21.3	14.4	14.3	21.7	103.1	25.9	25.6	26.1	28.2	27.6	54.6
Myanmar	518	....	....	....	0.0	....	....	....	0.2	1.3	....	0.7	....
Philippines	566	0.0	0.0	....	0.0	....	....	0.4	0.2	0.1	0.1	0.2	0.0
Samoa	862	0.0 e	....	....	0.1 e	0.1 e	0.1 e	....	....	....	....	....	....
Sri Lanka	524	0.1	....	....	....	....	....	0.0	0.1	0.1	0.2	0.1	0.0
Thailand	578	3.2	9.6	5.9	6.5	8.9	107.6	25.9	46.3	60.5	101.3	79.2	107.6
Vietnam	582	3.2	3.1	2.9	5.3	3.4	1.8	2.9	5.3	8.1	6.4	4.5	4.9
Asia n.s.	598	....	....	....	....	....	....	0.9	0.4	0.5	0.7	0.3	0.2
Europe	170	**4.1**	**5.9**	**1.6**	**5.2**	**4.4**	**22.1**	**26.6**	**16.0**	**24.9**	**36.7**	**24.0**	**21.9**
Emerg. & Dev. Europe	903	**3.5**	**5.8**	**1.6**	**5.2**	**4.3**	**22.1**	**17.5**	**14.3**	**21.4**	**28.7**	**20.1**	**19.7**
Albania	914	....	....	....	....	....	....	0.0	0.2	0.0	0.0	0.0	0.1
Bosnia and Herzegovina	963	....	....	....	....	....	....	0.0	....	0.0	0.0	0.1	....
Bulgaria	918	0.1	0.0	....	0.1	0.0	0.0	4.4	0.5	1.3	0.1	0.1	0.5

Niger (692)

In Millions of U.S. Dollars

		Exports (FOB)						Imports (CIF)					
		2011	2012	2013	2014	2015	2016	2011	2012	2013	2014	2015	2016
Croatia	960	0.0 e	0.0 e	0.0 e	....	....	....	0.0	0.0	0.0	0.2	0.0	0.0
Hungary	944	0.0	....	....	....	0.0	0.0	0.7	1.0	1.1	0.6	1.2	1.6
Poland	964	0.5	1.9	0.5	0.7	1.1	0.8	1.8	1.8	2.6	1.5	3.3	2.6
Romania	968	....	....	0.1	....	0.0	....	0.4	0.5	0.2	2.5	0.1	0.2
Serbia, Republic of	942	....	....	....	0.0	....	0.0	....	....	0.0	0.1	....	....
Turkey	186	2.9	4.0	1.0	4.3	3.2	21.2	10.1	10.2	16.0	23.7	15.3	14.6
CIS	**901**	**0.6**	**0.1**	**0.0**	**0.0**	**0.0**	**0.0**	**9.1**	**1.7**	**3.5**	**8.0**	**4.0**	**2.2**
Belarus	913	0.5 e	0.0 e	0.0 e	0.0 e	0.0 e	0.0 e	0.0	....	0.8	....	0.2	....
Georgia	915	0.0	....	....	....	....	....	0.0	0.0	0.0	....	0.1	....
Kazakhstan	916	0.0 e	....	0.0 e	0.0 e	....	0.0 e	0.1 e	....	....	....	....	....
Russian Federation	922	0.1	0.0	....	....	0.0	0.0	5.0	0.7	0.0	6.0	1.1	0.3
Ukraine	926	....	0.1	0.0	0.0	0.0	0.0	4.0	1.0	2.7	2.0	2.6	1.9
Mid East, N Africa, Pak	**440**	**9.4**	**16.4**	**10.1**	**11.4**	**7.9**	**10.9**	**64.6**	**103.0**	**114.4**	**89.5**	**67.5**	**66.9**
Algeria	612	0.9	2.3	1.3	2.2	1.6	2.0	9.1	16.5	18.0	18.4	11.4	9.6
Bahrain, Kingdom of	419	....	....	....	....	....	1.2	....	0.0	0.0	0.0	1.7	2.9
Egypt	469	0.0	0.0	0.0	0.0	0.0	1.5	3.3	0.5	2.9	3.4	3.1	2.6
Iran, I.R. of	429	....	....	0.1	....	....	....	0.9	0.9	0.2	0.9	0.8	0.8
Iraq	433	....	....	....	....	....	....	0.1	....	....	....	....	....
Jordan	439	....	....	....	0.1	....	0.0	0.0	1.1	0.1	0.1	0.2	0.1
Kuwait	443	....	0.0	0.0	....	....	0.0	1.5	0.0	0.1	0.0	1.3	0.5
Lebanon	446	0.0	....	....	1.7	2.0	1.6	0.5	0.5	1.0	1.0	1.8	0.8
Libya	672	0.1	0.4	0.6	0.2	0.2	0.0	0.0	0.3	2.7	0.7	1.6	0.5
Mauritania	682	....	0.4	....	2.0	....	0.2	0.0	0.2	0.1	0.1	0.1	0.1
Morocco	686	0.8	1.9	0.4	0.2	0.8	0.4	5.3	10.9	8.5	7.8	10.1	10.5
Oman	449	....	....	....	....	....	....	....	0.3	0.0	....	....	....
Pakistan	564	2.0	1.1	2.3	0.7	0.2	0.2	27.1	52.4	60.6	30.7	20.3	10.4
Qatar	453	....	....	....	....	....	....	0.0	0.0	0.1	0.0	0.1	0.1
Saudi Arabia	456	0.6	0.4	0.4	0.1	0.1	0.2	4.6	5.2	3.1	1.8	1.5	1.8
Somalia	726	0.1	....	....	....	....	....	....	....	....	....	....	....
Syrian Arab Republic	463	0.0 e	0.0 e	0.0 e	0.0 e	0.0 e	0.0 e	0.1	0.0	0.1	0.0	0.0	0.0
Tunisia	744	2.1	6.0	1.1	1.3	1.2	1.2	7.9	7.7	6.0	7.1	4.8	6.2
United Arab Emirates	466	2.7	4.0	3.9	3.0	1.6	2.5	4.0	6.4	11.0	17.4	8.8	20.0
West Bank and Gaza	487	0.0 e	0.0 e	0.1 e	0.0 e	....	....	....	....	....	....	0.0	....
Sub-Saharan Africa	**603**	**126.0**	**379.3**	**454.2**	**326.4**	**181.0**	**182.8**	**298.3**	**333.0**	**371.0**	**383.2**	**358.2**	**297.8**
Angola	614	0.2	0.0	....	0.1	....	....	0.1	0.0	0.1	0.0	0.0	....
Benin	638	3.6	9.3	4.3	7.4	2.3	3.1	9.7	20.2	23.2	56.3	61.5	31.6
Botswana	616	....	....	....	....	....	....	....	0.0	....	....	....	0.5
Burkina Faso	748	2.1	37.9	217.7	164.3	43.6	31.9	10.2	7.0	13.1	18.2	12.3	10.3
Cameroon	622	9.1	2.7	2.5	0.1	3.0	0.0	10.4	2.4	3.7	1.8	5.9	0.1
Chad	628	0.4	0.4	0.0	0.3	0.0	0.0	....	0.1	0.3	0.0	0.0	0.0
Congo, Dem. Rep. of	636	0.0	0.0	0.0	....	0.0	....	0.0	0.0	1.0	0.4	0.0	0.0
Congo, Republic of	634	....	0.0	0.0	0.0	0.0	....	0.0	....	0.0	0.0	0.3	0.0
Côte d'Ivoire	662	17.7	12.3	7.3	8.0	4.6	1.1	61.4	57.4	61.5	57.5	53.5	35.5
Equatorial Guinea	642	0.0	0.0	....	....	....	....	0.0	....	....	....	0.1	....
Ethiopia	644	0.0	0.0	....	0.0	0.0	0.0	0.0	0.0	0.0	0.0	0.2	0.5
Ghana	652	35.7	48.8	3.6	2.4	5.2	4.9	14.9	25.4	43.3	61.5	62.8	52.6
Guinea	656	0.2	0.0	0.0	0.1	0.0	0.0	0.2	0.1	0.1	0.1	0.0	0.0
Guinea-Bissau	654	....	0.9	....	....	....	....	....	....	....	....	....	0.0
Kenya	664	0.0	0.0	0.0	0.0	....	0.0	0.5	0.2	0.2	0.7	0.3	0.3
Madagascar	674	....	....	0.0	....	....	0.0	0.1	0.0	0.0	0.0	0.0	0.3
Mali	678	0.1	114.1	2.7	7.1	23.1	52.2	0.7	3.2	1.1	1.3	1.4	0.6
Mauritius	684	....	....	....	....	....	....	0.0	0.0	0.1	0.1	0.1	0.1
Namibia	728	0.0	0.6	0.0	0.0	0.0	0.0	0.3	0.0	0.0	0.0	0.0	0.0
Nigeria	694	54.0	148.4	205.6	133.2	98.7	87.7	88.9	101.6	87.8	82.5	91.4	108.4
São Tomé & Príncipe	716	....	0.1	....	....	....	....	0.0	0.0	....	....	0.0	....
Senegal	722	0.0	0.3	0.0	0.0	0.1	0.7	10.5	13.4	15.7	12.0	14.2	15.4
South Africa	199	1.4	0.8	0.1	0.1	0.0	0.0	9.0	11.2	11.4	8.5	8.3	7.0
Swaziland	734	0.1	....	....	0.0	0.0	0.0	0.1	0.0	0.1	0.0	0.1	0.0
Togo	742	1.3	2.7	10.2	3.3	0.3	0.9	81.3	90.5	108.3	81.9	45.7	34.1
Uganda	746	0.0	....	....	0.0	0.0	....	0.1	0.1	0.1	0.0	0.0	....

Niger (692)

In Millions of U.S. Dollars

		Exports (FOB)						Imports (CIF)					
		2011	2012	2013	2014	2015	2016	2011	2012	2013	2014	2015	2016
Western Hemisphere	205	14.8	33.5	10.8	14.9	14.1	6.2	40.9	60.5	49.8	50.8	48.1	23.3
Antigua and Barbuda	311	0.0 e	0.0 e	....	....	0.0 e	0.1 e	....	....	....	....	....	....
Argentina	213	0.1	0.1	0.0	....	....	....	17.6	12.9	10.1	18.4	10.2	4.4
Bahamas, The	313	....	....	....	2.8 e	....	....	....	....	0.0	0.1	....	....
Brazil	223	13.9	31.4	10.5	9.9	13.8	5.6	22.1	45.5	35.0	24.6	32.6	15.8
Chile	228	0.1	0.1	0.0	0.1	0.0	0.0	0.5	0.6	0.7	0.8	2.4	1.8
Curaçao	354	....	....	....	....	....	....	....	....	....	0.1	....	....
Ecuador	248	0.0	0.1	....	....	0.0	0.0	0.0	0.0	0.0	0.0	0.0	0.1
Falkland Islands	323	....	....	....	0.0	....	....	....	....	0.0	0.1	....	0.0
Guatemala	258	....	....	....	....	....	....	0.0	0.0	1.5	0.8	1.2	0.3
Haiti	263	....	....	....	0.0	....	0.1	0.0	0.1	....	0.0	....	0.0
Honduras	268	0.0	....	0.1	0.1	0.0	....	....	0.0	0.4	0.0	0.0	0.0
Mexico	273	....	0.0	0.0	0.6	....	0.0	0.2	0.2	0.1	1.8	0.4	0.4
Netherlands Antilles	353	0.1 e	0.1 e	0.0 e	0.0 e	0.0 e	0.0 e	....	....	....	....	....	....
Nicaragua	278	0.0	....	0.0	....	....	0.3	0.0	0.0	0.1	0.2	0.0	0.0
Panama	283	....	1.6	....	0.0	....	0.0	....	0.8	0.0	0.0	....	0.0
Peru	293	0.0 e	0.0 e	0.0 e	0.0 e	0.1 e	0.0 e	0.2	0.0	0.4	0.1	0.8	0.3
Suriname	366	0.0 e	0.0 e	0.0 e	....	....	0.1 e	0.0	0.0	0.0	....	....	....
Trinidad and Tobago	369	0.4 e	0.0 e	0.0 e	0.0 e	....	....	....	....	0.0	....	0.0	0.0
Uruguay	298	....	0.1	....	....	....	....	0.0	0.1	0.0	0.0	0.0	....
Venezuela, Rep. Bol.	299	....	....	....	1.3	....	0.0	0.1	....	....	3.6	0.5	0.0
Western Hem. n.s.	399	....	....	....	....	....	....	0.2	0.0	1.3	0.0	....	0.0
Other Countries n.i.e	910	3.6	4.1	1.1	0.8	0.0	0.1	3.9	2.5	4.6	23.5	0.8	2.7
Cuba	928	....	....	....	....	....	....	....	0.0	....	22.3	0.4	0.0
Korea, Dem. People's Rep.	954	3.6	4.1	1.1	0.8	0.0	0.1	3.9	2.5	4.6	1.2	0.4	2.7
Countries & Areas n.s.	898	....	....	....	....	....	....	7.2	8.8	12.4	92.4	15.4	5.0
Memorandum Items													
Africa	605	129.8	389.8	457.0	332.1	184.7	186.6	320.7	368.3	403.7	416.6	384.6	324.2
Middle East	405	3.5	4.8	5.0	5.1	4.0	6.9	15.1	15.2	21.2	25.4	20.7	30.0
European Union	998	528.0	552.7	555.5	407.9	329.8	303.3	660.9	399.4	331.6	511.1	938.4	680.1
Export earnings: fuel	080	59.4	156.1	211.9	140.5	102.4	93.7	114.5	132.1	123.4	131.4	120.4	145.0
Export earnings: nonfuel	092	1,016.2	1,219.2	1,123.6	843.2	685.2	833.5	1,803.0	1,556.2	1,592.1	2,021.1	2,340.9	1,719.9

Nigeria (694)

In Millions of U.S. Dollars

		Exports (FOB) 2011	2012	2013	2014	2015	2016	Imports (CIF) 2011	2012	2013	2014	2015	2016
IFS World		....	....	....	....	....	....	65,209.2	35,713.6	44,598.3	46,510.6	34,805.4	34,784.3
World	001	110,596.8	106,828.6	97,251.1	97,211.4	56,979.0	38,948.7	51,635.8	41,851.3	50,203.2	52,312.7	38,758.4	31,702.1
Advanced Economies	110	62,533.2	57,614.3	46,661.6	38,827.9	21,476.1	15,714.2	26,792.6	22,330.8	26,785.7	25,616.7	17,394.0	13,241.1
Euro Area	163	22,756.0	25,140.0	23,114.9	22,693.1	13,029.6	7,923.8	9,798.9	8,226.2	8,906.7	8,554.8	6,731.6	5,930.7
Austria	122	....	....	....	....	....	....	21.6	21.6	25.0	27.6	16.6	10.9
Belgium	124	0.5	0.4	0.4	1.4	0.5	0.5	2,315.6	2,224.6	2,929.8	2,510.5	2,275.9	2,409.2
Cyprus	423	0.4 e	0.6 e	0.4 e	0.5 e	0.5 e	0.6 e	0.4	0.5	0.9	1.3	5.7	0.5
Estonia	939	12.9 e	13.3 e	3.4 e	1.2 e	4.5 e	5.7 e	584.2 e	244.3 e	32.7 e	5.5 e	3.1 e	42.9 e
Finland	172	....	....	....	....	0.0	0.0	....	38.2	21.6	26.1	17.0	11.3
France	132	5,790.9	4,601.2	4,855.7	5,312.1	3,131.2	2,259.7	898.1	756.4	883.2	876.6	625.4	561.2
Germany	134	2,699.6	3,191.0	3,055.8	2,954.7	1,185.9	784.2	1,823.9	1,659.4	1,810.4	1,872.2	1,166.4	871.0
Greece	174	....	....	....	....	....	....	123.1	159.6	88.1	107.5	41.6	26.6
Ireland	178	2.5	6.8	1.8	1.6	0.2	0.1	164.0	159.8	175.1	184.8	139.0	114.2
Italy	136	3,517.4	3,493.4	4,269.7	2,154.5	1,415.1	1,079.6	708.2	682.2	692.7	795.0	496.3	338.5
Latvia	941	0.1 e	0.1 e	0.1 e	0.1 e	0.1 e	0.0 e	5.9 e	6.0 e	3.2 e	1.7 e	2.8 e	4.8 e
Lithuania	946	0.1 e	0.0 e	0.0 e	0.0 e	48.4 e	0.0 e	87.3 e	116.0 e	18.8 e	9.2 e	8.5 e	34.0 e
Luxembourg	137	0.0 e	0.0 e	0.1 e	0.0 e	0.0 e	0.1 e	0.7	3.1	1.7	3.4	2.2	2.5
Malta	181	0.0 e	0.0 e	0.0 e	0.0 e	0.0 e	1.5 e	14.3	9.7	13.8	15.3	12.3	9.1
Netherlands	138	3,536.5	6,940.2	5,206.8	6,022.5	3,738.9	1,464.4	2,678.0	1,737.3	1,775.4	1,753.0	1,640.2	1,293.9
Portugal	182	1,651.4	920.0	765.2	569.0	89.9	8.0	121.2	131.0	90.8	57.2	54.6	34.4
Slovak Republic	936	0.1 e	1.2 e	0.1 e	0.0 e	0.0 e	0.9 e	17.4 e	12.3 e	36.5 e	32.1 e	13.9 e	16.0 e
Slovenia	961	0.0 e	0.0 e	0.0 e	0.0 e	0.0 e	0.1 e	10.5 e	15.3 e	11.2 e	15.2 e	10.3 e	8.3 e
Spain	184	5,543.7	5,971.7	4,955.5	5,675.5	3,414.3	2,318.4	224.4	248.5	295.7	260.5	199.5	141.2
Australia	193	2,139.8	2,730.7	1,834.8	1,492.0	16.4	16.8	52.8	88.2	180.1	226.0	212.1	128.5
Canada	156	3,313.7	2,809.1	1,940.0	1,188.5	1,559.7	1,992.8	....	226.0	299.6	329.6	252.2	163.1
China,P.R.: Hong Kong	532	13.6	12.5	25.3	17.8	10.7	14.4	216.8	287.0	272.9	431.0	510.0	509.4
China,P.R.: Macao	546	....	....	0.0 e	0.0 e	0.2 e	0.8 e	....	0.0	....	....	0.0	0.0
Czech Republic	935	1.4 e	3.2 e	11.9 e	4.0 e	5.9 e	9.7 e	....	28.2	30.1	28.9	28.8	16.8
Denmark	128	0.4	61.7	547.7	326.7	234.9	32.8	151.8	151.0	168.6	200.5	159.5	91.5
Iceland	176	0.1 e	0.0 e	0.0 e	0.0 e	0.0 e	0.0 e	28.0	35.2	26.4	34.1	27.6	13.2
Israel	436	0.0	0.0	0.0	0.0	0.0	0.0	190.5	191.0	80.9	49.4	58.8	41.2
Japan	158	1,480.1	4,206.5	3,131.7	3,956.0	2,497.1	749.1	678.8	681.5	702.7	779.8	390.3	354.9
Korea, Republic of	542	595.9	1,085.0	1,707.5	2,290.7	831.3	368.2	4,493.5	1,542.5	2,837.9	2,490.5	1,239.1	827.9
New Zealand	196	0.0	41.6	55.5	45.8	0.0	0.0	103.9	108.3	124.0	134.7	98.1	60.4
Norway	142	148.9	4.9	308.7	173.7	29.7	26.1	488.1	483.3	903.3	680.3	548.6	605.5
Singapore	576	10.2	0.7	0.5	1.0	2.5	2.2	107.4	111.1	107.1	154.7	71.2	52.8
Sweden	144	....	0.0	0.0	0.0	0.0	0.0	249.2	138.2	96.1	104.6	69.5	50.2
Switzerland	146	23.4	53.9	84.9	84.3	47.4	33.3	421.0	390.8	411.6	435.3	312.4	239.1
Taiwan Prov.of China	528	787.0	1,101.6	548.8	440.8	38.5	189.2	334.4	266.8	358.6	293.7	193.8	139.0
United Kingdom	112	2,557.3	4,239.1	3,407.4	2,857.8	1,547.6	813.4	2,606.8	2,340.1	2,347.4	2,348.0	1,724.8	1,396.4
United States	111	28,705.3	16,123.8	9,942.1	3,255.8	1,624.7	3,541.5	6,870.6	7,035.6	8,931.8	8,340.8	4,765.7	2,620.5
Emerg. & Dev. Economies	200	47,236.6	48,424.3	49,943.3	57,793.2	35,172.1	23,002.6	13,266.4	13,192.8	15,513.1	18,453.8	15,180.4	12,163.5
Emerg. & Dev. Asia	505	29,903.1	29,849.3	29,727.9	36,906.9	22,767.2	16,298.3	7,582.3	8,710.5	10,261.7	12,883.3	11,002.5	8,212.1
Bangladesh	513	0.3	0.3	0.2	0.2	0.1	0.1	5.0	1.0	1.1	1.0	1.0	1.0
Bhutan	514	....	....	....	....	....	....	0.3	0.2	....	....	0.1	0.2
Brunei Darussalam	516	0.0 e	0.0 e	0.0 e	0.0 e	0.0 e	0.0 e	11.0	10.9	11.0	11.2	11.0	11.2
Cambodia	522	0.0 e	....	....	0.0 e	0.0 e	0.1 e	....	1.8 e	0.1 e	0.2 e	0.0 e	0.1 e
China,P.R.: Mainland	924	2,722.2	2,180.9	2,658.2	4,573.3	2,131.5	1,550.0	5,717.3	5,784.5	7,486.5	9,602.5	8,483.2	6,418.5
Guam	829	....	....	....	....	....	....	1.2	0.7	0.8	....	0.6	0.7
India	534	24,699.4	24,040.6	23,092.7	28,168.1	18,367.5	13,307.7	1,680.3	1,787.3	1,656.0	1,820.7	1,448.8	1,104.9
Indonesia	536	2,479.9	3,623.7	3,975.5	4,159.3	2,141.2	1,302.3	....	574.9	776.8	902.7	619.8	433.2
Kiribati	826	....	....	....	....	....	....	4.0	....	....	....	2.1	2.2
Lao People's Dem.Rep	544	....	....	....	....	....	....	....	0.8	1.0	1.1	0.8	0.8
Malaysia	548	....	....	0.0	0.0	....	....	84.2	43.8	51.9	52.1	90.4	77.2
Maldives	556	....	....	....	....	....	....	....	....	....	....	2.0	2.0
Myanmar	518	....	....	....	....	....	0.7 e	....	....	....	....	0.8	0.8
Nauru	836	....	....	....	....	....	....	....	....	....	21.7	22.6	16.9	17.2
Nepal	558	....	....	....	....	....	....	....	....	1.2	1.3	0.9	1.0
Philippines	566	1.0	2.9	0.5	4.6	2.8	7.7	6.3	4.4	5.9	9.2	5.0	7.9
Samoa	862	0.0 e	....	....	....	....	....	5.3	2.9	....	....	2.8	2.9

2017, International Monetary Fund: *Direction of Trade Statistics Yearbook*

Nigeria (694)
In Millions of U.S. Dollars

		Exports (FOB)						Imports (CIF)					
		2011	2012	2013	2014	2015	2016	2011	2012	2013	2014	2015	2016
Solomon Islands	813	....	....	....	....	....	....	....	....	0.3	....	0.3	0.3
Sri Lanka	524	....	....	....	....	....	....	0.5	0.5	0.8	0.9	0.5	0.9
Thailand	578	....	0.6	0.6	1.2	0.2	0.1	....	460.3	200.4	410.4	279.2	92.4
Tonga	866	....	....	....	....	0.0	0.0	0.1	....	0.0	0.0	0.0	0.0
Tuvalu	869	....	....	....	....	....	....	....	0.2	0.2	....	0.2	0.2
Vanuatu	846	....	....	....	....	....	....	0.6	....	0.4	....	0.3	0.3
Vietnam	582	....	....	....	....	123.7 e	129.6 e	44.5	24.4	30.4	31.7	23.8	24.2
Asia n.s.	598	0.2	0.2	0.2	0.2	0.1	0.1	22.0	12.0	15.0	15.7	11.8	12.0
Europe	**170**	**37.5**	**116.5**	**91.2**	**140.6**	**46.2**	**40.8**	**1,454.2**	**1,137.8**	**1,294.4**	**1,399.9**	**983.8**	**937.9**
Emerg. & Dev. Europe	**903**	**3.5**	**91.4**	**63.5**	**125.5**	**40.3**	**31.0**	**523.6**	**482.5**	**483.6**	**500.1**	**382.4**	**299.2**
Albania	914	0.0 e	....	0.0 e	0.0 e	0.0 e	0.0 e	....	0.0	0.0	0.0	0.0	0.1
Bosnia and Herzegovina	963	0.0 e	0.0 e	0.0 e	0.1 e	0.1 e	0.1 e	0.0 e	0.5 e	0.6 e	0.3 e	0.2 e	0.5 e
Bulgaria	918	....	....	....	0.0	....	....	10.4	2.1	7.0	1.4	1.1	0.9
Croatia	960	0.2 e	84.6 e	57.3 e	121.7 e	35.8 e	0.1 e	40.7 e	2.7 e	17.2 e	12.1 e	10.3 e	2.1 e
Faroe Islands	816	....	....	....	....	....	....	166.0	90.8	113.4	118.2	88.7	90.3
Gibraltar	823	....	....	....	....	....	....	12.5	6.8	8.5	....	6.7	6.8
Hungary	944	2.7	2.6	4.2	2.7	2.6	2.7	41.3	75.2	98.8	68.8	26.4	21.3
Macedonia, FYR	962	0.1 e	0.3 e	0.1 e	0.2 e	0.2 e	0.1 e	0.4 e	0.2 e	0.2 e	0.2 e	0.0 e	0.1 e
Montenegro	943	0.0 e	0.0 e	0.0 e	0.0 e	0.0 e	0.0 e	....	0.0 e	0.0 e	....	0.0 e	0.1 e
Poland	964	....	....	....	....	....	....	59.6	65.2	61.9	96.7	79.4	59.0
Romania	968	....	....	....	....	....	....	46.1	69.6	20.5	30.9	39.4	20.9
Serbia, Republic of	942	0.4 e	3.9 e	1.8 e	0.9 e	1.6 e	27.9 e	1.2 e	7.5 e	3.3 e	9.2 e	14.5 e	7.9 e
Turkey	186	....	....	....	....	....	....	145.3	161.9	152.2	162.2	115.8	89.1
CIS	**901**	**34.1**	**25.1**	**27.8**	**15.1**	**6.0**	**9.8**	**930.5**	**655.2**	**810.7**	**899.7**	**601.3**	**638.7**
Armenia	911	0.7 e	0.5 e	0.7 e	1.4 e	0.8 e	0.4 e	....	....	0.0 e	....	....	0.0 e
Azerbaijan, Rep. of	912	0.0 e	....	0.0 e	0.0 e	0.0 e	0.0 e	0.0 e	0.0 e	0.0 e	0.1 e	0.0 e	0.0 e
Belarus	913	21.3 e	18.2 e	17.9 e	6.2 e	3.0 e	8.6 e	....	....	....	....	....	....
Georgia	915	0.0 e	0.0 e	0.0 e	0.0 e	0.0 e	0.0 e	0.1 e	0.4 e	3.7 e	2.1 e	0.1 e	0.1 e
Kazakhstan	916	0.0 e	0.0 e	0.0 e	0.0 e	0.0 e	0.0 e	6.4 e	1.2 e	0.3 e	0.1 e	1.2 e	0.0 e
Moldova	921	0.0 e	0.0 e	0.0 e	0.0 e	0.0 e	0.0 e	1.0 e	1.2 e	2.0 e	2.1 e	0.8 e	0.8 e
Russian Federation	922	....	....	....	....	....	....	722.2	394.7	493.1	598.9	485.4	539.6
Ukraine	926	12.0 e	6.4 e	9.1 e	7.5 e	2.2 e	0.7 e	200.8	257.6	311.7	296.4	113.8	98.1
Europe n.s.	884	....	....	....	....	....	....	0.1	0.1	0.1	0.1	0.1	0.1
Mid East, N Africa, Pak	**440**	**39.6**	**22.9**	**19.4**	**28.6**	**206.8**	**211.9**	**1,594.1**	**927.0**	**1,166.6**	**1,218.5**	**945.3**	**979.2**
Afghanistan, I.R. of	512	....	....	....	....	....	....	....	0.2	0.3	0.3	0.2	0.2
Algeria	612	1.6	1.5	1.3	1.2	0.6	1.0	0.7	0.7	0.7	0.7	0.7	8.7
Bahrain, Kingdom of	419	0.0	0.0	0.0	0.0	0.0	0.0	5.0	2.7	3.4	3.6	2.7	2.7
Djibouti	611	....	....	....	....	....	....	0.2	....	0.2	0.2	0.1	0.1
Egypt	469	....	....	....	....	....	....	57.0	31.2	39.0	54.2	46.5	63.1
Iran, I.R. of	429	....	....	....	....	....	....	....	2.2	2.8	2.9	2.2	2.2
Iraq	433	....	....	....	....	....	....	....	....	0.3	0.3	0.2	0.2
Jordan	439	0.0 e	0.8 e	0.0 e	2.2 e	180.2 e	179.2 e	....	16.3	9.6	9.6	8.8	8.4
Kuwait	443	....	....	....	....	....	....	14.2	7.8	9.7	10.1	7.6	7.7
Lebanon	446	1.7	1.8	1.6	2.7	2.8	3.6	57.9	50.9	70.6	69.2	50.1	38.8
Mauritania	682	1.2	1.2	0.9	0.9	0.5	0.3	177.3	97.0	121.3	126.5	94.9	96.7
Morocco	686	....	....	....	....	....	....	....	47.0	36.3	44.9	33.2	47.6
Oman	449	0.0 e	0.0 e	0.2 e	0.0 e	0.0 e	0.0 e	7.8	4.2	5.3	5.5	4.1	6.0
Pakistan	564	0.3	0.3	0.2	0.2	0.1	0.1	0.9	0.5	0.6	0.7	0.5	0.5
Qatar	453	0.2 e	0.1 e	1.1 e	1.8 e	0.5 e	0.6 e	0.4	0.2	0.3	0.3	0.2	0.2
Saudi Arabia	456	0.0	0.0	0.0	0.0	0.0	0.0	187.7	102.6	128.3	133.8	100.4	102.2
Somalia	726	....	....	....	....	....	....	45.9	....	31.4	....	24.6	25.1
Sudan	732	....	1.7	0.7	1.2	7.6	13.8	....	0.8	2.2	4.0	2.5	1.8
Syrian Arab Republic	463	31.6 e	13.0 e	10.3 e	13.7 e	11.3 e	9.9 e	....	5.6	7.1	7.4	5.5	5.6
Tunisia	744	....	....	....	....	....	0.0	31.2	19.0	26.1	29.7	24.1	15.5
United Arab Emirates	466	2.0	1.9	1.5	1.4	0.8	0.5	986.6	538.0	671.3	699.6	524.8	534.3
West Bank and Gaza	487	1.0 e	0.7 e	1.5 e	3.4 e	2.4 e	2.8 e	....	....	....	0.1 e	....	....
Yemen, Republic of	474	....	....	....	....	....	....	21.2	....	....	15.1	11.3	11.6
Sub-Saharan Africa	**603**	**7,440.6**	**8,869.8**	**8,599.3**	**9,471.6**	**6,397.3**	**4,454.9**	**1,639.0**	**1,453.3**	**1,887.7**	**2,039.1**	**1,523.1**	**1,322.0**
Angola	614	1.4	1.4	1.1	1.0	0.6	0.4	12.5	6.8	8.5	8.9	6.7	6.8
Benin	638	51.8	49.5	40.5	37.0	20.7	14.5	439.0	....	300.4	313.4	235.1	239.5

Nigeria (694)
In Millions of U.S. Dollars

		Exports (FOB)						Imports (CIF)					
		2011	2012	2013	2014	2015	2016	2011	2012	2013	2014	2015	2016
Botswana	616	....	0.0	0.0	0.0	0.0	0.0	....	0.9	0.9	0.9	0.9	0.9
Burkina Faso	748	0.3	0.3	0.3	0.2	0.1	0.1	8.0	4.4	5.5	5.7	4.3	4.4
Burundi	618	....	....	....	....	....	....	0.6	0.3	....	....	0.3	0.3
Cabo Verde	624	0.1	0.1	....	0.0	0.0	0.0	0.2	0.1	0.1	0.1	0.1	0.1
Cameroon	622	727.0	693.6	567.1	517.8	290.2	203.4	....	2.3	2.8	3.0	2.2	2.3
Central African Rep.	626	1.4	1.4	1.1	1.0	0.6	0.4	1.2	0.7	0.8	0.9	0.7	0.7
Chad	628	23.0	22.0	18.0	16.4	9.2	6.5	1.7	0.9	1.1	1.2	0.9	0.9
Comoros	632	....	....	....	....	....	....	....	....	....	....	0.1	0.1
Congo, Dem. Rep. of	636	0.7	....	0.5	0.5	0.3	0.2	4.2	....	2.9	3.0	2.2	2.3
Congo, Republic of	634	0.4	0.4	0.3	0.3	0.2	0.1	2.6	1.4	1.8	1.9	1.4	1.4
Côte d'Ivoire	662	1,126.5	1,784.9	2,078.3	1,747.9	1,569.2	1,100.2	41.7	54.6	56.5	38.5	29.6	30.2
Equatorial Guinea	642	....	....	....	....	....	....	0.2	0.1	0.1	0.1	0.1	0.1
Eritrea	643	0.1 e	0.0 e	0.1 e	0.0 e	0.0 e	0.0 e	....	....	....	....	....	....
Ethiopia	644	....	....	....	....	....	....	11.7	6.4	8.0	8.3	6.2	6.3
Gabon	646	19.5	18.7	15.3	14.0	7.8	5.5	50.3	27.5	34.3	35.8	26.9	27.4
Ghana	652	1,456.3	1,391.0	1,137.9	1,039.3	582.5	408.4	104.0	56.8	71.0	74.0	55.5	56.6
Guinea	656	....	0.7	0.6	0.5	0.3	0.2	....	69.9	87.3	91.0	68.3	69.5
Guinea-Bissau	654	....	....	....	....	....	....	32.1	....	21.8	....	17.1	17.4
Kenya	664	....	0.7	0.6	0.5	0.3	0.2	....	37.3	46.6	48.6	36.5	37.1
Lesotho	666	0.0 e	0.0 e	0.0 e	0.0 e	0.0 e	0.0 e	....	0.4	0.5	0.5	0.4	0.4
Liberia	668	....	....	....	....	....	....	4.0	2.2	2.7	2.8	2.1	2.2
Madagascar	674	....	....	....	....	....	....	4.6	....	3.2	3.3	2.5	2.5
Malawi	676	....	....	....	....	....	....	0.9	0.5	0.6	....	0.5	0.5
Mali	678	11.6	11.1	9.1	8.3	4.6	3.3	2.7	1.5	1.8	1.9	1.4	1.5
Mauritius	684	....	....	0.4	0.1	0.1	0.4	....	19.8	19.9	20.8	19.9	20.4
Mozambique	688	2.3 e	0.1 e	0.2 e	0.3 e	0.4 e	0.4 e	....	....	0.7	0.7	0.5	0.6
Namibia	728	0.1 e	0.2 e	0.1 e	0.1 e	2.1 e	10.8 e	33.9	18.5	23.1	24.1	18.1	18.4
Niger	692	....	2.5	2.0	1.9	1.0	0.7	....	3.7	4.6	4.8	3.6	3.7
Rwanda	714	....	....	....	....	....	....	0.1	0.1	....	0.1	0.8	0.1
São Tomé & Príncipe	716	....	....	....	....	....	....	....	....	....	0.4	0.3	0.3
Senegal	722	817.6	1,033.4	989.6	806.2	735.8	556.2	39.5	43.0	39.9	45.7	40.8	42.9
Seychelles	718	0.0 e	0.0 e	0.0 e	0.0 e	0.0 e	0.0 e	0.1	....	0.1	0.1	0.1	0.1
Sierra Leone	724	....	....	....	....	....	....	2.3	1.2	1.6	1.6	1.2	1.2
South Africa	199	3,200.1	3,856.6	3,734.2	5,276.1	3,170.2	2,142.4	781.1	780.2	796.1	966.7	651.4	436.0
Swaziland	734	0.0	0.0	0.0	0.0	0.0	0.0	16.3	8.9	11.2	11.6	8.7	8.9
Tanzania	738	0.1	0.1	0.0	0.0	0.0	0.0	20.0	11.0	13.7	14.3	10.7	10.9
Togo	742	....	0.7	0.6	0.4	0.2	0.2	....	278.8	303.9	287.3	251.8	253.0
Uganda	746	0.3	0.7	1.5	1.6	0.7	0.4	....	....	....	....	....	....
Zambia	754	....	....	....	....	....	....	0.6	0.6	....	0.8	0.7	1.8
Zimbabwe	698	....	....	....	....	....	....	20.0	10.9	13.7	14.3	10.7	10.9
Africa n.s.	799	....	....	....	....	....	....	2.8	1.5	....	2.0	1.5	1.5
Western Hemisphere	205	**9,815.7**	**9,565.8**	**11,505.5**	**11,245.6**	**5,754.6**	**1,996.7**	**996.7**	**964.2**	**902.8**	**913.0**	**725.7**	**712.3**
Anguilla	312	....	....	....	....	....	....	0.2	....	0.2	0.2	0.1	0.1
Antigua and Barbuda	311	0.0 e	0.1 e	0.0 e	0.1 e	0.1 e	0.1 e	5.9	3.2	4.0	4.2	3.1	3.2
Argentina	213	290.9	287.6	243.4	230.1	133.7	82.6	48.7	38.8	37.2	33.2	19.8	9.9
Aruba	314	0.0 e	....	0.0 e	....	....	....	0.4	....	0.7	0.0	0.0	0.0
Bahamas, The	313	0.6 e	0.9 e	1.7 e	0.0 e	6.4 e	4.5 e	3.2	1.8	2.2	2.3	1.7	1.7
Barbados	316	0.0	0.0	....	0.0	0.0	0.0	1.0	1.0	1.0	1.0	1.0	1.0
Belize	339	....	0.0 e	....	....	....	0.0 e	5.5	....	5.5	5.5	5.5	5.5
Bermuda	319	....	....	....	....	....	....	12.9	7.1	8.8	9.2	6.9	7.0
Brazil	223	9,188.9	8,779.2	10,571.1	10,404.4	5,076.7	1,513.9	459.3	410.9	337.4	368.1	265.2	281.7
Chile	228	0.1	0.1	0.1	0.1	2.9	0.5	87.3	154.5	122.2	133.2	48.4	41.7
Colombia	233	....	....	....	....	....	....	1.6	0.9	1.3	1.2	3.2	0.6
Costa Rica	238	....	0.0 e	0.0 e	0.0 e	0.0 e	0.0 e	1.4	0.9	1.1	1.1	0.9	0.7
Dominican Republic	243	0.0 e	0.0 e	0.0 e	0.0 e	0.7 e	0.0 e	10.0	5.5	6.8	....	5.4	5.5
Ecuador	248	55.2 e	0.1 e	0.0 e	0.0 e	0.0 e	....	1.1	0.6	4.1	0.5	1.0	0.5
El Salvador	253	6.2 e	11.7 e	0.0 e	0.1 e	0.3 e	0.4 e	0.9	0.2	....	0.2	0.2	0.2
Falkland Islands	323	....	....	....	....	....	....	....	....	1.5	....	1.1	1.2
Greenland	326	....	....	....	....	....	....	3.1	1.7	2.1	2.2	1.6	1.7
Grenada	328	0.0 e	0.0 e	0.0 e	0.0 e	0.0 e	0.0 e	45.2	24.7	30.8	32.1	24.1	24.6

Nigeria (694)

In Millions of U.S. Dollars

		Exports (FOB)						Imports (CIF)					
		2011	2012	2013	2014	2015	2016	2011	2012	2013	2014	2015	2016
Guatemala	258	11.0 e	22.7 e	0.3 e	0.2 e	0.7 e	0.7 e	....	....	0.5	0.6	0.4	0.4
Guyana	336	....	....	....	....	....	....	....	....	0.8	0.8	0.8	0.8
Haiti	263	....	....	....	....	....	....	....	0.1	0.1	0.1	0.1	0.1
Honduras	268	0.0 e	....	0.0 e	....	0.2 e	0.1 e	....	0.0 e	....	....	0.0 e	0.0 e
Jamaica	343	....	....	....	....	....	....	9.0	4.9	6.1	6.4	4.8	4.9
Mexico	273	....	....	....	....	....	....	....	38.3	54.7	35.7	40.5	30.1
Netherlands Antilles	353	0.0 e	0.0 e	0.0 e	0.0 e	0.0 e	0.0 e	....	....	....	....	24.4	24.8
Nicaragua	278	....	....	....	....	....	....	3.7	2.0	2.6	2.7	2.0	2.0
Panama	283	....	....	....	....	....	....	223.7	223.7	223.8	224.1	224.2	223.7
Paraguay	288	....	....	....	....	....	....	....	....	2.7	2.8	2.1	2.1
Peru	293	139.1	138.4	135.7	134.7	129.8	169.0	2.6	1.8	2.0	2.1	1.7	5.1
St. Lucia	362	0.2 e	0.0 e	....	0.0 e	0.0 e	0.0 e	....	....	....	....	....	....
St. Vincent & Grens.	364	0.0 e	0.0 e	....	....	0.0 e	0.0 e	5.1	....	3.5	3.6	2.7	2.8
Suriname	366	0.1	....	....	0.1	0.1	0.0	4.3	2.4	3.0	3.1	2.3	2.4
Trinidad and Tobago	369	0.1 e	0.0 e	0.0 e	0.2 e	0.1 e	0.1 e	1.3	0.7	0.9	0.9	0.7	0.7
Uruguay	298	123.1	324.9	553.0	475.5	403.0	224.6	15.5	14.7	5.6	4.9	6.4	1.8
Venezuela, Rep. Bol.	299	....	....	....	....	....	....	37.1	20.3	25.4	26.4	19.8	20.2
Western Hem. n.s.	399	....	....	....	....	....	....	6.5	3.6	4.4	4.6	3.5	3.5
Other Countries n.i.e	910	....	....	....	....	....	....	0.7	0.4	0.5	0.5	0.4	0.4
Cuba	928	....	....	....	....	....	....	0.7	0.4	0.5	0.5	0.4	0.4
Countries & Areas n.s.	898	**827.0**	**789.9**	**646.2**	**590.3**	**330.8**	**231.9**	**11,576.1**	**6,327.4**	**7,903.8**	**8,241.7**	**6,183.5**	**6,297.1**
Memorandum Items													
Africa	605	7,443.5	8,874.2	8,602.1	9,474.8	6,406.0	4,470.1	1,894.3	1,617.8	2,105.8	2,245.1	1,703.2	1,517.4
Middle East	405	36.5	18.3	16.3	25.2	197.9	196.6	1,337.9	761.9	947.6	1,011.6	764.4	783.1
European Union	998	25,318.0	29,531.1	27,143.4	26,005.9	14,856.3	8,782.5	13,004.8	11,098.5	11,754.2	11,446.7	8,870.7	7,589.9
Export earnings: fuel	080	103.6	46.1	39.0	36.4	19.9	14.8	2,071.7	1,124.7	1,403.9	1,559.2	1,212.4	1,285.4
Export earnings: nonfuel	092	110,493.2	106,782.5	97,212.2	97,175.1	56,959.1	38,933.9	49,564.1	40,726.6	48,799.3	50,753.5	37,545.9	30,416.7

Norway (142)

In Millions of U.S. Dollars

		Exports (FOB)						Imports (CIF)					
		2011	2012	2013	2014	2015	2016	2011	2012	2013	2014	2015	2016
IFS World World	001	160,305.3	161,025.7	152,606.3	141,563.8	103,318.8	88,461.8	90,787.6	87,316.3	88,152.5	87,631.7	73,004.2	71,317.3
Advanced Economies	110	145,887.5	146,768.8	137,603.7	126,559.7	91,200.7	77,093.6	69,665.2	66,005.1	66,057.3	65,692.7	53,696.0	52,400.3
Euro Area	163	64,274.5	66,907.2	71,521.9	68,763.8	48,076.3	39,666.6	29,779.1	29,049.5	30,086.7	29,538.6	24,319.8	24,687.7
Austria	122	984.6	986.1	271.1	364.9	259.8	215.6	651.2	762.5	759.2	692.7	530.3	532.3
Belgium	124	4,409.8	4,602.2	8,130.4	6,833.1	5,156.7	3,900.1	1,662.4	1,760.2	1,691.5	1,587.7	1,275.1	1,318.2
Cyprus	423	56.2	133.7	76.7	15.6	48.0	92.6	50.2	11.0	6.7	8.3	4.9	5.7
Estonia	939	228.2	327.3	182.5	222.5	167.8	143.3	552.1	593.8	698.4	685.9	577.4	569.2
Finland	172	2,521.5	2,344.4	1,627.8	2,209.7	1,136.7	1,190.2	2,305.7	2,425.2	2,278.4	2,079.6	1,714.6	1,752.5
France	132	10,885.6	10,108.2	11,436.1	8,826.8	6,857.5	6,133.0	2,953.5	2,832.4	3,003.9	3,073.1	2,504.7	2,403.7
Germany	134	17,001.3	19,268.0	26,686.3	24,478.4	18,514.9	12,774.6	10,886.5	10,815.9	11,131.6	10,570.4	8,614.3	8,712.6
Greece	174	225.2	383.7	207.3	278.2	173.2	127.7	51.1	52.7	65.0	71.9	66.3	67.9
Ireland	178	1,749.6	1,649.1	1,619.1	1,300.7	1,518.6	1,395.0	820.4	661.6	664.7	718.9	595.0	531.2
Italy	136	3,686.3	3,673.8	1,258.8	1,176.1	890.6	1,174.6	2,352.8	2,435.7	2,664.1	2,737.5	2,292.1	2,183.5
Latvia	941	154.7	140.0	150.6	168.1	115.7	105.8	368.8	490.0	403.2	497.9	352.9	335.0
Lithuania	946	313.7	335.4	420.2	441.9	471.8	609.0	666.6	681.5	838.4	874.0	756.4	802.7
Luxembourg	137	43.2	31.2	28.5	44.5	21.0	24.0	119.7	107.0	95.7	104.1	78.8	92.2
Malta	181	6.3	42.3	157.5	73.0	10.2	9.5	11.8	11.5	11.4	7.9	31.0	4.3
Netherlands	138	18,705.7	19,724.3	16,853.8	19,382.0	10,491.1	9,523.7	3,767.4	3,409.8	3,482.8	3,319.5	2,777.0	2,903.6
Portugal	182	860.5	516.1	507.8	510.5	564.6	567.5	284.6	272.2	306.1	322.3	300.0	313.0
Slovak Republic	936	44.2	27.7	36.4	28.4	36.4	38.7	391.7	414.0	436.9	476.7	347.9	380.2
Slovenia	961	39.1	51.2	53.8	39.9	31.1	7.3	112.7	117.3	124.7	128.5	126.3	128.8
Spain	184	2,358.8	2,562.5	1,817.2	2,369.5	1,610.4	1,634.6	1,770.0	1,195.3	1,424.1	1,581.7	1,374.8	1,651.0
Australia	193	267.5	399.0	301.5	317.2	321.6	188.7	101.8	125.5	130.8	147.0	100.1	81.1
Canada	156	2,601.0	766.6	1,395.8	697.5	752.1	975.8	3,716.0	2,506.9	2,003.8	2,339.2	1,567.7	1,285.4
China,P.R.: Hong Kong	532	250.7	266.7	292.3	260.1	243.2	200.4	180.2	152.5	124.8	145.7	134.5	96.3
China,P.R.: Macao	546	0.3	0.6	0.4	0.6	0.7	0.3	0.5	1.6	1.2	1.1	0.5	0.6
Czech Republic	935	1,443.2	1,540.4	205.8	226.4	180.4	221.5	926.0	905.5	968.8	887.8	797.4	819.7
Denmark	128	5,948.9	6,661.5	5,794.1	5,362.9	3,866.3	3,571.8	5,739.0	5,429.3	5,468.6	5,432.2	4,364.9	4,064.5
Iceland	176	650.7	718.2	649.0	702.0	446.2	438.6	258.7	254.8	242.9	243.7	231.4	220.0
Israel	436	111.0	99.5	112.5	119.7	132.4	163.5	129.1	131.1	137.6	139.3	119.3	114.2
Japan	158	1,839.8	1,512.9	1,232.0	1,606.9	1,228.3	1,222.7	1,971.4	2,047.9	1,940.2	2,029.9	1,659.5	1,704.5
Korea, Republic of	542	1,581.0	4,462.0	....	....	....	596.0	2,408.1	1,128.8	....	....	....	549.9
New Zealand	196	29.8	24.2	24.7	32.2	38.2	40.9	47.8	47.8	49.6	56.5	49.4	47.8
San Marino	135	....	....	....	....	....	0.3	....	....	....	....	....	0.0
Singapore	576	1,097.6	1,219.2	1,695.3	1,852.2	1,359.5	1,011.7	524.4	462.3	527.8	574.6	470.8	339.4
Sweden	144	10,393.1	10,207.5	9,016.6	8,210.7	6,267.2	5,757.0	12,147.2	11,824.2	11,966.6	10,979.2	8,780.8	8,675.9
Switzerland	146	941.6	767.0	530.7	537.6	416.7	505.7	1,037.7	1,227.6	1,172.6	1,220.5	902.6	881.7
Taiwan Prov.of China	528	389.5	462.4	600.0	338.3	290.6	237.3	733.1	637.8	608.3	648.2	513.6	484.5
United Kingdom	112	45,045.2	42,663.0	37,351.5	32,129.9	22,969.8	18,548.8	5,072.6	5,347.3	5,747.8	5,761.9	4,893.0	3,674.0
United States	111	9,022.1	8,090.6	6,879.7	5,401.8	4,611.3	3,745.8	4,892.4	4,724.7	4,879.3	5,547.1	4,790.8	4,672.9
Emerg. & Dev. Economies	200	14,356.4	14,232.4	14,994.6	14,900.4	12,110.9	11,366.5	21,120.3	21,308.9	22,090.1	21,936.6	19,305.8	18,914.3
Emerg. & Dev. Asia	505	4,277.2	3,918.9	4,204.7	4,968.3	4,439.2	3,811.3	10,229.2	10,414.2	10,388.1	10,761.6	9,965.5	10,108.4
American Samoa	859	0.0	....	0.3	....	....	0.0	....	....	....	....	....	....
Bangladesh	513	23.6	112.5	7.9	9.2	26.2	16.1	163.8	163.1	203.2	212.9	218.3	251.1
Bhutan	514	0.9	0.1	0.2	0.4	0.3	0.4	....	....	....	....	....	....
Brunei Darussalam	516	3.7	11.7	4.6	5.5	3.0	1.8	0.1	0.0	0.0	0.2	0.0	0.0
Cambodia	522	0.0	0.0	0.3	0.5	0.1	0.1	25.4	29.9	36.6	42.8	46.7	59.2
China,P.R.: Mainland	924	2,921.3	2,387.4	2,761.6	3,252.0	2,963.7	2,356.4	8,279.1	8,075.5	8,258.8	8,415.9	7,923.8	8,011.7
Fiji	819	0.3	0.2	0.1	0.0	0.1	0.0	0.1	0.1	0.1	0.1	0.1	0.1
F.T. French Polynesia	887	0.2	0.1	0.2	0.4	0.3	0.1	0.0	0.1	0.1	0.1	0.1	0.1
F.T. New Caledonia	839	6.8	5.2	2.8	7.8	2.4	1.2	....	0.0	....	....	0.0	....
Guam	829	1.0	0.7	0.8	0.8	0.4	0.3	....	....	....	....	....	....
India	534	442.3	358.1	264.9	275.9	234.1	257.7	546.1	578.6	479.7	450.2	402.4	419.3
Indonesia	536	100.2	136.2	129.8	142.4	161.4	221.8	176.2	174.4	179.1	184.0	156.9	174.6
Lao People's Dem.Rep	544	0.2	0.1	0.1	1.6	0.2	0.1	0.3	0.9	1.3	1.1	1.6	1.7
Malaysia	548	177.8	225.0	338.5	549.8	473.0	179.5	291.4	343.2	307.2	329.0	344.2	280.3
Maldives	556	0.8	0.4	0.3	0.7	0.6	0.8	0.0	0.1	0.1	0.1	0.1	0.6
Marshall Islands	867	....	....	....	....	....	7.5	....	....	....	....	....	13.2
Mongolia	948	0.3	0.2	1.9	0.0	0.4	0.2	0.3	0.2	0.6	0.9	0.7	0.6

Norway (142)

In Millions of U.S. Dollars

		Exports (FOB) 2011	2012	2013	2014	2015	2016	Imports (CIF) 2011	2012	2013	2014	2015	2016
Myanmar	518	1.3	0.7	1.5	1.3	9.7	1.2	0.3	0.5	2.4	3.1	5.0	11.1
Nepal	558	0.8	0.5	0.8	1.0	1.0	0.6	1.4	1.4	1.9	3.3	3.1	2.7
Papua New Guinea	853	1.4	6.2	0.8	0.3	0.6	2.2	0.3	0.1	0.1	0.1	0.4	0.4
Philippines	566	131.3	117.2	50.3	70.5	83.5	76.2	41.9	34.9	45.9	39.9	62.7	36.6
Samoa	862	....	....	....	0.3	....	0.0	....	0.0	....	....	....	0.0
Solomon Islands	813	0.2	0.1	0.1	0.1	0.0	0.0	....	....	....	....	....	....
Sri Lanka	524	9.1	13.9	12.4	9.9	8.4	7.0	38.5	37.6	45.4	45.5	43.5	43.9
Thailand	578	248.3	300.3	263.4	214.5	217.2	281.5	419.8	585.2	423.9	629.1	413.5	409.4
Timor-Leste	537	0.0	0.0	0.1	0.1	0.2	1.0	....	....	....	....	....	0.0
Tuvalu	869	....	....	....	....	0.9	....	....	....	....	....	....	0.0
Vanuatu	846	0.0	....	0.4	1.7	0.8	0.0	....	....	....	....	....	0.0
Vietnam	582	199.5	157.7	265.4	235.8	208.9	314.2	244.2	388.2	401.7	403.4	342.3	391.9
Asia n.s.	598	5.6	84.3	95.1	185.7	41.7	83.3	0.0	0.0	0.0	0.0	0.0	0.0
Europe	170	**6,224.0**	**6,069.0**	**6,768.8**	**5,505.4**	**3,672.9**	**3,811.3**	**6,371.0**	**6,655.8**	**6,888.6**	**7,044.1**	**5,673.5**	**5,612.0**
Emerg. & Dev. Europe	903	**4,393.3**	**4,154.1**	**4,808.9**	**4,148.6**	**2,998.9**	**2,961.2**	**4,069.6**	**4,398.5**	**4,984.8**	**5,239.1**	**4,094.8**	**4,270.6**
Albania	914	1.3	0.9	1.5	1.6	1.6	2.5	3.6	4.4	4.5	3.7	2.3	2.4
Bosnia and Herzegovina	963	3.2	1.8	1.9	2.4	2.4	2.3	14.4	14.8	17.8	18.4	17.8	18.4
Bulgaria	918	17.9	22.4	34.4	22.6	22.8	35.2	59.8	62.4	76.4	84.3	71.9	74.6
Croatia	960	52.6	41.6	47.8	30.4	25.2	35.9	58.6	61.7	59.5	88.2	66.5	70.4
Faroe Islands	816	242.1	325.7	282.3	281.8	98.8	84.1	49.5	41.1	40.2	57.2	55.3	62.1
Gibraltar	823	21.7	85.8	424.9	3.5	59.7	28.1	0.0	0.0	0.0	0.0	0.0	5.6
Hungary	944	81.5	92.4	90.1	87.2	111.8	96.0	396.7	372.3	368.8	403.1	311.4	323.9
Macedonia, FYR	962	2.9	2.3	1.7	2.4	1.4	0.9	7.9	7.3	8.4	9.9	9.6	9.8
Montenegro	943	0.2	0.1	0.2	0.5	0.2	0.0	0.2	0.2	0.3	0.4	3.2	0.0
Poland	964	2,814.9	2,436.2	2,758.0	2,540.3	1,996.0	2,075.4	2,343.4	2,649.7	2,904.1	2,880.5	2,311.3	2,554.2
Romania	968	240.0	232.0	252.4	159.1	137.7	90.7	434.8	405.4	506.9	779.0	496.2	349.1
Serbia, Republic of	942	13.3	9.3	11.0	12.4	20.4	11.6	8.2	10.5	30.9	26.3	25.7	12.7
Turkey	186	901.5	903.6	902.6	1,004.4	521.1	498.4	692.3	768.7	967.0	888.1	723.7	787.4
CIS	901	**1,830.6**	**1,914.7**	**1,959.9**	**1,356.7**	**673.8**	**850.2**	**2,300.5**	**2,255.3**	**1,902.7**	**1,803.7**	**1,575.9**	**1,338.4**
Armenia	911	0.8	0.6	0.8	0.5	1.2	0.7	0.2	0.2	0.2	0.5	0.4	0.3
Azerbaijan, Rep. of	912	46.5	23.3	49.1	73.7	176.5	228.6	2.6	2.1	5.1	7.3	2.7	8.5
Belarus	913	56.6	85.2	105.1	156.2	129.7	137.3	159.3	246.6	160.2	132.9	136.1	108.0
Georgia	915	7.7	10.1	11.7	7.9	9.5	11.5	31.1	0.3	0.7	0.6	0.7	0.7
Kazakhstan	916	90.6	40.8	40.6	52.0	43.7	67.4	19.6	25.8	13.3	12.6	6.6	11.5
Kyrgyz Republic	917	0.6	0.8	0.8	0.5	1.3	2.1	0.1	0.0	0.0	0.1	0.1	0.0
Moldova	921	6.2	4.0	2.9	2.1	1.9	1.5	1.7	2.6	1.8	2.6	4.0	4.6
Russian Federation	922	1,368.7	1,462.3	1,454.2	858.8	217.7	270.6	1,885.7	1,770.3	1,548.6	1,582.3	1,387.2	1,162.6
Tajikistan	923	0.1	0.1	0.1	0.1	0.0	0.4	35.7	34.1	19.7	0.0	0.0	0.0
Turkmenistan	925	0.8	0.3	16.2	16.9	0.9	0.9	0.0	0.0	....	....	0.0	0.1
Ukraine	926	250.8	286.2	277.0	186.6	90.4	127.9	164.5	173.0	152.3	64.7	38.0	41.9
Uzbekistan	927	1.4	1.1	1.5	1.3	1.1	1.4	0.1	0.5	0.8	0.2	0.0	0.0
Europe n.s.	884	0.0	0.2	0.0	0.0	0.2	0.0	0.9	2.0	1.2	1.3	2.7	3.0
Mid East, N Africa, Pak	440	**868.4**	**1,212.2**	**902.3**	**893.4**	**805.6**	**757.5**	**508.6**	**391.9**	**473.8**	**472.8**	**517.4**	**484.5**
Afghanistan, I.R. of	512	2.6	3.6	5.8	3.1	2.4	1.3	0.3	0.2	0.2	0.1	0.1	0.2
Algeria	612	143.2	283.7	43.9	87.1	66.7	25.0	41.3	14.1	8.4	26.1	29.5	13.7
Bahrain, Kingdom of	419	9.4	9.1	29.9	32.1	7.2	7.6	30.4	17.3	14.3	18.3	22.2	12.3
Djibouti	611	0.7	1.1	0.1	0.3	0.1	0.8	0.0	0.2	0.0	0.0	....	....
Egypt	469	98.6	109.6	103.3	130.4	113.6	163.0	50.5	34.9	39.5	31.0	26.6	24.9
Iran, I.R. of	429	31.9	27.4	6.6	4.9	7.8	18.5	6.8	7.4	7.1	5.7	5.1	5.3
Iraq	433	7.1	5.4	8.0	17.2	2.3	2.5	0.0	0.0	0.0	0.1	0.0	0.0
Jordan	439	5.8	16.0	10.9	11.6	10.3	16.9	1.5	0.4	0.9	8.9	4.5	5.5
Kuwait	443	18.6	84.1	10.9	14.3	14.2	38.4	6.6	2.5	10.2	2.3	2.0	0.6
Lebanon	446	10.0	9.5	7.5	10.3	24.5	9.9	2.0	2.0	1.9	1.1	0.7	1.5
Libya	672	0.8	18.3	5.4	2.9	1.2	0.4	0.0	0.0	49.2	48.8	20.8	28.8
Mauritania	682	3.5	7.5	5.7	2.4	2.0	4.8	16.7	7.7	8.9	6.0	18.1	29.2
Morocco	686	57.0	108.6	89.6	40.1	45.4	35.7	118.8	147.8	153.9	139.1	139.9	133.2
Oman	449	10.8	40.5	10.5	13.1	8.7	9.9	0.2	2.4	0.6	0.8	7.2	0.6
Pakistan	564	19.5	17.5	15.1	17.0	11.4	10.7	98.5	73.8	86.7	94.3	77.6	81.5
Qatar	453	43.8	47.1	43.4	73.7	41.4	25.8	2.8	4.6	6.9	6.4	61.1	11.9
Saudi Arabia	456	96.1	85.7	133.0	136.4	140.6	125.6	63.5	9.8	12.8	11.9	19.5	24.1

Norway (142)

In Millions of U.S. Dollars

		Exports (FOB)						Imports (CIF)					
		2011	2012	2013	2014	2015	2016	2011	2012	2013	2014	2015	2016
Somalia	726	1.0	0.1	0.5	0.7	0.4	0.5	0.0	....	....	....	....	0.0
Sudan	732	2.0	2.2	3.4	1.6	1.0	1.8	0.1	0.1	0.1	0.1	0.3	0.1
Syrian Arab Republic	463	5.6	1.6	1.9	1.1	0.4	0.4	0.9	0.7	0.2	0.1	0.1	0.2
Tunisia	744	16.4	26.9	7.3	5.0	6.2	12.6	47.9	45.4	43.0	42.5	34.9	37.5
United Arab Emirates	466	280.6	305.6	331.1	286.6	296.5	245.3	18.9	19.8	29.0	29.1	47.0	73.4
West Bank and Gaza	487	0.0	....	0.0	0.6	1.1	0.1	0.7	0.8	0.2	0.0	0.2	0.1
Yemen, Republic of	474	3.3	1.0	28.3	1.2	0.1	0.0	0.1	0.0	0.0	0.0	0.0	0.0
Sub-Saharan Africa	603	**946.0**	**1,032.3**	**1,445.8**	**1,681.4**	**1,610.7**	**1,773.2**	**1,395.6**	**1,238.6**	**1,932.2**	**1,265.3**	**900.7**	**659.5**
Angola	614	220.9	241.6	382.3	473.6	421.0	464.5	3.0	11.0	13.1	40.3	29.9	51.5
Benin	638	1.5	1.6	2.2	2.6	2.7	10.9	0.0	....	....	0.0	....	0.0
Botswana	616	0.3	0.1	0.1	0.1	0.0	0.1	334.3	314.7	323.8	239.5	183.7	141.0
Burkina Faso	748	0.1	1.3	0.5	0.1	0.2	0.2	0.1	0.2	0.0	0.0	0.1	0.1
Burundi	618	0.1	0.1	0.1	0.0	0.2	0.2	0.0	0.0	0.1	0.1	0.1	0.1
Cabo Verde	624	1.3	0.1	0.1	0.4	0.8	0.1	....	....	....	....	0.0	0.0
Cameroon	622	5.4	25.5	13.1	13.2	30.4	5.6	1.3	0.3	109.4	260.6	58.5	0.2
Central African Rep.	626	0.0	0.0	43.2	59.8	291.6	0.1	....	0.0	4.6	7.0	98.4	0.0
Chad	628	0.2	0.0	0.1	0.0	0.1	0.1	0.0	0.0	....	....	0.3	0.0
Comoros	632	....	0.0	0.0	0.0	0.0	0.6	0.1	0.1	0.1	0.1	0.0	0.1
Congo, Dem. Rep. of	636	27.3	18.0	....	....	....	2.6	0.0	0.1	....	....	....	0.0
Congo, Republic of	634	38.5	41.2	....	....	....	309.5	24.5	21.1	....	....	....	8.0
Côte d'Ivoire	662	4.2	13.3	6.1	39.7	52.0	7.2	2.0	6.2	7.1	7.7	8.7	6.2
Equatorial Guinea	642	9.1	8.7	1.9	3.5	7.0	7.0	136.4	191.2	573.8	22.3	52.7	0.1
Eritrea	643	2.7	1.4	1.3	0.0	0.0	0.1	0.0	0.0	0.0	0.0	0.1	0.0
Ethiopia	644	2.3	2.6	2.3	3.8	2.5	2.5	15.2	16.5	16.2	16.3	18.4	18.9
Gabon	646	11.4	7.8	11.6	20.2	14.1	6.3	91.5	108.8	110.4	112.6	101.6	68.1
Gambia, The	648	0.3	0.3	0.7	0.5	0.5	0.4	0.0	0.0	0.0	0.0	0.0	0.0
Ghana	652	33.3	64.9	48.6	38.8	39.1	46.9	16.5	5.2	5.7	4.6	6.8	5.4
Guinea	656	6.4	7.2	0.9	1.1	0.8	0.8	0.1	0.0	0.1	0.2	0.0	0.0
Kenya	664	46.2	21.7	20.4	21.8	12.2	14.6	53.6	52.5	53.0	57.8	54.4	53.7
Lesotho	666	0.0	0.0	0.0	0.1	0.0	....	....	....	0.0	0.0	....	....
Liberia	668	4.8	5.0	24.0	22.3	102.9	23.2	22.0	4.1	0.0	16.7	0.1	0.0
Madagascar	674	2.7	0.4	1.3	0.4	0.6	0.2	1.3	1.4	1.6	3.1	3.3	2.4
Malawi	676	0.1	0.1	2.8	0.4	0.1	0.6	0.2	0.0	0.0	0.0	0.2	0.2
Mali	678	1.4	1.7	1.1	1.5	3.8	0.3	0.5	0.2	0.1	0.1	0.2	0.2
Mauritius	684	2.8	2.9	2.4	4.1	4.8	3.5	2.1	5.2	3.2	2.5	3.2	2.1
Mozambique	688	6.6	4.2	9.6	19.5	28.9	5.0	3.9	0.2	6.0	1.9	5.7	1.2
Namibia	728	9.1	24.4	10.3	11.6	6.9	141.4	38.8	38.1	33.3	31.9	26.2	27.2
Niger	692	0.2	0.2	0.0	0.0	0.5	0.0	0.0	0.0	....	....	....	0.0
Nigeria	694	323.4	320.2	598.5	450.7	363.5	460.0	145.7	1.6	305.4	170.4	26.4	22.8
Rwanda	714	0.1	0.2	0.9	0.6	0.3	0.6	0.2	0.3	0.2	0.3	0.3	0.3
Senegal	722	2.9	2.0	1.1	1.9	3.4	2.4	2.3	1.8	4.4	8.2	6.5	18.1
Seychelles	718	0.8	0.9	1.1	8.0	2.9	1.1	0.0	0.1	0.0	0.4	0.0	0.0
Sierra Leone	724	1.5	1.1	2.0	5.3	0.7	0.3	....	....	....	....	....	....
South Africa	199	133.3	141.6	221.2	130.6	101.6	176.5	488.0	438.8	343.8	247.8	184.4	221.8
South Sudan, Rep. of	733	....	....	....	....	....	0.2	....	....	....	....	....	0.0
Swaziland	734	0.0	0.1	0.0	0.1	0.1	0.0	3.9	5.6	5.9	4.7	4.0	4.2
Tanzania	738	39.7	63.3	26.2	31.2	5.2	5.4	4.4	7.3	4.6	3.7	3.9	1.5
Togo	742	2.6	3.2	1.8	308.8	103.2	63.2	0.0	0.0	0.3	0.0	0.0	0.0
Uganda	746	1.3	1.0	2.8	3.6	4.0	4.8	1.2	3.2	1.8	2.1	2.3	1.7
Zambia	754	0.5	1.6	2.9	1.4	0.8	3.8	0.6	0.4	0.2	0.4	0.3	0.5
Zimbabwe	698	0.9	0.5	0.2	0.2	1.3	0.4	2.0	2.2	3.7	1.9	20.0	1.7
Africa n.s.	799	0.1	0.4	0.0	....	....	....	....	....	....	....	0.0	0.0
Western Hemisphere	205	**2,040.8**	**1,999.9**	**1,673.0**	**1,852.0**	**1,582.5**	**1,213.2**	**2,615.8**	**2,608.5**	**2,407.6**	**2,392.8**	**2,248.8**	**2,049.9**
Antigua and Barbuda	311	0.7	1.9	0.9	0.4	0.4	0.3	0.3	0.0	....	....	0.0	0.0
Argentina	213	46.5	79.0	84.0	157.0	217.8	78.6	66.5	56.6	37.9	34.2	31.1	25.8
Aruba	314	0.0	0.0	0.3	0.2	0.1	0.5	....	....	....	0.0	....	0.0
Bahamas, The	313	187.6	45.0	25.2	25.7	18.4	105.7	1.3	0.8	1.7	0.9	5.7	0.8
Barbados	316	4.2	1.3	1.6	0.7	0.9	0.8	0.1	0.1	0.1	0.0	0.1	0.2
Belize	339	0.2	4.5	4.7	0.0	0.3	0.2	0.1	0.1	0.0	0.0	0.0	0.1
Bermuda	319	267.8	48.3	1.7	6.2	40.0	46.6	0.0	0.0	0.0	0.0	0.0	17.6

Norway (142)

In Millions of U.S. Dollars

		Exports (FOB)						Imports (CIF)					
		2011	2012	2013	2014	2015	2016	2011	2012	2013	2014	2015	2016
Bolivia	218	6.9	6.9	9.2	9.1	7.1	6.1	3.1	2.1	2.6	2.4	2.0	2.4
Brazil	223	851.0	900.2	855.7	1,124.8	670.5	492.2	1,369.7	1,452.9	1,323.5	1,276.8	1,261.3	1,086.8
Chile	228	92.4	245.2	67.4	93.4	105.3	135.0	109.2	122.3	141.5	162.2	148.1	134.7
Colombia	233	43.9	25.4	38.1	32.3	28.6	23.8	114.6	97.9	96.9	121.1	119.6	121.7
Costa Rica	238	13.4	16.4	9.2	12.0	14.5	10.6	47.8	60.4	58.1	70.3	62.1	47.5
Curaçao	354	....	....	....	....	....	0.7	....	....	....	....	....	0.3
Dominica	321	0.2	0.3	0.6	0.0	0.3	0.0	....	0.1	....	....	0.0	0.0
Dominican Republic	243	75.7	45.6	40.1	45.0	44.1	55.3	12.2	10.1	14.0	14.1	12.1	15.3
Ecuador	248	11.8	19.9	9.9	15.6	17.1	3.3	42.5	41.9	52.7	38.4	33.1	35.5
El Salvador	253	0.3	0.2	0.3	0.5	0.4	1.2	2.7	2.2	2.8	4.1	1.2	1.7
Falkland Islands	323	1.8	1.5	0.1	0.0	0.7	0.0	....	0.0	....	0.0	0.0	0.0
Greenland	326	29.6	11.3	50.5	9.7	13.9	19.6	28.2	19.6	15.2	18.8	29.9	26.4
Grenada	328	0.8	0.7	0.8	0.5	0.4	0.3	0.1	0.2	0.2	0.2	0.1	0.1
Guatemala	258	36.5	26.6	45.1	19.6	16.3	13.5	28.9	24.2	22.4	22.3	20.3	17.7
Guyana	336	0.2	0.2	0.2	5.1	0.2	1.1	0.0	0.0	0.0	0.0	0.0	0.0
Haiti	263	1.6	2.4	3.1	3.5	2.6	2.3	0.1	0.1	0.8	0.1	0.4	0.1
Honduras	268	1.0	1.5	0.7	1.8	1.7	1.5	4.6	5.5	5.6	8.8	6.0	3.7
Jamaica	343	23.5	22.2	21.6	21.1	17.6	19.4	72.6	0.5	0.4	0.4	0.6	0.5
Mexico	273	95.2	129.4	137.1	122.1	113.5	128.3	176.7	204.2	190.3	192.0	198.8	203.9
Nicaragua	278	0.2	0.1	0.9	0.1	14.0	9.9	10.2	9.3	6.2	8.6	7.4	2.7
Panama	283	117.1	93.0	67.5	70.0	33.2	13.8	74.5	7.0	50.1	43.2	22.7	23.0
Paraguay	288	1.1	1.1	4.2	2.9	1.7	2.0	0.2	0.1	0.1	0.1	0.2	0.4
Peru	293	14.3	15.5	18.3	21.8	38.1	12.4	273.2	398.9	329.0	325.0	232.8	227.4
St. Kitts and Nevis	361	8.4	0.1	3.2	0.4	0.2	0.0	....	0.0	....	....	....	0.0
St. Lucia	362	0.0	0.1	0.1	0.4	0.0	0.0	....	0.0	....	0.0	....	....
St. Vincent & Grens.	364	47.7	7.8	0.8	1.3	0.2	0.0	0.0	....	....	....	....	0.0
Suriname	366	0.9	1.7	0.4	0.3	0.5	0.1	90.0	34.6	5.8	0.1	0.2	0.3
Trinidad and Tobago	369	4.7	6.4	5.0	15.5	12.1	9.9	0.4	4.1	0.1	5.8	0.9	7.1
Uruguay	298	5.5	148.8	22.7	20.1	24.0	14.5	63.4	47.3	42.1	36.9	42.8	46.1
Venezuela, Rep. Bol.	299	24.2	41.7	50.2	9.7	3.0	2.7	11.9	5.5	7.3	5.6	9.0	0.2
Western Hem. n.s.	399	23.8	47.7	91.6	3.2	122.9	0.9	11.0	....	0.1	0.2	0.0	0.0
Other Countries n.i.e	910	**2.7**	**9.2**	**1.1**	**1.8**	**2.1**	**0.7**	**1.7**	**2.3**	**4.4**	**2.2**	**2.1**	**2.2**
Cuba	928	2.7	9.1	1.1	1.8	2.1	0.7	1.7	2.3	4.4	2.2	2.1	2.2
Korea, Dem. People's Rep.	954	....	0.1	....	....	....	0.0	....	....	....	....	....	....
Countries & Areas n.s.	898	**58.7**	**15.3**	**6.8**	**101.9**	**5.1**	**1.0**	**0.4**	**0.1**	**0.6**	**0.2**	**0.3**	**0.6**
Memorandum Items													
Africa	605	1,169.9	1,462.4	1,596.3	1,818.4	1,732.6	1,854.1	1,620.6	1,453.8	2,146.4	1,479.1	1,123.4	873.0
Middle East	405	622.4	761.0	730.9	736.3	669.9	664.4	184.9	102.6	172.7	164.6	217.0	189.2
European Union	998	130,312.0	130,804.4	127,072.4	117,533.4	83,653.3	70,099.0	56,957.2	56,107.4	58,154.1	56,834.8	46,413.3	45,294.1
Export earnings: fuel	080	2,850.7	3,166.2	3,322.7	2,706.6	1,902.3	2,362.7	2,652.2	2,361.5	2,868.0	2,270.8	1,986.6	1,670.9
Export earnings: nonfuel	092	157,454.6	157,859.5	149,283.6	138,857.2	101,416.6	86,099.1	88,135.4	84,954.8	85,284.5	85,360.8	71,017.6	69,646.5

Oman (449)

In Millions of U.S. Dollars

		Exports (FOB)						Imports (CIF)					
		2011	2012	2013	2014	2015	2016	2011	2012	2013	2014	2015	2016
IFS World		47,092.1	53,174.0	56,618.2	52,834.3	34,783.6	....	61,500.2	76,555.6	89,915.3	76,546.1	75,405.0	....
World	001	47,091.6	52,138.2	56,428.9	53,220.9	34,733.0	26,775.7	23,618.7	28,117.2	34,333.0	29,304.7	29,007.3	23,110.8
Advanced Economies	110	14,932.1	18,389.7	15,506.6	12,389.2	7,353.5	5,574.6	9,579.0	11,593.2	11,132.0	10,844.1	9,112.8	5,395.1
Euro Area	163	786.8	493.7	857.6	550.3	449.8	421.2	2,415.9	2,923.8	3,444.7	2,810.5	3,226.8	1,654.9
Austria	122	0.2	0.4	0.5	13.5	0.6	0.6	72.0	51.2	10.0	13.7	15.1	10.4
Belgium	124	108.6	101.8	99.8	82.1	34.6	32.0	158.8	290.2	387.7	344.0	318.8	374.5
Cyprus	423	6.2	1.4	0.8	0.5	0.7	0.4	5.1	4.9	78.8	4.9	38.4	2.3
Estonia	939	7.5	3.8	0.5	0.1	0.0	0.0	0.3	0.7	1.3	1.1	1.1	10.7
Finland	172	9.7	15.8	13.4	1.5	0.6	0.2	29.0	29.2	19.6	19.4	52.9	9.3
France	132	96.0	45.9	50.7	27.6	14.0	124.9	386.6	418.9	346.9	258.9	267.7	184.3
Germany	134	49.5	59.3	75.9	69.1	59.6	35.1	820.3	908.9	938.5	863.4	862.9	509.3
Greece	174	8.5	3.8	8.8	6.1	2.0	3.8	8.6	12.9	112.2	8.8	10.5	7.4
Ireland	178	4.5	4.2	4.5	7.8	4.4	0.6	52.2	62.1	37.1	33.5	54.1	19.4
Italy	136	99.3	53.6	102.0	42.8	68.5	61.0	441.8	552.1	638.1	572.9	599.1	293.8
Latvia	941	1.1	3.2	....	....	0.2	....	0.5	13.9	47.6	2.6	8.9	1.1
Lithuania	946	2.2	0.1	0.6	1.2	0.2	0.2	0.3	2.2	10.9	6.1	1.2	0.3
Luxembourg	137	....	....	....	0.0	0.7	4.4	1.1	4.3	6.5	3.9	20.8	1.1
Malta	181	0.5	0.5	0.3	1.3	0.6	0.1	4.3	3.9	81.4	0.6	17.4	0.8
Netherlands	138	229.2	111.0	350.6	254.9	230.2	141.6	274.6	320.0	494.3	425.4	673.8	132.6
Portugal	182	5.9	0.1	17.6	0.6	8.5	0.7	9.5	61.7	33.4	12.8	22.0	2.8
Slovak Republic	936	0.0	0.0	0.0	....	0.0	0.0	24.1	22.6	0.3	....	0.1	1.6
Slovenia	961	3.8	12.2	3.6	19.8	1.9	....	4.4	9.3	28.2	19.6	15.0	4.1
Spain	184	154.3	76.6	127.9	21.4	22.3	15.5	122.5	154.7	171.9	218.7	247.0	89.0
Australia	193	109.1	55.0	200.1	67.0	88.0	28.3	404.2	470.6	332.6	319.4	248.3	191.7
Canada	156	8.7	32.1	19.5	25.7	19.5	5.9	107.4	203.6	98.2	90.3	89.2	52.4
China, P.R.: Hong Kong	532	237.6	205.6	120.5	112.7	86.2	113.4	13.0	23.4	68.5	78.5	100.2	34.1
Czech Republic	935	12.4	12.2	14.2	8.1	12.6	1.9	35.2	27.0	2.7	3.2	2.9	27.4
Denmark	128	5.9	1.7	18.5	5.1	2.2	0.9	147.7	118.2	117.6	141.7	79.5	34.3
Iceland	176	....	0.0	0.0	0.1	0.0	0.0	0.0	....	....	0.3	0.2	0.0
Japan	158	3,569.6	4,964.0	4,016.6	2,086.4	1,051.8	1,023.0	2,985.6	3,786.5	3,323.0	3,579.2	1,725.0	1,045.4
Korea, Republic of	542	5,382.2	4,870.9	4,590.6	4,366.3	2,566.0	1,952.3	910.7	1,035.6	960.1	1,073.4	965.7	307.8
New Zealand	196	299.4	679.1	228.7	22.4	21.1	15.6	51.1	87.5	65.0	66.0	60.1	5.9
Norway	142	0.2	0.3	0.3	0.7	7.3	0.1	11.7	41.9	18.2	7.9	8.3	6.5
Singapore	576	1,164.9	2,300.8	1,678.8	530.4	723.5	313.9	164.6	179.7	277.2	447.6	235.9	364.4
Sweden	144	0.4	3.4	1.0	0.7	0.9	0.5	108.0	140.7	45.0	147.0	134.5	44.8
Switzerland	146	2.5	3.2	6.3	7.2	12.5	2.2	197.1	219.1	189.5	176.3	176.6	110.6
Taiwan Prov.of China	528	1,422.5	3,798.0	3,011.6	3,754.0	1,724.8	864.9	171.3	160.6	158.8	123.6	62.2	39.5
United Kingdom	112	198.1	101.8	84.0	102.3	54.9	38.6	462.3	524.3	516.2	514.5	536.9	389.8
United States	111	1,731.7	867.8	658.2	749.8	532.3	791.8	1,393.2	1,650.9	1,514.6	1,264.7	1,460.3	1,085.4
Emerg. & Dev. Economies	200	30,346.5	32,299.6	39,779.5	40,026.8	26,905.3	20,715.4	14,039.7	16,523.7	23,200.8	18,460.1	19,893.6	17,715.6
Emerg. & Dev. Asia	505	22,307.0	22,704.2	26,905.1	27,182.6	17,166.3	12,734.3	3,333.2	4,262.4	5,375.7	3,720.1	4,059.1	2,878.1
American Samoa	859	....	....	....	....	....	23.6	....	....	....	....	....	....
Bangladesh	513	25.2	24.6	43.2	103.3	60.3	50.5	3.5	3.5	3.4	5.9	6.3	2.3
Brunei Darussalam	516	6.6	0.1	0.2	0.2	....	0.2	0.0	0.1	0.1	0.2	....	0.1
Cambodia	522	0.5	0.5	0.1	2.9	1.8	0.1	....	0.1	0.1	0.1	0.2	0.2
China, P.R.: Mainland	924	14,192.9	17,186.1	20,574.4	22,896.2	14,724.7	11,185.5	1,094.4	1,404.8	1,048.1	1,405.9	1,518.3	1,184.4
Fiji	819	0.1	0.6	0.1	1.3	0.5	0.5	....	....	....	....	....	....
India	534	4,513.9	2,299.7	3,012.4	1,619.3	1,083.6	911.7	1,138.0	1,540.7	3,117.1	1,265.7	1,626.9	1,155.6
Indonesia	536	449.9	237.4	100.3	84.5	89.7	39.2	206.3	244.1	214.7	233.2	214.1	120.3
Malaysia	548	370.4	236.3	337.3	240.4	312.7	265.2	287.7	280.6	267.5	248.5	220.7	161.8
Maldives	556	5.0	4.1	12.7	10.9	17.9	11.0	0.0	0.0	0.0	0.0	....	0.0
Mongolia	948	2.4	2.1	1.4	0.7	0.1	....	....	....	....	....	....	....
Myanmar	518	2.9	12.9	17.2	12.5	17.1	11.5	4.9	1.5	0.9	0.4	2.5	1.7
Nepal	558	0.1	0.1	0.2	0.8	0.3	0.2	0.0	0.0	0.0	0.0	0.0	0.0
Papua New Guinea	853	0.3	0.1	....	0.4	0.1	0.2	....	....	....	....	....	....
Philippines	566	12.6	62.1	137.0	13.8	14.2	28.1	5.6	6.7	6.7	6.6	5.4	4.9
Solomon Islands	813	....	....	....	0.1	....	....	....	....	....	....	....	0.0
Sri Lanka	524	94.4	233.8	683.3	488.8	194.7	33.2	9.6	8.0	12.6	10.1	26.7	18.5
Thailand	578	2,527.4	2,275.4	1,918.6	1,656.5	592.9	54.4	565.4	745.7	680.3	482.6	383.6	184.1
Vietnam	582	102.5	128.3	66.5	50.0	55.7	119.1	17.8	26.7	24.0	60.8	54.3	44.2

Oman (449)

In Millions of U.S. Dollars

		Exports (FOB) 2011	2012	2013	2014	2015	2016	Imports (CIF) 2011	2012	2013	2014	2015	2016
Europe	170	116.2	183.1	237.9	204.7	90.0	96.5	655.8	837.8	985.3	827.9	690.1	325.1
Emerg. & Dev. Europe	903	54.6	111.1	212.6	185.0	81.0	92.6	289.3	390.1	575.6	434.6	383.9	165.8
Albania	914	0.6	0.2	0.6	0.5	0.1	....	....	0.0	0.0	0.3	1.3	0.0
Bosnia and Herzegovina	963	....	0.0	....	....	....	0.0	0.1	0.3	0.0	0.0	0.0	0.1
Bulgaria	918	1.5	3.5	12.3	2.9	0.5	0.0	31.6	18.9	53.7	23.4	54.3	4.1
Croatia	960	1.0	0.1	0.5	5.4	1.0	0.2	1.0	6.5	1.4	0.5	17.3	0.7
Hungary	944	0.5	4.3	3.8	2.1	3.1	0.9	35.6	33.5	3.4	4.4	4.5	7.4
Poland	964	3.5	3.4	5.9	11.3	8.4	2.5	35.3	75.0	66.8	40.9	21.7	21.4
Romania	968	12.6	7.9	8.6	16.2	4.5	47.6	28.4	55.5	63.4	32.1	38.0	19.9
Turkey	186	35.0	91.7	180.9	146.5	63.5	41.4	157.2	200.4	386.9	332.4	246.8	112.1
CIS	901	61.6	72.0	25.3	19.7	8.3	3.9	366.5	447.7	409.7	393.3	306.2	159.3
Armenia	911	0.3	0.3	0.1	0.2	....	....	....	0.0	....	....	....	0.0
Azerbaijan, Rep. of	912	7.2	3.7	3.3	3.2	0.0	0.2	....	0.0	....	....	....	....
Belarus	913	2.6	2.1	2.4	2.6	0.3	0.0	1.6	10.8	1.0	0.4	....	0.0
Georgia	915	1.0	2.3	1.4	1.8	0.3	0.1	0.6	39.8	2.5	0.0	3.2	0.1
Kazakhstan	916	17.7	8.0	1.2	1.6	0.5	0.1	0.0	0.0	0.0	0.0	0.0	0.0
Kyrgyz Republic	917	0.1	....	....	....	....	0.0	....	....	....	....	....	....
Moldova	921	....	....	....	0.1	0.0	....	....	....	....	....	....	0.0
Russian Federation	922	19.7	26.4	12.2	4.1	4.9	2.8	318.8	313.7	333.6	362.4	268.0	105.8
Tajikistan	923	6.0	0.2	0.1	0.1	....	....	....	....	....	....	....	0.0
Turkmenistan	925	2.6	27.1	1.4	0.8	....	0.1	....	....	....	....	....	....
Ukraine	926	4.3	1.7	3.2	5.1	2.2	0.7	45.5	83.3	72.5	30.5	35.0	53.2
Uzbekistan	927	0.1	0.1	....	....	0.1	0.0	....	....	....	....	....	0.0
Europe n.s.	884	....	....	....	....	....	0.7	....	....	....	....	....	....
Mid East, N Africa, Pak	440	6,592.2	8,395.5	11,009.7	11,355.4	8,845.2	7,110.7	9,202.3	10,001.4	15,342.4	12,538.2	14,328.6	14,007.0
Afghanistan, I.R. of	512	0.6	0.6	0.1	0.2	0.1	0.0	....	....	0.0	....	....	....
Algeria	612	78.9	35.1	20.2	23.5	28.5	15.2	0.4	0.7	0.5	0.0	0.3	0.0
Bahrain, Kingdom of	419	29.4	63.3	122.5	116.8	81.5	71.4	382.5	309.9	250.8	200.3	257.3	163.1
Djibouti	611	28.2	20.8	39.6	46.3	32.4	47.7	1.8	2.9	2.0	1.1	1.1	1.0
Egypt	469	109.2	342.1	157.8	217.0	108.9	58.7	118.9	114.9	111.9	99.3	112.6	124.9
Iran, I.R. of	429	400.4	298.2	323.2	349.1	272.1	267.5	174.2	206.1	561.2	346.3	297.7	642.3
Iraq	433	166.4	744.6	236.7	191.4	468.1	765.7	....	26.1	225.8	73.1	135.5	47.0
Jordan	439	38.4	44.5	34.2	34.6	44.3	34.0	28.6	26.5	30.1	51.2	56.8	50.1
Kuwait	443	333.7	191.8	461.8	446.8	202.8	269.2	199.6	314.0	269.7	158.4	205.6	60.9
Lebanon	446	21.6	12.1	28.3	33.9	17.6	19.1	18.2	24.9	12.5	40.7	33.5	12.7
Libya	672	5.2	60.7	120.5	116.4	50.2	10.7	0.0	0.0	0.0	0.0	....	....
Mauritania	682	4.6	2.8	1.5	3.7	0.2	1.1	....	....	0.0	....	....	0.0
Morocco	686	18.0	53.3	9.5	18.7	26.2	13.8	1.1	0.9	5.3	9.5	8.1	2.5
Pakistan	564	395.5	640.4	1,073.8	1,502.7	436.3	331.5	173.1	186.2	258.1	221.1	220.5	91.9
Qatar	453	131.8	200.0	396.3	317.8	287.6	252.6	339.3	247.7	1,235.2	441.8	537.1	223.9
Saudi Arabia	456	1,010.7	1,324.9	2,363.4	2,061.1	1,790.1	1,070.5	1,181.7	1,178.2	2,023.7	1,201.4	1,182.3	832.0
Somalia	726	123.9	184.3	321.2	207.2	184.2	176.7	73.3	86.3	112.8	137.1	140.8	151.1
Sudan	732	43.6	22.9	26.3	35.7	22.3	14.7	0.1	0.6	4.1	2.7	0.8	0.6
Syrian Arab Republic	463	31.8	29.9	7.3	14.4	10.2	10.8	13.7	4.7	1.2	6.1	0.5	2.6
Tunisia	744	21.1	13.4	14.2	11.3	11.3	4.0	0.9	5.4	1.9	3.3	2.3	0.8
United Arab Emirates	466	3,481.5	4,002.6	5,015.3	5,459.2	4,164.0	3,055.8	6,476.8	7,234.0	10,172.5	9,515.1	11,107.9	11,296.5
West Bank and Gaza	487	1.5	1.1	1.0	1.4	....	1.2	0.0	0.0	....	....	....	0.0
Yemen, Republic of	474	116.2	106.2	235.1	146.2	606.2	618.8	18.3	31.4	63.3	29.6	27.6	303.5
Sub-Saharan Africa	603	1,213.8	986.5	1,511.5	997.8	586.6	554.0	88.2	120.1	118.3	141.7	96.6	54.2
Angola	614	8.1	25.4	46.3	19.6	17.2	5.1	....	....	....	....	0.0	....
Benin	638	0.4	1.5	1.4	1.7	0.4	0.1	....	....	....	....	....	0.0
Botswana	616	0.2	0.2	0.2	0.3	0.1	0.3	....	....	0.0	....	....	....
Burkina Faso	748	0.0	0.0	....	0.5	0.1	....	....	....	0.0	....	....	....
Burundi	618	0.1	3.4	0.0	0.0	0.0	0.0	1.0	0.2	0.2	0.0	0.0	....
Cameroon	622	2.0	0.7	1.0	10.2	3.2	1.5	0.1	0.0	0.2	0.4	0.2	....
Central African Rep.	626	0.1	....	....	....	....	....	....	....	....	....	....	....
Chad	628	0.5	0.0	0.1	0.6	0.2	0.1	....	....	0.0	0.0	....	....
Comoros	632	0.6	0.9	0.8	3.5	2.9	0.5	....	....	....	....	....	....
Congo, Dem. Rep. of	636	0.0	....	....	0.0	0.1	0.4	....	....	....	....	....	....
Congo, Republic of	634	1.4	29.1	0.2	1.0	1.3	1.2	0.3	0.7	0.1	0.2	0.4	0.2

Oman (449)

In Millions of U.S. Dollars

		Exports (FOB)						Imports (CIF)					
		2011	2012	2013	2014	2015	2016	2011	2012	2013	2014	2015	2016
Côte d'Ivoire	662	1.7	3.2	4.2	2.4	1.7	0.7	....	....	0.0	0.0	0.0	....
Equatorial Guinea	642	0.3	0.1	0.2	0.4	0.5	0.0	....	....	....	....	....	....
Eritrea	643	2.8	1.2	1.7	1.1	0.0	0.0	....	....	....	....	....	....
Ethiopia	644	5.6	7.2	5.6	6.0	5.1	0.3	0.3	0.2	0.2	0.5	0.6	0.6
Gabon	646	0.6	0.2	0.8	0.8	0.3	0.0	0.0	0.1	0.4	0.1	0.0	....
Gambia, The	648	0.2	0.1	0.0	....	....	0.1	....	....	....	....	....	....
Ghana	652	3.9	13.0	4.7	3.3	1.5	1.5	0.0	0.2	0.1	0.1	0.0	0.0
Guinea	656	2.0	3.2	0.6	1.8	0.1	0.1	....	....	....	0.0	0.0	0.0
Kenya	664	203.1	195.4	106.8	182.1	59.8	94.6	8.0	10.7	10.9	17.3	36.0	14.5
Liberia	668	2.8	2.1	1.8	1.3	1.8	0.8	....	0.0	....	....	....	....
Madagascar	674	10.1	21.0	11.8	5.4	1.3	14.7	....	....	....	0.0	0.1	0.1
Malawi	676	0.2	0.3	0.0	0.1	0.1	0.1	....	....	....	0.0	0.0	....
Mali	678	2.7	0.0	0.2	0.0	0.0	0.0	....	0.1	....	0.0	0.0	0.0
Mauritius	684	1.9	1.9	2.2	4.7	7.4	6.0	0.6	0.3	28.0	15.2	0.2	0.3
Mozambique	688	102.1	41.8	353.1	30.1	66.4	55.7	....	....	17.0	11.9	0.3	0.5
Namibia	728	0.3	0.3	0.5	1.6	0.3	0.2	....	....	....	....	....	....
Niger	692	0.1	0.2	0.0	0.7	0.9	0.2	....	....	....	....	....	....
Nigeria	694	18.5	14.1	9.8	13.3	7.4	6.1	0.0	0.0	0.2	0.0	0.0	0.0
Rwanda	714	0.2	0.0	0.2	0.0	0.0	0.2	0.0	....	....	....	....	0.0
Senegal	722	2.1	3.5	5.3	1.7	1.3	0.9	0.0	....	0.0	0.2	0.0	0.0
Seychelles	718	0.2	0.7	5.9	10.6	7.4	1.7	....	....	....	....	0.4	....
Sierra Leone	724	0.8	0.5	0.6	1.9	1.0	0.6	....	0.2	0.0	....	....	....
South Africa	199	598.5	134.4	357.2	399.7	337.1	307.2	63.2	56.8	37.9	75.8	39.6	18.5
South Sudan, Rep. of	733	....	....	....	....	....	0.2	....	....	....	....	....	....
Swaziland	734	....	....	0.0	0.0	....	....	0.1	....	....	....	....	....
Tanzania	738	237.7	478.6	586.9	289.2	56.9	52.3	11.3	10.4	22.6	19.2	17.0	18.2
Togo	742	0.6	1.1	0.8	0.9	1.6	0.1	....	....	....	....	....	....
Uganda	746	0.5	0.7	0.2	0.9	0.6	0.2	1.2	1.3	0.5	0.8	1.6	1.1
Zambia	754	0.9	0.3	0.3	0.3	0.4	0.0	2.0	39.0	....	0.0	0.0	0.0
Zimbabwe	698	0.0	0.0	0.0	0.0	0.1	0.0	0.1	....	0.1	0.0	....	0.0
Western Hemisphere	**205**	**117.3**	**30.3**	**115.3**	**286.4**	**217.2**	**219.9**	**760.1**	**1,302.0**	**1,379.0**	**1,232.3**	**719.3**	**451.3**
Argentina	213	28.3	0.6	1.1	1.7	47.8	114.3	54.3	40.6	40.8	38.3	37.4	46.1
Bahamas, The	313	....	....	....	0.1	....	....	0.2	0.1	....	....	....	....
Belize	339	....	....	0.0	0.1	0.1	0.0	0.0	....	0.2	....	....	....
Bolivia	218	....	0.4	0.4	0.9	1.0	1.4	....	....	....	....	....	0.0
Brazil	223	51.8	5.4	96.8	233.3	90.8	75.5	626.0	1,190.7	1,235.0	1,139.5	623.1	377.4
Chile	228	13.6	0.5	0.8	1.3	5.0	11.2	30.7	15.2	50.5	12.7	14.5	6.0
Colombia	233	0.5	0.3	0.6	....	0.7	0.3	0.1	0.2	0.1	....	0.2	0.2
Costa Rica	238	0.0	....	0.0	0.0	....	0.0	0.9	0.8	0.2	1.5	....	0.4
Dominica	321	0.3	....	....	0.6	0.0	0.0	....	....	....	....	....	....
Dominican Republic	243	0.0	....	....	1.6	0.4	0.7	....	....	....	....	0.0	0.2
Ecuador	248	1.4	0.4	1.1	8.6	0.1	0.3	0.2	0.6	0.4	0.2	0.1	0.1
El Salvador	253	....	....	....	....	0.6	2.7	0.1	....	....	....	0.0	0.0
Greenland	326	....	....	....	2.5	....	....	....	....	....	....	....	....
Guatemala	258	0.0	0.0	....	0.2	0.0	....	1.0	0.6	0.4	0.3	0.6	0.1
Guyana	336	....	0.0	0.2	0.0	....	....	....	....	....	....	....	....
Haiti	263	....	....	0.0	0.0	0.2	....	....	....	....	....	....	0.0
Honduras	268	0.3	0.0	0.0	0.1	0.1	....	....	....	....	....	....	0.0
Jamaica	343	3.1	3.9	3.7	2.9	2.8	4.5	....	0.0	....	....	....	....
Mexico	273	15.8	17.1	8.3	10.8	38.2	3.4	43.6	50.4	25.9	20.2	34.0	19.9
Nicaragua	278	....	....	....	....	0.1	0.1	....	....	....	....	....	....
Panama	283	1.1	0.6	1.1	2.0	2.8	2.6	....	0.0	23.7	....	....	0.0
Paraguay	288	0.1	....	0.1	0.0	....	....	0.1	0.1	....	....	1.4	0.4
Peru	293	0.2	0.1	0.9	1.1	1.0	1.7	0.2	....	0.0	19.1	7.3	0.3
Suriname	366	....	....	....	....	....	....	0.0	....	....	....	....	0.1
Trinidad and Tobago	369	0.0	....	....	0.0	1.0	0.2	....	....	0.0	0.0	0.0	0.0
Uruguay	298	0.1	0.2	0.1	12.3	6.6	0.6	2.8	2.7	1.5	0.3	0.6	0.0
Venezuela, Rep. Bol.	299	0.5	0.8	0.0	6.3	18.0	0.2	0.0	0.0	0.3	0.1	0.1	0.0
Other Countries n.i.e	**910**	**0.0**	**0.0**	**0.4**	**0.0**	**0.1**	**0.0**	**0.0**	**0.2**	**0.2**	**0.4**	**0.5**	**0.1**
Cuba	928	0.0	0.0	0.3	0.0	0.1	0.0	0.0	0.2	0.2	0.4	0.5	0.1

2017, International Monetary Fund: *Direction of Trade Statistics Yearbook*

Oman (449)

In Millions of U.S. Dollars

		Exports (FOB)						Imports (CIF)					
		2011	2012	2013	2014	2015	2016	2011	2012	2013	2014	2015	2016
Countries & Areas n.s.	898	1,813.0	1,448.8	1,142.5	805.0	474.2	485.7	....	....	....	....	0.4	....
Memorandum Items													
Africa	605	1,532.1	1,319.1	1,943.9	1,344.2	891.6	827.0	165.8	217.0	244.9	295.3	250.1	210.2
Middle East	405	5,877.8	7,422.0	9,503.4	9,506.1	8,103.7	6,506.0	8,951.7	9,718.4	14,957.8	12,163.4	13,954.6	13,759.1
European Union	998	1,022.7	631.9	1,006.5	704.3	537.9	514.4	3,301.0	3,923.2	4,315.0	3,718.2	4,116.4	2,204.8
Export earnings: fuel	080	5,839.9	7,163.7	9,372.7	9,289.7	8,004.2	6,416.1	9,092.1	9,863.5	15,138.1	12,329.3	14,020.4	13,675.4
Export earnings: nonfuel	092	41,251.7	44,974.5	47,056.3	43,931.2	26,728.8	20,359.7	14,526.6	18,253.7	19,194.9	16,975.4	14,986.9	9,435.4

Pakistan (564)
In Millions of U.S. Dollars

		Exports (FOB) 2011	2012	2013	2014	2015	2016	Imports (CIF) 2011	2012	2013	2014	2015	2016
IFS World		....	....	....	....	....	....	....	....	....	....	....	....
World	001	25,717.9	25,096.1	25,545.9	25,184.2	22,602.9	21,049.8	43,578.3	43,813.3	43,775.2	47,544.9	43,989.6	46,998.3
Advanced Economies	110	11,623.6	10,335.4	11,536.9	12,302.4	11,520.4	11,320.0	10,938.7	10,600.2	10,523.5	10,667.1	10,696.4	11,457.2
Euro Area	163	4,715.7	3,712.0	4,439.6	5,077.4	4,601.6	4,814.4	3,210.2	3,082.2	3,262.7	2,985.9	3,122.9	3,612.4
Austria	122	19.0	16.0	21.6	19.6	16.1	14.3	121.9	101.9	97.7	117.1	132.9	155.8
Belgium	124	657.6	494.9	571.9	658.1	592.2	650.6	274.7	224.4	219.5	224.5	224.6	572.4
Cyprus	423	5.6	4.3	3.2	4.6	3.9	4.9	34.2	2.9	1.7	1.3	2.0	1.5
Estonia	939	17.2	28.8	27.8	21.5	16.0	16.0	3.4	46.7	1.4	2.4	3.0	2.4
Finland	172	71.6	71.2	75.3	60.1	34.4	27.4	110.5	70.0	62.1	61.6	95.4	62.7
France	132	405.0	331.5	405.3	430.9	360.6	373.0	497.6	451.5	351.3	398.4	416.6	444.0
Germany	134	1,312.2	988.5	1,081.0	1,215.5	1,146.3	1,186.2	1,000.5	1,144.0	1,433.6	1,070.5	972.2	996.5
Greece	174	57.7	49.5	60.0	70.0	59.6	62.2	22.4	21.7	46.5	8.9	9.2	8.2
Ireland	178	47.2	52.8	48.0	52.7	48.5	55.4	30.3	44.8	39.8	49.4	134.3	83.2
Italy	136	777.5	521.4	641.8	767.2	618.1	667.3	511.6	508.2	500.3	469.1	443.5	527.5
Latvia	941	10.7	16.3	21.3	26.0	9.0	9.2	1.7	2.5	3.3	17.3	51.0	37.6
Lithuania	946	34.9	39.7	51.9	48.1	35.1	31.8	28.1	15.0	24.9	5.4	9.0	11.3
Luxembourg	137	0.1	0.2	0.2	0.4	0.2	0.6	2.0	6.4	6.2	13.7	12.3	6.7
Malta	181	2.4	2.6	4.5	7.6	5.4	3.5	44.3	0.3	0.2	0.1	0.4	1.0
Netherlands	138	535.4	449.2	627.5	684.7	666.9	650.8	289.9	245.1	249.3	324.5	360.7	388.7
Portugal	182	152.4	109.4	155.1	167.0	153.6	159.9	17.4	15.5	13.0	19.2	18.9	27.7
Slovak Republic	936	17.1	9.7	3.5	3.5	3.0	3.2	9.5	15.0	28.6	52.7	30.8	26.5
Slovenia	961	22.2	22.4	37.2	50.2	50.4	60.9	26.8	14.4	5.6	2.8	2.9	6.0
Spain	184	569.7	503.5	602.5	789.8	782.3	837.3	183.3	152.1	177.6	147.1	203.3	252.7
Australia	193	166.6	177.4	261.6	167.2	175.7	247.5	436.6	651.1	456.8	336.5	537.6	418.8
Canada	156	213.5	222.3	233.9	224.3	216.5	220.1	702.3	362.9	121.7	357.5	440.7	771.3
China,P.R.: Hong Kong	532	420.7	416.2	408.5	328.3	241.7	149.6	98.7	122.8	109.0	106.5	69.0	73.5
China,P.R.: Macao	546	0.1	0.2	0.1	0.1	0.0	0.2	0.0	0.0	0.0	0.1	0.0	0.0
Czech Republic	935	26.3	23.8	31.1	40.7	33.4	40.9	23.1	18.9	22.5	45.7	52.9	32.6
Denmark	128	93.5	90.2	99.4	102.0	111.2	139.0	188.1	254.8	262.5	222.6	110.4	75.3
Iceland	176	0.3	0.3	0.2	0.2	0.2	0.2	0.9	0.5	0.4	0.7	1.3	0.8
Japan	158	206.4	191.3	184.3	193.9	182.3	171.2	1,860.3	1,875.4	1,963.2	1,753.0	1,725.9	1,961.4
Korea, Republic of	542	401.8	332.4	397.3	377.9	294.7	249.7	837.2	685.7	858.7	657.6	702.0	739.5
New Zealand	196	39.0	38.4	38.8	41.0	36.5	38.9	58.3	44.6	43.2	59.0	48.8	68.0
Norway	142	59.2	43.7	51.0	55.2	44.6	43.1	13.1	33.5	20.9	13.9	9.6	9.0
San Marino	135	....	....	0.0	0.0	0.0	....	....	....	0.0	0.4	0.3	0.5
Singapore	576	65.4	59.4	86.3	245.1	209.2	67.2	660.6	770.7	745.5	1,149.1	874.6	617.7
Sweden	144	104.6	97.4	113.7	134.3	123.3	130.1	227.7	198.9	182.6	259.5	203.3	196.0
Switzerland	146	12.6	14.5	12.9	13.7	15.1	20.6	286.6	248.3	259.1	319.7	269.7	250.5
United Kingdom	112	1,258.8	1,247.4	1,432.0	1,654.6	1,572.8	1,557.6	581.8	740.2	544.9	599.7	610.6	623.1
United States	111	3,839.2	3,668.5	3,746.3	3,646.5	3,661.6	3,429.7	1,753.2	1,509.6	1,669.8	1,799.6	1,916.8	2,006.8
Vatican	187	....	....	0.0	....	....	....	0.0	0.0	0.0	....	0.0	0.1
Emerg. & Dev. Economies	200	13,861.2	14,536.6	13,770.7	12,638.6	10,856.2	9,507.6	32,612.5	33,160.5	33,207.9	36,835.5	33,247.4	35,512.2
Emerg. & Dev. Asia	505	4,531.6	5,357.9	5,352.5	4,866.9	4,429.7	3,946.2	13,282.9	13,118.6	13,015.7	16,574.3	17,292.2	20,173.0
American Samoa	859	....	0.1	....	0.0	0.0	0.2	0.1	0.2	0.8	0.4	0.1	0.3
Bangladesh	513	947.2	696.0	718.4	687.6	700.6	656.2	82.7	59.5	57.3	60.7	60.2	48.6
Bhutan	514	....	0.0	....	....	....	....	0.1	0.1	0.0	0.0	2.8	0.1
Brunei Darussalam	516	0.8	0.5	0.4	0.7	0.7	0.5	0.1	0.0	0.0	0.0	0.0	0.1
Cambodia	522	22.6	40.9	48.0	33.1	32.4	28.6	0.3	0.3	0.6	0.3	1.1	1.2
China,P.R.: Mainland	924	1,679.0	2,619.9	2,652.2	2,252.9	1,934.9	1,590.9	6,470.7	6,687.6	6,626.3	9,588.4	11,019.0	13,680.2
Fiji	819	2.2	2.4	2.1	2.0	1.7	2.2	0.1	0.1	0.0	....	0.2	1.0
F.T. French Polynesia	887	0.1	0.1	0.1	0.1	0.2	0.3	0.1	0.0	0.0	0.0	0.0	....
F.T. New Caledonia	839	0.1	0.1	0.1	0.1	0.1	0.1	0.0	0.0	12.7	0.1	0.0	0.0
Guam	829	0.0	0.0	0.0	0.0	0.1	0.0	....	0.0	....	....	....	0.0
India	534	272.9	348.0	402.7	392.2	312.3	348.1	1,607.3	1,572.6	1,874.1	2,104.8	1,669.3	1,644.4
Indonesia	536	188.5	236.3	144.4	138.2	140.8	127.7	929.8	1,351.3	1,208.3	2,107.2	2,041.8	2,088.8
Kiribati	826	....	....	....	0.0	....	....	....	0.0	0.2	0.1	0.0	0.0
Lao People's Dem.Rep	544	0.3	0.5	0.8	0.8	1.0	1.3	0.0	....	0.2	0.0	0.1	0.0
Malaysia	548	243.1	233.5	204.5	233.9	186.2	151.7	2,728.0	2,132.0	1,919.7	1,280.1	911.0	944.6
Maldives	556	5.5	5.7	8.5	8.4	7.6	6.4	....	0.1	0.0	0.0	2.9	6.3
Marshall Islands	867	0.0	....	....	....	....	....	....	0.0	0.1	....	0.0	0.0

Pakistan (564)
In Millions of U.S. Dollars

		Exports (FOB) 2011	2012	2013	2014	2015	2016	Imports (CIF) 2011	2012	2013	2014	2015	2016
Mongolia	948	0.2	0.1	0.3	0.1	0.1	0.3	0.0	0.0	0.0	0.0	0.0	....
Myanmar	518	9.3	13.5	12.8	13.1	17.1	11.1	63.1	52.2	11.2	20.4	6.2	26.5
Nauru	836	....	....	0.0	....	....	....	0.1	0.2	0.0	....	....	....
Nepal	558	1.3	1.3	0.6	0.8	2.3	0.8	2.0	1.6	0.6	0.9	0.5	1.0
Papua New Guinea	853	0.2	1.2	0.3	0.6	14.9	1.0	0.2	0.0	0.1	....	1.4	0.3
Philippines	566	97.8	91.5	91.8	76.1	66.6	76.3	36.7	33.0	33.3	40.8	42.4	36.4
Samoa	862	....	0.0	0.0	....	0.0	0.1	....	0.0	....	0.0	....	0.0
Solomon Islands	813	0.0	0.0	0.0	0.0	0.0	0.0	0.1	0.0	0.5	0.0	0.0	0.0
Sri Lanka	524	347.7	300.9	316.4	266.1	260.0	237.2	61.1	83.4	63.5	63.0	72.3	76.7
Thailand	578	109.4	109.4	117.4	118.5	120.3	110.2	827.0	716.6	715.7	730.1	852.7	920.0
Timor-Leste	537	0.0	....	0.0	0.0	1.0	3.4	....	....	0.0	....	0.0	....
Vanuatu	846	....	....	0.1	0.0	0.0	0.0	0.0	0.1	0.3	0.0	0.0	0.1
Vietnam	582	237.5	307.4	262.6	260.5	276.6	244.0	112.0	98.0	108.3	146.2	227.0	280.3
Asia n.s.	598	366.0	348.5	368.0	381.0	352.1	347.7	361.3	329.5	381.6	430.7	381.1	416.0
Europe	170	1,218.5	861.1	937.1	930.3	718.1	761.9	909.1	1,032.0	1,208.0	1,691.3	1,320.9	1,620.0
Emerg. & Dev. Europe	903	907.5	558.8	570.4	613.8	438.6	479.4	528.4	394.7	348.8	526.7	437.5	542.5
Albania	914	2.0	2.0	2.8	3.6	4.0	4.3	0.0	0.0	0.0	0.1	0.1	0.1
Bosnia and Herzegovina	963	0.4	0.0	0.1	0.1	0.1	0.1	0.2	0.1	0.1	0.3	0.1	0.1
Bulgaria	918	16.2	13.4	12.7	19.8	11.9	13.7	19.6	22.0	10.5	13.2	12.5	17.0
Croatia	960	9.9	7.5	8.5	12.4	10.2	13.1	0.5	0.8	0.2	0.2	1.4	3.0
Faroe Islands	816	....	0.0	0.0	....	....	....	49.1	....	0.0	0.0	0.0	0.1
Gibraltar	823	0.0	0.0	0.0	....	....	0.0	0.0	0.0	0.0	0.0	0.1	0.0
Hungary	944	15.5	13.4	11.5	12.7	12.2	12.7	61.8	33.8	21.8	31.3	33.9	48.0
Macedonia, FYR	962	....	....	0.0	0.0	....	....	....	....	0.1	0.0	....	0.1
Montenegro	943	....	....	....	....	....	0.2	....	3.5	29.8	36.0	36.2	40.2
Poland	964	76.7	74.2	102.0	146.2	142.8	174.5	65.6	50.3	55.5	75.0	98.0	85.2
Romania	968	28.7	26.7	22.1	25.7	20.2	21.4	170.3	88.1	76.9	167.5	39.0	85.1
Serbia, Republic of	942	2.3	5.5	3.8	2.1	1.7	2.5	1.2	7.1	3.4	10.2	11.0	3.6
Turkey	186	755.9	416.0	407.0	391.1	235.4	236.9	160.1	189.0	150.5	192.9	205.2	260.1
CIS	901	311.0	302.3	366.7	316.6	279.5	282.5	343.7	484.0	551.0	681.2	363.6	441.5
Armenia	911	0.3	0.2	0.1	0.2	0.2	0.0	0.2	0.0	0.2	0.1	0.1	0.4
Azerbaijan, Rep. of	912	14.8	15.4	49.7	27.7	42.2	61.3	0.0	....	0.1	0.1	0.0	0.2
Belarus	913	0.7	0.5	0.6	0.6	0.4	0.5	36.5	90.7	20.9	33.8	33.7	37.3
Georgia	915	6.5	7.3	7.1	7.8	6.2	4.1	0.2	0.2	0.3	2.6	0.0	0.2
Kazakhstan	916	5.8	4.2	5.4	6.7	12.8	24.5	7.8	13.2	4.7	4.2	3.7	2.7
Kyrgyz Republic	917	0.9	0.8	0.8	1.0	0.8	1.2	0.0	0.0	0.1	0.1	0.1	0.1
Moldova	921	0.2	0.4	0.2	0.5	0.1	0.1	0.4	0.4	2.2	17.1	2.9	3.8
Russian Federation	922	191.5	186.2	205.5	187.6	160.9	144.8	165.6	246.5	287.8	224.9	170.2	258.0
Tajikistan	923	0.6	3.1	10.3	9.1	4.0	4.4	0.1	0.2	0.4	0.1	0.1	19.0
Turkmenistan	925	1.1	1.3	2.4	7.0	8.2	4.0	28.6	8.0	17.1	15.8	14.7	25.0
Ukraine	926	85.2	78.9	81.2	66.2	41.6	34.4	93.6	124.0	216.6	381.7	137.0	91.7
Uzbekistan	927	3.5	4.0	3.5	2.3	2.0	3.4	10.7	0.7	0.7	0.7	1.1	3.2
Europe n.s.	884	....	....	....	....	....	....	37.0	153.2	308.2	483.5	519.7	636.0
Mid East, N Africa, Pak	440	6,320.9	6,625.9	5,454.8	4,847.6	3,969.7	3,314.3	17,233.8	17,882.8	17,832.3	17,009.6	12,607.8	11,618.1
Afghanistan, I.R. of	512	2,660.3	2,099.3	1,998.1	1,879.1	1,722.2	1,369.8	199.5	235.1	307.6	392.2	390.4	369.9
Algeria	612	27.5	39.4	35.8	34.1	25.2	21.5	1.1	1.0	0.4	0.6	0.4	0.1
Bahrain, Kingdom of	419	77.4	68.3	94.2	82.2	69.2	63.3	256.4	140.5	68.8	111.8	28.3	85.1
Djibouti	611	58.1	34.9	44.8	41.1	41.3	28.5	1.5	1.2	1.3	1.6	0.7	0.7
Egypt	469	180.4	219.5	155.6	163.9	133.7	103.5	157.3	152.6	107.0	155.8	125.4	122.6
Iran, I.R. of	429	153.3	142.0	62.6	43.0	32.3	35.6	303.8	120.3	167.8	185.7	260.9	323.1
Iraq	433	61.1	42.2	26.2	47.8	31.1	18.6	4.3	5.7	4.5	16.9	11.5	21.0
Jordan	439	37.8	51.6	58.9	56.7	41.0	43.8	26.2	16.3	20.1	30.2	30.3	29.3
Kuwait	443	90.6	82.6	96.2	98.0	100.4	99.0	3,891.1	4,208.8	3,948.7	2,955.0	1,712.7	1,272.0
Lebanon	446	17.1	19.5	31.2	29.7	24.0	19.2	9.5	5.6	3.0	4.6	3.1	1.8
Libya	672	2.8	14.8	13.0	8.4	7.4	3.2	0.1	0.0	0.1	36.1	5.8	7.5
Mauritania	682	7.2	20.6	33.5	39.6	12.1	8.1	0.2	0.4	9.0	12.3	0.6	0.0
Morocco	686	32.6	20.6	18.7	16.6	14.7	17.5	360.0	406.4	278.9	272.4	343.5	287.3
Oman	449	184.7	148.1	188.8	185.3	170.5	100.2	252.5	727.1	1,124.8	1,133.2	614.3	255.8
Qatar	453	115.4	79.2	78.8	74.8	63.3	61.7	252.1	345.7	164.2	180.9	319.3	774.3
Saudi Arabia	456	420.2	455.6	494.1	509.7	431.3	380.4	4,668.3	4,283.5	3,847.2	4,417.4	3,006.8	1,843.1

Pakistan (564)

In Millions of U.S. Dollars

		Exports (FOB)						Imports (CIF)					
		2011	2012	2013	2014	2015	2016	2011	2012	2013	2014	2015	2016
Somalia	726	79.6	65.3	63.3	30.0	23.9	32.9	9.4	6.1	6.3	9.0	7.0	6.8
Sudan	732	....	24.9	....	6.1	12.1	....	....	1.2	....	0.3	0.4	....
Syrian Arab Republic	463	13.3	11.9	21.9	19.1	13.1	15.8	1.9	1.2	0.5	1.0	2.1	1.1
Tunisia	744	26.4	20.2	26.4	30.4	23.4	23.0	17.8	10.8	6.1	7.2	8.0	6.1
United Arab Emirates	466	1,921.0	2,872.9	1,775.1	1,324.1	899.0	784.7	6,818.8	7,210.8	7,751.5	7,077.2	5,734.7	6,202.1
West Bank and Gaza	487	....	....	....	....	....	0.8	....	....	....	....	....	0.0
Yemen, Republic of	474	154.3	92.7	137.7	127.8	78.4	83.1	2.1	2.6	14.3	8.5	1.7	8.4
Sub-Saharan Africa	**603**	**1,237.6**	**1,144.7**	**1,480.9**	**1,482.5**	**1,292.4**	**1,087.5**	**877.6**	**777.2**	**788.4**	**938.3**	**1,205.4**	**1,196.1**
Angola	614	16.3	24.8	34.3	39.8	27.6	17.1	1.0	1.3	0.6	0.4	0.6	3.0
Benin	638	56.8	42.0	83.1	49.5	55.4	32.0	8.5	0.2	0.1	0.1	6.6	5.8
Botswana	616	1.7	1.8	3.6	3.5	2.1	1.6	0.1	0.2	0.0	0.1	0.1	0.0
Burkina Faso	748	0.1	0.1	0.1	0.1	0.2	0.2	16.7	....	0.0	1.3	10.5	15.5
Burundi	618	0.1	0.0	0.1	0.2	0.1	0.2	9.4	13.0	9.4	10.7	17.9	12.6
Cabo Verde	624	0.1	0.1	0.1	0.1	....	0.3	0.1	0.3	0.0	....	0.0	0.1
Cameroon	622	34.5	20.8	24.1	20.5	21.4	16.8	5.5	0.3	0.4	1.0	2.0	2.0
Central African Rep.	626	0.0	....	....	0.1	0.0	....	0.2	0.1	0.1	0.0	....	0.0
Chad	628	0.1	0.1	0.1	0.0	0.0	0.0	0.2	0.4	1.3	1.0	10.0	1.2
Comoros	632	24.2	29.9	25.6	30.2	23.2	15.7	0.5	1.1	0.8	6.4	1.0	1.2
Congo, Dem. Rep. of	636	9.0	3.3	15.3	6.4	16.2	13.8	0.1	0.0	0.0	0.1	1.1	1.7
Congo, Republic of	634	2.4	1.9	1.2	1.6	1.7	0.5	0.9	0.4	0.4	0.8	1.1	4.6
Côte d'Ivoire	662	33.8	23.7	49.2	46.0	82.9	53.4	4.9	1.1	1.3	1.2	4.6	8.2
Equatorial Guinea	642	0.5	0.3	1.7	0.6	0.0	0.0	0.1	0.0	0.0	0.0	0.0	....
Eritrea	643	0.2	0.7	0.4	3.8	0.3	....	0.4	0.2	0.2	0.1	0.1	0.0
Ethiopia	644	6.6	3.1	1.2	1.0	0.7	1.1	14.0	36.8	39.9	34.4	43.1	62.3
Gabon	646	1.7	2.3	2.9	2.8	1.6	1.6	0.5	0.4	0.1	0.3	0.8	1.4
Gambia, The	648	9.9	12.6	16.8	16.7	18.3	12.6	0.1	0.1	0.0	0.8	0.9	0.3
Ghana	652	26.5	18.9	10.2	31.1	7.2	12.9	3.1	3.7	7.8	4.9	2.3	3.1
Guinea	656	46.2	18.2	35.7	40.1	3.2	5.0	0.2	0.2	0.8	0.7	0.4	0.8
Guinea-Bissau	654	9.3	9.8	4.9	11.0	13.1	16.2	10.8	0.0	0.0	0.0	....	0.0
Kenya	664	267.2	209.9	258.4	332.8	278.8	266.2	237.8	235.0	258.1	267.6	349.2	403.5
Lesotho	666	4.6	7.6	10.4	6.1	3.8	5.5	0.1	0.0	0.0	....	0.0	0.0
Liberia	668	12.7	6.2	2.6	1.6	1.6	0.3	39.7	3.0	0.0	0.1	10.5	0.3
Madagascar	674	84.8	68.9	112.3	101.3	81.6	68.2	1.9	3.5	3.4	4.8	4.5	7.7
Malawi	676	2.0	1.9	2.0	1.7	1.0	2.0	4.2	2.5	3.6	3.3	0.2	0.2
Mali	678	0.1	0.1	0.0	0.0	0.4	0.3	11.9	1.3	2.1	1.6	1.6	0.2
Mauritius	684	34.0	23.6	28.3	28.3	22.2	17.2	3.5	7.7	17.0	22.5	60.8	4.2
Mozambique	688	80.0	74.3	117.9	119.2	106.6	94.9	1.7	11.3	1.3	1.2	0.7	0.8
Namibia	728	1.1	1.0	1.3	1.0	0.9	0.2	0.9	0.2	0.7	1.5	0.3	7.8
Niger	692	0.4	0.3	0.7	0.1	0.0	0.1	0.0	0.0	....	0.1	8.6	0.0
Nigeria	694	29.4	35.5	43.6	61.8	50.2	36.8	3.6	14.4	22.1	17.8	33.3	5.4
Rwanda	714	0.2	0.3	0.2	0.3	0.3	0.2	25.3	21.6	15.7	19.9	34.1	32.2
São Tomé & Príncipe	716	0.9	....	0.0	0.0	0.3	0.0	0.1	0.0	0.1	0.0	0.1	0.1
Senegal	722	35.2	28.6	34.1	21.8	37.9	25.0	10.6	7.9	10.4	6.8	2.9	1.4
Seychelles	718	1.7	2.7	2.4	3.7	2.8	2.9	0.0	0.0	....	0.1	0.3	0.3
Sierra Leone	724	27.0	27.3	22.5	18.0	24.6	25.5	0.6	1.1	0.4	0.3	0.5	0.1
South Africa	199	284.6	271.3	289.2	290.2	222.8	163.4	378.3	314.0	287.9	440.1	483.4	505.2
South Sudan, Rep. of	733	....	29.6	82.6	45.8	39.2	38.4	....	2.7	5.7	1.1	1.1	7.1
Swaziland	734	0.2	0.2	0.1	0.1	0.2	0.8	10.2	24.1	36.0	7.2	18.3	8.2
Tanzania	738	62.4	96.9	137.4	124.6	118.8	113.6	19.8	10.9	11.9	17.6	21.8	26.8
Togo	742	20.7	34.7	15.9	4.4	11.8	13.8	3.8	1.2	2.2	4.1	5.0	15.0
Uganda	746	2.0	4.0	1.9	1.0	1.3	1.4	13.6	9.8	7.3	7.9	7.5	6.2
Zambia	754	1.0	0.8	0.8	2.0	0.9	0.4	23.3	42.1	36.6	43.3	55.5	31.0
Zimbabwe	698	5.3	5.0	5.9	11.5	9.1	9.2	4.4	3.1	2.4	2.1	1.7	1.4
Africa n.s.	799	....	....	....	....	....	....	5.0	0.1	0.0	3.0	0.1	7.7
Western Hemisphere	**205**	**552.5**	**546.9**	**545.4**	**511.3**	**446.4**	**397.6**	**309.1**	**349.9**	**363.5**	**621.8**	**821.2**	**905.1**
Anguilla	312	0.0	0.0	....	....	0.0	0.0	0.1	0.0	0.0	0.0	0.0	....
Argentina	213	56.3	45.9	56.8	45.7	52.7	48.3	49.0	79.7	134.0	348.2	441.0	309.9
Aruba	314	0.1	0.0	0.0	0.0	0.2	0.0	....	0.0	0.0	0.0	....	0.0
Bahamas, The	313	0.0	0.1	0.0	0.0	0.1	0.2	12.9	0.0	0.1	0.1	3.2	7.3
Barbados	316	0.4	0.3	0.5	0.2	0.2	0.2	0.1	0.0	0.0	0.0	0.2	0.1

Pakistan (564)

In Millions of U.S. Dollars

		\multicolumn{6}{c	}{Exports (FOB)}	\multicolumn{6}{c	}{Imports (CIF)}
		2011	2012	2013	2014	2015	2016	2011	2012	2013	2014	2015	2016
Belize	339	0.0	0.1	0.1	0.1	0.0	0.0	0.3	1.5	0.2	1.1	2.3	0.5
Bermuda	319	0.1	0.1	0.0	0.1	0.1	0.1	0.1	0.1	0.0	0.0	0.0	0.0
Bolivia	218	0.5	0.5	0.7	0.5	0.7	0.8	0.0	0.1	1.3	0.1	0.1	0.2
Brazil	223	88.8	83.4	86.9	76.2	56.4	35.9	182.7	194.8	140.0	165.2	259.6	451.7
Chile	228	75.8	84.0	86.2	80.3	65.2	69.2	16.2	17.9	32.8	41.0	23.6	21.3
Colombia	233	54.5	58.6	50.5	54.5	42.9	36.8	0.5	0.5	0.9	1.4	9.0	8.7
Costa Rica	238	1.8	2.8	3.0	3.8	4.4	4.8	0.1	0.2	0.2	1.1	0.9	0.9
Curaçao	354	....	0.0	....	0.0	0.0	0.0	0.8	2.2	0.1	0.5	0.1	0.0
Dominica	321	0.1	....	0.0	0.0	0.0	0.1	0.0	0.0	0.0	0.0	0.2	0.1
Dominican Republic	243	13.0	11.7	8.4	10.4	12.4	12.2	0.3	0.2	0.2	0.6	0.5	0.5
Ecuador	248	8.8	9.1	8.3	11.1	7.1	6.9	0.1	0.0	0.3	0.3	0.1	0.3
El Salvador	253	3.0	3.3	1.3	1.8	3.8	2.4	0.1	0.0	0.0	0.5	0.1	0.0
Greenland	326	....	....	0.0	....	....	....	0.0	....	0.2	0.3	0.0	0.0
Grenada	328	0.4	0.3	0.2	0.2	0.2	0.2	4.8	0.0	0.0	0.0	0.2	0.1
Guatemala	258	17.8	11.7	8.7	6.5	9.1	3.3	7.5	10.4	4.5	6.8	8.4	11.0
Guyana	336	0.9	0.5	0.6	0.7	0.6	0.7	0.0	0.1	0.1	0.6	0.1	0.0
Haiti	263	4.3	1.5	3.7	5.1	2.3	2.5	0.0	0.0	0.0	0.1	0.0	0.0
Honduras	268	4.0	4.8	2.8	4.5	13.4	4.0	0.2	0.1	0.2	0.3	0.4	0.2
Jamaica	343	1.5	1.8	1.6	2.1	2.0	2.3	0.1	0.2	0.2	0.3	0.7	0.9
Mexico	273	110.6	112.0	122.5	119.9	99.7	101.2	24.7	24.5	35.2	39.0	53.0	41.5
Montserrat	351	0.0	0.0	....	....	....	....	0.1	0.0	0.0	0.0	0.0	0.0
Nicaragua	278	17.2	18.6	20.9	10.8	8.4	7.4	0.0	....	0.0	0.1	0.1	0.0
Panama	283	12.0	14.2	10.4	10.9	12.8	10.2	0.2	0.1	7.8	0.0	2.9	0.3
Paraguay	288	8.1	3.9	3.9	9.6	8.7	6.7	0.0	0.0	0.0	4.3	4.4	7.6
Peru	293	29.2	29.3	27.4	29.9	25.1	26.1	2.1	3.5	2.1	4.6	2.8	2.6
St. Lucia	362	0.3	0.3	0.2	0.2	0.1	0.2	....	0.0	....	....	0.3	0.1
St. Vincent & Grens.	364	0.0	0.1	0.1	0.1	0.1	0.2	....	....	0.0	....	....	0.0
Suriname	366	0.7	0.7	0.5	1.2	0.5	0.3	0.2	0.0	0.6	0.0	0.0	0.1
Trinidad and Tobago	369	3.3	4.1	4.5	7.8	5.3	4.1	0.0	0.1	0.4	1.0	3.2	37.8
Uruguay	298	14.0	18.4	19.0	8.0	6.1	6.0	5.3	11.3	1.3	4.1	3.1	1.3
Venezuela, Rep. Bol.	299	24.1	24.1	14.8	8.2	4.7	3.5	0.4	0.1	0.0	0.0	0.2	0.0
Western Hem. n.s.	399	1.0	0.9	1.0	1.0	0.9	0.9	0.1	2.0	0.5	0.3	0.5	0.2
Other Countries n.i.e	910	2.0	4.1	6.0	2.6	3.9	2.7	27.1	52.5	43.7	42.3	45.9	28.8
Cuba	928	1.9	4.0	5.9	2.6	3.9	2.7	0.8	0.2	0.4	0.0	0.1	0.0
Korea, Dem. People's Rep.	954	0.1	0.1	0.1	0.0	0.0	0.0	26.4	52.3	43.3	42.3	45.7	28.8
Special Categories	899	231.1	220.1	232.4	240.6	222.3	219.6	....	....	....	....	....	....
Memorandum Items													
Africa	605	1,469.0	1,340.9	1,620.8	1,634.5	1,405.9	1,180.7	1,267.6	1,201.5	1,084.6	1,240.6	1,564.7	1,489.9
Middle East	405	3,429.3	4,300.8	3,234.2	2,770.6	2,094.7	1,812.9	16,644.3	17,220.7	17,222.8	16,314.3	11,856.9	10,947.2
European Union	998	6,345.8	5,306.1	6,272.5	7,225.8	6,639.6	6,917.5	4,548.8	4,490.0	4,440.0	4,400.6	4,284.8	4,777.6
Export earnings: fuel	080	3,563.8	4,436.2	3,511.0	2,999.3	2,315.0	2,036.4	16,659.7	17,334.2	17,435.4	16,392.4	11,944.8	11,148.1
Export earnings: nonfuel	092	22,154.2	20,660.0	22,034.9	22,184.9	20,287.8	19,013.4	26,918.6	26,479.0	26,339.8	31,152.5	32,044.9	35,850.2

Palau (565)

In Millions of U.S. Dollars

		Exports (FOB)						Imports (CIF)					
		2011	2012	2013	2014	2015	2016	2011	2012	2013	2014	2015	2016
IFS World		....	....	....	....	....	....	....	....	....	....	....	....
World	001	6.5	8.8	9.7	9.9	4.2	8.4	129.2	113.1	168.8	141.7	175.6	202.9
Advanced Economies	110	6.4	8.1	9.6	9.4	2.8	7.9	83.3	101.8	128.9	99.2	108.3	125.2
Euro Area	163	0.0	0.0	0.0	0.2	0.0	6.9	0.5	2.5	0.8	1.5	2.8	2.4
Belgium	124	....	....	0.0 e	0.0 e	....	....	0.0	0.0	0.1	0.0	....	0.0
France	132	0.0	....	0.0	0.0	....	....	0.0	2.2	0.3	0.0	0.0	0.1
Germany	134	0.0	0.0	0.0	0.0	0.0	0.0	0.3	0.1	0.1	0.1	0.4	0.0
Greece	174	....	....	....	0.1 e	....	6.9 e	0.0	0.1	0.1	0.1	2.2	1.8
Italy	136	....	....	....	....	....	0.0 e	0.0	0.0	0.1	1.2	0.2	0.2
Latvia	941	....	....	....	....	....	....	....	....	0.1 e	0.0 e	....	....
Netherlands	138	0.0 e	0.0 e	0.0 e	0.0 e	0.0 e	0.0 e	0.0	0.1	0.0	0.0	0.1	0.2
Australia	193	....	0.0	0.0	0.2	0.0	....	1.2	3.1	1.1	1.6	3.6	2.0
Canada	156	0.0	0.0	....	....	0.0	....	0.0	0.2	0.2	0.2	0.2	0.2
China,P.R.: Hong Kong	532	0.3	0.3	0.0	0.0	....	....	0.7	0.8	0.8	0.8	0.8	0.8
Japan	158	5.8	7.4	5.2	4.6	0.4	0.1	20.3	14.5	35.2	26.3	22.3	40.8
Korea, Republic of	542	0.1	0.0	0.0	0.0	0.0	0.0	1.9	2.2	2.6	11.6	7.8	6.9
New Zealand	196	....	....	0.0	0.0	....	....	0.2	0.2	0.2	0.3	0.3	0.6
Singapore	576	....	0.0	0.0	0.0	0.0	0.0	20.8	30.3	40.1	9.1	10.1	7.8
Sweden	144	....	0.0 e	....	....	0.0 e	0.0 e	0.0	0.0	....	0.0	0.1	0.0
Switzerland	146	0.0	0.0	....	....	....	0.0	0.2	0.7	0.7	0.7	0.7	0.7
Taiwan Prov.of China	528	....	....	....	....	0.2 e	0.2 e	....	....	....	....	12.4 e	11.9 e
United Kingdom	112	....	0.0	0.0	....	0.0	....	0.4	0.2	0.2	0.1	0.3	0.3
United States	111	0.3	0.3	4.4	4.4	2.2	0.6	36.9	47.0	47.0	47.0	47.0	50.8
Emerg. & Dev. Economies	200	0.1	0.7	0.0	0.5	1.4	0.5	45.8	11.3	39.9	42.5	67.2	77.6
Emerg. & Dev. Asia	505	0.1	0.6	0.0	0.5	1.3	0.4	45.7	11.2	39.3	41.9	66.6	75.8
China,P.R.: Mainland	924	0.0	0.0	0.0	0.0	0.0	0.0	1.6	2.3	4.8	14.8	31.3	29.4
Fiji	819	0.0 e	0.0 e	0.0 e	0.0 e	0.0 e	0.0 e	0.1	....	0.0	0.0	0.0	0.0
Guam	829	....	0.3	....	0.3	1.3	0.3	31.7	....	20.3	15.9	22.1	29.3
India	534	....	....	....	0.0	....	....	0.0	0.2	0.0	0.1	0.0	0.0
Indonesia	536	0.0	0.0	0.0	0.0	....	....	0.2	0.2	0.2	0.5	0.6	0.4
Malaysia	548	....	....	....	....	0.0	....	0.2	0.0	0.2	0.0	0.1	0.0
Micronesia	868	....	0.1	....	0.1	0.0	0.0	0.1	....	0.1	0.1	0.1	0.2
Myanmar	518	....	....	....	....	....	0.0 e	....	....	....	....	0.4 e	0.0 e
Philippines	566	0.0	0.2	0.0	0.0	0.0	....	5.3	7.7	5.9	4.3	3.6	5.8
Thailand	578	....	....	0.0	0.0	....	....	0.5	0.8	0.8	0.8	0.8	0.8
Vietnam	582	....	0.0	....	....	....	....	0.0	....	0.1	0.1	0.1	0.2
Asia n.s.	598	....	....	....	....	....	....	6.1	....	6.7	5.3	7.3	9.7
Europe	170	0.0	0.0	0.0	0.0	0.0	0.0	0.0	0.0	0.0	0.0	0.1	0.1
Emerg. & Dev. Europe	903	0.0	0.0	0.0	0.0	0.0	0.0	0.0	0.0	0.0	0.0	0.0	0.1
Hungary	944	....	....	....	....	....	....	0.0	0.0	0.0	0.0	0.0	0.1
Mid East, N Africa, Pak	440	....	0.0	0.0	0.0	0.0	0.1	0.0	0.0	0.0	0.0	0.0	0.0
Morocco	686	....	....	0.0	0.0	....	0.1	....	....	....	....	....	....
Sub-Saharan Africa	603	0.0	0.0	0.0	0.0	0.0	0.0	0.0	0.0	0.2	0.1	0.1	0.1
Malawi	676	....	....	....	....	....	....	....	....	0.1 e	....	....	....
Western Hemisphere	205	0.0	0.1	0.0	0.0	0.0	0.0	0.1	0.0	0.5	0.5	0.4	1.6
Anguilla	312	....	....	....	....	....	....	0.1	....	0.2	0.1	0.2	0.3
Argentina	213	....	....	....	....	....	0.0 e	....	....	0.2	0.2	0.2	0.2
Brazil	223	0.0 e	0.1 e	0.0 e	0.0 e	0.0 e	0.0 e	0.0	0.0	0.0	0.1	0.0	1.1
Trinidad and Tobago	369	....	....	....	....	....	....	....	....	0.1 e	....	....	....
Memorandum Items													
Africa	605	0.0	0.0	0.0	0.0	0.0	0.1	0.0	0.0	0.2	0.1	0.1	0.1
European Union	998	0.0	0.0	0.0	0.2	0.0	6.9	1.0	2.7	1.0	1.6	3.2	2.9
Export earnings: fuel	080	0.0	0.0	0.0	0.0	0.0	0.0	0.0	....	0.1	0.0	0.1	0.0
Export earnings: nonfuel	092	6.5	8.8	9.7	9.9	4.2	8.3	129.2	113.1	168.7	141.6	175.5	202.9

2017, International Monetary Fund: *Direction of Trade Statistics Yearbook*

Panama (283)

In Millions of U.S. Dollars

		Exports (FOB)						Imports (CIF)					
		2011	2012	2013	2014	2015	2016	2011	2012	2013	2014	2015	2016
IFS World		785.2	821.9	....	....	....	....	11,341.5	12,633.2	....	....	....	....
World	001	771.0	805.6	827.7	810.7	695.4	636.1	11,135.0	12,383.5	12,785.8	13,592.5	12,136.1	11,697.0
Advanced Economies	110	508.2	527.4	500.6	449.1	384.2	375.5	4,437.7	4,803.5	5,433.6	6,210.8	5,658.3	5,286.4
Euro Area	163	95.0	113.3	159.9	185.8	174.6	159.3	708.5	914.1	1,237.0	1,335.2	1,255.5	1,133.0
Austria	122	....	0.2	....	....	....	....	18.6	12.7	13.1	14.2	23.0	18.6
Belgium	124	2.1	1.7	15.6	3.4	3.2	2.7	32.4	50.9	72.8	34.4	49.5	52.2
Cyprus	423	....	....	....	....	....	....	....	....	0.0	0.1	0.0	0.0
Estonia	939	....	....	0.0	....	....	....	0.9	0.4	0.4	0.1	0.3	0.6
Finland	172	....	....	0.0	....	....	....	5.7	6.0	4.7	9.1	17.9	34.2
France	132	1.2	1.7	2.4	1.6	3.4	2.1	51.3	72.7	257.0	162.1	144.9	137.4
Germany	134	12.5	8.6	48.1	86.4	91.8	18.5	163.1	170.6	241.8	235.1	281.5	252.5
Greece	174	0.8	0.9	2.0	0.1	2.5	1.2	1.2	2.2	2.4	3.2	4.7	18.4
Ireland	178	....	2.8	2.0	0.1	0.0	0.2	7.3	9.9	9.9	19.0	27.6	29.4
Italy	136	19.7	32.5	28.5	22.4	18.3	13.6	84.5	105.2	151.1	442.1	271.5	172.5
Latvia	941	....	....	....	....	....	....	0.1	0.1	0.2	0.3	0.2	0.1
Lithuania	946	....	....	0.1	0.1	....	0.0	....	0.2	0.8	0.6	1.1	2.2
Luxembourg	137	....	....	....	....	....	....	0.1	....	....	....	0.2	0.0
Malta	181	....	....	....	....	....	....	....	....	0.0	0.0	0.0	0.1
Netherlands	138	33.9	47.2	39.0	42.3	28.7	96.8	50.8	150.2	97.6	59.9	64.1	112.5
Portugal	182	8.9	1.7	3.6	5.4	9.3	8.8	3.0	19.3	11.6	14.5	20.3	22.6
Slovak Republic	936	0.0	....	....	....	....	....	0.0	0.1	0.1	2.5	1.7	0.6
Slovenia	961	....	....	0.1	0.1	....	....	0.4	1.5	0.9	3.5	5.1	4.8
Spain	184	15.9	15.8	18.7	23.8	17.4	15.4	289.1	312.1	372.7	334.5	341.8	274.3
Australia	193	0.7	1.6	2.5	2.9	2.4	1.9	4.4	2.9	2.5	2.8	6.6	23.2
Canada	156	118.9	117.4	64.7	1.4	1.0	1.2	84.7	56.6	64.0	86.0	116.5	122.7
China,P.R.: Hong Kong	532	3.8	5.3	9.3	8.1	3.7	3.4	47.1	50.2	45.0	260.0	76.5	63.3
Czech Republic	935	....	....	0.0	....	0.2	0.0	3.8	7.5	1.9	47.9	2.3	4.1
Denmark	128	2.9	6.7	8.5	13.8	6.9	13.1	29.0	31.6	33.2	43.8	39.5	42.6
Iceland	176	....	....	....	....	....	....	....	....	0.1	0.5	0.5	0.2
Israel	436	0.3	0.8	1.0	0.0	1.7	0.6	16.5	10.1	12.4	18.3	11.5	9.3
Japan	158	3.9	6.2	7.8	17.3	5.8	5.5	286.7	284.2	273.2	273.3	292.1	314.1
Korea, Republic of	542	18.3	24.4	16.7	16.5	12.4	11.0	298.2	349.0	356.7	459.0	428.6	317.9
New Zealand	196	....	....	....	....	....	0.4	....	....	....	....	....	31.5
Norway	142	0.1	0.0	0.0	0.0	0.0	1.7	4.5	2.6	13.6	18.2	6.6	5.6
Singapore	576	0.5	0.1	0.5	0.2	0.4	0.4	12.9	10.0	52.4	36.0	46.0	13.3
Sweden	144	54.0	38.4	12.7	0.5	0.2	0.2	44.7	30.7	40.4	20.7	17.4	19.2
Switzerland	146	1.3	0.4	0.0	0.6	....	0.3	34.1	29.6	34.2	36.2	51.9	52.2
Taiwan Prov.of China	528	34.1	32.6	38.7	30.0	28.9	26.8	44.8	51.3	53.8	66.0	70.8	61.9
United Kingdom	112	9.8	17.2	22.3	11.4	9.2	13.6	36.4	49.1	102.0	99.8	90.9	70.7
United States	111	164.7	163.0	155.8	160.5	136.9	136.0	2,781.3	2,924.0	3,111.1	3,407.2	3,145.1	3,001.5
Emerg. & Dev. Economies	200	232.2	246.5	292.6	328.9	282.3	237.2	3,274.3	3,712.2	3,817.1	3,884.6	3,971.8	4,017.6
Emerg. & Dev. Asia	505	73.4	77.0	104.0	136.2	95.4	89.1	853.7	1,010.5	1,270.1	1,465.5	1,573.7	1,484.5
American Samoa	859	....	....	....	....	....	0.9	....	....	....	....	....	....
Bangladesh	513	....	....	....	....	....	....	....	....	....	1.3	3.1	5.1
Cambodia	522	....	....	....	....	....	....	....	....	....	1.1	1.0	1.5
China,P.R.: Mainland	924	38.1	33.2	50.4	68.7	40.9	35.5	677.1	793.7	1,005.0	1,104.5	1,158.9	1,070.2
Fiji	819	....	....	....	....	0.0	0.1	....	....	....	....	....	....
India	534	18.7	21.4	27.8	21.9	22.0	24.0	28.4	46.5	61.2	75.0	107.2	120.7
Indonesia	536	1.2	1.5	2.3	1.6	0.2	0.0	7.9	9.6	12.4	27.3	32.2	38.8
Malaysia	548	0.7	0.8	0.4	0.1	0.2	0.1	6.4	7.5	9.6	15.9	20.4	21.8
Papua New Guinea	853	....	....	....	....	....	....	0.1	....	....	....	....	....
Philippines	566	0.1	0.0	0.0	0.0	....	....	1.6	1.2	1.2	2.5	2.2	1.6
Sri Lanka	524	0.8	1.1	1.0	0.7	0.3	0.1	0.5	0.3	0.5	0.5	0.8	1.1
Thailand	578	5.3	12.1	10.5	8.5	6.9	6.8	103.4	122.7	147.0	188.4	196.2	202.5
Vietnam	582	8.5	6.9	11.4	34.8	24.7	21.5	8.3	11.8	15.5	23.6	22.0	21.2
Asia n.s.	598	....	0.0	0.2	0.0	0.1	....	20.0	17.2	17.7	25.5	29.8	....
Europe	170	6.2	4.2	13.1	9.4	9.1	5.5	96.1	146.3	129.1	58.9	51.4	71.7
Emerg. & Dev. Europe	903	2.3	3.3	7.2	5.7	8.9	4.7	74.5	141.5	122.4	47.7	44.0	64.4
Albania	914	0.6	0.6	0.1	0.6	0.5	1.3	....	....	....	....	....	0.0
Bulgaria	918	....	....	....	....	....	....	0.3	1.3	1.3	1.7	3.0	3.1

Panama (283)

In Millions of U.S. Dollars

		Exports (FOB)						Imports (CIF)					
		2011	2012	2013	2014	2015	2016	2011	2012	2013	2014	2015	2016
Croatia	960	0.0	....	0.4	....	....	....	....	....	0.0	....	2.9	0.0
Hungary	944	....	....	....	....	....	....	0.0	0.1	0.8	1.6	3.1	4.2
Poland	964	0.0	0.0	....	0.1	0.1	1.4	2.3	1.0	3.1	3.8	4.8	11.5
Romania	968	0.0	....	....	....	....	0.1	0.1	0.2	0.4	0.5	1.3	2.0
Serbia, Republic of	942	....	....	....	....	....	....	....	....	....	....	0.1	0.0
Turkey	186	1.7	2.7	6.6	5.1	8.4	2.0	71.9	139.0	116.7	40.1	28.8	43.5
CIS	901	**3.9**	**0.8**	**6.0**	**3.6**	**0.2**	**0.8**	**21.5**	**4.8**	**6.7**	**11.2**	**7.5**	**7.3**
Belarus	913	....	....	....	....	....	....	....	....	....	....	....	0.1
Georgia	915	0.1	....	5.3	2.9	....	0.1	....	....	....	....	....	....
Russian Federation	922	3.8	0.8	0.7	0.7	0.2	0.6	20.8	4.8	6.7	10.9	7.4	6.6
Ukraine	926	0.1	....	0.0	....	....	....	0.7	0.0	0.1	0.3	0.1	0.6
Mid East, N Africa, Pak	440	**1.6**	**3.8**	**0.0**	**2.1**	**1.5**	**1.0**	**7.0**	**4.8**	**7.7**	**12.7**	**14.0**	**15.2**
Bahrain, Kingdom of	419	....	....	....	....	....	....	....	....	....	....	0.2	....
Egypt	469	0.8	3.6	....	0.4	0.3	....	2.3	1.3	2.0	5.0	2.9	1.7
Iran, I.R. of	429	0.1	0.1	....	....	0.6	....	....	....	0.5	....	....	....
Iraq	433	0.5	....	....	....	....	....	....	....	....	....	....	....
Kuwait	443	....	....	....	0.2	....	0.0	....	....	0.0	....	0.3	....
Lebanon	446	0.0	....	....	....	0.0	....	....	0.1	0.0	0.1	0.7	0.1
Morocco	686	....	....	....	....	0.1	0.1	....	0.0	0.4	0.5	3.0	5.9
Oman	449	....	....	....	....	....	....	....	....	....	....	0.0	0.1
Pakistan	564	0.1	0.0	0.0	0.1	....	0.0	3.3	2.4	3.0	4.8	4.0	3.7
Qatar	453	....	....	....	....	....	....	0.7	0.6	0.7	0.7	0.3	0.5
Saudi Arabia	456	....	....	0.0	1.4	0.4	0.1	0.1	0.1	0.4	0.3	0.2	0.1
Tunisia	744	....	....	....	....	....	....	0.3	0.2	0.5	0.8	0.6	0.9
United Arab Emirates	466	0.0	0.1	....	0.0	0.0	0.8	0.4	0.1	0.1	0.6	1.8	2.1
Sub-Saharan Africa	603	**0.7**	**0.3**	**1.4**	**0.8**	**1.0**	**1.3**	**0.7**	**5.1**	**8.8**	**15.3**	**12.0**	**43.8**
Angola	614	0.1	....	0.0	0.0	....	....	....	....	....	....	....	....
Benin	638	....	....	0.0	....	....	0.5	....	....	....	....	....	....
Central African Rep.	626	0.1	....	....	....	....	....	....	....	....	....	....	....
Côte d'Ivoire	662	0.1	....	....	....	....	....	....	....	....	....	....	....
Ghana	652	....	0.0	0.1	....	0.2	....	....	....	....	....	....	....
Madagascar	674	....	....	....	....	....	....	....	....	....	....	0.1	0.1
Nigeria	694	0.4	0.2	0.1	0.5	0.6	0.0	....	....	....	....	....	....
South Africa	199	....	....	....	0.3	0.3	0.8	0.7	5.1	8.8	15.3	11.8	43.7
Togo	742	....	....	0.1	....	....	....	....	....	....	....	....	....
Zimbabwe	698	....	0.1	....	....	....	....	....	....	....	....	....	....
Africa n.s.	799	....	....	1.0	....	....	....	....	....	....	....	....	....
Western Hemisphere	205	**150.2**	**161.1**	**174.1**	**180.5**	**175.3**	**140.3**	**2,316.8**	**2,545.4**	**2,401.4**	**2,332.1**	**2,320.7**	**2,402.4**
Antigua and Barbuda	311	....	....	....	....	0.1	0.1	....	....	....	....	....	....
Argentina	213	0.0	0.1	0.5	0.3	0.1	0.1	122.6	139.6	87.7	68.6	55.8	53.5
Aruba	314	0.9	1.2	1.8	1.1	1.2	1.2	0.9	....	....	....	....	....
Bahamas, The	313	1.1	1.1	2.0	2.1	0.6	0.3	....	....	0.1	0.1	0.0	0.3
Barbados	316	0.1	0.1	0.0	0.3	1.1	1.6	0.6	0.6	1.9	0.5	0.8	0.6
Belize	339	0.2	0.1	0.1	0.0	0.1	0.2	4.5	1.1	0.3	0.2	1.2	2.0
Bermuda	319	0.2	....	0.2	0.1	0.0	0.0	....	....	....	....	....	....
Bolivia	218	2.1	2.3	3.6	2.5	2.9	2.0	0.6	1.2	0.6	0.4	0.3	0.4
Brazil	223	0.6	0.1	1.9	2.5	1.4	4.4	213.5	170.3	188.1	120.0	159.3	207.6
Chile	228	9.0	7.1	8.5	7.6	5.4	2.9	65.8	76.0	82.1	91.8	88.2	91.2
Colombia	233	9.1	8.3	9.6	12.2	8.7	8.5	461.0	421.4	385.9	378.6	361.6	362.1
Costa Rica	238	51.4	53.2	49.1	54.4	53.3	38.4	500.5	564.9	517.3	491.4	454.3	454.6
Curaçao	354	....	....	....	....	....	1.3	....	....	....	....	....	....
Dominica	321	....	....	....	....	0.1	0.2	....	....	....	....	....	....
Dominican Republic	243	4.4	5.5	2.8	2.0	4.7	2.8	23.1	26.3	16.3	18.3	25.5	23.7
Ecuador	248	3.5	4.9	6.0	9.6	9.5	5.9	26.2	41.8	37.5	41.6	25.8	31.7
El Salvador	253	7.5	10.4	9.0	7.2	9.6	8.9	101.9	115.0	115.9	117.9	128.1	121.1
Guatemala	258	5.8	6.6	5.5	7.6	9.8	11.0	193.0	208.4	185.3	189.2	184.0	176.0
Guyana	336	0.1	0.0	0.0	0.0	0.1	0.0	0.1	0.1	1.7	25.4	10.1	19.4
Haiti	263	0.7	0.0	0.0	0.3	0.3	0.2	0.0	....	0.0	0.0	0.0	....
Honduras	268	16.0	12.7	12.9	11.6	7.7	7.3	26.7	38.7	44.7	39.1	40.2	37.6
Jamaica	343	2.4	3.3	5.7	3.8	3.5	4.0	5.4	7.4	3.9	0.1	1.6	0.3

Panama (283)

In Millions of U.S. Dollars

		Exports (FOB)						Imports (CIF)					
		2011	2012	2013	2014	2015	2016	2011	2012	2013	2014	2015	2016
Mexico	273	4.1	5.0	8.4	11.3	13.5	6.2	437.2	550.7	519.8	566.6	621.1	618.7
Netherlands Antilles	353	1.6	2.6	2.8	1.5	1.8	0.1	0.4	....	0.0	....	....	....
Nicaragua	278	18.6	13.8	13.2	14.0	16.9	15.5	15.3	21.5	27.2	36.6	33.0	42.0
Paraguay	288	0.3	0.0	0.0	....	....	0.1	0.1	0.2	3.1	0.9	1.2	1.8
Peru	293	1.0	3.9	7.5	4.0	5.1	3.3	67.3	97.0	117.1	84.8	81.0	112.7
Sint Maarten	352	....	....	....	....	....	0.2	....	....	....	....	....	....
St. Kitts and Nevis	361	....	....	....	....	....	0.1	....	....	....	....	....	....
St. Lucia	362	....	....	....	....	0.1	0.1	....	....	....	....	....	....
St. Vincent & Grens.	364	....	....	....	....	0.0	0.1	....	....	....	....	....	....
Suriname	366	5.0	9.3	11.7	12.1	9.2	7.6	....	0.7	0.6	4.8	3.5	0.8
Trinidad and Tobago	369	2.6	4.4	7.0	7.7	7.6	5.0	17.6	14.0	10.8	9.9	9.4	8.5
Uruguay	298	0.0	0.1	0.0	0.3	0.1	0.2	9.8	12.3	19.1	14.1	9.5	12.1
Venezuela, Rep. Bol.	299	1.5	4.8	3.9	4.3	0.9	0.6	22.8	36.2	34.6	31.4	25.2	23.9
Western Hem. n.s.	399	0.1	0.0	0.3	0.1	0.0	....	....	....	....	....	....	....
Other Countries n.i.e	910	**2.1**	**2.8**	**2.5**	**2.6**	**2.5**	**1.6**	**4.2**	**1.0**	**0.6**	**0.7**	**1.0**	**1.0**
Cuba	928	2.1	2.8	2.5	2.6	2.5	1.6	4.2	1.0	0.6	0.7	1.0	1.0
Special Categories	899	**28.5**	**28.9**	**32.0**	**30.1**	**26.5**	**21.9**	**3,418.9**	**3,866.8**	**3,534.5**	**3,496.4**	**2,504.9**	**2,392.0**
Memorandum Items													
Africa	605	0.7	0.3	1.4	0.8	1.1	1.4	1.0	5.3	9.7	16.6	15.6	50.6
Middle East	405	1.5	3.8	0.0	2.0	1.3	0.8	3.5	2.3	3.7	6.6	6.3	4.6
European Union	998	161.8	175.6	203.9	211.7	191.1	187.7	825.2	1,035.6	1,420.0	1,555.0	1,420.6	1,290.4
Export earnings: fuel	080	23.9	25.9	30.9	39.0	31.3	23.6	550.2	520.1	477.7	474.4	432.4	436.1
Export earnings: nonfuel	092	747.1	779.7	796.8	771.7	664.1	612.5	10,584.8	11,863.4	12,308.0	13,118.1	11,703.7	11,260.9

Papua New Guinea (853)

In Millions of U.S. Dollars

		Exports (FOB)						Imports (CIF)					
		2011	2012	2013	2014	2015	2016	2011	2012	2013	2014	2015	2016
IFS World		....	....	....	....	....	....	....	....	....	....	....	....
World	001	5,500.7	4,524.8	4,007.3	5,955.3	6,715.9	6,581.8	7,206.3	9,109.4	7,026.9	6,270.3	5,600.9	5,036.5
Advanced Economies	110	4,517.9	3,581.9	2,871.4	4,510.9	4,972.8	4,937.8	5,339.1	6,941.3	5,223.7	4,600.2	3,428.2	3,273.9
Euro Area	163	825.6	756.8	569.8	606.3	495.1	482.5	286.7	554.7	167.3	138.6	159.6	175.3
Austria	122	0.1	0.0	0.0	0.0	0.0	0.0	1.5 e	6.3 e	10.6 e	1.4 e	1.2 e	2.2 e
Belgium	124	33.9	33.0	30.2	37.2	30.3	40.4	22.9 e	18.0 e	9.2 e	27.7 e	12.5 e	11.5 e
Cyprus	423	....	....	....	0.1	....	....	0.0 e	0.1 e	0.1 e	0.3 e	0.1 e	0.2 e
Estonia	939	0.0 e	0.0 e	0.0 e	0.0 e	0.0 e	0.0 e	0.0 e	0.0 e	0.1 e	0.1 e	0.0 e	0.0 e
Finland	172	0.3	0.3	0.0	0.1	0.3	0.1	4.1 e	14.9 e	1.4 e	1.5 e	2.8 e	2.8 e
France	132	2.6	5.6	7.8	7.6	4.9	5.2	17.5 e	25.1 e	21.0 e	7.4 e	56.1 e	82.0 e
Germany	134	347.8	318.1	195.7	245.2	202.9	120.8	53.2 e	97.2 e	39.3 e	43.6 e	39.9 e	33.2 e
Greece	174	....	0.1	....	0.0	0.6	1.1	0.1 e	0.1 e	0.3 e	0.0 e	0.0 e	0.0 e
Ireland	178	0.3	0.2	0.7	0.3	0.9	0.2	1.7 e	2.2 e	0.5 e	1.1 e	1.8 e	2.0 e
Italy	136	180.1	60.7	78.2	90.8	89.0	62.7	135.0 e	333.8 e	51.5 e	20.3 e	15.4 e	25.0 e
Latvia	941	0.5	0.3	....	....	0.1	....	0.0 e	0.1 e	0.1 e	....	0.3 e	0.1 e
Lithuania	946	....	....	0.2 e	....	....	....	....	....	0.1 e	0.1 e	0.1 e	0.0 e
Luxembourg	137	3.3	12.8	12.8	12.8	12.8	12.8	0.1 e	1.0 e	0.1 e	0.0 e	0.5 e	1.4 e
Malta	181	0.2	0.5	0.2	0.2	0.1	....	....	0.1 e	0.0 e	....	....	....
Netherlands	138	156.9	208.5	121.4	134.2	73.6	173.4	37.1 e	33.8 e	27.7 e	32.8 e	24.5 e	13.0 e
Portugal	182	0.0	1.4	1.4	2.3	0.1	0.3	0.0 e	0.1 e	0.1 e	0.0 e	0.1 e	0.1 e
Slovenia	961	0.8	2.3	0.1	....	0.0	0.1	0.0 e	0.0 e	....	....	1.5 e	0.0 e
Spain	184	98.7	113.0	121.3	75.7	79.5	65.5	13.3 e	21.9 e	5.3 e	2.3 e	2.8 e	1.9 e
Australia	193	2,353.2	1,621.0	1,357.1	1,697.0	1,178.2	1,440.6	2,685.7 e	3,312.1 e	2,687.1 e	2,192.1 e	1,438.2 e	1,811.3 e
Canada	156	2.7	0.5	0.7	1.7	2.2	2.6	52.8 e	34.9 e	23.5 e	29.5 e	27.3 e	14.2 e
China,P.R.: Hong Kong	532	16.8	15.8	4.2	1.8	2.0	2.8	51.9 e	46.1 e	62.5 e	113.7 e	42.7 e	42.7 e
Czech Republic	935	0.1	0.9	1.8	0.4	0.0	0.0	0.8 e	1.5 e	0.8 e	0.4 e	1.0 e	1.5 e
Denmark	128	3.3	2.1	0.8	1.8	0.9	0.7	13.1 e	18.8 e	16.3 e	10.9 e	11.0 e	9.4 e
Iceland	176	39.8	....	....	....	....	....	....	....	0.0 e	0.0 e	....	0.1 e
Israel	436	....	....	....	....	....	....	1.8 e	3.5 e	6.7 e	3.5 e	3.5 e	1.8 e
Japan	158	385.7	528.2	358.9	1,005.5	1,119.6	828.5	365.8 e	527.0 e	349.8 e	202.1 e	192.5 e	180.5 e
Korea, Republic of	542	164.9	122.8	136.6	90.5	171.8	61.9	116.1 e	131.1 e	72.2 e	277.4 e	223.7 e	97.0 e
New Zealand	196	17.2	8.9	6.8	8.6	5.9	4.9	187.5 e	221.7 e	217.9 e	190.4 e	160.2 e	140.5 e
Norway	142	0.1	....	....	....	....	....	1.6 e	6.9 e	0.9 e	0.4 e	0.7 e	0.3 e
Singapore	576	353.8	253.9	192.0	139.4	1,193.5	1,494.9	1,025.3 e	1,261.0 e	967.6 e	941.4 e	700.0 e	425.9 e
Sweden	144	2.4	2.3	0.3	0.3	0.2	3.9	20.6 e	14.1 e	23.8 e	21.1 e	6.9 e	2.8 e
Switzerland	146	50.5	22.2	2.6	0.3	3.5	6.4	3.5 e	8.9 e	1.6 e	1.7 e	1.6 e	2.0 e
Taiwan Prov.of China	528	16.9 e	18.3 e	9.8 e	716.2 e	609.0 e	433.7 e	149.7 e	278.9 e	399.9 e	287.3 e	199.9 e	150.6 e
United Kingdom	112	175.8	147.0	140.2	169.4	125.2	107.5	34.5 e	80.4 e	38.6 e	28.9 e	26.2 e	75.7 e
United States	111	109.1	81.3	89.8	71.5	65.7	66.9	341.6 e	439.8 e	187.3 e	160.9 e	233.1 e	142.5 e
Emerg. & Dev. Economies	200	982.4	938.3	1,132.0	1,437.6	1,735.4	1,637.7	1,867.2	2,168.1	1,803.2	1,670.1	2,172.7	1,762.6
Emerg. & Dev. Asia	505	861.5	808.6	1,023.6	1,244.2	1,508.4	1,441.0	1,839.0	2,117.2	1,758.6	1,647.8	2,128.4	1,700.7
Bangladesh	513	0.0	....	....	....	....	....	3.9 e	2.2 e	1.9 e	2.6 e	1.7 e	3.0 e
Brunei Darussalam	516	....	....	....	....	0.0	....	1.3 e	1.0 e	1.0 e	0.6 e	2.0 e	1.7 e
Cambodia	522	....	....	....	....	....	....	0.0 e	0.0 e	0.1 e	0.0 e	....	0.1 e
China,P.R.: Mainland	924	353.0	302.1	372.3	647.2	853.1	748.3	508.8 e	718.9 e	621.5 e	715.4 e	1,112.1 e	752.1 e
Fiji	819	1.5	1.3	1.1	2.1	2.4	2.0	22.6 e	46.2 e	38.3 e	26.8 e	20.7 e	19.2 e
F.T. French Polynesia	887	0.3	0.3	0.3	0.5	0.6	0.5	....	....	0.0 e	....	0.0 e	0.0 e
F.T. New Caledonia	839	1.4	1.0	0.9	1.7	2.0	1.6	0.1 e	0.0 e	0.0 e	0.0 e	0.1 e	0.0 e
Guam	829	0.1	0.3	0.2	0.3	0.3	0.2	....	....	....	....	....	....
India	534	82.4	204.1	321.9	389.3	352.0	182.1	36.5 e	34.5 e	46.0 e	58.9 e	44.5 e	44.3 e
Indonesia	536	17.5	38.3	47.5	20.1	7.0	4.1	343.6 e	224.4 e	197.2 e	178.8 e	227.3 e	168.8 e
Malaysia	548	154.1	58.8	50.9	48.9	74.4	80.9	663.8 e	765.2 e	616.9 e	486.2 e	399.6 e	377.4 e
Marshall Islands	867	0.0	0.1	0.1	0.1	0.1	0.1	....	....	....	....	....	....
Micronesia	868	0.0	0.0	0.0	0.1	0.1	0.1	....	....	....	....	....	....
Myanmar	518	....	0.0	....	0.0	0.0	0.0	0.4 e	....	....	....	0.0 e	0.4 e
Nepal	558	....	....	....	....	....	....	0.1 e	....	0.0 e	0.0 e	0.0 e	0.0 e
Philippines	566	207.9	154.4	160.6	60.2	103.5	340.2	25.2 e	28.2 e	28.6 e	25.8 e	20.1 e	19.7 e
Samoa	862	0.2	0.9	0.7	1.0	1.1	0.8	0.0 e	0.1 e	0.4 e	....	0.0 e	0.0 e
Solomon Islands	813	17.0	9.3	8.6	17.9	21.5	18.1	0.4 e	3.1 e	2.5 e	7.3 e	0.9 e	1.0 e
Sri Lanka	524	1.0	1.2	1.7	1.5	1.7	0.4	1.1 e	0.9 e	2.4 e	1.6 e	1.1 e	1.2 e

Papua New Guinea (853)

In Millions of U.S. Dollars

		Exports (FOB)						Imports (CIF)					
		2011	2012	2013	2014	2015	2016	2011	2012	2013	2014	2015	2016
Thailand	578	13.3	27.1	48.4	37.8	70.7	46.8	227.5 e	289.8 e	199.3 e	142.2 e	154.8 e	155.9 e
Tonga	866	0.2	0.0	0.0	0.1	0.1	0.1	0.0 e	0.0 e	0.2 e	0.0 e	0.0 e	0.0 e
Vanuatu	846	3.0	0.5	0.6	1.9	2.6	2.3	3.6 e	2.6 e	2.3 e	1.3 e	1.1 e	1.1 e
Vietnam	582	8.5	8.9	7.7	13.5	15.2	12.3	....	....	....	....	142.4 e	154.7 e
Europe	170	**12.1**	**10.7**	**8.8**	**4.7**	**4.7**	**3.9**	**5.9**	**8.8**	**9.7**	**6.9**	**7.5**	**38.9**
Emerg. & Dev. Europe	903	**1.3**	**3.3**	**2.2**	**0.3**	**0.4**	**0.4**	**5.4**	**8.1**	**9.3**	**5.4**	**4.2**	**2.6**
Bosnia and Herzegovina	963	0.0 e	0.1 e	....	0.0 e	0.0 e	....	....	....	0.0 e	....	....	....
Bulgaria	918	0.8	0.8	....	0.0	0.0	....	....	0.2 e	....	0.0 e	0.3 e	0.1 e
Croatia	960	....	0.2	0.1	0.1	0.1	0.2	0.0 e	0.0 e	....	....	0.1 e	0.0 e
Hungary	944	0.0 e	0.0 e	0.0 e	0.0 e	0.0 e	0.0 e	0.8 e	1.9 e	0.0 e	0.3 e	0.0 e	0.0 e
Macedonia, FYR	962	....	....	....	....	....	....	....	....	0.3 e	....	....	....
Montenegro	943	....	....	....	....	....	0.0 e	....	....	0.1 e	0.1 e	0.1 e	....
Poland	964	0.5	1.8	2.0	0.1	0.2	0.2	2.1 e	0.5 e	3.5 e	0.5 e	0.6 e	0.7 e
Romania	968	....	0.3	0.2	0.0	....	....	0.1 e	0.1 e	0.0 e	0.0 e	0.2 e	0.0 e
Serbia, Republic of	942	....	0.2 e	....	0.0 e	0.0 e	0.0 e	....	....	....	....	0.1 e	0.0 e
Turkey	186	....	....	....	....	....	....	2.4 e	5.5 e	5.4 e	4.5 e	2.9 e	1.8 e
CIS	901	**10.8**	**7.4**	**6.6**	**4.4**	**4.3**	**3.5**	**0.6**	**0.7**	**0.3**	**1.4**	**3.3**	**36.3**
Belarus	913	0.0 e	0.1 e	0.0 e	....	0.0 e	0.0 e	....	....	0.0 e	0.0 e	0.0 e	0.0 e
Georgia	915	1.5	1.5	1.5	1.5	1.5	1.5	....	....	....	....	....	....
Kazakhstan	916	0.0 e	0.0 e	0.0 e	0.0 e	....	0.0 e	0.3 e	0.3 e	0.0 e	....	....	0.0 e
Russian Federation	922	9.3	5.5	5.0	2.8	2.7	2.0	0.3 e	0.4 e	0.2 e	1.4 e	3.2 e	36.3 e
Ukraine	926	....	0.2	0.1	0.2	0.1	....	0.0 e	0.0 e	0.0 e	0.0 e	0.0 e	....
Mid East, N Africa, Pak	440	**4.2**	**1.0**	**0.8**	**1.4**	**3.9**	**3.6**	**2.0**	**2.7**	**0.9**	**0.8**	**17.3**	**4.9**
Bahrain, Kingdom of	419	....	0.1 e	0.0 e	0.0 e	0.0 e	0.0 e	1.5 e	....	....	....	....	....
Egypt	469	....	0.3	0.3	0.3	0.3	0.3	....	0.0 e	0.5 e	0.0 e	....	....
Iran, I.R. of	429	0.1	0.1	0.1	0.1	0.2	0.1	....	....	....	....	....	....
Jordan	439	....	....	....	0.2	2.5	2.5	....	....	....	....	....	....
Morocco	686	3.3	....	....	....	....	....	....	....	....	0.1 e	....	....
Oman	449	....	....	....	....	....	....	0.3 e	0.1 e	....	....	0.1 e	0.2 e
Pakistan	564	0.3	....	....	....	....	....	0.2 e	1.3 e	0.4 e	0.7 e	16.7 e	1.1 e
Qatar	453	....	....	0.0 e	....	....	....	....	1.2 e	....	....	0.4 e	3.6 e
United Arab Emirates	466	0.5	0.5	0.4	0.8	0.9	0.7	....	....	....	....	....	....
Sub-Saharan Africa	603	**2.9**	**1.3**	**1.3**	**1.9**	**6.1**	**13.0**	**8.1**	**31.9**	**25.5**	**10.3**	**15.2**	**13.6**
Angola	614	0.1 e	0.0 e	0.0 e	0.0 e	3.8 e	2.5 e	....	....	....	....	....	....
Congo, Republic of	634	0.3	....	....	....	....	....	0.0 e	....	....	....	....	....
Côte d'Ivoire	662	....	....	0.1	0.0	....	....	....	....	....	....	....	....
Ethiopia	644	....	0.1	0.0	0.1	0.1	0.1	0.1 e	....	....	....	....	....
Gambia, The	648	0.0	0.9	0.8	1.4	1.6	1.3	....	....	....	....	....	....
Kenya	664	....	0.0	0.0	0.0	0.0	0.0	0.1 e	0.1 e	0.0 e	0.0 e	0.0 e	0.0 e
Madagascar	674	....	0.1	0.1	0.1	0.1	0.1	0.0 e	....	....	....	....	....
Malawi	676	....	....	....	....	....	....	....	....	....	0.1 e	....	....
Mauritius	684	0.0 e	0.0 e	0.1 e	0.0 e	0.0 e	8.1 e	....	....	....	0.0 e	0.0 e	0.0 e
Mozambique	688	....	....	....	0.0 e	0.1 e	0.1 e	....	....	....	....	0.0 e	0.0 e
Namibia	728	....	....	....	....	....	....	....	....	....	0.1 e	....	....
Senegal	722	....	....	....	....	....	....	0.3 e	0.7 e	0.3 e	0.0 e	0.1 e	0.1 e
Seychelles	718	0.0 e	....	....	....	....	0.5 e	....	....	....	....	....	....
Sierra Leone	724	0.4	....	....	....	....	....	....	....	....	....	....	....
South Africa	199	0.3	0.0	0.0	0.0	0.0	0.0	7.6 e	31.2 e	24.8 e	10.1 e	15.1 e	13.4 e
Swaziland	734	1.6	0.1	0.1	0.1	0.2	0.1	....	....	....	....	....	....
Tanzania	738	0.2	0.0	0.0	0.1	0.2	0.2	....	....	0.3 e	....	0.0 e	0.0 e
Zambia	754	0.0	....	....	....	0.0	0.0	....	....	0.1 e	....	....	....
Western Hemisphere	205	**101.7**	**116.8**	**97.5**	**185.3**	**212.3**	**176.1**	**12.2**	**7.6**	**8.5**	**4.4**	**4.3**	**4.5**
Anguilla	312	0.2	0.0	0.0	0.1	0.1	0.1	....	....	....	....	....	....
Antigua and Barbuda	311	....	47.3	41.3	71.5	80.4	65.2	....	....	....	....	....	....
Argentina	213	....	....	....	....	....	0.0	0.7 e	0.1 e	0.2 e	0.0 e	0.0 e	0.0 e
Brazil	223	1.1	0.3	0.0	0.0	0.0	0.0	7.1 e	6.8 e	7.9 e	3.9 e	3.7 e	3.2 e
Chile	228	....	0.6	0.6	0.6	0.6	0.6	3.5 e	0.3 e	0.2 e	0.1 e	0.2 e	1.2 e
Colombia	233	1.5	0.2	0.2	0.2	0.2	0.2	0.1 e	0.0 e	0.1 e	0.0 e	0.3 e	0.0 e
Costa Rica	238	0.1	....	....	....	....	....	0.0 e	....	0.1 e	0.0 e	....	....
Curaçao	354	97.7	60.2	54.7	110.1	130.7	109.3	....	....	....	....	....	....

Papua New Guinea (853)
In Millions of U.S. Dollars

		Exports (FOB)						Imports (CIF)					
		2011	2012	2013	2014	2015	2016	2011	2012	2013	2014	2015	2016
Ecuador	248	....	7.9 e	0.1 e	0.1 e	0.0 e	0.0 e	....	....	....	....	....	0.0 e
El Salvador	253	....	....	0.2	2.5	0.1	0.5	....	....	....	....	0.0 e	....
Guatemala	258	....	....	....	....	0.0 e	0.0 e	....	0.3 e	....	0.0 e	....	....
Honduras	268	0.5	0.0	0.1	....	....	0.0	....	....	....	....	....	....
Jamaica	343	....	....	....	....	....	....	....	....	....	0.3 e	....	0.0 e
Mexico	273	0.4	0.0	0.0	0.0	0.0	0.0	....	....	....	....	....	....
Nicaragua	278	....	0.1	0.1	0.2	0.2	0.2	....	....	....	....	....	....
Panama	283	0.1	0.1	0.1	0.1	0.1	0.1	....	....	....	....	....	....
Peru	293	0.0	0.0	0.0	0.0	0.0	0.0	0.8 e	0.1 e	0.1 e	0.0 e	....	0.0 e
Other Countries n.i.e	910	**0.5**	**4.5**	**4.0**	**6.9**	**7.7**	**6.3**	....	....	....	....	....	....
Korea, Dem. People's Rep.	954	0.5	4.5	4.0	6.9	7.7	6.3	....	....	....	....	....	....
Memorandum Items													
Africa	605	6.2	1.3	1.3	1.9	6.1	13.0	8.1	31.9	25.5	10.3	15.2	13.6
Middle East	405	0.6	1.0	0.8	1.4	3.9	3.6	1.8	1.3	0.5	0.0	0.5	3.8
European Union	998	1,008.4	912.0	715.2	778.6	621.8	595.0	358.7	672.1	250.3	200.8	205.8	265.4
Export earnings: fuel	080	11.8	14.3	5.9	4.0	7.8	5.6	3.7	3.1	1.4	2.1	6.1	41.9
Export earnings: nonfuel	092	5,488.9	4,510.5	4,001.5	5,951.3	6,708.1	6,576.1	7,202.6	9,106.4	7,025.5	6,268.2	5,594.8	4,994.6

Paraguay (288)

In Millions of U.S. Dollars

		Exports (FOB)						Imports (FOB)					
		2011	2012	2013	2014	2015	2016	2011	2012	2013	2014	2015	2016
IFS World		7,700.6	7,286.8	9,443.0	9,608.3	8,293.7	8,488.3	....	....	....	....	....	....
World	001	7,763.5	7,271.2	9,430.9	9,652.9	8,356.6	8,490.0	11,549.0	10,756.4	11,301.8	11,299.2	9,529.3	9,042.5
Advanced Economies	110	2,006.0	1,486.2	2,112.9	1,965.9	1,787.0	1,515.2	2,067.5	2,335.6	2,391.0	2,469.3	2,233.9	1,923.2
Euro Area	163	1,503.7	1,036.6	1,339.2	1,193.0	1,120.7	867.2	581.0	577.7	831.3	821.4	717.1	641.1
Austria	122	1.0	0.9	1.3	1.2	2.3	0.9	13.4	16.2	32.5	32.9	13.0	14.4
Belgium	124	23.4	16.1	37.1	6.2	5.8	9.2	17.7	26.1	108.5	46.4	37.1	34.2
Cyprus	423	0.3	....	0.0	0.1	0.0	....	....	0.0	....	0.5	0.0	0.0
Estonia	939	....	....	....	....	0.1	....	0.3	0.5	0.1	0.1	0.0	....
Finland	172	0.3	....	....	0.1	....	....	20.9	10.6	5.6	9.8	17.4	10.7
France	132	95.9	10.1	102.6	114.8	87.2	8.1	83.1	83.4	103.3	120.5	120.5	114.2
Germany	134	571.5	430.5	334.8	97.0	289.0	199.0	207.4	191.0	218.7	253.1	213.8	209.3
Greece	174	50.1	67.8	78.6	58.3	42.3	28.0	5.6	4.7	3.0	8.6	9.1	8.7
Ireland	178	1.9	0.0	....	0.1	7.8	0.1	3.7	4.1	3.5	4.7	5.5	2.8
Italy	136	329.8	234.6	342.0	380.0	303.3	297.8	72.1	69.1	73.7	79.0	73.1	70.9
Latvia	941	0.0	....	0.0	0.0	0.0	....	0.0	0.0	37.1	0.3	14.0	....
Lithuania	946	22.9	....	0.2	0.0	....	....	2.0	1.9	11.5	1.0	2.1	....
Luxembourg	137	0.0	....	....	0.1	0.4	....	1.8	3.1	1.1	0.5	0.5	....
Malta	181	0.0	0.0	0.0	0.1	0.0	....	0.0	0.0	0.0	0.0	0.0	....
Netherlands	138	92.1	38.3	74.7	429.6	153.9	77.8	40.6	55.1	91.6	122.2	93.3	57.9
Portugal	182	71.5	58.6	144.2	27.2	68.7	70.1	23.7	21.0	32.2	21.2	14.6	11.8
Slovak Republic	936	0.1	....	0.0	0.0	0.0	....	3.3	3.8	1.7	4.4	4.6	4.5
Slovenia	961	0.2	0.1	....	....	....	....	1.0	3.8	4.4	2.8	1.5	1.9
Spain	184	242.7	179.6	223.5	78.2	159.7	176.1	84.4	83.3	102.8	113.5	97.1	99.7
Australia	193	0.1	0.1	1.3	1.5	2.3	2.8	2.2	4.0	2.3	1.1	3.7	2.0
Canada	156	3.0	4.2	6.6	3.7	3.1	3.3	12.9	15.5	18.9	20.1	25.6	28.5
China,P.R.: Hong Kong	532	17.2	49.8	113.8	139.6	52.9	28.1	29.7	30.8	38.2	32.8	48.4	43.6
China,P.R.: Macao	546	....	....	....	....	....	....	0.1	0.3	0.0	0.0	0.0	....
Czech Republic	935	0.4	0.0	0.1	0.1	0.2	0.6	3.7	3.0	4.9	4.4	5.2	4.0
Denmark	128	8.0	0.1	6.1	37.0	52.2	47.9	3.9	5.5	5.1	6.1	6.6	6.1
Iceland	176	0.0	....	....	....	0.2	0.0	0.0	0.0	0.0	0.0	0.0	....
Israel	436	145.4	142.1	182.7	134.9	152.3	157.6	9.0	18.0	18.1	5.1	20.7	11.6
Japan	158	51.9	29.2	84.4	105.2	78.7	39.8	359.1	287.0	257.0	237.2	207.8	210.9
Korea, Republic of	542	106.1	31.4	51.7	60.6	37.1	60.2	199.7	254.6	223.8	248.6	256.7	187.1
New Zealand	196	0.3	0.6	0.2	0.2	0.2	0.3	0.8	0.4	0.7	0.6	1.5	3.8
Norway	142	0.0	0.1	0.2	0.0	0.0	0.0	0.9	1.6	5.3	1.7	2.7	2.0
Singapore	576	0.5	0.8	1.1	1.3	2.4	4.4	17.0	69.5	44.3	38.2	34.5	18.0
Sweden	144	3.7	2.0	0.9	3.4	5.7	12.2	38.6	48.6	41.8	38.0	23.3	27.2
Switzerland	146	17.3	15.0	37.5	6.6	9.4	18.8	87.6	61.1	70.0	24.3	51.5	24.7
Taiwan Prov.of China	528	32.1	10.5	7.3	25.2	20.6	15.4	48.0	47.7	36.7	38.3	38.0	27.7
United Kingdom	112	5.0	8.8	28.8	47.0	97.7	113.3	64.5	50.4	57.6	57.9	40.9	40.6
United States	111	111.3	154.7	251.0	206.7	151.5	143.3	609.0	860.0	735.0	893.4	749.6	644.4
Emerg. & Dev. Economies	200	5,756.9	5,782.2	7,316.7	7,685.6	6,567.1	6,343.5	9,446.8	8,396.9	8,899.5	8,810.7	7,223.2	6,850.2
Emerg. & Dev. Asia	505	302.9	246.1	461.0	673.3	524.0	289.1	3,665.6	3,181.5	3,464.9	3,113.9	2,517.6	2,727.6
Bangladesh	513	47.1	29.5	109.6	108.7	89.6	....	0.1	0.2	0.8	1.7	1.7	2.0
Bhutan	514	....	....	....	....	....	....	....	....	....	0.1	....	....
Cambodia	522	0.4	....	....	....	....	....	0.9	1.1	2.3	3.2	0.9	....
China,P.R.: Mainland	924	30.4	42.0	57.1	48.4	30.5	....	3,439.2	2,979.5	3,216.6	2,882.7	2,255.3	2,491.6
Fiji	819	....	0.1	....	....	....	....	....	....	....	....	0.0	....
India	534	43.4	19.8	46.9	211.0	205.3	193.8	71.9	74.4	87.1	105.3	145.8	132.5
Indonesia	536	30.7	22.8	114.7	29.3	33.7	28.6	25.6	15.2	16.6	19.0	13.9	10.0
Malaysia	548	43.3	59.7	52.0	54.8	43.3	10.8	39.7	30.2	61.7	19.6	13.3	20.9
Maldives	556	0.1	....	....	....	....	....	....	....	....	....	....	....
Myanmar	518	0.0	....	....	0.5	10.3	....	0.0	0.0	0.1	0.1	0.1	....
Nepal	558	....	....	....	6.2	2.8	....	....	....	0.0	....	0.0	....
Philippines	566	0.5	0.3	0.6	0.9	9.7	0.2	2.3	1.7	2.2	9.7	1.0	2.0
Sri Lanka	524	5.4	....	....	....	0.1	....	0.7	0.6	0.3	0.4	0.4	0.4
Thailand	578	22.3	12.2	39.8	149.1	26.1	55.6	72.1	68.0	66.4	48.5	36.8	38.8
Vietnam	582	79.3	59.8	40.3	64.3	72.8	....	13.0	10.5	10.7	23.7	48.5	29.5

Paraguay (288)

In Millions of U.S. Dollars

		Exports (FOB)						Imports (FOB)					
		2011	2012	2013	2014	2015	2016	2011	2012	2013	2014	2015	2016
Europe	170	**629.3**	**835.7**	**1,305.7**	**1,494.7**	**1,037.9**	**1,010.4**	**90.7**	**194.5**	**234.5**	**163.9**	**255.7**	**124.7**
Emerg. & Dev. Europe	903	**220.9**	**113.4**	**322.0**	**435.2**	**264.5**	**364.0**	**47.2**	**31.9**	**26.4**	**52.9**	**41.5**	**41.9**
Albania	914	0.9	2.0	1.0	1.3	1.5	....	....	0.0	0.0	0.0	....	....
Bosnia and Herzegovina	963	....	....	....	....	....	....	0.0	0.0	0.1	0.2	0.0	....
Bulgaria	918	0.1	0.0	0.0	0.0	0.2	....	3.3	1.8	3.4	3.4	3.7	4.6
Croatia	960	0.1	....	....	....	....	....	0.0	0.0	0.0	0.0	0.0	....
Gibraltar	823	....	....	0.0	....	....	....	....	0.0	0.1	....	0.0	....
Hungary	944	0.1	0.0	0.0	0.0	0.0	....	2.0	1.6	1.4	1.7	4.6	6.5
Kosovo	967	0.3	3.8	2.3	4.1	4.6	....	....	....	....	....	....	....
Macedonia, FYR	962	....	0.2	....	....	....	....	....	....	....	0.1	0.0	....
Montenegro	943	....	....	....	0.2	0.2	....	....	....	....	....	....	....
Poland	964	10.4	7.4	43.0	123.5	134.3	150.7	14.1	9.1	2.8	7.9	10.0	7.0
Romania	968	2.4	0.0	0.1	13.9	14.6	....	0.3	0.4	1.8	1.1	1.3	0.6
Serbia, Republic of	942	....	....	....	....	0.0	....	0.0	0.0	0.1	0.1	0.3	....
Turkey	186	206.7	100.0	275.5	292.2	109.1	213.3	27.4	18.9	16.7	38.3	21.6	23.2
CIS	901	**408.3**	**722.3**	**983.8**	**1,059.5**	**773.4**	**646.4**	**43.6**	**162.6**	**208.1**	**111.0**	**214.2**	**82.8**
Armenia	911	....	....	0.1	0.7	0.5	....	0.0	0.0	....	0.0	....	....
Azerbaijan, Rep. of	912	0.2	....	....	0.1	0.5	....	....	....	....	....	....	....
Belarus	913	....	....	....	0.2	0.1	....	23.4	3.3	15.0	19.1	8.2	....
Georgia	915	0.0	6.8	24.9	1.7	0.4	....	0.0	0.0	0.0	0.0	0.1	....
Kazakhstan	916	3.3	11.4	11.8	15.7	12.7	....	....	....	....	....	15.8	....
Moldova	921	....	0.1	....	....	0.1	....	....	....	....	....	....	....
Russian Federation	922	404.7	704.0	946.8	1,041.0	759.1	646.4	13.9	150.0	192.8	90.3	189.2	82.8
Tajikistan	923	0.1	0.0	0.0	....	....	....	....	....	....	....	....	....
Turkmenistan	925	....	....	....	....	....	....	0.0	....	....	0.0	0.1	....
Ukraine	926	0.1	0.1	0.1	0.2	0.1	....	6.2	9.2	0.3	1.5	0.9	....
Mid East, N Africa, Pak	440	**313.5**	**202.9**	**404.5**	**333.3**	**405.8**	**96.7**	**40.7**	**32.6**	**40.9**	**51.6**	**69.1**	**15.9**
Afghanistan, I.R. of	512	0.3	0.2	....	....	....	....	....	....	....	0.0	0.0	....
Algeria	612	20.9	24.4	89.4	28.1	45.3	....	....	0.0	0.0	2.9	....	....
Bahrain, Kingdom of	419	0.3	0.3	1.8	2.6	4.3	....	2.1	0.5	....	0.0	0.0	....
Djibouti	611	....	....	....	....	....	....	....	....	....	....	0.1	....
Egypt	469	40.5	0.4	71.8	95.9	96.1	31.8	0.4	3.3	0.6	0.9	0.6	....
Iran, I.R. of	429	58.9	11.6	7.1	23.0	27.7	....	0.4	0.1	0.0	0.0	0.0	0.1
Iraq	433	0.0	....	....	2.4	20.5	....	....	....	0.1	....	....	0.1
Jordan	439	0.2	0.0	0.4	1.1	0.6	....	0.0	0.0	0.1	0.9	1.0	....
Kuwait	443	9.7	0.9	15.2	19.4	43.6	....	0.9	....	5.4	6.0	3.0	....
Lebanon	446	3.2	13.4	9.6	11.9	17.5	22.2	1.3	3.0	0.6	0.5	0.8	0.7
Libya	672	0.2	0.9	1.1	4.3	9.4	....	0.0	....	0.0	....	0.0	....
Mauritania	682	....	....	....	....	....	....	0.1	0.0	0.0	0.0	....	....
Morocco	686	63.4	12.3	57.7	29.6	20.0	4.5	9.0	12.5	18.4	19.3	0.4	....
Oman	449	....	....	....	....	3.8	....	0.1	0.1	0.1	....	4.9	....
Pakistan	564	0.0	0.1	6.0	20.9	26.9	7.3	11.9	8.9	10.1	11.0	10.0	9.1
Qatar	453	....	....	....	0.0	0.6	....	0.4	0.8	0.9	0.8	21.4	....
Saudi Arabia	456	54.0	0.0	9.2	1.1	2.6	1.8	0.0	1.6	2.8	6.0	10.8	5.5
Sudan	732	....	0.1	....	....	....	....	0.0	0.0	0.0	0.0	0.0	....
Syrian Arab Republic	463	....	....	....	....	....	....	0.9	0.5	0.3	0.5	0.2	0.4
Tunisia	744	48.2	55.8	52.1	61.6	47.4	29.1	6.9	0.5	0.4	0.6	0.4	....
United Arab Emirates	466	13.7	80.3	80.6	27.9	29.3	....	6.0	0.9	1.1	2.0	15.4	....
West Bank and Gaza	487	....	2.3	2.5	3.3	10.1	....	0.0	....	....	0.1	0.0	....
Sub-Saharan Africa	603	**54.9**	**166.2**	**95.6**	**78.4**	**129.1**	**108.9**	**7.0**	**6.2**	**8.9**	**13.2**	**18.3**	**4.2**
Angola	614	20.3	35.4	26.5	27.2	15.5	....	....	0.1	....	....	....	....
Benin	638	....	0.2	0.1	0.1	0.1	....	....	....	....	....	0.0	....
Cabo Verde	624	....	0.1	3.0	1.8	0.4	....	....	....	....	....	0.0	....
Cameroon	622	....	5.4	....	1.0	....	....	....	....	....	....	....	....
Comoros	632	....	....	....	....	0.2	....	....	0.0	....	....	....	....
Congo, Dem. Rep. of	636	....	2.8	0.6	1.2	0.8	0.6	....	....	....	....	....	....
Congo, Republic of	634	4.3	28.8	4.8	2.0	1.8	1.6	....	....	....	....	....	....
Côte d'Ivoire	662	0.3	1.5	8.1	0.5	2.2	0.2	....	0.0	0.0	....	....	....
Equatorial Guinea	642	0.4	1.9	1.9	1.0	0.8	....	....	....	....	....	0.0	....
Gabon	646	2.6	6.6	9.4	12.7	19.5	5.4	....	0.0	....	0.0	0.0	....

Paraguay (288)

In Millions of U.S. Dollars

		Exports (FOB)						Imports (FOB)					
		2011	2012	2013	2014	2015	2016	2011	2012	2013	2014	2015	2016
Gambia, The	648	0.4	0.5	0.4	2.3	0.8	....	....	....	....	....	....	....
Ghana	652	0.2	1.0	0.7	0.7	2.3	0.5	....	....	....	....	....	....
Guinea	656	0.1	0.3	0.2	0.0	0.1	....	....	....	....	....	....	....
Guinea-Bissau	654	0.4	....	....	0.1	0.3	....	0.0	....	....	....	....	....
Kenya	664	11.2	24.3	....	....	....	....	0.0	0.0	0.0	0.0	0.0	....
Liberia	668	0.1	0.7	0.4	0.2	0.4	....	....	....	....	....	....	....
Madagascar	674	0.8	8.8	....	1.6	1.3	0.1	....	....	....	0.0	0.0	....
Malawi	676	....	....	....	....	0.3	....	....	....	0.2	0.7	0.5	....
Mauritius	684	....	9.3	6.6	3.7	4.7	....	0.0	0.0	0.0	0.0	0.0	....
Mozambique	688	0.2	2.8	4.2	0.7	0.5	....	....	....	....	....	0.0	....
Namibia	728	....	0.1	0.1	....	....	....	....	....	....	....	....	....
Nigeria	694	2.4	13.6	14.3	15.1	23.8	0.0	0.1	0.0	....	0.0	....	....
Rwanda	714	....	2.1	....	....	....	....	....	....	....	....	....	....
Senegal	722	0.6	2.1	3.5	1.2	11.1	0.2	0.0	....	0.0	0.0	0.0	....
Seychelles	718	1.0	0.1	0.1	....	0.2	....	....	....	....	....	0.0	....
Sierra Leone	724	....	....	....	1.1	0.6	....	....	....	....	....	0.1	....
South Africa	199	7.8	7.6	10.8	3.6	41.0	100.2	4.0	4.6	5.4	7.0	10.7	4.2
Tanzania	738	....	4.3	....	....	0.0	....	0.3	....	....	0.0	2.1	....
Togo	742	0.2	0.0	0.0	....	0.2	....	....	....	....	....	....	....
Uganda	746	1.6	5.8	....	....	....	....	0.0	....	0.0	....	....	....
Zimbabwe	698	....	....	....	0.6	0.2	....	2.6	1.6	3.1	5.4	4.8	....
Western Hemisphere	205	**4,456.3**	**4,331.3**	**5,049.8**	**5,106.0**	**4,470.3**	**4,838.4**	**5,642.8**	**4,982.2**	**5,150.3**	**5,468.2**	**4,362.5**	**3,977.8**
Argentina	213	692.1	604.3	717.7	713.6	586.3	887.8	1,625.6	1,762.5	1,604.2	1,643.7	1,411.6	1,302.8
Aruba	314	24.8	43.9	27.8	8.5	6.2	....	....	....	....	....	1.6	....
Bahamas, The	313	....	....	....	0.0	....	....	....	0.8	....	....	....	....
Barbados	316	....	....	....	....	....	....	0.1	0.0	0.1	0.1	0.1	....
Belize	339	4.4	3.5	1.8	2.8	1.2	....	2.1	0.0	....	0.0	0.0	....
Bolivia	218	55.7	89.1	75.0	106.8	68.5	53.6	23.7	26.4	40.0	61.2	34.4	36.5
Brazil	223	2,500.2	2,851.6	2,833.8	2,969.2	2,651.4	3,006.0	3,072.3	2,550.6	2,998.7	3,164.5	2,416.1	2,211.6
Chile	228	541.4	187.2	528.7	669.6	591.7	518.4	144.0	137.7	137.4	145.7	147.5	128.2
Colombia	233	74.2	48.7	35.8	37.2	4.1	19.9	20.8	19.5	17.7	19.3	22.8	51.9
Costa Rica	238	0.9	6.2	85.4	53.9	11.7	7.4	0.8	0.7	1.7	1.4	1.5	1.5
Dominica	321	0.0	0.0	0.6	0.7	0.2	....	11.9	....	0.1	0.3	0.6	....
Dominican Republic	243	0.8	34.6	6.8	1.8	11.0	6.7	0.1	26.6	18.5	0.7	0.8	....
Ecuador	248	31.6	11.8	16.7	39.9	50.7	26.1	2.2	3.4	3.5	4.1	3.9	4.1
El Salvador	253	1.4	1.6	2.9	3.4	4.7	2.8	0.2	0.5	0.2	0.3	0.5	0.3
Falkland Islands	323	....	....	....	....	....	....	0.1	....	....	....	....	....
Grenada	328	....	....	....	0.0	0.1	....	0.0	....	....	0.0	....	....
Guatemala	258	1.0	1.0	2.1	2.8	3.5	2.3	0.7	0.8	1.3	0.9	0.6	1.9
Haiti	263	....	0.3	0.1	0.1	0.0	....	....	0.0	0.0	0.0	0.0	....
Honduras	268	0.1	0.2	0.2	0.4	0.6	0.8	0.1	0.1	0.2	0.2	0.1	0.2
Jamaica	343	0.0	0.1	....	....	0.0	....	....	....	0.0	....	....	0.0
Mexico	273	90.6	89.4	272.1	133.6	103.7	110.0	179.9	157.0	158.6	207.6	137.8	126.1
Netherlands Antilles	353	4.0	12.1	5.3	2.4	2.6	....	0.3	0.0	0.0	....	....	....
Nicaragua	278	0.4	4.0	0.6	0.9	1.4	0.9	0.0	0.0	0.0	0.0	0.0	0.1
Panama	283	7.5	5.2	4.4	7.8	4.4	2.1	8.1	7.7	13.0	79.0	73.8	76.7
Peru	293	214.9	161.3	192.6	125.5	167.6	96.7	7.3	9.9	10.3	11.5	8.8	8.9
Suriname	366	1.8	1.6	2.3	3.3	0.1	....	....	....	....	....	....	....
Trinidad and Tobago	369	1.4	1.9	1.7	1.1	1.0	1.0	....	0.1	0.2	0.0	0.2	....
Uruguay	298	83.9	99.6	176.2	186.0	163.0	69.8	180.7	155.2	144.4	126.8	97.6	26.3
Venezuela, Rep. Bol.	299	107.6	60.5	58.9	34.9	34.6	26.2	361.6	122.5	0.1	0.7	2.1	0.7
Western Hem. n.s.	399	15.7	11.8	0.2	0.0	0.1	....	0.0	0.1	0.0	0.0	0.1	....
Other Countries n.i.e	910	**0.3**	**1.4**	**0.7**	**0.2**	**0.5**	....	**32.8**	**23.9**	**11.2**	**18.1**	**16.6**	**0.6**
Cuba	928	0.3	0.6	0.5	0.2	0.5	....	1.3	0.8	0.6	4.4	1.1	0.6
Korea, Dem. People's Rep.	954	0.0	0.9	0.2	....	0.0	....	31.5	23.1	10.6	13.6	15.5	....
Special Categories	899	**0.3**	**1.3**	**0.6**	**1.2**	**2.0**	....	**1.8**	....	**0.1**	**1.1**	**2.8**	....
Countries & Areas n.s.	898	....	....	....	....	....	**631.4**	....	....	**0.0**	....	**52.8**	**268.5**
Memorandum Items													
Africa	605	187.4	258.8	294.8	197.7	241.8	142.5	23.1	19.2	27.7	36.0	19.3	4.2
Middle East	405	180.6	110.0	199.3	193.0	266.3	55.8	12.7	10.8	12.0	17.7	58.1	6.8

Paraguay (288)
In Millions of U.S. Dollars

		\multicolumn{6}{c}{Exports (FOB)}	\multicolumn{6}{c}{Imports (FOB)}
		2011	2012	2013	2014	2015	2016	2011	2012	2013	2014	2015	2016
European Union	998	1,533.7	1,055.0	1,418.3	1,418.0	1,425.5	1,191.8	711.3	697.9	950.0	942.0	812.8	737.6
Export earnings: fuel	080	866.2	1,132.0	1,407.9	1,443.6	1,179.9	782.1	432.3	325.8	264.8	193.5	324.0	181.9
Export earnings: nonfuel	092	6,897.3	6,139.1	8,023.0	8,209.3	7,176.7	7,708.0	11,116.7	10,430.6	11,037.0	11,105.7	9,205.3	8,860.6

Peru (293)

In Millions of U.S. Dollars

		Exports (FOB)						Imports (FOB)					
		2011	2012	2013	2014	2015	2016	2011	2012	2013	2014	2015	2016
IFS World		....	....	....	....	....	....	....	....	....	....	....	....
World	001	45,859.9	45,498.2	41,918.9	38,384.7	33,264.0	37,019.8	38,010.2	42,545.9	43,669.9	42,346.0	37,902.6	35,560.7
Advanced Economies	110	28,657.6	27,046.8	24,074.0	21,065.4	18,007.2	19,340.3	15,887.8	17,911.2	18,800.7	18,094.1	16,202.3	14,802.2
Euro Area	163	7,115.4	6,664.1	5,735.5	5,354.6	4,375.4	4,594.4	3,311.6	4,287.0	4,498.3	4,149.5	3,567.3	3,514.7
Austria	122	8.0	2.5	3.2	2.8	3.1	4.3	85.8	160.2	147.0	130.4	120.1	95.6
Belgium	124	780.3	693.0	699.0	654.4	457.6	623.2	231.1	218.0	266.9	278.3	182.2	163.5
Cyprus	423	0.8	0.4	0.4	0.4	0.7	0.5	1.4	0.6	0.0	0.0	0.0	0.2
Estonia	939	2.5	1.2	1.3	7.9	11.3	8.2	1.5	7.6	3.0	2.1	2.7	3.7
Finland	172	200.3	245.1	213.0	167.2	133.5	77.1	142.1	151.8	173.2	136.0	102.8	102.6
France	132	293.1	257.9	252.1	278.9	277.5	241.5	304.9	352.3	384.3	346.2	360.1	302.1
Germany	134	1,900.0	1,849.2	1,170.7	1,229.1	911.9	890.6	1,123.4	1,523.4	1,616.7	1,510.0	1,112.7	1,096.3
Greece	174	28.2	29.6	12.8	8.8	7.2	9.4	7.6	9.0	13.4	17.3	22.0	10.8
Ireland	178	8.8	9.4	10.0	9.9	11.0	11.3	40.0	66.2	59.5	60.3	52.3	61.4
Italy	136	1,293.8	1,020.6	1,017.3	680.7	560.2	466.4	591.1	713.8	710.8	648.5	634.0	730.5
Latvia	941	0.4	5.4	1.1	0.7	0.8	0.4	28.3	24.2	7.1	5.2	5.7	6.8
Lithuania	946	7.3	5.2	6.8	6.5	5.0	5.1	17.3	0.8	1.5	2.0	3.0	3.2
Luxembourg	137	0.1	0.0	0.0	0.3	0.0	0.1	7.4	3.9	4.9	7.3	9.9	5.9
Malta	181	0.2	0.2	0.0	0.6	0.6	0.5	0.6	5.2	0.4	5.7	2.8	0.2
Netherlands	138	877.6	670.3	753.3	921.2	872.1	999.4	122.1	185.3	161.9	162.0	181.7	241.5
Portugal	182	39.9	37.9	23.6	21.7	27.2	22.0	28.6	44.6	46.7	50.0	51.6	41.2
Slovak Republic	936	0.2	0.2	0.2	1.2	8.6	13.7	7.1	13.0	13.6	15.0	17.0	16.0
Slovenia	961	0.7	0.4	0.4	0.7	0.4	0.8	3.5	4.5	6.7	9.5	6.4	7.1
Spain	184	1,673.2	1,835.7	1,570.1	1,361.6	1,086.7	1,219.8	567.8	802.4	880.6	763.6	700.2	626.3
Australia	193	115.3	99.3	130.8	127.3	99.6	259.6	112.9	134.4	132.9	132.2	130.5	107.7
Canada	156	4,230.7	3,426.8	2,727.8	2,539.8	2,312.6	1,685.6	679.4	589.4	627.6	854.1	751.1	647.9
China,P.R.: Hong Kong	532	91.6	96.5	84.9	155.2	135.4	125.9	15.8	20.6	19.0	16.7	15.6	16.3
China,P.R.: Macao	546	0.0	....	0.1	0.0	0.1	0.0	0.1	0.8	0.6	0.2	0.0	0.0
Czech Republic	935	4.5	3.1	3.0	1.6	2.2	2.1	27.4	39.3	48.1	60.6	50.0	42.6
Denmark	128	125.8	169.6	98.4	114.0	142.0	88.3	51.1	65.3	107.6	72.1	146.3	63.1
Iceland	176	2.6	3.0	2.5	1.3	1.7	0.9	0.1	0.1	0.9	2.8	0.7	0.3
Israel	436	12.9	13.9	8.0	13.6	9.1	7.8	56.3	70.0	68.4	63.9	81.1	87.3
Japan	158	2,174.8	2,577.4	2,229.5	1,581.3	1,109.1	1,263.7	1,309.3	1,503.1	1,438.9	1,111.0	1,068.3	1,012.2
Korea, Republic of	542	1,694.6	1,527.4	1,542.6	1,209.1	1,083.8	1,393.2	1,491.0	1,648.4	1,590.5	1,382.6	1,276.2	1,242.0
New Zealand	196	18.5	25.7	22.6	30.6	36.5	24.3	67.9	119.2	80.9	129.0	106.9	62.2
Norway	142	29.8	62.9	42.2	102.3	33.3	29.6	11.3	13.5	22.8	21.7	41.4	14.7
San Marino	135	....	....	....	....	....	....	....	....	....	....	....	0.1
Singapore	576	8.0	21.4	20.8	40.3	13.8	38.8	50.6	60.0	57.8	52.9	60.5	88.3
Sweden	144	328.0	189.0	110.9	111.4	154.7	58.8	389.7	369.9	313.4	214.3	222.5	241.3
Switzerland	146	5,916.6	5,068.1	3,027.2	2,642.3	2,686.0	2,571.7	151.8	155.8	166.8	202.3	158.4	153.9
Taiwan Prov.of China	528	368.8	260.8	212.2	316.1	268.5	313.0	439.6	461.4	442.1	423.0	394.9	343.3
United Kingdom	112	292.9	455.2	531.3	526.8	478.1	649.7	268.8	333.5	344.8	332.5	301.1	250.9
United States	111	6,126.8	6,382.7	7,543.6	6,197.8	5,065.1	6,233.0	7,453.1	8,039.5	8,839.4	8,872.7	7,829.8	6,913.2
Emerg. & Dev. Economies	200	16,855.8	18,086.0	17,586.2	17,122.7	15,130.6	17,478.4	22,100.1	24,579.7	24,808.7	24,189.5	21,638.9	20,655.3
Emerg. & Dev. Asia	505	7,738.4	8,682.5	8,417.9	7,797.0	8,310.9	9,894.7	7,974.7	9,635.2	10,379.4	11,143.5	11,036.3	10,403.4
American Samoa	859	0.1	0.2	0.0	0.1	0.0	0.7	0.0	0.0	0.0	0.0	0.0	0.0
Bangladesh	513	1.4	1.7	2.3	4.6	2.4	3.7	7.5	9.5	14.9	23.2	35.7	51.1
Bhutan	514	....	....	....	....	....	....	....	....	0.0	0.0	....	0.1
Brunei Darussalam	516	....	....	0.0	....	0.0	0.1	0.0	0.0	0.0	0.0	0.1	0.1
Cambodia	522	0.2	0.1	0.1	0.0	3.6	0.5	3.8	4.5	7.4	7.9	15.2	20.1
China,P.R.: Mainland	924	6,960.5	7,779.0	7,341.6	7,028.5	7,359.5	8,487.4	6,370.8	7,819.1	8,391.4	8,901.0	8,607.5	8,109.2
Fiji	819	0.3	1.2	0.2	0.3	....	....	....	....	....	0.0	0.0	0.0
F.T. French Polynesia	887	0.1	0.1	0.2	0.1	0.0	0.1	0.0	0.0	0.0	0.0	....	0.0
F.T. New Caledonia	839	0.1	0.6	0.9	1.2	2.2	1.3	0.0	0.0	0.0	0.0	0.0	0.0
Guam	829	0.0	0.0	....	0.1	0.0	....	0.0	....	0.0	0.0	0.0	0.0
India	534	248.1	386.5	592.7	320.8	676.0	931.3	587.7	742.4	723.5	836.1	928.6	788.3
Indonesia	536	61.8	100.5	105.5	51.3	34.6	41.8	219.2	245.3	206.4	279.3	242.9	242.3
Kiribati	826	....	0.3	....	0.1	....	0.0	0.0	0.0	0.0	....	0.0	0.0
Lao People's Dem.Rep	544	....	....	....	....	....	....	0.1	0.1	0.1	0.1	0.1	0.1
Malaysia	548	6.6	24.2	56.7	21.8	29.1	110.6	206.3	207.3	199.5	169.0	158.7	181.9
Maldives	556	....	....	....	....	....	....	....	0.0	0.0	0.0	....	0.2

Peru (293)

In Millions of U.S. Dollars

		Exports (FOB)						Imports (FOB)					
		2011	2012	2013	2014	2015	2016	2011	2012	2013	2014	2015	2016
Micronesia	868	....	....	....	....	....	0.2	....	....	....	....	....	....
Mongolia	948	....	....	....	0.0	....	....	0.0	0.0	0.0	0.0	0.1	0.0
Myanmar	518	2.7	0.3	0.1	3.6	0.9	0.4	0.2	0.2	0.4	0.4	0.8	2.0
Nepal	558	0.0	....	0.0	0.0	0.0	0.0	0.0	0.1	0.1	0.2	0.1	0.1
Papua New Guinea	853	0.7	0.1	0.1	0.0	....	0.0	0.0	....	0.0	0.0	0.0	0.0
Philippines	566	109.7	55.2	128.3	166.1	57.2	160.1	22.9	27.5	29.8	42.0	61.8	53.0
Samoa	862	0.1	0.2	0.1	0.1	0.3	....	....	0.0	....	....	....	0.0
Solomon Islands	813	....	....	0.0	....	....	....	0.0	0.0	....	....	....	0.1
Sri Lanka	524	2.8	8.4	2.8	1.6	1.8	0.5	9.8	12.0	16.3	18.0	23.0	23.8
Thailand	578	264.7	234.0	141.2	91.1	67.4	62.6	443.6	453.6	653.4	601.0	620.7	524.9
Vanuatu	846	....	....	....	....	0.1	....	....	0.0	....	....	....	....
Vietnam	582	77.8	89.7	44.8	105.1	73.7	93.1	102.3	113.3	136.1	265.1	340.9	406.2
Asia n.s.	598	0.6	0.1	0.3	0.3	1.9	....	0.4	0.0	0.1	0.1	0.1	0.1
Europe	170	**636.1**	**468.9**	**546.1**	**450.4**	**300.7**	**321.8**	**985.5**	**801.5**	**851.7**	**784.7**	**737.4**	**584.9**
Emerg. & Dev. Europe	903	**552.4**	**377.0**	**388.0**	**309.0**	**205.3**	**218.0**	**425.8**	**374.3**	**492.8**	**453.7**	**395.8**	**285.9**
Albania	914	0.2	0.3	0.2	0.2	0.3	0.3	0.3	0.2	0.2	0.3	0.1	0.2
Bosnia and Herzegovina	963	....	0.0	....	....	0.0	....	0.4	0.5	0.6	0.5	0.8	0.4
Bulgaria	918	467.3	276.9	307.8	244.0	159.0	167.6	6.8	7.5	16.6	9.0	7.6	10.7
Croatia	960	0.6	0.4	0.4	0.4	0.5	0.2	4.0	6.2	2.0	5.7	1.7	3.7
Gibraltar	823	0.2	0.1	....	....	0.0	....	0.0	....	0.0	....	....	0.0
Hungary	944	1.5	1.2	1.0	1.1	1.6	1.5	18.4	24.2	46.3	33.7	50.3	46.0
Macedonia, FYR	962	0.0	....	0.0	....	0.0	....	0.1	0.1	0.1	0.2	0.1	0.1
Montenegro	943	....	....	0.0	0.2	....	....	0.0	....	0.0	0.0	0.0	....
Poland	964	31.3	18.6	12.8	15.7	9.7	12.5	37.2	74.7	60.6	81.7	75.9	69.0
Romania	968	2.7	4.1	2.0	3.0	1.7	2.0	11.8	12.4	28.3	24.6	22.8	17.5
Serbia, Republic of	942	0.0	0.1	0.1	0.1	0.1	....	0.7	1.6	1.4	2.3	2.7	....
Turkey	186	48.5	75.2	63.7	44.3	32.4	33.8	346.2	247.1	336.7	295.6	233.8	138.2
CIS	901	**83.7**	**91.9**	**158.1**	**141.4**	**95.4**	**102.9**	**559.6**	**426.9**	**358.9**	**331.0**	**341.5**	**298.8**
Armenia	911	....	....	....	....	....	0.1	0.0	0.0	0.0	0.0	0.1	0.2
Azerbaijan, Rep. of	912	....	0.1	....	0.0	0.0	....	....	....	0.0	....	....	0.2
Belarus	913	....	0.0	0.0	0.0	....	0.1	2.4	3.1	1.9	0.9	0.9	6.8
Georgia	915	0.2	0.5	0.5	0.4	8.9	11.3	0.1	9.1	4.8	5.6	3.4	2.8
Kazakhstan	916	0.2	0.1	0.1	0.0	0.0	0.1	0.6	1.5	0.6	0.2	0.2	0.1
Kyrgyz Republic	917	0.0	....	....	....	0.0	0.0	0.2	0.0	0.0	0.0	0.0	0.0
Moldova	921	....	....	....	0.1	....	....	0.0	0.1	0.0	0.0	0.1	0.1
Russian Federation	922	79.5	88.4	152.6	138.5	85.3	90.4	516.4	334.5	338.6	319.0	331.5	272.7
Ukraine	926	3.7	2.8	5.0	2.4	1.2	0.9	39.6	77.7	12.7	5.0	5.3	14.0
Uzbekistan	927	....	....	0.0	0.0	....	....	0.2	1.0	0.3	0.1	....	1.9
Europe n.s.	884	....	....	....	....	....	1.0	0.0	0.2	0.0	0.0	0.0	0.2
Mid East, N Africa, Pak	440	**107.1**	**91.5**	**122.4**	**177.1**	**116.7**	**481.0**	**182.4**	**246.2**	**240.0**	**276.2**	**245.7**	**348.1**
Afghanistan, I.R. of	512	0.0	0.2	....	1.6	3.1	....	0.0	0.1	0.0	0.0	0.0	0.0
Algeria	612	47.3	28.1	21.5	17.8	16.6	1.0	0.0	0.0	....	0.0	0.0	0.0
Bahrain, Kingdom of	419	0.8	0.9	0.5	0.4	1.0	0.7	47.6	44.4	1.6	1.3	0.3	0.1
Djibouti	611	....	0.0	....	0.6	7.5	2.9	....	0.0	0.0	0.0	0.0	0.0
Egypt	469	10.3	7.0	5.0	5.8	8.0	8.1	3.5	7.7	8.5	5.0	4.3	5.1
Iran, I.R. of	429	0.8	0.2	0.1	0.1	0.6	1.8	0.9	1.7	1.5	0.4	1.9	1.7
Iraq	433	0.0	0.0	0.1	0.0	0.1	0.0	....	0.0	0.0	0.0	0.0	0.1
Jordan	439	1.7	1.5	1.4	2.2	1.6	1.3	1.0	1.5	0.9	2.3	2.3	3.5
Kuwait	443	1.1	1.0	1.3	1.2	1.8	1.7	0.0	....	0.0	0.0	....	0.1
Lebanon	446	3.9	3.2	2.9	3.7	3.1	3.6	0.6	0.1	0.1	0.1	0.3	1.3
Libya	672	1.4	5.1	3.4	2.5	0.5	0.1	0.0	0.0	0.0	....	....	....
Mauritania	682	1.5	0.2	1.8	5.1	0.8	1.4	0.0	0.1	0.0	0.1	0.0	4.5
Morocco	686	20.6	24.6	2.7	2.3	4.3	3.4	16.2	27.5	21.7	20.9	34.6	60.1
Oman	449	0.2	0.8	17.8	57.7	24.4	12.5	0.0	0.2	0.0	0.2	2.4	1.9
Pakistan	564	1.8	1.9	2.2	3.9	1.8	2.4	33.4	33.3	33.1	33.9	32.5	32.2
Qatar	453	0.0	0.4	0.3	0.2	0.2	0.4	22.7	21.4	20.8	33.6	17.0	18.9
Saudi Arabia	456	4.4	4.2	12.1	12.1	18.4	7.4	43.6	82.2	130.5	157.9	127.6	145.9
Somalia	726	....	....	0.0	0.6	....	....	0.0	0.0	....	....	0.0	0.0
Sudan	732	....	0.0	0.2	0.2	0.0	0.3	0.0	0.0	0.0	0.0	0.0	0.0
Syrian Arab Republic	463	1.6	2.7	1.6	2.2	2.7	0.6	0.3	0.0	0.0	0.0	0.0	....

Peru (293)

In Millions of U.S. Dollars

		Exports (FOB)						Imports (FOB)					
		2011	2012	2013	2014	2015	2016	2011	2012	2013	2014	2015	2016
Tunisia	744	2.9	0.2	0.1	0.1	0.1	0.4	4.4	11.2	10.9	5.6	4.3	2.8
United Arab Emirates	466	6.9	9.3	47.5	56.8	20.1	430.6	8.2	14.9	10.3	14.8	18.1	70.0
Yemen, Republic of	474	0.0	0.0	0.0	0.2	0.0	0.3	....	....	....	0.0	0.0	....
Sub-Saharan Africa	603	380.0	264.4	175.4	233.0	225.2	180.1	1,169.1	1,419.6	1,433.6	603.1	125.0	90.0
Angola	614	2.1	5.8	0.9	3.5	1.5	0.7	728.5	418.2	210.5	0.0	0.2	2.5
Benin	638	3.4	0.7	0.3	1.9	1.1	0.7	....	0.0	0.0	....	....	....
Burkina Faso	748	0.1	0.5	0.5	0.3	0.2	0.3	0.0	0.1	0.7	0.0	0.1	0.1
Cabo Verde	624	0.8	0.3	0.5	1.0	0.7	0.8	....	0.0	0.0	0.8	0.1	0.0
Cameroon	622	4.0	0.6	3.8	0.5	24.7	0.3	0.1	0.1	0.4	0.0	0.1	0.0
Central African Rep.	626	0.1	0.0	....	....	....	....	....	0.0	0.0	0.0	0.0	0.0
Congo, Dem. Rep. of	636	0.1	0.1	0.2	0.1	0.2	....	....	....	0.0	0.0	0.0	0.0
Congo, Republic of	634	5.6	0.7	2.0	1.1	0.4	0.1	0.0	0.0	0.0	0.0	0.0	0.0
Côte d'Ivoire	662	1.3	3.2	0.2	0.1	....	....	1.4	1.3	0.6	0.8	0.9	2.1
Equatorial Guinea	642	0.0	0.1	0.3	0.6	0.7	1.3	....	....	....	....	0.0	....
Eritrea	643	....	....	....	0.1	....	....	....	0.0	0.0	....	....	....
Ethiopia	644	0.0	0.0	....	....	....	....	....	0.0	0.0	0.0	0.0	0.2
Gabon	646	0.6	0.2	0.2	0.3	0.1	0.2	....	....	0.0	....	0.0	0.0
Gambia, The	648	7.4	5.0	6.6	7.4	2.9	4.4	0.1	0.0	0.0	0.0	0.0	0.0
Ghana	652	22.1	2.4	1.6	7.5	0.1	5.9	0.6	1.3	0.8	2.6	0.5	0.0
Guinea	656	1.1	1.2	0.4	0.1	0.3	0.0	0.0	0.0	0.7	0.0	0.0	0.0
Guinea-Bissau	654	....	....	....	....	0.0	0.1	0.1	0.0	....	0.2	....	0.0
Kenya	664	0.2	0.0	0.5	0.5	1.5	0.1	0.2	0.0	0.1	0.1	0.1	0.1
Liberia	668	1.8	1.9	2.0	1.7	2.4	1.3	....	....	....	....	....	....
Madagascar	674	0.2	0.4	0.2	0.1	0.0	0.1	0.0	1.1	0.8	0.8	3.2	1.9
Malawi	676	0.0	0.0	0.2	0.0	0.0	0.0	....	....	0.0	0.0	0.0	0.0
Mali	678	0.1	0.1	0.0	....	0.0	0.1	0.0	0.0	0.0	0.1	0.0	0.0
Mauritius	684	0.6	0.9	0.6	1.4	1.1	0.8	0.5	0.7	0.7	0.5	0.7	0.7
Mozambique	688	0.2	0.2	0.2	0.0	0.0	0.3	0.0	0.0	0.0	0.0	0.0	0.0
Namibia	728	232.7	79.4	100.1	117.8	94.2	51.5	0.1	0.0	0.0	0.0	....	0.0
Niger	692	0.1	0.2	0.0	....	....	0.0	0.0	0.0	0.0	0.0	0.1	0.0
Nigeria	694	34.2	54.2	13.0	8.1	0.9	4.3	358.2	922.7	1,082.5	531.3	69.6	45.4
Senegal	722	4.0	3.1	1.7	2.6	2.1	1.2	0.0	0.2	3.8	0.2	0.0	0.0
Seychelles	718	....	0.1	....	1.2	0.6	....	0.0	0.1	0.0	0.2	0.0	0.1
Sierra Leone	724	0.1	0.3	0.2	0.7	1.1	0.7	0.2	0.5	0.2	0.3	0.2	0.2
South Africa	199	54.9	100.8	35.9	73.0	81.7	103.3	78.4	72.2	131.4	64.9	48.9	35.7
Swaziland	734	0.0	0.2	0.4	....	1.5	0.0	0.4	1.0	0.4	0.2	0.2	0.7
Tanzania	738	0.2	0.5	1.0	0.0	0.6	0.2	0.0	0.0	0.0	0.0	0.0	0.0
Togo	742	0.8	0.5	0.5	0.3	0.2	0.2	0.0	....	0.0	....	0.0	....
Uganda	746	0.6	....	0.0	0.0	0.0	0.0	0.0	0.0	....	0.0	0.1	0.1
Zambia	754	0.5	0.9	1.3	1.2	0.6	1.1	0.0	....	....	0.0	0.0	....
Zimbabwe	698	....	....	....	....	3.9	....	....	....	0.0	....	0.0	....
Africa n.s.	799	....	0.0	....	0.0	....	....	0.3	0.1	0.0	0.0	0.0	....
Western Hemisphere	205	7,994.0	8,578.7	8,324.3	8,465.2	6,177.0	6,600.9	11,788.4	12,477.3	11,903.9	11,382.0	9,494.5	9,228.9
Antigua and Barbuda	311	0.9	0.5	0.6	0.7	0.8	0.1	....	....	0.0	0.0	0.0	0.0
Argentina	213	192.5	193.8	162.6	179.3	131.1	127.6	1,837.7	1,951.4	1,565.6	1,253.2	856.9	896.4
Aruba	314	4.4	3.6	2.6	59.3	21.9	6.5	77.1	....	28.4	0.0	2.6	90.0
Bahamas, The	313	28.0	6.2	5.3	5.5	7.2	3.1	0.0	....	0.0	0.0	21.9	45.9
Barbados	316	1.3	1.7	1.5	1.0	1.3	2.1	0.4	0.2	0.1	0.0	0.3	0.0
Belize	339	1.2	1.9	1.1	0.7	0.4	0.5	0.0	0.0	0.1	1.6	0.0	0.1
Bermuda	319	....	....	0.0	0.1	0.0	....	....	0.0	....	0.0	0.0	0.0
Bolivia	218	454.9	558.9	586.2	652.8	589.9	1,337.3	288.2	503.4	570.7	627.5	386.6	406.3
Brazil	223	1,273.1	1,406.8	1,707.3	1,594.6	1,064.4	1,204.7	2,436.2	2,581.6	2,343.4	1,995.2	1,918.3	2,082.6
Chile	228	1,978.3	1,976.6	1,672.7	1,533.5	1,060.3	1,010.2	1,337.1	1,244.8	1,327.9	1,281.8	1,198.0	1,176.7
Colombia	233	1,043.3	909.2	844.6	1,227.2	868.6	711.3	1,464.0	1,567.2	1,468.2	1,245.4	1,283.0	1,161.0
Costa Rica	238	65.6	59.2	50.3	71.6	55.4	59.9	28.1	34.2	31.7	30.2	24.4	24.4
Dominica	321	0.6	0.7	1.4	3.2	4.9	0.5	0.0	0.0	0.1	0.0	0.1	0.2
Dominican Republic	243	67.5	68.1	73.6	84.9	100.3	83.7	16.2	31.4	29.4	11.3	10.9	12.7
Ecuador	248	837.1	922.8	948.2	861.4	698.7	652.1	1,874.7	2,045.2	1,932.1	1,778.0	1,007.7	1,075.7
El Salvador	253	28.6	32.9	32.9	59.0	48.3	42.5	2.5	4.0	2.4	2.9	5.0	5.2
Grenada	328	0.2	0.4	0.2	0.2	0.4	0.3	0.1	0.0	....	0.0	....	....

Peru (293)

In Millions of U.S. Dollars

		Exports (FOB)						Imports (FOB)					
		2011	2012	2013	2014	2015	2016	2011	2012	2013	2014	2015	2016
Guatemala	258	59.1	64.2	54.9	83.9	91.9	57.9	85.9	87.7	28.4	26.0	47.9	52.6
Guyana	336	3.2	2.4	2.7	2.2	2.5	3.1	0.0	0.6	0.0	0.6	0.1	0.0
Haiti	263	72.0	78.1	74.7	72.3	56.0	50.0	0.1	0.1	0.1	0.1	0.0	0.6
Honduras	268	28.4	25.0	51.8	38.9	40.3	39.4	4.5	12.7	3.6	7.8	7.4	7.4
Jamaica	343	4.4	5.7	6.2	9.6	8.7	9.0	1.3	1.3	1.5	1.5	1.2	1.6
Mexico	273	452.3	415.4	510.2	735.4	541.2	465.5	1,378.2	1,674.7	1,819.9	1,948.2	1,707.0	1,672.3
Netherlands Antilles	353	4.4	54.9	23.8	19.4	87.9	....	0.1	0.9	0.9	0.8	0.1	....
Nicaragua	278	17.1	15.2	17.5	21.4	22.6	29.3	0.8	5.6	1.9	2.4	2.8	8.1
Panama	283	333.7	496.1	622.1	570.3	430.1	557.4	344.9	54.9	121.4	15.2	99.0	94.9
Paraguay	288	10.1	10.9	11.6	14.2	10.5	11.1	238.0	215.7	246.5	137.4	201.5	114.2
St. Kitts and Nevis	361	0.6	1.5	1.1	0.2	1.1	1.1	0.0	0.0	0.0	0.1	0.0	0.0
St. Lucia	362	39.7	3.1	2.8	2.2	2.6	2.3	0.0	0.0	0.0	0.0	0.0	0.0
St. Vincent & Grens.	364	0.8	0.4	0.5	1.0	1.4	0.9	....	....	....	0.0	0.0	....
Suriname	366	1.2	1.6	1.2	1.2	2.4	3.0	0.6	0.1	0.2	0.2	0.0	0.1
Trinidad and Tobago	369	17.3	16.3	17.9	23.1	17.9	16.0	49.0	84.3	131.3	838.2	544.4	225.1
Uruguay	298	44.1	33.4	35.6	37.3	34.2	31.2	125.4	165.4	150.0	150.1	136.1	152.8
Venezuela, Rep. Bol.	299	927.0	1,210.0	798.2	496.6	170.4	81.0	197.4	209.7	98.2	26.3	29.7	12.0
Western Hem. n.s.	399	1.3	1.0	0.6	1.0	1.5	0.4	0.0	0.0	0.1	0.0	1.5	0.0
Other Countries n.i.e	910	**44.7**	**18.0**	**19.1**	**13.4**	**34.5**	**10.7**	**3.0**	**3.9**	**3.2**	**1.9**	**1.9**	**13.6**
Cuba	928	14.4	17.4	18.6	12.4	13.3	10.6	1.4	1.5	2.7	1.4	1.6	12.5
Korea, Dem. People's Rep.	954	30.3	0.6	0.5	1.0	21.2	0.1	1.6	2.4	0.5	0.6	0.3	1.1
Special Categories	899	**125.9**	**121.3**	**87.0**	**79.2**	**91.7**	**18.3**	**19.3**	**51.1**	**57.2**	**60.5**	**59.2**	**....**
Countries & Areas n.s.	898	**176.0**	**226.0**	**152.7**	**104.0**	**....**	**172.1**	**0.1**	**0.0**	**0.0**	**0.1**	**0.3**	**89.6**
Memorandum Items													
Africa	605	452.3	317.5	201.6	259.7	254.5	189.6	1,189.7	1,458.3	1,466.2	629.8	163.9	157.4
Middle East	405	33.0	36.4	93.9	144.9	82.5	469.1	128.4	174.2	174.2	215.6	174.2	248.5
European Union	998	8,370.0	7,782.0	6,803.1	6,372.6	5,324.9	5,577.2	4,126.8	5,219.9	5,465.9	4,983.7	4,445.4	4,259.7
Export earnings: fuel	080	3,464.6	3,817.0	3,468.6	3,561.9	2,518.0	3,351.3	5,600.0	6,251.6	5,997.5	5,574.1	3,820.2	3,439.8
Export earnings: nonfuel	092	42,395.3	41,681.2	38,450.3	34,822.8	30,745.9	33,668.5	32,410.2	36,294.4	37,672.4	36,771.9	34,082.4	32,120.9

Philippines (566)

In Millions of U.S. Dollars

		Exports (FOB)						Imports (CIF)					
		2011	2012	2013	2014	2015	2016	2011	2012	2013	2014	2015	2016
IFS World		....	....	56,749.4	62,054.9	58,660.4	57,427.5	....	....	65,834.8	68,709.5	74,858.0	89,467.4
World	001	48,042.2	51,991.9	53,978.3	61,798.4	58,648.4	56,074.0	66,158.7	67,885.9	68,014.2	70,976.1	73,354.6	91,355.8
Advanced Economies	110	35,060.3	38,869.3	40,403.2	46,067.6	44,002.8	42,653.1	38,312.6	39,439.3	39,189.5	39,322.5	41,682.1	46,263.9
Euro Area	163	5,032.0	4,849.0	5,093.3	5,712.2	6,096.5	5,862.0	4,151.6	4,399.6	6,138.6	7,456.2	6,034.6	5,712.8
Austria	122	97.7	98.2	138.8	100.3	97.0	67.1	116.4	54.8	68.1	81.0	74.1	129.1
Belgium	124	386.2	302.1	227.2	239.0	287.0	399.6	367.9	317.2	358.4	245.5	415.3	546.1
Cyprus	423	2.4	1.9	1.1	1.3	118.5	2.7	1.0	1.4	2.2	2.7	2.3	2.3
Estonia	939	2.2	3.8	1.5	2.8	4.9	2.6	0.1	0.3	0.3	0.6	1.1	0.9
Finland	172	130.8	115.6	63.7	48.6	26.3	26.9	141.1	140.7	108.7	140.8	192.5	292.1
France	132	431.1	360.8	313.6	331.5	416.2	726.8	784.8	972.9	1,784.9	2,487.4	1,140.3	1,006.0
Germany	134	1,729.5	1,956.6	2,167.1	2,660.0	2,646.5	2,293.1	1,561.2	1,566.9	2,580.9	2,954.8	2,761.1	2,009.7
Greece	174	13.6	31.8	9.3	6.1	7.4	5.0	2.9	4.2	5.7	11.1	8.4	11.2
Ireland	178	24.3	28.6	30.9	33.2	53.2	71.9	263.8	382.0	158.3	299.7	156.9	159.2
Italy	136	289.3	218.7	227.2	187.9	187.1	162.7	328.1	321.6	380.9	389.0	468.1	511.2
Latvia	941	1.4	1.1	1.7	1.3	0.8	1.5	0.1	0.1	0.3	0.2	0.6	5.6
Lithuania	946	3.0	4.1	3.4	6.7	3.7	3.0	5.6	12.2	2.7	3.7	4.8	5.9
Luxembourg	137	4.4	5.3	5.3	7.1	6.2	5.5	1.1	1.1	2.9	1.4	1.2	5.3
Malta	181	11.6	30.0	32.1	16.6	252.4	168.1	4.1	3.4	3.5	11.6	8.6	14.1
Netherlands	138	1,744.8	1,551.0	1,692.2	1,892.3	1,772.0	1,715.6	343.6	332.3	320.8	400.8	427.5	536.3
Portugal	182	16.8	16.2	18.5	11.2	20.1	22.6	5.5	6.0	5.7	7.6	5.3	14.7
Slovak Republic	936	5.7	4.8	5.9	5.8	5.4	5.2	2.1	1.7	1.4	1.9	1.7	1.7
Slovenia	961	3.9	2.1	1.4	2.3	4.6	3.9	6.3	3.0	5.1	6.9	8.2	22.4
Spain	184	133.5	116.2	152.4	158.3	187.3	178.3	215.7	277.9	347.7	409.6	356.7	438.9
Australia	193	384.5	387.3	807.2	825.0	451.2	486.1	1,170.4	1,478.7	1,072.1	861.7	853.2	967.3
Canada	156	417.8	508.2	544.8	597.6	563.5	523.9	418.0	338.1	502.4	350.6	407.9	418.0
China,P.R.: Hong Kong	532	3,698.9	4,776.1	4,418.1	5,593.7	6,199.4	6,582.8	1,661.8	1,611.6	1,426.9	1,740.1	1,999.8	2,539.5
China,P.R.: Macao	546	22.4	28.5	20.3	19.5	20.8	26.1	6.0	3.1	8.9	10.1	17.9	29.8
Czech Republic	935	178.3	97.5	118.4	131.3	124.5	107.7	136.9	80.6	105.4	57.3	116.0	171.5
Denmark	128	36.1	36.1	36.0	38.3	40.9	35.6	88.8	78.3	88.7	125.4	113.8	130.8
Iceland	176	0.5	0.3	0.1	0.1	0.1	3.4	0.1	0.9	2.0	0.8	0.2	0.1
Israel	436	52.5	72.8	82.1	63.6	45.2	55.7	169.0	101.7	102.3	60.7	111.1	134.9
Japan	158	8,866.5	9,881.3	11,423.2	13,918.9	12,381.2	11,674.1	7,160.9	7,090.7	5,739.0	5,711.8	7,022.9	10,196.5
Korea, Republic of	542	2,196.4	2,862.0	3,125.7	2,532.4	2,511.6	2,095.0	4,831.6	4,954.5	5,279.8	5,547.0	4,770.6	5,622.5
New Zealand	196	44.6	49.1	47.1	127.1	46.0	49.7	576.6	503.1	516.6	463.3	406.1	437.8
Norway	142	12.4	12.6	20.8	12.2	7.3	5.4	66.9	85.5	29.5	45.6	47.8	58.0
San Marino	135	....	....	....	....	....	....	....	....	....	....	....	1.4
Singapore	576	4,277.7	4,860.6	4,014.3	4,453.9	3,649.5	3,700.6	5,382.1	4,842.8	4,650.1	4,972.1	5,145.7	5,596.5
Sweden	144	57.2	78.3	164.7	150.7	122.5	20.0	128.7	129.9	101.2	113.7	158.4	124.3
Switzerland	146	271.9	391.5	294.1	247.9	276.2	415.6	304.8	293.0	369.7	353.5	323.0	408.8
Taiwan Prov.of China	528	2,002.9	1,915.3	1,801.0	2,446.3	2,177.1	1,862.9	4,586.4	5,316.0	5,367.3	4,837.7	5,786.7	5,518.9
United Kingdom	112	400.8	656.6	559.6	464.2	477.8	475.8	316.3	298.1	331.4	416.2	426.0	513.4
United States	111	7,106.7	7,406.4	7,832.3	8,732.8	8,811.4	8,670.7	7,155.8	7,833.2	7,357.5	6,198.5	7,940.4	7,680.9
Emerg. & Dev. Economies	200	12,960.9	13,114.8	13,549.1	15,681.6	14,590.4	13,415.0	27,844.2	28,444.2	28,821.8	31,649.3	31,659.1	45,081.3
Emerg. & Dev. Asia	505	11,117.4	11,532.3	11,564.4	13,445.1	12,015.1	11,356.0	17,973.6	18,976.8	19,998.8	23,827.6	26,156.1	39,996.6
American Samoa	859	0.8	0.7	0.9	0.7	2.7	0.7	0.0	....	0.0	0.0	0.0	0.1
Bangladesh	513	43.0	26.4	7.9	10.1	22.2	15.3	7.3	8.8	13.8	22.0	34.8	31.2
Bhutan	514	0.0	....	0.4	0.2	0.0	0.1	0.0	0.0	....	....	0.0	....
Brunei Darussalam	516	6.2	7.2	8.5	9.5	11.6	8.2	5.5	60.9	1.0	83.3	6.8	21.4
Cambodia	522	9.7	16.4	9.6	82.8	8.7	16.1	1.3	3.1	12.7	23.4	14.2	22.0
China,P.R.: Mainland	924	6,102.3	6,159.1	6,582.6	8,022.1	6,393.1	6,192.4	6,665.2	7,329.5	8,836.5	10,661.7	11,915.2	15,916.1
Fiji	819	1.5	1.4	1.8	1.2	1.1	28.7	0.1	0.1	0.0	0.0	1.1	4.1
F.T. French Polynesia	887	1.6	0.3	0.3	0.3	2.6	1.6	0.5	....	0.0	0.0	0.0	6.7
F.T. New Caledonia	839	1.2	1.4	1.2	2.2	2.5	0.6	0.0	0.0	0.0	....	0.0	0.0
Guam	829	14.5	12.1	13.0	18.9	16.2	17.1	1.6	1.3	2.2	1.2	1.0	3.9
India	534	387.9	326.8	288.2	299.1	372.9	315.1	732.7	744.1	782.3	1,051.0	1,333.7	1,523.2
Indonesia	536	605.9	839.7	802.8	758.5	628.3	592.2	2,609.6	3,005.6	2,980.2	3,299.9	3,221.8	4,707.5
Kiribati	826	0.2	0.2	0.1	0.5	0.2	0.3	....	....	....	....	3.0	2.4
Lao People's Dem.Rep	544	0.6	0.5	0.8	0.1	15.6	0.7	0.1	0.0	0.0	0.5	0.2	2.7
Malaysia	548	1,099.0	1,018.1	1,296.7	1,161.0	1,198.7	1,189.5	2,898.5	2,743.2	2,517.1	3,399.9	3,481.1	3,417.3
Maldives	556	1.3	1.9	0.8	1.5	1.3	7.9	0.3	0.3	0.3	0.1	0.1	0.2

Philippines (566)

In Millions of U.S. Dollars

		Exports (FOB)						Imports (CIF)					
		2011	2012	2013	2014	2015	2016	2011	2012	2013	2014	2015	2016
Marshall Islands	867	....	....	....	....	....	1.5	....	....	....	....	....	5.7
Micronesia	868	....	....	....	....	....	6.0	....	....	....	....	....	0.4
Mongolia	948	0.8	0.8	2.0	2.2	1.4	2.8	0.0	0.1	0.0	0.0	0.6	0.1
Myanmar	518	14.1	19.1	22.7	18.7	34.1	16.8	20.7	30.6	25.4	15.7	21.3	19.3
Nauru	836	0.0	....	0.0	0.1	0.0	....	....	....	0.0	0.0	0.0	0.2
Nepal	558	1.8	1.2	1.3	2.6	1.6	1.7	1.8	1.1	0.0	0.3	0.1	0.1
Palau	565	3.5	2.3	2.5	3.2	2.5	2.7	0.0	0.0	0.0	0.0	0.0	0.0
Papua New Guinea	853	22.4	25.1	25.5	23.0	17.9	17.6	244.6	187.3	194.7	72.3	123.9	181.9
Samoa	862	0.7	0.8	1.3	1.2	0.7	1.2	0.0	0.0	0.0	0.1	0.0	0.1
Solomon Islands	813	1.2	1.6	2.0	2.6	1.0	1.2	20.2	12.0	10.9	4.5	5.9	15.7
Sri Lanka	524	24.0	18.2	19.9	22.1	27.6	32.5	11.5	9.5	8.0	19.8	25.7	18.0
Thailand	578	1,904.0	2,446.0	1,935.6	2,351.9	2,263.4	2,130.0	3,808.2	3,791.3	3,719.1	3,781.3	4,663.6	6,725.8
Timor-Leste	537	0.2	0.6	0.4	0.3	0.7	0.3	....	0.0	0.0	0.0	0.0	0.0
Tonga	866	0.2	0.1	0.5	0.5	0.4	0.4	0.0	0.0	0.0	....	....	0.1
Tuvalu	869	0.0	....	....	0.0	0.1	0.0	....	....	....	....	....	....
Vanuatu	846	0.5	0.4	0.7	0.5	0.5	0.5	4.9	1.5	1.0	0.0	0.9	13.5
Vietnam	582	718.0	593.4	523.9	374.7	727.0	746.5	934.3	1,045.6	890.5	1,387.6	1,297.4	1,982.3
Asia n.s.	598	150.3	10.4	10.6	272.9	258.5	7.7	4.7	0.9	3.0	3.1	3.6	5,374.6
Europe	170	**372.7**	**332.9**	**322.9**	**346.7**	**396.3**	**376.4**	**1,870.3**	**1,328.2**	**1,745.6**	**1,395.1**	**702.9**	**676.0**
Emerg. & Dev. Europe	903	**321.0**	**258.1**	**242.9**	**271.6**	**345.2**	**324.1**	**170.2**	**223.0**	**251.1**	**243.0**	**210.9**	**245.1**
Albania	914	0.3	0.2	0.1	0.3	0.1	0.0	0.1	0.0	....	0.0	0.1	1.9
Bosnia and Herzegovina	963	2.4	0.3	0.7	0.0	0.0	0.0	0.0	0.0	....	0.1	0.9	1.1
Bulgaria	918	8.2	8.2	27.2	16.7	19.5	31.7	38.1	26.9	72.9	49.0	36.0	86.5
Croatia	960	4.8	1.2	0.9	1.4	1.8	1.9	3.7	6.0	0.6	4.8	3.3	0.7
Faroe Islands	816	0.1	....	0.0	....	....	0.0	0.1	0.3	0.2	0.2	0.1	0.0
Hungary	944	167.0	143.2	125.5	145.1	184.3	148.9	6.9	14.6	11.3	14.5	17.1	16.4
Macedonia, FYR	962	0.7	0.4	0.1	0.0	0.0	0.1	0.2	0.1	0.2	0.0	0.0	0.1
Montenegro	943	....	3.5	0.0	0.0	0.0	0.0	....	9.2	11.7	....	7.5	....
Poland	964	57.7	45.6	34.2	51.5	57.3	80.2	22.0	19.2	17.9	24.3	28.4	37.3
Romania	968	13.3	12.8	15.4	16.4	47.8	28.4	2.6	4.4	11.6	41.2	5.9	10.2
Serbia, Republic of	942	0.1	0.5	0.4	0.3	0.9	1.2	0.0	0.0	1.3	0.1	0.5	0.2
Turkey	186	66.4	42.2	38.3	39.9	33.3	31.6	96.5	142.1	123.5	108.7	111.1	90.6
CIS	901	**51.5**	**74.8**	**79.6**	**74.9**	**49.7**	**52.3**	**1,700.1**	**1,105.2**	**1,494.4**	**1,152.1**	**491.7**	**429.5**
Armenia	911	0.1	0.0	0.0	0.1	0.1	0.2	....	0.0	0.0	0.0	0.1	0.0
Azerbaijan, Rep. of	912	0.6	0.1	0.1	0.1	0.2	0.1	0.0	....	....	0.1	0.1	0.1
Belarus	913	0.1	0.1	0.8	0.1	0.2	0.4	6.3	0.2	1.5	2.0	9.2	4.3
Georgia	915	0.9	0.8	0.1	0.4	0.4	0.3	0.1	0.1	0.0	0.0	0.3	1.2
Kazakhstan	916	1.1	0.8	0.5	1.0	0.3	0.1	0.3	0.0	0.1	0.4	0.0	0.2
Kyrgyz Republic	917	0.1	0.0	0.1	1.2	0.0	0.1	0.5	....	0.0	0.3	0.6	0.5
Moldova	921	0.0	0.1	0.3	0.0	0.1	0.0	0.1	0.0	1.9	0.4	1.0	0.0
Russian Federation	922	43.6	66.5	73.6	68.0	45.2	48.9	1,684.6	1,096.1	1,421.1	1,086.3	345.5	191.3
Tajikistan	923	0.2	0.2	0.0	0.0	0.0	0.0	0.0	....	0.0	0.0	0.0	0.0
Turkmenistan	925	....	0.0	0.1	0.0	0.0	0.0	....	....	....	....	....	....
Ukraine	926	4.6	5.8	3.7	3.2	2.1	1.9	8.2	8.4	68.1	62.6	135.0	230.8
Uzbekistan	927	0.2	0.4	0.2	0.7	1.2	0.3	....	0.4	1.6	....	0.0	0.9
Europe n.s.	884	0.1	0.0	0.4	0.1	1.4	....	....	....	....	....	0.2	1.5
Mid East, N Africa, Pak	440	**551.1**	**522.8**	**653.9**	**741.1**	**621.0**	**614.9**	**6,894.8**	**7,292.1**	**5,877.5**	**5,359.9**	**3,858.2**	**3,106.1**
Afghanistan, I.R. of	512	3.5	2.4	3.4	7.5	6.3	7.4	0.3	0.2	0.3	0.3	1.2	0.0
Algeria	612	2.3	2.6	4.1	4.6	6.4	2.4	1.3	0.0	0.0	0.0	0.2	0.0
Bahrain, Kingdom of	419	7.2	5.0	6.4	8.5	9.1	7.5	13.1	63.9	11.8	11.9	6.8	2.1
Djibouti	611	0.7	0.5	0.3	1.4	0.9	1.0	....	....	0.0	0.0	0.0	0.0
Egypt	469	47.2	17.0	16.0	13.9	13.0	7.8	58.0	38.9	5.6	4.2	6.0	19.1
Iran, I.R. of	429	47.0	34.2	52.0	68.8	44.5	38.9	858.7	368.7	70.5	11.3	1.9	1.7
Iraq	433	0.4	1.0	6.5	6.1	4.7	14.1	0.3	0.2	0.0	0.0	0.0	0.0
Jordan	439	10.5	8.0	8.0	2.9	2.2	3.5	35.5	23.5	12.2	8.0	5.1	4.1
Kuwait	443	33.6	37.2	46.0	50.2	33.1	41.2	39.1	30.3	90.7	23.4	820.9	1,008.8
Lebanon	446	6.9	3.6	4.8	4.4	8.9	7.0	0.1	0.3	0.3	0.4	0.4	0.3
Libya	672	0.2	1.7	1.5	0.6	1.5	0.4	0.0	0.0	0.0	0.0	0.0	0.0
Morocco	686	4.3	4.3	7.2	7.1	10.2	13.6	0.7	20.6	26.8	2.4	6.3	2.2
Oman	449	25.9	3.7	14.3	5.9	4.7	6.9	4.6	18.5	49.0	9.3	5.9	27.4

Philippines (566)

In Millions of U.S. Dollars

		Exports (FOB)						Imports (CIF)					
		2011	2012	2013	2014	2015	2016	2011	2012	2013	2014	2015	2016
Pakistan	564	47.4	46.1	34.6	49.3	61.3	43.0	88.8	74.9	61.3	75.9	57.8	113.0
Qatar	453	19.1	28.2	24.8	22.7	23.6	24.9	345.0	731.9	1,129.8	699.7	425.3	232.7
Saudi Arabia	456	62.6	85.8	80.1	90.9	73.0	82.5	3,545.7	3,775.7	3,110.8	3,574.5	1,996.8	1,078.4
Somalia	726	....	0.0	0.1	0.0	1.3	0.2	....	....	....	....	0.0	0.0
Sudan	732	3.4	3.0	2.6	2.4	2.9	1.1	0.6	4.1	1.2	0.1	....	0.4
Syrian Arab Republic	463	0.5	0.4	0.0	0.1	0.3	0.1	0.0	0.0	0.0	....	0.0	0.0
Tunisia	744	3.5	11.6	17.5	24.6	8.8	5.3	0.6	1.4	1.6	0.3	1.5	2.4
United Arab Emirates	466	218.2	220.2	315.8	364.8	301.3	303.8	1,902.3	2,138.9	1,175.2	937.6	522.1	613.2
Yemen, Republic of	474	6.7	6.3	8.0	4.3	2.9	2.2	....	0.0	130.3	0.6	0.1	0.3
Sub-Saharan Africa	603	**185.5**	**157.7**	**364.8**	**292.1**	**734.1**	**213.1**	**172.8**	**91.3**	**107.5**	**91.0**	**100.4**	**92.8**
Angola	614	0.7	0.6	0.7	0.8	0.4	0.0	0.0	0.1	0.4	0.2	0.9	0.1
Benin	638	0.0	0.1	0.0	0.0	0.3	0.0	....	....	0.0	0.0	....	....
Botswana	616	1.1	0.2	0.0	0.3	0.2	0.1	0.0	....	....	0.0	0.0	0.0
Burkina Faso	748	0.0	0.1	0.0	0.1	0.0	0.0	0.1	0.1	....	0.2	....	0.0
Burundi	618	0.7	0.0	0.0	0.1	0.0	0.1	0.3	0.0	....	....	0.0	....
Cameroon	622	0.8	1.1	1.8	2.2	3.1	2.4	0.0	0.0	0.3	0.0	0.1	0.0
Central African Rep.	626	0.1	0.1	0.0	0.4	0.0	0.0	....	....	....	....	0.0	0.1
Chad	628	....	0.0	....	0.0	0.0	0.0	....	....	....	0.0	0.1	0.1
Congo, Dem. Rep. of	636	....	....	0.1	....	....	....	....	....	....	0.0	....	....
Congo, Republic of	634	0.8	1.6	0.1	1.6	0.4	0.5	....	....	0.0	0.0	5.4	0.0
Côte d'Ivoire	662	2.0	1.7	1.3	1.0	1.0	2.0	0.4	0.2	0.6	0.2	0.3	0.1
Eritrea	643	....	....	....	0.0	0.0	....	....	....	....	....	0.1	....
Ethiopia	644	0.9	1.5	1.4	3.6	2.5	3.2	0.1	1.1	1.3	0.5	0.6	0.5
Gabon	646	2.3	0.1	0.3	0.1	0.0	0.1	0.0	0.2	0.1	0.0	0.2	4.0
Gambia, The	648	0.1	0.0	0.0	0.1	0.1	0.1	....	0.0	....	....	0.0	0.0
Ghana	652	14.8	11.1	2.2	2.6	4.1	4.5	0.0	0.0	0.0	0.1	0.4	0.8
Guinea	656	2.8	2.3	0.1	0.3	0.1	0.5	....	0.0	....	0.0	....	0.0
Guinea-Bissau	654	0.4	0.2	0.0	0.0	0.0	0.0	....	....	....	....	....	....
Kenya	664	5.6	6.1	3.1	9.5	4.5	0.6	3.5	0.9	2.1	4.0	10.0	0.5
Lesotho	666	0.0	0.0	0.2	....	....	....	0.0	....	0.1	0.1	0.0	0.0
Liberia	668	0.1	1.1	68.4	135.0	564.7	70.5	0.0	4.5	0.1	0.1	0.0	0.0
Madagascar	674	7.0	3.1	0.0	0.0	0.2	0.0	0.0	....	0.3	0.0	0.0	0.1
Malawi	676	0.2	0.1	0.1	0.1	0.0	0.0	11.5	5.1	7.5	9.5	3.4	6.9
Mali	678	4.2	0.8	0.2	0.0	0.0	0.1	....	0.0	0.0	0.0	0.0	0.0
Mauritius	684	1.9	1.1	1.0	4.6	1.1	2.3	0.4	0.2	1.0	1.0	1.7	1.3
Mozambique	688	0.7	0.3	1.1	0.5	0.7	0.1	5.4	4.9	2.0	3.0	2.4	3.3
Namibia	728	0.4	0.7	0.2	0.1	0.0	0.0	....	....	0.4	0.0	0.0	....
Niger	692	0.6	0.3	....	0.0	0.1	0.0	0.1	....	....	0.0	0.0	0.0
Nigeria	694	8.2	5.8	7.7	12.0	6.6	7.3	3.2	9.8	1.7	15.6	9.6	24.3
Rwanda	714	0.2	0.1	0.0	0.0	0.3	0.3	....	....	0.0	....	0.0	....
São Tomé & Príncipe	716	0.1	....	0.0	0.0	0.0	....	....	....	....	....	0.0	0.0
Senegal	722	0.9	1.3	0.8	0.3	0.4	1.4	0.0	0.0	0.3	0.0	0.0	0.1
Seychelles	718	0.7	1.0	2.3	0.5	0.4	0.3	0.0	0.5	0.1	0.0	0.2	0.5
Sierra Leone	724	0.0	0.1	0.0	7.7	0.1	0.1	....	0.1	0.1	0.0	0.0	0.2
South Africa	199	119.8	110.3	268.7	107.1	140.8	113.0	125.9	59.9	85.8	48.9	55.0	42.8
Swaziland	734	0.3	0.4	0.1	0.2	0.1	0.0	0.2	0.0	0.0	0.0	0.5	0.1
Tanzania	738	2.7	0.8	0.8	0.4	0.3	0.5	0.4	3.1	2.1	2.9	3.2	4.0
Togo	742	3.1	0.5	0.2	0.3	0.3	1.3	18.1	0.0	....	....	0.1	0.0
Uganda	746	0.5	0.9	1.1	0.3	0.9	0.8	0.1	0.1	0.4	1.5	0.1	0.1
Zambia	754	0.3	0.1	0.2	0.1	0.0	0.6	1.7	0.3	0.1	1.4	3.9	1.2
Zimbabwe	698	0.2	2.1	0.4	0.1	0.3	0.2	1.4	0.0	0.6	1.6	2.1	1.8
Western Hemisphere	205	**734.4**	**569.0**	**643.2**	**856.6**	**823.9**	**854.6**	**932.7**	**755.8**	**1,092.5**	**975.6**	**841.5**	**1,209.7**
Antigua and Barbuda	311	0.1	0.6	0.1	0.2	0.1	0.0	0.0	....	1.0	....	0.0	2.4
Argentina	213	64.4	50.1	50.1	47.1	48.9	76.0	309.5	283.0	383.5	526.2	199.5	319.5
Aruba	314	0.2	0.3	0.3	0.4	0.3	0.2	0.0	....	0.1	0.0	0.0	0.0
Bahamas, The	313	1.6	1.5	3.0	0.8	0.9	0.8	0.1	0.0	0.0	0.0	0.0	0.0
Barbados	316	0.2	0.1	0.2	0.1	0.2	0.0	0.0	0.0	0.0	0.1	0.1	0.1
Belize	339	0.1	0.2	0.5	0.0	0.0	0.1	....	....	0.0	0.0	0.0	....
Bermuda	319	0.2	0.3	0.1	0.1	0.1	0.1	0.0	0.1	0.2	0.0	0.0	0.0
Bolivia	218	0.3	1.4	0.3	0.4	0.9	0.7	0.4	0.0	....	0.0	0.1	2.5

Philippines (566)
In Millions of U.S. Dollars

		Exports (FOB)						Imports (CIF)					
		2011	2012	2013	2014	2015	2016	2011	2012	2013	2014	2015	2016
Brazil	223	145.0	148.2	161.0	156.7	126.4	88.5	270.6	205.2	193.8	176.3	328.5	444.5
Chile	228	25.2	29.5	32.8	45.1	39.1	36.5	79.5	27.6	110.9	30.4	44.5	55.4
Colombia	233	10.2	19.6	20.6	30.4	19.0	10.5	8.4	11.4	11.8	11.3	11.7	12.5
Costa Rica	238	31.6	23.2	21.9	19.9	10.5	15.6	3.4	4.4	2.2	4.2	4.1	5.9
Curaçao	354	....	....	....	....	....	5.4	....	....	....	....	....	1.8
Dominica	321	....	0.1	0.0	0.0	0.0	0.1	....	....	....	0.0	....	0.0
Dominican Republic	243	2.3	3.8	6.9	9.7	6.7	7.3	10.6	30.6	5.1	1.1	0.4	4.4
Ecuador	248	3.5	3.3	3.2	2.3	2.3	2.9	3.2	0.8	1.5	2.0	2.7	13.9
El Salvador	253	0.7	0.7	4.6	3.8	1.3	0.6	0.0	0.4	0.2	0.2	0.1	0.2
Falkland Islands	323	....	....	....	0.0	0.0	....	....	....	0.1	....	....	....
Greenland	326	0.0	0.0	....	0.1	0.0	0.0	....	....	....	....	0.1	....
Grenada	328	0.0	....	0.2	0.0	0.0	0.0	0.0	0.0	....	....	0.2	0.0
Guatemala	258	2.1	2.6	0.7	1.0	1.1	1.0	0.1	0.3	3.8	0.3	1.2	2.0
Guyana	336	....	0.0	....	0.0	0.0	0.2	0.0	0.1	0.0	....	....	0.2
Haiti	263	0.4	0.4	0.0	0.1	0.3	0.0	0.0	0.0	0.0	0.1	0.1	0.1
Honduras	268	2.2	0.9	1.1	0.8	0.1	0.2	0.1	0.4	0.8	0.9	1.3	1.0
Jamaica	343	0.7	0.6	0.4	0.4	0.4	0.4	0.2	0.5	0.9	0.6	2.4	0.9
Mexico	273	336.7	225.2	242.6	410.9	449.4	543.4	48.1	79.3	109.6	79.4	105.4	95.2
Netherlands Antilles	353	0.2	1.4	4.3	19.0	7.1	0.1	0.1	0.2	0.0	0.1	5.7	1.0
Nicaragua	278	0.3	0.4	0.1	0.6	0.1	0.0	0.0	0.0	0.1	0.1	0.2	0.1
Panama	283	69.7	10.9	40.9	55.9	53.0	6.1	4.6	13.5	2.0	1.9	2.5	34.6
Paraguay	288	0.4	0.6	0.5	0.5	0.2	0.5	0.4	0.6	0.7	0.4	4.7	7.4
Peru	293	15.2	17.3	16.8	20.8	31.3	29.5	134.8	31.6	43.0	50.9	26.8	28.6
St. Kitts and Nevis	361	0.0	0.0	....	2.6	....	0.0	....	....	....	....	0.1	0.0
St. Lucia	362	0.1	....	....	....	....	0.0	....	....	0.1	....	....	....
St. Vincent & Grens.	364	0.1	0.0	0.0	0.0	0.0	....	....	....	....	....	....	0.0
Suriname	366	0.0	0.1	0.0	0.0	0.4	0.2	0.0	0.0	0.0	0.3	0.1	0.0
Trinidad and Tobago	369	0.8	0.6	0.9	0.7	0.6	0.4	0.0	3.8	0.0	....	0.1	0.0
Uruguay	298	13.4	14.0	24.7	20.7	12.8	9.7	57.4	61.2	76.9	87.5	95.0	109.2
Venezuela, Rep. Bol.	299	5.8	8.0	4.0	4.8	3.2	1.5	0.5	0.3	0.5	0.1	0.4	0.1
Western Hem. n.s.	399	0.6	3.1	0.3	0.7	7.2	16.0	0.4	0.5	143.4	1.3	3.4	66.0
Other Countries n.i.e	910	**21.0**	**7.8**	**25.9**	**49.2**	**55.2**	**6.0**	**1.8**	**2.3**	**3.0**	**4.3**	**13.4**	**10.6**
Cuba	928	1.1	0.8	3.0	3.2	2.0	2.9	1.8	2.3	3.0	4.3	2.1	4.1
Korea, Dem. People's Rep.	954	19.9	6.9	22.9	46.0	53.2	3.1	....	....	0.0	0.0	11.3	6.6
Memorandum Items													
Africa	605	199.6	179.8	396.7	332.3	764.6	236.8	176.0	117.5	137.1	93.9	108.4	97.8
Middle East	405	485.9	452.2	584.0	644.1	522.8	540.8	6,802.5	7,190.9	5,786.2	5,280.9	3,791.3	2,988.1
European Union	998	5,955.4	5,928.5	6,175.3	6,727.8	7,173.0	6,792.1	4,895.5	5,057.7	6,879.7	8,302.6	6,939.5	6,804.0
Export earnings: fuel	080	507.4	542.1	680.3	759.4	596.3	606.3	8,416.4	8,311.7	7,206.3	6,467.7	4,163.6	3,235.3
Export earnings: nonfuel	092	47,534.8	51,449.8	53,297.9	61,039.0	58,052.1	55,467.8	57,742.3	59,574.1	60,807.9	64,508.4	69,190.9	88,120.5

Poland (964)
In Millions of U.S. Dollars

		Exports (FOB) 2011	2012	2013	2014	2015	2016	Imports (CIF) 2011	2012	2013	2014	2015	2016
IFS World		....	....	....	....	....	....	....	....	....	....	....	....
World	001	**188,740.5**	**185,460.1**	**205,031.6**	**220,052.0**	**199,123.6**	**202,515.0**	**210,698.4**	**199,217.0**	**207,664.8**	**223,556.2**	**196,472.6**	**197,279.4**
Advanced Economies	110	**151,572.8**	**145,515.6**	**159,346.8**	**175,152.5**	**161,667.9**	**164,642.2**	**155,080.8**	**143,068.2**	**152,096.6**	**164,122.6**	**146,233.3**	**148,402.3**
Euro Area	163	105,881.4	100,453.9	108,795.1	121,396.5	112,311.4	114,322.3	119,362.1	109,222.8	115,454.2	126,155.9	112,649.1	115,104.1
Austria	122	3,618.6	3,509.9	3,607.3	3,735.0	3,515.5	3,610.8	4,898.3	4,383.4	4,706.8	5,113.0	4,438.6	4,175.9
Belgium	124	4,387.7	3,879.8	4,531.1	4,965.7	4,344.0	4,349.8	6,521.6	6,285.5	6,686.2	7,358.9	6,488.2	7,204.5
Cyprus	423	312.8	268.5	266.2	397.9	387.2	197.8	265.2	261.5	340.2	469.5	286.2	129.2
Estonia	939	1,055.6	1,146.6	1,107.9	1,453.8	1,144.4	1,121.9	234.2	189.7	204.9	267.9	222.9	255.6
Finland	172	1,412.8	1,389.9	1,578.9	1,862.2	1,512.9	1,642.7	1,955.4	1,672.8	1,613.3	1,993.0	1,609.5	1,538.5
France	132	11,541.0	10,865.2	11,484.4	12,278.6	10,996.1	10,964.0	8,923.9	7,974.9	8,481.9	9,071.1	8,146.2	8,253.5
Germany	134	49,239.8	46,620.7	51,436.9	57,878.2	53,975.3	55,355.3	58,419.3	52,095.0	54,604.3	60,308.0	54,360.3	55,745.9
Greece	174	833.5	659.9	720.2	815.9	833.6	885.0	538.6	399.6	367.5	429.6	479.0	473.8
Ireland	178	547.8	621.7	668.8	695.5	693.0	742.2	1,011.7	1,059.0	1,235.0	1,443.6	1,432.0	1,410.0
Italy	136	10,081.9	8,996.5	8,842.4	9,996.8	9,629.8	9,747.4	11,099.4	10,197.3	10,773.5	12,248.8	10,376.1	10,388.2
Latvia	941	1,163.7	1,266.7	1,733.0	2,174.5	1,622.7	1,459.8	392.2	373.8	402.3	554.0	437.1	459.6
Lithuania	946	2,660.8	2,949.5	3,118.5	3,155.3	2,794.1	2,860.8	1,522.2	1,213.7	1,498.5	1,621.0	1,247.3	1,444.0
Luxembourg	137	278.0	229.0	231.6	236.3	238.3	253.8	686.1	636.0	577.3	556.7	419.8	383.5
Malta	181	86.4	48.4	71.2	90.0	58.4	46.2	37.3	19.5	22.2	63.4	43.1	40.3
Netherlands	138	8,232.5	8,308.5	8,135.6	9,151.8	8,816.9	9,049.7	11,978.7	11,297.2	11,918.0	12,581.1	11,601.0	11,772.0
Portugal	182	658.3	596.0	660.4	815.0	751.0	813.3	421.1	411.1	465.4	566.0	512.5	533.7
Slovak Republic	936	4,627.6	4,813.7	5,411.4	5,578.0	5,114.0	4,992.5	5,377.4	5,652.2	6,056.5	5,932.3	5,114.3	5,374.5
Slovenia	961	641.9	605.6	637.7	760.0	696.7	756.4	864.1	855.1	942.0	1,047.0	957.4	928.6
Spain	184	4,500.7	3,677.9	4,551.6	5,355.9	5,187.7	5,472.6	4,215.7	4,245.7	4,558.4	4,530.4	4,477.6	4,592.7
Australia	193	372.4	471.8	513.8	642.8	565.2	557.7	114.4	142.1	276.9	321.5	286.7	316.6
Canada	156	792.1	943.2	1,002.4	1,265.3	1,238.4	1,377.4	240.1	273.6	285.0	262.8	238.6	222.4
China,P.R.: Hong Kong	532	319.1	504.2	474.0	553.6	460.9	376.6	94.6	144.5	164.0	155.4	109.3	36.4
China,P.R.: Macao	546	0.5	3.2	2.4	1.5	2.5	2.4	0.1	0.1	0.1	0.1	0.0	0.1
Czech Republic	935	11,782.6	11,724.8	12,693.6	14,201.3	13,216.5	13,295.7	8,628.2	8,242.8	8,587.2	9,060.6	7,694.5	7,999.1
Denmark	128	3,474.9	3,168.8	3,467.9	3,609.7	3,354.7	3,545.2	2,985.2	2,563.2	2,766.1	3,063.3	2,681.8	2,563.9
Iceland	176	44.1	59.1	53.9	88.7	69.9	166.0	69.3	80.3	52.4	62.6	45.8	122.3
Israel	436	391.4	427.0	476.1	479.1	509.5	570.8	258.3	242.1	215.9	274.5	248.4	272.2
Japan	158	562.9	568.9	672.8	653.8	569.3	587.2	1,486.8	1,223.1	1,294.8	1,419.4	1,244.0	1,209.3
Korea, Republic of	542	414.5	532.1	721.9	501.4	423.6	504.8	3,283.0	3,322.9	3,000.0	3,383.9	2,623.1	2,659.6
New Zealand	196	64.0	49.7	68.0	71.4	74.9	137.0	14.5	17.4	18.4	28.9	33.1	85.6
Norway	142	3,793.5	3,151.8	4,064.5	3,713.7	2,726.7	2,466.6	2,539.0	2,086.6	2,926.6	2,065.4	1,598.9	1,064.9
San Marino	135	24.6	21.2	27.1	31.0	25.6	33.8	6.1	6.2	6.1	4.6	4.3	6.0
Singapore	576	575.0	488.4	732.4	834.3	868.9	623.3	236.7	670.0	787.1	722.5	885.3	559.6
Sweden	144	5,393.0	4,970.2	5,564.2	6,249.2	5,454.5	5,852.7	4,896.4	4,642.2	5,003.0	5,376.4	4,855.2	4,901.9
Switzerland	146	1,661.0	1,649.2	1,703.7	1,862.5	1,778.1	1,924.7	979.7	919.4	961.9	1,071.9	884.5	949.6
Taiwan Prov.of China	528	193.1	172.3	157.0	168.5	142.1	153.2	1,010.2	680.3	768.3	1,020.9	877.4	776.3
United Kingdom	112	12,148.9	12,545.2	13,332.8	14,021.3	13,414.3	13,349.5	5,813.5	5,109.7	5,755.1	6,046.2	5,714.9	5,683.4
United States	111	3,683.8	3,610.4	4,823.4	4,806.6	4,461.0	4,795.2	3,062.8	3,478.9	3,773.5	3,625.8	3,558.4	3,869.0
Vatican	187	0.0	0.0	0.0	0.1	0.0	0.1	0.0	0.0	0.0	0.0	0.0	0.0
Emerg. & Dev. Economies	200	**36,844.2**	**39,572.4**	**45,214.0**	**44,485.4**	**36,753.1**	**37,405.9**	**54,922.9**	**55,306.5**	**54,650.7**	**58,472.1**	**49,418.7**	**48,180.2**
Emerg. & Dev. Asia	505	**3,248.2**	**3,380.1**	**3,802.4**	**4,024.2**	**3,400.6**	**3,836.1**	**13,534.6**	**13,088.9**	**14,266.9**	**17,924.7**	**18,517.0**	**19,245.5**
American Samoa	859	....	0.0	0.0	....	0.1	0.0	0.0	0.0	0.0	0.0	0.0	0.0
Bangladesh	513	26.5	22.3	34.1	28.1	23.2	31.0	111.7	134.8	187.6	241.0	263.2	344.4
Bhutan	514	0.9	0.3	0.1	0.1	0.1	0.2	0.0	0.0	0.1	0.0	0.1	0.0
Brunei Darussalam	516	0.9	0.0	6.6	1.1	0.6	1.6	0.0	0.0	0.0	0.1	0.0	0.4
Cambodia	522	5.5	3.1	1.9	3.7	10.2	8.8	2.8	6.8	14.2	19.5	82.4	95.3
China,P.R.: Mainland	924	1,850.5	1,756.4	2,115.6	2,225.6	2,014.2	1,901.2	10,340.9	10,239.8	11,256.9	13,975.0	14,510.4	15,564.4
Fiji	819	0.2	0.1	0.0	0.5	0.1	0.4	0.0	0.0	0.0	0.0	....	0.0
F.T. French Polynesia	887	0.2	0.3	0.3	0.9	0.4	0.5	0.0	0.0	0.0	0.0	0.0	0.0
F.T. New Caledonia	839	5.0	4.4	3.2	3.3	3.1	2.9	....	0.0	0.0	0.0	0.0	0.0
Guam	829	0.0	0.0	0.0	0.2	1.0	0.1	0.0	....	0.0	....	....	....
India	534	521.4	668.9	488.6	547.0	464.0	666.8	891.0	838.9	1,047.3	1,264.2	1,347.2	1,495.8
Indonesia	536	120.4	122.1	140.2	147.4	105.7	109.2	355.9	325.3	352.5	401.1	353.1	322.2
Lao People's Dem.Rep	544	1.2	0.3	0.3	1.0	0.6	1.5	12.0	6.7	5.1	2.7	1.2	0.0
Malaysia	548	165.3	196.8	308.4	187.6	179.0	152.4	325.5	336.2	327.8	693.0	673.6	312.3
Maldives	556	0.6	1.1	1.8	4.1	5.4	10.1	0.0	0.0	0.0	0.0	0.2	0.4

Poland (964)
In Millions of U.S. Dollars

		Exports (FOB)						Imports (CIF)					
		2011	2012	2013	2014	2015	2016	2011	2012	2013	2014	2015	2016
Marshall Islands	867	71.0	116.8	111.8	157.1	76.1	344.0	157.8	194.9	105.5	215.2	222.9	11.3
Mongolia	948	49.4	47.5	58.9	47.3	40.4	41.8	1.0	0.1	0.1	0.3	0.2	0.2
Myanmar	518	2.1	1.3	4.2	20.8	28.5	35.3	3.9	2.2	1.3	3.2	10.2	8.9
Nauru	836	....	....	....	....	....	....	....	....	....	0.0	0.1	....
Nepal	558	0.8	0.3	1.1	1.2	0.6	1.2	0.2	0.3	0.2	0.2	0.3	0.2
Papua New Guinea	853	1.8	0.5	3.1	0.5	0.5	0.6	0.4	2.0	2.4	0.2	0.2	0.2
Philippines	566	40.0	51.9	54.4	101.0	60.3	62.2	77.6	78.2	78.1	131.0	143.5	148.3
Sri Lanka	524	18.4	13.5	14.0	13.3	18.2	30.2	34.8	35.0	33.3	38.9	31.4	31.9
Thailand	578	173.1	167.7	181.6	187.4	136.0	188.5	611.8	573.0	573.3	535.2	435.2	445.0
Timor-Leste	537	2.1	1.9	0.0	0.0	0.5	0.1	0.0	0.0	0.0	0.0	....	....
Vanuatu	846	55.9	39.4	117.4	166.9	2.7	6.1	128.5	0.0	0.4	9.0	1.6	5.7
Vietnam	582	130.0	158.6	146.9	171.5	224.2	235.2	475.1	312.3	279.9	392.8	437.5	456.9
Asia n.s.	598	5.0	4.3	7.6	6.6	5.3	4.2	3.7	2.4	1.0	2.0	2.4	1.6
Europe	170	**28,853.4**	**30,819.0**	**34,477.1**	**32,523.2**	**25,710.6**	**26,955.9**	**37,501.3**	**38,666.7**	**36,316.1**	**36,073.6**	**25,514.5**	**23,670.3**
Emerg. & Dev. Europe	903	**12,724.6**	**12,345.1**	**14,087.2**	**15,466.3**	**14,395.4**	**15,161.3**	**7,645.2**	**6,900.3**	**7,810.8**	**8,366.4**	**7,909.8**	**8,784.0**
Albania	914	27.3	44.5	53.8	53.9	45.0	50.3	1.2	1.9	2.9	3.4	3.2	3.5
Bosnia and Herzegovina	963	151.6	219.0	205.7	219.7	205.8	220.7	53.9	58.4	46.5	51.5	37.8	40.5
Bulgaria	918	596.8	678.2	993.9	971.4	989.2	1,110.7	432.2	379.8	459.2	510.0	514.7	570.9
Croatia	960	444.0	394.1	432.8	528.7	608.6	663.1	120.8	92.3	118.0	127.9	184.3	201.8
Faroe Islands	816	5.1	1.8	4.3	11.0	7.4	34.0	15.7	19.2	37.2	14.1	22.9	60.9
Gibraltar	823	7.5	27.0	121.9	299.0	20.9	66.2	36.4	34.0	102.0	74.4	16.1	54.8
Hungary	944	4,833.0	4,483.9	5,222.7	5,787.7	5,296.4	5,325.4	4,010.3	3,554.7	3,779.3	3,817.4	3,262.4	3,705.9
Kosovo	967	31.6	28.3	32.4	55.8	63.2	63.0	0.2	0.7	4.3	5.9	4.8	2.6
Macedonia, FYR	962	51.8	74.5	72.3	69.8	68.3	79.1	26.6	20.9	17.8	19.7	26.2	28.8
Montenegro	943	14.0	14.7	18.9	53.2	21.4	47.0	5.2	5.7	6.0	9.4	8.7	12.9
Romania	968	2,903.9	2,803.3	3,059.6	3,450.4	3,286.2	3,623.2	1,229.9	1,082.0	1,308.2	1,529.0	1,400.6	1,566.0
Serbia, Republic of	942	378.7	467.1	839.0	871.5	682.9	771.1	122.4	104.0	205.4	239.7	234.5	271.8
Turkey	186	3,279.2	3,108.6	3,029.8	3,094.3	3,099.9	3,107.6	1,590.5	1,546.8	1,723.8	1,964.0	2,193.5	2,263.8
CIS	901	**16,127.6**	**18,472.3**	**20,388.2**	**17,054.9**	**11,312.3**	**11,792.0**	**29,856.1**	**31,766.3**	**28,505.3**	**27,707.1**	**17,604.7**	**14,886.2**
Armenia	911	22.5	32.2	39.1	48.6	54.9	36.8	0.5	0.5	1.2	1.7	15.3	19.7
Azerbaijan, Rep. of	912	125.7	123.1	129.1	138.7	120.5	60.2	4.1	4.4	19.9	31.2	14.3	42.8
Belarus	913	1,851.4	2,018.3	2,412.5	2,132.6	1,324.0	1,347.9	1,339.8	987.0	773.7	835.9	827.8	804.9
Georgia	915	63.8	87.3	101.8	101.6	86.9	113.1	6.8	5.6	9.7	26.9	33.2	7.7
Kazakhstan	916	491.2	569.5	595.5	564.3	400.6	324.4	493.4	377.8	571.0	1,688.2	933.9	556.3
Kyrgyz Republic	917	101.0	38.9	68.1	43.1	24.5	16.9	0.8	0.5	1.7	5.1	3.9	1.8
Moldova	921	187.9	212.8	358.5	329.2	153.0	160.9	81.5	76.8	96.8	129.0	63.6	63.6
Russian Federation	922	8,479.0	9,923.5	10,775.4	9,320.9	5,681.1	5,764.1	25,158.3	27,733.2	24,782.7	22,740.7	14,004.6	11,363.3
Tajikistan	923	8.0	21.3	15.5	18.7	11.1	9.9	0.8	0.3	0.3	0.8	0.8	0.2
Turkmenistan	925	24.4	37.0	44.3	59.8	48.2	54.3	1.0	1.6	3.5	4.9	1.7	3.0
Ukraine	926	4,658.8	5,288.8	5,700.9	4,162.6	3,296.4	3,816.3	2,726.0	2,547.4	2,220.1	2,214.6	1,681.6	1,997.2
Uzbekistan	927	113.9	119.8	147.4	135.0	111.1	87.0	43.1	31.2	24.7	27.9	24.1	25.7
Europe n.s.	884	1.2	1.6	1.7	2.0	2.9	2.6	0.0	0.1	0.1	0.0	0.0	0.1
Mid East, N Africa, Pak	440	**1,954.7**	**2,310.5**	**3,111.4**	**4,176.1**	**3,395.8**	**3,318.6**	**857.4**	**941.1**	**593.1**	**743.1**	**1,446.3**	**1,983.6**
Afghanistan, I.R. of	512	16.0	33.6	30.7	12.4	9.4	5.3	1.3	1.1	0.1	0.4	0.1	0.1
Algeria	612	354.0	315.3	344.8	672.5	330.5	303.8	48.7	63.9	45.2	56.2	36.9	17.5
Bahrain, Kingdom of	419	11.2	19.4	12.4	27.5	19.8	24.3	1.3	0.3	1.4	3.7	4.4	7.1
Djibouti	611	1.2	2.2	4.0	5.0	9.1	7.4	....	....	....	....	....	0.0
Egypt	469	194.9	204.3	274.5	275.5	390.2	369.3	70.7	98.0	68.5	89.4	67.3	78.5
Iran, I.R. of	429	90.2	53.5	48.0	46.3	49.8	89.0	124.4	14.3	16.6	15.2	16.9	127.6
Iraq	433	93.6	92.8	136.3	157.3	187.8	76.8	0.0	76.4	0.2	0.4	675.5	401.7
Jordan	439	40.2	51.0	71.3	74.8	94.3	115.3	0.7	0.4	0.3	0.4	0.3	0.7
Kuwait	443	36.6	54.2	55.4	68.0	70.2	71.0	0.1	1.1	2.2	2.5	0.4	1.3
Lebanon	446	51.4	70.4	76.4	72.2	67.5	69.2	4.3	2.5	2.6	2.9	4.9	3.5
Libya	672	10.7	48.9	92.7	64.8	47.1	29.0	1.5	0.9	20.1	0.4	0.0	0.1
Mauritania	682	8.2	6.4	13.1	21.6	20.4	7.3	0.1	0.3	0.0	9.6	....	0.1
Morocco	686	198.5	241.4	284.6	429.1	318.4	308.7	119.0	96.5	73.7	85.9	114.6	99.9
Oman	449	20.6	75.9	95.3	64.3	41.9	50.2	7.1	7.1	9.7	16.9	9.4	12.4
Pakistan	564	65.7	78.4	134.5	129.5	98.8	125.1	73.1	70.2	91.0	132.6	124.9	136.8
Qatar	453	21.1	32.8	30.5	53.1	49.3	81.4	4.1	9.2	16.3	10.3	10.8	289.4
Saudi Arabia	456	274.1	349.8	504.4	685.9	634.1	740.4	208.3	241.1	61.2	23.2	142.4	553.9

2017, International Monetary Fund: *Direction of Trade Statistics Yearbook*

Poland (964)

In Millions of U.S. Dollars

		Exports (FOB) 2011	2012	2013	2014	2015	2016	Imports (CIF) 2011	2012	2013	2014	2015	2016
Somalia	726	0.0	0.0	0.1	0.4	1.1	0.6	....	0.0	....	0.0	0.0	0.0
Sudan	732	7.8	6.2	11.1	19.1	35.3	13.0	1.1	19.3	26.3	43.7	2.5	25.9
Syrian Arab Republic	463	40.4	45.3	11.3	32.8	8.2	6.2	48.3	19.9	18.3	9.3	0.6	0.4
Tunisia	744	67.0	66.8	108.1	128.2	118.2	138.5	60.0	126.0	39.1	95.2	112.4	107.3
United Arab Emirates	466	341.3	440.8	750.9	1,117.3	777.3	656.7	81.9	91.0	97.8	142.1	119.9	117.8
West Bank and Gaza	487	1.6	1.0	4.3	5.9	6.3	10.9	0.2	0.9	1.8	2.6	2.2	1.8
Yemen, Republic of	474	8.4	19.9	16.6	12.7	10.6	19.1	1.2	0.6	0.7	0.2	0.0	0.0
Sub-Saharan Africa	603	971.6	1,076.6	1,486.9	1,400.3	1,570.5	1,331.6	688.1	655.2	930.5	721.6	876.9	764.2
Angola	614	12.4	17.6	37.1	36.8	27.7	20.7	2.7	2.1	3.1	3.4	8.4	2.1
Benin	638	27.1	36.5	44.0	59.8	44.6	22.6	0.0	0.0	0.0	0.0	....	0.0
Botswana	616	1.0	0.3	1.2	0.8	0.5	2.0	0.0	....	0.0	11.8	0.0	0.0
Burkina Faso	748	2.0	3.1	1.1	1.1	55.8	3.0	0.2	0.1	0.3	1.0	0.9	0.4
Burundi	618	0.0	0.0	0.2	0.5	0.3	0.2	0.9	0.6	0.1	0.4	0.9	1.2
Cabo Verde	624	0.7	1.1	0.9	2.2	1.1	1.2	....	....	0.0	28.0	0.0	0.0
Cameroon	622	15.4	13.1	15.1	20.8	14.7	15.2	19.7	14.2	10.6	6.6	4.6	2.3
Central African Rep.	626	0.4	0.0	0.1	0.5	0.7	0.5	0.2	0.1	0.2	0.2	0.2	0.0
Chad	628	1.4	2.1	2.5	5.1	6.9	3.0	0.0	0.0	0.0	0.0	....	0.0
Comoros	632	0.3	0.5	0.2	0.3	0.4	0.9	0.1	....	0.1	....	0.1	0.0
Congo, Dem. Rep. of	636	3.2	17.8	7.2	3.1	7.9	10.7	16.6	8.0	2.7	1.4	0.5	....
Congo, Republic of	634	10.0	12.6	24.5	29.3	54.5	24.1	1.4	1.5	6.8	2.3	17.5	1.8
Côte d'Ivoire	662	11.5	10.9	20.6	17.8	17.9	21.4	137.2	134.9	131.5	162.1	159.2	113.5
Equatorial Guinea	642	2.2	1.6	1.8	3.5	2.8	1.4	....	....	....	....	0.0	0.0
Eritrea	643	0.0	0.0	....	0.1	0.5	0.0	....	....	....	....	....	....
Ethiopia	644	3.1	10.9	17.6	35.7	52.8	59.9	2.6	0.1	0.5	0.5	1.5	0.7
Gabon	646	7.2	5.7	9.8	9.6	9.7	9.4	2.7	5.9	9.0	7.9	9.7	24.4
Gambia, The	648	2.9	3.6	3.0	5.9	5.3	6.1	0.0	0.0	0.0	0.0	0.0	0.0
Ghana	652	39.2	30.1	39.7	30.8	36.1	37.3	38.1	55.2	56.7	32.5	36.7	29.6
Guinea	656	19.8	20.2	27.7	26.9	17.2	24.6	8.8	4.7	3.4	2.3	4.2	3.9
Guinea-Bissau	654	3.0	1.4	2.4	3.1	2.3	2.5	....	....	0.0	....	....	0.0
Kenya	664	23.1	28.6	38.9	53.1	79.1	49.5	18.7	14.8	18.6	15.8	22.9	19.8
Lesotho	666	....	0.0	0.0	0.0	0.3	0.0	0.6	0.1	0.0	0.0	0.0	0.0
Liberia	668	61.5	112.3	335.4	56.8	264.4	179.5	107.4	115.1	398.6	128.1	291.7	202.1
Madagascar	674	0.5	1.0	0.8	1.6	1.5	1.9	0.2	0.5	0.3	1.2	0.4	0.3
Malawi	676	1.0	0.9	1.4	0.9	1.5	3.7	11.3	26.3	9.8	10.9	14.4	6.5
Mali	678	1.9	2.6	5.9	3.9	5.8	6.6	0.1	0.0	0.0	0.0	0.0	0.0
Mauritius	684	4.2	3.6	5.8	6.6	6.6	8.2	4.7	5.3	6.6	8.2	5.2	6.2
Mozambique	688	16.1	7.6	13.7	8.1	19.8	38.5	2.8	10.0	30.6	26.5	31.2	37.2
Namibia	728	3.2	0.9	1.5	2.9	1.8	1.3	0.9	1.0	1.4	0.2	1.2	1.2
Niger	692	1.7	2.3	1.6	2.7	3.3	2.0	0.0	0.0	0.1	0.0	0.0	0.0
Nigeria	694	87.9	96.0	91.3	142.6	117.0	86.9	17.0	13.9	18.9	20.2	16.0	43.6
Rwanda	714	0.0	0.1	0.1	1.4	1.7	2.0	1.1	1.6	0.9	1.1	2.3	1.2
São Tomé & Príncipe	716	0.1	0.1	0.1	0.0	0.0	0.1	0.0	0.0	....	0.0	0.0	0.0
Senegal	722	26.7	42.2	49.7	46.7	43.5	50.6	0.3	0.2	8.5	19.2	25.0	25.6
Seychelles	718	2.3	2.3	3.4	2.1	0.6	2.3	0.0	0.0	0.0	0.0	0.5	0.4
Sierra Leone	724	4.5	4.5	5.6	2.7	3.2	4.7	1.1	0.0	0.2	3.3	0.1	0.1
South Africa	199	527.1	508.1	612.3	679.4	577.8	555.5	186.1	156.5	138.2	157.3	150.8	170.1
South Sudan, Rep. of	733	....	....	0.1	0.1	0.2	0.1	....	....	....	....	....	....
Swaziland	734	0.0	0.0	0.0	0.0	0.0	0.0	31.4	5.8	0.4	0.0	0.0	0.0
Tanzania	738	21.5	32.4	18.5	17.0	24.8	29.9	6.2	15.0	28.8	16.2	30.1	20.9
Togo	742	13.6	18.0	10.5	18.1	15.8	16.1	25.2	17.9	6.4	6.7	0.9	5.0
Uganda	746	8.4	16.4	19.9	30.5	36.5	15.9	13.2	13.2	15.5	16.4	16.1	11.8
Zambia	754	3.1	5.9	8.3	9.6	2.9	2.6	14.9	16.8	1.7	1.4	0.6	2.7
Zimbabwe	698	0.6	1.2	5.2	19.4	2.8	7.3	14.1	13.9	20.2	28.7	22.9	29.8
Africa n.s.	799	....	0.1	0.0	0.0	0.0	0.0	....	....	....	....	0.0	0.0
Western Hemisphere	205	1,816.3	1,986.2	2,336.3	2,361.6	2,675.6	1,963.6	2,341.6	1,954.6	2,544.1	3,009.0	3,064.0	2,516.5
Anguilla	312	0.0	0.1	0.1	0.1	0.0	0.0	....	....	0.0	0.0	0.0	....
Antigua and Barbuda	311	95.1	112.6	152.8	185.6	110.3	186.9	117.2	92.7	150.7	141.8	107.8	143.8
Argentina	213	102.1	114.9	142.5	122.1	93.6	78.9	581.2	638.8	510.2	683.0	557.2	623.9
Aruba	314	0.7	0.4	0.2	0.5	0.4	0.8	....	....	0.0	0.0	....	0.0
Bahamas, The	313	286.9	207.3	302.3	438.5	821.1	337.7	362.8	236.9	368.0	580.5	748.7	271.0

Poland (964)

In Millions of U.S. Dollars

		Exports (FOB)						Imports (CIF)					
		2011	2012	2013	2014	2015	2016	2011	2012	2013	2014	2015	2016
Barbados	316	0.4	0.7	15.6	44.1	18.3	3.9	0.1	0.0	34.3	71.0	17.7	6.8
Belize	339	9.0	12.0	21.4	15.0	2.1	1.8	0.0	0.4	0.0	0.0	0.0	0.0
Bermuda	319	98.3	15.6	0.2	0.1	0.1	0.1	13.8	0.0	0.0	0.0	0.0	0.0
Bolivia	218	1.4	2.9	4.6	4.4	6.9	3.6	0.9	9.7	13.2	10.0	2.8	4.6
Brazil	223	373.9	480.1	576.2	526.2	397.2	362.1	589.6	505.1	590.5	796.6	700.3	602.9
Chile	228	47.9	70.9	97.0	84.6	93.9	95.4	154.4	83.1	186.1	95.0	84.9	102.5
Colombia	233	52.6	46.5	48.9	61.6	65.1	98.0	64.0	8.2	7.5	7.0	29.3	51.9
Costa Rica	238	8.1	8.5	10.7	15.1	12.1	12.2	12.9	16.6	14.7	8.1	6.7	7.9
Curaçao	354	....	....	1.7	1.6	4.8	5.8	....	....	0.1	....	4.0	0.4
Dominica	321	0.4	1.9	1.4	1.2	0.4	0.4	0.0	0.0	0.0	0.1	0.0	19.5
Dominican Republic	243	9.3	18.8	9.8	9.8	9.6	10.3	2.0	3.3	2.5	4.0	7.3	4.6
Ecuador	248	14.0	17.2	17.2	17.1	9.8	12.2	66.6	77.8	88.0	78.9	96.7	107.5
El Salvador	253	1.3	1.0	2.2	1.3	1.3	3.0	0.3	0.1	1.9	0.1	0.1	0.1
Falkland Islands	323	....	0.0	0.0	....	0.0	0.0	0.3	....	....	....	....	....
Greenland	326	2.0	1.6	0.2	0.5	0.6	24.4	0.1	0.1	1.5	6.3	2.8	13.7
Grenada	328	0.0	0.0	0.0	0.0	0.1	0.0	0.1	0.0	0.1	1.4	0.1	0.1
Guatemala	258	6.4	9.5	5.1	4.8	4.4	6.8	2.7	5.6	6.7	4.4	11.7	10.4
Guyana	336	0.7	1.1	1.6	3.5	2.5	2.6	1.4	0.5	0.1	0.0	0.8	0.8
Haiti	263	1.0	0.4	2.0	1.9	3.4	4.8	0.0	0.0	0.0	0.0	0.0	0.1
Honduras	268	1.5	4.6	2.9	2.1	1.6	3.0	2.1	4.1	3.9	2.0	1.3	4.2
Jamaica	343	3.2	5.0	1.8	6.4	2.3	3.3	0.0	20.2	0.0	0.0	0.0	0.0
Mexico	273	429.4	568.1	521.5	491.9	653.8	528.6	134.7	119.2	146.4	195.5	279.8	243.8
Montserrat	351	....	....	....	2.1	....	....	....	....	....	0.0	....	....
Netherlands Antilles	353	9.5	1.9	....	....	....	....	0.0	0.0	....	....	....	....
Nicaragua	278	1.4	0.3	0.3	2.2	2.4	1.2	0.3	0.5	3.0	2.3	5.3	11.8
Panama	283	95.4	24.8	184.2	109.7	109.9	57.1	136.7	8.0	269.0	58.6	110.5	24.9
Paraguay	288	2.9	3.1	6.1	13.9	6.4	5.2	14.2	7.7	20.0	137.9	143.2	181.1
Peru	293	36.1	51.6	53.2	53.2	51.4	56.3	32.0	16.3	39.8	15.8	14.1	11.8
Sint Maarten	352	....	....	0.2	0.2	0.3	1.0	....	....	0.0	0.1	....	0.0
St. Kitts and Nevis	361	5.1	3.5	10.8	7.9	0.1	3.7	0.7	0.9	10.0	21.7	20.2	9.1
St. Lucia	362	0.1	0.4	0.1	0.1	0.3	0.3	0.0	0.0	....	....	....	0.0
St. Vincent & Grens.	364	3.1	7.6	3.7	15.9	27.2	3.9	3.7	9.3	3.4	30.3	6.0	8.6
Suriname	366	6.7	7.7	6.8	5.1	6.8	4.7	0.0	0.0	0.0	0.0	0.0	0.0
Trinidad and Tobago	369	1.4	3.3	1.4	1.7	2.9	3.1	0.0	0.1	0.1	0.0	0.1	0.0
Uruguay	298	31.4	13.6	11.8	14.8	7.4	12.7	10.8	21.8	28.5	20.7	32.4	27.3
Venezuela, Rep. Bol.	299	56.6	102.1	83.0	80.0	91.1	19.9	36.0	37.1	33.7	35.6	23.3	21.4
Western Hem. n.s.	399	21.1	64.5	34.6	14.8	54.0	7.7	0.0	30.1	10.1	0.0	49.0	0.0
Other Countries n.i.e	910	**15.3**	**22.3**	**17.2**	**33.9**	**55.9**	**48.4**	**17.2**	**52.7**	**21.7**	**0.4**	**3.6**	**0.4**
Cuba	928	13.9	22.0	16.8	33.6	54.8	48.2	17.2	52.7	21.6	0.3	0.0	0.0
Korea, Dem. People's Rep.	954	1.4	0.3	0.4	0.3	1.2	0.2	0.1	0.0	0.1	0.0	3.6	0.4
Special Categories	899	**148.5**	**142.8**	**224.1**	**160.4**	**113.3**	**55.9**	**47.6**	**0.8**	**0.1**	**0.1**	**4.6**	**0.4**
Countries & Areas n.s.	898	**159.8**	**206.9**	**229.4**	**219.9**	**533.5**	**362.7**	**629.8**	**788.8**	**895.7**	**961.1**	**812.4**	**696.1**
Memorandum Items													
Africa	605	1,608.4	1,714.8	2,252.7	2,676.0	2,403.5	2,110.9	917.0	961.1	1,114.9	1,012.3	1,143.2	1,015.0
Middle East	405	1,236.3	1,560.3	2,180.3	2,758.4	2,454.4	2,408.8	554.1	563.8	317.7	319.4	1,055.1	1,595.9
European Union	998	147,458.5	141,222.5	153,562.7	170,216.3	157,931.9	161,087.6	147,478.6	134,889.6	143,230.2	155,686.7	138,957.4	142,296.8
Export earnings: fuel	080	10,631.9	12,466.1	13,960.2	13,446.2	8,864.3	8,629.1	26,326.6	28,779.2	25,828.5	24,901.6	16,174.8	13,751.9
Export earnings: nonfuel	092	178,108.6	172,994.0	191,071.4	206,605.8	190,259.3	193,885.9	184,371.8	170,437.9	181,836.3	198,654.6	180,297.8	183,527.5

Portugal (182)
In Millions of U.S. Dollars

		Exports (FOB)						Imports (CIF)					
		2011	2012	2013	2014	2015	2016	2011	2012	2013	2014	2015	2016
IFS World		....	....	....	....	....	....	....	....	....	....	....	....
World	001	59,622.2	58,115.1	62,797.3	63,832.6	55,237.9	55,677.5	82,948.2	72,487.4	75,727.6	78,388.7	66,913.9	67,631.7
Advanced Economies	110	46,491.1	43,620.9	46,734.7	48,052.3	43,407.2	45,029.8	63,868.5	53,656.1	56,266.5	60,332.8	52,569.0	53,893.3
Euro Area	163	38,025.8	34,950.4	37,354.6	37,964.2	33,743.7	35,047.1	55,053.0	46,985.4	49,617.4	53,047.6	46,295.2	47,443.3
Austria	122	328.3	330.3	341.1	357.8	313.7	326.5	419.3	355.5	361.4	385.1	335.9	353.0
Belgium	124	1,876.4	1,827.9	1,780.8	1,727.4	1,257.5	1,348.8	2,095.9	1,844.7	1,897.9	2,084.4	1,883.1	1,906.8
Cyprus	423	47.8	32.1	40.3	35.4	40.8	41.2	5.5	3.5	7.9	5.3	6.8	5.2
Estonia	939	21.9	29.8	38.7	38.0	23.2	25.4	12.9	17.2	26.1	21.4	25.8	26.5
Finland	172	342.2	292.6	289.3	317.3	245.6	247.9	211.7	182.3	178.6	209.0	185.3	168.4
France	132	7,248.8	6,881.8	7,296.3	7,528.7	6,691.3	7,011.0	5,579.4	4,774.5	5,094.1	5,555.0	4,956.3	5,263.7
Germany	134	8,080.0	7,196.9	7,310.6	7,480.6	6,529.8	6,486.5	10,176.8	8,221.4	8,620.4	9,657.7	8,544.6	9,142.9
Greece	174	182.0	273.9	256.3	232.2	145.4	138.8	176.0	146.0	159.0	150.4	140.5	159.6
Ireland	178	177.4	175.6	204.9	250.8	263.4	372.5	801.3	698.8	724.2	796.4	567.9	593.1
Italy	136	2,190.8	2,138.0	2,076.5	2,042.2	1,757.5	1,913.4	4,487.4	3,770.6	3,877.0	4,081.0	3,617.8	3,708.2
Latvia	941	18.2	22.1	25.5	26.9	22.8	22.8	5.5	20.3	6.7	7.9	16.1	13.6
Lithuania	946	32.1	27.6	49.6	39.6	44.0	38.2	84.6	60.1	71.6	89.9	77.6	70.6
Luxembourg	137	84.7	77.3	89.8	96.0	95.6	108.3	89.3	103.1	106.7	145.1	127.3	118.0
Malta	181	33.4	18.3	24.6	83.7	31.1	25.6	27.0	27.0	29.1	26.9	18.4	17.3
Netherlands	138	2,332.5	2,401.6	2,513.4	2,538.8	2,206.7	2,074.2	4,002.7	3,466.9	3,786.0	4,054.7	3,418.4	3,453.3
Slovak Republic	936	123.1	107.9	118.3	128.8	184.9	250.2	161.4	155.4	168.1	216.1	206.9	227.0
Slovenia	961	36.0	51.0	38.5	35.5	29.1	32.5	54.0	47.0	57.5	59.9	62.0	59.2
Spain	184	14,870.1	13,065.6	14,860.1	15,004.6	13,861.5	14,583.5	26,662.4	23,091.0	24,445.1	25,501.5	22,104.4	22,157.0
Australia	193	100.4	101.4	119.5	123.8	119.8	135.4	20.4	14.4	19.4	17.9	40.2	15.0
Canada	156	284.4	236.8	282.0	343.3	396.4	311.9	306.5	188.4	232.7	238.0	79.7	183.2
China,P.R.: Hong Kong	532	154.9	159.5	173.4	162.1	143.8	157.9	39.6	39.9	51.9	39.0	27.1	36.0
China,P.R.: Macao	546	21.6	27.5	23.9	31.3	29.3	41.1	0.3	0.5	0.9	0.9	0.6	1.1
Czech Republic	935	410.4	421.0	379.5	425.2	348.3	327.0	505.4	390.1	421.0	542.1	522.2	522.0
Denmark	128	377.9	400.5	418.6	405.9	339.5	371.3	406.2	325.3	340.0	352.9	292.6	317.9
Iceland	176	5.5	10.0	17.1	15.1	14.8	19.0	26.9	24.7	22.1	11.6	8.4	8.6
Israel	436	103.7	137.5	131.5	120.5	124.4	168.1	130.6	144.3	147.7	161.4	127.9	112.4
Japan	158	267.0	244.5	184.7	165.6	161.4	153.5	477.9	381.7	316.3	336.3	300.7	330.9
Korea, Republic of	542	74.7	101.1	115.4	87.1	103.4	117.2	389.6	228.7	303.9	370.9	375.1	361.3
New Zealand	196	12.5	12.3	13.4	17.1	20.9	19.6	37.5	25.8	21.9	25.2	20.8	25.2
Norway	142	125.6	134.1	141.7	197.1	230.2	195.5	587.5	191.1	155.1	76.2	94.6	118.5
San Marino	135	2.3	2.1	0.8	0.4	0.3	0.8	0.7	0.4	0.4	0.5	0.6	0.5
Singapore	576	113.4	72.5	75.8	59.8	58.3	49.6	32.8	25.6	19.5	47.2	46.6	61.7
Sweden	144	618.9	595.1	584.4	619.3	455.3	530.7	876.0	731.1	731.5	878.5	716.4	760.3
Switzerland	146	519.4	515.6	556.5	571.1	509.1	592.5	510.3	430.6	372.7	354.5	292.7	298.7
Taiwan Prov.of China	528	86.7	33.3	35.1	36.9	43.4	144.1	137.0	133.3	145.0	184.6	159.2	237.9
United Kingdom	112	3,107.0	3,067.3	3,472.1	3,908.0	3,721.1	3,919.3	2,742.8	2,155.2	2,226.6	2,409.8	2,097.5	2,089.4
United States	111	2,078.9	2,398.4	2,654.7	2,798.5	2,844.0	2,728.1	1,587.4	1,239.6	1,120.4	1,237.7	1,070.8	969.7
Emerg. & Dev. Economies	200	11,521.7	12,792.3	14,392.2	14,292.1	10,757.2	9,800.9	19,052.5	18,788.8	19,366.1	17,618.3	13,969.8	13,423.6
Emerg. & Dev. Asia	505	776.0	1,254.4	1,137.8	1,379.0	1,149.6	986.2	3,427.8	2,762.3	3,044.1	3,536.4	3,179.8	3,357.7
American Samoa	859	0.3	0.0	....	0.1	....	....	0.0	....	....	....	....	0.5
Bangladesh	513	7.3	9.0	12.9	8.3	9.4	7.3	38.4	33.1	43.8	46.6	40.1	60.9
Bhutan	514	0.0	....	0.0	....	0.0	....	....	....	....	0.2	0.3	0.0
Brunei Darussalam	516	0.4	0.3	0.4	4.9	3.5	2.0	....	....	....	0.0	0.1	0.0
Cambodia	522	0.3	0.9	1.0	1.7	1.4	3.3	4.3	3.3	4.1	6.0	7.2	8.6
China,P.R.: Mainland	924	548.5	999.9	871.8	1,113.9	928.8	748.1	2,126.0	1,786.0	1,820.0	2,124.4	1,974.4	2,011.9
Fiji	819	0.0	0.0	0.0	0.0	0.0	0.2	0.1	0.0	25.2	0.0	16.3	13.2
F.T. French Polynesia	887	1.5	1.0	2.5	1.4	1.2	1.3	0.1	....	0.0	0.0	0.0	0.0
F.T. New Caledonia	839	1.9	1.8	1.7	1.8	2.3	2.0	....	....	....	....	....	0.0
Guam	829	....	....	....	....	0.3	0.0	....	....	....	....	....	....
India	534	124.6	121.6	154.6	126.5	87.2	102.0	653.1	432.4	521.7	655.9	509.2	577.3
Indonesia	536	15.3	20.1	17.3	32.7	21.4	20.2	121.0	71.0	136.6	158.5	147.2	158.9
Lao People's Dem.Rep	544	0.0	0.2	....	0.0	0.0	0.4	2.9	3.0	2.6	13.4	2.7	2.5
Malaysia	548	17.1	36.4	15.4	17.1	17.7	18.9	156.4	101.5	84.3	85.9	59.7	56.2
Maldives	556	0.0	0.0	0.2	0.1	0.1	0.4	....	0.0	....	0.0	0.1	0.1
Marshall Islands	867	0.0	0.1	0.3	0.4	0.7	0.5	0.1	0.0	....	0.0	0.0	0.0
Micronesia	868	0.1	....	....	0.0	....	....	....	....	....	....	0.0	....

Portugal (182)

In Millions of U.S. Dollars

		Exports (FOB)						Imports (CIF)					
		2011	2012	2013	2014	2015	2016	2011	2012	2013	2014	2015	2016
Mongolia	948	0.0	0.1	0.2	0.5	1.5	0.2	....	....	0.0	0.1	0.0	0.0
Myanmar	518	0.5	0.3	0.7	5.0	3.3	0.7	0.1	0.3	0.6	4.3	1.4	1.7
Nepal	558	0.0	0.7	0.0	0.1	0.1	0.0	0.2	0.3	0.3	0.2	0.1	0.4
Papua New Guinea	853	0.0	0.1	0.0	0.0	0.1	0.1	0.7	2.8	2.7	5.0	0.2	0.6
Philippines	566	7.8	8.4	8.1	10.1	9.7	15.0	24.6	18.6	16.6	17.7	23.2	27.3
Sri Lanka	524	4.4	3.6	3.4	4.7	4.3	6.1	6.2	4.2	3.9	7.8	5.4	8.2
Thailand	578	22.3	27.3	25.2	30.0	26.1	25.0	157.2	126.2	119.8	161.3	133.1	151.5
Timor-Leste	537	6.8	10.4	9.6	9.2	11.2	9.1	1.4	0.3	1.0	1.1	1.9	1.0
Vietnam	582	16.6	12.3	12.3	10.4	19.3	23.2	134.8	179.4	260.5	248.0	257.2	276.9
Asia n.s.	598	0.1	0.0	0.0	0.0	0.0	0.0	0.0	0.0	0.3	0.0	0.0	0.0
Europe	**170**	**2,210.8**	**2,335.6**	**2,749.6**	**2,704.1**	**2,137.9**	**2,280.4**	**4,373.0**	**4,382.1**	**4,937.3**	**4,895.4**	**3,936.7**	**4,474.6**
Emerg. & Dev. Europe	**903**	**1,953.3**	**2,032.7**	**2,298.6**	**2,324.5**	**1,873.4**	**2,063.5**	**1,730.1**	**1,713.7**	**1,971.4**	**1,939.4**	**1,832.3**	**2,075.3**
Albania	914	2.9	2.8	3.9	5.1	6.6	6.7	0.0	0.1	0.1	0.1	0.2	0.3
Bosnia and Herzegovina	963	2.5	2.2	1.5	2.4	2.9	2.9	3.6	3.4	2.5	2.9	1.5	1.5
Bulgaria	918	84.1	85.9	73.3	94.9	84.1	83.4	113.3	229.8	187.6	140.1	88.7	113.6
Croatia	960	21.5	22.9	18.0	20.3	18.2	24.9	14.1	7.4	10.4	47.6	50.2	54.9
Faroe Islands	816	2.7	2.4	2.9	3.4	3.7	2.8	0.1	0.3	....	....	0.0	0.1
Gibraltar	823	355.0	402.4	453.0	373.4	229.3	148.1	1.1	35.4	3.1	1.9	3.5	0.6
Hungary	944	170.4	196.9	240.0	284.5	215.4	236.5	358.9	306.9	277.5	307.2	357.2	338.0
Kosovo	967	0.4	0.4	0.4	0.5	0.7	0.8	0.1	0.0	0.0	0.0	0.0	0.0
Macedonia, FYR	962	2.2	1.8	2.5	2.5	3.4	11.1	30.6	16.2	16.1	12.4	3.9	10.4
Montenegro	943	0.6	0.2	0.7	0.7	0.2	0.8	....	0.0	....	....	0.0	0.0
Poland	964	561.6	516.3	584.1	628.9	582.8	637.1	564.0	527.0	578.1	713.7	649.4	807.4
Romania	968	322.6	333.5	400.5	364.3	315.9	429.9	173.8	170.5	178.8	164.8	144.3	134.4
Serbia, Republic of	942	7.8	7.5	12.2	6.9	8.7	11.2	18.6	11.6	26.4	32.1	38.6	28.9
Turkey	186	419.0	457.3	505.4	536.6	401.4	467.2	452.0	405.3	690.5	516.5	494.9	585.2
CIS	**901**	**251.1**	**297.4**	**446.0**	**374.5**	**261.3**	**213.3**	**2,642.6**	**2,668.2**	**2,965.8**	**2,955.9**	**2,104.2**	**2,399.1**
Armenia	911	3.1	4.4	4.7	5.0	3.2	2.8	0.0	0.0	0.0	0.0	0.0	0.0
Azerbaijan, Rep. of	912	2.4	3.5	3.2	5.2	8.2	2.0	400.2	645.9	568.2	607.1	464.0	502.3
Belarus	913	6.8	7.3	14.5	10.5	11.5	5.8	9.4	1.9	0.6	1.3	0.6	1.9
Georgia	915	6.0	7.4	25.3	35.7	28.7	8.5	2.4	5.8	3.0	2.0	0.1	1.2
Kazakhstan	916	3.0	4.0	7.9	6.0	7.3	5.3	1,186.5	976.0	730.5	1,072.1	628.5	338.9
Kyrgyz Republic	917	0.1	0.6	0.6	0.5	0.2	0.1	....	....	0.1	0.2	0.0	0.1
Moldova	921	7.2	6.8	6.2	4.1	3.3	3.3	3.6	7.2	4.8	9.2	1.7	5.9
Russian Federation	922	194.9	233.2	349.1	272.4	174.9	158.3	792.4	610.3	1,326.0	938.7	709.1	1,308.6
Tajikistan	923	0.0	....	0.4	0.5	0.2	2.2	....	0.1	0.2	....	0.0	0.0
Turkmenistan	925	0.6	2.4	4.0	4.3	1.9	2.2	7.9	10.8	5.2	2.7	0.9	1.3
Ukraine	926	26.5	27.6	29.7	29.7	21.8	22.2	226.5	399.4	316.0	316.2	292.5	233.1
Uzbekistan	927	0.6	0.4	0.3	0.6	0.1	0.4	13.8	10.7	11.3	6.5	6.5	5.8
Europe n.s.	884	6.4	5.5	5.0	5.1	3.2	3.5	0.3	0.2	0.1	0.1	0.2	0.2
Mid East, N Africa, Pak	**440**	**1,857.2**	**2,024.5**	**2,705.2**	**2,467.4**	**2,261.5**	**2,293.9**	**3,149.1**	**3,664.8**	**2,665.7**	**2,786.4**	**2,132.3**	**1,626.3**
Afghanistan, I.R. of	512	0.5	0.5	0.9	0.7	0.3	1.1	....	0.0	0.0	....	0.0	0.1
Algeria	612	501.7	549.9	699.0	784.8	627.2	517.8	1,093.1	1,027.5	529.4	940.0	629.7	412.9
Bahrain, Kingdom of	419	6.6	5.5	4.8	9.3	34.0	5.9	22.1	0.0	4.6	1.4	0.7	0.3
Djibouti	611	1.7	1.2	1.7	2.1	1.4	18.0	0.0	....	....	....	0.4	0.5
Egypt	469	99.5	112.3	87.4	105.0	114.2	126.5	122.7	185.2	132.3	115.6	100.7	87.0
Iran, I.R. of	429	49.2	16.8	9.8	9.3	22.0	19.7	6.1	9.4	17.4	41.3	29.5	38.0
Iraq	433	5.5	10.1	16.1	13.5	9.8	27.6	0.0	224.2	306.4	177.2	107.4	205.3
Jordan	439	33.5	35.7	52.1	35.2	32.1	37.7	3.7	9.2	3.4	23.7	4.6	12.3
Kuwait	443	20.2	44.7	75.5	31.8	25.4	29.2	4.7	50.6	8.3	30.6	15.5	10.2
Lebanon	446	38.6	38.3	42.3	44.4	44.0	52.7	0.6	0.8	0.8	2.3	4.2	8.4
Libya	672	16.3	27.5	65.8	32.5	21.7	39.2	18.2	515.3	135.9	1.7	9.2	1.4
Mauritania	682	7.0	37.8	35.0	28.0	10.4	10.1	15.7	19.8	10.1	25.9	9.1	6.6
Morocco	686	540.9	591.2	969.8	781.0	752.6	788.4	194.2	201.9	190.6	182.4	179.8	172.0
Oman	449	6.5	59.4	33.9	15.9	22.6	20.2	12.9	1.3	8.0	1.8	10.0	1.2
Pakistan	564	21.6	17.9	18.2	35.7	25.1	33.6	113.7	79.0	121.9	125.8	113.2	112.4
Qatar	453	19.2	16.2	19.0	25.0	19.7	31.7	122.2	82.0	175.3	22.5	21.3	15.4
Saudi Arabia	456	128.8	169.5	200.6	150.1	142.2	134.6	1,274.8	1,143.6	923.4	1,039.5	802.1	511.1
Somalia	726	0.0	0.0	0.1	0.0	0.5	0.5	....	....	....	0.0	....	....
Sudan	732	9.2	10.1	9.7	11.7	6.3	8.5	0.1	0.1	0.2	16.5	26.5	....

Portugal (182)

In Millions of U.S. Dollars

		Exports (FOB) 2011	2012	2013	2014	2015	2016	Imports (CIF) 2011	2012	2013	2014	2015	2016
Syrian Arab Republic	463	24.4	9.0	5.0	12.1	4.8	10.7	9.9	2.1	5.0	0.8	0.6	1.1
Tunisia	744	199.9	147.9	221.3	170.9	156.0	200.1	36.3	82.8	27.5	16.9	45.1	11.1
United Arab Emirates	466	125.4	121.1	135.1	164.1	188.3	178.9	97.0	29.7	64.9	20.6	22.9	18.6
West Bank and Gaza	487	0.2	0.1	0.8	0.8	0.4	0.4	....	0.0	0.0	0.0	0.0	0.3
Yemen, Republic of	474	0.6	1.8	1.5	3.4	0.5	0.8	1.0	0.3	0.2	....	0.0	....
Sub-Saharan Africa	603	**4,666.0**	**5,273.2**	**5,828.1**	**5,747.0**	**3,721.9**	**2,863.6**	**4,597.8**	**4,971.2**	**6,712.1**	**4,411.9**	**2,789.4**	**1,697.5**
Angola	614	3,234.2	3,835.0	4,138.5	4,206.5	2,328.8	1,657.2	1,621.7	2,291.7	3,480.2	2,127.9	1,263.3	898.4
Benin	638	18.0	7.7	12.2	9.0	7.2	10.7	4.1	9.2	3.3	4.5	3.6	1.4
Botswana	616	1.1	0.2	0.9	0.1	0.6	1.0	0.4	0.0	....	0.0	0.0	0.0
Burkina Faso	748	6.2	7.1	10.7	9.9	7.4	9.1	1.0	0.1	4.5	6.8	2.4	1.9
Burundi	618	0.3	2.4	0.6	0.2	0.0	0.1	0.3	....	....	....	....	0.0
Cabo Verde	624	353.4	277.1	268.0	285.3	237.8	286.7	13.9	11.7	15.1	14.7	12.1	12.5
Cameroon	622	15.8	20.3	32.3	36.8	27.1	26.2	119.1	474.7	1,080.3	223.5	259.4	91.1
Central African Rep.	626	0.1	0.2	0.1	0.1	0.1	0.4	5.3	1.2	0.8	0.5	1.7	3.0
Chad	628	1.1	2.3	4.9	4.5	3.7	2.9	10.5	5.4	7.2	5.9	5.7	6.0
Comoros	632	0.0	0.0	0.5	0.0	0.0	0.7	....	....	0.0	0.0	0.0	0.0
Congo, Dem. Rep. of	636	13.1	18.5	16.4	19.1	12.0	4.3	13.3	6.7	7.3	7.0	8.3	5.0
Congo, Republic of	634	37.5	21.4	42.9	63.7	51.4	10.2	21.7	13.4	13.8	379.8	260.1	9.5
Côte d'Ivoire	662	21.2	18.2	52.7	25.2	44.7	39.2	22.4	32.4	24.5	36.9	29.6	31.7
Equatorial Guinea	642	57.5	53.9	87.4	72.5	39.7	22.5	193.1	609.4	253.2	285.9	246.3	96.5
Eritrea	643	0.0	0.0	0.0	0.1	0.1	....	....	0.1	0.0	....	....	....
Ethiopia	644	3.6	2.4	7.8	5.3	12.4	10.1	0.8	2.4	3.8	7.7	4.0	5.3
Gabon	646	16.4	8.8	17.2	17.9	7.7	8.7	5.0	2.4	3.4	2.7	48.2	45.5
Gambia, The	648	1.7	8.2	4.7	8.4	6.3	1.8	0.1	0.0	....	....	0.1	0.4
Ghana	652	51.5	15.4	29.9	31.7	27.6	42.1	4.7	8.7	349.8	161.9	159.8	62.9
Guinea	656	20.9	12.3	10.5	24.8	31.4	15.2	0.2	0.7	0.7	0.3	0.4	1.2
Guinea-Bissau	654	89.4	92.1	92.7	86.8	81.5	87.0	0.4	0.1	0.2	0.3	0.3	0.3
Kenya	664	14.5	10.2	11.5	12.8	12.1	23.0	6.5	4.8	5.8	6.0	5.5	6.2
Lesotho	666	0.0	0.1	....	....	....	0.1	0.2	0.1	0.0	....	....	....
Liberia	668	0.4	1.3	1.4	1.5	3.3	2.8	0.3	1.3	0.4	0.9	0.1	0.1
Madagascar	674	4.2	4.0	4.5	3.1	5.8	7.9	8.1	9.4	26.6	24.6	4.5	8.4
Malawi	676	1.8	35.3	9.6	5.4	3.9	2.0	11.0	14.8	31.9	13.8	25.2	27.0
Mali	678	9.7	3.6	5.4	6.0	4.6	4.9	0.6	0.3	1.2	1.8	6.6	5.8
Mauritius	684	3.3	2.5	3.6	5.3	4.4	5.0	5.1	5.3	5.4	3.9	6.7	13.7
Mozambique	688	302.2	369.0	435.3	420.9	393.7	237.8	58.2	21.0	83.9	45.3	41.8	39.5
Namibia	728	3.4	5.9	6.7	3.2	2.8	2.6	21.7	15.9	19.3	22.8	28.2	28.8
Niger	692	0.3	0.1	0.8	1.0	3.1	1.6	....	0.0	0.5	....	....	....
Nigeria	694	107.8	116.6	80.8	50.9	48.6	30.6	2,140.0	1,192.1	991.4	737.2	116.5	10.4
Rwanda	714	0.6	0.6	2.1	1.0	1.2	1.5	0.3	....	0.0	0.1	0.3	0.0
São Tomé & Príncipe	716	64.9	59.3	66.9	75.0	63.7	71.1	0.4	0.3	0.1	0.2	0.2	0.4
Senegal	722	48.7	66.1	70.5	54.3	48.7	38.5	23.0	18.6	25.7	29.2	22.5	27.3
Seychelles	718	4.2	2.4	2.6	1.5	4.8	3.7	0.0	0.1	0.0	0.0	0.1	0.0
Sierra Leone	724	6.0	4.4	5.3	1.4	1.6	2.1	....	0.2	0.3	0.1	0.0	0.5
South Africa	199	119.5	130.6	213.0	163.0	169.8	161.8	136.7	98.8	145.5	159.4	135.3	170.9
South Sudan, Rep. of	733	....	....	0.0	0.2	....	0.0	....	....	....	....	....	....
Swaziland	734	2.2	2.7	2.7	2.5	2.9	2.9	17.1	1.1	47.1	1.3	30.3	23.4
Tanzania	738	3.8	3.0	3.4	4.2	5.2	4.2	27.3	27.4	19.9	28.6	28.9	27.7
Togo	742	20.2	46.9	48.9	12.8	6.1	16.6	1.7	2.0	3.3	2.2	2.7	2.2
Uganda	746	0.3	2.3	2.3	2.6	2.9	2.6	31.7	20.2	19.8	18.1	20.5	24.3
Zambia	754	1.8	1.1	17.2	4.1	4.7	2.4	6.0	7.4	10.6	5.5	4.4	3.3
Zimbabwe	698	3.1	2.0	2.7	6.1	0.3	1.9	64.0	59.7	25.2	44.6	3.6	4.5
Africa n.s.	799	....	0.0	....	....	....	....	....	....	....	....	0.1	0.1
Western Hemisphere	205	**2,011.8**	**1,904.5**	**1,971.5**	**1,994.7**	**1,486.3**	**1,376.8**	**3,504.8**	**3,008.4**	**2,007.0**	**1,988.1**	**1,931.6**	**2,267.5**
Anguilla	312	0.0	0.0	0.1	0.1	0.0	0.0	....	....	....	....	....	....
Antigua and Barbuda	311	0.7	1.1	0.1	0.5	0.6	0.3	3.3	0.1	0.3	0.0	0.1	0.3
Argentina	213	63.0	68.1	118.5	66.8	100.8	90.4	216.4	111.5	92.4	83.7	48.3	111.9
Aruba	314	0.2	0.1	0.2	1.5	1.4	1.8	....	....	....	24.7	0.0	0.0
Bahamas, The	313	0.2	0.7	0.9	99.4	3.8	2.8	0.1	0.0	0.0	0.0	0.1	0.0
Barbados	316	1.8	1.3	1.2	2.2	1.8	1.0	5.4	0.0	0.0	3.1	....	0.0
Belize	339	0.0	0.0	0.4	0.4	0.0	0.0	0.4	13.3	12.1	0.6	0.5	1.2

Portugal (182)

In Millions of U.S. Dollars

		Exports (FOB) 2011	2012	2013	2014	2015	2016	Imports (CIF) 2011	2012	2013	2014	2015	2016
Bermuda	319	2.6	0.7	0.8	0.4	0.7	0.9	0.2	0.5	0.2	0.2	0.9	0.0
Bolivia	218	2.5	2.7	8.0	12.3	7.8	7.4	1.9	1.3	14.9	1.0	1.2	1.2
Brazil	223	810.3	873.6	982.2	844.7	632.6	596.1	2,052.6	1,749.8	1,101.1	1,156.8	954.1	1,175.4
Chile	228	112.0	111.1	102.9	120.4	114.1	120.6	71.4	31.6	42.2	60.4	43.4	58.1
Colombia	233	25.9	35.7	54.0	84.6	65.6	51.6	340.4	362.3	267.8	277.9	310.1	310.1
Costa Rica	238	9.6	5.1	5.6	13.0	8.6	6.9	75.3	43.1	70.3	21.7	31.5	44.8
Curaçao	354	....	....	5.4	1.8	1.8	1.7	....	....	0.0	0.0	0.8	0.0
Dominica	321	0.0	....	0.0	0.0	0.1	0.1	....	....	....	....	....	0.0
Dominican Republic	243	11.6	19.1	17.2	15.3	18.8	20.8	1.8	2.6	24.5	23.7	9.0	1.8
Ecuador	248	14.6	17.7	28.5	22.2	18.8	10.6	30.8	16.3	21.9	19.2	15.7	20.5
El Salvador	253	9.8	8.9	9.3	14.2	13.0	11.2	0.6	0.8	0.8	0.6	0.7	1.4
Greenland	326	0.9	1.0	0.4	0.7	0.4	0.7	1.3	0.7	2.0	....	0.7	0.5
Grenada	328	0.0	0.0	0.0	0.0	0.1	0.0	....	....	....	....	....	....
Guatemala	258	4.3	4.2	7.7	9.7	13.1	12.5	8.7	14.7	4.2	4.4	10.1	2.5
Guyana	336	0.4	0.2	0.3	0.3	0.6	0.6	46.5	22.0	31.2	35.9	28.9	51.9
Haiti	263	0.7	0.6	0.6	1.1	0.4	5.0	0.0	0.0	0.0	0.0	0.1	0.0
Honduras	268	3.4	2.6	4.2	6.2	3.3	4.1	18.3	10.2	8.6	8.4	8.9	5.3
Jamaica	343	1.6	1.0	1.9	0.1	1.2	1.0	11.7	0.5	14.8	14.1	7.1	0.0
Mexico	273	644.4	252.0	260.8	266.1	219.9	250.9	322.3	194.5	79.3	65.6	163.5	175.2
Montserrat	351	....	....	0.0	....	....	0.1	....	....	....	....	....	....
Netherlands Antilles	353	3.3	4.1	....	....	....	....	0.0	0.0	....	....	....	....
Nicaragua	278	0.8	1.8	1.6	1.2	1.6	2.3	1.4	1.1	4.4	3.1	10.0	13.0
Panama	283	12.2	13.4	17.8	20.4	20.4	25.2	4.5	4.2	9.5	7.7	8.4	13.6
Paraguay	288	20.3	17.8	18.9	19.1	6.0	5.9	94.2	47.6	59.0	29.3	72.2	99.3
Peru	293	22.1	30.8	37.9	40.2	37.8	35.6	40.3	31.5	25.0	19.7	27.9	25.4
Sint Maarten	352	....	....	0.8	0.4	1.0	0.8	....	....	....	....	0.0	0.0
St. Kitts and Nevis	361	0.0	0.0	0.0	0.0	0.0	0.1	....	....	....	....	....	....
St. Lucia	362	0.0	0.0	0.0	0.0	0.1	0.1	....	....	....	....	....	....
St. Vincent & Grens.	364	0.0	0.0	0.0	0.1	0.0	0.1	....	....	....	....	0.0	....
Suriname	366	0.4	0.6	0.7	1.0	1.0	0.3	4.2	6.1	6.8	11.6	1.1	6.3
Trinidad and Tobago	369	6.2	4.8	4.9	3.6	2.8	1.4	8.2	35.3	16.3	39.3	25.5	19.0
Uruguay	298	9.1	20.5	22.9	50.2	32.2	17.2	121.3	71.7	86.0	73.0	83.7	103.3
Venezuela, Rep. Bol.	299	214.7	402.3	253.2	270.9	149.6	83.3	20.1	234.5	11.0	2.4	67.1	24.3
Western Hem. n.s.	399	1.7	0.5	1.7	3.4	4.3	5.4	1.0	0.5	0.2	0.0	0.1	0.0
Other Countries n.i.e	910	**31.0**	**57.2**	**46.2**	**45.2**	**50.9**	**55.0**	**9.0**	**41.8**	**43.0**	**20.8**	**29.6**	**52.0**
Cuba	928	31.0	57.0	46.2	44.9	50.9	55.0	8.9	41.8	43.0	20.8	29.6	52.0
Korea, Dem. People's Rep.	954	....	0.2	....	0.3	0.0	0.0	0.1	....	0.1	....	....	....
Special Categories	899	**1,434.1**	**1,506.3**	**1,481.1**	**1,409.0**	**998.3**	**777.4**	....	....	....	....	....	....
Countries & Areas n.s.	898	**144.3**	**138.4**	**143.1**	**34.0**	**24.3**	**14.4**	**18.1**	**0.7**	**52.0**	**416.9**	**345.5**	**262.8**
Memorandum Items													
Africa	605	5,926.5	6,611.3	7,764.6	7,525.3	5,276.3	4,406.9	5,937.3	6,303.3	7,470.0	5,593.5	3,679.9	2,300.7
Middle East	405	574.6	668.1	749.6	652.5	681.7	715.8	1,696.0	2,253.8	1,785.9	1,479.0	1,128.6	910.7
European Union	998	43,700.2	40,589.9	43,525.2	44,715.4	39,824.4	41,607.2	60,807.5	51,828.6	54,569.1	58,604.4	51,213.7	52,581.0
Export earnings: fuel	080	4,806.8	5,777.4	6,355.7	6,351.4	4,044.9	3,070.9	9,434.0	10,091.5	9,885.7	8,777.3	5,812.3	4,808.0
Export earnings: nonfuel	092	54,815.5	52,337.6	56,441.6	57,481.2	51,193.0	52,606.6	73,514.2	62,395.9	65,841.9	69,611.4	61,101.6	62,823.7

Qatar (453)
In Millions of U.S. Dollars

		Exports (FOB)						Imports (CIF)					
		2011	2012	2013	2014	2015	2016	2011	2012	2013	2014	2015	2016
IFS World		....	....	....	131,260.9	77,892.9	57,253.0	....	....	....	30,471.5	32,611.5	32,057.7
World	001	114,312.9	131,937.9	132,495.7	126,287.1	76,618.2	56,808.0	21,710.1	24,422.2	25,747.1	29,380.1	31,690.5	32,231.9
Advanced Economies	110	82,766.1	89,744.6	91,288.9	81,832.4	47,057.3	31,409.3	11,971.7	13,714.9	14,860.1	16,218.4	17,230.3	18,462.7
Euro Area	163	10,043.1	8,426.8	8,375.6	6,358.1	5,491.3	3,465.1	4,793.8	4,949.4	5,376.7	6,136.5	6,895.5	6,896.4
Austria	122	9.3	14.0	28.5	33.6	43.1	18.0	143.1	214.4	192.9	182.8	260.1	239.7
Belgium	124	1,974.9	1,703.1	1,475.4	1,079.7	1,326.9	854.6	193.4	182.3	183.7	246.7	264.8	238.2
Cyprus	423	0.4	27.6	1.4	1.5	9.8	1.1	4.5	7.9	6.1	8.5	8.3	9.3
Estonia	939	21.6	0.0	0.1	....	0.1	0.2	1.2	2.7	2.6	6.9	4.1	5.7
Finland	172	12.2	24.0	29.2	59.1	62.9	105.3	54.6	61.9	63.3	74.7	65.3	64.8
France	132	1,731.9	1,534.2	1,795.0	1,217.7	827.6	301.0	748.7	745.3	756.0	928.2	1,245.9	1,031.1
Germany	134	81.8	116.7	287.6	179.6	159.8	280.5	1,551.2	1,666.9	1,775.2	2,172.7	2,442.5	2,970.4
Greece	174	120.6	68.3	39.7	30.8	48.7	20.6	12.6	19.0	48.8	41.4	34.4	42.3
Ireland	178	6.8	10.5	6.4	6.8	4.8	9.9	93.2	92.9	105.1	122.5	158.4	129.8
Italy	136	121.4	263.4	2,577.3	1,826.2	1,603.6	1,104.3	1,276.0	1,222.4	1,539.2	1,491.8	1,451.0	1,290.3
Latvia	941	....	....	....	....	0.3	0.1	1.2	1.0	1.8	3.5	2.7	3.1
Lithuania	946	1.7	4.9	4.2	6.4	6.6	6.4	5.0	9.5	10.7	5.4	4.2	4.6
Luxembourg	137	0.3	0.0	4.5	20.1	2.6	38.4	4.5	9.5	8.4	25.7	23.5	9.4
Malta	181	20.1	6.6	0.2	1.4	2.5	1.4	9.0	2.4	3.0	4.2	4.1	3.2
Netherlands	138	1,432.1	124.1	732.6	414.5	549.1	145.9	333.8	361.1	292.9	347.9	440.6	312.8
Portugal	182	167.2	56.5	167.2	162.7	40.5	19.1	35.4	28.5	36.9	59.9	50.8	62.3
Slovak Republic	936	0.1	0.2	1.5	3.8	11.4	1.5	19.3	25.2	35.5	45.8	53.0	41.8
Slovenia	961	0.1	35.1	1.6	0.1	7.3	7.5	7.5	7.9	8.5	17.8	15.3	14.2
Spain	184	4,340.7	4,437.7	1,223.1	1,314.1	783.6	549.4	299.3	288.5	306.0	349.9	366.4	423.5
Australia	193	451.3	826.1	654.9	541.7	393.7	259.0	506.7	700.0	593.8	521.0	633.2	524.5
Canada	156	404.3	142.4	144.6	20.6	13.7	16.7	185.4	172.6	258.4	188.7	166.1	329.9
China,P.R.: Hong Kong	532	43.0	121.8	11.4	36.9	125.4	74.8	23.6	16.4	17.0	13.6	20.7	20.0
China,P.R.: Macao	546	0.3	0.1	....	0.8	....	0.0	0.1	....	0.1	....	....	....
Czech Republic	935	1.0	3.1	1.4	9.8	7.9	4.7	86.8	94.5	101.2	129.2	161.7	176.2
Denmark	128	86.1	10.3	9.4	45.4	4.5	15.2	80.0	71.3	74.7	123.5	102.5	83.4
Iceland	176	....	0.0	1.4	....	15.0	....	0.6	0.3	0.9	0.3	0.4	0.2
Japan	158	29,867.9	36,890.9	39,875.1	33,221.1	16,032.7	10,935.0	1,252.0	2,060.2	1,910.1	1,954.2	2,134.2	2,140.0
Korea, Republic of	542	20,135.8	24,675.8	24,550.6	24,722.6	13,488.8	8,968.7	3.8	3.9	3.4	1.7	0.8	675.2
New Zealand	196	757.6	359.0	465.4	503.0	359.6	139.1	26.8	32.3	25.1	33.6	38.6	26.9
Norway	142	4.8	218.0	1.8	6.0	12.0	16.8	79.6	205.9	167.3	148.9	42.3	28.1
Singapore	576	8,180.8	7,037.9	6,811.3	7,904.2	3,562.2	3,003.1	206.8	131.7	595.0	359.7	137.7	358.6
Sweden	144	25.9	16.0	19.8	22.9	22.1	21.9	384.1	198.7	182.7	274.5	338.8	251.3
Switzerland	146	8.9	30.1	96.4	196.2	170.3	186.8	532.4	1,006.1	858.4	979.9	909.4	859.2
Taiwan Prov.of China	528	3,702.0	5,283.9	5,659.7	4,331.5	2,970.3	1,743.0	141.0	167.1	180.6	207.1	219.6	171.3
United Kingdom	112	8,008.2	4,571.7	3,848.7	3,375.6	3,472.3	1,875.8	1,106.0	1,137.6	1,349.4	1,661.5	1,853.1	1,315.0
United States	111	1,045.1	1,130.7	761.4	536.0	915.5	683.5	2,562.3	2,766.9	3,165.4	3,484.5	3,575.7	4,606.5
Emerg. & Dev. Economies	200	31,546.8	42,140.4	41,206.5	44,454.7	29,556.2	25,394.9	9,736.7	10,705.7	10,850.1	13,159.2	14,457.6	13,733.6
Emerg. & Dev. Asia	505	20,970.7	28,150.5	29,317.8	31,976.2	19,095.0	15,744.6	3,789.8	4,517.0	4,833.4	5,883.2	6,503.0	5,937.0
Bangladesh	513	160.7	305.0	233.9	287.5	200.8	119.7	15.9	27.4	43.5	42.2	47.7	48.0
Bhutan	514	0.9	1.1	0.3	0.1	....	1.8	....	....	....	....	....	....
Brunei Darussalam	516	0.1	0.0	0.7	2.1	....	1.9	....	....	0.0	0.0	....	....
Cambodia	522	0.2	0.5	0.2	66.3	1.3	1.4	1.9	3.2	6.9	10.6	16.3	19.3
China,P.R.: Mainland	924	4,494.9	6,814.1	8,450.7	9,495.9	5,289.8	4,485.8	2,154.7	2,462.8	2,659.6	3,212.1	3,765.2	3,320.2
Fiji	819	0.3	0.5	0.6	1.2	1.3	1.0	0.1	0.0	0.2	0.1	0.3	0.4
F.T. New Caledonia	839	0.0	....	0.1	0.0	10.8	....	0.0	....	....	....	....	....
India	534	10,851.6	14,629.8	13,766.9	15,991.6	9,199.1	7,380.7	723.3	887.6	895.4	1,168.3	1,215.9	1,196.7
Indonesia	536	512.5	1,495.0	1,172.1	1,278.2	612.2	369.1	121.6	147.9	148.1	150.1	188.0	130.9
Lao People's Dem.Rep	544	....	....	....	....	....	....	0.1	0.0	0.2	....	....	....
Malaysia	548	1,711.8	1,271.7	922.4	614.6	465.8	665.8	283.2	308.5	320.6	425.1	353.7	248.7
Maldives	556	0.3	0.2	0.2	10.5	0.5	1.1	0.1	0.2	0.1	....	....	....
Marshall Islands	867	....	....	....	....	....	0.5	....	....	....	....	....	....
Mongolia	948	....	....	....	....	....	0.0 e	....	....	....	....	....	0.3 e
Myanmar	518	3.7	24.1	6.6	4.1	0.5	0.1	4.5	4.5	4.0	4.6	5.4	5.3
Nauru	836	....	....	....	....	....	....	0.3	0.4	0.0	....	....	....
Nepal	558	6.5	11.3	8.0	8.1	2.6	3.2	1.1	1.1	1.0	1.0	....	....
Papua New Guinea	853	....	1.1	....	0.0	0.4	3.2	....	....	0.0	....	....	....

Qatar (453)

In Millions of U.S. Dollars

		Exports (FOB)						Imports (CIF)					
		2011	2012	2013	2014	2015	2016	2011	2012	2013	2014	2015	2016
Philippines	566	413.3	646.7	994.8	704.7	509.2	306.5	44.0	50.6	54.5	64.9	80.9	71.5
Sri Lanka	524	254.3	116.2	51.8	48.8	32.9	34.6	14.5	16.2	20.9	26.5	31.4	26.6
Thailand	578	2,413.4	2,630.3	3,514.3	3,332.6	2,624.4	2,191.8	377.9	493.6	483.1	523.5	507.7	427.9
Tonga	866	....	0.3	....	....	....	....	....	....	....	....	....	....
Vietnam	582	146.2	202.5	194.4	129.8	143.1	176.4	46.7	113.1	195.3	254.1	290.4	277.5
Asia n.s.	598	....	....	....	....	....	....	....	....	....	....	....	163.8
Europe	**170**	**794.9**	**1,253.4**	**652.3**	**1,210.5**	**1,017.8**	**766.5**	**637.8**	**768.2**	**690.9**	**939.9**	**1,053.0**	**1,045.5**
Emerg. & Dev. Europe	**903**	**759.0**	**1,227.9**	**587.6**	**1,164.2**	**993.0**	**724.4**	**524.5**	**644.4**	**566.9**	**789.2**	**912.8**	**928.0**
Albania	914	....	....	....	....	....	2.7	0.1	1.2	1.5	3.0	2.2	2.0
Bosnia and Herzegovina	963	0.0	0.0	0.0	4.3	2.7	1.4	1.3	1.2	0.8	1.8	1.8	1.7
Bulgaria	918	0.0	2.2	5.4	3.1	2.5	1.2	6.7	10.6	15.1	15.8	27.7	18.8
Croatia	960	0.3	5.4	6.2	6.1	5.2	4.6	61.2	24.6	7.9	32.1	17.8	45.9
Gibraltar	823	....	....	....	77.1	....	....	....	....	....	....	....	....
Hungary	944	3.6	5.6	4.3	3.4	2.9	0.2	113.0	138.1	73.9	101.7	121.5	85.1
Kosovo	967	....	....	....	....	....	1.1 e	....	....	....	....	....	0.1 e
Macedonia, FYR	962	1.5	3.1	1.9	0.2	....	....	0.3	....	0.5	0.7	....	1.4
Poland	964	14.4	15.5	20.0	18.6	51.9	324.2	64.3	78.7	88.2	106.2	127.2	133.0
Romania	968	1.5	8.3	20.8	13.7	9.6	9.5	37.0	47.7	59.4	71.9	89.6	97.1
Serbia, Republic of	942	....	....	....	....	....	0.3	....	....	....	....	....	2.9
Turkey	186	737.5	1,187.8	529.0	1,037.7	918.0	379.3	240.8	342.3	319.5	456.0	525.0	539.9
CIS	**901**	**35.9**	**25.5**	**42.7**	**46.2**	**24.8**	**42.1**	**113.4**	**123.8**	**124.0**	**150.8**	**140.2**	**117.5**
Armenia	911	0.6	0.0	....	0.0	0.3	0.3	0.1	1.2	0.3	0.5	....	....
Azerbaijan, Rep. of	912	2.8	0.8	2.9	0.0	0.6	0.2	0.3	0.1	0.3	0.1	0.5	0.3
Belarus	913	....	....	0.2	2.3	1.3	2.0	....	....	....	....	....	3.2
Georgia	915	....	....	....	....	....	0.4	0.5	1.5	0.4	0.3	1.4	0.5
Kazakhstan	916	1.1	0.4	4.7	0.1	1.6	0.1	0.1	0.0	0.0	....	....	....
Kyrgyz Republic	917	....	....	....	....	....	0.0	....	....	....	0.1	....	....
Moldova	921	....	....	0.0	0.0	0.1	0.1	....	....	....	....	....	0.6
Russian Federation	922	5.5	13.1	14.7	20.9	10.9	10.4	65.2	104.7	106.2	117.9	101.0	81.8
Turkmenistan	925	4.4	0.4	3.3	1.3	....	2.2	0.0	....	0.3	3.4	....	....
Ukraine	926	21.6	10.7	16.9	21.6	10.1	26.3	47.2	16.2	16.4	28.5	37.3	31.1
Europe n.s.	884	....	....	21.9	....	....	....	....	....	....	....	....	....
Mid East, N Africa, Pak	**440**	**7,632.2**	**9,980.5**	**8,822.9**	**8,863.3**	**7,625.7**	**7,531.9**	**4,541.6**	**4,670.0**	**4,566.0**	**5,582.0**	**5,956.9**	**5,965.2**
Afghanistan, I.R. of	512	0.3	0.0	0.0	0.7	2.6	0.6	....	....	0.5	....	....	....
Algeria	612	24.0	55.3	64.3	83.7	52.1	36.6	1.4	2.8	4.9	0.6	1.9	2.0
Bahrain, Kingdom of	419	108.9	164.5	192.6	334.5	186.0	214.0	495.0	442.3	213.9	327.8	289.8	320.3
Djibouti	611	1.0	1.7	0.8	0.2	1.1	3.3	0.1	0.3	2.3	2.6	0.7	0.5
Egypt	469	273.1	190.0	45.3	67.5	705.9	1,113.4	266.5	279.9	234.3	323.6	361.1	326.0
Iran, I.R. of	429	19.6	13.4	15.2	7.6	4.2	13.5	63.9	37.7	52.1	50.8	105.1	84.4
Iraq	433	117.3	184.3	180.8	167.9	123.1	64.1	0.2	0.7	0.5	0.4	1.0	0.7
Jordan	439	124.0	172.5	208.7	291.7	391.8	225.7	68.7	73.4	89.4	105.0	124.4	133.6
Kuwait	443	891.7	845.6	1,131.1	731.7	428.2	569.4	208.9	198.8	202.7	235.9	198.1	173.8
Lebanon	446	26.9	39.0	34.5	29.2	27.0	26.3	92.6	99.9	114.3	110.2	101.9	90.5
Libya	672	15.7	6.4	13.2	5.6	1.8	1.9	0.2	0.0	0.0	....	....	....
Mauritania	682	0.4	0.8	0.4	0.7	0.6	0.6	....	0.1	0.0	0.3	....	....
Morocco	686	128.3	117.9	97.1	58.3	48.9	52.1	11.4	13.1	19.8	20.8	25.6	26.8
Oman	449	309.2	378.8	474.8	378.5	186.5	189.5	165.8	165.8	335.0	385.3	347.9	370.6
Pakistan	564	164.7	392.2	130.9	152.6	338.9	697.2	170.3	109.4	104.6	104.5	94.8	86.8
Saudi Arabia	456	861.6	1,344.8	1,049.8	1,061.8	759.1	519.3	1,169.9	1,213.3	1,206.9	1,390.2	1,405.9	1,384.5
Somalia	726	0.7	0.9	0.7	1.8	0.7	1.2	5.2	3.0	0.3	0.8	0.4	1.0
Sudan	732	46.7	60.0	31.3	39.5	21.8	11.3	6.6	9.2	17.2	11.8	16.2	19.1
Syrian Arab Republic	463	73.5	7.5	0.4	2.4	0.1	0.2	....	....	....	....	....	10.3
Tunisia	744	10.2	27.8	18.1	22.6	25.4	29.7	8.8	9.6	10.8	11.5	17.7	17.7
United Arab Emirates	466	4,357.6	5,926.7	5,118.9	5,415.1	4,318.0	3,757.0	1,804.2	2,004.9	1,943.8	2,494.3	2,862.1	2,914.3
West Bank and Gaza	487	....	....	....	....	....	3.1	....	....	....	....	....	....
Yemen, Republic of	474	76.8	50.2	13.7	9.8	2.1	1.8	1.9	5.9	12.7	5.7	2.2	2.4
Sub-Saharan Africa	**603**	**1,006.3**	**1,303.9**	**1,066.0**	**794.4**	**686.3**	**666.2**	**67.1**	**73.0**	**129.9**	**101.1**	**109.7**	**133.9**
Angola	614	18.7	12.7	8.7	26.8	37.4	21.0	....	....	....	....	....	....
Benin	638	61.0	0.4	0.1	0.3	0.1	0.3	....	0.0	....	....	....	....
Botswana	616	....	0.3	0.3	0.6	1.0	0.1	0.0	....	....	....	....	....

2017, International Monetary Fund: *Direction of Trade Statistics Yearbook*

Qatar (453)

In Millions of U.S. Dollars

		Exports (FOB)						Imports (CIF)					
		2011	2012	2013	2014	2015	2016	2011	2012	2013	2014	2015	2016
Burkina Faso	748	0.3	0.4	0.1	0.2	0.2	0.8	....	....	....	....	....	....
Cabo Verde	624	....	....	....	....	....	0.3	....	....	....	....	....	....
Cameroon	622	1.3	2.5	2.2	3.5	3.6	2.9	0.3	0.4	0.6	0.8	1.1	0.7
Chad	628	....	....	3.7	0.7	2.8	0.2	....	....	....	....	....	....
Comoros	632	....	....	....	....	....	15.0	0.1	0.2	0.1	0.0	0.3	....
Congo, Dem. Rep. of	636	0.5	2.3	1.5	1.0	5.4	4.9	0.2	....	0.3	....	....	....
Congo, Republic of	634	2.8	2.7	1.2	0.0	0.1	0.7	....	0.0	0.3	0.0	0.5	....
Côte d'Ivoire	662	10.3	15.1	9.6	4.4	5.8	11.0	1.5	2.0	1.3	1.7	1.6	1.4
Eritrea	643	1.4	0.4	0.6	0.7	0.1	0.2	0.1	....	0.0	....	....	....
Ethiopia	644	12.5	5.5	3.3	10.3	30.5	8.5	0.8	0.9	1.0	1.1	1.6	1.9
Gabon	646	16.5	0.4	0.5	0.4	0.4	0.1	0.7	1.3	1.5	0.2	1.1	0.8
Gambia, The	648	....	....	....	....	....	0.1	....	....	....	....	....	....
Ghana	652	1.5	14.3	5.0	9.9	10.7	12.0	1.0	1.5	1.6	2.3	1.3	1.0
Guinea	656	4.0	2.3	11.1	16.0	0.5	4.7	....	....	0.0	....	....	....
Guinea-Bissau	654	....	0.5	....	0.8	....	....	....	....	....	....	....	....
Kenya	664	18.5	41.2	140.2	28.2	61.7	79.6	5.3	4.9	5.0	6.6	7.4	6.6
Lesotho	666	....	....	....	....	....	....	0.4	0.1	0.7	0.2	0.2	....
Liberia	668	10.0	30.8	0.4	0.2	0.1	0.5	....	0.0	30.2	....	....	....
Madagascar	674	10.4	24.5	46.8	57.8	59.8	53.1	0.4	0.9	1.3	2.1	2.0	1.9
Malawi	676	0.3	2.0	0.4	5.1	5.0	4.1	0.1	0.4	0.2	0.3	0.4	....
Mali	678	0.1	0.4	0.3	1.0	1.2	1.3	0.0	0.0	0.3	0.0	0.1	....
Mauritius	684	1.2	3.0	2.0	1.9	0.9	1.3	0.8	1.3	1.7	1.4	2.0	1.8
Mozambique	688	1.8	4.5	9.5	1.8	1.9	6.1	0.0	0.0	0.1	1.6	6.1	4.3
Namibia	728	0.1	0.2	....	....	....	0.1	0.0	0.1	0.1	0.1	0.2	....
Niger	692	0.6	0.4	0.1	0.1	0.0	0.2	0.2	0.3	0.3	0.2	0.0	....
Nigeria	694	28.0	31.5	35.7	42.1	33.1	54.7	0.2	0.1	1.2	1.9	0.5	0.6
Rwanda	714	....	0.0	....	0.0	0.0	0.3	....	....	....	....	....	....
Senegal	722	15.9	4.8	2.5	9.7	6.4	5.0	0.1	0.0	0.0	0.0	0.1	....
Seychelles	718	0.0	0.1	0.1	....	....	0.0	0.0	0.1	0.1	....	....	....
Sierra Leone	724	0.3	0.7	0.1	2.0	1.8	1.9	0.1	0.2	0.1	1.7	0.1	....
South Africa	199	754.3	1,068.7	760.9	492.9	381.6	345.4	51.4	57.4	80.2	75.0	78.1	104.3
Swaziland	734	....	0.0	0.7	53.7	....	....	0.2	0.0	0.0	0.1	0.0	2.4
Tanzania	738	9.8	12.6	9.6	5.5	15.8	11.3	2.9	0.6	1.2	2.6	3.4	4.4
Togo	742	2.2	8.1	1.9	9.1	11.4	11.4	....	....	....	....	....	....
Uganda	746	17.3	7.3	5.5	5.0	4.2	5.3	0.0	0.2	0.3	0.7	1.0	1.5
Zambia	754	1.2	0.7	0.3	2.2	2.5	1.3	0.0	....	0.1	0.1	0.1	....
Zimbabwe	698	3.3	2.7	1.1	0.4	0.6	0.3	0.2	0.2	0.2	0.4	0.5	0.3
Africa n.s.	799	0.2	....	....	0.0	....	....	....	....	....	....	....	....
Western Hemisphere	205	1,142.6	1,452.0	1,347.6	1,610.3	1,131.5	685.8	700.3	677.6	629.8	653.0	835.1	652.0
Argentina	213	304.7	17.3	314.8	545.0	147.5	159.0	19.3	18.7	13.6	20.5	34.1	33.6
Aruba	314	0.3	0.0	....	....	....	....	....	....	....	....	....	....
Bahamas, The	313	....	14.0	....	....	....	....	....	....	....	....	....	....
Bolivia	218	0.1	0.2	0.5	0.6	0.3	0.0	0.1	0.1	0.1	0.2	0.3	0.2
Brazil	223	188.3	936.6	419.2	346.5	543.9	304.7	535.5	410.1	363.0	423.8	548.6	394.0
Chile	228	224.9	0.4	65.6	6.4	4.4	10.2	10.4	14.0	14.6	11.6	12.3	11.4
Colombia	233	2.8	4.9	11.1	17.1	5.7	6.2	1.6	1.2	1.1	1.6	2.3	2.3
Costa Rica	238	0.1	1.4	1.7	5.5	....	13.4	2.4	3.3	4.8	6.8	....	3.1
Dominican Republic	243	5.9	40.4	2.3	35.6	3.6	1.3	0.2	1.3	1.2	0.6	3.4	1.7
Ecuador	248	1.2	3.9	2.0	9.1	1.9	2.9	4.3	5.6	6.2	5.8	6.5	7.6
El Salvador	253	0.1	0.9	0.0	2.6	0.0	0.4	0.1	0.2	0.1	0.1	0.3	0.3
Guatemala	258	....	....	....	....	....	1.8	4.2	2.5	6.1	2.8	4.5	2.6
Haiti	263	....	....	....	....	....	0.2	....	....	....	....	....	....
Honduras	268	....	0.0	0.0	0.3	....	0.9	0.4	0.6	0.7	0.5	0.8	0.7
Jamaica	343	0.4	1.2	0.5	1.7	1.5	0.6	0.1	0.1	0.0	0.1	0.5	....
Mexico	273	401.6	299.7	482.6	562.8	267.8	52.7	118.0	216.0	214.9	175.8	215.6	189.3
Netherlands Antilles	353	....	....	....	....	....	....	....	0.0	0.1	....	....	....
Nicaragua	278	....	....	....	....	....	0.1	....	....	....	....	0.3	....
Panama	283	0.5	39.3	0.7	1.8	0.0	1.0	1.3	0.0	0.1	....	....	....
Paraguay	288	....	1.2	0.9	1.9	1.2	1.0	0.0	0.1	0.0	0.1	0.0	....
Peru	293	10.6	22.4	35.0	60.2	27.9	19.5	1.0	1.7	1.9	2.3	3.7	3.3

Qatar (453)

In Millions of U.S. Dollars

		Exports (FOB)						Imports (CIF)					
		2011	2012	2013	2014	2015	2016	2011	2012	2013	2014	2015	2016
St. Lucia	362	....	....	....	....	....	0.2	....	....	....	....	....	....
Suriname	366	0.1	0.2	0.4	0.2	0.2	0.1	....	....	....	....	....	....
Trinidad and Tobago	369	0.3	1.8	0.2	0.0	0.4	0.2	0.1	0.1	0.0	....	....	....
Uruguay	298	0.2	26.0	6.6	11.4	124.8	103.8	1.3	1.7	1.1	0.4	1.9	1.7
Venezuela, Rep. Bol.	299	0.4	40.1	3.3	1.6	0.2	5.5	0.0	0.1	0.0	....	....	....
Other Countries n.i.e	910	....	52.9	0.3	0.0	4.7	3.7	**1.7**	**1.6**	**2.4**	**2.5**	**2.7**	**3.3**
Cuba	928	....	0.0	0.3	0.0	0.3	0.3	1.7	1.6	2.4	2.5	2.7	3.1
Korea, Dem. People's Rep.	954	....	52.9	....	....	4.3	3.4	....	....	....	....	....	0.2
Countries & Areas n.s.	898	....	....	....	....	....	....	....	....	34.6	....	....	32.2
Memorandum Items													
Africa	605	1,217.6	1,568.4	1,278.7	1,001.1	836.8	801.0	100.8	111.1	185.3	149.4	172.3	200.9
Middle East	405	7,255.9	9,323.8	8,479.2	8,503.3	7,133.7	6,699.2	4,337.7	4,522.6	4,405.6	5,429.1	5,799.5	5,811.4
European Union	998	18,184.3	13,064.9	12,311.7	9,856.8	9,070.3	5,722.4	6,732.7	6,751.2	7,329.2	8,652.9	9,735.3	9,102.3
Export earnings: fuel	080	6,867.0	9,082.9	8,347.8	8,319.0	6,156.3	5,473.5	3,983.9	4,185.6	4,089.8	5,022.2	5,326.8	5,346.6
Export earnings: nonfuel	092	107,445.9	122,855.1	124,147.9	117,968.2	70,461.9	51,334.5	17,726.3	20,236.7	21,657.3	24,357.9	26,363.7	26,885.3

Romania (968)
In Millions of U.S. Dollars

		Exports (FOB) 2011	2012	2013	2014	2015	2016	Imports (CIF) 2011	2012	2013	2014	2015	2016
IFS World		....	....	....	....	....	....	....	....	....	....	....	....
World	001	**63,033.1**	**57,867.4**	**65,854.8**	**69,724.8**	**60,583.5**	**63,527.5**	**76,522.9**	**70,224.4**	**73,498.0**	**77,747.4**	**69,822.5**	**74,537.8**
Advanced Economies	110	**40,677.6**	**37,310.6**	**42,538.4**	**45,711.5**	**41,009.7**	**43,367.9**	**46,973.5**	**43,475.1**	**47,133.9**	**49,604.0**	**45,393.6**	**48,266.6**
Euro Area	163	33,611.3	30,016.5	33,729.0	36,374.1	32,606.3	35,035.0	39,031.4	36,168.5	39,355.3	41,723.2	38,303.4	41,096.4
Austria	122	1,389.1	1,322.4	1,563.6	1,654.3	1,525.2	1,507.6	3,058.3	2,888.0	2,916.1	2,918.8	2,690.7	2,662.2
Belgium	124	1,254.7	1,011.4	1,242.5	1,190.6	1,091.8	1,220.0	1,580.7	1,443.4	1,642.8	1,659.1	1,604.8	1,741.1
Cyprus	423	110.3	168.1	92.9	76.6	90.1	70.3	110.4	79.5	84.3	79.1	61.5	46.9
Estonia	939	48.1	51.8	79.6	95.9	67.8	75.8	15.7	16.1	15.6	22.1	40.1	117.9
Finland	172	149.9	131.1	156.4	184.8	166.6	167.2	245.1	178.5	198.0	202.8	180.9	152.9
France	132	4,693.8	4,049.9	4,459.5	4,718.6	4,122.9	4,588.2	4,410.8	3,975.7	4,250.7	4,418.7	3,894.1	4,134.7
Germany	134	11,729.6	10,810.3	12,204.7	13,428.3	11,950.6	13,673.0	13,097.1	12,240.1	13,605.7	14,887.9	13,860.9	15,288.4
Greece	174	851.2	699.7	805.0	979.9	799.1	850.9	834.4	730.1	801.0	822.7	803.4	875.7
Ireland	178	123.5	110.5	138.3	135.4	155.7	163.9	421.0	465.5	504.9	472.2	417.6	344.9
Italy	136	8,073.2	6,987.6	7,591.0	8,289.9	7,545.2	7,374.0	8,698.1	7,691.0	8,063.9	8,406.7	7,592.4	7,649.5
Latvia	941	31.6	34.0	35.4	32.3	25.3	20.3	35.0	29.6	20.6	21.9	21.3	21.9
Lithuania	946	50.1	55.9	59.2	67.8	65.8	70.3	78.7	69.2	78.7	82.1	78.2	88.7
Luxembourg	137	16.0	12.3	15.9	20.3	21.6	17.3	69.4	89.2	134.6	113.6	77.1	121.0
Malta	181	71.7	36.7	35.2	33.2	36.5	18.7	25.3	35.9	59.7	41.4	39.8	70.6
Netherlands	138	1,952.8	1,643.8	2,044.1	1,794.4	1,532.8	1,607.8	2,445.2	2,464.5	2,706.9	2,896.2	2,794.8	3,063.4
Portugal	182	251.9	198.5	232.5	257.4	230.8	250.2	321.3	305.4	343.9	369.9	310.9	422.8
Slovak Republic	936	1,000.0	1,047.3	1,120.6	1,236.2	1,068.0	1,109.7	1,312.5	1,376.3	1,679.6	1,732.5	1,580.9	1,746.5
Slovenia	961	283.5	221.3	251.3	334.8	355.4	344.9	515.2	417.7	446.4	526.5	469.7	512.1
Spain	184	1,530.3	1,424.0	1,601.1	1,843.4	1,754.9	1,905.2	1,757.2	1,673.0	1,801.8	2,049.1	1,784.1	2,035.1
Australia	193	34.7	33.6	35.5	49.0	56.5	64.5	13.1	23.5	19.3	24.1	27.0	37.1
Canada	156	205.5	145.6	160.0	205.9	83.5	116.6	161.5	94.1	149.8	76.5	66.5	80.4
China,P.R.: Hong Kong	532	115.9	84.7	56.5	64.6	56.1	46.9	17.9	16.4	14.4	13.4	14.3	16.1
China,P.R.: Macao	546	0.3	0.0	0.1	0.1	0.1	0.2	0.5	2.8	2.9	0.9	0.0	0.0
Czech Republic	935	1,050.0	1,035.1	1,312.6	1,565.8	1,515.4	1,678.8	1,876.3	1,727.4	2,000.9	2,125.8	1,988.6	2,109.1
Denmark	128	233.2	257.9	280.8	283.4	246.4	270.1	496.1	313.3	753.2	411.2	296.7	291.8
Iceland	176	1.3	0.9	2.5	2.4	3.0	8.8	5.0	9.7	5.0	2.3	2.6	3.9
Israel	436	193.7	293.0	371.9	408.4	368.8	419.3	168.0	173.7	117.2	117.0	117.1	126.7
Japan	158	236.9	273.3	309.1	280.0	234.0	238.4	362.1	337.1	289.3	305.7	324.5	367.3
Korea, Republic of	542	358.9	481.1	609.9	408.7	460.4	327.2	657.8	506.0	505.0	620.0	536.4	565.1
New Zealand	196	1.0	9.9	3.6	4.6	2.3	2.8	3.7	5.4	4.1	9.1	6.0	4.6
Norway	142	480.7	505.6	796.7	765.7	552.9	243.1	168.8	173.6	195.3	133.6	85.6	46.5
San Marino	135	45.4	36.9	40.6	40.9	26.9	26.3	27.6	19.4	22.2	20.0	14.6	15.0
Singapore	576	49.9	66.1	49.5	40.8	44.4	41.0	31.9	34.7	52.9	32.5	16.1	19.0
Sweden	144	495.0	502.2	600.3	622.7	555.0	599.7	458.9	392.3	426.9	501.5	415.0	422.1
Switzerland	146	418.2	355.8	357.3	394.6	343.5	392.1	576.3	600.1	558.8	639.3	496.1	459.1
Taiwan Prov.of China	528	18.2	29.0	31.1	41.9	48.9	45.5	233.7	163.6	164.3	183.8	192.6	196.2
United Kingdom	112	2,015.2	2,083.1	2,695.0	2,864.8	2,638.1	2,754.1	1,787.2	1,663.7	1,663.6	1,767.1	1,737.8	1,705.7
United States	111	1,112.3	1,100.3	1,096.3	1,293.1	1,167.3	1,057.8	895.9	1,049.7	833.4	896.7	752.6	704.4
Emerg. & Dev. Economies	200	**22,310.7**	**20,531.5**	**23,231.2**	**23,967.3**	**19,548.0**	**20,129.9**	**29,538.4**	**26,712.8**	**26,277.8**	**28,115.7**	**24,405.8**	**26,245.6**
Emerg. & Dev. Asia	505	**929.5**	**906.4**	**1,199.5**	**1,221.2**	**1,322.7**	**1,878.7**	**4,684.9**	**3,665.0**	**3,557.2**	**3,967.0**	**3,987.4**	**4,602.5**
American Samoa	859	0.0	....	....	....	....	0.5	....	....	0.0	....	....	....
Bangladesh	513	4.2	4.2	13.5	19.6	30.4	3.7	13.5	20.1	16.2	19.4	21.9	25.6
Bhutan	514	....	....	....	....	....	0.0	....	....	....	....	0.1	....
Brunei Darussalam	516	0.2	0.4	0.3	0.4	0.6	0.3	....	0.0	....	0.0	....	....
Cambodia	522	0.8	0.2	0.4	0.4	0.6	0.4	4.0	3.4	23.3	4.3	6.6	7.0
China,P.R.: Mainland	924	544.1	493.4	661.9	753.7	582.4	679.9	3,524.5	2,676.7	2,620.1	3,124.9	3,201.1	3,806.3
Fiji	819	....	0.0	0.1	0.1	0.1	0.0	....	....	....	0.0	14.1	0.0
F.T. French Polynesia	887	4.2	3.4	3.2	2.9	2.7	3.3	0.0	....	....	....	....	0.0
F.T. New Caledonia	839	8.7	5.3	6.9	7.8	5.7	6.7	0.0	0.0	0.0	0.0	0.0	0.0
Guam	829	0.0	0.0	0.0	0.0	0.0	0.1	....	....	....	....	....	0.0
India	534	271.3	272.9	305.4	240.2	254.0	270.8	544.3	467.2	406.3	298.0	267.5	269.6
Indonesia	536	14.9	13.5	15.2	38.9	10.6	35.7	167.3	124.4	99.1	124.8	114.8	107.4
Lao People's Dem.Rep	544	6.3	0.0	0.8	....	0.7	0.0	0.9	1.0	7.8	0.0	0.0	3.0
Malaysia	548	21.7	24.4	24.6	16.7	25.9	23.0	139.1	111.3	109.1	103.9	86.0	95.2
Maldives	556	0.1	0.0	0.0	0.0	0.3	0.0	0.0	0.0	0.0	0.0	0.0	....
Marshall Islands	867	0.0	35.5	32.9	0.0	299.1	578.2	0.0	....	0.0	....	....	....

2017, International Monetary Fund: Direction of Trade Statistics Yearbook

Romania (968)
In Millions of U.S. Dollars

		Exports (FOB)						Imports (CIF)					
		2011	2012	2013	2014	2015	2016	2011	2012	2013	2014	2015	2016
Mongolia	948	3.9	5.4	6.3	2.5	1.3	2.0	0.1	0.2	0.2	0.1	0.0	0.0
Myanmar	518	....	0.1	1.3	4.1	5.2	4.6	0.7	0.5	0.2	0.1	0.7	0.5
Nepal	558	0.0	0.0	0.0	0.1	0.1	0.1	0.0	0.0	0.1	0.1	0.1	0.1
Papua New Guinea	853	0.1	0.1	0.0	0.0	0.1	0.0	....	0.1	0.2	0.0	....	....
Philippines	566	3.0	7.5	20.2	31.2	5.5	8.4	22.6	17.2	18.9	18.6	17.5	20.2
Sri Lanka	524	5.7	1.7	22.7	1.6	2.6	2.5	5.6	6.2	5.7	8.3	7.9	10.0
Thailand	578	21.0	18.9	43.5	52.4	53.3	53.5	165.5	130.8	168.7	175.6	151.8	146.6
Tonga	866	....	0.2	....	....	....	....	....	....	....	....	....	....
Vanuatu	846	3.1	4.4	0.2	0.0	....	0.5	....	2.2	0.0	....	....	....
Vietnam	582	16.0	15.2	40.0	48.4	41.4	204.3	96.5	103.5	81.4	88.9	97.3	111.0
Asia n.s.	598	0.0	0.0	0.0	0.0	0.0	0.0	0.2	0.0	0.0	0.0	0.0	0.0
Europe	170	**16,895.4**	**15,100.4**	**16,324.0**	**16,670.1**	**13,240.9**	**13,248.0**	**23,018.7**	**21,530.7**	**21,145.2**	**22,661.9**	**19,043.6**	**20,182.9**
Emerg. & Dev. Europe	903	**12,965.1**	**11,377.6**	**11,657.1**	**12,244.9**	**10,576.9**	**10,519.6**	**15,190.6**	**14,233.4**	**14,428.9**	**15,283.8**	**14,266.5**	**15,447.3**
Albania	914	61.1	57.2	51.0	51.7	51.7	63.3	2.6	2.9	4.3	8.0	11.2	29.0
Bosnia and Herzegovina	963	123.7	104.0	110.8	131.4	95.3	85.0	30.1	70.1	76.7	62.8	55.6	58.4
Bulgaria	918	2,278.6	2,225.6	2,248.3	2,368.8	2,018.1	2,048.9	2,269.9	1,968.5	2,021.2	2,236.7	2,061.5	2,322.2
Croatia	960	170.5	152.5	89.3	177.8	180.4	176.7	100.1	112.0	58.2	115.0	133.9	122.1
Faroe Islands	816	0.7	1.0	1.1	0.9	1.3	0.1	0.7	0.7	....	0.1	....	0.1
Gibraltar	823	140.5	63.2	94.7	62.2	14.6	33.6	....	....	0.0	....	0.0	0.2
Hungary	944	3,590.2	3,097.4	3,258.0	3,548.1	3,262.5	3,297.8	6,667.7	6,351.7	6,063.4	6,086.8	5,548.5	5,600.6
Kosovo	967	63.3	31.2	41.1	34.9	30.9	32.1	0.4	6.2	0.7	0.8	0.9	1.3
Macedonia, FYR	962	98.2	116.6	108.2	165.8	183.9	210.6	48.1	53.5	93.0	102.0	116.9	135.7
Montenegro	943	41.9	29.8	25.5	29.0	24.9	22.1	1.8	4.1	1.2	0.7	0.5	0.5
Poland	964	1,489.8	1,392.0	1,554.7	1,748.8	1,623.6	1,832.0	3,019.7	3,012.6	3,267.3	3,612.5	3,378.7	3,832.5
Serbia, Republic of	942	1,027.8	956.0	695.9	788.1	696.8	706.0	398.8	288.7	359.7	461.6	427.4	517.8
Turkey	186	3,878.8	3,151.2	3,378.4	3,137.5	2,392.9	2,011.5	2,650.7	2,362.3	2,483.2	2,596.8	2,531.4	2,826.8
CIS	901	**3,929.9**	**3,722.2**	**4,666.5**	**4,424.8**	**2,663.7**	**2,728.1**	**7,828.1**	**7,297.3**	**6,716.2**	**7,378.1**	**4,777.0**	**4,735.5**
Armenia	911	8.7	7.2	7.9	7.6	4.7	2.5	0.5	0.6	0.1	0.1	0.0	0.1
Azerbaijan, Rep. of	912	33.5	22.9	43.9	68.1	56.6	44.1	61.4	90.0	51.6	71.0	107.5	118.2
Belarus	913	25.3	27.1	39.2	31.9	28.7	21.3	139.2	98.9	90.3	95.0	61.7	84.2
Georgia	915	267.7	320.6	418.5	328.5	214.2	193.7	19.7	8.7	1.7	4.7	13.0	10.1
Kazakhstan	916	174.6	110.8	52.6	83.7	47.8	64.2	3,178.9	2,917.6	2,386.0	3,055.9	1,121.5	908.9
Kyrgyz Republic	917	2.6	3.3	4.2	4.7	4.6	3.6	0.5	0.6	0.7	0.7	0.5	0.4
Moldova	921	788.4	781.2	949.1	1,095.7	825.7	832.5	343.2	453.3	432.7	496.3	532.6	549.6
Russian Federation	922	1,419.0	1,349.1	1,836.3	1,936.5	1,100.5	1,074.2	2,926.7	3,077.4	3,140.6	3,023.3	2,221.9	2,182.8
Tajikistan	923	0.0	0.3	0.4	0.8	0.3	0.3	....	....	0.0	0.0	....	0.2
Turkmenistan	925	16.4	6.8	14.8	21.5	16.2	27.5	43.1	3.9	3.7	21.9	94.0	103.3
Ukraine	926	1,175.8	1,078.3	1,284.6	821.0	349.3	445.2	1,100.5	641.8	607.1	607.5	621.7	776.4
Uzbekistan	927	18.0	14.7	15.0	24.8	14.9	18.9	14.4	4.5	2.0	1.5	2.6	1.2
Europe n.s.	884	0.4	0.5	0.5	0.4	0.3	0.3	0.0	0.0	0.0	0.0	0.1	0.0
Mid East, N Africa, Pak	440	**3,410.5**	**3,244.9**	**3,977.0**	**4,465.7**	**3,905.4**	**3,977.0**	**548.2**	**515.3**	**573.7**	**565.3**	**522.3**	**716.4**
Afghanistan, I.R. of	512	41.2	10.9	12.2	53.2	8.1	3.8	0.0	0.0	0.0	0.0	0.0	0.2
Algeria	612	286.7	485.4	507.4	525.8	458.1	392.5	1.2	1.4	0.9	0.7	0.6	5.0
Bahrain, Kingdom of	419	4.5	4.5	6.3	5.9	2.9	9.1	3.1	0.3	0.6	1.4	0.8	0.9
Djibouti	611	0.9	0.4	0.4	40.7	18.2	49.4	....	....	0.0	....	0.0	0.0
Egypt	469	380.7	493.9	617.5	786.5	791.7	587.1	43.4	47.3	67.9	101.8	81.5	99.4
Iran, I.R. of	429	290.8	322.4	151.0	109.9	202.2	367.5	83.6	18.0	6.2	6.6	11.7	115.1
Iraq	433	95.2	73.2	87.8	55.1	43.5	64.1	31.3	57.0	53.5	17.1	87.0	67.4
Jordan	439	171.1	132.3	245.3	325.1	276.0	315.1	5.7	3.6	3.6	7.4	1.2	5.4
Kuwait	443	53.5	29.8	35.4	73.5	79.5	42.6	5.8	4.4	5.1	0.4	0.1	2.7
Lebanon	446	185.6	176.9	239.6	418.6	382.1	217.0	9.2	7.8	3.9	3.2	2.1	3.1
Libya	672	25.4	138.6	323.8	261.5	158.6	210.5	31.6	0.0	1.6	29.3	5.9	3.7
Mauritania	682	0.7	1.2	28.8	0.1	6.1	2.1	13.9	0.1	0.5	0.1	....	....
Morocco	686	305.2	380.1	525.0	464.9	424.1	554.0	77.9	107.2	122.1	148.9	142.8	161.8
Oman	449	38.2	51.9	35.2	40.2	42.6	26.5	38.4	36.3	32.1	22.5	7.8	48.5
Pakistan	564	143.9	20.0	102.1	165.4	22.0	69.3	30.6	28.7	24.7	26.5	21.2	22.4
Qatar	453	....	35.7	28.9	46.7	43.1	26.9	....	5.1	19.1	14.2	19.3	10.8
Saudi Arabia	456	517.5	347.2	457.8	380.3	416.0	313.0	3.3	37.4	5.6	12.6	15.1	13.1
Somalia	726	....	....	0.0	0.0	0.1	3.9	0.0	....	....	....	....	0.0
Sudan	732	7.9	5.2	8.1	41.6	18.1	55.6	0.0	19.2	0.0	12.7	10.7	9.1

Romania (968)

In Millions of U.S. Dollars

		Exports (FOB)						Imports (CIF)					
		2011	2012	2013	2014	2015	2016	2011	2012	2013	2014	2015	2016
Syrian Arab Republic	463	240.5	92.3	127.5	59.9	41.2	38.2	4.8	2.5	1.6	8.8	8.5	0.8
Tunisia	744	142.8	169.7	123.5	252.2	161.9	158.4	94.7	89.3	86.2	60.6	71.6	109.3
United Arab Emirates	466	464.6	263.5	307.1	352.3	308.2	452.8	69.6	49.8	138.4	90.4	34.4	37.7
West Bank and Gaza	487	1.8	0.2	0.1	0.1	0.3	3.8	0.0	....	....	0.0	....	0.0
Yemen, Republic of	474	11.8	9.7	6.4	6.2	0.7	14.0	....	0.0	....	0.1	0.0	0.0
Sub-Saharan Africa	603	**624.2**	**629.6**	**595.2**	**649.0**	**431.8**	**406.7**	**190.0**	**268.7**	**193.5**	**230.7**	**266.8**	**194.3**
Angola	614	10.6	27.5	23.0	32.2	7.7	1.7	....	0.0	0.0	....	40.1	0.1
Benin	638	0.6	0.6	0.8	1.4	1.1	0.9	....	....	0.0	....	....	0.0
Botswana	616	0.6	0.0	0.0	0.2	0.0	0.0	....	....	....	0.0	0.0	0.0
Burkina Faso	748	1.3	1.2	7.0	1.1	1.6	1.1	....	....	0.0	....	....	....
Burundi	618	0.0	0.0	0.1	0.1	0.0	0.2	0.9	0.2	0.1	....	0.3	0.1
Cabo Verde	624	0.0	0.1	0.0	0.0	0.3	1.2	....	....	....	....	....	0.2
Cameroon	622	3.7	6.5	5.7	4.2	3.0	4.4	2.3	2.0	0.7	0.5	0.2	0.8
Central African Rep.	626	0.0	0.2	0.1	0.3	0.1	0.1	....	0.1	0.1	....	0.1	....
Chad	628	....	0.0	0.1	0.2	0.0	0.1	....	....	....	....	....	0.0
Comoros	632	0.0	0.0	0.0	....	0.1	1.1	....	....	....	0.0	0.0	....
Congo, Dem. Rep. of	636	1.0	7.3	0.5	0.8	0.6	7.3	1.1	0.5	0.5	0.5	1.0	0.9
Congo, Republic of	634	11.9	14.1	27.2	18.1	10.8	15.2	0.7	0.3	0.0	0.6	0.1	0.6
Côte d'Ivoire	662	8.1	12.2	10.2	7.8	8.7	12.3	17.1	14.3	9.1	11.7	10.9	8.2
Equatorial Guinea	642	0.3	0.2	0.7	1.7	0.2	0.2	0.1	0.1	....	0.0	0.0	0.0
Eritrea	643	0.3	0.1	0.3	0.7	0.8	2.0	0.0	....	....	....	....	....
Ethiopia	644	1.0	1.1	13.4	27.4	24.9	80.4	4.5	4.3	4.0	2.9	1.4	1.6
Gabon	646	9.3	12.4	10.0	13.3	7.3	3.4	0.1	....	0.0	0.1	0.0	0.4
Gambia, The	648	0.1	0.0	0.1	0.3	0.7	0.7	....	....	....	....	....	....
Ghana	652	12.6	8.1	6.7	6.4	11.6	7.5	1.5	0.0	0.1	0.0	0.9	0.1
Guinea	656	0.0	2.7	1.1	3.7	1.8	1.3	3.4	28.7	25.0	2.4	0.1	0.5
Guinea-Bissau	654	0.0	0.0	0.0	0.1	0.1	0.7	....	....	0.0	....	....	....
Kenya	664	37.0	25.5	22.3	9.5	6.2	5.5	3.9	3.7	2.8	7.4	5.3	4.8
Liberia	668	148.6	140.0	48.9	1.0	0.8	0.4	0.2	0.1	0.4	0.2	....	....
Madagascar	674	1.8	4.7	2.4	3.9	3.9	4.0	0.0	0.3	0.3	0.3	2.5	2.2
Malawi	676	0.1	0.0	6.6	4.9	0.3	0.0	10.2	4.4	5.1	3.6	3.5	2.7
Mali	678	3.0	3.4	2.6	2.7	5.4	3.7	....	0.0	0.0	0.0	....	....
Mauritius	684	1.8	0.3	0.3	0.8	1.1	1.5	1.5	2.3	5.0	2.3	0.2	1.5
Mozambique	688	25.4	0.8	5.6	18.9	44.4	1.3	1.7	2.1	3.1	19.5	29.2	26.6
Namibia	728	0.6	0.1	0.3	0.1	0.1	0.2	0.0	0.0	0.1	0.0	0.0	0.0
Niger	692	0.7	0.2	0.4	48.6	0.1	0.2	0.0	0.0	0.0	0.0	0.0	0.0
Nigeria	694	79.3	119.7	35.2	53.1	67.8	36.0	2.4	4.7	3.5	2.3	2.0	1.3
Rwanda	714	0.3	0.1	0.0	0.0	1.9	0.0	0.6	1.3	0.4	0.4	0.7	0.3
São Tomé & Príncipe	716	0.0	0.0	....	0.2	....	....	....	....	0.0	0.0	....	....
Senegal	722	8.1	8.1	12.8	3.4	3.9	4.2	0.0	0.0	0.0	....	0.0	....
Seychelles	718	0.0	0.5	0.7	0.6	0.2	0.4	0.0	....	....	....	....	....
Sierra Leone	724	8.5	3.6	0.9	0.7	0.6	1.1	48.5	31.0	25.5	54.6	61.5	60.0
South Africa	199	227.5	147.1	177.8	245.0	207.1	187.9	42.7	50.6	42.8	44.6	42.0	38.9
South Sudan, Rep. of	733	....	....	0.3	0.0	0.0	....	....	....	0.0	....	....	....
Swaziland	734	....	0.0	0.0	....	....	....	9.0	33.9	23.4	27.8	32.3	9.2
Tanzania	738	1.9	1.7	1.4	2.0	3.9	1.7	7.0	4.9	5.5	8.9	9.0	8.7
Togo	742	1.4	76.5	166.1	129.7	1.6	12.6	....	0.0	....	....	....	....
Uganda	746	12.6	1.1	0.9	1.7	0.8	2.1	9.1	7.1	7.1	8.7	7.2	7.5
Zambia	754	1.6	0.8	1.4	2.3	0.2	0.0	7.7	0.1	20.3	0.1	0.0	0.0
Zimbabwe	698	2.5	1.0	1.4	0.1	0.1	1.6	13.7	71.6	8.6	31.1	16.0	17.2
Africa n.s.	799	....	0.0	....	....	0.0	0.1	....	....	....	....	0.0	....
Western Hemisphere	205	**451.1**	**650.1**	**1,135.4**	**961.3**	**647.2**	**619.6**	**1,096.7**	**733.0**	**808.3**	**690.9**	**585.7**	**549.5**
Antigua and Barbuda	311	0.1	0.0	0.0	0.1	0.0	0.0	0.0	0.0	0.0	0.1	0.0	0.0
Argentina	213	16.4	27.7	26.2	41.3	24.6	25.3	73.1	57.7	141.7	150.9	72.8	66.6
Aruba	314	0.0	0.0	0.0	0.0	0.0	0.0	3.7	....	....	....	....	0.0
Bahamas, The	313	0.1	0.0	0.0	6.5	0.2	0.1	....	....	....	....	....	0.0
Barbados	316	0.0	....	0.0	....	0.0	0.0	....	....	0.0	0.0	0.1	0.1
Bolivia	218	0.4	0.1	4.2	0.8	0.3	0.6	0.3	1.0	5.4	17.8	9.9	8.7
Brazil	223	204.1	218.4	377.1	357.1	184.3	220.1	659.4	454.7	431.1	304.3	328.2	284.3
Chile	228	26.0	20.0	10.7	22.5	29.6	39.9	2.0	2.5	4.8	12.2	3.9	4.2

Romania (968)

In Millions of U.S. Dollars

		Exports (FOB)						Imports (CIF)					
		2011	2012	2013	2014	2015	2016	2011	2012	2013	2014	2015	2016
Colombia	233	92.2	181.6	142.3	133.2	130.4	120.1	15.5	9.5	10.3	13.2	14.4	14.6
Costa Rica	238	3.5	0.3	0.8	1.0	0.9	2.1	2.7	2.7	1.2	1.4	1.3	1.3
Curaçao	354	....	....	0.1	0.0	0.0	0.0	....	....	0.0	0.0	0.0	....
Dominica	321	0.1	....	0.0	0.0	0.0	0.0	....	0.0	0.0	0.0	0.0	0.0
Dominican Republic	243	2.1	2.4	3.1	1.4	1.6	1.7	0.4	0.3	0.2	0.6	0.3	0.3
Ecuador	248	7.1	20.6	25.0	50.9	9.2	3.6	12.3	7.6	4.0	7.0	5.7	3.8
El Salvador	253	0.0	0.0	0.2	0.2	0.3	0.3	1.2	0.4	0.0	0.1	0.1	0.0
Falkland Islands	323	....	....	....	....	....	....	....	....	....	0.2	....	0.0
Greenland	326	....	0.1	....	0.0	....	0.0	....	....	....	0.3	....	0.4
Guatemala	258	22.0	36.0	20.6	1.2	1.4	2.4	2.5	1.7	0.8	0.6	1.4	3.6
Guyana	336	0.0	0.0	0.0	0.0	0.0	11.4	....	....	....	....	0.0	0.0
Haiti	263	7.5	0.0	1.8	0.2	....	0.0	0.0	0.0	0.0	0.0	0.0	0.0
Honduras	268	0.3	0.1	0.0	0.1	0.1	0.0	2.3	1.9	1.0	0.8	0.7	0.9
Jamaica	343	0.0	0.0	0.0	0.0	0.1	0.1	0.0	0.0	25.9	9.6	....	....
Mexico	273	40.5	88.4	212.3	221.1	185.9	172.9	224.1	180.3	146.6	140.1	122.7	146.9
Nicaragua	278	0.2	5.8	0.2	0.1	0.1	0.1	0.0	0.0	22.5	0.2	0.2	0.2
Panama	283	0.6	1.2	15.2	12.8	62.5	4.0	0.2	0.8	1.7	0.0	0.0	0.2
Paraguay	288	0.1	0.7	0.4	0.8	0.9	0.3	11.4	0.1	0.1	20.0	14.0	0.4
Peru	293	2.9	2.0	6.5	7.5	6.0	4.9	2.7	4.4	2.5	3.0	2.5	1.9
Sint Maarten	352	....	....	0.0	0.0	0.0	0.0	....	....	0.0	0.0	....	0.1
St. Kitts and Nevis	361	4.0	0.0	....	....	0.0	0.0	0.0	....	....	0.4	....	....
St. Vincent & Grens.	364	0.0	0.0	0.1	0.0	0.0	0.1	....	....	....	....	....	....
Suriname	366	0.1	1.7	1.1	0.2	0.1	0.0	....	....	....	0.0	....	....
Trinidad and Tobago	369	0.5	0.3	0.9	0.0	1.4	2.8	8.7	0.0	0.0	0.3	0.0	0.1
Uruguay	298	2.5	2.9	8.6	10.0	4.7	4.0	5.4	5.4	4.4	4.9	5.3	10.6
Venezuela, Rep. Bol.	299	17.2	39.4	19.0	4.1	2.5	2.6	68.7	1.9	3.9	2.8	2.2	0.5
Western Hem. n.s.	399	0.5	0.4	258.8	87.3	0.1	0.1	0.0	....	0.0	0.0	0.0	0.0
Other Countries n.i.e	910	**2.6**	**0.3**	**0.3**	**2.4**	**0.3**	**6.1**	**1.2**	**33.2**	**1.2**	**0.6**	**18.4**	**19.3**
Cuba	928	2.6	0.3	0.3	2.3	0.3	6.1	0.7	33.2	1.2	0.6	18.4	19.3
Korea, Dem. People's Rep.	954	0.0	....	0.0	0.1	0.0	....	0.5	....	0.0	0.0	0.0	0.0
Countries & Areas n.s.	898	**42.2**	**25.1**	**84.8**	**43.5**	**25.5**	**23.6**	**9.7**	**3.2**	**85.0**	**27.1**	**4.7**	**6.3**
Memorandum Items													
Africa	605	1,368.6	1,671.6	1,788.2	1,974.3	1,518.4	1,622.5	377.6	485.8	403.2	453.6	492.5	479.5
Middle East	405	2,481.0	2,172.0	2,669.5	2,921.8	2,788.6	2,688.1	329.9	269.5	339.3	315.8	275.4	408.7
European Union	998	44,933.7	40,762.2	45,768.2	49,554.2	44,645.8	47,693.1	55,707.3	51,710.1	55,610.1	58,579.9	53,864.1	57,502.6
Export earnings: fuel	080	3,660.5	3,667.7	4,182.7	4,276.2	3,214.5	3,315.9	6,586.9	6,323.8	5,872.2	6,411.5	3,802.1	3,648.2
Export earnings: nonfuel	092	59,372.6	54,199.8	61,672.2	65,448.6	57,369.0	60,211.6	69,936.0	63,900.6	67,625.8	71,335.9	66,020.4	70,889.6

Russian Federation (922)

In Millions of U.S. Dollars

		Exports (FOB) 2011	2012	2013	2014	2015	2016	Imports (CIF) 2011	2012	2013	2014	2015	2016
IFS World		....	....	....	....	....	....	....	....	....	....	....	....
World	001	495,883.0	524,482.7	527,266.4	497,614.9	343,426.7	283,140.2	295,358.8	316,850.4	314,967.0	285,843.5	182,403.5	182,556.1
Advanced Economies	110	253,329.9	306,602.2	320,104.7	301,375.0	197,934.9	153,512.6	129,766.6	173,874.5	172,219.3	154,631.7	92,329.9	91,776.2
Euro Area	163	172,407.2	216,415.2	224,073.2	209,132.1	133,320.5	100,527.2	79,655.4	99,853.1	100,172.6	87,680.8	52,998.3	53,319.8
Austria	122	258.0	1,500.1	1,279.5	768.6	1,162.6	1,029.0	2,872.4	3,393.1	3,846.0	3,438.4	2,012.4	1,834.7
Belgium	124	4,573.5	6,802.8	7,726.4	9,225.9	6,348.2	5,741.1	3,543.4	4,491.0	4,034.0	3,572.7	2,092.7	2,269.0
Cyprus	423	1,332.8	2,067.1	1,923.3	609.5	243.9	282.8	36.9	32.7	42.7	43.6	59.2	67.4
Estonia	939	2,608.7	3,679.2	4,025.3	3,711.9	2,176.1	2,041.6	936.7	771.7	788.0	1,613.7	510.8	637.0
Finland	172	11,675.7	12,009.2	13,308.2	11,367.4	7,093.6	6,535.3	5,478.1	5,003.8	5,395.7	4,568.2	2,667.4	2,478.1
France	132	10,840.9	10,598.1	9,342.7	7,643.6	5,818.7	4,851.3	8,969.9	13,813.2	13,021.5	10,715.1	5,920.8	8,491.6
Germany	134	22,736.2	34,993.4	37,027.3	37,126.8	25,353.0	21,258.5	29,538.1	38,305.5	37,916.7	32,961.3	20,439.3	19,449.0
Greece	174	3,486.0	5,947.6	6,244.6	3,671.2	2,536.0	2,660.8	573.6	632.6	611.3	496.7	229.4	213.0
Ireland	178	129.6	283.0	328.8	335.3	271.6	317.0	1,219.6	1,365.9	1,372.3	1,301.8	831.6	897.3
Italy	136	27,780.2	32,311.7	39,322.8	35,963.1	22,292.6	11,931.3	12,646.9	13,434.9	14,563.3	12,727.3	8,322.6	7,698.0
Latvia	941	6,785.6	8,923.1	10,422.1	12,568.6	7,029.5	4,844.2	663.6	711.4	802.8	651.3	388.3	343.4
Lithuania	946	5,764.0	5,413.3	6,127.1	4,750.1	2,946.5	2,508.9	1,116.9	1,250.4	1,118.4	979.3	447.9	413.9
Luxembourg	137	5.4	4.4	13.7	37.0	46.2	39.7	172.2	178.1	204.0	177.5	111.1	138.3
Malta	181	1,560.1	2,305.3	4,084.5	3,045.5	2,501.4	2,680.1	38.1	34.3	51.6	45.0	25.6	25.9
Netherlands	138	61,003.4	76,889.2	70,126.1	67,969.5	40,825.9	28,535.2	5,183.7	5,978.2	5,837.2	5,258.0	3,095.7	3,021.1
Portugal	182	195.5	499.7	650.4	202.4	294.9	637.3	462.7	578.4	691.4	587.0	393.5	395.5
Slovak Republic	936	5,404.1	6,153.2	5,860.1	5,195.8	3,577.9	2,497.0	1,485.0	3,714.9	3,533.7	2,863.1	1,759.5	1,665.4
Slovenia	961	160.4	313.6	233.2	362.6	115.0	183.0	1,128.1	1,249.7	1,427.4	1,339.7	866.5	807.6
Spain	184	6,107.1	5,721.4	6,027.1	4,577.1	2,686.8	1,953.1	3,589.3	4,913.4	4,914.6	4,341.3	2,824.3	2,473.7
Australia	193	65.0	106.7	72.0	126.7	102.6	62.8	996.5	899.3	815.2	673.1	581.8	467.9
Canada	156	535.7	345.2	471.4	699.6	535.3	419.6	1,568.9	2,466.4	1,796.0	1,499.7	837.6	719.4
China,P.R.: Hong Kong	532	574.2	1,410.8	3,026.2	1,249.9	776.1	697.6	76.9	88.8	172.2	204.1	192.6	167.7
China,P.R.: Macao	546	....	0.0	....	0.0	1.1	0.0	4.4	3.3	2.3	2.0	2.7	4.2
Czech Republic	935	3,935.2	4,925.4	5,983.3	5,161.4	3,260.5	2,693.5	3,221.5	5,353.9	5,317.7	4,897.3	2,845.6	2,766.5
Denmark	128	1,870.5	1,841.7	1,480.2	2,901.0	1,943.9	1,400.5	2,027.5	2,042.8	2,178.4	1,604.6	874.5	830.7
Iceland	176	5.6	31.3	16.0	19.3	43.4	31.1	197.3	180.9	195.0	255.6	110.2	17.9
Israel	436	928.9	1,631.1	2,084.8	2,291.5	1,537.7	1,469.3	1,081.8	1,285.7	1,492.9	1,141.4	806.1	719.6
Japan	158	14,254.9	15,509.0	19,667.5	19,854.6	14,498.9	9,384.2	6,710.5	15,650.2	13,560.5	10,925.0	6,813.1	6,679.8
Korea, Republic of	542	13,301.9	13,853.2	14,867.1	18,300.1	13,501.1	10,027.1	7,954.1	10,956.2	10,305.4	9,021.9	4,559.5	5,113.3
New Zealand	196	5.4	8.7	331.7	423.4	403.2	90.6	214.9	211.6	238.1	240.4	111.4	149.7
Norway	142	1,066.3	910.4	807.8	932.3	751.9	737.0	1,894.7	1,790.6	1,753.6	1,150.7	626.8	665.9
San Marino	135	....	....	....	....	....	0.0	....	....	....	....	....	6.1
Singapore	576	2,237.8	1,589.5	1,885.6	5,552.0	2,492.0	1,796.5	383.0	413.9	553.0	604.2	516.3	495.9
Sweden	144	5,119.4	6,186.5	4,475.6	4,792.7	2,432.5	2,223.8	2,997.8	3,940.5	3,916.6	3,239.3	1,853.0	1,668.0
Switzerland	146	8,969.8	10,523.9	8,792.5	3,848.1	2,696.3	3,109.9	2,712.3	3,037.9	3,010.7	3,268.5	1,982.0	1,951.5
Taiwan Prov.of China	528	2,080.8	3,321.9	4,443.4	3,913.2	2,626.3	2,419.1	1,954.5	2,004.2	1,915.1	1,686.7	1,315.1	1,534.4
United Kingdom	112	10,308.5	15,028.1	16,449.2	11,474.3	7,475.1	6,996.9	5,005.1	8,191.6	8,106.4	7,808.9	3,722.3	3,432.2
United States	111	15,662.8	12,963.5	11,177.1	10,702.6	9,536.5	9,425.8	11,109.6	15,503.4	16,717.7	18,727.3	11,580.7	11,065.8
Emerg. & Dev. Economies	200	155,789.1	217,468.3	206,848.7	195,995.5	145,259.4	129,308.0	120,100.8	142,913.9	142,710.3	131,134.6	90,017.8	90,731.8
Emerg. & Dev. Asia	505	42,900.2	51,501.5	51,528.4	52,877.8	40,362.6	38,774.5	56,284.1	63,470.2	65,741.3	63,397.9	44,912.7	49,535.2
American Samoa	859	....	....	....	....	0.7	....	0.0	0.0	0.0	0.0	0.0	0.0
Bangladesh	513	176.8	323.6	256.3	234.2	869.0	784.3	342.4	425.5	591.4	662.3	578.7	680.9
Bhutan	514	....	....	....	....	0.1	0.0	0.0	0.0	0.1	0.0	0.1	....
Brunei Darussalam	516	0.4	0.0	0.0	0.0	0.4	0.1	0.0	0.0	0.0	0.0	0.0	0.0
Cambodia	522	3.8	5.9	5.1	3.8	4.5	8.0	67.8	88.8	128.1	128.9	106.2	133.2
China,P.R.: Mainland	924	32,019.6	35,766.1	35,625.4	37,496.6	28,606.4	28,021.3	46,011.0	51,650.9	53,173.1	50,929.2	34,945.8	38,087.0
Fiji	819	....	0.0	0.0	9.1	0.0	0.0	0.0	0.0	0.0	0.1	0.0	0.1
F.T. French Polynesia	887	....	....	....	0.1	0.0	0.0	0.0	0.0	....	0.0	0.0	0.0
F.T. New Caledonia	839	0.5	0.4	0.4	0.3	1.5	1.2	....	0.0	0.0	0.0	0.0	0.0
Guam	829	....	79.6	0.0	....	....	0.0	0.2	....	....	....	....	0.0
India	534	3,696.7	7,566.2	6,982.7	6,340.9	5,568.5	5,312.8	2,691.3	3,040.8	3,091.2	3,171.7	2,257.7	2,397.2
Indonesia	536	579.7	1,310.1	1,233.6	918.1	439.6	385.2	1,523.2	1,571.0	1,727.2	1,649.6	1,522.6	2,212.2
Lao People's Dem.Rep	544	8.3	9.9	37.3	37.4	15.7	11.4	2.0	1.5	1.6	1.8	0.8	28.0
Malaysia	548	417.1	275.9	1,280.4	1,838.1	636.0	935.2	1,508.7	1,470.7	1,405.6	1,458.3	1,314.9	1,204.3
Maldives	556	0.0	0.0	4.1	1.2	0.1	0.4	0.0	0.0	0.1	0.6	0.0	0.0
Marshall Islands	867	....	....	....	....	....	0.5	....	....	....	....	....	0.0

Russian Federation (922)

In Millions of U.S. Dollars

		Exports (FOB)						Imports (CIF)					
		2011	2012	2013	2014	2015	2016	2011	2012	2013	2014	2015	2016
Mongolia	948	1,467.0	1,851.4	1,572.1	1,458.1	1,117.3	895.7	88.7	64.3	40.9	40.4	44.1	35.9
Myanmar	518	228.1	123.9	78.7	46.8	114.8	115.1	24.6	42.1	35.2	36.3	15.7	19.7
Nauru	836	....	....	....	....	3.0	....	0.0	0.0	0.0	0.0	0.0	0.0
Nepal	558	1.5	3.9	1.6	0.3	34.5	2.9	2.0	1.3	1.0	0.9	0.6	0.7
Palau	565	0.2	....	....	....	0.0	0.0	....	0.0	....	0.0	....	0.0
Papua New Guinea	853	0.2	0.3	0.2	1.2	2.9	32.3	9.8	8.2	7.3	5.7	5.2	3.4
Philippines	566	1,217.7	1,183.3	1,323.9	1,059.6	321.3	145.8	397.6	464.0	454.5	378.4	266.2	294.2
Solomon Islands	813	....	....	....	....	....	....	0.0	0.0	0.0	0.0	0.0	0.1
Sri Lanka	524	132.1	96.9	330.1	139.5	129.7	70.4	388.9	397.0	402.5	405.4	309.6	282.3
Thailand	578	2,095.6	1,410.8	1,272.9	1,762.5	562.5	616.0	1,504.1	1,971.1	2,084.1	2,232.2	1,491.1	1,099.1
Timor-Leste	537	0.0	0.1	....	....	....	....	0.0	0.2	0.1	0.0	0.0	0.0
Tuvalu	869	....	1.9	....	....	....	....	....	....	....	0.0	0.0	....
Vietnam	582	809.7	1,388.5	1,373.5	1,453.1	1,842.9	1,373.0	1,721.5	2,272.6	2,597.0	2,295.9	2,053.2	2,465.3
Asia n.s.	598	45.0	102.7	150.2	76.8	91.1	62.9	0.1	0.1	0.2	0.1	0.1	591.5
Europe	170	**92,464.7**	**142,263.7**	**133,440.3**	**117,306.7**	**83,955.5**	**69,529.0**	**51,160.7**	**66,192.7**	**62,032.9**	**53,601.2**	**34,152.0**	**30,852.1**
Emerg. & Dev. Europe	903	**49,619.3**	**62,573.1**	**58,681.7**	**52,864.8**	**38,412.3**	**31,371.8**	**17,911.4**	**21,406.4**	**23,130.8**	**21,216.4**	**13,086.0**	**11,053.7**
Albania	914	57.7	87.9	50.0	80.8	67.0	72.4	7.9	9.4	12.9	22.5	12.2	10.6
Bosnia and Herzegovina	963	570.3	676.8	694.9	553.6	230.8	56.1	50.8	57.2	59.0	75.6	71.9	91.9
Bulgaria	918	3,307.4	4,262.4	2,216.7	1,462.6	1,889.0	2,318.8	649.4	694.0	702.2	652.2	473.6	481.5
Croatia	960	856.5	364.8	1,338.7	1,523.1	988.5	576.4	336.7	351.8	392.5	422.1	238.0	231.8
Faroe Islands	816	1.4	1.7	9.7	10.1	16.7	44.1	29.2	77.6	111.9	172.9	277.2	292.9
Gibraltar	823	170.5	455.3	469.9	639.2	591.1	205.1	0.4	0.3	0.3	0.1	0.0	0.0
Hungary	944	6,497.2	6,732.8	6,352.3	5,126.9	3,030.0	2,649.9	3,075.9	3,103.3	3,007.1	2,739.6	1,713.8	1,656.8
Macedonia, FYR	962	31.8	24.3	4.2	58.6	59.0	52.0	79.5	68.8	70.8	90.0	83.2	81.9
Montenegro	943	68.5	30.1	17.8	29.6	27.1	20.5	4.0	7.1	9.2	6.2	2.5	4.9
Poland	964	21,094.5	19,891.5	19,581.8	15,927.4	9,652.9	9,098.7	5,963.4	7,473.6	8,325.6	7,075.3	4,097.1	3,957.5
Romania	968	1,381.9	1,876.6	1,615.5	1,461.1	1,679.2	1,845.5	1,433.3	1,735.9	2,046.6	2,205.6	1,297.5	1,231.0
Serbia, Republic of	942	506.8	742.5	854.1	1,019.6	849.6	734.1	880.7	965.4	1,120.1	1,104.4	785.8	865.6
Turkey	186	15,074.8	27,426.5	25,476.1	24,972.3	19,331.5	13,698.3	5,400.2	6,862.0	7,272.8	6,650.2	4,033.3	2,147.5
CIS	901	**42,841.2**	**79,689.1**	**74,758.1**	**64,439.5**	**45,538.0**	**38,154.9**	**32,959.8**	**44,648.5**	**38,808.0**	**32,244.5**	**21,016.1**	**19,615.6**
Armenia	911	375.5	915.4	998.0	1,089.7	1,048.2	910.3	180.0	300.7	352.4	313.5	196.6	378.3
Azerbaijan, Rep. of	912	1,765.0	2,845.7	2,942.5	3,374.3	2,287.1	1,508.1	556.9	563.6	635.6	636.0	517.2	446.3
Belarus	913	11,336.9	25,041.1	20,228.3	19,716.0	15,205.7	14,054.6	6,833.6	13,382.9	13,959.3	11,744.1	8,662.0	9,433.6
Georgia	915	566.3	688.2	835.9	804.8	768.7	840.0	86.6	98.0	221.1	335.8	217.4	256.7
Kazakhstan	916	6,335.6	15,526.8	17,632.2	13,925.5	10,686.2	9,426.9	3,752.2	10,042.3	5,886.7	7,096.9	4,767.3	3,612.2
Kyrgyz Republic	917	1,134.4	1,634.1	2,029.4	1,743.9	1,299.1	1,025.7	277.8	195.7	110.1	73.8	71.2	170.5
Moldova	921	398.9	1,609.0	1,320.9	1,480.4	1,036.4	912.0	466.6	477.0	417.4	315.9	185.8	248.7
Tajikistan	923	714.1	678.8	724.4	891.5	762.6	661.5	89.2	68.2	37.9	37.3	52.2	26.4
Turkmenistan	925	994.2	1,210.6	1,429.9	1,156.0	913.7	570.6	142.7	183.8	139.4	90.9	73.5	331.2
Ukraine	926	17,296.0	27,215.2	23,812.6	17,136.1	9,294.9	6,280.3	19,426.0	17,945.5	15,790.9	10,725.7	5,671.2	3,950.7
Uzbekistan	927	1,924.2	2,324.2	2,803.9	3,121.3	2,235.4	1,965.0	1,148.2	1,390.8	1,256.9	874.7	601.8	761.0
Europe n.s.	884	4.3	1.4	0.5	2.4	5.1	2.3	289.6	137.8	94.0	140.2	49.9	182.7
Mid East, N Africa, Pak	440	**13,007.1**	**15,487.0**	**12,340.4**	**16,885.0**	**13,725.9**	**14,114.3**	**2,271.2**	**2,419.5**	**2,752.7**	**2,593.0**	**1,941.9**	**2,097.9**
Afghanistan, I.R. of	512	783.7	938.3	631.0	952.9	149.9	184.2	28.1	11.3	14.3	12.9	9.1	6.0
Algeria	612	786.4	2,781.6	1,584.8	875.1	1,994.0	3,066.0	2.6	3.7	4.8	10.0	5.5	9.6
Bahrain, Kingdom of	419	0.6	8.9	13.0	4.8	4.3	47.3	4.4	4.9	2.8	15.3	7.9	6.2
Djibouti	611	94.2	24.4	0.7	56.1	52.0	55.9	0.0	1.5	....	....	....	0.0
Egypt	469	2,127.4	3,212.2	2,503.4	4,939.7	3,675.2	3,782.8	483.4	342.7	442.1	539.9	413.7	380.4
Iran, I.R. of	429	3,271.8	1,900.4	1,168.6	1,327.1	1,018.9	1,881.8	342.0	428.4	432.9	352.3	260.2	302.6
Iraq	433	99.3	285.7	376.9	1,758.7	1,806.9	715.4	0.1	0.1	1.7	0.0	0.1	0.0
Jordan	439	231.4	405.7	170.4	529.0	240.5	156.7	22.1	20.8	10.3	13.7	18.9	15.5
Kuwait	443	54.7	80.9	32.4	45.1	405.8	473.8	0.0	2.1	1.5	3.9	0.1	0.2
Lebanon	446	386.6	189.5	512.9	789.2	631.5	528.8	19.2	12.7	17.2	13.7	8.1	11.0
Libya	672	86.8	259.9	386.5	221.6	183.3	86.6	0.9	....	....	0.9	0.0	0.0
Mauritania	682	23.4	17.7	15.2	22.1	17.5	23.8	30.9	15.4	16.5	13.4	13.7	10.6
Morocco	686	1,302.1	1,307.2	860.0	934.2	548.0	632.7	507.8	541.1	565.6	608.2	466.4	506.6
Oman	449	38.3	41.0	56.8	86.1	103.9	120.6	0.5	1.1	2.6	3.0	2.5	2.3
Pakistan	564	124.0	210.0	197.1	146.9	97.7	133.0	349.3	332.2	350.0	310.9	298.3	287.0
Qatar	453	9.4	4.3	18.3	24.1	13.7	21.8	45.2	35.6	23.1	29.1	16.9	34.5
Saudi Arabia	456	630.2	1,088.6	789.1	897.5	770.7	350.9	208.9	270.1	288.6	267.0	155.3	145.1

Russian Federation (922)

In Millions of U.S. Dollars

		Exports (FOB)						Imports (CIF)					
		2011	2012	2013	2014	2015	2016	2011	2012	2013	2014	2015	2016
Somalia	726	....	0.9	0.5	0.6	1.5	0.8	....	0.0	0.0	0.0	0.0	0.0
Sudan	732	92.7	152.9	127.1	295.1	138.1	192.6	0.9	0.6	1.4	1.2	1.0	0.3
Syrian Arab Republic	463	1,084.9	625.5	360.2	587.2	307.3	173.2	48.8	30.8	16.2	7.1	5.2	11.0
Tunisia	744	1,054.8	491.6	224.4	394.0	273.3	361.3	100.3	102.5	137.1	130.0	93.8	111.6
United Arab Emirates	466	560.4	1,225.4	2,093.0	1,736.6	1,080.8	971.1	75.6	261.6	423.3	259.5	164.4	256.8
West Bank and Gaza	487	1.4	0.5	0.6	0.9	2.9	1.6	0.1	0.1	0.2	0.6	0.5	0.5
Yemen, Republic of	474	162.4	233.8	217.5	260.4	208.1	151.7	0.2	0.3	0.4	0.5	0.2	0.1
Sub-Saharan Africa	603	**1,284.9**	**1,409.6**	**1,481.2**	**1,632.8**	**1,920.1**	**1,950.8**	**1,472.5**	**1,511.0**	**1,592.6**	**1,511.5**	**1,349.1**	**1,288.0**
Angola	614	31.3	34.9	95.1	58.0	243.9	530.3	0.1	0.1	0.3	0.1	0.0	0.0
Benin	638	100.1	8.8	2.2	7.3	0.9	1.7	0.0	0.0	0.1	0.0	0.0	0.0
Botswana	616	....	0.0	17.2	6.7	22.5	22.6	....	....	....	0.0	0.0	0.0
Burkina Faso	748	3.6	1.8	5.2	2.3	1.9	5.6	0.9	0.1	0.0	0.0	0.0	0.1
Burundi	618	....	0.0	4.1	8.7	1.2	5.8	1.2	1.8	1.3	1.6	1.2	1.1
Cabo Verde	624	....	0.0	....	0.0	0.2	0.0	0.0	0.0	0.0	0.0	0.0	0.0
Cameroon	622	2.5	14.9	18.9	24.9	13.5	38.7	10.6	9.3	7.3	6.2	5.1	4.2
Central African Rep.	626	0.0	0.0	0.0	....	0.0	0.9	0.0	0.1	0.1	0.1	0.0	0.0
Chad	628	0.7	14.2	0.1	0.2	0.9	0.1	0.0	....	0.0	....	....	0.0
Comoros	632	0.0	....	0.1	0.0	....	....	0.8	0.6	0.2	0.4	0.2	0.7
Congo, Dem. Rep. of	636	3.8	3.1	4.9	22.0	40.4	23.9	0.6	0.4	0.2	0.1	0.1	0.2
Congo, Republic of	634	1.6	1.8	5.7	9.2	14.5	5.5	0.5	2.7	3.7	2.4	0.6	0.2
Côte d'Ivoire	662	2.7	26.3	59.3	47.9	41.0	61.4	177.6	155.4	203.1	230.4	193.0	235.4
Equatorial Guinea	642	0.9	2.3	2.5	2.3	1.9	1.1	....	0.0	....	....	0.0	....
Eritrea	643	16.0	0.3	4.4	0.2	....	....	....	0.0	0.1	0.2	0.0	0.0
Ethiopia	644	94.5	129.5	46.2	43.9	17.7	76.9	17.6	20.4	22.4	33.1	24.2	18.8
Gabon	646	0.5	0.4	0.6	0.7	1.0	0.7	0.0	0.1	0.2	0.1	0.0	29.1
Gambia, The	648	0.0	0.0	....	1.7	5.6	1.6	....	0.0	....	0.0	0.0	0.0
Ghana	652	63.7	165.6	68.8	60.1	134.9	213.7	116.5	108.0	94.0	102.7	80.5	57.3
Guinea	656	7.7	10.5	3.7	6.0	12.4	9.8	184.0	68.9	0.2	0.2	1.5	1.0
Guinea-Bissau	654	0.0	....	....	0.0	....	0.1	....	0.1	0.0	0.1	0.0	0.0
Kenya	664	208.8	126.0	199.2	220.4	166.3	113.0	128.0	133.4	134.6	150.1	170.8	143.5
Lesotho	666	0.2	0.6	0.0	1.4	....	0.0	0.1	0.1	0.2	0.0	0.0	0.0
Liberia	668	6.0	0.8	1.1	1.1	3.4	0.4	11.2	3.0	5.2	2.3	0.5	0.2
Madagascar	674	....	0.8	5.2	6.8	0.2	1.6	4.4	6.9	8.7	8.8	7.3	7.9
Malawi	676	0.0	0.0	3.5	17.5	20.9	8.2	68.0	73.6	60.2	73.6	56.6	66.1
Mali	678	12.5	7.7	20.6	6.5	6.2	13.2	0.0	0.0	0.0	0.1	0.1	0.6
Mauritius	684	0.7	0.6	0.4	2.2	1.7	7.2	18.3	20.2	23.1	14.0	6.4	7.5
Mozambique	688	33.2	19.7	78.7	54.7	64.5	37.8	42.0	66.2	52.8	38.0	45.2	33.9
Namibia	728	3.3	1.5	8.5	2.5	54.2	19.2	130.6	3.3	5.2	3.6	1.7	0.9
Niger	692	0.2	0.1	0.1	3.2	0.6	0.2	61.5	0.2	15.6	0.1	38.8	0.0
Nigeria	694	271.3	197.9	267.9	351.6	285.0	332.5	24.7	25.3	31.2	16.5	22.7	11.3
Rwanda	714	1.5	3.6	6.5	50.7	94.2	6.4	2.5	2.7	2.0	2.4	2.7	2.6
São Tomé & Príncipe	716	0.0	0.6	0.0	0.0	0.5	0.0	0.1	0.0	0.0	0.0	0.0	0.0
Senegal	722	38.5	92.1	47.3	88.7	52.3	62.1	1.4	3.2	3.0	7.1	4.1	6.5
Seychelles	718	7.1	2.2	2.4	2.6	6.1	5.8	1.4	1.2	1.8	1.9	1.4	0.8
Sierra Leone	724	0.9	0.9	1.5	3.9	3.1	2.1	0.1	0.1	0.2	0.3	0.2	0.4
South Africa	199	114.6	278.7	286.2	287.5	274.3	199.8	345.3	686.3	782.1	692.1	567.0	521.1
South Sudan, Rep. of	733	....	....	....	....	....	0.7	....	....	....	....	....	0.0
Swaziland	734	....	....	....	....	....	....	1.4	1.2	1.7	1.9	1.0	1.2
Tanzania	738	102.5	60.7	100.0	103.9	91.4	80.4	49.8	52.2	68.2	50.4	47.4	48.5
Togo	742	3.7	52.8	83.2	61.5	170.6	23.9	11.3	6.6	14.9	8.0	....	0.0
Uganda	746	142.1	141.4	24.7	51.0	48.5	26.7	21.1	11.8	15.1	13.9	16.3	14.8
Zambia	754	1.8	2.2	0.3	3.3	18.6	0.5	14.6	11.0	13.5	15.9	10.0	13.5
Zimbabwe	698	6.5	3.9	4.6	9.1	3.1	8.6	24.2	34.3	19.9	33.0	42.3	58.4
Africa n.s.	799	0.0	0.2	0.2	0.7	....	0.0	....	0.0	0.1	0.0	0.0	0.0
Western Hemisphere	205	**6,132.2**	**6,806.6**	**8,058.3**	**7,293.3**	**5,295.3**	**4,939.4**	**8,912.2**	**9,320.7**	**10,590.8**	**10,031.1**	**7,662.1**	**6,958.6**
Antigua and Barbuda	311	....	....	0.1	0.3	0.0	0.0	0.0	0.0	0.0	0.0	0.0	0.0
Argentina	213	779.0	307.0	400.1	221.5	122.0	189.0	1,010.9	1,264.0	1,100.1	1,116.4	824.6	684.0
Aruba	314	....	....	....	....	....	21.6	....	0.0	....	....	0.0	....
Bahamas, The	313	14.3	5.8	13.4	3.9	72.7	0.0	2.9	2.9	2.0	1.8	0.7	0.3
Barbados	316	628.5	15.3	121.9	0.0	0.0	0.0	0.1	0.7	0.3	0.3	0.2	0.1

Russian Federation (922)

In Millions of U.S. Dollars

		Exports (FOB)						Imports (CIF)					
		2011	2012	2013	2014	2015	2016	2011	2012	2013	2014	2015	2016
Belize	339	24.0	24.8	16.3	10.7	20.6	1.7	0.0	0.0	3.6	12.1	0.0	0.0
Bermuda	319	15.5	....	0.0	....	0.0	0.0	0.4	0.4	0.5	0.3	0.1	0.1
Bolivia	218	4.5	4.8	4.2	6.8	3.3	2.4	14.8	13.6	10.4	6.1	7.9	6.7
Brazil	223	2,099.6	2,304.5	1,984.7	2,365.6	1,924.3	1,785.6	4,362.2	3,358.6	3,492.8	3,969.3	2,914.7	2,576.0
Chile	228	32.5	29.9	48.8	64.5	59.0	46.4	410.5	497.5	694.9	821.0	686.1	575.5
Colombia	233	151.8	289.6	230.0	236.6	202.3	223.3	158.2	172.5	147.0	140.0	128.9	103.0
Costa Rica	238	22.8	13.1	50.3	126.8	22.5	22.2	101.4	165.0	126.8	162.5	78.4	81.0
Curaçao	354	....	....	....	....	....	0.1	....	....	....	....	....	3.2
Dominica	321	0.0	0.0	0.3	0.8	0.0	0.4	0.1	0.0	0.0	0.0	0.0	0.0
Dominican Republic	243	53.0	16.4	11.4	106.0	79.4	29.4	15.7	21.2	21.1	20.9	12.5	13.2
Ecuador	248	89.9	118.0	193.4	213.7	261.1	188.6	1,209.1	1,187.8	1,290.1	1,240.6	1,145.6	1,211.8
El Salvador	253	0.0	17.3	10.6	12.5	12.0	7.6	1.3	1.1	19.6	1.2	1.6	1.5
Falkland Islands	323	....	0.1	7.7	9.6	5.1	0.0	0.0	0.0	0.0	1.1	1.4	0.0
Greenland	326	....	....	0.0	....	....	0.0	0.6	0.2	1.4	24.9	58.8	79.4
Grenada	328	....	0.0	0.1	....	....	....	0.0	0.0	0.0	0.1	0.0	0.0
Guatemala	258	86.9	117.5	85.0	53.2	48.6	37.3	66.7	17.2	42.6	20.3	12.2	16.8
Guyana	336	1.3	1.3	1.3	0.5	0.4	0.6	0.5	0.7	1.6	1.5	2.5	2.4
Haiti	263	4.4	2.4	7.2	6.8	9.6	5.1	0.1	0.2	0.5	0.5	0.2	0.2
Honduras	268	35.9	40.7	50.4	16.3	23.7	20.3	36.6	10.9	9.5	13.1	10.9	22.2
Jamaica	343	0.1	....	....	0.4	0.6	1.1	12.0	115.8	41.7	73.5	116.1	77.6
Mexico	273	563.5	492.5	855.4	1,373.8	990.2	1,061.5	522.0	1,094.0	1,047.6	783.3	588.9	644.4
Netherlands Antilles	353	0.4	....	....	....	....	34.3	0.2	0.0	....	0.0	....	....
Nicaragua	278	18.2	67.4	37.7	30.4	27.1	29.8	49.8	23.2	24.0	21.9	7.8	8.8
Panama	283	53.0	28.4	58.4	49.5	48.8	18.3	11.3	4.2	959.9	6.6	1.6	1.4
Paraguay	288	3.4	14.3	20.9	33.9	13.6	6.4	479.4	848.6	1,118.1	1,156.6	857.3	655.3
Peru	293	519.5	358.8	400.6	439.7	619.0	209.8	80.9	93.1	102.9	111.0	79.6	91.9
St. Kitts and Nevis	361	2.6	2.8	30.4	1.9	1.5	....	5.5	0.0	0.0	0.1	0.1	0.0
St. Lucia	362	....	0.0	....	....	....	0.0	0.0	0.0	0.0	0.0	....	0.1
St. Vincent & Grens.	364	3.4	....	0.1	0.0	0.0	0.1	....	0.1	0.1	0.0	....	0.0
Suriname	366	0.7	0.5	0.4	0.8	0.1	1.6	0.1	0.1	0.1	0.2	0.1	0.1
Trinidad and Tobago	369	419.3	182.9	756.1	349.0	248.2	719.0	0.2	2.0	0.2	0.9	0.5	0.3
Uruguay	298	38.6	200.7	80.4	59.8	32.1	32.8	357.6	423.0	325.2	318.1	112.8	100.3
Venezuela, Rep. Bol.	299	247.3	1,943.9	2,446.5	1,214.5	382.7	214.9	0.5	0.8	4.1	3.2	2.0	0.9
Western Hem. n.s.	399	218.1	205.9	134.2	283.4	64.7	28.0	0.2	0.8	1.9	1.6	8.1	0.0
Other Countries n.i.e	910	210.0	228.4	260.9	183.3	165.7	284.8	63.9	59.8	36.9	71.9	54.5	46.1
Cuba	928	114.2	170.0	157.5	101.2	87.3	213.6	49.7	49.6	27.6	61.8	48.5	37.3
Korea, Dem. People's Rep.	954	95.8	58.4	103.4	82.2	78.3	71.2	14.3	10.2	9.3	10.0	6.0	8.8
Countries & Areas n.s.	898	86,554.1	183.8	52.0	61.0	66.7	34.8	45,427.5	2.1	0.5	5.3	1.3	2.0
Memorandum Items													
Africa	605	4,638.6	6,185.9	4,293.9	4,209.9	4,944.5	6,283.2	2,114.9	2,175.8	2,318.0	2,274.3	1,929.6	1,926.8
Middle East	405	8,745.7	9,562.5	8,699.7	13,208.0	10,454.0	9,464.1	1,251.4	1,411.2	1,663.1	1,506.4	1,054.1	1,166.1
European Union	998	226,778.2	277,525.1	283,566.7	258,962.6	165,672.1	130,331.1	104,365.9	132,740.5	134,165.7	118,325.6	70,113.7	69,575.8
Export earnings: fuel	080	16,014.6	30,284.3	32,743.8	28,135.4	23,122.8	21,611.7	6,540.4	13,202.7	9,331.1	10,175.2	7,279.3	6,510.3
Export earnings: nonfuel	092	479,868.4	494,198.4	494,522.6	469,479.5	320,304.0	261,528.6	288,818.4	303,647.7	305,636.0	275,668.3	175,124.2	176,045.8

Rwanda (714)
In Millions of U.S. Dollars

		Exports (FOB)						Imports (CIF)					
		2011	2012	2013	2014	2015	2016	2011	2012	2013	2014	2015	2016
IFS World		....	....	....	....	559.0	600.6	....	....	....	....	2,312.8	2,246.2
World	001	418.4	531.1	627.4	666.4	428.0	419.0	1,509.5	1,833.3	1,990.5	1,955.6	1,853.8	1,795.0
Advanced Economies	110	228.8	29.7	14.2	112.8	176.1	142.6	454.3	504.7	633.1	496.4	429.5	406.5
Euro Area	163	105.1	10.9	5.5	47.5	47.0	25.9	194.8	230.2	241.9	218.3	222.0	199.4
Austria	122	0.2	0.0	0.0	23.6	7.9	1.8	0.2	0.4	2.6	1.1	1.2	1.6
Belgium	124	46.8	3.6	0.9	7.6	19.5	13.3	53.5	59.6	72.2	55.9	44.3	43.7
Cyprus	423	....	0.0			....	0.0	0.9	0.1	0.1	0.1	0.1	0.3
Estonia	939	0.2	....	....	....	0.0	....	0.0	0.0	0.2	0.1	0.0	0.7
Finland	172	0.1	0.2	....	....	0.6	2.1	1.1	22.0	1.6	13.3	7.5	5.8
France	132	47.5	2.9	0.3	7.2	0.5	0.8	22.4	26.7	21.0	34.8	44.5	24.1
Germany	134	2.5	0.4	0.2	4.0	7.9	1.9	46.2	52.9	59.8	54.6	56.0	67.8
Greece	174	0.0	0.0	0.0	0.0	0.0	0.0	0.1	0.2	0.4	0.3	0.5	0.1
Ireland	178	....	....	0.0	0.0	0.1	0.0	1.2	2.8	1.2	0.7	0.9	2.2
Italy	136	3.3	2.2	2.8	2.7	1.4	2.7	26.0	21.2	25.3	22.5	25.8	20.8
Latvia	941	....	....	0.0	....	0.3	....	....	0.0	0.0	1.2	0.7	1.7
Lithuania	946	....	0.0	....	....	....	0.0	3.2	4.1	3.2	0.5	1.2	2.2
Luxembourg	137	1.7	0.4	0.0	1.0	8.0	2.2	1.0	1.4	0.7	1.0	0.7	0.5
Malta	181	....	....	....	....	....	....	....	....	....	0.0	....	0.2
Netherlands	138	1.0	1.1	0.5	1.2	0.5	0.8	31.0	23.0	47.0	27.1	28.9	21.2
Portugal	182	0.0	....	0.0	....	0.0	0.0	0.2	0.5	3.1	1.0	1.5	3.2
Slovak Republic	936	....	0.0	0.0	0.0	0.0	0.0	0.0	0.3	0.0	0.1	1.3	0.0
Slovenia	961	1.1	....	....	....	0.0	0.0	0.0	0.1	0.6	0.6	0.1	0.2
Spain	184	0.6	0.1	0.7	0.1	0.2	0.2	7.7	14.7	3.0	3.6	6.8	3.3
Australia	193	3.6	0.7	0.4	0.5	1.1	1.0	6.2	7.7	20.5	2.5	4.5	0.8
Canada	156	0.2	0.1	0.9	0.1	0.2	0.7	3.6	10.8	6.1	14.5	12.9	8.4
China,P.R.: Hong Kong	532	14.8	1.4	0.1	3.9	18.2	11.7	15.2	27.1	29.9	10.9	....	....
Czech Republic	935	0.0	....	....	....	0.1	0.9	0.9	0.7	0.7	0.4	0.6	1.5
Denmark	128	0.0	....	0.2	....	0.0	0.2	15.7	15.3	17.2	19.1	4.8	5.9
Iceland	176	....	....	0.0	....	0.0	....	0.0	0.0	0.0	0.2	0.1	0.0
Israel	436	0.1	0.0	0.0	0.1	0.7	0.0	3.8	2.7	7.4	4.9	6.9	6.6
Japan	158	1.1	0.0	0.1	1.8	4.8	1.5	57.2	59.9	186.9	41.1	54.6	57.5
Korea, Republic of	542	0.1	0.1	0.4	0.3	0.9	1.2	12.9	10.1	25.8	21.8	24.5	24.7
New Zealand	196	0.0	....	0.0	....	0.0	0.4	0.6	0.1	0.1	0.1	0.6	0.1
Norway	142	0.5	....	....	0.4	0.5	0.4	0.2	0.0	0.5	0.8	0.5	5.0
San Marino	135	....	....	....	....	....	....	....	....	....	0.3	....	....
Singapore	576	0.1	0.0	0.0	7.8	19.4	20.2	17.7	7.4	4.1	9.8	5.3	5.3
Sweden	144	0.5	0.0	0.1	0.2	0.0	1.0	14.0	29.3	19.1	18.9	10.4	15.0
Switzerland	146	75.5	7.6	0.3	23.2	52.7	54.1	30.5	33.1	15.9	11.4	10.7	9.2
Taiwan Prov.of China	528	....	....	....	....	0.1	0.2	1.2	1.4	1.3	1.4	3.7	3.6
United Kingdom	112	17.4	2.5	1.6	5.6	6.5	4.8	21.7	25.1	20.6	85.5	22.9	16.2
United States	111	10.0	6.3	4.4	21.4	23.8	18.5	58.0	44.1	35.0	34.5	44.5	47.2
Emerg. & Dev. Economies	200	161.5	477.2	592.1	540.4	233.6	264.4	1,055.0	1,327.7	1,356.3	1,458.7	1,422.6	1,387.5
Emerg. & Dev. Asia	505	23.2	2.6	0.7	11.6	19.1	14.0	287.2	415.0	473.1	561.3	588.5	552.4
Bangladesh	513	0.0	0.0	0.0	0.0	0.0	....	0.1	0.2	0.4	0.3	0.1	0.3
Cambodia	522	....	....	0.0	....	0.0	0.0	0.0	0.0	0.0	0.0	0.0	0.1
China,P.R.: Mainland	924	17.5	1.9	0.3	8.0	12.8	4.8	174.0	241.4	296.6	365.6	357.6	379.2
Guam	829	....	....	0.1	....	....	....	0.0	....	0.0	0.0	0.0	0.0
India	534	0.4	0.2	0.2	0.8	0.9	0.7	97.5	151.1	137.8	175.2	181.8	132.2
Indonesia	536	0.0	0.0	....	0.0	....	0.0	4.7	4.8	4.1	4.0	9.4	8.5
Malaysia	548	4.4	0.4	0.0	2.7	5.2	7.3	2.8	3.3	3.8	4.0	8.0	16.6
Marshall Islands	867	....	....	....	....	....	....	0.6	0.4	0.1	0.0	....	....
Nepal	558	....	0.0	....	0.0	....	0.1	....	0.0	....	....	0.0	0.0
Philippines	566	0.0	....	0.0	0.0	0.0	0.0	0.1	0.2	0.4	0.3	0.2	0.4
Sri Lanka	524	....	0.0	0.0	0.0	0.0	0.0	0.3	0.7	0.5	0.3	2.1	0.5
Thailand	578	0.0	0.0	0.1	0.0	0.0	0.8	6.2	8.1	8.6	9.3	18.5	13.6
Vietnam	582	0.7	0.0	....	0.0	0.0	0.3	0.4	3.6	19.2	0.8	10.8	0.8
Asia n.s.	598	0.0	0.0	0.0	0.0	0.0	....	0.5	1.2	1.4	1.5	0.0	0.2
Europe	170	0.3	0.2	1.3	0.9	0.5	0.5	16.1	62.9	56.4	73.7	84.7	84.6
Emerg. & Dev. Europe	903	0.2	0.2	1.3	0.9	0.5	0.4	9.4	14.0	20.8	28.4	42.0	50.9
Bulgaria	918	0.0	....	....	....	0.0	0.0	0.1	0.3	0.6	1.7	2.3	1.9

Rwanda (714)

In Millions of U.S. Dollars

		Exports (FOB)						Imports (CIF)					
		2011	2012	2013	2014	2015	2016	2011	2012	2013	2014	2015	2016
Croatia	960	....	....	....	....	....	....	0.0	0.0	....	0.7	0.4	0.0
Hungary	944	0.0	....	0.0	....	0.0	0.0	0.6	3.3	0.4	1.6	1.3	0.5
Macedonia, FYR	962	....	....	....	....	0.2	....	....	....	....	....	....	0.0
Poland	964	0.2	....	0.0	....	0.0	0.2	0.1	0.4	0.7	2.2	3.2	4.7
Romania	968	....	....	....	....	0.1	0.2	0.0	0.0	0.0	0.1	1.0	0.1
Serbia, Republic of	942	....	....	....	....	....	....	0.5	0.0	0.3	0.5	0.2	1.9
Turkey	186	....	0.2	1.3	0.9	0.1	0.0	8.0	9.8	18.7	21.6	33.5	41.7
CIS	901	0.0	0.0	0.0	....	0.0	0.1	6.7	48.9	35.6	45.3	42.6	33.7
Armenia	911	....	....	....	....	....	....	0.0	....	0.0	0.0	0.1	0.0
Belarus	913	....	....	....	....	....	0.0	....	....	....	0.0	0.0	0.4
Georgia	915	0.0	....	....	....	....	....	0.7	2.0	11.0	1.5	0.5	0.3
Kyrgyz Republic	917	....	....	....	....	....	....	....	0.0	0.0	0.0	0.1	....
Russian Federation	922	....	0.0	0.0	....	0.0	0.1	5.8	43.6	18.6	43.0	40.3	31.7
Ukraine	926	0.0	....	....	....	0.0	0.0	0.3	3.3	5.9	0.6	1.6	1.3
Uzbekistan	927	....	0.0	0.0	....	....	....	....	....	0.1	0.0	....	....
Europe n.s.	884	....	....	....	....	0.0	....	0.0	0.0	0.0	0.0	0.0	0.1
Mid East, N Africa, Pak	440	4.4	18.8	16.8	15.7	35.1	86.6	205.5	239.5	241.9	211.0	174.3	169.3
Algeria	612	....	....	....	....	0.0	0.0	0.1	0.0	0.0	0.1	0.0	0.0
Bahrain, Kingdom of	419	0.6	0.1	....	....	....	....	24.5	9.2	0.2	0.6	1.0	0.7
Djibouti	611	0.0	0.0	0.0	0.0	....	....	0.0	0.0	0.0	0.0	....	0.1
Egypt	469	0.1	0.0	0.0	0.0	0.2	0.0	28.2	21.5	24.8	23.1	28.1	17.4
Iran, I.R. of	429	....	....	....	....	....	....	5.5	2.1	4.2	5.6	2.9	2.0
Jordan	439	0.2	0.6	....	....	....	....	0.3	0.4	0.3	0.6	0.8	0.6
Kuwait	443	0.2	....	....	0.0	....	....	0.7	1.4	1.8	0.2	0.0	0.1
Lebanon	446	....	....	0.0	0.0	....	0.0	2.1	1.7	0.9	5.9	10.2	0.9
Mauritania	682	0.0	....	....	....	....	....	0.1	0.0	0.1	1.0	....	1.1
Morocco	686	....	0.0	....	0.0	0.0	0.0	3.0	1.2	0.0	3.9	0.1	1.1
Oman	449	0.0	....	....	....	0.0	0.0	1.0	1.5	0.0	0.9	0.4	0.6
Pakistan	564	0.1	....	0.0	0.0	....	0.2	12.9	16.8	28.6	22.5	26.6	28.4
Qatar	453	....	0.3	0.1	0.1	0.0	0.0	0.1	0.2	3.2	0.0	0.0	1.3
Saudi Arabia	456	....	0.1	....	2.4	0.1	0.2	10.3	33.4	46.7	20.0	9.4	9.5
Sudan	732	....	17.1	0.2	0.2	0.7	0.2	....	0.1	0.1	0.0	0.1	0.2
Syrian Arab Republic	463	....	....	....	....	....	....	0.1	0.0	....	0.0	....	0.0
Tunisia	744	0.0	0.0	0.0	0.1	0.0	0.0	36.5	16.3	0.2	0.5	0.2	1.9
United Arab Emirates	466	3.3	0.6	16.4	13.0	34.0	86.0	80.1	133.6	130.8	126.0	94.6	103.6
Sub-Saharan Africa	603	129.8	455.3	573.1	512.2	178.9	162.9	528.9	583.2	544.7	607.9	554.1	551.8
Benin	638	0.0	0.0	0.0	0.0	0.1	0.0	0.1	0.0	0.0	0.0	0.0	0.0
Botswana	616	0.0	0.0	....	....	0.0	0.0	0.0	0.0	0.0	0.0	0.0	0.1
Burkina Faso	748	1.4	0.1	0.0	0.0	0.0	0.0	0.1	0.0	0.0	0.0	0.0	0.0
Burundi	618	8.5	13.6	20.9	19.3	6.7	7.1	4.0	11.4	8.3	6.7	8.7	5.2
Cameroon	622	0.1	0.1	0.0	0.0	0.0	0.1	0.0	0.0	0.0	0.2	0.2	0.1
Central African Rep.	626	0.0	0.0	0.0	0.0	9.6	0.0	0.1	....	0.0	....	0.0	0.0
Chad	628	0.0	....	....	0.0	0.1	0.0	0.0	0.0	0.0	0.0	0.0	0.0
Congo, Dem. Rep. of	636	44.6	109.3	115.0	153.6	59.8	43.8	16.7	10.4	9.3	10.7	11.0	9.2
Congo, Republic of	634	0.2	0.2	0.2	0.2	0.1	0.0	0.0	0.1	0.1	0.0	0.0	0.0
Côte d'Ivoire	662	0.0	0.0	0.0	0.1	0.0	0.1	0.0	0.0	0.1	0.0	0.1	0.1
Ethiopia	644	0.5	2.2	4.2	3.9	2.3	2.5	0.2	0.1	0.2	0.1	0.4	0.8
Gabon	646	0.0	0.2	0.0	0.0	0.0	0.0	0.0	0.0	0.0	0.0	0.0	0.0
Ghana	652	0.2	0.0	0.0	0.0	0.4	0.0	0.1	0.3	0.4	0.1	0.0	0.2
Guinea	656	0.1	....	....	....	0.0	0.0	0.0	0.0	0.0	0.0	0.0	0.0
Kenya	664	63.6	94.8	83.2	74.3	80.2	90.2	134.3	153.8	139.5	180.6	147.5	139.8
Liberia	668	0.0	0.0	0.0	....	0.0	0.0	0.8	0.3	0.2	0.0	0.0	0.2
Madagascar	674	0.0	0.0	0.0	....	0.0	0.0	0.0	0.1	0.1	0.1	0.8	0.2
Malawi	676	0.0	0.0	0.0	0.1	0.1	0.9	1.5	0.3	0.0	0.0	0.2	5.5
Mali	678	0.0	0.0	0.0	0.0	0.0	0.0	0.1	0.2	0.1	0.1	0.3	0.4
Mauritius	684	....	0.0	....	0.1	0.0	....	5.3	6.8	8.0	6.6	6.4	4.4
Mozambique	688	0.1	....	0.0	0.0	0.0	0.0	0.0	0.0	0.1	0.0	1.7	0.4
Namibia	728	0.0	0.0	....	....	....	....	0.0	0.1	0.0	0.0	0.0	0.2
Niger	692	....	0.0	0.0	....	0.0	0.0	0.0	0.3	0.0	0.0	0.1	0.0
Nigeria	694	0.0	0.1	0.0	0.0	0.8	0.0	0.0	0.2	0.2	0.1	0.2	0.7

Rwanda (714)

In Millions of U.S. Dollars

		Exports (FOB) 2011	2012	2013	2014	2015	2016	Imports (CIF) 2011	2012	2013	2014	2015	2016
Senegal	722	0.1	0.0	0.0	0.0	0.0	0.0	0.2	0.2	0.1	0.4	0.2	0.1
Seychelles	718	....	0.0	....	....	....	....	0.0	0.0	0.0	0.1	0.0	0.0
Sierra Leone	724	....	0.0	0.0	0.0	0.0	0.0	0.0	0.0	0.0	0.1	0.0	0.0
South Africa	199	1.1	0.7	0.5	0.4	1.9	1.0	51.8	44.4	39.2	45.5	48.8	45.1
South Sudan, Rep. of	733	....	....	....	0.2	5.3	1.2	....	....	....	0.0	....	....
Swaziland	734	0.2	0.0	....	0.5	....	0.0	1.1	1.5	1.1	2.9	3.0	3.6
Tanzania	738	1.5	165.5	260.9	181.5	2.0	2.8	85.2	90.6	94.6	79.8	83.4	95.0
Togo	742	....	....	....	0.0	0.0	0.1	0.0	0.0	0.0	0.0	0.0	0.1
Uganda	746	7.3	68.4	88.1	78.1	9.2	13.0	215.3	256.9	238.6	266.9	233.1	199.9
Zambia	754	0.0	0.0	0.0	0.0	0.0	0.0	8.1	5.1	3.7	6.1	7.5	39.9
Zimbabwe	698	0.0	0.0	0.0	0.0	0.0	0.0	0.1	0.1	0.6	0.5	0.3	0.5
Africa n.s.	799	....	....	....	....	....	....	3.8	....	....	....	....	....
Western Hemisphere	205	3.9	0.3	0.1	0.0	0.1	0.4	17.4	27.0	40.1	4.9	21.0	29.4
Argentina	213	....	....	....	....	....	....	5.5	11.0	2.7	0.1	0.3	0.0
Belize	339	....	....	0.0	....	....	....	....	0.0	....	0.0	0.3	....
Brazil	223	0.0	....	0.0	0.0	0.0	....	6.5	12.4	34.6	3.0	6.0	2.2
Chile	228	0.0	....	....	....	0.0	....	0.1	0.1	0.1	0.0	0.0	0.0
Colombia	233	....	....	0.0	....	....	....	0.5	0.2	0.0	0.1	0.2	0.3
Curaçao	354	0.0	....	....	....	....	....	0.2	0.1	0.1	0.0	....	....
Ecuador	248	....	....	0.0	....	....	0.0	0.3	0.0	0.0	0.1	0.0	0.5
Grenada	328	....	0.3	....	....	....	....	....	0.0	0.1	....	....	....
Guatemala	258	....	....	....	....	....	....	0.0	0.0	0.7	0.9	0.6	0.1
Haiti	263	3.4	0.0	....	0.0	0.0	....	0.0	0.0	0.0	0.0	0.0	0.0
Honduras	268	....	....	....	....	....	....	0.0	0.0	0.0	0.1	0.0	0.0
Jamaica	343	0.5	0.0	....	0.0	0.0	0.0	0.0	0.0	0.0	0.0	0.0	0.0
Mexico	273	....	....	0.1	....	....	0.0	0.1	0.8	0.1	0.2	0.1	0.5
Netherlands Antilles	353	....	....	....	....	....	....	....	....	....	....	....	0.3
Panama	283	....	....	....	....	....	0.1	0.0	0.0	0.0	0.1	....	....
Paraguay	288	....	....	....	....	....	....	2.7	1.8	1.4	0.0	0.0	....
Uruguay	298	....	....	....	....	....	....	1.3	0.0	0.0	....	....	1.0
Western Hem. n.s.	399	....	....	....	....	....	0.3	0.0	0.3	0.1	0.2	13.3	24.5
Other Countries n.i.e	910	0.6	0.0	0.0	0.1	0.1	0.0	0.2	0.9	1.0	0.4	1.7	1.1
Korea, Dem. People's Rep.	954	0.6	0.0	0.0	0.1	0.1	0.0	0.2	0.9	1.0	0.4	1.7	1.0
Countries & Areas n.s.	898	27.4	24.1	21.1	13.1	18.3	12.0	0.0	0.0	0.0	....	....	....
Memorandum Items													
Africa	605	129.9	472.4	573.4	512.3	174.3	162.0	568.5	600.9	545.2	613.4	554.5	556.1
Middle East	405	4.3	1.7	16.6	15.4	34.3	86.1	153.0	205.0	212.8	183.0	147.3	136.6
European Union	998	123.2	13.4	7.5	53.2	53.8	33.2	248.0	304.7	301.3	348.5	268.9	245.3
Export earnings: fuel	080	4.3	1.6	16.9	15.8	40.3	87.5	129.0	225.6	205.8	196.8	149.1	151.0
Export earnings: nonfuel	092	414.1	529.6	610.5	650.6	387.7	331.5	1,380.5	1,607.7	1,784.7	1,758.8	1,704.7	1,644.0

Samoa (862)

In Millions of U.S. Dollars

		Exports (FOB) 2011	2012	2013	2014	2015	2016	Imports (CIF) 2011	2012	2013	2014	2015	2016
IFS World		12.2	12.5	8.8	50.3	53.1	56.0	318.9	308.3	325.7	384.0	334.0	350.5
World	001	55.2	59.0	48.5	53.8	61.0	66.6	352.4	348.3	369.3	390.8	372.4	364.6
Advanced Economies	110	47.7	48.9	36.0	43.5	40.9	34.1	293.0	265.2	289.2	292.8	255.2	242.0
Euro Area	163	0.3	0.1	0.2	0.2	0.3	0.3	2.3	2.5	0.4	3.8	1.5	3.7
Austria	122	0.0 e	....	....	0.0 e	0.0 e	0.0 e	....	0.0	0.1	0.1	0.0	0.1
Belgium	124	....	....	....	0.0	....	....	0.0	0.1	....	0.0	0.0	0.0
Finland	172	0.0 e	....	0.0 e	....	0.0 e	....	....	....	....	0.0	0.1	0.0
France	132	0.1	....	....	0.0	....	0.0	0.2	0.0	0.0	2.3	0.2	0.1
Germany	134	0.2	0.1	0.2	0.2	0.2	0.3	0.4	0.5	0.1	0.5	0.7	2.0
Ireland	178	0.0	....	0.0	....	....	....	0.3	1.1	0.0	0.0	0.0	0.0
Italy	136	....	....	0.0	....	....	....	0.1	0.4	0.0	0.4	0.2	0.3
Netherlands	138	0.0	....	....	....	0.1	....	1.2	0.3	0.1	0.5	0.1	0.4
Slovak Republic	936	....	....	....	....	....	....	....	....	....	0.0	0.1	0.1
Slovenia	961	....	....	....	....	....	....	....	....	....	0.0	....	0.3
Spain	184	....	....	....	....	....	....	0.0	0.0	0.1	0.0	0.0	0.3
Australia	193	33.2	38.6	28.2	29.5	24.8	20.1	34.4	27.9	26.4	30.7	36.4	36.1
Canada	156	0.0	....	....	....	....	0.0	0.0	0.0	0.0	0.1	0.1	0.6
China,P.R.: Hong Kong	532	0.0	0.0	0.0	....	0.5	0.0	6.3	3.5	6.3	3.9	3.7	6.6
Czech Republic	935	0.0 e	0.0 e	0.0 e	0.1 e	0.0 e	....	....	....	....	0.0	0.0	0.0
Israel	436	....	....	....	....	....	0.8 e	0.0	0.0	....	0.0	0.0	0.0
Japan	158	0.3	0.9	0.3	0.1	2.3	1.7	32.6	16.1	13.5	15.2	19.1	18.2
Korea, Republic of	542	....	0.0	....	0.0	0.0	0.0	0.8	1.0	1.0	1.0	0.6	0.6
New Zealand	196	10.3	7.4	5.5	9.7	8.8	6.7	96.5	83.7	109.6	97.0	96.2	83.7
Singapore	576	1.8	0.0	0.2	1.8	1.0	0.6	73.2	80.1	83.5	96.2	57.6	51.1
Sweden	144	....	....	....	....	....	....	0.1	0.7	0.7	1.3	0.6	0.5
Switzerland	146	....	....	....	....	0.0	0.0	0.1	0.0	0.1	0.0	0.1	0.1
Taiwan Prov.of China	528	0.0	0.0	0.0	0.0	0.0	0.0	6.5	2.6	2.0	2.6	1.6	2.5
United Kingdom	112	0.0	0.1	0.2	0.1	0.1	0.1	1.1	3.7	0.3	0.3	0.4	1.0
United States	111	1.7	1.7	1.4	1.9	3.1	3.7	39.1	43.3	45.4	40.7	37.3	37.2
Emerg. & Dev. Economies	200	7.5	10.1	12.5	10.3	20.2	32.5	59.2	82.5	79.3	96.7	116.4	121.0
Emerg. & Dev. Asia	505	6.7	8.1	8.1	6.9	15.7	20.1	58.8	78.9	78.0	95.9	114.9	118.8
American Samoa	859	3.5	4.6	5.6	3.2	10.8	14.4	0.5	0.3	0.7	0.4	0.5	0.3
China,P.R.: Mainland	924	0.1	0.0	0.1	0.0	0.8	0.8	22.3	34.2	29.9	49.0	55.0	49.2
Fiji	819	0.3	0.1	0.2	1.5	1.7	1.8	20.6	17.9	21.0	17.4	22.9	22.9
F.T. French Polynesia	887	0.1	1.3	0.2	0.1	0.0	0.0	....	....	0.0	....	....	0.2
F.T. New Caledonia	839	....	0.1	....	0.0	0.0	0.1	0.0	0.0	....	0.1	0.0	0.0
Guam	829	....	....	....	....	....	....	....	....	....	0.4	0.0	....
India	534	0.0	0.0	....	....	....	0.0	0.5	1.1	1.4	1.7	0.9	1.3
Indonesia	536	0.2	0.2	0.1	....	0.0	0.0	3.7	10.0	5.8	7.2	7.4	6.0
Malaysia	548	0.2	1.1	0.9	0.1	0.1	0.8	3.5	4.4	5.7	5.5	10.7	8.5
Micronesia	868	....	....	0.0	....	....	....	....	....	....	0.1	....	....
Myanmar	518	0.0 e	....	....	....	....	....	....	....	....	0.2 e	0.2 e	12.1 e
Nauru	836	....	....	....	....	0.0	0.0	0.1	....	....	0.0	....	....
Papua New Guinea	853	0.0	0.1	0.3	....	0.0	0.0	0.2	0.1	1.0	0.4	0.5	0.3
Philippines	566	0.0	....	0.0	0.0	0.0	0.0	0.7	1.1	1.0	0.8	0.7	1.1
Solomon Islands	813	....	0.0	0.1	0.0	0.0	0.0	0.0	0.0	0.1	0.0	0.1	0.0
Thailand	578	0.0	0.0	0.0	0.0	0.1	0.0	4.5	6.5	8.6	9.8	10.4	11.5
Tonga	866	1.9	0.0	0.1	0.1	0.0	0.0	0.3	0.2	0.4	0.4	0.2	0.2
Vanuatu	846	0.0	0.0	....	0.0	0.0	0.0	....	....	0.0	0.0	0.0	0.2
Vietnam	582	....	0.2	0.2	0.0	....	0.0	1.3	1.9	0.8	1.5	3.9	3.3
Asia n.s.	598	0.5	0.5	0.3	1.9	2.0	2.1	0.6	1.3	1.1	1.2	1.3	1.8
Europe	170	0.1	0.2	0.0	0.0	0.0	0.0	0.0	0.2	0.2	0.1	0.4	1.1
Emerg. & Dev. Europe	903	0.1	0.2	0.0	0.0	0.0	0.0	0.0	0.2	0.1	0.1	0.4	1.1
Bosnia and Herzegovina	963	....	0.1 e	....	....	....	....	0.0	....	....	....	....	....
Bulgaria	918	....	0.1 e	....	....	....	....	....	0.0	....	....	....	0.0
Turkey	186	....	....	....	....	....	....	....	0.2	0.1	0.1	0.4	1.1
Europe n.s.	884	....	....	....	....	....	....	0.0	....	0.1	....	....	....
Mid East, N Africa, Pak	440	0.1	0.1	0.1	0.0	1.3	7.5	0.0	0.3	....	0.2	0.0	0.3
Afghanistan, I.R. of	512	....	....	....	....	1.2 e	7.4 e	....	....	....	....	....	0.0
Bahrain, Kingdom of	419	0.0 e	0.0 e	0.0 e	....	....	0.0 e	....	0.1 e	....	....	....	0.2 e

2017, International Monetary Fund: *Direction of Trade Statistics Yearbook*

Samoa (862)

In Millions of U.S. Dollars

		Exports (FOB)						Imports (CIF)					
		2011	2012	2013	2014	2015	2016	2011	2012	2013	2014	2015	2016
Egypt	469	....	....	....	....	....	....	....	0.1	....	0.1	....	0.0
Lebanon	446	0.0 e	....	....	....	....	0.0 e	....	....	....	0.1	....	0.0
Pakistan	564	....	0.0 e	....	0.0 e	....	0.0 e	....	0.0	....	0.0	0.0	0.1
United Arab Emirates	466	....	....	....	....	0.1	0.0	0.0	0.0	....	0.0	0.0	0.0
West Bank and Gaza	487	0.1 e	0.0 e	0.1 e	0.0 e	....	....	....	....	....	....	....	....
Sub-Saharan Africa	603	**0.2**	**0.1**	**0.2**	**0.3**	**0.1**	**0.1**	**0.1**	**1.3**	**0.7**	**0.1**	**0.2**	**0.1**
Angola	614	....	....	....	0.3 e	....	....	....	....	....	....	....	....
Guinea	656	....	....	....	....	0.1 e	0.1 e	....	....	....	....	....	....
Malawi	676	0.0 e	....	0.1 e	....	....	....	....	....	0.0 e	....	....	....
Niger	692	....	....	....	....	....	....	0.0	....	....	0.1	0.1	0.1
Senegal	722	0.2 e	0.0 e	0.1 e	....	....	....	....	....	....	0.0	....	....
South Africa	199	....	....	....	....	....	....	0.0	1.3	0.0	....	....	0.0
Zambia	754	....	0.0 e	0.0 e	....	....	....	....	....	0.6 e	....	....	....
Western Hemisphere	205	**0.4**	**1.7**	**4.1**	**3.0**	**3.1**	**4.7**	**0.2**	**1.8**	**0.5**	**0.4**	**0.8**	**0.7**
Argentina	213	....	0.0 e	0.0 e	0.0 e	....	0.0 e	0.0	0.4	....	....	....	....
Bahamas, The	313	....	....	....	0.8	0.1	....	....	....	....	....	....	....
Brazil	223	....	....	....	....	....	....	....	0.6	0.2	0.2	0.5	0.5
Chile	228	0.0 e	0.0 e	0.0 e	0.1 e	0.1 e	1.8 e	0.0	0.3	0.1	0.0	0.1	0.1
Colombia	233	0.0 e	1.3 e	4.0 e	1.7 e	2.8 e	2.4 e	....	0.0	....	0.0	....	....
Costa Rica	238	0.4 e	....	0.0 e	0.0 e	....	0.4 e	0.0	0.0	....	....	0.0	0.0
Ecuador	248	....	0.3	....	....	....	....	....	....	....	0.0	0.1	0.0
Guatemala	258	....	....	....	0.4 e	0.1 e	0.1 e	....	....	....	....	....	....
Jamaica	343	....	....	....	....	....	0.1 e	0.0	0.0	....	0.0	0.1	0.0
Mexico	273	0.0	0.0	0.0	....	....	....	0.2	0.4	0.0	0.1	0.0	0.0
Peru	293	....	0.0 e	....	....	....	0.0 e	....	0.0	0.1	0.0	....	....
Other Countries n.i.e	910	....	....	....	**0.0**	**0.0**	**0.0**	**0.3**	**0.6**	**0.7**	**1.3**	**0.8**	**1.6**
Korea, Dem. People's Rep.	954	....	....	....	0.0	0.0	0.0	0.3	0.6	0.7	1.3	0.8	1.6
Countries & Areas n.s.	898	....	....	....	....	....	....	....	0.0	....	0.0	0.1	0.0
Memorandum Items													
Africa	605	0.2	0.1	0.2	0.3	0.1	0.1	0.1	1.3	0.7	0.1	0.2	0.1
Middle East	405	0.1	0.0	0.1	0.0	0.1	0.0	0.0	0.3	....	0.2	0.0	0.2
European Union	998	0.4	0.4	0.4	0.4	0.3	0.4	3.5	6.9	1.4	5.4	2.5	5.3
Export earnings: fuel	080	0.0	1.6	4.0	2.0	2.9	2.4	0.0	0.2	0.0	0.1	0.1	0.2
Export earnings: nonfuel	092	55.2	57.4	44.5	51.8	58.1	64.1	352.4	348.1	369.3	390.7	372.3	364.4

San Marino (135)

In Millions of U.S. Dollars

		Exports (FOB)						Imports (CIF)					
		2011	2012	2013	2014	2015	2016	2011	2012	2013	2014	2015	2016
IFS World		....	....	....	....	....	....	....	....	....	....	....	....
World	001	118.3	88.6	86.2	106.7	92.3	151.1	378.0	352.6	333.9	327.0	289.8	290.7
Advanced Economies	110	61.5	53.0	50.6	67.8	60.1	95.0	302.0	289.0	259.7	249.1	233.6	224.0
Euro Area	163	53.8	44.1	44.5	56.4	46.3	53.2	287.6	278.5	243.4	235.4	216.9	202.1
Austria	122	24.0 e	13.8 e	13.2 e	14.5 e	14.7 e	15.9 e	12.9 e	11.3 e	12.6 e	10.7 e	11.8 e	10.9 e
Belgium	124	3.7 e	2.1 e	0.5 e	0.8 e	0.2 e	0.7 e	10.7 e	11.5 e	9.0 e	9.1 e	16.2 e	20.7 e
Cyprus	423	0.1 e	0.0 e	0.0 e	0.1 e	0.2 e	0.2 e	0.0 e	0.0 e	....	0.0 e	....	....
Estonia	939	0.1 e	0.0 e	0.2 e	0.2 e	0.0 e	0.1 e	0.3 e	0.2 e	0.1 e	0.2 e	0.1 e	0.1 e
Finland	172	0.5 e	0.7 e	0.7 e	3.6 e	0.4 e	0.5 e	4.0 e	4.6 e	3.8 e	2.2 e	2.1 e	1.0 e
France	132	6.4 e	6.1 e	7.5 e	8.2 e	7.3 e	8.5 e	25.7 e	23.0 e	28.5 e	30.6 e	22.5 e	25.1 e
Germany	134	2.1 e	8.5 e	9.9 e	11.0 e	8.7 e	12.1 e	48.9 e	43.0 e	36.9 e	48.8 e	49.6 e	51.3 e
Greece	174	0.8 e	0.8 e	2.2 e	2.3 e	4.0 e	2.5 e	2.2 e	2.6 e	1.4 e	0.9 e	2.2 e	1.3 e
Ireland	178	0.0 e	0.0 e	0.1 e	0.1 e	0.0 e	0.0 e	0.6 e	0.1 e	0.1 e	0.0 e	0.1 e	0.1 e
Italy	136	....	....	....	....	....	....	77.5 e	88.0 e	68.8 e	55.4 e	46.2 e	34.1 e
Latvia	941	0.1 e	0.1 e	0.2 e	0.4 e	0.1 e	0.1 e	0.0 e	0.0 e	0.0 e	0.0 e	0.0 e	0.0 e
Lithuania	946	0.1 e	0.1 e	0.1 e	0.1 e	0.1 e	0.1 e	0.0 e	0.2 e	0.2 e	0.0 e	0.0 e	0.1 e
Luxembourg	137	0.6 e	....	0.0 e	0.0 e	0.0 e	0.0 e	0.0 e	0.0 e	0.0 e	0.0 e	0.0 e	0.0 e
Malta	181	0.0 e	1.8 e	0.1 e	0.1 e	0.6 e	0.7 e	....	....	....	....	0.0 e	0.0 e
Netherlands	138	1.2 e	1.6 e	1.9 e	2.0 e	2.0 e	3.0 e	58.9 e	58.5 e	49.6 e	44.9 e	31.1 e	20.2 e
Portugal	182	0.6 e	0.4 e	0.4 e	0.5 e	0.5 e	0.5 e	2.4 e	2.2 e	0.8 e	0.4 e	0.3 e	0.9 e
Slovak Republic	936	0.4 e	0.3 e	0.2 e	0.2 e	0.2 e	0.2 e	22.9 e	13.1 e	10.9 e	11.9 e	10.2 e	8.6 e
Slovenia	961	9.2 e	4.0 e	2.9 e	2.4 e	2.8 e	3.0 e	7.4 e	9.4 e	10.4 e	9.2 e	10.3 e	9.4 e
Spain	184	4.0 e	3.6 e	4.4 e	9.8 e	4.3 e	5.1 e	13.3 e	10.7 e	10.1 e	11.1 e	14.0 e	18.3 e
China,P.R.: Hong Kong	532	....	....	....	....	0.1 e	0.2 e	....	....	....	....	0.9 e	....
Czech Republic	935	0.3 e	0.2 e	0.3 e	0.2 e	0.2 e	0.2 e	1.3 e	1.5 e	1.5 e	2.2 e	1.5 e	1.2 e
Denmark	128	0.9 e	0.8 e	0.9 e	0.9 e	1.2 e	0.6 e	1.7 e	1.4 e	3.9 e	1.5 e	2.7 e	2.3 e
Israel	436	....	....	....	....	....	0.0 e	....	....	....	....	....	0.1 e
Korea, Republic of	542	....	....	....	....	....	0.2 e	....	....	....	....	....	0.1 e
Norway	142	....	....	....	....	....	0.1 e	....	....	....	....	....	3.9 e
Sweden	144	0.9 e	0.8 e	0.7 e	0.4 e	1.0 e	0.8 e	2.6 e	2.2 e	2.8 e	3.1 e	3.4 e	4.9 e
Switzerland	146	....	....	....	....	....	33.7 e	....	....	....	....	....	3.4 e
United Kingdom	112	5.6 e	7.0 e	4.2 e	9.9 e	11.4 e	5.6 e	8.8 e	5.3 e	8.2 e	7.0 e	8.2 e	5.0 e
United States	111	....	....	....	....	....	0.2 e	....	....	....	....	....	1.0 e
Emerg. & Dev. Economies	200	56.8	35.6	35.6	38.9	32.1	56.1	76.0	63.7	74.2	77.8	56.2	66.7
Emerg. & Dev. Asia	505	0.0	0.1	0.1	0.2	0.1	2.9	0.0	0.0	0.0	0.0	0.0	1.7
Cambodia	522	....	....	....	0.1 e	0.1 e	....	....	....	....	....	....	....
China,P.R.: Mainland	924	....	....	....	....	....	1.0 e	....	....	....	....	....	1.6 e
India	534	....	....	....	....	....	0.1 e	....	....	....	....	....	0.1 e
Indonesia	536	....	....	....	....	....	0.1 e	....	....	....	....	....	0.0 e
Philippines	566	....	....	....	....	....	1.5 e	....	....	....	....	....	....
Sri Lanka	524	....	....	....	....	....	0.3 e	....	....	....	....	....	....
Thailand	578	....	0.1 e	0.1 e	0.1 e	0.0 e	0.0 e	....	0.0 e	0.0 e	0.0 e	0.0 e	0.0 e
Europe	170	34.4	27.3	28.9	26.1	22.3	36.6	75.8	63.4	74.0	77.5	56.0	64.8
Emerg. & Dev. Europe	903	34.3	27.2	28.9	25.9	20.5	24.0	75.8	63.4	74.0	77.5	56.0	64.4
Albania	914	....	....	0.3 e	0.5 e	0.3 e	0.3 e	....	....	....	....	0.2 e	....
Bosnia and Herzegovina	963	0.7 e	0.8 e	0.6 e	0.9 e	0.5 e	0.5 e	1.3 e	1.5 e	1.7 e	0.5 e	0.1 e	0.1 e
Bulgaria	918	0.4 e	0.3 e	0.3 e	0.7 e	0.9 e	0.4 e	0.1 e	0.0 e	0.1 e	0.0 e	0.0 e	0.5 e
Croatia	960	1.1 e	1.3 e	0.5 e	0.1 e	0.3 e	0.4 e	0.1 e	0.1 e	0.1 e	0.0 e	0.0 e	0.0 e
Hungary	944	0.3 e	0.5 e	0.4 e	0.3 e	0.4 e	0.5 e	0.1 e	0.2 e	0.1 e	0.5 e	0.0 e	0.1 e
Kosovo	967	....	....	....	....	....	0.1 e	....	....	....	....	....	....
Macedonia, FYR	962	0.0 e	0.0 e	0.0 e	0.0 e	0.0 e	0.0 e	0.0 e	....	0.2 e	0.3 e	....	....
Poland	964	5.7 e	5.8 e	5.8 e	4.4 e	4.0 e	5.7 e	26.1 e	22.5 e	28.7 e	32.9 e	27.1 e	35.9 e
Romania	968	26.0 e	18.3 e	21.0 e	18.9 e	13.8 e	14.2 e	48.1 e	39.1 e	43.0 e	43.3 e	28.5 e	27.8 e
Serbia, Republic of	942	0.1 e	0.1 e	0.1 e	0.2 e	0.3 e	0.2 e	0.0 e	0.0 e	0.1 e	0.0 e	....	0.0 e
Turkey	186	....	....	....	....	....	1.6 e	....	....	....	....	....	0.1 e
CIS	901	0.1	0.1	0.1	0.2	1.8	12.6	0.0	0.0	0.0	....	0.0	0.4
Azerbaijan, Rep. of	912	....	....	....	....	....	0.2 e	....	....	....	....	....	....
Belarus	913	....	....	....	....	....	4.9 e	....	....	....	....	....	0.0 e
Georgia	915	....	....	....	....	....	0.2 e	....	....	....	....	....	....
Kazakhstan	916	....	....	....	....	1.6 e	0.9 e	....	....	....	....	....	....

San Marino (135)
In Millions of U.S. Dollars

		Exports (FOB)						Imports (CIF)					
		2011	2012	2013	2014	2015	2016	2011	2012	2013	2014	2015	2016
Kyrgyz Republic	917	....	....	....	0.1 e	0.1 e	0.0 e	....	....	....	....	....	....
Moldova	921	0.1 e	0.1 e	0.1 e	0.1 e	0.1 e	0.5 e	0.0 e	0.0 e	0.0 e	....	0.0 e	....
Russian Federation	922	....	....	....	....	....	5.7 e	....	....	....	....	....	0.0 e
Ukraine	926	....	....	....	....	....	0.2 e	....	....	....	....	....	0.4 e
Mid East, N Africa, Pak	440	**22.2**	**8.2**	**6.6**	**12.2**	**9.7**	**13.5**	....	....	**0.0**	**0.0**	**0.0**	....
Bahrain, Kingdom of	419	0.0 e	0.0 e	0.0 e	0.0 e	0.1 e	0.0 e	....	....	....	....	....	....
Iran, I.R. of	429	0.1 e	0.1 e	0.1 e	0.1 e	0.1 e	0.1 e	....	....	....	....	....	....
Kuwait	443	0.3 e	0.3 e	0.5 e	0.5 e	0.4 e	0.4 e	....	....	....	....	....	....
Lebanon	446	....	....	2.6 e	....	....	3.3 e	....	....	....	....	....	....
Pakistan	564	....	....	0.0 e	0.4 e	0.3 e	0.4 e	....	....	0.0 e	0.0 e	0.0 e	....
Saudi Arabia	456	19.1 e	5.2 e	0.8 e	8.3 e	5.8 e	6.2 e	....	....	....	....	....	....
United Arab Emirates	466	2.6 e	2.6 e	2.6 e	2.8 e	2.9 e	3.1 e	....	....	....	....	....	....
Sub-Saharan Africa	603	**0.1**	**0.0**	**0.0**	**0.3**	**0.0**	**0.1**	**0.2**	**0.1**	**0.1**	**0.2**	**0.1**	**0.2**
Angola	614	0.1 e	....	....	....	....	....	....	....	....	....	....	....
Guinea	656	....	....	....	....	....	....	....	....	....	0.1 e	....	....
Kenya	664	0.0 e	0.0 e	0.0 e	0.0 e	0.0 e	0.0 e	0.1 e	0.1 e	0.1 e	0.1 e	0.1 e	0.1 e
Mozambique	688	....	....	....	0.1 e	0.0 e	0.0 e	....	....	....	....	....	....
Rwanda	714	....	....	....	0.3 e	....	....	....	....	....	....	....	....
Western Hemisphere	205	**0.0**	**0.0**	**0.0**	**0.0**	**0.0**	**3.0**	**0.1**	**0.1**	**0.0**	**0.1**	**0.1**	**0.1**
Brazil	223	....	....	....	....	....	1.3 e	....	....	....	....	....	....
Chile	228	....	....	....	....	....	0.6 e	....	....	....	....	....	....
Colombia	233	....	....	....	....	....	0.9 e	....	....	....	....	....	....
Peru	293	....	....	....	....	....	0.1 e	....	....	....	....	....	....
Trinidad and Tobago	369	....	....	....	0.0 e	0.0 e	0.0 e	0.0 e	0.1 e	0.0 e	0.1 e	0.1 e	0.1 e
Memorandum Items													
Africa	605	0.1	0.0	0.0	0.3	0.0	0.1	0.2	0.1	0.1	0.2	0.1	0.2
Middle East	405	22.2	8.2	6.6	11.8	9.3	13.1	....	....	....	....	....	....
European Union	998	95.0	79.2	78.5	92.1	79.5	81.7	376.5	350.8	331.7	325.9	288.4	279.8
Export earnings: fuel	080	22.3	8.2	3.9	11.8	11.0	17.6	0.0	0.1	0.0	0.1	0.1	0.1
Export earnings: nonfuel	092	95.9	80.4	82.3	95.0	81.4	133.5	378.0	352.5	333.9	326.9	289.7	290.6

Sao Tome and Principe (716)

In Millions of U.S. Dollars

		Exports (FOB) 2011	2012	2013	2014	2015	2016	Imports (CIF) 2011	2012	2013	2014	2015	2016
IFS World		....	....	....	....	....	....	....	....	....	....	....	....
World	001	15.2	10.6	8.0	11.1	10.3	1.8	133.9	146.7	152.8	170.3	142.2	140.2
Advanced Economies	110	6.0	5.1	6.4	9.8	9.2	1.2	99.1	96.0	102.1	119.0	98.0	99.0
Euro Area	163	5.4	4.9	5.9	9.2	8.5	0.9	88.8	85.2	95.6	112.7	90.7	91.7
Belgium	124	1.7	0.4	1.4	2.5	2.3	....	2.5	4.9	2.9	2.8	1.7	2.9
Finland	172	....	....	....	....	....	....	0.1	0.1	....	0.0	....	....
France	132	0.2	0.6	0.8	1.4	0.5	0.0	3.5	0.9	1.0	1.1	0.9	1.4
Germany	134	0.2	0.2	0.3	0.8	0.4	0.4	0.4	0.6	0.3	0.3	0.6	0.7
Greece	174	....	0.1 e	....	....	....	....	....	....	....	....	0.0	0.1
Ireland	178	0.0 e	....	....	....	0.0 e	....	....	....	....	0.1	....	0.0
Italy	136	0.1	0.1	0.1	0.1	0.4	....	0.2	0.7	0.4	0.3	0.2	0.3
Latvia	941	....	....	....	....	....	....	....	0.1 e	....	....	0.0 e	0.0 e
Malta	181	....	....	....	....	0.3 e	....	....	....	0.0	....	....	....
Netherlands	138	2.3	2.6	2.0	2.2	3.3	0.3	0.5	0.5	0.4	1.8	1.4	0.9
Portugal	182	0.9	0.4	0.4	0.1	0.5	0.2	80.1	73.5	90.1	104.2	83.1	82.4
Spain	184	0.1	0.6	0.8	2.1	0.9	....	1.6	3.7	0.4	2.1	2.9	2.9
Australia	193	0.1	....	....	....	....	....	....	....	....	....	0.0	0.0
Canada	156	0.2 e	0.0 e	0.0 e	0.0 e	0.0 e	0.0 e	0.0	0.0	0.2	0.0	0.0	0.0
China,P.R.: Hong Kong	532	....	....	....	0.0	0.0	....	....	....	0.1	0.1	0.8	0.1
China,P.R.: Macao	546	....	....	....	....	....	....	....	....	....	0.1	....	....
Denmark	128	0.0 e	....	0.0 e	0.0 e	0.1 e	0.0 e	0.4	1.0	0.3	0.4	0.4	0.5
Japan	158	....	....	....	....	0.0	0.0	3.5	2.8	2.2	0.9	3.2	3.3
Korea, Republic of	542	0.0 e	0.0 e	0.2 e	0.0 e	0.0 e	0.1 e	0.1	0.0	....	....	0.1	0.1
New Zealand	196	0.0 e	0.0 e	0.0 e	0.0 e	0.0 e	0.0 e	0.1	....	....	0.0	....	....
Singapore	576	0.1	....	....	....	....	....	....	....	....	0.0	0.4	0.1
Switzerland	146	0.0	0.0	0.1	0.4	0.4	0.0	0.0	0.2	0.2	0.0	0.1	0.0
Taiwan Prov.of China	528	0.1 e	....	0.0 e	0.0 e	0.0 e	0.2 e	0.2 e	4.3 e	0.3 e	0.5 e	0.3 e	0.8 e
United Kingdom	112	....	....	....	....	....	....	0.0	0.0	0.1	0.4	0.0	0.1
United States	111	0.0	0.0	0.1	0.1	0.1	....	6.0	2.5	3.2	3.9	2.1	2.5
Emerg. & Dev. Economies	200	9.2	5.6	1.5	1.2	1.1	0.6	34.8	50.7	50.6	51.3	44.1	41.0
Emerg. & Dev. Asia	505	0.0	0.1	0.1	0.2	0.1	0.1	6.4	8.5	4.6	6.4	7.5	10.4
China,P.R.: Mainland	924	....	....	....	0.0	....	....	2.4	2.6	2.4	4.0	4.6	7.5
India	534	0.0	....	....	....	....	....	1.1	0.9	0.8	0.9	0.8	0.4
Indonesia	536	....	....	....	....	....	....	0.7	2.9	0.9	1.1	0.7	0.8
Malaysia	548	....	0.0 e	....	0.1 e	....	....	0.1	0.0	0.1	0.1	0.1	0.1
Thailand	578	0.0 e	0.0 e	0.1 e	0.0 e	0.1 e	0.0 e	1.5	0.5	....	0.3	1.2	0.6
Vietnam	582	....	....	....	....	....	....	....	0.8	....	....	0.0	....
Asia n.s.	598	....	....	....	....	....	....	0.5	0.9	0.3	0.1	0.1	1.0
Europe	170	0.2	0.6	0.4	0.0	0.0	0.1	1.3	0.2	0.2	0.2	0.2	0.4
Emerg. & Dev. Europe	903	0.0	0.6	0.4	0.0	0.0	0.0	1.3	0.2	0.2	0.2	0.2	0.3
Turkey	186	....	0.6	0.3	....	....	....	1.3	0.2	0.2	0.2	0.2	0.2
CIS	901	0.1	0.0	0.0	0.0	0.0	0.0	0.0	....	....	....	....	0.0
Russian Federation	922	0.1 e	0.0 e	0.0 e	0.0 e	0.0 e	0.0 e	....	....	....	....	....	....
Mid East, N Africa, Pak	440	0.1	0.2	0.3	0.1	0.1	0.1	3.4	1.8	2.1	2.2	2.2	2.2
Algeria	612	....	....	....	0.0	....	....	0.2	0.0	0.0	0.0	0.0	....
Egypt	469	....	0.2 e	0.2 e	....	....	....	0.0	0.0	....	....	....	0.0
Lebanon	446	0.0 e	....	0.0 e	0.0 e	....	....	0.3	0.3	0.7	0.7	0.5	0.5
Morocco	686	....	....	0.0 e	0.0 e	0.0 e	....	0.5	....	....	....	....	....
Pakistan	564	0.1 e	0.0 e	0.1 e	0.0 e	0.1 e	0.1 e	1.0	0.0	0.1	0.0	0.2	0.0
Saudi Arabia	456	....	....	....	....	....	0.0 e	0.0	0.2	0.0	0.1	0.1	0.1
Tunisia	744	....	0.0 e	....	0.0 e	0.0 e	0.0 e	....	0.1	....	0.0	0.0	0.0
United Arab Emirates	466	....	....	....	....	....	....	1.4	1.2	1.3	1.4	1.4	1.5
Sub-Saharan Africa	603	1.2	0.9	0.5	0.8	0.6	0.2	19.7	36.4	43.2	41.9	33.6	25.6
Angola	614	0.9	0.1	0.3	0.2	0.2	0.1	14.7	31.7	37.9	36.5	29.8	21.3
Cabo Verde	624	....	....	0.0	0.0	0.0	0.0	0.1	0.1	0.2	0.2	0.1	0.2
Cameroon	622	0.0	0.1	0.0	0.2	0.0	....	0.0	0.1	0.6	0.2	0.0	0.1
Congo, Republic of	634	....	0.2 e	....	0.0 e	0.0 e	0.0 e	....	....	....	....	....	0.0
Equatorial Guinea	642	0.0	0.0	....	....	0.0	....	0.0	0.0	0.1	0.0	0.0	0.0
Ethiopia	644	0.0 e	0.1 e	0.1 e	....	0.1 e	....	....	....	....	....	0.1	....
Gabon	646	0.1	0.1	0.1	0.0	0.0	0.0	2.9	3.0	2.1	3.6	2.5	2.2

Sao Tome and Principe (716)

In Millions of U.S. Dollars

		Exports (FOB) 2011	2012	2013	2014	2015	2016	Imports (CIF) 2011	2012	2013	2014	2015	2016
Namibia	728	....	0.0 e	....	0.1 e	....	....	0.0	0.2	0.1	0.0	....	....
Nigeria	694	0.0	0.0	0.0	0.0	0.0	....	1.1	0.5	0.9	0.7	0.5	0.6
South Africa	199	0.0	....	0.0	0.0	0.0	....	0.1	0.2	0.9	0.4	0.2	0.9
Tanzania	738	....	....	....	....	....	....	....	....	0.1 e	....	0.0 e	....
Togo	742	....	0.2	0.0	....	0.0	0.0	0.9	0.5	0.3	0.4	0.5	0.2
Zambia	754	....	0.0 e	0.0 e	0.0 e	0.1 e	0.0 e	....	....	....	....	....	0.0
Zimbabwe	698	0.1 e	0.1 e	0.1 e	0.1 e	0.0 e	0.0 e	....	....	0.0	....	....	....
Western Hemisphere	205	**7.8**	**3.9**	**0.2**	**0.2**	**0.3**	**0.2**	**4.1**	**3.8**	**0.6**	**0.6**	**0.7**	**2.5**
Argentina	213	0.0 e	....	....	....	....	....	....	....	....	0.1	....	....
Aruba	314	7.6 e	3.7 e	0.0 e	....	....	0.0 e	0.0 e	0.1 e	0.2 e	0.0 e	....	....
Bahamas, The	313	....	....	....	....	....	....	....	0.0	....	....	....	1.5
Belize	339	....	....	....	....	0.1	....	....	....	....	....	....	....
Brazil	223	....	0.1	0.1	0.1	....	....	1.4	0.7	0.4	0.3	0.7	0.9
Colombia	233	....	....	....	....	....	....	....	0.7 e	....	....	....	0.0 e
Costa Rica	238	....	....	....	....	....	....	....	0.1 e	....	....	....	....
Curaçao	354	....	....	....	0.1	....	....	2.6	2.1	....	0.1	0.0	....
Dominican Republic	243	0.1 e	0.1 e	0.1 e	0.1 e	0.1 e	0.1 e	....	....	....	0.0	....	....
Guatemala	258	....	....	....	....	0.1 e	0.1 e	....	....	....	....	....	....
Trinidad and Tobago	369	0.0 e	....	....	0.0 e	0.0 e	0.0 e	0.0 e	0.1 e	....	0.1 e	....	....
Other Countries n.i.e	910	**0.0**	**0.0**	**0.0**	**0.0**	**0.0**	**0.0**	....	**0.0**	**0.0**	**0.0**	....	**0.1**
Korea, Dem. People's Rep.	954	....	....	....	....	....	....	....	0.0	0.0	0.0	....	0.1
Memorandum Items													
Africa	605	1.2	0.9	0.6	0.8	0.6	0.2	20.4	36.5	43.2	41.9	33.6	25.6
Middle East	405	0.0	0.2	0.2	0.0	0.0	0.0	1.7	1.7	2.0	2.1	2.0	2.1
European Union	998	5.4	5.0	5.9	9.3	8.6	0.9	89.2	86.2	96.0	113.4	91.1	92.3
Export earnings: fuel	080	1.1	0.4	0.4	0.4	0.3	0.2	20.2	37.5	42.3	42.2	34.3	25.7
Export earnings: nonfuel	092	14.1	10.3	7.6	10.7	10.0	1.6	113.7	109.2	110.4	128.0	107.8	114.5

Saudi Arabia (456)

In Millions of U.S. Dollars

		Exports (FOB)						Imports (CIF)					
		2011	2012	2013	2014	2015	2016	2011	2012	2013	2014	2015	2016
IFS World		....	....	....	....	....	....	128,696.0	152,144.0	167,658.7	173,726.9	174,560.0	135,893.3
World	001	384,663.9	438,083.3	408,747.2	381,293.2	214,534.0	174,903.5	129,026.6	152,547.3	164,498.8	169,928.6	174,383.3	140,172.2
Advanced Economies	110	192,635.6	218,935.5	204,274.4	190,553.5	107,214.7	87,408.9	72,182.8	86,008.4	91,236.9	92,766.8	97,424.8	76,231.4
Euro Area	163	29,187.9	33,172.9	30,951.4	28,872.5	16,245.1	13,244.1	24,572.3	28,275.4	31,162.8	32,886.8	34,347.5	28,300.2
Austria	122	11.3	12.9	12.0	11.2	6.3	5.1	922.4	1,003.3	1,091.7	1,165.3	1,666.4	1,034.8
Belgium	124	6,278.1	7,135.2	6,657.4	6,210.2	3,494.2	2,848.7	1,166.4	1,071.3	1,080.9	1,145.4	1,710.2	1,486.0
Cyprus	423	10.7	12.1	11.3	10.6	5.9	4.8	15.9	17.1	25.8	24.9	30.9	27.9
Estonia	939	138.5	157.4	146.9	137.0	77.1	62.8	94.9	147.3	171.8	98.0	101.3	88.2
Finland	172	18.2	20.7	19.3	18.0	10.1	8.3	597.8	658.0	676.6	901.8	773.9	424.0
France	132	3,005.8	3,416.2	3,187.4	2,973.3	1,672.9	1,363.9	3,888.0	4,448.1	4,629.5	4,496.2	5,458.6	4,936.5
Germany	134	1,598.3	1,816.6	1,694.9	1,581.1	889.6	725.3	8,948.5	10,914.0	11,802.0	12,416.6	12,297.5	9,154.9
Greece	174	1,962.3	2,230.2	2,080.8	1,941.1	1,092.1	890.4	153.0	326.6	634.7	840.8	275.1	439.9
Ireland	178	8.5	9.6	9.0	8.4	4.7	3.9	931.2	1,129.5	1,263.5	1,397.2	1,468.4	1,173.4
Italy	136	5,329.8	6,057.4	5,651.8	5,272.2	2,966.4	2,418.4	4,525.4	4,520.3	5,288.1	5,728.7	5,289.3	4,623.7
Latvia	941	1.3	1.5	1.4	1.3	0.7	0.6	48.4	16.0	74.6	6.0	63.4	88.2
Lithuania	946	0.6	0.7	0.7	0.6	0.4	0.3	45.4	144.3	157.5	140.3	279.3	182.0
Luxembourg	137	15.5	17.7	16.5	15.4	8.7	7.1	62.9	67.8	52.9	46.0	50.8	52.7
Malta	181	0.9	1.0	1.0	0.9	0.5	0.4	21.7	20.9	33.2	27.6	37.1	25.8
Netherlands	138	3,825.7	4,348.0	4,056.8	3,784.3	2,129.3	1,735.9	1,432.2	1,626.7	1,760.9	1,840.3	1,764.4	1,491.7
Portugal	182	740.3	841.3	785.0	732.3	412.0	335.9	154.9	190.5	222.5	192.6	257.4	225.2
Slovak Republic	936	5.5	6.2	5.8	5.4	3.1	2.5	91.3	110.5	115.9	158.5	175.3	161.1
Slovenia	961	31.5	35.8	33.4	31.1	17.5	14.3	48.2	57.3	56.1	75.3	91.8	74.3
Spain	184	6,205.0	7,052.0	6,579.9	6,138.0	3,453.5	2,815.5	1,423.7	1,805.8	2,024.7	2,185.4	2,556.4	2,610.1
Australia	193	280.5	318.8	297.4	277.5	156.1	127.3	1,733.8	2,166.8	2,368.8	2,301.6	1,909.1	1,371.8
Canada	156	5,140.8	5,842.6	5,451.4	5,085.2	2,861.2	2,332.6	1,582.7	1,975.0	1,508.2	1,566.1	1,685.9	1,076.0
China,P.R.: Hong Kong	532	500.8	569.2	531.1	495.4	278.7	227.2	66.9	53.4	50.3	34.1	42.8	23.5
China,P.R.: Macao	546	....	....	....	....	....	....	0.4	0.2	0.4	0.3	0.8	0.7
Czech Republic	935	19.4	22.0	20.6	19.2	10.8	8.8	326.7	366.3	459.1	578.8	728.7	566.4
Denmark	128	5.6	6.4	5.9	5.5	3.1	2.5	614.1	679.8	646.7	747.3	839.8	781.7
Iceland	176	....	....	....	....	....	....	2.8	2.0	2.4	1.5	1.2	0.7
Japan	158	54,187.0	61,585.0	57,460.9	53,601.4	30,158.8	24,587.5	8,236.1	10,349.8	9,325.9	9,903.4	9,942.9	7,418.9
Korea, Republic of	542	37,290.5	42,381.6	39,543.5	36,887.4	20,754.7	16,920.7	7,703.8	9,374.1	9,513.0	8,546.5	9,933.5	6,220.7
New Zealand	196	164.6	187.1	174.5	162.8	91.6	74.7	598.7	631.6	529.8	706.1	520.5	409.5
Norway	142	5.6	6.3	5.9	5.5	3.1	2.5	98.8	208.1	156.6	161.2	224.7	203.9
San Marino	135	....	....	....	....	....	....	20.3	5.5	0.8	8.8	6.1	6.6
Singapore	576	17,270.0	19,627.8	18,313.4	17,083.3	9,611.9	7,836.3	654.3	1,065.1	1,623.2	1,390.4	780.3	624.9
Sweden	144	171.4	194.8	181.7	169.5	95.4	77.8	1,731.8	1,744.8	1,715.6	1,673.2	1,461.7	1,207.7
Switzerland	146	38.8	44.1	41.2	38.4	21.6	17.6	3,233.1	3,537.3	5,090.8	4,676.8	4,087.1	2,439.8
Taiwan Prov.of China	528	9,637.4	10,953.2	10,219.7	9,533.3	5,363.9	4,373.0	1,063.9	1,287.3	1,485.3	1,689.0	1,945.1	1,489.5
United Kingdom	112	2,810.3	3,194.0	2,980.1	2,779.9	1,564.1	1,275.2	3,635.9	4,031.9	4,103.7	4,510.7	5,013.1	3,314.3
United States	111	35,925.0	40,829.8	38,095.6	35,536.7	19,994.7	16,301.1	16,306.5	20,254.2	21,493.6	21,384.3	23,953.8	20,774.7
Emerg. & Dev. Economies	200	192,028.3	219,147.8	204,472.8	190,739.7	107,319.3	87,494.6	56,806.4	66,515.1	73,251.2	77,154.1	76,931.5	63,725.1
Emerg. & Dev. Asia	505	114,016.2	129,582.4	120,904.9	112,783.8	63,457.7	51,735.1	29,084.0	35,186.2	37,778.1	41,905.6	42,090.8	33,823.0
Bangladesh	513	755.0	858.1	800.6	746.8	420.2	342.6	105.1	160.1	203.1	235.5	358.8	368.9
Brunei Darussalam	516	1.5	1.7	1.6	1.5	0.8	0.7	0.7	0.1	0.1	0.0	....	....
Cambodia	522	11.6	13.1	12.3	11.4	6.4	5.2	3.0	13.5	15.7	23.8	63.8	78.2
China,P.R.: Mainland	924	53,533.6	60,842.4	56,768.1	52,955.0	29,795.1	24,291.0	17,134.2	19,635.0	20,807.2	23,078.2	24,639.4	20,082.4
Fiji	819	....	....	....	....	....	....	1.8	1.0	0.2	0.5	0.9	2.1
India	534	39,520.6	44,916.2	41,908.4	39,093.4	21,995.9	17,932.6	4,221.9	5,125.7	5,720.1	6,171.5	6,008.6	5,243.3
Indonesia	536	4,000.8	4,547.0	4,242.5	3,957.6	2,226.7	1,815.4	1,412.8	1,919.8	1,951.6	2,407.8	2,549.1	1,678.9
Lao People's Dem.Rep	544	....	....	....	....	....	....	0.1	0.3	....	0.2	0.4	0.3
Malaysia	548	3,274.6	3,721.7	3,472.5	3,239.2	1,822.6	1,485.9	1,606.0	1,528.5	1,258.7	1,372.1	1,251.9	1,080.4
Maldives	556	3.1	3.5	3.3	3.0	1.7	1.4	0.3	6.9	0.3	0.3	2.5	2.3
Micronesia	868	....	....	....	....	....	....	....	0.5	0.2	....	0.0	0.0
Mongolia	948	5.1	5.8	5.4	5.1	2.9	2.3	0.2	3.0	0.5	0.5	1.3	4.5
Myanmar	518	51.3	58.3	54.4	50.8	28.6	23.3	24.1	42.9	42.2	42.9	50.4	48.2
Nauru	836	....	....	....	....	....	....	....	....	0.1	0.1	....	....
Nepal	558	102.4	116.3	108.6	101.3	57.0	46.5	0.3	0.4	0.1	0.2	0.7	0.8
Papua New Guinea	853	....	....	....	....	....	....	0.4	....	0.1	....	....	....
Philippines	566	2,863.8	3,254.8	3,036.9	2,832.9	1,593.9	1,299.5	243.9	259.9	240.5	229.3	294.4	282.5

Saudi Arabia (456)

In Millions of U.S. Dollars

		Exports (FOB)						Imports (CIF)					
		2011	2012	2013	2014	2015	2016	2011	2012	2013	2014	2015	2016
Samoa	862	....	....	....	....	....	....	....	0.1	0.1	1.1	0.3	0.2
Solomon Islands	813	....	....	....	....	....	....	0.0	....	....	0.8	....	....
Sri Lanka	524	727.6	827.0	771.6	719.8	405.0	330.2	63.3	67.2	71.3	83.6	119.3	98.5
Thailand	578	8,199.8	9,319.2	8,695.2	8,111.1	4,563.7	3,720.7	2,666.3	3,352.3	3,563.7	3,670.5	3,749.2	2,989.7
Timor-Leste	537	....	....	....	....	....	....	0.2	0.2	0.7	0.0	0.0	0.0
Tonga	866	....	....	....	....	....	....	....	....	0.1	....	....	0.1
Vanuatu	846	....	....	....	....	....	....	0.0	48.5	....	0.0	0.0	0.0
Vietnam	582	965.3	1,097.1	1,023.6	954.9	537.3	438.0	359.3	1,307.6	2,176.1	2,649.1	2,999.9	1,861.8
Asia n.s.	598	....	....	....	....	....	....	1,239.7	1,713.0	1,725.4	1,937.6	....	....
Europe	170	**4,874.9**	**5,540.5**	**5,169.4**	**4,822.2**	**2,713.6**	**2,212.3**	**7,169.5**	**8,797.3**	**8,142.0**	**8,334.4**	**7,927.1**	**6,824.2**
Emerg. & Dev. Europe	903	**4,784.1**	**5,437.3**	**5,073.2**	**4,732.4**	**2,662.7**	**2,170.8**	**4,570.8**	**5,393.3**	**5,039.7**	**4,836.9**	**5,721.3**	**5,325.2**
Albania	914	0.8	0.9	0.8	0.8	0.4	0.3	0.3	1.0	0.4	4.5	7.1	1.2
Bosnia and Herzegovina	963	....	....	....	....	....	....	11.7	9.7	8.7	14.8	24.7	32.4
Bulgaria	918	0.7	0.8	0.7	0.7	0.4	0.3	208.3	171.7	192.8	171.2	193.6	137.4
Croatia	960	2.5	2.8	2.6	2.4	1.4	1.1	28.5	33.4	41.4	37.7	47.3	173.7
Faroe Islands	816	....	....	....	....	....	....	....	....	....	0.1	....	....
Gibraltar	823	....	....	....	....	....	....	0.0	0.1	0.3	0.0	....	....
Hungary	944	8.6	9.7	9.1	8.5	4.8	3.9	1,014.2	735.6	453.5	361.8	466.4	362.4
Macedonia, FYR	962	....	....	....	....	....	....	10.0	4.4	2.8	1.5	2.9	2.3
Montenegro	943	....	....	....	....	....	....	....	....	0.2	0.0	....	....
Poland	964	1,174.8	1,335.2	1,245.8	1,162.1	653.8	533.1	434.6	629.5	717.0	1,029.4	1,007.0	1,007.6
Romania	968	9.2	10.5	9.8	9.1	5.1	4.2	499.6	436.2	500.9	412.3	543.4	376.5
Serbia, Republic of	942	....	....	....	....	....	....	4.1	5.1	6.4	12.5	30.5	14.5
Turkey	186	3,587.6	4,077.4	3,804.4	3,548.8	1,996.8	1,627.9	2,359.6	3,366.6	3,115.3	2,791.1	3,398.5	3,217.0
CIS	901	**89.6**	**101.8**	**95.0**	**88.6**	**50.3**	**41.0**	**2,356.8**	**3,072.7**	**2,742.9**	**3,202.7**	**2,205.8**	**1,499.0**
Armenia	911	....	....	....	....	....	....	0.4	0.3	0.0	1.7	1.3	2.8
Azerbaijan, Rep. of	912	5.1	5.8	5.4	5.0	2.8	2.3	....	0.3	0.2	1.0	....	....
Belarus	913	0.3	0.3	0.3	0.3	0.2	0.1	3.3	2.3	40.5	53.2	2.7	3.7
Georgia	915	14.7	16.7	15.6	14.6	8.2	6.7	0.2	0.9	0.7	0.2	5.2	25.2
Kazakhstan	916	....	....	....	....	....	....	4.8	68.7	11.7	16.9	24.7	8.9
Kyrgyz Republic	917	....	....	....	....	....	....	....	....	0.1	0.2	0.4	0.4
Moldova	921	....	....	....	....	0.4	0.3	2.0	0.9	3.6	3.3	1.1	2.9
Russian Federation	922	12.5	14.2	13.2	12.3	6.9	5.7	1,219.1	1,462.6	1,689.3	1,892.5	1,236.1	722.5
Tajikistan	923	0.0	0.0	0.0	....	....	0.0	....	....	....	0.5	....	....
Turkmenistan	925	....	....	....	....	....	....	0.0	0.1	0.1	....	....	....
Ukraine	926	52.4	59.5	55.5	51.8	29.1	23.8	1,126.8	1,536.6	996.3	1,230.0	927.3	726.2
Uzbekistan	927	4.6	5.3	4.9	4.6	2.6	2.1	0.3	0.1	0.6	3.1	6.9	6.4
Europe n.s.	884	1.2	1.4	1.3	1.2	0.7	0.6	241.8	331.3	359.3	294.9	....	....
Mid East, N Africa, Pak	440	**55,768.7**	**64,278.1**	**59,973.6**	**55,945.3**	**31,477.6**	**25,662.7**	**12,887.0**	**15,321.1**	**18,348.0**	**18,365.5**	**19,121.1**	**16,336.7**
Afghanistan, I.R. of	512	13.3	15.1	14.1	13.2	7.4	6.0	0.2	0.1	0.5	0.1	0.8	4.2
Algeria	612	663.2	753.7	703.3	656.0	369.1	300.9	11.7	17.0	15.0	6.2	8.8	9.6
Bahrain, Kingdom of	419	9,959.2	11,318.9	10,560.9	9,851.5	5,543.0	4,519.0	1,264.5	1,321.9	1,685.4	1,926.7	1,962.4	1,427.4
Djibouti	611	1,490.3	1,693.7	1,580.3	1,474.2	829.4	676.2	12.7	25.7	34.1	31.7	31.4	28.8
Egypt	469	4,789.5	5,443.4	5,078.9	4,737.7	2,665.7	2,173.2	1,841.6	1,971.2	2,074.2	2,209.7	2,325.2	2,115.4
Iran, I.R. of	429	....	....	....	....	....	....	60.8	94.1	120.6	177.0	207.6	3.5
Iraq	433	617.9	702.2	655.2	611.2	343.9	280.4	0.1	1.7	1.4	1.2	2.7	6.2
Jordan	439	3,840.4	4,364.7	4,072.4	3,798.9	2,137.4	1,742.6	636.8	697.2	826.7	907.2	1,006.0	1,077.8
Kuwait	443	2,890.6	3,285.2	3,065.2	2,859.3	1,608.8	1,311.6	443.0	401.0	487.6	511.9	483.5	456.1
Lebanon	446	512.6	582.6	543.6	507.1	285.3	232.6	365.3	438.4	430.4	375.4	430.2	388.5
Libya	672	135.1	153.6	143.3	133.7	75.2	61.3	0.2	....	137.1	0.4	....	....
Mauritania	682	26.4	30.1	28.0	26.2	14.7	12.0	....	0.2	3.8	3.0	6.7	2.1
Morocco	686	607.5	690.4	644.2	600.9	338.1	275.7	74.6	138.6	78.0	163.1	228.8	206.8
Oman	449	1,738.3	1,975.6	1,843.3	1,719.5	967.5	788.8	897.8	1,458.0	1,562.1	1,442.8	1,193.1	1,105.2
Pakistan	564	5,159.8	5,864.2	5,471.5	5,104.0	2,871.8	2,341.3	427.7	413.0	522.0	562.3	565.0	487.6
Qatar	453	2,643.6	3,004.5	2,803.3	2,615.0	1,471.3	1,199.5	475.6	601.2	633.4	558.8	480.8	322.5
Somalia	726	164.8	187.3	174.8	163.0	91.7	74.8	223.5	223.7	301.8	282.4	318.8	306.1
Sudan	732	....	895.5	835.5	779.4	438.5	357.5	....	391.0	519.9	579.6	682.7	522.3
Syrian Arab Republic	463	87.0	98.9	92.3	86.1	48.4	39.5	482.8	376.1	175.0	104.3	98.4	112.8
Tunisia	744	460.3	523.1	488.1	455.3	256.2	208.8	16.4	29.8	33.4	42.8	55.7	48.1
United Arab Emirates	466	18,924.0	21,507.7	20,067.4	18,719.5	10,532.5	8,586.8	5,393.7	6,449.8	8,457.2	8,204.4	8,870.4	7,631.0

Saudi Arabia (456)

In Millions of U.S. Dollars

		Exports (FOB)						Imports (CIF)					
		2011	2012	2013	2014	2015	2016	2011	2012	2013	2014	2015	2016
West Bank and Gaza	487	16.1	18.3	17.0	15.9	8.9	7.3	4.2	7.4	9.4	10.2	10.1	10.1
Yemen, Republic of	474	1,028.8	1,169.3	1,091.0	1,017.7	572.6	466.8	253.6	263.9	238.9	264.2	152.0	64.8
Sub-Saharan Africa	603	**14,223.1**	**16,165.0**	**15,081.3**	**14,069.4**	**7,915.5**	**6,453.8**	**1,928.2**	**1,728.3**	**1,939.8**	**2,533.5**	**2,428.4**	**1,812.5**
Angola	614	88.1	100.1	93.4	87.2	49.0	40.0	0.0	....	0.1	....	....	0.5
Benin	638	4.0	4.5	4.2	3.9	2.2	1.8	....	0.0	....	0.5	0.6	1.8
Botswana	616	....	....	....	....	....	....	0.4	0.0	....	0.0	....	....
Burundi	618	0.2	0.3	0.2	0.2	0.1	0.1	....	0.3	0.6	....	....	0.6
Cameroon	622	12.8	14.6	13.6	12.7	7.1	5.8	2.8	9.3	7.7	4.3	6.8	4.1
Central African Rep.	626	1.1	1.2	....	1.1	....	0.5	2.0	5.7	1.5	0.8	0.4	0.5
Chad	628	3.0	3.4	3.1	2.9	1.7	1.3	....	....	0.0	....	....	....
Comoros	632	1.3	1.5	1.4	1.3	0.7	0.6	0.0	0.2	0.5	2.1	1.1	2.5
Congo, Dem. Rep. of	636	7.7	8.8	8.2	7.7	4.3	3.5	448.6	616.4	654.4	825.7	605.6	491.1
Congo, Republic of	634	44.5	50.6	47.2	44.0	24.8	20.2	53.8	23.7	3.9	0.1	1.5	3.4
Côte d'Ivoire	662	131.5	149.5	139.5	130.1	73.2	59.7	1.9	5.1	5.7	4.8	2.3	1.1
Equatorial Guinea	642	....	....	....	....	....	....	....	0.3	....	....	....	....
Eritrea	643	6.5	7.4	6.9	6.4	3.6	2.9	0.1	0.0	0.2	0.6	....	....
Ethiopia	644	151.8	172.5	161.0	150.2	84.5	68.9	158.9	198.9	157.0	203.5	200.8	177.1
Gabon	646	2.5	2.9	2.7	2.5	1.4	1.1	15.3	5.6	8.1	6.0	6.1	3.7
Gambia, The	648	3.8	4.3	4.0	3.7	2.1	1.7	....	....	0.4	....	....	....
Ghana	652	107.4	122.0	113.8	106.2	59.8	48.7	2.9	3.7	5.5	9.7	5.3	5.6
Guinea	656	77.4	88.0	82.1	76.6	43.1	35.1	....	0.3	0.0	0.1	....	....
Guinea-Bissau	654	8.2	9.3	8.7	8.1	4.6	3.7	....	0.1	....	0.3	....	....
Kenya	664	3,093.3	3,515.6	3,280.2	3,059.9	1,721.6	1,403.6	29.3	35.1	45.6	53.3	67.7	73.3
Lesotho	666	0.0	0.0	0.0	0.0	0.0	0.0	0.2	1.2	1.4	0.4	1.4	0.9
Liberia	668	20.9	23.7	22.2	20.7	11.6	9.5	....	0.4	....	0.1	....	....
Madagascar	674	523.0	594.4	554.6	517.3	291.1	237.3	1.4	4.5	3.2	3.3	5.9	5.2
Malawi	676	1.1	1.2	1.1	1.1	0.6	0.5	0.9	0.9	1.3	0.9	0.3	0.4
Mali	678	1.1	1.2	1.2	1.1	0.6	0.5	0.1	2.8	1.0	0.2	....	....
Mauritius	684	301.3	342.4	319.5	298.0	167.7	136.7	2.5	2.6	4.6	2.0	3.4	4.7
Mozambique	688	644.1	732.1	683.0	637.2	358.5	292.3	0.1	9.7	14.7	46.1	13.3	5.0
Namibia	728	7.7	8.7	8.1	7.6	4.3	3.5	8.6	1.5	1.2	5.7	2.7	2.6
Niger	692	1.9	2.1	2.0	1.8	1.0	0.8	....	0.0	0.2	0.2	....	0.5
Nigeria	694	259.6	295.0	275.3	256.8	144.5	117.8	1.1	1.9	1.1	2.0	5.7	5.1
Rwanda	714	6.5	7.4	6.9	6.4	3.6	2.9	0.9	0.7	0.7	0.4	0.4	0.6
São Tomé & Príncipe	716	22.6	25.7	23.9	22.3	12.6	10.2	....	....	....	....	....	0.0
Senegal	722	54.4	61.9	57.7	53.8	30.3	24.7	0.2	0.1	0.2	....	....	....
Seychelles	718	....	....	....	....	....	....	....	0.1	0.3	....	0.1	0.5
Sierra Leone	724	7.6	8.6	8.0	7.5	4.2	3.4	....	0.0	11.3	46.7	10.8	10.8
South Africa	199	7,439.6	8,455.3	7,889.1	7,359.2	4,140.7	3,375.8	447.9	459.5	782.8	1,053.0	1,219.2	827.6
South Sudan, Rep. of	733	....	....	....	....	....	....	....	....	....	....	0.1	0.3
Swaziland	734	....	....	....	....	....	....	1.5	2.7	8.0	2.9	1.4	3.7
Tanzania	738	1,053.2	1,197.0	1,116.9	1,041.8	586.2	477.9	22.0	13.4	14.8	12.7	11.7	15.5
Togo	742	80.1	91.0	84.9	79.2	44.6	36.3	....	....	0.0	....	....	....
Uganda	746	52.3	59.5	55.5	51.8	29.1	23.7	0.2	0.4	0.6	0.7	1.4	1.3
Zambia	754	1.0	1.1	1.1	1.0	0.6	0.5	391.6	319.9	199.6	243.4	250.7	159.9
Zimbabwe	698	0.0	0.0	0.0	0.0	0.0	0.0	1.2	1.0	1.6	0.9	1.4	2.3
Africa n.s.	799	....	....	....	....	....	....	331.6	0.1	....	0.0	0.1	0.4
Western Hemisphere	205	**3,145.4**	**3,581.8**	**3,343.6**	**3,119.0**	**1,754.9**	**1,430.7**	**5,737.8**	**5,482.2**	**7,043.4**	**6,015.1**	**5,364.1**	**4,928.7**
Antigua and Barbuda	311	....	....	....	....	....	....	....	....	....	0.0	....	0.4
Argentina	213	85.7	97.4	90.9	84.8	47.7	38.9	708.6	918.6	1,614.8	1,111.9	563.1	829.2
Aruba	314	....	....	....	....	....	....	0.8	3.2	4.5	2.0	2.3	3.4
Bahamas, The	313	....	....	....	....	....	....	0.6	2.5	0.3	0.2	0.3	0.4
Barbados	316	....	....	....	....	....	....	0.1	0.1	0.4	....	....	....
Belize	339	....	....	....	....	....	....	0.2	....	0.1	0.2	0.6	0.4
Bermuda	319	....	....	....	....	....	....	....	0.3	....	0.1	....	....
Bolivia	218	....	....	....	....	....	....	0.4	0.3	0.3	0.2	0.5	0.9
Brazil	223	2,723.0	3,094.8	2,887.5	2,693.6	1,515.5	1,235.6	3,778.6	3,132.8	3,309.2	2,980.9	3,170.3	2,804.8
Chile	228	44.0	50.0	46.6	43.5	24.5	19.9	297.1	244.8	215.1	141.2	176.4	155.9
Colombia	233	65.4	74.4	69.4	64.7	36.4	29.7	7.8	14.7	9.1	12.7	18.3	15.7
Costa Rica	238	3.7	4.2	3.9	3.7	2.1	1.7	16.1	21.6	29.6	27.5	33.4	25.5

Saudi Arabia (456)

In Millions of U.S. Dollars

		Exports (FOB)						Imports (CIF)					
		2011	2012	2013	2014	2015	2016	2011	2012	2013	2014	2015	2016
Curaçao	354	....	....	....	....	....	....	0.5	0.4	1.0	0.1	....	....
Dominica	321	1.4	1.6	1.5	1.4	0.8	0.6	7.0	7.2	8.5	11.7	9.5	8.4
Dominican Republic	243	....	8.7	8.1	7.5	4.2	3.5	3.9	2.3	5.0	2.9	4.5	4.3
Ecuador	248	22.2	25.2	23.5	21.9	12.3	10.1	17.8	25.6	35.5	47.4	79.9	114.2
El Salvador	253	3.1	3.5	3.3	3.0	1.7	1.4	0.2	0.1	0.3	0.5	0.8	1.0
Falkland Islands	323	....	....	....	....	....	....	....	....	....	0.2	....	1.8
Greenland	326	....	....	....	....	....	....	....	....	0.2	0.1	....	....
Grenada	328	....	....	....	....	....	....	0.0	0.1	....	....	....	....
Guatemala	258	55.6	63.2	58.9	55.0	30.9	25.2	127.7	86.4	93.9	78.3	84.5	78.5
Guyana	336	....	....	....	....	....	....	0.5	0.2	0.6	0.2	0.6	0.3
Haiti	263	....	....	....	....	....	....	0.1	0.1	0.6	0.9	0.8	0.8
Honduras	268	8.8	10.0	9.3	8.7	4.9	4.0	1.6	2.7	2.6	4.2	5.3	3.4
Jamaica	343	....	....	0.0	....	....	0.0	0.0	0.6	4.3	0.2	0.1	8.1
Mexico	273	9.2	10.5	9.8	9.1	5.1	4.2	679.6	982.2	1,615.1	1,553.9	1,170.0	823.2
Montserrat	351	....	....	....	....	....	....	....	....	0.1	0.1	....	....
Netherlands Antilles	353	....	....	....	....	....	....	....	....	....	....	....	0.3
Nicaragua	278	....	....	....	....	....	....	0.2	0.6	0.5	0.9	0.8	1.3
Panama	283	....	....	....	....	....	....	0.5	10.2	39.3	5.4	....	....
Paraguay	288	5.5	6.2	5.8	5.4	3.0	2.5	65.9	0.2	11.3	1.9	3.2	4.4
Peru	293	110.7	125.9	117.4	109.6	61.6	50.3	6.2	13.0	10.6	15.8	23.9	26.2
St. Vincent & Grens.	364	....	....	....	....	....	....	0.0	0.4	....	0.1	....	0.0
Suriname	366	....	....	....	....	....	....	0.2	0.4	0.2	0.2	....	....
Trinidad and Tobago	369	1.5	....	1.6	1.5	0.8	0.7	0.4	0.2	0.5	0.6	0.5	0.4
Uruguay	298	5.6	6.3	5.9	5.5	3.1	2.5	13.3	9.7	14.4	11.2	14.1	15.1
Venezuela, Rep. Bol.	299	0.1	0.1	0.1	0.1	0.0	0.0	0.2	0.3	13.0	0.7	0.6	0.5
Western Hem. n.s.	399	....	....	....	....	....	....	1.4	0.4	2.3	0.5	....	....
Other Countries n.i.e	910	0.0	0.0	0.0	0.0	0.0	0.0	37.0	23.7	10.7	7.6	27.0	9.9
Cuba	928	....	....	....	....	....	....	0.3	0.6	0.1	1.2	2.1	2.3
Korea, Dem. People's Rep.	954	0.0	0.0	0.0	0.0	0.0	0.0	36.7	23.1	10.6	6.4	24.9	7.6
Countries & Areas n.s.	898	....	....	....	....	....	....	0.5	0.1	....	0.0	....	205.8
Memorandum Items													
Africa	605	17,635.6	20,938.8	19,535.5	18,224.4	10,253.3	8,359.7	2,267.2	2,554.3	2,925.8	3,642.4	3,761.2	2,936.1
Middle East	405	47,183.1	53,624.9	50,033.8	46,673.1	26,260.6	21,409.5	12,120.1	14,082.0	16,839.5	16,694.2	17,222.4	14,721.1
European Union	998	33,390.3	37,949.0	35,407.7	33,029.4	18,584.0	15,150.9	33,066.0	37,104.6	39,993.5	42,409.0	44,648.4	36,227.8
Export earnings: fuel	080	39,106.6	44,444.0	41,469.4	38,683.9	21,765.5	17,744.7	10,122.6	12,213.3	15,112.4	15,073.7	14,735.5	11,902.3
Export earnings: nonfuel	092	345,557.3	393,639.3	367,277.8	342,609.2	192,768.5	157,158.8	118,904.1	140,334.0	149,386.4	154,854.9	159,647.8	128,270.0

Senegal (722)

In Millions of U.S. Dollars

		Exports (FOB)						Imports (CIF)					
		2011	2012	2013	2014	2015	2016	2011	2012	2013	2014	2015	2016
IFS World		2,270.5	2,344.1	2,343.5	2,376.0	2,270.1	2,312.5	5,219.4	5,775.2	5,891.7	5,935.3	5,127.9	5,021.0
World	001	2,372.6	2,341.1	2,439.9	2,573.2	2,321.6	2,537.3	5,325.0	5,803.7	6,066.2	6,048.7	5,233.9	5,480.0
Advanced Economies	110	635.9	693.0	649.8	779.0	683.0	793.6	2,603.0	2,701.5	2,991.4	3,052.3	2,584.8	2,515.3
Euro Area	163	350.3	293.3	321.8	364.6	320.1	322.3	1,843.7	1,835.9	2,273.7	2,391.5	1,979.3	1,961.9
Austria	122	0.1	0.0	0.1	0.2	0.3	0.3	4.2	6.8	7.0	12.6	6.5	5.3
Belgium	124	10.7	12.0	22.6	38.2	14.3	14.0	84.5	136.6	172.3	260.1	156.6	161.5
Cyprus	423	1.6	1.4	0.8	0.8	0.7	1.1	0.0	0.0	0.2	0.0	0.1	0.0
Estonia	939	....	....	....	....	....	....	0.4	0.3	0.9	0.3	0.0	3.5
Finland	172	0.0	0.8	0.1	0.0	0.0	0.0	14.5	109.0	13.9	18.9	55.1	33.2
France	132	124.7	109.4	106.6	119.2	94.1	74.3	958.5	938.1	1,073.5	1,112.0	936.0	871.0
Germany	134	5.0	8.6	5.4	9.5	6.2	7.9	101.7	118.4	152.4	159.3	141.4	128.9
Greece	174	17.3	13.5	8.5	9.1	8.8	7.6	1.6	3.3	1.7	2.7	5.9	9.4
Ireland	178	1.6	0.1	1.6	0.1	0.4	2.2	22.4	15.1	32.2	24.2	13.3	17.2
Italy	136	68.3	56.5	41.0	57.3	73.1	65.3	166.0	121.8	122.2	126.2	121.4	132.5
Latvia	941	....	....	....	....	0.2	0.1	0.0	7.8	6.1	0.4	0.2	0.1
Lithuania	946	....	....	....	....	....	0.0	1.3	1.0	0.7	0.0	0.3	6.3
Malta	181	0.4	0.3	0.3	0.4	0.5	0.7	0.5	1.8	1.9	1.8	2.0	2.6
Netherlands	138	24.7	22.1	60.5	51.9	36.8	43.5	252.7	116.0	352.8	381.0	233.6	289.8
Portugal	182	22.3	11.3	16.0	10.7	8.2	15.0	38.9	59.7	63.0	64.8	50.0	30.7
Slovak Republic	936	0.1	0.2	....	....	0.0	0.0	0.6	0.4	2.4	0.5	0.7	2.2
Slovenia	961	0.3	0.4	0.2	0.1	0.0	0.0	0.3	0.1	0.0	0.0	0.1	0.0
Spain	184	73.2	56.5	58.1	67.0	76.4	90.3	195.6	199.5	270.5	226.6	256.1	267.7
Australia	193	0.2	0.3	0.1	0.1	0.1	0.5	56.2	67.7	54.3	8.7	10.5	7.9
Canada	156	1.4	0.5	1.9	0.6	4.0	1.3	28.6	38.7	29.0	27.0	22.4	19.1
China,P.R.: Hong Kong	532	1.9	2.1	1.4	2.8	4.4	3.3	3.8	6.1	8.1	10.6	12.3	7.7
China,P.R.: Macao	546	0.4	0.2	0.1	....	0.1	0.0	....	0.0	....	0.0	0.0	0.0
Czech Republic	935	....	....	....	0.2	0.0	....	3.6	4.0	3.8	4.4	5.4	4.7
Denmark	128	0.4	0.8	0.6	0.4	2.4	1.6	6.7	5.8	6.3	7.8	8.3	7.9
Iceland	176	1.1	1.8	0.2	0.2	1.7	1.2	0.1	0.9	0.7	0.6	2.3	0.4
Israel	436	2.2	2.3	3.7	2.7	2.1	3.5	10.0	23.9	26.8	2.8	11.1	6.2
Japan	158	10.2	10.4	3.8	6.3	6.7	7.1	84.3	106.9	120.0	112.2	99.8	124.5
Korea, Republic of	542	9.6	14.5	26.3	66.3	33.6	50.7	37.1	54.3	57.0	44.8	60.6	49.4
New Zealand	196	0.1	0.0	0.5	0.2	0.0	0.0	21.7	20.1	15.3	16.6	17.9	13.9
Norway	142	0.7	0.1	2.4	5.7	7.1	13.9	0.4	1.6	0.4	0.3	0.5	1.2
Singapore	576	1.0	2.0	0.5	0.1	0.0	1.4	12.9	17.6	16.0	44.5	57.4	74.9
Sweden	144	0.0	2.3	0.5	0.3	1.1	1.1	19.2	34.4	40.4	30.6	24.4	23.3
Switzerland	146	216.2	330.2	234.8	269.5	225.2	268.4	31.1	42.8	51.5	32.0	33.6	35.2
Taiwan Prov.of China	528	1.1	1.5	1.6	2.2	2.5	0.7	3.9	3.6	4.1	6.1	5.6	2.1
United Kingdom	112	34.7	25.0	34.8	37.7	41.7	53.8	180.7	268.7	105.3	167.6	99.6	52.4
United States	111	4.3	5.8	14.7	19.2	30.1	62.7	258.8	168.5	178.6	144.1	133.8	122.7
Emerg. & Dev. Economies	200	1,508.1	1,421.0	1,525.0	1,551.0	1,455.1	1,743.3	2,715.3	3,101.2	3,073.3	2,942.4	2,635.2	2,955.6
Emerg. & Dev. Asia	505	355.4	328.5	253.0	148.9	301.2	389.7	833.9	898.6	1,015.2	1,036.1	976.7	1,149.4
Bangladesh	513	0.6	0.5	4.4	5.4	10.0	11.2	0.5	0.4	0.3	0.1	0.0	0.1
Bhutan	514	0.0	....	....	....	....	....	....	0.0	0.1	....	....	....
Brunei Darussalam	516	1.8	2.7	1.4	0.6	0.6	0.5	0.0	0.0	0.0	0.1	0.0	0.1
Cambodia	522	....	0.0	....	....	....	0.0	0.0	0.2	0.9	0.9	0.1	0.1
China,P.R.: Mainland	924	18.4	15.4	20.5	37.2	117.7	127.2	371.4	363.8	494.5	467.9	525.6	564.6
India	534	309.9	279.3	193.8	77.9	137.3	208.1	106.0	364.9	331.5	348.7	294.4	417.3
Indonesia	536	6.5	0.9	2.5	1.4	0.9	0.9	17.6	17.1	36.7	39.0	22.8	21.8
Lao People's Dem.Rep	544	....	0.1	....	0.0	....	....	....	....	0.0	....	....	....
Malaysia	548	3.1	2.8	1.1	7.3	2.7	0.3	21.0	22.0	38.2	57.4	24.6	37.7
Mongolia	948	....	....	0.0	0.0	0.0	0.2	0.0	0.0	....	....	0.0	....
Myanmar	518	....	....	....	....	....	....	....	0.3	....	....	....	....
Nauru	836	0.0	0.0	....	0.1	0.0	....	0.1	....	0.0	0.0	0.0	0.1
Papua New Guinea	853	0.3	0.6	0.3	0.0	0.1	0.1	....	0.0	0.0	....	0.0	0.2
Philippines	566	0.0	0.0	0.3	0.1	....	....	1.9	1.2	0.6	1.1	0.5	0.2
Samoa	862	0.0	....	0.0	....	....	....	0.2	0.0	0.1	....	....	....
Sri Lanka	524	....	....	....	....	....	....	0.0	0.0	0.0	0.1	0.1	0.1
Thailand	578	5.2	3.1	0.6	1.8	0.8	2.1	202.2	106.8	89.2	104.3	102.3	100.0
Timor-Leste	537	0.4	0.1	0.2	0.0	....	....	0.2	0.1	....	....	....	0.0

Senegal (722)

In Millions of U.S. Dollars

		\multicolumn{6}{c	}{Exports (FOB)}	\multicolumn{6}{c	}{Imports (CIF)}
		2011	2012	2013	2014	2015	2016	2011	2012	2013	2014	2015	2016
Tonga	866	0.0	....	....	....	....	....	....	0.0	0.1	0.0	0.0	....
Vietnam	582	8.9	22.7	27.8	17.2	31.0	39.1	112.4	19.5	18.9	15.2	6.1	4.2
Asia n.s.	598	0.3	0.4	0.1	0.0	0.0	....	0.4	2.1	4.0	1.4	0.0	2.8
Europe	**170**	**16.4**	**9.9**	**23.1**	**50.5**	**33.5**	**26.1**	**353.9**	**484.4**	**430.8**	**531.3**	**379.4**	**396.4**
Emerg. & Dev. Europe	**903**	**15.8**	**8.0**	**21.9**	**40.4**	**31.7**	**24.1**	**247.1**	**208.4**	**244.7**	**328.9**	**192.7**	**224.8**
Albania	914	1.3	2.2	4.0	4.3	3.3	0.2	6.3	6.8	9.3	10.4	8.6	6.1
Bosnia and Herzegovina	963	....	0.2	0.0	....	0.0	0.0	0.0	0.0	0.3	0.2	0.3	0.0
Bulgaria	918	1.0	0.5	2.3	2.6	2.2	0.8	6.0	4.0	9.5	6.4	5.3	4.6
Croatia	960	0.1	....	....	....	....	0.0	0.0	0.0	0.0	0.7	0.0	0.2
Gibraltar	823	....	....	8.5	12.4	....	2.6	....	10.7	0.0	....	0.0	0.3
Hungary	944	0.1	0.0	0.0	0.2	0.1	1.0	3.1	1.6	9.0	7.4	7.9	10.8
Montenegro	943	0.0	0.1	0.6	0.8	0.0	0.5	0.0	0.1	1.0	0.1	0.1	1.6
Poland	964	0.3	0.0	4.7	17.9	21.9	14.3	18.1	31.1	32.0	20.1	32.8	55.5
Romania	968	0.0	....	0.0	0.0	0.2	0.0	6.3	8.9	7.0	4.6	3.5	5.5
Serbia, Republic of	942	....	....	....	....	....	0.3	....	....	....	....	....	0.0
Turkey	186	12.5	5.0	1.9	2.2	4.1	4.5	207.0	142.4	176.1	279.1	133.6	140.1
CIS	**901**	**0.6**	**1.9**	**1.2**	**10.1**	**1.7**	**2.0**	**106.8**	**275.9**	**186.1**	**202.4**	**186.7**	**171.0**
Armenia	911	....	0.0	0.0	0.2	0.0	0.0	0.4	0.3	0.3	0.5	....	2.9
Azerbaijan, Rep. of	912	0.0	....	0.0	....	....	0.1	0.1	0.1	0.1	0.4	3.6	0.2
Belarus	913	0.0	0.0	0.1	0.3	....	....	0.1	3.0	2.6	1.9	0.1	0.1
Georgia	915	0.3	0.3	0.7	0.5	0.4	0.2	0.9	0.7	0.4	2.1	0.2	1.2
Kazakhstan	916	0.0	....	....	0.0	....	0.0	....	....	4.0	0.0	9.8	4.1
Russian Federation	922	0.1	1.4	0.0	1.0	0.1	1.1	30.4	192.6	73.8	86.3	111.5	92.1
Ukraine	926	0.1	0.2	0.3	8.1	1.3	0.6	74.9	79.2	104.8	111.2	61.5	70.5
Europe n.s.	884	0.0	....	....	0.0	0.0	....	0.0	0.1	0.0	0.0	....	0.6
Mid East, N Africa, Pak	**440**	**170.1**	**117.1**	**171.3**	**228.6**	**168.8**	**184.3**	**288.3**	**294.3**	**333.7**	**329.1**	**357.5**	**440.6**
Afghanistan, I.R. of	512	0.0	0.0	0.1	0.1	0.0	0.0	0.9	2.5	2.3	1.7	0.3	1.1
Algeria	612	0.8	0.2	0.6	0.7	0.4	0.6	0.6	0.3	0.5	2.4	4.5	24.7
Bahrain, Kingdom of	419	0.0	0.0	....	0.2	....	....	0.2	0.0	0.2	0.0	0.3	0.5
Djibouti	611	0.3	0.2	0.4	0.1	0.0	0.1	0.0	....	0.4	0.0	0.0	....
Egypt	469	0.6	0.4	0.2	0.2	1.4	0.5	14.3	20.9	39.1	23.2	18.7	28.0
Iran, I.R. of	429	0.2	2.1	0.4	0.2	0.5	2.1	64.9	23.2	3.9	4.1	19.3	27.5
Iraq	433	....	....	....	....	....	0.0	0.0	0.0	....	....	0.1	0.0
Jordan	439	0.3	0.2	0.0	0.0	0.2	0.1	0.1	0.2	0.3	0.3	0.4	0.9
Kuwait	443	0.0	0.1	0.0	0.1	0.0	0.0	0.6	1.4	0.3	0.3	6.0	1.1
Lebanon	446	56.0	2.8	3.7	3.0	19.5	14.8	9.4	4.8	3.2	3.5	17.8	4.7
Libya	672	....	0.4	3.1	0.2	0.3	0.0	0.0	0.0	0.0	....	0.0	1.6
Mauritania	682	65.3	64.8	56.9	57.2	41.5	77.7	4.5	6.3	8.5	5.3	5.2	8.9
Morocco	686	7.4	6.1	8.0	7.8	6.5	7.7	54.3	65.1	69.1	73.3	76.1	95.0
Oman	449	....	0.0	....	0.0	0.0	....	7.4	10.1	5.8	0.9	0.5	0.4
Pakistan	564	2.8	1.7	3.7	2.5	1.0	0.9	12.2	20.9	17.4	3.4	28.8	19.4
Qatar	453	0.0	0.0	0.0	0.9	0.0	0.0	1.9	20.3	3.7	9.2	9.7	4.3
Saudi Arabia	456	0.1	0.3	0.1	2.0	0.4	1.6	26.6	24.2	40.3	40.5	33.5	24.2
Sudan	732	0.3	0.7	0.3	1.0	0.9	0.7	0.0	0.0	0.6	0.1	0.4	0.1
Syrian Arab Republic	463	....	....	0.1	....	....	0.0	4.2	1.6	0.6	0.0	0.0	....
Tunisia	744	0.2	0.7	5.5	18.3	2.1	3.4	31.3	37.5	48.5	43.6	36.7	40.5
United Arab Emirates	466	35.7	36.4	88.2	134.1	93.9	74.1	54.9	54.8	89.0	117.1	99.1	157.9
Sub-Saharan Africa	**603**	**963.0**	**963.6**	**1,070.1**	**1,115.8**	**942.5**	**1,127.1**	**882.7**	**1,081.2**	**1,007.8**	**840.8**	**752.2**	**736.5**
Angola	614	3.2	16.0	0.9	0.4	0.4	4.4	0.1	0.0	0.2	0.4	18.0	1.4
Benin	638	20.4	16.7	23.9	33.6	19.9	19.3	12.4	2.9	0.9	0.1	1.4	0.4
Botswana	616	0.3	0.3	0.1	0.2	0.0	0.0	0.0	0.1	0.0	....	....	....
Burkina Faso	748	39.6	58.4	56.2	63.2	43.7	52.7	0.0	0.1	0.1	0.3	0.1	0.6
Burundi	618	0.0	0.1	0.1	0.0	0.0	0.1	....	....	0.0	0.0	0.0	0.0
Cabo Verde	624	4.8	3.8	2.2	2.8	1.9	3.2	0.8	0.0	0.0	0.4	0.3	0.1
Cameroon	622	47.8	49.1	29.9	62.5	42.5	27.0	9.8	15.1	16.2	12.9	12.6	14.1
Central African Rep.	626	0.6	1.6	0.9	3.5	7.8	9.4	0.4	0.1	0.1	....	0.0	0.0
Chad	628	15.2	8.6	35.6	16.9	27.3	23.4	....	0.2	....	0.0	....	....
Comoros	632	0.0	....	....	0.0	0.6	0.1	....	....	....	....	....	....
Congo, Dem. Rep. of	636	2.4	0.7	1.3	1.1	0.9	1.5	21.2	0.3	0.1	0.0	0.0	0.2
Congo, Republic of	634	8.3	9.3	32.3	41.7	38.4	43.6	0.2	1.6	0.3	0.2	0.7	4.3

Senegal (722)

In Millions of U.S. Dollars

		Exports (FOB)						Imports (CIF)					
		2011	2012	2013	2014	2015	2016	2011	2012	2013	2014	2015	2016
Côte d'Ivoire	662	51.9	62.8	92.9	91.6	121.9	135.0	153.5	165.6	138.4	129.7	109.7	104.8
Equatorial Guinea	642	18.0	13.8	19.5	12.6	11.8	4.8	20.1	22.8	2.9	2.4	2.1	5.3
Ethiopia	644	0.0	0.1	0.0	0.2	0.0	0.0	0.0	0.2	0.1	0.4	0.2	0.0
Gabon	646	13.9	11.2	12.9	17.3	13.7	11.4	0.4	0.4	0.3	0.2	0.3	3.3
Gambia, The	648	77.8	79.2	92.2	81.0	66.9	85.8	0.9	1.2	1.1	1.5	1.1	0.2
Ghana	652	13.8	43.0	20.2	8.8	18.8	16.9	12.2	11.4	13.7	16.6	30.2	55.4
Guinea	656	114.6	98.9	109.0	98.0	79.7	85.3	0.3	0.2	0.6	1.1	7.1	3.3
Guinea-Bissau	654	49.6	55.3	81.2	72.7	38.3	53.1	0.0	0.1	0.1	....	0.1	0.0
Kenya	664	1.4	6.3	1.6	3.1	0.7	0.0	6.0	3.1	1.5	0.7	0.4	0.4
Liberia	668	11.5	10.8	13.6	8.8	6.8	7.1	....	0.0	0.0	....	0.1	2.1
Madagascar	674	0.0	0.1	0.1	0.1	0.1	0.0	0.1	0.1	0.2	0.0	0.0	0.0
Malawi	676	....	....	....	0.0	....	0.0	0.1	0.1	0.0	0.1	0.1	0.3
Mali	678	395.5	336.6	363.7	410.5	297.7	461.3	4.3	0.8	0.7	1.0	1.7	7.1
Mauritius	684	1.1	0.8	0.8	0.1	0.0	0.0	0.2	0.6	0.0	0.9	2.3	4.3
Mozambique	688	1.4	0.2	0.1	0.2	0.3	0.7	1.7	0.1	3.7	0.0	0.6	1.0
Namibia	728	0.1	0.0	0.0	0.3	0.0	0.1	0.1	0.1	0.1	0.0	0.0	0.0
Niger	692	11.3	10.1	16.5	11.3	22.1	22.6	0.1	0.4	0.3	0.2	0.0	0.0
Nigeria	694	9.1	12.5	9.4	15.2	10.4	10.1	534.5	750.3	706.5	523.1	452.7	424.8
Rwanda	714	0.1	0.0	0.1	0.0	0.1	0.1	....	....	0.0	0.0	....	....
Seychelles	718	....	....	....	0.1	0.1	....	0.0	0.1	....	....	9.2	0.1
Sierra Leone	724	19.2	26.8	19.8	25.6	19.7	17.1	0.1	0.3	0.2	0.5	0.8	1.2
South Africa	199	2.2	1.5	2.8	1.8	19.8	1.9	98.9	92.2	102.2	126.9	93.0	91.1
Swaziland	734	0.0	0.0	0.0	0.2	....	....	0.4	3.0	0.5	0.6	0.3	2.1
Tanzania	738	0.3	0.7	0.2	0.7	0.5	3.0	2.1	0.6	1.1	0.2	0.2	0.8
Togo	742	27.4	28.4	30.2	29.2	29.2	25.4	1.5	6.2	15.6	20.3	6.7	7.4
Uganda	746	0.2	0.2	0.0	0.2	0.2	0.4	0.3	0.0	0.0	0.2	0.0	0.0
Zambia	754	0.0	0.0	0.2	0.3	0.2	0.2	0.1	0.0	0.0	0.0	0.0	0.1
Zimbabwe	698	0.0	0.0	....	0.1	0.0	0.0	....	0.0	0.0	....	0.0	0.0
Africa n.s.	799	....	....	....	....	....	....	0.0	1.3	0.0	....	0.0	0.1
Western Hemisphere	205	3.2	2.0	7.5	7.1	9.2	16.0	356.5	342.7	285.7	205.1	169.4	232.6
Antigua and Barbuda	311	0.2	0.0	1.2	0.8	0.7	0.1	0.5	5.3	6.9	20.0	11.9	7.8
Argentina	213	0.1	0.2	0.0	0.0	....	0.1	99.2	106.3	80.7	73.9	53.6	57.1
Aruba	314	....	....	....	....	....	....	....	....	....	3.9	....	1.2
Bahamas, The	313	....	0.0	....	....	....	....	0.1	....	1.3	0.0	0.0	....
Barbados	316	....	....	....	....	....	0.2	....	....	....	....	....	....
Belize	339	0.0	....	0.0	....	....	....	....	0.0	0.0	0.3	1.4	....
Bermuda	319	0.0	0.0	0.0	0.1	....	0.0	....	0.1	....	0.0	....	....
Bolivia	218	....	....	....	....	....	0.0	....	....	....	....	....	2.2
Brazil	223	0.4	0.4	2.4	3.2	4.2	5.3	183.0	120.1	142.7	85.8	85.4	121.0
Chile	228	....	0.0	....	0.0	....	0.1	0.4	0.6	0.5	0.7	0.5	0.8
Colombia	233	0.0	0.0	2.0	0.0	0.1	0.4	1.1	22.6	2.5	1.5	1.2	1.8
Costa Rica	238	0.0	0.1	....	0.1	0.3	0.0	0.5	0.5	0.2	0.4	0.3	0.7
Curaçao	354	....	....	....	....	....	....	....	....	....	....	....	0.1
Dominica	321	....	....	0.0	0.2	0.0	....	0.2	0.1	0.2	0.3	0.3	....
Dominican Republic	243	....	....	....	....	....	....	....	....	....	....	....	0.4
Ecuador	248	....	....	0.0	0.1	0.0	0.3	0.1	....	0.5	0.0	0.0	0.1
El Salvador	253	0.0	....	0.0	0.0	....	....	0.1	....	....	0.0	0.1	0.0
Guatemala	258	0.2	....	....	....	0.0	0.0	0.0	1.5	1.3	0.1	....	16.2
Haiti	263	....	....	0.4	0.8	0.1	0.2	0.0	....	0.0	0.0	0.1	0.2
Honduras	268	....	0.0	....	0.1	....	....	0.1	0.1	0.1	0.3	0.2	0.0
Mexico	273	1.2	0.8	1.1	1.5	1.8	8.1	0.2	0.2	6.0	1.4	0.9	3.9
Netherlands Antilles	353	....	0.1	....	....	....	....	....	....	0.1	....	....	....
Nicaragua	278	0.0	0.0	0.0	0.1	1.0	0.3	0.0	0.0	0.0	0.1	0.0	0.0
Panama	283	0.0	0.0	0.0	0.0	....	0.0	0.2	0.1	0.3	0.1	0.2	0.7
Paraguay	288	0.9	....	0.0	0.0	....	....	1.3	1.9	2.6	3.8	7.0	3.2
Peru	293	....	0.2	....	....	....	....	3.2	2.0	2.1	2.4	1.4	0.5
St. Vincent & Grens.	364	0.0	0.0	....	....	0.0	0.0	0.8	0.0	....	....	....	0.0
Suriname	366	....	....	0.4	0.0	0.8	....	0.0	0.0	....	0.0	....	0.5
Trinidad and Tobago	369	....	....	0.0	....	....	0.9	26.5	7.6	13.1	7.3	4.2	7.8
Uruguay	298	0.0	0.0	....	....	....	0.0	28.0	18.3	20.8	2.0	0.4	4.0

Senegal (722)

In Millions of U.S. Dollars

		Exports (FOB)						Imports (CIF)					
		2011	2012	2013	2014	2015	2016	2011	2012	2013	2014	2015	2016
Venezuela, Rep. Bol.	299	....	0.1	....	....	....	....	10.7	55.3	3.5	0.2	0.1	2.4
Western Hem. n.s.	399	0.0	0.0	0.0	0.0	0.1	....	0.0	0.1	0.2	0.5	0.0	0.0
Other Countries n.i.e	910	0.1	0.8	0.1	0.5	7.8	0.5	1.1	0.3	0.4	48.0	0.8	0.6
Cuba	928	....	0.0	....	0.0	....	....	0.0	0.0	0.2	47.8	0.6	0.2
Korea, Dem. People's Rep.	954	0.1	0.8	0.1	0.5	7.8	0.5	1.1	0.3	0.2	0.1	0.2	0.3
Special Categories	899	228.4	226.3	264.5	241.0	174.0	....	....	....	....	0.2	8.4	....
Countries & Areas n.s.	898	....	0.1	0.5	1.7	1.7	....	5.7	0.6	1.2	5.8	4.7	8.6
Memorandum Items													
Africa	605	1,037.4	1,036.3	1,141.9	1,200.9	993.9	1,217.2	973.4	1,190.5	1,135.4	965.5	875.2	905.7
Middle East	405	92.9	42.7	95.8	141.0	116.3	93.3	184.6	161.6	186.4	199.3	205.4	251.0
European Union	998	386.9	321.9	364.7	423.9	389.7	395.0	2,087.5	2,194.5	2,487.0	2,641.2	2,166.6	2,126.8
Export earnings: fuel	080	106.7	115.0	206.5	244.1	198.4	179.4	781.6	1,187.9	951.5	796.7	777.3	791.9
Export earnings: nonfuel	092	2,265.8	2,226.1	2,233.4	2,329.1	2,123.2	2,358.0	4,543.4	4,615.8	5,114.8	5,252.0	4,456.6	4,688.1

Serbia, Republic of (942)

In Millions of U.S. Dollars

		Exports (FOB)						Imports (CIF)					
		2011	2012	2013	2014	2015	2016	2011	2012	2013	2014	2015	2016
IFS World		11,745.7	11,377.0	14,725.3	14,820.4	13,372.4	....	19,846.2	18,914.7	20,561.4	20,595.6	18,199.4	....
World	001	11,779.4	11,348.1	14,716.0	14,806.4	13,355.0	14,853.3	19,854.9	18,877.6	20,561.2	20,453.9	18,168.6	19,192.6
Advanced Economies	110	5,338.3	5,125.0	7,740.8	7,828.2	7,120.3	7,800.8	9,290.3	9,257.4	10,196.6	10,364.8	9,314.7	10,015.7
Euro Area	163	4,705.0	4,472.2	6,404.4	6,615.8	5,954.5	6,455.4	7,354.4	7,348.5	8,259.1	8,419.6	7,431.1	8,005.7
Austria	122	371.6	283.4	371.8	351.8	339.6	375.2	678.0	660.2	631.1	639.7	532.9	583.8
Belgium	124	132.5	126.4	169.9	213.1	166.0	183.7	311.0	337.0	349.5	378.2	355.6	440.3
Cyprus	423	27.8	109.2	67.9	61.8	24.2	18.2	2.6	4.7	4.7	5.0	4.8	5.7
Estonia	939	1.6	2.8	3.3	5.5	4.4	5.1	5.1	7.6	6.0	6.2	5.6	5.8
Finland	172	13.2	15.1	13.7	15.0	14.0	19.1	89.0	101.2	76.3	116.9	80.2	83.4
France	132	309.1	285.5	356.0	418.4	410.5	413.8	537.1	517.2	602.2	572.1	533.1	577.0
Germany	134	1,330.7	1,315.1	1,744.0	1,774.8	1,682.9	1,940.0	2,149.8	2,058.6	2,251.3	2,455.9	2,252.8	2,473.4
Greece	174	201.0	165.5	218.5	167.2	149.9	147.6	306.4	304.2	299.2	304.4	269.3	292.3
Ireland	178	11.5	6.4	8.5	6.9	5.8	8.1	107.8	103.6	85.4	90.6	84.4	91.6
Italy	136	1,306.2	1,201.8	2,387.6	2,571.5	2,168.5	2,168.3	1,771.4	1,833.0	2,369.5	2,302.6	1,920.5	1,984.4
Latvia	941	4.9	4.3	3.2	6.4	4.3	3.2	3.8	3.7	5.4	4.5	4.2	5.8
Lithuania	946	33.1	25.8	22.6	29.9	15.8	18.4	9.8	9.6	21.3	17.5	15.0	17.3
Luxembourg	137	1.4	2.2	2.9	10.8	10.9	15.7	13.2	17.6	26.1	25.6	21.6	16.2
Malta	181	0.6	1.6	0.8	1.1	6.5	3.4	2.0	6.7	5.1	6.1	8.8	6.2
Netherlands	138	132.3	145.5	153.2	150.5	152.4	176.2	281.2	281.6	325.9	357.5	290.4	315.3
Portugal	182	8.2	12.9	26.8	27.2	24.2	18.7	18.1	17.8	22.8	19.9	18.0	25.7
Slovak Republic	936	216.0	253.8	270.9	209.7	220.8	302.1	268.6	253.2	367.4	315.5	249.0	250.3
Slovenia	961	526.1	428.8	481.6	470.5	415.6	476.5	588.6	591.8	579.2	560.8	548.1	568.7
Spain	184	77.1	86.1	101.1	123.9	138.0	162.1	210.8	238.5	230.6	240.4	236.8	262.3
Australia	193	6.6	8.1	9.6	10.4	8.9	9.7	13.6	10.4	9.1	5.6	5.2	5.9
Canada	156	7.4	7.0	10.4	18.2	18.6	27.0	21.2	27.4	32.8	27.5	28.2	21.5
China,P.R.: Hong Kong	532	1.5	13.5	44.8	70.5	62.7	58.2	8.6	5.9	6.9	10.4	8.5	12.6
China,P.R.: Macao	546	....	....	0.0	....	0.3	0.0	0.1	0.4	0.3	0.1	0.3	2.8
Czech Republic	935	157.4	170.5	321.4	357.3	306.3	367.5	423.2	388.1	442.4	457.3	407.3	482.8
Denmark	128	25.1	20.8	31.6	48.0	58.1	53.3	124.5	123.8	130.6	115.8	131.9	147.4
Iceland	176	0.1	0.4	0.3	0.6	0.3	1.4	10.9	5.6	1.8	1.6	2.1	1.9
Israel	436	17.5	15.5	16.6	17.5	19.1	22.8	26.3	24.4	23.6	26.0	25.0	43.2
Japan	158	2.3	4.2	6.7	6.8	42.3	55.6	165.6	186.5	124.0	107.4	109.2	113.9
Korea, Republic of	542	1.4	2.2	0.5	2.4	3.2	5.3	158.1	146.3	139.9	119.6	118.7	132.4
New Zealand	196	0.4	0.3	0.4	1.0	1.3	0.9	1.5	1.8	1.1	0.8	0.9	3.7
Norway	142	9.0	13.1	29.2	21.5	25.3	20.9	19.6	16.3	19.0	20.5	27.1	38.9
San Marino	135	0.0	0.0	0.1	0.0	....	0.0	0.1	0.1	0.1	0.2	0.3	0.2
Singapore	576	4.9	8.4	36.0	25.1	12.0	12.1	9.3	11.3	10.3	9.8	13.5	14.9
Sweden	144	51.4	52.9	59.7	67.0	69.3	87.0	170.0	161.3	185.7	225.3	162.1	164.9
Switzerland	146	82.8	92.6	104.7	99.4	90.0	110.9	216.3	208.7	210.2	243.4	284.9	205.2
Taiwan Prov.of China	528	0.6	0.5	0.6	0.6	0.7	1.6	50.3	42.5	51.8	53.5	51.9	75.3
United Kingdom	112	185.2	144.1	171.9	154.5	196.7	265.8	227.2	230.1	239.4	241.0	221.6	212.3
United States	111	79.5	98.6	492.0	311.6	250.7	245.5	289.4	317.8	308.7	279.4	284.7	330.2
Emerg. & Dev. Economies	200	6,440.9	6,222.9	6,975.2	6,978.3	6,234.7	7,052.4	10,559.2	9,614.3	10,361.4	10,086.2	8,849.9	9,172.9
Emerg. & Dev. Asia	505	52.9	58.7	107.4	62.8	74.3	89.6	1,914.0	1,792.3	1,951.5	1,982.6	1,970.7	2,109.2
Bangladesh	513	7.4	0.5	31.5	6.0	22.3	20.9	19.5	26.0	35.7	42.1	40.3	51.8
Cambodia	522	0.8	0.9	1.9	1.4	0.0	0.0	2.1	4.1	5.9	8.1	7.3	10.4
China,P.R.: Mainland	924	15.3	20.3	22.0	17.7	20.6	25.3	1,488.5	1,387.6	1,507.1	1,558.3	1,535.0	1,603.0
Fiji	819	....	....	....	....	....	0.1	....	....	....	....	....	0.0
F.T. French Polynesia	887	0.1	0.0	....	....	0.0	0.0	0.0	0.0	0.0	0.0	0.0	....
F.T. New Caledonia	839	0.0	....	0.0	0.1	....	0.0	....	....	....	....	....	0.0
India	534	8.4	4.9	8.7	9.0	5.6	9.4	149.6	153.5	173.8	140.0	139.8	133.1
Indonesia	536	5.2	7.0	11.1	6.6	6.0	9.6	45.8	34.1	40.2	45.4	54.4	46.8
Lao People's Dem.Rep	544	....	....	0.0	....	....	....	0.1	0.2	1.6	1.2	0.7	0.5
Malaysia	548	0.1	2.4	1.5	2.9	4.7	2.6	67.8	46.2	49.3	40.7	32.2	34.2
Marshall Islands	867	0.0	0.3	0.0	....	....	....	0.1	0.1	0.0	0.0	0.1	0.0
Mongolia	948	0.4	0.3	0.8	0.6	0.3	0.4	0.0	0.0	....	0.0	0.0	0.0
Myanmar	518	0.1	3.6	10.8	0.5	4.9	1.8	1.0	1.2	0.7	1.8	0.9	1.6
Nauru	836	....	....	....	....	....	....	....	0.0	0.1	0.0	0.0	0.0
Nepal	558	....	0.0	0.0	0.0	0.0	0.1	0.0	0.0	0.0	0.0	0.0	0.0
Papua New Guinea	853	....	....	....	....	0.1	0.0	....	0.2	....	0.0	0.0	0.0

Serbia, Republic of (942)

In Millions of U.S. Dollars

		Exports (FOB) 2011	2012	2013	2014	2015	2016	Imports (CIF) 2011	2012	2013	2014	2015	2016
Philippines	566	3.1	5.3	4.5	1.0	2.8	0.4	7.4	6.4	6.4	6.0	6.4	8.9
Sri Lanka	524	0.0	0.1	0.2	0.3	0.0	0.0	6.4	6.5	3.2	3.3	3.1	3.6
Thailand	578	5.7	5.9	5.1	4.5	4.1	1.5	71.8	58.5	50.9	45.7	45.4	57.0
Timor-Leste	537	0.0	0.0	....	....	....	....	0.0	0.0	0.0	0.1	0.0	0.0
Vietnam	582	6.3	7.0	9.1	12.1	2.9	17.5	53.9	67.8	76.6	89.6	105.3	142.3
Asia n.s.	598	—	0.1	0.0	0.1	....	0.0	0.0	0.0	0.0	0.1	0.0	15.8
Europe	170	**6,138.1**	**5,897.4**	**6,624.7**	**6,614.6**	**5,789.2**	**6,476.4**	**8,094.8**	**7,477.2**	**8,050.4**	**7,708.0**	**6,486.7**	**6,397.0**
Emerg. & Dev. Europe	903	**5,051.8**	**4,766.0**	**5,213.6**	**5,332.0**	**4,906.8**	**5,505.1**	**4,764.3**	**4,664.6**	**4,940.1**	**4,941.6**	**4,281.8**	**4,533.5**
Albania	914	126.6	87.3	116.9	122.3	99.6	99.3	22.9	13.9	16.3	18.0	19.9	29.0
Bosnia and Herzegovina	963	1,191.4	1,082.7	1,184.4	1,303.7	1,163.6	1,229.4	670.1	474.3	492.2	493.2	426.5	445.3
Bulgaria	918	325.3	288.6	336.6	381.7	379.5	422.7	480.1	500.8	438.7	409.3	334.3	362.2
Croatia	960	468.1	397.5	419.6	455.7	440.6	514.3	488.2	537.5	477.5	542.6	514.2	482.3
Faroe Islands	816	0.0	....	....	....	0.4	0.2	0.2	0.2	0.0	0.0	0.1	....
Hungary	944	346.6	329.3	407.5	376.1	354.7	477.6	909.7	928.7	1,011.7	1,012.0	865.8	883.2
Macedonia, FYR	962	524.7	482.1	571.1	593.5	517.4	587.0	320.5	297.2	263.7	250.8	201.9	212.4
Montenegro	943	891.0	798.9	844.1	749.4	676.2	722.9	130.9	121.8	158.6	65.9	62.1	64.2
Poland	964	182.5	180.8	272.2	295.6	283.3	336.0	453.6	526.2	970.6	982.2	761.4	834.3
Romania	968	812.5	932.0	841.3	822.7	742.1	846.2	883.0	823.0	582.3	586.4	516.8	552.8
Turkey	186	183.2	186.9	219.8	231.3	249.5	269.5	405.1	441.0	528.5	581.2	578.7	667.9
CIS	901	**1,086.3**	**1,131.4**	**1,410.2**	**1,280.8**	**882.4**	**971.3**	**3,330.3**	**2,812.5**	**3,107.6**	**2,760.9**	**2,201.7**	**1,863.3**
Armenia	911	0.7	1.1	1.8	1.7	1.7	1.5	5.5	0.3	0.1	0.1	35.1	42.7
Azerbaijan, Rep. of	912	3.9	31.6	56.1	15.7	7.5	7.5	0.1	0.8	0.0	0.4	5.6	2.1
Belarus	913	51.8	69.6	81.8	72.8	37.8	31.2	87.8	96.0	94.3	78.6	64.4	48.3
Georgia	915	2.1	2.8	7.0	12.7	2.4	5.1	0.1	0.0	0.1	3.9	6.4	1.6
Kazakhstan	916	9.9	11.4	11.5	16.8	24.4	24.3	110.8	415.4	880.9	198.0	142.0	14.7
Kyrgyz Republic	917	0.0	0.0	0.6	1.4	8.0	11.7	4.8	6.4	5.7	4.8	4.8	4.1
Moldova	921	9.7	13.1	14.6	17.0	11.2	10.3	66.3	79.5	79.2	55.4	35.5	16.0
Russian Federation	922	792.3	869.9	1,062.0	1,032.4	724.9	794.5	2,654.2	2,064.7	1,924.1	2,313.3	1,746.7	1,510.2
Tajikistan	923	0.8	1.4	0.5	0.8	0.2	6.5	....	....	....	....	....	0.1
Turkmenistan	925	1.4	0.5	0.3	1.6	0.1	1.2	0.4	0.1	0.1	0.6	0.2	0.3
Ukraine	926	211.0	128.8	172.1	100.6	63.7	76.6	384.0	145.1	122.6	105.7	161.1	222.9
Uzbekistan	927	2.7	1.2	1.9	7.2	0.4	0.8	16.3	4.3	0.4	0.0	0.1	0.3
Europe n.s.	884	0.0	0.0	0.9	1.8	....	0.0	0.2	0.1	2.7	5.5	3.2	0.2
Mid East, N Africa, Pak	440	**189.8**	**191.9**	**142.6**	**176.1**	**255.1**	**391.5**	**230.3**	**94.3**	**114.3**	**133.3**	**143.0**	**364.9**
Afghanistan, I.R. of	512	10.0	3.5	4.9	5.1	12.2	18.2	0.1	0.0	0.0	0.1	0.0	0.1
Algeria	612	8.0	26.0	13.8	26.6	16.9	44.3	0.1	0.3	0.0	0.5	0.1	0.9
Bahrain, Kingdom of	419	6.2	1.8	2.7	1.3	1.8	0.8	0.2	0.0	0.1	0.4	0.3	0.5
Egypt	469	21.1	19.8	16.2	35.5	42.5	57.4	14.9	12.3	9.5	15.0	15.1	55.2
Iran, I.R. of	429	48.4	32.9	13.9	15.9	9.4	11.7	9.7	7.7	3.6	3.9	5.1	8.7
Iraq	433	53.9	37.8	17.0	8.0	22.0	12.8	0.0	0.0	0.0	0.0	0.0	142.0
Jordan	439	4.1	12.4	8.6	2.0	12.2	13.2	0.1	0.2	4.4	6.1	30.4	16.4
Kuwait	443	0.6	0.9	0.7	2.9	11.6	3.4	1.8	1.5	1.2	1.5	0.6	1.7
Lebanon	446	4.6	11.5	6.5	7.8	7.5	8.3	0.5	0.3	0.4	0.6	0.4	0.2
Libya	672	5.9	4.2	31.2	33.1	28.8	7.4	57.7	0.0	....	0.0	0.2	0.0
Mauritania	682	0.0	0.0	0.0	0.0	0.0	14.6	0.0	0.0	0.0	0.0	0.0	0.0
Morocco	686	0.3	1.6	1.5	1.5	3.2	9.1	12.2	7.9	8.2	9.6	8.6	41.4
Oman	449	0.1	0.2	1.2	0.0	0.2	1.7	0.7	0.7	2.1	8.7	2.4	2.9
Pakistan	564	0.4	0.4	0.6	0.8	0.7	1.1	8.6	9.7	9.8	14.9	12.7	13.7
Qatar	453	0.6	0.4	1.4	1.7	2.4	3.0	1.9	2.3	4.2	1.3	3.5	1.8
Saudi Arabia	456	1.3	4.8	4.3	5.2	31.1	72.3	9.7	8.8	13.4	22.4	23.1	25.6
Somalia	726	....	....	....	0.1	0.2	0.1	0.0	....	....	0.0	0.0	0.0
Sudan	732	1.9	1.3	0.2	0.9	1.5	0.2	0.2	0.2	0.2	0.1	0.1	0.0
Syrian Arab Republic	463	12.2	2.1	....	4.5	0.8	0.4	85.8	11.5	8.6	8.7	3.8	0.0
Tunisia	744	3.2	9.1	3.8	1.8	10.1	20.5	8.9	22.0	32.1	31.3	22.3	21.6
United Arab Emirates	466	6.7	21.2	13.7	20.4	39.2	90.1	17.2	8.9	16.5	8.2	14.2	32.2
West Bank and Gaza	487	....	....	....	....	....	0.7	....	....	....	....	....	....
Yemen, Republic of	474	0.1	0.1	0.3	1.0	0.7	0.3	0.0	....	....	....	0.1	0.0
Sub-Saharan Africa	603	**43.5**	**49.7**	**53.6**	**93.7**	**85.6**	**59.9**	**63.9**	**57.6**	**60.5**	**60.7**	**59.8**	**90.4**
Angola	614	1.7	4.8	8.5	16.5	3.3	3.1	0.0	0.0	0.0	0.0	0.0	....
Benin	638	0.0	0.0	0.2	0.0	0.4	0.2	0.0	....	....	0.0	0.0	0.0

Serbia, Republic of (942)
In Millions of U.S. Dollars

		Exports (FOB) 2011	2012	2013	2014	2015	2016	Imports (CIF) 2011	2012	2013	2014	2015	2016
Botswana	616	0.4	0.4	0.0	0.2	1.7	0.3	0.0	0.0	0.0	0.0	0.0	0.1
Burkina Faso	748	0.0	0.5	0.3	0.0	0.3	0.2	....	....	0.0	0.0	0.1	0.0
Burundi	618	....	....	0.1	0.4	....	....	....	0.0	0.1	0.0	0.2	0.0
Cameroon	622	1.8	5.4	5.6	20.4	21.3	15.2	0.7	0.7	0.9	0.6	0.5	0.7
Central African Rep.	626	....	....	....	0.0	0.0	0.0	0.1	0.1	0.0	0.0	0.2	0.0
Chad	628	....	0.0	....	....	....	....	....	....	....	....	0.1	0.0
Congo, Dem. Rep. of	636	2.5	0.8	1.0	1.4	0.3	0.1	0.3	0.1	0.1	0.0	0.1	0.0
Congo, Republic of	634	0.7	0.5	1.1	3.1	2.1	0.0	0.1	0.0	0.0	0.0	0.1	0.1
Côte d'Ivoire	662	0.1	0.1	0.2	0.1	0.2	0.2	9.5	11.9	14.9	17.5	19.6	13.0
Equatorial Guinea	642	6.6	4.6	8.0	4.0	3.3	5.4	....	....	....	....	....	....
Eritrea	643	....	....	....	0.1	....	....	....	0.0	0.0	0.0	....	7.4
Ethiopia	644	5.0	11.4	3.5	1.4	0.7	0.4	0.4	0.4	1.1	1.6	0.7	0.2
Gabon	646	5.6	0.8	1.1	0.6	1.3	1.7	0.5	0.3	0.2	0.2	0.1	0.2
Gambia, The	648	0.0	....	0.0	0.1	....	0.1	0.0	....	....	....	0.0	0.0
Ghana	652	0.3	1.0	0.4	0.2	4.5	2.7	20.4	16.5	17.9	20.4	15.6	13.2
Guinea	656	0.0	0.1	0.1	0.0	0.1	0.0	0.1	0.1	0.1	0.0	0.0	0.0
Kenya	664	14.3	8.7	11.0	22.6	20.5	8.0	0.6	0.6	0.7	0.6	0.8	1.1
Lesotho	666	....	....	....	....	....	....	0.0	0.0	0.0	0.0	0.1	0.1
Liberia	668	....	0.0	1.1	....	0.1	0.1	0.3	0.6	0.9	1.0	0.6	0.6
Madagascar	674	....	....	0.0	0.0	0.1	0.0	0.2	0.2	0.4	0.3	0.2	1.0
Malawi	676	....	....	0.0	0.0	....	0.1	3.0	0.5	0.1	0.3	0.1	0.3
Mali	678	0.0	0.3	0.3	0.1	....	0.1	0.0	0.0	0.2	0.0	0.0	0.0
Mauritius	684	0.0	0.0	0.8	0.0	0.1	0.2	0.4	0.5	0.7	0.5	0.4	0.4
Mozambique	688	0.2	....	0.0	0.2	0.2	0.0	1.5	1.8	1.1	0.2	0.8	1.4
Namibia	728	0.1	0.1	0.3	0.0	0.6	0.1	0.0	0.1	0.0	0.0	0.0	0.2
Niger	692	0.0	0.1	0.0	0.7	0.1	0.1	0.0	0.0	0.0	0.0	0.0	0.0
Nigeria	694	1.2	7.1	3.1	8.7	13.7	7.4	0.4	4.2	2.0	0.9	1.6	29.7
Rwanda	714	0.4	0.0	0.4	0.6	0.2	0.1	0.0	0.0	0.0	0.1	0.0	0.0
Senegal	722	0.2	0.1	0.7	0.1	0.1	2.2	1.3	0.3	0.0	0.0	0.0	0.2
Seychelles	718	0.0	0.0	1.7	2.8	0.0	0.3	0.0	0.1	0.1	0.1	0.1	0.0
Sierra Leone	724	0.0	0.0	0.0	0.0	0.0	0.1	0.5	0.0	0.1	0.0	0.2	0.3
South Africa	199	1.3	2.4	2.2	3.9	3.0	2.7	14.2	12.0	11.1	9.4	9.3	14.0
Swaziland	734	0.0	....	0.0	....	0.2	0.6	0.2	0.1	0.0	0.1	0.0	0.0
Tanzania	738	0.1	0.1	1.7	2.5	1.0	0.2	0.5	0.1	0.4	0.2	0.3	0.6
Togo	742	0.0	0.0	....	0.0	0.1	0.1	....	0.3	....	0.0	0.0	0.0
Uganda	746	0.8	0.4	0.1	2.8	6.0	7.9	7.1	5.2	5.8	5.0	6.2	4.1
Zambia	754	0.0	0.1	0.0	0.0	0.0	0.0	0.0	0.1	0.0	0.0	0.1	0.1
Zimbabwe	698	0.0	0.0	0.1	0.0	0.0	0.0	1.4	0.8	1.5	1.4	1.4	1.1
Western Hemisphere	205	16.6	25.2	46.8	31.1	30.5	34.9	256.2	192.8	184.7	201.8	189.6	211.5
Argentina	213	0.5	0.5	2.4	3.7	2.5	2.2	24.1	23.9	20.2	18.0	19.4	27.1
Bahamas, The	313	0.0	....	....	0.0	....	0.1	0.0	0.1	0.6	0.8	0.2	0.2
Belize	339	0.7	0.8	1.5	1.5	1.7	3.1	....	0.0	0.2	0.1	0.1	0.0
Bermuda	319	....	....	....	....	0.0	....	....	....	....	....	....	0.1
Bolivia	218	0.8	0.0	0.0	0.1	0.2	0.1	0.5	0.4	0.4	0.6	0.8	0.5
Brazil	223	6.0	11.2	25.7	11.1	7.3	9.3	97.0	84.4	75.3	102.9	79.4	86.3
Chile	228	2.2	4.3	6.1	4.2	3.8	5.6	64.3	9.4	5.7	2.2	19.3	18.5
Colombia	233	0.0	0.9	1.2	1.2	2.1	1.3	2.0	2.7	5.4	3.3	2.2	12.8
Costa Rica	238	0.3	0.5	1.2	1.6	1.9	1.1	8.2	9.3	10.8	9.6	3.9	6.3
Dominican Republic	243	0.0	0.1	0.2	0.1	0.2	0.8	2.7	1.7	1.6	1.8	1.5	1.3
Ecuador	248	0.1	0.0	0.0	0.0	0.1	0.6	33.3	26.2	25.9	32.1	30.9	24.5
El Salvador	253	0.0	....	0.1	0.0	0.0	....	0.0	0.2	0.0	0.0	0.1	0.1
Falkland Islands	323	0.0	....	....	....	....	....	1.9	1.0	1.6	0.7	0.7	0.4
Greenland	326	0.1	0.1	0.1	....	0.0	0.0	0.0	....	0.0	....	0.1	....
Guatemala	258	0.6	0.3	0.3	0.7	0.7	0.9	0.3	0.7	0.5	0.7	0.5	0.3
Guyana	336	....	....	0.5	0.1	....	....	0.0	0.0	0.1	0.0	0.0	0.0
Haiti	263	0.0	....	0.1	0.0	0.0	0.0	0.0	0.1	0.1	0.1	0.1	0.1
Honduras	268	0.0	....	0.0	0.0	....	....	0.4	0.4	0.7	0.1	0.1	0.2
Mexico	273	3.7	2.1	3.6	4.2	8.3	7.7	15.0	20.2	27.4	21.7	26.7	30.3
Netherlands Antilles	353	0.1	0.1	0.0	....	....	0.0	0.0	0.1	0.0	....	0.0	....
Nicaragua	278	....	....	....	....	....	0.0	0.2	0.2	0.0	0.0	0.0	0.1

Serbia, Republic of (942)

In Millions of U.S. Dollars

		Exports (FOB) 2011	2012	2013	2014	2015	2016	Imports (CIF) 2011	2012	2013	2014	2015	2016
Panama	283	0.0	0.2	0.7	0.2	0.3	0.5	2.4	2.1	0.8	0.3	0.4	0.1
Paraguay	288	0.0	0.1	0.1	0.2	0.0	0.1	0.1	0.1	0.0	0.0	0.0	....
Peru	293	0.1	1.9	0.8	1.6	0.6	0.9	1.8	4.1	5.8	5.1	2.1	1.7
Suriname	366	0.1	0.1	0.1	0.2	0.1	0.0	0.1	0.0	0.2	0.1	0.1	0.1
Trinidad and Tobago	369	0.0	....	0.5	0.1	0.2	0.0	0.1	0.0	0.2	0.0	0.0	0.0
Uruguay	298	1.0	1.1	1.2	0.2	0.3	0.4	1.1	2.5	0.8	1.4	0.9	0.4
Venezuela, Rep. Bol.	299	....	0.2	0.3	0.0	0.0	0.1	0.3	2.3	0.0	0.2	0.0	0.0
Western Hem. n.s.	399	0.2	0.6	0.1	0.0	0.2	0.0	0.2	0.4	0.2	....	0.2	0.1
Other Countries n.i.e	910	0.2	0.2	0.0	....	0.0	0.1	5.4	6.0	3.1	2.9	4.0	0.6
Cuba	928	0.1	0.2	0.0	....	0.0	0.1	0.7	1.6	1.7	1.4	2.8	0.5
Korea, Dem. People's Rep.	954	0.0	....	....	....	0.0	....	4.7	4.3	1.5	1.5	1.2	0.1
Countries & Areas n.s.	898	....	....	....	....	....	....	....	....	....	....	....	3.4
Memorandum Items													
Africa	605	57.0	87.7	72.9	124.6	117.7	148.7	85.3	88.0	101.1	102.1	90.9	154.4
Middle East	405	165.9	150.0	117.7	139.2	210.2	283.4	200.2	54.2	63.9	76.8	99.2	287.2
European Union	998	7,259.1	6,988.7	9,266.1	9,574.4	8,785.1	9,825.8	11,513.9	11,568.0	12,737.8	12,991.5	11,346.7	12,127.8
Export earnings: fuel	080	956.1	1,062.6	1,253.8	1,217.1	947.4	1,094.9	2,902.0	2,547.4	2,880.3	2,596.8	1,980.1	1,811.3
Export earnings: nonfuel	092	10,823.2	10,285.5	13,462.2	13,589.4	12,407.6	13,758.4	16,953.0	16,330.1	17,680.9	17,857.2	16,188.5	17,381.2

Seychelles (718)

In Millions of U.S. Dollars

		Exports (FOB)						Imports (CIF)					
		2011	2012	2013	2014	2015	2016	2011	2012	2013	2014	2015	2016
IFS World		483.3	496.4	578.2	538.7	....	....	1,049.9	1,073.1	1,097.1	1,145.7	....	....
World	001	972.4	661.6	580.4	556.5	477.3	487.5	1,721.0	1,279.8	924.7	1,075.3	983.7	1,648.0
Advanced Economies	110	515.1	452.9	414.2	343.2	296.3	295.6	626.4	679.7	426.3	460.9	407.3	551.1
Euro Area	163	390.2	285.0	273.0	208.8	180.2	199.1	378.6	486.4	272.6	312.3	251.8	348.9
Austria	122	0.0	0.0	....	....	0.0	0.0	1.1	0.8	1.4	1.2	1.2	1.5
Belgium	124	0.1	1.1	1.1	2.4	2.2	2.1	11.7	7.3	6.1	7.4	6.4	8.5
Cyprus	423	0.3	0.5	0.5	0.3	0.3	0.5	0.4	0.4	0.4	0.5	1.3	0.8
Estonia	939	....	....	....	....	0.0	....	0.0	0.0	0.0	0.1	0.0	0.0
Finland	172	2.2	1.1	3.5	2.3	1.9	2.8	14.8	0.6	0.7	0.5	16.5	2.7
France	132	326.5	195.9	177.8	132.2	93.6	110.3	75.5	85.0	71.4	95.8	77.3	146.8
Germany	134	6.0	2.1	2.2	0.4	2.6	19.0	20.2	17.2	11.9	13.4	18.9	28.1
Greece	174	0.1	0.0	0.0	0.4	0.0	....	0.1	0.4	0.5	1.0	6.9	0.7
Ireland	178	0.1	0.0	0.5	0.0	....	0.0	4.0	2.2	2.7	3.0	2.4	3.3
Italy	136	41.5	73.1	68.2	62.5	35.9	51.1	32.0	33.2	29.7	21.5	23.1	33.2
Latvia	941	1.5	1.2	1.1	0.7	0.3	0.6	0.3	0.0	0.0	0.2	0.4	0.2
Lithuania	946	....	....	....	....	....	0.1	0.0	0.1	0.2	0.1	0.2	0.4
Luxembourg	137	0.5	0.0	0.0	0.3	....	....	60.7	0.0	0.0	0.1	0.0	0.3
Malta	181	0.7	0.7	0.8	0.3	0.1	0.8	0.8	0.5	0.0	0.1	0.1	0.2
Netherlands	138	6.6	8.1	6.9	6.4	4.9	7.0	12.2	15.7	14.3	13.4	13.0	26.6
Portugal	182	0.8	....	....	0.0	0.7	0.2	4.8	2.2	1.8	1.5	1.9	2.1
Slovak Republic	936	....	....	....	....	....	0.0	0.0	0.0	0.0	0.1	0.3	0.7
Slovenia	961	....	....	....	....	....	0.2	0.2	0.1	0.1	0.2	1.4	0.7
Spain	184	3.3	1.1	10.5	0.7	37.7	4.1	139.8	320.8	131.4	152.4	80.2	92.3
Australia	193	3.4	1.8	1.3	1.4	1.2	1.3	12.5	11.0	11.8	5.4	6.6	8.3
Canada	156	0.0	0.3	0.0	0.6	0.0	0.1	6.3	2.0	5.3	2.8	1.4	1.8
China,P.R.: Hong Kong	532	6.4	6.6	4.3	5.1	5.3	4.3	5.8	5.8	9.0	5.7	4.9	6.7
Czech Republic	935	0.0	0.1	0.0	0.0	0.0	0.0	0.7	3.1	0.5	0.5	0.8	1.7
Denmark	128	3.7	25.1	12.9	8.2	7.1	8.3	6.2	23.9	4.6	3.4	3.3	4.6
Iceland	176	0.1	0.7	0.4	0.6	0.8	1.1	0.0	0.0	0.1	0.1	0.0	0.0
Israel	436	....	0.0	....	0.0	....	....	0.3	0.2	4.4	0.5	0.5	0.6
Japan	158	0.1	0.3	4.0	4.8	5.0	0.3	8.5	8.9	7.0	9.3	12.9	26.5
Korea, Republic of	542	0.0	0.0	0.5	0.0	0.0	0.9	37.4	37.1	28.3	28.6	18.0	21.3
New Zealand	196	0.0	0.0	0.0	0.1	2.8	0.5	2.9	3.1	2.5	4.0	2.8	5.4
Norway	142	0.3	7.4	0.1	0.5	0.7	0.2	5.2	0.7	0.4	1.6	0.4	0.8
Singapore	576	0.3	0.1	0.2	0.1	0.2	0.4	63.5	41.7	33.5	23.9	31.9	57.1
Sweden	144	0.0	0.0	0.0	0.0	0.0	0.1	3.3	2.5	2.2	4.1	3.9	4.9
Switzerland	146	8.4	2.4	1.9	1.7	1.9	2.3	19.1	3.9	3.3	3.7	2.9	3.9
Taiwan Prov.of China	528	....	....	....	....	0.0	....	....	....	....	....	8.5	....
United Kingdom	112	96.4	116.8	114.3	109.9	84.5	74.3	60.8	35.1	28.4	41.4	39.0	42.4
United States	111	5.8	6.3	1.4	1.3	6.6	2.6	15.4	14.2	12.4	13.4	17.9	16.3
Emerg. & Dev. Economies	200	456.6	207.9	165.4	212.6	180.2	190.3	1,094.3	591.5	495.7	608.7	573.6	1,093.0
Emerg. & Dev. Asia	505	6.8	8.4	11.4	8.6	25.3	30.8	93.5	93.7	119.8	130.0	125.7	144.3
Bangladesh	513	....	....	....	....	0.0	....	0.0	0.0	0.1	0.3	0.6	0.5
Brunei Darussalam	516	....	0.0 e	0.0 e	....	0.0 e	0.0 e	0.1	....	....	0.1	0.0	....
China,P.R.: Mainland	924	0.0	0.0	0.0	0.0	0.0	1.1	21.3	23.1	16.7	48.0	48.3	39.7
Fiji	819	....	....	....	....	0.0	0.1	0.0	0.0	0.0	0.0	....	0.0
F.T. French Polynesia	887	0.1 e	0.0 e	0.0 e	0.0 e	0.1 e	0.0 e	0.0	....	....	....	....	....
F.T. New Caledonia	839	0.1 e	0.1 e	0.1 e	0.2 e	0.1 e	0.1 e	0.0	0.0	0.0	0.0	....	....
India	534	1.0	2.6	0.4	0.1	0.1	0.2	32.5	30.8	56.7	42.7	36.3	56.5
Indonesia	536	0.0	....	0.0	0.0	5.8	0.5	9.2	6.4	6.2	4.4	3.7	5.4
Malaysia	548	0.0	0.1	0.3	0.0	0.0	2.7	14.0	14.9	10.3	10.6	12.5	14.0
Maldives	556	0.1	0.1	0.0	0.3	0.9	1.9	0.2	0.1	0.1	0.3	0.3	0.0
Mongolia	948	0.1	....	....	....	....	....	0.0	....	....	....	0.0	0.0
Myanmar	518	0.1 e	0.0 e	....	0.7 e	0.0 e	0.1 e	0.1	....	....	....	0.0	0.0
Papua New Guinea	853	....	....	....	....	....	....	0.0	....	....	....	....	0.5
Philippines	566	0.0	1.4	7.1	3.0	12.4	9.1	0.9	0.6	0.4	1.0	4.0	0.5
Solomon Islands	813	....	....	....	....	....	0.3	0.0	0.0	0.0	....	....	....
Sri Lanka	524	5.2	3.6	3.2	3.6	5.5	5.0	0.8	0.9	1.3	3.4	5.0	4.9
Thailand	578	0.0	0.3	0.0	0.0	0.2	5.4	8.6	11.2	23.5	11.6	10.5	17.6
Vanuatu	846	....	....	....	0.6	....	....	0.0	0.0	0.0	....	....	....

2017, International Monetary Fund: *Direction of Trade Statistics Yearbook*

Seychelles (718)

In Millions of U.S. Dollars

		Exports (FOB)						Imports (CIF)					
		2011	2012	2013	2014	2015	2016	2011	2012	2013	2014	2015	2016
Vietnam	582	0.1	0.2	0.2	0.1	0.1	4.3	0.7	1.4	0.8	0.9	2.0	1.7
Asia n.s.	598	....	....	....	....	....	....	4.9	4.2	3.6	6.8	2.3	2.9
Europe	**170**	**0.8**	**1.4**	**1.0**	**1.2**	**1.2**	**1.1**	**12.4**	**4.0**	**5.4**	**6.8**	**10.4**	**15.8**
Emerg. & Dev. Europe	**903**	**0.1**	**0.7**	**0.0**	**0.0**	**0.2**	**0.6**	**10.7**	**3.5**	**4.9**	**5.8**	**9.2**	**11.4**
Albania	914	....	0.0	....	....	....	....	0.0	....	0.0	....	0.1	0.0
Bulgaria	918	....	....	0.0	....	0.0	....	0.0	0.0	0.0	0.1	0.4	0.8
Croatia	960	....	....	....	0.0	0.0	....	0.0	0.0	0.0	....	0.1	0.0
Gibraltar	823	....	....	....	....	....	....	0.0	0.1	....	....	....	....
Hungary	944	0.0	....	....	....	0.0	....	0.0	0.0	0.1	0.1	0.4	0.6
Kosovo	967	....	....	....	....	....	0.1 e	....	....	....	....	....	....
Poland	964	0.0	0.0	....	0.0	0.0	0.0	0.2	0.0	0.2	0.3	0.7	1.3
Romania	968	0.0	....	....	....	0.0	....	0.1	0.0	0.1	0.0	0.0	0.0
Serbia, Republic of	942	....	0.0	....	....	....	....	0.1	0.0	....	....	0.0	....
Turkey	186	....	0.7	0.0	....	0.2	0.4	10.2	3.3	4.4	5.3	7.6	8.7
CIS	**901**	**0.7**	**0.6**	**1.0**	**1.1**	**1.0**	**0.5**	**1.7**	**0.4**	**0.5**	**1.0**	**1.1**	**4.3**
Belarus	913	....	0.1	....	....	0.0	0.0	0.0	....	0.0	....	....	0.0
Georgia	915	....	....	....	....	....	....	1.4	0.0	0.0	0.3	0.0	0.0
Kazakhstan	916	0.3	0.3	0.2	0.3	0.2	0.2	0.0	....	....	....	0.0	0.0
Moldova	921	0.0	....	0.0	....	0.0	....	0.1	....	0.0	0.1	0.0	2.7
Russian Federation	922	0.4	0.2	0.8	0.6	0.7	0.2	0.1	0.3	0.4	0.4	1.1	0.9
Ukraine	926	0.0	....	....	0.3	0.1	0.1	0.0	0.1	0.1	0.1	0.1	0.7
Europe n.s.	884	0.0	0.0	0.0	0.0	0.0	0.0	0.0	0.1	0.0	0.0	0.0	0.0
Mid East, N Africa, Pak	**440**	**194.7**	**188.5**	**140.4**	**192.2**	**144.3**	**130.2**	**853.1**	**381.2**	**266.8**	**348.8**	**274.2**	**272.9**
Afghanistan, I.R. of	512	....	....	....	....	....	....	0.2	0.0	0.0	0.1	0.0	0.1
Algeria	612	....	....	....	....	....	0.3	0.0	....	0.0	....	....	....
Bahrain, Kingdom of	419	0.0	0.0	0.2	0.0	0.0	0.1	1.5	0.5	0.3	0.4	0.4	0.2
Djibouti	611	....	0.2	....	....	....	....	0.0	0.0	0.0	0.1	....	....
Egypt	469	0.0	0.1	0.6	0.0	0.0	....	1.8	3.0	3.7	5.0	4.5	6.9
Iran, I.R. of	429	....	0.0	....	....	....	0.3	0.5	1.0	0.2	0.1	0.0	0.1
Kuwait	443	....	....	....	....	0.1	0.1	0.0	0.0	0.0	0.0	0.0	0.1
Lebanon	446	0.0	....	0.0	....	0.1	0.0	0.2	0.2	0.1	0.2	0.3	0.8
Libya	672	....	1.4	0.8	0.3	0.3	0.4	0.0	....	....	....	....	....
Mauritania	682	....	....	....	....	....	....	0.1	0.0	0.0	0.0	....	0.0
Morocco	686	0.0	....	0.0	....	0.0	0.3	0.3	0.0	0.0	0.1	1.2	0.2
Oman	449	0.0	0.1	0.0	....	0.0	....	0.4	1.8	0.8	0.2	0.4	0.3
Pakistan	564	....	0.0	....	0.0	0.0	0.1	4.0	3.9	3.6	4.2	4.0	3.9
Qatar	453	0.1	0.9	0.0	0.0	0.0	0.0	0.1	0.1	0.0	0.5	0.0	0.0
Saudi Arabia	456	0.0	0.1	0.1	0.0	0.0	0.2	0.8	0.8	1.2	0.9	2.7	0.7
Sudan	732	0.0 e	0.7 e	0.1 e	0.2 e	0.0 e	....	....	0.0	0.0	0.0	0.0	0.0
Tunisia	744	....	....	....	0.0	....	1.1	0.1	0.6	0.7	2.6	6.0	8.2
United Arab Emirates	466	194.6	185.0	138.5	191.7	143.6	127.4	843.0	368.2	255.8	333.6	254.4	251.5
West Bank and Gaza	487	....	0.0 e	0.0 e	0.0 e	0.0 e	0.1 e	....	....	....	....	....	....
Yemen, Republic of	474	....	....	0.1	....	....	....	0.1	0.9	0.3	0.8	0.3	0.0
Sub-Saharan Africa	**603**	**250.8**	**5.9**	**6.7**	**6.1**	**6.2**	**23.6**	**128.7**	**104.2**	**92.9**	**108.7**	**150.1**	**137.5**
Burundi	618	....	....	....	....	1.2 e	1.2 e	0.0	....	....	....	....	....
Cameroon	622	....	....	....	....	....	0.0	0.1	0.0	1.0	0.0	0.1	0.0
Congo, Republic of	634	....	0.0 e	....	....	....	....	0.3	0.1	0.2	0.2	1.0	0.0
Côte d'Ivoire	662	0.1	0.1	0.4	0.2	1.0	0.2	0.0	0.0	0.0	0.0	0.1	0.1
Ethiopia	644	....	0.0	0.0	....	....	0.1	0.0	0.0	....	0.0	0.7	0.1
Gambia, The	648	0.0	....	....	....	....	....	0.0	0.3	....	0.0	0.0	....
Ghana	652	1.5	0.9	1.6	2.8	0.2	0.0	0.1	0.9	3.7	0.0	0.1	0.1
Kenya	664	0.0	0.6	0.2	0.4	0.5	0.2	4.0	2.3	4.5	2.6	3.2	2.1
Liberia	668	0.7	....	....	....	....	....	0.0	....	....	....	0.0	0.0
Madagascar	674	0.1	0.5	1.2	0.4	0.1	4.0	3.2	3.0	2.7	16.9	5.6	3.4
Malawi	676	....	....	....	....	....	....	0.1	0.1	....	0.2	0.1	0.1
Mali	678	....	....	....	....	....	0.0	0.1	0.0	0.0	....	0.1	0.0
Mauritius	684	247.1	2.1	0.9	1.1	0.7	6.4	46.0	37.6	33.8	30.7	69.8	36.0
Mozambique	688	0.0	....	0.0	0.0	1.2	0.7	0.0	0.0	....	0.0	0.0	....
Namibia	728	....	....	....	....	....	....	0.4	0.0	0.0	0.0	0.1	0.0
Rwanda	714	....	0.0	....	0.1	....	....	0.0	....	....	....	....	....

Seychelles (718)

In Millions of U.S. Dollars

		Exports (FOB)						Imports (CIF)					
		2011	2012	2013	2014	2015	2016	2011	2012	2013	2014	2015	2016
Senegal	722	....	....	0.0	....	....	0.0	0.0	0.0	0.8	0.0	0.0	0.1
Sierra Leone	724	....	0.0	....	....	....	0.0	0.1	0.1	0.1	0.0	0.1	0.0
South Africa	199	1.3	1.6	2.4	1.2	1.2	10.7	73.4	59.2	45.5	57.2	68.0	94.6
Swaziland	734	0.0	....	....	....	....	....	0.3	0.3	0.5	0.4	0.3	0.2
Tanzania	738	0.0	0.0	0.0	0.0	0.0	0.0	0.3	0.1	0.1	0.3	0.1	0.1
Uganda	746	0.0	0.0	....	0.1	0.0	0.0	0.1	0.0	0.0	0.1	0.3	0.3
Zambia	754	....	....	....	....	....	0.0	0.0	0.0	....	....	0.1	0.0
Zimbabwe	698	....	....	....	....	....	....	0.0	0.0	0.0	0.0	0.1	....
Africa n.s.	799	....	....	....	....	....	....	0.1	0.0	0.0	0.0	0.0	0.0
Western Hemisphere	205	**3.4**	**3.8**	**5.8**	**4.5**	**3.2**	**4.7**	**6.7**	**8.4**	**10.7**	**14.3**	**13.2**	**522.5**
Antigua and Barbuda	311	....	....	....	....	....	....	0.0	0.0	0.0	....	0.0	0.1
Argentina	213	....	....	....	....	....	....	0.2	0.5	0.3	0.3	0.3	0.3
Aruba	314	....	0.0 e	0.1 e	0.0 e	....	....	0.0	0.0	0.0	0.0	0.0	0.0
Bahamas, The	313	....	....	....	....	....	....	0.0	0.1	0.1	0.1	0.1	0.1
Belize	339	0.0 e	....	....	....	0.3 e	....	0.0	....	0.0	0.0	0.0	0.0
Bolivia	218	0.2 e	0.0 e	0.1 e	0.0 e	0.0 e	0.0 e	0.0	....	0.0	0.0	....	....
Brazil	223	....	....	....	....	0.0	....	5.2	5.9	9.2	11.9	6.8	11.3
Chile	228	....	....	0.1 e	0.1 e	....	0.2 e	0.1	0.3	0.4	0.4	0.4	0.6
Colombia	233	0.0	....	....	0.0	....	....	0.1	0.1	0.1	0.1	0.1	0.1
Costa Rica	238	....	0.0	....	....	....	....	0.0	0.0	0.0	0.0	0.0	0.1
Curaçao	354	....	0.0	0.0	....	....	....	0.2	0.2	0.1	0.0	0.0	0.0
Ecuador	248	....	0.4	....	0.2	0.0	0.7	0.0	0.0	0.0	0.6	0.5	0.1
El Salvador	253	....	0.0 e	0.9 e	0.0 e	0.0 e	0.0 e	0.0	....	0.0	0.0	0.0	0.0
Mexico	273	....	....	....	....	0.6	....	0.6	0.1	0.1	0.1	0.3	0.3	1.7
Panama	283	0.0	....	....	....	0.0	....	0.1	0.1	0.0	0.0	0.0	0.0
Paraguay	288	....	....	....	....	....	....	0.3	....	0.2	....	0.1	0.1
Peru	293	0.0 e	0.1 e	0.0 e	0.2 e	0.0 e	0.1 e	0.0	0.0	0.0	0.0	0.0	0.0
St. Kitts and Nevis	361	0.0 e	0.0 e	0.0 e	0.0 e	0.0 e	0.0 e	0.0	0.0	....	0.1	0.0	0.0
Suriname	366	0.0	....	....	0.0	....	....	0.1	0.0	0.0	0.0	0.1	0.0
Uruguay	298	....	....	....	....	....	....	0.0	0.0	0.0	0.2	0.0	0.0
Venezuela, Rep. Bol.	299	0.0 e	....	0.9 e	....	....	....	0.0	....	0.0	0.0	0.0	0.0
Western Hem. n.s.	399	3.1	3.2	3.8	3.5	2.8	3.2	0.1	1.2	0.0	0.3	4.5	508.0
Other Countries n.i.e	910	**0.1**	**0.0**	**0.0**	**0.1**	**0.2**	**0.9**	**0.1**	**8.3**	**1.6**	**5.1**	**2.3**	**2.0**
Cuba	928	0.1	0.0	0.0	0.0	0.2	0.1	0.0	0.1	0.0	0.0	0.1	0.1
Korea, Dem. People's Rep.	954	0.0	....	....	0.0	0.0	0.8	0.1	8.2	1.6	5.0	2.3	1.9
Countries & Areas n.s.	898	**0.7**	**0.7**	**0.8**	**0.7**	**0.6**	**0.7**	**0.2**	**0.3**	**1.1**	**0.7**	**0.5**	**1.8**
Memorandum Items													
Africa	605	250.8	6.8	6.8	6.3	6.3	25.2	129.2	104.8	93.7	111.5	157.3	145.9
Middle East	405	194.7	187.6	140.3	192.0	144.2	128.5	848.4	376.7	262.5	341.7	263.0	260.6
European Union	998	490.3	427.0	400.2	327.0	271.9	281.7	449.9	551.3	308.8	362.3	300.4	405.1
Export earnings: fuel	080	195.6	188.5	141.6	193.0	144.9	129.8	847.0	374.0	259.3	337.9	260.8	254.1
Export earnings: nonfuel	092	776.9	473.1	438.8	363.5	332.4	357.7	874.0	905.8	665.4	737.5	722.9	1,393.9

Sierra Leone (724)

In Millions of U.S. Dollars

		Exports (FOB)						Imports (CIF)					
		2011	2012	2013	2014	2015	2016	2011	2012	2013	2014	2015	2016
IFS World		....	....	1,910.3	1,529.9	....	....	....	....	1,616.4	1,557.5	....	....
World	001	68.6	162.2	279.9	369.2	120.6	509.4	2,754.3	3,176.3	2,208.7	2,067.5	1,768.1	964.8
Advanced Economies	110	23.6	22.0	13.6	15.0	75.7	262.1	653.3	776.1	716.2	667.4	619.8	377.0
Euro Area	163	15.4	16.5	7.1	9.9	68.5	110.9	226.2	341.3	396.6	406.1	163.7	162.5
Austria	122	0.0 e	0.0 e	0.0 e	0.1 e	0.0 e	0.0 e	0.0	0.0	0.0	0.1	....	0.0
Belgium	124	0.8	1.3	1.2	1.4	52.3	90.0	100.5	216.4	292.2	291.8	53.8	53.5
Cyprus	423	....	....	....	....	....	....	....	....	....	....	....	0.3
Estonia	939	....	....	0.0 e	0.2 e	0.0 e	....	....	....	....	....	....	0.1
Finland	172	....	0.0	....	....	....	0.0	0.0	0.0	0.0	0.0	....	1.0
France	132	0.0	0.0	0.0	0.0	0.0	0.0	41.6	39.6	26.7	35.8	46.9	20.2
Germany	134	0.0	0.0	0.0	0.0	0.3	1.8	16.1	17.5	10.4	10.9	13.1	16.3
Greece	174	0.6	0.0	0.0	0.0	0.1	....	0.4	0.7	0.5	1.0	0.4	6.3
Ireland	178	0.0	0.0	0.0	0.0	0.0	0.2	0.2	0.2	0.2	0.2	0.2	3.5
Italy	136	0.0	0.0	0.0	0.0	0.1	0.1	15.0	11.1	5.5	5.4	15.8	9.1
Latvia	941	0.0 e	....	....	0.3 e	....	....	....	....	....	....	0.1	0.8
Lithuania	946	....	0.0 e	....	....	....	0.0 e	0.1	0.1	0.1	0.1	0.0	0.3
Luxembourg	137	0.0 e	....	0.0 e	....	0.0 e	0.0 e	0.0	0.0	0.0	0.1	....	0.1
Malta	181	....	0.0	....	....	....	0.0	0.3	6.2	2.4	1.3	0.1	0.0
Netherlands	138	14.0	15.2	5.9	7.9	15.8	17.0	32.2	29.4	38.7	37.6	25.6	35.4
Portugal	182	....	0.0	0.0	0.0	0.0	0.0	2.1	1.3	1.3	0.1	0.2	1.6
Slovenia	961	....	....	0.0	0.0	....	....	0.4	1.5	1.2	0.9	0.2	0.1
Spain	184	....	....	....	....	0.0	1.7	17.2	17.1	17.5	20.8	7.1	13.9
Australia	193	0.1	0.0	0.1	0.0	0.1	0.0	27.9	20.3	16.4	15.5	0.7	2.0
Canada	156	0.0	0.0	0.0	0.0	0.0	....	7.5	6.8	4.4	2.2	4.1	7.1
China,P.R.: Hong Kong	532	....	....	....	....	0.0	0.0	17.2	15.0	14.6	11.5	16.0	23.8
Czech Republic	935	....	....	....	....	0.0	0.0	0.0	0.0	0.0	0.0	0.1	0.0
Denmark	128	0.0	0.0	0.0	0.0	0.0	....	13.7	11.0	8.3	7.4	14.7	23.9
Iceland	176	0.1 e	....	....	....	....	0.1 e	0.0	....	....	....	....	0.0
Israel	436	0.0	0.0	0.0	0.0	....	....	0.0	0.0	....	0.3	0.3	0.0
Japan	158	0.0	0.0	0.0	0.0	0.0	0.0	13.6	26.7	10.2	13.9	39.9	7.8
Korea, Republic of	542	0.0	0.0	0.1	0.2	1.6	2.4	6.0	2.5	2.2	3.4	3.8	1.6
New Zealand	196	0.5 e	0.5 e	0.7 e	0.2 e	0.3 e	0.4 e	....	....	....	....	....	0.6
Norway	142	....	....	....	....	....	....	0.2	0.2	0.3	0.5	0.2	0.4
Singapore	576	....	0.0	0.0	0.0	....	....	....	48.5	43.1	12.3	7.5	1.5
Sweden	144	0.0	0.0	0.0	0.0	0.0	....	8.6	4.7	3.2	2.2	58.2	1.1
Switzerland	146	0.3	0.3	0.5	0.1	2.3	0.1	14.8	14.3	13.4	9.6	0.5	2.3
Taiwan Prov.of China	528	0.3 e	0.4 e	0.0 e	0.0 e	0.2 e	0.2 e	3.8 e	5.3 e	5.6 e	6.4 e	5.1 e	3.7 e
United Kingdom	112	5.6	3.2	3.3	3.2	1.9	3.4	234.9	205.9	144.3	131.4	259.8	45.2
United States	111	1.2	0.8	1.9	1.3	0.8	144.4	78.8	73.7	53.5	44.5	45.3	93.4
Emerg. & Dev. Economies	200	44.9	140.2	266.3	354.3	44.9	247.2	2,100.9	2,400.2	1,492.6	1,400.1	1,147.8	587.8
Emerg. & Dev. Asia	505	4.2	70.4	198.1	241.8	4.6	36.0	272.9	337.1	258.8	244.5	272.3	231.6
Bangladesh	513	....	....	....	....	....	0.0	1.4	1.4	1.4	1.4	2.1	0.4
Cambodia	522	....	....	....	....	1.6 e	0.0 e	....	....	....	....	....	0.0
China,P.R.: Mainland	924	3.9	69.9	197.5	241.3	1.1	33.4	169.8	201.9	139.2	169.2	203.1	120.4
Fiji	819	0.1 e	0.0 e	0.0 e	0.1 e	0.0 e	0.0 e	0.0 e	....	....	0.2 e	....	....
F.T. New Caledonia	839	0.1 e	0.2 e	0.4 e	0.1 e	0.1 e	0.1 e	....	....	....	....	....	....
India	534	0.0	0.0	0.0	0.0	1.6	1.8	53.4	104.0	88.1	52.2	46.1	75.1
Indonesia	536	0.0	0.0	0.0	0.0	0.0	....	3.4	3.8	3.7	3.9	2.3	5.1
Kiribati	826	....	0.1 e	0.0 e	0.0 e	0.0 e	0.0 e	....	....	....	....	....	....
Malaysia	548	....	....	....	....	....	0.0	33.4	16.3	14.5	9.4	8.5	6.6
Myanmar	518	0.0 e	0.0 e	....	0.2 e	0.2 e	0.3 e	....	....	....	0.0 e	0.0 e	0.1 e
Nepal	558	....	0.0 e	0.0 e	0.0 e	0.0 e	0.0 e	0.2 e	0.0 e	....	0.0 e	0.0 e	0.0 e
Papua New Guinea	853	....	....	....	....	....	....	0.4 e	....	....	....	....	....
Philippines	566	....	0.1 e	0.1 e	0.0 e	0.0 e	0.2 e	....	....	....	....	....	0.0
Sri Lanka	524	....	....	....	....	....	0.0	1.2	1.6	6.6	2.0	1.7	0.2
Thailand	578	....	....	....	....	0.0	....	5.5	3.2	2.6	3.4	6.2	11.1
Vietnam	582	0.0	0.0	0.0	0.0	....	0.2	1.4	1.6	0.9	0.8	0.1	11.2
Asia n.s.	598	....	....	....	....	....	....	2.7	3.2	1.8	1.8	2.1	1.5

Sierra Leone (724)

In Millions of U.S. Dollars

		Exports (FOB)						Imports (CIF)					
		2011	2012	2013	2014	2015	2016	2011	2012	2013	2014	2015	2016
Europe	170	**32.7**	**46.6**	**22.9**	**26.9**	**2.5**	**24.9**	**20.5**	**24.8**	**26.7**	**15.1**	**14.8**	**58.0**
Emerg. & Dev. Europe	903	**22.6**	**45.5**	**22.4**	**26.4**	**2.0**	**4.3**	**20.0**	**23.8**	**25.8**	**13.9**	**13.1**	**56.3**
Albania	914	0.2 e	0.0 e	0.0 e	0.2 e	0.0 e	0.0 e	....	....	....	0.1	0.1	....
Bosnia and Herzegovina	963	0.1 e	0.0 e	0.0 e	0.0 e	0.0 e	0.0 e	0.1 e	0.0 e	0.2 e	0.2 e	0.0 e	0.1 e
Bulgaria	918	....	....	....	0.0 e	....	0.0 e	0.3	1.7	1.1	0.4	0.1	1.3
Croatia	960	0.0	....	....	0.0	....	....	3.7	1.8	1.1	0.1	....	0.3
Gibraltar	823	....	....	....	....	....	....	0.1	0.1	0.0	0.0	0.1	0.1
Hungary	944	....	....	0.0	0.0	....	....	0.1	0.1	0.1	0.2	....	0.0
Macedonia, FYR	962	0.1 e	0.0 e	0.0 e	1.4 e	0.0 e	0.0 e	0.0 e	0.0 e	0.3 e	0.0 e	0.0 e	....
Montenegro	943	....	0.2 e	0.0 e	....	0.0 e	0.0 e	0.0 e	0.0 e	0.0 e	....	....	....
Poland	964	0.0	....	0.0	0.0	....	....	1.4	1.3	1.5	0.7	1.3	1.5
Romania	968	....	....	....	....	0.0	....	0.0	0.0	0.0	0.0	0.1	0.2
Serbia, Republic of	942	0.5 e	0.0 e	0.1 e	0.0 e	0.2 e	0.3 e	....	....	....	....	....	0.1
Turkey	186	21.8 e	45.2 e	22.3 e	24.7 e	1.7 e	3.9 e	14.3	18.7	21.5	12.2	11.3	52.7
CIS	901	**10.1**	**1.1**	**0.4**	**0.5**	**0.5**	**20.6**	**0.4**	**1.0**	**0.8**	**1.2**	**1.7**	**1.7**
Belarus	913	0.0 e	0.4 e	0.2 e	0.2 e	0.3 e	15.5 e	....	....	....	....	....	0.0
Georgia	915	0.5 e	0.1 e	....	0.0 e	0.1 e	....	....	....	....	....	....	0.0
Kazakhstan	916	0.4 e	0.1 e	0.0 e	0.0 e	0.0 e	0.0 e	....	0.0 e	....	....	....	....
Moldova	921	....	0.0 e	0.1 e	0.0 e	0.0 e	0.0 e	....	....	....	....	....	0.0
Russian Federation	922	....	....	....	....	0.0	....	....	....	....	....	....	0.3
Ukraine	926	9.2 e	0.5 e	0.1 e	0.3 e	0.1 e	5.0 e	0.4	1.0	0.8	1.2	1.7	1.2
Mid East, N Africa, Pak	440	**1.0**	**1.7**	**11.6**	**46.0**	**11.2**	**11.5**	**324.1**	**364.6**	**237.1**	**245.0**	**319.2**	**140.9**
Algeria	612	....	....	....	0.0	....	....	3.7	4.2	2.6	1.4	0.7	0.5
Bahrain, Kingdom of	419	....	1.1 e	0.7 e	0.4 e	0.4 e	0.3 e	0.1	0.2	0.1	0.1	0.1	0.0
Egypt	469	0.0	0.0	0.0	0.1	0.0	0.3	6.5	6.7	3.7	1.2	0.8	3.1
Iran, I.R. of	429	....	....	....	....	0.0	0.0	....	....	....	....	0.0	2.1
Jordan	439	0.0	0.0	0.0	0.0	....	....	....	0.1	0.0	0.0	0.1	0.4
Kuwait	443	0.0 e	0.0 e	0.1 e	0.2 e	0.2 e	0.2 e	0.1	0.1	0.1	0.1	0.0	0.1
Lebanon	446	0.0	0.1	....	0.1	0.0	0.1	63.4	62.4	63.1	65.8	81.5	10.4
Mauritania	682	....	....	....	....	0.1	0.0	....	....	....	....	0.3	....
Morocco	686	....	....	....	....	....	0.1	2.4	2.7	7.2	8.0	2.6	4.9
Oman	449	....	0.2 e	0.0 e	....	....	....	....	....	....	....	0.1	0.5
Pakistan	564	....	....	....	....	....	0.1	....	....	....	....	5.8	38.4
Qatar	453	0.0	0.0	0.0	0.0	....	....	2.6	2.7	1.1	0.8	3.0	2.1
Saudi Arabia	456	....	0.0 e	10.7 e	44.1 e	10.1 e	10.1 e	14.0	14.9	8.5	4.7	3.2	6.0
Somalia	726	....	....	....	....	....	....	....	....	....	....	0.2	....
Syrian Arab Republic	463	0.1 e	0.0 e	0.0 e	0.0 e	0.0 e	0.0 e	0.8 e	0.1 e	0.1 e	0.0 e	0.0 e	0.0 e
Tunisia	744	0.0 e	0.0 e	0.1 e	0.0 e	0.3 e	0.1 e	1.2	1.3	1.1	0.9	0.3	2.6
United Arab Emirates	466	....	....	0.0	0.0	....	0.1	229.2	269.3	149.5	162.0	220.3	69.7
West Bank and Gaza	487	0.9 e	0.4 e	....	1.1 e	0.0 e	0.0 e	....	....	....	....	....	....
Sub-Saharan Africa	603	**6.6**	**20.9**	**31.4**	**34.9**	**26.0**	**174.1**	**1,455.4**	**1,643.1**	**945.5**	**874.7**	**522.6**	**116.2**
Angola	614	0.0 e	0.0 e	0.0 e	0.1 e	0.0 e	0.0 e	....	....	....	....	....	0.0
Benin	638	....	....	....	....	4.8	0.0	1,220.7	1,408.3	756.3	733.1	51.3	....
Botswana	616	0.0 e	0.5 e	0.0 e	0.7 e	0.1 e	0.0 e	0.1 e	0.1 e	....	0.0 e	....	....
Burkina Faso	748	0.5	1.6	2.4	2.0	....	0.1	....	....	0.2 e	2.7 e	1.9 e	1.8 e
Cabo Verde	624	....	....	....	0.0 e	0.0 e	....	....	....	....	....	....	5.9
Cameroon	622	0.4	1.4	2.2	1.8	....	0.0	....	....	....	....	....	0.0
Central African Rep.	626	0.0 e	....	....	0.2 e	0.2 e	0.1 e	....	....	....	....	....	....
Chad	628	....	....	....	....	0.2	....	....	....	....	....	....	....
Congo, Republic of	634	0.0	0.1	0.1	0.1	....	0.5	....	....	....	....	....	....
Côte d'Ivoire	662	0.5	2.6	0.3	4.3	....	161.5	62.0	73.8	67.5	50.3	28.0	1.7
Eritrea	643	....	....	....	....	....	....	0.1	0.1	0.0	0.0	....	0.0
Ethiopia	644	0.1 e	0.0 e	0.0 e	0.0 e	0.0 e	0.0 e	....	....	....	....	....	0.0
Gabon	646	....	....	....	....	....	....	....	....	....	....	0.1	0.3
Gambia, The	648	....	....	....	....	1.3	0.1	....	....	....	....	0.2	0.2
Ghana	652	0.0	0.1	0.1	0.1	2.3	2.5	10.4	11.6	5.8	5.5	9.1	6.8
Guinea	656	2.3	6.7	7.6	8.3	5.3	1.2	0.2	0.2	0.1	0.1	....	6.5
Kenya	664	....	....	....	....	0.0	0.0	0.1	0.1	0.0	0.0	2.1	0.4
Lesotho	666	0.0 e	0.0 e	0.0 e	0.0 e	0.0 e	0.0 e	0.1 e	0.0 e	0.0 e	0.0 e	0.0 e	0.0 e
Liberia	668	0.7	2.3	3.7	2.8	0.5	0.7	....	....	....	....	0.2	0.7

Sierra Leone (724)

In Millions of U.S. Dollars

		Exports (FOB)						Imports (CIF)					
		2011	2012	2013	2014	2015	2016	2011	2012	2013	2014	2015	2016
Madagascar	674	....	....	....	....	0.0	....	0.1 e	....	....	....	0.0 e	....
Mali	678	....	....	....	....	....	0.0	5.9	6.8	3.6	3.5	....	....
Mauritius	684	1.0 e	2.6 e	7.5 e	10.3 e	10.4 e	5.8 e	....	0.0	0.0	0.2	0.2	2.4
Mozambique	688	0.0	0.0	0.0	0.0	....	....	....	....	....	....	....	0.1
Namibia	728	....	....	2.2 e	0.0 e	0.0 e	....	....	....	....	....	0.3	0.1
Niger	692	....	....	....	....	....	0.0	....	....	....	....	....	0.2
Nigeria	694	0.8	2.9	5.1	4.1	0.4	0.1	11.3	13.9	8.3	8.0	5.0	8.3
Senegal	722	0.0	0.0	0.0	0.0	0.1	0.4	16.2	22.6	16.7	21.6	402.9	59.6
Seychelles	718	0.1 e	0.1 e	0.1 e	0.0 e	0.1 e	0.0 e	....	0.0 e	....	....	....	0.0 e
South Africa	199	0.0	0.0	0.0	0.0	0.4	0.7	125.3	102.2	84.7	47.1	19.9	20.1
Swaziland	734	....	....	....	....	....	....	1.6	1.9	1.0	1.0	0.1	0.6
Tanzania	738	....	....	....	....	....	0.0	0.3	0.3	0.2	0.2	....	0.0
Togo	742	0.0	0.0	0.0	0.0	....	0.1	0.1	0.0	0.2	0.6	1.3	0.3
Zambia	754	....	....	....	....	....	0.0	....	....	0.0	....	....	0.1
Zimbabwe	698	....	....	....	....	....	....	1.0	1.2	0.6	0.6	....	0.0
Western Hemisphere	205	0.4	0.6	2.2	4.6	0.5	0.9	28.1	30.7	24.6	20.8	19.0	41.2
Argentina	213	0.0 e	0.0 e	0.6 e	0.3 e	....	0.2 e	....	....	....	0.2	0.2	0.7
Brazil	223	....	....	....	....	....	0.0	16.8	18.9	15.7	12.2	16.8	12.4
Chile	228	....	....	....	....	....	....	0.5	0.6	0.4	0.2	0.1	0.1
Colombia	233	0.0 e	0.0 e	0.0 e	0.0 e	0.0 e	0.2 e	....	....	....	0.2	....	0.0
Dominican Republic	243	0.0 e	0.0 e	0.0 e	0.1 e	0.1 e	0.1 e	1.1 e	0.0 e	0.3 e	0.0 e	....	0.0 e
Ecuador	248	....	....	....	....	....	....	0.1 e	0.2 e	....	0.0 e	....	....
Greenland	326	0.0	0.0	0.0	0.0	....	....	1.8	2.1	1.1	1.1	....	....
Guatemala	258	....	....	....	....	....	....	5.8	6.7	3.6	3.5	0.2	4.0
Guyana	336	0.1 e	....	....	0.4 e	....	0.0 e	....	....	....	....	....	....
Honduras	268	....	0.0 e	....	0.0 e	0.0 e	0.0 e	....	....	....	0.0	....	0.5
Mexico	273	0.0	0.0	0.0	0.0	....	....	0.8	0.8	0.8	0.8	....	0.2
Paraguay	288	0.0	0.0	0.0	0.0	....	....	0.6	0.7	0.4	0.4	....	0.6
Peru	293	0.2 e	0.5 e	0.2 e	0.3 e	0.2 e	0.2 e	0.1 e	0.3 e	0.2 e	0.7 e	1.2 e	0.8 e
St. Lucia	362	....	....	....	0.0 e	0.0 e	0.0 e	0.0 e	....	....	0.3 e	0.4 e	0.3 e
Suriname	366	0.0 e	0.0 e	0.0 e	0.0 e	....	....	....	0.0 e	1.0 e	....	....	....
Trinidad and Tobago	369	0.0 e	0.0 e	0.0 e	0.0 e	0.1 e	0.0 e	....	....	0.1 e	0.0 e	....	....
Uruguay	298	0.0 e	0.0 e	0.0 e	3.1 e	0.1 e	0.0 e	0.2	0.1	0.9	1.1	0.1	21.4
Venezuela, Rep. Bol.	299	0.0 e	....	1.3 e	0.3 e	0.1 e	0.0 e	....	....	....	....	....	....
Western Hem. n.s.	399	....	....	....	....	....	....	0.2	0.2	0.1	0.1	....	....
Other Countries n.i.e	910	0.0	0.0	0.0	0.0	0.1	0.1	....	....	....	....	0.5	0.1
Korea, Dem. People's Rep.	954	....	....	....	....	0.1	0.1	....	....	....	....	0.5	0.1
Memorandum Items													
Africa	605	6.6	20.9	31.5	35.0	26.3	174.3	1,462.7	1,651.2	956.4	884.9	526.8	124.2
Middle East	405	1.0	1.7	11.6	45.9	10.9	11.1	316.8	356.5	226.1	234.7	309.2	94.5
European Union	998	21.0	19.8	10.3	13.2	70.4	114.4	489.0	567.9	556.3	548.6	498.0	236.1
Export earnings: fuel	080	1.4	4.4	18.1	49.3	11.5	11.7	261.2	305.4	170.2	177.3	232.6	90.1
Export earnings: nonfuel	092	67.2	157.8	261.8	319.9	109.1	497.7	2,493.1	2,870.9	2,038.5	1,890.2	1,535.5	874.7

Singapore (576)

In Millions of U.S. Dollars

		Exports (FOB)						Imports (CIF)					
		2011	2012	2013	2014	2015	2016	2011	2012	2013	2014	2015	2016
IFS World		....	....	....	....	....	....	....	....	....	....	....	....
World	001	410,144.8	409,721.1	412,172.7	410,090.5	351,530.3	329,586.2	366,061.2	379,961.5	373,081.4	366,300.8	297,035.0	281,280.4
Advanced Economies	110	176,946.6	177,265.9	174,463.7	172,955.5	153,592.5	154,636.7	168,666.8	176,747.6	173,356.2	168,073.4	145,186.1	139,899.4
Euro Area	163	30,094.3	29,047.1	26,883.8	27,328.2	24,008.6	25,524.0	36,193.4	37,680.2	34,996.1	34,006.4	29,248.8	29,610.7
Austria	122	166.9	129.9	138.8	118.4	98.6	107.9	1,075.1	1,012.7	1,113.9	1,290.7	1,052.7	927.0
Belgium	124	3,986.8	4,251.5	4,597.6	4,953.9	5,144.6	5,999.0	1,244.4	1,254.6	1,649.1	1,643.3	1,323.0	1,365.1
Cyprus	423	581.7	619.8	571.8	544.4	309.7	242.8	218.5	233.9	15.7	27.0	108.4	27.1
Estonia	939	12.0	14.6	23.1	13.7	10.7	7.1	213.9	191.3	83.3	11.3	26.1	32.5
Finland	172	179.5	167.0	164.4	199.1	124.5	120.6	414.8	360.2	361.8	412.0	292.8	276.5
France	132	6,761.3	6,828.6	4,853.6	3,931.2	3,378.0	3,272.6	8,545.7	9,104.7	8,099.0	8,108.2	7,305.6	8,433.6
Germany	134	6,849.1	5,956.6	5,868.3	5,385.6	5,548.5	5,778.2	10,417.2	10,569.7	10,869.4	10,643.0	8,950.3	8,626.3
Greece	174	930.0	1,037.5	1,088.8	1,119.6	588.2	474.2	879.0	525.9	268.2	338.1	175.9	193.5
Ireland	178	349.0	395.6	579.5	438.3	430.4	348.5	847.2	875.6	865.5	877.5	904.5	820.7
Italy	136	973.9	803.5	748.9	716.2	576.3	604.5	3,567.4	3,579.5	3,917.6	4,137.3	3,540.8	3,531.5
Latvia	941	12.7	28.0	12.0	14.2	10.4	10.8	125.6	151.1	45.3	15.0	36.2	23.2
Lithuania	946	9.8	22.4	28.2	11.6	15.4	14.9	84.3	13.5	143.1	44.5	87.6	68.3
Luxembourg	137	40.1	32.6	76.8	553.0	84.1	74.4	37.5	54.9	65.7	43.5	50.1	63.9
Malta	181	1,045.4	1,144.9	1,159.4	1,500.8	866.7	949.0	527.0	665.4	498.9	299.4	248.3	264.1
Netherlands	138	7,555.6	7,103.4	6,490.6	7,298.1	6,195.6	6,879.9	6,973.6	7,881.1	5,726.9	4,715.1	4,115.2	3,772.7
Portugal	182	111.9	57.4	49.0	124.5	143.9	212.1	126.5	100.7	105.0	119.5	125.0	272.4
Slovak Republic	936	52.9	37.6	30.1	29.9	25.5	21.0	53.9	48.4	67.9	58.4	66.9	55.4
Slovenia	961	41.9	28.3	27.8	25.4	33.9	31.0	37.5	43.9	47.0	46.0	65.4	46.6
Spain	184	433.9	387.9	375.2	350.4	423.7	375.6	804.3	1,013.3	1,052.8	1,176.3	774.0	810.1
Australia	193	16,092.1	17,140.4	15,805.2	15,502.5	11,587.0	9,447.6	3,739.9	4,912.5	4,153.3	4,681.3	3,231.7	2,924.5
Canada	156	1,405.5	1,192.6	1,610.8	976.5	749.6	756.4	1,170.9	1,243.3	1,226.0	1,178.3	1,110.5	1,172.5
China,P.R.: Hong Kong	532	45,155.6	44,774.6	46,168.3	45,087.0	40,336.5	41,354.8	3,199.1	2,923.3	2,947.3	3,299.7	2,652.4	2,604.9
China,P.R.: Macao	546	94.0	83.2	127.0	122.9	115.3	151.9	21.3	14.5	12.9	12.9	13.2	10.6
Czech Republic	935	779.8	600.8	544.2	521.8	464.1	322.8	184.6	232.8	255.1	315.4	291.3	308.1
Denmark	128	254.3	286.5	294.9	282.5	250.6	267.8	573.6	807.8	539.5	481.7	470.1	394.4
Iceland	176	2.6	0.8	1.3	1.5	1.4	7.7	2.0	3.7	4.5	3.1	3.9	1.9
Israel	436	619.6	507.0	495.4	574.9	481.1	720.7	628.1	749.5	1,067.4	916.1	740.0	674.2
Japan	158	18,431.7	18,825.7	17,673.9	16,753.2	15,280.8	14,922.3	26,234.5	23,639.4	20,389.2	20,105.7	18,589.4	19,637.7
Korea, Republic of	542	15,482.5	16,579.5	16,771.9	16,702.8	14,510.5	14,418.2	21,769.5	25,665.1	24,044.6	21,600.6	18,192.8	17,220.1
New Zealand	196	2,123.4	2,108.3	1,883.2	2,232.5	1,730.9	1,474.5	1,001.5	699.1	848.8	888.2	721.5	562.2
Norway	142	1,357.5	638.2	1,316.6	583.4	338.6	1,527.8	1,016.8	1,177.3	1,471.8	1,337.8	1,407.9	901.2
Sweden	144	299.9	186.4	121.5	127.5	137.3	181.2	1,298.1	1,290.9	1,216.2	1,117.8	1,127.6	966.4
Switzerland	146	827.8	1,588.8	1,492.8	1,789.2	1,719.6	3,008.0	4,281.0	4,538.9	4,357.3	4,010.1	3,760.5	3,830.3
Taiwan Prov.of China	528	14,598.6	14,447.0	15,341.8	16,150.3	14,449.0	14,879.8	21,733.2	25,308.8	28,992.1	30,050.4	24,669.7	23,183.8
United Kingdom	112	6,965.1	6,549.6	3,867.7	3,971.7	3,316.3	3,082.3	6,083.6	7,042.6	7,962.1	6,191.8	5,584.0	5,437.9
United States	111	22,362.4	22,709.4	24,063.3	24,247.3	24,115.5	22,588.9	39,535.6	38,818.1	38,872.0	37,876.2	33,370.9	30,458.0
Emerg. & Dev. Economies	200	233,130.4	232,407.6	237,646.5	237,084.3	197,906.4	174,935.7	197,388.2	203,207.0	199,717.5	198,220.9	151,841.6	141,370.3
Emerg. & Dev. Asia	505	194,537.7	195,341.8	199,666.3	201,842.4	171,425.1	153,861.7	135,959.7	133,531.4	131,234.3	128,436.5	112,664.0	107,898.4
American Samoa	859	110.7	111.0	64.4	61.9	39.7	37.2	0.2	34.7	2.1	0.1	0.4	0.3
Bangladesh	513	2,270.0	2,091.5	2,536.1	3,272.3	2,283.1	2,519.5	107.9	105.2	123.5	132.2	152.4	228.8
Bhutan	514	4.0	2.8	9.0	5.3	11.0	13.8	0.2	0.0	0.3	0.5	0.1	0.1
Brunei Darussalam	516	1,593.5	1,545.9	2,207.6	1,896.7	1,556.6	756.4	200.4	130.4	55.3	231.5	138.2	71.6
Cambodia	522	909.1	988.4	1,107.8	1,105.3	961.4	759.0	190.0	569.3	181.5	262.6	155.5	1,352.5
China,P.R.: Mainland	924	42,764.0	44,070.9	48,537.5	51,471.0	48,253.9	42,249.2	38,020.0	39,191.7	43,685.4	44,373.9	42,191.3	40,229.0
Fiji	819	653.8	654.3	424.5	405.1	178.5	234.3	4.9	5.3	3.3	7.1	3.7	4.2
F.T. French Polynesia	887	145.5	178.7	59.3	307.2	107.1	68.6	1.8	17.7	8.1	1.5	4.4	1.8
F.T. New Caledonia	839	595.0	637.7	563.8	427.4	127.8	201.8	1.0	9.6	11.9	20.0	1.2	1.3
Guam	829	505.3	469.6	377.8	379.6	275.5	226.7	2.6	1.8	1.6	0.7	1.1	0.6
India	534	14,116.7	10,902.5	11,271.1	11,129.6	10,691.2	9,760.7	14,142.3	12,967.6	9,117.7	8,270.2	5,794.3	5,874.5
Indonesia	536	42,831.9	43,331.6	40,710.6	38,560.5	28,906.1	25,575.7	19,299.8	20,193.3	19,209.3	18,789.3	14,376.5	13,377.7
Kiribati	826	....	5.9	12.2	9.5	5.7	3.7	....	0.0	0.3	0.0	0.0	0.0
Lao People's Dem.Rep	544	34.8	30.1	26.4	119.5	245.7	43.7	0.5	5.4	5.7	15.5	13.4	5.2
Malaysia	548	50,019.0	50,431.5	50,107.0	49,040.6	37,840.6	34,527.3	39,131.5	40,418.4	40,833.3	39,041.2	33,142.6	31,889.5
Maldives	556	317.0	278.5	218.2	279.5	224.0	223.5	1.7	1.5	1.3	1.5	0.7	1.1
Marshall Islands	867	....	....	....	....	....	328.7	....	....	....	....	....	0.0
Micronesia	868	....	....	....	....	....	0.2	....	....	....	....	....	0.0

Singapore (576)

In Millions of U.S. Dollars

		Exports (FOB) 2011	2012	2013	2014	2015	2016	Imports (CIF) 2011	2012	2013	2014	2015	2016
Mongolia	948	82.5	69.0	81.2	61.8	44.9	52.7	1.1	1.0	2.5	3.7	1.4	2.3
Myanmar	518	1,212.4	1,340.6	2,247.8	2,398.1	2,452.5	2,279.9	85.8	78.9	178.8	159.0	123.9	122.4
Nauru	836	....	4.0	0.9	0.6	0.3	1.1	....	0.1	0.8	0.1	0.0	0.0
Nepal	558	84.6	105.4	115.3	96.6	72.6	75.9	2.9	4.8	5.1	4.5	5.2	6.2
Palau	565	....	5.7	8.0	3.7	4.7	2.4	....	0.0	0.0	0.1	0.0	0.0
Papua New Guinea	853	912.5	1,122.2	861.1	837.8	623.0	379.0	70.0	42.8	33.1	24.9	217.2	277.0
Philippines	566	6,772.2	6,337.2	6,727.8	6,867.1	6,416.9	6,494.6	6,200.9	6,037.8	5,086.5	4,994.7	4,531.5	4,672.8
Samoa	862	69.0	84.7	64.9	22.8	21.4	36.5	0.0	1.0	0.0	0.6	0.1	0.0
Solomon Islands	813	124.2	140.4	125.7	79.0	26.1	38.9	4.1	5.6	0.5	0.7	0.2	0.2
Sri Lanka	524	1,332.9	1,564.2	1,964.7	1,751.0	1,380.6	1,310.1	141.6	82.8	141.4	109.2	106.8	87.3
Thailand	578	14,100.2	15,621.6	15,303.3	15,048.0	13,807.0	12,918.8	11,388.6	10,158.4	9,291.5	8,767.6	7,783.2	6,709.1
Timor-Leste	537	115.3	99.4	79.4	105.0	149.7	41.7	48.0	426.8	178.8	2.3	297.4	4.7
Tonga	866	6.3	7.6	4.0	4.3	2.3	5.2	0.0	0.1	0.1	0.1	0.0	0.0
Tuvalu	869	....	30.4	46.8	38.1	16.3	17.9	....	0.0	0.0	0.0	0.1	0.2
Vanuatu	846	106.3	124.6	69.1	93.2	43.4	27.5	1.4	0.9	1.0	1.9	1.2	0.6
Vietnam	582	10,231.5	10,382.9	10,888.8	12,991.3	12,666.6	11,253.9	1,659.3	2,249.4	3,057.8	3,197.0	3,602.4	2,969.1
Asia n.s.	598	2,517.4	2,571.1	2,844.4	2,973.0	1,989.2	1,395.3	5,251.2	789.4	15.9	22.1	17.6	8.0
Europe	170	2,452.1	2,137.3	2,085.0	2,191.5	1,870.7	2,044.8	7,397.0	6,543.8	7,447.0	10,480.7	7,095.2	4,763.8
Emerg. & Dev. Europe	903	1,853.7	1,515.4	1,343.4	1,341.3	1,132.5	1,148.5	2,923.7	1,383.4	1,736.8	2,108.5	1,691.6	2,029.0
Albania	914	0.7	1.1	1.3	2.4	0.5	0.4	0.3	0.1	0.4	0.5	0.2	0.6
Bosnia and Herzegovina	963	2.0	1.3	3.0	1.0	1.0	1.0	1.3	1.1	1.6	1.8	2.1	2.2
Bulgaria	918	15.3	15.5	14.6	25.4	21.1	24.9	270.2	18.5	354.1	812.3	293.6	220.7
Croatia	960	32.0	94.6	29.8	18.8	26.6	17.2	21.2	23.1	9.4	8.8	7.7	29.6
Faroe Islands	816	....	0.8	0.0	0.6	1.8	0.7	....	0.7	3.2	3.2	0.9	1.1
Gibraltar	823	37.5	53.5	118.8	91.2	67.5	38.8	0.0	0.0	0.0	0.2	3.1	0.0
Hungary	944	653.7	463.6	353.5	376.2	265.8	295.8	1,254.0	411.0	426.3	309.6	266.9	538.9
Macedonia, FYR	962	4.7	2.0	2.3	2.5	2.7	1.4	0.5	0.7	0.6	1.3	0.6	0.5
Montenegro	943	3.4	1.0	0.5	2.7	1.7	2.3	0.5	0.5	1.0	0.3	1.1	0.6
Poland	964	299.3	246.0	201.1	189.0	201.9	226.4	216.3	204.5	262.0	452.9	408.7	560.2
Romania	968	75.7	72.3	88.4	73.4	54.4	63.8	122.8	109.6	84.1	77.1	75.2	87.2
Serbia, Republic of	942	7.1	5.2	3.7	4.1	5.4	2.0	3.5	7.6	34.8	35.8	40.8	47.2
Turkey	186	722.4	558.5	526.4	553.9	482.2	474.0	1,032.9	606.0	559.3	404.6	590.8	540.1
CIS	901	596.6	605.7	736.0	848.1	737.8	896.2	4,461.2	5,156.6	5,709.7	8,370.9	5,403.3	2,734.7
Armenia	911	3.5	3.7	1.5	1.2	1.1	0.5	0.2	0.1	1.6	2.4	2.4	1.8
Azerbaijan, Rep. of	912	27.2	33.1	27.4	123.0	195.8	34.1	145.4	40.1	0.1	0.6	0.2	0.6
Belarus	913	6.9	6.6	3.4	2.0	3.6	1.4	183.6	43.6	67.9	243.2	130.8	14.7
Georgia	915	18.5	29.5	39.8	34.3	30.5	17.8	2.0	4.2	2.6	3.5	4.9	6.4
Kazakhstan	916	45.0	35.6	58.5	43.2	33.3	14.0	3.9	2.2	37.4	0.9	32.4	3.4
Kyrgyz Republic	917	3.3	3.6	3.4	3.6	2.6	1.2	0.1	3.0	0.2	0.0	0.0	0.1
Moldova	921	2.1	3.7	3.6	2.9	0.7	0.4	0.5	0.5	0.6	0.5	0.4	0.5
Russian Federation	922	421.7	441.1	472.0	566.5	440.9	796.2	3,287.1	4,445.4	5,232.8	7,926.8	5,174.0	2,679.1
Tajikistan	923	....	0.5	1.1	1.1	0.2	0.4	....	0.0	0.0	0.0	0.0	0.0
Turkmenistan	925	17.8	12.8	17.8	22.1	18.9	9.7	0.9	0.1	0.4	0.0	0.5	1.1
Ukraine	926	48.7	26.9	87.1	39.4	8.1	8.9	837.3	617.2	364.1	192.8	57.6	26.5
Uzbekistan	927	2.0	8.6	20.5	8.8	2.2	11.5	0.3	0.2	1.8	0.2	0.1	0.3
Europe n.s.	884	1.8	16.2	5.6	2.1	0.4	0.1	12.2	3.8	0.6	1.3	0.4	0.2
Mid East, N Africa, Pak	440	9,213.5	9,126.4	10,341.7	10,511.8	9,124.5	7,385.5	42,460.6	50,855.7	46,783.0	45,114.0	24,582.2	22,145.4
Afghanistan, I.R. of	512	....	10.7	10.3	12.8	15.9	17.3	....	0.5	0.3	0.2	0.2	0.6
Algeria	612	142.6	35.3	49.8	70.8	46.3	43.8	6.1	0.6	0.7	37.3	39.9	113.7
Bahrain, Kingdom of	419	78.1	102.1	126.3	159.5	151.7	100.3	187.2	375.1	457.3	328.5	198.3	128.2
Djibouti	611	9.1	12.6	19.5	26.5	27.0	19.3	0.8	0.7	1.0	0.4	0.7	0.9
Egypt	469	682.7	350.9	477.3	392.4	332.9	286.9	61.4	243.2	171.2	137.8	161.4	103.0
Iran, I.R. of	429	....	180.2	158.9	139.2	115.4	110.7	....	1,082.8	12.0	8.3	9.7	535.1
Iraq	433	....	44.2	123.5	61.4	69.6	87.7	....	1,077.8	2,965.3	2,303.7	1,004.9	513.7
Jordan	439	46.1	101.7	176.5	116.3	86.0	38.1	13.7	13.9	18.8	14.6	14.1	18.6
Kuwait	443	146.5	178.7	319.4	196.8	175.8	179.1	3,601.3	4,785.6	3,459.5	3,419.1	2,673.2	2,459.7
Lebanon	446	55.3	53.7	46.3	49.2	51.9	32.8	2.9	7.7	3.0	5.5	7.1	3.2
Libya	672	14.6	15.2	22.0	23.1	20.7	11.3	0.1	157.2	76.7	48.5	65.7	84.5
Mauritania	682	4.8	3.3	7.1	5.3	4.1	4.1	0.7	0.9	1.1	14.8	0.2	0.2
Morocco	686	183.8	148.6	138.5	143.6	127.2	112.7	190.3	160.7	160.8	153.5	114.6	112.3

Singapore (576)

In Millions of U.S. Dollars

		Exports (FOB)						Imports (CIF)					
		2011	2012	2013	2014	2015	2016	2011	2012	2013	2014	2015	2016
Oman	449	165.2	399.3	273.9	166.6	238.8	228.0	1,278.3	2,349.2	1,816.8	510.8	293.0	151.7
Pakistan	564	1,869.8	895.8	1,020.6	1,168.6	1,086.2	785.7	75.6	64.9	120.4	191.6	234.2	75.1
Qatar	453	229.8	195.9	262.6	230.0	191.3	140.8	7,436.7	7,653.6	7,893.8	7,779.6	3,635.7	2,964.6
Saudi Arabia	456	875.9	1,207.1	1,238.7	1,269.7	1,027.4	809.0	17,619.5	17,191.7	12,850.6	14,645.0	7,939.0	8,074.7
Somalia	726	....	0.9	1.5	1.4	0.7	0.6	....	0.0	0.0	0.2	0.3	0.6
Sudan	732	....	46.5	14.5	10.1	7.4	504.8	....	7.5	2.4	0.1	0.4	0.6
Syrian Arab Republic	463	28.4	13.7	8.3	12.8	9.2	8.5	0.9	0.4	0.4	0.0	0.1	0.1
Tunisia	744	19.2	15.0	19.5	22.9	23.6	24.1	8.8	9.4	11.2	16.0	15.5	14.8
United Arab Emirates	466	4,633.4	4,725.3	5,614.6	6,133.3	5,276.3	3,824.5	11,634.2	15,667.5	16,538.8	15,396.3	8,172.8	6,787.4
Yemen, Republic of	474	28.2	389.6	211.8	99.4	39.2	15.3	342.0	4.7	220.9	102.2	1.4	2.0
Sub-Saharan Africa	603	**8,025.0**	**8,134.2**	**7,889.2**	**7,807.2**	**5,538.4**	**3,119.9**	**931.4**	**1,191.8**	**1,588.1**	**2,663.9**	**1,463.9**	**1,782.8**
Angola	614	247.9	379.7	263.2	784.8	425.2	75.8	3.1	0.9	144.6	105.3	1.9	80.0
Benin	638	46.8	18.7	18.6	16.6	18.1	13.2	39.1	0.5	0.8	0.7	0.5	0.2
Botswana	616	4.4	2.9	2.7	17.9	29.6	23.6	0.1	0.1	55.8	443.0	314.2	539.0
Burkina Faso	748	....	0.9	1.7	3.1	2.9	1.1	....	0.1	0.4	0.2	0.4	0.2
Burundi	618	0.3	29.5	0.0	0.9	0.5	0.0	0.0	0.3	0.1	0.0	0.0	0.0
Cabo Verde	624	0.5	1.2	0.7	9.8	0.4	6.5	0.7	0.0	0.1	0.2	0.9	0.2
Cameroon	622	39.7	28.8	39.9	49.8	14.4	11.2	1.3	2.7	10.3	35.5	43.1	34.1
Central African Rep.	626	....	....	49.7	0.1	0.1	0.1	....	1.7	0.1	0.4	0.1	0.4
Chad	628	....	0.1	1.0	3.6	1.3	0.5	....	0.6	32.0	17.7	0.3	0.2
Comoros	632	7.8	11.6	1.7	2.2	2.0	2.0	20.4	12.0	7.4	5.6	2.3	4.2
Congo, Dem. Rep. of	636	....	10.5	9.8	16.7	9.4	8.0	....	0.2	0.4	0.3	0.8	0.3
Congo, Republic of	634	31.4	37.4	30.0	57.0	31.0	13.3	0.8	0.9	21.5	2.6	2.1	18.0
Côte d'Ivoire	662	....	23.2	20.4	27.1	36.9	23.4	....	10.5	8.4	11.2	16.2	16.1
Equatorial Guinea	642	14.1	24.3	332.8	24.8	6.8	2.7	0.5	2.1	468.3	1,131.9	312.8	82.3
Eritrea	643	0.8	1.1	0.1	0.1	6.6	0.0	0.0	0.5	0.0	0.0	0.0	0.1
Ethiopia	644	7.1	3.8	9.9	11.8	20.9	24.6	4.1	6.6	20.1	10.4	3.3	10.6
Gabon	646	22.3	23.5	89.2	48.5	23.5	11.4	32.1	75.3	11.7	8.7	24.9	4.4
Gambia, The	648	20.8	0.9	0.7	0.9	0.6	0.8	2.9	0.8	0.2	0.4	0.0	0.1
Ghana	652	64.9	843.1	90.8	66.5	65.1	58.9	60.3	86.9	78.0	135.2	118.0	129.3
Guinea	656	10.7	6.1	3.8	8.5	7.7	46.8	2.0	0.7	0.2	0.8	0.2	0.1
Guinea-Bissau	654	....	....	....	0.1	0.1	0.1	....	....	....	0.1	0.7	0.4
Kenya	664	170.2	110.8	273.9	125.4	79.9	65.1	28.0	9.5	12.1	7.5	6.4	6.9
Lesotho	666	0.9	0.2	0.6	0.5	1.0	0.8	0.1	0.1	0.0	0.0	0.0	0.0
Liberia	668	....	3,314.0	3,861.5	3,948.3	2,441.9	1,793.5	....	0.5	0.9	0.8	0.0	0.7
Madagascar	674	142.3	78.9	34.4	24.7	45.6	18.2	120.5	102.2	42.0	31.8	29.4	81.9
Malawi	676	2.3	3.3	2.2	1.4	1.4	0.5	1.6	1.5	3.3	2.5	2.4	1.8
Mali	678	0.9	2.6	1.7	5.2	7.6	1.8	0.1	0.3	0.2	0.7	0.2	1.1
Mauritius	684	318.5	129.5	74.8	78.9	75.4	70.9	10.2	12.0	15.3	11.3	10.6	11.9
Mozambique	688	95.7	140.1	250.8	97.0	95.4	33.9	2.3	2.3	3.6	3.4	8.2	6.0
Namibia	728	7.0	44.3	31.0	122.6	16.3	6.2	6.0	12.5	11.6	30.7	11.8	54.6
Niger	692	5.2	6.1	10.2	15.1	5.1	1.1	0.1	0.1	0.1	0.2	0.5	0.6
Nigeria	694	319.2	330.2	318.4	459.7	211.6	154.7	64.5	4.4	3.0	6.1	15.6	14.2
Rwanda	714	....	0.7	1.2	1.6	1.1	0.8	....	0.2	0.1	0.3	0.1	0.3
São Tomé & Príncipe	716	....	....	....	....	0.0	0.0	0.0	0.0	0.0	0.1	0.1	0.1
Senegal	722	21.1	12.0	12.8	17.1	11.0	13.0	1.6	1.3	1.6	1.3	3.0	1.7
Seychelles	718	42.3	44.6	30.1	27.8	97.1	26.7	4.8	0.9	0.9	1.6	4.7	0.9
Sierra Leone	724	....	14.8	13.4	3.6	1.9	0.9	....	0.2	11.2	0.1	0.4	1.7
South Africa	199	1,584.6	1,495.3	1,759.5	1,417.7	1,180.7	410.2	426.0	743.1	556.2	519.5	452.9	492.5
South Sudan, Rep. of	733	....	....	....	....	....	0.0	....	....	....	....	....	0.1
Swaziland	734	2.1	2.2	0.2	0.8	1.4	1.6	3.8	5.6	5.0	3.4	6.0	1.7
Tanzania	738	152.2	81.6	129.4	92.9	126.4	29.4	29.3	19.6	19.6	14.7	8.9	28.3
Togo	742	26.9	9.7	95.7	201.1	418.6	152.3	5.9	0.4	6.6	0.1	0.1	0.5
Uganda	746	4.3	3.2	3.5	9.3	6.4	6.5	1.2	1.9	2.4	7.5	19.0	15.0
Zambia	754	4.1	5.3	7.6	2.6	3.6	2.5	23.4	24.1	5.7	80.2	25.7	96.3
Zimbabwe	698	10.0	8.1	5.9	3.0	5.8	4.9	5.1	14.8	25.5	29.4	14.6	43.4
Africa n.s.	799	4,596.0	849.5	3.7	0.0	0.0	0.3	29.3	31.0	0.9	0.1	0.2	0.4
Western Hemisphere	205	**18,902.0**	**17,667.9**	**17,664.4**	**14,731.4**	**9,947.7**	**8,523.9**	**10,639.5**	**11,084.1**	**12,664.9**	**11,525.8**	**6,036.2**	**4,779.9**
Antigua and Barbuda	311	533.6	459.2	348.1	301.2	212.3	124.8	0.4	0.0	0.1	0.0	0.9	0.1
Argentina	213	162.2	164.5	134.7	280.8	118.9	264.0	81.8	64.8	132.0	168.4	148.4	86.9

Singapore (576)

In Millions of U.S. Dollars

		Exports (FOB)						Imports (CIF)					
		2011	2012	2013	2014	2015	2016	2011	2012	2013	2014	2015	2016
Aruba	314	0.2	0.1	0.1	0.3	0.5	0.2	99.2	174.5	47.3	99.1	2.1	0.0
Bahamas, The	313	1,024.9	1,046.1	990.6	1,028.9	583.2	457.7	843.8	716.4	0.4	106.7	9.6	0.5
Barbados	316	25.7	16.6	6.7	5.7	6.3	3.4	0.5	0.2	0.4	0.5	0.3	0.4
Belize	339	17.3	45.5	13.1	13.4	7.4	3.9	3.1	5.7	3.0	0.3	0.6	1.0
Bermuda	319	243.3	294.4	351.0	323.5	134.1	74.9	0.0	0.0	0.0	0.2	0.0	0.3
Bolivia	218	3.2	2.3	2.7	2.4	3.1	7.5	24.7	25.7	25.6	13.7	30.3	66.7
Brazil	223	1,391.1	1,385.3	2,734.2	1,594.7	1,149.1	897.6	1,918.4	2,045.7	1,702.4	2,226.0	1,384.3	1,068.3
Chile	228	72.7	58.4	91.7	55.5	58.5	64.1	310.4	139.0	97.7	94.8	85.6	129.0
Colombia	233	95.8	110.9	81.2	98.6	77.3	112.2	503.9	740.9	1,209.9	622.4	421.2	249.3
Costa Rica	238	24.6	33.0	27.9	27.6	27.8	26.4	654.5	745.9	613.4	568.6	71.7	52.6
Dominica	321	25.6	12.3	7.7	7.5	6.5	3.4	0.3	0.1	0.1	0.1	0.2	0.1
Dominican Republic	243	9.1	18.4	9.6	10.2	10.1	12.0	23.6	31.9	36.9	35.6	34.8	47.0
Ecuador	248	142.0	34.4	38.4	43.6	34.3	36.4	11.0	4.7	3.8	108.0	7.4	35.0
El Salvador	253	3.4	5.4	8.3	6.3	6.1	5.7	1.3	2.4	1.5	2.5	2.6	7.6
Falkland Islands	323	....	....	....	....	....	....	....	....	....	....	....	1.3
Greenland	326	....	....	....	0.1	0.1	0.4	....	....	....	0.0	0.2	0.1
Grenada	328	....	0.0	0.1	0.0	0.0	0.0	....	0.0	0.0	0.1	0.0	0.1
Guatemala	258	9.6	8.7	11.3	15.4	15.2	17.4	17.9	10.1	11.3	11.3	10.2	9.6
Guyana	336	3.0	8.9	2.4	2.3	1.8	2.2	0.1	0.1	0.2	0.2	0.1	0.4
Haiti	263	2.8	2.4	2.6	1.8	1.5	2.7	0.1	0.2	0.5	0.2	0.2	0.5
Honduras	268	16.6	19.2	9.3	6.2	3.8	2.3	1.3	2.3	4.0	2.0	2.5	2.8
Jamaica	343	8.7	5.2	3.5	4.9	3.8	4.4	0.5	0.5	0.6	0.4	0.5	0.6
Mexico	273	2,446.6	1,193.3	950.7	1,001.4	1,432.6	1,182.2	1,801.5	1,684.3	2,443.0	2,824.8	1,917.2	1,891.7
Montserrat	351	....	....	....	....	....	0.1	....	....	....	....	....	0.0
Netherlands Antilles	353	70.7	42.9	104.7	260.6	58.6	11.5	810.9	737.8	443.9	54.2	38.1	60.2
Nicaragua	278	2.7	6.8	3.3	1.7	2.2	1.9	0.3	0.4	1.8	1.3	2.1	1.9
Panama	283	11,436.5	12,238.6	11,314.8	9,221.0	5,446.5	4,958.8	2.1	6.4	7.1	6.9	8.2	3.5
Paraguay	288	4.7	2.3	9.0	15.8	12.2	2.9	0.5	1.3	1.8	2.5	2.6	2.0
Peru	293	36.9	42.2	65.8	42.6	54.7	92.9	34.0	13.6	16.0	44.0	16.1	51.2
St. Kitts and Nevis	361	13.2	8.4	2.3	3.4	3.8	3.0	0.1	0.4	0.3	0.1	0.7	0.1
St. Lucia	362	0.1	0.2	0.1	0.0	0.0	0.1	0.1	0.0	0.0	....	0.0	0.0
St. Vincent & Grens.	364	159.0	145.4	103.3	94.0	42.9	22.7	0.0	0.0	0.0	0.0	0.0	0.0
Suriname	366	9.5	5.6	3.0	3.7	2.5	1.3	1.8	2.3	1.6	0.6	0.2	0.1
Trinidad and Tobago	369	15.5	27.8	16.8	15.3	269.9	17.4	0.7	33.5	192.9	283.7	42.4	4.2
Uruguay	298	48.2	47.5	56.1	43.6	35.6	21.5	47.7	26.8	16.0	13.9	16.6	16.7
Venezuela, Rep. Bol.	299	201.7	66.4	43.5	67.1	43.5	27.0	3,432.9	3,791.0	5,586.1	4,214.4	1,775.5	980.5
Western Hem. n.s.	399	641.3	109.3	115.7	130.3	81.1	56.9	10.0	75.1	63.0	18.0	2.7	7.7
Other Countries n.i.e	910	67.8	47.6	62.5	50.7	31.2	13.8	6.1	6.2	7.7	6.4	7.4	10.6
Cuba	928	67.8	6.5	3.2	2.1	2.8	1.0	6.1	6.0	6.2	6.3	6.0	10.5
Korea, Dem. People's Rep.	954	....	41.1	59.3	48.6	28.4	12.8	....	0.2	1.5	0.1	1.3	0.1
Countries & Areas n.s.	898	....	....	....	0.0	0.1	....	....	0.7	....	0.1	....	....
Memorandum Items													
Africa	605	8,384.6	8,396.5	8,139.7	8,087.8	5,774.6	3,829.3	1,138.0	1,371.7	1,765.3	2,886.2	1,635.5	2,025.8
Middle East	405	6,984.1	7,957.6	9,060.3	9,049.9	7,786.3	5,873.0	42,178.4	50,610.4	46,485.1	44,699.9	24,176.2	21,826.6
European Union	998	39,469.4	37,562.6	32,399.5	32,914.6	28,746.5	30,006.2	46,217.8	47,820.9	46,104.9	43,773.8	37,773.9	38,154.2
Export earnings: fuel	080	9,627.5	10,677.6	12,481.4	12,911.8	10,875.3	7,661.4	49,865.5	60,070.9	59,496.6	59,256.0	32,310.6	26,110.9
Export earnings: nonfuel	092	400,517.3	399,043.4	399,691.3	397,178.7	340,655.0	321,924.8	316,195.7	319,890.5	313,584.8	307,044.8	264,724.5	255,169.5

Sint Maarten (352)

In Millions of U.S. Dollars

		Exports (FOB) 2011	2012	2013	2014	2015	2016	Imports (CIF) 2011	2012	2013	2014	2015	2016
IFS World		....	....	....	....	....	....	....	....	....	....	....	....
World	001	2.6	2.3	8.8	29.8	23.9	56.1	20.7	29.6	180.6	165.4	171.0	162.1
Advanced Economies	110	....	....	6.1	26.2	18.8	50.9	....	....	85.5	117.5	146.8	143.7
Euro Area	163	....	....	6.0	4.9	18.6	33.9	....	....	63.8	106.0	135.4	113.9
Austria	122	....	....	0.0 e	0.0 e	0.0 e	0.0 e	....	....	1.2 e	1.4 e	5.7 e	1.1 e
Belgium	124	....	....	4.1 e	1.3 e	15.8 e	30.7 e	....	....	1.6 e	2.7 e	2.4 e	3.1 e
Cyprus	423	....	....	....	0.0 e	....	0.0 e	....	....	0.1 e	0.1 e	0.1 e	0.1 e
Estonia	939	....	....	....	0.0 e	0.0 e	0.0 e	....	....	0.0 e	0.0 e	9.5 e	0.1 e
Finland	172	....	....	0.0 e	....	0.0 e	0.0 e	....	....	0.8 e	0.1 e	1.0 e	5.1 e
France	132	....	....	1.7 e	1.9 e	2.1 e	2.0 e	....	....	36.9 e	36.1 e	37.7 e	35.5 e
Germany	134	....	....	0.1 e	0.1 e	0.1 e	0.1 e	....	....	6.0 e	5.3 e	9.9 e	6.6 e
Greece	174	....	....	....	0.4 e	....	....	....	....	....	0.0 e	0.2 e	0.2 e
Ireland	178	....	....	0.0 e	....	....	0.0 e	....	....	0.5 e	0.5 e	0.8 e	0.5 e
Italy	136	....	....	....	....	....	....	....	....	11.3 e	11.3 e	12.1 e	5.3 e
Latvia	941	....	....	....	0.0 e	....	0.0 e	....	....	0.0 e	0.2 e	0.1 e	0.1 e
Lithuania	946	....	....	....	0.0 e	....	....	....	....	0.0 e	....	0.0 e	0.3 e
Netherlands	138	....	....	....	1.0 e	0.4 e	0.5 e	....	....	....	45.1 e	50.9 e	49.2 e
Portugal	182	....	....	....	....	0.0 e	0.0 e	....	....	0.9 e	0.4 e	1.1 e	0.8 e
Slovak Republic	936	....	....	0.0 e	....	0.1 e	0.0 e	....	....	0.1 e	0.0 e	0.3 e	0.2 e
Slovenia	961	....	....	0.0 e	0.0 e	0.0 e	0.0 e	....	....	0.1 e	0.1 e	0.4 e	0.1 e
Spain	184	....	....	0.0 e	0.2 e	0.0 e	0.4 e	....	....	4.2 e	2.7 e	3.1 e	5.7 e
Czech Republic	935	....	....	0.0 e	0.0 e	0.0 e	0.0 e	....	....	0.1 e	0.2 e	0.2 e	0.1 e
Denmark	128	....	....	0.0 e	0.0 e	0.1 e	0.0 e	....	....	1.2 e	2.5 e	2.0 e	2.0 e
Sweden	144	....	....	0.0 e	0.0 e	0.0 e	0.0 e	....	....	0.4 e	0.5 e	0.5 e	0.5 e
Switzerland	146	....	....	....	....	....	0.1 e	....	....	....	....	....	18.1 e
United Kingdom	112	....	....	0.1 e	21.3 e	0.1 e	16.8 e	....	....	20.0 e	8.4 e	8.8 e	9.1 e
Emerg. & Dev. Economies	200	2.6	2.3	2.7	3.6	5.1	5.2	20.7	29.6	95.1	47.9	24.2	18.4
Europe	170	....	....	0.0	0.6	1.0	0.1	....	....	0.4	0.5	2.6	1.9
Emerg. & Dev. Europe	903	....	....	0.0	0.6	1.0	0.1	....	....	0.4	0.5	2.6	1.9
Bulgaria	918	....	....	0.0 e	0.2 e	1.0 e	0.0 e	....	....	0.1 e	0.1 e	1.9 e	0.3 e
Croatia	960	....	....	....	....	....	0.0 e	....	....	....	0.0 e	0.1 e	0.0 e
Hungary	944	....	....	....	0.3 e	0.1 e	0.0 e	....	....	0.1 e	0.1 e	0.2 e	0.6 e
Poland	964	....	....	0.0 e	0.1 e	....	0.0 e	....	....	0.2 e	0.2 e	0.3 e	1.0 e
Romania	968	....	....	0.0 e	0.0 e	....	0.1 e	....	....	0.0 e	0.0 e	0.0 e	0.0 e
Mid East, N Africa, Pak	440	....	....	....	....	0.0	0.1	....	....	....	....	....	....
Morocco	686	....	....	....	....	....	0.1 e	....	....	....	....	....	....
Sub-Saharan Africa	603	....	....	....	....	....	....	....	0.2	....	0.0	....	....
Tanzania	738	....	....	....	....	....	....	....	0.2 e	....	0.0 e	....	....
Western Hemisphere	205	2.6	2.3	2.7	3.1	4.1	5.1	20.7	29.4	94.7	47.4	21.6	16.5
Bahamas, The	313	0.1 e	0.0 e	....	....	0.0 e	0.0 e	0.2 e	0.0 e	....	....	....	....
Barbados	316	....	0.0 e	0.0 e	0.1 e	0.0 e	0.1 e	....	0.5 e	0.2 e	0.2 e	0.4 e	0.3 e
Jamaica	343	....	....	....	....	0.0 e	0.1 e	....	....	....	....	1.0 e	2.2 e
Panama	283	....	....	....	....	....	....	....	....	....	....	....	0.2 e
St. Kitts and Nevis	361	2.4 e	2.2 e	2.4 e	2.6 e	3.6 e	4.4 e	0.5 e	0.5 e	0.4 e	0.4 e	0.4 e	0.1 e
St. Lucia	362	....	....	0.2 e	0.4 e	0.3 e	0.4 e	....	....	0.1 e	0.4 e	0.4 e	0.4 e
St. Vincent & Grens.	364	....	....	....	....	0.1 e	0.1 e	....	....	....	....	0.1 e	0.1 e
Suriname	366	....	....	....	....	....	0.0 e	....	....	....	....	0.0 e	0.1 e
Trinidad and Tobago	369	0.1 e	0.0 e	0.1 e	0.0 e	0.0 e	0.0 e	20.0 e	28.4 e	94.0 e	46.3 e	19.2 e	13.0 e
Memorandum Items													
Africa	605	....	....	....	....	....	0.1	....	0.2	....	0.0	....	....
European Union	998	....	....	6.1	26.7	19.8	50.9	....	....	85.9	118.0	149.4	127.5
Export earnings: fuel	080	0.1	0.0	0.1	0.0	0.0	0.0	20.0	28.4	94.0	46.3	19.2	13.0
Export earnings: nonfuel	092	2.5	2.2	8.8	29.7	23.9	56.1	0.7	1.2	86.6	119.0	151.9	149.1

Slovak Republic (936)

In Millions of U.S. Dollars

		Exports (FOB)						Imports (CIF)					
		2011	2012	2013	2014	2015	2016	2011	2012	2013	2014	2015	2016
IFS World		....	....	....	....	....	....	....	....	....	....	....	....
World	001	79,817.0	80,650.6	85,765.8	86,453.1	75,235.2	77,623.7	79,855.5	77,435.8	81,778.9	81,903.6	73,360.4	75,483.4
Advanced Economies	110	56,736.7	56,710.3	59,936.4	62,000.8	55,208.7	57,928.0	54,377.0	53,208.3	55,995.9	57,083.4	52,810.3	54,980.5
Euro Area	163	37,400.4	36,683.5	38,214.5	40,041.2	35,797.5	37,581.2	31,495.4	31,144.2	34,048.1	35,203.9	32,332.7	34,500.6
Austria	122	5,645.9	5,313.1	5,316.8	5,263.5	4,517.7	4,435.9	4,697.2	6,035.2	7,590.9	7,651.2	6,793.1	7,363.7
Belgium	124	1,316.9	1,187.1	1,335.9	1,306.0	1,014.9	1,128.6	1,048.7	969.3	1,045.0	1,063.3	1,051.5	1,123.4
Cyprus	423	82.6	77.3	104.0	84.6	90.6	71.4	79.3	67.8	114.6	51.6	90.7	78.2
Estonia	939	50.3	66.3	76.1	84.6	78.7	103.6	21.8	49.8	115.1	73.8	17.9	28.9
Finland	172	252.1	226.7	216.7	217.4	217.3	228.1	214.5	202.4	160.2	209.9	194.0	156.6
France	132	5,018.9	4,291.7	4,235.3	4,247.3	4,191.6	4,767.0	2,824.4	2,548.6	2,611.4	2,824.5	2,828.9	3,277.3
Germany	134	15,977.3	17,071.0	17,792.1	18,968.8	16,856.8	16,999.4	14,864.7	14,078.3	14,897.5	15,354.6	14,122.4	15,232.3
Greece	174	207.4	195.0	197.4	254.4	187.1	186.8	79.2	69.1	80.0	79.1	72.8	77.5
Ireland	178	90.6	109.7	116.0	135.5	141.8	148.8	199.2	170.4	162.0	169.0	170.5	182.4
Italy	136	3,917.9	3,709.0	3,882.1	3,967.6	3,398.2	3,756.0	3,148.6	2,983.4	2,727.9	2,844.0	2,602.3	2,629.5
Latvia	941	163.6	212.9	200.3	208.8	177.8	197.7	118.9	68.2	72.6	71.4	67.7	48.8
Lithuania	946	169.5	142.6	162.5	205.4	165.7	179.5	74.1	78.5	75.5	84.4	80.9	82.1
Luxembourg	137	137.6	95.2	149.4	168.0	84.8	87.2	143.4	111.8	100.0	115.3	113.9	104.2
Malta	181	16.3	26.0	22.9	18.0	11.6	11.4	20.9	12.1	9.6	9.6	8.5	10.7
Netherlands	138	1,907.3	1,810.8	1,991.7	2,172.3	1,836.7	2,225.5	1,875.6	1,853.4	2,122.2	2,060.7	1,709.7	1,784.9
Portugal	182	197.7	178.2	177.8	253.4	231.2	254.7	142.1	123.0	139.9	119.1	178.0	260.6
Slovenia	961	582.6	601.9	655.6	640.0	531.5	516.7	1,204.0	880.7	1,197.7	1,598.5	1,444.3	1,146.8
Spain	184	1,666.0	1,369.0	1,581.8	1,845.8	2,063.4	2,282.8	739.0	842.2	826.1	823.9	785.4	912.9
Australia	193	139.6	165.6	294.5	328.5	303.5	199.9	33.3	40.7	36.5	37.0	51.2	31.9
Canada	156	181.9	177.7	200.4	194.7	184.1	294.9	70.8	72.4	119.0	54.5	76.1	79.7
China,P.R.: Hong Kong	532	69.6	58.8	55.1	63.3	70.4	62.8	34.0	45.9	28.7	39.5	27.8	38.6
China,P.R.: Macao	546	0.1	0.1	0.1	0.2	0.1	0.3	0.0	0.0	0.0	0.0	0.3	0.1
Czech Republic	935	11,532.9	11,309.8	11,634.9	11,056.3	9,385.8	9,259.8	14,272.4	13,483.6	13,507.2	13,439.1	12,691.3	12,799.3
Denmark	128	534.0	689.2	757.3	719.2	639.1	710.0	379.6	329.2	303.6	341.7	304.8	277.9
Iceland	176	8.0	8.9	8.5	9.7	16.4	23.3	3.2	4.6	5.8	3.0	4.5	3.3
Israel	436	76.0	67.8	133.8	174.1	264.6	395.0	31.1	24.0	15.6	19.7	27.9	13.8
Japan	158	91.4	143.7	180.1	136.9	69.7	96.3	588.6	600.8	400.9	387.4	300.8	298.0
Korea, Republic of	542	137.5	117.5	110.8	140.0	117.7	149.4	4,190.2	4,807.2	4,805.7	4,585.4	4,040.7	3,569.9
New Zealand	196	19.4	17.2	28.2	41.0	36.9	27.5	0.4	0.4	0.2	0.8	0.6	3.6
Norway	142	190.8	198.0	223.8	271.9	185.9	186.0	27.7	21.9	21.1	10.0	22.5	13.0
San Marino	135	21.6	12.4	10.3	11.2	9.7	8.1	0.4	0.3	0.3	0.2	0.2	0.2
Singapore	576	23.4	28.4	45.3	29.0	40.9	30.5	18.9	17.6	20.8	23.5	33.5	25.2
Sweden	144	1,393.4	1,257.1	1,222.8	1,254.7	1,130.2	1,210.4	509.8	475.9	508.8	584.3	502.9	489.3
Switzerland	146	796.6	1,081.6	1,378.2	1,401.4	1,205.2	1,210.5	371.1	332.7	421.1	441.2	365.2	483.3
Taiwan Prov.of China	528	36.3	39.6	29.6	41.6	42.9	38.5	868.7	408.9	382.6	419.9	459.3	497.2
United Kingdom	112	2,833.7	3,155.0	3,864.9	4,411.8	4,081.5	4,588.9	1,096.6	1,015.9	1,030.6	1,018.2	1,142.6	1,491.3
United States	111	1,250.3	1,498.4	1,543.3	1,674.1	1,626.8	1,854.9	384.7	381.9	339.3	474.2	425.3	364.4
Vatican	187	....	....	....	....	....	....		0.3	0.0	....	....	....
Emerg. & Dev. Economies	200	23,059.4	23,932.7	25,825.6	24,444.6	20,016.6	19,675.8	25,476.3	24,224.8	25,779.3	24,813.0	20,535.5	20,490.8
Emerg. & Dev. Asia	505	2,261.2	1,914.1	2,249.5	1,981.8	1,298.7	1,439.6	3,902.3	3,934.4	4,305.0	4,600.8	4,168.7	4,824.2
Bangladesh	513	2.6	0.8	3.7	11.7	0.8	1.6	61.5	63.8	74.2	69.6	70.0	75.1
Bhutan	514	....	....	....	0.1	0.1	0.8	0.0	....	....	....	0.0	....
Brunei Darussalam	516	2.1	1.5	0.5	0.9	0.2	0.2	....	0.0	0.0	....	....	....
Cambodia	522	0.1	0.9	0.2	0.5	0.6	0.3	6.7	3.2	7.7	15.2	19.3	19.9
China,P.R.: Mainland	924	2,075.1	1,732.6	2,118.1	1,824.9	1,130.6	1,257.6	3,088.4	3,107.9	3,278.3	3,283.5	3,013.4	3,474.3
Fiji	819	0.1	....	0.0	....	0.0	0.1	0.0	0.0	0.0	....	0.0	0.0
F.T. French Polynesia	887	0.2	0.2	0.4	0.1	0.2	0.2	0.0	0.0	0.0	0.0	0.0	0.0
F.T. New Caledonia	839	1.4	0.3	0.4	0.3	0.4	0.8	....	....	....	0.0	0.0	....
India	534	96.2	71.3	43.1	40.6	59.2	54.2	144.9	120.3	142.4	167.7	165.6	169.7
Indonesia	536	14.0	15.9	10.5	6.1	19.8	11.5	69.7	63.2	54.8	30.3	48.4	86.4
Lao People's Dem.Rep	544	0.0	....	0.1	3.4	0.0	0.0	0.0	0.0	....	....	....	....
Malaysia	548	21.2	37.0	19.3	22.7	26.2	26.7	117.0	128.7	178.7	415.8	350.5	358.4
Maldives	556	0.2	0.2	0.3	0.0	0.1	0.5	0.1	0.0	0.0	0.0	0.0	0.0
Micronesia	868	....	0.0	....	....	0.0	0.1	0.0	0.0	....	....	....	....
Mongolia	948	1.8	2.3	2.5	4.7	2.6	1.2	0.0	....	....	0.0	0.0	....
Myanmar	518	0.1	0.0	0.4	0.7	1.1	0.2	0.0	....	0.1	0.4	0.5	1.3

Slovak Republic (936)

In Millions of U.S. Dollars

		\multicolumn{6}{c	}{Exports (FOB)}	\multicolumn{6}{c	}{Imports (CIF)}
		2011	2012	2013	2014	2015	2016	2011	2012	2013	2014	2015	2016
Nepal	558	0.8	0.3	0.2	0.4	0.5	0.3	0.0	0.0	0.0	0.1	0.0	0.0
Philippines	566	7.3	2.2	4.4	10.2	10.1	3.2	12.6	11.4	12.0	20.9	30.4	23.9
Sri Lanka	524	0.7	0.9	3.9	4.2	6.3	17.4	30.7	22.8	20.5	36.0	36.5	34.9
Thailand	578	23.2	30.1	26.6	18.5	16.7	22.2	158.0	150.8	204.9	204.9	152.1	157.1
Timor-Leste	537	....	....	0.1	....	....	....	....	....	....	....	....	....
Vietnam	582	13.9	17.0	14.8	31.4	23.0	40.2	212.7	262.0	331.2	356.6	281.8	422.9
Asia n.s.	598	0.1	0.5	0.1	0.1	0.0	0.1	0.0	0.1	0.0	0.0	0.0	0.0
Europe	170	**19,833.8**	**20,748.5**	**21,941.8**	**20,789.4**	**17,007.6**	**16,668.6**	**21,262.8**	**20,009.0**	**21,163.3**	**19,889.4**	**16,093.4**	**15,331.9**
Emerg. & Dev. Europe	903	**15,943.7**	**16,436.3**	**17,479.0**	**17,121.9**	**14,722.2**	**14,458.9**	**11,568.8**	**11,476.6**	**12,215.3**	**12,696.5**	**11,652.5**	**11,800.4**
Albania	914	41.7	29.3	54.2	53.2	43.0	33.3	2.1	0.8	1.5	6.5	1.4	2.6
Bosnia and Herzegovina	963	93.5	86.8	110.7	101.6	97.2	95.4	50.8	49.4	54.9	60.6	65.4	65.5
Bulgaria	918	529.0	443.7	495.7	467.7	484.2	438.8	150.8	174.0	235.6	170.3	180.2	171.4
Croatia	960	282.2	304.1	333.8	398.0	389.5	375.5	105.8	100.1	122.7	202.3	215.2	213.7
Faroe Islands	816	0.2	0.1	0.3	0.3	0.4	0.6	0.0	0.0	....	....	....	....
Gibraltar	823	0.0	0.0	1.2	2.2	1.2	2.5	0.0	....	....	0.0	....	0.0
Hungary	944	5,910.8	5,813.3	5,585.1	5,405.9	4,303.7	4,423.9	5,465.2	5,101.3	4,995.8	4,994.5	4,637.6	4,628.2
Kosovo	967	4.7	6.2	6.9	13.4	20.1	16.5	3.4	3.8	2.5	2.5	1.3	1.2
Macedonia, FYR	962	68.0	48.8	47.6	56.0	56.2	58.5	70.4	75.7	71.4	69.7	62.8	44.9
Montenegro	943	11.0	23.0	45.0	48.5	32.6	22.8	1.1	0.3	0.4	0.2	0.9	0.3
Poland	964	5,959.2	6,725.9	7,269.3	7,322.8	6,430.1	5,971.0	4,299.8	4,381.2	4,996.8	5,052.3	4,675.0	4,888.4
Romania	968	1,555.7	1,481.8	1,766.9	1,847.6	1,663.2	1,761.6	801.9	873.5	1,012.5	1,281.3	1,028.7	1,049.2
Serbia, Republic of	942	419.1	380.0	454.8	384.1	322.8	353.5	186.2	188.1	232.1	253.0	257.6	364.0
Turkey	186	1,068.7	1,093.2	1,307.6	1,020.4	877.8	904.8	431.3	528.6	489.1	603.2	526.3	371.0
CIS	901	**3,889.8**	**4,312.1**	**4,462.6**	**3,667.3**	**2,285.4**	**2,209.6**	**9,693.9**	**8,532.4**	**8,948.0**	**7,192.9**	**4,440.9**	**3,531.5**
Armenia	911	7.0	4.4	5.7	6.0	6.7	1.7	0.1	0.1	0.0	0.0	0.0	0.2
Azerbaijan, Rep. of	912	34.3	37.2	46.7	41.4	28.9	27.1	....	0.0	0.0	0.0	1.2	6.7
Belarus	913	146.4	145.0	166.8	139.4	74.2	82.5	114.8	104.4	67.1	71.8	103.2	90.7
Georgia	915	8.9	17.6	27.8	19.5	32.2	31.1	3.0	2.8	3.1	4.1	1.3	2.0
Kazakhstan	916	74.4	79.4	121.9	131.9	59.9	21.3	29.0	17.9	16.6	16.3	2.7	8.0
Kyrgyz Republic	917	2.7	2.1	1.9	1.7	0.9	1.3	0.0	1.9	0.0	0.0	0.0	0.0
Moldova	921	31.0	44.3	35.3	30.2	27.7	21.1	10.5	6.5	11.9	13.7	18.1	12.9
Russian Federation	922	2,907.6	3,391.8	3,393.9	2,842.5	1,691.8	1,630.6	8,647.0	7,656.2	8,064.2	6,368.5	3,808.6	2,922.1
Tajikistan	923	0.7	0.7	1.6	0.8	1.1	1.2	0.0	....	0.0	....	0.0	0.0
Turkmenistan	925	3.6	3.7	5.5	2.9	3.4	1.6	0.0	0.5	0.0	0.0	....	0.1
Ukraine	926	658.9	576.0	637.1	430.4	346.2	384.5	889.4	741.9	784.8	718.3	505.6	487.7
Uzbekistan	927	14.2	10.0	18.3	20.3	12.5	5.7	0.1	0.2	0.2	0.1	0.1	1.0
Europe n.s.	884	0.3	0.1	0.1	0.2	0.1	0.1	0.1	0.0	....	0.0	0.0	0.0
Mid East, N Africa, Pak	440	**461.6**	**722.4**	**1,028.0**	**1,183.5**	**1,069.8**	**1,088.6**	**227.3**	**185.8**	**212.2**	**215.6**	**172.7**	**184.8**
Afghanistan, I.R. of	512	9.5	18.3	2.3	1.9	6.1	1.1	0.0	0.1	0.0	0.0	0.0	0.0
Algeria	612	10.2	143.1	65.5	59.3	56.4	40.3	....	0.0	0.0	....	0.0	0.0
Bahrain, Kingdom of	419	7.2	8.0	12.2	11.2	9.4	13.7	0.0	0.0	0.2	1.2	0.4	0.1
Djibouti	611	....	0.1	0.0	0.0	0.4	0.2	0.0	....	0.0	....	....	....
Egypt	469	45.7	107.1	126.2	268.9	208.1	220.4	44.0	43.3	52.2	61.8	45.3	41.5
Iran, I.R. of	429	15.3	13.3	8.2	16.6	20.4	23.4	3.8	3.2	6.4	5.8	7.2	10.8
Iraq	433	9.2	8.1	22.5	16.4	13.6	15.4	0.0	0.0	0.0	0.0	0.0	0.0
Jordan	439	5.2	6.7	38.0	26.9	13.1	33.3	1.9	1.5	1.7	2.0	2.4	1.5
Kuwait	443	36.3	51.2	72.4	72.6	72.4	59.1	0.1	0.0	0.0	0.0	0.1	0.1
Lebanon	446	11.4	13.6	54.1	35.1	39.9	46.4	0.0	0.2	0.1	0.1	0.1	0.1
Libya	672	3.4	8.8	10.1	14.4	3.3	1.0	....	....	....	0.0	0.0	0.0
Mauritania	682	3.2	0.6	0.7	0.3	0.1	0.7	....	....	0.0	....	....	....
Morocco	686	67.0	61.7	82.9	109.1	99.9	114.5	40.1	37.5	43.4	41.2	21.0	9.0
Oman	449	14.2	13.6	20.5	26.8	18.5	26.5	0.3	0.0	0.0	0.0	0.0	0.0
Pakistan	564	17.2	28.9	42.9	34.5	40.3	39.0	34.2	19.5	25.5	27.9	19.8	34.5
Qatar	453	14.1	16.8	25.7	32.7	21.8	21.8	0.1	0.1	0.0	0.0	0.0	0.7
Saudi Arabia	456	53.8	60.4	145.9	151.3	147.4	127.9	0.6	1.2	1.5	1.7	3.8	2.2
Somalia	726	....	....	....	0.8	1.3	0.1	....	....	....	....	0.0	0.0
Sudan	732	2.5	2.2	3.6	2.4	2.4	4.6	0.1	....	0.0	....	....	3.5
Syrian Arab Republic	463	6.0	0.5	16.3	13.3	5.5	27.4	0.2	0.1	0.0	0.0	0.0	0.0
Tunisia	744	18.8	23.1	65.0	75.1	81.3	65.0	101.3	76.9	79.3	72.7	70.7	79.8
United Arab Emirates	466	109.8	134.3	199.9	204.9	198.0	180.4	0.5	0.9	0.8	1.0	1.8	1.0

Slovak Republic (936)

In Millions of U.S. Dollars

		Exports (FOB) 2011	2012	2013	2014	2015	2016	Imports (CIF) 2011	2012	2013	2014	2015	2016
West Bank and Gaza	487	1.1	1.7	9.4	5.5	8.9	23.2	....	1.2	1.0	0.1	0.0	....
Yemen, Republic of	474	0.5	0.7	3.8	3.6	1.1	3.4	....	0.0	....	0.0	0.0	....
Sub-Saharan Africa	603	**155.6**	**145.1**	**184.9**	**182.1**	**168.4**	**191.6**	**4.5**	**14.7**	**20.4**	**28.4**	**16.0**	**26.1**
Angola	614	2.4	2.5	1.4	1.9	1.4	4.5	0.0	....	....	0.0	0.0	0.0
Benin	638	1.6	2.8	3.0	3.8	2.9	0.8	....	....	0.0	....	....	0.0
Botswana	616	0.2	0.1	0.4	1.1	0.5	0.3	0.0	0.0	0.0	....	0.0	0.0
Burkina Faso	748	0.2	0.0	0.1	0.1	0.4	1.7	....	0.0	0.0	0.0	0.3	0.0
Burundi	618	0.1	0.2	0.3	0.0	0.1	0.0	....	....	....	....	....	....
Cabo Verde	624	0.4	0.2	0.0	0.0	0.0	0.1	0.0	....	0.0	....	....	....
Cameroon	622	0.3	0.7	0.8	2.4	0.7	2.5	0.0	0.0	0.1	0.2	0.0	2.0
Central African Rep.	626	1.7	0.0	0.0	0.4	....	0.1	....	....	0.0	0.0	0.0	....
Chad	628	0.9	1.9	0.1	4.4	0.3	0.0	....	....	....	0.0	....	....
Comoros	632	0.1	0.1	0.1	0.0	0.0	0.0	....	....	....	0.0	....	....
Congo, Dem. Rep. of	636	1.1	2.4	1.0	0.8	0.7	1.4	....	0.0	0.0	0.0	2.5	0.0
Congo, Republic of	634	1.7	5.4	10.8	9.9	0.4	0.6	0.0	0.0	0.1	0.0	4.9	2.5
Côte d'Ivoire	662	2.8	3.2	1.7	1.9	0.9	6.2	0.0	0.0	0.0	0.1	0.0	2.8
Equatorial Guinea	642	0.0	0.0	3.7	0.6	2.3	0.0	....	....	....	....	....	....
Eritrea	643	....	....	0.0	0.0	0.1	....	....	....	....	....	0.0	....
Ethiopia	644	4.6	5.5	3.0	3.2	1.9	6.9	1.6	1.4	1.1	4.7	1.2	0.7
Gabon	646	0.5	1.1	1.0	1.1	1.0	0.7	0.0	2.7	....	....	0.8	....
Gambia, The	648	0.2	0.2	0.0	0.1	0.0	0.1	....	0.0	0.0	....	....	....
Ghana	652	2.9	3.2	3.9	1.2	2.3	6.5	0.0	0.0	7.5	0.0	0.0	0.0
Guinea	656	0.0	0.7	0.2	0.1	1.1	0.0	0.0	0.2	0.0	....	....	0.0
Guinea-Bissau	654	0.1	....	....	....	0.0	0.0	....	....	....	....	....	....
Kenya	664	5.6	5.4	4.0	5.4	1.9	4.2	0.2	0.1	0.3	0.1	0.2	0.1
Liberia	668	0.2	0.0	0.1	0.1	1.1	0.8	....	....	....	....	....	0.0
Madagascar	674	2.6	2.4	2.5	2.2	1.7	1.9	0.0	0.0	0.0	0.2	0.1	0.1
Malawi	676	1.1	1.7	1.6	0.9	0.3	0.2	0.0	0.0	0.0	0.0	0.0	0.0
Mali	678	0.5	0.5	1.5	1.5	1.1	6.0	0.0	0.0	0.0	....	0.0	0.0
Mauritius	684	0.6	0.5	0.5	0.5	0.6	5.6	0.2	0.2	0.2	0.3	0.2	0.3
Mozambique	688	0.4	3.8	0.5	0.4	0.1	1.0	0.0	....	....	19.0	2.8	13.9
Namibia	728	1.2	0.1	0.6	0.7	2.3	1.2	0.0	0.0	0.0	0.0	0.0	0.0
Niger	692	2.4	0.2	0.1	3.6	0.5	0.1	0.0	0.0	....	0.0	0.0	0.0
Nigeria	694	16.4	11.6	34.4	30.3	13.1	15.1	0.1	1.2	0.1	0.0	0.0	1.0
Rwanda	714	0.3	0.4	0.2	0.1	0.4	0.0	....	0.0	0.0	0.0	0.0	0.0
Senegal	722	5.1	2.3	3.0	2.3	1.1	4.5	0.0	0.0	0.0	0.1	0.0	0.0
Seychelles	718	1.4	0.0	0.3	0.1	0.9	0.8	0.1	0.0	0.0	0.0	0.0	0.0
Sierra Leone	724	0.1	0.1	0.0	0.1	0.1	0.1	0.0	0.0	0.0	0.0	0.0	0.0
South Africa	199	88.6	83.1	95.1	93.6	119.6	113.1	2.1	8.6	11.0	3.6	2.7	2.6
South Sudan, Rep. of	733	....	....	....	0.1	....	0.0	....	....	....	....	....	0.0
Swaziland	734	0.0	0.1	0.3	0.6	0.5	0.2	....	....	0.0	0.0	....	0.0
Tanzania	738	0.7	0.4	0.6	0.3	0.3	0.5	0.1	0.1	0.1	0.0	0.0	0.0
Togo	742	2.2	1.6	2.6	1.6	1.1	2.0	....	....	....	....	....	....
Uganda	746	3.7	0.5	5.6	4.0	3.1	1.2	0.0	0.1	0.0	0.0	0.2	0.0
Zambia	754	0.3	0.0	0.2	0.6	1.3	0.5	0.0	0.0	....	0.0	0.0	....
Zimbabwe	698	0.4	0.2	0.0	0.1	0.0	0.1	0.0	0.0	0.0	0.0	0.0	0.0
Western Hemisphere	205	**347.2**	**402.7**	**421.4**	**307.8**	**472.1**	**287.3**	**79.5**	**80.9**	**78.4**	**78.8**	**84.7**	**123.7**
Anguilla	312	....	0.0	....	0.0	0.0	0.1	....	....	....	0.0	....	....
Argentina	213	33.1	32.8	43.8	16.8	14.0	17.9	6.5	4.3	3.1	4.2	6.0	32.2
Aruba	314	0.2	0.5	0.4	0.1	0.0	0.0	....	0.0	0.0	0.0	....	....
Bahamas, The	313	0.0	0.0	0.0	....	0.1	0.2	....	....	....	0.0	....	....
Barbados	316	0.0	0.0	0.0	0.3	0.0	0.0	0.0	0.4	0.6	0.5	0.4	0.3
Belize	339	0.6	0.0	....	0.0	....	....	....	....	....	....	0.0	0.0
Bolivia	218	2.1	1.2	2.2	2.1	2.0	1.8	....	0.0	0.2	0.0	0.0	0.0
Brazil	223	103.1	102.8	147.5	102.5	66.5	47.4	32.6	35.9	36.8	33.3	27.8	32.8
Chile	228	16.1	24.9	27.0	10.4	17.6	20.7	0.9	1.3	1.4	0.7	1.0	0.9
Colombia	233	13.6	15.6	17.9	20.9	22.8	14.4	1.3	0.6	0.4	0.3	0.1	0.0
Costa Rica	238	3.6	3.7	2.9	3.2	6.0	3.1	0.4	0.6	0.6	0.5	1.3	0.4
Curaçao	354	....	....	0.4	0.3	0.1	0.4	....	....	....	....	....	....
Dominica	321	....	0.0	....	....	....	0.0	....	0.1	0.0	....	....	0.0

Slovak Republic (936)

In Millions of U.S. Dollars

		Exports (FOB)						Imports (CIF)					
		2011	2012	2013	2014	2015	2016	2011	2012	2013	2014	2015	2016
Dominican Republic	243	3.6	1.7	2.2	2.6	4.0	3.0	0.2	0.1	0.3	0.3	0.2	0.2
Ecuador	248	1.8	1.5	2.7	3.2	3.3	2.1	0.1	0.5	0.8	0.2	1.2	1.9
El Salvador	253	0.0	0.3	0.3	0.2	5.5	0.5	0.0	0.1	0.1	0.3	0.3	0.2
Greenland	326	0.2	0.0	0.0	0.0	0.0	0.5	....	....	....	....	....	....
Grenada	328	0.1	0.0	....	....	....	....	....	....	....	....	....	....
Guatemala	258	5.3	12.6	11.3	4.9	7.6	4.7	0.0	0.0	0.0	0.0	0.0	0.0
Guyana	336	0.1	0.1	0.1	0.2	0.1	0.2	....	0.1	0.1	0.0	....	0.0
Haiti	263	2.2	0.8	0.5	1.0	0.3	0.2	0.0	0.0	0.0	0.0	0.0	0.0
Honduras	268	1.9	0.6	0.7	0.3	0.6	0.3	0.2	0.4	0.3	0.5	0.8	1.6
Jamaica	343	3.2	1.1	0.5	3.2	2.2	0.3	0.0	....	0.0	0.0	0.0	0.0
Mexico	273	91.4	109.3	115.1	100.6	284.4	145.3	36.3	32.2	33.0	36.7	34.9	36.8
Netherlands Antilles	353	0.3	0.6	....	....	....	....	....	....	....	....	....	....
Nicaragua	278	0.1	....	2.0	0.7	2.3	2.2	0.1	0.1	0.1	0.1	0.2	0.1
Panama	283	0.5	4.4	6.4	5.7	6.8	4.0	0.0	0.1	0.1	0.0	0.0	0.0
Paraguay	288	5.9	5.4	2.2	5.2	4.0	3.9	0.2	0.1	0.1	0.0	....	0.0
Peru	293	10.8	11.0	8.9	8.4	7.5	7.6	0.3	0.9	0.4	0.9	10.2	14.7
Sint Maarten	352	....	....	0.1	0.0	0.3	0.2	....	....	0.0	....	0.1	0.0
St. Kitts and Nevis	361	....	0.0	0.0	0.0	....	....	0.1	0.0	0.1	0.1	0.1	0.1
St. Lucia	362	....	0.1	0.2	0.0	....	0.0	0.0	....	0.0	....	0.0	0.0
Suriname	366	0.3	0.1	0.2	0.2	0.0	0.1	0.0	....	....	0.0	0.0	....
Trinidad and Tobago	369	1.3	1.8	1.4	2.7	0.6	2.2	0.0	0.1	0.0	0.0	0.0	0.0
Uruguay	298	3.8	1.4	4.3	1.2	0.9	1.2	0.1	0.1	0.1	0.2	0.2	1.1
Venezuela, Rep. Bol.	299	41.1	65.1	19.9	10.3	12.2	2.3	0.1	0.1	0.1	0.1	0.0	0.0
Western Hem. n.s.	399	0.7	3.0	0.2	0.4	0.3	0.3	0.0	2.9	....	0.0	0.0	0.1
Other Countries n.i.e	910	**17.8**	**6.8**	**3.1**	**7.4**	**9.7**	**8.5**	**1.4**	**1.8**	**2.0**	**1.1**	**0.9**	**0.8**
Cuba	928	17.8	6.8	3.1	7.4	9.7	8.5	1.2	1.6	1.9	1.1	0.9	0.8
Korea, Dem. People's Rep.	954	....	0.0	....	....	0.0	....	0.2	0.2	0.1	0.0	0.0	0.0
Special Categories	899	**2.6**	**0.5**	**....**	**0.0**	**0.0**	**0.0**	**....**	**....**	**....**	**....**	**....**	**....**
Countries & Areas n.s.	898	**0.5**	**0.3**	**0.8**	**0.3**	**0.2**	**11.4**	**0.7**	**0.9**	**1.7**	**6.0**	**13.6**	**11.3**
Memorandum Items													
Africa	605	257.3	375.9	402.6	429.0	410.2	416.9	146.0	129.1	143.2	142.3	107.7	118.5
Middle East	405	333.2	444.4	765.1	900.1	781.6	823.3	51.6	51.8	63.9	73.8	61.2	57.9
European Union	998	67,931.2	67,863.4	71,145.2	72,925.2	64,304.5	66,321.0	58,577.3	57,078.8	60,761.7	62,288.0	57,711.1	60,509.2
Export earnings: fuel	080	3,378.0	4,079.5	4,250.6	3,717.1	2,406.0	2,237.4	8,683.1	7,685.3	8,091.3	6,395.2	3,833.0	2,957.2
Export earnings: nonfuel	092	76,439.0	76,571.1	81,515.3	82,736.0	72,829.3	75,386.3	71,172.4	69,750.5	73,687.6	75,508.4	69,527.3	72,526.2

Slovenia (961)
In Millions of U.S. Dollars

		Exports (FOB) 2011	2012	2013	2014	2015	2016	Imports (CIF) 2011	2012	2013	2014	2015	2016
IFS World		....	....	....	....	....	....	....	....	....	....	....	....
World	001	34,692.0	32,180.0	34,008.3	35,955.7	31,929.5	32,916.8	35,532.0	32,061.6	33,370.8	33,933.8	29,815.0	30,537.4
Advanced Economies	110	22,574.5	20,557.8	21,556.3	22,749.2	20,432.9	20,742.2	24,338.1	21,621.3	22,253.9	22,441.4	19,436.0	19,929.3
Euro Area	163	19,002.6	17,118.3	17,924.4	18,805.4	16,730.8	16,730.9	20,008.4	17,944.0	17,879.3	18,032.8	15,731.5	16,276.5
Austria	122	2,652.4	2,521.9	2,839.9	3,076.5	2,561.4	2,465.6	3,627.3	3,324.7	3,397.7	3,484.5	3,037.3	3,035.8
Belgium	124	342.2	306.9	322.4	334.7	368.1	371.7	615.7	563.2	554.1	566.8	489.9	562.9
Cyprus	423	108.5	41.1	30.3	29.0	26.1	26.1	104.2	24.4	16.9	18.8	16.9	26.4
Estonia	939	39.0	42.1	37.4	42.3	35.1	39.6	6.9	7.9	8.2	11.6	13.2	9.2
Finland	172	83.8	71.7	63.1	65.0	56.6	57.7	130.4	71.6	62.2	59.5	68.8	79.5
France	132	1,988.7	1,533.7	1,545.2	1,578.8	1,342.0	1,340.9	1,471.9	1,219.8	1,246.8	1,110.1	936.7	1,044.1
Germany	134	6,918.0	6,424.5	6,549.9	6,787.9	6,087.0	6,361.4	5,835.0	5,214.7	5,617.2	5,497.7	4,907.7	5,133.7
Greece	174	83.0	78.4	85.4	109.3	95.1	121.9	223.3	165.0	134.8	107.6	161.6	111.1
Ireland	178	27.1	24.2	32.6	55.7	39.4	52.9	57.3	59.7	52.5	53.7	68.3	114.1
Italy	136	4,122.3	3,848.8	3,907.7	4,020.3	3,382.9	3,426.2	5,665.7	5,281.3	4,664.3	4,889.6	4,108.5	4,114.2
Latvia	941	36.4	44.3	46.2	50.0	39.6	53.0	4.0	6.3	13.0	14.0	9.4	10.7
Lithuania	946	82.6	77.0	81.2	96.0	85.1	69.3	13.3	17.2	43.6	60.5	44.7	42.3
Luxembourg	137	42.9	41.4	43.0	26.6	22.6	22.3	90.1	106.1	92.7	60.4	53.8	53.0
Malta	181	4.1	9.0	5.1	6.3	8.6	10.4	4.2	3.3	18.9	13.9	9.5	7.1
Netherlands	138	676.2	606.4	523.7	564.3	519.0	534.9	1,015.3	868.4	875.2	1,054.2	912.2	1,021.9
Portugal	182	78.7	56.5	67.2	71.4	73.2	79.8	38.7	48.5	121.2	59.7	49.2	55.7
Slovak Republic	936	1,360.0	1,071.0	1,382.7	1,470.0	1,496.7	1,133.8	464.0	446.8	458.3	431.0	389.1	455.0
Spain	184	356.7	319.6	361.6	421.1	492.5	563.4	641.0	515.1	501.7	539.1	454.7	399.8
Australia	193	51.7	80.9	107.3	94.7	83.4	94.8	8.0	3.5	6.9	1.6	2.2	3.5
Canada	156	80.9	91.4	81.0	78.7	79.0	81.0	38.6	135.2	142.9	96.4	35.6	119.8
China,P.R.: Hong Kong	532	48.7	52.8	56.2	48.5	44.5	58.6	6.7	7.4	5.8	6.2	5.1	8.5
China,P.R.: Macao	546	5.4	1.3	1.7	2.8	6.8	4.4	2.7	1.4	0.9	0.1	1.5	0.1
Czech Republic	935	949.6	986.2	955.8	945.8	906.1	961.2	813.1	719.4	718.4	725.6	696.2	698.9
Denmark	128	279.6	274.4	298.6	310.4	298.1	311.6	98.1	89.8	97.1	102.7	88.2	93.0
Iceland	176	1.6	4.4	2.0	2.1	3.0	3.6	2.3	0.6	0.1	0.4	0.2	0.4
Israel	436	50.3	55.5	67.1	91.3	77.2	96.3	181.9	176.8	181.0	211.0	175.5	213.0
Japan	158	40.3	42.5	53.4	47.4	63.1	135.6	112.9	62.6	144.2	95.2	85.2	87.9
Korea, Republic of	542	91.8	95.5	96.7	95.9	78.4	88.9	1,202.2	1,097.6	1,236.7	1,558.9	1,070.7	970.8
New Zealand	196	3.8	5.6	6.5	7.6	7.5	7.5	1.0	0.8	0.7	0.8	0.7	0.9
Norway	142	65.8	65.3	84.8	79.0	75.6	77.3	32.2	47.2	44.2	36.5	29.4	4.7
San Marino	135	7.0	8.9	9.8	8.7	9.8	8.9	9.8	4.3	3.0	2.6	2.9	3.2
Singapore	576	32.5	28.4	31.4	37.2	31.4	26.1	8.6	3.7	4.6	4.7	8.5	7.8
Sweden	144	311.7	268.3	285.4	335.9	275.6	316.4	179.0	159.9	176.8	187.8	158.5	173.1
Switzerland	146	371.2	322.4	392.8	502.1	460.2	492.7	289.6	285.7	371.7	416.1	362.3	356.4
Taiwan Prov.of China	528	30.3	18.8	18.2	19.5	27.8	31.1	137.2	93.4	116.5	132.0	141.0	96.2
United Kingdom	112	693.8	595.4	591.0	631.0	604.6	630.8	497.0	390.7	514.4	406.7	389.4	406.3
United States	111	455.9	441.7	492.5	605.3	569.9	584.5	708.8	397.3	608.7	423.4	451.5	408.4
Emerg. & Dev. Economies	200	12,101.6	11,606.1	12,431.8	13,189.3	11,481.1	12,168.8	10,866.5	10,039.9	10,628.7	10,886.0	10,199.7	10,508.6
Emerg. & Dev. Asia	505	414.0	460.0	479.3	539.9	570.0	818.4	2,044.5	1,722.3	1,897.5	2,057.7	2,239.6	1,996.3
Bangladesh	513	3.3	5.5	12.2	13.1	18.2	23.1	11.1	11.4	19.2	35.0	33.7	37.4
Bhutan	514	0.1	....	....	....	....	0.0	....	0.1	....	....	....	....
Brunei Darussalam	516	0.0	....	0.2	0.0	0.0	0.0	....	0.0	0.3	0.0	....	0.0
Cambodia	522	0.9	0.7	0.9	0.5	2.0	2.1	1.5	1.3	2.3	4.3	6.0	7.2
China,P.R.: Mainland	924	154.4	216.1	224.9	284.5	325.4	510.1	1,456.2	1,171.0	1,353.1	1,501.0	1,618.4	1,461.5
F.T. French Polynesia	887	1.1	0.8	0.7	0.6	0.4	0.3	0.0	....	....	....	0.0	....
F.T. New Caledonia	839	3.1	2.9	0.8	1.0	0.9	0.4	....	....	0.0	....	....	....
India	534	137.0	115.0	103.6	104.7	92.4	103.8	328.2	287.8	323.5	218.5	302.5	282.3
Indonesia	536	23.6	26.2	17.3	11.4	10.6	11.0	132.5	121.6	87.2	76.8	59.3	68.7
Lao People's Dem.Rep	544	0.0	0.2	0.5	0.2	0.1	0.5	0.6	0.6	0.3	0.3	0.4	0.0
Malaysia	548	18.4	25.3	24.0	19.0	16.1	25.3	43.2	23.6	27.5	106.0	98.6	27.3
Maldives	556	0.4	0.0	0.1	0.6	0.4	0.8	....	....	....	....	....	0.0
Marshall Islands	867	....	....	....	0.0	0.0	0.1	....	....	....	....	....	....
Mongolia	948	6.2	10.2	15.1	10.5	11.9	11.2	....	0.0	0.0	0.0	....	0.1
Myanmar	518	0.0	0.1	0.3	0.4	0.7	0.5	0.0	0.0	0.1	0.2	0.8	1.9
Nauru	836	....	....	....	....	....	....	....	....	....	0.5	....	....
Nepal	558	0.0	0.0	0.5	1.4	1.2	0.2	0.1	0.2	0.4	0.4	0.3	0.3

Slovenia (961)
In Millions of U.S. Dollars

		Exports (FOB)						Imports (CIF)					
		2011	2012	2013	2014	2015	2016	2011	2012	2013	2014	2015	2016
Papua New Guinea	853	0.0	0.0	....	....	1.3	0.0	0.8	1.9	0.1	....	0.0	0.1
Philippines	566	8.9	5.7	10.1	8.6	12.5	17.1	10.4	24.5	19.9	24.3	33.8	25.8
Solomon Islands	813	....	....	....	0.1	....	....	0.1	0.0	0.1	0.0	0.1	0.0
Sri Lanka	524	5.4	3.1	3.4	3.0	3.8	5.1	5.3	3.2	3.3	4.1	3.7	4.8
Thailand	578	36.3	34.4	34.0	40.1	31.1	41.0	33.7	58.8	34.1	44.1	36.7	36.2
Vanuatu	846	....	....	....	....	0.3	0.0	....	....	....	....	....	....
Vietnam	582	14.6	13.7	30.6	40.3	40.3	65.8	20.8	16.2	26.2	42.1	45.3	42.8
Asia n.s.	598	0.1	0.0	0.0	0.0	0.1	0.1	0.0	0.0	0.1	....	0.0	0.0
Europe	170	**10,530.9**	**9,854.0**	**10,636.0**	**11,278.6**	**9,761.4**	**10,210.5**	**7,554.3**	**6,752.8**	**7,445.4**	**7,548.9**	**6,887.8**	**7,462.2**
Emerg. & Dev. Europe	903	**8,596.4**	**7,717.2**	**8,342.2**	**9,117.1**	**8,358.7**	**8,945.3**	**6,893.3**	**6,179.6**	**6,748.0**	**6,900.3**	**6,525.2**	**7,100.6**
Albania	914	64.8	55.3	52.3	52.7	50.0	64.2	2.1	2.0	2.4	2.5	1.7	4.5
Bosnia and Herzegovina	963	980.3	925.2	937.6	999.5	899.8	1,001.6	842.3	767.4	841.5	850.1	787.6	863.9
Bulgaria	918	272.9	235.8	208.9	242.0	198.4	235.6	188.7	170.3	123.2	99.5	104.2	116.6
Croatia	960	2,215.4	1,998.1	2,116.9	2,400.1	2,148.2	2,415.6	1,603.4	1,533.8	1,594.8	1,437.0	1,518.9	1,667.5
Faroe Islands	816	0.2	0.9	0.4	0.7	0.4	0.7	1.5	....	0.0	....	....	....
Gibraltar	823	0.0	0.0	0.2	0.0	0.0	0.1	0.0	0.0	0.0	0.0	0.0	0.1
Hungary	944	1,388.8	1,194.0	1,397.2	1,571.1	1,392.2	1,452.9	1,322.5	1,285.6	1,371.8	1,370.4	1,124.9	1,119.9
Kosovo	967	166.8	142.3	137.5	143.5	138.3	149.1	8.3	2.2	2.2	1.6	2.7	3.1
Macedonia, FYR	962	218.9	206.1	231.5	257.7	226.4	243.8	57.8	46.6	70.3	85.1	92.1	112.2
Montenegro	943	143.1	130.5	134.6	127.7	119.1	133.0	37.7	33.5	29.9	17.1	10.8	13.3
Poland	964	1,163.4	1,041.1	1,209.4	1,296.4	1,236.0	1,244.0	653.9	613.3	658.2	725.2	691.3	770.5
Romania	968	530.2	429.1	463.9	522.4	466.9	505.4	282.1	187.3	238.8	359.7	353.0	332.8
Serbia, Republic of	942	1,072.2	1,046.6	1,102.2	1,143.6	1,100.2	1,189.3	816.8	586.4	702.7	736.4	636.9	767.3
Turkey	186	379.4	312.4	349.6	359.6	382.7	309.9	1,076.2	951.3	1,112.2	1,215.8	1,201.2	1,328.9
CIS	901	**1,933.8**	**2,136.4**	**2,293.5**	**2,161.5**	**1,402.5**	**1,265.1**	**661.1**	**573.2**	**697.3**	**648.5**	**362.6**	**361.5**
Armenia	911	17.6	18.7	13.5	17.8	13.8	8.8	0.2	0.5	0.3	0.2	0.1	0.1
Azerbaijan, Rep. of	912	23.4	20.2	28.2	37.9	34.9	22.2	....	0.0	0.0	0.6	1.4	6.1
Belarus	913	59.1	64.8	81.8	90.6	60.0	44.1	15.1	12.9	12.6	14.7	9.3	12.3
Georgia	915	19.5	27.8	22.2	29.2	22.6	26.5	0.2	0.1	0.1	3.9	14.6	1.7
Kazakhstan	916	86.7	119.8	113.6	121.7	80.1	75.0	31.8	48.1	37.4	30.0	26.9	28.6
Kyrgyz Republic	917	8.9	8.5	11.7	14.2	10.7	10.4	0.2	0.1	0.2	0.2	0.1	0.2
Moldova	921	21.8	20.8	24.5	22.4	21.2	22.1	1.4	2.0	1.0	1.0	0.8	3.6
Russian Federation	922	1,348.5	1,478.6	1,578.7	1,500.1	954.6	871.8	563.4	491.9	616.9	572.9	284.9	280.2
Tajikistan	923	7.4	5.2	7.7	8.2	6.0	4.3	1.0	0.6	0.2	0.1	0.3	2.5
Turkmenistan	925	8.0	11.0	16.1	20.0	18.5	22.2	0.1	....	....	0.3	0.0	0.0
Ukraine	926	299.0	318.3	357.2	255.1	136.5	134.6	46.8	17.1	28.4	24.4	24.2	26.1
Uzbekistan	927	34.0	42.6	38.2	44.3	43.4	23.1	0.9	0.0	0.1	0.5	0.1	0.3
Europe n.s.	884	0.6	0.4	0.3	0.0	0.2	0.0	0.0	....	....	....	0.0	0.0
Mid East, N Africa, Pak	440	**859.1**	**1,013.0**	**1,003.2**	**1,051.8**	**875.2**	**814.1**	**420.5**	**559.5**	**528.6**	**631.7**	**451.5**	**510.6**
Afghanistan, I.R. of	512	1.6	2.7	2.1	0.9	0.6	0.2	0.0	....	....	....	0.0	0.0
Algeria	612	251.7	368.4	319.5	347.0	258.6	175.0	115.2	103.6	37.6	32.1	41.3	1.2
Bahrain, Kingdom of	419	2.0	2.6	2.9	4.9	4.5	5.9	0.5	64.7	0.2	0.2	0.3	0.2
Djibouti	611	1.6	1.4	2.4	1.4	5.8	4.7	....	....	....	....	....	....
Egypt	469	74.8	85.0	81.1	96.4	98.7	96.3	30.3	40.2	71.7	95.7	80.1	61.4
Iran, I.R. of	429	92.5	50.6	40.2	32.5	32.9	58.9	63.1	21.2	0.8	0.8	1.2	2.1
Iraq	433	7.1	9.0	19.7	13.3	16.3	19.9	....	....	0.0	0.0	0.0	0.0
Jordan	439	22.9	20.3	19.0	27.8	25.8	26.7	1.0	0.5	0.8	2.8	2.6	1.4
Kuwait	443	10.0	12.8	17.9	17.2	19.4	16.3	32.7	0.5	1.6	41.7	1.6	2.2
Lebanon	446	14.5	19.1	43.8	82.0	32.2	46.6	5.5	4.8	2.9	6.8	6.4	2.5
Libya	672	14.2	90.7	113.7	60.9	29.4	17.5	3.3	0.1	18.6	6.8	9.6	10.5
Mauritania	682	4.0	3.6	2.2	0.2	0.1	0.0	....	....	0.0	....	....	....
Morocco	686	36.6	35.7	35.5	29.4	23.5	31.1	58.0	100.2	181.3	255.2	228.2	279.5
Oman	449	6.3	3.2	5.6	5.6	8.4	13.8	3.8	7.6	16.7	27.1	1.8	5.7
Pakistan	564	23.6	14.8	8.1	5.0	8.5	14.3	12.5	14.1	16.8	26.8	20.8	26.8
Qatar	453	8.1	9.6	8.0	13.5	13.4	15.3	21.7	31.6	3.7	73.2	19.4	14.5
Saudi Arabia	456	112.4	108.4	99.1	130.7	129.9	97.4	45.9	147.3	96.9	40.0	29.0	83.4
Somalia	726	0.3	1.1	0.5	0.2	0.4	0.7	....	....	....	....	....	....
Sudan	732	11.4	13.6	19.8	2.7	14.9	10.0	0.1	0.1	6.2	0.0	0.0	0.0
Syrian Arab Republic	463	31.9	13.2	4.6	7.0	6.2	3.6	2.1	1.2	0.2	0.1	0.1	0.1
Tunisia	744	42.6	42.1	43.0	52.8	33.9	34.2	6.4	20.1	29.6	19.0	3.9	9.3

2017, International Monetary Fund: Direction of Trade Statistics Yearbook

Slovenia (961)
In Millions of U.S. Dollars

		Exports (FOB) 2011	2012	2013	2014	2015	2016	Imports (CIF) 2011	2012	2013	2014	2015	2016
United Arab Emirates	466	80.6	90.4	94.8	103.8	108.2	112.3	18.0	1.7	42.8	3.3	5.1	9.9
West Bank and Gaza	487	0.0	0.1	0.4	0.1	0.4	0.5	0.3	0.1	....	0.0	....	....
Yemen, Republic of	474	8.0	14.8	19.2	16.7	3.4	12.8	0.0	0.0	0.0	0.0	0.0	....
Sub-Saharan Africa	**603**	**79.7**	**84.0**	**102.7**	**98.7**	**85.2**	**98.3**	**132.1**	**122.1**	**105.0**	**120.2**	**115.3**	**91.9**
Angola	614	0.1	0.9	3.0	1.6	3.4	0.8	0.0	....	....	....	0.0	0.0
Benin	638	0.4	0.2	0.1	0.2	0.2	0.1	....	....	....	....	0.1	....
Botswana	616	....	0.0	0.2	0.1	0.0	0.1	0.0	....	....	....	0.0	....
Burkina Faso	748	0.0	0.0	0.1	0.3	0.0	0.2	0.4	0.4	0.1	0.2	0.1	0.2
Burundi	618	0.3	0.5	0.2	0.2	0.2	0.0	....	....	....	....	0.0	0.3
Cabo Verde	624	0.1	0.4	0.3	0.2	0.2	0.1	....	....	....	....	....	....
Cameroon	622	0.3	2.2	0.6	0.7	0.8	0.7	10.6	10.3	8.2	10.8	1.2	0.4
Central African Rep.	626	0.0	....	0.1	0.0	0.0	0.0	....	....	....	....	0.0	0.1
Chad	628	....	....	0.0	....	....	1.0	....	....	....	0.1	....	....
Congo, Dem. Rep. of	636	6.3	2.8	0.0	0.5	0.5	0.1	0.1	0.0	0.0	0.0	0.3	0.0
Congo, Republic of	634	0.0	0.0	6.8	0.1	0.3	0.9	0.0	0.1	0.1	....	0.2	0.2
Côte d'Ivoire	662	0.3	0.2	0.5	0.2	0.7	0.6	5.6	13.8	13.2	5.7	9.4	10.8
Equatorial Guinea	642	0.0	0.1	1.7	5.6	1.2	0.3	0.0	....	....	....	....	....
Eritrea	643	....	0.3	....	....	....	....	....	....	....	....	....	0.0
Ethiopia	644	3.5	5.9	7.1	6.4	9.5	9.0	0.6	0.9	0.6	0.7	0.6	0.5
Gabon	646	0.8	0.0	0.3	1.1	0.4	0.4	....	....	....	6.4	....	....
Gambia, The	648	0.1	0.0	0.1	0.1	0.1	0.6	0.0	....	0.0	0.0	....	....
Ghana	652	8.6	7.7	12.7	5.5	5.9	6.6	0.0	0.0	0.0	0.0	0.0	0.0
Guinea	656	0.0	0.2	0.7	0.0	0.1	0.0	....	0.0	....	0.0	0.0	....
Guinea-Bissau	654	0.0	0.7	0.3	0.6	0.3	0.4	0.0	0.0	0.1	0.0	0.0	0.0
Kenya	664	1.8	1.7	0.8	0.9	1.7	3.5	0.3	0.1	0.1	0.1	0.4	0.1
Liberia	668	0.1	0.0	0.2	0.1	0.1	0.4	10.9	2.3	....	0.3	0.0	0.1
Madagascar	674	0.4	0.4	0.4	0.3	0.2	0.5	0.0	0.1	0.1	0.3	1.1	3.5
Malawi	676	0.1	0.1	0.0	0.1	0.0	0.1	0.0	0.0	0.0	0.0	0.0	....
Mali	678	0.0	0.1	1.3	0.1	0.3	0.6	0.0	....	0.0	0.0	....	0.0
Mauritius	684	2.6	0.9	0.4	2.8	1.6	1.7	0.3	0.1	0.1	0.2	0.2	0.1
Mozambique	688	0.0	0.3	0.0	0.7	0.1	0.0	72.3	65.1	59.7	72.8	78.0	52.6
Namibia	728	0.0	0.2	0.3	0.0	0.4	0.0	0.0	0.0	0.1	....	0.0	....
Niger	692	0.2	0.1	0.3	0.5	0.1	0.3	....	....	....	....	....	0.0
Nigeria	694	9.9	14.5	10.6	14.3	9.8	7.8	0.0	0.0	0.0	0.0	0.0	0.1
Rwanda	714	0.2	....	3.4	0.6	1.7	0.4	....	....	....	....	0.0	0.1
Senegal	722	0.2	0.4	0.4	0.9	0.6	1.7	0.0	....	....	0.0	0.0	0.0
Seychelles	718	0.2	0.2	0.2	0.2	1.0	1.6	....	0.1	....	....	....	0.0
Sierra Leone	724	....	1.1	0.8	0.3	0.1	0.1	....	0.0	0.0	0.1	0.0	0.0
South Africa	199	41.2	39.8	48.0	48.5	40.5	43.3	28.4	26.5	18.8	20.2	21.8	21.0
South Sudan, Rep. of	733	....	....	0.2	....	....	0.0	....	....	....	....	....	....
Swaziland	734	0.6	....	....	....	....	....	1.0	0.0	....	....	....	....
Tanzania	738	0.0	1.1	0.3	4.0	2.3	0.7	0.3	0.5	1.7	0.1	0.0	0.0
Togo	742	0.4	0.2	0.1	0.1	0.1	0.1	0.0	....	....	....	0.0	....
Uganda	746	0.8	0.3	0.1	0.6	0.2	2.1	0.1	0.3	0.4	0.3	0.3	0.2
Zambia	754	0.1	0.4	0.1	0.1	0.4	11.4	....	0.0	0.0	0.0	....	0.0
Zimbabwe	698	0.1	0.0	....	0.0	0.1	0.1	1.0	1.4	1.8	1.6	1.3	1.4
Western Hemisphere	**205**	**218.0**	**195.2**	**210.5**	**220.2**	**189.4**	**227.5**	**715.0**	**883.3**	**652.3**	**527.6**	**505.5**	**447.6**
Antigua and Barbuda	311	0.0	0.0	0.0	0.0	0.1	0.0	0.0	0.0	....	....	....	....
Argentina	213	29.9	32.6	32.4	27.3	24.5	28.6	97.5	165.6	143.4	42.1	85.6	44.1
Aruba	314	0.3	0.1	0.0	0.0	0.0	0.1	0.2	0.1	0.1	0.1	0.1	0.1
Bahamas, The	313	1.1	0.4	0.6	0.0	0.8	1.2	0.0	0.0	0.0	....	0.0	0.0
Barbados	316	0.0	0.2	3.6	0.0	0.1	0.1	....	0.0	0.0	0.0	0.0	....
Belize	339	1.1	0.6	0.4	0.2	0.1	0.0	0.0	....	....	....	....	....
Bermuda	319	0.3	0.0	0.0	0.0	0.1	0.1	0.0	....	0.0	....	....	....
Bolivia	218	0.2	0.2	0.4	0.2	0.3	0.2	0.2	0.0	0.0	0.1	0.1	0.0
Brazil	223	53.8	53.8	57.7	57.2	43.0	43.4	353.5	510.8	350.3	338.1	331.2	327.8
Chile	228	9.4	10.2	15.8	27.5	12.0	13.7	21.8	19.7	18.0	16.7	14.3	8.9
Colombia	233	8.2	8.8	15.9	13.7	16.5	18.8	5.4	2.5	2.6	5.4	4.6	12.7
Costa Rica	238	12.4	1.3	0.6	0.9	2.6	1.5	4.5	4.0	2.6	0.1	1.6	3.4
Curaçao	354	....	....	0.6	0.9	0.8	1.1	....	....	....	....	0.0	0.0

Slovenia (961)

In Millions of U.S. Dollars

		Exports (FOB)						Imports (CIF)					
		2011	2012	2013	2014	2015	2016	2011	2012	2013	2014	2015	2016
Dominican Republic	243	1.4	0.3	0.4	2.2	2.3	4.4	0.2	0.1	0.1	0.4	0.0	0.0
Ecuador	248	2.3	2.6	3.9	2.5	2.6	2.4	35.9	15.9	23.1	34.3	41.5	24.2
El Salvador	253	0.1	0.0	0.1	0.0	0.1	0.2	0.1	0.1	0.1	0.0	0.0	0.0
Falkland Islands	323	....	....	....	0.3	....	....	0.4	1.0	0.3	0.1	....	....
Greenland	326	0.2	0.4	0.2	0.0	0.0	0.0	....	....	....	....	....	....
Guatemala	258	0.0	0.4	0.1	0.6	0.4	1.3	1.6	2.0	1.0	1.3	0.2	0.2
Guyana	336	....	....	0.0	0.0	0.0	0.1	....	0.0	2.0	3.4	0.9	2.0
Haiti	263	2.9	0.1	0.1	....	0.0	0.5	0.0	0.0	0.0	0.0	0.0	0.0
Honduras	268	0.9	0.1	0.1	0.0	0.2	0.3	0.6	0.6	0.8	1.0	0.4	1.0
Jamaica	343	0.0	0.2	0.5	0.4	0.4	0.3	61.4	80.8	72.5	64.2	13.9	....
Mexico	273	74.5	61.7	56.2	62.8	60.9	84.3	15.8	12.4	11.7	13.3	9.0	12.6
Netherlands Antilles	353	0.1	0.4	....	....	....	....	....	0.0	....	....	....	....
Nicaragua	278	0.4	0.2	0.1	0.1	0.1	1.1	0.1	0.0	0.1	0.0	0.1	0.0
Panama	283	3.4	4.2	7.3	7.6	7.3	11.0	0.2	0.6	0.4	0.2	0.1	0.1
Paraguay	288	0.8	5.5	2.8	2.8	1.2	1.5	103.6	45.8	9.5	0.0	0.1	0.0
Peru	293	2.1	2.5	4.0	5.8	4.4	3.8	0.7	0.6	0.8	0.9	0.7	0.9
Sint Maarten	352	....	....	0.1	0.1	0.3	0.1	....	....	0.0	0.0	0.0	0.0
St. Kitts and Nevis	361	0.2	0.0	0.6	0.7	0.1	0.2	....	....	....	....	....	....
St. Lucia	362	....	0.6	0.0	0.0	0.1	0.0	....	....	....	....	0.0	....
St. Vincent & Grens.	364	....	0.0	0.0	0.2	0.0	0.0	....	....	....	0.0	0.0	....
Suriname	366	0.4	0.1	0.2	0.5	0.2	0.3	8.4	3.8	4.9	0.0	0.0	0.2
Trinidad and Tobago	369	0.1	0.4	0.8	0.9	1.8	1.3	0.0	0.0	0.0	0.0	0.0	0.0
Uruguay	298	2.9	0.9	1.1	1.1	1.9	2.2	1.2	0.3	0.1	0.0	0.0	0.5
Venezuela, Rep. Bol.	299	3.3	4.8	4.2	2.4	2.3	1.0	1.5	15.6	7.8	5.3	0.7	6.8
Western Hem. n.s.	399	5.3	1.5	....	1.0	1.9	2.4	0.1	0.6	0.2	0.4	0.3	2.0
Other Countries n.i.e	910	**1.0**	**0.7**	**2.0**	**1.8**	**1.8**	**2.3**	**0.1**	**0.1**	**0.1**	**0.2**	**0.1**	**0.4**
Cuba	928	0.9	0.6	1.4	1.7	1.8	2.2	0.1	0.0	0.0	0.1	0.1	0.0
Korea, Dem. People's Rep.	954	0.1	0.1	0.6	0.0	0.0	0.0	0.1	0.1	0.0	0.1	....	0.4
Special Categories	899	**2.5**	**2.2**	**4.4**	**4.0**	**4.1**	**3.6**	....	....	....	....	....	....
Countries & Areas n.s.	898	**12.3**	**13.1**	**13.8**	**11.4**	**9.5**	**0.0**	**327.2**	**400.3**	**488.0**	**606.2**	**179.2**	**99.1**
Memorandum Items													
Africa	605	427.9	549.8	525.4	532.3	422.4	354.1	311.8	346.0	359.7	426.5	388.8	381.9
Middle East	405	485.5	529.7	570.1	612.4	528.9	543.8	228.3	321.4	257.1	298.6	157.2	193.7
European Union	998	26,808.1	24,140.5	25,451.4	27,060.6	24,257.0	24,804.5	25,646.2	23,094.0	23,372.8	23,447.2	20,856.0	21,655.2
Export earnings: fuel	080	2,084.5	2,422.3	2,525.1	2,468.3	1,750.9	1,571.4	942.7	952.4	907.2	880.7	469.8	488.7
Export earnings: nonfuel	092	32,607.5	29,757.6	31,483.1	33,487.4	30,178.6	31,345.5	34,589.3	31,109.2	32,463.6	33,053.1	29,345.2	30,048.8

Solomon Islands (813)

In Millions of U.S. Dollars

		Exports (FOB) 2011	2012	2013	2014	2015	2016	Imports (CIF) 2011	2012	2013	2014	2015	2016
IFS World		....	....	....	....	....	....	....	....	....	....	....	....
World	001	411.2	466.8	483.3	462.0	412.5	438.3	481.7	519.0	518.4	504.6	464.4	440.0
Advanced Economies	110	151.5	205.5	209.6	144.8	105.5	98.5	353.1	392.2	388.3	310.6	238.9	221.1
Euro Area	163	50.6	22.7	33.3	32.5	29.4	35.0	3.5	9.8	7.7	4.5	6.2	3.9
Austria	122	....	....	....	....	0.2	....	0.2 e	0.8 e	0.0 e	0.0 e	0.1 e	0.1 e
Belgium	124	....	0.0	....	0.0	0.0	0.1	0.2 e	1.1 e	2.7 e	1.2 e	1.4 e	0.8 e
Cyprus	423	....	....	....	....	....	0.0 e	0.0 e	0.0 e	....	....	0.1 e	0.1 e
Finland	172	....	....	....	....	....	....	0.4 e	0.0 e	0.0 e	0.1 e	0.0 e	....
France	132	0.3	0.3	0.7	0.8	0.2	0.4	0.5 e	0.2 e	0.2 e	0.6 e	0.5 e	0.4 e
Germany	134	0.3	0.0	0.1	0.0	....	0.1	0.1 e	0.3 e	1.2 e	0.6 e	0.8 e	0.8 e
Greece	174	....	....	....	....	....	0.1	0.0 e	4.5 e	0.0 e	....	....	0.0 e
Ireland	178	....	....	0.0	....	....	....	0.0 e	0.1 e	0.2 e	0.0 e	0.0 e	....
Italy	136	18.6	17.2	30.8	26.9	27.6	30.5	0.4 e	0.7 e	0.6 e	0.3 e	0.2 e	0.2 e
Luxembourg	137	....	....	....	....	....	....	0.0 e	....	....	....	....	0.1 e
Malta	181	....	....	0.0 e	0.0 e	....	....	....	0.1 e	0.6 e	0.1 e	1.4 e	0.4 e
Netherlands	138	20.7	....	0.0	0.2	0.2	3.0	0.4 e	1.8 e	1.9 e	1.1 e	1.8 e	0.9 e
Slovenia	961	0.1 e	0.0 e	0.1 e	0.0 e	0.1 e	0.0 e	....	....	....	0.1 e	....	....
Spain	184	10.5	5.2	1.7	4.5	1.1	0.8	1.3 e	0.3 e	0.2 e	0.3 e	0.0 e	0.2 e
Australia	193	72.8	117.6	110.7	48.6	5.7	5.1	144.5 e	149.3 e	159.0 e	140.4 e	131.7 e	70.8 e
Canada	156	0.0	....	....	....	0.0	0.1	0.4 e	0.3 e	0.2 e	0.3 e	1.2 e	0.2 e
China,P.R.: Hong Kong	532	1.0	2.4	8.2	2.6	5.2	6.1	5.8 e	7.0 e	5.0 e	7.7 e	7.9 e	7.8 e
China,P.R.: Macao	546	....	....	....	....	9.4 e	....	0.0 e	0.0 e	0.6 e	....	....	0.6 e
Czech Republic	935	....	....	....	....	....	....	....	....	....	0.2 e	....	0.0 e
Denmark	128	....	....	....	....	....	0.0	0.2 e	0.5 e	0.1 e	0.2 e	0.4 e	0.3 e
Japan	158	1.0	3.1	1.3	4.2	6.6	3.2	16.6 e	23.1 e	19.8 e	15.5 e	15.4 e	23.9 e
Korea, Republic of	542	4.6	6.0	4.8	4.9	4.3	3.4	2.0 e	2.0 e	2.1 e	8.2 e	7.1 e	22.9 e
New Zealand	196	2.0	4.2	5.4	2.8	3.2	2.3	26.7 e	28.4 e	24.4 e	27.3 e	23.2 e	22.8 e
Norway	142	....	....	....	....	....	....	0.2 e	0.1 e	0.2 e	0.1 e	0.0 e	0.0 e
Singapore	576	3.4	3.3	0.3	0.9	0.0	0.9	139.5 e	157.8 e	141.2 e	88.8 e	29.3 e	43.7 e
Sweden	144	0.1 e	0.0 e	0.0 e	0.0 e	0.2 e	....	0.5 e	0.4 e	0.7 e	0.4 e	0.4 e	0.4 e
Switzerland	146	....	....	2.3	0.6	3.9	14.5	0.6 e	0.4 e	0.3 e	0.4 e	0.3 e	0.6 e
Taiwan Prov.of China	528	1.1 e	3.2 e	4.0 e	7.1 e	7.1 e	6.7 e	4.6 e	4.2 e	9.0 e	6.6 e	7.5 e	11.4 e
United Kingdom	112	14.4	40.2	29.8	29.0	29.5	19.3	1.3 e	0.8 e	8.1 e	2.8 e	1.6 e	0.7 e
United States	111	0.5	2.7	9.4	11.6	1.0	1.9	6.8 e	8.2 e	10.0 e	7.4 e	6.6 e	11.1 e
Emerg. & Dev. Economies	200	259.7	261.3	273.7	317.2	306.6	339.5	128.6	126.8	130.1	193.9	225.5	218.9
Emerg. & Dev. Asia	505	259.5	261.0	270.3	315.5	305.2	338.4	125.0	125.4	128.4	187.3	223.7	217.5
American Samoa	859	....	....	....	....	0.2	0.0	....	....	....	....	....	....
Bangladesh	513	....	....	0.2	0.9	0.9	1.2	....	....	....	....	....	....
China,P.R.: Mainland	924	181.0	180.2	219.2	263.8	232.2	273.3	34.4 e	41.4 e	41.3 e	55.6 e	92.4 e	115.8 e
Fiji	819	1.0	1.9	1.5	2.4	2.2	1.1	10.1 e	14.9 e	15.3 e	22.1 e	12.1 e	13.0 e
F.T. New Caledonia	839	0.3	0.6	0.6	0.8	0.4	0.2	0.1 e	0.0 e	0.0 e	0.1 e	0.1 e	0.1 e
India	534	5.1	6.6	1.7	0.0	28.8	17.2	1.3 e	1.4 e	7.7 e	2.5 e	5.6 e	3.6 e
Indonesia	536	7.6	2.4	1.7	2.6	2.3	2.0	14.5 e	14.0 e	14.9 e	22.9 e	18.1 e	13.3 e
Kiribati	826	0.7	0.4	0.6	0.4	0.2	0.4	0.0 e	....	0.0 e	0.0 e	0.0 e	0.0 e
Malaysia	548	7.8	4.5	7.7	12.0	12.6	12.8	31.4 e	27.2 e	23.6 e	50.2 e	44.8 e	25.7 e
Marshall Islands	867	0.1	....	0.0	0.0	....	0.0	....	....	....	....	....	....
Myanmar	518	....	0.0 e	....	0.0 e	....	0.0 e	....	....	....	....	0.3 e	0.3 e
Nauru	836	0.2	0.5	0.2	0.4	0.4	0.3	....	....	....	....	....	....
Papua New Guinea	853	0.4	2.7	2.2	6.5	0.8	0.9	19.1 e	10.5 e	9.6 e	20.1 e	24.2 e	20.3 e
Philippines	566	30.8	29.3	14.8	13.0	16.4	16.2	1.4 e	1.9 e	2.2 e	2.9 e	1.1 e	1.4 e
Samoa	862	0.0	....	0.1	0.0	0.0	....	....	0.0 e	0.1 e	0.0 e	0.0 e	0.0 e
Sri Lanka	524	....	0.1	0.2	....	0.2	....	0.1 e	0.0 e	....	....	....	0.0 e
Thailand	578	22.2	25.0	16.5	10.2	4.2	3.7	11.5 e	13.3 e	12.8 e	10.5 e	13.2 e	11.3 e
Timor-Leste	537	....	....	0.0 e	0.0 e	0.0 e	0.1 e	....	....	....	....	....	....
Tonga	866	....	....	0.0	0.0	0.0	1.3	....	0.0 e	0.0 e	0.0 e	0.0 e	0.0 e
Tuvalu	869	0.0	....	....	0.0	0.2	....	....	....	....	....	....	....
Vanuatu	846	0.8	6.0	1.5	0.9	1.0	1.5	1.1 e	0.8 e	0.8 e	0.5 e	0.4 e	0.4 e
Vietnam	582	1.5	0.9	1.6	1.4	2.3	6.1	....	....	....	....	11.2 e	12.2 e

Solomon Islands (813)

In Millions of U.S. Dollars

		Exports (FOB)						Imports (CIF)					
		2011	2012	2013	2014	2015	2016	2011	2012	2013	2014	2015	2016
Europe	170	0.0	0.1	0.0	0.1	0.1	0.0	....	0.0	0.0	0.5	0.4	0.1
Emerg. & Dev. Europe	903	0.0	0.0	0.0	0.0	0.1	0.0	....	0.0	0.0	0.5	0.4	0.1
Croatia	960	....	0.0 e	....	....	0.0 e	0.0 e	....	....	0.0 e	0.4 e	0.0 e	0.0 e
Turkey	186	....	....	....	0.0	0.1	0.0	....	0.0 e	....	0.0 e	0.4 e	0.0 e
Mid East, N Africa, Pak	440	0.0	0.0	0.4	0.8	0.2	0.4	0.0	0.0	0.1	0.2	0.0	0.1
Bahrain, Kingdom of	419	....	....	0.4 e	0.0 e	0.0 e	0.0 e	....	....	....	....	....	....
Oman	449	....	....	0.0	....	....	0.0	....	....	....	0.1 e	....	....
Qatar	453	....	....	....	....	0.2	0.0	....	....	....	....	....	....
Saudi Arabia	456	0.0 e	....	....	0.8 e	....	....	....	....	....	....	....	....
Tunisia	744	....	....	....	....	....	0.0 e	....	....	0.1 e	0.0 e	....	0.0 e
United Arab Emirates	466	....	....	....	....	....	0.3	....	....	....	....	....	....
Sub-Saharan Africa	603	0.1	0.0	0.8	0.0	0.4	0.3	3.2	1.1	1.3	5.8	1.0	1.0
Angola	614	....	....	0.2 e	....	....	....	....	....	....	....	....	....
Kenya	664	0.0 e	0.0 e	0.0 e	0.0 e	0.0 e	0.0 e	0.6 e	0.6 e	....	0.6 e	0.6 e	0.6 e
Madagascar	674	....	....	....	0.0 e	0.1 e	....	....	....	....	0.0 e	....	....
Malawi	676	....	....	....	....	....	....	0.1 e	....	....	....	0.1 e	0.1 e
Nigeria	694	....	....	0.3 e	....	0.3 e	0.3 e	....	....	....	....	....	....
Seychelles	718	0.0 e	0.0 e	0.0 e	....	....	....	....	....	....	....	....	0.3 e
South Africa	199	....	0.0	0.0	....	....	....	2.5 e	0.4 e	0.4 e	5.1 e	0.3 e	0.0 e
Swaziland	734	....	....	0.2	....	....	....	....	....	....	....	....	....
Tanzania	738	....	....	....	....	0.0 e	....	....	....	0.3 e	....	....	....
Zambia	754	....	0.0 e	0.0 e	....	....	....	....	....	....	0.7 e	....	....
Western Hemisphere	205	0.1	0.2	2.1	0.8	0.6	0.5	0.4	0.3	0.3	0.2	0.4	0.3
Argentina	213	....	....	....	....	....	....	0.0 e	0.1 e	0.1 e	0.1 e	0.1 e	0.1 e
Brazil	223	....	....	0.0 e	....	....	....	0.3 e	0.2 e	0.1 e	0.1 e	0.4 e	0.1 e
Colombia	233	....	....	....	0.0 e	0.1 e	0.1 e	....	....	....	....	....	0.1 e
Ecuador	248	....	0.1 e	1.6 e	0.7 e	0.5 e	0.2 e	....	0.0 e	....	....	....	....
Haiti	263	0.1 e	0.0 e	0.1 e	0.1 e	0.1 e	0.1 e	....	....	....	....	....	....
Peru	293	0.0 e	0.0 e	....	....	....	0.1 e	....	....	0.1 e	....	....	....
Venezuela, Rep. Bol.	299	0.1 e	0.0 e	0.4 e	0.0 e	....	....	....	....	....	....	....	....
Other Countries n.i.e	910	....	0.0	....	....	0.4	0.3	....	....	....	....	....	....
Korea, Dem. People's Rep.	954	....	....	....	....	0.4	0.3	....	....	....	....	....	....
Memorandum Items													
Africa	605	0.1	0.0	0.8	0.0	0.4	0.3	3.2	1.1	1.4	5.8	1.0	1.1
Middle East	405	0.0	0.0	0.4	0.8	0.2	0.4	....	....	....	0.1	....	....
European Union	998	65.1	63.0	63.2	61.5	59.1	54.3	5.4	11.5	16.6	8.6	8.7	5.3
Export earnings: fuel	080	0.1	0.1	3.0	1.6	1.1	0.9	....	0.0	....	0.1	....	0.1
Export earnings: nonfuel	092	411.1	466.7	480.3	460.4	411.4	437.3	481.7	519.0	518.4	504.5	464.4	439.9

Somalia (726)
In Millions of U.S. Dollars

		Exports (FOB) 2011	2012	2013	2014	2015	2016	Imports (CIF) 2011	2012	2013	2014	2015	2016
IFS World		....	....	....	....	....	....	....	....	....	....	....	....
World	001	490.1	478.0	639.6	607.8	683.3	647.4	1,518.4	1,596.2	1,804.4	2,032.5	2,146.4	2,369.0
Advanced Economies	110	4.9	6.4	7.8	6.4	18.3	25.9	80.4	77.4	111.5	154.1	178.1	162.3
Euro Area	163	2.6	1.9	2.1	3.2	8.9	13.1	59.6	37.1	52.6	79.3	93.9	84.4
Austria	122	0.0 e	0.0 e	0.0 e	0.0 e	0.0 e	0.0 e	0.4 e	0.5 e	0.6 e	0.6 e	1.0 e	0.8 e
Belgium	124	0.0 e	0.0 e	0.0 e	0.0 e	0.0 e	....	7.5 e	4.0 e	1.5 e	1.4 e	3.7 e	6.7 e
Cyprus	423	....	....	....	....	....	....	0.4 e	0.2 e	0.3 e	0.8 e	1.8 e	1.7 e
Finland	172	....	....	....	....	0.0 e	....	0.0 e	0.0 e	0.3 e	0.7 e	0.8 e	0.2 e
France	132	0.3 e	0.3 e	0.9 e	1.6 e	6.7 e	10.4 e	24.9 e	14.0 e	17.9 e	18.4 e	15.3 e	12.6 e
Germany	134	0.7 e	0.4 e	0.5 e	0.6 e	0.7 e	0.9 e	3.0 e	2.5 e	5.5 e	7.3 e	17.5 e	11.0 e
Greece	174	0.1 e	0.0 e	....	0.0 e	0.1 e	0.1 e	0.3 e	0.2 e	0.5 e	0.5 e	0.6 e	0.4 e
Ireland	178	0.0 e	0.0 e	0.0 e	0.0 e	0.0 e	0.0 e	0.9 e	0.8 e	0.9 e	1.2 e	3.2 e	1.0 e
Italy	136	1.4 e	1.0 e	0.7 e	0.5 e	0.4 e	0.9 e	15.1 e	7.2 e	15.8 e	32.1 e	26.3 e	23.9 e
Latvia	941	....	0.0 e	....	0.0 e	....	....	0.7 e	0.0 e	....	0.0 e	0.1 e	0.1 e
Lithuania	946	....	....	....	....	....	....	0.1 e	....	....	0.0 e	0.0 e	0.1 e
Luxembourg	137	....	....	....	....	....	....	0.0 e	0.1 e	0.0 e	0.6 e	2.1 e	....
Malta	181	....	....	....	....	0.0 e	....	....	1.0 e	1.5 e	3.3 e	1.7 e	1.1 e
Netherlands	138	0.0 e	0.0 e	0.0 e	0.4 e	0.0 e	0.3 e	5.2 e	5.3 e	6.3 e	9.7 e	10.1 e	12.1 e
Portugal	182	....	....	....	0.0 e	....	....	0.0 e	0.0 e	0.1 e	0.0 e	0.5 e	0.5 e
Slovak Republic	936	....	....	....	....	0.0 e	0.0 e	....	....	....	0.9 e	1.4 e	0.1 e
Slovenia	961	....	....	....	....	....	....	0.4 e	1.1 e	0.6 e	0.2 e	0.4 e	0.7 e
Spain	184	0.1 e	0.1 e	0.1 e	0.1 e	1.0 e	0.5 e	0.9 e	0.2 e	0.7 e	1.6 e	7.3 e	11.4 e
Australia	193	0.1 e	0.0 e	0.1 e	0.1 e	0.0 e	0.4 e	0.8 e	0.1 e	0.4 e	0.2 e	0.3 e	0.4 e
Canada	156	0.1 e	0.1 e	0.0 e	0.1 e	0.2 e	0.2 e	1.2 e	0.4 e	0.8 e	1.4 e	1.2 e	2.0 e
China,P.R.: Hong Kong	532	1.0 e	3.1 e	4.0 e	1.5 e	0.0 e	0.5 e	0.0 e	5.3 e	13.9 e	3.3 e	1.8 e	1.8 e
Czech Republic	935	....	....	....	....	....	....	0.1 e	....	1.0 e	0.8 e	0.1 e	0.2 e
Denmark	128	....	0.0 e	0.0 e	0.0 e	....	....	0.8 e	0.6 e	1.3 e	4.1 e	2.9 e	2.6 e
Japan	158	0.1 e	0.0 e	0.1 e	0.2 e	1.4 e	7.9 e	1.0 e	0.2 e	1.0 e	3.3 e	5.7 e	3.8 e
Korea, Republic of	542	....	0.0 e	....	0.5 e	6.1 e	1.6 e	1.0 e	1.5 e	2.1 e	4.8 e	5.8 e	9.6 e
New Zealand	196	0.0 e	0.1 e	0.0 e	0.0 e	0.0 e	0.0 e	....	0.0 e	0.2 e	0.0 e	0.3 e	2.5 e
Norway	142	0.0 e	....	....	....	....	0.0 e	1.0 e	0.1 e	0.6 e	0.7 e	0.4 e	0.5 e
Singapore	576	....	0.0 e	0.0 e	0.2 e	0.3 e	0.5 e	....	0.9 e	1.6 e	1.4 e	0.7 e	0.7 e
Sweden	144	0.0 e	0.0 e	0.0 e	0.0 e	0.0 e	0.2 e	0.4 e	0.7 e	0.7 e	0.6 e	1.8 e	1.6 e
Switzerland	146	0.0 e	0.0 e	0.1 e	0.1 e	0.1 e	0.1 e	0.3 e	0.1 e	0.2 e	0.4 e	1.1 e	0.4 e
Taiwan Prov.of China	528	0.0 e	0.0 e	0.0 e	0.0 e	0.0 e	0.0 e	0.3 e	0.3 e	0.5 e	1.5 e	1.6 e	1.0 e
United Kingdom	112	0.0 e	0.2 e	0.2 e	0.0 e	0.1 e	0.3 e	7.5 e	12.4 e	17.6 e	14.5 e	12.1 e	11.7 e
United States	111	1.0 e	0.9 e	1.1 e	0.5 e	0.9 e	0.9 e	6.4 e	17.7 e	16.9 e	37.8 e	48.5 e	39.1 e
Emerg. & Dev. Economies	200	485.2	471.7	631.8	601.4	665.0	621.5	1,437.9	1,518.7	1,692.9	1,878.4	1,968.2	2,206.7
Emerg. & Dev. Asia	505	9.4	10.8	52.7	75.0	39.5	27.7	339.2	352.4	409.5	711.2	885.4	1,112.4
China,P.R.: Mainland	924	5.5 e	2.9 e	15.3 e	28.1 e	23.3 e	11.0 e	96.6 e	107.4 e	141.5 e	218.5 e	318.0 e	425.5 e
India	534	2.9 e	7.0 e	37.2 e	46.8 e	15.6 e	16.5 e	214.0 e	210.5 e	178.2 e	355.4 e	444.0 e	536.2 e
Indonesia	536	0.5 e	0.6 e	0.0 e	0.1 e	0.2 e	....	6.3 e	11.5 e	23.4 e	38.8 e	32.8 e	45.0 e
Malaysia	548	....	0.0 e	....	....	0.0 e	....	11.1 e	13.0 e	31.9 e	73.5 e	70.6 e	88.0 e
Philippines	566	....	....	....	....	0.0 e	0.0 e	....	0.0 e	0.2 e	0.0 e	1.4 e	0.5 e
Sri Lanka	524	....	0.0 e	0.0 e	0.0 e	0.0 e	0.0 e	1.5 e	0.0 e	9.2 e	0.3 e	0.1 e	0.1 e
Thailand	578	0.5 e	0.3 e	0.1 e	0.0 e	0.5 e	0.2 e	9.7 e	10.0 e	25.1 e	24.6 e	18.4 e	17.1 e
Europe	170	2.4	1.2	1.0	1.5	1.4	15.2	42.1	48.2	62.7	68.6	85.6	146.3
Emerg. & Dev. Europe	903	2.4	1.1	1.0	1.5	1.3	2.1	42.0	46.6	62.0	66.6	78.8	130.5
Bosnia and Herzegovina	963	....	0.0 e	....	0.0 e	....	0.0 e	....	....	....	....	....	0.1 e
Bulgaria	918	....	....	....	....	....	....	0.1 e	0.0 e	0.0 e	0.0 e	....	0.9 e
Croatia	960	0.0 e	0.0 e	0.0 e	....	....	....	....	0.2 e	....	0.0 e	1.9 e	1.4 e
Hungary	944	....	....	....	....	0.0 e	0.0 e	0.0 e	0.0 e	0.1 e	0.1 e	0.1 e	0.1 e
Poland	964	....	0.0 e	....	0.0 e	0.0 e	0.0 e	0.0 e	0.0 e	0.1 e	0.5 e	1.2 e	0.7 e
Romania	968	0.0 e	....	....	....	....	0.0 e	....	....	0.0 e	0.0 e	0.1 e	4.1 e
Serbia, Republic of	942	0.0 e	....	....	0.0 e	0.0 e	0.0 e	....	....	....	0.2 e	0.2 e	0.3 e
Turkey	186	2.3 e	1.1 e	1.0 e	1.4 e	1.3 e	2.0 e	41.9 e	46.4 e	61.8 e	65.8 e	75.3 e	122.8 e
CIS	901	0.0	0.1	0.0	0.0	0.0	13.1	0.1	1.6	0.7	2.0	6.9	15.8
Belarus	913	0.0 e	....	....	....	0.0 e	12.9 e	0.1 e	0.0 e	0.0 e	0.0 e	0.0 e	0.1 e
Kazakhstan	916	0.0 e	0.1 e	0.0 e	0.0 e	0.0 e	0.0 e	....	....	....	....	4.6 e	0.8 e
Moldova	921	....	....	....	....	....	....	....	....	....	....	....	0.1 e

Somalia (726)

In Millions of U.S. Dollars

		Exports (FOB)						Imports (CIF)					
		2011	2012	2013	2014	2015	2016	2011	2012	2013	2014	2015	2016
Russian Federation	922	....	0.0 e	0.0 e	0.0 e	0.0 e	0.1 e	....	1.0 e	0.5 e	0.7 e	1.6 e	0.9 e
Ukraine	926	0.0 e	0.0 e	0.0 e	0.0 e	0.0 e	0.2 e	....	0.5 e	0.1 e	1.3 e	0.7 e	13.9 e
Mid East, N Africa, Pak	**440**	**427.9**	**456.0**	**542.3**	**522.5**	**595.6**	**550.3**	**575.3**	**583.8**	**705.4**	**580.1**	**476.4**	**377.1**
Bahrain, Kingdom of	419	1.5 e	9.2 e	17.9 e	3.8 e	4.7 e	7.6 e	0.0 e	0.0 e	0.1 e	0.1 e	0.4 e	0.4 e
Djibouti	611	4.0 e	5.4 e	6.0 e	6.5 e	10.0 e	11.0 e	24.3 e	38.2 e	22.9 e	37.8 e	62.2 e	65.7 e
Egypt	469	0.4 e	0.3 e	0.4 e	0.7 e	0.5 e	....	77.3 e	19.9 e	26.2 e	42.5 e	57.4 e	....
Jordan	439	2.6 e	1.3 e	0.2 e	0.1 e	2.8 e	0.9 e	0.5 e	1.1 e	1.5 e	1.3 e	1.6 e	1.8 e
Kuwait	443	16.3 e	13.8 e	0.5 e	0.3 e	0.4 e	0.4 e	....	....	....	....	....	....
Lebanon	446	6.9 e	4.8 e	0.6 e	0.3 e	0.1 e	0.2 e	....	0.0 e	....	0.2 e	0.4 e	0.2 e
Morocco	686	0.1 e	0.1 e	0.0 e	0.0 e	0.0 e	0.2 e	....	....	....	....	....	0.4 e
Oman	449	69.2 e	81.4 e	106.4 e	129.3 e	132.9 e	142.5 e	131.3 e	195.4 e	340.4 e	219.7 e	195.3 e	187.3 e
Pakistan	564	8.9 e	5.8 e	5.9 e	8.5 e	6.6 e	6.4 e	84.4 e	69.2 e	67.0 e	31.8 e	25.3 e	34.9 e
Qatar	453	4.9 e	2.8 e	0.3 e	0.8 e	0.4 e	0.9 e	0.8 e	1.0 e	0.7 e	1.9 e	0.7 e	1.3 e
Saudi Arabia	456	210.9 e	211.0 e	284.7 e	266.5 e	300.7 e	288.8 e	174.7 e	198.5 e	185.2 e	172.8 e	97.2 e	79.3 e
Sudan	732	0.2 e	0.2 e	0.2 e	0.1 e	0.1 e	0.7 e	....	....	....	....	0.1 e	0.5 e
Syrian Arab Republic	463	0.6 e	0.2 e	0.2 e	0.2 e	0.2 e	0.2 e	0.8 e	0.1 e	0.1 e	0.1 e	0.0 e	0.0 e
Tunisia	744	0.0 e	0.0 e	0.0 e	0.0 e	1.7 e	0.0 e	....	....	....	....	0.1 e	0.2 e
United Arab Emirates	466	67.8 e	75.1 e	76.2 e	82.8 e	115.4 e	69.4 e	....	....	....	....	....	....
West Bank and Gaza	487	....	0.1 e	0.2 e	0.1 e	....	....	....	....	....	....	....	....
Yemen, Republic of	474	33.7 e	44.5 e	42.6 e	22.6 e	19.2 e	21.1 e	81.2 e	60.4 e	61.2 e	71.9 e	35.7 e	5.0 e
Sub-Saharan Africa	**603**	**45.4**	**0.5**	**33.2**	**2.2**	**28.4**	**28.2**	**474.5**	**521.8**	**492.6**	**491.9**	**480.8**	**483.9**
Angola	614	0.3 e	0.2 e	....	0.0 e	....	....	....	....	....	....	....	....
Burkina Faso	748	....	....	....	....	....	....	0.1 e	0.1 e	....	....	....	....
Côte d'Ivoire	662	....	....	....	0.2 e	3.0 e	3.2 e	....	....	....	0.0 e	....	....
Ethiopia	644	0.0 e	0.0 e	0.0 e	0.1 e	0.1 e	0.1 e	257.9 e	275.4 e	271.4 e	317.2 e	306.6 e	298.8 e
Ghana	652	....	0.0 e	0.2 e	....	....	....	....	....	....	....	....	....
Kenya	664	1.5 e	0.2 e	3.2 e	1.6 e	1.4 e	1.2 e	193.0 e	226.7 e	205.3 e	157.0 e	163.3 e	172.3 e
Madagascar	674	0.1 e	....	....	....	....	....	....	....	....	....	0.0 e	....
Mauritius	684	0.0 e	....	....	....	....	0.0 e	....	....	....	....	....	0.1 e
Mozambique	688	....	....	....	0.1 e	0.0 e	0.0 e	....	0.0 e	....	....	0.0 e	0.0 e
Namibia	728	....	....	....	....	....	....	0.4 e	0.0 e	0.0 e	0.0 e	0.0 e	0.0 e
Niger	692	....	....	....	....	....	....	0.1 e	....	....	....	....	....
Nigeria	694	43.3 e	....	29.7 e	....	23.2 e	23.6 e	....	....	....	....	....	....
Sierra Leone	724	....	....	....	....	0.2 e	....	....	....	....	....	....	....
South Africa	199	0.1 e	0.0 e	0.1 e	0.1 e	0.0 e	0.0 e	15.3 e	3.8 e	7.0 e	5.9 e	5.4 e	9.3 e
Tanzania	738	....	0.0 e	....	0.0 e	0.4 e	....	1.2 e	1.1 e	0.6 e	7.1 e	3.0 e	0.4 e
Togo	742	....	....	....	....	....	....	0.9 e	0.1 e	....	....	0.1 e	0.0 e
Uganda	746	....	....	....	....	....	....	5.4 e	14.5 e	8.2 e	4.7 e	2.4 e	3.0 e
Zambia	754	....	....	0.0 e	....	0.0 e	....	....	....	0.0 e	0.0 e	....	0.1 e
Western Hemisphere	**205**	**0.1**	**3.2**	**2.6**	**0.2**	**0.1**	**0.1**	**6.9**	**12.5**	**22.7**	**26.6**	**40.0**	**86.9**
Argentina	213	0.1 e	0.0 e	0.4 e	0.0 e	0.0 e	0.0 e	....	0.0 e	0.2 e	....	1.0 e	0.6 e
Brazil	223	....	3.1 e	2.1 e	0.1 e	0.0 e	0.0 e	6.9 e	12.5 e	22.5 e	26.0 e	39.1 e	86.3 e
El Salvador	253	....	....	....	0.1 e	0.0 e	0.0 e	....	....	....	....	....	....
Peru	293	0.0 e	0.0 e	....	....	0.0 e	0.0 e	....	....	0.0 e	0.6 e	....	....
Memorandum Items													
Africa	605	49.6	6.1	39.3	8.8	40.3	40.1	498.8	560.0	515.5	529.7	543.1	550.8
Middle East	405	414.8	444.6	530.3	507.5	577.2	532.0	466.5	476.4	615.4	510.5	388.7	275.4
European Union	998	2.6	2.1	2.3	3.3	9.0	13.7	68.5	51.1	73.4	99.8	114.0	107.8
Export earnings: fuel	080	448.0	438.3	558.3	506.1	596.9	554.4	387.9	456.3	588.2	467.0	335.5	275.1
Export earnings: nonfuel	092	42.1	39.7	81.3	101.7	86.4	93.0	1,130.4	1,139.9	1,216.2	1,565.5	1,810.8	2,094.0

South Africa (199)

In Millions of U.S. Dollars

		Exports (FOB)						Imports (FOB)					
		2011	2012	2013	2014	2015	2016	2011	2012	2013	2014	2015	2016
IFS World		108,794.5	99,511.9	96,216.8	92,211.6	81,189.0	74,776.9	102,778.0	104,140.5	103,371.4	99,831.7	85,271.1	74,719.3
World	001	109,438.4	99,555.9	95,956.3	91,164.0	81,488.0	74,913.0	101,903.9	104,146.6	103,495.5	99,899.2	85,421.1	74,990.9
Advanced Economies	110	47,469.9	40,012.7	38,849.5	38,206.9	34,145.4	32,461.6	50,858.9	48,555.3	47,472.3	44,389.5	39,757.7	34,326.2
Euro Area	163	15,932.4	13,306.3	13,223.5	13,884.4	12,974.5	13,252.9	22,377.4	22,077.8	22,780.5	21,173.6	19,468.3	18,165.3
Austria	122	133.5	100.1	119.5	110.2	76.3	71.8	675.8	737.2	660.6	591.5	535.0	456.0
Belgium	124	2,148.3	1,877.9	1,965.7	2,459.5	2,314.7	2,298.8	1,261.0	1,260.4	1,128.9	1,075.5	1,009.4	833.3
Cyprus	423	9.3	4.5	9.5	7.5	8.5	10.4	1.9	2.7	5.0	5.3	5.2	2.5
Estonia	939	27.3	26.7	17.7	15.9	17.1	16.9	48.2	25.5	27.7	38.2	44.0	10.2
Finland	172	303.9	354.0	393.7	318.7	32.7	34.5	490.7	632.0	445.0	368.9	339.9	333.5
France	132	1,001.7	911.0	1,003.6	910.5	756.0	750.5	2,665.6	2,487.6	2,327.1	2,229.9	1,930.2	2,280.1
Germany	134	5,878.5	4,539.5	4,288.5	4,583.7	5,336.9	5,636.7	10,658.9	10,234.7	10,733.0	10,027.6	9,661.9	8,835.6
Greece	174	82.6	53.6	37.2	46.6	49.8	63.2	40.5	36.4	49.3	52.4	55.5	55.4
Ireland	178	161.2	112.8	88.0	93.3	130.7	88.7	626.1	638.1	605.7	469.6	436.2	384.7
Italy	136	1,773.3	1,359.5	1,086.0	1,057.8	1,088.6	1,103.0	2,696.3	2,578.1	2,709.8	2,644.7	2,238.6	1,847.3
Latvia	941	3.3	9.4	6.1	5.4	5.1	7.4	6.3	7.2	31.5	33.9	16.7	16.2
Lithuania	946	10.8	26.0	12.9	9.8	39.0	49.5	18.3	18.7	29.2	23.8	35.4	41.9
Luxembourg	137	19.9	6.7	31.4	28.7	6.0	7.0	58.0	45.1	53.5	48.6	55.2	48.4
Malta	181	3.2	2.6	33.0	39.2	29.1	12.5	22.6	19.3	18.1	15.5	15.7	13.5
Netherlands	138	2,964.7	2,805.7	3,067.4	2,994.4	1,993.1	2,016.0	1,439.8	1,789.3	1,665.4	1,447.4	1,249.3	1,280.6
Portugal	182	120.6	84.2	122.9	136.5	125.5	141.8	139.7	157.3	217.3	198.9	199.6	207.0
Slovak Republic	936	1.8	1.5	2.2	2.3	1.5	1.4	108.5	124.2	138.7	127.4	160.6	148.1
Slovenia	961	137.4	97.6	115.2	98.2	71.0	64.3	40.5	51.2	46.8	49.3	46.2	47.1
Spain	184	1,151.2	932.9	822.8	966.3	892.6	878.3	1,378.7	1,232.9	1,887.9	1,725.2	1,433.7	1,323.9
Australia	193	875.3	891.6	815.2	837.4	854.7	745.2	1,583.9	1,411.2	1,337.9	1,093.0	974.0	747.9
Canada	156	464.3	437.1	314.0	661.2	413.6	381.2	833.5	708.2	518.4	422.0	459.1	343.5
China,P.R.: Hong Kong	532	1,251.3	1,431.5	1,437.0	1,893.2	1,767.5	1,780.8	268.0	248.9	240.9	316.2	512.4	285.4
China,P.R.: Macao	546	0.5	0.3	0.1	0.2	0.5	0.9	6.9	4.8	6.4	5.8	4.8	1.9
Czech Republic	935	201.5	186.5	158.5	133.9	120.9	151.1	613.9	563.7	644.9	599.3	544.4	559.1
Denmark	128	205.3	128.8	92.5	215.5	86.6	128.2	273.0	297.1	410.2	338.6	355.3	310.5
Iceland	176	19.7	1.1	1.6	2.8	3.5	6.2	2.4	9.2	5.7	3.3	3.3	2.2
Israel	436	805.6	874.7	582.8	667.9	451.3	328.6	343.9	323.1	289.3	291.4	261.3	251.4
Japan	158	7,662.0	5,681.5	5,555.6	4,875.9	3,989.5	3,469.8	4,728.9	4,622.0	4,079.7	3,779.5	3,153.2	2,562.0
Korea, Republic of	542	2,267.8	1,523.0	1,261.4	1,334.7	1,082.5	1,327.4	2,266.2	2,265.3	1,881.8	1,548.5	1,297.7	1,002.9
New Zealand	196	78.8	93.9	100.9	102.4	87.8	83.8	196.3	190.0	178.6	172.8	158.3	131.3
Norway	142	256.0	297.8	260.9	143.7	153.3	129.4	101.3	105.8	136.8	106.2	96.8	178.9
Singapore	576	380.4	887.6	979.6	852.9	544.6	454.8	1,126.1	1,243.2	1,970.7	1,828.4	1,344.4	385.5
Sweden	144	308.6	196.8	240.1	219.6	168.9	176.3	1,599.8	1,487.1	1,089.0	1,033.6	950.8	780.2
Switzerland	146	3,154.1	1,832.7	2,419.7	1,572.6	1,339.5	888.1	1,367.3	806.6	866.1	824.4	720.7	725.0
Taiwan Prov.of China	528	1,204.7	1,052.0	1,138.6	867.5	579.3	456.7	1,246.4	1,161.4	1,107.5	970.1	915.6	723.1
United Kingdom	112	3,994.0	3,357.3	3,300.1	3,465.3	3,305.6	3,168.4	3,989.0	3,526.4	3,351.7	3,272.7	2,491.3	2,170.4
United States	111	8,407.7	7,832.4	6,967.4	6,475.9	6,221.3	5,531.8	7,934.7	7,503.6	6,576.2	6,610.2	6,045.8	4,999.6
Emerg. & Dev. Economies	200	50,730.7	49,929.2	49,883.7	47,611.5	40,956.8	38,176.8	50,751.2	54,782.5	55,437.2	54,903.5	45,183.3	40,030.1
Emerg. & Dev. Asia	505	18,277.6	16,528.2	17,103.9	14,417.9	12,357.8	11,901.0	23,460.3	25,065.7	27,238.7	25,559.2	25,164.3	21,825.0
American Samoa	859	0.5	0.4	0.2	0.3	0.0	....	....	2.9	0.0	0.0	0.0	0.1
Bangladesh	513	36.3	39.1	41.4	78.9	97.3	121.1	70.4	73.2	70.1	68.6	90.6	76.8
Brunei Darussalam	516	1.9	1.9	2.1	2.1	0.5	1.4	0.2	0.1	0.0	0.0	0.0	0.2
Cambodia	522	1.6	2.5	1.5	2.5	3.8	2.5	7.5	16.2	17.3	12.3	17.0	20.4
China,P.R.: Mainland	924	12,423.7	10,328.5	12,041.6	8,760.1	7,468.8	6,860.6	14,209.1	14,571.6	15,977.7	15,430.9	15,667.1	13,581.2
Fiji	819	4.6	6.5	2.7	3.4	2.7	3.6	1.3	0.7	0.6	0.2	0.0	0.1
F.T. French Polynesia	887	0.4	1.0	1.7	0.7	0.3	1.6	....	0.2	0.1	0.0	0.0	0.0
F.T. New Caledonia	839	2.9	1.8	2.2	4.8	1.7	1.6	33.7	38.6	37.5	39.2	35.5	38.1
India	534	3,372.9	3,757.6	3,023.4	3,773.4	3,215.7	3,193.0	4,024.2	4,588.9	5,352.9	4,541.7	4,248.8	3,115.6
Indonesia	536	737.0	601.8	504.0	365.2	220.8	258.9	958.3	913.8	867.8	846.3	700.6	663.8
Kiribati	826	....	0.0	0.1	0.1	0.1	2.0	....	0.0	0.0	0.0	0.0	0.0
Lao People's Dem.Rep	544	0.5	0.6	0.6	0.5	0.3	0.6	....	0.1	0.3	0.3	0.1	0.3
Malaysia	548	995.1	1,049.2	685.1	635.6	538.8	490.8	1,278.1	1,323.7	989.4	1,002.5	854.3	779.6
Maldives	556	3.9	3.9	5.1	6.0	4.9	10.6	....	0.0	3.1	0.0	0.1	0.5
Mongolia	948	0.4	0.3	3.4	4.1	0.3	0.3	....	0.0	0.0	0.0	0.1	0.1
Myanmar	518	2.1	2.7	1.0	4.6	3.0	6.5	3.1	1.3	0.6	2.0	1.3	3.8
Nauru	836	....	....	....	0.0	0.0	....	0.2	0.1	0.0	0.0	0.0	0.0

South Africa (199)

In Millions of U.S. Dollars

		Exports (FOB) 2011	2012	2013	2014	2015	2016	Imports (FOB) 2011	2012	2013	2014	2015	2016
Nepal	558	7.3	1.4	1.7	1.1	1.7	2.8	1.1	1.1	0.8	0.7	0.8	0.9
Papua New Guinea	853	6.8	27.7	22.0	9.0	13.4	12.0	0.5	0.3	0.1	0.1	0.1	0.2
Philippines	566	67.3	72.7	84.8	62.6	59.7	53.3	169.0	180.4	151.3	130.8	161.1	173.8
Samoa	862	1.5	0.6	0.3	2.0	0.2	0.0	....	0.0	0.1	0.0	0.2	0.6
Solomon Islands	813	2.3	0.4	0.3	4.6	0.2	0.0	....	0.3	0.0	0.0	0.4	0.1
Sri Lanka	524	37.0	26.6	30.3	16.5	78.0	148.6	29.8	30.9	32.7	36.1	34.2	32.9
Thailand	578	456.3	485.1	475.8	478.2	431.8	488.4	2,266.0	2,678.8	2,749.8	2,379.9	2,076.4	2,158.1
Timor-Leste	537	0.8	1.3	....	0.3	0.1	0.1	....	0.0	0.0	0.0	0.0	0.0
Tonga	866	....	0.2	0.0	0.0	0.4	0.1	....	0.0	0.0	0.0	0.0	0.0
Tuvalu	869	0.4	1.4	0.4	0.6	1.0	1.0	....	0.0	0.0	0.1	0.0	0.0
Vanuatu	846	....	0.7	0.6	0.2	1.0	0.6	....	0.0	0.0	0.1	0.0	0.0
Vietnam	582	113.3	95.0	169.0	178.8	182.5	214.0	404.4	639.0	982.6	1,065.2	1,273.5	1,177.3
Asia n.s.	598	0.7	17.2	2.5	21.9	28.8	24.8	3.5	3.5	3.8	2.1	2.0	1.1
Europe	170	**1,485.9**	**1,607.4**	**1,473.2**	**1,435.9**	**1,254.2**	**1,076.4**	**2,600.6**	**2,175.0**	**2,451.3**	**2,732.2**	**2,510.4**	**2,046.5**
Emerg. & Dev. Europe	903	**1,102.9**	**1,099.0**	**964.5**	**933.2**	**832.2**	**668.8**	**2,282.6**	**1,777.6**	**1,876.4**	**2,115.5**	**1,946.7**	**1,719.3**
Albania	914	7.5	0.5	0.1	0.3	0.6	3.2	0.5	0.5	0.6	0.7	2.6	3.5
Bosnia and Herzegovina	963	1.1	0.4	0.5	2.8	8.1	9.8	2.6	2.8	3.8	4.5	3.6	5.8
Bulgaria	918	25.9	40.3	31.7	23.2	9.5	14.6	22.5	29.1	34.6	81.2	76.7	98.9
Croatia	960	10.0	26.0	25.0	12.8	4.6	6.0	27.9	27.5	55.1	35.9	11.3	12.1
Faroe Islands	816	....	0.1	0.1	0.0	....	0.0	0.1	0.2	0.5	0.6	0.1	0.1
Gibraltar	823	15.8	12.2	14.8	25.3	22.0	17.3	....	0.0	1.1	0.0	0.0	0.1
Hungary	944	87.7	99.1	46.5	69.0	74.9	81.1	724.4	504.2	343.5	297.4	294.2	266.1
Macedonia, FYR	962	0.4	0.3	0.0	0.1	0.0	0.8	1.0	0.7	0.6	1.3	1.5	1.3
Montenegro	943	....	....	0.0	0.5	0.6	0.8	....	....	0.0	1.3	0.7	0.1
Poland	964	332.9	210.6	153.0	167.4	133.2	140.2	668.2	567.3	625.0	730.6	673.2	653.8
Romania	968	48.2	48.6	51.5	40.2	36.0	36.6	266.6	137.1	137.6	306.4	293.4	236.6
Serbia, Republic of	942	1.3	....	....	0.1	1.0	2.7	2.4	....	....	0.3	5.5	7.8
Turkey	186	569.3	657.5	640.2	590.9	541.8	355.7	566.0	503.0	665.7	649.5	583.9	433.0
CIS	901	**382.7**	**508.1**	**508.7**	**502.6**	**421.7**	**407.6**	**317.8**	**397.4**	**574.8**	**616.7**	**563.7**	**327.2**
Armenia	911	1.0	2.1	2.2	0.5	2.4	1.2	....	0.1	0.1	0.1	0.0	0.1
Azerbaijan, Rep. of	912	5.9	9.2	14.8	12.2	16.7	2.5	0.3	0.8	0.0	0.4	0.3	0.0
Belarus	913	....	0.2	0.3	0.6	1.1	0.7	14.7	7.7	26.9	33.6	12.9	3.6
Georgia	915	3.5	30.4	23.7	19.6	15.6	12.1	0.4	0.5	0.8	0.8	0.2	0.5
Kazakhstan	916	10.0	5.4	4.2	5.0	10.9	35.8	2.2	5.7	2.2	7.0	5.0	12.4
Kyrgyz Republic	917	0.5	0.2	1.1	0.6	1.6	0.7	0.9	0.6	0.1	0.1	0.1	0.0
Moldova	921	....	0.1	0.1	0.4	0.1	0.3	0.2	1.6	1.0	0.2	1.0	0.4
Russian Federation	922	307.4	426.0	404.3	367.1	293.9	285.0	180.7	202.6	383.3	456.7	478.4	256.7
Tajikistan	923	0.3	0.0	0.1	0.1	0.0	0.0	....	0.0	0.0	0.0	0.0	0.0
Turkmenistan	925	....	1.6	1.0	0.7	0.1	0.2	....	0.0	0.3	0.0	0.1	0.0
Ukraine	926	53.5	32.9	55.5	95.8	78.8	69.1	116.4	176.6	159.3	116.2	65.5	53.0
Uzbekistan	927	0.6	0.0	1.3	0.1	0.5	0.0	1.9	1.3	1.0	1.4	0.2	0.5
Europe n.s.	884	0.3	0.2	0.0	0.0	0.3	0.0	0.3	0.1	0.0	0.0	0.0	0.0
Mid East, N Africa, Pak	440	**2,700.2**	**2,798.3**	**2,900.1**	**3,255.9**	**3,017.9**	**3,087.9**	**11,234.2**	**11,713.7**	**10,374.9**	**10,656.6**	**5,645.1**	**5,280.9**
Afghanistan, I.R. of	512	41.4	65.3	32.1	1.7	1.4	1.4	0.4	0.7	0.3	0.4	0.2	0.2
Algeria	612	380.3	385.9	372.9	169.2	133.3	39.8	33.9	2.8	4.3	8.1	5.0	0.3
Bahrain, Kingdom of	419	22.2	25.5	32.8	17.2	23.4	19.3	337.3	381.1	198.9	89.0	100.2	184.9
Djibouti	611	28.1	36.2	30.3	47.2	52.7	53.5	0.1	0.7	0.4	1.5	2.0	0.7
Egypt	469	82.5	87.9	79.5	89.8	120.6	210.5	52.6	71.6	53.2	60.8	68.3	59.2
Iran, I.R. of	429	96.1	45.7	17.7	24.7	16.5	22.3	3,735.1	1,302.0	5.5	11.1	12.0	18.0
Iraq	433	25.8	4.6	6.1	6.4	39.9	12.5	....	0.0	0.5	393.8	107.7	0.0
Jordan	439	28.4	22.6	21.8	32.2	35.8	43.2	24.3	26.3	32.3	39.2	34.0	25.8
Kuwait	443	81.9	72.8	81.3	93.2	113.1	81.5	29.6	51.7	17.7	208.7	285.0	32.9
Lebanon	446	15.3	22.9	10.2	10.0	16.5	10.5	10.5	3.8	3.5	2.6	3.6	3.2
Libya	672	12.6	6.7	22.5	5.2	2.8	6.6	....	0.1	0.1	0.0	0.0	0.0
Mauritania	682	67.7	39.6	29.3	27.8	11.8	15.3	....	0.1	0.2	0.7	0.0	5.1
Morocco	686	47.2	57.5	46.5	114.6	261.5	144.5	15.5	36.2	24.5	25.3	86.5	80.2
Oman	449	45.3	95.1	66.2	52.6	70.8	50.8	709.0	140.1	329.4	508.4	457.7	370.3
Pakistan	564	242.3	244.5	311.9	406.9	331.0	383.5	264.2	252.8	272.7	279.8	223.5	162.7
Qatar	453	23.0	41.4	54.2	51.3	49.1	80.6	494.4	460.7	256.1	390.8	500.1	372.2
Saudi Arabia	456	360.4	366.1	294.0	471.5	446.4	385.8	4,447.5	7,900.8	8,041.7	7,163.4	2,642.6	2,875.6

South Africa (199)

In Millions of U.S. Dollars

		Exports (FOB)						Imports (FOB)					
		2011	2012	2013	2014	2015	2016	2011	2012	2013	2014	2015	2016
Somalia	726	12.2	3.6	6.6	5.6	5.1	8.8	....	0.0	0.1	0.1	0.0	0.0
Sudan	732	74.8	35.7	30.4	38.0	24.7	22.6	0.2	0.3	0.3	0.2	0.2	0.0
Syrian Arab Republic	463	5.7	6.8	1.3	11.0	12.1	8.7	1.4	1.0	0.2	0.1	0.5	0.2
Tunisia	744	7.4	18.1	18.2	17.9	15.9	7.5	10.9	9.6	27.1	20.8	22.3	22.3
United Arab Emirates	466	956.3	1,052.5	1,248.1	1,482.2	1,190.4	1,451.6	949.8	1,071.4	944.2	1,451.6	1,093.5	1,066.7
Yemen, Republic of	474	43.1	61.5	86.0	79.7	43.1	27.2	117.6	0.0	161.7	0.0	0.0	0.2
Middle East n.s.	489	0.1	....	....	....	....	....	....	....	....	....	....	....
Sub-Saharan Africa	603	26,076.2	26,939.4	26,691.0	27,095.8	23,046.3	21,006.6	9,630.0	11,868.6	11,868.9	12,884.2	8,880.0	7,526.6
Angola	614	897.6	995.0	999.5	1,050.1	677.9	567.2	1,585.7	2,771.0	1,990.4	2,020.7	1,356.9	1,277.6
Benin	638	40.9	48.7	34.2	29.6	24.2	27.5	1.4	1.4	4.3	7.9	7.2	3.3
Botswana	616	4,569.6	5,047.8	4,607.4	4,769.2	4,142.5	3,724.5	337.3	401.1	526.1	468.2	432.8	409.9
Burkina Faso	748	29.1	55.4	33.9	24.7	34.0	28.7	0.3	0.1	0.3	0.1	0.2	0.2
Burundi	618	5.6	8.5	5.1	6.8	5.3	2.7	0.4	0.5	0.3	0.2	0.1	0.3
Cabo Verde	624	1.2	0.7	0.8	0.7	0.7	0.6	....	0.2	0.1	0.0	0.0	0.1
Cameroon	622	80.6	76.7	66.7	62.8	47.6	43.8	2.1	2.5	2.0	2.5	2.2	9.9
Central African Rep.	626	2.1	5.7	3.6	2.9	1.3	0.7	....	0.1	0.0	0.0	0.0	0.0
Chad	628	4.1	2.0	4.7	1.8	1.6	0.9	....	0.0	0.1	0.2	0.0	0.1
Comoros	632	7.4	5.7	6.2	4.4	4.5	3.8	0.8	0.3	0.7	0.5	0.5	0.2
Congo, Dem. Rep. of	636	1,107.4	1,474.6	1,366.1	1,238.0	1,023.7	795.1	....	9.1	12.4	17.3	96.5	97.3
Congo, Republic of	634	62.9	83.9	99.5	148.6	79.9	55.7	15.2	6.3	1.1	2.3	2.5	1.7
Côte d'Ivoire	662	90.9	106.0	92.0	109.4	69.9	113.1	16.2	22.1	22.1	29.1	31.2	24.7
Equatorial Guinea	642	15.0	7.7	14.7	26.4	7.8	9.1	....	72.6	289.8	382.5	112.4	52.5
Eritrea	643	13.0	25.9	9.1	10.9	20.9	13.0	....	0.0	0.0	0.1	0.0	0.1
Ethiopia	644	38.3	70.2	78.4	68.4	80.2	70.6	5.8	12.4	9.5	13.6	8.6	8.3
Gabon	646	54.5	63.3	62.9	73.4	45.8	40.3	19.3	21.8	134.3	131.8	8.8	6.7
Gambia, The	648	8.3	5.7	4.3	15.0	3.6	5.8	0.1	0.6	0.6	1.2	0.2	0.4
Ghana	652	421.2	518.3	399.1	344.0	344.0	337.3	13.9	220.2	635.6	663.7	14.3	13.1
Guinea	656	47.9	47.4	27.0	25.6	16.4	28.4	41.4	4.5	0.3	0.2	56.7	0.2
Guinea-Bissau	654	1.7	0.8	0.7	3.5	1.2	1.0	....	0.0	0.1	0.0	0.0	0.0
Kenya	664	853.8	719.7	799.0	719.6	651.1	561.4	23.9	29.0	25.3	33.7	19.0	19.5
Lesotho	666	1,585.6	1,601.7	1,411.2	1,312.3	1,173.6	1,148.8	269.4	260.7	238.0	255.7	268.4	293.6
Liberia	668	17.5	20.0	15.7	58.6	45.4	36.7	1.5	2.2	1.1	0.1	0.3	51.4
Madagascar	674	164.7	171.3	171.4	154.8	141.2	156.6	44.0	71.6	105.1	127.0	127.7	111.0
Malawi	676	401.0	438.2	507.1	416.1	368.6	364.6	65.9	68.3	68.3	68.9	55.5	54.9
Mali	678	116.3	85.1	95.2	65.6	58.1	64.5	0.4	1.4	0.5	1.8	0.3	1.3
Mauritius	684	326.3	318.9	307.0	331.0	292.0	327.8	156.5	207.9	214.1	179.6	179.2	157.0
Mozambique	688	2,434.9	2,351.8	2,808.6	2,997.5	2,328.9	2,287.6	1,022.4	1,276.2	1,263.0	1,043.2	819.7	691.7
Namibia	728	4,289.2	4,086.5	4,227.5	4,535.8	4,156.5	3,556.5	732.8	650.0	692.4	574.7	513.1	415.7
Niger	692	7.5	8.3	8.0	5.2	3.3	2.4	0.2	0.2	2.1	0.0	0.1	0.1
Nigeria	694	798.3	784.9	800.8	972.5	655.3	438.6	3,120.1	3,745.5	3,626.6	5,124.2	3,078.9	2,080.7
Rwanda	714	26.3	30.8	31.3	32.9	26.9	28.7	0.5	3.7	1.0	0.7	1.0	0.8
São Tomé & Príncipe	716	0.4	0.3	1.2	0.8	0.4	12.8	0.1	0.0	0.0	0.0	0.0	0.1
Senegal	722	95.3	92.4	92.6	116.3	107.7	120.1	1.3	1.5	2.1	2.4	19.1	2.1
Seychelles	718	51.2	46.6	45.2	54.5	61.2	67.0	0.7	0.7	0.8	1.2	0.8	1.9
Sierra Leone	724	157.5	123.2	102.1	56.7	26.2	22.9	2.4	1.1	10.0	0.5	0.8	1.3
Swaziland	734	1,578.7	1,501.8	1,513.6	1,502.4	1,252.8	1,164.5	934.5	1,148.5	1,164.1	1,146.0	1,090.2	1,055.7
Tanzania	738	577.0	601.3	509.8	494.6	542.9	444.4	76.3	59.1	105.2	50.1	29.8	24.2
Togo	742	33.6	42.7	28.8	66.2	62.1	87.6	16.0	0.2	0.3	4.1	0.7	89.6
Uganda	746	218.3	178.3	184.1	167.3	137.1	122.3	6.9	9.7	5.3	9.1	7.9	5.3
Zambia	754	2,383.0	2,646.3	2,705.8	2,714.8	2,301.0	2,091.4	367.9	404.5	367.6	334.3	205.4	185.9
Zimbabwe	698	2,448.0	2,411.1	2,389.7	2,283.8	2,006.8	2,013.5	431.6	379.7	341.4	184.8	324.1	376.1
Africa n.s.	799	11.9	28.1	19.0	20.2	14.0	16.0	314.8	0.1	4.7	0.2	6.6	0.3
Western Hemisphere	205	2,190.8	2,055.9	1,715.4	1,406.0	1,280.6	1,105.0	3,826.2	3,959.5	3,503.5	3,071.3	2,983.5	3,350.2
Antigua and Barbuda	311	0.3	2.0	2.5	6.3	5.9	3.9	....	0.8	0.3	0.2	0.2	0.0
Argentina	213	157.1	204.4	254.7	214.5	156.1	165.4	1,097.2	1,023.7	731.9	523.4	609.6	823.1
Aruba	314	....	0.2	0.4	0.4	0.2	0.4	38.6	0.0	0.0	0.1	0.0	0.0
Bahamas, The	313	2.3	3.3	2.4	6.8	11.1	6.8	6.3	19.7	12.2	25.9	15.1	30.9
Barbados	316	0.7	1.9	2.2	1.5	1.4	2.1	0.4	0.7	0.5	1.6	1.7	2.0
Belize	339	1.8	0.9	1.0	1.0	1.4	1.7	0.4	0.1	0.2	0.1	0.1	0.2
Bermuda	319	27.8	0.2	0.1	36.8	1.9	46.7	0.1	0.1	2.9	0.2	1.0	0.4

South Africa (199)
In Millions of U.S. Dollars

		Exports (FOB)						Imports (FOB)					
		2011	2012	2013	2014	2015	2016	2011	2012	2013	2014	2015	2016
Bolivia	218	2.1	1.8	0.7	1.9	7.3	3.1	1.1	1.8	2.0	2.1	2.7	1.7
Brazil	223	819.0	790.1	660.2	632.8	634.9	378.3	1,668.0	1,672.4	1,608.1	1,370.1	1,396.9	1,406.2
Chile	228	83.2	109.4	79.4	70.3	62.6	55.1	114.9	146.1	112.8	142.8	127.8	99.0
Colombia	233	35.1	31.4	33.8	42.5	22.8	26.7	23.5	128.9	47.0	228.3	146.3	61.5
Costa Rica	238	2.3	4.7	8.7	4.1	1.4	5.1	35.2	34.9	35.5	23.6	13.6	13.4
Dominica	321	....	0.0	0.2	0.3	0.1	0.6	....	0.1	0.1	2.8	0.1	0.8
Dominican Republic	243	2.6	4.9	3.0	5.6	6.8	10.9	7.5	8.2	11.7	18.8	12.2	23.4
Ecuador	248	71.8	20.5	11.4	27.0	46.2	12.3	73.2	77.4	78.6	5.9	6.7	6.6
El Salvador	253	0.5	2.8	2.0	0.8	0.5	0.9	3.6	4.6	4.0	4.3	3.0	3.3
Falkland Islands	323	....	0.1	0.1	0.2	0.2	0.2	2.1	3.1	2.2	1.3	3.4	1.2
Greenland	326	....	0.0	....	0.0	....	....	....	0.0	6.4	0.0	0.0	0.0
Grenada	328	0.5	0.8	0.4	0.4	0.2	0.1	....	0.0	0.0	0.0	0.0	0.0
Guatemala	258	1.9	6.5	5.3	2.8	1.4	4.2	12.5	7.9	6.5	20.7	4.6	7.0
Guyana	336	127.2	35.8	209.1	6.0	1.1	10.9	....	0.0	0.0	0.0	0.0	0.0
Haiti	263	2.0	8.7	7.4	2.0	1.4	1.3	....	0.0	0.0	0.0	0.0	0.0
Honduras	268	2.1	12.6	10.8	1.5	0.6	4.8	2.3	3.6	2.4	3.6	3.7	3.2
Jamaica	343	1.2	3.5	2.9	1.7	1.9	3.7	0.3	0.3	0.4	0.6	0.5	0.3
Mexico	273	659.0	575.2	231.4	162.1	109.0	138.3	609.7	724.0	727.2	531.2	522.7	614.1
Netherlands Antilles	353	8.5	4.1	4.2	4.9	3.9	3.2	63.0	0.2	0.6	0.1	0.1	0.1
Nicaragua	278	0.6	1.4	0.9	0.7	1.6	1.6	0.8	1.5	0.9	1.1	0.5	0.8
Panama	283	22.3	50.5	46.3	38.0	46.4	57.1	0.5	1.4	0.9	97.3	2.6	1.0
Paraguay	288	4.3	8.4	5.8	7.9	10.2	7.3	7.0	4.7	5.4	4.0	27.1	108.6
Peru	293	65.1	59.1	57.7	37.6	46.7	25.6	19.2	15.3	12.1	17.5	25.3	31.2
St. Kitts and Nevis	361	....	0.1	0.1	0.3	0.0	0.1	....	0.0	0.0	0.0	0.0	0.1
St. Lucia	362	0.1	0.4	0.2	0.1	0.1	0.2	....	0.0	0.0	0.0	0.0	0.0
St. Vincent & Grens.	364	....	0.3	0.2	0.6	0.2	0.2	....	0.0	0.0	0.0	0.0	0.0
Suriname	366	0.5	1.4	2.8	0.7	7.4	18.3	....	0.0	0.0	0.0	0.4	0.2
Trinidad and Tobago	369	4.5	15.5	17.6	5.5	4.4	13.6	0.6	1.2	0.9	0.7	0.5	28.9
Uruguay	298	23.7	16.0	12.7	22.6	22.7	25.9	31.8	61.6	78.2	32.9	31.3	45.1
Venezuela, Rep. Bol.	299	57.3	43.1	13.7	6.9	4.1	14.1	0.5	1.6	5.0	1.8	5.9	16.1
Western Hem. n.s.	399	3.6	33.9	23.3	50.8	56.6	54.4	5.8	13.3	6.6	8.2	17.9	20.0
Other Countries n.i.e	910	**47.1**	**8.8**	**3.7**	**3.8**	**3.9**	**16.2**	**6.4**	**4.9**	**7.1**	**5.6**	**6.8**	**4.5**
Cuba	928	0.4	0.8	2.3	0.4	1.2	10.9	2.8	2.9	4.1	4.1	2.0	2.0
Korea, Dem. People's Rep.	954	46.7	8.0	1.4	3.4	2.7	5.3	3.6	2.0	3.1	1.5	4.8	2.5
Special Categories	899	**474.6**	**9,344.8**	**7,118.0**	**5,214.8**	**6,310.5**	**4,130.0**	**45.7**	**563.1**	**486.6**	**468.3**	**369.3**	**498.6**
Countries & Areas n.s.	898	**10,716.1**	**260.3**	**101.4**	**127.1**	**71.3**	**128.5**	**241.7**	**240.9**	**92.2**	**132.3**	**104.0**	**131.4**
Memorandum Items													
Africa	605	26,693.8	27,515.9	27,225.4	27,516.0	23,551.3	21,298.7	9,690.5	11,918.3	11,925.8	12,941.0	8,996.1	7,635.2
Middle East	405	1,799.0	1,912.1	2,021.8	2,427.1	2,180.5	2,410.9	10,908.9	11,410.6	10,045.0	10,319.7	5,305.3	5,009.4
European Union	998	21,146.5	17,600.3	17,322.3	18,231.3	16,914.6	17,155.4	30,562.7	29,217.2	29,472.1	27,869.3	25,158.9	23,253.0
Export earnings: fuel	080	4,376.2	4,652.2	4,767.5	5,197.5	4,004.3	3,684.5	15,876.6	18,348.0	16,521.6	18,589.7	10,409.4	8,724.5
Export earnings: nonfuel	092	105,062.2	94,903.7	91,188.8	85,966.5	77,483.7	71,228.5	86,027.3	85,798.7	86,973.9	81,309.5	75,011.7	66,266.4

South Sudan (733)

In Millions of U.S. Dollars

		Exports (FOB) 2011	2012	2013	2014	2015	2016	Imports (CIF) 2011	2012	2013	2014	2015	2016
IFS World		....	....	....	....	....	....	....	....	....	....	....	....
World	001	....	139.1	2,320.2	4,085.0	2,192.9	1,375.8	....	99.1	283.8	224.6	350.7	228.9
Advanced Economies	110	....	136.6	0.2	0.3	1.0	1.0	....	47.8	113.4	100.7	113.9	51.7
Euro Area	163			0.1	0.1	0.2	0.3			50.6	56.1	65.1	29.1
Austria	122					0.0 e				0.7 e	1.9 e	1.9 e	2.0 e
Belgium	124			0.0 e	0.0 e	0.0 e	0.0 e			2.1 e	1.7 e	0.9 e	2.7 e
Cyprus	423										0.4 e	0.7 e	0.6 e
Finland	172						0.0 e			0.5 e	0.1 e	0.7 e	0.0 e
France	132				0.0 e	0.1 e	0.0 e			18.1 e	22.9 e	20.1 e	2.2 e
Germany	134			0.0 e	0.0 e	0.1 e	0.3 e			15.7 e	6.6 e	10.7 e	6.1 e
Greece	174										0.1 e	0.0 e	0.0 e
Ireland	178						0.0 e				0.2 e	0.2 e	0.2 e
Italy	136									1.3 e	1.4 e	1.7 e	1.0 e
Latvia	941					0.0 e	0.0 e			0.1 e	0.0 e	0.1 e	0.0 e
Malta	181										0.2 e	0.4 e	0.6 e
Netherlands	138			0.1 e	0.1 e	0.1 e	0.0 e			10.3 e	19.1 e	24.6 e	10.4 e
Portugal	182									0.0 e	0.2 e		0.0 e
Slovak Republic	936						0.0 e				0.1 e		0.0 e
Slovenia	961									0.3 e			0.0 e
Spain	184			0.0 e	0.0 e	0.0 e				1.7 e	1.2 e	3.0 e	3.1 e
Australia	193		0.0 e	0.0 e	0.0 e	0.6 e	0.1 e		0.6 e	0.2 e	0.1 e	0.3 e	0.2 e
Canada	156												0.3 e
China,P.R.: Hong Kong	532		0.0 e	0.0 e	0.0 e	0.0 e	0.0 e		2.0 e	3.4 e	2.2 e	2.6 e	2.4 e
Czech Republic	935									0.8 e	1.5 e	0.4 e	0.1 e
Denmark	128			0.0 e	0.0 e	0.0 e	0.0 e			1.1 e	3.0 e	3.1 e	4.8 e
Japan	158		136.6 e						12.3 e	16.0 e	11.7 e	14.5 e	0.2 e
Korea, Republic of	542		0.0 e		0.0 e		0.0 e		0.1 e	0.3 e	0.4 e	0.8 e	0.2 e
Norway	142						0.0 e						0.2 e
Singapore	576						0.1 e						0.0 e
Sweden	144			0.0 e	0.0 e	0.0 e	0.0 e			12.9 e	1.4 e	2.0 e	0.4 e
Switzerland	146						0.1 e						0.6 e
Taiwan Prov.of China	528					0.0 e						0.2 e	0.4 e
United Kingdom	112			0.0 e		0.0 e	0.1 e			3.3 e	4.1 e	4.8 e	2.4 e
United States	111			0.1 e	0.1 e	0.2 e	0.1 e		32.8 e	24.7 e	20.2 e	20.2 e	10.4 e
Emerg. & Dev. Economies	200	....	2.6	2,320.0	4,084.7	2,191.9	1,374.8	....	51.3	170.4	123.9	236.8	177.2
Emerg. & Dev. Asia	505	....	0.0	2,314.6	4,083.7	2,190.5	1,366.9	....	18.1	79.7	70.3	164.7	48.6
China,P.R.: Mainland	924		0.0 e	2,314.6 e	4,083.7 e	2,190.5 e	1,366.7 e		18.1 e	79.7 e	70.3 e	164.7 e	48.5 e
India	534						0.1 e						0.1 e
Europe	170	....	....	0.0	0.0	0.3	1.0	....	....	0.4	0.1	24.0	5.7
Emerg. & Dev. Europe	903	....	....	0.0	0.0	0.0	0.0	....	....	0.4	0.1	0.4	0.7
Bulgaria	918					0.0 e	0.0 e					0.1 e	
Croatia	960									0.0 e		0.1 e	0.4 e
Poland	964									0.1 e	0.1 e	0.2 e	0.1 e
Romania	968			0.0 e						0.3 e	0.0 e	0.0 e	
Turkey	186												0.2 e
CIS	901	....	....	....	....	0.3	1.0	....	....	....	....	23.6	5.0
Russian Federation	922						0.0 e						0.8 e
Ukraine	926					0.3 e	1.0 e					23.6 e	4.2 e
Mid East, N Africa, Pak	440	....	2.6	5.4	1.0	1.2	7.0	....	31.4	87.6	48.6	41.6	40.9
Oman	449												0.2 e
Pakistan	564		2.6 e	5.4 e	1.0 e	1.1 e	6.7 e		31.4 e	87.6 e	48.6 e	41.6 e	40.7 e
Saudi Arabia	456					0.1 e	0.3 e						
Sub-Saharan Africa	603	....	0.0	....	0.0	....	....	....	1.8	2.7	4.9	5.7	80.0
Rwanda	714				0.0 e						0.2 e	5.6 e	1.3 e
Tanzania	738		0.0 e						1.8 e	2.7 e	4.7 e	0.1 e	
Uganda	746												78.6 e
Zambia	754												0.1 e
Western Hemisphere	205	....	0.0	....	....	0.0	....	....	0.0	0.0	....	0.8	2.0
Brazil	223											0.5 e	0.7 e
Uruguay	298					0.0 e						0.4 e	1.2 e

South Sudan (733)

In Millions of U.S. Dollars

		\multicolumn{6}{c	}{Exports (FOB)}	\multicolumn{6}{c	}{Imports (CIF)}
		2011	2012	2013	2014	2015	2016	2011	2012	2013	2014	2015	2016
Memorandum Items													
Africa	605	....	0.0	....	0.0	....	....	....	1.8	2.7	4.9	5.7	80.0
Middle East	405	....	....	....	....	0.1	0.3	....	....	....	....	....	0.2
European Union	998	....	....	0.1	0.2	0.3	0.5	....	....	69.2	66.2	75.8	37.2
Export earnings: fuel	080	....	....	....	....	0.1	0.3	....	....	....	....	....	1.0
Export earnings: nonfuel	092	....	139.1	2,320.2	4,085.0	2,192.8	1,375.5	....	99.1	283.8	224.6	350.7	227.9

Spain (184)

In Millions of U.S. Dollars

		Exports (FOB)						Imports (CIF)					
		2011	2012	2013	2014	2015	2016	2011	2012	2013	2014	2015	2016
IFS World		....	....	....	....	....	....	....	....	....	....	....	....
World	001	306,481.3	295,481.3	317,696.9	324,532.9	282,273.5	288,678.4	376,340.5	337,676.5	340,620.3	358,860.1	311,851.4	311,144.9
Advanced Economies	110	221,284.0	205,541.5	217,104.7	227,430.4	199,895.8	208,356.2	236,845.8	202,759.9	206,139.7	223,395.7	204,677.5	207,692.6
Euro Area	163	163,501.1	149,063.6	156,505.5	162,494.1	142,659.7	149,687.3	177,601.1	152,838.5	155,858.7	168,916.8	153,886.2	157,011.1
Austria	122	2,713.4	2,479.4	2,565.7	2,561.5	2,268.0	2,528.6	3,026.1	2,442.0	2,395.9	2,455.3	2,381.4	2,480.1
Belgium	124	8,735.3	8,246.1	8,336.5	8,253.4	7,493.9	9,145.4	12,468.7	10,084.7	10,829.6	11,499.2	10,269.6	10,536.1
Cyprus	423	334.8	374.5	339.5	399.4	305.7	271.1	21.9	21.8	27.0	32.1	20.9	24.2
Estonia	939	145.0	167.8	197.2	204.1	240.5	245.2	149.9	119.6	80.1	974.3	131.5	94.8
Finland	172	1,114.1	824.2	971.1	1,101.5	1,045.9	1,151.8	1,455.3	1,145.2	1,163.0	1,316.7	1,174.2	1,270.6
France	132	53,422.5	48,181.4	51,370.3	51,367.9	43,916.9	44,098.2	43,983.0	38,486.3	39,608.3	42,379.6	36,850.3	37,905.8
Germany	134	31,785.0	31,429.7	32,386.4	33,822.0	30,811.9	32,747.1	48,138.7	39,680.8	41,444.7	47,473.5	45,013.6	45,630.5
Greece	174	2,227.5	1,908.5	2,029.8	2,582.0	2,185.9	1,981.3	813.6	1,065.9	1,397.9	996.5	770.5	738.8
Ireland	178	997.7	929.0	1,158.3	1,503.0	1,614.2	2,135.9	4,971.1	4,440.0	4,454.3	4,229.2	4,714.3	4,104.9
Italy	136	25,202.7	22,110.6	21,846.9	23,157.3	20,654.8	22,474.8	26,417.8	22,485.5	20,654.8	22,029.4	20,051.5	20,865.5
Latvia	941	163.1	212.3	223.8	245.9	228.1	220.0	185.7	58.2	73.8	548.7	122.5	173.9
Lithuania	946	305.2	351.7	858.5	935.3	947.5	1,049.8	384.9	395.5	983.1	1,023.3	1,246.4	1,319.3
Luxembourg	137	259.8	209.9	293.4	359.0	326.9	288.5	847.4	546.7	579.8	743.4	705.0	680.2
Malta	181	313.5	318.6	172.8	319.7	372.2	368.1	149.9	106.4	115.8	102.7	101.8	115.4
Netherlands	138	9,103.7	9,192.4	9,230.7	10,270.9	8,826.8	9,137.7	18,934.2	18,029.2	16,612.9	17,217.6	15,751.7	16,109.3
Portugal	182	25,188.6	20,831.9	22,976.0	23,663.7	19,951.1	20,236.1	13,886.3	12,261.1	13,618.7	13,884.6	12,477.5	12,606.0
Slovak Republic	936	853.8	795.0	887.0	958.6	884.1	1,011.0	1,446.2	1,209.3	1,400.4	1,576.0	1,612.9	1,798.3
Slovenia	961	635.4	500.8	661.9	788.8	585.4	596.7	320.3	260.2	418.6	434.6	490.7	557.6
Australia	193	2,154.9	2,831.0	3,250.1	1,898.5	1,662.6	1,501.3	1,160.8	759.1	492.9	756.3	510.5	522.1
Canada	156	1,638.1	1,652.2	1,479.9	1,743.4	1,520.4	1,648.0	1,419.5	1,404.2	1,346.1	1,177.6	1,019.3	1,325.0
China,P.R.: Hong Kong	532	1,251.8	1,162.5	1,123.0	1,138.3	942.3	1,048.9	478.6	392.8	395.2	335.2	269.3	256.7
China,P.R.: Macao	546	10.1	10.9	13.1	18.3	15.9	17.5	2.4	1.3	1.4	1.0	3.6	1.3
Czech Republic	935	2,329.6	2,036.8	2,193.5	2,370.0	2,320.0	2,489.0	3,414.1	3,059.3	3,514.6	4,264.1	4,370.9	4,676.0
Denmark	128	1,686.8	1,601.6	1,618.7	1,571.3	1,672.2	1,660.1	3,165.9	2,401.3	2,202.8	2,379.5	2,213.6	2,334.3
Iceland	176	32.1	45.2	33.8	47.1	40.6	184.7	87.4	62.3	66.6	76.5	61.5	70.6
Israel	436	1,519.1	1,349.0	1,603.9	1,530.5	1,474.9	1,602.1	1,064.8	1,045.6	992.2	1,055.1	782.9	800.5
Japan	158	2,532.7	2,691.6	2,991.4	3,471.2	2,736.1	2,659.3	3,605.4	2,999.3	2,409.9	2,633.6	2,732.9	3,226.8
Korea, Republic of	542	1,100.0	1,386.8	1,442.0	2,632.9	2,048.4	1,811.6	2,172.3	1,952.9	1,985.5	2,074.0	2,425.8	2,396.4
New Zealand	196	168.4	151.3	251.6	429.5	272.1	226.1	198.1	142.4	139.2	151.9	143.7	163.4
Norway	142	2,136.6	1,224.2	1,306.6	1,438.8	1,046.7	1,303.2	2,099.2	2,149.1	2,530.9	2,923.9	1,795.5	1,496.3
San Marino	135	12.5	10.1	9.6	10.5	13.2	17.3	4.2	3.8	4.7	10.4	4.6	5.4
Singapore	576	637.2	1,087.0	1,047.1	1,075.5	595.9	609.8	403.2	305.4	342.0	264.9	309.9	286.0
Sweden	144	2,899.6	2,394.0	2,606.9	2,768.0	2,531.3	2,426.0	3,928.5	3,240.4	3,213.9	3,344.3	2,733.8	2,628.7
Switzerland	146	5,819.7	5,950.9	5,555.6	4,759.7	4,324.9	4,426.3	4,694.3	4,242.0	4,221.2	4,712.7	3,774.1	4,082.9
Taiwan Prov.of China	528	508.4	566.8	646.7	1,335.2	537.9	533.6	1,415.3	981.7	1,039.8	1,120.4	1,033.2	995.6
United Kingdom	112	20,279.7	18,748.1	21,805.2	22,571.0	20,731.9	21,927.8	17,091.3	14,091.2	13,885.8	15,730.2	15,317.7	13,636.6
United States	111	11,065.4	11,577.6	11,620.5	14,126.4	12,748.5	12,576.5	12,839.3	10,687.0	11,495.7	11,467.5	11,288.4	11,776.9
Vatican	187	0.2	0.1	0.1	0.1	0.1	0.1	0.1	0.0	0.6	0.1	0.0	0.0
Emerg. & Dev. Economies	200	73,375.2	77,213.4	86,491.8	84,238.5	73,530.1	72,628.6	139,221.5	134,687.5	134,175.1	135,181.5	106,913.9	103,284.9
Emerg. & Dev. Asia	505	8,791.6	8,880.1	9,446.3	9,884.9	9,159.8	9,853.0	33,931.3	30,131.0	30,196.6	33,963.8	33,463.3	34,565.5
American Samoa	859	0.0	0.8	0.7	1.2	1.1	0.7	0.0	0.0	0.0	0.9	0.0	0.0
Bangladesh	513	97.2	93.7	90.3	140.6	128.8	126.1	1,170.1	1,279.7	1,494.6	1,783.7	1,962.3	2,270.1
Bhutan	514	0.1	0.1	0.1	2.2	0.4	0.2	0.0	0.0	0.0	....	0.1	0.0
Brunei Darussalam	516	1.7	3.3	3.1	4.0	3.4	2.2	0.1	0.0	0.0	0.0	0.0	0.7
Cambodia	522	6.8	7.3	8.6	11.3	10.5	11.6	177.8	207.2	284.1	373.8	417.6	572.0
China,P.R.: Mainland	924	4,713.7	4,861.1	5,231.5	5,393.3	4,854.5	5,580.8	21,714.2	18,995.8	19,166.6	21,912.3	21,988.4	22,041.7
Fiji	819	1.9	0.9	1.0	1.1	1.0	1.7	0.1	0.1	1.5	20.8	2.1	0.4
F.T. French Polynesia	887	16.8	14.0	16.5	17.9	14.8	17.8	0.1	0.2	0.1	0.1	0.1	0.1
F.T. New Caledonia	839	24.7	25.5	30.0	34.6	24.6	25.6	80.0	58.2	55.0	57.5	46.8	41.7
Guam	829	1.7	0.5	1.0	1.6	0.9	2.7	0.0	0.0	0.0	0.0	0.0	0.1
India	534	1,853.5	1,617.7	1,486.2	1,498.8	1,398.4	1,391.7	3,559.6	3,363.1	2,984.5	3,213.7	3,192.3	3,598.9
Indonesia	536	407.9	498.8	503.3	554.6	486.5	429.3	2,959.7	2,267.6	1,983.4	2,073.7	1,673.2	1,696.8
Kiribati	826	0.0	0.0	8.3	1.2	0.0	1.4	0.0	0.0	0.0	0.0	0.0	0.0
Lao People's Dem.Rep	544	1.0	1.0	1.8	1.9	1.0	2.4	8.1	9.3	9.9	5.7	7.9	4.0
Malaysia	548	410.9	493.7	463.0	639.8	823.8	674.7	720.3	559.7	552.6	606.3	653.2	576.2
Maldives	556	2.4	2.0	3.2	23.8	7.9	9.3	4.9	5.5	4.7	2.8	3.3	2.9

Spain (184)
In Millions of U.S. Dollars

		Exports (FOB)						Imports (CIF)					
		2011	2012	2013	2014	2015	2016	2011	2012	2013	2014	2015	2016
Marshall Islands	867	37.8	4.1	17.1	3.1	24.4	2.0	8.7	1.4	0.3	0.1	0.2	23.3
Micronesia	868	0.3	0.4	0.4	0.6	0.3	0.7	0.0	0.0	...	...	0.0	0.3
Mongolia	948	6.4	13.0	17.4	11.8	4.9	8.6	0.8	0.1	0.2	0.8	0.3	0.6
Myanmar	518	15.3	9.8	22.4	21.5	23.2	29.0	43.0	32.1	41.8	55.1	71.8	97.0
Nepal	558	3.1	3.7	4.2	8.5	3.4	3.7	3.6	3.6	2.9	3.5	3.4	2.5
Papua New Guinea	853	11.8	19.4	4.8	2.0	2.5	1.7	133.2	153.1	164.3	102.5	107.5	88.6
Philippines	566	269.1	351.5	512.0	484.2	446.2	406.9	175.1	145.0	168.6	184.6	191.8	181.4
Samoa	862	0.1	0.1	0.2	0.2	0.2	0.1	0.0	0.0	0.0	...	0.1	0.0
Solomon Islands	813	1.1	0.3	0.2	0.3	0.0	0.2	22.7	8.1	3.5	8.3	2.5	2.2
Sri Lanka	524	34.7	57.3	64.7	62.8	32.7	73.8	68.4	75.6	72.1	69.4	79.0	86.9
Thailand	578	556.2	536.6	623.3	565.1	453.2	618.3	1,312.5	846.9	829.4	881.8	798.6	994.1
Timor-Leste	537	0.0	0.0	0.2	0.3	0.1	0.1	0.2	0.0	0.1	0.0	0.0	0.0
Tonga	866	0.0	0.0	1.9	0.1	0.1	0.1	...	...	...	...	...	...
Vanuatu	846	1.8	0.5	0.2	0.1	0.4	0.7	0.0	...	0.0	0.1	0.1	0.1
Vietnam	582	312.1	262.4	326.0	395.9	410.2	427.7	1,760.8	2,113.7	2,376.4	2,605.9	2,260.3	2,282.1
Asia n.s.	598	1.2	0.6	2.9	0.5	0.3	1.1	7.2	5.1	0.0	0.2	0.3	0.7
Europe	170	**25,533.9**	**24,982.9**	**26,856.5**	**26,152.6**	**21,961.4**	**22,544.8**	**28,567.6**	**26,251.5**	**29,904.2**	**30,248.8**	**23,542.5**	**24,282.7**
Emerg. & Dev. Europe	903	**19,836.6**	**19,143.4**	**20,610.0**	**20,471.5**	**18,419.7**	**18,877.2**	**14,149.2**	**12,539.8**	**15,104.3**	**17,255.8**	**16,558.1**	**18,007.3**
Albania	914	78.0	63.1	57.8	81.6	70.4	110.8	102.8	191.6	210.4	171.6	99.1	84.6
Bosnia and Herzegovina	963	139.5	58.8	57.5	80.3	50.7	63.7	33.2	35.0	40.9	32.8	32.1	28.3
Bulgaria	918	1,660.9	1,372.3	1,772.7	1,602.3	1,284.8	1,181.9	643.2	633.6	611.7	553.0	543.1	698.9
Croatia	960	316.9	300.4	263.7	332.5	414.4	450.0	97.1	50.8	90.8	140.0	199.1	213.7
Faroe Islands	816	2.4	2.4	2.8	5.1	1.9	2.1	3.3	2.5	1.9	2.7	6.5	3.5
Gibraltar	823	2,286.1	3,013.4	2,474.3	1,840.4	1,177.2	867.9	292.4	519.1	395.5	829.3	205.8	73.8
Hungary	944	1,916.1	1,757.8	1,788.2	1,586.3	1,518.5	1,717.6	2,421.8	2,139.1	2,310.5	2,485.9	2,683.5	2,755.7
Kosovo	967	16.0	13.2	16.3	14.6	13.8	16.5	2.3	2.3	4.7	1.2	2.5	0.9
Macedonia, FYR	962	45.7	54.0	51.2	54.4	61.2	58.6	88.1	45.9	42.5	72.3	92.6	106.3
Montenegro	943	21.6	20.2	36.4	31.8	24.0	29.8	0.4	0.6	1.4	0.2	0.4	0.4
Poland	964	4,999.9	4,606.5	5,299.8	5,416.6	5,480.3	5,574.3	4,554.1	3,620.3	4,764.5	5,753.5	5,443.6	6,089.5
Romania	968	1,956.6	1,596.5	2,201.4	2,615.1	2,516.2	2,847.1	1,258.0	1,128.9	1,806.7	1,986.2	2,011.8	2,316.9
Serbia, Republic of	942	176.8	200.9	185.4	188.2	192.2	221.1	131.4	157.0	117.7	154.1	192.8	194.4
Turkey	186	6,220.1	6,083.8	6,402.4	6,622.3	5,614.1	5,735.8	4,521.3	4,013.0	4,705.1	5,072.8	5,045.1	5,440.5
CIS	901	**4,586.9**	**4,874.8**	**5,234.9**	**4,616.9**	**2,658.2**	**2,726.7**	**14,359.3**	**13,659.2**	**14,747.5**	**12,938.7**	**6,935.1**	**6,217.9**
Armenia	911	45.1	42.9	45.8	39.6	20.5	23.9	83.2	51.3	33.6	51.8	37.1	110.2
Azerbaijan, Rep. of	912	69.6	67.2	104.5	106.3	78.3	39.0	140.6	70.3	145.5	953.3	471.0	559.6
Belarus	913	136.4	120.0	190.8	199.0	93.1	74.4	95.3	112.4	66.3	17.2	34.0	25.7
Georgia	915	73.0	81.5	103.9	77.7	76.6	74.3	23.9	37.3	34.6	107.8	52.3	41.7
Kazakhstan	916	139.3	216.9	392.9	263.6	151.5	270.6	1,098.6	1,045.5	2,130.8	2,239.2	1,327.4	795.0
Kyrgyz Republic	917	6.1	5.5	8.1	14.0	5.3	5.9	0.5	0.0	0.5	0.2	1.3	0.1
Moldova	921	25.8	26.3	36.3	33.1	28.1	30.0	2.5	14.7	21.2	17.0	18.7	34.4
Russian Federation	922	3,518.4	3,789.7	3,732.4	3,446.3	1,852.5	1,770.5	11,629.6	10,272.5	10,768.5	7,997.2	3,700.6	3,434.6
Tajikistan	923	1.9	0.8	1.8	4.9	3.8	3.6	0.4	0.0	0.1	...	0.0	0.0
Turkmenistan	925	15.3	33.4	42.1	18.1	21.5	20.1	12.3	9.9	53.0	12.6	60.6	3.6
Ukraine	926	483.3	474.1	554.9	379.5	255.1	334.5	1,268.0	2,044.4	1,488.6	1,538.5	1,229.5	1,206.4
Uzbekistan	927	72.7	16.6	21.2	34.8	71.9	79.9	4.4	1.1	4.9	4.0	2.6	6.7
Europe n.s.	884	1,110.3	964.7	1,011.7	1,064.2	883.6	940.9	59.1	52.5	52.3	54.4	49.4	57.4
Mid East, N Africa, Pak	440	**18,584.6**	**21,416.4**	**24,779.1**	**24,884.8**	**21,935.3**	**21,990.9**	**36,618.1**	**35,186.3**	**33,769.4**	**30,926.0**	**22,344.2**	**21,418.9**
Afghanistan, I.R. of	512	26.3	18.5	17.9	14.4	4.0	5.0	3.5	3.7	13.7	3.2	2.1	0.4
Algeria	612	3,471.5	4,441.9	5,152.2	4,900.2	3,608.0	3,317.8	7,868.6	8,848.6	12,294.6	12,080.9	7,218.4	5,000.3
Bahrain, Kingdom of	419	112.9	136.9	132.1	174.3	149.5	143.0	149.5	136.5	79.9	68.9	93.4	89.9
Djibouti	611	10.1	7.7	15.0	15.0	21.2	43.4	0.7	0.4	1.4	3.5	4.4	6.2
Egypt	469	1,115.0	1,381.5	1,430.0	1,525.0	1,510.8	1,545.3	1,933.7	1,450.3	1,161.0	783.4	536.1	899.4
Iran, I.R. of	429	912.4	640.3	416.3	387.0	258.2	397.1	5,622.9	950.9	91.0	151.1	167.3	968.4
Iraq	433	159.6	134.6	246.0	310.2	228.5	176.9	2,772.9	3,897.9	1,455.3	1,068.3	1,286.5	1,393.4
Jordan	439	300.4	266.5	276.3	400.9	326.6	484.0	40.6	39.9	39.1	52.1	54.9	33.3
Kuwait	443	277.1	275.1	352.1	507.6	409.5	393.2	372.2	337.8	68.5	147.4	91.0	65.0
Lebanon	446	385.7	503.8	455.0	515.8	576.6	527.4	47.9	43.0	38.0	38.1	41.6	30.0
Libya	672	148.2	488.5	615.4	762.9	440.3	378.9	1,002.1	4,282.8	2,548.2	1,119.3	659.1	941.8
Mauritania	682	202.3	180.6	180.7	209.9	152.5	126.5	154.9	124.9	108.9	158.4	195.7	206.9
Morocco	686	5,728.3	6,758.9	7,287.8	7,713.2	6,772.0	7,661.8	4,295.8	3,937.5	4,565.6	5,343.7	5,290.4	6,169.5

2017, International Monetary Fund: *Direction of Trade Statistics Yearbook*

Spain (184)

In Millions of U.S. Dollars

		Exports (FOB)						Imports (CIF)					
		2011	2012	2013	2014	2015	2016	2011	2012	2013	2014	2015	2016
Oman	449	137.9	192.2	528.4	401.3	566.7	472.7	261.5	101.4	199.8	70.2	87.9	24.9
Pakistan	564	186.9	196.0	189.4	167.2	247.6	270.9	560.7	486.5	564.0	814.7	828.3	872.1
Qatar	453	269.0	241.4	283.9	312.6	301.9	378.1	2,037.1	1,794.2	1,604.4	1,300.3	852.3	567.0
Saudi Arabia	456	1,865.1	2,120.1	3,151.3	3,030.2	3,423.5	2,619.4	8,111.7	7,779.6	7,713.6	6,906.7	3,778.2	3,336.5
Somalia	726	0.8	0.2	0.7	1.5	6.8	10.8	0.1	0.1	0.1	0.1	1.0	0.5
Sudan	732	34.4	39.4	44.9	31.5	34.6	38.2	5.6	2.2	24.5	19.1	1.1	1.0
Syrian Arab Republic	463	221.5	114.1	25.3	45.8	35.5	43.7	278.5	9.4	14.4	4.5	11.0	24.5
Tunisia	744	1,182.9	1,276.9	1,223.8	1,215.3	812.6	961.8	740.4	668.2	684.9	505.1	623.1	402.6
United Arab Emirates	466	1,801.1	1,943.3	2,655.2	2,173.8	2,008.3	1,938.6	345.0	286.5	493.9	280.8	518.4	381.9
West Bank and Gaza	487	9.2	9.2	14.1	21.3	26.2	31.0	0.0	0.0	0.0	0.0	0.0	0.6
Yemen, Republic of	474	26.0	48.7	85.3	47.9	14.0	25.5	12.2	4.1	4.5	6.4	1.9	2.5
Sub-Saharan Africa	603	4,319.7	4,878.0	6,028.6	5,247.3	4,532.0	4,008.4	16,341.9	16,190.8	15,850.3	17,128.8	11,583.6	8,212.1
Angola	614	355.9	407.2	488.6	361.2	230.1	167.6	590.1	1,425.2	2,885.2	3,626.3	2,247.8	920.8
Benin	638	135.1	76.7	74.2	110.5	78.1	54.3	13.0	3.1	2.5	2.9	3.3	6.0
Botswana	616	3.1	3.9	5.7	3.4	1.2	4.6	0.2	2.2	0.5	1.0	0.0	0.1
Burkina Faso	748	40.2	44.5	40.6	65.9	45.8	60.4	1.0	1.7	9.0	10.3	7.1	43.6
Burundi	618	0.9	0.8	0.6	0.6	0.5	0.2	0.0	0.5	....	0.3	0.2	0.0
Cabo Verde	624	67.4	51.2	51.2	58.5	44.9	94.0	48.3	56.6	43.1	57.7	46.3	57.6
Cameroon	622	88.9	113.3	195.8	157.0	111.7	118.1	778.1	532.1	581.7	801.2	283.8	284.7
Central African Rep.	626	3.6	4.3	2.9	6.0	6.6	7.0	2.0	1.4	0.8	0.2	0.4	0.7
Chad	628	5.9	7.4	10.1	9.4	9.7	7.1	1.0	0.2	0.8	0.7	0.6	0.1
Comoros	632	3.1	3.0	1.2	2.0	1.6	4.8	0.1	0.2	0.4	0.3	0.3	0.4
Congo, Dem. Rep. of	636	27.3	25.1	41.8	44.9	43.3	26.3	100.3	10.9	157.7	92.5	69.1	181.9
Congo, Republic of	634	43.1	45.3	68.3	56.6	68.0	40.6	593.3	622.6	142.2	108.2	226.6	60.9
Côte d'Ivoire	662	159.8	175.1	247.3	249.5	250.7	259.1	242.6	248.5	260.8	275.0	284.0	375.1
Equatorial Guinea	642	375.0	379.8	444.7	424.0	290.1	260.9	1,891.7	1,117.7	1,066.3	703.4	628.6	574.5
Eritrea	643	1.9	0.7	1.8	1.2	2.3	3.0	0.0	0.2	0.2	0.2	....	....
Ethiopia	644	54.3	131.8	63.9	65.8	102.6	92.7	11.6	12.5	19.4	9.8	50.6	8.7
Gabon	646	61.0	51.5	73.1	67.7	46.4	39.9	509.2	469.8	668.1	446.2	449.6	143.3
Gambia, The	648	13.4	13.0	26.1	13.2	15.4	27.8	3.0	1.7	2.1	2.0	1.9	1.5
Ghana	652	240.1	334.8	235.8	250.1	229.7	209.7	134.6	105.0	205.0	129.3	104.7	95.2
Guinea	656	32.4	47.7	61.3	56.3	45.3	51.7	226.6	195.0	179.7	182.6	179.6	166.1
Guinea-Bissau	654	9.1	8.1	12.4	17.6	16.4	16.5	4.3	5.8	1.4	0.0	0.2	0.1
Kenya	664	76.5	145.7	121.1	107.2	113.9	87.8	39.9	34.9	26.6	39.5	41.3	32.8
Lesotho	666	0.7	0.2	0.5	0.1	0.2	0.3	0.4	0.0	0.0	0.1	0.0	0.0
Liberia	668	59.7	24.3	51.9	59.5	17.8	23.7	78.1	105.1	99.5	46.6	21.1	8.0
Madagascar	674	28.1	66.0	58.9	43.7	33.2	30.3	57.0	67.2	68.3	64.7	73.8	75.5
Malawi	676	0.7	3.0	2.3	1.5	6.4	2.4	20.8	32.4	9.8	12.9	8.6	6.2
Mali	678	50.7	48.4	44.7	53.1	47.3	99.8	1.4	1.1	1.1	2.7	1.7	2.2
Mauritius	684	100.5	136.4	168.9	148.4	100.8	92.8	151.1	168.4	135.4	125.8	93.3	84.3
Mozambique	688	39.1	44.0	56.0	56.0	64.6	27.4	330.2	281.8	291.6	305.7	194.7	180.4
Namibia	728	21.2	29.5	63.0	36.5	37.1	30.7	259.9	261.7	237.1	277.1	218.1	204.4
Niger	692	9.2	7.8	9.6	23.6	8.1	7.4	1.0	3.1	1.9	1.3	2.7	2.8
Nigeria	694	382.4	423.7	504.1	444.2	340.3	240.9	8,435.5	9,085.7	7,539.1	8,634.3	5,194.1	3,526.9
Rwanda	714	7.8	8.3	2.7	3.7	5.7	1.5	0.7	0.6	0.2	0.2	0.1	0.4
São Tomé & Príncipe	716	0.5	0.8	0.7	1.1	1.7	2.6	0.1	1.1	0.8	1.4	1.8	2.0
Senegal	722	215.5	225.2	373.7	197.6	312.5	278.9	111.8	88.2	82.7	106.2	84.1	99.8
Seychelles	718	85.6	137.0	154.2	116.3	147.0	111.1	6.5	9.7	24.2	23.5	23.5	28.9
Sierra Leone	724	24.1	22.5	20.3	23.9	26.2	12.2	1.3	1.5	1.9	1.5	0.1	2.4
South Africa	199	1,320.4	1,360.8	1,883.7	1,641.9	1,420.9	1,265.0	1,420.6	1,064.1	903.9	884.5	908.0	923.6
South Sudan, Rep. of	733	....	....	1.6	1.1	2.8	3.0	....	....	0.0	0.0	0.0	....
Swaziland	734	2.0	1.0	0.7	0.9	2.6	3.8	34.8	34.9	53.5	34.6	22.5	18.1
Tanzania	738	50.0	37.3	43.5	44.6	32.9	28.0	33.5	22.3	28.2	22.0	26.5	18.2
Togo	742	95.8	199.9	283.9	184.8	132.3	81.5	36.0	10.7	27.6	7.6	6.6	9.6
Uganda	746	11.0	14.4	11.8	13.1	18.1	20.3	71.0	50.9	45.9	43.7	37.7	32.2
Zambia	754	11.6	12.4	14.6	12.2	15.5	6.2	35.4	28.8	29.4	4.5	9.9	21.8
Zimbabwe	698	5.0	4.4	4.4	7.2	3.7	3.4	62.5	23.3	14.9	38.5	28.8	9.7
Africa n.s.	799	0.0	0.0	4.4	3.9	0.0	1.3	1.6	0.4	0.0	0.1	0.0	0.4
Western Hemisphere	205	16,145.5	17,056.0	19,381.3	18,069.0	15,941.7	14,231.5	23,762.5	26,928.0	24,454.7	22,914.1	15,980.3	14,805.7
Anguilla	312	0.1	0.2	0.6	0.3	0.0	0.3	0.0	0.0	0.0	....	0.0	0.0

Spain (184)

In Millions of U.S. Dollars

		Exports (FOB)						Imports (CIF)					
		2011	2012	2013	2014	2015	2016	2011	2012	2013	2014	2015	2016
Antigua and Barbuda	311	17.4	28.9	1.3	1.7	1.9	4.2	1.1	0.2	0.4	0.5	3.2	0.1
Argentina	213	1,406.8	1,258.2	1,774.1	1,737.4	1,457.8	941.9	2,899.4	2,443.2	1,899.5	1,652.4	1,522.3	1,688.5
Aruba	314	7.5	6.6	5.9	15.1	18.1	11.4	17.0	0.4	0.6	0.5	0.7	0.5
Bahamas, The	313	43.7	109.6	59.3	112.0	155.0	52.4	13.8	28.3	1.2	1.0	1.6	8.1
Barbados	316	4.4	4.6	5.6	7.0	11.5	11.2	1.9	2.1	2.7	1.7	2.1	1.6
Belize	339	6.2	7.0	14.4	49.8	16.3	1.3	9.0	15.5	14.0	5.8	10.1	13.5
Bermuda	319	40.7	14.6	38.2	1.5	7.5	1.8	366.1	16.3	0.0	0.8	0.9	0.7
Bolivia	218	84.5	94.3	174.4	148.7	149.7	101.1	69.9	90.0	52.8	66.7	83.0	104.9
Brazil	223	3,609.2	3,602.0	4,832.2	4,250.4	3,024.4	2,486.6	4,942.0	4,211.3	4,273.9	3,857.9	3,256.9	3,090.2
Chile	228	1,231.7	1,416.3	1,718.6	1,443.4	1,517.1	1,545.5	2,025.1	1,981.5	1,984.3	1,947.0	1,523.6	1,440.1
Colombia	233	774.1	798.4	968.4	1,043.3	975.5	975.8	1,703.8	3,263.2	2,640.2	3,082.3	1,718.6	1,159.0
Costa Rica	238	167.5	173.7	233.8	185.8	201.9	199.2	97.8	121.8	116.3	174.8	173.2	204.8
Curaçao	354	....	....	12.3	118.7	39.6	12.2	....	....	39.7	32.8	20.8	51.6
Dominica	321	0.3	0.4	0.3	0.5	0.3	0.3	0.0	0.1	0.0	0.0	0.0	0.0
Dominican Republic	243	363.5	514.3	354.6	365.5	509.4	608.3	144.8	115.1	118.8	104.9	93.3	109.8
Ecuador	248	356.5	753.5	939.2	918.4	416.8	384.2	571.3	545.7	687.5	599.6	529.0	570.7
El Salvador	253	60.5	74.2	99.3	81.1	85.5	81.5	75.9	64.6	69.5	59.8	41.9	56.3
Falkland Islands	323	1.3	2.4	15.4	11.7	3.1	5.2	144.7	157.3	134.1	149.1	144.9	189.8
Greenland	326	0.1	0.2	0.4	26.2	0.7	10.0	0.6	....	0.0	0.2	0.0	....
Grenada	328	0.3	0.2	0.4	0.2	0.2	0.9	0.0	0.4	0.0	0.2	0.0	0.0
Guatemala	258	154.8	169.3	199.0	276.6	226.4	216.6	109.0	117.2	128.8	130.5	96.8	92.5
Guyana	336	3.0	1.6	2.0	1.5	1.8	2.9	9.8	8.5	5.3	5.2	6.6	11.6
Haiti	263	20.7	15.9	23.6	28.6	29.3	29.5	5.6	5.3	4.0	4.5	5.2	7.4
Honduras	268	100.5	74.3	85.1	132.9	129.1	81.1	66.1	61.7	51.9	56.3	48.0	49.7
Jamaica	343	23.8	18.8	30.1	40.2	79.7	71.6	0.3	0.6	0.5	0.8	0.5	1.2
Mexico	273	4,086.2	4,202.1	4,279.1	4,606.8	4,717.8	4,531.4	5,098.2	7,204.9	7,129.1	6,264.6	3,578.2	3,544.9
Montserrat	351	0.0	0.0	0.1	....	0.0	0.1	0.0	....	0.0	....	0.0	0.0
Netherlands Antilles	353	42.5	16.2	....	....	....	....	66.0	155.0	....	....	....	....
Nicaragua	278	43.6	79.8	57.4	45.3	46.4	50.0	64.1	68.4	77.0	107.4	63.9	60.7
Panama	283	462.4	508.6	687.0	561.2	420.3	372.5	79.2	71.7	54.1	67.5	47.8	54.6
Paraguay	288	76.3	76.0	105.5	122.2	111.5	113.3	265.6	175.3	343.0	136.7	170.1	166.5
Peru	293	574.9	745.8	852.1	660.4	658.7	653.5	2,300.8	2,202.5	1,869.7	1,714.4	1,318.2	1,600.8
Sint Maarten	352	....	....	4.0	2.5	2.9	5.4	....	....	0.0	0.2	0.0	0.5
St. Kitts and Nevis	361	0.7	0.4	3.5	0.2	0.4	4.0	0.0	0.0	0.1	0.1	0.0	0.4
St. Lucia	362	0.6	0.5	0.5	0.7	2.1	19.8	0.0	0.0	0.0	0.0	0.0	0.0
St. Vincent & Grens.	364	9.5	9.5	0.8	0.3	0.2	0.8	3.7	3.7	0.0	0.0	0.1	1.5
Suriname	366	6.7	6.0	6.9	7.4	11.5	9.6	4.2	1.9	4.0	1.8	3.1	0.7
Trinidad and Tobago	369	31.1	23.9	28.0	25.7	30.2	34.0	990.0	915.3	925.4	779.9	454.0	142.8
Uruguay	298	214.9	214.2	334.2	311.3	330.6	351.4	243.2	145.5	143.9	115.4	117.8	101.7
Venezuela, Rep. Bol.	299	2,067.6	1,989.1	1,398.6	716.8	399.2	238.9	808.3	1,729.3	1,678.0	1,763.2	939.1	276.3
Western Hem. n.s.	399	49.3	44.4	35.0	9.6	151.0	9.9	564.0	1,003.8	4.2	27.7	4.8	1.5
Other Countries n.i.e	910	900.5	950.6	1,061.9	918.7	1,067.4	1,004.7	237.6	200.6	254.0	149.9	137.7	146.1
Cuba	928	898.8	948.8	1,061.0	918.6	1,067.2	1,003.9	236.9	199.8	253.2	149.2	137.2	145.7
Korea, Dem. People's Rep.	954	1.8	1.9	0.9	0.2	0.3	0.8	0.8	0.8	0.7	0.7	0.5	0.3
Special Categories	899	6,306.5	8,847.5	1,166.9	55.8	220.4	3.0	....	....	....	0.0	....	0.0
Countries & Areas n.s.	898	4,615.0	2,928.2	11,871.6	11,889.5	7,559.8	6,685.9	35.6	28.5	51.5	133.0	122.4	21.3
Memorandum Items													
Africa	605	14,950.1	17,583.7	19,931.9	19,332.8	15,936.9	16,165.8	29,407.9	29,772.6	33,530.3	35,239.6	24,917.9	19,999.3
Middle East	405	7,741.0	8,496.2	10,666.7	10,616.7	10,276.0	9,554.8	22,987.9	21,114.2	15,511.6	11,997.4	8,179.5	8,759.2
European Union	998	201,547.2	183,477.7	196,055.7	203,327.2	181,129.3	189,961.0	214,174.9	183,203.4	188,260.1	205,553.5	189,403.4	192,361.4
Export earnings: fuel	080	17,462.1	19,747.4	22,992.7	21,063.7	16,474.4	14,837.9	57,601.1	59,083.2	57,937.1	54,213.0	32,784.8	25,045.6
Export earnings: nonfuel	092	289,019.1	275,733.8	294,704.2	303,469.2	265,799.0	273,840.5	318,739.4	278,593.3	282,683.2	304,647.1	279,066.6	286,099.3

Sri Lanka (524)

In Millions of U.S. Dollars

		Exports (FOB) 2011	2012	2013	2014	2015	2016	Imports (CIF) 2011	2012	2013	2014	2015	2016
IFS World		....	....	....	....	....	....	....	....	....	....	....	....
World	001	11,394.1	10,087.1	11,211.2	10,897.7	9,744.5	10,046.0	20,663.9	15,843.8	17,906.6	19,212.0	15,124.5	19,238.6
Advanced Economies	110	6,904.3	6,078.1	6,785.4	7,385.6	6,873.5	6,952.2	8,570.8	5,856.1	6,701.3	6,439.2	6,514.1	6,591.6
Euro Area	163	2,269.6	1,900.5	2,015.4	2,157.5	1,821.5	1,860.7	1,425.4	1,350.0	1,214.0	1,134.8	1,127.8	1,302.5
Austria	122	30.3	31.3	29.5	29.8	28.1	26.0	33.7	41.0	45.8	62.1	81.3	100.3
Belgium	124	546.3	449.2	481.2	318.5	282.4	337.9	405.4	362.0	220.8	137.2	150.1	69.9
Cyprus	423	2.5	1.7	1.5	3.2	1.3	1.1	2.1	8.3	1.8	2.4	2.5	2.8
Estonia	939	5.8	3.3	3.8	4.8	4.4	4.7	2.7	2.4	3.1	1.6	2.1	5.8
Finland	172	14.0	12.7	15.3	21.0	12.3	14.9	17.8	21.4	11.9	9.6	12.7	15.0
France	132	184.7	173.6	196.4	263.4	192.0	156.8	181.2	145.1	134.2	162.8	116.7	147.8
Germany	134	510.0	443.4	463.0	496.7	474.8	498.4	339.5	318.3	384.6	327.2	345.7	435.4
Greece	174	15.6	7.5	7.6	7.6	6.6	6.3	2.8	4.7	5.0	7.1	8.4	7.5
Ireland	178	30.9	25.8	39.9	49.6	35.1	37.1	11.1	7.0	8.9	13.8	11.5	17.8
Italy	136	610.1	501.0	509.0	614.0	434.0	428.0	300.6	292.7	252.1	265.0	209.6	276.1
Latvia	941	7.4	7.9	9.3	9.9	5.8	6.0	0.7	0.3	0.4	0.4	0.6	0.8
Lithuania	946	5.4	7.6	8.0	10.5	7.4	4.0	9.9	18.6	2.3	2.8	14.2	1.6
Luxembourg	137	0.0	0.0	....	0.1	0.1	0.2	0.2	0.0	....	0.3	0.8	1.8
Malta	181	0.6	0.9	0.4	3.9	0.8	0.5	0.5	7.6	2.5	1.2	0.9	0.9
Netherlands	138	197.7	153.6	187.9	242.7	220.0	207.8	82.0	79.1	86.2	83.6	114.2	113.6
Portugal	182	7.3	4.5	4.6	7.7	5.4	8.3	2.6	3.7	3.8	5.6	5.9	7.8
Slovak Republic	936	29.4	18.2	13.5	5.3	32.1	36.7	0.1	0.6	3.5	0.5	5.7	15.6
Slovenia	961	2.8	2.2	1.7	3.5	3.1	3.9	2.5	1.3	1.1	1.1	3.2	4.7
Spain	184	68.8	56.1	42.9	65.4	75.8	82.2	29.7	35.9	46.1	50.4	41.7	77.4
Australia	193	127.4	132.8	153.8	163.3	159.5	164.9	258.3	216.5	213.6	237.4	269.8	196.6
Canada	156	126.6	141.1	150.4	171.3	180.5	179.1	377.5	312.5	287.2	309.7	292.9	252.2
China,P.R.: Hong Kong	532	115.5	104.0	129.8	139.8	118.0	130.5	631.9	201.1	429.8	351.1	380.1	466.2
China,P.R.: Macao	546	0.7	0.5	0.4	0.7	0.7	0.5	2.8	0.6	0.4	0.2	0.3	1.0
Czech Republic	935	13.4	12.6	14.9	14.9	14.4	15.4	11.3	9.0	13.6	11.4	14.8	13.1
Denmark	128	26.7	25.6	28.3	29.9	28.4	26.1	32.0	36.1	57.0	62.3	43.6	60.7
Iceland	176	0.8	0.5	0.3	0.4	0.3	0.3	0.1	2.7	0.5	0.2	0.3	0.1
Israel	436	57.0	74.1	94.5	127.6	107.4	93.4	64.3	83.5	76.7	70.4	51.8	80.7
Japan	158	223.0	212.8	222.1	236.0	214.3	200.0	1,024.6	558.0	669.4	941.1	1,392.1	951.1
Korea, Republic of	542	45.2	44.2	77.6	72.8	64.1	68.8	678.2	329.4	298.9	413.8	308.5	324.9
New Zealand	196	22.4	21.5	25.3	25.8	23.5	23.6	272.9	244.9	218.7	253.2	185.5	196.0
Norway	142	21.5	19.2	20.2	19.6	17.8	20.8	9.7	12.1	13.4	12.5	13.3	13.4
San Marino	135	....	....	....	....	....	....	....	....	....	....	....	0.3
Singapore	576	408.9	93.4	103.2	140.1	78.1	107.8	2,123.9	1,275.3	1,804.6	1,270.6	922.5	1,030.7
Sweden	144	78.7	61.1	60.2	71.1	64.1	68.7	58.5	76.9	70.3	54.2	85.7	64.7
Switzerland	146	87.4	91.4	121.3	139.7	102.3	100.4	677.5	236.5	244.6	129.6	127.4	274.2
Taiwan Prov.of China	528	22.6	24.4	30.5	39.3	44.2	38.5	352.2	380.6	454.7	443.3	460.5	496.1
United Kingdom	112	1,112.2	1,032.3	1,079.5	1,115.4	1,030.9	1,043.8	303.5	296.8	281.2	290.7	365.6	327.7
United States	111	2,144.8	2,085.9	2,457.7	2,720.5	2,803.4	2,808.6	266.0	233.7	352.6	452.7	471.6	539.3
Vatican	187	....	....	....	....	....	0.1	....	....	....	....	....	0.0
Emerg. & Dev. Economies	200	4,448.0	4,007.7	4,425.5	3,464.5	2,869.7	3,065.8	11,736.0	9,943.4	11,199.1	12,762.0	8,601.4	12,625.9
Emerg. & Dev. Asia	505	1,062.6	1,029.9	1,028.2	1,253.0	1,024.6	1,188.1	8,213.3	6,097.7	7,795.0	9,452.8	6,089.6	10,096.9
American Samoa	859	0.1	0.0	....	....	....	0.0	0.0	0.6	1.1	0.3	....	1.7
Bangladesh	513	46.3	56.2	80.2	90.2	92.7	112.3	24.3	26.6	25.1	26.1	38.0	29.4
Bhutan	514	0.1	0.0	0.0	0.0	....	0.0	....	....	....	....	....	0.0
Brunei Darussalam	516	0.3	0.2	0.3	0.1	....	0.1	0.0	0.1	0.1	....	....	0.1
Cambodia	522	2.3	3.7	4.9	7.8	7.1	5.9	1.2	0.7	0.8	0.3	1.0	6.8
China,P.R.: Mainland	924	102.8	105.0	119.5	173.5	....	195.9	2,092.1	974.1	2,960.0	3,414.1	....	4,270.2
Fiji	819	2.7	2.9	3.4	3.1	3.1	3.3	0.2	0.0	0.1	0.9	1.0	2.3
F.T. French Polynesia	887	....	0.0	....	0.0	0.1	0.4	....	....	....	0.0	....	—
F.T. New Caledonia	839	0.1	0.1	0.2	0.1	0.2	0.2	0.0	0.1	0.1	0.0	0.0	0.0
Guam	829	1.3	0.6	0.0	0.4	0.0	....	....	....	....	....	....	....
India	534	519.0	563.9	553.3	624.6	644.8	550.9	4,430.7	3,524.5	3,125.8	3,977.1	4,284.9	3,826.4
Indonesia	536	120.0	82.5	39.2	42.2	32.9	39.2	346.1	421.9	440.8	590.8	435.3	379.3
Kiribati	826	0.0	0.0	0.0	0.1	0.0	0.1	0.4	0.5	....	....	....	....
Lao People's Dem.Rep	544	0.1	0.1	0.1	0.0	0.0	2.1	0.0	....	0.1	0.0	0.4	7.6
Malaysia	548	98.1	67.2	47.0	42.4	35.3	33.1	684.5	547.3	570.4	715.6	510.8	641.5

Sri Lanka (524)

In Millions of U.S. Dollars

		Exports (FOB)						Imports (CIF)					
		2011	2012	2013	2014	2015	2016	2011	2012	2013	2014	2015	2016
Maldives	556	55.5	50.9	58.4	88.0	77.1	95.2	20.5	16.1	13.2	10.0	20.1	85.8
Mongolia	948	2.1	1.2	1.0	1.3	1.0	1.1	0.0	....	0.2	2.8	5.8	2.1
Myanmar	518	0.2	0.5	1.1	5.2	1.7	1.2	7.7	3.6	9.0	29.7	21.6	31.9
Nepal	558	0.6	1.1	4.9	3.8	3.7	1.0	0.3	0.2	0.1	0.0	0.0	0.2
Papua New Guinea	853	1.0	0.8	2.1	1.5	1.0	1.0	0.4	1.1	1.7	1.3	1.3	0.3
Philippines	566	9.4	7.8	8.4	34.5	17.5	14.8	23.1	19.4	31.8	29.6	28.1	26.6
Samoa	862	....	0.0	0.0	....	....	0.0	0.0	....	0.1	0.0	....	0.0
Solomon Islands	813	0.1	0.0	....	....	....	0.0	....	0.0	1.1	0.1	....	0.0
Thailand	578	80.4	64.9	61.5	54.4	33.4	35.3	481.8	460.0	428.9	461.9	497.7	514.6
Timor-Leste	537	0.0	0.0	0.0	0.0	....	0.1	....	....	....	....	....	0.0
Vanuatu	846	0.0	0.0	0.1	0.0	0.0	0.0	....	....	....	....	....	0.1
Vietnam	582	19.9	20.1	42.5	78.8	73.0	94.6	98.5	97.9	181.7	192.1	243.7	269.8
Asia n.s.	598	....	....	....	1.0	0.0	0.0	1.4	3.0	3.0	0.1	0.0	0.2
Europe	170	**654.3**	**578.1**	**670.4**	**750.0**	**537.1**	**521.5**	**187.2**	**288.4**	**319.8**	**388.6**	**387.6**	**412.2**
Emerg. & Dev. Europe	903	**219.6**	**192.8**	**253.8**	**342.7**	**255.4**	**243.9**	**81.1**	**72.8**	**84.5**	**102.9**	**98.5**	**122.3**
Albania	914	1.4	3.9	6.5	8.4	8.8	6.3	0.0	0.1	0.0	0.1	0.1	0.1
Bosnia and Herzegovina	963	0.1	0.1	0.0	0.1	1.8	3.6	0.6	1.4	9.5	2.9	0.3	0.2
Bulgaria	918	10.1	1.8	1.8	2.2	1.5	2.0	6.2	5.8	5.7	9.6	6.2	6.2
Croatia	960	1.7	1.5	1.1	1.8	1.1	1.6	....	0.0	0.5	0.7	0.3	0.8
Faroe Islands	816	0.1	....	0.0	....	....	....	....	....	....	....	....	....
Gibraltar	823	....	....	0.4	0.4	....	0.0	0.0	....	....	....	....	0.0
Hungary	944	5.2	5.4	5.3	8.6	11.8	23.1	1.7	1.5	1.7	5.4	18.2	11.3
Macedonia, FYR	962	1.3	0.8	1.0	0.8	....	0.6	....	....	....	....	....	0.1
Montenegro	943	....	....	....	....	0.0	0.1	....	....	....	....	....	0.0
Poland	964	43.9	38.7	47.7	52.5	43.4	46.3	12.2	11.2	13.0	17.4	22.9	28.0
Romania	968	4.7	5.6	4.6	7.6	5.9	9.1	4.9	1.7	13.6	14.8	0.9	4.4
Serbia, Republic of	942	....	....	....	0.3	....	0.5	....	....	....	0.3	....	2.0
Turkey	186	151.0	135.0	185.2	259.7	181.0	150.6	55.5	51.0	40.3	51.5	49.7	69.2
CIS	901	**433.9**	**384.9**	**416.5**	**407.3**	**281.7**	**277.5**	**104.8**	**213.4**	**235.1**	**285.7**	**288.8**	**289.2**
Armenia	911	1.5	1.4	0.8	0.7	0.9	1.4	0.0	....	0.0	....	0.1	0.0
Azerbaijan, Rep. of	912	54.8	43.4	52.1	55.5	47.0	46.4	....	....	0.0	0.0	....	0.0
Belarus	913	4.9	5.3	5.8	5.6	3.2	2.7	9.0	9.5	8.6	16.5	18.5	19.4
Georgia	915	1.7	1.3	2.5	4.2	2.0	2.4	0.7	2.2	6.4	0.4	0.7	0.3
Kazakhstan	916	5.2	5.4	5.7	5.5	4.8	2.8	0.0	0.2	1.2	1.2	0.3	7.0
Kyrgyz Republic	917	5.0	4.3	5.0	5.1	....	3.9	....	0.0	0.1	0.2	0.0	0.0
Moldova	921	2.5	2.8	2.9	3.5	2.0	1.4	....	0.0	0.1	0.0	2.3	0.0
Russian Federation	922	281.5	255.0	275.8	273.8	193.6	182.0	74.4	90.1	145.5	260.2	242.1	199.9
Tajikistan	923	0.4	0.3	0.2	0.3	....	0.5	....	0.0	0.1	0.2	0.0	0.1
Turkmenistan	925	1.2	0.8	0.3	0.6	....	0.7	....	....	....	....	....	0.0
Ukraine	926	68.0	55.8	58.5	42.2	22.4	27.7	18.9	104.3	29.3	4.8	4.3	62.3
Uzbekistan	927	7.1	9.1	6.9	10.1	5.7	5.6	1.8	7.0	43.8	2.1	20.5	0.2
Europe n.s.	884	0.9	0.4	0.2	0.0	....	0.2	1.3	2.3	0.2	0.1	0.2	0.7
Mid East, N Africa, Pak	440	**2,179.0**	**1,915.2**	**2,109.8**	**1,036.3**	**907.8**	**914.6**	**3,128.3**	**3,356.5**	**2,820.6**	**2,671.6**	**1,840.2**	**1,649.7**
Afghanistan, I.R. of	512	3.1	1.4	0.1	0.1	0.5	0.6	0.0	0.0	0.1	0.0	0.0	0.0
Algeria	612	2.2	1.5	1.2	1.1	0.6	0.5	....	....	....	0.1	0.1	0.0
Bahrain, Kingdom of	419	11.7	4.2	5.1	7.4	4.4	5.6	0.3	2.8	55.7	18.6	25.3	14.0
Djibouti	611	0.2	0.4	0.1	0.1	0.1	0.0	0.1	0.0	0.0	0.0	0.1	0.5
Egypt	469	34.1	40.0	44.1	41.2	....	37.0	12.9	36.2	21.0	22.5	....	27.6
Iran, I.R. of	429	180.4	187.8	204.9	181.0	155.1	172.6	1,602.4	649.4	11.6	7.8	7.1	7.0
Iraq	433	85.6	84.5	84.8	92.0	104.9	111.8	0.2	0.1	0.2	0.3	0.4	0.5
Jordan	439	40.1	43.2	44.0	45.0	38.5	32.7	7.1	0.8	0.5	0.8	1.5	2.2
Kuwait	443	42.3	31.7	53.2	53.0	40.0	28.9	45.5	14.0	17.6	22.1	27.4	17.2
Lebanon	446	16.1	14.5	19.2	26.9	25.1	30.9	0.4	0.2	0.2	0.6	0.3	0.1
Libya	672	23.5	64.0	30.5	45.9	33.0	46.2	....	0.0	0.1	0.4	0.2	0.0
Mauritania	682	1.2	1.1	1.4	1.6	1.7	0.9	0.1	....	0.0	....	....	0.0
Morocco	686	4.2	1.7	3.1	3.8	3.0	6.9	0.4	0.3	2.2	2.1	0.7	0.6
Oman	449	9.8	9.2	9.5	11.7	7.1	5.6	204.4	346.1	777.1	348.6	244.0	38.4
Pakistan	564	75.3	80.9	84.0	74.2	73.1	63.8	333.8	350.2	381.4	279.6	296.7	304.3
Qatar	453	10.9	7.6	10.8	14.4	13.3	12.1	69.3	69.9	93.2	63.3	35.5	30.1
Saudi Arabia	456	62.9	58.2	63.5	73.3	81.6	65.1	190.8	601.0	228.6	142.7	122.1	135.8

Sri Lanka (524)

In Millions of U.S. Dollars

		Exports (FOB) 2011	2012	2013	2014	2015	2016	Imports (CIF) 2011	2012	2013	2014	2015	2016
Somalia	726	1.4	0.0	8.7	0.3	0.1	0.1	....	0.0	0.0	0.0	0.0	0.0
Sudan	732	6.4	6.1	2.0	1.4	1.8	1.7	0.3	0.2	0.2	0.5	0.3	0.2
Syrian Arab Republic	463	129.3	102.0	102.0	61.9	48.0	54.8	1.1	0.3	0.5	0.2	0.1	0.4
Tunisia	744	8.3	2.3	1.8	1.4	1.0	1.9	0.1	0.1	0.1	0.2	0.1	0.2
United Arab Emirates	466	298.2	214.6	237.1	276.1	274.3	233.9	656.0	1,280.6	1,225.6	1,756.2	1,076.0	1,065.6
Yemen, Republic of	474	1.3	2.7	4.3	3.9	0.5	1.2	2.9	4.4	4.8	4.8	2.3	4.9
Middle East n.s.	489	1,130.6	955.7	1,094.5	18.7	....	....	....	....	....	....	....	....
Sub-Saharan Africa	603	110.3	97.3	148.7	143.1	123.8	122.4	82.1	56.8	91.1	60.4	116.0	226.3
Angola	614	3.5	4.8	3.8	7.2	1.7	3.6	....	....	....	0.1	0.0	—
Benin	638	0.2	0.5	0.5	0.5	0.4	0.3	0.0	....	0.0	0.0	....	0.0
Botswana	616	0.8	0.6	0.4	0.0	0.4	0.0	0.0	0.0	0.0	0.0	0.0	0.0
Burkina Faso	748	0.7	0.9	1.7	1.5	1.4	1.0	....	....	....	....	....	....
Burundi	618	....	0.0	....	0.1	....	0.0	....	....	....	....	....	....
Cabo Verde	624	0.0	....	....	0.0	....	0.0	0.1	0.0	0.0	0.0	....	0.0
Cameroon	622	0.1	0.3	0.2	0.3	2.4	0.4	0.1	0.1	0.0	0.0	0.4	0.1
Chad	628	....	....	0.0	0.1	0.1	....	....	....	....	....	....	....
Comoros	632	0.0	0.2	0.3	1.5	0.4	0.8	0.1	....	0.0	0.0	....	0.0
Congo, Dem. Rep. of	636	2.2	2.1	2.3	2.8	....	2.4	....	0.0	1.6	2.5	....	0.0
Congo, Republic of	634	....	....	....	0.5	3.5	....	....	....	....	....	....	....
Côte d'Ivoire	662	2.5	4.4	6.3	6.9	3.8	4.9	....	....	....	0.3	0.9	2.8
Eritrea	643	....	....	....	....	0.1	....	....	....	....	....	0.0	0.0
Ethiopia	644	2.5	2.5	7.0	1.4	2.1	3.7	0.0	0.2	0.8	1.1	1.2	0.9
Gabon	646	0.1	0.1	0.1	0.2	0.0	0.2	0.1	0.0	0.1	0.3	0.0	0.0
Gambia, The	648	1.7	1.9	2.6	1.7	....	1.8	0.0	0.0	0.0	0.0	....	—
Ghana	652	13.7	11.2	18.3	14.3	9.9	13.4	20.2	5.2	4.1	0.0	0.0	0.3
Guinea	656	2.9	2.1	2.7	3.0	2.8	2.7	....	0.0	....	0.0	0.3	0.0
Guinea-Bissau	654	....	....	....	0.0	....	0.2	....	....	....	....	....	....
Kenya	664	9.7	8.2	10.0	9.7	16.4	13.0	13.1	4.0	3.2	3.1	3.1	3.1
Lesotho	666	0.0	0.2	....	....	....	0.0	0.0	....	0.0	....	....	....
Liberia	668	0.7	0.3	0.6	3.5	0.7	0.5	....	....	0.0	0.0	0.0	0.1
Madagascar	674	0.2	0.2	0.4	0.9	1.7	0.7	3.9	0.6	0.7	0.8	1.0	2.4
Malawi	676	0.2	0.2	0.3	3.4	1.7	0.3	0.3	....	0.1	0.0	0.2	1.0
Mali	678	0.5	0.4	0.5	1.0	0.4	0.3	0.2	0.1	0.0	0.0	0.0	0.2
Mauritius	684	3.8	1.9	1.9	3.5	2.1	2.6	2.8	5.0	0.5	1.1	1.7	2.2
Mozambique	688	0.4	0.3	0.5	3.1	0.4	0.6	0.4	0.2	0.0	0.0	0.2	0.1
Namibia	728	0.1	0.0	0.0	0.0	0.1	0.1	0.0	0.1	0.6	0.2	0.1	0.3
Niger	692	0.6	0.8	0.6	0.9	0.4	0.4	0.2	0.1	0.3	0.2	0.2	0.1
Nigeria	694	4.2	4.5	7.1	7.7	4.6	8.0	0.9	0.2	1.1	0.7	0.9	0.3
Rwanda	714	0.1	0.7	0.3	0.3	0.2	0.5	0.0	0.0	0.0	....	0.0	0.0
Senegal	722	1.4	0.6	0.7	3.9	6.8	5.0	0.0	....	0.0	0.1	0.2	0.6
Seychelles	718	0.8	1.4	1.1	3.7	4.3	4.2	1.6	1.4	2.6	2.7	6.6	6.4
Sierra Leone	724	1.2	1.7	6.8	2.1	1.5	4.4	0.0	0.1	0.1	0.0	0.0	0.0
South Africa	199	29.7	25.3	30.0	33.2	31.9	32.6	35.4	22.5	36.5	21.6	82.8	199.4
Swaziland	734	0.7	2.0	1.0	1.0	0.9	0.9	1.3	14.9	31.3	20.9	10.8	2.9
Tanzania	738	20.4	15.2	14.7	13.1	10.6	8.9	0.7	1.8	1.6	1.9	3.5	1.1
Togo	742	1.2	0.6	1.6	1.7	2.5	1.4	0.0	0.0	0.0	0.0	0.0	0.0
Uganda	746	2.8	0.8	0.8	7.3	6.7	2.0	0.5	0.0	0.2	0.3	1.5	1.8
Zambia	754	0.1	0.1	0.6	0.7	1.0	0.4	0.0	....	5.7	2.3	....	0.0
Zimbabwe	698	0.4	0.3	0.2	0.2	0.3	0.2	0.0	0.2	....	0.0	0.0	0.0
Africa n.s.	799	0.0	0.0	22.6	....	0.0	—	0.0	0.0	0.0	0.0	0.3	....
Western Hemisphere	205	441.8	387.3	468.4	282.2	276.4	319.2	125.1	143.9	172.6	188.6	168.0	240.8
Anguilla	312	....	....	....	....	....	....	....	....	....	....	....	0.3
Antigua and Barbuda	311	0.5	0.3	0.1	0.1	0.1	0.2	0.1	0.0	0.0	0.0	0.0	0.0
Argentina	213	9.5	5.5	5.2	6.4	5.9	9.5	4.2	3.0	3.2	3.4	3.9	5.9
Aruba	314	0.0	0.0	0.0	....	0.0	0.0	0.1	0.0	0.0	0.0	....	0.0
Bahamas, The	313	0.0	0.1	0.1	0.1	0.1	0.0	0.0	0.0	....	0.0	....	0.0
Barbados	316	0.1	0.2	0.2	0.1	0.2	0.1	0.0	....	....	0.0	0.0	0.0
Belize	339	0.3	0.5	0.3	2.9	0.8	0.5	0.2	0.6	0.0	0.1	0.2	0.4
Bermuda	319	0.0	0.0	....	0.0	0.0	0.0	0.0	....	....	0.0	0.1	0.0
Bolivia	218	2.3	3.8	3.7	2.5	3.4	6.6	0.0	....	....	0.1	0.1	0.3

Sri Lanka (524)

In Millions of U.S. Dollars

		Exports (FOB)						Imports (CIF)					
		2011	2012	2013	2014	2015	2016	2011	2012	2013	2014	2015	2016
Brazil	223	31.5	36.8	62.2	54.8	44.5	44.4	46.9	102.5	128.5	129.1	126.5	193.0
Chile	228	32.5	29.4	34.4	43.9	38.4	39.2	7.2	4.4	6.7	8.4	8.2	15.5
Colombia	233	11.1	8.8	12.0	12.9	9.6	11.3	0.5	0.8	0.3	6.6	0.3	0.5
Costa Rica	238	1.3	1.8	2.1	2.8	....	2.5	0.2	0.6	1.2	1.7	....	0.6
Dominica	321	0.7	1.3	2.2	0.9	1.1	....	0.1	1.4	0.2	0.1	1.1	....
Dominican Republic	243	....	....	....	0.2	....	1.4	....	0.0	0.1	0.3	....	0.4
Ecuador	248	6.6	7.1	6.6	1.5	0.0	8.8	12.0	15.3	13.0	16.6	13.3	8.3
El Salvador	253	1.7	0.3	1.0	0.9	....	1.6	37.2	0.0	0.0	0.0	....	0.0
Greenland	326	0.0	0.0	3.1	0.0	....	....	....	....	....	0.0	0.0	0.0
Grenada	328	....	....	0.0	0.5	0.0	....	0.0	0.0	....	0.0	0.1	0.0
Guatemala	258	4.7	4.5	7.0	4.7	4.7	4.9	0.0	0.3	1.6	1.8	1.0	0.1
Guyana	336	0.4	0.3	0.4	0.2	0.3	0.3	0.0	0.0	....	0.0	....	0.0
Haiti	263	0.2	0.4	0.2	0.1	0.1	0.2	0.0	0.0	0.0	0.0	....	0.0
Honduras	268	1.5	1.5	1.6	1.1	2.4	2.2	0.0	0.1	0.9	0.0	0.0	0.4
Jamaica	343	1.7	1.6	2.9	2.6	1.7	2.6	0.1	0.0	0.1	0.1	0.1	0.0
Mexico	273	97.9	100.9	100.3	111.7	105.7	132.2	2.9	3.7	4.9	7.9	10.1	12.8
Netherlands Antilles	353	197.7	153.6	187.9	0.1	....	0.0	0.0	0.1	0.1	0.0	....	....
Nicaragua	278	1.6	1.3	1.5	1.5	1.4	2.0	0.1	1.3	0.2	0.1	0.2	0.1
Panama	283	6.5	7.5	9.3	7.7	8.6	8.4	0.5	0.6	1.4	9.7	0.4	0.2
Paraguay	288	0.5	0.1	0.1	0.3	0.2	0.1	10.2	....	....	0.0	0.1	0.1
Peru	293	7.8	13.2	17.7	15.0	21.7	19.0	1.6	8.3	6.1	1.5	1.6	1.3
St. Kitts and Nevis	361	....	....	....	0.1	....	....	0.1	0.0	0.0	0.0	0.1	0.0
St. Lucia	362	0.1	0.0	0.0	....	0.0	0.0	0.0	....	....	....	....	....
St. Vincent & Grens.	364	0.0	....	0.0	....	0.1	....	....	0.0	0.1	0.1	0.0	0.0
Suriname	366	0.1	0.4	0.3	0.2	0.3	0.3	....	....	....	0.1	0.2	0.0
Trinidad and Tobago	369	1.5	1.7	2.2	2.5	2.1	2.1	....	0.0	0.4	0.0	0.0	0.0
Uruguay	298	3.1	2.5	2.2	2.5	2.6	2.5	0.4	0.4	3.3	0.3	0.2	0.3
Venezuela, Rep. Bol.	299	18.6	2.0	1.5	1.2	20.4	16.1	0.3	0.2	0.4	0.3	0.1	0.0
Western Hem. n.s.	399	0.0	0.0	0.1	0.0	....	0.0	....	0.1	0.1	0.1	....	....
Other Countries n.i.e	910	**41.8**	**1.3**	**0.3**	**1.0**	**1.4**	**2.1**	**357.0**	**44.3**	**6.1**	**10.7**	**9.0**	**9.8**
Cuba	928	0.0	0.0	0.0	0.1	0.0	0.0	0.0	....	0.2	0.1	0.2	0.0
Korea, Dem. People's Rep.	954	41.8	1.3	0.3	0.8	1.4	2.1	357.0	44.3	6.0	10.6	8.8	9.7
Countries & Areas n.s.	898	....	....	....	46.6	....	25.8	....	....	....	0.1	....	11.4
Memorandum Items													
Africa	605	134.3	110.4	167.0	152.7	132.1	134.5	83.1	57.4	93.6	63.3	117.3	227.9
Middle East	405	2,076.7	1,819.8	2,007.4	952.3	825.9	838.1	2,793.5	3,005.8	2,436.6	2,389.0	1,542.2	1,343.8
European Union	998	3,566.2	3,085.1	3,258.9	3,461.5	3,023.0	3,097.0	1,855.8	1,789.0	1,670.5	1,601.3	1,686.0	1,819.4
Export earnings: fuel	080	1,119.5	1,003.5	1,076.2	1,131.6	1,005.7	972.2	2,860.2	3,075.2	2,576.4	2,651.1	1,797.6	1,530.0
Export earnings: nonfuel	092	10,274.7	9,083.6	10,134.9	9,766.1	8,738.8	9,073.8	17,803.7	12,768.6	15,330.1	16,560.9	13,326.9	17,708.6

St. Kitts and Nevis (361)
In Millions of U.S. Dollars

		Exports (FOB) 2011	2012	2013	2014	2015	2016	Imports (CIF) 2011	2012	2013	2014	2015	2016
IFS World		60.5	61.5	55.7	56.8	58.5	....	248.0	225.6	248.9	268.4	373.7	....
World	001	57.4	56.5	63.3	80.8	65.1	50.7	248.4	258.7	335.6	444.3	409.9	376.0
Advanced Economies	110	38.9	39.6	36.9	35.5	36.1	30.7	197.1	209.5	263.9	352.2	319.1	282.9
Euro Area	163	0.8	0.9	2.0	0.5	0.6	0.9	4.8	26.8	33.0	23.7	38.1	34.1
Austria	122	0.0 e	0.0 e	....	....	0.0 e	....	0.1	0.1	0.3	0.1	0.1	0.1
Belgium	124	....	....	....	....	....	....	0.2	0.3	0.1	0.3	0.4	0.3
Cyprus	423	....	....	....	....	....	....	0.1	0.1	0.1	4.6	24.3	22.3
Finland	172	0.0 e	0.0 e	0.0 e	....	....	....	0.1	0.0	1.7	0.0	....	0.0
France	132	0.6	0.8	0.2	0.2	0.3	0.3	1.4	1.1	1.6	0.8	0.7	0.7
Germany	134	0.1	0.0	0.1	0.1	0.1	0.1	1.3	5.0	18.7	15.0	1.3	8.8
Greece	174	....	....	0.3 e	....	....	0.0 e	0.0	0.0	0.0	0.0	0.0	0.0
Ireland	178	0.0	0.0	0.0	0.0	0.0	0.0	0.2	0.1	0.1	0.1	0.2	0.2
Italy	136	....	0.0	0.0	0.0	0.1	0.0	0.4	17.6	8.8	1.9	10.7	0.7
Malta	181	....	....	1.1 e	0.0 e	0.0 e	....	....	0.0 e	....	....	....	....
Netherlands	138	0.0	0.0	0.1	0.1	0.1	0.0	0.7	2.5	0.6	0.2	0.3	0.2
Slovak Republic	936	0.1 e	0.0 e	0.1 e	0.1 e	0.1 e	0.1 e	0.0	0.0	0.0	0.0	0.0	0.0
Slovenia	961	....	....	....	....	....	....	0.2 e	0.0 e	0.6 e	0.7 e	0.1 e	0.2 e
Spain	184	0.0 e	0.0 e	0.1 e	0.1 e	0.0 e	0.4 e	0.1	0.0	0.4	0.0	0.0	0.5
Australia	193	....	....	....	....	....	....	0.1	0.2	0.3	0.3	0.4	0.3
Canada	156	0.0	0.0	0.0	0.0	0.0	0.0	5.5	4.9	5.5	8.2	4.5	4.1
China,P.R.: Hong Kong	532	....	....	....	....	....	....	0.1	0.2	0.4	0.4	0.5	0.5
Czech Republic	935	0.9 e	0.9 e	1.1 e	1.0 e	1.2 e	1.3 e	0.0	0.0	0.0	0.0	0.0	0.0
Denmark	128	....	....	....	....	....	....	1.1	0.8	0.7	2.7	1.0	1.0
Iceland	176	....	....	....	....	....	....	0.0	0.1	0.0	0.0	0.0	0.0
Israel	436	....	....	....	....	....	....	0.2	0.2	0.2	0.2	0.2	0.2
Japan	158	....	....	....	....	....	....	5.2	4.9	6.0	10.5	14.7	14.5
Korea, Republic of	542	....	....	....	....	....	....	0.9	1.1	2.4	3.9	10.1	13.3
New Zealand	196	0.1 e	0.0 e	0.1 e	0.1 e	0.2 e	0.1 e	0.2	0.0	0.0	0.0	0.0	0.0
Singapore	576	0.1 e	0.4 e	0.3 e	0.1 e	0.7 e	0.1 e	0.0	0.0	0.0	0.0	0.0	0.0
Sweden	144	....	....	....	....	....	....	0.7	0.1	0.1	0.2	0.1	1.5
Switzerland	146	....	....	....	....	....	....	0.6	0.8	2.4	1.8	4.7	1.1
Taiwan Prov.of China	528	0.3	0.3	0.2	0.0	0.0	0.1	1.6	3.1	6.4	5.5	1.9	1.1
United Kingdom	112	0.1	0.1	0.1	0.1	0.1	0.1	10.1	12.9	6.8	10.6	16.5	7.5
United States	111	36.7	36.9	33.1	33.6	33.3	28.0	166.1	153.4	199.7	284.3	226.4	203.8
Emerg. & Dev. Economies	200	18.2	16.6	26.1	45.0	28.6	19.9	51.2	49.0	71.6	91.9	90.5	92.8
Emerg. & Dev. Asia	505	0.1	0.1	0.0	0.0	0.2	0.0	8.8	6.5	25.5	41.5	24.3	12.0
China,P.R.: Mainland	924	....	....	....	....	....	....	6.2	3.8	21.9	37.4	18.8	6.8
India	534	0.0	....	0.0	0.0	0.0	0.0	0.7	0.6	1.0	1.0	1.8	2.6
Indonesia	536	....	....	....	....	....	....	0.5	0.6	1.0	1.0	1.7	0.3
Malaysia	548	....	....	....	....	....	....	0.1	0.3	0.1	0.5	0.2	0.1
Micronesia	868	....	....	....	....	....	....	0.3	0.3	0.3	0.4	0.5	0.6
Philippines	566	....	....	....	....	0.1 e	0.0 e	....	....	....	0.0	....	....
Sri Lanka	524	0.1 e	0.0 e	0.0 e	0.0 e	0.1 e	0.0 e	0.0	0.0	0.0	0.1	0.0	0.0
Thailand	578	....	....	....	....	....	....	0.7	0.7	0.8	0.8	0.8	0.8
Vietnam	582	....	....	....	....	....	....	0.1	0.1	0.1	0.1	0.1	0.2
Asia n.s.	598	....	....	....	....	....	....	0.2	0.2	0.3	0.3	0.4	0.5
Europe	170	8.4	4.4	17.4	30.5	19.6	15.9	0.4	0.5	0.4	0.4	0.5	0.9
Emerg. & Dev. Europe	903	1.8	2.9	12.9	24.7	19.1	15.1	0.3	0.5	0.4	0.4	0.5	0.9
Albania	914	0.0	0.0	0.0	0.0	0.0	0.0	0.2	0.2	0.2	0.2	0.2	0.2
Bosnia and Herzegovina	963	0.1 e	0.0 e	0.0 e	0.0 e	0.0 e	0.0 e	0.0	0.0	0.0	0.0	0.0	0.1
Hungary	944	....	0.0 e	0.0 e	....	0.0 e	0.0 e	0.0	....	....	0.0	0.2	0.5
Poland	964	0.7 e	0.9 e	9.4 e	20.5 e	19.1 e	8.6 e	....	....	....	....	....	....
Romania	968	0.0 e	....	....	0.4 e	....	....	....	....	....	....	....	....
Turkey	186	1.1 e	1.9 e	3.5 e	3.8 e	0.0 e	6.6 e	0.1	0.2	0.2	0.2	0.1	0.1
CIS	901	6.5	1.5	4.5	5.8	0.5	0.8	0.0	0.0	0.0	0.0	0.1	0.0
Azerbaijan, Rep. of	912	1.1 e	1.2 e	4.5 e	5.6 e	....	....	0.0	0.0	0.0	0.0	0.0	0.0
Belarus	913	0.0 e	....	0.0 e	0.2 e	....	0.0 e	....	....	....	....	0.0	....
Russian Federation	922	5.2 e	0.0 e	0.0 e	0.1 e	0.1 e	0.0 e	0.0	0.0	0.0	0.0	0.0	....
Ukraine	926	0.2 e	0.3 e	0.0 e	0.0 e	0.3 e	0.8 e	0.0	0.0	0.0	0.0	0.0	0.0

St. Kitts and Nevis (361)
In Millions of U.S. Dollars

		Exports (FOB)						Imports (CIF)					
		2011	2012	2013	2014	2015	2016	2011	2012	2013	2014	2015	2016
Mid East, N Africa, Pak	440	0.1	0.1	0.1	0.1	0.2	0.1	0.3	0.2	0.3	0.3	0.4	2.5
Afghanistan, I.R. of	512	0.0	0.0	0.0	0.0	0.0	0.0	0.1	0.1	0.1	0.1	0.1	0.2
Algeria	612	....	....	....	....	....	....	0.1	0.1	0.1	0.1	0.1	2.2
Morocco	686	....	....	....	....	....	....	....	....	....	....	0.1	0.0
United Arab Emirates	466	0.0 e	0.0 e	....	....	0.1 e	....	0.1	0.1	0.1	0.1	0.1	0.1
Sub-Saharan Africa	603	0.1	3.0	0.5	0.9	0.3	0.3	0.1	1.9	1.0	0.2	0.1	0.1
Angola	614	0.1 e	1.2 e	0.4 e	0.8 e	0.2 e	0.2 e	....	....	....	....	....	....
Ghana	652	....	1.7 e	0.0 e	....	....	....	0.0	0.0	0.0	0.0	0.0	0.0
Malawi	676	0.0 e	0.1 e	....	....	....	....	....	....	....	....	....	....
Mozambique	688	....	....	....	0.0 e	....	....	....	....	....	0.1 e	....	....
South Africa	199	0.0 e	0.0 e	0.0 e	0.0 e	0.0 e	0.1 e	0.0	0.0	0.0	0.1	0.0	0.0
Zambia	754	....	0.0 e	0.0 e	0.0 e	....	....	0.0 e	1.8 e	0.9 e	....	....	....
Western Hemisphere	205	9.6	9.0	8.1	13.5	8.4	3.6	41.6	39.8	44.4	49.5	65.2	77.2
Anguilla	312	0.3	0.4	0.4	0.4	0.4	0.1	0.0	0.0	0.0	0.0	0.0	0.0
Antigua and Barbuda	311	1.4	1.5	1.3	1.4	1.4	0.5	0.4	0.4	0.5	0.6	0.8	1.0
Argentina	213	....	....	....	....	....	....	0.3	0.3	0.3	0.3	0.3	0.4
Aruba	314	0.0	0.1	0.1	0.0	0.0	0.0	0.0	0.0	0.0	0.0	0.0	0.0
Bahamas, The	313	0.0	0.0	0.0	0.0	0.0	0.0	0.4	0.3	0.4	0.4	0.5	0.7
Barbados	316	0.2	0.2	0.1	0.1	0.1	0.0	2.6	2.4	2.9	3.2	4.5	5.6
Belize	339	0.0	0.0	0.0	0.0	0.0	0.0	....	....	....	....	0.1	0.1
Bolivia	218	....	0.0 e	0.0 e	5.4 e	0.0 e	0.0 e	....	....	....	....	....	....
Brazil	223	....	....	....	....	....	....	1.4	2.0	1.6	3.1	2.1	1.9
Chile	228	....	....	....	....	....	....	0.2	0.1	0.2	0.2	0.3	0.2
Colombia	233	1.0 e	0.0 e	0.1 e	0.0 e	0.1 e	0.0 e	0.9	0.8	0.8	1.2	1.5	0.8
Costa Rica	238	....	....	....	....	....	....	0.6	0.5	0.6	0.6	0.9	0.3
Curaçao	354	0.1	0.1	0.1	0.1	0.1	0.0	0.3	0.2	0.3	0.3	0.4	0.5
Dominica	321	1.0	0.9	0.8	0.7	0.7	0.2	0.8	0.7	0.8	0.9	1.2	1.5
Dominican Republic	243	0.0	0.0	0.0	0.0	0.0	0.0	2.7	2.4	2.7	3.0	4.2	5.1
Ecuador	248	0.0	0.0	0.0	0.0	0.0	0.0	0.0	0.0	0.1	0.1	0.1	0.1
El Salvador	253	....	0.0	....	0.0	....	0.7	0.0	0.0	0.0	0.0	0.1	0.1
Grenada	328	0.5	0.5	0.5	0.5	0.5	0.2	2.0	1.9	1.9	2.0	2.7	3.3
Guatemala	258	....	....	....	....	....	....	0.1	0.1	0.1	0.1	0.1	0.1
Guyana	336	0.0	0.0	0.0	0.0	0.0	0.0	1.4	1.3	1.7	1.8	2.5	3.1
Honduras	268	....	....	....	....	....	....	0.0	0.2	0.9	0.7	0.3	0.2
Jamaica	343	0.0	0.0	0.0	0.0	0.0	0.0	3.9	3.7	4.1	4.4	6.1	7.5
Mexico	273	....	....	....	....	....	....	0.9	0.9	0.9	0.9	0.9	0.9
Montserrat	351	0.3	0.4	0.3	0.3	0.4	0.1	0.0	0.0	0.0	0.0	0.0	0.0
Panama	283	0.1	0.1	0.1	0.1	0.1	0.1	0.6	0.6	0.6	0.6	0.6	0.6
Peru	293	0.0 e	0.0 e	0.0 e	0.1 e	0.0 e	0.0 e	0.8	0.8	0.8	0.8	0.9	1.6
Sint Maarten	352	0.4	0.4	0.4	0.4	0.4	0.1	2.5	2.3	2.5	2.7	3.8	4.7
St. Lucia	362	1.1	1.1	1.0	1.0	1.0	0.3	0.8	0.7	0.8	0.9	1.2	1.4
St. Vincent & Grens.	364	0.4	0.4	0.4	0.4	0.4	0.1	2.2	2.0	2.0	2.0	2.8	3.3
Suriname	366	....	....	....	....	....	....	0.1	0.1	0.1	0.1	0.2	0.2
Trinidad and Tobago	369	1.2	1.2	1.1	1.1	1.1	0.4	15.5	14.7	16.8	18.4	25.8	31.7
Western Hem. n.s.	399	1.5	1.5	1.4	1.4	1.4	0.5	0.1	0.1	0.1	0.1	0.2	0.2
Other Countries n.i.e	910	....	....	....	....	....	....	0.1	0.1	0.1	0.1	0.2	0.2
Korea, Dem. People's Rep.	954	....	....	....	....	....	....	0.1	0.1	0.1	0.1	0.2	0.2
Special Categories	899	0.4	0.4	0.3	0.3	0.3	0.1	0.0	0.0	0.0	0.0	0.0	0.0
Countries & Areas n.s.	898	....	....	....	....	....	....	0.0	0.0	0.0	0.0	0.1	0.1
Memorandum Items													
Africa	605	0.1	3.0	0.5	0.9	0.3	0.3	0.2	2.0	1.0	0.3	0.2	2.3
Middle East	405	0.0	0.1	0.1	0.1	0.1	0.0	0.1	0.1	0.1	0.1	0.1	0.1
European Union	998	2.4	2.8	12.6	22.5	21.0	10.9	16.7	40.5	40.6	37.3	55.9	44.6
Export earnings: fuel	080	8.6	3.7	6.2	13.0	1.8	0.7	16.7	15.8	17.8	19.8	27.6	35.0
Export earnings: nonfuel	092	48.8	52.8	57.2	67.8	63.3	50.0	231.8	242.9	317.8	424.5	382.3	341.0

2017, International Monetary Fund: *Direction of Trade Statistics Yearbook*

St. Lucia (362)

In Millions of U.S. Dollars

		Exports (FOB) 2011	2012	2013	2014	2015	2016	Imports (CIF) 2011	2012	2013	2014	2015	2016
IFS World		87.0	106.5	91.9	81.4	91.6	79.9	696.9	643.6	620.4	627.3	570.2	654.5
World	001	140.8	80.3	143.0	138.0	165.2	143.1	709.0	657.9	888.9	643.6	534.3	613.2
Advanced Economies	110	**54.7**	**34.1**	**66.7**	**87.2**	**109.9**	**56.3**	**401.1**	**363.4**	**605.0**	**393.7**	**302.2**	**343.2**
Euro Area	163	2.0	0.8	2.7	2.3	2.7	3.2	35.4	50.3	29.4	33.9	28.4	52.4
Austria	122	....	....	....	....	....	....	0.3	0.1	0.1	0.2	0.2	0.1
Belgium	124	0.0	0.0	0.0	0.1	0.4	0.4	1.6	1.1	1.6	1.8	2.3	1.6
Cyprus	423	....	....	0.1	0.1	0.1	0.1	....	0.0	0.0	0.0	0.0	0.0
Estonia	939	....	....	....	....	....	....	0.0	....	....	0.1	0.1	0.1
Finland	172	....	....	....	0.0	0.0	0.0	0.1	17.9	0.1	0.1	0.1	0.0
France	132	1.4	0.4	1.6	1.4	1.2	1.9	13.7	10.4	10.2	8.9	8.7	14.8
Germany	134	0.2	0.1	0.8	0.3	0.3	0.3	5.3	6.5	5.0	9.7	4.1	6.0
Greece	174	....	0.0	0.0	0.0	0.0	0.0	0.0	0.1	0.1	0.1	0.0	0.2
Ireland	178	0.1	0.0	0.0	0.0	0.0	0.0	0.3	0.5	0.5	0.6	0.2	0.8
Italy	136	0.0	0.0	0.0	0.0	0.0	0.0	6.8	5.8	4.1	2.7	2.5	7.6
Luxembourg	137	....	....	....	....	....	....	0.0	0.3	....	....	....	....
Netherlands	138	0.3	0.2	0.1	0.4	0.5	0.4	6.5	7.0	7.4	9.3	9.0	13.4
Portugal	182	....	....	....	0.0	0.0	0.0	0.0	0.0	0.0	0.0	0.1	0.1
Slovenia	961	....	....	0.0	....	0.0	....	....	0.2	0.0	0.1	0.2	0.0
Spain	184	0.1	0.0	0.0	....	....	....	0.6	0.5	0.3	0.3	0.8	7.5
Australia	193	0.0	0.1	0.0	0.0	0.0	0.0	1.8	0.9	1.3	1.4	1.7	1.3
Canada	156	0.4	0.2	0.5	2.2	0.3	0.5	12.6	10.6	11.3	10.1	8.3	7.9
China,P.R.: Hong Kong	532	0.2	0.0	0.0	0.0	0.0	0.0	2.2	1.6	2.0	1.9	1.9	1.9
Czech Republic	935	....	0.0	....	0.0	0.0	0.0	....	0.1	0.0	0.0	0.1	0.1
Denmark	128	....	....	0.1	0.1	0.1	....	0.4	0.3	0.4	0.5	0.7	0.6
Iceland	176	....	....	....	....	....	....	0.1	0.0	....	....	....	....
Israel	436	0.0	....	....	....	....	....	1.1	0.1	0.1	0.1	0.1	0.1
Japan	158	0.3	0.0	0.2	0.2	0.0	0.0	18.6	13.8	9.4	11.5	17.2	21.3
Korea, Republic of	542	0.0	0.0	0.0	0.0	0.1	0.1	5.0	3.5	2.8	4.4	3.3	3.4
New Zealand	196	....	....	....	0.0	0.0	0.0	4.5	3.0	3.8	3.4	3.3	2.8
Norway	142	....	....	0.0	....	....	....	0.0	0.0	0.1	0.0	0.0	0.0
Singapore	576	0.0	0.0	0.0	0.1	0.1	0.1	0.2	0.2	1.2	0.2	0.0	0.1
Sweden	144	0.0	0.0	....	0.0	0.0	0.0	1.8	1.2	1.3	4.0	0.9	3.0
Switzerland	146	0.0	0.1	0.1	0.1	0.1	0.0	4.3	1.3	0.4	0.2	0.2	0.2
Taiwan Prov.of China	528	0.6	0.3	0.5	0.3	0.1	0.0	3.9	1.8	1.3	1.5	1.7	1.3
United Kingdom	112	7.8	6.0	13.4	16.8	13.3	9.7	33.3	29.6	29.0	28.7	30.6	35.3
United States	111	43.4	26.5	49.2	65.0	93.0	42.5	276.0	245.1	511.1	292.0	203.8	211.6
Emerg. & Dev. Economies	200	**85.9**	**46.2**	**76.3**	**50.8**	**55.3**	**86.8**	**307.8**	**294.4**	**283.4**	**248.2**	**230.7**	**268.3**
Emerg. & Dev. Asia	505	**5.2**	**4.6**	**5.2**	**5.6**	**5.9**	**6.2**	**20.3**	**17.1**	**18.1**	**18.5**	**14.5**	**14.5**
China,P.R.: Mainland	924	1.2	0.9	0.6	0.8	0.4	0.4	10.3	9.9	11.6	10.5	6.5	6.1
India	534	0.6	0.3	0.7	0.4	1.2	1.2	1.0	0.9	0.9	2.1	2.3	3.1
Indonesia	536	....	0.1	0.0	....	....	....	0.8	0.5	0.3	0.3	0.4	0.1
Malaysia	548	0.1	0.0	0.1	0.0	0.0	0.0	0.2	0.2	0.2	0.2	0.2	0.0
Maldives	556	2.9 e	3.1 e	3.4 e	3.9 e	3.7 e	4.2 e	....	....	....	....	....	....
Marshall Islands	867	....	....	0.1	0.1	0.2	0.1	0.0	....	....	....	....	....
Myanmar	518	....	....	....	....	0.1 e	....	....	....	....	....	....	....
Nepal	558	....	....	....	....	....	....	....	0.1 e	....	....	....	....
Sri Lanka	524	0.0 e	....	....	....	....	....	0.1	0.1	0.0	0.0	0.0	0.0
Thailand	578	0.3	0.2	0.3	0.2	0.2	0.2	5.2	3.9	4.2	4.4	4.3	4.2
Vietnam	582	0.0	0.0	0.1	0.0	0.0	0.0	0.1	0.1	0.2	0.1	0.1	0.1
Asia n.s.	598	....	....	....	....	....	....	2.5	1.3	0.6	0.8	0.7	0.8
Europe	170	**0.3**	**0.0**	**0.0**	**0.1**	**0.0**	**0.1**	**0.3**	**0.5**	**0.9**	**0.7**	**1.2**	**2.1**
Emerg. & Dev. Europe	903	**0.1**	**0.0**	**0.0**	**0.0**	**0.0**	**0.0**	**0.3**	**0.5**	**0.9**	**0.7**	**1.2**	**2.1**
Albania	914	0.0	....	....	....	....	....	....	0.0	0.1	....	....	....
Bosnia and Herzegovina	963	0.1	....	0.0	0.0	0.0	0.0	0.0	....	0.0	....	....	....
Croatia	960	0.0 e	0.0 e	....	....	0.0 e	....	....	0.0	....	....	....	0.1
Hungary	944	0.0 e	....	....	....	....	0.0 e	0.0	....	0.0	0.1	0.2	0.6
Poland	964	....	....	....	0.0	0.0	0.0	0.0	0.1	0.0	0.0	0.0	0.0
Turkey	186	....	....	....	....	....	....	0.3	0.5	0.8	0.6	1.0	1.4
CIS	901	**0.2**	**0.0**	**0.0**	**0.1**	**0.0**	**0.1**	**0.0**	**0.0**	**0.0**	**0.0**	**0.0**	**0.0**
Georgia	915	0.2	....	....	....	....	....	0.0	....	....	....	....	....

St. Lucia (362)
In Millions of U.S. Dollars

		Exports (FOB) 2011	2012	2013	2014	2015	2016	Imports (CIF) 2011	2012	2013	2014	2015	2016
Russian Federation	922	....	....	....	0.0	....	0.1	....	....	....	0.0	0.0	0.0
Mid East, N Africa, Pak	440	0.3	0.1	0.5	0.6	0.6	0.5	1.0	0.6	0.5	0.4	0.6	0.6
Morocco	686	....	....	0.0	0.0	0.0	0.0	....	0.0	....	0.1	0.3	0.2
Pakistan	564	0.0	....	....	....	....	....	0.4	0.3	0.2	0.2	0.2	0.2
Saudi Arabia	456	0.0	0.0	0.2	....	0.0	0.0	0.3	....	0.1	0.0	0.0	0.0
United Arab Emirates	466	0.2	0.0	0.3	0.5	0.6	0.5	0.2	0.2	0.2	0.1	0.1	0.1
Sub-Saharan Africa	603	0.1	0.1	0.1	0.4	0.4	0.4	0.4	0.3	0.2	0.3	0.3	0.5
Ghana	652	....	....	0.1	....	....	....	....	....	....	....	....	....
Namibia	728	....	....	....	0.0	0.0	0.0	....	....	0.1	0.1	0.1	0.1
Nigeria	694	0.1	0.1	....	....	....	....	0.2	0.0	....	0.0	0.0	0.0
Sierra Leone	724	0.0	....	....	0.3	0.4	0.3	....	....	....	0.0	0.0	0.0
South Africa	199	0.0	0.0	....	....	....	....	0.1	0.2	0.2	0.1	0.1	0.3
Swaziland	734	0.0	....	0.0	....	....	....	0.1	0.1	0.0	0.0	0.0	0.0
Western Hemisphere	205	80.0	41.4	70.4	44.2	48.4	79.6	285.8	275.8	263.8	228.4	214.1	250.6
Anguilla	312	0.0	0.0	0.0	0.0	0.0	0.0	1.7	1.4	0.5	1.4	1.3	1.5
Antigua and Barbuda	311	1.1	0.6	1.5	1.4	1.4	1.1	1.7	1.9	2.2	0.9	0.9	1.4
Argentina	213	....	....	....	....	....	0.0	1.0	0.9	0.5	0.8	0.8	1.5
Aruba	314	0.1	0.0	0.0	0.0	0.0	0.0	0.0	0.0	....	0.0	0.2	0.2
Bahamas, The	313	0.2	0.0	0.0	0.0	0.0	0.0	0.3	0.1	0.3	0.1	0.1	0.1
Barbados	316	9.1	4.0	6.9	5.0	5.2	4.5	28.6	21.9	21.5	19.5	17.8	21.1
Belize	339	0.6	0.3	1.2	0.5	2.6	4.4	0.3	0.2	0.1	0.2	0.1	0.1
Brazil	223	0.0	0.0	0.3	0.0	0.0	0.0	3.3	2.4	2.8	2.2	1.3	0.7
Chile	228	....	....	....	....	....	0.0	0.6	0.5	0.4	0.6	0.4	0.6
Colombia	233	0.0	....	0.0	0.1	0.1	31.6	5.8	6.4	3.2	3.6	3.4	1.3
Costa Rica	238	0.0	0.0	0.0	0.0	0.0	0.0	2.3	2.8	2.1	2.1	2.0	2.7
Curaçao	354	0.2	0.2	0.1	0.0	0.1	0.0	2.4	2.1	1.7	1.9	1.8	2.0
Dominica	321	4.1	1.9	4.0	4.4	4.3	3.3	6.3	2.5	4.6	1.3	1.1	2.1
Dominican Republic	243	0.0	0.0	0.1	0.3	0.3	0.3	5.8	6.3	6.4	6.1	5.5	6.4
Ecuador	248	....	....	....	0.0	0.0	0.0	0.0	0.0	0.1	0.1	0.1	0.1
El Salvador	253	....	....	0.0	....	....	....	0.0	0.0	0.0	0.0	0.1	0.1
Grenada	328	1.2	0.5	1.2	0.9	0.9	0.8	5.5	5.6	6.6	4.3	4.0	5.2
Guatemala	258	....	0.0	0.0	....	....	....	2.1	3.0	3.6	0.5	0.5	0.5
Guyana	336	2.4	3.2	4.3	2.7	2.9	3.7	5.9	5.6	4.0	6.0	6.5	7.6
Haiti	263	0.0	....	....	....	....	....	0.0	0.0	0.0	0.1	0.1	0.1
Honduras	268	0.0	....	0.0	0.0	0.0	0.0	2.2	2.0	3.4	3.4	3.6	2.4
Jamaica	343	1.0	0.5	0.6	1.2	1.3	1.1	10.1	11.4	10.8	13.2	11.7	12.8
Mexico	273	0.1	0.2	0.5	0.1	0.1	0.1	8.5	5.6	4.0	4.0	4.2	4.4
Montserrat	351	0.1	0.0	0.0	0.0	0.0	0.0	0.0	....	....	....	....	....
Nicaragua	278	....	....	....	0.0 e	....	....	0.6	0.0	0.0	0.0	0.0	0.0
Panama	283	0.1	0.1	0.6	0.7	0.7	0.7	8.2	6.8	5.5	6.3	6.4	6.5
Peru	293	....	....	....	0.0	0.0	0.0	2.5	2.9	3.2	2.8	2.5	1.7
Sint Maarten	352	....	....	0.1	0.4	0.4	0.4	....	....	0.3	0.4	0.4	0.4
St. Kitts and Nevis	361	1.0	0.3	1.1	1.6	1.5	1.1	1.6	0.6	0.6	0.7	0.6	0.7
St. Vincent & Grens.	364	2.3	0.8	4.0	2.7	2.6	2.2	13.6	11.4	10.9	9.4	8.7	10.5
Suriname	366	0.2	0.1	0.2	0.2	0.2	0.2	1.5	0.0	0.0	0.1	0.1	0.1
Trinidad and Tobago	369	55.6	27.8	42.7	21.3	23.1	23.3	161.8	170.1	161.7	133.6	125.3	152.8
Uruguay	298	....	....	0.0	....	0.0	....	0.1	0.0	0.0	0.1	0.1	0.0
Venezuela, Rep. Bol.	299	0.2	0.1	0.0	....	....	....	0.0	0.0	0.0	0.0	0.0	0.0
Western Hem. n.s.	399	0.6	0.7	0.6	0.5	0.6	0.5	1.5	1.3	2.7	2.9	2.6	3.0
Other Countries n.i.e	910	0.2	0.0	0.0	0.0	0.0	0.0	0.1	0.2	0.1	0.0	0.0	0.0
Cuba	928	0.1	0.0	0.0	0.0	0.0	0.0	0.1	0.1	0.0	0.0	0.0	0.0
Korea, Dem. People's Rep.	954	0.1	....	....	....	....	....	0.0	0.0	0.0	0.0	0.0	0.0
Countries & Areas n.s.	898	....	....	....	....	....	....	0.0	....	0.4	1.6	1.4	1.7
Memorandum Items													
Africa	605	0.1	0.1	0.1	0.4	0.4	0.4	0.4	0.4	0.3	0.4	0.6	0.8
Middle East	405	0.2	0.1	0.5	0.5	0.6	0.5	0.5	0.3	0.3	0.1	0.1	0.1
European Union	998	9.8	6.8	16.1	19.2	16.2	13.0	70.9	81.4	60.1	67.2	61.0	92.1
Export earnings: fuel	080	56.0	28.1	43.2	22.1	23.8	55.6	168.3	176.9	165.3	137.4	128.8	154.3
Export earnings: nonfuel	092	84.8	52.2	99.8	115.9	141.4	87.5	540.7	481.0	723.6	506.2	405.5	458.9

St. Vincent and the Grenadines (364)

In Millions of U.S. Dollars

		Exports (FOB) 2011	2012	2013	2014	2015	2016	Imports (CIF) 2011	2012	2013	2014	2015	2016
IFS World		38.3	42.6	49.2	48.0	45.8	46.7	331.7	356.0	370.0	361.5	333.7	334.8
World	001	50.8	63.9	31.3	54.1	52.1	71.3	386.4	406.4	347.6	311.8	335.3	347.5
Advanced Economies	110	3.4	3.9	5.8	4.3	3.6	18.5	189.6	199.9	292.4	248.4	191.8	216.0
Euro Area	163	0.2	0.1	0.0	0.4	0.2	13.4	11.4	15.1	26.2	41.7	15.6	26.2
Austria	122	....	....	....	....	....	....	0.3	0.2	0.0	0.4	0.2	0.5
Belgium	124	....	....	....	....	....	....	0.4	0.5	0.7	0.7	0.7	1.2
Cyprus	423	....	....	....	....	....	....	0.0	0.0	0.0	....	0.0	0.1
Finland	172	....	....	....	0.0	....	....	0.1	0.1	0.3	0.1	0.1	0.0
France	132	0.1	0.0	0.0	0.4	0.2	13.4	2.0	2.1	7.4	28.2	4.7	15.7
Germany	134	0.0	0.0	....	0.0	0.0	0.0	3.0	1.6	3.1	5.4	4.0	3.2
Ireland	178	....	....	....	....	0.0	....	0.8	1.2	2.3	2.2	1.1	0.5
Italy	136	0.0	0.0	0.0	0.0	0.0	0.0	2.6	7.4	8.4	2.4	2.8	1.5
Netherlands	138	0.0	0.0	0.0	0.0	0.0	0.0	1.7	1.8	2.8	1.6	1.7	2.4
Portugal	182	....	....	....	....	0.0 e	....	0.0	0.0	0.0	0.1	0.0	0.0
Slovenia	961	....	....	....	0.0 e	0.0 e	....	0.0	0.0	0.0	0.1	0.0	0.0
Spain	184	0.0	....	0.0	0.0	0.0	0.0	0.2	0.1	1.1	0.5	0.3	1.2
Australia	193	....	....	0.0	0.0	0.0	0.0	2.6	1.1	0.3	0.1	0.9	2.6
Canada	156	0.2	0.1	0.1	0.1	0.1	0.1	9.9	6.2	6.8	9.5	7.2	4.0
China, P.R.: Hong Kong	532	0.0	0.0	0.0	0.0	0.0	0.0	0.4	0.6	0.3	0.3	0.3	0.3
Czech Republic	935	....	....	0.0	0.0	....	....	0.0	0.3	0.1	0.1	0.2	0.0
Denmark	128	....	....	....	0.0	....	....	1.6	1.4	74.5	1.7	2.4	2.0
Israel	436	....	....	....	....	....	....	0.1	0.0	0.0	0.0	0.0	0.0
Japan	158	0.0	....	....	....	....	....	5.9	5.2	4.2	4.9	8.3	11.3
Korea, Republic of	542	0.0	....	....	....	....	0.0	1.0	1.4	1.0	1.4	1.7	1.5
New Zealand	196	....	....	....	....	....	0.0	2.0	1.7	1.3	1.9	1.5	1.2
Norway	142	....	....	....	....	....	0.0	0.8	0.0	0.1	0.2	0.0	0.0
Singapore	576	....	0.0	....	....	....	....	0.1	0.2	0.5	0.5	0.2	0.1
Sweden	144	....	....	0.0	0.0	0.0	0.0	0.4	0.5	1.0	1.4	0.2	1.2
Switzerland	146	....	....	....	....	....	....	0.4	0.3	0.6	0.3	0.2	0.4
Taiwan Prov. of China	528	0.2	1.5	1.3	1.0	0.3	0.0	2.9	3.2	3.5	1.3	1.6	1.7
United Kingdom	112	0.9	0.8	1.0	1.2	1.0	1.5	19.8	19.3	31.9	27.6	24.1	21.0
United States	111	1.8	1.4	3.2	1.5	2.0	3.5	130.2	143.4	139.9	155.5	127.4	142.6
Emerg. & Dev. Economies	200	47.2	59.9	25.5	49.8	48.6	52.8	196.2	205.7	55.2	63.4	142.8	130.8
Emerg. & Dev. Asia	505	0.2	0.6	0.1	0.1	0.0	0.1	17.1	17.1	16.4	20.7	22.5	13.1
Bangladesh	513	....	0.0	....	....	....	....	0.1	0.0	0.0	0.0	0.0	0.0
China, P.R.: Mainland	924	0.0	0.0	....	....	0.0	0.0	13.5	13.1	11.6	17.2	18.0	8.2
India	534	....	....	....	0.0	0.0	....	0.8	1.1	2.8	1.1	1.0	1.2
Indonesia	536	....	0.1	....	....	....	....	0.9	0.6	0.7	0.5	0.6	0.4
Malaysia	548	0.1	0.2	....	....	....	....	0.3	0.3	0.7	0.6	0.5	0.5
Philippines	566	....	....	....	....	....	....	0.1	0.3	0.0	0.0	0.0	....
Sri Lanka	524	....	0.0 e	0.0 e	0.1 e	0.0 e	0.0 e	0.0	0.0	0.0	....	0.0	....
Thailand	578	....	0.3	....	....	....	....	0.7	0.9	0.5	1.3	1.0	1.4
Vietnam	582	0.1	0.1	....	....	....	....	0.0	0.3	....	....	0.3	0.3
Asia n.s.	598	....	....	....	....	....	....	0.6	0.5	....	....	1.1	1.1
Europe	170	11.7	18.9	12.3	36.8	5.7	8.5	3.1	0.6	1.0	1.5	1.3	0.4
Emerg. & Dev. Europe	903	11.7	18.9	12.3	36.8	5.7	8.5	3.0	0.5	0.9	1.4	1.2	0.3
Bulgaria	918	0.0	....	....	....	....	....	0.0	0.0	0.1	0.1	0.0	0.0
Croatia	960	....	0.0 e	0.0 e	0.0 e	0.0 e	0.2 e	0.0	0.0	0.0	0.0	0.0	0.0
Hungary	944	....	....	0.0	0.0	0.0	0.0	0.0	0.1	0.0	0.0	0.0	0.0
Montenegro	943	0.1 e	....	0.0 e	0.0 e	....	0.0 e	0.0	....	....	....	....	....
Poland	964	3.4 e	8.8 e	3.2 e	28.6 e	5.7 e	8.1 e	0.0	0.0	0.0	0.1	0.1	0.0
Romania	968	....	....	....	....	....	....	0.0	0.0	0.1	0.0	0.0	0.1
Turkey	186	8.2 e	10.1 e	9.1 e	8.2 e	....	0.2 e	2.9	0.4	0.8	1.2	1.1	0.2
CIS	901	0.0	0.0	0.0	0.0	....	0.0	0.1	0.0	0.1	0.1	0.1	0.1
Georgia	915	....	....	....	....	....	....	0.1	0.0	0.1	0.1	0.1	0.1
Mid East, N Africa, Pak	440	0.0	0.1	0.2	0.0	0.0	0.1	0.1	0.2	0.0	0.0	0.3	0.2
Algeria	612	0.0 e	0.1 e	0.2 e	0.0 e	0.0 e	0.0 e	0.0	....	....	....	....	....
Morocco	686	....	....	....	....	....	....	....	0.0	....	....	0.1	0.0
Pakistan	564	....	....	0.0 e	....	....	0.0 e	0.1	0.1	....	....	0.1	0.1
United Arab Emirates	466	....	0.0	....	....	....	....	0.0	0.0	....	....	0.1	0.1

St. Vincent and the Grenadines (364)

In Millions of U.S. Dollars

		Exports (FOB)						Imports (CIF)					
		2011	2012	2013	2014	2015	2016	2011	2012	2013	2014	2015	2016
Sub-Saharan Africa	603	0.3	0.3	0.0	0.1	0.2	0.1	0.3	0.3	0.0	0.0	0.2	0.2
Angola	614	0.2 e	0.2 e	0.0 e	0.1 e	0.1 e	0.1 e	....	....	....	....	....	....
Botswana	616	....	....	....	....	0.1 e	....	....	....	....	....	....	....
Cameroon	622	....	....	....	....	....	....	0.0	0.0	....	....	0.1	0.1
Congo, Republic of	634	....	0.0	....	....	....	....	....	0.1	....	....	....	....
Guinea	656	....	0.1	....	....	....	....	0.0	0.0	....	....	0.0	0.0
Mozambique	688	0.1 e	....	....	....	0.0 e	0.0 e	....	....	....	....	....	....
South Africa	199	0.1	....	....	....	....	....	0.1	0.0	0.0	0.0	0.0	0.0
Swaziland	734	....	0.0	....	....	....	....	0.2	0.2	....	....	0.1	0.1
Western Hemisphere	205	34.9	40.0	12.9	12.8	42.6	44.1	175.6	187.5	37.7	41.2	118.4	116.9
Anguilla	312	0.1	0.1	....	....	0.0	0.0	0.1	0.0	....	....	0.0	0.0
Antigua and Barbuda	311	4.5	5.3	....	....	6.6	6.8	11.4	9.2	....	....	0.3	0.3
Argentina	213	....	0.0 e	....	....	....	....	0.7	0.7	....	....	0.3	0.4
Aruba	314	....	....	....	....	....	0.1	....	0.7	0.0	0.0	0.0	0.0
Bahamas, The	313	....	....	....	....	....	....	0.0	2.7	....	....	0.0	0.0
Barbados	316	4.6	6.2	8.8	8.6	8.2	8.3	9.2	8.8	10.3	10.1	9.3	9.3
Belize	339	....	0.0	2.6	2.5	1.5	1.5	0.0	0.1	....	....	0.2	0.2
Brazil	223	....	0.0	....	....	....	....	3.1	4.1	4.9	2.3	4.0	2.5
Chile	228	0.0 e	....	....	0.1 e	0.1 e	0.7 e	1.1	0.7	2.9	2.9	1.0	0.5
Colombia	233	....	....	....	....	....	....	4.9	3.6	2.2	4.4	7.7	7.4
Costa Rica	238	....	....	....	....	0.0	0.0	0.5	0.6	1.2	1.2	1.2	2.5
Curaçao	354	0.0	0.0	....	....	0.1	0.1	0.1	0.1	....	....	0.3	0.3
Dominica	321	3.2	3.3	....	....	4.2	4.3	0.3	0.7	....	....	0.5	0.5
Dominican Republic	243	....	0.0	....	....	0.1	0.1	1.9	3.5	....	....	3.7	3.8
Ecuador	248	....	....	....	....	....	....	0.1	0.2	0.2	0.1	0.2	0.2
El Salvador	253	....	....	....	....	....	....	0.0	0.0	0.0	0.0	0.0	0.1
Grenada	328	1.4	1.5	....	....	2.6	2.7	1.7	1.1	....	....	1.1	1.1
Guatemala	258	....	0.0	....	....	....	....	1.1	1.6	....	....	0.4	0.4
Guyana	336	1.1	0.4	0.2	0.2	0.2	0.2	3.8	4.3	3.1	5.8	5.4	5.4
Haiti	263	....	0.1	....	....	0.0	0.0	0.0	0.0	....	....	0.0	0.0
Honduras	268	....	....	0.0	0.0	....	....	0.1	0.1	1.6	1.2	0.1	0.0
Jamaica	343	0.8	0.7	....	....	0.4	0.4	2.7	5.1	....	....	4.8	4.8
Mexico	273	....	....	0.5	0.5	0.5	0.5	2.3	2.8	3.1	3.1	3.1	3.1
Montserrat	351	0.3	0.3	....	....	0.3	0.3	0.0	....	....	....	....	....
Panama	283	0.1	....	0.0	0.0	0.0	0.0	0.6	0.8	....	....	1.0	0.1
Peru	293	....	....	....	....	....	....	1.2	1.2	1.5	1.5	1.5	2.1
Sint Maarten	352	....	....	....	....	0.1	0.1	....	....	....	....	0.1	0.1
St. Kitts and Nevis	361	2.6	2.7	....	....	3.3	3.3	0.4	0.4	....	....	0.1	0.1
St. Lucia	362	8.5	11.0	....	....	7.9	8.0	2.1	2.6	....	....	2.5	2.5
Suriname	366	1.0	0.8	....	....	0.2	0.2	0.3	0.3	....	....	0.4	0.4
Trinidad and Tobago	369	5.9	6.8	....	....	5.5	5.6	119.4	108.2	....	....	58.8	59.0
Uruguay	298	....	....	0.0	....	....	....	0.0	0.0	6.6	8.4	1.2	0.6
Venezuela, Rep. Bol.	299	0.1	0.0	....	....	0.1	0.1	6.4	22.5	....	....	9.0	9.0
Western Hem. n.s.	399	0.7	0.8	0.9	0.9	0.8	0.8	0.1	1.0	....	....	0.1	0.1
Other Countries n.i.e	910	0.1	....	....	....	....	....	0.4	0.4	....	....	0.4	0.4
Cuba	928	0.1	....	....	....	....	....	0.3	0.4	....	....	0.3	0.3
Korea, Dem. People's Rep.	954	....	....	....	....	....	....	0.2	0.0	....	....	0.1	0.1
Countries & Areas n.s.	898	....	....	....	....	....	....	0.2	0.4	....	....	0.2	0.2
Memorandum Items													
Africa	605	0.3	0.4	0.2	0.1	0.2	0.2	0.3	0.3	0.0	0.0	0.3	0.3
Middle East	405	0.0	0.0	....	0.0	0.0	0.0	0.0	0.1	0.0	0.0	0.1	0.1
European Union	998	4.6	9.7	4.3	30.2	6.9	23.2	33.3	36.7	133.9	72.8	42.7	50.5
Export earnings: fuel	080	6.2	7.1	0.2	0.1	5.7	5.8	130.8	134.5	2.4	4.5	75.8	75.8
Export earnings: nonfuel	092	44.6	56.7	31.1	54.0	46.4	65.5	255.6	271.9	345.2	307.3	259.5	271.7

Sudan (732)
In Millions of U.S. Dollars

		Exports (FOB) 2011	2012	2013	2014	2015	2016	Imports (CIF) 2011	2012	2013	2014	2015	2016
IFS World		....	....	7,166.0	4,352.3	....	....	....	....	9,901.0	9,237.9	....	....
World	001	9,688.8	3,365.0	4,789.7	4,350.2	3,168.4	2,598.7	9,227.2	9,475.0	9,918.1	9,211.3	9,508.7	5,662.3
Advanced Economies	110	6,979.9	238.9	2,027.3	1,508.5	883.2	148.5	4,251.9	4,186.4	4,199.3	3,780.8	3,978.6	1,453.5
Euro Area	163	210.5	58.7	135.0	98.8	96.9	105.3	1,174.3	735.4	729.1	663.6	652.3	558.1
Austria	122	....	0.0	0.0	....	....	....	207.7	7.7	5.1	10.6	6.5	4.3
Belgium	124	1.8	0.6	1.5	9.4	1.3	....	35.1	39.0	30.8	21.5	24.9	....
Cyprus	423	....	....	0.0	....	....	....	6.0	10.1	8.7	11.6	55.2	5.3
Finland	172	0.3	....	11.4	0.2	0.0	....	18.7	14.4	11.5	4.5	6.9	2.8
France	132	32.5	30.2	53.5	39.9	45.7	46.2	89.1	78.4	63.3	72.2	71.3	63.2
Germany	134	13.5	7.2	11.3	13.3	11.2	14.1	441.3	250.4	287.4	249.2	208.9	219.3
Greece	174	6.0	6.7	6.2	17.0	15.8	10.2	4.2	4.6	7.2	9.3	5.5	3.2
Ireland	178	....	....	0.3	0.3	0.2	....	17.0	9.3	13.5	5.8	7.8	4.1
Italy	136	155.8	6.6	11.3	10.6	5.8	16.9	173.2	167.9	170.1	146.1	159.8	141.8
Malta	181	....	....	....	....	....	....	0.6	15.5	0.5	4.4	0.2	0.3
Netherlands	138	0.1	1.0	20.0	5.6	8.3	17.8	156.5	92.9	97.2	97.4	71.6	78.5
Portugal	182	0.0	0.3	11.6	0.8	8.2	....	1.8	10.9	5.6	9.0	5.1	6.3
Spain	184	0.4	6.1	7.8	1.6	0.3	0.2	23.2	34.2	28.3	22.1	28.6	29.0
Australia	193	0.0	0.1	0.0	1.2	0.6	2.5	59.7	347.7	402.8	300.7	88.9	33.7
Canada	156	28.6	93.8	122.8	63.1	28.1	0.1	148.3	126.1	157.0	274.7	137.5	78.7
China,P.R.: Hong Kong	532	0.1	0.1	0.0	0.0	1.9	0.1	5.3	10.2	5.8	10.0	13.0	7.3
China,P.R.: Macao	546	6,320.1	53.8	1,721.6	1,314.8	739.5	....	1,980.8	1,710.3	1,887.5	1,847.9	2,159.2	....
Czech Republic	935	....	....	....	....	....	....	....	....	....	....	1.7	....
Denmark	128	....	0.0	0.1	....	....	7.2	2.3	6.7	7.0	11.0	8.0	11.9
Japan	158	314.7	4.6	6.3	4.0	2.3	3.4	304.6	331.3	340.8	212.5	301.8	283.1
Korea, Republic of	542	1.0	0.0	6.4	0.1	1.5	0.2	167.1	190.7	199.3	119.3	176.6	167.7
New Zealand	196	....	....	....	....	....	....	45.7	59.5	45.8	32.8	52.1	54.6
Norway	142	0.5	....	....	....	0.0	0.0	1.7	2.1	4.1	1.5	2.7	4.3
Singapore	576	91.3	3.8	5.4	2.8	1.4	6.5	11.5	155.2	7.0	7.5	4.8	6.2
Sweden	144	0.9	1.7	1.0	0.6	0.0	0.0	76.8	113.9	79.7	60.1	86.6	57.0
Switzerland	146	....	1.2	0.0	0.5	0.4	0.3	16.7	29.0	30.9	24.1	27.9	38.3
Taiwan Prov.of China	528	0.2	1.2	2.7	0.4	0.3	2.1	21.0	24.9	22.4	29.9	61.0	43.4
United Kingdom	112	6.7	15.2	17.8	11.2	7.5	10.9	157.6	243.7	185.6	135.4	175.9	86.0
United States	111	5.3	4.8	8.3	11.1	2.8	9.8	78.4	99.8	94.4	49.7	28.7	23.1
Emerg. & Dev. Economies	200	2,345.2	2,960.7	2,163.4	2,646.5	2,103.0	2,425.7	4,771.6	4,985.9	5,269.1	4,987.6	5,011.0	4,120.5
Emerg. & Dev. Asia	505	160.1	32.9	59.0	48.5	56.5	114.0	1,086.0	1,588.8	1,518.1	1,819.5	1,680.1	953.4
Bangladesh	513	0.9	2.6	4.1	1.8	....	0.2	35.0	326.9	45.2	39.9	57.7	30.1
India	534	30.8	24.0	49.8	44.3	37.4	88.4	617.7	835.2	905.4	736.5	794.7	632.9
Indonesia	536	56.9	0.2	1.9	0.4	4.9	3.9	37.0	57.8	78.1	91.9	132.5	119.8
Malaysia	548	0.0	0.1	0.6	0.1	0.3	3.2	186.4	194.7	267.7	684.0	317.1	48.9
Sri Lanka	524	....	....	....	....	....	....	1.7	8.3	1.7	1.1	2.2	3.2
Thailand	578	0.4	0.2	0.5	0.5	1.1	0.4	186.1	107.5	197.6	247.9	353.8	103.6
Vietnam	582	....	....	....	....	....	....	11.7	39.3	21.8	14.9	20.2	13.8
Asia n.s.	598	71.2	5.9	2.1	1.4	12.9	18.0	10.3	19.1	0.6	3.3	1.9	0.9
Europe	170	8.0	24.1	32.0	39.8	44.7	68.2	471.0	563.8	433.7	508.3	695.1	528.6
Emerg. & Dev. Europe	903	8.0	23.8	31.7	39.8	44.4	67.5	280.7	357.9	315.0	310.4	459.8	528.6
Bulgaria	918	....	....	0.1	....	0.1	0.0	8.1	8.0	0.9	1.2	0.7	1.1
Hungary	944	....	....	....	0.0	....	....	3.1	3.6	1.1	2.6	0.7	15.0
Poland	964	0.1	18.7	13.3	9.1	1.7	16.6	4.3	14.4	6.1	23.0	48.0	9.7
Romania	968	0.8	....	....	9.5	7.5	4.7	4.0	0.1	....	....	....	....
Turkey	186	7.1	5.1	18.4	21.2	35.0	46.1	261.2	331.9	307.0	283.6	410.4	502.8
CIS	901	0.0	0.1	....	....	0.3	....	189.1	203.6	118.6	197.8	235.3	....
Russian Federation	922	....	0.1	....	....	0.1	....	....	....	....	....	37.2	....
Ukraine	926	0.0	0.1	....	....	0.2	....	189.1	203.6	118.6	197.8	198.2	....
Europe n.s.	884	....	0.1	0.2	....	0.0	0.6	1.2	2.3	0.1	0.1	....	....
Mid East, N Africa, Pak	440	1,862.6	2,653.1	1,762.8	2,347.1	1,834.3	2,156.2	2,735.7	2,391.4	2,809.8	2,236.3	2,186.7	2,236.4
Algeria	612	1.0	....	1.2	1.9	3.5	2.1	12.3	19.2	27.9	10.5	0.1	0.0
Bahrain, Kingdom of	419	0.3	0.7	0.4	1.2	0.5	1.2	24.8	51.3	12.6	2.7	2.9	3.5
Djibouti	611	....	0.0	0.4	0.0	0.1	0.2	39.4	0.7	....	0.1	....	0.0
Egypt	469	54.1	133.2	96.4	212.5	304.4	411.9	537.2	639.2	742.6	491.9	569.4	591.3
Iran, I.R. of	429	....	....	....	....	....	....	119.9	30.5	53.8	23.6	26.9	28.9

Sudan (732)
In Millions of U.S. Dollars

		Exports (FOB)						Imports (CIF)					
		2011	2012	2013	2014	2015	2016	2011	2012	2013	2014	2015	2016
Iraq	433	0.2	0.1	0.1	0.3	0.2	1.8	0.0	0.1	0.0	....	0.0	0.0
Jordan	439	23.6	24.2	29.2	32.1	29.0	29.7	93.0	91.3	97.8	98.1	126.1	75.7
Kuwait	443	1.6	3.1	1.8	16.6	6.7	5.2	12.3	25.1	96.4	14.4	17.8	10.3
Lebanon	446	9.5	29.0	27.3	29.3	36.9	24.3	20.8	16.1	21.3	13.2	12.9	16.1
Libya	672	0.9	0.4	1.0	5.1	0.5	0.6	0.2	0.1	0.1	0.2	1.2	1.0
Morocco	686	....	....	0.0	0.0	5.1	5.4	1.4	50.3	6.3	7.3	4.4	21.2
Oman	449	0.3	0.8	1.3	2.6	0.4	2.3	52.5	10.0	14.3	30.3	15.3	10.5
Pakistan	564	1.7	1.6	4.4	1.8	0.6	11.9	53.9	50.9	100.7	63.8	101.1	70.1
Qatar	453	1.8	4.5	5.3	10.3	21.9	15.3	31.4	52.7	69.3	73.8	18.6	3.3
Saudi Arabia	456	240.0	309.0	443.9	635.3	657.6	506.5	634.0	751.7	706.4	415.3	436.7	523.4
Somalia	726	....	....	....	....	0.1	0.5	0.2	0.2	0.2	0.1	0.1	0.8
Syrian Arab Republic	463	19.6	16.1	8.5	60.3	10.8	13.1	54.0	29.3	12.4	4.2	4.6	5.8
Tunisia	744	8.2	1.0	11.3	16.9	13.0	8.7	3.9	1.4	1.3	3.7	12.4	5.4
United Arab Emirates	466	1,499.0	2,127.2	1,100.3	1,312.0	740.3	1,115.7	929.4	494.1	681.8	941.5	836.0	868.9
Yemen, Republic of	474	0.0	1.6	30.0	9.1	2.9	....	115.3	28.5	164.8	41.6	0.2	....
Middle East n.s.	489	0.7	0.7	....	....	....	....	....	48.9	....	....	....	....
Sub-Saharan Africa	603	**305.4**	**247.6**	**298.3**	**204.3**	**162.9**	**80.2**	**144.9**	**143.7**	**204.4**	**205.6**	**213.3**	**206.3**
Angola	614	....	....	....	....	....	....	0.0	0.0	0.1	....	....	....
Burundi	618	....	....	....	....	0.4	....	0.1	0.1	0.4	4.0	1.3	....
Congo, Dem. Rep. of	636	....	....	....	....	....	....	0.1	....	....	....	....	....
Congo, Republic of	634	....	....	....	....	....	....	0.7	....	....	....	....	....
Eritrea	643	19.9	57.8	46.9	19.3	21.4	....	0.6	0.1	0.2	0.0	0.0	....
Ethiopia	644	281.3	178.6	51.3	115.8	86.7	71.8	4.5	10.9	29.9	31.2	43.3	40.8
Kenya	664	3.3	9.8	20.4	1.0	1.2	0.2	69.7	57.1	84.1	78.0	55.1	62.6
Madagascar	674	0.0	....	0.0	0.0	....	....	0.1	0.4	0.3	0.4	0.0	0.0
Malawi	676	....	....	0.0	0.1	....	....	4.0	9.5	2.0	2.9	0.5	....
Mauritius	684	....	....	....	0.0	....	....	0.0	0.0	....	0.6	....	....
Namibia	728	....	0.1	....	....	0.0	....	0.2	0.5	0.9	1.1	3.3	....
Nigeria	694	0.2	0.5	1.9	3.7	2.3	1.5	2.2	1.1	0.5	0.8	5.1	9.3
Rwanda	714	....	....	....	0.0	0.2	....	0.1	0.0	0.4	0.8	2.1	....
Senegal	722	....	....	....	....	....	....	....	....	....	....	0.6	....
Seychelles	718	....	....	0.0	0.1	....	....	0.0	0.7	0.1	0.2	0.0	....
South Africa	199	....	....	....	....	....	....	....	....	....	0.4	....	0.1
Swaziland	734	0.0	0.4	....	8.8	0.3	....	21.1	15.0	11.2	12.9	19.3	....
Tanzania	738	....	....	....	....	....	....	....	....	....	....	0.2	0.0
Uganda	746	0.7	0.4	1.3	3.0	0.1	0.1	36.4	38.0	40.8	35.9	45.6	41.7
Zambia	754	....	....	....	....	....	....	5.2	3.2	4.5	1.4	7.2	4.3
Zimbabwe	698	....	....	....	....	....	....	....	7.0	28.7	35.3	29.7	36.2
Africa n.s.	799	....	....	176.4	52.5	50.2	6.6	....	....	....	....	....	11.3
Western Hemisphere	205	**9.1**	**3.0**	**11.3**	**6.8**	**4.6**	**7.1**	**334.1**	**298.2**	**303.1**	**217.9**	**235.8**	**195.7**
Argentina	213	....	....	....	....	....	....	6.4	34.5	6.5	6.2	1.1	6.5
Brazil	223	0.0	0.0	0.1	0.2	0.4	0.4	168.0	113.8	93.1	15.5	25.3	30.3
Ecuador	248	....	....	....	....	....	....	31.0	37.2	42.1	46.7	44.3	12.9
Jamaica	343	....	....	....	....	....	....	0.4	1.4	0.9	0.1	0.9	....
Mexico	273	8.3	2.3	4.7	4.7	3.5	4.5	2.4	1.9	0.8	0.6	0.5	0.9
Western Hem. n.s.	399	0.8	0.7	6.6	1.9	0.7	2.2	125.8	109.3	159.6	148.8	163.7	145.1
Countries & Areas n.s.	898	**363.7**	**165.4**	**599.0**	**195.2**	**182.2**	**24.6**	**203.7**	**302.8**	**449.6**	**442.9**	**519.1**	**88.3**
Memorandum Items													
Africa	605	314.5	248.6	311.2	223.0	184.6	97.1	202.1	215.4	240.2	227.3	230.3	233.8
Middle East	405	1,851.7	2,650.5	1,745.4	2,326.6	1,812.1	2,127.4	2,624.6	2,268.9	2,673.4	2,150.8	2,068.6	2,138.8
European Union	998	219.0	94.3	167.3	129.2	113.7	144.8	1,430.6	1,125.8	1,009.5	897.0	973.8	738.8
Export earnings: fuel	080	1,745.4	2,447.9	1,587.3	1,998.0	1,436.9	1,652.1	1,965.8	1,501.7	1,870.0	1,601.4	1,442.4	1,472.0
Export earnings: nonfuel	092	7,943.5	917.0	3,202.4	2,352.2	1,731.5	946.7	7,261.3	7,973.3	8,048.0	7,609.9	8,066.3	4,190.3

Suriname (366)

In Millions of U.S. Dollars

		Exports (FOB) 2011	2012	2013	2014	2015	2016	Imports (CIF) 2011	2012	2013	2014	2015	2016
IFS World		2,453.1	2,524.7	....	2,112.8	1,599.8	1,471.4	1,669.8	1,755.3	....	1,981.8	1,967.4	1,227.0
World	001	732.9	710.7	650.1	1,917.3	840.4	1,234.6	501.4	525.2	700.4	1,828.1	1,364.9	1,176.3
Advanced Economies	110	427.3	380.3	340.3	1,112.0	682.8	604.7	258.0	290.0	361.1	965.5	1,006.2	631.5
Euro Area	163	100.2	91.9	78.4	264.0	287.5	178.0	96.2	113.8	173.0	352.5	370.9	232.0
Austria	122	....	0.0	....	0.0	....	....	0.1	0.1	1.3	0.6	0.5	0.2
Belgium	124	76.7	66.0	56.2	162.3	101.4	100.1	3.5	5.1	7.1	13.6	22.9	18.3
Cyprus	423	....	....	0.1	0.0	0.1	0.1	0.0	....	0.0	0.0	0.0	0.0
Estonia	939	....	....	....	....	0.0 e	....	....	....	....	0.1 e	0.1 e	0.2 e
Finland	172	....	0.0	....	0.0	0.0	0.0	0.3	0.1	11.8	1.4	26.6	0.5
France	132	10.8	13.6	12.8	39.7	147.4	42.6	4.8	4.0	4.4	29.5	13.0	4.7
Germany	134	1.2	0.3	0.3	1.5	0.8	2.2	3.8	4.1	5.3	23.8	21.6	19.7
Greece	174	0.0	0.0	0.0	....	6.2	0.5	0.0	0.1	0.1	0.1	0.1	0.1
Ireland	178	0.0	0.0	....	....	....	....	0.3	0.1	0.5	0.2	0.2	0.5
Italy	136	0.0	0.0	0.1	1.8	0.5	4.8	1.1	1.1	45.5	11.9	16.8	6.0
Lithuania	946	....	....	....	....	....	....	0.2	0.1	....	....	0.8	0.1
Luxembourg	137	....	....	....	....	....	0.0 e	0.0	0.0	0.0	....	0.6	0.1
Malta	181	0.0	0.1	0.1	0.2	....	....	....	....	....	0.3	0.1	....
Netherlands	138	10.2	9.5	7.4	53.0	26.5	22.0	80.3	97.2	94.7	263.7	257.1	173.2
Portugal	182	0.0	0.5	0.0	3.8	0.8	4.7	0.3	0.2	0.2	0.8	1.5	0.7
Slovak Republic	936	....	....	....	0.0	0.1	....	....	....	....	0.1	0.0	0.1
Slovenia	961	0.0	1.0	0.5	....	0.0	0.1	0.1	0.1	0.0	0.6	0.2	0.2
Spain	184	1.1	0.8	0.9	1.6	3.8	0.9	1.2	1.6	1.9	5.8	8.9	7.5
Australia	193	0.0	0.0	0.0	0.0	0.0	0.0	0.1	0.4	0.4	1.8	4.8	2.3
Canada	156	139.7	39.1	34.5	111.5	68.5	5.4	4.4	7.2	4.0	9.2	77.8	27.8
China,P.R.: Hong Kong	532	0.2	0.3	0.1	0.4	1.0	1.0	2.2	2.4	1.8	8.0	17.0	17.0
China,P.R.: Macao	546	....	0.0	0.0	....	....	....	....	0.1	....	....	....	....
Czech Republic	935	0.0	0.0	0.0	0.0	0.0	0.0	0.1	0.0	0.1	0.3	0.1	0.1
Denmark	128	0.0	0.0	0.0	0.5	0.2	0.1	0.7	0.7	14.7	3.0	2.2	2.2
Iceland	176	5.5	0.0	1.4	....	10.5	....	....	....	0.0	....	0.0	....
Israel	436	0.0	0.0	0.0	0.2	0.0	0.0	0.2	0.0	0.1	0.0	0.0	0.0
Japan	158	1.4	1.1	0.9	2.7	3.3	3.8	12.9	15.6	17.3	56.0	60.8	26.0
Korea, Republic of	542	0.0	0.1	0.0	0.1	0.6	0.5	1.0	0.4	0.3	1.1	1.1	0.6
New Zealand	196	0.0	0.0	0.0	0.1	0.2	0.3	0.0	0.1	0.0	0.0	0.2	0.1
Norway	142	26.0	12.4	1.5	0.0	0.2	0.4	0.0	0.0	0.0	0.1	0.5	0.1
Singapore	576	1.0	1.6	0.9	4.1	0.4	14.8	1.9	1.4	3.3	19.7	3.5	2.1
Sweden	144	0.1	0.0	0.0	0.0	0.0	0.3	0.7	0.7	0.7	1.6	0.2	0.5
Switzerland	146	70.7	161.1	149.7	261.2	247.5	369.8	0.4	2.9	0.8	3.9	2.5	2.8
Taiwan Prov.of China	528	0.3	0.3	0.3	0.2	0.5	0.6	0.9	1.3	1.2	1.3	1.2	0.8
United Kingdom	112	0.0	0.1	0.1	0.4	0.6	1.5	2.4	2.7	2.8	5.1	6.5	5.6
United States	111	82.1	72.2	72.4	466.6	61.6	28.0	133.8	140.2	140.7	501.7	456.8	311.5
Emerg. & Dev. Economies	200	305.4	328.3	309.5	804.6	157.5	624.6	239.7	225.8	331.9	846.4	358.7	534.9
Emerg. & Dev. Asia	505	4.0	3.8	4.8	39.5	58.5	22.2	40.6	44.6	51.4	166.3	194.3	110.5
Bangladesh	513	....	0.0	0.0	0.5	....	1.2	....	....	....	....	0.1	0.1
China,P.R.: Mainland	924	3.3	2.6	3.9	33.2	21.7	12.4	32.6	34.4	34.8	122.6	101.6	76.3
India	534	0.4	0.8	0.5	3.9	36.2	6.1	2.0	3.1	5.7	16.9	9.6	5.9
Indonesia	536	0.0	0.0	0.0	0.1	0.0	0.0	1.0	1.1	1.1	3.7	5.0	3.0
Malaysia	548	....	0.0	0.0	0.0	0.0	0.1	1.6	1.8	3.8	3.5	41.6	7.5
Myanmar	518	....	....	....	0.2	....	....	....	....	....	....	....	1.0 e
Nauru	836	....	....	....	....	....	....	....	....	....	0.1	....	....
Philippines	566	0.0	0.0	....	0.0	0.1	....	0.0	0.0	0.0	0.0	20.5	1.9
Sri Lanka	524	....	....	....	....	0.0	....	0.0	0.0	0.0	0.2	0.3	0.3
Thailand	578	0.0	0.2	0.3	0.4	0.4	0.4	3.2	4.0	4.8	14.7	15.6	11.7
Vietnam	582	0.2	0.1	0.1	1.3	....	2.0	0.1	0.2	1.1	1.0	....	0.6
Asia n.s.	598	....	....	....	....	....	....	....	....	....	3.6	....	2.3
Europe	170	0.1	0.2	0.1	5.6	0.9	1.1	3.5	4.8	1.8	8.4	16.9	13.1
Emerg. & Dev. Europe	903	0.1	0.2	0.0	5.1	0.3	0.4	3.2	4.3	1.7	8.3	15.5	8.6
Bosnia and Herzegovina	963	....	....	....	0.1 e	0.0 e	0.0 e	....	....	....	0.0	....	....
Bulgaria	918	0.0	....	0.0	0.0	0.1	0.1	0.0	0.1	0.2	0.4	0.2	0.4
Croatia	960	....	....	0.0	....	....	....	....	0.0	0.0	0.1	....	0.0
Faroe Islands	816	....	....	....	0.1	....	....	....	....	....	....	....	....

Suriname (366)

In Millions of U.S. Dollars

			Exports (FOB)						Imports (CIF)				
		2011	2012	2013	2014	2015	2016	2011	2012	2013	2014	2015	2016
Hungary	944	0.0	....	....	0.1	....	....	0.1	0.2	0.2	0.2	0.2	0.1
Kosovo	967	....	....	....	....	....	0.1 e	....	....	....	....	....	0.0 e
Montenegro	943	....	....	....	4.7	....	....	....	....	....	....	....	....
Poland	964	0.0	0.1	....	0.0	0.0	0.0	1.9	2.6	0.1	0.3	2.0	1.4
Romania	968	....	0.1	....	0.0	....	....	0.0	0.0	0.0	0.0	0.0	0.0
Serbia, Republic of	942	....	....	....	....	0.0	0.1	....	....	....	0.0	....	0.0
Turkey	186	0.0	0.0	0.0	0.1	0.2	0.2	1.2	1.4	1.1	7.2	13.2	6.7
CIS	901	**0.0**	**0.0**	**0.1**	**0.6**	**0.5**	**0.6**	**0.3**	**0.5**	**0.2**	**0.1**	**1.3**	**4.5**
Belarus	913	....	....	....	0.5 e	0.4 e	0.5 e	....	....	....	0.0 e	....	0.1 e
Georgia	915	....	....	....	0.0	0.0	0.1	....	....	....	....	....	....
Russian Federation	922	0.0	0.0	0.1	0.1	0.1	0.0	0.1	0.0	0.1	0.0	1.2	3.8
Ukraine	926	....	0.0	....	0.0	0.0	0.0	0.2	0.5	0.0	0.1	0.1	0.6
Mid East, N Africa, Pak	440	**196.6**	**244.7**	**226.9**	**422.0**	**0.1**	**408.1**	**0.3**	**0.6**	**0.9**	**2.6**	**0.8**	**2.4**
Algeria	612	....	1.5	....	....	....	....	....	....	....	....	....	....
Bahrain, Kingdom of	419	0.0	....	....	....	....	....	....	0.0	....	0.1	....	....
Egypt	469	0.0	0.0	0.0	....	....	....	0.0	0.0	0.0	0.1	0.0	0.1
Iran, I.R. of	429	....	....	....	....	....	....	0.0	0.0	....	0.1	....	....
Lebanon	446	0.0	....	0.0	....	0.1	0.1	0.0	0.0	0.0	0.0	0.0	0.0
Morocco	686	....	....	0.0	....	0.0	0.0	0.0	0.1	0.1	0.5	0.4	0.3
Oman	449	....	....	....	0.0	....	0.1	....	....	0.0	....	....	0.0
Pakistan	564	0.0	0.0	0.0	0.0	....	0.0	0.2	0.2	0.1	0.5	0.4	0.2
Qatar	453	....	....	....	....	....	....	....	0.0	0.0	....	....	0.1
Saudi Arabia	456	....	....	....	....	....	0.0	....	0.0	0.0	0.1	....	0.1
Tunisia	744	....	0.0	....	....	0.0	0.0	0.0	0.1	0.1	0.1	....	0.1
United Arab Emirates	466	196.6	243.2	226.9	421.9	....	407.8	0.1	0.1	0.6	1.0	....	1.5
Sub-Saharan Africa	603	**5.2**	**4.6**	**3.3**	**4.0**	**0.6**	**1.1**	**0.1**	**0.4**	**1.6**	**5.7**	**3.6**	**7.8**
Angola	614	....	....	....	....	....	0.2	....	....	....	....	....	0.0
Cameroon	622	....	0.0	....	0.2	....	0.0	....	....	....	....	....	0.0
Ethiopia	644	....	....	....	0.5 e	0.5 e	0.4 e	0.0	....	....	....	....	....
Ghana	652	5.2	4.5	2.3	0.0	....	0.1	0.0	....	0.0	0.2	....	0.0
Mauritius	684	....	....	....	....	....	0.2	....	0.0	....	0.0	....	....
Namibia	728	0.0	0.0	....	0.0	....	0.0	0.0	0.1	0.2	0.4	....	0.0
Niger	692	....	....	....	....	....	....	0.0	0.0	0.0	....	....	0.1
Nigeria	694	....	....	0.0	0.1	....	0.1	0.0	0.0	0.0	0.6	....	0.0
Senegal	722	....	0.1	....	....	....	....	....	....	....	....	0.8	....
Seychelles	718	....	....	....	2.9	....	....	....	....	....	....	....	....
Sierra Leone	724	....	0.0	0.9	....	....	....	0.0	0.0	0.0	0.0	....	....
South Africa	199	0.0	0.0	0.0	0.2	0.1	0.0	0.1	0.2	1.3	4.5	2.9	7.2
Swaziland	734	....	....	....	....	....	0.0	....	....	....	....	....	0.4
Western Hemisphere	205	**99.5**	**75.0**	**74.5**	**333.5**	**97.4**	**192.0**	**195.1**	**175.4**	**276.2**	**663.3**	**143.1**	**401.1**
Anguilla	312	....	....	....	....	....	0.3	....	....	....	....	....	0.0
Antigua and Barbuda	311	0.1	0.1	0.1	0.3	....	1.6	6.0	5.8	21.3	30.0	....	17.7
Argentina	213	2.9	4.3	0.0	0.0	....	0.0	1.8	3.6	1.3	6.1	....	2.2
Aruba	314	0.1	0.2	0.2	0.8	3.2	2.5	0.1	0.1	3.2	0.4	1.3	0.6
Bahamas, The	313	0.0	....	0.0	0.0	....	1.1	0.0	0.0	1.0	3.2	....	....
Barbados	316	29.9	10.5	19.6	35.6	8.4	7.4	1.4	0.9	2.5	2.7	8.5	5.3
Belize	339	....	....	0.0	0.0	0.1	0.0	0.0	0.0	0.6	1.4	2.2	0.1
Bolivia	218	0.0	....	0.0	....	0.0	0.0	....	....	....	....	0.2	0.2
Brazil	223	1.0	4.8	0.7	16.3	1.1	4.1	16.2	17.5	14.4	38.9	40.8	28.3
Chile	228	0.0	0.0	3.6	0.0	0.0	0.7	0.5	1.9	1.5	2.1	3.5	1.2
Colombia	233	0.1	0.2	0.1	0.5	0.2	0.1	6.8	5.7	6.5	26.2	28.0	21.3
Costa Rica	238	0.0	0.0	0.0	0.0	....	0.0	2.0	2.4	2.0	8.7	11.3	8.9
Curaçao	354	....	....	....	1.9	....	1.7	....	....	....	117.0	....	13.4
Dominica	321	0.0	0.0	0.0	0.1	....	0.2	0.4	0.3	0.4	1.4	....	1.5
Dominican Republic	243	0.0	2.1	0.0	0.3	....	0.2	5.3	8.3	8.5	25.4	....	8.6
Ecuador	248	0.8	....	....	0.2	0.1	0.0	0.0	0.1	0.1	0.2	0.2	0.2
El Salvador	253	....	....	....	0.0	....	....	0.0	0.1	0.1	0.1	0.2	0.2
Grenada	328	0.0	0.0	0.0	0.1	....	0.2	0.0	0.0	0.0	0.1	....	0.1
Guatemala	258	....	....	0.0	....	....	0.1	1.9	2.0	1.6	3.3	....	5.7
Guyana	336	28.3	23.8	27.8	139.8	75.6	66.9	4.3	5.3	5.5	8.8	16.5	10.3

Suriname (366)

In Millions of U.S. Dollars

		Exports (FOB) 2011	2012	2013	2014	2015	2016	Imports (CIF) 2011	2012	2013	2014	2015	2016
Haiti	263	0.0	0.0	0.3	2.3	....	4.7	0.0	....	0.0	....	....	0.0
Honduras	268	0.0	0.0	0.0	....	0.0	0.0	0.1	0.0	0.1	0.2	0.0	0.1
Jamaica	343	12.4	17.0	12.4	43.5	....	27.1	2.4	3.1	5.1	19.8	....	7.6
Mexico	273	0.5	0.4	0.0	0.2	0.3	0.3	4.1	3.3	5.3	19.9	9.6	9.6
Montserrat	351	....	....	....	....	....	0.2	....	....	....	....	....	....
Netherlands Antilles	353	5.2	1.6	0.5	....	....	....	5.4	7.4	45.8	....	....	....
Nicaragua	278	....	....	0.0	....	....	0.0	0.1	0.1	0.1	0.6	....	0.2
Panama	283	0.3	0.2	0.1	7.6	8.4	3.3	6.5	7.2	7.7	22.6	20.5	21.8
Paraguay	288	....	0.0	....	....	....	0.0	....	0.0	0.0	0.1	....	0.0
Peru	293	0.0	0.0	0.0	4.5	....	0.1	0.3	0.3	0.8	2.0	0.3	2.5
Sint Maarten	352	....	....	....	0.0	....	0.1	....	....	....	....	....	0.0
St. Kitts and Nevis	361	0.0	0.0	0.0	0.0	....	1.4	....	....	0.0	....	....	0.0
St. Lucia	362	0.1	0.0	0.0	1.3	....	0.8	0.6	0.6	14.9	113.0	....	45.1
St. Vincent & Grens.	364	0.1	0.1	0.1	0.3	....	0.2	0.3	0.2	0.2	0.5	....	0.1
Trinidad and Tobago	369	16.9	9.5	8.7	69.7	....	60.6	127.3	96.9	122.4	194.3	....	185.3
Uruguay	298	....	....	0.0	0.1	0.0	....	0.1	0.0	0.1	0.0	0.0	0.0
Venezuela, Rep. Bol.	299	0.7	0.0	0.1	7.9	....	5.9	1.2	2.4	2.4	14.1	....	2.4
Western Hem. n.s.	399	0.0	0.0	0.0	0.0	....	0.0	0.0	....	0.8	0.1	....	0.5
Other Countries n.i.e	910	0.2	0.4	0.3	0.7	....	0.8	3.6	9.2	7.3	11.1	....	4.1
Cuba	928	0.0	0.1	0.1	0.4	....	0.4	0.6	1.0	1.4	1.9	....	0.7
Korea, Dem. People's Rep.	954	0.1	0.2	0.2	0.3	....	0.4	3.0	8.2	5.9	9.2	....	3.4
Special Categories	899	....	....	....	....	....	4.5	....	....	....	....	....	5.9
Countries & Areas n.s.	898	....	1.7	....	....	....	....	0.1	0.2	0.1	5.3	....	....
Memorandum Items													
Africa	605	5.2	6.1	3.3	4.0	0.6	1.2	0.2	0.6	1.7	6.4	4.0	8.2
Middle East	405	196.6	243.2	226.9	422.0	0.1	408.1	0.1	0.3	0.6	1.4	0.1	1.8
European Union	998	100.3	92.1	78.6	265.0	288.4	180.1	102.3	120.8	191.8	363.6	382.2	242.2
Export earnings: fuel	080	215.1	254.4	235.9	500.3	0.3	475.0	135.5	105.3	132.1	236.7	29.6	214.8
Export earnings: nonfuel	092	517.7	456.3	414.2	1,417.0	840.0	759.6	365.9	420.0	568.3	1,591.4	1,335.3	961.5

Swaziland (734)

In Millions of U.S. Dollars

		Exports (FOB)						Imports (CIF)					
		2011	2012	2013	2014	2015	2016	2011	2012	2013	2014	2015	2016
IFS World		....	....	....	....	....	....	....	....	....	....	....	....
World	001	2,218.9	2,517.1	2,573.5	2,484.5	2,345.9	2,229.2	4,130.5	3,934.3	3,925.8	4,000.1	3,604.4	3,537.0
Advanced Economies	110	123.3	139.3	172.2	112.0	87.1	76.0	83.5	97.3	77.6	88.4	106.8	124.1
Euro Area	163	112.2	109.1	138.1	90.6	68.8	68.9	17.3	19.4	17.8	18.4	27.8	44.3
Belgium	124	....	....	....	....	....	....	0.6	1.0	0.3	1.0	0.7	1.4
Cyprus	423	0.3 e	0.0 e	0.0 e	0.0 e	0.0 e	0.0 e	....	....	....	....	....	....
Germany	134	0.0	0.0	0.0	0.0	0.0	0.0	0.7	0.5	1.0	1.4	1.0	0.7
Greece	174	0.2	0.2	0.1	0.0	0.0	0.0	....	0.2	0.0	0.1	0.2	0.1
Italy	136	110.7	108.9	137.9	90.5	68.8	68.9	1.6	6.0	4.7	3.8	11.6	27.3
Lithuania	946	0.0 e	....	0.2 e	0.1 e	....	....	....	....	....	....	0.1 e	....
Malta	181	0.0 e	....	0.0 e	....	....	0.0 e	1.3	0.2	0.4	....	0.4	0.0
Netherlands	138	0.0	0.0	0.0	0.0	0.0	0.0	1.1	0.4	0.4	0.8	0.4	0.5
Portugal	182	....	....	....	....	....	....	9.4	10.0	10.0	9.7	10.2	10.1
Slovak Republic	936	....	....	0.0 e	0.0 e	....	0.0 e	0.0 e	0.1 e	0.3 e	0.6 e	0.5 e	0.2 e
Slovenia	961	1.0 e	0.0 e	....	....	....	....	0.6 e	....	....	....	....	....
Spain	184	....	....	....	....	....	....	2.0	1.0	0.7	0.9	2.6	3.8
Australia	193	1.2	0.2	0.2	0.1	0.1	0.1	0.0	0.0	0.0	0.0	0.0	0.1
China,P.R.: Hong Kong	532	....	....	....	....	....	....	1.9	0.7	0.8	0.9	0.9	0.9
Denmark	128	....	....	....	....	....	....	9.4	8.6	8.5	8.7	8.7	8.6
Israel	436	....	....	....	....	....	....	0.2	0.2	0.2	0.2	0.2	0.2
Japan	158	0.0	0.0	0.0	0.0	0.0	0.0	16.8	22.2	21.5	27.5	36.0	40.7
Korea, Republic of	542	7.2 e	27.5 e	31.2 e	14.6 e	16.1 e	4.3 e	....	....	....	....	....	....
New Zealand	196	0.1	0.0	0.0	0.0	0.0	0.0	....	....	....	....	....	....
Norway	142	0.0	0.0	0.0	0.0	0.0	0.0	0.0 e	0.1 e	0.0 e	0.1 e	0.1 e	0.0 e
Singapore	576	....	....	....	....	....	....	0.2	0.3	0.0	0.1	0.2	0.2
Sweden	144	....	....	....	....	....	....	0.1	0.0	0.1	0.1	0.0	0.0
Switzerland	146	1.2	1.2	1.2	1.7	1.3	1.5	....	....	....	....	....	....
Taiwan Prov.of China	528	0.1 e	0.5 e	0.8 e	3.7 e	0.3 e	0.2 e	17.7 e	13.1 e	8.9 e	10.1 e	8.4 e	6.8 e
United Kingdom	112	0.4	0.4	0.3	0.7	0.3	0.8	5.3	3.2	3.1	3.4	3.5	3.5
United States	111	0.7	0.5	0.4	0.6	0.2	0.1	14.6	29.4	16.6	18.9	21.0	18.8
Emerg. & Dev. Economies	200	2,095.6	2,377.8	2,401.3	2,372.4	2,258.8	2,153.2	4,047.0	3,837.0	3,848.2	3,911.7	3,497.6	3,412.9
Emerg. & Dev. Asia	505	15.9	30.8	40.7	32.5	26.3	12.1	892.6	803.6	786.0	792.8	753.3	753.1
Bangladesh	513	....	....	....	....	....	....	0.6 e	....	....	....	....	....
Brunei Darussalam	516	....	....	....	2.9	0.1	0.0	....	....	....	....	....	....
Cambodia	522	0.3 e	0.4 e	0.2 e	1.0 e	2.2 e	0.1 e	0.9 e	0.1 e	0.3 e	0.5 e	0.1 e	1.1 e
China,P.R.: Mainland	924	0.0	0.0	0.0	0.0	0.0	0.0	137.6	129.2	111.6	119.5	140.8	191.8
F.T. New Caledonia	839	0.2 e	0.1 e	0.1 e	0.1 e	0.2 e	0.2 e	....	....	....	....	....	....
India	534	0.2	0.2	0.1	0.4	0.1	0.1	94.7	52.9	33.5	33.5	74.3	46.1
Indonesia	536	....	....	....	....	....	....	2.0	1.8	5.9	1.7	2.0	1.8
Mongolia	948	....	....	0.1 e	0.0 e	0.0 e	0.2 e	....	....	....	0.0 e	0.0 e	....
Myanmar	518	0.3 e	0.4 e	....	0.0 e	4.0 e	0.4 e	....	0.1 e	....	0.2 e	0.4 e	0.7 e
Philippines	566	....	....	....	....	....	....	0.1	0.1	0.0	0.0	0.0	0.0
Solomon Islands	813	....	....	....	....	....	....	....	....	0.3 e	....	....	....
Sri Lanka	524	1.2 e	14.1 e	29.5 e	19.7 e	10.2 e	2.7 e	0.4	1.0	0.5	0.5	0.5	0.5
Thailand	578	13.5 e	15.4 e	10.5 e	8.3 e	9.4 e	8.2 e	16.1	1.7	9.9	8.9	2.7	1.8
Timor-Leste	537	....	....	0.0 e	0.1 e	0.1 e	0.1 e	....	....	....	....	....	....
Vanuatu	846	0.1 e	0.1 e	0.1 e	0.0 e	0.0 e	0.0 e	....	....	....	....	....	....
Asia n.s.	598	....	....	....	....	....	....	640.2	616.7	624.0	627.9	532.6	509.3
Europe	170	39.4	51.0	34.3	46.4	31.8	9.3	4.9	0.2	1.6	0.3	0.2	1.2
Emerg. & Dev. Europe	903	38.7	50.2	32.9	45.3	31.1	8.9	4.9	0.2	0.1	0.3	0.2	1.0
Albania	914	0.2 e	0.0 e	0.4 e	0.1 e	0.0 e	0.0 e	4.8 e	0.0 e	....	0.1 e	0.0 e	0.0 e
Bosnia and Herzegovina	963	0.0 e	0.0 e	0.0 e	0.4 e	0.0 e	0.1 e	0.1 e	0.0 e	0.0 e	0.1 e	0.0 e	0.4 e
Bulgaria	918	....	1.3	....	0.0	....	....	....	0.0 e	....	....	0.0 e	....
Croatia	960	0.0 e	0.0 e	0.0 e	0.0 e	0.0 e	0.0 e	0.1 e	0.1 e	....	....	....	....
Faroe Islands	816	0.1 e	0.1 e	0.1 e	0.1 e	0.1 e	0.1 e	....	....	....	....	....	....
Hungary	944	0.0 e	11.2 e	9.9 e	18.3 e	0.0 e	0.0 e	....	....	....	....	....	....
Montenegro	943	0.0 e	0.0 e	0.1 e	0.0 e	0.5 e	0.0 e	0.0 e	....	....	0.0 e	0.0 e	0.0 e
Poland	964	29.7 e	5.5 e	0.3 e	0.0 e	0.0 e	0.0 e	0.0	0.0	0.0	0.0	0.0	0.0
Romania	968	8.5 e	32.0 e	22.1 e	26.3 e	30.5 e	8.6 e	....	0.0 e	0.0 e	....	....	....
Serbia, Republic of	942	0.2	0.1	0.0	0.1	0.0	0.0	0.0 e	....	0.0 e	....	0.2 e	0.7 e

Swaziland (734)

In Millions of U.S. Dollars

		Exports (FOB) 2011	2012	2013	2014	2015	2016	Imports (CIF) 2011	2012	2013	2014	2015	2016
CIS	901	0.7	0.8	1.4	1.2	0.7	0.4	0.0	0.0	1.5	0.0	....	0.1
Azerbaijan, Rep. of	912	....	....	0.0 e	....	0.4 e	0.2 e	....	....	....	....	....	....
Belarus	913	0.0 e	0.1 e	0.5 e	0.4 e	0.1 e	0.1 e	....	....	....	....	....	....
Moldova	921	0.2 e	0.1 e	0.1 e	0.1 e	0.0 e	0.0 e	0.0 e	....	1.5 e	....	....	0.1 e
Ukraine	926	0.5 e	0.5 e	0.8 e	0.6 e	0.1 e	....	....	0.0	....	0.0	....	....
Mid East, N Africa, Pak	440	39.0	39.4	36.8	33.5	36.7	20.5	4.5	2.8	7.5	69.1	4.4	2.0
Algeria	612	1.1 e	3.2 e	1.0 e	0.1 e	0.4 e	1.1 e	0.3 e	....	....	....	0.0 e	....
Bahrain, Kingdom of	419	....	....	....	....	....	....	1.5 e	....	4.1 e	0.5 e	....	....
Egypt	469	0.6	0.6	0.7	0.3	0.3	0.2	....	....	....	....	....	....
Iran, I.R. of	429	....	....	....	....	....	....	0.8	0.7	0.7	0.7	0.6	0.6
Lebanon	446	0.1 e	0.1 e	0.1 e	0.1 e	0.0 e	0.2 e	0.1	0.0	0.0	0.0	0.0	0.1
Mauritania	682	....	....	....	....	....	....	0.2	0.2	0.2	0.2	0.2	0.2
Morocco	686	0.2	0.4	0.6	0.4	0.4	0.5	0.3 e	0.1 e	0.3 e	0.0 e	2.2 e	0.2 e
Oman	449	0.1 e	....	....	....	....	....	....	....	....	0.0 e	....	....
Qatar	453	0.1 e	0.0 e	0.0 e	0.0 e	0.0 e	2.2 e	....	0.0 e	0.8 e	56.9 e	....	....
Sudan	732	19.9 e	14.2 e	10.5 e	12.2 e	18.2 e	....	0.1 e	0.4 e	....	9.3 e	0.3 e	....
Syrian Arab Republic	463	0.1 e	0.0 e	0.0 e	0.0 e	0.0 e	0.0 e	....	....	....	....	....	....
Tunisia	744	0.1 e	0.0 e	0.0 e	0.0 e	0.1 e	0.1 e	....	....	....	0.0 e	0.1 e	0.0 e
United Arab Emirates	466	16.7	20.7	22.2	20.0	17.0	16.0	1.1	1.1	1.1	1.1	0.9	0.9
West Bank and Gaza	487	....	0.0 e	1.3 e	0.0 e	0.0 e	0.0 e	....	....	....	....	....	....
Yemen, Republic of	474	0.0 e	0.0 e	0.3 e	0.2 e	0.3 e	0.3 e	0.2 e	0.2 e	0.2 e	0.2 e	0.0 e	0.0 e
Sub-Saharan Africa	603	1,994.3	2,251.4	2,275.3	2,237.4	2,151.4	2,105.6	3,136.3	3,026.2	3,040.9	3,045.0	2,734.2	2,639.1
Benin	638	0.2 e	0.2 e	0.2 e	0.2 e	0.1 e	0.2 e	....	....	....	0.0 e	....	....
Botswana	616	5.2	6.0	6.3	5.9	5.3	5.0	9.3	9.3	9.3	9.3	9.3	9.3
Burkina Faso	748	0.0 e	0.1 e	0.0 e	0.0 e	0.0 e	0.0 e	....	....	....	0.2 e	0.3 e	0.3 e
Burundi	618	....	....	....	....	....	....	....	....	....	0.1 e	....	....
Cameroon	622	0.1 e	0.1 e	0.1 e	0.1 e	0.1 e	0.1 e	0.0 e	....	....	....	....	....
Central African Rep.	626	0.2 e	....	....	0.0 e	0.0 e	0.0 e	....	....	....	....	....	....
Congo, Republic of	634	0.4	0.4	0.5	0.4	0.4	0.3	....	....	....	....	....	....
Côte d'Ivoire	662	....	....	....	....	....	....	....	....	....	0.1	0.6	0.6
Ethiopia	644	....	....	....	....	....	....	1.9 e	1.1 e	1.0 e	1.3 e	1.3 e	1.3 e
Gabon	646	0.1 e	0.1 e	0.2 e	0.2 e	0.1 e	0.1 e	....	....	....	....	....	....
Gambia, The	648	0.7 e	1.6 e	0.3 e	0.5 e	0.5 e	0.5 e	....	....	....	....	....	....
Ghana	652	....	....	....	....	....	....	111.1	105.0	105.3	105.5	89.3	85.3
Guinea	656	....	....	0.0 e	1.9 e	0.9 e	0.9 e	....	....	....	0.0 e	21.6 e	34.4 e
Kenya	664	0.0	0.1	0.1	0.1	0.0	0.0	11.0	10.4	10.4	10.4	8.8	8.4
Lesotho	666	4.0	4.9	5.3	4.8	4.0	3.8	69.8	66.0	66.2	66.3	56.1	53.6
Madagascar	674	0.2	0.3	0.3	0.3	0.2	0.2	1.5 e	....	....	0.1 e	0.0 e	0.1 e
Malawi	676	0.1	0.1	0.1	0.1	0.1	0.1	....	....	....	....	....	....
Mali	678	0.1 e	0.3 e	....	....	....	0.2 e	0.4 e	0.1 e	....	....	....	....
Mauritius	684	0.1	0.1	0.1	0.1	0.2	0.2	....	....	....	....	....	....
Mozambique	688	60.5	75.1	80.4	72.4	61.6	58.0	243.3	229.9	230.5	231.0	195.5	186.8
Namibia	728	93.2	115.7	123.8	111.5	94.9	89.2	....	....	....	....	....	....
Niger	692	0.1 e	0.0 e	0.1 e	0.0 e	0.1 e	0.0 e	0.1 e	....	....	0.0 e	....	0.0 e
Senegal	722	0.4	3.0	0.5	0.6	0.3	0.0	0.0 e	0.0 e	0.0 e	0.2 e	....	....
Sierra Leone	724	1.5 e	1.8 e	1.0 e	0.9 e	0.1 e	0.6 e	....	....	....	....	....	....
South Africa	199	1,821.4	2,037.0	2,052.7	2,034.5	1,978.8	1,944.3	2,614.5	2,535.0	2,546.9	2,535.7	2,286.1	2,197.8
Togo	742	0.2 e	0.1 e	0.2 e	0.1 e	0.6 e	0.0 e	0.1	0.1	0.1	....	....	....
Zambia	754	5.3	4.2	3.3	2.8	3.3	1.9	2.8	2.7	4.4	17.9	8.5	7.0
Zimbabwe	698	....	....	....	....	....	....	70.5	66.6	66.8	66.9	56.7	54.1
Western Hemisphere	205	7.1	5.2	14.1	22.6	12.6	5.7	8.6	4.2	12.2	4.6	5.5	17.5
Antigua and Barbuda	311	0.0 e	0.0 e	0.0 e	0.8 e	0.3 e	0.0 e	....	....	....	....	....	....
Aruba	314	0.0 e	0.0 e	0.0 e	0.0 e	0.1 e	0.1 e	....	....	....	....	....	....
Barbados	316	0.1 e	0.4 e	0.0 e	0.0 e	0.2 e	0.7 e	....	....	0.0 e	....	....	0.0 e
Bolivia	218	0.2	0.1	9.7	15.8	7.9	0.1	0.0 e	....	....	....	....	....
Brazil	223	....	....	....	....	....	....	6.9	4.0	4.6	3.8	3.6	5.0
Chile	228	0.0 e	0.0 e	0.0 e	0.0 e	0.0 e	0.1 e	0.0	0.0	0.0	0.0	0.0	0.0
Colombia	233	....	....	0.3	0.1	0.1	0.1	0.1 e	0.0 e	7.1 e	0.0 e	....	....
Dominica	321	....	0.1 e	0.1 e	0.1 e	0.1 e	0.1 e	....	....	....	....	....	....
Dominican Republic	243	2.9 e	1.3 e	1.6 e	1.1 e	1.3 e	0.8 e	0.0 e	....	0.0 e	0.1 e	....	0.0 e

Swaziland (734)

In Millions of U.S. Dollars

		Exports (FOB)						Imports (CIF)					
		2011	2012	2013	2014	2015	2016	2011	2012	2013	2014	2015	2016
Ecuador	248	0.0 e	0.3 e	0.1 e	0.7 e	0.7 e	0.0 e	....	....	0.0	....	....	....
Guatemala	258	2.0 e	0.0 e	0.0 e	0.7 e	0.0 e	0.0 e	....	....	....	....	....	....
Guyana	336	0.2 e	1.0 e	1.5 e	1.9 e	1.2 e	1.4 e	....	0.0 e	....	....	....	12.3 e
Honduras	268	0.3 e	0.4 e	0.0 e	0.5 e	0.1 e	0.7 e	0.1 e	0.0 e	....	0.7 e	....	....
Mexico	273	....	....	....	....	0.0	0.2	....	....	....	....	....	....
Peru	293	0.4 e	1.0 e	0.4 e	0.2 e	0.2 e	0.7 e	0.0 e	0.2 e	0.4 e	....	1.6 e	0.0 e
St. Lucia	362	0.0 e	0.1 e	0.0 e	0.0 e	0.0 e	0.0 e	0.0 e	....	0.0 e	....	....	....
St. Vincent & Grens.	364	0.2 e	0.2 e	....	....	0.1 e	0.1 e	....	0.0 e	....	....	....	....
Suriname	366	....	....	....	....	....	0.4 e	....	....	....	....	....	0.0 e
Trinidad and Tobago	369	0.9 e	0.3 e	0.3 e	0.5 e	0.2 e	0.2 e	1.6 e	....	0.0 e	0.0 e	0.2 e	0.1 e
Memorandum Items													
Africa	605	2,015.6	2,269.3	2,287.4	2,250.2	2,170.5	2,107.2	3,137.2	3,026.9	3,041.5	3,054.6	2,737.0	2,639.4
Middle East	405	17.6	21.5	24.7	20.7	17.7	18.9	3.6	2.1	6.9	59.5	1.6	1.6
European Union	998	150.9	159.6	170.8	135.9	99.7	78.3	32.2	31.3	29.5	30.7	40.1	56.4
Export earnings: fuel	080	19.5	25.4	34.6	41.1	27.7	20.8	5.5	2.0	14.0	59.4	1.8	1.6
Export earnings: nonfuel	092	2,199.4	2,491.8	2,538.9	2,443.4	2,318.2	2,208.4	4,125.0	3,932.3	3,911.8	3,940.7	3,602.7	3,535.4

Sweden (144)
In Millions of U.S. Dollars

		Exports (FOB)						Imports (CIF)					
		2011	2012	2013	2014	2015	2016	2011	2012	2013	2014	2015	2016
IFS World		186,693.1	172,442.4	167,455.4	164,266.9	139,967.1	139,418.5	176,775.6	164,486.7	160,562.6	161,934.8	138,331.0	140,796.7
World	001	186,939.4	172,460.1	167,509.6	164,645.2	140,023.6	139,417.2	176,988.3	164,565.8	160,617.5	162,211.1	138,398.1	140,753.5
Advanced Economies	110	140,243.1	133,212.8	130,125.0	128,428.3	110,773.1	111,349.4	142,023.6	131,225.9	127,735.5	127,439.6	110,563.0	113,708.1
Euro Area	163	71,820.9	66,180.7	66,533.8	65,128.1	55,296.2	57,114.8	87,108.5	77,936.1	79,148.2	80,398.0	70,025.5	73,160.3
Austria	122	1,687.4	1,488.7	1,445.1	1,404.3	1,231.8	1,179.6	2,030.6	1,766.3	1,884.1	2,006.9	1,661.5	1,765.4
Belgium	124	8,381.7	8,047.9	8,246.4	7,605.1	6,161.0	6,505.9	6,813.7	6,222.9	6,251.8	6,361.3	5,927.4	6,479.6
Cyprus	423	71.7	41.8	39.9	54.5	26.4	32.3	39.3	29.5	37.4	34.9	30.3	40.4
Estonia	939	1,673.1	1,545.6	1,278.9	1,215.8	1,063.6	1,128.9	3,042.1	2,247.7	2,597.0	2,648.2	2,189.9	2,165.9
Finland	172	11,402.6	11,146.0	11,835.0	11,511.1	9,458.4	9,459.2	9,385.0	8,343.1	8,808.5	8,142.2	6,219.3	6,387.9
France	132	8,544.7	7,851.5	7,618.1	7,262.8	5,802.3	6,158.3	7,979.9	6,905.1	6,389.4	7,183.5	5,959.7	5,728.1
Germany	134	18,483.3	16,913.9	16,651.5	16,534.5	14,214.8	14,726.7	32,276.6	28,406.3	28,042.9	28,218.3	24,667.8	26,464.5
Greece	174	492.7	330.6	323.8	310.8	317.8	392.4	218.7	189.0	212.4	187.0	146.2	166.6
Ireland	178	836.1	758.4	762.0	953.1	724.0	793.8	3,102.7	1,856.5	1,841.5	2,018.9	1,972.1	1,952.3
Italy	136	4,635.8	3,793.0	3,820.8	3,971.2	3,661.5	3,734.7	5,177.0	4,698.7	4,994.9	4,899.4	4,570.3	4,571.8
Latvia	941	580.4	543.1	570.4	483.1	421.8	444.8	701.5	619.8	609.7	644.1	576.5	651.7
Lithuania	946	834.5	708.1	824.1	966.3	875.7	909.0	973.1	948.0	1,092.0	1,144.7	955.3	1,213.2
Luxembourg	137	148.9	101.2	121.6	109.9	103.6	103.8	382.0	342.1	358.9	379.5	309.1	296.5
Malta	181	39.2	75.6	170.2	138.8	101.0	68.8	21.8	22.4	63.7	25.3	64.4	52.1
Netherlands	138	9,176.1	9,022.4	8,932.8	8,293.7	7,208.7	7,507.8	10,535.2	11,320.0	12,016.7	12,451.3	11,267.3	11,467.4
Portugal	182	894.5	721.1	705.3	800.5	724.3	754.7	642.6	631.9	600.0	510.5	457.9	540.5
Slovak Republic	936	390.0	288.9	300.9	331.8	316.6	317.5	1,239.2	1,124.7	1,040.9	1,092.0	954.1	1,076.3
Slovenia	961	159.6	126.3	126.4	140.8	130.6	146.7	250.4	208.3	226.9	247.0	212.2	247.3
Spain	184	3,388.5	2,676.7	2,760.6	3,040.1	2,752.3	2,749.7	2,297.2	2,053.4	2,079.3	2,203.2	1,884.2	1,892.8
Australia	193	2,568.8	2,189.1	1,890.5	1,623.7	1,416.5	1,528.6	494.5	330.7	379.9	305.6	262.8	273.0
Canada	156	1,480.6	1,410.3	1,217.3	1,132.4	1,083.4	1,215.2	495.0	497.8	379.6	423.1	454.0	484.8
China,P.R.: Hong Kong	532	642.9	716.2	610.9	637.3	558.2	537.3	484.0	453.6	400.9	370.6	335.0	338.5
China,P.R.: Macao	546	9.5	8.0	5.5	3.0	1.5	1.8	3.7	4.0	5.6	6.5	4.4	3.0
Czech Republic	935	1,271.4	1,159.0	1,254.3	1,202.0	1,053.9	1,124.4	2,205.7	2,000.2	1,967.2	2,105.3	2,021.4	2,065.9
Denmark	128	11,546.5	11,075.5	11,428.5	11,321.6	9,636.2	9,742.4	14,367.1	13,841.8	12,962.7	11,913.0	10,691.4	10,665.4
Iceland	176	249.2	244.6	280.5	280.8	291.4	329.6	29.9	26.0	25.9	24.1	35.0	37.0
Israel	436	472.6	480.8	453.5	350.7	290.3	297.1	151.8	147.1	162.1	176.0	146.1	135.8
Japan	158	2,341.6	2,522.1	2,260.2	2,048.5	1,805.4	2,085.9	2,638.0	2,234.2	1,720.3	1,716.1	1,500.6	1,726.8
Korea, Republic of	542	1,388.6	1,219.9	1,204.5	1,268.5	1,162.3	1,397.5	1,281.3	1,005.0	961.1	904.0	786.2	830.6
New Zealand	196	166.3	171.6	202.1	185.9	153.9	163.4	64.4	58.7	54.8	57.6	50.5	52.3
Norway	142	17,691.3	17,801.6	17,919.7	17,244.8	14,436.9	14,459.2	14,166.0	14,142.4	13,496.1	12,751.9	10,808.1	10,996.7
San Marino	135	2.5	2.1	2.6	2.9	3.2	4.6	1.0	0.9	0.7	0.4	1.0	0.9
Singapore	576	1,295.4	1,277.1	951.6	855.6	755.1	615.5	171.1	97.9	69.7	123.2	145.7	122.8
Switzerland	146	1,819.7	2,033.9	2,042.1	1,731.0	1,626.8	1,681.3	1,376.9	1,261.4	1,119.8	1,151.7	1,090.0	1,072.8
Taiwan Prov.of China	528	577.3	470.2	502.7	523.2	445.7	447.4	1,226.1	1,046.1	908.2	872.2	744.9	721.4
United Kingdom	112	13,043.1	13,190.5	10,935.8	11,783.5	10,018.3	8,403.1	10,338.3	10,731.7	9,601.4	10,021.1	7,652.5	7,267.1
United States	111	11,855.0	11,059.3	10,428.8	11,104.7	10,737.9	10,200.2	5,420.3	5,410.4	4,371.4	4,119.2	3,807.9	3,753.0
Vatican	187	0.1	0.1	0.0	0.1	0.1	0.1	0.0	0.0	0.0	....	0.0	0.0
Emerg. & Dev. Economies	200	44,277.7	36,794.5	35,844.8	34,753.5	28,454.6	27,356.0	34,962.5	33,328.3	32,877.0	34,768.1	27,830.9	26,974.9
Emerg. & Dev. Asia	505	11,544.8	9,754.2	10,042.6	9,294.6	8,466.2	8,179.2	12,071.4	11,648.0	11,898.0	12,343.4	11,630.4	11,333.6
American Samoa	859	0.1	0.0	0.0	0.0	0.0	0.0	0.0	0.0	0.0	0.0	0.0	0.0
Bangladesh	513	88.3	64.8	64.3	86.8	47.6	54.9	349.9	347.0	387.3	399.0	425.5	463.2
Bhutan	514	6.9	8.0	4.8	1.7	2.2	3.1	....	0.0	0.0	0.0	0.0	0.0
Brunei Darussalam	516	7.8	2.0	4.9	4.9	2.7	9.4	0.0	0.0	0.0	0.2	0.1	0.1
Cambodia	522	6.4	8.0	5.3	7.3	7.6	5.2	36.6	43.0	53.6	59.0	69.8	72.7
China,P.R.: Mainland	924	6,155.4	5,564.6	6,069.7	5,826.3	5,358.1	5,365.8	8,302.4	8,054.8	8,201.2	8,680.0	8,229.4	7,887.0
Fiji	819	0.4	0.6	0.6	0.5	6.0	0.4	0.0	0.1	0.1	0.1	0.2	0.1
F.T. French Polynesia	887	1.4	1.4	1.2	1.4	1.0	2.3	0.1	0.1	0.1	0.1	0.1	0.1
F.T. New Caledonia	839	14.5	16.4	6.7	4.8	6.6	1.8	8.4	5.4	0.1	2.9	0.1	0.1
Guam	829	0.1	0.0	0.4	0.7	0.3	0.2	0.0	0.0	0.0	0.0	....	0.0
India	534	2,080.5	1,670.6	1,528.4	1,514.7	1,297.4	1,041.0	1,039.6	771.3	752.9	790.3	713.8	709.2
Indonesia	536	796.0	695.2	471.3	452.0	349.4	348.9	197.6	205.4	192.7	181.2	188.6	180.1
Kiribati	826	0.5	0.1	0.2	0.2	0.0	0.1	0.1	0.5	0.0	0.0	0.0	0.0
Lao People's Dem.Rep	544	1.1	8.3	0.6	0.7	0.5	0.3	1.5	1.2	3.2	10.3	21.7	19.1
Malaysia	548	564.1	483.1	449.2	418.0	323.4	337.3	668.1	613.6	591.0	516.7	430.9	359.3
Maldives	556	3.6	2.1	1.9	3.3	2.5	3.5	0.1	0.0	0.2	0.0	0.0	0.0

Sweden (144)

In Millions of U.S. Dollars

		Exports (FOB)						Imports (CIF)					
		2011	2012	2013	2014	2015	2016	2011	2012	2013	2014	2015	2016
Marshall Islands	867	0.0	....	0.1	0.2	0.0	0.0	0.0	0.0	0.1	0.0	0.0	0.0
Mongolia	948	22.3	25.2	41.3	13.8	13.6	18.3	0.2	0.3	0.4	0.4	0.6	0.4
Myanmar	518	28.9	4.7	3.4	23.1	28.9	17.3	1.8	2.5	2.1	2.3	7.0	15.4
Nepal	558	1.0	11.8	1.8	5.2	13.5	1.5	2.0	1.2	1.4	1.3	1.5	1.4
Palau	565	0.0	0.0	....	0.0	0.1	0.0	....	0.0	....	....	0.0	0.0
Papua New Guinea	853	18.3	12.5	21.2	18.7	6.1	2.5	3.4	2.8	0.3	0.4	0.3	5.1
Philippines	566	177.8	151.2	146.3	136.4	155.9	125.6	204.9	193.1	69.1	34.5	47.8	41.5
Samoa	862	2.2	1.0	0.7	0.4	0.3	0.7	....	0.1	0.0	0.0	....	0.1
Solomon Islands	813	0.4	0.3	0.6	0.4	0.4	0.3	0.1	0.0	0.0	0.0	0.2	....
Sri Lanka	524	59.7	63.0	48.5	40.8	40.5	39.2	67.1	63.9	63.4	61.0	62.4	63.6
Thailand	578	1,348.5	818.0	1,031.5	562.1	642.8	627.1	672.0	626.5	599.8	615.3	486.3	485.1
Timor-Leste	537	....	3.7	0.6	0.4	0.1	1.3	0.0	0.0	0.0	0.0	....	0.1
Tonga	866	0.1	0.0	0.0	0.1	0.0	0.0	....	....	....	0.0	0.0	0.0
Vanuatu	846	0.1	0.1	0.1	0.1	0.2	0.1	0.0	0.0	0.0	0.0	0.1	0.1
Vietnam	582	157.3	132.1	134.1	168.7	157.9	170.3	445.0	704.2	978.6	987.8	943.8	1,029.2
Asia n.s.	598	1.3	5.0	2.8	1.1	0.6	0.9	70.7	10.7	0.1	0.5	0.3	0.5
Europe	170	**15,134.7**	**12,960.7**	**12,789.8**	**12,460.3**	**9,765.8**	**9,871.1**	**18,717.5**	**17,186.7**	**15,935.5**	**17,130.7**	**12,667.5**	**12,429.7**
Emerg. & Dev. Europe	903	**9,527.9**	**8,567.2**	**8,344.6**	**8,677.6**	**7,464.9**	**7,442.0**	**8,150.7**	**7,702.2**	**8,374.1**	**8,667.6**	**7,851.8**	**8,459.4**
Albania	914	11.0	11.1	9.3	10.1	8.0	9.5	2.1	0.8	0.9	1.3	1.1	4.5
Bosnia and Herzegovina	963	53.8	25.2	26.1	36.1	34.2	30.4	38.8	32.7	48.1	50.9	43.7	50.0
Bulgaria	918	165.4	143.8	162.8	137.6	130.9	139.6	123.7	100.6	121.4	135.8	142.9	181.3
Croatia	960	163.6	197.1	119.9	92.4	87.9	113.9	63.4	59.5	56.8	64.6	48.1	88.7
Faroe Islands	816	29.8	32.0	28.6	41.8	30.4	27.6	2.8	6.9	6.3	16.8	2.9	2.7
Gibraltar	823	263.7	451.4	285.8	314.0	168.5	121.3	0.1	0.0	17.0	0.1	0.3	0.0
Hungary	944	893.4	804.4	689.5	756.6	647.2	616.4	1,090.8	1,026.1	1,016.8	994.1	1,062.9	1,178.9
Kosovo	967	3.6	4.4	2.7	2.6	2.0	2.6	0.2	0.5	1.0	1.3	1.3	1.3
Macedonia, FYR	962	14.8	13.7	18.3	19.1	13.1	10.5	18.6	12.3	13.7	17.0	13.2	20.2
Montenegro	943	9.5	2.7	3.8	5.2	7.2	5.3	2.0	2.3	2.5	2.8	2.5	2.5
Poland	964	4,874.7	4,480.6	4,487.6	4,833.1	4,314.0	4,523.8	5,008.0	4,661.9	5,176.6	5,245.0	4,769.2	5,172.6
Romania	968	354.8	286.8	335.7	369.6	332.9	340.6	393.7	442.0	562.8	620.5	447.5	454.7
Serbia, Republic of	942	139.1	132.7	139.6	149.4	127.5	118.2	51.4	46.8	55.9	62.1	65.2	84.4
Turkey	186	2,550.7	1,981.3	2,034.9	1,910.0	1,561.2	1,382.2	1,355.0	1,309.7	1,294.1	1,455.3	1,251.0	1,217.6
CIS	901	**5,605.9**	**4,392.5**	**4,444.3**	**3,781.7**	**2,299.8**	**2,428.1**	**10,566.9**	**9,484.5**	**7,561.3**	**8,463.1**	**4,815.7**	**3,970.2**
Armenia	911	23.5	23.7	14.6	26.3	11.9	7.9	0.9	8.1	0.7	0.8	0.5	0.3
Azerbaijan, Rep. of	912	84.7	46.8	25.6	25.7	70.3	17.7	18.5	18.0	14.6	0.1	0.7	0.6
Belarus	913	162.1	146.1	151.2	92.2	56.5	40.0	397.6	109.7	70.3	56.6	53.1	42.3
Georgia	915	48.4	23.2	8.6	9.2	23.0	17.3	0.7	1.3	0.5	0.4	0.1	0.1
Kazakhstan	916	404.0	184.2	151.6	98.3	84.1	153.5	95.6	61.4	45.1	48.6	29.4	28.8
Kyrgyz Republic	917	4.6	5.3	6.1	4.2	3.2	4.3	0.1	0.3	0.3	0.4	0.3	0.3
Moldova	921	29.6	14.0	20.1	10.2	9.4	12.4	6.1	5.8	4.3	4.9	3.5	2.2
Russian Federation	922	4,266.5	3,485.2	3,622.5	3,222.9	1,745.1	1,709.5	9,981.2	9,227.2	7,364.3	8,284.6	4,661.6	3,817.7
Tajikistan	923	1.2	0.5	0.9	1.6	2.3	1.2	0.0	....	0.0	0.0	0.0	0.1
Turkmenistan	925	4.9	6.0	27.5	9.1	19.0	44.7	0.0	0.0	0.0	0.0	0.0	0.0
Ukraine	926	546.7	429.8	342.2	260.4	256.8	400.7	66.0	52.5	60.9	66.6	65.6	77.7
Uzbekistan	927	29.7	27.6	73.4	21.6	18.3	18.9	0.1	0.1	0.3	0.2	0.9	0.2
Europe n.s.	884	1.0	1.0	0.9	1.0	1.2	1.0	0.0	0.0	0.1	0.0	0.1	0.1
Mid East, N Africa, Pak	440	**7,661.1**	**6,306.6**	**6,554.5**	**7,005.6**	**5,298.4**	**4,813.3**	**853.5**	**599.0**	**747.4**	**832.2**	**667.8**	**719.7**
Afghanistan, I.R. of	512	17.8	62.2	36.1	19.1	16.9	8.0	0.8	3.9	4.9	0.3	0.6	0.2
Algeria	612	505.2	446.5	512.8	561.1	477.0	375.0	233.2	32.2	14.7	48.8	7.3	3.6
Bahrain, Kingdom of	419	35.0	45.3	41.0	72.8	25.0	17.7	0.6	22.4	2.1	3.8	1.0	1.0
Djibouti	611	25.4	7.0	7.7	5.4	5.9	6.9	0.0	0.0	0.0	0.1	0.0	0.0
Egypt	469	1,011.3	958.4	846.2	1,012.3	730.6	751.8	48.9	40.5	43.5	45.8	32.9	31.3
Iran, I.R. of	429	1,022.2	143.5	188.3	303.9	304.7	260.5	10.7	16.0	11.0	10.1	10.5	13.4
Iraq	433	165.9	277.7	340.5	331.0	243.3	242.6	11.9	74.4	106.3	56.4	0.5	148.9
Jordan	439	83.0	111.2	114.4	88.4	70.0	56.1	2.5	5.3	3.3	4.7	7.2	6.3
Kuwait	443	90.0	57.5	107.8	71.4	94.8	57.7	0.3	0.6	0.4	0.9	0.6	0.3
Lebanon	446	113.8	98.3	111.3	68.9	67.7	86.8	10.3	9.6	12.5	15.8	15.9	19.0
Libya	672	27.5	56.3	91.6	100.9	22.1	38.3	42.3	3.4	86.7	0.0	0.0	2.2
Mauritania	682	8.5	10.5	7.8	17.8	5.9	40.5	0.0	0.0	0.1	0.0	0.1	0.0
Morocco	686	439.8	428.0	412.7	549.3	325.9	384.9	45.8	27.9	42.5	50.4	88.5	99.1

Sweden (144)

In Millions of U.S. Dollars

		Exports (FOB)						Imports (CIF)					
		2011	2012	2013	2014	2015	2016	2011	2012	2013	2014	2015	2016
Oman	449	115.6	159.6	211.2	208.9	214.4	126.3	1.0	4.1	1.7	1.4	1.3	1.4
Pakistan	564	307.4	237.2	235.5	334.5	233.2	235.7	133.5	114.3	130.3	149.9	139.2	152.9
Qatar	453	258.0	349.4	261.3	333.5	212.9	172.7	44.5	58.3	94.6	183.0	166.4	62.7
Saudi Arabia	456	1,842.7	1,748.0	1,953.0	1,637.5	1,243.5	1,083.3	134.6	117.3	130.1	138.3	125.6	115.5
Somalia	726	0.4	0.6	0.7	0.5	1.7	1.5	0.0	0.0	0.0	0.0	0.0	0.3
Sudan	732	307.8	90.9	66.8	59.3	78.4	43.5	4.3	6.7	3.2	0.9	0.2	0.9
Syrian Arab Republic	463	198.0	30.5	10.5	15.5	13.2	22.2	9.1	3.2	1.8	1.4	1.5	3.6
Tunisia	744	301.3	157.1	113.9	115.5	91.6	94.1	34.5	24.2	26.6	41.6	13.2	31.0
United Arab Emirates	466	746.0	788.4	840.0	1,046.0	805.7	682.7	84.6	34.4	31.1	78.1	54.6	25.8
West Bank and Gaza	487	12.2	5.0	2.0	4.5	2.3	2.7	0.1	0.1	0.1	0.1	0.2	0.2
Yemen, Republic of	474	26.2	37.2	41.1	47.6	11.8	21.8	0.1	0.0	0.0	0.3	0.4	0.0
Sub-Saharan Africa	603	**4,508.1**	**3,134.3**	**2,375.4**	**2,334.3**	**1,997.9**	**1,551.9**	**758.2**	**1,709.5**	**2,121.3**	**2,218.5**	**1,109.0**	**956.4**
Angola	614	88.3	86.6	77.1	110.3	47.0	13.4	27.2	89.2	0.2	60.8	1.5	1.0
Benin	638	15.5	17.7	29.2	20.4	11.4	12.9	0.0	0.0	0.2	0.1	0.0	0.3
Botswana	616	22.3	13.6	12.4	12.3	3.9	5.1	0.1	0.1	0.1	0.0	0.0	0.0
Burkina Faso	748	43.3	43.8	29.3	21.2	21.2	23.3	0.3	0.1	0.0	0.1	0.0	0.0
Burundi	618	1.9	0.3	0.7	0.7	0.2	0.2	12.4	8.9	10.2	4.8	9.2	7.8
Cabo Verde	624	1.3	0.9	0.8	1.4	0.8	1.8	0.0	0.1	0.0	0.1	0.0	0.8
Cameroon	622	11.8	15.1	21.2	24.8	24.4	21.2	0.3	0.8	14.2	0.7	21.6	0.1
Central African Rep.	626	0.3	0.2	0.2	1.3	0.9	2.7	0.0	0.0	0.0	0.0	0.0	0.0
Chad	628	52.8	2.3	2.3	1.6	5.9	0.3	0.0	0.0	0.1	0.0	0.0	0.0
Comoros	632	0.3	0.2	0.0	0.7	0.2	0.0	0.0	0.0	0.0	0.0	0.0	0.3
Congo, Dem. Rep. of	636	104.1	73.9	14.4	18.0	16.2	6.1	0.5	0.5	0.3	0.3	0.5	0.8
Congo, Republic of	634	25.9	10.5	12.1	12.5	6.3	5.9	45.3	0.4	0.3	31.7	0.8	4.4
Côte d'Ivoire	662	43.4	49.6	48.3	52.9	41.3	33.4	0.6	21.6	14.7	18.0	0.9	46.3
Equatorial Guinea	642	0.9	3.0	1.3	1.9	0.6	4.0	11.4	20.0	16.4	0.0	0.0	0.1
Eritrea	643	2.6	7.1	2.7	7.6	4.5	2.0	0.0	0.0	0.0	0.1	0.0	0.0
Ethiopia	644	29.0	32.9	35.9	35.9	159.5	51.7	49.7	35.2	19.4	22.2	16.7	17.6
Gabon	646	18.3	5.4	7.5	8.1	13.9	3.5	18.3	0.8	5.9	0.0	1.4	7.7
Gambia, The	648	3.5	4.9	4.4	5.4	3.8	4.8	0.0	0.0	0.0	0.0	0.0	0.0
Ghana	652	356.0	195.6	136.9	106.9	127.5	109.8	30.5	2.9	8.9	6.7	10.2	4.0
Guinea	656	42.5	19.1	11.9	5.5	8.2	7.0	0.3	0.3	0.3	0.1	0.5	0.0
Guinea-Bissau	654	3.4	1.6	0.8	1.4	2.6	2.0	....	0.0	0.0	0.0	0.0	0.0
Kenya	664	122.6	71.7	51.9	45.5	50.8	48.0	58.4	67.6	44.7	39.9	34.7	31.3
Lesotho	666	0.2	0.0	2.0	0.2	0.0	0.0	0.0	0.0	0.0	0.0	0.1	0.2
Liberia	668	38.9	6.8	10.5	10.3	5.5	11.5	3.4	0.1	0.0	0.0	0.2	0.0
Madagascar	674	6.9	6.4	5.0	12.0	12.0	5.9	0.4	0.1	3.1	37.2	42.7	38.1
Malawi	676	8.1	0.3	1.8	1.9	1.9	1.6	4.3	1.4	2.4	2.2	1.8	1.6
Mali	678	12.9	15.8	20.1	15.6	9.9	12.6	0.6	0.1	0.2	1.1	0.2	0.5
Mauritius	684	6.6	5.0	5.6	6.5	5.0	5.5	3.0	3.5	4.3	6.9	6.8	8.1
Mozambique	688	15.3	11.4	20.5	16.4	12.9	4.9	11.5	0.1	0.2	1.1	0.8	0.7
Namibia	728	8.2	10.3	13.2	19.3	27.5	4.1	0.7	1.4	6.6	0.9	1.3	1.7
Niger	692	40.3	11.7	12.3	11.6	7.7	9.2	0.1	0.3	0.4	0.2	0.1	0.2
Nigeria	694	893.1	495.4	344.3	375.0	249.1	179.9	29.5	1,074.2	1,584.2	1,643.2	736.0	588.9
Rwanda	714	22.6	22.8	16.4	10.5	7.1	16.6	1.4	1.5	0.3	2.4	2.9	3.1
Senegal	722	24.9	23.5	45.2	33.3	18.2	24.7	0.3	0.1	0.1	0.4	1.0	2.7
Seychelles	718	4.2	5.9	4.1	4.2	3.7	3.7	0.0	0.1	0.0	0.0	0.0	0.2
Sierra Leone	724	34.2	18.8	12.8	8.9	5.7	9.9	0.1	0.2	0.0	0.0	1.0	0.1
South Africa	199	1,860.3	1,518.5	1,118.5	999.7	896.0	744.4	436.4	361.8	366.3	317.8	196.3	167.0
South Sudan, Rep. of	733	....	....	12.2	1.3	1.9	0.4	....	....	0.0	0.0	0.0	0.0
Swaziland	734	1.0	0.4	1.6	0.8	0.5	0.1	0.3	0.0	0.0	0.1	0.0	0.1
Tanzania	738	278.9	146.7	88.8	84.0	88.4	92.6	3.8	5.4	5.7	9.2	6.4	7.5
Togo	742	31.6	4.3	7.0	125.9	7.7	5.8	0.0	0.0	0.0	0.1	0.5	0.4
Uganda	746	105.3	25.5	22.6	15.9	12.1	8.5	4.1	7.4	7.6	4.6	7.3	7.0
Zambia	754	89.4	92.1	92.5	73.1	58.4	37.4	2.5	2.6	2.4	4.3	3.9	4.1
Zimbabwe	698	35.1	55.4	17.0	11.4	15.5	10.5	0.3	0.7	1.4	1.3	1.4	1.8
Africa n.s.	799	0.1	1.4	0.0	0.0	0.0	2.8	0.0	0.0	0.0	0.0	0.0	0.0
Western Hemisphere	205	**5,428.8**	**4,638.7**	**4,082.5**	**3,658.8**	**2,926.2**	**2,940.4**	**2,561.9**	**2,185.1**	**2,174.8**	**2,243.2**	**1,756.2**	**1,535.6**
Anguilla	312	1.2	0.1	0.4	0.4	0.1	0.2	0.0	0.0	0.0	0.0	....	0.0
Antigua and Barbuda	311	5.2	11.7	4.3	4.2	4.2	0.8	0.0	0.1	0.1	0.0	0.0	0.0

Sweden (144)

In Millions of U.S. Dollars

		Exports (FOB)						Imports (CIF)					
		2011	2012	2013	2014	2015	2016	2011	2012	2013	2014	2015	2016
Argentina	213	271.5	257.4	261.5	225.4	244.6	282.6	81.4	91.1	88.5	81.3	69.8	76.7
Aruba	314	1.9	1.3	1.4	0.9	1.4	0.9	0.0	0.0	0.0	0.0	0.0	0.4
Bahamas, The	313	13.8	5.1	16.1	4.2	9.4	63.1	0.0	0.4	3.0	0.1	0.1	0.3
Barbados	316	27.8	12.2	13.9	11.7	13.6	12.6	0.3	0.7	0.6	0.2	0.1	0.5
Belize	339	0.3	2.5	0.7	0.8	0.5	0.3	0.0	0.0	0.0	0.1	0.2	0.2
Bermuda	319	46.5	0.5	3.1	4.3	0.8	1.0	0.0	0.1	0.0	1.9	2.1	1.9
Bolivia	218	35.1	28.1	120.7	138.9	52.9	33.4	1.3	2.6	1.6	2.4	2.8	1.3
Brazil	223	2,061.5	1,738.5	1,467.8	1,340.6	865.2	789.8	749.1	628.1	544.0	605.4	625.4	539.6
Chile	228	454.5	473.3	415.0	389.6	323.3	294.6	322.6	211.2	212.7	254.1	168.1	116.0
Colombia	233	282.2	163.0	127.3	107.9	101.0	83.7	71.3	94.0	62.9	63.8	49.0	53.5
Costa Rica	238	69.6	54.3	41.1	44.1	26.6	32.5	48.6	36.7	65.0	48.7	30.8	32.4
Curaçao	354	....	....	0.9	1.7	1.7	1.2	....	....	0.0	0.1	0.0	0.1
Dominica	321	2.3	0.8	0.6	1.7	0.9	1.4	0.0	5.1	0.0	0.0	0.1	0.0
Dominican Republic	243	38.6	26.1	24.6	25.0	31.4	44.8	7.4	46.8	19.2	35.3	38.5	62.0
Ecuador	248	31.5	38.1	32.0	42.2	39.7	29.5	21.1	21.8	25.8	25.9	49.5	39.6
El Salvador	253	14.0	22.5	23.8	19.1	25.0	20.1	19.6	9.9	10.4	5.3	5.1	0.4
Falkland Islands	323	0.0	0.0	0.0	0.0	0.0	0.0	0.3	0.2	0.1	....	....	0.0
Greenland	326	189.5	168.4	159.9	142.5	93.5	77.4	4.1	2.5	0.1	0.3	0.1	0.0
Grenada	328	1.1	0.3	0.6	1.5	1.7	1.8	....	0.0	....	0.0	0.0	0.0
Guatemala	258	56.3	35.8	36.9	46.6	37.3	27.7	13.0	22.0	5.9	5.3	5.0	5.6
Guyana	336	2.4	2.7	3.9	2.4	8.6	3.8	0.0	0.0	0.0	0.0	0.0	0.1
Haiti	263	103.7	9.5	11.1	3.8	4.2	6.2	0.2	0.1	0.1	0.1	0.2	0.1
Honduras	268	23.1	10.0	10.0	22.9	10.5	22.6	33.4	43.3	23.3	28.2	32.6	33.4
Jamaica	343	19.4	15.8	14.4	15.1	9.8	11.6	2.3	1.5	1.4	1.6	1.1	7.7
Mexico	273	888.6	935.9	765.7	658.8	685.2	702.1	164.8	127.3	96.4	115.0	141.2	118.0
Montserrat	351	0.1	0.0	0.1	0.3	0.1	0.3	....	0.0	0.0	0.0	0.0	0.0
Netherlands Antilles	353	7.0	3.9	....	....	....	....	0.0	0.1	....	....	....	....
Nicaragua	278	24.9	18.9	16.1	19.4	13.9	20.5	20.8	9.8	34.0	7.7	10.1	49.8
Panama	283	171.6	71.2	54.5	45.7	45.5	33.5	36.1	37.9	19.4	24.0	19.6	4.3
Paraguay	288	15.5	15.6	14.8	11.3	7.6	9.3	1.1	3.3	5.0	1.2	7.9	9.2
Peru	293	348.7	276.9	231.5	197.1	174.2	204.9	349.9	218.5	237.6	219.1	136.1	77.4
Sint Maarten	352	....	....	0.4	0.4	0.5	0.5	....	....	0.0	0.0	0.0	0.0
St. Kitts and Nevis	361	5.7	0.4	0.6	1.3	1.0	12.9	0.1	0.1	0.0	0.0	0.1	0.2
St. Lucia	362	1.0	0.5	1.8	1.9	0.4	1.6	0.0	0.0	0.0	0.0	0.0	0.0
St. Vincent & Grens.	364	1.2	3.7	1.0	1.3	0.1	0.9	0.0	0.0	0.0	0.0	0.0	0.0
Suriname	366	4.6	3.0	2.4	2.9	1.1	3.9	0.0	0.0	0.0	0.0	0.0	0.2
Trinidad and Tobago	369	19.3	16.9	26.9	21.6	16.5	13.7	0.1	0.2	0.1	0.1	0.1	1.6
Uruguay	298	46.4	59.4	72.9	48.1	44.7	35.6	33.0	20.7	17.9	19.8	7.5	8.3
Venezuela, Rep. Bol.	299	115.6	150.0	93.6	46.1	12.8	42.6	577.6	548.4	699.2	695.6	351.2	293.2
Western Hem. n.s.	399	25.5	4.5	8.6	5.0	14.5	14.4	2.1	0.4	0.2	0.3	1.8	1.8
Other Countries n.i.e	910	**33.4**	**29.2**	**40.1**	**28.0**	**37.9**	**25.3**	**2.0**	**11.3**	**4.8**	**2.9**	**4.0**	**4.4**
Cuba	928	33.2	29.1	39.6	27.7	37.8	25.2	1.7	11.1	4.8	2.8	3.8	4.2
Korea, Dem. People's Rep.	954	0.3	0.1	0.5	0.3	0.1	0.1	0.2	0.2	0.0	0.0	0.2	0.2
Special Categories	899	**1,443.3**	**1,299.9**	**1,169.1**	**1,232.7**	**701.0**	**620.2**	....	**0.0**	**0.0**	....	....	**64.7**
Countries & Areas n.s.	898	**942.0**	**1,123.7**	**330.7**	**202.6**	**57.0**	**66.4**	**0.2**	**0.3**	**0.2**	**0.6**	**0.2**	**1.4**
Memorandum Items													
Africa	605	6,096.5	4,275.1	3,485.5	3,641.8	2,982.5	2,498.0	1,076.0	1,800.6	2,208.3	2,360.3	1,218.2	1,091.4
Middle East	405	5,747.6	4,866.6	5,160.5	5,343.1	4,061.8	3,623.2	401.5	389.7	525.3	540.2	418.8	431.6
European Union	998	104,133.8	97,518.4	95,947.9	95,624.5	81,517.3	82,118.8	120,699.2	110,800.0	110,614.0	111,497.4	96,861.3	100,235.0
Export earnings: fuel	080	11,165.2	8,836.8	9,278.6	8,943.3	6,123.9	5,425.1	11,462.2	11,521.4	10,299.4	11,378.3	6,252.5	5,213.4
Export earnings: nonfuel	092	175,774.2	163,623.4	158,231.0	155,701.9	133,899.7	133,992.2	165,526.1	153,044.4	150,318.0	150,832.8	132,145.6	135,540.2

Switzerland (146)

In Millions of U.S. Dollars

		Exports (FOB) 2011	2012	2013	2014	2015	2016	Imports (CIF) 2011	2012	2013	2014	2015	2016
IFS World		....	....	....	....	....	....	....	....	....	....	....	....
World	001	234,862.1	312,459.8	357,809.3	311,155.0	289,839.2	304,354.1	208,279.9	295,960.9	321,096.4	275,235.6	251,500.3	268,236.0
Advanced Economies	110	186,404.3	224,667.1	247,095.2	221,796.7	205,439.3	225,557.6	180,864.2	218,548.7	259,572.8	213,475.6	191,646.3	190,903.5
Euro Area	163	113,281.2	119,025.6	116,734.8	117,361.5	103,638.2	106,332.4	146,905.5	157,964.0	145,779.9	139,150.7	121,648.2	122,906.5
Austria	122	7,483.8	8,570.4	8,972.7	8,563.4	7,814.2	7,563.8	9,028.8	8,387.0	8,709.2	9,713.9	7,802.9	7,891.5
Belgium	124	4,774.6	5,330.2	5,823.3	6,391.9	5,821.3	6,215.7	6,425.7	8,499.4	6,057.0	5,043.9	4,778.4	4,849.6
Cyprus	423	79.7	64.5	93.5	64.9	58.0	70.7	9.6	15.0	19.4	6.9	18.5	15.5
Estonia	939	114.7	173.6	204.3	168.8	149.7	173.1	51.5	68.8	52.6	50.8	42.7	52.5
Finland	172	986.9	960.3	846.6	859.9	670.9	813.1	821.4	1,192.5	1,027.4	1,113.3	894.4	951.8
France	132	16,793.4	23,396.7	20,821.3	19,000.0	17,534.0	17,735.2	17,889.6	24,297.5	21,304.5	18,174.7	16,803.1	16,413.0
Germany	134	47,413.3	46,794.8	45,348.7	47,508.0	41,234.0	43,704.3	67,205.9	64,404.3	60,004.9	59,641.2	51,987.5	52,014.7
Greece	174	1,236.1	1,023.3	980.5	984.5	827.7	793.6	160.5	184.5	188.1	172.5	154.2	163.5
Ireland	178	987.0	755.5	907.7	1,291.1	1,008.0	1,033.6	6,670.0	7,209.1	7,635.1	7,884.8	7,280.0	7,808.4
Italy	136	18,342.8	17,919.3	18,186.3	17,690.4	15,513.9	14,891.2	21,642.1	27,724.9	24,868.9	22,632.1	19,480.7	19,782.7
Latvia	941	227.2	154.2	147.8	151.2	146.9	173.5	47.7	49.1	47.1	54.9	48.4	51.9
Lithuania	946	150.1	171.8	192.1	187.7	143.8	141.7	53.4	80.1	99.5	141.4	110.7	141.5
Luxembourg	137	367.9	516.9	421.0	276.0	258.5	320.3	269.8	239.1	399.9	602.0	231.8	270.6
Malta	181	67.5	56.0	56.4	56.5	55.2	51.2	15.8	16.0	14.4	14.1	16.1	22.6
Netherlands	138	5,805.1	5,521.9	5,783.1	5,731.4	5,002.9	5,125.2	9,066.4	6,819.8	6,412.4	6,100.5	5,163.8	5,062.2
Portugal	182	992.4	865.5	1,155.2	916.3	822.4	823.2	572.2	829.0	1,075.1	896.1	866.2	871.9
Slovak Republic	936	560.5	475.6	561.5	617.9	537.8	577.1	754.4	937.7	1,050.0	956.2	840.3	928.3
Slovenia	961	356.5	380.2	451.1	498.8	430.6	425.8	363.1	338.9	392.2	582.0	414.2	449.9
Spain	184	6,541.9	5,894.9	5,781.8	6,402.9	5,608.2	5,700.2	5,857.5	6,671.4	6,422.2	5,369.5	4,714.0	5,164.4
Australia	193	2,821.3	3,272.6	3,134.8	2,785.6	2,512.5	2,378.6	555.5	828.9	787.2	603.9	535.8	891.5
Canada	156	3,126.6	3,747.7	3,796.8	3,744.0	3,648.2	3,531.7	618.3	1,380.9	2,921.2	1,603.0	1,077.3	1,044.2
China,P.R.: Hong Kong	532	8,962.5	16,179.3	51,430.2	24,189.7	25,087.3	18,589.1	1,973.4	3,009.4	2,168.4	3,101.4	2,698.9	8,220.0
China,P.R.: Macao	546	55.7	67.8	43.8	48.3	52.0	32.4	2.8	9.0	12.1	9.2	8.0	6.7
Czech Republic	935	1,773.9	1,613.8	1,586.3	1,648.3	1,609.5	1,539.5	2,427.9	2,375.8	2,373.1	2,506.2	2,448.7	2,320.0
Denmark	128	1,133.6	1,036.2	1,069.3	1,041.6	890.1	937.9	1,033.0	897.2	873.0	905.3	774.9	763.3
Iceland	176	34.8	27.5	29.2	32.7	28.7	35.6	33.1	23.0	25.2	31.9	27.0	30.1
Israel	436	1,079.9	1,074.5	1,223.8	1,186.5	1,151.1	1,139.6	534.6	594.4	648.2	709.4	646.0	696.9
Japan	158	7,517.6	7,640.0	6,928.5	6,999.2	6,852.7	7,700.8	4,676.6	5,050.5	4,047.0	3,993.1	3,504.6	3,585.8
Korea, Republic of	542	2,620.9	2,954.8	3,112.7	3,241.4	2,987.6	2,964.5	558.8	880.7	709.1	691.8	668.9	848.5
New Zealand	196	224.1	275.7	244.0	238.4	190.5	210.7	99.8	88.4	105.2	104.4	98.8	98.3
Norway	142	960.8	1,116.9	1,027.4	1,067.5	817.6	722.2	345.3	591.2	437.8	384.2	353.3	400.7
San Marino	135	....	....	....	....	....	0.5	....	....	....	....	....	6.0
Singapore	576	3,555.8	7,023.5	12,318.6	9,073.1	7,946.2	6,516.8	752.5	2,245.9	1,449.3	1,710.7	1,998.4	3,417.9
Sweden	144	1,805.5	1,705.0	1,588.4	1,626.9	1,536.4	1,474.2	1,792.2	1,946.0	2,072.3	1,782.9	1,662.6	1,488.3
Taiwan Prov.of China	528	2,036.4	2,164.8	2,094.1	2,042.8	1,980.1	1,787.0	788.6	1,017.2	1,009.5	1,027.4	1,027.1	1,054.9
United Kingdom	112	11,325.2	30,212.5	13,421.4	13,994.8	13,857.9	32,667.0	7,435.5	14,145.0	69,752.9	33,813.5	32,156.6	19,086.1
United States	111	24,088.3	25,528.8	27,311.5	31,474.6	30,652.6	36,995.9	10,330.8	25,501.2	24,401.2	21,346.5	20,311.1	24,038.0
Vatican	187	....	....	....	....	....	0.9	....	....	....	....	....	0.0
Emerg. & Dev. Economies	200	48,439.7	87,772.3	110,688.6	89,335.2	84,372.5	78,772.2	27,378.0	77,378.6	61,488.9	61,722.8	59,821.5	77,297.5
Emerg. & Dev. Asia	505	16,854.2	49,767.7	59,606.2	46,281.8	47,792.5	47,453.8	12,023.3	20,207.0	19,296.6	20,765.3	21,563.3	26,398.7
American Samoa	859	0.0	0.8	0.0	0.1	1.9	0.0	7.9	0.0	0.0	....	....	....
Bangladesh	513	136.8	111.8	110.2	142.4	164.1	155.2	208.0	300.9	337.6	359.4	365.4	449.2
Bhutan	514	10.3	4.0	5.8	0.9	2.3	0.7	0.1	0.4	0.0	0.3	0.1	0.0
Brunei Darussalam	516	3.0	1.6	2.8	19.0	8.6	3.2	0.3	10.8	0.4	2.9	2.7	1.6
Cambodia	522	5.5	7.8	10.0	9.7	11.1	9.0	56.7	76.1	87.8	105.4	115.2	356.5
China,P.R.: Mainland	924	9,994.5	9,931.0	20,880.6	18,312.7	20,075.5	27,332.2	7,108.4	11,063.2	12,349.7	13,268.0	12,857.6	12,576.6
Fiji	819	2.9	3.2	3.9	6.0	3.9	3.5	0.3	0.1	0.0	0.1	0.1	0.1
F.T. French Polynesia	887	1.3	2.4	1.8	1.8	1.6	1.9	0.2	0.0	0.1	0.3	0.3	0.6
F.T. New Caledonia	839	3.8	3.1	3.8	2.9	2.6	3.0	0.0	0.3	0.1	0.1	0.1	....
Guam	829	12.0	10.0	9.2	9.1	7.6	10.3	0.2	0.7	1.0	0.3	0.3	0.0
India	534	3,362.9	30,740.1	25,727.9	20,994.8	21,282.1	14,641.6	1,473.6	1,546.5	1,661.8	1,783.2	1,522.8	1,509.7
Indonesia	536	497.0	460.4	620.2	668.2	575.4	466.4	184.1	282.7	318.6	340.4	1,377.4	2,406.3
Kiribati	826	0.1	0.0	0.0	....	0.0	0.0	0.0	0.0	....	....	0.0	....
Lao People's Dem.Rep	544	1.2	4.7	34.7	9.8	3.5	4.9	2.0	4.4	4.7	4.3	4.6	57.2
Malaysia	548	809.0	1,239.0	1,682.9	1,905.0	1,742.2	1,517.2	370.3	593.1	581.6	704.0	667.1	969.7
Maldives	556	4.0	3.0	3.4	4.6	4.7	5.0	2.0	3.3	3.8	5.7	6.7	6.2

Switzerland (146)

In Millions of U.S. Dollars

		Exports (FOB)						Imports (CIF)					
		2011	2012	2013	2014	2015	2016	2011	2012	2013	2014	2015	2016
Marshall Islands	867	....	....	....	....	....	0.1	....	....	....	....	....	0.0
Mongolia	948	10.1	11.3	13.4	10.6	6.6	8.8	2.2	39.1	311.4	418.9	400.6	777.1
Myanmar	518	4.6	3.2	9.2	22.6	23.1	24.9	1.8	6.0	14.6	28.6	47.6	35.2
Nepal	558	16.9	24.6	34.0	64.3	76.6	41.2	5.2	6.7	8.4	9.2	9.7	8.1
Palau	565	....	....	....	....	....	0.1	....	....	....	....	....	....
Papua New Guinea	853	3.1	7.9	1.4	1.5	1.4	2.0	0.0	11.3	1.3	0.2	1.8	3.2
Philippines	566	299.5	351.4	389.7	364.2	323.5	374.6	137.6	510.7	471.8	425.3	390.8	516.2
Samoa	862	0.0	0.0	0.1	0.1	0.1	0.0	0.0	0.1	0.0	....	0.0	0.0
Solomon Islands	813	0.5	0.4	0.2	0.3	0.3	0.5	0.2	2.9	4.5	9.8	10.4	10.5
Sri Lanka	524	103.9	207.8	225.2	125.9	141.0	215.8	108.2	158.7	171.4	215.0	171.4	160.5
Thailand	578	1,278.3	6,288.8	8,039.8	3,142.5	2,815.2	2,079.5	1,044.6	4,871.4	1,684.4	2,038.8	2,594.3	5,054.5
Timor-Leste	537	0.2	0.2	0.1	0.3	1.3	0.3	....	0.0	0.0	....	....	....
Tonga	866	0.0	0.0	0.0	0.0	0.0	0.1	0.0	0.0	0.0	....	0.0	....
Tuvalu	869	0.0	....	....	....	0.0	0.0	0.3	0.0	....	....	....	....
Vanuatu	846	0.1	0.0	0.1	0.1	0.1	0.1	0.0	0.0	....	....	0.0	....
Vietnam	582	288.6	343.1	1,792.4	461.4	514.2	550.8	1,307.7	717.4	1,279.2	1,045.1	1,015.5	1,499.6
Asia n.s.	598	4.1	6.2	3.3	0.8	1.9	0.9	1.5	0.3	2.4	0.0	0.6	0.0
Europe	170	**12,555.4**	**14,046.2**	**19,122.6**	**15,147.2**	**11,072.4**	**10,149.2**	**8,051.1**	**12,239.8**	**14,798.6**	**15,195.9**	**14,929.4**	**12,473.2**
Emerg. & Dev. Europe	903	**7,484.0**	**9,174.7**	**13,877.4**	**10,295.3**	**7,608.6**	**7,226.1**	**4,193.9**	**6,299.6**	**5,722.8**	**8,203.2**	**10,265.2**	**7,570.3**
Albania	914	40.7	33.0	34.4	32.1	33.6	37.9	3.2	9.6	15.3	14.5	13.3	19.6
Bosnia and Herzegovina	963	64.5	57.8	53.6	65.9	55.8	57.0	40.9	63.3	80.7	97.3	82.8	88.6
Bulgaria	918	300.5	318.4	351.8	390.3	367.1	377.1	136.1	282.7	285.4	246.5	219.1	266.2
Croatia	960	230.5	213.4	250.4	205.5	215.5	252.1	107.6	112.8	139.9	149.6	175.8	182.0
Faroe Islands	816	0.9	1.1	0.4	0.5	0.5	0.4	1.5	1.1	1.5	1.9	2.6	4.0
Gibraltar	823	6.3	6.2	15.4	15.5	8.8	8.2	1.8	1.1	9.2	0.0	3.4	0.1
Hungary	944	1,064.3	1,073.3	920.7	1,163.5	1,122.0	949.6	960.0	982.1	1,119.3	1,202.3	1,122.1	1,105.0
Kosovo	967	27.2	28.0	27.5	24.1	25.5	24.9	3.8	6.1	7.7	9.1	11.1	14.3
Macedonia, FYR	962	57.6	58.6	55.4	48.7	43.0	41.8	52.8	78.9	80.3	83.4	68.5	67.3
Montenegro	943	12.1	10.9	12.5	15.3	8.7	10.6	1.1	1.7	2.9	2.5	6.0	3.2
Poland	964	2,225.7	2,020.0	2,246.7	2,415.1	2,186.6	2,220.6	1,548.4	1,722.3	1,796.0	1,913.9	1,789.9	2,013.5
Romania	968	860.7	850.3	856.9	863.6	690.9	714.0	392.9	541.2	603.6	673.9	580.4	606.2
Serbia, Republic of	942	171.8	151.9	174.7	199.5	261.5	176.4	73.8	97.3	109.3	114.0	100.7	127.0
Turkey	186	2,421.8	4,352.0	8,877.0	4,855.8	2,589.2	2,355.5	870.0	2,399.5	1,471.5	3,694.1	6,089.6	3,073.3
CIS	901	**5,064.9**	**4,865.8**	**5,230.6**	**4,845.6**	**3,458.2**	**2,916.1**	**3,847.1**	**5,935.4**	**9,071.1**	**6,988.6**	**4,663.6**	**4,886.6**
Armenia	911	28.9	84.1	84.7	125.5	34.3	33.5	6.8	8.9	8.1	4.8	3.3	6.0
Azerbaijan, Rep. of	912	239.5	197.8	255.5	190.6	174.3	77.1	491.2	239.2	266.6	444.9	220.9	95.5
Belarus	913	193.9	223.6	168.9	220.1	200.9	94.7	8.4	10.8	13.0	21.6	21.2	19.3
Georgia	915	33.6	50.7	49.1	49.0	37.6	45.4	3.8	3.5	2.3	1.8	3.1	45.8
Kazakhstan	916	313.2	239.4	211.2	235.8	170.9	150.7	2,186.1	1,458.9	1,874.9	1,045.4	196.5	258.4
Kyrgyz Republic	917	9.0	11.8	17.5	15.9	17.1	13.1	0.1	343.9	364.1	416.2	441.3	69.2
Moldova	921	24.6	28.4	33.6	28.8	23.8	15.5	3.5	12.7	12.4	15.9	15.0	16.6
Russian Federation	922	3,405.6	3,156.3	3,398.9	3,176.0	2,392.0	2,069.6	1,022.7	3,079.5	4,760.1	3,341.8	1,651.6	1,673.2
Tajikistan	923	4.5	2.8	3.5	118.9	47.2	11.7	0.0	53.5	50.0	120.5	141.3	75.7
Turkmenistan	925	23.8	33.8	28.4	22.1	17.1	22.0	44.8	29.9	0.9	30.3	0.7	0.8
Ukraine	926	688.6	767.6	892.0	520.1	265.8	275.9	70.4	168.2	169.1	227.6	112.3	117.8
Uzbekistan	927	99.9	69.7	87.3	142.7	77.1	106.8	9.2	525.8	1,549.7	1,317.8	1,856.5	2,508.3
Europe n.s.	884	6.5	5.6	14.6	6.2	5.6	7.0	10.1	4.8	4.7	4.2	0.6	16.3
Mid East, N Africa, Pak	440	**10,511.9**	**15,323.4**	**21,910.6**	**18,833.0**	**17,343.8**	**13,507.2**	**2,389.2**	**21,676.2**	**7,300.4**	**6,660.4**	**5,561.7**	**18,901.8**
Afghanistan, I.R. of	512	10.8	12.2	9.7	8.0	7.3	3.8	0.1	1.3	4.1	0.1	0.6	17.5
Algeria	612	522.9	426.4	461.4	527.5	376.0	338.6	659.7	185.3	513.4	210.4	3.6	2.5
Bahrain, Kingdom of	419	261.7	262.5	334.7	298.9	252.5	293.5	124.8	52.2	33.0	32.9	27.0	24.9
Djibouti	611	0.9	0.7	0.7	0.4	0.8	0.8	0.0	0.3	0.0	0.0	0.0	0.0
Egypt	469	669.2	753.5	1,398.0	1,121.2	929.2	884.1	65.8	365.1	152.8	110.0	79.4	477.1
Iran, I.R. of	429	759.2	495.1	360.2	666.2	954.1	508.9	34.6	39.3	33.3	33.0	20.3	21.7
Iraq	433	230.6	332.4	467.5	442.6	442.4	376.2	4.9	0.0	0.2	213.5	4.3	40.4
Jordan	439	233.3	274.4	651.8	670.4	730.8	448.2	8.7	60.5	10.7	7.5	9.6	8.5
Kuwait	443	356.6	389.2	471.4	436.3	464.5	464.1	28.5	13.2	64.1	28.4	56.8	46.8
Lebanon	446	473.8	727.3	958.1	844.5	675.9	646.9	222.5	838.7	474.6	298.0	228.1	219.9
Libya	672	107.2	228.7	374.8	256.2	106.8	215.4	143.8	1,416.7	1,435.2	1,147.1	88.1	24.7
Mauritania	682	3.1	10.3	8.1	15.4	5.1	4.1	0.4	317.4	329.1	338.6	253.3	223.7

Switzerland (146)

In Millions of U.S. Dollars

		Exports (FOB)						Imports (CIF)					
		2011	2012	2013	2014	2015	2016	2011	2012	2013	2014	2015	2016
Morocco	686	326.9	293.8	284.1	338.9	296.5	302.6	69.3	343.4	319.9	251.6	229.7	229.2
Oman	449	190.7	241.9	256.5	219.4	216.3	283.2	2.8	6.5	8.3	4.1	4.7	7.8
Pakistan	564	313.7	278.5	299.3	299.7	322.5	366.1	82.4	114.8	105.2	118.0	109.7	125.8
Qatar	453	428.2	761.8	606.1	784.9	992.4	841.7	141.5	248.2	162.6	167.6	279.0	291.3
Saudi Arabia	456	1,842.6	3,901.6	5,272.1	4,999.2	4,952.5	2,826.0	182.0	299.3	273.7	184.7	135.3	396.8
Somalia	726	0.3	0.1	0.2	0.4	1.0	0.4	0.0	0.0	0.1	0.1	0.1	0.1
Sudan	732	52.4	51.5	63.1	85.0	81.5	87.0	0.8	1.9	10.1	3.4	9.7	5.9
Syrian Arab Republic	463	279.7	144.8	34.3	29.7	19.0	30.7	4.5	4.3	2.1	1.1	0.3	0.2
Tunisia	744	256.4	224.1	230.4	276.2	200.6	194.8	63.1	147.4	160.2	167.1	148.0	168.3
United Arab Emirates	466	3,135.8	5,446.0	9,263.0	6,441.1	5,278.7	4,348.2	548.6	17,219.7	3,207.4	3,342.9	3,873.8	16,568.2
West Bank and Gaza	487	32.4	29.0	29.7	26.1	24.6	22.5	0.5	0.5	0.4	0.3	0.2	0.3
Yemen, Republic of	474	23.7	37.7	75.5	45.0	12.9	19.6	0.0	0.0	0.0	0.0	0.1	0.0
Sub-Saharan Africa	603	1,709.9	1,632.7	2,586.6	1,684.2	1,467.8	1,399.5	2,230.9	9,208.9	8,586.4	8,384.4	7,409.9	8,089.3
Angola	614	25.8	70.1	965.8	32.8	23.0	19.2	0.3	1.4	0.3	0.2	0.2	0.0
Benin	638	32.9	23.3	31.4	33.8	22.5	6.5	0.1	57.0	165.0	87.4	41.7	0.4
Botswana	616	3.0	33.0	1.9	7.4	1.6	1.8	0.0	0.3	0.6	1.9	0.7	29.3
Burkina Faso	748	3.3	9.0	7.1	5.2	5.4	4.8	0.2	1,328.6	1,338.4	1,315.7	997.5	1,329.9
Burundi	618	1.6	1.0	0.7	1.3	0.7	1.2	1.3	3.8	0.1	0.1	0.1	0.0
Cabo Verde	624	2.7	1.9	1.9	1.7	2.7	1.1	0.6	0.0	0.0	0.0	0.0	....
Cameroon	622	23.1	13.9	13.9	15.4	11.9	16.5	2.9	4.9	2.7	6.7	3.8	9.1
Central African Rep.	626	0.3	0.3	0.4	0.6	1.8	0.6	0.1	2.0	0.5	0.3	0.1	0.1
Chad	628	1.6	1.9	3.0	2.7	4.4	2.6	0.1	0.7	1.1	0.0	0.1	0.0
Comoros	632	0.1	0.1	0.0	0.0	0.0	0.0	0.0	0.2	0.0	0.5	0.5	0.6
Congo, Dem. Rep. of	636	6.0	11.1	7.7	7.3	13.1	5.8	2.0	2.1	1.3	2.6	2.6	2.2
Congo, Republic of	634	12.2	8.1	9.6	7.4	12.4	5.0	0.2	1.6	0.1	0.6	1.6	1.9
Côte d'Ivoire	662	42.2	24.2	46.4	36.9	46.5	27.8	106.7	303.2	283.0	451.9	499.5	513.4
Equatorial Guinea	642	1.0	1.8	1.3	3.0	4.8	1.7	0.0	0.4	0.0	....	0.0	0.0
Eritrea	643	0.3	2.7	0.6	0.4	0.5	0.4	0.0	184.7	9.6	0.1	0.2	0.0
Ethiopia	644	27.3	30.6	35.5	42.2	47.6	48.8	45.7	212.2	189.1	278.8	464.9	218.2
Gabon	646	5.9	3.2	4.3	6.3	3.7	2.9	0.3	35.0	48.8	41.3	46.1	43.4
Gambia, The	648	1.7	1.7	2.0	2.3	3.4	2.2	0.0	0.0	0.0	0.0	0.0	....
Ghana	652	42.2	37.9	38.5	35.2	25.1	34.9	110.8	1,605.0	1,747.2	1,732.1	1,384.1	2,400.3
Guinea	656	9.9	4.9	5.4	4.6	4.4	7.8	0.1	301.3	223.9	44.7	28.7	198.6
Guinea-Bissau	654	1.4	2.6	1.5	0.2	0.3	0.2	0.0	4.2	....	....	0.0	....
Kenya	664	61.5	73.6	78.9	90.6	72.8	94.8	36.5	43.4	37.8	43.1	46.4	46.0
Lesotho	666	0.3	0.5	0.6	0.4	1.0	0.8	5.5	0.1	1.8	....	0.1	0.0
Liberia	668	26.4	28.6	48.1	36.0	46.1	16.8	2.6	0.7	8.2	1.0	19.8	111.8
Madagascar	674	3.7	4.0	4.9	4.1	5.1	5.0	11.4	13.8	22.9	23.0	21.3	30.3
Malawi	676	7.2	6.0	5.5	5.4	3.4	3.1	9.0	5.0	4.7	7.2	5.1	3.8
Mali	678	9.3	4.8	8.2	7.5	8.1	16.2	0.3	477.7	256.7	282.7	482.8	555.5
Mauritius	684	49.9	41.4	41.7	69.9	27.8	42.6	46.6	52.8	53.6	43.4	71.5	88.7
Mozambique	688	13.0	14.6	13.4	17.4	10.3	6.0	14.9	91.2	40.0	66.3	41.3	41.2
Namibia	728	2.3	5.6	5.1	6.3	6.1	1.2	1.2	1.1	1.1	1.2	0.8	1.0
Niger	692	25.8	21.1	21.4	27.5	21.5	7.6	0.2	60.6	30.8	23.6	28.7	21.3
Nigeria	694	254.6	236.4	249.1	263.4	189.0	144.7	236.9	545.0	858.5	852.6	479.9	335.5
Rwanda	714	2.3	3.1	8.2	3.6	7.3	16.9	0.5	0.2	0.1	0.1	1.2	1.0
São Tomé & Príncipe	716	0.3	0.3	0.3	0.8	0.2	0.3	0.1	0.0	0.0	0.0	0.4	0.3
Senegal	722	25.2	23.2	26.5	18.2	26.0	27.1	8.9	338.9	297.7	275.6	229.1	282.1
Seychelles	718	3.5	9.0	9.9	13.0	34.7	41.1	4.6	5.3	5.9	5.9	7.0	12.4
Sierra Leone	724	2.0	1.6	0.6	1.3	1.1	1.4	1.3	1.4	1.9	0.4	0.2	0.0
South Africa	199	897.1	785.3	807.1	790.0	701.8	714.8	1,528.5	2,072.6	1,865.9	2,348.9	2,264.6	1,114.9
South Sudan, Rep. of	733	....	....	....	....	....	0.6	....	....	....	....	....	0.2
Swaziland	734	2.4	2.6	2.8	3.4	4.4	3.9	0.4	0.4	0.4	0.9	0.5	0.7
Tanzania	738	30.2	33.5	20.2	19.7	19.4	16.4	37.5	816.1	395.1	164.9	156.6	676.6
Togo	742	18.5	18.1	19.3	21.2	19.2	16.6	1.0	621.6	653.0	258.6	66.2	0.9
Uganda	746	12.9	14.4	11.9	12.3	10.2	11.2	4.0	5.4	7.1	10.1	6.9	5.9
Zambia	754	9.8	12.2	15.0	17.3	5.3	10.4	0.2	3.1	3.9	4.1	3.2	7.6
Zimbabwe	698	7.1	9.2	8.8	8.2	11.3	8.4	5.6	3.7	27.8	5.8	3.9	3.4
Africa n.s.	799	0.0	0.0	0.1	0.0	0.0	....	1.4	0.1	0.0	0.0	0.0	0.8

Switzerland (146)

In Millions of U.S. Dollars

		Exports (FOB)						Imports (CIF)					
		2011	2012	2013	2014	2015	2016	2011	2012	2013	2014	2015	2016
Western Hemisphere	205	6,808.2	7,002.3	7,462.7	7,389.0	6,696.0	6,262.6	2,683.5	14,046.7	11,506.8	10,716.7	10,357.3	11,434.5
Anguilla	312	....	....	....	....	....	0.3	....	....	....	....	....	....
Antigua and Barbuda	311	2.5	2.3	2.3	2.1	2.5	2.3	0.1	0.9	0.2	0.2	0.1	0.1
Argentina	213	514.2	531.0	804.9	729.7	876.6	678.8	108.4	679.3	585.2	582.6	1,255.4	1,155.6
Aruba	314	12.2	16.4	13.8	37.4	13.8	9.0	0.5	0.4	32.1	1.5	0.4	0.1
Bahamas, The	313	193.3	132.2	83.1	89.0	90.0	38.3	153.4	117.7	58.3	74.4	60.7	0.6
Barbados	316	10.5	8.0	11.3	9.1	6.1	6.1	1.4	1.1	0.4	1.3	1.1	0.7
Belize	339	14.3	10.1	14.1	7.8	3.1	4.6	0.9	0.8	0.4	0.4	0.5	1.2
Bermuda	319	4.9	4.1	3.2	3.5	19.4	5.6	0.1	0.1	0.4	0.2	0.6	0.1
Bolivia	218	17.4	37.7	25.1	31.4	15.4	33.9	3.0	223.8	139.3	70.2	17.5	9.6
Brazil	223	2,519.4	2,508.5	2,397.3	2,284.6	2,137.7	1,952.2	1,039.3	2,119.0	2,017.1	1,753.1	1,487.0	1,245.7
Chile	228	310.5	287.3	313.6	278.1	266.0	293.8	70.2	1,174.3	1,099.2	860.4	581.9	528.6
Colombia	233	388.8	435.3	480.6	473.4	451.1	479.1	191.1	895.1	594.9	718.0	598.6	527.3
Costa Rica	238	76.6	73.7	84.3	80.2	87.6	174.9	87.7	106.1	112.0	114.5	108.0	104.2
Curaçao	354	....	....	....	....	....	24.6	....	....	....	....	....	93.7
Dominica	321	0.3	0.3	0.2	0.2	0.2	0.4	0.0	0.1	....	....	0.0	....
Dominican Republic	243	26.5	22.2	22.4	21.3	25.4	28.9	12.1	32.4	65.4	250.0	79.9	351.5
Ecuador	248	134.0	119.1	128.4	123.0	107.8	142.3	95.2	186.4	175.5	146.0	119.2	90.6
El Salvador	253	14.3	15.7	14.2	14.2	19.0	13.7	5.3	4.4	1.9	2.1	1.9	2.0
Falkland Islands	323	0.1	0.1	0.1	0.1	0.1	0.0	0.2	0.0	....	....	0.0	....
Greenland	326	0.7	0.1	0.1	0.1	0.1	0.3	0.2	14.1	15.2	0.0	0.0	0.0
Grenada	328	0.1	0.4	0.4	0.2	0.2	0.7	0.2	5.9	0.3	0.0	1.5	0.1
Guatemala	258	32.9	33.0	40.5	29.5	29.1	33.4	51.0	44.3	42.0	48.7	48.8	46.0
Guyana	336	0.8	1.0	0.9	0.8	2.0	1.3	0.1	1.5	1.9	0.1	0.1	25.3
Haiti	263	3.4	3.5	2.5	3.1	3.2	2.8	3.3	4.1	2.2	3.7	3.3	4.1
Honduras	268	18.8	16.9	13.7	9.4	13.4	14.0	36.3	34.3	21.1	22.1	24.1	22.2
Jamaica	343	13.9	13.0	12.9	11.7	11.5	12.9	3.1	2.3	2.1	2.0	2.4	3.2
Mexico	273	1,483.9	1,459.5	1,645.7	1,906.2	1,502.9	1,374.2	622.0	1,468.3	1,974.7	1,960.6	1,755.9	989.4
Netherlands Antilles	353	30.0	27.1	....	....	....	....	0.7	353.0	....	....	....	....
Nicaragua	278	5.2	3.9	5.1	6.4	9.7	4.8	15.3	12.2	9.5	10.4	11.7	53.4
Panama	283	207.6	262.7	321.9	287.6	223.7	231.3	44.1	126.4	153.8	145.8	105.5	102.1
Paraguay	288	19.4	25.1	36.7	24.3	23.4	20.1	17.3	8.0	8.9	8.8	14.8	18.4
Peru	293	128.5	171.9	196.4	165.1	156.3	167.4	52.3	5,451.3	3,381.3	2,876.5	2,744.7	2,465.4
Sint Maarten	352	....	....	....	....	....	17.0	....	....	....	....	....	0.1
St. Kitts and Nevis	361	0.9	1.3	3.6	2.7	7.1	1.6	0.7	0.8	0.0	0.0	0.1	0.0
St. Lucia	362	1.4	2.0	2.5	3.6	3.6	3.6	0.1	0.1	0.1	0.0	0.1	0.0
St. Vincent & Grens.	364	4.4	5.1	28.8	15.4	10.6	17.3	1.1	1.3	5.4	2.8	0.9	4.2
Suriname	366	2.1	3.4	4.3	1.4	1.7	1.9	0.4	608.1	446.1	431.7	357.2	478.2
Trinidad and Tobago	369	6.2	4.6	6.3	9.6	6.9	11.7	0.1	2.1	1.6	0.9	1.6	0.7
Uruguay	298	149.5	249.4	299.4	288.4	253.6	242.9	42.9	145.6	136.4	111.8	101.6	74.2
Venezuela, Rep. Bol.	299	422.4	490.9	415.9	413.3	290.0	186.2	7.2	217.9	421.4	515.8	869.5	2,882.1
Western Hem. n.s.	399	36.3	23.5	26.2	25.4	25.3	28.4	16.2	3.2	0.5	0.1	0.8	153.8
Other Countries n.i.e	910	18.1	20.4	25.2	23.1	27.4	23.8	37.8	33.6	34.6	37.2	32.4	35.0
Cuba	928	17.8	17.8	19.2	19.4	22.1	18.0	36.8	32.6	32.2	33.9	32.4	34.9
Korea, Dem. People's Rep.	954	0.3	2.6	6.0	3.7	5.3	5.8	1.0	1.0	2.4	3.3	....	0.0
Countries & Areas n.s.	898	0.0	0.0	0.1	0.0	0.0	0.5	....	0.0	0.1	0.0	0.0	....
Memorandum Items													
Africa	605	2,872.7	2,639.5	3,634.6	2,927.9	2,429.2	2,327.1	3,024.2	10,204.6	9,919.2	9,355.6	8,054.3	8,718.8
Middle East	405	9,024.7	14,025.9	20,553.6	17,281.6	16,052.6	12,209.1	1,513.4	20,564.5	5,858.3	5,571.1	4,807.1	18,128.8
European Union	998	134,000.5	158,068.4	139,026.7	140,711.0	126,114.2	147,464.4	162,739.2	180,969.1	224,795.5	182,344.9	162,578.2	150,737.1
Export earnings: fuel	080	13,114.2	17,561.5	24,129.4	20,127.4	17,921.7	13,868.2	6,150.8	26,408.9	14,875.6	12,575.6	8,699.7	23,345.8
Export earnings: nonfuel	092	221,747.9	294,898.4	333,679.9	291,027.6	271,917.5	290,485.9	202,129.1	269,552.0	306,220.8	262,660.0	242,800.5	244,890.2

Syrian Arab Republic (463)

In Millions of U.S. Dollars

		Exports (FOB) 2011	2012	2013	2014	2015	2016	Imports (CIF) 2011	2012	2013	2014	2015	2016
IFS World		....	....	....	....	....	....	....	....	....	....	....	....
World	001	10,491.0	1,923.2	1,482.6	1,044.0	853.4	796.7	16,606.4	8,560.0	7,225.1	8,430.8	6,793.8	6,107.6
Advanced Economies	110	4,903.3	314.9	153.4	89.9	88.7	91.6	5,252.4	2,126.2	1,417.4	1,360.8	1,011.8	992.7
Euro Area	163	4,234.9	251.4	110.9	68.3	72.5	69.1	2,978.0	1,098.0	683.7	654.1	505.7	480.0
Austria	122	82.1	2.9	0.4	1.2	0.3	0.5	61.2	15.4	4.2	3.2	3.5	2.1
Belgium	124	30.0	9.1	4.7	2.4	1.7	1.6	184.0	70.2	35.0	27.9	15.1	13.3
Cyprus	423	17.0	7.4	3.2	2.3	2.1	1.8	1.5	0.9	0.5	0.3	0.4	0.2
Estonia	939	0.0	0.1	....	....	....	....	1.9	0.7	0.2	0.6	0.0	0.1
Finland	172	0.7	0.0	....	....	0.0	0.0	24.9	6.8	4.6	2.6	1.5	2.4
France	132	496.1	21.3	8.7	4.8	4.0	3.5	296.7	108.6	135.5	48.4	34.5	20.0
Germany	134	1,367.3	96.0	19.6	8.2	11.1	14.3	601.1	178.8	59.1	52.0	39.1	32.5
Greece	174	71.5	14.8	10.6	12.2	8.4	1.8	121.7	53.6	16.1	13.6	11.1	14.8
Ireland	178	0.4	0.3	0.0	0.0	0.0	0.0	29.1	18.6	6.2	10.9	6.1	5.7
Italy	136	1,344.8	78.6	36.5	22.5	24.8	8.4	1,026.9	230.5	115.9	162.3	101.7	52.3
Latvia	941	0.3	....	0.0	....	0.1	0.0	213.6	213.4	212.4	212.8	212.8	212.5
Lithuania	946	0.6	0.5	0.4	0.2	0.1	....	1.3	0.5	0.1	0.7	0.5	0.3
Luxembourg	137	0.0	0.1	....	....	....	....	0.3	0.1	0.1	0.0	1.0	0.1
Malta	181	0.2	0.2	0.1	0.1	0.0	0.0	0.0	0.0	0.0	0.1	0.0	....
Netherlands	138	526.1	7.4	5.9	8.3	6.0	6.4	171.9	86.3	46.1	49.3	34.3	43.4
Portugal	182	7.1	1.5	3.6	0.5	0.4	0.8	21.8	8.6	5.0	12.3	4.9	11.0
Slovak Republic	936	0.2	0.1	0.0	0.0	0.0	0.0	6.8	0.6	18.7	15.3	6.3	31.5
Slovenia	961	1.0	0.6	0.1	0.1	0.0	0.0	20.0	8.3	2.9	4.4	3.9	2.3
Spain	184	289.6	10.7	17.1	5.5	13.4	29.9	193.2	96.1	20.9	37.5	28.9	35.5
Australia	193	1.6	1.5	1.3	0.8	1.2	1.1	19.9	8.4	1.4	3.4	3.0	1.2
Canada	156	8.7	0.8	0.5	0.2	0.2	0.4	64.6	11.7	2.0	3.1	3.0	3.7
China,P.R.: Hong Kong	532	6.6	3.9	1.9	0.3	0.2	0.3	0.3	0.1	0.0	0.0	0.0	0.0
China,P.R.: Macao	546	....	0.3 e	0.0 e	....	0.0 e	....	....	....	....	....	....	....
Czech Republic	935	0.3	0.2	0.0	0.0	0.0	0.0	26.2	15.8	7.0	2.2	2.2	1.9
Denmark	128	0.8	0.6	0.0	0.0	0.1	0.1	34.1	21.2	12.5	14.3	10.9	6.3
Iceland	176	....	....	....	....	....	....	0.1	0.1	....	....	....	....
Japan	158	113.0	1.4	1.0	0.7	0.4	0.5	180.0	82.4	4.6	5.9	5.2	12.6
Korea, Republic of	542	59.0	1.4	1.1	0.8	0.1	5.7	619.9	319.1	328.0	311.3	154.1	144.8
New Zealand	196	0.1	0.1	0.0	0.1	0.0	0.0	74.9	36.7	6.9	11.9	8.8	10.8
Norway	142	0.3	0.3	0.1	0.0	0.0	0.1	8.2	2.3	2.8	1.6	0.6	0.6
Singapore	576	0.5	0.2	0.2	0.0	0.1	0.0	6.5	3.2	1.9	3.0	2.1	2.1
Sweden	144	6.5	2.3	1.3	1.0	1.1	2.6	179.1	28.7	10.1	15.0	12.8	21.6
Switzerland	146	0.8	0.8	0.4	0.2	0.1	0.0	263.9	119.9	26.2	21.9	13.7	23.1
Taiwan Prov.of China	528	29.0	0.1	0.1	0.1	0.0	0.1	457.6	326.7	285.9	291.2	278.5	274.4
United Kingdom	112	79.1	32.1	17.5	6.4	6.9	5.7	99.4	30.6	20.0	14.2	7.3	5.4
United States	111	362.0	17.5	17.1	11.0	5.8	5.9	239.8	21.2	24.3	7.7	3.8	4.2
Emerg. & Dev. Economies	200	5,582.6	1,607.6	1,328.8	953.8	764.5	704.9	11,262.9	6,396.6	5,778.2	7,030.8	5,749.8	5,086.7
Emerg. & Dev. Asia	505	131.0	106.6	79.0	84.8	78.2	79.8	2,832.7	1,534.2	904.9	1,166.2	1,037.4	967.2
Bangladesh	513	14.2	1.5	1.1	0.8	0.5	0.5	21.6	16.9	6.0	2.0	1.3	0.2
Brunei Darussalam	516	0.0	0.0	0.0	0.0	0.0	0.0	....	....	....	0.2 e	....	....
Cambodia	522	....	....	....	....	....	....	0.1	0.0	0.0	0.0	0.0	0.0
China,P.R.: Mainland	924	94.4	79.1	72.9	70.3	71.7	71.5	1,645.4	818.6	478.4	685.0	714.9	678.7
India	534	14.1	22.1	2.2	11.5	4.8	4.8	530.2	333.0	195.5	207.3	132.6	119.5
Indonesia	536	2.2	0.6	0.6	0.5	0.6	1.5	66.9	54.5	30.7	43.1	29.9	18.4
Malaysia	548	2.6	1.6	0.5	0.5	0.3	0.2	183.3	69.2	40.9	58.9	35.6	41.7
Mongolia	948	0.0	0.0	0.0	0.0	0.0	0.0	0.1	0.1	0.0	0.1	0.0	0.0
Philippines	566	0.0	0.0	0.0	0.0	0.0	0.0	0.6	0.5	0.0	0.1	0.4	0.1
Sri Lanka	524	1.4	0.3	0.7	0.3	0.2	0.5	63.9	50.7	50.8	30.9	24.0	27.4
Thailand	578	0.7	1.0	0.8	0.7	0.0	0.7	173.6	124.0	46.7	62.8	35.7	25.8
Vietnam	582	1.3	0.1	0.1	0.1	0.1	0.1	16.7	6.9	5.5	7.3	6.0	5.2
Asia n.s.	598	....	....	....	....	....	....	130.3	59.8	50.4	68.5	57.0	50.2
Europe	170	640.8	225.3	160.6	177.9	94.1	80.3	4,946.2	3,076.3	3,302.6	4,079.7	3,321.8	2,823.7
Emerg. & Dev. Europe	903	499.2	139.2	128.7	155.7	69.6	66.6	1,805.8	649.5	1,181.0	1,876.0	1,468.2	1,273.6
Albania	914	1.5	1.2	1.2	1.2	1.2	1.2	0.1	0.1	0.1	0.1	0.1	0.1
Bosnia and Herzegovina	963	2.1	0.2	0.2	0.1	0.1	0.2	6.0	6.0	6.0	6.0	6.0	6.3
Bulgaria	918	45.9	39.9	22.6	21.5	7.3	0.8	43.5	28.1	114.0	129.3	31.6	24.1

Syrian Arab Republic (463)

In Millions of U.S. Dollars

		Exports (FOB)						Imports (CIF)					
		2011	2012	2013	2014	2015	2016	2011	2012	2013	2014	2015	2016
Croatia	960	1.9	4.0	0.1	....	....	0.0	1.0	0.1	3.4	0.1	0.2	0.1
Hungary	944	1.1	0.8	0.2	0.1	0.2	0.0	29.8	15.6	3.3	5.0	2.4	2.5
Kosovo	967	0.1 e	0.0 e	0.0 e	0.0 e	0.0 e	0.0 e	....	....	....	....	....	....
Macedonia, FYR	962	0.4	0.4	0.4	0.4	0.4	0.4	0.0	0.0	0.0	0.0	0.0	0.0
Montenegro	943	0.1 e	0.1 e	0.0 e	0.1 e	0.0 e	0.0 e	....	0.0 e	....	....	....	....
Poland	964	32.7	13.4	12.4	6.3	0.4	0.2	62.3	69.9	17.4	50.5	12.7	9.5
Romania	968	7.2	2.7	1.4	6.7	6.2	0.5	199.6	77.6	108.2	51.0	35.2	32.6
Serbia, Republic of	942	86.8	12.5	9.6	9.8	4.9	1.1	4.2	0.7	....	1.6	0.3	0.1
Turkey	186	319.7	64.0	80.6	109.7	48.9	62.1	1,459.3	451.4	928.6	1,632.5	1,379.9	1,198.3
CIS	**901**	**141.6**	**86.1**	**31.9**	**22.1**	**24.5**	**13.7**	**3,018.6**	**2,376.8**	**2,081.9**	**2,150.9**	**1,810.1**	**1,512.0**
Armenia	911	0.9	0.5	0.2	0.1	0.0	0.1	0.0	0.2	2.1	13.1	17.9	22.7
Azerbaijan, Rep. of	912	4.0	3.3	3.0	2.9	2.8	3.1	0.0	0.0	....	....	....	....
Belarus	913	11.3	2.3	5.0	1.0	10.1	5.2	12.7	26.2	0.7	34.6	27.2	33.8
Georgia	915	4.5	2.6	1.2	0.3	0.5	0.5	0.7	0.0	0.1	0.0	0.0	0.3
Kazakhstan	916	1.2	1.2	1.2	1.2	1.2	1.2	34.2	34.2	34.2	34.2	34.2	34.5
Kyrgyz Republic	917	0.4	0.0	0.0	0.0	0.0	0.0	0.1	0.0	0.0	0.1	0.0	0.0
Moldova	921	0.7	0.1	0.1	0.0	0.0	0.0	8.8	3.6	2.9	3.8	3.1	2.8
Russian Federation	922	30.8	3.7	2.8	1.5	1.1	2.2	1,315.9	1,222.7	1,209.3	1,745.0	1,465.1	1,332.0
Tajikistan	923	0.4	0.1	0.0	0.0	0.0	0.0	0.2	0.1	0.1	0.1	0.1	0.1
Ukraine	926	82.2	71.8	17.9	14.7	8.5	1.0	1,644.2	1,089.2	832.1	319.5	261.9	85.4
Uzbekistan	927	5.4	0.6	0.5	0.4	0.2	0.2	1.7	0.7	0.5	0.7	0.6	0.5
Europe n.s.	884	....	....	....	....	....	....	121.8	50.0	39.7	52.8	43.4	38.1
Mid East, N Africa, Pak	**440**	**4,708.5**	**1,250.9**	**1,071.9**	**675.6**	**577.6**	**531.1**	**2,623.8**	**1,394.3**	**1,258.4**	**1,357.7**	**1,033.0**	**906.9**
Afghanistan, I.R. of	512	1.1	0.1	0.1	0.1	0.0	0.0	1.3	0.4	0.3	0.3	0.3	0.2
Algeria	612	145.6	17.3	13.4	9.9	6.4	8.3	42.1	17.3	13.7	18.2	15.0	3.9
Bahrain, Kingdom of	419	8.2	1.0	0.8	0.6	0.4	0.3	43.0	17.9	14.4	19.2	15.8	13.9
Djibouti	611	2.1	0.2	0.2	0.1	0.1	0.1	....	....	....	....	....	....
Egypt	469	359.0	42.7	33.0	19.1	25.3	12.7	617.9	269.0	220.5	223.6	153.5	115.8
Iran, I.R. of	429	14.1	1.7	1.3	1.0	0.6	0.6	265.9	109.1	86.6	115.2	94.8	83.1
Iraq	433	2,119.6	252.1	195.1	144.2	93.3	84.2	26.6	10.9	8.7	11.5	9.5	8.3
Jordan	439	407.8	260.2	280.2	164.6	109.8	87.9	179.7	156.4	96.6	143.5	85.7	24.5
Kuwait	443	148.9	17.7	13.7	10.1	6.6	5.9	47.8	21.3	17.7	23.9	19.8	17.4
Lebanon	446	484.5	488.3	421.7	252.0	281.8	268.9	200.7	273.5	387.8	224.1	194.1	184.0
Libya	672	116.3	13.8	10.7	7.9	5.1	4.6	70.8	29.1	23.1	30.7	25.2	22.1
Mauritania	682	2.5	0.3	0.2	0.2	0.1	0.1	0.1	0.0	0.0	0.0	0.0	0.0
Morocco	686	23.0	3.5	2.9	1.9	2.7	3.0	35.3	16.2	13.8	17.8	15.9	14.9
Oman	449	16.6	2.0	1.5	1.1	0.7	1.9	15.6	6.4	5.1	6.8	5.6	13.0
Pakistan	564	2.1	0.3	0.2	0.1	0.1	0.1	15.7	6.4	5.1	6.8	5.6	4.9
Qatar	453	50.3	8.1	7.0	5.4	3.6	3.3	55.2	22.7	18.0	23.9	19.7	17.3
Saudi Arabia	456	501.2	59.6	46.1	34.1	22.1	19.9	694.9	276.5	215.4	284.6	233.3	204.1
Somalia	726	0.7	0.1	0.1	0.0	0.0	0.0	0.6	0.2	0.2	0.3	0.2	0.2
Sudan	732	106.3	57.6	24.3	8.3	9.0	11.4	67.2	63.6	56.0	107.8	58.4	60.6
Tunisia	744	36.2	5.0	4.4	3.7	2.7	11.3	37.5	13.0	8.7	10.2	7.3	54.5
United Arab Emirates	466	83.4	9.9	7.7	5.7	3.7	3.3	198.7	81.5	64.7	86.1	70.8	62.1
Yemen, Republic of	474	78.9	9.4	7.3	5.4	3.5	3.1	7.1	2.9	2.3	3.1	2.5	2.2
Sub-Saharan Africa	**603**	**41.8**	**10.4**	**5.0**	**2.6**	**2.5**	**1.8**	**104.5**	**76.5**	**62.8**	**79.1**	**75.7**	**69.7**
Angola	614	6.0	0.7	0.5	0.4	0.3	0.2	0.0	0.0	0.0	0.0	0.0	0.0
Benin	638	0.7	0.1	0.1	0.0	0.0	0.0	0.0	0.0	0.0	0.0	0.0	0.0
Burkina Faso	748	0.3	0.0	0.0	0.0	0.0	0.0	1.1	0.4	0.4	0.5	0.4	0.3
Cameroon	622	1.8	0.2	0.2	0.1	0.1	0.1	0.2	0.1	0.1	0.1	0.1	0.1
Chad	628	0.1	0.0	0.0	0.0	0.0	0.0	....	....	....	....	....	....
Congo, Republic of	634	0.8	0.1	0.1	0.1	0.0	0.0	0.2	0.1	0.1	0.1	0.1	0.1
Côte d'Ivoire	662	2.5	2.0	0.5	0.2	....	....	1.0	0.6	0.0	0.1	0.1	0.1
Equatorial Guinea	642	0.1	0.0	0.0	0.0	0.0	0.0	....	....	....	....	....	....
Eritrea	643	0.1	0.0	0.0	0.0	0.0	0.0	0.0	0.0	0.0	0.0	0.0	0.0
Ethiopia	644	0.3	0.1	0.0	0.0	0.0	0.0	1.5	0.6	0.5	0.7	0.5	0.5
Gabon	646	0.8	0.1	0.1	0.1	0.0	0.0	0.1	0.1	0.0	0.1	0.1	0.0
Gambia, The	648	0.4	0.0	0.0	0.0	0.0	0.0	....	....	....	....	....	....
Ghana	652	4.9	0.6	0.5	0.3	0.2	0.2	0.3	0.1	0.1	0.1	0.1	0.1
Guinea	656	1.1	0.1	0.1	0.1	0.0	0.0	0.0	0.0	0.0	0.0	0.0	0.0

Syrian Arab Republic (463)

In Millions of U.S. Dollars

		Exports (FOB) 2011	2012	2013	2014	2015	2016	Imports (CIF) 2011	2012	2013	2014	2015	2016
Kenya	664	0.9	0.1	0.1	0.1	0.0	0.0	0.8	0.3	0.3	0.3	0.3	0.2
Liberia	668	0.9	0.1	0.1	0.1	0.0	0.0	0.0	0.0	0.0	0.0	0.0	0.0
Madagascar	674	0.1	0.0	0.0	0.0	0.0	0.0	0.1	0.0	0.0	0.0	0.0	0.0
Malawi	676	0.0	0.0	0.0	0.0	0.0	0.0	0.0 e	3.1 e	....	....	....	....
Mali	678	0.6	0.1	0.1	0.0	0.0	0.0	0.6	0.2	0.2	0.2	0.2	0.2
Mozambique	688	0.4	0.1	0.0	0.0	0.0	0.0	0.0	0.0	0.0	0.0	0.0	0.0
Niger	692	0.1	0.0	0.0	0.0	0.0	0.0	0.0	0.0	0.0	0.0	0.0	0.0
Nigeria	694	5.2	0.6	0.5	0.4	0.2	0.2	33.5	13.8	10.9	14.5	12.0	10.5
Senegal	722	7.8	3.0	1.1	0.0	0.1	....	....	....	0.0	....	....	....
Sierra Leone	724	0.7	0.1	0.1	0.0	0.0	0.0	0.1	0.0	0.0	0.0	0.0	0.0
South Africa	199	2.6	1.8	0.5	0.2	0.8	0.4	47.0	48.4	42.9	52.5	53.6	50.2
Swaziland	734	....	....	....	....	....	....	0.1	0.0	0.0	0.0	0.0	0.0
Tanzania	738	2.0	0.2	0.2	0.1	0.1	0.1	0.1	0.1	0.0	0.1	0.0	0.0
Togo	742	0.1	0.0	....	....	....	....	....	....	....	....	....	....
Uganda	746	0.2	0.2	0.2	0.2	0.2	0.2	0.6	0.6	0.6	0.6	0.6	0.6
Zambia	754	....	....	0.0	....	0.1	0.0	....	....	....	....	....	....
Zimbabwe	698	0.3	0.0	0.0	0.0	0.0	0.0	....	....	....	....	....	....
Africa n.s.	799	....	....	....	....	....	....	17.1	7.9	6.7	9.1	7.6	6.7
Western Hemisphere	**205**	**60.5**	**14.3**	**12.3**	**12.9**	**12.0**	**12.0**	**755.7**	**315.2**	**249.5**	**348.1**	**281.9**	**319.2**
Antigua and Barbuda	311	0.1	0.0	0.0	0.0	0.0	0.0	....	....	....	....	....	....
Argentina	213	0.5	0.5	0.5	0.5	0.5	0.6	222.2	90.5	70.1	90.6	72.0	74.0
Aruba	314	8.8	8.8	8.8	8.8	8.8	8.8	0.0	....	....	....	....	....
Bahamas, The	313	0.0 e	....	....	0.9 e	0.0 e	0.0 e	0.0	0.0	0.0	0.0	0.0	0.0
Bolivia	218	0.1	0.1	....	0.0	....	0.0	0.2	0.0	....	....	....	....
Brazil	223	41.7	2.3	1.2	1.1	1.4	1.2	397.7	108.1	62.9	137.3	85.8	130.7
Chile	228	0.4	0.4	0.0	0.0	0.0	0.1	13.6	11.8	11.7	11.9	11.7	11.7
Colombia	233	0.4	0.0	0.0	0.0	0.0	0.0	37.2	34.9	35.1	34.7	35.7	35.2
Costa Rica	238	0.0	0.0	0.0	0.0	0.0	0.0	9.9	9.9	9.9	9.9	9.9	9.9
Dominican Republic	243	0.3	0.0	0.0	0.0	0.0	0.0	0.3	0.1	0.1	0.1	0.1	0.1
Ecuador	248	0.4	0.0	0.1	0.0	0.0	0.0	42.1	42.1	44.0	45.5	50.3	42.9
Guatemala	258	0.1	0.0	0.0	0.0	0.0	0.0	10.2	4.2	3.3	4.4	3.6	3.2
Honduras	268	0.4	0.3	0.1	0.0	0.0	0.1	0.3	....	0.1	0.0	0.1	0.1
Mexico	273	0.7	0.7	0.7	0.7	0.7	0.7	7.6	7.6	7.6	7.6	7.6	7.6
Netherlands Antilles	353	....	....	....	....	....	....	0.1	0.0	0.0	0.0	0.0	0.0
Nicaragua	278	....	....	....	....	....	....	0.2	0.1	0.1	0.1	0.1	0.1
Panama	283	....	....	....	0.0	....	....	0.6	0.6	0.6	0.6	0.6	0.6
Paraguay	288	1.8	0.2	0.2	0.1	0.1	0.1	6.0	2.4	1.9	2.6	2.1	1.9
Peru	293	0.1	0.1	0.1	0.1	0.1	0.1	5.5	1.9	1.4	1.7	1.4	0.5
St. Vincent & Grens.	364	0.1	0.0	0.0	0.0	0.0	0.0	....	....	....	....	....	....
Trinidad and Tobago	369	0.2	0.0	0.0	0.0	0.0	0.0	....	....	....	....	....	....
Venezuela, Rep. Bol.	299	4.1	0.5	0.4	0.3	0.2	0.2	2.1	0.9	0.7	0.9	0.7	0.7
Other Countries n.i.e	**910**	**5.1**	**0.6**	**0.5**	**0.3**	**0.2**	**0.2**	**7.1**	**2.9**	**2.3**	**3.1**	**2.5**	**2.2**
Cuba	928	0.1	0.0	0.0	0.0	0.0	0.0	6.9	2.8	2.3	3.0	2.5	2.2
Korea, Dem. People's Rep.	954	5.0	0.6	0.5	0.3	0.2	0.2	0.1	0.1	0.0	0.1	0.1	0.0
Special Categories	**899**	....	....	....	....	....	....	**11.0**	**4.3**	**3.4**	**4.4**	**3.6**	**3.2**
Countries & Areas n.s.	**898**	....	....	....	....	....	....	**73.1**	**30.0**	**23.8**	**31.7**	**26.1**	**22.8**
Memorandum Items													
Africa	605	358.3	94.5	50.5	26.8	23.6	36.0	287.3	186.8	155.2	233.4	172.5	203.8
Middle East	405	4,388.9	1,166.5	1,026.1	651.2	556.4	496.7	2,424.0	1,277.2	1,160.7	1,196.2	930.4	767.7
European Union	998	4,410.4	347.4	166.4	110.3	94.8	79.2	3,653.1	1,385.7	979.7	935.8	621.0	584.0
Export earnings: fuel	080	3,337.4	403.1	313.2	232.3	151.8	142.7	2,933.4	1,944.3	1,803.8	2,498.4	2,110.2	1,903.1
Export earnings: nonfuel	092	7,153.6	1,520.1	1,169.4	811.7	701.5	654.0	13,673.0	6,615.7	5,421.3	5,932.3	4,683.6	4,204.4

Tajikistan (923)

In Millions of U.S. Dollars

		Exports (FOB)						Imports (CIF)					
		2011	2012	2013	2014	2015	2016	2011	2012	2013	2014	2015	2016
IFS World		1,252.0	1,356.7	1,163.3	1,080.2	890.6	899.4	3,191.2	3,773.9	4,121.6	....	....	....
World	001	1,338.8	1,470.6	1,271.7	986.1	1,043.0	809.1	3,247.2	3,648.1	3,834.0	4,927.7	3,738.6	3,754.8
Advanced Economies	110	45.0	88.7	75.3	164.0	175.5	135.4	616.1	433.2	474.6	597.7	371.0	361.0
Euro Area	163	40.2	30.5	24.1	42.3	30.2	58.2	258.7	267.7	315.3	339.7	246.9	271.9
Austria	122	0.0	0.0	0.0	0.0	0.0	0.0	20.6	22.4	23.7	24.9	19.6	16.8
Belgium	124	0.4	0.2	0.1	0.1	0.5	0.6	1.8	2.4	4.0	4.4	2.4	2.1
Estonia	939	....	....	....	....	....	0.6	6.1	6.6	7.0	6.7	7.2	5.8
Finland	172	....	0.0	0.0	0.1	0.0	0.0	4.1	3.6	5.5	1.3	1.5	1.4
France	132	0.7	0.3	0.1	0.0	0.0	0.1	8.1	4.2	9.3	7.5	8.2	9.4
Germany	134	1.6	2.5	3.3	2.4	1.4	0.8	34.6	33.9	42.6	51.5	42.2	36.6
Greece	174	....	....	....	....	....	....	0.0	0.0	0.2	0.1	0.0	0.1
Ireland	178	....	....	....	....	....	....	0.0	....	0.0	0.0	1.3	0.0
Italy	136	37.0	26.7	17.5	38.7	27.8	45.0	21.1	18.4	23.0	38.1	30.4	65.6
Latvia	941	0.1	0.0	0.0	0.0	0.0	0.1	56.4	54.0	51.7	57.8	49.3	49.3
Lithuania	946	0.0	0.3	2.8	0.8	0.3	11.0	93.1	105.6	127.8	117.3	63.2	60.5
Luxembourg	137	0.0	....	0.0	0.0	0.0	0.0	0.0	0.8	0.0	2.4	0.7	0.0
Netherlands	138	0.0	0.4	0.2	0.1	0.1	0.0	8.9	13.5	15.9	20.5	15.6	17.7
Portugal	182	....	0.1	0.2	0.0	0.0	0.0	0.0	0.0	0.4	0.5	0.3	2.2
Slovak Republic	936	0.0	....	0.0	0.0	0.0	0.0	0.1	0.0	0.1	0.1	0.1	0.1
Slovenia	961	....	....	....	....	....	....	2.4	1.7	2.5	2.7	2.0	1.4
Spain	184	0.4	0.0	0.1	0.0	0.0	0.0	1.5	0.7	1.4	3.9	3.1	2.9
Australia	193	0.0	0.0	....	....	....	....	0.8	2.1	1.8	2.7	0.0	0.1
Canada	156	0.0	0.0	0.0	0.0	0.0	0.0	0.4	0.6	1.1	0.9	1.4	0.4
China,P.R.: Hong Kong	532	....	....	....	....	....	....	6.7	5.8	4.4	4.6	0.7	0.7
Czech Republic	935	2.0	1.7	0.4	0.3	0.0	0.1	2.9	3.7	4.8	3.9	4.4	3.2
Denmark	128	....	....	....	....	....	....	1.0	1.6	2.0	5.7	1.7	1.4
Israel	436	0.1	0.1	0.1	0.1	0.1	0.1	3.5	4.1	4.5	3.5	4.0	3.3
Japan	158	0.0	0.0	0.0	0.0	0.0	0.0	1.6	13.4	2.4	25.8	9.7	6.6
Korea, Republic of	542	0.1	0.0	0.0	0.0	0.0	0.0	33.5	34.1	39.7	43.5	18.2	16.4
New Zealand	196	0.1 e	....	0.0 e	0.0 e	0.0 e	0.0 e	0.0	0.0	0.0	0.0	....	....
Norway	142	....	....	....	....	....	....	0.2	0.2	0.2	0.2	0.2	0.5
Singapore	576	....	0.0	0.2	0.0	0.0	0.0	0.8	1.3	2.0	1.9	1.1	1.2
Sweden	144	0.0	....	0.0	0.0	0.0	0.1	0.4	0.2	0.3	0.6	0.8	0.4
Switzerland	146	0.0	53.5	50.0	120.5	141.3	75.8	5.2	3.5	4.3	119.6	47.9	15.2
Taiwan Prov.of China	528	....	....	....	....	....	....	0.2	0.1	0.3	0.2	0.2	0.2
United Kingdom	112	1.3	0.2	0.5	0.4	0.8	1.2	2.1	4.1	4.8	4.0	2.4	3.6
United States	111	1.2	2.7	0.1	0.4	3.1	0.1	298.0	90.6	86.7	41.0	31.4	35.8
Emerg. & Dev. Economies	200	1,293.8	1,381.9	1,196.4	822.1	867.5	673.6	2,631.0	3,214.9	3,359.4	4,330.0	3,367.7	3,393.8
Emerg. & Dev. Asia	505	494.7	569.9	389.2	189.9	190.1	115.9	439.9	427.8	488.5	639.6	465.2	434.6
China,P.R.: Mainland	924	493.0	568.0	387.5	188.1	188.6	114.2	375.1	355.6	395.4	531.0	389.6	373.8
India	534	0.1	0.3	0.0	0.1	0.1	0.2	59.2	67.4	83.5	98.5	70.2	58.2
Indonesia	536	....	....	....	....	....	....	0.8	0.4	0.4	0.2	0.0	....
Malaysia	548	....	....	....	....	....	....	3.1	2.6	7.3	7.2	3.5	0.8
Mongolia	948	0.9	0.9	0.9	0.9	0.9	0.9	....	....	....	....	....	....
Myanmar	518	....	....	....	....	....	0.1 e	....	....	....	....	....	....
Philippines	566	0.0	0.0	0.0	0.0	0.0	0.0	0.2	0.2	0.0	0.0	0.0	....
Sri Lanka	524	....	0.0	0.1	0.2	....	0.1	0.0	0.0	0.0	0.0	....	0.1
Thailand	578	....	....	....	....	....	....	0.3	0.3	0.3	0.4	0.2	0.1
Vietnam	582	0.6	0.7	0.7	0.6	0.5	0.5	1.0	1.2	1.4	2.2	1.7	1.6
Europe	170	620.9	649.9	653.3	453.2	577.8	407.4	1,819.5	2,274.2	2,315.0	2,998.7	2,377.7	2,454.8
Emerg. & Dev. Europe	903	431.7	461.8	494.3	215.3	271.5	216.0	100.5	147.1	171.9	175.2	107.4	108.6
Albania	914	0.0 e	0.4 e	0.4 e	0.6 e	....	....	0.0	0.0	0.0	0.0	0.0	0.0
Bosnia and Herzegovina	963	....	....	....	....	....	0.1	3.3	3.3	3.3	3.3	3.3	3.3
Bulgaria	918	0.0	....	0.0	0.0	....	0.0	3.3	3.6	3.4	4.3	3.5	5.0
Croatia	960	0.2 e	2.4 e	0.3 e	0.1 e	0.0 e	....	0.2	0.1	0.2	0.1	0.0	0.0
Hungary	944	....	....	....	....	....	....	6.0	4.7	5.5	5.9	4.9	3.8
Macedonia, FYR	962	0.0 e	0.0 e	....	0.0 e	0.1 e	0.0 e	....	....	....	....	....	....
Poland	964	0.6	0.3	0.2	0.7	0.7	0.2	5.6	15.5	11.4	13.8	8.3	7.3
Romania	968	....	....	0.0	0.0	....	0.2	0.0	0.3	0.4	0.8	0.3	0.3
Serbia, Republic of	942	....	....	....	....	....	....	1.9	2.5	1.6	1.9	1.3	8.6

2017, International Monetary Fund: *Direction of Trade Statistics Yearbook*

Tajikistan (923)

In Millions of U.S. Dollars

		Exports (FOB)						Imports (CIF)					
		2011	2012	2013	2014	2015	2016	2011	2012	2013	2014	2015	2016
Turkey	186	430.9	458.7	493.4	213.9	270.7	215.6	80.1	117.2	146.1	145.1	85.8	80.2
CIS	**901**	**189.2**	**188.1**	**159.0**	**237.8**	**306.3**	**191.4**	**1,719.1**	**2,127.1**	**2,143.2**	**2,823.5**	**2,270.3**	**2,346.2**
Armenia	911	0.0	0.1	0.4	0.2	0.0	....	0.8	0.6	1.8	0.9	0.5	0.6
Azerbaijan, Rep. of	912	3.2	0.2	0.0	0.2	....	0.3	13.1	43.6	13.7	2.6	....	12.0
Belarus	913	21.9	15.2	9.3	8.9	7.6	5.4	62.0	66.0	43.1	45.6	31.4	26.7
Georgia	915	0.5	0.1	0.1	0.1	0.0	0.0	4.4	6.0	10.9	15.4	6.4	8.5
Kazakhstan	916	18.6	18.4	15.1	13.7	11.2	13.7	335.3	389.0	419.8	693.3	519.8	688.3
Kyrgyz Republic	917	6.8	7.1	6.0	5.5	4.5	4.6	21.0	29.0	33.8	57.8	44.0	42.5
Moldova	921	3.2	3.5	3.0	2.8	2.3	2.3	1.1	1.3	1.4	2.3	1.7	1.6
Russian Federation	922	105.1	118.8	103.8	187.7	263.7	149.6	1,027.5	1,209.0	1,313.7	1,623.4	1,388.3	1,305.6
Ukraine	926	20.8	15.0	13.0	11.0	10.6	9.0	161.7	249.0	146.9	109.8	69.8	58.9
Uzbekistan	927	9.0	9.7	8.3	7.7	6.4	6.4	92.2	133.5	158.1	272.6	208.2	201.4
Mid East, N Africa, Pak	**440**	**178.1**	**162.1**	**153.9**	**166.4**	**99.5**	**149.7**	**302.2**	**445.3**	**483.4**	**591.1**	**443.2**	**424.9**
Afghanistan, I.R. of	512	50.7	46.4	36.6	32.4	26.2	26.2	47.8	56.7	61.8	102.6	77.1	74.0
Algeria	612	34.9 e	14.5 e	27.7 e	48.7 e	....	50.2 e	0.4 e	104.3 e	120.6 e	0.0 e	....	0.0 e
Bahrain, Kingdom of	419	0.0 e	0.0 e	0.0 e	0.1 e	0.0 e	0.0 e	....	....	....	....	....	....
Djibouti	611	0.7	0.8	0.7	0.6	0.5	0.5	....	....	....	....	....	....
Egypt	469	0.0	0.0	0.0	0.7	0.3	0.2	2.0	2.0	2.0	3.6	2.0	2.0
Iran, I.R. of	429	66.8	74.5	64.7	60.4	50.0	50.5	164.7	172.4	176.1	282.7	209.3	199.4
Iraq	433	1.2	1.3	1.1	1.1	0.9	0.9	0.0	0.0	0.0	0.1	0.0	0.0
Jordan	439	....	0.0	0.0	0.0	0.4	0.0	0.0	0.1	0.1	0.1	0.1	0.1
Kuwait	443	....	....	....	....	....	....	0.1	0.1	0.1	0.1	0.1	0.1
Lebanon	446	0.0	0.1	....	0.0	0.1	0.0	0.1	0.2	0.1	0.1	0.1	0.1
Mauritania	682	0.0	0.0	0.0	0.0	0.0	0.0	0.1	0.2	0.2	0.3	0.2	0.2
Morocco	686	....	....	....	....	0.1	0.0	0.0	0.0	0.0	0.0	0.0	0.0
Pakistan	564	19.3	19.7	19.0	18.6	17.9	17.9	8.3	8.5	8.6	9.5	9.0	8.9
Qatar	453	....	....	....	....	....	....	0.1	0.1	0.1	0.2	0.1	0.1
Saudi Arabia	456	....	....	....	....	....	....	0.1	0.1	0.1	0.1	0.1	0.1
Syrian Arab Republic	463	0.2	0.2	0.2	0.1	0.1	0.1	0.3	0.4	0.5	0.7	0.6	0.5
United Arab Emirates	466	4.2	4.5	3.9	3.6	3.0	3.0	78.1	100.1	113.1	191.0	144.6	139.2
Sub-Saharan Africa	**603**	**0.0**	**0.0**	**0.0**	**0.0**	**0.0**	**0.0**	**0.2**	**0.1**	**0.2**	**0.3**	**0.2**	**0.2**
Angola	614	0.0 e	0.0 e	....	....	....	....	0.0	0.0	0.0	0.1	0.1	0.1
Equatorial Guinea	642	....	....	....	....	....	....	0.1	0.1	0.1	0.2	0.1	0.1
South Africa	199	0.0	0.0	0.0	0.0	0.0	0.0	0.1	0.0	0.0	0.0	0.0	0.0
Western Hemisphere	**205**	**0.1**	**0.0**	**0.0**	**12.7**	**0.1**	**0.5**	**69.3**	**67.4**	**72.3**	**100.3**	**81.4**	**79.3**
Anguilla	312	....	....	....	....	....	....	0.3	0.4	0.4	0.6	0.5	0.5
Bahamas, The	313	....	....	....	12.6 e	....	....	....	....	....	....	....	....
Brazil	223	0.0 e	0.0 e	0.0 e	0.0 e	0.1 e	0.0 e	35.7	27.1	28.4	27.6	26.7	27.0
Chile	228	0.0 e	0.0 e	0.0 e	0.0 e	0.0 e	0.5 e	....	0.2 e	....	0.0 e	....	....
Colombia	233	....	0.0 e	0.0 e	0.0 e	....	0.0 e	....	0.0 e	0.0 e	0.0 e	0.1 e	0.1 e
Costa Rica	238	0.1 e	0.0 e	0.0 e	....	0.0 e	0.0 e	....	....	....	....	....	0.0 e
Ecuador	248	....	....	....	....	....	....	....	0.1 e	0.3 e	0.5 e	0.4 e	0.2 e
Jamaica	343	....	....	....	....	....	....	17.2	20.4	22.3	37.0	27.8	26.7
Panama	283	....	....	....	....	....	....	0.1	0.1	0.1	0.1	0.1	0.1
Uruguay	298	0.0 e	....	0.0 e	0.0 e	....	0.0 e	....	0.2 e	0.1 e	0.2 e	0.0 e	....
Venezuela, Rep. Bol.	299	....	....	0.0 e	....	....	....	15.9	18.8	20.6	34.1	25.6	24.6
Memorandum Items													
Africa	605	35.7	15.3	28.4	49.3	0.6	50.8	0.7	104.6	121.0	0.6	0.4	0.4
Middle East	405	72.4	80.7	69.9	66.0	54.7	54.8	245.5	275.6	292.2	478.7	357.0	341.7
European Union	998	44.4	35.1	25.5	43.8	31.7	59.9	280.3	301.4	348.0	378.7	273.3	296.9
Export earnings: fuel	080	234.0	232.3	216.3	315.4	328.7	268.3	1,635.4	2,037.8	2,178.4	2,828.4	2,288.8	2,370.1
Export earnings: nonfuel	092	1,104.9	1,238.3	1,055.4	670.7	714.3	540.8	1,611.7	1,610.3	1,655.6	2,099.3	1,449.9	1,384.7

Tanzania (738)

In Millions of U.S. Dollars

		Exports (FOB)						Imports (CIF)					
		2011	2012	2013	2014	2015	2016	2011	2012	2013	2014	2015	2016
IFS World		4,440.0	5,111.2	....	....	....	....	10,854.2	11,345.8	....	....	....	....
World	001	5,022.8	5,881.4	4,721.4	6,132.0	6,256.1	5,100.5	11,229.4	11,759.4	12,690.7	12,830.9	14,782.6	7,913.8
Advanced Economies	110	1,955.9	2,067.7	1,329.2	1,253.0	1,121.0	1,690.8	4,060.7	4,476.5	4,479.3	3,846.6	2,769.0	2,173.2
Euro Area	163	525.0	690.2	432.5	497.0	555.6	578.3	1,067.9	913.4	788.4	863.3	639.2	648.5
Austria	122	0.1	0.2	0.3	0.5	0.4	0.4	15.5	7.1	9.3	18.7	18.0	14.3
Belgium	124	84.7	152.7	87.6	98.9	149.2	283.1	179.1	221.6	146.3	127.0	63.6	64.9
Cyprus	423	0.6	1.6	1.9	3.3	2.3	2.0	1.7	2.0	4.6	4.1	2.2	3.0
Estonia	939	....	....	0.1	0.2	0.0	0.0	0.0	0.7	15.9	2.3	5.4	8.1
Finland	172	9.2	5.5	5.8	3.7	2.7	2.9	32.8	22.7	35.5	59.7	50.1	34.7
France	132	17.8	20.7	14.4	25.9	16.9	25.8	163.6	108.9	103.7	72.6	95.5	67.9
Germany	134	229.3	292.4	160.7	221.9	225.7	115.3	182.5	187.5	179.5	248.1	160.4	191.7
Greece	174	2.7	8.8	2.7	5.8	6.3	6.1	1.1	9.5	0.2	3.6	0.8	1.5
Ireland	178	3.4	1.9	0.3	0.2	0.7	1.2	22.0	17.3	19.4	20.1	17.1	22.7
Italy	136	52.5	50.5	57.4	52.5	36.0	42.1	140.5	117.2	83.2	79.7	79.0	87.7
Latvia	941	0.2	2.1	1.7	0.2	0.0	0.2	1.7	0.1	0.9	8.9	3.6	0.9
Lithuania	946	1.4	1.2	0.8	0.3	0.3	0.7	3.5	0.9	9.6	0.6	7.0	7.0
Luxembourg	137	....	0.2	0.0	0.0	....	0.0	3.2	7.3	0.9	2.2	1.0	1.7
Malta	181	0.0	0.3	0.0	0.3	0.3	0.2	0.0	0.7	0.0	0.0	0.1	0.7
Netherlands	138	94.9	121.0	62.8	50.9	76.5	63.9	282.9	159.3	137.2	176.5	94.9	105.5
Portugal	182	13.8	12.7	14.3	18.1	19.6	18.8	1.0	1.8	2.3	2.0	3.7	3.2
Slovak Republic	936	0.0	0.0	0.0	0.0	....	0.0	0.4	0.1	0.9	0.8	1.4	0.6
Slovenia	961	0.0	1.8	0.3	0.0	0.0	0.0	1.6	1.6	2.2	2.7	3.7	0.9
Spain	184	14.4	16.5	21.4	14.3	18.7	15.7	34.7	47.0	36.9	33.8	31.7	31.5
Australia	193	16.3	14.8	7.7	61.2	4.5	7.6	145.0	124.2	168.0	141.8	103.2	64.5
Canada	156	6.1	26.1	13.0	7.1	6.0	4.7	59.2	111.7	101.5	123.7	59.9	100.9
China,P.R.: Hong Kong	532	11.5	23.8	30.5	35.6	34.0	30.0	31.8	53.3	36.2	53.2	45.4	51.6
Czech Republic	935	0.3	0.2	0.4	0.2	0.1	0.8	1.4	10.5	2.2	6.9	10.6	16.1
Denmark	128	9.5	10.8	9.2	7.5	2.8	3.9	21.2	27.5	50.2	41.8	66.0	40.6
Iceland	176	2.0	3.4	4.5	4.1	2.4	0.0	0.0	0.0	0.1	0.0	0.0	0.0
Israel	436	9.9	13.6	12.2	10.5	17.0	13.2	17.3	45.2	19.2	17.5	54.6	7.8
Japan	158	356.2	298.9	221.2	247.8	230.4	138.5	493.2	518.3	516.0	559.4	395.9	371.0
Korea, Republic of	542	1.8	15.2	7.1	6.3	18.2	38.9	97.5	119.6	147.8	163.2	225.6	165.3
New Zealand	196	0.8	3.1	2.7	2.4	2.2	5.6	3.3	2.5	3.3	2.9	3.9	3.6
Norway	142	2.9	18.7	4.0	4.1	1.4	0.8	74.0	59.1	30.6	44.3	4.7	7.0
Singapore	576	11.7	25.5	56.0	15.9	6.6	10.5	128.5	147.9	221.8	39.2	92.0	52.6
Sweden	144	3.5	6.0	5.0	5.3	5.2	5.6	179.4	110.8	95.1	111.0	59.6	69.0
Switzerland	146	916.3	798.6	404.7	149.0	153.9	767.9	1,102.2	1,581.6	1,622.0	905.6	429.1	129.8
Taiwan Prov.of China	528	2.1	1.9	2.0	9.3	6.8	4.8	45.2	43.8	165.3	139.8	76.7	37.7
United Kingdom	112	30.3	47.4	55.4	46.6	23.0	22.8	291.3	368.0	277.4	263.0	181.1	155.0
United States	111	49.8	69.3	60.8	143.0	50.8	56.9	302.1	239.1	234.3	369.8	321.5	252.0
Vatican	187	....	0.2	0.1	....	....	....	....	0.0	....	....	0.0	....
Emerg. & Dev. Economies	200	3,027.4	3,767.1	3,351.0	4,821.8	5,081.9	3,361.4	7,164.3	7,281.6	8,208.2	8,977.9	12,009.9	5,739.5
Emerg. & Dev. Asia	505	940.9	1,131.4	1,156.3	2,051.8	1,856.8	1,257.2	3,100.4	2,499.1	4,351.4	5,173.6	3,685.4	3,530.8
American Samoa	859	0.0	....	....	0.2	2.3	1.0	15.1	0.1	24.4	4.5	0.1	0.2
Bangladesh	513	0.8	7.2	9.1	5.7	25.7	7.2	0.3	5.2	0.6	6.7	3.1	1.7
Brunei Darussalam	516	0.0	....	....	0.0	....	0.1	0.0	....	0.0	0.0	0.0	0.0
Cambodia	522	0.0	0.1	0.0	0.0	0.1	....	0.0	0.2	0.4	0.0	2.8	0.2
China,P.R.: Mainland	924	677.4	525.0	309.4	684.0	562.3	354.2	1,056.3	1,162.9	1,595.9	2,046.6	1,853.9	1,638.5
Fiji	819	....	....	0.0	....	0.0	0.0	0.0	....	....	0.0	0.1	0.0
F.T. New Caledonia	839	0.0	....	....	0.1	....	....	0.0	0.0	0.0	0.0	0.0	0.0
India	534	210.2	480.6	752.2	1,254.6	1,149.4	703.0	1,565.0	880.6	2,308.7	2,453.8	1,258.9	1,428.8
Indonesia	536	22.4	40.9	33.3	6.6	6.4	17.2	258.4	237.6	156.2	93.6	142.1	64.6
Lao People's Dem.Rep	544	0.1	....	....	....	....	....	....	0.0	....	0.0	....	....
Malaysia	548	8.9	9.9	1.4	13.2	29.2	13.1	105.7	88.4	116.9	387.6	168.9	260.5
Marshall Islands	867	....	....	....	....	....	....	1.8	2.2	....	1.4	0.5	4.8
Mongolia	948	....	0.2	....	....	....	....	0.0	....	....	0.0	0.0	0.1
Myanmar	518	0.0	0.2	0.1	0.0	0.0	0.0	....	....	0.3	0.0	0.0	0.0
Nauru	836	....	0.0	0.0	....	....	....	....	0.0	....	....	0.0	0.2
Nepal	558	0.0	0.0	....	0.1	0.0	0.0	0.0	0.0	0.0	0.0	0.0	0.0
Papua New Guinea	853	....	....	0.3	....	0.0	0.0	0.1	....	0.0	....	0.0	....

Tanzania (738)

In Millions of U.S. Dollars

		Exports (FOB)						Imports (CIF)					
		2011	2012	2013	2014	2015	2016	2011	2012	2013	2014	2015	2016
Philippines	566	1.2	1.0	0.8	2.0	2.7	2.3	2.4	1.6	1.4	1.9	3.4	3.6
Solomon Islands	813	....	....	0.3	....	....	....	....	....	....	....	0.0	....
Sri Lanka	524	1.8	1.4	2.5	2.1	1.8	0.8	3.6	3.5	4.9	24.4	10.7	3.2
Thailand	578	7.5	36.2	15.4	14.4	6.6	9.0	60.8	75.8	92.0	104.7	92.1	78.6
Tuvalu	869	....	....	0.1	....	....	....	....	....	....	....	....	....
Vietnam	582	10.7	28.7	31.5	68.8	70.3	149.2	2.4	12.0	16.3	11.5	94.3	19.1
Asia n.s.	598	....	....	....	....	....	....	28.5	29.0	33.6	36.6	54.6	26.8
Europe	170	**250.6**	**300.1**	**272.1**	**445.7**	**381.2**	**331.2**	**273.3**	**273.7**	**489.1**	**620.5**	**280.3**	**235.6**
Emerg. & Dev. Europe	903	**5.8**	**13.8**	**10.5**	**83.9**	**38.8**	**23.4**	**137.6**	**140.0**	**151.0**	**177.3**	**124.4**	**114.5**
Bosnia and Herzegovina	963	....	....	....	....	....	....	0.2	0.3	0.0	0.1	0.4	0.0
Bulgaria	918	0.1	0.2	1.6	0.0	2.2	0.3	2.2	0.5	6.2	3.0	4.0	10.3
Croatia	960	0.1	....	0.0	0.0	0.0	0.0	1.3	1.7	6.3	7.4	6.7	9.4
Gibraltar	823	....	....	....	....	0.3	0.1	0.3	0.2	0.3	0.6	0.2	0.1
Hungary	944	0.1	0.1	0.3	0.3	0.3	0.3	0.7	3.3	0.6	5.6	6.8	3.1
Kosovo	967	0.1 e	0.0 e	0.0 e	0.1 e	0.0 e	0.0 e	....	....	....	....	....	....
Macedonia, FYR	962	....	....	....	....	....	....	....	....	....	0.0	0.0	0.1
Montenegro	943	0.0 e	0.0 e	0.0 e	0.1 e	0.0 e	0.0 e	....	....	....	....	....	....
Poland	964	1.2	8.2	2.6	4.0	21.7	11.3	4.8	13.7	16.5	14.9	25.2	24.4
Romania	968	2.9	3.0	2.0	77.3	9.4	8.4	1.2	1.2	0.4	2.3	2.2	1.7
Serbia, Republic of	942	0.0	0.0	0.0	0.0	0.0	0.0	0.4	0.0	0.0	0.7	0.4	0.1
Turkey	186	1.3	2.3	4.0	2.1	4.8	2.8	126.6	119.2	120.7	142.7	78.6	65.4
CIS	901	**7.6**	**12.7**	**9.3**	**8.8**	**14.1**	**13.3**	**133.2**	**132.0**	**123.9**	**155.1**	**155.7**	**121.1**
Armenia	911	0.0	0.0	0.0	....	0.0	0.1	0.5	0.0	0.0	0.0	0.0	0.0
Azerbaijan, Rep. of	912	0.1	0.8	0.0	0.0	....	0.0	0.0	0.4	0.0	0.0	0.0	0.0
Belarus	913	0.0	....	0.0	0.0	0.2	0.5	0.5	....	0.3	0.1	0.7	0.3
Georgia	915	0.2	0.6	0.0	0.0	0.4	....	0.0	0.0	0.2	1.0	0.4	1.7
Kazakhstan	916	....	0.0	....	1.5	0.0	0.1	0.0	....	0.0	0.0	0.0	0.0
Moldova	921	....	....	0.0	....	0.0	0.1	0.0	0.0	0.0	0.0	0.0	....
Russian Federation	922	6.7	11.3	9.2	7.2	11.7	11.1	114.9	81.5	73.0	128.4	123.2	107.4
Ukraine	926	0.5	0.0	0.0	0.0	1.8	1.3	17.3	48.6	50.3	25.6	31.4	11.6
Uzbekistan	927	0.1	....	....	0.0	....	0.0	....	1.5	0.0	....	....	....
Europe n.s.	884	237.3	273.6	252.4	353.0	328.4	294.6	2.5	1.7	214.2	288.1	0.1	0.0
Mid East, N Africa, Pak	440	**119.4**	**171.6**	**128.5**	**144.9**	**473.1**	**116.9**	**2,000.7**	**2,503.7**	**1,939.0**	**1,645.5**	**7,031.8**	**991.6**
Algeria	612	2.7	3.5	1.6	0.8	1.0	0.5	0.5	0.1	0.2	1.2	3.2	7.8
Bahrain, Kingdom of	419	0.0	0.1	4.4	0.4	0.7	1.9	269.1	915.8	213.5	14.8	52.4	37.0
Djibouti	611	0.9	0.7	0.1	2.6	7.8	2.9	1.2	0.1	0.0	0.7	0.1	0.1
Egypt	469	1.7	9.1	1.6	1.3	0.8	1.0	46.9	42.0	43.2	30.5	35.5	34.8
Iran, I.R. of	429	3.5	1.3	0.4	0.5	0.1	0.0	24.5	46.9	36.9	41.5	16.8	10.5
Iraq	433	0.0	4.6	0.0	0.0	0.2	2.5	0.0	0.0	0.0	0.0	0.0	0.0
Jordan	439	0.2	0.4	0.3	0.2	0.2	0.4	1.5	2.0	2.1	1.1	1.5	1.8
Kuwait	443	0.1	0.1	0.3	0.1	0.4	0.8	65.2	6.6	2.6	2.0	1.4	1.7
Lebanon	446	0.9	0.6	0.9	0.1	0.9	0.2	8.9	16.4	5.3	7.9	4.9	4.4
Libya	672	....	....	0.5	0.0	0.3	....	0.0	0.9	0.0	0.1	0.1	....
Mauritania	682	2.2	0.1	0.2	0.2	0.1	0.0	0.0	....	0.1	0.0	0.4	0.1
Morocco	686	1.3	1.8	1.9	2.2	3.3	2.9	16.4	0.4	0.5	1.5	3.1	9.4
Oman	449	1.8	3.7	2.8	4.8	249.9	4.2	49.9	125.9	93.1	87.1	35.6	17.5
Pakistan	564	15.1	33.3	8.1	14.5	19.9	14.9	89.0	78.6	97.5	61.5	40.5	32.2
Qatar	453	0.4	1.0	1.9	1.0	2.9	1.2	7.7	7.9	22.5	8.8	19.0	20.6
Saudi Arabia	456	8.4	10.7	11.7	16.5	11.4	13.5	149.5	230.9	223.3	205.0	5,976.2	220.4
Somalia	726	1.1	1.0	0.6	6.7	2.8	0.4	....	0.0	....	0.1	0.4	....
Sudan	732	....	2.4	4.6	4.8	7.0	4.8	....	0.1	0.1	0.1	0.0	0.0
Syrian Arab Republic	463	0.3	0.0	0.0	0.0	....	....	25.0	1.3	0.4	1.8	0.1	0.0
Tunisia	744	0.2	0.3	0.3	2.1	1.2	0.0	0.3	0.7	2.5	0.9	0.5	0.5
United Arab Emirates	466	77.9	96.0	84.7	85.5	157.6	63.5	1,243.3	1,025.7	1,193.2	1,175.2	838.8	592.3
West Bank and Gaza	487	0.7 e	0.9 e	1.3 e	0.7 e	0.9 e	1.2 e	....	0.0 e	0.0 e	....	....	....
Yemen, Republic of	474	0.1	0.2	0.2	0.1	3.7	0.0	1.8	1.6	2.0	3.7	1.2	0.4
Sub-Saharan Africa	603	**1,710.0**	**2,160.2**	**1,791.2**	**2,173.3**	**2,288.2**	**1,649.7**	**1,584.3**	**1,802.5**	**1,382.4**	**1,496.4**	**963.4**	**932.0**
Angola	614	29.0	2.6	29.0	2.5	3.8	4.6	0.4	1.0	0.3	3.4	0.0	0.0
Benin	638	0.2	0.1	0.1	6.7	0.0	0.1	2.0	0.0	0.0	0.0	0.1	0.0
Botswana	616	0.9	0.4	0.3	4.2	0.1	0.0	5.4	6.7	1.0	3.4	0.1	0.3

Tanzania (738)
In Millions of U.S. Dollars

		Exports (FOB) 2011	2012	2013	2014	2015	2016	Imports (CIF) 2011	2012	2013	2014	2015	2016
Burkina Faso	748	0.0	0.1	7.3	0.0	3.7	0.0	0.0	0.0	0.0	0.4	0.0	0.0
Burundi	618	39.8	54.6	45.3	43.0	39.2	52.1	0.8	3.9	1.7	0.6	1.1	0.8
Cabo Verde	624	....	....	....	....	0.0	....	0.0	....	0.0	0.0	0.0	0.1
Cameroon	622	0.3	2.4	1.6	0.8	0.5	0.1	0.1	0.7	0.1	0.0	4.1	0.1
Central African Rep.	626	0.0	0.0	0.0	....	....	0.9	....	....	0.2	....	0.0	....
Chad	628	0.0	0.0	0.0	0.5	0.1	3.5	....	....	0.0	0.0	0.0	0.0
Comoros	632	0.8	2.7	0.9	1.6	187.9	172.4	0.0	0.0	0.0	0.1	0.1	4.7
Congo, Dem. Rep. of	636	128.1	187.4	237.6	281.5	198.3	291.7	0.4	0.9	0.1	0.8	0.6	0.4
Congo, Republic of	634	38.3	12.8	78.3	291.5	115.5	0.2	11.8	2.7	0.6	3.9	0.1	0.1
Côte d'Ivoire	662	0.3	0.3	1.1	0.7	0.3	0.5	0.8	0.2	0.1	0.1	0.1	0.2
Equatorial Guinea	642	....	....	....	....	0.0	....	....	0.1	0.0	0.0	0.0	0.0
Eritrea	643	0.3	0.2	0.1	0.0	0.1	0.1	0.0	0.4	0.0	0.0	0.0	0.0
Ethiopia	644	1.1	3.1	2.0	5.4	0.1	0.8	0.8	1.0	0.6	0.3	2.3	0.1
Gabon	646	0.0	9.5	1.5	0.1	0.1	0.1	0.3	2.9	0.3	0.0	0.1	0.2
Gambia, The	648	0.1	0.0	0.1	0.1	0.1	0.0	0.0	....	0.1	0.0	0.0	....
Ghana	652	1.9	1.9	2.5	1.2	0.5	1.3	6.1	3.5	5.3	4.2	0.6	1.3
Guinea	656	0.2	0.1	0.0	0.1	0.8	0.1	0.0	0.0	0.2	0.0	0.6	0.0
Guinea-Bissau	654	....	....	....	....	....	....	0.3	....	....	....	....	....
Kenya	664	221.3	349.7	228.4	446.0	793.9	313.9	339.3	564.2	335.6	654.7	237.3	267.7
Lesotho	666	0.0	....	....	0.1	....	....	0.2	0.1	0.4	0.4	0.5	0.5
Liberia	668	0.5	0.0	0.0	0.1	0.1	0.0	4.7	0.7	27.7	0.2	3.7	6.7
Madagascar	674	10.7	7.1	1.9	2.3	3.3	1.0	0.9	0.9	1.0	3.1	1.5	5.6
Malawi	676	63.4	104.1	41.5	41.3	56.1	30.8	18.7	12.6	11.0	12.0	13.5	26.6
Mali	678	2.4	0.9	0.2	1.0	0.1	0.1	0.1	0.0	1.1	0.1	0.2	0.1
Mauritius	684	2.5	4.7	2.1	2.4	1.3	1.6	7.9	18.2	16.6	12.7	24.7	15.1
Mozambique	688	65.7	56.2	66.8	68.1	18.7	12.3	30.4	11.2	73.9	18.4	33.1	12.0
Namibia	728	0.4	60.2	5.0	0.8	0.7	0.3	1.1	46.1	21.5	3.3	4.8	6.1
Niger	692	0.9	0.0	0.7	0.0	0.0	0.0	0.0	0.0	0.0	0.1	0.2	0.9
Nigeria	694	1.1	1.0	3.5	4.3	3.6	9.2	1.2	0.4	1.0	4.0	6.4	1.0
Rwanda	714	95.2	105.8	81.5	35.8	41.3	6.5	1.6	2.1	1.7	3.2	1.1	1.1
São Tomé & Príncipe	716	....	....	0.1	....	0.0	....	....	0.1	....	....	0.0	0.0
Senegal	722	2.1	0.2	0.5	0.5	0.6	0.4	0.2	0.4	0.2	0.1	0.1	0.3
Seychelles	718	0.1	0.5	0.4	0.2	14.1	0.2	0.0	0.0	0.0	0.0	0.1	0.1
Sierra Leone	724	0.0	0.2	0.8	0.2	0.0	0.1	0.1	0.0	0.0	0.3	0.0	0.0
South Africa	199	857.6	982.8	764.6	689.2	675.4	631.4	988.2	934.9	729.7	603.3	511.3	472.2
South Sudan, Rep. of	733	....	1.7	2.6	4.5	0.1	....	....	0.0	....	....	....	....
Swaziland	734	14.0	2.3	4.0	1.2	9.1	0.1	48.5	35.1	37.6	47.1	37.1	41.2
Togo	742	0.1	0.0	1.1	0.9	0.1	0.2	0.1	0.0	0.0	0.0	0.0	0.0
Uganda	746	52.6	103.2	66.5	73.3	50.5	58.2	36.4	108.3	58.0	48.0	39.2	30.7
Zambia	754	60.6	81.9	91.2	135.3	44.2	32.5	68.5	40.2	51.1	63.4	32.4	33.5
Zimbabwe	698	4.8	5.0	6.5	7.1	6.3	6.4	6.7	2.9	3.7	4.8	5.7	2.1
Africa n.s.	799	12.7	14.7	13.5	18.9	17.6	15.8	0.3	0.0	0.0	....	0.0	....
Western Hemisphere	205	**6.4**	**3.8**	**2.9**	**6.1**	**82.6**	**6.4**	**205.5**	**202.6**	**46.2**	**41.8**	**49.0**	**49.4**
Antigua and Barbuda	311	0.0	....	0.0	....	....	0.0	0.0	0.0	....	0.0	0.0	1.3
Argentina	213	....	2.0	0.5	1.4	1.0	1.0	118.8	123.6	18.1	7.4	17.3	7.1
Bahamas, The	313	....	....	....	....	....	....	....	0.0	....	0.0	0.1	0.0
Barbados	316	....	....	0.0	....	....	....	0.2	0.2	0.0	0.0	0.0	0.0
Belize	339	....	0.0	0.0	....	0.0	....	....	....	....	0.2	....	....
Brazil	223	0.2	0.1	1.5	0.1	0.0	0.0	64.5	57.9	15.5	14.8	17.0	27.9
Chile	228	0.0	0.0	0.1	0.1	0.1	0.3	0.3	0.3	0.3	0.4	0.9	0.6
Colombia	233	0.0	0.2	0.4	2.4	0.2	0.7	0.8	1.8	1.0	0.5	0.8	0.7
Costa Rica	238	....	....	....	....	....	0.0	0.1	0.0	0.1	0.3	0.1	0.3
Curaçao	354	0.1	0.2	0.0	0.1	0.0	0.1	0.1	0.1	0.7	1.5	0.7	0.8
Dominica	321	0.0	....	....	....	0.0	0.1	0.2	0.3	0.2	0.0	0.0	0.0
Dominican Republic	243	....	....	....	0.3	0.2	0.1	....	....	....	0.1	0.1	0.0
Ecuador	248	....	....	0.0	0.0	0.0	....	....	0.0	0.1	0.1	0.1	0.0
Grenada	328	....	....	0.1	....	....	....	....	....	0.0	....	....	....
Guatemala	258	....	0.0	....	0.0	....	0.0	0.1	0.0	0.1	0.0	0.0	0.0
Haiti	263	4.4	0.1	0.0	....	....	0.0	....	0.0	0.1	0.0	....	0.0
Honduras	268	1.3	....	....	....	0.0	0.0	0.1	0.5	0.2	0.1	0.1	0.0

Tanzania (738)
In Millions of U.S. Dollars

			Exports (FOB)						Imports (CIF)				
		2011	2012	2013	2014	2015	2016	2011	2012	2013	2014	2015	2016
Jamaica	343	0.0	....	0.0	0.0	0.0	0.0	0.1	0.0	0.0	0.0	0.0	1.0
Mexico	273	0.3	0.4	0.3	1.1	1.2	1.2	1.3	1.1	1.2	2.7	7.4	4.8
Nicaragua	278	0.0	....	0.0	0.0	....	0.0	0.0	0.1	0.0	0.0	2.3	0.0
Panama	283	0.0	....	0.0	0.0	79.0	0.0	3.6	4.2	2.2	1.0	1.5	4.5
Paraguay	288	0.0	....	....	0.4	0.8	2.7	13.6	10.4	1.6	0.0	0.0	....
Peru	293	....	....	0.0	....	0.0	0.0	0.0	0.9	0.2	0.0	0.6	0.0
Sint Maarten	352	....	0.2	....	0.0	....	....	....	....	....	....	....	....
Suriname	366	0.0	0.1	0.0	0.0	....	0.0	0.0	0.0	0.0	0.0	0.0	0.0
Trinidad and Tobago	369	....	....	0.0	0.0	....	0.0	....	0.8	0.0	0.0	0.0	0.0
Uruguay	298	0.0	....	....	....	....	0.1	1.5	0.1	4.5	12.2	0.0	0.0
Venezuela, Rep. Bol.	299	0.0	0.5	....	....	....	....	0.0	0.0	0.0	0.0	0.0	0.0
Western Hem. n.s.	399	....	....	....	....	....	....	0.1	0.3	0.0	0.5	0.2	0.2
Other Countries n.i.e	910	1.1	2.3	0.4	0.1	0.1	0.6	4.4	1.3	3.2	4.8	3.2	1.1
Cuba	928	0.5	0.4	0.3	....	0.0	....	0.0	....	0.6	0.0	1.0	0.0
Korea, Dem. People's Rep.	954	0.7	1.9	0.1	0.1	0.1	0.6	4.4	1.3	2.5	4.7	2.2	1.1
Countries & Areas n.s.	898	38.4	44.2	40.8	57.1	53.1	47.6	....	....	....	1.6	0.5	....
Memorandum Items													
Africa	605	1,718.4	2,168.3	1,798.0	2,188.3	2,311.2	1,661.3	1,602.8	1,803.7	1,385.8	1,500.9	971.2	950.0
Middle East	405	95.9	128.6	111.1	111.0	430.0	90.4	1,893.3	2,423.8	1,838.1	1,579.5	6,983.4	941.4
European Union	998	573.0	766.0	508.9	638.3	620.2	631.8	1,571.3	1,450.5	1,243.2	1,319.2	1,001.4	978.1
Export earnings: fuel	080	170.0	161.5	233.2	424.0	563.2	117.7	1,940.9	2,453.7	1,863.6	1,679.8	7,075.5	1,017.8
Export earnings: nonfuel	092	4,852.8	5,719.9	4,488.2	5,708.0	5,692.9	4,982.8	9,288.5	9,305.7	10,827.1	11,151.1	7,707.2	6,896.0

Thailand (578)
In Millions of U.S. Dollars

		Exports (FOB)						Imports (CIF)					
		2011	2012	2013	2014	2015	2016	2011	2012	2013	2014	2015	2016
IFS World		220.0	227.7	224.9	225.1	211.0	213.9	229.0	250.5	249.2	228.0	201.7	195.2
World	001	220,220.9	227,328.3	224,456.6	224,663.0	210,703.5	213,699.1	229,137.4	250,360.0	249,138.6	189,163.0	201,551.8	195,060.3
Advanced Economies	110	115,433.9	116,991.2	112,266.7	113,176.8	107,304.0	111,256.2	119,527.2	125,312.1	120,424.1	88,123.3	96,505.2	92,954.5
Euro Area	163	16,332.8	14,765.0	15,285.9	16,082.5	15,011.9	15,397.1	13,702.0	15,562.1	16,493.1	12,451.0	13,721.5	14,350.5
Austria	122	211.5	227.4	219.1	221.6	228.0	221.4	347.7	377.3	389.6	354.7	357.2	328.8
Belgium	124	1,757.0	1,732.0	1,629.4	1,656.7	1,521.2	1,447.6	1,079.9	1,105.2	962.8	929.6	846.0	808.5
Cyprus	423	39.0	32.9	27.3	27.2	22.0	23.8	4.1	3.2	3.3	3.0	3.7	4.5
Estonia	939	85.8	73.1	74.2	80.8	50.8	49.1	38.3	23.2	8.9	8.7	32.1	31.8
Finland	172	411.2	395.3	325.7	311.5	219.6	171.5	364.6	292.1	294.7	260.8	307.5	343.6
France	132	1,865.1	1,607.9	1,640.1	1,629.4	1,574.4	1,542.6	2,194.8	3,223.2	4,141.4	2,051.0	2,693.9	2,815.5
Germany	134	3,723.1	3,585.3	4,007.7	4,483.9	4,221.8	4,446.1	5,418.3	6,017.2	6,088.9	4,992.9	5,522.6	5,897.3
Greece	174	159.1	123.6	124.9	130.0	119.7	122.0	32.2	65.3	50.2	24.3	50.6	51.1
Ireland	178	292.5	341.0	418.3	439.8	489.7	444.7	263.5	280.7	280.1	309.7	388.8	425.3
Italy	136	1,846.5	1,411.1	1,423.2	1,498.4	1,307.4	1,538.7	2,105.5	2,228.0	2,395.4	1,943.0	1,912.5	1,895.6
Latvia	941	51.2	36.8	30.7	36.9	36.7	37.4	10.3	8.1	10.1	10.6	16.7	14.3
Lithuania	946	55.9	100.3	39.3	53.9	25.1	23.5	9.8	11.0	12.8	8.4	8.5	10.6
Luxembourg	137	5.1	7.9	6.4	7.3	7.1	8.2	46.2	36.1	19.5	14.6	15.2	17.6
Malta	181	24.4	25.5	19.0	19.1	19.0	22.6	18.8	28.9	12.5	23.5	27.4	33.4
Netherlands	138	4,518.7	4,150.3	4,365.1	4,562.5	4,208.2	4,197.4	1,138.6	1,159.2	1,070.9	878.7	967.5	992.8
Portugal	182	169.1	113.0	142.6	147.9	141.6	156.8	55.7	69.4	65.2	56.8	72.4	53.9
Spain	184	1,117.8	801.6	792.7	775.5	819.7	943.7	573.7	634.1	687.0	580.8	498.7	626.1
Australia	193	7,916.6	9,710.0	10,175.2	9,201.6	9,629.4	10,240.6	7,950.6	5,475.6	5,475.2	4,527.1	4,188.5	3,434.2
Canada	156	1,692.6	1,573.0	1,456.5	1,460.7	1,343.9	1,332.6	1,067.6	945.1	987.9	713.9	925.0	909.4
China,P.R.: Hong Kong	532	11,826.6	13,029.3	13,002.3	12,477.5	11,673.9	11,397.5	2,342.1	1,909.0	1,618.4	1,023.7	1,564.2	1,603.9
China,P.R.: Macao	546	17.6	16.4	22.8	21.0	24.1	21.9	7.4	6.2	9.2	8.6	10.8	9.6
Czech Republic	935	940.9	758.5	712.7	758.7	740.8	711.9	160.8	183.6	197.9	182.2	169.1	186.9
Denmark	128	747.1	452.7	415.8	434.1	437.3	385.0	245.8	287.5	250.7	340.8	234.7	263.2
Iceland	176	5.9	7.0	6.3	6.5	5.9	5.4	14.1	7.9	8.9	5.3	11.3	11.2
Israel	436	729.3	724.4	673.6	753.0	696.9	671.3	655.0	621.4	495.4	373.7	391.9	394.6
Japan	158	23,613.2	23,305.4	21,860.0	21,477.6	19,725.2	20,352.1	42,267.8	49,012.4	40,878.9	29,540.3	31,073.0	30,841.0
Korea, Republic of	542	4,527.8	4,749.7	4,500.8	4,471.8	4,035.8	4,044.3	9,233.7	9,057.2	9,014.5	7,185.1	6,995.2	7,317.7
New Zealand	196	845.5	1,020.5	1,142.0	1,224.2	1,298.2	1,424.4	589.3	607.1	617.3	653.4	588.0	591.1
Norway	142	182.4	471.4	190.3	381.7	186.1	176.9	357.3	392.9	429.8	307.4	276.4	344.8
San Marino	135	....	0.0	0.0	0.0	0.0	0.0	....	0.1	0.1	0.1	0.0	0.0
Singapore	576	11,300.9	10,766.0	11,058.5	10,329.1	8,597.2	8,182.1	7,803.2	7,879.9	8,160.3	6,444.9	7,093.3	6,544.3
Sweden	144	638.6	572.5	520.8	542.9	466.0	437.4	1,283.8	933.7	1,154.6	549.7	786.9	711.9
Switzerland	146	4,864.1	5,247.5	1,594.5	1,976.8	2,516.4	4,983.3	8,869.1	8,784.4	9,214.8	3,475.7	4,673.1	4,153.1
Taiwan Prov.of China	528	3,822.3	3,397.9	3,318.4	3,971.2	3,471.1	3,349.7	7,519.3	8,260.3	7,560.3	6,154.6	7,489.2	7,154.5
United Kingdom	112	3,845.2	3,777.9	3,732.9	3,965.7	3,753.3	3,823.1	1,957.0	2,793.7	3,293.2	2,235.0	2,530.5	2,024.6
United States	111	21,584.6	22,646.3	22,597.4	23,640.3	23,690.5	24,319.5	13,501.4	12,592.0	14,563.5	11,950.7	13,782.7	12,107.9
Emerg. & Dev. Economies	200	103,975.8	109,564.9	111,317.5	110,635.8	102,586.5	101,966.7	107,228.6	122,619.8	126,249.6	99,136.5	102,396.5	99,125.4
Emerg. & Dev. Asia	505	75,506.1	79,309.7	80,964.5	80,540.8	75,971.3	76,802.1	63,615.8	74,568.1	75,283.2	61,933.4	75,309.6	75,588.6
Bangladesh	513	1,203.2	759.5	832.1	854.8	844.4	933.0	42.2	87.1	62.8	38.4	44.0	56.2
Brunei Darussalam	516	135.6	189.6	163.4	141.2	104.2	79.2	132.6	442.8	549.3	458.8	709.0	610.6
Cambodia	522	2,664.3	3,757.0	4,186.4	4,479.3	4,877.6	4,639.9	176.2	250.9	355.4	457.9	630.5	944.8
China,P.R.: Mainland	924	25,968.6	26,697.7	26,839.6	24,828.3	23,385.3	23,615.4	30,553.3	37,333.8	37,600.0	31,381.8	40,971.4	42,239.6
Fiji	819	58.5	54.4	66.4	57.0	53.9	60.0	16.4	10.6	8.7	5.8	5.6	3.2
F.T. French Polynesia	887	23.7	24.0	23.9	22.1	20.1	16.8	3.1	2.4	2.2	1.6	3.6	3.2
F.T. New Caledonia	839	53.4	—	—	—	—	—	0.1	....	....	....	....	....
Guam	829	9.6	42.9	10.5	9.3	9.4	8.8	0.1	0.2	0.0	0.1	0.0	0.0
India	534	5,128.0	5,438.0	5,098.4	5,549.3	5,198.1	5,119.8	3,023.3	3,420.1	3,483.8	2,604.4	2,613.2	2,587.4
Indonesia	536	9,971.5	11,140.0	10,656.5	9,406.5	7,694.3	8,122.1	7,402.7	8,136.2	8,042.5	6,207.9	6,528.6	6,358.3
Kiribati	826	2.7	2.7	3.1	4.1	1.7	2.6	25.5	35.9	56.6	35.0	85.2	91.6
Lao People's Dem.Rep	544	2,737.7	3,564.7	3,695.3	3,992.2	4,172.8	3,969.0	1,132.0	1,244.5	1,356.9	1,139.0	1,468.5	1,886.3
Malaysia	548	12,265.5	12,343.5	12,809.0	12,630.7	10,010.2	9,561.2	12,351.9	13,178.3	13,232.3	10,581.1	11,855.8	10,845.8
Maldives	556	67.6	72.4	79.0	84.5	80.5	100.1	40.5	36.2	71.2	37.5	40.3	38.4
Micronesia	868	....	3.5	3.2	3.1	2.7	2.7	....	45.3	17.4	13.8	11.9	36.4
Mongolia	948	12.6	13.1	14.9	12.6	12.4	12.5	5.3	0.5	0.1	0.6	3.2	12.1
Myanmar	518	2,814.2	3,105.3	3,727.2	4,195.5	4,107.9	4,151.5	3,489.9	3,694.0	4,025.6	3,116.8	3,538.5	2,368.6
Nauru	836	0.0	0.0	0.1	0.2	0.1	0.1	0.4	0.0	0.0	0.0	0.1	0.0

Thailand (578)

In Millions of U.S. Dollars

		Exports (FOB)						Imports (CIF)					
		2011	2012	2013	2014	2015	2016	2011	2012	2013	2014	2015	2016
Nepal	558	63.8	63.0	54.8	57.3	53.4	66.3	1.3	0.6	0.5	0.7	0.8	0.6
Papua New Guinea	853	202.5	258.4	176.7	126.5	137.6	138.6	65.5	101.2	178.2	75.9	287.6	190.1
Philippines	566	4,590.4	4,830.3	4,962.6	5,800.8	5,922.0	6,352.5	2,707.9	2,741.0	2,616.4	2,174.3	2,347.3	2,723.5
Samoa	862	7.5	11.7	11.8	9.9	16.3	11.7	0.2	1.8	0.1	0.0	0.1	0.2
Solomon Islands	813	10.2	11.8	11.4	9.4	11.8	10.0	29.8	24.2	22.1	9.6	13.9	14.5
Sri Lanka	524	481.5	451.0	416.6	447.6	427.5	428.8	93.3	96.0	56.7	52.5	53.6	40.2
Timor-Leste	537	15.8	—	—	—	—	—	0.0	0.0	0.0	0.0	0.0	0.0
Tonga	866	3.0	2.0	1.6	2.0	2.1	1.9	0.0	0.0	—	0.0	0.0	0.0
Vanuatu	846	6.4	11.5	10.8	10.2	10.7	11.3	143.6	166.2	186.4	62.2	14.5	15.8
Vietnam	582	6,985.6	6,443.2	7,080.2	7,797.5	8,794.2	9,352.0	2,035.1	3,003.5	3,263.8	3,228.9	4,025.0	4,436.6
Asia n.s.	598	22.7	18.0	29.0	9.2	19.9	34.3	143.5	514.8	93.9	248.5	57.4	84.5
Europe	170	**4,200.1**	**3,806.9**	**3,981.9**	**3,912.0**	**3,051.2**	**3,019.8**	**6,578.8**	**6,618.2**	**6,823.0**	**5,206.4**	**3,293.5**	**3,221.3**
Emerg. & Dev. Europe	903	**2,454.3**	**2,138.6**	**2,288.3**	**2,179.6**	**1,966.3**	**2,042.5**	**682.5**	**709.8**	**768.1**	**735.7**	**714.3**	**872.8**
Albania	914	5.0	4.8	10.4	8.4	6.7	6.4	0.2	0.7	0.6	0.5	0.5	0.8
Bulgaria	918	38.0	34.0	29.6	34.8	36.6	37.9	38.8	42.2	56.9	43.4	50.6	49.6
Faroe Islands	816	0.0	0.0	0.0	0.0	0.0	0.9	0.7	0.5	0.8	0.4	1.4	1.3
Gibraltar	823	0.1	0.1	0.4	0.3	0.1	0.3	0.0	0.0	0.1	0.0	0.0	0.0
Hungary	944	353.5	379.1	432.5	488.0	448.7	413.0	221.4	161.7	112.7	138.5	159.6	171.6
Montenegro	943	....	5.0	2.1	2.4	2.1	2.0	....	0.1	0.2	0.2	0.1	0.1
Poland	964	644.1	523.0	584.6	436.0	383.9	384.0	193.4	207.1	215.4	213.2	180.7	257.4
Romania	968	168.2	114.4	130.9	132.7	125.2	120.3	38.0	52.0	67.1	81.4	88.8	85.9
Serbia, Republic of	942	....	—	—	—	—	10.2	....	—	—	—	—	5.4
Turkey	186	1,236.6	1,078.3	1,097.8	1,077.0	963.1	1,067.6	189.9	245.4	314.3	258.2	232.6	300.8
CIS	901	**1,452.4**	**1,404.2**	**1,404.1**	**1,424.5**	**824.2**	**736.8**	**5,832.6**	**5,812.7**	**5,952.0**	**4,373.5**	**2,489.5**	**2,268.0**
Armenia	911	12.3	10.6	5.0	25.1	1.5	2.2	2.9	3.6	1.7	9.2	0.7	0.8
Azerbaijan, Rep. of	912	6.5	11.8	12.5	23.8	13.2	7.9	673.6	1,245.4	1,910.7	1,130.6	370.7	242.6
Belarus	913	43.3	55.3	28.9	17.9	3.7	5.3	95.3	86.7	59.8	57.2	79.4	63.1
Kazakhstan	916	59.7	50.6	58.1	57.7	35.7	37.5	25.2	43.1	19.6	2.8	11.2	14.3
Kyrgyz Republic	917	0.6	1.4	2.3	2.5	1.5	0.6	5.3	0.5	2.5	0.0	0.0	0.0
Moldova	921	1.0	0.4	0.6	0.6	0.4	0.3	0.1	0.2	8.0	1.8	4.4	3.4
Russian Federation	922	1,137.6	1,126.7	1,144.3	1,192.7	703.9	573.5	4,530.0	4,086.8	3,510.5	3,075.1	1,625.4	1,368.4
Tajikistan	923	1.5	1.5	1.9	2.1	1.0	0.8	0.1	3.9	0.0	0.0	0.0	0.0
Turkmenistan	925	6.9	8.1	7.3	7.8	6.6	8.8	1.7	1.1	1.3	2.0	3.5	2.9
Ukraine	926	174.0	130.0	123.2	80.2	48.1	93.2	437.5	338.6	309.3	94.2	392.8	572.3
Uzbekistan	927	8.8	7.8	20.0	14.1	8.8	6.8	61.0	2.8	128.6	0.8	1.2	0.1
Europe n.s.	884	293.5	264.2	289.5	307.9	260.7	240.5	63.7	95.7	102.9	97.2	89.7	80.5
Mid East, N Africa, Pak	440	**11,440.4**	**12,305.8**	**12,566.2**	**12,277.3**	**11,066.0**	**9,617.5**	**30,185.8**	**32,866.9**	**35,765.3**	**25,268.0**	**18,139.2**	**14,712.0**
Afghanistan, I.R. of	512	190.0	142.6	178.3	46.6	28.7	35.1	0.0	0.1	0.5	0.0	0.1	0.1
Algeria	612	245.7	240.7	320.6	255.7	124.6	117.4	70.5	780.3	488.9	771.6	139.3	247.6
Bahrain, Kingdom of	419	139.1	162.1	217.0	238.0	216.3	189.0	156.2	269.8	408.6	226.1	188.4	110.7
Djibouti	611	37.5	26.9	67.8	56.0	32.8	32.2	0.0	0.1	0.2	0.2	0.0	0.0
Egypt	469	761.5	958.0	896.4	1,071.0	996.2	766.0	35.6	45.8	38.2	20.3	42.6	71.8
Iran, I.R. of	429	954.3	518.2	327.4	318.9	213.2	265.4	139.8	63.0	3.2	25.6	89.3	167.8
Iraq	433	671.2	917.9	724.7	334.5	181.0	111.2	92.6	64.8	0.0	30.0	0.0	0.0
Jordan	439	172.8	249.8	259.0	287.7	214.2	159.8	32.2	24.7	37.4	32.6	10.4	11.9
Kuwait	443	338.4	412.2	412.1	454.2	393.4	331.7	777.5	812.8	974.3	871.3	801.1	469.7
Lebanon	446	154.6	195.1	212.3	208.5	226.0	171.5	3.3	1.8	2.2	1.6	5.4	5.6
Libya	672	97.9	347.9	401.3	225.4	103.8	127.8	122.2	19.5	70.2	0.3	0.0	41.8
Mauritania	682	35.4	32.9	32.5	33.7	14.4	18.2	2.3	2.9	2.1	1.5	1.2	0.8
Morocco	686	164.4	151.5	146.4	110.2	95.3	106.1	105.2	76.1	66.8	52.4	70.5	57.6
Oman	449	573.9	721.0	734.7	650.4	610.2	575.1	2,621.0	2,354.9	2,157.2	1,603.2	630.4	93.3
Pakistan	564	888.8	872.6	923.2	865.5	896.8	1,007.4	117.9	105.1	98.5	123.4	118.6	119.1
Qatar	453	283.6	350.4	371.9	433.4	348.4	286.5	2,522.3	2,661.1	4,049.5	3,312.3	2,984.0	2,451.2
Saudi Arabia	456	2,231.0	2,785.5	2,939.6	3,079.9	2,898.1	2,202.6	7,403.4	8,287.6	8,467.2	6,585.5	4,898.8	4,811.6
Somalia	726	9.1	9.5	24.0	23.2	17.2	16.2	0.5	0.3	0.1	0.0	0.6	0.2
Sudan	732	110.6	69.0	172.7	158.7	279.4	58.8	56.3	0.5	27.4	0.4	0.9	2.3
Syrian Arab Republic	463	216.5	154.5	57.7	78.3	44.4	32.2	0.9	1.3	1.1	0.9	0.0	0.9
Tunisia	744	247.1	134.9	116.5	133.7	108.0	152.5	7.5	11.6	9.7	13.6	14.7	18.3
United Arab Emirates	466	2,732.4	2,852.6	3,030.2	3,213.8	3,023.4	2,855.0	14,498.5	15,755.7	17,326.7	10,478.8	8,081.8	6,009.1
Yemen, Republic of	474	184.4	—	—	—	—	—	1,420.3	1,527.1	1,535.4	1,116.3	60.9	20.6

Thailand (578)

In Millions of U.S. Dollars

		Exports (FOB)						Imports (CIF)					
		2011	2012	2013	2014	2015	2016	2011	2012	2013	2014	2015	2016
Sub-Saharan Africa	603	5,951.7	6,238.2	5,781.4	6,316.5	4,870.5	4,741.2	2,196.1	3,393.8	3,603.3	2,937.0	1,727.1	1,548.5
Angola	614	177.8	202.3	227.2	279.3	179.2	154.5	0.5	332.6	190.5	258.9	154.6	165.1
Benin	638	130.9	211.9	491.5	502.3	313.4	524.7	15.5	7.4	8.3	7.8	6.9	3.1
Botswana	616	3.7	0.9	4.3	0.8	1.2	2.1	72.8	61.0	32.0	21.3	10.3	1.2
Burkina Faso	748	23.5	13.1	18.3	8.1	11.6	14.6	42.7	15.4	40.8	30.9	35.0	14.8
Burundi	618	1.2	1.1	0.9	0.9	0.6	0.8	0.0	0.1	0.0	0.0	0.7	0.0
Cabo Verde	624	6.7	7.3	11.2	8.4	13.0	6.8	0.0	1.5	0.0	0.0	0.0	0.1
Cameroon	622	134.7	170.9	157.9	224.0	174.5	190.3	15.4	9.7	9.4	29.8	7.9	3.5
Central African Rep.	626	0.5	0.6	0.2	0.5	0.6	0.7	0.0	0.2	—	0.2	2.8	0.6
Chad	628	3.5	1.1	0.9	2.6	2.3	0.9	0.9	0.3	1.9	0.5	2.3	22.5
Comoros	632	3.7	3.1	0.8	1.6	1.5	1.8	0.0	0.0	0.0	0.0	0.0	0.0
Congo, Dem. Rep. of	636	0.1	—	0.0	—	—	—	0.0	—	—	0.0	0.0	—
Congo, Republic of	634	112.8	95.3	112.2	79.7	73.8	73.3	39.4	45.4	139.5	190.2	114.2	140.2
Côte d'Ivoire	662	367.4	286.8	255.8	337.4	241.3	298.1	16.3	15.5	18.3	22.0	23.7	15.3
Ethiopia	644	71.3	64.0	56.3	56.7	49.3	47.3	9.6	11.5	12.9	8.3	9.0	7.2
Gabon	646	57.4	38.2	53.2	43.1	60.5	78.7	18.8	2.1	2.2	0.9	1.1	1.4
Gambia, The	648	17.5	18.1	22.8	31.4	27.9	20.3	4.0	1.8	3.1	1.4	0.9	0.2
Ghana	652	373.3	354.7	298.2	288.9	185.5	201.0	38.7	36.6	17.9	22.7	29.4	3.0
Guinea	656	30.0	20.0	15.1	63.0	21.9	46.7	1.5	2.9	54.3	1.6	2.2	3.3
Guinea-Bissau	654	3.5	1.0	0.4	1.3	4.0	0.7	0.0	0.1	0.1	—	0.0	0.2
Kenya	664	188.5	185.0	205.3	197.7	154.1	147.7	15.9	20.7	18.4	15.2	25.5	16.2
Lesotho	666	0.1	0.1	0.8	1.3	0.2	0.1	0.1	0.1	0.1	0.1	0.1	0.0
Liberia	668	35.5	12.6	8.6	6.3	7.3	3.3	0.1	42.5	0.4	33.5	0.1	0.9
Madagascar	674	47.3	55.4	49.4	58.1	34.0	24.0	1.1	1.8	3.7	1.6	3.2	4.9
Malawi	676	3.3	2.3	2.9	5.4	1.9	2.7	0.8	0.5	3.0	0.9	0.2	0.3
Mali	678	9.3	6.0	6.2	3.7	4.8	7.5	30.3	7.0	28.5	33.7	44.9	31.2
Mauritius	684	95.0	88.6	91.4	94.4	79.2	63.6	7.0	8.6	7.9	3.7	4.6	7.4
Mozambique	688	157.1	162.3	147.4	197.2	176.8	146.9	12.9	16.8	13.3	4.1	10.2	11.4
Namibia	728	7.8	6.9	10.8	6.6	2.9	3.9	3.5	1.0	4.5	2.2	0.2	4.4
Niger	692	25.4	40.0	53.7	37.1	34.1	21.5	0.0	0.1	0.1	0.1	0.1	0.1
Nigeria	694	1,080.4	925.6	406.6	826.4	554.5	186.2	344.0	520.2	553.2	959.9	155.8	48.8
Rwanda	714	2.8	3.3	3.9	8.7	5.6	4.4	0.0	0.9	10.4	36.5	22.9	39.5
São Tomé & Príncipe	716	0.4	—	—	—	—	—	0.0	0.0	0.1	0.0	0.1	0.0
Senegal	722	178.3	104.0	150.1	165.2	134.2	147.9	11.6	12.3	8.0	3.6	1.5	5.5
Seychelles	718	5.8	9.7	8.0	11.3	7.2	11.9	6.0	6.4	6.2	13.0	5.1	30.8
Sierra Leone	724	16.7	10.7	10.9	22.3	22.5	12.7	0.5	2.1	0.9	0.6	0.1	0.6
South Africa	199	2,178.0	2,822.8	2,563.4	2,325.0	1,976.9	2,088.4	1,374.2	2,047.6	2,229.2	1,049.0	833.1	736.6
Swaziland	734	21.7	2.3	13.1	12.0	3.7	2.5	14.4	16.4	10.9	6.3	9.6	8.6
Tanzania	738	94.9	99.8	127.3	142.9	103.4	91.9	12.3	14.0	29.5	15.6	15.6	28.5
Togo	742	154.9	113.2	114.1	172.5	132.7	63.9	5.6	7.0	7.7	4.7	4.2	2.8
Uganda	746	17.5	14.5	17.3	22.8	17.4	11.9	2.2	3.6	3.9	1.1	2.5	3.3
Zambia	754	7.7	11.3	10.6	15.8	13.9	4.2	46.7	48.4	55.8	85.7	147.3	139.1
Zimbabwe	698	19.7	12.1	5.1	7.3	5.7	5.9	28.8	25.3	14.4	4.6	3.3	2.2
Africa n.s.	799	83.9	59.5	47.3	46.3	35.6	25.0	1.6	46.5	62.0	64.5	35.9	43.6
Western Hemisphere	205	6,877.5	7,904.3	8,023.5	7,589.1	7,627.5	7,786.2	4,652.2	5,172.8	4,774.7	3,791.6	3,927.2	4,055.0
Argentina	213	708.5	942.8	1,031.5	693.5	663.5	974.8	609.8	650.6	1,073.2	580.2	560.6	563.3
Bahamas, The	313	2.0	4.5	4.8	4.5	5.2	5.3	7.2	12.0	6.5	117.2	1.6	0.7
Barbados	316	9.6	10.2	10.1	13.1	13.2	16.2	1.0	4.6	1.7	2.0	1.3	0.8
Belize	339	2.9	4.6	3.0	2.9	3.6	2.1	2.1	2.0	2.5	2.2	10.9	1.1
Bermuda	319	1.8	1.6	1.5	1.7	2.9	3.4	0.0	0.0	0.0	0.0	0.0	0.0
Bolivia	218	23.8	33.1	53.6	71.2	57.9	38.6	1.8	3.5	22.8	0.9	3.5	13.7
Brazil	223	2,241.7	2,219.0	2,214.1	1,915.6	1,502.8	1,508.5	2,268.0	2,459.8	1,959.6	1,697.4	2,097.9	2,171.0
Chile	228	511.6	624.7	610.0	636.6	600.4	541.0	358.2	352.3	266.9	268.6	281.4	353.4
Colombia	233	362.2	302.7	246.1	246.4	222.7	192.9	114.2	36.8	44.3	75.6	50.3	71.8
Costa Rica	238	77.2	133.3	126.5	123.4	144.2	160.3	62.2	68.8	79.2	53.9	23.7	23.1
Curaçao	354	....	8.7	1.0	2.3	1.8	4.9	....	3.2	0.1	0.3	0.4	0.0
Dominica	321	3.3	1.4	1.3	1.8	10.8	5.9	0.1	0.3	0.3	0.3	0.1	0.0
Dominican Republic	243	185.8	94.0	68.7	95.7	101.3	81.6	24.8	25.0	30.8	17.1	22.7	20.7
Ecuador	248	264.7	347.1	273.4	350.2	199.4	117.0	36.7	115.0	4.7	64.5	9.2	1.3
El Salvador	253	39.2	50.3	60.7	51.0	53.5	54.9	17.1	11.7	4.9	9.3	1.1	1.6

Thailand (578)

In Millions of U.S. Dollars

		Exports (FOB)						Imports (CIF)					
		2011	2012	2013	2014	2015	2016	2011	2012	2013	2014	2015	2016
Falkland Islands	323	....	—	—	0.1	0.0	0.0	0.0	0.2	1.4	0.0	0.6	0.8
Greenland	326	0.1	0.0	0.0	0.0	0.0	0.0	6.1	6.8	2.5	2.4	5.2	4.0
Grenada	328	1.6	1.9	1.8	2.4	2.9	4.0	0.0	1.5	0.4	0.1	0.2	0.0
Guatemala	258	89.9	122.6	123.0	135.8	143.2	126.9	5.2	8.6	8.7	4.0	3.7	3.9
Guyana	336	7.6	8.7	9.1	6.2	6.5	6.6	0.2	9.1	1.9	1.7	1.5	0.1
Haiti	263	22.9	13.1	12.8	18.0	14.4	15.2	3.7	14.5	6.0	6.4	3.3	2.9
Honduras	268	60.2	103.0	82.8	75.8	85.3	83.0	3.5	4.9	5.5	2.0	1.8	2.9
Jamaica	343	34.4	40.9	38.6	38.2	47.3	60.5	1.0	0.7	2.4	4.0	1.7	1.3
Mexico	273	1,262.9	1,666.2	1,827.1	1,974.4	2,653.9	2,800.2	606.1	651.3	762.5	462.6	549.0	589.5
Netherlands Antilles	353	9.6	—	—	—	—	—	45.0	—	—	—	—	—
Nicaragua	278	29.8	59.8	66.9	71.9	98.2	113.3	1.8	0.5	1.2	1.2	1.8	2.0
Panama	283	206.6	237.9	235.0	262.2	248.3	248.8	85.9	201.5	41.0	22.5	84.2	46.9
Paraguay	288	58.6	65.2	67.3	33.3	34.3	23.0	24.7	12.6	19.1	197.5	33.9	54.9
Peru	293	302.2	374.4	482.3	462.7	454.8	380.0	305.7	387.1	142.2	98.1	87.5	69.3
St. Vincent & Grens.	364	0.3	0.5	0.4	0.9	0.7	1.0	1.0	0.5	0.1	0.6	0.6	2.0
Suriname	366	16.9	24.8	24.3	21.5	16.9	12.7	0.3	2.3	0.5	0.3	1.8	1.6
Trinidad and Tobago	369	79.8	95.9	121.8	132.8	129.3	101.1	7.5	66.0	13.9	60.2	6.3	4.3
Uruguay	298	78.4	92.9	55.7	51.5	41.5	33.7	41.5	42.1	40.0	29.4	74.3	43.4
Venezuela, Rep. Bol.	299	159.0	192.8	146.8	64.9	38.3	43.1	2.1	3.7	3.3	4.0	4.2	2.0
Western Hem. n.s.	399	22.2	25.5	21.7	26.8	28.4	25.6	7.6	13.1	224.7	5.0	0.8	0.7
Other Countries n.i.e	910	**28.0**	**41.4**	**100.3**	**111.1**	**79.4**	**31.7**	**14.5**	**23.9**	**15.9**	**17.1**	**8.8**	**4.9**
Cuba	928	4.3	1.7	2.2	4.9	5.7	5.4	1.9	1.9	2.1	1.6	1.8	2.6
Korea, Dem. People's Rep.	954	23.8	39.7	98.1	106.2	73.7	26.2	12.6	22.0	13.8	15.5	7.0	2.3
Countries & Areas n.s.	898	**783.2**	**730.8**	**772.1**	**739.3**	**733.7**	**444.5**	**2,367.1**	**2,404.3**	**2,449.0**	**1,886.1**	**2,641.2**	**2,975.4**
Memorandum Items													
Africa	605	6,801.6	6,903.6	6,661.8	7,087.7	5,542.3	5,242.5	2,438.4	4,265.6	4,198.6	3,776.8	1,954.4	1,875.3
Middle East	405	9,511.7	10,625.2	10,584.3	10,594.1	9,468.7	8,073.7	29,825.6	31,889.9	35,071.1	24,304.9	17,793.3	14,266.0
European Union	998	23,708.4	21,377.0	21,845.7	22,875.3	21,403.7	21,709.6	17,840.9	20,223.6	21,841.6	16,235.2	17,922.4	18,101.7
Export earnings: fuel	080	12,135.5	12,929.5	12,506.8	12,723.9	10,493.9	8,754.7	35,753.2	39,541.4	42,448.9	31,306.2	21,095.5	17,133.4
Export earnings: nonfuel	092	208,085.4	214,398.8	211,949.8	211,939.1	200,209.6	204,944.4	193,384.2	210,818.6	206,689.7	157,856.9	180,456.2	177,926.9

Timor-Leste, Dem. Rep. of (537)

In Millions of U.S. Dollars

		Exports (FOB) 2011	2012	2013	2014	2015	2016	Imports (CIF) 2011	2012	2013	2014	2015	2016
IFS World		....	....	....	....	....	....	....	....	....	....	....	....
World	001	46.0	50.5	36.5	40.6	32.3	32.4	559.5	580.0	513.7	589.1	670.7	711.7
Advanced Economies	110	38.2	45.0	27.1	28.2	22.3	19.6	288.7	295.6	138.0	168.1	216.1	105.3
Euro Area	163	18.2	7.9	10.3	16.2	6.1	6.4	122.6	152.6	17.5	22.8	40.9	22.0
Austria	122	0.0	0.0	0.0	0.0	0.0	0.0	0.1	0.0	....	0.0	0.0	....
Belgium	124	0.3	0.0	0.1	....	0.6	3.0	0.0	0.0	0.2	0.0	0.2	0.1
Cyprus	423	1.7	1.7	1.7	1.7	1.7	1.7	....	....	0.0	0.1	0.0	0.1
Finland	172	....	....	....	....	....	....	18.3	46.4	0.9	5.6	21.4	5.6
France	132	....	....	....	....	....	....	33.1	0.8	0.5	0.9	0.3	0.7
Germany	134	15.8	6.1	7.7	14.1	3.5	1.6	1.4	1.5	0.6	0.5	1.2	0.5
Greece	174	0.0	....	....	....	....	....	2.6	2.6	2.6	2.6	2.6	2.6
Italy	136	....	....	0.5	0.0	0.0	0.1	58.5	76.9	0.7	0.1	0.4	0.2
Netherlands	138	0.0	0.0	0.1	0.3	0.1	0.0	0.6	12.0	0.4	1.7	1.4	1.4
Portugal	182	0.1	0.0	0.1	0.1	0.2	0.1	8.0	12.3	11.4	10.9	13.2	10.8
Spain	184	0.2	0.0	0.1	0.0	0.0	0.0	0.0	0.0	0.2	0.2	0.0	0.1
Australia	193	16.9	17.4	5.4	3.9	2.2	2.7	21.2	18.5	14.9	22.2	14.4	13.5
China,P.R.: Hong Kong	532	0.1	0.1	0.1	0.1	0.1	0.1	10.8	10.8	10.8	10.8	10.8	10.8
Denmark	128	0.2	0.2	0.0	0.1	0.0	0.0	4.2	3.9	1.5	0.2	0.2	0.4
Israel	436	....	....	....	....	....	....	0.3	0.3	0.3	0.3	0.3	0.3
Japan	158	2.0	13.0	1.0	2.6	1.1	0.1	12.3	11.6	11.0	17.1	12.6	12.8
Korea, Republic of	542	....	0.1	0.2	0.1	0.0	0.0	5.5	6.6	9.1	3.4	6.0	5.1
New Zealand	196	0.0	0.1	0.2	0.2	0.3	0.1	0.1	0.3	0.5	1.3	1.1	1.4
Norway	142	....	....	....	....	....	0.0	0.0	0.0	0.0	0.0	0.0	0.1
Singapore	576	0.7	6.2	2.6	0.0	4.3	0.1	95.6	82.4	65.8	87.0	124.1	34.6
Sweden	144	....	....	....	....	....	....	2.1	5.8	3.0	0.4	0.1	1.3
Switzerland	146	....	0.0	0.0	....	....	....	0.3	0.2	0.1	0.4	1.6	0.3
Taiwan Prov.of China	528	....	....	....	....	0.2 e	....	....	....	....	....	0.4 e	....
United Kingdom	112	0.0	0.0	0.0	0.0	0.0	0.0	4.7	0.7	0.6	0.6	0.7	0.9
United States	111	0.0	0.1	7.3	4.9	8.0	10.1	8.9	1.9	2.8	1.4	2.8	1.8
Emerg. & Dev. Economies	200	7.8	5.5	9.4	12.4	10.1	12.8	270.8	284.5	375.7	421.0	454.6	606.4
Emerg. & Dev. Asia	505	4.3	2.2	1.8	2.1	2.6	6.2	267.4	278.7	370.6	413.1	445.2	596.3
Bangladesh	513	....	....	....	....	....	....	0.3	0.3	0.3	0.3	0.3	0.3
Brunei Darussalam	516	....	....	0.0	0.0	0.0	0.0	....	....	0.3	0.3	0.3	0.3
Cambodia	522	....	....	0.0	0.0	0.0	0.0	....	....	0.1	0.1	0.2	0.2
China,P.R.: Mainland	924	0.8	0.3	0.2	0.0	0.3	0.1	49.9	44.3	33.5	42.8	75.1	121.9
Fiji	819	....	....	0.1	0.1	0.1	0.0	....	....	0.5	0.7	1.0	1.2
Guam	829	....	....	....	....	....	....	....	....	0.5	0.7	0.9	1.2
India	534	1.0	0.0	0.0	0.0	0.0	0.0	4.0	4.1	2.1	2.7	2.5	2.0
Indonesia	536	2.4	1.7	1.3	1.3	1.5	5.4	157.4	184.6	176.1	161.7	154.8	244.4
Malaysia	548	0.0	0.1	0.2	0.1	0.0	0.0	32.5	37.3	79.3	104.2	70.7	50.6
Myanmar	518	....	....	....	....	....	....	....	....	0.0	0.1	0.1	0.1
Philippines	566	....	0.0	0.0	0.5	0.6	0.5	0.3	0.8	0.4	0.3	0.9	0.1
Solomon Islands	813	....	....	....	....	....	....	....	....	0.0	0.0	0.0	0.1
Thailand	578	0.0	0.0	0.0	0.0	0.0	0.0	23.1	7.2	7.2	7.2	7.2	7.2
Vietnam	582	....	....	....	....	....	....	....	....	39.8	52.2	74.5	94.6
Asia n.s.	598	....	....	....	....	....	....	....	....	30.3	39.7	56.7	71.9
Europe	170	0.1	0.1	0.1	0.2	0.1	0.1	0.0	0.0	0.2	0.3	0.4	0.5
Emerg. & Dev. Europe	903	0.0	0.0	0.0	0.1	0.0	0.0	0.0	0.0	0.2	0.3	0.4	0.5
Gibraltar	823	....	....	....	....	....	....	....	....	0.2	0.2	0.3	0.4
Serbia, Republic of	942	0.0 e	0.0 e	0.0 e	0.1 e	0.0 e	0.0 e	0.0 e	0.0 e	....	....	....	....
CIS	901	0.1	0.0	0.1	0.1	0.1	0.1	....	....	....	....	....	0.0
Russian Federation	922	....	....	0.1	0.1	0.1	0.1	....	....	....	....	....	....
Mid East, N Africa, Pak	440	2.8	2.9	5.1	5.5	4.8	4.4	0.0	0.0	0.2	0.3	0.3	0.4
Lebanon	446	....	....	0.8	0.8	0.8	0.8	....	....	....	....	....	....
Libya	672	....	....	1.0	2.0	1.1	0.8	....	....	....	....	....	....
Mauritania	682	....	....	....	....	0.2 e	0.2 e	....	....	....	0.0 e	0.0 e	....
Pakistan	564	0.4	0.4	0.4	0.4	0.4	0.4	0.0	0.0	0.0	0.0	0.0	0.0
Saudi Arabia	456	0.2 e	0.2 e	0.6 e	0.0 e	0.0 e	0.0 e	....	....	0.0	0.0	0.0	0.0
Sudan	732	2.2	2.2	2.2	2.2	2.2	2.2	....	....	....	....	....	....
United Arab Emirates	466	....	....	....	....	....	....	....	....	0.1	0.2	0.3	0.4

Timor-Leste, Dem. Rep. of (537)

In Millions of U.S. Dollars

		Exports (FOB)						Imports (CIF)					
		2011	2012	2013	2014	2015	2016	2011	2012	2013	2014	2015	2016
Sub-Saharan Africa	603	0.6	0.4	2.4	4.5	2.6	2.0	2.2	2.8	1.4	1.7	1.6	1.6
Kenya	664	....	....	0.2	0.4	0.2	0.2	....	....	0.0	0.0	0.0	0.0
Liberia	668	....	....	1.8	3.7	2.0	1.5	....	....	....	....	....	....
Mali	678	....	....	0.0	0.1	0.0	0.0	....	....	....	....	....	....
Mozambique	688	....	....	....	....	....	....	....	0.1 e	....	....	....	....
Senegal	722	0.2 e	0.1 e	....	....	....	0.0 e	....	....	....	....	....	....
South Africa	199	0.1	0.0	0.0	0.0	0.0	0.0	2.2	2.7	1.3	1.6	1.5	1.4
Swaziland	734	....	....	....	....	....	....	....	....	0.0	0.1	0.1	0.1
Uganda	746	0.3	0.3	0.3	0.3	0.3	0.3	....	....	....	....	....	....
Western Hemisphere	205	0.0	0.1	0.0	0.0	0.0	0.0	1.1	3.0	3.3	5.6	7.1	7.6
Brazil	223	0.0	0.0	0.0	....	0.0	0.0	1.0	2.9	3.2	5.6	7.0	7.5
Chile	228	....	....	....	....	....	....	0.1	0.1	0.1	0.1	0.1	0.1
Colombia	233	....	....	....	....	....	....	....	....	....	....	....	0.1
Trinidad and Tobago	369	....	0.1 e	....	0.0 e	....	....	....	....	....	....	0.0 e	0.0 e
Memorandum Items													
Africa	605	2.8	2.6	4.6	6.7	5.0	4.4	2.2	2.8	1.4	1.7	1.6	1.6
Middle East	405	0.2	0.2	2.4	2.9	1.9	1.6	....	....	0.1	0.2	0.3	0.4
European Union	998	18.4	8.1	10.3	16.3	6.1	6.5	133.7	163.0	22.6	24.0	41.9	24.6
Export earnings: fuel	080	0.2	0.2	1.7	2.1	1.2	0.9	....	....	0.5	0.5	0.6	0.8
Export earnings: nonfuel	092	45.9	50.3	34.8	38.4	31.2	31.6	559.5	580.0	513.3	588.6	670.1	711.0

Togo (742)

In Millions of U.S. Dollars

		Exports (FOB)						Imports (CIF)					
		2011	2012	2013	2014	2015	2016	2011	2012	2013	2014	2015	2016
IFS World		0.7	0.9	1.0	0.6	....	....	1.8	1.7	2.0	1.7	....	....
World	001	846.3	1,055.9	1,195.4	771.1	717.1	721.7	1,858.7	1,869.5	2,510.1	1,855.5	1,732.9	1,717.2
Advanced Economies	110	91.5	171.2	188.9	89.7	111.6	84.6	879.0	941.8	1,147.2	829.0	719.8	645.4
Euro Area	163	48.6	112.0	143.8	60.2	58.0	40.5	502.3	565.8	788.1	629.3	522.9	448.1
Austria	122	0.0	0.0	....	....	0.0	....	1.6	5.8	20.3	17.9	16.6	12.8
Belgium	124	4.8	21.6	5.4	8.0	21.3	10.0	75.0	112.7	76.6	90.7	65.8	64.7
Cyprus	423	....	0.3	....	....	0.1	0.1	0.0	0.0	0.0	....	0.2	0.0
Estonia	939	0.9	....	3.3	1.1	....	....	7.8	0.0	0.0	....	....	0.1
Finland	172	0.0	....	....	....	....	0.0	0.6	0.5	5.8	0.3	20.1	3.4
France	132	31.3	65.8	92.1	22.3	9.7	8.6	168.8	159.2	174.4	165.0	162.0	153.5
Germany	134	3.9	8.8	7.1	7.1	3.2	1.9	51.5	29.8	49.2	67.4	63.6	49.0
Greece	174	0.0	0.0	0.1	1.0	0.9	1.3	0.4	0.8	6.8	13.7	12.5	8.3
Ireland	178	0.0	0.0	0.1	0.0	0.0	....	8.0	13.7	18.7	26.9	16.4	14.8
Italy	136	3.5	4.4	4.5	2.5	4.5	4.4	24.3	27.0	30.7	33.4	25.7	19.1
Latvia	941	....	0.0	....	....	....	....	11.7	71.2	15.1	35.2	29.8	12.9
Lithuania	946	....	....	13.6	....	....	....	0.3	1.0	3.3	0.2	0.4	0.6
Luxembourg	137	....	....	....	0.0	....	....	0.0	0.1	0.1	0.7	1.3	0.1
Malta	181	....	....	....	....	0.1	0.1	1.9	0.0	0.7	0.4	0.0	0.0
Netherlands	138	3.7	5.8	7.5	15.7	11.6	6.9	103.5	96.3	277.8	84.4	35.0	74.1
Portugal	182	0.1	0.0	1.7	0.1	2.8	2.7	2.5	3.0	4.5	9.6	6.3	4.0
Slovak Republic	936	....	....	....	....	....	....	0.5	0.1	0.6	0.6	0.7	0.6
Spain	184	0.3	5.0	8.4	2.3	3.7	4.5	44.0	44.6	103.4	83.0	66.7	30.2
Australia	193	0.0	0.0	....	....	9.8	6.2	0.5	1.3	0.9	1.1	0.7	0.6
Canada	156	0.5	0.4	0.7	0.1	15.6	18.3	13.2	17.3	26.3	11.1	12.5	15.1
China,P.R.: Hong Kong	532	0.0	....	....	0.0	0.1	0.8	4.8	2.1	1.5	1.1	1.7	3.5
China,P.R.: Macao	546	....	....	0.5	....	....	....	....	....	....	....	....	....
Czech Republic	935	....	....	....	....	0.0	....	1.6	0.7	1.6	0.6	0.9	1.4
Denmark	128	0.6	22.5	0.4	....	0.3	0.2	15.8	10.0	3.0	2.4	5.0	5.0
Iceland	176	....	0.0	....	....	0.0	....	25.2	....	0.0	0.1	1.0	0.0
Israel	436	0.0	0.0	....	0.0	0.0	0.2	5.1	63.0	28.7	8.3	3.0	1.7
Japan	158	0.0	0.0	0.0	0.0	0.0	0.0	46.8	51.1	71.1	67.5	70.5	72.1
Korea, Republic of	542	0.1	0.0	0.0	6.5	10.7	4.2	22.9	36.0	23.3	23.5	19.6	21.3
New Zealand	196	....	....	6.4	....	....	....	0.8	0.3	0.2	0.1	0.5	0.1
Norway	142	2.7	0.0	0.5	....	....	0.0	145.3	1.7	16.4	0.4	0.5	0.4
Singapore	576	0.0	0.7	0.1	0.5	0.2	2.2	7.1	1.3	1.4	2.8	7.1	2.5
Sweden	144	0.0	0.0	0.0	....	....	0.0	5.6	4.1	16.7	1.7	7.7	6.0
Switzerland	146	26.9	27.0	27.4	16.1	5.6	1.8	3.6	3.5	6.0	6.4	5.9	22.2
Taiwan Prov.of China	528	8.3	5.5	2.2	2.4	3.4	3.5	20.0	10.3	16.4	7.7	2.0	1.5
United Kingdom	112	2.9	0.6	2.0	1.3	3.3	1.9	26.1	24.1	12.3	12.6	15.2	12.6
United States	111	0.8	2.3	4.9	2.7	4.5	4.8	32.5	149.2	133.5	52.1	42.7	31.0
Emerg. & Dev. Economies	200	742.0	880.2	975.6	678.1	601.7	633.2	953.0	898.9	1,282.7	1,010.8	1,012.0	1,071.2
Emerg. & Dev. Asia	505	69.6	62.4	82.6	123.1	126.1	102.0	442.4	439.6	570.4	458.1	505.1	592.0
American Samoa	859	....	....	....	....	....	....	....	0.1	0.0	0.0	....	....
Bangladesh	513	1.6	....	8.0	11.6	5.2	8.1	0.9	1.0	1.8	2.2	1.0	1.7
Brunei Darussalam	516	....	....	....	....	....	....	0.0	....	....	0.1	....	....
Cambodia	522	....	....	....	....	....	0.0	0.0	0.4	0.1	0.0	0.0	0.0
China,P.R.: Mainland	924	6.3	17.2	16.4	21.4	7.6	9.4	303.3	268.7	351.2	309.9	347.2	492.4
India	534	27.6	13.1	32.7	59.0	65.7	55.0	49.5	63.5	56.2	55.8	66.1	48.3
Indonesia	536	8.2	12.9	12.9	11.6	16.1	6.8	10.3	21.3	15.8	21.4	38.4	13.4
Lao People's Dem.Rep	544	....	....	0.1	....	....	....	1.6	....	....	....	....	....
Malaysia	548	5.0	8.8	2.3	6.4	16.8	16.9	19.9	30.1	101.2	16.4	17.0	14.1
Mongolia	948	....	....	....	....	....	....	....	....	0.1	....	....	....
Myanmar	518	....	0.0	....	....	....	....	0.1	0.2	0.1	0.0	....	....
Philippines	566	....	....	....	0.0	....	....	4.6	0.5	0.3	0.5	0.5	0.5
Sri Lanka	524	....	....	....	....	0.7	....	0.0	0.1	0.1	0.0	0.1	0.1
Thailand	578	2.0	1.2	1.3	1.6	0.1	0.7	49.4	47.7	39.7	37.8	29.1	16.4
Tuvalu	869	....	....	....	....	1.1	....	....	....	....	....	....	....
Vietnam	582	18.9	9.2	8.9	11.4	12.7	5.1	2.8	5.9	3.7	9.4	1.7	2.3
Asia n.s.	598	....	....	....	....	....	....	....	....	0.1	4.7	4.0	2.8

2017, International Monetary Fund: *Direction of Trade Statistics Yearbook*

Togo (742)

In Millions of U.S. Dollars

		Exports (FOB)						Imports (CIF)					
		2011	2012	2013	2014	2015	2016	2011	2012	2013	2014	2015	2016
Europe	170	6.6	87.9	0.8	13.8	1.4	3.6	81.5	84.9	213.5	148.6	79.5	124.2
Emerg. & Dev. Europe	903	6.6	87.9	0.7	13.7	1.4	3.4	27.6	49.8	49.6	35.6	34.8	52.1
Albania	914	....	....	....	....	....	....	0.0	0.0	0.0	0.1	0.0	0.0
Bulgaria	918	....	....	....	....	0.0	0.0	0.2	0.1	5.1	0.3	0.2	0.2
Croatia	960	....	....	....	....	....	....	0.6	....	....	0.0	0.0	0.0
Gibraltar	823	....	....	....	....	....	....	0.2	....	....	0.0	0.0	0.0
Hungary	944	....	....	....	....	....	....	0.3	0.5	0.7	6.1	0.6	2.5
Poland	964	6.6	83.6	0.4	3.8	0.0	3.4	4.5	12.9	6.3	7.0	10.2	20.5
Romania	968	....	....	....	0.0	....	....	0.1	1.1	1.5	1.1	1.0	3.5
Turkey	186	0.0	4.2	0.3	9.9	1.3	0.0	21.8	35.3	35.9	21.0	22.6	25.3
CIS	901	....	....	0.1	0.1	0.1	0.2	53.9	35.0	164.0	113.0	44.8	72.0
Belarus	913	....	....	....	....	....	....	....	0.0	4.0	....	....	....
Kazakhstan	916	....	....	....	....	....	....	0.2	....	....	5.0	....	....
Moldova	921	....	....	....	....	....	....	....	0.1	....	0.0	....	....
Russian Federation	922	....	....	0.0	0.0	....	0.0	28.2	20.6	147.7	107.2	40.4	48.5
Ukraine	926	....	....	0.1	0.0	0.1	0.1	25.5	14.3	12.3	0.7	4.4	23.5
Mid East, N Africa, Pak	440	18.4	14.7	21.5	26.3	39.4	35.8	128.0	89.8	110.1	106.5	152.8	118.2
Algeria	612	0.4	4.5	5.3	0.0	0.6	....	....	0.0	0.1	0.0	1.2	0.1
Bahrain, Kingdom of	419	....	....	....	....	....	....	....	....	....	0.2	0.4	0.5
Djibouti	611	....	0.0	....	0.0	....	0.0	....	0.2	0.0	....	....	....
Egypt	469	....	0.0	....	....	0.3	0.0	6.3	6.5	8.0	6.5	5.9	5.0
Iran, I.R. of	429	....	....	....	....	....	....	0.1	0.2	0.4	0.2	0.0	0.1
Jordan	439	0.0	0.0	....	....	0.0	0.0	0.3	0.4	0.3	0.0	1.2	0.0
Kuwait	443	....	....	....	....	....	....	11.9	5.0	1.1	0.2	2.0	1.5
Lebanon	446	7.4	6.7	10.6	14.1	7.9	7.7	6.0	3.6	7.1	7.5	4.1	3.2
Libya	672	0.0	....	0.0	0.0	....	....	7.7	....	2.1	....	4.8	0.0
Mauritania	682	....	....	0.2	....	0.0	0.1	13.9	9.1	1.8	7.7	10.1	7.8
Morocco	686	3.5	2.6	3.8	3.0	13.5	5.6	12.0	16.8	30.1	18.2	39.1	17.2
Oman	449	....	....	....	....	....	....	0.6	0.8	1.1	0.1	0.6	0.2
Pakistan	564	3.7	0.0	1.4	1.1	0.5	4.4	2.7	1.7	1.9	1.7	0.9	2.8
Qatar	453	....	....	....	....	....	....	6.8	12.9	8.7	7.7	11.5	8.7
Saudi Arabia	456	....	....	....	0.0	0.0	....	19.8	16.3	28.6	40.4	42.0	40.7
Somalia	726	0.9	0.1	....	....	0.1	0.0	....	....	....	....	....	....
Sudan	732	0.1	0.1	0.0	0.0	0.1	0.2	0.0	0.0	....	0.0	0.0	0.0
Syrian Arab Republic	463	....	....	....	....	....	....	0.1	0.0	....	....	0.0	0.0
Tunisia	744	1.2	0.0	0.1	0.2	0.5	0.2	3.1	3.1	2.8	4.4	3.7	2.9
United Arab Emirates	466	1.4	0.6	0.1	7.9	15.9	17.7	36.7	13.1	16.1	11.4	25.2	27.4
Yemen, Republic of	474	....	....	....	....	....	....	0.1	0.2	....	....	....	....
Sub-Saharan Africa	603	641.2	715.2	866.7	511.0	427.7	491.8	209.4	215.4	316.9	229.4	241.3	200.9
Angola	614	2.5	2.0	4.7	0.2	0.2	0.0	0.0	....	1.5	0.1	0.8	0.2
Benin	638	105.7	110.0	120.0	90.6	99.9	126.1	8.3	6.6	10.8	13.6	8.2	13.8
Burkina Faso	748	103.6	152.5	193.4	74.1	108.5	114.6	1.5	1.8	0.8	1.2	5.1	4.1
Cameroon	622	5.5	3.8	4.1	6.5	5.8	2.3	1.2	2.0	25.7	0.6	1.3	0.4
Central African Rep.	626	0.5	0.8	0.4	0.3	0.6	0.3	....	....	....	....	....	....
Chad	628	5.5	3.9	1.3	1.0	0.7	1.0	....	....	....	....	....	0.0
Congo, Dem. Rep. of	636	2.3	1.4	3.2	2.9	1.0	2.9	2.0	1.2	....	0.0	0.0	0.6
Congo, Republic of	634	3.0	5.0	3.3	2.5	3.4	8.6	0.0	....	0.6	....	0.0	0.1
Côte d'Ivoire	662	53.4	35.3	21.4	19.5	26.2	43.9	57.5	55.5	114.6	76.8	40.0	52.3
Equatorial Guinea	642	5.5	2.9	1.7	0.8	0.8	0.7	0.0	....	....	....	....	0.6
Eritrea	643	....	....	....	....	....	....	0.1	....	....	....	....	....
Ethiopia	644	0.0	....	0.0	0.0	....	....	0.0	0.0	0.2	0.1	0.0	0.0
Gabon	646	49.1	89.1	79.9	26.0	3.0	3.3	0.0	0.0	0.0	0.0	0.1	0.1
Gambia, The	648	0.1	0.2	0.4	0.5	0.4	0.5	0.1	0.1	0.0	0.0	0.0	0.0
Ghana	652	108.3	80.2	167.4	68.0	25.7	34.5	43.6	71.9	95.0	63.1	58.3	59.9
Guinea	656	1.8	1.8	1.7	1.1	2.2	6.1	1.9	2.5	0.9	....	....	0.0
Guinea-Bissau	654	0.2	0.0	0.1	....	2.2	0.7	9.4	5.4	15.1	18.9	13.9	3.7
Kenya	664	....	0.0	0.1	0.0	0.1	0.0	0.1	0.4	0.1	0.1	0.2	0.3
Liberia	668	1.5	1.1	0.1	0.4	0.7	0.9	....	0.3	0.0	....	0.0	0.3
Madagascar	674	0.0	....	0.0	0.0	0.0	0.0	....	....	....	0.0	0.2	0.0
Malawi	676	0.0	....	0.0	....	....	0.1	....	....	....	....	0.0	....

Togo (742)
In Millions of U.S. Dollars

		Exports (FOB) 2011	2012	2013	2014	2015	2016	Imports (CIF) 2011	2012	2013	2014	2015	2016
Mali	678	26.4	28.3	24.2	31.7	36.6	52.0	0.1	0.1	1.0	0.0	0.9	0.2
Mozambique	688	0.1	0.0	0.0	0.0	0.7	0.0	6.1	2.5	0.0	....	....	2.8
Namibia	728	....	....	0.1	0.1	0.1	0.0	0.0	....	0.7	0.3	0.3	0.0
Niger	692	78.5	94.1	107.9	106.1	65.4	50.4	0.2	0.1	1.2	0.1	0.1	0.0
Nigeria	694	78.8	93.3	118.3	72.1	34.5	31.0	20.1	16.7	16.1	11.7	13.2	29.9
São Tomé & Príncipe	716	0.3	0.1	0.1	0.4	0.4	0.4	....	....	0.2	....	....	....
Senegal	722	7.8	7.9	10.1	4.1	5.6	8.9	11.4	13.5	13.1	12.0	12.6	14.3
Seychelles	718	....	....	....	....	....	....	....	....	0.1	....	....	....
Sierra Leone	724	0.1	0.1	0.3	0.4	0.8	0.7	....	....	....	....	0.0	....
South Africa	199	0.1	0.9	0.2	0.2	0.6	0.5	45.5	34.8	19.0	30.5	85.1	17.0
Swaziland	734	0.1	0.1	0.1	0.0	0.1	0.1	0.3	0.1	0.2	0.2	0.6	0.0
Tanzania	738	0.1	0.2	0.5	0.0	....	0.0	0.0	0.0	0.0	0.0	0.0	0.0
Uganda	746	0.3	0.3	1.3	1.2	1.6	1.1	0.0	0.0	0.1	....	0.0	0.0
Zambia	754	....	....	0.1	....	0.1	0.0	....	....	....	....	....	....
Western Hemisphere	205	6.1	0.1	4.1	3.9	7.1	0.0	91.7	69.2	71.7	68.2	33.3	36.0
Antigua and Barbuda	311	....	0.0	....	....	....	....	....	....	....	....	0.3	0.0
Argentina	213	....	....	....	....	....	....	0.8	0.8	1.1	1.7	2.5	2.2
Brazil	223	5.1	....	0.0	....	....	....	43.0	25.0	26.6	20.5	21.9	14.4
Chile	228	....	....	....	....	....	....	0.0	0.1	0.9	0.0	0.1	0.0
Colombia	233	0.8	....	....	....	4.3	....	0.1	0.0	....	0.0	0.0	12.9
Costa Rica	238	....	....	....	....	....	....	....	....	0.0	....	....	0.1
Curaçao	354	....	....	....	....	....	....	....	....	....	3.9	2.7	....
Ecuador	248	....	....	....	....	....	....	....	....	0.1	0.1	....	0.0
Guatemala	258	....	....	....	....	....	....	....	0.0	0.6	0.4	1.2	2.6
Mexico	273	....	....	....	....	....	....	0.0	3.0	0.4	1.7	3.8	3.0
Netherlands Antilles	353	....	....	4.0	....	....	....	39.0	12.7	31.2	38.9	....	....
Nicaragua	278	0.1	0.0	....	....	....	....	....	0.3	0.7	0.4	0.3	0.2
Panama	283	0.0	0.1	0.1	0.1	0.1	0.0	0.1	0.2	0.1	0.0	0.2	0.0
Paraguay	288	....	....	....	....	....	....	0.3	0.1	0.0	....	0.0	0.0
Peru	293	....	....	....	....	....	....	0.4	0.3	0.1	0.1	0.0	0.0
Trinidad and Tobago	369	....	....	....	....	....	....	7.5	....	....	....	....	....
Uruguay	298	....	....	....	3.8	2.8	0.0	0.5	0.5	0.5	0.0	0.0	0.1
Venezuela, Rep. Bol.	299	....	....	....	....	....	....	....	26.1	9.3	0.5	0.1	0.2
Other Countries n.i.e	910	....	....	22.9	....	....	....	1.0	0.2	43.7	1.0	1.1	0.5
Cuba	928	....	....	22.9	....	....	....	0.8	0.1	43.2	....	....	....
Korea, Dem. People's Rep.	954	....	....	....	....	....	....	0.2	0.1	0.5	1.0	1.1	0.5
Special Categories	899	12.8	4.5	8.0	3.3	3.8	3.9	25.7	28.5	36.5	14.6	....	....
Memorandum Items													
Africa	605	647.1	722.5	876.1	514.2	442.4	497.8	238.4	244.6	351.7	259.8	295.4	228.9
Middle East	405	8.8	7.4	10.7	22.0	24.1	25.4	96.3	59.0	73.5	74.3	97.8	87.4
European Union	998	58.8	218.7	146.7	65.3	61.6	45.9	556.9	619.1	835.3	661.1	563.9	499.9
Export earnings: fuel	080	146.9	201.2	214.8	110.6	63.3	62.5	139.9	111.9	233.4	185.0	142.4	171.8
Export earnings: nonfuel	092	699.4	854.7	980.6	660.5	653.7	659.2	1,718.9	1,757.6	2,276.7	1,670.5	1,590.5	1,545.4

Tonga (866)
In Millions of U.S. Dollars

		Exports (FOB) 2011	2012	2013	2014	2015	2016	Imports (CIF) 2011	2012	2013	2014	2015	2016
IFS World		....	....	12.3	15.3	....	....	....	....	198.2	218.8	....	....
World	001	13.3	15.3	13.7	16.0	17.9	20.9	194.1	201.1	199.7	220.2	178.8	209.4
Advanced Economies	110	12.3	13.4	12.2	14.3	16.3	18.6	152.0	161.0	159.8	169.8	123.3	150.2
Euro Area	163	0.0	0.0	0.2	0.0	0.1	0.3	0.6	1.5	4.4	0.5	1.0	7.4
Belgium	124	0.0	0.0	0.0	....	....	....	0.0	0.0	0.0	0.0	0.1	0.1
Cyprus	423	....	....	....	....	....	....	0.0	....	0.0	0.1	0.0	....
France	132	....	0.0	0.2	0.0	0.0	0.0	0.1	0.0	1.7	0.1	0.0	0.0
Germany	134	0.0	0.0	0.0	0.0	0.1	0.0	0.3	1.2	2.4	0.2	0.8	0.5
Italy	136	....	0.0	....	....	0.0	0.2	0.0	0.0	0.0	0.0	0.0	0.1
Netherlands	138	....	0.0	....	0.0	0.0	0.0	0.1	0.1	0.1	0.1	0.0	6.7
Slovenia	961	....	....	....	0.0	0.0	0.0	0.1	0.0	0.0	....	....	....
Australia	193	1.3	1.9	1.8	1.7	1.5	2.3	12.6	10.3	11.2	11.8	12.2	16.0
Canada	156	0.0	0.0	0.0	0.0	0.0	0.0	0.2	0.0	0.1	1.0	0.8	0.2
China,P.R.: Hong Kong	532	2.5	2.0	0.9	3.3	6.0	5.8	1.1	2.0	3.6	2.6	1.0	1.0
Israel	436	....	0.0	0.0	....	....	....	0.2	0.1	0.1	....	....	....
Japan	158	3.0	2.0	1.9	2.1	2.9	3.4	9.6	11.6	7.1	17.5	8.6	9.0
Korea, Republic of	542	0.8	1.2	1.3	0.3	0.4	0.5	0.4	0.3	1.1	0.3	0.4	1.0
New Zealand	196	2.8	4.1	4.2	4.4	3.0	3.1	58.4	59.7	56.0	62.4	61.5	74.3
Norway	142	....	....	....	0.0	0.0	0.0	0.0	....	0.0	0.0	0.0	0.1
Singapore	576	0.0	0.1	0.1	0.0	0.0	0.0	43.1	45.7	51.3	46.1	16.7	19.6
Sweden	144	....	....	0.0	....	....	....	0.0	0.1	0.0	0.1	0.0	0.0
Switzerland	146	0.0	....	....	0.0	0.0	0.0	1.0	1.1	0.8	0.9	0.0	0.1
Taiwan Prov. of China	528	0.3 e	0.1 e	0.0 e	0.0 e	0.0 e	....	1.2 e	1.6 e	1.7 e	2.0 e	3.0 e	3.9 e
United Kingdom	112	0.0	0.0	0.0	0.0	0.0	0.1	0.3	1.3	0.3	0.9	2.1	0.8
United States	111	1.6	2.1	1.8	2.5	2.2	3.1	23.3	25.8	22.3	23.7	15.7	16.8
Emerg. & Dev. Economies	200	1.0	1.9	1.4	1.6	1.6	2.2	42.0	40.0	39.8	50.2	55.2	58.8
Emerg. & Dev. Asia	505	0.9	1.8	1.3	1.5	1.5	2.2	40.7	37.8	37.8	47.6	52.2	56.2
American Samoa	859	0.1	0.3	0.1	0.1	0.1	0.2	0.1	0.0	0.0	0.1	0.1	0.1
Bangladesh	513	....	....	....	....	....	....	0.0	0.0	0.1	0.1	0.1	0.1
China,P.R.: Mainland	924	0.0	0.0	0.0	0.0	0.0	0.0	13.0	12.6	10.8	16.4	19.1	17.6
Fiji	819	0.5	0.7	0.2	0.2	0.2	0.3	17.1	15.9	16.9	17.1	18.6	25.4
F.T. New Caledonia	839	....	0.0	0.0	0.0	0.0	0.0	0.0	0.1	0.0	....	....	....
India	534	....	0.0	0.1	0.0	0.0	0.0	0.3	0.7	0.7	0.6	0.6	0.5
Indonesia	536	....	0.0	....	0.0	0.0	....	3.5	2.8	2.7	3.5	3.9	2.5
Malaysia	548	....	0.0	0.0	0.0	0.0	0.0	1.5	1.2	1.4	3.4	3.0	1.3
Papua New Guinea	853	0.0	0.0	0.2	0.0	0.0	0.0	0.2	0.1	0.0	0.2	0.2	0.2
Philippines	566	0.0	0.2	0.1	0.3	0.3	0.5	0.3	0.1	0.7	0.4	0.3	1.6
Samoa	862	0.3	0.6	0.4	0.5	0.5	0.7	0.1	0.0	0.0	0.1	0.1	0.1
Thailand	578	0.0	0.0	....	0.0	0.0	0.0	3.4	2.1	2.1	3.1	3.4	3.1
Vanuatu	846	....	0.0	0.1	0.2	0.2	0.2	0.0	0.1	0.1	0.2	0.3	0.3
Vietnam	582	0.0	0.0	....	0.1	0.1	0.1	0.1	0.4	0.5	0.7	0.7	0.9
Asia n.s.	598	....	....	....	....	....	....	0.9	1.5	1.7	1.8	1.9	2.6
Europe	170	0.0	0.0	0.0	0.0	0.0	0.0	0.4	0.6	0.9	0.6	0.4	0.3
Emerg. & Dev. Europe	903	....	0.0	0.0	0.0	0.0	0.0	0.4	0.6	0.9	0.5	0.4	0.2
Turkey	186	....	....	0.0	....	....	....	0.4	0.6	0.9	0.5	0.4	0.2
Mid East, N Africa, Pak	440	0.0	0.0	0.0	0.0	0.0	0.0	0.0	0.4	0.1	0.2	0.2	0.2
Qatar	453	....	....	....	....	....	....	....	0.3 e	....	....	....	....
United Arab Emirates	466	0.0	0.0	....	....	....	....	0.0	0.1	0.0	0.1	0.1	0.2
Sub-Saharan Africa	603	0.1	0.0	0.1	0.0	0.0	0.0	0.1	0.2	0.2	0.3	0.6	0.4
Mali	678	....	....	....	....	....	....	0.1	0.2	0.1	0.2	0.2	0.3
South Africa	199	....	0.0	....	....	....	....	0.0	0.0	0.0	0.0	0.4	0.1
Western Hemisphere	205	0.0	0.1	0.0	0.0	0.0	0.0	0.7	0.9	0.9	1.6	1.7	1.6
Bahamas, The	313	....	0.1 e	0.0 e	0.0 e	0.0 e	0.0 e	....	....	0.0	....	....	....
Brazil	223	....	....	0.0	....	....	....	0.3	0.5	0.4	0.3	0.6	0.6
Chile	228	....	....	....	....	....	....	0.2	0.4	0.5	1.0	0.6	0.6
Colombia	233	....	....	0.0 e	....	....	....	....	....	....	0.0	0.2	0.1
Curaçao	354	....	....	0.0	....	....	....	0.1	....	....	....	....	....
Uruguay	298	....	....	....	....	....	0.0 e	0.1	0.0	0.0	0.2	0.2	0.2
Venezuela, Rep. Bol.	299	0.0 e	....	....	....	....	....	....	....	....	0.0	0.0	0.1

Tonga (866)
In Millions of U.S. Dollars

		Exports (FOB)						Imports (CIF)					
		2011	2012	2013	2014	2015	2016	2011	2012	2013	2014	2015	2016
Other Countries n.i.e	910	....	0.0	0.0	0.0	0.0	0.1	0.1	0.0	0.0	0.1	0.1	0.1
Korea, Dem. People's Rep.	954	....	0.0	0.0	0.0	0.0	0.1	0.1	0.0	0.0	0.1	0.1	0.1
Countries & Areas n.s.	898	....	....	....	....	....	....	0.0	0.0	0.0	0.2	0.3	0.3
Memorandum Items													
Africa	605	0.1	0.0	0.1	0.0	0.0	0.0	0.1	0.3	0.2	0.3	0.6	0.4
Middle East	405	0.0	0.0	0.0	0.0	0.0	0.0	0.0	0.4	0.0	0.2	0.2	0.2
European Union	998	0.0	0.0	0.2	0.0	0.1	0.3	1.0	2.9	4.7	1.5	3.1	8.2
Export earnings: fuel	080	0.1	0.0	0.0	0.1	0.0	0.1	0.1	0.4	0.1	0.2	0.4	0.4
Export earnings: nonfuel	092	13.2	15.3	13.7	15.9	17.8	20.8	194.0	200.7	199.7	220.0	178.4	209.0

Trinidad and Tobago (369)

In Millions of U.S. Dollars

		Exports (FOB)						Imports (CIF)					
		2011	2012	2013	2014	2015	2016	2011	2012	2013	2014	2015	2016
IFS World		14,837.3	....	....	....	....	....	9,977.5	....	....	....	....	....
World	001	14,947.4	12,111.1	16,448.7	14,487.5	10,739.3	8,025.2	9,594.0	11,658.5	12,426.1	11,440.7	9,325.2	8,666.2
Advanced Economies	110	9,753.7	8,095.8	8,965.9	8,673.6	6,345.3	4,172.0	3,992.8	5,616.8	4,567.8	4,389.2	5,174.6	4,358.3
Euro Area	163	1,720.2	1,237.1	1,671.7	1,230.1	1,044.4	611.9	496.7	800.4	774.7	737.1	651.2	605.9
Austria	122	0.0	0.1	0.0	0.3	0.0	0.6	13.2	18.5	19.5	20.1	14.7	7.5
Belgium	124	47.8	44.8	104.7	100.2	145.5	91.7	21.8	30.1	30.9	53.6	56.4	45.1
Cyprus	423	0.2	0.0	2.5	0.4	16.6	10.1	0.1	0.2	1.5	0.2	0.9	0.1
Estonia	939	....	....	....	....	....	....	0.1	0.0	0.1	0.2	0.0	0.0
Finland	172	0.0	....	9.1	0.0	0.1	0.1	3.0	1.3	4.6	6.3	1.6	1.3
France	132	550.2	334.9	306.7	164.8	241.6	221.3	100.2	158.0	137.6	60.1	70.7	44.6
Germany	134	114.3	43.4	50.9	57.5	50.7	23.1	150.3	188.7	205.9	220.6	201.7	221.5
Greece	174	13.3	26.6	2.1	0.3	11.4	4.8	1.3	0.3	0.5	1.1	0.9	1.0
Ireland	178	0.5	0.9	0.5	7.8	5.7	5.5	21.3	24.9	26.0	34.5	27.6	25.3
Italy	136	21.4	24.6	3.4	10.9	51.5	19.6	87.9	147.7	172.6	85.8	154.2	132.7
Latvia	941	0.0	0.0	....	....	....	0.0	0.1	0.1	0.2	0.1	0.1	0.1
Lithuania	946	....	....	....	....	0.0	0.0	0.1	0.3	0.2	0.2	0.2	0.3
Luxembourg	137	3.7	....	0.0	0.3	0.1	....	0.0	17.0	21.7	2.5	1.4	0.4
Malta	181	31.1	0.2	0.3	0.1	1.7	0.1	0.3	0.2	1.9	104.5	1.2	0.3
Netherlands	138	350.1	514.4	670.1	324.6	170.2	118.0	40.6	176.9	51.7	59.9	76.3	76.5
Portugal	182	2.3	12.9	8.7	27.8	30.6	20.4	6.6	4.9	5.8	5.1	3.3	1.6
Slovak Republic	936	....	....	....	0.0	0.0	0.0	0.4	2.0	1.9	2.2	1.3	4.4
Slovenia	961	0.0	....	....	....	....	....	0.3	0.1	1.7	1.7	1.1	0.7
Spain	184	585.5	234.5	512.7	535.1	318.7	96.6	49.0	28.5	90.5	78.3	37.6	42.2
Australia	193	5.3	5.2	7.5	6.1	4.2	4.0	24.9	19.4	20.3	25.7	25.0	17.5
Canada	156	212.6	86.3	175.3	146.9	119.9	61.3	323.5	225.4	220.5	240.9	219.6	143.0
China,P.R.: Hong Kong	532	0.6	1.3	10.9	13.7	9.5	12.9	4.9	6.2	6.4	9.0	8.2	9.8
Czech Republic	935	0.0	0.2	....	....	0.0	0.0	4.4	2.6	5.6	5.1	1.5	2.3
Denmark	128	3.7	0.5	7.0	0.3	0.2	0.2	5.5	18.0	14.1	10.7	11.2	11.3
Iceland	176	....	....	....	0.1	0.0	0.0	0.4	0.0	0.0	0.0	0.1	0.0
Israel	436	0.0	365.1	0.0	0.0	....	....	14.1	15.3	7.8	5.3	27.1	8.1
Japan	158	17.6	12.5	30.5	106.1	19.6	25.3	168.1	233.3	280.4	265.2	268.5	186.0
Korea, Republic of	542	95.4	38.8	65.4	61.0	132.2	169.9	94.5	99.8	119.2	129.4	124.1	113.8
New Zealand	196	0.1	0.1	0.1	0.3	0.2	0.2	48.1	47.6	51.5	49.2	36.0	33.8
Norway	142	0.2	0.2	0.4	169.3	198.7	55.0	3.9	279.1	4.1	20.7	450.5	147.8
San Marino	135	0.0	0.1	0.0	0.1	0.1	0.1	....	....	....	0.0	0.0	0.0
Singapore	576	24.7	0.3	137.4	63.3	43.2	4.3	7.6	10.0	10.4	14.0	19.5	1.7
Sweden	144	0.2	1.2	0.0	0.1	0.0	0.6	21.6	19.1	31.0	29.1	19.1	15.8
Switzerland	146	6.0	15.5	66.9	13.9	61.4	9.8	32.3	16.7	30.5	20.8	62.4	79.4
Taiwan Prov.of China	528	45.8	77.2	79.6	121.6	20.0	63.6	40.7	42.9	30.3	29.0	27.4	24.9
United Kingdom	112	348.2	287.1	155.6	190.6	203.8	92.2	143.9	200.5	284.6	294.7	252.3	200.4
United States	111	7,273.0	5,967.0	6,557.6	6,550.2	4,487.8	3,060.7	2,557.7	3,580.4	2,676.4	2,502.9	2,970.8	2,756.7
Vatican	187	....	0.0	....	....	....	....	0.0	....	0.0	0.4	....	....
Emerg. & Dev. Economies	200	5,000.8	3,823.6	7,355.3	5,737.4	4,303.8	3,791.9	5,599.2	6,034.0	7,851.9	7,042.1	4,139.2	4,298.0
Emerg. & Dev. Asia	505	186.4	244.3	45.4	88.8	122.3	231.6	1,005.2	1,051.6	985.8	1,027.0	1,047.7	837.9
Bangladesh	513	0.2	0.0	11.9	0.0	0.0	0.0	0.7	1.6	1.9	1.3	1.4	1.4
Brunei Darussalam	516	....	....	....	0.0	0.2	0.0	....	....	0.0	0.0	0.0	0.0
Cambodia	522	....	....	0.0	....	....	....	0.2	0.3	0.4	0.3	0.3	0.3
China,P.R.: Mainland	924	78.8	18.5	18.7	55.4	101.8	181.1	444.6	550.0	553.0	635.8	659.7	500.3
Fiji	819	....	....	....	0.0	0.0	0.0	1.8	2.7	3.5	0.3	3.4	3.0
Guam	829	0.0	0.1	....	....	....	....	....	....	....	....	....	....
India	534	50.5	3.6	1.2	3.8	9.7	17.8	64.7	284.3	184.7	104.9	106.8	88.2
Indonesia	536	35.1	17.4	0.2	0.8	0.1	0.6	8.9	14.5	15.9	17.3	18.3	15.2
Malaysia	548	0.9	0.9	0.0	0.5	0.8	25.4	32.2	32.8	39.9	30.7	36.3	55.1
Maldives	556	....	....	0.0	....	....	....	0.0	....	0.1	....	....	....
Marshall Islands	867	6.6	0.0	0.1	0.1	1.9	1.3	0.0	....	....	0.0	....	....
Micronesia	868	....	....	....	....	....	....	....	....	0.1	....	....	....
Myanmar	518	....	....	0.0	....	0.0	0.0	....	0.1	0.0	0.0	....	....
Nepal	558	0.1 e	0.0 e	0.0 e	0.0 e	0.0 e	0.0 e	0.0	0.0	0.0	....	0.0	0.0
Palau	565	....	....	0.1	....	....	....	....	....	....	....	....	....
Philippines	566	0.0	0.0	7.2	2.0	0.0	0.0	2.1	2.4	2.8	2.8	2.8	3.2

Trinidad and Tobago (369)

In Millions of U.S. Dollars

		Exports (FOB)						Imports (CIF)					
		2011	2012	2013	2014	2015	2016	2011	2012	2013	2014	2015	2016
Sri Lanka	524	....	....	....	....	....	....	2.2	2.5	2.1	2.8	2.5	2.5
Thailand	578	2.1	1.9	2.7	18.6	3.4	2.3	97.6	109.6	133.1	167.6	165.9	125.6
Timor-Leste	537	....	....	....	....	0.0	0.0	....	0.1	....	0.0	....	....
Tonga	866	0.0	0.0	....	....	0.8	0.6	....	0.0	0.0	0.0	0.0	0.0
Tuvalu	869	....	....	0.1	....	....	....	....	....	0.0	....	....	....
Vanuatu	846	....	....	....	1.7	1.5	1.0	314.5	....	0.0	0.0	....	....
Vietnam	582	11.9	201.8	2.9	5.6	1.9	1.3	5.9	9.0	12.3	26.1	15.8	12.9
Asia n.s.	598	0.3	0.1	0.1	0.1	0.1	0.1	29.8	41.8	35.9	37.0	34.3	30.1
Europe	170	**222.4**	**135.7**	**37.0**	**67.7**	**29.9**	**20.2**	**848.7**	**885.0**	**1,400.3**	**1,276.6**	**532.8**	**1,384.5**
Emerg. & Dev. Europe	903	**212.3**	**135.5**	**36.5**	**66.8**	**29.4**	**19.8**	**35.8**	**81.0**	**77.1**	**169.7**	**73.7**	**69.1**
Albania	914	0.0	....	0.1	....	....	0.0	0.0	0.0	0.0	0.1	0.1	0.1
Bosnia and Herzegovina	963	....	0.0	....	0.2	....	....	0.1	0.0	0.0	0.0	0.0	0.0
Bulgaria	918	....	....	....	....	0.1	0.0	0.8	6.4	11.0	0.3	0.5	0.2
Croatia	960	0.0	6.2	....	....	....	....	0.0	0.0	0.0	0.1	0.2	0.7
Faroe Islands	816	0.0	....	....	....	0.3	0.2	....	....	....	....	....	....
Gibraltar	823	....	....	29.5	30.0	0.1	0.1	0.0	....	....	66.3	....	....
Hungary	944	196.9	125.9	0.0	0.0	0.1	0.0	5.7	5.6	14.1	7.0	17.9	13.5
Poland	964	0.0	0.1	0.1	0.1	0.0	0.0	2.1	28.5	3.2	3.8	6.8	13.0
Romania	968	6.3	0.0	0.0	0.2	0.1	0.1	0.6	0.4	1.6	32.9	1.5	3.0
Serbia, Republic of	942	....	....	....	....	0.0	0.0	0.2	0.0	0.0	0.0	0.3	0.0
Turkey	186	9.1	3.2	6.9	36.4	28.8	19.4	26.2	40.1	47.1	59.3	46.5	38.5
CIS	901	**10.1**	**0.3**	**0.4**	**1.0**	**0.4**	**0.4**	**812.9**	**804.0**	**1,323.2**	**1,106.8**	**459.1**	**1,315.4**
Azerbaijan, Rep. of	912	0.1	0.0	0.0	0.1	0.0	0.1	0.0	0.0	0.5	0.0	0.0	0.0
Belarus	913	0.0	0.0	0.0	0.1	0.1	0.1	0.2	0.0	0.0	0.0	0.8	0.1
Georgia	915	10.0	....	....	....	....	....	3.3	1.9	0.2	0.6	4.6	....
Kazakhstan	916	0.0	0.0	....	0.0	0.1	0.1	....	....	....	....	0.0	0.0
Russian Federation	922	0.0	0.2	0.4	0.7	0.2	0.2	805.1	801.5	1,321.3	1,105.7	453.3	1,315.3
Ukraine	926	....	0.0	....	....	....	....	4.3	0.5	1.1	0.5	0.4	....
Mid East, N Africa, Pak	440	**7.8**	**38.4**	**34.3**	**261.1**	**102.1**	**86.2**	**9.9**	**14.6**	**21.6**	**52.5**	**22.2**	**19.4**
Afghanistan, I.R. of	512	....	....	6.4	....	1.0	0.7	0.0	0.0	0.0	0.0	0.0	0.0
Algeria	612	....	0.0	....	....	0.0	0.0	....	....	0.0	0.1	0.1	0.1
Bahrain, Kingdom of	419	....	....	0.0	0.0	....	....	0.1	0.1	0.2	0.1	0.1	0.1
Egypt	469	0.0	23.0	15.5	30.6	13.5	....	0.9	1.3	1.1	35.7	1.9	1.5
Iran, I.R. of	429	....	....	....	....	0.0	0.0	0.3	0.7	0.1	0.1	0.3	0.3
Iraq	433	0.0	0.0	0.6	0.4	0.0	0.0	0.0	0.0	....	....	0.0	0.0
Jordan	439	....	0.0	0.2	....	....	....	0.4	0.2	0.5	0.5	0.5	0.5
Kuwait	443	0.0	0.0	0.0	0.0	21.5	14.6	0.2	0.0	0.2	0.3	0.0	0.0
Lebanon	446	....	0.0	0.0	0.1	0.2	0.1	0.0	0.1	0.1	0.0	0.0	0.0
Libya	672	....	....	0.1	0.5	....	....	....	0.1	....	....	....	....
Mauritania	682	1.2	....	1.0	....	1.0	0.7	....	0.0	....	....	0.0	0.0
Morocco	686	0.0	4.2	0.0	22.4	21.6	40.3	0.7	2.0	3.8	0.6	4.9	3.8
Oman	449	0.0	0.1	0.1	0.0	0.0	0.0	0.2	0.2	0.3	0.5	0.4	0.6
Pakistan	564	0.5	0.5	0.5	0.6	0.7	0.6	2.8	4.1	4.7	6.8	6.5	5.4
Qatar	453	....	....	0.0	0.0	0.1	0.0	0.1	2.2	0.2	0.4	0.1	0.1
Saudi Arabia	456	0.1	1.2	0.1	3.9	1.6	1.3	0.9	1.0	0.6	0.5	0.5	0.4
Syrian Arab Republic	463	....	....	....	....	....	....	0.4	0.1	0.1	0.1	0.0	0.1
Tunisia	744	0.0	0.0	0.0	81.0	0.0	0.0	0.1	0.2	0.4	0.1	0.2	0.2
United Arab Emirates	466	6.0	9.3	9.6	121.4	40.9	27.8	2.9	2.3	9.3	6.6	6.5	6.2
West Bank and Gaza	487	....	....	....	....	....	....	....	....	....	0.0	0.1	0.1
Yemen, Republic of	474	....	0.0	....	0.4	....	....	0.0	....	0.0	0.0	....	....
Sub-Saharan Africa	603	**333.1**	**147.6**	**280.9**	**227.1**	**109.7**	**220.8**	**1,391.7**	**1,332.1**	**1,951.1**	**2,304.1**	**1,182.7**	**1,053.2**
Angola	614	0.0	0.6	0.5	1.9	4.2	2.9	0.2	0.0	0.0	0.3	1.7	1.5
Benin	638	52.8	6.1	....	....	0.4	0.3	....	0.0	....	....	....	....
Botswana	616	0.5	0.1	0.0	0.0	0.0	0.0	0.0	....	....	....	....	....
Burkina Faso	748	....	....	....	0.1	....	....	0.0	....	....	....	....	....
Cameroon	622	....	0.0	0.1	0.6	0.0	0.0	0.0	0.1	0.0	0.0	0.0	0.0
Chad	628	....	....	0.1	0.0	....	....	0.0	0.1	0.0	....	0.0	0.0
Comoros	632	0.0	....	....	....	....	....	0.0	0.1	0.1	0.0	0.1	0.1
Congo, Dem. Rep. of	636	....	7.7	....	16.3	0.0	0.0	0.0	....	0.0	0.0	0.1	0.1
Congo, Republic of	634	0.0	....	....	....	....	....	77.0	....	....	....	....	....

Trinidad and Tobago (369)

In Millions of U.S. Dollars

		Exports (FOB) 2011	2012	2013	2014	2015	2016	Imports (CIF) 2011	2012	2013	2014	2015	2016
Côte d'Ivoire	662	0.0	10.9	0.4	0.2	0.1	0.1	0.0	0.0	0.0	0.1	0.0	0.0
Ethiopia	644	....	0.0	0.6	0.1	....	....	0.1	0.0	0.0	0.0	0.0	0.0
Gabon	646	0.0	0.1	0.2	0.2	0.2	0.2	1,296.5	1,239.5	1,878.7	2,271.9	1,161.7	1,019.4
Gambia, The	648	....	....	....	....	....	....	0.2	....	....	....	0.0	0.0
Ghana	652	0.3	0.2	11.3	32.0	17.0	11.6	11.7	72.2	51.4	0.1	0.0	0.0
Guinea	656	0.0	0.1	....	0.0	....	....	....	....	0.0	0.1	0.7	0.6
Kenya	664	0.0	0.0	0.0	0.0	0.1	0.1	0.0	0.0	0.0	0.0	0.0	0.0
Liberia	668	197.9	98.8	189.9	83.3	27.4	18.7	....	0.0	0.0	0.0	....	....
Madagascar	674	....	....	....	....	....	....	0.0	0.1	0.1	0.0	0.0	0.0
Malawi	676	0.0 e	0.0 e	....	0.0 e	0.0 e	0.0 e	0.1	....	....	0.0	0.1	0.1
Mali	678	....	....	....	....	....	....	0.0	0.0	....	0.1	0.0	0.0
Mauritius	684	15.0	....	0.4	26.1	1.2	1.0	0.0	0.0	0.0	0.0	0.0	0.0
Mozambique	688	0.0	0.7	....	0.1	....	....	0.0	....	....	....	3.7	3.3
Namibia	728	3.1	0.1	0.1	0.1	0.2	0.1	0.1	0.1	0.0	0.0	0.0	0.0
Niger	692	7.9	....	0.8	....	....	....	0.4	0.0	0.0	0.0	....	....
Nigeria	694	28.2	9.3	60.6	45.5	0.5	0.4	0.1	0.0	0.0	0.2	0.1	0.1
São Tomé & Príncipe	716	0.0	0.1	....	0.1	....	....	0.0	....	....	0.0	0.0	0.0
Senegal	722	17.7	1.8	4.6	5.6	37.7	137.5	....	0.0	0.1	....	0.0	0.0
Seychelles	718	....	1.3	....	1.0	....	....	0.0	0.0	1.2	0.0	0.0	0.0
Sierra Leone	724	....	....	0.1	0.0	....	....	0.0	0.0	0.0	0.0	0.1	0.0
South Africa	199	2.0	9.1	11.1	0.8	1.2	29.0	3.7	18.8	18.1	30.1	13.3	27.1
Swaziland	734	1.5	....	0.0	0.0	0.2	0.1	0.9	0.3	0.4	0.5	0.3	0.2
Tanzania	738	0.0	0.8	0.3	0.1	0.0	0.0	....	0.1	0.0	0.1	0.4	0.3
Togo	742	....	....	....	13.0	18.9	18.9	....	....	0.1	....	0.0	0.0
Uganda	746	0.0	0.0	0.0	0.0	0.0	0.0	0.0	0.5	0.0	0.0	0.0	0.0
Zimbabwe	698	6.1	....	....	0.0	0.2	0.1	0.6	0.1	0.7	0.5	0.1	0.1
Western Hemisphere	205	4,251.1	3,257.5	6,957.7	5,092.6	3,939.9	3,233.0	2,343.7	2,750.7	3,493.2	2,382.0	1,353.7	1,003.1
Anguilla	312	6.1	3.4	14.2	6.5	5.3	3.6	0.0	0.1	0.0	0.2	0.2	0.2
Antigua and Barbuda	311	143.5	98.5	289.3	80.5	30.0	42.0	0.5	0.6	0.4	0.4	0.3	0.3
Argentina	213	632.6	323.3	565.1	487.2	726.2	1,017.6	26.8	22.2	18.0	15.1	13.5	25.1
Aruba	314	8.5	5.2	37.4	21.6	54.4	76.7	54.9	0.5	21.8	0.5	1.0	0.3
Bahamas, The	313	40.7	68.9	199.9	36.2	29.6	20.1	102.0	0.2	0.1	0.0	0.1	0.0
Barbados	316	388.7	304.9	580.7	361.8	186.0	150.8	51.3	90.3	84.1	86.8	40.1	35.2
Belize	339	18.2	11.9	11.8	10.7	11.3	11.2	11.7	17.0	15.9	14.5	13.2	9.6
Bermuda	319	1.2	0.3	0.8	2.1	1.8	1.2	....	1.3	0.1	0.0	0.1	0.1
Bolivia	218	0.5	0.6	0.1	7.2	0.3	3.5	0.0	1.5	0.2	0.1	0.1	0.1
Brazil	223	294.1	203.0	679.3	690.8	251.7	69.1	613.7	574.8	388.5	582.0	307.7	203.3
Chile	228	113.6	197.5	373.0	418.1	385.5	261.0	17.2	21.6	18.7	27.9	19.5	18.3
Colombia	233	261.5	264.8	942.3	435.2	437.4	213.6	1,110.2	1,474.8	2,503.4	1,169.7	512.2	316.0
Costa Rica	238	85.5	7.8	277.9	81.5	74.7	74.7	40.5	47.6	44.8	48.1	51.3	45.1
Curaçao	354	89.9	15.6	6.8	8.1	7.8	5.3	3.0	0.8	1.2	2.5	1.8	1.6
Dominica	321	33.6	22.9	35.4	33.9	18.6	13.0	3.9	7.2	5.4	5.2	3.7	3.5
Dominican Republic	243	237.3	141.3	299.7	182.1	153.7	110.9	29.1	33.2	33.0	40.8	34.5	29.8
Ecuador	248	23.5	27.7	31.7	7.4	10.0	24.9	5.1	6.3	5.6	83.0	4.8	3.4
El Salvador	253	22.2	2.4	137.3	89.0	1.8	1.6	2.0	3.2	3.7	3.9	3.1	4.0
Grenada	328	56.1	51.5	73.1	75.4	54.3	35.8	0.6	0.8	1.3	1.5	1.3	1.1
Guatemala	258	11.1	18.7	36.0	37.0	2.8	1.9	19.8	30.9	33.3	21.1	24.9	23.3
Guyana	336	286.7	234.9	351.9	340.8	217.6	153.0	31.1	58.3	32.2	33.1	33.6	28.4
Haiti	263	25.0	5.6	42.8	31.0	31.1	21.2	0.2	0.2	5.4	0.4	0.2	0.1
Honduras	268	6.1	5.1	8.1	10.6	1.8	2.1	4.5	4.3	8.3	6.2	5.4	7.6
Jamaica	343	623.4	503.0	829.9	566.2	312.9	240.8	17.1	16.7	16.1	18.3	20.7	17.6
Mexico	273	82.1	118.1	69.8	197.9	119.9	107.2	109.8	150.5	150.4	128.0	139.1	128.1
Montserrat	351	1.0	1.5	1.5	2.0	2.5	1.5	....	....	0.1	0.1	0.1	0.1
Nicaragua	278	14.2	6.1	25.3	5.3	0.2	0.1	1.1	2.9	1.2	1.2	1.2	1.0
Panama	283	55.0	80.0	146.9	148.9	56.4	60.8	30.7	121.0	15.2	19.3	24.8	15.1
Paraguay	288	0.1	....	....	....	....	....	0.6	0.9	0.5	1.0	0.7	0.6
Peru	293	30.5	45.1	57.3	176.1	419.1	260.6	13.6	16.8	14.3	18.4	18.0	19.7
Sint Maarten	352	18.9	26.7	88.7	43.7	18.1	12.3	0.1	0.1	0.1	0.1	0.0	0.0
St. Kitts and Nevis	361	21.4	16.4	31.5	28.9	23.0	15.3	0.3	0.8	2.0	2.3	2.1	1.8
St. Lucia	362	103.3	68.1	154.2	118.3	58.6	44.8	8.5	11.3	9.6	16.0	14.7	12.0

Trinidad and Tobago (369)
In Millions of U.S. Dollars

		\multicolumn{6}{c	}{Exports (FOB)}	\multicolumn{6}{c	}{Imports (CIF)}
		2011	2012	2013	2014	2015	2016	2011	2012	2013	2014	2015	2016
St. Vincent & Grens.	364	56.7	45.3	72.9	133.2	40.5	26.7	4.1	4.1	4.5	5.2	3.2	2.9
Suriname	366	292.5	300.4	386.9	173.8	142.6	112.1	11.3	10.2	5.3	6.7	25.7	20.3
Uruguay	298	3.7	2.7	0.4	0.0	1.0	0.7	6.6	8.6	10.5	12.6	13.4	12.1
Venezuela, Rep. Bol.	299	139.1	14.9	85.3	32.0	43.8	29.8	11.3	9.0	37.5	7.3	1.6	1.4
Western Hem. n.s.	399	23.1	13.5	12.5	11.3	7.7	5.2	0.4	0.1	0.4	2.0	16.1	14.1
Other Countries n.i.e	910	**43.4**	**104.4**	**46.9**	**3.6**	**40.4**	**27.5**	**1.6**	**7.7**	**4.7**	**9.4**	**11.5**	**9.8**
Cuba	928	18.9	8.4	46.8	3.6	8.7	5.9	0.2	6.7	3.5	6.2	9.0	7.9
Korea, Dem. People's Rep.	954	24.5	96.0	0.0	0.0	31.6	21.5	1.4	1.1	1.2	3.1	2.5	1.9
Special Categories	899	**147.4**	**86.1**	**79.5**	**71.8**	**49.1**	**33.4**	....	....	....	....	....	....
Countries & Areas n.s.	898	**2.1**	**1.2**	**1.1**	**1.0**	**0.7**	**0.5**	0.5	....	1.7	0.0	0.0	0.0
Memorandum Items													
Africa	605	334.4	151.9	282.0	330.5	132.3	261.9	1,392.5	1,334.2	1,955.2	2,305.0	1,187.9	1,057.4
Middle East	405	6.1	33.7	26.3	157.2	77.7	43.9	6.3	8.4	12.6	44.8	10.6	9.9
European Union	998	2,275.6	1,658.3	1,834.4	1,421.4	1,248.7	704.9	681.3	1,081.5	1,139.9	1,120.6	962.2	866.2
Export earnings: fuel	080	458.9	328.7	1,131.6	657.0	561.1	319.4	3,310.1	3,539.5	5,758.2	4,646.8	2,143.4	2,665.0
Export earnings: nonfuel	092	14,488.5	11,782.3	15,317.1	13,830.5	10,178.2	7,705.8	6,283.9	8,119.0	6,667.9	6,793.9	7,181.8	6,001.2

Tunisia (744)

In Millions of U.S. Dollars

		Exports (FOB) 2011	2012	2013	2014	2015	2016	Imports (CIF) 2011	2012	2013	2014	2015	2016
IFS World		....	....	....	....	....	....	....	....	....	....	....	....
World	001	17,161.4	16,298.2	16,335.5	16,012.8	13,441.8	12,893.3	23,524.8	24,021.8	23,743.0	25,039.0	20,414.2	18,981.9
Advanced Economies	110	14,047.0	13,031.5	13,117.8	12,727.9	10,750.4	10,209.1	15,525.2	15,029.3	14,771.0	14,586.8	12,417.5	11,685.5
Euro Area	163	12,774.7	11,130.6	11,158.9	11,250.7	9,620.2	9,291.2	12,658.1	12,034.6	12,344.4	12,014.4	10,239.4	9,337.2
Austria	122	74.1	73.6	66.6	72.9	72.7	83.1	114.3	100.7	108.8	134.6	84.3	91.3
Belgium	124	336.3	356.7	346.7	307.2	252.1	247.1	425.5	405.6	388.9	353.6	255.9	263.9
Cyprus	423	5.0	6.1	2.5	1.5	1.0	1.6	1.7	4.3	2.1	1.8	1.4	2.1
Estonia	939	3.3	2.5	1.8	2.1	2.9	0.5	2.6	2.8	2.5	1.8	5.2	6.5
Finland	172	1.2	0.6	0.0	0.9	2.6	2.5	90.2	76.6	86.2	86.2	64.9	65.4
France	132	5,466.3	4,580.7	4,496.6	4,753.4	4,126.9	4,343.9	4,379.0	4,022.2	4,441.1	4,045.0	3,598.2	3,013.3
Germany	134	1,613.4	1,397.5	1,532.5	1,710.4	1,476.9	1,432.4	1,767.1	1,684.3	1,739.9	1,739.9	1,479.3	1,502.6
Greece	174	16.0	18.7	15.2	20.2	20.8	16.6	88.2	160.6	119.2	228.4	130.9	93.4
Ireland	178	7.5	8.0	8.4	7.4	4.5	4.9	42.1	44.7	55.8	56.4	51.1	42.5
Italy	136	3,858.8	3,209.9	3,149.4	3,204.9	2,596.6	2,346.6	3,787.4	3,467.1	3,521.9	3,634.6	3,014.0	2,826.8
Latvia	941	0.1	0.4	1.0	0.7	0.4	1.7	10.2	22.9	15.3	16.3	10.8	4.4
Lithuania	946	0.2	4.4	1.9	8.2	2.3	1.4	2.4	6.1	2.0	6.5	2.3	2.2
Luxembourg	137	0.5	0.4	0.2	0.4	0.2	1.1	5.3	6.0	7.0	7.3	7.9	10.2
Malta	181	43.0	38.9	11.2	22.4	22.1	23.6	299.2	349.1	200.6	177.7	234.2	52.8
Netherlands	138	417.1	572.8	609.2	459.4	239.2	212.4	265.5	351.9	257.1	246.2	221.2	256.4
Portugal	182	65.9	50.9	68.6	58.7	71.6	59.1	206.0	155.8	191.2	192.1	158.7	192.4
Slovak Republic	936	93.7	71.6	42.8	25.5	26.3	36.5	26.8	35.2	68.6	58.6	54.8	73.4
Slovenia	961	5.6	0.4	1.3	1.2	1.4	1.2	13.2	21.2	16.5	22.0	16.6	18.8
Spain	184	766.7	736.4	802.8	593.4	699.8	474.8	1,131.6	1,117.3	1,119.5	1,005.3	847.7	819.1
Australia	193	4.2	5.2	4.2	5.7	7.6	6.7	8.3	23.6	7.7	5.9	7.1	8.6
Canada	156	24.8	20.4	18.1	20.2	24.8	32.7	110.0	157.5	92.0	126.8	162.1	149.4
China,P.R.: Hong Kong	532	15.7	13.8	27.1	29.0	22.4	17.4	41.1	33.3	25.4	30.2	24.2	35.0
China,P.R.: Macao	546	0.1	0.0	0.0	0.1	0.0	0.0	0.0	0.0	0.0	0.0	0.1	0.1
Czech Republic	935	46.6	91.7	48.1	77.8	62.5	84.9	101.9	76.9	67.3	76.1	72.6	93.9
Denmark	128	6.4	15.5	13.7	15.9	19.5	12.2	120.7	74.0	49.6	50.5	47.3	45.4
Iceland	176	2.7	7.9	1.3	1.1	1.0	1.3	1.1	0.7	0.1	0.4	1.0	0.4
Israel	436	....	....	....	....	....	....	....	....	....	1.1	0.1	....
Japan	158	106.6	90.2	72.9	42.8	26.5	31.9	293.3	341.8	293.4	269.7	228.5	217.2
Korea, Republic of	542	8.5	10.1	8.3	5.9	4.8	6.9	241.6	507.7	216.3	270.4	188.8	259.3
New Zealand	196	0.1	1.7	1.1	4.0	0.5	0.3	....	7.4	5.3	4.0	6.6	3.5
Norway	142	9.1	8.2	7.1	5.0	5.9	4.2	16.1	28.4	9.2	6.0	5.7	17.2
Singapore	576	3.5	2.9	4.7	5.5	18.9	32.2	20.9	21.3	19.2	26.9	24.6	31.9
Sweden	144	47.4	29.2	32.3	32.0	15.3	23.7	247.0	168.2	133.1	152.2	110.7	111.5
Switzerland	146	218.9	748.4	678.1	275.1	126.6	178.0	258.0	231.0	216.4	255.1	199.5	173.8
Taiwan Prov.of China	528	2.5	0.9	0.5	1.7	1.5	1.8	206.4	201.8	147.2	245.7	191.7	205.5
United Kingdom	112	498.8	528.8	644.3	712.0	438.6	236.7	319.5	322.6	346.1	331.0	289.3	306.9
United States	111	276.2	326.0	397.2	243.5	353.6	246.9	881.1	798.6	798.4	720.3	618.0	688.6
Emerg. & Dev. Economies	200	3,114.3	3,266.6	3,217.7	3,283.2	2,689.2	2,682.9	7,993.3	8,989.2	8,969.6	9,978.1	7,575.7	7,293.4
Emerg. & Dev. Asia	505	307.4	395.1	300.5	430.8	278.5	292.4	2,187.6	2,513.5	2,235.0	2,723.5	2,475.2	2,491.5
American Samoa	859	....	....	....	....	....	....	....	....	....	0.0	0.0	0.2
Bangladesh	513	108.8	92.9	136.4	175.4	111.7	90.4	6.0	9.4	10.1	12.3	9.9	13.7
Brunei Darussalam	516	0.0	0.0	0.2	0.3	0.0	0.0	....	0.1	0.0	0.0	0.4	....
Cambodia	522	....	0.0	0.3	....	....	....	0.4	1.4	1.7	1.7	1.4	1.6
China,P.R.: Mainland	924	41.1	84.2	41.4	61.7	28.3	28.8	1,455.0	1,685.8	1,533.3	1,782.6	1,692.1	1,818.5
F.T. French Polynesia	887	0.3	0.8	0.3	0.4	0.2	0.3	0.0	0.0	0.0	0.0	0.0	0.0
F.T. New Caledonia	839	0.1	0.2	0.1	0.1	0.1	0.3	3.9	0.3	0.0	0.0	0.0	0.0
India	534	133.8	181.8	85.7	149.4	102.7	133.6	350.6	380.2	313.0	290.3	244.3	268.5
Indonesia	536	8.9	12.8	16.6	14.2	13.7	12.2	97.2	115.5	97.0	98.5	65.8	52.2
Lao People's Dem.Rep	544	....	....	0.0	0.2	....	....	0.0	0.0	0.0	0.1	0.0	0.0
Malaysia	548	12.8	17.7	16.6	19.4	17.4	21.4	94.7	73.7	80.7	74.3	60.8	80.9
Maldives	556	0.0	0.1	0.1	0.2	0.2	0.2	0.3	0.0	0.1	0.0	0.1	0.1
Myanmar	518	....	....	....	....	....	....	....	0.0	....	0.0	0.1	0.2
Nauru	836	....	....	....	....	....	0.4	0.8	....	0.0	....	0.0	0.0
Philippines	566	0.2	0.2	0.6	0.1	0.1	0.1	7.7	22.3	14.4	12.8	13.2	15.0
Solomon Islands	813	....	....	0.1	0.0	....	0.0	....	....	....	....	....	0.0
Sri Lanka	524	0.0	0.0	0.0	0.1	0.2	0.1	1.2	2.0	1.1	1.6	0.9	0.9

Tunisia (744)
In Millions of U.S. Dollars

		Exports (FOB)						Imports (CIF)					
		2011	2012	2013	2014	2015	2016	2011	2012	2013	2014	2015	2016
Thailand	578	1.0	4.1	1.4	5.8	2.1	1.5	150.0	173.9	143.6	179.3	152.5	183.1
Vanuatu	846	....	....	....	2.7	0.0	0.0	....	....	....	....	....	....
Vietnam	582	0.2	0.3	0.7	0.9	1.7	3.1	19.9	48.7	39.9	94.9	95.2	56.7
Asia n.s.	598	....	....	0.1	....	....	....	....	....	....	175.2	138.5	....
Europe	170	**431.8**	**509.2**	**522.2**	**571.8**	**475.6**	**536.6**	**3,310.6**	**3,396.2**	**3,321.2**	**3,863.9**	**2,856.3**	**2,616.4**
Emerg. & Dev. Europe	903	**408.4**	**473.9**	**489.3**	**543.8**	**462.1**	**517.4**	**1,256.6**	**1,321.5**	**1,558.1**	**1,506.4**	**1,334.4**	**1,364.2**
Albania	914	2.0	1.3	3.7	14.1	11.6	5.3	0.5	1.5	2.2	2.2	0.7	0.7
Bosnia and Herzegovina	963	0.4	0.7	0.5	0.8	0.9	0.5	0.4	1.3	26.1	15.8	0.3	1.2
Bulgaria	918	14.0	12.2	11.3	21.8	12.8	9.1	60.8	125.3	247.1	118.3	123.1	54.6
Croatia	960	2.3	4.6	5.3	2.8	1.7	1.5	60.8	119.0	63.8	43.3	5.7	12.4
Faroe Islands	816	....	....	0.0	0.1	....	....	....	....	0.0	....	....	0.0
Gibraltar	823	0.1	0.7	0.2	0.3	0.1	0.1	16.9	0.1	43.9	0.1	0.0	9.4
Hungary	944	17.8	21.1	32.1	56.2	48.9	49.3	86.4	71.1	89.4	109.7	114.8	105.0
Macedonia, FYR	962	0.4	0.4	0.5	2.1	3.0	0.3	3.4	0.1	0.0	5.3	7.1	0.5
Montenegro	943	....	....	....	....	....	0.1	....	....	....	....	....	0.0
Poland	964	85.3	188.7	82.6	176.4	168.9	152.5	80.1	96.0	107.9	117.3	116.8	123.8
Romania	968	121.6	115.7	129.5	107.9	108.4	130.8	85.8	116.1	120.7	134.4	155.5	130.7
Serbia, Republic of	942	....	....	....	1.1	0.4	1.3	....	....	....	33.2	22.9	68.8
Turkey	186	164.3	128.5	223.4	160.4	105.4	166.6	849.5	771.3	821.0	926.9	787.6	857.0
CIS	901	**23.3**	**34.9**	**32.9**	**28.0**	**13.6**	**19.3**	**2,053.9**	**2,074.6**	**1,763.1**	**2,357.5**	**1,522.0**	**1,252.2**
Armenia	911	0.0	....	0.0	....	0.1	0.1	0.0	0.0	0.0	0.0	0.0	0.0
Azerbaijan, Rep. of	912	3.0	9.9	1.9	1.4	0.9	1.2	273.8	603.0	774.1	846.7	305.8	258.3
Belarus	913	....	....	....	....	0.0	0.0	0.1	0.1	9.3	11.8	14.9	1.1
Georgia	915	0.1	0.0	0.1	0.2	0.1	0.1	48.2	0.0	0.1	0.1	0.2	0.7
Kazakhstan	916	0.2	0.1	0.2	0.1	0.4	0.5	21.1	18.5	16.6	12.2	12.5	10.6
Kyrgyz Republic	917	....	....	....	....	....	....	....	0.1	0.0	4.9	1.0	2.2
Moldova	921	0.0	0.0	0.0	0.1	0.0	0.0	0.1	0.5	0.3	0.1	0.1	1.7
Russian Federation	922	19.0	23.1	27.7	23.4	11.2	14.3	1,375.8	1,069.7	655.0	1,052.4	815.4	655.0
Tajikistan	923	....	....	....	....	....	....	1.6	0.0	0.1	0.0	0.0	0.0
Turkmenistan	925	....	....	0.0	0.0	0.3	0.4	....	....	0.0	0.1	....	0.0
Ukraine	926	1.0	1.7	3.1	2.8	0.7	2.6	333.0	382.0	306.9	428.6	371.8	322.4
Uzbekistan	927	....	....	....	....	....	....	0.3	0.6	0.8	0.6	0.2	0.1
Europe n.s.	884	0.1	0.4	....	....	....	....	0.1	0.0	0.0	0.0	0.0	....
Mid East, N Africa, Pak	440	**1,814.5**	**1,833.5**	**1,837.9**	**1,825.7**	**1,550.2**	**1,506.5**	**1,460.6**	**2,183.4**	**2,457.8**	**2,546.3**	**1,606.1**	**1,556.3**
Afghanistan, I.R. of	512	....	0.0	0.1	0.1	....	0.1	0.0	0.1	0.0	0.1	0.0	0.2
Algeria	612	466.0	484.7	486.2	619.0	558.2	665.5	636.8	982.8	1,185.3	1,572.5	801.3	722.6
Bahrain, Kingdom of	419	1.0	0.9	0.6	0.6	0.9	1.0	10.0	9.2	9.9	10.4	5.6	17.0
Djibouti	611	0.7	0.5	2.5	0.6	0.3	0.8	....	0.1	0.0	0.0	0.0	0.0
Egypt	469	72.9	84.9	67.2	85.7	71.8	51.7	165.7	254.0	236.2	214.1	155.2	174.9
Iran, I.R. of	429	4.9	5.5	0.9	12.6	1.3	3.3	9.3	6.9	4.1	3.9	4.8	7.1
Iraq	433	10.8	11.9	12.0	25.2	6.6	4.9	0.0	0.0	0.1	0.2	0.0	0.0
Jordan	439	11.6	16.2	13.1	8.5	9.1	11.5	22.8	22.4	19.7	24.4	24.3	20.0
Kuwait	443	3.4	6.0	7.0	4.8	7.1	4.9	30.9	32.7	22.5	22.4	20.7	17.8
Lebanon	446	13.8	12.4	11.3	19.7	29.8	9.9	11.3	12.8	11.3	11.8	17.4	13.9
Libya	672	783.7	828.0	868.5	667.8	540.0	442.8	22.4	315.4	409.1	56.3	19.5	29.6
Mauritania	682	25.7	19.9	31.4	29.3	21.9	15.8	1.0	1.4	1.1	1.3	2.2	2.9
Morocco	686	239.1	213.2	192.1	179.6	180.1	170.8	93.6	129.7	95.9	117.5	126.7	115.8
Oman	449	0.9	1.6	3.9	3.3	4.9	2.4	12.9	10.5	4.8	15.4	8.6	2.9
Pakistan	564	19.8	9.1	10.0	10.3	7.4	6.8	37.0	29.7	34.5	39.0	26.2	25.0
Qatar	453	4.2	4.9	4.7	3.7	10.2	7.9	6.8	15.9	19.3	14.5	16.9	28.9
Saudi Arabia	456	14.2	19.7	38.1	37.1	22.9	19.8	209.1	216.5	262.7	265.1	237.0	208.0
Somalia	726	....	....	....	....	0.1	0.1	0.0	0.0	0.0	0.0	1.8	0.0
Sudan	732	0.6	0.6	1.4	3.0	5.3	11.2	17.6	15.8	18.1	19.9	16.8	12.1
Syrian Arab Republic	463	29.3	20.8	13.1	13.2	6.3	6.4	19.5	7.5	2.9	1.2	1.3	10.6
United Arab Emirates	466	109.3	85.3	67.9	98.0	64.2	67.1	152.5	119.2	119.5	156.1	119.5	147.0
West Bank and Gaza	487	0.2	0.2	0.3	0.1	....	0.6	0.0	....	0.0	....	....	0.0
Yemen, Republic of	474	2.2	7.2	5.9	3.4	2.0	1.3	1.4	1.0	0.8	0.3	0.0	0.0
Sub-Saharan Africa	603	**430.4**	**392.6**	**390.7**	**385.6**	**334.4**	**299.8**	**70.6**	**78.6**	**71.4**	**142.1**	**92.5**	**94.5**
Angola	614	7.5	6.3	9.3	14.7	8.0	6.0	0.2	0.0	0.0	0.2	0.0	0.7
Benin	638	6.2	6.2	9.8	17.2	11.2	7.5	....	....	....	0.6	1.0	0.3

Tunisia (744)

In Millions of U.S. Dollars

		Exports (FOB) 2011	2012	2013	2014	2015	2016	Imports (CIF) 2011	2012	2013	2014	2015	2016
Botswana	616	....	0.0	0.0	0.0	0.1	....	0.0	0.2	0.1	0.0	0.0	0.0
Burkina Faso	748	12.0	18.1	21.3	16.4	9.4	11.0	3.1	1.9	2.6	0.8	0.1	....
Burundi	618	0.1	0.6	0.2	0.4	0.3	0.1	....	....	....	0.0	....	....
Cabo Verde	624	0.1	0.1	0.0	0.2	0.2	0.3	....	0.0	....	0.9	0.0	....
Cameroon	622	25.8	29.0	32.4	16.6	22.8	18.4	9.7	7.2	2.7	2.9	8.1	2.5
Central African Rep.	626	0.7	0.7	0.3	0.5	0.4	0.5	2.8	0.3	0.0	0.0	....	....
Chad	628	1.5	5.4	3.6	7.1	5.3	7.1	....	....	....	0.1	....	0.0
Comoros	632	0.1	0.9	0.1	0.2	0.4	0.5	0.0	0.0	0.0	0.0	0.1	0.0
Congo, Dem. Rep. of	636	0.0	0.0	0.4	0.1	0.0	0.4	0.0	0.0	0.1	0.0	....	0.0
Congo, Republic of	634	15.2	15.4	16.4	16.5	15.9	8.0	0.9	1.2	1.4	0.9	1.4	0.6
Côte d'Ivoire	662	24.6	28.0	31.4	46.0	36.4	35.8	15.4	15.1	4.7	9.9	7.5	2.1
Equatorial Guinea	642	5.5	5.5	7.8	8.0	2.6	4.3	0.1	1.0	0.3	0.1	0.4	0.2
Eritrea	643	....	0.0	0.4	....	....	....	0.1	0.0	0.0	0.0	0.0	....
Ethiopia	644	120.9	86.1	75.3	69.7	56.7	50.2	0.5	0.3	0.2	0.9	2.5	0.5
Gabon	646	22.7	24.3	27.1	23.4	20.2	17.3	2.1	1.9	1.2	1.5	1.2	0.6
Gambia, The	648	2.6	2.7	2.2	1.8	2.1	2.0	0.0	0.0	0.0	0.0	0.0	0.8
Ghana	652	13.2	17.0	16.9	15.6	15.6	13.9	7.6	7.6	12.9	17.5	17.3	14.9
Guinea	656	5.0	4.0	4.9	7.3	11.4	11.1	0.0	1.9	1.0	0.3	0.1	....
Guinea-Bissau	654	0.2	0.1	0.1	0.1	0.1	0.1	....	....	....	0.0	0.0	....
Kenya	664	1.3	1.0	1.1	0.5	1.0	0.2	0.8	0.7	2.2	1.2	0.3	0.1
Lesotho	666	....	....	....	....	....	0.0	0.0	0.2	0.0	0.0	....	....
Liberia	668	1.5	6.7	1.1	0.9	1.3	0.9	0.1	0.0	....	....	0.0	....
Madagascar	674	2.3	1.9	2.2	3.2	2.4	3.1	0.4	0.3	0.4	0.2	0.2	0.3
Malawi	676	0.9	0.0	0.0	0.1	....	....	0.0	3.1	1.9	7.2	2.6	2.6
Mali	678	14.9	9.4	7.0	7.9	6.4	6.5	0.0	0.8	0.9	0.8	0.2	0.1
Mauritius	684	0.7	0.4	0.9	1.4	1.9	1.8	0.9	0.7	0.5	0.2	0.4	0.3
Mozambique	688	9.1	7.1	0.2	0.5	0.1	0.1	0.0	0.2	....	0.0	0.1	0.2
Namibia	728	0.0	0.3	....	0.0	0.2	0.1	0.4	0.1	0.2	6.7	1.1	1.6
Niger	692	13.8	13.6	16.0	13.2	10.3	7.2	0.0	0.0	0.0	0.0	0.2	0.0
Nigeria	694	18.6	18.3	25.7	28.2	16.4	12.7	0.2	3.2	1.9	51.7	29.5	39.9
Rwanda	714	26.5	8.5	0.3	0.1	0.9	1.6	....	0.0	0.0	0.0	0.0	0.0
São Tomé & Príncipe	716	0.0	0.1	....	0.0	0.0	0.0	....	0.0	....	0.0	0.0	0.0
Senegal	722	45.9	48.2	48.8	43.3	49.7	47.5	1.1	0.9	0.2	0.2	0.2	2.1
Seychelles	718	2.4	6.4	7.2	4.1	8.0	6.3	....	0.1	0.0	0.0	0.6	4.5
Sierra Leone	724	1.8	1.8	1.7	2.0	2.0	1.4	0.0	0.0	0.1	0.0	0.3	0.1
South Africa	199	10.5	9.0	9.7	9.5	8.9	9.5	10.6	24.4	11.9	28.4	13.0	12.1
Swaziland	734	....	....	....	0.0	0.1	0.0	0.1	0.0	0.0	0.0	0.1	0.1
Tanzania	738	0.3	0.2	0.3	0.3	0.4	0.1	2.3	0.8	2.7	5.1	1.4	0.5
Togo	742	15.6	8.8	8.2	8.1	5.0	4.9	1.8	....	0.2	0.2	0.3	0.2
Uganda	746	0.2	0.3	0.4	0.3	0.1	0.1	9.0	4.5	21.1	2.4	0.0	5.6
Zambia	754	0.1	0.0	0.1	0.1	0.0	1.3	0.4	0.0	....	0.5	0.2	0.0
Zimbabwe	698	0.0	....	....	0.0	....	....	....	....	....	0.2	2.3	0.9
Western Hemisphere	205	130.3	136.1	166.3	69.2	50.4	47.5	963.9	817.5	884.3	702.3	545.6	534.7
Antigua and Barbuda	311	0.5	1.6	0.0	0.0	0.0	....	0.1	0.0	0.0	0.0	0.3	2.6
Argentina	213	1.2	0.7	8.6	0.2	0.3	0.6	308.1	235.4	258.4	211.4	84.8	127.7
Bahamas, The	313	0.1	0.0	0.0	0.4	0.9	0.4	0.0	21.7	....	....	0.0	18.2
Barbados	316	0.0	....	....	....	....	....	0.1	0.0	0.0	0.0	0.0	0.0
Belize	339	0.0	0.0	0.1	0.0	....	....	0.5	1.2	1.6	0.3	0.1	0.6
Bolivia	218	....	0.0	0.0	0.2	0.1	0.1	0.1	0.0	0.0	0.0	0.0	0.1
Brazil	223	113.5	111.3	121.7	35.5	30.1	28.8	456.5	379.8	311.9	284.3	309.2	264.1
Chile	228	0.9	2.3	0.4	0.1	0.2	0.5	3.1	5.5	9.0	7.6	7.1	4.7
Colombia	233	2.5	0.5	0.9	0.3	0.0	1.2	16.4	4.3	13.7	10.6	1.4	3.0
Costa Rica	238	....	....	0.0	0.0	....	0.0	2.3	1.5	1.1	1.0	1.0	1.4
Dominican Republic	243	0.1	0.1	0.1	0.3	0.8	1.3	0.5	0.4	0.3	0.4	0.6	0.9
Ecuador	248	2.1	0.2	0.1	0.0	0.1	0.2	10.7	2.0	4.5	8.8	14.0	13.9
El Salvador	253	....	....	....	....	0.0	....	0.4	0.5	0.3	0.2	0.8	1.8
Greenland	326	....	....	....	0.1	....	....	2.3	1.6	0.5	0.0	....	....
Guatemala	258	....	....	....	0.0	0.0	0.0	0.0	8.3	55.0	52.1	29.0	0.2
Guyana	336	0.1	0.3	....	0.2	0.2	....	....	....	....	....	....	....
Haiti	263	0.2	0.0	....	....	....	....	....	....	0.0	....	0.0	0.0

Tunisia (744)

In Millions of U.S. Dollars

		\multicolumn{6}{c}{Exports (FOB)}	\multicolumn{6}{c}{Imports (CIF)}
		2011	2012	2013	2014	2015	2016	2011	2012	2013	2014	2015	2016
Honduras	268	0.4	0.0	2.2	2.7	2.4	1.0	0.2	0.6	0.0	0.2	0.2	0.1
Mexico	273	2.9	2.9	9.0	11.0	12.4	11.9	52.3	54.1	86.5	44.9	33.3	26.3
Netherlands Antilles	353	....	....	....	....	....	....	7.4	....	....	....	....	....
Nicaragua	278	....	....	0.0	....	....	....	0.1	0.0	....	0.0	0.0	0.0
Panama	283	3.5	3.1	3.4	1.7	1.3	0.7	1.8	0.0	0.1	0.0	0.3	1.4
Paraguay	288	0.0	0.0	0.0	0.1	0.0	0.1	34.1	61.1	35.8	62.5	57.2	59.9
Peru	293	0.7	0.3	0.4	6.4	0.0	0.0	3.9	1.4	0.8	1.2	2.4	1.1
Suriname	366	0.1	0.2	0.5	0.9	1.1	0.4	0.0	0.0	0.0	0.1	0.2	0.0
Uruguay	298	0.1	11.3	18.4	9.0	0.1	0.0	52.4	20.5	104.5	4.2	0.8	6.7
Venezuela, Rep. Bol.	299	1.3	1.3	0.5	0.1	0.3	0.1	10.4	17.5	0.2	12.4	2.7	0.0
Other Countries n.i.e	910	**0.0**	**0.1**	**0.0**	**1.6**	**2.3**	**1.3**	**6.3**	**3.3**	**2.4**	**2.7**	**1.0**	**2.9**
Cuba	928	0.0	0.1	0.0	1.4	2.1	1.2	5.2	1.5	1.1	0.7	0.1	0.4
Korea, Dem. People's Rep.	954	0.0	0.1	0.0	0.2	0.2	0.1	1.2	1.8	1.3	2.0	0.9	2.5
Countries & Areas n.s.	898	....	....	....	....	....	....	....	....	....	471.4	420.1	....
Memorandum Items													
Africa	605	1,162.5	1,111.6	1,104.1	1,217.2	1,100.2	1,164.0	819.6	1,208.4	1,371.8	1,853.4	1,041.5	948.0
Middle East	405	1,062.6	1,105.5	1,114.4	983.8	777.0	635.4	674.5	1,023.9	1,122.8	795.9	630.8	677.6
European Union	998	13,615.0	12,138.1	12,158.2	12,453.5	10,496.9	9,992.0	13,821.2	13,203.5	13,569.4	13,147.2	11,275.3	10,321.5
Export earnings: fuel	080	1,499.7	1,566.0	1,617.0	1,599.3	1,299.9	1,294.2	2,803.7	3,432.4	3,507.0	4,114.7	2,418.7	2,163.9
Export earnings: nonfuel	092	15,661.6	14,732.2	14,718.5	14,413.4	12,141.9	11,599.1	20,721.0	20,589.4	20,236.0	20,924.3	17,995.5	16,818.0

Turkey (186)

In Millions of U.S. Dollars

		Exports (FOB)						Imports (CIF)					
		2011	2012	2013	2014	2015	2016	2011	2012	2013	2014	2015	2016
IFS World		135,149.0	152,433.3	151,966.4	157,618.9	143,717.8	143,017.4	240,861.8	236,556.2	251,812.3	242,162.1	206,919.3	198,786.9
World	001	134,906.9	152,461.7	151,802.6	157,610.2	143,844.1	142,529.6	240,841.7	236,545.1	251,661.3	242,177.1	207,235.6	198,618.2
Advanced Economies	110	68,075.8	66,529.8	68,807.7	76,533.8	74,656.8	75,668.5	118,969.8	111,763.7	121,787.5	114,390.6	99,493.5	98,033.0
Euro Area	163	44,481.7	41,000.9	43,834.8	46,951.0	42,805.2	44,876.5	69,251.9	66,725.5	69,731.1	66,768.6	59,261.3	58,213.4
Austria	122	1,052.9	1,000.7	1,057.3	1,134.5	1,024.5	1,045.4	1,736.4	1,634.3	1,749.7	1,814.1	1,568.0	1,521.2
Belgium	124	2,451.0	2,359.6	2,573.8	2,939.1	2,557.8	2,548.2	3,959.3	3,690.3	3,843.4	3,863.9	3,146.9	3,200.8
Cyprus	423	1.3	4.0	1.6	0.2	0.3	0.6	0.7	0.1	0.5	0.1	0.1	0.1
Estonia	939	132.0	168.7	197.4	177.6	117.8	171.6	368.1	311.3	258.7	293.6	278.1	237.5
Finland	172	352.9	301.6	298.0	329.4	266.1	292.1	1,296.7	1,114.8	1,245.0	1,138.3	1,011.8	942.1
France	132	6,809.2	6,202.3	6,382.7	6,467.9	5,850.2	6,022.5	9,230.1	8,589.9	8,082.4	8,122.6	7,597.7	7,364.7
Germany	134	13,950.8	13,124.4	13,702.6	15,147.4	13,417.5	13,998.7	22,985.6	21,400.6	24,182.4	22,369.5	21,351.9	21,475.0
Greece	174	1,553.3	1,401.4	1,437.4	1,536.7	1,400.5	1,427.2	2,568.8	3,539.9	4,206.0	4,043.8	1,860.9	1,187.1
Ireland	178	354.0	347.2	379.6	470.9	466.8	494.5	839.2	845.5	830.4	894.0	840.4	824.4
Italy	136	7,854.5	6,373.5	6,718.7	7,141.1	6,887.8	7,580.8	13,452.4	13,345.9	12,887.2	12,059.1	10,641.6	10,218.4
Latvia	941	116.0	127.4	151.2	193.3	173.1	196.9	129.8	160.3	172.5	167.8	122.8	202.0
Lithuania	946	274.2	276.0	403.3	351.0	300.2	258.6	148.1	218.3	178.7	217.2	244.6	281.3
Luxembourg	137	53.8	51.9	52.4	66.0	36.6	59.9	162.5	145.9	137.2	150.2	224.3	134.5
Malta	181	899.7	919.1	886.8	1,015.0	494.0	238.6	324.2	216.5	74.9	57.3	26.2	39.1
Netherlands	138	3,243.1	3,244.4	3,538.0	3,458.7	3,154.9	3,589.4	4,005.0	3,660.6	3,363.6	3,517.2	2,914.7	3,000.3
Portugal	182	445.7	441.1	616.9	557.5	558.4	651.1	606.6	644.4	680.1	762.7	640.3	658.3
Slovak Republic	936	402.2	391.8	436.1	472.3	545.8	384.3	893.2	871.5	1,116.4	919.5	858.6	951.2
Slovenia	961	617.5	548.3	666.2	742.8	810.4	927.5	348.9	311.9	304.3	301.9	343.8	296.1
Spain	184	3,917.7	3,717.6	4,334.7	4,749.6	4,742.6	4,988.5	6,196.5	6,023.7	6,417.8	6,075.8	5,588.5	5,679.3
Australia	193	410.5	421.7	462.8	505.0	521.3	633.3	747.0	804.4	1,233.1	544.1	544.8	607.4
Canada	156	875.2	1,058.3	940.3	950.5	670.6	729.5	1,311.5	953.7	1,356.6	1,107.3	929.0	1,063.0
China,P.R.: Hong Kong	532	425.6	337.2	420.4	439.5	345.3	400.2	99.8	111.9	97.3	95.0	81.3	126.5
China,P.R.: Macao	546	0.2	0.3	7.5	7.6	6.9	5.7	0.5	0.4	3.0	3.1	2.2	0.1
Czech Republic	935	888.4	786.3	772.2	836.6	768.6	804.0	1,755.5	2,005.3	2,627.3	2,420.2	2,218.3	2,561.7
Denmark	128	880.9	983.9	1,005.2	1,076.6	901.8	947.5	732.8	720.9	818.5	1,034.8	806.5	910.6
Iceland	176	13.7	16.0	13.9	18.1	67.5	26.7	27.9	14.1	20.0	25.1	30.7	28.0
Israel	436	2,391.1	2,329.5	2,649.7	2,950.9	2,698.1	2,955.5	2,057.3	1,710.4	2,418.0	2,881.3	1,672.5	1,385.6
Japan	158	296.4	331.8	409.2	375.5	334.8	354.4	4,263.7	3,601.4	3,453.2	3,199.9	3,140.1	3,943.6
Korea, Republic of	542	528.5	528.0	460.1	470.5	568.6	518.8	6,298.5	5,660.1	6,088.3	7,548.3	7,057.4	6,384.2
New Zealand	196	67.8	67.9	71.7	87.6	90.1	95.7	57.7	54.6	82.4	89.7	62.7	46.6
Norway	142	379.5	450.6	618.5	557.6	454.0	559.1	796.3	916.8	984.3	866.2	657.5	627.5
San Marino	135	....	....	....	....	....	0.1	....	....	....	....	....	1.7
Singapore	576	840.1	443.6	355.1	370.6	432.6	417.9	354.3	222.5	352.6	293.0	365.3	363.2
Sweden	144	1,183.0	1,185.7	1,149.2	1,319.8	1,188.8	1,215.3	2,284.4	2,135.4	2,046.4	2,014.9	1,585.0	1,478.3
Switzerland	146	1,494.0	2,134.5	1,029.6	3,219.5	5,680.8	2,680.8	5,021.5	4,307.3	9,648.0	4,825.5	2,449.6	2,506.3
Taiwan Prov.of China	528	163.7	119.5	117.9	132.9	157.1	138.7	2,025.4	2,058.8	1,947.1	2,011.3	1,944.6	1,597.3
United Kingdom	112	8,151.4	8,693.6	8,785.1	9,903.2	10,556.9	11,685.8	5,840.4	5,629.5	6,281.4	5,932.2	5,541.3	5,320.2
United States	111	4,603.8	5,640.5	5,705.1	6,360.9	6,407.7	6,623.3	16,043.3	14,130.6	12,598.9	12,730.2	11,143.4	10,867.8
Emerg. & Dev. Economies	200	64,266.8	83,621.2	80,555.6	78,782.3	67,256.5	65,012.4	112,039.1	111,136.7	115,172.6	112,860.8	96,701.3	92,392.2
Emerg. & Dev. Asia	505	4,462.8	4,857.6	5,641.9	5,064.6	4,558.0	4,690.1	35,519.4	33,839.1	38,631.3	39,700.5	37,792.4	39,100.3
American Samoa	859	0.1	0.2	0.2	0.1	0.3	1.1	0.1	0.2	0.3	0.1	1.2	0.1
Bangladesh	513	132.2	214.2	195.5	148.5	199.9	263.8	896.0	766.4	1,004.4	1,028.7	996.0	881.0
Bhutan	514	0.1	0.0	0.1	0.1	0.0	0.1	0.0	0.0	0.0	0.3	1.5	0.2
Brunei Darussalam	516	6.6	0.9	5.3	5.5	4.9	8.1	0.0	0.0	0.0	0.1	0.0	0.0
Cambodia	522	3.9	5.2	10.8	11.6	13.7	14.2	45.8	53.8	76.4	112.8	94.7	77.2
China,P.R.: Mainland	924	2,466.3	2,833.3	3,600.9	2,861.1	2,414.8	2,328.0	21,693.3	21,295.2	24,685.9	24,918.2	24,873.5	25,441.4
Fiji	819	1.2	1.6	1.0	0.9	1.1	0.8	0.0	0.0	0.0	0.1	0.1	0.0
F.T. French Polynesia	887	1.3	1.3	1.3	0.9	1.2	2.9	0.0	0.0	0.0	....	0.0	0.0
F.T. New Caledonia	839	4.0	4.9	5.5	4.8	6.3	5.0	0.0	0.0	0.1	0.0	0.0	0.0
Guam	829	0.6	0.9	1.6	1.4	1.2	1.0	....	....	0.0	....	0.0	....
India	534	756.1	791.7	586.9	586.6	650.3	651.7	6,498.7	5,843.6	6,367.8	6,898.6	5,613.6	5,757.2
Indonesia	536	308.0	243.6	231.0	227.6	207.0	253.6	1,931.7	1,795.8	1,989.7	2,043.5	1,638.2	1,424.7
Kiribati	826	0.0	0.3	0.2	0.7	0.2	0.1	....	2.0	0.0	0.0	0.0	0.0
Lao People's Dem.Rep	544	4.0	2.9	6.0	4.8	1.4	2.2	1.2	1.8	2.5	2.4	1.4	1.5
Malaysia	548	182.6	165.5	272.1	315.0	357.1	321.6	1,567.5	1,278.2	1,230.8	1,161.0	1,339.2	1,997.0
Maldives	556	7.9	7.1	5.9	7.8	18.2	35.7	0.0	0.0	0.1	0.0	0.0	0.5

Turkey (186)

In Millions of U.S. Dollars

		Exports (FOB)						Imports (CIF)					
		2011	2012	2013	2014	2015	2016	2011	2012	2013	2014	2015	2016
Marshall Islands	867	....	....	....	....	....	116.8	....	....	....	....	....	8.8
Mongolia	948	43.4	35.9	48.1	35.3	23.1	24.2	3.0	0.0	0.4	0.1	0.5	5.2
Myanmar	518	13.3	5.4	25.2	37.8	30.7	27.3	15.4	4.2	7.9	9.7	8.1	11.1
Nauru	836	....	....	0.0	....	0.0	....	0.1	0.1	0.0	0.0	0.0	0.1
Nepal	558	14.2	3.2	3.3	21.9	47.2	10.0	10.7	11.5	12.6	17.4	15.8	31.3
Papua New Guinea	853	2.1	4.9	4.8	4.0	2.6	1.6	0.0	0.0	0.0	0.0	0.1	0.1
Philippines	566	100.6	144.2	135.6	138.1	103.9	106.7	122.3	157.7	181.2	114.0	115.8	122.4
Samoa	862	0.0	0.1	1.1	0.8	0.5	1.0	0.0	0.1	0.0	....	....	....
Solomon Islands	813	....	0.0	....	0.0	0.3	0.0	0.0	2.2	2.2	1.4	0.4	0.0
Sri Lanka	524	42.1	37.4	36.7	52.0	51.2	51.6	128.7	84.4	91.0	98.2	87.9	105.1
Thailand	578	125.2	176.4	224.0	210.5	174.1	163.9	1,592.3	1,312.0	1,300.7	1,276.8	1,209.8	1,482.3
Timor-Leste	537	0.0	0.0	0.1	0.1	0.0	0.1	....	0.0	....	....	....	....
Tonga	866	0.4	0.2	0.4	0.5	0.4	0.2	0.4	0.0	0.0	0.0	....	....
Tuvalu	869	0.1	0.2	0.2	1.0	0.4	0.3	....	3.8	....	0.0	....	....
Vanuatu	846	1.1	1.4	5.9	1.2	1.5	0.4	0.3	4.0	2.7	0.0	17.9	9.7
Vietnam	582	100.1	90.1	107.3	168.1	155.4	233.9	1,009.5	1,214.0	1,666.8	2,009.9	1,756.3	1,735.9
Asia n.s.	598	145.3	84.6	124.9	215.9	89.0	62.2	2.6	8.1	7.7	7.1	20.5	7.4
Europe	170	**24,159.6**	**25,647.1**	**28,489.6**	**28,648.5**	**22,285.4**	**20,605.3**	**45,678.4**	**46,492.9**	**45,796.4**	**44,655.8**	**37,359.7**	**30,740.6**
Emerg. & Dev. Europe	903	**8,667.5**	**8,309.2**	**9,201.5**	**10,392.5**	**9,600.5**	**10,771.4**	**12,123.9**	**10,988.8**	**11,527.8**	**11,257.9**	**9,914.7**	**9,735.5**
Albania	914	270.6	255.9	266.5	318.5	287.4	304.6	125.9	99.0	82.4	96.3	49.6	20.6
Bosnia and Herzegovina	963	268.9	251.5	274.1	322.0	292.6	309.0	90.3	111.6	124.3	171.4	250.1	288.3
Bulgaria	918	1,622.8	1,685.0	1,971.2	2,040.2	1,676.1	2,383.5	2,474.6	2,753.6	2,760.3	2,846.2	2,254.2	2,142.5
Croatia	960	241.8	200.6	201.6	287.4	251.7	277.9	311.0	209.8	193.3	136.9	135.4	133.5
Faroe Islands	816	0.2	0.3	0.1	0.1	121.3	0.2	0.0	0.0	0.1	0.0	0.1	0.1
Gibraltar	823	171.1	109.5	117.8	155.9	18.5	70.5	0.2	0.0	7.7	0.8	7.1	6.8
Hungary	944	508.6	517.9	652.2	693.6	711.8	831.8	1,494.5	1,184.5	1,227.6	1,187.6	1,305.8	1,301.1
Kosovo	967	265.8	254.8	279.0	275.6	240.7	260.7	10.1	9.1	10.0	12.8	7.9	8.5
Macedonia, FYR	962	298.9	274.5	294.0	348.0	324.6	378.0	92.0	103.2	81.5	79.2	80.9	82.6
Montenegro	943	27.0	29.1	29.1	35.0	38.3	51.8	14.6	17.9	11.5	7.4	8.0	23.4
Poland	964	1,758.3	1,853.7	2,058.9	2,401.7	2,329.5	2,650.5	3,496.2	3,058.1	3,184.5	3,082.1	2,977.7	3,244.2
Romania	968	2,878.8	2,495.4	2,616.3	3,008.0	2,815.5	2,671.2	3,801.3	3,236.4	3,592.6	3,363.2	2,599.8	2,195.7
Serbia, Republic of	942	354.7	380.9	440.7	506.4	492.5	581.7	213.3	205.5	252.0	273.9	238.3	288.2
CIS	901	**14,469.0**	**16,328.0**	**18,170.3**	**17,060.3**	**11,678.2**	**8,926.5**	**33,473.5**	**35,428.5**	**34,201.9**	**33,318.1**	**27,375.5**	**20,940.5**
Armenia	911	0.2	0.2	0.1	....	0.0	0.0	0.1	0.2	0.4	1.5	1.0	1.4
Azerbaijan, Rep. of	912	2,064.0	2,584.7	2,960.4	2,874.6	1,898.5	1,285.1	262.3	339.9	333.7	291.3	232.4	278.1
Belarus	913	232.7	264.4	303.2	272.3	205.1	357.5	183.2	190.2	186.8	147.7	192.8	102.6
Georgia	915	1,092.3	1,253.3	1,245.9	1,443.8	1,108.8	1,176.6	314.4	180.4	201.7	232.6	223.1	211.7
Kazakhstan	916	947.8	1,068.6	1,039.4	977.5	750.1	623.7	1,995.1	2,056.1	1,760.1	1,236.3	1,109.8	1,093.9
Kyrgyz Republic	917	180.2	257.5	388.3	421.4	294.7	308.9	52.1	45.2	37.0	65.6	76.9	101.1
Moldova	921	208.9	224.5	276.0	286.7	201.6	262.4	244.5	135.1	261.0	246.9	216.9	147.7
Russian Federation	922	5,992.6	6,680.8	6,964.2	5,943.0	3,588.7	1,733.0	23,952.9	26,625.3	25,064.2	25,288.6	20,401.8	15,162.4
Tajikistan	923	172.6	234.9	283.6	277.4	162.8	151.6	324.3	345.2	371.4	160.9	203.8	162.3
Turkmenistan	925	1,493.3	1,480.1	1,957.5	2,231.2	1,857.9	1,241.5	392.7	303.5	653.8	623.3	557.4	422.5
Ukraine	926	1,729.8	1,829.2	2,189.2	1,729.3	1,121.3	1,253.2	4,812.1	4,394.2	4,516.3	4,242.6	3,448.2	2,547.6
Uzbekistan	927	354.5	449.9	562.5	603.0	488.7	533.0	939.9	813.3	815.4	780.7	711.6	709.3
Europe n.s.	884	1,023.1	1,009.9	1,117.8	1,195.8	1,006.7	907.3	81.0	75.6	66.7	79.8	69.5	64.6
Mid East, N Africa, Pak	440	**29,981.7**	**46,815.5**	**39,771.8**	**38,839.3**	**35,050.7**	**34,861.8**	**22,052.4**	**23,065.4**	**23,247.3**	**20,991.3**	**14,814.0**	**15,424.6**
Afghanistan, I.R. of	512	276.0	289.9	228.2	186.2	161.5	145.6	4.8	6.5	10.7	16.5	11.9	9.4
Algeria	612	1,470.5	1,813.0	2,002.7	2,078.9	1,826.0	1,736.4	1,150.3	924.9	714.1	921.0	740.5	463.8
Bahrain, Kingdom of	419	160.4	208.5	199.1	204.1	225.3	193.3	111.5	158.9	172.5	294.3	104.5	127.8
Djibouti	611	45.5	88.7	67.1	59.7	98.2	77.9	0.2	0.1	0.3	0.1	0.1	0.1
Egypt	469	2,759.3	3,679.2	3,200.4	3,297.5	3,125.0	2,732.9	1,382.2	1,342.1	1,628.9	1,434.5	1,215.9	1,443.4
Iran, I.R. of	429	3,589.6	9,921.6	4,192.5	3,886.2	3,664.0	4,966.2	12,461.5	11,964.8	10,383.2	9,833.3	6,096.3	4,699.8
Iraq	433	8,310.1	10,822.1	11,948.9	10,887.8	8,550.3	7,636.7	86.8	149.3	145.7	268.5	296.5	836.3
Jordan	439	506.8	771.0	744.2	907.0	834.8	710.8	66.5	96.0	70.6	126.1	127.9	102.3
Kuwait	443	297.2	290.6	334.9	372.3	482.6	431.3	270.4	278.5	290.6	196.2	141.4	110.7
Lebanon	446	718.3	846.0	818.6	782.6	722.6	734.7	282.7	176.4	187.7	140.0	67.2	81.8
Libya	672	747.6	2,139.4	2,753.1	2,059.9	1,420.1	906.1	139.8	416.2	304.0	243.8	195.8	161.0
Mauritania	682	75.6	110.7	103.8	91.8	97.2	73.2	15.1	4.2	3.6	15.9	12.9	15.1
Morocco	686	920.9	1,014.9	1,192.9	1,406.6	1,337.6	1,469.0	419.9	429.5	572.2	639.8	710.6	918.2

Turkey (186)
In Millions of U.S. Dollars

		Exports (FOB)						Imports (CIF)					
		2011	2012	2013	2014	2015	2016	2011	2012	2013	2014	2015	2016
Oman	449	214.7	268.5	374.0	491.0	324.6	243.8	56.6	52.8	150.4	101.4	60.2	49.1
Pakistan	564	213.7	276.1	285.9	259.3	289.2	346.9	873.1	555.0	436.7	435.5	310.5	263.4
Qatar	453	188.1	257.3	244.1	344.7	423.1	439.1	481.0	466.5	373.9	394.6	361.0	271.1
Saudi Arabia	456	2,763.5	3,676.6	3,191.5	3,047.1	3,472.6	3,172.1	2,001.5	2,171.0	2,014.9	2,343.1	2,117.2	1,835.2
Somalia	726	39.5	43.8	58.3	62.1	71.0	115.9	2.5	1.2	1.1	1.5	1.3	2.2
Sudan	732	243.7	279.6	268.7	307.9	424.6	460.5	9.4	11.2	26.3	12.2	24.6	49.6
Syrian Arab Republic	463	1,609.9	498.0	1,024.5	1,801.0	1,522.3	1,322.0	336.6	67.4	84.9	115.5	51.5	65.4
Tunisia	744	802.3	796.7	892.2	915.0	819.1	910.6	249.8	195.6	289.3	196.7	144.1	214.4
United Arab Emirates	466	3,706.7	8,174.6	4,965.6	4,655.7	4,681.3	5,407.0	1,649.5	3,596.5	5,384.5	3,253.0	2,008.7	3,701.2
West Bank and Gaza	487	49.1	62.7	75.5	90.9	82.2	94.4	0.3	0.5	1.1	2.5	2.3	3.4
Yemen, Republic of	474	272.7	485.9	605.2	643.8	395.8	535.5	0.5	0.4	0.2	5.3	11.0	0.0
Sub-Saharan Africa	603	**3,225.3**	**3,386.5**	**3,599.8**	**3,471.3**	**3,225.6**	**2,923.5**	**3,396.9**	**2,596.8**	**2,488.7**	**2,472.5**	**2,053.4**	**2,087.7**
Angola	614	220.6	234.5	263.8	287.6	195.9	128.9	0.3	1.8	8.0	5.0	0.2	5.9
Benin	638	86.6	79.1	127.4	99.6	79.9	84.3	0.9	1.9	1.7	1.5	2.9	2.8
Botswana	616	1.1	1.7	2.9	1.9	1.3	2.9	0.0	....	0.0	0.0	0.2	0.0
Burkina Faso	748	14.6	12.8	20.5	25.7	21.7	24.7	147.0	222.7	36.9	22.4	46.5	44.7
Burundi	618	6.0	4.2	1.5	2.5	2.5	1.9	0.0	0.0	....	0.0	0.0	0.0
Cabo Verde	624	5.6	4.4	7.0	6.5	5.2	4.2	0.2	0.0	....	1.1	3.1	2.6
Cameroon	622	105.5	115.7	102.0	110.7	83.3	66.6	47.7	30.2	45.3	40.4	35.3	45.3
Central African Rep.	626	32.5	1.6	1.3	6.1	0.8	0.8	5.0	4.4	3.0	2.6	3.0	2.8
Chad	628	5.9	9.7	12.8	19.3	17.5	18.5	0.0	9.7	11.4	16.8	21.6	23.7
Comoros	632	15.2	5.4	5.0	6.8	4.7	4.8	13.4	10.5	5.8	1.0	0.8	0.0
Congo, Dem. Rep. of	636	31.8	23.9	39.3	41.1	32.1	25.7	18.9	40.9	63.1	198.2	130.5	34.5
Congo, Republic of	634	78.2	92.1	92.9	97.6	126.4	103.4	26.0	12.2	8.2	83.9	5.1	7.7
Côte d'Ivoire	662	65.8	76.6	85.3	93.2	115.5	109.9	138.9	121.3	132.0	238.7	274.3	251.3
Equatorial Guinea	642	63.4	75.8	73.0	64.3	45.7	23.6	0.4	0.5	0.0	0.3	0.1	0.7
Eritrea	643	7.0	5.0	1.3	6.2	13.9	15.7	0.0	0.0	0.1	0.0	0.0	2.4
Ethiopia	644	275.5	394.6	364.5	329.2	383.6	404.4	41.8	47.0	57.1	67.5	35.7	35.3
Gabon	646	30.0	52.5	93.9	57.3	66.3	24.0	3.5	5.8	3.5	3.0	3.1	1.7
Gambia, The	648	40.4	35.1	34.1	20.8	16.0	18.2	0.0	1.0	0.0	0.1	0.0	0.0
Ghana	652	218.6	223.5	179.0	175.4	219.6	298.5	292.3	303.5	202.2	157.9	168.9	180.5
Guinea	656	39.2	54.7	126.9	66.3	65.0	62.3	2.0	4.8	12.5	5.4	3.8	6.4
Guinea-Bissau	654	2.5	2.2	5.3	6.2	5.4	4.1	....	0.6	0.1	0.6	1.5	1.6
Kenya	664	199.2	138.0	129.6	118.2	131.3	127.8	14.7	17.9	15.0	15.7	13.2	13.2
Lesotho	666	0.5	0.5	0.5	0.2	0.3	0.3	0.1	0.0	0.0	0.1	0.0	0.0
Liberia	668	61.3	104.4	109.8	104.0	79.9	64.6	3.0	24.2	11.4	14.9	1.9	9.0
Madagascar	674	51.2	56.8	59.7	54.1	53.7	59.3	2.4	2.1	4.4	6.2	5.8	4.9
Malawi	676	2.2	3.7	5.1	2.3	2.8	2.2	11.9	17.2	17.9	29.3	29.2	16.2
Mali	678	18.1	19.3	20.8	33.5	30.4	64.7	2.8	2.1	0.5	9.6	2.3	9.1
Mauritius	684	44.5	35.5	40.3	37.8	34.3	35.5	7.0	6.2	7.8	7.9	6.7	5.0
Mozambique	688	102.6	36.4	41.4	47.8	43.8	24.2	71.0	156.4	59.0	62.7	72.4	90.8
Namibia	728	2.2	4.0	3.0	9.6	83.7	40.9	3.4	6.8	4.3	3.3	1.8	0.8
Niger	692	24.5	39.0	46.3	35.3	31.3	23.9	0.0	0.1	0.2	0.0	0.1	0.1
Nigeria	694	393.8	438.8	412.7	439.8	314.0	241.6	365.5	113.2	149.4	134.4	190.0	157.8
Rwanda	714	5.9	19.9	9.8	38.4	30.3	29.5	0.0	0.0	0.4	0.0	0.1	0.1
São Tomé & Príncipe	716	1.4	0.4	0.5	0.5	0.5	0.7	0.0	0.0	0.6	2.9	....	0.0
Senegal	722	155.0	128.4	119.3	165.6	128.2	154.4	2.5	2.2	5.6	4.5	5.5	6.1
Seychelles	718	13.9	9.2	10.3	9.1	7.7	6.2	0.5	2.8	1.1	4.9	9.0	5.3
Sierra Leone	724	25.6	35.9	47.3	45.7	44.0	39.7	23.1	47.9	23.6	26.2	1.8	4.1
South Africa	199	510.5	381.8	619.7	545.2	489.2	405.9	1,954.6	1,289.8	1,479.3	1,189.4	918.5	1,058.1
South Sudan, Rep. of	733	....	....	....	....	....	0.2	....	....	....	....	....	....
Swaziland	734	0.6	0.2	1.6	0.7	1.1	0.5	0.0	0.0	0.0	0.0	0.0	0.0
Tanzania	738	170.8	130.6	140.7	151.8	116.4	95.6	21.8	26.0	43.1	34.9	34.6	23.1
Togo	742	60.0	254.9	89.1	54.4	45.1	34.1	47.0	45.7	46.3	45.6	8.7	5.8
Uganda	746	24.2	22.5	23.3	26.4	22.1	21.0	7.7	3.6	9.8	11.5	7.1	10.9
Zambia	754	6.2	13.0	21.5	22.0	28.9	14.3	113.5	6.0	1.3	12.8	3.1	5.2
Zimbabwe	698	5.4	8.4	7.8	4.9	4.4	4.6	5.8	7.9	16.6	9.2	4.8	11.9
Africa n.s.	799	0.0	....	....	0.0	....	4.3	0.0	0.1	....	....	0.0	0.1
Western Hemisphere	205	**2,437.4**	**2,914.4**	**3,052.5**	**2,758.5**	**2,136.8**	**1,931.7**	**5,391.8**	**5,142.4**	**5,008.9**	**5,040.6**	**4,681.7**	**5,039.1**
Anguilla	312	....	....	....	....	....	0.1	....	....	....	....	....	0.0

Turkey (186)
In Millions of U.S. Dollars

		Exports (FOB)						Imports (CIF)					
		2011	2012	2013	2014	2015	2016	2011	2012	2013	2014	2015	2016
Antigua and Barbuda	311	3.3	7.9	10.1	15.0	7.7	4.6	0.6	5.3	3.7	0.1	1.8	0.8
Argentina	213	214.1	316.5	318.2	141.3	118.3	126.9	490.6	367.9	394.1	325.4	234.5	382.2
Aruba	314	0.6	1.0	0.3	0.7	0.6	0.9	14.4	5.1	0.0	0.0	....	0.0
Bahamas, The	313	7.7	10.5	9.7	13.6	13.5	9.9	1.2	8.4	136.3	4.8	16.5	0.0
Barbados	316	4.8	4.0	2.8	8.2	4.4	5.4	0.0	0.1	0.0	1.1	0.0	0.0
Belize	339	3.4	6.1	14.7	19.5	7.0	5.7	2.3	4.5	6.7	7.8	3.0	1.5
Bermuda	319	0.7	1.0	0.6	1.3	1.0	0.8	....	0.1	13.4	0.1	4.0	0.0
Bolivia	218	9.6	12.0	16.1	16.0	15.5	14.6	3.3	5.8	1.9	3.7	0.9	18.3
Brazil	223	883.5	1,002.8	936.1	794.2	458.4	333.7	2,074.4	1,770.1	1,408.8	1,728.7	1,792.2	1,788.0
Chile	228	130.6	174.9	219.3	198.6	187.9	217.2	474.3	466.0	405.9	363.3	282.6	233.0
Colombia	233	111.4	152.1	124.6	183.1	185.9	185.1	678.3	814.1	674.7	814.1	800.8	953.0
Costa Rica	238	10.2	20.3	34.8	48.9	48.0	46.9	79.4	76.3	82.3	67.9	49.7	43.7
Curaçao	354	....	....	....	....	....	4.4	....	....	....	....	....	11.2
Dominica	321	0.7	1.2	0.8	0.5	0.6	0.5	1.1	0.5	1.8	0.1	0.1	....
Dominican Republic	243	42.1	45.0	45.9	66.1	40.4	40.4	13.4	10.0	15.7	15.9	16.1	12.5
Ecuador	248	50.1	51.3	79.0	77.8	37.4	38.5	102.9	105.7	98.1	91.1	81.6	97.3
El Salvador	253	0.8	2.0	3.2	2.1	4.4	5.6	0.6	0.5	0.5	0.5	1.3	5.0
Falkland Islands	323	....	0.0	....	....	....	....	0.1	....	0.0	0.0	0.1	0.0
Greenland	326	0.0	0.0	0.0	0.0	0.0	51.5	0.0	0.0	0.1	....	0.0	0.0
Grenada	328	0.5	2.8	0.6	0.2	0.8	0.7	0.0	....	....	0.0	0.0	0.0
Guatemala	258	25.2	27.6	19.7	20.7	24.3	30.8	9.1	7.1	10.9	10.8	16.1	11.0
Guyana	336	9.3	15.0	12.4	11.2	10.8	10.1	4.3	2.6	4.4	3.6	0.1	0.0
Haiti	263	22.8	20.7	25.7	22.5	22.6	21.8	0.1	0.3	0.5	0.2	0.1	0.3
Honduras	268	5.5	12.9	9.9	8.2	8.5	7.1	7.0	2.1	3.3	2.2	2.7	3.9
Jamaica	343	21.9	41.8	35.8	46.3	18.4	17.4	0.2	0.1	0.3	0.5	0.2	0.1
Mexico	273	145.0	206.0	238.7	312.0	344.1	443.7	699.4	867.2	1,000.8	944.7	860.7	820.9
Netherlands Antilles	353	25.7	5.2	39.0	5.8	4.8	....	0.4	4.6	2.0	0.1	4.7	....
Nicaragua	278	6.5	8.1	6.5	3.8	3.6	4.0	0.3	0.2	0.1	0.1	0.3	0.3
Panama	283	217.1	225.1	230.4	208.4	166.1	96.0	38.9	38.5	47.8	23.7	19.0	12.2
Paraguay	288	25.9	12.1	20.8	31.7	17.3	19.1	229.4	150.3	280.7	360.2	140.4	260.4
Peru	293	286.8	246.4	275.6	288.0	197.1	86.2	58.5	101.2	94.3	74.8	62.4	59.9
St. Kitts and Nevis	361	6.0	12.0	9.9	9.3	4.2	3.5	1.2	2.1	3.7	4.0	0.0	6.9
St. Lucia	362	0.3	0.5	0.8	0.6	1.1	1.6	0.0	0.0	0.0	0.0	0.0	0.1
St. Vincent & Grens.	364	6.0	7.2	15.6	23.6	21.5	3.5	8.7	10.7	9.6	8.7	....	0.2
Suriname	366	4.8	6.3	4.9	12.1	16.6	8.4	0.3	0.2	0.0	0.1	0.3	0.4
Trinidad and Tobago	369	24.1	36.2	43.1	50.1	35.3	30.2	13.1	14.8	3.6	12.5	24.2	16.3
Uruguay	298	30.1	45.6	44.1	49.7	45.9	37.1	230.9	98.0	109.3	47.1	158.2	234.4
Venezuela, Rep. Bol.	299	84.2	156.3	75.8	48.6	18.7	18.0	153.3	197.7	193.6	122.6	107.0	65.3
Western Hem. n.s.	399	16.1	18.3	126.9	18.9	44.1	....	0.0	4.3	0.0	0.2	0.0	....
Other Countries n.i.e	910	**9.6**	**10.3**	**20.4**	**18.6**	**14.7**	**6.9**	**6.4**	**9.7**	**19.8**	**16.6**	**31.7**	**20.0**
Cuba	928	9.5	10.1	14.0	12.8	10.1	6.3	2.8	6.2	16.3	15.5	17.0	13.7
Korea, Dem. People's Rep.	954	0.1	0.2	6.4	5.7	4.7	0.6	3.6	3.5	3.5	1.1	14.7	6.3
Special Categories	899	**2,544.7**	**2,294.9**	**2,412.8**	**2,269.8**	**1,906.8**	**1,821.5**	**1,038.1**	**1,045.8**	**1,267.9**	**1,260.8**	**1,227.2**	**1,434.9**
Countries & Areas n.s.	898	**9.9**	**5.5**	**6.2**	**5.7**	**9.3**	**20.3**	**8,788.3**	**12,589.1**	**13,413.4**	**13,648.4**	**9,781.9**	**6,738.1**
Memorandum Items													
Africa	605	6,823.4	7,533.9	8,185.4	8,393.3	7,899.2	7,766.8	5,244.1	4,163.5	4,095.6	4,259.7	3,687.6	3,751.1
Middle East	405	25,894.0	42,102.0	34,672.1	33,471.8	29,926.5	29,525.8	19,327.3	20,937.3	21,193.0	18,752.1	12,857.4	13,488.4
European Union	998	62,595.7	59,402.9	63,046.7	68,518.0	64,006.0	68,343.9	91,442.5	87,659.0	92,463.1	88,786.8	78,685.1	77,501.2
Export earnings: fuel	080	33,296.9	51,184.6	45,026.0	42,045.1	34,624.2	31,385.4	46,358.9	50,785.9	48,898.2	46,581.5	35,669.0	30,560.5
Export earnings: nonfuel	092	101,610.0	101,277.2	106,776.6	115,565.1	109,219.8	111,144.2	194,482.8	185,759.3	202,763.1	195,595.6	171,566.7	168,057.7

Turkmenistan (925)

In Millions of U.S. Dollars

		Exports (FOB) 2011	2012	2013	2014	2015	2016	Imports (CIF) 2011	2012	2013	2014	2015	2016
IFS World		....	....	....	....	....	....	....	....	....	....	....	....
World	001	7,089.5	9,624.7	10,998.7	11,384.3	9,559.7	7,543.9	6,373.9	8,217.9	8,043.9	8,349.1	6,050.5	5,208.7
Advanced Economies	110	590.9	887.7	1,094.0	1,007.5	405.6	575.6	2,048.2	2,254.1	1,912.3	2,297.8	1,487.9	2,232.0
Euro Area	163	472.6	658.9	586.8	760.9	290.3	535.4	1,229.4	1,266.0	1,216.6	1,314.9	1,010.2	1,115.9
Austria	122	0.2	0.2	1.9	2.1	3.8	1.5	76.1	60.4	35.8	177.9	61.3	42.3
Belgium	124	2.8	9.9	1.2	1.6	1.0	1.3	33.2	32.5	17.1	21.8	16.8	27.1
Cyprus	423	....	0.0	....	....	....	....	0.2	0.3	0.0	0.1	0.1	0.2
Estonia	939	0.0	....	....	0.0	0.0	....	1.7	12.6	7.5	10.0	2.7	1.5
Finland	172	....	....	0.1	0.0	1.6	0.0	40.9	22.8	12.3	13.0	12.6	15.1
France	132	5.4	25.4	2.3	31.8	2.4	32.5	132.0	240.1	179.7	265.8	111.6	144.2
Germany	134	61.7	92.6	11.8	174.4	9.7	53.0	456.2	437.7	546.8	387.3	355.3	413.4
Greece	174	30.7	....	44.8	25.0	32.0	40.8	0.3	8.3	8.0	7.1	6.6	58.7
Ireland	178	....	0.1	0.3	2.7	6.7	1.1	5.9	1.4	1.7	2.7	1.8	5.4
Italy	136	348.0	507.4	457.4	501.3	172.3	398.7	342.5	230.2	195.4	226.6	247.4	262.6
Latvia	941	0.6	0.0	1.0	0.0	0.0	....	8.0	9.3	11.0	14.4	24.5	24.5
Lithuania	946	4.0	2.3	3.1	4.8	0.3	0.8	18.4	28.4	36.2	36.6	35.6	21.0
Luxembourg	137	....	....	0.0	....	....	....	7.0	3.3	2.0	1.2	4.0	0.9
Malta	181	....	....	....	....	0.0	0.0	....	3.6	....	17.3	0.0	0.0
Netherlands	138	0.0	1.1	7.9	2.6	2.5	0.9	77.8	121.4	91.3	85.1	82.0	50.2
Portugal	182	7.5	10.2	4.9	2.5	0.9	1.2	0.6	2.6	4.3	4.6	2.0	2.4
Slovak Republic	936	0.0	0.5	0.0	0.0	....	0.1	3.8	4.0	5.9	3.1	3.6	1.7
Slovenia	961	0.1 e	....	....	0.3 e	0.0 e	0.0 e	8.5	11.7	17.1	21.2	19.7	23.6
Spain	184	11.6	9.4	50.0	11.8	57.2	3.4	16.2	35.4	44.7	19.2	22.8	21.3
Australia	193	0.0	0.0	....	0.4	0.9	1.6	0.4	0.6	1.0	1.2	0.6	0.4
Canada	156	0.7	0.8	1.0	1.6	1.5	0.3	18.0	52.9	14.8	13.3	5.5	5.2
China,P.R.: Hong Kong	532	0.3	0.6	0.5	0.5	0.6	0.3	1.9	1.7	2.7	19.4	7.8	7.8
Czech Republic	935	1.1	0.4	1.4	0.1	0.0	0.4	18.0	24.0	25.2	28.7	22.3	26.0
Denmark	128	....	0.9	0.0	0.1	0.0	0.0	6.5	9.4	9.1	9.3	9.9	5.2
Israel	436	....	....	....	....	....	0.0	6.6	7.4	5.9	6.9	21.0	1.3
Japan	158	0.6	0.0	0.0	0.1	0.1	0.1	286.1	127.9	59.3	64.3	28.5	430.2
Korea, Republic of	542	0.4	0.8	0.1	0.1	0.1	0.1	257.2	205.1	149.7	204.6	193.1	392.1
New Zealand	196	0.0 e	0.0 e	0.0 e	0.0 e	0.0 e	0.0 e	1.4	0.8	0.2	0.2	....	....
Norway	142	0.0	0.0	....	....	0.0	0.1	0.8	0.3	17.1	17.9	1.0	1.0
Singapore	576	0.8	0.1	0.4	0.0	0.5	1.1	18.9	13.5	18.8	23.4	20.0	10.3
Sweden	144	0.0	0.0	0.0	0.0	0.0	0.0	5.2	6.4	29.2	9.7	20.1	47.4
Switzerland	146	42.3	28.2	0.9	28.6	0.7	0.7	25.2	35.9	30.1	23.5	18.1	23.3
Taiwan Prov.of China	528	0.0	1.4	47.9	0.1	0.0	0.0	0.7	3.8	2.4	2.3	1.4	5.3
United Kingdom	112	31.0	110.1	425.7	195.9	58.3	18.8	96.7	400.9	52.9	75.3	43.0	48.0
United States	111	41.0	85.3	29.4	19.1	52.8	16.8	75.2	97.5	277.5	482.9	85.4	112.8
Emerg. & Dev. Economies	200	6,498.6	8,737.0	9,904.7	10,376.9	9,154.1	6,968.3	4,325.7	5,963.8	6,131.5	6,051.3	4,562.6	2,976.7
Emerg. & Dev. Asia	505	4,578.4	7,739.4	8,546.1	9,240.9	7,645.7	5,420.7	911.3	1,902.6	1,311.8	1,154.9	974.4	462.1
Bangladesh	513	135.7 e	160.4 e	140.3 e	246.5 e	205.9 e	146.0 e	....	....	....	....	....	....
China,P.R.: Mainland	924	4,427.5	7,568.0	8,389.7	8,977.5	7,384.5	5,248.4	832.9	1,801.7	1,210.4	1,011.0	862.6	361.4
Fiji	819	....	0.1 e	....	....	....	....	0.1 e	....	....	....	....	....
India	534	13.1	8.7	12.0	14.6	43.9	20.5	41.8	74.5	55.6	106.6	85.6	60.7
Indonesia	536	0.5 e	1.2 e	2.8 e	0.3 e	7.9 e	2.1 e	2.3	4.5	2.3	3.6	6.1	7.9
Malaysia	548	0.0	0.1	0.1	0.1	0.1	0.9	25.7	12.4	35.3	24.8	13.2	22.0
Philippines	566	....	....	....	....	....	....	....	0.0 e	0.1 e	0.0 e	0.0 e	0.0 e
Sri Lanka	524	....	....	....	....	....	0.0 e	1.2	0.9	0.4	0.7	....	0.7
Thailand	578	1.6	1.0	1.2	1.9	3.3	2.8	7.4	8.6	7.7	8.2	7.0	9.4
Europe	170	1,489.1	944.7	1,225.4	981.2	881.9	1,182.6	3,386.4	4,011.2	4,808.2	4,880.3	3,573.4	2,499.2
Emerg. & Dev. Europe	903	490.2	401.5	692.2	673.0	623.6	512.2	1,642.1	1,655.3	2,268.4	2,551.3	2,148.0	1,442.1
Albania	914	33.9	69.9	....	10.7	0.0	0.7	....	....	0.1 e	0.2 e	0.0 e	0.7 e
Bosnia and Herzegovina	963	0.0 e	0.0 e	0.0 e	0.1 e	0.0 e	0.0 e	....	....	....	0.0 e	0.8 e	....
Bulgaria	918	39.9	37.8	67.3	46.7	6.6	9.8	3.6	23.3	8.3	27.3	11.4	3.0
Croatia	960	0.2 e	0.0 e	0.1 e	....	....	....	0.8 e	0.4 e	0.3 e	42.0 e	41.7 e	2.5 e
Hungary	944	0.1	0.0	0.1	0.0	0.1	1.6	9.9	15.6	121.7	28.5	56.2	31.9
Macedonia, FYR	962	3.8 e	2.1 e	1.0 e	1.4 e	0.5 e	0.9 e	0.1	0.1	0.1	0.3	0.2	0.1
Poland	964	0.9	1.5	3.3	4.6	1.6	2.8	25.9	39.3	46.9	63.4	51.1	57.6
Romania	968	40.6	3.7	3.5	20.6	88.7	97.5	17.4	7.2	15.7	22.8	17.2	29.1

Turkmenistan (925)

In Millions of U.S. Dollars

		Exports (FOB)						Imports (CIF)					
		2011	2012	2013	2014	2015	2016	2011	2012	2013	2014	2015	2016
Serbia, Republic of	942	0.4 e	0.1 e	0.1 e	0.6 e	0.2 e	0.3 e	1.5 e	0.5 e	0.3 e	1.7 e	0.2 e	1.3 e
Turkey	186	370.5	286.3	616.8	588.0	525.8	398.6	1,582.9	1,568.9	2,074.9	2,365.1	1,969.3	1,316.0
CIS	**901**	**998.9**	**543.2**	**533.2**	**308.3**	**258.3**	**670.5**	**1,744.3**	**2,355.9**	**2,539.8**	**2,329.0**	**1,425.4**	**1,057.0**
Armenia	911	24.0	13.4	2.5	1.1	0.5	4.4	4.9	14.6	20.2	15.8	18.4	5.1
Azerbaijan, Rep. of	912	12.2	30.9	45.6	12.5	....	36.3	46.6	62.5	42.2	40.3	13.9	120.6
Belarus	913	7.5	5.9	3.6	5.9	1.9	7.3	243.9	245.4	335.1	200.1	97.0	119.6
Georgia	915	52.4	28.9	45.2	65.4	104.9	71.2	5.8	8.4	15.0	15.2	17.0	11.0
Kazakhstan	916	62.9	168.9	205.3	114.5	60.1	202.3	123.2	175.5	185.9	375.2	121.4	73.3
Kyrgyz Republic	917	2.4	1.7	1.6	....	3.7	4.1	8.0	5.5	5.4	....	6.7	6.0
Moldova	921	8.5	3.8	3.0	....	2.5	0.0	1.3	0.9	1.0	....	1.9	1.1
Russian Federation	922	134.6	173.4	131.5	85.8	69.3	312.4	1,053.8	1,283.2	1,515.7	1,225.3	968.5	604.8
Ukraine	926	694.3	116.4	94.8	23.2	15.4	32.4	256.8	559.9	419.3	457.2	180.6	115.5
Mid East, N Africa, Pak	**440**	**430.1**	**52.4**	**132.7**	**154.3**	**626.0**	**364.7**	**18.2**	**37.7**	**8.2**	**10.3**	**10.4**	**13.6**
Afghanistan, I.R. of	512	333.0	....	....	....	596.6	335.3	4.1	....	....	....	1.0	1.9
Bahrain, Kingdom of	419	0.0	0.3	0.0	0.0	0.0	0.0	....	....	....	....	0.0	4.0
Egypt	469	11.8	2.5	6.4	5.0	1.8	....	0.3	0.1	0.4	0.5	0.4	....
Iran, I.R. of	429	55.1	....	....	....	....	....	....	....	....	....	....	....
Jordan	439	....	0.1 e	....	....	....	0.0 e	0.0	....	....	....	....	0.5
Kuwait	443	0.4	....	0.7	0.4	0.3	....	....	....	....	....	....	....
Lebanon	446	0.2	0.1	0.2	0.1	0.1	0.1	5.2	0.4	0.2	0.2	0.0	....
Mauritania	682	....	0.0 e	....	....	....	....	....	6.6 e	....	....	....	....
Morocco	686	0.2 e	0.2 e	0.5 e	0.4 e	3.2 e	0.1 e	0.0 e	0.0 e	0.0 e	....	....	0.2 e
Oman	449	....	....	....	....	....	....	2.8 e	28.8 e	1.5 e	0.8 e	....	0.1 e
Pakistan	564	27.0	7.5	16.1	14.9	13.9	23.5	1.1	1.4	2.6	7.4	8.7	4.2
Qatar	453	0.0 e	....	0.3 e	3.2 e	....	....	4.7 e	0.4 e	3.5 e	1.4 e	....	2.4 e
Saudi Arabia	456	0.0	0.1	0.0	....	....	....	....	....	....	....	....	....
Tunisia	744	....	....	0.0 e	0.1 e	....	0.0 e	....	....	0.0 e	0.0 e	0.3 e	0.5 e
United Arab Emirates	466	2.5	41.6	108.3	130.3	10.1	5.7	....	....	....	....	....	....
Sub-Saharan Africa	**603**	**0.2**	**0.0**	**0.3**	**0.1**	**0.1**	**0.1**	**0.0**	**1.9**	**1.0**	**0.8**	**0.1**	**0.2**
Congo, Republic of	634	....	0.0 e	....	....	....	....	....	0.2 e	....	....	....	....
Madagascar	674	0.2 e	0.0 e	....	....	0.0 e	0.0 e	....	0.0 e	....	....	....	....
Mauritius	684	0.0 e	....	....	0.1 e	....	....	....	....	....	....	....	0.0 e
South Africa	199	0.0 e	0.0 e	0.3 e	0.0 e	0.1 e	0.0 e	0.0 e	1.7 e	1.0 e	0.7 e	0.1 e	0.2 e
Western Hemisphere	**205**	**0.7**	**0.5**	**0.2**	**0.3**	**0.3**	**0.2**	**9.7**	**10.4**	**2.2**	**5.0**	**4.4**	**1.6**
Argentina	213	0.0 e	0.0 e	0.0 e	0.0 e	....	0.0 e	2.1 e	9.2 e	0.2 e	0.1 e	0.1 e	0.5 e
Brazil	223	0.3	0.0	0.1	0.0	0.0	0.0	7.6	1.2	1.9	4.7	2.9	0.6
Chile	228	0.3 e	0.4 e	0.0 e	0.0 e	....	....	....	....	....	....	....	....
Colombia	233	0.0 e	0.0 e	0.1 e	0.1 e	0.1 e	0.0 e	....	0.0 e	0.0 e	0.0 e	0.0 e	0.0 e
Dominican Republic	243	....	....	....	0.1 e	0.1 e	0.0 e	....	....	....	....	....	....
Ecuador	248	0.1 e	0.0 e	0.0 e	....	....	0.0 e	....	....	0.2 e	0.2 e	1.4 e	0.5 e
Honduras	268	....	....	....	0.0 e	0.1 e	0.0 e	....	....	....	....	....	....
Memorandum Items													
Africa	605	0.4	0.3	0.9	0.6	3.3	0.2	0.0	8.5	1.1	0.8	0.4	0.8
Middle East	405	70.0	44.6	116.1	139.0	12.3	5.8	13.0	29.7	5.6	2.9	0.4	6.9
European Union	998	586.5	813.5	1,088.0	1,029.0	445.6	666.3	1,413.2	1,792.5	1,525.9	1,621.9	1,283.0	1,366.6
Export earnings: fuel	080	267.8	415.1	491.9	346.7	139.9	556.7	1,231.1	1,550.5	1,749.0	1,643.2	1,105.2	805.6
Export earnings: nonfuel	092	6,821.7	9,209.6	10,506.8	11,037.7	9,419.8	6,987.2	5,142.8	6,667.3	6,294.8	6,705.8	4,945.3	4,403.1

Tuvalu (869)

In Millions of U.S. Dollars

		Exports (FOB)						Imports (CIF)					
		2011	2012	2013	2014	2015	2016	2011	2012	2013	2014	2015	2016
IFS World		....	....	....	....	....	....	....	....	....	....	....	....
World	001	1.1	11.3	2.0	3.0	2.7	1.0	24.4	67.1	64.9	57.8	42.8	33.2
Advanced Economies	110	0.7	3.0	1.1	1.1	1.3	0.3	15.8	40.0	57.9	51.5	34.3	28.7
Euro Area	163	0.1	0.0	0.2	0.0	0.0	0.0	0.1	0.1	0.1	0.0	0.2	0.3
Greece	174	....	....	....	....	....	....	....	....	....	....	0.1	0.3
Italy	136	0.0 e	....	0.2 e	....	....	....	0.1	0.0	0.1	0.0	....	0.0
Netherlands	138	0.0 e	0.0 e	0.0 e	0.0 e	....	....	....	0.0 e	0.0 e	0.0 e	0.1 e	0.0 e
Australia	193	0.0	0.0	0.0	0.0	0.0	0.0	3.0	2.7	2.9	2.7	8.4	2.8
China,P.R.: Hong Kong	532	....	....	....	....	....	....	0.0	0.1	0.1	0.1	0.3	0.3
Czech Republic	935	....	....	0.1 e	....	....	....	....	0.5 e	....	....	....	....
Israel	436	....	....	....	....	....	....	0.1	0.1	0.1	0.1	0.1	0.1
Japan	158	....	0.0	0.0	....	....	....	4.1	2.1	4.2	1.8	2.4	2.0
Korea, Republic of	542	0.0	2.8	0.7	....	0.4	0.0	0.6	0.4	0.5	0.5	0.5	0.5
New Zealand	196	0.2	0.0	0.0	0.0	0.0	0.0	3.6	2.0	1.9	6.9	3.7	3.1
Norway	142	....	....	....	....	....	0.0 e	....	....	....	....	0.9	....
Singapore	576	....	0.0 e	0.0 e	0.0 e	0.1 e	0.2 e	0.1	30.5	46.9	38.2	16.4	17.0
Switzerland	146	0.3 e	0.0 e	....	....	....	....	0.0	....	....	....	0.0	....
Taiwan Prov.of China	528	....	....	....	0.0 e	0.1 e	....	2.7 e	0.4 e	0.0 e	0.0 e	0.3 e	0.1 e
United Kingdom	112	0.0 e	0.0 e	....	1.0 e	0.5 e	0.0 e	....	....	....	....	0.0	0.0
United States	111	0.0	0.0	0.0	0.1	0.2	0.1	1.4	1.2	1.1	1.2	1.2	2.3
Emerg. & Dev. Economies	200	0.5	8.3	0.9	1.8	1.5	0.7	8.6	27.1	7.0	6.2	8.5	4.6
Emerg. & Dev. Asia	505	0.3	3.7	0.4	1.6	1.2	0.2	8.2	23.6	6.2	4.6	6.1	3.4
China,P.R.: Mainland	924	0.0 e	....	0.0 e	0.0 e	0.9 e	0.0 e	0.5	4.4	0.2	0.1	0.5	0.2
Fiji	819	0.3	1.1	0.4	0.3	0.3	0.1	3.8	12.3	3.3	1.7	3.1	2.0
India	534	....	0.0 e	....	1.3 e	0.0 e	....	0.0	0.0	0.0	0.0	0.0	0.0
Indonesia	536	0.0	2.6	0.0	0.0	0.0	0.0	1.0	0.5	0.5	1.1	0.4	0.4
Malaysia	548	....	....	....	....	....	0.0 e	1.2	0.9	0.7	0.9	0.6	0.0
Philippines	566	....	....	....	....	....	....	0.0	....	....	0.0	0.1	....
Asia n.s.	598	....	....	....	....	....	....	1.7	5.4	1.5	0.8	1.4	0.9
Europe	170	0.1	3.7	0.1	0.0	0.0	0.3	0.0	2.0	0.1	....	0.0	0.0
Emerg. & Dev. Europe	903	0.1	3.7	0.1	0.0	0.0	0.3	....	0.0	0.1	....	0.0	0.0
Bosnia and Herzegovina	963	0.0 e	....	0.0 e	0.0 e	0.0 e	0.3 e	....	....	....	....	....	....
Bulgaria	918	....	0.0 e	....	....	....	....	....	0.0 e	0.1 e	....	0.0 e	0.0 e
Macedonia, FYR	962	0.1 e	0.1 e	0.0 e	0.0 e	0.0 e	0.0 e	....	....	....	....	....	....
Turkey	186	....	3.6 e	....	0.0 e	....	....	....	....	....	....	....	....
CIS	901	0.0	....	0.0	0.0	0.0	....	0.0	2.0	0.0	....	....	....
Russian Federation	922	....	....	....	0.0 e	0.0 e	....	....	2.0 e	....	....	....	....
Mid East, N Africa, Pak	440	0.0	0.7	0.0	0.0	0.0	0.0	....	0.0	....	....	0.0	0.0
Mauritania	682	....	0.6 e	0.0 e	0.0 e	....	....	....	....	....	....	....	....
Sub-Saharan Africa	603	0.0	0.2	0.3	0.1	0.2	0.2	0.4	1.4	0.5	0.9	2.3	1.1
Côte d'Ivoire	662	....	....	....	....	....	....	....	0.0 e	....	0.2 e	0.1 e	0.1 e
Namibia	728	0.0 e	....	....	....	....	....	....	....	....	0.1 e	0.1 e	....
Nigeria	694	....	0.2 e	0.2 e	....	0.2 e	0.2 e	....	....	....	....	....	....
South Africa	199	0.0 e	0.0 e	0.0 e	0.1 e	0.0 e	0.0 e	0.4	1.4	0.4	0.6	1.0	1.0
Tanzania	738	....	....	....	....	....	....	....	....	0.1 e	....	....	....
Togo	742	....	....	....	....	....	....	....	....	....	....	1.1 e	....
Western Hemisphere	205	0.0	0.0	0.1	0.1	0.0	0.0	0.0	0.0	0.2	0.7	0.0	0.0
Brazil	223	0.0 e	0.0 e	0.1 e	0.0 e	0.0 e	0.0 e	....	0.0	0.1	0.7	....	0.0
Trinidad and Tobago	369	....	....	0.0 e	....	....	....	....	....	0.1 e	....	....	....
Venezuela, Rep. Bol.	299	....	....	....	0.1 e	0.0 e	0.0 e	....	....	....	....	....	....
Memorandum Items													
Africa	605	0.0	0.9	0.3	0.1	0.2	0.2	0.4	1.5	0.5	0.9	2.3	1.1
European Union	998	0.1	0.1	0.3	1.0	0.5	0.1	0.1	0.5	0.1	0.0	0.2	0.4
Export earnings: fuel	080	0.0	0.2	0.3	0.1	0.2	0.2	....	2.0	0.1	0.0	0.0	0.0
Export earnings: nonfuel	092	1.1	11.1	1.8	2.9	2.5	0.8	24.4	65.1	64.8	57.7	42.8	33.2

Uganda (746)

In Millions of U.S. Dollars

		Exports (FOB)						Imports (CIF)					
		2011	2012	2013	2014	2015	2016	2011	2012	2013	2014	2015	2016
IFS World		2,583.7	2,833.3	2,841.1	2,742.7	2,676.5	....	5,055.6	5,248.3	4,913.3	5,116.3	4,957.2	....
World	001	2,159.1	2,357.5	2,232.3	1,981.7	1,998.6	2,296.9	5,630.9	6,026.6	5,817.5	6,073.5	5,528.1	4,830.1
Advanced Economies	110	742.3	643.1	698.6	661.4	586.6	562.6	1,608.8	1,310.0	1,467.2	1,366.8	1,233.4	1,005.5
Euro Area	163	389.5	330.9	364.4	422.4	388.8	388.4	411.7	414.0	516.5	457.2	443.2	381.5
Austria	122	....	....	....	....	....	....	....	....	....	....	....	8.2
Belgium	124	64.5	47.3	59.1	89.8	69.0	67.8	43.4	50.7	75.2	64.3	33.3	58.4
Cyprus	423	....	....	....	....	....	....	1.6	2.8	2.0	1.1	1.0	1.1
Finland	172	0.8	0.2	0.1	0.1	0.0	0.4	3.0	3.2	4.0	8.1	6.4	4.5
France	132	12.0	20.3	17.4	16.1	8.7	9.8	72.1	75.6	131.3	91.4	113.5	27.9
Germany	134	88.1	70.8	83.0	75.1	76.5	76.4	114.5	129.2	111.2	117.7	108.1	103.8
Greece	174	3.9	3.7	4.5	5.2	5.1	4.1	0.7	0.6	0.9	5.2	7.1	0.8
Ireland	178	....	....	....	....	....	....	16.8	21.0	26.6	26.6	23.8	23.5
Italy	136	57.9	46.6	57.2	98.5	101.4	99.5	44.5	54.5	38.4	37.4	31.4	41.1
Latvia	941	....	....	....	....	....	....	....	....	....	....	....	12.3
Lithuania	946	....	....	....	....	....	....	1.0	1.7	1.7	21.0	10.1	15.4
Netherlands	138	97.4	95.5	103.7	89.4	78.2	80.0	98.6	59.7	108.1	58.6	91.1	59.8
Portugal	182	14.7	12.4	7.5	10.0	12.4	14.1	0.3	1.2	2.3	1.8	1.3	2.0
Slovenia	961	3.1	1.7	1.8	1.4	1.3	1.9	....	....	....	....	....	....
Spain	184	47.2	32.5	30.2	36.7	36.0	34.5	15.2	13.7	14.7	24.0	16.1	22.8
Australia	193	2.2	2.2	1.4	2.0	1.4	2.7	35.0	16.5	25.8	18.8	7.5	3.1
Canada	156	4.1	1.6	7.3	7.6	7.2	7.4	26.7	23.9	25.0	27.9	21.6	19.4
China,P.R.: Hong Kong	532	32.2	28.6	27.1	36.0	36.6	39.0	45.7	49.3	53.3	39.2	48.7	25.9
Czech Republic	935	....	....	....	....	....	....	0.8	1.3	1.5	3.2	5.6	20.6
Denmark	128	4.9	2.9	2.8	2.7	2.4	5.2	28.9	24.2	19.6	14.7	31.3	24.4
Iceland	176	....	....	....	....	....	....	0.0	0.3	0.6	0.4	0.2	0.3
Israel	436	10.2	7.8	5.8	11.5	9.9	8.5	8.9	6.9	6.2	7.2	7.2	5.0
Japan	158	3.9	5.7	4.7	6.1	14.6	7.9	323.3	323.7	331.7	354.6	346.8	245.6
Korea, Republic of	542	6.2	0.1	2.1	5.9	5.1	3.4	154.8	49.8	39.5	88.8	44.1	32.1
New Zealand	196	0.2	0.2	0.2	0.2	0.3	0.1	0.4	1.6	0.6	0.3	0.6	0.8
Norway	142	0.4	0.6	0.4	2.5	1.0	0.4	1.5	1.9	3.5	6.2	4.6	3.9
Singapore	576	70.9	54.0	36.5	31.8	15.7	14.3	129.9	67.8	154.3	73.9	42.1	36.4
Sweden	144	2.5	2.7	3.1	3.4	3.9	5.0	90.7	49.8	28.3	21.9	20.8	16.4
Switzerland	146	119.2	123.5	158.3	55.6	37.0	34.5	24.1	23.3	18.1	25.0	20.6	26.7
Taiwan Prov.of China	528	0.2	0.4	0.3	0.7	0.5	0.5	25.4	32.3	18.1	39.0	15.7	12.2
United Kingdom	112	60.8	58.0	47.5	33.3	29.3	16.5	131.2	126.9	103.4	99.4	83.5	74.4
United States	111	35.0	23.8	36.7	39.8	33.0	28.7	169.7	96.5	121.1	89.2	89.4	76.9
Emerg. & Dev. Economies	200	1,297.2	1,563.9	1,370.4	1,143.3	1,258.1	1,638.0	4,011.6	4,703.4	4,338.7	4,693.5	4,281.4	3,822.5
Emerg. & Dev. Asia	505	59.5	58.4	65.3	111.4	105.9	114.6	1,791.5	2,317.3	2,533.5	2,621.7	2,336.9	2,043.7
Bangladesh	513	....	....	....	....	....	....	2.2	1.8	2.6	2.6	5.0	3.9
China,P.R.: Mainland	924	26.7	29.1	38.0	66.0	57.7	27.5	522.5	684.2	622.0	739.6	875.0	886.1
India	534	19.2	14.4	13.9	27.9	24.7	45.1	928.1	1,266.2	1,559.9	1,490.2	1,153.9	834.9
Indonesia	536	0.1	0.2	0.2	1.3	2.8	10.0	225.7	235.6	171.1	224.1	203.6	190.1
Malaysia	548	1.2	6.4	9.6	14.3	18.3	25.4	38.1	50.9	63.9	83.5	28.3	47.4
Philippines	566	....	....	....	....	....	....	0.6	1.0	1.4	1.4	1.8	2.2
Sri Lanka	524	....	....	....	....	....	....	3.1	1.6	1.2	1.0	1.4	2.3
Thailand	578	1.2	1.9	0.3	0.4	0.6	1.1	59.6	67.4	78.7	67.6	45.9	38.3
Vietnam	582	11.1	6.5	3.3	1.6	1.8	1.8	11.6	8.7	32.8	11.7	22.0	38.5
Asia n.s.	598	....	....	....	....	....	3.6	....	....	....	....	....	0.0
Europe	170	28.2	25.3	38.5	27.4	25.4	43.6	160.1	191.8	127.5	180.0	171.4	119.0
Emerg. & Dev. Europe	903	18.2	16.6	21.5	20.1	16.1	27.0	105.4	75.5	40.1	52.9	71.7	51.4
Bulgaria	918	....	....	....	....	....	....	2.9	0.7	1.8	0.9	0.3	0.5
Croatia	960	0.0	0.0	....	0.8	2.0	1.1	....	0.0	0.1	0.4	0.6	0.3
Hungary	944	0.9	1.4	0.9	0.0	0.0	0.0	23.6	21.0	3.5	7.2	8.1	8.3
Poland	964	9.7	9.2	10.9	8.9	8.8	6.0	8.7	12.2	7.6	19.3	39.7	18.6
Romania	968	4.6	4.4	3.5	5.3	4.2	6.0	12.9	0.7	0.6	0.3	0.7	0.5
Serbia, Republic of	942	....	....	....	....	....	....	0.4	0.0	0.0	0.1	0.0	0.1
Turkey	186	2.9	1.6	6.2	5.0	1.1	13.8	56.8	40.8	26.6	24.7	22.3	23.1
CIS	901	10.0	8.7	17.0	7.3	9.3	15.5	54.7	116.4	87.4	127.0	99.7	66.6
Russian Federation	922	8.4	6.5	12.0	5.6	6.6	13.0	44.7	82.4	49.7	70.4	80.5	55.6
Ukraine	926	1.6	2.1	5.0	1.7	2.7	2.4	9.9	34.0	37.7	56.7	19.2	11.0

Uganda (746)

In Millions of U.S. Dollars

		Exports (FOB) 2011	2012	2013	2014	2015	2016	Imports (CIF) 2011	2012	2013	2014	2015	2016
Europe n.s.	884	....	....	....	....	....	1.2	....	....	....	....	....	1.0
Mid East, N Africa, Pak	440	496.8	623.9	352.2	161.6	191.3	393.8	967.6	1,054.4	718.3	872.4	817.9	842.0
Bahrain, Kingdom of	419	....	....	....	....	....	....	112.6	72.1	58.2	101.5	15.5	30.0
Djibouti	611	0.0	0.0	0.4	0.1	0.1	0.2	....	....	....	....	....	....
Egypt	469	5.8	0.8	0.2	1.5	5.6	0.8	45.1	60.4	54.4	65.9	68.1	53.0
Iran, I.R. of	429	....	....	....	....	....	....	5.7	5.9	3.5	2.3	4.2	4.5
Jordan	439	1.5	1.7	1.7	1.8	1.9	2.3	2.2	2.5	3.8	3.3	3.3	1.9
Kuwait	443	....	....	....	....	....	....	40.0	21.3	14.1	5.6	0.9	0.4
Lebanon	446	1.1	1.6	1.8	2.3	2.0	2.2	2.0	7.8	4.1	3.5	3.6	3.8
Morocco	686	1.8	0.9	6.4	7.8	4.8	4.1	0.9	2.0	0.9	2.0	0.8	1.5
Oman	449	....	....	....	....	....	....	70.4	42.5	9.5	12.9	17.5	24.8
Pakistan	564	0.5	0.3	1.8	2.4	1.9	3.1	68.4	55.7	67.5	89.5	61.2	49.1
Qatar	453	....	....	....	....	....	....	6.6	15.7	7.9	6.2	13.3	8.3
Saudi Arabia	456	1.2	0.9	1.3	1.1	2.2	1.4	217.9	296.1	104.7	177.0	223.0	250.0
Somalia	726	5.1	13.7	7.8	4.5	2.3	2.8	....	....	....	....	....	....
Sudan	732	329.2	424.3	239.4	105.1	88.0	61.8	3.3	2.1	1.1	1.3	0.5	0.2
Tunisia	744	7.3	3.1	8.7	....	0.2	8.5	19.1	19.7	1.0	0.1	0.0	0.2
United Arab Emirates	466	143.3	176.4	82.7	35.0	82.4	305.7	373.3	450.6	387.5	401.3	405.9	414.2
Middle East n.s.	489	....	....	....	....	....	0.9	....	....	....	....	....	0.0
Sub-Saharan Africa	603	712.3	854.4	911.7	838.0	934.8	1,039.0	1,021.0	1,019.6	904.4	1,003.8	937.7	789.3
Burkina Faso	748	....	....	....	....	....	....	7.6	0.0	0.1	0.0	....	0.0
Burundi	618	41.5	46.1	48.7	43.5	46.3	45.1	2.2	1.4	0.5	4.1	3.4	1.3
Congo, Dem. Rep. of	636	182.4	240.9	268.2	181.7	152.6	176.7	6.4	12.2	6.8	5.9	3.6	2.5
Côte d'Ivoire	662	....	....	....	....	....	....	0.8	1.1	1.0	1.2	1.8	1.8
Eritrea	643	0.4	0.2	0.0	0.3	0.0	0.0	....	....	....	....	....	....
Ethiopia	644	6.2	12.2	4.1	1.2	1.7	0.4	0.4	0.3	0.2	0.2	0.4	0.9
Ghana	652	....	....	....	....	....	....	3.5	6.3	4.2	1.7	0.3	0.3
Kenya	664	226.6	254.1	314.4	297.4	427.0	440.3	644.6	590.2	562.8	593.9	554.5	459.0
Liberia	668	....	....	....	....	....	....	0.6	0.1	0.2	5.5	1.1	0.5
Madagascar	674	0.0	0.0	0.0	0.2	0.4	0.0	....	....	....	....	....	....
Malawi	676	0.1	0.6	0.1	0.4	0.3	0.3	4.1	0.7	0.2	0.8	0.3	0.7
Mauritius	684	2.7	1.0	0.4	0.8	0.5	0.2	10.5	11.4	5.1	9.5	9.3	6.1
Mozambique	688	....	....	....	....	....	....	7.4	16.2	0.8	0.5	2.1	5.1
Nigeria	694	....	....	....	....	....	....	0.7	1.5	3.2	3.5	1.6	0.9
Rwanda	714	193.5	226.1	216.3	245.3	237.6	191.9	7.9	5.4	7.4	10.9	9.4	10.1
Seychelles	718	0.2	0.1	0.8	0.2	0.1	0.1	0.7	0.0	0.5	0.5	0.4	0.7
South Africa	199	8.1	9.5	7.4	9.4	6.4	17.4	264.5	297.6	250.6	259.9	256.9	210.5
South Sudan, Rep. of	733	....	....	....	....	....	74.1	....	....	....	....	....	....
Swaziland	734	0.6	0.3	1.2	0.0	0.3	0.3	18.7	23.2	13.7	22.0	20.5	21.6
Tanzania	738	42.2	54.0	48.0	56.0	60.8	70.6	38.0	50.0	45.9	75.7	62.9	59.7
Zambia	754	0.6	2.0	1.3	1.5	0.9	8.1	2.5	1.3	1.2	7.5	6.1	1.9
Zimbabwe	698	7.2	7.5	0.6	0.1	0.0	0.0	0.0	0.8	0.1	0.4	3.2	1.2
Africa n.s.	799	....	....	....	....	....	13.6	....	....	....	....	....	4.6
Western Hemisphere	205	0.4	1.9	2.8	4.9	0.6	47.0	71.4	120.3	55.0	15.6	17.6	28.5
Argentina	213	....	....	....	....	....	....	13.3	61.6	2.5	1.5	4.5	3.8
Brazil	223	0.3	0.0	0.2	0.0	0.0	29.5	45.4	53.0	35.9	9.1	8.8	21.4
Colombia	233	....	....	....	....	....	....	2.2	0.6	2.3	1.1	0.5	0.3
Ecuador	248	0.0	1.9	2.6	4.9	0.6	0.1	....	....	....	....	....	....
Guatemala	258	....	....	....	....	....	....	0.0	0.1	5.5	0.7	1.4	0.9
Mexico	273	....	....	....	....	....	....	0.4	0.4	1.6	3.2	2.3	1.3
Paraguay	288	....	....	....	....	....	....	7.2	4.6	5.7	0.0	....	0.0
Uruguay	298	....	....	....	....	....	....	2.9	0.0	1.6	0.0	0.2	0.1
Western Hem. n.s.	399	....	....	....	....	....	17.4	....	....	....	....	....	0.7
Other Countries n.i.e	910	....	....	....	....	....	....	....	....	....	....	....	0.5
Korea, Dem. People's Rep.	954	....	....	....	....	....	....	....	....	....	....	....	0.5
Countries & Areas n.s.	898	119.5	150.5	163.4	177.0	153.9	96.3	10.6	13.2	11.6	13.2	13.3	1.6
Memorandum Items													
Africa	605	1,055.7	1,296.6	1,174.4	955.5	1,030.1	1,042.3	1,044.4	1,043.4	907.5	1,007.2	939.1	791.2
Middle East	405	152.9	181.4	87.6	41.8	94.1	313.3	875.9	974.8	647.7	779.5	755.3	791.0
European Union	998	473.1	409.5	433.3	476.9	439.3	428.2	711.4	650.9	682.8	624.5	633.8	545.6

Uganda (746)
In Millions of U.S. Dollars

		Exports (FOB)						Imports (CIF)					
		2011	2012	2013	2014	2015	2016	2011	2012	2013	2014	2015	2016
Export earnings: fuel	080	152.9	185.7	98.7	46.6	91.9	394.3	874.2	988.6	640.6	781.7	762.9	789.1
Export earnings: nonfuel	092	2,006.1	2,171.8	2,133.6	1,935.1	1,906.7	1,902.6	4,756.7	5,038.0	5,176.9	5,291.8	4,765.3	4,041.0

Ukraine (926)
In Millions of U.S. Dollars

		Exports (FOB) 2011	2012	2013	2014	2015	2016	Imports (CIF) 2011	2012	2013	2014	2015	2016
IFS World		....	....	....	....	....	....	....	....	....	....	....	....
World	001	68,411.6	68,809.8	63,308.2	53,911.0	38,134.8	36,288.5	82,606.9	84,658.1	76,964.0	54,381.8	37,502.3	39,234.2
Advanced Economies	110	15,034.3	15,142.1	14,691.0	14,199.9	11,072.4	10,898.5	26,637.4	28,896.4	27,320.4	20,525.9	14,943.9	17,522.7
Euro Area	163	10,565.1	10,408.1	9,868.3	10,127.1	8,002.6	7,971.3	16,603.3	17,000.8	17,408.7	13,410.5	9,410.2	11,093.3
Austria	122	588.7	520.8	554.6	530.9	347.2	361.3	713.3	733.4	968.5	606.3	347.5	465.0
Belgium	124	399.5	467.6	401.9	425.2	296.8	251.5	664.5	708.5	692.9	553.3	366.7	450.1
Cyprus	423	174.4	168.0	161.6	283.7	61.5	53.5	143.9	79.6	70.3	50.3	17.1	22.1
Estonia	939	150.4	254.0	103.2	82.4	66.2	98.0	104.8	96.4	93.3	77.3	77.5	66.6
Finland	172	52.8	48.2	60.8	62.2	48.0	62.4	522.6	485.2	466.7	319.2	223.0	216.8
France	132	571.1	549.5	693.5	534.7	498.3	457.2	1,504.5	1,667.2	1,730.5	1,267.3	892.3	1,530.3
Germany	134	1,765.1	1,645.0	1,603.8	1,590.6	1,328.7	1,423.7	6,865.7	6,807.1	6,771.0	5,360.2	3,900.4	4,318.6
Greece	174	291.2	209.2	227.9	201.2	153.8	159.1	128.7	192.0	277.5	308.4	238.5	234.0
Ireland	178	14.7	76.0	120.8	69.5	59.2	45.5	168.3	152.6	191.5	134.0	75.4	84.7
Italy	136	3,041.4	2,481.6	2,360.1	2,471.0	1,983.4	1,932.6	2,005.9	2,235.2	2,087.4	1,509.6	976.6	1,358.7
Latvia	941	221.5	299.8	182.6	226.2	150.3	138.2	98.5	100.7	104.2	89.7	87.1	112.5
Lithuania	946	317.1	279.1	324.8	362.1	236.3	258.2	822.8	911.9	966.7	1,032.2	552.6	492.5
Luxembourg	137	7.0	3.9	4.6	16.2	5.9	5.1	46.6	30.8	25.5	30.2	53.1	59.5
Malta	181	120.3	9.6	6.3	1.6	12.2	7.7	16.6	20.4	10.9	10.9	16.4	11.5
Netherlands	138	833.4	829.9	1,041.3	1,106.1	905.7	996.4	1,186.8	1,122.0	1,061.7	763.6	452.9	546.8
Portugal	182	192.3	343.9	267.2	310.3	320.5	228.1	65.8	72.2	75.7	60.5	45.2	50.6
Slovak Republic	936	843.0	672.6	752.8	670.6	468.5	471.4	603.9	587.7	663.7	426.8	518.6	434.7
Slovenia	961	10.7	10.4	12.9	16.0	16.3	16.8	254.9	251.0	287.5	203.6	128.9	137.3
Spain	184	970.6	1,539.0	987.7	1,166.6	1,043.6	1,004.5	685.3	746.8	863.4	607.3	440.4	500.9
Australia	193	23.4	37.7	32.7	18.2	10.7	12.8	170.1	150.9	50.4	138.9	158.8	109.3
Canada	156	122.6	107.2	57.4	72.6	30.2	28.9	207.8	193.0	243.1	191.2	206.2	217.3
China,P.R.: Hong Kong	532	30.8	16.8	24.5	25.9	15.4	63.9	28.5	20.0	29.9	17.2	12.2	17.6
China,P.R.: Macao	546	0.0	....	0.0	0.1	....	....	0.0	....	0.0	0.0	0.0	....
Czech Republic	935	842.4	707.0	823.7	772.6	540.9	560.8	1,181.3	1,246.7	999.3	687.7	479.6	654.8
Denmark	128	163.8	152.7	163.9	125.8	144.7	155.5	297.3	281.9	314.1	234.8	147.6	184.2
Iceland	176	0.2	17.2	0.4	0.2	0.3	0.6	43.3	79.6	113.9	41.2	30.9	64.3
Israel	436	510.2	796.4	701.8	593.1	597.1	488.6	143.0	266.8	323.2	325.6	169.9	184.8
Japan	158	152.5	320.5	458.4	209.6	235.6	185.5	1,014.1	1,197.8	985.0	612.6	382.2	552.0
Korea, Republic of	542	467.6	481.9	407.5	510.3	395.4	413.7	1,236.0	1,547.2	830.5	478.3	256.4	255.3
New Zealand	196	3.5	4.3	5.2	2.1	1.9	2.6	22.6	38.3	41.9	42.6	10.0	10.9
Norway	142	61.4	72.5	60.6	20.2	12.8	15.3	272.1	380.4	361.6	587.7	741.3	163.0
San Marino	135	....	....	....	....	....	0.4	....	....	....	....	....	0.2
Singapore	576	218.3	155.5	239.6	126.2	5.2	21.6	43.6	823.0	57.9	41.8	21.3	21.6
Sweden	144	74.2	57.1	63.5	65.1	60.6	71.3	638.5	544.1	481.3	371.4	273.5	419.0
Switzerland	146	69.4	148.8	223.2	188.6	125.6	106.2	792.0	766.5	906.7	523.6	449.6	984.1
Taiwan Prov.of China	528	129.2	92.0	123.0	85.1	41.5	54.3	214.6	295.2	269.8	197.1	141.3	189.9
United Kingdom	112	485.7	551.4	547.2	589.2	370.1	317.8	1,128.6	1,149.5	1,132.4	691.7	569.6	709.3
United States	111	1,114.0	1,014.8	889.8	668.0	482.0	427.5	2,600.8	2,914.6	2,770.6	1,931.9	1,483.2	1,691.9
Emerg. & Dev. Economies	200	53,147.1	53,513.1	48,385.3	39,563.5	26,901.0	25,335.2	55,963.4	55,740.6	49,582.4	33,816.9	22,533.3	21,694.3
Emerg. & Dev. Asia	505	5,701.2	5,232.1	5,955.8	5,325.5	4,981.9	5,383.3	8,452.7	10,281.0	10,117.9	7,135.9	4,998.6	6,181.2
American Samoa	859	....	....	....	....	....	....	1.2	5.1	0.5	0.0	....	....
Bangladesh	513	51.5	46.4	143.5	152.9	207.0	327.5	33.9	43.1	65.0	68.0	54.0	58.0
Bhutan	514	....	....	0.0	....	....	....	0.0	0.2	0.0	0.4	....	....
Brunei Darussalam	516	0.1	....	0.0	....	....	....	0.0	....	....	0.0	0.0	....
Cambodia	522	0.6	0.1	0.3	2.0	0.4	1.0	6.9	8.9	14.0	12.8	10.1	14.7
China,P.R.: Mainland	924	2,180.0	1,777.2	2,726.7	2,674.1	2,399.1	1,832.5	6,268.0	7,899.6	7,900.8	5,408.9	3,770.1	4,688.5
Fiji	819	0.1	....	....	0.0	0.0	....	0.1	....	0.1	0.0	0.0	....
F.T. New Caledonia	839	0.0	....	0.1	0.2	0.2	....	0.0	....	0.0	....	0.0	....
India	534	2,265.3	2,290.9	1,974.7	1,817.4	1,444.2	1,903.2	812.8	1,020.7	838.5	656.4	442.9	486.1
Indonesia	536	540.2	472.3	319.0	168.3	185.9	366.4	530.7	412.3	445.0	272.6	168.9	226.7
Lao People's Dem.Rep	544	0.0	0.1	0.2	0.3	1.6	2.4	0.8	0.6	0.8	1.1	0.5	0.7
Malaysia	548	165.0	125.7	191.5	132.5	159.6	126.2	253.1	236.6	209.4	193.2	132.1	167.5
Maldives	556	0.0	0.0	....	0.0	0.1	1.0	0.0	0.4	0.0	0.0	....	....
Marshall Islands	867	....	....	....	....	....	1.0	....	....	....	....	....	0.1
Mongolia	948	45.3	45.5	45.8	38.0	28.2	24.6	4.9	4.6	1.4	0.6	0.9	1.2
Myanmar	518	3.2	3.2	17.3	6.2	12.1	62.0	2.0	1.0	0.7	1.0	0.9	1.2

Ukraine (926)

In Millions of U.S. Dollars

		Exports (FOB)						Imports (CIF)					
		2011	2012	2013	2014	2015	2016	2011	2012	2013	2014	2015	2016
Nepal	558	4.4	5.9	5.0	3.8	9.4	19.0	0.2	0.1	0.1	0.0	0.0	0.1
Papua New Guinea	853	0.0	0.0	0.0	0.0	0.0	....	0.0	0.4	0.2	0.3	0.2	....
Philippines	566	6.8	14.6	81.5	57.4	107.4	143.4	26.7	34.6	27.1	23.0	17.4	26.6
Samoa	862	1.2	1.5	....	0.0	....	....	....	....	0.0	....	....	....
Sri Lanka	524	13.6	79.3	11.0	2.3	4.2	80.3	73.5	67.2	57.0	44.6	27.8	32.6
Thailand	578	312.8	237.9	252.0	140.6	334.9	413.5	228.2	223.1	201.0	162.9	120.6	172.5
Vanuatu	846	0.2	0.3	0.0	0.0	0.0	....	0.0	....	0.0	....	....	....
Vietnam	582	109.3	124.2	185.2	126.3	87.0	77.8	209.8	321.5	355.8	290.1	252.0	304.2
Asia n.s.	598	1.3	7.1	2.0	3.0	0.8	1.6	0.0	0.9	0.6	0.1	0.2	0.3
Europe	170	**36,940.1**	**35,005.5**	**31,880.7**	**24,460.4**	**15,038.2**	**13,119.7**	**45,089.1**	**42,767.7**	**36,912.4**	**24,575.1**	**15,969.4**	**13,946.5**
Emerg. & Dev. Europe	903	**10,103.5**	**9,162.1**	**9,283.5**	**9,082.1**	**6,826.6**	**6,698.3**	**7,732.3**	**8,137.9**	**8,763.3**	**7,172.0**	**5,435.4**	**5,316.9**
Albania	914	58.5	54.2	31.8	24.5	24.9	26.0	1.9	1.4	1.4	1.3	2.9	3.8
Bosnia and Herzegovina	963	45.4	31.4	15.0	10.8	7.4	9.2	20.6	14.0	18.7	29.1	9.7	10.8
Bulgaria	918	755.4	568.8	591.3	550.6	419.5	418.2	269.7	280.5	300.9	238.4	252.9	172.9
Croatia	960	51.5	40.2	43.3	39.2	26.1	39.1	52.9	69.3	36.3	47.8	15.1	29.7
Faroe Islands	816	....	0.0	....	0.0	....	....	6.7	8.3	11.8	15.5	7.2	3.5
Gibraltar	823	0.2	0.3	2.5	1.8	0.0	....	0.3	0.1	0.0	0.0	0.0	....
Hungary	944	1,340.7	1,510.2	1,557.0	1,510.2	909.7	1,053.1	1,326.1	1,159.6	1,400.5	1,463.9	1,554.7	802.0
Macedonia, FYR	962	81.8	13.0	8.1	40.5	12.9	25.9	147.5	26.2	32.7	21.3	12.2	11.7
Montenegro	943	2.6	5.7	1.4	1.8	1.1	4.7	1.1	3.0	1.1	1.1	4.9	2.7
Poland	964	2,794.1	2,576.2	2,547.8	2,645.0	1,977.5	2,200.2	3,183.3	3,567.1	4,068.7	3,067.4	2,324.5	2,692.8
Romania	968	950.7	551.6	558.2	584.5	569.9	717.2	1,125.7	929.7	897.0	847.3	316.9	380.6
Serbia, Republic of	942	273.6	125.3	121.7	111.7	105.9	156.1	115.3	126.7	141.4	140.7	83.3	106.5
Turkey	186	3,748.8	3,685.1	3,805.5	3,561.4	2,771.7	2,048.7	1,481.1	1,951.9	1,852.7	1,298.2	851.2	1,100.0
CIS	901	**26,836.6**	**25,843.4**	**22,597.2**	**15,378.2**	**8,211.5**	**6,421.4**	**37,356.8**	**34,629.8**	**28,149.1**	**17,403.1**	**10,533.9**	**8,629.6**
Armenia	911	227.6	179.2	180.7	173.4	101.6	88.9	18.5	22.9	19.7	13.3	7.4	8.2
Azerbaijan, Rep. of	912	708.3	766.6	867.6	591.6	318.8	248.0	643.4	79.7	77.8	43.7	30.3	39.7
Belarus	913	1,922.5	2,251.1	1,983.6	1,617.1	870.9	903.3	4,211.8	5,068.6	3,605.2	3,971.1	2,449.1	2,777.3
Georgia	915	657.9	540.7	533.6	490.9	402.8	390.9	144.4	177.2	217.9	153.7	60.8	65.8
Kazakhstan	916	1,858.3	2,459.3	2,120.0	1,073.2	712.6	400.1	1,675.9	1,494.9	683.0	375.8	372.9	434.3
Kyrgyz Republic	917	111.3	127.1	134.8	102.5	75.5	40.4	7.5	6.5	11.8	4.3	5.8	1.8
Moldova	921	874.4	822.7	902.8	743.8	524.3	481.2	130.4	122.0	102.1	61.9	41.2	47.6
Russian Federation	922	19,820.0	17,631.7	15,065.1	9,799.2	4,829.9	3,591.8	29,132.0	27,418.3	23,234.2	12,678.7	7,485.2	5,148.3
Tajikistan	923	60.3	100.8	61.3	46.7	30.0	25.4	13.0	7.2	5.2	3.2	2.8	1.2
Turkmenistan	925	242.2	528.2	395.6	431.3	170.4	109.0	736.0	123.4	100.5	24.6	16.3	34.3
Uzbekistan	927	353.8	435.9	352.1	308.6	174.5	142.4	643.9	109.0	91.6	72.8	62.3	71.1
Mid East, N Africa, Pak	440	**8,358.1**	**10,576.7**	**8,202.9**	**8,241.6**	**6,012.9**	**6,012.7**	**541.9**	**739.3**	**705.8**	**697.1**	**433.2**	**437.5**
Afghanistan, I.R. of	512	14.1	21.0	16.1	10.2	9.0	6.7	1.1	0.9	2.3	1.0	0.3	0.0
Algeria	612	244.9	291.0	103.0	210.2	205.6	236.8	26.4	14.9	18.5	19.3	17.1	6.8
Bahrain, Kingdom of	419	3.3	1.4	7.6	1.4	0.7	5.2	2.1	0.8	3.5	0.0	0.1	0.1
Djibouti	611	59.9	102.7	39.6	89.5	59.8	14.9	0.0	....	....	....	0.0	....
Egypt	469	1,335.7	2,898.3	2,720.6	2,862.1	2,080.5	2,266.2	104.7	142.8	136.7	91.1	55.6	48.7
Iran, I.R. of	429	1,127.5	1,164.7	793.9	703.4	533.6	705.1	46.5	67.4	83.7	52.7	30.5	40.0
Iraq	433	622.8	872.3	767.8	710.6	472.7	374.4	0.1	0.2	0.2	43.8	0.0	....
Jordan	439	448.6	536.8	412.4	314.8	135.8	144.5	25.2	25.9	14.6	26.1	4.8	9.1
Kuwait	443	2.8	10.7	30.2	14.7	6.9	17.7	0.6	0.2	0.3	1.8	0.0	0.0
Lebanon	446	1,362.2	1,423.9	373.7	272.3	300.6	338.5	3.2	3.4	1.8	1.4	1.3	1.1
Libya	672	107.6	296.2	273.8	219.1	182.7	247.8	0.2	3.5	0.2	0.1	0.0	....
Mauritania	682	10.0	11.7	17.1	21.2	23.5	13.6	6.5	6.0	3.6	6.3	4.0	4.2
Morocco	686	234.1	363.1	297.7	294.8	212.5	247.4	17.1	64.6	53.9	35.5	28.5	33.5
Oman	449	20.1	69.3	49.9	35.1	28.0	51.9	1.0	1.4	1.4	14.1	5.9	1.7
Pakistan	564	183.7	114.1	234.1	397.8	111.0	114.3	68.2	121.7	93.5	100.7	61.2	47.6
Qatar	453	24.7	6.6	7.7	18.7	16.0	12.4	15.7	16.6	14.0	11.3	8.3	26.3
Saudi Arabia	456	817.0	926.4	782.1	1,031.4	761.6	592.9	92.5	149.6	183.9	205.2	145.0	139.4
Somalia	726	....	0.5	0.1	1.2	0.6	13.1	0.0	0.0	0.0	0.0	0.0	0.2
Sudan	732	137.0	114.9	75.1	77.7	75.2	34.6	0.3	0.3	0.8	0.3	0.2	1.0
Syrian Arab Republic	463	920.6	578.9	430.1	163.0	132.8	43.2	49.3	41.3	10.1	8.2	4.8	0.6
Tunisia	744	266.7	316.8	298.5	329.3	333.5	235.8	8.1	9.4	14.0	11.2	8.5	13.9
United Arab Emirates	466	394.3	414.2	450.4	394.9	301.8	277.6	72.9	68.3	68.6	66.6	57.1	63.4
West Bank and Gaza	487	1.7	....	8.0	10.1	13.7	14.6	0.0	....	0.3	0.1	0.0	0.0

Ukraine (926)

In Millions of U.S. Dollars

		Exports (FOB)						Imports (CIF)					
		2011	2012	2013	2014	2015	2016	2011	2012	2013	2014	2015	2016
Yemen, Republic of	474	17.2	35.9	13.3	58.0	14.8	3.4	0.1	0.1	0.0	0.3	0.1	0.0
Middle East n.s.	489	1.7	5.4	....	....	....	....	0.0	0.2	....	....	....	....
Sub-Saharan Africa	603	**856.9**	**1,243.1**	**1,267.3**	**989.2**	**630.6**	**549.1**	**776.1**	**609.8**	**522.1**	**515.5**	**487.6**	**444.5**
Angola	614	12.7	16.6	24.5	5.1	5.9	15.4	0.1	0.8	0.1	0.0	0.1	0.3
Benin	638	40.6	72.1	28.9	14.3	3.4	3.8	....	0.0	0.0	0.0	0.0	0.0
Botswana	616	0.0	0.6	0.1	0.1	0.0	....	0.0	0.0	0.0	0.0	0.0	....
Burkina Faso	748	17.0	16.6	10.2	3.7	1.5	3.3	0.0	0.0	0.0	0.0	0.0	0.0
Burundi	618	....	2.2	2.8	0.3	1.8	....	0.0	0.0	0.0	0.0	0.0	....
Cabo Verde	624	0.0	....	....	0.0	0.1	....	0.1	....	0.0	....	....	....
Cameroon	622	22.2	19.7	14.7	21.9	11.0	11.8	1.0	1.5	2.1	2.0	1.7	2.1
Central African Rep.	626	0.9	1.6	0.6	0.1	0.9	1.5	0.0	0.0	0.0	....	0.0	0.0
Chad	628	5.1	7.3	31.0	13.9	2.2	....	0.0	0.0	....	0.0	....	....
Comoros	632	0.1	0.6	0.0	0.0	0.0	....	0.0	0.3	0.4	0.1	0.1	....
Congo, Dem. Rep. of	636	0.6	17.7	19.6	4.6	9.2	22.6	0.9	2.3	2.3	0.0	6.8	7.0
Congo, Republic of	634	6.9	5.3	8.3	4.1	2.2	2.7	0.0	0.5	0.0	0.0	0.1	0.3
Côte d'Ivoire	662	74.6	65.8	78.1	17.3	23.8	10.2	134.1	138.8	110.5	84.7	39.6	36.8
Equatorial Guinea	642	9.3	7.0	13.7	10.9	10.0	....	0.0	0.1	....	....	0.0	....
Eritrea	643	....	....	....	0.2	0.0	....	....	....	....	0.0	....	....
Ethiopia	644	....	133.5	160.4	133.7	138.0	124.4	....	1.6	1.5	1.4	1.4	3.1
Gabon	646	3.2	5.0	0.4	4.7	1.8	10.0	37.0	30.5	11.5	2.1	0.0	11.6
Gambia, The	648	2.2	3.2	2.1	3.4	2.3	0.0	....	....	0.0	....	....	....
Ghana	652	112.6	98.3	48.7	28.7	37.5	25.6	280.5	127.1	106.0	105.5	104.2	87.9
Guinea	656	10.7	7.4	9.2	13.5	13.3	17.4	100.7	116.5	129.9	106.1	114.1	95.1
Guinea-Bissau	654	0.1	....	0.0	0.2	0.0	....	0.0	....	0.2	....	....	....
Kenya	664	37.1	82.0	143.4	126.4	49.9	32.0	8.1	9.4	11.3	8.4	6.0	6.5
Lesotho	666	....	....	....	....	0.0	....	0.1	....	0.0	0.1	0.1	....
Liberia	668	3.7	51.8	5.7	2.6	5.1	3.0	4.1	4.4	1.3	0.9	0.5	3.3
Madagascar	674	0.2	....	0.1	0.1	0.3	1.0	0.6	1.4	1.9	1.5	1.7	1.5
Malawi	676	0.0	....	5.6	0.2	1.0	0.2	17.3	18.9	15.5	23.1	15.6	25.8
Mali	678	16.8	6.1	8.1	11.7	6.1	12.0	0.0	0.1	0.0	0.0	0.0	0.2
Mauritius	684	0.0	0.1	2.2	6.0	0.9	0.9	0.8	1.0	1.3	1.0	0.3	0.4
Mozambique	688	7.2	10.2	17.2	19.5	12.8	2.8	13.1	15.0	15.6	14.1	17.9	10.5
Namibia	728	0.0	0.2	0.1	0.1	6.4	....	0.1	0.1	0.6	0.2	0.1	....
Niger	692	0.3	2.9	13.7	2.3	1.3	0.9	....	0.0	0.0	0.0	0.0	0.0
Nigeria	694	213.2	273.6	331.1	314.9	120.9	104.2	12.7	6.7	9.6	7.9	2.3	0.7
Rwanda	714	0.6	5.2	0.0	0.4	1.4	1.8	0.0	0.0	0.0	0.0	0.0	0.0
São Tomé & Príncipe	716	....	....	0.7	....	....	....	....	....	....	....	....	....
Senegal	722	91.8	89.5	88.5	65.7	53.2	64.5	0.2	0.1	0.7	0.3	0.2	0.7
Seychelles	718	1.5	3.3	1.5	0.3	0.3	....	0.1	0.4	0.1	0.4	0.5	....
Sierra Leone	724	0.8	1.9	2.1	3.5	2.0	1.3	9.7	0.5	0.1	0.3	0.1	5.3
South Africa	199	83.6	157.2	149.9	105.9	54.4	60.0	134.7	111.5	78.2	131.4	151.1	117.7
South Sudan, Rep. of	733	....	....	....	....	22.3	4.0	....	....	....	....	0.3	1.0
Swaziland	734	....	0.0	....	0.0	....	....	0.5	0.6	0.8	0.7	0.1	....
Tanzania	738	11.8	28.7	20.4	7.3	13.9	2.1	4.5	5.7	8.6	10.3	11.3	11.6
Togo	742	14.8	25.7	9.1	17.5	4.0	1.3	0.1	0.0	0.0	0.0	0.0	0.0
Uganda	746	54.5	24.1	10.3	23.1	6.3	2.9	1.8	3.7	6.1	6.2	3.4	4.7
Zambia	754	0.0	0.0	2.1	0.4	3.2	0.1	2.9	0.7	0.4	1.3	1.4	1.3
Zimbabwe	698	0.0	0.3	1.9	0.6	0.2	5.3	10.5	9.4	5.2	5.5	6.6	8.9
Africa n.s.	799	....	....	0.1	....	....	....	0.0	....	0.0	0.0	0.0	....
Western Hemisphere	205	**1,290.8**	**1,455.8**	**1,078.6**	**546.8**	**237.3**	**270.5**	**1,103.5**	**1,342.8**	**1,324.2**	**893.3**	**644.5**	**684.6**
Antigua and Barbuda	311	0.2	....	0.0	0.0	0.0	....	0.3	....	0.1	0.0	....	....
Argentina	213	20.9	11.8	11.0	19.9	9.6	1.9	96.9	119.5	118.2	72.0	52.6	66.4
Aruba	314	1.6	2.3	1.9	1.0	0.4	....	....	0.0	....	....	....	....
Bahamas, The	313	0.0	5.1	0.1	0.1	0.1	....	1.6	0.6	0.2	0.0	0.0	....
Barbados	316	0.3	....	0.0	0.0	0.0	....	0.0	....	0.2	0.0	0.0	....
Belize	339	7.5	225.2	174.7	0.4	3.7	0.9	0.5	1.1	5.5	5.6	0.0	1.1
Bolivia	218	0.1	0.6	1.4	2.1	0.2	0.0	1.5	1.3	0.5	1.4	0.8	0.6
Brazil	223	472.6	348.5	198.8	110.2	33.5	20.5	542.9	572.2	462.8	261.2	165.7	193.0
Chile	228	27.5	2.3	1.2	6.1	2.3	3.9	58.6	64.2	92.5	53.9	25.9	33.9
Colombia	233	73.2	54.6	40.3	46.7	23.0	40.7	31.6	32.9	34.8	22.9	25.6	10.4

Ukraine (926)

In Millions of U.S. Dollars

		\multicolumn{6}{c	}{Exports (FOB)}	\multicolumn{6}{c	}{Imports (CIF)}
		2011	2012	2013	2014	2015	2016	2011	2012	2013	2014	2015	2016
Costa Rica	238	25.0	4.2	4.5	1.8	8.5	21.1	16.4	42.8	41.8	28.6	14.4	19.6
Dominican Republic	243	8.2	17.6	9.9	25.8	6.5	5.8	2.8	3.6	4.7	4.5	3.6	2.7
Ecuador	248	36.9	38.6	16.2	5.5	1.8	2.9	162.1	272.6	311.0	211.8	119.2	117.2
El Salvador	253	1.3	5.5	5.6	0.0	0.0	....	0.2	0.3	0.3	0.2	0.2	....
Falkland Islands	323	....	....	....	....	....	....	2.3	2.5	0.4	3.0	1.6	0.7
Greenland	326	0.0	0.0	0.0	....	....	0.0	0.5	2.4	3.1	2.0	1.4	4.1
Guatemala	258	13.8	19.5	29.9	4.7	6.5	0.4	4.7	12.6	28.1	67.7	89.0	76.8
Guyana	336	0.3	2.7	0.1	1.2	....	0.1	57.7	53.2	64.4	47.8	55.2	40.3
Haiti	263	0.0	....	0.1	0.0	....	....	0.0	....	0.0	0.0	0.0	....
Honduras	268	4.3	13.7	0.1	5.7	0.0	0.0	0.4	0.5	1.7	0.6	1.0	1.4
Jamaica	343	....	....	0.1	0.1	0.0	0.0	6.4	....	0.0	0.0	2.9	3.0
Mexico	273	352.0	200.2	128.5	152.5	118.4	136.5	96.2	115.6	111.8	95.4	61.7	98.7
Netherlands Antilles	353	0.0	....	....	0.0	0.0	....	0.0	....	0.1	0.0	....	....
Nicaragua	278	6.0	0.4	10.2	0.1	0.1	0.0	0.7	0.6	0.7	0.4	0.5	0.6
Panama	283	22.5	29.8	28.9	31.5	10.0	14.2	11.2	19.7	16.5	1.7	11.8	2.4
Paraguay	288	3.5	8.2	0.9	0.1	0.0	....	0.3	0.3	0.2	0.2	0.2	....
Peru	293	32.4	71.9	26.0	10.6	3.4	9.5	3.9	7.0	8.6	7.4	5.0	4.6
St. Kitts and Nevis	361	5.8	4.2	0.1	0.0	0.4	1.8	0.2	0.2	0.0	0.0	0.4	0.8
St. Vincent & Grens.	364	0.1	....	0.0	0.0	0.0	....	....	....	0.0	0.0	....	....
Suriname	366	0.3	....	0.1	0.3	0.1	0.5	0.0	....	0.0	0.0	0.1	0.0
Trinidad and Tobago	369	2.7	0.7	0.4	0.3	0.3	....	0.0	0.1	0.1	0.1	0.0	....
Uruguay	298	0.0	0.2	0.2	9.4	0.0	0.1	2.8	12.3	12.8	3.6	5.1	6.2
Venezuela, Rep. Bol.	299	18.7	22.8	2.6	0.2	0.2	0.5	0.0	0.1	0.3	0.1	0.2	0.0
Western Hem. n.s.	399	153.0	365.4	384.7	110.7	8.1	8.9	0.7	4.8	2.5	1.1	0.4	0.0
Other Countries n.i.e	**910**	**28.1**	**44.4**	**164.1**	**95.2**	**70.1**	**7.4**	**2.3**	**3.3**	**2.9**	**1.9**	**3.2**	**4.8**
Cuba	928	24.8	29.2	137.8	84.8	36.4	7.4	1.7	1.7	1.6	1.6	1.2	1.0
Korea, Dem. People's Rep.	954	3.3	15.1	26.3	10.4	33.7	....	0.6	1.6	1.4	0.3	2.0	3.8
Countries & Areas n.s.	**898**	**202.0**	**110.3**	**67.8**	**52.4**	**91.3**	**47.4**	**3.8**	**17.8**	**58.2**	**37.0**	**21.9**	**12.4**
Memorandum Items													
Africa	605	1,809.5	2,443.7	2,098.3	2,013.1	1,519.2	1,341.3	834.6	705.0	612.9	588.0	545.6	503.1
Middle East	405	7,207.7	9,241.0	7,121.6	6,809.7	4,982.1	5,095.5	414.2	521.5	519.3	522.8	313.5	330.3
European Union	998	18,023.7	17,123.4	16,764.3	17,009.3	13,021.6	13,504.2	25,806.7	26,229.2	27,039.3	21,060.9	15,344.5	17,138.5
Export earnings: fuel	080	26,392.9	25,906.7	22,197.9	15,701.2	8,747.0	7,054.7	32,690.8	29,784.7	24,837.7	13,784.3	8,317.4	6,076.5
Export earnings: nonfuel	092	42,018.6	42,903.1	41,110.3	38,209.9	29,387.9	29,233.7	49,916.2	54,873.4	52,126.3	40,597.4	29,184.9	33,157.7

2017, International Monetary Fund: *Direction of Trade Statistics Yearbook*

United Arab Emirates (466)
In Millions of U.S. Dollars

		Exports (FOB) 2011	2012	2013	2014	2015	2016	Imports (CIF) 2011	2012	2013	2014	2015	2016
IFS World		....	....	....	....	....	....	....	....	....	....	....	....
World	001	238,541.1	268,025.2	268,617.5	257,933.9	190,681.2	189,397.1	212,034.1	262,156.1	296,156.4	299,741.8	288,009.3	271,755.1
Advanced Economies	110	92,716.5	111,179.7	102,448.2	97,028.2	63,243.9	66,113.4	75,127.8	109,381.8	122,980.5	121,060.3	90,469.0	86,794.1
Euro Area	163	9,699.2	7,858.7	9,462.7	7,804.5	7,917.0	7,794.6	25,891.8	36,358.5	37,281.2	40,903.9	31,541.7	31,519.9
Austria	122	89.2 e	142.9 e	192.5 e	217.1 e	143.7 e	178.2 e	610.6	1,021.9	1,074.5	1,256.2	834.7	747.6
Belgium	124	3,254.6 e	2,981.9 e	3,049.4 e	3,022.3 e	2,946.4 e	2,516.5 e	2,946.0	3,479.3	4,223.4	4,879.4	3,801.9	3,693.8
Cyprus	423	30.6 e	21.8 e	20.8 e	17.2 e	24.8 e	63.3 e	18.4	56.0	18.2	56.8	28.6	30.1
Estonia	939	1.6 e	1.9 e	1.2 e	0.7 e	1.9 e	3.4 e	9.0	44.1	24.0	118.9	33.5	27.0
Finland	172	11.7 e	14.3 e	9.9 e	9.7 e	18.0 e	10.9 e	352.4	559.2	513.3	370.3	304.1	361.7
France	132	1,619.5 e	1,418.6 e	1,550.7 e	1,296.4 e	1,098.6 e	1,089.0 e	4,349.7	5,876.9	6,196.0	6,767.8	4,662.0	4,454.6
Germany	134	1,213.1 e	814.8 e	898.6 e	864.6 e	872.8 e	833.6 e	8,347.5	12,029.3	12,545.7	14,079.1	11,931.5	12,594.5
Greece	174	203.1 e	91.3 e	79.5 e	67.9 e	64.9 e	40.6 e	107.8	165.5	197.3	164.1	151.7	160.0
Ireland	178	22.4 e	42.6 e	22.2 e	29.1 e	76.9 e	37.7 e	394.1	649.8	749.9	765.0	510.1	489.9
Italy	136	1,134.6 e	787.4 e	1,627.2 e	787.4 e	891.5 e	993.6 e	5,436.9	7,785.2	7,110.1	7,320.4	5,501.7	5,411.4
Latvia	941	3.0 e	3.3 e	4.4 e	12.0 e	6.2 e	5.1 e	11.9	25.5	19.5	22.1	14.8	16.2
Lithuania	946	6.0 e	5.3 e	7.1 e	5.7 e	1.9 e	4.9 e	11.9	91.5	36.1	44.5	30.3	87.0
Luxembourg	137	17.3 e	8.9 e	7.5 e	6.9 e	8.5 e	16.0 e	99.8	119.3	72.3	72.4	84.2	44.8
Malta	181	9.7 e	43.5 e	12.5 e	15.7 e	11.8 e	7.6 e	18.4	19.4	17.1	19.3	20.9	19.6
Netherlands	138	1,648.5 e	1,179.1 e	1,410.9 e	1,163.5 e	1,232.0 e	1,605.9 e	1,379.1	1,787.9	1,919.2	2,056.3	1,442.7	1,286.8
Portugal	182	91.5 e	28.0 e	61.2 e	19.4 e	21.6 e	17.6 e	173.2	256.0	250.7	265.6	214.1	218.4
Slovak Republic	936	0.4 e	0.9 e	0.8 e	1.0 e	1.7 e	1.0 e	154.2	245.4	243.2	290.4	265.3	186.9
Slovenia	961	17.0 e	1.6 e	40.4 e	3.1 e	4.8 e	9.3 e	56.5	91.8	76.6	89.3	58.0	68.1
Spain	184	325.5 e	270.3 e	465.9 e	264.9 e	489.0 e	360.3 e	1,414.5	2,054.4	1,994.1	2,266.1	1,651.5	1,621.5
Australia	193	4,278.9 e	3,170.1 e	3,650.7 e	2,494.9 e	1,845.1 e	1,542.0 e	2,438.6	2,310.3	2,753.2	2,531.9	2,168.7	2,117.1
Canada	156	918.6 e	199.8 e	142.8 e	78.5 e	110.4 e	96.8 e	1,479.9	1,806.8	2,666.5	2,129.7	1,737.4	1,542.5
China,P.R.: Hong Kong	532	3,180.0 e	4,370.5 e	4,164.3 e	3,607.4 e	4,184.9 e	3,693.8 e	1,717.0	1,863.7	2,611.8	3,225.8	3,418.6	2,779.5
China,P.R.: Macao	546	0.2 e	0.1 e	0.1 e	0.4 e	6.6 e	0.5 e	0.9	10.0	5.1	2.4	0.7	0.5
Czech Republic	935	33.2 e	28.0 e	52.4 e	98.5 e	77.7 e	55.8 e	347.9	851.1	921.6	989.4	469.7	553.0
Denmark	128	84.6 e	181.3 e	160.6 e	114.6 e	32.6 e	48.8 e	317.2	363.9	390.3	502.1	347.4	328.5
Iceland	176	0.4 e	0.7 e	1.1 e	0.5 e	0.3 e	0.4 e	2.9	2.9	3.8	3.0	3.4	2.6
Japan	158	40,392.7 e	41,501.0 e	40,101.6 e	39,368.2 e	22,181.7 e	16,321.9 e	8,171.6	13,678.2	14,172.5	13,978.3	10,396.9	9,659.3
Korea, Republic of	542	13,923.7 e	14,259.7 e	17,097.1 e	15,277.6 e	8,127.0 e	6,808.7 e	6,240.8	9,770.9	8,012.8	9,968.5	5,277.8	4,769.8
New Zealand	196	559.2 e	257.9 e	854.8 e	710.2 e	302.1 e	751.3 e	420.4	538.6	559.5	769.7	533.9	398.8
Norway	142	17.8 e	18.6 e	27.4 e	27.5 e	44.3 e	69.3 e	194.4	366.7	469.7	344.4	239.5	189.7
San Marino	135	....	....	....	....	....	....	2.8	2.8	2.7	3.0	3.1	3.2
Singapore	576	10,975.7 e	14,780.6 e	15,602.6 e	14,524.8 e	7,710.2 e	6,403.2 e	1,555.6	2,203.5	2,231.6	2,400.7	2,253.6	1,642.2
Sweden	144	79.8 e	32.4 e	29.4 e	73.7 e	51.5 e	24.3 e	709.4	1,182.7	1,168.2	1,364.1	920.7	784.7
Switzerland	146	517.6 e	16,245.0 e	3,025.8 e	3,153.7 e	3,654.5 e	15,630.4 e	4,171.1	5,997.7	10,592.1	7,641.7	4,665.9	3,846.4
Taiwan Prov.of China	528	4,037.9 e	4,371.8 e	4,327.7 e	5,183.4 e	3,244.0 e	2,196.2 e	1,088.4	1,132.6	1,188.8	1,129.8	983.8	872.7
United Kingdom	112	1,715.4 e	1,777.9 e	1,583.7 e	1,854.9 e	1,430.5 e	1,509.4 e	5,848.2	7,379.4	12,882.1	9,174.3	6,171.7	5,196.7
United States	111	2,301.7 e	2,125.5 e	2,163.4 e	2,654.9 e	2,323.5 e	3,166.0 e	14,529.0	23,561.6	25,067.3	23,997.5	19,334.5	20,587.0
Emerg. & Dev. Economies	200	119,641.5	128,919.7	136,733.3	132,899.4	108,218.3	106,394.4	86,540.1	136,481.9	137,929.8	143,237.4	91,465.1	99,932.3
Emerg. & Dev. Asia	505	62,710.8	71,729.8	70,218.7	63,380.2	45,111.6	40,124.0	52,131.1	75,616.8	83,664.7	90,656.8	52,999.9	52,408.3
Bangladesh	513	721.6 e	788.9 e	837.0 e	927.5 e	592.3 e	646.8 e	117.6	341.1	409.2	452.7	277.4	251.5
Bhutan	514	1.0 e	1.4 e	0.9 e	0.8 e	1.6 e	0.6 e	0.0	....	....	0.1	0.0	0.0
Brunei Darussalam	516	3.9 e	5.9 e	9.1 e	6.5 e	6.1 e	4.3 e	0.0	0.4	1.7	0.1	7.0	0.0
Cambodia	522	8.5 e	10.3 e	14.9 e	17.2 e	14.0 e	13.9 e	23.8	90.0	122.5	171.3	102.4	108.8
China,P.R.: Mainland	924	7,791.8 e	10,205.9 e	12,004.2 e	14,679.5 e	10,641.9 e	9,373.9 e	14,965.3	31,897.6	36,394.4	45,003.0	22,845.1	22,424.5
Fiji	819	1.0 e	0.8 e	1.4 e	2.5 e	2.9 e	4.4 e	1.2	1.3	1.7	1.7	2.4	1.6
F.T. French Polynesia	887	0.2 e	0.4 e	0.2 e	1.5 e	0.4 e	0.4 e	0.0	0.0	0.0	0.1	0.0	0.0
F.T. New Caledonia	839	0.9 e	0.7 e	0.5 e	0.2 e	10.6 e	11.2 e	....	0.1	0.2	0.4	0.3	0.1
India	534	33,638.4 e	36,092.8 e	31,334.2 e	25,671.4 e	19,298.5 e	18,185.0 e	28,626.9	25,533.3	24,418.7	22,088.0	17,859.6	18,669.4
Indonesia	536	752.2 e	1,633.1 e	1,706.9 e	1,655.0 e	1,279.3 e	1,241.7 e	1,413.3	1,896.0	1,986.4	2,411.2	1,547.4	1,167.4
Kiribati	826	....	....	....	....	....	....	0.0	....	....	0.4	0.9	0.0
Lao People's Dem.Rep	544	....	....	....	....	....	....	0.3	27.4	3.9	1.4	0.5	6.3
Malaysia	548	2,531.1 e	3,789.7 e	4,519.5 e	4,486.9 e	2,926.5 e	2,203.6 e	3,566.7	5,442.4	5,127.5	4,792.9	2,956.7	2,704.7
Maldives	556	290.9 e	438.8 e	463.6 e	446.1 e	299.1 e	314.7 e	0.5	2.7	1.1	1.4	2.1	2.0
Marshall Islands	867	....	....	....	....	....	....	0.0	4.1	0.0	....	....	....
Mongolia	948	....	....	1.0 e	0.6 e	1.3 e	0.9 e	0.0	0.2	0.0	0.0	1.1	0.0
Myanmar	518	55.6 e	34.0 e	....	107.9 e	112.3 e	140.2 e	50.8	48.6	44.8	73.0	87.8	80.4

United Arab Emirates (466)

In Millions of U.S. Dollars

		Exports (FOB) 2011	2012	2013	2014	2015	2016	Imports (CIF) 2011	2012	2013	2014	2015	2016
Nepal	558	310.2 e	353.1 e	369.0 e	394.2 e	251.2 e	229.4 e	1.6	2.6	2.3	2.2	1.8	1.0
Papua New Guinea	853	....	....	....	....	....	....	0.0	0.4	0.3	0.0	0.0	0.1
Philippines	566	1,794.6 e	2,017.9 e	1,108.7 e	884.5 e	492.6 e	578.5 e	232.1	423.2	473.9	588.8	390.4	432.9
Solomon Islands	813	....	....	....	....	....	....	0.0	....	....	....	0.3	0.0
Sri Lanka	524	768.2 e	1,208.1 e	1,156.2 e	1,656.8 e	1,015.1 e	1,005.2 e	237.7	279.4	340.0	324.1	216.2	180.0
Thailand	578	13,677.8 e	14,861.1 e	16,383.4 e	12,003.5 e	7,673.1 e	5,671.0 e	2,443.9	3,674.7	4,258.0	4,259.5	2,821.4	2,619.6
Timor-Leste	537	....	....	0.1 e	0.2 e	0.3 e	0.3 e	....	....	....	....	....	....
Tonga	866	0.0 e	0.1 e	0.0 e	0.1 e	0.1 e	0.1 e	0.0	0.0	0.0	0.0	....	....
Vanuatu	846	0.1 e	0.1 e	0.1 e	0.1 e	0.0 e	0.0 e	0.1	0.8	2.1	0.2	0.1	0.3
Vietnam	582	362.8 e	286.6 e	307.8 e	437.3 e	492.0 e	498.0 e	448.9	3,622.0	7,497.1	7,972.7	2,378.5	2,642.5
Asia n.s.	598	....	....	....	....	....	....	....	2,328.6	2,578.8	2,511.6	1,500.5	1,115.4
Europe	170	2,435.9	4,403.0	6,365.7	4,277.0	2,879.4	4,478.5	4,908.9	14,582.3	12,064.8	10,860.2	6,813.4	7,875.6
Emerg. & Dev. Europe	903	1,785.2	3,618.3	5,398.6	3,395.9	2,155.0	3,712.9	3,676.8	12,493.7	7,576.4	7,227.9	5,142.1	6,364.8
Albania	914	2.8 e	2.4 e	4.7 e	4.2 e	5.2 e	5.0 e	2.1	4.2	2.6	5.5	4.2	4.9
Bosnia and Herzegovina	963	3.3 e	2.0 e	4.3 e	5.8 e	6.8 e	6.9 e	4.0	20.3	16.9	22.3	11.3	11.9
Bulgaria	918	46.6 e	65.9 e	51.1 e	62.2 e	74.3 e	22.4 e	81.9	353.7	274.2	615.6	359.3	268.9
Croatia	960	11.4 e	7.4 e	14.0 e	10.7 e	8.3 e	3.5 e	26.9	34.4	30.9	35.3	51.2	52.0
Faroe Islands	816	0.0 e	0.0 e	0.0 e	0.0 e	0.0 e	0.0 e	....	1.7	4.6	2.5	0.1	0.2
Hungary	944	4.0 e	4.8 e	3.8 e	14.2 e	4.3 e	3.6 e	510.2	1,365.9	1,031.9	667.9	373.9	306.5
Kosovo	967	0.5 e	0.4 e	0.4 e	0.4 e	0.4 e	0.6 e	0.7 e	0.6 e	0.6 e	0.7 e	0.6 e	0.4 e
Macedonia, FYR	962	1.1 e	1.0 e	2.0 e	2.1 e	1.6 e	1.6 e	2.0	8.9	4.2	7.5	3.1	3.4
Montenegro	943	0.2 e	0.2 e	0.1 e	0.2 e	0.2 e	0.5 e	3.3	....	0.1	0.1	0.0	1.6
Poland	964	77.3 e	85.8 e	92.3 e	134.0 e	113.1 e	111.2 e	332.6	694.4	702.7	895.8	558.3	618.8
Romania	968	65.7 e	47.0 e	130.6 e	85.3 e	32.5 e	35.6 e	267.1	420.8	479.1	601.9	346.6	401.6
Serbia, Republic of	942	16.2 e	8.4 e	15.6 e	7.7 e	13.4 e	30.4 e	5.4	10.6	23.3	20.8	14.5	33.3
Turkey	186	1,556.1 e	3,393.0 e	5,079.7 e	3,068.9 e	1,895.0 e	3,491.7 e	2,440.4	9,578.2	5,005.1	4,351.9	3,419.0	4,661.4
CIS	901	650.7	784.7	967.1	881.1	724.4	765.5	1,232.1	2,088.6	4,474.0	3,614.3	1,671.1	1,509.5
Armenia	911	47.4 e	46.0 e	64.4 e	64.1 e	41.1 e	54.5 e	2.7	4.9	6.7	7.7	2.7	23.5
Azerbaijan, Rep. of	912	89.8 e	95.8 e	89.5 e	57.7 e	62.9 e	54.5 e	2.2	2.2	9.8	14.3	4.3	2.4
Belarus	913	3.8 e	16.1 e	8.4 e	9.8 e	4.5 e	8.0 e	2.6	53.3	22.6	37.9	9.1	12.3
Georgia	915	213.6 e	152.6 e	174.1 e	188.0 e	200.8 e	130.4 e	0.7	15.9	29.5	6.8	5.3	8.3
Kazakhstan	916	72.3 e	61.0 e	53.2 e	65.6 e	63.3 e	65.1 e	125.0	24.2	26.5	72.0	79.2	80.0
Kyrgyz Republic	917	8.2 e	5.9 e	5.4 e	6.9 e	5.6 e	3.6 e	0.1	0.4	429.8	125.5	89.0	31.0
Moldova	921	2.0 e	1.5 e	1.4 e	1.2 e	0.8 e	1.0 e	6.5	14.8	12.6	9.4	5.7	3.9
Russian Federation	922	71.3 e	246.8 e	399.3 e	244.9 e	155.1 e	257.3 e	818.4	1,204.0	3,136.8	2,601.8	1,214.9	1,107.6
Tajikistan	923	73.6 e	94.5 e	106.7 e	180.2 e	136.4 e	131.4 e	0.0	37.0	8.6	45.3	0.4	0.4
Turkmenistan	925	....	....	....	....	....	....	2.7	44.0	114.8	138.1	10.7	6.0
Ukraine	926	68.8 e	64.4 e	64.7 e	62.8 e	53.9 e	59.8 e	265.1	680.0	649.3	527.3	229.5	226.9
Uzbekistan	927	....	....	....	....	....	....	6.1	7.9	26.9	28.2	20.3	7.2
Europe n.s.	884	....	....	....	....	....	....	0.0	0.0	14.5	18.0	0.2	1.3
Mid East, N Africa, Pak	440	44,308.8	43,733.0	50,500.0	54,842.1	51,972.8	54,153.1	16,153.1	27,375.0	20,378.5	20,049.4	14,961.9	20,721.8
Afghanistan, I.R. of	512	188.3 e	....	....	....	302.4 e	189.0 e	50.3	225.8	63.3	25.9	19.5	244.5
Algeria	612	326.3 e	245.6 e	801.1 e	250.7 e	297.6 e	306.7 e	202.8	16.2	7.3	19.1	6.8	14.6
Bahrain, Kingdom of	419	544.5 e	869.6 e	991.5 e	1,011.2 e	1,067.2 e	1,030.6 e	856.1	844.7	859.0	1,071.7	717.4	906.4
Djibouti	611	134.1 e	182.0 e	200.8 e	218.4 e	336.4 e	369.7 e	14.9	42.3	76.6	66.8	26.1	11.4
Egypt	469	758.0 e	750.8 e	1,027.0 e	1,543.5 e	1,357.4 e	3,039.9 e	637.9	649.2	750.1	1,201.9	921.4	1,833.2
Iran, I.R. of	429	17,158.7 e	14,990.0 e	13,195.0 e	19,093.4 e	15,167.9 e	16,512.4 e	1,314.1	4,133.7	2,787.6	1,546.0	765.0	968.6
Iraq	433	....	....	....	....	....	....	1,348.3	3,682.1	913.1	1,092.6	851.5	1,709.4
Jordan	439	670.8 e	556.4 e	691.2 e	1,031.3 e	795.3 e	697.8 e	237.2	258.0	328.8	348.4	299.9	294.4
Kuwait	443	1,512.1 e	1,271.4 e	2,482.8 e	2,785.5 e	2,807.7 e	2,404.9 e	878.2	1,181.9	1,480.5	1,591.4	750.7	923.5
Lebanon	446	560.5 e	392.8 e	358.3 e	351.5 e	366.0 e	318.2 e	417.8	587.6	464.6	415.2	396.3	330.2
Libya	672	32.8 e	90.4 e	112.6 e	77.8 e	52.5 e	39.7 e	732.1	994.4	508.3	758.1	1,361.4	2,796.6
Mauritania	682	598.5 e	657.4 e	709.8 e	636.7 e	245.4 e	243.8 e	101.6	33.8	11.0	6.1	0.9	20.4
Morocco	686	268.7 e	419.4 e	285.1 e	398.4 e	508.3 e	626.3 e	1,076.5	283.2	154.7	121.8	134.7	132.4
Oman	449	6,110.2 e	6,824.5 e	9,596.7 e	8,976.5 e	10,479.2 e	10,656.6 e	1,213.9	1,473.9	2,147.0	1,916.3	1,696.2	2,431.9
Pakistan	564	6,432.8 e	6,802.6 e	7,312.7 e	6,676.6 e	5,410.1 e	5,851.0 e	1,961.0	3,343.1	1,390.9	1,129.5	641.1	700.3
Qatar	453	1,702.1 e	1,891.4 e	1,833.8 e	2,353.2 e	2,700.1 e	2,749.4 e	530.1	947.6	922.5	1,601.8	772.8	581.3
Saudi Arabia	456	5,088.4 e	6,084.7 e	7,978.5 e	7,740.0 e	8,368.3 e	7,199.1 e	4,097.6	4,939.8	5,305.2	4,860.7	3,952.0	4,473.7
Somalia	726	....	....	....	....	....	....	71.9	79.6	80.8	87.7	122.3	73.6
Sudan	732	876.8 e	466.1 e	643.2 e	888.2 e	788.6 e	819.7 e	....	3,254.0	1,887.5	1,936.0	1,376.5	1,862.8

United Arab Emirates (466)

In Millions of U.S. Dollars

		Exports (FOB) 2011	2012	2013	2014	2015	2016	Imports (CIF) 2011	2012	2013	2014	2015	2016
Syrian Arab Republic	463	187.5 e	76.9 e	61.0 e	81.2 e	66.8 e	58.6 e	132.3	96.1	65.1	59.6	42.1	49.2
Tunisia	744	143.9 e	112.5 e	112.7 e	147.3 e	112.7 e	138.6 e	65.1	64.2	74.1	140.4	78.9	62.5
West Bank and Gaza	487	7.2 e	8.3 e	14.9 e	30.7 e	31.2 e	37.1 e	8.6	11.8	9.4	10.7	13.4	14.0
Yemen, Republic of	474	1,006.9 e	1,040.2 e	2,091.2 e	550.1 e	711.5 e	864.0 e	205.1	232.0	90.9	41.8	14.7	287.1
Sub-Saharan Africa	603	**9,525.5**	**8,557.5**	**8,783.7**	**9,646.8**	**7,485.0**	**6,987.3**	**9,836.5**	**12,607.9**	**14,776.1**	**15,103.0**	**12,195.1**	**14,770.8**
Angola	614	397.2 e	837.1 e	835.5 e	1,286.8 e	367.1 e	271.4 e	301.6	1,235.0	1,317.3	1,315.1	1,056.6	956.3
Benin	638	29.6 e	53.9 e	40.0 e	59.7 e	31.4 e	61.0 e	217.2	260.9	190.7	312.2	223.1	340.5
Botswana	616	8.4 e	17.2 e	18.0 e	11.9 e	31.6 e	20.0 e	7.2	42.8	113.8	572.6	505.7	1,301.2
Burkina Faso	748	4.6 e	9.7 e	16.9 e	15.9 e	9.4 e	9.8 e	44.2	31.0	41.6	13.7	3.3	10.5
Burundi	618	....	....	28.2 e	26.7 e	26.2 e	26.4 e	19.7	152.6	225.7	210.2	164.7	107.7
Cabo Verde	624	0.1 e	0.3 e	0.6 e	0.4 e	0.4 e	0.5 e	0.4	0.5	0.4	0.4	0.1	0.2
Cameroon	622	36.2 e	39.4 e	46.8 e	57.2 e	60.2 e	56.0 e	183.0	265.6	431.1	340.4	376.0	350.2
Central African Rep.	626	4.7 e	3.6 e	1.9 e	3.5 e	5.1 e	4.0 e	....	11.0	8.3	0.2	0.3	0.6
Chad	628	....	....	....	....	....	....	78.9	42.5	69.1	167.1	72.7	168.7
Comoros	632	55.9 e	30.6 e	22.9 e	31.8 e	36.9 e	50.0 e	4.3	10.8	6.0	10.0	12.4	11.4
Congo, Dem. Rep. of	636	....	....	....	....	....	....	183.4	290.4	475.2	450.0	157.1	142.6
Congo, Republic of	634	51.0 e	94.6 e	82.8 e	101.9 e	100.4 e	72.9 e	181.7	348.5	1,104.9	963.2	779.7	702.2
Côte d'Ivoire	662	20.2 e	31.2 e	43.4 e	47.2 e	44.2 e	42.6 e	13.3	15.1	13.5	26.4	33.0	24.1
Equatorial Guinea	642	....	....	....	....	....	....	0.3	2.0	1.4	0.4	3.1	3.0
Eritrea	643	105.6 e	86.1 e	103.8 e	70.7 e	94.5 e	61.8 e	13.4	6.0	63.9	20.0	20.8	94.2
Ethiopia	644	455.2 e	259.7 e	285.9 e	550.3 e	677.6 e	660.9 e	110.1	83.1	106.9	81.5	115.0	178.5
Gabon	646	42.3 e	44.4 e	48.0 e	46.4 e	36.4 e	27.6 e	10.4	29.3	23.4	12.7	21.0	19.5
Gambia, The	648	6.9 e	5.5 e	13.0 e	5.8 e	5.2 e	6.4 e	2.6	9.6	2.8	1.8	2.4	2.1
Ghana	652	289.5 e	341.6 e	308.4 e	283.7 e	287.5 e	272.4 e	1,278.4	1,996.8	2,017.1	1,344.6	536.9	2,038.1
Guinea	656	....	....	45.3 e	69.8 e	131.4 e	114.2 e	56.5	136.1	313.9	386.4	186.1	1,078.4
Guinea-Bissau	654	....	....	....	....	....	....	....	....	....	....	4.1	5.3
Kenya	664	2,086.2 e	1,650.2 e	1,269.9 e	1,092.1 e	1,048.6 e	1,019.5 e	165.2	368.3	359.7	221.9	109.3	131.1
Lesotho	666	0.1 e	0.7 e	0.7 e	0.6 e	0.5 e	0.5 e	0.2	9.2	7.4	10.7	19.6	23.9
Liberia	668	....	....	....	....	....	....	99.1	160.2	129.6	113.4	109.6	120.7
Madagascar	674	433.5 e	367.5 e	523.3 e	545.1 e	178.7 e	157.6 e	219.4	195.1	156.5	151.3	137.5	153.1
Malawi	676	106.9 e	109.3 e	168.3 e	142.4 e	239.3 e	181.2 e	0.6	12.8	34.8	24.1	58.4	89.1
Mali	678	28.6 e	16.7 e	....	....	....	32.5 e	458.4	1,453.7	2,187.4	2,374.7	2,508.3	1,527.1
Mauritius	684	62.0 e	89.5 e	84.2 e	95.5 e	67.5 e	81.4 e	8.9	10.6	20.8	17.2	12.2	12.0
Mozambique	688	378.4 e	428.4 e	813.4 e	451.5 e	322.3 e	256.2 e	19.5	77.3	96.7	90.1	87.8	130.8
Namibia	728	50.6 e	11.7 e	20.6 e	17.5 e	45.7 e	45.4 e	4.8	1.6	3.6	8.2	17.8	95.1
Niger	692	3.8 e	6.1 e	10.4 e	16.4 e	8.3 e	18.9 e	....	0.1	50.1	92.7	178.9	164.0
Nigeria	694	930.8 e	507.5 e	633.3 e	660.0 e	495.1 e	504.1 e	429.7	430.1	278.1	439.6	547.4	726.9
Rwanda	714	75.6 e	126.0 e	123.4 e	118.9 e	89.3 e	97.7 e	0.7	5.6	3.8	12.5	72.5	181.8
São Tomé & Príncipe	716	1.3 e	1.2 e	1.2 e	1.3 e	1.4 e	1.4 e	....	0.0	....	....	....	....
Senegal	722	51.8 e	51.7 e	83.9 e	110.5 e	93.5 e	148.9 e	159.1	216.3	156.1	157.7	125.2	154.0
Seychelles	718	795.3 e	347.4 e	241.3 e	314.7 e	240.0 e	237.3 e	1.8	0.6	0.9	0.8	0.9	0.4
Sierra Leone	724	216.2 e	254.1 e	141.1 e	152.8 e	207.8 e	65.7 e	4.5	4.7	3.5	31.2	32.0	17.5
South Africa	199	958.8 e	1,071.4 e	944.2 e	1,451.6 e	1,093.5 e	1,066.7 e	958.3	1,244.3	1,808.4	2,246.6	1,594.3	1,487.2
Swaziland	734	1.1 e	1.0 e	1.0 e	1.0 e	0.9 e	0.8 e	0.4	0.5	1.5	14.0	7.9	8.0
Tanzania	738	1,172.9 e	967.6 e	1,125.7 e	1,108.7 e	791.3 e	558.8 e	963.9	1,288.6	1,120.9	1,025.4	932.3	855.2
Togo	742	34.6 e	12.4 e	15.2 e	15.4 e	23.8 e	25.9 e	0.3	4.3	3.3	196.9	321.3	409.5
Uganda	746	352.2 e	425.1 e	365.6 e	378.6 e	382.9 e	390.8 e	116.6	78.0	63.3	51.4	105.4	376.4
Zambia	754	228.5 e	207.6 e	227.4 e	256.2 e	166.0 e	298.5 e	1,096.0	1,512.6	1,327.5	1,213.3	736.3	395.8
Zimbabwe	698	49.0 e	49.6 e	48.8 e	46.3 e	43.1 e	40.0 e	396.3	563.9	434.9	380.4	206.4	175.8
Africa n.s.	799	....	....	....	....	....	....	2,026.5	0.1	....	0.0	0.0	0.0
Western Hemisphere	205	**660.4**	**496.3**	**865.2**	**753.4**	**769.6**	**651.5**	**3,510.5**	**6,299.9**	**7,045.8**	**6,568.1**	**4,494.8**	**4,155.8**
Anguilla	312	....	....	....	....	....	....	1.2	0.0	0.0	0.0	0.0	0.1
Antigua and Barbuda	311	0.0 e	0.1 e	0.0 e	0.1 e	0.7 e	0.5 e	0.0	0.0	0.2	0.6	....	0.0
Argentina	213	51.0 e	31.2 e	46.7 e	30.4 e	37.8 e	66.9 e	334.4	436.7	416.6	290.2	193.4	177.1
Aruba	314	0.3 e	0.9 e	0.1 e	0.4 e	0.8 e	0.6 e	0.0	0.0	0.2	0.2	0.0	0.5
Bahamas, The	313	....	....	....	....	....	....	0.6	0.9	1.8	2.6	1.2	0.3
Barbados	316	0.1 e	1.1 e	1.1 e	0.2 e	0.3 e	0.7 e	0.8	0.3	0.2	0.4	0.2	0.4
Belize	339	0.9 e	0.8 e	2.0 e	1.4 e	3.1 e	5.4 e	0.5	0.1	0.2	0.8	0.2	0.7
Bolivia	218	0.7 e	9.9 e	12.7 e	1.8 e	2.6 e	1.6 e	0.4	0.7	1.3	2.7	39.5	202.1
Brazil	223	478.7 e	309.6 e	610.5 e	501.4 e	461.8 e	335.5 e	1,572.0	2,735.3	2,638.6	3,293.2	2,457.5	1,776.8

United Arab Emirates (466)

In Millions of U.S. Dollars

		Exports (FOB)						Imports (CIF)					
		2011	2012	2013	2014	2015	2016	2011	2012	2013	2014	2015	2016
Chile	228	3.3 e	8.1 e	41.4 e	34.6 e	51.8 e	73.1 e	146.0	168.0	201.6	203.1	102.7	99.2
Colombia	233	40.0 e	30.7 e	9.1 e	16.6 e	39.6 e	11.3 e	13.8	16.7	53.8	31.7	34.1	103.8
Costa Rica	238	1.0 e	1.3 e	5.5 e	5.2 e	5.6 e	3.4 e	15.8	142.0	191.4	176.0	12.1	11.0
Curaçao	354	....	....	....	....	....	....	0.0	0.1	230.3	116.3	2.1	4.7
Dominica	321	....	0.0 e	0.0 e	0.0 e	0.0 e	0.0 e	0.0	0.1	0.2	0.2	0.0	0.2
Dominican Republic	243	3.1 e	3.4 e	6.1 e	5.5 e	9.1 e	8.2 e	7.4	25.1	27.6	27.2	14.7	10.7
Ecuador	248	20.2 e	32.7 e	22.3 e	61.3 e	38.9 e	10.0 e	3.1	7.0	6.7	9.8	20.0	44.4
El Salvador	253	3.7 e	7.3 e	8.1 e	8.1 e	11.7 e	10.1 e	0.3	1.0	1.2	1.1	0.7	1.1
Greenland	326	0.0 e	0.0 e	0.0 e	0.0 e	0.0 e	0.0 e	....	....	....	0.0	0.0	0.1
Guatemala	258	1.7 e	3.2 e	2.7 e	4.5 e	8.0 e	8.1 e	67.4	61.0	66.7	89.5	101.3	42.0
Guyana	336	1.1 e	1.4 e	2.5 e	1.7 e	1.8 e	3.6 e	14.1	5.1	7.8	23.3	3.2	4.9
Haiti	263	0.8 e	0.7 e	0.8 e	0.8 e	0.8 e	0.8 e	0.4	1.1	1.3	2.6	0.5	0.9
Honduras	268	1.2 e	1.5 e	1.0 e	1.2 e	1.7 e	1.2 e	2.9	9.0	9.4	11.5	8.2	8.8
Jamaica	343	1.8 e	1.6 e	1.9 e	4.7 e	3.5 e	2.8 e	10.3	79.7	19.8	0.3	31.1	0.1
Mexico	273	....	....	....	....	....	....	480.5	1,431.9	2,157.9	1,614.2	992.3	739.5
Montserrat	351	0.1 e	0.1 e	0.1 e	0.1 e	0.1 e	0.4 e	....	0.0	0.0	0.0	0.0	0.0
Netherlands Antilles	353	0.1 e	0.1 e	0.1 e	0.1 e	0.1 e	0.1 e	....	....	....	....	....	....
Nicaragua	278	0.2 e	0.2 e	0.3 e	0.4 e	2.1 e	2.1 e	3.2	6.5	5.5	5.5	6.2	6.1
Panama	283	0.3 e	0.1 e	0.1 e	0.6 e	1.7 e	2.0 e	1.2	1.0	1.1	1.0	1.4	0.5
Paraguay	288	6.0 e	0.9 e	1.1 e	2.0 e	15.4 e	....	33.0	103.5	77.3	49.7	20.9	23.1
Peru	293	8.2 e	14.9 e	10.3 e	14.8 e	18.1 e	70.0 e	18.1	35.6	63.4	34.1	25.8	449.9
St. Kitts and Nevis	361	0.1 e	0.0 e	0.1 e	0.1 e	0.1 e	0.1 e	0.0	0.0	....	....	0.1	....
St. Lucia	362	0.2 e	0.2 e	0.1 e	0.1 e	0.1 e	0.1 e	0.0	0.0	0.0	0.1	0.0	....
St. Vincent & Grens.	364	0.0 e	0.0 e	....	....	0.1 e	0.1 e	....	0.0	0.1	....	....	....
Suriname	366	0.0 e	0.1 e	0.5 e	1.0 e	....	1.4 e	772.1	1,024.7	854.6	541.9	412.6	437.3
Trinidad and Tobago	369	2.7 e	2.1 e	8.8 e	6.2 e	6.1 e	5.8 e	0.1	0.1	0.2	0.4	0.1	0.8
Uruguay	298	5.5 e	4.7 e	4.1 e	17.6 e	10.0 e	5.2 e	9.5	4.9	8.1	13.5	11.0	7.9
Venezuela, Rep. Bol.	299	27.4 e	27.2 e	65.1 e	30.6 e	36.3 e	20.2 e	0.5	1.5	0.3	24.4	1.6	0.8
Western Hem. n.s.	399	....	....	....	....	....	....	0.9	0.0	0.0	0.0	0.0	0.0
Other Countries n.i.e	910	**0.6**	**0.6**	**0.6**	**0.5**	**0.7**	**0.6**	**1.4**	**16.2**	**11.7**	**7.6**	**2.2**	**2.4**
Cuba	928	0.6 e	0.6 e	0.6 e	0.5 e	0.7 e	0.6 e	1.4	13.6	11.3	7.5	2.1	1.0
Korea, Dem. People's Rep.	954	....	....	....	....	....	....	....	2.6	0.3	0.0	0.1	1.4
Special Categories	899	....	....	....	....	....	....	....	**2,595.5**	**3,236.7**	**3,360.9**	**3,217.5**	**3,249.7**
Countries & Areas n.s.	898	**26,182.6**	**27,925.2**	**29,435.3**	**28,005.6**	**19,218.3**	**16,888.7**	**50,364.7**	**13,680.7**	**31,997.6**	**32,075.6**	**102,855.6**	**81,776.7**
Memorandum Items													
Africa	605	11,873.6	10,640.6	11,536.5	12,186.5	9,774.1	9,492.1	11,369.2	16,381.2	17,068.2	17,480.9	13,941.5	16,948.4
Middle East	405	35,339.6	34,847.3	40,434.5	45,625.8	43,971.2	45,608.2	12,609.0	20,032.8	16,632.1	16,516.2	12,554.9	17,599.3
European Union	998	11,817.2	10,089.2	11,580.6	10,252.6	9,741.7	9,609.2	34,333.4	49,004.7	55,162.2	55,750.3	41,140.5	40,030.6
Export earnings: fuel	080	35,231.4	35,303.5	41,351.9	45,424.7	43,062.2	43,069.7	13,346.8	21,834.5	21,167.5	20,293.0	14,780.4	19,217.8
Export earnings: nonfuel	092	203,309.7	232,721.7	227,265.6	212,509.1	147,619.1	146,327.5	198,687.3	240,321.6	274,988.8	279,448.9	273,228.9	252,537.4

United Kingdom (112)

In Millions of U.S. Dollars

		Exports (FOB)						Imports (CIF)					
		2011	2012	2013	2014	2015	2016	2011	2012	2013	2014	2015	2016
IFS World		478,130.9	474,620.4	476,433.9	476,838.7	....	....	638,498.5	646,329.6	645,101.5	663,268.6	....	....
World	001	505,648.4	472,938.5	539,994.3	504,632.6	459,632.8	409,044.3	678,695.7	695,530.8	660,114.1	689,836.4	626,223.1	636,639.3
Advanced Economies	110	381,592.2	346,784.2	400,509.5	373,569.3	342,994.4	310,556.6	473,306.3	483,233.4	453,443.6	483,069.2	446,219.0	463,142.3
Euro Area	163	218,902.1	205,346.4	201,333.6	209,024.3	180,910.6	171,116.2	273,032.3	274,195.9	288,405.6	313,581.7	291,544.5	279,531.5
Austria	122	2,632.3	2,386.0	2,476.0	2,666.2	2,442.1	2,442.3	4,656.5	4,119.8	4,460.1	5,065.3	4,629.9	4,334.6
Belgium	124	24,765.4	22,128.5	21,207.4	20,810.8	17,725.6	15,744.8	30,310.9	28,727.7	31,199.4	33,836.9	31,269.6	31,367.9
Cyprus	423	1,086.7	743.1	681.3	725.5	566.4	435.8	199.3	246.5	213.3	217.9	232.1	233.0
Estonia	939	436.2	443.5	499.5	442.1	334.9	315.5	343.7	346.5	285.9	291.6	285.0	324.3
Finland	172	2,578.9	2,369.7	2,340.3	2,628.4	2,050.6	1,806.2	3,918.4	3,395.4	3,934.0	3,877.2	3,126.6	2,945.5
France	132	34,143.9	32,069.3	31,459.7	30,201.2	27,125.3	26,307.3	36,418.1	35,400.0	37,219.3	39,735.6	36,211.7	33,293.1
Germany	134	50,545.3	48,895.0	44,447.6	49,719.6	46,530.3	43,765.0	80,368.7	82,557.2	86,261.7	97,789.7	92,722.1	86,810.3
Greece	174	1,806.4	1,340.5	1,421.6	1,621.1	1,342.6	1,232.5	1,030.4	1,070.2	1,121.5	1,143.1	1,083.1	1,074.5
Ireland	178	27,793.1	26,624.6	28,343.9	29,259.4	25,438.9	22,854.8	20,824.4	20,190.1	18,470.3	19,302.5	19,129.8	17,636.3
Italy	136	15,562.0	12,302.8	12,817.2	14,250.2	12,842.2	13,120.1	22,405.4	22,388.8	23,520.8	27,094.4	24,062.8	23,177.5
Latvia	941	367.9	393.8	571.4	549.8	330.3	319.8	622.2	486.3	806.4	659.2	731.6	905.8
Lithuania	946	420.0	579.3	498.7	489.1	412.5	439.4	961.4	1,306.6	1,381.5	1,580.7	1,187.8	1,052.9
Luxembourg	137	426.2	343.7	364.5	350.3	334.5	283.8	1,434.6	1,033.8	565.2	723.8	732.7	554.6
Malta	181	701.3	620.2	676.8	673.0	576.4	531.2	258.6	201.5	169.3	211.0	277.5	267.5
Netherlands	138	36,538.7	37,893.1	37,239.8	36,783.1	26,476.9	25,512.4	45,379.2	49,163.3	53,191.8	53,072.5	47,371.3	46,846.3
Portugal	182	2,722.8	2,117.9	2,059.8	2,184.3	1,908.9	1,941.6	2,856.1	2,749.3	3,024.8	3,688.6	3,574.9	3,597.4
Slovak Republic	936	858.2	815.1	725.5	761.2	675.2	713.2	2,420.1	2,480.0	2,825.6	3,158.5	3,058.4	3,394.8
Slovenia	961	377.1	333.0	316.0	396.1	308.0	330.2	573.1	530.3	500.3	515.6	495.0	536.3
Spain	184	15,139.7	12,947.1	13,186.5	14,513.0	13,489.0	13,020.2	18,050.9	17,802.7	19,254.4	21,617.5	21,362.6	21,178.9
Australia	193	6,613.9	6,725.2	5,743.9	5,758.6	5,607.5	5,213.8	7,910.3	7,259.3	3,649.6	3,268.9	3,037.0	7,222.8
Canada	156	8,163.0	6,822.0	6,156.0	6,266.6	5,824.8	6,175.0	19,381.5	18,114.7	14,505.5	14,555.4	13,317.7	13,672.3
China,P.R.: Hong Kong	532	8,737.3	8,750.4	13,638.8	11,614.0	9,571.7	8,862.0	4,583.9	3,630.3	3,268.9	3,220.5	2,884.2	7,739.6
China,P.R.: Macao	546	58.1	68.6	90.4	85.4	69.0	55.2	20.9	15.0	12.2	16.5	9.7	10.9
Czech Republic	935	2,993.1	2,788.4	2,930.2	3,364.7	2,998.8	2,900.5	6,760.1	7,001.9	7,149.0	7,707.1	7,433.1	7,263.4
Denmark	128	4,687.1	4,322.7	4,519.7	4,577.1	3,499.3	3,356.3	9,668.7	9,196.6	8,271.0	7,331.5	5,257.5	5,319.0
Iceland	176	222.3	277.0	234.3	262.4	310.6	757.3	555.3	579.7	516.6	691.5	624.6	553.1
Israel	436	2,333.8	2,097.2	1,947.6	1,668.1	1,450.4	1,449.5	3,372.4	3,460.0	2,674.2	1,629.0	1,425.7	1,319.1
Japan	158	6,960.9	7,085.5	6,870.8	6,951.3	6,458.8	6,355.0	14,975.2	12,779.5	10,669.0	10,189.5	9,533.9	12,413.4
Korea, Republic of	542	3,908.7	7,088.0	7,443.8	6,735.8	7,095.0	5,851.8	3,751.0	4,490.8	4,621.0	6,011.5	6,273.7	6,068.8
New Zealand	196	784.3	879.7	898.7	1,009.4	840.3	933.0	1,281.5	1,386.6	1,308.8	1,502.0	1,372.4	1,157.8
Norway	142	5,019.9	5,300.6	5,121.6	5,795.3	4,765.1	4,111.7	40,244.5	37,347.8	30,441.6	27,811.8	19,036.4	17,638.4
San Marino	135	8.3	5.0	7.7	6.6	7.7	4.7	5.9	7.4	4.4	10.5	12.1	6.0
Singapore	576	5,705.7	6,684.6	6,409.6	5,972.3	5,889.9	6,112.8	4,976.3	4,765.3	3,105.9	2,678.7	1,859.3	2,353.9
Sweden	144	9,739.2	8,902.6	8,679.2	8,950.1	6,741.0	6,212.4	12,292.9	14,317.2	11,526.9	12,442.2	10,407.8	8,434.7
Switzerland	146	36,718.3	13,648.5	68,988.8	33,567.5	32,227.8	18,882.3	10,486.3	25,287.5	11,814.4	11,743.9	9,764.2	28,624.5
Taiwan Prov.of China	528	2,050.4	1,672.6	1,777.7	1,733.1	1,730.6	1,521.1	5,378.9	5,025.6	5,361.3	5,208.7	4,839.7	4,540.4
United States	111	57,985.3	58,315.9	57,716.7	60,226.6	66,995.4	60,685.5	54,567.2	54,371.6	46,137.8	53,468.1	57,585.3	59,272.7
Vatican	187	0.3	3.5	0.4	0.2	0.1	0.3	61.5	0.7	0.0	0.1	0.0	0.0
Emerg. & Dev. Economies	200	104,081.9	104,569.6	116,149.5	115,073.4	108,904.8	91,300.8	184,024.4	188,733.8	181,292.8	186,626.7	170,007.8	164,401.9
Emerg. & Dev. Asia	505	30,136.9	31,173.0	35,365.5	39,695.8	40,354.9	28,380.0	83,066.8	81,531.2	83,798.9	91,474.2	93,625.0	90,061.6
American Samoa	859	0.2	0.6	0.1	0.4	0.2	1.5	0.1	0.0	0.1	0.0	0.7	0.1
Bangladesh	513	214.7	160.1	207.5	213.9	202.7	275.6	1,963.1	2,191.3	2,364.0	2,595.4	2,894.1	2,940.9
Bhutan	514	2.0	1.0	2.1	1.6	1.2	1.8	0.2	0.5	0.1	0.1	0.2	0.0
Brunei Darussalam	516	204.3	1,256.2	1,469.8	284.2	591.6	129.4	6.6	9.8	10.5	20.7	19.4	20.6
Cambodia	522	29.3	16.7	27.2	17.7	24.5	23.6	541.8	721.3	885.2	1,050.8	1,149.0	1,086.6
China,P.R.: Mainland	924	13,674.5	15,381.6	17,788.8	25,936.7	27,426.6	18,020.3	53,855.9	53,744.1	54,515.7	60,552.5	61,227.0	58,850.5
Fiji	819	7.3	6.8	8.7	14.9	12.9	13.1	86.7	53.5	78.3	98.9	43.7	31.0
F.T. French Polynesia	887	9.0	5.8	5.7	7.9	10.4	10.0	0.3	0.1	0.4	0.2	0.3	0.4
F.T. New Caledonia	839	31.7	28.1	17.2	22.0	27.5	15.4	0.2	0.3	2.8	1.8	0.4	1.5
Guam	829	5.0	4.9	2.8	5.2	5.5	2.7	0.0	0.1	0.1	0.2	0.2	0.2
India	534	8,366.3	6,682.2	7,461.1	6,132.1	5,869.5	4,377.1	9,495.6	8,900.1	9,034.9	9,891.3	8,783.1	8,137.6
Indonesia	536	959.2	942.8	993.1	804.9	671.2	699.0	2,036.9	1,902.6	1,852.0	1,799.8	1,671.2	1,681.3
Kiribati	826	0.3	0.1	0.2	0.1	0.1	0.0	0.0	0.0	0.0	0.0	0.0	0.0
Lao People's Dem.Rep	544	13.1	5.4	6.9	5.5	9.7	7.5	104.6	105.0	78.8	62.8	50.9	50.9
Malaysia	548	2,157.1	2,232.4	2,347.1	2,396.6	2,008.1	1,726.2	4,920.6	4,512.3	5,112.2	5,348.6	5,748.2	5,035.6
Maldives	556	12.9	11.2	12.2	18.1	26.0	18.5	22.4	26.2	20.6	13.5	14.6	8.6

United Kingdom (112)
In Millions of U.S. Dollars

		Exports (FOB)						Imports (CIF)					
		2011	2012	2013	2014	2015	2016	2011	2012	2013	2014	2015	2016
Marshall Islands	867	0.4	0.6	1.4	11.3	2.5	0.6	0.6	5.1	3.1	0.3	0.1	0.1
Micronesia	868	0.0	0.1	0.1	0.0	0.1	0.0	0.1	0.2	0.2	0.4	0.1	0.1
Mongolia	948	23.2	15.9	31.8	20.0	13.6	7.5	14.7	11.9	11.6	15.6	18.1	8.1
Myanmar	518	7.0	18.7	32.8	32.4	24.8	42.3	62.3	59.4	77.1	112.5	121.7	158.5
Nauru	836	0.0	0.1	0.1	0.2	0.2	0.2	....	0.1	0.3	0.1	0.3	0.1
Nepal	558	13.8	10.5	8.4	10.1	15.3	13.8	23.4	20.5	23.6	23.2	27.0	26.0
Palau	565	0.2	0.1	0.1	0.1	0.3	0.3	....	0.0	0.0	0.0	0.0	0.0
Papua New Guinea	853	30.7	71.5	34.4	25.8	23.3	67.4	205.6	191.9	181.9	214.0	156.1	133.1
Philippines	566	433.6	474.8	528.5	570.3	574.4	539.0	2,363.6	598.3	559.7	612.2	633.8	644.1
Samoa	862	1.2	2.0	0.3	0.1	0.2	0.2	0.8	0.3	0.3	0.9	0.9	1.5
Solomon Islands	813	1.1	0.8	7.2	2.5	1.5	0.6	3.8	26.9	4.4	27.8	19.9	11.9
Sri Lanka	524	237.0	223.8	255.7	266.0	367.0	275.9	1,060.7	1,074.9	1,008.6	1,085.3	959.8	866.7
Thailand	578	3,169.3	3,153.9	3,640.6	2,336.2	1,865.5	1,459.9	3,878.2	3,797.5	3,874.8	4,097.1	3,583.5	3,572.4
Timor-Leste	537	2.5	0.4	0.3	0.3	0.4	0.5	0.2	0.3	0.1	0.1	0.1	0.3
Tonga	866	0.7	1.2	0.2	0.3	1.8	0.5	0.0	0.1	0.0	0.0	0.0	0.6
Tuvalu	869	....	....	....	....	0.1	0.1	0.0	0.0	....	1.0	0.5	0.0
Vanuatu	846	1.1	1.1	0.5	0.9	1.3	0.5	0.6	0.9	0.6	2.1	9.7	2.9
Vietnam	582	518.1	459.9	470.4	554.6	572.7	645.5	2,409.3	3,574.1	4,095.9	3,843.6	6,488.6	6,788.4
Asia n.s.	598	10.3	1.6	2.4	2.8	1.7	3.4	7.7	1.6	1.1	1.2	1.6	1.1
Europe	170	**27,707.7**	**26,372.3**	**27,416.6**	**26,776.3**	**22,828.6**	**22,640.7**	**41,117.6**	**45,172.6**	**41,269.8**	**42,366.2**	**38,578.4**	**38,710.0**
Emerg. & Dev. Europe	903	**18,538.2**	**16,258.5**	**18,018.8**	**18,762.8**	**16,855.7**	**17,474.9**	**28,009.3**	**27,908.9**	**28,538.1**	**30,861.1**	**30,423.8**	**31,789.4**
Albania	914	30.0	33.4	30.2	33.2	23.3	23.4	1.4	2.9	14.8	13.6	4.7	4.6
Bosnia and Herzegovina	963	33.0	34.8	32.3	36.1	36.4	29.4	21.4	17.4	37.8	32.3	28.2	26.1
Bulgaria	918	510.8	478.1	607.3	729.1	530.8	664.3	454.3	461.8	579.1	577.8	560.5	553.9
Croatia	960	230.9	224.7	209.8	233.0	211.3	223.6	167.4	124.1	192.3	111.0	144.6	134.2
Faroe Islands	816	18.8	18.9	16.5	19.1	14.6	12.9	250.6	234.1	329.9	317.8	227.7	305.9
Gibraltar	823	849.0	878.4	689.7	824.5	697.4	489.0	55.5	154.5	6.5	468.2	5.6	32.6
Hungary	944	1,852.1	1,696.7	1,887.2	1,988.6	1,943.7	1,826.1	4,941.8	4,149.9	4,059.5	3,995.7	3,844.5	3,624.7
Kosovo	967	7.8	9.3	5.5	5.9	5.0	5.8	1.5	3.0	2.8	1.9	1.2	0.9
Macedonia, FYR	962	440.4	526.7	658.0	883.8	807.6	889.7	56.8	54.6	72.5	66.5	45.4	57.6
Montenegro	943	12.1	16.1	23.4	18.9	15.3	22.0	5.8	5.6	7.1	2.9	4.6	5.8
Poland	964	6,715.6	5,361.0	5,616.2	6,298.6	5,533.0	5,686.6	11,323.9	11,689.1	12,226.6	12,641.5	12,394.0	12,437.7
Romania	968	1,484.1	1,452.3	1,429.8	1,539.4	1,508.2	1,406.8	2,054.0	1,994.6	2,155.6	2,433.6	2,369.8	2,338.1
Serbia, Republic of	942	164.1	171.5	187.5	190.7	190.9	169.4	143.4	117.1	156.7	145.1	209.4	257.7
Turkey	186	6,189.4	5,356.6	6,625.4	5,961.8	5,338.2	6,025.9	8,531.4	8,900.2	8,696.9	10,053.2	10,583.5	12,009.5
CIS	901	**9,151.9**	**10,100.3**	**9,384.2**	**8,002.2**	**5,959.7**	**5,154.5**	**13,108.0**	**17,263.2**	**12,731.6**	**11,504.6**	**8,153.4**	**6,919.2**
Armenia	911	29.7	22.5	27.8	20.1	20.1	16.3	0.3	0.8	3.1	0.7	0.4	0.8
Azerbaijan, Rep. of	912	726.7	769.2	1,385.9	914.5	994.0	527.8	166.7	929.5	288.4	181.3	129.1	146.6
Belarus	913	195.5	190.7	137.5	128.6	95.4	69.0	69.5	84.3	112.1	85.4	37.9	42.1
Georgia	915	76.3	84.1	71.7	91.8	92.1	139.6	20.2	36.1	35.6	17.5	35.1	31.8
Kazakhstan	916	423.9	496.0	545.0	533.6	504.7	330.2	598.8	763.1	575.7	338.3	647.5	668.8
Kyrgyz Republic	917	20.6	18.7	4.0	7.3	8.2	5.1	0.5	0.1	0.4	0.4	1.4	32.9
Moldova	921	73.0	63.8	68.9	64.5	55.5	57.5	57.0	68.5	75.9	79.6	68.8	61.1
Russian Federation	922	6,640.7	7,159.1	6,200.6	5,559.2	3,696.3	3,420.5	11,755.5	14,804.7	10,588.6	9,929.2	6,792.8	5,553.3
Tajikistan	923	1.4	2.7	3.2	2.7	1.6	2.4	1.2	0.1	0.3	0.3	0.7	1.0
Turkmenistan	925	91.3	378.2	49.9	71.0	40.6	45.2	32.9	116.7	451.2	207.6	61.8	19.9
Ukraine	926	813.0	845.9	841.7	568.0	420.9	497.3	353.2	416.8	591.4	662.0	376.7	358.2
Uzbekistan	927	60.0	69.2	47.9	40.8	30.3	43.6	52.2	42.5	9.1	2.4	1.2	2.6
Europe n.s.	884	17.6	13.5	13.7	11.4	13.3	11.3	0.3	0.5	0.1	0.6	1.2	1.3
Mid East, N Africa, Pak	440	**21,574.5**	**22,481.5**	**30,384.6**	**28,102.5**	**27,415.7**	**25,205.1**	**20,535.9**	**20,696.3**	**22,488.9**	**21,283.6**	**14,989.9**	**11,340.5**
Afghanistan, I.R. of	512	187.6	127.8	89.1	40.9	26.5	21.3	13.1	4.4	4.8	3.8	3.9	3.6
Algeria	612	583.5	544.9	655.3	769.2	497.9	557.1	2,372.8	3,234.5	5,263.4	5,481.0	2,730.0	894.4
Bahrain, Kingdom of	419	352.4	413.4	374.1	440.7	424.8	476.7	169.5	233.0	256.3	226.5	201.4	122.9
Djibouti	611	9.0	31.9	10.4	21.7	18.1	12.4	0.2	0.3	0.7	0.3	0.5	4.8
Egypt	469	1,626.4	1,392.0	1,447.1	1,710.1	1,496.8	1,632.5	1,196.1	949.2	1,122.3	1,363.6	918.9	844.2
Iran, I.R. of	429	282.1	153.6	118.9	151.7	136.4	189.8	578.9	176.7	43.0	52.7	36.0	61.2
Iraq	433	324.0	449.0	627.5	618.4	424.8	297.1	3.2	3.3	6.0	4.5	79.4	10.2
Jordan	439	387.2	342.2	407.0	411.0	392.5	348.9	45.6	35.9	51.1	37.3	71.2	66.5
Kuwait	443	767.0	884.9	783.8	863.1	837.6	669.7	2,242.5	2,240.5	2,463.0	2,187.9	1,136.5	863.4
Lebanon	446	649.2	659.8	741.4	804.1	579.3	449.7	62.5	50.2	41.3	36.2	43.1	39.6

United Kingdom (112)
In Millions of U.S. Dollars

		Exports (FOB)						Imports (CIF)					
		2011	2012	2013	2014	2015	2016	2011	2012	2013	2014	2015	2016
Libya	672	133.4	278.7	381.3	243.5	146.1	204.1	664.6	2,709.1	1,902.8	524.0	103.3	316.3
Mauritania	682	25.5	68.7	85.6	22.4	26.6	12.8	4.2	0.5	3.7	50.7	7.0	3.9
Morocco	686	832.0	948.8	670.5	923.9	719.9	1,154.0	634.6	708.1	786.5	948.2	868.5	1,294.6
Oman	449	583.1	642.5	624.4	665.4	670.3	633.9	154.9	112.1	120.4	183.0	104.1	90.6
Pakistan	564	794.1	822.5	703.0	836.6	780.0	834.8	1,239.5	1,156.8	1,291.8	1,625.4	1,503.3	1,471.8
Qatar	453	1,598.0	1,858.3	2,113.8	2,597.5	2,810.2	2,485.1	7,386.9	4,421.5	3,417.5	3,017.3	3,016.6	1,791.6
Saudi Arabia	456	3,910.2	4,407.8	4,830.1	6,219.6	6,705.4	5,833.8	1,320.8	2,175.1	3,289.5	3,060.8	2,405.2	1,655.5
Somalia	726	7.0	11.7	16.6	13.7	11.4	11.1	0.0	0.2	0.2	0.1	0.1	0.3
Sudan	732	192.0	214.2	152.4	114.1	137.0	91.3	8.8	11.9	14.3	9.4	12.1	10.3
Syrian Arab Republic	463	130.8	40.3	26.3	18.7	9.5	7.1	22.7	13.6	10.1	4.3	5.0	4.4
Tunisia	744	221.2	239.7	246.3	258.0	210.2	245.9	357.8	539.8	629.6	494.0	221.0	185.4
United Arab Emirates	466	7,883.4	7,813.2	15,118.2	10,239.8	10,303.5	8,976.7	1,818.3	1,884.6	1,678.8	1,966.2	1,516.3	1,600.0
West Bank and Gaza	487	5.5	8.5	5.6	1.7	9.1	10.1	2.3	2.6	3.0	2.6	3.9	4.2
Yemen, Republic of	474	89.8	127.2	155.9	116.7	41.9	49.3	236.2	32.4	88.7	3.8	2.4	0.7
Sub-Saharan Africa	603	14,633.7	13,638.8	12,013.1	10,922.6	8,709.5	7,363.5	21,474.6	24,071.9	18,820.3	16,915.3	11,611.1	13,713.7
Angola	614	599.8	626.9	828.6	994.0	696.5	498.5	451.1	1,272.8	994.4	666.7	1,020.1	377.9
Benin	638	701.9	102.2	83.7	104.1	90.4	28.4	25.1	0.1	0.1	0.3	1.3	1.7
Botswana	616	679.3	1,312.2	1,043.4	42.0	30.9	66.0	3,879.7	3,597.5	3,729.0	38.4	31.3	151.9
Burkina Faso	748	16.4	20.1	20.3	13.3	10.3	12.2	0.0	0.1	0.5	1.7	2.0	2.3
Burundi	618	3.7	5.9	3.3	5.2	3.1	2.7	0.4	0.2	0.7	0.6	1.5	1.1
Cabo Verde	624	5.9	5.2	19.0	30.3	4.5	5.1	0.2	0.2	0.3	0.1	0.1	0.1
Cameroon	622	79.6	90.0	102.0	76.4	60.2	56.8	82.5	204.4	151.0	246.1	158.5	84.7
Central African Rep.	626	1.1	0.5	1.0	2.3	4.5	2.7	0.4	0.2	0.0	0.1	0.1	0.1
Chad	628	9.0	12.0	17.4	13.6	4.2	3.5	0.9	2.1	1.8	0.3	1.1	1.0
Comoros	632	0.9	0.9	0.5	0.5	0.8	1.4	0.1	0.3	0.5	0.2	0.1	0.1
Congo, Dem. Rep. of	636	37.8	39.4	51.9	53.6	39.6	26.2	21.4	23.8	50.5	3.8	6.9	15.4
Congo, Republic of	634	89.8	82.5	100.9	128.6	224.4	169.0	27.1	144.5	345.4	132.3	39.4	27.0
Côte d'Ivoire	662	75.0	132.9	154.2	131.5	188.2	114.5	146.1	277.6	204.3	220.4	294.3	378.4
Equatorial Guinea	642	98.2	86.5	75.0	96.1	48.2	28.3	503.0	502.8	1,859.0	1,948.4	402.0	186.3
Eritrea	643	3.8	4.5	11.0	5.2	2.5	2.5	0.3	0.3	0.3	0.1	0.0	0.2
Ethiopia	644	170.2	155.9	144.7	170.3	247.9	243.6	77.0	70.3	57.2	43.1	71.0	55.2
Gabon	646	83.3	83.2	92.9	83.9	53.1	31.7	10.5	6.9	127.4	181.3	65.1	106.1
Gambia, The	648	28.9	59.7	37.6	33.0	28.9	27.3	8.1	6.0	3.4	9.0	5.7	5.2
Ghana	652	674.7	811.4	612.0	555.7	472.0	745.8	448.4	341.4	439.5	423.8	308.6	263.0
Guinea	656	78.9	148.9	252.2	60.6	32.0	28.9	4.9	5.2	2.5	3.2	1.3	0.3
Guinea-Bissau	654	1.2	0.5	0.9	67.0	0.6	1.3	0.0	0.1	....	....	0.0	0.0
Kenya	664	558.3	598.8	659.8	629.9	543.8	413.7	587.5	499.4	470.8	422.2	410.3	413.8
Lesotho	666	2.9	1.7	1.4	0.8	0.7	2.6	1.6	2.2	0.8	0.6	0.8	1.2
Liberia	668	30.4	30.3	25.7	23.9	17.8	18.2	10.9	5.1	5.1	1.4	1.6	5.6
Madagascar	674	31.6	19.1	18.1	12.8	15.4	19.5	49.2	37.0	49.7	68.8	59.6	44.0
Malawi	676	29.5	30.0	23.4	22.8	16.8	18.2	47.0	37.5	43.5	39.7	37.0	26.5
Mali	678	12.6	15.5	15.5	24.4	36.7	27.9	0.5	0.4	0.4	1.1	1.1	0.6
Mauritius	684	111.8	105.9	93.2	95.0	85.9	89.6	387.9	386.9	383.1	327.3	269.5	211.4
Mozambique	688	59.9	62.3	69.6	67.5	47.1	18.0	121.9	89.2	138.1	129.9	113.6	98.3
Namibia	728	186.9	225.1	85.7	78.4	58.2	40.9	753.4	570.5	127.4	71.7	57.5	50.5
Niger	692	8.2	2.6	6.1	10.9	10.7	5.3	0.1	0.1	0.3	0.4	0.3	0.3
Nigeria	694	2,371.2	2,128.9	2,135.7	2,136.3	1,569.3	1,270.5	3,623.6	6,006.7	4,828.3	4,049.5	2,192.9	1,152.6
Rwanda	714	12.1	20.7	15.2	11.1	11.6	9.8	4.2	5.6	3.9	5.7	12.2	12.4
São Tomé & Príncipe	716	0.6	0.5	0.6	0.7	0.1	0.2	0.0	0.0	0.0	0.0	0.0	0.0
Senegal	722	986.6	1,481.3	505.6	499.7	142.8	123.0	40.9	34.0	41.4	49.0	37.1	51.8
Seychelles	718	29.1	30.9	29.2	38.7	25.4	28.4	82.5	81.1	114.2	105.1	92.6	84.8
Sierra Leone	724	103.6	107.2	112.9	83.7	47.7	38.9	22.7	13.0	13.3	12.9	1.6	1.0
South Africa	199	5,817.3	3,912.0	3,835.1	3,740.8	3,330.0	2,649.9	9,823.8	9,673.6	4,426.5	7,475.2	5,750.5	9,722.1
South Sudan, Rep. of	733	....	....	3.2	3.9	4.6	2.2	....	....	0.0	....	0.0	0.1
Swaziland	734	6.1	3.7	3.6	4.0	4.0	4.0	21.7	20.3	15.3	31.4	15.9	37.3
Tanzania	738	348.5	276.2	262.8	268.2	183.0	139.2	39.7	39.0	37.6	56.7	43.4	30.2
Togo	742	162.1	446.7	141.6	235.0	53.7	167.3	1.4	0.8	2.8	2.3	3.1	0.5
Uganda	746	100.1	99.8	75.4	73.9	71.9	59.6	22.4	23.1	26.9	25.5	24.1	19.7
Zambia	754	109.8	140.9	137.0	106.1	98.5	61.6	50.3	58.4	69.0	72.4	24.1	30.9
Zimbabwe	698	89.3	95.3	80.0	66.6	59.2	36.6	92.5	30.2	54.0	45.9	51.0	59.5

United Kingdom (112)

In Millions of U.S. Dollars

		Exports (FOB)						Imports (CIF)					
		2011	2012	2013	2014	2015	2016	2011	2012	2013	2014	2015	2016
Africa n.s.	799	25.6	22.2	24.1	20.4	32.0	22.4	1.4	1.1	0.1	0.7	0.9	0.8
Western Hemisphere	205	**10,029.1**	**10,904.0**	**10,969.7**	**9,576.1**	**9,596.0**	**7,711.5**	**17,829.6**	**17,261.8**	**14,914.9**	**14,587.4**	**11,203.4**	**10,576.2**
Anguilla	312	0.9	0.8	2.5	8.0	1.3	2.6	0.2	0.1	0.1	0.1	0.1	0.0
Antigua and Barbuda	311	21.3	13.5	20.2	23.2	38.9	21.0	0.6	1.0	5.9	1.9	2.5	29.9
Argentina	213	609.7	556.6	529.9	487.4	436.4	398.1	983.0	978.3	909.9	889.5	870.9	827.5
Aruba	314	60.2	113.0	64.7	29.0	30.6	24.1	5.7	42.6	0.1	0.1	0.1	0.1
Bahamas, The	313	26.5	58.6	23.9	31.9	43.8	32.6	6.8	6.4	6.1	9.1	7.2	7.5
Barbados	316	64.4	60.0	65.1	54.7	54.3	62.4	18.5	21.9	16.2	8.2	7.5	6.6
Belize	339	14.4	17.1	12.9	12.7	10.4	18.9	86.8	116.5	109.8	97.1	124.0	73.5
Bermuda	319	27.9	88.3	29.3	28.9	34.4	29.6	9.0	1.4	1.8	1.3	43.9	35.4
Bolivia	218	28.5	34.4	35.4	30.4	36.0	23.4	51.8	38.2	47.2	80.8	57.5	61.1
Brazil	223	3,640.1	3,860.2	3,865.2	3,708.7	3,259.2	2,526.7	5,407.4	4,812.3	4,488.9	4,219.9	3,742.2	3,267.3
Chile	228	1,175.4	982.1	1,655.1	763.4	677.7	605.5	912.9	871.4	942.4	980.8	885.1	845.8
Colombia	233	463.7	469.4	495.8	528.4	539.2	352.8	1,510.5	1,638.1	1,369.4	1,245.6	969.3	648.5
Costa Rica	238	75.3	75.4	76.7	79.6	114.6	88.0	3,272.7	3,620.3	3,251.2	2,708.1	457.5	314.7
Curaçao	354	....	....	21.7	28.7	34.5	13.4	....	....	0.6	38.3	0.7	0.3
Dominica	321	9.1	8.5	8.6	8.1	9.1	11.8	7.1	3.0	2.4	2.2	1.2	0.9
Dominican Republic	243	117.8	117.1	109.4	128.8	199.3	138.2	215.6	221.8	227.8	226.8	211.9	234.6
Ecuador	248	114.1	461.8	377.7	172.8	109.1	53.2	184.1	252.2	239.0	204.6	173.1	154.4
El Salvador	253	24.1	21.9	20.9	24.5	26.3	25.8	16.5	17.9	12.1	21.9	15.8	25.4
Falkland Islands	323	96.9	93.8	77.6	113.4	197.5	63.0	7.1	9.0	7.2	7.2	10.8	27.6
Greenland	326	115.3	2.6	9.1	1.4	1.7	3.1	28.4	17.5	9.1	7.6	4.1	7.5
Grenada	328	8.7	8.3	8.9	10.0	9.8	10.8	0.4	0.5	0.8	0.6	0.7	1.4
Guatemala	258	47.0	48.0	45.7	52.4	51.8	38.4	62.2	66.7	90.3	87.0	121.4	126.7
Guyana	336	49.9	43.8	41.0	42.7	35.8	44.4	75.0	107.1	109.3	100.7	86.0	38.8
Haiti	263	21.9	17.5	13.9	13.3	10.5	16.6	2.8	7.0	8.5	10.7	6.4	6.9
Honduras	268	14.0	14.7	16.3	16.1	18.4	14.9	108.8	98.5	130.4	125.1	123.0	126.6
Jamaica	343	89.7	73.0	66.4	64.0	69.5	71.3	91.7	47.6	88.8	85.3	81.1	55.6
Mexico	273	1,475.7	1,645.7	1,644.4	1,664.5	1,919.4	1,676.3	3,013.3	2,754.3	1,520.1	1,955.0	2,021.0	2,508.7
Montserrat	351	0.9	0.7	11.3	7.8	0.6	21.2	0.0	0.0	0.2	0.0	0.1	0.0
Netherlands Antilles	353	119.0	359.9	....	....	....	....	33.6	0.6	....	....	....	....
Nicaragua	278	6.0	8.3	8.2	6.8	13.7	9.7	33.1	45.8	42.4	50.7	55.1	51.1
Panama	283	266.4	285.9	265.0	277.8	259.3	171.3	25.4	26.3	46.9	29.3	29.9	36.2
Paraguay	288	61.5	49.5	54.1	55.4	41.0	39.4	6.1	8.9	11.4	38.0	68.6	136.5
Peru	293	227.3	247.1	237.7	259.4	279.4	211.0	393.3	359.1	361.8	402.2	384.3	413.5
Sint Maarten	352	....	....	18.9	7.9	8.3	8.6	....	....	0.1	22.5	0.1	17.8
St. Kitts and Nevis	361	9.4	11.9	6.6	10.4	16.2	7.4	0.3	0.3	0.2	0.4	0.4	0.4
St. Lucia	362	24.7	22.7	21.8	20.4	22.0	25.9	7.3	12.1	12.1	9.5	8.6	7.4
St. Vincent & Grens.	364	14.3	13.8	22.1	19.2	16.7	14.5	1.6	2.1	1.1	1.2	1.1	1.6
Suriname	366	24.0	20.4	24.5	17.0	18.9	16.3	0.9	0.3	0.7	0.3	0.4	0.4
Trinidad and Tobago	369	186.2	179.0	196.5	184.6	210.3	164.7	335.2	117.5	183.9	243.0	174.4	82.9
Uruguay	298	183.1	167.6	245.4	181.4	326.9	162.9	164.7	174.5	138.1	123.9	97.5	81.3
Venezuela, Rep. Bol.	299	482.2	589.6	449.2	328.9	317.6	142.8	659.1	726.5	354.8	392.9	345.3	170.2
Western Hem. n.s.	399	31.6	61.7	70.3	72.2	95.5	349.0	89.9	36.3	165.9	157.6	12.7	142.9
Other Countries n.i.e	910	**23.3**	**41.6**	**37.5**	**31.7**	**38.9**	**34.7**	**89.4**	**58.7**	**183.3**	**71.3**	**26.0**	**14.1**
Cuba	928	23.1	41.2	37.1	31.2	38.7	34.6	84.1	54.4	182.5	69.1	25.5	13.5
Korea, Dem. People's Rep.	954	0.2	0.4	0.3	0.5	0.3	0.1	5.3	4.3	0.9	2.3	0.5	0.5
Special Categories	899	....	....	....	....	**2,952.8**	**2,506.9**	....	....	....	....	**1,339.9**	**1,293.0**
Countries & Areas n.s.	898	**19,951.1**	**21,543.1**	**23,297.8**	**15,958.2**	**4,741.9**	**4,645.4**	**21,275.6**	**23,504.8**	**25,194.3**	**20,069.1**	**8,630.4**	**7,787.9**
Memorandum Items													
Africa	605	16,504.0	15,698.8	13,847.1	13,041.7	10,326.0	9,445.8	24,853.0	28,567.2	25,518.8	23,899.0	15,450.3	16,107.4
Middle East	405	18,722.5	19,471.3	27,755.3	25,102.0	24,988.2	22,264.4	15,904.9	15,039.8	14,493.8	12,670.7	9,643.4	7,471.3
European Union	998	247,115.1	230,572.8	227,212.9	236,704.9	203,876.7	193,392.8	320,695.5	323,131.1	334,565.5	360,822.1	333,956.3	319,637.3
Export earnings: fuel	080	29,122.3	32,386.9	40,243.1	34,989.7	32,639.1	27,567.4	36,866.2	44,555.1	40,794.4	36,530.8	24,422.4	16,784.3
Export earnings: nonfuel	092	476,526.2	440,551.7	499,751.2	469,642.8	426,993.8	381,476.9	641,829.5	650,975.7	619,319.7	653,305.7	601,800.8	619,855.0

2017, International Monetary Fund: *Direction of Trade Statistics Yearbook*

United States (111)

In Billions of U.S. Dollars

		Exports (FOB)						Imports (CIF)					
		2011	2012	2013	2014	2015	2016	2011	2012	2013	2014	2015	2016
IFS World		1,480.3	1,545.7	1,579.6	1,620.5	1,502.6	1,451.0	2,265.9	2,336.5	2,329.1	2,412.5	2,248.2	2,250.2
World	001	1,482.5	1,545.8	1,578.4	1,620.5	1,504.6	1,453.7	2,208.0	2,276.3	2,268.4	2,347.7	2,241.7	2,189.2
Advanced Economies	110	822.7	837.1	838.7	865.0	814.1	791.1	994.9	1,034.2	1,041.5	1,093.8	1,051.6	1,024.4
Euro Area	163	199.1	196.3	201.5	207.3	202.8	201.7	286.5	296.0	304.0	328.2	331.7	326.0
Austria	122	2.9	3.4	3.5	3.8	4.0	3.8	9.5	9.4	9.8	10.8	11.3	10.9
Belgium	124	30.0	29.4	31.9	34.8	34.1	32.3	17.4	17.4	19.0	20.9	19.5	17.0
Cyprus	423	0.1	0.2	0.1	0.2	0.1	0.2	0.0	0.0	0.0	0.1	0.0	0.1
Estonia	939	0.3	0.2	0.3	0.3	0.3	0.3	1.0	0.5	0.4	0.6	0.5	1.0
Finland	172	3.2	2.6	2.3	2.2	1.6	1.6	4.4	5.1	4.7	5.0	4.5	4.6
France	132	28.9	31.9	33.9	32.4	31.5	32.4	40.1	41.8	45.8	47.0	47.8	46.8
Germany	134	49.3	48.8	47.4	49.4	49.9	49.4	98.7	109.2	114.3	123.3	124.1	114.2
Greece	174	1.1	0.8	0.7	0.8	0.7	0.7	0.9	1.0	1.0	1.0	1.4	1.2
Ireland	178	7.7	7.4	6.6	7.8	8.9	9.6	39.4	33.4	31.5	34.0	39.4	45.5
Italy	136	16.0	16.1	16.8	17.0	16.3	16.8	34.0	37.0	38.7	42.1	44.0	45.2
Latvia	941	0.6	0.5	0.5	0.4	0.3	0.3	0.4	0.2	0.3	0.3	0.3	0.3
Lithuania	946	1.1	0.8	0.9	0.7	0.5	0.5	1.0	1.2	1.6	1.1	1.1	1.2
Luxembourg	137	1.6	1.9	1.8	1.5	1.4	1.4	0.5	0.6	0.6	0.8	0.6	0.5
Malta	181	0.8	0.4	0.6	0.9	0.5	0.3	0.2	0.3	0.2	0.2	0.2	1.3
Netherlands	138	42.2	40.6	42.5	43.1	40.7	40.4	23.5	22.3	19.2	20.8	16.8	16.2
Portugal	182	1.3	1.1	0.8	1.1	0.9	0.9	2.6	2.6	2.8	3.2	3.3	3.2
Slovak Republic	936	0.3	0.3	0.3	0.4	0.4	0.3	1.4	1.8	1.8	2.1	2.3	2.5
Slovenia	961	0.7	0.3	0.3	0.3	0.4	0.3	0.5	0.6	0.6	0.7	0.7	0.8
Spain	184	11.0	9.6	10.2	10.2	10.2	10.4	11.0	11.8	11.7	14.4	14.1	13.5
Australia	193	27.6	31.2	26.1	26.6	25.0	22.2	10.2	9.6	9.3	10.7	10.9	9.5
Canada	156	281.3	292.7	300.8	312.4	280.0	266.0	315.3	324.3	332.6	347.8	295.2	278.1
China,P.R.: Hong Kong	532	36.4	37.5	42.3	40.9	37.2	34.9	4.4	5.5	5.7	5.9	6.7	7.4
China,P.R.: Macao	546	0.3	0.3	0.4	0.4	0.5	0.6	0.1	0.1	0.1	0.1	0.1	0.1
Czech Republic	935	1.7	1.8	1.9	2.3	2.0	1.9	3.3	3.9	3.9	4.3	4.5	4.4
Denmark	128	2.2	2.2	2.2	2.4	2.2	2.2	6.8	6.8	6.5	7.5	7.7	7.9
Iceland	176	0.6	0.4	0.5	0.4	0.4	0.5	0.2	0.3	0.3	0.3	0.3	0.4
Israel	436	14.0	14.3	13.7	15.1	13.6	13.2	23.0	22.1	22.8	23.0	24.5	22.2
Japan	158	65.8	70.0	65.2	66.8	62.5	63.3	128.9	146.4	138.6	134.0	131.1	132.2
Korea, Republic of	542	43.5	42.3	41.7	44.5	43.5	42.3	56.7	58.9	62.4	69.5	71.8	69.9
New Zealand	196	3.6	3.2	3.2	4.3	3.6	3.6	3.2	3.4	3.5	4.0	4.3	4.1
Norway	142	3.6	3.5	4.6	4.4	3.6	3.9	8.3	6.6	5.5	5.4	4.7	4.4
San Marino	135	....	....	....	....	....	0.0	....	....	....	....	....	0.0
Singapore	576	31.3	30.5	30.7	30.2	28.7	26.9	19.1	20.2	17.8	16.4	18.2	17.8
Sweden	144	5.3	5.2	4.3	4.3	3.9	3.8	11.5	10.2	9.2	10.3	9.8	9.7
Switzerland	146	24.5	26.4	26.6	22.2	22.3	22.7	24.6	26.0	28.6	31.5	31.5	36.7
Taiwan Prov.of China	528	25.9	24.3	25.5	26.7	25.9	26.0	41.4	38.9	37.9	40.6	40.7	39.3
United Kingdom	112	56.0	54.9	47.3	53.8	56.4	55.4	51.3	55.0	52.9	54.4	57.8	54.3
Vatican	187	....	....	....	....	....	0.0	....	....	....	....	....	0.0
Emerg. & Dev. Economies	200	659.2	708.1	739.2	755.2	690.3	662.3	1,213.1	1,242.1	1,226.9	1,253.9	1,190.0	1,164.7
Emerg. & Dev. Asia	505	173.5	180.0	193.9	196.0	186.3	187.8	542.2	576.6	599.7	641.2	669.5	658.8
Bangladesh	513	1.1	0.5	0.7	1.1	0.9	0.9	4.9	4.9	5.4	5.3	6.0	5.9
Bhutan	514	0.0	0.0	0.0	0.0	0.0	0.0	0.0	0.0	0.0	0.0	0.0	0.0
Brunei Darussalam	516	0.2	0.2	0.6	0.5	0.1	0.6	0.0	0.1	0.0	0.0	0.0	0.0
Cambodia	522	0.2	0.2	0.2	0.3	0.4	0.4	2.7	2.7	2.8	2.8	3.0	2.8
China,P.R.: Mainland	924	104.1	110.5	121.7	123.7	116.2	115.8	399.4	425.6	440.4	466.8	481.9	462.8
Fiji	819	0.0	0.1	0.1	0.1	0.1	0.1	0.1	0.2	0.2	0.2	0.2	0.2
F.T. French Polynesia	887	0.1	0.1	0.1	0.1	0.1	0.1	0.1	0.1	0.0	0.0	0.0	0.0
F.T. New Caledonia	839	0.1	0.1	0.1	0.1	0.1	0.1	0.1	0.1	0.1	0.1	0.0	0.0
India	534	21.5	22.1	21.8	21.6	21.5	21.7	36.2	40.5	41.8	45.2	44.7	46.0
Indonesia	536	7.4	8.0	9.1	8.3	7.1	6.0	19.1	18.0	18.9	19.4	19.6	19.2
Kiribati	826	0.0	0.0	0.0	0.0	0.0	0.0	0.0	0.0	0.0	0.0	0.0	0.0
Lao People's Dem.Rep	544	0.0	0.0	0.0	0.0	0.0	0.0	0.1	0.0	0.0	0.0	0.0	0.1
Malaysia	548	14.3	12.8	13.0	13.1	12.3	11.9	25.8	25.9	27.3	30.4	33.8	36.7
Maldives	556	0.0	0.0	0.0	0.0	0.0	0.0	0.0	0.0	0.0	0.0	0.0	0.0
Marshall Islands	867	....	....	....	....	....	0.0	....	....	....	....	....	0.0
Micronesia	868	....	....	....	....	....	0.0	....	....	....	....	....	0.0

United States (111)

In Billions of U.S. Dollars

		Exports (FOB) 2011	2012	2013	2014	2015	2016	Imports (CIF) 2011	2012	2013	2014	2015	2016
Mongolia	948	0.3	0.7	0.3	0.2	0.1	0.1	0.0	0.0	0.0	0.0	0.0	0.0
Myanmar	518	0.0	0.1	0.1	0.1	0.2	0.2	....	0.0	0.0	0.1	0.1	0.2
Nauru	836	0.0	0.0	0.0	0.0	0.0	0.0	0.0	0.0	0.0	0.0	0.0	0.0
Nepal	558	0.0	0.0	0.0	0.0	0.0	0.0	0.1	0.1	0.1	0.1	0.1	0.1
Palau	565	....	....	....	....	....	0.0	....	....	....	....	....	0.0
Papua New Guinea	853	0.3	0.4	0.2	0.1	0.2	0.1	0.1	0.1	0.1	0.1	0.1	0.1
Philippines	566	7.7	8.1	8.4	8.5	7.9	8.3	9.1	9.6	9.3	10.1	10.2	10.0
Samoa	862	0.0	0.0	0.0	0.0	0.0	0.0	0.0	0.0	0.0	0.0	0.0	0.0
Solomon Islands	813	0.0	0.0	0.0	0.0	0.0	0.0	0.0	0.0	0.0	0.0	0.0	0.0
Sri Lanka	524	0.3	0.2	0.3	0.4	0.4	0.4	2.1	2.3	2.5	2.7	2.9	2.8
Thailand	578	10.9	10.9	11.8	11.8	11.2	10.6	24.8	26.1	26.2	27.1	28.6	29.5
Timor-Leste	537	0.0	0.0	0.0	0.0	0.0	0.0	0.0	0.0	0.0	0.0	0.0	0.0
Tonga	866	0.0	0.0	0.0	0.0	0.0	0.0	0.0	0.0	0.0	0.0	0.0	0.0
Tuvalu	869	0.0	0.0	0.0	0.0	0.0	0.0	0.0	0.0	0.0	0.0	0.0	0.0
Vanuatu	846	0.0	0.1	0.0	0.0	0.0	0.0	0.0	0.0	0.0	0.0	0.0	0.0
Vietnam	582	4.3	4.6	5.0	5.7	7.1	10.2	17.5	20.3	24.7	30.6	38.0	42.1
Asia n.s.	598	0.2	0.2	0.1	0.2	0.1	0.3	0.0	0.0	0.0	0.0	0.1	0.1
Europe	170	**37.4**	**39.5**	**39.1**	**37.2**	**28.3**	**27.7**	**56.1**	**51.1**	**49.9**	**49.4**	**42.5**	**39.7**
Emerg. & Dev. Europe	903	**24.4**	**24.1**	**22.9**	**21.7**	**18.6**	**18.2**	**15.2**	**17.1**	**18.8**	**21.7**	**23.2**	**23.3**
Albania	914	0.0	0.1	0.1	0.1	0.0	0.1	0.0	0.0	0.0	0.1	0.2	0.1
Bosnia and Herzegovina	963	0.0	0.0	0.0	0.0	0.0	0.0	0.0	0.1	0.1	0.1	0.1	0.1
Bulgaria	918	0.3	0.2	0.3	0.4	0.3	0.3	0.4	0.5	0.5	0.6	0.6	0.6
Croatia	960	0.5	0.3	0.3	0.3	0.3	0.3	0.4	0.4	0.4	0.5	0.6	0.5
Faroe Islands	816	0.0	0.0	0.0	0.0	0.0	0.0	0.1	0.1	0.1	0.1	0.1	0.1
Gibraltar	823	3.1	5.1	3.6	2.5	2.0	1.8	0.0	0.0	0.0	0.0	0.0	0.0
Hungary	944	1.5	1.6	1.7	1.8	1.7	1.8	2.9	3.2	3.8	5.3	5.7	5.3
Kosovo	967	0.0	0.0	0.0	0.0	0.0	0.0	0.0	0.0	0.0	0.0	0.0	0.0
Macedonia, FYR	962	0.0	0.0	0.1	0.0	0.0	0.0	0.1	0.1	0.1	0.2	0.2	0.2
Montenegro	943	0.0	0.0	0.0	0.0	0.0	0.0	0.0	0.0	0.0	0.0	0.0	0.0
Poland	964	3.1	3.3	3.8	3.7	3.7	3.7	4.4	4.6	4.9	5.2	5.6	6.0
Romania	968	0.9	0.8	0.7	1.0	0.8	0.7	1.4	1.6	1.7	2.1	2.1	2.0
Serbia, Republic of	942	0.1	0.1	0.1	0.1	0.1	0.1	0.1	0.1	0.5	0.3	0.3	0.3
Turkey	186	14.7	12.5	12.1	11.6	9.6	9.4	5.2	6.3	6.7	7.4	7.8	8.1
CIS	901	**12.9**	**15.3**	**16.2**	**15.5**	**9.7**	**9.5**	**40.9**	**34.0**	**31.2**	**27.7**	**19.3**	**16.3**
Armenia	911	0.1	0.1	0.1	0.1	0.1	0.0	0.1	0.1	0.1	0.1	0.1	0.0
Azerbaijan, Rep. of	912	0.3	0.5	0.4	1.0	0.5	0.4	2.4	1.1	1.1	1.0	0.5	0.1
Belarus	913	0.2	0.1	0.1	0.1	0.1	0.2	0.4	0.2	0.1	0.1	0.2	0.1
Georgia	915	0.6	0.5	0.6	0.6	0.3	0.3	0.2	0.2	0.2	0.4	0.2	0.1
Kazakhstan	916	0.8	0.9	1.2	1.0	0.5	1.1	1.7	1.6	1.4	1.4	0.8	0.7
Kyrgyz Republic	917	0.1	0.1	0.1	0.1	0.1	0.0	0.0	0.0	0.0	0.0	0.0	0.0
Moldova	921	0.0	0.0	0.0	0.0	0.0	0.0	0.0	0.0	0.0	0.0	0.0	0.0
Russian Federation	922	8.3	10.7	11.1	10.8	7.1	5.8	34.6	29.4	27.1	23.7	16.6	14.5
Tajikistan	923	0.2	0.1	0.1	0.0	0.0	0.0	0.0	0.0	0.0	0.0	0.0	0.0
Turkmenistan	925	0.1	0.1	0.3	0.5	0.1	0.1	0.0	0.1	0.0	0.0	0.1	0.0
Ukraine	926	2.1	1.9	1.9	1.2	0.9	1.1	1.5	1.3	1.0	0.9	0.8	0.6
Uzbekistan	927	0.1	0.3	0.4	0.2	0.1	0.3	0.1	0.0	0.0	0.0	0.0	0.0
Europe n.s.	884	0.0	0.0	0.0	0.0	0.0	0.0	0.0	0.0	0.0	0.0	0.0	0.0
Mid East, N Africa, Pak	440	**61.5**	**69.0**	**74.4**	**73.9**	**70.1**	**67.3**	**103.3**	**115.5**	**99.0**	**92.0**	**48.6**	**44.3**
Afghanistan, I.R. of	512	2.9	1.5	1.4	0.8	0.5	0.9	0.0	0.0	0.0	0.1	0.0	0.0
Algeria	612	1.6	1.4	1.8	2.6	1.9	2.2	14.6	10.0	4.8	4.6	3.4	3.2
Bahrain, Kingdom of	419	1.2	1.2	1.0	1.1	1.3	0.9	0.5	0.7	0.6	1.0	0.9	0.8
Djibouti	611	0.1	0.1	0.2	0.1	0.2	0.1	0.0	0.0	0.0	0.0	0.0	0.0
Egypt	469	6.2	5.5	5.2	6.5	4.7	3.5	2.1	3.0	1.6	1.4	1.4	1.5
Iran, I.R. of	429	0.2	0.3	0.3	0.2	0.3	0.2	0.0	0.0	0.0	....	0.0	0.1
Iraq	433	2.4	2.1	2.0	2.1	2.0	1.3	17.0	19.3	13.3	13.8	4.4	6.0
Jordan	439	1.4	1.8	2.1	2.1	1.4	1.5	1.1	1.2	1.2	1.4	1.5	1.6
Kuwait	443	2.7	2.7	2.6	3.6	2.8	3.3	7.8	13.0	12.6	11.4	4.7	3.3
Lebanon	446	1.8	1.0	1.0	1.3	1.3	1.1	0.1	0.1	0.1	0.1	0.1	0.1
Libya	672	0.3	0.5	0.9	0.5	0.2	0.2	0.6	2.5	2.6	0.2	0.2	0.2
Mauritania	682	0.2	0.3	0.2	0.1	0.1	0.1	0.0	0.0	0.1	0.1	0.0	0.1

2017, International Monetary Fund: *Direction of Trade Statistics Yearbook*

United States (111)

In Billions of U.S. Dollars

		Exports (FOB)						Imports (CIF)					
		2011	2012	2013	2014	2015	2016	2011	2012	2013	2014	2015	2016
Morocco	686	2.8	2.2	2.5	2.1	1.6	1.9	1.0	0.9	1.0	1.0	1.0	1.0
Oman	449	1.4	1.7	1.6	2.0	2.4	1.8	2.2	1.4	1.0	1.0	0.9	1.1
Pakistan	564	2.0	1.5	1.6	1.5	1.8	2.1	3.8	3.6	3.7	3.7	3.7	3.4
Qatar	453	2.8	3.6	5.0	5.2	4.2	4.9	1.2	1.0	1.3	1.7	1.3	1.2
Saudi Arabia	456	13.9	18.0	19.0	18.7	19.7	18.0	47.5	55.7	51.8	47.0	22.1	16.9
Somalia	726	0.0	0.0	0.0	0.0	0.0	0.0	0.0	0.0	0.0	0.0	0.0	0.0
Sudan	732	0.1	0.1	0.1	0.1	0.1	0.1	0.0	0.0	0.0	0.0	0.0	0.0
Syrian Arab Republic	463	0.2	0.0	0.0	0.0	0.0	0.0	0.4	0.0	0.0	0.0	0.0	0.0
Tunisia	744	0.6	0.6	0.9	0.8	0.6	0.5	0.4	0.7	0.7	0.5	0.5	0.4
United Arab Emirates	466	15.9	22.6	24.5	22.1	23.0	22.4	2.4	2.3	2.3	2.8	2.5	3.4
West Bank and Gaza	487	0.0	0.0	0.0	0.0	0.0	0.0	0.0	0.0	0.0	0.0	0.0	0.0
Yemen, Republic of	474	0.4	0.5	0.5	0.4	0.2	0.2	0.6	0.1	0.1	0.0	0.0	0.0
Sub-Saharan Africa	603	20.7	22.0	23.5	25.1	17.5	13.2	74.3	49.6	39.2	26.7	18.8	20.1
Angola	614	1.5	1.5	1.4	2.0	1.2	1.3	13.6	9.8	8.7	5.7	2.8	2.9
Benin	638	0.6	0.6	0.6	0.8	0.6	0.2	0.0	0.0	0.0	0.0	0.0	0.0
Botswana	616	0.0	0.0	0.1	0.1	0.0	0.0	0.3	0.2	0.3	0.3	0.2	0.4
Burkina Faso	748	0.0	0.0	0.1	0.1	0.1	0.0	0.0	0.0	0.0	0.0	0.0	0.0
Burundi	618	0.0	0.0	0.0	0.0	0.0	0.0	0.0	0.0	0.0	0.0	0.0	0.0
Cabo Verde	624	0.0	0.0	0.0	0.0	0.0	0.0	0.0	0.0	0.0	0.0	0.0	0.0
Cameroon	622	0.2	0.3	0.3	0.3	0.2	0.2	0.3	0.3	0.4	0.2	0.1	0.2
Central African Rep.	626	0.0	0.0	0.0	0.0	0.0	0.0	0.0	0.0	0.0	0.0	0.0	0.0
Chad	628	0.0	0.0	0.0	0.1	0.1	0.0	3.2	2.7	2.5	2.3	1.3	0.9
Comoros	632	0.0	0.0	0.0	0.0	0.0	0.0	0.0	0.0	0.0	0.0	0.0	0.0
Congo, Dem. Rep. of	636	0.2	0.2	0.2	0.2	0.1	0.1	0.6	0.0	0.1	0.2	0.2	0.2
Congo, Republic of	634	0.2	0.2	0.2	0.3	0.2	0.1	2.4	1.5	1.2	0.4	0.3	0.1
Côte d'Ivoire	662	0.1	0.2	0.2	0.2	0.3	0.3	1.3	1.1	1.0	1.2	1.0	1.2
Equatorial Guinea	642	0.3	0.2	0.8	0.6	0.2	0.3	1.2	1.7	0.9	0.3	0.2	0.2
Eritrea	643	0.0	0.0	0.0	0.0	0.0	0.0	0.0	0.0	0.0	0.0	0.0	0.0
Ethiopia	644	0.7	1.3	0.7	1.7	1.6	0.8	0.1	0.2	0.2	0.2	0.3	0.2
Gabon	646	0.2	0.3	0.3	0.4	0.2	0.1	4.6	1.9	1.1	0.8	0.3	0.1
Gambia, The	648	0.0	0.0	0.0	0.0	0.0	0.0	0.0	0.0	0.0	0.0	0.0	0.0
Ghana	652	1.2	1.3	1.0	1.2	0.9	0.8	0.8	0.3	0.4	0.3	0.3	0.3
Guinea	656	0.3	0.2	0.1	0.1	0.1	0.1	0.1	0.1	0.1	0.1	0.1	0.0
Guinea-Bissau	654	0.0	0.0	0.0	0.0	0.0	0.0	0.0	0.0	0.0	0.0	0.0	0.0
Kenya	664	0.5	0.6	0.6	1.6	0.9	0.4	0.4	0.4	0.5	0.6	0.6	0.6
Lesotho	666	0.0	0.0	0.0	0.0	0.0	0.0	0.4	0.3	0.4	0.4	0.3	0.3
Liberia	668	0.2	0.2	0.2	0.2	0.1	0.2	0.2	0.1	0.1	0.1	0.0	0.1
Madagascar	674	0.1	0.1	0.1	0.0	0.1	0.0	0.1	0.1	0.2	0.2	0.3	0.4
Malawi	676	0.1	0.1	0.1	0.1	0.0	0.0	0.1	0.1	0.1	0.1	0.1	0.1
Mali	678	0.1	0.1	0.0	0.0	0.1	0.1	0.0	0.0	0.0	0.0	0.0	0.0
Mauritius	684	0.0	0.1	0.0	0.0	0.1	0.1	0.3	0.3	0.3	0.4	0.4	0.3
Mozambique	688	0.5	0.4	0.3	0.4	0.3	0.1	0.0	0.0	0.1	0.1	0.1	0.1
Namibia	728	0.1	0.2	0.2	0.3	0.1	0.2	0.4	0.2	0.3	0.3	0.1	0.1
Niger	692	0.0	0.0	0.0	0.1	0.1	0.1	0.3	0.1	0.0	0.0	0.0	0.0
Nigeria	694	4.9	5.0	6.4	6.0	3.4	1.9	33.9	19.0	11.7	3.8	1.9	4.2
Rwanda	714	0.1	0.0	0.0	0.0	0.0	0.1	0.0	0.0	0.0	0.0	0.0	0.0
São Tomé & Príncipe	716	0.0	0.0	0.0	0.0	0.0	0.0	0.0	0.0	0.0	0.0	0.0	0.0
Senegal	722	0.3	0.1	0.2	0.2	0.2	0.2	0.0	0.0	0.0	0.0	0.1	0.1
Seychelles	718	0.0	0.0	0.0	0.0	0.0	0.0	0.0	0.0	0.0	0.0	0.0	0.0
Sierra Leone	724	0.1	0.1	0.1	0.1	0.1	0.1	0.0	0.0	0.0	0.0	0.0	0.0
South Africa	199	7.3	7.6	7.3	6.4	5.5	4.7	9.5	8.7	8.5	8.3	7.3	6.8
South Sudan, Rep. of	733	....	0.0	0.0	0.0	0.0	0.0	....	....	0.0	0.0	0.0	0.0
Swaziland	734	0.0	0.0	0.0	0.0	0.0	0.0	0.1	0.1	0.1	0.1	0.0	0.0
Tanzania	738	0.3	0.2	0.4	0.3	0.2	0.2	0.1	0.1	0.1	0.1	0.1	0.1
Togo	742	0.2	0.4	1.0	1.0	0.2	0.2	0.0	0.1	0.0	0.0	0.0	0.0
Uganda	746	0.1	0.1	0.1	0.1	0.1	0.1	0.0	0.0	0.0	0.0	0.1	0.1
Zambia	754	0.1	0.1	0.1	0.1	0.1	0.1	0.0	0.1	0.0	0.1	0.0	0.0
Zimbabwe	698	0.1	0.1	0.1	0.0	0.0	0.0	0.1	0.1	0.0	0.1	0.1	0.0
Africa n.s.	799	0.0	0.0	0.0	0.0	0.0	0.0	0.0	0.0	0.0	0.0	0.0	0.0

United States (111)

In Billions of U.S. Dollars

		Exports (FOB)						Imports (CIF)					
		2011	2012	2013	2014	2015	2016	2011	2012	2013	2014	2015	2016
Western Hemisphere	205	**366.1**	**397.5**	**408.4**	**423.0**	**388.2**	**366.4**	**437.2**	**449.4**	**439.0**	**444.7**	**410.6**	**401.9**
Anguilla	312	....	....	....	....	....	0.0	....	....	....	....	....	0.0
Antigua and Barbuda	311	0.2	0.2	0.1	0.2	0.7	0.3	0.0	0.0	0.0	0.0	0.0	0.0
Argentina	213	9.9	10.3	10.3	10.8	9.3	8.6	4.5	4.4	4.6	4.2	3.9	4.7
Aruba	314	0.7	0.7	1.1	1.4	1.2	0.8	3.3	0.8	0.0	0.1	0.1	0.0
Bahamas, The	313	3.4	3.5	3.5	3.3	2.4	2.2	0.8	0.6	0.6	0.5	0.5	0.3
Barbados	316	0.4	0.5	0.5	0.5	0.6	0.5	0.0	0.1	0.1	0.1	0.1	0.0
Belize	339	0.4	0.3	0.2	0.2	0.3	0.3	0.2	0.2	0.1	0.1	0.1	0.1
Bermuda	319	0.6	0.6	0.5	0.6	0.6	0.6	0.1	0.1	0.1	0.0	0.1	0.0
Bolivia	218	0.7	0.8	1.1	1.0	0.9	0.7	0.9	1.7	1.3	1.9	1.0	1.0
Brazil	223	43.0	43.8	44.1	42.4	31.7	30.3	31.7	32.1	27.6	30.5	27.4	26.2
Chile	228	16.0	18.8	17.5	16.5	15.6	12.9	9.1	9.4	10.4	9.5	8.9	8.8
Colombia	233	14.3	16.4	18.4	20.1	16.5	13.1	23.1	24.6	21.6	18.3	14.1	13.8
Costa Rica	238	6.1	7.2	7.2	7.0	6.1	5.9	10.1	12.0	11.9	9.5	4.5	4.3
Curaçao	354	....	....	....	....	....	0.1	....	....	....	....	....	0.1
Dominica	321	0.1	0.1	0.1	0.1	0.1	0.1	0.0	0.0	0.0	0.0	0.0	0.0
Dominican Republic	243	7.3	7.0	7.2	7.9	7.1	7.8	4.2	4.4	4.3	4.5	4.7	4.7
Ecuador	248	6.1	6.7	7.7	8.2	5.9	4.2	9.6	9.5	11.5	10.9	7.4	6.1
El Salvador	253	3.4	3.1	3.3	3.3	3.3	3.0	2.5	2.6	2.4	2.4	2.5	2.5
Falkland Islands	323	0.0	0.0	0.0	0.0	0.0	0.0	0.0	0.0	0.0	0.0	0.0	0.0
Greenland	326	0.0	0.0	0.0	0.0	0.0	0.0	0.0	0.0	0.0	0.0	0.0	0.0
Grenada	328	0.1	0.1	0.1	0.1	0.1	0.1	0.0	0.0	0.0	0.0	0.0	0.0
Guatemala	258	6.2	5.7	5.6	6.0	5.9	5.9	4.7	4.5	4.2	4.2	4.1	3.9
Guyana	336	0.4	0.4	0.4	0.4	0.4	0.4	0.4	0.5	0.5	0.5	0.4	0.4
Haiti	263	1.1	1.1	1.2	1.3	1.1	1.1	0.7	0.8	0.8	0.9	1.0	0.9
Honduras	268	6.2	5.7	5.4	6.0	5.2	4.8	4.5	4.6	4.5	4.6	4.8	4.6
Jamaica	343	1.9	2.0	2.0	2.2	1.7	1.7	0.6	0.5	0.4	0.3	0.3	0.3
Mexico	273	198.3	215.9	226.1	240.2	236.4	231.0	262.9	277.6	280.6	294.1	294.7	294.2
Montserrat	351	....	....	....	....	....	0.0	....	....	....	....	....	0.0
Netherlands Antilles	353	2.1	1.4	1.5	1.4	1.2	1.3	1.4	0.9	0.5	0.4	0.4	0.3
Nicaragua	278	1.1	1.1	1.1	1.0	1.3	1.5	2.6	2.7	2.8	3.1	3.2	3.3
Panama	283	8.3	9.8	10.6	10.5	7.8	6.1	0.4	0.5	0.4	0.4	0.4	0.4
Paraguay	288	2.0	1.7	1.9	2.1	1.5	2.0	0.1	0.2	0.3	0.2	0.2	0.2
Peru	293	8.3	9.3	10.1	10.1	8.8	8.0	6.6	6.4	8.1	6.1	5.1	6.2
St. Kitts and Nevis	361	0.1	0.1	0.2	0.2	0.2	0.2	0.1	0.1	0.1	0.1	0.1	0.1
St. Lucia	362	0.3	0.4	0.6	0.7	0.5	0.4	0.0	0.0	0.0	0.0	0.0	0.0
St. Vincent & Grens.	364	0.1	0.1	0.1	0.1	0.1	0.1	0.0	0.0	0.0	0.0	0.0	0.0
Suriname	366	0.4	0.5	0.4	0.5	0.4	0.3	0.3	0.3	0.3	0.5	0.1	0.1
Trinidad and Tobago	369	2.2	2.5	2.4	2.4	2.5	2.3	8.1	8.2	6.5	6.0	4.3	3.0
Uruguay	298	1.3	1.4	1.8	1.6	1.3	1.1	0.3	0.4	0.4	0.5	0.6	0.5
Venezuela, Rep. Bol.	299	12.4	17.5	13.2	11.1	8.3	5.3	43.3	38.7	32.0	30.2	15.6	10.9
Western Hem. n.s.	399	1.0	1.1	1.2	1.5	1.2	1.6	0.0	0.0	0.1	0.0	0.1	0.2
Other Countries n.i.e	910	**0.4**	**0.5**	**0.4**	**0.3**	**0.2**	**0.2**	**0.0**	**0.0**	....	....	....	....
Cuba	928	0.4	0.5	0.4	0.3	0.2	0.2	0.0	0.0	....	....	....	....
Korea, Dem. People's Rep.	954	0.0	0.0	0.0	0.0	0.0	0.0	....	....	....	....	....	....
Countries & Areas n.s.	898	**0.2**	**0.2**	**0.2**	**0.0**	....	**0.0**	....	....	....	....	....	....
Memorandum Items													
Africa	605	26.2	26.6	29.2	31.0	21.9	18.2	90.3	61.3	45.9	32.9	23.8	24.8
Middle East	405	51.1	61.4	65.6	65.7	63.3	59.3	83.4	100.1	88.6	82.0	39.9	36.1
European Union	998	270.6	266.8	264.2	277.3	274.1	271.8	369.0	382.4	387.8	418.3	426.1	416.7
Export earnings: fuel	080	95.5	117.9	124.5	124.4	105.5	92.6	277.0	257.3	219.1	190.5	107.4	94.6
Export earnings: nonfuel	092	1,386.9	1,427.9	1,453.9	1,496.0	1,399.1	1,361.1	1,930.9	2,019.0	2,049.3	2,157.2	2,134.2	2,094.6

Uruguay (298)

In Millions of U.S. Dollars

		Exports (FOB)						Imports (CIF)					
		2011	2012	2013	2014	2015	2016	2011	2012	2013	2014	2015	2016
IFS World		7,900.8	8,580.5	9,108.5	9,474.2	7,673.2	7,166.4	10,723.1	10,813.5	11,678.1	10,877.0	9,443.7	7,907.9
World	001	7,999.2	8,736.4	9,064.7	9,132.1	7,677.5	7,044.5	10,720.5	11,265.0	11,642.3	11,484.4	9,551.2	8,152.4
Advanced Economies	110	1,882.4	1,817.1	1,878.8	1,912.2	1,814.4	1,692.3	3,046.9	2,819.6	3,258.4	3,326.4	2,946.9	2,386.7
Euro Area	163	1,000.9	797.3	931.6	858.7	746.7	784.0	1,057.7	1,030.4	1,161.0	1,384.5	1,123.6	1,078.3
Austria	122	0.3	0.0	0.0	0.4	0.2	0.1	17.7	15.5	19.6	27.9	20.1	22.1
Belgium	124	....	....	....	....	22.6	26.0	....	....	....	....	45.8	34.2
Cyprus	423	1.0	1.7	1.4	0.4	0.7	0.9	0.1	0.1	0.1	0.1	0.2	0.1
Estonia	939	2.5	0.4	....	0.0	....	0.2	12.8	4.9	0.3	3.0	4.9	1.5
Finland	172	5.2	11.3	12.8	3.9	2.7	2.5	44.2	18.6	37.3	23.4	32.3	29.9
France	132	46.1	38.1	35.3	39.5	36.7	32.5	186.7	189.1	240.6	195.9	130.3	109.2
Germany	134	304.7	259.6	311.7	293.3	256.6	216.2	257.8	247.7	294.1	467.9	404.5	385.8
Greece	174	1.0	0.4	13.4	0.7	0.5	13.0	3.2	6.7	7.9	13.8	4.4	11.9
Ireland	178	3.4	4.3	1.3	1.3	0.9	1.9	17.6	14.0	20.3	14.9	12.4	13.9
Italy	136	158.6	130.0	145.3	130.8	80.8	79.4	148.4	152.8	193.3	181.0	159.5	132.1
Latvia	941	0.1	0.4	1.1	1.2	0.4	1.4	28.4	57.5	18.8	1.3	0.6	0.8
Lithuania	946	1.7	1.3	2.6	1.8	1.7	1.0	16.3	4.6	2.0	13.6	3.2	14.4
Luxembourg	137	0.1	0.1	0.0	0.2	0.0	0.0	0.5	0.4	0.2	0.4	0.2	0.3
Malta	181	0.2	0.1	0.2	0.1	0.3	0.0	0.1	0.0	0.1	0.0	0.0	0.1
Netherlands	138	146.3	127.1	203.7	184.4	187.4	238.5	125.4	117.4	59.5	52.3	54.1	53.3
Portugal	182	93.6	56.8	69.2	72.1	71.0	95.9	6.8	11.5	20.1	20.9	14.3	11.5
Slovak Republic	936	0.0	0.0	0.0	0.0	0.0	0.3	1.1	2.5	2.3	2.6	2.8	2.0
Slovenia	961	0.4	0.3	0.2	0.0	0.0	0.1	4.1	2.0	1.2	1.4	1.7	2.0
Spain	184	200.8	127.6	106.8	102.8	84.0	74.0	154.6	147.4	195.1	313.8	232.5	253.3
Australia	193	1.8	0.9	0.8	1.9	1.2	1.9	14.2	9.0	20.4	10.3	8.8	8.6
Canada	156	41.6	66.0	54.5	119.1	118.0	74.4	37.7	40.9	47.1	48.6	50.8	77.8
China,P.R.: Hong Kong	532	71.9	66.9	62.9	66.4	48.4	46.1	29.1	26.7	29.0	33.3	23.7	19.3
China,P.R.: Macao	546	0.1	0.2	0.1	0.0	....	....	0.0	0.0	0.3	0.1	0.3	0.2
Czech Republic	935	3.5	7.9	6.9	9.8	4.5	4.5	14.9	13.9	8.1	15.5	8.5	8.0
Denmark	128	5.0	3.6	3.3	6.1	5.7	4.8	119.4	91.9	156.9	130.6	215.6	164.0
Iceland	176	....	....	0.0	....	....	0.0	0.0	0.5	0.2	0.2	0.2	0.1
Israel	436	118.1	174.8	147.0	141.3	133.9	128.1	13.3	15.9	15.1	13.5	15.7	12.7
Japan	158	10.1	9.8	11.6	13.0	11.2	10.0	96.0	101.7	93.8	83.7	85.3	60.4
Korea, Republic of	542	27.9	21.0	23.5	26.2	20.7	27.0	204.1	177.1	220.5	232.1	209.0	105.9
New Zealand	196	0.9	1.8	1.7	0.8	2.5	3.0	9.2	12.9	10.3	13.1	12.2	19.7
Norway	142	44.8	29.6	16.5	13.5	10.5	12.1	5.5	94.1	3.8	5.5	7.1	7.8
Singapore	576	19.8	19.0	10.7	10.1	10.9	4.9	13.8	7.9	71.2	8.8	8.2	5.5
Sweden	144	32.5	25.4	24.5	26.2	13.8	10.0	43.1	45.5	53.5	45.1	43.9	34.2
Switzerland	146	109.5	137.8	123.7	95.1	81.3	64.5	43.8	34.5	49.5	38.7	35.8	31.9
Taiwan Prov.of China	528	7.6	12.9	17.7	16.6	9.7	9.4	110.8	123.4	141.4	92.1	67.9	43.1
United Kingdom	112	122.9	119.1	86.1	87.2	70.3	61.6	125.2	97.7	163.9	85.8	180.2	148.4
United States	111	263.4	323.1	355.8	420.1	525.0	445.8	1,108.9	895.5	1,012.4	1,085.0	850.0	560.7
Emerg. & Dev. Economies	200	4,989.4	5,432.9	5,708.0	5,581.4	4,669.9	4,389.9	7,643.5	8,371.4	8,328.6	8,098.7	6,566.8	5,737.4
Emerg. & Dev. Asia	505	682.5	996.0	1,454.2	1,413.4	1,338.0	1,134.3	1,719.9	1,977.9	2,286.9	2,506.9	2,185.3	1,847.9
Bangladesh	513	0.2	45.3	20.8	1.4	3.3	11.7	2.2	3.5	4.0	3.8	4.9	6.1
Brunei Darussalam	516	0.6	0.4	0.3	0.2	0.1	0.1	....	0.0	0.0	....	....	0.0
Cambodia	522	0.1	1.0	2.4	1.0	0.4	0.0	2.4	3.1	3.9	2.7	3.0	2.6
China,P.R.: Mainland	924	536.0	801.9	1,290.4	1,211.9	1,066.0	891.0	1,438.8	1,662.5	1,965.2	2,122.7	1,747.4	1,532.1
F.T. French Polynesia	887	5.9	5.5	5.9	8.6	8.5	5.0	....	....	0.0	....	....	....
Guam	829	0.1	....	....	0.0	....	....	....	....	....	....	....	....
India	534	20.7	18.3	17.0	16.8	14.1	17.4	115.7	146.9	160.2	186.0	264.8	157.5
Indonesia	536	13.2	9.1	10.8	20.9	7.7	7.5	49.0	40.8	28.3	66.1	41.9	34.1
Malaysia	548	3.2	8.3	2.7	14.6	19.7	13.6	41.0	55.5	46.7	32.4	25.8	17.3
Maldives	556	0.0	0.0	0.1	0.1	0.0	0.0	....	0.0	....	0.0	....	....
Myanmar	518	....	....	....	....	1.8	1.0	0.1	0.2	0.2	0.1	0.1	0.2
Nepal	558	....	....	0.0	....	....	0.4	0.0	0.0	0.0	0.0	0.0	0.1
Philippines	566	21.8	17.9	19.6	21.2	16.1	10.8	3.5	5.5	9.1	11.9	11.2	10.8
Sri Lanka	524	0.3	0.0	....	0.0	0.0	0.2	2.4	2.7	2.6	2.9	2.8	3.2
Thailand	578	45.4	43.8	34.3	34.3	44.0	43.1	36.8	31.3	37.9	36.9	37.1	28.6
Vanuatu	846	....	0.0	0.2	0.2	....	....	0.0	0.0	....	....	....	....
Vietnam	582	35.1	43.9	49.3	81.9	54.6	42.2	27.9	25.9	28.7	40.8	46.2	55.4

Uruguay (298)
In Millions of U.S. Dollars

		Exports (FOB)						Imports (CIF)					
		2011	2012	2013	2014	2015	2016	2011	2012	2013	2014	2015	2016
Asia n.s.	598	....	0.6	0.4	0.1	101.6	90.3	0.0	0.0	0.0	0.3	....	....
Europe	**170**	**598.9**	**519.3**	**360.8**	**351.9**	**488.0**	**666.1**	**207.7**	**648.5**	**228.8**	**154.4**	**158.6**	**135.4**
Emerg. & Dev. Europe	**903**	**190.9**	**107.6**	**69.7**	**51.0**	**162.7**	**255.7**	**61.2**	**80.0**	**82.8**	**87.4**	**85.8**	**100.4**
Albania	914	0.4	0.8	0.2	0.2	0.2	0.3	0.5	0.1	0.1	0.1	0.3	0.2
Bosnia and Herzegovina	963	1.1	0.9	0.1	0.2	....	0.1	0.5	0.6	0.6	1.0	0.6	0.7
Bulgaria	918	7.5	7.5	7.8	7.5	6.8	5.9	4.9	9.0	4.7	5.7	4.7	3.1
Croatia	960	2.4	3.0	0.8	0.1	....	....	0.2	0.2	0.1	0.5	0.2	0.1
Gibraltar	823	0.1	....	....	....	0.1	....	....	0.0	....	....	0.0	0.0
Hungary	944	6.9	17.2	5.5	1.2	4.9	3.7	4.4	5.6	6.3	6.2	8.4	10.8
Macedonia, FYR	962	0.5	1.2	0.1	0.1	0.3	1.0	0.0	0.0	0.2	0.0	0.5	0.0
Montenegro	943	....	....	....	....	0.4	0.4	....	....	....	....	....	....
Poland	964	8.4	5.5	6.6	10.3	17.5	24.4	10.6	8.3	13.8	9.6	10.6	9.3
Romania	968	4.7	4.4	4.7	4.2	4.1	5.5	1.5	3.9	7.8	12.6	6.0	5.0
Serbia, Republic of	942	....	....	....	....	....	....	....	....	....	....	0.7	0.5
Turkey	186	158.3	66.1	43.4	27.3	128.2	214.5	38.5	52.2	48.5	51.4	53.4	70.7
CIS	**901**	**408.0**	**411.6**	**291.1**	**300.9**	**104.1**	**101.9**	**146.5**	**568.4**	**146.0**	**67.0**	**72.8**	**35.0**
Azerbaijan, Rep. of	912	0.3	0.3	....	0.1	0.0	0.1	....	....	....	....	....	....
Belarus	913	0.7	2.7	3.0	1.6	0.2	0.1	0.6	0.0	2.2	1.9	5.6	1.4
Georgia	915	0.8	3.2	1.8	1.3	1.6	0.9	0.0	0.0	0.9	1.0	0.4	0.5
Kazakhstan	916	5.7	11.6	3.8	1.6	2.1	0.3	1.1	....	0.0	....	0.0	0.0
Moldova	921	0.3	0.3	0.7	0.9	0.6	0.3	0.0	0.0	0.3	0.2	0.2	0.3
Russian Federation	922	395.7	391.3	278.5	293.7	98.5	98.2	137.8	566.8	141.1	60.3	66.2	32.2
Tajikistan	923	....	0.2	0.1	0.2	0.0	....	0.0	....	0.0	0.0	....	0.0
Ukraine	926	4.4	1.9	3.0	1.5	0.9	2.0	7.0	1.4	1.7	3.6	0.4	0.5
Uzbekistan	927	....	0.2	0.2	....	....	....	0.0	0.2	....	....	....	0.0
Europe n.s.	884	....	....	....	....	221.3	308.5	0.0	0.0	0.0	0.0	....	....
Mid East, N Africa, Pak	**440**	**265.4**	**335.9**	**434.3**	**472.1**	**291.6**	**137.2**	**100.5**	**130.2**	**239.3**	**122.7**	**112.4**	**123.9**
Afghanistan, I.R. of	512	0.2	0.5	0.2	0.2	0.3	0.7	0.0	0.0	0.0	0.0	0.0	0.0
Algeria	612	40.7	40.1	54.3	52.7	73.9	43.5	10.1	3.9	1.9	1.9	19.3	10.7
Bahrain, Kingdom of	419	0.6	0.5	0.2	0.4	0.1	0.5	0.0	7.8	10.0	0.5	4.2	0.3
Egypt	469	6.6	9.2	84.1	139.1	66.8	15.2	13.3	21.0	15.1	7.2	5.7	34.2
Iran, I.R. of	429	56.7	17.9	56.7	5.6	25.4	6.7	20.7	33.2	16.6	10.7	0.0	0.1
Iraq	433	73.9	120.6	109.2	204.9	79.5	26.6	....	....	0.1	0.0	....	....
Jordan	439	10.3	16.4	5.6	8.8	0.6	0.7	0.2	0.1	0.1	0.1	0.2	0.4
Kuwait	443	2.5	3.2	0.8	1.9	3.6	4.0	4.9	5.0	8.1	4.9	5.3	....
Lebanon	446	5.7	1.4	2.4	0.5	2.7	7.7	1.4	1.6	4.9	5.8	2.1	0.7
Libya	672	1.0	3.0	7.6	1.0	0.2	0.2	0.0	....	....	....	....	1.0
Mauritania	682	0.8	11.6	0.3	0.3	0.6	0.8	....	0.0	0.0	0.0	0.0	0.0
Morocco	686	20.4	37.2	19.2	31.0	13.7	6.5	21.4	17.7	6.4	3.4	1.6	25.6
Oman	449	2.7	3.0	1.0	0.5	1.4	0.8	....	1.2	1.7	12.7	14.7	14.5
Pakistan	564	4.8	7.9	1.9	2.2	2.6	0.6	12.5	9.6	7.5	8.0	6.3	5.8
Qatar	453	1.1	1.7	0.6	0.6	1.2	1.2	0.9	5.6	10.5	13.6	16.2	5.0
Saudi Arabia	456	8.6	8.7	8.6	8.5	7.8	12.6	0.8	1.8	21.3	29.7	25.2	19.2
Sudan	732	0.7	0.2	0.8	0.2	0.3	1.2	0.0	....	0.0	0.0	0.0	....
Syrian Arab Republic	463	2.4	1.5	0.9	1.1	0.2	0.1	7.1	2.4	0.5	0.3	0.4	0.3
Tunisia	744	16.2	36.6	75.0	3.3	0.1	....	1.2	14.4	22.0	5.1	0.6	0.6
United Arab Emirates	466	9.2	5.8	4.6	9.2	10.9	7.5	5.9	5.0	4.3	18.6	10.6	5.6
Yemen, Republic of	474	0.3	9.0	0.2	0.1	....	....	....	....	108.4	0.0	....	....
Sub-Saharan Africa	**603**	**202.6**	**198.1**	**129.0**	**126.9**	**111.3**	**79.3**	**508.0**	**362.6**	**920.2**	**755.0**	**452.7**	**494.7**
Angola	614	11.8	13.0	5.4	8.3	4.0	1.8	0.0	....	315.5	222.9	0.0	226.1
Benin	638	3.2	2.6	1.9	11.2	7.7	5.3	....	....	....	....	....	0.0
Botswana	616	0.0	0.2	0.2	0.1	0.0	0.1	....	0.0	....	....	....	....
Burkina Faso	748	....	0.1	....	0.1	0.1	0.3	....	....	0.0	....	0.0	0.0
Cabo Verde	624	4.1	2.6	2.7	0.6	0.7	0.1	....	....	0.0	0.0	0.0	0.0
Cameroon	622	10.4	2.2	2.6	3.7	1.4	3.2	....	0.0	0.0	0.0	0.0	0.0
Central African Rep.	626	....	....	....	0.1	....	....	....	....	....	....	....	....
Congo, Republic of	634	10.9	6.1	4.3	6.6	4.5	3.8	0.0	0.2	0.1	0.1	....	....
Côte d'Ivoire	662	3.5	1.5	0.6	0.8	1.9	0.8	0.4	0.2	0.2	0.1	0.2	0.3
Equatorial Guinea	642	....	....	....	....	1.1	0.8	120.7	....	....	....	....	6.8
Ethiopia	644	....	....	....	....	0.1	0.1	....	....	....	0.0	0.0	0.0

2017, International Monetary Fund: *Direction of Trade Statistics Yearbook*

Uruguay (298)

In Millions of U.S. Dollars

		Exports (FOB)						Imports (CIF)					
		2011	2012	2013	2014	2015	2016	2011	2012	2013	2014	2015	2016
Gabon	646	5.0	5.1	4.7	8.0	4.4	4.6	0.0	0.2	0.3	0.4	0.2	0.1
Gambia, The	648	2.5	7.4	1.3	4.4	0.2	....	0.3	0.3	....	....	....	....
Ghana	652	5.7	1.2	2.1	0.8	0.3	0.5	1.4	0.3	0.0	0.7	0.5	1.2
Guinea	656	2.6	0.4	0.4	0.4	0.4	0.3	....	....	....	0.0	....	....
Guinea-Bissau	654	2.7	3.0	0.7	2.6	1.6	2.6	....	....	....	....	....	....
Kenya	664	0.1	0.3	0.2	0.3	0.5	0.5	0.0	0.0	0.1	0.0	0.0	0.0
Liberia	668	3.8	1.8	0.9	0.1	1.1	0.5	....	0.0	....	....	....	....
Madagascar	674	0.1	0.2	0.1	0.1	....	0.1	0.0	0.0	0.0	0.0	0.0	0.0
Malawi	676	....	....	....	....	....	....	0.0	0.5	1.0	0.9	0.4	0.3
Mali	678	....	....	....	0.0	0.1	0.5	....	....	....	....	....	....
Mauritius	684	0.2	0.2	0.7	2.5	0.8	0.2	0.3	0.1	0.0	0.0	0.0	0.1
Mozambique	688	8.2	1.1	0.6	0.2	0.0	0.0	....	....	....	0.1	....	....
Namibia	728	0.9	0.7	0.6	0.0	0.1	0.2	....	....	....	....	0.0	0.0
Niger	692	0.2	....	....	....	....	....	....	....	....	....	....	0.0
Nigeria	694	60.2	57.1	21.6	19.2	25.0	7.0	129.8	342.6	583.1	501.4	425.0	236.8
Senegal	722	27.7	23.9	6.7	5.9	0.6	3.7	0.8	0.8	0.2	1.4	0.5	0.3
Seychelles	718	0.1	0.2	0.1	0.1	....	....	....	....	0.0	0.0	0.0	0.0
Sierra Leone	724	3.3	2.3	17.0	20.2	24.8	14.4	0.0	0.0	0.0	3.3	0.1	0.0
South Africa	199	31.8	64.0	51.8	30.1	29.1	25.9	253.0	12.2	11.3	15.6	21.3	22.4
South Sudan, Rep. of	733	....	....	....	....	0.3	1.2	....	....	....	....	0.0	....
Tanzania	738	1.5	....	....	....	0.0	....	0.0	0.0	0.2	0.0	0.0	0.1
Togo	742	1.4	0.5	0.6	0.2	0.1	0.3	1.2	5.1	8.1	8.0	3.9	0.0
Uganda	746	0.1	....	....	....	....	....	....	0.0	....	....	....	....
Zambia	754	0.1	0.1	0.2	0.2	0.2	0.2	0.0	0.1	0.0	....	0.2	0.0
Zimbabwe	698	0.1	0.3	0.7	0.3	0.2	0.3	....	....	....	0.0	....	....
Africa n.s.	799	0.4	....	0.3	....	....	....	....	....	....	....	....	....
Western Hemisphere	205	**3,240.0**	**3,383.7**	**3,329.6**	**3,217.1**	**2,440.9**	**2,373.1**	**5,107.5**	**5,252.2**	**4,653.4**	**4,559.8**	**3,657.8**	**3,135.6**
Anguilla	312	....	....	....	....	....	....	....	....	....	....	25.2	19.2
Antigua and Barbuda	311	0.2	0.4	0.2	0.5	0.1	0.1	....	....	....	....	19.3	10.7
Argentina	213	588.5	502.6	492.9	440.3	389.5	428.8	2,003.8	1,741.3	1,656.2	1,458.4	1,235.0	1,084.3
Aruba	314	6.4	9.4	6.5	3.2	1.4	1.5	5.0	....	....	....	0.0	....
Bahamas, The	313	2.5	0.9	0.1	0.4	0.3	0.0	0.1	0.1	0.0	0.0	9.1	0.0
Barbados	316	1.9	2.6	2.8	3.3	4.1	3.3	0.0	0.1	0.1	0.1	0.2	0.5
Belize	339	0.0	0.0	0.9	0.0	0.0	0.0	0.2	0.3	0.0	0.0	0.0	0.0
Bermuda	319	0.2	0.1	0.1	....	....	....	0.1	....	0.0	....	0.0	....
Bolivia	218	19.9	21.9	30.1	41.9	35.2	39.1	8.2	7.8	12.0	10.0	7.3	7.7
Brazil	223	1,627.6	1,695.0	1,710.5	1,609.4	1,132.8	1,200.5	2,080.8	2,087.9	1,835.7	1,948.1	1,626.1	1,462.4
Chile	228	139.1	209.1	143.3	112.3	117.5	94.6	135.1	142.8	152.2	156.4	139.5	120.5
Colombia	233	32.8	37.9	18.0	31.0	23.9	52.1	12.0	39.3	16.4	20.4	21.3	44.4
Costa Rica	238	4.4	5.1	9.8	14.0	12.4	17.5	3.7	6.7	3.9	4.2	4.7	4.2
Dominica	321	0.1	0.0	0.0	0.1	....	0.0	0.0	0.0	0.0	0.0	0.1	0.0
Dominican Republic	243	4.9	3.9	3.2	3.6	4.1	6.5	2.0	1.0	1.4	2.8	2.1	2.0
Ecuador	248	11.8	9.9	12.3	12.9	12.1	9.1	61.1	21.5	24.9	25.2	21.4	28.5
El Salvador	253	0.6	0.9	1.1	0.9	0.7	....	0.1	0.2	0.2	0.3	0.2	0.2
Grenada	328	0.0	0.1	0.1	0.1	0.0	0.1	....	....	....	....	....	0.1
Guatemala	258	3.9	4.2	4.0	5.1	6.3	8.7	1.9	0.8	1.1	0.9	0.5	0.5
Guyana	336	4.5	4.6	3.4	1.9	2.9	1.3	0.1	0.0	0.0	0.1	0.0	0.0
Haiti	263	4.6	1.4	0.7	0.6	0.2	0.7	0.0	0.0	0.0	0.0	0.0	0.0
Honduras	268	1.3	1.2	2.4	1.6	1.9	2.1	0.2	0.3	0.5	0.8	0.5	0.8
Jamaica	343	1.2	0.7	1.3	0.5	0.4	0.5	0.0	0.0	0.0	0.0	0.0	0.0
Mexico	273	163.2	147.6	147.6	237.9	219.9	170.4	243.8	292.8	298.6	274.6	229.7	205.3
Netherlands Antilles	353	1.7	1.6	0.6	8.2	3.7	1.8	11.6	....	0.0	0.1	....	....
Nicaragua	278	1.4	1.6	1.7	9.4	3.7	2.9	0.1	0.6	0.0	0.1	0.1	0.0
Panama	283	4.7	9.5	11.8	9.1	7.2	10.4	3.1	2.9	2.2	2.0	1.5	2.1
Paraguay	288	188.2	142.0	153.1	135.5	116.4	121.8	82.7	79.0	125.8	156.0	118.1	100.3
Peru	293	102.0	141.7	114.7	111.6	123.3	137.2	38.7	22.5	26.8	30.3	29.5	28.4
St. Lucia	362	0.4	0.0	0.1	0.1	0.0	0.0	0.0	0.0	....	....	0.0	....
St. Vincent & Grens.	364	....	....	....	1.8	0.1	0.6	....	....	....	....	....	....
Suriname	366	1.5	1.2	1.8	0.0	0.0	0.0	....	....	0.0	0.1	0.0	....
Trinidad and Tobago	369	6.8	7.7	10.1	12.7	13.5	12.2	12.5	1.2	2.7	17.4	12.6	9.3

Uruguay (298)

In Millions of U.S. Dollars

		Exports (FOB)						Imports (CIF)					
		2011	2012	2013	2014	2015	2016	2011	2012	2013	2014	2015	2016
Uruguay	298	....	....	....	....	....	....	....	....	....	....	28.0	....
Venezuela, Rep. Bol.	299	313.7	418.8	444.5	406.8	207.0	49.1	398.9	803.0	492.3	451.4	125.5	4.0
Western Hem. n.s.	399	0.0	0.0	0.0	....	....	....	1.6	0.2	0.1	0.1	....	....
Other Countries n.i.e	910	**65.9**	**42.8**	**19.9**	**27.1**	**20.6**	**29.8**	**1.9**	**2.2**	**1.6**	**1.3**	**1.3**	**2.5**
Cuba	928	65.3	42.8	19.9	26.5	20.6	29.8	1.4	1.2	1.0	1.1	1.1	2.2
Korea, Dem. People's Rep.	954	0.6	0.0	....	0.6	....	....	0.5	1.0	0.6	0.3	0.2	0.3
Special Categories	899	**1,056.1**	**1,437.8**	**1,455.8**	**1,610.3**	....	....	**28.2**	**30.3**	**32.0**	**42.8**	**36.1**	**25.9**
Countries & Areas n.s.	898	**5.4**	**5.8**	**2.3**	**1.0**	**1,172.6**	**932.5**	....	**41.5**	**21.8**	**15.1**	....	....
Memorandum Items													
Africa	605	281.5	323.8	278.5	214.4	199.5	130.1	540.8	398.6	950.5	765.4	474.2	531.7
Middle East	405	181.6	201.7	282.7	382.2	200.2	83.9	55.2	84.5	201.5	104.2	84.6	81.0
European Union	998	1,194.7	990.9	1,077.8	1,011.4	874.4	904.4	1,382.0	1,306.4	1,576.1	1,696.0	1,601.9	1,461.3
Export earnings: fuel	080	1,072.5	1,194.4	1,077.5	1,128.5	635.6	383.2	925.5	1,846.0	1,771.3	1,401.9	775.0	652.3
Export earnings: nonfuel	092	6,926.7	7,542.0	7,987.2	8,003.5	7,041.9	6,661.3	9,795.0	9,419.0	9,871.0	10,082.5	8,776.2	7,500.1

Uzbekistan (927)

In Millions of U.S. Dollars

		Exports (FOB) 2011	2012	2013	2014	2015	2016	Imports (CIF) 2011	2012	2013	2014	2015	2016
IFS World		....	....	....	....	....	....	....	....	....	....	....	....
World	001	6,447.5	5,854.9	7,908.2	6,944.2	6,539.7	7,750.3	10,234.5	11,399.8	13,308.3	13,918.7	10,843.8	10,128.4
Advanced Economies	110	609.5	944.1	1,920.1	1,587.5	2,014.7	2,913.5	4,066.0	3,841.0	4,479.4	4,759.3	3,586.0	3,441.2
Euro Area	163	398.3	228.3	265.8	254.9	224.0	148.5	1,552.7	1,231.7	1,474.2	1,775.8	1,514.8	1,580.9
Austria	122	4.0 e	1.8 e	2.0 e	3.0 e	1.8 e	1.1 e	77.2 e	118.8 e	97.7 e	129.4 e	115.9 e	47.5 e
Belgium	124	13.7 e	9.9 e	5.1 e	9.6 e	7.5 e	6.8 e	45.9 e	35.2 e	61.3 e	55.4 e	50.6 e	48.3 e
Cyprus	423	0.0 e	0.0 e	....	....	....	0.0 e	0.0 e	0.0 e	0.0 e	0.3 e	0.0 e	0.1 e
Estonia	939	0.8 e	0.5 e	0.1 e	0.3 e	0.3 e	0.1 e	7.9 e	6.9 e	13.5 e	19.4 e	12.0 e	14.7 e
Finland	172	0.0 e	0.0 e	0.0 e	0.0 e	0.0 e	0.2 e	25.4 e	38.9 e	29.8 e	32.2 e	19.1 e	26.5 e
France	132	147.2 e	147.8 e	155.8 e	121.6 e	164.9 e	60.9 e	205.2 e	92.5 e	164.9 e	144.8 e	197.1 e	256.4 e
Germany	134	36.8 e	28.7 e	24.8 e	21.2 e	17.4 e	22.8 e	716.3 e	533.5 e	588.4 e	701.0 e	495.5 e	511.4 e
Greece	174	0.1 e	0.1 e	0.0 e	15.5 e	0.1 e	0.8 e	12.1 e	2.7 e	5.0 e	5.7 e	3.4 e	1.2 e
Ireland	178	0.3 e	0.0 e	0.0 e	0.1 e	0.1 e	0.1 e	1.5 e	2.0 e	4.6 e	11.6 e	10.5 e	19.9 e
Italy	136	92.5 e	12.8 e	22.0 e	45.3 e	5.5 e	14.9 e	170.6 e	150.0 e	128.9 e	207.4 e	163.0 e	206.3 e
Latvia	941	9.1 e	8.0 e	11.6 e	11.3 e	9.5 e	18.4 e	32.3 e	47.7 e	94.1 e	94.5 e	79.9 e	115.4 e
Lithuania	946	4.3 e	3.6 e	24.4 e	7.5 e	4.6 e	3.9 e	33.0 e	51.1 e	108.3 e	132.5 e	130.8 e	131.5 e
Luxembourg	137	0.0 e	0.0 e	....	0.0 e	0.0 e	0.0 e	0.4 e	3.5 e	4.9 e	3.7 e	3.1 e	5.7 e
Netherlands	138	71.5 e	3.8 e	4.4 e	9.1 e	3.6 e	5.4 e	96.1 e	75.1 e	90.2 e	131.6 e	98.2 e	80.3 e
Portugal	182	13.0 e	10.0 e	10.7 e	6.2 e	6.2 e	5.5 e	0.6 e	0.4 e	0.3 e	0.7 e	0.1 e	0.5 e
Slovak Republic	936	0.1 e	0.1 e	0.2 e	0.1 e	0.1 e	1.0 e	15.1 e	10.6 e	19.4 e	21.5 e	13.3 e	6.0 e
Slovenia	961	0.8 e	0.0 e	0.1 e	0.5 e	0.1 e	0.3 e	36.0 e	45.2 e	40.5 e	47.0 e	46.0 e	24.5 e
Spain	184	4.2 e	1.0 e	4.6 e	3.8 e	2.4 e	6.3 e	77.1 e	17.6 e	22.5 e	36.9 e	76.2 e	84.7 e
Australia	193	1.3 e	2.6 e	2.0 e	1.6 e	1.3 e	0.0 e	1.4 e	0.9 e	5.9 e	1.7 e	2.0 e	0.1 e
Canada	156	1.9 e	0.6 e	0.4 e	0.5 e	0.3 e	0.3 e	7.9 e	7.8 e	4.4 e	5.7 e	11.5 e	3.5 e
China,P.R.: Hong Kong	532	5.2 e	1.0 e	2.9 e	13.2 e	2.2 e	1.1 e	19.8 e	12.1 e	16.8 e	42.1 e	19.7 e	19.7 e
Czech Republic	935	8.4 e	7.1 e	3.0 e	4.0 e	3.3 e	2.9 e	60.9 e	83.6 e	89.5 e	81.9 e	65.1 e	72.9 e
Denmark	128	0.0 e	0.1 e	0.0 e	0.0 e	0.1 e	1.3 e	6.1 e	12.7 e	10.7 e	10.4 e	34.8 e	11.9 e
Israel	436	3.7 e	2.1 e	0.9 e	1.1 e	1.1 e	0.4 e	20.4 e	15.2 e	26.6 e	40.1 e	15.9 e	14.1 e
Japan	158	45.4 e	100.0 e	94.4 e	26.7 e	2.6 e	2.5 e	247.6 e	103.6 e	129.3 e	178.2 e	268.5 e	171.3 e
Korea, Republic of	542	37.6 e	40.0 e	50.1 e	25.8 e	15.2 e	21.7 e	1,822.2 e	1,872.5 e	2,086.1 e	2,154.4 e	1,361.1 e	1,025.8 e
New Zealand	196	0.0 e	0.0 e	0.0 e	0.0 e	0.0 e	0.0 e	7.4 e	7.8 e	5.0 e	5.3 e	2.7 e	2.4 e
Norway	142	0.1 e	0.4 e	0.8 e	0.1 e	0.0 e	0.0 e	1.5 e	1.1 e	1.6 e	1.4 e	1.1 e	1.5 e
Singapore	576	0.3 e	0.2 e	1.7 e	0.1 e	0.1 e	0.3 e	2.1 e	9.1 e	21.7 e	9.3 e	2.3 e	12.2 e
Sweden	144	0.1 e	0.1 e	0.3 e	0.2 e	0.8 e	0.2 e	31.5 e	29.3 e	77.8 e	22.9 e	19.4 e	20.0 e
Switzerland	146	8.7 e	496.1 e	1,462.0 e	1,243.2 e	1,751.5 e	2,701.5 e	105.9 e	73.9 e	92.5 e	151.3 e	81.8 e	113.3 e
Taiwan Prov.of China	528	1.0 e	1.0 e	2.1 e	0.2 e	1.7 e	1.3 e	6.3 e	4.7 e	8.6 e	9.8 e	7.0 e	8.3 e
United Kingdom	112	49.2 e	40.1 e	8.5 e	2.2 e	1.1 e	2.4 e	63.6 e	73.3 e	50.8 e	43.3 e	32.1 e	46.2 e
United States	111	48.3 e	24.5 e	25.1 e	13.5 e	9.4 e	29.0 e	108.7 e	301.7 e	377.8 e	225.7 e	146.3 e	337.1 e
Emerg. & Dev. Economies	200	5,838.0	4,910.7	5,988.0	5,356.7	4,524.9	4,836.8	6,168.5	7,558.8	8,828.9	9,159.4	7,257.8	6,687.2
Emerg. & Dev. Asia	505	1,329.3	1,539.1	2,575.7	2,147.3	1,757.1	1,990.5	1,636.9	2,102.6	3,010.4	3,140.3	2,644.6	2,444.1
Bangladesh	513	448.5 e	462.2 e	530.2 e	575.7 e	466.6 e	416.6 e	4.2 e	5.7 e	7.2 e	8.5 e	11.1 e	17.2 e
China,P.R.: Mainland	924	761.1 e	1,029.5 e	1,809.9 e	1,505.9 e	1,195.1 e	1,516.0 e	1,440.6 e	1,891.0 e	2,770.4 e	2,835.2 e	2,371.1 e	2,182.6 e
India	534	49.8 e	30.8 e	33.1 e	36.7 e	53.6 e	43.9 e	91.5 e	116.1 e	119.6 e	179.1 e	117.3 e	96.2 e
Indonesia	536	2.1 e	0.3 e	22.7 e	4.5 e	6.8 e	6.9 e	13.7 e	9.4 e	10.1 e	9.3 e	6.0 e	3.7 e
Malaysia	548	8.6 e	6.6 e	1.5 e	15.2 e	6.6 e	1.2 e	69.9 e	62.1 e	74.1 e	81.6 e	103.3 e	109.5 e
Mongolia	948	....	....	5.8 e	5.1 e	4.2 e	0.6 e	....	....	0.5 e	0.4 e	0.0 e	0.0 e
Myanmar	518	....	....	....	....	....	0.3 e	....	....	....	....	....	....
Nepal	558	....	....	7.9 e	0.0 e	....	....	0.0 e	0.0 e	....	....	....	....
Philippines	566	....	0.4 e	1.5 e	....	0.0 e	0.9 e	0.2 e	0.4 e	0.2 e	0.7 e	1.2 e	1.0 e
Sri Lanka	524	1.7 e	6.6 e	41.3 e	2.0 e	19.3 e	0.2 e	7.5 e	9.6 e	7.3 e	10.7 e	6.0 e	5.9 e
Thailand	578	57.5 e	2.6 e	121.8 e	2.1 e	1.1 e	0.1 e	9.3 e	8.3 e	21.0 e	14.9 e	9.4 e	7.2 e
Vietnam	582	....	....	....	....	3.8 e	4.0 e	....	....	....	....	19.1 e	20.8 e
Europe	170	3,668.7	3,243.0	3,291.7	3,040.3	2,315.4	2,342.7	4,504.0	5,414.9	5,733.8	5,988.5	4,543.3	4,216.1
Emerg. & Dev. Europe	903	971.4	814.4	802.9	769.4	700.3	696.9	585.4	711.8	873.4	909.6	718.6	737.2
Albania	914	....	....	....	0.0 e	....	0.1 e	....	0.0 e	....	....	....	....
Bosnia and Herzegovina	963	1.3 e	2.2 e	3.2 e	2.2 e	1.0 e	0.0 e	....	....	0.0 e	....	....	....
Bulgaria	918	4.5 e	5.0 e	2.1 e	1.9 e	1.8 e	1.4 e	12.2 e	17.6 e	25.2 e	25.7 e	19.5 e	14.9 e
Croatia	960	1.1 e	0.4 e	0.6 e	0.0 e	0.1 e	0.1 e	1.6 e	3.2 e	1.9 e	0.2 e	0.8 e	0.5 e
Hungary	944	8.0 e	1.7 e	1.9 e	0.9 e	0.6 e	0.2 e	53.2 e	70.3 e	75.7 e	67.3 e	46.1 e	43.3 e
Macedonia, FYR	962	0.1 e	0.0 e	0.3 e	0.2 e	0.3 e	0.5 e	....	....	0.0 e	....	....	....

Uzbekistan (927)

In Millions of U.S. Dollars

		Exports (FOB)						Imports (CIF)					
		2011	2012	2013	2014	2015	2016	2011	2012	2013	2014	2015	2016
Montenegro	943	0.0 e	0.0 e	0.0 e	0.0 e	....	0.0 e	....	....	0.1 e	0.2 e	0.2 e	0.1 e
Poland	964	40.7 e	29.5 e	23.3 e	26.3 e	22.7 e	24.2 e	120.8 e	127.0 e	156.3 e	143.1 e	117.8 e	92.3 e
Romania	968	13.6 e	4.2 e	1.9 e	1.4 e	2.4 e	1.1 e	19.1 e	15.6 e	15.9 e	26.3 e	15.8 e	20.0 e
Serbia, Republic of	942	15.4 e	4.0 e	0.4 e	0.0 e	0.0 e	0.2 e	2.8 e	1.3 e	2.1 e	7.7 e	0.4 e	1.1 e
Turkey	186	886.7 e	767.3 e	769.3 e	736.5 e	671.3 e	669.1 e	375.8 e	476.9 e	596.3 e	639.2 e	518.0 e	565.0 e
CIS	**901**	**2,697.3**	**2,428.6**	**2,488.8**	**2,270.8**	**1,615.2**	**1,645.8**	**3,918.5**	**4,703.1**	**4,860.4**	**5,079.0**	**3,824.6**	**3,479.0**
Armenia	911	2.7 e	2.6 e	1.5 e	1.2 e	1.6 e	1.5 e	1.7 e	1.8 e	2.3 e	2.7 e	2.7 e	1.9 e
Azerbaijan, Rep. of	912	47.7 e	7.6 e	10.2 e	22.3 e	5.8 e	11.3 e	23.2 e	12.2 e	11.3 e	40.2 e	11.5 e	3.6 e
Belarus	913	41.8 e	27.4 e	31.8 e	33.8 e	26.2 e	26.3 e	67.7 e	101.2 e	97.7 e	71.1 e	39.8 e	38.0 e
Georgia	915	11.0 e	11.5 e	14.6 e	12.7 e	6.6 e	8.7 e	13.5 e	17.2 e	24.1 e	57.8 e	103.0 e	75.6 e
Kazakhstan	916	726.9 e	770.9 e	908.1 e	962.5 e	684.6 e	554.5 e	1,250.2 e	1,424.3 e	1,194.2 e	1,147.7 e	998.8 e	980.7 e
Kyrgyz Republic	917	79.5 e	59.6 e	92.1 e	72.1 e	55.9 e	65.8 e	131.9 e	201.5 e	168.6 e	107.3 e	100.7 e	132.6 e
Moldova	921	10.0 e	8.1 e	9.2 e	14.6 e	11.6 e	2.7 e	6.1 e	8.7 e	8.1 e	8.6 e	7.0 e	6.0 e
Russian Federation	922	1,083.2 e	1,312.1 e	1,185.7 e	825.8 e	567.7 e	718.0 e	2,039.7 e	2,463.7 e	2,972.1 e	3,308.3 e	2,369.5 e	2,082.9 e
Tajikistan	923	87.0 e	125.9 e	149.2 e	257.1 e	196.4 e	190.0 e	9.5 e	10.3 e	8.8 e	8.2 e	6.8 e	6.8 e
Ukraine	926	607.4 e	102.8 e	86.4 e	68.7 e	58.8 e	67.0 e	375.0 e	462.1 e	373.2 e	327.1 e	185.0 e	150.9 e
Mid East, N Africa, Pak	**440**	**833.8**	**116.6**	**115.7**	**162.9**	**446.2**	**493.5**	**15.1**	**11.1**	**10.2**	**8.9**	**6.8**	**6.8**
Afghanistan, I.R. of	512	691.0 e	....	....	....	317.0 e	376.6 e	0.2 e	....	....	....	0.3 e	0.4 e
Algeria	612	0.0 e	0.0 e	0.0 e	0.0 e	0.1 e	0.4 e	....	....	....	....	0.0 e	....
Bahrain, Kingdom of	419	0.0 e	0.0 e	0.0 e	0.0 e	0.1 e	0.1 e	....	....	....	0.0 e	....	0.1 e
Egypt	469	12.0 e	5.3 e	5.3 e	11.8 e	7.9 e	....	0.1 e	0.1 e	0.2 e	0.8 e	0.9 e	....
Iran, I.R. of	429	110.1 e	100.3 e	81.9 e	114.8 e	89.9 e	97.1 e	....	....	....	....	....	....
Jordan	439	0.6 e	0.0 e	0.1 e	0.8 e	0.1 e	0.4 e	0.0 e	0.1 e	0.2 e	0.2 e	0.4 e	0.2 e
Kuwait	443	0.2 e	0.1 e	0.1 e	0.1 e	0.0 e	0.0 e	....	....	....	....	....	....
Lebanon	446	0.1 e	1.0 e	0.0 e	0.5 e	0.2 e	0.4 e	0.2 e	0.3 e	0.4 e	0.1 e	0.0 e	0.0 e
Morocco	686	1.8 e	0.2 e	0.5 e	3.3 e	3.4 e	2.0 e	0.1 e	....	0.1 e	0.0 e	0.2 e	0.0 e
Oman	449	....	....	....	....	....	0.0 e	0.1 e	0.1 e	....	....	....	0.0 e
Pakistan	564	10.1 e	0.7 e	0.7 e	0.6 e	1.1 e	3.0 e	3.7 e	4.2 e	3.7 e	2.5 e	2.1 e	3.6 e
Saudi Arabia	456	0.3 e	0.1 e	0.5 e	3.0 e	6.5 e	6.0 e	4.9 e	5.6 e	5.2 e	4.9 e	2.7 e	2.2 e
Syrian Arab Republic	463	1.6 e	0.7 e	0.5 e	0.7 e	0.6 e	0.5 e	5.7 e	0.7 e	0.5 e	0.4 e	0.2 e	0.2 e
Tunisia	744	0.3 e	0.6 e	0.7 e	0.6 e	0.2 e	0.1 e	....	....	....	....	....	....
United Arab Emirates	466	5.8 e	7.4 e	25.4 e	26.6 e	19.1 e	6.8 e	....	....	....	....	....	....
West Bank and Gaza	487	0.0 e	0.1 e	....	....	0.1 e	0.1 e	....	....	....	....	....	....
Yemen, Republic of	474	0.0 e	0.1 e	....	0.0 e	....	....	....	0.0 e	....	....	....	....
Sub-Saharan Africa	**603**	**2.9**	**5.1**	**1.8**	**1.7**	**0.5**	**0.8**	**0.8**	**0.1**	**2.3**	**0.3**	**0.6**	**0.1**
Angola	614	....	0.1 e	....	....	....	....	....	....	....	....	....	....
Cameroon	622	....	0.1 e	0.1 e	....	....	0.1 e	....	....	....	....	....	....
Côte d'Ivoire	662	0.9 e	....	....	....	0.0 e	0.0 e	....	....	....	0.4 e	0.0 e	....
Ghana	652	....	0.0 e	....	0.2 e	0.2 e	0.2 e	0.1 e	....	....	....	....	....
Madagascar	674	....	0.1 e	0.0 e	....	0.0 e	....	....	....	....	....	....	0.0 e
Malawi	676	....	....	....	....	....	....	....	....	....	0.2 e	0.0 e	0.0 e
Mozambique	688	0.0 e	....	0.3 e	....	....	....	0.0 e	0.0 e	0.5 e	0.1 e	....	....
Rwanda	714	....	....	0.1 e	0.0 e	....	....	....	0.0 e	0.0 e	....	....	....
South Africa	199	2.0 e	1.3 e	1.0 e	1.4 e	0.2 e	0.5 e	0.6 e	0.0 e	1.4 e	0.1 e	0.6 e	0.0 e
Tanzania	738	....	1.4 e	0.0 e	....	0.0 e	....	0.1 e	....	....	0.0 e	....	0.0 e
Zambia	754	....	2.2 e	0.3 e	....	....	0.0 e	....	....	....	....	....	....
Western Hemisphere	**205**	**3.3**	**6.8**	**3.1**	**4.6**	**5.5**	**9.4**	**11.7**	**30.0**	**72.2**	**21.3**	**62.6**	**20.0**
Argentina	213	....	0.6 e	0.9 e	1.8 e	2.3 e	3.0 e	2.5 e	6.3 e	20.4 e	2.0 e	49.9 e	4.2 e
Bolivia	218	....	0.0 e	....	....	0.0 e	0.1 e	....	....	....	....	....	....
Brazil	223	2.5 e	2.0 e	0.4 e	1.2 e	2.5 e	0.5 e	8.9 e	22.1 e	49.4 e	17.9 e	10.6 e	14.4 e
Chile	228	0.4 e	0.1 e	0.4 e	0.2 e	0.2 e	1.1 e	0.1 e	....	0.0 e	....	0.1 e	0.1 e
Colombia	233	....	1.0 e	0.8 e	1.2 e	0.6 e	2.7 e	....	....	0.0 e	0.1 e	0.0 e	0.0 e
Costa Rica	238	0.0 e	....	0.0 e	0.0 e	....	....	0.0 e	0.0 e	....	0.0 e	0.1 e	....
Ecuador	248	....	....	....	....	....	....	0.2 e	1.4 e	2.1 e	1.3 e	2.0 e	1.2 e
Guyana	336	0.1 e	....	....	....	....	....	0.0 e	....	....	0.0 e	....	....
Peru	293	0.2 e	1.0 e	0.3 e	0.1 e	....	1.9 e	....	....	0.0 e	0.0 e	....	....
Uruguay	298	0.0 e	0.2 e	....	....	....	0.0 e	....	0.2 e	0.2 e	....	....	....
Venezuela, Rep. Bol.	299	0.1 e	2.0 e	0.4 e	0.0 e	....	....	....	....	....	....	....	....
Memorandum Items													
Africa	605	4.9	5.8	3.0	5.7	4.2	3.2	1.0	0.1	2.4	0.3	0.8	0.1

Uzbekistan (927)

In Millions of U.S. Dollars

		Exports (FOB)						Imports (CIF)					
		2011	2012	2013	2014	2015	2016	2011	2012	2013	2014	2015	2016
Middle East	405	130.7	115.2	113.8	158.3	124.5	111.4	11.1	6.9	6.5	6.4	4.2	2.8
European Union	998	524.0	316.6	307.4	291.8	256.9	182.3	1,921.7	1,664.3	1,978.0	2,196.8	1,866.2	1,902.9
Export earnings: fuel	080	1,974.2	2,201.7	2,213.1	1,956.3	1,374.5	1,397.0	3,318.4	3,907.3	4,185.1	4,502.5	3,384.6	3,070.8
Export earnings: nonfuel	092	4,473.3	3,653.1	5,695.1	4,987.9	5,165.2	6,353.3	6,916.1	7,492.4	9,123.3	9,416.2	7,459.2	7,057.6

Vanuatu (846)

In Millions of U.S. Dollars

		Exports (FOB) 2011	2012	2013	2014	2015	2016	Imports (CIF) 2011	2012	2013	2014	2015	2016
IFS World		67.2	....	....	....	....	....	304.6	....	....	....	....	....
World	001	360.0	170.4	146.8	65.1	61.6	42.5	285.4	399.0	437.1	313.5	253.5	233.2
Advanced Economies	110	23.9	28.8	26.4	34.4	35.9	28.8	207.1	310.6	241.1	215.4	184.2	170.5
Euro Area	163	1.2	1.2	0.8	1.0	0.7	3.1	12.3	7.9	12.1	9.6	9.5	27.1
Austria	122	....	....	....	0.0	0.0	0.0	0.1	....	0.0	....	0.1	....
Belgium	124	0.0	0.0	0.0	0.0	0.0	0.0	0.0	0.0	0.1	0.2	0.1	0.1
Finland	172	....	....	....	....	....	0.0	0.5	0.0	0.2	0.0	0.3	0.3
France	132	0.6	0.7	0.5	0.6	0.2	3.0	10.0	6.0	9.4	8.0	6.4	23.1
Germany	134	0.3	0.4	0.3	0.3	0.0	0.1	0.4	0.4	0.6	0.2	0.3	0.4
Greece	174	....	0.0	0.0	0.0	0.0	0.0	....	0.1	0.0	0.0	0.6	1.0
Ireland	178	0.0	0.0	0.0	0.0	0.0	0.0	0.0	0.0	0.0	0.0	0.0	0.8
Italy	136	0.0	0.0	0.0	0.0	0.4	0.0	0.5	0.7	0.8	0.8	0.8	0.6
Latvia	941	....	....	....	....	....	....	0.0 e	0.0 e	0.4 e	0.0 e	0.0 e	0.1 e
Luxembourg	137	....	....	....	....	....	....	....	....	....	....	0.1	....
Malta	181	....	0.1 e	0.0 e	....	....	0.0 e	....	....	....	....	....	....
Netherlands	138	0.2	0.0	0.0	0.0	0.0	0.0	0.7	0.5	0.5	0.3	0.4	0.6
Slovenia	961	....	....	....	....	....	....	....	....	....	....	0.3	0.0
Spain	184	....	....	....	....	....	....	0.2	0.0	0.0	0.0	0.0	0.0
Australia	193	7.2	12.2	12.7	10.9	11.6	7.2	83.3	86.6	83.0	87.7	82.2	64.5
Canada	156	0.1	0.1	0.2	2.9	0.1	0.4	1.5	1.0	0.6	0.3	0.5	0.2
China,P.R.: Hong Kong	532	0.5	2.7	2.2	2.3	2.1	2.7	3.5	4.5	4.2	5.8	5.6	5.6
Czech Republic	935	0.0	0.0	0.0	0.0	0.0	0.0	0.0	0.0	....	....	0.1	1.2
Denmark	128	0.0 e	0.0 e	....	0.0 e	....	....	0.5	0.4	0.6	0.4	0.7	0.0
Israel	436	0.0	0.0	0.0	0.0	0.0	0.0	0.0	0.1	0.1	0.1	0.1	0.1
Japan	158	3.4	3.9	2.7	2.9	3.6	4.3	7.3	19.2	36.2	8.9	14.0	7.8
Korea, Republic of	542	0.2	0.1	0.0	0.7	0.2	0.3	4.5	2.4	1.6	0.9	0.5	0.3
New Zealand	196	7.2	3.8	2.2	3.2	1.1	1.0	35.6	32.5	32.8	32.1	41.4	40.8
Norway	142	0.0	0.0	0.0	0.0	0.0	0.0	0.0	....	0.0	0.1	0.1	0.0
Singapore	576	0.3	0.1	0.4	1.0	0.7	0.3	51.1	60.3	34.5	47.3	22.2	14.1
Sweden	144	0.0 e	0.0 e	0.0 e	0.0 e	0.0 e	0.1 e	0.1	0.1	0.1	0.1	0.2	0.1
Switzerland	146	....	....	....	....	....	....	0.1	0.0	0.1	0.1	0.1	0.1
Taiwan Prov.of China	528	1.6 e	1.4 e	0.6 e	0.7 e	0.7 e	1.0 e	1.1 e	1.1 e	2.5 e	1.6 e	1.0 e	1.0 e
United Kingdom	112	0.8	1.1	0.8	2.6	11.7	3.5	1.4	1.1	0.4	0.5	0.6	0.2
United States	111	1.6	2.2	3.7	6.4	3.3	5.1	4.8	93.4	32.3	19.9	5.5	7.4
Emerg. & Dev. Economies	200	336.1	141.6	120.4	30.7	25.7	13.7	78.1	88.2	195.8	97.9	69.3	62.7
Emerg. & Dev. Asia	505	38.5	24.4	22.9	14.5	15.2	6.9	71.1	79.5	172.4	92.0	58.4	57.8
Bangladesh	513	....	....	....	....	....	....	0.1	0.1	0.1	0.1	0.1	0.1
China,P.R.: Mainland	924	0.3	0.3	0.2	0.7	1.5	0.5	19.4	29.0	107.1	59.2	25.2	24.3
Fiji	819	5.1	3.5	2.7	1.4	1.1	1.0	22.4	18.3	14.4	8.6	3.9	3.5
F.T. French Polynesia	887	0.0	0.0	0.0	0.0	0.0	0.0	0.1	0.1	0.1	0.0	0.0	0.0
F.T. New Caledonia	839	3.6	3.0	3.0	1.8	1.6	1.5	4.9	3.7	2.9	1.7	0.8	0.7
India	534	0.1	5.4	....	0.0	0.0	0.2	2.6	3.0	2.2	1.9	1.8	1.8
Indonesia	536	....	0.3	0.1	0.1	0.1	....	2.9	3.3	3.7	3.6	3.1	6.3
Kiribati	826	0.4	0.3	0.3	0.2	0.2	0.1	....	....	....	....	....	....
Malaysia	548	13.0	5.1	11.7	8.5	7.5	2.0	3.3	3.1	25.1	3.2	10.9	7.4
Mongolia	948	....	....	....	....	0.1 e	....	....	....	....	....	0.2 e	....
Papua New Guinea	853	3.2	2.3	2.1	1.2	1.0	0.9	4.1	3.3	2.5	1.4	0.6	0.6
Philippines	566	11.5	3.3	2.0	0.0	1.7	....	0.9	0.6	1.1	0.8	0.9	1.5
Solomon Islands	813	1.0	0.8	0.7	0.4	0.4	0.3	0.8	0.6	0.4	0.2	0.1	0.1
Sri Lanka	524	....	....	....	....	....	0.1 e	0.1	0.0	0.1	0.0	0.0	0.0
Thailand	578	0.1	0.1	0.1	0.0	0.0	0.0	6.9	12.1	10.9	10.1	10.4	11.0
Vietnam	582	0.2	0.1	0.1	0.1	0.1	0.1	1.9	1.6	1.4	0.9	0.4	0.4
Asia n.s.	598	....	....	....	....	....	....	0.7	0.6	0.6	0.4	0.2	0.2
Europe	170	0.2	2.1	0.3	0.0	0.2	0.1	4.1	5.7	4.2	0.9	1.1	1.0
Emerg. & Dev. Europe	903	0.0	2.1	0.3	0.0	0.1	0.1	4.0	5.6	4.1	0.8	1.1	1.0
Croatia	960	....	....	....	....	....	....	0.0	0.0	0.1	0.0	0.0	0.1
Montenegro	943	0.0 e	....	0.2 e	....	0.0 e	0.0 e	....	....	....	....	....	....
Romania	968	....	2.0 e	0.0 e	....	....	....	3.3 e	4.6 e	0.2 e	0.0 e	....	0.6 e
Turkey	186	0.0	0.0	0.0	0.0	0.1	0.1	0.7	0.9	3.9	0.8	1.0	0.3

Vanuatu (846)

In Millions of U.S. Dollars

		Exports (FOB)						Imports (CIF)					
		2011	2012	2013	2014	2015	2016	2011	2012	2013	2014	2015	2016
CIS	901	0.2	0.0	0.1	0.0	0.0	0.0	0.1	0.1	0.0	0.0	0.0	0.0
Ukraine	926	0.2	....	0.1	....	....	....	0.0	0.0	0.0	0.0	0.0	....
Mid East, N Africa, Pak	440	0.0	0.1	0.3	0.0	0.1	0.1	0.4	0.6	0.4	0.4	0.4	0.3
Bahrain, Kingdom of	419	0.0 e	0.0 e	0.0 e	0.0 e	0.0 e	0.0 e	....	0.3 e	0.0 e	0.2 e	0.2 e	0.1 e
Egypt	469	0.0 e	0.0 e	0.0 e	0.0 e	0.1 e	....	....	....	....	....	....	....
Kuwait	443	....	....	....	....	0.0 e	0.0 e	0.1	0.0	0.0	0.0	0.0	0.0
Pakistan	564	0.0 e	0.1 e	0.3 e	0.0 e	0.0 e	0.0 e	0.0	0.0	0.0	0.0	0.0	0.0
United Arab Emirates	466	....	....	....	....	....	....	0.1	0.1	0.1	0.1	0.0	0.0
Sub-Saharan Africa	603	0.6	113.7	77.6	0.1	0.3	0.3	1.9	1.7	18.0	2.0	7.3	2.0
Burkina Faso	748	....	....	77.2 e	....	....	....	....	....	16.2 e	....	....	....
Côte d'Ivoire	662	....	113.6 e	....	....	0.0 e	0.0 e	0.4 e	1.0 e	1.4 e	1.6 e	1.8 e	1.5 e
Mali	678	....	0.0 e	....	....	....	....	0.1	0.0	0.0	0.0	0.0	0.0
Mauritius	684	....	....	....	0.1	0.0	0.0	1.2	0.4	0.0	0.3	5.1	0.2
Nigeria	694	0.6 e	....	0.4 e	....	0.3 e	0.3 e	....	....	....	....	....	....
South Africa	199	0.0	0.0	0.0	0.1	0.0	0.0	0.1	0.2	0.2	0.1	0.4	0.2
Swaziland	734	....	....	....	....	....	....	0.1	0.1	0.1	0.0	0.0	0.0
Western Hemisphere	205	296.8	1.4	19.3	16.0	9.9	6.3	0.6	0.6	0.8	2.6	2.1	1.6
Argentina	213	....	....	....	....	....	....	0.2	0.2	0.2	0.2	0.2	0.2
Aruba	314	....	....	0.0	0.0	0.3	0.0	....	....	....	....	....	....
Brazil	223	0.0	0.1	0.1	0.1	0.1	0.1	0.1	0.1	0.1	0.0	0.1	0.0
Chile	228	0.1 e	0.0 e	0.0 e	0.0 e	0.0 e	0.9 e	....	....	....	....	....	0.0
Colombia	233	....	....	....	....	....	0.1	0.0	0.0	0.0	0.0	0.0	0.1
Dominican Republic	243	0.0 e	1.3 e	0.0 e	0.0 e	0.0 e	0.0 e	....	....	....	....	....	....
Ecuador	248	....	0.0 e	0.3 e	0.1 e	0.0 e	....	0.0	0.0	0.0	0.0	0.0	0.0
Jamaica	343	....	....	....	....	....	....	0.2	0.2	0.2	0.1	0.1	0.0
Mexico	273	....	....	....	....	....	....	0.1	0.1	0.1	0.1	0.1	0.1
Trinidad and Tobago	369	296.7 e	....	0.0 e	0.0 e	....	....	....	....	....	1.8 e	1.5 e	1.0 e
Uruguay	298	0.0 e	0.0 e	....	....	....	....	0.0	0.0	0.2	0.2	0.0	0.0
Venezuela, Rep. Bol.	299	....	....	18.9 e	15.8 e	9.5 e	5.3 e	....	....	....	....	....	....
Western Hem. n.s.	399	....	....	....	....	....	....	0.1	0.1	0.1	0.0	0.0	0.0
Countries & Areas n.s.	898	....	....	....	....	....	....	0.2	0.1	0.1	0.1	0.0	0.0
Memorandum Items													
Africa	605	0.6	113.7	77.6	0.2	0.3	0.4	2.0	1.8	18.1	2.1	7.3	2.0
Middle East	405	0.0	0.0	0.0	0.0	0.1	0.0	0.3	0.5	0.2	0.4	0.3	0.2
European Union	998	1.9	4.3	1.6	3.5	12.4	6.6	17.7	14.1	13.4	10.6	11.2	29.3
Export earnings: fuel	080	297.2	0.0	19.5	15.9	9.8	5.7	0.3	0.6	0.3	2.3	1.9	1.4
Export earnings: nonfuel	092	62.8	170.4	127.3	49.2	51.8	36.8	285.1	398.5	436.8	311.2	251.6	231.8

Vatican (187)

In Millions of U.S. Dollars

		Exports (FOB)						Imports (CIF)					
		2011	2012	2013	2014	2015	2016	2011	2012	2013	2014	2015	2016
IFS World		....	....	....	....	....	....	....	....	....	....	....	....
World	001	61.1	8.1	4.8	6.3	2.3	4.1	71.7	73.2	62.3	58.3	42.9	45.2
Advanced Economies	110	60.7	7.1	4.4	4.1	1.7	2.8	71.3	73.0	62.1	57.9	42.8	44.3
Euro Area	163	2.7	6.5	4.4	4.0	1.6	2.7	70.9	69.1	61.5	57.6	42.5	37.7
Austria	122	0.0 e	0.0 e	0.1 e	0.1 e	0.1 e	0.1 e	1.8 e	0.6 e	0.6 e	0.6 e	0.4 e	0.9 e
Belgium	124	0.0 e	0.0 e	0.1 e	0.0 e	0.0 e	0.0 e	0.3 e	0.1 e	0.1 e	0.0 e	0.0 e	0.1 e
Finland	172	0.0 e	0.3 e	0.0 e	....	0.0 e	0.0 e	0.1 e	0.1 e	0.1 e	0.0 e	0.1 e	0.0 e
France	132	0.1 e	0.2 e	0.4 e	0.2 e	0.2 e	0.1 e	0.4 e	0.8 e	0.8 e	1.0 e	0.9 e	0.6 e
Germany	134	1.6 e	4.8 e	3.3 e	3.4 e	1.3 e	1.3 e	2.9 e	2.3 e	2.3 e	3.1 e	2.6 e	3.4 e
Italy	136	0.7 e	0.6 e	0.0 e	0.0 e	0.0 e	1.1 e	64.9 e	64.3 e	57.3 e	52.5 e	37.6 e	31.4 e
Netherlands	138	0.0 e	0.2 e	0.0 e	0.0 e	0.0 e	0.0 e	0.2 e	0.7 e	0.1 e	0.2 e	0.6 e	1.0 e
Slovak Republic	936	....	0.3 e	0.0 e	....	....	....	....	....	....	....	....	....
Spain	184	0.1 e	0.0 e	0.6 e	0.1 e	0.0 e	0.0 e	0.2 e	0.1 e	0.1 e	0.2 e	0.1 e	0.1 e
China,P.R.: Hong Kong	532	....	....	....	....	0.0 e	0.0 e	....	....	....	....	0.1 e	....
China,P.R.: Macao	546	....	....	....	....	....	....	....	....	....	....	....	0.4 e
Czech Republic	935	....	....	....	....	....	....	0.0 e	....	0.1 e	0.0 e	0.0 e	0.0 e
Sweden	144	0.0 e	0.0 e	0.0 e	....	0.0 e	0.0 e	0.1 e	0.1 e	0.0 e	0.1 e	0.1 e	0.1 e
Switzerland	146	....	....	....	....	....	0.0 e	....	....	....	....	....	5.7 e
United Kingdom	112	58.0 e	0.6 e	0.0 e	0.1 e	0.0 e	0.0 e	0.4 e	3.7 e	0.5 e	0.2 e	0.1 e	0.3 e
United States	111	....	....	....	....	....	0.1 e	....	....	....	....	....	0.1 e
Emerg. & Dev. Economies	200	0.3	0.9	0.2	2.2	0.5	1.2	0.4	0.3	0.2	0.3	0.1	0.9
Emerg. & Dev. Asia	505	0.0	0.2	0.0	1.1	0.0	0.2	0.3	0.0	0.0	0.1	0.0	0.2
Cambodia	522	....	....	....	....	0.0 e	0.0 e	....	....	....	0.1 e	....	....
Fiji	819	....	....	0.0 e	0.0 e	0.0 e	0.1 e	0.3 e	....	....	0.0 e	0.0 e	....
Malaysia	548	....	....	....	....	....	....	....	....	....	....	....	0.1 e
Myanmar	518	....	0.2 e	....	1.0 e	....	0.0 e	....	....	....	....	....	....
Sri Lanka	524	....	....	....	....	....	0.0 e	....	....	....	....	....	0.1 e
Europe	170	0.0	0.0	0.0	0.0	0.0	0.0	0.0	0.1	0.1	0.2	0.0	0.2
Emerg. & Dev. Europe	903	0.0	0.0	0.0	0.0	0.0	0.0	0.0	0.1	0.1	0.2	0.0	0.2
Croatia	960	0.0 e	0.0 e	0.0 e	....	....	....	0.0 e	0.0 e	0.0 e	0.1 e	....	....
Poland	964	0.0 e	0.0 e	0.0 e	0.0 e	0.0 e	0.0 e	0.0 e	0.0 e	0.0 e	0.1 e	0.0 e	0.2 e
Mid East, N Africa, Pak	440	0.1	0.6	0.1	0.5	0.1	0.4	....	0.0	0.0	....	....	0.0
Bahrain, Kingdom of	419	0.0 e	0.5 e	0.1 e	0.5 e	0.0 e	0.3 e	....	0.0 e	....	....	....	....
Pakistan	564	0.0 e	0.0 e	0.0 e	....	0.0 e	0.1 e	....	....	0.0 e	....	....	....
Sub-Saharan Africa	603	0.2	0.2	0.0	0.2	0.4	0.5	0.1	0.2	0.1	....	....	0.0
Gambia, The	648	....	....	....	0.1 e	0.1 e	0.1 e	....	....	....	....	....	....
Kenya	664	0.1 e	0.1 e	....	0.1 e	0.1 e	0.1 e	....	....	....	....	....	....
Mozambique	688	0.1 e	0.1 e	0.0 e	....	0.2 e	0.1 e	0.1 e	....	....	....	....	....
Namibia	728	....	....	....	....	0.0 e	0.2 e	....	....	....	....	....	....
Tanzania	738	....	0.0 e	....	....	0.0 e	....	....	....	....	0.2 e	0.1 e	....
Western Hemisphere	205	0.0	0.0	0.1	0.4	0.0	0.0	0.0	0.0	0.0	0.0	0.0	0.5
Belize	339	....	0.0 e	0.1 e	....	....	....	....	....	....	....	....	....
Guyana	336	....	0.0 e	....	....	....	....	....	....	....	....	....	0.5 e
Trinidad and Tobago	369	0.0 e	....	0.0 e	0.4 e	....	....	....	....	0.0 e	....	....	....
Other Countries n.i.e	910	0.1	0.1	0.1	0.1	0.1	0.1	....	....	....	....	....	....
Cuba	928	0.1 e	0.1 e	0.1 e	0.1 e	0.1 e	0.1 e	....	....	....	....	....	....
Memorandum Items													
Africa	605	0.2	0.2	0.0	0.2	0.4	0.5	0.1	0.2	0.1	....	....	0.0
Middle East	405	0.0	0.6	0.1	0.5	0.0	0.4	....	0.0	....	....	....	0.0
European Union	998	60.7	7.1	4.5	4.1	1.7	2.7	71.4	73.0	62.2	58.2	42.7	38.3
Export earnings: fuel	080	0.0	0.6	0.1	0.9	0.1	0.4	....	0.0	....	....	....	0.0
Export earnings: nonfuel	092	61.0	7.5	4.7	5.4	2.2	3.7	71.7	73.2	62.3	58.3	42.9	45.2

Venezuela, Republica Bolivariana de (299)

In Millions of U.S. Dollars

		Exports (FOB) 2011	2012	2013	2014	2015	2016	Imports (CIF) 2011	2012	2013	2014	2015	2016
IFS World		....	....	....	....	....	....	38,346.0	52,035.5	49,071.5	....	....	....
World	001	93,747.0	97,877.0	88,753.0	74,714.0	37,236.0	26,949.2	57,832.5	72,546.1	62,901.3	52,258.5	40,145.6	21,329.7
Advanced Economies	110	54,514.0	48,591.8	42,314.6	36,480.8	18,064.0	12,591.4	22,579.7	25,370.1	19,606.0	16,708.5	13,205.4	7,648.7
Euro Area	163	3,101.0	4,829.8	2,640.3	2,936.8	1,588.0	613.7	5,813.7	6,636.1	5,683.5	4,731.2	3,471.6	1,817.4
Austria	122	1.0	0.1	....	0.4	0.3	0.4	140.2	159.9	214.1	72.2	118.7	44.4
Belgium	124	117.0	400.6	399.6	411.2	213.1	141.0	226.8	318.6	257.3	186.3	178.9	113.3
Cyprus	423	....	....	....	....	....	....	0.5	4.4	1.6	0.2	1.1	0.0
Estonia	939	....	290.9	....	....	....	0.0	0.3	32.1	15.3	1.4	0.2	0.0
Finland	172	....	0.0	0.0	0.0	....	....	56.3	90.5	81.3	67.1	34.7	14.0
France	132	452.0	258.4	9.3	79.7	47.6	28.7	591.6	629.8	609.5	490.0	379.3	280.1
Germany	134	286.0	611.8	20.0	6.2	3.2	4.2	1,274.2	1,451.3	1,413.8	1,143.0	919.2	441.7
Greece	174	10.0	0.0	25.1	392.4	192.1	4.2	7.3	21.5	12.5	1.9	3.6	3.8
Ireland	178	7.0	0.0	0.1	0.2	0.0	0.0	105.9	167.1	122.3	66.1	82.2	10.1
Italy	136	461.0	552.2	60.9	19.5	50.5	34.8	1,094.7	1,294.3	1,160.7	926.6	656.0	336.5
Latvia	941	....	....	....	....	....	....	1.0	11.8	1.8	1.3	0.0	0.1
Lithuania	946	....	....	....	0.0	0.1	0.0	3.2	8.2	11.6	16.7	33.7	40.1
Luxembourg	137	7.0	....	0.0	0.0	....	....	2.0	7.3	0.5	9.3	0.9	1.0
Malta	181	....	....	....	....	....	....	2.2	1.0	1.8	1.1	0.2	0.1
Netherlands	138	1,139.0	560.2	276.4	313.9	188.3	123.7	328.1	491.7	308.1	348.7	186.0	67.1
Portugal	182	119.0	116.7	....	3.4	45.3	16.4	169.8	315.4	398.5	397.7	156.7	99.0
Slovak Republic	936	....	....	....	....	....	....	20.1	8.3	10.9	11.9	10.2	1.9
Slovenia	961	....	14.6	5.8	5.6	....	....	3.2	2.7	4.8	2.1	1.7	0.7
Spain	184	502.0	2,024.3	1,843.1	1,704.3	847.5	260.3	1,786.2	1,620.3	1,057.3	987.7	708.3	363.3
Australia	193	....	0.1	0.1	0.1	0.0	0.0	15.2	19.5	11.2	11.7	6.8	0.6
Canada	156	236.0	2.3	8.2	9.9	2.4	0.4	882.2	664.2	690.5	730.5	543.6	203.3
China,P.R.: Hong Kong	532	6.0	5.2	7.2	16.5	20.5	15.6	331.0	570.1	414.8	365.0	184.5	154.1
Czech Republic	935	....	0.0	....	0.0	....	....	11.4	18.3	7.3	10.5	4.6	3.5
Denmark	128	31.0	2.3	0.0	1.9	0.9	13.2	72.9	79.2	97.6	67.9	42.1	16.3
Iceland	176	12.0	....	0.1	0.0	4.3	0.3	2.1	0.0	0.5	0.3	0.0	0.0
Israel	436	....	0.0	....	2.6	3.5	2.7	26.6	37.0	25.4	12.1	9.1	2.3
Japan	158	128.0	134.3	526.1	333.4	173.4	111.5	511.9	695.6	480.7	322.7	455.0	183.6
Korea, Republic of	542	4.0	64.4	45.5	1.5	4.4	5.2	606.0	619.0	316.1	229.3	282.4	205.0
New Zealand	196	....	....	....	....	....	....	320.0	469.4	71.9	190.5	200.6	47.2
Norway	142	4.0	0.0	0.2	0.0	0.0	0.0	16.6	25.1	15.2	14.5	9.2	9.8
Singapore	576	4,599.0	5,766.1	7,214.5	5,224.9	2,558.9	1,420.4	303.0	91.7	55.9	96.3	71.0	44.1
Sweden	144	1,359.0	524.9	775.2	702.4	345.7	288.5	142.0	194.9	143.1	83.0	26.3	78.8
Switzerland	146	601.0	547.7	373.4	539.9	186.8	619.3	380.1	369.6	315.2	240.3	186.5	134.9
Taiwan Prov.of China	528	2.0	0.8	1.7	7.5	0.9	0.6	0.0	0.2	....	0.0	....	....
United Kingdom	112	....	....	....	....	....	....	515.3	544.2	527.2	393.5	326.1	149.8
United States	111	44,431.0	36,713.6	30,722.2	26,703.4	13,174.3	9,499.9	12,629.7	14,336.1	10,749.9	9,209.1	7,386.0	4,598.2
Emerg. & Dev. Economies	200	35,404.0	45,336.8	42,377.6	35,042.7	17,608.9	13,246.1	34,369.4	46,075.9	42,068.4	34,372.2	26,560.0	13,469.5
Emerg. & Dev. Asia	505	18,133.0	27,462.8	27,902.4	23,180.2	11,351.0	8,673.2	8,227.4	11,199.6	9,354.4	7,524.1	6,632.7	3,244.0
American Samoa	859	....	....	....	....	....	....	0.1	0.1	0.1	0.0	....	....
Bangladesh	513	....	....	....	....	....	....	2.5	2.4	3.0	0.6	45.0	45.0
Brunei Darussalam	516	....	....	....	....	....	....	1.2	0.0	0.1	0.0	....	....
Cambodia	522	....	0.1	....	....	....	....	0.4	1.4	0.0	0.0	0.0	0.0
China,P.R.: Mainland	924	11,602.0	13,500.9	12,952.1	9,803.6	4,791.0	3,818.0	7,155.4	10,001.4	8,579.3	6,892.1	6,156.7	2,978.5
Fiji	819	....	....	....	....	....	0.1 e	....	....	0.0	....	....	....
F.T. New Caledonia	839	....	....	....	....	....	0.0 e	0.2	0.0	....	2.9	....	....
India	534	5,945.0	13,286.5	14,453.9	12,615.0	6,177.8	4,653.5	321.6	374.7	298.9	311.9	246.0	112.1
Indonesia	536	....	0.2	0.0	0.1	1.4	1.1	147.1	120.0	70.0	62.0	32.1	3.6
Lao People's Dem.Rep	544	....	....	....	....	....	....	0.1	0.3	0.0	0.2	....	....
Malaysia	548	585.0	672.2	496.1	755.4	370.1	193.0	118.6	102.9	58.9	35.2	43.3	20.9
Myanmar	518	....	....	....	....	....	....	....	0.0	0.2	0.3	....	....
Philippines	566	....	....	....	0.1	....	....	9.3	12.7	5.9	4.2	4.3	3.8
Samoa	862	....	....	....	....	....	....	6.4	0.4	0.5	0.1	0.0	0.0
Solomon Islands	813	....	....	....	....	....	....	0.1	0.0	0.4	0.0	....	....
Sri Lanka	524	....	0.0	0.0	....	....	....	2.3	2.9	1.8	1.3	0.5	0.4
Thailand	578	1.0	1.6	0.2	1.1	1.0	0.4	204.6	210.8	142.1	82.9	36.3	41.8
Tonga	866	....	....	....	....	....	0.1 e	0.0	....	....	....	....	....

Venezuela, Republica Bolivariana de (299)

In Millions of U.S. Dollars

		Exports (FOB)						Imports (CIF)					
		2011	2012	2013	2014	2015	2016	2011	2012	2013	2014	2015	2016
Tuvalu	869	....	....	....	....	....	....	....	....	0.0	0.1	0.0	0.0
Vanuatu	846	....	....	....	....	....	....	29.7	32.3	20.0	16.7	10.0	5.6
Vietnam	582	....	1.3	0.1	4.8	9.7	6.9	223.6	328.9	172.8	112.9	57.9	32.2
Asia n.s.	598	....	....	....	....	....	....	4.3	8.2	0.4	0.6	0.4	0.2
Europe	170	**896.0**	**93.5**	**204.2**	**77.7**	**52.4**	**58.3**	**511.5**	**503.8**	**558.0**	**614.5**	**365.9**	**145.2**
Emerg. & Dev. Europe	903	**90.0**	**92.8**	**198.9**	**72.2**	**46.3**	**34.1**	**154.9**	**245.0**	**329.4**	**321.7**	**184.1**	**58.5**
Albania	914	....	0.0	....	0.0	0.5	0.6	....	....	....	....	....	....
Bulgaria	918	7.0	0.1	....	0.0	0.2	0.2	1.3	2.5	3.1	3.5	0.4	0.2
Croatia	960	....	....	16.8	....	....	0.0	0.0	0.3	0.1	0.1	0.0	0.8
Hungary	944	....	0.0	....	....	....	....	36.9	40.3	30.0	34.1	17.3	5.5
Montenegro	943	....	....	....	....	....	0.0 e	....	....	....	....	....	0.1 e
Poland	964	8.0	20.6	21.5	29.3	17.3	15.9	32.8	75.9	99.0	111.3	103.2	22.6
Romania	968	....	0.0	2.4	0.3	0.0	0.0	2.3	26.7	18.4	88.3	4.8	4.9
Serbia, Republic of	942	....	....	....	....	....	0.0 e	....	....	....	....	....	0.1 e
Turkey	186	75.0	72.1	158.1	42.5	28.3	17.2	81.5	99.3	178.7	84.3	58.4	24.3
CIS	901	**806.0**	**0.7**	**5.3**	**5.5**	**6.1**	**24.3**	**356.6**	**258.6**	**228.6**	**292.7**	**181.8**	**86.7**
Azerbaijan, Rep. of	912	....	....	....	....	....	....	....	0.0	0.0	....	0.0	0.3
Belarus	913	806.0	....	....	....	....	....	83.9	35.0	38.2	53.9	30.2	2.2
Georgia	915	....	....	5.3	0.0	....	....	0.4	0.2	2.8	0.2	0.0	0.0
Kazakhstan	916	....	0.0	....	0.0	....	....	....	0.0	....	0.0	0.2	0.2
Moldova	921	....	....	....	....	....	0.2 e	....	0.0	....	....	....	....
Russian Federation	922	....	0.6	....	5.5	6.1	0.9	256.7	195.9	174.8	238.1	150.9	82.4
Tajikistan	923	....	....	....	....	....	23.2 e	....	....	0.0	....	....	....
Ukraine	926	....	0.0	....	0.0	....	....	15.5	25.4	12.4	0.5	0.4	1.6
Uzbekistan	927	....	....	....	....	....	....	0.1	2.1	0.5	0.0	....	....
Europe n.s.	884	....	....	....	....	....	....	0.0	0.2	....	0.1	....	....
Mid East, N Africa, Pak	440	**89.0**	**219.1**	**20.8**	**47.1**	**3.6**	**24.0**	**182.4**	**184.7**	**165.2**	**100.8**	**123.4**	**70.6**
Afghanistan, I.R. of	512	....	....	....	....	....	....	4.3	0.7	0.7	0.0	....	....
Algeria	612	....	....	....	....	....	21.1	....	0.0	0.0	....	....	0.0
Bahrain, Kingdom of	419	5.0	4.8	....	0.0	....	....	0.0	0.1	....	0.1	....	....
Egypt	469	33.0	61.7	0.0	0.3	0.1	0.0	22.3	21.3	4.6	2.2	1.5	0.3
Iran, I.R. of	429	1.0	....	....	0.0	0.0	0.0	53.3	61.2	21.0	19.6	34.6	19.2
Iraq	433	....	....	0.1	....	....	....	2.2	0.0	0.8	0.1	0.1	0.1
Jordan	439	....	0.1	....	0.0	....	....	1.1	1.2	1.3	1.0	0.2	0.0
Kuwait	443	....	0.0	0.0	0.1	0.0	0.0	1.1	0.1	0.1	0.0	0.1	0.1
Lebanon	446	....	0.0	0.1	0.1	0.1	0.1	2.2	3.9	3.9	4.4	0.9	2.4
Libya	672	....	0.2	....	0.0	....	....	1.8	0.1	0.0	0.0	0.0	0.0
Mauritania	682	....	....	....	....	....	0.2 e	0.2	0.4	1.0	0.6	....	....
Morocco	686	14.0	91.3	11.3	0.9	0.4	0.3	27.6	29.1	29.7	17.9	33.6	17.7
Oman	449	....	0.0	0.0	0.1	0.1	0.0	0.0	0.0	0.6	0.0	0.5	0.6
Pakistan	564	....	0.1	0.0	0.0	0.0	0.0	19.9	24.8	18.2	10.8	7.3	4.1
Qatar	453	....	....	....	....	....	....	0.1	0.0	3.4	2.1	0.9	0.5
Saudi Arabia	456	....	0.1	8.7	0.2	0.0	0.0	4.5	1.7	1.3	1.9	1.3	0.9
Sudan	732	....	0.0	....	....	....	....	1.1	1.0	1.3	0.2	0.2	0.2
Syrian Arab Republic	463	30.0	59.8	....	....	....	....	10.9	7.8	3.8	6.3	1.6	0.9
Tunisia	744	....	0.0	0.0	2.0	1.0	1.0	0.8	2.6	4.6	1.1	2.2	2.3
United Arab Emirates	466	6.0	0.9	0.5	43.4	1.8	1.3	29.0	28.8	69.0	32.4	38.5	21.4
West Bank and Gaza	487	....	....	....	....	....	0.1 e	....	....	....	....	....	....
Sub-Saharan Africa	603	**229.0**	**932.7**	**439.1**	**220.4**	**116.6**	**91.4**	**61.5**	**53.1**	**30.7**	**17.6**	**8.2**	**23.3**
Angola	614	....	0.0	0.1	0.0	0.1	0.1	1.5	1.2	0.3	0.0	0.1	0.1
Benin	638	57.0	....	....	....	....	....	0.0	0.0	....	....	....	....
Burkina Faso	748	....	....	....	....	....	0.2 e	....	....	....	0.1	....	....
Burundi	618	....	....	....	....	....	0.2 e	0.0	....	....	....	....	....
Cameroon	622	....	....	....	1.1	....	....	0.1	0.0	0.0	....	0.1	0.1
Chad	628	....	....	....	....	0.0	0.0	0.0	0.1	....	0.4	0.0	0.0
Congo, Dem. Rep. of	636	....	....	....	....	....	....	0.0	....	....	0.2	....	....
Congo, Republic of	634	....	0.0	0.0	0.1	0.0	0.0	0.0	0.0	0.0	....	0.2	0.1
Côte d'Ivoire	662	....	....	....	....	....	....	0.1	0.5	....	0.0	....	....
Eritrea	643	....	....	....	....	....	0.0 e	....	1.0	10.9	7.7	0.5	0.3
Ethiopia	644	....	....	....	....	....	....	0.2	1.0	....	0.0	....	....

Venezuela, Republica Bolivariana de (299)

In Millions of U.S. Dollars

		Exports (FOB)						Imports (CIF)					
		2011	2012	2013	2014	2015	2016	2011	2012	2013	2014	2015	2016
Gabon	646	....	0.0	0.0	0.0	0.0	0.0	0.0	0.0	0.0	0.0	0.2	0.1
Kenya	664	....	....	....	....	....	....	0.1	0.0	0.0	0.0	0.1	0.0
Liberia	668	....	....	....	....	....	....	0.1	....	0.0	....	....	....
Madagascar	674	....	....	....	....	5.0	3.6	0.0	3.2	0.1	0.2	....	....
Malawi	676	....	....	....	....	....	0.0 e	....	....	....	0.0	0.2	0.1
Mauritius	684	....	....	....	....	....	0.1 e	1.0	0.9	0.0	0.0	....	....
Mozambique	688	....	....	....	....	....	....	0.0	....	....	0.0	0.2	0.1
Namibia	728	....	....	....	0.0	....	....	0.1	....	0.1	0.0	0.0	0.0
Niger	692	....	0.0	....	....	....	....	0.0	0.1	0.2	....	0.0	0.0
Nigeria	694	145.0	585.8	361.0	219.1	107.3	76.3	1.7	0.3	....	0.1	0.0	0.0
Senegal	722	....	....	....	....	....	....	0.1	0.0	....	0.0	0.1	0.1
Seychelles	718	....	....	....	....	....	0.0 e	0.0	....	1.0	....	....	....
Sierra Leone	724	....	....	....	....	....	....	0.0	....	1.3	0.3	0.1	0.0
South Africa	199	....	0.1	3.0	0.0	4.0	10.9	55.8	44.6	16.6	8.5	6.5	22.3
Togo	742	27.0	346.6	75.0	....	....	....	....	....	....	....	....	....
Zimbabwe	698	....	0.1	....	....	....	....	0.3	0.0	....	0.0	0.0	0.0
Africa n.s.	799	....	....	....	....	....	....	0.2	....	....	0.0	0.0	0.0
Western Hemisphere	205	**16,057.0**	**16,628.7**	**13,811.1**	**11,517.2**	**6,085.5**	**4,399.1**	**25,386.6**	**34,134.7**	**31,960.0**	**26,115.2**	**19,429.7**	**9,986.3**
Antigua and Barbuda	311	....	31.4	45.0	54.1	26.5	18.8	0.2	0.8	0.0	0.1	....	....
Argentina	213	86.0	4.9	37.5	9.3	4.8	36.9	1,787.9	2,274.2	1,563.0	2,548.2	1,435.0	1,199.5
Aruba	314	753.0	801.5	351.6	623.1	305.9	378.5	1.7	0.9	2.6	4.5	0.6	1.4
Bahamas, The	313	124.0	39.8	....	....	....	....	0.1	1.0	1.0	0.2	....	....
Barbados	316	....	2.1	0.0	0.0	0.0	0.0	16.5	6.0	20.1	7.0	22.4	15.9
Belize	339	37.0	....	....	....	....	....	1.0	0.1	1.1	1.6	0.7	0.8
Bolivia	218	413.0	0.9	0.3	0.4	1.3	1.0	369.7	500.7	387.9	260.3	102.7	25.8
Brazil	223	1,182.0	1,995.6	696.4	930.8	523.2	303.9	4,700.0	5,553.1	4,284.5	5,286.2	3,903.7	1,545.2
Chile	228	333.0	320.3	63.6	49.2	23.8	49.3	1,650.5	817.9	661.0	572.7	633.6	267.9
Colombia	233	450.0	374.4	320.0	291.8	195.0	128.8	1,730.3	2,732.2	2,327.2	2,542.5	2,380.6	1,243.6
Costa Rica	238	34.0	21.0	26.5	13.8	19.0	5.1	85.8	98.9	75.9	124.6	65.3	14.5
Dominica	321	....	0.1	0.0	0.5	0.3	0.2	0.1	0.3	0.1	0.0	0.2	0.1
Dominican Republic	243	1,167.0	1,198.6	1,243.0	889.6	442.2	314.5	72.1	65.8	71.2	124.8	76.6	42.6
Ecuador	248	890.0	75.1	23.1	24.7	16.4	16.3	947.4	1,356.8	1,002.6	650.5	425.1	207.7
El Salvador	253	78.0	63.5	76.0	0.1	0.1	0.1	29.3	24.9	17.6	9.9	69.9	27.9
Grenada	328	....	....	....	0.5	0.1	0.1	....	....	....	....	....	....
Guatemala	258	105.0	33.1	9.6	2.9	7.2	5.1	52.9	47.2	45.8	85.0	88.3	42.1
Guyana	336	4.0	1.4	0.5	2.1	....	....	81.9	112.5	0.6	103.8	45.3	25.2
Haiti	263	3.0	1.5	7.2	1.9	0.9	0.7	0.3	0.0	0.0	0.1	....	....
Honduras	268	3.0	0.1	0.0	0.3	0.2	0.2	10.3	62.6	31.9	62.3	85.0	19.7
Jamaica	343	911.0	1,029.3	950.1	608.4	298.3	212.2	10.5	5.6	0.1	0.2	0.2	0.1
Mexico	273	146.0	126.8	45.1	61.4	77.6	99.0	1,845.7	2,455.7	2,315.7	1,947.4	1,695.4	793.0
Netherlands Antilles	353	6,131.0	6,705.3	7,601.5	6,189.2	3,041.1	2,163.0	238.5	64.0	36.5	89.7	30.9	17.2
Nicaragua	278	804.0	698.3	589.1	505.2	249.4	177.4	353.8	498.5	175.7	228.4	304.8	169.6
Panama	283	72.0	65.1	92.4	15.8	13.6	12.9	1,887.1	1,936.8	994.4	954.1	712.7	284.8
Paraguay	288	1.0	0.6	0.5	0.5	0.0	0.0	104.3	64.7	48.1	45.0	49.6	27.6
Peru	293	163.0	218.2	16.4	11.3	15.3	6.4	1,021.7	1,462.1	661.7	398.0	267.7	195.1
St. Kitts and Nevis	361	384.0	0.1	....	0.2	0.1	0.1	....	....	....	....	....	....
St. Lucia	362	....	....	....	29.0	14.2	10.1	0.3	0.1	....	....	....	....
St. Vincent & Grens.	364	....	0.2	0.8	0.3	0.0	0.0	0.0	0.0	0.1	0.0	0.0	0.0
Suriname	366	1.0	0.1	1.1	0.0	1.1	0.8	0.6	0.0	0.0	0.1	1.4	0.8
Trinidad and Tobago	369	195.0	41.7	61.6	63.6	71.5	50.8	5.9	25.4	77.3	31.8	10.4	5.8
Uruguay	298	401.0	808.7	649.3	346.5	172.0	5.5	482.2	722.3	469.3	646.4	296.4	70.4
Western Hem. n.s.	399	1,186.0	1,968.9	902.9	790.6	564.2	401.3	7,897.9	13,243.5	16,686.8	9,389.6	6,724.9	3,741.9
Other Countries n.i.e	910	**3,829.0**	**3,948.4**	**4,060.8**	**3,190.5**	**1,563.0**	**1,111.7**	**883.4**	**1,100.1**	**1,226.9**	**1,177.8**	**380.3**	**211.6**
Cuba	928	3,829.0	3,947.8	4,060.8	3,190.5	1,562.7	1,111.5	846.1	1,058.2	1,195.9	1,159.0	351.2	195.4
Korea, Dem. People's Rep.	954	....	0.5	....	0.0	0.3	0.2	37.3	41.9	31.0	18.8	29.1	16.2
Memorandum Items													
Africa	605	243.0	1,024.1	450.4	223.3	117.9	114.0	91.2	86.2	67.3	37.5	44.2	43.6
Middle East	405	75.0	127.7	9.5	44.2	2.2	1.5	128.4	126.2	109.8	70.2	80.0	46.3
European Union	998	4,506.0	5,377.8	3,456.3	3,670.7	1,952.1	931.6	6,628.7	7,618.4	6,609.5	5,523.5	3,996.4	2,099.7
Export earnings: fuel	080	2,105.0	1,084.7	775.3	649.2	399.7	296.7	3,406.5	4,904.8	4,066.3	3,780.1	3,146.4	1,608.8
Export earnings: nonfuel	092	91,642.0	96,792.3	87,977.7	74,064.8	36,836.3	26,652.6	54,426.0	67,641.3	58,835.0	48,478.3	36,999.3	19,720.9

Vietnam (582)

In Millions of U.S. Dollars

		Exports (FOB)						Imports (CIF)					
		2011	2012	2013	2014	2015	2016	2011	2012	2013	2014	2015	2016
IFS World		95,495.4	115,381.3	132,716.0	150,168.5	162,596.9	176,635.5	104,332.9	114,238.2	131,907.0	149,372.8	166,409.9	174,280.0
World	001	93,756.2	111,449.9	128,743.1	145,862.7	160,012.7	187,005.5	104,509.7	111,640.3	129,257.6	144,777.9	175,784.4	188,105.7
Advanced Economies	110	59,795.1	71,648.0	83,125.3	95,508.1	105,469.3	116,484.3	56,448.7	59,981.7	66,047.0	72,450.5	81,545.0	90,782.3
Euro Area	163	12,666.8	15,636.0	18,800.4	22,148.5	24,090.7	26,518.1	6,344.2	7,483.3	8,094.5	7,371.5	8,651.4	9,545.7
Austria	122	461.5	1,065.2	1,905.3	2,159.8	2,188.7	2,573.9	165.4	157.5	197.8	225.9	412.1	416.7
Belgium	124	1,199.7	1,146.7	1,324.8	1,807.3	1,779.5	1,802.7	346.9	411.6	502.1	520.6	494.2	498.8
Cyprus	423	19.3	17.7	16.7	28.7	33.4	52.8	10.8	11.2	11.2	17.7	25.3	34.7
Estonia	939	11.4	11.5	11.2	19.7	25.5	27.5	5.5	6.6	18.6	22.2	19.3	8.5
Finland	172	87.0	99.7	78.9	104.6	117.6	103.4	124.0	204.3	149.8	158.3	204.4	234.6
France	132	1,658.9	2,163.6	2,206.4	2,398.7	2,977.8	3,210.9	1,205.0	1,589.1	995.7	1,143.1	1,258.5	1,326.9
Germany	134	3,366.9	4,095.2	4,729.7	5,185.1	5,707.4	6,082.2	2,198.6	2,377.4	2,963.1	2,623.3	3,202.7	3,660.9
Greece	174	132.3	150.6	186.2	185.4	167.3	184.3	12.0	22.5	18.5	22.2	28.5	59.7
Ireland	178	63.7	81.0	73.8	102.4	115.0	143.9	267.3	647.0	958.5	211.7	286.2	497.9
Italy	136	1,534.3	1,876.7	2,293.5	2,744.7	2,847.8	3,078.8	998.8	972.1	1,172.6	1,338.4	1,451.5	1,399.9
Latvia	941	40.6	72.5	102.7	137.0	138.6	147.4	6.3	6.6	3.0	2.3	7.0	9.0
Lithuania	946	22.6	36.9	43.2	51.4	37.8	37.7	17.3	20.8	6.7	28.2	18.2	29.0
Luxembourg	137	27.2	29.1	43.0	31.5	40.2	38.0	9.7	3.2	6.0	8.1	10.2	12.8
Malta	181	4.0	19.8	8.5	9.6	95.7	84.0	1.2	26.1	36.6	17.8	24.1	22.7
Netherlands	138	2,148.0	2,476.3	2,937.1	3,769.4	4,759.6	5,767.4	669.4	704.1	678.5	551.9	690.1	758.1
Portugal	182	153.0	173.3	246.1	272.8	287.9	301.7	17.2	12.4	32.9	73.6	67.9	72.7
Slovak Republic	936	156.9	290.9	436.2	472.6	275.6	436.7	13.5	16.5	15.6	52.6	18.1	32.6
Slovenia	961	24.8	35.4	44.3	102.1	196.5	172.2	13.3	10.7	15.1	....	33.2	54.2
Spain	184	1,554.5	1,793.7	2,113.1	2,565.5	2,299.0	2,272.7	262.2	283.7	312.5	353.6	399.8	416.1
Australia	193	2,519.1	3,241.1	3,514.1	3,990.1	2,905.6	2,925.7	2,123.3	1,772.2	1,586.9	2,057.8	2,022.0	2,271.1
Canada	156	969.4	1,157.0	1,547.0	2,081.5	2,407.6	2,807.5	342.1	455.7	406.1	386.5	448.3	349.1
China,P.R.: Hong Kong	532	2,205.7	3,705.6	4,107.0	5,203.3	6,959.3	7,181.9	969.8	969.5	1,050.2	1,038.2	1,320.4	1,318.4
China,P.R.: Macao	546	....	....	....	....	22.5	28.4	....	....	....	....	7.3	6.3
Czech Republic	935	183.3	180.1	180.7	218.8	....	....	36.5	62.1	57.9	75.5	....	....
Denmark	128	271.5	276.1	267.8	316.7	289.4	276.9	149.6	192.0	187.3	177.2	244.0	287.9
Iceland	176	....	....	....	....	5.8	7.2	....	....	....	....	10.4	9.8
Israel	436	170.8	279.3	400.6	496.0	533.7	621.0	205.2	158.9	204.7	566.0	1,161.4	699.4
Japan	158	10,781.2	13,059.8	13,651.5	14,704.2	14,100.3	15,228.3	10,400.3	11,602.8	11,611.6	12,908.8	14,182.1	14,692.6
Korea, Republic of	542	4,715.5	5,580.4	6,631.1	7,144.0	8,915.4	11,427.0	13,175.9	15,535.9	20,698.0	21,736.4	27,578.5	32,449.0
New Zealand	196	151.4	184.2	274.5	316.3	325.0	358.8	384.0	384.9	449.4	478.4	377.8	377.5
Norway	142	89.8	125.8	109.6	117.7	103.4	116.9	166.0	131.3	131.2	190.1	202.6	278.0
Singapore	576	2,285.7	2,367.9	2,662.4	2,932.8	3,256.6	2,691.3	6,390.6	6,690.3	5,702.6	6,827.1	6,030.8	5,482.9
Sweden	144	427.4	673.8	907.1	961.9	936.2	1,009.1	258.2	241.2	226.9	257.1	239.2	262.6
Switzerland	146	1,188.5	397.7	289.6	262.9	230.7	341.6	1,771.0	398.1	410.8	362.3	544.7	549.2
Taiwan Prov.of China	528	1,843.3	2,081.7	2,213.6	2,305.7	2,266.9	2,451.4	8,556.8	8,534.2	9,423.7	11,084.9	10,003.7	10,299.0
United Kingdom	112	2,398.2	3,033.6	3,699.0	3,652.1	4,645.2	4,953.3	646.1	542.1	573.3	648.1	727.8	817.0
United States	111	16,927.8	19,667.9	23,869.2	28,655.7	33,475.0	37,540.0	4,529.2	4,827.3	5,231.9	6,284.3	7,792.5	11,086.8
Emerg. & Dev. Economies	200	33,691.1	39,801.9	45,617.8	50,354.6	54,543.4	70,521.1	48,061.1	51,658.5	63,210.6	72,327.4	92,303.7	95,296.2
Emerg. & Dev. Asia	505	24,518.4	29,597.3	32,037.2	34,400.6	34,936.8	49,180.1	41,459.7	45,014.8	55,482.1	63,171.4	80,952.9	81,477.9
Bangladesh	513	445.2	353.0	485.7	709.9	570.0	617.1	....	....	....	....	41.5	45.3
Brunei Darussalam	516	15.4	16.9	17.5	49.6	25.5	7.1	189.2	610.6	607.1	118.1	48.1	63.1
Cambodia	522	2,406.8	2,830.6	2,926.2	2,666.5	2,395.2	2,788.5	429.6	486.3	503.8	625.2	946.0	947.9
China,P.R.: Mainland	924	11,125.0	12,388.2	13,259.4	14,905.6	16,567.7	26,350.7	24,593.7	28,785.9	36,954.3	43,867.9	49,441.1	46,495.8
Fiji	819	....	....	....	....	12.8	13.9	....	....	....	....	4.4	4.6
F.T. French Polynesia	887	....	....	....	....	....	....	....	....	....	....	1.8 e	1.7 e
F.T. New Caledonia	839	....	....	....	....	10.0	10.8	....	....	....	....	0.1	0.1
India	534	1,553.9	1,782.2	2,353.9	2,460.9	2,469.7	2,812.7	2,346.4	2,161.0	2,882.7	3,132.3	2,655.2	3,013.8
Indonesia	536	2,358.9	2,357.8	2,453.8	2,890.7	2,847.6	4,199.9	2,247.6	2,247.6	2,374.5	2,497.4	2,738.5	3,278.5
Kiribati	826	....	....	....	....	1.5	1.7	....	....	....	....	11.3	11.8
Lao People's Dem.Rep	544	274.1	421.4	457.9	477.2	523.3	574.9	460.0	444.7	668.0	808.1	586.5	646.5
Malaysia	548	2,832.4	4,496.1	4,925.7	3,930.8	3,577.1	3,441.3	3,919.7	3,412.5	4,104.1	4,193.3	4,184.7	5,589.0
Mongolia	948	....	....	....	....	13.2	14.3	....	....	....	....	21.8	21.8
Myanmar	518	82.5	117.8	228.0	345.9	375.7	392.4	84.8	109.5	123.7	134.8	56.2	71.6
Nepal	558	....	....	....	....	24.2	26.3	....	....	....	....	1.3	1.3
Papua New Guinea	853	....	....	....	....	126.7	137.7	....	....	....	....	22.1	23.1
Philippines	566	1,535.3	1,871.5	1,695.0	2,321.0	2,016.4	3,974.3	805.1	964.5	952.9	675.5	898.9	935.9

2017, International Monetary Fund: *Direction of Trade Statistics Yearbook*

Vietnam (582)

In Millions of U.S. Dollars

		Exports (FOB) 2011	2012	2013	2014	2015	2016	Imports (CIF) 2011	2012	2013	2014	2015	2016
Solomon Islands	813	....	....	....	....	10.0	10.9	....	....	....	....	6.6	6.9
Sri Lanka	524	83.6	95.3	130.4	166.7	192.4	207.8	....	....	....	....	73.9	95.8
Thailand	578	1,792.3	2,832.2	3,103.7	3,475.8	3,177.7	3,597.7	6,383.6	5,792.3	6,311.2	7,118.7	8,269.6	8,762.5
Timor-Leste	537	13.0	34.4	....	....	....	....	....	....	....	....	....	....
Asia n.s.	598	....	....	....	....	....	....	....	....	....	....	10,943.3	11,460.7
Europe	170	**2,851.7**	**3,205.5**	**3,851.8**	**4,336.5**	**4,046.9**	**4,595.0**	**1,403.6**	**1,464.7**	**1,552.0**	**1,693.2**	**1,607.2**	**2,221.4**
Emerg. & Dev. Europe	903	**1,369.9**	**1,366.1**	**1,693.0**	**2,219.2**	**2,211.6**	**2,249.0**	**392.7**	**360.8**	**409.4**	**493.7**	**613.6**	**1,100.5**
Bulgaria	918	26.9	37.0	41.4	47.7	40.8	37.8	42.2	21.7	26.4	39.5	61.6	137.3
Croatia	960	....	....	....	....	32.6	37.9	....	....	....	....	23.4	37.6
Hungary	944	51.3	57.6	60.2	55.0	65.7	115.1	117.0	63.4	87.9	120.8	129.4	139.1
Kosovo	967	....	....	....	....	25.4 e	15.5 e	....	....	....	....	....	....
Poland	964	445.5	328.2	348.9	509.4	585.2	606.3	124.3	163.7	151.0	151.1	175.4	191.5
Romania	968	74.4	80.6	69.1	99.2	102.2	112.7	29.0	21.9	47.2	51.9	73.4	362.1
Serbia, Republic of	942	....	....	....	....	....	....	....	....	....	....	3.1 e	13.0 e
Turkey	186	771.7	862.7	1,173.5	1,507.8	1,359.6	1,323.7	80.2	90.1	97.0	130.2	147.3	219.9
CIS	901	**1,481.8**	**1,839.4**	**2,158.8**	**2,117.3**	**1,835.3**	**2,346.0**	**1,010.9**	**1,103.9**	**1,142.6**	**1,199.5**	**993.6**	**1,121.0**
Azerbaijan, Rep. of	912	....	....	....	....	34.2	63.2	....	....	....	....	....	0.0
Belarus	913	....	....	....	160.2	4.6	5.3	199.3	167.2	138.3	250.3	120.1	77.6
Georgia	915	....	....	....	....	26.1	18.9	....	....	....	....	44.0	487.2
Kazakhstan	916	....	....	....	....	154.0	232.1	12.4	13.8	5.2	10.5	9.1	175.4
Russian Federation	922	1,287.3	1,618.5	1,904.9	1,727.6	1,438.3	1,811.2	694.0	830.6	853.0	820.2	741.8	310.8
Ukraine	926	194.5	220.9	253.9	229.5	160.0	195.7	105.2	92.4	146.0	118.6	74.5	65.8
Uzbekistan	927	....	....	....	....	18.0	19.6	....	....	....	....	4.0	4.2
Mid East, N Africa, Pak	440	**1,983.3**	**3,467.4**	**5,229.3**	**6,143.7**	**7,981.3**	**8,818.9**	**2,404.2**	**2,348.4**	**2,667.1**	**2,786.0**	**2,197.1**	**2,389.4**
Algeria	612	100.4	129.1	176.7	246.4	233.8	538.4	....	....	....	....	2.6	2.6
Bahrain, Kingdom of	419	....	....	....	....	15.5	16.8	....	....	....	....	7.1	7.4
Djibouti	611	....	....	....	....	45.2	49.1	....	....	....	....	....	....
Egypt	469	256.3	297.8	220.0	380.0	361.7	305.8	....	....	....	....	17.8	14.9
Iran, I.R. of	429	96.0	....	....	....	....	....	89.5	....	....	....	....	....
Iraq	433	149.6	158.9	....	....	....	....	....	....	....	....	....	....
Jordan	439	....	....	....	....	159.2	126.1	....	....	....	....	13.8	5.6
Kuwait	443	28.9	29.2	35.3	72.3	88.2	88.3	807.9	708.7	705.1	619.0	130.6	136.8
Lebanon	446	....	....	....	....	57.2	66.0	....	....	....	....	1.0	0.4
Libya	672	....	....	....	....	32.6	35.4	....	....	....	....	0.0	0.0
Mauritania	682	....	....	....	....	9.3	10.1	....	....	....	....	5.8	6.1
Morocco	686	....	....	....	....	146.0	202.8	....	....	....	....	5.1	26.4
Oman	449	....	....	....	....	33.2	44.8	....	....	....	....	32.2	64.1
Pakistan	564	168.4	174.8	187.1	282.6	419.7	427.2	156.0	215.9	143.7	144.8	160.0	169.7
Qatar	453	....	....	....	....	42.1	45.7	178.4	233.5	253.2	220.3	187.6	196.4
Saudi Arabia	456	261.7	599.3	471.1	534.6	534.0	582.4	783.5	886.5	1,238.9	1,338.3	1,105.8	1,221.9
Sudan	732	....	....	....	....	22.4	15.4	....	....	....	....	0.1	0.1
Syrian Arab Republic	463	....	....	....	....	23.5	25.5	....	....	....	....	0.3	0.3
Tunisia	744	....	....	....	....	43.1	28.4	4.2	....	....	....	5.8	8.8
United Arab Emirates	466	922.0	2,078.4	4,139.0	4,627.7	5,690.9	6,184.0	384.6	303.8	326.2	463.6	521.5	527.9
West Bank and Gaza	487	....	....	....	....	8.1 e	9.6 e	....	....	....	....	....	....
Yemen, Republic of	474	....	....	....	....	15.6	17.0	....	....	....	....	....	....
Sub-Saharan Africa	603	**2,460.1**	**1,350.8**	**1,574.6**	**1,520.1**	**2,224.2**	**2,215.4**	**479.4**	**317.4**	**499.6**	**360.7**	**1,907.9**	**1,946.1**
Angola	614	68.1	115.8	124.6	81.4	46.3	67.0	....	....	....	....	2.2	2.3
Benin	638	....	....	....	....	21.2	23.0	....	....	....	....	106.5	111.6
Botswana	616	....	....	....	....	0.9	0.9	....	....	....	....	28.3	28.3
Burkina Faso	748	....	....	....	....	8.5	9.2	....	....	....	....	72.2	75.6
Cameroon	622	....	....	....	....	38.6	41.9	81.2	70.4	89.5	122.8	162.5	170.2
Chad	628	....	....	....	....	0.6	0.7	....	....	....	....	11.3	11.8
Congo, Dem. Rep. of	636	....	....	....	....	13.6	14.8	....	....	....	....	30.9	32.3
Congo, Republic of	634	....	....	....	....	4.4	4.8	....	....	....	....	50.7	53.1
Côte d'Ivoire	662	146.5	214.9	247.1	160.0	137.8	149.8	174.5	135.9	255.3	93.2	450.4	471.1
Ethiopia	644	....	....	....	....	9.4	10.2	....	....	....	....	5.0	5.2
Gabon	646	....	....	....	....	21.1	22.9	....	....	....	....	38.7	40.5
Gambia, The	648	....	....	....	....	3.2	3.5	....	....	....	....	14.3	15.0
Ghana	652	120.4	203.6	247.0	243.6	240.5	271.3	....	....	....	....	136.7	143.2

Vietnam (582)

In Millions of U.S. Dollars

		Exports (FOB)						Imports (CIF)					
		2011	2012	2013	2014	2015	2016	2011	2012	2013	2014	2015	2016
Guinea	656	....	....	....	....	18.5	20.1	....	....	....	....	56.0	58.6
Guinea-Bissau	654	....	....	....	....	2.3	2.5	....	....	....	....	31.9	33.4
Kenya	664	....	....	....	....	34.5	37.5	....	....	....	....	2.7	2.8
Lesotho	666	....	....	....	....	16.1	17.5	....	....	....	....	0.0	0.0
Liberia	668	....	....	....	....	98.5	107.0	....	....	....	....	6.0	6.3
Madagascar	674	....	....	....	....	15.7	17.0	....	....	....	....	2.7	2.8
Mali	678	....	....	....	....	1.3	1.4	....	....	....	....	57.9	60.6
Mauritius	684	....	....	....	....	112.0	51.9	....	....	....	....	92.5	86.7
Mozambique	688	....	....	....	....	59.6	64.7	....	....	....	....	6.5	6.8
Namibia	728	....	....	....	....	1.6	1.7	....	....	....	....	19.7	20.6
Nigeria	694	70.5	112.7	147.9	182.8	113.0	131.3	....	....	....	....	131.2	137.4
Senegal	722	190.3	91.2	43.2	58.5	39.6	18.1	....	....	....	....	6.5	7.0
Sierra Leone	724	....	....	....	....	14.6	15.8	....	....	....	....	8.4	8.8
South Africa	199	1,864.4	612.6	764.8	793.7	1,038.9	965.9	223.8	111.1	154.8	144.7	115.0	144.9
Tanzania	738	....	....	....	....	62.1	67.5	....	....	....	....	139.1	145.6
Togo	742	....	....	....	....	16.9	18.3	....	....	....	....	40.7	42.6
Zambia	754	....	....	....	....	22.0	45.3	....	....	....	....	61.7	0.0
Zimbabwe	698	....	....	....	....	11.0	12.0	....	....	....	....	19.8	20.7
Western Hemisphere	205	1,877.5	2,180.8	2,924.9	3,953.7	5,354.2	5,711.7	2,314.1	2,513.4	3,009.8	4,316.2	5,638.6	7,261.4
Argentina	213	148.9	166.9	192.2	174.5	377.6	727.9	858.9	915.5	1,241.9	1,712.7	2,163.2	4,709.3
Bahamas, The	313	....	....	....	....	35.8	38.9	....	....	....	....	0.0	0.0
Bolivia	218	....	....	....	....	10.8	9.9	....	....	....	....	4.3	5.5
Brazil	223	597.9	718.1	1,105.1	1,482.8	1,435.8	1,303.8	938.3	1,019.3	1,295.1	1,872.7	2,437.1	1,590.7
Chile	228	137.5	168.6	219.5	522.3	649.5	707.9	335.7	370.1	315.1	368.2	290.5	215.7
Colombia	233	99.8	106.4	173.5	278.3	346.0	322.7	....	....	....	....	15.8	16.6
Costa Rica	238	....	....	....	....	76.1	93.0	....	....	....	....	23.9	21.5
Dominican Republic	243	....	....	....	....	65.0	70.6	....	....	....	....	2.0	2.1
Ecuador	248	....	....	....	....	95.7	143.6	....	....	....	....	18.5	26.3
El Salvador	253	....	....	....	....	14.6	14.6	....	....	....	....	2.9	4.3
Guatemala	258	....	....	....	....	36.6	39.8	....	....	....	....	1.3	1.4
Haiti	263	....	....	....	....	28.2	30.6	....	....	....	....	3.1	3.3
Honduras	268	....	....	....	....	12.4	14.0	....	....	....	....	2.9	2.3
Jamaica	343	....	....	....	....	5.8	6.3	....	....	....	....	5.9	6.2
Mexico	273	589.8	682.9	890.2	1,036.9	1,545.5	1,545.5	91.4	111.8	114.7	264.5	477.0	477.0
Nicaragua	278	....	....	....	....	16.5	17.9	....	....	....	....	0.9	0.9
Panama	283	227.4	237.2	234.5	272.0	268.8	267.7	....	....	....	....	23.4	20.3
Paraguay	288	....	....	....	....	30.3	32.9	....	....	....	....	34.2	35.8
Peru	293	76.2	100.6	109.8	186.9	238.2	248.7	89.9	96.6	42.9	98.0	60.0	64.3
Trinidad and Tobago	369	....	....	....	....	7.0	7.6	....	....	....	....	5.0	5.2
Uruguay	298	....	....	....	....	42.5	50.9	....	....	....	....	62.5	48.3
Venezuela, Rep. Bol.	299	....	....	....	....	15.4	16.8	....	....	....	....	4.2	4.4
Other Countries n.i.e	910	270.0	....	....	....	....	....	....	....	....	....	....	....
Cuba	928	270.0	....	....	....	....	....	....	....	....	....	....	....
Countries & Areas n.s.	898	....	....	....	....	....	....	....	....	....	....	1,935.7	2,027.2
Memorandum Items													
Africa	605	2,560.5	1,479.9	1,751.3	1,766.4	2,724.0	3,059.7	483.7	317.4	499.6	360.7	1,927.4	1,990.1
Middle East	405	1,714.5	3,163.5	4,865.4	5,614.7	7,061.8	7,547.5	2,244.0	2,132.5	2,523.4	2,641.2	2,017.7	2,175.6
European Union	998	16,545.3	20,302.8	24,374.6	28,009.5	30,788.0	33,667.1	7,747.1	8,791.3	9,452.3	8,893.0	10,325.7	11,780.7
Export earnings: fuel	080	3,112.7	4,999.5	7,190.5	7,800.8	8,998.4	10,393.7	3,139.6	3,587.4	3,988.6	3,590.0	3,068.2	3,009.4
Export earnings: nonfuel	092	90,643.5	106,450.4	121,552.6	138,061.9	151,014.3	176,611.8	101,370.2	108,052.8	125,269.0	141,187.9	172,716.3	185,096.4

West Bank and Gaza (487)

In Millions of U.S. Dollars

		Exports (FOB)						Imports (CIF)					
		2011	2012	2013	2014	2015	2016	2011	2012	2013	2014	2015	2016
IFS World		....	....	....	....	....	....	....	....	....	....	....	....
World	001	745.6	782.4	900.6	943.8	957.8	937.0	4,737.6	4,697.4	5,163.9	5,683.2	5,226.0	5,597.3
Advanced Economies	110	669.0	670.0	811.0	825.1	829.0	834.2	3,976.6	3,934.5	4,240.6	4,583.2	3,865.0	4,073.1
Euro Area	163	11.0	10.5	8.8	16.0	7.6	10.6	368.8	365.8	363.5	404.5	484.4	579.0
Austria	122	0.1	0.2	0.2	0.3	0.4	0.3	3.5	1.8	2.7	6.1	12.8	4.7
Belgium	124	0.8	2.5	0.7	0.4	0.4	0.3	16.6	15.9	16.0	19.1	26.0	41.3
Cyprus	423	0.0	0.2	0.2	0.1	0.1	0.9	0.4	0.1	0.3	1.0	0.8	....
Estonia	939	....	....	....	....	....	....	0.2	0.2	0.1	0.2	0.4	0.0
Finland	172	....	....	....	....	0.0	0.0	4.1	2.0	1.4	1.0	1.8	1.7
France	132	1.4	1.0	0.5	0.6	1.6	1.5	52.2	62.4	51.6	53.6	66.3	54.7
Germany	134	1.1	0.8	1.8	2.3	0.9	1.0	108.7	114.0	124.2	138.4	148.5	196.6
Greece	174	0.0	0.0	0.0	0.1	0.1	0.2	4.8	4.3	4.0	1.8	5.2	9.9
Ireland	178	....	0.1	0.1	0.0	0.0	0.0	12.7	11.1	12.1	14.5	23.9	11.5
Italy	136	1.4	1.1	1.2	0.6	1.3	3.4	67.0	64.9	61.2	62.0	68.8	116.4
Latvia	941	....	....	....	....	....	....	0.0	0.1	0.2	0.5	0.4	0.0
Lithuania	946	....	....	....	....	....	....	0.0	0.0	0.0	0.4	0.3	0.5
Luxembourg	137	....	....	....	....	....	....	0.3	0.7	1.1	0.1	1.3	1.3
Malta	181	1.4	0.8	0.2	0.1	0.8	....	0.1	0.1	0.6	0.1	0.1	0.1
Netherlands	138	4.6	2.3	3.0	11.5	1.8	2.0	31.9	25.9	22.8	37.8	43.0	42.8
Portugal	182	....	....	0.0	0.0	0.1	0.3	1.5	4.2	3.7	4.5	5.0	1.6
Slovak Republic	936	....	1.3	1.1	0.0	0.0	....	1.7	0.8	0.5	0.7	4.1	10.8
Slovenia	961	0.1	0.4	....	....	....	....	2.3	0.4	0.3	1.2	3.4	7.8
Spain	184	0.0	....	0.0	0.0	0.1	0.6	60.8	56.7	60.6	61.6	72.4	77.5
Australia	193	0.0	0.0	0.0	....	0.0	0.0	3.6	12.5	4.8	4.1	5.4	5.4
Canada	156	1.8	3.3	0.9	0.5	0.6	0.6	2.6	2.9	2.7	2.7	3.3	3.2
China,P.R.: Hong Kong	532	....	0.0	0.0	0.0	0.0	0.0	2.5	2.3	3.0	4.5	11.6	10.5
Czech Republic	935	0.0	0.1	0.0	0.0	0.0	0.0	17.5	9.9	9.0	16.4	13.9	45.5
Denmark	128	0.0	0.0	0.0	0.0	0.1	0.4	4.9	5.0	5.7	6.6	8.1	8.6
Iceland	176	....	....	....	....	....	....	0.3	0.2	0.1	0.0	0.0	0.0
Israel	436	643.9	639.2	786.4	791.5	803.6	802.7	3,348.2	3,350.4	3,694.8	3,958.3	3,044.6	3,119.0
Japan	158	0.3	0.1	0.5	0.2	0.5	0.5	18.4	14.8	12.5	27.5	81.4	76.9
Korea, Republic of	542	0.7	0.2	0.3	0.4	0.2	1.0	50.8	42.4	38.4	33.5	39.9	54.7
New Zealand	196	....	....	0.1	0.4	0.2	0.2	0.3	0.2	0.4	1.2	1.5	1.5
Norway	142	0.0	0.0	0.1	0.1	0.3	0.1	0.0	0.2	0.0	0.1	1.4	0.1
Singapore	576	0.0	0.0	0.1	0.0	0.1	0.1	3.8	3.8	4.4	3.2	4.3	4.4
Sweden	144	0.4	0.1	0.2	0.2	0.2	0.3	35.9	36.6	26.1	19.2	18.4	2.7
Switzerland	146	0.4	0.4	0.3	0.3	0.4	0.4	43.8	13.8	10.0	21.1	51.2	79.1
Taiwan Prov.of China	528	....	....	....	....	0.0 e	....	....	....	....	....	0.6 e	0.6 e
United Kingdom	112	1.8	2.6	2.9	3.4	4.5	5.0	32.0	29.8	22.9	28.3	39.5	32.9
United States	111	8.7	13.6	10.3	12.0	10.7	12.3	43.2	43.9	42.4	51.9	55.6	49.1
Emerg. & Dev. Economies	200	76.6	112.3	89.2	118.7	128.8	102.8	759.9	762.0	922.2	1,099.8	1,361.0	1,524.1
Emerg. & Dev. Asia	505	0.5	0.2	0.4	0.8	1.1	0.8	270.7	262.7	307.3	360.7	460.8	514.8
Bangladesh	513	....	....	....	....	....	....	0.0	0.0	0.1	0.2	0.3	0.3
Cambodia	522	....	....	....	....	....	....	0.0	0.3	0.2	0.0	0.0	0.0
China,P.R.: Mainland	924	....	....	....	0.0	0.0	0.0	210.3	197.3	236.6	281.8	368.0	423.9
F.T. New Caledonia	839	....	....	....	....	....	....	0.3	0.0	0.0	....	....	....
India	534	0.5	0.0	....	0.1	0.0	0.0	23.3	22.7	23.5	27.6	34.8	33.2
Indonesia	536	0.0	0.2	0.3	0.1	0.3	0.4	1.9	2.9	3.0	6.4	5.2	0.1
Lao People's Dem.Rep	544	....	....	....	....	....	....	0.3	0.7	....	....	....	....
Malaysia	548	0.0	0.0	0.0	0.6	0.7	0.4	8.0	7.1	6.5	5.7	6.1	8.0
Philippines	566	....	....	....	....	....	....	0.7	0.6	0.4	0.4	0.7	0.7
Samoa	862	....	....	....	....	....	....	0.1	0.0	0.1	0.0	....	....
Sri Lanka	524	....	....	....	....	....	....	2.4	3.6	3.2	3.5	3.9	3.8
Thailand	578	....	....	....	....	....	....	13.9	16.9	23.4	21.9	24.7	24.7
Vietnam	582	....	....	....	0.0	....	....	4.8	5.8	5.9	7.2	8.6	10.2
Asia n.s.	598	....	....	....	....	....	....	4.7	4.7	4.5	6.0	8.4	10.0
Europe	170	2.1	2.6	4.3	4.2	6.5	7.3	267.5	268.3	346.2	409.3	486.4	564.5
Emerg. & Dev. Europe	903	1.7	2.0	4.1	3.3	5.7	6.6	254.8	255.4	317.7	367.4	428.3	499.0
Albania	914	....	....	....	....	....	....	....	....	....	0.0	0.1	0.1
Bosnia and Herzegovina	963	....	0.0 e	0.0 e	0.0 e	....	0.0 e	0.0	0.0	0.0	0.4	0.0	0.0

West Bank and Gaza (487)
In Millions of U.S. Dollars

		Exports (FOB) 2011	2012	2013	2014	2015	2016	Imports (CIF) 2011	2012	2013	2014	2015	2016
Bulgaria	918	....	....	0.0	0.0	0.0	0.0	1.1	0.8	1.8	1.9	4.1	8.9
Croatia	960	....	....	....	....	....	0.0	0.6	0.2	0.1	0.1	0.4	1.0
Hungary	944	....	0.0	0.0	0.0	0.0	0.0	3.9	6.4	5.8	11.5	6.5	2.9
Macedonia, FYR	962	....	....	....	....	....	....	....	....	0.0	0.1	0.1	0.1
Poland	964	1.3	1.1	1.1	0.3	2.6	2.1	12.5	12.7	17.5	22.3	33.5	39.2
Romania	968	0.0	0.0	0.0	0.0	0.0	0.0	4.1	2.1	3.2	3.9	2.9	15.6
Serbia, Republic of	942	....	....	....	....	....	....	....	....	0.2	1.3	1.6	2.4
Turkey	186	0.4	0.9	3.0	3.0	3.2	4.5	232.6	233.1	289.2	325.9	379.0	428.7
CIS	901	**0.4**	**0.7**	**0.2**	**0.9**	**0.8**	**0.7**	**12.6**	**12.9**	**28.5**	**41.9**	**58.0**	**65.5**
Georgia	915	....	....	....	....	....	....	0.0	0.1	0.0	0.0	0.0	0.0
Kyrgyz Republic	917	....	....	....	....	....	....	....	....	....	....	0.1	0.1
Moldova	921	....	0.0 e	....	....	0.0 e	0.0 e	....	0.1	0.1	0.0	....	....
Russian Federation	922	0.3	0.6	0.2	0.8	0.8	0.7	9.3	4.0	6.2	2.0	4.0	2.2
Ukraine	926	0.0	0.1	0.0	0.1	0.0	0.0	3.3	8.7	22.2	39.9	53.9	63.0
Uzbekistan	927	....	....	....	....	....	....	0.0	0.2	....	....	0.1	0.1
Mid East, N Africa, Pak	440	**74.0**	**108.8**	**84.3**	**112.6**	**121.1**	**94.6**	**175.9**	**187.4**	**215.3**	**274.8**	**343.4**	**383.0**
Algeria	612	6.4	6.8	1.7	0.8	2.4	0.6	....	....	....	....	....	....
Bahrain, Kingdom of	419	0.1	0.1	0.1	0.3	0.3	0.3	0.3	1.9	6.0	3.4	6.1	7.2
Egypt	469	1.0	1.6	0.2	0.3	0.2	....	36.9	34.7	43.5	55.0	67.5	68.4
Iraq	433	0.2	0.3	0.3	0.5	0.1	0.1	....	....	....	....	....	....
Jordan	439	38.9	58.6	55.4	66.3	60.1	42.1	97.5	98.4	91.5	101.8	141.9	164.3
Kuwait	443	5.6	6.5	3.9	9.0	12.7	10.7	1.7	0.7	0.6	1.1	1.2	1.4
Lebanon	446	....	0.0	....	0.0	0.1	0.1	....	....	....	....	....	....
Libya	672	....	0.0	0.6	0.0	....	....	....	....	....	....	....	....
Mauritania	682	0.0	0.1	0.1	0.1	0.1	0.1	....	0.0	0.1	....	0.0	0.0
Morocco	686	0.0	0.1	0.2	0.0	0.4	2.8	0.2	0.3	0.6	0.6	1.7	2.1
Oman	449	0.1	0.8	0.2	0.2	0.6	0.7	2.0	1.0	1.1	1.9	2.6	3.1
Pakistan	564	....	....	0.0	....	....	....	0.1	0.1	0.3	0.4	0.2	0.2
Qatar	453	2.7	7.4	4.8	8.1	9.7	8.2	4.0	6.7	11.4	12.5	16.8	19.9
Saudi Arabia	456	9.7	11.0	8.4	11.1	14.8	12.5	25.0	34.6	44.0	64.8	71.9	76.2
Somalia	726	....	....	....	....	....	....	....	0.1	0.2	0.1	....	....
Sudan	732	....	0.1	0.1	0.2	0.1	0.1	....	....	....	....	....	....
Tunisia	744	0.0	....	0.0	0.0	0.1	0.1	0.5	0.2	0.2	0.6	0.3	0.9
United Arab Emirates	466	8.8	14.5	7.4	14.2	18.7	15.8	7.6	8.8	15.8	32.6	33.1	39.3
Yemen, Republic of	474	0.4	0.9	0.9	1.5	0.7	0.6	0.3	....	....	....	....	....
Sub-Saharan Africa	603	**0.0**	**0.4**	**0.2**	**0.3**	**0.0**	**....**	**8.8**	**9.1**	**10.4**	**14.4**	**13.1**	**14.7**
Angola	614	....	....	....	....	....	....	0.0	0.0	0.2	....	....	....
Burkina Faso	748	....	....	....	....	....	....	0.7	0.6	0.6	0.1	0.2	0.3
Cameroon	622	....	0.2	0.0	0.0	....	....	0.0	0.0	0.1	....	0.2	0.2
Central African Rep.	626	....	....	....	....	....	....	....	0.1	0.0	....	....	....
Chad	628	....	0.1	0.1	....	....	....	0.0	....	0.2	0.2	0.2	0.2
Congo, Republic of	634	....	....	....	....	....	....	0.2	0.1	0.1	0.0	0.0	0.0
Côte d'Ivoire	662	....	....	....	....	....	....	0.0	0.1	0.2	0.2	0.1	0.1
Ethiopia	644	....	0.1	....	....	....	....	3.1	3.9	3.1	7.1	8.0	8.6
Gabon	646	....	....	0.0	....	....	....	....	0.1	0.1	0.1	0.0	0.0
Ghana	652	0.0	....	....	0.0	....	....	0.1	0.1	0.1	0.2	0.3	0.3
Guinea	656	....	....	....	....	....	....	0.1	....	0.0	....	....	....
Kenya	664	....	0.0	....	....	....	....	0.3	0.4	0.2	0.1	0.1	0.1
Malawi	676	....	....	....	....	....	....	0.6	....	....	....	....	....
Namibia	728	....	....	....	0.0 e	....	....	0.2	0.2	0.2	....	0.0	0.0
Niger	692	....	....	....	....	0.0 e	....	0.0	0.0	0.1	0.0	....	....
Nigeria	694	....	....	....	0.1	....	....	1.0	0.7	1.6	3.6	2.5	3.0
Seychelles	718	....	....	....	....	....	....	....	0.0	0.0	0.0	0.0	0.1
Sierra Leone	724	....	....	....	....	....	....	0.9	0.4	....	1.2	0.0	0.0
South Africa	199	....	0.0	0.1	0.2	....	....	0.3	0.8	0.6	0.7	0.3	0.3
Swaziland	734	....	....	....	....	....	....	....	0.0	1.4	0.0	0.0	0.0
Tanzania	738	....	0.0	0.0	....	....	....	0.8	1.0	1.4	0.7	1.0	1.3
Uganda	746	....	....	....	....	....	....	0.0	0.2	0.2	0.1	....	....
Zimbabwe	698	....	....	....	....	....	....	0.4	0.3	0.1	....	0.0	0.0

West Bank and Gaza (487)

In Millions of U.S. Dollars

		Exports (FOB) 2011	2012	2013	2014	2015	2016	Imports (CIF) 2011	2012	2013	2014	2015	2016
Western Hemisphere	205	0.1	0.2	0.0	0.7	0.1	0.1	37.0	34.5	43.0	40.7	57.3	47.1
Argentina	213	....	....	....	....	....	....	2.0	3.3	4.6	3.2	4.8	4.8
Aruba	314	....	....	....	....	....	....	....	....	0.2	0.4	0.8	0.8
Belize	339	0.0 e	....	....	....	....	....	....	0.1	....	....	....	....
Bolivia	218	0.0 e	....	....	....	0.0 e	0.0 e	....	0.0	0.0	0.1	0.0	0.0
Brazil	223	0.1	0.1	....	0.1	....	....	20.5	19.3	20.0	23.4	37.0	22.0
Chile	228	....	....	....	....	....	....	0.6	0.1	0.4	0.3	0.5	0.5
Colombia	233	....	....	....	....	....	....	1.8	4.1	4.7	4.5	3.0	6.2
Costa Rica	238	....	....	....	....	0.0 e	0.0 e	1.3	1.4	2.2	1.6	1.7	1.8
Dominican Republic	243	....	....	....	0.0 e	0.0 e	0.0 e	0.2	0.0	....	0.0	0.0	0.0
Ecuador	248	....	0.1	....	....	....	....	0.0	0.0	0.0	0.1	0.0	0.0
Guatemala	258	0.0	....	....	....	....	....	5.8	2.4	5.3	2.0	1.4	2.6
Haiti	263	....	....	....	....	....	....	....	0.1	....	....	....	....
Honduras	268	....	....	....	....	....	....	0.0	....	0.2	0.1	0.6	0.6
Mexico	273	....	....	....	....	....	....	3.5	1.8	3.3	3.6	4.6	4.4
Nicaragua	278	....	....	....	....	....	....	0.1	0.0	0.0	0.1	....	....
Panama	283	....	....	....	0.1	....	....	0.0	0.0	0.1	0.1	0.0	0.0
Paraguay	288	0.0 e	....	....	0.1 e	0.0 e	....	0.4	0.4	1.3	0.6	2.0	2.4
Peru	293	....	....	0.0	....	....	....	0.0	0.3	0.2	0.2	0.5	0.5
Trinidad and Tobago	369	....	....	....	0.0 e	0.1 e	0.1 e	....	....	....	....	....	....
Uruguay	298	....	....	....	....	....	....	0.4	1.0	0.4	0.3	0.3	0.3
Venezuela, Rep. Bol.	299	....	....	....	0.4	....	....	0.4	0.1	0.0	0.1	0.1	0.1
Other Countries n.i.e	910	....	....	0.3	....	....	....	1.1	0.9	1.1	0.1	0.1	0.1
Cuba	928	....	....	....	....	....	....	0.0	0.0	....	....	0.0	0.1
Korea, Dem. People's Rep.	954	....	....	0.3	....	....	....	1.1	0.8	1.1	0.1	0.0	0.0
Memorandum Items													
Africa	605	6.5	7.5	2.3	1.5	3.1	3.6	9.5	9.7	11.5	15.7	15.1	17.7
Middle East	405	67.5	101.8	82.3	111.5	118.0	91.1	175.1	186.7	214.0	273.1	341.2	379.8
European Union	998	14.5	14.4	13.2	20.0	15.0	18.4	481.3	469.3	455.5	514.7	611.7	736.3
Export earnings: fuel	080	34.3	49.2	28.7	47.0	60.9	50.2	53.6	62.7	91.9	127.0	141.6	159.0
Export earnings: nonfuel	092	711.3	733.2	871.9	896.9	896.9	886.9	4,684.1	4,634.7	5,072.0	5,556.2	5,084.4	5,438.3

Yemen, Republic of (474)

In Millions of U.S. Dollars

		Exports (FOB) 2011	2012	2013	2014	2015	2016	Imports (CIF) 2011	2012	2013	2014	2015	2016
IFS World		....	....	....	....	....	....	....	....	....	....	....	....
World	001	6,902.4	7,031.8	7,127.9	2,520.9	466.4	185.7	10,045.6	11,279.1	13,292.7	12,079.9	6,579.7	7,311.1
Advanced Economies	110	1,441.3	1,026.0	1,541.6	195.2	79.1	15.7	3,802.7	4,328.1	4,336.6	3,355.4	1,524.5	1,240.1
Euro Area	163	266.4	85.0	69.8	63.9	18.8	8.2	1,364.9	1,431.2	1,750.3	973.4	423.7	343.9
Austria	122	1.5	0.2	1.8	0.0	0.2	0.0	20.4	23.9	35.0	35.9	9.3	8.2
Belgium	124	95.8	4.6	3.4	2.6	0.5	0.5	25.2	26.7	36.8	51.1	20.2	15.0
Cyprus	423	....	....	....	0.0	....	....	1.0	1.0	1.4	1.0	0.5	0.4
Estonia	939	....	....	....	....	....	....	1.2	1.6	0.4	0.4	0.0	0.0
Finland	172	....	0.1	0.1	0.0	....	....	14.3	5.7	10.1	17.8	3.9	1.0
France	132	34.9	3.1	26.4	15.5	2.0	1.0	235.4	232.4	349.6	298.7	126.4	110.1
Germany	134	12.3	7.2	4.3	33.3	10.9	2.3	309.7	118.0	149.3	314.5	164.8	108.0
Greece	174	65.3	0.3	0.2	0.0	0.0	0.1	8.7	13.8	3.0	4.1	1.9	2.8
Ireland	178	0.0	0.7	....	0.2	0.2	0.0	12.9	17.6	14.9	16.8	6.5	8.7
Italy	136	10.0	8.5	9.2	7.7	3.8	2.4	70.9	51.6	76.1	101.2	41.3	31.2
Latvia	941	....	....	....	0.0	....	....	....	0.0	0.1	0.4	0.3	7.2
Lithuania	946	....	....	....	0.0	0.0	0.0	0.1	1.6	0.4	1.4	0.8	17.1
Luxembourg	137	....	....	....	0.0	....	0.1	0.0	0.0	0.3	0.7	0.0	0.0
Malta	181	....	19.4	....	....	....	....	0.9	2.8	2.8	3.8	1.2	1.5
Netherlands	138	37.0	36.7	22.0	1.4	0.6	1.3	643.4	890.2	1,022.8	58.8	29.7	6.9
Portugal	182	0.5	0.2	0.1	0.0	....	....	0.2	0.5	0.8	1.3	2.1	0.9
Slovak Republic	936	....	....	....	....	0.2	....	0.4	0.3	0.3	8.9	0.5	1.5
Slovenia	961	....	....	....	....	....	....	0.6	1.8	1.3	1.5	0.6	2.3
Spain	184	9.1	4.0	2.4	3.1	0.4	0.5	19.5	41.7	44.9	55.4	13.7	21.1
Australia	193	0.0	0.1	0.1	0.2	0.1	0.0	288.5	553.3	327.6	384.2	330.5	155.4
Canada	156	0.2	2.3	0.2	0.5	0.5	0.2	13.1	14.8	24.0	47.9	9.0	6.9
China,P.R.: Hong Kong	532	3.7	2.1	2.3	2.7	0.5	0.9	0.5	0.4	0.3	0.5	0.0	0.0
Czech Republic	935	0.1	....	0.0	0.0	....	....	1.9	1.8	9.1	18.6	0.3	0.2
Denmark	128	0.2	0.0	0.0	0.0	0.0	....	49.2	59.8	66.4	87.3	41.5	34.3
Iceland	176	....	....	....	....	....	....	0.1	....	....	0.0	....	....
Japan	158	87.3	103.6	241.0	10.2	27.8	0.8	319.6	410.2	482.8	469.5	204.0	184.0
Korea, Republic of	542	558.2	311.3	892.6	41.7	5.4	0.2	163.6	208.7	258.5	313.2	128.5	100.0
New Zealand	196	0.0	156.6	0.0	0.0	0.0	0.0	22.5	38.4	34.3	82.6	44.0	48.8
Norway	142	0.0	0.0	0.0	0.0	0.0	0.0	3.6	3.2	0.8	0.9	0.6	0.0
Singapore	576	29.0	193.5	213.6	0.5	0.6	1.0	65.9	21.3	56.8	20.1	8.4	3.4
Sweden	144	0.8	0.6	0.0	0.0	0.1	0.0	54.4	91.8	98.7	113.5	73.4	105.7
Switzerland	146	27.2	96.2	41.7	0.5	0.0	0.0	756.6	990.5	680.5	24.6	9.6	13.2
Taiwan Prov.of China	528	23.7	10.2	16.6	68.0	4.2	0.4	9.2	16.7	15.9	35.0	4.9	5.4
United Kingdom	112	137.5	9.2	5.6	2.1	9.0	3.4	85.3	54.6	84.0	108.3	31.2	33.6
United States	111	307.0	55.0	57.9	5.0	12.0	0.6	603.7	431.5	446.4	675.8	214.8	205.3
Emerg. & Dev. Economies	200	5,408.3	5,959.0	5,539.3	2,283.7	377.7	168.0	5,931.9	6,679.2	8,494.2	8,148.7	4,851.2	5,860.1
Emerg. & Dev. Asia	505	4,537.4	5,234.7	3,947.2	1,350.6	30.5	27.1	1,701.0	2,234.5	2,420.6	3,160.5	1,623.4	1,996.2
American Samoa	859	0.0	....	....	0.0	0.0	0.0	....	0.3	0.0	0.1	0.1	0.1
Bangladesh	513	0.1	0.6	2.9	0.2	0.1	0.0	0.9	2.0	4.8	2.8	3.0	1.4
Brunei Darussalam	516	....	....	0.0	....	....	0.1	....	....	....	....	....	....
China,P.R.: Mainland	924	2,250.7	2,898.8	1,718.8	860.9	6.9	1.3	650.2	837.6	1,029.6	1,366.4	708.5	841.0
India	534	949.5	804.1	543.6	7.7	2.7	0.1	482.4	648.8	624.7	804.5	373.3	333.1
Indonesia	536	4.6	0.9	1.2	10.7	0.3	1.5	70.7	122.9	168.3	271.6	128.1	474.7
Malaysia	548	3.5	126.7	142.1	120.8	5.6	13.1	238.6	281.5	226.3	321.9	165.3	100.6
Maldives	556	....	....	....	....	....	....	....	....	0.0	0.1	0.0	0.0
Mongolia	948	....	....	....	....	....	....	....	0.1	....	....	0.0	0.0
Myanmar	518	....	1.4	1.0	....	....	....	0.5	0.3	0.4	....	1.1	1.2
Nepal	558	....	....	0.2	....	....	....	....	....	....	....	....	....
Philippines	566	0.0	0.0	119.8	0.4	0.0	0.0	9.5	13.1	21.3	6.5	1.3	0.2
Sri Lanka	524	3.9	4.7	4.4	1.1	0.4	0.9	0.8	1.6	3.2	3.9	0.5	1.1
Thailand	578	1,268.5	1,357.9	1,379.0	330.5	7.6	8.9	224.1	285.8	297.3	331.0	219.3	219.3
Vietnam	582	56.7	39.6	34.2	18.2	6.8	1.3	10.1	14.4	14.8	19.7	13.0	13.4
Asia n.s.	598	....	....	....	....	....	....	13.3	26.0	29.8	31.8	9.9	10.2
Europe	170	4.7	13.9	27.8	17.6	0.3	3.3	534.0	947.7	888.1	1,487.3	737.2	812.0
Emerg. & Dev. Europe	903	1.7	1.0	26.8	17.1	0.3	1.1	248.5	407.8	494.4	885.5	466.7	596.8
Albania	914	....	....	....	0.0	....	....	0.0	....	0.1	....	....	0.0

Yemen, Republic of (474)
In Millions of U.S. Dollars

		Exports (FOB) 2011	2012	2013	2014	2015	2016	Imports (CIF) 2011	2012	2013	2014	2015	2016
Bosnia and Herzegovina	963	....	....	0.0	0.0	0.0	0.0	0.1	0.7	0.3	0.2	0.6	0.7
Bulgaria	918	....	....	....	0.0	0.0	1.1	0.1	0.3	0.5	5.5	0.9	0.9
Croatia	960	....	....	....	....	....	....	0.0	0.0	0.1	0.0	0.0	0.0
Hungary	944	0.0	0.0	0.0	....	0.0	0.0	3.1	5.5	11.9	12.0	2.6	3.7
Kosovo	967	....	....	....	....	....	0.0 e	0.6 e	0.5 e	0.6 e	0.6 e	0.5 e	0.1 e
Macedonia, FYR	962	....	....	....	....	0.0	0.0	0.4	0.1	0.1	0.1	0.0	0.1
Montenegro	943	....	....	....	0.0 e	0.0 e	....	0.5 e	....	0.5 e	....	....	....
Poland	964	0.9	0.5	0.0	0.0	....	....	4.3	15.1	11.9	8.8	8.0	14.4
Romania	968	0.0	0.0	0.0	0.0	0.0	0.0	7.3	10.9	8.7	9.2	1.5	14.9
Serbia, Republic of	942	0.0	0.0	....	....	....	....	0.0	0.0	0.1	0.0	....	....
Turkey	186	0.7	0.5	26.7	17.1	0.3	0.0	232.1	374.7	459.8	848.9	452.5	562.0
CIS	901	**3.0**	**12.9**	**1.0**	**0.4**	**0.0**	**2.1**	**285.3**	**539.3**	**231.8**	**402.7**	**193.2**	**135.3**
Armenia	911	2.9	9.2	....	....	....	....	115.9	171.1	0.0	0.0	0.0	0.1
Azerbaijan, Rep. of	912	....	0.0	0.3	....	....	....	....	0.0	0.1	0.7	....	....
Belarus	913	....	....	....	....	0.0 e	2.1 e	....	....	0.1	....	0.0	0.0
Georgia	915	....	....	....	....	....	....	0.1	0.0	....	0.0	....	....
Kazakhstan	916	....	0.0	....	....	....	0.0	0.0	55.0	7.3	0.0	....	....
Moldova	921	....	....	....	0.0	....	....	....	....	....	0.1	0.0	0.0
Russian Federation	922	0.0	3.1	0.2	0.4	0.0	0.0	156.4	265.1	209.6	317.6	180.3	132.3
Ukraine	926	....	0.5	0.6	0.0	....	....	12.9	48.0	14.7	84.2	12.9	3.0
Uzbekistan	927	....	0.0	....	....	....	....	0.0	0.1	....	0.0	....	....
Europe n.s.	884	0.0	0.0	0.0	0.0	0.0	0.0	0.1	0.6	161.8	199.1	77.3	79.9
Mid East, N Africa, Pak	440	**782.1**	**491.6**	**1,231.6**	**894.5**	**340.1**	**134.9**	**2,879.0**	**2,669.0**	**4,332.3**	**2,085.2**	**1,879.1**	**2,108.9**
Afghanistan, I.R. of	512	....	0.0	....	0.2	0.0	0.0	0.0	0.1	0.1	0.0	0.1	0.1
Algeria	612	0.3	0.2	0.1	0.0	0.0	0.0	0.1	0.1	....	0.0	....	....
Bahrain, Kingdom of	419	0.2	0.6	352.9	0.9	0.4	0.1	11.2	14.7	17.8	21.6	9.6	9.9
Djibouti	611	12.7	12.5	26.2	26.2	10.4	1.6	0.2	0.8	5.2	0.1	7.8	8.1
Egypt	469	57.0	45.7	41.7	46.5	15.7	36.7	151.6	198.2	210.6	250.9	171.5	188.0
Iran, I.R. of	429	....	0.5	0.2	0.0	....	....	14.0	21.7	18.0	27.0	15.4	14.7
Iraq	433	10.6	5.7	5.3	2.0	0.0	0.0	1.2	1.1	0.3	0.7	0.2	0.2
Jordan	439	13.4	23.4	50.7	33.3	3.2	1.8	34.5	41.9	55.7	56.3	35.1	48.3
Kuwait	443	19.8	2.2	125.3	3.2	0.2	0.0	388.8	337.9	631.9	9.9	8.8	9.1
Lebanon	446	1.9	1.8	1.7	1.3	0.6	0.2	17.1	12.6	17.1	14.0	6.3	8.1
Libya	672	6.2	3.4	0.5	0.8	0.5	0.1	....	....	0.1	0.1	0.0	0.0
Mauritania	682	0.6	0.2	0.4	0.5	....	....	....	....	0.1	0.1	....	....
Morocco	686	0.0	0.2	0.2	0.2	....	....	2.6	8.8	8.2	10.8	10.7	11.4
Oman	449	20.0	11.9	12.2	72.7	86.7	58.4	47.9	64.8	73.9	80.8	175.4	176.8
Pakistan	564	1.7	1.3	2.3	1.7	0.7	0.0	179.9	95.1	132.9	132.2	69.8	72.8
Qatar	453	0.9	3.7	9.8	7.5	0.1	0.0	13.1	16.2	12.5	12.4	2.0	2.8
Saudi Arabia	456	348.8	248.2	219.6	507.3	164.0	23.6	869.6	637.8	843.6	822.9	563.6	568.1
Somalia	726	76.6	56.9	57.8	67.9	33.7	4.8	35.8	47.2	45.2	24.0	20.3	22.3
Sudan	732	....	15.0	1.7	21.0	0.0	....	....	7.6	8.2	15.0	12.1	35.6
Syrian Arab Republic	463	7.2	2.6	2.1	0.3	0.1	0.0	41.7	50.9	26.9	16.4	12.4	13.3
Tunisia	744	1.2	0.5	0.6	0.2	....	0.0	0.9	5.8	3.6	2.8	1.4	0.9
United Arab Emirates	466	202.9	54.9	320.2	100.7	23.7	7.5	1,067.3	1,102.6	2,216.6	583.1	754.2	915.8
West Bank and Gaza	487	....	....	0.0	....	....	....	....	0.8	0.8	1.3	0.8	0.8
Middle East n.s.	489	....	....	....	....	....	....	1.6	2.3	2.8	2.7	1.5	1.6
Sub-Saharan Africa	603	**28.5**	**163.9**	**75.5**	**20.1**	**5.4**	**1.3**	**136.2**	**146.8**	**168.1**	**247.2**	**117.5**	**93.6**
Angola	614	0.2	0.2	0.0	0.0	....	....	0.0	....	....	....	....	....
Benin	638	0.2	0.0	0.0	....	....	....	....	....	....	....	....	....
Burundi	618	....	0.1	....	....	....	....	....	0.0	....	....	....	....
Cameroon	622	2.0	2.1	0.6	0.0	0.0	0.0	0.0	0.1	0.0	0.0	0.0	0.0
Central African Rep.	626	0.1	0.2	....	....	....	....	....	0.0	0.0	0.0	2.6	2.7
Chad	628	0.2	0.1	0.3	0.3	....	....	....	....	....	0.0	....	....
Congo, Republic of	634	0.1	....	0.0	0.2	....	....	....	....	....	....	....	....
Côte d'Ivoire	662	0.2	0.1	0.2	....	0.1	0.1	0.2	....	0.0	0.1	0.1	0.1
Eritrea	643	3.3	3.8	4.2	4.3	1.2	0.2	0.0	0.1	0.0	0.0	0.0	0.0
Ethiopia	644	10.9	9.1	9.4	10.9	2.3	0.4	14.0	21.5	20.4	51.2	18.8	17.0
Ghana	652	1.6	1.1	0.9	0.3	0.5	0.1	0.0	0.1	0.0	0.1	....	....
Guinea	656	0.1	0.0	....	....	....	....	....	....	....	0.0	....	....

Yemen, Republic of (474)
In Millions of U.S. Dollars

		Exports (FOB)						Imports (CIF)					
		2011	2012	2013	2014	2015	2016	2011	2012	2013	2014	2015	2016
Kenya	664	3.2	1.7	2.2	0.5	0.4	0.1	33.6	34.7	34.6	50.6	31.8	30.2
Liberia	668	0.2	29.9	0.0	....	....	....	....	0.0	....	0.0	5.9	6.1
Madagascar	674	....	....	....	0.0	....	....	0.1	1.1	0.3	2.6	0.0	0.0
Mali	678	....	0.6	0.4	....	....	....	....	....	....	....	0.0	0.0
Mauritius	684	0.1	0.0	0.0	0.0	....	....	0.0	0.0	....	0.0	0.0	0.0
Mozambique	688	....	....	0.7	....	0.1	0.0	0.0	0.0	....	3.0	....	....
Nigeria	694	0.3	0.0	0.1	0.2	0.0	0.0	0.2	0.3	0.5	1.7	0.2	0.2
Senegal	722	1.3	0.0	....	....	....	....	....	....	0.0	0.0	....	....
Seychelles	718	....	0.2	0.0	0.0	....	....	....	....	....	....	....	....
Sierra Leone	724	0.0	0.1	0.0	....	....	....	....	0.0	....	0.0	....	....
South Africa	199	0.5	111.3	51.9	0.2	0.0	0.2	78.6	86.4	111.6	132.6	56.5	35.7
Swaziland	734	0.2	0.2	0.2	0.2	0.0	0.0	0.0	0.1	0.4	0.3	0.3	0.3
Tanzania	738	3.3	3.1	4.1	2.9	0.8	0.2	0.2	0.1	0.1	0.1	0.2	0.2
Togo	742	0.2	....	....	....	....	....	0.0	0.1	....	0.0	0.1	0.1
Uganda	746	0.0	....	....	0.0	....	....	....	0.0	0.0	0.7	0.0	0.0
Zambia	754	....	0.0	0.0	0.0	....	....	....	....	....	1.1	....	....
Zimbabwe	698	0.2	0.0	0.0	0.0	....	....	0.7	2.5	0.0	0.7	0.9	0.9
Africa n.s.	799	....	....	....	....	....	....	8.5	....	0.1	2.4	0.0	0.0
Western Hemisphere	205	**55.6**	**54.9**	**257.1**	**1.0**	**1.4**	**1.4**	**681.7**	**681.2**	**685.1**	**1,168.5**	**494.1**	**849.4**
Anguilla	312	....	....	....	....	....	....	....	....	....	....	0.1	0.1
Argentina	213	0.1	....	....	0.6	1.2	1.2	0.0	....	195.3	408.6	208.2	375.9
Aruba	314	0.2	1.5	26.1	....	....	....	213.0	243.8	8.9	1.5	1.2	1.2
Brazil	223	10.0	1.1	0.5	0.2	0.1	0.0	428.2	417.3	468.2	741.6	275.1	462.0
Chile	228	29.3	48.1	95.6	....	....	....	0.5	0.8	1.2	0.7	0.1	0.1
Colombia	233	1.4	0.0	....	0.0	....	0.0	2.4	1.4	2.1	2.6	1.1	1.4
Costa Rica	238	....	....	....	....	0.1	0.1	....	0.0	0.1	0.2	0.0	0.0
Dominican Republic	243	....	....	....	0.1	....	....	0.0	0.0	....	....	....	....
Ecuador	248	0.0	....	....	....	....	....	0.1	0.0	0.0	0.0	0.0	0.1
Guatemala	258	....	....	....	....	....	....	0.2	0.4	0.7	0.3	0.2	0.2
Haiti	263	....	....	....	....	....	....	0.1	....	....	0.0	....	....
Honduras	268	....	....	....	....	....	....	....	0.2	2.6	0.0	0.0	0.0
Mexico	273	14.6	4.1	32.6	....	0.0	0.0	1.0	1.3	5.2	6.9	7.8	7.8
Panama	283	0.1	....	....	....	....	....	0.0	....	....	....	....	....
Paraguay	288	....	....	....	....	....	....	22.8	0.0	....	....	0.1	0.1
Peru	293	....	....	....	0.0 e	0.0 e	....	0.1	0.0	0.2	0.1	....	0.3
Uruguay	298	....	....	102.2	....	....	....	13.2	15.9	0.4	0.1	0.2	0.2
Western Hem. n.s.	399	....	....	....	....	....	....	0.0	0.0	....	5.9	....	....
Other Countries n.i.e	910	....	**0.0**	....	....	....	....	**0.7**	**0.6**	**0.4**	**0.8**	**0.2**	**0.2**
Cuba	928	....	....	....	....	....	....	0.0	0.1	0.0	0.0	0.0	0.0
Korea, Dem. People's Rep.	954	....	0.0	....	....	....	....	0.6	0.5	0.4	0.8	0.2	0.2
Special Categories	899	**43.6**	**38.7**	**38.8**	**34.7**	**8.0**	**1.6**	**5.4**	**5.8**	**6.1**	**8.6**	**2.1**	**2.2**
Countries & Areas n.s.	898	**9.2**	**8.1**	**8.1**	**7.3**	**1.7**	**0.3**	**305.0**	**265.3**	**455.4**	**566.3**	**201.7**	**208.5**
Memorandum Items													
Africa	605	120.0	249.5	162.5	136.2	49.6	7.7	175.8	217.1	238.6	300.1	169.7	171.9
Middle East	405	688.9	404.6	1,142.3	776.5	295.2	128.5	2,659.5	2,503.5	4,128.8	1,900.1	1,757.0	1,957.6
European Union	998	406.0	95.4	75.7	66.1	27.9	12.7	1,570.4	1,671.0	2,041.6	1,336.8	583.1	551.6
Export earnings: fuel	080	611.8	334.6	1,047.0	696.2	275.6	89.8	2,572.3	2,518.7	4,034.6	1,881.2	1,711.1	1,831.5
Export earnings: nonfuel	092	6,290.7	6,697.2	6,080.8	1,824.7	190.9	95.9	7,473.4	8,760.4	9,258.1	10,198.6	4,868.7	5,479.6

2017, International Monetary Fund: *Direction of Trade Statistics Yearbook*

Zambia (754)

In Millions of U.S. Dollars

		Exports (FOB)						Imports (CIF)					
		2011	2012	2013	2014	2015	2016	2011	2012	2013	2014	2015	2016
IFS World		9,017.4	9,362.5	10,596.4	9,689.5	7,029.7	6,504.9	7,190.7	8,211.1	10,173.9	9,546.4	8,527.3	7,487.8
World	001	8,828.4	9,355.8	10,585.1	9,693.3	7,039.3	6,507.5	7,279.7	8,787.4	10,185.5	9,706.9	8,481.9	7,556.3
Advanced Economies	110	5,146.1	4,537.1	4,356.0	5,430.8	4,085.9	3,426.2	1,228.9	1,674.8	2,000.7	1,689.2	1,574.1	1,089.9
Euro Area	163	166.1	178.9	173.4	133.4	44.0	69.0	368.7	450.0	662.5	468.2	574.3	392.9
Austria	122	0.0	1.6	0.3	0.0	0.0	0.0	4.7	4.8	6.6	7.0	14.6	8.3
Belgium	124	85.0	88.3	71.4	34.4	2.2	6.5	47.1	69.7	104.7	80.2	35.6	63.0
Cyprus	423	0.0	....	0.3	0.3	0.0	....	0.3	0.5	2.8	0.8	0.2	0.4
Estonia	939	....	....	....	0.0	....	....	....	....	0.3	0.0	0.0	0.7
Finland	172	0.2	0.0	0.2	0.1	0.0	0.1	83.9	46.0	37.5	30.5	44.3	73.6
France	132	2.3	4.7	2.7	1.6	1.2	0.4	45.4	42.5	31.1	36.8	56.5	42.3
Germany	134	12.9	12.3	18.0	32.5	23.5	32.2	61.1	111.3	268.0	121.6	71.4	60.3
Greece	174	0.0	0.0	0.0	0.7	0.0	0.0	2.0	1.1	1.0	1.2	1.4	1.1
Ireland	178	0.3	0.0	0.2	....	0.0	0.3	49.7	70.8	89.3	41.9	34.0	38.5
Italy	136	0.5	0.3	0.6	4.8	2.0	1.2	19.1	25.4	25.9	43.1	31.1	39.9
Latvia	941	....	0.0	....	....	....	0.0	0.0	0.0	1.1	0.1	0.0	0.2
Lithuania	946	....	....	0.0	....	....	....	1.3	0.0	0.0	0.0	0.0	2.3
Luxembourg	137	44.6	35.1	54.2	49.5	5.6	14.7	0.0	2.5	2.4	2.7	4.0	0.7
Malta	181	0.0	....	....	....	....	0.2	0.0	....	0.0	....	0.0	0.0
Netherlands	138	14.0	30.5	23.5	9.2	9.1	13.1	49.9	60.7	69.4	79.7	63.3	48.1
Portugal	182	0.0	0.0	....	0.0	0.0	0.4	0.8	0.8	2.9	10.6	2.7	4.0
Slovak Republic	936	0.0	0.0	0.0	....	0.0	0.0	0.0	0.7	....	0.5	0.9	0.5
Slovenia	961	4.8	5.2	1.4	0.0	....	....	0.2	0.2	0.3	0.1	0.1	1.8
Spain	184	1.3	0.7	0.3	0.2	0.3	0.1	3.3	13.1	19.0	11.5	214.2	7.1
Australia	193	1.3	1.6	3.4	348.2	210.4	0.7	45.7	59.7	91.8	132.2	53.7	45.6
Canada	156	0.5	0.4	0.4	0.5	1.6	1.4	39.6	45.2	39.8	22.3	28.9	17.1
China,P.R.: Hong Kong	532	3.1	25.9	20.1	34.6	....	100.8	36.1	63.6	49.9	60.5	....	39.0
Czech Republic	935	0.0	0.0	0.1	0.3	0.0	0.0	4.1	0.8	1.3	2.0	4.3	2.6
Denmark	128	0.1	0.1	0.1	0.8	1.0	1.2	12.9	31.1	26.2	24.6	25.4	25.5
Iceland	176	0.2	0.2	0.1	....	....	....	0.3	0.2	0.0	0.4	0.1	0.0
Israel	436	0.3	1.4	0.5	0.8	0.8	0.5	2.8	2.2	3.0	4.0	5.4	7.5
Japan	158	3.9	1.0	56.8	79.6	82.2	50.6	151.9	242.4	304.9	219.7	183.9	125.0
Korea, Republic of	542	0.0	0.2	0.2	11.6	9.9	4.8	17.8	34.0	42.6	56.4	48.6	34.5
New Zealand	196	0.9	0.9	0.9	0.1	0.0	0.1	1.2	1.4	2.8	2.8	3.0	2.3
Norway	142	0.2	0.1	0.4	0.2	0.2	0.3	1.1	1.7	2.7	0.6	0.7	0.5
Singapore	576	28.4	43.5	68.5	370.7	550.3	369.8	93.4	55.9	98.4	145.7	149.2	49.1
Sweden	144	3.1	2.8	3.4	6.3	3.5	2.1	88.8	97.4	90.9	68.7	62.8	62.9
Switzerland	146	4,582.4	3,959.0	3,867.2	4,324.1	3,112.5	2,582.6	62.5	81.8	53.7	40.6	86.6	39.5
Taiwan Prov.of China	528	0.2	0.2	0.1	0.3	0.9	0.0	9.9	39.4	27.7	21.2	14.0	7.4
United Kingdom	112	346.3	312.9	147.2	98.5	66.5	240.0	193.6	219.8	299.0	247.4	191.8	124.9
United States	111	9.2	8.0	13.2	21.0	2.4	2.2	98.6	248.1	203.4	172.1	141.5	113.6
Emerg. & Dev. Economies	200	3,682.3	4,818.8	6,214.4	3,253.4	2,849.6	3,081.3	6,050.4	7,111.0	7,659.7	7,678.9	6,476.2	6,443.7
Emerg. & Dev. Asia	505	1,573.4	1,870.5	2,386.8	861.1	1,068.1	1,281.1	1,017.6	1,244.4	980.2	1,332.7	1,112.5	1,001.3
American Samoa	859	0.0	0.0	....	....	....	....	0.2	0.0	0.0	0.0	0.0	0.0
Bangladesh	513	0.0	0.0	....	0.0	....	....	0.2	0.4	0.1	0.1	1.0	2.1
Bhutan	514	0.0	0.0	0.1	....	....	....	....	0.0	0.0	0.0	0.0	0.1
Cambodia	522	....	....	....	....	0.0	0.2	0.0	....	0.1	0.1	0.0	0.1
China,P.R.: Mainland	924	1,527.6	1,799.3	2,254.8	819.4	1,017.8	1,209.9	726.8	870.6	489.8	859.6	693.3	599.9
F.T. New Caledonia	839	....	....	....	....	....	....	....	0.0	0.0	....	0.1	0.0
Guam	829	....	....	0.3	....	....	....	....	....	....	....	0.0	....
India	534	38.4	70.3	126.6	36.2	22.9	70.6	249.9	305.3	371.2	407.6	365.9	316.7
Indonesia	536	0.2	0.1	0.1	0.3	1.7	0.1	11.7	26.9	60.6	9.5	4.0	3.4
Malaysia	548	2.3	0.0	2.0	1.2	0.0	0.0	8.0	12.6	19.1	15.1	10.4	19.8
Myanmar	518	....	0.0	....	....	....	....	....	0.0	....	0.1	0.0	0.0
Nauru	836	....	0.1	....	0.0	....	....	....	....	....	....	....	0.0
Nepal	558	0.0	0.0	0.0	0.4	....	....	....	....	....	....	0.0	0.0
Papua New Guinea	853	....	....	0.1	....	....	....	....	0.0	....	....	0.0	0.0
Philippines	566	0.8	0.5	0.4	0.9	1.7	0.0	0.1	0.1	4.3	0.3	0.2	1.4
Samoa	862	....	....	0.6	....	....	....	....	0.0	0.0	....	....	....
Solomon Islands	813	....	....	0.6	....	....	....	....	0.0	0.0	....	....	....
Sri Lanka	524	....	....	0.2	0.0	0.0	0.0	0.2	0.3	0.2	0.1	0.7	0.4

Zambia (754)

In Millions of U.S. Dollars

		Exports (FOB)						Imports (CIF)					
		2011	2012	2013	2014	2015	2016	2011	2012	2013	2014	2015	2016
Thailand	578	4.1	0.2	0.5	2.5	23.8	0.2	12.6	18.1	23.6	28.2	14.2	10.8
Vietnam	582	0.0	....	0.2	0.3	0.1	0.0	8.0	10.2	11.2	11.9	22.4	46.1
Asia n.s.	598	....	....	0.3	....	....	....	0.0	....	0.0	0.0	0.0	0.4
Europe	170	7.1	1.7	2.1	1.4	1.0	1.9	10.2	33.3	26.1	40.9	81.6	65.5
Emerg. & Dev. Europe	903	6.7	1.2	1.3	0.8	0.7	0.1	8.4	27.9	22.1	28.6	58.9	61.6
Bulgaria	918	0.5	0.1	0.6	0.4	0.1	....	0.8	0.7	0.5	1.6	....	0.2
Croatia	960	0.0	....	....	0.2	....	....	....	0.8	0.0	1.3	1.7	2.5
Hungary	944	0.0	0.0	0.1	0.0	....	0.1	0.3	0.1	0.1	0.3	0.9	0.3
Poland	964	6.1	0.9	0.6	0.1	0.1	0.0	2.2	9.4	3.2	11.7	2.9	3.6
Romania	968	....	0.0	....	0.0	0.1	0.0	0.5	0.5	0.2	0.2	0.2	0.1
Turkey	186	0.1	0.1	0.0	0.0	0.1	0.0	4.6	16.3	18.0	13.4	53.2	54.9
CIS	901	0.4	0.5	0.6	0.6	0.3	0.1	1.4	5.4	3.4	12.0	22.7	3.9
Armenia	911	0.1	0.1	0.0	0.0	....	....	....	0.0	....	0.0	....	0.0
Azerbaijan, Rep. of	912	....	0.0	....	0.0	....	....	0.6	0.0	0.0	0.0	0.0	0.0
Belarus	913	....	....	....	0.0	....	....	0.0	0.0	0.4	0.0	0.0	....
Georgia	915	....	0.1	0.3	0.0	....	....	0.0	0.1	0.1	0.0	0.2	0.2
Moldova	921	0.0	0.0	0.0	....	....	....	....	0.0	0.0	0.0	0.0	0.1
Russian Federation	922	0.1	0.1	0.1	0.3	0.3	0.0	0.1	0.8	1.7	11.6	17.8	2.8
Ukraine	926	0.1	0.1	0.1	0.3	0.0	0.1	0.6	2.2	0.9	0.3	4.6	0.8
Uzbekistan	927	....	....	....	....	....	....	....	2.3	0.3	....	....	0.0
Europe n.s.	884	....	0.0	0.3	....	....	1.7	0.3	0.0	0.6	0.3	0.1	0.0
Mid East, N Africa, Pak	440	107.2	239.3	559.5	235.4	73.0	363.9	667.8	909.8	591.3	429.3	351.6	938.1
Algeria	612	....	0.0	0.1	....	....	0.4	....	....	0.8	....	0.0	....
Bahrain, Kingdom of	419	0.0	....	....	0.0	....	....	0.1	0.0	0.1	0.5	7.5	0.5
Egypt	469	6.8	8.5	0.1	0.2	1.0	0.1	29.3	93.8	29.9	8.9	27.5	12.1
Iran, I.R. of	429	0.0	0.0	1.2	....	....	....	1.8	2.8	7.9	1.2	0.3	0.6
Jordan	439	....	0.0	....	....	0.0	0.0	2.8	2.2	10.4	2.0	1.0	3.0
Kuwait	443	0.0	0.1	0.0	0.0	0.0	....	373.6	546.6	216.7	86.3	63.3	551.6
Lebanon	446	0.2	0.0	0.0	0.0	0.0	0.0	6.7	10.0	18.5	15.2	26.7	5.3
Libya	672	....	....	....	0.0	....	....	0.0	2.3	0.0	0.0	0.0	....
Mauritania	682	0.3	0.0	0.0	0.0	0.0	0.0	0.0	0.0	0.0	0.0	0.3	0.7
Morocco	686	0.7	0.1	0.7	....	0.5	0.2	0.1	6.4	0.5	7.8	0.7	8.7
Oman	449	....	....	....	....	0.0	0.0	0.8	1.4	9.7	0.7	0.8	0.5
Pakistan	564	0.1	0.0	0.0	0.0	0.0	0.0	4.1	6.0	5.0	6.8	5.1	5.4
Qatar	453	0.0	0.0	0.0	....	0.1	....	0.4	1.1	0.4	0.2	2.2	1.2
Saudi Arabia	456	11.4	3.6	6.9	0.1	0.6	0.1	3.6	13.6	49.9	28.0	40.1	31.8
Somalia	726	....	....	0.0	0.0	....	0.1	....	....	0.0	....	0.0	....
Sudan	732	0.0	4.0	0.1	....	0.0	0.0	0.3	2.3	0.1	0.0	....	0.0
Syrian Arab Republic	463	....	0.0	....	....	....	....	0.9	0.5	0.0	....	0.1	0.0
Tunisia	744	....	0.0	0.1	....	....	0.0	0.8	0.1	0.0	....	0.0	0.0
United Arab Emirates	466	87.7	222.9	550.2	235.0	70.8	362.9	242.4	220.5	241.0	271.5	176.0	316.4
Yemen, Republic of	474	....	....	....	....	....	....	0.0	0.0	0.3	0.0	0.0	0.0
Sub-Saharan Africa	603	1,991.2	2,703.5	3,261.4	2,141.3	1,698.2	1,427.7	4,336.0	4,897.7	6,027.2	5,840.3	4,863.6	4,384.9
Angola	614	2.5	24.8	5.7	8.1	3.6	0.8	0.0	2.9	0.4	0.2	0.4	1.5
Benin	638	0.3	0.0	0.0	....	0.0	0.0	0.6	0.0	....	....	0.0	0.0
Botswana	616	29.4	63.6	29.5	43.3	35.8	22.3	42.1	28.6	27.2	24.8	17.7	16.6
Burkina Faso	748	0.1	0.8	2.3	0.0	0.0	0.0	0.7	0.0	1.7	0.1	0.0	0.0
Burundi	618	28.1	27.3	8.3	6.0	4.5	11.7	0.1	0.0	0.0	2.4	0.0	0.0
Cameroon	622	0.0	0.0	0.6	0.0	0.0	0.1	0.1	0.1	0.0	0.5	0.0	0.0
Central African Rep.	626	....	....	....	0.0	9.6	0.2	0.0	0.1	0.0	....	....	....
Congo, Dem. Rep. of	636	405.5	725.1	1,229.7	804.0	525.0	428.9	1,333.3	1,266.1	1,849.9	1,462.6	953.3	988.2
Congo, Republic of	634	1.2	0.4	1.8	11.9	9.6	2.0	0.1	4.1	0.0	1.8	0.0	0.1
Côte d'Ivoire	662	0.0	0.0	0.0	....	0.0	0.2	0.3	0.1	0.2	0.2	0.2	0.1
Eritrea	643	....	....	....	0.0	....	0.0	0.0	0.1	0.0	0.0	....	0.0
Ethiopia	644	0.0	0.0	0.8	3.7	0.4	0.3	0.2	0.2	0.1	0.1	0.5	0.3
Gabon	646	0.0	....	0.0	1.7	0.1	0.0	....	0.0	0.0	0.0	0.2	0.1
Ghana	652	0.5	0.4	0.3	0.1	0.7	1.1	0.5	0.4	1.7	1.2	0.8	1.6
Guinea	656	0.1	0.0	0.1	0.0	0.0	0.0	0.0	1.5	0.0	0.1	0.0	0.6
Kenya	664	82.0	56.2	90.2	56.6	40.5	38.9	135.2	284.5	712.9	777.8	414.0	51.7
Lesotho	666	1.2	2.3	4.5	3.0	2.3	4.5	0.0	0.0	1.9	0.1	0.1	0.1

Zambia (754)

In Millions of U.S. Dollars

		Exports (FOB)						Imports (CIF)					
		2011	2012	2013	2014	2015	2016	2011	2012	2013	2014	2015	2016
Liberia	668	0.1	0.0	0.0	....	0.0	....	0.0	0.0	0.1	0.0	0.0	....
Madagascar	674	0.4	0.1	....	0.0	0.0	0.2	0.0	0.0	0.1	0.0	0.0	0.0
Malawi	676	120.5	187.3	214.7	145.9	107.7	122.5	22.3	68.1	25.5	21.7	17.6	18.4
Mali	678	0.1	0.0	0.2	0.0	0.7	0.3	....	....	0.0	0.0	0.0	0.0
Mauritius	684	65.3	47.5	48.8	35.0	9.0	7.8	14.5	39.5	30.8	128.0	479.1	344.5
Mozambique	688	24.6	20.2	27.0	47.2	40.7	20.6	19.3	21.1	24.9	40.7	82.9	176.7
Namibia	728	46.2	152.3	159.7	21.1	32.8	24.7	19.0	24.9	38.4	65.6	102.8	94.5
Niger	692	....	0.1	0.0	....	....	0.0	0.1	0.1	0.4	0.3	0.1	0.1
Nigeria	694	0.8	0.2	0.0	0.2	0.1	1.2	0.8	0.8	0.9	3.5	0.8	1.3
Rwanda	714	11.6	7.0	5.3	5.6	3.8	26.7	0.3	0.4	0.2	0.0	0.0	0.0
São Tomé & Príncipe	716	....	....	....	....	....	....	....	0.0	0.0	0.0	0.1	0.0
Senegal	722	0.1	0.2	0.0	0.0	0.0	0.3	0.1	0.0	0.0	0.0	0.0	0.0
Seychelles	718	0.0	0.0	....	....	0.0	....	....	0.0	0.4	1.3	1.3	1.0
Sierra Leone	724	0.0	0.0	0.0	0.0	0.0	0.0	0.0	0.0	0.0	0.1	0.0	0.0
South Africa	199	869.8	847.4	1,081.5	677.4	539.1	383.4	2,590.9	2,967.2	3,089.8	3,095.0	2,624.9	2,430.5
South Sudan, Rep. of	733	....	....	....	....	....	0.1	....	....	....	....	....	....
Swaziland	734	1.9	8.0	4.4	17.9	8.5	7.0	11.8	20.1	19.1	16.0	18.7	11.2
Tanzania	738	48.3	99.9	69.5	49.7	49.0	92.3	54.6	70.9	76.3	91.6	56.5	162.8
Togo	742	0.0	0.0	0.0	....	....	....	0.1	0.0	0.0	....	....	0.0
Uganda	746	2.7	1.3	1.5	6.4	6.3	2.4	0.5	2.9	2.3	1.5	0.8	7.0
Zimbabwe	698	247.3	430.9	274.8	196.5	268.4	227.2	88.4	92.9	121.7	102.7	90.7	76.1
Africa n.s.	799	0.4	....	....	....	....	....	....	....	0.0	....	....	0.0
Western Hemisphere	205	3.4	3.8	4.7	14.1	9.4	6.7	18.8	25.8	35.0	35.8	66.9	53.9
Antigua and Barbuda	311	0.1	0.0	1.8	0.0	....	....	0.0	....	0.0	0.0	....	0.0
Argentina	213	....	0.0	0.0	....	0.0	0.1	3.7	1.8	2.0	0.6	1.1	1.7
Bahamas, The	313	0.0	....	....	....	....	0.0	....	0.9	....	....	0.2	0.0
Barbados	316	....	....	....	0.0	....	....	0.1	....	....	0.0	0.0	0.0
Belize	339	....	....	....	....	....	....	....	0.0	4.8	0.0	0.0	0.0
Bermuda	319	....	....	....	....	....	....	0.4	1.2	0.7	0.2	0.5	1.4
Brazil	223	0.2	0.0	0.3	12.9	3.9	0.3	8.0	8.8	14.2	6.2	19.8	8.1
Chile	228	0.0	0.8	1.5	0.1	0.2	0.0	2.0	7.4	2.6	4.3	23.0	23.0
Colombia	233	0.0	....	0.1	0.0	....	0.3	0.6	0.5	1.1	0.5	0.8	0.2
Costa Rica	238	2.9	....	0.1	....	....	....	0.1	0.1	0.0	0.0	0.2	0.1
El Salvador	253	....	....	....	....	....	0.1	....	....	....	....	....	0.0
Grenada	328	....	....	....	....	....	....	....	....	....	0.0	0.1	0.0
Guatemala	258	....	....	....	....	....	....	0.0	....	0.1	....	....	0.1
Jamaica	343	0.0	0.0	....	0.0	....	0.0	0.0	0.0	0.0	0.0	0.0	0.1
Mexico	273	0.1	0.0	0.0	0.8	0.0	0.0	0.0	1.8	5.0	1.2	4.6	2.2
Netherlands Antilles	353	0.0	0.0	0.1	0.2	....	....	0.0	0.0	0.1	0.0	0.0	0.1
Nicaragua	278	0.0	....	0.0	....	....	....	0.0	0.9	0.0	0.0	0.1	0.0
Panama	283	....	0.7	....	....	5.1	5.6	0.0	1.1	0.3	20.3	15.3	12.0
Paraguay	288	....	0.4	....	....	0.2	....	....	0.0	....	....	....	0.1
Peru	293	0.0	0.0	0.0	0.1	0.0	0.0	0.4	0.4	3.4	1.4	0.5	1.5
St. Kitts and Nevis	361	0.0	1.7	0.9	....	....	....	....	0.0	0.0	0.0	....	....
Uruguay	298	....	....	....	....	....	....	2.2	0.6	0.2	0.3	0.2	0.3
Venezuela, Rep. Bol.	299	....	....	0.0	....	....	0.0	....	....	0.0	0.6	0.3	0.0
Western Hem. n.s.	399	0.1	0.0	....	....	....	0.3	1.3	0.2	0.4	0.1	0.1	3.0
Other Countries n.i.e	910	0.0	0.0	0.0	....	....	....	0.4	1.6	0.0	....	....	6.0
Korea, Dem. People's Rep.	954	0.0	0.0	0.0	....	....	....	0.4	1.6	0.0	....	....	6.0
Countries & Areas n.s.	898	....	....	14.6	1,009.1	103.7	....	....	....	525.1	338.8	431.5	16.7
Memorandum Items													
Africa	605	1,992.2	2,707.6	3,262.4	2,141.4	1,698.7	1,428.4	4,337.3	4,906.5	6,028.7	5,848.2	4,864.7	4,394.3
Middle East	405	106.1	235.2	558.4	235.4	72.5	363.1	662.4	894.9	584.8	414.5	345.4	923.2
European Union	998	522.2	495.7	325.4	240.0	115.6	312.4	671.9	810.6	1,083.9	826.0	864.2	615.6
Export earnings: fuel	080	103.8	252.2	566.2	257.2	85.0	367.9	625.1	797.5	531.0	406.7	310.5	908.7
Export earnings: nonfuel	092	8,724.5	9,103.6	10,018.9	9,436.1	6,954.2	6,139.7	6,654.6	7,989.9	9,654.5	9,300.2	8,171.4	6,647.6

Zimbabwe (698)

In Millions of U.S. Dollars

		Exports (FOB)						Imports (FOB)					
		2011	2012	2013	2014	2015	2016	2011	2012	2013	2014	2015	2016
IFS World		....	....	....	....	....	....	....	....	....	....	....	....
World	001	3,508.9	3,882.8	3,507.2	3,062.0	2,679.5	2,832.5	4,867.3	4,866.8	4,917.3	4,677.2	4,427.5	4,149.4
Advanced Economies	110	347.8	182.2	73.8	169.2	46.3	68.8	556.8	566.6	573.8	517.1	459.7	374.9
Euro Area	163	183.9	110.9	29.1	146.4	25.8	60.3	109.3	116.3	121.7	116.5	96.9	84.4
Austria	122	0.2	0.0	0.0	0.1	0.1	0.2	1.1	1.0	1.7	4.2	1.3	2.2
Belgium	124	60.0	47.6	26.7	125.0	18.8	45.7	5.0	4.2	9.5	18.1	13.8	13.3
Cyprus	423	1.9	....	0.0	0.0	0.0	0.0	1.0	1.1	0.5	0.9	0.8	1.3
Finland	172	0.0	0.0	0.0	0.1	0.0	....	21.4	19.3	16.9	24.8	19.6	18.5
France	132	13.0	0.0	0.0	11.1	0.4	7.4	16.6	20.9	21.5	15.2	17.4	14.8
Germany	134	32.1	16.0	0.6	4.4	0.6	2.2	26.6	28.7	19.6	16.1	19.6	11.8
Greece	174	0.2	0.0	....	0.0	0.0	0.0	0.1	0.1	0.1	0.1	0.0	0.0
Ireland	178	0.6	0.0	0.0	0.0	0.3	0.1	2.0	5.5	4.1	4.7	3.4	2.1
Italy	136	59.5	41.0	0.6	1.9	0.7	1.2	11.8	14.3	24.4	11.1	9.8	8.1
Lithuania	946	0.0	....	0.0	....	0.0	....	0.0	0.1	0.1	0.3	0.0	0.4
Luxembourg	137	0.0	0.0	....	0.0	....	....	0.5	0.5	0.0	0.0	0.0	0.0
Netherlands	138	4.6	5.2	1.0	3.3	4.6	2.9	18.8	17.2	19.6	13.7	9.1	8.9
Portugal	182	2.5	0.9	0.0	....	0.0	....	2.2	1.5	2.0	4.4	0.2	1.4
Slovak Republic	936	0.0	0.0	....	0.0	0.0	....	0.1	0.0	0.0	0.0	0.0	0.0
Slovenia	961	0.2	....	....	....	....	....	0.1	0.0	....	0.1	0.2	0.1
Spain	184	9.0	0.1	0.1	0.3	0.3	0.7	2.0	1.8	1.8	2.9	1.5	1.4
Australia	193	1.5	0.0	0.1	0.1	0.1	0.0	8.0	15.4	13.0	8.0	7.5	7.9
Canada	156	1.2	0.3	0.3	0.1	0.1	0.2	5.1	4.1	2.2	2.1	2.4	4.6
China,P.R.: Hong Kong	532	9.7	2.2	0.1	2.4	1.3	0.2	22.2	18.4	36.1	33.2	28.1	28.1
Czech Republic	935	0.0	0.0	0.1	0.0	0.0	0.0	0.7	0.2	0.3	0.2	0.2	0.3
Denmark	128	0.1	0.1	0.0	0.0	0.0	0.0	2.6	4.9	3.2	3.9	3.3	2.0
Israel	436	18.6	31.6	39.6	9.5	13.7	1.2	9.7	5.6	4.3	2.8	4.9	1.7
Japan	158	7.5	1.0	0.2	0.4	0.2	1.0	48.2	43.9	64.8	58.5	43.2	26.0
Korea, Republic of	542	1.8	0.0	0.0	0.0	0.1	0.2	11.4	11.5	10.4	11.0	8.5	7.3
New Zealand	196	0.3	0.0	0.0	0.0	0.0	0.0	0.7	0.4	0.6	1.1	1.5	0.2
Norway	142	0.1	0.1	0.0	0.0	0.1	0.0	0.7	0.4	0.1	0.1	1.0	0.3
Singapore	576	49.4	1.4	0.0	0.3	0.0	1.0	7.9	6.4	4.7	2.4	4.6	3.9
Sweden	144	0.2	0.2	0.3	0.1	0.0	0.1	8.6	13.5	4.1	2.8	3.8	2.6
Switzerland	146	19.6	15.8	0.1	0.5	0.3	0.6	16.2	18.3	17.9	17.3	20.4	16.2
Taiwan Prov.of China	528	0.1	0.1	0.1	0.1	0.1	0.1	7.5	8.6	7.5	6.2	6.1	3.6
United Kingdom	112	33.1	2.0	1.6	6.8	2.1	1.9	134.4	143.4	120.4	100.2	89.1	55.1
United States	111	20.5	16.3	2.2	2.6	2.3	2.0	163.5	155.4	162.4	150.6	138.4	130.9
Emerg. & Dev. Economies	200	3,161.0	3,700.6	3,433.3	2,892.8	2,633.2	2,763.7	4,119.3	4,106.4	4,153.0	3,979.3	3,799.3	3,618.2
Emerg. & Dev. Asia	505	218.1	87.3	31.1	13.6	4.7	1.0	225.0	220.5	230.5	235.9	307.2	188.5
Bangladesh	513	2.5	....	....	....	0.0	0.0	0.0	0.0	0.0	0.0	0.0	0.0
China,P.R.: Mainland	924	186.2	85.0	30.9	12.6	4.4	0.9	124.1	131.6	126.4	123.5	167.1	121.0
India	534	7.0	2.2	0.0	0.7	0.1	0.0	76.3	70.0	93.5	103.8	123.7	61.3
Indonesia	536	20.6	0.0	....	0.0	0.1	0.0	14.3	10.0	5.0	3.3	3.1	1.8
Malaysia	548	0.1	0.0	0.1	....	0.0	....	2.8	2.4	2.5	1.8	10.2	1.6
Philippines	566	0.2	0.0	....	0.2	....	0.0	0.2	1.5	0.3	0.1	0.2	....
Sri Lanka	524	....	0.0	....	....	0.0	....	0.4	0.3	0.2	0.2	0.3	0.2
Thailand	578	0.7	0.0	0.0	0.2	....	0.1	5.9	3.6	1.5	2.2	1.7	1.8
Timor-Leste	537	....	....	....	....	....	....	0.1	0.1	0.1	0.1	0.1	0.1
Vietnam	582	0.9	0.0	0.0	0.0	0.0	0.0	1.0	1.0	1.0	0.9	0.8	0.8
Asia n.s.	598	....	....	....	....	....	....	0.1	0.1	0.1	0.0	0.0	0.0
Europe	170	7.3	0.1	0.1	0.2	0.3	0.5	8.3	10.8	11.0	25.7	10.7	15.1
Emerg. & Dev. Europe	903	3.9	0.1	0.0	0.1	0.2	0.3	7.4	9.0	8.0	4.5	3.8	5.7
Bulgaria	918	3.4	0.0	....	0.0	0.0	0.0	1.0	1.8	0.7	0.5	0.4	0.5
Hungary	944	0.1	....	0.0	0.0	0.1	0.0	0.0	0.0	0.0	0.0	0.0	0.0
Montenegro	943	0.0 e	0.0 e	0.0 e	0.0 e	0.0 e	0.2 e	....	....	....	....	....	....
Poland	964	0.2	0.0	....	0.0	0.0	0.0	0.0	0.0	0.0	0.2	0.0	0.1
Romania	968	0.0	0.0	....	....	....	....	2.5	1.0	1.4	0.1	0.1	1.6
Serbia, Republic of	942	0.2	....	0.0	....	....	....	0.0 e	0.0 e	0.1 e	0.1 e	0.0 e	0.1 e
Turkey	186	0.0	0.0	....	....	0.0	0.0	3.9	6.1	5.7	3.6	3.2	3.4
CIS	901	3.4	0.1	0.1	0.1	0.1	0.2	0.3	1.3	2.5	20.8	6.4	9.0
Azerbaijan, Rep. of	912	0.2	....	....	....	....	....	0.0	0.0	0.0	0.0	0.0	0.0

Zimbabwe (698)
In Millions of U.S. Dollars

		Exports (FOB) 2011	2012	2013	2014	2015	2016	Imports (FOB) 2011	2012	2013	2014	2015	2016
Belarus	913	....	....	....	....	....	....	0.1	0.8	0.5	12.4	1.3	0.2
Georgia	915	0.1	....	....	0.0	....	....	....	....	....	4.6	3.8	0.5
Russian Federation	922	2.8	0.0	0.0	0.1	0.1	0.1	0.0	0.0	0.0	3.1	1.0	2.9
Ukraine	926	0.3	....	0.0	....	....	0.0	0.1	0.4	2.0	0.7	0.3	5.4
Europe n.s.	884	0.0	0.0	0.0	0.0	0.0	0.0	0.5	0.5	0.5	0.5	0.5	0.4
Mid East, N Africa, Pak	440	**227.3**	**483.1**	**230.7**	**96.7**	**149.2**	**118.4**	**173.1**	**175.4**	**172.3**	**164.4**	**153.0**	**142.1**
Afghanistan, I.R. of	512	0.5	0.2	0.3	....	0.0	0.0	....	....	....	....	....	....
Egypt	469	0.7	0.1	0.1	0.2	0.1	0.2	1.8	1.8	1.8	2.1	1.9	2.0
Iran, I.R. of	429	4.9	....	....	....	0.0	0.0	0.7	0.7	0.7	0.7	0.6	0.6
Iraq	433	0.0	0.0	0.1	....	0.0	0.1	....	....	....	....	....	....
Jordan	439	0.4	0.4	0.0	0.0	0.0	....	....	....	....	....	....	....
Kuwait	443	....	0.0	....	0.0	0.0	....	117.2	118.7	116.7	110.8	103.2	95.7
Lebanon	446	8.2	0.0	0.6	0.0	0.0	0.0	0.1	0.2	0.0	0.1	0.0	0.0
Mauritania	682	....	....	....	0.0	....	....	0.1	0.1	0.1	0.1	0.0	0.0
Morocco	686	0.0	0.0	....	0.0	....	0.0	0.0	0.0	0.0	0.5	0.3	0.0
Oman	449	0.1	0.0	0.0	....	....	....	0.0	0.0	0.0	0.0	0.0	0.0
Pakistan	564	2.1	0.0	0.0	0.2	0.0	0.1	2.8	2.8	2.8	2.6	2.5	2.3
Qatar	453	0.0	....	0.0	0.0	0.0	....	0.5	0.5	0.5	0.5	0.5	0.4
Saudi Arabia	456	0.4	0.0	0.2	0.0	0.9	0.0	0.8	0.8	0.8	0.8	0.8	0.8
Sudan	732	....	0.2	0.3	0.1	0.1	0.4	0.0	0.0	0.0	0.0	0.0	0.0
Syrian Arab Republic	463	....	....	....	....	0.0	....	0.1	0.1	0.1	0.1	0.1	0.1
Tunisia	744	0.3	....	....	....	....	0.8	....	....	....	....	....	....
United Arab Emirates	466	208.9	481.9	229.1	96.1	148.0	116.7	49.0	49.6	48.8	46.3	43.1	40.0
West Bank and Gaza	487	0.4 e	0.2 e	0.1 e	....	0.0 e	0.0 e	....	....	....	....	....	....
Yemen, Republic of	474	0.4	0.0	0.0	0.0	0.0	....	....	....	....	....	....	....
Sub-Saharan Africa	603	**2,698.9**	**3,129.9**	**3,171.3**	**2,782.2**	**2,478.9**	**2,643.6**	**3,703.6**	**3,687.5**	**3,729.5**	**3,535.1**	**3,319.6**	**3,266.5**
Angola	614	8.9	....	....	....	0.0	....	0.0	0.0	0.0	0.0	0.0	0.0
Benin	638	0.0	....	....	....	....	0.1	0.3	0.3	0.3	0.3	0.3	0.2
Botswana	616	39.4	48.8	44.0	27.9	30.8	29.1	110.0	110.5	109.8	107.9	105.5	103.2
Burundi	618	0.1	0.1	0.1	0.0	0.0	0.0	0.4	0.4	0.4	0.4	0.3	0.3
Congo, Dem. Rep. of	636	18.7	16.3	11.5	4.4	3.7	0.1	66.2	67.1	65.9	62.6	58.3	54.1
Congo, Republic of	634	1.2	0.3	0.6	0.7	0.3	0.2	28.8	29.2	28.7	27.2	25.4	23.5
Côte d'Ivoire	662	0.0	....	....	....	0.0	0.0	0.1	0.1	0.2	0.2	0.5	0.5
Eritrea	643	0.1	....	....	....	....	....	0.3 e	0.3 e	0.2 e	0.3 e	0.2 e	0.2 e
Ethiopia	644	0.1	0.0	0.1	0.0	0.2	0.0	0.0	0.0	0.0	0.0	0.0	0.0
Gabon	646	0.1	....	....	....	0.0	....	0.0	0.0	0.0	0.0	0.0	0.0
Kenya	664	4.1	0.8	0.3	0.9	0.9	11.2	4.3	4.3	4.3	4.1	3.8	3.5
Lesotho	666	3.7	0.9	0.0	0.5	....	0.0	0.0	0.0	0.0	0.0	0.0	0.0
Liberia	668	0.1	....	....	....	....	....	....	....	....	....	....	....
Madagascar	674	0.0	....	....	0.0	0.1	0.1	0.3	0.3	0.3	0.3	0.3	0.2
Malawi	676	19.6	5.8	7.0	4.8	3.5	4.2	116.1	117.6	115.6	109.7	102.2	94.8
Mauritius	684	4.8	0.0	0.0	0.0	0.0	0.1	5.4	5.3	5.6	6.9	7.2	6.7
Mozambique	688	130.6	283.1	369.6	577.4	408.9	267.7	8.6	8.8	8.6	8.2	7.6	7.1
Namibia	728	5.2	1.7	8.0	9.0	13.7	7.3	3.3	3.4	3.3	3.2	2.9	2.7
Nigeria	694	0.5	0.0	0.1	0.5	0.3	0.0	0.2	0.2	0.2	0.2	0.2	0.2
Rwanda	714	0.0	0.0	0.0	0.1	0.0	0.0	....	....	....	....	0.0	0.0
São Tomé & Príncipe	716	....	....	....	....	....	....	0.1	0.1	0.1	0.1	0.0	0.0
Senegal	722	0.0	0.0	....	0.0	0.0	....	0.0	0.0	....	0.1	0.0	....
Seychelles	718	0.2	....	....	0.0	....	....	3.4	3.5	3.4	3.2	3.0	2.8
South Africa	199	2,359.5	2,674.0	2,613.9	2,051.5	1,922.4	2,250.3	2,355.6	2,347.2	2,326.3	2,223.3	1,953.6	1,960.1
Swaziland	734	13.1	0.3	0.3	0.5	1.0	0.1	7.1	7.2	7.1	6.7	6.2	5.8
Tanzania	738	3.1	0.4	0.1	0.9	0.8	0.3	5.5	5.5	5.4	5.2	4.8	4.5
Uganda	746	0.2	0.0	0.1	0.2	0.0	0.3	1.8	1.9	0.2	0.0	0.0	0.0
Zambia	754	85.6	97.3	115.7	102.8	92.2	72.2	985.7	974.4	1,043.6	965.2	1,037.1	996.0
Western Hemisphere	205	**9.5**	**0.1**	**0.1**	**0.1**	**0.1**	**0.2**	**9.2**	**12.2**	**9.6**	**18.1**	**8.9**	**6.0**
Argentina	213	0.1	0.0	....	0.0	....	0.0	2.4	2.4	2.4	2.4	2.4	2.5
Bermuda	319	....	....	....	....	....	0.0	2.7	2.7	2.7	2.5	2.4	2.2
Brazil	223	0.0	0.0	0.0	....	0.0	0.0	3.6	6.6	3.7	11.3	3.6	0.9
Chile	228	....	....	....	....	0.0	0.0	0.3	0.2	0.0	1.4	0.2	0.0
Colombia	233	5.8	0.0	....	0.0	....	0.1	0.0	0.0	0.0	0.0	....	....

Zimbabwe (698)

In Millions of U.S. Dollars

		Exports (FOB)						Imports (FOB)					
		2011	2012	2013	2014	2015	2016	2011	2012	2013	2014	2015	2016
El Salvador	253	....	....	....	....	....	....	0.1 e	....	0.0 e	....	....	0.0 e
Honduras	268	0.4	....	0.0	....	....	....	....	....	....	....	....	....
Mexico	273	0.1	0.1	0.0	0.1	0.1	....	0.0	0.0	0.0	0.0	0.0	0.0
Panama	283	2.9	....	....	....	....	0.0	0.0	0.0	0.0	0.0	0.0	0.0
Uruguay	298	....	....	0.0	....	....	....	0.1	0.3	0.7	0.3	0.2	0.3
Other Countries n.i.e	910	0.1	0.0	0.0	....	0.0	....	0.3	0.3	0.3	0.3	0.3	0.2
Korea, Dem. People's Rep.	954	0.1	....	0.0	....	0.0	....	0.3	0.3	0.3	0.3	0.3	0.2
Countries & Areas n.s.	898	0.0	0.0	0.0	0.0	0.0	0.0	191.0	193.5	190.2	180.5	168.1	156.1
Memorandum Items													
Africa	605	2,699.2	3,130.2	3,171.6	2,782.3	2,479.0	2,644.8	3,703.6	3,687.6	3,729.6	3,535.7	3,319.9	3,266.6
Middle East	405	224.4	482.7	230.1	96.3	149.1	117.0	170.3	172.5	169.5	161.3	150.2	139.7
European Union	998	221.0	113.4	31.1	153.3	28.1	62.4	259.0	281.0	251.9	224.4	193.8	146.5
Export earnings: fuel	080	234.1	482.3	230.1	97.4	149.6	117.4	197.3	199.9	196.5	189.6	174.8	164.2
Export earnings: nonfuel	092	3,274.7	3,400.5	3,277.1	2,964.6	2,529.9	2,715.1	4,670.0	4,666.9	4,720.8	4,487.6	4,252.7	3,985.2

Notes

Notes

Aruba 314
As of January 2000, reported DOTS data include trade in the Aruba free trade zone.

Bahamas 313
Reported DOTS data in 1999 and IFS data beginning in 1990 exclude certain oil and chemical products.

Bahrain 419
Reported exports in DOTS and IFS include partial oil exports only. Beginning in 1998, reported imports from Saudi Arabia include oil imports as compiled by the Bahrain Ministry of Oil & industry and published in the Monthly Bulletin of the Bahrain Monetary Agency.

Belgium 124
Prior to 1997, trade data for Belgium are recorded as trade of the Belgium-Luxembourg Economic Union (BLEU). Belgium and BLEU trade data are not comparable due to the employment of different compilation methodologies.

China, P.R.: Mainland 924
Discrepancies in bilateral trade statistics as reported by China and its trading partners exist, particularly with industrial countries. Trade with these countries is classified by China as trade with Hong Kong Special Administrative Region (HKSAR) if it passes through HKSAR ports.

China, P.R.: Hong Kong 532
Reported exports and imports data with Belgium include trade with Luxembourg.

Dominican Republic 243
IFS data exclude trade in free trade processing zone. Beginning in 1994, DOTS data include trade in free trade processing zone.

El Salvador 253
IFS data exclude trade in free trade processing zone. Beginning in 2000, DOTS data include trade in free trade processing zone.

Estonia 939
IFS data are compiled according to the general trade system of recording trade transactions and DOTS data are compiled according to the special trade system.

European Union 998
The data for the European Union (EU) for all periods cover Austria, Belgium, Belgium-Luxembourg, Bulgaria, Croatia, Cyprus, Czech Republic, Denmark, Estonia, Finland, France, Germany, Greece, Hungary, Ireland, Italy, Latvia, Lithuania, Luxembourg, Malta, Netherlands, Poland, Portugal, Romania, Slovak Republic, Slovenia, Spain, Sweden, and the United Kingdom.

Export Earnings: Fuel Countries 080
The Export Earnings: Fuel Countries comprise Algeria, Angola, the Republic of Azerbaijan, the Kingdom of Bahrain, Bolivia, Brunei Darussalam, Chad, Colombia, the Republic of Congo, Ecuador, Equatorial Guinea, Gabon, the Islamic Republic of Iran, Iraq, Kazakhstan, Kuwait, Libya, Nigeria, Oman, Qatar, Russian Federation, Saudi Arabia, the Republic of South Sudan, Timor-Leste, Trinidad and Tobago, Turkmenistan, United Arab Emirates, the República Bolivariana de Venezuela and the Republic of Yemen.

France 132
Beginning in 1997, reported exports and imports data include trade of French Guiana, Guadeloupe, Martinique, and Réunion with the rest of the world. French trade data include trade of Mayotte.

Guatemala 258
IFS data exclude trade in the free trade processing zone. Beginning in 2004, DOTS data include trade in the free trade processing zone.

India 534
Data from 1997 to 2000, and for 2003 were adjusted to calendar year from reported data based on fiscal year beginning April.

Israel 436
IFS imports data include military goods.

Notes

Lithuania 946

Data from 2004 are compiled according to the special trade system.

Luxembourg 137

Prior to 1997, trade data for Luxembourg are recorded as trade of the Belgium-Luxembourg Economic Union (BLEU).

Mexico 273

DOTS and IFS reported exports and imports data include trade in maquiladoras.

Netherlands 138

From 1993 through 1998, DOTS reported exports and imports exclude estimation of underreporting as a result of the establishment of the internal European market. Trade revisions are made in the monthly data and may not necessarily be reflected in the quarterly and annual data.

Nigeria 694

Beginning in 1995, IFS data are valued at an average (unitary) exchange rate of 70.36 naira to the U.S. dollar. This exchange rate is the weighted average of the official rate and the market rate that went into effect in February, 1995.

Panama 283

Reported IFS and DOTS world totals exclude exports and imports of the COLON free trade processing zone. Beginning 2005, reported DOTS annual world totals include exports and imports of the COLON free trade processing zone. Beginning in Q1 2001, imports from Japan reflect reported exports of Japan to Panama which may represent flags of convenience.

Réunion 696

Beginning in January 1997, exports and imports data of Réunion are combined with exports and imports data for France.

Russian Federation 922

DOTS data exclude adjustments for unrecorded trade (including shuttle trade) and, prior to 1994 exclude trade with the countries of the former U.S.S.R.

Singapore 576

Trade data published in the Singapore Trade Statistics by the Singapore Trade Development Board exclude trade with Indonesia. Starting January 2003, Singapore reports its trade with Indonesia.

Switzerland 146

Switzerland data by partner countries include exports and imports of gold, silver, and coins from 2012. The Swiss Customs authority disseminates exports and imports of gold, silver, and coins separately back to 1998.

Syrian Arab Republic 463

Beginning in 2000, IFS exports and imports totals are calculated using a flexible exchange rate determined by the Ministry of Economy and Foreign Trade.

Turkmenistan 925

Special category exports for 1996 and 1997 consist of natural gas sales unclassified by partner country.

Estimated Trade

Estimated country trade data produced without benchmarks may be incomplete. Because estimates are made from partner country data, the estimates do not cover trade in cases where no partner country data have been specifically reported. For example, if the estimated country's trade was reported by the trading partner to a regional area rather than to the specific partner (exports to Asia not specified, rather than exports to Lao, as an example), this data is not captured in the estimation process.